D1434988

DICTIONNAIRE
DE
SYNONYMES
ET CONTRAIRES

DICTIONNAIRE DE SYNONYMES
ET CONTRAIRES

HENRI BERTAUD DU CHAZAUD

LES USUELS

DICTIONNAIRES LE ROBERT 27 RUE DE LA GLACIÈRE 75013 PARIS

Édition : GILLES FIRMIN
Maquette : GONZAGUE RAYNAUD
Couverture : CAUMON

Édition revue et corrigée : février 1998

ISBN 2-85036-456-8

AVERTISSEMENT

La présente édition a fait l'objet de deux aménagements par rapport à l'édition de 1992.

Nous avons fait disparaître quelques termes de rubriques dans lesquelles ils n'avaient pas leur place, sinon par analogie ou synonymie abusive.

Par ailleurs, nombre de mots familiers, péjoratifs, argotiques, injurieux, sexistes, xénophobes ou racistes sont désormais précédés des marques adéquates, et non plus regroupés sous des marques génériques trop vagues pour restituer l'intention de celui qui les emploie.

AVANT-PROPOS

Ce dictionnaire des synonymes avait plus de vingt ans. Le succès auprès du public et la distinction de l'Académie française ont motivé sa refonte. Voici donc le même ouvrage augmenté d'un tiers et complété d'une rubrique proposant les contraires. De plus, une large place a été faite aux recommandations officielles en vue de remplacer les termes techniques étrangers par des équivalents en français.

1. Qu'est-ce qu'un synonyme ?

1.1. Si l'on cherche à définir la synonymie par le sens on achoppe à une difficulté parce que :

— un mot n'a pas de sens en soi, isolément, mais par la fréquence relative d'emploi dans un contexte ;

— deux mots synonymes n'ont jamais le même sens mais des sens analogiques plus ou moins éloignés l'un de l'autre. Il n'est que d'ouvrir ce livre au hasard pour le constater. Seuls les termes scientifiques sont univoques tant qu'ils demeurent dans le contexte qui les a engendrés, mais s'ils se banalisent ils perdent leur univocité.

1.2. La synonymie se distingue de l'analogie par des critères morpho-syntaxiques, le critère de sens n'intervenant qu'en second : c'est ainsi que se justifie la distinction entre les deux notions. Un synonyme est donc une unité lexicale — mot ou locution — qui peut remplacer au même endroit d'une phrase une autre unité lexicale appartenant à la même classe grammaticale et remplissant la même fonction, et qui, par analogie, engendre un sens plus satisfaisant dans le contexte en cause. Par exemple :

— *thésauriseur* et *thésauriser* sont analogiques, mais ne sont pas des synonymes : leurs champs sémantiques se recoupent largement, mais ils n'appartiennent pas à la même classe grammaticale (l'un est un nom, l'autre un verbe).

— *thésauriseur* et *ladrerie* sont des analogies de même classe grammaticale, mais ne sont pas des synonymes parce qu'il y a incompatibilité au niveau des champs sémantiques (l'un concerne une personne, l'autre un comportement).

— *thésauriseur* et *ladre* appartiennent à la même classe grammaticale, leurs champs sémantiques se recoupent de façon satisfaisante, on peut remplacer l'un par l'autre : ils sont synonymes.

2. Les limites de la synonymie.

2.1. Un mot n'ayant pas de sens en soi et la créativité du langage étant indéfinie, on pourrait clore toutes les séries de synonymes par *etc.* La langue verte, entre autres, en apporte témoignage.

2.2 L'analogie et l'encyclopédie fournissent la matière d'un dictionnaire des synonymes. Comment n'être ni en-deçà ni au-delà de l'acceptable, lequel en outre est imprévisible?

2.3. J'ai, de mon point de vue, surmonté la difficulté en pensant d'abord au lecteur. Je suis allé assez loin dans l'analogie et l'encyclopédie, mettant ainsi un large éventail de mots au service de l'usager. Ce dont cet usager a besoin rapidement, c'est du plus grand nombre de mots ou locutions susceptibles de remplacer l'indésirable.

3. Qu'est-ce qu'un contraire?

3.1. Les difficultés rencontrées pour définir le synonyme se retrouvent, *mutatis mutandis*, pour définir le contraire. C'est pour des raisons de commodité que ce terme a été adopté. Qu'on veuille bien le prendre plutôt dans le sens de « différent ».

3.2. Pour éviter les répétitions inutiles de séries, le symbole ◈ CONTR. renvoie à une entrée qui peut parfois paraître éloignée du sens contraire premier recherché. Il ne faut donc pas se contenter du renvoi, mais avoir recours à la série de synonymes qui fait suite à l'entrée à laquelle le lecteur est renvoyé. Là aussi c'est un choix qui est proposé.

4. Principe et méthodologie.

4.1. Les séries sont ordonnées selon un classement hiérarchisé adapté au traitement informatique. Mais, tenant compte de la tradition et des goûts du public francophone, et dans la mesure où cela ne gêne pas le classement logique, j'ai tempéré la sécheresse de cette présentation en maintenant des balises dites de niveau de langue et de métalangue dont on trouvera la nomenclature sous la forme d'une table des abréviations. Ces balises ne sont pas forcément normatives, elles sont simplement indicatives et visent à rendre la consultation plus aisée.

4.2. Du fait que l'usager a sous les yeux le meilleur exemple qui puisse être pour lui, à savoir sa propre phrase, ce dictionnaire ne comporte ni citations ni exemples. Du fait que ce même usager ne recherche pas l'identité d'un mot mais ce mot rebelle à la mémoire, il n'y a ni conseils d'emploi ni renseignements d'ordre étymologique ou historique.

4.3. La méthodologie, inspirée de la linguistique structurale, m'a imposé de bannir toute censure pour accepter ou refuser un mot du moment qu'il est attesté dans les auteurs et dans les dictionnaires de référence (cf. bibliographie). Il n'est pas aisé de décider si un mot est grossier, familier, argotique, etc. Dans tel contexte un mot peut être anodin alors que dans un autre il sera inconvenant. C'est à chacun de prendre parti en considération de la situation.

5. Conseils d'emploi.

5.1. Les entrées sont suivies de trois types d'information :
— entrée suivie d'une simple série, ex. :

> **ABÊTISSEMENT** n.m. abalourdissement,
> abrutissement, ahurissement...

— entrée suivie d'une série avec classement hiérarchisé, ex. :

> **ABANDON** n.m. **I. d'une chose. 1. au pr.** : aban-
> donnement (vx), cessation, changement...
> **2.** délaissement, démission, désengage-
> ment **II. de quelqu'un. 1.** confiance, détache-
> ment, familiarité...

— entrée suivie d'un renvoi à une ou plusieurs entrées où l'on trouvera des séries avec ou sans classement, ex. :

> **AFFINITÉ** n.f. **I.** → ALLIANCE. **II.** → ANALOGIE.
> **III.** → AFFECTION. **IV.** → PARENTÉ.

Dans ce cas le renvoi n'est pas le seul synonyme, mais l'entrée à laquelle se reporter afin d'y trouver une série. Le principe est le même pour les ◈ CONTR.

5.2. C'est en pensant, non seulement aux étrangers, mais aussi aux Français que le genre des noms est indiqué. C'est parfois bien utile car il n'y a pas de règle en la matière, voyez par exemple *autoroute, coriandre, épigramme, ergastule, ers, flache, hydre, hypogée, oasis, tique* et bien d'autres pour lesquels le recours au dictionnaire peut être nécessaire.

5.3. Certains mots peuvent être inconnus ou mal connus. Je ne saurais trop conseiller alors d'avoir recours à l'un des dictionnaires de référence (cf. bibliographie).

6. Ce livre a été possible grâce à la confiance et à l'amitié — et je les cite par ordre alphabétique — de Jean-Paul Colin qui fut tout à fait à l'origine, de Bertrand Eveno, Henri Mitterand et Alain Rey.

Bernard Quémada et Yves Gentilhomme m'ont encouragé et proposé des suggestions dont j'ai tenu le plus grand compte.

Thierry Foulc et Gilles Firmin pour une formulation plus précise de ma pensée, Luc Audrain et Kamal Loudiyi pour l'informatique, Gonzague Raynaud pour la présentation de ce livre, les correcteurs et le personnel du Robert m'ont apporté, chacun en son domaine, une aide amicale et efficace dont je leur suis profondément reconnaissant.

Cette entreprise a eu parfois l'allure d'un artisanat familial : je ne peux citer tous ceux qui m'ont aidé, mais je dois une mention à ma petite-fille Marjolaine Combier qui m'a aidé à vérifier la concordance des renvois, tâche fastidieuse et importante, et à ma seconde femme, Hélène, qui m'a constamment assisté pour la conformité et la saisie informatisée du second manuscrit.

Enfin je rends un hommage particulier à ceux que la mort a emportés et qui sont à l'origine de ma vocation : mon maître et ami Algirdas Julien Greimas, ma mère, ma sœur et ma première femme, Thérèse. Ces dernières avaient pris en charge la partie la plus ingrate de ce travail, la lecture et la mise au net du premier manuscrit.

Henri Bertaud du Chazaud

BIBLIOGRAPHIE SOMMAIRE

1. C'est dans les préfaces des dictionnaires de synonymes (voir ci-après) que l'on trouve des études théoriques sur la synonymie. Voici quelques ouvrages de référence sur la problématique du sens et sur la lexicologie. La ville de Paris n'est pas mentionnée lorsque c'est le lieu d'édition.

— DAMOURETTE J. ET PICHON E., *Des mots à la pensée*, d'Artrey, 1911-1952.
— GREIMAS A. J., *Du sens, essai sémiotique*, Le Seuil, 1970.
— GUILBERT L., *La créativité lexicale*, Larousse, 1976.
— GUILLAUME G., *Temps et Verbe*, Champion, 1929.
— HJELMSLEV L., « Pour une sémantique structurale », in *Essais de linguistique*, Copenhague, 1959.
— JAKOBSON R., *Essais de linguistique générale*, trad. Nicolas Ruwet, Minuit, 1963.
— MARTINET A., *Éléments de linguistique générale*, Armand Colin, 1967.
— MATORÉ G., *La Méthode en lexicologie*, Didier, 1953.
— MILNER J. C., *De la syntaxe à l'interprétation*, Le Seuil, 1978.
— MITTERAND H., *Les Mots français*, « Que sais-je ? » n° 270, P.U.F., 1963.
— MULLER C., *Initiation aux méthodes de la statistique linguistique*, Larousse, 1968.
— QUEMADA B., *Les Dictionnaires français modernes 1539-1863*, Didier, 1968.
— REY A., *Théories du signe et du sens*, Klincksieck, 1973-1976.
— REY-DEBOVE (Josette), *Sémiotique*, P.U.F., 1979.
— SAUSSURE (Ferdinand de), *Cours de linguistique générale*, Payot, 1962.
— TESNIÈRE L., *Éléments de syntaxe structurale*, Klincksieck, 1959.

2. Les dictionnaires de synonymes, peu nombreux et d'apparition relativement récente au regard des autres dictionnaires, comportent presque tous des préfaces qui sont autant de traités de la synonymie. Il faut faire une mention spéciale pour la préface du Lafaye où l'on trouve une utilisation de graphes qui ne sont autres que des diagrammes de Venn avant la lettre.

Voici, dans l'ordre chronologique, la liste des principaux dictionnaires de synonymes de langue française du XVIe au XIXe siècle :

— VIVRE (Gérard de), *Synonimes, c'est-à-dire plusieurs propos propres tant en escrivant qu'en parlant, tirez quasi tous à un mesme sens, pour monstrer la richesse de la langue françoise*, Cologne 1569. Cet ouvrage bilingue, français-allemand, est le premier dictionnaire de synonymes connu de langue française.
— MONTMERAN (Alain de), *Synonymes et épithètes françoises*, 1645.
— GIRARD (abbé Gabriel), *Synonymes français, leurs différentes significations et le choix qu'il faut pour en parler avec justesse*, éd. Veuve d'Houry, 1706 (deuxième édition en 1736). Du même, *La Justesse de la langue française ou les Différentes Significations des mots qui passent pour être synonymes*, 1718 ; et *Dictionnaire universel des synonymes de la langue française*, Paris, 1810 (édition posthume).
— HUREAU DE LIVOY Th., *Dictionnaire des synonymes françois*, 1767.
— BEAUZÉE N. Réédite le Girard, 1769-1780.
— ROUBAUD H., *Nouveaux synonymes français*, 1785.
— BOURBON-BUSSET, G. de, *Nouveaux synonymes français*, Dijon, 1789.
— MORIN B., *Dictionnaire universel des synonymes*, 1801.
— GUIZOT F., *Nouveau Dictionnaire universel des synonymes*, 1809.
— PIESTRE J., *Synonymie française*, Lyon, 1810.
— LE ROY DE FLAGIS, *Nouveau Choix des synonymes français*, Paris, 1812.
— BOINVILLIERS J.E., *Dictionnaire universel des synonymes*, Paris, 1826.
— LAVEAUX J.-Ch., *Dictionnaire synonymique de la langue française*, Paris, 1826.
— LEPAN M., Remaniement du Hureau de Livoy, Paris, 1828.
— PONTON D'AMÉCOURT, *Panorama des mots, dictionnaire des synonymes*, 1853.
— LAFAYE P.-B., *Dictionnaire des synonymes de la langue française*, Paris, 1841, 1858, 1861, 1903.

Il convient de signaler le Dictionnaire des synonymes de Condillac (Étienne Bonnot, abbé de Condillac, 1714-1780), bien qu'il n'ait été publié qu'en 1951 par G. Le Roy, avec une préface de M. Roques (P.U.F., « Corpus général des Philosophes français », XXXIII, 3).

3. Dictionnaires et autres ouvrages de référence.

— *Dictionnaire de l'Académie française,* 8ᵉ éd. Hachette, 1935, 9ᵉ éd. en cours, Imprimerie nationale, premier fascicule, 1986, 5ᵉ fascicule, 1990.

— *Mises en garde, propositions, équivalences,* publiées par l'Académie française, les Presses du Palais-Royal, 1964, 1985, 1986.

— BERGERON L., *Dictionnaire de la langue québécoise,* Montréal, V.L.B., 1980.

— BOUDARD A. et ÉTIENNE L., *La Méthode à Mimile,* La Jeune Parque, 1974.

— DUBOIS J., LAGANE R., LEROND A., *Dictionnaire du français classique,* Larousse, 1990.

— CELLARD J. et REY A., *Dictionnaire du français non conventionnel,* Hachette, 1980.

— COLIN J.-P., *Trésor des mots exotiques,* Le français retrouvé, Belin 1986. Du même, *Le dico du cul,* Belfond, 1989.

— COLIN J.-P., MÉVEL J.-P., LECLÈRE C., *Dictionnaire de l'argot,* préface d'Alphonse Boudard, Larousse, 1990.

— ESNAULT G., *Dictionnaire des argots français,* Larousse, 1965.

— FOULQUIÉ P. et SAINT-JEAN R., *Dictionnaire de la langue philosophique,* P.U.F., 1962.

— *Grand Larousse de la langue française,* 1971-1979.

— GREIMAS A. J., *Dictionnaire de l'ancien français,* Larousse, 1969.

— GREIMAS A. J. et KEANE Tereza Mary, *Dictionnaire du moyen français,* Larousse, 1992.

— GRUSS R., *Petit Dictionnaire de marine,* Société d'éditions géographiques, maritimes et coloniales, 1952.

— GUIRAUD P., *Dictionnaire érotique,* Payot, 1978.

— JAL A., *Glossaire nautique,* Didot, 1848.

— Journal officiel de la République française (pour les recommandations officielles) :
   — *Dictionnaire des termes officiels,* 1991 ; Suppléments 1 et 2, 1991 ; Suppléments 3, 4, 5, 1992.
   — *Glossaire des termes officiels,* par la Délégation générale à la langue française : informatique, 1991 ; transports, 1991 ; sports, 1991.

— LALANDE A., *Vocabulaire technique et critique de la philosophie,* P.U.F., 1951.

— LANDAIS N., *Dictionnaire général et grammatical des dictionnaires français,* 7ᵉ éd., Didier, 1843.

— MARCILLAC J., *Dictionnaire français-argot,* La Pensée moderne, 1968.

— MULLER P., *Dictionnaire de l'astronautique,* Larousse, 1964.

— PETIOT G., *Le Robert des sports,* 1982.

— Publications du Conseil international de la langue française (C.I.L.F.) :
   — *Vocabulaire de la publicité,* Hachette, 1976.
   — *Vocabulaire de l'environnement,* Hachette, 1976.
   — *Vocabulaire de l'océanologie,* Hachette, 1976.
   — *Dictionnaire de l'agriculture,* La Maison rustique, 1977.
   — *Vocabulaire des sciences et techniques spatiales,* Hachette, 1978.
   — *Dictionnaire commercial,* Hachette, 1979.
   — *Vocabulaire d'écologie,* Hachette, 1979.

— *Dictionnaire des termes nouveaux des sciences techniques,* sous la direction de Germaine Quemada, C.I.L.F./A.C.C.T., 1983.

— RHEIMS M., *Dictionnaire des mots sauvages,* Larousse, 1969 ; rééd. sous le titre *L'Insolite,* 1989.

— *Le Robert* sous la direction de Paul Robert et Alain Rey, 9 t. 1983.

— ROMAGNESI H., *Champignons d'Europe,* Bordas, 1977.

— SIMONIN A., *Le Petit Simonin illustré par l'exemple,* Gallimard, 1968.

— *Trésor de la langue française (T.L.F.)* sous la direction de Paul Imbs et Bernard Quemada, C.N.R.S., 1971-1990.

— VIOLLET-LE-DUC E., *Dictionnaire raisonné de l'architecture française du XIᵉ au XVIᵉ siècle,* éd. B. Bance, 1854-1868.

— ZWANG G. (Docteur), *Le sexe de la femme,* La Jeune Parque, 1974.

TABLE DES ABRÉVIATIONS

adj.	adjectif	géogr.	géographie	partic.	particulier
adm.	administration	géol.	géologie	pass.	forme passive
adv.	adverbe	gram.	grammaire	path.	pathologie
agr.	agriculture	helv.	helvétisme	peint.	peinture
all.	allemand	impers.	impersonnel	péj.	péjoratif
amér.	américain	ind.	indirect	pétr.	industrie
anat.	anatomie		indirectement		pétrolière
angl.	anglais	inf.	infinitif	philos.	philosophie
anim.	animaux	inform.	informatique	phys.	physique
arch.	architecture	interj.	interjection	poét.	poétique
arg. scol.	argot scolaire	invar.	invariable	pol.	politique
audio.	audiovisuel	ital.	italien	prép.	préposition
au phys.	au physique	jurid.	juridique	pron.	pronominal
au pl.	au pluriel	lég. péj.	légèrement	prot.	protocole
au pr.	au propre		péjoratif	psych.	psychologie
au sing.	au singulier	ling.	linguistique	québ.	québécois
autom.	automobile	litt.	littérature	rég.	régional
aviat.	aviation	liturg.	liturgie	relig.	religieux
belg.	bolgianisme	loc. adv.	locution	rhétor.	rhétorique
blas.	blason		adverbiale	scient.	scientifique
botan.	botanique	log.	logique	spat.	industrie
chir.	chirurgie	mar.	marine		spatiale
compl. circ.	complément	masc.	masculin	subst.	substantif
	circonstanciel	math.	mathématique	syn.	synonyme
compl. d'obj.	complément	méc.	mécanique	techn.	technique
	d'objet	méd.	médecine	télécom.	télécommunication
conj.	conjonction	mérid.	méridional	théol.	théologie
dial.	dialectal	milit.	militaire	tour.	tourisme
eccl.	ecclésiastique	mus.	musique	transp.	transport
écon.	économie	myth.	mythologie	tr. pub.	travaux publiques
électron.	électronique	n.f.	nom féminin	typo.	typographie
enf.	enfantin	n.m.	nom masculin	vén.	vénerie
équit.	équitation	nucl.	industrie	vétér.	vétérinaire
esp.	espagnol		nucléaire	v. intr.	verbe intransitif
ex.	exemple	off.	recommandation	v. pron.	verbe pronominal
fam.	familier		officielle	v. récipr.	verbe réciproque
fav.	favorable	par anal.	par analogie	v. tr.	verbe transitif
fém.	féminin	par ext.	par extension	vx	vieux
fig.	figuré	p. ex.	par exemple	vulg.	vulgaire
génér.	généralement	part.	participe	zool.	zoologie

Dictionnaire
de
synonymes et contraires

À I. → AVEC II. le bien/ la propriété de III. →
VERS IV. → DANS

AABAM n.m. **vx** : plomb, saturne

ABACA n.m. chanvre de Manille, tagal

ABACOT n.m. → COURONNE

ABACULE n.m. cube, mosaïque

ABACUS n.m. → BÂTON

ABAISSABLE → RABATTABLE

ABAISSANT → HONTEUX

ABAISSE n.f. feuille/ pâte amincie

ABAISSEMENT n.m. **I. d'une chose. 1. au pr.** :
descente, fermeture **2. par ext.** : affaiblissement, affaissement, affalement, amenuisement, amoindrissement, baisse, chute, dégradation, dépréciation, détérioration,
dévaluation, fléchissement → DIMINUTION
3. partic. : prolapsus, ptose **II. de quelqu'un** : abjection, amollissement, aplatissement, ava-
chissement, avilissement, bassesse, décadence, déchéance, déclin, dégénérescence,
dépendance, détrônement, esclavage, pourriture, servitude, soumission → HUMILIATION,
HUMILITÉ **III. par ext.** → DÉGÉNÉRATION
◈ CONTR. **I.** → RELÈVEMENT **II.** → AMÉLIORATION
III. → GLOIRE **IV.** → PROGRÈS

ABAISSER **I. une chose** : amenuiser, amoindrir, apetisser, baisser, biller, déprécier,
descendre, dévaluer, diminuer, faire tomber, fermer, rabaisser, rabattre, rapetisser,
ravaler, réduire, ternir **II. quelqu'un : 1.** affaiblir, amoindrir, animaliser, avilir, dégrader,
déprécier, inférioriser, rabaisser, vilipender
→ HUMILIER **2.** → DÉTRÔNER **III. v. pron. 1. une chose** :
s'affaisser, descendre, diminuer **2. quelqu'un** :
s'avilir, se commettre/ compromettre,
condescendre, déchoir, se déclasser/ dégrader, déroger, descendre, en venir à, s'humilier, se plier/ prêter/ ravaler à, tomber →

soumettre (se) **3. fam.** : s'aplatir, écraser, faire
de la lèche/ des bassesses, fayoter, lécher le
→ DERRIÈRE/ LES PIEDS **4.** → DAIGNER
◈ CONTR. **I.** → ÉLEVER **II.** → HAUSSER **III.** → LOUER

ABAJOUE n.f. → JOUE

ABALONE n.m. → GASTÉROPODE

ABALOURDIR → ABÊTIR

ABALOURDISSEMENT n.m. → ABÊTISSE-
MENT

ABANDON n.m. **I. d'une chose. 1. au pr.** : aban
donnement (vx), cessation, changement, cession, consentement, désuétude, don, donation, non-usage, passation, renoncement,
renonciation, suppression **2.** délaissement,
démission, désengagement, désistement,
dessaisissement, forfait, inaccomplissement,
inachèvement, lâchage, non-lieu (jurid.), retrait, résignation (partic.) **3.** abjuration, apostasie, reniement, rétractation **4.** abdication,
capitulation, désertion, incurie, insouciance,
laisser-aller, négligence **5.** → FUITE **6.** → RECUL
7. → CADUCITÉ, VIEILLESSE **8. À L'ABANDON** : à
vau-l'eau, à la dérive, en rade **II. de quelqu'un.**
1. confiance, détachement, familiarité, insouciance, liberté, naturel **2.** lâchage, largage, non-assistance, plaquage **3.** délaissement, déréliction
◈ CONTR. **I.** → ACQUÊT **II.** → ADOPTION **III.** →
CONSERVATION **IV.** → MÉFIANCE **V.** → TENSION

ABANDONNATAIRE n.m. et f. → BÉNÉFI-
CIAIRE

ABANDONNATEUR, TRICE → BIENFAI-
TEUR

ABANDONNÉ, E **I. quelque chose** → VIDE
II. quelqu'un 1. → CONSENTANT **2.** abandonnique
(psych.), délaissé, négligé, privé d' → AFFEC-
TION
◈ CONTR. → SOIGNÉ

ABANDONNEMENT n.m. → ABANDON

ABANDONNER I. une chose. 1. au pr. : céder, cesser, se démettre/ départir/ déposséder/ dépouiller/ désister/ dessaisir de, démissionner, dételer (fam.), donner, faire donation, lâcher, laisser, passer la main, renoncer à → QUITTER 2. s'en aller, déménager, évacuer, laisser → QUITTER 3. abjurer 4. battre en retraite, décamper, décrocher, se replier 5. déclarer forfait, se retirer 6. laisser en → FRICHE II. non fav. 1. abdiquer, délaisser, démissionner, se désintéresser/ détacher de, laisser aller, laisser aller à vau-l'eau, laisser attendre/ courir/ péricliter/ tomber/ traîner, se laisser déposséder, renoncer à, sacrifier 2. fam. : en avoir marre, caler, caner, craquer, se déballonner/ déculotter/ dégonfler, dételer, jeter le gant, planter là, plaquer 3. déguerpir, déloger, évacuer, plier bagage, vider la place/ les lieux 4. abjurer, apostasier, défroquer, renier sa foi 5. capituler, céder, déserter, évacuer, fuir 6. baisser pavillon, céder, couper là, s'incliner, lâcher pied, mettre les pouces, passer la main, rabattre, se rendre/ résigner/ soumettre 7. quelqu'un : délaisser, se déprendre/ désintéresser/ détacher de, dire adieu/ au revoir, écarter, fausser compagnie, lâcher, laisser, négliger, oublier, quitter, rejeter, renoncer à, renvoyer, rompre, se séparer de III. fam. : balancer, laisser en rade, larguer, planter là, plaquer, semer IV. v. pron. 1. se dérégler/ dévoyer, être en proie à, s'en ficher/ foutre (fam.), se jeter/ plonger/ vautrer dans, se laisser aller/ glisser, se livrer à, se négliger, s'oublier, succomber à 2. → CONFIER (SE)
◆ CONTR. I. → CONSERVER II. → CONTINUER III. → MÉFIER (SE) IV. → RÉSISTER V. → SOIGNER

ABANDONNIQUE → ABANDONNÉ

ABAQUE n.m. I. arch. : tailloir II. → TABLE III. → COURONNE

ABASIE n.f. → PARALYSIE

ABASOURDI, E I. → ÉBAHI II. → CONSTERNÉ

ABASOURDIR I. neutre : accabler, étourdir, surprendre – au passif (fam.) : en rester baba/ comme deux ronds de flan II. fav. : ébahir, ébaubir, éberluer, estomaquer (fam.), étonner, interloquer, méduser, sidérer III. non fav. : abrutir, accabler, assommer, choquer, consterner, étourdir, hébéter, interloquer, pétrifier, stupéfier, traumatiser → ABÊTIR
◆ CONTR. → EXCITER

ABASOURDISSEMENT n.m. → STUPÉFACTION

ABAT n.m. → PLUIE

ABÂTARDIR I. quelqu'un ou un animal : abaisser, affaiblir, altérer, avilir, baisser, corrompre, dégénérer, dégrader, métisser II. une chose → ALTÉRER
◆ CONTR. → AMÉLIORER

ABÂTARDISSEMENT n.m. I. → DÉGÉNÉRATION II. → ABAISSEMENT

ABAT-FOIN n.m. → AFFENOIR

ABAT-JOUR n.m. céladon, paraplume. vx : casque (colonial), visière

ABATS n.m. pl. abatages (québ.), bas morceaux, béatilles, fressure, triperie. vén. : curée, fouaille

ABATTAGE n.m. I. bagou, brillant, brio, chic, dynamisme, personnalité II. assommade, assommage, assommement, égorgement, sacrifice, tuage, tuerie. 1. de roches : havage 2. d'arbres : coupe III. MAISON D'ABATTAGE → LUPANAR IV. québ. 1. → AVERSE 2. → REPROCHE
◆ CONTR. → MALADRESSE

ABATTANT n.m. couvercle, miséricorde

ABATTEMENT n.m. I. d'une chose. 1. sur une somme : déduction, escompte, réfaction, ristourne 2. techn. : finition, parement II. de quelqu'un : accablement, anéantissement, consternation, découragement, démoralisation, effondrement, épuisement, harassement, lassitude, prostration → FATIGUE
◆ CONTR. I. → TAXE II. → EXCITATION III. → GAIETÉ

ABATTIS n.m. pl. I. bras, jambes, membres II. → ENTASSEMENT III. → DÉBOISEMENT

ABATTOIR n.m. I. au pr. : assommoir, bouvril, échaudoir, écorcherie, tuerie II. par ext. 1. champ de bataille, danger public → CARNAGE 2. équarrissoir

ABATTRE I. une chose. 1. au pr. : démanteler, démolir, détruire, faire tomber, jeter à terre/ par terre, mettre à bas/ à terre/ par terre, raser, renverser 2. par ext. : couper, désoucher, donner un coup de tronçonneuse, faire tomber, haver, scier 3. étaler/ montrer son jeu 4. ABATTRE DU TRAVAIL : bosser, boulonner, en foutre/ en mettre un coup, trimer, turbiner 5. non fav. : anéantir, annihiler, briser, décourager, démolir, démonter, démoraliser, détruire, faucher, ruiner, vaincre, vider (fam.) II. quelqu'un. 1. au pr. → TUER 2. fig. : accabler, affaiblir, décourager, démolir, déprimer, descendre, disqualifier, écraser, éliminer, épuiser, liquider, régler son compte à, vaincre III. un animal. 1. tirer, tuer, servir (vén.) 2. assommer, égorger, saigner, tuer IV. ÊTRE ABATTU : être prostré, et les formes passives des syn. de abattre V. v. pron. 1. s'affaisser, dégringoler (fam.), s'écraser, s'écrouler, s'effondrer, s'étaler (fam.), se renverser, tomber 2. fondre/ se précipiter/

pleuvoir/ tomber à bras raccourcis sur
◆ CONTR. I. → REMONTER II. → ENCOURAGER

ABBAYE n.f. I. béguinage, cloître, communauté, couvent, laure, monastère, moutier, prieuré → CLOÎTRE – mérid. : abbadie, abescat II. → LUPANAR III. → GUILLOTINE

ABBÉ n.m. I. dignitaire, pontife, prélat II. aumônier, curé, ecclésiastique, pasteur, prêtre, vicaire III. non fav. : abbéion, abbéton, abbétou, capelou → PRÊTRE

ABBESSE n.f. I. (mère) prieure/ supérieure → RELIGIEUSE II. → PROXÉNÈTE

ABCÈS n.m. adénite, anthrax, apostème, apostume bubon, chancre, clou, dépôt, écrouelles, empyème, fluxion, furoncle, grosseur, humeurs froides, hypocrâne, kyste, panaris, parulie, phlegmon, pustule, scrofule, tourniole, tumeur → BOURSOUFLURE

ABDICATION n.f. → ABANDON

ABDIQUER se démettre, démissionner, se désister, quitter → ABANDONNER
◆ CONTR. → CONTINUER

ABDOMEN n.m. I. bas-ventre, épigastre, hypocondre (vx), hypogastre, intestins, transit, ventre II. fam. : avant-scène, ballon, barrique, bedaine, bedon, bide, bonbonne, boyaux, brioche, buffet, burlingue, coffiot, coffre, devant, fanal, gaster, gidouille, œuf d'autruche/ de Pâques, paillasse, panse, placard, tiroir à saucisses, tripes III. d'un animal : hypogastre, panse

ABDOMINAL, E épigastrique, hypocondriaque (vx), hypogastrique, intestinal, ventral

ABÉCÉDAIRE n.m. a.b.c., alphabet, syllabaire

ABECQUER → NOURRIR

ABÉE n.f. → OUVERTURE

ABEILLAGE n.m. apiculture, essaim

ABEILLE n.f. apidé, apis, apoïde, avette, cirière, dasypode, faux bourdon (vx), fille d'Aristée/ de l'Hymette, hyménoptère, mouche à miel, ouvrière, reine

ABEILLER n.m. rucher

ABERRANT, E I. anormal, confusionnel, déraisonnable, illogique, insensé II. absurde, con (fam.), extravagant, faux, fou, grotesque, idiot, imbécile, loufoque, ridicule, saugrenu → BÊTE
◆ CONTR. → NORMAL

ABERRATION n.f. I. aberrance, égarement, errement, erreur, fourvoiement, méprise II. absurdité, aliénation, bévue, extravagance, folie, idiotie, illogisme, imbécillité,

non-sens, stupidité → BÊTISE
◆ CONTR. → SAGESSE

ABERRER → TROMPER (SE)

ABÊTIR abalourdir, abasourdir, abrutir, affaiblir, altérer, animaliser, assoter, bêtifier, crétiniser, débiliter, décérébrer, décerveler, dégrader, diminuer, encroûter, engourdir, envorner (rég.), faire tourner en bourrique (fam.), fossiliser, hébéter, idiotifier, infantiliser, momifier, rabêtir, ramollir, rendre → BÊTE
◆ CONTR. → INSTRUIRE

ABÊTISSANT, E *les part. présents possibles des syn. de* abêtir

ABÊTISSEMENT n.m. abalourdissement, abrutissement, ahurissement, animalisation, aveulissement, avilissement, bêtifiement, connerie (fam.), contre culture, crétinisation, crétinisme, décervelage, encroûtement, gâtisme, hébétude, idiotie, imbécillité, infantilisme, stupidité
◆ CONTR. → INSTRUCTION

ABHORRER abominer, avoir en aversion/ en horreur, détester, éprouver de l'antipathie/ de l'aversion/ du dégoût/ de l'horreur/ de la répugnance, exécrer, haïr, honnir, maudire, vomir
◆ CONTR. I. → ADMIRER II. → ADORER

ABIÈS n.m. douglas, sapin, sapinette (rég.) → CONIFÈRE

ABÎME n.m. I. abysse, aven, bétoire, cloup, fosse, gouffre, igue, perte, précipice, tindoul II. fig. 1. catastrophe, chaos, néant, ruine 2. différence, distance, divorce, fossé, immensité, incompréhension, intervalle
◆ CONTR. → SOMMET

ABÎMER I. une chose. 1. au pr. : casser, dégrader, démolir, détériorer, détraquer, ébrécher, endommager, esquinter, massacrer, gâter, mettre hors de service/ d'usage, rayer, saboter, saccager, salir, user 2. fam. : amocher, amochir, bousiller, bréger (rég.), cochonner, coupailler, débiffer (vx), déglinguer, escagasser (mérid.), fusiller, massacrer, saloper, savater 3. sa santé : compromettre, détraquer, esquinter, ruiner II. quelqu'un. baver sur, calomnier, compromettre, démolir, déshonorer, flétrir, salir, ternir III. v. pron. 1. un navire : aller par le fond, chavirer, couler, disparaître, s'enfoncer, s'engloutir, se perdre, sombrer 2. quelqu'un : s'abandonner à, s'absorber dans, s'adonner à, s'enfoncer dans, être enseveli, s'ensevelir/ se plonger/ sombrer/ tomber/ se vautrer dans (péj.) IV. *les formes pron. possibles des syn. de* abîmer
◆ CONTR. I. → CONSERVER II. → RÉPARER

ABIOSE n.f. → SOMMEIL

ABJECT, E abominable, avili, bas, dégoûtant, écœurant, grossier, honteux, ignoble, ignominieux, indigne, infâme, infect, laid, méprisable, misérable, obscène, odieux, plat, rampant, repoussant, répugnant, sale, sordide, vil, vilain, visqueux – **vulg.** : dégueulasse, salaud

◇ CONTR. **I.** → BEAU **II.** → HONNÊTE

ABJECTEMENT de façon → ABJECT et les dérivés possibles en -ment des syn. de abject

ABJECTION n.f. abomination, avilissement, bassesse, boue, crasse, dégoûtation, fange, grossièreté, honte, ignominie, ilotisme, indignité, infamie, laideur, obscénité, platitude, saleté, vilenie → ABAISSEMENT – **vulg.** : dégueulasserie, saloperie

◇ CONTR. **I.** → BEAUTÉ **II.** → HONNÊTETÉ

ABJURATION n.f. → ABANDON

ABJURER apostasier (péj.), faire son autocritique/ sa confession publique, renier, se rétracter → ABANDONNER

◇ CONTR. → CONFIRMER

ABLATING CONE spat. off. : cône d'ablation

ABLATION n.f. chir. : abscision, abscission, amputation, autotomie, castration, coupe, excision, exérèse, mutilation, opération, rescision, résection, sectionnement, -tomie

◇ CONTR. → GREFFE

ABLE ou **ABLETTE** n.m., n.f. → POISSON

ABLUER et **ABLUTIONNER** → LAVER

ABLUTION n.f. **I. au pr. 1. au sing.** : affusion, lavage, nettoyage, rinçage **2. au pl.** : bain, douche, lavage, nettoyage, toilette **II.** purification (relig.)

ABNÉGATION n.f. abandon, altruisme, désintéressement, détachement, dévouement, holocauste, oubli de soi, renoncement, sacrifice

◇ CONTR. → ÉGOÏSME

ABOI n.m. **I. d'un chien. 1. sing. et pl.** : aboiement, glapissement, hurlement, jappement **2. vén.** : bahulée, chant, cri, voix **II. ÊTRE AUX ABOIS** : à quia, en déconfiture, en difficulté, en faillite, réduit à la dernière extrémité

ABOLIR I. abandonner, abroger, anéantir, annuler, casser, démanteler, détruire, effacer, éteindre, faire cesser/ disparaître/ table rase, infirmer, invalider, lever, prescrire, rapporter, rescinder, résoudre, révoquer, ruiner, supprimer **II. par ext.** : absoudre, amnistier, gracier, pardonner, remettre

◇ CONTR. → ÉTABLIR

ABOLISSEMENT et **ABOLITION** n.m. et n.f. **I.** → ABROGATION **II.** → ABSOLUTION **III.** → AMNISTIE

ABOMINABLE → AFFREUX

ABOMINABLEMENT de façon → AFFREUX et les dérivés possibles en -ment des syn. de affreux

ABOMINATION n.f. **I.** → HONTE **II.** → HORREUR

ABOMINER → HAÏR

ABONDAMMENT → BEAUCOUP

ABONDANCE n.f. **I.** → AFFLUENCE **II.** → PROFUSION **III.** → RICHESSE **IV. 1. PARLER D'ABONDANCE** : avec volubilité, avoir du bagou, être intarissable **2. EN ABONDANCE** : à foison/ gogo, en pagaille, en veux-tu en voilà

◇ CONTR. **I.** → DISETTE **II.** → PAUVRETÉ

ABONDANT, E I. au pr. 1. commun, considérable, copieux, courant, exubérant, fécond, fertile, floribond, fructueux, généreux, inépuisable, intarissable, luxuriant, opulent, plantureux, pléthorique, profus, prolifique, riche, somptueux **2.** à foison, considérable, foisonnant, fourmillant, gargantuesque, grouillant, innombrable, incommensurable, nombreux, pantagruélique, pullulant, surabondant **II. fig. : 1.** ample, charnu, dense, dru, énorme, épais, étoffé, fort, fourni, garni, généreux, gras, gros, long, pantagruélique, rempli, replet **2.** diffus, intarissable, long, prolixe, torrentiel, touffu, verbeux

◇ CONTR. → INSUFFISANT

ABONDEMENT n.m. → ADDITION

ABONDER I. au pr. : bourbiller (rég.), floconner, foisonner, fourmiller, grouiller, infester, proliférer, pulluler, il y a des tas de **II. par ext. 1.** être fertile en/ plein de/ prodigue en/ riche en, regorger de, se répandre en **2. IL ABONDE DANS MON SENS** : approuver, se rallier à, se ranger à un avis

◇ CONTR. → MANQUER

ABONNEMENT n.m. carte, forfait, série, souscription

ABONNIR → AMÉLIORER

ABONNISSEMENT n.m. → AMÉLIORATION

ABORD I. n.m. 1. au sing. : accueil, approche, caractère, comportement, réception **2. au pl.** : accès, alentours, approches, arrivées, entrées, environs **II. 1. D'ABORD** : a priori, au commencement, auparavant, au préalable, avant tout, en premier lieu, premièrement, primo **2. DÈS L'ABORD** : dès le commencement, sur le coup, dès le début, immédiatement, incontinent, à première vue, tout de suite **3. TOUT D'ABORD** : aussitôt, sur-le-champ, dès le premier instant **4. AU PREMIER/ DE PRIME ABORD** : dès le commencement, à la première rencontre, à première vue

ABORDABLE I. **quelqu'un** : accessible, accueillant, bienveillant, facile, pas fier (fam.) II. **une chose.** 1. bon marché, pas cher, possible, réalisable 2. accostable, approchable, facile

◇ CONTR. I. → INABORDABLE II. → CHER

ABORDAGE n.m. I. arraisonnement, assaut, collision II. accostage, atterrage, débarquement

◇ CONTR. I. → DÉPART II. → FUITE

ABORDER I. **une chose.** 1. **au pr.** : accéder à, accoster, approcher de, arriver à, atteindre, avoir accès à, enganter (mar.), mettre pied à terre → TOUCHER 2. **une difficulté** → AFFRONTER 3. **un virage** : négocier II. **quelqu'un** → ACCOSTER III. **mar.** : arraisonner

◇ CONTR. I. → APPAREILLER II. → PARTIR

ABORIGÈNE n. et adj. autochtone, indigène, natif, naturel

◇ CONTR. → ÉTRANGER

ABORNEMENT n.m. → BORNAGE

ADORNER → BORNER

ABORTION n.f. → INTERRUPTION

ABOT n.m. entrave

ABOUCHEMENT n.m. I. aboutement, accouplement, ajoutement, anastomose (méd.), jonction, jumelage, raccordement, rapport, reboutement, union II. conférence, entrevue, rencontre

ABOUCHER I. abouter, accoupler, ajointer, anastomoser (méd.), joindre, jumeler, mettre bout à bout/ en rapport, raccorder, réunir II. ménager/ procurer une entrevue/ un rendez-vous, mettre en rapport/ en relation, rapprocher, réunir III. **v. pron.** : communiquer, entrer/ se mettre en conférence/ pourparlers/ rapport/ relation, s'entretenir, négocier, prendre date/ langue/ rendez-vous

◇ CONTR. → SÉPARER

ABOULER I. **fam.** : apporter, donner II. **v. pron.** : s'amener, arriver, se pointer, se propulser, se radiner, rappliquer, se rappliquer, venir

◇ CONTR. I. → PRENDRE II. → PARTIR

ABOULIE n.f. → APATHIE

ABOULIQUE amorphe, apathique, faible, impuissant, mou, sans volonté, velléitaire → PARESSEUX – **fam.** : crevé, lavette, vidé

◇ CONTR. → ACTIF

ABOUNA n.m. → PRÊTRE

ABOUT n.m. → AJOUT

À BOUT → FATIGUÉ

ABOUTER I. → JOINDRE II. → TAILLER (la vigne) III. → ABOUCHER

ABOUTIR I. accéder à, achever, arriver à, atteindre, se diriger vers, finir à/ dans/ en/ par, se jeter/ tomber dans → TERMINER (SE) II. avoir du succès, être couronné de succès, mener à sa fin/ son issue/ son terme, parvenir à → RÉUSSIR

◇ CONTR. I. → COMMENCER II. → PARTIR III. → ÉCHOUER

ABOUTISSANT LES TENANTS ET LES ABOUTISSANTS : les causes et les conséquences, les données

ABOUTISSEMENT n.m. but, couronnement, fin, issue, point final, réalisation, résultat, terme

◇ CONTR. → COMMENCEMENT

ABOYER I. **au pr.** : crier, japper, hurler – **vén.** : bahuler, chanter II. **par ext.** : braire, clabauder, crier, glapir, gueuler (vulg.), japper, hurler

ABOYEUR n.m. crieur, commissaire-priseur → HUISSIER

ABRACADABRANCE n.f. → BIZARRERIE

ABRACADABRANT, E abracadabrantesque, ahurissant, baroque, biscornu, bizarre, délirant, démentiel, déraisonnable, époustouflant, étrange, extraordinaire, extravagant, fantasmagorique, fantasque, fantastique, farfelu, fou, grand-guignolesque, incohérent, incompréhensible, incroyable, insolite, patapharesque, rocambolesque, sans queue ni tête, saugrenu, singulier, stupéfiant, surprenant, ubuesque, unique

◇ CONTR. → LOGIQUE

ABRASEMENT et **ABRASION** n.m. et n.f. I. → POLISSAGE II. → USURE

ABRASER I. → POLIR II. → USER

ABRÉGÉ n.m. abréviation, abstract (angl.), accourci (vx), acronyme, aide-mémoire, analyse, aperçu, argument, bréviaire (relig.), compendium, digest, diminutif, éléments, épitomé, esquisse, extrait, manuel, notice, plan, précis, promptuaire, raccourci, récapitulation, réduction, résumé, rudiment, schéma, sommaire, somme, topo (fam.)

◇ CONTR. → DÉVELOPPEMENT

ABRÉGÉ, E adj. I. **fav.** : amoindri, bref, concis, court, cursif, diminué, écourté, lapidaire, limité, raccourci, rapetissé, réduit, resserré, restreint, résumé, simplifié, sommaire, succinct II. **non fav.** : compendieux, laconique, tronqué

◇ CONTR. → DÉVELOPPEMENT

ABRÉGEMENT n.m. diminution, raccourcissement, réduction

◇ CONTR. → EXTENSION

ABRÉGER accourcir, alléger, amoindrir, borner, diminuer, écourter, limiter, raccour-

cir, rapetisser, réduire, resserrer, restreindre, résumer, simplifier, tronquer
◇ CONTR. → DÉVELOPPER

ABRÊTIER ou **ABRÊT-NOIR** n.m. → MYRTILLE

ABREUVER I. au pr. : apporter de l'eau, désaltérer, étancher la soif, faire boire, verser à boire **II. par ext. 1.** accabler/ arroser/ combler/ couvrir/ imprégner/ inonder de **2. non fav.** : accabler de, agonir, couvrir/ inonder de **3.** → HUMECTER **4.** → REMPLIR **III. v. pron.** : **1. une chose** : absorber, s'arroser, s'humecter, s'imbiber, s'imprégner, s'inonder, se mouiller, se pénétrer **2. quelqu'un** (fam.) : absorber, arroser, s'aviner, biberonner, buvoter, chopiner, se cocarder, écluser, entonner, éponger/ étancher sa soif, s'humecter le gosier, s'imbiber, s'imprégner, lamper, se lester, lever le coude, licher, picoler, pinter, pomper, se rafraîchir, se remplir, riboter, se rincer la dalle/ le gosier, siroter, sucer, se taper/ vider un verre, téter → ENIVRER (s') **3. un animal** : boire, se désaltérer, étancher sa soif, laper, super
◇ CONTR. I. → ASSOIFFER **II.** → PRIVER

ABREUVOIR n.m. auge, baquet, bassin

ABRÉVIATION n.f. **I.** abrégement, acronyme, initiales, raccourci, sigle **II.** → ABRÉGÉ **III.** → DIMINUTION
◇ CONTR. → ALLONGEMENT

ABRI n.m. **I. au pr. 1.** asile, cache, cachette, lieu sûr, oasis, refuge, retraite **2. non fav.** : antre, repaire **3. d'un animal** : bauge, gîte, refuge, repaire, reposée, soue, trou → TANIÈRE **4.** → PORT **5.** Abribus, arrêt, aubette **6.** → CAVERNE **II. milit.** : bunker, cagna, canfourne (arg.), casemate, fortin, guitoune, récepte (vx) **III. par ext.** : assurance, défense, garantie, protection, refuge, sécurité, sûreté **IV. ÊTRE À L'ABRI** : à couvert, à l'écart, à l'ombre (fam.), hors d'atteinte/ de portée, en lieu sûr, en sécurité, en sûreté, planqué (fam.)
◇ CONTR. → DÉCOUVERT (À)

ABRIBUS n.m. **off.** : aubette

ABRICOT n.m. alberge

ABRICOTIER n.m. albergier

ABRITER I. → COUVRIR **II.** → CACHER **III.** → PROTÉGER **IV.** → RECEVOIR

ABROGATION n.f. **I. au pr.** : abolition, annulation, cassation, cessation, contre-lettre, infirmation, invalidation, prescription, rédhibition, rescission (jurid.), résiliation, résolution, retrait, révocation, suppression **II. par ext. 1.** anéantissement, destruction, disparition, effacement **2.** → ABSOLUTION
◇ CONTR. I. → CONFIRMATION **II.** → RÉTABLISSEMENT

ABROGER I. → ABOLIR **II. v. pron.** : s'abolir, s'annuler, cesser son effet, s'effacer, s'éteindre, être abrogeable, se prescrire
◇ CONTR. I. → CONFIRMER **II.** → RÉTABLIR

ABRUPT, E I. accore (mar.), à pic, escarpé, montant, raide, roide, rude **II.** acariâtre, acerbe, acrimonieux, aigre, bourru, brusque, brutal, direct, dur, haché, hargneux, heurté, inculte, rébarbatif, revêche, rogue, sauvage, tout de go (fam.)
◇ CONTR. I. → PLAT **II.** → AIMABLE

ABRUPTEMENT de façon → ABRUPT et les dérivés possibles en -ment des syn. de abrupt

ABRUTI, E nom et adj. → BÊTE

ABRUTIR I. → ABÊTIR **II.** → FATIGUER **III.** → ABASOURDIR

ABRUTISSEMENT n.m. abasourdissement, abêtissement, ahurissement, animalité, avilissement, bestialité, connerie (fam.), crétinisme, décervelage, engourdissement, gâtisme, hébétement, hébétude, idiotie, imbécillité, stupeur, stupidité → BÊTISE
◇ CONTR. I. → INSTRUCTION **II.** → CIVILISATION **III.** → ÉVOLUTION

ABSCISSE n.f. → COORDONNÉES

ABSCONS, E → DIFFICILE

ABSENCE n.f. **I. au pr. 1.** carence, défaut, défection, éclipse, indisponibilité, manque **2.** départ, disparition, échappée, école buissonnière, éloignement, escapade, fugue **II. par ext.** : omission, privation **III. AVOIR DES ABSENCES** : amnésie, distractions, oublis, trous
◇ CONTR. → PRÉSENCE

ABSENT, E I. contumace, défaillant, indisponible, manquant **II.** ailleurs, dans la lune (fam.), inattentif, lointain, rêveur → DISTRAIT
◇ CONTR. I. → PRÉSENT **II.** → ATTENTIF

ABSENTER (S') I. neutre : s'éloigner, partir, quitter, se retirer, sortir **II. non fav.** : disparaître, s'éclipser, faire défaut, faire l'école buissonnière, manquer, pratiquer l'absentéisme – **fam.** : jouer la fille de l'air, tirer au flanc/ au cul
◇ CONTR. → DEMEURER

ABSIDE n.f. absidiole, chevet

ABSINTHE n.f. → ARMOISE

ABSOLU, E I. adj. 1. au pr. : catégorique, complet, dirimant, discrétionnaire, dogmatique, entier, exclusif, foncier, formel, impératif, impérieux, inconditionnel, indispensable, infini, parfait, plein, radical, rédhibitoire, total, unilatéral **2. quelqu'un** : arbitraire, autocratique, autoritaire, cassant, césarien, despotique, dictatorial, dogmatique, exclusif, impérieux, intransigeant, jupitérien, omnipotent, souverain, totalitaire, tout-puissant, tyrannique **II. nom**: idéal, infini, intégrité, intransigeance, perfection, plénitude

◆ CONTR. **I.** → CONTINGENT **II.** → CONCILIANT

ABSOLUITÉ n.f. → ABSOLUTISME

ABSOLUMENT I. à fond/ toute force, carrément, diamétralement, nécessairement, tout à fait, *et les adv. en* -ment *formés avec les syn. de* absolu **II.** → COMPLÈTEMENT

◆ CONTR. → PRESQUE

ABSOLUTION n.f. **I.** abolition, abrogation, acquittement, amnistie, annulation, cassation, extinction, grâce, pénitence, prescription, rémission, remise/ suppression de peine **II.** → PARDON

ABSOLUTISME n.m. **I.** arbitraire, autocratie, autoritarisme, caporalisme, césarisme, despotisme, dictature, dominat, domination, fascisme, hégémonie, nazisme, omnipotence, oppression, pouvoir personnel, totalitarisme, tyrannie **II.** → INTOLÉRANCE **III. par ext** monocratie → ROYAUTÉ

◆ CONTR. **I.** → DÉMOCRATIE **II.** → TOLÉRANCE

ABSOLUTISTE n. et adj. → INTÉGRISTE

ABSOLUTOIRE → IRRÉVERSIBLE

ABSORBATION et **ABSORBEMENT** n.f. et n.m. → DISTRACTION

ABSORBÉ, E I. neutre: absent, méditatif, occupé, préoccupé **II. non fav.**: abruti, ahuri → DISTRAIT

◆ CONTR. → DÉGAGÉ

ABSORBER I. avaler, boire, s'imbiber/ imprégner/ se pénétrer de, pomper, résorber → BOIRE **II.** avaler, assimiler, consommer, déglutir, dévorer, engloutir, engouffrer, épuiser, faire disparaître/ fondre, ingérer, ingurgiter, liquider, manger, nettoyer, phagocyter (fam.) **III.** accaparer, annexer, dévorer, prendre, retenir **IV. v. pron. 1.** s'abîmer, s'abstraire, s'attacher à, se recueillir **2.** s'enfoncer dans, s'engloutir, s'ensevelir, se plonger, sombrer *et les formes passives possibles des syn. de* absorber

◆ CONTR. **I.** → VOMIR **II.** → REJETER

ABSORBEUR n.m. saturateur

ABSORPTION n.f. **I.** alimentation, bibition, consommation, imbibition, imprégnation, ingestion, ingurgitation, manducation **II.** disparition, effacement, liquidation, suppression **III.** fusionnement, intégration, unification

◆ CONTR. **I.** → VOMISSEMENT **II.** → REFUS

ABSOUDRE I. quelqu'un → ACQUITTER **II. une faute**: effacer, excuser, pardonner, remettre

◆ CONTR. → CONDAMNER

ABSTÈME → SOBRE

ABSTENIR (S') se déporter (vx)/ dispenser, éviter, s'exempter de, se garder de, s'interdire de, négliger de, ne pas participer à, ne pas prendre part à, se passer de, se priver de, se refuser à/ de, se récuser, renoncer à, rester neutre, se retenir de

◆ CONTR. → PARTICIPER

ABSTENTION n.f. **I.** neutralité, non-belligérance, non-engagement, non-intervention **II.** privation, récusation, refus, renonciation, renoncement, restriction

◆ CONTR. → PARTICIPATION

ABSTINENCE n.f. **I.** → JEÛNE **II.** → CONTINENCE

◆ CONTR. **I.** → RIPAILLE **II.** → DÉBAUCHE

ABSTINENT, E I. au pr.: frugal, modéré, tempérant → SOBRE **II. par ext. 1.** chaste, continent **2. d'alcool**: abstème

◆ CONTR. **I.** → GLOUTON **II.** → IVROGNE **III.** → LASCIF

ABSTRACT n.m. **off.** → ABRÉGÉ

ABSTRACTEUR n.m. et adj. abstractif, alambiqueur (péj.), réducteur, théoricien

◆ CONTR. → RÉALISTE

ABSTRACTION n.f. **I. au pr.**: axiome, catégorie, concept, notion **II. non fav.**: chimère, irréalité, fiction, utopie **III. 1. FAIRE ABSTRACTION DE**: écarter, éliminer, exclure, laisser de côté, mettre à part, omettre, ôter, retirer, retrancher, sortir, supprimer **2. ABSTRACTION FAITE DE**: en dehors de, excepté, à l'exception de, hormis, à part **3. AVOIR UNE FACULTÉ D'ABSTRACTION**: absence, indifférence, méditation, réflexion, repli sur soi

◆ CONTR. → RÉALITÉ

ABSTRAIRE I. → ÉLIMINER **II. v. pron.**: s'absenter, se défiler (fam.), s'écarter de, se détacher de, s'éliminer, s'exclure, se mettre à part, prendre ses distances, se replier sur soi

◆ CONTR. **I.** → ADMETTRE **II.** → PARTICIPER

ABSTRAIT, E I. une chose. 1. neutre: axiomatique, irréel, non figuratif, profond, spéculatif, subtil, théorique, virtuel **2. non fav.**: abscons, abstrus, chimérique, difficile, fumeux (fam.), obscur, utopique, vague **II. quelqu'un. 1. fav.**: profond, subtil **2. non fav.**: *ses idées*: abscons, chimérique, difficile, irréel, obscur, utopique, vague ; *son comportement*: absent, absorbé, distrait, indifférent, méditatif, paumé (fam.), rêveur

◆ CONTR. **I.** → RÉEL **II.** → RÉALISTE **III.** → FIGURATIF

ABSTRAITEMENT de façon → ABSTRAIT *et les dérivés possibles en* -ment *des syn. de* abstrait

ABSTRUS, E I. → OBSCUR II. → DIFFICILE

ABSTRUSION n.f. I. → OBSCURITÉ II. → DIFFICULTÉ

ABSURDE aberrant, abracadabrant, biscornu, contradictoire, courtelinesque, démentiel, déraisonnable, énorme, extravagant, fou, illogique, imaginaire, incohérent, incongru, inconséquent, inepte, insane, irrationnel, saugrenu, stupide, ubuesque → BÊTE, INSENSÉ – fam.: brindezingue, con, dingue, farfelu

◇ CONTR. → RAISONNABLE

ABSURDEMENT de façon → ABSURDE *et les dérivés possibles en* -ment *des syn. de* absurde

ABSURDISME n.m. → PHILOSOPHIE

ABSURDITÉ n.f. aberration, apagogie, aporie, conte, contradiction, contresens, contre-vérité, déraison, énormité, extravagance, folie, illogisme, incohérence, incongruité, inconséquence, ineptie, insanité, irrationnalité, loufoquerie, non-sens, rêve, stupidité → BÊTISE – fam.: bobard, connerie, dinguerie, tuyau crevé

◇ CONTR. I. → VÉRITÉ II. → SAGESSE III. → INTELLIGENCE

ABUS n.m. I. exagération, excès, exploitation II. débordements, dérèglement, désordre, errements, immodération, inconduite, intempérance III. → INJUSTICE

◇ CONTR. I. → MODÉRATION II. → TEMPÉRANCE

ABUSER I. v. intr. 1. au pr.: dépasser/ passer les bornes/ la mesure, exagérer, exploiter, mésuser, outrepasser – fam.: attiger, charrier 2. d'une femme: déshonorer, faire violence, posséder, violer, violenter II. v. tr. → TROMPER III. v. pron.: aberrer, cafouiller, s'égarer, errer, faillir, faire erreur, se faire illusion, s'illusionner, se leurrer, méjuger, se méprendre, prendre le change, sous-estimer, se tromper. fam.: déconner, se ficher/ foutre dedans, se gourer, se mettre le doigt dans l'œil

◇ CONTR. → MODÉRER

ABUSIF, IVE I. neutre: envahissant, immodéré → EXCESSIF II. non fav. 1. injurieux (vx), injuste, léonin, trop dur/ sévère 2. impropre, incorrect, mauvais

◇ CONTR. I. → DISCRET II. → JUSTE

ABUSIVEMENT I. excessivement, immodérément II. improprement, indûment, injustement III. incorrectement

ABUTER → ABOUTER

ABYSSAL, E → PROFOND

ABYSSE n.m. → ABÎME

ACA n.m. aga → PLUIE

ACABIT n.m. catégorie, espèce, genre, manière, nature, qualité, sorte, type – fam.: farine, tabac

ACACIA n.m. **partic.**: cachou, canéfier, casse, cassier, mimosa, robinier

ACADÉMICIEN, NE académiste (vx ou péj.), habit vert, immortel, membre de l'Institut, un des quarante, pensionnaire du palais Mazarin/ quai Conti

ACADÉMIE n.f. I. au pr. 1. Académie française: institut, palais Mazarin, quai Conti 2. universitaire: institut, rectorat, université II. par ext.: collège, conservatoire, école, faculté, gymnase, institut, lycée III. beaux-arts: charnure, modèle, nu

ACADÉMIQUE I. neutre: conformiste, conventionnel II. non fav.: ampoulé, compassé, constipé (fam.), démodé, emmerdant (grossier), empesé, emphatique, ennuyeux, fossilisé, froid, guindé, prétentieux, recherché, sans originalité/ relief, ridicule, vieux jeu

◇ CONTR. → SIMPLE

ACADÉMISME n.m. conformisme, convention

◇ CONTR. → SIMPLICITÉ

ACAGNARDER I. → PARESSER II. → REPLIER (SE)

ACAJOU n.m. acajuba, anacardier, teck

ACARIÂTRE I. acerbe, acide, acrimonieux, aigre, atrabilaire, bilieux, bougon, criard, grincheux, grognon, gueulard, hargneux, hypocondriaque, incommode, insociable, intraitable, maussade, morose, querelleur, quinteux, rébarbatif, revêche, rogue, rude, teigneux - fam. et/ ou grossier: bâton merdeux, grande gueule, merdeux, pètesec ou pètesec II. UNE FEMME ACARIÂTRE → MÉGÈRE

◇ CONTR. → GRACIEUX

ACARIÂTRETÉ n.f. → AIGREUR

ACAUDE anoure

ACCABLANT, E I. brûlant, écrasant, étouffant, fatigant, impitoyable, inexorable, intolérable, kafkaïen, lourd, oppressant, orageux, pesant, suffocant, tropical II. → TUANT III. débilitant, décourageant, déroutant, désarmant, désespérant, irréfutable

◇ CONTR. I. → DOUX II. → RÉCONFORTANT

ACCABLEMENT n.m. → ABATTEMENT

ACCABLER I. → CHARGER II. → ABATTRE III. surcharger

ACCALMIE n.f. I. → APAISEMENT II. → BONACE

ACCALMINÉ, E → ENCALMINÉ

ACCALMIR → CALMER

ACCAPAREMENT n.m. monopolisation, spéculation, stockage, thésaurisation

◇ CONTR. → DISTRIBUTION

ACCAPARER I. → ACCUMULER II. → ABSORBER III. → ENVAHIR

ACCAPAREUR n.m. → SPÉCULATEUR

ACCASTILLAGE n.m. I. vx : acrostole II. drome, quincaillerie marine III. aiguade, amarinage, approvisionnement

ACCASTILLER aiguer, amariner, approvisionner, armer, avitailler, fournir, gréer, munir, souter

ACCÉDER I. v. intr. 1. → ABOUTIR 2. → ACCOSTER II. v. tr. ind. 1. → ACCEPTER 2. → CONSENTIR

ACCELERANDO → RYTHME

ACCÉLÉRATEUR n.m. I. spat. : booster II. fam. : champignon

ACCÉLÉRATION n.f. accroissement, activation, augmentation de cadence/ rythme/ vitesse, célérité, hâte, précipitation

◇ CONTR. → DIMINUTION

ACCELERATION BUILD-UP spat. off. : montée en accélération

ACCÉLÉRÉ, E → RAPIDE

ACCÉLÉRER I. au pr. : accroître, activer, appletter (rég.), augmenter, avancer, dépêcher, expédier, hâter, pousser, précipiter, presser, sprinter, stimuler, trousser II. auto : appuyer sur/ écraser le champignon, mettre la gomme/ les gaz, pousser, presser III. v. pron. : faire diligence *et les formes pron. possibles des syn. de* accélérer − fam. : se dégrouiller/ grouiller/ manier ou magner/ remuer, faire ficelle/ fissa

◇ CONTR. I. → FREINER II. → MODÉRER III. → DIMINUER

ACCENSE ou **ACENSE** n.f. → FERME

ACCENT n.m. I. accentuation, marque, signe II. emphase, intensité, modulation, prononciation, ton, tonalité

ACCENTUATION n.f. → AUGMENTATION

ACCENTEUR n.m. mouchet → PASSEREAU

ACCENTUER I. accroître, accuser, appuyer sur, augmenter, déclamer, donner de l'intensité/ du relief à, faire ressortir, insister sur, intensifier, marteler, montrer, peser sur, ponctuer, renforcer, rythmer, scander, souligner II. → PRONONCER III. v. pron. : devenir plus apparent/ évident/ fort/ net, se mettre en évidence/ relief, ressortir *et les formes pron. possibles des syn. de* accentuer

ACCEPTABLE admissible, approuvable, bon, convenable, correct, passable, possible, potable, présentable, recevable, satisfaisant, suffisant, valable

◇ CONTR. → INACCEPTABLE

ACCEPTATION n.f. → ACCORD

ACCEPTER I. neutre 1. une chose → AGRÉER 2. quelqu'un → ACCUEILLIR 3. → ENDOSSER 4. accé-

der/ acquiescer/ adhérer à, admettre, agréer, approuver, se conformer à, condescendre à, consentir à, dire oui, donner son accord/ consentement, se joindre à, opiner, permettre, se prêter à, se rallier à, ratifier, recevoir, se rendre à, se soumettre à, souscrire à, toper (fam.), trouver bon 5. agréer, recevoir II. non fav. : s'accommoder de, admettre, avaler, endurer, pâtir, se résigner à, souffrir, subir, supporter, tolérer

◇ CONTR. → REFUSER

ACCEPTEUR n.m. et adj. souscripteur, tiré

ACCEPTION n.f. I. sens, signification II. → PRÉFÉRENCE

ACCÈS n.m. I. abord, bord, entrée, input (partic.), introduction, ouverture, seuil II. fig. 1. → ACCUEIL 2. méd. : attaque, atteinte, crise, poussée 3. de colère : bouffée, corrida (fam.), scène III. PAR ACCÈS : par intermittence, récurrent

ACCESSIBILITÉ n.f. → FACILITÉ

ACCESSIBLE I. au pr. : accort, accueillant, affable, aimable, amène, facile, ouvert à, sensible, simple II. abordable, atteignable, attingible III. à disposition, consultable, libre IV. par ext. : approchable, compréhensible, intelligible, à portée, simple

◇ CONTR. I. → DIFFICILE II. → SECRET

ACCESSION n.f. I. admission, arrivée, avancement, avènement, venue II. → PROMOTION III. → ACQUÊT

◇ CONTR. I. → DÉPART II. → PERTE

ACCESSIT n.m. distinction, nomination, prix, récompense

ACCESSOIRE I. adj. 1. auxiliaire, concomitant, inutile, marginal, négligeable, secondaire, subsidiaire, superfétatoire, superflu 2. additionnel, annexe, auxiliaire, complémentaire, dépendant, incident, supplémentaire II. n.m. : instrument, outil, pièce → USTENSILE

◇ CONTR. → PRINCIPAL

ACCESSOIREMENT I. éventuellement, incidemment, secondairement, subsidiairement II. → PEUT-ÊTRE

◇ CONTR. → PRINCIPALEMENT

ACCIDENT n.m. I. au pr. 1. affaire, aventure, épisode, événement, incident, péripétie, phénomène 2. accroc, accrochage, aléa, anicroche, avatar (par ext.), aventure, calamité, catastrophe, contretemps, coup dur/ du sort, ennui, les hauts et les bas, malheur, mésaventure, revers, traverse, vicissitudes 3. capotage, carambolage, choc, collision, crash, chute, dérapage, dévissage, éboulement, effondrement, électrocution, emboutissage, explosion, incendie, noyade, télesco-

page, tête-à-queue, tonneau **4.** avalanche, éruption volcanique, glissement de terrain, inondation, raz de marée, tremblement de terre **5.** avarie, chavirement, naufrage, perte **6.** → CONTINGENCE **7.** → EXCEPTION **8. vx :** essoine, malencontre, meschef **9. arg. ou fam. :** avaro, bin's, bite, bûche, caille, chtourbe, contrecarre, couille, manque de bol/ pot, merde, os, pépin, salade, tuile **II. par ext. 1. de terrain :** aspérité, creux et bosses, dénivellation, mouvement de terrain, pli, plissement, relief **2. PAR ACCIDENT :** par extraordinaire, fortuitement, par hasard/ inadvertance/ occasion, rarement
◇ CONTR. **I.** → HABITUDE **II.** → CHANCE

ACCIDENTÉ, E I. au pr. 1. quelqu'un : abîmé, amoché, atteint, blessé, esquinté, touché, traumatisé **2. une chose :** accroché, bousillé, cabossé, carambolé, cassé, démoli, détérioré, détraqué, détruit, endommagé, esquinté **II. par ext. 1.** agité, dangereux, imprévu **2.** inégal, irrégulier, mamelonné, montagneux, montueux, mouvementé, pittoresque, vallonné, varié
◇ CONTR. → PLAT

ACCIDENTEL, LE accessoire, acquis, adventice, brutal, casuel (vx), mamelonné, contingent, épisodique, événementiel, éventuel, exceptionnel, extraordinaire, extrinsèque, fortuit, imprévu, inattendu, incident, inhabituel, occasionnel, violent
◇ CONTR. **I.** → CERTAIN **II.** → NORMAL

ACCIDENTELLEMENT I. d'aventure, fortuitement, inopinément, malencontreusement, par accident, par hasard, sans cause *et les adv. en -ment formés avec les syn. de* accidentel **II.** → PEUT-ÊTRE

ACCIDENTER abîmer, accrocher, amocher, bousiller, cabosser, caramboler, casser, démolir, détériorer, détraquer, détruire, endommager, esquinter, modifier
◇ CONTR. **I.** → ÉVITER **II.** → RÉPARER

ACCISE n.f. → IMPÔT

ACCISIER n.m. → DOUANIER

ACCLAMATEUR, TRICE → LOUANGEUR

ACCLAMATION n.f. applaudissement, approbation, bis, bravo, éloge, hourra, louange, ovation, rappel, triomphe, vivat
◇ CONTR. → HUÉE

ACCLAMER applaudir, bisser, conclamer (vx), faire une ovation, ovationner, rappeler
◇ CONTR. → VILIPENDER

ACCLIMATATION n.f. **I.** apprivoisement, naturalisation **II. jardin d'acclimatation :** jardin zoologique → ZOO

ACCLIMATEMENT n.m. accommodation, accoutumance, adaptation, apprivoisement,

habitude
◇ CONTR. → INCAPACITÉ

ACCLIMATER I. accoutumer, adapter, apprivoiser, entraîner, familiariser, habituer, importer, initier, introduire, naturaliser, transplanter **II. v. pron. quelqu'un :** s'accoutumer, s'adapter, s'y faire, s'habituer **III. une chose :** s'établir, s'implanter, s'introduire, prendre place *et les formes pron. possibles des syn. de* acclimater
◇ CONTR. → DÉROUTER

ACCOINÇON n.m. → POUTRE

ACCOINTANCE n.f. amitié, attache, camaraderie, connaissance, fréquentation, intelligence, intimité, liaison, lien, parenté, piston (fam.), rapport, relation, tenants et aboutissants
◇ CONTR. → ALLERGIE

ACCOINTER (S') I. → FRÉQUENTER **II.** → ACCOUPLER (s')

ACCOISEMENT n.m. vx → ADOUCISSEMENT

ACCOISER → CALMER

ACCOLADE n.f. fam. : bise, embrassade

ACCOLADER et **ACCOLER I. au pr.** → BAISER **II. par ext. 1.** → ADJOINDRE **2.** → SERRER **3.** → ACCOUPLER

ACCOLURE n.f. **I.** → ATTACHE **II.** → ASSEMBLAGE

ACCOMMODAGE n.m. → PRÉPARATION

ACCOMMODANT, E accommodable, arrangeant, aisé à vivre, bienveillant, bon enfant/ prince, complaisant, compréhensif, conciliant, condescendant, coulant, débonnaire, de bonne composition, du bois dont on fait les flûtes (fam.), (esprit) large, facile à contenter/ à satisfaire/ à vivre, laxiste (péj.), sociable, souple, traitable
◇ CONTR. → INTRAITABLE

ACCOMMODATION n.f. → ADAPTATION

ACCOMMODEMENT n.m. accord, ajustement, amodiation, arrangement, capitulation (fam.), composition, compromis, conciliation, entente, expédient, raccommodement, rapprochement, règlement amiable
◇ CONTR. → MÉSINTELLIGENCE

ACCOMMODER I. une chose → ADAPTER **II. cuisine** → APPRÊTER **III. quelqu'un. 1. au pr.** → ACCORDER **2. habillement** → ACCOUTRER **IV. v. pron. :** accepter, admettre, s'arranger de (fam.), se contenter de, se faire à, faire son affaire de, s'habituer à, prendre son parti de, se satisfaire de, se soumettre à, tirer parti de *et les formes pron. possibles des syn. de* accommoder
◇ CONTR. → OPPOSER

ACCOMPAGNATEUR, TRICE → GUIDE

ACCOMPAGNEMENT n.m. I. convoi, cortège, équipage, escorte, pompe, suite II. accessoire, appareil, attirail, complément, garniture III. accord, arrangement, coexistence, harmonisation IV. → CONSÉQUENCE

◇ CONTR. I. → ISOLEMENT II. → ABANDON

ACCOMPAGNER I. au pr. : aller avec/ de conserve, assister, chaperonner, conduire, convoyer, cortéger (vx), escorter, flanquer, guider, protéger, reconduire, suivre, surveiller II. par ext. : assortir, coexister, joindre, marier III. v. pron. : s'adjoindre, s'assortir de, avoir pour conséquence/ suite, se marier avec, être suivi de *et les formes pron. possibles des syn. de* accompagner

◇ CONTR. → QUITTER

ACCOMPLI, E I. une chose. 1. achevé, complet, effectué, fait, fini, réalisé, terminé 2. consommé, idéal, impeccable, incomparable, irréprochable, magistral → PARFAIT II. quelqu'un : bien élevé, complet, consommé, distingué, idéal, modèle, mûr → PARFAIT III. LE FAIT ACCOMPLI définitif, irréparable, irréversible, irrévocable, la carte forcée, l'évidence

◇ CONTR. → IMPARFAIT

ACCOMPLIR I. au pr. : aboutir, achever, consommer, effectuer, faire, finir, parachever, réaliser, terminer II. non fav. : commettre, perpétrer III. par ext. : s'acquitter de, mener à bien/ bon terme, se plier à, réaliser, remplir → OBSERVER IV. v. pron. : arriver, avoir lieu, se passer, se produire *et les formes pron. possibles des syn. de* accomplir

◇ CONTR. I. → COMMENCER II. → ÉCHOUER III. → DÉSOBÉIR

ACCOMPLISSEMENT n.m. achèvement, exécution, performance, réalisation

◇ CONTR. I. → ÉBAUCHE II. → INSUCCÈS

ACCORD n.m. I. au pr. 1. accordance, affinité, amitié, bonne intelligence, communauté de goûts/ vues, communion, compatibilité, complicité, compréhension, concorde, connivence, fraternité, harmonie, intelligence, paix, union → SYMPATHIE 2. accommodement, acquiescement, adhésion, alliance, arrangement, collusion, compromis, consensus, contrat, convention, conventionnement, entente, gentlemen's agreement, marché, modus vivendi, pacte, traité, transaction, volontariat II. par ext. 1. adéquation, analogie, cohérence, concert, concordance, conformité, conjonction, convenance, convergence, correspondance, équilibre, harmonie, proportion, rapport, symétrie 2. acceptation, admission/ agrément, approbation, assentiment, autorisation, caution,

consentement, engagement, le feu vert (fam.), permission III. 1. D'ACCORD : assurément, certainement, c'est convenu, c'est entendu, oui bien sûr – fam. : banco, bien, ça va, d'ac, O.K., ouais, oui, partant 2. D'UN COMMUN ACCORD : à l'unanimité, à l'unisson, du même avis, par accord mutuel, tous ensemble, unanimement 3. METTRE D'ACCORD → ACCORDER 4. ÊTRE/ TOMBER D'ACCORD → CONSENTIR

◇ CONTR. I. → OPPOSITION II. → DIVISION

ACCORDAILLES n.f. pl. → FIANÇAILLES

ACCORDANT, E → CONCILIANT

ACCORDÉ, E I. → FIANCÉ II. → HARMONIEUX

ACCORDÉON n.m. I. fam. : georgina, piano à bretelles/ du pauvre, soufflet à punaises II. par ext. : bandonéon

ACCORDER I. au pr. 1. accommoder, adapter, agencer, ajuster, allier, aménager, apparier, appliquer, apprêter, approprier, arranger, assembler, associer, assortir, combiner, conformer, disposer, équilibrer, faire aller/ coïncider, goupiller (fam.), harmoniser, installer, joindre, mettre en accord/ état/ harmonie/ proportion/ rapport, proportionner, rattacher, régler sur, réunir 2. adjuger, allouer, attribuer, avancer, céder, concéder, décerner, donner, doter, exaucer, faire don, fournir, gratifier, impartir, lâcher, octroyer, offrir, satisfaire 3. allier, associer, lier, unir 4. apaiser, arranger, régler II. par ext. 1. → CONVENIR 2. → RÉCONCILIER 3. → CONSENTIR 4. → ACQUIESCER III. v. pron. : 1. → CORRESPONDRE 2. → ENTENDRE (s')

◇ CONTR. I. → DIVISER II. → REFUSER III. → CONTRASTER

ACCORDEUR n.m. conseilleur, entremetteur, intermédiaire, truchement → ARBITRE

ACCORE mar. I. n.m. 1. → SOUTIEN 2. → BORD II. adj. → ABRUPT

◇ CONTR. : estran

ACCORER → SOUTENIR

ACCORT, E accordé (vx), agréable, aimable, avenant, bien roulé(e) (fam.), complaisant, doux, engageant, enjoué, gracieux, joli, mignon, vif

◇ CONTR. → DISGRACIEUX

ACCORTISE n.f. → AMABILITÉ

ACCOSTABLE abordable, accessible

◇ CONTR. → INABORDABLE

ACCOSTAGE n.m. → ABORDAGE

ACCOSTANT, E → SOCIABLE

ACCOSTER I. au pr. : aborder, aboutir, afflanquer, arriver, entrer, jeter l'ancre, se ranger contre, terrir (vx), toucher terre II. par ext. : aller à la rencontre de, approcher, arraisonner (mar.), atteindre, joindre, parvenir à, se porter à la rencontre de, racoler (péj.), se rapprocher de, rencontrer ◊ CONTR. → PARTIR

ACCOTEMENT n.m. → BORD

ACCOTER → APPUYER

ACCOTOIR n.m. → ACCOUDOIR

ACCOUARDIR rendre → PEUREUX

ACCOUCHEMENT n.m. **I. au pr.**: maïeutique, mal d'enfant, parturition, travail → ENFANTEMENT **II. fig.** → RÉALISATION

ACCOUCHER I. 1. avoir/ faire ses couches, donner naissance/ la vie, enfanter, être en gésine (vx)/ mal d'enfant/ parturition/ travail, mettre au monde, pondre (fam.) **2. pour les animaux**: agneler, chatonner, chevretter, faire ses petits, levretter, louveter, mettre bas, pouliner, vêler **II. fig.**: composer, écrire, faire, peindre, produire, publier, réaliser → ENGENDRER

ACCOUCHEUR, EUSE → GYNÉCOLOGUE, SAGE-FEMME

ACCOUDER (S') → APPUYER

ACCOUDOIR n.m. accotoir, appui-bras/ coude/ main/ nuque/ tête, balcon, balustrade, bras (de fauteuil), custode (vx), repose-bras

ACCOUPLE n.f. → ATTACHE

ACCOUPLEMENT n.m. **I. de choses**: accouplage, ajustage, assemblage, conjonction, liaison, mariage, mise en couple, mixage, transmission, union **II. d'animaux**: appareillement, appariade, appariage, appariement, baudouinage, bélinage, bouquinage, monte, pariade, remonte, saillie, saut **III. d'humains**: coït, congrès, copulation, rapports. **fam.**: baise, bourre, bricole, café du pauvre, carambolage, coup de → SEXE, crampage, crampette, nique, partie de jambes en l'air/ de jambonneaux/ d'oreiller/ de traversin/ de trou du cul, pétée, pointe, pousse-café, tringlage, tringlette, troussée, voyage, zigzig, zizi-pan-pan. **vx**: accointances, amoureuse pâture, aubade de nuit, aumône amoureuse, autre chose, bagatelle, basse-danse/ justice, basses marches, bataille, belinage, belle-joie, belutage, besogne, besognette, bête à deux dos, beurre, bien, biribi, bistoquet, bistoquette, cuissage, culetage, culetis, charmant/ doux/ joli/ mignon/ petit péché/ plaisir, déduit, foutaison, honneurs, passe-quille, petites affaires, picotin, pinage, piquage, pirouette, plaisir des dieux/ de Vénus, plant, serre-croupière, soulas, turelure ◊ CONTR. → SÉPARATION

ACCOUPLER I. accolader, accoler, adouer (vx et vén.), appareiller, apparier, assembler, assortir, joindre, jumeler, lier, mettre en couple/ ensemble, réunir, unir **II. v. pron. 1. animaux**: s'apparier, s'assortir, baudouiner, béliner, bouquiner, chevaucher, côcher, couvrir, daguer (vén.), demander/ faire la monte/ la saillie, frayer, hurtebiller, jargauder, monter, réclamer le veau, se reproduire, retourner à son espèce, saillir, sauter, servir **2. humains**: accomplir l'acte de chair/ ses devoirs conjugaux, s'accorder, coïter, connaître au sens biblique, consommer, copuler, faire l'amour/ la bête à deux dos/ la chose, fauter, forniquer, honorer, se prendre, s'unir **3. arg.** → CULBUTER **4. vx**: s'accointer, s'accolader, s'adonner à, aller au déduit, avoir des accointances, besogner, foutre ◊ CONTR. → SÉPARER

ACCOURCIE n.f. raccourci, traverse

ACCOURCIR → DIMINUER

ACCOURCISSEMENT n.m. → DIMINUTION

ACCOURIR arriver en hâte, courir, se hâter, se précipiter, se rapprocher, venir en courant ◊ CONTR. → FUIR

ACCOURSE n.f. → PASSAGE

ACCOUTRÉ, E → VÊTU

ACCOUTREMENT n.m. **I.** affiquet, affublement, affutiaux, ajustement, atours, attifage, attifement, attirail, défroque, déguisement, équipage, habillement, mise, tenue, travesti **II. non fav.**: haillons, harnachement, harnois, nippes (fam.), oripeaux **III.** → VÊTEMENT

ACCOUTRER affubler, ajuster, arranger, déguiser, équiper, habiller → VÊTIR – **fam.**: enharnacher, fagoter, fringuer, harnacher, nipper ◊ CONTR. → DÉVÊTIR

ACCOUTUMANCE n.f. **I.** acclimatement, accommodation, adaptation, aguerrissement, assuétude, endurcissement, habitude, immunité, insensibilité **II.** immunisation, insensibilisation, mithridatisation, tolérance **III.** dépendance, toxicomanie ◊ CONTR. → ALLERGIE

ACCOUTUMÉ, E courant, coutumier, habituel, ordinaire ◊ CONTR. → RARE

ACCOUTUMER I. au pr.: adapter, aguerrir, façonner, faire, familiariser, habituer, plier/ préparer/ rompre à → ACCLIMATER **II. au poison**: habituer, mithridatiser **III. méd.**: immuniser, prémunir, vacciner ◊ CONTR. → DÉROUTER

ACCOUVEUR, EUSE aviculteur, volailleur

ACCRASSINER → ENNUYER

ACCRÉDITER I. une chose : affirmer, autoriser, confirmer, propager, répandre, rendre crédible **II. quelqu'un :** autoriser, habiliter, installer, introduire, mettre en place, présenter
◇ CONTR. **I.** → DÉMENTIR **II.** → DESTITUER

ACCRÉDITEUR, TRICE → CAUTION

ACCRÊTÉ, E → DÉDAIGNEUX

ACCRÉTION n.f. → AUGMENTATION

ACCROC n.m. **I. au pr. :** déchirure **II. fig. 1.** contretemps, incident malheureux, obstacle → DIFFICULTÉ **2.** entorse, infraction **3.** faute, souillure, tache
◇ CONTR. → RACCOMMODAGE

ACCROCHAGE n.m. **I.** accident, accrochement (vx), dispute, heurt, incident, querelle – **fam. :** engueulade, prise de bec **II. milit. :** affaire, combat, embuscade, engagement
◇ CONTR. : décrochage

ACCROCHEMENT n.m. **I.** → ACCROCHAGE **II.** → ATTACHEMENT

ACCROCHE-CŒUR n.m. frisette, guiche

ACCROCHER I. au pr. : appendre, attacher, crocher (vx), pendre, suspendre **II. fig. 1.** attraper, gagner, enlever, obtenir, saisir **2. non fav. :** bousculer, déchirer, déplacer, heurter **3. milit. :** fixer, immobiliser, retarder, trouver le contact **4. quelqu'un :** aborder, arrêter, casser les pieds (péj.), importuner, retenir l'attention **III. v. pron. 1.** s'agripper, s'attacher, se cramponner, se retenir à, se suspendre à, se tenir à **2. s'accrocher avec quelqu'un :** se disputer, se quereller **3. s'accrocher à quelqu'un :** coller, se cramponner à, importuner **4. SE L'ACCROCHER (fam.) :** s'en passer, s'en priver, repasser
◇ CONTR. → DÉCROCHER

ACCROCHEUR, EUSE I. adj. : combatif, tenace – **fam. :** collant, emmerdant **II. nom. :** battant – **fam. :** casse-pied, emmerdeur, pot de colle → FÂCHEUX
◇ CONTR. → DISCRET

ACCROIRE (FAIRE) faire avaler, la bailler belle, mentir, monter le coup → TROMPER
◇ CONTR. : dire la → VÉRITÉ

ACCROISSEMENT n.m. **I. fav. 1.** accroît, accrue → ACCÉLÉRATION **2.** → AGRANDISSEMENT **3.** → AUGMENTATION **4.** → PROFIT **II. non fav.** → AGGRAVATION
◇ CONTR. **I.** → DIMINUTION **II.** → PERTE

ACCROÎTRE I. → ACCÉLÉRER **II.** → AGRANDIR **III.** → AGGRAVER **IV. v. pron. :** croître, grandir, grossir, monter *et les formes pron. possibles*

des syn. de accroître
◇ CONTR. → DIMINUER

ACCROUPIR (S') s'accroupetonner, se baisser, baraquer, être/ se mettre à croupetons, se pelotonner, se ramasser, se tasser → BLOTTIR (SE)
◇ CONTR. : *les formes pron. possibles des syn. de* lever.

ACCROUPISSEMENT n.m. **fig.** → HUMILIATION

ACCRU n.m. → POUSSE

ACCRUE n.f. → AUGMENTATION

ACCUEIL n.m. **I.** abord, accès, bienvenue, mine, réception, tête, traitement **II.** réaction, réflexe **III.** hospitalité
◇ CONTR. → EXPULSION

ACCUEILLANT, E abordable, accessible, attirant, avenant, bienveillant, cordial, familier, gracieux, hospitalier, liant, ouvert, propice, serviable, sociable, sympathique → AIMABLE
◇ CONTR. → INHOSPITALIER

ACCUEILLIR I. quelqu'un : accepter, admettre, agréer, faire fête, recevoir. **vx :** bienveigner, bienvenir **II. une chose :** abonder dans le sens, admettre, apprendre, écouter, recevoir **III. ACCUEILLIR PAR DES HUÉES :** chahuter, conspuer, faire la fête à (fam.)
◇ CONTR. → EXPULSER

ACCUL n.m. **I.** → FOND **II.** → BUTÉE **III.** → PORT **IV. vx.** → OBSTACLE

ACCULÉE et **ACCULEMENT** n.f., n.m. → RECUL

ACCULER buter, pousser dans ses derniers retranchements → OBLIGER
◇ CONTR. → DÉGAGER

ACCULTURATION n.f. **I.** → INSTRUCTION **II.** → ADAPTATION

ACCULTURER I. → INSTRUIRE **II.** → ADAPTER

ACCUMULATEUR n.m. batterie, condensateur, pile

ACCUMULATION n.f. **I. de choses. 1.** abondance, addition, agglomération, agrégation, amas, assemblage, collection, échafaudage, emmagasinage, étagement, faisceau, monceau, montagne, quantité, superposition, tas **2.** accaparement, accroissement, capitalisation, cumul, intérêts composés, thésaurisation **3.** amoncelage (vx), amoncellement, déballage, empilage, entassement, fatras, fouillis **4.** bouchon, congestion, encombrement, saturation **5.** alluvion, illuvion, terrassement **II. de personnes :** attroupement, concentration, foule, groupement, masse, rassemblement, réunion
◇ CONTR. → DISPERSION

ACCUMULER I. agglomérer, amasser, amonceler, assembler, collectionner, emmagasiner, empiler, engranger, entasser, étager, grouper, masser, prélever, rassembler, recueillir, réunir, stratifier, superposer II. **non fav.** : accaparer, s'approprier, bloquer, cumuler, s'emparer de, empiler, enlever, entasser, mettre l'embargo/ le grappin/ la main sur, monopoliser, rafler, spéculer, superposer, thésauriser, truster
◇ CONTR. → DISPERSER

ACCUSABLE incriminable, inculpable
◇ CONTR. : au-desus de tout → SOUPÇON

ACCUSATEUR, TRICE I. calomniateur, délateur, dénonciateur, détracteur, indicateur, proditeur (vx), sycophante → ESPION II. **accusateur public** : procureur, substitut III. **une chose** : révélateur
◇ CONTR. I. → INCULPÉ II. → DÉFENSEUR

ACCUSATION n.f. I. imputation, incrimination, inculpation, plainte, poursuite, prise à partie, réquisitoire II. **par ext.** 1. attaque, balance (arg.), calomnie, délation, dénigrement, dénonciation, diffamation, médisance, mouchardage, ragots, rumeur 2. → REPROCHE
◇ CONTR. → DÉFENSE

ACCUSÉ, E inculpé, prévenu
◇ CONTR. → JUGE

ACCUSER I. **au pr.** 1. attaquer, charger, criminaliser (vx), dénoncer, incriminer, impliquer, imputer à, inculper, poursuivre, prendre à partie, requérir contre 2. → DÉNIGRER II. 1. ACCUSER LE COUP (fam.) : encaisser, marquer, souligner 2. ACCUSER RÉCEPTION DE : délivrer/ donner quittance
◇ CONTR. → DÉFENDRE

ACENSE n.f. → FERME

ACER n.m. érable

ACÉRAGE n.m. → SOUDURE

ACÉRAIN, E I. → DUR II. → BRILLANT

ACERBE → AIGRE

ACERBITÉ n.f. → AIGREUR

ACÉRÉ, E I. → AIGU II. → AIGRE

ACESCENSE n.f. → AIGREUR

ACESCENT, E → AIGRE

ACÉTEUX, EUSE → AIGRE

ACHALANDÉ, E actif, animé, bien approvisionné/ assorti/ pourvu/ tenu, commerçant, fréquenté, très couru/ pratiqué, vivant
◇ CONTR. → VIDE

ACHALER → ENNUYER

ACHARDS n.m.pl. → ASSAISONNEMENT

ACHARNÉ, E I. bourreau de travail, courageux, obstiné, vaillant II. cruel, dur, endiablé, enragé, entêté, furieux, obstiné, opiniâtre, tenace, têtu
◇ CONTR. → MOU

ACHARNEMENT n.m. I. ardeur, effort, énergie, lutte, persévérance, ténacité II. **avec acharnement** → ARRACHE-PIED (D') III. **non fav.** : achiennement, cruauté, entêtement, fureur, furie, obstination, opiniâtreté, rage, sadisme
◇ CONTR. → MOLLESSE

ACHARNER I. **vx.** : animer, exciter, irriter à l'encontre de/ contre II. **v. pron.** 1. **sur quelqu'un** : persécuter, poursuivre. s'entêter, lutter, persévérer, poursuivre 2. **à quelque chose** : s'attacher à, continuer, s'obstiner, s'occuper de, s'opiniâtrer → VOULOIR
◇ CONTR. → ABANDONNER

ACHAT n.m. I. **au pr.** 1. acquisition, appropriation, emplette 2. **par une communauté d'époux** : acquêt, conquêt 3. **par une administration** : adjudication II. **fig.** : corruption, soudoiement
◇ CONTR. → VENTE

ACHE n.f. céleri, livèche, sium

ACHEMINEMENT n.m. amenée, convoi, diffusion, distribution, envoi, expédition, livraison, marche, progression, transport
◇ CONTR. : embargo, saisie, stockage

ACHEMINER I. adresser, conduire, convoyer, diffuser, diriger, distribuer, envoyer, expédier, faire parvenir, livrer, négocier, traiter, transporter II. **v. pron.** 1. aller, avancer, se diriger/ marcher vers 2. **une chose** : aboutir, aller vers, tendre à/ vers 3. *les formes pron. possibles des syn. de* acheminer
◇ CONTR. : mettre l'embargo sur, retenir, saisir, stocker

ACHETER I. **au pr.** : acquérir, attriquer (arg.), faire l'acquisition/ l'emplette de. **arg.** : abloquer, attriquer, bloquir, cantiner II. **non fav.** : corrompre, soudoyer
◇ CONTR. → VENDRE

ACHETEUR, EUSE n.m. ou f. I. acquéreur, adjudicataire, ayant cause, cessionnaire, chaland, client, destinataire, importateur, intermédiaire, négociateur, preneur, prospect (anglicisme), usager II. **au pl.** : achalandage, chalandise (vx), clientèle
◇ CONTR. → VENDEUR

ACHEVAGE n.m. → FINISSAGE

ACHEVÉ, E I. **une chose** : accompli, complet, cousu main (fam.), entier, fin, fignolé, fini, mené à bien, parfait II. **quelqu'un** : accompli, complet, consommé, extrême, fieffé (péj.) III. **ÊTRE ACHEVÉ.** 1. accablé, anéanti, épuisé, fatigué, fini, ruiné 2. **fam.** : cané, claqué, crevé, cuit, has been, mort, ratatiné, rétamé, vidé
◇ CONTR. I. → IMPARFAIT II. → FORT

ACHÈVEMENT n.m. **I. au pr.** : aboutissement, accomplissement, apothéose, but, chute, conclusion, consommation, couronnement, dénouement, entéléchie (philos.), exécution, fin, finition, issue, réception, terme **II. péj.** : coup de grâce
◇ CONTR. → COMMENCEMENT

ACHEVER **I. au pr. 1.** → ABOUTIR **2.** → ACCOMPLIR **II. par ext. 1.** → CONCLURE **2. non fav.** → ABATTRE **III. v. pron. 1.** arriver/ être conduit/ mené à bien/ à sa fin/ à son terme, être mis au net/ au point, se terminer *et les formes pron. possibles des syn. de* achever **2.** se consommer, s'éteindre
◇ CONTR. **I.** → COMMENCER **II.** → ÉPARGNER

ACHIGAN n.m. **québ.** : black-bass, perche noire/ truitée

ACHONDROPLASIE n.f. nanisme

ACHOPPEMENT n.m. **I.** difficulté, écueil, hic, os, pépin **II.** → OBSTACLE

ACHOPPER aheurter (vx), s'arrêter, broncher, buter contre, échouer, faire un faux pas, heurter, trébucher
◇ CONTR. → CONTINUER

ACHROMIE n.f. albinisme, chlorose, dyschromie, leucodermie, vitiligo

ACHROMIQUE → PÂLE

ACICULAIRE → AIGU

ACIDE et **ACIDULÉ, E** → AIGRE

ACIDITÉ n.f. → AIGREUR

ACIDULE et **ACIDULÉ, E** → AIGRE

ACIDULER → AIGRIR

ACIÉRISTE → MÉTALLURGISTE

ACINACE n.m. → POIGNARD

ACINÈSE n.f. acinésie, akinésie → PARALYSIE

ACINIER n.m. → AUBÉPINE

ACLIQUER (S') → MARIER

ACMÉ n.m. ou f. → APOGÉE

ACNÉ n.f. → BOUTON

ACOLYTE n.m. adjoint, aide, ami, associé, camarade, collègue, compagnon, comparse, compère, confrère, connaissance, partenaire, servant (relig.) → COMPLICE – **fam.** : copain, labadens (vx)
◇ CONTR. → ADVERSAIRE

ACOMPTE n.m. arrhes, à-valoir, avance, provision, tiers provisionnel
◇ CONTR. → TOTALITÉ

ACON ou **ACCON** n.m. allège, poussepied → BATEAU

ACONAGE ou **ACCONAGE** n.m. chargement, déchargement

ACOQUINER (S') et **ÊTRE ACOQUINÉ AVEC** s'accointer, s'associer, se commettre, fréquenter, se mêler
◇ CONTR. **I.** → FUIR **II.** → ROMPRE

ACORE n.m. iris jaune, jonc odorant, lis *ou* lys des marais

ACOSMISME n.m. → PHILOSOPHIE

À-CÔTÉ n.m. accessoire, détail, digression, parenthèse, superflu → SUPPLÉMENT
◇ CONTR. → PRINCIPAL

À-COUP n.m. **I.** cahot, raté, saccade, secousse, soubresaut **II. 1. PAR À-COUPS** : par accès/ intermittence/ saccades **2. SANS À-COUPS** : sans imprévu/ incident/ heurt
◇ CONTR. → DOUCEUR

ACQUA-TOFANA n.f. aqua-toffana, aquette, aquetta → POISON

ACQUÉREUR n.m. **I.** acheteur, adjudicataire, cessionnaire, client, preneur **II.** bénéficiaire, donataire, héritier, légataire
◇ CONTR. → VENDEUR

ACQUÉRIR **I. au pr.** : acheter, devenir propriétaire **II. par ext. 1.** hériter, recevoir, recueillir **2.** arriver à, découvrir, parvenir à, prendre **3.** capter (péj.), conquérir, gagner → OBTENIR **4.** s'améliorer, se bonifier, se perfectionner **III. 1. ACQUÉRIR LES FAVEURS DE QUELQU'UN** : s'attirer les bonnes grâces/ les sympathies de, se concilier **2. ÊTRE ACQUIS À QUELQU'UN** : être attaché/ dévoué à **3. ÊTRE ACQUIS À UNE OPINION** : être convaincu/ du même avis
◇ CONTR. → VENDRE

ACQUÊT n.m. achat en communauté, acquisition, gain, profit
◇ CONTR. → PERTE

ACQUIESCEMENT n.m. **I.** acceptation, accord, adhésion, agrément, assentiment, autorisation, consentement, permission → APPROBATION **II.** → TOLÉRANCE
◇ CONTR. → OPPOSITION

ACQUIESCER **I.** dire oui, être d'accord, opiner **II.** → ACCEPTER **III.** → CONVENIR
◇ CONTR. → REFUSER

ACQUIS, E → ACCIDENTEL

ACQUISITION n.f. **I.** → ACHAT **II.** → INSTRUCTION **III.** → ACQUÊT

ACQUISIVITÉ n.f. appât du gain, possessivité → AVIDITÉ

ACQUIT n.m. congé, décharge, laissez-passer, passavant, passe-debout, quittance, quitus, récépissé, reçu

ACQUITTEMENT n.m. **I. d'une dette** : libération, paiement, règlement, remboursement **II. de quelqu'un.** → AMNISTIE
◇ CONTR. → CONDAMNATION

ACQUITTER I. quelqu'un : absoudre, amnistier, déclarer non coupable, déculpabiliser, disculper, gracier, libérer, pardonner, relaxer **II. une chose. 1. un compte** : apurer, éteindre, liquider, payer, régler **2. une promesse** : accomplir, remplir **III. v. pron. 1. d'un devoir** : accomplir, remplir, se revancher (vx) **2. de ses dettes** : se libérer de, rembourser **3. d'une commission** : exécuter, faire **4. de ses engagements** : faire honneur à, satisfaire à
◊ CONTR. **I.** → PUNIR **II.** → MANQUER

ÂCRE et ACRIMONIEUX → AIGRE

ÂCRETÉ et ACRIMONIE n.f. → AIGREUR

ACRITIQUE → EMPIRIQUE

ACROAMATIQUE → VERBAL

ACROBATE n.m. et f. anneliste, antipodiste, cascadeur, contorsionniste, danseur de corde, équilibriste, fil-de-fériste, funambule, gymnaste, jongleur, matassin, trapéziste, voltigeur – vx : pétaminaire, pétauriste

ACROBATIE n.f. **I. au pr.** : assiettes, agrès, cascade(s), contorsions, corde raide, équilibrisme, funambulisme, jeux icariens (vx), jonglerie, saut périlleux, trapèze volant, voltige **II. fig.** : expédient, tour de passe-passe, truc

ACROBATIQUE → PÉRILLEUX

ACRONYME n.m. → CONTRACTION

ACROPHOBIE n.f. → NÉVROSE

ACROSTICHE n.m. → POÈME

ACROSTOLE n.m. → POUPE, PROUE

ACROTÈRE n.m. **I.** → APPUI **II.** → SAILLIE **III.** → ORNEMENT

ACTE n.m. **I. au pr.** : action, choix, comportement, décision, démarche, geste, intervention, manifestation, réalisation **II. fav.** : exploit, geste, trait **III. jurid. 1. privé** : certificat, cession, contrat, convention, document, expédition, grosse, minute, testament, titre **2. public** : arrêté, charte, constitution, décret, décret-loi, habeas corpus, loi, réquisitoire **IV. PRENDRE ACTE D'UNE CHOSE** : acter, constater, enregistrer, entériner
◊ CONTR. → ABSTENTION

ACTÉON n.m. **I.** → PAPILLON **II.** → GASTÉROPODE **III.** → COCU

ACTEUR, TRICE n.m., n.f. → COMÉDIEN

ACTIF n.m. → BÉNÉFICE

ACTIF, IVE I. quelqu'un : agissant, allant, diligent, en activité, efficace, énergique, entreprenant, increvable (fam.), infatigable, laborieux, occupé, remuant, vif, vivant, zélé **II. une chose** : agissant, efficace, énergique, fort, manifeste, opérant, prompt, rapide, violent
◊ CONTR. → PARESSEUX

ACTING OUT off. : passage à l'acte

ACTINIE n.f. anémone/ ortie de mer

ACTINIFÈRE radioactif

ACTINITE n.f. coup de soleil, inflammation, rougeur(s)

ACTINOTROPISME n.m. héliotropisme, phototropisme

ACTION n.f. **I. d'une chose. 1. d'un remède** : effet, efficacité **2. d'une force** : énergie, force, intervention, rapport, réaction **3. d'un mouvement** : jeu **II. de quelqu'un. 1. fav. ou neutre** : acte, conduite, décision, démarche, entreprise, initiative, œuvre **2. non fav.** : agissement, comportement, manœuvre **III. par ext. 1.** bataille, choc, combat, engagement **2.** exploit, prouesse, trait de courage, vaillantise (vx) **3.** animation, ardeur, chaleur, enthousiasme, mouvement, véhémence, vie **4. jurid.** : assignation, demande, plainte, poursuite, procès, recours, référé, requête **5. théâtre** : intrigue, péripétie, scénario, vie
◊ CONTR. → INACTION

ACTIONNAIRE n.m. et f. → ASSOCIÉ

ACTIONNARIAT n.m. partenariat

ACTIONNER I. une chose : entraîner, faire fonctionner, mettre en marche/ en route, produire/ transmettre le mouvement, stimuler **II. quelqu'un – jurid.** : déposer une plainte, engager une procédure, introduire une instance/ requête.
◊ CONTR. → ARRÊTER

ACTIVATION n.f. → AUGMENTATION

ACTIVEMENT → VITE *et les dérivés possibles en* -ment *des syn. de* actif

ACTIVER I. accélérer, aviver, exciter, hâter, presser, stimuler **II. v. pron.** : s'affairer, se décarcasser/ hâter/ magner ou manier → ACCÉLÉRER (fam.)/ occuper/ presser *et les formes pron. possibles des syn. de* activer
◊ CONTR. → MODÉRER

ACTIVE SENSOR spat. off. capteur actif

ACTIVEUR n.m. promoteur

ACTIVISTE n. et adj. → EXTRÉMISTE

ACTIVITÉ n.f. **I. au pr.** : allant, application, ardeur, célérité, diligence, dynamisme, efficacité, efforts, énergie, entrain, promptitude, rapidité, vigueur, vitalité, vivacité, zèle **II. par ext.** : animation, ballet, boom, circulation, coup de feu, heure de pointe, presse, mouvement, occupation(s), presse **III. EN ACTIVITÉ. 1. quelqu'un** : en fonctions **2. une chose** : essor, fonctionnement, marche, mouvement, prospérité, travail
◊ CONTR. → INACTION

ACTUALISATION n.f. → REVALORISATION

ACTUALISER → REVALORISER

ACTUALITÉ n.f. I. mode, modernité, nouveauté, pertinence, présent II. au sing. et au pl. : événements, journal parlé, nouvelles
◊ CONTR. → PASSÉ

ACTUATOR milit. off. : vérin

ACTUEL, LE I. → RÉEL II. contemporain, courant, d'aujourd'hui, existant, moderne, nouveau, présent
◊ CONTR. I. → POSSIBLE II. → ANCIEN

ACTUELLEMENT aujourd'hui, de nos jours, maintenant, pour l'instant/ le moment, présentement
◊ CONTR. I. → AUTREFOIS II. → BIENTÔT

ACUITÉ n.f. I. acumen (vx), acutesse, clairvoyance, finesse, flair, habileté, intelligence, intensité, jugement, lucidité, netteté, pénétration, perspicacité, perpiscuité, subtilité, vivacité → PIQUANT II. crise, gravité, instabilité, précarité, urgence
◊ CONTR. I. → STUPIDITÉ II. → TRANQUILLITÉ

A.D.A.C. n.m. off. pour S.T.O.L → AÉRODYNE

ADAGE n.m. ‣ MAXIME

ADAMANTIN, E I. → DUR II. → BRILLANT

ADAPTABLE *les adj. dérivés possibles des syn. de* adapter

ADAPTATION n.f. I. acclimatement, accommodation, accoutumance, acculturation, anergie (méd.), appropriation, intégration, mise à jour/ au courant II. acclimatation, accommodat, apprivoisement, domestication, dressage, somation III. d'un objet : ajustement, application IV. par ext. : 1. aggiornamento 2. → TRADUCTION
◊ CONTR. I. → INCAPACITÉ II. → IMMUTABILITÉ

ADAPTER I. 1. coder, encoder, programmer 2. acclimater, accommoder, accorder, acculturer, agencer, ajuster, allier, aménager, apparier, appliquer, apprêter, approprier, arranger, assembler, associer, assortir, combiner, conformer, disposer, équilibrer, faire aller/ coïncider, harmoniser, installer, joindre, mettre en accord/ état/ harmonie/ proportion/ rapport, moduler, proportionner, rattacher, régler sur, réunir 3. → TRADUIRE II. v. pron. 1. s'acclimater à, s'accommoder de, s'accorder à, s'accoutumer à, s'habituer à, se mettre en accord avec 2. non fav. : se contenter de, se faire une raison de, se plier à, se soumettre à 3. convenir, s'harmoniser
◊ CONTR. → SÉPARER

ADDAX n.m. → ANTILOPE

ADDITIF, IVE → ADDITIONNEL

ADDITION n.f. I. au pr. : abondement, accroissement, addenda, additif, adjonction, ajout, ajoutage, ajouture (fam.), annexe, appendice, codicille, complément, rallonge, supplément, totalisation → AUGMENTATION II. fig. : compte, décompte, dû, facture, frais, note, relevé – fam. : douloureuse, quart d'heure de Rabelais
◊ CONTR. → DIMINUTION

ADDITIONNEL, ELLE additif, adjoint, ajouté, annexé, codicillaire, complémentaire, en supplément, joint, supplémentaire
◊ CONTR. → CONSTANT

ADDITIONNER I. au pr. : ajouter, augmenter, compléter, intégrer, rallonger, sommer, totaliser II. additionner d'eau : allonger, baptiser (fam.), couper de, diluer, étendre de
◊ CONTR. → RETRANCHER

ADDUCTEUR et **ADDUCTION** n.m., n.f. I. → CANAL II. → CONDUITE

ADDUIRE → CONDUIRE

ADÉNITE et **ADÉNOME** n.f., n.m. → BOURSOUFLURE

ADENT n.m. → ASSEMBLAGE

ADENTER → ASSEMBLER

ADEPTE n.m., f. adhérent, affidé, allié, ami, défenseur, disciple, fidèle, militant, partisan, prosélyte, recrue, sectateur, soutien, sympathisant, tenant, zélateur
◊ CONTR. → ADVERSAIRE

ADÉQUAT, E approprié, coïncident, concordant, conforme, congru, congruent, convenable, idoine, juste – fam. : au poil, comme un gant, étudié pour
◊ CONTR. → IMPROPRE

ADÉQUATEMENT de façon → ADÉQUAT *et les dérivés possibles en* -ment *des syn. de* adéquat

ADÉQUATION n.f. → ACCORD

ADERNE n.f. → MARAIS

ADHÉRENCE n.f. accolement, agglutination, assemblage, collage, contiguïté, convenance, encollage, jonction, liaison, réunion, soudure, union
◊ CONTR. → SÉPARATION

ADHÉRENT, E I. adj. 1. → AFFILIÉ 2. accolé à, adhésif, agglutiné/ assemblé/ collé/ contigu/ joint/ lié/ réuni/ soudé à, tenace, uni à II. nom : cotisant, membre, participant, partisan, recrue, souscripteur, soutien, sympathisant → CAMARADE, ADEPTE
◊ CONTR. → ADVERSAIRE

ADHÉRER I. quelqu'un : accéder à, accorder/ apporter sa sympathie/ son consentement/ son soutien à, acquiescer, s'affilier, approuver, cotiser à, s'enrôler dans, entrer dans, faire partie de, joindre, opiner en faveur de, participer, payer sa cotisation, se rallier à, rejoindre, souscrire à, suivre, tomber d'accord **II. une chose adhère à** : s'appliquer, coller, se coller, entrer/ être en contact, faire corps, se joindre, se réunir, se souder, tenir, s'unir

◆ CONTR. → REPOUSSER

ADHÉSIF, IVE autocollant

ADHÉSION n.f. → ACCORD

ADIANTE n.m. → FOUGÈRE

ADIAPHORE I. → ÉGAL **II.** → INDIFFÉRENT

ADIAPHORIE n.f. → INDIFFÉRENCE

ADIEU I. → REVOIR (AU) **II.** → SALUT **III. dire adieu** : adieuser (vx), dire au revoir, prendre congé, présenter ses devoirs, quitter, saluer **IV.** → RENONCER

◆ CONTR. : dire bonjour

ADIPEUX, EUSE arrondi, bedonnant, bouffi, gidouillard, gras, grassouillet, gros, obèse, pansu, rondouillard, ventru

◆ CONTR. → MAIGRE

ADIPOSE et **ADIPOSITÉ** n.f. → GROSSEUR

ADIRÉ, E → PERDU

ADIVE n.m. → CHIEN

ADJACENT, E attenant, contigu, côte à côte, joignant, jouxtant, juxtaposé, mis/ placé à côté de, proche, voisin

◆ CONTR. → ÉLOIGNÉ

ADJECTIF n.m. déterminant, déterminatif, épithète

ADJOINDRE I. quelqu'un : affecter, ajouter, associer, attacher, détacher, mettre à la disposition de, prêter **II. une chose** : accoler, ajouter, annexer, apposer, joindre, juxtaposer, lier, rapprocher, rattacher, réunir, unir **III. v. pron. 1.** s'associer, s'attacher **2.** s'ajouter à, s'annexer à, se mettre à côté de, se placer à côté de, se réunir à, s'unir à

◆ CONTR. → SÉPARER

ADJOINT, E I. adjuvant, aide, alter ego, assesseur, assistant, associé, attaché, autre moi-même, auxiliaire, bras droit, coadjuteur, codirecteur, cogérant, collaborateur, collègue, confrère, définiteur (relig.), fondé de pouvoir, lieutenant, partenaire, préparateur → REMPLAÇANT **II. vx** : adjudant, adjuteur, aidant, aideur, alloué, auxiliateur **III. péj.** : porte-coton/ pipe, second couteau/ rôle, sous-fifre, sous-verge

◆ CONTR. → PROTAGONISTE

ADJONCTION n.f. **I. l'action d'ajouter** : aboutement, addition, ajoutage, annexion, association, jonction, rajoutage, rattachement, réunion **II. ce qu'on ajoute** : about, ajout, ajoutement, allonge, annexe, raccord, rajout, ra-joutement, rallonge

◆ CONTR. → DIMINUTION

ADJUDANT n.m. **I. fam. et péj.** : adjupète, chien de quartier, juteux **II. FEMME DE L'ADJUDANT** : salle de police

ADJUDICATAIRE n.m. et f. acheteur, acquéreur, bénéficiaire, concessionnaire, le plus offrant et dernier enchérisseur, soumissionnaire

◆ CONTR. → ADJUDICATEUR

ADJUDICATEUR, TRICE aboyeur (fam. ou péj.), commissaire-priseur, greffier-adjudicateur, huissier, notaire, vendeur

◆ CONTR. → ADJUDICATAIRE

ADJUDICATION n.f. **I. au pr.** : attribution **II. vente** : vente à l'encan/ aux chandelles/ enchères/ au plus offrant et dernier enchérisseur

◆ CONTR. : vente à l'amiable/ de gré à gré

ADJUGER I. au pr. : accorder, attribuer, concéder, décréter/ dire par jugement, juger **II. un prix** : accorder, attribuer, décerner, donner, gratifier de, remettre **III. v. pron.** : s'annexer, s'approprier, s'emparer de, faire main basse sur, rafler

◆ CONTR. → RETRANCHER

ADJURATION n.f. **I.** conjuration, exorcisme, invocation, obsécration **II.** imploration, prière instante, supplication

◆ CONTR. → ARROGANCE

ADJURER conjurer, implorer, invoquer, prier, supplier

◆ CONTR. → DÉDAIGNER

ADJUVANT, E I. → ADJOINT **II.** → ADDITIF

ADJUVER → AIDER

ADMETTRE I. quelqu'un : accepter, accueillir, affilier, agréer, faire participer/ venir, incorporer, introduire, introniser, reconnaître, voir → RECEVOIR **II. quelque chose. 1. des raisons** : reconnaître, tenir compte de, tenir pour acceptable/ recevable/ valable **2. une hypothèse** : adopter, approuver, croire, imaginer, penser, souscrire à, supposer, tenir pour possible **3. un raisonnement** : avouer, céder, concéder, consentir à croire **4. des excuses** : excuser, pardonner, passer l'éponge (fam.) **5. une contrariété** : permettre, souffrir, supporter, tolérer **III. par ext.** : → COMPORTER

◆ CONTR. → REPOUSSER

ADMINICULE n.m. **I.** → APPUI **II.** → ORNEMENT

ADMINISTRATEUR, TRICE I. d'un service : agent, dirigeant, fonctionnaire, gestionnaire, grand commis (vx), manager **II. de biens** : curateur, directeur, fondé de pouvoir, gérant, intendant, liquidateur, régisseur, séquestre, syndic, tuteur

ADMINISTRATIF, IVE I. **au pr.**: officiel, public, réglementaire II. **péj.**: bureaucratique, étatique, formaliste, paperassier, tatillon
◆ CONTR. : privé

ADMINISTRATION n.f. I. conduite, direction, dispensation (vx), gérance, gestion, management II. **relig.**: curie, prélature, questure III. affaires/ grands corps de l'État, bureaux, ministères, organismes, secrétariat, secteur tertiaire, services, technostructure

ADMINISTRATIVEMENT de façon → ADMINISTRATIF *et les dérivés possibles en* -ment *des syn. de* administratif

ADMINISTRER I. assujettir, commander, conduire, contrôler, coordonner, diriger, faire marcher, gérer, gouverner, manager, mener, organiser, planifier, prévoir, régir, réglementer II. appliquer, conférer, donner, faire prendre, munir de, prescrire III. UNE CORRECTION → BATTRE IV. UNE PREUVE : apporter, fournir, produire
◆ CONTR. → ABANDONNER

ADMIRABLE I. → BEAU II. → ÉTONNANT III. → REMARQUABLE

ADMIRABLEMENT à croquer, à merveille, à ravir, de façon → ADMIRABLE *et les dérivés possibles en* -ment *des syn. de* admirable
◆ CONTR. → IMPARFAITEMENT

ADMIRATEUR, TRICE → ADORATEUR

ADMIRATIF, IVE → ENTHOUSIASTE

ADMIRATION n.f. I. → ATTACHEMENT II. → ENTHOUSIASME III. → ADORATION

ADMIRATIVEMENT de façon → ENTHOUSIASTE *et les dérivés possibles en* -ment *des syn. de* enthousiaste

ADMIRER I. **au pr.**: apprécier, bader (vx ou arg.), être ébloui/ émerveillé, s'émerveiller de, être enthousiasmé par, s'enthousiasmer de, s'extasier de, faire compliment/ grand cas de, louanger, louer, porter aux nues, trouver → ADMIRABLE II. **péj.**: constater que, s'étonner que, trouver bizarre/ étrange/ singulier que, voir avec étonnement que
◆ CONTR. I. → ABHORRER II. → DÉNIGRER III. → DÉDAIGNER

ADMISSIBLE → ACCEPTABLE

ADMISSION n.f. → RÉCEPTION

ADMITTATUR n.m. → AGRÉMENT

ADMONESTATION n.f. admonition, avertissement, blâme, correction, exhortation, gronderie, leçon, mercuriale, objurgation, remontrance, réprimande, semonce → REPROCHE
◆ CONTR. → FÉLICITATION

ADMONESTER avertir, chapitrer, donner un avertissement, faire la morale/ des réprimandes/ des reproches à, gronder, moraliser, morigéner, prévenir, réprimander, sabouler (vx), semoncer, sermonner, tancer – **fam.**: engueuler, houspiller, passer une engueulade, secouer (les poux/ puces), sonner les cloches à
◆ CONTR. → FÉLICITER

ADMONITEUR, TRICE → CENSEUR

ADMONITION n.f. → AVERTISSEMENT

AD NUTUM → AUSSITÔT

ADOBE n.m. → BRIQUE

ADOLESCENCE n.f. jeunes, jeunes gens, jeunesse, J.3, nouvelle vague, puberté, teenagers
◆ CONTR. I. : âge mûr, maturité II. → ENFANT III. → MAJORITÉ IV. → VIEILLESSE

ADOLESCENT, E jouvenceau, jouvencelle, teenager → JEUNE – **fam.**: ado, adonis, éphèbe, minet, minette, puceau, pucelle
◆ CONTR. I. → ADULTE II. → ENFANT III. → VIEILLARD

ADONIS n.m. I. → JEUNE II. → PAPILLON

ADONISER → ORNER

ADONNER (S') s'abandonner à, s'appliquer à, s'attacher à, se consacrer à, se livrer à, s'occuper à/ de, tourner toutes ses pensées vers – **vx**: fréquenter → ACCOUPLER (s')
◆ CONTR. → ÉVITER

ADOPTER I. **quelqu'un**: admettre, s'attacher, choisir, coopter, prendre II. **une chose 1. une opinion**: acquiescer à, admettre, s'aligner sur, approuver, consentir à, donner son approbation/ son aval/ son consentement à, épouser, être d'accord avec, faire partie de, faire sienne l'opinion de, opter pour, se rallier à, se ranger à, souscrire à **2. une attitude**: employer, emprunter, imiter, prendre, singer (péj.) **3. une religion**: se convertir à, embrasser, suivre **4. une loi, une motion**: approuver, entériner, faire passer, promulguer, ratifier, voter **5.** mettre en circulation/ en service
◆ CONTR. → REPOUSSER

ADOPTION n.f. I. admission, adrogation, assimilation, choix, cooptation, insertion II. accord, acquiescement, alignement, approbation, choix, consentement, conversion, emploi, emprunt, imitation, ralliement, singerie (péj.), vote
◆ CONTR. → REFUS

ADORABLE admirable, gentil, joli, mignon, parfait, pimpant, ravissant → AIMABLE
◆ CONTR. → HAÏSSABLE

ADORABLEMENT de façon → ADORABLE *et les dérivés possibles en* -ment *des syn. de* adorable

ADORATEUR, TRICE admirateur, adorant (vx), adulateur, amoureux, courtisan, dévot, fan (fam.), fanatique, fervent, idolâtre, sectateur, soupirant, suivant → AMANT
◆ CONTR. → ZOÏLE

ADORATION n.f. **I.** admiration, adulation, attachement, amour, culte, dévotion, emballement, engouement, fanatisme, ferveur, iconolâtrie, idolâtrie, latrie, passion, respect, vénération **II. péj.** : encens, flagornerie, flatterie
◆ CONTR. **I.** → BLASPHÈME **II.** → HAINE

ADORER I. dieu : aimer, bénir, glorifier, rendre un culte à, servir **II. les idoles** : idolâtrer **III. quelqu'un. 1. fav. ou neutre** : admirer, aimer, honorer, respecter, révérer, vénérer **2. avec excès** : idolâtrer **3. non fav.** : aduler, courtiser, encenser, être/ se mettre à plat ventre devant, flagorner, flatter, se prosterner devant
◆ CONTR. **I.** → BLASPHÉMER **II.** → HAÏR

ADOS n.m. → TALUS

ADOSSEMENT n.m. → APPUI

ADOSSER I. arc-bouter, aligner/ appuyer/ mettre/ placer/ plaquer contre **II. v. pron.** : s'appuyer, s'arc-bouter, se mettre dos à, se placer contre
◆ CONTR. → DÉGAGER

ADOUBEMENT n.m. **I.** armement **II.** → RÉCEPTION

ADOUBER I. → FOURNIR **II.** → RECEVOIR

ADOUCIR I. quelqu'un : amollir, apprivoiser, attendrir, fléchir, humaniser, toucher **II. la peine** : alléger, atténuer, rendre plus supportable, tempérer **III. une chose. 1. l'amertume** : atténuer, diminuer, dulcifier, édulcorer, modérer, réduire, sucrer **2. la lumière** : abaisser, baisser, filtrer, réduire, tamiser **3. le ton** : amortir, baisser, bémoliser, mettre une sourdine **4. la température** : attiédir, climatiser, tempérer **5. une douleur, un mal** : alléger, amortir, anesthésier, calmer, cicatriser, consoler, émousser, endormir, estomper, lénifier, panser, soulager **6. un courroux** : accoiser (vx), amadouer, apaiser, apprivoiser, défâcher (fam.), désarmer, humaniser, lénifier, modérer, pacifier, policer, radoucir, rasséréner, tempérer **7. ses expressions** : châtier, corriger, estomper, tempérer **8. les coloris** → AFFADIR **9. les mœurs** : améliorer, civiliser, humaniser, policer **IV. techn. 1. une glace** : polir **2. l'eau** : filtrer, purifier, traiter **V. v. pron.** : se laisser amollir/ attendrir/ fléchir/ toucher *et les formes pron. possibles des syn. de* adoucir
◆ CONTR. **I.** → AGGRAVER **II.** → IRRITER

ADOUCISSEMENT n.m. **I. au pr. : 1.** allégement, amélioration, amoindrissement, apaisement, assouplissement, atténuation, consolation, mitigation, secours, soulagement **2.** civilisation, humanisation, progrès **3. vx** : accoisement, allégeance, dictame, dulcification **II. de la température** : amélioration, attiédissement, radoucissement, réchauffement, redoux **III.** veloutement **IV.** adoucissage, polissage
◆ CONTR. → AGGRAVATION

ADOUCISSEUR n.m. amortisseur, filtre

ADOUÉ, E *les part. passés possibles des syn. de* accoupler

A.D.P. → AUTOMATIC DATA PROCESSING

ADRESSE n.f. **I.** coordonnées (fam.), domicile, habitation, résidence, villégiature **II.** agilité, dextérité, précision, prestesse, souplesse **III.** aptitude, don, finesse, habileté, ingéniosité, intelligence, science, souplesse, subtilité, talent, vivacité → HABILETÉ **IV. vx** : raccourci, traverse **V. TOUR D'ADRESSE** : jonglerie, prestidigitation → ACROBATIE
◆ CONTR. → MALADRESSE

ADRESSER I. un envoi : diriger, envoyer, expédier, faire partir/ parvenir/ porter, mettre à la poste, poster, transmettre **II. une œuvre** : dédier, faire hommage **III. un conseil** : donner, prodiguer **IV. fam.** : coller, envoyer, ficher, flanquer, foutre **V. un regard** : jeter **VI. la parole** : interpeller, parler **VII. des questions** : poser, questionner, soumettre **VIII. des menaces** : faire, prodiguer, proférer **IX. des compliments** : faire agréer, faire part, présenter, transmettre **X. v. pron. : 1.** avoir recours à/ demander à, faire appel à, parler à, solliciter, se tourner vers **2.** concerner, être destiné à, être de la compétence/ du ressort de, être les oignons de (fam.), regarder *et les formes pron. possibles des syn. de* adresser
◆ CONTR. → RECEVOIR

ADRET n.m. au soleil
◆ CONTR. : ubac

ADROGATION n.f. → ADOPTION

ADROIT, E I. au pr. 1. apte, bon à, expérimenté, précis, rompu à **2.** agile, en forme, exercé, preste, rompu, souple **II. vx** : accort, adextre, isnel **III. par ext.** : capable, dégourdi, délié, diplomate, entendu, expérimenté, fin, industrieux, ingénieux, intelligent, leste, persuasif, politique, subtil → HABILE
◆ CONTR. → MALADROIT

ADULTAT n.m. adultisme → MAJORITÉ

ADULATEUR, TRICE péj. : adulatif, caudataire, courtisan, dévot, encenseur, flagorneur, flatteur, génuflecteur, louangeur, obséquieux → ADORATEUR – **fam.** : fan, godillot, lèche-bottes/ cul
◆ CONTR. → CENSEUR

ADULATION n.f. cour, courtisanerie, culte, dévotion, encensement, flagornerie, flatterie, servilité → ADORATION

◇ CONTR. → HAINE

ADULER caresser, courtiser, encenser, flagorner, flatter, louanger → ADORER

◇ CONTR. → DÉDAIGNER

ADULTE I. **nom** : femme/ homme fait(e)/ venu(e) II. **adj.** : accompli, développé, formé, grand, grandi, majeur, mûr, raisonnable, responsable, sérieux

◇ CONTR. I. → ENFANT II. → JEUNE III. → VIEILLARD

ADULTÉRATION n.f. → ALTÉRATION

ADULTÈRE n.m. cocuage, cocufiage, coup de canif (dans le contrat) (fam.), fornication, infidélité, trahison, tromperie

◇ CONTR. → FIDÉLITÉ

ADULTÈRE adj. infidèle, marimélard, onobate (antiq.)

◇ CONTR. → FIDÈLE

ADULTÉRER → ALTÉRER

ADULTÉRIN, E bâtard, naturel

ADUSTE → HÂLÉ

ADUSTION n.f. cautérisation, pointe(s) de feu

AD VALOREM → PROPORTIONNEL

ADVANCED LAY-OUT audiov. off. : maquette

ADVENANT, E jurid. : direct → JUSTE

◇ CONTR. : adventif

ADVENIR arriver, arriver par surprise, se passer, se produire, réussir, survenir

◇ CONTR. → MANQUER

ADVENTICE accessoire, marginal, parasite, secondaire, superfétatoire, supplémentaire → ACCIDENTEL

◇ CONTR. → PRINCIPAL

ADVENTIF, IVE jurid. → INDIRECT

◇ CONTR. : advenant

ADVERSAIRE n.m. et f. et adj. I. agonistique, antagoniste, attaqueur, challenger, compétiteur, concurrent, contre-manifestant, rival II. contestataire, contradicteur, débatteur, opposant, pourfendeur → ENNEMI

◇ CONTR. I. → AMI II. → ASSOCIÉ

ADVERSE contraire, défavorable, hostile, néfaste, opposé

◇ CONTR. → FAVORABLE

ADVERSITÉ n.f. avatars, circonstances, coup du sort, destin, détresse, difficulté, disgrâce, événement/ fortune contraire, fatalité, hostilité, infortune, inimitié, malchance, malheur, misère, obstacle, tribulation(s) – **fam.** : cerise, débine, déveine, mouise, poisse

◇ CONTR. I. → BONHEUR II. → CHANCE

ADVERTANCE n.f. I. → ATTENTION II. → INTELLIGENCE

ADVERTISING MAN audiov. off. : publicitaire

AD VITAM ÆTERNAM → TOUJOURS

ADYNAMIE n.f. → FAIBLESSE

ADYTON ou **ADYTUM** n.m. → SANCTUAIRE

AÈDE n.m. I. → POÈTE II. → MOUSTIQUE

ÆGAGRE n.f. → CHÈVRE

ÆGIPAN n.m. → SATYRE

AÉRATEUR n.m. climatiseur, ventilateur

AÉRATION n.f. → VENTILATION

AÉRER I. assainir, changer d'air, purifier, ventiler II. fig. 1. alléger, cultiver, éclaircir, façonner 2. dégourdir, distraire, sortir III. v. pron. 1. s'oxygéner, prendre l'air, sortir 2. se changer les idées, se dégourdir, se distraire, sortir, s'ouvrir

◇ CONTR. → ENFERMER

AÉRIEN, NE I. au-dessus du sol, au ciel, élevé, en l'air, en surface, supérieur II. fig. : céleste, élancé, élevé, éthéré, immatériel, léger, poétique, pur, svelte, vaporeux

◇ CONTR. → PESANT

AÉRIUM n.m. centre aéré/ de convalescence/ de prévention/ de repos, préventorium, sanatorium

AÉRODROME n.m. I. aéroport, base aérienne, terrain d'atterrissage/ d'aviation II. par ext. : adacport, aérogare, aire/ base de lancement, altiport, cosmodrome, héliport, hélistation (off.), hélistop, hélisurface, hydrobase, stolport

AÉRODYNE et **AÉRONEF** et **AÉROSTAT** n.m. I. → BALLON II. → AVION III. aéroglisseur, aile volante, cerf-volant, deltaplane, hovercraft, naviplane, parachute, planeur, terraplane IV. vx : alérion, aéroplane, aéroscaphe V. autogire, combiné, compound (helicopter), giravion, girodyne, hélicoptère VI. canadair, dromadair, hydravion, hydroplane VII. A.D.A.C./ A.D.A.V. (avion à décollage et atterrissage courts/ verticaux), U.L.M. (ultra-léger motorisé), S.T.O.L. (short take-off and landing), V.T.O.L. (vertical take-off and landing) VIII. par ext. 1. astronef, camion de l'espace, capsule, fusée, navette/ plate-forme (spatiale), satellite, soliout, spacelab, spationef, station orbitale/ spatiale 2. ovni, soucoupe volante, ufo

AÉROGLISSEUR n.m. I. hovercraft, hydroglisseur, naviplane II. aérotrain, ferraplane

AÉROLITE ou **AÉROLITHE** n.m. asté-roïde, bolide, étoile filante, météorite

AÉROMANCIE n.f. → DIVINATION

AÉROMANCIEN, NE → DEVIN

AÉROMOBILE aéroporté

AÉRONAUTE n.m. et f. → AVIATEUR

AÉRONEF et **AÉROPLANE** n.m. → AÉRO-DYNE

ÆSCHNE n.f. → LIBELLULE

AFFABILITÉ n.f. → AMABILITÉ

AFFABLE → AIMABLE

AFFABLEMENT de façon → AIMABLE *et les dérivés possibles en* -ment *des syn. de* aimable

AFFABULATION n.f. → FABLE

AFFABULER → HÂBLER

AFFADIR I. adoucir, affaiblir, amatir, amoindrir, atténuer, dénaturer, dulcifier, édulcorer, émousser, réduire, rendre fade/insignifiant/ insipide, ôter la saveur II. dé-colorer, délaver, détremper, éclaircir, effa-cer, estomper, faire pâlir/ passer, modérer, pâlir, tempérer III. vx : amollir, écœurer, énerver IV. v. pron. : 1. devenir fade, passer *et les formes pron. possibles des syn. de* affadir 2. devenir affecté/ amolli/ banal/ confor-miste/ décoloré/ doucereux/ ennuyeux/ faible/ froid/ incolore/ inodore et sans sa-veur (loc. fam.)/ lâche/ monotone/ mou/ neutre/ ordinaire/ pâle/ quelconque/ sans originalité/ sans saveur/ tiède/ trivial

◇ CONTR. → PIMENTER

AFFADISSEMENT n.m. → AFFAIBLISSEMENT

AFFAIBLIR I. abattre, abrutir, alâchir (vx) altérer, amaigrir, amoindrir, amollir, ané-mier, atrophier, briser, casser, consumer, débiliter, déprimer, ébranler, épuiser, érein-ter, exténuer, faire dépérir, fatiguer, miner, rabaisser, ruiner II. par ext. 1. la sensibilité : alté-rer, amoindrir, amortir, attendrir, blaser, émousser, éteindre, fragiliser (psych.) user 2. les qualités : abâtardir, abattre, abrutir, amoindrir, amollir, appauvrir, avachir, aveulir, briser, décourager, efféminer, émasculer, étioler, faire déchoir, laisser dé-générer, rabaisser, ruiner, tendrifier (vx) 3. l'autorité : abaisser, abattre, amoindrir, at-teindre, atténuer, briser, ébranler, émous-ser, fléchir, rabattre, relâcher, ruiner, saper 4. une saveur, une couleur → AFFADIR 5. un son : as-sourdir, bémoliser, étouffer, réduire III. v. pron. : être abattu, s'alanguir, s'amoindrir, s'amollir, s'anémier, baisser, se débiliter, dé-cliner, décroître, défaillir, dépérir, se dépri-mer, diminuer, faiblir, être fatigué, se miner, perdre des forces/ des moyens, vaciller,

vieillir *et les formes pron. possibles des syn. de* affaiblir

◇ CONTR. I. → FORTIFIER II. → EXAGÉRER

AFFAIBLISSEMENT n.m. I. → ABAISSEMENT II. abâtardissement, affadissement, altéra-tion, amaigrissement, amoindrissement, amollissement, attiédissement, ava-chissement, aveulissement, collapsus (méd.), décadence, déchéance, découragement, dé-faillance, dégénérescence, dépérissement, effémination, épuisement, fragilisation (psych.), laxisme, rabaissement, relâche-ment, sape, usure. vx : atténuance, atténue-ment

◇ CONTR. I. → ACCROISSEMENT II. → RÉTABLISSE-MENT

AFFAIRE n.f. I. *au sing. et au pl. sert de substitut à un grand nombre de substantifs au même titre que :* bazar, bidule, chose, ma-chin → TRUC II. au pr. 1. besogne (vx), besoin, devoir, obligation, occupation, tâche, travail 2. agence, atelier, boutique, bureau, cabinet, chantier, commerce, entreprise, firme, hol-ding, industrie, magasin, société, trust, usine III. 1. C'EST UNE AFFAIRE DE GOÛT : pro-blème, question 2. D'AMOUR : anecdote (fam.), chronique (fam.), histoire, intrigue 3. D'INTÉRÊT : arbitrage, contestation, débat, démêlé, différend, discussion, dispute, ex-pertise, négociation, querelle, règlement, spéculation, tractation 4. D'HONNEUR : duel, jury d'honneur, rencontre, réparation 5. DE CONSCIENCE : cas, problème, question 6. EN TOUTE AFFAIRE : aventure, chose, cir-constance, conjoncture, événement, fait, oc-casion, occurrence 7. C'EST L'AFFAIRE DE : but, objet, rôle 8. jurid. : accusation, différend, enquête, litige, procès, querelle, scandale 9. S'ATTIRER UNE SALE AFFAIRE : complica-tion, difficulté, embarras, ennui, souci 10. SE TIRER D'AFFAIRE : danger, difficulté, embar-ras, péril 11. SON AFFAIRE EST CLAIRE : son compte est bon 12. IL A SON AFFAIRE : il a son compte (fam.) 13. C'EST MON AFFAIRE : cela *ou* ça me regarde 14. CE N'EST PAS UNE PETITE AFFAIRE : ce n'est pas facile 15. C'EST UNE AUTRE AFFAIRE : c'est une autre paire de manches (fam.) 16. FAIRE L'AFFAIRE : al-ler, convenir à, être adéquat 17. FAIRE SON AFFAIRE À QUELQU'UN : attaquer, corriger, donner/ flanquer une correction/ dérouil-lée/ leçon/ volée à, régler son compte à 18. ÊTRE À SON AFFAIRE : bicher (fam.), être heureux de/ très occupé par, se plaire à 19. FAIRE AFFAIRE AVEC QUELQU'UN : conclure un marché, enlever un marché, se mettre d'accord, mener à bien une négocia-tion, signer un contrat, soumissionner, fam. : taper là, toper 20. EN FAIRE TOUTE UNE AF-FAIRE : histoire, monde, plat (fam.) IV. pl. 1. au

pr. : activités commerciales, bourse, business, commerce, industrie, négoce **2. par ext.** : conjoncture, événements, échanges, politique, situation, transactions, ventes **3. affaires de l'État** : politique, problèmes **4. ce qui vous appartient fam.** : arsenal, barda, bataclan, bazar, bidule, bordel (grossier), choses, falbala, frusques, livres, machin, meubles, saint-frusquin, trucs, vêtements, etc **5. arg.** : affure, blot, nib, pain, topo **6. AVOIR SES AFFAIRES** (fam. pour une femme) : avoir ses règles *et les syn. de* menstruation, être indisposée **7. faire ses affaires** : faire son beurre/ fortune, réussir, spéculer heureusement

AFFAIRÉ, E actif, occupé, surchargé, surmené

◇ CONTR. → INACTIF

AFFAIREMENT n.m. **I.** activité, agitation, remue-ménage, surmenage **II. fam.** : bougeotte, boum, branle-bas de combat, coup de feu

◇ CONTR. **I.** → INACTION **II.** → FLEGME

AFFAIRER (S') s'activer, s'agiter, se manier (fam.), s'occuper de, se préoccuper de, se surmener

◇ CONTR. → TRAÎNER

AFFAIRISME n.m. agiotage, combine, intrigue, spéculation, tripotage

◇ CONTR. → HONNÊTETÉ

AFFAIRISTE n.m. et f. agent/ agioteur, bricoleur, chevalier d'industrie, combinard, intermédiaire, intermédiaire marron, intrigant, spéculateur, tripoteur

◇ CONTR. → HONNÊTE

AFFAISSEMENT n.m. → ABAISSEMENT

AFFAISSER I. faire plier *et les syn. de* plier **II. v. pron. 1. au pr.** : s'affaler, aréner (arch.), s'avachir (fam.), se courber, crouler, descendre, s'ébouler, s'écrouler, s'effondrer, fléchir, glisser, plier, ployer, tomber **2. fig.** : s'affaiblir, s'amoindrir, baisser, crouler, décliner, se déprimer, se laisser abattre/ aller, glisser, succomber

◇ CONTR. → LEVER

AFFAITAGE et **AFFAITEMENT** n.m. → APPRIVOISEMENT

AFFAITER → APPRIVOISER

AFFALEMENT n.m. affaissement, avachissement → ABAISSEMENT

AFFALER mar. : descendre, haler, trévirer

AFFALER (S') et **ÊTRE AFFALÉ** s'abattre, s'avachir, s'écrouler, s'effondrer, s'étaler, s'étendre, se laisser aller/ glisser/ tomber, se répandre, se vautrer → TOMBER

◇ CONTR. → LEVER (SE)

AFFAMÉ, E I. au pr. 1. à jeun, famélique, misérable → VORACE **2.** claque-dent, claque-

faim, crève-la-faim, meurt-de-faim **3. fam.** : alouvi (vx) boyau vide, crevard, morfal, morfalou **II. fig.** : altéré, ardent, assoiffé, avide, exigeant, inassouvi, insatiable, insatisfait, passionné, soucieux de

◇ CONTR. → REPU

AFFAMER I. alouvir (vx), faire crever/ mourir de faim **II. fig.** : accaparer, agioter, gruger, monopoliser, prêter à gages, raréfier, spéculer, trafiquer, tripoter

◇ CONTR. → RASSASIER

AFFAMEUR, EUSE n.m. ou f. accapareur, agioteur, grugeur, monopoleur, prêteur sur gages, spéculateur, trafiquant, tripoteur, usurier

◇ CONTR. → GÉNÉREUX

AFFANEUR n.m. → TRAVAILLEUR

AFFÉAGEMENT n.m. → CESSION

AFFÉAGER → CÉDER

AFFECT n.m. → DISPOSITION

AFFECTATAIRE n.m. et f. → BÉNÉFICIAIRE

AFFECTATION n.f. **I. on affecte une chose** : assignation, attribution, consécration, destination, imputation **II. on affecte quelqu'un. 1.** déplacement, désignation, destination, installation, mise en place, mouvement, mutation, nomination **2.** emploi, poste **III. on affecte une chose d'un signe** : adjonction, désignation, marque, qualification, quantification, spécification **IV. on affecte une attitude. 1. neutre ou légèrement péj.** : afféterie, air, apparence, apprêt, attitude, bluff, cérémonie, chiqué (fam.), comédie, dandysme, embarras, emphase, façon, faste, feinte, genre, imitation, jeu, manières, manque de naturel, marivaudage, mignardise, minauderie, mine, originalité, purisme, raffinement, recherche, sensiblerie, sentimentalisme, singularité → PRÉCIOSITÉ **2. non fav.** : anglomanie, bégueulerie, cabotinage, charlatanerie, chattemite, chichi (fam.), contorsion, cuistrerie, façon, fanfaronnade, faste, fausseté, faux-semblant, forfanterie, grimace, girie, grandiloquence, guinderie (vx), hypocrisie, imposture, maniérisme, mièvrerie, momerie, montre, morgue, ostentation, outrance, parade, pédanterie, pédantisme, pharisaïsme, pose, prétention, provocation, pruderie, pudibonderie, puritanisme, raideur, simagrée, simulation, singerie, snobisme, suffisance, tartuferie

◇ CONTR. **I.** → SIMPLICITÉ **II.** → SINCÉRITÉ

AFFECTÉ, E I. quelqu'un est affecté à un poste : déplacé, désigné, installé, limogé (péj.), mis en place, muté, nommé **II. une chose est affectée. 1.** assignée, attribuée, consacrée, destinée, imputée, réservée **2.** désignée, marquée,

qualifiée, quantifiée, spécifiée **III. un comporte-ment. 1. au pr. neutre ou légèrement péj.** : afféré (vx), apprêté, artificiel, cérémonieux, comédien, de commande, composé, contraint, conventionnel, emphatique, emprunté, étudié, à façons, factice, fastueux, feint, forcé, à manières, mignard, minaudier, peu naturel, poseur, précieux, puriste, raffiné, recherché, sophistiqué, singulier **2. non fav.** : bégueule, cabotin, charlatan, chattemite, à chichis, collet monté, compassé, contorsionné, contrefait, cuistre, fabriqué, façonnier, à façons, fanfaron, fardé, fastueux, faux, grimacier, gourmé, glorieux (fam.), grandiloquent, guindé, important, insincère, maniéré, mièvre, outré, pédant, pharisien, plein de morgue/ d'ostentation, poseur, pour la montre/ la parade, prétentieux, provocant, prude, pudibond, puritain, raide, simulé, snob, tarabiscoté (fam.), tartufe → HYPOCRITE **IV. un style** : alambiqué, contourné, entortillé, maniéré, précieux, puriste, recherché
◇ CONTR. I. → SIMPLE II. → SINCÈRE

AFFECTER I. on affecte 1. une chose : assigner, attribuer, consacrer, destiner, imputer **2. quelqu'un** : déplacer (péj.), désigner, destiner, installer, mettre en place, muter, nommer **3. d'un signe** : adjoindre, désigner, marquer, qualifier, quantifier, spécifier **4. un comportement** : afficher, avoir l'air de, bluffer, se composer, se contorsionner, contrefaire, crâner, emprunter, étaler, s'étudier, être poseur/ snob, faire des manières/ semblant de, faire le, feindre, frimer (fam.), jouer les, mignarder, se piquer de, plastronner, pontifier, poser, prétendre, rechercher, simuler **II.** → AFFLIGER
◇ CONTR. I. → RETRANCHER II. → RÉJOUIR

AFFECTIBILITÉ n.f. → SENSIBILITÉ

AFFECTIF, IVE émotionnel, passionnel, sentimental → SENSIBLE
◇ CONTR. → FLEGMATIQUE

AFFECTION n.f. **I. pour quelqu'un** : affinité, amitié, amour, atomes crochus, attachement, béguin (fam.), bonté, complaisance, coup de cœur/ de foudre, dévotion, dévouement, dilection, douceur, inclination, intérêt, lien, penchant, piété, respect, sollicitude, sympathie, tendresse, union, vénération **II. pour une chose** : amour, attachement, dévouement, goût, inclination, intérêt, penchant, prédilection, tendresse, vocation **III. méd.** : altération, anomalie, attaque, dysfonctionnement, indisposition, lésion, mal, malaise, syndrome → MALADIE **IV. quelques termes d'affection** : agneau, aimé(e), âme, ami(e), amour, ange, beau, belle, bellot, bibiche, biche, bichette, bichon, bicot(te), bien-aimé (e), bijou, biquet(te), bon(ne), bon(ne) ami(e),

boudin, caille, charmant(e), chat(te), cher(e), chéri(e), chevrette, chou, chouchou, coco, cocotte, cœur, crotte, doudou, enfant, fille, fils, gros(se), joli(e), joujou, lapin, lou, loulou, m'amie, m'amour, mie, mien(ne), mignon (ne), mimi, minet(te), moineau, oiseau, petite (bonne) femme/ mère/ sœur, petit (bon) homme/ frère/ père, poule, poulet(te), poulot, poupée, poupoule, poussin(e), prince (sse), puce, rat, raton, roi, reine, saucisse, tourterelle, trésor, vieux, vieille branche/ noix *et tout terme inattendu mais convenant à tel contexte particulier.*
◇ CONTR. → HAINE

AFFECTIONNÉ, E affectueux, aimant, attaché, dévoué, fidèle, tendre
◇ CONTR. → INDIFFÉRENT

AFFECTIONNER I. → AIMER **II.** → PRÉFÉRER

AFFECTIVITÉ n.f. émotivité → SENSIBILITÉ

AFFECTUEUSEMENT de façon → AFFEC-TUEUX *et les dérivés possibles en* -ment *des syn. de* affectueux

AFFECTUEUX, EUSE I. → AMOUREUX **II.** → AIMABLE

AFFECTUOSITÉ n.f. → SENSIBILITÉ

AFFENAGE n.m. → AFFOURAGEMENT

AFFENER affourager → NOURRIR

AFFENOIR n.m. abat-foin, cornadi (rég.), crèche, mangeoire, ratelier

AFFÉRENT, E adm. : annexe, connexe, rattaché à, relatif à
◇ CONTR. → DIFFÉRENT

AFFERMER → LOUER

AFFERMIR I. affirmer, améliorer, ancrer, asseoir, asserter (vx), assurer, augmenter, cimenter, confirmer, conforter, consolider, durcir, endurcir, encourager, étayer, fixer, fonder, fortifier, garantir, garnir, haubaner, protéger, raffermir, raidir, réconforter, renforcer, revigorer, sceller, stabiliser, tremper **II. v. pron.** : devenir plus ferme/ fort/ stable *et les formes pron. possibles des syn. de* affermir
◇ CONTR. → AFFAIBLIR

AFFERMISSEMENT n.m. **I.** affirmation, amélioration, ancrage, assurance, consolidation, durcissement, fixation, garantie, protection, radicalisation, raffermissement, raidissement, réconfort, renforcement, scellement, stabilisation **II.** → SOUTIEN
◇ CONTR. → AFFAIBLISSEMENT

AFFÉTÉ, E → AFFECTÉ

AFFÉTERIE n.f. → AFFECTATION

AFFICHAGE n.m. annonce, étalage, panneau, publication, publicité

AFFICHE n.f. I. affichette, annonce, avis, écriteau, logo, pancarte, panneau, placard, poster, proclamation, programme, publicité, réclame II. → AGRAFE III. → PERCHE

AFFICHER I. au pr. : coller/ poser des affiches, faire connaître/ savoir, indiquer, placarder, publier, rendre public, signaler, visualiser II. fig. : accentuer, accuser, affecter, affirmer, annoncer, arborer, attester, déballer (fam.), déclarer, découvrir, décrire, démontrer, dénuder, déployer, développer, dévoiler, étaler, évoquer, exhiber, exposer, extérioriser, faire étalage de/ montre de/ parade de, manifester, marquer, mettre, montrer, offrir, porter, présenter, prodiguer, produire, prouver, représenter, respirer, révéler, signifier, témoigner III. v. pron. 1. apparaître, attirer l'attention/ l'œil/ le regard/ la vue, faire étalage, faire le glorieux/ le malin, faire montre/ parade de, se faire admirer/ valoir/ voir, se mettre à l'étalage/ en vitrine, montrer son nez, parader, paraître, pavaner, se pavaner, se peindre, se répandre (fam.), et les formes pron. possibles des syn. de afficher 2. S'AFFICHER AVEC QUELQU'UN : se compromettre (péj.), fréquenter, hanter IV. vx : appointir, tailler en pointe
◇ CONTR. → CACHER

AFFICHEUR, EUSE colleur/ poseur d'affiches

AFFICHISTE n.m. et f. → DESSINATEUR

AFFIDÉ, E I. neutre : → CONFIDENT II. non fav. : agent secret, complice, espion, indicateur
◇ CONTR. → ADVERSAIRE

AFFILAGE n.m. affût, affûtage, aiguisage, aiguisement, émorfilage, émoulage, repassage

AFFILÉ, E I. acéré, acuté (vx), affûté, aiguisé, coupant, émorfilé, émoulu, repassé, taillant, tranchant II. → MORDANT III. fig. LA LANGUE BIEN AFFILÉE : bien pendue
◇ CONTR. → ÉMOUSSÉ

AFFILÉE (D') à la file, de suite, sans discontinuer, sans interruption
◇ CONTR. : de façon → SPORADIQUE

AFFILER affûter, aiguiser, appointer, appointir, donner du fil/ du tranchant, émorfiler, émoudre, meuler, morfiler, repasser, tailler − vx : acérer, acuter
◇ CONTR. → USER

AFFILEUR n.m. → RÉMOULEUR

AFFILIATION n.f. adhésion, adjonction, admission, adoption, agrégation, association, contrat, conventionnement, cooptation, enrôlement, entrée, incorporation, initiation, inscription, intégration, mobilisation (péj.), rattachement, réception
◇ CONTR. I. → SUPPRESSION II. → ABANDON

AFFILIÉ, E adhérent, adjoint, admis, adopté, agrégé, associé, assujetti, contractuel, conventionné, coopté, cotisant, enrôlé, incorporé, initié, inscrit, intégré, mobilisé (péj.), rattaché, reçu → CAMARADE
◇ CONTR. → LIBRE

AFFILIER I. adjoindre, admettre, adopter, agréger, associer, conventionner, coopter, enrôler, incorporer, initier, inscrire, intégrer, faire cotiser/ entrer, mobiliser, rattacher, recevoir II. v. pron. : adhérer, cotiser, entrer à, entrer dans, rejoindre, se faire admettre et les formes pron. possibles des syn. de affilier
◇ CONTR. → ÉLIMINER

AFFILOIR n.m. → AIGUISOIR

AFFINAGE n.m. I. décarburation, dépuration, épuration, puddlage, raffinage II. achèvement, assainissement, élimination, façon, façonnage, façonnement, finissage, finition, maturation, nettoiement, nettoyage

AFFINEMENT n.m. dressage (péj.), éducation, perfectionnement
◇ CONTR. I. → ALOURDISSEMENT II. → AGRANDISSEMENT

AFFINER I. au pr. : assainir, décarburer, épurer, nettoyer, puddler, purifier, raffiner II. fig. → FAÇONNER III. v. pron. : s'apprivoiser, se civiliser, se dégourdir, se dégrossir, s'éduquer, se faire, se perfectionner, se polir
◇ CONTR. I. → ALOURDIR II. → GROSSIR

AFFINITÉ n.f. I. → ALLIANCE II. → ANALOGIE III. → AFFECTION IV. → PARENTÉ

AFFINS n.m.pl. → PARENT

AFFIQUET n.m. → BAGATELLE

AFFIRMABLE → AVOUABLE

AFFIRMATIF, IVE apodictique, approbatif, assértif, assertif, assertorique, assévératif, assuré, catégorique, décisif, déclaratif, didactique, ferme, péremptoire, positif, tranchant
◇ CONTR. I. → INCERTAIN II. → NUL

AFFIRMATION n.f. I. assertion, assurance, assurement (vx), attestation, prise de position, proposition, théorème, thèse → ALLÉGATION II. approbation, confirmation, démonstration, expression, extériorisation, jugement, manifestation, preuve, témoignage
◇ CONTR. → DÉNÉGATION

AFFIRMATIVEMENT de façon → AFFIRMATIF et les dérivés possibles en -ment des syn. de affirmatif

AFFIRMER I. affier (vx), arguer, argumenter, articuler, asserter, assurer, attester, certifier, déclarer, dire, donner sa parole, faire serment, gager, garantir, jurer, maintenir, parier, prétendre, proclamer, proférer, promettre, prononcer, protester, en répondre, soutenir → ALLÉGUER II. açartener (québ.), avancer, confirmer, crier, démontrer, exprimer, extérioriser, faire état de, manifester, montrer, produire, prouver, témoigner III. → SOULIGNER IV. donner sa tête à couper, ficher/ foutre son billet (pop.), mettre sa main au feu (fam.) V. v. pron. : s'affermir, se déclarer, se confirmer, s'exprimer, s'extérioriser, se manifester, se montrer, se produire, se renforcer

◆ CONTR. → NIER

AFFLANQUER → ACCOSTER

AFFLATION n.f. → VENT

AFFLEURAGE et **AFFLEUREMENT** n.m. émergence, saillie, surgissement

◆ CONTR. → DÉPRESSION

AFFLEURER I. → APPARAÎTRE II. → ÉGALISER

AFFLICTIF, IVE → PÉNIBLE

AFFLICTION n.f. I. abattement, amertume, angoisse, chagrin, consternation, déchirement, désespoir, désolation, détresse, douleur, peine, souffrance → TRISTESSE II. brisement de cœur, calvaire, chemin de croix, crève-cœur, deuil, difficulté, enfer, épreuve, martyre, supplice, torture, tourment, traverse, tribulation → MALHEUR

◆ CONTR. → GAIETÉ

AFFLIGÉ, E déshérité, infortuné, malchanceux, malheureux, miséreux, paria, pauvre, réprouvé – péj. : gueux, miteux, paumé

◆ CONTR. → HEUREUX

AFFLIGEANT, E accablant, attristant, chagrinant, cruel, décourageant, démoralisant, déplorable, déprimant, désastreux, désespérant, désolant, douloureux, dur, embarrassant, embêtant, emmerdant (grossier), ennuyeux, fâcheux, funeste, injuste, lamentable, malheureux, mauvais, navrant, pénible, regrettable, sot, triste

◆ CONTR. I. → RÉCONFORTANT II. → BÉNÉFIQUE

AFFLIGER I. au pr. : abattre, accabler, affecter, arracher des larmes, assombrir, atterrer, attrister, chagriner, contrarier, contrister, déchirer, désespérer, désoler, émouvoir, endeuiller, endolorir, enténébrer, éprouver, fâcher, faire souffrir, fendre le cœur, frapper, mettre à l'épreuve/ au supplice/ à la torture, navrer, peiner, percer le cœur, torturer, tourmenter, troubler – vx : mélancolifier, mélancoliser II. par ironie : doter, nantir III. relig. : appliquer la discipline, macérer IV. v. pron. : s'adolorer (vx), déplorer, éprouver de l'affliction/ de la douleur/ du chagrin *et les formes pron. possibles*

des syn. de affliger

◆ CONTR. I. → CONSOLER II. → RÉJOUIR

AFFLOUAGE n.m. → RENFLOUAGE

AFFLOUER → RENFLOUER

AFFLUENCE n.f. I. au pr. : afflux, arrivées, circulation, écoulement, flot, flux, issue II. fig. 1. de choses : abondance, avalanche, débordement, déferlement, déluge, excès, exubérance, foison, foisonnement, inondation, luxuriance, opulence, pagaille (fam.), pléthore, pluie, profusion, quantité, richesse, surabondance, tas 2. de gens : abord (québ.), amas, armée, concentration, concours, encombrement, essaim, flot, forêt, foule, fourmilière, fourmillement, grouillement, mascaret, masse, monde, multitude, peuple, presse, pullulement, ramas (vx), rassemblement, régiment, réunion, ruche, rush, tas 3. fam. : flopée, foultitude, potée, ramassis, tapée, tripotée

◆ CONTR. → MANQUE

AFFLUENT n.m. → RIVIÈRE

AFFLUER I. un liquide. 1. le sang : arriver, circuler, monter 2. un cours d'eau : aboutir à, aller/ couler vers, se déverser dans II. abonder, accourir, arriver, converger, courir/ se porter/ se presser vers, déferler, survenir, venir en foule

◆ CONTR. → MANQUER

AFFLUX n.m. I. au pr. → AFFLUENCE II. fig. : bouchon, débordement, déferlement, embouteillage, encombrement, flot, foule, masse, rassemblement, rush – fam. : boom, chiée, flopée, foultitude

◆ CONTR. → VIDE

AFFOLANT, E I. → ALARMANT II. → AFFRIOLANT

AFFOLEMENT n.m. I. → AGITATION II. → INQUIÉTUDE

AFFOLER I. v. tr. 1. au pr. → AGITER, ALARMER 2. fig. → AFFRIOLER II. v. intr. : se dégrouiller (fam.), se démerder (grossier), se dépêcher, se hâter III. v. pron. : s'agiter, s'alarmer, s'angoisser, être bouleversé, s'effrayer, s'émouvoir, s'épouvanter, se faire du souci, se frapper, s'inquiéter, paniquer, perdre le nord/ la tête/ la tramontane, prendre peur, être pris de panique/ paniqué (fam.)/ terrifié/ tracassé/ troublé

AFFOLEUSE n.f. et adj. → AGUICHEUSE

AFFOUILLEMENT n.m. → CREUSAGE

AFFOUILLER → CREUSER

AFFOURAGEMENT n.m. affenage

AFFOURAGER affener → NOURRIR

AFFOURCHER I. mar. : ancrer, mouiller sur deux ancres II. vx : se mettre à califourchon III. → JOINDRE

AFFRAÎCHIE n.f. **mar.** : augmentation du vent

◆ CONTR. → BONACE

AFFRANCHI, E I. adj. → LIBRE II. nom fam. : affidé, complice, confident, dur (arg.), initié, souteneur, truand, voyou

◆ CONTR. I. → ESCLAVE II. → NAÏF

AFFRANCHIR I. briser/ rompre/ secouer les chaînes/ le joug/ les liens, débarrasser, délier, délivrer, émanciper, libérer, rendre la liberté, soustraire à – fam. : initier, informer, mettre dans le coup/ au courant/ au parfum, renseigner II. composter, payer le port, surtaxer, taxer, timbrer III. détaxer, libérer, exonérer

◆ CONTR. → SOUMETTRE

AFFRANCHISSEMENT n.m. I. délivrance, émancipation, libération, manumission II. compostage, frais de port, surtaxe, taxe, timbre

◆ CONTR. → SOUMISSION

AFFRANCHISSEUR n.m. → LIBÉRATEUR

AFFRES n.f.pl. agonie, alarme, angoisse, anxiété, crainte, douleur, doute, effroi, émoi, émotion, épouvante, inquiétude, tourment, transe → PEUR

◆ CONTR. → VOLUPTÉ

AFFRÈTEMENT n.m. I. agence de fret II. chargement, charte-partie, charter, contrat, nolisage, nolisement

◆ CONTR. → DECHARGEMENT

AFFRÉTER charger, louer, noliser, pourvoir

◆ CONTR. → DÉCHARGER

AFFRÉTEUR n.m. agent, charter, organisateur, pourvoyeur, répartiteur, subrécargue

AFFREUSEMENT de façon → AFFREUX et les dérivés en -ment possibles des syn. de affreux

AFFREUX, EUSE I. adj. : 1. abominable, atroce, barbare, criminel, cruel, dégoûtant, déplaisant, désagréable, détestable, effrayant, effroyable, épouvantable, exécrable, féroce, hideux, horrible, ignoble, infâme, mauvais, monstrueux, noir, repoussant, répugnant, terrible 2. difforme, disgracieux, inesthétique, laid, informe, mal fait/ fichu/ foutu (fam.)/ tourné, moche, vilain 3. → MÉCHANT II. 1. nom : mercenaire, spadassin 2. péj. : dégueulasse, fumier, salaud, saligaud, salopard, satyre, vicieux

AFFRIANDANT, E → APPÉTISSANT

AFFRIANDER I. → AFFRIOLER II. → AMORCER

AFFRIOLANT, E affolant, affriandant, agaçant, agouant, aguichant, alléchant, alliciant, aimable, aphrodisiaque, appétissant, attirant, attrayant, charmant, charmeur, croquignolet, désirable, engageant, ensorcelant, envoûtant, excitant, grisant, plaisant, ragoûtant, séduisant, stimulant, tentant, troublant – fam. : bandant, jouissif, sexy → BEAU

◆ CONTR. → RÉPUGNANT

AFFRIOLER affoler, affriander, agacer, agourmandir (mérid.), aguicher, allécher, attirer, charmer, engager, ensorceler, envoûter, exciter, faire du charme/ perdre la tête, griser, minauder, séduire, stimuler, tenter, troubler → FLATTER

◆ CONTR. → REPOUSSER

AFFRONT n.m. attaque, atteinte, avanie, baffe (fam.), blasphème, camouflet, contumélie (vx), grossièreté, humiliation, incongruité, injure, insolence, insulte, mortification, nasarde, offense, outrage, soufflet, vanne (arg.), vexation → GIFLE

◆ CONTR. I. → HONNEUR II. → ÉLOGE

AFFRONTABLE → POSSIBLE

AFFRONTEMENT n.m. attaque, bataille, challenge, choc, combat, compétition, concurrence, confirmation, défi, duel, échange, engagement, face à face, heurt, lutte, match, mise en présence, provocation, rencontre, tournoi → GUERRE

◆ CONTR. I. → FUITE II. → PAIX III. → REPOS

AFFRONTER I. quelqu'un : s'aligner, aller au-devant/ approcher de, s'antagoniser, atêter (vx), attaquer, combattre, défier, faire face/ front à, se heurter à, lutter contre, se mesurer à, rencontrer, résister → BRAVER II. une difficulté : aller au-devant de, chercher, combattre, courir, défier, endurer, s'exposer/ se mesurer à, faire face/ front à, lutter contre, se mesurer à III. v. pron. : être en compétition/ concurrence/ conflit, s'expliquer (fam.), se faire concurrence/ face, se heurter, se livrer un combat, se mesurer à, se rencontrer sur le terrain et les formes pron. possibles des syn. de affronter

◆ CONTR. I. → ROMPRE II. → FUIR

AFFRONTERIE n.f. → IMPUDENCE

AFFRUITER → PRODUIRE

AFFUBLEMENT n.m. → ACCOUTREMENT

AFFUBLER coller, donner, gratifier de, octroyer, qualifier de → ACCOUTRER

◆ CONTR. → DÉVÊTIR

AFFURE, AFUR n.m. ou f. arg. I. → BÉNÉFICE II. → TRAVAIL

AFFURER arg. I. → VOLER II. → TOUCHER

AFFUSION n.f. → ABLUTION

AFFÛT n.m. I. le lieu : cabane, cache, embuscade, palombière, poste, réduit II. bâti, support, trépied III. → AFFILAGE IV. ÊTRE À L'AF-

FÛT : attendre, être à l'arrêt/ aux aguets/ à l'écoute, guetter, observer, patienter, surveiller → ÉPIER

◇ CONTR. → DÉCOUVERT (À)

AFFÛTAGE n.m. → AFFILAGE

AFFÛTER → AFFILER

AFFÛTEUR n.m. I. → RÉMOULEUR II. → LIME

AFFÛTIAU(X) n.m.pl. I. → VÊTEMENT II. → INSTRUMENT

AFICIONADO fervent → AMATEUR

AFIN DE et **AFIN QUE** dans le but de (fam.)/ le dessein de/ l'intention de, en vue de, pour, pour que

A FORTIORI à plus forte raison, raison de plus

AFRITE n.m. effrit, efrit → GÉNIE

AFTERBURNER aviat. off. : post-combustion, réchauffe

AFTER-SHAVE off. : lotion après rasage

AGA I. interj. vén. : attention, regarde, vois II. n.m. : bachaga, officier des janissaires → CHEF

AGAÇANT, E I. achalant (québ.), agouant, contrariant, crispant, déplaisant, désagréable, échauffant, énervant, enrageant, exacerbant, exaspérant, excédant, excitant, horripilant, insupportable, irritant, lancinant, lassant, provocant, rageant, surexcitant, vexant II. → AFFRIOLANT III. fam. : asticotant, casse- → BOURSES/ → PIEDS, embêtant, emmerdant, enquiquinant

◇ CONTR. I. → AGRÉABLE II. → SATISFAISANT III. → INDIFFÉRENT

AGACE ou **AGASSE** n.f. → PIE

AGACEMENT n.m. agacerie, contrariété, déplaisir, désagrément, embêtement, emmerdement (grossier), énervement, ennui, exacerbation, exaspération, impatience, irritation, titillation

◇ CONTR. → PLAISIR

AGACER I. asticoter, bourdonner, casser les pieds, chercher des crosses, chercher noise/ querelle à, contrarier, courroucer, crisper, donner sur les nerfs, échauffer, échauffer la bile/ les oreilles, embêter, emmerder (grossier), énerver, ennuyer, enquiquiner, exacerber, exaspérer, excéder, exciter, fâcher, faire endêver/ enrager/ sortir de ses gonds, hérisser, horripiler, impatienter, indisposer, irriter, lanciner, lasser, mécontenter, mettre en colère/ rogne (fam.), porter sur les nerfs, piquer, provoquer, taquiner, titiller II. → AFFRIOLER

◇ CONTR. I. → CALMER II. → PLAIRE

AGACERIE n.f. I. agacement, asticotage (fam.), pique, provocation, taquinerie

II. achalange (québ.), avances, coquetterie, manège, marivaudage, minauderie

◇ CONTR. → INDIFFÉRENCE

AGACEUR n.m. → BOUTE-EN-TRAIN

AGADISTE n.m. → PRÉDICATEUR

AGAME I. nom et adj. → CÉLIBATAIRE II. n.m. → SAURIEN

AGAMI n.m. → ÉCHASSIER

AGAMIE n.f. → REPRODUCTION

AGAPE(S) n.f. banquet, festin, fête, grand repas, réjouissances → REPAS – fam. : bombance, bombe, gueuleton, ripaille

AGAPÈTE(S) I. n.m. : gnostique, hérétique II. n.f. pl. : 1. → SERVANTE 2. → VIERGE

AGARIC n.m. → CHAMPIGNON

AGASSIN n.m. cor au pied

AGATE n.f. I. calcédoine II. chrysoprase, cornaline, jaspe, onyx, sardoine III. bille, camée

AGATINE n.f. → GASTÉROPODE

AGATISÉ, E I. → BRILLANT II. → POLI

ÂGE n.m. I. ancienneté, époque, ère, génération, heure, période, temps, vieillesse II. charpente/ flèche/ haie/ perche de la charrue III. 1. assurance, autorité, expérience 2. arg. : bouteille, carat, coffiot, flacon, galon, galuche, grade

ÂGÉ, E I. avancé, d'âge canonique (fam.), sénescent, usé, vieux II. une chose : ancien, déclassé, démodé, hors service, hors d'usage, au rebut, sur le tard, tard d'époque (fam. et par ext.) → VIEUX

◇ CONTR. → JEUNE

AGÉLÈNE n.f. → ARAIGNÉE

AGENCE n.f. affaire, bureau, cabinet, chantier, commerce, comptoir, dépôt, entrepôt, office, succursale

AGENCEMENT n.m. I. accommodation, accommodement, ajustement, aménagement, arrangement, combinaison, composition, contexture, coordination, dispositif, disposition, distribution, enchaînement, liaison, mécanisme, mise en ordre/ place, ordonnance, ordre, organisation, réglementation, structure, texture, tissure II. → DÉCOR

◇ CONTR. → DESTRUCTION

AGENCER aménager, composer, coordonner, décorer, distribuer, enchaîner, goupiler (fam.), lier, mettre en ordre/ place, meubler, monter, ordonner, organiser, présenter, structurer, tisser → ADAPTER

◇ CONTR. → DÉTRUIRE

AGENCEUR, EUSE n.m. et f. → FABRICANT

AGENCIER n.m. → JOURNALISTE

AGENDA n.m. **I.** almanach, bloc-notes, calendrier, calepin, carnet, éphémérides, mémento, registre, répertoire **II. relig.** : ordo

AGÉNÉSIE et **AGÉNITALISME** n.f. et m. → IMPUISSANCE

AGÉNÉSIQUE → IMPUISSANT

AGENOUILLEMENT n.m. **I. au pr.** : agenouillage, génuflexion, inclinaison, prosternation, prosternement **II. fig.** : abaissement, bigoterie, complaisance, humiliation, lâcheté, tartuferie
◇ CONTR. **I.** → DÉFI **II.** → DÉDAIN **III.** → HARDIESSE

AGENOUILLER (S') **I. au pr.** : s'incliner, se prosterner **II. par ext. 1.** admirer, adorer, faire oraison, prier, vénérer **2. non fav.** : s'abaisser, capituler, céder, s'humilier, mettre les pouces (fam.), venir à quia/ à résipiscence → SOUMETTRE (SE)
◇ CONTR. → BRAVER

AGENOUILLOIR n.m. prie-Dieu

AGENT n.m. **I. au pr.** on qui agit : action, âme, bras, cause, facteur, ferment, instrument, moteur, moyen, objet, organe, origine, principe, source **II. quelqu'un** : âme damnée (péj.), auxiliaire, bras droit, commis, commissaire, commissionnaire, consignataire, correspondant, courtier, délégué, émissaire, employé, envoyé, exécutant, facteur, factoton, factotum, fonctionnaire, fondé de pouvoir, gérant, homme de confiance, inspecteur, intendant, intermédiaire, mandataire, messager, négociateur, préposé, représentant, serviteur, substitut, suppléant, transitaire **III. de police. 1.** contractuel(le), gardien de la paix, pèlerin, pèlerine, policier, sergent de ville → POLICIER **2. arg. et péj.** : argousin, bourre, bourrique, cogne, condé, flic, guignol, hirondelle, poulaga, poulaille, poulet, sbire, sergot, vache **IV. 1. AGENT SECRET** : affidé, correspondant, espion (péj.), indicateur **2. AGENT DE L'ENNEMI** : espion, traître **3. AGENT D'EXÉCUTION** : bourreau, exécuteur, homme de loi/ de main/ de paille, huissier, séide, tueur (à gages) **4. AGENT DE LIAISON** : courrier, estafette **5. AGENT PROVOCATEUR** : agitateur, brebis galeuse, indicateur, mouton **6. AGENT DIPLOMATIQUE** : ambassadeur, chargé d'affaires, consul, légat, ministre, ministre plénipotentiaire, nonce
◇ CONTR. **I.** → COMMANDITAIRE **II.** → TÊTE

AGGIORNAMENTO n.m. adaptation, mise à jour → CHANGEMENT
◇ CONTR. → CONSERVATION

AGGLOMÉRAT n.m. **I. au pr.** : agglomérés, agglutinat, agrégat, amas, amoncellement, bloc, conglomérat, conglutination, éboulis, entassement, masse, sédiment, tas **II.** fines, granulat **III. par ext. 1.** accrétion, accumulation, agglomération, agglutination, agglutinement, agrégation, amalgame, amas, assemblage, bloc, conglomérat, entassement, réunion, tas **2.** → RASSEMBLEMENT
◇ CONTR. → DISPERSION

AGGLOMÉRATION n.f. **I.** banlieue, bidonville, bloc, bourg, bourgade, camp, campement, capitale, centre, chef-lieu, cité, colonie, conurbation, décapole, douar, ensemble, faubourg, favela, feux, foyers, grand ensemble, habitat, hameau, localité, mégalopolis, métropole, paroisse, pentapole, station, technopole, village, ville, zone urbaine **II.** → AGGLOMÉRAT
◇ CONTR. → CAMPAGNE

AGGLOMÉRÉ n.m. brique, briquette, carreau de plâtre, hourdis, panneau d'agglo (méré)/ de contre-plaqué/ de Fibrociment/ de liège, parpaing, préfabriqué, staff, stuc, synderme (techn.)

AGGLOMÉRER et **AGGLUTINER** accumuler, agréger, amasser, amonceler, assembler, attrouper, coller, conglomérer, conglutiner, empiler, entasser, entremêler, mélanger, mêler, mettre en bloc/ ensemble/ en tas, rassembler, réunir, unir
◇ CONTR. → SÉPARER

AGGLUTINAT et **AGGLUTINATION** n.m., n.f. **I.** → AGGLOMÉRAT **II.** → AGGLOMÉRATION

AGGRAVANT, E accablant, à charge
◇ CONTR. → ATTÉNUANT

AGGRAVATION n.f. accroissement, aggravement (vx), alourdissement, amplification, augmentation, complication, croissance, développement, escalade, exacerbation, exaspération, intensification, progrès, progression, propagation, rechute, recrudescence, redoublement
◇ CONTR. → DIMINUTION

AGGRAVER **I. une charge** : accroître, alourdir, amplifier, appesantir, augmenter, charger, compliquer, développer, empirer, envenimer, étendre, exacerber, exagérer, exaspérer, exciter, grever, redoubler, surcharger **II. une condamnation** : ajouter, allonger, augmenter, grandir, grossir, rallonger **III. un sentiment** : exacerber, exaspérer, exciter, intensifier, irriter, renforcer **IV. mar. vx.** → ÉCHOUER **V. v. pron.** : se détériorer, empirer, progresser *et les formes pron. possibles des syn. de* aggraver
◇ CONTR. → ADOUCIR

AGILE **I.** adroit, aisé, à l'aise, alerte, allègre, découplé, délié, élastique, frétillant, fringant, élégant, félin, gracieux, habile, ingambe, léger, leste, mobile, preste, prompt, rapide, sémillant, souple, véloce, vite → VIF **II. vx :** accort, frisque, isnel

◇ CONTR. → GAUCHE

AGILEMENT avec → AGILITÉ, de façon → AGILE *et les dérivés possibles en -ment des* *syn. de* agile

AGILITÉ n.f. accortise (vx), adresse, aisance, allégresse, élasticité, élégance, grâce, habileté, légèreté, mobilité, prestesse, promptitude, rapidité, souplesse, vélocité, virtuosité, vitesse → VIVACITÉ

◇ CONTR. → MALADRESSE

AGIO n.m. **I.** charges, commission, crédit, frais, guelte, intérêts, plus-value, prélèvement **II. vx.** → FAÇON

◇ CONTR. **I.** → RISTOURNE **II.** → SIMPLICITÉ

AGIOTAGE n.m. accaparement, coup de bourse, spéculation, trafic, tripotage

◇ CONTR. → HONNÊTETÉ

AGIOTER accaparer, hasarder une mise, jouer à la bourse, miser, spéculer **– fam. ou** **péj. :** boursicoter, traficoter, trafiquer, tripoter

◇ CONTR. : être → HONNÊTE

AGIOTEUR, EUSE → SPÉCULATEUR

AGIR I. on fait une chose. 1. fav. : s'adresser à, aller de l'avant, animer, célébrer, collaborer à, se comporter, conduire, se conduire, concourir à, contribuer à, se dépenser, employer, s'employer à, entraîner, s'entremettre, entreprendre, exécuter, exercer une action/ une influence sur, faire, faire appel à, intercéder, intervenir, jouer, manifester, manœuvrer, mener, mettre en action/ en œuvre, mouvoir, négocier, s'occuper de, œuvrer, officier, opérer, persuader, pousser, procéder à, provoquer, travailler, vivre **2. non** **fav. :** abuser, contrarier, contrecarrer, contredire, contrevenir, en faire à sa tête, impressionner, inciter à, influencer, influer sur, lutter, se mettre en travers, s'opposer à, sévir, traiter, en user avec **II. une chose agit sur** **quelqu'un ou quelque chose :** avoir pour conséquence/ effet, concourir à, contribuer à, entraîner, exercer une action/ une influence sur, faire effet sur, influer sur, opérer, provoquer, travailler **III. AGIR EN JUSTICE :** actionner, entamer une procédure, introduire une requête, poursuivre **IV. v. pron. impers. :** il convient, il est nécessaire/ question, il faut

◇ CONTR. → ABSTENIR (s')

AGISSANT, E I. → ACTIF **II.** allant, entreprenant, influent, qui a le bras long

◇ CONTR. **I.** → INACTIF **II.** → INEFFICACE

AGISSEMENTS n.m.pl. **péj. :** allées et venues, aventures, comportement, conduite, démarche, façons, intrigues, machinations, manières, manigances, manœuvres, menées, micmac, pratiques, procédés **– fam. :** âgis, cinéma, combines, magouilles, salades

◇ CONTR. → INACTION

AGITATEUR, TRICE → FACTIEUX

AGITATION n.f. **I. au pr. 1.** activité, animation, bouillonnement, effervescence, flux et reflux, grouillement, houle, maelstrom, mouvement, ondulation, orage, raz-de-marée, remous, secousse, tempête, tohu-bohu, tourbillon, tourmente, trépidance, trépidation, trouble, tumulte, turbulence, va-et-vient **2. du corps (neutre ou fav.) :** activité, affairement, animation, hâte, mouvement, tortillement, trémoussement. **non fav. :** affolement, alarme, bruit, désordre, effervescence, énervement, excitation, incohérence, précipitation, remue-ménage, surexcitation, tourbillon, tourmente, tressaillement, trouble, tumulte, turbulence, vent **3. méd. :** angoisse, délire, excitation, fébrilité, fièvre, hystérie, nervosité **II. fig. 1. des sentiments :** affres, angoisse, anxiété, appréhension, bouillonnement, bouleversement, colère, confusion, convulsion, déchaînement, délire, désarroi, ébranlement, ébullition, effervescence, effroi, embrasement, émoi, émotion, exaspération, fièvre, flottement, frayeur, frénésie, hésitation, inquiétude, lutte, mouvement, orage, passion, préoccupation, remous, secousse, souci, terreur, tourment, tracas, trouble, tumulte, violence **2. d'une foule :** activité, animation, bouillonnement, convulsion, déchaînement, délire, démonstration, effervescence, embrasement, émeute, excitation, faction, fermentation, fièvre, flux et reflux, fourmillement, grouillement, houle, lutte, manifestation, mêlée, mouvement, orage, pagaille, panique, remous, remue-ménage, révolte, révolution, secousse, sédition, tourmente, trouble, violence **– fam.** micmac, pastis

◇ CONTR. → CALME

AGITÉ, E I. → FIÉVREUX **II.** → TROUBLÉ **III.** → INQUIET

AGITER I. on agite. 1. une chose : ballotter, battre, brandiller, brandir, brouiller, secouer → REMUER **2. le corps :** balancer, battre, bercer, branler, dodeliner, frétiller, gambiller, gesticuler, gigoter, hocher, secouer, soulever, trémuler **3. une question :** analyser, avancer, débattre de, discuter de, examiner, mettre à l'ordre du jour, proposer, soulever, soumettre, traiter **II. une chose agite quelqu'un ou** **un groupe :** affoler, alarmer, angoisser, animer, bouleverser, ébranler, effrayer, embraser, émouvoir, énerver, enfiévrer, enflammer, enthousiasmer, envahir, épouvanter, exciter, faire peur, inquiéter, irriter, mettre en effervescence/ en émoi, occuper, paniquer (fam.), préoccuper, remuer, rendre soucieux, révolter, révolutionner, soulever, terrifier, torturer, tourmenter, tracasser, transporter, travailler, tribouiller (vx), troubler **III. v. pron. 1.** s'affairer, aller et venir, s'animer, bagotter (arg.), bouger, circuler, courir, se dandiner, se démener, s'empresser, s'estormir (vx), frétiller, gesticuler, gigoter, se précipiter, remuer, se secouer, se tortiller, se trémousser, vibrionner, *et les formes pron. possibles des syn. de* agiter **2. équit.** broncher, cogner, s'ébrouer, lever le cul, piaffer, ruer **3.** clapoter, claquer, flotter, frémir, frissonner **4. vx :** se débattre, se discuter, être en question

◇ CONTR. → CALMER

AGNAT n.m. → PARENT

AGNATION n.f. → PARENTÉ

AGNEAU, ELLE agnelet, antenais(e), bête à laine, broutard, nourrisson, pré-salé, vacive, vassiveau → MOUTON – **rég. :** aigeon, bó ulgus(se), biri

AGNELAGE n.m. agnèlement, mise bas, naissance, parturition

AGNELINE n.f. → LAINE

AGNÈS n.f. → FILLE

AGNOSTICISME n.m. **I.** → SCEPTICISME **II.** → HUMANISME

AGNOSTIQUE → INCROYANT

AGNUS DEI n.m. → FÉTICHE

AGONE n.m. → FÊTE

AGONIE (À L') n.f. **I. au pr. :** à la mort, à l'article de la mort, dernière extrémité/ heure, derniers instants/ moments/ soupirs, extrémité, fin, in extremis **II. fig. 1.** affres, angoisse, crainte, détresse **2.** chute, crépuscule, décadence, déclin, fin, souffrance

◇ CONTR. **I.** → NAISSANCE **II.** → APOGÉE

AGONIR accabler, couvrir d'injures, honnir (vx), injurier, maudire, déverser/ verser un tombereau d'injures → VILIPENDER – **fam. :** engueuler, passer une engueulade

◇ CONTR. → LOUER

AGONISANT, E à l'article de la mort, moribond, mourant – **arg. :** crevard, foutu, naze, raide

◇ CONTR. → VALIDE

AGONISER s'éteindre, expirer, passer, râler, tirer à sa fin → MOURIR

◇ CONTR. **I.** → NAÎTRE **II.** être → VALIDE

AGONISTE n.m. → GYMNASTE

AGONISTIQUE n.f. et adj. → GYMNASTIQUE

AGONOTHÈTE n.m. → JUGE

AGORA n.f. espace piétonnier, forum, place piétonnière

AGORANOME n.m. → ÉDILE

AGORAPHOBIE n.f. → NÉVROSE

AGOUANT, E I. → AFFRIOLANT **II.** → AGAÇANT

AGOYATE n.m. → GUIDE

AGRAFE n.f. **I. sur un vêtement :** attache, boucle, broche, clip, épingle, fermail, fibule – **vx :** accroche, affiche **II. autres usages :** cavalier, épingle, fermoir, trombone

AGRAFER accrocher, adapter, agriffer (vx), ajuster, assembler, attacher, épingler, fixer, joindre, maintenir, mettre, retenir

◇ CONTR. → DÉFAIRE

AGRAINAGE n.m. → NOURRITURE

AGRAINER → NOURRIR

AGRAIRE agrarien, agricole, foncier, rural

◇ CONTR. → URBAIN

AGRANDIR I. au pr. : accroître, ajouter à, allonger, amplifier, annexer, arrondir, augmenter, développer, dilater, donner du champ/ de l'expansion/ du large, élargir, élever, étendre, étirer, évaser, exhausser, gonfler, grossir, grouper, hausser, ovaliser, reculer les bornes/ les limites, regrouper, surélever **II. fig. 1.** détailler, élargir, élever, ennoblir, enrichir, étendre, fortifier, grandir, honorer, porter plus haut, propager, renforcer **2.** amplifier, enfler, exagérer, gonfler, grossir, paraphraser **III. v. pron. :** accroître son activité, devenir plus grand/ fort/ important/ puissant, étendre ses biens/ son domaine *et les formes pron. possibles des syn. de* agrandir

◇ CONTR. → DIMINUER

AGRANDISSEMENT n.m. **I.** accroissement, amplification, annexion, conquête, croissance, développement, dilatation, élargissement, élévation, enflure, ennoblissement, enrichissement, évasement, exagération, extension, gain, gonflement, grossissement, groupement, regroupement, renforcement, surélévation **II.** → AMÉLIORATION **III.** → AUGMENTATION

AGRARIEN, NE I. adj. → AGRAIRE **II. nom :** propriétaire foncier/ rural/ terrien

AGRAVITATION n.f. agravité, apesanteur

AGRÉABLE I. quelqu'un. 1. abordable, accommodant, accompli, accort (vx), accueillant, affable, aimable, amène, attachant, attirant, beau, bien, bien élevé, bon, bon vivant, charmant, chic, doux, exquis, facile, fascinant, gai, galant, gentil, gracieux, joli, joyeux, parfait, piquant, plaisant, prévenant, séduisant, serviable, sociable, sympathique **2. fam. :** bath, chouette, cool, sympa **3. partic. :**

ciné/ phono/ photo/ radio/ télégénique **II. une chose. 1. un endroit** : attirant, attrayant, beau, bien conçu/ situé, captivant, charmant, commode, confortable, enchanteur, fascinant, joli, plaisant, ravissant, riant, splendide **2. un rêve, un moment** : captivant, charmant, doré, doux, enchanteur, enivrant, heureux **3. une friandise, un repas** : affriolant, appétissant, délectable, délicieux, engageant, exquis, fameux, ragoûtant, savoureux **4. un vin** : acidulé, aimable, ample, bâti, boisé, bouqueté, capiteux, charpenté, complet, corsé, coulant, cristallin, doux, élégant, épanoui, équilibré, fin, fleural, frais, fruité, gai, gouleyant, goulu, harmonieux, léger, liquoreux, mâché, moelleux, nerveux, noble, onctueux, perlant, plaisant, plein, puissant, riche, robuste, rond, sec, soutenu, soyeux, tuilé, vif, vineux. **locutions** : bien/ long en bouche, qui a du bouquet/ de la chair/ du caractère/ du corps/ du cuir/ de la cuisse/ de la douceur/ de la finesse/ de la longueur/ de la noblesse/ de la puissance/ de la race/ de la rondeur/ de la sève, qui a un goût/ parfum de feuilles mortes/ de fraise des bois/ de framboise/ de groseille/ de mûre/ de myrtille/ de pêche *et autres qualificatifs en fonction de critères et circonstances particuliers difficilement prévisibles du seul point de vue linguistique.* **5. un son** : aérien, doux, euphorique, harmonieux, léger, mélodieux, suave **6. un parfum** : aromatique, capiteux, embaumant, enivrant, fragrant, léger, suave, subtil **7. un propos** : aimable, doux, flatteur **8. un spectacle** → AMUSANT, ATTIRANT, BEAU, ÉMOUVANT ◇ CONTR. **I.** → DÉSAGRÉABLE **II.** → PÉNIBLE

AGRÉABLEMENT de façon → AGRÉABLE *et les dérivés possibles en* -ment *des syn. de* agréable

AGRÉÉ, E n.m. et f. avocat, avoué, chargé d'affaires, comptable, conseiller juridique, fondé de pouvoir, mandataire

AGRÉER I. v. intr. : aller à, convenir, faire l'affaire, être au gré de, plaire **II. v. tr.** : accepter, acquiescer, accueillir, admettre, approuver, donner son accord à, goûter, recevoir, recevoir favorablement, trouver bon/ convenable/ à sa convenance ◇ CONTR. → DÉPLAIRE

AGRÉGAT n.m. accumulation, amas, assemblage, bloc, conglomérat, masse, sédiment → AGGLOMÉRAT

AGRÉGATION n.f. agglomération, association, sédimentation ◇ CONTR. → DISPERSION

AGRÉGER adjoindre, admettre, affilier, agglomérer, assembler, associer, attacher, choisir, coopter, élire, faire entrer, incorporer, recruter, réunir, unir ◇ CONTR. → DISPERSER

AGRÉMENT n.m. **I. au pr.** : acceptation, accord, acquiescement, adhésion, admission, affiliation, approbation, autorisation, association, choix, consentement, cooptation, élection **II. relig.** : admittatur, celebret, créance, imprimatur, nihil obstat **III. par ext.** : aisance, aménité, attrait, charme, élégance, exquisité, grâce, mérite, piquant, qualité, séduction **IV. au plur. 1. de la vie** : amusement, bien-être, bonheur, charmes, commodité, confort, distraction, divertissement, joie, plaisir **2. pour orner** : accessoires, assaisonnement (vx), enjolivement, fioriture, garniture, ornement, superflu ◇ CONTR. **I.** → REFUS **II.** → BLÂME ; **III.** → ENNUI

AGRÉMENTER assaisonner (vx), embellir, enjoliver, enrichir, garnir, orner, parer, relever ◇ CONTR. **I.** → DÉPARER **II.** → ENLAIDIR

AGRÈS n.m.pl. **I.** apparaux, armement, gréement, superstructures **II.** anneaux, appareils, balançoire, barre, corde lisse/ à nœuds, portique, trapèze

AGRESSER → ATTAQUER

AGRESSEUR n.m. assaillant, attaquant, insulteur (vx), offenseur, oppresseur, persécuteur, provocateur ◇ CONTR. → DÉFENSEUR

AGRESSIF, IVE agonistique, ardent, bagarreur, batailleur, belliqueux, chercheur, combatif, fonceur, malveillant, méchant, menaçant, mordant, provocateur, pugnace, querelleur → VIOLENT ◇ CONTR. **I.** → BIENVEILLANT **II.** → PAISIBLE

AGRESSION n.f. **I.** action, attaque, déferlement, envahissement, intervention, invasion, viol, violence **II.** cambriolage, effraction, fric-frac, hold-up, intrusion → VOL ◇ CONTR. → SECOURS

AGRESSIVEMENT avec → AGRESSIVITÉ, de façon → AGRESSIF *et les dérivés possibles en* -ment *des syn. de* agressif

AGRESSIVITÉ n.f. ardeur, brutalité, combativité, esprit querelleur, malveillance, méchanceté, provocation, pugnacité, quérulence (méd.) → VIOLENCE ◇ CONTR. → DOUCEUR

AGRESTE agraire, agricole, bucolique, campagnard, champêtre, forestier, pastoral, paysan, rural, rustique, terrien – **péj.** : abrupt, grossier, inculte, rude, rustique, sauvage ◇ CONTR. **I.** → URBAIN **II.** → CIVIL

AGRICOLE agraire, agronomique, agropastoral, agropécuaire, cultural → AGRESTE

◈ CONTR. **I.** → URBAIN **II.** administratif, commercial, industriel

AGRICULTEUR, TRICE I. agrarien, agronome, cultivateur, cul-terreux (péj.), exploitant, fermier, laboureur, pasteur, paysan, planteur, producteur, propriétaire foncier/ rural/ terrien **II.** agrumiculteur, apiculteur, arboriculteur, aviculteur, betteravier, céréalier, cuniculteur ou cuniliculteur, éleveur, emboucheur, fraisiculteur, herbager, horticulteur, houblonnier, maraîcher, naisseur, pisciculteur, pomoculteur, sériciculteur, sylviculteur, tabaculteur, trufficulteur, viticulteur **III. par ext.** : aide rural(e), berger, bûcheron, domestique, journalier, ouvrier agricole, garde-chasse, garde-pêche, jardinier **IV. vx ou rég.** : aoûteron, areur, bordier, bouvier, brassier, charretier, colon, laboureur, métayer, moissonneur, pasteur, planteur, semeur, tâcheron

◈ CONTR. : cadre, commerçant, employé, fonctionnaire, industriel, ouvrier

AGRICULTURE n.f. **I.** agronomie, culture, économie rurale, élevage, paysannerie, production agricole, produits du sol, secteur primaire **II.** faire-valoir (direct), fermage, métayage **III.** agrumiculture, algoculture, apiculture, arboriculture, aviculture, céréaliculture, cuniculture ou cuniliculture, élevage, embouche, fraisiculture, horticulture, hortillonnage, maraîchage, monoculture, pisciculture, polyculture, pomoculture, sériciculture, sylviculture, tabaculture, trufficulture, viticulture

◈ CONTR. : secteur secondaire/ tertiaire

AGRIER n.m. → DROIT

AGRIFFER et **AGRIPPER I.** accrocher, attraper, cramponner, harponner, retenir, saisir, tenir **II. vx** → AGRAFER **III. 1. arg.** → ARRÊTER **2.** → VOLER

◈ CONTR. → LÂCHER

AGRION n.m. → LIBELLULE

AGRIPPEMENT n.m. → ÉTREINTE

AGRIPPEUR, EUSE → VOLEUR

AGRUME n.m. **I.** aurantiacée, bergamote, bigarade, cédrat, citron, citrus, clémentine, clémenville, grape-fruit, hermanville, jaffarine, kumquat, lime, limette, limon, mandarine, mineola, orange, orangette, ortanique, pamplemousse, pomélo, poncire, tangerine **II.** → PRUNE

AGUARDIENTE n.f. → ALCOOL

AGUERRIR accoutumer, affermir, cuirasser, endurcir, entraîner, éprouver, fortifier, préparer, rompre, tremper

◈ CONTR. → AFFAIBLIR

AGUETS (ÊTRE AUX) n.m.pl. à l'affût, à l'arrêt, à l'écoute, à son poste, au guet, aux écoutes, en embuscade, en éveil, en observation, sur ses gardes, épier, faire attention/ gaffe (fam.), le guet/ le pet (arg.), guetter, observer, surveiller

◈ CONTR. → DÉCOUVERT (À)

AGUICHANT, E → AFFRIOLANT

AGUICHER → AFFRIOLER

AGUICHEUR, EUSE I. fém. : affoleuse, allumeuse, charmeuse, coquette, flambeuse, flirteuse, provocatrice, séductrice, tentatrice, vamp **II. masc.** : **1.** charmeur, flirteur, séducteur, tentateur **2. fam.** : allumeur, dragueur, flambeur, joli-cœur **3. vx** : agouant, alliciant

◈ CONTR. → MODESTE

AHAN n.m. → EFFORT

AHANEMENT n.m. → ESSOUFFLEMENT

AHANER I. s'essouffler, faire effort, fatiguer, haleter, souffler, souffrir, suer **II.** → PEINER

◈ CONTR. → PARESSER

AHEURTEMENT n.m. → OBSTINATION

AHEURTER I. → ACHOPPER **II. v. pron.** → BUTER (SE)

AHURI, E → BÊTE

AHURIR abasourdir, abêtir, abrutir (péj.), confondre, déconcentrer, décontenancer, démonter, dérouter, ébahir, ébaubir, éberluer, effarer, étonner, faire perdre la tête, hébéter, jeter dans le trouble, laisser interdit/ pantois/ stupéfait/ stupide, prendre au dépourvu, stupéfier, surprendre, troubler – **fam.** : ébesiller, ébouriffer, époustoufler

◈ CONTR. : laisser → INDIFFÉRENT

AHURISSANT, E → ÉTONNANT

AHURISSEMENT n.m. → SURPRISE

AICHE ou **ÈCHE** ou **ESCHE** n.f. abouète (québ.), achée, achet, aguiche ou aguichage, amorce, appât, asticot, boite ou boëte, capelan, devon, dulfise, leurre, manne, mouche, pifise, rogue, teigne, ver de farine/ de terre/ de vase, vermée, vif

AIDE I. n.f. 1. au pr. : aumône, avance, bienfait, bourse, cadeau, charité, dépannage, don, facilité, faveur, grâce, prêt, prêt d'honneur, secours, soulagement, subside, subvention **2. par ext.** : adjuvat (méd.), appui, assistance, bienveillance, bons offices, collaboration, complaisance, concours, connivence (péj.), conseil, contribution, convergence, coopération, coup de main/ d'épaule/ de pouce, encouragement, entraide, intervention, main-forte, office, participation, patronage, piston (fam.), protection, réconfort, renfort, repêchage, rescousse, secours, service → SOUTIEN **3. au pl.** → IMPÔT **II. n.m.** : → ADJOINT **III. à l'aide de** : →

AVEC

◇ CONTR. → OBSTACLE

AIDE-MÉMOIRE n.m. **I.** croquis, dessin, guide-âne, pense-bête/ précis **II.** → MÉMENTO **III.** → ABRÉGÉ

AIDER I. v. tr. : agir, appuyer, assister, avantager, collaborer, concourir, conforter, contribuer, dépanner, donner la main à, s'entraider, épauler, étayer, faciliter, faire beaucoup pour/ le jeu de/ quelque chose pour, favoriser, jouer le jeu de, lancer, mettre à l'aise/ dans la voie/ le pied à l'étrier, obliger, offrir, partager, participer, patronner, pousser, prendre part à, prêter la main/ main-forte, protéger, réconforter, rendre service, renflouer, renforcer, repêcher, seconder, secourir, servir, soulager, soutenir, subventionner, tendre la main, venir à l'aide/ à la rescousse/ au secours. **fam.** : adjuver, donner un coup de main/ de piston/ de pouce, faire la courte échelle **II. v. tr. ind.** : contribuer à, faciliter, favoriser, permettre **III. v. pron.** : s'appuyer sur, faire feu de tout bois (fam.), prendre appui sur, se servir de, tirer parti de

◇ CONTR. **I.** → EMPÊCHER **II.** → GÊNER

AÏEUL, AÏEULE, AÏEUX aîné, ancêtre, ascendant, auteur, aves et ataves (vx et/ ou iron). bisaïeul, devancier, (arrière-)grandmère, (arrière-)grand-oncle, (arrière-)grandpère, (arrière-)grand-tante, (arrière-)grandsparents, parent, prédécesseur, trisaïeul

◇ CONTR. → POSTÉRITÉ

AIGEON n.m. agneau abandonné/ orphelin → AGNEAU

AIGLE I. n.m. et fém. 1. au pr. : aigle blanc/ de mer/ impérial/ jean-le-blanc/ pêcheur/ royal, aiglon, balbuzard, circaète, falconidé, frégate, grégate, gypaète, harpie, huard, orfraie, pygargue, rapace, spizaète, uraète **2. fig.** : as, champion, fort en thème, grosse tête (fam.), phénomène, phénix, prodige, tête d'œuf (arg.) **II. n.f. sing. et pl.** : armoirie, bannière, drapeau, emblème, empire, enseigne, étendard

AIGRE I. au pr. 1. acerbe, acescent, acide, acidulé, âcre, aigre-doux, aigrelet, aigret, aigri, astringent, ginglet, guinguet, piquant, piqué, raide, rance, reginglard, sur, suret, tourné, vert – **vx** : acéteux, acidule, besaigre **2. un son** : aigu, assourdissant, criard, déplaisant, désagréable, grinçant, perçant, sifflant, strident **II. fig. 1. le froid** : acéré, coupant, cuisant, désagréable, glacé, glacial, mordant, mordicant, mortel, pénible, piquant, saisissant, vif **2. quelqu'un** : acariâtre, acerbe, acide, âcre, acrimonieux, agressif, amer, âpre, atrabilaire, bâton merdeux (vulg.), blessant,

cassant, caustique, déplaisant, désagréable, dur, fielleux, hargneux, incisif, malveillant, mordant, pète-sec, piquant, pisse-vinaigre, pointu, râleur, revêche, rude, sarcastique, sec, sévère, tranchant, venimeux, violent, virulent

◇ CONTR. → DOUX

AIGREFIN n.m. chevalier d'industrie, coquin, escroc, filou, fourbe, malandrin, malhonnête, voyou → VOLEUR

◇ CONTR. → HONNÊTE

AIGRELET, ETTE I. acidulé, aigret, ginglet, ginguet, piquant, piqué, raide, reginglard, sur, tourné, vert **II. fig.** → MALVEILLANT

◇ CONTR. → DOUCEREUX

AIGREMENT → CRUELLEMENT

AIGRET n.m. verjus

AIGRETTE n.f. **I.** garzette, héron blanc **II.** panache, plume, plumet

AIGREUR n.f. **I. au pr.** : acescence, acétification, acidité, amertume, hyperchlorhydrie, verdeur **II. fig.** : acariâtreté, acerbité, acidité, âcreté, acrimonie, agressivité, amertume, animosité, âpreté, brouille, causticité, colère, dépit, désagrément, dicacité (vx), dureté, fiel, haine, hargne, humeur, irritation, malveillance, maussaderie, méchanceté, mordacité, mordant, pique, rancœur, rancune, récrimination, ressentiment, rouspétance (fam.), rudesse, vindicte

◇ CONTR. **I.** → DOUCEUR **II.** → AMABILITÉ

AIGRI, E I. dégoûté, désabusé, désenchanté **II.** suri → AIGRE

◇ CONTR. **I.** → ENTHOUSIASTE **II.** → FRAIS

AIGRIR I. v. tr. 1. aciduler, altérer, amertumer, corrompre, faire tourner, gâter, piquer, rendre aigre **2. fig.** : aggraver, attiser, aviver, brouiller, envenimer, exaspérer, exciter la colère/ le dépit/ le ressentiment, fâcher, indisposer, irriter, mettre de l'huile sur le feu (fam.)/ en colère/ la zizanie, rendre amer, piquer, souffler la discorde/ la haine/ la zizanie, vexer **II. v. intr.** : rancir, surir, tourner

◇ CONTR. **I.** → CONSERVER **II.** → CALMER

AIGRISSEMENT n.m. → DÉGRADATION

AIGU, UË I. acéré, aciculaire, aculéiforme, acuminé, acut (vx), affûté, affilé, aiguisé, anguleux, coupant, émorfilé, émoulé, fin, lancéolé, perçant, piquant, pointu, saillant, subulé, tranchant **II. fig. 1. les sons** : aigre, clair, criard, déchirant, élevé, haut, flûté, glapissant, grinçant, perçant, pointu, strident, suraigu, voix de clairon/ de clarine/ de crécelle/ de fausset **2. le regard** : mobile, perçant, scrutateur, vif **3. une souffrance** : cuisant, déchirant, intolérable, lancinant, piquant, taraudant, térébrant, torturant, vif, violent

4. l'esprit : analytique, délié, doué, incisif, intelligent, lucide, mordant, ouvert, perçant, pénétrant, piquant, profond, subtil, vif
◇ CONTR. **I.** → ÉMOUSSÉ **II.** → SOURD

AIGUADE n.m. aigage, aiguerie → DROIT

AIGUAIL n.m. rosée

AIGUIÈRE n.f. → LAVABO

AIGUILLAGE n.m. bifurcation, branchement, bretelle, changement, orientation

AIGUILLE n.f. **I.** alêne, broche, brochette, épingle, épinglette, ferret, lardoire, piquoir, poinçon, pointe **II.** mont, pic, piton **III.** flèche, obélisque

AIGUILLER → DIRIGER

AIGUILLETTE n.f. **I.** → CORDE **II.** → RUBAN

AIGUILLON n.m. **I.** arête, bec, crochet, dard, dent, éperon, épine, piquant, rostre **II.** incitation, motivation, stimulant, stimulation **III. rég. :** aiguillade

AIGUILLONNER I. au pr. : percer, piquer, toucher **II. fig. :** aiguiser, animer, échauffer, électriser, encourager, enflammer, enhardir, éperonner, époinçonner (vx), éveiller, exalter, exciter, fouetter, inciter, influencer, influer sur, inspirer, piquer, pousser, presser, provoquer, remplir d'ardeur, stimuler, tenir la carotte (fam.), tourmenter
◇ CONTR. **I.** → CALMER **II.** → RETENIR

AIGUISAGE n.m. → AFFILAGE

AIGUISER I. → AFFILER **II. fig. :** accroître, achever, aiguillonner, augmenter, aviver, délier, exciter, fignoler, parfaire, polir, stimuler, travailler
◇ CONTR. → USER

AIGUISEUR n.m. affileur, affûteur, émouleur, rémouleur, repasseur

AIGUISOIR n.m. affiloir, fusil, meule, périgueux, pierre à aiguiser, queux

AIGÛMENT I. → FINEMENT **II.** → CRUELLEMENT

AÏKIDO n.m. → JUDO

AILANTE n.m. → PAPILLON

AILE n.f. **I.** aileron, balancier, élytre, empennage, penne, voilure **II. par ext. :** abri, égide, parrainage, protection, sauvegarde, soutien, surveillance **III.** pales **IV.** corps de logis, pavillon **V.** détachement, flanc **VI.** volets d'extrados/ d'intrados **VII.** garde-boue

AILÉ, E I. empenné **II.** aérien, céleste, élancé, éthéré, immatériel, léger, poétique, pur, rapide, rêveur, souple, sublime, svelte, vaporeux
◇ CONTR. → LENT

AILERON n.m. **I.** aile, nageoire **II.** dérive, empennage, gouverne, volet d'extrados/ d'intrados **III. arg. :** bras

AILLEURS I. autre part, dans un autre endroit/ lieu/ monde, là-bas, où l'on n'est pas **II. D'AILLEURS :** d'autre part, d'un autre côté, de plus, au reste, du reste, en outre, par contre, pour le reste **III. PAR AILLEURS :** autrement, d'un autre côté, d'une autre façon, pour le reste **IV. être ailleurs** → ABSENT

AILUROPE n.m. ours du père David, panda géant

AIMABLE I. quelqu'un : 1. abordable, accommodant, accueillant, adorable, affable, affectueux, agréable, amène, amiteux (belg.), attentionné, attirant, avenant, beau, bien, bien élevé, bienveillant, bon, bon enfant, charmant, charmeur, chic, complaisant, convivial, courtois, délicat, délicieux, dévoué, doux, engageant, exquis, fondant, gentil, gracieux, hospitalier, liant, mignon, obligeant, ouvert, plaisant, poli, prévenant, séduisant, serviable, sociable, souriant, sympathique **2. vx ou rég. :** accort, aimantin, bénin, gent, gentillet, mignard, traitable **3. fam. :** chou, chouotte, à croquer, croquignole, (super)sympa **II. une chose, un lieu :** accueillant, agréable, attirant, attrayant, beau, bien conçu/ situé, charmant, chic, commode, confortable, convivial, coquet, délicat, enchanteur, fascinant, festif, hospitalier, joli, plaisant, ravissant, riant, séduisant, sympathique
◇ CONTR. **I.** → DÉPLAISANT **II.** → HAÏSSABLE **III.** → AMER

AIMABLEMENT de façon/ manière → AIMABLE *et les dérivés en* -ment *possibles des syn. de* aimable
◇ CONTR. → AMÈREMENT

AIMANT, E → AMOUREUX

AIMANT n.m. **I. au pr. :** boussole, électro-aimant, sidérite (vx) **II. fig. :** ascendance, attirance, attraction, attrait, envoûtement, fascination, influence, séduction
◇ CONTR. → ALLERGIE

AIMANTATION n.f. électromagnétisme, induction, magnétisme

AIMANTIN, E I. → AIMABLE **II.** → ATTIRANT

AIMER I. quelqu'un : adorer, affectionner, s'amouracher, s'attacher à, avoir de l'affection/ de l'attachement/ un coup de cœur/ le coup de foudre/ du sentiment/ de la sympathie/ de la tendresse, chérir, désirer, s'embraser pour, s'enamourer de, s'enflammer pour, s'entendre, s'enticher de, s'éprendre de, estimer, être amoureux de/ épris de/ fou de/ pris/ uni à, brûler pour, idolâtrer, raffoler de, tomber amoureux, se toquer de, s'unir, vénérer – **fam :** s'acoquiner (péj.), avoir à la bonne/ le béguin/ dans la peau, blairer, s'embéguiner, en pincer pour, être coiffé **II. une chose** : adorer, affectionner, avoir envie de, avoir du goût pour, désirer, estimer, être aise/ amateur/ content/ friand de, être porté sur/ ravi de, faire cas de, goûter, s'intéresser à, se passionner pour, se plaire à, prendre plaisir à, trouver agréable **III. par ext.** : avoir besoin de, demander, désirer, falloir à, réclamer **IV. 1. J'AIMERAIS QUE** : demander, désirer, souhaiter **2. AIMER MIEUX** → PRÉFÉRER **3. ÊTRE AIMÉ DES DIEUX** : béni, chéri, favorisé

◊ CONTR. → HAÏR

AIMEUR, EUSE → AMATEUR

AIMOIR n.m. → LUPANAR

AINE n.f. **I.** hanche, haut de la cuisse, pli du bas-ventre/ inguinal **II.** → BAGUETTE

AÎNÉ, E grand, héritier du nom et des armes, premier-né

◊ CONTR. : benjamin, cadet, puîné

AÎNESSE n.f. primogéniture, séniorité

AINSI I. comme cela, de cette façon/ manière, de la sorte **II.** de la même façon/ manière, pareillement **III. AINSI QUE** : à l'exemple de, à l'instar de, comme, de même façon/ manière que

◊ CONTR. → AUTREMENT

AIR n.m. **I. au pr. 1.** atmosphère, bouffée, brin d'air, brise, ciel, couche atmosphérique/ respirable, courant d'air, espace, éther, souffle, température, temps, vent **2. PRENDRE L'AIR** : se promener, respirer, sortir **3. CHANGER D'AIR** : s'en aller, déménager, partir **4. DONNER DE L'AIR** : aérer, éventer, oxygéner, ventiler **5. JOUER LA FILLE DE L'AIR** : s'échapper, s'enfuir, s'évader, prendre la fuite/ la poudre d'escampette, mettre les bouts (fam.) **II. avoir un air** : affectation (péj.), allure, apparence, aspect, attitude, caractère, comportement, composition, contenance, dehors, démarche, embarras, expression, extérieur, façon, figure, forme, grâce, habitus (méd.), impression, look, maintien, manière, mine, physionomie, port, ressemblance, ton, visage – fam. : dégaine, gueule, look, touche **III.** aria, ariette, arioso, capriccio, chanson, chant, chœur, couplet, mélodie, refrain, solo, thème, trio

◊ CONTR. : eau, feu, terre

AIRAIN I. au pr. : bronze **II. fig.** : durée, dureté, caractère, fermeté, force, sécurité, solidité

AIRBORNE aviat. milit. off. : aéroporté, au décollage

AIRBORNE REMOTE SENSING spat. off. : télédétection aérienne

AIRBREATHING MOTOR spat. off. : moteur aérobie

AIRBUS n.m. → AVION

AIRE n.f. **I.** assise, champ, concession, domaine, emplacement, espace, massif, place, plancher, plate-forme, région, sphère, superficie, surface, terrain, territoire, zone **II.** nid, repaire **III. mar.** : rhumb **IV. aire de repos** : halte routière (québ.), parcage (helv. et belg.), parc de stationnement **V. aviat.** : dispersal

AIREDALE n.m. et f. → CHIEN

AIRÉE n.f. → QUANTITÉ

AIRELLE n.f. → MYRTILLE

AIRER → NICHER

AIRIAL n.m. → COUR

AIR FERRY aviat. off. : bac aérien

AIRLINER aviat. off. : avion de ligne

AIR LOCK aviat. off. : bouchon de vapeur

AIR PRINT audiov. off. : copie d'antenne

AIS n.m. aissante ou essente, aisselier, aisseau, charpente → POUTRE

AISANCE n.f. **I.** agilité, assurance, boutehors (vx), décontraction, désinvolture, distinction, facilité, grâce, habileté, légèreté, naturel, rondeur, souplesse **II.** abondance, aise, bien-être, confort, opulence, richesse **III. lieux d'aisances** → WATER-CLOSET

◊ CONTR. **I.** → GÊNE **II.** → DIFFICULTÉ

AISE I. n.f. : contentement, décontraction, euphorie, félicité, joie, liberté, relaxation, satisfaction → AISANCE **II. adj.** → CONTENT

◊ CONTR. → GÊNE

AISÉ, E I. au pr. 1. content, décontracté, dégagé, désinvolte, naturel, relax (fam.), relaxé, simple **2.** → NANTI **II. par ext.** : accommodant, coulant, facile, large, naturel, ouvert, souple, spontané

◊ CONTR. **I.** → EMBARRASSÉ **II.** → DIFFICILE

AISÉMENT amplement, facilement, largement, naturellement, ouvertement, simplement, spontanément, volontiers

◊ CONTR. → DIFFICILEMENT

AISSELLE n.f. dessous de bras, gousset, région axillaire

AISSETTE n.f. aisseau, asse, asseau, assette, esse, essette → MARTEAU

AÎTRE n.m. **I. vx au sing. 1.** cour, enclos, galerie, parvis, passage/ porche couvert **2.** → CIMETIÈRE **II. au pl.** : agencement/ disposition/ distribution/ plan/ surface des lieux → MAISON

AJOINTER → ABOUCHER

AJONC n.m. jomarin, landier, ulex, vigneau

AJOUPA n.m. → CABANE

AJOUR n.m. → OUVERTURE

AJOURÉ, E aéré, fenestré, festonné, orné, ouvert, percé, treillissé
◊ CONTR. → AVEUGLE

AJOURNEMENT n.m. atermoiement, procrastination, réforme, refus, remise, renvoi, report, retard, temporisation
◊ CONTR. → AGRÉMENT

AJOURNER I. une chose : atermoyer, différer, reculer, remettre, renvoyer, reporter, retarder, temporiser **II. quelqu'un** : blackbouler, écarter, éliminer, recaler, réformer, refuser, retoquer – **fam.** : coller, retaper
◊ CONTR. **I.** → DÉCIDER **II.** → RECEVOIR

AJOUT et **AJOUTAGE** n.m. **I.** addition, adjonction, allonge, annexe, augment, augmentation, becquet ou béquet, rallonge, supplément → CORRECTION **II.** about, aboutement, assemblage, ajutage, emboîtement, emboîture, embrèvement, enture, joint, raccord **III. rég. 1.** ajoute, ajoutement, ajouture **2.** ouillage **IV. mar.** : ajut, ajust
◊ CONTR. → SUPPRESSION

AJOUTER I. abouter, accoler, accroître, additionner, adjoindre, agrandir, allonger, améliorer, amplifier, annexer, apporter, augmenter, compléter, corriger, dire, embellir, enchérir, enrichir, enter, étendre, exagérer, greffer, grossir, insérer, intercaler, joindre, orner, parfaire, rabouter, rajouter, en remettre (fam.), suppléer, surcharger, surenchérir, unir **II. à du vin** : baptiser (fam. et péj.), couper, étendre de, ouiller **III. v. pron.** : accompagner, compléter, grossir, renforcer *et les formes pron. possibles des syn. de* ajouter
◊ CONTR. → RETRANCHER

AJUSTAGE n.m. alésage, brunissage, débourrage, grattage, limage, marbrage, montage, polissage, rodage, taraudage

AJUSTEMENT n.m. **I. au pr.** : accommodation, accord, adaptation, agencement, arrangement, classement, disposition, mise en place, rapport, reclassement, réglage **II. par ext. 1.** accoutrement, déguisement, habillement, mise, parure, tenue, toilette, vêtements, vêture **2.** accommodement, arbitrage, compromis, conciliation, entente, protocole
◊ CONTR. → DÉRANGEMENT

AJUSTER I. accommoder, accorder, accoutrer, adapter, adenter, affecter, agencer, ajuter (mar.), angler, appliquer, arranger, assembler, calculer, coller, combiner, composer, concilier, conformer, disposer, égaliser, embellir, emboîter, embroncher, enchevaucher, enchevêtrer, entabler, faire aller/ cadrer/ coller/ marcher, gabarier (techn.), habiller, joindre, jumeler, mettre d'accord/ en place, miroder (mérid.), monter, mouler, ordonner, organiser, orner, parer, revêtir, vêtir **II.** → VISER **III. v. pron.** : aller bien, cadrer avec, coïncider, être d'accord, s'entendre avec *et les formes pron. possibles des syn. de* ajuster
◊ CONTR. → DÉPLACER

AJUSTOIR n.m. trébuchet → BALANCE

AJUTAGE et **AJUTOIR** n.m. → TUBE

AKÈNE n.m. → BAIE

AKVAVIT ou **AQUAVIT** n.m. → ALCOOL

ALABASTRE n.m. → VASE

ALACRITÉ n.f. → VIVACITÉ

ALAIN n.m. → CHIEN

ALAMBIC n.m. athanor → USTENSILE

ALAMBIQUÉ, E amphigourique, compliqué, confus, contourné, embarrassé, précieux, quintessencié, raffiné, recherché, sophistiqué, subtil, tarabiscoté, torturé
◊ CONTR. → SIMPLE

ALAMBIQUER I. → COMPLIQUER **II.** → DISTILLER

ALAMBIQUEUR, EUSE I. → ABSTRACTEUR **II.** → ALCHIMISTE

ALANDIER n.m. → FOYER

ALANGUI, E → LANGOUREUX

ALANGUIR abattre, affaiblir, alangorir (vx), amollir, assoupir, détendre, fatiguer, ramollir, rendre indolent/ languissant/ langoureux/ nonchalant/ paresseux/ ramollo (fam.)/ sentimental/ somnolent
◊ CONTR. → EXCITER

ALANGUISSEMENT n.m. abandon, abattement, affaiblissement, amollissement, anémie, assoupissement, détente, fatigue, indolence, langueur, lenteur, mollesse, nonchalance, paresse, ramollissement, relâchement, relaxation, somnolence
◊ CONTR. → VIVACITÉ

ALARMANT, E affolant, angoissant, bouleversant, dangereux, dramatique, effrayant, épouvantable, grand, inquiétant, préoccupant, terrible, terrifiant, tragique
◊ CONTR. → CALMANT

ALARME n.f. **I.** alerte, appel, avertissement, branle-bas, clignotant, cri, dispositif d'alarme/ d'urgence, plan d'urgence, signal, sirène, S.O.S., tocsin **II.** affolement, appréhension, crainte, effroi, émoi, émotion, épouvante, éveil, les foies (arg.), frayeur, frousse, inquiétude, panique, peur, souci, sur le qui-vive, terreur, transe
◊ CONTR. → TRANQUILLITÉ

ALARMER I. affoler, alerter, déboussoler, donner les foies (arg.), effaroucher, effrayer, émouvoir, éveiller, faire peur, inquiéter, mettre en alerte/ en transes, paniquer (fam.), remplir de crainte/ de frayeur, remuer, terrifier, troubler **II. v. pron.** → CRAINDRE

◆ CONTR. → TRANQUILLISER

ALARMISTE n. et adj. cafardeux, capon, craintif, défaitiste, timoré → PESSIMISTE

◆ CONTR. → INSOUCIANT

ALBARELLE n.f. **I.** pholiote du peuplier → CHAMPIGNON **II.** cornet de pharmacie → VASE

ALBÂTRE n.m. **I.** → VASE **II.** → BLANCHEUR

ALBATROS n.m. alcatraz (vx) → PALMIPÈDE

ALBIFICATION n.f. blanchiment, déalbation

◆ CONTR. : noircissement, coloration

ALBIGEOIS n.m. cathare → HÉRÉTIQUE

ALBUM n.m. cahier, classeur, keepsake, livre blanc/ d'or, recueil, registre, souvenirs

ALCALI n.m. ammoniaque, potasse, soude

ALCALIN, E basique

ALCARAZAS n.m. cruche, gargoulette → VASE

ALCATRAZ n.m. albatros (vx) → PALMIPÈDE

ALCÉE n.f. → ROSE TRÉMIÈRE

ALCHIMIE n.f. → OCCULTISME

ALCHIMISTE n.m. adepte, alambiqueur, archimage, souffleur → SORCIER

ALCIBIADE n.m., vx **I.** → INTRIGANT **II.** → PARVENU

ALCOOL n.m. **I.** alcool éthylique/ méthylique, esprit-de-bois/ de-vin, éthanol **II.** brandevin, eau-de-vie, liqueur, marc **III.** aguardiente, akvavit ou aquavit, arack ou araki, armagnac, ava, bourbon, brandy, calvados, cognac, genièvre, gin, rhum, schiedam, vodka, whisky **IV.** apéritif, cordial, digestif **V.** abricotine, framboise, kirsch, mirabelle, poire (william), prune, quetsche, williamine **VI. fam.** : antigel, bibine, bistouille, blanche, carburant, casse-gueule/ pattes/ poitrine, cric, dur, fil, gnole, goutte, mélécasse, petit verre, pétrole, poivre, pousse-au-crime, pousse-café, raide, remontant, rikiki, rincette, rinçonnette, rogomme, schnaps, schnick, tord-boyaux, vitriol

◆ CONTR. → EAU

ALCOOLIQUE n.m. et f. alcoolémique, alcoolomane, buveur, dipsomane, dipsomaniaque, drogué, éthylique, imbibé (fam.), intoxiqué → IVROGNE

◆ CONTR. : abstème → SOBRE

ALCOOLISÉ, E alcoolique (adj.), fort, raide, tassé

ALCOOLISER (S') boire – fam. : s'imbiber, s'imprégner/ s'intoxiquer, picoler, pinter, prendre une biture/ une cuite/ une muflée/ une ronflée, se soûler → ENIVRER (s')

◆ CONTR. : être → SOBRE

ALCOOLISME n.m. absinthisme, alcoolémie, alcoolomanie, dipsomanie, œnolisme, éthylisme, ivrognerie, soûlographie (fam.) → IVRESSE

◆ CONTR. → SOBRIÉTÉ

ALCÔVE n.f. **I.** lit, niche, réduit, renfoncement, ruelle **II.** → CHAMBRE **III.** → GALANTERIE

ALCYON n.m. litt. : céryle, goéland, martin-pêcheur, pétrel

ALCYONIEN, NE → IMPASSIBLE

ALÉA n.m. chance incertaine, danger, hasard, incertitude, péril, risque

◆ CONTR. **I.** → CERTITUDE **II.** → CHANCE

ALEATICO n.m. → RAISIN

ALÉATOIRE chanceux, conjectural, dangereux, douteux, hasardeux, improbable, incertain, périlleux, problématique, risqué, stochastique

◆ CONTR. → CERTAIN

ALECTOR n.m. → GALLINACÉ

ALÈNE n.f. **I.** → POINÇON **II.** raie → POISSON

ALÉNÉ, E → POINTU

ALENTIR → MODÉRER

ALENTISSEMENT n.m. → MODÉRATION

ALENTOUR ou **À L'ENTOUR I. adv.** : à la ronde, à proximité, autour de, aux environs, dans les parages **II. n.m. pl.** : abords, bordures, entourage, entours, environnement, environs, parages, proximité, voisinage

◆ CONTR. : au loin

ALERTE I. nom. fém. danger, péril → ALARME **II. adj.** : agile, aisé, éveillé, fin, fringant, frisque (vx), ingambe, leste, pimpant, preste, prompt, rapide, souple → VIF

◆ CONTR. → PESANT

ALERTER I. avertir, aviser, donner l'alerte/ avis, faire savoir, prévenir, renseigner, signaler **II.** appeler/ attirer l'attention, inquiéter, mettre en éveil/ la puce à l'oreille (fam.)

◆ CONTR. → TAIRE

ALÉSAGE n.m. **I.** ajustage, calibrage, fraisage, rectification, tournage, usinage **II.** calibre, cylindrée, volume

ALÉSER ajuster, calibrer, cylindrer, évaser, fraiser, percer, rectifier, tourner, trouer, usiner

ALÉSEUSE n.f. par ext. : calibreur, fraiseuse, machine-outil, meule, rectifieuse, tour

ALÈTE n.m. → RAPACE

ALEVIN n.m. nourrain → POISSON

ALEVINAGE n.m. empoissonnement, peuplement

ALEVINIER ou **ALEVINIÈRE** n.m., n.f. → VIVIER

ALEXANDRIN n.m. I. dodécasyllabe, (double) hexamètre, vers de douze pieds II. adj. → ALAMBIQUÉ

ALEXANDRINISME n.m. → PHILOSOPHIE

ALEXINE n.f. biol. vx : complément

ALEXIPHARMAQUE n.m. et adj. alexitère → ANTIDOTE

ALFA n.m. crin végétal, doum, stipa

ALFANGE n.m. → SABRE

ALGANON n.m. → CHAÎNE

ALGAZELLE n.f. → ANTILOPE

ALGARADE n.f. altercation, attaque, dispute, échange de coups/ de propos vifs, incident, insulte, querelle, scène, sortie ◈ CONTR. → AMABILITÉ

ALGÉRIEN, NE → MAGHRÉBIN

ALGIDE → FROID

ALGIE n.f. → DOULEUR

ALGOCULTURE n.f. → AGRICULTURE

ALGOMANIE et **ALGOPHILIE** n.f. → MASOCHISME

ALGOPHOBIE n.f. → NÉVROSE

ALGORITHME n.m. I. → PROGRAMME II. → CALCUL

ALGUE n.f. agar-agar, chlorelle, conferve, coralline, goémon, laminaire, ulve, varech

ALIAS autrement, autrement dit/ nommé, d'une autre manière

ALIBI n.m. I. → DIVERSION II. → EXCUSE

ALIBILE I. → NOURRISSANT II. → DIGESTE

ALIBORON n.m. I. → BAUDET II. → BÊTE

ALIDADE n.f. → RÈGLE

ALIÉNABLE → CESSIBLE

ALIÉNATAIRE → BÉNÉFICIAIRE

ALIÉNATEUR, TRICE → DONATEUR

ALIÉNATION n.f. I. abandon, cession, dispositions, distribution, donation, échange, fondation, legs, partage, perte, transfert, vente II. aberration, confusion/ maladie mentale, dérangement/ déséquilibre/ égarement/ trouble (cérébral/ d'esprit), démence, névrose, psychose, troubles psychiques → FOLIE ◈ CONTR. I. → ACCAPAREMENT II. → SENS

ALIÉNÉ, E I. nom. 1. au pr. : dément, déséquilibré, détraqué, furieux, interné, malade mental, maniaque, névrosé, paranoïaque, schizophrène → FOU 2. fam. et par ext. : braque, cinglé, dingo, dingue, fêlé, follet, frappé, jobard (arg.), loufoque, maboul, marteau, piqué, sonné, tapé, timbré, toc-toc, toqué II. adj. : frustré, privé ◈ CONTR. I. → SAGE II. → NANTI

ALIÉNER I. au pr. : abandonner, céder, disposer, distribuer, donner, échanger, laisser, léguer, partager, perdre, transférer, vendre II. par ext. : déranger, égarer, frustrer, rendre fou et les syn. de fou, troubler III. v. pron. : écarter, perdre, se priver de, se séparer de ◈ CONTR. I. → ACCUMULER II. → TRANQUILLISER

ALIFÈRE porteur/ pourvu d'ailes ◈ CONTR. : aptère

ALIGNEMENT n.m. I. accordement, ajustement, arrangement, disposition, mise en ligne/ ordre, nivellement, piquetage, rangement, tracé II. normalisation, régularisation, standardisation, uniformisation III. dévaluation, réévaluation ◈ CONTR. → DISPERSION

ALIGNER I. accorder, ajuster, arranger, disposer, dresser, mettre en ligne/ ordre, niveler, piqueter, ranger, tracer II. normaliser, régulariser, standardiser, uniformiser III. avancer, donner, dresser, fournir, payer, présenter IV. dévaluer, réévaluer V. v. pron. 1. → AFFRONTER 2. → SOUMETTRE (SE) ◈ CONTR. → DISPERSER

ALIGNOLE n.m. → FILET

ALIMENT n.m. I. comestible, denrée, pitance, produit, provision, subsistance → NOURRITURE II. → PRÉTEXTE

ALIMENTAIRE comestible, digestible, digestif, nourrissant, nutritif ◈ CONTR. : impropre à la consommation

ALIMENTATION n.f. I. allaitement, élevage, nourrissement, sustentation II. 1. → ABSORPTION 2. → NUTRITION III. cuisine, diététique, gastronomie, menu, nourriture, régime, repas IV. approvisionnement, fourniture, ravitaillement → PROVISION V. fruitisme, régime macrobiotique/ omnivore/ végétalien/ végétarien, végétalisme, végétarisme ◈ CONTR. → JEÛNE

ALIMENTER I. au pr. : approvisionner, composer un menu/ un régime/ un repas, donner à manger, entretenir, faire prendre/ subsister, fournir, nourrir, pourvoir, soutenir, sustenter II. des bestiaux : affener, affourager, calculer des calories/ rations III. des oiseaux : agrainer ◈ CONTR. → JEÛNER

ALINÉA n.m. I. à la ligne, en retrait II. article, paragraphe, passage

ALINETTE n.f. → BAGUETTE

ALISIER n.m. alouchier – **par ext.** : cormier, cornouiller, sorbier

ALITER I. allonger/ étendre sur un lit, coucher, faire prendre le lit, mettre au lit/ au repos **II. v. pron.** : s'allonger, se coucher, s'étendre, garder la chambre, se mettre au → LIT
◆ CONTR. : lever (se)

ALIZÉ n.m. → VENT

ALLABLE → PRATICABLE

ALLA BREVE → RYTHME

ALLACHE n.f. → POISSON

ALLAISE n.f. → ALLUVION

ALLAITANTE allaite (vén.)

ALLAITEMENT n.m. alimentation, lactation, nourriture, tétée
◆ CONTR. : sevrage

ALLAITER alimenter, donner le sein, nourrir
◆ CONTR. : sevrer

ALLANT, E alerte, allègre, bien conservé, dynamique, ingambe, vif, vigoureux → ACTIF
◆ CONTR. → APATHIQUE

ALLANT n.m. alacrité, dynamisme, entrain, initiative → ACTIVITÉ
◆ CONTR. → APATHIE

ALLA TURCA → RYTHME

ALLÉCHANT, E affriolant, appétissant, attirant, attrayant, engageant, tentant → SÉDUISANT
◆ CONTR. → REPOUSSANT

ALLÈCHEMENT n.m. amorce, appât, attrait, friandise, séduction, tentation
◆ CONTR. : dissuasion → MENACE

ALLÉCHER I. au pr. et fig. : affriander, affrioler, aguicher, amadouer, amorcer, appâter, attirer, engager, séduire, tenter **II. fig.** : faire du baratin/ du boniment, faire miroiter
◆ CONTR. → REPOUSSER

ALLÉE n.f. **I. au pr. dans la loc.** ALLÉES ET VENUES : courses, démarches, déplacements, navettes, navigations, pas, trajets, va-et-vient, visites, voyages **II. par ext.** : accès, avenue, charmille, chemin, cours, contre-allée, drève, laie, layon, mail, ouillère, passage, ruelle, sentier, tortille, voie

ALLÉGATION n.f. **I.** affirmation, argumentation, assertion, déclaration, dire, position, propos, proposition, raison **II. non fav.** : apriorisme, calomnie, fable, imputation, insinuation, méchanceté, médisance, potins, prétexte, propos malveillants, ragots, vilenie
◆ CONTR. → DÉNÉGATION

ALLÈGE n.f. **I.** → BATEAU **II.** → MUR

ALLÉGEANCE n.f. **I.** fidélité, soumission, subordination, vassalité **II.** appartenance, autorité, juridiction, mouvance, nationalité, statut, tenure **III. vx :** → ADOUCISSEMENT **IV. mar.** : handicap
◆ CONTR. → LIBERTÉ

ALLÉGEMENT n.m. adoucissement, aide, allégeance (vx), amélioration, apaisement, atténuation, consolation, dégrèvement, délestage, diminution, remise, retrait, soulagement, sursis
◆ CONTR. **I.** → ALOURDISSEMENT **II.** → AGGRAVATION

ALLÉGER I. accorder un sursis, adoucir, aérer, aider, allégir (équit.) améliorer, apaiser, atténuer, consoler, dégrever, délester, diminuer, ôter, remettre, retirer, soulager **II. mar.** : alester
◆ CONTR. **I.** → ALOURDIR **II.** → AGGRAVER

ALLÉGIR I. → AMENUISER **II. équit.** : alléger

ALLÉGORIE n.f. apologue, conte, convention, emblème, fable, fiction, figure, histoire, image, label, marque, métaphore, mystère, mythe, œuvre, parabole, personnification, récit, représentation, signe, statue, symbole, tableau
◆ CONTR. → RÉALITÉ

ALLÉGORIQUE conventionnel, emblématique, fabuleux, fictif, hiératique, imaginaire, métaphorique, mythique, symbolique, typique
◆ CONTR. → RÉEL

ALLÉGORIQUEMENT de façon → ALLÉGORIQUE *et les dérivés possibles en* -ment *des syn. de* allégorique

ALLÈGRE actif, agile, alerte, allant, bien-allant, bouillant, brillant, dispos, exultant, gai, gaillard, ingambe, isnel (vx), joyeux, léger, leste, plein d'entrain/ de vie, vert, vif, vigoureux
◆ CONTR. → APATHIQUE

ALLÉGREMENT de façon → ALLÈGRE *et les dérivés possibles en* -ment *des syn. de* allègre

ALLÉGRESSE n.f. **I. au pr.** : bonheur, enthousiasme, exultation, gaieté, joie, liesse, ravissement, réjouissance, transe, transport **II. par ext.** : activité, agilité, alacrité, allant, entrain, forme, gaillardise, légèreté, satisfaction, verdeur, vie, vigueur, vivacité
◆ CONTR. → APATHIE

ALLEGRETTO et **ALLEGRO** n.m. et adv. → RYTHME

ALLÉGUER apporter, s'appuyer sur, arguer de, avancer, déposer des conclusions, exciper de, fournir, invoquer, objecter, op-

poser, poser, prétendre, prétexter, se prévaloir de, produire, rapporter → AFFIRMER

◆ CONTR. → TAIRE

ALLEMAND, E I. alémanique, germain,
germanique; **vx**: teuton, teutonique, tudesque II. bavarois, brandebourgeois, hanovrien, poméranien, prussien, rhénan, saxon,
silésien III. **injurieux** (contexte des guerres de 1914-
1918 et de 1940-1945) : alboche, boche, chleu,
doryphore, fridolin, frisé, fritz, vert-de-gris
IV. germanisme, germaniste

ALLEMANDE n.f. → DANSE

ALLER n.m. trajet simple

◆ CONTR. : aller-retour, retour

ALLER I. **au pr.**: **1.** s'acheminer, s'approcher
de, avancer, cheminer, cingler vers, circuler, converger, courir, déambuler, se déplacer, se diriger, faire route sur *ou* vers, filer, galoper, gagner, marcher, mettre le cap
sur, se mettre en route, se mouvoir, parcourir, passer par, pérégriner, piquer sur, se
porter/ poursuivre/ pousser/ progresser
vers, se promener, remonter, se rendre à,
suivre, tendre/ tirer/ tourner ses pas/ se
transporter sur/ vers, traverser, voyager
vers **2. fam.**: se dégrouiller, gazer, se propulser II. **1. un fluide**: affluer, s'écouler dans *ou*
vers, se jeter dans **2. aller jusqu'à une limite**: aboutir à, atteindre, arriver à, confiner à, finir à,
s'étendre jusqu'à **3. aller avec quelqu'un**: accompagner, aller devant, devancer, distancer, précéder **4. aller en arrière**: marcher à re-
culons, rebrousser chemin, reculer, refluer,
retourner, revenir sur ses pas **5. aller en travers**:
biaiser, dériver, se détourner, obliquer,
prendre un raccourci **6. aller en hésitant ou au hasard**: baguenauder (fam.), errer, évoluer, serpenter, vaguer, zigzaguer III. **fig. 1. on va à
quelqu'un**: s'adresser/ commander à, former
un recours auprès de, solliciter **2. on va aux nouvelles**: s'informer, se renseigner **3. une chose va à
quelqu'un**: s'adresser à, agréer, concerner,
convenir à, être destiné à, intéresser, plaire,
toucher **4. une chose va**: s'adapter, fonctionner,
marcher **5. une chose va bien avec**: accompagner,
s'accorder, s'adapter, cadrer, concorder,
s'harmoniser **6. aller bien** → CORRESPONDRE **arg.**:
baigner, bicher, boulotter, gazer ; **7. aller mal**:
être → MALADE/ INADAPTÉ, galérer (arg.)

◆ CONTR. I. → DEMEURER II. → REVENIR

ALLER (S'EN) I. **quelqu'un. 1. au pr.** → PARTIR
2. → BAISSER, MOURIR II. **une chose. 1.** → DISPA-
RAÎTRE **2.** → FUIR

ALLERGIE n.f. I. anaphylaxie, hypersensibilité, sensibilisation II. **fig.**: antipathie, dégoût, idée préconçue, méfiance, prévention,
répugnance, répulsion

◆ CONTR. I. → ANERGIE II. → INCLINATION

ALLERGIQUE I. **au pr.**: anaphylactique, sen-
sibilisé, sensible II. **fig. ÊTRE ALLERGIQUE À
QUELQU'UN OU À QUELQUE CHOSE**: avoir de
l'antipathie/ un préjugé défavorable/ de la
répugnance/ de la répulsion, se défier de,
être dégoûté de/ écœuré par, se méfier de,
répugner à

◆ CONTR. : avoir du goût, de la → SYMPATHIE

ALLEU n.m. → BIEN

◆ CONTR. : fief, tenure

ALLEUTIER n.m. → PROPRIÉTAIRE

◆ CONTR. : tenancier, vassal

ALLIABLE → CONCILIABLE

ALLIAGE n.m. → MÉLANGE

ALLIANCE n.f. I. **avec quelqu'un**: affinité, amitié, apparentage, assemblage, association,
combinaison, contrat, convention, hyménée,
mariage, mélange, pacte, parenté, rapprochement, sympathie, union → ACCORD II. **polit.**: accord, agrément, apparentement, assistance, association, cartel, coalition,
confédération, convention, duplice, entente,
fédération, ligue, pacte, protocole, triplice,
union III. anneau

◆ CONTR. → MÉSINTELLIGENCE

ALLIÉ, E n.m., f. et adj. I. **polit.**: ami, coalisé,
confédéré, fédéré, partenaire, satellite, second II. **quelqu'un**: adjoint, aide, ami, associé,
auxiliaire, complice (fam. ou péj.), copain
(fam.), partenaire, second → PARENT

◆ CONTR. → ENNEMI

ALLIER ou **HALLIER** n.m. → FILET

ALLIER I. accommoder, accorder, apparenter, assembler, associer, assortir, coaliser, concilier, confédérer, faire aller avec,
faire entrer dans, fédérer, harmoniser,
joindre, lier, liguer, marier, mélanger, mêler, rapprocher, unir II. **v. pron.**: aller avec/
ensemble, entrer dans, faire cause com-
mune/ équipe avec, signer avec *et les formes
pron. possibles des syn. de* allier

◆ CONTR. → SÉPARER

ALLIGATOR n.m. caïman, crocodile, crocodilien, gavial

ALLITÉRATION n.f. assonance, harmonie
imitative, récurrence phonique, répétition

ALLOCATAIRE n.m. et f. assujetti, attributaire, ayant droit, prestataire → BÉNÉFICIAIRE

ALLOCATION n.f. arrérages, attribution,
indemnité, mensualité, pension, prestation,
rente, secours, subside, subvention

◆ CONTR. → PRÉLÈVEMENT

ALLOCENTRIQUE et **ALLOCEN-
TRISTE** → GÉNÉREUX

ALLOCENTRISME n.m. → ALTRUISME

ALLOCHTONE n.m. et adj. allogène,
étranger

ALLOCUTION n.f. adresse, discours, harangue, laïus, mot, speech, toast, topo (fam.) – **relig.** : homélie, sermon

ALLOCUTIONNER → DISCOURIR

ALLOGÈNE allochtone, étranger

◇ CONTR. → INDIGÈNE

ALLOMORPHIE n.f. → CHANGEMENT

ALLONGE n.f. **I.** ajoutage, ajouture → ALLONGEMENT **II. par ext.** : attaque, frappe, garde, poing, punch, riposte

ALLONGÉ, E I. anguiforme, anguilliforme, barlong, comme un fil, effilé, en pointe, étiré, fin, fusiforme, long, longiligne, mince, naviculaire, nématoïde, serpentin, sinueux **II.** à plat dos/ ventre, au repos, couché, décontracté, en décubitus (méd. et vétér.), étendu, horizontal, relaxé, sur le côté

◇ CONTR. **I.** → COURT **II.** → DEBOUT

ALLONGEMENT n.m. **I.** accroissement, affinement, allonge, ajout, ajoutage, ajouture, appendice, augmentation, développement, élongation, étirage, étirement, excroissance, extension, prolongement, rallonge, tension **II.** → DÉLAI

◇ CONTR. → DIMINUTION

ALLONGER I. au pr. 1. ajouter, augmenter, développer **2.** accroître, affiner, déployer, détirer, étendre, étirer, rallonger, tendre, tirer **II. par ext. 1. allonger un coup** : assener, coller, donner, envoyer, lancer, porter – **fam.** : ficher, flanquer, fourrer, foutre **2. allonger un délai** : accorder un délai/ un sursis, éterniser, faire durer/ tirer/ traîner en longueur, pérenniser, pousser, prolonger, proroger, repousser, retarder, temporiser **3. allonger le pas** : se presser, presser le pas **4. les allonger** (fam.) : donner → PAYER **5. allonger quelqu'un,** coucher → TUER **III. v. pron. 1.** *les formes pron. possibles des syn. de* allonger **2.** se coucher, se décontracter, se détendre, s'étaler (fam.), s'étendre, faire la sieste, se mettre au lit, se relaxer, se reposer

◇ CONTR. → DIMINUER

ALLONYME n.m. et adj. : nègre (litt. et péj.) → ASSOCIÉ

ALLOPHONE et **ALLOPHYLE** → ÉTRANGER

ALLOTIR → RÉPARTIR

ALLOTISSEMENT n.m. → RÉPARTITION

ALLOUABLE → POSSIBLE

ALLOUÉ n.m. vx **I.** → TRAVAILLEUR **II.** → ADJOINT

ALLOUER accorder, attribuer, avancer, bailler (vx), céder, concéder, décerner, donner, doter, faire don, gratifier, octroyer, offrir

◇ CONTR. → PRÉLEVER

ALLUCHON n.m. → DENT

ALLUDER I. → ÉVOQUER **II.** → INSPIRER

ALLUMAGE n.m. **I. autom.** : combustion, contact, démarrage, départ, explosion **II.** allumement (vx), embrasement, mise à feu

◇ CONTR. → EXTINCTION

ALLUMÉ, E → FANATIQUE

ALLUMELLE n.f. → RÉCHAUD

ALLUMER I. au pr. 1. embraser, enflammer, incendier, mettre le feu **2.** donner de la lumière, éclairer, illuminer, mettre de la lumière, tourner le bouton/ le commutateur/ l'interrupteur **II. fig.** : animer, attiser, bouter le feu, commencer, déclencher, embraser, enflammer, exalter, exciter, fanatiser, mettre le feu, occasionner, provoquer, susciter

◇ CONTR. → ÉTEINDRE

ALLUMETTE n.f. **I. vx** : allume, allumi, soufrante **II. fam.** : alouf, bûche, craquante, flambante, frotte, frotteuse

ALLUMEUSE n.f. → AGUICHEUR, EUSE

ALLURAL, E et **ALLURÉ, E** → DISTINGUÉ

ALLURE n.f. **I. de quelqu'un** : accent (québ.), air, apparence, aspect, attitude, caractère, comportement, conduite, contenance, démarche, extérieur, façon, genre, ligne, maintien, manière, mine, panache, physique, port, prestance, silhouette, tenue, ton, tournure – **fam.** : dégaine, gueule, look, touche **II. d'un mouvement** : course, erre, marche, mouvement, pas, tempo, train, vitesse → RYTHME **III. du cheval** : accent (québ.), amble, aubin, canter, entrepas, galop, mésair, pas, trac, train, traquenard, trot

ALLUSIF, IVE allusionnel → INDIRECT

ALLUSION n.f. **I.** allégorie, comparaison, évocation, insinuation, mention, sous-entendu, rappel **II.** → MÉDISANCE

◇ CONTR. → OMISSION

ALLUSIONNER I. → ÉVOQUER **II.** → INSPIRER

ALLUSIVEMENT de façon → ALLUSIF, par → ALLUSION *et les dérivés possibles en* -ment *des syn. de* allusif

ALLUVIAL, E, AUX alluvionnaire

ALLUVION n.f. **I.** allaise, apport, boue, dépôt, limon, loess, sédiment **II. le résultat** : accroissement, accrue, alluvionnement, atterrissement, illuvion, lais, laisse, relais

◇ CONTR. → USURE

ALLUVIONNER I. → RECOUVRIR **II.** → COMBLER

ALMANACH n.m. **I.** agenda, annuaire, calendrier, calepin, carnet, éphéméride, mémento, répertoire **II.** bottin, Gotha, Messager boiteux, Vermot, Who's who **III. au pl. vx** → PRONOSTIC

ALME vx I. → BIENFAISANT **II.** → NOURRISSANT

ALMÉE n.f. I. → DANSEUSE **II.** → BEAUTÉ

ALOÈS n.m. chicotin

ALOI n.m. I. alliage II. goût, qualité, réputation, valeur

ALOPÉCIE n.f. → CALVITIE

ALOPIAS n.m. renard de mer → SQUALE

ALORS I. à ce moment-là, à cette heure-là, ainsi, en ce moment-là, en ce temps-là, dans ces conditions, eh bien, sur ces entrefaites → DONC **II. vx :** adonc, adonques **III. JUSQU'ALORS :** jusqu'à ce moment-là/ ce temps-là **IV. ALORS QUE 1.** au moment de, dans le moment où **2.** au lieu que, tandis que **V. ALORS MÊME QUE :** lors même que, même dans le cas où, quand bien même

ALOSE n.f. → POISSON

ALOSIER ou **ALOSIÈRE** n.m., n.f. → FILET

ALOUATE n.m. → SINGE

ALOUETTE n.f. **I.** alauda, calandre, calandrelle ou calandrette, cochevis, hausse-col, lulu, mauviette, otocoris, sirli **II. de mer :** bécasseau **III. 1. PIED D'ALOUETTE :** dauphinelle **2. MIROIR AUX ALOUETTES** → ILLUSION, TROMPERIE

ALOURDIR I. au pr. : appesantir, charger, lester, surcharger **II. par ext. :** accabler, aggraver, augmenter, embarrasser, faire peser, frapper, grever, opprimer, peser, presser **III. fig. 1.** appesantir, endormir, engourdir **2.** engraisser, enrichir, épaissir, garnir, renforcer, surcharger **IV. v. pron. :** devenir gras/ gros/ lourd/ massif/ pesant, s'empâter, enfler, s'enfler, enforcir, engraisser, épaissir, s'épaissir, forcir, gonfler, grossir, prendre du poids/ de la rondeur/ du ventre *et les formes pron. possibles des syn. de* alourdir – **fam.** faire du lard, prendre de la → BEDAINE

◇ CONTR. **I.** → ALLÉGER **II.** → MAIGRIR

ALOURDISSANT, E accablant, aggravant, appesantissant, assoupissant, embarrassant, fatigant, indigeste, lourd, opprimant, pesant

◇ CONTR. **I.** → LÉGER **II.** → DIGESTE

ALOURDISSEMENT n.m. **I.** accroissement/ augmentation de poids, surcharge **II. fig. :** accablement, accroissement, aggravation, appesantissement, assoupissement, augmentation, embarras, engourdissement, épaississement, fatigue, indigestion, lourdeur, oppression, somnolence, surcharge

◇ CONTR. **I.** → ALLÉGEMENT **II.** → AMAIGRISSEMENT

ALOUVI, E I. → AFFAMÉ **II.** → FURIEUX

ALOUVIR → AFFAMER

ALPAGE, ALPE n.m., n.f. → PÂTURAGE

ALPAGUE n.f. **I.** → MANTEAU **II.** → VESTE

ALPAGUER → PRENDRE

ALPARGATE n.f. → ESPADRILLE

ALPENSTOCK n.m. → BÂTON

ALPER → NOURRIR

ALPESTRE alpicole, alpin, blanc, montagneux, neigeux

ALPHABET n.m. **I.** a.b.c., abécédaire, b.a.-ba, syllabaire **II.** braille, morse

ALPHABÉTISATION n.f. initiation, instruction élémentaire

ALPHABÉTISER apprendre à lire et à écrire, initier, instruire

ALPICOLE et **ALPIN, E** → ALPESTRE

ALPINISME n.m. **I.** ascension, escalade, grimpe (fam.) montagne, randonnée, varappe **II.** andinisme, dolomitisme, himalayisme, hivernale, pyrénéisme

ALPINISTE ascensionniste, escaladeur, glaciairiste, grimpeur, montagnard, pyrénéiste, randonneur, rochassier, varappeur

ALSE n.f. → NYMPHE

ALSINE n.f. morgeline, spergule

ALSOPHILE n.f. → FOUGÈRE

ALTÉRABILITÉ n.f. **I.** fragilité, tendreté **II. par ext.** → FAIBLESSE

◇ CONTR. → DURABILITÉ

ALTÉRABLE corruptible, fragile, instable, mobile, variable

◇ CONTR. → DURABLE

ALTÉRATION n.f. **I.** abâtardissement, adultération, affaiblissement, appauvrissement, atteinte, avarie, avilissement, barbouillage, bricolage, contamination, contrefaçon, corruption, décomposition, déformation, dégât, dégénération, dégénérescence, dégradation, déguisement, dénaturation, dépravation, désordre, détérioration, diminution, ébranlement, entorse, falsification, fardage, faux, fraude, frelatage, frelatement, frelaterie, gauchissement, maquillage, modification, mutilation, pourriture, putréfaction, sophistication, tache, tare, tromperie, trouble, truquage **II.** pollution, viciation **III. techn. :** artefact, attaque, changement, décomposition, déformation, dénaturation, désintégration, diminution, échauffement, flétrissure, métamorphisme, métamorphose, métaplasme, métathèse, modification, mutation, oxydation, passage, perte, rouille, saut, séparation, tourne, transformation

◇ CONTR. → CONSERVATION

ALTERCATION n.f. attaque, chicane, contestation, controverse, débat, démêlé, différend, discussion, dispute, empoignade, joute oratoire, passe d'armes → QUERELLE – fam. : engueulade, prise de bec
◊ CONTR. I. → ACCORD II. → AMABILITÉ

ALTER EGO n.m. I. adjoint, associé, autre moi/ soi-même, bras droit, coadjuteur, codirecteur, cogérant, collaborateur, compagnon, compère, complice (péj.), confrère, coopérateur, fondé de pouvoir, homologue, jumeau, partenaire II. par ext. : compagne, double, épouse, femme, gouvernement (fam.), moitié
◊ CONTR. → SUBORDONNÉ

ALTÉRER I. assécher, assoiffer, déshydrater, dessécher, donner la pépie (fam.)/ soif, faire crever de soif (fam.), pousser à → BOIRE, rendre avide de II. par ext. 1. non fav. : abâtardir, adultérer, affaiblir, affecter, aigrir, aliéner, appauvrir, artificialiser, atteindre, atténuer, avarier, avilir, barbouiller, bouleverser, bricoler, changer, compromettre, contrefaire, corrompre, décomposer, défigurer, déformer, dégénérer, dégrader, déguiser, dénaturer, dépraver, détériorer, détraquer, diminuer, ébranler, empoisonner, endommager, enfieller, estropier, falsifier, farder, fausser, frauder, frelater, gâter, infecter, maquiller, modifier, mutiler, pourrir, putréfier, salir, sophistiquer, souiller, tacher, tarer, ternir, tromper, tronquer, troubler, truquer, vicier 2. les traits, la voix : bouleverser, changer, décomposer, défigurer, déformer, dénaturer, émouvoir, troubler 3. techn. ou neutre : aigrir, attaquer, changer, décomposer, déformer, dénaturer, déplacer, désintégrer, diminuer, éventer, influer sur, métamorphoser, modifier, oxyder, polluer, ronger, rouiller, séparer, transformer, transmuer, transmuter, vicier
◊ CONTR. I. → BOIRE II. → CONSERVER

ALTÉRITÉ n.f. I. → DIFFÉRENCE II. → CHANGEMENT

ALTERNANCE n.f. I. agr. : alternation (vx,) alternat, assolement, rotation II. allée et venue, alternative, balancement, battement, bercement, branle, branlement, brimbalement, cadence, cadencement, changement alternatif, flux et reflux, intermittence, ondulation, ordre alterné, oscillation, palpitation, période, pulsation, périodicité, récurrence, récursivité, retour, roulement, rythme, sinusoïde, succession, suite, tour, va-et-vient, variation
◊ CONTR. → CONTINUATION

ALTERNANT, E alterne, changeant, périodique, récurrent, récursif, rythmé, sinusoïdal, successif
◊ CONTR. → CONTINU

ALTERNATEUR n.m. dynamo, génératrice, machine de Gramme

ALTERNATIF, IVE balancé, cadencé, ondulatoire, oscillant, périodique, récurrent, récursif, rythmique, sinusoïdal, successif
◊ CONTR. → CONTINU

ALTERNATIVE n.f. changement, choix, dilemme, fourche (vx), haut et bas, intercurrence, jeu de bascule, option, système d'opposition, vicissitude → ALTERNANCE
◊ CONTR. → CONTINUATION

ALTERNATIVEMENT à tour de rôle, chacun son tour, coup sur coup, l'un après l'autre, périodiquement, récursivement, rythmiquement, successivement, tour à tour
◊ CONTR. → TOUJOURS

ALTERNE I. → ALTERNANT II. → DIFFÉRENT

ALTERNER aller/ faire par roulement, assoler (agr.), se relayer, se remplacer, se succéder, tourner
◊ CONTR. → DEMEURER

ALTESSE n.f. → PRINCE

ALTHÆA n.m. → ROSE TRÉMIÈRE

ALTIER, ÈRE I. → GRAND II. → ARROGANT

ALTIPORT n.m. → AÉRODROME

ALTISSIME I. → GRAND II. → ÉLEVÉ III. → IMPOSANT

ALTISTE n.m. et f. → MUSICIEN

ALTITUDE n.f. hauteur, élévation, niveau au-dessus de la mer, plafond

ALTO n.m. I. → CORDES II. → VOIX

ALTRUISME n.m. abnégation, allocentrisme, amour d'autrui, bienveillance, bonté, charité, convivialité, désintéressement, dévouement, don de soi, empathie, extraversion (psych.), générosité, humanité
◊ CONTR. → ÉGOÏSME

ALTRUISTE → GÉNÉREUX

ALUCITE n.f. → PAPILLON

ALUDE ou **ALUTE** n.f. → PEAU

ALUDEL n.m. → USTENSILE

ALUETTE n.f. → CARTE

ALUMELLE n.f. I. lame → ÉPÉE II. → SEXE

ALUNIÈRE n.f. → MINE

ALUNIR off. : atterrir

ALUNISSAGE n.m. off. : atterrissage

ALUTACÉ, E → BIGARRÉ

ALVÉOLE n.m. ou f. → CAVITÉ

ALYTE n.m. → CRAPAUD

AMABILE → RYTHME

AMABILITÉ n.f. accueil, affabilité, agrément, altruisme, aménité, attention, atticisme, bienveillance, bonne grâce, bonté, charme, civilité, courtoisie, délicatesse, douceur, gentillesse, grâce, hospitalité, obligeance, ouverture, politesse, prévenance, savoir-vivre, sens des autres, serviabilité, urbanité – **vx** : accortise, bénignité, officiosité

◇ CONTR. **I.** → IMPOLITESSE **II.** → AMERTUME **III.** → ALTERCATION

AMADINE n.f. cou coupé → PASSEREAU

AMADIS n.m. → JEUNE

AMADOUAGE n.m. → MARIAGE

AMADOUEUR, EUSE → FLATTEUR

AMADOUVIER n.m. → CHAMPIGNON

AMADOUEMENT n.m. **I.** → APPRIVOISEMENT **II.** → FLATTERIE

AMADOUER I. adoucir, amabiliser, amollir, apaiser, apprivoiser, attendrir, cajoler, calmer, caresser, fléchir, persuader, rassurer, toucher **II. non fav.** : chatouiller, enjôler, entortiller, flagorner, mettre dans son jeu **III. vx** : caresser, embabouiner, pateliner, peloter, tonneler

◇ CONTR. → IRRITER

AMAIGRI, E → MAIGRE

AMAIGRIR I. → MAIGRIR **II.** → DIMINUER **III.** → AFFAIBLIR

AMAIGRISSEMENT n.m. **I.** amincissement, cure **II. non fav.** : atrophie, cachexie, consomption, dépérissement, dessèchement, émaciation, étisie, maigreur, marasme, tabescence

◇ CONTR. **I.** → ALOURDISSEMENT **II.** → GROSSEUR

AMALGAME n.m. → MÉLANGE

AMALGAMER I. → MÉLANGER **II. v. pron.** : fusionner *et les formes pron. possibles des syn. de* mélanger

◇ CONTR. → SÉPARER

AMAN n.m. → PARDON

AMANDIN, INE amandé → OVALE

AMANDINE n.f. → GÂTEAU

AMANITE n.f. → CHAMPIGNON

AMANT n.m. **I. 1.** adorateur, ami, amoureux, béguin (fam.), berger (vx et/ ou fam.), bien-aimé, bon ami, calinaire (mérid.), céladon (vx), chéri, favori, galant, soupirant, tourtereau **2. fam.** : bonhomme, branque, branquignol, entreteneur, guignol, homme, jules, mec, régulier, type **II. péj** : gig, gigolo, giton, godelureau, greluchon, maquereau, miché, micheton, minet, play-boy, vieux, vieux beau **III. fig.** → AMATEUR

◇ CONTR. **I.** amoureux délaissé/ éconduit **II.** → RIVAL

AMANTE n.f. **I.** âme sœur, amie, amoureuse, béguin (fam.), belle, bergère (fam. ou vx), bien-aimée, bonne amie, calinière (mérid.), chérie, dulcinée, maîtresse, mignonne, muse – **vx** : ariane, dame, favorite **II.** connaissance, fréquentation → FILLE

◇ CONTR. **I.** amoureuse délaissée/ éconduite **II.** → RIVAL(E)

AMARANTE → ROUGE

AMARRAGE. n.m. **I.** ancrage, embossage, mouillage **II.** attache, fixation

◇ CONTR. → APPAREILLAGE

AMARRE n.f. → CORDAGE

AMARRER I. mar. : **1.** affourcher, ancrer, arrimer, assurer, entraverser, mouiller **2.** aiguilleter, étalinguer **II.** attacher, enchaîner, fixer, immobiliser, lier, retenir

◇ CONTR. **I.** → APPAREILLER **II.** → LIBÉRER

AMARYLLIS n.f. → PAPILLON

AMAS n.m. **I. de choses** : **1.** accumulation, amoncellement, assemblage, bloc, collection, concentration, dépôt, échafaudage, empilement, encombrement, entassement, liasse, masse, mélange, meule, monceau, montagne, pile, pyramide, tas, vrac **2.** agglomérat, agglomération, agrégat, alluvion, atterrissement, banc, bloc, cahos, cailloutis, concrétion, congère, conglomérat, conglomération, dépôt **3. fam. ou vx** : aria, attirail, bataclan, bazar, bordel, fatras, foutoir **II. de personnes** : **1.** affluence, attroupement, concours, foule, multitude, presse, rassemblement, réunion **2. fam. et/ ou péj.** : ramas, ramassis, tapée

◇ CONTR. → VIDE

AMASSER I. → ACCUMULER **II.** → ASSEMBLER

AMASSETTE n.f. **I.** couteau de peintre **II.** coupe-pâte

AMASSEUR, EUSE → SPÉCULATEUR

AMATEUR n.m. **I.** aficionado, amant, esthète, friand, gastronome, gourmand, gourmet **II. non fav.** : acrobate, aimeur, demi-sel, dilettante, fantaisiste, fumiste (fam.), sauteur, touche-à-tout **III.** → COLLECTIONNEUR **IV.** → PRÉTENDANT

◇ CONTR. → SPÉCIALISTE

AMATEURISME n.m. dilettantisme, fumisterie (fam. et péj.)

◇ CONTR. **I.** → SÉRIEUX **II.** → PROFESSION

AMATHIE n.f. **I.** → PAPILLON **II.** → CRUSTACÉ **III.** → IGNORANCE

AMATI n.m. → VIOLON

AMATIR → TERNIR

AMAUROBIUS n.m. → ARAIGNÉE

AMAUROSE n.f. → CÉCITÉ

AMAZONE n.f. **I.** cavalière, écuyère, femme de cheval, héroïne **II.** → JUPE **III.** → PROSTITUÉE

AMBACTE n.m. **I.** → SERVITEUR **II.** → SOLDAT

AMBAGES (SANS) bille en tête (arg.), catégoriquement, directement, franchement, sans ambiguïté/ circonlocutions/ détour/ équivoque/ hésitation/ obscurité, tout à trac/ de go
◊ CONTR. : avec → PRÉCAUTION

AMBARVALIES n.f.pl. → FÊTE

AMBASSADE n.f. **I.** carrière, consulat, diplomatie **II. par ext.** : consulat, légation, résidence **III.** → MISSION

AMBASSADEUR, DRICE n.m., f. agent, attaché, chargé d'affaires, chargé de mission, diplomate, émissaire, envoyé, excellence, internonce, légat, messager, ministre, ministre plénipotentiaire, négociateur, nonce, parlementaire, plénipotentiaire, représentant, résident (général)

AMBASSADORIAL, E consulaire, diplomatique

AMBE n.m. ambesas, bezet, doublé
◊ CONTR. : simple, single, singleton

AMBIANCE n.f. **I.** → MILIEU **II.** → GAIETÉ

AMBIANT, E → ENVIRONNANT

AMBIGU, UË ambivalent, amphibole, amphibolique, amphibologique, bigarré (vx), bivalent, double, douteux, énigmatique, équivoque, flottant, indécis, louche, obscur, plurivoque → INCERTAIN
◊ CONTR. → CLAIR

AMBIGUÏTÉ n.f. ambivalence, amphibologie, amphigouri, bivalence, double sens, énigme, équivoque, incertitude, obscurité, plurivocité
◊ CONTR. → ÉVIDENCE

AMBIGUMENT de façon → AMBIGU *et les dérivés possibles en* -ment *des syn. de* ambigu

AMBITIEUSEMENT de façon → AMBITIEUX *et les dérivés possibles en* -ment *des syn. de* ambitieux

AMBITIEUX, EUSE I. quelqu'un : arriviste, cumulard, présomptueux, téméraire **II. une chose** : affecté, compliqué, pompeux, prétentieux, recherché
◊ CONTR. → INDIFFÉRENT

AMBITION n.f. **I. le comportement** : appétit, ardeur, aspiration, brigue, convoitise, désir, faim, fringale, idéal, passion, prétention, quête, recherche, soif – **péj.** : arrivisme, mégalomanie **II. l'objet** : but, dessein, fin, mobile, objet, projet, rêve, visée, vue
◊ CONTR. → INDIFFÉRENCE

AMBITIONNER aspirer à, avoir des vues sur, briguer, caresser, convoiter, désirer,

poursuivre, prétendre, projeter, quêter, rechercher, rêver, viser
◊ CONTR. → DÉDAIGNER

AMBITUS n.m. **I.** → POURTOUR **II.** → CAVITÉ **III.** → REGISTRE

AMBIVALENCE n.f. → AMBIGUÏTÉ

AMBIVALENT, E → AMBIGU

AMBLE n.m. → ALLURE

AMBLYOPSIS n.m. → POISSON

AMBLYORNIS n.m. → OISEAU

AMBLYRHYNQUE n.m. → SAURIEN

AMBLYSTOME n.m. → BATRACIEN

AMBON n.m. jubé, tribune

AMBRE n.m. agatite, bakélite, carbolite, formite, herpès, succin

AMBRÉ, E ambrin, blond, doré, fauve, jaune, miel

AMBRER → PARFUMER

AMBRETTE n.f. **I.** abelmosque, ketmie musquée **II.** → GASTÉROPODE **III.** → POIRE

AMBROISIEN, ENNE ambrosiaque → DÉLECTABLE

AMBUBAÏE n.f. → PROSTITUÉE

AMBULANCE n.f. antenne, hôpital, infirmerie, poste de secours

AMBULANCIER, ÈRE infirmier, secouriste

AMBULANT, E auxiliaire, baladeur (fam.), changeant, errant, instable, intérimaire, itinérant, mobile, navigant, nomade, roulant, vagabond, variable → VOYAGEUR

AMBULATION n.f. **I.** → ALLURE **II.** → MARCHE

AMBULATOIRE → CHANGEANT

AMBULER → MARCHER

AMBURBIALES n.f.pl. → FÊTE

ÂME n.f. **I.** cœur, conscience, dedans, esprit, fond, intérieur, mystère, pensée, principe, secret, spiritualité, transcendance, vie **II. force d'âme** : ardeur, audace, bonté, caractère, charité, cœur, conscience, constance, courage, élan, énergie, fermeté, force, générosité, héroïsme, intrépidité, magnanimité, noblesse, trempe, valeur, vigueur, volonté **III. par ext. 1.** air, ectoplasme, émanation, essence, éther, étincelle, feu, flamme, mystère, souffle, vapeur **2. litt.** : émotion, expression, intelligence, sensibilité, sentiment **3.** → INTÉRIEUR **4.** → HABITANT **5. ÂME D'UN COMPLOT** : agent, animateur, centre, cerveau, chef, instigateur, maître, moteur, nœud, organisateur, patron, responsable
◊ CONTR. → CORPS

AMÈLE n. et adj. cul-de-jatte

AMÉLIE n.f. → INFIRMITÉ

AMÉLIORABLE → PERFECTIBLE

AMÉLIORATION n.f. **I.** abonnissement, anoblissement, bonification, changement, ennoblissement, enrichissement, mieux, optimisation, perfectionnement, poétisation, progrès, transformation **II.** → AMENDEMENT **III. par ext. 1.** affermissement, convalescence, guérison, mieux, rémission, répit, rétablissement **2.** éclaircie, embellie, radoucissement, redoux **3.** achèvement, castoiement (vx), correction, fignolage (fam.), finition, mise au point, retouche, révision **4.** adoucissement, assagissement, civilisation, évolution, mieux-être, réforme, régénération, rénovation **5.** avancement, élévation, promotion **6.** apport, arrangement, commodités, confort, décoration, embellissement, modification, plus-value, ravalement, renforcement, rénovation, réparation, restauration **7.** armistice, compromis, détente, entente, issue, modus vivendi, normalisation, réconciliation
◈ CONTR. **I.** → AGGRAVATION **II.** → DOMMAGE

AMÉLIORER **I. au pr.** : abonnir, achever, amender, anoblir, bonifier, changer en mieux, corriger, faire progresser, fignoler, finir, lécher, mettre au point, optimiser, parfaire, perfectionner, rabonnir, raffiner, retoucher, réviser, transformer **II. par ext. 1.** affermir, guérir, rétablir **2.** adoucir, civiliser, convertir, élever, épurer, faire évoluer, faire progresser, promouvoir, réformer, régénérer, rénover, sanctifier **3.** avancer, être élevé, être promu **4.** apporter des → AMÉLIORATION (s), arranger, décorer, donner une plus-value, embellir, modifier, ravaler, renforcer, rénover, réparer, restaurer **5.** apporter une → AMÉLIORATION, détendre, normaliser, réconcilier **III. un sol** : abonnir, amender, ameublir, bonifier, chauler, cultiver, engraisser, enrichir, ensemencer, façonner, fertiliser, fumer, marner, mettre en valeur, planter, plâtrer, terreauter, travailler **IV. v. pron.** : aller mieux, devenir meilleur, se faire meilleur, prendre de la qualité *et les formes pron. possibles des syn.* de améliorer
◈ CONTR. → DÉTÉRIORER

AMEN **I.** d'accord, ainsi soit-il, comme vous voudrez **II. DIRE AMEN** → APPROUVER

AMENAGE n.m. → TRANSPORT

AMÉNAGEMENT n.m. → AGENCEMENT

AMÉNAGER → AGENCER

AMÉNAGEUR, EUSE aménagiste, arrangeur, façonnier, finisseur, maître d'œuvre

AMENDABLE → PERFECTIBLE

AMENDE n.f. **I.** → CONTRAVENTION **II.** astreinte, contrainte **III. AMENDE HONORABLE** : excuses publiques, pardon public, réparation, résipiscence

AMENDEMENT n.m. **I.** → AMÉLIORATION **II. du sol** : **1.** abonnissement, amélioration, ameublissement, assolement, bonification, chaulage, culture, engraissement, en jachère, enrichissement, ensemencement, façons culturales, falunage, fertilisation, fumure, marnage, mise en valeur, plâtrage, terreautage, travaux **2.** engrais, chaux, craie, falun, glaise, marne, plâtre, tangue → FUMIER **III. polit.** : changement, correction, modification, réforme
◈ CONTR. **I.** → AGGRAVATION **II.** → DOMMAGE

AMENDER **I.** → AMÉLIORER **II. v. pron. 1.** → AMÉLIORER (s') **2.** → CORRIGER (SE)

AMÈNE → AIMABLE

AMENÉE n.f. → CONDUIT

AMENER **I.** → CONDUIRE **II. fig. 1. quelqu'un à une opinion** : attirer, conquérir, convaincre, convertir, déterminer, engager, enrôler, entraîner, faire adopter, retourner, séduire **2. une chose** : attirer, causer, déterminer, entraîner, induire, ménager, occasionner, préparer, présenter, produire, provoquer, susciter, traîner après/ avec soi **III. v. pron. 1.** *les formes pron. possibles des syn.* de amener **2. fam.** → VENIR
◈ CONTR. → ÉCARTER

AMENEUR n.m. → VOITURIER

AMÉNITÉ n.f. → AMABILITÉ

AMENITIES **tr. pub. off.** : agréments, attraits

AMENOKAL n.m. → NOBLE

AMÉNORRHÉE n.f. → MÉNOPAUSE

AMENUISÉ, E affaibli, allégé, amaigri, aminci, amputé, apetissé, coupé, décharné, découpé, diminué, évaporé, maigre, menu, mince, rapetissé, raréfié, réduit, retranché, tari
◈ CONTR. → GONFLÉ

AMENUISEMENT n.m. affaiblissement, allégement, amincissement, amputation, découpage, diminution, disparition, évaporation, rapetissement, raréfaction, réduction, rognement (fam.), tarissement, ténuité
◈ CONTR. → GONFLEMENT

AMENUISER **I.** affaiblir, alléger, allégir, amaigrir, amener la disparition de, amincir, amputer, apetisser, couper, découper, diminuer, effiler, faire disparaître, provoquer la disparition de *et les syn.* de disparition, rapetisser, raréfier, réduire, retrancher, rogner, tarir, trancher **II. v. pron.** : s'amoindrir, s'anéantir, cesser d'être visible, diminuer,

disparaître, se dissiper, se dissoudre, s'éclipser, s'effacer, s'éloigner, s'estomper, s'évanouir, s'évaporer, finir, mourir, se noyer dans, se perdre, se retirer, se soustraire à la vue, se volatiliser *et les formes pron. possibles des syn. de* amenuiser
◇ CONTR. **I.** → AUGMENTER **II.** → GONFLER

AMER n.m. **I.** apéritif, bitter **II.** bile, fiel **III. mar.** → REPÈRE **IV. au pl. :** absinthe, aloès, armoise, camomille, cascarille, centaurée, chénopode, chicorée, chicotin, colombo, coloquinte, genièvre, gentiane, germandrée, houblon, menthe, noix vomique, pavot, quassia-amara, quinquina, rhubarbe, romarin, sauge, semen-contra, simaruba, tanaisie

AMER, ÈRE I. une chose. 1. au pr. : âcre, aigre, amarescent, âpre, désagréable, écœurant, fort, irritant, saumâtre **2. fig. :** affligeant, âpre, attristant, cruel, cuisant, décevant, décourageant, déplaisant, désagréable, désolant, douloureux, dur, humiliant, mélancolique, morose, pénible, sévère, sombre, triste **II. quelqu'un dans son comportement, ses propos :** acariâtre, acerbe, acide, âcre, acrimonieux, agressif, aigre, âpre, blessant, caustique, déplaisant, désagréable, fielleux, hargneux, ironique, maussade, mauvais, méchant, mordant, offensant, piquant, rude, sarcastique, sévère, solitaire, taciturne
◇ CONTR. → DOUX

AMÈREMENT I. cruellement, douloureusement, durement, mélancoliquement, péniblement, sévèrement, sombrement, tristement **II.** acrimonieusement, agressivement, aigrement, âprement, déplaisamment, désagréablement, fielleusement, hargneusement, ironiquement, méchamment, rudement, sarcastiquement **III.** de façon/ manière → AMER
◇ CONTR. → AIMABLEMENT

AMÉRICAIN, E → YANKEE

AMERRIR aquatir

AMERTUME n.f. **I. au pr. :** âcreté, aigreur, âpreté, goût amer *et les syn. de* amer, rudesse **II. fig. 1.** affliction, aigreur, âpreté, chagrin, chose/ pensée/ souvenir amer *et les syn. de* amer, cruauté, cuisance, déception, découragement, dégoût, dépit, déplaisir, désagrément, désappointement, désolation, douleur, dureté, écœurement, humiliation, mélancolie, peine, regret, tourment, tristesse **2.** acariâtreté, acerbité, acidité, âcreté, acrimonie, agressivité, aigreur, animosité, âpreté, causticité, comportement/ propos amer *et les syn. de* amer, fiel, hargne, ironie, maussaderie, mauvaise humeur, méchanceté, rudesse
◇ CONTR. **I.** → DOUCEUR **II.** → PLAISIR

AMERTUMER I. → AIGRIR **II.** → FARDER

AMEUBLEMENT n.m. → AGENCEMENT

AMEUBLIR amender, bêcher, biner, cultiver, décavaillonner, façonner, gratter, herser, labourer, passer le crosskill/ rotavator, sarcler, scarifier
◇ CONTR. → TASSER

AMEUBLISSEMENT n.m. amendement, bêchage, binage, culture, décavaillonnage, façons, grattage, hersage, labour, sarclage, scarification
◇ CONTR. → TASSEMENT

AMEULONNER mettre en → MEULE

AMEUTEMENT n.m. **I.** → SOULÈVEMENT **II.** → RASSEMBLEMENT

AMEUTER appeler, attrouper, battre le rappel, déchaîner, exciter, grouper, liguer, masser, rameuter, rassembler, regrouper, sonner le ralliement/ le tocsin, soulever
◇ CONTR. → DISPERSER

AMI, E I. nom 1. au pr. : amé (vx), camarade, compagnon, connaissance, familier, inséparable, intime, relation **2. fam. et/ ou arg. :** aminche, camaro, choum(i) (québ.), colibri, colon, copain, copaud, copine, fias, fralin, frange, frangin, pote, poteau, vieille branche/ noix, zig **3.** allié, alter ego, coalisé **4.** *les compositions avec le préfixe ou suffixe* phile *et un thème (ex. :* cinéphile, philanthrope) **5.** → AMANT **II. adj. 1.** → AMATEUR **2.** assorti → ALLIÉ **3.** → AMOUREUX **4.** bienveillant, dévoué, favorable, propice
◇ CONTR. → ENNEMI

AMIABLE (À L') amiablement, amicalement, amiteusement (vx), de gré à gré, volontaire, volontairement
◇ CONTR. : vente judiciaire → ADJUDICATION

AMIAULER I. → FLATTER **II.** → TROMPER

AMIBE n.f. **par ext.** → MICROBE

AMICAL, E → BIENVEILLANT

AMICALEMENT → AMIABLE (À L')

AMICALITÉ n.f. → AMITIÉ

AMICOTER → FRÉQUENTER

AMIDON n.m. apprêt, colle, empois, fécule, glycogène

AMIDONNÉ, E fig. → ÉTUDIÉ

AMIDONNER apprêter, empeser

AMIE n.f. → POISSON

AMIGNARDER → FLATTER

AMIN n.m. **I.** → JUGE **II.** → ÉDILE

AMINCIR → DIMINUER

AMINCISSEMENT n.m. → DIMINUTION

AMISSIBILITÉ n.f. → PRÉCARITÉ

AMISSIBLE → PRÉCAIRE

AMISSION n.f. **I.** → PERTE **II.** → PUNITION

AMITEUX, EUSE I. → AIMABLE **II.** → FERTILE

AMITIÉ n.f. **I. pour quelqu'un. 1.** → AFFECTION **2.** → BIENVEILLANCE **3.** → BONTÉ **II.** accord, amicalité (vx), bonne intelligence, cordialité, entente, sympathie **III. FAIRE DES AMITIÉS. 1. fav.** : amabilité, bon/ meilleur souvenir, compliment, hommages, sympathie **2. non fav.** : caresse, flagornerie, flatterie, grimace
◇ CONTR. → HAINE

AMMAN n.m. landammann → JUGE

AMMEISTRE n.m. → ÉDILE

AMMI n.m. aneth, fenouil, herbe aux cure-dents, visnage

AMMOCÈTE n.m. lamprillon → POISSON

AMMODYTE n.m. **I.** → VIPÈRE **II.** anguille de sable, cicerelle, équille, lançon → POISSON

AMMONIAC n.m. alcali (volatil)

AMNÉSIE n.f. oubli, perte/ trou de mémoire
◇ CONTR. → SOUVENIR

AMNISTIABLE → EXCUSABLE

AMNISTIE n.f. **par anal.** : absolution, acquittement, disculpation, grâce, mise hors de cause, oubli, pardon, relaxe, remise de peine
◇ CONTR. **I.** → VENGEANCE **II.** → RESSENTIMENT

AMNISTIER absoudre, effacer, excuser, faire oublier/ pardonner, gracier, oublier, pardonner, passer l'éponge (fam.), relaxer, remettre
◇ CONTR. → PUNIR

AMOCHAGE n.m. → DÉGRADATION

AMOCHER I. → ABÎMER **II.** → DÉGRADER

AMOINDRIR → DIMINUER

AMOINDRISSEMENT n.m. **I.** diminution **II.** → DÉGRADATION

AMOK n.m. **I.** → DÉLIRE **II.** → FOU

AMOLLIE n.f. → BONACE

AMOLLIR I. → AFFAIBLIR **II. v. pron.** : s'acagnarder → AFFAIBLIR (s')

AMOLLISSEMENT n.m. → AFFAIBLISSEMENT

AMOME n.m. cardamome, graine de paradis, maniguette, poivre de Guinée, pomme d'amour

AMONCELER → ACCUMULER

AMONCELLEMENT n.m. → ACCUMULATION

AMONT (EN) au-dessus, en haut, plus haut
◇ CONTR. → AVAL (EN)

AMORAL, E indifférent, laxiste, libertaire, libre, nature (fam.), sans foi ni loi (péj.)
◇ CONTR. → MORAL

AMORALISME n.m. → PHILOSOPHIE

AMORALITÉ n.f. → NEUTRALITÉ

AMORCE n.f. **I.** détonateur, étoupille, fulminate **II.** → AICHE, ALLÈCHEMENT **III.** → ÉBAUCHE

AMORCER I. au pr. : affriander, agrainer, allécher, appâter, attirer **II.** → ÉBAUCHER **III.** → ALLÉCHER
◇ CONTR. **I.** → REPOUSSER **II.** → ACHEVER

AMOROSO → RYTHME

AMORPHE I. au pr. : informe, sans → FORME **II. fig.** → APATHIQUE
◇ CONTR. **I.** → BEAU **II.** → ACTIF

AMORTI, E I. assourdi, couvert, doux, feutré, sourd **II. 1.** éteint, remboursé **2.** hors d'usage, usagé, usé **3.** démodé, vieilli → VIEUX
◇ CONTR. **I.** → VIOLENT **II.** → NOUVEAU **III.** → VALABLE

AMORTIR I. finances : couvrir, éponger, éteindre, rembourser **II. un objet** : employer, faire rendre/ servir/ travailler, utiliser **III.** → AFFAIBLIR
◇ CONTR. → INVESTIR

AMORTISSEMENT n.m. **I. finances** : couverture, extinction, remboursement **II. d'un objet** : plein emploi, rendement, travail, utilisation **III. fig.** : adoucissement, affaiblissement, apaisement, attiédissement
◇ CONTR. → INVESTISSEMENT

AMOUILLANTE n.f. et adj. → VACHE

AMOUR n.m. **I. au pr. 1. de Dieu** : adoration, charité, contemplation, culte, dévotion, dilection, ferveur, mysticisme, piété **2.** → AFFECTION **II. d'un sexe pour l'autre. 1.** → PASSION **2. amour conjugal** : hymen, hyménée, mariage **3. par ext.** : association, concubinage, en ménage **4.** → SYMPATHIE **5. légèrement péj.** : acoquinement, amourette, amusement, aventure, badinage, bagatelle, batifolage, béguin, bluette, bricole, caprice, coquetterie, coup de foudre, engouement, fantaisie, fleurette, flirt, galanterie, intrigue, liaison, marivaudage, passade, passion, passionnette, touche (fam.) **III. déesse de l'amour** : Aphrodite, Vénus **IV. dieu de l'amour** : archer, Cupidon, Éros, petit archer **V. amour d'une chose. 1.** *suffixe* -philie (*ex.* : cinéphilie) **2.** admiration, adoration, attachement, dévotion, engouement, enthousiasme, estime, faible, folie, goût, intérêt, passion, penchant, plaisir
◇ CONTR. **I.** → ÉLOIGNEMENT **II.** → HAINE

AMOURACHER (S') s'acoquiner, avoir le béguin (fam.), s'éprendre → AIMER
◇ CONTR. → DÉFAIRE (SE)

AMOURETTE n.f. **I.** → AMOUR **II. au pl. 1.** animelles, morceau du boucher, rognons blancs, testicules 2. moëlle épinière, morceau du boucher

AMOUREUSEMENT avec → AMOUR, de façon → AMOUREUX *et les dérivés possibles en* -ment *des syn. de* amoureux

AMOUREUX, EUSE I. adj. 1. affectionné, affectueux, aimable, aimant, amical, ardent, attaché, brûlant, câlin, caressant, chaud, coiffé, dévoué, doux, éperdu, épris, fou, galant, langoureux, lascif, mordu, passionné, sensible, sensuel, tendre, toqué, voluptueux – **vx** : adorant, assoté 2. **ÊTRE AMOUREUX** – **arg.** : avoir le casque/ dans la peau/ la trique, en croquer/ pincer, s'en ressentir, être chipé/ groupé 3. **d'une chose** : admirateur, adorateur, amateur, ami, avide, fana (fam.), fanatique, féru, fervent, fou, infatué (péj.), passionné II. **nom** → AMANT, AMANTE
◇ CONTR. I. → FROID II. → INDIFFÉRENT III. → ENNEMI

AMOUR-PROPRE n.m. I. **au pr.** : dignité, émulation, fierté, respect II. **péj.** : orgueil, susceptibilité, vanité
◇ CONTR. → CYNISME

AMOVIBILITÉ n.f. → INSTABILITÉ

AMOVIBLE I. **une chose** : déplaçable, interchangeable, mobile, modifiable, momentané, provisoire, transformable, transportable → PRÉCAIRE II. **quelqu'un** : auxiliaire, contractuel, intérimaire, occasionnel, remplaçable, révocable
◇ CONTR. → STABLE

AMPHIBIE par ext. : bivalent, double, hybride

AMPHIBIEN n.m. → BATRACIEN

AMPHIBOLE et **AMPHIBOLIQUE** → AMBIGU

AMPHIBOLOGIE n.f. ambiguïté, amphigourisme, anomalie, bivalence, double sens, équivoque, sens douteux
◇ CONTR. → ÉVIDENCE

AMPHIBRAQUE n.m. → PIED

AMPHICTYON n.m. → DÉPUTÉ

AMPHICTYONAT n.m. → ASSEMBLÉE

AMPHIGAME → HERMAPHRODITE

AMPHIGOURI n.m. → GALIMATIAS

AMPHIGOURIQUE ambigu, confus, douteux, embrouillé, entortillé, équivoque, incompréhensible, inintelligible, nébuleux, obscur, peu clair → GALIMATIAS
◇ CONTR. → CLAIR

AMPHIMACRE n.m. → PIED

AMPHINEURE n.m. chiton, oscabrion → MOLLUSQUE

AMPHION n.m. → MUSICIEN

AMPHIPRION n.m. → POISSON

AMPHIPTÈRE n.m. → DRAGON

AMPHISBÈNE n.m. I. → DRAGON II. → SAURIEN

AMPHISTOME n.m. → VER

AMPHITHÉÂTRE n.m. I. arène, carrière, cirque, gradins, hémicycle, théâtre II. auditorium, aula (helv.), kursaal, salle de concert/ de spectacle III. salle de conférence/ cours/ dissection

AMPHITRYON n.m. architriclin (vx et fam.), hôte, maître de maison, mécène
◇ CONTR. I. → CONVIVE II. → PROTÉGÉ

AMPHIUME n.m. → BATRACIEN

AMPHORE n.f. → VASE

AMPHORIQUE → CAVERNEUX

AMPLE I. : développé, élevé, épanoui, fort, grand, gras, gros, immense, large, majestueux, plein, rebondi, spacieux, vaste, volumineux II. abondant, considérable, copieux, étendu, sonore III. ballonnant, blousant, bouffant, gonflant
◇ CONTR. → ÉTROIT

AMPLEMENT I. → BEAUCOUP *et les dérivés en* -ment *de* → AMPLE II. → AISÉMENT
◇ CONTR. → PEU

AMPLEUR n.f. I. → ÉTENDUE II. → LARGEUR III. → PROFUSION

AMPLEXION n.f. → ÉTREINTE

AMPLIATIF, IVE → SUPPLÉMENTAIRE

AMPLIATION n.f. complément, copie, duplicata, duplication, duplicatum, expédition, grosse
◇ CONTR. : minute, original

AMPLIFICATEUR n.m. I. agrandisseur, ampli, haut-parleur, pick-up II. audiophone, sonotone
◇ CONTR. : capteur, réducteur

AMPLIFICATION n.f. I. développement, paraphrase II. ajouture, allongement, alourdissement, boursouflure, broderie, emphase, enflure, enjolivure, exagération, grossissement, outrance, redondance, renchérissement III. → AGRANDISSEMENT
◇ CONTR. → DIMINUTION

AMPLIFIER I. → AGRANDIR II. → EXAGÉRER

AMPLITUDE n.f. I. **au pr.** 1. → IMMENSITÉ 2. **scient.** : écart, inclinaison, oscillation, portée, variation II. **fig.** → INTENSITÉ

AMPLI-TUNER audiov. off. : amplisyntoniseur

AMPOULE n.f. I. burette, fiole, flacon II. **méd.** → BOURSOUFLURE

AMPOULÉ, E amphigourique, bombastique, bouffi, boursouflé, creux, déclamateur, déclamatoire, emphatique, enflé, grandiloquent, guindé, pindarique, pompeux, redondant, ronflant, sonore, vide
◇ CONTR. → SIMPLE

AMPOULETTE n.f. mar. : sablier

AMPULLAIRE et **AMPULLACÉ** → RENFLÉ

AMPUTATION n.f. **I.** chir. : ablation, autotomie, mutilation, opération, résection, sectionnement *et suffixe* -tomie *ou* -ectomie *joint au nom de l'organe* (*ex. :* appendicectomie) **II. fig.** : allégement, censure, retrait, suppression → DIMINUTION
◇ CONTR. **I.** → GREFFE **II.** → SUPPLÉMENT

AMPUTÉ, E I. estropié, handicapé, invalide, mutilé **II.** *les part. passés possibles des syn. de* amputer
◇ CONTR. → VALIDE

AMPUTER I. au pr. : autotomiser (s'), enlever, mutiler, opérer, ôter, procéder à l'ablation de, réséquer, retrancher, sectionner, supprimer → COUPER **II. fig.** : alléger, censurer, diminuer, retirer, retrancher, supprimer, tailler, tronquer → COUPER
◇ CONTR. **I.** → GREFFER **II.** → AJOUTER

AMULETTE n.f. → FÉTICHE

AMUNITIONNEMENT n.m. → PROVISION

AMUNITIONNER → POURVOIR

AMURE n.f. **I.** → FLANC **II.** → FIXATION

AMURER → FIXER

AMUSAMMENT amusément (vx) *et les dérivés en* -ment *possibles des syn. de* amusant

AMUSANT, E I. agréable, badin, bouffon (péj.), boute-en-train, burlesque, clownesque (péj.), cocasse, comique, désopilant, distrayant, divertissant, drôle, folâtre, gai, hilarant, humoriste, joyeux, plaisant, réjouissant, spirituel → RISIBLE **II. une chose :** délassant, drolatique, égayant, humoristique, récréatif **III. fam. :** bidonnant, boyautant, champignol, cornecul, crevant, du tonnerre, folichon, gondolant, gonflant, impayable, jouasse, marrant, pilant, pissant, poilant, rigolard, rigolo, rigouillard, roulant, tordant, torsif, transpoil **IV. fam. :** à se taper le → FESSIER par terre/ à la suspension, du tonnerre, le pied **V. par ext.** → BIZARRE
◇ CONTR. → ENNUYEUX

AMUSE-GUEULE n.m. → COLLATION

AMUSEMENT n.m. **I. fav. 1.** agrément, délassement, dérivatif, distraction, divertissement, ébaudissement, fête, frairie, jeu, kermesse, marrade (fam.), passe-temps, plaisir, récréation, réjouissance **2. futilité ou galanterie** → BAGATELLE **II. non fav. 1. quelqu'un :** dérision, fable, raillerie, ridicule, rigolade, souffre-douleur, tête de Turc, tourment **2. une chose :** change, distraction, diversion, duperie, illusion, leurre, tromperie **3.** → DÉLAI
◇ CONTR. **I.** → ENNUI **II.** → AUSTÉRITÉ

AMUSÉMENT → AMUSAMMENT

AMUSER I. délasser, désennuyer, distraire, divertir, égayer, faire jouer/ rire, intéresser, mettre en gaieté/ train, récréer, réjouir **II. non fav. :** abuser, duper, endormir, enjôler, flatter, flouer, jouer, leurrer, mener en bateau, tromper **III. v. pron. 1.** s'ébattre, jouer → RIRE *et les formes pron. possibles de* → AMUSER **2.** abuser de, brocarder, se jouer de, se moquer de, plaisanter, railler, taquiner, tourmenter, tourner en dérision/ ridicule **3.** baguenauder, batifoler, bricoler, folâtrer, jouailler, lambiner, muser, passer le temps à, perdre son temps, tourner en rond, vétiller **4.** bambocher, faire la fête/ la foire/ la java/ la noce/ les quatre cents coups/ ripaille, ripailler, se donner/ prendre du bon temps
◇ CONTR. → ENNUYER

AMUSETTE n.f. → BAGATELLE

AMUSEUR, EUSE → FARCEUR

AMUSIE n.f. **I.** → MUTITÉ **II.** → SURDITÉ

AMUSOIRE n.f. → BAGATELLE

AN n.m. **I.** année, cycle, période, temps **II.** âge, hiver, printemps – arg. : balai, bâton, berge, carat, gerbe, longe, pige, pigette, plombe

ANABAPTISTE baptiste, mennonite → PROTESTANT

ANABAS n.m. perche grimpeuse → POISSON

ANABIOSE n.f. **I.** → RENAISSANCE **II.** → CONGÉLATION

ANABLEPS n.m. → POISSON

ANABOLISME n.m. assimilation, métabolisme
◇ CONTR. : catabolisme

ANACARDE n.m. noix de cajou

ANACHORÈTE n.m. ermite, religieux, solitaire
◇ CONTR. **I.** : cénobite **II.** → SYBARITE

ANACHORÉTISME n.m. érémitisme
◇ CONTR. : cénobitisme

ANACHRONIQUE démodé, désuet, erroné, inexact, métachronique, obsolète, parachronique, périmé, prochronique
◇ CONTR. → ACTUEL

ANACHRONISME n.m. métachronisme, parachronisme, prochronisme, survivance
◇ CONTR. **I.** → NOUVEAUTÉ **II.** → ACTUALITÉ

ANACONDA n.m. eunecte → BOA

ANACOSTE n.f. → LAINAGE

ANACRÉONTIQUE → ÉROTIQUE

ANAGNOSTE n.m. lecteur

ANAGOGIE n.f. **I.** contemplation, élévation, extase, mysticisme, ravissement **II.** commentaire, interprétation, leçon, exégèse, explication, herméneutique, symbolisme
◇ CONTR. → RÉALISME

ANAGOGIQUE I. contemplatif, mystique **II.** → SYMBOLIQUE
◇ CONTR. → RÉALISTE

ANALECTES n.m.pl. → ANTHOLOGIE

ANALÈME n.m. → APPUI

ANALEPSIE n.f. → CONVALESCENCE

ANALEPTIQUE → FORTIFIANT

ANALGÉSIE n.f. → ANESTHÉSIE

ANALGÉSIQUE n.m. et adj. → ANESTHÉSIQUE

ANALOGIE n.f. **I.** déduction, homologie, hypallage, induction, métaphore, métonymie, synecdoque **II.** accord, affinité, analogon, association (d'idées), communauté, comparaison, conformité, connexion, connotation, contiguïté, convenance, correspondance, équivalence, lien, parenté, rapport, relation, ressemblance, similitude, suggestion, voisinage
◇ CONTR. → DIFFÉRENCE

ANALOGIQUE associatif, commun, comparable, connexe, contigu, correspondant, en analogie *et les syn. de* analogie, lié, métaphorique, parent, relié, similaire, voisin
◇ CONTR. → DIFFÉRENT

ANALOGUE analogon, approchant, assimilable, comparable, conforme, connexe, contigu, correspondant, équivalent, homologue, identique, pareil, parent, ressemblant, similaire, voisin → SEMBLABLE
◇ CONTR. → DIFFÉRENT

ANALPHABÈTE ignare, ignorant, illettré, inculte

ANALPHABÉTISME n.m. → IGNORANCE

ANALYSE n.f. **I. l'acte :** anatomie (vx), décomposition, dissection, dissociation, dissolution, division, étude, examen, prélèvement, séparation **II. par ext. :** abrégé, abstract, codex, compendium, compte rendu, critique, digest, énumération, exposé, extrait, index, notice, précis, raccourci, rapport, résumé, sommaire **III. ANALYSE EN COMPOSANTES :** mapping
◇ CONTR. → SYNTHÈSE

ANALYSER I. au pr. : anatomiser, décomposer, dépecer, disséquer, dissocier, distinguer, diviser, énumérer, examiner, extraire, faire apparaître, prélever/ réduire/ séparer les éléments/ unités, quintessencier **II. par ext. :** approfondir, faire une analyse *et les syn. de* analyse, chercher, critiquer, détailler, énumérer, étudier, examiner, rendre compte, résumer
◇ CONTR. → RÉUNIR

ANAMNÈSE n.f. → RAPPEL

ANAMORPHOSE n.f. → DÉFORMATION

ANAPESTE n.m. → PIED

ANAPHORE n.f. **I. au pr. :** répétition, retour **II. par ext.** (gram.) : pronom, remplaçant, substitut

ANAPHRODISIE n.f. → IMPUISSANCE

ANAPHYLAXIE n.f. allergie, hypersensibilité, sensibilisation

ANAPLASTIE n.f. → GREFFE

ANARCHIE n.f. **I.** anomie **II.** → CONFUSION

ANARCHIQUE I. → DÉCOUSU **II.** → ILLOGIQUE **III.** → IRRÉGULIER

ANARCHIQUEMENT de façon → ANARCHIQUE, sans → MÉTHODE *et les dérivés possibles en* -ment *des syn. de* anarchique

ANARCHISER → BOULEVERSER

ANARCHISTE n. et adj. libertaire

ANARRHIQUE n.m. loup marin → POISSON

ANAS n.m. → CANARD, PALMIPÈDE

ANATHÉMATISER I. → BLÂMER **II.** → MAUDIRE

ANATHÈME n.m. **I.** → BLÂME **II.** → MALÉDICTION

ANATIDÉS n.m.pl. barnache *ou* barnacle *ou* bernache, cygne, eider, garrot, harle, macreuse, oie, pilet, sarcelle, souchet, tadorne → PALMIPÈDE

ANATIFE n.m. barnache *ou* barnacle, pousse-pied → CRUSTACÉ

ANATOMIE n.f. **I. au pr. :** analyse, autopsie, dissection, vivisection **II. par ext. :** académie, corps, format, forme, morphologie, musculature, nu, nudité, plastique, proportions, silhouette

ANATOPISME n.m. dépaysement, inadaptation → PSYCHOSE

ANAVENIN n.m. → VACCIN

ANCELLE n.f. **I. rég. :** ais, bardeau, latte, tavaillon **II. 1.** → RELIGIEUSE **2.** → SERVANTE

ANCESTRAL, E → ANCIEN

ANCÊTRE n.m. **I.** → AÏEUL **II. au pl. :** aïeux, pères, prédécesseurs, race
◇ CONTR. → POSTÉRITÉ

ANCHE n.f. I. → ROBINET II. basson, clarinette, cromorne, hautbois, saxophone III. → CONDUIT

ANCHOÏADE n.f. → SAUCE

ANCHOIS n.m. I. par ext.: sprat → POISSON II. fam. → BÊTE

ANCIEN, NE I. une chose. 1. ancestral, antérieur, antique, authentique, d'époque, éloigné, haute époque, obsolète, reculé, séculaire → VIEUX 2. archaïsant, archaïste (vx) 3. antédiluvien, antéhistorique, antéhumain, archaïque, croulant, démodé, désuet, en ruine, fané, flétri, moyenâgeux, passé, périmé, suranné, usagé, usé, vétuste, vieillot → VIEUX II. quelqu'un : âgé, briscard, chevronné, doyen, vétéran → VIEUX

◇ CONTR. I. → NOUVEAU II. → JEUNE

ANCIENNEMENT → AUTREFOIS

ANCIENNETÉ n.f. I. antiquité, authenticité, origine II. antécédence, antériorité, préexistence, vétusté III. années, annuités, brioques, chevrons, points, temps → PRIORITÉ

◇ CONTR. → NOUVEAUTÉ

ANCOLIE n.f. angonie (vx), colombine, cornette, fleur du parfait amour, gant de Notre-Dame

ANCÔNE n.f. → TABLEAU

ANCRAGE n.m. I. amarrage, embossage, mouillage II. attache, fixation

◇ CONTR. I. → APPAREILLAGE II. → DÉRACINEMENT

ANCRER I. → AMARRER II. → FIXER

ANDABATE n.m. → GLADIATEUR

ANDAIN n.m. → RANG

ANDANTE, ANDANTINO n.m. et adv. → RYTHME

ANDINISME n.m. → ALPINISME

ANDOUILLE n.m. → BÊTE

ANDOUILLER n.m. → BOIS

ANDRAGOGIE n.f. éducation/ formation permanente → INSTRUCTION

ANDRAGOGUE n.m. et f. → ÉDUCATEUR

ANDRINOPLE n.f. → TISSU

ANDROCTONE n.m. scorpion

ANDRODAMAS n.m. → PIERRE (PRÉCIEUSE)

ANDROGAME n.m. → URANIEN

ANDROGAMIE n.f. → HOMOSEXUALITÉ

ANDROGYNE n.m. et adj. bissexué → HERMAPHRODITE

ANDROLÂTRE n. et adj. → RELIGIEUX

ANDROLÂTRIE n.f. → RELIGION

ANDROMANE n.f. et adj. nymphomane, hystérique (par ext.)

ANDROMANIE n.f. nymphomanie, hystérie (par ext.)

ANDROPHILE n. et adj. philanthrope – par ext. → HOMOSEXUEL

◇ CONTR. → ANDROPHOBE

ANDROPHILIE n.f. philanthropie – par ext. → HOMOSEXUALITÉ

◇ CONTR. → ANDROPHOBIE

ANDROPHOBE n. et adj. misandre – par ext. : misanthrope → LESBIENNE

◇ CONTR. → ANDROPHILE

ANDROPHOBIE n.f. misandrie, misanthropie (par ext.)

◇ CONTR. → ANDROPHILIE

ÂNE n.m. ânesse, ânichon, ânon, ase ou aze (vx), asine, baudet, bourricot, bourrique, bourriquet, grison, hémione, monture, onagre, zèbre → BÊTE – fam. : aliboron, ministre, peccata (vx), roussin d'Arcadie

ANÉANTI, E abattu, affligé, annihilé, découragé, dégoûté, écroulé, effondré, énervé, fatigué, fichu, fondu, harassé, inerte, languissant, las, malade, morne, morose, mort, mou, moulu, prostré, ramolli, triste → ROMPU – fam. : aplati, dégonflé, flagada, foutu, hachesse, mat, raplapla, sur les rotules

◇ CONTR. I. → REPOSÉ II. → VIVANT

ANÉANTIR I. → DÉTRUIRE II. → VAINCRE III. v. pron. 1. → ABATTRE (S') 2. → ABÎMER (S')

ANÉANTISSEMENT n.m. I. au pr. : consommation, disparition, engloutissement, extermination, extinction, fin, mort, néant II. → DESTRUCTION III. par ext. 1. → ABOLITION 2. → ABAISSEMENT 3. → ABATTEMENT

◇ CONTR. I. → NAISSANCE II. → CONSERVATION

ANECDOTE n.f. I. → BRUIT II. → FABLE

ANECDOTIER, ÈRE chroniqueur, conteur, diseur, historien, mémorialiste → JOURNALISTE

ANECDOTIQUE I. → INSIGNIFIANT II. → SECONDAIRE

ANECDOTISER I. → RACONTER II. → DÉRAISONNER

ÂNÉE n.f. I. → CHARGE II. → QUANTITÉ

ANÉJACULATION n.f. → IMPUISSANCE

ANEL n.m. → ANNEAU, BOUCLE

ANÉMIANT, E affaiblissant, amollissant, débilitant, épuisant, fatigant

◇ CONTR. → FORTIFIANT

ANÉMIE n.f. I. au pr. 1. hommes et animaux : abattement, affaiblissement, aglobulie, avitaminose, débilité, dépérissement, épuisement, faiblesse, langueur, pâleur 2. des végétaux : chlorose, défoliation II. fig. → CARENCE

◇ CONTR. → FORCE

ANÉMIÉ, E affaibli, anémique, chétif, débile, déficient, délicat, déprimé, étiolé, faible, fatigué, fluet, fragile, frêle, languissant, las, malingre, pâle, pâlot
◇ CONTR. → FORT

ANÉMIER → AFFAIBLIR

ANÉMIQUE → ANÉMIÉ

ANÉMOCORDE n.m. → CLAVECIN

ANÉMOMÈTRE n.m. anémographe, anémométroscope (vx.)

ANÉMONE n.f. I. coquelourde, coquerolle, fleur de Pâques/ du Vendredi saint, herbe du vent, pâquerette, pulsatille, sylvie II. actinie – par ext. impr. : étoile/ ortie de mer

ANÉMOPHOBIE n.f. → NÉVROSE

ANÉMOSCOPE n.m. girouette

ANÉMOTROPE n.m. éolienne

ANERGIE n.f. → ADAPTATION
◇ CONTR. → ALLERGIE

ÂNERIE n.f. → BÊTISE

ÂNESSE n.f. asine → ÂNE

ANESTHÉSIANT, E → ANESTHÉSIQUE

ANESTHÉSIE n.f. I. au pr. : analgésie, analgie, apaisement, chloroformisation, cocaïnisation, éthérisation, hémianesthésie, hypoesthésie, insensibilisation, narcose, péridurale II. fig. : apaisement, arrêt (de la sensibilité), ataraxie, détachement, hypnose, inconscience, indifférence, insensibilité, nirvâna, rémission, sommeil, voyage (arg.)
◇ CONTR. → SENSIBILITÉ

ANESTHÉSIER I. chloroformer, endormir, éthériser, insensibiliser, narcotiser II. fig. 1. apaiser, assoupir, calmer, endormir, rassurer 2. non fav. : abrutir, assommer, enivrer 3. fam. → ASSOMMER
◇ CONTR. → RÉVEILLER

ANESTHÉSIQUE n.m. et adj. analgésique, anesthésiant, antalgique, antidouleur, calmant, narcotique, somnifère, stupéfiant
◇ CONTR. : anabolisant

ANETH n.m. fenouil – par ext. → ANIS

ANFRACTUEUX, EUSE I. → SINUEUX II. → CREUX III. → RUSÉ, HYPOCRITE

ANFRACTUOSITÉ n.f. I. cavité, creux, crevasse, dentelure, détour, échancrure, enfoncement, sinuosité → TROU II. → DIFFICULTÉ

ANGARIE n.f. mar. → CONFISCATION

ANGE n.m. I. au pr. 1. fav. : esprit, messager, ministre, pur esprit 2. chérubins, dominations, puissances, principautés, séraphins, trônes, vertus 3. non fav. → DÉMON II. fig. 1. conseil, exemple, génie, guide, inspira-

teur, instigateur (péj.), mentor, protecteur, providence, soutien 2. amour, angelet, angelot, chérubin, putto
◇ CONTR. I. → DIABLE II. → MÉCHANT III. → VICIEUX

ANGÉITE n.f. → INFLAMMATION

ANGÉLIQUE I. adj. 1. beau, bénin, bon, céleste, doux, innocent, parfait, pur, ravissant, saint, séraphique, vertueux 2. SALUTATION ANGÉLIQUE : Ave Maria 3. PAIN ANGÉLIQUE : eucharistie II. n.f. 1. : aralia 2. → LUTH III. n.m. : teck de Guyane
◇ CONTR. → DIABOLIQUE

ANGÉLISER → EMBELLIR

ANGÉLISME n.m. → NAÏVETÉ

ANGÉLITÉ n.f. → PURETÉ

ANGÉLOPHANIE n.f. → APPARITION

ANGINE n.f. esquinancie (vx) → INFLAMMATION

ANGIOME n.m. → TUMEUR

ANGLAIS, E I. → BRITANNIQUE II. anglicisme, angliciste III. À L'ANGLAISE : discrètement, en douce, furtivement

ANGLAISE n.f. I. → ÉCRITURE II. → DANSE III. → DENTELLE IV. au pl. boucle

ANGLAISER → COUPER

ANGLE n.m. I. par ext. : anglet, arête, carne (vx), carre, coin, corne, cornier, coude, écoinçon, empointure (mar.), encoignure, enfourchement, noue, pan, renfoncement, retour, saillant, tournant II. fig. : aspérité, rudesse, rugosité III. → ASPECT IV. unités de mesure : degré, grade, minute, radian, seconde
◇ CONTR. : ligne courbe/ droite

ANGLEDOZER tr. pub. off. : bouteur biais

ANGLER → AJUSTER

ANGLETERRE n.f. I. → DENTELLE II. → POIRE

ANGLICAN, E n. et adj. conformiste, méthodiste → PROTESTANT

ANGLOMANIE n.f. snobisme → AFFECTATION

ANGOISSANT, E → INQUIÉTANT

ANGOISSE n.f. → INQUIÉTUDE

ANGOISSÉ, E → INQUIET

ANGOISSER → INQUIÉTER

ANGON n.m. I. → TRAIT II. foëne → PIQUE

ANGOR n.m. angine de poitrine, serrement, oppression → DOULEUR

ANGORA n.m. mohair

ANGORATINE n.f. → TISSU

ANGUIFORME ou **ANGUILLIFORME** → ALLONGÉ

ANGUILLE n.f. **1.** civelle, lançon, leptocéphale, pibale – **par ext.** : congre, gymnote **2.** ANGUILLE DE HAIE → COULEUVRE

ANGUILLIÈRE n.f. → VIVIER

ANGULEUX, EUSE → DIFFICILE

ANHÉLANCE et **ANHÉLATION** n.f. → ESSOUFFLEMENT

ANHÉLANT, E → HALETANT

ANHINGA n.m. oiseau serpent → PALMIPÈDE

ANICROCHE n.f. → INCIDENT

ANILINCTUS ou **ANILINGUE** n.m. → CUNNILINCTUS

ANILLE n.f. **I.** → BÉQUILLE **II.** → CROCHET

ANIMADVERSION n.f. → BLÂME

ANIMAL, AUX I. n.m. → BÊTE **II. animaux fabuleux** : alcyon, aspic, basilic, béhémot, bucéphale, catoblépas, centaure, chimère, coquecigrue, dragon, griffon, grylle, guivre, harpie, hippocampe, hippogriffe, hydre, lamia, léviathan, licorne, loup garou, minotaure, monstre, pégase, phénix, python, salamandre, sirène, sphinge, sphinx, tarasque **III. adj.** → BESTIAL

ANIMALERIE n.f. → MÉNAGERIE

ANIMALIER n.m. **I.** → PEINTRE **II.** → SCULPTEUR

ANIMALISATION n.f. **agr.** : assimilation, gain de poids, nutrition, profit, transformation

ANIMALISER I. → ABAISSER **II. agr.** : assimiler, transformer

ANIMALITÉ n.f. → BESTIALITÉ

ANIMATEUR, TRICE I. adj. : créateur, vivifiant **II. nom 1.** âme, boute-en-train, chef, cheville ouvrière, directeur, dirigeant, entraîneur, manager, moteur, organisateur, promoteur, protagoniste, responsable **2.** disque-jockey, présentateur
◇ CONTR. → SUIVANT(E)

ANIMATION n.f. **I. au pr.** ardeur, branle (vx), branle-bas, chaleur, couleur (locale), éclat, entrain, exaltation, feu, fièvre, flamme, fougue, mouvement, passion, vie, vivacité → ACTIVITÉ **II. fig.** → FEU
◇ CONTR. **I.** → TRANQUILLITÉ **II.** → TRISTESSE **III.** → TORPEUR

ANIMATO → RYTHME

ANIMÉ, E I. *les part. passés possibles des syn. de* animer **II.** acharné, agité, ardent, bouillant, bouillonnant, brûlant, chaleureux, chaud, coloré, enflammé, exalté, expressif, fougueux, passionné, vif **III. à la mode,** couru, fréquenté, mouvementé, passager →

ACHALANDÉ
◇ CONTR. **I.** → MORT **II.** → FROID

ANIMELLES n.f.pl. amourettes (rég.), morceau du boucher, rognons blancs, testicules

ANIMER I. au pr. 1. créer, donner le souffle, donner/ insuffler l'âme/ la vie, éveiller **2.** activer, agir sur, communiquer le mouvement, diriger, entraîner, faire aller/ marcher, impulser, mouvoir, promouvoir, provoquer, vivifier **II. fig. 1.** → AIGUILLONNER **2.** → IMPRÉGNER **3.** → ÉGAYER **4.** → EXCITER **5.** → INSPIRER
◇ CONTR. → PARALYSER

ANIMISME n.m. **I. par ext.** : finalisme, organicisme, vitalisme → PHILOSOPHIE **II.** → RELIGION

ANIMOSITÉ n.f. **I. ce qu'on éprouve** : amertume, antipathie, aversion, fiel, haine, inimitié, maltalent (vx), malveillance, prévention, rancune, ressentiment, venin **II. ce qu'on manifeste** : acharnement, âpreté, ardeur, chaleur, colère, emportement, véhémence, vigueur, violence, vivacité
◇ CONTR. → BIENVEILLANCE

ANIMUS n.m. → VOLONTÉ

ANIS n.m. **I. la plante, par ext.** : aneth, badiane, cumin, fenouil **II. la boisson** : anisade, anisette, ouzo, pastis, ratafia

ANISER (S') → ENIVRER (S')

ANKH n.m. et adj. ansé

ANKYLOSE n.f. **I. au pr.** : courbature, engourdissement, paralysie, raideur **II. fig.** : arrêt, blocage, marasme, morte-saison, paralysie, récession, stagnation
◇ CONTR. → SOUPLESSE

ANKYLOSÉ, E courbatu, courbaturé, engourdi, inerte, mort, paralysé, raide, rouillé
◇ CONTR. → SOUPLE

ANKYLOSER I. au pr. : engourdir, paralyser **II. fig.** : arrêter, bloquer, paralyser, stopper
◇ CONTR. → ASSOUPLIR

ANNALES n.f.pl. **I. au pr.** : chronique, commentaire(s), récit → HISTOIRE **II. par ext.** : documents, éphémérides, fastes, recueil, revue

ANNALISTE n.m. et f. biographe, chroniqueur, écrivain, historien, historiographe, mémorialiste

ANNATE n.f. → IMPÔT

ANNEAU n.m. **I.** alliance, anel, annelet → BAGUE **II. techn.** : annelure, ansette, auberon, bélière, bride, capucine, chaînon, collier, coulant, embout, frette, maillon, manchon, manille, morne, virole **III. mar.** : amarre, boucle de pont/ de quai, erse, estrope, organeau, torde **IV.** → BRACELET **V.** → BOUCLE

ANNÉE n.f. → AN

ANNELER boucler, calamistrer (vx), friser, onduler, ourler

◇ CONTR. : décrêper, lisser, plaquer

ANNELISTE n.m. et f. → ACROBATE

ANNELURE n.f. I. → BOUCLE II. → ANNEAU

ANNEXE I. n.f. 1. → ACCESSOIRE 2. → AJOUT 3. dépendance, filiale, succursale 4. addition, complément, pièce jointe, supplément II. adj. → SUBSIDIAIRE

◇ CONTR. → PRINCIPAL

ANNEXER I. → JOINDRE II. v. pron. → APPROPRIER (s')

ANNEXION n.f. I. → CONFISCATION II. Anschluss, incorporation, jonction, rattachement, récupération, réunion

◇ CONTR. I. → CESSION II. → SÉPARATION

ANNEXITE n.f. → INFLAMMATION

ANNIHILABLE → PRÉCAIRE

ANNIHILANT, E et **ANNIHILATEUR, TRICE** → DESTRUCTEUR

ANNIHILATION n.f. → DESTRUCTION

ANNIHILER abattre, abolir, anéantir, annuler, détruire, effacer, frapper d'impuissance, neutraliser, paralyser, supprimer

◇ CONTR. I. → CRÉER II. → CONSERVER

ANNIVERSAIRE I. n.m. commémoration, fête, mémento, mémoire, souvenir II. adj. : commémoratif

ANNONCE n.f. I. prédiction, prémonition, promesse, prophétie → PRÉSAGE II. dépliant, écrit, faire-part, flash, insert, insertion, prospectus, publicité, spot, tract → AFFICHE, NOTE III. non fav. → BONIMENT

◇ CONTR. → SILENCE

ANNONCER I. on annonce une chose. 1. neutre ou fav. : apprendre, avertir de, aviser, clamer, communiquer, déclarer, dire, divulguer, faire connaître/ paraître/ savoir, indiquer, notifier, porter à la connaissance, proclamer, propager, publier, signaler 2. fam. : chanter/ crier sur les toits, clabauder (péj.), claironner, publier à son de trompe 3. relig. : prêcher 4. → AUGURER II. une chose annonce : dénoter, être l'indice/ la marque/ le présage/ le signe/ le signe avant-coureur de, faire/ laisser deviner/ pressentir, manifester, marquer, montrer, précéder, préluder à, préparer à, présager, prévenir de, promettre, prouver, révéler, signaler

◇ CONTR. → TAIRE

ANNONCEUR, EUSE I. agent de publicité, publiciste, publicitaire II. → SPEAKER

ANNONCIADE n.f. bleue *ou* fille bleue → RELIGIEUSE

ANNONCIATEUR, TRICE I. → DEVIN II. → PRÉCURSEUR

ANNONCIATION n.f. → PRÉDICTION

ANNONCIER, ÈRE I. → HUISSIER II. → JOURNALISTE

ANNONE n.f. → IMPÔT

ANNOTATEUR, TRICE → COMMENTATEUR

ANNOTATION n.f. → NOTE

ANNOTER → NOTER

ANNUAIRE n.m. almanach, agenda, Bottin, Bottin mondain, Gotha, Who's who

ANNUITÉ n.f. → ÉCHÉANCE

ANNULABLE → PRÉCAIRE

ANNULATION n.f. I. → ABROGATION II. → RENVOI III. → EXTINCTION

ANNULER I. → ABOLIR II. → DÉTRUIRE III. → DÉCOMMANDER

ANOBLIR → AMÉLIORER

ANOBLISSEMENT n.m. → AMÉLIORATION

ANODIN, E I. → INOFFENSIF II. → INSIGNIFIANT

ANODISATION n.f. → GALVANISATION

ANODISER → GALVANISER

ANODONTE I. adj. : édenté II. n.m. : moule d'étang → LAMELLIBRANCHE

ANOMAL, E → IRRÉGULIER

ANOMALIE n.f. → IRRÉGULARITÉ

ANOMALURE n.m. écureuil volant

ANOMIE n.f. I. anarchie II. → IRRÉGULARITÉ III. aphasie IV. estafette, pelure d'oignon → LAMELLIBRANCHE

ANOMIQUE → IRRÉGULIER

ÂNONNEMENT n.m. → BALBUTIEMENT

ÂNONNER → BALBUTIER

ANONYMAT n.m. banalité, humble origine, incognito, masque, obscurité – vx : anonymie, anonymité → FOULE

◇ CONTR. → RENOMMÉE

ANONYME banal, caché, incognito, inconnu, masqué, mystérieux, ni vu ni connu, secret, voilé

◇ CONTR. I. → CONNU II. → SIGNÉ

ANONYMEMENT de façon → ANONYME *et les dérivés possibles en* -ment *des syn. de* anonyme

ANORAK n.m. → VESTE

ANORCHIDIE ou **ANORCHIE** n.f. → IMPUISSANCE

ANORDIR → DIRIGER

ANOREXIE n.f. inappétence → INDIFFÉRENCE

ANORMAL, E I. → BIZARRE II. → RARE III. → IRRÉGULIER IV. arriéré, caractériel, handicapé, inadapté

◇ CONTR. I. → NORMAL II. → RÉGLÉ III. → EXACT

ANORMALEMENT de façon → ANORMAL *et les dérivés possibles en* -ment *des syn. de* anormal

ANORMALITÉ n.f. → IRRÉGULARITÉ

ANOURE n. et adj. acaude

ANOVARIE et **ANOVULATION** n.f. → STÉRILITÉ

ANSCHLUSS n.m. → ANNEXION

ANSE n.f. → BAIE

ANSÉ, E ankh

ANSETTE n.f. I. → ANNEAU II. → BAIE

ANSIÈRE n.f. → FILET

ANSPECT n.m. → LEVIER

ANSPESSADE n.m. → SOLDAT

ANTAGONISER (S') → AFFRONTER (s')

ANTAGONISME n.m. I. → OPPOSITION II. → RIVALITÉ

ANTAGONISTE → ADVERSAIRE

ANTALGIQUE → ANESTHÉSIQUE

ANTAN → AUTREFOIS

ANTANACLASE n.f. répétition → FIGURE

ANTARCTIQUE n.m. et adj. → AUSTRAL

ANTE n.f. → COLONNE

ANTÉBOIS ou **ANTIBOIS** n.m. → PROTECTION

ANTÉCÉDENT, E → ANTÉRIEUR

ANTÉCÉDEMMENT → AUPARAVANT

ANTÉCÉDENCE n.f. I. → ANCIENNETÉ II. → PRIORITÉ

ANTÉCESSEUR n.m. → PRÉCURSEUR

ANTÉCIME n.f. → MONT

ANTÉDILUVIEN, NE → ANCIEN

ANTÉFIXE n.f. → ORNEMENT

ANTÉHISTORIQUE et **ANTÉHUMAIN** → ANCIEN

ANTENAIS, E vacive, vassiveau → AGNEAU

ANTENNAIRE I. **n.m.** : crapaud/ grenouille de mer → POISSON II. **n.f.** → GNAPHALE

ANTENNE n.f. I. antennule, vergue II. → MÂT

ANTÉPOSER → PRÉCÉDER

ANTÉRIEUR, E antécédent, antéposé, antidaté, apriorique, frontal, passé, plus ancien, précédent, préexistant, premier

ANTÉRIEUREMENT → AUPARAVANT

ANTÉRIORITÉ n.f. I. → ANCIENNETÉ II. → PRIORITÉ

ANTHELMINTHIQUE n.m. et adj. vermifuge

ANTHÈSE n.f. → ÉCLOSION

ANTHOLOGIE n.f. ana, analectes, choix, chrestomathie, collection, épitomé, florilège, mélanges, miscellanea, miscellanées, morceaux choisis, recueil, spicilège

ANTHRACNOSE n.f. carie/ charbon de la vigne, rouille noire

ANTHRACOSE n.f. silicose

ANTHRAX n.m. → ABCÈS

ANTHROPIEN, NE → HUMAIN

ANTHROPOCENTRISME n.m. → PHILOSOPHIE

ANTHROPOÏDE → HUMAIN

ANTHROPOLÂTRIE n.f. → RELIGION

ANTHROPOLOGIE n.f. **par ext.** : ethnologie, paléontologie humaine, sociologie → ETHNOGRAPHIE

ANTHROPOMÉTRIQUE signalétique

ANTHROPOMORPHE → HUMAIN

ANTHROPOMORPHISER humaniser, prendre l'apparence/ la forme de l'Homme

ANTHROPOPHAGE n. et adj. cannibale, ogre

ANTI(-) préfixe pouvant entrer en combinaison avec n'importe quel nom ou adj. en fonction du contexte.

◇ CONTR. → PRO(-) ET/ OU (-)PHILE

ANTICHAMBRE n.f. hall, passage, réception, salle d'attente → VESTIBULE

◇ CONTR. : appartement(s), intérieur, suite

ANTICHRÈSE n.f. → GAGE

ANTICHRÉTIEN, NE → ANTICLÉRICAL

ANTICHTONE n.m. antipode

ANTICIPATION n.f. I. **au pr.** (philos.) : prénotion, prolepse II. **par ext.** 1. prescience, science-fiction 2. empiétement, usurpation III. prévision → PRÉSAGE

◇ CONTR. : rétrospective

ANTICIPÉ, E I. avancé, précoce → PRÉMATURÉ II. préalable, préconçu

◇ CONTR. : *les part. passés possibles des syn. de* retarder

ANTICIPER I. → ESCOMPTER II. → DEVANCER

ANTICLÉRICAL, E péj. : antichrétien, antipapiste, bouffeur de curés, prêtrophobe

◇ CONTR. → BIGOT

ANTICOMBUSTIBLE ignifuge

◇ CONTR. → COMBUSTIBLE

ANTICONCEPTIONNEL, LE contraceptif → PRÉSERVATIF

ANTICONSTITUTIONNEL, LE → IRRÉGU-LIER

ANTICONSTITUTIONNELLEMENT → IRRÉGULIÈREMENT

ANTIDOTE n.m. I. au pr.: alexipharmaque, alexitère, contrepoison, mithridatisation II. fig.: adoucissement, allégement, atténuation, contrepartie, correctif, dérivatif, distraction, préservatif, soulagement
◆ CONTR. I. → POISON II. → AGGRAVATION

ANTIENNE n.f. cantique, invitatoire, refrain, répons

ANTIF n.m. → TROTTOIR

ANTIFADING électr. off.: anti-évanouissement

ANTIFÉMINISTE n.m. et adj. machiste, macho, misogyne, phallocrate, sexiste

ANTIHUMAIN, E → INHUMAIN

ANTILLAIS, E caraïbe, créole, cubain, guadeloupéen, haïtien, jamaïcain, martiniquais, porto-ricain

ANTILOPE n.f. par ext.: addax, alcéphalus, algazelle (vx), bubale, gazelle, gnou, impala, kob, nilgaut, saïga

ANTINOMIE n.f. → ANTIPHRASE

ANTIPATHIE n.f. I. → ÉLOIGNEMENT II. → RÉPUGNANCE

ANTIPATHIQUE I. → DÉSAGRÉABLE II. fam.: blaireau, sale gueule/ tête, tête à claques/ gifles, tête de piaf/ de pierrot et les syn. de tête
◆ CONTR. → AIMABLE

ANTIPHRASE n.f. antinomie, contraire, contre-vérité, euphémisme, ironie, paradoxe
◆ CONTR. → SIMILITUDE

ANTIPODE n.m. I. antichtone II. au pl.: au diable/ loin, contraire, extrême, inverse, opposé
◆ CONTR. → PRÈS

ANTIPODISTE n.m. et f. → ACROBATE

ANTIQUE → ANCIEN

ANTIQUITÉ n.f. → BROCANTE

ANTIRELIGIEUX, EUSE I. au pr. agnostique, esprit fort (péj.), esprit libre, humaniste, laïc, libéral, libre penseur, neutre, philosophe II. par ext. → ANTICLÉRICAL

ANTISEPSIE n.f. → PROPHYLAXIE

ANTISEPTIQUE n.m. et adj. antiputride, antisepsie, désinfectant
◆ CONTR. → CONTAGIEUX

ANTISPASMODIQUE n.m. et adj. → CALMANT

ANTITHÈSE n.f. antilogie, antinomie, comparaison, contraste, opposition
◆ CONTR. → SIMILITUDE

ANTONYME n.m. et adj. contraire, opposé
◆ CONTR. → SYNONYME

ANTRE n.m. → ABRI

ANTRUSTION n.m. I. → VASSAL II. → COMPAGNON

ANUS n.m. fondement, périprocte, rectum – arg.: anneau, as de pique/ trèfle, bagouse, bague, bocal, borgne, boutonnière, boyau culier (vx), capsule, cercle, chou, chouette, couloir/ tiroir à lentilles, coupe-cigare, cyclope, dé à coudre, disco, dix, dixième, échalote, entrée des artistes/ de service, fignard, figne, fignedé, fion, gignon, jaquette, luc, marrant, motte, moule/ turbine à chocolat, œil de bronze/ de Gabès, œillet, œuf, oignard, oigne, oigneul, oignon, os, pastille, petit, petit guichet/ trou, pétoulard, pétoulet, pièce de dix sous/ de dix ronds, point noir, porte de derrière/ de service, rond, rondelle, rondibé, rose des vents, rosette, sifflard, sonore, terre jaune, trèfle, trou d'ais/ de balle/ de bise/ du cul/ du souffleur, troufignon, trouillomètre, ventilateur → FESSIER

ANXIÉTÉ n.f. → INQUIÉTUDE

ANXIEUSEMENT avec → INQUIÉTUDE, de façon → INQUIET et les dérivés possibles en -ment des syn. de inquiet

ANXIEUX, EUSE → INQUIET

AORASIE n.f. → APPARITION

AOÛT et AOÛTAGE n.m. I. → MOISSON II. → RÉCOLTE

AOÛTAT n.m. rouget, trombidion, vendangeon

AOÛTEMENT n.m. → MATURATION

AOÛTER moissonner (vx), mûrir

AOÛTERON n.m. → MOISSONNEUR

APACHE n.m. → BANDIT

APAISANT, E → CALMANT

APAISÉ, E → SATISFAIT

APAISEMENT n.m. I. → TRANQUILLITÉ II. accalmie, accoisement (vx), adoucissement, assagissement, baume, calme, consolation, dédramatisation, dégel, désescalade, guérison, modération, pacification, radoucissement, sédation, soulagement
◆ CONTR. I. → EXCITATION II. → IRRITATION

APAISER I. → CALMER II. → ADOUCIR III. cicatriser, consoler, dédramatiser, délivrer, dissiper, dulcifier, endormir, éteindre, fermer une plaie, guérir, lénifier, pacifier, rasséréner, soulager, verser un baume IV. → ASSOUVIR
◆ CONTR. I. → EXCITER II. → IRRITER

APANAGE n.m. I. → BIEN II. → PRIVILÈGE III. → TENURE

APANAGER → POURVOIR

A PARI → MÊME

APARTÉ n.m. **I.** conversation privée/ à l'écart, entretien particulier **II. EN APARTÉ** : à la cantonade, cavalier seul, en Suisse (fam.)
◆ CONTR. → PUBLIQUEMENT

APATHIE n.f. **I.** aboulie, absence, amollissement, anéantissement, apragmatisme, apraxie, aprosexie, assoupissement, asthénie, atonie, engourdissement, faiblesse, fatalisme, hypotonie, inapplication, inconsistance, indifférence, indolence, inertie, insensibilité, langueur, lenteur, léthargie, lourdeur, lymphatisme, malléabilité, marasme, mollesse, nonchalance, nonchaloir, paresse, plasticité, résignation, somnolence, torpeur, veulerie (péj.), vide **II. par ext.** : acédie (théol.), ataraxie, calme, détachement, impassibilité, imperturbabilité, quiétude, sérénité, stoïcisme
◆ CONTR. → ACTIVITÉ

APATHIQUE I. aboulique, absent, amorphe, anéanti, apragmatique, apraxique, assoupi, asthénique, ataraxique, atonique, engourdi, faible, fataliste, hypotonique, inappliqué, inconsistant, indifférent, indolent, inerte, informe, insensible, languide, lent, léthargique, lourd, lymphatique, malléable, mollasson (fam.), mou, nonchalant, paresseux, plastique, résigné, somnolent, veule (péj.), vide **II. par ext.** : ataraxique, calme, détaché, impassible, imperturbable, quiet, serein, stoïque
◆ CONTR. → ACTIF

APATRIDE n. et adj. heimatlos, personne déplacée, sans patrie
◆ CONTR. : ressortissant *et les adj. dérivés de la nation d'origine.*

APERCEPTION n.f. → INTUITION

APERCEVABLE → APPARENT

APERCEVOIR I. → VOIR **II.** appréhender, aviser, avoir connaissance, comprendre, connaître, constater, déceler, découvrir, deviner, distinguer, entraver (fam.), entrevoir, noter, pénétrer le sens, percevoir, piger (fam.), remarquer, saisir, sentir, voir **III. v. pron. 1.** se voir *et les syn. de* voir (se) **2.** avoir conscience de, connaître que, découvrir, faire la connaissance/ découverte de, remarquer, se rendre compte de
◆ CONTR. : perdre de vue

APERÇU n.m. **I.** → ESTIMATION **II.** → ÉCHANTILLON **III.** → NOTE

APÉRITER → RÉPONDRE (DE)

APÉRITEUR, TRICE → ASSUREUR

APÉRITIF I. n.m. fam. : apéro, jaunet, perniflard, perroquet, petite, tomate *et les marques commerciales* → ALCOOL **II. adj. vx** : diurétique, purgatif, rafraîchissant, stimulant, sudorifique

APERT ou **APPERT, E** → ÉVIDENT

APERTEMENT → OUVERTEMENT

APERTURE n.f. anthèse → OUVERTURE

APESANTEUR n.f. agravitation, agravité

APETISSEMENT n.m. → DIMINUTION

APETISSER → DIMINUER

À PEU PRÈS I. loc. adv. → ENVIRON **II. n.m.** : calembour, jeu de mots
◆ CONTR. : exactement

APEURÉ, E → INQUIET

APEURER → EFFRAYER

APEX n.m. **I.** → BAGUETTE **II.** → SOMMET

APHÉLIE n.m. → APOGÉE

APHÉRÈSE n.f. **I.** → ELLIPSE **II.** → SUPPRESSION

APHORISME n.m. → MAXIME

APHRODISIAQUE → AFFRIOLANT

APHRODISIE n.f. **I. au pl.** → FÊTE **II.** érotisme, érotomanie, hystérie (par ext.), nymphomanie, satyriasis

APHRODITE n.f. souris/ taupe de mer

APHTE n.m. → ULCÉRATION

À PIC n.m. aplomb, dénivellement, paroi
◆ CONTR. : horizontal

APICULTEUR, TRICE berger/ éleveur d'abeilles

APICULTURE n.f. **vx** : abeillage

APIÉCEMENT n.m. → RACCOMMODAGE

APIÉCER → RACCOMMODER

APITOIEMENT n.m. → COMPASSION

APITOYABLE → SENSIBLE

APITOYER I. → ÉMOUVOIR **II. v. pron.** → PLAINDRE *et les syn. de* → ÉMOUVOIR (S')

APLANIR I. → NIVELER **II.** → FACILITER

APLANISSEMENT n.m. → NIVELLEMENT

APLATI, E camard, camus, cassé, comprimé, écrasé, étroit, mince, plat, raplapla (fam.)
◆ CONTR. **I.** → BOMBÉ **II.** → RENFLÉ

APLATIR I. → ÉCRASER **II. v. pron. 1.** *les formes pron. possibles des syn. de* écraser **2.** → ABAISSER (S') **3. les cheveux** : appliquer, brillantiner, calamistrer, coller, gominer, plaquer, pommader **4. fam.** : s'allonger, se casser la figure/ la gueule (fam.), s'étaler, s'étendre → TOMBER
◆ CONTR. → GONFLER

APLATISSAGE n.m. → LAMINAGE

APLATISSEMENT n.m. **I.** écrasement **II.** → ABAISSEMENT **III.** → HUMILIATION

APLATISSOIR n.m. → MARTEAU

APLET n.m. → FILET

APLOMB n.m. **I.** → ÉQUILIBRE **II. AVOIR DE L'APLOMB :** ne pas manquer d'air **III. fig. 1.** → CONFIANCE **2.** → IMPUDENCE

APLYSIE n.f. lièvre de mer

APOASTRE n.m. → APOGÉE

APOCALYPTIQUE → EFFRAYANT

A POCO → RYTHME

APOCOPE n.f. → SUPPRESSION

APOCRISIAIRE n.m. dignitaire (carolingien), légat du pape, messager (de l'empereur à Byzance), trésorier ecclésiastique

APOCRYPHE I. par ext. : controuvé, douteux, faux, hérétique, inauthentique, supposé **II. quelques apocryphes 1.** évangiles d'André, de Barnabé, de Barthélemy, Basilide, Cérinthe, des Douze Apôtres, des Ébionites, des Égyptiens, des Gnostiques, des Hébreux ou des Nazaréens, d'Hésychius, de Jacques le Majeur, de Judas Iscariote, de Jude, de Lucianus, de Lucius, de Mathias, de la Naissance de la Sainte Vierge ou de Jacques le Mineur, de la Naissance du Sauveur ou de Thomas, de Nicodème, de Philippe, de Pierre, de Séleucus, des Simoniens, des Syriens ou de Tatien, de Tadée **2.** le livre d'Esdras
◇ CONTR. **I.** → VRAI **II.** → CANONIQUE

APODICTICITÉ n.f. → ÉVIDENCE

APODICTIQUE I. → ÉVIDENT **II.** → NÉCESSAIRE

APOGÉE n.m. **I.** acmé, apex, apothéose, comble, culmination, faîte, gloire, point culminant/ le plus haut, sommet, summum, triomphe, zénith **II.** aphélie, apoastre, apolune, aposélénie, apside
◇ CONTR. **I.** → NADIR **II.** → DÉCHÉANCE

APOLITIQUE → INDIFFÉRENT

APOLITISME n.m. → NEUTRALITÉ

APOLLINIEN, IENNE apollonien, beau, équilibré, maître de soi, mesuré, parfait, pondéré, serein
◇ CONTR. → DIONYSIAQUE

APOLLON n.m. **I.** → BEAUTÉ **II.** → PAPILLON

APOLOGÉTIQUE I. n.m. → AVOCAT **II. n.f.** → DÉFENSE

APOLOGIE n.f. → ÉLOGE

APOLOGIQUE → ÉLOGIEUX

APOLOGUE n.m. → FABLE

APOLTRONNER → PEUR (FAIRE)

APOLUNE n.m. aposélénie → APOGÉE

APOPHTEGME n.m. → MAXIME

APOPHYSE n.f. bosse, crête, éminence, épine, protubérance, saillie, tubérosité

APOPLEXIE n.f. attaque, coup de sang, hémorragie cérébrale, ictus, paralysie générale

APORÉTIQUE → CONTRADICTOIRE

APORIE n.f. **I.** → CONTRADICTION **II.** → PARADOXE

APOSTASIE n.f. → ABANDON

APOSTASIER → ABJURER

APOSTAT, E infidèle, renégat
◇ CONTR. → FIDÈLE

APOSTÈME n.m. → ABCÈS

APOSTER mettre à l'affût/ aux aguets/ en poste, placer, planter, poster
◇ CONTR. **I.** → RELEVER **II.** → REMPLACER

A POSTERIORI I. après, en second lieu, ensuite **II.** à l'expérience
◇ CONTR. → ABORD

APOSTILLE n.f. → NOTE

APOSTILLER → NOTER

APOSTOLAT n.m. catéchèse, catéchisme, croisade, endoctrinement, ministère, mission, prédication, propagation de la foi, prosélytisme
◇ CONTR. **I.** → INDIFFÉRENCE **II.** → TOLÉRANCE

APOSTROPHE n.f. **par ext.** : appel, interpellation, invective

APOSTROPHER aborder, appeler, interpeller, invectiver
◇ CONTR. : laisser → TRANQUILLE

APOSTUME n.m. → ABCÈS

APOTHÉOSE n.f. **I.** → BOUQUET **II.** consécration, déification, épanouissement, exaltation, glorification, triomphe → APOGÉE
◇ CONTR. → HUMILIATION

APOTHÉOTIQUE → ÉLEVÉ

APOTHICAIRE, ESSE n.m. et f. pharmacien, potard (péj.)

APOTHICAIRERIE n.f. → PHARMACIE

APÔTRE n.m. avocat, défenseur, disciple, ministre, missionnaire, prêcheur, prédicant, prédicateur, propagateur de la foi, prosélyte
◇ CONTR. → ADVERSAIRE

APOTROPAÏQUE conjuratoire → TUTÉLAIRE

APOTROPÉE n.f. **I.** → SACRIFICE **II.** → HYMNE

APOZÈME n.m. → TISANE

APPARAISSANCE n.f. → APPARITION

APPARAÎTRE I. v. intr. : affleurer, arriver, atteindre, se découvrir, se dégager, se détacher, se dévoiler, éclore, se faire jour, se faire voir, jaillir, se lever, luire, se manifester, se montrer, naître, paraître, se présenter, poindre, se révéler, sortir, sourdre, surgir, survenir, transparaître, venir II. impers. 1. sembler 2. ressortir, résulter de
◇ CONTR. → DISPARAÎTRE

APPARAT n.m. I. appareil, cérémonie, décor, éclat, luxe, magnificence, munificence, pompe, solennité, splendeur → ÉQUIPAGE II. en grand arroi, étalage, faste, montre, ostentation, tralala (fam.)
◇ CONTR. → SIMPLICITÉ

APPARAUX n.m.pl. → AGRÈS

APPAREIL n.m. I. → ÉQUIPAGE II. → APPARAT III. techn. 1. arch. : assemblage, montage, taille 2. par ext. : arsenal, attirail, collection 3. l'appareil législatif : dispositions, ensemble, législation, système 4. dispositif, engin, gadget, instrument, machine, machinotte, mécanique, métier (vx), outil, robot 5. fam. : bécane, bidule, machin, truc, zinc, zinzin

APPAREILLAGE n.m. I. mar. : départ, préparatifs de départ II. → APPAREIL III. → ACCOUPLEMENT
◇ CONTR. I. → AMARRAGE II. : dépareillage

APPAREILLEMENT n.m. → ACCOUPLEMENT

APPAREILLER I. v. intr. mar. : alarguer (vx), lever l'ancre, partir, quitter le mouillage II. v. tr. 1. au pr. : accorder, accoupler, apparier, assortir, joindre, marier, réunir, unir 2. techn. : mar. : équiper, gréer. arch. : agencer/ assembler/ disposer/ monter/ tailler les pierres
◇ CONTR. I. → MOUILLER II. → DÉPAREILLER

APPAREILLEUR n.m. → TRAVAILLEUR

APPAREILLEUSE n.f. → PROXÉNÈTE

APPAREMMENT au premier abord, effectivement, en apparence, extérieurement, peut-être, probablement, sans doute, selon toute apparence/ vraisemblance, visiblement, vraisemblablement
◇ CONTR. : aucunement, nullement

APPARENCE n.f. I. de quelqu'un → AIR II. d'une chose. 1. → ASPECT 2. → EXTÉRIEUR III. → BIENSÉANCE IV. → ILLUSION V. philos. → CONTINGENCE VI. CONTRE TOUTE APPARENCE : crédibilité, probabilité, vérité, vraisemblance
◇ CONTR. → RÉALITÉ

APPARENT, E I. neutre ou fav. : apercevable, clair, discernable, évident, incontestable, manifeste, ostensible, perceptible, visible II. → RÉEL III. non fav. → INCERTAIN
◇ CONTR. I. → CACHÉ II. → CERTAIN

APPARENTAGE et **APPARENTEMENT** n.m. → ALLIANCE

APPARENTER I. → ALLIER II. v. pron. → CONVENIR

APPARIADE ou **APPARIEMENT** n.f., n.m. → ACCOUPLEMENT

APPARIER → ACCOUPLER

APPARITEUR n.m. I. vx : accense II. chaouch (arabe), huissier, massier, surveillant, tangente (arg.)

APPARITION n.f. I. au pr. 1. sens général : arrivée, avènement, introduction, manifestation, parution, surgissement, survenance, venue 2. d'un phénomène : apparaissance (vx ou rég.), commencement, création, éclosion, émergence, éruption, explosion, genèse, germination, naissance, poussée, production 3. d'une œuvre : création, publication 4. FAIRE SON APPARITION : entrée II. par anal. 1. angélophanie, aorasie, épiphanie, théophanie, vision 2. apparaissance (vx ou rég.), esprit, fantôme, revenant, spectre
◇ CONTR. → ÉCLIPSE

APPARTEMENT n.m. I. chambre, duplex, enfilade, entresol, garçonnière, habitation, loft, logement, meublé, pied-à-terre, studette, studio, suite → MAISON II. gynécée, harem, sérail
◇ CONTR. → ANTICHAMBRE

APPARTENANCE n.f. I. → POSSESSION II. → DÉPENDANCE

APPARTENIR I. attenir, compéter (vx jurid.), concerner, convenir à, dépendre de, être le bien/ la propriété/ le propre de, se rapporter à, relever de, tenir à II. v. pron. : être à soi/ libre/ maître de soi, ne dépendre de personne
◇ CONTR. : être → LIBRE

APPAS n.m.pl. agrément, amorces (vx), grâce → CHARME

APPASSIONATO → RYTHME

APPÂT n.m. → AICHE

APPÂTER I. → AMORCER II. → ALLÉCHER

APPAUVRIR I. → AFFAIBLIR II. → ALTÉRER III. → DIMINUER

APPAUVRISSEMENT n.m. I. abâtardissement, affaiblissement, amaigrissement, amputation, anémie, dégénérescence, diminution, épuisement, étiolement, perte, réduction II. clochardisation → RUINE
◇ CONTR. → AUGMENTATION

APPEAU n.m. I. → AICHE II. → APPELANT

APPEL n.m. I. on appelle. 1. → CRI 2. → SIGNE 3. → CONVOCATION 4. → DEMANDE 5. coup de cloche/ corne/ sifflet/ sonnette/ trompe

II. fig. : aspiration, attirance, excitation, fascination, impulsion, incitation, inspiration, invitation, invite, provocation, sollicitation, vocation, voix **III.** → MOBILISATION **IV. jurid. :** appellation, intimation, pourvoi, recours **V. SANS APPEL :** définitivement, irrémédiablement

◇ CONTR. → RENVOI

APPELANT n.m. appeau, appeleur, chanterelle, courcaillet, leurre, moquette, pipeau

APPELÉ n.m. → SOLDAT, NOVICE

APPELER I. on appelle quelqu'un. 1. → CRIER **2.** → CONVIER **3. non fav. :** apostropher, assigner, citer, défier, provoquer **4. à une fonction :** choisir, coopter, désigner, élire, nommer, prier, rappeler **5.** baptiser, dénommer, donner un nom/ titre, nommer, prénommer, qualifier **6.** → TÉLÉPHONER **II. par ext. 1.** → ASPIRER **2. l'attention** → ALERTER **3. non fav.** → RÉCLAMER **III. EN APPELER :** invoquer, se référer à, s'en remettre à, soumettre le cas à

◇ CONTR. → CONGÉDIER

APPELEUR n.m. → APPELANT

APPELLATION n.f. dénomination, désignation, label, marque, mot, qualification, vocable → NOM

APPENDICE et **APPENDICULE** n.m. **I.** → EXTRÉMITÉ **II.** → ADDITION

APPENDRE → ACCROCHER

APPENTIS n.m. → HANGAR

APPERTISATION n.f. → STÉRILISATION

APPERTISER → STÉRILISER

APPESANTIR → ALOURDIR

APPESANTISSEMENT n.m. → ALOURDISSEMENT

APPÉTISSANT, E affriandant, affriolant, agréable, alléchant, appétent (vx), attirant, désirable, engageant, friand, qui met l'eau à la bouche, ragoûtant, rebectant (arg.), sapide, savoureux, séduisant, succulent, tentant

◇ CONTR. → DÉGOÛTANT

APPÉTIT n.m. et **APPÉTENCE** n.f. **I. au pr. 1. fav. ou neutre :** appétition, besoin, désir, envie. **fam. :** boyau vide, dent, fringale → FAIM **2. non fav. :** boulimie, cynorexie, gloutonnerie, goinfrerie, gourmandise, hyperorexie, voracité **II. par ext. 1. fav. ou neutre :** aspiration, attrait, curiosité, désir, faim, goût, inclination, instinct, passion, soif, tendance **2. non fav. :** concupiscence, convoitise → DÉSIR

◇ CONTR. → INAPPÉTENCE

APPLAUDIR I. battre/ claquer des mains → ACCLAMER **II.** → APPROUVER

◇ CONTR. → VILIPENDER

APPLAUDISSEMENT n.m. **I. au pr.** → ACCLAMATION **II. fig.** → APPROBATION

APPLAUDISSEUR n.m. claqueur (à gages)

APPLICABLE adéquat, congru, congruent, convenable, imputable, possible, praticable, superposable

◇ CONTR. → IMPRATICABLE

APPLICATION n.f. **I.** → EXPÉRIMENTATION **II.** → ATTENTION

APPLIQUE n.f. → CHANDELIER

APPLIQUÉ, E I. → ATTENTIF **II.** → SOIGNEUX

APPLIQUER I. affecter à, apposer, attribuer, consacrer/ destiner à, donner, employer à, faire respecter, faire servir à, imputer, mettre **II.** afficher, aplatir, coller, clouer, étendre, imprimer, peindre, placer, plaquer, poser **III.** → BATTRE – **fam. :** administrer, délivrer (vx), ficher, flanquer, foutre **IV. v. pron. 1.** → PRATIQUER **2.** → USER **3.** → APPROPRIER (S') **4.** → ADONNER (S') À **5.** → OCCUPER (S') DE **6.** → CORRESPONDRE

◇ CONTR. **I.** → RETRANCHER **II.** → DISTRAIRE

APPOGIATURE n.f. → ENJOLIVEMENT

APPOINT n.m. **I.** → SUPPLÉMENT **II.** → APPUI

APPOINTEMENTS n.m. pl. → RÉTRIBUTION

APPOINTER I. → AFFILER **II.** → JOINDRE **III.** → PAYER

APPONTEMENT n.m. → WHARF

APPORT n.m. **I.** action, allocation, attribution, capital, cens, cheptel, contingent, contribution, cotisation, dot, dotation, écot, financement, fonds, fournissement, fraction, imposition, impôt, lot, mise, montant, obligation, part, participation, portion, pourcentage, quantité, quota, quote-part, quotité **II.** → RÉPONSE

◇ CONTR. → PRÉLÈVEMENT

APPORTER I. → PORTER **II.** → CITER **III.** → OCCASIONNER **IV.** → DONNER

APPORTEUR n.m. **I.** → DONATEUR **II.** → FOURNISSEUR

APPOSER → APPLIQUER

APPRÉCIABLE → GRAND

APPRÉCIATEUR, TRICE arbitre, commissaire-priseur, connaisseur, dégustateur, enquêteur, expert, goûteur-tâteur-juré (de vin), juge, œnologue

APPRÉCIATIF, IVE estimatif

APPRÉCIATION n.f. **I.** → ESTIMATION **II.** → ÉVALUATION

APPRÉCIER I. → ESTIMER **II.** → JUGER

APPRÉHENDER I. → ARRÊTER **II.** → CRAINDRE

APPRÉHENSIF, IVE I. → CRAINTIF **II.** → TIMIDE

APPRÉHENSION n.f. **I.** → CRAINTE **II.** → TI-MIDITÉ

APPRENDRE I. une chose à quelqu'un : annoncer, aviser, communiquer, déclarer, découvrir, dire, éclairer, enseigner, faire connaître/ savoir, inculquer, indiquer, informer, instruire, mettre au courant/ au pas, montrer, renseigner, révéler – fam. : mettre à la coule/ dans le bain/ au parfum **II.** → ÉTUDIER

◇ CONTR. **I.** → OUBLIER **II.** → TAIRE

APPRENTI, E I. aide, apprenant, commis, galibot, gindre, mitron → ÉLÈVE **II.** → TRAVAILLEUR **III.** péj. : arpète, grouillot, lipette, moutard, petit salé, pignouf, saute-ruisseau

◇ CONTR. : compagnon, maître, patron

APPRENTISSAGE n.m. → INSTRUCTION

APPRÊT n.m. **I.** apprêtage, calandrage, catissage, collage, corroi, corroyage, crêpage, cylindrage, décatissage, empesage, encollage, feutrage, foulage, gaufrage, glaçage, gommage, grillage, lustrage, moirage, pressage, tirage, tondage, vaporisage **II.** → PRÉPARATIF **III.** → AFFECTATION

◇ CONTR. → NATUREL

APPRÊTÉ, E I. → AFFECTÉ **II.** accommodé, arrangé, assaisonné, cuisiné, disposé, préparé, relevé **III.** → ÉTUDIÉ

◇ CONTR. **I.** → BRUT **II.** → NATUREL

APPRÊTER accommoder, arranger, assaisonner, cuisiner, disposer, faire cuire, préparer

APPRÊTS n.m.pl. appareil (vx), arrangement, branle-bas, dispositif, dispositions, précaution, préparatif, préparation, toilette

APPRIVOISÉ, E I. 1. domestique, domestiqué, dompté, dressé **2.** vx : affaité, privé **II.** fig. : adouci, amadoué, charmé, civilisé, conquis, gagné, humanisé, poli, séduit, soumis

◇ CONTR. → SAUVAGE

APPRIVOISEMENT n.m. **I.** au pr. : affaitage (vx), affaitement, domestication, dressage **II.** fig. : adoucissement, amadouement (vx), conquête, familiarisation, soumission

◇ CONTR. : effarouchement

APPRIVOISER I. affaiter (vx), charmer, domestiquer, dompter, dresser **II.** adoucir, amadouer, charmer, civiliser, conquérir, familiariser, gagner, humaniser, polir, séduire, soumettre

◇ CONTR. → EFFRAYER

APPRIVOISEUR, EUSE I. → DOMPTEUR **II.** → SÉDUCTEUR

APPROBATEUR, TRICE I. adj. : affirmatif, approbatif, consentant, favorable **II.** n.m. : adulateur, applaudisseur, appréciateur, bénisseur, flatteur, laudateur, louangeur – péj. : flagorneur, thuriféraire → PARTISAN

◇ CONTR. → DÉSAPPROBATEUR

APPROBATION n.f. acceptation, accord, acquiescement, adhésion, admission, adoption, agrément, applaudissement, assentiment, autorisation, avis/ déclaration favorable, chorus, confirmation, consentement, entérinement, déclaration, homologation, permission, ratification, sanction, suffrage, voix

◇ CONTR. **I.** → CONDAMNATION **II.** → REFUS

APPROBATIVITÉ n.f. → VANITÉ

APPROCHABLE → ABORDABLE

APPROCHANT, E analogue, approximatif, comparable, égal à, équivalent, proche, ressemblant, semblable, synonyme, tangent, voisin – fam. : au pif/ pifomètre, pifométrique

◇ CONTR. **I.** → DIFFÉRENT **II.** → ÉLOIGNÉ

APPROCHE n.f. **I.** → ABORD **II.** → ARRIVÉE **III.** → ESTIMATION **IV.** → PROXIMITÉ

APPROCHER → ABORDER

APPROFONDIR → CREUSER

APPROFONDISSEMENT n.m. **I.** affouillement, creusage **II.** affermissement, analyse, développement, enrichissement, étude, examen, exploration, introspection, méditation, pesée, progrès, recherche, réflexion, sondage

◇ CONTR. **I.** → REMPLISSAGE **II.** → INSOUCIANCE

APPROPRIATION n.f. **I.** → ADAPTATION **II.** → CONQUÊTE

APPROPRIÉ, E → PROPRE

APPROPRIER I. accommoder, accorder, adapter, apprêter, arranger, conformer, proportionner **II.** → NETTOYER **III.** v. pron. **1.** s'adjuger/ arroger/ attribuer/ emparer, se saisir, dérober, empocher, enlever, escroquer, grignoter, occuper, prendre, ravir, souffler, soustraire, usurper, voler **2.** s'accommoder/ accorder/ adapter/ appliquer/ conformer, être proportionné à

◇ CONTR. **I.** → OPPOSER **II.** → REDONNER

APPROUVABLE → ACCEPTABLE

APPROUVER abonder dans, accepter, acquiescer, adhérer à, admettre, adopter, agréer, applaudir à, autoriser, bonneter (vx), complimenter, comprendre, confirmer, congratuler, consentir, dire amen, encourager, entériner, faire chorus, féliciter, glorifier, goûter, homologuer, juger/ trouver bon, louanger, opiner du bonnet/ du chef, permettre, se rallier à, ratifier, reconnaître, souscrire à → SOUTENIR

◇ CONTR. → CONDAMNER

APPROVISIONNEMENT n.m. I. alimentation, accastillage, apport, avitaillement, fourniture, prévision, ravitaillement II. → PROVISION

APPROVISIONNER → POURVOIR

APPROVISIONNEUR, EUSE destinateur, fournisseur, pourvoyeur, ravitailleur → VENDEUR

◆ CONTR. → DESTINATAIRE

APPROXIMATIF, IVE → APPROCHANT

APPROXIMATION n.f. I. → IMPRÉCISION II. → ÉVALUATION

APPROXIMATIVEMENT → ENVIRON

APPUI et **APPUIEMENT** n.m. I. 1. aboutement (québ.), acrotère, adminicule, adossement, analème, arc-boutant, arc-boutement, arrière-bec, avant-mur, bajoyer, base, béquille, bracon, cale, chandelier, chevalement, colonne, console, contreboutant, contrecœur, contre-digue, contre-fiche, contrefort, contre-mur, culée, épaulement, éperon, étai, étançon, étrésillon, étrier, levier, modillon, palée, perré, pilier, pivot, pointal, racinal, soutènement, support, tasseau, tuteur → SOUTIEN 2. équit.: foulée 3. mar.: accore, bossoir II. aide, apostille, appoint, assistance, collaboration, concours, coopération, coup d'épaule, égide, encouragement, influence, intervention, main-forte, patronage, piston (fam.), planche de salut, protection, recommandation, réconfort, rescousse, sauvegarde, secours, service, support → SOUTIEN III. ÊTRE L'APPUI DE: auxiliaire, bouclier, bras, champion, défenseur, garant, patron, protecteur, second, souteneur (péj.), soutien, supporter, tenant

◆ CONTR. → ABANDON

APPUI-BRAS/ COUDE/ MAIN/ NUQUE/ TÊTE n.m. → ACCOUDOIR

APPUYER I. au pr.: accoter, adosser, appliquer, arc-bouter, buter, contrebouter, épauler, étançonner, étayer, faire reposer, maintenir, mettre, poser, renforcer, soutenir, supporter, tenir II. par ext. 1. aider, assister, encourager, épauler, fortifier de son autorité/ crédit, parrainer, patronner, pistonner (fam.), porter, pousser, prendre fait et cause, prêter main-forte, protéger, recommander, secourir, soutenir, venir à la rescousse 2. alléguer, arguer, confirmer, corroborer, exciper, fortifier, insister, renforcer 3. → FIXER 4. mus.: pauser III. v. intr. 1. se diriger, prendre 2. peser, presser 3. porter, reposer, retomber IV. v. pron. 1. → FONDER 2. → SOUFFRIR

◆ CONTR. I. → RETIRER II. → ABANDONNER

APRAGMATISME et **APRAXIE** n.m., n.f. → APATHIE

ÂPRE → RUDE

ÂPREMENT aigrement, ardemment, avidement, brusquement, brutalement, cruellement, cupidement, durement, farouchement, péniblement, rigoureusement, rudement, sévèrement, vertement, violemment, voracement *et les dérivés en* -ment *possibles des syn. de* rude

APRÈS I. → PUIS II. 1. D'APRÈS → SUIVANT 2. L'UN APRÈS L'AUTRE: à la queue leu leu, alternativement, un à un

◆ CONTR. → AVANT

APRÈS-DÎNÉE/ DÎNER n.m. vx: → APRÈS-MIDI

APRÈS-MIDI n.m. et f. invar. vx: après-dînée *ou* dîner, relevée, tantôt (rég.)

◆ CONTR.: après-soupée *ou* souper, matinée, nuit, soir, soirée

ÂPRETÉ et **ÂPREUR** n.f. I. → RUDESSE II. → AVARICE

APRILÉE n.f. → PRINTEMPS

APRILIN, E → PRINTANIER

A PRIORI → ABORD

◆ CONTR. → A POSTERIORI

APRIORIQUE → ANTÉRIEUR

APRIORISME n.m. → ALLÉGATION

APRON n.m. cingle, sorcier, zingel → POISSON

À PROPOS I. au sujet de, relativement à, sur II. à bon escient, à pic, à point nommé III. → CONVENABLE IV. n.m.: bien-fondé, convenance, esprit, opportunité, pertinence, repartie

◆ CONTR. → STUPIDITÉ

APSARA n.f. → NYMPHE

APSIDE n.f. → APOGÉE

APTE adéquat, approprié, bon, capable, congru, convenable, de nature à, fait/ prévu pour, habile à, idoine, juste, propre à, susceptible de – fam.: ad hoc, étudié pour

◆ CONTR. → IMPROPRE

APTÈRE dépourvu d'/ sans ailes

◆ CONTR.: alifère

APTÉRYX n.m. kiwi, oiseau coureur

APTITUDE n.f. I. → CAPACITÉ II. → DISPOSITION

APUREMENT n.m. → VÉRIFICATION

APURER → VÉRIFIER

APYRE → INCOMBUSTIBLE

AQUAFORTISTE n.m. et f. → GRAVEUR

AQUAMANILE n.m. → LAVABO

AQUANAUTE n.m. et f. océanaute

AQUAPLANING off.: aquaplanage, hydroglissage

AQUARELLE n.f. **par ext.**: aquatinte, gouache, lavis, peinture, pochade

AQUARELLER → PEINDRE

AQUARELLISTE n.m. et f. → PEINTRE

AQUARIEN n.m. **I. antiq.**: employé du service des eaux **II.** → HÉRÉTIQUE

AQUASTAT n.m. thermostat → ENREGISTREUR

AQUATINTE n.f. → IMAGE

AQUATINTISTE n.m. et f. → GRAVEUR

AQUATIQUE amphibie, aquatile, aquicole, marécageux, palustre
◈ CONTR. **I.** → AÉRIEN **II.** → TERRESTRE

AQUATIR amerrir

AQUA-TOFFANA n.f. acqua-tofana, aquette, aquetta → POISON

AQUEDUC n.m. → CANAL

AQUEUX, EUSE aquifère, fluide, marécageux, spongieux, tépide → HUMIDE
◈ CONTR. **I.** → SEC **II.** → SOLIDE

AQUICULTURE n.f. → PISCICULTURE

AQUILAIN ou **AQUILANT** adj. invar. brun, fauve → ROBE (DU CHEVAL)

AQUILIN, E bourbonnien, busqué
◈ CONTR.: droit, épaté, pointu, retroussé

AQUILON n.m. → VENT

AQUOIBONISME n.m. → FATALISME

ARABA n.f. → VOITURE

ARABE adj. et n. **I. adj.**: arabesque (vx), maghrébin, maure, mauresque; sémite. **II. 1. fam.**: beur, rebeu (verlan). **2. injurieux et raciste**: arbi (vx), bicot, bougnoul, crouillat, melon, tronc de figuier (vx), raton, sidi (vx), yaouled (vx)

ARABESQUE n.f. broderie, dessin, fioriture, ligne, moresque, ornement, volute
◈ CONTR.: ligne droite

ARABLE cultivable, fertile, labourable

ARACHNÉEN, NE ou **ARANÉEN, NE** → LÉGER

ARACK ou **ARAKI** n.m. → ALCOOL

ARAIGNÉE n.f. **I.** arachnide, aragne ou araigne (vx), aranéide, aranelle (rég.), orbitèle **II.** agélène, amaurobius, argyronète, aviculaire, dolomède, épeire, faucheur, faucheux, galéode, latrodecte, lycose, malmignatte, mygale, ségestrie, tarentule, tégénaire, théridion, thomise, tubitèle **III. TOILE D'ARAIGNÉE**: arantèle ou arantelle

ARAIRE n.m. → CHARRUE

ARANÉEUX, EUSE → FIN

ARANTÈLE ou **ARANTELLE** n.f. toile d'araignée

ARAPAÏMA n.m. piracuru → POISSON

ARAPÈDE n.m. patelle → COQUILLAGE

ARASE n.f. → PIERRE

ARASER **I.** → NIVELER **II.** → USER

ARBITRAGE n.m. **I.** → MÉDIATION **II.** → COMPROMIS

ARBITRAIRE **I.** → ABSOLU **II.** → INJUSTIFIÉ

ARBITRE n.m. **I. au pr.**: **1.** amiable compositeur, arrangeur, conciliateur, expert, juge, monsieur bons offices, ombudsman → INTERMÉDIAIRE **2.** → APPRÉCIATEUR **II. par ext.**: maître absolu, souverain **III. LIBRE ARBITRE** → LIBERTÉ
◈ CONTR. **I.** parties **II.** joueurs

ARBITRER → JUGER

ARBORER **I. au pr.** → ÉLEVER **II. par ext. 1.** → MONTRER **2.** → PORTER

ARBORICULTEUR, TRICE agrumiculteur, horticulteur, jardinier, pépiniériste, planteur, pomiculteur, sylviculteur

ARBRE n.m. **I.** conifère, épineux, feuillu, résineux, végétal **II.** arbrisseau, baliveau, bonsaï ou bonzaï, élève, filardeau, houppier, lais, sauvageon, scion, témoin → ARBUSTE **III.** fût, marmenteau **IV. 1.** → CONIFÈRE **2.** → BOIS **3. quelques arbres d'ornement (haute tige) sous climat tempéré**: acacia, araucaria ou arbre au singe, arbre de Judée, bouleau (pleureur), catalpa, cèdre (de l'Atlas/ bleu/ de l'Himalaya,/ du Liban/ piquant/ pleureur), chêne d'Amérique/ du Canada, cornouiller, cyprès, cyprès chauve de l'Arizona, cytise, faux poivrier, frêne blanc ou orne, genévrier de Virginie, ginkgo biloba, hêtre pourpre, if, lilas, liquidambar, magnolia, marronnier (blanc/ rose), micocoulier, mimosa, mûrier, orme, ormeau, palmier, paulownia, peuplier d'Italie, pin de Corse ou laricio ou parasol, pin pinsapo ou d'Espagne, platane, robinier, saule (de Babylone/ pleureur), séquoia des jardiniers/ wellingtonia, sophora, sorbier, thuya des jardiniers, tilleul, tulipier de Virginie → ABIÈS **4. quelques arbres fruitiers sous climat tempéré**: abricotier, amandier, cerisier, citronnier, cognassier, figuier, grenadier, néflier, noisetier ou coudrier, noyer, olivier, oranger, pêcher, poirier, pommier, prunier, vigne **V. par ext.**: axe, bielle, essieu, manivelle, pivot, tige, vilebrequin

ARBUSTE n.m. **I.** arbrisseau, arbuscule (vx), baliveau, basse tige, bensaï ou bonzaï, bouquet, buisson, élève, filardeau, sauvageon, scion **II. quelques arbustes sous climat tempéré. 1. à feuilles caduques**: althéa ou hibiscus, ampélopsis *ou* vigne vierge, arbre de Judée, argousier, azalée, baguenaudier, berberis pourpre, boule-de-neige, buddleia, calycanthus præcox, caragana, caryopteris, céanothe, cerisier à fleurs/ du Japon, chèvrefeuille, corète *ou* kerria, cornouiller, cotoneaster, cotinus *ou* arbre à perruque *ou* sumac, cytise *ou* laburnum, desdemonium *ou* lespedeza, deutzia, érable du Japon/ negundo, escallonia, forsythia, glycine, groseillier à fleurs *ou* ribes, hamamélis, hibiscus *ou* althéa, hortensia, indigofera, kolkwitzia amabilis, lilas, magnolia, noisetier pourpre/ tortueux, perovskia, philadelphus *ou* seringa(t), pommier à fleurs/ du Japon, potentille, prunier d'ornement, salix setsuka, seringa(t) *ou* philadelphus, spirée, sumac de Virginie, sureau panaché, symphorine, tamaris, viburnum, weigela **2. à feuilles persistantes :** abelia grandiflora, andromède, aucuba du Japon, bambou, berberis *ou* épine-vinette, bruyère, buis, buisson ardent *ou* pyracantha, camélia, chamæcerasus *ou* lonicera, choisia ternata *ou* oranger du Mexique, cotoneaster, elæagnus, fusain, genêt d'Espagne, gynerium, hypericum patulum, laurier-cerise, laurier-tin, lavande, magnolia, mahonia aquifolium, rhododendron, troène, viburnum, yucca

ARC n.m. courbe, doubleau, formeret → VOÛTE

ARCADE et **ARCATURE** n.f. → VOÛTE

ARCANE n.m. et adj. → SECRET

ARCANETTE n.f. sarcelle → PALMIPÈDE

ARCANNE n.f. craie rouge

ARCANSON n.m. → RÉSINE

ARC-BOUTANT n.m. → APPUI

ARC-BOUTEMENT n.m. → SOUTIEN

ARC-BOUTER → APPUYER

ARCEAU n.m. → VOÛTE

ARCELET n.m. → FERRURE

ARC-EN-CIEL n.m. écharpe d'Iris – **par anal. :** arc-en-terre

ARCHAÏQUE I. → ANCIEN II. → VIEUX

ARCHAL n.m. laiton

ARCHANGE n.m. I. → ANGE II. **quelques archanges :** Gabriel, Michel, Raphaël

ARCHE n.f. I. **vx. 1.** → COFFRE **2.** → BATEAU II. **arch.** → VOÛTE

ARCHÉE I. **n.f.** → DISTANCE II. **n.m.** → PRINCIPE

ARCHELLE n.f. → ÉTAGÈRE

ARCHER n.m. I. archerot, sagittaire II. **LE PETIT ARCHER :** amour, Cupidon, Éros

ARCHÈRE n.f. I. → OUVERTURE II. → BANDOULIÈRE

ARCHERIE n.f. → TROUPE

ARCHÉTYPE → PROTOTYPE

ARCHEVÊQUE n.m. **arg. :** prune de monsieur

ARCHIATRE n.m. → MÉDECIN

ARCHICUBE n.m. → ÉLÈVE

ARCHILUTH n.m. théorbe → LUTH

ARCHIMAGIE n.f. → OCCULTISME

ARCHITECTE n.m. et f. aménageur, bâtisseur, chef, concepteur, concepteur-projeteur, créateur, édificateur, ingénieur, inventeur, maître d'œuvre, ordonnateur, projeteur, urbaniste → JARDINISTE
◇ CONTR. : artisan, constructeur, entrepreneur, maître de l'ouvrage

ARCHITECTURAL, E par ext. : architectonique, auguste, colossal, considérable, écrasant, élevé, énorme, étonnant, fantastique, formidable, grand, grandiose, imposant, impressionnant, magistral, magnifique, majestueux, monumental, noble, olympien, pyramidal, pompeux, solennel, somptueux, superbe
◇ CONTR. → MODESTE

ARCHITECTURE n.f. I. aménagement, architectonique, conception, domisme, urbanisme II. **par ext. : 1.** charpente, ensemble, format, forme, ligne, ordonnance, plan, proportion, structure, style, volume **2.** → CONSTRUCTION **3.** → ORNEMENT **4.** → APPUI

ARCHITECTURER → BÂTIR

ARCHITRAVE n.f. épistyle, linteau, poitrail, sommier, tailloir

ARCHITRICLIN n.m. → AMPHYTRION

ARCHIVAGE n.m. → CLASSEMENT

ARCHIVER → CLASSER

ARCHIVES I. **n.f. pl. : 1.** minutier, sommier → HISTOIRE **2. de police, arg. :** album de famille, le Grand Bain II. **n.m. pl.** → BIBLIOTHÈQUE

ARCHONTE n.m. → ÉDILE

ARCHURE n.f. coffrage, protection

ARCIFORME → COURBE

ARÇON n.m. pommeau, troussequin

ARCTIQUE → BORÉAL

ARCURE n.f. I. → COURBE II. **agr. :** arçonnage, courbure

ARDÉLION n.m. → IMPORTUN

ARDEMMENT → VIVEMENT

ARDENT, E I. **au pr.** → CHAUD II. **par ext. 1.** actif, agile, alerte, allègre, alouvi (vx), amoureux, animé, brillant, brûlant, chaleureux, dégagé, déluré, dévoué, dispos, effervescent, embrasé, empressé, endiablé, enflammé, enthousiaste, éveillé, fervent, fougueux, frémissant, frétillant, fringant, gaillard, généreux, guilleret, impatient, ingambe, intelligent, léger, leste, mobile, passionné, pétillant, pétulant, pressant, primesautier, prompt, rapide, sémillant, vibrant, vif, vivant, volcanique, zélé → BOUILLONNANT 2. → RUTILANT 3. **non fav.** : acharné, aigre, avide, brusque, brutal, coléreux, emballé, emporté, exalté, excessif, fanatique, fébrile, fiévreux, frénétique, impétueux, mordant, salace, sang chaud, soupe au lait, tout feu tout flamme, véhément, violent

◇ CONTR. **I.** → FROID **II.** → PARESSEUX **III.** → MODÉRÉ

ARDEUR n.f. **I.** → CHALEUR **II. par ext. 1.** → VIVACITÉ **2.** → BOUILLONNEMENT **3.** → ZÈLE

ARDILLON n.m. → POINTE

ARDITO → RYTHME

ARDU, E I. → ESCARPÉ **II.** → DIFFICILE

ARDUITÉ n.f. → DIFFICULTÉ

ARDÛMENT de manière → DIFFICILE *et les dérivés possibles en* -ment *des syn. de* difficile

AREA I. milit. off. : zone **II. arch.** : arène, atrium, cour, espace entouré de portiques

ARÉIQUE → ARIDE

ARÉISME n.m. → SÉCHERESSE

ARÈNE n.f. **I.** calcul, castine, gravier, pierre, sable, sablon **II. par ext.** : amphithéâtre, carrière, champ de bataille/ de course, cirque, lice, théâtre

ARÉNEUX et **ARÉNULEUX, EUSE** → SABLONNEUX

ARÉNICOLE ammophile, arénaire (vx), psammophile, sabulicole

ARÉOLAIRE → ROND

ARÉOLE n.f. **I.** → CERCLE **II.** → NIMBE

ARÉOMÈTRE n.m. **I.** alcoomètre, œnomètre, pèse-alcool, pèse-esprit (vx), pèse-liqueur, pèse-moût, pèse-vin **II.** densimètre, glucomètre, lactomètre, oléomètre, pèse-acide, pèse-lait, pèse-sel, pèse-sirop, uromètre

ARÉOPAGE n.m. → RÉUNION

ARÉOPAGITE n.m. → ÉDILE

ARÉOSTYLE n.m. → BÂTIMENT

ARÊTE n.f. **I.** aiguille, bord, piquant, pointe **II.** angle

ARÊTIÈRE n.f. → TUILE

ARGALI n.m. → MOUFLON

ARGENT n.m. **I. par ext.** : argentan, électrum, métal anglais/ blanc **II. par anal. 1.** capital, de-

niers, disponibilités, espèces, finances, fonds, fortune, liquidités, monnaie, numéraire, pécule, recette, ressources, somme, trésor, trésorerie, viatique – **vx** : écus, pécune, quibus **2. arg.** : artiche, aspine, atout, auber, avoine, balle, barda, beurre, biffeton, bigaille, bigorneau, biscuit, blanc, blanquette, blé, bob, botte, boulange, boules, braise, brocaille, broque, bulle, cachet, cadeau, caisse, calleri, candélabre, carbi, carbure, carle, demi-jambe, demi-sac, douille, engrais, faf, ferraille, flèche, flousard, flouze, foin, fraîche, francouillard, fric, galetouse, galette, gâteau, grisbi, houblon, huile, image, japonais, keusse, kilo, kopeck, laissez-passer, laubé, lové, matelas, menouille, michon, mitraille, monaco, monouille, morlingue, mornifle, noyaux, os, oseille, osier, papier, pépètes, pésètes, pèze, picaille, picaillons, plâtre, pognon, poussier, poussière, quine, radis, rondelle, roue de derrière/ de devant, rusquin, ronds, soudure, sous, taf, taffetas, talbin, thune, ticket, ticson, tintins, trèfle, tuile, vaisselle, zinc **3.** → RICHESSE **4.** → PIÈCE **5.** → MONNAIE

ARGENTÉA n.f. ansérine, argentine → POTENTILLE

ARGENTERIE n.f. aiguière, bougeoir, cafetière, chandelier, couteau, couvert, cuiller, flambeau, fourchette, gobelet, manche à gigot, plateau, salière, saucière, service (à café/ chocolat/ moka/ thé), soucoupe, sucrier, surtout, tasse, théière, timbale, vaisselle, vase, verseuse – **arg.** : blanquette

ARGENTEUX, EUSE → RICHE

ARGENTIER n.m. banquier, changeur, financier → TRÉSORIER

ARGENTIN, E I. vx : argenté **II.** → CLAIR

ARGENTINE n.f. → POTENTILLE

ARGILE n.f. **I.** bentonite, boucaro, calamite, gord, kaolin, sil, terre glaise/ à foulon/ à potier **II.** ocre/ terre noire **III. méd.** : bol d'Arménie/ oriental/ de Sinope

ARGILEUX, EUSE collant, compact, glaiseux, imperméable, lourd

◇ CONTR. : calcaire, léger, perméable, sablonneux

ARGILIÈRE n.f. glaisière

ARGONAUTE n.m. → CÉPHALOPODE

ARGOT n.m. **I.** langue verte, slang → JARGON **II.** argomuche, bigorne, breton, jar, javanais, louchébem

◇ CONTR. : langage châtié

ARGOULET n.m. arquebusier à cheval → SOLDAT

ARGOUSIN n.m. → POLICIER

ARGUER I. au pr. → INFÉRER II. jurid. → INCULPER

ARGUMENT et **ARGUMENTATION** n.m. n.f. I. → ABRÉGÉ II. → RAISONNEMENT III. → PREUVE

ARGUMENTATEUR, TRICE → CHICANEUR

ARGUMENTER I. → ERGOTER II. → RAISONNER

ARGUS n.m. I. → ESPION II. → SURVEILLANT III. → PAPILLON

ARGUTIE n.f. I. abstraction, finesse, subtilité II. artifice, byzantinisme, casuistique, cavillation (vx et jurid.), chicane, entortillage, équivoque, escamotage, pinaillage, ratiocination, procédé dilatoire – fam. : chinoiserie, fumisterie ◇ CONTR. I. → SIMPLICITÉ II. → SINCÉRITÉ

ARGUTIEUX, EUSE → TROMPEUR

ARGYRASPIDE n.m. → SOLDAT

ARGYRONÈTE n.f. → ARAIGNÉE

ARIA I. n.f. → AIR II. n.m. 1. → SOUCI 2. → OBSTACLE

ARIANISME n.m. → HÉRÉSIE

ARIDE I. abiotique, aréique, désert, desséché, improductif, inculte, incultivable, maigre, pauvre, sec, stérile II. fig. : ingrat, insensible, froid, rébarbatif, sévère ◇ CONTR. I. → FERTILE II. → SENSIBLE

ARIDITÉ n.f. I. → SÉCHERESSE II. → PAUVRETÉ

ARIEN, IENNE → HÉRÉTIQUE

ARIETTE n.f. → AIR

ARIOSO I. adv. → RYTHME II. n.m. → AIR

ARISTARQUE n.m. → CENSEUR

ARISTOCRATE n. et adj. → NOBLE

ARISTOCRATIE n.f. I. → OLIGARCHIE II. → NOBLESSE III. → CHOIX IV. → DISTINCTION

ARISTOCRATIQUE → DISTINGUÉ

ARISTOCRATIQUEMENT de façon → DISTINGUÉ et les dérivés possibles en -ment des syn. de distingué

ARISTOLOCHE n.f. asaret, bragantie, cabaret, oreille d'homme, sarrasine, serpentaire de Virginie, (aristoloche) siphon

ARISTOTÉLISME n.m. péripatétisme

ARITHMÉTICIEN, NE → MATHÉMATICIEN

ARITHMÉTIQUE n.f. algorithme, calcul, opération → MATHÉMATIQUE

ARITHMOMANCIE n.f. arithmancie → DIVINATION

ARITHMOMANIE n.f. → NÉVROSE

ARLEQUIN n.m. I. au pr. → PANTIN II. vx et fam. : reliefs, restes

ARLEQUINADE n.f. → BOUFFONNERIE

ARLEQUINÉ, E → BIGARRÉ

ARMADA n.f. armadille, escadre, flotte, flottille

ARMADILLE n.f. I. tatou II. → ARMADA III. → CRUSTACÉ

ARMAGNAC n.m. → ALCOOL

ARMATEUR n.m. → AFFRÉTEUR

ARMATURE n.f. arcature, base, carcasse, charpente, cintre, échafaudage, ferraillage, infrastructure, ossature, soutien, squelette, support, treillis ◇ CONTR. → EXTÉRIEUR

ARME n.f. I. 1. armement, armure, défense, équipement, fer (litt.), instrument de combat, matériel de guerre, munition 2. assommoir (vx), bâton, canne, casse-tête, coup-de-poing (américain), goumi, gourdin, maillet, marteau, masse, massue, matraque, nerf de bœuf, plombée, trique 3. baïonnette, canne-épée, cimeterre, couteau, coutelas, dague, épée, glaive, sabre, stylet → POIGNARD 4. angon, épieu, esponton, fauchard, faux, fléau, fourche, framée, francisque, guisarme, hache, hallebarde, pertuisane, pique, plançon, plommée, vouge → LANCE 5. arbalète, arc, boomerang, carreau, dard, falarique, flèche, fronde, grenade, javeline, javelot, pilum, sagaie 6. arquebuse, bazooka, carabine, escopette, espingole, fusil, mitraillette, mitrailleuse, mousquet, mousqueton, pistolet-mitrailleur, revolver, tromblon → PISTOLET 7. → CANON 8. → TANK 9. lance-flammes, lance-roquettes, lance-torpilles, mine 10. → AVION 11. → BATEAU 12. arme atomique : bombe, fusée, missile, radiation 13. arme biologique, chimique, physico-chimique : bactéries, charge creuse, gaz, silicones, virus 14. arme psychologique : désinformation, espionnage, infiltration, intox, propagande, renseignement 15. arg. : anguille, arbalète, article, artillerie, bastringue, biniou, blindé, brelica, brûle-parfums, brutal, calibre, outil, scion II. fig. : argument, moyen, ressource III. au pl. : → ARMOIRIES

ARMÉ, E → FOURNI

ARMÉE n.f. I. → TROUPE II. → MULTITUDE

ARMELINE n.f. → FOURRURE

ARMEMENT n.m. I. → ARME II. mar. : équipage, gréement, matériel

ARMER I. au pr. → FORTIFIER II. par ext. 1. FOURNIR 2. → EXCITER

ARMET n.m. → CASQUE

ARMILLAIRE n.f. I. → SPHÈRE II. → CHAMPIGNON

ARMILLES n.f.pl. I. → LUNETTE II. → MOULURE

ARMISTICE n.m. arrêt/ cessation/ interruption/ suspension d'armes/ des hostilités, cessez-le-feu, trêve

ARMOIRE n.f. **par ext.** : argentier, bahut, bibliothèque, bonnetière, buffet, cartonnier, encoignure, garde-robe, homme-debout, médaillier, penderie, semainier, vaisselier

ARMOIRIES n.f.pl. armes, blason, chiffre, écu, écusson, emblème, marque, panonceau, signes héraldiques

ARMOISE n.f. **I.** absinthe, aurone *ou* citronelle, génépi, herbe aux cent goûts/ de saint-Jean, moxa **II.** armoisin → TISSU

ARMON n.m. palonnier

ARMORIAL n.m. nobiliaire

ARMORIER orner → PEINDRE

ARMORISTE n.m. et f. → PEINTRE

ARMURE n.f. **I. 1.** cotte de jaque/ de mailles, cuirasse, harnois **2. de tête** : armet, barbute, bassinet, bicoquet, bourguignotte, cabasset, calotte, capeline, casque, cervelière, chapeau, coiffe, couvre-nuque, crête, gorgerin, heaume, mentonnière, mézail, morion, nasal, oreillon, salade, secrète, ventail, visière, vue **3. du cou et des épaules** : bavière, camail, colletin, épaulière, gousset, haussecol, spallière **4. corps d'armure** : braconnière, brigandine, broigne, chemise, corselet, cotte, cuirasse, dossière, faucre *ou* fautre, gambison, garde-reins, gonne *ou* gonnelle, halecret, haubert, haubergeon, jaque, jaseran, oreillon, pansière, pectoral, plastron, tunique **5. du bras** : brassard, canon, cubitière **6. de la main** : gant, gantelet, miton **7. de la jambe** : cuissard, cuissot, genouillère, jambière *ou* jambart, tassette **8. du pied** : poulaine, soleret **9. du cheval** : barde, caparaçon, cervicale, chanfrein, françois, garde-queue, muserolle, têtière, tonnelle **II.** → PROTECTION

ARNAQUE n.f. → TROMPERIE

ARNAQUER → TROMPER

ARNAQUEUR, EUSE n.m., f. escroc, filou → FRIPON

◇ **CONTR.** → HONNÊTE

ARNICA n.f. bétoine des montagnes, herbe aux chutes/ aux pêcheurs, plantain des Alpes, tabac des Vosges

AROLLE n.m. et f. → CONIFÈRE

AROMAL, E, AUX → ODORANT

AROMATE n.m. **I.** baume, essence, onguent, parfum **II.** condiment, épices → ASSAISONNEMENT **III.** ail, amome *ou* (graine de) paradis *ou* maniguette *ou* poivre de Guinée, anchois, aneth, angélique, anis, armoise, badiane, basilic ou pistou, cannelle, câpre, cardamome, cari *ou* curry, carvi, cerfeuil, champignon, chile, ciboule, ciboulette, citron, citronnelle, civette, clous de girofle, cochléaria, coriandre, cornichon, cresson, cubèbe, cumin, curry *ou* cari, échalote, estragon, fenouil, fines herbes, genièvre, gingembre, harissa, hysope, ketchup, laurier, livèche, macis, maniguette, marjolaine, mélisse, menthe, moutarde, muscade, myrte, nuoc-mâm, oignon, origan, oseille, paprika, paradis, persil, pickles, piment, pimprenelle, poivre, quatre-épices, raifort, rocambole, romarin, rose, safran, sarriette, sassafras, sauge, sel de céleri/ de mer, serpolet, sucre, tanaisie, thym ou farigoule, tomate, truffe, vanille, vinaigre, verjus, violette **IV.** benjoin, camphre, cinnamome, coumarine, myrrhe, encens, eucalyptus, lavande, nard, niaouli, storax

AROMATHÉRAPIE n.f. → MÉDICATION

AROMATIQUE → ODORANT

AROMATISER → PARFUMER

ARÔME n.m. **I. neutre ou fav.** : bouquet, effluves, émanations, empyreume, exhalaison, fragrance, fumet, odeur, parfum, senteur, trace, vent parfumé **II. non fav.** : relent, remugle → PUANTEUR

ARONDE n.f. **I.** → HIRONDELLE **II.** → LAMELLIBRANCHE

ARONDELLE n.f. **I.** → HIRONDELLE **II.** → CANNE (À PÊCHE)

ARONDINACÉ, E → FIN

ARPENTAGE n.m. aréage, bornage, cadastrage, levé, mesure, relevé, topographie, triangulation

ARPENTER I. → MESURER **II.** → MARCHER

ARPENTEUR n.m. → GÉOMÈTRE

ARPENTEUSE n.f. → CHENILLE

ARPÈTE n.f. **I.** → APPRENTI **II.** → MIDINETTE

ARPION n.m. → PIED

ARQUÉ, E brassicourt (équit.), busqué, cambré, convexe → COURBE

ARQUEBUSE n.f. → ARME

ARQUEBUSER I. → TIRER **II.** → TUER

ARQUEBUSERIE n.f. → ARSENAL

ARQUEPINCER I. → PRENDRE **II.** → VOLER

ARQUER (S') → COURBER (SE)

ARRACHAGE et **ARRACHEMENT** n.m. → DÉRACINEMENT

ARRACHE-PIED (D') → ACHARNEMENT

ARRACHER I. → DÉRACINER **II.** → EXTRAIRE

ARRACHIS n.m. → DÉRACINEMENT

ARRAISONNEMENT n.m. abordage, contrôle, examen, inspection, interception, reconnaissance, visite

ARRAISONNER aborder → RECONNAÎTRE

ARRANGEABLE réparable → PERFECTIBLE

ARRANGEANT, E → CONCILIANT

ARRANGEMENT n.m. **I.** → ACCOMMODE-MENT **II.** → AGENCEMENT **III.** → ORDRE

ARRANGER **I.** → RANGER **II.** accommoder, accorder, adapter, agencer, ajuster, aménager, apprêter, approprier, arrimer, assembler, assortir, classer, combiner, composer, concilier, construire, coordonner, disposer, dresser, fignoler, grouper, harmoniser, installer, mettre ensemble, orchestrer, ordonner, organiser, placer, planifier, préparer, prévoir, ranger, régler, réparer, tourner (un compliment/ une phrase), transformer, trier **III.** agréer, aller bien, convenir **IV.** iron. → MALTRAITER **V.** → PARER **VI.** → RÉPARER **VII.** v. pron. **1.** → CONTENTER (SE) **2.** → ENTENDRE (S') ◊ CONTR. **I.** → DÉRANGER **II.** → TROUBLER

ARRANGEUR n.m. → INTERMÉDIAIRE

ARRENTER → LOUER

ARRÉRAGES n.m.pl. → INTÉRÊT

ARRESTATION n.f. **I.** capture, coup de filet, prise – arg. : alpague, coup de flan, cueille, scalp, serviette *et les dérivés nominaux possibles en* -age *des syn. de* arrêter **II.** → EMPRISONNEMENT ◊ CONTR. → LIBÉRATION

ARRÊT n.m. **I.** accalmie (québ.), cessation, enraiement, enrayement, interruption, latence, panne, pause, relâche, rémission, répit, repos, stagnation, stase (méd.) **II.** → IMMOBILITÉ **III.** abri, Abribus, aire de repos/ stationnement, aubette, escale, étape, gare, halte, séjour, station, stationnement, stop **IV.** jurid. → JUGEMENT **V.** arrêtoir, butée, cliquet, cran, dent, digue, mentonnet, taquet, tenon ◊ CONTR. **I.** → DÉPART **II.** → MOUVEMENT **III.** → CONTINUATION

ARRÊTÉ n.m. arrêt, décision, décret, délibération, disposition, jugement, règlement, texte

ARRÊTÉ, E → IRRÉVERSIBLE

ARRÊTE-BŒUF n.m. bugrane, ononis rampant

ARRÊTER **I.** au pr. : ancrer, attacher, bloquer, contenir, empêcher, endiguer, enrayer, étancher, fixer, immobiliser, intercepter, interrompre, juguler, maintenir, mettre un frein/ terme, paralyser, retenir, river, stopper, suspendre, tenir en échec → FIXER, SOUMETTRE **II.** par ext. **1.** aborder, accoster, appréhender, arraisonner (mar.), capturer, s'emparer de, empoigner, emprisonner, enchaîner, prendre, s'assurer de **2.** arg. ou fam. :

accrocher, agrafer, agriffer, alpaguer, argougner, arpigner, arquepincer, bicher, bondir, calotter, calter, camoufler, chauffer, chiper, coiffer, coincer, coffrer, coxer, cravater, crever, crocher, croquer, cueillir, déquiller, emballer, emballuchonner, embarquer, emboîter, empaqueter, enfiler, enflaquer, engerber, envelopper, épingler, fabriquer, faire à la brouille/ au fil/ aux pattes, faisander, gaffer, gaufrer, gauler, gober, grouper, harper, harponner, lourder, mettre au bloc/ gnouf/ trou/ à l'ombre/ la main au collet/ le grappin sur, mordre, nettoyer, paumer, pégrer, piger, pincer, pingler, piper, piquer, pogner, poirer, poisser, poivrer, ramasser, rengracier, sauter, scalper, scrafer, secouer, serrer, servietter, servir, souffler, sucrer – être arrêté : être bon (comme la romaine)/ bonnard/ bourru/ chouette/ dans le sac/ fait (aux pattes)/ flambé/ fliqué/ margouillat/ marron/ pris de mal/ rousti, passer à la fabrication, se faire tâter, tomber **3.** → PRENDRE **4.** → INTERROMPRE **5.** → DÉCIDER **6.** engager, louer, réserver, retenir **7.** cesser, finir **III.** v. pron. : s'attarder, camper, cesser, demeurer, faire halte/ relâche, se fixer, piétiner, relâcher, se relaisser (vén.), rester, séjourner, stationner, stopper, terminer, se terminer ◊ CONTR. **I.** → PARTIR **II.** → COMMENCER **III.** → LIBÉRER

ARRÊTOIR n.m. → BUTÉE

ARRHES n.f.pl. acompte, are, ars, art, avance, cautionnement, dédit, gage, hart, provision

ARRIÉRATION n.f. → IDIOTIE

ARRIÈRE n.m. et adj. **I.** mar. → POUPE **II.** → DERRIÈRE **III.** → QUEUE ◊ CONTR. → AVANT

ARRIÉRÉ n.m. arrérages, impayés, passif ◊ CONTR. : avances de trésorerie

ARRIÉRÉ, E **I.** à la traîne, attardé, demeuré, diminué, en retard, inintelligent, retardataire, retardé, rétrograde, taré → IDIOT **II.** → RUDE **III.** → RETARDÉ ◊ CONTR. → INTELLIGENT

ARRIÈRE-BEC n.m. → APPUI

ARRIÈRE-GARDE n.f. serre-file ◊ CONTR. → AVANT-GARDE

ARRIÈRE-GOÛT n.m. → SOUVENIR

ARRIÈRE-PENSÉE n.f. **I.** calcul → MÉFIANCE **II.** → HÉSITATION

ARRIÈRE-PLAN n.m. arrière-fond/ -scène, coulisse

ARRIÉRER → RETARDER

ARRIÈRE-SAISON n.f. automne, été de la Saint-Martin ◊ CONTR. : printemps, renouveau

ARRIÈRE-TRAIN → DERRIÈRE

ARRIMAGE n.m. chargement, mise en place

◇ CONTR. → DÉCHARGEMENT

ARRIMER accorer (mar.), accrocher, affermir, amarrer, ancrer, arranger, arrêter, assembler, assujettir, assurer, attacher, boulonner, brêler, caler, centrer, charger, clouer, coincer, coller, consolider, cramponner, enclaver, enfoncer, enraciner, faire pénétrer/ tenir, ficher, fixer, immobiliser, implanter, introduire, maintenir, mettre, nouer, pendre, planter, répartir, retenir, river, riveter, sceller, suspendre, soutenir, visser

◇ CONTR. → DÉCHARGER

ARRISER → DIMINUER

ARRIVAGE et **ARRIVÉE** n.m., n.f. I. apparition, avent (vx et relig.), bienvenue, débarquement, survenance, venue II. approche, avènement, commencement, début III. afflux, approvisionnement, livraison, port

◇ CONTR. → DÉPART

ARRIVER I. aborder, accéder, approcher, atteindre, devancer, être rendu, gagner, parvenir, surgir, surprendre, survenir, tomber sur, toucher, venir II. arg. ou fam. : s'abouler, s'apporter, débarquer, débouler, se pointer, rabouler, radiner, ralléger, ramener sa fraise/ sa graisse/ sa viande/ son nez, rappliquer III. → RÉUSSIR IV. → PRODUIRE (SE)

◇ CONTR. I. → PARTIR II. → ÉCHOUER

ARRIVISME n.m. I. → AMBITION II. → INTRIGUE

ARRIVISTE n.m. et f. I. → INTRIGANT II. → PARVENU

ARROCHE n.f. belle/ bonne dame, chénopode, follette, halime, pourpier de mer

ARROGAMMENT avec → ARROGANCE, de façon → ARROGANT *et les dérivés possibles en* -ment *des syn. de* arrogant

ARROGANCE n.f. air de supériorité, audace, cynisme, dédain, désinvolture, effronterie, fatuité, fierté, hardiesse, hauteur, impertinence, importance, impudence, insolence, mépris, morgue, orgueil, outrecuidance, présomption, suffisance, superbe

◇ CONTR. → HUMILITÉ

ARROGANT, E altier, audacieux, blessant, cavalier, cynique, dédaigneux, désinvolte, effronté, fat, fier, hardi, hautain, impertinent, important, impudent, insolent, insultant, méprisant, morguant (vx), outrecuidant, péteux, présomptueux, rogue, suffisant, supérieur → ORGUEILLEUX

◇ CONTR. → MODESTE

ARROGER (S') → APPROPRIER (S')

ARROI n.m. I. → ÉQUIPAGE II. → REMUE-MÉNAGE

ARRONDI, E I. → COURBE II. → GROS III. contondant

ARRONDIR → AUGMENTER

ARRONDISSEMENT n.m. I. → AUGMENTATION II. → QUARTIER

ARROSAGE n.m. I. affusion, arrosement, aspersion, bain, douche, irrigation, irroration II. → GRATIFICATION

◇ CONTR. → DESSÈCHEMENT

ARROSER I. asperger, baigner, bassiner, doucher, humecter, imbiber, inonder, irriguer, mouiller, seringuer, traverser, tremper – **fam.** → URINER II. **fig.** → SOUDOYER (fig.)

◇ CONTR. → SÉCHER

ARROSOIR n.m. chantepleure

ARROYO et **ARRUGIE** n.m., n.f. → CANAL

ARS n.m. → JOINTURE

ARSENAL n.m. I. arquebuserie (vx), atelier, chantier, magasin, manutention, réserve/ stock/ usine d'armement II. **fam.** : affaire, équipage

ARSENIC n.m. orpiment, réalgar → POISON

ARSIN adj. m. bois/ taillis brûlé/ incendié

ARSOUILLE n.m. et f. I. → IVROGNE II. → VAURIEN III. → DÉBAUCHE

ARSOUILLER I. → DÉBAUCHER II. → ENIVRER

ARSOUILLERIE n.f. I. → DÉBAUCHE II. → IVROGNERIE

ART n.m. I. maîtrise, manière, procédé, science, technique, tour → ARTIFICE, HABILETÉ II. 1. → POÉSIE 2. **ARTS LIBÉRAUX** : humanisme, lettres, philosophie, sciences humaines. *trivium* : dialectique, grammaire, rhétorique. *quadrivium* : arithmétique, astronomie, géométrie, musique 3. **BEAUX-ARTS** : architecture, arts décoratifs, cinéma, danse, dessin, gravure, musique, peinture, photographie, sculpture, théâtre

◇ CONTR. → MALADRESSE

ARTEFACT I. **n.m. 1.** artifice, convention **2. inform. off.** : signe parasite II. **adj.** → ARTIFICIEL

ARTÈRE n.f. → VOIE

ARTICLE n.m. I. articulet (péj.), billet, chronique, courrier, écho, écrit, éditorial, entrefilet, essai, étude, feuilleton, interview, leader, marronnier (fam. et péj.), papier, premier-Paris, reportage, rez-de-chaussée, rubrique II. **zool.** : articulation, jointure, segment III. matière, objet, sujet IV. → PARTIE V. → MARCHANDISE

ARTICLIER n.m. → JOURNALISTE

ARTICULATION n.f. I. article (anat.), assemblage, attache, cardan, charnière, emboîtement, engrènement, cheville, jeu, joint, jointure, ligament, nœud II. → ÉLOCUTION

ARTICULER I. → DIRE II. → ÉNONCER III. → PRONONCER IV. → JOINDRE

ARTICULET n.m. → ARTICLE

ARTIEN n.m. → ÉLÈVE

ARTIFICE n.m. I. adresse, art, habileté, machiavélisme, malice, matoiserie, roublardise, rouerie, ruse II. artefact, astuce, attrape-nigaud, carotte (fam.), cautèle, chafouinerie, chausse-trape, détour, diplomatie, échappatoire, embûche, faux-fuyant, feinte, ficelle, finasserie, finesse, fourberie, fraude, intrigue, invention, machination, machine, manœuvre, méandre, perfidie, piège, politique, retour (vén.), rets, rubriques (vx), stratagème, subterfuge, subtilité, trame, tromperie, truc

◊ CONTR. → SINCÉRITÉ

ARTIFICIALISER → ALTÉRER

ARTIFICIEL, LE I. factice, faux, imité, inventé, postiche, reproduit II. artefact, fabriqué, industriel, synthétique III. affecté, arbitraire, arrangé, contraint, contrefait, conventionnel, convenu, de commande, emprunté, étudié, feint, forcé, littéraire, pastiché

◊ CONTR. → NATUREL

ARTIFICIELLEMENT arbitrairement, de façon/ manière → ARTIFICIEL

◊ CONTR. → SIMPLEMENT

ARTIFICIEUSEMENT avec → RUSE, de façon → RUSÉ et les dérivés possibles en -ment des syn. de rusé

ARTIFICIEUX, EUSE I. → RUSÉ II. → HYPOCRITE

ARTILLEUR n.m. artificier, artiflot (arg.), bombardier (vx), canonnier, chef de pièce, munitionnaire, pointeur, pourvoyeur, servant, torpilleur → SOLDAT

ARTISAN n.m. I. artiste, compagnon, façonnier, maître ouvrier, patron, sous-traitant II. auteur, cause, cheville ouvrière, responsable

◊ CONTR. : agriculteur, commerçant, industriel, intellectuel, fonctionnaire, maître d'oeuvre/ de l'ouvrage, ouvrier

ARTISANAL, E fait main, manuel, traditionnel

◊ CONTR. → INDUSTRIEL

ARTISANALEMENT de façon → ARTISANAL et les dérivés possibles en -ment des syn. de artisanal

ARTISANAT n.m. artisanerie (vx), compagnonnage, secteur tertiaire

◊ CONTR. : secteur primaire/ secondaire

ARTISTE n.m. et f. I. 1. acteur, chanteur, comédien, danseur, étoile, exécutant, fantaisiste, interprète, maître, musicien, virtuose 2. idole, locomotive, monstre sacré, star, starlette, superstar, vamp, vedette II. architecte, artisan, coloriste, créateur, décorateur, dessinateur, écrivain, graveur, peintre, sculpteur → POÈTE III. → AMATEUR IV. → BOHÈME

◊ CONTR. → BOURGEOIS

ARTISTEMENT et **ARTISTIQUEMENT** avec → ART, de façon → ARTISTIQUE et les dérivés possibles en -ment des syn. de beau

ARTISTERIE n.f. péj. : artisme, artistisme, esthéticisme

ARTISTIQUE → BEAU

ARTWORK audiov. off. : document

ARUM n.m. capuchon, gouet, langue-de-bœuf, petit-dragon, pied-de-veau, serpentaire, vaquette

ARUSPICE n.m. → DEVIN

ARVICOLE n.m. → RAT

ARYTHMIQUE → IRRÉGULIER

ARZEL n.m. → ROBE (DU CHEVAL)

AS n.m. aigle, caïd, champion, crack, étoile, génie, maître, phénix, savant, surdoué, virtuose

◊ CONTR. → TOCARD

ASARCIE n.f. → MAIGREUR

ASCARIDE ou **ASCARIS** n.m. → VER

ASCENDANCE n.f. I. → NAISSANCE II. → RACE

ASCENDANT I. adj. → MONTANT II. n.m. 1. → PÈRE 2. → INFLUENCE

ASCENDRE → MONTER

ASCENDING NODE spat. off. : nœud ascendant

ASCENSEUR n.m. par ext. : ascendeur, élévateur, escalator, escalier mécanique, monte-charge

ASCENSION n.f. → MONTÉE

ASCENSIONNEL, LE → PERPENDICULAIRE

ASCENSIONNER → MONTER

ASCENSIONNISTE n.m. et f. → ALPINISTE

ASCÈSE n.f. → ASCÉTISME

ASCÈTE n.m. et f. anachorète, athlète, bonze, cénobite, ermite, exercitant, fakir, flagellant, gourou, gymnosophiste, moine, oblat, pénitent, santon, soufi, stylite, thérapeute, yogi

◊ CONTR. → SYBARITE

ASCÉTÈRE n.m. → ERMITAGE

ASCÉTIQUE austère, janséniste, puritain, rigide, rigoriste, rigoureux, rude, sévère, sobre, spartiate, stoïque → SIMPLE
◆ CONTR. → SENSUEL

ASCÉTISER I. → RÉDUIRE II. → ÉCONOMISER III. → DIMINUER

ASCÉTISME n.m. I. ascèse, austérité, expiation, flagellation, jeûne, macération, mortification, pénitence, privation → AUSTÉRITÉ II. cénobitisme, érémitisme, monachisme
◆ CONTR. → SENSUALITÉ

ASCIENTIFIQUE → ILLOGIQUE

ASCITE n.m. → HÉRÉTIQUE

ASCLÉPIADE n.m. I. → VERS II. asclépias, dompte-venin, herbe à la ouate

ASCOT n.m. → COIFFURE

ASDIC n.m. sonar

ASE n.m. → GÉNIE

ASÉITÉ n.f. → IDENTITÉ

ASELLE n.m. → CRUSTACÉ

ASEPSIE n.f. → ASSAINISSEMENT

ASEPTIQUE amicrobien, aseptisé, stérile
◆ CONTR. → SEPTIQUE

ASEPTISATION n.f. → STÉRILISATION

ASEPTISER → STÉRILISER

ASFIR n.m. → PASSEREAU

ASHKÉNAZE n. et adj. → ISRAÉLITE

ASHRAM n.m. → ERMITAGE

ASIARQUE n.m. → ÉDILE

ASIATIQUE n. et adj. asiate – **injurieux, raciste :** chinetoc, jap, jaunet, niacoué

ASILE n.m. I. hôpital, hospice, maison de retraite, résidence pour personnes âgées (R.P.A.) II. garderie, halte, orphelinat III. clinique psychiatrique, maison de repos IV. → ABRI

ASKAR n.m. → SOLDAT

ASOCIABILITÉ et **ASOCIALITÉ** n.f. → MISANTHROPIE

ASOCIAL, E antisocial, clochardisé, inadapté, marginal, rejeté, réprouvé → RÉVOLTÉ
◆ CONTR. → SOCIABLE

ASPASIE n.f. → PROSTITUÉE

ASPECT n.m. I. abord, angle, apparence, cachet, caractère, configuration, côté, couleur, coup d'œil, endroit, extérieur, facette, forme, jour, perspective, point de vue, rapport, tour, vue II. air, allure, contenance, dehors, écorce, face, faciès, figure, look, masque, physionomie, profil, tournure, train, visage
◆ CONTR. → FOND

ASPERGE n.f. I. asparagus, corrude II. **1. fam.** → GRAND **2. arg.** → SEXE

ASPERGER → ARROSER

ASPERGILLE n.f. → CRUSTACÉ

ASPÉRITÉ n.f. I. → RUGOSITÉ II. → RUDESSE

ASPERMATISME n.m. anéjaculation, aspermie → IMPUISSANCE

ASPERSOIR n.m. aspergès, goupillon

ASPÉRULE n.f. faux-gaillet, petit muguet, reine des bois

ASPHALTE n.m. I. bitume, goudron, macadam, revêtement II. → RUE III. → PROSTITUTION

ASPHALTER → BITUMER

ASPHYXIE n.f. I. anoxémie → SUFFOCATION II. → RÉPLÉTION

ASPHYXIER → ÉTOUFFER

ASPIC n.m. I. → VIPÈRE II. → CANON III. → PÂTÉ IV. grande lavande, lavande mâle

ASPIOLE n.m. → GÉNIE

ASPIRAIL, AUX n.m. → OUVERTURE

ASPIRANT n.m. → POSTULANT

ASPIRATION n.f. I. inhalation, inspiration, prise, respiration, succion II. → DÉSIR
◆ CONTR. I. → EXPIRATION II. → INDIFFÉRENCE

ASPIRER I. absorber, avaler, humer, inhaler, inspirer, priser, renifler, respirer, siphonner, sucer, super II. ambitionner, appeler, courir après, désirer, lever/ porter ses yeux sur, prétendre, souhaiter, soupirer après/ pour, tendre à → VOULOIR
◆ CONTR. I. → EXPIRER II. → CRACHER III. → DÉDAIGNER

ASPRE n.f. → HAUTEUR

ASQUE n.m. ou f. → OUTRE

ASSAGIR I. atténuer, calmer, diminuer, modérer, tempérer II. **v. pron. :** se ranger → CALMER (SE)
◆ CONTR. I. → EXCITER II. → SÉDUIRE

ASSAGISSEMENT n.m. → AMENDEMENT, APAISEMENT

ASSAILLANT, E → AGRESSEUR

ASSAILLIR → ATTAQUER

ASSAINIR → PURIFIER

ASSAINISSEMENT n.m. I. antisepsie, asepsie, désinfection, détersion, nettoyage, prophylaxie, purification, stérilisation II. assèchement, dessèchement, drainage, épuration, évacuation
◆ CONTR. → INFECTION

ASSAISONNEMENT n.m. I. achards, apprêt, aromate, condiment, épice, garniture, harissa, ingrédient, ketchup, mayonnaise, moutarde, pickles, préparation, sauce, tabasco, variantes (rég.), vinaigrette → AROMATE **II.** → PIQUANT

◇ CONTR. → AFFAIBLISSEMENT

ASSAISONNER accommoder, agrémenter, ailler, ajouter, apprêter, aromatiser, épicer, pimenter, poivrer, rehausser, relever, safraner, saler, vinaigrer → EMBELLIR

◇ CONTR. → AFFADIR

ASSASSIN n.m. et adj. → HOMICIDE

ASSASSINAT n.m. → CRIME

ASSASSINER → TUER

ASSAUT n.m. → ATTAQUE

ASSAVOIR → CONNAÎTRE

ASSEAU n.m. → MARTEAU

ASSÈCHEMENT n.m. dessèchement, drainage, épuisement, tarissement

◇ CONTR. → ARROSAGE

ASSÉCHER → SÉCHER

ASSEMBLABLE → POSSIBLE

ASSEMBLAGE n.m. **I. 1.** accouplage, ajustage, cadrature, crabotage, enlaçure, montage **2.** accolement, agglomération, agrégat, amalgame, amas, arrangement, assemblement, association, assortiment, collection, combinaison, composé, conjonction, disposition, échafaudage, groupement, jonction, juxtaposition, liaison, rapprochement, rassemblement, réunion, superposition, union **3.** adent, attache, lien, moise, monture → SOUDURE **4.** armée, assemblée, colonie, condominium, confédération, fédération, nation, peuple, société, troupe, union **5.** botte, bouquet, gerbe, tortis, tresse **II.** accolure, assemblement (vx), couplage, groupage, jumelage, mariage, mixité, réunion, union **III. 1.** → ASSORTIMENT **2.** → COLLECTION

◇ CONTR. → SÉPARATION

ASSEMBLÉE n.f. **I.** amphictyonat, chambre, congrès, conseil, parlement **II.** académie, compagnie, institut **III.** → RÉUNION, **IV.** → FÊTE

◇ CONTR. → SÉPARATION

ASSEMBLER **I.** abander (québ.), adenter, appliquer, boulonner, cheviller, clouer, coller, emboîter, embrever, encastrer, enchâsser, enlier, enter, moiser, monter, mortaiser, river, riveter, sceller, souder, visser → AJUSTER, JOINDRE **II.** agglomérer, agrouper (vx), amasser, attrouper, battre le rappel, collecter, concentrer, conglober, conglomérer, conglutiner, conjoindre, grouper, lever, masser, mobiliser, rallier, ramasser, rassembler, recueillir, regrouper, remembrer, réunir, unir

◇ CONTR. → SÉPARER

ASSENER → FRAPPER

ASSENTIMENT n.m. acceptation, accord, acquiescement, adhésion, agrément, approbation, autorisation, bon vouloir, commun accord, complaisance, consensus, consentement, permission, unanimité

◇ CONTR. → CONDAMNATION

ASSENTIR **I.** → CONSENTIR **II.** → SENTIR

ASSEOIEMENT et **ASSEYEMENT** n.m. → ÉTABLISSEMENT

ASSEOIR → FONDER

ASSERTER **I.** → AFFERMIR **II.** → AFFIRMER

ASSERTIF, IVE → AFFIRMATIF

ASSERTION n.f. → AFFIRMATION

ASSERTORIQUE et **ASSÉVÉRATIF, IVE** → AFFIRMATIF

ASSERVIR → SOUMETTRE

ASSERVISSANT, E aliénant, asservisseur (vx), assujettissant

◇ CONTR. : émancipant

ASSERVISSEMENT n.m. → SERVITUDE

ASSERVISSEUR, EUSE n. et adj. **I.** → ASSERVISSANT **II.** → TYRAN

ASSESSEUR n.m. → ADJOINT

ASSEZ **I.** à satiété, suffisamment **II.** ça suffit, ça va, stop, top **III.** passablement, plutôt **IV. EN AVOIR ASSEZ** : être → FATIGUÉ **V. fam.** : basta, baste (vx), c'est/ y en a class/ marre/ nibé, plein le → FESSIER, ras-le-bol, rideau

◇ CONTR. → TRÈS

ASSIDU, E **I.** → CONTINU **II.** → EXACT

ASSIDUITÉ n.f. **I.** → EXACTITUDE **II.** → TÉNACITÉ

ASSIDÛMENT → TOUJOURS

ASSIÉGEANT, E et **ASSIÉGEUR, EUSE** fig. → QUÉMANDEUR

◇ CONTR. : assiégé, sollicité

ASSIÉGER **I.** → INVESTIR **II.** accabler, s'attacher à, bombarder (fam.), coller (fam.), obséder, poursuivre → TOURMENTER

◇ CONTR. **I.** : lever le siège **II.** → ABANDONNER

ASSIETTE n.f. **I.** calotte, écuelle, plat, vaisselle **II.** équilibre, pose, position, posture, situation **III.** → RÉPARTITION

ASSIETTÉE n.f. → QUANTITÉ

ASSIGNAT n.m. → BILLET

ASSIGNATION n.f. **I.** → CONVOCATION **II.** → ATTRIBUTION

ASSIGNER **I. jurid.** : appeler, citer, convoquer, mander **II.** → ATTRIBUER **III.** → INDIQUER

ASSIMILABLE **I.** → COMPARABLE **II.** → DIGESTE

ASSIMILATION n.f. **I.** → COMPARAISON **II.** → DIGESTION **III. ling. :** → CONTRACTION

ASSIMILÉ, E I. au pr. : analogue, comparable, équivalent, identique, kif-kif (fam.), pareil, semblable, similaire, tel, tout comme **II. par ext. :** acclimaté à, accoutumé à, apprivoisé, au courant, au fait, coutumier de, dressé, éduqué, endurci, entraîné, façonné, fait à, familiarisé avec, familier de, formé, mis au pas (péj.)/ au pli, plié à, rompu à, stylé
◇ CONTR. **I.** → DIFFÉRENT **II.** → INADAPTÉ

ASSIMILER I. digérer, élaborer, transformer, utiliser **II.** → RAPPROCHER
◇ CONTR. → REPOUSSER

ASSISE n.f. **I. au sing.** → FONDEMENT **II. au pl. 1.** → RÉUNION **2.** juridiction populaire – arg. : assiettes, carrée des grandes gerbes, grand carreau, guignol, tourniquet

ASSISTANCE n.f. **I.** → APPUI **II.** → PUBLIC

ASSISTANT, E → ADJOINT

ASSISTER I. 1. → AIDER **2.** → APPUYER **II.** entendre, être présent, suivre, voir
◇ CONTR. → ABANDONNER

ASSOCIATION n.f. **I.** adjonction, affiliation, agrégation, alliance, assemblage, fusion, groupement, incorporation, intégration, liaison, réunion **II.** alliance, attelage, collage (péj.), liaison, mariage, union (libre) **III.** → COOPÉRATION **IV.** congrégation, corps → SOCIÉTÉ **V.** → PARTICIPATION
◇ CONTR. **I.** → ISOLEMENT **II.** → SÉPARATION

ASSOCIÉ, E acolyte, actionnaire, allonyme, bras droit, coïntéressé, collaborateur, consort (partic.), contractant, coopérant, coopérateur, nègre (fam. et péj.), intervenant, porteur (d'actions/ de parts) → ADJOINT
◇ CONTR. → CONCURRENT

ASSOCIER accorder, adjoindre, affilier, agréger, attacher, enrôler, fédérer, incorporer, intégrer, intéresser, joindre, lier, liguer, rapprocher, réunir, solidariser, syndiquer, unir
◇ CONTR. **I.** → ÉCARTER **II.** → SÉPARER

ASSOIFFER altérer, assécher, déshydrater, dessécher, donner la pépie (fam.)/ soif, faire crever de soif (fam.), pousser à boire *et les syn. de* boire, rendre avide de
◇ CONTR. : désaltérer

ASSOLEMENT n.m. → ALTERNANCE

ASSOLER → ALTERNER

ASSOMBRIR I. → OBSCURCIR **II.** → AFFLIGER

ASSOMMANT, E → ENNUYEUX

ASSOMMEMENT n.m. **I.** → ABATTAGE **II.** → ENNUI

ASSOMMER I. fam. : 1. anesthésier, calmer, coucher/ laisser sur le carreau, effacer, endormir, engourdir, ensuquer, estourbir, étendre, étourdir, gonfler, répandre, scionner, sécher, sonner → BATTRE **2.** → TUER **II. 1.** → ENNUYER **2.** → ABASOURDIR

ASSOMMOIR n.m. **I.** → ARME **II.** → CABARET

ASSOMPTION n.f. prise en charge → REVENDICATION

ASSONANCE n.f. **I.** → CONSONANCE **II.** → HARMONIE

ASSORTIMENT n.m. assemblage, choix, garniture, jeu
◇ CONTR. → UNIFORMITÉ

ASSORTIR I. → ACCOUPLER **II.** → FOURNIR

ASSORTIR (S') → PLAIRE (SE)

ASSOTÉ, E → AMOUREUX

ASSOUPIR I. → ENDORMIR **II. v. pron.** → DORMIR

ASSOUPISSANT, E I. amollissant, calmant, endormant, narcotique, soporifique **II.** → ENNUYEUX
◇ CONTR. → AFFRIOLANT

ASSOUPISSEMENT n.m. appesantissement, endormissement (vx), engourdissement, hypnose, léthargie, narcose, sommeil, somnolence → APATHIE – **méd. :** coma, sopor
◇ CONTR. **I.** → EXCITATION **II.** éveil, réveil

ASSOUPLIR I. → MODÉRER **II.** → LÂCHER

ASSOUPLISSEMENT n.m. → MODÉRATION

ASSOURDI, E → SOURD

ASSOURDIR I. → ABASOURDIR **II.** → ÉTOUFFER

ASSOURDISSANT, E → BRUYANT

ASSOUVI, E I. → REPU **II.** → SATISFAIT

ASSOUVIR apaiser, contenter, étancher, calmer, contenter, rassasier, remplir, satisfaire
◇ CONTR. **I.** → AFFAMER **II.** → EXCITER

ASSOUVISSEMENT n.m. apaisement, contentement, satisfaction
◇ CONTR. **I.** → INSATISFACTION **II.** → FAIM **III.** → EXCITATION

ASSUÉTUDE n.f. → ACCOUTUMANCE

ASSUJETTI, E I. → AFFILIÉ **II.** → CONTRIBUABLE

ASSUJETTIR I. → FIXER **II.** → OBLIGER **III.** → SOUMETTRE

ASSUJETTISSEMENT n.m. **I.** → OBLIGATION **II.** → SUBORDINATION

ASSUMER se charger, endosser, porter la médaille/ le chapeau (fam.), prendre sur soi, revendiquer

◈ CONTR. I. → REPOUSSER II. → REFUSER

ASSURAGE n.m. → SÉCURITÉ

ASSURANCE n.f. I. → GARANTIE II. → PRO-MESSE III. → CONFIANCE IV. **au pl.**: secteur tertiaire V. → SÛRETÉ

ASSURÉ, E I. → DÉCIDÉ II. → ÉVIDENT III. → SÛR

ASSUREMENT n.m. I. → SÉCURITÉ II. → AFFIRMATION

ASSURÉMENT → ÉVIDEMMENT

ASSURER I. affermir, consolider, fixer II. → GARANTIR III. → PROCURER IV. → AFFIRMER V. → PROMETTRE VI. **v. pron. 1.** → VÉRIFIER 2. → EMPARER (s')

◈ CONTR. I. → NIER II. → RISQUER

ASSUREUR n.m. I. agent, apériteur, courtier, inspecteur (d'assurances) II. **arg.** → COMPLICE

ASSURGENT, E → MONTANT

ASTACICULTURE n.f. → ÉLEVAGE

ASTE n.f. → BÂTON

ASTER n.m. œil-de-christ, reine-marguerite

ASTÉRIE n.f. étoile de mer

ASTÉRISME n.m. constellation, groupe d'étoiles, pléiade

ASTÉROÏDE n.m. aérolithe, bolide, étoile (filante), météore

ASTHÉNIE n.f. → FATIGUE

ASTHÉNIQUE → FAIBLE

ASTHMATIQUE I. → ESSOUFFLÉ II. → FAIBLE

ASTHME n.m. → SUFFOCATION

ASTIC n.m. polissoir

ASTICOT n.m. I. → AICHE II. → TYPE

ASTICOTAGE n.m. I. → TAQUINERIE II. → AGACERIE

ASTICOTER I. → TAQUINER II. → TOURMENTER

ASTICOTEUR, EUSE → TAQUIN

ASTIQUAGE n.m. → NETTOIEMENT

ASTIQUER briquer, cirer, faire briller/ reluire, fourbir, frictionner, froisser, frotter, nettoyer, peaufiner (fam.), polir, poncer, récurer

◈ CONTR. I. → SALIR II. → ABANDONNER

ASTRAGALE I. **n.m.** → MOULURE II. **n.f.** barbe de renard

ASTRAKAN n.m. breitschwanz, karakul

ASTRAL, E céleste, cosmique, lunaire, sidéral, solaire, stellaire, zodiacal

ASTRANCE n.f. sanicle de montagne

ASTRE n.m. I. astéroïde, céphéide, comète, étoile, naine, nova, pentacle, planète, satellite, supernova II. → LUNE III. → SOLEIL IV. **vx** globe, luminaire V. destin, destinée, étoile, signe

ASTREIGNANT, E → PÉNIBLE

ASTREINDRE → OBLIGER

ASTREINTE n.f. → OBLIGATION

ASTRINGENT, E I. astrictif (vx), hémostatique, styptique II. → ACERBE

ASTRIONICS **spat. off.**: électronique spatiale

ASTROBLÈME n.m. cratère fossile

ASTRODÔME n.m. planétarium

ASTROLÂTRIE n.f. I. sabéisme II. → RELIGION

ASTROLOGIE n.f. → DIVINATION

ASTROLOGISER I. → PRÉSUMER II. → PRÉVOIR

ASTROLOGUE n.m. et f. → DEVIN

ASTROMANCIE n.f. → DIVINATION

ASTRONAUTE n.m. et f. cosmonaute, spationaute

ASTRONEF n.m. → AÉRODYNE

ASTRONOMIE n.f. I. astrophotographie, astrophysique, astrométrie, cosmographie, cosmologie, radioastronomie, sciences de l'espace II. **par ext.** → COSMOGONIE

ASTRONOMIQUE → DÉMESURÉ

ASTRONOMIQUEMENT de façon → DÉMESURÉ *et les dérivés possibles en* -ment *des syn. de* démesuré

ASTROPHOTOMÈTRE n.m. → LUNETTE

ASTROSOPHIE n.f. → OCCULTISME

ASTUCE n.f. I. adresse, art, artifice, attrape-nigaud, cautèle, chafouinerie, chausse-trape, détour, diplomatie, échappatoire, embûche, faux-fuyant, feinte, ficelle, finasserie, finesse, fourberie, fraude, habileté, intrigue, invention, jésuitisme, machiavélisme, machination, machine, malice, malignité, manège, manœuvre, matoiserie, méandre, perfidie, piège, politique, retour (vén.), rets, roublardise, rouerie, rubriques (vx), ruse, stratagème, subterfuge, subtilité, trame, tromperie, truquage – **fam.**: arnaque, carotte, truc II. clairvoyance, discernement, ingéniosité, ouverture d'esprit, pénétration, sagacité → INTELLIGENCE III. → PLAISANTERIE

◈ CONTR. I. → HONNÊTETÉ II. → BÊTISE

ASTUCIEUSEMENT avec → ASTUCE, de façon → ASTUCIEUX *et les dérivés possibles en* -ment *des syn. de* astucieux

ASTUCIEUX, EUSE I. → INTELLIGENT II. → MALIN

ASTYNOME n.m. → ÉDILE

ASURA n.m. → GÉNIE

ASYMÉTRIE n.f. dissymétrie, irrégularité
◈ CONTR. → SIMILITUDE

ASYMÉTRIQUE → IRRÉGULIER

ASYNDÈTE n.f. asyndéton (vx), ellipse

ATARAXIE n.f. → APATHIE

ATAVAL, E → HÉRÉDITAIRE

ATAVISME n.m. → HÉRÉDITÉ

ATÈLE n.m. → SINGE

ATELIER n.m. agence, boutique, cabinet, chantier, fabrique, laboratoire, manufacture, ouvroir, studio, usine – **fam.** : turbin, turbine, turf

ATELLANE n.f. → PIÈCE

ATERMOIEMENT n.m. ajournement, attentisme, délai, faux-fuyant, hésitation, lenteur, manœuvre dilatoire, remise, retard, retardement, temporisation, tergiversation
◈ CONTR. → DÉCISION

ATERMOYER → RETARDER

ATHANOR n.m. → USTENSILE

ATHÉE n.m. et f. et adj. → INCROYANT

ATHÉISER déchristianiser
◈ CONTR. : christianiser, évangéliser, islamiser

ATHÉISME n.m. → SCEPTICISME

ATHÉNÉE n.m. → LYCÉE

ATHLÈTE n.m. et f. boxeur, cavalier, champion, coureur, culturiste, décathlonien, discobole, escrimeur, gymnasiarque, gymnaste, haltérophile, judoka, lanceur, lutteur, nageur, pancratiastre (antiq.), patineur, pentathlonien, plongeur, recordman, sauteur, skieur, sportif, tennisman/ woman, triathlonien → CYCLISTE – **fam.** : armoire à glace/ normande

ATHLÉTIQUE → FORT

ATHLÉTISME n.m. **I. au pr.** : biathlon, course à pied/ de haie, décathlon, lancement du disque/ du javelot/ du marteau/ du poids, marathon, pentathlon, saut, triathlon **II. par ext.** : boxe (anglaise/ française), cheval *ou* équitation, culture physique, cyclisme, escrime, gymnastique, haltères *ou* haltérophilie, judo, karaté, lutte (gréco-romaine), marche, natation, pancrace, patinage, saut à la perche, ski, tennis, tremplin, triathlon → SPORT

ATHLOTHÈTE n.m. → ÉDILE

ATIMIE n.f. → DÉCHÉANCE

ATLANTE n.m. → STATUE

ATMOSPHÈRE n.f. **I.** air, espace, éther, fluide, gaz, milieu **II.** ambiance, aura, climat, entourage, environnement, fluide, influence
◈ CONTR. → VIDE

ATOCA n.m. airelle des marais, canneberge (québ.)

ATOME n.m. → PARTICULE

ATOMISATION n.f. **I.** → DISPERSION **II.** → PULVÉRISATION

ATOMISER I. disperser, fractionner, pulvériser, vaporiser **II.** vitrifier → DÉTRUIRE
◈ CONTR. → RÉUNIR

ATOMISEUR n.m. aérosol, bombe, nébuliseur, pulvérisateur, vaporisateur

ATONE → INERTE

ATONIE n.f. **I.** → APATHIE **II.** → INERTIE

ATOUR(S) n.m. → ORNEMENT

ATOURNER → ORNER

ATOUT n.m. → AVANTAGE

ATRABILAIRE → BILIEUX

ATRABILE n.f. **I.** → HUMEUR **II.** → MÉLANCOLIE

ÂTRE n.m. → FOYER

ATRIAU(X) n.m. → SAUCISSE

ATRICHIE n.f. → CALVITIE

ATRIUM n.m. **par anal.** : narthex, parvis, patio

ATROCE I. → AFFREUX **II.** → MÉCHANT

ATROCEMENT avec → ATROCITÉ, de façon → ATROCE *et les dérivés possibles en* -ment *des syn. de atroce*

ATROCITÉ n.f. **I.** → BARBARIE **II.** → HORREUR

ATROPHIE n.f. → MAIGREUR

ATROPHIER I. → AFFAIBLIR **II.** → DIMINUER

ATROPOS n.m. sphinx tête-de-mort → PAPILLON

ATTABLÉ, E assis, installé

ATTACHANT, E I. → ATTIRANT **II.** → INTÉRESSANT

ATTACHE n.f. **I. au pr. 1.** accouple (vén.), chaîne, corde, laisse, licol, licou, lien, ligament, liure (mar.), longe, rétinacle (bot.), sandow → AGRAFE **2.** accolure, épissure, ligature, nœud → FIXATION, RUBAN **3. vx** : chevêtre, hart **II. fig. 1.** → ATTACHEMENT **2.** → RELATION
◈ CONTR. **I.** → LIBERTÉ **II.** → RENONCEMENT

ATTACHÉ, E I. → FIDÈLE **II.** → ADJOINT

ATTACHEMENT n.m. admiration, adoration, affection, amitié, amour, application, assiduité, attache, constance, dévotion, dévouement, dilection (relig.), estime, fanatisme, fidélité, flamme, goût, idolâtrie, inclination, indéfectibilité, intérêt, lien, loyalisme, passion, sentiment, tendresse, zèle – **vx** : complaisance, feu, nœud

◇ CONTR. → ÉLOIGNEMENT

ATTACHER I. accouer, accoupler, accrocher, agrafer, amarrer, ancrer, appendre, assembler, assujettir, atteler, biller, botteler, brêler, chabler, cheviller, coller, cramponner, embrêler, enchaîner, ficeler, garrotter, harder (vén.), joindre, lier, ligaturer, ligoter, maintenir, mettre, nouer, pendre, river, suspendre → FIXER – **mar.** : amurer, bosser, carguer, élinguer, enverguer, étalinguer **II.** → ARRÊTER **III.** → INTÉRESSER **IV.** → ASSOCIER **V. v. pron.** : s'accrocher, s'agriffer, s'agripper, se coller, se cramponner, se raccrocher → AIMER

◇ CONTR. **I.** → DÉFAIRE **II.** → LIBÉRER

ATTACUS n.m. bombyx de l'ailante → PAPILLON

ATTAQUABLE → FAIBLE

ATTAQUANT, E → AGRESSEUR

ATTAQUE n.f. **I.** abordage (mar.), agression, assaillement (vx), assaut, attentat, bombardement, charge, offensive → RAID **II.** → GUET-APENS **III.** accès, congestion, crise, ictus, paralysie **IV.** → COMMENCEMENT **V.** → MÉDISANCE

◇ CONTR. **I.** → DÉFENSE **II.** → ÉLOGE

ATTAQUER I. 1. aborder, agresser, assaillir, chercher des crosses (fam.)/ querelle, combattre, défier, entreprendre, escarmoucher (vx), fondre/ se jeter/ tomber sur, se frotter à, se lancer/ se précipiter contre, livrer bataille/ combat, pourfendre, prendre à partie, presser, quereller, rompre en visière, surprendre **2. arg. ou fam.** : braquer, entrer/ rentrer dans le chou/ dans le lard/ dedans, opérer, sauter sur le râble, tomber (sur le poil) **II.** → RONGER **III.** → COMMENCER **IV.** → BLÂMER

◇ CONTR. **I.** → DÉFENDRE **II.** → LOUER

ATTAQUEUR, EUSE → ADVERSAIRE

ATTARDEMENT n.m. → RETARD

ATTARDER (S') → FLÂNER

ATTEIGNABLE → ACCESSIBLE

ATTEINDRE I. → ARRIVER **II.** → TOUCHER **III.** → REJOINDRE

ATTEINTE n.f. **I.** → DOMMAGE **II.** → CRISE

ATTELAGE n.m. **I.** armon, brancards, équipage, palonnier, timon → HARNACHEMENT **II.** → ASSOCIATION

ATTELER I. → ATTACHER **II. v. pron.** : s'adonner, s'appliquer, s'assujettir, s'attacher, se dévouer, s'enchaîner, se livrer, se mettre à

◇ CONTR. **I.** → DÉFAIRE **II.** → LIBÉRER **III.** → ABANDONNER

ATTELLE n.f. **I. par ext.** : contention, éclisse, gouttière **II.** planchette, plaque

ATTENANCE n.f. → DÉPENDANCE

ATTENANT, E → PROCHAIN

ATTENDRE I. demeurer/ rester sur place, guetter, languir, se morfondre, patienter **II. fam.** : arracher du chiendent, croquer le marmot, droguer, faire antichambre/ le pied de grue/ le poireau/ le singe, gaffer, gober les mouches, laisser pisser le mérinos/ le mouton, mariner, mitonner, maronner, moisir, naqueter (vx), pauser (rég.), piquer/ planter un poireau, poireauter **III. 1.** → ESPÉRER **2.** → PRÉSUMER

◇ CONTR. **I.** → PARTIR **II.** → ACCÉLÉRER

ATTENDRIR I. au pr. → AFFAIBLIR **II. fig. 1.** → ÉMOUVOIR **2.** → FLÉCHIR

ATTENDRISSANT, E → ÉMOUVANT

ATTENDRISSEMENT n.m. → COMPASSION

ATTENDU QUE → PARCE QUE

ATTENIR I. → TOUCHER (À) **II.** → APPARTENIR (À)

ATTENTAT n.m. → CRIME

ATTENTATOIRE → CONTRAIRE

ATTENTE n.f. **I.** espérance, expectance, expectation (vx), expectative, présomption → DÉSIR **II.** faction, pause, station – **fam.** : pied de grue, poireau

◇ CONTR. **I.** → RÉALISATION **II.** → ARRIVAGE

ATTENTER → ENTREPRENDRE

ATTENTIF, IVE appliqué, circonspect, diligent, exact, observateur, soigneux, vigilant → RESPECTUEUX

◇ CONTR. → DISTRAIT

ATTENTION n.f. **I.** application, concentration, contemplation, contention, diligence, étude, exactitude, méditation, réflexion, soin, tension d'esprit, vigilance → CURIOSITÉ **II.** → ÉGARDS **III. vx** : advertance, audience **IV. FAIRE ATTENTION** : faire gaffe (arg.), garder de (vx), se garder de, prendre garde **V. interj.** : gare, pardon, poussez-vous – **fam.** : acré, balec, chaud (devant), gaffe, pet, vingt-deux – **québ.** : eille, patouche

◇ CONTR. **I.** → DISTRACTION **II.** → IMPOLITESSE

ATTENTIONNÉ, E → ATTENTIF

ATTENTISME n.m. → ATERMOIEMENT

ATTENTISTE → MALIN

ATTENTIVEMENT avec → ATTENTION, diligemment, respectueusement, soigneusement

◇ CONTR. → DISTRAITEMENT

ATTÉNUANCE et **ATTÉNUATION** n.f. → DIMINUTION

ATTÉNUEMENT n.m. → AFFAIBLISSEMENT

ATTÉNUER I. → AFFAIBLIR II. → MODÉRER

ATTERRAGE n.m. abordage, accostage, débarquement
◇ CONTR. → APPAREILLAGE

ATTERRANT, E → EFFRAYANT

ATTERRÉ, E abasourdi, abattu, accablé, catastrophé, chagriné, confondu, consterné, écrasé, effondré, épouvanté, étourdi, foudroyé, stupéfait, surpris, triste
◇ CONTR. → SATISFAIT

ATTERRER I. → ÉPOUVANTER II. atterrir, toucher à terre III. vx : abattre, mettre à bas/ à terre, rabattre
◇ CONTR. → SATISFAIRE

ATTERRISSEMENT n.m. → ALLUVION

ATTESTATEUR, TRICE I. → GARANT II. → TÉMOIN

ATTESTATION n.f. certificat, référence, vidimus (jurid.), visa → DÉCLARATION

ATTESTER I. → AFFIRMER II. → PROUVER III. → CONFIRMER

ATTICISME n.m. bonnes manières, civilité, délicatesse, distinction, urbanité
◇ CONTR. → IMPOLITESSE

ATTIÉDIR I. → REFROIDIR II. → MODÉRER

ATTIÉDISSEMENT n.m. → TIÉDEUR

ATTIFAGE et **ATTIFEMENT** n.m. → ACCOUTREMENT

ATTIFER accoutrer, adoniser, adorner, afistoler, apprêter, arranger, bichonner, embellir, endimancher, garnir, orner, pomponner, poupiner – vx : pimplocher, pimprelocher
◇ CONTR. I. être élégant/ vêtu de bon goût II. → DÉVÊTIR

ATTIFET et **ATTIFIAU(X)** n.m. → COIFFURE

ATTIFEUR, EUSE → COIFFEUR

ATTIGER → EXAGÉRER

ATTIGEUR n.m. → HÂBLEUR

ATTIGNOLE n.f. → CHARCUTERIE

ATTINGENT, E → PROCHAIN

ATTINGIBLE → INTELLIGIBLE

ATTIQUE I. adj. : atticurge II. n.m. ou fém. : étage supérieur – par ext. : couronnement, comble(s), frise, mansarde
◇ CONTR. : étage(s) noble(s)

ATTIRAIL n.m. affaires, appareil, bagage, bataclan, bazar, chargement, équipage, équipement, fourbi, fourniment, paquet, paquetage, train

ATTIRANCE n.f. I. → INCLINATION II. → ATTRACTION III. → CHARME

ATTIRANT, E I. attracteur, attractif, fascinateur, magnétique II. fig. : aimable, aimantin, attachant, attrayant, captivant, charismatique, charmant, enchanteur, engageant, ensorcelant, envoûtant, fascinant, insinuant, invitant (vx), prenant, ravissant, sexy → SÉDUISANT
◇ CONTR. → RÉPUGNANT

ATTIRER I. une chose. 1. → TIRER 2. → OCCASIONNER II. un être : affriander, affrioler, aguicher, allécher, amorcer, appachonner (arg.), appâter, attraire (vx), charmer, gagner, séduire, tenter III. v. pron. → ENCOURIR
◇ CONTR. → REPOUSSER

ATTISE et **ATTISÉE** n.f. → FEU

ATTISEMENT n.m. → EXCITATION

ATTISER accroître, activer, aggraver, aiguillonner, allumer, animer, aviver, déchaîner, donner le branle/ le mouvement/ le signal, emballer, embraser, enflammer, enthousiasmer, exacerber, exalter, exaspérer, exciter, faire sortir de ses gonds, fomenter, fouetter, insuffler, mettre en branle/ en mouvement/ hors de ses gonds, mettre de l'huile sur le feu (fam.), piquer, pousser, relever, réveiller, souffler, souffler sur les braises (fam.), stimuler, surexciter, susciter, tisonner, travailler → AIGRIR
◇ CONTR. → CALMER

ATTITRÉ, E habituel, patenté – vén. : placé en relai, posté

ATTITUDE n.f. I. → POSITION II. → PROCÉDÉ III. spat. off. : orientation

ATTITUDE CONTROL spat. off. I. commande d'orientation II. pilotage III. régulation/ stabilisation d'orientation

ATTITUDE CONTROL SYSTEM spat. off. : chaîne de pilotage

ATTITUDE CONTROL UNIT spat. off. : centrale d'orientation

ATTORNEY n.m. I. → DÉFENSEUR II. → NOTAIRE III. → PROCUREUR

ATTOUCHEMENT n.m. I. → TACT II. → CARESSE

ATTOUCHER I. → EFFLEURER II. → CARESSER

ATTRACTIF, IVE I. au pr. : attracteur, compétitif II. par ext. → ATTIRANT
◇ CONTR. : répulsif

ATTRACTION n.f. I. au pr. : gravitation II. fig. : allèchement, attirance, attrait, entraînement, fascination, goût, séduction → CHARME III. → SPECTACLE
◇ CONTR. → RÉPUGNANCE

ATTRAIRE → ATTIRER

ATTRAIT n.m. I. → ATTRACTION II. → GRÂCE III. → CHARME

ATTRAPABLE → POSSIBLE

ATTRAPADE et **ATTRAPAGE** n.f., n.m.
I. → REPROCHE **II.** → PUGILAT

ATTRAPE n.f. **I.** → PIÈGE **II.** → PLAISANTERIE
III. → TROMPERIE

ATTRAPE-NIGAUD n.m. attrape-couillon
(rég. et fam.), attrape-gogo/ lourdaud/ niais
→ TROMPERIE

ATTRAPER **I. neutre. 1.** → PRENDRE **2.** → ARRÊ-
TER **3.** → OBTENIR **4.** → REJOINDRE **5.** → TOUCHER
6. → ENTENDRE **II. péj. 1. une maladie** → CONTRAC-
TER **2.** → TROMPER **3.** → RÉPRIMANDER

ATTRAPOIRE n.f. **I.** → TROMPERIE **II.** → PIÈGE

ATTRAYANT, E → ATTIRANT

ATTRIBUABLE dû/ imputable à

ATTRIBUER **I.** accorder, adjoindre, adjuger, affecter à, allotir, allouer, annexer, appliquer, assigner, attacher, concéder, conférer, consacrer, créditer, décerner, départir,
distribuer, donner, doter, gratifier de, honorer, imputer, lotir, mettre/ rejeter/ reporter
sur, octroyer, prêter, rattacher à, reconnaître, référer **II.** → SUPPOSER **III. v. pron.** →
APPROPRIER (S')
◇ CONTR. **I.** → REFUSER **II.** → PRENDRE **III.** → RE-
NONCER

ATTRIBUT n.m. **I. gram. et log. :** prédicat **II.** →
QUALITÉ **III.** → SYMBOLE **IV.** → CONTINGENCE

ATTRIBUTAIRE n.m. et f. et adj. → BÉNÉFI-
CIAIRE

ATTRIBUTION n.f. **I.** allocation, affectation, assignation, imputation, lot, octroi,
part, remise → DISTRIBUTION **II.** → EMPLOI
III. → PRÉROGATIVE
◇ CONTR. → CONFISCATION

ATTRISTANT, E accablant, affligeant, chagrinant, consternant, cruel, décourageant,
démoralisant, déplorable, déprimant, désastreux, désespérant, désolant, douloureux,
dur, embarrassant, embêtant, emmerdant
(grossier), ennuyeux, fâcheux, funeste, injuste, lamentable, malheureux, mauvais, navrant, pénible, regrettable, sot, triste
◇ CONTR. **I.** → RÉCONFORTANT **II.** → BÉNÉFIQUE

ATTRISTER **I. au pr. :** abattre, accabler, affecter, affliger, arracher des larmes, assombrir, atterrer, chagriner, consterner, contrarier, contrister, déchirer, désespérer,
désoler, embrumer, émouvoir, endeuiller,
endolorir, enténébrer, éprouver, fâcher,
faire souffrir, fendre le cœur, frapper,
mettre à l'épreuve/ au supplice/ à la torture, navrer, obscurcir, peiner, percer le
cœur, rembrunir, torturer, toucher, tourmenter, troubler – **vx :** mélancolifier, mélancoliser **II. par ironie :** doter, nantir **III. relig. :** ap-

pliquer la discipline, macérer **IV. v. pron. :**
s'adolorer (vx), déplorer, éprouver de l'afflic-
tion/ de la douleur/ du chagrin *et les formes
pron. possibles des syn. de* attrister

ATTRITION n.f. → REGRET

ATTROUPEMENT n.m. → RASSEMBLEMENT

ATTROUPER **I.** → AMEUTER **II.** → ASSEMBLER

AUBADE n.f. **I.** → CONCERT **II.** → AVANIE

AUBADER **I.** → JOUER **II.** → RÉPRIMANDER

AUBAINE n.f. **I. au pr.** → SUCCESSION **II. par ext.**
1. → PROFIT **2.** → CHANCE

AUBE n.f. **I. au pr. 1.** aurore, avant-jour, crépuscule du matin, courrière (vx), lever du
jour/ du soleil, orient, pique/ point/ pointe
du jour. **rég. :** piperette, piquette **2. techn. :** pale
3. DÈS L'AUBE : au chant de l'alouette/ du
coq, dès potron-jaquet/ -minet **II.** →
COMMENCEMENT
◇ CONTR. → SOIR

AUBÉPINE n.f. azerolier, épine blanche
– **vx :** acinier, aubépin

AUBÈRE → ROBE (DU CHEVAL)

AUBERGE n.f. **I.** → CABARET **II.** → HÔTEL
III. → RESTAURANT

AUBERGER → RECEVOIR

AUBERGINE n.f. **I.** → MORELLE **II.** → ÉVÊQUE
III. → NEZ **IV.** → POLICIER

AUBERGISTE n.m. et f. hôtelier → CABARE-
TIER

AUBERON n.m. → ANNEAU

AUBETTE n.f. abri, Abribus

AUBIER ou **AUBOUR** n.m. **rég. :** cytise,
viorne

AUBIFOIN n.m. → BLEUET

AUBIN n.m. → ALLURE

AUCUN, UNE → NUL

AUCUNEMENT **I.** → PAS **II.** → RIEN

AUCUNS (D') → PLUSIEURS

AUDACE n.f. → HARDIESSE

AUDACIEUSEMENT avec → HARDIESSE,
de façon → AUDACIEUX *et les dérivés possibles
en* -ment *des syn. de* audacieux

AUDACIEUX, EUSE **I.** → COURAGEUX, **II.** →
HARDI **III.** → ARROGANT

AUDIBLE clair, écoutable (fam.), perceptible
◇ CONTR. → INAUDIBLE

AUDIENCE n.f. **I. 1.** → PUBLIC **2.** → RÉCEPTION
II. 1. → INFLUENCE **2.** → POPULARITÉ

AUDIOFREQUENCY télécom. off. : audio-
fréquence, fréquence radio

AUDIO-VIDÉO-SPLIT audiov. off.: disynchronisation ponctuelle

AUDIT n.m. off. et québ.: auditeur

AUDITEUR, TRICE → PUBLIC

AUDITING n.m. off.: entretien, interrogatoire

AUDITION n.f. I. → CONCERT II. épreuve, essai, test

AUDITIONNER → QUESTIONNER

AUDITOIRE n.m. → PUBLIC

AUDITORIUM n.m. aula (helv.), salle de concert/ de conférence/ de radio(diffusion)/ de télé(vision)

AUGE n.f. auget, augette, bac, bassin, binée, bouloir, crèche, mangeoire, maie

AUGÉE n.f. → QUANTITÉ

AUGET n.m. godet → AUGE

AUGMENTABLE → POSSIBLE

AUGMENTATION n.f. I. → HAUSSE II. abondement, accentuation, accession, accrétion, accroissement, accrue, activation, addition, adjonction, agrandissement, allongement, amplification, arrondissement, boom ou boum, croissance, crue, développement, dilatation, distension, élargissement, élévation, enrichissement, exaltation (vx), extension, foisonnement, gradation, grossissement, intensification, majoration, montée, multiplication, rallonge, recrudescence, redoublement, renchérissement, renforcement → GONFLEMENT III. → HAUSSE IV. mar.: affraîchie V. → AGGRAVATION VI. math.: incrément, pas
◊ CONTR. → DIMINUTION

AUGMENTER I. v. intr. 1. s'accentuer, s'accroître, s'aggraver, s'agrandir, s'allonger, s'amplifier, s'arrondir, croître, s'élargir, s'étendre, gironner, grandir, grossir, s'intensifier, se multiplier, prolonger, rallonger, redoubler → GONFLER 2. → EMPIRER 3. → AFFERMIR II. v. tr.: accentuer, accroître, adjoindre, aggraver, agrandir, ajouter à, arrondir, densifier, développer, doubler, élargir, élever, enfler, enrichir, étendre, graduer, grossir, hausser, intensifier, majorer, monter, multiplier, prolonger, rallonger, redoubler, renchérir, renforcer, rengréger (vx), valoriser
◊ CONTR. → DIMINUER

AUGURAT n.m. → SACERDOCE

AUGURE n.m. I. → DEVIN II. → PRÉSAGE

AUGURER I. → PRÉSUMER II. → PRÉDIRE

AUGUSTE I. adj. → IMPOSANT II. n.m. → CLOWN

AUGUSTIN, E → RELIGIEUX

AUGUSTINIEN, NE → JANSÉNISTE

AUJOURD'HUI → PRÉSENTEMENT

AULA n.f. → AMPHITHÉÂTRE

AULNAIE ou **AULNÉE** n.f. aunée, aulnette, bosquet d' → AULNE(S)

AULNE n.m. aune, bourdaine (rég.), vergne, verne → ARBRE

AUMAILLE n.f. bovins → CHEPTEL

AUMÔNE n.f. → SECOURS

AUMÔNER consentir, jeter, lâcher → DONNER

AUMÔNIER I. n.m.: chapelain, babillard (arg.), élémosinaire (vx), ministre du culte → PRÊTRE II. adj. → GÉNÉREUX

AUMÔNIÈRE n.f. I. bourse, cassette, escarcelle, poche, porte-monnaie, réticule, sac II. par ext.: bassinet (vx), casque de Bélisaire, chapeau, gobelet, plateau, timbale, tronc → TIRELIRE

AUMÔNIEUX, EUSE → GÉNÉREUX

AUMUSSE n.f. I. → FOURRURE II. → CAPUCHON

AUNER → MESURER

AUNEUR n.m. → INSPECTEUR

AUPARAVANT anciennement, antécédemment, antérieurement, au préalable, autrefois, ci-devant (vx), dans le passé, dans le temps, déjà, jadis, naguère, préalablement, précédemment, premièrement
◊ CONTR. → PUIS

AUPRÈS I. → PRÈS II. → COMPARAISON (EN)

AURA n.f. I. air, ambiance, atmosphère II. vx: émanation, fluide, principe, semence, souffle III. prestige → INFLUENCE

AURÉOLE n.f. → NIMBE

AURÉOLER I. nimber → COURONNER II. → LOUER

AURICULE n.f. oreille de Judas → CHAMPIGNON

AURIGE n.m. → COCHER

AURONE n.f. armoise, citronnelle, garde-robe, petit cyprès, santoline

AURORE n.f. → AUBE

AUSCULTATION n.f. → RECHERCHE

AUSCULTER → EXAMINER

AUSONIEN, NE → ITALIEN

AUSPICE n.m. I. → DEVIN II. → PRÉSAGE III. au pl.: appui, conduite, direction, égide, patronage, protection, sauvegarde, tutelle
◊ CONTR. → MALÉDICTION

AUSSI I. autant, encore, également, de même, pareillement, de plus II. → AINSI

AUSSIÈRE n.f. haussière → CORDAGE

AUSSITÔT I. à l'instant, d'abord, d'emblée, illico (fam.), immédiatement, incessamment, incontinent, instantanément, sans délai/ plus attendre, séance tenante, soudain, soudainement, sur-le-champ, tout de suite **II. fam.** : aussi sec, bessif, illico **III. vx** : ad nutum, à la rengette, d'arrivée
◆ CONTR. → PUIS

AUSTER n.m. → VENT

AUSTÈRE I. → RUDE **II.** abrupt, ascétique, grave, janséniste, puritain, rigide, rigoriste, rigoureux, sévère, sobre, spartiate, stoïque **III.** → SIMPLE
◆ CONTR. **I.** → GAI **II.** → SENSUEL **III.** → LUXUEUX

AUSTÈREMENT → SIMPLEMENT

AUSTÉRITÉ n.f. abnégation, ascétisme, dureté, jansénisme, nudité, puritanisme, renoncement, rigidité, rigorisme, rigueur, rudesse, sévérité, simplicité, sobriété, stoïcisme → PÉNITENCE
◆ CONTR. **I.** → PLAISIR **II.** → LUXE

AUSTRAL, E, ALS antarctique, méridional, midi, sud
◆ CONTR. → BORÉAL

AUSTRALIEN, NE aborigène, australoïde – arg. : kangourou

AUSWEIS n.m. → LAISSEZ-PASSER

AUTAN n.m. → VENT

AUTANT I. → AUSSI **II. 1. AUTANT QUE** → COMME **2. D'AUTANT QUE** → PARCE QUE

AUTARCIE n.f. autoconsommation, autosubsistance, autosuffisance → ISOLEMENT
◆ CONTR. → COOPÉRATION

AUTEL n.m. foyer, laraire, pierre, pyrée, table du sacrifice

AUTEUR n.m. et f. **I.** → CAUSE **II.** → ÉCRIVAIN

AUTHENTICITÉ n.f. → BIEN-FONDÉ

AUTHENTIFIER → CERTIFIER

AUTHENTIQUE I. 1. → ÉVIDENT **2.** → VRAI **II.** → OFFICIEL

AUTHENTIQUEMENT de façon → AUTHENTIQUE *et les dérivés possibles en* -ment *des syn.* de authentique

AUTOBERGE n.f. voie sur berge → VOIE

AUTOBIOGRAPHIE n.f. → MÉMOIRES

AUTOBUS n.m. autocar, bus, car, microbus, minibus, omnibus, patache (vx), ronibus (arg.)

AUTOCENTER off. : centre-auto

AUTOCHTONE n. et adj. aborigène, habitant, indigène, local, natif, naturel, originaire
◆ CONTR. → ÉTRANGER

AUTOCLAVE n.m. → ÉTUVE

AUTOCOLLANT, E adhésif

AUTOCONSOMMATION n.f. → AUTARCIE

AUTOCRATE n. et adj. → MONARQUE

AUTOCRATIE n.f. → ABSOLUTISME

AUTOCRATIQUE → ABSOLU

AUTOCRITIQUE n.f. **I.** → CONFESSION **II.** → INTROSPECTION

AUTOCUISEUR n.m. Cocotte-minute, cuiseur, digesteur

AUTODESTRUCTION n.f. hara-kiri, suicide

AUTODROME n.m. circuit, piste

AUTO-ÉROTISME n.m. masturbation, narcissisme, onanisme

AUTOGESTION n.f. → SOCIALISME

AUTOGIRE n.m. autogyre → AÉRODYNE

AUTOGNOSE et **AUTOGNOSIE** n.f. → INTROSPECTION

AUTOLÂTRIE n.f. → ÉGOÏSME

AUTOMATE n.m. et adj. **I. au pr.** : androïde, robot **II. fig.** → FANTOCHE

AUTOMATIC DATA PROCESSING (A.D.P.) inform. off. : traitement automatique des données/ de l'information

AUTOMATION n.f. automatisation (off.), robotique, télécommande, télégestion, téléguidage, téléinformatique, télémaintenance, télémesure, télésurveillance, télétraitement → INFORMATIQUE

AUTOMATIQUE I. convulsif, forcé, inconscient, instinctif, involontaire, irréfléchi, machinal, mécanique, passif, réflexe, spontané → INÉVITABLE **II.** informatisé, programmé
◆ CONTR. **I.** → CONSCIENT **II.** → CONTINGENT. : **III.** manuel

AUTOMATIQUEMENT de soi-même, tout seul *et les dérivés en*- ment *possibles des syn. de* automatique
◆ CONTR. : manuellement

AUTOMATISER informatiser, programmer
◆ CONTR. : traiter manuellement

AUTOMATISME n.m. **I.** → HABITUDE **II.** → RÉGULARITÉ

AUTOMÉDON n.m. → COCHER

AUTOMNE n.m. arrière-saison, été indien/ de la Saint-Martin

AUTOMOBILE n.f. → VOITURE

AUTOMOTRICE n.f. aérotrain, autorail, micheline, motrice

AUTONOME → LIBRE

AUTONOMIE n.f. → LIBERTÉ

AUTONOMISTE n. et adj. → SÉPARATISTE

AUTO PILOT spat. off. : bloc de pilotage

AUTOPSIE n.f. analyse, anatomie, dissection, docimasie, examen, nécro (arg.), nécropsie, vivisection

AUTORAIL n.m. → AUTOMOTRICE

AUTORESSE n.f. → ÉCRIVAIN

AUTORISATION n.f. → PERMISSION

AUTORISÉ, E I. → TOLÉRÉ II. → INFLUENT III. → QUALIFIÉ

AUTORISER I. accréditer, appuyer, confirmer, habiliter, justifier, qualifier II. accepter, accorder, acquiescer, admettre, agréer, approuver, concéder, consentir, dispenser, donner la permission *et les syn. de* permission, laisser, passer, permettre III. → SOUFFRIR

◇ CONTR. I. → REFUSER II. → DÉFENDRE

AUTORITAIRE absolu, absolutiste, altier, cassant, catégorique, conquérant, despotique, dictatorial, directif, dominateur, dur, facho (fam.), ferme, fort, impérieux, intraitable, intransigeant, irrésistible, net, péremptoire, pètesec *ou* pète-sec, pressant, raide, tranchant, tyrannique, volontaire

◇ CONTR. I. → LIBÉRAL II. → CONCILIANT III. → FAIBLE

AUTORITAIREMENT de façon → AUTORITAIRE *et les dérivés possibles en* -ment *des syn. de* autoritaire

AUTORITARISME n.m. → ABSOLUTISME

AUTORITÉ n.f. I. bras de Dieu, commandement, dominat, domination, empire, férule, force, griffe, impérialisme, loi, magistère, main, omnipotence, pouvoir, prééminence, prépotence, puissance, régence, règne, souveraineté, supériorité, toute-puissance GOUVERNEMENT II. → ABSOLUTISME III. 1. → CHARME 2. → HABILETÉ 3. → INFLUENCE 4. → QUALITÉ 5. → TÊTE

◇ CONTR. I. → DÉCHÉANCE II. → SOUMISSION III. → CONFUSION

AUTOROUTE n.f. autostrade (vx) – par ext. : pénétrante, rocade

AUTOSUBSISTANCE et **AUTOSUFFISANCE** n.m. → AUTARCIE

AUTOTOMIE n.f. → AMPUTATION

AUTOTOMISER (S') → MUTILER

AUTOUR I. prép. et adv. : alentour, à la ronde → ENVIRON II. n.m. → RAPACE

◇ CONTR. : au → CENTRE

AUTRE → DIFFÉRENT

AUTREFOIS à l'origine, anciennement, au temps ancien/ passé, dans l'antiquité/ le temps, d'antan, en ce temps-là, il y a longtemps, jadis, naguère

◇ CONTR. → PRÉSENTEMENT

AUTREMENT I. alias → DIFFÉREMMENT II. beaucoup plus III. sans quoi, sinon

◇ CONTR. → AINSI

AUTRE(S) → AUTRUI

AUTRUCHE n.f. autruchon, ratite – par ext. : aptéryx, casoar, émeu, kiwi, nandou

AUTRUI alter ego, les autres, prochain, semblable

AUTRUICIDE n.m. altruicide → HOMICIDE

AUVENT n.m. abri, aubette, avant-toit, banne, caquetouère (rég.), galerie, marquise

AUVERGNAT, E I. arverne – fam. (injurieux) : bougnat, auverpin II. → CABARETIER III. → AVARE

AUVERNAT n.m. → RAISIN

AUXILIAIRE n.m. ou f. et adj. I. à mi-temps, contractuel, extra, intérimaire, remplaçant, stagiaire, supplétif, surnuméraire → ADJOINT II. → COMPLICE III. accessoire, adjuvant, annexe, complémentaire, second, supplémentaire

◇ CONTR. I. : titulaire II. → PRINCIPAL

AUXILIAIREMENT de façon → AUXILIAIRE *et les dérivés possibles en* -ment *des syn. de* auxiliaire

AUXILIATEUR, TRICE I. → ADJOINT II. → SECOURABLE

AVA n.m. → ALCOOL

AVACHI, E → FATIGUÉ

AVACHIR → AFFAIBLIR

AVACHISSEMENT n.m. I. veulerie → FAIBLESSE II. → MOLLESSE

AVAL n.m. → CAUTION

AVALABLE → POSSIBLE

AVALAGE n.m. → NAVIGATION

AVALAISON et **AVALASSE** n.f. → RIVIÈRE

AVALANCHE n.f. par ext. → PLUIE

AVALER I. au pr. 1. absorber, déglutir, effacer (arg.), enfourner, engloutir, entonner, gober, ingérer, ingurgiter, prendre – vx : engidouiller, engouler, friper, humer 2. mar. et sports : → DESCENDRE 3. → BOIRE 4. → MANGER II. fig. 1. → CROIRE 2. → RECEVOIR III. v. pron. → TOMBER

◇ CONTR. I. → VOMIR II. → REFUSER

AVALE-TOUT(-CRU) n. invar. → NAÏF

AVALEUR, EUSE → GLOUTON

AVALISER → GARANTIR

AVALISEUR n.m. et adj. avaliste → GARANT

AVALOIR(E) n.m. et f. **I.** → HARNAIS **II.** → GO-SIER

À-VALOIR n.m.inv. → ACOMPTE

AVALURE n.f. → CHUTE

AVANCE n.f. **I.** → ACOMPTE **II.** → OFFRE **III.** → AVANCEMENT **IV. FAIRE DES AVANCES** → COURTISER

AVANCÉ, E I. libre, progressiste, révolutionnaire → EXTRÉMISTE **II.** → PRÉCOCE **III.** → GÂTÉ

◆ CONTR. **I.** → RÉACTIONNAIRE **II.** → RETARDÉ **III.** → LENT

AVANCÉE n.f. **I.** → SAILLIE **II.** → PROMONTOIRE **III.** → PROGRESSION **IV. ski**: flexion vers l'avant

AVANCEMENT n.m. **I. au pr.**: avance, développement, essor, évolution, marche, progrès, progression **II. par ext.**: amélioration, élévation, marche en avant, nomination, perfectionnement, progression, promotion

◆ CONTR. **I.** → ARRÊT **II.** → DÉCADENCE **III.** → RECUL

AVANCER I. au pr. 1. gagner, gagner du terrain, marcher, pousser, progresser **2.** → ACCÉLÉRER **3.** → RAPPROCHER **II. par ext. 1.** → AFFIRMER **2.** → HASARDER

◆ CONTR. **I.** → RECULER **II.** → RETARDER **III.** → ARRÊTER

AVANIE n.f. algarade, brimade, camouflet, incartade, mortification, nasarde, scène, sortie, soufflet → OFFENSE – **vx** et/ ou **fam.**: accroche, aubade, couleuvres

◆ CONTR. **I.** → ÉLOGE **II.** → CIVILITÉS

AVANT I. prép.: devant **II. adv.**: anciennement, antérieurement, auparavant, au préalable, autrefois, ci-devant (**vx**), dans le passé, déjà, jadis, naguère, préalablement, précédemment, premièrement **III. mar.**: étrave, proue

◆ CONTR. **I.**: derrière **II.** → PUIS **III.** → ARRIÈRE

AVANTAGE n.m. **I.** atout, attribut, avance, commodité, dessus, droit, préciput, prééminence, prérogative, privilège, profit, succès, supériorité, utilité **II. 1.** → CADEAU **2.** → PROFIT

◆ CONTR. → DOMMAGE

AVANTAGER → FAVORISER

AVANTAGEUSEMENT bien, favorablement, heureusement, honorablement, profitablement, salutairement, utilement

◆ CONTR. → DÉPLORABLEMENT

AVANTAGEUX, EUSE I. → PROFITABLE **II.** → ORGUEILLEUX

AVANT-COUREUR n.m. → PRÉCURSEUR

AVANT-COURRIER n.m. **I.** → AVANT-GARDE **II.** → MESSAGER

AVANT-DERNIER pénultième

AVANT-GARDE n.f. avant-coureur, avant-courrier, éclaireur, pointe, tête

◆ CONTR. → ARRIÈRE-GARDE

AVANT-GARDISME n.m. **I.** → MODE **II.** → PROGRESSISME

AVANT-GARDISTE n.m. **I.** → SNOB **II.** → PROGRESSISTE

AVANT-GOÛT n.m. anticipation, aperçu, avant-première, échantillon, essai, exemple, idée, image, pensée, perspective, tableau, topo (**fam.**) → PRESSENTIMENT

◆ CONTR. → SOUVENIR

AVANT-PREMIÈRE n.f. couturière, générale, répétition générale → AVANT-GOÛT

AVANT-PROJET n.m. devis, esquisse, maquette, plan, proposition, tracé

AVANT-PROPOS n.m. → PRÉFACE

AVANT-SCÈNE n.f. proscenium

AVANT-TOIT n.m. abri, aubette, auvent, galerie, marquise, véranda

AVARE n. et adj. **I. 1.** amasseur, âpre au gain, auvergnat, avide, baise-la-piastre (québ.), boîte-à-sous, chiche, chien, coquin, crasseux, créancier, cupide, dur, écossais, égoïste, grigou, grippe-sou, harpagon, intéressé, jean-foutre, ladre, lésineur, lésineux, liardeur, mégotier, mesquin, pain dur, parcimonieux, pétras (rég.), pignouf, pingre, pisse-vinaigre, pouacre, près-de-ses-sous, prêteur sur gage, radin, rapace, rapiat, rat, regardant, regrattier, serré, sordide, thésauriseur, tirelire, tire-sous, tronc, usurier, vautour, vilain, vulturin **2. vx**: avaricieux, carcagnot, échars, fesse-mathieu, gredin, happe-chair, pince-maille, pleure-misère, racle-denier, raquedenase, taquin, tenant **3. arg.**: arpinche, aspic, mange-merde, pain dur, pas large du dos, pierre de taille, râpé, raquedal **4. vx et arg.**: auverpin **5. emploi signalé comme familier par Littré; aujourd'hui injurieux et raciste**: juif **6.** → USURIER **7. ÊTRE AVARE**: avoir un cactus/ un oursin/ un scorpion dans le → PORTE-MONNAIE/ LA POCHE, être constipé du → PORTE-MONNAIE, boire/ manger en Suisse ou en suisse, être malade du pouce, les lâcher avec un élastique, ne pas attacher ses chiens avec des saucisses, tondre un œuf **II.** → ARIDE

◆ CONTR. **I.** → PRODIGUE **II.** → FERTILE

AVARICE n.f. **I.** âpreté (au gain), avidité, chicheté, chiennerie, crasse, cupidité, égoïsme, gredinerie (vx), ladrerie, lésine, lésinerie, mégotage (arg.), mesquinerie, parcimonie, pignoufierie, pingrerie, pouillerie, radinerie, rapacité, sordidité, thésaurisation, vilenie **II.** → USURE

◆ CONTR. → PRODIGALITÉ

AVARIE n.f. → DOMMAGE

AVARIER I. altérer, corrompre, dénaturer, détériorer, endommager, éventer, gâter, meurtrir, perdre, pourrir, putréfier, tarer, vicier II. **par ext.** → GÂCHER
◆ CONTR. → SOIGNER

AVARO n.m. I. → ENNUI II. → DIFFICULTÉ

AVATAR n.m. → TRANSFORMATION

AVEC I. à, ainsi que, en compagnie de, en même temps, du même coup, par II. à l'aide/ au moyen/ au prix de, grâce à, moyennant
◆ CONTR. → SANS

AVEINDRE I. → PRENDRE II. **québ.** → REJOINDRE

AVEINIAU n.m. → FILET

AVELINE n.f. noisette

AVELINIER n.m. coudre, coudrier, noisetier

AVE (MARIA) n.m. salutation angélique

AVEN n.m. → ABÎME

AVENANT, E → AIMABLE

AVENANT n.m. I. adjonction, codicille, modification, supplément II. À L'AVENANT : en accord/ conformité/ rapport, de même, pareillement
◆ CONTR. I. : contrat/ convention/ marché/ texte de base/ de référence II. → DIFFÉREMMENT

AVÈNEMENT n.m. accession, apparition, arrivée, élévation, naissance, venue
◆ CONTR. I. → ABANDON II. → FIN

AVENIÈRE n.f. → CHAMP

AVENIR n.m. I. futur, horizon, lendemain II. 1. au-delà, autre vie, destinée, éternité, temps/ vie futur(e) 2. → DESTIN 3. → POSTÉRITÉ III. À/ DANS L'AVENIR : à bref délai, avant longtemps, demain, dès maintenant, désormais, dorénavant, dans/ par la suite, plus tard, prochainement, sous peu, tantôt, ultérieurement
◆ CONTR. → PASSÉ

AVENTURE n.f. I. **au pr.** 1. → ÉVÉNEMENT 2. → ENTREPRISE II. **par ext.** 1. → HASARD 2. → DESTIN, DESTINÉE 3. → AMOUR III. 1. **BONNE AVENTURE** → DIVINATION 2. **D'AVENTURE.** → PEUT-ÊTRE
◆ CONTR. I. → TRANQUILLITÉ II. → SÉCURITÉ

AVENTURER commettre, compromettre (péj.), émettre, essayer, exposer, hasarder, jouer, jouer son va-tout, se lancer, risquer, risquer le paquet (fam.), tenter → EXPÉRIMENTER
◆ CONTR. → ASSURER

AVENTUREUSEMENT de façon → AVENTUREUX *et les dérivés possibles en* -ment *des syn. de* aventureux

AVENTUREUX, EUSE audacieux, aventurier (vx), entreprenant, hardi, hasardeux, imprévoyant, imprudent, osé, téméraire → RISQUÉ
◆ CONTR. I. → CASANIER II. → PRUDENT

AVENTURIER, ÈRE I. **nom** → INTRIGANT II. **adj.** → AVENTUREUX

AVENUE n.f. I. → ALLÉE II. → RUE III. → VOIE

AVÉRÉ, E → VRAI

AVÉRER I. 1. → VÉRIFIER 2. → CONFIRMER II. **v. pron.** 1. → PARAÎTRE 2. → RESSORTIR

AVERNE n.m. → ENFER

AVERS n.m. endroit, face, obvers, recto
◆ CONTR. → REVERS

AVERSE n.f. → PLUIE

AVERSION n.f. I. → ÉLOIGNEMENT II. → RÉPUGNANCE

AVERTI, E → CAPABLE

AVERTIN n.m. I. → FOLIE II. → VERTIGE

AVERTIR I. alerter, annoncer, apprendre, aviser, crier do (vx), crier casse cou/ gare, dénoncer, dire, donner avis, éclairer, faire connaître/ savoir, indiquer, informer de, instruire, mettre en demeure/ en garde, montrer, notifier, porter à la connaissance, prévenir, renseigner, signaler II. → RÉPRIMANDER III. corner, klaxonner, sonner IV. **arg.** : arçonner, rancarder
◆ CONTR. → DISSIMULER

AVERTISSEMENT n.m. I. avis, communication, conseil, duce (arg.), indication, information, instruction, monition (relig.), recommandation, renseignement, signalement, suggestion II. **non fav.** : admonestation, admonition, leçon, observation, remontrance, représentation, réprimande, semonce, tablature (vx) → REPROCHE III. **par ext.** 1. → PRÉFACE 2. → LETTRE 3. → PRÉSAGE 4. → NOTIFICATION
◆ CONTR. I. → SILENCE II. → COMPLIMENT

AVERTISSEUR n.m. bruiteur, corne, Klaxon, signal, sirène, sonnerie, sonnette, trompe

AVETTE n.f. → ABEILLE

AVEU n.m. approbation, confidence, consentement, déclaration, mea culpa, reconnaissance → CONFESSION
◆ CONTR. → SILENCE

AVEUGLANT, E I. → ÉBLOUISSANT II. → ÉVIDENT

AVEUGLE n. et adj. I. mal-voyant II. **bât.** : orbe III. → STUPIDE
◆ CONTR. : voyant

AVEUGLÉ, E **fig.** → TROUBLÉ

AVEUGLEMENT I. **au pr.** : ablepsie, cécité II. **fig.** : confusion, déraison, égarement, entêtement, erreur, fascination, folie, illusion, imprévision, indifférence, ignorance, obscurcissement, opiniâtreté → STUPIDITÉ **III.** → TROUBLE

◆ CONTR. **I.** → VUE **II.** → PÉNÉTRATION

AVEUGLÉMENT à l'aveugle/ l'aveuglette/ tâtons, avec → AVEUGLEMENT, sans regarder, sans voir

◆ CONTR. : avec → PRUDENCE

AVEUGLER I. au pr. → BOUCHER **II. fig. 1.** → ÉBLOUIR **2.** → TROUBLER **3.** → TROMPER

AVEUGLETTE (À L') → AVEUGLÉMENT

AVEULIR → AFFAIBLIR

AVEULISSEMENT n.m. → DÉGRADATION

AVIATEUR, TRICE I. aéronaute, bombardier, chasseur, commandant de bord, mécanicien volant, mitrailleur, navigant, navigateur, observateur, personnel navigant, P.N., pilote **II. par ext.** : aérostier

◆ CONTR. : aiguilleur du ciel, basier, météorologiste, personnel au sol/ de maintenance, rampant

AVIATION n.f. **I.** aéronautique, air, navigation aérienne, sports/ transports aériens **II.** aéronavale, aéropostale, aérospatiale, aérostation, aérotechnique, armée de l'air

AVICULAIRE n.f. → ARAIGNÉE

AVICULTEUR, TRICE accouveur, volailleur

AVIDE I. au pr. → GLOUTON **II. fig. 1.** → INTÉRESSÉ **2.** → AVARE **3.** → ENVIEUX

AVIDEMENT avec → AVIDITÉ, de façon → AVIDE *et les dérivés possibles en* -ment *des syn. de* avide

AVIDITÉ n.f. **I.** acquisivité, ambition, concupiscence, convoitise, cupidité, désir ardent/ insatiable, envie, rapacité, vampirisme → VORACITÉ **II.** → FAIM **III.** → AVARICE

◆ CONTR. **I.** → GÉNÉROSITÉ **II.** → INDIFFÉRENCE

AVILI, E → VIL

AVILIR → ABAISSER

AVILISSANT, E abaissant, abject, bas, dégradant, déshonorant, humiliant, indigne, infamant, infâme, méprisable, servile → HONTEUX

◆ CONTR. → HONORABLE

AVILISSEMENT n.m. → DÉGRADATION

AVILISSEUR, EUSE → CALOMNIATEUR

AVINÉ, E → IVRE

AVION n.m. **I.** aérobus, aéroplane, airbus, air ferry, airliner, appareil, avion de ligne, long courrier, avion cargo/ cible/ citerne/ école/ suicide/ taxi, avionnette, bac aérien, charter, gros porteur, jet, jumbo jet, ma-

chine, plus lourd que l'air, supersonique **II.** bi/ mono/ quadri/ tri-moteur ou -réacteur, d'appui/ d'assaut/ de bombardement/ de chasse/ d'interception/ d'observation/ de ravitaillement/ de renseignement/ de transport, bombardier, chasseur, intercepteur, ravitailleur **III. fam. et/ ou péj.** : cage à poules, carcasse, cercueil volant, coucou, fer à repasser, lampe à souder, libellule, pou du ciel, tacot, taxi, zinc **IV.** → AÉRODYNE

AVIONICS spat. off. : électronique aérospatiale

AVIRON n.m. **I.** godille, pagaie, rame **II. par ext.** : régates

AVIS n.m. **I.** → AVERTISSEMENT **II.** → OPINION **III.** → PRÉFACE **IV.** → PROCLAMATION **V. DONNER AVIS** → AVERTIR

AVISÉ, E I. → HABILE **II.** → PRUDENT **III.** → RAISONNABLE

AVISER I. v. tr. 1. → AVERTIR **2.** → VOIR **II. v. intr.** → POURVOIR **III. v. pron. 1.** → OSER **2.** → TROUVER **3.** → PENSER

AVISO n.m. **mar.** : escorteur, messager → BATEAU

AVITAILLEMENT n.m. → APPROVISIONNEMENT

AVITAILLER → POURVOIR

AVITAMINOSE n.f. béribéri, rachitisme, scorbut

AVIVÉ, E aligné, déligné

AVIVER → AUGMENTER

AVOCASSER I. → CHICANER **II.** → BAVARDER

AVOCASSERIE n.f. **I.** → CHICANE **II.** → BAVARDAGE

AVOCAT, E I. attorney (angl.), avoué, bâtonnier, conseil, consultant, défenseur, membre du barreau **II. péj.** : avocaillon, avocassier, chicaneur, chicanier, chicanous – **arg.** : babillard, bagoulard, bavard, baveux, blanchisseur, bonnisseur, débarbot, démerdeur, enjuponné, parrain **III.** apologétique, apôtre, champion, intercesseur, partisan, protecteur, redresseur de torts, serviteur, soutien, tenant **IV. avocat général** → PROCUREUR

◆ CONTR. → ACCUSATEUR

AVOCETTE n.f. → ÉCHASSIER

AVOINE n.f. **I.** fromental **II. fam.** → VOLÉE

AVOINER I. → BATTRE **II.** → RÉPRIMANDER

AVOIR I. nom. masc. 1. → BÉNÉFICE **2.** → BIENS **II. v. tr. 1.** détenir, jouir de, posséder, tenir **2.** → OBTENIR **III. par ext. 1.** → TROMPER **2.** → VAINCRE

AVOISINANT, E → PROCHAIN

AVOISINER → TOUCHER

AVORTEMENT n.m. **I. au pr.** : arrêt/ interruption volontaire de grossesse, fausse couche, glissette (québ.), I.V.G **II. fig.** : déconfiture, défaite, échec, faillite, insuccès, perte, revers
◆ CONTR. → RÉUSSITE

AVORTER I. chuter, faire long feu/ fiasco. manquer, rater → ÉCHOUER **II. arg.** : claquer le polichinelle, dévisser le mironton, faire couler/ descendre un → ENFANT, tricoter l' (→ ENFANT), se tringler
◆ CONTR. → RÉUSSIR

AVORTEUSE n.f. **fam. ou arg.** : faiseuse d'anges, mère guette-au-trou, tricoteuse, videuse

AVORTON n.m. **I. au pr.** : fausse couche **II. par ext. arg., injurieux (souvent vx)** : aztèque, déchet, écorchon (rég.), freluquet, gnome, homoncule, lilliputien, magot, microbe, myrmidon, nabot, nain, pot à tabac, pygmée, ragot, ragotin, rase-mottes, tom-pouce
◆ CONTR. → BALÈZE

AVOUABLE I. affirmable, déclarable, dicible, proclamable **II.** → HONNÊTE
◆ CONTR. → HONTEUX

AVOUÉ n.m. → AVOCAT

AVOUER I. au pr. : accorder, admettre, concéder, confesser, confier, constater, convenir, décharger/ dégager sa conscience, déclarer, déclencher (dial.), dire (la vérité), reconnaître, tomber d'accord **II. arg. et/ ou fam.** : s'aligner, s'allonger, balancer, blutiner, bouffer/ casser/ cracher/ lâcher/ manger/ sortir le morceau/ le paquet, déballer (ses outils), se déboutonner, se dégonfler, s'étaler, jacter, manger du lard, se mettre à table, ouvrir sa gueule, vider son sac
◆ CONTR. **I.** → TAIRE **II.** → CACHER

AVOYER n.m. → ÉDILE

AVULSION n.f. arrachage, arrachement, déracinement, divulsion, éradication, évulsion, extirpation, extraction
◆ CONTR. : greffe, implantation

AXE n.m. arbre, essieu, ligne, pivot, vecteur

AXÈNE axénique → STÉRILE

AXÉNISATION n.f. → STÉRILISATION

AXER → DIRIGER

AXIOMATIQUE → ÉVIDENT

AXIOME n.m. **I.** énoncé, évidence, exactitude, hypothèse, lemme, postulat, proposition, prémisse, principe, proposition, théorème, vérité **II.** adage, aphorisme, apophtegme, maxime, morale, pensée, sentence
◆ CONTR. **I.** → CONTRADICTION **II.** → PARADOXE

AXIS n.m. cerf du Bengale/ du Gange/ de l'Inde

AXONGE n.f. → GRAISSE

AYANT CAUSE et **AYANT DROIT** n.m. acheteur, acquisiteur, bénéficiaire, donataire, légataire → HÉRITIER

AZE n.m. → ÂNE

AZIMUT n.m. → DIRECTION

AZOOSPERMIE n.f. → STÉRILITÉ

AZULEJO n.m. → CÉRAMIQUE

AZUR n.m. air, atmosphère, bleu, ciel, éther, firmament, voûte céleste

AZURÉ, E azurin, bleuâtre, bleuté, céleste, céruléen, lapis-lazuli, myosotis, pervenche, saphir → BLEU

B

B-A-BA n.m. → ALPHABET

BABA I. adj. : abasourdi, comme deux ronds de flan, ébahi, étonné, stupéfait, surpris **II. n.m. 1.** marquise, savarin **2.** → FESSIER

BABIL et **BABILLAGE** n.m. **I.** babillement, bavardage, gazouillement, gazouillis, lallation, ramage **II.** bruit, murmure **III.** babillerie, cancan, caquet, caquetage, jacassement, jaserie
◇ CONTR. → SILENCE

BABILLARD, E → BAVARD

BABILLARDE n.f. bifton (argot milit.), lettre, message, missive – **fam.** : bafouille, poulet

BABILLER I. bavarder, gazouiller **II. non fav.** : cancaner, caqueter, jacasser, jaser, médire → JABOTER
◇ CONTR. → TAIRE (SE)

BABINES n.f. **1. d'un animal** : lèvres, lippes **2. de quelqu'un** : badigoinces (fam.), lèvres, lippes

BABIOLE n.f. **I. chose sans importance** : affiquet, amusement, amusette, amusoire, bagatelle, baliverne, bêtise, bibelot, bibus (vx), bimbelot, breloque, bricole, brimborion, caprice, colifichet, connerie (vulg.), fanfreluche, fantaisie, frivolité, futilité, jouet, joujou, gadget, petit quelque chose, rien **II. affaire sans importance** : **1.** amusement, badinerie, bricole (fam.), broutille, futilité, jeu, plaisanterie, rien **2. non fav.** : baliverne, bêtise, chanson, fadaise, futilité, niaiserie, sornette, sottise, vétille **III. par ext.** : amourette, badinage, chose, flirt, galanterie → AMOUR
◇ CONTR. : chose → IMPORTANT(E)

BABIROUSSA n.m. → SANGLIER

BÂBORD n.m. côté gauche
◇ CONTR. : tribord

BABOUCHE n.f. chaussure, mule, pantoufle, savate

BABOUIN n.m. cynocéphale, papion

BAC n.m. **I.** bachet (vx), bachot, bateau plat, embarcation, ferry-boat, toue, traille, traversier (québ.), vidoir, va-et-vient → BATEAU **II.** auge, baquet, bassin, cuve, timbre, vidoir **III.** → BACCALAURÉAT

BACCALAURÉAT n.m. premier grade universitaire. **fam.** : bac, bachot, peau d'âne

BACCARA n.m. chemin de fer → CARTE

BACCARAT n.m. → CRISTAL

BACCHANALE n.f. → TOHU-BOHU

BACCHANTE n.f. **I.** éviade, ménade, prêtresse de Bacchus/ Dionysos, thyade **II.** → MOUSTACHE **III.** → MÉGÈRE

BÂCHE n.f. banne, capote, couverture, toile – **mar.** : prélart, taud

BÂCHER → COUVRIR

BACHOT n.m. **I.** → BATEAU **II.** → BACCALAURÉAT

BACILLAIRE bactérien, microbien, parasite

BACILLE n.m. → MICROBE

BACK-BEAM n.m. **spat. off.** : faisceau inverse

BACK-FILLER n.m. **tr. pub. off.** : remblayeuse

BACKGROUND n.m. **off.** : arrière-plan

BACKHOE LOADER n.m. **tr. pub. off.** : chargeuse-pelleteuse

BACKING PUMP n.m. **spat. off.** : pompe auxiliaire/ de gavage/ de suralimentation

BACK LOADER n.m. **tr. pub. off.** : rétrochargeuse

BACK-SCATTERING n.m. **nucl. off.** : rétrodiffusion

BACK UP inform. off. : de secours

BÂCLAGE n.m. expédition, fagotage, gâchis, liquidation, sabotage, sabrage, torchage (fam.)

BÂCLE n.f. → BARRE

BÂCLÉ, E → HÂTIF

BÂCLER brocher, expédier, fagoter, finir, gâcher, liquider, maltraiter, négliger, saboter, sabrer, torcher (fam.)
◇ CONTR. → PARFAIRE

BACON n.m. → CHARCUTERIE

BACTÉRIE n.f. → MICROBE

BACTÉRIEN, NE bacillaire, microbien, parasite

BACTÉRIOLOGIE n.f. → BIOLOGIE

BACUL n.m. croupière → HARNACHEMENT

BADAUD n.m. **I. non fav.** : crédule, gobemouches (fam.), niais, nigaud, oisif, sot **II. arg.** : cave, flanelle, pingouin → BÊTE **III. neutre** : curieux, flâneur, lèche-vitrine (fam.), promeneur
◇ CONTR. **I.** → ACTIF **II.** → INDIFFÉRENT

BADAUDERIE n.f. crédulité, niaiserie, nigauderie, oisiveté, sottise → BÊTISE
◇ CONTR. **I.** → ACTIVITÉ **II.** → INDIFFÉRENCE

BADERNE n.f. **I. mar.** : protection **II. VIEILLE BADERNE. 1.** culotte de peau, peau de vache **2.** bédole, réac, son et lumière, vieux chose/ con/ machin/ truc, vieille vache
◇ CONTR. : jeune loup → JEUNE

BADGE n.m. → INSIGNE

BADIANE n.f. → ANIS

BADIGEON n.m. enduit → PEINTURE

BADIGEONNAGE n.m. barbouillage (péj.), enduit → PEINTURE

BADIGEONNER I. enduire, peindre **II. par ext.** : barbouiller, enduire, farder, oindre, recouvrir → PEINDRE

BADIGEONNEUR n.m. → BARBOUILLEUR

BADIGOINCES n.f. → BABINES

BADIN, E I. amusant, drôle, enjoué, espiègle, folâtre, fou, foufou, gai, gamin, mutin, rigolo **II. non fav.** : désinvolte, frivole, léger, libre
◇ CONTR. **I.** → EMPHATIQUE **II.** → TRISTE

BADINAGE n.m. **I. au pr.** : amusement, amusette, badinerie, batifolage, enjouement, gaieté, jeu, mutinerie, plaisanterie, ricantaine (vx) **II.** bluette, fleurette, flirt, galanterie, marivaudage
◇ CONTR. **I.** → OBSCÉNITÉ **II.** → TRISTESSE

BADINE I. n.f. : canne, cravache, baguette, jonc, stick **II. n.f. pl.** : pincettes

BADINER I. s'amuser, jouer, plaisanter, rigoler (fam.), taquiner **II.** baratiner (fam.), conter fleurette, flirter, marivauder → COURTISER
◇ CONTR. **I.** être → SÉRIEUX **II.** → SNOBER

BADINERIE n.f. → BADINAGE

BAFFE n.f. → GIFLE

BAFFLE n.m. off. : écran, enceinte acoustique (par ext.)

BAFOUER abaisser, beffler (vx), brocarder, conspuer, fouler aux pieds, se gausser de, humilier, maltraiter, mépriser, mettre en boîte, se moquer de, outrager, se payer la tête de, persifler, railler, ridiculiser, vilipender
◇ CONTR. → LOUER

BAFOUILLAGE n.m. **I.** amphigouri, baragouin, baragouinage, bredouillement, cafouillage, charabia, jargon **II. scient.** : bradyphémie, glossolalie, palilalie, tachylalie, tachylogie, tachyphasie, tachyphrasie **III. par ext.** : aphasie **IV. fam.** : déconnage, merdoyage, merdoiement
◇ CONTR. → ÉLOQUENCE

BAFOUILLE n.f. babillarde, bifton (argot milit.), lettre, message, missive, poulet

BAFOUILLER balbutier, baragouiner, bégayer, bredouiller, cafouiller, charabier, déconner (grossier), s'embrouiller, jargonner, jargouiller, jargouiner, manger ses mots, marmonner, merdoyer (grossier), murmurer
◇ CONTR. → EXPRIMER

BAFOUILLEUR, EUSE baragouineur, bégayeur, bredouilleur, cafouilleur – **vulg.** : déconneur, merdoyeur
◇ CONTR. → ORATEUR

BÂFRER péj. : avaler, bouffer, boustifailler, brifer, déglutir, empiffrer, s'empiffrer, engloutir, se faire péter la sous-ventrière, faire ripaille, gargoter, gobichonner, goinfrer, se goinfrer, gueuletonner, s'en mettre plein la lampe, phagocyter, se taper la cloche, tortorer
◇ CONTR. → JEÛNER

BÂFREUR n.m. bouffeur, boustifailleur, empiffreur, glouton, goinfre, goulu, gourmand, ogre, phagocyte, ripailleur, tube digestif
◇ CONTR. → SOBRE

BAGAGE n.m. **I. au pr. 1.** affaires **2.** attirail, caisse, chargement, coffre, colis, équipement, fourbi (fam.), fourniment, impedimenta, malle, paquet, sac, valise → BALLOT **3. milit.** : barda, cantine, paquetage **4. vx ou fam.** : arroi, équipage, harnois, train **II. par ext.** : acquis, compétence, connaissance, sa-

voir III. 1. AVEC ARMES ET BAGAGES : totalement et rapidement, sans demander son
reste 2. PLIER BAGAGE : déguerpir, s'enfuir,
partir rapidement

BAGAGISTE n.m. → PORTEUR

BAGARRE n.f. I. altercation, baroud (milit.), bataille, combat, crosses (fam.), discussion, dispute, échauffourée, empoignade, explication, lutte, noise, querelle, rixe
II. entre femmes : crêpage de chignons
◇ CONTR. → PAIX, TRANQUILLITÉ

BAGARRER et **SE BAGARRER** I. au pr. :
barouder (milit.), batailler, se battre, se disputer, se quereller, chercher des crosses/
noise/ des noises/ querelle II. par ext. : agir/
discuter avec ardeur/ conviction, lutter
◇ CONTR. : se lier d' → AMITIÉ

BAGARREUR, EUSE agressif, baroudeur
(milit.), batailleur, combatif, mauvais coucheur, querelleur

BAGASSE n.f. → PROSTITUÉE

BAGATELLE n.f. I. chose ; affiquet, amusement, amusette, amusoire, babiole, baliverne, béatilles, bêtise, bibelot, bimbelot,
breloque, bricole, brimborion, caprice,
chiffon, colifichet, fanfreluche, fantaisie, fifrelin, frivolité, futilité, rien II. affaire sans importance. 1. amusement, badinerie, broutille, futilité, je-ne-sais-quoi, jeu, petit(s)-rien(s),
plaisanterie, rien 2. baliverne, bêtise, chanson, détail, enfantillage, fadaise, faridon-
daine, fredondaine, hochet, jouet, rocambole, sornette, sottise, vétille 3. fam. : bricole,
connerie, foutaise, gaudriole 4. vx : bibus,
béatilles, broquille, chènevotte, chosette,
fanfiole, gentillesse, joliveté, menuaille, me-
nudences, muserie, nigerie, petite-oie, rousselette, venez-y-voir III. par ext. : amourette,
anecdote, badinage, chose, flirt, galanterie
→ AMOUR
◇ CONTR. : chose, événement → IMPORTANT

BAGNARD n.m. convict, détenu, forçat,
galérien, interné, relégué, transporté – arg. :
crâne, fagot

BAGNE n.m. chiourme, détention, réclusion criminelle, grotte (arg.), pénitencier,
présides (vx), relégation, transportation →
TRAVAUX FORCÉS

BAGNOLE n.f. I. au pr. : auto, automobile,
taxi, tire (arg.), véhicule → VOITURE II. péj. :
clou, ferraille, poubelle, tacot, tas de ferraille

BAGOU ou **BAGOUT** n.m. I. au pr. : babil,
babillage, baratin, bavardage, bavarderie,
bavasserie, boniment, caquetage, jacasserie,
jaserie, jaspin, langue bien affilée/ pendue,
logorrhée, loquacité, papotage, parlage,
parlerie, parlote, patati et patata, verbiage

→ ÉLOQUENCE II. par ext. : → MÉDISANCE
◇ CONTR. → TIMIDITÉ

BAGUE n.f. I. alliance, anneau, bagouse
(arg.), brillant, chevalière, diamant, jonc,
marguerite, marquise, solitaire II. méc. : →
DOUILLE III. fauconnerie : vervelle

BAGUENAUDE n.f. → PROMENADE

BAGUENAUDER et **SE BAGUENAU-
DER** se balader, faire un tour, flâner, lanterner, musarder, muser, prendre l'air, se
promener, sortir, se traîner, se trimbaler
(fam.), vadrouiller
◇ CONTR. → DEMEURER

BAGUER I. marquer II. coudre

BAGUETTE n.f. I. aine, alinette, apex, bâtonnet, jonchet, petit bâton, moxa (méd.),
tige II. antébois ou antibois, frette, listel,
membron, parclose, petit bois → MOULURE
III. badine, canne, cravache, houssine, jonc,
stick, verge IV. D'UN COUP DE BAGUETTE :
par enchantement/ magie/ miracle

BAGUIER n.m. → BOÎTE

BAHUT n.m. I. meuble : armoire, buffet,
coffre, dressoir, huche, maie, semainier,
vaisselier II. arg. scol. : école, collège, lycée
III. → CAMION IV. arch. : appui, assise, chaperon

BAI, E I. → BRUN II. → ROBE (DU CHEVAL)

BAIE n.f. I. anse, ansette, calanque, conche,
crique, havre → GOLFE II. châssis, croisée,
double fenêtre, fenêtre, lucarne → OUVER-
TURE III. akène, drupe, fruit, graine

BAIGNADE n.f. baignoir (vx) → BAIN

BAIGNER I. v. tr. 1. on baigne quelqu'un ou quelque
chose : laver, mettre dans l'eau, mouiller, nettoyer, plonger dans l'eau, tremper 2. un
fleuve : arroser, couler dans, irriguer, traverser 3. la mer : entourer 4. par ext. : inonder,
mouiller, remplir II. v. intr. : immerger, nager,
noyer (péj.), être plongé, tremper III. v. pron. :
se baquer (arg.), s'étuver (vx), faire trempette
(fam.), se laver, nager, se nettoyer, se plonger dans l'eau, prendre un bain, se tremper
◇ CONTR. → SÉCHER

BAIGNEUR, EUSE I. au pr. : nageur II. par
ext. : aoûtien (fam.), curiste, touriste, vacancier

BAIGNOIRE n.f. I. piscine, tub II. théâtre :
avant-scène, loge, mezzanine

BAIL, BAUX n.m. amodiation, commandite, contrat, convention, fermage, location,
loyer

BAILLE n.f. I. → BAQUET II. → BATEAU III. →
EAU

BÂILLEMENT n.m. échancrure, ouverture

BAILLER → DONNER

BÂILLER I. fam. : se décrocher la mâchoire, ouvrir un four II. par ext. : être béant/ entrouvert/ mal ajusté/ mal fermé/ mal joint/ mal tendu

BAILLEUR, ERESSE I. propriétaire, proprio (arg.) II. capitaliste, commanditaire, créancier, prêteur

BAILLI n.m. → ÉDILE

BÂILLON n.m. bandeau, muselière, tampon

BÂILLONNER I. museler II. fig. : étouffer, museler, réduire au silence
◊ CONTR. → LIBÉRER

BAIN n.m. I. ablution, baignade, douche, immersion, toilette, trempette II. → HYDROTHÉRAPIE III. le lieu. 1. conche, plage, rivière 2. bain turc, hammam, piscine, sauna, thermes IV. ÊTRE DANS LE BAIN : être compromis/ impliqué dans – fam. : être mouillé, porter le chapeau

BAÏONNETTE n.f. vx et fam. : lame, lardoire, rosalie

BAÏRAM ou **BEÏRAM** n.m. → FÊTE

BAISE n.f. → ACCOUPLEMENT

BAISER I. v. tr. : accolader, accoler (vx), bécoter (fam.), biser, donner/ poser un baiser et les syn. de baiser (nom), embrasser – fam. : bécoter, faire la bise, galocher, lécher le morceau (vx), sucer la pomme – rég. : biger, licher, poutouner II. par ext. 1. vulg. → ACCOUPLER (s') 2. → TROMPER 3. SE FAIRE BAISER (grossier) : être abusé/ dupé/ feinté/ pris/ roulé/ trompé, se faire avoir/ posséder/ prendre/ rouler

BAISER n.m. I. accolade, embrassade II. fam. : bécot, bisou, galoche, palot, patin, poutou, saucisse, suçon III. rég. : bec → BISE IV. 1. DE JUDAS : fourberie, mensonge, trahison, traîtrise → HYPOCRISIE 2. LAMOURETTE : duperie, leurre, réconciliation passagère, succès sans lendemain, tromperie

BAISEUR, EUSE arg. : pointeur

BAISOTER → BÉCOTER

BAISOUILLER → CULBUTER

BAISSE n.f. abaissement, affaiblissement, affaissement, amoindrissement, chute, déclin, décrue, dépréciation, descente, diminution, effondrement, faiblissement, fléchissement, recul, reflux
◊ CONTR. → HAUSSE

BAISSER I. 1. abaisser, descendre, rabaisser, rabattre, surbaisser 2. la tête : courber, incliner, pencher 3. par ext. : abattre, démarquer, diminuer, faire un abattement,

réduire II. 1. quelqu'un : s'affaiblir, décliner, décroître, diminuer – fam. : devenir gâteux, sucrer les fraises 2. chuter, descendre, s'effondrer, faiblir, refluer, rétrograder
◊ CONTR. → AUGMENTER

BAJOUE n.f. → JOUE

BAJOYER n.m. → APPUI

BAKCHICH n.m. → GRATIFICATION

BAL n.m. I. au pr. 1. dancing, night-club, salle de bal, salon 2. non fav. : bastringue, boîte, guinche, guinguette, pince-fesses (fam.) 3. bal champêtre : frairie, musette II. par ext. 1. danserie, fête, réception, redoute (vx), soirée, surprise-partie 2. l'après-midi : cinq à sept, cocktail dansant, sauterie, thé dansant 3. fam. : boom ou boum, quelque chose, surboum, surpatte

BALADE n.f. excursion, randonnée, sortie, tour, voyage → PROMENADE

BALADER I. faire faire un tour, faire prendre l'air à, promener, sortir, trimbaler (fam. et péj.) II. v. pron. 1. se baguenauder, errer, faire un tour, flâner, lanterner, lécher les vitrines, musarder, muser, prendre l'air, se promener, sortir, se traîner, se trimbaler, vadrouiller 2. par ext. : faire une excursion/ du tourisme, un voyage, voir du pays, voyager
◊ CONTR. → DEMEURER

BALADIN, E acteur ambulant, acrobate, ballerine, bateleur, bouffon, clown, comédien, danseur, enfant de la balle, histrion, paillasse, saltimbanque

BALAFON n.m. → PERCUSSION

BALAFRE n.f. couture, cicatrice, coupure, entaille, estafilade, taillade → BLESSURE

BALAFRÉ, E → COUTURÉ

BALAFRER couper, entailler, taillader, tailler → BLESSER

BALAI n.m. I. aspirateur (par ext.), balayette, brosse, écouvillon, époussette, faubert (mar.), goret, guipon, houssoir, lavepont, tête de loup, vadrouille, vergette II. coup de balai : 1. → NETTOIEMENT 2. → ÉPURATION

BALAIS adj.m. I. → ROUGE II. → VIOLET

BALALAÏKA n.f. → GUITARE

BALANCE n.f. I. au pr. 1. pèse-bébé, pèse-grains, pèse-lettre, pesette, pèse-personnes, peson, romaine, trébuchet – vx : ajustoir, size 2. bascule, poids public 3. de pêche : caudrette, truble → FILET II. fig. : équilibre, rapport III. arg. → MOUCHARD IV. 1. METTRE EN BALANCE → COMPARER 2. RESTER/ ÊTRE EN BALANCE → HÉSITER 3. TENIR EN BALANCE : laisser dans l'incertitude, rendre hésitant

V. comptabilité : bilan, compte, différence, solde

BALANCÉ, E (BIEN) I. un garçon : balèze (fam.), beau gars, bien baraqué (arg.)/ bâti/ proportionné, costaud **II. une fille** : beau brin de fille, beau châssis (arg.), belle fille, bien bâtie/ faite/ proportionnée/ roulée/ tournée, faite au moule → JEUNE

◈ CONTR. → LAID

BALANCELLE n.f. **I.** → BALANÇOIRE **II.** → BATEAU

BALANCEMENT n.m. **I. au pr. 1.** alternance, bascule, battement, bercement, branle, branlement (vx), brimbalement, flottement, fluctuation, flux et reflux, libration, nutation, ondulation, oscillation, roulis, secouement, tangage, tortillement, trémoussement, vacillation, va-et-vient **2.** dandinement, déhanchement, dodelinement **II. par ext. 1.** flottement, hésitation **2. littérature** : cadence, harmonie, rythme **III. fig.** : compensation, équilibre, pondération

◈ CONTR. IMMOBILITÉ

BALANCER I. v. tr. 1. agiter, bercer, brandiller, branler (vx), dandiner, dodeliner, dodiner, faire aller et venir/ de droite et de gauche/ osciller, ganguiller (rég.), hocher → REMUER **2. par ext.** : balayer, bazarder (fam.), chasser, congédier, se débarrasser de, donner son compte à, envoyer à la balançoire/ promener/ valser, expulser, faire danser (fam.)/ valser (fam.), ficher/ foutre (grossier), jeter à la porte, remercier, renvoyer **3. comptabilité** : couvrir, solder **4. une force** : compenser, contrebalancer, équilibrer, neutraliser **II. v. intr. 1. au pr.** : aller de droite et de gauche, baller, ballocher, ballotter, brimbaler, bringuebaler, être secoué, onduler, osciller, remuer, rouler, tanguer, vaciller **2. fig.** : comparer, examiner, flotter, hésiter, opposer, peser le pour et le contre **III. 1. JE M'EN BALANCE** : ça m'est égal, je m'en fiche, je m'en fous (vulg.), je m'en moque **2. ENVOYER BALANCER** : bazarder, se décourager (au fig.), envoyer promener (fam.), liquider, renoncer à, vendre **3. ÇA SE BALANCE** : s'équilibrer, se neutraliser, se valoir

◈ CONTR. **I.** demeurer → IMMOBILE **II.** → DÉCIDER

BALANCIER n.m. → PENDULE

BALANCINE n.f. → CORDAGE

BALANÇOIRE n.f. **I.** balancelle, escarpolette – **vx** : bascule, brandilloire, branloire **II. fig.** → BALIVERNE

BALANITE n.f. → INFLAMMATION

BALAYAGE n.m. **I.** → NETTOIEMENT **II.** → ÉPURATION

BALAYER I. brosser, donner un coup de balai, enlever la poussière, frotter, passer le balai → NETTOYER **II. fig. 1. une chose** : déblayer, dégager, écarter, refouler, rejeter, repousser → CHASSER **2.** → RETRANCHER

◈ CONTR. **I.** → SALIR **II.** → ABANDONNER **III.** → DÉCIDER

BALAYETTE n.f. → BALAI

BALAYEUR, EUSE boueur, boueux, employé au petit génie, manœuvre-balai, technicien de surface

BALAYURE n.f. **I.** → DÉBRIS **II.** → ORDURE

BALBUTIEMENT n.m. **I.** babil, murmure **II.** ânonnement, bafouillage, baragouin, bégaiement, bredouillement, mussitation **III. fig.** : aube, aurore, commencement, début, enfance

◈ CONTR. **I.** → HURLEMENT **II.** → ÉLOQUENCE

BALBUTIER I. articuler, babiller, murmurer **II.** ânonner, bafouiller, baragouiner, bégayer, bredouiller, hésiter, marmonner, marmotter, merdoyer (fam.), se troubler

◈ CONTR. → CRIER

BALBUZARD n.m. → RAPACE

BALCON n.m. **I.** avancée, diazome, galerie, loggia, mezzanine, moucharabieh **II. par ext.** : → BALUSTRADE

BALCONNET n.m. → SOUTIEN-GORGE

BALDAQUIN n.m. **I.** dais **II. relig.** : ciborium **III.** ciel de lit

BALEINE n.f. **I.** baleineau, baleinoptère *ou* rorqual, bélouga, épaulard *ou* orque, jubarte, mégaptère → CÉTACÉ **II. de corset** : busc, fanon

BALEINIER n.m. → BATEAU

BALEINIÈRE n.f. canot, chaloupe, embarcation → BATEAU

BALÈS ou **BALÈZE** n. et adj. **I.** baraqué (arg.), costaud, fort, grand **II.** armoire à glace, fort comme un Turc

◈ CONTR. → AVORTON

BALÈVRE n.f. → SAILLIE

BALISAGE n.m. guidage, radioguidage, signalement

BALISE n.f. amer, bouée, clignotant, émetteur, feu, feu clignotant, jalon, marque, poteau, réflecteur, signal, tourelle

BALISER flécher, indiquer, marquer, munir de balises, signaler, tracer → TREMBLER

BALISIER n.m. canna

BALISTE n.f. → CATAPULTE

BALISTIQUE n.f. aérodynamique, astronautique, cinématique, cinétique, dynamique, mécanique

BALIVEAU n.m. → ARBRE

BALIVERNE n.f. **I.** balançoire, billevesée, bourde, calembredaine, chanson, connerie (fam.), conte, coquecigrue, couillonnade (mérid.), enfantillage, fable, facétie, fadaise, faribole, futilité, histoire, niaiserie, puérilité, rien, sornette, sottise – **vx** : grimaudage, grimauderie, lanterne, lanternerie **II.** → BAGATELLE **III.** → BÊTISE

◇ CONTR. : chose, événement → IMPORTANT

BALKANISATION n.f. → DIVISION

BALLADE n.f. chanson, lied, refrain → POÈME

BALLANT, E I. adj. : oscillant, pendant **II. DONNER DU BALLANT** : détendre, donner du mou, relâcher

◇ CONTR. → STABLE

BALLAST n.m. **I. d'une voie** : remblai **II. mar. 1.** lest **2.** réservoir **3.** compartiment

BALLASTIÈRE n.f. → CARRIÈRE

BALLE n.f. **I.** ballon, ballotte (vx), éteuf, pelote **II. BALLE AU PANIER** : basket-ball **III.** biscaïen, cartouche, chevrotine, plomb, projectile, shrapnell – **arg.** : bastos, dragée, pastille, praline, pruneau, valda **IV.** affaires, attirail, ballot, balluchon, barda (arg. milit.), caisse, cantine, colis, fourbi (fam.), paquet, paquetage (milit.), sac **V. fam.** → TÊTE **VI. botan.** : cosse, enveloppe, glume, glumelle

BALLER → DANSER

BALLERINE n.f. **I.** danseuse, étoile, petit rat, premier sujet **II.** → CHAUSSON

BALLET n.m. chorégraphie, comédie musicale, danse, divertissement, spectacle de danse

BALLON I. balle, punching-ball **II. 1. BALLON ROND** : foot, football, football-association **2. BALLON OVALE** : rugby, jeu à treize/ à quinze **III.** aéronef, aéroscaphe (vx), aérostat, dirigeable, montgolfière, saucisse, zeppelin **IV. FAIRE BALLON** (fam.) : faire tintin, être déçu/ privé de **V.** → HAUTEUR

BALLONNÉ, E distendu, enflé, flatueux, flatulent, gonflé, météorisé, tendu, venteux

◇ CONTR. → CREUX

BALLONNEMENT n.m. enflure, flatulence, flatuosité, gonflement, météorisation, météorisme, tension, ventosité

◇ CONTR. : dégonflement, relâchement

BALLONNER → GONFLER

BALLOT n.m. **I. au pr. 1.** affaires, attirail, balle, balluchon, barda, caisse, cantine, chargement, colis, équipement, fourbi, paquet, paquetage, sac – **arg.** : bagot, malle à quatre nœuds, pacson **2.** → BAGAGE **II. par ext.** :

acquis, compétence, connaissance, savoir **III. fig.** → BÊTE

BALLOTE n.f. → MARRUBE

BALLOTTE n.f. **I.** → BALLE **II.** → BOULE

BALLOTTEMENT n.m. agitation, balancement, remuement, secousse, va-et-vient

BALLOTTER I. agiter, balancer, baller (vx), cahoter, remuer, secouer **II.** rendre hésitant/ indécis, tirailler

◇ CONTR. : être → STABLE/ CERTAIN

BALLOTTINE n.f. galantine

BALLUCHE n.f. → BALLOT

BALLUCHON n.m. → BALLOT

BALNÉAIRE I. station balnéaire : station thermale **II.** bord de mer

BALNÉATION et **BALNÉOTHÉRAPIE** n.f. → HYDROTHÉRAPIE

BALOURD, E emprunté, fruste, gaffeur, gauche, grossier, lourd, lourdaud, maladroit, rustaud, rustre → BÊTE

◇ CONTR. → RAFFINÉ

BALOURDISE n.f. gaffe, gaucherie, grossièreté, lourdeur, maladresse, rusticité, sottise, stupidité → BÊTISE

◇ CONTR. → SUBTILITÉ

BALSAMINE n.f. impatiente, noli-me-tangere

BALTHAZAR ou **BALTHASAR** n.m. → BOUTEILLE

BALUSTRADE n.f. bahut, garde-corps, garde-fou, parapet, rambarde

BALUSTRE n.m. → ORNEMENT

BALZAN nom et adj. invar. → ROBE (DU CHEVAL)

BAMBIN n.m. bébé, chérubin, gamin, petiot (fam.), petit → ENFANT

◇ CONTR. **I.** → ADOLESCENT **II.** → ADULTE **III.** → VIEILLARD

BAMBOCHE n.f. bamboula → FÊTE

BAMBOCHER → FESTOYER

BAMBOCHEUR n.m. → FÊTARD

BAMBOU n.m. **fam. COUP DE BAMBOU** : coup de barre/ de fusil → FOLIE

BAN n.m. **I.** proclamation, publication **II.** applaudissement, hourra, ovation **III. 1. LE BAN ET L'ARRIÈRE-BAN** : tout le monde **2. METTRE AU BAN DE** : bannir, chasser, exiler, expulser, mettre en marge de, refouler, repousser

BANAL, E I. communal, coutumier, paroissial, public **II.** commun, conforme, courant, expérimenté, habituel, ordinaire → NORMAL

III. battu, classique, conformiste, conventionnel, convenu, impersonnel, incolore, insignifiant, insipide, oubliable, pauvre, plat, quelconque, rebattu, sans originalité, terne, trivial, usé, vieux, vulgaire

◇ CONTR. → ORIGINAL

BANALEMENT → ORDINAIREMENT

BANALISATION n.f. → VULGARISATION

BANALISER **I.** rendre → BANAL **II.** → RÉPANDRE

BANALITÉ n.f. **I.** cliché, évidence, fadaise, lapalissade, lieu commun, médiocrité, pauvreté, poncif, redite, stéréotype, trivialité, truisme → PLATITUDE **II.** conformisme, coutume, impersonnalité

◇ CONTR. → ORIGINALITÉ

BANANE n.f. → DÉCORATION

BANC n.m. **1.** banquette, gradins, siège **II.** bâti, établi, table **III.** mar. : banquise, basfond, brisant, écueil, haut-fond, récif **IV.** géol. : amas, assise, couche, lit, strate **V.** relig. : exèdre

BANCAL, E I. bancroche, boiteux, cromb (vx ou rég.), éclopé **II. un objet** : boiteux, branlant, déglingué (fam.), de guingois (fam.), en mauvais état **III. un raisonnement** : boiteux, contestable, faux, fumeux (fam.), illogique, spécieux

◇ CONTR. **I.** → STABLE **II.** → JUSTE

BANDAGE n.m. **I.** appareil, attelle, bande, écharpe, ligature, minerve, orthopédie, pansement **II.** tension

BANDE n.f. **I.** bandage, bandeau, bandelette, ceinture, pansement, sangle → RUBAN **II. par ext. 1.** bras, coin, détroit, isthme, langue, morceau **2.** bobineau, cassette, film, pellicule **III. 1.** armée, association, cohorte, compagnie, équipe, groupe, parti, troupe **2.** clan, clique, coterie, gang, horde, ligue, meute **IV. d'animaux** : harde, meute, troupe, troupeau

BANDEAU n.m. **I.** bandelette, diadème, infule (antiq.), serre-tête, tour de tête, turban **II. arch.** : frise, moulure, plate-bande

BANDER I. au pr. : faire un pansement, panser, soigner **II. par ext. 1.** fermer, obturer **2.** raidir, roidir, tendre **3.** appliquer son attention à, concentrer, tendre son esprit à **4.** arser (vx), être en érection → JOUIR

◇ CONTR. → RELÂCHER

BANDEROLE n.f. calicot, flamme, oriflamme, phylactère → BANNIÈRE

BANDIT n.m. apache, assassin, bon à rien, chenapan, criminel, desperado, forban, fripouille, gangster, hors-la-loi, mafioso, malandrin, malfaiteur, pirate (fam.), sacripant,

terreur, voleur, voyou → BRIGAND, VAURIEN

◇ CONTR. : homme → HONNÊTE

BANDITISME n.m. → BRIGANDAGE

BANDOULIÈRE n.f. archère, bandereau, bretelle

BANLIEUE n.f. agglomération, alentours, barrière (vx), ceinture, cité-dortoir (péj.), cité-satellite, environs, extension, faubourg, favela, périphérie, quartiers excentriques, zone suburbaine

◇ CONTR. : centre ville

BANNE n.f. **I.** → BÂCHE **II.** → VOITURE **III.** → PANIER

BANNER → COUVRIR

BANNETON ou **BANNETTE** n.m., n.f. → PANIER

BANNI, E bagnard, déporté, expatrié, exilé, expulsé, interdit de séjour, proscrit, refoulé, relégué, transporté (vx)

◇ CONTR. : amnistié, rappelé

BANNIÈRE n.f. **I.** banderole, bandière, baucent, couleurs, drapeau, enseigne, étendard, fanion, flamme, guidon, gonfalon, gonfanon, oriflambe, oriflamme, pavillon, pennon **II. 1. C'EST LA CROIX ET LA BANNIÈRE** : c'est très difficile, il faut y mettre beaucoup de formes, il se fait beaucoup prier **2. SE RANGER SOUS LA BANNIÈRE** : adhérer, adopter, participer, se ranger à l'avis **3. ARBORER, DÉPLOYER LA BANNIÈRE DE** : afficher, donner le signal de, soulever au nom de **4. SE PROMENER EN BANNIÈRE** (fam.) : en pan de chemise

BANNIR I. chasser, contraindre à quitter le territoire, dépatrier, déporter, exclure, exiler, expatrier, expulser, frapper d'ostracisme, interdire de séjour, limoger, mettre au ban, ostraciser, proscrire, refouler, reléguer **II. fig.** : s'abstenir de, arracher, chasser, condamner, écarter, éloigner, éviter, exclure, fuir, ôter, se priver de, proscrire, rayer, refouler, rejeter, repousser, supprimer **III. vx 1.** transporter **2.** → PROCLAMER

◇ CONTR. **I.** → AMNISTIER **II.** → ACCUEILLIR

BANNISSEMENT n.m. **I. de quelqu'un** : bagne, déportation, exclusion, exil, expatriation, expulsion, grand dérangement (québ. et cajun), interdiction de séjour, limogeage, proscription, relégation, transportation (vx) **II. d'une chose** : abandon, abstention, abstinence, condamnation, éloignement, exclusion, interdiction, proscription, rejet, suppression **III.** ostracisme, pétalisme

◇ CONTR. → RÉTABLISSEMENT

BANQUE n.f. **I.** caisse/ comptoir/ établissement de crédit/ de dépôts/ d'épargne/

d'escompte → RÉSERVE **II. BILLET DE BANQUE** : argent, assignat (vx), bank-note (angl.), coupure, espèces, fonds, monnaie, papier, papier-monnaie – **fam.** : fafiot, image, pèze, ticket **III.** secteur tertiaire

BANQUER → PAYER

BANQUEROUTE n.f. déconfiture, faillite, krach, liquidation, ruine

◆ CONTR. → SUCCÈS

BANQUEROUTIER, ÈRE → VOLEUR

BANQUET n.m. agapes, bombe, festin, festivité, fête, grand repas, réjouissances, repas d'apparat, ripaille (péj.), sympose – **fam.** : bombance, brifeton, gueuleton

◆ CONTR. **I.** → COLLATION **II.** → JEÛNE

BANQUETER I. au pr. 1. faire des agapes/ un bon repas/ un festin/ la fête → FESTOYER **2. fam.** : faire bombance/ la bombe/ ripaille, gueuletonner, s'en mettre plein la lampe, se remplir la panse, ripailler, se taper la cloche **II. non fav.** : bambocher, faire la bamboula/ la noce/ ripaille, ripailler

◆ CONTR. → JEÛNER

BANQUETEUR n.m. **I.** → CONVIVE **II.** → GLOUTON

BANQUETTE n.f. banc, pouf, siège

BANQUIER n.m. cambiste, financier, banquezingue (arg.) → PRÊTEUR

BANQUISE n.f. banc de glace, iceberg (par ext.)

BANQUISTE n.m. bonimenteur – **par ext.** → BATELEUR

BAOBAB n.m. adansonia, arbre à pain

BAPTÊME n.m. **I.** bain purificateur, engagement, immersion, onction, ondoiement, purification, régénération **II.** début, consécration, initiation, révélation

BAPTISER I. administrer le baptême, immerger, oindre, ondoyer, purifier, régénérer **II. fig.** : bénir, consacrer, initier, révéler **III.** → APPELER

◆ CONTR. : débaptiser

BAPTISTE n.m. → PROTESTANT

BAQUET n.m. auge, bac, baille, barbotière, bélon, brassin, cagnotte, comporte, cuve, cuveau, cuvier, jale, récipient, reverdoir, sapine, seille, seillon, souillarde (rég.)

BAR n.m. bistrot (péj.), brasserie, buvette, cabaret, café, café-tabac, club, comptoir, débit de boissons, discothèque, night-club, pub (angl.), saloon (amér.), snack-bar, tabac, taverne, troquet (fam.), whisky-club, zinc

BAR n.m. labine ou loubine, loup, lubin → POISSON

BARAGOUIN n.m. baragouinage, bredouillement, cafouillage, charabia, jargon

– **grossier** : déconnage, merdoyage, merdoiement

◆ CONTR. → ÉLOQUENCE

BARAGOUINER I. bafouiller, balbutier, bégayer, bredouiller, cafouiller, s'embrouiller, jargouiner, manger ses mots, marmonner, marmotter, murmurer **II. grossier** : déconner, merdoyer

◆ CONTR. : bien → PARLER

BARAGOUINEUR, EUSE bafouilleur, bégayeur, bredouilleur, cafouilleur – **grossier** : déconneur, merdoyeur

◆ CONTR. → ORATEUR

BARAKA n.f. → PROTECTION

BARAQUE n.f. **I.** abri, appentis, baraquement, cabane, cabanon, cassine, échoppe, hangar, hutte, loge **II.** bicoque, boîte, boutique, cabane, crèche, crémerie, masure

◆ CONTR. → CHÂTEAU

BARAQUÉ, E armoire à glace, balancé, balèze, beau gars, belle fille, bien balancé/ bâti/ fait/ proportionné/ roulé/ tourné, costaud, fait au moule, fort, fort comme un Turc, grand, membré, puissant, râblé

◆ CONTR. → AVORTON

BARAQUEMENT n.m. **I.** → BARAQUE **II. milit.** : camp, cantonnement, casernement

BARAQUER → ACCROUPIR (S')

BARATERIE n.f. → FAUTE

BARATIN n.m. abattage, bagou, boniment, brio, charme, faconde, hâblerie, parlote, platine (vx)

◆ CONTR. : laconisme

BARATINER I. avoir du bagou, bateler, bavarder, bonimenter, chercher à convaincre/ à persuader, hâbler, faire du boniment, tartiner **II.** complimenter, entreprendre, faire du boniment/ du charme/ des compliments/ la cour, jeter du grain (arg.), raconter des salades (arg.), séduire → COURTISER

◆ CONTR. **I.** → TAIRE (SE) **II.** → DÉDAIGNER

BARATINEUR, EUSE bavard, beau parleur, bonimenteur, charmeur, séducteur → HÂBLEUR

◆ CONTR. → DISCRET

BARBACANE n.f. → OUVERTURE

BARBANT, E assommant, barbifiant, barbifique, embêtant, emmerdant (vulg.), la barbe, rasant, rasoir → ENNUYEUX

◆ CONTR. → AMUSANT

BARBAQUE n.f. → CHAIR

BARBARE n. et adj. **I.** arriéré, béotien, grossier, ignorant, inculte, non civilisé/ policé, primitif **II.** bestial, brutal, brute, cruel, dur, farouche, féroce, impitoyable, in-humain, sanguinaire, truculent (vx) → SAUVAGE

◆ CONTR. → POLICÉ

BARBARIE n.f. atrocité, bestialité, bruta-lité, cruauté, état de nature, férocité, gros-sièreté, inhumanité, inconvenance, incor-rection, sauvagerie, vandalisme → MÉCHANCETÉ

◆ CONTR. → CIVILITÉ

BARBARISME n.m. → FAUTE

BARBE n.f. bouc, collier, duvet, favori, im-périale, mouche, royale → POIL – **fam.**: bar-biche, barbichette, barbouze, birbe, piège (à poux)

BARBEAU n.m. I. → BLEUET II. → PROXÉNÈTE

BARBECUE n.m. fourneau, rôtissoir, tour-nebroche

BARBELÉ, E I. piquant II. **fil barbelé**: ronce III. **pl.**: barbelure, chevaux de frise

BARBER I. **fam.**: gratter, racler la → PEAU II. **fig.**: assommer, barbifier, embêter, em-merder (vulg.), ennuyer, raser

◆ CONTR. → AMUSER

BARBETTE n.f. → FICHU

BARBIER n.m. coiffeur, figaro, merlan (vx), perruquier

BARBITURIQUE n.m. hypnotique, sédatif, somnifère, tranquillisant

◆ CONTR.: anabolisant

BARBON n.m. baderne, (vieux) birbe, chef-d'œuvre en péril, grison, vieillard, vieille bête, vieux, vieux beau/ con/ schnoque

◆ CONTR. → JEUNE

BARBOTE n.f. loche, lotte → POISSON

BARBOTER I. **v. intr.**: s'agiter dans, s'em-bourber, s'empêtrer, s'enliser, fouiller dans, patauger, patouiller, tremper/ se vautrer dans II. **v. tr.**: chaparder, chiper, piquer, prendre, soustraire → VOLER

BARBOTEUR, EUSE → VOLEUR

BARBOTIÈRE n.f. → MARE

BARBOTIN n.m. → ROUE

BARBOTINE n.f. → PÂTE

BARBOUILLAGE n.m. I. barbouille, bario-lage, croûte (péj.), dessin d'enfant, gribouil-lage, gribouillis, griffonnage, grimoire, hié-roglyphe, mauvaise peinture, pattes de mouche II. → SOUILLURE

◆ CONTR. I. chef-d'œuvre II. → NETTOIEMENT

BARBOUILLER badigeonner, barioler, chabouiller (vx), couvrir, embarbouiller, en-crasser, enduire, gâter, gribouiller, griffon-ner, maculer, noircir, peindre, peinturer, peinturlurer, salir, souiller, tacher

◆ CONTR. → NETTOYER

BARBOUILLEUR n.m. **péj. 1. un écrivain**: écri-vailleur, écrivassier, chieur d'encre (gros-sier), folliculaire, gendelettre, gribouilleur, pisse-copie, plumitif **2. un peintre**: badigeon-neur, gribouilleur, mauvais peintre, pom-pier, rapin

◆ CONTR. → GÉNIE

BARBOUZE n.m. → POLICIER

BARBU, E hispide, poilu, velu

BARBUE n.f. I. → POISSON II. → BOUTURE

BARD n.m. I. → BRANCARD II. → CIVIÈRE

BARDA n.m. I. → BAGAGE II. → BALLOT

BARDACHE n.m. → URANIEN

BARDAGE n.m. → PROTECTION

BARDE I. **n.f.** lamelle, tranche de lard II. **n.m.** 1. → CHANTEUR 2. → POÈTE

BARDER I. **v. tr.** 1. armer, caparaçonner, couvrir, cuirasser, garnir, protéger, recou-vrir 2. consteller, garnir II. **v. intr.**: aller mal, chambarder, chauffer, chier (grossier), fumer, se gâter, prendre mauvaise tournure

BARÈME n.m. échelle, recueil, répertoire, table, tarif

BARGAINING n.m. **tour. off.**: marchandage

BARGE n.f. I. → BARQUE II. → ÉCHASSIER

BARGUIGNER argumenter, discuter, hé-siter, marchander

◆ CONTR. → DÉCIDER (SE)

BARIL n.m. I. **pour le vin**: barrique, demie, demi-muid, feuillette, foudre, fût, futaille, muid, pièce, quartaut, tierçon, tonne, ton-neau, tonnelet II. **pour le poisson**: barrot, caque III. **par ext.**: gonne, tine, tinette

BARIOLAGE n.m. barbouillage, bariolure, bigarrure, chamarrure, couleur, diaprure, mélange

BARIOLÉ, E barbouillé, bigarré, chamarré, chiné, coloré, composite, diapré, divers, mé-langé, multicolore, panaché, peinturluré, va-rié → TACHÉ

◆ CONTR. → UNIFORME

BARIOLER barbouiller, bigarrer, billebar-rer (vx), chamarrer, colorer, diaprer, mélan-ger, panacher, peinturlurer → PEINDRE

BARLONG, ONGUE → ALLONGÉ

BARMAN n.m. garçon, serveur, steward

BAROGRAPHE et **BAROMÈTRE** n.m. → ENREGISTREUR

BARON, BARONNE → NOBLE

BAROQUE I. rococo II. **par ext.**: abracada-brant, biscornu, bizarre, bungaloïde, cho-quant, étrange, excentrique, extravagant, exubérant, fantaisiste, fantasque, farfelu, insolite, irrégulier, kitsch, original, singulier, surchargé, tard d'époque

◇ CONTR. → SOBRE

BAROUD n.m. affaire, bagarre, barouf, bataille, combat, engagement, lutte

◇ CONTR. → TRANQUILLITÉ

BAROUDER bagarrer, batailler, se battre, combattre, en découdre, foncer, guerroyer, lutter

◇ CONTR. : rester → TRANQUILLE

BAROUDEUR n.m. ardent, aventurier, bagarreur, batailleur, combatif, courageux, fonceur, guerrier, pugnace

◇ CONTR. : objecteur de conscience, pacifiste

BAROUF n.m. bagarre, baroud, bruit, chahut, cris, dispute, scandale, tapage, trouble, vacarme

◇ CONTR. → SILENCE

BARQUE n.f. bac, bachot, barcasse, barge, barquette, bélandre, bisquine, cange, canoë, canot, coble, couralin, embarcation, esquif, filadière, gig, gondole, gribane, kayak, nacelle, norvégienne, patache, périssoire, picoteux, pinasse, pirogue, plate, rigue, satteau, saugue, sinagot, taureau, tillole, toue, voirolle, youyou → BATEAU

BARRACUDA n.m. bécune, sphyrène → POISSON

BARRAGE n.m. **I. au pr.** : batardeau, digue, duit, écluse, estacade, jetée, levée, ouvrage d'art, retenue **II. par ext. 1.** arrêt, barrière, borne, clôture, écran, fermeture, obstacle **2. de police** : cordon **3. de manifestants** : barricade, blocage de la circulation, bouchon, manifestation, obstruction

BARRE n.f. **I. au pr.** : bâcle, baguette, barlotière, barreau, bâton, tige, timon, traverse, tringle **II. par ext. 1.** arbre, axe, barre à mine, chien, cottière, davier, fourgon, levier, pince, râble, ringard, tisonnier **2. d'or** : lingot **3. mar.** : flot, mascaret, raz **4. écriture** : bâton, biffure, rature, trait **5. d'un bateau** : gouvernail, timon (vx), timonerie **6. d'un cheval** : ganache, mâchoires **III. AVOIR BARRE SUR** : dominer, l'emporter sur

◇ CONTR. → OUVERTURE

BARREAU n.m. **I. au pr.** : arc-boutant, barre, montant, roulon (rég.), traverse **II. jurid.** : advocature (vx. ou fam.), basoche, advocasserie, advocassion, avocacie, profession d'avocat

BARRER **I.** arrêter, barricader, bloquer, boucher, construire/ édifier un barrage, clore, clôturer, colmater, couper, endiguer, faire écran/ obstacle/ obstruction, fermer, former un cordon (police), obstruer, retenir **II. une chose, un mot** : annuler, biffer, effacer,

enlever, ôter, raturer, rayer, rectifier, retirer, retrancher, soustraire, supprimer **III. mar.** : diriger, gouverner, mettre le cap **IV. v. pron.** s'en aller – **fam.** : se cavaler, ficher le camp, foutre le camp, mettre les bouts, se tirer

◇ CONTR. → OUVRIR

BARRETTE n.f. **I.** → BROCHE **II.** → DÉCORATION **III.** → COIFFURE

BARREUR n.m. pilote, skipper

BARRICADE n.f. arrêt, barrage, barrière, clôture, digue, écran, empêchement, fermeture, obstacle, obstruction, retenue, séparation → ÉMEUTE

◇ CONTR. → OUVERTURE

BARRICADER **I.** arrêter, bloquer, boucher, construire/ édifier une barricade *et les syn. de* barricade, clore, clôturer, colmater, endiguer, faire écran/ obstacle/ obstruction, fermer, obstruer, retenir **II.** → ENFERMER **III. v. pron.** : se claustrer, se cloîtrer, condamner sa porte, s'enfermer, s'isoler, refuser de recevoir/ de voir, se retirer, se retrancher

◇ CONTR. → OUVRIR

BARRIÈRE n.f. **I. au pr.** : arrêt, barrage, barricade, fermeture, garde-corps, garde-fou, haie, lice, lisse, obstacle, palissade, séparation, stop → CLÔTURE **II. fig.** : arrêt, borne, empêchement, limite, obstacle

◇ CONTR. → OUVERTURE

BARRIQUE n.f. → BARIL

BARRIR baréter → CRIER

BARRISSEMENT ou **BARRIT** n.m. → CRI

BARROT n.m. caque → BARIL

BARTAVELLE n.f. perdrix rouge

BARYCENTRE n.m. **spat. off.** : centre de masse

BAS, BASSE **I. au pr.** : inférieur → PETIT **II. fig.** **1. péj.** : abject, avili, avilissant, crapuleux, dégradant, grivois, grossier, honteux, ignoble, immoral, impur, indigne, infâme, lâche, laid, lèche-cul (grossier), libre, licencieux, mauvais, méchant, médiocre, méprisable, mesquin, obscène, plat, porno (fam.), pornographique, rampant, ravalé (vx), ravili, servile, sordide, terre à terre, vénal, vicieux, vil, vulgaire **III. 1. À BAS PRIX** : bon marché, en solde, infime, modéré, modique, petit, vil **2. LA RIVIÈRE EST BASSE** : à l'étiage **3. L'OREILLE BASSE** : confus, honteux, humilié, mortifié, penaud **4. À VOIX BASSE** : doucement **5. UNE VOIX BASSE** : assourdi **6. LE BAS PAYS** : plat **7. LE BAS CLERGÉ/ PEUPLE** : menu, petit **8. BASSE LITTÉRATURE** : mauvais, méchant, médiocre, minable (fam.), pauvre, piètre **9. BASSE ÉPOQUE** : décadente, tardive **10. AU BAS MOT** : au plus faible, au plus juste, au minimum **11. METTRE BAS :** → ACCOUCHER

◇ CONTR. → HAUT

BAS n.m. **I.** assise, base, dessous, embase, fond, fondation, fondement, pied, socle, soubassement, support **II. par ext.** → CHUTE **III.** chaussette, mi-bas, socquette

BASANE n.f. alude, cuir, peau de chamois/ de mouton

BASANÉ, E I. bistré, boucané, bronzé, brun, café au lait, foncé, hâlé, moricaud, noir, noirâtre, noiraud, tanné **II. arg.** → MAGHRÉBIN

◇ CONTR. **I.** → BLANC **II.** → PÂLE

BAS-BLEU n.m. **péj.** : autoresse, écrivaine, écriveronne, femme écrivain, pédante, prétentieuse

BAS-CÔTÉ n.m. **I. au pr.** : accotement, banquette, berme, bord, bordure, caniveau, fossé, trottoir **II. arch.** : collatéral, déambulatoire, nef latérale

◇ CONTR. → CENTRE

BASCULE n.f. **I. au pr.** : balance, poids public, romaine **II. jeu** : balançoire **III. par ext.** : capotage, chute, culbute, cul par-dessus tête, renversement, retournement, tonneau

BASCULER capoter, chavirer, chuter, culbuter, faire passer cul par-dessus tête (fam.), pousser, renverser → TOMBER

◇ CONTR. : rester → STABLE

BASE n.f. **I. au pr.** : appui, assiette, assise, bas, dessous, embase, embasement, empattement, fond, fondation, fondement, pied, piètement, radier, socle, soubassement, support **II. milit.** : centre, point d'appui/ de départ, tête de pont **III. par ext. 1.** appui, assiette, assise, centre, condition, origine, pivot, plan, point de départ, prémisse, principe, siège, source, soutien, support **2. finances** : taux

◇ CONTR. → SOMMET

BASER appuyer, échafauder, établir, faire reposer sur, fonder, tabler

◇ CONTR. → ÉVITER

BASER (SE) s'appuyer, s'établir, se fonder, partir de, tabler sur

BAS-FOND n.m. **I. au pr.** : cloaque, creux, dépression, endroit humide, fond, gour, marais, marécage, ravin, sentine **II. fig. 1.** bas étage, boue, fange, pègre **2.** bas quartiers, quartiers pauvres, sous-prolétariat

BASILIC n.m. **I. mérid.** : pistou **II.** → SAURIEN **III.** → DRAGON

BASILIQUE n.f. cathédrale, église privilégiée, haut lieu du culte, monument religieux, sanctuaire

BASIN n.m. → TISSU

BAS-JOINTÉ, E → CHEVAL

BASKET-BALL n.m. balle au panier

BASOCHE n.f. barreau, magistrature

BASQUE n.f. **I.** pan, queue, queue-de-pie **II. ÊTRE PENDU AUX BASQUES DE QUELQU'UN** : abuser de, coller, être dans les jambes/ au crochet de

◇ CONTR. : collet

BASQUINE n.f. → JUPE

BAS-RELIEF n.m. → SCULPTURE

◇ CONTR. : haut-relief, ronde-bosse

BASSE-COUR n.f. cabane à poules, ménagerie (vx), poulailler, volière

BASSE-FOSSE n.f. → CACHOT

BASSEMENT abjectement, crapuleusement, grossièrement, honteusement, ignoblement, indignement, lâchement, méchamment, médiocrement, odieusement, platement, servilement, sordidement, vicieusement, vulgairement

◇ CONTR. : les adv. dérivés de → GRAND, NOBLE, VERTUEUX

BASSESSE n.f. **I.** faiblesse, humble extraction/ extrance/ origine, humilité, misère, obscurité, pauvreté **II.** compromission, corruption, courbette, crasse, dégradation, flatterie, grossièreté, ignominie, impureté, indignité, infamie, lâcheté, platitude, ravalement, servilité, trahison, traîtrise, truandaille, truanderie, turpitude, vice, vilenie → MALHONNÊTETÉ **III.** abaissement, abjection, aplatissement, aveulissement, avilissement, bestialité, crapulerie, laideur, malignité, méchanceté, mesquinerie, petitesse, sordidité, trivialité, vénalité, vulgarité **IV. FAIRE DES BASSESSES** → FLATTER

◇ CONTR. **I.** → GRANDEUR **II.** → HONNEUR **III.** → VERTU

BASSET n.m. **I.** → CHIEN **II.** → CUIVRE

BASSE-TAILLE n.f. basse chantante → VOIX

BASSIN n.m. **I.** auge, bac, baquet, bassine, bassinet, chaudron, cuvette, récipient, tub, vase → LAVABO **II. 1.** claire, étang, pièce d'eau, piscine, réserve → VIVIER **2.** impluvium, vasque **III. mar.** : avant-port, darse, darsine, dock **IV. géogr.** : cuvette, dépression, plaine **V. anat.** : abdomen, bas-ventre, ceinture, lombes

BASSINANT, E → ENNUYEUX

BASSINE n.f. → BASSIN

BASSINER I. au pr. : chauffer un lit, réchauffer **II. fam.** : barber, barbifier, casser les pieds, emmerder (vulg.), faire chier (grossier)/ suer, raser → ENNUYER

◇ CONTR. → AMUSER

BASSINET n.m. **I.** → CASQUE **II.** → BASSIN **III.** → AUMÔNIÈRE

BASSINOIRE n.f. **I.** → CHAUFFERETTE **II.** → FÂCHEUX

BASSON n.m. **I.** → MUSICIEN **II.** → BOIS

BASTAING ou **BASTING** n.m. → MADRIER

BASTANT, E I. → CAPABLE **II.** → SUFFISANT

BASTE n.m. **I.** as de trèfle **II.** → BÂT **III.** → PANIER

BASTIDE n.f. **I.** bastidon, mas → HABITATION **II.** → FORTERESSE

BASTILLE n.f. **I.** château fort, prison → FORTERESSE **II. fig.** : abus, pouvoir arbitraire, privilèges

BASTINGAGE n.m. garde-corps, gardefou, rambarde

BASTION n.m. casemate, défense, fortification, protection, rempart, retranchement

BASTONNADE n.f. correction, coups de bâton, fustigation – par ext. : → TORGNOLE
◇ CONTR. → CARESSE

BASTOS n.m. ou f. → BALLE

BASTRINGUE n.m. **I.** bal, dancing, guinche, guinguette, musette, pince-fesses **II.** → CABARET **III. par ext. 1.** bruit, chahut, désordre, tapage, tohu-bohu, vacarme **2.** attirail, bataclan, bazar, bordel (grossier), désordre, fourbi, foutoir (vulg.)

BASTRINGUER I. → CHAHUTER **II.** → DÉBAUCHER (SE)

BASTUDE ou **BATTUDE** n.f. → FILET

BAS-VENTRE n.m. abdomen, bassin, cavité pelvienne, ceinture, hypogastre, lombes, nature (vx ou rég.), parties, parties honteuses, parties sexuelles, pubis, pudendum (vx), sexe
◇ CONTR. **I.** → TÊTE **II.** → CŒUR

BAT n.m. → BATTE

BÂT n.m. **I. au pr.** : baste, brêle, brelle, cacolet, harnais, selle **II. fig.** : défaut, difficulté, embarras, gêne, souffrance

BATACLAN n.m. attirail, bastringue, bazar, bordel (grossier), fourbi, foutoir (vulg.), frusques

BATAILLE n.f. **I. au pr. – milit.** : accrochage, action, affaire, affrontement, choc, combat, escarmouche, guerre, lutte, mêlée, opération, rencontre **II. par ext.** : bagarre, échauffourée, querelle → RIXE **III. fig. 1.** concurrence, émulation, rivalité **2.** → DISCUSSION **3. CHEVAL DE BATAILLE** → MANIE, PONCIF
◇ CONTR. → PAIX

BATAILLER I. au pr. : affronter, agir, se bagarrer, se battre, combattre, escaramoucher (vx), lutter **II. fig. 1. pour réussir** : s'accrocher, agir, bagarrer, se battre, se crever (fam.), s'échiner, foncer, lutter, rivaliser **2. pour convaincre** : argumenter, discuter, disputer, militer
◇ CONTR. : être, demeurer → TRANQUILLE

BATAILLEUR, EUSE I. accrocheur, actif, ardent, bagarreur, combatif, courageux, fonceur, lutteur, militant **II.** bagarreur, bataillard, battant, belliqueux, bigorneur, escarmoucheur (vx), irascible, querelleur
◇ CONTR. → PAISIBLE

BATAILLON n.m. **I. fig.** : accompagnement, cohorte, compagnie, escouade, régiment → TROUPE **II. bataillon d'Afrique** : bat' d'Af, biribi, disciplinaire, les durs

BATAILLONNAIRE n.m. bat' d'Af, joyeux → SOLDAT

BÂTARD, E I. au pr. 1. adultérin, champi (dial.), illégitime, naturel, né de la cuisse gauche (péj.) **2. animaux** : corniaud, croisé, hybride, mélangé, métis, métissé **II. par ext.** : complexe, composite, mélangé, mixte
◇ CONTR. **I.** légitime **II.** de race **III.** → PUR

BATARDEAU n.m. → BARRAGE

BATCH n.m. **pétr. off.** : lot

BATCH PROCESSING n.m. **inform. off.** : traitement par lots

BÂTÉ, E ignare, ignorant, prétentieux → BÊTE
◇ CONTR. → INTELLIGENT

BATEAU n.m. **I. au pr. 1.** bâtiment, navire, steamer, submersible, unité, vaisseau, vapeur, voile (vx), voilier **2.** baleinière, barque, batelet, berthon, bib, bombard, canot, chaloupe, dinghy, embarcation, esquif, radeau, yole, youyou **3.** chaland, péniche **4.** caboteur, cargo, convoyeur, courrier, dragueur, liner, long-courrier, paquebot, pousseur, pyroscaphe (vx), remorqueur, toueur, transatlantique, vraquier **5.** dayboat, fifty, plaisancier, yacht **6.** baleinier, chalutier, coquiller, coraillière, crevettier, dériveur ou drifter, follier, harenguier, langoustier, morutier, palangrier, pink ou pinque, sardinier, tartane, terre-neuvier, thonier **7.** bananier, fruitier **8.** barge, bélandre, bisquine, cange, coble, couralin, doris, filadière, gig, gondole, gribane, norvégienne, patache, picoteux, pinasse, plate, rigue, satteau, saugue, sinagot, taureau, tillole, toue, voirolle, warnetteur **9.** canoë, kayak, périssoire, pirogue, podoscaphe (vx) **10.** brick, brigantin, caravelle, cinq-mâts, cotre, cruiser, cutter, dundee, galion, galiote, goélette, ketch, lougre, quatremâts, racer, schooner, sloop, trois-mâts **11.** bateau-citerne, brise-glace, charbonnier, ferry-boat, liberty ship, marie-salope, méthanier, minéralier, pétrolier, pinardier, porte-containers, propanier, supertanker, tanker, tramp 12. bateau-feu *ou* phare, bateau-pilote, bateau-pompe 13. bateau-lavoir, bateau-mouche 14. bélouga, catamaran, dériveur, monocoque, quillard, trimaran, vaurien 15. chris-craft, hors-bord, runabout 16. outrigger, skiff 17. hydrofoil, hydroglisseur, hydroptère 18. fam. et/ ou péj. : baille, barlu, coquille de noix, patouillard, rafiot 19. partic. et/ ou vx : acon *ou* accon, allège, bac, bachot, balancelle, barcasse, barquerolle, barquette, barquot, batelet, bette, boutre, cabotière, cague, caïque, caraque, chasse-marée, chébec, coche, dahabieh, dogre, drakkar, felouque, flette, fuste, gabare, galéasse, houari, hourque, jonque, péotte, polacre, pousse-pied, quaïche, ramberge, sacolève, saïque, sampan, senau, skipjack, traille, traversier, trinquart, vedette, wager-boat 20. corsaire, interlope, pirate 21. poét. : arche, argo, bucentaure, nacelle, nave, nef 22. galères : birème, capitane, quadrirème, quinquérème, réale, trirème 23. bathyscaphe, mésoscaphe 24. mar. milit. : aviso, bâtiment de guerre, flûte (vx), canonnière, contre-torpilleur, corvette, croiseur, cuirassé, destroyer, dragueur de mines, dreadnought, frégate, garde-côte, monitor, mouilleur de mines, péniche de débarquement, porte-avions, porte-hélicoptères, prame, sous-marin, torpilleur, unité, vaisseau, vaisseau amiral, vedette II. fig. 1. attrape, blague, craque, farce, fourberie, histoire, intrigue, invention, mensonge, mystification, ruse, tromperie 2. dada, enfant chéri, idée fixe, lubie, manie, marotte, radotage 3. cliché, lieu commun

BATÉE ou **BATTÉE** n.f. → CRIBLE

BATELÉE n.f. → QUANTITÉ

BATELER amuser, ameuter, faire des tours d'adresse, jongler

BATELEUR n.m. acrobate, amuseur, baladin, banquiste, bouffon, charlatan, équilibriste, farceur, forain, funambule, hercule, histrion, jongleur, lutteur, morbleuse (rég.), opérateur, paradiste, prestidigitateur, saltimbanque, sauteur

BATELIER n.m. canotier, gondolier, marinier, nautonier, passeur, pilote, piroguier

BATELLERIE n.f. marine/ navigation/ transport fluvial(e)

BÂTER bréler → CHARGER

BAT-FLANC n.m. cloison, planche, plancher, séparation

BATH fam. : agréable, beau, chic, chouette, gentil, serviable

◇ CONTR. → LAID

BÂTI I. n.m. : assemblage, cadre, support II. BIEN BÂTI : balancé, balèze, baraqué, bien fait/ roulé, costaud, fort

◇ CONTR. → AVORTON

BATIFOLAGE n.m. amusement, amusette, amourette, badinage, badinerie, bagatelle, caprice, chose (fam.), flirt, folâtrerie, gaminerie, jeu folâtre/ galant/ léger, lutinerie, marivaudage → AMOUR

◇ CONTR. → TRISTESSE

BATIFOLER s'amuser, s'ébattre, faire le fou, folâtrer, folichonner, gaminer, lutiner, marivauder, niaiser, nigauder, papillonner, perdre son temps, se solacier (vx) – rég. : berdiner, couniller

◇ CONTR. : être → SÉRIEUX/ TRISTE

BÂTIMENT n.m. I. au pr. : abri, architecture, aréostyle, bâtisse, caserne, château, construction, édifice, fortification, gros-œuvre, habitat, habitation, H.L.M., hôtel (particulier), immeuble, local, monument, tour → GRANGE II. → MAISON III. → ÉGLISE IV. → TEMPLE V. → CHÂTEAU VI. éléments d'un bâtiment : aile, arc, arcade, arrière-corps, avant-corps, cave, chapiteau, charpente, clocher, colonne, comble, communs, corniche, corps de logis, coupole, couronnement, entablement, escalier, façade, fenêtre, fronton, galerie, lobe, maçonnerie, mur, pilastre, pilier, plafond, portique, poutre, saillie, sculpture, socle, soubassement, sous-sol, statue, support, tablette, terrasse, toit, voûte VII. mar. : embarcation, navire, unité, vaisseau → BATEAU

BÂTIR I. au pr. : construire, édifier, élever, ériger, monter → CIMENTER II. fig. : agencer, architecturer, échafauder, édifier, établir, fonder, monter

◇ CONTR. → DÉMOLIR

BÂTISSE n.f. I. abri, appentis, masure II. 1. → BÂTIMENT 2. → GRANGE

BÂTISSEUR n.m. I. architecte, constructeur, entrepreneur, fondateur, maçon, promoteur II. conquérant, créateur, initiateur, instaurateur, instigateur, instituteur (vx), organisateur, père

◇ CONTR. → DESTRUCTEUR

BATISTE n.f. I. → COTON II. → TISSU

BÂTON n.m. I. 1. → BAGUETTE 2. aiguillon, aste (vx ou rég.), épieu, férule, gourdin, maquilla, matraque, nerf de bœuf, tricot, tricotin, trique 3. carassonne, échalas, gaule, jalon, latte, marquant, paisseau, pieu, roulon, tuteur 4. digon, hampe, manche 5. alpenstock, piolet 6. béquille, bourdon, canne, crosse, houlette 7. batte, détortoir (vén.), ferrement (vx), palanche, tribart, tringle 8. abacus, caducée, lituus, main de justice, sceptre,

thyrse, verge 9. jambier 10. arg. ou fam. :
goumi, pouvoir exécutif II. 1. À BÂTONS
ROMPUS : décontracté (fam.), discontinu,
libre, sans suite 2. BÂTON DE MARÉCHAL :
être à son apogée/ au faîte de sa carrière/
au plafond/ au summum 3. BÂTONS DANS
LES ROUES : difficulté, empêchement, entrave, obstacle, obstruction 4. BÂTON DE
VIEILLESSE : aide, consolation, réconfort,
soutien, support 5. UNE VIE DE BÂTON DE
CHAISE : agitée, débauchée, déréglée, impossible, inimitable (vx)

BÂTONNET n.m. → BAGUETTE

BATOUDE n.f. tremplin

BATRACIEN n.m. I. amphibien II. alyte,
amblystone, amphiume, crapaud, grenouille, ouaouaron, pipa, rainette, salamandre, triton

BATTAGE n.m. I. bluff, bruit, charlatanisme, publicité, réclame, vent II. des céréales :
dépiquage, vannage

◇ CONTR. : Contre-publicité, dénigrement →
RETENUE

BATTANT n.m. I. menuiserie, vantail II. de
cloche : marteau III. arg. : cœur IV. fonceur →
COURAGEUX V. techn. traquet VI. mar. : longueur,
horizontale

◇ CONTR. I. → APATHIQUE II. *mar.* : guindant

BATTE n.f. bat, battoir, maillet, massue, pa-
lette, tapette, thèque → BÂTON

BATTEMENT n.m. I. choc, coup, frappement, heurt, martèlement II. entracte
(théâtre), interclasse (scol.), interlude, intervalle, mi-temps (sport) III. choc répété. 1. de
mains : applaudissements, bravos 2. d'yeux : cil-
lement, clignement/ clins d'yeux ou clins
d'œil 3. de cœur : accélération, palpitation,
pulsation, rythme

BATTERIE n.f. I. accumulateur, accus, pile
II. → PERCUSSION III. 1. au pr. : artillerie, canons, pièces à feu 2. fig. : artifices, moyens,
ruses IV. de cuisine : accessoires, casseroles,
fait-tout ou faitout, marmites, plats, poêles,
ustensiles V. de tambour : breloque, chamade,
champ, charge, colin-tampon, diane, dragonne, générale, rappel, réveil, roulement
VI. caisse, cliquette, crotale, cymbale, timbale, triangle → PERCUSSION

BATTEUR n.m. I. percussionniste II. fouet,
moussoir

BATTEUSE n.f. battoir, dépiqueur, égre-
neur, tarare, trieur, van

BATTITURES n.f. pl. → DÉCHET

BATTLE-DRESS n.m. → VESTE

BATTOIR n.m. → MAIN

BATTOLOGIE n.f. → RÉPÉTITION

BATTRE I. au pr. 1. administrer/ appliquer/
distribuer/ donner/ infliger des → COUPS/
une leçon/ une → VOLÉE, châtier, corriger,
frapper, lever/ porter la main sur, malmener, maltraiter, punir, taper 2. vx : échiner,
gourmer, houspiller, houssiner, pelauder
3. assommer, bâtonner, bourrer, boxer, bûcher, calotter, claquer, cravacher, en découdre, éreinter, étriller, faire sa fête, fesser,
flageller, fouailler, fouetter, fouler aux pieds,
fustiger (vx), gifler, lyncher, matraquer, piétiner, rosser, rouer, sangler, souffleter, talocher 4. fam. : arranger/ rectifier/ refaire/ retoucher le portrait, assaisonner, avoiner,
bigorner, botter le → FESSIER, casser la fi-
gure/ la gueule, castagner, châtaigner,
chicorer, chicorner, dérouiller, donner/ fi-
ler/ flanquer/ foutre une danse → VOLÉE,
écharper, enfoncer les côtes, épousseter, estourbir, mettre la tête au carré, passer à tabac, piler, rentrer dedans/ dans le mou,
rondiner, sataner, satonner, secouer les gre-
lots/ les puces, soigner, sonner, strapasser,
strapassonner, tabasser, tanner, tataner,
tomber dessus/ sur le paletot, torcher, triquer II. avoir le dessus, s'expliquer →
VAINCRE III. 1. CHIEN BATTU : brimé, humilié
2. YEUX BATTUS : cernés, fatigués, avoir des
poches/ des valises sous les yeux IV. 1. le fer :
façonner, forger, taper 2. un tapis : agiter, dépoussiérer, houssiner, secouer, taper 3. les
céréales : dépiquer, vanner 4. les œufs : brouiller, mélanger, mêler, secouer 5. la monnaie :
frapper 6. les mains : applaudir, faire bravo,
frapper, taper 7. les cartes : brouiller, mélanger, mêler 8. la campagne, le pays : arpenter,
chercher, explorer, fouiller, parcourir, rechercher, reconnaître 9. la campagne (fig.) →
DÉRAISONNER 10. le pavé → ERRER 11. en retraite :
ABANDONNER, ENFUIR (S') 12. arg. : sa femme : remonter sa pendule V. partic. 1. la mer : assaillir,
attaquer, fouetter, frapper 2. la pluie : cingler,
claquer, fouetter, frapper, marteler, tambouriner, taper VI. v. intr. 1. une porte : cogner, frapper, taper 2. le cœur : (au pr.) avoir des pulsa-
tions, fonctionner, palpiter (au fig.) → AIMER

◇ CONTR. → CARESSER

BATTRE (SE) I. → LUTTER II. vén. : daguer

BATTU (ÊTRE) → ÉCHOUER

BATTUE n.f. chasse, rabattage

BATTURE n.f. québ. : estran

BAU n.m. barrot → POUTRE

BAUDET n.m. I. au pr. : âne, aliboron, bar-
dot, bourricot, bourrique, bourriquet, grison, ministre (fam.), roussin d'Arcadie II. fig.
1. → BÊTE 2. → CHEVALET

BAUDOUINAGE n.m. → ACCOUPLEMENT

BAUDOUINER → ACCOUPLER

BAUDRIER n.m. bandoulière, ceinture, écharpe

BAUDROIE n.f. lotte (de mer) → POISSON

BAUDRUCHE n.m. **I. au pr. :** ballon, boyau, pellicule **II. fig. :** erreur, fragilité, illusion, inconsistance, prétention, vanité

BAUGE n.f. **I.** bousillage, mortier de terre, pisé, torchis **II. du sanglier ou par anal. :** abri, baugée, gîte, loge, repaire, soue, souille, tanière **III. par ext. :** bordel (grossier), fange, fumière, souillarde, tas de fumier, taudis

BAUGER (SE) → TAPIR (SE)

BAUME n.m. **I. au pr. 1. vx :** menthe **2.** balsamique, liniment, vulnéraire **3.** aliboufier, benjoin, liquidambar, styrax, tolu **4.** cérat, essence, extrait, gemme, huile, laque, onguent, résine **5.** saint chrème **II. fig. :** adoucissement, apaisement, consolation, dictame, remède, rémission

BAVARD, E I. avocat, babillard, baratineur (fam.), bonimenteur, bon caquet/ grelot, bonne tapette, bruyant, discoureur, jaboteur, jacasseur, jaseur, loquace, mégalophraseur, moulin à paroles, parleur, phraseur, pie, pipelet, prolixe, verbeux, volubile – **vx :** jasard, languard, profus **II.** bavasseur, cancanier, commère, concierge, indiscret, jacassier, médisant, qui a la langue trop longue, va-de-la-gueule **III.** → DIFFUS

◇ CONTR. **I.** → DISCRET **II.** → SILENCIEUX

BAVARDAGE n.m. **I.** babil, babillage, bagou, baratin, bavarderie, bavasserie, bavette, blablabla, boniment, caquetage, dirie (rég.), jacassement, jacasserie, jactance, jaserie, jaspin, jaspinage, logorrhée, loquacité, parlote, patati et patata, verbalisme, verbiage, verbiomanie – **vx :** avocasserie, bavardise, garrulement, languarderie, lantiponage, parlage, parlerie, parlotterie, ravaudage **II.** anecdote, cancans, chronique, commérage, histoires, indiscrétion, médisance, papotage, potins, racontars, ragots, ravauderie (vx)

◇ CONTR. **I.** → SILENCE **II.** → BRACHYLOGIE

BAVARDER I. 1. babiller, caqueter, débiter, discourir, jacasser, jaspiller (arg.), jaspiner (arg.), palabrer, papoter, parler, potiner, répandre, tailler la bavette **2. péj. :** baratiner, bateler, bavacher ou bavasser, baver, bavocher, bavachotter, bavoter, blaguasser, bonimenter, broder, cancaner, clabauder, colporter, commérer, débiner, débiter, déblatérer, dégoiser, faire battre des montagnes, faire des commérages/ des histoires/ des racontars/ des salades, jaboter, jabouiner, jaser, lantiponer, potiner, publier, raconter, répandre, tartiner **3. vx :** avocasser, bagouler, confabuler, débagouler, garruler,

giberner, patrociner, verbaliser **II.** s'abandonner, cailleter, causer, converser, deviser, échanger, s'entretenir

◇ CONTR. → TAIRE (SE)

BAVAROISE n.f. → PÂTISSERIE

BAVE n.f. écume, mucus, pituite, salive, spumosité, venin

BAVER I. quelqu'un : écumer, postillonner, saliver **II. une chose :** couler, dégouliner, mouiller **III. fig. (péj.) :** bavocher, calomnier, médire, nuire, salir, souiller **IV. EN BAVER :** être éprouvé → SOUFFRIR (fam.) en chier/ roter, en voir de toutes les couleurs

BAVEUSE n.f. blennie → POISSON

BAVEUX, EUSE I. au pr. : coulant, écumeux, liquide, spumescent, spument **II. fig. quelqu'un :** fielleux, malveillant, médisant, menteur, sournois → TARTUFE

◇ CONTR. → NET

BAVOIR n.m. baverolle, bavette

BAVOLET n.m. **I.** kichenotte → COIFFURE **II.** → PROTECTION

BAVURE n.f. **I. au pr. 1.** bavochure, macule, mouillure, tache **2. techn. :** barbe, barbille, ébarbure, masselotte **II. fig. :** erreur, imperfection, faute

◇ CONTR. → SUCCÈS

BAYADÈRE n.f. → DANSEUSE

BAYER bader, être dans la lune, rêvasser, rêver

BAYOU n.m. → MARAIS

BAZAR n.m. **I. au pr. :** bibeloterie, bimbeloterie, galerie, magasin, marché, passage, souk **II. fam. 1.** attirail, bagage, barda, bastringue, binz ou bin's, bordel, bric-à-brac, fourbi, foutoir, merdier, saint-frusquin **2. péj. :** bahut, boîte, boutique, pétaudière **III. TOUT LE BAZAR :** toute la boutique, tout le tremblement/ le toutim → TRUC

BAZARDAGE n.m. braderie, liquidation, solde

BAZARDER brader, se débarrasser de, fourguer, liquider, solder, vendre

◇ CONTR. → CONSERVER

BEACON n.m. **spat. off. :** balise (répondeuse)

BEAGLE ou **BIGLE** n.m. → CHIEN

BÉANCE n.f. → OUVERTURE

BÉANT, E grand, large, ouvert

BÉAT, E I. bienheureux, calme, heureux, niais, paisible, rassasié, ravi, repu, satisfait, tranquille – **rég. :** bénaise, bénasse **II.** → BÊTE

◇ CONTR. → INQUIET

BÉATE n.f. → RELIGIEUSE

BÉATEMENT de façon → BÉAT *et les dérivés possibles en* -ment *des syn. de* béat

BÉATIFICATION n.f. canonisation, introduction au calendrier

◆ CONTR. → CONDAMNATION

BÉATIFIER canoniser, inscrire/ introduire/ mettre au calendrier

◆ CONTR. → ANATHÉMATISER

BÉATILLES n.f. I. → ABATS II. → HACHIS III. → BAGATELLE

BEATING méd. off. : battade → MASSAGE

BÉATITUDE n.f. ataraxie, bien-être, bonheur, calme, contentement, euphorie, extase, félicité, kief, quiétude, réplétion (péj.), satisfaction – au pl. : vertus

◆ CONTR. I. → INQUIÉTUDE II. → PUNITION

BEATNIK n.m. → HIPPIE

BEAU ou **BEL, BELLE** I. au pr. 1. qualité physique ou morale : achevé, admirable, adorable, agréable, aimable, angélique, artistique, bellissime, bien, bien tourné, bon, brillant, céleste, charmant, chic, coquet, décoratif, délicat, délicieux, distingué, divin, éblouissant, éclatant, élégant, enchanteur, esthétique, étonnant, exquis, fameux, fastueux, féerique, fin, formidable, fort, gent, gentil, glorieux, gracieux, grand, grandiose, harmonieux, idéal, imposant, incomparable, joli, magique, magnifique, majestueux, merveilleux, mignon, mirifique, noble, non-pareil, ornemental, parfait, piquant, plaisant, proportionné, pur, radieux, ravissant, remarquable, resplendissant, riche, robuste, sculptural, séduisant, somptueux, splendide, stupéfiant, sublime, superbe, supérieur 2. partic. : ciné/ photo/ phono/ radio/ télégénique 3. fam. : balancé, bath, bellot, bien roulé, chicard, chouette, copurchic, girond, jojo, terrible, trognon 4. vx : supercoquelicantieux, supercoquentieux, urf 5. qualité de l'esprit : accompli, achevé, bien, brillant, charmeur, cultivé, délicat, distingué, divin, éblouissant, éclatant, élégant, enchanteur, esthétique, étonnant, exquis, fin, formidable, fort, génial, gracieux, grand, grandiose, incomparable, magistral, magnifique, merveilleux, noble, non-pareil, parfait, piquant, plaisant, poétique, pur, ravissant, remarquable, riche, robuste, séduisant, somptueux, splendide, stupéfiant, sublime, superbe, supérieur, surprenant, unique 6. qualité morale : admirable, digne, élevé, estimable, généreux, glorieux, grand, honorable, juste, magnanime, magnifique, pur, saint, sublime, vertueux 7. du temps : calme, clair, ensoleillé, limpide, printanier, pur, radieux, serein, souriant 8. beau temps : éclaircie, embellie 9. notion de quantité : considérable, fort, grand, gros, important

II. en emploi péj. 1. UN BEAU MONSIEUR : triste personnage/ sire, vilain monsieur 2. UN BEAU RHUME : gros, méchant, tenace 3. DU BEAU TRAVAIL : de beaux draps, gâchis, mauvaise position/ posture/ situation, sale affaire 4. UN BEAU DISCOURS : fallacieux, trompeur 5. UNE BELLE QUESTION : enfantin, naïf, ridicule, stupide 6. BEL ESPRIT : léger, mondain, prétentieux, snob, superficiel, vain 7. DE BELLE MANIÈRE : convenablement, correctement 8. LE PLUS BEAU : amusant, comique, drôle, étonnant, extraordinaire, fantastique, formidable, intéressant, merveilleux, plaisant – fam. : fumant, marrant, rigolo 9. POUR LES BEAUX YEUX : gracieusement, gratuitement, par amour, pour rien 10. UN VIEUX BEAU : barbon, grison, vieux coureur/ galant/ marcheur III. 1. LE BEL ÂGE : en pleine force, force de l'âge, jeunesse, maturité 2. BEAU JOUEUR : conciliant, large, régulier 3. BELLE HUMEUR : aimable, enjoué, gai, rieur

◆ CONTR. I. → LAID II. → MAUVAIS

BEAU n.m. art, beauté, esthétique, perfection

BEAUCOUP I. abondamment, en abondance, amplement, bien, considérablement, copieusement, diablement, énormément, fabuleusement, à foison, force, formidablement, fort, grandement, gros, infiniment, joliment, largement, libéralement, longuement, lourdement, magnifiquement, maint, moult, passionnément, plantureusement, plein, prodigieusement, à profusion, richement, en quantité, tant et plus, tout, très, vivement, à volonté – fam. : bésef, bigrement, bougrement, comme quatre, drôlement, à gogo/ tire-larigot, en veux-tu en voilà, lerche, salement, terriblement, vachement II. partic. : à tue-tête, à verse, d'arrache-pied III. bruyamment, tapageusement, tumultueusement IV. beaucoup de : abondance, foisonnement, foule, foultitude (fam.), fourmillement, grouillement, multitude, nombre, pullulement → QUANTITÉ

◆ CONTR. I. → RIEN II. → NUL

BEAU-FILS n.m. fillâtre (vx), gendre

BEAU-PÈRE n.m. vx : parâtre

BEAUTÉ n.f. I. au pr. 1. une chose : agrément, art, attrait, charme, délicatesse, distinction, éclat, élégance, esthétique, faste, féerie, finesse, force, forme, fraîcheur, grâce, grandeur, harmonie, joliesse, lustre, magie, magnificence, majesté, noblesse, parfum, perfection, piquant, poésie, pureté, richesse, séduction, somptuosité, splendeur, sublimité, symétrie, vénusté 2. adonis, apollon, tanagra 3. une femme : almée, aphrodite, belle, houri, odalisque, pin-up, star, sultane,

vamp, vénus **II. GRAIN DE BEAUTÉ :** mouche **III. pl. :** appas, charmes, sex-appeal, trésors
◆ CONTR. → LAIDEUR

BEAUVAIS n.m. → TAPISSERIE

BEAUX-ARTS n.m. pl. académie, architecture, arts d'agrément/ graphiques/ plastiques, conservatoire → ART

BÉBÉ n.m. **I. au pr. :** baby, bambin, enfançon, nourrisson, nouveau-né, petit, poupon → ENFANT **II. jouet :** baigneur, poupée, poupon

BEC n.m. **I.** becquet, bouche, rostre **II. par ext.** **1. géo :** cap, confluent, embouchure, promontoire **2.** bouche, clapet, goule, goulot, gueule **3. bec de gaz :** brûleur, lampadaire, réverbère **III. 1. BON BEC :** bavard **2. COUP DE BEC :** méchanceté, médisance **3. BEC FIN :** bon vivant, connaisseur, fine gueule, gourmand, gourmet

BÉCANE n.f. **I.** bicyclette, biclo, biclou, clou, cycle, petite reine, vélo **II. par ext. :** guillotine, machine

BÉCARD n.m. **I.** → SAUMON **II.** → PALMIPÈDE **III.** bécasse mâle

BÉCASSE n.f. **I. par ext. :** barge, bécard, bécasseau, bécasson, béchot, bécot, chevalier, courlis, échassier, huîtrier, maubèche, outarde, sanderling **II. fig. :** bécassine, bécassote, bêtasse, cruche, empotée, gnangnan, gourde, idiote, naïve, nunuche, oie blanche, outarde, sotte, stupide → BÊTE

BÊCHAGE n.m. → MÉDISANCE

BÊCHE n.f. **par ext. :** bêchard, bêchelon, bêcheton, bêchotte, bêchoir, bêchot, béquille, béquillon, houlette, louchet, palot, pelle, ramassette (région.)

BÊCHE-DE-MER I. n.f. : biche-de-mer, holothurie, tripang → ÉCHINODERME **II. n.m.** → JARGON

BÊCHER I. au pr. : cultiver, labourer, mésoyer, retourner **II. fig. fam. :** débiner, gloser, médire, ragoter, snober, tenir à distance
◆ CONTR. → S'ENTENDRE

BÊCHEUR, EUSE aigri, arrogant, distant, faiseur, fier, jaloux, médisant, méprisant, orgueilleux, péteux, prétentieux, snob, vaniteux → BÊTE
◆ CONTR. → AIMABLE

BÉCHEVET n.m. → JOINT

BÉCHEVETER → JOINDRE

BÉCOT n.m. **I. fam. :** bec (rég.), bise, bisette, petit baiser, poutou → BAISER **II.** → BÉCASSE

BÉCOTER fam. : baisoter, becquer (québ.), becqueter, biser, embrasser, faire la bise, poser un → BAISER sur, sucer la pomme
◆ CONTR. → BAISER

BECQUEBOIS n.m. pic, pic, vert ou pivert → GRIMPEUR

BECQUÉE n.f. nourriture, pâture, pitance

BECQUET ou **BÉQUET** n.m. **I.** → AJOUT **II.** → BEC **III.** → BROCHET

BECQUETANCE ou **BECTANCE** n.f. → NOURRITURE

BECQUETER ou **BÉQUETER I.** béquiller (arg.), mordiller, picorer, picoter → MANGER **II.** → BÉCOTER

BÉCUNE n.f. barracuda, sphyrène → POISSON

BEDAINE n.f. avant-scène, ballon, barrique, bedon, bedondaine, berdouille, bide, bonbonne, bouzine, brioche, buffet, burlingue, coffiot, devant, embonpoint, gaster, gidouille, œuf d'autruche/ de Pâques, paillasse, panse, tiroir à saucisses, tripes → ABDOMEN

BEDEAU n.m. **par ext. :** hiérodule (vx. ou fam.), arguillier, porte-verge, sacristain, suisse

BÉDÉGAR n.m. galle → BOURSOUFLURE

BÉDIGAS, ASSE I. → BÊTE **II.** → AGNEAU

BEDOLE ou **BEDOLLE** → BÊTE

BEDONNANT, E adipeux, bibendum, entripaillé (vx), gidouillant, grassouillet, obèse, pansu, patapouf, poussa ou poussah, rondouillard, ventripotent, ventru → GROS
◆ CONTR. → SVELTE

BEDONNEMENT n.m. → GROSSEUR

BEDONNER s'arrondir, devenir bedonnant, enfler, être obèse, gidouiller, gonfler, grossir, prendre de la → BEDAINE
◆ CONTR. → MAIGRIR

BÉDOUÏDE n.f. farlouse, pipit → PASSEREAU

BÉER I. admirer, bayer, ouvrir le bec, regarder avec admiration/ étonnement/ stupéfaction/ stupeur **II.** rêver, rêvasser **III. BOUCHE BÉE :** → ÉBAHI

BEFFROI n.m. campanile, clocher, jaquemart ou jacquemart, tour

BÉGAIEMENT n.m. **I.** bafouillage, balbisme, balbutiement, bégayage (psych.), bredouillement, palilalie **II.** commencement, début, tâtonnement

BÉGARD ou **BÉGUARD** n.m. → HÉRÉTIQUE

BÉGAYER bafouiller, balbutier, bredouiller

BÈGUE n. et adj. bafouilleur (péj.), bégayeur, bredouilleur (péj.)

BÉGUÈTEMENT n.m. bêlement → CRI

BÉGUETER → BÊLER

BÉGUEULE n. et adj. **I. neutre** : austère, bienséant, convenable, correct, décent **II. péj.** : affecté, effarouché, étroit, farouche, pissefroid (fam.), prude, raide, rigide, rigoriste, rigoureux, tartufe ou tartuffe → HYPOCRITE
◆ CONTR. **I.** → LIBRE **II.** → FRANC

BÉGUEULERIE n.f. bégueulisme, pudibondisme → HYPOCRISIE
◆ CONTR. **I.** → LIBERTÉ **II.** → FRANCHISE

BÉGUIN n.m. **I. au pr.** : bonnet, coiffe **II. fig. et fam. 1. la personne** : amoureux, flirt **2. la chose** : amouracherie, amourette, aventure, flirt, pépin, touche → CAPRICE **III. 1. AVOIR LE BÉGUIN** : être amoureux *et les syn.* de amoureux, être coiffé de **2. FAIRE UN BÉGUIN** : avoir une amourette/ un flirt, faire une touche (fam.), tomber une fille *et les syn.* de fille (vulg.)
◆ CONTR. → INDIFFÉRENCE

BÉGUINAGE n.m. → CLOÎTRE

BÉGUINE n.f. → RELIGIEUSE

BEHAVIORISME ou **BEHAVIOURISME** n.m. théorie du comportement → PHILOSOPHIE
◆ CONTR. : introspectionnisme, mentalisme

BÉHÉMOT(H) n.m. → MONSTRE

BEIGE bis, gris, marron clair, sable – **non fav.** : beigeasse, beigeâtre, jaunâtre, pisse d'âne

BEIGNE n.f. **fam. I. avoir une beigne** → BLESSURE **II. recevoir une beigne** → COUP, GIFLE **III. québ.** → BEIGNET

BEIGNET n.m. **par ext.** : pet de nonne, soufflé. **vx ou rég.** : beigne (québ.), brick, bugne, buigne, merveille, mique, pignatelle, polenta, rissole

BE-IN → HIPPIE

BÉJAUNE ou **BEC-JAUNE** n.m. **I.** → FAUCON **II.** → SOT **III.** → STUPIDITÉ

BEL n.m. → MESURE

BÉLANDRE n.f. → BATEAU

BÊLANT, E fig. bête, mélodramatique, moutonnier, stupide

BEL CANTO n.m. → OPÉRA

BÊLEMENT n.m. **I. au pr.** : béguètement, chevrotement, cri **II. fig.** : braiement, braillement, cri, criaillerie, jérémiade, niaiserie, piaillerie, plainte, rouspétance, stupidité → BÊTISE

BÊLER I. au pr. : appeler, bégueter, chevroter, crier **II. fig.** : braire, brailler, bramer, criailler, crier, jérémier, piailler, se plaindre, rouspéter

BELGE I. belgeoisant (péj.), flamand, flamingant, outre-Quiévrain (fam.), wallon **II.** belgicisme **III.** belgitude

BÉLIER n.m. **I.** → MOUTON **II.** boutoir → HIE

BÉLINAGE n.m. → ACCOUPLEMENT

BÉLINER → ACCOUPLER (s')

BÉLÎTRE n.m. **I.** → GUEUX **II.** → VAURIEN

BELLÂTRE n.m. avantageux, bélître, fat, plastron, plastronneur, poseur → HÂBLEUR
◆ CONTR. → TIMIDE

BELLE n.f. **I.** → REVANCHE **II.** → FUITE

BELLE-À-VOIR n.f. **botan.** belvédère

BELLE-DAME n.f. **I.** mauro, paon de jour, vanessa, vanesse → PAPILLON **II.** arroche, belladone

BELLE-DE-JOUR n.f. **I.** → LISERON **II.** → PROSTITUÉE

BELLE-DE-NUIT n.f. **I.** mirabilis (jalapa), nyctage → FLEUR **II.** fauvette des marais/ des roseaux, phragmite des joncs, rousserolle → PASSEREAU **III.** → PROSTITUÉE

BELLE-D'ONZE-HEURES n.f. ornithogale → FLEUR

BELLE-D'UN-JOUR n.f. hémérocale, lis jaune → FLEUR

BELLE-FILLE n.f. bru
◆ CONTR. → BELLE-MÈRE

BELLEMENT avec → BEAUTÉ, de façon → BELLE *et les dérivés possibles en* -ment *des syn.* de beau

BELLE-MÈRE n.f. **I. seconde femme d'un veuf** : marâtre (péj. ou vx) **II.** belle-maman, belledoche (arg.)
◆ CONTR. **I.** beau-fils, gendre **II.** → BELLE-FILLE

BELLICISME n.m. amour de la guerre, culte de la guerre/ de la violence, jusqu'auboutisme (fam.)
◆ CONTR. : pacifisme, neutralisme

BELLICISTE n.m. belliqueux, boute-feu, épervier, guerrier, guerroyeur, jusqu'auboutiste, va-t'en-guerre
◆ CONTR. → PAISIBLE

BELLIGÉRANCE n.f. affrontement, conflit, état de guerre, guerre, intervention
◆ CONTR. → PAIX

BELLIGÉRANT, E adversaire, affronté, aux prises, combattant, ennemi, en état de guerre, mêlé au conflit
◆ CONTR. : neutre

BELLIQUEUSEMENT de façon → BELLIQUEUX *et les dérivés possibles en* -ment *des syn.* de belliqueux

BELLIQUEUX, EUSE I. 1. agressif, guerrier, martial **2.** boutefeu, épervier, jusqu'au-

boutiste, va-t-en-guerre **3. vx**: agonal, agonistique, guerroyeur **II.** bagarreur, batailleur, chicaneur, chicanier, combatif, mordant, procédurier, querelleur
◇ CONTR. → PAISIBLE

BELLIS n.f. pâquerette, petite marguerite → FLEUR

BELLISSIME → SOMPTUEUX

BELLUAIRE n.m. **I.** bestiaire, gladiateur **II.** dompteur

BELLURE n.m. **I.** → VAGABOND **II.** → BÊTE

BELON n.f. → HUÎTRE

BÉLON n.m. **I.** → BAQUET **II.** → CHARIOT

BÉLONÉPHOBIE n.f. → NÉVROSE

BÉLOUGA ou **BÉLUGA** n.m. **I.** → CÉTACÉ **II.** → BATEAU **III.** caviar **IV. Bretagne**: gros poisson

BELVÉDÈRE n.m. **I. naturel**: falaise, hauteur, point de vue, terrasse **II. construit**: gloriette, kiosque, mirador, pavillon, terrasse **III. botan.** belle-à-voir

BELZÉBUTH n.m. → DIABLE

BÉMOLISER → ADOUCIR

BÉNARDE n.f. → SERRURE

BÉNÉDICTIN n.m. **I. ascète**: cénobite, moine → RELIGIEUX **II. 1. ORDRE DES BÉNÉDICTINS**: ordre régulier, règle de saint Benoît **2. TRAVAIL DE BÉNÉDICTIN**: considérable, énorme, érudit, long, minutieux, soigné, parfait, persévérant

BÉNÉDICTION n.f. **I.** baraka, faveur, grâce, protection **II.** abondance, bienfait, bonheur, chance, événement favorable/ heureux, prospérité, succès, veine (fam.) **III. relig. 1.** bénédicité, benedictus, prière du matin/ du soir, urbi et orbi, salut **2.** absolution, baptême, confession, confirmation, consécration, extrême-onction, mariage, onction, ordre, pénitence, sacrement **IV. fig.**: affection, approbation, estime, reconnaissance, vénération
◇ CONTR. → MALÉDICTION

BÉNÉFICE n.m. **I.** actif, avantage, avoir, boni, crédit, excédent, fruit, gain, guelte, produit, profit, rapport, reliquat, reste, revenant-bon, revenu, solde positif. **fam.**: affure ou afure, bénef, gratte, plâtre, velours **II.** avantage, bienfait, droit, faveur, grâce, incrément, privilège, récompense, résultat, service, utilité → BIEN **III. 1. AU BÉNÉFICE DE**: pour le motif de, par privilège de, en raison de **2. SOUS BÉNÉFICE DE**: sous condition de, sous réserve de, avec restriction de **IV. relig.**: abbaye, annate, canonicat, chapellenie, commanderie, commende, confidence, cure,

doyenné, évêché, portion congrue, prébende, prieuré, récréance
◇ CONTR. **I.** → PERTE **II.** → PRÉJUDICE

BÉNÉFICIAIRE I. adj.: juteux (fam.), profitable, rentable **II. nom**: abandonnataire, adjudicataire, affectataire, aliénataire, allocataire, attributaire, cessionnaire, client, crédirentier, indemnitaire, indivisaire, propriétaire, rentier – **vx**: bénéficiant, bénéficier, cheffecier, chevecier, commendataire, confidentiaire
◇ CONTR. **I.** déficitaire **II.** donateur, donataire, héritier, légataire, prestataire

BÉNÉFICIER n.m → BÉNÉFICIAIRE

BÉNÉFICIER jouir de, profiter de, retirer de, tirer avantage
◇ CONTR. → SOUFFRIR

BÉNÉFIQUE avantageux, bienfaisant, favorable, gratifiant, heureux, talismanique → PROFITABLE
◇ CONTR. → MAUVAIS

BÉNÉOLENCE n.f. → ODEUR

BÉNÉOLENT, E → ODORANT

BENÊT n.m. **fam.**: andouille, âne, bêta, bêtassot, con, connard, corniaud, couillon (mérid.), dadais, empoté, godiche, gordiflot, demeuré, jocrisse, niais, nigaud, niguedouille, sot → BÊTE
◇ CONTR. → MALIN

BÉNÉVOLAT n.m. apostolat, complaisance, désintéressement, dévouement, don de soi, générosité, volontariat
◇ CONTR. : activité → PAYANT

BÉNÉVOLE à titre gracieux, complaisant, de bon gré, désintéressé, extra, gracieux, gratuit, spontané, volontaire
◇ CONTR. **I.** → INTÉRESSÉ **II.** → OBLIGÉ

BÉNÉVOLEMENT de bonne grâce, de bon gré, complaisamment, de façon désintéressée, gracieusement, gratuitement, de son plein gré, spontanément, volontairement
◇ CONTR. **I.** de force **II.** à titre onéreux

BÉNÉVOLENCE n.f. → BIENVEILLANCE

BÉNÉVOLENT, E → BIENVEILLANT

BENGALI n.m. → PASSEREAU

BÉNIGNEMENT de façon → BÉNIN *et les dérivés possibles en* -ment *des syn. de* bénin

BÉNIGNITÉ n.f. affabilité, bienveillance, bon accueil, bonté, charité, douceur, indulgence, longanimité, mansuétude, onction → AMABILITÉ
◇ CONTR. → MÉCHANCETÉ

BÉNIN, IGNE I. quelqu'un: accueillant, affable, aimable, bienveillant, bon, brave, charitable, doux, indulgent, longanime (vx), plein de mansuétude/ d'onction → DOUX **II. une chose. 1.** bénéfique, favorable, inoffensif, propice **2. méd. affection bénigne** : anodin, léger, peu grave, sans gravité, superficiel

◇ CONTR. → MÉCHANT

BÉNIR I. Dieu 1. bénir Dieu : adorer, exalter, louer, glorifier, remercier, rendre grâce **2. Dieu bénit** : accorder, consoler, protéger, récompenser, répandre des bienfaits/ des grâces **II. bénir quelqu'un. 1.** attirer/ implorer les faveurs/ les grâces de Dieu sur, bienheurer (vx), consacrer, oindre, recommander à Dieu **2.** applaudir, dire du bien de, estimer, être reconnaissant à, exalter, glorifier, louanger, louer, remercier, vénérer **III. bénir une chose. 1. un bateau** : baptiser **2. une circonstance** : s'en féliciter

◇ CONTR. → MAUDIRE

BÉNIT,E I. → FAVORABLE **II.** → PARADISIAQUE
◇ CONTR. → MAUDIT

BENJAMIN n.m. dernier, dernier né, petit dernier, le plus jeune

◇ CONTR. **I.** → AÎNÉ **II.** puîné

BENNE n.f. **I.** comporte, hotte, panier, récipient **II.** banne, berline, caisse, chariot, decauville, téléphérique, wagonnet

BENOÎT, E I. bénin, bon, doux, indulgent **II. non fav.** : chafouin, doucereux, patelin, rusé, sournois, tartufe ou tartuffe → HYPOCRITE

◇ CONTR. **I.** → MÉCHANT **II.** → FRANC

BENOÎTEMENT péj. : chafouinement, doucereusement, en dessous, hypocritement, mine de rien, sournoisement

BENTONITE n.f. → ARGILE

BENZÈNE n.m. dérivé du goudron, détachant, hydrocarbure, ligroïne

BENZINE n.f. → BENZÈNE

BÉOTIEN, NE balourd, bovin, épais, grossier, inculte, lent, lourd, obtus, rustre – **fam.** : bouché, cul de plomb, cul-terreux, lourdingue, pédezouille, plouc

◇ CONTR. → FIN

BÉOTISME n.m. → RUSTICITÉ

BÉQUILLARD, E I. → BOITEUX **II.** → BOURREAU

BÉQUILLE n.f. **I.** anille (vx), bâton, béquillon, canne, canne anglaise, échasse (québ.), support, soutien **II.** cale, étai, étançon, tin **III.** → BÊCHE **IV.** → GIBET

BER n.m. → BERCEAU

BERBÈRE chleuh, kabyle, kroumir → MAGHRÉBIN

BERCAIL n.m. **I. au pr.** : abri, appentis, bergerie, hangar, parc, toit **II. fig.** : domicile,

foyer, maison, pénates
◇ CONTR. : dehors

BERCEAU n.m. **I. au pr. 1. lit d'enfant** : barcelonnette, berce, bercelonnette, couffin, crèche, moïse, nacelle, panier **2. arch.** : arc, cintre, voûte **3. de jardin** : brandebourg, charmille, gloriette, tonnelle **4. mar.** : ber, bers **II. fig.** : commencement, début, endroit, lieu, naissance, origine, place

BERCEMENT n.m. **I.** → BALANCEMENT **II. fig.** : adoucissant, adoucissement, apaisement, atténuation, calme, charme, consolation, douceur, enchantement, soulagement

◇ CONTR. → BRUTALITÉ

BERCER I. agiter, balancer, branler (vx), dodeliner, faire aller et venir, faire aller d'avant en arrière/ en cadence, ondoyer, onduler, remuer, rythmer, secouer **II. fig. 1. une peine** : adoucir, apaiser, atténuer, calmer, charmer, consoler, endormir, partager, soulager **2. SE LAISSER BERCER PAR** : amuser, berner, emporter, endormir, flatter, illusionner, leurrer, mystifier, tromper **III. SON ENFANCE A ÉTÉ BERCÉE PAR** : enchanter, imprégner, nourrir, remplir **IV. v. pron.** : s'endormir, se faire des illusions, s'illusionner, se leurrer, se tromper *et les formes pron. possibles des syn. de* bercer

◇ CONTR. → BRUTALISER

BERCEUR, EUSE adoucissant, apaisant, cadencé, calmant, charmeur, consolant, consolateur, doux, enchanteur, endormeur, lénifiant, ondoyant, ondulant, rythmé

◇ CONTR. → BRUTAL

BERCEUSE n.f. **I.** barcarolle, mélodie douce, rythme doux/ lent → CHANT **II.** rocking-chair, trémoussoir (vx)

BERDINER I. → BATIFOLER **II.** → TINTER

BERDOUILLE n.f. → BEDAINE

BERDOUILLETTE n.f. → SEXE

BÉRET n.m. **I.** calot, coiffure basque, galette (fam.), toque **II. d'étudiant** : faluche

BERGAMASQUE n.f. → DANSE

BERGAME n.f. → TAPISSERIE

BERGAMINE n.f. **I.** → ÉTABLE **II.** → TROUPEAU

BERGAMOTE n.f. **I.** → AGRUME **II.** → POIRE **III.** → BONBON

BERGE n.f. **I. au pr.** : berme, bord, levée, rivage, rive, talus **II. arg.** → AN

BERGER, ÈRE I. au pr. : bergeron, bergeronnette, bergerot, conducteur de troupeaux, gardeur, gardien, majoral (rég.), pasteur, pastoureau, pâtour, pâtre **II. fig.** : chef, conducteur, guide, pasteur, souverain

BERGÈRE n.f. I. fauteuil, siège II. → FEMME

BERGERIE n.f. I. jas (rég.), parc à moutons → BERCAIL II. bergerade, berquinade, bucolique, églogue, pastorale

BERGERONNETTE n.f. bergère, bergerette, hochequeue, lavandière → PASSEREAU

BÉRIBÉRI n.m. avitaminose

BERLAUD, E → BÊTE

BERLINE n.f. I. → VOITURE II. → BENNE

BERLINGOT n.m. I. bêtise de Cambrai, friandise, sucrerie → BONBON II. roulotte → VOITURE III. arg. → CLITORIS

BERLUE n. f. vx I. éblouissement, hallucination II. arg. : couverture III. AVOIR LA BERLUE → TROMPER (SE)

BERME n.f. → BERGE

BERMUDA n.m. → CULOTTE

BERNACHE ou **BERNACLE** n.f. barnache, bernache collier/ cravant/ nonnette → PALMIPÈDE

BERNARDIN, E n.m. ou f. → RELIGIEUX

BERNARD L'HERMITE n.m. pagure

BERNE n.f. I. EN BERNE : en deuil, voilé II. vx 1. → COUVERTURE 2. → TROMPERIE

BERNEMENT, BERNERIE n.m., n.f. → TROMPERIE

BERNER I. abuser, amuser, attraper, décevoir, duper, enjôler, escroquer, faire croire/ marcher, flouer, frauder, jouer, leurrer, monter le coup/ un bateau à, mystifier, piper, railler, rouler, surprendre, trahir, tromper II. fam. : avoir, baiser (vulg.), blouser, bourrer la caisse/ le mou, carotter, couillonner (mérid.), embabouiner, embobiner, emmener/ mener en bateau, empapaouter (arg.), empaumer, enfoirer (vulg.), entuber, pigeonner III. vx : → BRIMER
◇ CONTR. → DÉTROMPER

BERNEUR, EUSE → TROMPEUR

BERNICLE n.f. patelle → COQUILLAGE

BERNIQUE → RIEN

BERQUINADE n.f. → BERGERIE

BERQUINISME n.m. → SENSIBILITÉ

BERSAGLIER n.m. → SOLDAT

BERTHA n.f. → CANON

BERTHE n.f. I. → COIFFURE II. → PÈLERINE III. → BOUILLE

BERTHON n.m. → BATEAU

BERZINGUE (À TOUT) → VITE

BESACE n.f. → SAC

BESACIER n.m. I. → MENDIANT II. → RELIGIEUX

BESAIGRE → AIGRE

BESAIGUË n.f. → CISEAU, MARTEAU

BESANT n.m. → ORNEMENT

BESI n.m. → POIRE

BESICLARD, E → MYOPE

BESICLES n.f. pl. → LUNETTES

BÉSIGUE n.m. → CARTE

BESOGNE n.f. affaire, business, corvée, labeur, mission, occupation, œuvre, ouvrage, tâche, turbin → TRAVAIL – fam. : boulot, job

BESOGNER I. → TRAVAILLER II. → ACCOUPLER (s')

BESOGNEUSEMENT de façon → BESOGNEUX et les dérivés possibles en -ment des syn. de besogneux

BESOGNEUX, EUSE chétif, dans la dèche, décavé, déshérité, économiquement faible, fauché, gagne-petit, impécunieux, malheureux, misérable, miséreux, miteux, nécessiteux, paumé, pauvre diable/ drille/ type, purotin, ruiné → PAUVRE, MENDIANT – péj. : crève/ meurt la faim, gueux, minable, pouilleux
◇ CONTR. → RICHE

BESOIN n.m. I. au pr. : appétence, appétit, désir, envie, exigence, faim, goût, insatisfaction, manque, nécessité, soif, utilité II. 1. FAIRE BESOIN → NÉCESSAIRE 2. AU BESOIN : à la rigueur, en cas de nécessité, le cas échéant, sait-on jamais, si nécessaire 3. ÊTRE DANS LE BESOIN : dénuement, disette, gêne, impécuniosité, indigence, manque, misère, nécessité, pauvreté, en panne, en peine – fam. : débine, dèche, mistoufle, mouise, mouscaille, panade, pétrin, purée 4. AVOIR BESOIN DE : devoir, falloir 5. FAIRE SES BESOINS : aller au → WATER-CLOSET/ à la selle/ sur le pot, crotter, déféquer, émeutir (vx), évacuer, s'exonérer, faire, faire caca/ la grosse/ la petite commission/ pipi/ popot (enf.), poser culotte, se soulager, stercorer 6. vulg. : bouser, caguer (mérid.), chier, couler/ mouler/ poser/ pousser/ rouler un → EXCRÉMENT, débonder, débourrer, défarguer, fienter, flacher, flasquer, foirer, tartir → URINER
◇ CONTR. I. → DÉGOÛT II. → RICHESSE

BESSON, NE n.m. ou f. → JUMEAU

BESTIAIRE n.m. I. → BELLUAIRE II. → MÉNAGERIE

BESTIAL, E animal, animalesque, bête, brutal, brute, féroce, glouton, goujat, grossier, lubrique, sauvage
◇ CONTR. → RAFFINÉ

BESTIALEMENT animalement, de façon → BESTIAL et les dérivés possibles en -ment des syn. de bestial

BESTIALISER → DÉGRADER

BESTIALITÉ n.f. animalité, bas instincts, concupiscence, gloutonnerie, goujaterie, instinct animal, lubricité → BRUTALITÉ

◇ CONTR. → DÉLICATESSE

BESTIASSE n.f. **I.** → BESTIOLE **II.** → BÊTE

BESTIAUX n.m. pl. animaux de ferme, aumaille, basse-cour, cheptel vif, bétail, élevage, écurie, porcherie, volaille

◇ CONTR. : cheptel mort, foncier, matériel

BESTIOLE n.f. bestiasse (rég.), bestion (vx), insecte, petite bête

BEST-SELLER n.m. → SUCCÈS

BÊTA, BÊTASSE fam. → BÊTE

BÉTAIL n.m. **I. au pr.** : animaux de boucherie/ d'élevage/ d'embouche/ de ferme, bergamine (rég.), bergerie, bestiaux, bêtes de somme, bovins, caprins, cheptel vif, équidés, écurie, étable, ovins, porcherie, porcins, troupeau, volailles **II. fig. en parlant d'hommes. 1. péj.** : chair à canon, matériau, matière première, ménagerie, populo → POPULACE **2. non péj.** : foule, masse

◇ CONTR. : cheptel mort, foncier, matériel

BÉTAILLÈRE n.f. → VOITURE

BÊTASSERIE n.f. → BÊTISE

BÊTE n. f. **I. au pr.** : animal, batracien, bestiole, cétacé, insecte, invertébré, mammifère, oiseau, poisson, reptile, saurien, vertébré – **vx** : bestion, pécore **II. 1. BÊTE À BON DIEU** : coccinelle **2. BÊTE DE BOUCHERIE** : agneau, âne, baby-bœuf, bœuf, cheval, chevreau, cochon, mouton, mulet, porc, veau **3. BÊTE DE SOMME** : âne, bœuf, bourricot, chameau, cheval, dromadaire, éléphant, hongre, jument, lama, mule, mulet, yack ou yak, zébu **4. CHERCHER LA PETITE BÊTE** : chercher le petit défaut/ le détail infime/ minime/ des crosses/ des poux (fam. et péj.)/ des vétilles **III. fig. en parlant de quelqu'un, non favorable, avec l'adj. mauvais, méchant, sale, vilain** : animal, bonhomme, brute, butor, coco, con, fauve, fumier (grossier), gnasse, jojo, mec, moineau, monsieur, mufle, oiseau, piaf, piège, pierrot, rapace, sauvage, vache, zigoto → TYPE **IV. C'EST UNE BÊTE** : **1.** aliboron, andouille, âne, animal, badaud, ballot, balluchon ou baluchon, balourd, baluche, baudet, bécasse, bécassot, béjaune, benêt, bestiasse, bestiau, bêta, bigorneau, bourricot, bourrin, bourrique, brute, bûche, buse, butor, cloche, cochon, con, conasse, connard, conneau, corniaud, cornichon, couillon (mérid.), crétin, cruche, cruchon, cucudet, dadais, demeuré, dindon, empoté, enfoiré (vulg.), fada, fat, flandrin, force de la nature, fourneau, ganache, ganachon, gille gobeur, gogo,

gourde, gourdiflot, guignol, idiot, imbécile, mâchoire, minus habens, moule, niais, nicodème, nigaud, niguedouille, noix, nouille, nullité, oie, oison, paltoquet, panier, panouille, paon, patafiot, patate, pauvre/ simple d'esprit, pochetée, porc, prétentieux, ridicule, rustre, sagouin, salaud, saligaud, serin, simplet, tarte, tête d'anchois, tourte, trou du cul (vulg.), truffe → STUPIDE **2. vx ou rég.** : bedole ou bedolle, bellure (arg.), gille, goïeu **V. avec l'adj. bon, brave, pas mauvais, pas méchant** : bougre, garçon, gars, pâte, zig → TYPE – **fam.** : gnasse, guignol, mec **VI. BÊTE NOIRE. 1. qu'on subit** : cauchemar, croix, épouvantail, poison, pot de colle, supplice, torture, tourment **2. à qui on fait subir** : martyr, os à ronger, souffre-douleur, victime **VII. FAIRE LA BÊTE À DEUX DOS** → ACCOUPLER (s') **VIII. REPRENDRE DU POIL DE LA BÊTE. 1. au phys.** : bonne mine, le dessus, force, santé, vie, vigueur **2. au moral** : agressivité, ardeur, confiance, courage, du mordant, du punch, le dessus

BÊTE I. quelqu'un : abruti, absurde, ahuri, ballot, balourd, baluche, bâté, béat, bébête, bécasse, bécassot, benêt, berlaud, bêta, bêtasse, bêtassot, borné, bouché, bovin, claude (vx), con, crétin, cucul, cucul la praline, demeuré, déraisonnable, empoté, emprunté, enflé, enfoiré (vulg.), fada, fat, pas fin/ finaud, finassaud, fruste, gauche, godiche, gourde, idiot, imbécile, indigent, inepte, inintelligent, innocent, insane, insensé, jobard, lourd, lourdaud, lourd-balourd, lourdingue, maladroit, malavisé, minus, miraud, miro, naïf, niais, nigaud, niguedouille, nouille, nul, nunuche, obtus, patate, pauvre/ simple d'esprit, philistin, poire, prétentieux, ridicule, rustre, tartignole, tordu, zozo → STUPIDE **II.** → FACILE **III. 1. SE TROUVER TOUT BÊTE** : comme deux ronds de flan, confus, décontenancé, désarçonné, désemparé, entre deux chaises, gêné, idiot, interdit, interloqué, maladroit, mal à l'aise, penaud, quinaud – **rég.** : bédigas, ébervigé, ébraquené **2. C'EST BÊTE** : aberrant, absurde, dément, dingue, dommage, ennuyeux, fâcheux, fat, grotesque, idiot, impardonnable, inepte, inutile, regrettable, ridicule, stupide, ubuesque, vain → SOT – **fam.** : con, cucu

◇ CONTR. **I.** → INTELLIGENT **II.** → MALIN

BÊTEMENT I. connement (fam.), gauchement, idiotement, innocemment, lourdement, maladroitement, naïvement, niaisement, prétentieusement, ridiculement, sans réfléchir, simplement, sottement, stupidement **II. fig.** : bonnement, comme ça, naïvement, simplement

BÊTIFIEMENT n.m. → ABÊTISSEMENT

BÊTIFIER I. v. intr. : angéliser, assoter, assotir, bêtiser, dire des âneries/ bêtises, être gnangnan, faire l'âne/ la → BÊTE/ l'idiot/ l'imbécile, gâtifier, niaiser **II. v. tr.** : abêtir, abrutir, rendre → BÊTE

◈ CONTR. → PONTIFIER

BÊTISE n.f. **I. comportement** : abrutissement, absurdité, ahurissement, angélisme, badauderie, balourdise, bécasserie, béotisme, bêtasserie, bonnasserie, connerie, conneté (fam.), couche, couillonnerie (mérid.), crétinerie, crétinisme, cuterie, étourderie, fatuité, ganacherie, gaucherie, idiotie, imbécillité, indigence, ineptie, inintelligence, innocence, jobarderie, lourdauderie, lourderie, lourdour, lourdise (vx), maladresse, naïveté, niaiserie, nigauderie, paquet, pauvreté d'esprit, pesanteur, philistinisme, pochetée, prétention, ridicule, rusticité, scurrilité, simplicité d'esprit, trouducuterie (fam) → SOTTISE, STUPIDITÉ **II. acte ou parole. 1. au pr.** : absurdité, ânerie, asinade, balourdise, bêlement, bévue, bourde, cliché, cuir, drôlerie, écart, fadaise, faute, faux pas, folie, gaffe, gauloiserie, grossièreté, histoires, idiotie, imbécillité, impair, ineptie, insanité, lapalissade, lieu commun, maladresse, maldonne, méprise, naïveté, niaiserie, non-sens, pas de clerc, pauvreté, perle, platitude, sottise, stupidité – **fam.** : boulette, connerie, vanne **2. neutre ou fav., génér. au pl.** : astuces, attrapes, balivernes, baratin, blague, boniments, couillonnade (mérid.), drôleries, facéties, farces, fredaine, gaillardises, gauloiseries, grivoiseries (péj.), histoires drôles/ gauloises/ marseillaises/ paillardes, paillardises, plaisanteries, propos légers/ lestes – **fam.** : conneries, gaudrioles **3. une chose sans importance** → BAGATELLE

◈ CONTR. → ASTUCE

BÊTISIER n.m. dictionnaire de lieux communs/ des idées reçues, recueil des cuirs/ de perles/ de sottises, sottisier

BÉTOIRE n.m. **I.** → ABÎME **II.** → PUISARD

BÉTON n.m. aggloméré, ciment, gunite, matériau, mortier

BÉTONNER cimenter, renforcer

BÉTONNIÈRE n.f. bétonneuse, malaxeur

BETTE n.f. **I.** blette, carde, cardon **II.** marie-salope → BATEAU

BEUGLANT n.m. assommoir, bal musette, bastringue, boîte, bouge, bousin, caboulot, café-concert, gargote, guinche, guinguette, night-club, popine, tapis-franc (vx), taverne

BEUGLANTE n.f. **I.** → CRI **II.** → CHANT

BEUGLARD, E → BRUYANT

BEUGLEMENT n.m. appel, braiement, braillement, hurlement, meuglement, mugissement, vocifération → CRI – **fam.** : bramante, gueulante

BEUGLER **I. au pr.** : appeler, brâmer, meugler, mugir → CRIER **II. fig.** : appeler, brailler, braire, hurler, gueuler, vociférer → CRIER

◈ CONTR. → MURMURER

BEUR n. invar. → MAGHRÉBIN

BEURRE n.m. **1. COMME DANS DU BEURRE** : avec aisance, comme sur des roulettes, facilement, tout seul **2. COMPTER POUR DU BEURRE** : pour des nèfles/ des prunes/ rien/ faire semblant **3. ASSIETTE AU BEURRE** : affaire juteuse, pouvoir politique **4. METTRE DU BEURRE DANS LES ÉPINARDS** : améliorer l'ordinaire/ la situation **5. C'EST DU BEURRE** : c'est avantageux/ bon/ facile/ une sinécure **6. FAIRE SON BEURRE** : faire des bénéfices, prospérer, s'enrichir **7. COULEUR BEURRE FRAIS** : blanc cassé, jaune clair **8. PETIT-BEURRE** : biscuit **9. ŒIL AU BEURRE NOIR** : coquard ou coquart, ecchymose, œil poché, tuméfaction

BEURRÉE n.f. **I.** → TARTINE **II.** → IVRESSE

BEURRER **I.** foncer, garnir, tartiner **II.** → ENIVRER

BEURREUX, EUSE **I.** → GRAS **II.** → DOUX

BEURRIER n.m. **I.** pot à beurre, récipient **II. celui qui fait du beurre** : crémier, fermier, laitier

BEUVERIE n.f. bacchanale, bibition, bombance, bombe, bringue, carrousse (vx), débauche, dégagement (milit.), fête bachique, foire, godaille, godaillerie, libation, noce, nouba, orgie, ribote, ribouldingue, ripaille, soûlerie, soûlographie, tournée des grands-ducs

◈ CONTR. → JEÛNE

BÉVUE n.f. ânerie, balourdise, boulette, bourde, cuir, erreur, étourderie, faute, faux pas, gaffe, impair, maladresse, maldonne, méprise, pas de clerc → BÊTISE – **fam.** : connerie, perle, vanne

◈ CONTR. → RÉUSSITE

BEY n.m. → MONARQUE

BÉZOARD n.m. → CALCUL

BIAIS n.m. **I.** aspect, côté, diagonale, ligne oblique, travers **II.** artifice, détour, moyen **III. 1. DE BIAIS** : en diagonale, de travers, en travers, obliquement **2. PAR LE BIAIS DE** : par le détour/ l'intermédiaire/ le moyen/ le truchement de

◈ CONTR. → DROIT

BIAISEMENT n.m. → HÉSITATION

BIAISER **I.** gauchir, obliquer **II. fig.** : atermoyer, composer, feinter, louvoyer, temporiser, tergiverser, user de procédés dilatoires

◈ CONTR. → PRÉCIPITER

BIAISEUR, EUSE → HYPOCRITE

BIATHLON n.m. → ATHLÉTISME

BIB n.m. → BATEAU

BIBARD, E → IVROGNE

BIBARDER I. → BOIRE **II.** → VIEILLIR

BIBELOT n.m. **I. au pr.** : biscuit, chinoiserie, japonaiserie, objet d'art/ fragile, petit objet, saxe, sèvres, souvenir **II. fig.** : affiquet, amusement, amusette, amusoire, babiole, bagatelle, baliverne, bêtise, bimbelot, breloque, bricole, brimborion, caprice, colifichet, fanfreluche, fantaisie, frivolité, futilité, rien

BIBELOTAGE n.m. → COLLECTION

BIBELOTER → COLLECTIONNER

BIBELOTERIE ou **BIMBELOTERIE** n.f. → BAZAR

BIBELOTEUR, EUSE n.m. ou f. → COLLECTIONNEUR

BIBENDUM n.m. → BEDONNANT

BIBERON n.m. **I. au pr.** : flacon gradué **II. fig.** : → IVROGNE

BIBERONNER → BOIRE

BIBERONNEUR, EUSE → IVROGNE

BIBI n.m. **I. au pr. fam.** : bugne, chapeau, galure, galurin → COIFFURE **II. pron. pers. fam.** : mézigue, moi

BIBINE n.f. → ALCOOL

BIBITION n.f. → ABSORPTION

BIBLE n.f. **I. au pr.** : écritures, Évangile, le Livre, la Parole de Dieu, Révélation, les Saintes Écritures, le Testament (Ancien et Nouveau) **II. par ext. 1.** autorité, base, dogme, fondement **2.** bréviaire, livre de chevet/ de prières, manuel, ouvrage de base/ fondamental/ usuel

BIBLIOGRAPHIE n.f. catalogue, liste, nomenclature, référence

BIBLIOLOGIE n.f. bibliognosie, bibliographie, bibliométrie, bibliopsychologie, bibliothéconomie

BIBLIOMANCIE n.f. → DIVINATION

BIBLIOPHILE amateur de livres, collectionneur de livres, paléographe (par ext.) – iron. : bibliolâtre, bibliomane, bibliomaniaque, bibliopathe, bibliophage, bouquineur, papivore

BIBLIOPHILIE n.f. paléographie (par ext.) – iron. : bibliolâtrie, bibliomanie

BIBLIOTHÉCAIRE n.m., n.f. archiviste, chartiste, conservateur, libraire, paléographe, rat de bibliothèque (péj.)

BIBLIOTHÈQUE n.f. **I. le lieu** : archives, bureau, cabinet, collection, librairie **II. de gare** : kiosque **III. le meuble** : armoire à livres, biblio-bus, casier, étagère, rayon, rayonnage, tablette

BIBLIQUE hébraïque, inspiré, judaïque, révélé, sacré

BIBUS n.m. **I.** → BAGATELLE **II. adv.** → RIEN

BIC n.m. → PORTE-PLUME

BICEPS n.m. **I. au pr.** : bicipital (adj.), biscoto (fam.), bras, muscle **II. par ext.** : force, puissance, vigueur

BICHE n.f. **I.** → BIQUET **II.** → AFFECTION

BICHER I. pop. aller, aller au poil/ bien, boumer, coller, gazer, marcher, rouler **II.** → RÉJOUIR (SE)

◇ CONTR. **I.** → ÉCHOUER **II.** → RAGER

BICHERÉE n.f. → SURFACE

BICHERIE n.f. **I.** → GALANTERIE **II.** → PROSTITUTION

BICHETTE n.f. **I.** → BIQUET **II.** → AFFECTION

BICHON n.m. **I.** → CHIEN **II.** → BIQUET **III.** → AFFECTION

BICHONNAGE n.m. → NETTOIEMENT

BICHONNER I. au pr. : attifer, boucler, friser, parer, pomponner **II. fig.** : choyer, coucouner (fam.), s'empresser auprès de, entourer de soins, gâter

◇ CONTR. → ABANDONNER

BICOLORE → BIGARRÉ

BICOQUE n.f. abri, appentis, baticole, baraque, cabane, cabanon, cassine, maison, masure, taudis (péj.)

◇ CONTR. → CHÂTEAU

BICOQUET n.m. **I.** → CASQUE **II.** → COIFFURE

BICORNE n.m. bicuspide → COIFFURE

BICOT n.m. **I.** → BIQUET **II.** → AFFECTION **III.** → MAGHRÉBIN

BICYCLETTE n.f. bécane, biclo, biclou, clou (péj.), petite reine, vélo → CYCLE

BIDARD nom et adj. → CHANCEUX

BIDASSE n.m. → SOLDAT

BIDE n.m. **I.** → BEDAINE **II.** → INSUCCÈS

BIDENT n.m. → FOURCHE

BIDET n.m. **I.** bol de toilette, cuvette, guitare sans manche (arg.), rince-cul (vulg.) **II.** cob, mule, mulet, postier → CHEVAL

BIDOCHE n.f. **pop. et péj.** : barbaque, cuir, mauvaise viande, semelle

BIDON n.m. **I.** gourde **II.** fût, jerricane ou jerrycan, nourrice → BOUILLE **III.** container ou conteneur, cuve, réservoir, touque **IV. fig.** → INSUCCÈS

BIDONNANT fam. : boyautant, crevant, marrant, poilant, rigolo, roulant, sucré, tor-

boyautant, tordant, transpoil
◇ CONTR. → TRISTE

BIDONNER (SE) se boyauter, se marrer, se poiler, rigoler, se rouler, se torboyauter, se tordre (de rire)
◇ CONTR. → ENNUYER (s')

BIDONVILLE n.f. baraquement, camp, campement – par ext. : favela, ghetto, zone

BIDULE n.m. → TRUC

BIDULER → TRAFIQUER

BIEF n.m. → CANAL

BIELLE n.f. arbre, axe, balancier, biellette, bras, embiellage, manivelle, tige, transmission

BIEN adv. **I. tous les dérivés en -ment d'adj. d'achèvement, d'avantage, de grandeur, d'intensité, d'intérêt, de qualité, de quantité, etc., par ex. :** admirablement, adroitement, agréablement, aimablement, aisément, assurément, avantageusement, bellement, bonnement, commodément, complètement, confortablement, convenablement, correctement, dignement, dûment, éloquemment, éminemment, entièrement, expressément, extrêmement, favorablement, fermement, formellement, formidablement, gracieusement, grandement, habilement, heureusement, honnêtement, honorablement, intégralement, intensément, joliment, judicieusement, largement, longuement, merveilleusement, nettement, noblement, parfaitement, passablement, pleinement, profondément, prudemment, raisonnablement, réellement, sagement, savoureusement, totalement, utilement, vraiment – fam. : bigrement, bougrement, drôlement, salement, super, vachement **II. tous les compl. circ. de manière réalisés par un subst. amplifiant ou valorisant ce qu'exprime le verbe, par ex. :** de façon admirable, avec adresse/ aisance/ amabilité/ appétit/ assurance/ avantage, sans bavure (fam.), en beauté, avec bonheur/ bonté/ charme/ confort/ correction, de façon correcte, avec dignité/ élégance/ éloquence, de façon complète/ éminente, avec faveur/ fermeté, en force, avec grâce/ habileté, en long et en large, avec netteté/ noblesse, de manière parfaite, avec plénitude, en profondeur, avec prudence, de façon raisonnable, en réalité, avec sagesse, en totalité, de manière utile, en vérité **III. devant un adj. :** absolument, complètement, dûment, entièrement, extrêmement, fameusement, formidablement, fort, intégralement, nettement, pleinement, profondément, réellement, sérieusement, totalement, tout, tout à fait, très **IV. 1. IL EST BIEN GRAND :** ce que/ comme/ qu'est-ce qu'il est grand **2. BIEN DES + UN NOM :** beaucoup de, une foule de,

nombre de, quantité de, des tas de **3. AUSSI BIEN :** d'ailleurs, du reste, en outre **4. BIEN ENTENDU :** évidemment **5. BIEN :** certes
◇ CONTR. : mal

BIEN bon, compétent, consciencieux, distingué, droit, honnête, lucide, sérieux, sûr, sympathique → BEAU, REMARQUABLE – fam. : au poil, bandant, bath, branché, chouette, génial, super, sympa
◇ CONTR. I. → MAUVAIS II. → LAID

BIEN n.m. **I. abstrait :** beau, beauté, bon, bonheur, bonté, devoir, droit, honneur, idéal, justice, perfection, progrès, sainteté, vérité, vertu **II. concret, souvent au pl. :** acquêt, avoir, capital, cheptel, chose, domaine, don, dot, dotation, exploitation, fonds, fortune, fruit, gain, héritage, immeuble, maison, patrimoine, portefeuille, possession, produit, propriété, récolte, rente, richesse, valeur – vx : alleu, apanage, censive, chevance, douaire, fief, franc-alleu, manse, pourpris, tenure, vaillant **III. 1. LE BIEN PUBLIC :** intérêt, service **2. FAIRE DU BIEN :** jouissance, plaisir, profit, satisfaction, soulagement, volupté **3. ATTENDRE UN BIEN :** avantage, bénéfice, bienfait, résultat, satisfaction, secours, service, soulagement, utilité **4. DIRE DU BIEN :** un compliment/ un éloge/ une louange
◇ CONTR. → MAUVAIS

BIEN-AIMÉ, E amant, amoureux, chéri, chouchou (fam.), élu, fiancé, flirt, maîtresse, préféré → BIQUET
◇ CONTR. I. mal-aimé II. → ÉTRANGER

BIEN-AISE n.m. → BIEN-ÊTRE

BIEN-ALLER n.m. → SONNERIE

BIEN-DIRE n.m. → ÉLOQUENCE

BIEN-DISANT, E → DISERT

BIEN-ÊTRE n.m. **I. la sensation :** agrément, aise, béatitude, bien-aise, bien-vivre, bonheur, calme, contentement, décontraction, détente, euphorie, félicité, jouissance, plaisir, quiétude, relaxation, satisfaction, sérénité, soulagement **II. la situation :** abondance, aisance, confort, luxe, prospérité, vie facile/ large
◇ CONTR. I. → MALAISE II. → PAUVRETÉ

BIEN-FAIRE n.m. → HABILETÉ

BIENFAISANCE n.f. **I.** aide, assistance, mécénat, secours **II. qualité :** bénéficence (vx), bénignité, bienveillance, charité, évergétisme, générosité, humanité, philanthropie, serviabilité → BONTÉ
◇ CONTR. I. → ABANDON II. → MÉCHANCETÉ

BIENFAISANT, E I. alme (vx), bénéfique, efficace, favorable, tutélaire **II.** charitable, généreux, humain, philanthropique, serviable → BON

BIENFAIT n.m. **I. qu'on donne :** aumône, bon office, cadeau, charité, évergète, don, faveur, fleur (fam.), générosité, grâce, largesse, libéralité, obole, office, plaisir, présent, service, social **II. qu'on reçoit :** avantage, bénéfice, profit, utilité → BIENFAISANCE
◊ CONTR. → MAUVAIS

BIENFAITEUR, TRICE abandonnateur, ami, donateur, inventeur, mécène, philanthrope, protecteur, sauveur → BIENFAISANT
◊ CONTR. → PERSÉCUTEUR

BIEN-FONDÉ n.m. authenticité, bon droit, conformité, correction, exactitude, excellence, justesse, justice, légitimité, pertinence, recevabilité, solidité, validité, vérité
◊ CONTR. **I.** imposture, nullité **II.** → ABUS

BIEN-FONDS n.m. → IMMEUBLE

BIENHEUREUSEMENT avec → BONHEUR, de façon → HEUREUX *et les dérivés possibles en -ment des syn. de* heureux

BIENHEUREUX, EUSE I. assouvi, béat (péj.), bien-aise, comblé, content, euphorique, repu, satisfait → HEUREUX **II. nom :** béatifié, élu, saint **III. DORMIR COMME UN BIENHEUREUX :** comme un loir/ une souche/ un sourd
◊ CONTR. **I.** → MALHEUREUX **II.** → MAUDIT

BIEN-MANGER n.m. → GASTRONOMIE

BIENNAL, E bisannuel

BIEN-PENSANT n.m. **I.** conformiste, intégriste, pratiquant, traditionnel **II. par ext. péj. :** béni-oui-oui → BIGOT, TARTUFE
◊ CONTR. **I.** → INCROYANT **II.** → MÉCONTENT

BIEN-PORTANT, E de/ en bonne → NATURE

BIENSÉANCE n.f. **I.** apparences, convenance, correction, décence, honnêteté, manières, politesse, pudeur, savoir-vivre **II.** étiquette, protocole, usage
◊ CONTR. → INCONGRUITÉ

BIENSÉANT, E agréable, comme il faut, congru, convenable, correct, décent, délicat, honnête, poli, séant
◊ CONTR. **I.** → DÉSAGRÉABLE **II.** → INCONVENANT

BIENTÔT dans peu de temps/ quelque temps, d'ici peu, incessamment, plus tard, prochainement, promptement, rapidement, sans retard/ tarder
◊ CONTR. : dans longtemps, plus tard, tardivement → LENTEMENT

BIENVEILLAMMENT avec → BIENVEILLANCE, de façon → BIENVEILLANT *et les dérivés possibles en* -ment *des syn. de* bienveillant

BIENVEILLANCE n.f. affabilité, altruisme, amabilité, bénévolence (vx), bénignité, bon accueil, bonne volonté, bonté, complaisance, compréhension, convivialité, cordialité, gentillesse, indulgence, mansuétude, obligeance, ouverture d'esprit, prévenance, sympathie → FAVEUR
◊ CONTR. → MALVEILLANCE

BIENVEILLANT, E accueillant, adelphal, affable, affectueux, aimable, amical, amiteux (rég.), bénévolent (vx), bon, brave, complaisant, compréhensif, convivial, coopératif (fam.), cordial, débonnaire, favorable, fraternel, gentil, intentionné, miséricordieux, obligeant, ouvert, prévenant, sympathique → INDULGENT

BIENVENIR → ACCUEILLIR

BIENVENU, E bien/ favorablement accueilli/ reçu, celui qu'on attend, ne pouvant mieux tomber, opportun, tombant à pic/ à point/ juste
◊ CONTR. **I.** → INOPPORTUN **II.** → DÉPLACÉ

BIENVENUE n.f. bon accueil, bonjour, bonne étrenne, salut, salutations
◊ CONTR. → REFUS

BIEN-VIVRE n.m. invar. **I.** → BIEN-ÊTRE **II.** → SAVOIR-VIVRE **III.** → GASTRONOMIE

BIÈRE n.f. **I.** ale, cervoise, faro, gueuze -(-lambic), kriek, pale-ale, stout, *et les noms de marques, ex. :* Guinness, Heineken, Kronenbourg, *etc.* – **antiq. :** zythum *ou* zython **II.** baron, bock, demi, double, formidable, galopin, quart (vx) **III.** → CERCUEIL

BIÈVRE n.f. **I. vx :** castor **II.** harle → PALMIPÈDE

BIFFAGE n.m. annulation, barre, mot rayé, rature, repentir, suppression, trait de plume
◊ CONTR. → AJOUT

BIFFE n.f. **I.** → INFANTERIE **II.** → TROMPERIE **III.** → TISSU

BIFFER annuler, barrer, corriger, effacer, raturer, rayer, supprimer
◊ CONTR. → AJOUTER

BIFFIN n.m. chiffonnier, fantassin

BIFFURE n.f. rature, rayure, repentir, retouche, trait
◊ CONTR. → AJOUT

BIFTECK n.m. châteaubriant, filet, grillade, rumsteck, steack, tournedos, tranche, viande grillée – **péj. :** barbaque, bif, semelle

BIFURCATION n.f. **I.** enfourchure (vx), carrefour, division, embranchement, fourche, patte-d'oie **II.** changement d'orientation **III.** → SÉPARATION

BIFURQUER I. diverger, se dédoubler/ diviser **II.** être aiguillé, se diriger, s'orienter
◊ CONTR. **I.** → CONTINUER **II.** → RÉUNIR (SE)

BIGAILLE n.f. I. → INSECTE II. → FRETIN III. → MARIN IV. → MONNAIE

BIGARADE n.f. I. → AGRUME II. → POIRE

BIGARRÉ, E alutacé, arlequiné, bariolé, billebarré (vx), bi/ multicolore, chamarré, dichrome, disparate, diversifié, hétérogène, maillé, maillacé, mâtiné, mélangé, mêlé, multicolore, picassé, polychrome, vairon, varié, versicolore → TACHÉ

◇ CONTR. → UNIFORME

BIGARREAU n.m. → CERISE

BIGARRURE n.f. bariolage, disparité, hétérogénéité, mélange, polychromie, variété

◇ CONTR. I. monochromie II. → UNIFORMITÉ

BIG CLOSE UP audiov. off. : très gros plan

BIGE n.m. → CHAR

BIGEADE n.f. → EMBRASSADE

BIGER → BAISER

BIGHORN n.m. → MOUTON

BIGLER (pop.) I. ciller, cligner des yeux, loucher, être myope, mal voir II. bader, contempler, loucher sur, mater, mirer, regarder avec attention/ envie/ étonnement, zieuter

◇ CONTR. → ÉVITER

BIGLERIE n.f. loucherie, strabisme

BIGLEUX, EUSE besiclard, bigle (vx), louchard (fam.), louchette → MYOPE

BIGNE ou **BIGNOLE** n.f. → CONCIERGE

BIGNOUF n.m. → PRISON

BIGOPHONE n.m. → TÉLÉPHONE

BIGOPHONER → TÉLÉPHONER

BIGORNE n.f. I. → RIXE II. enclume III. → JARGON IV. → PIOCHE

BIGORNEAU n.m. I. coquillage, littorine, vigneau ou vignot II. fam. : écouteur → TÉLÉPHONE III. → BÊTE

BIGORNER (pop.) I. quelqu'un : abîmer le portrait, amocher, casser la figure/ la gueule, castagner, cogner, coller une châtaigne, corriger, donner des coups, endommager, endommager le portrait, esquinter, flanquer/ foutre (grossier) une correction/ une dérouillée/ une trempe/ une volée → BATTRE II. une chose : abîmer, accrocher, amocher, aplatir, briser, casser, écraser, endommager, entrer en collision, esquinter, friser la tôle, froisser, heurter, télescoper III. v. pron. : se casser la figure/ la gueule, se cogner dessus, se donner des coups, se ficher/ flanquer/ foutre une trempe/ une volée, se quereller, se taper dessus et les formes pron. possibles des syn. de battre

◇ CONTR. → CARESSER

BIGOT n.m. → PIOCHE

BIGOT, E n.m., f. bedeau, bedelle, bondieusard, cafard, cagot, calotin, christicole, cucultant, cul-bénit, dévot, églisier, génufléchisseur, grenouille de bénitier, iconolâtre, marguillier, messeux, mômier, petit saint, pieusard, punaise de sacristie, religiosâtre, sacristain, tala (arg. scol.) → TARTUFE

◇ CONTR. → HUMANISTE

BIGOTEMENT de façon → HYPOCRITE et les dérivés possibles en -ment des syn. de hypocrite

BIGOTERIE et **BIGOTISME** n.f., n.m. I. → TARTUFERIE II. → RELIGION

BIGOUGNER I. → FOUILLER II. → TRIPOTER

BIGREMENT → BEAUCOUP

BIGUE n.f. chèvre, grue, mât de charge, palan

BIGUINE n.f. → DANSE

BIHOREAU n.m. nycticorax → ÉCHASSIER

BIJOU n.m. I. joyau – fam. : crachat, jonc, joncaille, quincaille, quincaillerie, verroterie II. agrafe, aigrette, alliance, anneau, bague, bandeau, boucle, boucle d'oreille, bracelet, bracelet-montre, breloque, broche, camée, chaîne, châteleine, chevalière, clip, cœur, coulant, couronne, croix, diadème, dormeuse, épingle, esclavage, ferronnière, fronteau, gourmette, jambelet, jeannette, médaillon, parure, pendant, pendeloque, pendentif, plaque, rang de perles, rivière, sautoir III. beauté, chef-d'œuvre, merveille, perfection IV. → AFFECTION V. → SEXE

BIJOUTERIE n.f. I. horlogerie, joaillerie, orfèvrerie II. chef-d'œuvre, merveille, perfection, technique parfaite, travail achevé/ parfait/ précis

BIJOUTIER, ÈRE horloger, joaillier, orfèvre

BIKBACHI n.m. → CHEF

BIKINI n.m. deux-pièces

BILAN n.m. I. au pr. : balance, conclusion, état, inventaire, point, situation, tableau II. 1. DÉPOSER SON BILAN : capituler, être en déconfiture/ difficulté/ faillite/ liquidation, faire la culbute/ de mauvaises affaires 2. FAIRE LE BILAN : conclure, tirer la conclusion/ les conséquences III. fig. : conséquences, résultats, séquelles, suites IV. check-up

◇ CONTR. → PROJET

BILATÉRAL, E zool. : artiozoaire → SEMBLABLE

◇ CONTR. → UNILATÉRAL

BILE n.f. I. atrabile (vx), fiel, glaire, humeur (vx) II. fig. : amertume, colère, fiel, maussade-

rie, mauvais caractère, méchanceté, récriminations, venin → AIGREUR **III. 1. ÉCHAUFFER LA BILE :** casser les → PIEDS, chauffer les → OREILLES, excéder, faire sortir de ses gonds (fam.), mettre à bout/ en colère/ hors de soi **2. SE FAIRE DE LA BILE :** avoir des idées noires, se biler (fam.), s'en faire, être pessimiste/ soucieux/ tourmenté, se faire du mauvais sang/ du mouron (fam.)/ du souci/ du tourment, s'inquiéter, se préoccuper, se soucier de, se tourmenter
◇ CONTR. → INSOUCIANCE

BILER (SE) → INQUIÉTER

BILEUX, BILIEUX, EUSE I. au pr. 1. atrabilaire, hépatique, hypocondre, hypocondriaque **2.** jaunâtre, jaune, vert **II. fig. 1.** anxieux, chagrin, inquiet, mélancolique, pessimiste, soucieux, tourmenté, troublé **2. péj. :** atrabilaire, bâton merdeux, coléreux, maso (fam.), masochiste, maussade, mauvais coucheur, misanthrope, ombrageux, soupçonneux, susceptible
◇ CONTR. **I.** → INSOUCIANT **II.** → GAI

BILINGUE I. quelqu'un : interprète, polyglotte, traducteur, truchement **II. une chose :** sous-titré, synoptique, traduction juxtalinéaire
◇ CONTR. : monolingue

BILINGUISME n.m. **par ext. :** biculturalisme, multi/ plurilinguisme

BILL n.m. → LOI

BILLARD n.m. **I. par ext. :** fumoir, salle de jeux **II. fig. :** salle/ table d'opération **III. C'EST DU BILLARD :** ça va comme sur des roulettes (fam.), c'est du beurre/ de la tarte/ → FACILE

BILLE n.f. **I. au pr. 1.** agate, boule, calot **2. bille de bois :** billette, bitte (mar.), morceau, tronc, tronçon **II. fig.** → TÊTE, VISAGE **III. UNE BONNE BILLE :** l'air avenant/ bien intentionné/ honnête/ jovial/ sympathique, une bonne → TÊTE

BILLEBAUDE n.f. → DÉSORDRE

BILLER → SERRER

BILLET n.m. **I. au pr. 1.** → LETTRE **2.** attestation, billette (vx), bon, carte, certificat, contremarque, coupon, récépissé, reçu, ticket **3. billet de banque :** assignat (vx), coupure, devise, espèces, monnaie, monnaie fiduciaire, numéraire, (arg.) : bifton, faffe, fafiot, raide, sac, taffetas, talbin, ticket **4. billet à ordre :** cédule (vx), effet, lettre de change, traite, valeur **II. JE VOUS EN FICHE MON BILLET** (fam.) → AFFIRMER

BILLETTE n.f. → MOULURE

BILLEVESÉES n.f. pl. balivernes, chimères, conneries (fam.), coquecigrues, fa-

daises, fantaisies, fantasmagories, imaginations, sornettes, sottises, utopies

BILLION n.m. million de millions – **vx :** milliard, milliasse, trillion

BILLON n.m. **I.** cuivre **II.** → TALUS

BILLONNER I. → LABOURER **II.** → COUPER

BILLOT n.m. **I.** bille/ bloc de bois, bitte (mar.), planche à découper/ à trancher **II.** tin **III.** tronchet **IV.** → SUPPLICE
◇ CONTR. : chose, événement → IMPORTANT

BILOCATION n.f. → UBIQUITÉ

BIMBACHI n.m. → CHEF

BIMBELOT n.m. → BIBELOT

BIMBELOTERIE n.f. → BAZAR

BIMOTEUR nom et adj. biréacteur, biturbine

BINAGE n.m. ameublissement, bêchage, façonnage, grattage, sarclage, serfouissage

BINAIRE alternatif, alterné, à deux aspects/ faces/ temps/ termes/ unités, dichotomique, en opposition, en relation → BINON
◇ CONTR. **I.** unitaire **II.** → UNIQUE

BINARD ou **BINART** n.m. → CHARIOT

BINARY CHARACTER/ DIGIT inform. off. : élément binaire

BINER aérer/ ameublir/ briser le sol, bêcher, cultiver, désherber, façonner, gratter, sarcler, serfouir

BINETTE n.f. **I.** bident, grattoir, houe, hoyau, ratissoire, sarclette, sarcloir, serfouette, tranche **II.** → TÊTE, VISAGE

BINGO n.m. → LOTERIE

BINIOU n.m. bag-pipe (angl.), bombarde, cabrette, chabrette, chevrie, cornemuse, dondaine (vx), loure, musette, pibrock (écossais), turlurette, veuze

BINOCLARD, E → MYOPE

BINOCLE n.m. besicles, face-à-main, lorgnon, lunettes, pince-nez
◇ CONTR. : monocle

BINON n.m. bit, élément binaire
◇ CONTR. : singleton

BINOTER → LABOURER

BINZ ou **BIN'S** n.m. → BAZAR

BIODÉGRADABLE → DESTRUCTIBLE

BIOGÉNÈSE n.f. → ÉVOLUTIONNISME

BIOGRAPHIE n.f. biobibliographie, hagiographie, histoire personnelle, journal, mémoires, notice, prière d'insérer, vie

BIOLOGIE n.f. bactériologie, cytologie, embryologie, génétique, histologie, virologie

BIOLOGIQUE par ext. : écologique, naturel, sain

◇ CONTR. I. → ARTIFICIEL II. → MALSAIN

BIONIQUE → CYBERNÉTIQUE

BIPENNE n.f. → HACHE

BIPROPELLANT n.m. spat. off. : biergol, diergol

BIQUE n.f. I. au pr. : cabrette, cabri, caprin, chèvre II. VIEILLE BIQUE → MÉGÈRE

BIQUET, ETTE n.m. ou f. I. au pr. : chevreau, chevrette II. fig. et fam. → AFFECTION

BIRBE n.m. → BARBON

BIRÉACTEUR nom et adj. bimoteur, biturbine

BIRÈME n.f. → GALÈRE

BIRIBI n.m. → BATAILLON

BIROUTE n.f. I. manche à air II. par ext. : girouette, rose des vents, penon III. → VERGE

BIRTH CONTROL n.m. contrôle/ régulation des naissances (off.), planning familial

BIS I. interj. : bravo, encore, hourra II. n.m. → ACCLAMATION

BIS, E I. basané, bistre, bistré, brun, brunâtre, gris, jaunâtre, marron clair II. PAIN BIS : pain de campagne/ complet/ de seigle/ noir

BISAÏEUL, E n.m. ou f. arrière-grand-père/ mère

◇ CONTR. → POSTÉRITÉ

BISBILLE n.f. (fam.) bouderie, brouillerie, dépit, désaccord, différend, discorde, dispute, fâcherie, humeur, malentendu, mésentente, querelle, trouble

◇ CONTR. → ENTENTE

BISCAÏEN n.m. I. → BALLE II. → FUSIL

BISCORNU, E I. à deux cornes, biscupide, cornu, irrégulier II. absurde, bizarre, confus, échevelé, farfelu (fam.), grotesque → ABSURDE

◇ CONTR. → SIMPLE

BISCUIT n.m. I. biscotte, boudoir, bretzel, cracker, craquelin, croquet, croquignolle, friandise, galette, gâteau, gaufrette, gimblette, macaron, pâtisserie, petit-beurre, sablé, spéculoos ou spéculaus, toast, tuilé II. pain azyme III. bibelot, porcelaine, saxe, sèvres, statuette

BISE n.f. I. blizzard, vent froid/ du Nord II. bécot, bisette, bisou, petit baiser, poutou → BAISER

◇ CONTR. : brise

BISEAU (EN) en biais, entaillé, oblique

◇ CONTR. → DROIT

BISEAUTÉ, E I. au pr. : taillé en oblique II. CARTES BISEAUTÉES : marquées, truquées

◇ CONTR. : droit, simple, uni

BISER → BAISER

BISET n.m. → COLOMBIN

BISEXUÉ, E → HERMAPHRODITE

BISON n.m. → BŒUF

BISOU n.m. → BISE

BISQUE n.f. consommé → POTAGE

BISQUER (FAIRE) asticoter, ennuyer, faire endêver/ enrager/ maronner/ râler, taquiner, vexer

◇ CONTR. → APAISER

BISSAC n.m. → SAC

BISSE n.f. → COULEUVRE

BISSER applaudir, en redemander, faire une ovation/ un triomphe, ovationner, rappeler, réclamer

◇ CONTR. → HUER

BISTOUILLE n.f. → ALCOOL

BISTOURI n.m. couteau, lame, scalpel

BISTOURNAGE n.m. → CASTRATION

BISTOURNER → CHÂTRER

BISTRE et **BISTRÉ, E** → BIS, E

BISTROT n.m. I. → CABARET II. → CABARETIER

BIT n.m. inform. off. : binon

BITE ou **BITTE** n.f. I. billot, bollard, borne II. → VERGE

BITORD n.m. → CORDAGE

BITOS n.m. → COIFFURE

BITUMAGE n.m. asphaltage, goudronnage, macadamisage, revêtement

BITUME n.m. I. au pr. : asphalte, coaltar, goudron, macadam, revêtement II. → PROSTITUTION

BITUMER asphalter, entretenir, goudronner, macadamiser, revêtir

BITURBINE nom et adj. bimoteur, biréacteur

BITURE ou **BITTURE** n.f. I. À TOUTE BITURE → VITE II. → IVRESSE

BIVEAU n.m. → ÉQUERRE

BIVOUAC n.m. abrivent, campement, camping, cantonnement, castramétation, faisceaux, halte, installation de nuit

BIVOUAQUER camper, cantonner, dresser les tentes, faire halte, former les faisceaux, installer le bivouac, planter les tentes

◇ CONTR. : décamper, lever le camp

BIZARRE I. quelque chose ou quelqu'un (général. non favorable) : abracadabrant, abrupt, amusant, anormal, baroque, biscornu, capricieux, changeant, chinois, cocasse, comique, curieux, drôle, étonnant, étrange, excentrique, exceptionnel, extraordinaire, extravagant, fantaisiste, fantasmagorique, fantasque, fantastique, farfelu, funambulesque, grotesque, hétéroclite, impossible, incompréhensible, inattendu, inégal, inhabituel, inquiétant, insolite, mobile, monstrueux, original, plaisant, rare, remarquable, ridicule, rocambolesque, saugrenu, singulier, surprenant – **fam.** : bizarroïde, cornecul, marrant **II. quelqu'un** (péj.) : aliéné, autre, braque, brindezingue, cinglé, dérangé, fou, halluciné, hurluberlu, iroquois, loufoque, lunatique, maniaque, numéro, olibrius, original, phénomène, pistolet, tout chose, type, zèbre, zigoto

◇ CONTR. → NORMAL

BIZARREMENT de façon → BIZARRE *et les dérivés possibles en -ment des syn. de* bizarre

BIZARRERIE n.f. **I.** anomalie, caprice, chinoiserie, cocasserie, comportement → BIZARRE, curiosité, déviance, drôlerie, étrangeté, excentricité, extravagance, fantaisie, fantasmagorie, folie, monstruosité, nouveauté, originalité, ridicule, singularité **II. de quelqu'un** (péj.) : aliénation, dérangement, folie, hallucination, loufoquerie, manie

◇ CONTR. → BANALITÉ

BIZUT ou **BIZUTH** n.m. → NOVICE

BIZUTAGE n.m. → BRIMADE

BIZUTER → CHAHUTER

BLABLABLA n.m. → BAVARDAGE

BLACK-BASS n.m. → POISSON

BLACKBOULAGE n.m. → REFUS

BLACKBOULER → REFUSER

BLACK-OUT n.m. **I.** obscurité → SILENCE **II. spat. off.** : occultation, silence radio

BLAFARD, E → BLÊME, PÂLE

BLAGUE n.f. **I.** poche/ sac à tabac **II.** astuce, bobard, canular, craque, croquemitainerie, drôlerie, exagération, farce, galéjade, hâblerie, histoire drôle, jouasserie, mensonge, niche, plaisanterie, sornette **III.** erreur, faute, gaffe, maladresse, sottise → BÊTISE

◇ CONTR. : comportement/ propos → SÉRIEUX

BLAGUER I. v. tr. : asticoter (fam.), chahuter, faire marcher, se moquer de, railler, taquiner, tourner en dérision **II. v. intr. 1. au pr.** : exagérer, faire des astuces, galéjer, mentir, plaisanter, raconter des blagues *et les syn. de* blague **2. par ext.** : bavarder, causer, passer le temps

◇ CONTR. : agir/ parler sérieusement → PONTIFIER

BLAGUEUR, EUSE I. → HÂBLEUR **II.** → TAQUIN

BLAIR n.m. → NEZ

BLAIREAU n.m. **I.** grisard, taisson **II.** → PINCEAU

BLAIRER estimer → AIMER

BLÂMABLE accusable, condamnable, critiquable, déplorable, incriminable, répréhensible

◇ CONTR. → MÉRITANT

BLÂME n.m. accusation, anathème, animadversion, attaque, avertissement, censure, condamnation, critique, désapprobation, grief, improbation, mise à l'index, objurgation, pain (arg.), punition, remontrance, répréhension, réprimande, réprobation, reproche, semonce, stigmatisation, tollé, vitupération, vitupère (vx)

◇ CONTR. → ÉLOGE

BLÂMER accuser, anathématiser, attaquer, charger, censurer, condamner, critiquer, désapprouver, désavouer, donner un avertissement, donner un → BLÂME, faire grief de, faire reproche de, flageller, flétrir, fustiger, improuver, incriminer, jeter la pierre, juger, pourfendre, punir, reprendre, réprimander, reprocher, réprouver, semoncer, sermonner, stigmatiser, trouver à redire, vitupérer – **vx** : criminaliser, désagréer, draper, fulminer, honnir

◇ CONTR. **I.** → LOUER **II.** → ENCOURAGER

BLANC, BLANCHE I. adj. 1. au pr. : albâtre, albe, albescent, argenté, beurre frais, blafard, blême, chenu, clair, crème, crayeux, immaculé, incolore, ivoire, ivoirin, lacté, lactescent, laiteux, limpide, marmoréen, net, opalescent, opalin, pâle, platine, propre, pur **2.** → BLANCHÂTRE **3. fig.** : candide, clair, immaculé, innocent, lilial, net, pur, virginal **II. n.m. typo.** : espace, interligne, intervalle, vide **III. 1. SAIGNER À BLANC** : à fond, épuiser, vider **2. LE BLANC DE L'ŒIL** : cornée, sclérotique **3. DE BUT EN BLANC** : de façon abrupte, directement, sans crier gare, sans préparation

◇ CONTR. → NOIR

BLANC-BEC n.m. arrogant, béjaune, insolent, morveux, niais, prétentieux, sot – **grossier** : petit branleur/ merdeux

◇ CONTR. → BADERNE

BLANCHAILLE n.f. → FRETIN

BLANCHÂTRE albescent, albuginé, albugineux, blafard, blême, colombaire, éburné, éburnéen, lacté, lactescent, laiteux, nacré, opalescent, opalin

◇ CONTR. → NOIRÂTRE

BLANCHET n.m. → FEUTRE

BLANCHEUR n.f. **I. au pr.** : clarté, lactescence, netteté, propreté, pureté **II.** albâtre (vx.), blêmissement, lividité, pâleur, pallidité **III. fig.** : candeur, innocence, pureté, virginité
◈ CONTR. → NOIRCEUR

BLANCHIMENT et **BLANCHISSAGE** n.m. albification, déalbation, décoloration, échaudage, finissage, herberie (vx.), lessivage, lessive, nettoiement, savonnage
◈ CONTR. → SOUILLURE

BLANCHIR I. au pr. 1. frotter, herber, lessiver, nettoyer, savonner **2. typo.** : éclaircir **3.** un mur : chauler, échauder, sabler **4. quelqu'un** → BLEMIR **5.** prendre de l'âge, vieillir **6. vx** : blanchoyer **II. fig.** → EXCUSER
◈ CONTR. **I.** → SALIR **II.** → ACCUSER

BLANCHISSERIE n.f. buanderie, laverie, lavoir

BLANCHISSEUR, EUSE n.m. ou f. **vx** : blanchecaille (arg.), buandier (québ.), curandier, lavandier, lavandière, laveur, laveuse, lessivier

BLANC-MANGER n.m. caillé, caillebotte, gelée, yaourt, yogourt

BLANC-MANTEAU n.m. guillemite, servite → RELIGIEUX

BLANC-SEING n.f. carte blanche, chèque en blanc, liberté de manœuvre, mandat, procuration en blanc
◈ CONTR. → OPPOSITION

BLANDICE n.f. caresse, charme, délice, flatterie, jouissance, plaisir, séduction, tentation
◈ CONTR. → AVANIE

BLANQUETTE n.f. **I.** ragoût **II.** chasselas, clairette, vin clairet

BLASE n.m. **fam.** : → NEZ

BLASÉ, E I. assouvi, dégoûté, désabusé, désenchanté, difficile, fatigué, froid, indifférent, insensible, rassasié, repu, revenu de tout, sceptique, usé **II. AVOIR FAIT LE TOUR/ ÊTRE REVENU DE TOUT**
◈ CONTR. → ENTHOUSIASTE

BLASEMENT n.m. → DÉGOÛT

BLASER dégoûter, désabuser, fatiguer, laisser froid, lasser, rassasier, soûler
◈ CONTR. **I.** → INTÉRESSER **II.** → EXCITER

BLASON n.m. **I.** armes, armoiries, cartouche, chiffre, écu, écusson, marque, panonceau, pennon, sceau **II. pièces du blason** → PIÈCE

BLASONNER orner → PEINDRE

BLASPHÉMATEUR, TRICE n.m. ou f. apostat, impie, parjure, renieur, sacrilège
◈ CONTR. → LOUANGEUR

BLASPHÉMATOIRE impie, sacrilège
◈ CONTR. → PIEUX

BLASPHÈME n.m. gros mot, grossièreté, impiété, imprécation, injure, insulte, jurement, juron, outrage, sacrilège
◈ CONTR. **I.** → ADORATION **II.** → ÉLOGE

BLASPHÉMER I. v. tr. : injurier, insulter, maudire, se moquer de, outrager **II. v. intr.** : jurer, proférer des blasphèmes/ imprécations, sacrer
◈ CONTR. **I.** → LOUER **II.** → ADORER

BLATÉRER → CRIER

BLATTE n.f. cafard, cancrelat

BLAUDE n.f. → BLOUSE

BLAZER n.m. flanelle, veste, veston

BLÉ n.m. céréale, épeautre, froment, sarrasin, touselle, triticale (par ext.)

BLÈCHE (arg.) → LAID

BLED n.m. brousse, pays perdu/ sauvage, petite ville, petit village, trou
◈ CONTR. → AGGLOMÉRATION

BLEDARD n.m. → SOLDAT

BLÊME blafard, blanchâtre, bleu, cadavérique, décoloré, exsangue, hâve, incolore, livide, pâle, pallide (vx), pâlot, plombé, terne, terreux, vert
◈ CONTR. → COLORÉ

BLÊMIR blanchir, se décomposer, devenir livide, pâlir, verdir - **vx** : apâlir, blanchoyer
◈ CONTR. → ROUGIR

BLÊMISSEMENT n.m. → BLANCHEUR

BLENNIE n.f. baveuse → POISSON

BLENNORRAGIE n.f. blennorrhée, gonococcie, gonorrhée, phallorrhée (vx) - **arg.** : castapiane, chaudelance, chaude-pisse, chtouille, coco, cocotte, coulante, coup de pied de Vénus, échauffement, goutte matutinale/ militaire, lazi-laffe, naze, nazi, nœud coulant, pécole, rhume de braguette, souvenir, etc

BLÉPHARITE n.f. → INFLAMMATION

BLÈSEMENT n.m. blésité, deltacisme (par ext.), zézaiement, zozotement

BLÉSER zézayer, zozoter

BLESSANT, E agressif, arrogant, choquant, contrariant, déplaisant, désagréable, désobligeant, grossier, impoli, inconvenant, injurieux, irrespectueux, mal embouché, mortifiant, offensant, piquant, vexant
◈ CONTR. **I.** → AIMABLE **II.** → CONCILIANT

BLESSÉ, E éclopé, estropié, invalide, mutilé
◈ CONTR. **I.** → SAUF **II.** → VALIDE

BLESSER I. abîmer, assommer, balafrer, battre, broyer, brûler, contusionner, corriger, couper, couronner, déchirer, découdre (vén.), écharper, écloper, écorcher, écraser, encorner, entailler, entamer, érafler, éreinter, estropier, éventrer, faire une entorse, fouler, frapper, froisser, léser, luxer, maltraiter, meurtrir, mordre, mutiler, navrer (vx), percer, piquer, poignarder, saigner – **fam. :** amocher, arranger (le portrait) **II. la vue, les oreilles :** affecter, casser, causer une sensation désagréable, déchirer, écorcher, effaroucher, irriter, rompre **III. fig. 1.** atteindre, choquer, contrarier, déplaire, égratigner, faire de la peine, froisser, heurter, irriter, offenser, piquer, toucher, ulcérer, vexer **2.** attenter à, enfreindre, être contraire à, heurter, porter atteinte, violer **3.** causer du préjudice, faire tort, léser, nuire, porter préjudice, préjudicier **IV. pron. fig. :** être susceptible, se formaliser, s'offenser, s'offusquer, se piquer, se vexer
◈ CONTR. **I.** → MÉNAGER **II.** → FLATTER

BLESSURE n.f. **I. 1.** amochage, balafre, bleu, bobo (fam.), bosse, boutonnière, brûlure, choc, cicatrice, contusion, coquard, coupure, coutelade (vx), distension, ecchymose, égratignure, élongation, entaille, entorse, éraflure, éraillement, estafilade, estocade, fêlure, foulure, fracture, froissement, lésion, luxation, meurtrissure, morsure, moucheture, mutilation, piqûre, plaie, scarification, taillade, trauma, traumatisme, tuméfaction → COUP **2. vét. :** enchevêtrure, enclouure **3. vén. :** décousure, dentée **II. moral :** atteinte, brûlure, coup, coup dur, douleur, froissement, offense, pique, plaie, souffrance, trait
◈ CONTR. **I.** → CICATRICE **II.** satisfaction

BLET, BLETTE avancé → GÂTÉ
◈ CONTR. : vert

BLETTIR → POURRIR

BLETTISSEMENT ou **BLETTISSURE** n.m., n.f. → POURRITURE

BLEU, E I. adj. : ardoise, azur, azurin, barbeau, bleuâtre, bleuet, canard, céleste, céruléen, glacier, guèdre, lapis-lazuli, myosotis, outremer, pers, pervenche, safre, saphir, smalt, turquoise, ultramarin **II. n.m. 1.** azur, ciel **2.** → NOVICE **3.** coquard, ecchymose, meurtrissure, œil au beurre noir, tuméfaction → COUP **III. 1. SANG BLEU :** noble **2. FLEUR BLEUE :** sentimental, tendre **3. BAS BLEU :** pédante **4. CORDON BLEU :** bonne cuisinière

BLEUET n.m. **I.** aubifin, barbeau, blavette, casse-lunettes, centaurée **II. québ.** → MYRTILLE

BLEUETIÈRE n.f. **québ. :** bleuetterie, champ de → MYRTILLE(S)

BLEUSAILLE n.f. **fam.** → NOVICE

BLIAUD ou **BLIAUT** n.m. → BLOUSE

BLINDAGE n.m. abri, bardage, boisage, bouclier, carter, cuirasse, écran, protection

BLINDE n.f. → POUTRE

BLINDÉ I. n.m. : automitrailleuse, char, char d'assaut, char de combat, half-track, tank **II. adj. :** blasé, endurci, immunisé → IVRE

BLINDER I. abriter, boiser, cuirasser, protéger, renforcer **II. fig. :** endurcir, immuniser, protéger, renforcer **III. v. pron. fam.** → ENIVRER (s')
◈ CONTR. → DÉCOUVRIR

BLIND TEST n.m. **audiov. off. :** test aveugle

BLINIS n.m. **par ext. :** crêpe, hors-d'œuvre, toast

BLINKER n.m. **spat. off. :** clignotant, clignoteur

BLIZZARD n.m. → VENT

BLOC n.m. **I.** bille, masse, pavé, pièce, roche, rocher **II. 1.** amas, assemblage, ensemble, ouvrage, quantité, totalité, tout, unité **2.** → COALITION **3. géol. :** graben, horst **4.** → PRISON **5. à/ en bloc** → MAXIMUM, TOTALEMENT
◈ CONTR. → DISPERSION

BLOCAGE n.m. **I.** arrêt, barrage, coup d'arrêt, stabilisation **II.** empilage, remplage, serrage **III.** frein, impuissance, inhibition, paralysie **IV. méd. :** opilation
◈ CONTR. **I.** → DILATATION **II.** → PROPAGATION

BLOCKHAUS n.m. abri, bunker, casemate, fortification, fortin, ouvrage, redoute

BLOCKHOUSE n.m. **spat. off. :** poste de lancement

BLOCK TO BLOCK aviat. off. : de cale à cale

BLOC-NOTES n.m. → CARNET

BLOCUS n.m. boycott, boycottage, investissement, isolement, siège
◈ CONTR. → LIBÉRATION

BLOND, E I. blondasse (péj.), blondin, blondinet, doré, lin, platiné **II.** → JAUNE

BLONDE n.f. **I.** → DENTELLE **II.** → FILLE

BLONDIN n.m. → GALANT

BLOQUER I. au pr. : amasser, empiler, entasser, grouper, masser, rassembler, réunir **II. par ext. 1.** assiéger, cerner, encercler, entourer, envelopper, fermer, investir **2.** → ARRÊTER **3. les crédits :** geler, immobiliser, suspendre **4. un passage :** coincer, condamner, encombrer, obstruer **5. arg. scol.** → ÉTUDIER **6. méd. :** boucher, constiper, opiler
◈ CONTR. **I.** → DÉGAGER **II.** → SÉPARER

BLOTTIR (SE) s'accroupir, se cacher/ clapir/ coucher, s'enfouir, se mettre en boule/

musser/ pelotonner/ presser/ ramasser/ recroqueviller/ réfugier/ replier/ serrer contre/ tapir – **vx ou rég.** : s'acagnarder, s'accouver, s'accouvillonner, s'esquicher

◊ CONTR. → ALLONGER (s')

BLOUSANT, E bouffant → AMPLE

BLOUSE n.f. **I.** biaude, blaude, bliaud, bourgeron, camisole, caraco, roulière, roupe, sarrau, tablier, vareuse **II.** chemisette, chemisier, corsage, marinière

BLOUSER I. v. tr. → TROMPER **II. v. intr.** : bouffer, gonfler

BLOUSON II.III. **par ext.** → VESTE

BLUE-JEAN n.m. **I.** denim **II.** → CULOTTE

BLUETTE n.f. amourette, badinage, badinerie, fleurette, flirt, galanterie → AMOUR

BLUFF n.m. **I.** audace, bagou, battage, chantage, intimidation, tromperie, vantardise **II. fam.** : baratin, charre, culot, épate, esbroufe, frime, puff → HÂBLERIE

◊ CONTR. → RÉSERVE

BLUFFER I. abuser, épater, faire du chantage, intimider, leurrer, tromper, se vanter **II. fam.** : aller au culot, baratiner, esbroufer, faire de l'esbroufe/ de l'épate/ de la frime/ du vent, frimer, galéger, masser → HÂBLER

◊ CONTR. : agir/ parler avec → MODÉRATION

BLUFFEUR, EUSE → HÂBLEUR

BLUTER passer, tamiser

BLUTOIR n.m. bluteau, sas, tamis

BOA n.m. → SERPENT – **par ext.** : anaconda *ou* eunecte, devin, python

BOBARD n.m. bateau, blague, boniment, fantaisie, fausse nouvelle, mensonge, plaisanterie, postiche, ragot, tromperie, tuyau, vantardise

◊ CONTR. → VÉRITÉ

BOBÈCHE n.f. coupelle → TÊTE

BOBINARD n.m. → LUPANAR

BOBINE n.f. **I. au pr.** : bloquet, bobineau, broche, dévidoir, fuseau, fusette, navette, nille, rochet, roquetin, rouleau **II. fig.** → TÊTE

BOBINER enrouler, envider, renvider

◊ CONTR. : dérouler, dévider

BOBINETTE n.f. → LOQUET

BOBONNE n.f. → FEMME

BOCAGE n.m. boqueteau, bosquet, breuil, chemin creux, garenne, petit bois

BOCAGER, ÈRE agreste, boisé, bucolique, champêtre, mythologique, pastoral

BOCAL n.m. pot, récipient, vase

BOCARD n.m. → BROYEUR

BOCARDAGE n.m. → BROYAGE

BOCARDER → BROYER

BOCK n.m. → BIÈRE

BODY STOCKING n.m. **off.** : maillot-bas

BOËSSE n.f. ébarboir, grattoir

BOËTE n.f. → AICHE

BŒUF I. nom : **1.** auroch, banteng, bison, gaur, gayal, ovibos ou bœuf musqué, yack, zébu **2.** → BOVIDÉ, BOVIN **3. conserve** : singe **II. adj. fig.** : colossal, énorme, extraordinaire, formidable, monstre, surprenant

BOGHEI ou **BUGGY** n.m. → VOITURE

BOGUE n.f. capsule, enveloppe → BOUCLE

BOHÈME nom et adj. **I.** artiste, fantaisiste, indépendant, insouciant **II. péj.** : asocial, débraillé, désordonné, instable, marginal, original, peu soigné, vagabond

◊ CONTR. → BOURGEOIS

BOHÉMIEN, NE n.m. ou f. baraquin, boumian, camp-volant, cigain, cinnetine, égyptien, fils du vent, gipsy, gitan, gitano, gitou, manouche, merlifiche, merligode, merligodgier, nomade, rabouin, roma ou romé, romani, romanichel, romano, sinte ou zing, zingaro

◊ CONTR. → PAYSAN

BOIRE I. v. tr. 1. absorber, avaler, buvoter, ingurgiter, prendre **2.** absorber, s'imbiber de, s'imprégner de **II. v. intr. 1. un animal** : s'abreuver, se désaltérer, laper **2. l'homme. Neutre** : se désaltérer, étancher sa soif, prendre un verre, se rafraîchir, sabler – **fam.** : s'abreuver, absorber, arroser, s'aviner, bibarder, biberonner, boissonner, boutancher, buvoter, chopiner, se cocarder, écluser, entonner, éponger, godailler, s'humecter/ se rincer le → GOSIER, s'imbiber, s'imprégner, ivrogner, lamper, se lester, lever le coude, licher, lichetroner, litroner, se mouiller, picoler, pinter, pomper, popiner, se rafraîchir, se remplir, riboter, siffler, siphonner, siroter, sucer, téter, se taper/ vider un verre → ENIVRER (s')

◊ CONTR. : être → SOBRE

BOIS n.m. **I.** abatis (québ.), bocage, boqueteau, bosquet, bouquet d'arbres, breuil, chablis, châtaigneraie, chênaie, coudraie, garenne, forêt, fourré, frondaison, futaie, hallier, hêtraie, marmenteau, massif d'arbres, pinède, sapinière, ségrairie, ségrais, selve, sous-bois, sylve, taillis → PLANTATION **II.** bille, billette, billot, bourrée, branche, brasse, brassée, brindille, bûche, bûchette, charbonnette, cotret, fagot, fagotin, falourde, fascine, margotin, rondin **III.** copeau, déchet, sciure **IV. bois d'œuvre ou de chauffage sous climat tempéré 1. → CONIFÈRES 2. à feuilles caduques : acacia, bouleau, cerisier, charme, châtaignier, chêne pubescent/ rouvre/ tauzin/ vélani, chêne-vert ou yeuse, cormier ou cornouiller ou sorbier, érable ou sycomore, frêne, hêtre ou fayard, merisier, noisetier ou noyer, orme ou ormeau, peuplier grisard/ liard/ de Hollande/ d'Italie/ du Poitou/ tremble/ de Virginie/ ypréau, platane, tilleul V. bois brûlé : arsin VI. des cervidés : andouiller, corne, cors, dague, empaumure, époi, merrain, paumure, ramure, revenue VII. mus. : basson, clarinette, contrebasson, cor anglais, cromorne, flûte, hautbois

BOISAGE n.m. I. consolidation, cuvelage, cuvellement, garnissage, muraillement, renforcement, soutènement II. cadre, chapeau, corniche, étai, montant, palplanche, semelle, sole

BOISEMENT n.m. pépinière, plantation, repeuplement, semis
◇ CONTR. → DÉBOISEMENT

BOISER I. ensemencer, garnir, planter, repeupler II. consolider, cuveler, étayer, garnir, renforcer, soutenir
◇ CONTR. → DÉBOISER

BOISERIE n.f. charpente, châssis, huisserie, lambris, menuiserie, moulure, panneau, parquet

BOISSON n.f. apéritif, bière, bouillon, breuvage, café, chaudeau, chocolat, cidre, citronnade, cocktail, coco, cordial, décoction, digestif, drink, eau, eau de mélisse, eau-de-vie, élixir, émulsion, grog, hydromel, hypocras, infusion, julep, jus de fruit, kéfir, kwas, lait, limonade, liqueur, liquide, maté, mélange, mixture, nectar, orangeade, piquette, poiré, potion, punch, rafraîchissement, remontant, sirop, soda, thé, tisane, vin, vulnéraire → ALCOOL − péj. : bibine, rinçure
◇ CONTR. : nourriture solide

BOÎTE n.f. I. au pr. : baguier, boîtier, bonbonnière, cagnotte, caisse, caque, carton, case, casier, cassette, cercueil, chancelière, châsse, chocolatière, coffre, coffret, contenant, custode (relig.), drageoir, écrin, emballage, étui, malle, marmotte, nécessaire, plumier, poubelle, poudrier, récipient, reliquaire, tabatière, tirelire, tronc, trousse, valise, vanity-case − vx : cadenas, layette, serron II. par ext. 1. arg. scol. : bahut, baz, collège, école, lycée, pension 2. administration, affaire, atelier, boutique, bureau, chantier, commerce, entreprise, firme, maison, société, usine 3. → CABARET III. 1. MISE EN BOÎTE → RAILLERIE 2. BOÎTE À SOUS → AVARE 3. BOÎTE NOIRE → ENREGISTREUR

BOITEMENT ou **BOITERIE** n.m. ou f. boiterie, boitillement, claudication, clopement

BOITER I. aller clopin-clopant/ de travers, béquiller, boitiller, boquillonner, claudiquer, clocher, cloper, clopiner, se déhancher, loucher de la jambe II. brimbaler, bringuebaler, osciller III. fig. : aller cahin-caha/ de travers/ mal, clocher, laisser à désirer
◇ CONTR. : aller/ marcher droit

BOITEUX, EUSE I. 1. bancal, claudicant, éclopé, estropié, infirme, invalide 2. fam. : banban, bancroche, béquillard, clampin, clopin 3. vx ou rég. : combre ou cromb II. branlant, de travers, de traviole (fam.), esquinté, inégal, instable, sur trois pattes/ pieds III. faux, incomplet, spécieux
◇ CONTR. I. → VALIDE II. → HARMONIEUX

BOITIER n.m. écrin, étui, palastre ou palâtre → BOÎTE

BOITILLANT, E dissymétrique, irrégulier, saccadé, sautillant, syncopé
◇ CONTR. → CONTINU

BOITTE n.f. → AICHE

BOL n.m. coupe, jatte, récipient, tasse

BOLCHEVIK ou **BOLCHEVISTE** nom et adj. bolcho (péj.), communiste, marxiste, révolutionnaire, rouge, socialiste, soviétique
◇ CONTR. → RÉACTIONNAIRE

BOLCHEVISME n.m. collectivisme, communisme, marxisme, socialisme
◇ CONTR. → CONSERVATISME

BOLDUC n.m. faveur, ruban → CORDE

BOLÉE n.f. → QUANTITÉ

BOLÉRO n.m. I. → DANSE II. → COIFFURE III. → VESTE

BOLET n.m. bordelais, champignon, cèpe, tête-de-nègre

BOLIDE n.m. I. au pr. : aérolithe, astéroïde, corps céleste, étoile filante, météore, météorite, projectile céleste II. voiture de course
◇ CONTR. : tacot → VOITURE

BOLIER ou **BOULIER** n.m. → FILET

BOLIVAR n.m. → COIFFURE

BOLLARD n.m. → BITE

BOMBANCE n.f. fam. bamboche, bamboula, bombe, bringue, chère lie, dégagement, foire, godaille, gogaille, java, liesse, muffée, muflée, partie, réjouissances, ronflée → FÊTE, REPAS
◇ CONTR. → SOBRIÉTÉ

BOMBARDE n.f. I. bouche à feu, canon, mortier, pièce d'artillerie II. flageolet, hautbois, turlurette

BOMBARDEMENT n.m. arrosage (arg.), barrage, canonnade, marmitage (fam.), mitraillade, mitraillage, tir

BOMBARDER I. canonner, écraser, lancer des bombes, mitrailler, tirer – **arg.** : arroser, canarder, marmiter II. accabler, cribler, jeter, lancer, obséder

◇ CONTR. → MÉNAGER

BOMBARDIER n.m. I. → AVIATEUR II. → AVION

BOMBARDON n.m. → CUIVRE

BOMBE n.f. I. **au pr.** : charge de plastic, engin, explosif, grenade, machine infernale, obus, projectile, torpille II. **fig.** → BOMBANCE III. crème glacée, glace, sorbet

BOMBÉ, E arrondi, bossu, convexe, cintré, courbe, fusiforme, gonflé, renflé, ventru

◇ CONTR. → CREUX

BOMBEMENT n.m. apostème, apostume, arrondi, bosse, bouge (techn.), convexité, cintre, courbe, dos d'âne, enflure, gonflement, renflement, tonture, ventre

◇ CONTR. : concavité → EXCAVATION

BOMBER arrondir, cambrer, cintrer, courber, enfler, gondoler, gonfler, redresser, renfler

◇ CONTR. I. → ÉCRASER II. → CREUSER

BOMBYX n.m. → PAPILLON

BON n. m. Attestation, billet, certificat, coupon, coupure, ticket, titre

BON, BONNE I. **au pr.** : accueillant, agréable, amical, aumônier (vx), avantageux, beau, bien, bienfaisant, bienveillant, congru, convenable, favorable, heureux, intéressant, juste, profitable, propice, propre, salutaire, utile II. **par ext.** : acceptable, correct, excellent, exemplaire, incomparable, meilleur, moyen, parfait, passable, satisfaisant, suffisant, utilisable III. **une chose. 1. un mets** : délectable, délicat, excellent, exquis, gustatif, parfait, savoureux, succulent → FIN **2. une activité** → RÉMUNÉRATEUR **3. un sol** → FERTILE **4. une situation** : certain, enviable, solide, stable, sûr **5. un compte** : exact, rigoureux, sérieux, strict **6. un conseil** : avisé, éclairé, judicieux, pondéré, prudent, raisonnable, sage, utile **7. un motif** : admissible, convaincant, plausible, recevable, valable **8. un remède, un moyen** : approprié, efficace, opérant, réconfortant, salutaire **9. activités de l'esprit** : adroit, agréable, amusant, beau, bien, drôle, émouvant, habile, instructif, plaisant, spirituel, sublime, touchant **10. une odeur, un vin** → AGRÉABLE IV. **la quantité** : abondant, complet, considérable, grand, plein V. **par ironie une bonne maladie** : bien tassé, carabiné, mauvais, sale VI. **quelqu'un. 1. le corps** : bien bâti/ planté, costaud, fort, girond, robuste, sain, solide **2. le caractère** : accessible, accueillant, agréable, aimable, altruiste, bénin, benoît, bienfaisant,

bienveillant, brave, charitable, clément, compatissant, complaisant, débonnaire, dévoué, doux, estimable, franc, généreux, gentil, gracieux, honnête, humain, humanitaire, indulgent, magnanime, miséricordieux, obligeant, ouvert, philanthrope, pitoyable (vx), secourable, sensible, serviable, sociable. *non favorable* : bénin, bonasse, boniface, brave, candide, crédule, débonnaire, gogo (fam.), ingénu, innocent, naïf, paterne, simple **3. le comportement** : beau, caritatif, charitable, convenable, courageux, digne, distingué, droit, efficace, énergique, équitable, exemplaire, généreux, héroïque, honnête, honorable, judicieux, juste, louable, méritoire, modèle, moral, noble, raisonnable, utile, vertueux VII. **1. BON À, BON POUR** : apte, capable, convenable, correct, digne, efficace, favorable, prêt, propice, propre, utile, valable **2. FAIRE BON** : agréable, beau, doux, reposant **3. TENIR BON** : dur, ferme, fermement, fort, solidement **4. TOUT DE BON** : effectivement, réellement, sérieusement **5. BON À RIEN.** → FAINÉANT

◇ CONTR. I. → MAUVAIS II. → MÉCHANT III. → MESQUIN

BONACE n.f. I. **au pr.** : accalmie, calme plat, calmie, éclaircie, embellie, répit, tranquillité II. **fig.** : apaisement, calme, paix, quiétude, rémission, tranquillité, trêve

◇ CONTR. I. → TEMPÊTE II. → TROUBLE

BONASSE crédule, faible, mou, naïf, simple, timoré → BON (par ext.)

◇ CONTR. → SÉVÈRE

BONASSERIE n.f. → NAÏVETÉ

BONBON n.m. bergamote, berlingot, bêtises, calisson, caramel, chatterie, chocolat, confiserie, crotte de chocolat, dragée, fourrés, gourmandise, papillote, pastille, pâte de fruit, praline, roudoudou, sucette, sucre d'orge, sucrerie

BONBONNE n.f. bouteille, dame-jeanne, fiasque, jaquelin, jaqueline, tourie

BONBONNIÈRE n.f. I. **au pr.** : boîte, chocolatière, coffret, drageoir II. **fig.** : boudoir, garçonnière, petit appartement, studio

BON-CHRÉTIEN n.m. → POIRE

BOND n.m. I. **au pr.** : bondissement, cabriole, cahot, cascade, entrechat, rebond, ricochet, saut, secousse, sursaut, vol plané II. **par ext. les prix** : boom, hausse

◇ CONTR. I. → RECUL II. → BAISSE

BONDE n.f. I. **d'un étang** : daraise, déversoir, empellement, tampon, vanne II. **d'un tonneau** : bondon, bouchon, tampon

BONDÉ, E archiplein, bourré, comble, complet, plein

◇ CONTR. → VIDE

BONDER bourrer, faire le plein, remplir
◆ CONTR. → VIDER

BONDÉRISATION n.f. → GALVANISATION

BONDIEUSARD, E → BIGOT

BONDIEUSERIE n.f. I. → TARTUFERIE II. → FÉTICHE

BONDING n.m. **spat. off.** : collage, métallisation, soudage

BONDIR cabrioler, cahoter, cascader, s'élancer, s'élever, faire des cabrioles/ des entrechats/ un vol plané, gambader, rebondir, ricocher, sauter, sursauter, voltiger
◆ CONTR. → TOMBER

BONDISSANT → SACCADÉ

BONDISSEMENT n.m. → BOND

BONDON n.m. → BONDE

BONDRÉE n.f. → BUSE

BON ENFANT adj. invar. → SIMPLE

BONE SEEKING **nucl. off.** : ostéotrope

BONHEUR n.m. **I. neutre ou fav. 1. un événement** : aubaine, bénédiction, faveur, fortune, heur (vx), pot (arg.), réussite, succès, veine (fam.) → CHANCE **2. un état** : ataraxie, béatitude, bien, bien-être, calme, contentement, délices, enchantement, euphorie, extase, félicité, joie (de vivre), le pied (fam.), nirvana, paix, plaisir, prospérité, ravissement, relaxation, satisfaction, septième ciel, sérénité, volupté, voyage (arg.) **II.** agrément, avantage, honneur, plaisir **III.** épicurisme, eudémonisme, hédonisme
◆ CONTR. **I.** → MALHEUR **II.** → MALCHANCE **III.** → INSUCCÈS

BONHEUR-DU-JOUR n.m. **I.** → BUREAU **II.** → COMMODE

BONHOMIE n.f. **I.** amabilité, bonté, douceur, facilité, familiarité, gentillesse, indulgence, simplicité **II. péj.** : bonasserie, finasserie, rouerie
◆ CONTR. → AFFECTATION

BONHOMME n.m. et adj. **1.** aimable, altruiste, bon, bonasse (péj.), bon enfant, brave, débonnaire, facile, gentil, obligeant, serviable, simple **2.** → NAÏF **3. péj.** : faux jeton (fam.), patelin, simulateur, trompeur → HYPOCRITE **4. fam.** : cézigue, guignol, mec, zigue → TYPE
◆ CONTR. → ACARIÂTRE

BONI n.m. avantage, bénéfice, bonus-malus, excédent, gain, guelte, profit, rapport, reliquat, reste, revenant-bon, revenu, solde positif – **fam.** : bénef, gratte
◆ CONTR. → PERTE

BONICHE ou **BONNICHE** n.f. → BONNE

BONIFIABLE → PERFECTIBLE

BONIFICATION n.f. **I.** → AMÉLIORATION **II.** → AMENDEMENT **III.** → GRATIFICATION

BONIFIER **I. au pr.** → AMÉLIORER **II. par ext.** → GRATIFIER

BONIMENT n.m. **I.** battage, bluff, bruit, charlatanisme, parade, publicité, réclame **II.** abattage, bagou, bavardage, blague, bobard, compliment, craque, discours, fadaise, hâblerie, histoire, mensonge, parlote, verbiage – **fam.** : baratin, postiche, salade
◆ CONTR. : laconisme → CONCISION

BONIMENTER → BARATINER

BONIMENTEUR et **BONISSEUR** n.m. **I. au pr.** : banquiste, bateleur, bonneteur, camelot, charlatan, forain, rabatteur **II. par anal.** : baratineur, beau parleur, blagueur, bluffeur, charlatan, complimenteur, discoureur, flatteur, hâbleur, menteur, raconteur de boniments, *et les syn. de* boniment
◆ CONTR. : brutal, détracteur, laconique

BONITE n.f. pélamyde, thon → POISSON

BONJOUR n.m. → SALUT

BONNE n.f. **I.** domestique, employée de maison, factoton, factotum, femme de chambre/ de ménage, servante – **péj.** : boniche ou bonniche, maritorne, souillon **II. bonne d'enfants** : gouvernante, nurse

BONNE-MAMAN n.f. grand-maman, grand-mère, grannie, mame, mamie, mamita, mémé

BONNEMENT de bonne foi, franchement, naïvement, réellement, simplement, sincèrement, vraiment
◆ CONTR. : de façon → COMPLIQUÉ

BONNET n.m. **I.** attifet, baigneuse, bavolet, béguin, bonichon, charlotte, coiffe, colinette, toque, toquet **II. d'homme. 1.** béret, calot, chamka ou chapka, coiffe, colback, couvre-chef, passe-montagne, serre-tête, tapabor (vx), toque, toquet **2. partic.** : barrette, calot, calotte, camauro, cucullio, faluche, mortier **III.** → COIFFURE **IV. 1. bonnet de nuit** : casque à mèche (fam.) **2. par anal., quelqu'un, péj. et fam.** : baderne, barbon, emmerdeur (grossier), éteignoir, vieille bête, vieux con (grossier)/ machin/ schnoque/ truc

BONNETEAU n.m. → CARTE

BONNETERIE n.f. jersey, sous-vêtement, tricot

BONNETEUR n.m. **I.** → BONIMENTEUR **II.** → FRIPON

BONNETIÈRE n.f. armoire, bahut, penderie

BONNETTE n.f. **I.** → FORTERESSE **II.** → VOILE

BON-PAPA n.m. grand-papa, grand-père, papie *ou* papy, pépé

BON SENS n.m. équilibre, juste milieu, lucidité, pondération, raison

◆ CONTR. → FOLIE

BONSOIR n.m. adieu, au revoir, bonne nuit, salut

◆ CONTR. → BONJOUR

BONTÉ n.f. **I. qualité morale. 1.** abnégation, accueil, agrément, altruisme, amabilité, amitié, bénignité, bienfaisance, bienveillance, bonhomie, charité, clémence, compassion, complaisance, cordialité, dévouement, douceur, facilité d'humeur, générosité, gentillesse, gracieuseté, honnêteté, humanité, indulgence, magnanimité, mansuétude, miséricorde, obligeance, ouverture, philanthropie, pitié, serviabilité, sociabilité, tendresse **2. vx :** débonnaireté, dilection **3.** → QUALITÉ **4. péj. :** candeur, crédulité, ingénuité, innocence, naïveté, simplicité **II. une chose :** agrément, avantage, beauté, bienfaisance, congruité, convenance, exactitude, excellence, exquisité, force, intérêt, justice, perfection, propriété, utilité, vérité

◆ CONTR. → MÉCHANCETÉ

BONUS n.m. → GRATIFICATION

BON VIVANT n.m. → ÉPICURIEN

BONZE n.m. **I.** moine bouddhiste, prêtre **II. fig.** (péj.) : fossile, gâteux, mandarin, pédant, pontife, vieux con, vieil imbécile *et les syn.* de imbécile

BONZERIE n.f. → MONASTÈRE

BOOGIE-WOOGIE n.m. → DANSE

BOOM n.m. **I.** accroissement, augmentation, bond, essor, hausse, prospérité, relance **II.** → BAL, FÊTE

◆ CONTR. → CRISE

BOOST (PRESSURE) n.m. **méc. off. :** pression d'admission

BOOSTER n.m. **off. 1. spat. :** accélérateur/ impulseur/ lanceur/ pousseur/ propulseur auxiliaire **2. audiov. :** suramplificateur

BOOSTER COIL n.m. **spat. off. :** servocommande, survolteur

BOOSTER ROD n.m. **nucl. off. :** barre de dopage

BOOTLEGGER n.m. → CONTREBANDIER

BOOTS n.m. pl. → BOTTE

BOQUETEAU n.m. → BOIS

BORA n.f. → VENT

BORBORYGME n.m. bruit, flatulence, flatuosité, gargouillement, gargouillis, murmure confus, ronflement, ronflette (fam.), rot

BORD n.m. **I. d'une surface :** arête, contour, côté, limbe, limite, périmètre, périphérie, pourtour → BORDURE **II. de la mer :** accore, batture, côte, estran, grève, lais, laisse (des basses/ hautes eaux), littoral, plage, rivage **III. d'une rivière :** berge, grève, levée, rivage, rive **IV. d'un bois :** bordure, lisière, orée **V. d'un puits :** margelle, rebord **VI. d'une route :** banquette, bas-côté, berme, bordure, fossé **VII. d'un bateau** → BORDAGE **VIII. d'un objet :** arête, cadre, contour, entourage, extrémité, frange, grènetis, marge, marli, ourlet, rempli, tranche **IX. d'un lit :** chevet – **vx :** rive, ruelle

◆ CONTR. **I.** → CENTRE **II.** → FOND

BORDAGE n.m. **I.** bord, bordé **II. par ext. :** bâbord, bastingage, bau, coupée, couple, hiloire, pavois, plat-bord, préceinte, rance, tribord, virure

BORDÉ n.m. **I.** → BORDAGE **II.** passement

BORDÉE n.f. **I. au pr. :** ligne de canons, salve **II. fig. et fam. 1.** TIRER UNE BORDÉE : escapade, sortie, tournée, virée **2.** UNE BORDÉE D'INJURES : avalanche, averse, brouettée, charretée, collection, déluge, orage, pelletée, pluie, tas, tombereau

BORDEL n.m. **I.** → LUPANAR **II.** → BRUIT **III.** → DÉSORDRE **IV.** → TRUC

BORDELAISE n.f. **I.** → BARRIQUE **II.** → BOUTEILLE

BORDER I. mar. : caboter, côtoyer, longer, louvoyer **II.** s'étendre le long de, limiter, longer **III. par ext. :** on borde une chose : cadrer, encadrer, entourer, franger, garnir, liserer, ourler, remplier

◆ CONTR. **I.** → DÉBORDER **II.** → DÉGARNIR

BORDEREAU n.m. état, facture, justificatif, liste, note, récapitulatif, récapitulation, relevé

BORDERIE n.f. **I. au pr. :** métairie **II. par ext. :** ferme, fermette

BORDIER, ÈRE I. métayer **II.** frontalier, mitoyen

BORDIGUE n.f. **I.** → CLAIE **II.** → ENCEINTE

BORDURE n.f. **I.** agrément, ajout, ajouture, carnèle, cordon, crénelage, feston, garniture, grébiche *ou* grébige *ou* gribige, grenetis, ligne, ornement **II.** → HAIE **III.** → BORD

◆ CONTR. → CENTRE

BORÉAL, E arctique, du nord, hyperboréen, nordique, polaire, septentrional

◆ CONTR. → AUSTRAL

BORGNE, ESSE I. vx ou rég. : borgnet, borgnot **II.** HÔTEL BORGNE → LUPANAR

BORIE n.f. **I.** → CABANE **II.** → FERME

BORNAGE n.m. abornement (vx), délimitation, jalonnement, limite, tracé

BORNE n.f. **I.** fin, limite, frontière, marque, terme **II.** billot, bitte, bollard, bouteroue **III. fam.** : kilomètre

BORNÉ, E I. cadastré, circonscrit, défini, délimité, entouré, limité, marqué, tracé **II. fig.** : à courte vue, bouché, étroit, limité, obtus, rétréci → BÊTE

◇ CONTR. → OUVERT

BORNER I. au pr. : aborner (vx.), cadastrer, circonscrire, délimiter, entourer, limiter, marquer **II. par ext. 1.** confiner à, être en limite de, terminer, toucher à **2.** arrêter, barrer, boucher, fermer, intercepter, restreindre **III. fig.** : faire obstacle à, mettre un terme à, modérer, réduire **IV. v. pron.** : se cantonner dans, se circonscrire à, se confiner dans, se contenter de, ne faire que, se limiter/ se réduire/ se restreindre/ s'en tenir à

◇ CONTR. → ÉTENDRE

BORNOYER I. → TRACER **II.** → VISER

BORT n.m. → DIAMANT

BORTSCH n.m. → POTAGE

BOSQUET n.m. → BOIS

BOSS n.m. → PATRON

BOSSAGE n.m. anglet, refend, relief, ronde-bosse, saillie

BOSSA-NOVA n.f. → DANSE

BOSSE n.f. **I. au pr.** : apostume, beigne, bigne, cabosse, cyphose, enflure, excroissance, gibbosité, grosseur, protubérance, tumeur **II. fig. 1.** arrondi, bosselure, convexité, éminence, enflure, excroissance, grosseur, protubérance, renflement **2.** → DON

BOSSELÉ, E I. au pr. : accidenté, âpre, bombé, bossu, inégal, montueux, mouvementé, pittoresque, varié **II. par ext.** : abîmé, cabossé, déformé, faussé, inégal, irrégulier, martelé

◇ CONTR. → PLAT

BOSSELER abîmer, bossuer, cabosser, déformer, fausser, marteler

BOSSELURE n.f. → DÉFORMATION

BOSSER fam. : en ficher/ en foutre un coup, turbiner → TRAVAILLER

◇ CONTR. **I.** → APLATIR **II.** → ÉCRASER **III.** → REDRESSER

BOSSEUR n.m. → TRAVAILLEUR

BOSSU, E I. au pr. : boscot, contrefait, difforme, estropié, gibbeux, tordu – **vx ou rég.** : combre ou cromb, gobin **II. par ext.** → BOSSELÉ

◇ CONTR. → DROIT

BOSSUER → BOSSELER

BOT, E varus (vét.)

BOTANIQUE n.f. étude des végétaux, herborisation (vx)

BOTANISTE n.m. herborisateur (vx)

BOTTE n.f. **I.** balle, bouquet, bourrée, brassée, fagot, faisceau, gerbe, javelle, manoque, touffe **II.** boots, bottillon, bottine, brodequin, cuissardes, houseaux, snow-boot **III. 1.** LÉCHER LES BOTTES : courtiser, flagorner, flatter **2.** À SA BOTTE : à sa dévotion, à ses ordres **3.** COUP DE BOTTE : coup de pied, shoot **4.** ÇA FAIT MA BOTTE : ça me convient, ça fait mon affaire, ça me va **5.** Y LAISSER SES BOTTES : y perdre tout, être tué **IV. escrime** : attaque, coup, secret

BOTTELER assembler, attacher, gerber, grouper, lier, manoquer

◇ CONTR. : éparpiller → DISPERSER

BOTTER I. chausser **II.** aller, convenir, faire l'affaire, plaire, trouver chaussure à son pied **III.** shooter, taper

◇ CONTR. → DÉGOÛTER

BOTTIER n.m. chausseur → CORDONNIER

BOTTINE n.f. **I.** → BOTTE **II.** → CHAUSSURE

BOTTOM n.m. **spat. off.** : culots d'ergols

BOTTOMSIDE SOUNDING n.m. **spat. off.** : sondage en contrebas

BOTULISME n.m. intoxication botulique → MALADIE

BOUBOULER ululer → CRIER

BOUCAN n.m. **I. fam.** : raffut, tapage, vacarme → BRUIT **II.** → GRIL

BOUCANÉ, E I. au pr. : desséché, conservé, fumé, saur, sauré, séché **II. par ext.** : bronzé, cuit par le soleil, desséché, noirâtre, ridé → BASANÉ

◇ CONTR. → PÂLE

BOUCANER dessécher, durcir, conserver, cuire au soleil, fumer (par ext.), sécher

BOUCANIER n.m. aventurier, coureur/ écumeur des mers, pirate

BOUCAU n.m. → CANAL

BOUCAUD ou **BOUCOT** n.m. → CREVETTE

BOUCHAGE n.m. bouchement, fermeture, obturation, occultation, opilation, réparation. (méd.)

◇ CONTR. : les déverbatifs de → OUVRIR

BOUCHARDE n.f. → MARTEAU

BOUCHE n.f. **I.** cavité buccale **II. fam.** : avaloire, bec, boîte, bouque (vx), clapante, clape, claque-merde, claquette, déconophone, gargue, goule, gueule, margoulette, moule à gaufres, museau, piège à mouches → GOSIER **III.** bec, cystotome, gueule, mandibule, suçoir, trompe **IV. fig.** : embouchure, entrée, orifice, ouverture **V.** FINE BOUCHE : délicat, difficile, fin bec, gourmand, gourmet

BOUCHÉ, E I. au pr. : fermé, obstrué, obturé, occulté II. le temps : bas, brumeux, couvert, menaçant III. fig. → BÊTE
◊ CONTR. I. → OUVERT II. → CLAIR

BOUCHÉE n.f. I. becquée, goulée, lippée, morceau II. BOUCHÉE À LA REINE : timbale, vol-au-vent

BOUCHER I. au pr. 1. sens général : clore, fermer, jointoyer, obstruer, obturer 2. un tonneau : bondonner 3. un trou : aveugler, calfeutrer, colmater, luter, obstruer, occulter, revercher, ruiler, taper (mar.) 4. une voie d'eau : aveugler, étancher, étouper, tamponner (vx) 5. un passage : barrer, condamner, encombrer, murer 6. la vue : intercepter, offusquer 7. méd. : bloquer, constiper, opiler II. fig. EN BOUCHER UN COIN : clouer le bec, épater, étonner, laisser pantois/ sans voix, réduire au silence III. v. pron. : s'engorger et les formes pron. possibles des syn. de boucher
◊ CONTR. → OUVRIR

BOUCHER, ÈRE n.m. ou f. I. au pr. : chevillard, détaillant, étalier, louchébem (arg.) tueur II. fig. péj. : bourreau, chasseur, chirurgien, militaire

BOUCHERIE n.f. I. au pr. : abattoir, commerce de la viande, échaudoir, étal II. fig. : carnage, guerre, massacre, tuerie

BOUCHE-TROU n.m. fig. fam. : doublure, extra, figurant, remplaçant, utilité
◊ CONTR. : titulaire

BOUCHOLEUR ou **BOUCHOTEUR** n.m. mytiliculteur

BOUCHON n.m. I. poignée de paille, tampon, tapon II. petit restaurant → CABARET III. bonde, bondon, fermeture → CLAPET

BOUCHONNAGE et **BOUCHONNEMENT** n.m. friction, frictionnement, massage, pansage, soins

BOUCHONNER I. chiffonner, froisser, mettre en bouchon, tordre II. frictionner, frotter, masser, panser, soigner

BOUCHOT n.m. moulière, parc à moules

BOUCHOTEUR ou **BOUCHOLEUR** n.m. → MYTILICULTEUR

BOUCLAGE n.m. techn. : feed-back, rétroaction → FERMETURE

BOUCLE n.f. I. au pr. 1. agrafe, anel (vx), anneau, ardillon, assemblage, attache, bélière, bogue, erse, esse, faucre, fermeture, fermoir, fibule, œillet, vervelle 2. mar. : estrope, organeau 3. bijou, clip, dormeuse, pendant d'oreille II. par ext. : accroche-cœur, anglaises, annelure, bouclette, boudin, chipette, crêpure, frisette, frison, frisottis, frisure, guiches
◊ CONTR. : (ligne) droite

BOUCLER I. friser, onduler – vx ou rég. : anneler, calamistrer, ourler, régrediller, taponner II. v. tr. 1. attacher, capeler (mar.), fermer, serrer III. fam. enfermer, mettre au clou/ au gnouf/ à l'ombre/ au trou → EMPRISONNER
◊ CONTR. I. avoir les cheveux comme des baguettes de tambour/ plats/ raides, décrépir, gominer, lisser, plaquer II. → LIBÉRER

BOUCLIER n.m. I. au pr. : arme, broquel, écu, pavois, pelte, rondache, rondelle, targe, tortue II. fig. : abri, carapace, cuirasse, défense, palladium, protection, rempart, sauvegarde

BOUDER battre froid, se cantonner (vx), être fâché/ en froid/ maussade/ de mauvaise humeur, faire la grimace/ la gueule/ la tête/ la moue, grogner, rechigner, refuser
◊ CONTR. I. être avenant → AIMABLE II. → ACCUEILLIR

BOUDERIE n.f. brouille, brouillerie, dépit, désaccord, différend, discorde, dispute, fâcherie, humeur, malentendu, mésentente, moue, querelle, trouble
◊ CONTR. → AMABILITÉ

BOUDEUR, EUSE buté, grognon, maussade, renfrogné
◊ CONTR. → AIMABLE

BOUDIN n.m. I. bourrelet II. → BOUCLE III. → FILLE

BOUDINÉ, E I. collant, comprimé, entortillé, étouffé, étriqué, saucissonné, serré, tordu, tortillé II. → RONDELET
◊ CONTR. → BOUFFANT

BOUDOIR n.m. cabinet particulier, petit bureau/ salon

BOUE n.f. I. au pr. : alluvion, bourbe, bourbille (rég.), braye, cafouine (arg.), crotte, crottin, curure, dépôt, éclaboussure, fagne, fange, gâchis, gadoue, gadouille, immondices, jet, lie, limon, margouillis, merde, mouscaille, sédiment, tourbe, vase II. fig. : abjection, abomination, bassesse, corruption, débauche, impureté, infamie, ordure, stupre, vice, vilenie

BOUÉE n.f. balise, flotteur, gilet de sauvetage

BOUEUR n.m. balayeur, boueux, éboueur

BOUEUX, EUSE I. au pr. : bourbeux, crotteux, emboué, fagneux, fangeux, gadouilleux, limoneux, marécageux, merdeux, palustre, tourbeux, uligineux, vaseux II. fig. : abject, bas, corrompu, impur, infâme, malodorant, ordurier, trouble, vicieux III. n.m. → BOUEUR
◊ CONTR. → LIMPIDE

BOUFFANT, E ballonnant, blousant, gonflant → AMPLE
◊ CONTR. I. → BOUDINÉ(E) II. collant → PLAT

BOUFFARDE n.f. brûle-gueule, pipe

BOUFFE bouffon, burlesque → COMIQUE

BOUFFE n.f. → CUISINE

BOUFFÉE n.f. I. au pr.: accès de chaleur, courant d'air, émanation, exhalaison, haleine, halenée, souffle, vapeur II. fig.: accès, explosion, manifestation, mouvement, passage, traînée III. PAR BOUFFÉES: par accès/ à-coups/ intervalles

BOUFFER I. au pr.: ballonner, enfler, gonfler II. → BÂFRER
◇ CONTR. → JEÛNER

BOUFFETANCE n.f. → CUISINE

BOUFFETTE n.f. chou, coque, nœud

BOUFFEUR → BÂFREUR

BOUFFI, E I. ballonné, boudenfle (mérid.), boursouflé, empâté, enflé, gras, gros, joufflu, mafflu, obèse, soufflé, turgescent, turgide, vultueux → GONFLÉ II. → ORGUEILLEUX III. plein, rempli → AMPOULÉ
◇ CONTR. I. → MINCE II. → MODESTE

BOUFFIR ballonner, boursoufler, devenir bouffi *et les syn. de* bouffi, enfler, engraisser, gonfler, grossir
◇ CONTR. → MAIGRIR

BOUFFISSURE n.f. I. quelqu'un. 1. au pr.: ballonnement, bosse, boursouflure, cloque, embonpoint, empâtement, enflure, gonflement, grosseur, intumescence, obésité 2. fig. → VANITÉ II. une chose: boursouflage, emphase, gongorisme, grandiloquence
◇ CONTR. I. décharnement → AMAIGRISSEMENT II. → RETENUE

BOUFFON n.m. I. arlequin, baladin, bateleur, bobèche (vx), bouffe, clown, comique, fagotin, farceur, gille, gugusse, histrion, matassin, nain, paillasse, pantalon, pantin, pasquin, pitre, plaisantin, polichinelle, queue-rouge, saltimbanque, trivelin, turlupin, zanni → FOU II. adj.: burlesque, cocasse, comique, drôle, fantaisiste, folâtre, grotesque, ridicule, rigolo, truculent
◇ CONTR. I. → RABAT-JOIE II. → SÉRIEUX

BOUFFONNEMENT de façon → BOUFFON *et les dérivés possibles en* -ment *des syn. de* bouffon

BOUFFONNER → PLAISANTER

BOUFFONNERIE n.f. arlequinade, atellanes, batelage, chose bouffonne *et les syn. de* bouffon, clownerie, comédie, drôlerie, farce, joyeuseté, marrance, pantalonnade, pasquinade, pitrerie, plaisanterie, trivelinade, turlupinade
◇ CONTR. I. chose → SÉRIEUX (SE) II. → GRAVITÉ

BOUGE n.m. I. → TAUDIS II. 1. → CABARET 2. → LUPANAR III. techn.: bombement,

convexité, incurvation, renflement
◇ CONTR. → PALAIS

BOUGEOIR n.m. par ext.: binet, bobèche, brûle-tout, chandelier, chandelle, lumière, lumignon

BOUGEOTTE n.f. dromomanie, feu au derrière (fam.)
◇ CONTR.: goût → CASANIER

BOUGER I. v. intr.: s'agiter, aller et venir, avoir la bougeotte, broncher, changer de place, ciller, se déplacer/ déranger/ mouvoir, locher (vx), partir, remuer, ne pas rester en place, voyager II. v. tr.: agiter, changer, déplacer, déranger, mouvoir → REMUER
◇ CONTR.: rester → TRANQUILLE

BOUGIE n.f. chandelle, cierge, lumignon
– arg.: calbombe, camoufle

BOUGNA ou **BOUGNAT** n.m. I. → AUVERGNAT II. → CABARETIER

BOUGNOUL ou **BOUGNOULE** ou **BOUNIOUL** n.m. → MAGHRÉBIN

BOUGON, NE → GROGNON

BOUGONNEMENT n.m. → PROTESTATION

BOUGONNER → GROGNER

BOUGRAN n.m. → TISSU

BOUGRE, ESSE I. nom. 1. bonhomme, brave homme, drôle, gaillard, luron 2. non fav.: individu, oiseau, pistolet, quidam → TYPE II. interj.: bigre, fichtre, foutre (grossier) III. BOUGRE DE: espèce de

BOUGREMENT bigrement, drôlement, terriblement, vachement (fam.) → BEAUCOUP

BOUI-BOUI n.m. → BOUGE

BOUIF n.m. → CORDONNIER

BOUILLABAISSE n.f. I. par ext.: chaudrée, cotriade, matelote, pauchouse, soupe de poisson II. fig.: bazar, embrouillamini, fourbi, gâchis, mélange, pastis, salade

BOUILLANT, E fig. → BOUILLONNANT

BOUILLE n.f. I. au pr. 1. pour le lait: berthe, pot, récipient, vase 2. pour la vendange: hotte II. fig. → TÊTE

BOUILLEUR n.m. distillateur

BOUILLI n.m. → POT-AU-FEU

BOUILLI, E adj.: cuit, ramolli, stérilisé
◇ CONTR.: braisé, cru, frit, macéré, mariné, rôti, sauté, séché

BOUILLIE n.f. I. au pr. 1. blanc-manger, compote, consommé, coulis, crème, décoction, gaude, marmelade, polenta, purée, sagamité 2. techn.: barbotine, laitance, laitier, pulpe 3. méd.: chyme, exsudat, pultace II. fig. → CONFUSION

BOUILLIR I. bouillonner, bouillotter, cuire, frémir, mijoter, mitonner II. **fig.** : s'agiter, bouillonner, s'échauffer, s'emporter, être en effervescence, s'exaspérer, exploser, fermenter, frémir, s'impatienter, se mettre en colère/ en fureur, ronger son frein, sortir de ses gonds

◊ CONTR. I. → RÔTIR II. → GELER

BOUILLOIRE n.f. bouillotte, coquemar, samovar

BOUILLON n.m. I. bisque, bortsch, brouet, chaudeau, chaudrée, concentré, consommé, court-bouillon, pot-au-feu, soupe, velouté → POTAGE II. **par ext.** : gargote (péj.), restaurant, self-service III. **fig.** BOIRE UN BOUILLON : la tasse → ÉCHOUER

BOUILLONNANT, E actif, ardent, bouillant, chaleureux, chaud, effervescent, emballé, embrasé, emporté, endiablé, enflammé, enthousiaste, exalté, excité, fanatique, fébrile, fervent, fiévreux, fougueux, frémissant, frénétique, furieux, généreux, impatient, impétueux, incandescent, le sang chaud/ prompt/ vif, passionné, prompt, spumescent, spumeux, tout feu tout flamme, tumultueux, véhément, vif, violent, volcanique

◊ CONTR. → TRANQUILLE

BOUILLONNEMENT n.m. I. **au pr.** : ébullition, fermentation II. **fig.** : activité, acharnement, agitation, alacrité, amour, animation, ardeur, avidité, brasier, chaleur, convoitise, désir, échauffement, effervescence, emballement, embrasement, émotion, emportement, empressement, enthousiasme, éruption, exaltation, excitation, fanatisme, fébrilité, ferveur, feu, flamme, force, fougue, frémissement, frénésie, fureur, impatience, impétuosité, incandescence, lyrisme, mouvement, passion, promptitude, surexcitation, tumulte, véhémence, vie, vigueur, violence, vitalité, vivacité, volcanisme

◊ CONTR. → TRANQUILLITÉ

BOUILLONNER → BOUILLIR

BOUILLOTTE n.f. I. brelan, jeu de cartes II. → BOUILLOIRE III. boule, bouteille, cruche, cruchon IV. **par ext.** : brique, chaufferette, moine V. → BOUILLE

BOUILLOTTER → BOUILLIR

BOULANGE n.f. I. **fam.** : boulangerie II. BOIS DE BOULANGE : charbonnette

BOULANGER, ÈRE I. **nom, par ext.** : gindre, mitron II. **adj.** : panifiable

BOULDER n.m. → ROCHE

BOULE n.f. I. **au pr.** : balle, ballon, ballotte (vx), bille, boulet, boulette, bulle, bulteau, cochonnet, globe, pelote, peloton, pomme,

pommeau, sphère II. **jeu de boules** : bilboquet, billard, billard japonais, billard nicolas, boule lyonnaise, boulier, bowling, passeboules, pétanque, quilles III. **1. SE METTRE EN BOULE** → COLÈRE **2. PERDRE LA BOULE** : le nord, la tête

BOULEAU n.m. → BOIS

BOULE-DE-NEIGE n.f. obier → VIORNE

BOULER I. débouler, dégringoler, dévaler, s'écrouler, s'effondrer, rouler, tomber II. agiter, bouillir, fatiguer, remuer, touiller, troubler III. **fig.** ENVOYER BOULER : éconduire, envoyer promener, repousser

BOULET n.m. I. **au pr.** : obus, projectile II. **fig.** : affliction, angoisse, chagrin, châtiment (péj.), désespoir, douleur, épreuve, peine (neutre ou péj.), souci, souffrance, tourment

BOULETTE n.f. I. **au pr.** : croquette. **vx** : hâtelle, hâtelette, hâtereau II. **fig.** → ERREUR

BOULEVARD n.m. allée, avenue, cours, levée, mail, promenade, rempart, rocade

BOULEVARDIER, ÈRE par ext. : à la mode, mondain, primesautier, railleur, satirique, vif, viveur (péj.)

BOULEVERSANT, E → ÉMOUVANT

BOULEVERSÉ, E I. **quelqu'un** : abattu, affolé, agité, déconcerté, décontenancé, ébranlé, ému, paniqué (fam.), retourné, secoué, sens dessus dessous, touché, tourneboulé, troublé II. **le visage, les traits** : altéré, décomposé, ravagé, tiré

◊ CONTR. → TRANQUILLE

BOULEVERSEMENT n.m. I. → AGITATION II. → CHANGEMENT

BOULEVERSER I. **quelque chose. 1.** abattre, agiter, brouiller, casser, changer, contester, déranger, détruire, ébranler, faire sauter, fouiller, modifier, perturber, propager la subversion, ravager, réformer, renverser, révolutionner, ruiner, saccager, subvertir (vx), troubler **2. fam.** : anarchiser, chambarder, chambouler, farfouiller, ficher/ foutre/ mettre en l'air le bazar/ bordel/ en désordre/ sens dessus dessous/ en pagaille, trifouiller, tripatouiller II. **on bouleverse quelqu'un** : déconcerter, décontenancer, ébranler, émouvoir, mettre sens dessus dessous, paniquer (fam.), retourner, secouer, toucher, tournebouler, troubler

◊ CONTR. I. → RANGER II. → CALMER

BOULIER n.m. abaque, calculateur, compteur

BOULIMIE n.f. I. **au pr.** : appétit, faim, gloutonnerie, goinfrerie, grand-faim, insatiabilité II. **fig.** : appétit, ardeur, curiosité, désir

◊ CONTR. I. → ANOREXIE II. → APATHIE

BOULIMIQUE → GLOUTON

BOULIN n.m. **I.** → POUTRE **II.** → TROU

BOULINE n.f. → CORDAGE

BOULINGRIN n.m. gazon, jeu de boules, parterre, tapis vert

BOULOIR n.m. → AUGE

BOULON n.m. → CHEVILLE

BOULONNER I. au pr. : assujettir, assurer, attacher, fixer, lier, maintenir, river, visser **II. fig.** → TRAVAILLER
◇ CONTR. → DÉBOULONNER

BOULOT, TE court, courtaud, gras, grassouillet, obèse, rond, rondouillard, rondelet, trapu
◇ CONTR. : mince

BOULOT n.m. → TRAVAIL

BOULOTTER → MANGER

BOUM I. n.f. → BAL **II.** n.m. → TRAVAIL

BOUMER → BICHER

BOUNKER n.m. **pétr. off.** : soutes

BOUQUET n.m. **I.** brassée, gerbe, trochet **II. fig. 1.** C'EST LE BOUQUET : le comble, le plus beau, il ne manquait plus que ça (fam.) **2.** assemblage, assemblée, assistance, groupe, parterre, réunion **3.** apothéose, clou, finale, sommet, summum **III. d'arbres** → BOIS

BOUQUETIER, ÈRE n.m. ou f. fleuriste

BOUQUETIN n.m. ibex

BOUQUIN n.m. **I. au pr.** : bouc, lièvre mâle **II. par anal. 1.** satyre **2.** → LIVRE **3.** → COR

BOUQUINER I. → LIRE **II.** → BROCANTER **III.** → ACCOUPLER (S')

BOUQUINERIE n.f. → BROCANTE

BOUQUINEUR, EUSE → BIBLIOPHILE

BOUQUINISTE n.m. ou f. → BROCANTEUR

BOURBEUX, EUSE I. → BOUEUX **II.** → IMPUR

BOURBIER n.m. **I.** → MARAIS **II.** → IMPURETÉ

BOURBILLON n.m. → BOUTON

BOURBON n.m. → ALCOOL

BOURBONIEN → BUSQUÉ

BOURDALOU n.m. **I.** ruban, tresse **II.** urinal **III. fam.** : jules, pissoir, pot de chambre, thomas, vase de nuit

BOURDE n.f. **I.** → BÊTISE **II.** → ERREUR

BOURDON n.m. **I.** bâton, canne, houlette **II.** cloche **III.** cafard, découragement, ennui, mélancolie, spleen, tristesse, vague à l'âme
◇ CONTR. : Euphorie → AISE

BOURDONNANT, E et **BOURDONNEUR, EUSE** → BRUYANT

BOURDONNEMENT n.m. bruissement, bruit de ruche/ sourd et continu, chuchotement, chuintement, cornement, fredonnement, froufroutement, murmure, musique, ronflement, ronron, ronronnement, vrombissement, zonzon

BOURDONNER I. bruire, fredonner, froufrouter, murmurer, ronfler, ronronner, vrombir, zonzonner **II.** bourdonner aux oreilles → AGACER **III. vx ou rég.** : bombiler, bombiner, bondonner

BOURG n.m. → VILLAGE

BOURGADE n.f. → VILLAGE

BOURGEOIS, OISE n.m. ou f. **I. au pr. 1.** citadin, habitant des villes **2. classe sociale** : cadre, dirigeant, élite, homme à l'aise, rentier, riche **3. arg.** : biffard, cave, riflot **II. par ext. 1.** civil **2.** employeur, patron, singe (arg.) **3. au fém.** : épouse, femme – **fam.** : gouvernement, moitié, patronne **4.** → RÉACTIONNAIRE **5.** → POLICIER **III. péj.** : béotien, borné, commun, conformiste, conservateur, égoïste, étriqué, grossier, lourd, médiocre, nanti, pantouflard, philistin, repu, vulgaire
◇ CONTR. **I.** → PROLÉTAIRE **II.** → NOBLE

BOURGEOISEMENT I. de manière bourgeoise *et les syn. de* bourgeois **II.** *les adverbes en* -ment *formés avec les syn. de* bourgeois

BOURGEOISIE n.f. gens à l'aise *et le pl. des syn. de* bourgeois
◇ CONTR. → PEUPLE

BOURGEON n.m. **I. au pr.** : agassin, bourre, bouton, bulbille, caïeu, chaton, drageon, gemme, gemmule, greffe, maille, mailleton, pousse, rejet, rejeton, stolon, turion **II. fig.** : acné, bouton, gourme

BOURGEONNANT, E → BOUTONNEUX

BOURGEONNEMENT n.m. **I. au pr.** : débourrement, démarrage, départ, pousse **II. fig.** : boutonnement, fleurissement

BOURGEONNER I. au pr. : débourrer, jeter/ mettre/ pousser des bourgeons **II. fig.** : avoir des boutons, boutonner, fleurir
◇ CONTR. → FLÉTRIR

BOURGERON n.m. → BLOUSE

BOURGMESTRE n.m. → MAIRE

BOURLINGUER → NAVIGUER

BOURRACHE n.f. → TISANE

BOURRADE n.f. → POUSSÉE

BOURRAGE n.m. **I. au pr. 1. action de bourrer** : approvisionnement, chargement, garnissage, empilage, remplissage, tassement **2. matière** : bourre, capiton, crin, duvet, garniture, kapok, laine, rembourrage **II. fig.** bour-

rage de crâne : baratin, battage, bluff, boniment, exagération, mensonge, mise en condition, persuasion, propagande, publicité
◊ CONTR. → DÉBOURRAGE

BOURRAS n.m. → TISSU

BOURRASQUE n.f. coup de chien/ de tabac/ de vent, cyclone, orage, ouragan, rafale, tempête, tornade, tourbillon, tourmente, trombe, typhon, vent, vente, ventée
◊ CONTR. → BONACE

BOURRATIF, IVE → NOURRISSANT

BOURRE I. au pr. : n.f. 1. duvet, jarre, feutre, poil 2. → BOURRAGE II. fig. n.m. (arg.) → POLICIER

BOURRÉ, E I. au pr. : complet, empli, plein, rassasié, rempli II. fig. → IVRE
◊ CONTR. → VIDE

BOURREAU n.m. I. bras séculier (vx), exécuteur/ maître des hautes œuvres, guillotineur, monsieur de Paris, tueur – arg. : béquillard, béquilleur, bingue II. fig. meurtrier, sadique, sanguinaire, tortionnaire
◊ CONTR. → VICTIME

BOURRÉE n.f. I. → DANSE II. → FAGOT

BOURRELÉ, E → TOURMENTÉ

BOURRÈLEMENT n.m. → TOURMENT

BOURRELER → TOURMENTER

BOURRELET n.m. I. au pr. : calfeutrage, garniture II. par ext. : boudin, enflure, excroissance, grosseur, renflement, retroussis, saillie

BOURRELIER n.m. bâtier, sellier

BOURRELLERIE n.f. sellerie

BOURRER I. au pr. 1. sens général : approvisionner, charger, combler, empiler, emplir, garnir, remplir, tasser 2. techn. : capitonner, cotonner, empailler, fourrer, garnir, matelasser, rembourrer II. fig. 1. quelqu'un. De victuailles : faire bouffer, *et les syn. de* bouffer, gaver, gouger (rég.), remplir 2. de travail → ACCABLER 3. de coups → BATTRE 4. le crâne : baratiner (fam.), faire du battage *et les syn. de* battage, faire de la propagande/ de la publicité, bluffer, bonimenter (fam.), endormir, exagérer, mentir, mettre en condition, persuader 5. une chose : farcir, garnir, orner, truffer
◊ CONTR. → VIDER

BOURRER (SE) → ENIVRER (s')

BOURRICHE n.f. → PANIER

BOURRICHON n.m. (fam.) Bonnet, caboche, caboche, cafetière, caillou, cervelle, crâne → TÊTE

BOURRICOT ou **BOURRIQUOT** n.m. ânon, bourriquet, petit âne → ÂNE

BOURRIER n.m. → ÉBOUEUR

BOURRIN n.m. canasson → CHEVAL

BOURRIQUE n.f. I. au pr. → ÂNE II. fig. 1. → BÊTE 2. → POLICIER

BOURRIQUET n.m. I. → BOURRICOT II. techn. : tourniquet, treuil

BOURROIR n.m. → PILON

BOURRU, E I. au pr. : brut, grossier, mal dégrossi, rude II. fig. : abrupt, acariâtre, brusque, brutal, cassant, chagrin, cru, disgracieux, hargneux, hirsute, maussade, mauvais, de mauvaise/ méchante humeur, peu avenant, raide, rébarbatif, renfrogné, rude, sec
◊ CONTR. → AIMABLE

BOURSE n.f. I. objet. : aumônière, cassette, escarcelle, gibecière, poche, porte-monnaie, sac, sacoche II. le lieu : corbeille, coulisse, marché, parquet III. par ext. : aide, argent, avance, dépannage, don, facilité, prêt, prêt d'honneur, secours, subside, subvention IV. capsule, enveloppe, poche, sac V. au pl. 1. génitoires (vx), gonade mâle, parties nobles, sac, scrotum, testicules 2. triperie : amourettes, animelles, rognons blancs 3. vén. : daintiers, luites ou suites 4. arg. : attributs, aumônières, balles, balloches, balustrines, berlingots, bijoux de famille, billes, bonbons (du baptême), burettes, burnes, cacahuètes, choses, claouis, clochettes, couilles, couillons, douillettes, figues, grelots, joyeuses, lampions, mes/ tes/ ses deux, mirontaines, montgolfières, noix, œufs, olives, paire, pendantes, pompons, précieuses, rognons, roubignoles, rouleaux, roupettes, roustons, sonnettes, valseuses 5. BOURSE-À-PASTEUR : capselle

BOURSICOTAGE n.m. → SPÉCULATION

BOURSICOTER agioter, bricoler à la Bourse, hasarder, jouer, miser, spéculer, traficoter, trafiquer, tripoter (péj.)

BOURSICOTEUR, EUSE ou **BOURSICOTIER, IÈRE** → SPÉCULATEUR

BOURSOUFLÉ, E I. phys. → BOUFFI II. fig. → AMPOULÉ

BOURSOUFLER (SE) se ballonner, se bouffir, se cloquer, enfler, gonfler, grossir, se météoriser, se soulever, se tendre, se tuméfier

BOURSOUFLURE n.f. I. adénite, adénome, ampoule, anasarque, apostème, apostume, ballonnement, bouffissure, boursouflage, boursouflement, bubon, bulle, cloche, cloque, enflure, gonflement, grosseur, météorisation, œdème, pétéchie, phlébite, phlyctène, soufflure, soulèvement, tension, tuméfaction, tumeur, turgescence,

vésicule **II. végétaux** : bédégar, galle, teigne **III. mérid.** : boufigue, boufiole **IV. vx** : échaubouulure, élevure
◊ CONTR. : caverne, vacuole

BOUSCUEIL n.m. → DÉBÂCLE

BOUSCULADE n.f. accrochage, chahut (fam.), désordre, échauffourée, heurt, huaille (vx), mouvement, remous, secousse
◊ CONTR. → TRANQUILLITÉ

BOUSCULÉ, E agité, ballotté, débordé, dérangé, occupé, pressé, submergé, surmené
◊ CONTR. → TRANQUILLE

BOUSCULER I. au pr. 1. sens général : bouleverser, chahuter, chambouler, déranger, mettre en désordre/ sens dessus dessous, secouer **2. un adversaire** : battre, chasser, culbuter, éliminer, évincer, pousser, repousser, vaincre **3. quelqu'un** : accrocher, heurter, pousser **II. fig.** : agiter, aiguillonner, avertir, donner un avertissement, exciter, exhorter, gourmander, presser, rappeler à l'ordre, secouer, stimuler – **fam.** : asticoter, tarabiscoter, tarabuster, tribouler (vx)

BOUSE n.f. bousin, excrément, fient, fiente, merde → EXCRÉMENT

BOUSER caguer (mérid.), chier (grossier), fienter, évacuer

BOUSILLAGE n.m. **I.** bauge, mortier de terre, pisé, torchis **II. fig.** : gâchis, massacre, matraquage

BOUSILLER I. techn. : bâtir, construire en bousillage *et les syn. de* bousillage **II.** → ABÎMER

BOUSILLEUR, EUSE → DESTRUCTEUR

BOUSIN ou **BOUZIN** n.m. **I.** → BRUIT **II.** → CABARET

BOUSSOLE n.f. compas, déclinatoire, rose des vents, sextan (par ext.)

BOUSTIFAILLE n.f. **I.** → NOURRITURE **II.** → BOMBANCE

BOUSTIFAILLER → BÂFRER

BOUSTIFAILLEUR n.m. → BÂFREUR

BOUT n.m. **I.** → EXTRÉMITÉ **II.** → MORCEAU **III. 1. BOUT À BOUT** : à la queue leu leu, à la suite, l'un après l'autre **2. LE BOUT DU SEIN** : aréole, bouton, mamelon, tétin, téton **3. À BOUT PORTANT** : à brûle-pourpoint, au débotté, directement, ex abrupto, immédiatement, sans crier gare **4. METTRE LES BOUTS** (fam.) : décamper, décaniller, filer, se tirer **5. ÊTRE À BOUT. phys.** : anéanti, claqué, crevé, épuisé, fatigué, rendu, rompu, sur les genoux, sur les rotules (fam.) – **moral** : anéanti, à quia, dégonflé, démoralisé, n'en pouvoir plus, être déprimé/ excédé/ vaincu → CAPI-

TULER **6. VENIR À BOUT** → RÉUSSIR **7. METTRE BOUT À BOUT** → JOINDRE **8. MENER À BOUT** : à bonne fin, à terme **9. DE CIGARETTE** : mégot **10. DE PAIN, DE VIANDE** : miette, morceau, tranche
◊ CONTR. **I.** → COMMENCEMENT **II.** → CENTRE

BOUTADE n.f. mot, pique, plaisanterie, pointe, propos, repartie, saillie, trait – **péj.** : accès, à-coup, bizarrerie, bouderie, brusquerie, caprice, extravagance, fantaisie, foucade, humeur, incartade, lubie, mauvaise humeur, méchanceté, mouvement, pique, saute, toquade
◊ CONTR. **I.** → TIRADE **II.** → ÉLOGE

BOUTE-EN-TRAIN n.m. **I.** → FARCEUR **II. zool.** : agaceur

BOUTEFEU n.m. contestataire, extrémiste, fanatique, querelleur, terroriste
◊ CONTR. → CONCILIATEUR

BOUTEILLE n.f. **I.** balthazar, bordelaise, canette ou cannette, carafe, carafon, chopine, clavelin, dame-jeanne, demie, enfant de chœur, fiasque, fillette, fiole, flacon, frontignan, gourde, impériale, jéroboam, litre, magnum, mathusalem *ou* impériale, nabuchodonosor, quart, siphon, tourie – **arg.** : betterave, boutanche, chopotte, kil, kilbus, litron, mominette, pieu, piot, roteuse, rouillarde, rouille, trou **II. vide** : cadavre (fam.) **III. pl. (mar.)** → WATER-CLOSET

BOUTEILLER ou **BOUTILLIER** n.m. → ÉCHANSON

BOUTEILLON ou **BOUTHÉON** n.m. → MARMITE

BOUTER → REPOUSSER

BOUTEROUE n.f. → BORNE

BOUTE-SELLE n.m. invar. → SONNERIE

BOUTEUR n.m. → ANGLEDOZER, BULLDOZER

BOUTIQUE n.f. **I. au pr.** → MAGASIN **II. fig. 1. un lieu** → BOÎTE **2. des objets** → BAZAR

BOUTIQUIER, ÈRE n.m. ou f. → MARCHAND

BOUTISSE n.f. → PIERRE

BOUTOIR n.m. → DÉFENSE

BOUTON n.m. **I.** → BOURGEON **II. de porte** : bec-de-cane, loquet, poignée **III. électrique** : commutateur, interrupteur **IV. méd.** : acné, bourbillon, bube, chancre, excoriation, pétéchie, purpure, pustule, scrofule, tumeur, urtication, vérole, vésicule → BOURSOUFLURE → VERRUE

BOUTON-D'ARGENT n.m. achillée, corbeille-d'argent, millefeuille, renoncule

BOUTON-D'OR n.m. bassinet, populage, renoncule, souci d'eau

BOUTONNER I. → BOURGEONNER II. assurer, attacher, fermer, fixer

BOUTONNEUX, EUSE acnéique, bourgeonnant, grelé, grenu, pustuleux

◈ CONTR. → LISSE

BOUTONNIÈRE n.f. I. au pr. : bride, fente, œillet, ouverture II. par ext. (méd.) : incision, ouverture

BOUTRE n.m. → BATEAU

BOUTS-RIMÉS n.m. pl. → POÈME

BOUTURE n.f. par ext. : barbue (helv.), crossette, drageon, greffe, greffon, mailleton, marcotte, plançon, plantard, provin, sautelle

BOUTURER par ext. : enter, greffer

BOUVEAU ou **BOUVELET** ou **BOUVET** ou **BOUVILLON** n.m. jeune bœuf, taurillon, veau

BOUVERIE n.f. → ÉTABLE

BOUVET n.m. gorget, rabot

BOUVIER, ÈRE n.m. ou f. cow-boy (vx et partic.), gardian, gaucho, manadier, toucheur de bœufs, vacher

BOUVIÈRE n.f. I. bouvril → ÉTABLE II. cyprin → POISSON

BOUVREUIL n.m. petit-bœuf, pivoine, pyrrhula

BOUVRIL n.m. → ABATTOIR

BOVARYSME n.m. ambition/ imagination délirante, insatisfaction → ENNUI

◈ CONTR. : contentement, équilibre, satisfaction → SAGESSE

BOVIDÉS n.m. pl. I. bovin, cavicorne 1. → BŒUF 2. → VACHE 3. → ANTILOPE 4. → CHÈVRE 5. → CHAMOIS 6. → MOUTON II. par ext. : → BÊTE

BOVIN, INE I. → BOVIDÉS II. → BÊTE

BOVINÉS n.m. pl. aurochs, bison, yack ou yak, zébu → BŒUF, BUFFLE

BOW OUT n.m. pétr. off. : éruption

BOWSER n.m. spat. off. : avitailleur

BOW-WINDOW n.m. bay-window, oriel

BOX n.m. I. 1. alcôve, case, cellule, chambrette, coin, compartiment, logement, logette, réduit 2. des accusés : banc, coin II. pour animaux et/ ou choses : case, coin, écurie, garage, loge, réduit, remise, stalle (off.)

BOXE n.f. I. boxe anglaise : art pugilistique, noble art, pugilat II. boxe française : savate

BOXER n.m. → CHIEN

BOXER assener un coup, cogner, marteler, tambouriner, taper → BATTRE

BOXEUR n.m. pugiliste, poids coq/ léger/ lourd/ moyen/ plume

BOXON n.m. → LUPANAR

BOY n.m. cuisinier, domestique, factoton, factotum, garçon, groom, jardinier, serviteur

BOYARD n.m. → NOBLE

BOYAU n.m. I. au pr. : entrailles, tripes (animaux ou péj.), viscères II. BOYAU DE CHAT : catgut III. par ext. 1. conduit, tube, tuyau 2. chemin, communication, galerie, passage, tranchée

BOYAUTER (SE) → RIRE

BOYCOTT ou **BOYCOTTAGE** n.m. I. → BLOCUS II. → QUARANTAINE

BOYCOTTER frapper d'interdit/ d'ostracisme, interdire, jeter l'interdit, mettre à l'index/ en quarantaine, refouler, refuser, rejeter, suspendre les achats/ les affaires/ le commerce/ les échanges/ les relations commerciales

◈ CONTR. → PROMOUVOIR

BOY-SCOUT n.m. éclaireur, louveteau, pionnier, ranger, routier, scout

BRABANT n.m. → CHARRUE

BRACELET n.m. anneau, bijou, chaîne, gourmette, jonc, psellion

BRACHYLOGIE n.f. brièveté, concision, densité, ellipse, laconisme, sobriété de style, style lapidaire

◈ CONTR. → BAVARDAGE

BRACON n.m. → APPUI

BRACONNAGE n.m. chasse, délit de chasse/ de pêche, piégeage

BRACONNER chasser, écumer, fureter, pêcher, poser des collets, tendre des pièges et les syn. de piège

BRACONNIER n.m. colleteur, écumeur (fig.), piégeur, poseur/ tendeur de collets/ pièges et les syn. de piège, raboliot, tueur, viandeur

BRACONNIÈRE n.f. → ARMURE

BRADER bazarder (fam.), liquider, mettre en solde, sacrifier, solder

◈ CONTR. → STOCKER

BRADERIE n.f. foire, kermesse, liquidation, marché, soldes, vente publique

◈ CONTR. → ENCHÈRES

BRADYPE n.m. aï, paresseux → SINGE

BRAGUETTE n.f. I. arg. : coquette – II. par ext. : aiguillette (vx), pont (mar.)

BRAHMANE n.m. → PRÊTRE

BRAHMANISME n.f. hindouisme (par ext.), métempsycose

BRAI n.m. I. → RÉSIDU II. → GOUDRON

BRAIE n.f. → CULOTTE

BRAILLARD, E ou **BRAILLEUR, EUSE** n. et adj. criard, fort en gueule, gueulard, piaillard, pleurard, pleurnichard, pleurnicheur

◆ CONTR. → SILENCIEUX

BRAILLEMENT n.m. → BRAMEMENT

BRAILLER → CRIER

BRAIMENT n.m. → BRAMEMENT

BRAINSTORMING n.m. **audiov. off.** : remueméninges

BRAIN-TRUST n.m. experts, technocrates

BRAIRE → CRIER

BRAISE n.f. **I. au pr.** : brandon, charbon de bois, fumeron, tison **II. arg.** → ARGENT

BRAISIÈRE n.f. cocotte, daubière, fait-tout ou faitout, huguenote, marmite

BRAMEMENT n.m. **I. au pr.** : appel, braiment, chant, cri, plainte, voix **II. fig.** : braillement, hurlement, jérémiade, plainte – **fam.** : criaillerie, gueulante

◆ CONTR. → SILENCE

BRAMER → CRIER

BRAN n.m. **I.** son **II.** sciure **III.** → EXCRÉMENT **IV.** → DÉCHET

BRANCARD n.m. **I. au pr. d'une voiture** : limon, limonière, longeron, prolonge **II. par ext.** : bard, bayart, chaise, civière, comète, filanzane, palanquin, timon

BRANCARDIER, ÈRE n.m. ou f. ambulancier, infirmier, secouriste

BRANCHAGE n.m. frondaison, ramée, ramure → BRANCHE

BRANCHE n.f. **I. au pr.** : branchette, brin, brindille, brouture, courçon ou courson, crossette, ergot, feuillard, flèche, gourmand, margotin, marre, palme, pampre, rameau, ramée, ramille, ramure, rouette, scion, têteau, tige **II. d'un cerf** → BOIS **III. fig. 1. d'une voûte** : nervure **2. généalogie** : ascendance, famille, filiation, lignée **3. d'une science** : département, discipline, division, spécialité

◆ CONTR. : souche, tronc

BRANCHEMENT n.m. **I.** bifurcation, carrefour, fourche **II.** aboutage, articulation, assemblage, conjonction, conjugaison, contact, jointure, jonction, raccord, suture, union **III. par ext.** : changement, orientation

◆ CONTR. : ligne droite

BRANCHER I. pendre **II.** → JOINDRE

BRANCHIES n.f. pl. opercules, ouïes

BRANDE n.f. **I.** bruyère → LANDE **II.** brassée, brindilles, fagot, ramée

BRANDEBOURG n.m. **I.** broderie, cordon, galon, passementerie **II.** abri, berceau, fabrique, gloriette, kiosque, pavillon, tonnelle

BRANDEVIN et **BRANDY** n.m. → ALCOOL

BRANDILLER → AGITER

BRANDIR agiter *et les syn. de* agiter, balancer, brandiller, élever, exposer, mettre en avant, montrer

◆ CONTR. → CACHER

BRANDON n.m. **I.** braise, charbon, escarbille, étincelle, flambeau, tison, torche **II. fig.** : cause, élément, ferment, prétexte, provocation

BRANLANT, E brimbalant, bringuebalant, cahotant, chancelant, flexible, incertain, instable, peu sûr

◆ CONTR. → STABLE

BRANLE n.m. **I.** → BALANCEMENT **II.** → MOUVEMENT **III.** hamac

BRANLE-BAS n.m. **I. au pr.** : alarme, alerte, appel, avertissement, dispositif d'alarme/ d'urgence, signal d'alarme **II. par ext.** : affolement, agitation, effroi, émoi, émotion, épouvante, frayeur, frousse, panique, qui-vive transe

◆ CONTR. → REPOS

BRANLEMENT n.m. → BALANCEMENT

BRANLER I. → AGITER **II.** → CHANCELER **III.** → CARESSER

BRAQUE n.m. **I. au pr. un chien** : bleu de l'Ariège/ d'Auvergne, braque allemand/ français/ hongrois/ italien/ saint-Germain/ de Weimar, chien d'arrêt/ du Bengale/ du Bourbonnais **II. quelqu'un** : brindezingue (fam.) lunatique, mauvais caractère/ coucheur (fam.) → BIZARRE

BRAQUÉ, E dressé/ monté/ prévenu contre, obsédé

BRAQUER I. une chose. → DIRIGER **II. quelqu'un 1.** → CONTRARIER **2.** → VISER **3. quelqu'un contre** → EXCITER **III. autom.** : obliquer, tourner, virer

BRAQUET n.m. dérailleur, pignon

BRAS n.m. **I. arg.** : abattis, ailerons, ailes de moulin, allonge, brandillons **II. fig. 1.** agent aide, bourreau, défenseur, homme, instrument, main-d'œuvre, manœuvre, soldat, travailleur **2. bras droit** → ADJOINT **3. vivre de ses bras** activité, labeur → TRAVAIL **4. le bras de Dieu** : autorité, châtiment, force, pouvoir, puissance vengeance **5. bras d'un fauteuil** : accoudoir, appui **6. méc.** → BIELLE **7. bras de mer** : chenal, détroit, lagune **8. le bras long** : autorité, crédit, influence **9. bras de chemise** : manche **10. un bras de fer** : autorité, brutalité, courage, décision, force, inflexibilité, tyrannie, volonté **III. par ext.** : giron sein

BRASAGE n.m. → SOUDURE

BRASER n.m. souder → JOINDRE

BRASERO n.m. barbecue, chaufferette, kanoun

BRASIER n.m. **I. au pr.** : feu, fournaise, foyer, incendie **II. fig.** : ardeur, passion

BRASILLEMENT n.m. **de la mer** : luminescence, nitescence, phosphorescence, scintillement

◆ CONTR. → OBSCURCISSEMENT

BRASILLER I. briller, étinceler, flamboyer, scintiller **II.** → GRILLER

◆ CONTR. → OBSCURCIR (s')

BRASSAGE n.m. → MÉLANGE

BRASSARD n.m. bande, bandeau, crêpe, signe

BRASSE n.f. **I.** → LONGUEUR **II.** → CAPACITÉ **III.** → NAGE

BRASSÉE n.f. → QUANTITÉ

BRASSER I. → MÉLANGER **II.** pétrir **III.** machiner, ourdir, remuer, traiter, tramer

BRASSERIE n.f. bar, bar laitier (québ.), bouillon, buffet, cafétéria, drugstore, estaminet, fast(-)food (**off.** : restauration rapide), grill, grill-room, pub, rôtisserie, self-service, snack, snack-bar, taverne → CABARET, RESTAURANT

BRASSIÈRE n.f. **I. vêtement** : cache-cœur, camisole, chemisette, gilet, liseuse **II. appareil** : bretelle, bricole, courroie, lanière

BRASSIN n.m. → RÉCIPIENT

BRASURE → SOUDURE

BRAVACHE n.m. brave, bravo, capitan, falstaff, fanfaron, fendant, fier-à-bras, mâchefer, rodomont, taillefer, tranche-montagne, vantard → HÂBLEUR

◆ CONTR. → CAPON

BRAVADE n.f. → DÉFI

BRAVE n.m. → HÉROS

BRAVE I. audacieux, crâne, décidé, dévoué, énergique, entreprenant, généreux, hardi, héroïque, intrépide, invincible, résolu, téméraire, vaillant, valeureux → COURAGEUX **II.** aimable, altruiste, bénin, bon, bonasse (péj.), bonhomme, clément, complaisant, débonnaire, doux, facile, franc, généreux, gentil, honnête, inoffensif, obligeant, pacifique, paternel, patient, serviable, simple **III. vx** : beau, distingué, élégant

◆ CONTR. → CAPON

BRAVEMENT de façon → BRAVE *et les dérivés possibles en* -ment *des syn. de* brave

BRAVER I. quelqu'un. 1. affronter, aller au devant de, attaquer, combattre, défier, faire face à, jeter le gant, se heurter à, lutter contre, se mesurer à, s'opposer à, provoquer, relever le défi, rencontrer **2. non fav.** : crâner, faire la nique à, insulter, menacer, se moquer de, morguer, narguer, provoquer **II. une chose. 1. neutre** : dédaigner, défier, faire fi de, mépriser, se moquer de, narguer **2. non fav. les convenances** : s'asseoir sur, jeter son bonnet par-dessus les moulins, mépriser, se moquer de, offenser, pisser au bénitier (fam.), violer

◆ CONTR. **I.** → FUIR **II.** → SOUMETTRE

BRAVERIE n.f. **I.** → HÂBLERIE **II.** → LUXE (vx.)

BRAVO I. adv. : bis, encore, hourra, très bien, vivat, vive **II. n.m. 1.** applaudissement, hourra, vivat **2.** assassin, tueur à gages → BRAVACHE

◆ CONTR. → HUÉE

BRAVOURE n.f. **I.** → COURAGE **II.** → EXPLOIT

BRAYER n.m. → CORDAGE

BREAK n.m. **I.** arrêt, attente, coupure, entracte, interruption, mi-temps, pause, rupture, silence **II.** → VOITURE

BREAKER n.m. **spat. off.** : disjoncteur, interrupteur, rupteur, sectionneur

BREBIS n.f. agnelle, antenaise, bessonnière, ouaille, vacive → MOUTON

BRÈCHE n.f. **I. au pr.** : cassure, écornure, entaille, entame, entamure, éraflure, hoche (vx), ouverture, passage, trou, trouée **II. géo.** : cluse, col, passage, port, trouée **III. fig.** : déficit, dommage, manque, perte, prélèvement, tort, trou

◆ CONTR. → FERMETURE

BRÉCHET n.m. fourchette, poitrine, sternum

BREDOUILLAGE ou **BREDOUILLEMENT** n.m. baragouin, baragouinage, bredouillement, cafouillage, charabia (fam.), jargon, marmonnement, marmottement – **grossier** : déconnage, merdoyage, merdoiement

◆ CONTR. → FERMETÉ

BREDOUILLE REVENIR BREDOUILLE : capot, quinaud → ÉCHOUER

◆ CONTR. → CHANCEUX

BREDOUILLER balbutier, baragouiner, bégayer, cafouiller, s'embrouiller, marmonner, marmotter, murmurer – **fam.** : ça se bouscule au portillon, déconner, jargouiner, manger ses mots, merdoyer

◆ CONTR. → ARTICULER

BREDOUILLEUR, EUSE n.m. ou f. → BAFOUILLEUR

BREEDER n.m. **nucl. off.** : surrégénérateur

BREF n.m. **par ext.** : bulle, rescrit

BREF, BRÈVE I. adj. 1. → COURT **2.** brusque, brutal, coupant, impératif, incisif, sans appel, sec, tranchant **II. adv.** : en conclusion, enfin, en résumé, en un mot, pour conclure, pour finir, pour en finir

◊ CONTR. → LONG

BRÉHAIGNE inféconde, mule, stérile

BREITSCHWANZ n.m. astrakan, karakul

BRELAN n.m. **I.** bouillote, jeu de cartes **II. par ext. et vx** : maison de jeu, tripot

BRÈLE ou **BRELLE** n.m. **I. au pr.** : bât, cacolet, harnais, selle **II.** mule, mulet **III.** radeau, train flottant

BRÉLER I. bâter, breller → ATTACHER **II.** → CHARGER

BRELOQUE n.f. **I. au pr.** : affiquet, bijou, chaîne, chaînette, colifichet, fantaisie, portebonheur **II. par ext.** : amusement, amusette, amusoire, bagatelle, bibelot, bimbelot, bricole, brimborion, caprice, fanfreluche, frivolité, futilité, rien **III. BATTRE LA BRELOQUE. 1. quelque chose** : cafouiller, se détraquer, marcher mal **2. quelqu'un** : battre la campagne, délirer, déménager, dérailler, déraisonner, divaguer, extravaguer, gâtifier, perdre l'esprit/ la raison, radoter, rêver

BRENEUX, EUSE I. au pr. : cochon, dégoûtant, malpropre, merdeux (vulg.), sale, souillé **II. fig.** → COUPABLE

◊ CONTR. → PROPRE

BRÉSILLER I. → PULVÉRISER **II.** → ÉMIETTER (s')

BRETAILLER → FERRAILLER

BRETÈCHE n.f. **I.** → GUÉRITE **II.** → TOURELLE

BRETELLE n.f. **I.** balancines (fam.), bandeau de cuir, bandoulière, brassière, brayer, bricole, courroie, lanière **II.** bifurcation, embranchement, patte d'oie, raccord, trèfle

BRETTE n.f. → ÉPÉE

BRETTELER bretter, denteler, rayer, strier, tailler

BRETTEUR n.m. → FERRAILLEUR

BRETZEL n.m. → PATISSERIE

BREUIL n.m. bois, broussaille, buisson, clos de haies, fourré, garenne, haie, hallier, taillis

BREUVAGE n.m. **I.** → BOISSON **II. par ext.** : médicament, nectar, philtre

BREVET n.m. acte, certificat, commission, diplôme, garantie, licence

BREVETÉ, E certifié, diplômé, garanti

BREVETER I. → INSCRIRE **II.** → PROTÉGER

BRÉVIAIRE n.m. **I. au pr.** : bref, livre d'heures, office, psautier, rubrique **II. par ext.** : bible, livre de chevet

BRÉVILIGNE → PETIT

BRIARD n.m. → CHIEN

BRIBE n.f. **I. au pr.** → MORCEAU **II. fig.** : citation, extrait, passage, référence

◊ CONTR. → TOTALITÉ

BRIC-À-BRAC n.m. attirail, bagage, barda, bazar, boutique – fam. : bordel, fourbi, foutoir, tremblement, toutim

◊ CONTR. → ORDRE

BRICHETON n.m. **fam.** → PAIN

BRICK n.m. → BATEAU

BRICOLAGE n.m. → RÉPARATION

BRICOLE n.f. **I. au pr.** : harnais → BRETELLE **II. par ext. 1. chose sans importance** : affiquet, amusement, amusette, amusoire, babiole, baliverne, bibelot, bimbelot, breloque, brimborion,· caprice, colifichet, connerie (vulg.), fanfreluche, fantaisie, fifrelin, frivolité, futilité, rien **2. affaire sans importance** : badinerie, baliverne, broutille, chanson, fadaise, futilité, jeu, plaisanterie, sornette, sottise, vétille → BÊTISE **3.** marchandise **4.** amourette, badinage, chose, flirt, galanterie → AMOUR

◊ CONTR. : chose → IMPORTANT(E)

BRICOLER I. au pr. : décorer, entretenir, gratter, jardiner, menuiser, nettoyer, orner, peindre, ravaler, refaire, restaurer **II. péj.** → TRAFIQUER

BRICOLEUR, EUSE I. amateur, habile **II.** → TRAFIQUANT

BRIDE n.f. **I. de cheval** : bridon, guide, rêne **II. par ext.** : jugulaire, sous-mentonnière **III.** assemblage, serre-joint **IV. 1. LÂCHER LA BRIDE** : lever la contrainte/ l'interdiction/ l'interdit **2. À BRIDE ABATTUE, À TOUTE BRIDE** : à toute vitesse, à fond de train (fam.), à tout berzingue (arg. scol.), rapidement **3. LA BRIDE SUR LE COU** : décontracté, détendu, lâché → LIBRE

BRIDER I. un cheval (par ext.) : atteler, seller **II. fig.** : attacher, comprimer, contenir, contraindre, empêcher, ficeler, forcer, freiner, gêner, refréner, réprimer, serrer

◊ CONTR. : débrider → LIBÉRER

BRIDGE n.m. **I.** whist **II.** prothèse

BRIDON n.m. → BRIDE

BRIE n.m. → FROMAGE

BRIEFING n.m. → RÉUNION

BRIÈVEMENT I. compendieusement, en peu de mots, laconiquement, succinctement **II.** → PROVISOIREMENT

◊ CONTR. **I.** → LONGTEMPS **II.** → LONGUEMENT

BRIÈVETÉ n.f. **I.** concision, densité, dépouillement, fugacité, laconisme, précision, rapidité → BRACHYLOGIE **II.** → PRÉCARITÉ

◇ CONTR. **I.** → DURÉE **II.** → LONGUEUR

BRIFER → BÂFRER

BRIGADE n.f. équipe, escouade, formation, groupe, peloton, quart, tour de garde/ de service, troupe

BRIGADIER n.m. **I.** caporal, chef d'escouade **II.** général de brigade

BRIGAND n.m. assassin, bandit, chenapan, coquin, coupe-jarret, criminel, détrousseur, forban, fripouille, gangster, hors-la-loi, malandrin, malfaiteur, pillard, pirate, sacripant, terreur, truand, vandale, voleur → VAURIEN – **vx** : bandoulier, chauffeur, routier, trabucaire

◇ CONTR. **I.** → POLICIER **II.** personne → HONNÊTE

BRIGANDAGE n.m. banditisme, concussion, crime, déprédation, exaction, fripouillerie, gangstérisme, pillage, pillerie, piraterie, prise d'otage(s), terrorisme, vandalisme, vol

◇ CONTR. → HONNÊTETÉ

BRIGANDINE n.f. → ARMURE

BRIGANTIN n.m. → BATEAU

BRIGANTINE n.f. → VOILE

BRIGUE n.f. cabale, complot, conjuration, conspiration, démarche, faction, ligue, manœuvre, parti

◇ CONTR. → PROBITÉ

BRIGUER I. v. intr. → INTRIGUER **II. v. tr.** : ambitionner, convoiter, poursuivre, rechercher, solliciter

◇ CONTR. → FUIR

BRILLAMMENT de façon → BRILLANT *et les dérivés possibles en -ment des syn. de* brillant

BRILLANCE n.f. coruscation, éclat, effulgence, intensité, luminescence, luminosité, nitescence, radiance, réfulgence (vx)

◇ CONTR. : matité

BRILLANT n.m. **I. fav. ou neutre** : beauté, brillance, chatoiement, clarté, éclat, faste, fulgurance, fulguration, gloire, intensité, jeunesse, lumière, luminescence, luminosité, lustre, magnificence, nitescence, nitidité (vx), phosphorescence, relief, resplendissement, ruissellement, rutilance, somptuosité, splendeur, vigueur **II. non fav.** : apparence, clinquant, fard, faux-semblant, oripeau, tape-à-l'œil, toc, vernis **III.** diamant, marguerite, marquise, rose, solitaire

◇ CONTR. **I.** → MATITÉ **II.** → HUMILITÉ

BRILLANT, E I. fav. ou neutre. 1. au phys. : acérain, agatisé, adamantin, argenté, brasillant, chatoyant, clair, coruscant, diamantin, doré, éblouissant, éclatant, effulgent, étincelant, flamboyant, fulgurant, illuminé, luisant, luminescent, lumineux, lustré, métallique, miroitant, nitescent, nitide, phosphorescent, poli, radieux, rayonnant, réfulgent (vx), resplendissant, rutilant, satiné, scintillant, soyeux **2. par ext.** : allègre, ardent, attirant, attrayant, beau, bien, captivant, célèbre, distingué, doué, éblouissant, éclatant, élégant, étincelant, fameux, fastueux, fin, flambant, florissant, glorieux, habile, heureux, illustre, intelligent, intéressant, jeune, lucide, luxueux, magnifique, majestueux, mondain, opulent, pétillant, prospère, reluisant, remarquable, riche, séduisant, somptueux, spirituel, splendide, verveux, vif, vivant **II. non fav.** : clinquant, criard, superficiel, tape à l'œil, trompeur

◇ CONTR. **I.** → SOMBRE, TERNE **II.** → MODESTE **III.** → MÉDIOCRE

BRILLANTINER → APLATIR

BRILLER I. quelque chose. 1. aveugler, brasiller, brillanter, brilloter, chatoyer, clinquer, éblouir, éclater, étinceler, flamboyer, illuminer, iriser, irradier, luire, miroiter, pétiller, poudroyer, radier, rayonner, réfléchir, refléter, reluire, resplendir, rutiler, scintiller, splendir (vx) **2. faire briller** : astiquer, briquer (fam.), cirer, polir, reluire **II. quelqu'un. 1. par sa beauté, par son éclat** : charmer, éblouir, ensorceler, être mis en relief, frapper, impressionner, paraître, ravir, rayonner, resplendir, ressortir **2. par son comportement** : se distinguer, éclabousser (péj.), l'emporter sur, faire florès/ des étincelles, se faire remarquer, paraître, réussir **III. FAIRE BRILLER UN AVANTAGE** : allécher, appâter, étaler, faire miroiter/ valoir, manifester, montrer, promettre, séduire

◇ CONTR. **I.** → OBSCURCIR (s') **II.** → EFFACER

BRIMADE n.f. bizutage, chahut, épreuve, jeu, mauvais traitement, persécution, plaisanterie, raillerie, taquinerie, tourment, vexation – **vx** : berne, bernement

◇ CONTR. → ENCOURAGEMENT

BRIMBALER et **BRINGUEBALER** → BALANCER

BRIMBORION n.m. → BAGATELLE

BRIMER I. berner, chahuter, flouer, mettre à l'épreuve, railler, taquiner, tourmenter, vexer **II.** contrarier, défavoriser, entraver, maltraiter, opprimer, priver

◇ CONTR. **I.** → ENCOURAGER **II.** → FAVORISER

BRIN n.m. **I.** → BRANCHE **II. par ext.** : bout, fétu, fil, filament, morceau **III. UN BRIN** : un doigt, une goutte, un grain, une larme, un peu, un souffle

◇ CONTR. → PAQUET

BRINDEZINGUE I. → FOU **II.** → IVRE

BRINDILLE n.f. → BRANCHE

BRINGUE n.f. **fam. I.** agape, bamboche, bamboula, bombe, banquet, débauche (péj.), dégagement, festin, festivité, fiesta, foire, gueuleton, java, noce, partie, ripaille, réjouissance → BOMBANCE **II. GRANDE BRINGUE** (péj.) : cheval, jument, femme, fille
◆ CONTR. → SOBRIÉTÉ

BRIO n.m. adresse, aisance, bonheur, brillant, chaleur, désinvolture, éclat, élégance, entrain, esprit, facilité, forme, fougue, furia, génie, maestria, maîtrise, parade, pétulance, talent, virtuosité, vivacité
◆ CONTR. → MALADRESSE

BRIOCHE n.f. **I.** fouace, fougasse, kouglof ou kugelhopf, massepain, pain de Gênes/ de Savoie **II.** → BEDAINE **III.** → TÊTE

BRION n.m. **mar.** → POUTRE

BRIQUE n.f. **I.** adobe, aggloméré, briquette, chantignole **II.** million, unité

BRIQUER → FROTTER

BRIQUET n.m. **I.** → CHIEN **II. par ext.** allume-cigare/ feu/ gaz

BRIS n.m. **I.** l'acte : brisement, casse, démantèlement, démolition, descellement, effraction, rupture, viol **II.** cassures, débris, morceaux
◆ CONTR. → CONSERVATION

BRISANTS n.m. pl. écume – **par ext.** : écueil, haut-fond, rocher

BRISCARD ou **BRISQUARD** n.m. ancien, chevronné, vétéran
◆ CONTR. → NOVICE

BRISE n.f. → VENT

BRISE-BISE n.m. → RIDEAU

BRISÉES n.f. pl. **I.** exemple, traces **II. MARCHER SUR LES BRISÉES DE QUELQU'UN** : copier, faire concurrence, imiter, plagier, rivaliser avec

BRISE-FER n.m. invar. → GAMIN

BRISE-GLACE(S) n.m. pl. → BATEAU

BRISE-LAMES n.f. digue, jetée, portes de flot

BRISEMENT n.m. **I. mar.** : déferlement **II.** → BRIS **III.** affliction, anéantissement, bouleversement, crève-cœur, déception, douleur
◆ CONTR. → PLAISIR

BRISE-MOTTES n.f. croskill, culti/ néo-packer, rotavator → HERSE

BRISER I. au pr. : abattre, aplatir, bréger (rég.), broyer, casser, défoncer, démolir, desceller, détruire, disloquer, ébouiller (mérid.), écraser, effondrer, faire éclater, forcer, fracasser, fracturer, hacher, mettre à bas/ en morceaux/ en pièces, pulvériser, réduire en miettes, renverser, rompre **II. fig. 1. au moral** : abattre, accabler, affaiblir, affliger, anéantir, bouleverser, casser (fam.), décourager, déprimer, émouvoir, faire de la peine à, fendre le cœur à **2. au phys.** : abattre, accabler, casser, disloquer, éreinter, fatiguer, harasser, harceler, moudre **3.** dépasser, enfreindre, interrompre, renverser, rompre **III. BRISER LES CHAÎNES** : délivrer, libérer
◆ CONTR. → RÉPARER

BRISE-SOLEIL n.m. → RIDEAU

BRISE-TOUT n.m. invar. → MALADROIT

BRISEUR, EUSE n.m., n.f. bousilleur, brise-fer, brise-tout, casseur, destructeur, iconoclaste, sans-soin
◆ CONTR. → SOIGNEUX

BRISE-VENT n.m. abri, alignement d'arbres, claie, cloison, clôture, haie, mur, rideau

BRISIS n.m. → PENTE

BRISKA n.m. → CHARIOT

BRISQUE n.m. chevron

BRISURE n.f. **I.** brèche, cassure, clase (géol.), éclat, entaille, faille, fêlure, fente, fracture, rupture **II.** brin, chute, fragment, miette, morceau **III.** → DÉCHET

BRITANNIQUE I. anglais, anglo-saxon, écossais, gallois, orangiste, sujet de Sa Gracieuse Majesté **II. fam. et/ ou péj.** : angliche, britiche, fils d'Albion, godon (vx), rosbif, tommy **III.** anglicisme, angliciste

BRIZE n.f. amourette

BROC n.m. bidon, pichet, pot à eau

BROCANTE n.f. antiquaille (s) (fam.), antiquités, bouquinerie, chine, décrochez-moi-ça, ferraille, friperie, fripes, les puces, marché aux puces, occasions, vieilleries – **vx** : brocantage, regrat

BROCANTER acheter, bazarder, bouquiner, brader, chiner, échanger, faire des affaires/ des occasions, marchander, revendre, troquer, vendre

BROCANTEUR, EUSE n.m. ou f. antiquaire, bouquiniste, camelot, casseur, chiffonnier, chineur, ferrailleur, fripier, regrattier (vx) – **arg.** : biffin, broc

BROCARD n.m. **I.** apostrophe, caricature, chiquenaude, épigramme, flèche, insulte, interpellation, invective, lazzi, moquerie, pamphlet, persiflage, pointe, quolibet, raillerie, saillie, sarcasme, trait, vanne (arg.) → PLAISANTERIE **II.** cerf, daim, chevreuil
◆ CONTR. → ÉLOGE

BROCARDER I. neutre : caricaturer, faire des plaisanteries, se moquer de, plaisanter

II. péj. : apostropher, insulter, interpeller, invectiver, lâcher un vanne (arg.),/ des lazzi, persifler, tourner en dérision/ en ridicule
◆ CONTR. → FLATTER

BROCART n.m. brocatelle, samit, soierie, tenture, tissu

BROCATELLE n.f. **I.** → MARBRE **II.** → TISSU

BROCHAGE n.m. assemblage, couture, mise en presse, pliage, pliure, reliure

BROCHE n.f. **I. par ext.** : barbecue, brochette, hâtelet, lardoire, lèchefrite **II.** agrafe, attache, barrette, bijou, épingle, fibule

BROCHER **I.** assembler, relier **II. fig. et fam.** → BÂCLER

BROCHET n.m. bécard, becquet, brocheton, ésocidé, filardeau, lanceron (vx), muskellunge, pickerel, requin d'eau douce

BROCHURE n.f. → LIVRE

BRODEQUIN n.m. bottillon, bottine, chaussure, godillot, napolitain, soulier

BRODER **I. au pr.** → FESTONNER **II. fig. 1.** agrémenter, amplifier, chamarrer, développer, embellir, orner, parer **2.** → EXAGÉRER
◆ CONTR. → RÉSUMER

BRODERIE n.f. **I.** damas, dentelle, entredeux, feston, filet, guipure, orfroi, smocks **II. fig.** → EXAGÉRATION

BROIEMENT n.m. → BROYAGE

BRONCHE n.f. → POUMON

BRONCHER **I. au pr.** : achopper, buter, chopper, faire un faux pas, trébucher **II. fig. 1.** commettre une erreur, faillir, hésiter, se tromper **2.** s'agiter, bouger, chahuter, ciller, contester, se déplacer, manifester, murmurer, remuer, rouspéter
◆ CONTR. **I.** → RÉUSSIR **II.** rester → TRANQUILLE

BRONCHITE n.f. broncho-pneumonie, bronchorrée, dyspnée, inflammation, toux

BRONDIR → VROMBIR

BRONDISSEMENT n.m. bourdonnement, bruissement, ronflement, rugissement, vibration, vrombissement

BRONZE n.m. **I.** → AIRAIN **II.** buste, objet d'art, statue, statuette

BRONZÉ, E n.m. ou f. **I.** → ESTIVANT **II.** → MAGHRÉBIN

BRONZER **I.** brunir, cuivrer, dorer, hâler, noircir **II. par ext.** : boucaner, dessécher → CUIRE

BROOK n.m. **I.** → FOSSÉ **II.** → OBSTACLE

BROQUETTE n.f. → POINTE

BROSSAGE n.m. → NETTOIEMENT

BROSSE n.f. **I. sens général** : balai, décrotteuse, décrottoir, époussette, fermière, frottoir, vergette **II. pour chevaux** : étrille, limande **III. pour la barbe** : blaireau **IV.** ramasse-miettes **V.** pinceau, saie, spalter, veinette **VI. CHEVEUX EN BROSSE** : à la bressant

BROSSÉE n.f. **I.** → VOLÉE **II.** → DÉFAITE

BROSSER **I. au pr. 1.** balayer, battre, décrotter, détacher, donner un coup de brosse, dépoussiérer, épousseter, faire reluire, frotter, polir, saietter **2. un cheval** : bouchonner, étriller, panser, soigner **II. par ext.** : dépeindre, peindre, faire une description/ un portrait, raconter **III. fig. fam.** battre, donner, *et les syn. de* donner, une correction/ leçon/ peignée/ raclée → VOLÉE

BROSSER (SE) **fam.** faire tintin, se passer/ priver de, renoncer à

BROU n.m. bogue, coque, écale, enveloppe

BROUET n.m. bouillon, chaudeau, jus, potage, ragoût, soupe

BROUETTE n.f. cabrouet, diable, vinaigrette

BROUETTÉE n.f. → QUANTITÉ

BROUETTER → TRANSPORTER

BROUHAHA n.m. bruit confus/ divers, confusion, rumeur, tapage, tumulte

BROUILLAGE n.m. perturbation, trouble → CONFUSION

BROUILLAMINI n.m. brouillement, complication, confusion, désordre, embrouillement, méli-mélo, pagaille
◆ CONTR. → ORDRE

BROUILLARD n.m. **I. au pr.** : brouillasse, bruine, brumaille, brumasse, brume, crachin, embrun, fog, mouscaille (arg.), nuage, purée de pois, smog, vapeur – **vx** : brouée, brouillas, brouine **II. fig.** : obscurité, ténèbres **III.** brouillon, main courante

BROUILLASSE n.f. → BROUILLARD

BROUILLASSER bruiner

BROUILLE n.f. bisbille, bouderie, brouillerie, dépit, désaccord, désunion, différend, discorde, dispute, dissension, division, divorce, fâcherie, humeur, malentendu, mésentente, querelle, rupture, trouble → MÉSINTELLIGENCE
◆ CONTR. → RÉCONCILIATION

BROUILLÉ, E **I.** en froid, fâché **II.** confus, disparate, incertain
◆ CONTR. **I.** → AMI **II.** → CLAIR

BROUILLEMENT n.m. → BROUILLAMINI

BROUILLER **I. au pr.** : battre, bouleverser, confondre, emmêler, empêtrer, enchevêtrer, mélanger, mêler, mettre en désordre/ en pagaille/ pêle-mêle, touiller **II. par ext.** : agiter, altérer, chabouiller (vx), déranger, désunir, diviser, embrouiller, gâter, troubler **III. v. intr.** : bafouiller, bredouiller, s'embarrasser, s'embrouiller **IV. v. pron.** → FÂCHER (SE), GÂTER (SE)

◇ CONTR. **I.** → RANGER **II.** → ÉCLAIRCIR **III.** → RACCOMMODER

BROUILLERIE n.f. → BROUILLE

BROUILLON n.m. brouillard, ébauche, esquisse, plan, schéma, topo (fam.)

◇ CONTR. : état, texte définitif

BROUILLON, NE agité, compliqué, confus, désordonné, dissipé, embrouillé, étourdi, filandreux, gribouille, instable, taquin, tracassier, trublion

◇ CONTR. → RÉGLÉ

BROUSSAILLE n.f. arbustes, bartasse (rég.), brousse, épinaie, épinier, essarts, fardoches (rég. et québ.), garrigue, haie, hallier, maquis, ronce, touffe

BROUSSAILLEUX, EUSE → ÉPAIS

BROUSSE n.f. bush, savane, scrub, sertão → BLED

BROUT n.m. → POUSSE

BROUTARD n.m. agneau, chevreau, poulain, veau

BROUTER gagner, manger, paître

BROUTILLE n.f. → BAGATELLE

BROWNING n.m. pistolet – arg. : pétard, soufflant

BROYAGE n.m. **I.** aplatissage, aplatissement, bocardage, bris, brisement, broiement, concassage, déchiquetage, écrabouillage, écrabouillement, écrasement, égrugeage, mâchage, malaxage, mastication, pulvérisation, trituration **II.** → DESTRUCTION

BROYER I. aplatir, bocarder, briser, concasser, écacher, écrabouiller, écraser, égruger, malaxer, mettre en morceaux, moudre, pulvériser, réduire en miettes, triturer **II.** croquer, déchiqueter, déchirer, mâcher, mastiquer, triturer **III.** abattre, anéantir, détruire, maltraiter, réduire à néant, renverser

◇ CONTR. → MÉNAGER

BROYEUR ou **BROYEUSE** n.m. ou f. bocard, broie, concasseur, égrugeoir, macque, pilon, pressoir

BRU n.f. belle-fille

BRUANT n.m. → PASSEREAU

BRUCELLES n.f. pl. pinces

BRUGNON n.m. nectarine

BRUINE n.f. → BROUILLARD

BRUINER brouillasser → PLEUVOIR

BRUINEUX, EUSE → HUMIDE

BRUIR → IMBIBER

BRUIRE bourdonner, chuchoter, chuinter, crier, fredonner, froufrouter, gargouiller, gazouiller, gémir, grincer, murmurer, siffler, zonzonner

BRUISSEMENT n.m. battement d'ailes, bourdonnement, chuchotement, chuintement, cri, fredon, fredonnement, frémissement, friselis, froufrou, froufroutement, gazouillement, gémissement, grincement, murmure, sifflement

◇ CONTR. **I.** → SILENCE **II.** → TOHU-BOHU

BRUIT n.m. **I. au pr. 1.** babil, battement, borborygme, bourdonnement, brasillement, brondissement, chanson, chant, chuintement, clameur, clapotage, clapotement, clapotis, clappement, claque, claquement, cliquetis, coup, craquement, craquètement, crépitation, crépitement, cri, criaillerie, crissement, croule, croulement, déclic, décrépitation, déflagration, détonation, ébrouement, écho, éclat, éclatement, explosion, fracas, friselis, froissement, frôlement, frottement, froufrou, gargouillement, gargouillis, gazouillement, gémissement, grésillement, grillotis (vx), grincement, grognement, grondement, hiement, hurlement, murmure, musique, onomatopée, pépiage, pépiement, pétarade, pétillement, râlement, ramage, ronflement, ronron, ronronnement, roulement, rumeur, sifflement, sonnerie, souffle, soupir, stridence, stridulation, stridulement, susurrement, tapement, tintement, tintinnabulement, ululation, ululement, vagissement, vocifération, voix, vrombissement **2.** → SON **3. fam.** : bacchanale, bagarre, barouf, bastringue, bazar, bordel, boucan, bousin, brouhaha, bruyance, cacophonie, carillon, cassement de tête, chabanais, chahut, chamaille, chamaillerie, chambard, charivari, corrida, couac, esclandre, foin, grabuge, harmone, hourvari, huée, papafard, pataphard, pétard, potin, raffut, ramdam, sabbat, schproum, tapage, tintamarre, tintouin, tohu-bohu, train, tumulte, vacarme → BRUISSEMENT **II. par ext. 1. méd.** : cornage, éructation, flatuosité, gaz, hoquet, hydatisme, pet, râle, rot, souffle, soupir, toux → VENT **2. du pas d'un cheval** : battue **3. quelques onomatopées** : aïe, aouh, bang, bêe, bim, boum, brr, chabada, chtaf, chton, clac, clic, cocorico, cot cot-codec, coincoin, couic, crac, cric-crac, crincrin, crrr, cui-cui, ding, dong, drelin-drelin, dzim-boum-boum, flac, flic, floc, froufrou, gioumpf, glou-glou, hi, hi-han, hue, meuh, miaou, oua-ouah, ouaouh, paf, pan, patapouf, patatras, pif, ping, plouc,

pouf, poum, rrraahh, splash, tac, tam-tam, tic, tic-tac, tilt, vlan, vroum-vroum, yeah, youpee, zim, znort **III. fig. 1.** → AGITATION **2.** anecdote, bavardage, chronique, commérage, confidence, conte, dire, éclat, fable, histoire, jacasserie, nouvelle, potin, ragot, renommée, réputation, rumeur
◇ CONTR. → SILENCE

BRUITAGE n.m. → REPRODUCTION

BRUITER → REPRODUIRE

BRÛLAGE n.m. **I.** écobuage **II.** brûlement, brûlis **III.** crémation, incinération

BRÛLANT, E I. au pr. : bouillant, cuisant, desséchant, embrasé, igné, torride **II. fig. 1.** actuel, dangereux, délicat, épineux, périlleux, plein d'intérêt, tabou **2.** ardent, bouillonnant, dévorant, dévoré, enflammé, enthousiaste, fervent, passionné, vif
◇ CONTR. → FROID

BRÛLE-GUEULE n.m. bouffarde, pipe

BRÛLE-PARFUM n.m. cassolette, encensoir

BRÛLE-POURPOINT (À) à bout portant, brusquement, de but en blanc, directement, immédiatement, sans avertissement, sans crier gare, sans ménagement/ préparation
◇ CONTR. : avec → CIRCONSPECTION

BRÛLER I. v. tr. 1. au pr. : attiser, brouir, calciner, carboniser, consumer, détruire par le feu, ébouillanter, embraser, enflammer, faire cramer/ flamber/ roussir, flamber, griller, incendier, incinérer, réduire en cendres, rôtir – **fam. :** cramer, riffauder, roustir. **vx :** arder, ardre, bouter le feu **2. fig. :** attiser, consumer, dévorer, embraser, enfiévrer, enflammer, exciter, jeter de l'huile sur le feu, miner, passionner, ravager **3. par ext. un condamné :** faire un autodafé, jeter au bûcher, supplicier par le feu – **méd. :** cautériser – **un cadavre, des ordures :** incinérer – **des herbes :** écobuer **4. BRÛLER LA POLITESSE :** s'enfuir, filer, partir, planter là **5. BRÛLER DE L'ENCENS :** aduler, flagorner, flatter **II. v. intr. :** ardre (vx), charbonner, comburer, se consumer, couver, cramer, flamber, roussir **III. v. pron. :** s'ébouillanter, s'échauder *et les formes pron. possibles des syn. de* brûler
◇ CONTR. **I.** → GELER **II.** → REFROIDIR

BRÛLERIE n.f. distillerie, rhumerie

BRÛLEUR, EUSE n.m. ou f. **I. quelqu'un. 1.** boutefeu, brûlot, flambeur, incendiaire, pétroleur, pyromane **2.** bouilleur de cru, distillateur **II. une chose :** appareil, bec, réchaud, tuyère

BRÛLIS n.m. arsin → BRÛLAGE

BRÛLOIR n.m. crématoire, fourneau, foyer, incinérateur, réchaud, torréfacteur

BRÛLOT n.m. **I. au pr. :** torpille **II. fig. 1. quelqu'un** → BRÛLEUR **2. quelque chose** → BRÛLANT

BRÛLURE n.f. **I. sur quelqu'un. 1. phys.,** souvent par analogie : actinite, aigreur, ampoule, blessure, cloque, douleur, échaudure, échauffement, escarre, fièvre, fer chaud, feu, inflammation, insolation, irradiation, irritation, lésion, mortification, phlogose, rougeur, ulcération, urtication **2. moral** → BLESSURE **II. une chose. 1. un vêtement :** tache, trou **2. des végétaux :** brouissure, dessèchement

BRUMAILLE ou BRUMASSE et BRUME n.f. **I. au pr.** → BROUILLARD **II. fig. :** grisaille, incertitude, obscurité, ombre, spleen, tristesse → MÉLANCOLIE

BRUMEUX, EUSE I. au pr. : couvert, nébuleux, obscur, ouaté **II. fig. 1. neutre :** mélancolique, sombre, triste **2. non fav.** → SOMBRE
◇ CONTR. : clair, dégagé

BRUN, E I. auburn, bis, bistre, boucané, bronzé, brou de noix, brûlé, brunâtre, café au lait, châtain, chocolat, hâlé, kaki, marron, mordoré, noisette, tabac, terreux **II. une chose :** alouette, brou de noix, châtaigne, chêne, kaki, moka, noyer, puce, rouille, tabac, terre, terre de sienne, tête-de-maure, tête-de-nègre **III. un cheval :** bai **IV. À LA BRUNE :** crépuscule, entre chien et loup, soir

BRUNE n.f. brunante (québ.), crépuscule du soir, déclin/ tombée du jour, entre chien et loup, rabat-jour
◇ CONTR. → AUBE

BRUNET, BRUNETTE → JEUNE

BRUSHING n.m. mise en plis

BRUSQUE I. quelqu'un : abrupt, autoritaire, bourru, bref, brutal, cassant, cavalier, cru, grossier (péj.), impatient, impétueux, nerveux, prompt, raide, rébarbatif, rude, sec, vif, violent **II. une chose. 1. une pente :** escarpée **2. un événement :** brutal, imprévu, inattendu, inopiné, précipité, rapide, soudain, subit, surprenant
◇ CONTR. **I.** → CHARMEUR **II.** → LENT

BRUSQUÉ, E à brûle-pourpoint, inattendu, inopiné, soudain, surprenant
◇ CONTR. : attendu, prévu, programmé

BRUSQUEMENT I. → SOUDAIN **II.** → VITE

BRUSQUER I. quelqu'un. 1. → OBLIGER **2.** envoyer promener, rabrouer, rembarrer (fam.), rudoyer, secouer **II. une chose :** accélérer, avancer, expédier, forcer, hâter, pousser, précipiter, presser
◇ CONTR. **I.** → MÉNAGER **II.** → MODÉRER

BRUSQUERIE n.f. → RUDESSE

BRUT, E I. une chose ou quelqu'un. 1. neutre : à l'état de nature, élémentaire, grossier, imparfait, informe, inorganique, rudimentaire, simple **2. non fav.** : abrupt, balourd, barbare, bestial, brutal, épais, fruste, grossier, illettré, impoli, inculte, inintelligent, lourd, rude, sauvage, simple, stupide, vulgaire **II. 1. une chose** : écru, grège, en friche, inachevé, inculte, natif, naturel, originel, primitif, pur, rustique, sauvage, vierge **2. un poids** : ort (vx) ◆ CONTR. **I.** net **II.** → TRAVAILLÉ **III.** → RAFFINÉ

BRUTAL, E animal, âpre, barbare, bas, bestial, bourru, brusque, cru, cruel, direct, dur, emporté, entier, féroce, fort, franc, grossier, irascible, matériel, mauvais, méchant, rude, sec, vif, violent ◆ CONTR. **I.** → DOUX **II.** → BRUTAL

BRUTALEMENT de façon → BRUTAL *et les dérivés possibles en -ment des syn. de* brutal

BRUTALISER battre, brusquer, cogner, corriger, exercer des sévices sur, faire violence à, frapper, houspiller, malmener, maltraiter, molester, rosser, rouer de coups, rudoyer, taper, tourmenter – **fam.** : passer à tabac, tabasser, torcher ◆ CONTR. → CARESSER

BRUTALITÉ n.f. animalité, âpreté, barbarie, bassesse, bestialité, brusquerie, cruauté, dureté, férocité, grossièreté, impolitesse, inhumanité, lourdeur, rudesse, rusticité, sauvagerie, stupidité, violence, vulgarité ◆ CONTR. → DOUCEUR

BRUTE n.f. → BÊTE

BRUYAMMENT tapageusement, tumultueusement → BEAUCOUP ◆ CONTR. → SILENCIEUSEMENT

BRUYANT, E assourdissant, bourdonnant, bourdonneur, beuglard, braillard, criard, éclatant, gueulard, hurleur, indiscret, piaillard, ronflant, rugissant, rumorant, sonore, strépitant, strident, stridulant, tapageur, tonitruant, tumultueux → TURBULENT – **méd.** : striduleux, stertoreux ◆ CONTR. → SILENCIEUX

BRUYÈRE n.f. brande, lande

BUANDERIE n.f. blanchisserie, laverie, lavoir

BUANDIER, ÈRE n.m. ou f. → BLANCHISSEUR

BUBALE n.m. → ANTILOPE

BUBON n.m. → ABCÈS

BUCCIN n.m. **I.** → TROMPETTE **II.** → GASTÉROPODE

BÛCHE n.f. **I.** bille, billot (bois de) boulange, branche, charbonnette, rondin, souche, tronce, tronche **II. fig. 1.** → BÊTE **2.** → CHUTE

BÛCHER n.m. appentis, cave, resserre

BÛCHER I. par ext. → BATTRE **II. fig. et fam.** : bosser, buriner, chiader, en foutre/ en mettre un coup, étudier, gratter, piler, piocher, potasser, repasser, turbiner → TRAVAILLER ◆ CONTR. → PARESSER

BÛCHERON, NE n.m. ou f. – **vx** : boquillon, fagoteur

BÛCHEUR, EUSE bœuf, bosseur, bourreau de travail, burineur, chiadeur, fonceur, gratteur, piocheur, travailleur, turbineur ◆ CONTR. → PARESSEUX

BUCKING n.m. **méd. off.** : cabrade

BUCOLIQUE agreste, campagnard, champêtre, forestier, idyllique, pastoral, paysan, rustique ◆ CONTR. → URBAIN

BUCRANE n.m. → ORNEMENT

BUDGET n.m. balance, bilan, comptabilité, compte, crédit, dépense, gain, moyens, plan, prévision, recette, rentrée, répartition, revenu, salaire

BUDGETIVORE n. et adj. → PARASITE

BUÉE n.f. condensation, vapeur

BUFFET n.m. **I.** argentier, bahut, cabinet, crédence, desserte, encoignure, placard, vaisselier **II.** bar, buvette, café, cantine, estaminet, restaurant

BUFFETIER, ÈRE n.m. ou f. → RESTAURATEUR

BUFFLE n.m. bœuf, karbau, syncerus, yack

BUFFLETERIE n.f. bandoulière, baudrier, bourdalou, brayer, bride, cartouchière, ceinture, ceinturon, courroie, cravache, crispin, guide, harnachement, jugulaire, lanière, sellerie

BUGLE n.m. → CUIVRE

BUGRANE n.f. arrête-bœuf, ononis rampant

BUILDING n.m. bâtiment, bâtisse, construction, édifice, ensemble, habitat, immeuble, maison, monument, tour

BUIRE n.f. → VASE

BUIS n.m. buxus, rameau

BUISSON n.m. argeras (rég.), breuil, broussaille, épines, haie, hallier, ronce, tousque → FOURRÉ

BUISSONNEUX, EUSE → ÉPAIS

BULBE n.m. **I.** oignon **II.** coupole

BULBEUX, EUSE → RENFLÉ

BULK CARRIER n.m. **mar. off.** : vraquier

BULLAIRE n.m. → RECUEIL

BULL-DOG ou **BOULEDOGUE** n.m. → CHIEN

BULLDOZER n.m. angledozer, bouldozeur, bouteur (off.), pelle mécanique, pelleteuse

BULLE n.f. I. boule, globule II. bref, décrétale, mandement, rescrit, sceau III. phylactère

BULLETIN n.m. I. billet, papier II. par ext. 1. annonce, avis, carnet, chronique, communiqué, rapport 2. acte, attestation, certificat, récépissé, reçu 3. bordereau, ordre, relevé 4. annales, cote, feuille, hebdomadaire, information, journal, lettre, lien, magazine, missive, périodique, revue

BULL-FINCH n.m. → OBSTACLE

BULL-TERRIER n.m. → CHIEN

BUNGALOÏDE → BAROQUE

BUNGALOW n.m. chartreuse, maison coloniale, véranda → PAVILLON

BUNKER n.m. I. → ABRI, CASEMATE II. pétr. off. : soutes

BURALISTE n.m. débitant, préposé, receveur

BURE I. n.f. → LAINAGE II. n.m. → PUITS

BUREAU n.m. I. le meuble : bonheur-du-jour, cabinet, classeur, écritoire, pupitre, secrétaire, table de travail II. le lieu : administration, agence, cabinet, caisse, comptoir, direction, étude, office, officine, secrétariat, service – fam. : boîte, burlingue III. administration, assemblée, collège, comité, commission, conseil, direction, directoire

BUREAUCRATE n.m. ou f. gén. péj. fonctionnaire, gratte-papier, gratteur, paperassier, pisse-copie, plumitif, rond-de-cuir, scribe, scribouillard
◈ CONTR. → PAYSAN, OUVRIER

BUREAUCRATIE n.f. administration, fonction publique, magistrature, ministères, services (publics)
◈ CONTR. : initiative, vie des affaires, vie active

BUREAUTIQUE n.f. → INFORMATIQUE

BURETTE n.f. I. au sing. 1. au pr. : aiguière, fiole, flacon 2. fig. → TÊTE II. au pl. → BOURSES

BURGRAVE n.m. I. → ÉDILE II. → NOBLE

BURIN n.m. charnière, drille, échoppe, guilloche, onglette, pointe, rénette, rouanne, rouannette → CISEAU

BURINER I. champlever, graver II. par ext. : marquer, souligner III. fig. → BÛCHER

BURLESQUE I. adj. → COMIQUE II. n.m. : baroque, grandguignolesque, grotesque, tragicomique
◈ CONTR. I. → SÉRIEUX II. → DRAMATIQUE III. → ÉMOUVANT

BURLESQUEMENT de façon → BURLESQUE et les dérivés possibles en -ment des syn. de burlesque

BURLINGUE n.m. → BUREAU

BURN-IN n.m. spat. off. : déverminage

BURNING spat. off. : combustion

BURNOUS n.m. → MANTEAU

BURN OUT n.m. spat. off. : arrêt par épuisement

BURN UP n.m. nucl. off. : combustion (nucléaire)

BURON n.m. → CABANE

BURST n.m. nucl. off. : salve (dans une chambre d'ionisation)

BUS n.m. → AUTOBUS

BUSC n.m. baleine, corset, soutien

BUSE n.f. I. bondrée, busaigle, busard, harpaye, harpie, rapace II. bief, canal, canalisation, conduit, poterie, tuyau, tuyère III. fig. → BÊTE

BUSINESS n.m. I. → AFFAIRES II. → TRUC

BUSQUÉ, E I. arqué, bombé, convexe, courbé II. le nez : aquilin, bourbon, bourbonien
◈ CONTR. : camus, droit, épaté

BUSQUER arquer, bomber, courber, rendre convexe

BUSTE n.m. I. au pr. : corsage, estomac (vx), gorge, poitrine, sein, torse II. par ext. 1. effigie, figure, portrait, sculpture, traits 2. selon la matière employée : albâtre, argile, bronze, cire, marbre, plâtre, terre cuite
◈ CONTR. : en pied

BUSTIER n.m. → SOUTIEN-GORGE

BUT n.m. I. au pr. : carton, cible, mille, mire, mouche, objectif, point de mire, silhouette, tilt II. par ext. 1. ce qui est atteint : aboutissement, achèvement, arrivée, destination, objectif, point final, port, terme, terminus 2. ce qu'on veut atteindre : ambition, dessein, détermination, direction, fin, intention, plan, projet, propos, réquisit, résolution, visée, vue 3. d'une action, de la vie : cause, destination, destinée, direction, fin, finalité, fins dernières, issues, ligne de conduite, motif, motivation, objet, raison 4. sport : arrivée, bois, coup, essai, filet, goal, marque, panier, poteau
◈ CONTR. → DÉPART

BUTÉ, E arrêté, bloqué, braqué, entêté, étroit, fermé, méfiant, obstiné, opiniâtre, têtu
◈ CONTR. → SOUPLE

BUTÉE n.f. accul, arrêtoir, contrefort, culée, massif, taquet

BUTER I. **on bute contre une chose**: achopper, aheurter (vx.), broncher, chopper, cogner, heurter, trébucher II. **une chose ou quelqu'un prend appui sur**: s'appuyer, s'arc-bouter, s'arrêter, se bloquer, se caler, se coincer, être épaulé/ étayé/ maintenu/ soutenu par, prendre appui III. **arg.** → TUER
◈ CONTR. → ÉVITER

BUTER (SE) s'aheurter (vx.), s'arrêter à, se bloquer, se braquer, s'entêter, se fermer, se heurter, se méfier, s'obstiner, s'opiniâtrer
◈ CONTR. → CÉDER

BUTIN n.m. I. **au pr. 1. neutre**: capture, confiscation, conquête, dépouille, matériel, opimes, prise, proie, trésor de guerre, trophée **2. péj.**: pillerie, rançon, rapine, vol **3. arg.**: fade, pied, taf II. **fig. fav.**: aubaine, découverte, profit, provision, récolte, richesse, trouvaille
◈ CONTR. → PERTES

BUTINER → RECUEILLIR

BUTOIR n.m. amortisseur, butée, heurtoir

BUTOME n.m. jonc fleuri

BUTOR n.m. I. → BÊTE II. → IMPOLI III. → MALADROIT

BUTTE n.f. I. colline, dune, éminence, erg, hauteur, inselberg, mont, monticule, motte, tertre II. **ÊTRE EN BUTTE À**: donner prise à, être la cible/ le point de mire/ le souffre-douleur, prêter le flanc à
◈ CONTR. → VALLÉE

BUTTER I. chausser, garnir II. **arg. butter ou buter** → TUER
◈ CONTR. : décavaillonner

BUTTOIR n.m. → CHARRUE

BUTYREUX, EUSE → GRAS

BUVABLE I. **au pr.**: potable, sain II. **fig.**: acceptable, admissible, endurable, possible, potable, recevable, supportable → TOLÉRABLE
◈ CONTR. : Imbuvable → INTOLÉRABLE

BUVARD I. **adj.**: absorbant II. **nom masc.**: sous-main

BUVÉE n.f. → NOURRITURE

BUVETIER, IÈRE n.m. ou f. → CABARETIER

BUVETTE n.f. bar, bistrot (fam.), bouchon, buffet, café, café-tabac, cafétéria, cantine, débit de boissons, taverne → BRASSERIE, CABARET

BUVEUR, EUSE n.m. ou f. → IVROGNE

BUVOTER → BOIRE

BUZZ n.m. **aviat. off.**: bourdonnement

BUZZER n.m. **aviat. off.**: vibreur sonore

BYE-BYE → REVOIR (AU)

BY-PASS n.m. bipasse, circuit de dérivation, contournement, dérivation, déviation, évitement

BY-PASS ENGINE n.m. **aviat. off.**: réacteur à double flux

BY-PASS RATIO n.m. **aviat. off.**: taux de dilution

BYSSUS n.m. attache, cordon, faisceau, fibre, filament, ligament, membrane, pied

BYTE n.m. **inform. off.**: octet

BYZANTIN, E fam. et par ext.: chinois, compliqué, emberlificoté, entortillé, farfelu, futile, oiseux, pédant, tarabiscoté

BYZANTINISME n.m. → PRÉCIOSITÉ

CAB n.m. → CABRIOLET

CABAJOUTIS n.m. → CABANE

CABALE n.f. **I.** ésotérisme, herméneutique, interprétation, kabbale, occultisme **II. par ext. 1.** arcane (vx), magie, mystère, sabbat, théosophie **2.** association secrète, brigue, charivari, clique, coalition, complot, conjuration, conspiration, coterie, faction, intrigue, ligue, machination, menée, parti – **vx** : carte, faciende
◆ CONTR. → AIDE

CABALER briguer, coasser, comploter, conspirer, criailler, intriguer, machiner, monter une cabale *et les syn. de* cabale
◆ CONTR. → FAVORISER

CABALEUR, EUSE et **CABALISTE** nom et adj. → CONSPIRATEUR

CABALISTIQUE abscons, ésotérique, magique, mystérieux, obscur, occulte → SECRET

CABAN n.m. **I.** → MANTEAU **II.** → VESTE

CABANAGE n.m. **I.** chavirage, chavirement, dessalage (fam.), naufrage **II.** → CABANE

CABANE n.f. abri, ajoupa, appentis, baraque, baticole, bicoque, cabajoutis, cabanage, cabaneau, cabanette, cabanon, cagibi, cahute, canfouine, carbet, case, cassine, chalet, chaume, chaumière, chaumine, gloriette, gourbi, guitoune, hutte, jasserie, loge, logette, maisonnette, masure, paillote, refuge, wigwam, iourte ou yourte – **rég. ou vx** : begude, bijude, borie, buron, chazette, toue
◆ CONTR. → CHÂTEAU

CABANER dessaler (fam.), mettre quille en l'air, renverser → CHAVIRER

CABANON n.m. **I.** → CABANE **II.** asile d'aliénés, cellule/ chambre de force, hôpital psychiatrique, petites maisons (vx)

CABARET n.m. **I. 1. neutre** : auberge, bar, buffet, buvette, café, cafétéria, comptoir, débit, estaminet, hôtellerie → BRASSERIE **2. vx et/ ou fam.** : abreuvoir, aquarium, assommoir, bistingo, bistroquet, bistrot, bouchon, bouge, bousin, caboulot, cambuse, coupe-gorge, crémerie, estanco, gargote, guinguette, mastroquet, popine, rade, rastel (mérid.), sirop, tabagie, tapis-franc, taverne, tournebride, trocson, troquet, zinc **II. 1. neutre** : boîte de nuit, café-concert, caveau, club, dancing, discothèque, établissement/ restaurant de nuit, music-hall, night-club **2. péj.** : bastringue, beuglant, bouiboui, tripot **III. cave/ plateau/ service à liqueurs IV. vx** : chardonneret

CABARETIER, ÈRE n.m. ou f. **I.** aubergiste, bistrot, buffetier, buvetier, cafetier, crémier, limonadier, marchand de vin, patron, restaurateur, tenancier **II. péj. et fam.** : auvergnat, bougnat, mannezingue, mastroquet, quénaupier (vx), taulier, tavernier (vx), troquet

CABAROUET ou **CABROUET** n.m. → CHARIOT

CABAS n.m. couffe, couffin, couffle, panier, sac, sachet, sacoche

CABALLE n.m. → CABALE

CABASSET n.m. → CASQUE

CABESTAN n.m. → PALAN

CABINE n.f. **I.** cabinet, cagibi, isoloir, réduit **II.** abri, cockpit, guérite, loge, poste **III.** cockpit, habitacle, poste de pilotage **IV.** compartiment, couchette

CABINET n.m. **I.** → CABINE **II.** → WATER-CLOSET **III.** agence, bureau, étude, studio **IV.** bibliothèque, collection, médaillier, musée, pinacothèque **V.** équipe ministérielle, gouvernement, ministère **VI.** laboratoire **VII. DE VERDURE** : abri, berceau, brandebourg, fabrique, gloriette, kiosque, pavillon, reposoir, tonnelle **VIII.** bahut, bonheur-du-jour, bonnetière, buffet, bureau, meuble, secrétaire, semainier

CÂBLE n.m. **I.** chable, chableau, chaîne, corde, filin, orin, remorque, touée → CORDAGE **II.** bleu, câblogramme, dépêche, exprès, message, pneu, télégramme, télex

CABLEMAN n.m. **audiov. off.** : câbliste

CÂBLER envoyer/ expédier une dépêche, télégraphier

CABOCHARD, E nom et adj. entêté, opiniâtre, tête de cochon/ de lard/ de mule, têtu

◇ CONTR. → ACCOMMODANT

CABOCHE n.f. → TÊTE

CABOSSER **I. au pr.** : bosseler, bossuer, déformer **II. par ext.** : battre, blesser, contusionner, meurtrir

◇ CONTR. → REDRESSER

CABOT n.m. **I.** → CHIEN **II.** → CAPORAL **III.** → CABOTIN **IV.** chabot, cotte, meunier, têtard

CABOTAGE n.m. → NAVIGATION

CABOTEUR n.m. balancelle, chasse-marée, galiote, lougre → BATEAU

CABOTIN, E nom et adj. **péj.** : acteur, bouffon, cabot, charlatan, clown, comédien, histrion, m'as-tu-vu, ringard → HYPOCRITE

◇ CONTR. → SIMPLE

CABOTINAGE n.m. affectation, charlatanisme, comédie → HYPOCRISIE

◇ CONTR. → SIMPLICITÉ

CABOULOT n.m. **I.** → CABARET **II.** → BISTROT

CABRÉ, E **fig.** agressif, combatif, déterminé, farouche, ombrageux, révolté

CABRER **I. par ext.** : choquer, dresser, irriter, révolter **II. v. pron. 1. au pr.** : se dresser, pointer **2. fig.** : se dresser, s'insurger, se lever, s'opposer, protester, résister, se révolter **3. par ext.** : s'emporter, s'entêter, se fâcher, s'irriter, s'obstiner, s'opiniâtrer, se raidir

CABRETTE n.f. bag-pipe (angl.), biniou, bombarde, chabrette, chevrie, cornemuse, dondaine (vx), loure, musette, pibrock (écossais), turlurette

CABRI n.m. biquet, chevreau, chevrette

CABRIOLE n.f. **I. au pr.** : bond, culbute, culbutis (vx), entrechat, galipette, gambade, gambille, pirouette, saut, voltige **II. par ext. 1.** chute, dégringolade, échec, faillite, krach **2.** bouffonnerie, drôlerie, grimace **3.** flagornerie, flatterie, servilité **4.** apostasie, échappatoire, pirouette, reniement, retournement, revirement

CABRIOLER **I.** → DANSER **II.** → SAUTER

CABRIOLET n.m. **I.** boghei, cab, tandem, tilbury, tonneau, wiski **II.** cadenas, menotte

CACA n.m. → EXCRÉMENT

CACADE n.f. couardise, échec, foire, lâcheté, reculade

◇ CONTR. **I.** → PROUESSE **II.** → SUCCÈS

CACHALOT n.m. → CÉTACÉ

CACHÉ, E mystérieux → SECRET

CACHE **I. n.f.** : abri, antre, asile, cachette, coin, gîte, nid, planque, refuge, retraite, terrier, trou **II. n.m.** : écran

CACHE-CACHE n.m. cache-tampon, cligne-musette

CACHE-COL et **CACHE-NEZ** n.m. cravate, écharpe, foulard

CACHE MEMORY/ STORAGE n.f. **inf. off.** : antémémoire

CACHE-POUSSIÈRE n.m. bleu, blouse, surtout, tablier → MANTEAU

CACHER **I. au pr.** : abrier (québ.), abriter, camoufler, celer, couvrir, déguiser, dissimuler, enfermer, enfouir, enserrer, ensevelir, enterrer, envelopper, escamoter, faire disparaître, masquer, mettre en sûreté/ sous clef, murer, receler, recouvrir, rentrer, serrer, voiler – **arg.** : carer, planquer – **vx** : absconser, gazer, mucher, musser **II. par ext. 1.** arrêter la vue, aveugler, boucher, éclipser, intercepter, obscurcir, obstruer, occulter, offusquer, ombrager, pallier **2.** agir en cachette/ catimini/ douce/ secret/ tapinois, cachotter, celer, déguiser, dissimuler, étouffer, faire des cachotteries, farder, garder (secret), garder, mettre sous le boisseau, ne pas s'en vanter, sceller, scotomiser, taire, tenir secret, tirer un rideau/ un voile, voiler **III. v. pron.** : s'abriter, blottir/ clapir/ défiler (fam.)/ dérober, disparaître, se dissimuler/ éclipser/ embusquer, éviter, fuir, se mettre à l'abri, se motter (vx), se murer/ nicher/ planquer (fam.)/ recéler/ retirer/ soustraire/ tapir/ tenir à l'écart/ terrer

◇ CONTR. **I.** → MONTER **II.** → RÉVÉLER

CACHE-SEXE n.m. cache-fri-fri (arg.), culotte, slip, sous-vêtement

CACHET n.m. **I.** armes, armoiries, bulle, chiffre, empreinte, estampille, marque, monogramme, oblitération, poinçon, sceau, scellé, seing, tampon, timbre **II.** caractéristique, griffe, main, originalité, patte, signe **III.** casuel, honoraires, prix, rétribution, salaire **IV.** capsule, comprimé, gélule, linguette, pastille

CACHE-TAMPON n.m. → CACHE-CACHE

CACHETER **I.** clore, coller, fermer **II.** estampiller, marquer, oblitérer, plomber, poinçonner, sceller, tamponner, timbrer

◇ CONTR. → OUVRIR

CACHETTE n.f. **I.** abri, antre, asile, cache, chartre (vx), lieu sûr, mystère, placard (arg.), planque, refuge, retraite, secret, sûreté, terrier **II. EN CACHETTE :** à la dérobée, à musse-pot, clandestinement, dans sa barbe, discrètement, en catimini/ contrebande/ secret/ tapinois, furtivement, secrètement, sous cape

◇ CONTR. **I.** à découvert **II.** → OUVERTEMENT

CACHEXIE n.f. amaigrissement, ankylostomiase, carence, consomption, distomatose (vét.), étisie, fatigue, hectisie, maigreur, marasme – **partic. :** fluorose, silicose

◇ CONTR. : bonne santé, euphorie, pléthore

CACHOT n.m. basse-fosse, cabanon, cabinet noir, casemate, cellule, chartre (vx), coin, cul-de-basse-fosse, ergastule, geôle, in-pace, oubliette, salle de police, salle forte, violon – **arg. :** cachemitte, mitard → PRISON

CACHOTTERIE n.f. cacherie (vx), feinte, minon-minette (fam.), mystère, secret, secret de Polichinelle

◇ CONTR. → CONFIANCE

CACHOTTIER, ÈRE nom et adj. **I.** → SECRET **II.** → SOURNOIS

CACOCHYME nom et adj. débile, déficient, faible, impuissant, infirme, invalide, maladif, malingre, pituitaire, valétudinaire → QUINTEUX

CACOLET n.m. → BÂT

CACOPHONIE n.f. bruit, chahut, charivari, confusion, désaccord, désordre, discordance, disharmonie, dissonance, sérénade, tapage, tintamarre, tumulte

◇ CONTR. → HARMONIE

CADAVÉRIQUE → PÂLE

CADAVRE n.m. corps, dépouille mortelle, macchabée (fam.), momie, reliques, restes, sujet d'anatomie → MORT

◇ CONTR. → VIVANT

CADEAU n.m. avantage, bakchich, bienfait, bouquet, corbeille, divertissement (vx), don, donation, dot, envoi, étrenne, fleur (fam.), générosité, largesse, libéralité, sportule (antiq.), offrande, pièce, pot-de-vin, pourboire, présent, prix, quine, souvenir, surprise → GRATIFICATION

◇ CONTR. **I.** → CONFISCATION **II.** → PUNITION

CADENAS n.m. **I.** fermeture, loquet, serrure, sûreté, verrou **II.** coffret, ménagère **III.** arrêt

CADENASSER barrer, clore, écrouer, emprisonner, enfermer, fermer, verrouiller

◇ CONTR. **I.** → OUVRIR **II.** → LIBÉRER

CADENCE n.f. accord, harmonie, mesure, mouvement, nombre → RYTHME

◇ CONTR. → DISSONANCE

CADENCER accorder, conformer, mesurer, rythmer

◇ CONTR. : rompre la → CADENCE

CADENETTE n.f. → TRESSE

CADET, ETTE n.m. ou f. benjamin, jeune, junior, puîné

◇ CONTR. → AÎNÉ

CADRAN n.m. gnomon, horloge

CADRE n.m. **I. au pr.** bordure, encadrement, marie-louise, passe-partout **II. 1.** boisage, chambranle, châssis, coffrage, huisserie **2.** → CAISSE **III.** décor, disposition, ensemble, entourage **IV. au pl.** → HIÉRARCHIE **V. fig. 1.** borne, limite **2.** carcan, contrainte, corset, enveloppe

CADRER I. s'accorder, s'adapter, s'ajuster, s'allier, s'assortir, concorder, convenir, plaire, se rapporter **II. FAIRE CADRER** → CONCILIER

◇ CONTR. **I.** → CONTRASTER **II.** → CONTREDIRE

CADUC, UQUE I. annulé, cassé, démodé, dépassé, nul, obsolète, passager, périmé, périssable, précaire, suranné **II.** abattu, affaibli, âgé, chancelant, débile, décrépit, épuisé, fragile, impotent, usé → VIEUX

◇ CONTR. **I.** en vigueur **II.** → JEUNE **III.** → VIVANT

CADUCITÉ n.f. **I. au pr. :** débilité, décrépitude, faiblesse, usure → VIEILLESSE **II. jurid. :** annulation, nullité, péremption, prescription **III. 1.** fragilité, vanité **2.** désuétude, obsolescence

◇ CONTR. **I.** → JEUNESSE **II.** → FORCE

CAFARD n.m. blatte, cancrelat

CAFARD, E nom et adj. **I. 1.** cagot, faux dévot, imposteur, perfide → BIGOT **2.** → HYPOCRITE **3.** cafteur, cuistre, délateur, dénonciateur, espion, mouchard, mouche, mouton, rapporteur **II.** bourdon, découragement, dépression, mélancolie, nostalgie, noir, spleen, tristesse, vague à l'âme **III.** → CAFARDEUX

◇ CONTR. **I.** → FRANC **II.** → GAIETÉ

CAFARDAGE n.m. caftage, cuistrerie, délation, dénonciation, espionnage, mouchardage

◇ CONTR. : discrétion, secret

CAFARDER cafter, dénoncer, moucharder, rapporter, vendre la mèche

◇ CONTR. : garder le → SECRET

CAFARDERIE n.f. → HYPOCRISIE

CAFARDEUX, EUSE abattu, découragé, démoralisé, déprimé, fermé, mélancolique,

nostalgique, triste
◇ CONTR. → INSOUCIANT

CAFARDISE n.f. → HYPOCRISIE

CAFÉ n.m. **I. fam.** : cafiot, caoua, jus **II.** → CABARET

CAFETIER n.m. → CABARETIER

CAFETIÈRE n.f. **I.** débéloire (vx), filtre, percolateur **II.** → TÊTE

CAGE n.f. **I.** case, chanterelle, clapier, épinette, gloriette, lapinière, loge, logette, ménagerie, mésangette, mue, niche, oisellerie, poussinière, tournette, volière **II.** enceinte → PRISON **III.** chaîne, fil, lien, servitude **IV.** boîte, boîtier

CAGEOT n.m. billot, bourriche, cagette, caisse, caissette, emballage, flein, harasse

CAGIBI n.m. appentis, cabane, cabinet, cage, cagna, case, chambre, guichet, local, mansarde, penderie, placard, réduit, souillarde, soupente

CAGNA n.f. abri, baraquement, guérite, hutte, maisonnette, tranchée → CABANE

CAGNARD, E apathique, cossard, engourdi, fainéant, flemmard, indolent, inerte, lent, loche, mou, nonchalant, oisif → PARESSEUX
◇ CONTR. → COURAGEUX

CAGNEUX, EUSE bancal, bancroche, inégal, noueux, tordu, tors, tortu
◇ CONTR. → PANARD

CAGNOTTE n.f. **I.** bas de laine, boîte, bourse, caisse, coffret, corbeille, crapaud, tirelire, tontine **II.** économie, fonds, somme

CAGOT, E n.m. ou f. → CAFARD

CAGOTERIE n.f. → HYPOCRISIE

CAGOULE n.f. capuchon, coule, froc → MANTEAU (par ext.)

CAHIER n.m. album, bloc-notes, calepin, carnet, livre, livret, registre

CAHIN-CAHA clopin-clopant, péniblement, tant bien que mal, à la va comme je te pousse
◇ CONTR. : aisément, lestement

CAHOT n.m. **I.** bond, cahotage, cahotement, heurt, mouvement, saut, secousse **II. par ext.** : contrariété, difficulté, obstacle, traverse, vicissitude
◇ CONTR. **I.** douceur, souplesse **II.** → FACILITÉ

CAHOTANT, E brimbalant, bringuebalant, cahoteux, mal suspendu
◇ CONTR. : confortable

CAHOTER v. intr. et tr. agiter, ballotter, malmener, secouer, tourmenter – **fam.** : brimbaler, bringuebaler
◇ CONTR. → MÉNAGER

CAHOTEUX, EUSE mauvais → CAHOTANT

CAHUTE n.f. → CABANE

CAÏD n.m. → CHEF

CAÏEU n.m. → BOURGEON

CAILLAGE n.m. → PRISE

CAILLASSE n.f. caillou, cailloutis, déblai, décharge, empierrement, pierraille, pierre, rocaille

CAILLE n.f. → GALLINACÉ

CAILLÉ n.m. **I.** caséine **II.** caillebotte, fromage frais

CAILLEBOTIS n.m. **I.** lattis, treillis **II.** plancher

CAILLEBOTTE n.f. → CAILLÉ

CAILLEBOTTER coaguler, condenser, durcir, épaissir, figer, geler, grumeler, prendre, solidifier

CAILLEMENT n.m. → PRISE

CAILLER I. → CAILLEBOTTER **II.** avoir → FROID

CAILLETAGE n.m. babillage, bavardage, pépiement

CAILLETER babiller, bavarder, jacasser, pépier

CAILLOT n.m. flocon, floculation, grumeau

CAILLOU n.m. **I.** caillasse, cailloutis, galet, gravier, jalet, palet, pierre, silex **II. fig. 1.** cahot, contrariété, difficulté, embarras, empêchement, inconvénient, obstacle, souci, traverse, vicissitude **2.** → TÊTE

CAILLOUTAGE n.m. → PAVAGE

CAILLOUTER → PAVER

CAILLOUTEUX, EUSE → PIERREUX

CAILLOUTIS n.m. → PAVAGE

CAÏMAN n.m. → ALLIGATOR

CAISSE n.f. **I. au pr.** : banne, benne, billot, boîte, boîtier, cadre, cageot, caissette, caisson, coffre, colis, emballage, harasse **II. par ext. 1.** coffre-fort → CAGNOTTE **2.** bureau, comptabilité, guichet **3.** actif, encaisse, montant, trésorerie **4.** tambour, timbale **III. fam.** : coffre, estomac, poitrine **IV. vx ou rég.** : cercueil

CAISSIER, ÈRE n.m. ou f. comptable, gestionnaire, intendant, receveur, trésorier

CAJOLER → CARESSER

CAJOLERIE n.f. → CARESSE

CAJOLEUR, EUSE nom et adj. caressant, courtisan, enjôleur, flagorneur, flatteur, peloteur → SÉDUCTEUR
◇ CONTR. → BOURRU

CAL n.m. agassin, callosité, calus, cor, durillon, induration, œil-de-perdrix, oignon

CALAISON n.f. tirant d'eau

CALAMISTRER friser, onduler

CALAMITÉ n.f. accident, adversité, cataclysme, catastrophe, chagrin, contrariété, déboire, déception, désastre, désolation, détresse, deuil, déveine, disgrâce, drame, échec, épreuve, fatalité, fléau, guignon, infortune, insuccès, malheur, misère, orage, tourmente, tribulation, tristesse, vaches maigres
◇ CONTR. → BONHEUR

CALAMITEUX, EUSE catastrophique, désastreux, désolant, dramatique, funeste, malheureux, triste
◇ CONTR. → HEUREUX

CALANQUE n.f. anse, crique, golfe

CALCINER brûler, carboniser, charbonner, cuire, dessécher, griller, torréfier
◇ CONTR. : congeler

CALCUL n.m. **I.** algèbre, arithmétique, axiomatique, mathématique **II.** addition, algorithme, analyse, appréciation, compte, comput, computation, décompte, division, estimation, évaluation, multiplication, opération, prévision, soustraction, spéculation, supputation **III.** combinaison, dessein, mesure, moyen, plan, planning, projet **IV.** arrière-pensée, préméditation **V.** bézoard, concrétion, égagropile, gravelle, lithiase, pierre
◇ CONTR. → HASARD

CALCULABLE → PROBABLE

CALCULATEUR, TRICE nom et adj. **I.** abaque, boulier, calculette, nomogramme, ordinateur, table – **vx** : arithmographe, arithmomètre **II.** → COMPTABLE **III.** → MALIN

CALCULER I. au pr. → COMPTER **II. par ext.** : adapter, agencer, ajuster, apprécier, apprêter, arranger, combiner, coordonner, déterminer, estimer, établir, évaluer, méditer, peser, préméditer, prévoir, proportionner, raisonner, réfléchir, régler, supputer
◇ CONTR. : être → IMPRÉVOYANT/ INSOUCIANT

CALE n.f. **I.** bêche, coin, couchis, étai, étançon, moque (mar.), sole, soutien, support **II.** soute, plate-forme

CALÉ, E I. → INSTRUIT **II.** ardu, complexe, compliqué, difficile
◇ CONTR. → FACILE

CALEÇON n.m. **I. fam.** : calbar, calecif **II. vx** : braguier, chausse, culotte, pantalon **III. par ext.** : slip

CALEMBOUR n.m. à peu près, astuce, contrepèterie, équivoque, homonymie, homophonie, janotisme, jeu de mots → CALEMBREDAINE

CALEMBREDAINE n.f. baliverne, bateau, bourde, chanson, conte à dormir debout, coquecigrue, faribole, lanterne (vx), plaisanterie, sornette, sottise

CALENDRIER n.m. **I.** agenda, almanach, annuaire, bref, chronologie, comput, éphéméride, martyrologe, ménologe, ordo, table, tableau → PROGRAMME **II. calendrier républicain 1. jours** : primidi, duodi, tridi, quartidi, quintidi, sextidi, septidi, octidi, nonidi, décadi **2. mois** : vendémiaire, brumaire, frimaire, nivôse, pluviôse, ventôse, germinal, floréal, prairial, messidor, thermidor, fructidor

CALEPIN n.m. aide-mémoire, cahier, carnet, mémento, recueil, répertoire

CALER I. v. intr. : baisser pavillon, caner, céder, filer doux, rabattre, reculer **II. v. tr.** : ajuster, arrêter, assujettir, bloquer, étayer, fixer, serrer, soutenir, stabiliser
◇ CONTR. **I.** → CONTINUER **II.** donner du jeu/ du mou

CALFATER aveugler, boucher, brayer, caréner, goudronner, obturer, radouber

CALFEUTRER I. → BOUCHER **II.** → ENFERMER

CALIBRE n.m. acabit, classe, espèce, genre → DIMENSION, QUALITÉ

CALIBRER classer, mesurer, proportionner

CALICE n.m. **I.** → COUPE **II.** → MAL **III.** enveloppe

CALICOT n.m. → VENDEUR

CALIFOURCHON (À) à cheval/ chevauchons (vx)/ dada (fam.)

CÂLIN, E → CARESSANT

CÂLINER I. → CARESSER **II.** → SOIGNER

CÂLINERIE n.f. → CARESSE

CALLEUX, EUSE corné, dur, endurci, insensible → RUDE
◇ CONTR. → LISSE

CALLIGRAPHIE n.f. → ÉCRITURE

CALLOSITÉ n.f. → CAL

CALMANT, E nom et adj. **I.** → CONCILIANT **II.** adoucissant, analgésique, anesthésique, anodin, antalgique, antipyrétique, antispasmodique, apaisant, balsamique, consolant, émollient, hypnotique, lénifiant, lénitif, neuroleptique, parégorique, rafraîchissant, relaxant, réconfortant, reposant, sédatif, tranquillisant, vulnéraire → NARCOTIQUE
◇ CONTR. **I.** → IRRITANT **II.** → STIMULANT

CALMAR ou **CALAMAR** n.m. encornet, seiche, supion

CALME I. adj. 1. → IMPASSIBLE **2.** → TRANQUILLE **II. n.m. 1.** → TRANQUILLITÉ **2.** assurance, équani-

mité, équilibre, flegme, irénisme, maîtrise/ possession de soi, mesure, patience, sagesse, sang-froid, silence **3.** → PRUDENCE **4.** accalmie, beau fixe, beau temps, bonace, calmie, embellie **5.** stabilité
◈ CONTR. **I.** → AGITATION **II.** → VIVACITÉ **III.** → TEMPÊTE

CALMER I. accalmir, adoucir, alléger, apaiser, arrêter, assagir, assoupir, assourdir, assouvir, attiédir, consoler, dédramatiser, dépassionner, désaltérer, désarmer, détendre, dompter, endormir, étancher, éteindre, étouffer, faire taire, immobiliser, imposer silence, lénifier, maîtriser, mater, modérer, pacifier, panser, pondérer, rasséréner, rassurer, refroidir, satisfaire, soulager, tranquilliser. **vx**: accoiser, raccoiser, rasseoir **II. v. pron.**: s'accalmiser (vx), calmir, tomber *et les formes pron. possibles des syn. de* calmer
◈ CONTR. **I.** → AGITER **II.** → TROUBLER

CALOMNIATEUR, TRICE I. détracteur, diffamateur, rediseur (vx) **II. par ext.**: accusateur, avilisseur, délateur, dénonciateur, imposteur, mauvaise/ méchante langue, médisant, menteur **III. fam.**: cafteur, cancannier, corbeau (partic.), cuistre, langue de serpent/ fourchue/ venimeuse/ de vipère, potinier, sycophante
◈ CONTR. → LOUANGEUR

CALOMNIE n.f. **I. au pr.**: allégation, détraction, diffamation, horreur (fam.), imputation fausse, insinuation, mensonge, menterie (pop) **II. par ext.**: accusation, attaque, cancan (fam.), délation, dénonciation, injure, méchanceté, perfidie, traîtrise
◈ CONTR. **I.** → ÉLOGE **II.** → DÉFENSE

CALOMNIER I. baver/ cracher sur quelqu'un, casser du sucre sur le dos, déchirer, dénaturer les faits, diffamer, dire du mal, distiller du venin, entacher l'honneur, habiller, insinuer, mentir, noircir, parler mal/ contre, répandre des calomnies *et les syn. de* calomnie, traîner dans la boue, vomir son venin → DÉNIGRER **II. par ext.**: accuser, attaquer, décrier, médire, tirer à boulets rouges (fam.), tomber sur
◈ CONTR. **I.** → LOUER **II.** → DÉFENDRE

CALOMNIEUX, EUSE allusif, diffamant, diffamatoire, faux, infamant, inique, injurieux, injuste, mensonger, venimeux
◈ CONTR. **I.** → ÉLOGIEUX **II.** → FLATTEUR

CALOT n.m. **I.** → COIFFURE **II.** → ŒIL

CALOTIN, E n.m. ou f. → BIGOT

CALOTTE n.f. **I.** → BONNET **II.** baffe, claque, coup, gifle, giroflée, mornifle, soufflet, taloche, tape → CAMOUFLET **III.** coupole, dôme,

voûte **IV.** hémisphère, pôle **V.** calotte de glace, couche, épaisseur

CALOTTER → GIFLER

CALQUAGE n.m. → IMITATION

CALQUE n.m. → IMITATION

CALQUER contre-tirer (vx), imiter

CALUMET n.m. → PIPE

CALUS n.m. → CAL

CALVAIRE n.m. **I.** golgotha **II. par ext.**: affliction, chemin de croix, croix, épreuve, martyre, peine, supplice
◈ CONTR. → BONHEUR

CALVINISTE nom et adj. → PROTESTANT

CALVITIE n.f. **I.** alopécie, atrichie **II.** favus, pelade, teigne
◈ CONTR.: chevelure, hirsutisme

CAMAÏEU n.m. sgraffite

CAMARADE n.m. ou f. **I.** adhérent, ami, apparatchik, associé, collègue, compagnon, condisciple, confrère, connaissance, égal, labadens, partenaire **II. fam.**: aminche, camarluche, camaro, copain, frère, pote, poteau, vieille branche/ noix, zigue
◈ CONTR. **I.** inconnu, indifférent **II.** → ENNEMI

CAMARADERIE n.f. amitié, bonne intelligence, camarilla, copinage, copinerie, coterie, entente, entraide, familiarité, franc-maçonnerie, liaison, union, sodalité, solidarité
◈ CONTR. → INDIFFÉRENCE

CAMARD, E → CAMUS

CAMARILLA n.f. → COTERIE

CAMBRER I. arc-bouter, arquer, arrondir, busquer, cintrer, couder, courber, infléchir, plier, ployer, recourber, voûter **II. v. pron.**: bomber le torse, se redresser
◈ CONTR.: allonger, aplatir

CAMBRIOLAGE n.m. → VOL

CAMBRIOLER → VOLER

CAMBRIOLEUR n.m. → VOLEUR

CAMBROUSE ou **CAMBROUSSE** n.f. → CAMPAGNE

CAMBRURE I. cintrage, courbure, ensellure **II. méd.**: lordose **III. fig.**: apprêt, pose, recherche
◈ CONTR.: allongement, élongation

CAMBUSE n.f. **I.** cantine, cuisine, magasin, réfectoire **II.** → CABARET **III.** → CABANE **IV.** antre, bouge, réduit, souillarde, taudis

CAMBUSIER n.m. cantinier → MARCHAND

CAME n.f. → DROGUE

CAMÉLÉON n.m. → SAURIEN

CAMELOT n.m. bonimenteur, charlatan, marchand forain, saladier (arg.)

CAMELOTE n.f. I. → MARCHANDISE II. → SA-
LETÉ

CAMEMBERT n.m. → FROMAGE

CAMER (SE) → DROGUER (SE)

CAMERAMAN n.m. **audiov. off.**: cadreur

CAMÉRIER et **CAMERLINGUE** n.m. →
CHAMBELLAN

CAMÉRIÈRE et **CAMÉRISTE** n.f. dame
d'atours/ d'honneur/ de compagnie, femme
de chambre, servante, soubrette, suivante

CAMION n.m. I. chariot, fardier, voiture
II. benne, bétaillère, citerne, fourgon, poids
lourd, véhicule III. **fam.**: bahut, gros cul
IV. pot à peinture

CAMIONNEUR n.m. routier, transporteur

CAMISOLE n.f. brassière, caraco, casaquin, chemise, corsage, gilet, guimpe, hon-
greline

CAMOUFLAGE n.m. déguisement, maquillage, occultation, masque
◇ CONTR. → SPECTACLE

CAMOUFLER cacher, celer, couvrir, déguiser, dissimuler, maquiller, masquer, pallier, renfermer, voiler
◇ CONTR. → MONTRER

CAMOUFLET n.m. affront, avanie, mortification, nasarde, offense, vexation → CALOTTE
◇ CONTR. I. → ÉLOGE II. → CARESSE

CAMP n.m. I. bivouac, campement, cantonnement, castramétation, quartier II. camping, plein air III. côté, équipe, faction,
groupe, parti IV. 1. CAMP D'AVIATION : aérodrome, aéroport, base aérienne, champ, terrain 2. CAMP VOLANT → TZIGANE

CAMPAGNARD, E I. nom: contadin, hobe-
reau → PAYSAN II. **adj. 1.** → AGRESTE **2. non fav.**:
grossier, lourdaud, rustre
◇ CONTR. I. citadin, urbain II. → RAFFINÉ

CAMPAGNE n.f. I. champ, champagne, nature, pays, plaine, sillon (poét.), terre – **fam.**:
bled, brousse, cambrouse, cambrousse, cam-
pluche II. **par ext. 1.** cabale, croisade, propagande, prospection, publicité, saison
2. combat, équipée, expédition, guerre, intervention, manœuvre, offensive, opération,
voyage **3.** chartreuse, château, cottage, domaine, ferme, folie, maison, moulin, propriété, résidence secondaire, villégiature
III. **PARTIE DE CAMPAGNE** : excursion, pique-
nique, promenade, sortie
◇ CONTR. → AGGLOMÉRATION

CAMPANE n.f. → CLOCHE

CAMPANILE n.m. clocher, lanterne, tour

CAMPÉ, E assis, établi, fixé, placé, posé,
posté

CAMPEMENT et **CAMPING** n.m. → CAMP

CAMPER I. bivouaquer, cantonner, s'établir, s'installer, nomadiser, planter sa tente,
séjourner II. affermir, asseoir, dresser, établir, fixer, installer, loger, mettre, placer,
planter, poser, poster III. **v. pron.**: hancher
◇ CONTR. → PARTIR

CAMPING-CAR n.m. **off.**: auto-caravane

CAMPOS n.m. → VACANCES

CAMPUS n.m. → FACULTÉ

CAMUS, E I. au pr.: aplati, camard, camuset,
court, écaché, écrasé, épaté, plat, sime (vx)
II. **fig.**: confus, déconcerté, désappointé,
ébahi, embarrassé, honteux, interdit, penaud, quinaud
◇ CONTR. I. → LONG II. → CONTENT

CANAILLE n.f. I. → VAURIEN II. → POPULACE

CANAILLERIE n.f. coquinerie (vx), crapulerie, friponnerie, improbité, indélicatesse,
malhonnêteté, polissonnerie, saleté, trivialité, vulgarité
◇ CONTR. → HONNÊTETÉ

CANAL n.m. I. adduction, abée, adducteur,
aqueduc, arroyo, arrugie, buse, caniveau,
chenal, chéneau, conduit, conduite, coursier, cunette, dalle, dalot, drain, égout, émissaire, étier, fossé, gargouille, goulette, goulot, goulotte, gouttière, noue, noulet,
oléoduc, pierrée, pipe-line, rigole, robine,
roubine, saignée, sangsue, séguia, tranchée,
tube, tuyau – vx : grevier, naville II. **par ext.**
1. bief, boucau (mérid.), bras, cours d'eau, détroit, duit, embouchure, grau, lit, marigot,
passage, passe, rivière, watergang **2.** bassin,
miroir/ pièce d'eau **3. arch.**: cannelure,
glyphe, gorge, rainure, sillon III. **fig.**: agent,
boîte aux lettres, entremise, filière, intermédiaire, moyen, source, voie

CANALISATION n.f. branchement, colonne, conduite, égout, émissaire, griffon,
manifold, réseau, tout-à-l'égout, tuyauterie

CANALISER I. → CONDUIRE II. centraliser,
concentrer, diriger, grouper, rassembler,
réunir
◇ CONTR. → DISPERSER

CANAPÉ n.m. borne, causeuse, chaise
longue, confident, cosy-corner, divan, fauteuil, lit, méridienne, ottomane, récamier,
siège, sofa, sopha

CANARD n.m. I. anas, anatidé, barbarie,
cane, caneton, carolin, colvert, eider, eider-
duck, garrot, halbran, harlepiette, macreuse, malard, mandarin, milouin, mique-
lon, morillon, mulard, nyroque, palmipède,
pétrin, pilet, rouen, sarcelle, siffleur, souchet, tadorne II. **par ext. 1.** cacophonie, couac

2. bobard, bruit, canular, nouvelle, tuyau
3. → JOURNAL

CANARDER → TIRER

CANASSON n.m. → CHEVAL

CANCAN n.m. bavardage, calomnie, caquet, caquetage, clabaudage, commérage, dirie (rég.), jasement, jaserie, médisance, potin, racontar, ragot, scandale
◇ CONTR. → DISCRÉTION

CANCANER → MÉDIRE

CANCANIER, ÈRE n. et adj → CALOMNIATEUR

CANCER n.m. carcinome, épithéliome, fongus malin, leucémie, métastase, néoplasme, sarcome, squirrhe, tumeur – **arg.** : crabe

CANCRE n.m. **I.** → ÉLÈVE **II.** → PARESSEUX

CANDÉLABRE n.m. → CHANDELIER

CANDEUR n.f. blancheur, crédulité, franchise, ingénuité, innocence, naïveté, niaiserie (péj.), pureté, simplesse, simplicité, sincérité
◇ CONTR. → RUSE

CANDIDAT, E n.m. ou f. → POSTULANT

CANDIDE blanc, crédule, franc, ingénu, innocent, naïf, naturel, puéril, pur, simple, sincère, virginal
◇ CONTR. **I.** → FAUX **II.** → RUSÉ

CANE n.f. → PALMIPÈDE

CANEPETIÈRE n.f. outarde

CANER céder, flancher, reculer → MOURIR
◇ CONTR. → RÉSISTER

CANETON n.m. → PALMIPÈDE

CANETTE n.f. **I.** → PALMIPÈDE **II.** → BOUTEILLE

CANEVAS n.m. essai, modèle, ossature, plan, pochade, scénario, squelette, synopsis, tableau → ÉBAUCHE

CANICULE n.f. chaleur, été

CANIF n.m. **I.** → COUTEAU – **vx** : cannivet, jambette **II. par ext.** : grattoir, ognette, onglet, onglette

CANINE n.f. croc, défense, dent, laniaire

CANISTER n.m. **méd. off.** : absorbeur

CANIVEAU n.m. conduit, rigole → CANAL

CANNE n.f. **I.** → BÂTON **II.** balisier, bambou, roseau

CANNELÉ, E creusé, mouluré, rainuré, sillonné, strié

CANNELLE n.f. canéficier, cannelier, casse, cassier

CANNELURE n.f. gorge, goujure, moulure, rainure, strie

CANNER par ext. : joncer

CANNIBALE nom et adj. **I.** anthropophage **II.** cruel, féroce, ogre, sauvage

CANNIBALISER → PRENDRE

CANOË n.m. barque, canadien, canot, périssoire, pirogue → BATEAU

CANON n.m. **I.** arme, artillerie, aspic, batterie, bertha, bombarde, bouche à feu, caronade, couleuvrine, crapouillot, faucon, fauconneau, mortier, obusier, pièce d'artillerie, pierrier, ribaude, ribaudequin, veuglaire **II.** airain, bronze, brutal (arg.), foudre, ultima ratio regum **III. 1.** catalogue, décision, droit, règle, règlement **2.** idéal, modèle, module, norme, règle, type

CAÑON n.m. col, défilé, gorge, ravin

CANONIQUE conforme, convenable, exact, obligatoire, réglé, réglementaire, régulier
◇ CONTR. → IRRÉGULIER

CANONISATION n.f. **par ext.** : béatification

CANONISER I. au pr. : béatifier, déclarer canonique, mettre/ inscrire au calendrier, sanctifier **II. par ext.** : encenser, glorifier, louer, prôner
◇ CONTR. → DÉPRÉCIER

CANONNER arroser, battre, bombarder, canarder, pilonner, soumettre au tir

CANOPY n.m. **aviat.** : canopée, verrière (off.)

CANOT n.m. baleinière, barque, batelet, berthon, bombard, canadien, canoë, chaloupe, embarcation, esquif, flambard, horsbord, nacelle, périssoire, skiff, vedette, yole, youyou → BATEAU

CANTATE et **CANTILÈNE** n.f. → CHANT

CANTATRICE n.f. → CHANTEUSE

CANTILEVER n.m. et adj. **aviat. et tr. pub. off.** : en porte à faux

CANTINE n.f. **I.** → CABARET **II.** bagage, caisse, coffre, malle, marmotte, portemanteau

CANTINER → ACHETER

CANTINIER n.m. **I.** cambusier → MARCHAND

CANTINIÈRE n.f. madelon (fam.), vivandière (vx)

CANTIQUE n.m. antienne, chant, hymne, motet, noël, poème, prose, psaume, répons

CANTON n.m. circonscription, coin, lieu, pays, région, territoire, zone

CANTONNEMENT n.m. → CAMP

CANTONNÉ, E enfermé, isolé, renfermé

CANTONNER I. → CAMPER **II. v. pron. 1.** s'établir, se fortifier, s'isoler, se renfermer, se retirer **2.** → LIMITER (SE)

CANTONNIER n.m. employé municipal

CANTONNIÈRE n.f. → RIDEAU

CANULANT, E → ENNUYEUX

CANULAR n.m. → MYSTIFICATION

CANULE n.f. cannelle, cathéter, clysoir, drain, sonde

CANULER I. casser les pieds, ennuyer, fatiguer, importuner **II.** abuser, mystifier

◊ CONTR. → CHARMER

CAP n.m. **I.** avancée, bec, pointe, promontoire, ras **II.** → EXTRÉMITÉ

◊ CONTR. → GOLFE

CAPABLE adroit, apte, averti, bastant (vx), bon, chevronné, compétent, compétitif, dégourdi, doué, entendu, exercé, expérimenté, expert, fort, fortiche (fam.), habile, habilité, idoine, industrieux, ingénieux, intelligent, malin, puissant, qualifié, savant, susceptible de, talentueux, versé dans

◊ CONTR. → INCAPABLE

CAPACITÉ n.f. **I. 1.** contenance, cubage, cylindrée, épaisseur, étendue, grosseur, jauge, mesure, portée, profondeur, tirant d'eau, tonnage, volume → QUANTITÉ **2.** litre *et dérivés* **3.** brasse, corde, cordée, cube *et dérivés*, stère, voie **4. partic. ou vx :** arrobe, baril, barrique, bichet, bock, boisseau, boujaron, canon, chopine, congé, demi, demiard, feuillette, gallon, hémine, litron, médimne, mesure, mine, minot, modius, moque, muid, picotin, pièce, pinte, pipe, pot, quart, quartaut, quarte, rasière, roquille, saa (Algérie), sac, setier, tonneau, velte, yu (Chine) **5. mar. :** jauge, tonneau **II.** adresse, aptitude, compétence, disposition, esprit, expérience, faculté, force, génie, habileté, habilité, inclination, industrie, ingéniosité, intelligence, mérite, pouvoir, qualité, rayon (fam.), savoir, science, talent, valeur, vertu

◊ CONTR. → INCAPACITÉ

CAPARAÇON n.m. armure, couverture, harnais, housse

CAPARAÇONNÉ, E → VÊTU

CAPE n.f. → MANTEAU

CAPELAN n.m. → PRÊTRE

CAPELER mar. **I.** → BOUCLER **II.** → FIXER

CAPHARNAÜM n.m. amas, attirail, bagage, bazar, bordel (grossier), bric-à-brac, confusion, désordre, entassement, fourbi, méli-mélo, pêle-mêle

◊ CONTR. → ORDRE

CAPILOTADE n.f. déconfiture, gâchis, marmelade

CAPISTON ou **CAPITAINE** n.m. commandant, gouverneur, lieutenant de vaisseau → CHEF

CAPITAL n.m. **I.** → ARGENT **II.** → BIEN **III.** → TERRE **IV.** → ÉTABLISSEMENT

CAPITAL, E → PRINCIPAL

CAPITALE n.f. **I.** babel, Babylone, chef-lieu, métropole, pandémonium **II.** → MAJUSCULE

◊ CONTR. → VILLAGE

CAPITALISATION n.f. anatocisme

CAPITALISME n.m. **par ext. :** actionnariat, libéralisme, libre entreprise, multinationales

CAPITALISTE nom et adj. **I.** bourgeois, libéral (par ext.), riche **II.** → PRÊTEUR

◊ CONTR. **I.** → PROLÉTAIRE **II.** → CAPITALISTE

CAPITAN n.m. → HÂBLEUR

CAPITEUX, EUSE alcoolisé, échauffant, enivrant, entêtant, étourdissant, exaltant, excitant, généreux, grisant, qui monte/ porte à la tête, troublant

◊ CONTR. → FADE

CAPITONNER étouper, garnir, rembourrer, remplir

CAPITULARD → LÂCHE

CAPITULATION n.f. abandon, abdication, accommodement, armistice, cession, convention, défaite, démission, reddition, renoncement, renonciation

◊ CONTR. → RÉSISTANCE

CAPITULER abandonner, abdiquer, battre la chamade, bouquer (vx), céder, se déculotter (fam.), demander grâce/ merci, se démettre, déposer/ jeter bas/ mettre bas/ poser/ rendre les armes, hisser le drapeau blanc, lâcher prise, livrer les clefs, mettre les pouces, ouvrir les portes, parlementer, se rendre, renoncer, se retirer, se soumettre

◊ CONTR. → RÉSISTER

CAPON, NE nom et adj. **I.** alarmiste, couard, craintif, dégonflé, flagorneur (vx), froussard, lâche, mazette, peureux, pleutre, poltron, poule mouillée, pusillanime, rapporteur, timide, timoré, trembleur **II.** → LÂCHE − **vx :** claquedent, flagorneur, fuitif **III. arg. ou fam. :** chevreuil, chiasseux, clichard, foireux, peteux, petochard, tafeur, tracqueur, trouillard

◊ CONTR. → COURAGEUX

CAPONNER → DÉNONCER

CAPORAL n.m. brigadier, cabot, crabe (arg.), gradé

CAPORALISME n.m. absolutisme, autocratie, autoritarisme, césarisme, dictature, militarisme, pouvoir absolu/ discrétionnaire, prépotence

CAPOT confus, embarrassé, honteux, interdit

◊ CONTR. → CONTENT

CAPOTE I. → MANTEAU **II.** → PRÉSERVATIF

CAPOTER aller à Versailles (vx), chavirer, culbuter, se renverser, se retourner

CÂPRE n.f. → AROMATE

CAPRICANT, E I. → CAPRICIEUX **II.** → SACCADÉ

CAPPRICCIO n.m. → AIR

CAPRICE n.m. **I. au pr.** : accès, arbitraire, bizarrerie, bon plaisir, boutade, changement, chimère, coup de tête, envie, extravagance, fantaisie, folie, foucade, fougasse, gré, humeur, impatience, incartade, inconséquence, inconstance, infantilisme, instabilité, légèreté, lubie, lune, marotte, mobilité, mouvement, originalité, primesaut, quinte, saillie, saute d'humeur, singularité, toquade, variation, versatilité, vertigo, volonté – **québ.** : accent **II. par ext.** : amour, amourette, béguin, dada (fam.), enfantillage, escapade, étrangeté, excentricité, frasque, fredaine, flirt, idylle, oaristys (litt.), passade, pépin, toquade
◊ CONTR. **I.** → CONSTANCE **II.** → RAISON

CAPRICIEUX, EUSE I. au pr. : arbitraire, bizarre, braque, capricant, changeant, excentrique, extravagant, fantaisiste, fantasque, fou, gâté, inconséquent, inconstant, instable, irréfléchi, irrégulier, labile, léger, lunatique, maniaque, mobile, ondoyant, original, quinteux, sautillant, variable, versatile **II. par ext.** : anormal, saugrenu, surprenant
◊ CONTR. **I.** → PERSÉVÉRANT **II.** → RAISONNABLE

CAPSELLE n.f. bourse-à-pasteur

CAPSULE n.f. → ENVELOPPE

CAPSULER boucher, cacheter, clore, fermer, obturer, sceller
◊ CONTR. → OUVRIR

CAPTATION n.f. **I. jurid.** : détournement, dol, subornation, suggestion **II.** captage, prélèvement, prise, recel

CAPTER I. canaliser, conduire, prélever, pomper **II.** intercepter, surprendre **III.** rassembler, recueillir, réunir **IV. quelqu'un.** attirer, captiver, charmer, conquérir, gagner, obtenir, vaincre – **péj.** : abuser, accaparer, attraper, circonvenir, duper, embabouiner, embobeliner, embobiner, enjôler, fourvoyer, leurrer, surprendre, tromper
◊ CONTR. **I.** → RÉPANDRE **II.** → DISPERSER **III.** → REPOUSSER

CAPTIEUX, EUSE abusif, artificieux, déloyal, dupeur, égarant, endormant, enjôleur, fallacieux, faux, fourbe, fourvoyant, insidieux, mensonger, mystifiant, retors, roué, séduisant, sophistiqué, spécieux, trompeur
◊ CONTR. → VRAI

CAPTIF, IVE nom et adj. **I.** asservi, attaché, cadenassé, contraint, dépendant, détenu, écroué, emprisonné, enchaîné, enfermé, esclave, gêné, incarcéré, interné, otage, prisonnier, reclus, relégué, séquestré **II.** forçat, relégué, transporté
◊ CONTR. → LIBRE

CAPTIVANT, E attachant, attirant, charismatique, charmant, charmeur, ensorcelant, ensorceleur, enthousiasmant, enveloppant, fascinant, intéressant, magique, prenant, ravissant, séduisant, vainqueur
◊ CONTR. → ENNUYEUX

CAPTIVER absorber, asservir, assujettir, attacher, capter, charmer, conquérir, convaincre, dompter, enchaîner, enchanter, enjôler, ensorceler, enthousiasmer, entraîner, fasciner, gagner, intéresser, maîtriser, occuper, passionner, persuader, plaire, ravir, réduire à sa merci, saisir, séduire, soumettre, vaincre
◊ CONTR. → ENNUYER

CAPTIVITÉ n.f. → EMPRISONNEMENT

CAPTURE n.f. **I.** → ARRESTATION **II.** → BUTIN

CAPTURER → PRENDRE

CAPUCHON n.m. **I. 1.** aumusse, béguin, cagoule, camail, capeline, capuce, capuche, capulet, chaperon, coiffure, coqueluchon, coule, couvre-chef, cuculle **2.** couvercle, opercule, protection **II. par ext.** : caban, capote, coule, crispin, domino, duffle-coat, pèlerine

CAPUCHONNER → COUVRIR

CAPUCIN, E I. franciscain, moine **II. vén.** : lièvre **III.** saï, sajou, singe d'Amérique

CAPUCINADE n.f. **I.** → HOMÉLIE **II.** bigoterie, cafarderie, fausse dévotion, momerie → HYPOCRISIE

CAQUE n.f. barrot → BARIL

CAQUET et **CAQUETAGE** n.m. → BAVARDAGE

CAQUETER → BAVARDER

CAR conj. attendu que, du fait que, en effet, étant donné que, parce que, puisque, vu que

CAR n.m. autobus, autocar, courrier, patache, pullman

CARABIN n.m. → MÉDECIN

CARABINE n.f. → FUSIL

CARABINÉ, E → EXCESSIF

CARACTÈRE n.m. **I.** chiffre, écrit, écriture, empreinte, graphie, gravure, inscription, lettre, sceau, sigle, signe, symbole, texte, trait **II. d'une chose** : attribut, cachet, caractéristique, critérium, essence, facture, indice, marque, nature, particularité, propriété, qualité, relief, sens, signe, signification, titre, ton, trait III. **de quelqu'un**: air, allure, apparence, aspect, constitution, expression, extérieur, façons, figure, fond, génie, goût, humeur, idiosyncrasie, manière, marque, naturel, originalité, personnalité, psychologie, qualité, relief, style, tempérament, visage IV. **par ext.**: assurance, audace, constance, courage, détermination, dignité, empire sur soi, énergie, entêtement, fermeté, fierté, force, grandeur d'âme, héroïsme, inflexibilité, loyauté, maîtrise de soi, opiniâtreté, orgueil, résolution, stoïcisme, ténacité, trempe, valeur, volonté V. **d'une nation**: âme, génie, mœurs, originalité, particularisme, particularité, spécificité VI. **d'imprimerie**: antique, bas de casse, canon, capitale, cicéro, égyptienne, elzévir, gaillarde, italique, majuscule, mignonne, minuscule, normande, palestine, parangon, parisienne, romain, saint-augustin, sédanoise, trismégiste ◇ CONTR. → FAIBLESSE

CARACTÉRIEL, LE nom et adj. inadapté → MYTHOMANE

CARACTÉRISER analyser, circonstancier, constituer, définir, dépeindre, désigner, déterminer, distinguer, expliciter, indiquer, individualiser, marquer, montrer, particulariser, personnaliser, peindre, préciser, spécifier ◇ CONTR.: généraliser → RÉPANDRE

CARACTÉRISTIQUE I. **adj.**: déterminant, distinctif, dominant, essentiel, indicatif, notable, original, particulier, patent, personnel, propre, remarquable, saillant, significatif, spécifique, symptomatique, typique, visible II. **n.f.**: aspect, attribut, caractère, disposition particulière, distinction, indice, marque, originalité, particularité, propriété, qualité, signe, singularité, spécificité, trait ◇ CONTR. → BANAL

CARACUL n.m. astrakan, breitschwanz

CARAMBOLAGE n.m. → HEURT

CARAMBOLER v. tr. → HEURTER

CARAPACE n.f. → PROTECTION

CARAVANE n.f. I. caravansérail, kan, smala II. → TROUPE III. → CONVOI IV. remorque, roulotte

CARAVANING n.m. **off.**: caravanage, tourisme en caravane

CARAVANSÉRAIL n.m. auberge, bordj, étape, fondouk, gîte, hôtellerie, kan ou khan, refuge

CARBONADE n.f. bifteck, grillade, steak

CARBONISER brûler, calciner, charbonner, consumer, cuire, réduire en charbon,

rôtir ◇ CONTR.: blanchir, pocher, saisir → CUIRE

CARBURANT n.m. → COMBUSTIBLE

CARCAN n.m. I. cangue, pilori II. → COLLIER III. → SERVITUDE IV. → CHEVAL

CARCASSE n.f. I. charpente, ossature, squelette II. armature, châssis, coque III. canevas, esquisse, plan, projet, topo ◇ CONTR. → EXTÉRIEUR

CARDE n.f. bette, blette, cardon

CARDER battre, démêler, dénouer, peigner

CARDINAL, E → PRINCIPAL

CARDON n.m. → CARDE

CARÊME n.m. I. → JEÛNE II. CARÊME-PRENANT → CARNAVAL

CARENCE n.f. I. absence, défaut, défection, défectuosité, dénuement, disette, imperfection, incomplétude, indigence, insolvabilité, insuffisance, manque, manquement, oubli, pénurie, privation II. abstention, impuissance, inaction III. **méd.**: anémie, avitaminose, malnutrition, sous-alimentation IV. → PAUVRETÉ ◇ CONTR. I. → PRÉSENCE II. → ACTION III. solvabilité

CARENCER → PRIVER

CARESSANT, E affectueux, aimable, aimant, amoureux, attentionné, cajoleur, câlin, démonstratif, doux, enjôleur, expansif, flatteur, tendre, voluptueux ◇ CONTR. I. → INDIFFÉRENT II. → BRUTAL

CARESSE n.f. I. accolade, agacerie, amabilités, aménités, amitiés, attentions, attouchement, baiser, becquetage, bontés, cajolerie, câlinerie, chatouille, chatouillement, chatouillis, chatterie, contact, douceurs, ébats, effleurement, égards, embrassement, enlacement, étreinte, familiarité, flatterie, frôlement, frottement, frotti-frotta, gâteries, gentillesse, geste, gouzi-gouzi, guili-guili, guizi-guizi, lèchement, mamours, mignardise, mignotise, paluchage (arg.), papouille, passes (vulg.), patinage, patte de velours, pelotage, pression, prévenances, privauté, tendresse, titillation, zig-zig II. → MASTURBATION III. **fig.**: bain, délice, faveur, illusion, volupté ◇ CONTR. I. → INDIFFÉRENCE II. → BRUTALITÉ

CARESSER I. **au pr.**: 1. attoucher, baiser, bécoter, becqueter, bichonner, bouchonner, cajoler, câliner, chatouiller, chiffonner, couvrir de caresses *et les syn. de* caresse, dorloter, s'ébattre, effleurer, embrasser, enlacer, étreindre, flatter, frôler, frotter, lécher, mamourer (fam.), manier, manger de baisers, masser, passer/ promener la main, patouiller, peloter, presser, rebaudir (vén.), serrer, tapoter, titiller, toucher, tripoter, tripotailler, trousser 2. **vx** : accoler, avoir des bontés, coucouler, gironner, gratter, mignarder, mignoter, patiner 3. → MASTURBER **II. par ext. 1.** bercer, se complaire, entretenir, nourrir, projeter, ressasser 2. aduler, amadouer, cajoler, choyer, courtiser, faire du plat, flagorner, lécher les bottes → FLATTER

◊ CONTR. **I.** → BATTRE **II.** → MALMENER

CAR-FERRY n.m. **mar. off.** : (navire) transbordeur

CARGAISON n.f. **I.** charge, chargement, fret, marchandises **II.** bagage, collection, provision, réserve **III.** → QUANTITÉ

CARGO n.m. tramp → BATEAU

CARGUER plier → SERRER

CARICATURAL, E bouffon, burlesque, carnavalesque, clownesque, comique, contrefait, difforme, grotesque, parodique, ridicule

◊ CONTR. **I.** → CONVENABLE **II.** → FLATTEUR

CARICATURE n.f. **I.** charge, dessin, effigie, peinture, pochade, silhouette, traits **II.** contrefaçon, déformation, farce, grimace, parodie, raillerie, satire

◊ CONTR. **I.** → ÉLOGE **II.** → FLATTERIE

CARICATURER charger, contrefaire, croquer, parodier, railler, ridiculiser, tourner en ridicule

◊ CONTR. **I.** → LOUER **II.** → FLATTER

CARIE n.f. **bot.** : anthracnose, charbon, rouille noire de la vigne

CARIER abîmer, altérer, avarier, corrompre, détériorer, endommager, gâter, gangrener, infecter, nécroser, pourrir

CARILLON n.m. **I.** → CLOCHE **II.** sonnerie, tintinnabulement **III.** chahut, charivari, criaillerie, micmac, scène, tapage, tohubohu

CARILLONNER I. → SONNER **II.** → PUBLIER

CARILLONNEUR n.m. sonneur

CARISTE n.m. manutentionnaire

CARLIN n.m. → CHIEN

CARLINE n.f. → CHARDON

CARLINGUE n.f. **I.** → HABITACLE **II. mar.** → POUTRE

CARMAGNOLE n.f. **I.** → VESTE **II.** → DANSE

CARME n.m. → RELIGIEUX

CARMELINE n.f. et adj. → LAINE

CARMÉLITE n.f. → RELIGIEUSE

CARMIN n.m. et adj. → ROUGE

CARNAGE n.m. **I. au pr. vx** : chair, nourriture, viande **II. par ext.** : abattoir, boucherie, chaplade (mérid.), décimation, étripage (fam.), hécatombe, massacre, tuerie – **vx** : chapelis, occision **III. fig.** : destruction, dévastation, extermination, gâchis, génocide, pogrom, ravage, ruine, Saint-Barthélemy

CARNASSIER, ÈRE → CARNIVORE

CARNASSIÈRE n.f. carnier, gibecière, havresac, musette

CARNATION n.f. **I. au pr.** : apparence, coloration, couleur, mine, teint **II. par ext.** : chair, peau

CARNAVAL n.m. **I.** amusement, cavalcade, célébration du mardi gras/ de la mi-carême, défilé, déguisement, divertissement, mascarade, travestissement **II.** domino, masque **III. vx** : carême-prenant, chicard, chienlit, momerie

CARNE n.f. **I.** → CHAIR **II.** → CHEVAL **III.** → VIRAGO

CARNÉ, E couleur chair, cuisse de nymphe émue (vx)

CARNEAU n.m. → CONDUIT

CARNÈLE n.f. → BORDURE

CARNET n.m. agenda, bloc-notes, cahier, calepin, journal, livret, manifold, mémento, mémoires, mémorandum, notes, registre, répertoire

CARNIER n.m. → CARNASSIÈRE

CARNIVORE nom et adj. **I.** carnassier, créophage, omophage, sanguinaire **II.** belette, brochet, chat, chien, civette, coati, épaulard, fouine, furet, glouton, hyène, lion, loup, loutre, lycaon, mangouste, martre, mouffette, musaraigne, otocyon, ours, panda, paradoxure, protèle, puma, putois, oiseau de proie, rapace, ratel, renard, requin, suricate, tigre, varan, zorille

◊ CONTR. → VÉGÉTALIEN

CAROGNE n.f. **I.** → CHAIR **II.** → VIRAGO

CAROLE n.f. **I.** → PROMENOIR **II.** → DANSE

CAROLIN n.m. **I.** → CANARD **II.** → PEUPLIER

CAROTTAGE n.m. **I.** → TROMPERIE **II.** → VOL

CAROTTE n.f. **I. par ext. 1.** échantillon, prélèvement 2. chique **II. fig.** : artifice, carottage, duperie, escroquerie, exploitation, ficelle, filouterie, illusion, leurre, mensonge, piperie, resquille, ruse → TROMPERIE

CAROTTER → TROMPER

CAROTTEUR, EUSE nom et adj. **I.** → FRIPON **II.** → VOLEUR

CAROTTIER, ÈRE nom et adj. **I.** → FRIPON **II.** → VOLEUR

CARPETTE n.f. → TAPIS

CARRE n.f. **I.** → ANGLE **II.** → ÉPAISSEUR

CARRÉ n.m. **I. au pr.** : quadrilatère **II. par ext.** **1.** carreau, case, quadrillage **2. jardinage** : corbeille, massif, parterre, planche, plate-bande **3.** bout, coin, morceau, pièce

CARRÉ, E fig. : droit, ferme, franc, loyal, net, ouvert, sincère, vrai

CARREAU n.m. **I.** → CARRELAGE **II.** croisée, fenêtre, glace, panneau, verre, vitre **III.** → COUSSIN **IV.** → TRAIT

CARRÉE n.f. **I.** → ENCADREMENT **II.** → CHAMBRE

CARREFOUR n.m. bifurcation, bivoie, cafourche (**rég.**), croisée des chemins, croisement, embranchement, étoile, fourche, patte d'oie, rond-point

CARRELAGE n.m. carreaux, dallage, dalles, mosaïque, sol → CÉRAMIQUE

CARRELER I. → PAVER **II.** quadriller

CARRELET n.m. **I.** ableret, araignée, filet **II.** alguille, lime, règle

CARRÉMENT abruptement, absolument, d'autorité, catégoriquement, hardiment, librement, sans ambages/ barguigner/ détour/ faux-fuyant/ hésitation/ histoires *et les dérivés en* -ment *possibles des syn. de* carré

◇ CONTR. : indirectement, mollement, timidement

CARRER I. élever au carré **II.** → TAILLER **III.** → ENFONCER **IV. v. pron.** → PRÉLASSER (SE)

CARRIER n.m. exploitant de carrières

CARRIÈRE n.f. **I.** ardoisière, ballastière, glaisière, grésière, marbrière, marnière, meulière, mine, plâtrière, sablière **II.** arène, champ de courses, lice, manège (par ext.), stade **III.** curriculum, état, fonction, métier, occupation, profession **IV. DONNER CARRIÈRE** : champ, cours, course, liberté

CARRIOLE n.f. → CHARRETTE

CARROSSABLE praticable

CARROSSE n.m. → COCHE

CARROSSERIE n.f. bâti, caisse, tôlerie → VOITURE

CARROSSIER n.m. **I.** charron **II.** couturier de la voiture, modéliste

CARROUSEL n.m. fantasia, parade, reprise, tournoi *et par ext.* ronde

CARROYAGE n.m. quadrillage

CARRURE n.f. → TAILLE

CARTABLE n.m. carton, cartonnier, musette d'écolier, porte-documents, portefeuille, sac, sacoche, serviette, sous-main

CARTE n.f. **I. à jouer. 1.** as, atout, carreau, cœur, dame, manillon, pique, reine, roi, tarot, trèfle, valet **2.** baccara, bassette, bataille, belote, besigue, blanque, bog, bonneteau, boston, bouillotte, brelan, bridge, brisque, brusquemaille, canasta, chemin de fer, crapette, drogue, écarté, grabuge, hoc, hombre, impériale, lansquenet, manille, mariage, mistigri, mouche, nain jaune, pamphile, pharaon, piquet, poker, polignac, quadrille, réussite, reversi, revertier, romestecq, tarot, trente et un, trente-et-quarante, tri, triomphe, vingt-et-un, whist **3. arg.** : brème, carton **II. géogr.** : atlas, carton, croquis, géorama, mappemonde, plan, planisphère, portulan, projection, représentation **III. de correspondance** : **1.** bristol, carte-lettre, lettre, pneu, pneumatique **2.** paysage, photo, vue **IV.** autorisation, billet, coupe-file, laissez-passer, ticket, titre, visa **V.** catalogue, choix, menu, prix

CARTEL n.m. **I.** billet, bristol, carte, papier **II. par ext. 1. vx** : convention, traité **2.** défi, provocation **III.** cartouche, encadrement, horloge, pendule, régulateur **IV.** association, bloc, comptoir de vente, concentration, consortium, entente, société, trust

CARTÉSIEN, ENNE → LOGIQUE

CARTIER n.m. fabricant de cartes à jouer

CARTOMANCIE n.f. **par ext.** → DIVINATION

CARTOMANCIEN, NE n.m. ou f. diseur, (euse) de bonne aventure, reniflante, tireur, (euse) de cartes *et par ext.* → DEVIN

CARTON n.m. **I.** → CARTE **II.** boîte → CARTABLE **III.** croquis, dessin, étude, modèle, patron, plan, projet **IV.** → FEUILLE

CARTOUCHE I. n.m. : blason, cadre, cartel, encadrement, mandorle **II. n.f.** : explosif, mine, munition, pétard → BALLE

CARTOUCHIÈRE n.f. giberne, musette, sac, sacoche

CARTULAIRE n.m. chartrier, terrier

CAS n.m. **I.** accident, aventure, circonstance, conjoncture, contingence, événement, éventualité, fait, hasard, histoire, hypothèse, matière, occasion, occurrence, possibilité, rencontre, situation **II. jurid.** : action, affaire, cause, crime, délit, fait, procès **III. 1. C'EST LE CAS** : lieu, moment, occasion, opportunité **2. EN CE CAS** : alors **3. EN AUCUN CAS** : façon, manière **4. CAS DE CONSCIENCE** : difficulté, scrupule **5. EN TOUT CAS** : de toute façon, en toute hypothèse, quoi qu'il arrive **6. EN-CAS** : casse-croûte (fam.), collation, goûter, repas léger **7. AU CAS OÙ, EN CAS QUE** : à supposer que, en admettant que, quand, si, s'il arrivait/ survenait/ venait que **8. FAIRE CAS DE** → ESTIMER **9. CAS SOCIAL** → DÉCHU, PAUVRE

CASANIER, ÈRE I. **au pr. 1. fam.** : cul-de-plomb, notaire, pantouflard, popote, pot-au-feu **2.** sédentaire, solitaire II. **par ext.** : bourru, ours, sauvage

◆ CONTR. I. → PROMENEUR, VOYAGEUR II. → MONDAIN

CASAQUE n.f. I. → CORSAGE II. → MANTEAU III. **des condamnés de l'Inquisition** : san-benito IV. **vx** : cotte, hoqueton, jaquette, sayon, soubreveste V. **TOURNER CASAQUE** → CHANGER

CASAQUIN n.m. → CORSAGE

CASCADE et **CASCATELLE** n.f. I. **au pr.** : buffet d'eau, catadupe (vx), cataracte, chute, rapides II. **fig.** : **1.** → ACROBATIE **2.** avalanche, culbute, dégringolade, rebondissement, ricochet, saccade, succession, suite

CASCADER I. → COULER II. faire de l' → ACROBATIE

CASCADEUR, EUSE nom et adj. I. → ACROBATE II. → FÊTARD

CASE n.f. I. → CABANE II. alvéole, carré, casier, cellule, compartiment, division, subdivision, vide

CASEMATE n.f. abri, blockhaus, bunker, fortification, fortin, ouvrage fortifié, tourelle

CASER I. **au pr.** : aligner, classer, disposer, installer, loger, mettre, ordonner, placer, ranger, serrer II. **par ext.** : établir, faire nommer, fixer, procurer un emploi

◆ CONTR. I. → DÉPLACER II. → DESTITUER

CASERNE n.f. baraquement, base, cantonnement, casernement, dépôt, garnison, place, quartier

CASH → COMPTANT

CASH FLOW n.m. **écon. off.** : marge brute d'autofinancement, M.B.A

CASIER n.m. I. cartonnier, cases, classeur, compartiments, fichier, rayons, tiroir II. nasse

CASING n.m. **pétr. off.** : cuvelage

CASQUE n.m. I. **au pr.** : armet, bassinet, bicoquet, bourguignotte, cabasset, capeline, chapeau, gamelle (arg. milit.), heaume, morion, pot de fer, salade II. **par ext.** : bombe, calotte, chevelure, coiffure III. **CASQUE À MÈCHE** : bonnet de nuit

CASQUER → PAYER

CASQUETTE n.f. I. → COIFFURE II. **arg.** : bâche, dèfe, desfoux (vx), gapette, grivelle, tampon

CASSANT, E I. **au pr.** : cassable, délicat, destructible, faible, fissible, friable, fragile, gélif,

scissible, vermoulu II. **par ext.** : absolu, aigre, âpre, autoritaire, bourru, brusque, dur, impérieux, inflexible, insolent, rude, sec, sévère, tranchant

◆ CONTR. I. → SOLIDE II. → CONCILIANT

CASSATION n.f. I. **jurid.** : abrogation, annulation, dégradation (milit.), remise, renvoi II. → CONCERT

CASSE n.f. I. bagarre, bris, dégâts, démolition, désagrément, destruction, dommage, ennui, grabuge, perte II. bassine, lèchefrite, poêle, poêlon, récipient → CASSEROLE III. **imprim.** : bardeau, casier, casseau IV. → CANNELLE V. **FAIRE UN CASSE** (arg.) : cambrioler → VOLER

CASSÉ, E I. **au pr.** → CASSER II. **par ext. quelqu'un** : âgé, anémique, brisé, caduc, courbé, débile, décrépit, estropié, faible, infirme, tremblant, usé, vieux, voûté

◆ CONTR. → DROIT

CASSE-COU n.m. I. **n.m.** → DANGER II. **adj.** : audacieux, brise-tout, brûlot, cascadeur, casse-gueule, étourdi, hardi, imprudent, inconscient, irréfléchi, présomptueux, risque-tout, téméraire III. **CRIER CASSE-COU** → AVERTIR

◆ CONTR. → PRUDENT

CASSE-CROÛTE n.m. acompte, amuse-gueule, casse-dalle/ graine, collation, croque-monsieur, croustille, en-cas, fast-food, goûter, mâchon, repas froid/ léger/ rapide/ sur le pouce, sandwich

CASSE-GUEULE n.m. I. → DANGER II. **péj.** → ALCOOL

CASSEMENT n.m. bruit, casse-tête, ennui, fatigue, préoccupation, rompement de tête (rég.), souci, tracas

◆ CONTR. → TRANQUILLITÉ

CASSE-PIEDS n.m. → IMPORTUN

CASSE-PIPE n.m. invar. → GUERRE

CASSER I. **v. tr. 1. au pr.** : briser, broyer, concasser, craqueler, déchirer, délabrer, désagréger, détériorer, détruire, disloquer, ébouiller (rég.), ébrécher, écocher, éclater, écorner, écraser, effondrer, émietter, entailler, entamer, éventrer, fêler, fendiller, fendre, fracasser, fractionner, fracturer, fragmenter, morceler, péter (fam.), piler, rompre → ABÎMER **2. chir.** : comminuer II. **fig. 1. À TOUT CASSER** (fam.) → EXTRAORDINAIRE **2. CASSER LES VITRES** : chambarder, s'emporter, faire un éclat, manifester, se mettre en colère **3. CASSER LE MORCEAU** : avouer, dénoncer **4. CASSER DU SUCRE** → CALOMNIER **5. CASSER LES PIEDS/ LA TÊTE** : assommer, assourdir, ennuyer, étourdir, fatiguer, importuner **6. CASSER LA FIGURE** → BATTRE

7. CASSER LES BRAS : affaiblir, choquer, couper les bras, décourager, démolir, démoraliser, éreinter, frapper, mettre à plat **8. jurid. :** abolir, abroger, annuler, infirmer, rejeter, rescinder, rompre **9. milit. :** dégrader **10. par ext. :** démettre, déposer, destituer, renvoyer, révoquer, supprimer, suspendre **III. v. intr. :** céder, craquer, flancher, péter (fam.), tomber **IV. v. pron. 1.** → PARTIR *et les formes pron. possibles des syn. de* casser **2. arg.** → PARTIR
◆ CONTR. **I.** → RÉPARER **II.** → CONFIRMER

CASSEROLE n.f. casse, sauteuse, sautoir *et par ext. :* bouteillon, braisière, cocotte, faitout ou fait-tout, friteuse, lèchefrite, marmite, œufrier, pocheuse, poêle, poêlon, poissonnière, turbotière

CASSE-TÊTE n.m. **I. au pr. :** coup-de-poing, gourdin, masse, massue, matraque, merlin, nerf de bœuf, plombée – **arg. :** goumi, tricotin **II.** → CASSEMENT

CASSETTE n.f. → BOÎTE

CASSEUR, EUSE n.m. ou f. **I.** récupérateur **II.** → HÂBLEUR **III.** → VOLEUR **IV.** → DESTRUCTEUR

CASSIER n.m. → CANNELLE

CASSINE n.f. villa → CABANE

CASSIS n.m. **I.** groseillier noir **II.** dos-d'âne, fondrière, nid-de-poule, rigole

CASSOLETTE n.f. brûle-parfum

CASSON n.m. → DÉCHET

CASSURE n.f. **I. au pr. :** arête, brèche, brisure, casse, crevasse, faille, fente, fissure, fracture, joint **II. par ext. 1.** → DÉBRIS **2.** coupure, disjonction, dislocation, distinction, écornure, fêlure, rupture
◆ CONTR. **I.** → SOUDURE **II.** → RÉPARATION

CAST n.m. audiov. off. : distribution artistique

CASTE n.f. → RANG

CASTEL n.m. chartreuse, château, folie, gentilhommière, logis, manoir, pavillon, rendez-vous de chasse
◆ CONTR. → CABANE

CASTING n.m. **I. spat. off. :** chargement par coulée **II.** → CAST

CASTING DIRECTOR n.m. audiov. off. : régisseur de distribution

CASTOR n.m. **I.** bièvre (vx) **II.** → COIFFURE

CASTRAMÉTATION n.f. → CAMP

CASTRAT n.m. **I. au pr. :** châtré, eunuque **II. par ext. :** chanteur, haute-contre, sopraniste **III. anim.** → CHÂTRÉ

CASTRATION n.f. bistournage, émasculation, ovariectomie, stérilisation, vasectomie

CASTRER → CHÂTRER

CASUEL, LE I. adj. : accidentel, contingent, conditionnel, événementiel, éventuel, fortuit, incertain, occasionnel, possible **II. n.m. :** avantage, émolument, gain, honoraires, profit, rapport, rémunération, rétribution, revenu
◆ CONTR. **I.** → HABITUEL **II.** → PRÉLÈVEMENT

CASUISTE n.m. **I.** jésuite, juge, ordinaire, théologien **II.** sophiste → HYPOCRITE
◆ CONTR. → HONNÊTE

CASUISTIQUE n.f. **I.** théologie morale **II.** sophistique, subtilité → HYPOCRISIE
◆ CONTR. → HONNÊTETÉ

CATACLYSME n.m. accident, anéantissement, bouleversement, calamité, catastrophe, crise, cyclone, débordement, déluge, désastre, désordre, destruction, dévastation, éruption volcanique, fléau, guerre, inondation, maelström, ouragan, ravage, raz de marée, révolution, ruine, séisme, sinistre, tempête, tornade, tremblement de terre, troubles
◆ CONTR. → BONACE

CATACOMBE n.f. carrière, cavité, cimetière, excavation, grotte, hypogée, ossuaire, souterrain

CATADIOPTRE n.m. cataphote

CATAFALQUE n.m. cénotaphe, chapelle ardente, décoration funèbre, estrade, mausolée, pompe funèbre

CATALEPSIE n.f. cataplexie, extase, fixité, hypnose, immobilité, insensibilité, léthargie, mort apparente, paralysie, tétanisation
◆ CONTR. → HYSTÉRIE

CATALOGUE n.m. **I.** dénombrement, énumération, état, inventaire, liste, mémoire, nomenclature, recueil, relevé, répertoire, rôle **II.** bibliographie, collection, fichier, index, table **III.** livret, programme **IV. rel. :** canon, martyrologe, ménologe **V. méd. :** codex, formulaire

CATALOGUER classer, dénombrer, inscrire, juger (fig.)

CATAPHOTE n.m. catadioptre, réflecteur

CATAPLASME n.m. bouillie, embrocation, emplâtre, épithème, fomentation, rigollot, rubéfiant, sinapisme, topique, vésicatoire

CATAPULTE n.f. baliste, bricole, espringale, machine, mangonneau, onagre, scorpion

CATAPULTER → LANCER

CATARACTE n.f. **I. au pr.** → CASCADE **II. par ext. :** avalanche, déluge, écluse, torrent, trombe, vanne

CATARRHE n.m. influenza, grippe, refroidissement, rhume de cerveau

CATASTE n.f. → PILORI

CATASTROPHE n.f. I. → CALAMITÉ II. → DÉ-
NOUEMENT III. → PÉRIPÉTIE

CATCH n.m. lutte, pancrace, pugilat

CATCHING n.m. audiov. off. : accroche

CAT CRACKER n.m. pétr. off. : craqueur catalytique

CAT CRACKING n.m. pétr. off. : craquage
catalytique

CATÉCHISER I. au pr. : endoctriner, évangéliser, initier, instruire, moraliser, persuader, prêcher II. par ext. 1. chapitrer, gourmander, gronder, réprimander, sermonner
2. dresser, former, styler
◇ CONTR. I. → TOLÉRER II. laisser le → LIBERTÉ

CATÉCHISME n.m. I. abrégé, catéchèse,
instruction, recueil, rudiment II. credo,
dogme, foi III. capucinade (péj.), leçon de
morale, remontrance, sermon

CATÉGORIE n.f. I. catégorème, concept,
critère, idée II. phil. 1. les dix catégories d'Aristote :
action, essence, lieu, manière d'être, qualité,
quantité, relation, situation, substance,
temps 2. Kant, les quatre classes des douze catégories : modalité, qualité, quantité, relation
III. par ext. : classe, classification, couche, délimitation, division, espèce, famille, genre,
groupe, nature, ordre, race, série, sorte

CATÉGORIQUE absolu, affirmatif, clair,
dirimant, dogmatique, explicite, formel,
franc, impératif, indiscutable, net, péremptoire, positif, précis, rédhibitoire, strict, volontaire
◇ CONTR. → INCERTAIN

CATHARE nom et adj. albigeois, parfait

CATHARSIS n.f. I. purgation, purge
II. abréaction, défoulement, désinhibition,
évacuation, libération
◇ CONTR. → REFOULEMENT

CATHÉDRALE n.f. église, métropole, monument

CATHOLICISME n.m. catholicité, christianisme, Église, papisme (péj.), romanisme
◇ CONTR. → PROTESTANTISME

CATHOLICITÉ n.f. → CATHOLICISME

CATHOLIQUE I. œcuménique, universel
II. baptisé, chrétien, converti, croyant, fidèle,
pratiquant. 1. vx et/ ou péj. : calotin, carême-
prenant, mangedieu, messalisant, papiste,
pascatin, tala, théophage 2. injurieux → BIGOT
◇ CONTR. I. → INFIDÈLE II. → PROTESTANT

CATIMINI (EN) en cachette, en douce, en
secret, secrètement, en tapinois
◇ CONTR. → OUVERTEMENT

CATIN n.f. → PROSTITUÉE

CAUCHEMAR n.m. crainte, délire, hallucination, idée fixe, obsession, peur, rêve,
songe, tourment
◇ CONTR. I. → TRANQUILLITÉ II. → BONHEUR

CAUCHEMARESQUE → EFFRAYANT

CAUDATAIRE n.m. suivant → FLATTEUR

CAUSANT, E communicatif, confiant, expansif, exubérant, loquace, ouvert
◇ CONTR. → TACITURNE

CAUSE n.f. I. au pr. : 1. agent, artisan, auteur,
créateur, inspirateur, instigateur, promoteur, responsable 2. base, départ, étincelle,
ferment, germe, mère, moyen, occasion, origine, principe, source 3. explication, fondement, inspiration, sujet II. par ext. : aboutissement, but, considération, intention, mobile,
moteur, motif, objet, pourquoi, prétexte, raison III. jurid. : affaire, chicane, procès IV. méd. :
contage, étiologie V. À CAUSE DE : en consi-
dération/ raison de, par, pour

CAUSER I. v. tr. : allumer, amener, apporter,
attirer, déterminer, donner lieu, entraîner,
exciter, faire, faire naître, fomenter, inspirer,
motiver, occasionner, produire, provoquer,
susciter II. v. intr. → BAVARDER
◇ CONTR. I. → PRODUIRE (SE) II. → EMPÊCHER
III. → TAIRE

CAUSERIE et **CAUSETTE** n.f. I. →
CONVERSATION II. → CONFÉRENCE

CAUSEUR, EUSE nom et adj. babillard,
bavard, parleur → CAUSANT
◇ CONTR. → TACITURNE

CAUSEUSE n.f. → CANAPÉ

CAUSTICITÉ n.f. mordacité → AIGREUR

CAUSTIQUE → MORDANT

CAUTÈLE n.f. chafouinerie, défiance, finesse, habileté, prudence, roublardise, rouerie, ruse → HYPOCRISIE
◇ CONTR. I. → FRANCHISE II. → NAÏVETÉ

CAUTELEUX, EUSE adroit, chafouin, défiant, fin, flatteur, habile, roublard, roué,
rusé → HYPOCRITE
◇ CONTR. I. → FRANC II. → NAÏF

CAUTÈRE n.m. I. brûlure, escarre, exutoire, plaie artificielle, pointe de feu, ulcération II. coagulateur, galvanocautère, moxa,
stérilisateur, thermocautère

CAUTÉRISATION n.f. addustion (vx),
pointe de feu

CAUTÉRISER aseptiser, brûler, nettoyer,
purifier, stériliser

CAUTION n.f. I. arrhes, assurance, cautionnement, consigne, dépôt, endos, fidéjussion, gage, garantie, hypothèque, preuve,
sûreté, warrant II. SUJET À CAUTION → SUS-

PECT **III.** accréditeur, aval, endosseur, fidéjusseur, garant, otage, parrain, pleige (vx), répondant, soutien, témoin

◇ CONTR. → BÉNÉFICIAIRE

CAUTIONNER → GARANTIR

CAVALCADE n.f. → DÉFILÉ

CAVALCADER → CHEVAUCHER

CAVALE n.f. haquenée, jument, pouliche, poulinière – **arg.** → FUITE

CAVALER → COURIR

CAVALERIE n.f. **I.** écurie, remonte **II. par anal. :** arme blindée, chars

CAVALEUR nom et adj. → COUREUR

CAVALIER, ÈRE nom **I.** amazone, écuyer, jockey, messager, postier, postillon **II. milit. :** argoulet, carabin, carabinier, cent-garde, chasseur, chevau-léger, cornette, cosaque, cravate, cuirassier, dragon, éclaireur, estradiot, gendarme, goumier, guide, hussard, lancier, mamelouk, mousquetaire, reître, polaque, spahi, uhlan, vedette **III.** chevalier, écuyer, gentilhomme, noble, seigneur **IV.** chaperon, chevalier servant, galant, quinola (vx et péj.), sigisbée **V.** déblai, retranchement, talus

CAVALIER, ÈRE adj. **I. fav. ou neutre :** aisé, dégagé, élégant, hardi, libre, souple **II. non fav. :** arrogant, brusque, désinvolte, hautain, impertinent, inconvenant, indiscret, insolent, leste, malhonnête, sans gêne

◇ CONTR. **I.** → PIÉTON **II.** → DISCRET **III.** → SÉRIEUX

CAVATINE n.f. → CHANT

CAVE nom et adj. **I.** n.m. **1.** caveau, caverne, excavation, grotte, oubliette, silo, sous-sol, souterrain **2.** chai, cellier, cuvier, œnothèque, sommellerie, vinothèque **3.** enjeu, mise **II.** adj. **1.** → CREUX **2.** → NAÏF

CAVEAU n.m. **I.** → CAVE **II.** → CABARET **III.** colombarium, crypte, hypogée, mausolée, niche, sépulture, tombe, tombeau

CAVEÇON n.m. mors/ muselière/ sous-gorge/ têtière de dressage

CAVÉE n.f. → CHEMIN

CAVER **I.** approfondir, creuser, fouiller, miner, sonder **II.** faire mise, jeter/ mettre en jeu, miser

CAVERNE n.f. **I. au pr. :** abri-sous-roche, balme, baume, grotte, spélonque (vx), station archéologique → CAVITÉ **II. par ext. :** antre, gîte, refuge, repaire, retraite, tanière, terrier

CAVERNEUX, EUSE amphorique, bas, grave, profond, sépulcral, sourd, voilé

◇ CONTR. **I.** → AIGU **II.** → PLEIN

CAVIAR n.m. **par ext. :** boutargue *ou* poutargue, œufs de cabillaud/ lump/ muge/ saumon

CAVIARDER barrer, biffer, censurer, effacer, supprimer

CAVISTE n.m. → SOMMELIER

CAVITÉ n.f. ambitus, abîme, alvéole, anfractuosité, antre, aven, bassin, bétoire, boulin, brèche, canal, cave, caveau, caverne, cloup, concavité, cratère, creux, crevasse, crypte, doline, embrasure, encoignure, enfeu, enfonçure, évidure, excavation, fente, fosse, fossé, galerie, gouffre, grotte, igue, loge, mine, niche, ouverture, poche, poljé, précipice, puits, rainure, ravin, strie, tranchée, trou, vacuole, vide

◇ CONTR. → BOSSE

C.B. → CITIZEN'S BAND

CÉANS dedans, ici

CÉCITÉ n.f. ablepsie, amaurose, cataracte, goutte de l'œil → AVEUGLEMENT

◇ CONTR. **I.** → VUE **II.** → PÉNÉTRATION

CÉDER **I. v. tr. :** abandonner, accorder, aliéner, baisser les bras/ pavillon, concéder, délaisser, se dessaisir, donner, livrer, passer, refiler (fam.), rétrocéder, transférer, transmettre, vendre **II. v. intr. 1.** s'abandonner, abdiquer, acquiescer, approuver, battre en retraite/ la chamade, bouquer (vx), broncher, caler, capituler, composer, concéder, condescendre, consentir, craquer, déférer, écouter, s'effondrer, faiblir, flancher, fléchir, s'incliner, jeter du lest, lâcher pied/ prise, mettre les pouces, mollir, obéir, obtempérer, perdre du terrain, se plier, reculer, se rendre, renoncer, se résigner, rompre, se soumettre, succomber, transiger – **fam. :** caner, se déculotter, lâcher les pédales **2. une chose :** s'abaisser, s'affaisser, casser, cesser, se courber, diminuer, s'écrouler, s'effondrer, s'enfoncer, fléchir, plier, ployer, rompre, tomber

◇ CONTR. **I.** → CONSERVER **II.** → RÉSISTER

CÉDULE n.f. billet, fiche, liste, ordonnance, titre

CEINDRE **I.** attacher, ceinturer, entourer, sangler, serrer **II.** auréoler, border, clôturer, couronner, disposer, enceindre, encercler, enclore, enserrer, entourer, envelopper, environner, palissader, placer, renfermer

◇ CONTR. → DÉFAIRE

CEINTURE n.f. **I.** bande, bandelette, ceinturon, ceste ou ceston (de Vénus), cordelière, cordon, écharpe, obi **II.** bandage, corset, flanelle, gaine, sangle, soutien **III.** taille, tour de hanches **IV.** clôture, encadrement, entourage **V.** banlieue, faubourgs, zone

CEINTURER **I.** → CEINDRE **II.** → PRENDRE

CEINTURON n.m. baudrier, buffleterie, porte-épée, porte-glaive

CÉLADON n.m. **I.** → AMANT **II.** → VERT

CÉLÉBRATION n.f. **I.** anniversaire, cérémonie, commémoration, culte, fête, mémento, mémoire, solennité, souvenir, tombeau (litt.), triomphe **II.** apologie, compliment, éloge, encensement, exaltation, gloria, glorification, hosanna, louange, oraison, panégyrique, prône
◇ CONTR. **I.** → OMISSION **II.** → BLÂME

CÉLÈBRE connu, distingué, éclatant, éminent, estimé, fameux, glorieux, historique, immortel, légendaire, renommé, réputé → ILLUSTRE
◇ CONTR. → INCONNU

CÉLÉBRER I. commémorer, fêter, marquer, officier, procéder à, se réjouir, sanctifier, solenniser **II.** admirer, chanter, encenser, entonner, exalter, faire l'éloge, fêter, glorifier, louer, préconiser, prôner, publier, rendre hommage/ les honneurs/ un culte, vanter
◇ CONTR. **I.** → ABANDONNER **II.** → DÉPRÉCIER

CÉLÉBRITÉ n.f. **I.** considération, crédit, éclat, faveur, gloire, marque, nom, notoriété, popularité, renom, renommée, réputation, succès, vogue **II.** éminence, personnalité, sommité, vedette
◇ CONTR. **I.** obscurité, oubli **II.** → INCONNU

CELER → CACHER

CÉLERI n.m. ache

CÉLÉRITÉ n.f. activité, agilité, diligence, hâte, empressement, précipitation, prestesse, promptitude, rapidité, vélocité, vitesse, zèle
◇ CONTR. → LENTEUR

CÉLESTE → DIVIN

CÉLIBAT n.m. → SOLITUDE

CÉLIBATAIRE nom et adj. agame, catherinette, demoiselle, garçon, homme seul, jeune homme/ fille, libre, seul, solitaire, vieille fille, vieux garçon
◇ CONTR. : divorcé, marié, veuf

CELLÉRIER n.m. → ÉCONOME

CELLIER n.m. hangar → CAVE

CELLULE n.f. **I.** carré, case, chambre, chambrette, loge, logette **II. arg.** : cellote, lazaro → CACHOT **III.** alvéole **IV.** groupe, noyau, section

CELLULOSE n.f. viscose

CELTE nom et adj. breton, celtique, gallois, galate, gaulois

CELTIQUE nom et adj. breton, celte, cornique, gaélique, gallois, gaulois, kymrique

CÉNACLE n.m. cercle, chapelle, club, école, groupe, pléiade, réunion

CENDRE n.f. **I. au sing. 1.** au pr. : escarbille, fraisil, lave, lapilli, poussière, résidu, scorie, spodite **2. fig.** → RUINE → PÉNITENCE **II. au pl.** : débris, reliques, restes, souvenir

CENDRILLON n.f. → SERVANTE

CÈNE n.f. célébration, communion, repas mystique → EUCHARISTIE

CÉNOBITE n.m. → RELIGIEUX

CÉNOTAPHE n.m. catafalque, mausolée, monument, sarcophage, sépulture, tombe, tombeau

CENS n.m. **I.** décompte, dénombrement, recensement **II.** champart, dîme, imposition, impôt, quotité, redevance, taille

CENSÉ, E admis, présumé, regardé comme, réputé, supposé

CENSEUR n.m. **I.** aristarque, critique, critiqueur, juge – vx : admoniteur, crabron, criticule, épilogueur, observateur **II. péj. 1.** bégueule, prude **2.** contempteur, métaphraste, pédant **III.** commissaire aux comptes, questeur **IV.** → MAÎTRE → ZOÏLE
◇ CONTR. → LOUANGEUR

CENSIER, SIÈRE nom et adj. censitaire, contribuable

CENSURE n.f. **I.** anastasie (fam.), autorisation, contrôle, filtre, imprimatur, index, veto **II.** animadversion, blâme, condamnation, critique, désapprobation, désaveu, détraction, examen, improbation, jugement, réprimande, réprobation **III.** avertissement, observations, recommandations **IV. relig.** excommunication, interdit, monition, suspense

CENSURER I. blâmer, critiquer, désapprouver, flétrir, mettre à l'index, punir, reprendre, reprocher, réprouver, suspendre, tancer, trouver à redire **II.** barrer, biffer, caviarder, condamner, contrôler, couper, défendre, effacer, faire des coupures, gratter, improuver, interdire, retirer, retrancher, sabrer, supprimer, taillader
◇ CONTR. → LOUER

CENTAURÉE n.f. barbeau, bleuet

CENTENAIRE nom et adj. antique, séculaire, vieux → VIEILLARD

CENTERBODY NOZZLE n.m. **spat. off.** tuyère à noyau central

CENTON n.m. pastiche, pot-pourri, rhapsodie → MÉLANGE

CENTRALISATION n.f. concentration, rassemblement, réunification, réunion
◇ CONTR. : décentralisation

CENTRALISER concentrer, grouper, masser, ramener, rassembler, regrouper, réunir
◇ CONTR. : décentraliser

CENTRE n.m. **I.** axe, clef de voûte, cœur, fort, foyer, lieu géométrique, métacentre, milieu, mitan, nœud, nombril, noyau, point, sein **II. par ext. 1.** base, citadelle, fondement, principe, siège **2.** agglomération, capitale, chef-lieu, métropole **3.** animateur, cerveau, cheville ouvrière, organe essentiel, pivot, promoteur
◈ CONTR. → PÉRIPHÉRIE

CENTRER ajuster, cadrer, mettre au point, régler
◈ CONTR. → DÉCENTRER

CENTUPLER agrandir, augmenter, décupler, multiplier

CENTURIE n.f. → TROUPE

CENTURION n.m. → CHEF

CÉNURE ou **CŒNURE** n.m. → VER

CEP n.m. → VIGNE

CÉPAGE n.m. → RAISIN

CÈPE n.m. bolet, tête de nègre

CÉPÉE n.f. → TAILLIS

CEPENDANT I. adv. : alors, au moment même, en attendant **II. conj.** : avec tout cela, en regard de, en tout cas, mais, malgré cela/ tout, néanmoins, n'empêche que, nonobstant, pourtant, toujours est-il, toutefois **III. CEPENDANT QUE** : alors/ durant/ pendant/ tandis que, au moment où

CÉPHALALGIE et **CÉPHALÉE** n.f. → DOULEUR

CÉPHALIQUE par ext. : cervical, crânien, encéphalique

CÉPHALOPODE n.m. ammonite, baculite, bélemnite, calmar ou encornet, nautile ou argonaute, poulpe ou pieuvre, seiche

CÉPHÉIDE n.f. → ASTRE

CÉRAMBYX n.m. capricorne, coléoptère, longicorne

CÉRAME n.m. → VASE

CÉRAMIQUE n.f. abacule, azulejo, biscuit, carreau, émail, faïence, gemmail, grès, mosaïque, platerie, porcelaine, poterie, tomette, terre cuite, zellige

CÉRASTE n.f. → VIPÈRE

CÉRAT n.m. **I.** → BAUME **II.** → POMMADE

CERBÈRE n.m. chien de garde, concierge, garde, garde du corps, gardien, geôlier, molosse, sentinelle, surveillant → PORTIER

CERCAIRE n.f. → VER

CERCE n.f. **I.** → CERCLE **II.** → MODÈLE

CERCEAU n.m. **I.** feuillard **II.** → CERCLE **III.** → VOÛTE **IV.** → SOMMIER

CERCLE n.m. **I.** aréole, auréole, cerne, disque, halo, nimbe, périmètre, rond, rondelle **II. arch.** : abside, amphithéâtre, arcade, arceau, cerce, cintre, cirque, lobe, rosace, voûte **III. par ext. 1.** circonférence, colure, contour, courbe, écliptique, épicycle, équateur, méridien, orbe, orbite, parallèle, tour, tropique, zodiaque, zone **2.** circonvolution, circuit, cycle, giration, périple, révolution, rotation **3.** anneau, armille, bague, bracelet, collier, couronne **4.** bandage, cerceau, collerette, entourage, frette, roue **5.** assemblée, association, cénacle, chapelle, club, école, groupe, réunion, salon, société **6.** domaine, étendue, limite, périphérie **7.** étreinte, piège, prison, tourbillon

CERCLER border, borner, clore, consolider, courber, enclore, entourer, fermer, garnir/ munir de cercles, renforcer

CERCOPITHÈQUE n.m. → SINGE

CERCUEIL n.m. bière, coffin (rég.), sarcophage – **arg.** : boîte, boîte à dominos, caisse, manteau/ paletot de bois/ sans manches/ de sapin, sapin

CÉRÉALE n.f. **I.** graminée **II.** avoine, blé, froment, maïs, millet, orge, riz, seigle, sorgho, triticale

CÉRÉALICULTURE n.f. → AGRICULTURE

CÉRÉALIER n.m. → AGRICULTEUR

CÉRÉBRAL, E → INTELLECTUEL

CÉRÉBRALITÉ n.f. → FROIDEUR

CÉRÉMONIAL n.m. → PROTOCOLE

CÉRÉMONIE n.f. **I.** célébration, cérémonial, culte, fête, liturgie, office, messe, procession, rite, sacre, sacrement, service divin/ funèbre, solennité **II.** anniversaire, apparat, appareil, cavalcade, commémoration, cortège, défilé, gala, inauguration, parade, pompe, réception, raout ou rout (angl.) **III. par anal., au pl. 1.** civilités, code, convenances, courtoisie, décorum, déférence, formes, honneurs, politesses, protocole, règles, rite, usages **2. péj.** : affectation, chichis, chinoiseries, complications, embarras, formalités, manières

CÉRÉMONIEUX, EUSE académique, affecté, apprêté, compliqué, façonnier (fam.), formaliste, grave, guindé, maniéré, mondain, noble, obséquieux, poli, protocolaire, recherché, révérencieux, solennel
◈ CONTR. → SIMPLE

CERF n.m. axis, bête fauve (vén.), biche, brocard, daguet, faon, hère, sica, six/ dix cors, wapiti → CERVIDÉ

CERISE n.f. bigarreau, cerisette, cœur de pigeon, courte-queue, griotte, guigne, guignon, marasque, merise, montmorency, moquoiseau

CERISIER n.m. griottier, guignier, maguelet (vx), mahaleb, merisier ou trompe-geai

CERNE n.m. **I.** → CERCLE **II.** bleu, marbrure, poches/ valises sous les yeux

CERNÉ, E par ext. : battu, bouffi, creux, fatigué, gonflé

CERNER → ENCERCLER

CERTAIN, E I. une chose : absolu, admis, assuré, attesté, authentique, avéré, certifié, clair, confirmé, connu, constant, constaté, contrôlé, décisif, démontré, déterminé, effectif, évident, exact, fixe, fixé d'avance, flagrant, fondé, formel, franc, historique, immanquable, inattaquable, incontestable, incontesté, indéniable, indiscutable, indiscuté, indubitable, inévitable, infaillible, invariable, irrécusable, irréfutable, manifeste, mathématique, net, notoire, officiel, palpable, patent, péremptoire, positif, précis, reconnu, réel, rigoureux, sans conteste, solide, sûr, tangible, véridique, visible, vrai **II. quelqu'un** : affirmatif, assuré, convaincu, dogmatique, pénétré, sûr

◈ CONTR. **I.** → INCERTAIN **II.** → FAUX

CERTAINEMENT et **CERTES I.** absolument, exactement, formellement, incontestablement, indéniablement, indiscutablement, indubitablement, je veux (fam.) **II.** à coup sûr, avec certitude, fatalement, inévitablement, nécessairement, sûrement **III.** assurément, bien sûr, clairement, en vérité, évidemment, franchement, naturellement, nettement, oui, parfaitement, précisément, réellement, sans doute, vraiment

◈ CONTR. → PEUT-ÊTRE

CERTAINS d'aucuns, plusieurs, quelques-uns, tels

CERTES → OUI

CERTIFICAT n.m. acte, assurance, attestation, brevet, constat, constatation, diplôme, laissez-passer, papier, parère, passeport, patente, preuve, procès-verbal, référence, témoignage, vidimus (vx)

CERTIFICATION n.f. assurance, authentification

CERTIFIER affirmer, assurer, attester, authentifier, confirmer, constater, donner/ ficher/ flanquer son billet (fam.), garantir, légaliser, maintenir, quittancer, témoigner, vidimer – **vx** : acertainer, authentiquer

◈ CONTR. → DÉMENTIR

CERTITUDE n.f. **I.** assurance, conviction, croyance, foi, opinion **II.** dogme, évidence, parole d'Évangile, sûreté **III.** autorité, clarté, fermeté, infaillibilité, netteté **IV.** → RÉALITÉ **V. AVEC CERTITUDE** → CERTAINEMENT

◈ CONTR. **I.** → INCERTITUDE **II.** → SUPPOSITION

CERVEAU n.m. **I. au pr.** : cervelle, encéphale **II. par ext. 1.** cervelle, crâne, matière/ substance grise, méninges, petite tête → TÊTE **2.** entendement, esprit, intelligence, jugement, jugeote, raison **3.** auteur, centre, génie, grand esprit, intelligence, meneur, prophète, visionnaire

CERVELLE n.f. **par ext.** → CERVEAU

CERVIDÉ n.m. alces, axis, caribou, cervicorne, chevreuil, daim, élan, muntjac, orignal, renne, sombar → CERF

CÉSARISME n.m. absolutisme, autocratie, dictature → AUTORITÉ

CESSATION n.f. **I. au pr. 1.** abandon, annulation, arrêt, disparition, fermeture, fin, liquidation, suppression **2.** apaisement, armistice, discontinuation, discontinuité, grève, halte, interruption, pause, relâche, rémission, répit, repos, suspension, trêve, vacation **3.** chômage, faillite **II. par ext. 1.** accalmie, bonace **2.** aboutissement, échéance, tarissement, terme, terminaison

◈ CONTR. **I.** → CONTINUATION **II.** → PERSÉVÉRANCE

CESSE (SANS) → TOUJOURS

CESSER I. v. intr. 1. au pr. : s'apaiser, s'arrêter, se calmer, céder, décesser (rég.), discontinuer, disparaître, dissiper, s'effacer, s'enfuir, s'évanouir, finir, s'interrompre, perdre de sa vigueur/ de son intensité, se tarir, se terminer, tomber, tourner court **2. par ext.** : abandonner, abolir, abroger, s'abstenir, achever, briser là, chômer, se déprendre, se détacher, diminuer, s'éteindre, expirer, faire grève, lâcher, mourir, passer, renoncer **3. faire cesser** : abattre, anéantir, apaiser, arrêter, bannir, briser, calmer, chasser, couper court, détruire, dissiper, écarter, enlever, étouffer, faire tomber, lever, mettre le holà/ un frein/ un terme, ôter, rabattre, supprimer, suspendre, tuer **II. v. tr.** : abandonner, arrêter, faire taire, interrompre, suspendre

◈ CONTR. → CONTINUER

CESSIBLE aliénable, négociable, transférable, vendable

◈ CONTR. → INALIÉNABLE

CESSION n.f. abandon, abandonnement, afféagement, aliénation, concession, délaissement, dessaisissement, donation, octroi, renonciation, transfert, transmission, transport, vente

◈ CONTR. → ACHAT

CESSIONNAIRE nom et adj. acquéreur, bénéficiaire, crédirentier, donataire

◈ CONTR. → VENDEUR

C'EST-À-DIRE à savoir, disons, entendez, j'en conclus, j'entends, je veux dire, seulement, simplement, surtout

CÉSURE n.f. coupe, coupure, hémistiche, pause, repos

CÉTACÉ n.m. I. → BALEINE II. belouga, cachalot, dauphin, marsouin, narval, souffleur

CHABANAIS n.m. → CHAHUT

CHABLER → GAULER

CHAFF n.m. milit. off. : paillette

CHAFOUIN, E nom et adj. cauteleux, rusé, sournois → HYPOCRITE
◆ CONTR. → FRANC

CHAGRIN, E abattu, affecté, affligé, aigre, assombri, atrabilaire, attristó, bilicux, bourru, colère, consterné, contrit, désolé, dolent, douloureux, éploré, gémissant, inconsolable, inquiet, larmoyant, lugubre, maussade, mélancolique, misanthrope, morne, morose, mortifié, peiné, plaintif, sinistre, sombre, soucieux, triste, tristounet (fam.) – vx : grimaud, hypocondriaque, marri
◆ CONTR. I. → CONTENT II. → GAI

CHAGRIN n. m. I. au pr. 1. accablement, affliction, amertume, consternation, déchirement, déplaisir, désespoir, désolation, douleur, ennui, mal, malheur, misère, peine, souci, souffrance, tourment, tristesse 2. vx : déplaisance, marritude II. par ext. 1. accident, angoisse, contrariété, déboire, déception, dégoût, dépit, désagrément, désappointement, deuil, inquiétude, mécontentement, regret, remords, tracasserie 2. atrabile, bile, cafard, humeur noire, hypocondrie, maussaderie, mauvaise humeur, mélancolie, morosité, spleen
◆ CONTR. I. → GAIETÉ II. → BONHEUR

CHAGRINER affecter, affliger, agacer, angoisser, assombrir, attrister, consterner, contrarier, contrister, décevoir, déchirer, dépiter, désappointer, désenchanter, désespérer, désoler, endeuiller, endolorir, ennuyer, fâcher, faire de la peine, faire souffrir, fendre le cœur, gêner (vx), inquiéter, mécontenter, mortifier, navrer, oppresser, peiner, percer le cœur, rembrunir, torturer, tourmenter, tracasser, tuer (fig.)
◆ CONTR. I. → CONSOLER II. → SATISFAIRE III. → ÉGAYER

CHAH n.m. → SHAH

CHAHUT n.m. fam. : bacchanale, bagarre, barouf, bastringue, bazar, boucan, bousin, bredi breda (vx), bronca, brouhaha, bruit, cacophonie, carillon, cassement de tête, chabanais, chambard, charivari, concert, cirque, désordre, dissonance, esclandre, foin, fracas, grabuge, hourvari, huée, papafard, pataphard, pétard, potin, raffut, ramdam, sabbat, sarabande, scandale, sérénade, tapage,

tintamarre, tintouin, tohu-bohu, train, tumulte, vacarme
◆ CONTR. → SILENCE

CHAHUTER I. s'agiter, bastringuer, crier, faire du chahut *et les syn. de* chahut, manifester, perturber, protester, tapager II. bousculer, culbuter, renverser, secouer III. bizuter (fam.), brimer, lutiner, se moquer, taquiner
◆ CONTR. I. → CALMER II. → ÉCOUTER

CHAHUTEUR → FARCEUR

CHAI n.m. I. → CAVE II. MAÎTRE DE CHAI : caviste → SOMMELIER

CHAÎNE n.f. I. bijou, chaînette, châtelaine, clavier, collier, ferronnière, gourmette, jaseran, jaseron, mancelle, sautoir II. de captif : alganon, cabriolet, fers, liens, menottes, poucettes, seps (vx) III. par ext. : asservissement, assujettissement, captivité, dépendance, discipline, engagement, entrave, esclavage, gêne, geôle, joug, lien, obligation, prison, servitude, sujétion, tyrannie IV. fig. : affection, alliance, attache, attachement, liaison, mariage, parenté, union V. par anal. : association, continuité, cortège, enchaînement, entrelacement, liaison, série, solidité, succession, suite VI. géogr. : cordillère, serra, sierra

CHAÎNER I. → MESURER II. → UNIR

CHAÎNON n.m. anneau, maille, maillon

CHAIR n.f. I. carnation, corps, enveloppe, forme, muscle, peau, pulpe, tissu II. des animaux. I. venaison, viande 2. péj. : barbaque, bidoche, carne, carogne, charogne III. par métaphore : concupiscence, faiblesse, instincts sexuels, libido, luxure, nature humaine, sens, sensualité, tentation IV. ŒUVRE DE CHAIR : accouplement, coït, congrès, copulation, fornication, procréation, rapport sexuel, reproduction, union – fam. : baisage, baise, besogne (vx) V. → CORPS

CHAIRE n.f. I. ambon, estrade, pupitre, siège, tribune II. par ext. : enseignement, prédication, professorat

CHAISE n.f. I. caquetoire, chauffeuse, dormeuse → SIÈGE II. à porteurs : brouette, filanzane, palanquin, vinaigrette

CHALAND n.m. I. balandre, barque, bélandre, bette, coche d'eau, drague, gabarre, marie-salope, ponton → BATEAU II. acheteur, amateur, client, clientèle, pratique

CHÂLE n.m. cachemire, carré, écharpe, fichu, pointe, sautoir, schall, taleth

CHALET n.m. buron, cabane, villa → MAISON

CHALEUR n.f. I. au pr. 1. caloricité, calorification 2. bouffée/ coup/ vague de chaleur, canicule, étuve, fournaise, rayonnement, réverbération, sécheresse, touffeur 3. **unités de mesure** : calorie, degré, frigorie, thermie II. **par ext.** 1. **des sentiments** : amour, ardeur, concupiscence, désir, feu (vx), flamme, folie, libido, lubricité 2. **des rapports** : convivialité, cordialité, expansivité, humanité, jovialité, sens des contacts/ relations, sympathie → AMABILITÉ 3. **des passions** : action, animation, animosité, ardeur, brio, cœur, cordialité, courage, élan, empressement, énergie, enthousiasme, entrain, exaltation, excitation, feu, fièvre, flamme, force, impétuosité, lyrisme, passion, promptitude, trempe, véhémence, verve, vie, vigueur, violence, vivacité, zèle 4. **des animaux. ÊTRE EN CHALEUR** : chaudier (vén.), demander/ quêter/ réclamer/ vouloir le mâle, en vouloir, être en chasse/ en folie/ en rut, retourner à l'espèce, vouloir le veau (bovins) ◇ CONTR. I. → FROID II. → INDIFFÉRENCE

CHALEUREUX, EUSE amical, animé, ardent, bouillant, chaud, empressé, enflammé, enthousiaste, fanatique, fervent, pressant, prompt, véhément, vif, zélé ◇ CONTR. → INDIFFÉRENT

CHALLENGE n.m. → COMPÉTITION

CHALOIR → INTÉRESSER

CHALOUPE n.f. baleinière, berge, bombard, coraillère, embarcation, flette, péniche → BATEAU

CHALOUPER se dandiner, danser, se déhancher

CHALUMEAU n.m. flûteau, flûtiau, galoubet, pipeau, tige → FLÛTE

CHALUTIER n.m. → BATEAU

CHAMAILLER (SE) I. → CHICANER II. → QUERELLER

CHAMAILLERIE n.f. → QUERELLE

CHAMAILLEUR, EUSE nom et adj. → QUERELLEUR

CHAMARRÉ, E → BARIOLÉ

CHAMARRER → ORNER

CHAMBARD n.m. → CHAHUT

CHAMBARDEMENT n.m. bouleversement, changement, chaos, dérangement, désorganisation, fatras, fouillis, gâchis, mélange, perturbation, remue-ménage, renversement, révolution, saccage, tohu-bohu, transformation

CHAMBARDER bouleverser, chambouler, changer, mettre sens dessus dessous, renverser, révolutionner, saccager, transformer ◇ CONTR. → CONSERVER

CHAMBELLAN n.m. camérier, officier

CHAMBOULER → CHAMBARDER

CHAMBRE n.f. I. **au pr.** 1. antichambre, cabinet, pièce, salle 2. nursery 3. chambrée, dortoir 4. alcôve, cagibi, cellule, chambrette, galetas, garni, mansarde, studio II. **fam.** : cambuse, canfouine, carrée, crèche, foutoir, garno, gourbi, piaule, taule, turne III. assemblée, corps, parlement, tribunal IV. alvéole, case, cavité, compartiment, creux, vide

CHAMBRÉE n.f. I. → CHAMBRE II. auditoire, public, réunion

CHAMBRER I. → ENFERMER II. **du vin** : réchauffer, tempérer III. **fig.** : circonvenir, endoctriner, envelopper, mettre en condition, prendre en main, sermonner ◇ CONTR. I. → REFROIDIR II. → REPOUSSER

CHAMBRIÈRE n.f. I. camérière, camériste, femme de chambre, servante II. → FOUET

CHAMEAU n.m. I. camélidé, chamelon, dromadaire, méhari II. chamelle → MÉCHANT

CHAMOIS n.m. bouquetin, isard, mouflon

CHAMP n.m. I. **au pr.** 1. **au pl.** : campagne, culture, espace, glèbe, lopin, nature, terrain, terre, terroir 2. **au sing.** : aspergerie, avenière, brûlis, câprière, chaume, chènevière, emblavure, essarts, fougeraie, fourragère, friche, garancière, garenne, genêtière, genevrière, guéret, houblonnière, labour, luzernière, melonnière, pâtis, pâturage, plantation, prairie, pré, sole, verger II. arène, carrière, lice, stade III. **fig.** : carrière, cercle, domaine, état, matière, objet, occasion, perspective, profession, sphère, sujet IV. 1. **CHAMP DE COURSES** : carrière, hippodrome, pelouse, turf 2. **CHAMP DE REPOS** → CIMETIÈRE 3. **CHAMP DE FOIRE** : foirail, marché 4. **SUR-LE-CHAMP** : à l'instant, aussitôt, comptant, ex abrupto, extemporanément (méd.), immédiatement, instantanément, maintenant, sans délai/ désemparer, sur l'heure, tout de suite, vite – **fam.** : bille en tête, illico, sans débander (arg.)

CHAMPART n.m. terrage

CHAMPÊTRE agreste, bucolique, campagnard, pastoral → RUSTIQUE ◇ CONTR. → URBAIN

CHAMPI, E ou **CHAMPIS, SE** nom et adj. → BÂTARD

CHAMPIGNON n.m. I. cryptogame II. aspergillus, fusarium, levure, micromycète, moisissure, mucor, penicillium, rhizopus III. agaric, albarelle, amadouvier, amanite, armillaire, auricule ou oreille de Judas, barbe-de-capucin, bolet ou tête de nègre, boule-de-neige, cèpe ou godarel, champignon de couche/ de Paris, chanterelle, char-

bonnier, chevalier, clavaire, clitocybe, co-
prin, corne-d'abondance, cortinaire,
coucoumelle, coulemelle, courioulette ou girelle ou girolle, craterelle ou oreille-de-chat/
d'ours ou trompette-de-la-mort/ -des morts,
entolome, farinier, fistuline, foie-de-bœuf,
golmotte, helvelle, hérisson, hydne, lactaire,
langue-de-bœuf, lépiote, marasme, menotte,
morille ou mérigole, mousseron, nez-de-
chat, oreille-d'ours, oreillette, oronge, phalle
impudique, pholiste, pied-de-mouton, pleu-
rote, polypore, potiron, pratelle, psalliote,
rosé, rousset, russule, satyre puant, sou-
chette, trémelle, tricholome, truffe, vesse-de-
loup, volvaire

CHAMPION, NE n.m., n.f. **I.** recordman/
woman, tenant, vainqueur, vedette
II. combattant, concurrent, défenseur, partisan, zélateur **III.** as, crack, gagnant, leader,
maître, virtuose
◊ CONTR. : tocard → MAUVAIS

CHAMPIONNAT n.m. → COMPÉTITION

CHAMPS ÉLYSÉES n.m. pl. **I.** → PARADIS
II. → ENFER

CHANCE n.f. **I.** atout, aubaine, auspice, baraka, bonheur, étoile, faveur, filon, fortune,
heur (vx), loterie, réussite, succès, veine
– fam. : anneau, bock, bol, choune, frite, godet, pêche, pot, tasse, terrine, vase **II.** aléa,
circonstance, éventualité, hasard, occasion,
possibilité, probabilité, risque, sort **III. PAR
CHANCE :** d'aventure, éventuellement, incidemment, le cas échéant, par hasard
◊ CONTR. → MALCHANCE

CHANCELANT, E branlant, faible, flageolant, hésitant, incertain, oscillant, titubant,
trébuchant, vacillant
◊ CONTR. **I.** → FERME **II.** → DÉCIDÉ

CHANCELER basculer, branler, broncher,
buter, chavirer, chopper (vx), faiblir, flageoler, fléchir, flotter, glisser, hésiter, lâcher
pied, osciller, tituber, trébucher, trembler,
vaciller
◊ CONTR. → AFFERMIR (s')

CHANCELIER n.m. archichancelier,
connétable, consul, dataire (relig.), garde des
Sceaux, ministre de la Justice, secrétaire

CHANCELLERIE n.f. administration, ambassade, bureaux, consulat, daterie (relig.),
ministère de la Justice, secrétariat, services

CHANCEUX, EUSE I. aléatoire, aventureux, dangereux, hasardeux, incertain, risqué **II. fam.** : bidard, chançard, chicard, cocu,
coiffé, veinard, verjot, verni → HEUREUX
◊ CONTR. **I.** → CERTAIN **II.** → MALHEUREUX

CHANCIR → POURRIR

CHANCRE n.m. bobo, bouton, bubon,
exulcération, exutoire, lésion, lupus, ulcération → ABCÈS

CHANDAIL n.m. débardeur, gilet, lainage,
laine, maillot, pull-over, sweater, sweat-shirt,
tricot

CHANDELIER n.m. **par ext.** : applique, bougeoir, bras, candélabre, flambeau, girandole, lustre, martinet, torchère

CHANDELLE n.f. **I.** binet (vx), bougie,
cierge, flambeau, lumignon, luminaire, oribus **II.** feu d'artifice, fusée

CHANGE n.m. **I. au pr.** : changement,
échange, permutation, troc **II.** agio, agiotage, banque, bourse, commission, courtage, marché des valeurs, spéculation **III.** arbitrage, compensation **IV. 1. AGENT DE
CHANGE :** coulissier, remisier **2. LETTRE DE
CHANGE :** billet à ordre, effet de commerce,
traite **3. DONNER/ PRENDRE LE CHANGE** →
ABUSER

CHANGEANT, E ambulatoire (vx), arlequin, caméléon, capricant, capricieux, chatoyant, discontinu, divers, diversiforme,
élastique, éphémère, erratique, fantaisiste,
fantasque, flottant, fluent, hétéromorphe, incertain, inconsistant, inconstant, indécis,
inégal, infidèle, instable, irrégulier, journalier, labile, léger, lunatique, mobile, mouvant, ondoyant, opportuniste, oscillant, pa-
pillonnant, protéiforme, sauteur,
touche-à-tout, vacillant, variable, versatile,
volage
◊ CONTR. → CONSTANT

CHANGEMENT n.m. **I.** abandon, adaptation, aggiornamento, allotropie, altérité, alternance, alternat, amélioration, amendement, assolement, augmentation, avatar,
balancement, bascule, cession, change,
commutation, contraste, conversion, correction, coup de balai, déménagement, dénivellation, dépaysement, déplacement, dérangement, détour, déviation, différence, écart,
échange, émigration, évolution, expatriation, fluctuation, gradation, immigration, inflexion, innovation, interchangeabilité, interversion, inversion, métamorphose,
métaplasme, métaphore, métastase, métonymie, mobilité, modification, modulation,
mouvement, muance, mue, mutation, nouveauté, novation, nuance, ondoiement, oscillation, passage, permutation, phase, rectification, réduction, refonte, réformation,
réforme, remaniement, remplacement, remue-ménage, renouvellement, rénovation,
renversement, retournement, révolution, rotation, saute, substitution, transfiguration,
transition, transmutation, transplantation,
transport, transposition, transsubstantiation, troc, vacillement, variante, variation,
vicariance, virage, virevouste (vx) → TRANS-
FORMATION **II.** désaccoutumance, désadapta-

tion III. éclaircie, embellie IV. **péj.**: abandon, accident, adultération, aggravation, altération, avatar, bouleversement, caprice, corruption, déclassement, défiguration, déformation, dégénérescence, déguisement, dénaturation, dérangement, diminution, falsification, inconstance, infidélité, instabilité, irrégularité, légèreté, palinodie, perversion, réduction, remous, replâtrage, rétractation, retournement, revirade (vx), revirement, saute, travestissement, valse, versatilité, vicissitude, virevolte, volte-face, voltige, voltigement V. *les transformations nominales possibles des syn. de* changer – **ex.**: agrandissement, infléchissement, interaction, réadaptation, etc.

◈ CONTR. I. → CONSTANCE II. → ROUTINE

CHANGER I. **v. tr. 1.** agrandir, augmenter, bouleverser, chambarder, chambouler, commuer, convertir, corriger, infléchir, innover, interagir, métamorphoser, modérer, modifier, muer, nuancer, réadapter, réaménager, recibler, rectifier, redéfinir, redéployer, refondre, réformer, réimpulser, remanier, remodeler, renouveler, rénover, renverser, restructurer, révolutionner, toucher à, transfigurer, transformer, transmuer, transposer, troquer **2. péj.**: aggraver, altérer, contrefaire, défigurer, déformer, déguiser, dénaturer, diminuer, fausser, réduire, replâtrer, travestir, truquer **3. de place**: alterner, bouger, commuter, copermuter, déloger, déménager, déplacer, déranger, se détourner, se dévier, écarter, émigrer, enlever, s'expatrier, intervertir, inverser, muter, passer, permuter, quitter, tourner bride, transférer, transplanter, transposer, virer → TRANSPORTER **4. de nom**: débaptiser, rebaptiser **5. de l'argent**: convertir, échanger **6. d'attitude, d'opinion**: se convertir, se dédire/ déjuger, évoluer, fluctuer, papillonner, se raviser, se retourner, retourner sa veste, se rétracter, revenir sur, tourner bride/ casaque, varier, virer, virevolter, voleter, voltiger II. **v. int. 1.** augmenter, devenir *(suivi d'un attribut)* , diminuer, empirer, évoluer, grandir, passer, rapetisser, tourner, vieillir **2.** se déshabituer/ désheurer (vx) **3. moral**: s'améliorer/ amender, se corriger/ modifier/ pervertir/ transformer

◈ CONTR. I. → CONSERVER II. → CONTINUER III. → DURER

CHANNEL n.m. **télécom. off.**: canal, voie

CHANOINE n.m. doyen, grand chantre, primicier, princier, théologal

CHANSON n.f. I. → CHANT II. **fig.**: **1.** babil, bruit, chant, gazouillis, murmure, ramage, refrain, roucoulement **2.** bagatelle, baliverne, bateau, billevesée, bourde, calembre-

daine, conte, coquecigrue, fadaise, faribole, lanterne, lure (vx), sornette, sottise → BÊTISE

CHANSONNIER n.m. auteur, compositeur, humoriste, librettiste, mélodiste → CHANTEUR

CHANT n.m. I. air, aria, ariette, arioso, aubade, ballade, barcarolle, bardit, berceuse, blues, cantabile, cantilène, cavatine, chanson, chansonnette, complainte, comptine, couplet, épithalame, gospel, hymne, incantation, lamento, lied, mélodie, mélopée, monodie, negro spiritual, nénie, pastourelle, péan, pont-neuf, pot-pourri, psalmodie, ranz, récitatif, refrain, rengaine, rhapsodie, ritournelle, romance, ronde, rondeau, roulade, scie, sérénade, spiritual, tyrolienne, variation, vaudeville, villanelle, vocero – **fam.**: goualante, lampons (vx), tube II. **liturg. 1.** cantate, choral, messe, oratorio **2.** antienne, cantique, grégorien, hymne, litanie, motet, plain-chant, prose, psaume, répons, séquence **3.** agnus Dei, alleluia, dies irae, gloria, hosanna, kyrie, magnificat, miserere, noël, requiem, sanctus, tantum ergo, te deum III. comédie lyrique/ musicale, opéra, opéra-comique, opérette, vaudeville IV. canon, choral, chœur, duo, polyphonie, trio V. **fam.** → CHAHUT VI. → CHANSON VII. → POÈME

CHANTAGE n.m. extorsion de fonds, prélèvement, pression, racket → MENACE, VOL

CHANTEPLEURE n.f. I. → ARROSOIR II. → OUVERTURE

CHANTER I. **v. intr. 1. au pr.**: aubader, barytonner, bourdonner, chantonner, cultiver/ développer/ travailler sa voix, déchiffrer, fredonner, jodler, lourer, lurer, moduler, nuancer, psalmodier, solfier, ténoriser, vocaliser **2. fam. et péj.**: beugler, brailler, braire, bramer, chantonner, chevroter, crier, dégoiser, détonner, s'égosiller, goualer, gringotter, hurler, machicoter, miauler, roucouler **3. oiseaux**: coqueriquer, crier, gazouiller, gringotter, jaser, pépier, ramager, rossignoler, roucouler, siffler, triller, trinsotter (vx), zinzinuler → CRIER II. **v. tr. 1. au pr.**: exécuter **2. péj.**: conter, dire, rabâcher, raconter, radoter, répéter III. **CHANTER VICTOIRE**: se glorifier, louer, se vanter

◈ CONTR. → TAIRE (SE)

CHANTERELLE n.f. I. girolle II. → APPELANT

CHANTEUR n.m. acteur, aède, artiste, barde, castrat, chansonnier, chantre, choreute, choriste, citharède, coryphée, croquenote (fam.), duettiste, exécutant, interprète, ménestrel, minnesinger, rhapsode, scalde, soliste, troubadour, trouvère, virtuose → VOIX

CHANTEUSE n.f. actrice, artiste, cantatrice, diva, divette, dugazon (vx), prima donna, vedette → VOIX

CHANTIER n.m. **I.** arsenal, atelier, dépôt, entrepôt, fabrique, magasin **II.** → CHAOS **III. EN CHANTIER :** en cours/ route/ train → COMMENCER

CHANTONNER → CHANTER

CHANTRE n.m. → CHANTEUR

CHAOS n.m. anarchie, bazar, bordel (grossier), bouleversement, cataclysme, chantier, cohue, complication, confusion, débâcle, désordre, désorganisation, discorde, foutoir, incohérence, marasme, mêlée, méli-mélo, pastis, pêle-mêle, perturbation, tohu-bohu, trouble, zizanie ◈ CONTR. → ORDRE

CHAOTIQUE → CONFUS

CHAOUCH n.m. → APPARITEUR

CHAPARDER → VOLER

CHAPE n.f. → MANTEAU

CHAPEAU n.m. → COIFFURE

CHAPELAIN n.m. aumônier → PRÊTRE

CHAPELET n.m. **I.** ave Maria, rosaire **II.** → SUITE

CHAPELLE n.f. **I.** → ÉGLISE **II.** → COTERIE

CHAPELURE n.f. panure

CHAPERON n.m. **I.** duègne, gouvernante, suivante **II.** → COIFFURE

CHAPERONNER accompagner, conseiller, couvrir, défendre, diriger, garantir, garder, parrainer, patronner, piloter, préserver, protéger, sauvegarder, suivre, surveiller, veiller sur ◈ CONTR. → LIBÉRER

CHAPILLEMENT n.m. → CLIN D'ŒIL

CHAPILLER → CILLER

CHAPITEAU n.m. cirque, tente

CHAPITRE n.m. **I.** article, livre, matière, objet, partie, question, section, sujet, titre **II.** assemblée, conseil, réunion

CHAPITRER blâmer, catéchiser, donner/ infliger un avertissement/ un blâme, faire la leçon/ la morale, gourmander, gronder, laver la tête (fam.), morigéner, reprendre, réprimander, semoncer, sermonner, tancer ◈ CONTR. → LOUER

CHAPTALISATION n.f. sucrage

CHAPTALISER → SUCRER

CHAQUE chacun, tout

CHAR n.m. **I.** → CHARIOT **II. antiq.** bige, quadrige **III. char de combat, d'assaut :** blindé, tank

CHARABIA n.m. → GALIMATIAS

CHARADE n.f. devinette, énigme, jeu de mots, rébus

CHARBON n.m. **I.** anthracite, boghead, boulet, briquette, carbi (arg.), coke, combustible, escarbille, gaillette, gailletin, grésillon, houille, lignite, noisette, poussier, tête de moineau, tourbe **II.** anthracnose, carie, rouille noire de la vigne

CHARBONNER **I.** → CALCINER **II.** → SALIR **III.** → POURVOIR

CHARBONNIER n.m. **I.** bougnat **II.** → BATEAU

CHARCUTER → DÉCOUPER

CHARCUTERIE n.f. **I.** andouille, andouillette, bacon, boudin, cervelas, cochonnaille, confit, crépinette, cuisine, foie gras, fromage de cochon/ d'Italie/ de tête, galantine, jambon, jambonneau, jésus, lard, mortadelle, panne, pâté, plats cuisinés, porc, rillettes, rosette, salé → SAUCISSE, SAUCISSON **II. vx ou rég. :** atriau, attrignole

CHARCUTIER, ÈRE n.m., n.f. cuisinier, traiteur

CHARDON **I. par ext. :** artichaut, cardon, carline **II. fig.** → DIFFICULTE

CHARGE n.f. **I. au pr. :** ânée, batelée, brouettée, capacité, cargaison, chargement, charretée, contenu, emport, faix, fardeau, fret, lest, mesure, poids, quantité, somme, voiturée **II. mar. :** estive, pontée **III. phys. :** poussée, pression **IV. EN CHARGE :** en fonction, en service, sous tension **V. fig. 1. non fav. :** boulet, corvée, embarras, gêne, incommodité, servitude **2.** dépense, dette, devoir, frais, guerdon (vx), hypothèque, imposition, impôt, intérêt, obligation, prélèvement, prestation, redevance, responsabilité, servitude **3.** accusation, (chef d') inculpation, indice, présomption, preuve **4.** → CARICATURE **5.** canular, mystification, plaisanterie **6.** assaut, attaque, chasse, choc, offensive, poursuite **7. fav. ou neutre :** dignité, emploi, endosse (vx), fonction, ministère, office, place, poste, sinécure ◈ CONTR. → ALLÈGEMENT

CHARGÉ, E **I.** → PLEIN **II.** → EXCESSIF **III.** → ÉPAIS **IV.** baroque, fleuri, lourd, rococo, tarabiscoté, touffu ◈ CONTR. → LÉGER

CHARGEMENT n.m. aconnage (mar.), arrimage → CHARGE

CHARGER **I. au pr. :** arrimer, bâter, bréler, combler, disposer, embarquer, empiler, emplir, fréter, garnir, lester, mettre, placer, poser, remplir **II. avec excès :** accabler, couvrir, écraser, fouler, recouvrir **III. fig. 1.** accuser, aggraver, calomnier, déposer contre, imputer, inculper, noircir **2. la mémoire :** encombrer, remplir, surcharger **3. d'obligations :** accabler, écraser, frapper, grever, imposer, obérer, taxer **4. des faits** : amplifier, enchérir, exagérer, grossir **5. un portrait** : caricaturer, forcer, outrer, tourner en ridicule **6. d'une fonction** : commettre, commissionner, déléguer, donner à faire, préposer à **7. milit. ou vén.** : attaquer, s'élancer, foncer, fondre sur **8. forme pron.** → ASSUMER

◇ CONTR. **I.** → ALLÉGER **II.** → DÉCHARGER **III.** → EXCUSER

CHARGEUR n.m. → DOCKER

CHARIOT n.m. basterne, bélon, berline, binard, briska, cabarouet, cabrouet, charreton, charretou, caisson, camion, char, charrette, diable, éfourceau, fardier, fourgon, fourragère, guimbarde, kibitké, ribaudequin, triqueballe, trinqueballe, truck

CHARISME n.m. charme, don, égrégore, influence, force

CHARITABLE I. caritatif **II.** → BON

CHARITABLEMENT aimablement, avec → BONTÉ, généreusement, humainement, justement, magnanimement, miséricordieusement, philanthropiquement, secourablement, sensiblement

◇ CONTR. → CRUELLEMENT

CHARITÉ n.f. → BONTÉ

CHARIVARI n.m. → CHAHUT

CHARLATAN n.m. banquiste (vx), baraquin, bonimenteur, camelot, empirique, guérisseur, marchand forain/ d'orviétan, médicastre, morticole, rebouteux → HÂBLEUR

CHARLATANERIE n.f. → HÂBLERIE

CHARMANT, E agréable, aimable, amène, amusant, attachant, attirant, beau, captivant, charismatique, charmeur, enchanteur, enivrant, ensorcelant, ensorceleur, envoûtant, fascinant, galant, gentil, gracieux, grisant, intéressant, joli, merveilleux, piquant, plaisant, ravissant, riant, séducteur, séduisant, souriant

◇ CONTR. **I.** → DÉPLAISANT **II.** → ENNUYEUX **III.** → TRISTE

CHARME n.m. **I.** breuvage, conjuration, enchantement, ensorcellement, envoûtement, envoûture (vx), illusion, incantation, magie, magnétisme, philtre, pouvoir, sorcellerie, sort, sortilège **II.** agrément, blandice (litt.), délice, fascination, intérêt, plaisir, ravissement **III.** ascendant, autorité, captivance, charisme, influence, insinuation (vx), prestige **IV.** amorce (vx), appas, attrait, avantages, beauté, chic, chien, élégance, grâce, séduction, sex-appeal, tire-l'œil (vx), vénusté

◇ CONTR. **I.** → LAIDEUR **II.** → MALÉDICTION

CHARMÉ, E comblé, conquis, content, émerveillé, enchanté, heureux, pris, ravi, séduit

◇ CONTR. → MÉCONTENT

CHARMER I. au pr. : conjurer, enchanter, ensorceler, envoûter, fasciner, hypnotiser – vx : diaboliser, emmeliner, empicasser, incanter **II. fig. 1.** adoucir, apaiser, calmer, tenir sous le charme **2.** apprivoiser, attirer, chatouiller, conquérir, émerveiller, entraîner, ravir, séduire, tenter **3.** acharmer (vx), captiver, complaire, délecter, donner dans l'œil/ dans la vue, éblouir, enlever, enthousiasmer, flatter, parler aux yeux, plaire, séduire, transporter, verser l'ambroisie/ le miel

◇ CONTR. → DÉPLAIRE

CHARMEUR, EUSE n.m. ou f. enjôleur, ensorceleur, magicien, psylle → SÉDUCTEUR

◇ CONTR. → RÉPUGNANT

CHARMILLE n.f. **I.** allée, berceau, chemin, ormille **II.** bocage, bosquet **III.** haie, palissade, palisse

CHARNEL, LE I. corporel, naturel, physique, sexuel **II. par ext. 1.** matériel, sensible, tangible, temporel, terrestre **2.** animal, bestial, impur, lascif, libidineux, lubrique, luxurieux, sensuel **3.** érotique

◇ CONTR. **I.** → SPIRITUEL **II.** → CHASTE

CHARNIER n.m. **I.** → CIMETIÈRE **II.** → CLOAQUE

CHARNIÈRE n.f. gond, paumelle, penture

CHARNU, E bien en chair, charneux, corpulent, dodu, épais, gras, grassouillet, potelé, replet, rond, rondouillard, rondouillet, viandé (fam.)

◇ CONTR. → MAIGRE

CHAROGNE n.f. → CHAIR

CHARPENTE n.f. **I.** → CARCASSE **II.** → POUTRE **III.** → COMPOSITION

CHARPENTÉ, E → FORT

CHARPENTER I. au pr. : charpir, cintrer, contreventer, couvrir, dégauchir, enchaîner, équarrir, lier, menuiser, soutenir, tailler **II. fig.** : construire, équilibrer, étayer, étoffer, façonner, projeter

◇ CONTR. → DÉMOLIR

CHARPENTIER n.m. → MENUISIER

CHARPIE n.f. pansement, plumasseau

CHARRE n.m. → BLUFF

CHARRETIER n.m. cocher, conducteur, roulier, voiturier

CHARRETTE n.f. carriole, char, chariot, chartil, gerbière, haquet, surtout, téléga, tombereau → VOITURE

CHARRIER I. → TRANSPORTER **II.** → EMPORTER **III.** → EXAGÉRER

CHARROI n.m. équipage, train, transport → CHARGE

CHARROYER → CHARRIER

CHARRUE n.f. araire, areau, bissoc, brabant, buttoir, canadienne, cultivateur, décavaillonneuse, déchaumeuse, défonceuse, dombasle, polysoc, trisoc, vigneronne – **parties de la charrue** : age, coutre, entretoise, étançon, étrier, mancheron, palonnier, régulateur, sep, soc, versoir, timon

CHARTE n.f. I. → TITRE II. → RÈGLEMENT

CHARTER I. off. : n.m. avion nolisé II. v. tr. off. : affréter, fréter

CHARTREUSE n.f. I. → CLOÎTRE II. → PAVILLON

CHAS n.m. → TROU

CHASSE n.f. I. au pr. : affût, art cynégétique, battue, drag (vx), fauconnerie, piégeage, safari, tenderie, traque, trolle, vénerie, volerie II. par ext. → RECHERCHE

CHÂSSE n.f. I. boîte, coffret, fierte (vx), reliquaire II. arg → ŒIL

CHASSE-MOUCHES n.m. émouchoir

CHASSER I. donner la chasse, poursuivre, quêter II. balayer, bouter, congédier, conjurer (relig. ou partic.), débusquer, déjucher, déloger, dénicher, dissiper, écarter, éconduire, éjecter, éliminer, éloigner, enlever, exclure, expulser, faire disparaître/ fuir, forcer, mettre à la porte/ dehors/ en fuite, ostraciser, ôter, pourchasser, purger, raouster (arg.), reconduire, refouler, rejeter, remorcier, ronvoyer, repousser, se séparer de, supprimer, vider, vomir – vx : dégoter, déposter III. un gouvernant : bannir, démettre, déposer, destituer, détrôner, disgracier, évincer, exiler IV. vén. : battre les buissons, courir, débucher, débusquer, dépister, forlancer, lancer, piéger, quêter, rabattre, refuir, relancer, rembucher, servir – vx : briller, courre, giboyer – péj. : halbrener, hourailler V. → GLISSER
◇ CONTR. I. → PRÉSERVER II. → RETENIR

CHASSEUR n.m. I. 1. boucanier, fauconnier, nemrod, perce-forêt, piqueur, pisteur, quêteur, rabatteur, trappeur, veneur 2. amazone, chasseresse, chasseuse, diane 3. tueur, viandard, viandeur → BRACONNIER II. groom, portier
◇ CONTR. : écologiste, protecteur des animaux

CHASSIE n.f. → EXCRÉMENT

CHÂSSIS n.m. → ENCADREMENT

CHASTE I. abstinent, ascétique, continent, honnête, pur, rangé, sage, vertueux, vierge II. angélique, décent, immaculé, innocent, modeste, platonique, prude, pudique, virginal
◇ CONTR. → LASCIF

CHASTETÉ n.f. → CONTINENCE

CHASUBLE n.f. dalmatique, manteau

CHAT, CHATTE n.m. ou f. I. chaton, félin, haret, matou II. fam. : chattemite, greffier, grippeminaud, macaou, mimi, minet, minette, minon, minou, mistigri, moumoute, patte-pelu, raminagrobis III. chat sauvage : haret, margay IV. quelques races : abyssin, américain, angora, balinais, birman, bleu russe, bobtail, bombay, burmese, chartreux, chinchilla, colour point, cymric, européen, havane, korat, lilas exotique, longy, maine coon, many, mau égyptien, oriental, persan, rag doll, rex, rumpy, scottish fold, siamois, somali, sphinx, stumpy, tabby, tonkinois, turc V. CHAT DANS LA GORGE → ENROUEMENT

CHÂTAIGNE n.f. I. au pr. : macre, marron II. fig. → COUP

CHÂTEAU n.m. I. bastide, bastille, citadelle, donjon, fort, forteresse II. castel, chartreuse, demeure, folie, gentilhommière, hôtel, manoir, palais, pavillon, rendez-vous de chasse, résidence III. château d'eau : réservoir
◇ CONTR. → CABANE

CHAT-HUANT n.m. → HULOTTE

CHÂTIÉ, E académique, classique, dépouillé, épuré, poli, pur
◇ CONTR. → NÉGLIGÉ

CHÂTIER I. battre, corriger, patafioler (mérid.), punir, réprimer, sévir II. corriger, épurer, perfectionner, polir, raboter, rectifier, retoucher, revoir III. améliorer, guérir de
◇ CONTR. → RÉCOMPENSER

CHÂTIMENT n.m. → PUNITION

CHATOIEMENT n.m. → REFLET

CHATOUILLEMENT n.m. I. → CARESSE II. agacerie, démangeaison, excitation, impatiences, prurit, titillation → PICOTEMENT

CHATOUILLER I. → CARESSER II. agacer, démanger, exciter, gratter, horripiler, impatienter, picoter III. par ext. → CHARMER
◇ CONTR. I. → CALMER II. → DÉPLAIRE

CHATOUILLEUX, EUSE I. délicat, douillet, sensible II. → SUSCEPTIBLE
◇ CONTR. → INDIFFÉRENT

CHATOYANT, E brillant, changeant, coloré, coruscant, étincelant, imagé, luisant, miroitant, moiré, riche, séduisant, versicolore
◇ CONTR. → TERNE

CHATOYER briller, étinceler, jeter des reflets, luire, miroiter, pétiller, rutiler
◇ CONTR. : être → TERNE

CHÂTRÉ, E I. castrat, eunuque, nader II. bréhaigne, bœuf, chapon, châtron, hongre, mouton, mule, mulet, porc
◇ CONTR. → ENTIER

CHÂTRER bistourner, bretauder, castrer, chaponner, couper, démascler (mérid.), dévriliser, émasculer, hongrer, mutiler, stériliser – vx : affranchir, escouiller

CHATTEMITE n.f. → PATELIN

CHATTERIE n.f. I. → CARESSE II. douceur, friandise, gâterie, sucrerie
◇ CONTR. → BRUTALITÉ

CHAUD n.m. → CHALEUR

CHAUD, E I. bouillant, brûlant, cuisant, équatorial, étouffant, fumant, igné, incandescent, tiède, torride, tropical II. fig. 1. affectueux, amoureux, ardent, chaleureux, décidé, délirant, déterminé, échauffé, emballé, emporté, empressé, enthousiaste, expansif, fanatique, fervent, fougueux, frénétique, passionné, pressant, vif, zélé 2. âpre, dur, sanglant, sévère
◇ CONTR. I. → FROID II. → INDIFFÉRENT

CHAUDRON n.m. → USTENSILE

CHAUDRONNERIE n.f. I. dinanderie II. batterie/ ustensiles de cuisine

CHAUFFAGE n.m. I. climatisation II. caléfaction, distillation III. appareils : athanor, bassinoire, bouillotte, brasero, calorifère, chaufferette, chauffe-pieds, cheminée, couvet, cuisinière, fourneau, gazinière, Godin, Mirus, moine, poêle, potager, radiateur, réchaud, salamandre, thermosiphon
◇ CONTR. → CONGÉLATION

CHAUFFARD n.m. → CHAUFFEUR

CHAUFFER I. v. tr. au pr. : bassiner, braiser, brûler, calciner, cuire, faire bouillir/ cuire/ réduire, échauffer, embraser, étuver, griller, réchauffer, rendre chaud, rôtir, surchauffer II. fig. 1. attiser, exciter, mener rondement, presser 2. bachoter, réviser 3. → VOLER III. v. intr. 1. s'échauffer, être sous pression 2. → BARDER

CHAUFFERETTE n.f. bassinoire, moine, réchaud, tandour

CHAUFFEUR n.m. automédon (vx), cariste, conducteur, loche (arg.), machiniste, pilote, tankiste, tractoriste – péj. : chauffard, écraseur

CHAUME n.m. I. éteule, glui, paille, tige II. → CABANE

CHAUMER déchaumer

CHAUMIÈRE et **CHAUMINE** n.f. → CABANE

CHAUSSE n.f. I. bas, culotte, gamache, grègue, guêtre, jambière II. ÊTRE AUX

CHAUSSES DE : aux trousses, harceler, poursuivre, serrer de près

CHAUSSÉE n.f. I. digue, duit, levée, remblai, talus II. chemin, piste, route, rue, voie

CHAUSSER par ext. : adopter, garnir, pourvoir

CHAUSSE-TRAPE n.f. → PIÈGE

CHAUSSEUR n.m. → CORDONNIER

CHAUSSON n.m. babouche, ballerine, charentaise, espadrille, kroumir, mule, pantoufle, patin, savate

CHAUSSURE n.f. I. après-ski, boots, botte, bottillon, bottine, brodequin, cothurne, escarpin, galoche, mocassin, nu-pieds, richelieu, sabot, savate, snow-boot, socque, soulier, spartiate → CHAUSSON II. fam. : bateau, bottine, chaussette à clous, chlapin, clape, clapette, croquenot, écrase-merde, galette, godasse, godillot, grolle, latte, péniche, pompe, ribouis, rigadon, ripaton, sorlot, targette, tartine, tatane, transat

CHAUT (PEU ME) ça m'est → INDIFFÉRENT

CHAUVE dégarni, déplumé, glabre, lisse, pelé
◇ CONTR. → POILU

CHAUVE-SOURIS n.f. chiroptère, harpie, noctule, oreillard, pipistrelle, ratepenade (vx) ratepignate (mérid.), rhinolophe, rhinopome, roussette, sérotine, vampire, vespertilion

CHAUVIN, E belliqueux, borné, cocardier, étroit, fanatique, intolérant, jingo, nationaliste, patriotard, xénophobe – vx : chauvinique, chauviniste
◇ CONTR. → TOLÉRANT

CHAUVINISME n.m. ethnocentrisme, fanatisme, intolérance, jingoïsme, nationalisme, xénophobie
◇ CONTR. → TOLÉRANCE

CHAUVIR dresser (les oreilles)

CHAUX n.f. oxyde/ hydroxyde de calcium

CHAVIRAGE et **CHAVIREMENT** n.m. cabanage, dessalage (fam.), naufrage

CHAVIRER I. v. intr. 1. s'abîmer, basculer, cabaner, couler, dessaler, faire naufrage, se renverser, se retourner, sombrer 2. chanceler, tanguer, tituber, trébucher, vaciller 3. **LES YEUX CHAVIRENT** : se révulser II. v. tr. 1. bousculer, cabaner, renverser 2. **CHAVIRER LE CŒUR/ L'ESTOMAC** : barbouiller
◇ CONTR. → FLOTTER

CHAYOTTE n.f. chouchou, christophine

CHECK LIST n.f. aviat. et spat. off. : liste de contrôle/ vérification

CHECK OUT n.m. spat. off. : contrôle

CHECK-UP n.m. méd. off. : bilan de santé

CHEF n.m. **I.** → TÊTE **II. 1. au pr.** : administrateur, animateur, architecte, autorité, commandant, conducteur, décideur, despote (péj.), dignitaire, directeur, dirigeant, dominateur, entraîneur, fédérateur, fondateur, gouverneur, gradé, guide, leader, maître, meneur, pasteur, patron, rassembleur, responsable, stratège, tête → TYRAN **2.** consul, dictateur, président, régent → MONARQUE **3.** échevin, magistrat, maire, ministre **4.** abbé, aga, aga khan, archevêque, archimandrite, ayatollah, commandeur des croyants, dalaï-lama, évêque, grand mufti/ rabin, imam, mâlem, marabout, métropolite, mollah, pape, patriarche, supérieur **5.** cacique, caïd, cheikh, pacha, sachem **6.** cadre, contremaître, ingénieur **7.** centenier, centurion, cinquantenier, condottiere, doge, dynaste, polémarque, tétrarque, triérarque, vergobret **8.** bikbachi, bimbachi, cf fendi **9. officier** : amiral, amiral de la flotte/ de France (vx), aspirant, capitaine, capitaine de frégate/ corvette/ vaisseau, chef de bataillon/ d'escadron, colonel, commandant, contre-amiral, enseigne/ lieutenant de vaisseau, général d'armée/ de brigade/ de corps d'armée/ de division, généralissime, lieutenant, lieutenant-colonel, major, maréchal, sous-lieutenant, vice-amiral, vice-amiral d'escadre **10. sous-officier** : adjudant, adjudant-chef, brigadier, caporal, caporal-chef, maître, major, maréchal des logis, maréchal des logis-chef, quartier-maître, second maître, sergent-chef **11.** chef d'orchestre, coryphée (péj.) **12.** cheftaine **13. chef-d'œuvre** → OUVRAGE **III.** → CUISINIER **IV.** → MATIÈRE **V.** → GARDIEN
◇ CONTR. → SUBORDONNÉ

CHEIKH n.m. → CHEF

CHEIRE n.f. coulée volcanique (Auvergne)

CHÉLIDOINE n.f. éclaire

CHEMIN n.m. **I.** accès, allée, artère, avenue, boulevard, cavée, chaussée, draille, drève, laie, layon, lé, ligne, passage, piste, raidillon, rampe, ravin, rocade, route, rue, sente, sentier, taxiway (aviat.), tortille, trimard (fam.) **II.** → VOIE **III.** → TRAJET **IV.** → MÉTHODE **V. chemin de fer** → TRAIN

CHEMINEAU n.m. → VAGABOND

CHEMINÉE n.f. **I.** âtre, feu, foyer **II.** puits, rou

CHEMINEMENT n.m. approche, avance, démarche, marche, progrès, progression

CHEMINER → MARCHER

CHEMINOT n.m. → TRAVAILLEUR

CHEMISE n.f. **I.** → DOSSIER **II.** brassière, camisole, chemisette, combinaison, linge de corps, lingerie, nuisette, parure, tee-shirt – fam. : bannière, limace, liquette

CHEMISER → RÉPARER

CHEMISETTE n.f. **I.** → CHEMISE **II.** → CORSAGE

CHEMISIER n.m. → CORSAGE

CHEMONUCLEAR REACTOR nucl. off. : réacteur de radiochimie

CHÊNAIE n.f. → PLANTATION

CHENAL n.m. → CANAL

CHENAPAN n.m. → VAURIEN

CHÊNE n.m. rouge d'Amérique/ du Canada, rouvre, pubescent, tauzin, vélani – chêne-vert : yeuse

CHÉNEAU n.m. → GOUTTIÈRE

CHENET n.m. chevrette, hâtier, landier

CHENILLE n.f. **I.** arpenteuse ou géomètre, bombyx, fileuse, zeuzère **II.** caterpillar → CHAR

CHEPTEL n.m. **I. cheptel vif** : animaux, aumaille, bergerie, bestiaux, bétail, capital, écurie, étable, troupeau **II. cheptel mort** : capital, équipement, instruments, machines, matériel, outillage

CHER, ÈRE I. adoré, adulé, affectionné, aimé, bien-aimé, chéri **II. une chose** : agréable, aimable, estimable, précieux, rare **III.** coûteux, désavantageux, dispendieux, hors de portée/ de prix, inabordable, lourd, pesant, onéreux, ruineux – fam. : chaud, chérot, coup de barre/ fusil, grisol, la peau des fesses, salé
◇ CONTR. **I.** → DÉSAGRÉABLE **II.** bon marché → GRATIS

CHERCHER I. un objet : aller à la découverte/ recherche/ en reconnaissance, battre la campagne/ les buissons, chiner, être en quête, explorer, fouiller, fourrager, fureter, quérir (vx), quêter, rechercher, troller (vén.), triturer **II. une solution** : s'appliquer à, se battre les flancs (fam.), calculer, consulter, demander, s'enquérir, enquêter, examiner, imaginer, s'informer, interroger, inventer, se pencher sur, penser/ réfléchir à, scruter, sonder, supposer **III.** s'efforcer, s'évertuer, poursuivre, tâcher, tendre, tenter, viser **IV.** intriguer, rechercher, solliciter **V. quelqu'un** : aller/ envoyer/ faire/ venir prendre, quérir, requérir
◇ CONTR. → TROUVER

CHERCHEUR, EUSE nom et adj. **I.** explorateur **II.** curieux, enquêteur, érudit, fouineur, fureteur, inventeur, investigateur, savant, spécialiste **III.** détecteur **IV. CHERCHEUR D'OR** : orpailleur

CHÈRE n.f. bombance, bonne table, chère lie, gastronomie, menu, ordinaire, plaisir de la table, ripaille

CHÈREMENT I.→ CHER II. affectueusement, amoureusement, avec affection/ amour/ piété/ sollicitude/ tendresse, pieusement, tendrement

◆ CONTR. : avec → RUDESSE

CHÉRI, E nom et adj. I.→ CHER II.→ AMANT

CHÉRIR → AIMER

CHERTÉ n.f. → PRIX

CHÉRUBIN n.m. I.→ ENFANT II.→ ANGE

CHÉTIF, IVE I. 1.→ FAIBLE 2.→ PETIT II.→ MAUVAIS III.→ MISÉRABLE

CHEVAL n.m. I. équidé, solipède II. bégu(ë), étalon, foal, hongre, jument, poney, poulain, pouliche, yearling III. fam. 1. bidet, bourdon, bourrin, bourrique, canard, canasson, carcan, carne, carogne, claquette, criquet, gail, haridelle, locatis (vx), mazette, oignon, roncin, rossard, rosse, rossinante, sardine, tréteau, veau, vieille bique 2. coco, dada IV. carrossier, cheval d'armes/ de chasse/ de cirque/ de concours/ de course/ d'élevage/ de fond/ de parade/ de remonte, cob, coureur, courtaud, crack, favori, hunter, hurdler, limonier, mallier, portechoux, postier, sauteur, stayer, stepper, trotteur V. cheval sauvage, marron, mustang, tarpan VI. vx ou poét. : cavale, coursier, destrier, guilledin, haquenée, palefroi, sommier, traquenard VII. équipage, monture VIII. mythiques : centaure, hippogriffe, hippotragus, licorne, pégase IX. quelques races : andalou, anglais, anglonormand, arabe, ardennais, auvergnat, barbe, belge, berrichon, boulonnais, bourbonien, breton, camarguais, cauchois, charentais, circassien, comtois, corse, danois, flamand, genet, hanovrien, hollandais, hongrois, irlandais, kabyle, kirghize, klepper, landais, limousin, lorrain, mecklembourgeois, mongol, navarrais, normand, percheron, persan, picard, poitevin, russe, tarbais, tartare, tcherkess, turc – d'après la couleur → ROBE X. 1. CHEVAL DE BATAILLE. fig. : argument, dada, idée fixe 2. ALLER/ MONTER À CHEVAL → CHEVAUCHER

CHEVALER → SOUTENIR

CHEVALERESQUE → GÉNÉREUX

CHEVALERIE n.f. féodalité, institution/ ordre militaire, noblesse

CHEVALET n.m. banc, baudet, chèvre, échafaudage, support, tréteau

CHEVALIER n.m. I. bachelier (vx), écuyer, noble, paladin, preux, suzerain, vassal → CAVALIER II. 1. CHEVALIER D'INDUSTRIE : faisan → VOLEUR 2. CHEVALIER SERVANT → CAVALIER

CHEVALIÈRE n.f. anneau, armes, armoiries, bague

CHEVAUCHÉE n.f. I. au pr. : cavalcade, course, promenade, reconnaissance, tournée, traite II. par ext. : incursion, investigation, raid

CHEVAUCHER I. v. intr. 1. aller/ monter à cheval, caracoler, cavalcader, escadronner (vx), galoper, parader, trotter 2. s'affourcher, se croiser, empiéter, être mal aligné, mordre sur, se recouvrir II. v. tr. : couvrir, enjamber, passer au-dessus/ par-dessus, recouvrir III. À CHEVAUCHONS (vx) : à califourchon, à cheval, à dada (fam.)

CHEVÊCHE n.f. → HULOTTE

CHEVELU, E → POILU

CHEVELURE n.f. I. 1. coiffure, toison 2. démêlures, peignures, tonsure II. fam. : crayons, cresson, crinière, crins, douilles, guiches, mourons, plumes, poils, roseaux, tifs, tignasse → POSTICHE III. CHEVEUX BLANCS : 1. canitie 2. fig. → SOUCI

CHEVER → CREUSER

CHEVESNE n.m. dard, meunier, vandoise → POISSON

CHEVET n.m. I. tête (de lit), traversin (vx) II. abside, absidiole III. lit (d'un filon)

CHEVÊTRE n.m. I.→ POUTRE II.→ ATTACHE

CHEVEU n.m. → CHEVELURE

CHEVILLARD n.m. boucher, commissionnaire, grossiste

CHEVILLE n.f. I. angrois, cabillot, clavette, enture, esse, fausset, goujon, goupille, taquet, tampon II. mar. : gournable, tolet III. par ext. : boulon, tenon IV. fig. : inutilité, pléonasme, redondance, superfluité

CHEVILLER I.→ FIXER II.→ ENFONCER

CHÈVRE n.f. I. ægagre, bique, biquet, biquette, cabri, caprin, chevreau, chevrette menon, menou II. appareil de levage, bigue grue, treuil → CHEVALET

CHEVREUIL n.m. brocard, chevrette, chevrillard, chevrotin

CHEVRON n.m. → POUTRE

CHEVRONNÉ, E I.→ ANCIEN II.→ CAPABLE

CHEVROTER I.→ TREMBLER II.→ CHANTER

CHEZ-SOI n.m. → MAISON

CHIASSE n.f. I.→ EXCRÉMENT II.→ DIARRHÉE

CHIC I. nom 1.→ ÉLÉGANCE 2.→ HABILETÉ II. adj 1.→ AIMABLE 2.→ ÉLÉGANT

CHICANE, CHICANERIE n.f. I. avocasserie, incident/ procédé dilatoire, procédure procès – vx : plaiderie, plaids II. argutie, artifice, chinoiserie, contestation, controverse, équivoque, ergotage, ergoterie, logomachie, pinaillage (fam.) , pointille, pointillerie, quérulence, ratiocination, subtilité **III.** altercation, bagarre, bataille, bisbille, chamaillerie, chipotage, conflit, contradiction, contrariété, critique, démêlé, désaccord, différend, discordance, dispute, marchandage, mésentente, noise, passe d'armes, polémique, querelle, réprimande, scène, tracasserie – **vx** : discord, pouille

◈ CONTR. **I.** → ACCORD **II.** → HONNÊTETÉ

CHICANER I. arguer, argumenter, avocasser, batailler, chamailler, chicoter, chipoter, chercher des crosses/ noise/ la petite bête/ des poux/ querelle, contester, contrarier, contredire, controverser, critiquer, discuter, disputer, épiloguer, ergoter, gloser, objecter, pointiller, polémiquer, provoquer, soulever un incident, tatillonner, trouver à redire, vétiller – **vx** : incidenter, pouiller **II. 1.** barguigner, lésiner, marchander **2.** → TOURMENTER

◈ CONTR. **I.** → ACCEPTER **II.** → CÉDER

CHICANEUR, EUSE ou CHICANIER, ÈRE n.m. ou f. alambiqueur, argumentateur, argumenteur, avocassier, batailleur, chercheur, chicoteur, chinois, chipoteur, contestataire, coupeur de cheveux en quatre, discuteur, disputailleur, enculeur de mouches (fam. et/ ou grossier), éplucheur d'écrevisses, ergoteur, mauvais coucheur, plaideur, pointilleux, polémiqueur, polémiste, procédurier, processif, querelleur, quérulent, raisonneur, ratiocineur, rhétoricien, sophiste, vétillard, vétilleur, vétilleux – **vx** : sorboniste, subtiliseur

◈ CONTR. **I.** → CONCILIANT **II.** → PAISIBLE

CHICHE I. crasseux, lésineux, parcimonieux → AVARE **II.** chétif, léger, mesquin, mesuré, pauvre, sordide

◈ CONTR. → GÉNÉREUX

CHICHI n.m. **I.** affectation, cérémonie, embarras, façon, girie (fam.), manière, mignardise, minauderie, simagrée **II.** boucle/ mèche de cheveux → POSTICHE

◈ CONTR. : bonne franquette → SIMPLICITÉ

CHICON n.m. → ROMAINE

CHICORÉE n.f. endive, witloof

CHICOT n.m. croc, débris, dent, fragment, morceau

CHICOTER v. tr. et intr → CHICANER

CHIEN, CHIENNE n.m. ou f. **I. au pr. 1.** canidé **2. chien sauvage** : adive, cabéru, cyon, dingo, lycaon, otocyon, paria **3.** chienne, chiot, courtaud, étalon, hongre, lice **4.** alain, berger, bouvier, chien d'arrêt/ courant, corniaud, garde, gardien, houret, limier, mâtin,

molosse, pointer, policier, ratier, retriever, roquet, setter, springer, terrier, vautre **5. fam.** : cabot, cador, cerbère, clébard, clebs, toutou **6. quelques races** : affenpinscher, afghan, airedale, akita inu, alaskan ou malemute d'Alaska, ariégeois, barbet, barzoï, basrouge ou beauceron, basset artésien/ de Gascogne/ hound/ normand/ vendéen, beagle, berger allemand/ alsacien/ belge/ hongrois/ des Pyrénées, bernois, bichon maltais/ de Ténériffe, billy, bleu d'Auvergne/ de Gascogne, bloodhound, bobtail, border/ boston terrier, bouledogue, bouvier allemand ou rottweiler/ des Flandres/ suisse, boxer, braque allemand/ australien/ d'Auvergne/ français/ hongrois/ italien/ saint-germain/ de Weimar, briard, briquet, bullmastif, bull/ cairn-terrier, caniche, carlin, chesapeake, chien lion/ nu du Mexique, chihuahua, choupille, chow-chow, clabaud, clumber-spaniel, cocker, colley ou collie, corneau, dalmatien, danois, doberman, dogue allemand/ de Bordeaux/ de Naples, épagneul, esquimau, fox/ hound-terrier, galgo, greyhound, grillon, groenendael, groenlandais, harrier, havanais, houret, husky, irish/ irish blue terrier, king-charles, labrador, labri, landser, leonberg, levrette, lévrier, lhassa apso, loulou, malinois, maltais, manchester, mastiff, pékinois, persan, pinscher, poitevin, porcelaine, rottweiler, saint-bernard, saint-hubert, saintongeais, samoyède, schipperke, schnauzer, scottish/ sealyham/ skye/ tibétain/ toy/ welsh/ yorkshire terrier, setter anglais/ gordon/ irlandais, shih tzu, sloughi, spitz, teckel, terreneuve, terrier Basenji ou du Congo/ de Lhassa/ norwich/ de soie/ du Tibet, tervueren, tricolore, welsh corgi, whippet **II. fig.** : attrait, chic, élégance, sex-appeal

CHIER → BESOINS (FAIRE SES)

CHIFFON n.m. **I. au pr.** : chiffe, défroque, drapeau (vx), drille, guenille, haillon, lambeau, loque, morceau, oripeau, peille, pilot, serpillière, souquenille **II.** → BAGATELLE

CHIFFONNER I. bouchonner, friper, froisser, manier, mettre en tampon, plisser, remuer, tripoter **II.** attrister, chagriner, choquer, contrarier, faire de la peine, fâcher, froisser, heurter, intriguer, meurtrir, offenser, piquer, préoccuper, taquiner, tracasser

◈ CONTR. → REPASSER

CHIFFONNIER, ÈRE n.m. ou f. **I. au pr.** : biffin, brocanteur, chiffe, chifforton, chiftir, chineur, fripier, grafin, regrattier (vx), trimardeur, triqueur **II. par ext.** → VAGABOND **III.** bonheur-du-jour, bonnetière, commode, table à ouvrage, travailleuse

CHIFFRE n.m. **I.** → NOMBRE **II.** → SOMME **III.** → MARQUE

CHIFFRER I. → ÉVALUER II. coder, mettre/ transcrire en chiffre/ code

CHIGNER grogner, pleurer, pleurnicher, rechigner, rouspéter
◆ CONTR. : être → SERVIABLE

CHIGNOLE n.f. → PERCEUSE

CHIGNON n.m. → COIFFURE

CHIMÈRE n.f. → ILLUSION

CHIMÉRIQUE → IMAGINAIRE

CHINE n.f. I. → BROCANTE II. → VENTE

CHINÉ, E → BARIOLÉ

CHINER I. → CHERCHER II. → TAQUINER

CHINOIS, E nom et adj. I. → ASIATIQUE II. **fig.** 1. → ORIGINAL 2. → COMPLIQUÉ III. → TAMIS

CHINOISERIE n.f. complication, formalité → CHICANE
◆ CONTR. → SIMPLICITÉ

CHIOT n.m. → CHIEN

CHIOURME n.f. → BAGNE

CHIPER → VOLER

CHIPIE n.f. → MÉGÈRE, PIMBÊCHE

CHIPOTER I. → MANGER II. → CHICANER III. → HÉSITER

CHIQUÉ n.m. → TROMPERIE

CHIQUENAUDE n.f. croquignole, nasarde, pichenette, tapette

CHIROMANCIEN, NE n.m. ou f. → DEVIN

CHIRURGIEN n.m. I. → MÉDECIN II. **vx** : barbier, opérateur III. **péj.** : boucher, charcutier

CHIURE n.f. → EXCRÉMENT

CHOC n.m. I. abordage, accident, accrochage, carambolage, collision, coup, heurt, percussion, tamponnement, télescopage II. **milit.** : affaire, assaut, attaque, bataille, charge, combat, corps à corps, engagement, lutte, offensive III. **par ext.** → ÉMOTION

CHOCOLAT n.m. I. cacao II. bille, bonbon, bouchée, croquette, crotte, pastille, plaque, tablette, truffe

CHŒUR n.m. choral, chorale, manécanterie, orphéon

CHOIR → TOMBER

CHOISI, E I. → PRÉCIEUX II. oint, prédestiné *et les part. passés possibles des syn. de* choisir

CHOISIR adopter, aimer mieux, coopter, se décider pour, départager, désigner, distinguer, élire, embrasser, s'engager, faire choix, fixer son choix, jeter son dévolu, mandater, nommer, opter, plébisciter, préférer, prendre, sélecter, sélectionner, trancher, trier sur le volet
◆ CONTR. I. → REPOUSSER II. → ABSTENIR (S')

CHOIX n.m. I. **au pr.** : acceptation, adoption, cooptation, décision, désignation, discernement, élection, nomination, prédilection, préférence, résolution, sélection, triage II. alternative, dilemme, option III. assortiment, collection, dessus du panier, échelle, éventail, prix, qualité, réunion, tri IV. morceaux choisis, recueil → ANTHOLOGIE V. aristocratie, carat (vx), crème, élite, fine fleur, gratin, happy few
◆ CONTR. I. → OBLIGATION II. → ABSTENTION

CHOLÉRA n.m. I. → PESTE II. → MÉCHANT

CHÔMAGE n.m. crise, manque de travail, marasme, morte-saison

CHÔMÉ, E → FÉRIÉ

CHÔMER arrêter/ cesser/ suspendre le travail, faire le pont → FÊTER
◆ CONTR. → TRAVAILLER

CHÔMEUR, EUSE n.m. ou f. → DEMANDEUR

CHOPER I. → PRENDRE II. → VOLER

CHOPINER → ENIVRER (S')

CHOPPER achopper, broncher, buter, faire un faux pas, trébucher

CHOQUANT, E → DÉSAGRÉABLE

CHOQUER I. buter, donner contre, frapper, heurter, taper II. atteindre, blesser, commotionner, contrarier, déplaire, ébranler, écorcher, effaroucher, faire mauvais effet, froisser, heurter, indigner, offenser, offusquer, mécontenter, rebuter, révolter, scandaliser, secouer, sonner mal, soulever l'indignation, traumatiser, vexer
◆ CONTR. → CHARMER

CHORAL n.m. → CHŒUR

CHORALE n.f. → CHŒUR

CHORÉGRAPHIE n.f. → DANSE

CHOREUTE et **CHORISTE** n.m. → CHANTEUR

CHORUS (FAIRE) → APPROUVER

CHOSE n.f. I. → OBJET II. → TRUC

CHOSIFIER dépersonnaliser, déshumaniser, réifier
◆ CONTR. : animer, humaniser, personnaliser

CHOUCHOU n.m. chayotte, christophine

CHOUCHOU, OUTE n.m. ou f. → FAVORI

CHOUCHOUTER et **CHOYER** I. → CARESSER II. → SOIGNER

CHOUETTE I. **n.f.** → HULOTTE II. **adj.** → BEAU

CHRÊME n.m. baume, huile sainte

CHRESTOMATHIE n.f. → ANTHOLOGIE

CHRÉTIEN, NE nom et adj. I. baptisé, copte, maronite, orthodoxe, sabéen, schismatique, uniate → CATHOLIQUE, PROTESTANT II. fidèle, ouaille, paroissien III. **péj. (islam)** roumi IV. **par ext. 1.** → BON **2.** → HOMME
◆ CONTR. → PAÏEN

CHRISTOPHINE n.f. chayotte, chouchou

CHRONIQUE I. **adj.** → DURABLE II. **n.f. 1.** → HISTOIRE **2.** → ARTICLE

CHRONIQUEUR n.m. → HISTORIEN

CHRONOLOGIE n.f. → HISTOIRE

CHUCHOTEMENT n.m. bruit, bruissement, chuchoterie, chuchotis, gazouillement, gazouillis, murmure, susurrement
◆ CONTR. → CRI

CHUCHOTER → MURMURER

CHUCHOTERIE n.f. → CHUCHOTEMENT

CHUFFING n.m. **spat. off.** : halètement, instabilité de combustion

CHUGGING n.m. **spat. off.** : chouquage, instabilité de combustion, ronflement

CHUINTER bléser, zézayer, zozoter

CHUT paix, silence, taisez-vous

CHUTE n.f. **I. au pr. 1.** affaissement, avalanche, avalure, croulement, descente, éboulement, écrasement, écroulement, effondrement, glissement **2.** abattée (aviat.), cabriole, carambolage, cascade, culbute, dégringolade, glissade, plongeon **3. fam.** : bûche, gadin, gamelle, pelle, valdingue II. **méd.** : déplacement, descente, procidence, prolapsus, ptose ou ptôse III. abdication, capitulation, déconfiture, défaite, disgrâce, échec, faillite, insuccès, renversement **IV. 1.** crise, décadence, déchéance, faute, péché, scandale **2.** abattement, découragement, démoralisation, perte de confiance **3.** baisse, dépréciation, désescalade, dévaluation, diminution **4.** bas, extrémité, fin, terminaison **5.** → ABAISSEMENT **V.** rapide → CASCADE **VI.** → DÉCHET **VII. 1. CHUTE DU JOUR** : crépuscule, déclin, tombée **2. CHUTE DES FEUILLES** : effeuillaison, effeuillement
◆ CONTR. **I.** → VOL **II.** → AVANCEMENT

CHUTER **I.** → BAISSER **II.** → TOMBER

CIBLE n.f. but, carton, foquin, mouche, papegai, papegeai, quintaine

CIBOULE n.f. ciboulette, cive, civette → TÊTE

CICATRICE n.f. **I.** balafre, chinfrenau (vx), couture, marque, signe, souvenir, stigmate, trace **II. par ext.** : brèche, défiguration, lézarde, mutilation

CICATRISATION n.f. **I.** guérison, réparation, rétablissement **II. fig.** : adoucissement, apaisement, consolation, soulagement

CICATRISER **I. au pr.** : se dessécher, se fermer, guérir **II. fig.** : adoucir, apaiser, consoler, soulager

CICÉRONE n.m. → GUIDE

CI-DEVANT **I. adv.** → AVANT **II. n.m.** → NOBLE

CIEL, CIELS, CIEUX n.m. **I.** atmosphère, calotte/ voûte céleste/ des cieux, coupole/ dôme du ciel, espace, éther, firmament, infini, nuages, nue (vx), univers **II. sing. et pl.** : au-delà, céleste empire/ lambris/ séjour, éden, empyrée, Jérusalem céleste, là-haut, paradis, patrie des élus, sein d'Abraham, séjour des bienheureux/ des élus, walhalla **III. par ext.** → DIEU **IV. ciel de lit** → DAIS
◆ CONTR. **I.** → TERRE **II.** → ENFER

CIERGE n.m. → CHANDELLE

CIGARE n.m. havane, londrès, manille, panatella, panetela, trabuco

CIGARETTE n.f. **arg.** : cibiche, clop, cousue, femelle, mégot, orphelin, pipe, sèche, smak, taquée, tige

CIGUË n.f. **I.** conium, óthuse, faux persil, phellandre **II. ciguë comestible** : maceron

CI-JOINT ci-annexé, ci-inclus
◆ CONTR. : à part

CILICE n.m. **I. au pr.** : haire **II. par ext.** : mortification, pénitence

CILLER **I. v. tr.** : bornoyer, chapiller (rég.), cligner, clignoter, papilloter **II. v. intr.** : broncher, s'émouvoir, marquer le coup
◆ CONTR. → ÉCARQUILLER

CIME n.f. → SOMMET

CIMENT n.m. béton, liant, lien, mortier

CIMENTER affermir, amalgamer, consolider, lier, limousiner, raffermir, sceller, unir
◆ CONTR. → DÉMOLIR

CIMETERRE n.m. → ÉPÉE

CIMETIÈRE n.m. aître, catacombe, champ des morts/ du repos, charnier, columbarium, crypte, nécropole, ossuaire – **arg.** : clamart, quatre-arpents

CINÉASTE n.m. chef de production, dialoguiste, metteur en scène, opérateur, producteur, réalisateur, scénariste

CINÉMA n.m. **I. 1.** septième art **2.** ciné, cinérama, cinoche (fam.), grand écran, permanent, salle, salle obscure, spectacle **II.** → COMÉDIE

CINÉMATOGRAPHIER enregistrer, filmer, photographier, prendre un film, tourner

CINGLANT, E blessant, cruel, dur, sévère, vexant
◆ CONTR. → ÉLOGIEUX

CINGLE n.m. **I.** plan d'eau (en courbe) **II.** apron, sorcier, zingel → POISSON

CINGLÉ, E n.m. ou f. → FOU

CINGLER I. aller, s'avancer, faire route/ voile, marcher, naviguer, progresser, voguer **II. v. tr. 1. au pr. :** battre, cravacher, flageller, fouailler, fouetter, frapper, fustiger, sangler **2. fig. :** attaquer, attiser, blesser, critiquer, exciter, moucher, vexer
◇ CONTR. → ARRÊTER (s')

CINOQUE n.m. → FOU

CINTRE n.m. **I.** arc, arcade, arceau, cerceau, courbure, ogive, voussure, voûte **II.** armature, coffrage **III.** portemanteau
◇ CONTR. : corde, droite, flèche

CINTRER → BOMBER

CIRCONFÉRENCE n.f. **I.** → TOUR **II.** → ROND

CIRCONFLEXE → TORDU

CIRCONLOCUTION n.f. → PÉRIPHRASE

CIRCONSCRIPTION n.f. → DIVISION

CIRCONSCRIRE → LIMITER

CIRCONSPECT, E → PRUDENT

CIRCONSPECTION n.f. attention, calme, considération, défiance, diplomatie, discernement, discrétion, égard, habileté, ménagement, mesure, modération, politique, précaution, prévoyance, prudence, quant-à-soi, réflexion, réserve, retenue, sagesse
◇ CONTR. → TÉMÉRITÉ

CIRCONSTANCE n.f. **I.** accident, climat, condition, contingence, détail, détermination, donnée, élément, modalité, particularité **II.** actualité, conjoncture, état des choses, événement, heure, moment, situation, temps **III.** cas, chance, coïncidence, entrefaite, épisode, éventualité, hasard, incidence, incident, occasion, occurrence, péripétie, rencontre **IV.** à-propos, opportunité

CIRCONSTANCIÉ, E → DÉTAILLÉ

CIRCONVENIR → SÉDUIRE

CIRCONVOLUTION n.f. → TOUR

CIRCUIT n.m. → TOUR

CIRCULAIRE → ROND

CIRCULATION n.f. **I.** → MOUVEMENT **II.** → TRAFIC

CIRCULER → MOUVOIR (SE)

CIRE n.f. **par ext. : 1.** ozocérite, paraffine **2.** encaustique **3.** cérumen

CIRÉ n.m. → IMPERMÉABLE

CIRER encaustiquer → FROTTER

CIRIER, ÈRE n.m. ou f. **I.** → ABEILLE **II.** fabricant/ marchand de bougies/ cierges/ cire

CIRON n.m. → MITE

CIRQUE n.m. **I. au pr. :** amphithéâtre, arène, carrière, chapiteau, colisée, hippodrome, naumachie, piste, représentation, scène, spectacle, stade, tauromachie, voltige **II. fig.** → CHAHUT

CIRRE n.m. **I.** → FIBRE **II.** → VRILLE

CISAILLE n.f. cueilloir → CISEAU

CISAILLER ébarber, élaguer → COUPER

CISEAU n.m. **I. sing. :** bec-d'âne, bec-de-corbin, bédane, berceau, besaiguë, biseau, bouchard, ciselet, cisoir, ébauchoir, fermoir, gouge, gougette, gradine, grattoir, matoir, ognette, plane, planoir, poinçon, pointe, repoussoir, riflard, rondelle → BURIN **II. plur. :** cisaille, cueille-fleurs, cueilloir, forces, mouchette, sécateur

CISELER I. → TAILLER **II.** → PARFAIRE

CITADELLE n.f. → FORTERESSE

CITADIN, E I. adj. → URBAIN **II. nom** → HABITANT

CITATION n.f. → EXTRAIT

CITÉ n.f. **I.** → AGGLOMÉRATION **II.** → VILLAGE
◇ CONTR. → CAMPAGNE

CITER I. au pr. : ajourner, appeler en justice, assigner, convoquer, faire sommation/ venir, intimer, mander, sommer, traduire en justice **II. par ext. :** alléguer, apporter, avancer, consigner, donner/ fournir en exemple/ référence, évoquer, indiquer, invoquer, mentionner, nommer, produire, rappeler, rapporter, signaler, viser

CITERNE n.f. → RÉSERVOIR

CITIZEN'S BAND n.f. **télécom. off. :** bande de fréquence banalisée/ publique

CITOYEN, NE n.m. ou f. → HABITANT

CITRON n.m. agrume, bergamote, cédrat, citrus, lime, limette, limon, poncire → AGRUME

CITROUILLE n.f. → COURGE

CIVELLE n.f. bouiron, pibale → POISSON

CIVETTE n.f. **I.** → GENETTE **II.** → CIBOULE

CIVIÈRE n.f. bard, bast, bayart, brancard, litière, oiseau

CIVIL, E I. adj. 1. civique, laïque, mondain, profane **2.** affable, aimable, bien élevé, convenable, correct, courtois, empressé, galant, gentil, gracieux, honnête, poli **II. nom** bourgeois, pékin (fam.)
◇ CONTR. **I.** → RELIGIEUX **II.** → IMPOLI **III.** → MILITAIRE

CIVILISATION n.f. avancement, culture, évolution, humanisation, perfectionnement,

progrès
◇ CONTR. **I.** → BARBARIE **II.** → NATURE

CIVILISÉ, E → POLICÉ

CIVILISER → POLICER

CIVILITÉ n.f. **I.** affabilité, amabilité, atticisme, bonnes manières, convenances, correction, courtoisie, éducation, gentillesse, gracieuseté, honnêteté, politesse, raffinement, savoir-vivre, sociabilité, urbanité, usage **II. plur. 1.** amabilités, amitiés, baisemain, bien des choses, compliments, devoirs, hommages, politesses, respects, salutations **2.** cérémonies
◇ CONTR. → IMPOLITESSE

CIVISME n.m. → PATRIOTISME

CLABAUDER → MÉDIRE

CLABAUDERIE n.f. → MÉDISANCE

CLAIE n.f. **I.** clayon, clisse, crible, éclisse, hayon, sas, tamis, volette **II.** bordigue, gord, nasse **III.** abri, brise-vent, clôture, grille, paillasson, treillage **IV.** hayon, panneau

CLAIR, E **I. 1.** brillant, éblouissant, éclatant, éclairé, illuminé, limpide, luisant, lumineux, net, poli, pur, serein, transparent **2.** clairet, clairsemé, léger, rare **3.** aigu, argentin, vif **4.** → PÂLE **5.** → FLUIDE **II. fig. 1.** aisé, explicite, facile, intelligible, précis, tranché **2.** apparent, certain, connu, distinct, évident, manifeste, net, notoire, palpable, précis, sûr **3.** cartésien, catégorique, délié, formel, lucide, pénétrant, perspicace, sans ambiguïté, sûr, univoque
◇ CONTR. **I.** → SOMBRE **II.** → OBSCUR **III.** assourdi, bas, grave **IV.** → MALHONNÊTE

CLAIRE n.f. → MARAIS

CLAIRIÈRE n.f. clair, échappée, éclaircie, trouée
◇ CONTR. **I.** → FOURRÉ **II.** → BOIS

CLAIRON n.m. clique, fanfare, trompette

CLAIRONNER → PUBLIER

CLAIRSEMÉ, E maigre → ÉPARS

CLAIRVOYANCE n.f. → PÉNÉTRATION

CLAIRVOYANT, E **I.** → PÉNÉTRANT **II.** → INTELLIGENT

CLAMER → CRIER

CLAMEUR n.f. → CRI

CLAMP n.m. → PINCE

CLAMPIN → PARESSEUX

CLAN n.m. **I.** → TRIBU **II.** → COTERIE **III.** → PARTI

CLANDESTIN, E → SECRET

CLAPET n.m. bouchon, obturateur, soupape, valve

CLAPIR (SE) → CACHER (SE)

CLAPPING n.m. **méd. off.** : claquade → MASSAGE

CLAQUE **I. n.f.** → GIFLE **II. n.m.** → LUPANAR

CLAQUEMENT n.m. **I.** fouettement **II.** → BRUIT

CLAQUEMURER **I.** → COFFRER **II.** → ENFERMER

CLAQUER **I. v. tr. 1.** → FRAPPER **2.** → DÉPENSER **3.** → FATIGUER **II. v. intr. 1.** → ROMPRE **2.** → MOURIR

CLAQUET n.m. latte

CLARIFIER **I.** → ÉCLAIRCIR **II.** → PURIFIER

CLARTÉ n.f. **I.** clair-obscur, demi-jour, éclat, embrasement, lueur, lumière, nitescence **II. fig. 1.** diaphanéité, fulgence, limpidité, luminosité, nitidité (vx), pureté, transparence, visibilité **2.** intelligibilité, netteté, perspicacité, perspicuité, précision
◇ CONTR. **I.** → OBSCURITÉ **II.** → CONFUSION

CLASSE n.f. **I. au pr. :** caste, catégorie, clan, division, état, famille, gent, groupe, ordre, rang, série, standing **II.** → ÉCOLE **III.** carrure, chic, chien, dimension, distinction, élégance, génie, présence, talent, valeur

CLASSEMENT n.m. archivage, arrangement, bertillonnage, catalogue, classification, collocation, index, nomenclature, ordre, rangement, répertoire, statistique, taxonomie
◇ CONTR. **I.** → DÉSORDRE **II.** → CONFUSION

CLASSER archiver, arranger, assigner, attribuer, cataloguer, classifier, différencier, diviser, grouper, ordonner, placer, ranger, répartir, répertorier, séparer, sérier, subsumer, trier
◇ CONTR. **I.** → DÉPLACER **II.** → EMBROUILLER

CLASSIFICATION n.f. → CLASSEMENT

CLASSIFIER → CLASSER

CLASSIQUE nom et adj. **I.** → NORMAL **II.** → TRADITIONNEL

CLAUDICANT, E → BOITEUX

CLAUSE n.f. **I.** → DISPOSITION **II. CLAUSE PÉNALE :** cautionnement, dédit, dédommagement, garantie, sûreté

CLAUSTRAL, E ascétique, cénobitique, monacal, monastique, religieux
◇ CONTR. → MONDAIN

CLAUSTRATION n.f. → ISOLEMENT

CLAUSTRER → ENFERMER

CLAUSULE n.f. → TERMINAISON

CLAVECIN n.m. clavicorde, épinette, manichordion *ou* manicorde, virginal

CLEAN-LIST n.f. **audiov. off.**: conducteur définitif, propre (n. m.)

CLEARANCE n.m. ou f. **nucl. et méd. off.**: clairance

CLEF n.f. **I.** sûreté → PASSE-PARTOUT, ROSSIGNOL **II.** explication, fil conducteur, introduction, sens, signification, solution **III.** → DÉNOUEMENT

CLÉMENCE n.f. → GÉNÉROSITÉ

CLÉMENT, E → INDULGENT

CLERC n.m. **I.** → PRÊTRE **II.** → SAVANT **III.** actuaire, commis, employé, principal, saute-ruisseau, secrétaire, tabellion
◆ CONTR. **I.** → LAÏC **II.** → IGNORANT

CLERGÉ n.m. **I.** Église, ordre **II. 1.** → SACERDOCE **2.** → PRÊTRE **III. injurieux**: calotte, clergie, curaille, frocaille, penaille, prêtraille
◆ CONTR. **I.** → FIDÈLE **II.** → LAÏC

CLICHÉ n.m. **I.** épreuve, image, négatif, pellicule, phototype, stéréotype **II.** → BANALITÉ

CLIENT, E et **CLIENTÈLE** n.m. ou f. **I.** → ACHETEUR **II.** → PROTÉGÉ

CLIGNEMENT n.m. → CLIN D'ŒIL

CLIGNER et **CLIGNOTER I.** → CILLER **II.** → VACILLER

CLIGNOTANT n.m. **I.** feu de direction **II.** alarme, signal → SIGNE

CLIMAT n.m. **I.** ciel, circonstances/ conditions atmosphériques/ climatiques/ météorologiques, régime, température **II.** atmosphère, ambiance, environnement, milieu → PAYS

CLIMATÈRE n.m. andro/ ménopause

CLIN D'ŒIL n.m. **I.** battement, chapillement (rég.), clignement, coup d'œil, œillade **II. méd.**: nictation, nictitation **III.** EN UN CLIN D'ŒIL → VITE

CLINICIEN n.m. praticien → MÉDECIN

CLINIQUE n.f. → HÔPITAL

CLINQUANT n.m. camelote, éclat, faux, imitation, pacotille, quincaillerie, simili, verroterie
◆ CONTR. → VRAI

CLINQUANT, E adj. → VOYANT
◆ CONTR. → DISCRET

CLIP n.m. → AGRAFE

CLIQUE n.f. **I.** → ORCHESTRE **II.** → COTERIE

CLIQUETIS n.m. → BRUIT

CLITORIS n.m. **arg. et/ ou fam.**: berlingot, bonbon, bouton (de rose), chatouille, clit, clito, framboise, grain de café, haricot, languette, pénil (vx), petite fraise, praline, rose ermite, soissonnais rose

CLIVAGE n.m. → SÉPARATION

CLIVER déliter → SÉPARER

CLOAQUE n.m. **I. au pr. 1.** bourbier, charnier, décharge, égout, margouillis, sentine, voirie **2.** → WATER-CLOSET **II. par ext. 1.** → ABJECTION **2.** → BAS-FOND

CLOCHARD, E n.m. ou f. chemineau, cloche, clodo (fam.), trimard, trimardeur, vagabond → MENDIANT

CLOCHARDISATION n.f. → APPAUVRISSEMENT

CLOCHE n.f. **I. au pr.**: beffroi, bélière, bourdon, campane, carillon, clarine, clochette, grelot, sonnaille, timbre **II. poét.**: airain, bronze **III. par ext.**: appel, signal, sonnerie **IV.** → BOURSOUFLURE **V.** → CLOCHARD **VI. adj.** BÊTE

CLOCHER n.m. beffroi, bulbe, campanile, clocheton, flèche, tour

CLOCHER I. aller à cloche-pied, boiter, broncher, claudiquer, clopiner **II.** → DÉCLINER

CLOCHETTE n.f. → CLOCHE

CLOISON n.f. **I.** → MUR **II.** → SÉPARATION

CLOISONNER → SÉPARER

CLOÎTRE n.m. **I.** aître, gître, déambulatoire, patio, préau, promenoir **II.** abbaye, ascétère, ashram, béguinage, capucinière (péj.), chartreuse, communauté, couvent, domerie, ermitage, lamasserie, laure, monastère, moutier, retraite, trappe
◆ CONTR. → SOCIÉTÉ

CLOÎTRER → ENFERMER

CLOPINER → CLOCHER

CLOQUE n.f. → BOURSOUFLURE

CLOQUER I. gaufrer → GONFLER **II. 1.** → DONNER **2.** → METTRE **3.** → PLACER

CLORE I. → FERMER **II.** → ENTOURER **III.** → FINIR

CLOS nom et adj. **I.** → ENCEINTE **II.** → CHAMP **III.** → VIGNE

CLOSE UP n.m. **audiov. off.**: gros plan, plan serré

CLÔTURE n.f. **I. au pr.**: balustre, barbelé, barricade, barrière, chaîne, claie, échalier, enceinte, entourage, fermeture, grillage, grille, haie, herse, lice, muraille, mur, palanque, palis, palissade, treillage, treillis **II.** → FIN
◆ CONTR. → OUVERTURE

CLÔTURER I. → ENTOURER **II.** → FINIR

CLOU n.m. **I.** → POINTE **II.** → ABCÈS **III.** MONT-DE-PIÉTÉ **IV.** → BOUQUET

CLOUER → FIXER

CLOUTAGE n.m. assemblage, clouage, clouement, fixage, fixation, montage

CLOWN n.m. **I.** auguste, bateleur, bouffon, gugusse, paillasse, pitre **II.** acrobate, artiste, fantaisiste → FARCEUR

◆ CONTR. → RABAT-JOIE

CLUB n.m. **I.** → CERCLE **II. CLUB HOUSE. off.** : local

CLUSE n.f. → VALLÉE

CLUSTER n.m. **méc. off.** : en barillet/ faisceau/ grappe

CLYSTÈRE n.m. → LAVEMENT

COACCUSÉ, E n.m. → COMPLICE

COACTION n.f. → CONTRAINTE

COADJUTEUR n.m. adjoint, aide, assesseur, auxiliaire, suppléant

COAGULER v. tr. et intr. caillebotter, cailler, congeler, durcir, épaissir, figer, floculer, geler, grumeler, prendre, solidifier

◆ CONTR. : fondre, liquéfier

COALISER → UNIR

COALITION n.f. alliance, archiconfrérie, association, bloc, cartel, collusion, confédération, entente, front, groupement, intelligence, ligue, trust, union

◆ CONTR. → SÉPARATION

COALTAR n.m. → GOUDRON

COASSER **fig.** : bavarder, cabaler, clabauder, criailler, jacasser, jaser, médire

COBAYE n.m. cavia, cochon d'Inde

COCAGNE n.f. abondance, eldorado, paradis, pays des merveilles/ de rêve, réjouissance

◆ CONTR. → DISETTE

COCARDE n.f. → EMBLÈME

COCARDIER, ÈRE n.m. ou f. → PATRIOTE

COCASSE → RISIBLE

COCHE n.m. **I.** berline, carrosse, chaise de poste, courrier, dame-blanche, diligence, malle, malle-poste, patache → VOITURE **II. coche d'eau** : bac, bachot, bateau-mouche → BATEAU **III.** → PORC **IV.** → ENTAILLE

COCHER n.m. aurige, automédon, collignon, conducteur, patachier, patachon, phaéton, postillon, roulier, voiturier, voiturin

COCHER → ENTAILLER

COCHET n.m. → GALLINACÉ

COCHON n.m. **I. au pr.** → PORC **II. fig. 1.** → OBSCÈNE **2.** → DÉBAUCHÉ

COCHONNAILLE n.f. → CHARCUTERIE

COCHONNER → GÂCHER

COCHONNERIE n.f. **I.** → OBSCÉNITÉ **II.** → SALETÉ

COCHONNET n.m. **I. au pr.** : but **II. fam.** : garil, ministre, peintre, pitchoun

COCKPIT n.m. **aviat. off.** : habitacle, poste de pilotage

COCOTTE n.f. autocuiseur → PROSTITUÉE

COCTION n.f. → CUISSON

COCU, E nom et adj. **I.** bafoué, berné, blousé, coiffé, cornard, cornu, joseph, trompé. **II. vx** : actéon, bec cornu, claude, dandin, janin, jobelin, marimélard

COCUFIER → TROMPER

CODE n.m. **I.** loi **II.** → RÈGLEMENT **III.** grammaire, langue **IV.** → RECUEIL

CODER → PROGRAMMER

CODICILLAIRE → ADDITIONNEL

CODICILLE n.m. → ADDITION

CODIFIER → RÉGLER

COEFFICIENT n.m. facteur, pourcentage

COÉQUIPIER n.m. → PARTENAIRE

COERCITION n.f. → CONTRAINTE

CŒUR n.m. **I.** → ÂME **II.** → NATURE **III.** → SENSIBILITÉ **IV.** → GÉNÉROSITÉ **V.** → CHALEUR **VI.** → COURAGE **VII.** → ESTOMAC **VIII.** → CONSCIENCE **IX.** → MÉMOIRE **X.** → INTUITION **XI.** → CENTRE **XII. 1. À CŒUR OUVERT** : avec abandon/ confiance, franchement, librement **2. DE BON CŒUR** : avec joie/ plaisir, de bon gré, volontairement, volontiers **XIII. arg.** : battant, chouan, palpitant

COEXISTENCE n.f. **I.** → SIMULTANÉITÉ **II.** → ACCOMPAGNEMENT

COEXISTER → ACCOMPAGNER

COFFRE n.m. **I. 1.** arche (vx), bahut, boîte, caisse, caisson, cassette, coffre-fort, coffret, malle **2.** huche, maie, pannetière, saunière **3. arg.** : coffiot, mallouse **II. fig.** : culot, estomac, souffle, toupet → POITRINE

COFFRER arrêter, claquemurer, emprisonner, mettre à l'ombre/ en prison *et les syn. de* prison

◆ CONTR. → LIBÉRER

COFFRET n.m. → BOÎTE

COGITER → PENSER

COGNAT n.m. → PARENT

COGNÉE n.f. → HACHE

COGNER **I.** → BATTRE **II.** → FRAPPER **III.** → HEURTER

COGNITION n.f. → CONSCIENCE

COHABITATION n.f. concubinage, mixité, promiscuité, voisinage

◆ CONTR. : décohabitation

COHABITER vivre en promiscuité, voisiner

COHÉRENCE et **COHÉSION** n.f. **I.** → ADHÉRENCE **II.** → LIAISON

COHÉRENT, E → LOGIQUE

COHORTE n.f. → TROUPE

COHUE n.f. **I.** affluence, foule, mêlée, multitude, presse **II.** bousculade, confusion, désordre, huaille (vx), tumulte ◇ CONTR. **I.** → ORDRE **II.** → SILENCE

COI, COITE I. → TRANQUILLE **II.** abasourdi, muet, sidéré, stupéfait ◇ CONTR. → BRUYANT

COIFFE n.f. cale (vx), cornette → BONNET

COIFFER I. ceindre, chapeauter, couvrir, encapeler (vx) **II.** → PEIGNER **III.** avoir la responsabilité, diriger, superviser **IV. v. pron. fig.** → ENGOUER (s') ◇ CONTR. **I.** → DÉCOIFFER **II.** → DÉCOUVRIR

COIFFEUR, EUSE n.m. ou f. **I. vx ou fam. :** attifeur, barbier, figaro, merlan, perruquier, pommadier, pommadin, testonneur **II.** artiste capillaire, capilliculteur, thricologue

COIFFURE n.f. **I.** ascot, atour, attifet, barrette, battant l'œil, bavolet, béret, bi/ tricorne, boléro, bolivar, breleau (rég.), cabriolet, cagoule, calot, calotte, canotier, cape, capuche, capuchon, carré, casque, casquette, castor, chapeau, chaperon, chapska, chéchia, claque, coiffe, cornette, couronne, couvre-chef, diadème, escoffion, faluche, fanchon, feutre, fez, filet, fontange, foulard, haut-de-forme, hennin, huit-reflets, képi, kichenotte ou quichenotte, madras, mante, mantille, marmotte, melon, mitre, mortier, mouchoir, panama, passe-montagne, perruque, polo, pschent, résille, réticule, ruban, serre-tête, shako, sombrero, suroît, talpack, tapebord, tarbouch, tiare, toque, tortil, tortillon, turban, voile – **vx :** attifiau(x), cale, caudebec, chapelet, claque-oreilles, cramignole. **fam. :** bada, bibi, bitos, bloum, caloquet, doulos, galette, galure, galurin **II.** → BONNET **III.** accroche-cœur, aile-de-pigeon, à la Berthe, à la chien, à la Titus, anglaise, bandeau, boucle, catogan, chignon, coque, fontange, frange, garcette, macaron, nattes, queue, rouleau, torsade, tresse

COIN n.m. **I.** cachet, empreinte, estampille, marque, poinçon, sceau **II.** angle, diverticule, encoignure, recoin, renfoncement, retrait **III. COIN DE LA RUE :** croisement, détour, tournant **IV.** → PAYS **V.** → SOLITUDE **VI.** bout, extrémité, morceau, partie, secteur **VII.** angrois, cale, patarasse

COINCER I. → FIXER **II.** → PRENDRE

COÏNCIDENCE n.f. concomitance, concours de circonstances, isochronisme, rencontre, simultanéité, synchronie

COÏNCIDER → CORRESPONDRE

COÏNTÉRESSÉ, E → ASSOCIÉ

COÏT n.m. → ACCOUPLEMENT

COÏTER → ACCOUPLER (s')

COKE n.m. → CHARBON

COL n.m. **I.** → COU **II.** → COLLET **III.** → DÉFILÉ

COLÈRE n.f. **I.** agitation, agressivité, atrabile, bile, bourrasque, courroux, déchaînement, dépit, ébullition, effervescence, emportement, exaspération, explosion, foudres, fulmination, fureur, furie, hargne, impatience, indignation, irascibilité, ire, irritation, rage, surexcitation, transport (vx), violence **II. fam. :** à cran/ renaud/ ressang/ ressaut, en boule/ groume/ manche/ pétard/ quarante/ rogne, fumace **III.** SE METTRE EN COLÈRE : → EMPORTER (s) ◇ CONTR. **I.** → CALME **II.** → DOUCEUR

COLÈRE, COLÉREUX, EUSE, COLÉRIQUE agité, agressif, atrabilaire, bilieux, chagrin, courroucé, emporté, exaspéré, excitable, fulminant, furax (fam.), furieux, hargneux, impatient, irascible, irritable, monté contre, rageur, sanguin, soupe au lait ◇ CONTR. **I.** → IMPASSIBLE **II.** → TRANQUILLE **III.** → DOUX

COLIFICHET n.m. → BAGATELLE

COLIMAÇON n.m. → LIMAÇON

COLIN n.m. → GADE

COLIQUE n.f. **I. au pr. 1.** colite, crampe, débâcle, déchirement d'entrailles, dysenterie, entérite, entérocolite, épreinte, flatuosité, indigestion, intoxication, occlusion intestinale, tenesme, tiraillement d'intestin → DIARRHÉE **2. vx :** flux/ alvin de ventre, miserere, tranchées, trouille, venette **3. néphrétique :** anurie, dysurie, hématurie **4. de plomb :** saturnisme **5. fam. :** chiasse, cliche, courante, foire **II. fig.** → IMPORTUN ◇ CONTR. → OPILATION

COLIS n.m. → PAQUET

COLLABORATEUR, TRICE n.m. ou f. → ASSOCIÉ

COLLABORATION n.f. → COOPÉRATION

COLLABORER → PARTICIPER

COLLANT n.m. → MAILLOT ◇ CONTR. → BOUFFANT

COLLANT, E I. adhésif, gluant, glutineux, visqueux **II.** près du corps → BOUDINÉ **III.** → IMPORTUN ◇ CONTR. → DISCRET

COLLATÉRAL, E → PARENT

COLLATION n.f. **I.** casse-croûte, cinq à sept, cocktail, en-cas, five o'clock, goûter,

lunch, mâchon, quatre-heures, rafraîchissement, réfection, régal, souper, thé
II. comparaison, confrontation, correction,
lecture, vérification **III.** attribution, distribution, remise

COLLATIONNER → COMPARER

COLLE n.f. **I.** empois, glu, maroufle, papin
(rég.), poix **II.** → QUESTION

COLLÉ, E → REFUSÉ

COLLECTE n.f. **I.** cueillette, ramassage, récolte **II.** → QUÊTE

COLLECTER → ASSEMBLER

COLLECTEUR n.m. **I.** → CONDUIT **II.** → PER-
CEPTEUR

COLLECTIF, IVE I. communautaire → GÉ-
NÉRAL **II.** → COMMUN (en)
◇ CONTR. → INDIVIDUEL

COLLECTION n.f. **I. au pr. :** accumulation,
amas, appareil, assemblage, assortiment, attirail, compilation, ensemble, foule, groupe,
nombre, quantité, ramas (péj.), ramassis
(péj.), réunion, tas, variété **II. par ext. :** album,
anthologie, bibelotage, bibliothèque, catalogue, cinémathèque, code, coquillier, discothèque, galerie, herbier, iconographie, médaillier, ménagerie, musée, panoplie,
philatélie, pinacothèque, sonothèque, vitrine
◇ CONTR. → DISPERSION

COLLECTIONNER accumuler, amasser,
assembler, bibeloter, colliger, entasser,
grouper, ramasser, réunir
◇ CONTR. → DISPERSER

COLLECTIONNEUR, EUSE n.m. ou f.
amateur, bibeloteur, bibliomane, bibliophile, chercheur, connaisseur, curieux, fouineur, numismate, philatéliste
◇ CONTR. → DESTRUCTEUR

COLLECTIVISATION n.f. déprivatisation,
étatisation, réquisition, socialisation
◇ CONTR. → PRIVATISATION

COLLECTIVISER → NATIONALISER

COLLECTIVISME n.m. autogestion, babouvisme, bolchevisme, collégialité, communisme, fourriérisme, marxisme, mutuel-
lisme, saint-simonisme, socialisme
◇ CONTR. : capitalisme, individualisme, libéralisme, libre entreprise

COLLECTIVITÉ n.f. collège, communauté,
ensemble, phalanstère, société, soviet
◇ CONTR. → INDIVIDU

COLLÈGE n.m. **I.** → CORPORATION **II.** → LYCÉE

COLLÉGIALE n.f. → ÉGLISE

COLLÉGIALITÉ n.f. → COLLECTIVISME

COLLÉGIEN, NE n.m. ou f. → ÉLÈVE

COLLÈGUE n.m. ou f. associé, camarade,
compagnon, confrère, consœur
◇ CONTR. : étranger, inconnu

COLLER I. → APPLIQUER **II.** → METTRE **III.** →
JOINDRE **IV.** → POISSER **V. fam. :** ajourner, refuser

COLLER (SE) → ATTACHER (s')

COLLET n.m. **I.** col, colback (fam.), collerette, encolure, fraise, gorgerette, jabot, par-
menture, rabat **II.** lacet, lacs, piège **III.** COL-
LET MONTÉ : affecté, guindé, revêche →
PRUDE

COLLETER I. → LUTTER **II.** → PRENDRE

COLLEY n.m. → CHIEN

COLLIER n.m. **I. au pr. :** bijou, carcan,
chaîne, jaseran ou jaseron, rang de perles,
rivière de diamants, sautoir, torque **II. par
ext. : 1.** harnais, joug **2. méc. :** bague, manchon, tribard **3.** → SERVITUDE

COLLIGER → RÉUNIR

COLLINE n.f. → HAUTEUR

COLLISION n.f. **I.** → HEURT **II.** → ENGAGE-
MENT

COLLOQUE n.m. → CONVERSATION

COLLUSION n.f. → COMPLICITÉ

COLMATER → BOUCHER

COLO et **COLONIALE** n.f. infanterie de
marine, la martiale

COLOMBE n.f. → COLOMBIN

COLOMBIER n.m. → PIGEONNIER

COLOMBIN n.m. **I.** biset, colombe, goura,
palombe, palonne, pigeon, pigeonneau, ramier, tourtereau, tourterelle, tourtre (vx)
II. → EXCRÉMENT

COLON n.m. **I.** agriculteur, cultivateur, exploitant, fermier, locataire, métayer, occupant, planteur, preneur **II.** → PIONNIER

COLONIALISME n.m. expansionnisme,
exploitation (coloniale), impérialisme
◇ CONTR. : isolationnisme

COLONIE n.f. **I.** ensemble, famille, groupe
II. comptoir, condominium, département/
territoire d'outre-mer, empire, établissement, factorerie, fondation, plantation, protectorat
◇ CONTR. : métropole

COLONISATION n.f. colonialisme, expansion, hégémonie, impérialisme, occupation
◇ CONTR. : isolationnisme

COLONISER occuper → PRENDRE

COLONNE n.f. **I.** ante, contrefort, fût, montant, pilastre, pilier, poteau, pylône, soutène-

ment, soutien, support II. aiguille, cippe, obélisque, stèle III. colonne vertébrale : échine, épine dorsale, rachis, vertèbres IV. commando, escouade, renfort, section ◇ CONTR. : *(milit.)* : front, ligne

COLOPHANE n.m. arcanson

COLORATION n.f. → COULEUR

COLOR COMPOSITE n.m. spat. off. : composition colorée

COLOR DISPLAY n.m. spat. off. : affichage en couleur

COLORÉ, E I. barbouillé (péj.), colorié, enluminé, peinturluré, polychrome, teinté II. animé, expressif, imagé, vif, vivant III. bonne mine, (teint) frais/ hâlé/ vermeil → BASANÉ ◇ CONTR. → PÂLE

COLORER barbouiller (péj.), barioler, colorier, embellir, enluminer, farder, orner, peindre, peinturlurer, rehausser, relever, teindre, teinter

COLORIER → COLORER

COLORIS n.m. → COULEUR

COLOSSAL, E → GIGANTESQUE

COLOSSE n.m. → GÉANT

COLOUR → COLOR

COLPORTER → RÉPANDRE

COLTINER → PORTER

COLTINEUR n.m. → PORTEUR

COMA n.m. assoupissement, évanouissement, insensibilité, léthargie, perte de connaissance, sommeil, sopor

COMBAT n.m. I. → BATAILLE II. → CONFLIT

COMBATIF, IVE accrocheur, agonal (vx), agonistique, agressif, bagarreur, baroudeur, batailleur, lutteur, pugnace, querelleur, vif → BELLIQUEUX ◇ CONTR. → PAISIBLE

COMBATIVITÉ n.f. → AGRESSIVITÉ

COMBATTANT, E n.m. ou f. I. guerrier, homme, soldat II. par ext. 1. adversaire, antagoniste, challenger, rival 2. apôtre, champion, militant, prosélyte ◇ CONTR. : civil, prisonnier

COMBATTRE v. tr. et intr → LUTTER

COMBE n.f. → VALLÉE

COMBINAISON n.f. I. → COTTE II. → MÉLANGE III. → PLAN

COMBINARD n.m. → MALIN

COMBINE n.f. I. astuce, embrouille, filon, manigance, moyen, planque, poloche (arg.), système, tour, truc, tuyau II. favoritisme,

passe-droit, passe-passe, piston ◇ CONTR. → RÉGULARITÉ

COMBINER I. allier, arranger, assembler, associer, assortir, composer, coordonner, disposer, joindre, marier, mélanger, mêler, ordonner, réunir, synthétiser, unir II. agencer, calculer, concerter, construire, élaborer, imaginer, machiner, manigancer, méditer, organiser, ourdir, préparer, spéculer, trafiquer, tramer – fam. : concocter, gamberger ◇ CONTR. → DÉTRUIRE

COMBLE → PLEIN ◇ CONTR. → VIDE

COMBLE n.m. 1. au pr. : supplément, surcroît, surplus, trop-plein 2. par ext. : apogée, excès, faîte, fort, limite, maximum, période, pinacle, sommet, summum, triomphe, zénith 3. arch. : attique, couronnement, faîte, haut, mansarde, pignon, pinacle, toit ◇ CONTR. : minimum

COMBLÉ, E abreuvé, accablé, chargé, couvert, gâté, heureux, satisfait ◇ CONTR. *les participes passés de* → FRUSTRER

COMBLEMENT n.m. bouchage → REMPLISSAGE

COMBLER I. emplir, remplir, saturer, surcharger II. abreuver, accabler, charger, couvrir, donner, favoriser, gâter, gorger, gratifier, satisfaire III. alluvionner, aplanir, assabler, boucher, bourrer, ensabler, niveler, obturer, remblayer, remplir IV. COMBLER LA MESURE → EXAGÉRER ◇ CONTR. I. → VIDER II. → CREUSER III. → NUIRE

COMBUSTIBLE n.m. aliment, carburant, *et par ext.* comburant, matière inflammable

COMBUSTIBLE → INFLAMMABLE ◇ CONTR. : ignifuge

COMBUSTION n.f. adustion, calcination, crémation, ignition, incendie, incinération, inflammation, oxydation ◇ CONTR. : extinction

COMÉDIE n.f. I. arlequinade, atellanes, bouffonnerie, caleçonnade, farce, momerie, pantalonnade, pièce, proverbe, saynète, sketch, sotie, spectacle, théâtre, vaudeville, zarzuela II. péj. : cabotinage, cinéma, déguisement, feinte, frime, invention, mensonge, plaisanterie, simulation, tromperie, turlupinade → SUBTERFUGE III. COMÉDIE-FRANÇAISE : chez mémé (arg.), le Français, le Théâtre-Français ◇ CONTR. I. → DRAME II. → SINCÉRITÉ

COMÉDIEN, NE n.m. ou f. I. acteur, artiste, comique, doublure, figurant, ingénu, interprète, mime, pensionnaire/ sociétaire de la Comédie-Française, petit/ premier rôle, protagoniste, second couteau, tragédien, utilité(s) **II.** étoile, star, vedette **III. péj. :** acteuse, baladin, cabot, histrion, panouille, ringard, théâtreux **IV.** → FARCEUR **V.** → HYPOCRITE

◇ CONTR. → SINCÈRE

COMESTIBLE I. n.m. → SUBSISTANCE **II. adj.** → MANGEABLE

COMICE n.m. → RÉUNION

COMIQUE I. n.m. 1. → BOUFFON **2.** → ÉCRIVAIN **II. adj. 1.** abracadabrant, absurde, amusant, bizarre, bouffe, bouffon, burlesque, caricatural, cocasse, courtelinesque, désopilant, drôle, facétieux, falot, gai, grotesque, hilarant, inénarrable, loufoque, plaisant, ridicule, risible, saugrenu, ubuesque, vaudevillesque **2. fam. :** au poil, bidonnant, boyautant, cornecul, crevant, fumant, gondolant, impayable, marrant, pilant, pissant, poilant, rigolo, roulant, tordant, transpoil

◇ CONTR. → DRAMATIQUE

COMITÉ n.m. commission, soviet → RÉUNION

COMMA n.m. → ESPACE

COMMANDANT n.m. → CHEF

COMMANDE n.f. I. achat, ordre **II. DE COMMANDE :** affecté, artificiel, factice, feint, simulé → OBLIGATOIRE **III. au pl. :** gouvernes, poste de pilotage

◇ CONTR. → DÉDIT

COMMANDEMENT n.m. I. avertissement, injonction, intimation, jussion (vx), ordre, soit-communiqué (jurid.), sommation **II. relig. :** décalogue, devoir, loi, obligation, précepte, prescription, règle **III.** autorité, dictée (péj.), direction, pouvoir, puissance, responsabilité **IV.** état-major

◇ CONTR. **I.** → DÉFENSE **II.** → SOUMISSION **III.** → FAIBLESSE

COMMANDER I. v. tr. 1. avoir la haute main sur, contraindre, décréter, disposer, donner l'ordre, enjoindre, exiger, imposer, intimer, mettre en demeure, obliger, ordonner, prescrire, recommander, sommer **2.** conduire, diriger, dominer, gouverner, mener **3.** appeler, attirer, entraîner, imposer, inspirer, nécessiter, réclamer **4.** acheter, faire/ passer commande **II. v. intr. :** dominer, être le maître, gouverner

◇ CONTR. **I.** → DÉFENDRE **II.** → OBÉIR **III.** → DÉCOMMANDER

COMMANDITAIRE n.m. bailleur de fonds, financier, mécène, sponsor → PARRAIN

COMMANDITER → FINANCER

COMMANDO n.m. → TROUPE

COMME I. ainsi que, à l'égal/ à l'instar de, aussi bien/ autant/ de même/ non moins/

pareillement que, comment, kif (fam.) → COMPARABLE **II.** → PUISQUE **III.** → QUAND **IV. COMME QUOI :** → DÉFINITIVE (en)

◇ CONTR. → CONTRAIRE

COMMÉMORATION n.f. anniversaire, célébration, commémoraison, fête, mémento, mémoire, rappel, remémoration, souvenir

◇ CONTR. → OUBLI

COMMÉMORER I. → FÊTER **II.** → RAPPELER

COMMENCEMENT n.m. I. abc, adolescence, alpha, amorce, apparition, arrivée, attaque, aube, aurore, avant-propos, avènement, b.a.-ba, balbutiement, bégaiement, berceau, bord, création, début, déclenchement, décollage, démarrage, départ, ébauche, effloraison, embryon, enfance, engagement, entrée, esquisse, essai, exposition, exorde, fleur, fondement, inauguration, incipit, introduction, liminaire, matin, mise en train, naissance, orée, origine, ouverture, point initial, préambule, préface, préliminaires, premier pas, prémices, primeur, prolégomènes, prologue, racine, rudiment, seuil, source, tête **II.** axiome, postulat, prémisse, principe

◇ CONTR. → BUT

COMMENCER I. v. tr. : aligner, amorcer, attaquer, débuter, déclencher, démarrer, ébaucher, embarquer, embrayer, emmanchor, onclonchor, onfournor (fam.), engager, engrener, entamer, entonner, entreprendre, esquisser, étrenner, fonder, former, inaugurer, instituer, lancer, mener, mettre en œuvre/ en route/ en train, se mettre/ prendre à, ouvrir **II. v. intr. 1. au pr.** → PARTIR **2. fig. :** ânonner, balbutier, débuter, éclater, éclore, émerger, se lever, naître, poindre, progresser, se risquer, tâtonner *et les formes pronom. possibles des syn.* de commencer

◇ CONTR. **I.** → TERMINER **II.** → CONTINUER

COMMENDATAIRE → BÉNÉFICIAIRE

COMMENDE n.f. → BÉNÉFICE

COMMENSAL n.m. → CONVIVE

COMMENSURABLE comparable, mesurable

◇ CONTR. → IMMENSE

COMMENT I. de quelle → FAÇON **II. interrog. :** pardon, plaît-il, s'il vous plaît. fam. : hein, quoi, tu dis **III. COMMENT DONC, ET COMMENT** → ÉVIDEMMENT

COMMENTAIRE n.m. I. annotation, critique, exégèse, explication, glose, herméneutique, massorah, note, paraphrase, scolie **II. au pl. 1.** → HISTOIRE **2.** → BAVARDAGE

COMMENTATEUR, TRICE n.m. et f. annotateur, critique, exégète, glossateur, interprète, massorète, scoliaste

COMMENTER → EXPLIQUER

COMMÉRAGE n.m. → MÉDISANCE

COMMERÇANT, E I. adj. → ACHALANDÉ **II. nom.** : boutiquier, commissionnaire, consignataire, débitant, détaillant, expéditeur, exportateur, fournisseur, grossiste, marchand, négociant, stockiste, transitaire – **péj.** : mercanti, trafiquant

COMMERCE n.m. **I. au pr.** : échange, négoce, offre et demande, trafic **II. vx** : négociation, traite **III. par ext. 1.** affaires, Bourse, courtage, exportation, importation, marché, secteur tertiaire **2.** → MAGASIN **3.** → ÉTABLISSEMENT **IV. péj. 1.** bricolage, brocantage, brocante, friperie, maquignonnage **2.** → MALVERSATION **V. fig.** : amitié, fréquentation, rapport, relation
◇ CONTR. : boycottage → CRISE

COMMERCER négocier, trafiquer
◇ CONTR. → BOYCOTTER

COMMÈRE n.f. **I. au pr.** : belle-mère, marraine **II. fig.** → BAVARD

COMMÉRER → MÉDIRE

COMMETTANT n.m. délégant, mandant
◇ CONTR. → COMMISSAIRE

COMMETTRE I. → REMETTRE **II.** → HASARDER **III.** → PRÉPOSER **IV.** → ENTREPRENDRE **V. mar.** → TORDRE

COMMINATION n.f. → MENACE

COMMINATOIRE → MENAÇANT

COMMIS, E n.m. ou f. **I.** → EMPLOYÉ **II.** → VENDEUR **III.** → REPRÉSENTANT

COMMISÉRATION n.f. → PITIÉ

COMMISSAIRE n.m. délégué, chargé d'affaires/ de mission, mandataire, représentant
◇ CONTR. → COMMETTANT

COMMISSAIRE-PRISEUR n.m. **I.** → ADJUDICATEUR **II. rég. ou part.** : encanteur, sapiteur
◇ CONTR. → ADJUDICATAIRE

COMMISSION n.f. **I.** → MISSION **II.** → COURSE **III.** → COMITÉ **IV.** → COURTAGE **V.** → GRATIFICATION

COMMISSIONNAIRE n.m. **I.** → INTERMÉDIAIRE **II.** → MESSAGER **III.** → PORTEUR

COMMISSIONNER → CHARGER

COMMISSURE n.f. fente, jonction, joint, ouverture, pli, repli

COMMODE n.f. **par ext.** : armoire, bonheur-du-jour, bahut, bonnetière, chiffonnier, chiffonnière, coffre, semainier

COMMODE I. agréable, aisé, avantageux, bien, bon, confortable, convenable, expédient, facile, favorable, fonctionnel, habitable, logeable, maniable, pratique, propre, vivable **II.** libre, relâché **III. quelqu'un** : accommodant, agréable, aimable, arrangeant, bon vivant, complaisant, facile, indulgent
◇ CONTR. **I.** → DIFFICILE **II.** → IMPORTUN **III.** → ACARIÂTRE

COMMODITÉ n.f. **I. au sing.** : agrément, aise, avantage, bienséance (vx), confort, facilité, habitabilité, utilité **II. au pl.** → WATER-CLOSET
◇ CONTR. → INCONVÉNIENT

COMMOTION n.f. **I.** → SECOUSSE **II.** → ÉBRANLEMENT **III.** → SÉISME

COMMOTIONNER → CHOQUER

COMMUER → CHANGER

COMMUN n.m. **I.** → PEUPLE **II. au pl.** : ailes, débarras, cuisines, écuries, ménagerie (vx), pavillons, remises, services, servitudes
◇ CONTR. : château, maison de maître

COMMUN, E I. accoutumé, banal, conventionnel, courant, général, habituel, naturel, ordinaire, public, quelconque, rebattu, standard, universel, usuel, utilitaire **II. non fav.** : bas, bourgeois, épicier, grossier, inélégant, inférieur, marchand, médiocre, pauvre, popu, pupulacier, populaire, prolo, prosaïque, trivial, vulgaire **III. par ext.** → ABONDANT **IV. EN COMMUN : 1.** épicène (partic.) **2.** collectif, communautaire, communiel, en communauté/ socialité/ société, dans l'indivision, de concert, ensemble, indivis

COMMUNAL, E édilitaire, municipal, public, urbain
◇ CONTR. → PRIVÉ

COMMUNARD n.m. fédéré

COMMUNAUTAIRE I. → COMMUN (EN) **II.** → RELIGIEUX

COMMUNAUTÉ n.f. **I.** → SOCIÉTÉ **II.** → CONGRÉGATION **III.** → GROUPE

COMMUNE n.f. agglomération, bourg, bourgade, centre, conseil municipal, échevinage, édilité, municipalité, paroisse, village, ville

COMMUNICATIF, IVE I. causant, confiant, démonstratif, disert, enthousiaste, expansif, exubérant, parleur, ouvert, volubile **II.** contagieux, épidémique, pathogène, pestilentiel, transmissible
◇ CONTR. → SECRET

COMMUNICATION n.f. **I.** adresse, annonce, avis, confidence, correspondance, dépêche, liaison, message, note, nouvelle, rapport, renseignement, spot **II.** → RELATION **III.** communion, échange, télépathie, transmission
◇ CONTR. → INTERRUPTION

COMMUNION n.f. **I.** → UNION **II. relig.** : agape, cène, échange, partage, repas mystique, viatique → EUCHARISTIE
◇ CONTR. → MÉSINTELLIGENCE

COMMUNIQUÉ n.m. → AVERTISSEMENT

COMMUNIQUER I. v. intr. 1. communier, correspondre, s'entendre, se mettre en communication/ relation avec **2. une chose. faire communiquer** : commander, desservir, relier **II. v. tr. 1.** confier, découvrir, dire, divulguer, donner, échanger, écrire, enseigner, épancher, expliquer, faire connaître/ partager/ part de/ savoir, indiquer, livrer, mander, parler, publier **2. une chose** : envahir, gagner, imprimer **3. une maladie** : inoculer, passer, transmettre
◇ CONTR. **I.** → CONSERVER **II.** → TAIRE

COMMUNISME n.m. → SOCIALISME

COMMUNISTE nom et adj. **I.** bolchevik, bolcheviste, socialiste, soviet – **péj.** : bolcho, coco, cosaque, popof, popov **II. vx** : babouviste, partageux
◇ CONTR. : capitaliste, fasciste, libéraliste

COMMUTATEUR n.m. bouton, disjoncteur, jack, relais → INTERRUPTEUR

COMMUTATION n.f. → REMPLACEMENT

COMMUTER → CHANGER

COMPACT, E I. → DENSE **II.** → ÉPAIS

COMPACTAGE n.m. damage, roulage, tassage

COMPACT DISC n.m. **audiov. off.** : disque audionumérique, disque compact, disquette, minidisque

COMPAGNE n.f. → ÉPOUSE

COMPAGNIE n.f. assemblée, collège, comité, entourage, réunion, société, troupe
◇ CONTR. → SOLITUDE

COMPAGNON n.m. **I.** acolyte, ami, antrustion, associé, camarade, chevalier servant, coéquipier, collègue, commensal, compère, complice (péj.), condisciple, labadens, partenaire – **fam.** : choum(i) (québ.), copain, pote, poteau **II.** → TRAVAILLEUR **III.** → GAILLARD
◇ CONTR. → ENNEMI

COMPARABLE analogue, approchant, assimilable, comme, égal, semblable
◇ CONTR. : incomparable, unique

COMPARABLEMENT → MÊME

COMPARAISON n.f. **I. au pr.** : balance, collation, collationnement, confrontation, mesure, parallèle, parangonage, rapprochement, recension **II. par ext.** : allusion, analogie, assimilation, image, métaphore, métonymie, parabole, similitude **III. EN COMPARAISON DE** : auprès/ au prix/ au regard de, par rapport à
◇ CONTR. → SÉPARATION

COMPARAÎTRE → PRÉSENTER (SE)

COMPARER analyser, apprécier, balancer, collationner, conférer, confronter, évaluer, examiner, mesurer, mettre au niveau de/ en balance/ en parallèle/ en regard, opposer, parangonner (vx), rapprocher, vidimer
◇ CONTR. → ÉCARTER

COMPARSE n.m. figurant → COMPLICE

COMPARTIMENT n.m. alvéole, case, casier, casse, cellule, classeur, division, subdivision

COMPARTIMENTER → SÉPARER

COMPAS n.m. **I.** balustre, boussole, rose des vents **II. partic.** : maître à danser, rouanne → RÈGLE

COMPASSÉ, E → ÉTUDIÉ

COMPASSION n.f. apitoiement, attendrissement, cœur, commisération, humanité, miséricorde, pitié, sensibilité
◇ CONTR. **I.** → INDIFFÉRENCE **II.** → DURETÉ

COMPATIBILITÉ n.f. → ACCORD

COMPATIBLE I. → CONCILIABLE **II.** → CONVENABLE

COMPATIR → PLAINDRE

COMPATISSANT, E → BON

COMPATRIOTE n.m. ou f. → CONCITOYEN

COMPENDIEUX, EUSE → COURT

COMPENDIUM n.m. abrégé, condensé, digest, somme → RÉSUMÉ

COMPENSATION n.f. **I. 1.** contre-valeur, dédommagement, indemnisation, indemnité, prix, rançon, récompense, réparation, retour, soulte **2.** balance, contrepartie, contrepoids, égalisation, égalité, équilibre, équivalent, l'un dans l'autre, moyenne, neutralisation, réciprocité **II.** consolation, correctif, récompense, revanche **III. EN COMPENSATION** : en échange, en revanche, mais
◇ CONTR. **I.** → DOMMAGE **II.** → DIFFÉRENCE

COMPENSER balancer, consoler, contrebalancer, corriger, dédommager, égaliser, équilibrer, faire bon poids, indemniser, neutraliser, réparer
◇ CONTR. **I.** → ACCENTUER **II.** → AGGRAVER

COMPÈRE n.m. **I.** → COMPAGNON **II.** → COMPLICE **III.** beau-père, parrain

COMPÈRE-LORIOT n.m. chalaze, chalazion, grain d'orge, orgelet

COMPÉTENCE n.f. attribution, autorité, pouvoir, qualité, rayon (fam.), ressort → CA-

PACITÉ

◆ CONTR. → INCAPACITÉ

COMPÉTENT, E → CAPABLE

COMPÉTITEUR, TRICE n.m. ou f. → CONCURRENT

COMPÉTITIF, IVE I. → ATTRACTIF II. → MARCHÉ (BON)

COMPÉTITION n.f. challenge, championnat, concours, concurrence, conflit, coupe, course, critérium, défi, épreuve, match, omnium, poule, régate – **vx** : compétence, concertation → RIVALITÉ

◆ CONTR. → COMPLICITÉ

COMPILATION n.f. I. au pr. 1. → COLLECTION 2. → MÉLANGE II. par ext. → IMITATION

COMPILER → IMITER

COMPLAINTE n.f. I. au pr. (vx) → GÉMISSEMENT II. par ext. → CHANT

COMPLAIRE → PLAIRE

COMPLAISANCE n.f. I. accortise (vx), affection, amabilité, amitié, attention, bienveillance, bonté, charité, civilité, condescendance, déférence, empressement, facilité, indulgence, obligeance, politesse, prévenance, serviabilité, soin, zèle II. → SERVILITÉ, PLAISIR

◆ CONTR. → SÉVÉRITÉ

COMPLAISANT, E I. aimable, amical, attentionné, bienveillant, bon, charitable, civil, déférent, empressé, indulgent, obligeant, poli, prévenant, serviable, zélé II. péj. : ardélion (vx), arrangeant, commode, coulant, facile, flagorneur, flatteur, godillot, paillasson, satisfait, servile

◆ CONTR. I. → SÉVÈRE II. → DUR

COMPLÉMENT n.m. → SUPPLÉMENT

COMPLÉMENTAIRE → SUPPLÉMENTAIRE

COMPLET, ÈTE, I. → ENTIER II. → PLEIN III. absolu, exhaustif, intégral, radical, sans restriction, total

◆ CONTR. I. → IMPARFAIT II. → VIDE

COMPLÈTEMENT absolument, à fond, carrément, de fond en comble, de pied en cap, des pieds à la tête, du haut en bas, en bloc, entièrement, in extenso, intégralement, jusqu'au bout/ aux oreilles, par-dessus les oreilles/ la tête, parfaitement, pleinement, profondément, purement et simplement, ras le bol (fam.), radicalement, tout à fait, tout au long

◆ CONTR. I. pas du tout II. → PRESQUE

COMPLÉTER achever, adjoindre, ajouter, améliorer, arrondir, assortir, augmenter, combler, conclure, couronner, embellir, enrichir, finir, parachever, parfaire, perfec-

tionner, rajouter, rapporter, suppléer

◆ CONTR. I. → RÉDUIRE II. → ÉBAUCHER III. → PRÉLEVER

COMPLEXE I. adj. → COMPLIQUÉ II. nom → OBSESSION III. combinat, ensemble, groupe, groupement, holding, trust

◆ CONTR. → SIMPLE

COMPLEXER → GÊNER

COMPLEXÉ, E → TIMIDE

COMPLEXION n.f. I. → MINE II. → NATURE

COMPLICATION n.f. → DIFFICULTÉ

COMPLICE n.m. et n.f. acolyte, affidé, aide, associé, auxiliaire, coaccusé, compagnon, comparse, compère, consort, fauteur, suppôt – **arg.** : assureur, baron

◆ CONTR. → ADVERSAIRE

COMPLICITÉ n.f. accord, aide, assistance, association, collaboration, collusion, compérage, connivence, coopération, entente, entraide, implication, intelligence

◆ CONTR. I. → COMPÉTITION II. → MÉSINTELLIGENCE

COMPLIMENT n.m. I. → FÉLICITATION II. → ÉLOGE III. → DISCOURS IV. → CIVILITÉS

COMPLIMENTER applaudir, approuver, congratuler, faire des civilités/ politesses, féliciter, flatter, glorifier, louanger, louer, tirer son chapeau, vanter

◆ CONTR. I. → BLÂMER II. → INJURIER

COMPLIQUÉ, E alambiqué, apprêté, complexe, composé, confus, contourné, détaillé, difficile, embaraglioulé, embarrassé, embrouillé, entortillé, implexe, machiavélique, obscur, quintessencié, raffiné, recherché, savant, subtil, touffu, tourmenté, trouble – **fam.** : chinois, emberlificoté – **vx** : affété, intriqué

◆ CONTR. → SIMPLE

COMPLIQUER alambiquer, apprêter, brouiller, complexifier, couper les cheveux en quatre, embarrasser, embrouiller, embroussailler, emmêler, entortiller, obscurcir, quintessencier, raffiner, rendre confus – **fam.** : chinoiser, emberlificoter – **vx** : afféter, intriquer

◆ CONTR. → SIMPLIFIER

COMPLOT n.m. association, attentat, brigue, cabale, coalition, concert, conciliabule, conjuration, conspiration, coup d'État, coup monté, faction, fomentation, intrigue, ligue, machination, menée, parti, ruse, sédition, trame

◆ CONTR. → COOPÉRATION

COMPLOTER v. tr. et intr. s'associer, briguer, cabaler, se coaliser, se concerter,

conjurer, conspirer, intriguer, se liguer, machiner, manigancer, minuter (vx), ourdir, projeter, tramer
◆ CONTR. I. agir → (AVEC) FRANCHISE/ OUVERTEMENT II. → DÉNONCER

COMPLOTEUR n.m. → CONSPIRATEUR

COMPONCTION n.f. I. → REGRET II. → GRAVITÉ

COMPORTEMENT n.m. → PROCÉDÉ

COMPORTER I. admettre, autoriser, comprendre, contenir, emporter, enfermer, impliquer, inclure, justifier, permettre, renfermer, souffrir, supporter II. v. pron. → CONDUIRE (SE)
◆ CONTR. I. → ÉLIMINER II. → EMPÊCHER

COMPOSANT, E nom et adj. composé, corps, élément, terme, unité → PARTIE
◆ CONTR. → TOTALITÉ

COMPOSÉ, E I. adj. 1. → ÉTUDIÉ 2. → COMPLIQUÉ II. nom → COMPOSANT

COMPOSER I. v. tr. 1. agencer, apprêter, arranger, assembler, associer, bâtir, charpenter, ciseler, combiner, concevoir, confectionner, constituer, créer, disposer, dresser, écrire, élucubrer, faire, faufiler, former, imaginer, jeter les bases, organiser, polir, pondre, préparer, produire, rédiger, sculpter, travailler, trousser 2. adopter/ se donner/ emprunter/ prendre une attitude/ une contenance, affecter, apprêter, déguiser, étudier II. v. intr. 1. s'accommoder, s'accorder, s'entendre, se faire 2. négocier, pactiser, traiter, transiger 3. capituler, céder, faiblir
◆ CONTR. I. → ANALYSER II. → DÉTRUIRE

COMPOSITE → MÊLÉ

COMPOSITEUR n.m. I. → MUSICIEN II. → TYPOGRAPHE

COMPOSITION n.f. I. au pr. 1. agencement, arrangement, assemblage, association, charpente, combinaison, constitution, construction, contexture, coupe, dessin, disposition, ensemble, formation, organisation, structure, synthèse, texture, tissure 2. alliage, composante, teneur 3. colle (fam.), concours, copie, devoir, dissertation, épreuve, examen, exercice, rédaction II. par ext. 1. accommodement, accord, compromis, concession, transaction 2. caractère, disposition, humeur, pâte, tempérament III. → INDEMNITÉ
◆ CONTR. I. → ANALYSE II. → OPPOSITION

COMPOST n.m. débris, engrais, feuilles mortes, fumier, humus, mélange, poudrette, terreau, terre de bruyère

COMPOTE n.f. → CONFITURE

COMPRÉHENSIBLE → INTELLIGIBLE

COMPRÉHENSIF, IVE I. → INTELLIGENT II. → ACCOMMODANT

COMPRÉHENSION n.f. I. → ACCORD II. → ENTENDEMENT

COMPREHENSIVE INSURANCE n.f. écon. off. : assurance multirisque

COMPRENDRE I. comporter, compter, contenir, embrasser, enfermer, englober, envelopper, faire entrer, impliquer, inclure, incorporer, intégrer, mêler, renfermer II. 1. → ENTENDRE 2. apercevoir, concevoir, déchiffrer, intellectualiser, interpréter, pénétrer, saisir, sentir, traduire, trouver, voir 3. fam. : bicher, biter, entraver, piger 4. apprendre, atteindre à, connaître, faire rentrer, s'y mettre, mordre, suivre 5. s'apercevoir/ se rendre compte de III. v. pron. : s'accorder, sympathiser et les formes pron. possibles des syn. de comprendre
◆ CONTR. I. → EXCEPTER II. → ÉLIMINER III. → MÉCONNAÎTRE

COMPRESSE n.f. gaze, pansement

COMPRESSER → PRESSER

COMPRESSIBLE → ÉLASTIQUE

COMPRESSION n.f. I. → RÉDUCTION II. → CONTRAINTE

COMPRIMÉ n.m. I. → CACHET II. → PILULE

COMPRIMER → PRESSER

COMPRIS, E admis, assimilé, enregistré, interprété, reçu, saisi, vu

COMPROMETTRE I. → HASARDER II. → NUIRE

COMPROMIS n.m. accord, amiable composition, amodiation, arbitrage, arrangement, composition, concession, conciliation, convention, cote mal taillée, entente, moyen terme, transaction
◆ CONTR. I. → MÉSINTELLIGENCE II. → OPPOSITION

COMPROMISSION n.f. → MALVERSATION

COMPTABLE n.m. et f. assignataire, caissier, calculateur, commissaire aux comptes, facturier, ordonnateur, payeur, percepteur, questeur, receveur, trésorier

COMPTABLE adj. : redevable → GARANT

COMPTANT à l'enlèvement, à livraison, à réception, au cul du camion (fam.), cash
◆ CONTR. → CRÉDIT

COMPTE n.m. I. addition, calcul, dénombrement, différence, énumération, nombre, recensement, somme, statistique, total II. appoint, arrêté, avoir, balance, bénéfice, bilan, boni, bordereau, bulletin de paie, comptabilité, débit, décompte, découvert, déficit, dépens, écriture, encaisse, facture, gain, liquidation, mécompte, mémoire, montant, précompte, rectificatif, règlement, reliquat, revenant-bon, ristourne, solde, soulte, total **III. COMPTE RENDU** : **1.** analyse, bilan, critique, explication, exposé, mémorandum, note, procès-verbal, rapport, récit, relation, synthèse **2. RENDRE COMPTE** → RACONTER

COMPTE-GOUTTES n.m. pipette

COMPTER **I. v. tr. 1.** calculer, chiffrer, compasser (vx), computer, dénombrer, inventorier, mesurer, nombrer, précompter, supputer **2.** considérer, examiner, peser, regarder **3.** → PAYER **4.** énumérer, facturer, faire payer, inclure, introduire **5.** apprécier, considérer, estimer, évaluer, prendre, réfuter comme **6.** comprendre, englober, mettre au rang de **II. v. intr. 1.** calculer **2.** → IMPORTER **3.** avoir l'intention, croire, espérer, estimer, former le projet, penser, projeter, se proposer de **4.** s'attendre à, avoir/ tenir pour certain/ sûr, regarder comme certain/ sûr
◆ CONTR. → OMETTRE

COMPTEUR n.m. → ENREGISTREUR

COMPTOIR n.m. **I.** → TABLE **II.** → ÉTABLISSEMENT

COMPULSER **I.** → EXAMINER **II.** → FEUILLETER

COMPUT n.m. ordo. → CALCUL

COMPUTER n.m. **I.** → COMPTER **II. n.m. off.** : calculateur, calculatrice

COMPUTER GRAPHICS spat. off. : infographie

COMPUTER(IZED) MAP n.f. spat. off. : carte infographique

COMTÉ n.m. **I.** comtat (Venaissin) **II.** → FROMAGE

CON nom et adj. **I.** → BÊTE **II.** → SEXE

CONCASSER **I.** → BROYER **II.** → CASSER

CONCASSEUR n.m. → BROYEUR

CONCAVE **I.** → CREUX **II.** → COURBE

CONCAVITÉ n.f. → EXCAVATION

CONCÉDER **I.** → ACCORDER **II.** → AVOUER

CONCENTRATION n.f. **I. au pr. 1.** accumulation, agglomération, amas, assemblage **2.** association, cartel, consortium, entente, groupement, rassemblement, regroupement, réunion, trust **II. concentration d'esprit** : application, attention, contention, recherche, recueillement, réflexion, tension
◆ CONTR. **I.** → DISPERSION **II.** → PROPAGATION **III.** → DISTRACTION

CONCENTRÉ, E I. → CONDENSÉ **II.** → SECRET

CONCENTRER I. au pr. : accumuler, assembler, centraliser, diriger vers, faire converger, grouper, rassembler, réunir **II. un liquide** : condenser, cohober, diminuer, réduire **III. fig.** : appliquer son énergie/ son esprit/ ses forces/ ses moyens, canaliser, focaliser, polariser, ramener, rapporter, se recueillir, réfléchir, tendre **IV. ses passions** : contenir, dissimuler, freiner, refouler, renfermer, rentrer **V. v. pron. 1.** → PENSER **2.** → RENFERMER (SE)
◆ CONTR. **I.** → ÉTENDRE **II.** → DISPERSER **III.** → DISTRAIRE

CONCEPT n.m. → IDÉE

CONCEPTEUR n.m. → ARCHITECTE

CONCEPTION n.f. **I.** → ENTENDEMENT **II.** → IDÉE

CONCEPTUEL, LE idéel
◆ CONTR. → RÉEL

CONCERNANT → TOUCHANT

CONCERNER s'appliquer à, dépendre de, être de la juridiction/ du rayon/ relatif à/ du ressort, intéresser, porter sur, se rapporter à, regarder, relever de, toucher

CONCERT n.m. **I. 1.** aubade, audition, cassation, divertissement, festival, récital, sérénade **2.** bœuf (arg.), improvisation, jam-session **II. fig.** → CHAHUT **III.** accord, ensemble, entente, harmonie, intelligence, union **IV. DE CONCERT** : concurremment, conjointement, de connivence, de conserve, en accord/ harmonie, ensemble

CONCERTATION n.f. → CONVERSATION

CONCERTÉ, E → ÉTUDIÉ

CONCERTER I. → PRÉPARER **II. v. pron.** → ENTENDRE (S')

CONCESSION n.f. **I.** → CESSION **II.** → TOMBE **III.** → RENONCEMENT

CONCETTO, CONCETTI n.m. bon mot, pensée, mot/ trait d'esprit/ piquant

CONCEVABLE → INTELLIGIBLE

CONCEVOIR I. → CRÉER **II.** → ENTENDRE **III.** → TROUVER

CONCIERGE n.m. ou f. → PORTIER

CONCIERGERIE n.f. porterie, tour (relig.)

CONCILE n.m. **I.** → CONSISTOIRE **II.** → RÉUNION

CONCILIABLE accordable, alliable, compatible, mariable → POSSIBLE

CONCILIABULE n.m. **I.** → CONSISTOIRE **II.** → RÉUNION **III.** → CONVERSATION

CONCILIANT, E apaisant, arrangeant, calmant, compatible (vx), conciliateur, conciliatoire, coulant, diplomate, doux, facile, irrénique, libéral, traitable → ACCOMMODANT
◆ CONTR. **I.** → ABSOLU **II.** → DÉSAGRÉABLE

CONCILIATEUR, TRICE arbitre, médiateur, pacificateur → INTERMÉDIAIRE
◆ CONTR. → EXCITATEUR

CONCILIATION n.m. → COMPROMIS

CONCILIER I. accorder, allier, arbitrer, arranger, mettre d'accord, raccommoder, rapprocher, réconcilier, réunir **II.** adoucir, ajuster, faire aller/ cadrer/ concorder, harmoniser **III. v. pron.** → GAGNER
◆ CONTR. **I.** mettre en → CONFLIT **II.** → OPPOSER

CONCIS, E bref, dense, dépouillé, incisif, laconique, lapidaire, lumineux, nerveux, net, précis, ramassé, sec, serré, sobre, succinct, tendu, vigoureux → COURT
◆ CONTR. → PROLIXE

CONCISION n.f. brachylogie, brièveté, densité, laconisme, netteté, précision, sécheresse, sobriété
◆ CONTR. → PROLIXITÉ

CONCITOYEN, NE n.m. ou f. compagnon, compatriote, pays (fam.)
◆ CONTR. → ÉTRANGER

CONCLUANT, E convaincant, décisif, définitif, irrésistible, probant
◆ CONTR. → AMBIGU

CONCLURE I. une affaire : s'accorder, achever, arranger, arrêter, clore, contracter une obligation, convenir de, couronner, s'entendre, finir, fixer, mener à bonne fin, passer/ signer/ traiter un arrangement/ une convention/ un marché/ un traité, régler, résoudre, terminer **II. par ext.** : arguer, argumenter, conduire un raisonnement, colliger (vx), déduire, démontrer, induire, inférer, juger, opiner, prononcer un jugement, tirer une conclusion/ une conséquence/ une leçon **III. v. intr.** : décider, prendre une décision, se résoudre
◆ CONTR. **I.** → COMMENCER **II.** → PRÉSENTER

CONCLUSION n.f. **I.** arrangement, clôture, convention, couronnement, dénouement, entente, épilogue, fin, péroraison, postface, règlement, solution, terminaison **II.** conséquence, déduction, enseignement, leçon, morale, moralité, résultat
◆ CONTR. → COMMENCEMENT

CONCOMBRE n.m. par anal. ; coloquinte, cornichon, cucurbitacée, zuchette

CONCOMITANCE n.f. accompagnement, coexistence, coïncidence, rapport, simultanéité, synchronisation
◆ CONTR. → ALTERNANCE

CONCOMITANT, E coexistant, coïncident, secondaire, simultané
◆ CONTR. → SUCCESSIF

CONCORDANCE n.f. **I.** → CONCOMITANCE **II.** → RAPPORT **III.** → CONFORMITÉ

CONCORDANT, E I. → SEMBLABLE **II.** → CONVENABLE

CONCORDAT n.m. → TRAITÉ

CONCORDE n.f. → UNION

CONCORDER → CORRESPONDRE

CONCOURANT, E convergent
◆ CONTR. → OPPOSÉ

CONCOURIR → PARTICIPER

CONCOURS n.m. **I.** → COMPÉTITION **II.** → EXAMEN **III.** → MULTITUDE **IV.** → RENCONTRE **V.** → APPUI **VI.** → EXPOSITION

CONCRESCENCE n.f. → SOUDURE

CONCRET, ÈTE I. → ÉPAIS **II.** → RÉEL **III.** → MANIFESTE

CONCRÈTEMENT → RÉELLEMENT

CONCRÉTER → DURCIR

CONCRÉTISATION n.f. → RÉALISATION

CONCRÉTISER → MATÉRIALISER

CONCUBINAGE n.m. → COHABITATION

CONCUBINE n.f. → MAÎTRESSE

CONCUPISCENCE n.f. amour, appétit, avidité, bestialité, chair, convoitise, cupidité, désir, faiblesse, instinct, lascivité, libido, penchant, sens, sensualité, soif de plaisir
◆ CONTR. → CONTINENCE

CONCUPISCENT, E → LASCIF

CONCURRENCE n.f. → LUTTE

CONCURRENCER → OPPOSER (S')

CONCURRENT, E nom et adj. adversaire, candidat, challenger, champion, compétiteur, contendant (vx), émule, outsider, participant, rival
◆ CONTR. → ASSOCIÉ

CONCUSSION n.f. → MALVERSATION

CONDAMNABLE blâmable, critiquable, damnable (vx), déplorable, inexcusable, répréhensible
◆ CONTR. **I.** → EXCUSABLE **II.** → ESTIMABLE

CONDAMNATION n.f. **I. la peine** : anathème, arrêt, bagne, bannissement, bûcher, confiscation, damnation, décision, déportation, détention, exil, expatriation, indem, indignité nationale, interdiction de séjour, interdit, peine, prison, prohibition, punition, réclusion, relégation, sanction, sentence **– arg.** : sape, sapement **II. l'action** : accusation, anathématisation, anathème, animadversion, attaque, blâme, censure, critique, désapprobation, désaveu, fulmination, improbation, interdiction, interdit, opposition, procès, réprimande, réprobation
◆ CONTR. **I.** → AMNISTIE **II.** → ÉLOGE

CONDAMNÉ, E nom et adj. **I.** bagnard, banni, déporté, détenu, repris de justice, transporté → PRISONNIER **II.** → INCURABLE

CONDAMNER I.→ BLÂMER II.→ OBLIGER III.→ FERMER IV.→ PUNIR

CONDÉ n.m. → POLICIER

CONDENSABLE → RÉDUCTIBLE

CONDENSATEUR n.m. → ACCUMULATEUR

CONDENSATION n.f. accumulation, pression, tension
◇ CONTR. → DILATATION

CONDENSÉ, E I. **au pr.** : concentré, réduit II. **fig.** 1.→ DENSE 2.→ COURT

CONDENSER → RESSERRER

CONDESCENDANCE n.f. I.→ COMPLAISANCE II.→ DÉDAIN

CONDESCENDANT, E I.→ COMPLAISANT II.→ DÉDAIGNEUX

CONDESCENDRE I.→ ABAISSER (s') II.→ CÉDER III.→ DAIGNER

CONDIMENT n.m. I.→ ASSAISONNEMENT II.→ AROMATE

CONDISCIPLE n.m. → CAMARADE

CONDITION n.f. I.→ ÉTAT II.→ RANG III.→ DISPOSITION IV. **vx** : DE CONDITION → NOBLE

CONDITIONNÉ, E *les part. passés possibles des syn. de* → PRÉPARER

CONDITIONNEL, LE → INCERTAIN

CONDITIONNELLEMENT → RÉSERVE (SOUS)

CONDITIONNEMENT n.m. I.→ EMBALLAGE II.→ INFLUENCE

CONDITIONNER I. déterminer → FIXER II.→ PRÉPARER

CONDOLÉANCE n.f. → SYMPATHIE

CONDOM n.m. → PRÉSERVATIF

CONDUCTEUR, TRICE I.→ CHAUFFEUR II.→ GUIDE III.→ COCHER IV.→ VOITURIER

CONDUIRE I. **au pr.** : adduire (vx ou rég.), accompagner, chaperonner, diriger, emmener, entraîner, faire aller/ venir, guider, manœuvrer, mener, piloter, promener, raccompagner, reconduire II. **par ext.** 1. aboutir, amener, canaliser, déboucher 2. conclure, déduire, induire, introduire, raisonner 3. administrer, animer, commander, diriger, entraîner, exciter, gérer, gouverner, influencer, pousser, soulever 4. acculer, convaincre, persuader, réduire 5. driver III. **v. pron.** : agir, se comporter, se diriger, procéder, en user, vivre
◇ CONTR. I.→ ABANDONNER II.→ OBÉIR

CONDUIT n.m. I. anche, boyau, canal, canalicule, canalisation, carneau, chemin, conduite, dalot, drain, écoulement, méat, tube, tubulure, tuyau II. adduction, amenée, aqueduc, buse, cheneau, collecteur, égout, goulotte, gouttière, reillère, tuyauterie
◇ CONTR. → DIGUE

CONDUITE n.f. I.→ CONDUIT II.→ PROCÉDÉ III.→ DIRECTION

CONFECTION n.f. → FABRICATION

CONFECTIONNER → PRODUIRE

CONFÉDÉRATION n.f. I.→ ALLIANCE II.→ FÉDÉRATION

CONFÉDÉRÉ, E nom et adj. → ALLIÉ

CONFÉDÉRER → UNIR

CONFÉRENCE n.f. I.→ CONVERSATION II. assemblée, colloque, congrès, conseil, consultation, entretien, réunion, séminaire, symposium, table ronde III. **péj.** : palabre, parlote

CONFÉRENCIER, ÈRE → ORATEUR

CONFÉRER I.→ COMPARER II. administrer, attribuer, déférer, donner

CONFERVE n.f. → ALGUE

CONFESSE n.f. → CONFESSION

CONFESSER I.→ AVOUER II.→ CONVENIR DE

CONFESSEUR n.m. I. prosélyte, témoin II. aumônier, directeur de conscience/ spirituel

CONFESSION n.f. I. **au pr.** : 1. confesse, sacrement de pénitence 2. autocritique, aveu, culpabilisation, déballage (fam.), déclaration, reconnaissance II. **par ext.** : confiteor, credo, croyance, église, foi, mea culpa, religion III.→ REGRET
◇ CONTR. → DÉNÉGATION

CONFIANCE n.f. I. **au pr.** : 1. aplomb, assurance, courage, culot (fam.), hardiesse, outrecuidance, présomption, toupet (fam.) 2. crédit, fiance (vx), foi, sécurité II.→ ABANDON III.→ ESPÉRANCE
◇ CONTR. I.→ CRAINTE II.→ SCEPTICISME

CONFIANT, E I. 1. assuré, hardi, sûr de soi 2. communicatif, ouvert II. **péj.** 1.→ NAÏF 2.→ PRÉSOMPTUEUX
◇ CONTR. I.→ CRAINTIF II.→ INCRÉDULE

CONFIDENCE n.f. I. **vx** → CONFIANCE II. révélation, secret

CONFIDENT, E n.m. ou f. affidé, ami, confesseur, dariolet (vx et péj.), dépositaire

CONFIDENTIEL, LE → SECRET

CONFIER I. abandonner, commettre (vx), communiquer, conférer, déléguer, faire tomber, laisser, livrer, mandater, remettre, souffler/ verser dans l'oreille II. **v. pron.** : s'épancher, se fier, s'ouvrir – **fam.** : déballer, se déboutonner *et les formes pron. possibles des syn. de* confier
◇ CONTR. I.→ PRENDRE II.→ TAIRE

CONFIGURATION n.f. → FORME

CONFINER → RELÉGUER

CONFINS n.m. pl. → LIMITE

CONFIRMATION n.f. affirmation, approbation, assurance, attestation, certitude, consécration, continuation, corroboration, entérinement, garantie, homologation, légalisation, maintenance (vx), maintien, preuve, ratification, reconduction, renouvellement, sanction, validation, vérification
◇ CONTR. **I.** → ABROGATION **II.** → DÉNÉGATION

CONFIRMER **I. 1.** affermir, affirmer, approuver, appuyer, assurer, attester, avérer, certifier, consacrer, cimenter, compléter, corroborer, démontrer, entériner, garantir, homologuer, légaliser, légitimer, maintenir, mettre un sceau, plébisciter, prouver, ratifier, réglementer, renforcer, sanctionner, sceller, valider, vérifier **2.** → RÉALISER **3.** → CONTINUER **II. quelqu'un** : encourager, fortifier, soutenir **III. v. pron.** : s'avérer *et les formes pron. possibles des syn. de* confirmer
◇ CONTR. **I.** → ABOLIR **II.** → DÉMENTIR **III.** → RÉTRACTER (SE)

CONFISCATION n.f. angarie (mar.), annexion, appropriation, dépossession, embargo, expropriation, gel, immobilisation, mainmise, prise, privation, rétention, saisie, suppression
◇ CONTR. **I.** restitution → RÉPARATION **II.** → CADEAU

CONFISERIE n.f. → FRIANDISE

CONFISQUER → PRENDRE

CONFITURE n.f. bourtouillade (mérid.), compote, confiote (fam.), conserve de fruits, cotignac, gelée, marmelade, orangeat, pâte, prunelée, raisiné, rob, roquille, tournures (vx)

CONFLAGRATION n.f. **I.** → INCENDIE **II.** → GUERRE

CONFLICTUEL, LE → SÉRIEUX

CONFLIT n.m. **I.** → GUERRE **II.** antagonisme, compétition, contestation, désaccord, dispute, lutte, opposition, rivalité, tiraillement III. vitupération
◇ CONTR. **I.** → PAIX **II.** → NÉGOCIATION

CONFLUENT **I. n.m.** affluent, bec, jonction, rencontre **II. adj.** : concourant, convergent

CONFLUER affluer, se joindre, se rejoindre, se réunir, s'unir
◇ CONTR. → ÉCARTER (S')

CONFONDRE **I. au pr.** : amalgamer, associer, effacer les différences, entrelacer, fondre, fusionner, identifier, mélanger, mêler, réunir, unir **II. par ext. 1.** → HUMILIER **2.** → CONVAINCRE
◇ CONTR. **I.** → DISTINGUER **II.** → LOUER

CONFONDU, E **I.** → CONFUS **II.** → SURPRIS **III.** → CONSTERNÉ

CONFORMATION n.f. → FORME

CONFORME **I.** → SEMBLABLE **II.** → CONVENABLE

CONFORMÉMENT d'après, en conformité/ conséquence, selon, suivant
◇ CONTR. → CONTRAIRE (AU)

CONFORMER **I.** → FORMER **II. v. pron. 1.** → SOUMETTRE (SE) **2.** → RÉGLER (SE)

CONFORMISME n.m. → CONSERVATISME

CONFORMISTE nom et adj. **I.** béni-oui-oui, conservateur, intégriste, orthodoxe, traditionaliste → RÉACTIONNAIRE **II. NON-CONFORMISTE 1.** → ORIGINAL **2.** → MARGINAL
◇ CONTR. **I.** → RÉVISIONNISTE **II.** → VOLTAIRIEN

CONFORMITÉ n.f. accord, affinité, analogie, concordance, convenance, correspondance, harmonie, rapport, ressemblance, similitude, sympathie, unanimité, union, unisson, unité
◇ CONTR. → OPPOSITION

CONFORT n.m. aise, bien-être, commodité, luxe, niveau de vie, standing
◇ CONTR. : inconfort, simplicité

CONFORTABLE → COMMODE

CONFORTER → CONSOLER

CONFRÈRE n.m. → COLLÈGUE

CONFRÉRIE n.f. association, communauté, congrégation, corporation, corps, gilde, guilde, réunion

CONFRONTATION n.f. → COMPARAISON

CONFRONTER → COMPARER

CONFUS, E **I.** chaotique, confondu, désordonné, disparate, indistinct, pêle-mêle **II. fig. 1.** alambiqué, amphigourique, brouillamineux, brouillé, brouillon, cafouilleux, compliqué, embarrassé, embrouillé, entortillé, équivoque, filandreux, incertain, indécis, indéterminé, indigeste, indistinct, inintelligible, lourd, nébuleux, obscur, vague **2. quelqu'un** : comus, camus, déconcerté, désolé, embarrassé, ennuyé, honteux, penaud, piteux, quinaud, sot, troublé – **mérid.** : couillon, couillonné
◇ CONTR. **I.** → CLAIR **II.** → DÉGAGÉ

CONFUSION n.f. **I. dans les choses** : anarchie, billebaude, bouillie, bouleversement, bredi-breda, brouhaha, brouillamini, cafouillage, capharnaüm, chaos, complication, cohue, cour des miracles, débâcle, débandade, dédale, désordre, désorganisation, ébranlement, embarras, embrouillamini, embrouillement, enchevêtrement, enfer, fatras, fouillis, gâchis, imbroglio, inorganisation,

labyrinthe, mélange, mêlée, méli-mélo, obscurité, pastis, pêle-mêle, pétaudière, ramassis, remue-ménage, réseau, saccade, salade,
salmigondis, tintamarre, tohu-bohu, trouble,
tumulte, vague **II. de quelqu'un. 1.** confusionnisme (psych.), désarroi, égarement, erreur,
indécision, indétermination, méprise **2.** dépit, embarras, gêne, honte, sottise, timidité,
trouble
◇ CONTR. I. → CLARTÉ II. → DÉSINVOLTURE

CONFUSIONNEL, LE → ABERRANT

CONFUSIONNISME n.m. → CONFUSION

CONGA n.f. → DANSE

CONGAÏ n.f. → FEMME

CONGÉ n.m. I. → PERMISSION II. → VACANCES
III. → RENVOI

CONGÉDIEMENT n.m. → RENVOI

CONGÉDIER balancer, casser aux gages,
chasser, débarquer, débaucher, dégommer,
dégraisser, destituer, donner sa bénédic-
tion/ ses huit jours/ son compte/ son
congé/ son exeat, écarter, éconduire, éloigner, emballer, envoyer au peautre (vx)/
dinguer, expédier, faire paître/ péter/ valser, ficher/ flanquer/ foutre (grossier)/ je-
ter/ mettre à la porte, licencier, limoger, liquider, lourder (arg.), remercier, renvoyer,
révoquer, saquer, vider, virer
◇ CONTR. I. → INVITER II. → ENGAGER

CONGÉLATEUR n.m. → RÉFRIGÉRATEUR

CONGÉLATION n.f. anabiose, coagulation, cryogénisation, gelure, réfrigération,
refroidissement, surgélation
◇ CONTR. : dégel, fusion, liquéfaction, réchauffement

CONGELER I. → GELER II. → FRIGORIFIER

CONGÉNÈRE n.m. → SEMBLABLE

CONGÉNITAL, E → INNÉ

CONGESTION n.f. afflux/ coup de sang,
apoplexie, attaque, cataplexie, embolie, hémorragie, hyperémie, hypostase, ictus, pléthore, stase, tension, thrombose, transport
au cerveau, turgescence

CONGESTIONNÉ → ROUGE

CONGESTIONNER fig. : alourdir, apoplec-
tiser, embouteiller, encombrer
◇ CONTR. → DÉGAGER

CONGLOMÉRAT n.m. I. agglomérat, agglomération, agglutination, conglomération
→ AMAS II. → TRUST

CONGLOMÉRATION n.f. → CONGLOMÉRAT

CONGLOMÉRER → AGGLOMÉRER

CONGLUTINANT nom et adj. → REMÈDE

CONGLUTINATION n.f. → AGGLOMÉRAT

CONGLUTINER → AGGLOMÉRER

CONGRATULATION n.f. → FÉLICITATION

CONGRATULER → FÉLICITER

CONGRE n.m. → POISSON

CONGRÉER mar. : → RENFORCER

CONGRÉGANISTE nom et adj. → RELI-
GIEUX

CONGRÉGATION n.f. communauté, compagnie, corps, ordre, réunion, société

CONGRÈS n.m. I. vx : coït II. → RÉUNION
III. → ASSEMBLÉE

CONGRESSISTE n.m. ou f. → ENVOYÉ

CONGRU, E I. → PROPRE II. → PAUVRE

CONGRUENT, E → CONVENABLE

CONGRÛMENT → CONVENABLEMENT

CONIFÈRE n.m. I. résineux II. abiès, araucaria, arolle (helv.), cèdre, cyprès, épicéa,
ginkgo, if, mélèze, pesse (vx), pin, sapin, séquoia ou wellingtonia, taxodier, thuya

CONIQUE → POINTU

CONJECTURAL → INCERTAIN

CONJECTURE n.f. I. → PRÉSOMPTION II. →
SUPPOSITION

CONJECTURER I. → PRÉSUMER II. → SUPPO-
SER

CONJOINDRE → JOINDRE

CONJOINT, E n.m. ou f. → ÉPOUX

CONJOINTEMENT → ENSEMBLE

CONJONCTION n.f. I. au pr. : assemblage,
jonction, rencontre, réunion, union II. → AC-
COUPLEMENT
◇ CONTR. → SÉPARATION

CONJONCTURE n.f. → CAS

CONJUGAL, E → NUPTIAL

CONJUGALEMENT → MARITALEMENT

CONJUGUER → JOINDRE

CONJUNGO n.m. → MARIAGE

CONJURATEUR, TRICE n.m. ou f. →
CONSPIRATEUR

CONJURATION n.f. I. → COMPLOT II. → MA-
GIE III. → PRIÈRE

CONJURATOIRE apotropaïque, prophylactique → TUTÉLAIRE

CONJURÉ n.m. → CONSPIRATEUR

CONJURER I. → ADJURER II. → PARER III. →
PRIER IV. → CHARMER V. → CHASSER VI. →
COMPLOTER

CONNAISSANCE n.f. I. philos. →
CONSCIENCE II. au pr. 1. → IDÉE, NOTION 2. → EXPÉ-
RIENCE III. par ext. 1. → AMI 2. → AMANTE

CONNAISSEUR n.m. **I.** → SAVANT **II.** → COLLECTIONNEUR

CONNAÎTRE I. une chose : apercevoir, apprendre, avoir connaissance/ la pratique/ l'usage, entrevoir, être branché (fam.), être au courant/ au fait/ averti/ calé/ compétent/ entendu/ expert/ ferré/ informé/ qualifié/ savant, percevoir, posséder, savoir, sentir – **arg.** : conobrer, être au parfum/ branché, tapisser **II. quelqu'un :** apprécier, comprendre, juger **III.** FAIRE CONNAÎTRE : apprendre, assavoir (vx), communiquer, dévoiler, divulguer, exposer, exprimer, extérioriser, faire entendre/ savoir, informer, instruire, lancer, manifester, marquer, montrer, présenter, propager, publier, témoigner, vulgariser

◇ CONTR. **I.** → MÉCONNAÎTRE **II.** → DÉDAIGNER

CONNARD, E ou **CONARD, E** nom et adj. → BÊTE

CONNASSE n.f. **I.** → BÊTE **II.** → VULVE

CONNEAU n.m. **I.** → BÊTE **II.** → VULVE

CONNECTER → JOINDRE

CONNERIE n.f. → BÊTISE

CONNEXE adhérent, analogue, dépendant, joint, lié, uni, voisin

◇ CONTR. : à part, indépendant, séparé

CONNEXION, CONNEXITÉ n.f. → LIAISON

CONNIVENCE n.f. → COMPLICITÉ

CONNIVENT, E → PLISSÉ

CONNOTATION n.f. → ANALOGIE

CONNOTER → INSPIRER

CONNU, E I. commun, découvert, éprouvé, évident, notoire, officiel, présenté, proverbial, public, rebattu, révélé **II.** → FAMILIER **III.** → CÉLÈBRE

◇ CONTR. → INCONNU

CONOÏDE → POINTU

CONOPÉE n.m. → RIDEAU

CONQUE n.f. **I. antiq.** : trompe **II.** → COQUILLAGE

CONQUÉRANT, E nom et adj. **I.** conquistador, dominateur, fier, guerrier → VAINQUEUR **II.** → DÉDAIGNEUX

◇ CONTR. : *les part. passés des syn. de* vaincre

CONQUÉRIR I. → CHARMER **II.** → VAINCRE

CONQUÊT n.m. acquêt, acquisition

◇ CONTR. → VENTE

CONQUÊTE n.f. **I.** appropriation, assujettissement, capture, conquêt (vx), domination, gain, guerre, prise, soumission, victoire **II. par ext.** : amour, séduction, soumission, sympathie **III.** annexion, colonie, territoire

◇ CONTR. **I.** → ABANDON **II.** → DÉFAITE **III.** → INSUCCÈS

CONQUIS, E I. → SOUMIS **II.** → CHARMÉ **III.** → CONSENTANT

CONQUISTADOR n.m. → CONQUÉRANT

CONSACRÉ, E → USITÉ

CONSACRER I. → SACRER **II.** → VOUER **III.** → CONFIRMER **IV. v. pron.** → ADONNER (s')

CONSANGUIN, E → PARENT

CONSANGUINITÉ n.f. endogamie → PARENTÉ

◇ CONTR. : exogamie

CONSCIEMMENT activement, délibérément, de plein gré, en (toute) connaissance de cause, intentionnellement, sciemment → VOLONTAIREMENT

◇ CONTR. → INCONSCIEMMENT

CONSCIENCE n.f. **I.** cognition, conation, connaissance, expérience, intuition, lucidité, notion, pressentiment, sentiment **II.** cœur, for intérieur, honnêteté, sens moral **III.** → SOIN **IV. 1.** CONNAISSANCE DE SOI : autognose, autognosie **2.** PRISE DE CONSCIENCE : conscientisation

◇ CONTR. **I.** → INCONSCIENCE **II.** → MALHONNÊTETÉ

CONSCIENCIEUX, EUSE attentif, délicat, exact, honnête, minutieux, scrupuleux, soigné, soigneux, travailleur

◇ CONTR. **I.** → MALHONNÊTE **II.** → HÂTIF

CONSCIENT, E I. un acte : délibéré, intentionnel, médité, prémédité, réfléchi, volontaire **II. quelqu'un :** éveillé, responsable

◇ CONTR. → INSENSÉ

CONSCRIPTION n.f. appel, enrôlement, recensement, recrutement

CONSCRIT n.m. **I.** → SOLDAT **II.** → NOVICE

CONSÉCRATION n.f. **I.** → BÉNÉDICTION **II.** → CONFIRMATION **III.** → SUCCÈS

CONSÉCUTIF, IVE I. à la file/ suite **II.** résultant

◇ CONTR. **I.** → ANTÉRIEUR **II.** → INTERMITTENT

CONSÉCUTION n.f. → SUITE

CONSÉCUTIVEMENT en/ par → CONSÉQUENCE

CONSEIL n.m. **I.** → AVERTISSEMENT **II.** → ASSEMBLÉE **III.** → CONSEILLER **IV.** → RÉSOLUTION **V.** → DÉFENSEUR

CONSEILLER I. → DIRIGER **II.** → RECOMMANDER **III.** → INSPIRER

CONSEILLER, ÈRE n.m. ou f. **I.** conducteur, conseil, conseilleur, consulteur (vx), directeur, égérie (fém.), éveilleur, guide, inspirateur, instigateur, mentor, orienteur

II. CONSEILLER MUNICIPAL (vx) : capitoul, consul, échevin, jurat

CONSEILLEUR, EUSE n.m. ou f. → AC-CORDEUR

CONSENSUEL, LE contractuel, d'un commun accord, par consensus/ consentement mutuel

◆ CONTR. **I.** → ABSOLU **II.** → INJUSTIFIÉ

CONSENTANT, E abandonné, conquis, convaincu, donné, réduit, soumis, vaincu *et les part. présents ou passés possibles des syn. de* consentir

◆ CONTR. → RÉCALCITRANT

CONSENSUS et **CONSENTEMENT** n.m. acceptation, accord, acquiescement, adhésion, agrément, approbation, assentiment, autorisation, commun accord, complaisance, permission, unanimité

◆ CONTR. → OPPOSITION

CONSENTIR I. s'abandonner, accéder, accepter, accorder, acquiescer, adhérer, admettre, adopter, applaudir, approuver, assentir (vx), autoriser, avoir pour agréable, capituler, céder, condescendre, donner les mains (vx), dire amen, se laisser faire, opiner, permettre, se prêter, se soumettre, souscrire, tomber d'accord, toper, vouloir bien **II.** accorder, octroyer

◆ CONTR. **I.** → INTERDIRE **II.** → CAPITULER

CONSÉQUEMMENT en → CONSÉQUENCE

CONSÉQUENCE n.f. **I.** accompagnement, conclusion, contrecoup, corollaire, effet, fruit, implication, réaction, rejaillissement, résultat, retentissement, ricochet, séquelle, suite **II.** → IMPORTANCE **III. 1. DE CONSÉ-QUENCE** → IMPORTANT **2. EN CONSÉQUENCE** : conséquemment, donc, par conséquent/ suite **3. EN CONSÉQUENCE DE** : en vertu de

◆ CONTR. **I.** → CAUSE **II.** → PRINCIPE

CONSÉQUENT, E I. → LOGIQUE **II. PAR CONSÉQUENT** : ainsi, dès lors, donc, ergo, partant

CONSERVATEUR, TRICE I. → GARDIEN **II.** → RÉACTIONNAIRE **III.** → TRADITIONALISTE

CONSERVATION n.f. **I.** conserve, entretien, garde, maintenance, maintien, préservation, protection, sauvegarde **II.** → CONGÉLA-TION **III.** → STÉRILISATION

◆ CONTR. **I.** → DESTRUCTION **II.** → DILAPIDATION

CONSERVATISME n.m. conformisme, contre-réforme, contre-révolution, conventionnalisme, droite, immobilisme, intégrisme, misonéisme, poujadisme, réaction

◆ CONTR. : idées nouvelles, progressisme

CONSERVATOIRE n.m. **I.** → ÉCOLE **II.** → MUSÉE

CONSERVE n.f. **I.** boucan, confit, corned-beef, pemmican, singe (fam.) **II. DE CONSERVE** → ENSEMBLE

CONSERVER I. détenir, entretenir, épargner, garantir, garder, maintenir, ménager, préserver, protéger, réserver, sauvegarder, sauver, soigner, stocker, tenir en état **II.** → CONGELER **III.** → STÉRILISER

◆ CONTR. **I.** → DÉTRUIRE **II.** → DÉPENSER

CONSIDÉRABLE → GRAND

CONSIDÉRABLEMENT → BEAUCOUP

CONSIDÉRANT n.m. → MOTIF

CONSIDÉRATION n.f. **I.** attention, étude, examen, observation, réflexion, remarque **II.** circonspection, tact **III.** autorité, crédit, déférence, égard, estime, faveur, grâce, honneur, renommée, révérence, vénération **IV.** → RESPECT **V. EN CONSIDÉRATION DE** : à cause de, au nom de, en faveur de, en vue de, eu égard à, par égard pour, pour

◆ CONTR. → DÉDAIN

CONSIDÉRER I. admirer, contempler, observer, regarder, toiser (péj.), tourner les yeux sur **II.** apprécier, approfondir, balancer, envisager, estimer, étudier, examiner, juger, observer, peser, voir **III.** s'attacher, avoir égard, prendre garde, se préoccuper, songer, se souvenir, tenir compte **IV.** prendre pour, regarder comme, réputer, tenir pour, traiter de **V.** révérer, vénérer

◆ CONTR. **I.** → DÉDAIGNER **II.** dénigrer

CONSIGNATAIRE n.m. ou f. agent, commissionnaire, correspondant, dépositaire, gardien, transitaire → INTERMÉDIAIRE

CONSIGNATION n.f. → DÉPÔT

CONSIGNE n.f. **I.** → INSTRUCTION **II.** → PUNITION

CONSIGNER I. → NOTER **II.** → CITER **III.** → DÉFENDRE **IV.** → ENFERMER

CONSISTANCE n.f. → SOLIDITÉ

CONSISTANT, E → SOLIDE

CONSISTER avoir pour nature, comporter, se composer de, comprendre, être constitué/ formé de, gésir (vx), reposer sur, résider dans

CONSISTOIRE n.m. assemblée, conciliabule, concile, réunion, symposium, synode

CONSŒUR n.f. → COLLÈGUE

CONSOLANT, E et **CONSOLATEUR, TRICE** nom et adj. apaisant, calmant, consolateur, consolatif, consolatoire, lénitif, réconfortant

◆ CONTR. → AFFLIGEANT

CONSOLATION n.f. **I.** adoucissement, allégement, apaisement, baume, bercement, réconfort, soulagement, soulas (vx) **II. 1.** appui, consolateur, soutien **2.** dédommagement, joie, plaisir, satisfaction, sujet de satisfaction

◈ CONTR. **I.** → AFFLICTION **II.** → SOUCI

CONSOLE n.f. → APPUI

CONSOLER I. au pr. : apaiser, calmer, cicatriser, dérider, diminuer la peine, distraire, égayer, essuyer les larmes, guérir, rambiner (arg.), rasséréner, rassurer, réconforter, relever/ remonter le moral, sécher les larmes, verser du baume sur le cœur/ les plaies – **vx** : conforter, dépiquer, désattrister **II. fig.** : adoucir, alléger, assoupir, atténuer, bercer, compenser, diminuer, endormir, flatter, soulager, tromper

◈ CONTR. → AFFLIGER

CONSOLIDATION n.f. **I.** → RENFORCEMENT **II.** → AFFERMISSEMENT

CONSOLIDER I. → AFFERMIR **II.** → PRÉPARER **III.** → SOUTENIR

CONSOMMABLE I. → MANGEABLE **II.** → DESTRUCTIBLE

CONSOMMATEUR, TRICE n.m. ou f. → ACHETEUR

CONSOMMATION n.f. **I.** achèvement, couronnement, fin, terminaison **II.** boisson, commande, rafraîchissement **III.** consumérisme

◈ CONTR. **I.** → COMMENCEMENT **II.** → PRODUCTION

CONSOMMÉ n.m. → BOUILLON

CONSOMMÉ, E adj. → PARFAIT

CONSOMMER I. → RÉALISER **II.** → FINIR **III.** absorber, boire, manger, se nourrir, user de, vivre de **IV.** brûler, consumer, employer

◈ CONTR. **I.** → PRODUIRE **II.** → VOMIR

CONSOMPTIBLE biodégradable

◈ CONTR. : indestructible

CONSOMPTION n.f. **I.** → LANGUEUR **II.** → MAIGREUR **III.** → CACHEXIE

CONSONANCE n.f. assonance, concordance, contrassonance, écho, harmonie, rime

CONSORT n.m. **I.** → ASSOCIÉ **II.** → COMPLICE

CONSORTIUM n.m. → TRUST

CONSPIRATEUR, TRICE n.m. ou f. comploteur, conjuré, factieux, instigateur, intrigant, meneur, partisan, séditieux – **vx** : brigueur, cabaleur, cabaliste, coalisé, conjurateur, ligueur

◈ CONTR. : gouvernemental

CONSPIRATION n.f. → COMPLOT

CONSPIRER I. → COMPLOTER **II.** → PARTICIPER

CONSPUER → VILIPENDER

CONSTABLE n.m. → POLICIER

CONSTAMMENT assidûment, continuellement, continûment, éternellement, en permanence, fermement, fréquemment, incessamment, invariablement, perpétuellement, régulièrement, sans arrêt/ cesse/ désemparer/ fin/ interruption/ relâche/ répit/ trêve, toujours

◈ CONTR. : jamais, quelquefois, rarement

CONSTANCE n.f. **I. 1.** courage, énergie, entêtement, fermeté, force, patience, résignation, résolution, stoïcisme, volonté **2.** assiduité, fidélité, indéfectibilité, obstination, opiniâtreté, persévérance, régularité **II.** continuité, durabilité, fixité, immutabilité, invariabilité, permanence, persistance, régularité, stabilité

◈ CONTR. → INSTABILITÉ

CONSTANT, E I. quelqu'un. 1. courageux, énergique, ferme, fort, inaltérable, inébranlable, inflexible, résigné, résolu **2.** assidu, égal, fidèle, même, obstiné, opiniâtre, patient, persévérant, régulier **II. une chose. 1.** continuel, durable, fixe, immuable, invariable, pareil, permanent, persistant, régulier, soutenu, stable, un, unique **2.** assuré, authentique, certain, établi, évident, formel, incontestable, indubitable, patent, positif, sûr **3.** *termes techniques avec le préfixe* -iso, par ex. : isochrone

◈ CONTR. → CHANGEANT

CONSTAT n.m. acte, procès-verbal, rapport

◈ CONTR. → CARENCE

CONSTATATION n.f. → OBSERVATION

CONSTATER → VÉRIFIER

CONSTELLATION n.f. pléiade → GROUPE

CONSTELLÉ, E agrémenté, brillant, étoilé, orné, parsemé, prestelé (vx), semé

◈ CONTR. → UNI

CONSTELLER → RECOUVRIR

CONSTERNANT, E → ÉTONNANT

CONSTERNATION n.f. → STUPÉFACTION

CONSTERNÉ, E abasourdi, abattu, accablé, atterré, chagriné, catastrophé, confondu, effondré, étourdi, stupéfait, surpris, triste

◈ CONTR. → CONTENT

CONSTERNER I. → CHAGRINER **II.** → ÉPOUVANTER

CONSTIPATION n.f. → OPILATION

CONSTIPÉ, E fig. : anxieux, compassé, contraint, embarrassé, froid, guindé, solennel, triste

◈ CONTR. → RELÂCHÉ

CONSTIPER I. → BOUCHER II. → BLOQUER

CONSTITUANT n.m. **philos. et théol.** : hypostase

CONSTITUANT, E → CONSTITUTIF

CONSTITUÉ, E établi, légal, organisé, régulier
◈ CONTR. → IRRÉGULIER

CONSTITUER I. **au pr.** : assigner, composer, créer, établir, faire, former, instaurer, instituer, mettre à la tête, placer, préposer II. **par ext. 1.** arranger, bâtir, charpenter, construire, disposer, édifier, élaborer, fonder, mettre en œuvre/ sur pied, monter, organiser **2.** asseoir, caractériser, consister dans, représenter
◈ CONTR. I. → DESTITUER II. → DÉFAIRE

CONSTITUTIF, IVE caractéristique, constituant, essentiel, fondamental
◈ CONTR. : étranger, secondaire

CONSTITUTION n.f. I. → COMPOSITION II. → NATURE III. → RÈGLEMENT IV. → RESCRIT V. → LOI

CONSTRICTION n.f. → CONTRACTION

CONSTRUCTEUR, TRICE n.m. ou f. architecte, bâtisseur, créateur, entrepreneur, fondateur, ingénieur, maître d'œuvre, organisateur, promoteur
◈ CONTR. → DESTRUCTEUR

CONSTRUCTIF, IVE → RÉALISTE

CONSTRUCTION n.f. I. → BÂTIMENT II. → COMPOSITION III. → STRUCTURE IV. → ÉRECTION V. → EXPRESSION

CONSTRUIRE → BÂTIR

CONSUBSTANTIALITÉ n.f. coexistence, unicité

CONSUBSTANTIATION n.f. → EUCHARISTIE

CONSUBSTANTIEL, LE coexistant, inséparable
◈ CONTR. → DIFFÉRENT

CONSUL n.m. → ÉDILE

CONSULAIRE diplomatique

CONSULAT n.m. ambassade, chancellerie – **par ext.** : représentation diplomatique

CONSULTABLE → ACCESSIBLE

CONSULTANT, E I. → DÉFENSEUR II. → MALADE

CONSULTATION n.f. I. **méd.** : examen, visite II. enquête, plébiscite, référendum, vote

CONSULTER I. → EXAMINER II. → DEMANDER

CONSUMABLE → INFLAMMABLE

CONSUMER I. → CONSOMMER II. absorber, anéantir, brûler, calciner, corroder, détruire, dévorer, dissiper, embraser, engloutir, épuiser, incendier, manger, oxyder, ronger, user III. → ABATTRE IV. → RUINER
◈ CONTR. I. → CONSERVER II. → ÉCONOMISER

CONTACT n.m. I. **fig.** → TACT II. → RELATION

CONTACTER → RENCONTRER

CONTAGE n.m. → CAUSE

CONTAGIEUX, EUSE I. → PESTILENTIEL II. → COMMUNICATIF

CONTAGION n.f. I. **au pr.** : communication, contamination, infection, transmission II. **fig.** : diffusion, imitation, influence, propagation, virus
◈ CONTR. I. → HYGIÈNE II. → ACCAPAREMENT III. → CONFISCATION

CONTAINER n.m. cadre → CONTENANT – **off.** : conteneur, gaine

CONTAINMENT **nucl. off.** : confinement, enceinte de confinement

CONTAMINATION n.f. I. → CONTAGION II. → ALTÉRATION III. **par ext.** → MÉLANGE

CONTAMINER → SALIR

CONTE n.m. I. → ROMAN II. → HISTOIRE

CONTEMPLATEUR, TRICE n.m. ou f. → PENSEUR

CONTEMPLATIF, IVE cloîtré, mystique, religieux
◈ CONTR. : actif, confesseur (de la foi), mendiant, missionnaire, prédicateur, prosélyte

CONTEMPLATION n.f. I. → ATTENTION II. → PENSÉE

CONTEMPLER I. → REGARDER II. → PENSER

CONTEMPORAIN, E → PRÉSENT

CONTEMPORANÉITÉ n.f. → SIMULTANÉITÉ

CONTEMPTEUR, TRICE I. → MÉPRISANT II. → MÉDISANT

CONTENANCE n.f. I. capacité, contenu, cubage, cubature, étendue, jauge, mesure, quantité, superficie, surface, tonnage, volume II. affectation, air, allure, aplomb, assurance, attitude, dégaine (fam.), figure, maintien, mine, port, posture, prestance

CONTENANT n.m. boîte, bouteillon, cadre, cageot, caisse, cantine, caque, container, conteneur, emballage, enveloppe, malle, panier, plat, réceptacle, récipient, sac, touque, vaisseau (vx), vaisselle, valise, vase → USTENSILE
◈ CONTR. → CONTENU

CONTENEUR n.m. → CONTAINER

CONTENEURISER charger, emballer, stocker

CONTENIR I. **capacité** : avoir, comporter, comprendre, compter, embrasser, enfer-

mer, s'étendre, être composé de, impliquer, inclure, mesurer, posséder, receler, recevoir, renfermer, tenir **II.** arrêter, assujettir, borner, contrôler, dominer, dompter, emprisonner, endiguer, enfermer, enserrer, limiter, maintenir, maîtriser, refouler, refréner, réprimer, retenir, tenir **III. v. pron.**: se contraindre, se contrôler, se dominer, être maître de soi, se faire violence, se maîtriser, se modérer, se posséder, se retenir *et les formes pron. possibles des syn. de* contenir
◆ CONTR. **I.** exclure → ÉLIMINER **II.** → CÉDER **III.** → EMPORTER (S')

CONTENT, E I. aise, béat, enchanté, gai, heureux, jouasse (fam.), joyeux, jubilant, radieux, ravi, réjoui, satisfait, triomphant **II. content de soi**: fat, orgueilleux, présomptueux, suffisant, vaniteux
◆ CONTR. → MÉCONTENT

CONTENTEMENT n.m. → PLAISIR

CONTENTER I. → SATISFAIRE **II. v. pron.**: s'accommoder, s'arranger, avoir assez, se borner, faire avec, se payer de
◆ CONTR. **I.** → MÉCONTENTER **II.** être → INSATIABLE

CONTENTIEUX, EUSE contesté, litigieux

CONTENTION n.f. **I.** → EFFORT **II.** → ATTENTION **III. vx** → DISCUSSION

CONTENT METER n.m. **nucl. off.**: teneur mètre

CONTENU n.m. → CONTENANCE

CONTENU, E → RETENU

CONTER décrire, dire, exposer, faire un récit, narrer, raconter, rapporter, relater, retracer
◆ CONTR. → TAIRE

CONTESTABLE → INCERTAIN

CONTESTANT, E → MÉCONTENT

CONTESTATAIRE nom et adj. → MÉCONTENT

CONTESTATION n.f. **I.** altercation, chicane, conflit, contradiction, controverse, débat, démêlé, dénégation, désaveu, différend, difficulté, discussion, dispute, dissensus, incident, instance, litige, mise en cause, objection, opposition, pointille, procédure, procès, protestation, querelle **II.** déviationnisme, réformisme, révisionnisme, situationnisme
◆ CONTR. **I.** → ACCORD **II.** → CONSERVATISME

CONTESTE n.f. **I. vx** → CONTESTATION **II. SANS CONTESTE** → ÉVIDEMMENT

CONTESTER I. arguer, contredire, controverser, débattre, dénier, discuter, disputer, douter, étriver (vx), nier, s'opposer, plaider,

quereller, réclamer, récuser, refuser, résister, révoquer en doute **II.** attaquer, batailler, chicaner, chicoter, chipoter, méconnaître, mettre en cause/ en doute/ en question, pointiller, protester, revendiquer
◆ CONTR. **I.** → ACCEPTER **II.** → CONSENTIR

CONTEUR, EUSE n.m. ou f. diseur, griot, narrateur

CONTEXTE n.m. → TEXTE

CONTEXTURE n.f. **I. au pr.** → TISSU **II. fig.** → COMPOSITION

CONTIGU, UË → PROCHAIN

CONTIGUÏTÉ n.f. → PROXIMITÉ

CONTINENCE n.f. abstinence, ascétisme, chasteté, modération, mortification, privation, pudeur, pudicité, pureté, sagesse, sobriété, tempérance, vertu
◆ CONTR. → DÉBAUCHE

CONTINENT, E abstinent, ascétique, chaste, décent, innocent, modéré, pudique, pur, sage, sobre, tempérant, vertueux, vierge
◆ CONTR. → DÉBAUCHÉ

CONTINENTAL, E → TERRESTRE

CONTINGENCE n.f. **I.** accident, apparence, attribut, forme **II.** → CAS
◆ CONTR. → NÉCESSITÉ

CONTINGENT n.m. **I.** → PART **II.** → QUANTITÉ

CONTINGENT adj. accidentel, casuel, circonstanciel, conditionnel, événementiel, éventuel, facultatif, fortuit, incertain, occasionnel, possible, relatif
◆ CONTR. → NÉCESSAIRE

CONTINGENTEMENT n.m. → RÉPARTITION

CONTINU, E nom et adj. assidu, constant, continuel, d'affilée, durable, éternel, immuable, incessant, indéfectible, infini, ininterrompu, interminable, invariable, nonstop, opiniâtre, permanent, perpétuel, persistant, prolongé, réglé, régulier, sans arrêt/ cesse/ désemparer/ fin/ interruption/ répit/ trêve, sempiternel, soutenu, successif, suivi
◆ CONTR. → INTERMITTENT

CONTINUATEUR, TRICE n.m. ou f. **I.** → SUCCESSEUR **II.** → DISCIPLE

CONTINUATION n.f. continuité, maintien, perpétuation, persévérance, persistance, poursuite, prolongation, prolongement, prorogation, reprise, succession, suite
◆ CONTR. → INTERRUPTION

CONTINUEL, LE I. → CONTINU **II.** → ÉTERNEL

CONTINUELLEMENT I. → TOUJOURS **II.** → CONTINÛMENT

CONTINUER I. **v. tr.** : achever, allonger, augmenter, conserver, donner suite, durer, étendre, éterniser, laisser, maintenir, perpétuer, persévérer, persister, poursuivre, pousser jusqu'au bout, prolonger, reconduire, reprendre II. **v. intr. 1. quelqu'un :** s'acharner, s'aheurter (vx), s'entêter, s'obstiner, s'opiniâtrer, ne pas cesser/ laisser de **2. une route :** aller, s'étendre, se poursuivre, se prolonger **3. une chose :** durer, se succéder, tenir
◊ CONTR. → INTERROMPRE

CONTINUITÉ n.f. → CONTINUATION

C O N T I N Û M E N T a s s i d û m e n t, constamment, continuellement, d'affilée, durablement, en permanence, éternellement, fermement, immuablement, indéfectiblement, infiniment, interminablement, invariablement, perpétuellement, régulièrement, sans arrêt/ cesse/ désemparer/ fin/ interruption/ relâche/ répit/ trêve, sempiternellement, toujours

CONTINUO n.m. basse continue

CONTINUUM n.m. → TOTALITÉ

CONTONDANT, E arrondi

CONTORSION n.f. **I.** → TORSION **II.** → GRIMACE **III.** → ACROBATIE

CONTORSIONNER (SE) I. → GRIMACER **II.** → POSER

CONTORSIONNISTE n.m. ou f. → ACROBATE

CONTOUR n.m. **I.** → TOUR **II.** → LIGNE

CONTOURNÉ, E I. → DÉVIÉ **II.** → EMBARRASSÉ

CONTOURNER → TOURNER

CONTRACEPTIF nom et adj. → PRÉSERVATIF

CONTRACEPTION n.f. **I.** interruption volontaire de grossesse (I.V.G.) → AVORTEMENT **II. par ext. :** contrôle des naissances, méthode des températures/ Ogino, orthogénie, planning familial → PRÉSERVATIF

CONTRACTANT, E → ASSOCIÉ

CONTRACTÉ, E → INQUIET

CONTRACTER I. au pr. → RESSERRER **II. par ext. 1. une maladie :** attraper, gagner, prendre – **fam :** choper, piger, pincer, piquer, ramasser **2.** → ACQUÉRIR **3.** → ENDETTER (S')

CONTRACTILE → SOUPLE

CONTRACTILITÉ n.f. → SOUPLESSE

CONTRACTION n.f. **I.** angoisse, constriction, contracture, convulsion, crampe, crispation, épreinte, impatiences, resserrement, rétraction, spasme, tétanie, tétanisation **II.** → RÉTRÉCISSEMENT **III. ling. :** acronyme, assimilation, coalescence, crase
◊ CONTR. **I.** → DILATATION **II.** → REPOS

CONTRACTUEL, LE nom et adj. **I.** → AUXILIAIRE **II.** → CONSENSUEL **III. 1.** → AGENT **2. péj.** aubergine, pervenche → POLICIER

CONTRACTURE n.f. → CONTRACTION

CONTRACTURER I. tétaniser **II.** → RESSERRER **III.** → RÉTRÉCIR

CONTRADICTEUR n.m. adversaire, antagoniste, contestataire, contredisant, débatteur, interlocuteur, interpellateur, interrupteur, intervenant, objecteur, opposant
◊ CONTR. → APPROBATEUR

CONTRADICTION n.f. **I.** absurdité, antilogie, antinomie, aporie, barrière, contradictoires (log. et ling.), contraste, contre-exemple, empêchement, impossibilité, incompatibilité, inconséquence, obstacle **II.** chicane, conflit, contestation, démenti, dénégation, désaccord, discord (vx), dispute, négation, objection, opposition, réfutation
◊ CONTR. **I.** → LOGIQUE **II.** → UNION

CONTRADICTOIRE vx ou relig. : I. dirimant, nécessitant **II.** → OPPOSÉ

CONTRADICTOIRES n.m. pl. → CONTRADICTION

CONTRAIGNANT, E → PÉNIBLE

CONTRAINDRE → OBLIGER

CONTRAINT, E I. → OBLIGÉ **II.** → EMBARRASSÉ **III.** → ARTIFICIEL

CONTRAINTE n.f. **I. au pr. :** autorité, coaction, coercition, compression, empêchement, entrave, force, gêne, obstacle, pression, violence **II. par ext. 1.** discipline, exigence, loi, nécessité, obligation, règle, réglementation **2.** affectation, confusion, gêne, pudeur, respect humain, retenue **3.** asservissement, assujettissement, captivité, chaîne, dépendance, esclavage, joug, musellement, oppression, servitude, sujétion, tutelle **4.** astreinte, commandement, mise en demeure, poursuite
◊ CONTR. **I.** → AFFRANCHISSEMENT **II.** → LIBERTÉ **III.** → AISANCE

CONTRAIRE I. nom masc : antithèse, antonyme, contraste, contre-pied, inverse, négation, opposé, opposition **II. adj. 1. :** antinomique, antithétique, contradictoire, différent, dirimant (jurid.), incompatible, inverse, opposé, paradoxal **2. péj. :** adverse, antagoniste, attentatoire, défavorable, ennemi, hostile, néfaste, nuisible, préjudiciable **III. AU CONTRAIRE :** a contrario, à l'encontre, à l'opposé, au rebours, contrairement, en revanche, loin de là, par contre, tant s'en faut, tout autrement

◈ **CONTR. I.** → SEMBLABLE **II.** → FAVORABLE **III.** → PROPICE

CONTRAIREMENT → OPPOSÉ (À L')

CONTRALTO n.m. ou f. → VOIX

CONTRAPONTISTE ou **CONTRAPUNTISTE** n.m. ou f. → MUSICIEN

CONTRARIANT, E → ENNUYEUX

CONTRARIÉ, E → FÂCHÉ

CONTRARIER I. au pr. : agir/ aller contre, barrer, combattre, contrecarrer, contredire, contrer, déranger, empêcher, entraver, être contraire/ en opposition/ en travers, faire empêchement/ entrave/ obstacle, freiner, gêner, mettre des bâtons dans les roues (fam.), nuire, s'oppposer à, repousser **II. fig.** : brimer, forcer, violer, violenter **III. péj.** : agacer, blesser, braquer, casser les pieds, causer du dépit/ du mécontentement, chagriner, chicaner, chiffonner, choquer, dépiter, déranger, désespérer, désoler, embêter, ennuyer, fâcher, faire crever de dépit/ endêver, faire faire une crise/ une maladie/ du mauvais sang, heurter, inquiéter, irriter, mécontenter, offusquer, rembrunir, tarabuster, tracasser, traverser (vx), troubler, vexer
◈ **CONTR. I.** → FAVORISER **II.** → RÉJOUIR

CONTRARIÉTÉ n.f. → ENNUI

CONTRASTANT, E → DIFFÉRENT

CONTRASTE n.m. **I.** → OPPOSITION **II.** → CHANGEMENT

CONTRASTÉ, E → VARIÉ

CONTRASTER détonner, discorder, dissoner, hurler, jurer, s'opposer, ressortir, trancher
◈ **CONTR.** → ACCORDER

CONTRAT n.m. → CONVENTION

CONTRAVENTION n.f. **I.** entorse, infraction, violation **II.** amende, peine, pénalisation, pénalité, procès-verbal – **fam.** : biscuit, cheville, contredanse

CONTRE I. auprès de, en face de, près de, sur **II.** à l'encontre de, à l'opposé de, malgré, nonobstant (vx) **III. par contre** : au contraire, en compensation, en revanche, mais
◈ **CONTR. I.** → LOIN **II.** → POUR **III.** → CONFORMÉMENT

CONTRE-ALIZÉ n.m. → VENT

CONTRE-ALLÉE n.f. → ALLÉE

CONTRE-AMIRAL n.m. → CHEF

CONTRE-APPEL n.m. → VÉRIFICATION

CONTRE-ASSURANCE n.f. → GARANTIE

CONTRE-ATTAQUE n.f. → RIPOSTE

CONTRE-ATTAQUER → RÉPONDRE

CONTRE-AVIS n.m. annulation, avis/ indication/ ordre/ prescription contraire, contremandement, contre-passation, contrordre, décommandement
◈ **CONTR.** → CONFIRMATION

CONTREBALANCER I. → ÉQUILIBRER **II.** → ÉGALER

CONTREBANDE n.f. fraude, interlope (vx)

CONTREBANDIER, IÈRE n.m. ou f. bootlegger, fraudeur, passeur

CONTREBAS (EN) → DESSOUS

CONTREBASSE n.f. → CORDE(S)

CONTREBASSISTE n.m. ou f. → MUSICIEN

CONTREBASSON n.m. → BOIS

CONTREBOUTANT n.m. → APPUI

CONTREBOUTER → APPUYER

CONTRECARRER → CONTRARIER

CONTRECHAMP n.m. → OPPOSÉ

CONTRE-CHANT n.m. **par ext.** : canon, contre-fugue, contrepoint, fugue, polyphonie

CONTRECLEF n.f. **I.** claveau, vousseau ou voussoir → PIERRE **II.** → APPUI

CONTRECŒUR n.m. contre-feu, plaque de cheminée

CONTRECŒUR (À) à regret/ son corps défendant, avec → RÉPUGNANCE, contre sa → VOLONTÉ, malgré soi
◈ **CONTR.** → VOLONTIERS

CONTRECOUP n.m. **I. au pr.** : choc en retour, rebondissement, répercussion, ricochet **II. fig.** : conséquence, éclaboussure, effet, réaction, réponse, résultat, retentissement, suite
◈ **CONTR.** → CAUSE

CONTRE-COURANT n.m. → OPPOSÉ

CONTRE-CULTURE n.f. → ABÊTISSEMENT

CONTREDANSE n.f. **I.** → DANSE **II.** → CONTRAVENTION

CONTRE-DIGUE n.f. → APPUI

CONTREDIRE I. au pr. : aller à l'encontre, contester, dédire, démentir, désavouer, infirmer, s'inscrire en faux, opposer, réfuter, répondre **II. par ext.** → CONTRARIER **III. v. pron.** : se couper (fam.) *et les formes pron. possibles des syn. de* contredire
◈ **CONTR.** → APPROUVER

CONTREDISANT, E → CONTRADICTEUR

CONTREDIT n.m. **I.** réfutation **II.** contradiction, contradictoire, objection **III. SANS CONTREDIT** : à l'évidence, assurément, certainement, de toute évidence, évidemment, sans aucun doute, sans contestation/ conteste

◇ CONTR. **I.** → APPROBATION **II.** → PEUT-ÊTRE

CONTRÉE n.f. → PAYS

CONTRE-ENQUÊTE n.f. → VÉRIFICATION

CONTRE-ÉPREUVE n.f. → VÉRIFICATION

CONTRE-ESSAI n.m. → VÉRIFICATION

CONTRE-EXEMPLE n.m. **I.** → EXCEPTION **II.** → OPPOSÉ

CONTRE-EXPERTISE n.f. → VÉRIFICATION

CONTREFAÇON n.f. **I.** contrefaction, faux, fraude **II.** caricature, contre-épreuve, copie, démarquage, falsification, imitation, parodie, pastiche, plagiat, vol

◇ CONTR. → MODÈLE

CONTREFAIRE I. → FAIRE **II.** → IMITER **III.** feindre → AFFECTER

CONTREFAIT, E I. → DIFFORME **II.** → FAUX

CONTRE-FER n.m. → RENFORCEMENT

CONTRE-FEU n.m. → CONTRECŒUR

CONTRE-FICHE n.f. **I.** → RENFORCEMENT **II.** → APPUI

CONTREFICHER (SE) → MÉPRISER

CONTRE-FIL n.m. → OPPOSÉ

CONTREFORT n.m. **I.** → COLONNE **II.** → APPUI

CONTREFOUTRE (SE) → MÉPRISER

CONTRE-FUGUE n.f. → CONTRE-CHANT

CONTRE-HAUT (EN) (au-) dessus

CONTRE-INDICATION n.f. → DÉFENSE

CONTRE-INDIQUER → DISSUADER

CONTRE-JOUR n.m. **I.** → OBSCURITÉ **II.** → OPPOSÉ

CONTRE-LETTRE n.f. → ABROGATION

CONTREMAÎTRE n.m. chef d'atelier/ de brigade/ d'équipe, porion, prote

◇ CONTR. → TRAVAILLEUR

CONTREMANDER annuler, décommander, déprier (vx), rapporter, revenir, révoquer

◇ CONTR. → CONFIRMER

CONTRE-MANIFESTANT, E n.m. ou f. → ADVERSAIRE

CONTRE-MANIFESTATION n.f. → OPPOSITION

CONTRE-MANIFESTER → OPPOSER (s')

CONTREMARCHE n.f. → OPPOSÉ

CONTREMARQUE n.f. → BILLET

CONTRE-MUR n.m. → APPUI

CONTRE-OFFENSIVE n.f. → RIPOSTE

CONTREPARTIE n.f. **I.** → OPPOSÉ **II.** → OBJECTION **III.** → COMPENSATION

CONTRE-PENTE n.f. → OPPOSÉ

CONTRE-PERFORMANCE n.f. **I.** → INSUCCÈS **II.** → OPPOSÉ

CONTREPÈTERIE ou **CONTREPETTERIE** n.f. par ext. → LAPSUS

CONTRE-PIED n.m. **I.** → OPPOSÉ **II.** À CONTRE-PIED : à contre-poil/ contresens/ l'encontre, l'envers/ l'opposé *et les syn. de* opposé, à rebours/ rebrousse-poil, de travers

◇ CONTR. : en → ACCORD

CONTRE-PLONGÉE n.f. → OPPOSÉ

CONTREPOIDS n.m. **I.** balancier, équilibre **II.** → COMPENSATION

CONTRE-POIL (À) → CONTRE-PIED

CONTREPOINT n.m. → HARMONIE

CONTREPOISON n.m. alexipharmaque, antidote, mithridate, mithridatisation, remède, thériaque

◇ CONTR. → POISON

CONTRE-PROJET n.m. → OPPOSÉ

CONTRE-PROPAGANDE n.f. → OPPOSÉ

CONTRE-PROPOSITION n.f. **I.** → RÉPONSE **II.** → OPPOSÉ

CONTRE-PUBLICITÉ n.f. → OPPOSÉ

CONTRER → CONTRARIER

CONTRE-RÉFORME n.f. **I.** → CONSERVATISME **II.** → OPPOSITION

CONTRE-REJET n.m. enjambement, rejet

CONTRE-RÉVOLUTION n.f. **I.** → CONSERVATISME **II.** → OPPOSITION

CONTRE-RÉVOLUTIONNAIRE nom et adj. → RÉACTIONNAIRE

CONTRESCARPE n.f. glacis

CONTRESEING n.m. → SIGNATURE

CONTRESENS n.m. **I.** erreur, faux-sens, non-sens, paradoxe **II.** À CONTRESENS → CONTRE-PIED

◇ CONTR. → EXACTITUDE

CONTRETEMPS n.m. **I.** → OBSTACLE **II.** À CONTRETEMPS : au mauvais moment, comme un chien dans un jeu de quilles (fam.), hors de saison, inopportunément, mal à propos

◇ CONTR. → FACILITÉ

CONTRE-TIRER I. calquer → IMITER **II.** → VÉRIFIER

CONTRE-TORPILLEUR n.m. → BATEAU

CONTRE-TRANSFERT n.m. → OPPOSÉ

CONTRE-VALEUR n.f. → COMPENSATION

CONTREVALLATION n.f. **I.** → FOSSE **II.** → RETRANCHEMENT

CONTREVENANT, E nom et adj. → COUPABLE

CONTREVENIR → DÉSOBÉIR

CONTREVENT n.m. → VOLET

CONTREVÉRITÉ n.f. **I.** → ANTIPHRASE **II.** → MENSONGE

CONTRE-VISITE n.f. → VÉRIFICATION

CONTRE-VOIE (À) → OPPOSÉ

CONTRIBUABLE n.m. ou f. **I.** assujetti, cochon de payant (fam.), imposable, prestataire, redevable **II. vx** : censitaire, corvéable, taillable
◇ CONTR. : exempté, exonéré, non-imposé, privilégié

CONTRIBUER → PARTICIPER

CONTRIBUTION n.f. **I.** → QUOTA **II.** → IMPÔT

CONTRISTER → CHAGRINER

CONTRIT, E → HONTEUX

CONTRITION n.f. → REGRET

CONTROL n.m. nucl. et spat. off. : commande/ conduite/ contrôle d'un réacteur, régulation

CONTROL CENTER n.m. spat. off. : centre de direction

CONTROL DESK n.m. inform. off. : tableau de commande

CONTROL ROD n.m. nucl. off. : barre de commande

CONTROL TRACK n.m. audiov. off. : piste d'asservissement

CONTRÔLABLE analysable, comparable, dénombrable, éprouvable, vérifiable
◇ CONTR. → INCONTRÔLABLE

CONTROLATÉRAL, ALE, AUX → OPPOSÉ

CONTRÔLE n.m. → VÉRIFICATION

CONTRÔLER **I.** → VÉRIFIER **II.** → DIRIGER **III.** → CENSURER

CONTRÔLEUR, EUSE n.m. ou f. → INSPECTEUR

CONTRORDRE n.m. annulation, avis/ indication/ ordre/ prescription contraire, contre-avis, contremandement, contre-passation, décommandement
◇ CONTR. → CONFIRMATION

CONTROUVÉ, E → FAUX

CONTROUVER → INVENTER

CONTROVERSABLE et **CONTROVERSÉ, E** → INCERTAIN

CONTROVERSE n.f. → POLÉMIQUE

CONTROVERSER → DISCUTER

CONTUMACE n.f. et adj. → DÉFAUT

CONTUS, E blessé, bosselé, contusionné, entamé, éraflé, lésé, mâché, mâchuré, meurtri
◇ CONTR. : cicatrisé, guéri, indemne

CONTUSION n.f. bleu, bosse, coquard (fam.), cotissure (botan.), coup, ecchymose, hématome, lésion, mâchure, meurtrissure, talure → BLESSURE

CONTUSIONNER → MEURTRIR

CONURBATION n.f. → AGGLOMÉRATION

CONVAINCANT, E → PERSUASIF

CONVAINCRE **I.** amener, démontrer, dissuader, entraîner, expliquer, persuader, prouver, toucher **II. péj.** : accabler, confondre
◇ CONTR. : laisser → INCRÉDULE

CONVAINCU, E **I.** → CERTAIN **II.** → DISERT **III.** → PROBANT

CONVALESCENCE n.f. → RÉTABLISSEMENT

CONVALESCENT, E → FAIBLE

CONVECTION n.f. → MONTÉE

CONVENABLE **I. au pr.** : adapté, ad hoc, approprié, à propos, assorti, commode (vx), compatible, condigne (théol.), conforme, congru, congruent, convenant, de saison, expédient, fait exprès, idoine, opportun, pertinent, présentable, propice, proportionné, propre, raisonnable, satisfaisant, seyant, sortable, topique, utile → APTE **II.** → POSSIBLE **III. par ext.** : beau, bien, bienséant, bon, comme il faut, correct, décent, digne, fair-play, fréquentable, honnête, honorable, juste, noble, poli, régulier (arg.), séant, sport
◇ CONTR. → INCONVENANT

CONVENABLEMENT **I.** à propos, conformément, congrûment, opportunément, pertinemment, proprement, raisonnablement, utilement **II.** bien, bonnement, comme il faut, correctement, décemment, dignement, honnêtement, honorablement, justement, noblement, poliment, régulièrement, sportivement **III.** avec → CONVENANCE
◇ CONTR. **I.** → GROSSIÈREMENT **II.** → IMPARFAITEMENT

CONVENANCE n.f. **I.** accord, adaptation, adéquation, affinité, analogie, appropriation, assortiment, compatibilité, concordance, conformité, congruence, congruité, correspondance, harmonie, idonéité, justesse, pertinence, proportion, propriété, rapport **II. par ext.** **1.** commodité, goût, gré, utilité **2.** apparence, bienséance, bon ton, correction, décence, élégance, façons, forme, honnêteté, politesse, savoir-vivre, tact **3.** code, décorum, étiquette, mondanités, protocole, règles, usage

◆ CONTR. I. → DISCONVENANCE II. → INCONGRUITÉ

CONVENIR I. s'accorder, acquiescer, admettre, s'apparenter, avouer, concéder, confesser, constater, déclarer, dire, reconnaître, tomber d'accord II. → DÉCIDER III. → CORRESPONDRE IV. → PLAIRE V. → APPARTENIR VI. → FALLOIR VII. v. pron. → PLAIRE (SE)

◆ CONTR. I. → NIER II. → OPPOSER (S')

CONVENT n.m. → RÉUNION

CONVENTION n.f. I. au pr. : accommodement, accord, alliance, arrangement, capitulation, cartel, collaboration, compromis, concordat, connivence, contrat, covenant, conventionnement, engagement, entente, forfait, marché, pacte, promesse, protocole, traité, transaction, union II. par ext. 1. acte, article, clause, condition, connaissement (mar.), disposition, recès, règle, résolution, stipulation 2. artefact, axiome, hypothèse, postulat, principe, supposition 3. deus ex machina, fiction, lieu commun, moyen, procédé 4. → CONVENANCE

◆ CONTR. I. → MÉSINTELLIGENCE II. → OPPOSITION

CONVENTIONNALISME n.m. I. → CONSERVATISME II. → PHILOSOPHIE

CONVENTIONNÉ, E → AFFILIÉ

CONVENTIONNEL, LE nom et adj. I. → ARTIFICIEL II. → TRADITIONNEL

CONVENTIONNEMENT n.m. I. → ACCORD II. → AFFILIATION III. → CONVENTION

CONVENTUALITÉ n.f. cénobitisme, communauté, monachisme, règle

◆ CONTR. I. → SOLITUDE II. → ISOLEMENT

CONVENTUEL, LE → RELIGIEUX

CONVENU, E nom et adj. I. → ARTIFICIEL II. → BANAL III. → DÉCIDÉ

CONVERGENCE n.f. I. → ACCORD II. → AIDE

CONVERGENT, E → HARMONIEUX

CONVERGER → ALLER

CONVERS, E frère/ sœur lai(e)/ servant(e)

CONVERSATION n.f. I. au pr. : aparté, causerie, colloque, concertation, conférence, confidence, débat, devis (vx), dialogue, échange, entretien, interlocution, interview, pourparlers, propos, tête-à-tête II. péj. : babillage, badinage, bavette, causette, commérage, conciliabule, confabulation (vx), jacasserie, palabre, parlote → BAVARDAGE

◆ CONTR. I. → SILENCE II. → TIMIDITÉ III. → SOLILOQUE

CONVERSATIONAL MODE n.m. inform. off. : mode dialogué

CONVERSER → PARLER

CONVERSIBLE → CONVERTIBLE

CONVERSION n.f. I. au pr. : changement, convertissement, métamorphose, modification, mutation, transformation, virement II. par ext. 1. relig. : abjuration, adhésion, apostasie, reniement, renoncement, volte-face 2. ralliement, retournement, révolution, tour, virage, volte

◆ CONTR. I. → CONSTANCE II. → OBSTINATION

CONVERTER n.m. milit. et spat. off. : convertisseur, onduleur

CONVERTI, E nom et adj. → PROSÉLYTE

CONVERTIBLE conversible, convertissable, modifiable, transformable

CONVERTIR I. → TRANSFORMER II. pron. : 1. CHANGER 2. → RENIER

CONVERTISSABLE → CONVERTIBLE

CONVERTISSAGE n.m. → TRANSFORMATION

CONVERTISSEMENT n.m. → CONVERSION

CONVEXE → COURBE

CONVEXION n.f. → MONTÉE

CONVEXITÉ n.f. → COURBURE

CONVICT n.m. → BAGNARD

CONVICTION n.f. → CROYANCE

CONVIER I. au pr. : appeler, convoquer, demander, inviter, mander, prier, semondre (vx), traiter II. fig. : engager, exciter, exhorter, inciter, induire, inviter, solliciter

◆ CONTR. → CONGÉDIER

CONVIVE n.m. ou f. I. fav. : banqueteur, commensal, convié, hôte, invité – au pl. : tablée II. non fav. → PARASITE

CONVOCATION n.f. I. appel, assignation, avertissement, citation, indiction, invitation, semonce (vx), sommation II. incorporation, levée, mobilisation, recrutement

◆ CONTR. → RENVOI

CONVOI n.m. I. caravane, charroi, cordée, file, train II. enterrement, funérailles, obsèques III. convoiement, convoyage

CONVOITER → VOULOIR

CONVOITEUR, EUSE → ENVIEUX

CONVOITISE n.f. I. → DÉSIR II. → CONCUPISCENCE

CONVOLER → MARIER (SE)

CONVOLUTÉ, E enroulé en → VOLUTE

CONVOLVULACÉES n.f. pl. convolvulus, jalap, patate → LISERON

CONVOQUER I. → INVITER II. → MANDER

CONVOYAGE n.m. → CONVOI

CONVOYER → ACCOMPAGNER

CONVOYEUR n.m. transporteur → GUIDE

CONVULSER I. → RESSERRER II. → SECOUER

CONVULSIF, IVE I. → AUTOMATIQUE II. → SACCADÉ

CONVULSION n.f. I. contraction, saccades, secousse, soubresaut, spasme II. **partic. au pl.** : éclampsie, épilepsie – **vx** : haut mal, mal sacré III. **fig. 1.** contorsion, distorsion, grimace **2.** agitation, bouleversement, crise, remous, révolution, trouble

CONVULSIVEMENT de façon → SACCADÉ *et les dérivés possibles en* -ment *des syn. de* saccadé

COOLANT n.m. **nucl. off.** : caloporteur

COOLIE n.m. → PORTEUR

COOPÉRANT, E et **COOPÉRATEUR, TRICE** nom et adj. → ASSOCIÉ

COOPÉRATIF, IVE → ZÉLÉ

COOPÉRATION n.f. accord, aide, appui, association, collaboration, concours, contribution

◈ CONTR. → RIVALITÉ

COOPÉRATIVE n.f. artel, association, centre de distribution, familistère, fruitière (rég.), kolkhoze, mir, mutuelle, phalanstère, sovkhoze

COOPÉRER → PARTICIPER

COOPTATION n.f. → CHOIX

COOPTER → CHOISIR

COORDINATION n.f. planification, synchronisation → AGENCEMENT

◈ CONTR. → HASARD

COORDONNÉ, E → RÉGLÉ

COORDONNÉES n.f. pl. I. abscisse, cote, méridien, ordonnée, parallèle II. → ADRESSE

COORDONNER → COMBINER

COPAHU, COPAL n.m. → RÉSINE

COPAIN, COPINE n.m. ou f. → COMPAGNON

COPEAU n.m. → MORCEAU

COPÉPODE n.m. → CRUSTACÉ

COPERMUTER → CHANGER

COPIAGE n.m. → IMITATION

COPIE n.f. I. **au pr.** : ampliatif, ampliation, calque, compulsoire, double, duplicata, épreuve, exemplaire, expédition, fac-similé, grosse, photocopie, reproduction, tirage, transcription II. **par ext. 1.** → IMITATION **2.** → COMPOSITION

◈ CONTR. → MODÈLE

COPIER I. **au pr. 1. jurid.** : expédier, grossoyer, inscrire, transcrire **2.** calquer, noter,

prendre en note, recopier, relever, reproduire, transcrire II. **par ext.** → IMITER

◈ CONTR. → CRÉER

COPIEUR, EUSE n.m. ou f. I. → IMITATEUR II. → TRICHEUR

COPIEUSEMENT → BEAUCOUP

COPIEUX, EUSE → ABONDANT

COPULATION n.f. → ACCOUPLEMENT

COPULE n.f. **ling.** → RELATION

COPULER → ACCOUPLER (s')

COPYRIGHT n.m. droit(s) réservé(s), exclusivité, monopole, privilège (vx)

◈ CONTR. : domaine public

COPY PLATFORM n. **audiov. off.** : base de campagne

COPY TESTING n. **audiov. off.** : test d'évaluation

COQ n.m. I. → GALLINACÉ II. **mar.** → CUISINIER

COQ-À-L'ÂNE n.m. → LAPSUS

COQUARD ou **COQUART** n.m. → COUP

COQUE n.f. → COQUILLE

COQUECIGRUE n.f. → CHANSON

COQUELET n.m. poulet, poussin → GALLINACÉ

COQUELEUX n.m. → COQUETIER

COQUELICOT n.m. → PAVOT

COQUELUCHE n.f. I. → MALADIE II. **1.** → TOQUADE **2.** → FAVORI

COQUEMAR n.m. → BOUILLOIRE

COQUERELLE n.f. → NOISETTE

COQUERIE n.f. → CUISINE

COQUERON n.m. → RÉSERVOIR

COQUET, TE I. → ÉLÉGANT, JOLI, GALANT II. → IMPORTANT III. → PIMBÊCHE

COQUETER I. → MARIVAUDER II. → POSER

COQUETIER n.m. I. volailler – **rég.** : coquassier, coqueleux II. → COUPE

COQUETIÈRE n.f. → USTENSILE

COQUETTEMENT avec → ÉLÉGANCE, de façon → ÉLÉGANT *et les dérivés possibles en* -ment *des syn. de* élégant

COQUETTERIE n.f. I. → AMOUR II. → MINAUDERIE III. → ÉLÉGANCE

COQUILLAGE n.m. I. conque, rocaille II. fruits de mer → MOLLUSQUE III. **quelques coquillages comestibles 1.** amande de mer, arapède *ou* bernique *ou* patelle, bigorneau, buccin *ou* bulot *ou* escargot de mer *ou* hélix *ou* trompette, clam, clovisse *ou* vénus, cône, coque *ou* sourdon, coquille Saint-Jacques *ou* pecten *ou* peigne, couteau *ou* solen, cyprée *ou* porcelaine, datte de mer, haliotide *ou* ormeau, jambonneau *ou* pinne, lavagnon, mye, olive de mer, palourde *ou* bucarde, pétoncle, praire, triton *ou* trompette, vanneau, verni, vignot, violet **2.**→ HUÎTRE **3.** → MOULE **4.** → ÉCHINODERME

COQUILLARD n.m. → VOLEUR

COQUILLART n.m. → PIERRE

COQUILLE n.f. **I. au pr.**: carapace, conche (vx), conque, coque, coquillage, écaille, enveloppe, test **II. fig.**: erreur, faute, lapsus

COQUILLETTES n.f. pl. → PÂTE(S)

COQUILLIER, ÈRE nom et adj. conchylien

COQUIN, E I. nom. 1. bandit, canaille, escroc, scélérat → VOLEUR **2.** bélître, faquin, fripon, galefretier, gredin, gueux, lâche, maraud, maroufle, mâtin, pendard, va-nu-pieds, vaurien **3.** → AVARE **4.** garnement, polisson **II. adj.**: canaille, égrillard, espiègle, gaillard, gaulois, libertin, libre, malicieux, polisson
◆ CONTR. → HONNÊTE

COQUINEMENT I. avec → MALHONNÊTETÉ **II.** avec → MALICE

COQUINERIE n.f. → MALHONNÊTETÉ

COR n.m. **I.** → CAL **II. vén.**: andouiller, bois, branche, épois, perche, rameau, ramure, trochure **III.** bouquin, corne, cornet, huchet, olifant, shofar, trompe

CORACOÏDE → POINTU

CORAIL n.m. gorgone, millépore, polypier

CORALLINE n.f. → ALGUE

CORBEAU n.m. **I.** corbac (arg.), corbillat, corbin **II. par ext.**: choucas, corneille, crave **III.** → PRÊTRE **IV.** → CALOMNIATEUR

CORBEILLE n.f. **I.** ciste, coffin (vx), faisselle, manne, moïse, sultan, vannerie → PANIER **II.** → PARTERRE **III. théâtre**: balcon, mezzanine

CORBILLARD n.m. fourgon mortuaire – arg.: mannequin/trottinette à macchab(ée)s

CORBILLAT et **CORBIN** n.m. → CORBEAU

CORBILLON n.m. → CORBEILLE

CORBLEU → JURON

CORDAGE n.m. **I. au pr.**: bastin, bitord, brayer, câble, câblot, corde, filin, grelin, guiderope, guinderesse, lusin, manœuvres, merlin, quarantenier, ralingue, sciasse, trélingage, verboquet **II. mar.**: aiguillette, amure, balancine, brague, bosse, bouline, cargue, chable, chableau, commande, cravate, draille, drisse, drosse, écoute, élingue, enflé-

chure, erse, estrope, étai, étrangloir, filière, funin, galhauban, gambe, garcette, gerseau, grelin, guideau, guinderesse, hauban, haussière, laguis, lève-nez, liure, marguerite, martingale, orin, pantoire, passeresse, pataras, ralingue, redresse, remorque, retenue, ride, sabaye, saisine, sauvegarde, sousbarbe, suspente, tire-veille(s), touée, tourteuse, traille, traversière, trelingage, trévire, va-et-vient

CORDE n.f. **I.** bolduc, chapelière, cordeau, cordelette, cordelière, cordon, cordonnet, étendoir, ficelle, hart (vx), lacet, laisse, lasso, lien, longe, simbleau, tendeur → CORDAGE **II. au pl. 1.** alto, basse, contrebasse, harpe, mandoline, violoncelle → VIOLON **2.** → GUITARE **3. vx**: basse de viole, mandore, pochette, rebab, rebec, trompette marine, vielle, viole, viole de gambe **4.** → LUTH **5.** → LYRE **6. par ext.**: cymbalum *ou* czimbalum → PIANO, CLAVECIN

CORDÉ, E en forme de cœur

CORDÉE n.f. **I.** → CAPACITÉ **II.** → QUANTITÉ **III.** → CONVOI

CORDELER, CORDER et **CORDONNER** → TORDRE

CORDELETTE n.f. → CORDE

CORDELIER n.m. → RELIGIEUX

CORDELIÈRE n.f. **I.** → PASSEMENT **II.** → CORDE **III.** → CEINTURE

CORDIAL, E I. adj. → FRANC **II. n.m.** → FORTIFIANT

CORDIALEMENT à cœur ouvert, amicalement, avec → CORDIALITÉ, de bon cœur, de tout cœur *et les dérivés possibles en* -ment *des syn. de* cordial

CORDIALITÉ n.f. **I.** → BONTÉ **II.** → FRANCHISE

CORDON n.m. **I.** → CORDE **II.** → INSIGNE **III.** → RUBAN

CORDON-BLEU n.m. ou f. → CUISINIER

CORDONNIER, IÈRE n.m. ou f. bobelineur (vx), bottier, chausseur, savetier – arg.: bouif, gnaf, ribouis

CORÉGONE n.m. → POISSON

CORELIGIONNAIRE → SEMBLABLE

CORIACE I. → DUR **II.** → RÉSISTANT

CORIANDRE n.f. → AROMATE

CORINDON n.m. → PIERRE

CORMIER n.m. alisier, pain des oiseaux, sorbier

CORMORAN n.m. → PALMIPÈDE

CORNAC n.m. → GUIDE

CORNAGE n.m. sifflage

CORNALINE n.f. → PIERRE

CORNARD n.m. → COCU

CORNE n.f. **I. au pr.** : défense → COR **II.** callosité, châtaigne, cornillon, kératine → CAL

CORNÉ, E → DUR

CORNEILLE n.f. choucas, corbillat, corvidé, freux

CORNÉLIEN, NE → HÉROÏQUE

CORNEMENT n.m. → BOURDONNEMENT

CORNEMUSE n.f. bag-pipe (angl.), biniou, bombarde, cabrette, chabrette, chevrie, dondaine (vx), loure, musette, pibrock (écossais), turlurette, veuze

CORNEMUSEUR ou **CORNEMUSEUX** n.m. sonneur → MUSICIEN

CORNER **I.** → PUBLIER **II.** bourdonner, claironner, siffler, sonner, tinter

CORNET n.m. **I.** → ÉTUI **II.** → COR

CORNETTE **I. n.f. 1.** → DRAPEAU **2.** → COIFFURE **II. n.m.** : porte-drapeau/ -enseigne/ -étendard

CORNETTISTE n.m. ou f. → MUSICIEN

CORNIAUD n.m. **I.** → CHIEN **II.** → BÊTE

CORNICHE n.f. **I. par ext.** : escarpement **II.** chapiteau, couronnement, entablement, larmier, génoise, mouchette, soffite → MOULURE

CORNICHON n.m. **I.** cucurbitacée – par ext. → CONCOMBRE **II.** → ÉLÈVE **III.** → BÊTE **IV.** → HOLOTHURIE

CORNILLON n.m. → CORNE

CORNISTE n.m. ou f. → MUSICIEN

CORNU, E **I.** → BISCORNU **II.** → COCU

CORNUE n.f. → USTENSILE

COROLLAIRE n.m. → CONSÉQUENCE

COROLLE n.f. → COURONNE

CORONELLE n.f. → COULEUVRE

CORPORATION n.f. assemblée, association, collège, communauté, confrérie, congrégation, corps, gilde, groupement, guilde, hanse, jurande, maîtrise, métier, ordre, société

CORPOREL, LE → PHYSIQUE

CORPORELLEMENT matériellement, physiquement, réellement
◆ CONTR. → SPIRITUELLEMENT

CORPS n.m. **I. 1.** → OBJET **2.** → SUBSTANCE **II.** anatomie, chair, individu, morphologie, personne, tronc → CADAVRE – **fam.** : carcasse, châssis **III. 1.** → CORPORATION **2.** → CONGRÉGATION
◆ CONTR. → ESPRIT

CORPULENCE n.f. → GROSSEUR

CORPULENT, E → GROS

CORPUS n.m. → OBJET

CORPUSCULE n.m. → PARTICULE

CORRAL n.m. → PÂTURAGE

CORRASION n.f. → CORROSION

CORRECT, E **I.** → CONVENABLE **II.** → EXACT **III.** → POLI

CORRECTEMENT **I.** à propos, bonnement, comme il faut, complètement, convenablement, exactement, fidèlement, justement, littéralement, minutieusement, nettement, normalement, opportunément, pertinemment, ponctuellement, précisément, proprement, raisonnablement, soigneusement, utilement, véritablement, vraiment **II.** consciencieusement, décemment, dignement, honnêtement, honorablement, purement, régulièrement, scrupuleusement, sincèrement **III.** aimablement, courtoisement, délicatement, galamment, poliment, respectueusement
◆ CONTR. **I.** → IMPARFAITEMENT **II.** → GROSSIÈREMENT

CORRECTEUR, TRICE n.m. ou f. censeur, corrigeur, réviseur

CORRECTIF n.m. **I.** → CORRECTION **II.** → ANTIDOTE

CORRECTION n.f. **I.** amélioration, amendement, biffure, contre passation, correctif, émendation (vx), modification, rattrapage, rature, rectificatif, rectification, redressement, refonte, remaniement, repentir, retouche, révision, surcharge – **partic.** : ajout, ajoute, ajouté, ajoutement **II.** adoucissement, assouplissement, atténuation, compensation, contrepoids, tempérament **III.** → PUNITION **IV.** → PURETÉ **V.** → CIVILITÉ
◆ CONTR. **I.** → AGGRAVATION **II.** → RÉCOMPENSE **III.** → IMPOLITESSE

CORRÉLATION n.f. → RAPPORT

CORRÉLER → UNIR

CORRÉLATIF, IVE → DÉPENDANT

CORRESPONDANCE n.f. **I.** → RAPPORT **II.** courrier, épître → LETTRE **III.** chronique, reportage, rubrique **IV.** changement, relais **V. vente par correspondance** : mailing, publipostage (off.)

CORRESPONDANT, E **I. adj.** → DÉPENDANT **II. nom** → JOURNALISTE

CORRESPONDRE **I. 1.** s'accorder, aller, aller → BIEN, s'appliquer à, coïncider, coller, concorder, se conformer, convenir, être conforme à/ en conformité/ harmonie/ rapport/ symétrie, faire pendant, s'harmoniser, se prêter/ rapporter/ référer à, répondre, représenter, ressembler, rimer, satisfaire, synchroniser **2. arg.** : bicher, botter, boumer, gazer, rouler, roulotter **II.** collaborer, écrire, être en relation, tenir au courant → COMMUNIQUER

◇ CONTR. **I.** → OPPOSER (S') **II.** → TAIRE (SE)

CORRIDA n.f. **par ext. I.** → DÉSORDRE **II.** → TOHU-BOHU

CORRIDOR n.m. → PASSAGE

CORRIGÉ n.m. livre du maître, modèle, plan, solution

◇ CONTR. → EXERCICE

CORRIGER I. au pr. : améliorer, amender, changer, civiliser, moraliser, perfectionner, policer, purifier, redresser, réformer, régénérer, relever, reprendre **II. par ext. 1.** adoucir, atténuer, dégauchir, dulcifier, émender, équilibrer, expurger, modérer, modifier, neutraliser, pallier, racheter, rectifier, refondre, remanier, remettre sur l'enclume/ le métier, réparer, reprendre, retoucher, revenir sur, réviser, revoir, tempérer **2.** balancer, compenser, contre-passer **3.** → RÉPRIMANDER **4.** → PUNIR **5.** → ABATTRE **III. v. pron.** : se convertir, se défaire de, se guérir, se reprendre *et les formes pron. possibles des syn. de* corriger

◇ CONTR. **I.** → ALTÉRER **II.** → AGGRAVER **III.** → MÉNAGER

CORRIGEUR, EUSE n.m. ou f. → CORRECTEUR

CORRIGIBLE → PERFECTIBLE

CORROBORATION n.f. → CONFIRMATION

CORROBORER I. → FORTIFIER **II.** → CONFIRMER

CORRODANT, E → MORDANT

CORRODER → RONGER

CORROI n.m. → APPRÊT

CORROMPRE I. 1. → GÂTER **2.** → ABÂTARDIR **3.** → ALTÉRER **4.** → SOUILLER **II.** → SÉDUIRE **III. v. pron.** → POURRIR

CORROMPU, E I. → POURRI **II. fig.** → VICIEUX

CORROSIF, IVE → MORDANT

CORROSION n.f. **I.** abrasion, brûlure, oxydation **II.** affouillement, corrasion, désagrégation, destruction, érosion, ravinement, usure

◇ CONTR. → SÉDIMENT

CORROYAGE n.m. → APPRÊT

CORRUDE n.f. asperge sauvage

CORRUPTEUR, TRICE nom et adj. → MAUVAIS

CORRUPTIBLE → DESTRUCTIBLE

CORRUPTION n.f. **I.** → ALTÉRATION **II.** → DÉGRADATION **III.** → SUBORNATION

CORSAGE n.m. **I.** buste, poitrine **II.** blouse, brassière, cache-cœur, camisole, canezou, caraco, casaque, casaquin, chemisette, guimpe, jersey

CORSAIRE n.m. bandit, boucanier, écumeur des mers, flibustier, forban, frère de la côte, pirate, requin

CORSÉ, E I. → FORT **II.** → POIVRÉ **III.** → LIBRE

CORSER → FORTIFIER

CORSET n.m. **I. par ext.** : bustier, combiné, corselet, gaine, guêpière **II. fig.** → CADRE

CORSETER I. → SOUTENIR **II.** → GÊNER

CORSO n.m. → DÉFILÉ

CORTÈGE n.m. → SUITE

CORUSCANT, E → BRILLANT

CORUSCATION n.f. brillance, éclat, intensité, lumière, luminescence, luminosité

◇ CONTR. → DÉCOLORATION

CORVÉABLE → ESCLAVE

CORVÉE n.f. **I.** → DEVOIR **II.** → TRAVAIL

CORVETTE n.f. → BATEAU

CORYBANTE n.m. → PRÊTRE (de Cybèle)

CORYPHÉE n.m. → CHEF

CORYZA n.m. catarrhe, écoulement, inflammation, rhume de cerveau

COSMÉTIQUE n.m. **I.** → FARD **II.** → POMMADE

COSMÉTIQUER brillantiner, calamistrer, enduire, gominer, plaquer

COSMIQUE astral, extra-galactique, extra-terrestre, infini, universel

◇ CONTR. → TERRESTRE

COSMODROME n.m. aire/ base de lancement → AÉRODROME

COSMOGONIE n.f. **I.** cosmographie, cosmologie, cosmosophie, description/ interprétation de l'Univers **II. par ext.** : astronomie, sciences de l'espace

COSMONAUTE n.m. ou f. astronaute, spationaute

COSMOPOLITE → INTERNATIONAL

COSMOPOLITISME n.m. → UNIVERSALITÉ

COSMOS n.m. → UNIVERS

COSSARD, E nom et adj. → PARESSEUX

COSSE n.f. **I.** bogue, brou, cossette, écale, écalure, enveloppe, gousse, tégument → ENVELOPPE **II.** → PARESSE

◇ CONTR. : chair, noyau, pulpe

COSSER → HEURTER

COSSU, E → RICHE

COSTAUD, E nom et adj. → BALÈZE

COSTIÈRE n.f. → OUVERTURE

COSTUME n.m. → VÊTEMENT

COSTUMER → VÊTIR

COSY-CORNER n.m. → CANAPÉ

COTATION n.f. → ESTIMATION

COTE n.f. I. → TAXE II. → IMPÔT

CÔTE n.f. I. → BORD II. → HAUTEUR III. →
MONTÉE

CÔTÉ n.m. I. → FLANC II. → ASPECT III. → PAR-
TIE IV. → DIRECTION V. 1. À CÔTÉ → PRÈS

COTEAU n.m. → HAUTEUR

COTER I. folioter, noter, numéroter, paginer II. → ESTIMER

COTERIE n.f. association, bande, cabale,
camarilla, caste, cercle, chapelle, clan,
clique, cuque (vx), école, faction, famille, mafia, parti, secte, tribu

COTHURNE n.m. brodequin, chaussure,
socque

COTIGNAC n.m. → CONFITURE

COTILLON n.m. I. → JUPE II. → FEMME III. →
DANSE

COTIR → MEURTRIR

COTISATION n.f. → QUOTE-PART

COTISER → PARTICIPER

COTON n.m. I. jumel II. ouate III. andrinople, batiste, bombasin, boucassin, calicot,
cellular, circassienne, cotonnade, cotonnette, coutil, cretonne, éponge, finette, flanelle, futaine, guinée, indienne, jaconas, linon, lustrine, madapolam, masulipatan,
nankin, nansouk, orléans, oxford, percale,
percaline, pilou, piqué, plumetis, rouennerie, satinette, shirting, siamoise, tarlatane,
tennis, velours, vichy, voile, zéphyr IV. C'EST
COTON → DIFFICILE

COTONNEUX, EUSE duveté, duveteux,
ouaté, pelucheux, tomenteux

CÔTOYER → LONGER

COTRE n.m. → BATEAU

COTRET n.m. → FAGOT

COTTAGE n.m. → VILLA

COTTE n.f. I. → JUPE II. bleu/ vêtement de
travail, combinaison, salopette III. vx : jaseran ou jaseron

COU n.m. col, encolure

COUAC n.m. I. cacophonie, canard → BRUIT
II. → INSUCCÈS

COUARD, E nom et adj. → CAPON

COUARDISE n.f. → LÂCHETÉ

COUCHAILLER → CULBUTER

COUCHANT n.m. occident, ouest, ponant
◇ CONTR. → ORIENT

COUCHE n.f. I. crépi, croûte, enduit II. assise, banc, formation, lit, nappe, région,
sphère, strate III. braie (vx), drapeau (vx),
lange, linge, layette, maillot IV. → CATÉGORIE
V. → LIT VI. → ENFANTEMENT VII. FAUSSE
COUCHE : avortement

COUCHÉE n.f. vx → ÉTAPE

COUCHER I. → ÉTENDRE II. → INSCRIRE III. →
VISER IV. v. pron. 1. au pr. : s'aliter, s'allonger, se
blottir, s'étendre, gésir (vx), se glisser dans le
lit/ sous les draps, se mettre au lit/ proster-
ner/ vautrer (péj.) 2. arg. ou fam. : aller au
dodo/ au paddock/ au page/ au pageot/
au pieu, se bâcher, crécher, mettre la viande
dans les bâches/ les bannes/ les torchons/
les toiles, se paddocker/ pager/ pageoter/
pagnoter/ pieuter/ plumarder/ plumer/
ventrouiller/ vituler/ zoner
◇ CONTR. → LEVER

COUCHER n.m. I. abri, couchée (vx), étape,
gîte, hospitalité, nuit II. COUCHER DE SO-
LEIL : crépuscule (du soir), couchant

COUCHERIE n.f. → DÉBAUCHE

COUCHETTE n.f. → LIT

COUCHEUR (MAUVAIS) n.m. ou f. →
QUERELLEUR

COUCHIS n.m. I. lattis II. garniture/ lit de
sable/ de terre

COUCOU n.m. I. → HORLOGE II. locomotive,
machine → VOITURE

COUCOUMELLE n.f. oronge blanche →
CHAMPIGNON

COUDE n.m. angle, courbe, détour,
méandre, retour, saillie, sinuosité, tour, tournant, virage

COUDÉ, E → COURBE

COUDER → TORDRE

COUDOIEMENT n.m. → PROMISCUITÉ

COUDOYER I. → HEURTER II. → RENCONTRER

COUDRE I. au pr. : baguer, bâtir, faufiler,
linger, monter, ourler, raccommoder, rapié-
cier, ravauder, rentraire, repriser, surfiler,
surjeter, suturer II. par ext. → JOINDRE
◇ CONTR. → DÉFAIRE

COUDRAIE n.f. noiseraie → PLANTATION

COUDRE ou COUDRIER n.m. noisetier

COUENNE n.f. lard → PEAU

COUENNEUX, EUSE I. → DUR II. → RÉSIS-
TANT

COUETTE n.f. I. mèche (de cheveux) II. →
QUEUE III. crapaudine, platine IV. → COUVER-
TURE V. par ext. rég. → MATELAS

COUFFE ou **COUFFIN** ou **COUFFLE** n.m. → CABAS

COUILLE n.f. I. → BOURSE II. → ZÉRO III. → DIFFICULTÉ

COUILLON n.m. I. bourse II. → BÊTE (nom fém.)

COUILLON, ONNE n.m. ou f. → NAÏF

COUILLONNADE n.f. I. → BÊTISE II. → PLAISANTERIE

COUILLONNER → TROMPER

COUILLONNERIE n.f. → BÊTISE

COUINEMENT n.m. piaillement → CRI

COUINER piailler → CRIER

COULAGE n.m. I. coulée II. → PERTE

COULANT, E I. → FLUIDE II. → NATUREL III. → FAIBLE

COULANT n.m. I. anneau II. pousse, rejeton, stolon

COULE n.f. I. cagoule, cuculle → CAPUCHON II. À LA COULE : affranchi, au courant, au parfum, averti

COULÉE n.f. **géogr.** : cheire

COULEMELLE n.f. chevalier, filleul, lépiote élevée → CHAMPIGNON

COULER I. v. tr. 1. → FILTRER 2. → VERSER 3. → INTRODUIRE 4. **mar.** : envoyer par le fond, faire sombrer, torpiller → SOMBRER II. v. intr. 1. affluer, arroser, baigner, courir, déborder, découler, dégouliner, se déverser, s'échapper, s'écouler, émaner, s'épancher, s'extravaser, filer, fluer, fuir, gicler, jaillir, juter, refluer, se répandre, ribouler (rég.), rouler, ruisseler, sourdre 2. dégoutter, s'égoutter, goutter, instiller, suinter, traverser 3. baver, exsuder, suer, suppurer, transpirer 4. cascader, descendre, glisser, se mouvoir, passer, tomber 5. un bateau : s'abîmer, chavirer, disparaître, s'enfoncer, s'engloutir, faire naufrage, s'immerger, se perdre, périr corps et biens, se saborder, sancir, sombrer III. v. pron. : → INTRODUIRE (s') ◆ CONTR. I. → STAGNER II. → FLOTTER

COULEUR n.f. I. au pr. : carnation, coloration, coloris, demi-teinte, enluminure, nuance, pigmentation, teint, teinte, teinture, ton, tonalité II. **du cheval** → ROBE III. **fig.** 1. allure, apparence, aspect, brillant, caractère, éclat, force, truculence, vivacité 2. → OPINION 3. → PRÉTEXTE 4. au pl. → DRAPEAU

COULEUVRE n.f. anguille de haie, bisse (blas.), coronelle, couleuvreau, dasypeltis, élaphis, molure, nasique, ophidien → REPTILE

COULEUVRINE n.f. → CANON

COULIS n.m. bisque → SAUCE

COULISSE n.f. I. coulisseau, glissière, support mobile II. arrière-fond/ -plan III. DANS LA COULISSE → SECRÈTEMENT

COULISSER → GLISSER

COULISSIER n.m. → INTERMÉDIAIRE

COULOIR n.m. → PASSAGE

COULOMMIERS n.m. brie → FROMAGE

COULPE n.f. → PÉCHÉ

COULURE n.f. → TACHE

COUMARINE n.f. → AROMATE

COUNT-DOWN n.m. **spat. off.** : compte à rebours

COUP n.m. I. au pr. 1. choc, ébranlement, frappement, heurt, secousse, tamponnement 2. anguillade, bastonnade, botte, bourrade, calotte, charge, châtiment, chiquenaude, claque, correction, décharge, distribution, escourgée, estocade, fessée, gifle, gourmade, heurtade (vx), horion, nasarde, pichenette, sanglade, souffletade, soufflet, tape 3. **fam.** : abattage, atout, baffe, bâfre, beigne, beignet, bigne, branlée, brossée, brûlée, castagne, châtaigne, contredanse, coquard ou coquart, danse, dariole, déculottée, dérouillée, frottée, giboulée, giroflée, gnon, marron, mornifle, pain, peignée, pile, pochon, raclée, ramponneau, ratatouille, rincée, rossée, roulée, rouste, salsifis, tabac, talmouse, taloche, tampon, tannée, taquet, tarte, tatouille, torgniole, tournée, trempe, tripotée 4. blessure, bleu, bosse, contusion, froissade (vx), mauvais traitements, meurtrissure, violences, voie de fait II. par ext. 1. **coup de feu** : arquebusade, canonnade, charge, décharge, détonation, fusillade, mousquetade, salve, tir 2. → BRUIT 3. → ÉMOTION 4. → ACTION 5. → GORGÉE III 1. COUP DE CŒUR/ FOUDRE → AMOUR 2. COUP DE MAIN → AIDE, ENGAGEMENT 3. COUP DE SANG → CONGESTION 4. COUP D'ÉTAT : coup d'autorité/ de force, changement, pronunciamiento, putsch, révolution 5. COUP DE TÊTE → CAPRICE 6. COUP DE SOLEIL : actinite 7. COUP DE THÉÂTRE → PÉRIPÉTIE 8. COUP D'ŒIL → REGARD, VUE 9. À COUP SÛR, À TOUT COUP : certainement, évidemment, sûrement 10. TOUT À COUP : à brûle-pourpoint, à l'improviste, brusquement, en un instant, inopinément, soudain, subitement, subitement 11. UN COUP : une fois 12. COUP SUR COUP → SUCCESSIVEMENT 13. TENIR LE COUP → DURER 14. PORTER UN COUP → FRAPPER, NUIRE 15. TIRER UN COUP (vulg.) → ACCOUPLER (s') ◆ CONTR. → CARESSE

COUPABLE I. adj. : blâmable, breneux (fam.), condamnable, damnable, délictueux, dolosif, fautif, honteux, illégitime, illicite

inavouable, indigne, infâme, mauvais, peccable, peccamineux, peccant, pendable, punissable, répréhensible **II. nom** : contrevenant, criminel, délinquant, infracteur (vx), pécheur, responsable
◇ CONTR. → INNOCENT

COUPAGE n.m. → MÉLANGE

COUPAILLER I. → COUPER II. → ABÎMER

COUPANT, E → TRANCHANT

COUPE n.f. **I.** calice, coquetier, coupelle, cratère, gobelet, jatte, patère, ramequin, sébile, vase, vaisseau **II.** → COMPÉTITION **III.** → PIÈCE **IV.** → PLAN **V.** césure, hémistiche, repos **VI.** déchiqueture, découpure, taillade **VII. COUPE SOMBRE 1.** → SANCTION **2.** → RETRANCHEMENT
◇ CONTR. → CONTINUATION

COUPÉ n.m. → VOITURE

COUPÉ, E → COURT

COUPE-CHOU(X) n.m. **I.** → RASOIR **II.** → SABRE

COUPE-CIGARE(S) n.m. guillotine

COUPE-CIRCUIT n.m. → FUSIBLE

COUPE-COUPE n.m. → SERPE

COUPÉE n.f. accueil/ entrée/ sortie d'un navire

COUPE-FILE n.m. → LAISSEZ-PASSER

COUPE-GORGE n.m. **I.** → PIÈGE **II.** → CABARET

COUPE-JARRET n.m. **I.** → TUEUR **II.** → VOLEUR

COUPELLE n.f. **1.** cuilleron → COUPE **II.** → USTENSILE

COUPER I. au pr. : amputer, billonner, cerner (vx), champlever, chanfreiner, cisailler, coupailler, débillarder, découper, diviser, ébarber, élaguer, entamer, entrecouper, équeuter, exciser, hacher, inciser, massicoter, reséquer, scarifier, sectionner, taillader, tailler, trancher, tronçonner **II. vét. 1. les oreilles** : essoriller **2. la queue** : anglaiser, caudectomiser, écouer (rég.) **3. la queue et les oreilles** : courtauder **III. par ext. 1.** → RETRANCHER **2.** → CHÂTRER **3.** → TRAVERSER **4.** → MÉLANGER **5.** → INTERROMPRE **6.** → ABATTRE
◇ CONTR. → JOINDRE

COUPERET n.m. coupe-coupe, hachoir, machette → COUTEAU

COUPEROSE n.f. → ROUGEUR

COUPEROSÉ, E → ROUGE

COUPLAGE n.m. → ASSEMBLAGE

COUPLE I. n.f. : paire **II. n.m. 1.** doublet, duo, paire, tandem **2.** époux, ménage
◇ CONTR. **I.** : singleton, solo **II.** → CÉLIBATAIRE

COUPLET n.m. **I.** → POÈME **II.** → CHANT **III.** → TIRADE

COUPOLE n.f. → DÔME

COUPOIR n.m. → COUTEAU

COUQUE n.f. pain d'épice → PÂTISSERIE

COUPON n.m. **I.** → PIÈCE **II.** → BILLET

COUPURE n.f. **I.** → BLESSURE **II.** → BILLET

COUR n.f. **I.** airial, aître, area, atrium, cloître, courée, courelle, courette, patio, préau **II.** → TRIBUNAL

COURAGE n.m. ardeur, assurance, audace, bravoure, cœur, confiance, constance, cran, crânerie, décision, énergie, fermeté, force, générosité, hardiesse, héroïcité, héroïsme, impétuosité, intrépidité, patience, persévérance, résolution, ressaisissement, stoïcisme, témérité, vaillance, valeur, volonté, zèle
◇ CONTR. **I.** › PARESSE **II.** → LÂCHETÉ

COURAGEUSEMENT avec → COURAGE, de façon → COURAGEUX *et les dérivés possibles en* mont *des syn. de* courageux

COURAGEUX, EUSE ardent, assuré, audacieux, brave, confiant, constant, crâne, décidé, déterminé, dynamique, énergique, entreprenant, ferme, fonceur, fort, gonflé (fam.), hardi, héroïque, impétueux, intrépide, mâle, martial, noble, patient, persévérant, résolu, prométhéen, stoïque, téméraire, travailleur, vaillant, volontaire, zélé
◇ CONTR. **I.** → PARESSEUX **II.** → LÂCHE

COURAILLER → COURTISER

COURAMMENT → HABITUELLEMENT

COURANT n.m. **I.** → COURS **II. 1. ÊTRE AU COURANT** → CONNAÎTRE **2. METTRE/ TENIR AU COURANT** → INFORMER

COURANT, E I. → PRÉSENT **II.** → COMMUN **III.** → BANAL

COURANTE n.f. **I.** → DIARRHÉE **II.** → DANSE

COURBATU, E → FATIGUÉ

COURBATURE n.f. → DOULEUR

COURBATURÉ, E → FATIGUÉ

COURBATURER ankyloser, endolorir → MEURTRIR

COURBE n.f. arabesque, arc, arcure, bombement, boucle, cambrure, cercle, cintrage, circonférence, convexité, coude, courbement, courbure, ellipse, enveloppée, feston, galbe, hyperbole, incurvation, méandre, ondulation, orbite, ovale, ove, parabole, serpentin, sinuosité, spirale, trajectoire, virage, volute – **mar.** : bouge, tonture

COURBE adj. : amphicurte, aquilin, arciforme, arqué, arrondi, bombé, bombu (rég.), busqué, cambré, cassé, concave, convexe, coudé, courbé, crochu, cucurbitant, cucurbité, cucurbitin, curviligne, domical, galbé, incurvé, infléchi, inflexe, lunulé, mamelonné, rebondi, recourbé, renflé, rond, tordu, tors, tortu, tortueux, unciforme (anat.), unciné (bot.), verticillé, voûté

◆ CONTR. → DROIT

COURBEMENT et **COURBURE** n.m., n.f. → COURBE

COURBER I. au pr. 1. → FLÉCHIR 2. → INCLINER II. fig. → SOUMETTRE III. v. pron. 1. au pr. : s'acuter, s'arquer, s'arrondir, se busquer, se cambrer, se casser, se couder, falquer (équit.), s'incurver, s'infléchir, se recourber, se renfler, se tordre, se voûter 2. fig. → HUMILIER (s')

◆ CONTR. → LEVER

COURBETTE n.f. → SALUT

COURCAILLET n.m. I. → CRI II. → APPELANT

COURÇON n.m. → BRANCHE

COURÉE n.f. I. → ENDUIT II. → COUR

COURETTE n.f. → COUR

COUREUR n.m. I. → MESSAGER II. aptéryx ou kiwi, autruche, autruchon

COUREUR, EUSE n.m. ou f. I. bragard (vx), cavaleur, frotadou (mérid.), juponnier, tombeur II. 1. → SÉDUCTEUR 2. → DÉBAUCHÉ

◆ CONTR. → CHASTE

COURGE n.f. bonnet-de-prêtre/ Turc, citrouille, coloquinte, concombre, courgette, cucurbitacée, giraumont, gourde, pâtisson, potiron, zuchette

COURIR I. v. intr. 1. au pr. : bondir, détaler, dévorer l'espace, s'élancer, fendre l'air, galoper, se hâter, se précipiter, se presser, voler 2. fam. : avoir le diable à ses trousses/ le feu au derrière, brûler le pavé, caleter, se carapater, cavaler, décaniller, dropper, filer, filocher, foncer, gazer, jouer des flûtes/ des gambettes/ des pinceaux/ des pincettes, mettre les bouts, pédaler, piquer un cent mètres, prendre ses jambes à son cou, se tirer, tracer, tricoter des pinceaux/ des pincettes, trisser, trôler 3. vén. : boultiner, piéter II. v. tr. 1. → CHERCHER 2. → FRÉQUENTER 3. → POURSUIVRE 4. → RÉPANDRE (SE) 5. → PASSER 6. → PARCOURIR

◆ CONTR. I. → MARCHER II. → STOPPER

COURLIS n.m. bécasse de mer → ÉCHASSIER

COURONNE n.f. I. au pr. : abacot ou abaque, bandeau royal, diadème, pschent, tiare, tortil II. par ext. : corolle, guirlande III. fig. 1. attribut, emblème, ornement, signe 2. distinction, honneur, lauriers, palme, prix, récompense 3. empereur, empire, État, maison, monarchie, monarque, roi, royaume, royauté, souverain, souveraineté

COURONNÉ, E → LAURÉ

COURONNEMENT n.m. sacre → CONSÉCRATION

◆ CONTR. : abdication, destitution

COURONNER I. au pr. : 1. auréoler, nimber 2. ceindre, coiffer 3. introniser, mettre sur le trône, porter au pouvoir, sacrer II. par ext. : décerner un prix/ une récompense III. fig. 1. accomplir, achever, conclure, finir, parachever, parfaire, sommer, terminer 2. → BLESSER

◆ CONTR. I. → DESTITUER II. → DÉDAIGNER

COURRE v. tr. vx → CHASSER

COURRIER n.m. I. → MESSAGER II. → BATEAU III. → CORRESPONDANCE

COURRIÈRE n.f. vx → AUBE

COURRIÉRISTE n.m. ou f. → JOURNALISTE

COURROIE n.f. par ext. : attache, bandoulière, bretelle, enguichure, harnais, jugulaire, lanière, mancelle, raban, sangle

COURROUCER → IRRITER

COURROUX n.m. → COLÈRE

COURS n.m. I. carrière, chenal, courant, course, fil, mouvement II. COURS D'EAU : 1. affluent, collecteur, émissaire, fleuve, gave, ravine, raz, rivière, ru, ruisseau, torrent, voie fluviale 2. → CANAL III. → PROMENADE IV. → ÉVOLUTION V. → TRAITÉ VI. → LEÇON VII. → ÉCOLE VIII. → PRIX IX. AVOIR COURS : avoir du crédit/ de la vogue, déchaîner l'enthousiasme, être à la mode/ dans le vent, être in, faire fureur

COURSE n.f. I. 1. allées et venues, commissions, démarches 2. galopade II. → MARCHE III. → COURS IV. → INCURSION V. → TRAJET VI. → PROMENADE VII. → COMPÉTITION VIII. plur. arg. : courtines, turf

◆ CONTR. → IMMOBILITÉ

COURSER → POURSUIVRE

COURSIER n.m. I. → CHEVAL II. → MESSAGER

COURSIVE n.f. → PASSAGE

COURSON ou **COURSONNE** n.m., n.f. → BRANCHE

COURT, E I. de taille : bas, courtaud, étriqué, étroit, mince, minuscule, petit, rabougri, ramassé, ras, rétréci, tassé, trapu II. de durée : bref, éphémère, fragile, fugace, fugitif, instantané, intérimaire, momentané, passager, périssable, précaire, pressé, prompt, provisoire, rapide, sporadique, temporaire, transitoire III. par ext. : abrégé, accourci, bref, compendieux (vx), concis, condensé, contracté, coupé, dense, diminué, écourté, elliptique, haché, laconique, lapidaire, précis, raccourci, ramassé, réduit, resserré, res-

treint, résumé, serré, simple, sommaire, succinct, télégraphique
◈ CONTR. I. → LONG II. → DURABLE

COURTAGE n.m. **I. au pr.** : commission, ducroire, pourcentage, prime, remise, rémunération → AGIO **II. par ext.** : dessous-de-table, pot-de-vin, pourboire → GRATIFICATION

COURTAUD, E I. adj. → COURT **II. nom 1.** → CHEVAL **2.** → CHIEN

COURTAUDER → COUPER

COURT-BOUILLON n.m. → BOUILLON

COURT-CIRCUIT n.m. **I.** dérivation, shunt **II. fam.** : court-jus, panne (d'électricité)

COURT-CIRCUITER I. shunter **II. 1.** laisser (tomber), se passer de → ABANDONNER **2.** intercepter → INTERROMPRE

COURTEPOINTE n.f. → COUVERTURE

COURTIER, IÈRE n.m. ou f. → INTERMÉDIAIRE

COURTINE n.f. **I.** → RIDEAU **II.** → REMPART

COURTISAN n.m. et adj. homme de cour → FLATTEUR
◈ CONTR. → LIBRE

COURTISANE n.f. → PROSTITUÉE

COURTISER I. badiner, conter fleurette, donjuaniser, faire des avances/ la cour, marivauder, rechercher – **vx** : caresser, coqueliquer, coqueter, fleureter, galantiser, margauder, mugueter **II. fam.** : aimoter, baratiner, causer, courir les filles/ le guilledou, draguer, faire du gringue/ les yeux doux, flirter, fréquenter, garçailler, jeter du grain, sortir avec
◈ CONTR. → ÉVITER

COURTOIS, E → CIVIL

COURTOISEMENT → CORRECTEMENT

COURTOISIE n.f. → CIVILITÉ

COURU, E → SÛR

COUSETTE n.f. arpette, midinette, petite main, trottin

COUSIN n.m. → MOUSTIQUE

COUSIN, E n.m. ou f. → PARENT

COUSINAGE n.m. → PARENTÉ

COUSINER → FRÉQUENTER

COUSSIN n.m. bourrelet, carreau, coussinet, oreiller, polochon, pouf, traversin

COÛT n.m. → PRIX

COUTEAU n.m. **I.** alumelle (vx), amassette, canif, couteau-scie, cutter, drayoir, épluchette, jambette (rég.), laguiole, lame, Opinel **II. par ext. 1.** écussonoir, entoir, greffoir **2.** bistouri, lancette, scalpel **3.** couperet, coupoir,

coutelas, machette, saignoir, scramasaxe **4.** → POIGNARD **5.** coutre, rasette, soc **III. arg.** : achille, aiguille à tricoter des boudins, bibi, charlemagne, cran d'arrêt, cure-dents, eustache, flingot, lame, lardoire, lingue, pointe, raide, rallonge, rapière, ratiche, saccagne, schlass, scion, silencieux, surin, vendetta, vingt-deux

COUTELIER, IÈRE n.m. ou f. taillandier

COUTELLERIE n.f. taillanderie

COÛTER → VALOIR

COÛTEUSEMENT trop → CHER

COÛTEUX, EUSE → CHER

COUTIL n.m. → COTON

COUTRE n.m. → COUTEAU

COUTUME n.f. → HABITUDE

COUTUMIER, ÈRE nom et adj. **I.** → ACCOUTUMÉ **II.** → HABITUÉ **III.** → ORDINAIRE

COUTURE n.f. **I.** piqûre, point, raccord, réparation **II.** → MODE **III.** → BALAFRE

COUTURÉ, E balafré, coupé, couvert de → BALAFRES, entaillé, tailladé

COUTURIER, ÈRE n.m. ou f. modéliste, tailleur → COUSETTE

COUVAIN n.m. → ŒUF

COUVÉE n.f. nichée, portée, produit, race

COUVENT n.m. **I.** → CLOÎTRE **II. arg. et vx** : cage à chapons/ à jacasses

COUVENTINE n.f. **I.** → PENSIONNAIRE **II.** → RELIGIEUSE

COUVER I. au pr. : incuber **II. par ext. 1.** → NOURRIR **2.** → PRÉPARER **III. COUVER DES YEUX** → REGARDER

COUVERCLE n.m. couvre-plat, dessus-de-plat

COUVERT n.m. **I.** → ABRI **II.** → OMBRE **III.** → MAISON **IV. 1. À COUVERT** : à l'abri, garanti, protégé **2. SOUS LE COUVERT DE** : caution/ manteau/ protection de
◈ CONTR. → DÉCOUVERT (À)

COUVERT, E I. abrité, défendu, garanti, préservé, sauvegardé **II.** coiffé, crêté (blas.), coqueluchonné (vx) → VÊTU
◈ CONTR. : exposé, ouvert → NU

COUVERTURE n.f. **I. 1.** chabraque, couette, couvre-lit, couvre-pied, édredon, plaid, poncho, tartan **2. vx** : aigledon, berne, courtepointe, housse **3. fam.** : berlue, capot, couverte, couvrante **II. 1.** bâche, capote **2.** → GARANTIE **3.** → TOIT **4.** → PRÉTEXTE

COUVEUSE n.f. couvoir, incubateur

COUVRE-CHEF n.m. → COIFFURE

COUVRE-LIT et **COUVRE-PIED** n.m. → COUVERTURE

COUVRIR I. au pr. : abrier (québ.), appliquer/ disposer/ mettre sur, bâcher, banner, barder, caparaçonner, capuchonner, coiffer, enduire, envelopper, habiller, natter, recouvrir, tauder (mar.) **II. par ext. 1.** → PROTÉGER **2.** → CACHER **3.** → VÊTIR **4.** → PARCOURIR **5.** → ACCOUPLER (s') **III. fig. 1.** → RÉPONDRE DE **2.** → DÉGUISER **3.** → REMPLIR **4.** → DOMINER
◇ CONTR. → DÉCOUVRIR

COVENANT n.m. → TRAITÉ

COVER-GIRL n.f. par ext. : mannequin, pin-up, starlette

COW-BOY n.m. → VACHER

COXALGIE et COXARTHROSE n.f. → MALADIE

COYAU n.m. → POUTRE

CRABE n.m. I. crustacé, décapode **II.** araignée (de mer), calappe, dormeur, dromie, étrille, maïa, porcellane, portune, poupart, tourteau

CRABIER n.m. → ÉCHASSIER

CRACHAT et CRACHEMENT n.m. I. crachotement, expectoration, expuition, salivation, sputation **II. arg.** : copeau, glaviot, gluau, graillon, huître, molard **III. CRACHAT DE CRAPAUD/ DE GRENOUILLE** : aphrophore

CRACHER I. crachailler, crachoter, crachouiller, expectorer, recracher, vomir **II. arg.** : glaviotter, graillonner, juter, molarder
◇ CONTR. → AVALER

CRACHIN n.m. → PLUIE

CRACHINER → PLEUVOIR

CRACHOTEMENT n.m. I. → CRACHAT **II.** → PLUIE

CRACHOTER → CRACHER

CRACHOUILLER I. → CRACHER **II.** → PLEUVOIR

CRACK n.m. → AS

CRACKER n.m. amuse-gueule → BISCUIT

CRACKING PLANT n.m. pétr. off. : craqueur

CRAIE n.f. arcanne, carbonate de calcium

CRAILLER → CRIER

CRAINDRE I. s'alarmer, appréhender, avoir peur, être effrayé/ épouvanté, redouter → TREMBLER – **vx** : s'apoltronir, s'épeurer, prendre la chèvre, trémoler **II.** → HONORER
◇ CONTR. I. → BRAVER II. → OSER III. → SOUHAITER IV. → MÉPRISER

CRAINTE n.f. I. alarme, angoisse, anxiété, appréhension, défiance, effarouchement, effroi, émoi, épouvante, frayeur, frousse, inquiétude, insécurité, méfiance, obsession, peur, phobie, pressentiment, terreur, transe, tremblement **II.** respect, révérence, vénération
◇ CONTR. I. → COURAGE II. → IRRÉVÉRENCE

CRAINTIF, IVE angoissé, anxieux, appréhensif, délicat, effarouché, effrayé, ému, épouvanté, frileux, honteux, inquiet, jaloux, méfiant, peureux, pusillanime, révérenciel, sauvage, scrupuleux, soupçonneux, terrifié, timide, timoré, tremblant, trembleur
◇ CONTR. → COURAGEUX

CRAMER → BRÛLER

CRAMIQUE n.f. → PÂTISSERIE

CRAMOISI, E → ROUGE

CRAMPE n.f. I. → CONTRACTION **II.** → COLIQUE

CRAMPON n.m. I. agrafe, attache, croc, crochet, grappin, griffe, happe, harpeau, harpin, harpon, piton **II.** → IMPORTUN

CRAMPONNEMENT n.m. I. → FIXATION **II.** → OBSTINATION

CRAMPONNER I. au pr. → ATTACHER **II. fig.** → ENNUYER **III. v. pron.** → ATTACHER (s')

CRAN n.m. I. → ENTAILLE **II.** → FERMETÉ

CRÂNE n.m. → TÊTE

CRÂNE adj. → BRAVE

CRÂNER I. → BRAVER **II.** → POSER

CRÂNERIE n.f. I. → HÂBLERIE **II.** → COURAGE

CRÂNEUR, EUSE nom et adj. → HÂBLEUR

CRÂNIEN, IENNE par ext. : céphalique, cervical, encéphalique

CRANTER → ENTAILLER

CRAPAHUTER → MARCHER

CRAPAUDINE n.f. I. couette, platine **II.** → PIERRE **III.** → GRILLE

CRAPOUILLOT n.m. → CANON

CRAPOUSSIN, INE n.m. ou f. I. → NAIN **II.** → ENFANT

CRAPULE n.f. I. → VAURIEN **II. 1.** → DÉBAUCHE **2.** → IVRESSE

CRAPULERIE n.f. bassesse, canaillerie, friponnerie, improbité, indélicatesse, lâcheté, malhonnêteté → DÉBAUCHE
◇ CONTR. → HONNÊTETÉ

CRAPULEUSEMENT avec → MALHONNÊTETÉ, de façon → MALHONNÊTE *et les dérivés possibles en* -ment *des syn. de* malhonnête

CRAPULEUX, EUSE I. → HONTEUX **II.** → MALHONNÊTE **III.** → HOMICIDE

CRAQUE n.f. → HÂBLERIE

CRAQUELÉ, E I. crevassé, desséché **II.** fendillé, fendu, fissuré, gercé, lézardé
◇ CONTR. → LISSE

CRAQUÈLEMENT ou **CRAQUELLE-MENT** et **CRAQUELURE** n.m., n.f. fendillement, fissure, gerçure, lézarde → FENTE

CRAQUELER → FENDILLER

CRAQUELIN n.m. → BISCUIT

CRAQUEMENT n.m. → BRUIT

CRAQUER I. claquer, crouler, se déchirer/ défaire/ détruire, s'effondrer, se rompre **II.** crisser, croustiller, péter, pétiller, produire un → BRUIT **III.** → CRIER
◇ CONTR. → TENIR

CRAQUÈTEMENT ou **CRAQUETTE-MENT** n.m. **I.** → BRUIT **II.** → CRI

CRAQUETER I. → PÉTILLER **II.** → CRIER

CRASE n.f. → CONTRACTION

CRASH n.m. **I.** atterrissage en catastrophe **II.** → ACCIDENT

CRASH RECORDER n.m. **aviat. off.** : enregistreur d'accident/ de vol – **fam.** : boîte noire

CRASPEC → MALPROPRE

CRASSANE n.f. → POIRE

CRASSE I. n.f. 1. → BASSESSE **2.** → MALPROPRETÉ **II. adj.** → ÉPAIS

CRASSEUX, EUSE I. → MALPROPRE **II.** → SORDIDE **III.** → AVARE

CRASSIER n.m. terril

CRATÈRE n.m. **I.** astroblème **II.** → DÉPRESSION **III.** → OUVERTURE **IV.** → COUPE

CRATERELLE n.f. oreille de chat/ d'ours, trompette de la mort/ des morts → CHAMPIGNON

CRAVACHE n.f. → BAGUETTE

CRAVACHER I. → CINGLER **II.** → HÂTER (SE)

CRAVATE n.f. lavallière, régate

CRAVATER I. → PRENDRE **II.** → TROMPER

CRAVE n.m. → CORBEAU

CRAWL n.m. → NAGE

CRAWLING PEG (SYSTEM) n.m. **écon. off.** : (parité à) crémaillère

CRAYEUX, EUSE crétacé → BLANC

CRAYON n.m. **I.** → ÉBAUCHE **II. par ext.** : Bic, feutre, fusain, marqueur, rotring, stylobille, surligneur

CRAYONNER → ESQUISSER

CRÉANCE n.f. **I.** → DETTE **II.** → FOI

CRÉANCIER, ÈRE n.m. ou f. crédirentier
◇ CONTR. → DÉBITEUR

CRÉATEUR, TRICE nom et adj. **I.** → BÂTISSEUR **II.** → DIEU

CRÉATIF, IVE → INGÉNIEUX

CRÉATION n.f. **I.** original, princeps → UNIVERS **II.** → OUVRAGE **III.** → ÉRECTION

CRÉATIVITÉ n.f. → IMAGINATION

CRÉATURE n.f. **I.** → HOMME **II.** → PROTÉGÉ

CRÉCELLE n.f. → MOULINET

CRÉCERELLE n.f. → RAPACE

CRÈCHE n.f. **I.** → NURSERY **II.** → AUGE

CRÉCHER → HABITER

CRÉDENCE n.f. desserte

CRÉDIBILITÉ n.f. → VRAISEMBLANCE

CRÉDIBLE I. → SÛR **II.** → VRAI

CRÉDIRENTIER, IÈRE nom et adj. créancier
◇ CONTR. : débirentier

CRÉDIT n.m. **I.** avoir, solde → BÉNÉFICE **II. arg.** : ardoise, crayon, crédo, croume, œil **III.** → INFLUENCE **IV.** → FAVEUR **V.** → COURS **VI.** À CRÉDIT : à tempérament/ terme, par escompte/ mensualités **VII. crédit municipal 1.** mont-de-piété **2. arg. ou fam.** : clou, grand fourgat, ma tante, pégal, plan, planque **VIII. CRÉDIT-MAN off.** : responsable-crédit
◇ CONTR. **I.** → DETTE **II.** → DÉFAVEUR

CRÉDITER → ATTRIBUER

CRÉDITEUR, CRÉDITRICE n.m. ou f. **I.** positif, provisionné **II.** créancier, crédirentier
◇ CONTR. → DÉBITEUR

CREDO n.m. → FOI

CRÉDULE I. → NAÏF **II.** → SIMPLE

CRÉDULEMENT avec → SIMPLICITE, de façon → NAÏF *et les dérivés possibles en -ment des syn. de naïf*

CRÉDULITÉ n.f. → SIMPLICITE

CRÉER I. accoucher, composer, concevoir, découvrir, donner l'être/ l'existence/ la vie, élaborer, enfanter, engendrer, faire, faire naître, former, imaginer, innover, inventer, lancer, mettre au monde/ en chantier/ en œuvre, procréer, produire, réaliser, trouver **II.** → OCCASIONNER **III.** → ÉTABLIR
◇ CONTR. **I.** → DÉTRUIRE **II.** → ABOLIR

CRÉMANT n.m. et adj. mousseux, perlant, pétillant

CRÉMATION n.f. → INCINÉRATION

CRÈME n.f. **fig.** → CHOIX

CRÉMERIE n.f. **I.** beurrerie, laiterie **II. arg.** → CABARET

CRÉMEUX, EUSE → GRAS

CRÉMIER, IÈRE n.m. ou f. beurrier (vx), B.O.F., laitier

CRÉMONE n.f. espagnolette

CRÉNEAU n.m. I. embrasure, mâchicoulis, meurtrière, ouverture, parapet II. 1. → POSSIBILITÉ 2. → MARCHÉ

CRÉNELÉ, E découpé, dentelé

CRÉNELER I. → ENTAILLER II. munir de créneaux

CRÉNELURE n.f. dentelure, grecque

CRÉOLE n.m. ou f. I. au pr. : colonial, insulaire, tropical II. par ext. : métis

CRÊPAGE n.m. → BAGARRE

CRÊPE I. n.f. : blinis II. n.m. → RUBAN

CRÊPÉ, E → FRISÉ

CRÊPER → FRISER

CRÊPERIE n.f. → RESTAURANT

CRÉPI n.m. → ENDUIT

CRÉPINE n.f. → PASSEMENT

CRÉPIR → ENDUIRE

CRÉPITATION et **CRÉPITEMENT** n.f., n.m. → BRUIT

CRÉPITER → PÉTILLER

CRÉPU, E → FRISÉ

CRÉPUSCULAIRE → SOMBRE

CRÉPUSCULE n.m. I. au pr. 1. → AUBE 2. brunante (rég.), brune, croule (vén.), déclin/ tombée du jour, entre chien et loup, rabat-jour II. fig. → DÉCADENCE ◇ CONTR. I. → JOUR II. → NUIT III. → APOGÉE

CRESCENDO → RYTHME

CRESSON n.m. par ext. : cardamine, cressonnette, passerage

CRÉSUS n.m. → RICHE

CRÊT n.m. → SOMMET

CRÉTACÉ, E n.m. et adj. calcaire, crayeux, secondaire, sédimentaire

CRÊTE n.f. I. → SOMMET II. → TOUFFE

CRÊTE-DE-COQ n.f. I. sainfoin, rhinante II. méd. au pl. : excroissances, papillomes → TUMESCENCE

CRÉTELLE n.f. → HERBE

CRÉTIN, E n.m. ou f. I. → STUPIDE II. → BÊTE

CRÉTINERIE n.f. I. → BÊTISE II. → STUPIDITÉ

CRÉTINISANT, E → ABÊTISSANT

CRÉTINISATION n.f. → ABÊTISSEMENT

CRÉTINISER → ABÊTIR

CRÉTINISME n.m. I. → IDIOTIE II. → BÊTISE

CRETONNE n.f. → COTON

CREUSAGE et **CREUSEMENT** n.m. affouillement, approfondissement, défonçage, défoncement, excavation (vx), fouille, pénétration, percement, piochage, taraudage, terrassement → FORAGE ◇ CONTR. → REMPLISSAGE

CREUSER I. au pr. : affouiller, approfondir, bêcher, caver, champlever, chever, défoncer, échancrer, enfoncer, évider, excaver, foncer, forer, fossoyer, fouiller, fouir, labourer, miner, pénétrer, percer, piocher, raviner, refouiller, sonder, tarauder, terrasser II. fig. → ÉTUDIER III. v. pron. : se renforcer, rentrer ◇ CONTR. I. → COMBLER II. → BOMBER

CREUSET n.m. I. cubillot → USTENSILE II. fig. → EXPÉRIENCE

CREUX n.m. I. → ABÎME II. → EXCAVATION III. → CAVITÉ ◇ CONTR. → SAILLIE

CREUX, CREUSE I. au pr. : cave, concave, courbe, encaissé, ensellé, entaillé, évidé, rentrant II. par ext. 1. → PROFOND 2. → VIDE III. fig. : chimérique, futile, vain → IMAGINAIRE ◇ CONTR. I. → PLEIN II. → COURBE III. → RENFLÉ

CREVAISON n.f. I. éclatement II. → MORT III. → FATIGUE

CREVANT, E I. → RISIBLE II. → TUANT

CREVARD, E nom et adj. I. → AFFAMÉ II. → FAIBLE

CREVASSE n.f. → FENTE

CREVASSER craqueler, fendiller, fendre, fissurer, gercer, lézarder

CRÈVE-CŒUR n.m. I. → ENNUI II. → PEINE

CRÈVE-LA-FAIM n.m. ou f. → PAUVRE

CREVER I. v. intr. 1. → MOURIR 2. → ROMPRE (SE) II. v. tr. → FATIGUER

CREVETTE n.f. I. de mer : bouc, boucot, bouquet, chevrette, palémon, salicoque II. d'eau douce : gammare

CREVETTIER n.m. → BATEAU

CRI n.m. I. vx : devise II. neutre. 1. appel, avertissement, éclat (de voix), exclamation, son 2. → BRUIT III. fav. 1. acclamation, alléluia, applaudissement, ban, évohé, hosanna, hourra, ovation, you-you 2. imploration, interjection, prière, supplication IV. non fav. 1. charivari, clabaudage, clabaudement, clabauderie, clameur, criaillement, criaillerie, crierie, glapissement, grognement, gueulement, haro, huchement, huée, hurlement, juron, piaillement, piaillerie, plainte, protestation, réclamation, récrimination, rumeur, tapage, tollé, tumulte, vacarme, vocifération 2. gémissement, lamentation, murmure, pleur, sanglot, vagissement 3. vén. : aga, hallali, hourvari, huée, taïaut V. d'animaux et par ext. d'humains : aboi, aboiement, babil, babillage, barrissement et barrit (éléphant), bêguètement *(chèvre)*, bêlement, beuglement *(bovidés)*, braiement *(âne)*, braillement *(paon)*, bramement *(cervidés)*, caquet *(poule)*, chant, chuchotement *(moineau)*, chuinement ou chuintement *(chouette)*, clabaudage *et* clatissement *(vén.* chien*)*, clouquement et gloussement *(poule)*, coassement *(crapaud et grenouille)*, cocorico, coin-coin *(canard)*, courcaillet *(caille)*, craillement ou graillement *(corneille)*, craquètement *(cigale, cigogne, grue)*, criaillement *(oie, paon)*, crissollement ou grisolement *(alouette)*, croassement *(corbeau)*, feulement *(chat, tigre)*, gazouillement, gazouillis, gémissement *(tourterelle)*, glapissement *(grue, renard)*, glouglou *(dindon)*, grésillement *(grillon)*, gringottement *(moineau)*, grognement *et* grommellement *(ours, porc, sanglier)*, hennissement *(cheval)*, hululation *et* hululement *(chouette, hibou)*, hurlement *(chien, loup, ours)*, jacassement *et* jacasserie *(pie)*, jappement *(chien)*, jasement *(geai, pie)*, meuglement *(bovidés)*, miaulement, mugissement, pépiement, piaulement, piaulin, pioutement, ramage, rauquement *(tigre)*, roucoulement, rugissement, sifflement, stridulation *(cigale)*, tirelire *(alouette)*, ululation et ululement *(chouette, hibou)*.

◇ CONTR. → SILENCE

CRIANT, E I. → ÉVIDENT **II.** → RÉVOLTANT

CRIARD, E I. → AIGU **II.** → VOYANT

CRIBLAGE n.m. calibrage, tri, triage

CRIBLE n.m. batée, calibreur, claie, cribleur, grille, passoire, sas, tamis, tarare, trémie, trieur

CRIBLER I. → TAMISER **II.** → PERCER

CRIBLURE n.f. → DÉCHET

CRIC n.m. levier, vérin

CRICOÏDE → ROND

CRI-CRI n.m. invar. → GRILLON

CRIÉE n.f. **I.** → ENCHÈRES **II.** → VENTE

CRIER I. v. intr. 1. au pr. : acclamer, appeler, avertir, clamer, dire, s'écrier, s'égosiller, s'époumoner, s'exclamer, gueuler, héler, houper, hucher, hurler, proclamer, siller (rég.), tonitruer, tonner, trompeter, vagir, vociférer **2. par ext. :** fulminer, gémir, implorer, jurer, se plaindre, prier, récriminer, sacrer, supplier **3. contre quelqu'un :** accuser, apostropher, attraper, clabauder, conspuer, couiner, criailler, croailler, se fâcher, faire de la musique, gronder, interpeller, invectiver, malchanter (vx), se plaindre de, rager, râler, se récrier, réprimander, tempêter, vitupérer → PROTESTER **4. animaux et par ext. humains :** aboyer, babiller, baréter *(rhinocéros, éléphant)*, barrir *(éléphant)*, béguéter *(chèvre)*,

bêler *(ovidés)*, beugler *(bovidés)*, blatérer *(chameau)*, boubouler *(hibou)*, brailler *(paon)*, braire, bramer *(cervidés)*, cacaber *(perdrix)*, cacarder *(oie)*, cajoler *(geai, pie)*, caqueter, caracouler *(ramier)*, carcailler *(caille)*, chanter, chicoter *(souris)*, chucheter ou chuchoter *(moineau)*, chuiner ou chuinter *(chouette)*, clabauder *(vén.* chien*)*, clapir *(lapin)*, clatir *(vén.* chien*)*, coasser *(crapaud, grenouille)*, coclorer *(poule)*, coqueriquer *(coq)*, coucouler *(coucou)*, couiner, courailler *(caille)*, crailler *et* grailler *(corneille)*, craquer *et* craqueter *(cigale, cigogne, grue)*, crételer *(poule)*, criailler *(oie, paon)*, croasser *(corbeau)*, crouler *(bécasse)*, feuler *(tigre)*, flûter *(merle)*, frigotter *(pigeon)*, gazouiller, gémir *(tourterelle)*, glapir *(grue, renard)*, glatir *(aigle)*, glouglouter *(dindon)*, glousser *(perdrix, poule)*, grésiller *et* grésillonner *(grillon)*, gringoter *(rossignol)*, grisoller *(alouette)*, grogner *et* grommeler *(ours, porc, sanglier)*, hennir *(cheval)*, hôler *et* huer *et* hululer *(chouette, hibou)*, hurler *(chien, loup, ours)*, jaboter *(pélican)*, jacasser *(pie)*, jupper, jargonner *(jars)*, jaser *(pie)*, lamenter *(crocodile)*, margauter *et* margoter *(caille)*, meugler *(bovidés)*, miauler, mugir, nasiller *(canard)*, pépier, piailler, piauler, pituiter *(caille)*, pupuler *(huppe)*, raire *et* râler *et* raller *et* réer *(cervidés)*, ramager *(oiseaux)*, rauquer *(tigre)*, roucouler *(colombe, pigeon, ramier, tourterelle)*, rugir *(lion)*, siffler, striduler *(cigale)*, tirelirer ou tiriliser *(alouette)*, trisser *(hirondelle)*, trompeter *(aigle, cygne, grue)*, ululer *(chouette, hibou)*, zinzinuler *(mésange, fauvette)*. **5. imiter le cri :** frouer *(chouette)*, rossignoler, turluter *(courlis)*. **II. v. tr. 1.** → PUBLIER **2.** → AFFIRMER

◇ CONTR. **I.** → MURMURER **II.** → TAIRE (SE)

CRIEUR n.m. aboyeur (fam.), annonceur, huissier, tambour de ville

CRIME n.m. **I.** assassinat, assassinement (vx), attentat, brigandage, complot, délit, empoisonnement, espionnage, faute, faux, forfait, forfaiture, fraude, inceste, infraction, mal, meurtre, péché, stupre, trahison, viol → VOL **II.** ethnocide, génocide

◇ CONTR. → PROUESSE

CRIMINALITÉ n.f. délinquance, truanderie

◇ CONTR. **I.** → PROGRÈS **II.** → SÉCURITÉ

CRIMINEL, LE nom et adj. **I.** → HOMICIDE **II.** → MALFAITEUR **III.** → SCÉLÉRAT

CRIN n.m. **I.** → FIL **II.** → CHEVEUX

CRINIÈRE n.f. → CHEVEUX

CRINOLINE n.f. → PANIER

CRIQUE n.f. → GOLFE

CRIQUET n.m. **I.** acridien, locuste, sauterelle **II. arg.** → CHEVAL

CRIS-CRAFT n.m. → BATEAU

CRISE n.f. **I. au pr.** : accès, attaque, atteinte, bouffée, poussée, quinte **II. par ext. 1.** → PÉRIPÉTIE **2.** alarme, angoisse, danger, débâcle, dépression, détresse, difficulté, krach, malaise, manque, marasme, mévente, misère, pénurie, péril, perturbation, phase critique, récession, rupture d'équilibre, stagnation, tension, trouble ◇ CONTR. **I.** → ARRÊT **II.** → PROSPÉRITÉ **III.** → TRANQUILLITÉ

CRISPANT, E → AGAÇANT

CRISPATION n.f. → CONTRACTION

CRISPER I. → RESSERRER **II.** → ÉNERVER

CRISPIN n.m. → MANCHETTE

CRISS n.m. → POIGNARD

CRISSEMENT n.m. → BRUIT

CRISSER craquer, frotter, grincer

CRISTAL n.m. **I.** quartz, spath **II.** baccarat, bohème, saint-louis → VERRE

CRISTALLIN, E adj. et n.m. **I.** → PUR **II.** → TRANSPARENT

CRISTALLISATION n.f. → PRÉCIPITATION

CRISTALLISER I. → SOLIDIFIER **II. fig. 1.** → MATÉRIALISER **2.** → FIXER

CRISTALLOPHYLLIEN, NE métamorphique

CRITÈRE n.m. → MODÈLE

CRITÉRIUM n.m. → COMPÉTITION

CRITICAILLER → DISCUTER

CRITICISME n.m. kantisme → PHILOSOPHIE

CRITIQUE I. adj. 1. → DÉCISIF **2.** → SÉRIEUX **II. n.f. 1.** → JUGEMENT **2.** → REPROCHE **3.** → CENSURE **III. n.m.** → CENSEUR

CRITIQUABLE I. → INCERTAIN **II.** → SUSPECT

CRITIQUER I. → BLÂMER **II.** → CHICANER **III.** → DISCUTER

CRITIQUEUR n.m. → CENSEUR

CROASSEMENT n.m. → CRI

CROASSER → CRIER

CROC n.m. **I.** → DENT **II.** → HARPON

CROC-EN-JAMBE et **CROCHE-PIED** n.m. → PIÈGE

CROCHE n.f. **mus.** : huitième de ronde

CROCHER → PRENDRE

CROCHET n.m. **I. 1.** accroche-plat, esse, patte, piton **2.** → AGRAFE **3. de boucher** : allonge, croc, pendoir **4. mar.** : élangueur, suspensoir **5.** angon, foëne → PIQUE **6.** binette, fourche à fumier, pélican, renard **7.** passe-partout, pince(-monseigneur) – **arg.** : caroube, car-

reau, césame, gerbière, joséphine, passe, peigne, tournante **8.** tire-bottes/ -bourre/ -boutons **9.** → PIQUE-FEU **10. méd.** : araignée, érigne, forceps **II.** → DENT **III.** → DÉTOUR

CROCHETER → OUVRIR

CROCHETEUR n.m. → PORTEUR

CROCHU, E → COURBE

CROCODILE n.m. **I.** → ALLIGATOR **II.** → SCIE **III.** → SIGNAL

CROCUS n.m. safran

CROIRE I. v. tr. 1. accepter, admettre, cuider (vx), être convaincu de, penser, regarder/ tenir comme/ pour certain/ sûr/ véridique/ vrai **2. non fav.** : avaler, donner dans, gober, marcher, mordre à l'hameçon, prendre pour argent comptant, prêter l'oreille, être → CRÉDULE **3. faire croire** : abuser, faire accroire, mener en bateau, monter le coup/ un bateau, tromper **4. croire que** : considérer, estimer, être convaincu/ persuadé, se figurer, s'imaginer, juger, penser, préjuger, présumer, sembler, supposer **II. v. intr.** : adhérer à, compter sur, se faire disciple de, faire confiance/ se fier/ se rallier à **III. v. pron.** → VANTER (SE) ◇ CONTR. **I.** → DOUTER **II.** → NIER

CROISADE n.f. **I.** expédition, guerre sainte **II.** → CAMPAGNE

CROISÉ n.m. chevalier de l'Ordre de Jérusalem/ de Malte/ du Temple ou templier, chevalier teutonique, soldat du Christ

CROISÉ, E I. emmêlé, enchevêtré, superposé **II.** → MÉTIS

CROISÉE n.f. **I.** → CARREFOUR **II.** → FENÊTRE

CROISEMENT n.m. **I.** → CARREFOUR **II.** → MÉTISSAGE

CROISER I. v. intr. → MONTRER (SE) **II. v. tr. 1.** entrecroiser, entrelacer **2.** couper, hybrider, mâtiner, mélanger, mêler, métisser **3.** TRAVERSER **4.** → RENCONTRER

CROISEUR n.m. → BATEAU

CROISIÈRE n.f. → VOYAGE

CROISSANCE n.f. accroissement, agrandissement, augmentation, avancement, crue, développement, poussée, progrès, progression, recrudescence ◇ CONTR. **I.** → DIMINUTION **II.** → DÉCLIN

CROISSANT n.m. → PÂTISSERIE

CROISSANT, E I. → PROMETTEUR **II.** → INQUIÉTANT

CROÎT n.m. → BÉNÉFICE

CROÎTRE s'accroître, s'agrandir, augmenter, se développer, s'élever, s'enfler, s'épanouir, s'étendre, fructifier, gagner, grandir, grossir, monter, multiplier, pousser, prendre de la taille, profiter, progresser, prospérer, pulluler, venir

◈ CONTR. → DIMINUER

CROIX n.f. I. calvaire, crucifix, hosannière II. → GIBET

CROMORNE n.m. **mus.** → BOIS

CROQUANT n.m. → PAYSAN

CROQUE-AU-SEL cru, nature

◈ CONTR. : cuit

CROQUEMBOUCHE n.m. → PÂTISSERIE

CROQUE-MITAINE n.m. → OGRE

CROQUE-MONSIEUR n.m. → CASSE-CROÛTE

CROQUE-MORT n.m. employé/ ordonnateur des pompes funèbres – **arg. ou fam.** : borniol, croque, emballeur de refroidis

CROQUENOT n.m. → CHAUSSURE

CROQUER I. → BROYER II. → MANGER III. → DÉPENSER IV. → ÉBAUCHER V. **CROQUER LE MARMOT** → ATTENDRE

CROQUET n.m. I. → BISCUIT II. → PASSEMENT III. → JEU

CROQUETTE n.f. → BOULETTE

CROQUEUR, EUSE nom et adj. I. → DÉPENSIER II. → PRODIGUE III. **au fém.** → PROSTITUÉE

CROQUIGNOLE I. **n.f.** → BISCUIT II. **adj.** 1. → RIDICULE 2. → AIMABLE

CROQUIGNOLET, TE I. → RIDICULE II. → ÉLÉGANT

CROQUIS n.m. → ÉBAUCHE

CROSKILL n.m. brise-mottes → HERSE

CROSSE n.f. I. → BÂTON II. **au pl.** → QUERELLE

CROSSÉ adj.m. **relig.** (**d'un évêque**) : célébrant, consacrant, investi, sacré, titulaire d'une abbaye/ d'un évêché

CROSSER → PUNIR

CROSSETTE n.f. → BOUTURE

CROSS FADING n.m. **audiov. off.** : fondu enchaîné

CROSS SECTION n.m. **nucl. off.** : section efficace

CROSS SERVICING n.m. **milit. off.** : aide/ soutien logistique/ mutuel(le)

CROSSING OVER n.m. **méd. off.** : enjambement

CROTALE n.m. → SERPENT

CROTON n.m. I. euphorbiacée II. → POISON

CROTTE et **CROTTIN** n.f., n.m. I. → EXCRÉMENT II. → BOUE III. → ORDURE

CROTTER I. → BESOINS (FAIRE SES) II. → SALIR

CROTTIN n.m. I. → EXCRÉMENT II. → BOUE III. → ORDURE

CROULANT, E nom et adj. → VIEUX

CROULE n.f. → CRI

CROULER I. s'abattre, s'abîmer, s'affaler, craquer, se défoncer, s'ébouler, s'écrouler, s'effondrer, se renverser, se ruiner, tomber → AFFAISSER (S') II. → CRIER

◈ CONTR. → TENIR

CROUP n.m. diphtérie

CROUPE n.f. I. → DERRIÈRE II. → SOMMET

CROUPI, E → POURRI

CROUPIÈRE n.f. bacul, culeron, flaquière

CROUPION n.m. I. uropygium II. as de pique, sot-l'y-laisse (par ext.) III. → DERRIÈRE

◈ CONTR. → TÊTE

CROUPIR I. → SÉJOURNER II. → POURRIR

CROUPISSANT, E I. → STAGNANT II. → INACTIF

CROUPISSEMENT n.m. I. → STAGNATION II. → INACTION

CROUPON n.m. → CUIR

CROUSTADE n.f. → PÂTÉ

CROUSTILLANT, E ou **CROUSTILLEUX, EUSE** → OBSCÈNE

CROUSTILLER → CRAQUER

CROÛTE et **CROÛTON** n.f., n.m. I. → MORCEAU II. → TABLEAU

CROÛTER → MANGER

CROÛTEUX, EUSE → RUDE

CROÛTON n.m. → MORCEAU

CROWN-GLASS n.m. → VERRE

CROYABLE → VRAISEMBLABLE

CROYANCE n.f. I. adhésion, assentiment, certitude, savoir II. **péj.** : crédulité, superstition III. **relig.** : confiance, conviction, doctrine, dogme, espérance, foi, religion, révélation, tradition IV. attente, conscience, créance, crédit, idée, opinion, pensée, persuasion, prévision, soupçon

◈ CONTR. I. → INCERTITUDE II. → SCEPTICISME

CROYANT, E I. **adj.** → RELIGIEUX II. **nom** → FIDÈLE

C.R.S. (COMPAGNIES RÉPUBLICAINES DE SÉCURITÉ) n.m. → POLICIER

CRU n.m. terroir, vignoble → VIN

CRU, E I. → INDIGESTE II. croque-au-sel, nature → NATUREL III. → RUDE IV. → OBSCÈNE

◈ CONTR. I. → CUIT II. → DÉLICAT

CRUAUTÉ n.f. → BARBARIE, DURETÉ

CRUCHE et **CRUCHON** n.f., n.m. I. → POT II. → BÊTE III. → LOURDAUD

CRUCIAL, E → DÉCISIF, DÉLICAT

CRUCIFIER → TOURMENTER

CRUCIFIX n.m. → CROIX

CRUCIFIXION n.f. crucifiement → SUPPLICE

CRUCIVERBISTE n.m. ou n.f. mots-croisiste, verbicruciste

CRUDITÉ n.f. brutalité, réalisme
◆ CONTR. → DÉLICATESSE

CRUE I. → INONDATION II. → CROISSANCE
◆ CONTR. : étiage

CRUEL, LE I. → BARBARE II. → DUR III. → INSENSIBLE IV. → DOULOUREUX

CRUELLEMENT I. abominablement, acerbement, affreusement, agressivement, aigrement, aigûment, atrocement, brutalement, diaboliquement, durement, égoïstement, férocement, haineusement, indignement, inhumainement, malignement, méchamment, odieusement, perfidement, perversement, rudement, sadiquement, vicieusement II. amèrement, douloureusement, dramatiquement, épouvantablement, funestement, intolérablement, lamentablement, péniblement, pitoyablement, tragiquement, tristement
◆ CONTR. I. → DOUCEMENT II. → CHARITABLEMENT III. → TENDREMENT

CRUENTÉ, E → ENSANGLANTÉ

CRUISER n.m. → BATEAU

CRÛMENT brutalement, durement, tout de go/ net, rudement, sans ménagement, sèchement
◆ CONTR. → DOUCEMENT

CRUOR n.m. → SANG

CRURAL, E fémoral

CRUSHER n.m. **méc. off.** : manomètre à écrasement

CRUSTACÉ n.m. I. anomoure, macroure II. → CRABE III. ape, araignée (de mer) ou maïa, bernard-l'hermite ou pagure, bouquet, cigale (de mer), crevette, écrevisse, galatée, gambas, homard, langouste, langoustine, squille IV. amathie, anatife, balane, cirripède, copépode, daphnie, phyllopode V. armadille, aselle, cloporte, ligie

CRYOGÉNISATION n.f. → CONGÉLATION

CRYPTE n.f. caveau, chapelle, grotte, hypogée

CRYPTIQUE → SECRET

CRYPTOGRAMME n.m. → SECRET

CRYPTONYME n.m. → PSEUDONYME

CSARDAS n.f. → DANSE

CUBAGE et **CUBATURE** n.m., n.f. → VOLUME

CUBE n.m. hexaèdre

CUBER → ÉVALUER

CUBILOT n.m. creuset

CUCUL → BÊTE

CUCULLE n.f. → CAPUCHON

CUCURBITACÉE n.f. I. → COURGE II. → MELON III. → PASTÈQUE

CUCURBITE n.f. chaudron → USTENSILE

CUEILLETTE n.f. collecte, cueillaison, ramassage, récolte, – **vx ou rég.** : cueillage, cueille, cueillement
◆ CONTR. → SEMAILLES

CUEILLIR I. → RECUEILLIR II. → ARRÊTER

CUEILLOIR n.m. cueille-fruits.

CUILLER ou **CUILLÈRE** n.f. **par ext.** : cuilleron, louche, pochon → USTENSILE

CUILLERÉE n.f. → QUANTITÉ

CUILLERON n.m. coupelle → CUILLER

CUIR n.m. I. → PEAU II. → LAPSUS

CUIRASSE n.f. → ARMURE

CUIRASSÉ n.m. → BATEAU

CUIRASSEMENT n.m. → RENFORCEMENT

CUIRASSER I. → PROTÉGER II. → ENDURCIR (s')

CUIRASSIER n.m. → SOLDAT

CUIRE I. bouillir, braiser, étuver, faire revenir/ sauter, fricoter, frire, griller, mijoter, mitonner, poêler, rôtir → CUISINER II. v. intr. 1. → CHAUFFER 2. → BRÛLER 3. → BRONZER

CUISANT, E I. → DOULOUREUX II. → VIF

CUISEUR n.m. autocuiseur, cocotte-minute

CUISINE n.f. I. casseroles, coquerie (mar.), feux, fourneaux, marmite, office, queue de la poêle, souillarde (péj.) II. chère, menu, mets, ordinaire, préparation, repas, table III. **fam.** : becquetance, bouffe, bouffetance, cuistance, frichti, fricot, graille, manger, popote, ragougnasse, rata, soupe, tambouille, tortore IV. **fig.** → MANIGANCE

CUISINÉ, E *les adj. dérivés possibles (part. passés) des syn. de* cuire *et* cuisiner

CUISINER accommoder, assaisonner, blanchir, blondir, clarifier, coller, concocter, décanter, déglacer, dégraisser, détendre, dorer, écumer, étuver, faire revenir/ sauter/ suer/ tomber, flamber, mouiller, napper, pincer, rafraîchir, raidir, rassir, rectifier, réduire, rissoler, saisir, singer, touiller, travailler, vanner → CUIRE, PRÉPARER

CUISINIER, ÈRE n.m. ou f. I. au pr. : bonne, chef, coq (mar.), cordon bleu, maître coq, maître d'hôtel, maître queux, rôtisseur, saucier, traiteur – vx : hâteur, officier de bouche, queux II. fam. : cuistancier, cuistot, empoisonneur, fouille-au-pot, fricasseur, gargotier, gâte-sauce, marmiton, souillon, tourne-broche

CUISINIÈRE n.f. fourneau, gazinière, potager → RÉCHAUD

CUISSAGE n.m. → ACCOUPLEMENT

CUISSARD n.m. → PROTECTION

CUISSARDES n.f.pl. → BOTTE

CUISSE ou CUISSEAU ou CUISSOT n.f., n.m., n.m. boucherie : baron, culotte, gigot, gigue, gîte, jambon, pilon, quasi, tranche

CUISSE-MADAME n.f. → POIRE

CUISSON n.f. caléfaction, coction, concoction, cuite, préparation

CUISTANCE n.f. → CUISINE

CUISTOT n.m. → CUISINIER

CUISTRE n.m. → PÉDANT

CUISTRERIE n.f. → PÉDANTISME

CUIT, E à point, bleu, saignant et les part. passés possibles des syn. de cuire

CUITE n.f. I. → CUISSON II. → IVRESSE

CUITER (SE) → ENIVRER (s')

CUIVRE n.m. I. billon II. par ext. : basset (clarinette/ cor de), bombardon, bugle, cor, cornet, hélicon, ophicléide, sarrussophone, saxhorn, saxophone, trombone, trompette, tuba

CUIVRÉ, E bronzé, bruni, hâlé, noirci
◈ CONTR. → PÂLE

CUIVRER → BRONZER

CUIVREUX, EUSE cuprifère, cuprique

CUL n.m. I. → DERRIÈRE II. → FESSIER III. → FOND

CUL-BLANC n.m. I. pétrel → PALMIPÈDE II. motteux, traquet → PASSEREAU

CULBUTAGE n.m. → RENVERSEMENT

CULBUTANT n.m. → CULOTTE

CULBUTE n.f. → CABRIOLE

CULBUTER I. v. intr. 1. → TOMBER 2. → CAPOTER II. v. tr. 1. → ABATTRE 2. → ENFONCER 3. → VAINCRE III. 1. → ACCOUPLER (s') 2. vx : aller au bois/ au déduit, beliner, beluter, besogner, bistouquer, bistouquer, chausser, chevaucher, cuisser, culeter, donoier, faire l' → ACCOUPLEMENT, faire la bête à deux dos, foutre, graisser ses bottes, jardiner, jouer du → FESSIER, trinquer du nombril, trousser un jupon/ un panier, voir la feuille à l'envers 3. arg. et grossier : aller au canard/ aux cuisses/

au radada/ au tapanar, anguiller, arracher son copeau/ pavé, artiller, astiquer, se baguer le nœud, baiser, baisouiller, biter, botter, bourrer, bourriner, brosser, calecer, caramboler, cartonner, caser, cheviller, chibrer, cogner, couchailler, défoncer, dérouiller, distribuer de l'extase, écouvillonner, égoïner, embourber, embourrer, embreteller, embrocher, emmancher, enfiler, enjamber, enquiller, s'envoyer en l'air/ une → FEMME, fabriquer, faire la saillie/ tagada/ une partie de jambes en l'air/ une politesse/ zig-zig, farcir, fauberger, filer un coup, flinguer, fouiller, fourbir, fourgonner, fourailler, fourrer, fricasser, fricoter, gauler, godiller, grimper, guiser, jouer du bilboquet/ du → SEXE, limer, se mélanger, mener le petit au cirque, mettre au chaud, mettre une pépée en lecture, s'en mettre une sur le bout, moucher le petit frère, niquer, opérer, ourser, pager, pinailler, piner, pinocher, planter, poinçonner, pointer, posséder, queuter, ramer, ramoner, râper, rivancher, rouscailler, sabrer, sauter, taper/ tirer une carte/ sa chique/ son coup/ sa crampe/ sa crampette/ une pastiquette/ une pétée, torpiller, tremper son biscuit/ son pain au lait/ son panet, trancher, tringler, triquer, tromboner, troncher, trouducuter, verger, zébrer, ziber → JOUIR

CULBUTEUR n.m. basculeur

CUL-DE-BASSE-FOSSE n.m. → CACHOT

CUL-DE-FOUR n.m. → VOÛTE

CUL-DE-JATTE n.m. amèle → ESTROPIÉ

CUL-DE-LAMPE n.m. → IMAGE

CUL-DE-PORC n.m. → NŒUD

CUL-DE-SAC n.m. → IMPASSE

CULÉE n.f. → APPUI

CULER → RECULER

CULERON n.m. → HARNACHEMENT

CULEX n.m. → MOUSTIQUE

CULIER, ÈRE → OBSCÈNE

CULIÈRE n.f. → HARNACHEMENT

CULINAIRE gastronomique

CULMINANT (POINT) n.m. → APOGÉE

CULMINATION n.f. → APOGÉE

CULMINER atteindre, dominer, plafonner, surplomber
◈ CONTR. I. → ABAISSER (s') II. → DIMINUER

CULOT n.m. I. → HARDIESSE II. → CONFIANCE

CULOTTAGE n.m. → VIEILLISSEMENT

CULOTTE n.f. I. au pr. 1. vx : bragues, braies, chausses, grègues, haut de chausses, rhingrave, trousses 2. caleçon, flottant, short 3. de femme : cache-sexe, collant, dessous, lingerie, panty, parure, slip – **arg.** : cache-fri-fri, slibard **4. par ext.** : bermuda, bloomer, blue-jean, corsaire, denim, fuseau, jeans, jodhpurs, knickers, knickerbockers, pantalon, sampot **5. arg.** : bénard, bénouze, culbutant, falzar, fendard, flottard, froc, futal, grimpant, largeot, sac à miches/ à purge, valseur **II. fig.** → PERTE

CULOTTÉ, E → IMPUDENT

CULOTTER noircir, roder, salir, user

CULOTTIER, IÈRE n.m. ou f. → TAILLEUR

CULPABILISATION n.f. → CONFESSION

CULPABILISER rendre → RESPONSABLE

◇ CONTR. : disculper → EXCUSER

CULPABILITÉ n.f. faute, imputabilité, responsabilité

◇ CONTR. : innocence → EXCUSE

CULTE n.m. **I.** dévotion, dulie, hyperdulie, latrie → RELIGION **II.** → RESPECT **III. RENDRE UN CULTE** → HONORER

◇ CONTR. **I.** → INDIFFÉRENCE **II.** → HAINE

CUL-TERREUX n.m. → PAYSAN

CULTISME n.m. → GONGORISME

CULTIVABLE arable, exploitable, fertile, labourable, rentable

◇ CONTR. → STÉRILE

CULTIVATEUR, TRICE n.m. ou f. → AGRICULTEUR

CULTIVÉ, E I. → RAFFINÉ **II.** → INSTRUIT

CULTIVER I. 1. exploiter, faire pousser/ venir, mettre en culture/ valeur **2.** amender, ameublir, arracher, arroser, battre, bêcher, biner, botteler, butter, chauler, cueillir, débroussailler, décavaillonner, déchaumer, défoncer, dépiquer, écimer, éclaircir, écobuer, égrener, emblaver, émotter, enfouir, ensemenser, ensiler, épamprer, épandre, épierrer, essarter, faner, faucher, fertiliser, forcer, fumer, herser, irriguer, jardiner, labourer, marcotter, marner, moissonner, plâtrer, praliner, racler, râteler, récolter, repiquer, rouler, sarcler, scarifier, sécher, semer, serfouir, soigner, soufrer, sulfater, tailler, vanner, vendanger *et les dérivés nominaux possibles des syn. de* cultiver **II.** → FORMER **III.** → PRATIQUER **IV.** → SOIGNER **V.** → FRÉQUENTER

◇ CONTR. → ABANDONNER

CULTUEL, LE → RELIGIEUX

CULTURAL, E → AGRICOLE

CULTURE n.f. **I. 1.** → AGRICULTURE **2.** → ÉLEVAGE **II.** → SAVOIR **III.** → CIVILISATION

CULTUREL, LE → DIDACTIQUE

CULTURISME n.m. → GYMNASTIQUE

CULTURISTE n.m. ou f. → GYMNASTE

CUMIN n.m. carvi → AROMATE

CUMUL n.m. → ACCUMULATION

CUMULARD n.m. **I.** → AMBITIEUX **II.** → SPÉCULATEUR

CUMULER I. → ACCUMULER **II.** → RÉUNIR

CUNNILINCTUS ou **CUNNILINGUE (FAIRE/ PRATIQUER LE). arg. et grossier :** brouter, croûter, descendre au barbu/ à la cave/ au lac/ au paillasson/ au panier/ au trèfle, donner un coup de téléphone/ sa langue au chat, faire broute-minet(te)/ une gâterie/ une glottinade/ un gougnotage/ une gourmandise/ une horreur/ une langue fourrée/ une lichette/ une minette/ une sucette/ soixante-neuf, glottiner (vx), gougnotter, gouiner, gousser, lécher, se mettre une fausse barbe, sucer – **par ext.** : faire/ pratiquer un anilinctus/ anilingue/ une feuille de rose/ un rosier fleuri/ une trompette en chocolat *et autres locutions en rapport avec le contexte et relevant de l'imaginaire*

CUPIDE → AVARE

CUPIDITÉ n.f. → AVARICE

CUPRIFÈRE cuivreux, cuprique

CUPULE n.f. induvie

CURABLE → PERFECTIBLE

CURAGE n.m. → NETTOIEMENT

CURAILLON n.m. → PRÊTRE

CURATELLE n.f. **I.** → GESTION **II.** → SURVEILLANCE

CURATEUR, TRICE n.m. ou f. **I.** → REPRÉSENTANT **II.** → GÉRANT **III.** → SURVEILLANT

CURATIF, IVE → EFFICACE

CURE n.f. **I.** → SOINS **II.** → GUÉRISON **III.** maison curiale/ presbytérale, presbytère

CURÉ n.m. → PRÊTRE

CURÉE n.f. **I.** → NOURRITURE **II.** → PILLAGE

CURER → NETTOYER

CURETAGE n.m. **I.** → NETTOIEMENT **II.** → SUPPRESSION

CURETER I. → NETTOYER **II.** → RETRANCHER

CURETON n.m. → PRÊTRE

CURETTE n.f. racle, raclette, racloir

CURIE n.f. gouvernement pontifical, Saint-Siège, siège apostolique, Vatican

CURIEUSEMENT bizarrement, drôlement, étrangement

◇ CONTR. : naturellement, normalement, de façon → BANAL

CURIEUX, EUSE I. adj. **1.** → SOIGNEUX (vx) **2.** → INDISCRET **3.** → RARE **4.** → INTÉRESSANT **II. nom. 1.** → COLLECTIONNEUR **2.** → BADAUD

CURIOSITÉ n.f. **I. neutre. 1.** appétit, attention, avidité, intérêt, recherche, soif de connaître, suspense **2.** nouveauté, rareté, singularité → BIBELOT **II. non fav. :** espionnage, indiscrétion
◊ CONTR. **I.** → INDIFFÉRENCE **II.** → RETENUE **III.** → BANALITÉ

CURISTE n.m. ou f. → VISITEUR

CURRY n.m. cari → AROMATE

CURSIF, IVE → RAPIDE

CURSUS n.m. → PROGRAMME

CURVILIGNE → COURBE

CUSPIDE n.f. → POINTE

CUSTOMISATION n.f. **techn. off. :** adaptation à l'usager, particularisation

CUT **I. audiov. off. :** scc, serré

CUTANÉ, E dermique, épidermique, peaucier

CUT OFF n.m. **audiov. off. :** point de coupure

CUVAGE n.m. cuvaison, vinification

CUVE et **CUVEAU** n.f., n.m. → BAQUET

CUVÉE n.f. → ORIGINE

CUVELAGE et **CUVELLEMENT** n.m. → BOISAGE

CUVER → DIGÉRER

CUVETTE n.f. **I.** → DÉPRESSION **II.** → BAQUET

CUVIER n.m. **I.** → BAQUET **II.** → CAVE

CYANHYDRIQUE prussique (vx)

CYBERNÉTIQUE n.f. automation, automatisation (off.) , biomécanique, bionique, biophysique électronique, robotique

CYCLE n.m. **I.** → VÉLO **II. vx :** célérifère, draisienne, vélocifère, vélocipède **III.** monocycle, tandem, triplette

CYCLE n.m. → ÉPOQUE

CYCLISTE n.m. ou f. amateur, coureur, cyclotouriste, pistard, professionnel, randonneur – **vx :** bicycliste, écureuil (du Vel'd'hiv'), vélocimane

CYCLOMOTEUR n.m. **I.** bécane, derny, deux-roues, dragster, moto, motocyclette, scooter, vélomoteur *et les marques de fabrique, par ex. :* Derny, Harley-Davidson, Honda, Mobylette, Motobécane, Solex, Terrot (vx), Vespa **II. fam. :** essoreuse, gros cube, meule, motal, pétard, pétarou (mérid.)

CYCLONE n.m. → BOURRASQUE

CYCLOPE n.m. → GÉANT

CYCLOPÉEN, NE → GIGANTESQUE

CYCLOTRON n.m. accélérateur de particules

CYGNE n.m. anatidé, buccinator, oiseau de Léda

CYLINDRE n.m. ensouple, meule, rouleau

CYLINDRÉE n.f. cubage, cube, litre, puissance, volume

CYMBALUM ou **CZIMBALUM** n.m. → CORDE(S)

CYNIQUE → IMPUDENT

CYNISME n.m. brutalité, immoralité, impudence → LASCIVETÉ
◊ CONTR. **I.** → PUDEUR **II.** → RETENUE

CYON n.m. → CHIEN

CYTOLOGIE n.f. → BIOLOGIE

DAB n.m. **I.** → PARENT **II.** → PÈRE

DA CAPO → RYTHME

DACE n.f. → IMPÔT

DACHE (À) à pétaouchnoc/ pétouchnoc (fam.), au diable, au → LOIN

DACRON n.m. → TISSU

DACTYLE n.m. → PIED

DACTYLOMANCIE n.f. → DIVINATION

DACTYLOTYPE n.f. **vx** : machine à écrire

DADA n.m. hobby, idée fixe, lubie, manie, marotte, mode, passe-temps, tic, violon d'Ingres, vogue

DADAIS n.m. ballot, dandin, niais, nigaud → SOT
◇ CONTR. **I.** → ÉVEILLÉ **II.** → HARDI

DADAÏSME n.m. → PEINTURE

DADIN n.m. fou → PALMIPÈDE

DAGORNE n.f. **I.** → VACHE **II.** → MÉGÈRE

DAGUE n.f. → POIGNARD

DAGUER **I.** → ACCOUPLER (s') **II. v. pron.** → BATTRE (SE)

DAGUERRÉOTYPE n.m. → PHOTOGRAPHIE

DAGUET n.m. → CERF

DAIGNER s'abaisser à, accepter, acquiescer, admettre, agréer, autoriser, condescendre à, consentir à, permettre, tolérer, vouloir bien
◇ CONTR. → REFUSER

DAIL, DAILLE n.m ou f. **I.** faucard, fauchon, faux **II.** pholade → LAMELLIBRANCHE

DAIM n.m. daine, daneau, dine → CERVIDÉ

DAIS n.m. abri, baldaquin, chapiteau, ciel, ciel de lit, lambrequin, poêle, vélum, voûte

DALLAGE n.m. **I.** → PAVÉ **II.** → REVÊTEMENT

DALLE n.f. **I.** carreau, pierre → CÉRAMIQUE **II.** → GOUTTIÈRE

DALLER carreler, empierrer, paver, revêtir

DALMATIQUE n.f. chasuble, tunique, vêtement sacerdotal

DALOT n.m. → CONDUIT

DAM n.m. → DOMMAGE

DAMAGE n.m. compactage, plombage, roulage, tassage
◇ CONTR. → DÉFONÇAGE

DAMARA n.m. → TISSU

DAMAS n.m. → TISSU

DAMASQUINE n.f. → GRAVURE

DAMASQUINER → INCRUSTER

DAME n.f. **I.** → FEMME **II.** → HIE

DAME-BLANCHE n.f. **I.** → HULOTTE **II.** diligence → COCHE

DAME-JEANNE n.f. → BOUTEILLE

DAMER tasser → PRESSER

DAMERET n.m. **I.** → ÉLÉGANT **II.** → GALANT **III.** → JEUNE HOMME

DAME-RONDE n.f. → ORNEMENT

DAMIER n.m. **I.** échiquier, tablier (vx) **II. par ext.** : costume/ habit d'Arlequin, marqueterie, mosaïque, patchwork → MÉLANGE

DAMNABLE → CONDAMNABLE

DAMNATION n.f. châtiment → PUNITION
◇ CONTR. → RÉDEMPTION

DAMNÉ, E nom et adj. **I.** → MAUDIT **II.** → DÉTESTABLE

DAMNER → TOURMENTER

DAMOISEAU, ELLE n.m. ou f. **I.** → JEUNE HOMME **II.** → FILLE **III.** → GALANT

DAMPER n.m. **méc. off.** : amortisseur

DANCING n.m. → BAL

DANDIN n.m. **I.** 1 . → NAÏF **II.** → COCU

DANDINEMENT n.m. → BALANCEMENT

DANDINER → BALANCER

DANDINETTE n.f. **I.** trembleuse **II.** → LEURRE

DANDY n.m. → ÉLÉGANT

DANDYSME n.m. → AFFECTATION

DANGER n.m. abîme, affaire, alarme, aléa, alerte, casse-cou/ gueule, détresse, difficulté, écueil, embarras, embûche, guêpier, hasard, impasse, imprudence, inconvénient, inquiétude, insécurité, mauvais pas, menace, perdition, péril, point chaud/ sensible, risque, S.O.S., traverse, urgence – **arg.** : deuil, pet, pétard, schproum
◇ CONTR. → SÉCURITÉ

DANGEREUX, EUSE I. → PÉRILLEUX **II.** → MAUVAIS **III.** → IMPRUDENT **IV.** → SÉRIEUX **V.** → DIFFICILE

DANOIS n.m. → CHIEN

DANS I. au milieu/ au sein de, chez, en, ès (vx) **II.** → SELON **III.** → AVEC **IV.** → PENDANT **V. temps** : d'ici **VI. DANS LES** → ENVIRON

DANSANT, E → RYTHMÉ

DANSE n.f. **I. au pr. 1.** ballet, chorégraphie, mime, mimique, orchestique *ou* orchestrique, pantomime → BAL **2.** chaîne, claquettes, dansotement, entrechat, évolution, farandole, gambille (fam.), ronde, sauterie **II. par ext. 1. vx** : aksak, allemande, anglaise, aragonaise, ballabile, bergamasque, boîteuse, bourrée, branle, carmagnole, carole, chaconne, chahut, contredanse, cotillon, courante, dérobée, écossaise, fricassée, gaillarde, galop, gavotte, gigue, guimbarde, hussarde, lanciers, loure, mascarade, matelotte, mazurka, menuet, momerie, olivettes, passacaille, passe-pied, pastourelle, pavane, polonaise, polka, quadrille, redowa, rigodon, sabotière, saltarelle, saltation, sarabande, tambourin, tordion, tricotets, villanelle **2. antiq.** : bacchanale, bibasis, cordace, emmélie, gymnopédie, pyrrhique, sicinnis **3. de nombreux termes en fonction de la mode ou des coutumes régionales** : bamboula, be-bop, biguine, black-bottom, blues, boléro, boogie-woogie, bossa-nova, boston, cachucha, cake-walk, calypso, cha-cha-cha, chaloupée, charleston, chica, conga, cracovienne *ou* czardas, cuenca, danse des derviches/ du ventre, fandango, flamenco, forlane, fox-trot, french-cancan, habanera, java, jerk, jota, lambeth-walk, mambo, marche, matchiche, one-step, pas de quatre, paso doble, pogo, ridée, rock and roll, rumba, salsa, samba, sardane, scottish, séguédille,

shimmy, sicilienne, sirtaki, ska, slow, swing, tamouré, tango, tarantelle, tyrolienne, twist, valse, zapatéado, zorongo **III. fig. 1.** → REPROCHE **2.** → VOLÉE **IV. 1. ENTRER EN DANSE** → INTERVENIR **2. MENER LA DANSE** → GOUVERNER **3. DONNER UNE DANSE** → BATTRE et RÉPRIMANDER

DANSER I. au pr. 1. s'agiter, cabrioler, dansotter, dindailler, faire des entrechats, gambiller, gigoter, giguer, sauter, sautiller, se trémousser, valser **2. arg.** : frotter, guincher **3. vx** : baller, fringuer, jamberter, tripudier **4.** dinguer, valdinguer **II. 1. NE SAVOIR SUR QUEL PIED DANSER** → HÉSITER

DANSERIE n.f. → BAL

DANSEUR n.m. **I.** boy-friend, cavalier, partenaire **II.** gambilleur (vx), rockeur, valseur **III. par ext. 1.** dansomane (vx) **2.** bateleur, saltimbanque **3. vx** : baladin, matassin **4. DANSEUR DE CORDE** : funambule **5. DANSEUR MONDAIN** : gigolo

DANSEUSE n.f. **I. au pr.** almée, ballerine, bayadère, chorégraphe, choriste, étoile, girl, petit rat, sujet **II. par ext. 1.** acrobate, baladin (vx) **2.** cavalière, partenaire **3.** girl(-friend) **4.** entraîneuse, taxi-girl

DANTESQUE I. → EFFAYANT **II.** → TOURMENTÉ

DAPHNÉ n.m. bois-gentil, garou, malherbe, sainbois

DAPIFER n.m. **vx** : maître d'hôtel, sénéchal → SERVITEUR

D.A.R. (DAY AFTER RECALL) n.m. **audiov. off.** : test du lendemain

DARD n.m. **I.** aiguillon, barbillon, crochet, dardillon → TRAIT **II.** vandoise → POISSON **III.** → SEXE

DARDER → LANCER

DARDIÈRE n.f. → PIÈGE

DARE-DARE → VITE

DARGEOT, DARGIF n.m. → FESSIER

DARIOLE n.f. → PÂTISSERIE

DARNE n.f. → TRANCHE

DARON, ONNE n.m. ou f. → PÈRE, MÈRE

DARSE et **DARSINE** n.f. → BASSIN

DARTOIS n.m. → PÂTISSERIE

DARTRE n.f. pityriasis → TACHE

DARTREUX, EUSE → LÉPREUX

DARWINISME → ÉVOLUTIONNISME

DASH-POT n.m. **méc. off.** : amortisseur à fluide, retardateur

DASYATIS n.m. → RAIE

DASYPELTIS n.m. → COULEUVRE

DASYPODE n.m. → ABEILLE

DASYURE n.m. macroure → CRUSTACÉ

DATA n.m. inform. off. : donnée

DATA BANK I. inform. off. : banque de données

DATA BASE n.m. inform. off. : base de données

DATCHA n.f. → HABITATION

DATE n.f. I. an, année, époque, jour, millésime, moment, période, quantième, rubrique, temps II. par ext. → DÉLAI III. 1. fausse date : antidaté, postdaté

DATER I. → VIEILLIR II. → VENIR DE

DATION n.f. → DON

DAUBER I. → DÉNIGRER II. → RAILLER

DAUBIÈRE n.f. → BRAISIÈRE

DAUFER → SODOMISER

DAUPHIN n.m. I. → CÉTACÉ II. → SUCCESSEUR

DAUPHINE n.f. → SOIE

DAUPHINELLE n.f. consoude, delphinium, herbe aux poux, pied d'alouette, staphisaigre

DAVANTAGE → PLUS

DAVIER n.m. I. → PINCE II. → LEVIER III. mar. → ROULEAU

DAYA n.f. → FLAQUE

DAY AFTER RECALL n.m. audiov. → D.A.R

DAZIBAO n.m. journal mural → PLACARD

DE en, entre, par, parmi, pour, selon, suivant
◇ CONTR. → A

DÉ n.m. I. cochonnet, cube, farinet, toton II. bob, crabs, jacquet, momon, passe-dix, poker, zanzi, zanzibar III. coups de dés : bezet, brelan, rafle, sonnez, terne

DEAD-HEAT n.m. ex-æquo

DÉALBATION n.f. albification, blanchiment

DEALER écon. et pétr. off. : revendeur

DÉAMBULATION n.f. → MARCHE

DÉAMBULATOIRE n.m. → PROMENOIR

DÉAMBULER → MARCHER

DÉBÂCLE n.f. I. au pr. 1. bouscueil (québ.), débaclement (vx), dégel 2. incontinence → DIARRHÉE II. fig. : catastrophe, chute, culbute, débâclage, débâclement, débandade, débine (fam.), déconfiture, défaite, démolition, déroute, désastre, échec, écroulement, effondrement, faillite, fin, fuite, krach, naufrage, revers, ruine
◇ CONTR. I. : embâcle II. → SUCCÈS

DÉBAGOULER I. → PROFÉRER II. → VOMIR

DÉBALLER I. → DÉFAIRE II. → MONTRER III. → CONFIER (SE)

DÉBANDADE n.f. I. → FUITE II. → DÉFAITE

DÉBANDER → LÂCHER

DÉBANDER (SE) → DISPERSER (SE)

DÉBARBOUILLER → NETTOYER

DÉBARCADÈRE n.m. → QUAI

DÉBARDEUR n.m. → PORTEUR

DÉBARQUEMENT → ARRIVÉE

DÉBARQUER I. → ARRIVER II. → DESTITUER

DÉBARRAS n.m. I. → GRENIER II. → REMISE

DÉBARRASSER I. alléger, arracher, balayer, déblayer, débrouiller, décharger, décoiffer, défaire, dégager, dégorger, délivrer, dépêtrer, déposséder, dépouiller, désempêtrer, désencombrer, désenlacer, désobstruer, désopiler (méd.), détrapper (vx), écheniller, écumer, enlever, évacuer, exonérer, extirper, extraire, filtrer, libérer, nettoyer, ôter, purger, purifier, quitter, retirer, retrancher, sarcler, soulager, soustraire, supprimer, tailler, vider II. v. pron. : abandonner, s'acquitter/ s'affranchir de, balancer, bazarder (fam.), se défaire/ défausser/ dépouiller de, jeter, en finir, liquider, ôter, oublier, quitter, rejeter → VENDRE
◇ CONTR. I. → OBSTRUER II. → GÊNER III. → CONSERVER

DÉBAT n.m. I. → CONTESTATION II. → DISCUSSION III. → PROCÈS

DEBATER off. : débatteur → ORATEUR

DÉBÂTIR → DÉMOLIR

DÉBATTRE I. → DISCUTER II. v. pron. → DÉMENER (SE)

DÉBAUCHE n.f. I. au pr. 1. l'acte : arsouille, arsouillerie, bacchanale, bambochade, bamboche, bamboula, beuverie, bombe, bordée, boucan, bousin, bringue, coucherie, crapule, crapulerie, débordement, déportement, dérèglement, désordre, écart de conduite, foire, foirinette, fornication, fredaine, frotti-frotta, godaille, goguette, gouape, libation, lupanée, noce, nouba, orgie, partie, partouse, ribauderie, ribote, ribouldingue, ripaille, saturnale, scandale, soûlerie, troustafana, vadrouille, vie de bâton de chaise → FÊTE – vx : égrillardise, garouage, popine, riole 2. le comportement : abus, corruption, dépravation, dévergondage, dissipation, dissolution, errements, excès, fange, galanterie, immoralité, impudicité, inconduite, incontinence, indécence, intempérance, ivrognerie, jouissance, libertinage, licence, luxure, ordure, paillardise, puterie (vx), polissonnerie, stupre, sybaritisme, turpitude, vice, volupté II. par ext. : étalage, luxe,

quantité, surabondance → PROFUSION
◇ CONTR. I. → CONTINENCE II. → AUSTÉRITÉ III. → DÉCENCE

DÉBAUCHÉ, E n. ou adj. arsouille, bambocheur, bordelier, casanova, cavaleur, cochon, corrompu, coureur, crapuleux, cynique, dépravé, déréglé, dévergondé, dissipateur, dissolu, don juan, drille, flirteur, frottadou (mérid.), godailleur, grivois, immoral, impudique, indécent, ivrogne, jouisseur, juponnier, libertin, libidineux, licencieux, lovelace, luxurieux, mauvais sujet, noceur, obscène, orgiaque, paillard, pervers, polisson, porc, ribaud, sardanapale, sardanapalesque, satrape, satyre, sybarite, vaurien, vicieux, viveur – **grossier** : putassier, verrat – **vx** : bragard, ribleur, roué, ruffian, sabouleux
◇ CONTR. → CHASTE

DÉBAUCHER I. → CONGÉDIER **II.** → SÉDUIRE **III. v. pron.** : arsouiller, bastringuer, mener une vie de bâton de chaise (fam.)

DÉBILE I. → FAIBLE **II.** → BÊTE

DÉBILITANT, E I. → DÉMORALISANT **II.** → TUANT

DÉBILITÉ n.f. abattement, aboulie, adynamie, anémie, asthénie, atonie, chétivité, consomption, délicatesse, faiblesse, fragilité, idiotie, imbécillité, impotence, impuissance, langueur, oligophrénie, psychasthénie
◇ CONTR. → FORCE

DÉBILITER → AFFAIBLIR

DÉBINE n.f. → DÈCHE

DÉBINER → DÉNIGRER

DÉBIRENTIER, IÈRE n.m. ou f. → DONATEUR

DÉBIT n.m. **I.** → MAGASIN **II.** → ÉLOCUTION **III.** → DETTE **IV.** → ÉCOULEMENT **V.** → QUANTITÉ

DÉBITANT, E → COMMERÇANT

DÉBITER I. → VENDRE **II.** → DÉCOUPER **III.** → PRONONCER ET DIRE

DÉBITEUR, TRICE n.m. ou f. **I.** débirentier, emprunteur, redevable **II.** au rouge (fam.), sans provision
◇ CONTR. **I.** : créancier, crédirentier **II.** → CRÉDITEUR

DÉBLAI n.m. **I.** aplanissement, débarras, déblaiement, déblayage, dégagement, dépouillement, nettoyage **II.** débris, décharge, décombre, gravats, gravois, plâtras
◇ CONTR. → REMPLISSAGE

DÉBLATÉRER → INVECTIVER

DÉBLAYER → DÉBARRASSER

DÉBLOQUER → DÉGAGER

DÉBOIRE n.m. → DÉCEPTION

DÉBOISEMENT n.m. abattis, coupe rase/ sombre, déforestation, dépeuplement
◇ CONTR. → PLANTATION

DÉBOISER défricher, dégarnir, déplanter, dessoucher, éclaircir
◇ CONTR. → REPLANTER

DÉBOÎTEMENT n.m. → ENTORSE

DÉBOÎTER I. → DISLOQUER **II.** → DÉPASSER

DÉBONDER I. au pr. : mettre en perce, ouvrir **II. fig.** : éclater, épancher, se répandre, soulager, vider
◇ CONTR. → BOUCHER

DÉBONNAIRE I. → BÉNIN **II.** → BRAVE

DÉBONNAIRETÉ n.f. **I.** → BONTÉ **II.** → DOUCEUR

DÉBORD n.m. dépassant, dépassement
◇ CONTR. → RÉTRACTION

DÉBORDANT, E fig. : abondant, actif, animé, enthousiaste, expansif, exubérant, exultant, fourmillant, gonflé, impétueux, pétulant, plein, prodigue, pullulant, regorgeant, rempli, surabondant, vif, vivant
◇ CONTR. → RÉSERVÉ

DÉBORDEMENT n.m. **I. au pr.** : cataclysme, crue, débord, déferlement, déluge, dérèglement, écoulement, diffusion, expansion, explosion, flot, flux, inondation, invasion, irruption, marée, regorgement (vx), submersion **II. par ext. 1.** abus, déchaînement, démesure, dérèglement, dévergondage, dissolution, effusion, excès, exubérance, libertinage, licence, profusion, surabondance → DÉBAUCHE **2.** bordée, déluge, flot, torrent
◇ CONTR. **I.** → DIMINUTION **II.** → DÉCENCE

DÉBORDER I. se déchaîner, déferler, dépasser, se déverser, échapper, envahir, s'épancher, s'épandre, faire irruption, inonder, noyer, se répandre, sortir de, submerger → COULER **II. par ext. 1.** être plein/ rempli de, fourmiller, regorger, surabonder **2.** contourner, dépasser, tourner **3.** éclater, exploser **III. fig.** : s'écarter/ s'éloigner/ sortir de **IV.** → EMPORTER (s')
◇ CONTR. → CONTENIR

DÉBOTTÉ (AU) impromptu

DÉBOUCHÉ n.m. **I.** clientèle, marché, suite **II.** → SORTIE

DÉBOUCHER I. → OUVRIR **II.** → SORTIR **III.** → JETER (SE)

DÉBOUCLER → DÉFAIRE

DÉBOULER → ENFUIR (s')

DÉBOUQUEMENT n.m. → SORTIE

DÉBOUQUER → SORTIR

DÉBOURRER I. dépiler, ébourrer, épiler **II.** décharger, décongestionner, dégager, vider III. → PRÉPARER

◊ CONTR. → BOURRER

DÉBOURS n.m. → DÉPENSE

DÉBOURSER → PAYER

DEBOUT carré, dressé, droit, en pied (beaux-arts), érigé, levé, sur pied, sur ses jambes

◊ CONTR. I. : *les part. passés des syn. de* → COUCHER II. → MALADE

DÉBOUTER ajourner, éloigner, récuser, refuser, rejeter, renvoyer, repousser

◊ CONTR. → AGRÉER

DÉBOUTONNER (SE) fig. I. → CONFIER (SE) II. → PAYER

DÉBRAILLÉ, E → NÉGLIGÉ

DÉBRAILLER (SE) → DÉCOUVRIR (SE)

DÉBRANCHER et **DÉBRAYER** → INTERROMPRE

DÉBRIDÉ, E → EXCESSIF

DÉBRIDEMENT n.m. I. → LIBÉRATION II. → VIOLENCE

DÉBRIDER I. couper, exciser, inciser, ouvrir II. **par ext.** : déchaîner, donner libre cours

◊ CONTR. → BRIDER

DÉBRIEFING → RÉUNION

DÉBRIS n.m. balayures, bribes, bris, capilotade, casson, cendre, copeau, déchet, décombre, défet, détritus, effondrilles, épave, équevilles (rég.), ferraille, fondrilles, fragment, limaille, miette, morceau, ossement, plâtras, ramas, rebut, relique, résidu, reste, rogaton, rognure, ruine, sciure, tesson, tombée, tournure, trognon → DÉBLAI

◊ CONTR. : quelque chose → ENTIER

DÉBROUILLARD, E → MALIN

DÉBROUILLARDISE n.f. → HABILETÉ

DÉBROUILLER I. 1. → DISTINGUER 2. → ÉCLAIRCIR II. v. pron. : s'arranger, bricoler, combiner, se débarboter/ démerder/ dépatouiller/ dépêtrer/ tirer d'affaire

◊ CONTR. I. → BROUILLER II. : être → MALADROIT

DÉBROUSSAILLER I. **au pr.** : défricher, dégager, éclaircir, essarter II. **fig.** : débrouiller, dégrossir

◊ CONTR. → ABANDONNER

DÉBUSQUER → CHASSER

DÉBUT n.m. → COMMENCEMENT

DÉBUTANT, E nom et adj. → NOVICE

DÉBUTER → COMMENCER

DÉCACHETER briser/ rompre le cachet/ le sceau, desceller (vx), ouvrir

◊ CONTR. → CACHETER

DÉCADENCE n.f. I. abaissement, affaiblissement, affaissement, chute, crépuscule, déchéance, déclin, décrépitude, dégénérescence, dégradation, dégringolade, déliquescence, dépérissement, descente, destruction, détérioration, disgrâce, écroulement, effondrement, étiolement, étiolement, fin, flétrissement, marcescence, pente, recul, régression, renversement, ruine II. **méd.** : cachexie, catabolisme, désassimilation

◊ CONTR. I. → APOGÉE II. → COMMENCEMENT III. → PROGRÈS

DÉCADENT, E I. abâtardi, décrépit, dégénéré, déliquescent, étiolé, fin de race, ramolli II. baroque, crépusculaire, tard d'époque

◊ CONTR. I. → FORT II. : classique, primitif

DÉCAISSER → PAYER

DÉCALAGE n.m. I. → ÉCART II. → RUPTURE

DÉCALER → RETARDER

DÉCAMPER → PARTIR

DÉCANTATION n.f. centrifugation, clarification, décantage, transvasement

◊ CONTR. → MÉLANGE

DÉCANTER → TRANSVASER

DÉCAPANT, E I. *les part. présents possibles des syn. de* nettoyer II. → TORDANT

◊ CONTR. → PÉTRIFIANT

DÉCAPER → NETTOYER

DÉCAPEUSE n.f. → SCRAPER

DÉCAPITER I. **au pr.** : couper le cou/ la tête, décoller, faire sauter/ tomber/ voler la tête, guillotiner, mettre à mort, raccourcir (arg.), supplicier, trancher, tuer II. **par ext.** → ABATTRE III. **bot.** : écimer, écrêter, émonder, étêter

◊ CONTR. → GRACIER

DÉCARCASSER (SE) → DÉMENER (SE)

DÉCATI, E → FANÉ

DÉCAVÉ, E nom et adj. → RUINÉ

DÉCÉDÉ, E → MORT

DÉCÈLEMENT n.m. → RÉVÉLATION

DÉCELER → DÉCOUVRIR

DÉCÉLÉRER freiner, ralentir

◊ CONTR. → ACCÉLÉRER

DÉCEMMENT avec → DÉCENCE, de façon → DÉCENT *et les dérivés possibles en* -ment *des syn. de* décent

DÉCENCE n.f. bienséance, bon aloi, bon ton, chasteté, congruité, convenance, correction, délicatesse, dignité, discrétion, éducation, gravité, honnêteté, honneur, modération, modestie, moralité, politesse, propreté, pudeur, pudicité, réserve, respect, retenue,

sagesse, tact, tenue, vergogne (vx), vertu
◇ CONTR. **I.** → CYNISME **II.** → IMPUDENCE **III.** → LASCIVITÉ

DÉCENT, E bienséant, bon, chaste, comme il faut, congru, congruent, convenable, correct, délicat, digne, discret, grave, honnête, modeste, poli, propre, pudique, raisonnable, réservé, retenu, sage, séant, sortable, vertueux
◇ CONTR. **I.** → IMPUDENT **II.** → LASCIF

DÉCEPTION n.f. chagrin, déboire, déconvenue, défrisement, dégrisement, dépit, désabusement, désappointement, désenchantement, désillusion, douche, échec, ennui, infortune, insuccès, mécompte, peine, revers – vx : décompte, tire-laisse
◇ CONTR. **I.** → SATISFACTION **II.** → PLAISIR

DÉCERNER → ATTRIBUER

DÉCÈS n.m. → MORT

DÉCEVANT, E **I.** contrariant, ennuyeux, râlant (fam.) **II.** → TROMPEUR
◇ CONTR. → SATISFAISANT

DÉCEVOIR → TROMPER

DÉCHAÎNEMENT n.m. **I.** → FUREUR **II.** → VIOLENCE

DÉCHAÎNER **I.** → OCCASIONNER **II.** → EXCITER **III.** → EMPORTER (s')

DÉCHANTER se modérer, perdre ses illusions, rabattre de ses prétentions, tomber de haut
◇ CONTR. : se faire des → ILLUSION(S)

DÉCHARGE n.f. **I.** bordée, coup, détonation, escopetterie, feu, fusillade, mousquetade, rafale, salve, volée **II.** → DÉBRIS **III.** accusé de réception, acquit, débarras, déchargement, diminution, quittance, quitus, récépissé, reçu
◇ CONTR. : charge, chargement

DÉCHARGEMENT n.m. aconage (mar.), débardage, débarquement, délestage, livraison, mise à quai/ en chantier/ en stock
◇ CONTR. → ARRIMAGE

DÉCHARGER **I.** au pr. : alléger, débarder, débarquer, débarrasser, délester, diminuer, enlever, libérer, ôter **II.** par ext. **1.** acquitter, dégrever, dispenser, exempter, excuser, soulager **2.** assener, tirer **3.** blanchir, disculper, innocenter, justifier, renvoyer d'accusation **4.** déteindre
◇ CONTR. **I.** → ARRIMER **II.** → CHARGER

DÉCHARNÉ, E **I.** → MAIGRE **II.** → PAUVRE

DÉCHAUSSER **I.** au pr. : dégravoyer **II.** par ext. **1.** débotter **2.** dénuder, dépouiller, déraciner **3.** agr. : débutter, décavaillonner
◇ CONTR. : chausser

DÈCHE n.f. besoin, dénuement, gêne, indigence, manque d'argent, médiocrité, misère, nécessité, pauvreté, pénurie – fam. : débine, purée
◇ CONTR. → RICHESSE

DÉCHÉANCE n.f. **I.** cassation, forclusion, prescription **II.** atimie (antiq.), bannissement, déclassement, dégradation, déposition, destitution, disgrâce, exclusion, interdiction, licenciement, privation de droits, radiation, renvoi, rétrogradation, révocation, suspension **III.** abaissement, avilissement, bassesse, chute, décadence, déclin, décri, dégénération, dégénérescence, déshonneur, discrédit, faute, flétrissure, forfaiture, honte, ignominie, inconduite, indignité, infamie, mésalliance, ruine, souillure, turpitude
◇ CONTR. **I.** → PROROGATION **II.** → PROGRÈS

DÉCHET n.m. **I.** battitures, bran, bris, casson, chute, copeau, criblure, débris, déperdition, dépôt, détritus, discale, épluchure, falun, freinte, lavure, lie, morceau, ordure, parcelle, perte, pluches, raclure, ramas, rebut, relief, reliquat, résidu, reste, riblon, rinçure, rogaton, rognure, saleté, scorie, tombée, tournure → EXCRÉMENT **II.** → AVORTON
◇ CONTR. : quelque chose → ENTIER

DÉCHIFFRER analyser, comprendre, décoder, découvrir, décrypter, démêler, deviner, éclaircir, épeler, expliquer, lire, pénétrer, résoudre, saisir, traduire
◇ CONTR. **I.** : chiffrer **II.** → OBSCURCIR

DÉCHIQUETER broyer, chicoter (vx), couper, déchirer, découper, dépecer, dilacérer, hacher, labourer, lacérer, mettre en charpie/ lambeaux/ morceaux/ pièces, morceler, mordre, pulvériser, sectionner, séparer, taillader, tailler
◇ CONTR. → RÉTABLIR

DÉCHIQUETURE n.f. **I.** → COUPE **II.** → DÉCHIRURE

DÉCHIRANT, E **I.** aigu, perçant, suraigu **II.** bouleversant, douloureux, émouvant, lancinant, navrant, triste
◇ CONTR. **I.** → SOURD **II.** → GAI

DÉCHIREMENT n.m. **I.** au pr. : cassure, déchirure, égratignure, éraflure, griffure, lacération, rupture **II.** par ext. **1.** affliction, arrachement, chagrin, douleur, épreuve, plaie, souffrance, tourment **2.** discorde, discussion, division, trouble, zizanie
◇ CONTR. **I.** → RÉPARATION **II.** → BONHEUR

DÉCHIRER **I.** au pr. : carder, couper, déchiqueter, découdre, défaire, délabrer, détériorer, dilacérer, diviser, écarteler, écorcher, égratigner, élargir, entamer, épaufrer, érafler, érailler, excorier, fendre, griffer, labourer, lacérer, mettre en charpie/ lambeaux/ morceaux/ pièces, morceler, ouvrir, percer, rompre, taillader, tailler, traverser → DÉPECER II. fig. 1. calomnier, dénigrer, diffamer, médire, offenser, outrager 2. dévoiler, révéler 3. affliger, arracher, attrister, désoler, émouvoir, fendre le cœur, meurtrir, navrer, tourmenter

◇ CONTR. I. → RÉPARER II. → CONSOLER III. → PACIFIER

DÉCHIRURE n.f. **I. au pr. :** accroc, coupure, déchiqueture, échancrure, écorchure, égratignure, épaufrure, entaille, óraflurc, óraillure, excoriation, fente, griffure, rupture, taillade **II. fig. 1.** blessure, déchirement, peine **2.** crevasse, faille, fissuration, fissure, ouverture, percée, trouée

◇ CONTR. I. → RÉPARATION II. → CONSOLATION

DÉCHOIR s'abaisser, s'affaiblir, s'amoindrir, s'avilir, baisser, se déclasser, décliner, décroître, se dégrader, dégringoler, démériter, déroger, descendre, dévier, diminuer, s'encanailler, encourir le blâme/ la désapprobation, s'enfoncer, forligner (vx), se mésallier, rétrograder, rouler dans, tomber, vieillir → DÉGÉNÉRER

◇ CONTR. → MONTER

DÉCHRISTIANISER athéiser, laïciser, paganiser

◇ CONTR. : christianiser, évangéliser

DÉCHU, E I. forclos, prescrit **II.** abaissé, affaibli, amoindri, avili, cas social, déclassé, dégénéré, dépossédé, déposé, diminué, exclu, irrécupérable, maudit, mis au ban, pauvre, privé de, tombé

◇ CONTR. : *les part. passés possibles des syn. de* honorer

DÉCIDABLE résoluble, soluble

◇ CONTR. : indécidable

DÉCIDÉ, E I. quelqu'un : assuré, audacieux, brave, carré, convaincu, courageux, crâne, déterminé, ferme, fixé, franc, hardi, net, résolu, tranchant, volontaire **II. quelque chose :** arrêté, certain, choisi, conclu, convenu, décisif, décrété, définitif, délibéré, entendu, fixé, jugé, ordonné, prononcé, réglé, résolu, tranché, vu

◇ CONTR. I. → INCERTAIN II. → HÉSITANT III. → IMPRÉVU

DÉCIDÉMENT assurément, certainement, eh bien, en définitive, franchement, manifestement

◇ CONTR. : peut-être, possible, probablement

DÉCIDER I. décider quelque chose : arbitrer, arrêter, choisir, conclure, convenir de, décréter, définir, délibérer de, déterminer, se dé-

terminer à, dire, disposer, finir, fixer, juger, ordonner, se promettre, prononcer, régler, résoudre, solutionner, statuer, tirer au sort, trancher, vider **II. quelqu'un :** convaincre, entraîner, faire admettre à, persuader, pousser **III. v. pron. :** adopter un parti/ une solution, finir par, se hasarder à, prendre parti, se résoudre à

◇ CONTR. → AJOURNER

DÉCIDEUR n.m. chef, maître de l'ouvrage, responsable

◇ CONTR. → EXÉCUTANT

DÉCIMATION n.f. → CARNAGE

DÉCIMER → TUER

DÉCISIF, IVE capital, concluant, convaincant, critique, crucial, décidé, décisoire (jurid.), définitif, dernier, déterminant, déterminé, important, irréfutable, prépondérant, principal, probant → TRANCHANT

◇ CONTR. → ACCESSOIRE

DÉCISION n.f. **I. l'acte. 1. individuel :** choix, conclusion, détermination, parti, résolution **2. public :** arrêt, arrêté, décret, délibération, édit, jugement, ordonnance, règlement, résolution, résultat, sentence, ukase, verdict **3. relig. :** bref, bulle, canon, décrétale, rescrit **II. la faculté. 1.** assurance, caractère, courage, énergie, fermeté, hardiesse, initiative, présence d'esprit, réflexe, résolution, volonté **2.** audace, caprice

◇ CONTR. I. → INDÉTERMINATION II. → HÉSITATION

DÉCLAMATEUR, TRICE I. n.m. → ORATEUR **II. adj.** → EMPHATIQUE

DÉCLAMATION n.f. **I.** → ÉLOQUENCE **II.** → EMPHASE

DÉCLAMATOIRE → EMPHATIQUE

DÉCLAMER I. → PRONONCER **II.** → INVECTIVER

DÉCLARATION affirmation, annonce, assurance, attestation, aveu, ban, communication, confession, déposition, dire, discours, énonciation, énumération, état, indication, information, manifestation, manifeste, notification, parole, proclamation, profession de foi, promesse, révélation, témoignage, version

◇ CONTR. → SILENCE

DÉCLARÉ (ENNEMI) intime, juré

DÉCLARER affirmer, annoncer, apprendre, assurer, attester, avouer, certifier, communiquer, confesser, confier, découvrir, dénoncer, déposer, dévoiler, dire, s'engager, énoncer, énumérer, s'expliquer, exposer, exprimer, faire état de, indiquer, informer de, manifester, montrer, notifier, porter à la connaissance, prétendre, proclamer, professer, promettre, se prononcer, protester, publier, reconnaître, révéler, signaler, signifier, stipuler, témoigner. **I. v. pron. 1. au pr.** : s'avouer, se compromettre, s'expliquer, se reconnaître **2. fig.** : apparaître, se déclencher, survenir

◊ CONTR. → TAIRE

DÉCLASSEMENT n.m. → DÉCHÉANCE

DÉCLASSÉ, E → DÉCHU

DÉCLASSER → DÉPLACER

DÉCLENCHEMENT n.m. → COMMENCEMENT

DÉCLENCHER I. → MOUVOIR **II.** → COMMENCER **III.** → OCCASIONNER

DÉCLIC n.m. → BRUIT

DÉCLIN n.m. **I. au pr.** : abaissement, affaissement, baisse, chute, décadence, décours, décroissance, décroissement, décroît, diminution, fin, recul, régression **II. par ext.** : déchéance, dégénérescence, étiolement, penchant, vieillesse **III. fig.** : agonie, couchant, crépuscule, soir, tombée

◊ CONTR. **I.** → ÉCLOSION **II.** → PLÉNITUDE **III.** → PROGRÈS

DÉCLINATOIRE n.m. boussole, déclinateur

DÉCLINER I. au pr. : s'achever, s'affaiblir, baisser, décroître, dépérir, diminuer, disparaître, empirer, finir, languir, péricliter, reculer, régresser, se terminer, tomber **II. par ext.** : clocher, déchoir, dégénérer, s'écarter, s'étioler, vieillir **III.** écarter, éloigner, éviter, refuser, rejeter, renvoyer, repousser

◊ CONTR. **I.** → PROGRESSER **II.** → ACCEPTER

DÉCLINQUER → DISLOQUER

DÉCLIVITÉ n.f. → PENTE

DÉCOCHER → LANCER

DÉCOCTION n.f. → TISANE

DÉCODER → TRADUIRE

DÉCOIFFER dépeigner, ébouriffer, écheveler, hérisser

DÉCOINCER → DÉGAGER

DÉCOLLAGE n.m. → DÉPART

DÉCOLLEMENT n.m. → SÉPARATION

DÉCOLLER I. → SÉPARER **II.** → DÉCAPITER

DÉCOLLETÉ, E I. adj. : dénudé, échancré, ouvert **II. n.m.** : → GORGE

DÉCOLORATION n.f. **I.** → BLANCHEUR **II.** matité, noircissement, noircissure, ternissement, ternissure

◊ CONTR. : ravivage

DÉCOLORÉ → TERNE

DÉCOLORER → TERNIR

DÉCOMBRES n.m. pl. déblai, débris, décharge, démolitions, éboulis, épave, gravats, gravois, miettes, plâtras, reste, ruines, vestiges

DÉCOMMANDER annuler, contremander, déprier (vx), rapporter, refuser, revenir sur

◊ CONTR. → CONFIRMER

DÉCOMPOSABLE divisible, sécable *et les dérivés possibles en* -able *des syn. de* décomposer

◊ CONTR. → STABLE

DÉCOMPOSER I. au pr. : analyser, anatomiser, cliver, déliter, désagréger, désintégrer, dissocier, dissoudre, diviser, résoudre, scinder, séparer **II. par ext. 1.** dépecer, désosser, disséquer **2.** altérer, corrompre, désorganiser, faisander, gâter, mortifier, pourrir, putréfier **III. fig. les traits du visage** : altérer, troubler

◊ CONTR. **I.** → COMPOSER **II.** → COMBINER

DÉCOMPOSITION n.f. **I. au pr. 1.** analyse, désintégration, dissociation, dissolution, division, séparation **2.** altération, corruption, dégradation, désagrégation, désorganisation, gangrène, moisissure, pourriture, putréfaction **II. par ext. 1.** agonie, décadence, mort **2.** altération, convulsion, trouble

◊ CONTR. **I.** → MÉLANGE **II.** → SYNTHÈSE **III.** → CONSERVATION

DÉCOMPRESSER et **DÉCOMPRIMER I.** → LÂCHER **II.** → RÉDUIRE

DÉCOMPTE n.m. **I. d'argent. 1.** compte, détail **2.** déduction, réduction, retranchement **II.** → DÉCEPTION

◊ CONTR. **I.** → TOTAL **II.** → SUPPLÉMENT

DÉCOMPTER → RETRANCHER

DÉCONCERTANT, E bizarre, démontant, déroutant, embarrassant, imprévu, inattendu, inquiétant, renversant, surprenant, troublant → ÉTONNANT

◊ CONTR. **I.** → BANAL **II.** → RÉCONFORTANT

DÉCONCERTÉ, E confondu, confus, déconfit, décontenancé, défait, déferré, démonté, dépaysé, dérouté, désarçonné, désemparé, désorienté, étourdi, inquiet, interdit, pantois, penaud, quinaud, renversé, sot, stupéfait, surpris, troublé – **fam.** : mis en boîte, paumé → ÉTONNÉ

◊ CONTR. *les part. passés possibles des syn. de* tranquilliser

DÉCONCERTER confondre, déconfire, décontenancer, défaire, déferrer, déjouer, démonter, démoraliser, dépayser, déranger, dérouter, désarçonner, désorienter, embarrasser, embrouiller, inquiéter, interdire, interloquer, intimider, surprendre, troubler →

ÉTONNER
◇ CONTR. → TRANQUILLISER

DÉCONFIRE I. → VAINCRE II. → DÉCONCER-
TER

DÉCONFIT, E I. → DÉCONCERTÉ II. → HON-
TEUX

DÉCONFITURE n.f. I. → DÉFAITE II. → RUINE
III. → FAILLITE

DÉCONGESTIONNER → DÉGAGER

DÉCONNER → DÉRAISONNER

DÉCONSEILLER décourager, dégoûter,
détourner, dissuader, écarter, éloigner

DÉCONSIDÉRER → DÉNIGRER

DÉCONTENANCÉ confondu, confus, déconfit, déconcerté, défait, déferré, démonté,
dépaysé, dérouté, désarçonné, désemparé,
désorienté, étourdi, inquiet, interdit, pantois,
penaud, quinaud, renversé, sot, stupéfait,
surpris, troublé – fam.: mis en boîte, paumé
→ ÉTONNÉ

DÉCONTENANCER → DÉCONCERTER

DÉCONTRACTÉ, E I. → DÉGAGÉ II. →
SOUPLE

DÉCONTRACTION n.f. → AISANCE

DÉCONVENUE n.f. I. chagrin, déboire, déception, défrisement, dégrisement, dépit,
désabusement, désappointement, désenchantement, désillusion, douche, échec, ennui, infortune, insuccès, mécompte, peine,
revers – vx: décompte, tire-laisse II. → MÉ-
SAVENTURE
◇ CONTR. I. → PLAISIR II. → SATISFACTION

DÉCOR n.m. I. ambiance, apparence, atmosphère, cadre, décoration, milieu, paysage II. agencement, mansion (vx), mise en
scène, praticable, scène, spectacle
◇ CONTR.: extérieur

DÉCORATEUR, TRICE n.m. ou f. antiquaire, architecte, ensemblier, modéliste

DÉCORATIF, IVE → BEAU

DÉCORATION n.f. I. → ORNEMENT II. →
MOULURE III. 1. chaîne, cordon, croix, étoile,
insigne, médaille, palme, plaque, rosette, ruban – fam.: banane, batterie de cuisine, bijoux (de famille), crachat, hochet, méduche,
quincaille, vaisselle 2. françaises anciennes: mérite militaire, ordre de la couronne de fer/
de la Réunion/ de Saint-Hubert/ de Saint-
Lazare/ de Saint-Louis/ de Saint-Michel/
du Saint-Esprit 3. militaires modernes: croix de
guerre/ croix de guerre T.O.E./ de la Libé-
ration/ de la valeur militaire/ du combattant, médaille militaire, médaille de l'engagé
volontaire/ de la Résistance/ de Verdun,
médailles commémoratives 4. coloniales: dra-

gon de l'Annam, médaille d'or du Bénin,
mille millions d'éléphants blancs, nichan-
iftikhar, nichan-el-anouar, ouissam-alaouite
5. civiles: médaille de l'aéronautique/ d'honneur des actes de courage et de dévouement, Mérite agricole/ maritime, ordre des
Arts et des Lettres, ordre national du Mérite,
Palmes académiques 6. étrangères: croix fédé-
rale du Mérite (Allem.), croix de Léopold,
(Belg.), grand condor des Andes (Chili),
ordre royal de Charles III (Esp.), médaille
d'honneur (États-Unis), ordre du bain/ de la
jarretière, Victoria cross (Angl.), ordre du
Christ (Portugal), drapeau/ étoile rouge soviétique, Toison d'or (Saint-Empire)

DÉCORER I. → ORNER II. → RÉCOMPENSER

DÉCORTIQUER → ÉPLUCHER

DÉCORUM n.m. → CONVENANCE

DÉCOUDRE → DÉFAIRE

DÉCOUDRE (EN) s'acharner, affronter,
attaquer, bagarrer, batailler, se battre, se
colleter, combattre, se débattre, se défendre,
se démener, disputer de, s'efforcer, escarmoucher, s'escrimer, être aux prises, s'évertuer, ferrailler, guerroyer, se heurter, jouter,
livrer bataille, lutter, matcher, se mesurer à/
avec, résister, rivaliser, rompre des lances
◇ CONTR. → ABANDONNER

DÉCOULEMENT n.m. → ÉCOULEMENT

DÉCOULER couler, se déduire, dériver,
émaner, procéder, provenir, résulter, tenir
à, tirer sa source/ son origine de, venir de
◇ CONTR. → CAUSER

DÉCOUPAGE n.m. I. coupe, débitage, dé-
peçage, équarrissage II. → SUITE III. → SEG-
MENTATION
◇ CONTR. → ASSEMBLAGE

DÉCOUPÉ, E accidenté, crénelé, dentelé,
engrêlé (blas.), irrégulier, sinué, sinueux, varié
◇ CONTR. → UNIFORME

DÉCOUPER I. au pr.: chantourner, charcuter (fam. et péj.), couper, débiter, déchiqueter, démembrer, dépecer, détacher,
détailler, diviser, échancrer, équarrir, évider, lever, morceler, partager, trancher
II. par ext.: denteler, détacher, profiler
◇ CONTR. → ASSEMBLER

DÉCOUPLÉ, E I. → TAILLÉ II. → DISPOS

DÉCOUPURE n.f. coupe, déchiqueture, incisure, ouverture, taillade

DÉCOURAGEANT, E affligeant et les dérivés possibles des syn. de décourager
◇ CONTR. → RÉCONFORTANT

DÉCOURAGEMENT n.m. abattement, accablement, anéantissement, consternation,

déception, démoralisation, déréliction, désappointement, désenchantement, désespérance, désespoir, écœurement, lassitude, tristesse – **fam.** : → CAFARD

◇ CONTR. I. → COURAGE II. → ESPÉRANCE

DÉCOURAGER I. abattre, accabler, briser, consterner, débiliter, décevoir, déconforter, dégoûter, démobiliser, démonter, démoraliser, démotiver, déprimer, désenchanter, désespérer, détourner, dissuader, doucher, écœurer, faire perdre confiance/courage, lasser, rebuter, refroidir – **fam.** : déballonner, dégonfler, déponner II. **v. pron.** : s'effrayer, renoncer *et les formes pron. possibles des syn.* de décourager

◇ CONTR. I. → ENCOURAGER II. → RÉCONFORTER

DÉCOURS n.m. → DÉCLIN

DÉCOUSU, E anarchique, cafouilleux (fam.), culbuté (vx), désordonné, disloqué, haché, heurté, illogique, incohérent, inconséquent, sans queue ni tête, sautillant

◇ CONTR. → LOGIQUE

DÉCOUVERT (À) à la lumière, à nu, au grand jour, clairement, franchement, ouvertement

◇ CONTR. → SECRÈTEMENT

DÉCOUVERTE n.f. astuce (fam.), exploration, illumination, invention, trait de génie/lumière, trouvaille → RECHERCHE

◇ CONTR. I. → BANALITÉ II. → INSUCCÈS

DÉCOUVRIR I. **au pr.** : décalotter, décapoter, décapuchonner, déchaperonner, décoiffer, décolleter, défubler (vx), dégager, démasquer, dénuder, dévoiler, enlever, laisser voir, ôter II. **par ext.** 1. apprendre, avouer, confesser, confier, déceler, déclarer, déclencher (dial.), dénoncer, dévoiler, dire, divulguer, exposer, laisser percer/ voir, lever le voile, mettre au jour, montrer, ouvrir, percer à jour, publier, révéler, trahir (péj.), vendre la mèche (fam.) 2. apercevoir, comprendre, diagnostiquer, discerner, reconnaître, remarquer, repérer, saisir, voir III. **fig.** : déceler, déchiffrer, dégoter (fam.), dénicher, dépister, détecter, déterrer, deviner, éventer, lire, pénétrer, percer, repérer, trouver IV. **v. pron.** 1. se débrailler (péj.)/ décolleter/ dénuder/ déshabiller/ dévêtir/ exposer/ mettre (à) nu/ montrer 2. saluer 3. **le temps** : se dégager, s'éclaircir, s'éclairer

◇ CONTR. I. → COUVRIR II. → CACHER III. → DISSIMULER

DÉCRASSAGE n.m. → NETTOIEMENT

DÉCRASSER I. → NETTOYER II. → DÉGROSSIR

DÉCRÉDITER → DÉNIGRER

DÉCRÉPIT, E → VIEUX

DÉCRÉPITUDE n.f. → VIEILLESSE

DÉCRET n.m. I. → DÉCISION II. → LOI III. → COMMANDEMENT

DÉCRÉTALE n.f. → RESCRIT

DÉCRÉTER I. disposer, légiférer, ordonner → DÉCIDER II. → COMMANDER

◇ CONTR. → ABOLIR

DÉCRI n.m. I. → DÉFAVEUR II. → DÉCHÉANCE

DÉCRIER → DÉNIGRER

DÉCRIRE I. → TRACER II. → REPRÉSENTER

DÉCROCHAGE n.m. → RECUL

DÉCROCHER I. dépendre, ôter II. → RECULER

DÉCROISSANCE n.f. → DIMINUTION

DÉCROISSEMENT n.m. I. → DIMINUTION II. → DÉCLIN

DÉCROÎTRE → DIMINUER

DÉCRUE n.f. → DIMINUTION

DÉCRYPTER → DÉCHIFFRER

DE CUJUS n.m. ou f. défunt (off.), testateur → MORT

DÉCULPABILISER innocenter → EXCUSER

DÉDAIGNER faire fi, laisser, mépriser mésestimer, négliger, refuser, rejeter, repousser, rire de, snober, tourner le dos – **vx** contemner, incaguer, morguer

◇ CONTR. I. → ESTIMER II. → VOULOIR

DÉDAIGNEUSEMENT avec → DÉDAIN, de façon → DÉDAIGNEUX *et les dérivés possibles* en -ment *des syn.* de dédaigneux

DÉDAIGNEUX, EUSE accrêté (vx), altier arrogant, condescendant, distant, farouche fier, froid, haut, hautain, impérieux, indépendant, indifférent, insolent, méprisant moqueur, orgueilleux, paternaliste, protecteur, renchéri, réservé, rogue, snob, snobinard, snobinette, superbe, supérieur – **fam.** bêcheur, fine gueule

◇ CONTR. I. → ENTHOUSIASTE II. → RESPECTUEUX

DÉDAIN n.m. air/ sourire/ ton protecteur arrogance, condescendance, crânerie, déconsidération, dérision, distance, ignorance fierté, hauteur, indifférence, insolence, mépris, mésestime, moquerie, morgue, orgueil paternalisme, snobisme, superbe

◇ CONTR. → CONSIDÉRATION

DÉDALE n.m. → LABYRINTHE

DEDANS → INTÉRIEUR

DÉDICACE n.f. consécration, envoi, invocation

DÉDIER consacrer, dédicacer, dévouer faire hommage, offrir, vouer

DÉDIRE I. contredire, démentir, dépromettre, désavouer II. **v. pron.** : annuler, se

contredire, déclarer forfait, se délier, se démentir, se désavouer, se désengager, se désister, manquer à sa parole, se raviser, reprendre sa parole, se rétracter, revenir sur, révoquer
◇ CONTR. → CONFIRMER

DÉDIT n.m. **I.** annulation, désistement, résiliation, rétractation, révocation **II. jurid.** : clause pénale, sûreté → DÉDOMMAGEMENT
◇ CONTR. → CONFIRMATION

DÉDOMMAGEMENT n.m. compensation, consolation, dédit, dommages et intérêts, indemnité, réparation
◇ CONTR. → AGGRAVATION

DÉDOMMAGER I. compenser, donner en dédommagement *et les syn. de* dédommagement, guerdonner (vx), indemniser, payer, récompenser, remercier, rémunérer, réparer **II. v. pron.** : → RATTRAPER (SE)
◇ CONTR. → AGGRAVER

DÉDOUBLEMENT n.m. → UBIQUITÉ

DÉDOUBLER → PARTAGER

DÉDRAMATISER minimiser → CALMER

DÉDUCTIF, IVE → LOGIQUE

DÉDUCTION n.f. **I.** conclusion, démonstration, développement, énumération, raisonnement, récit **II.** extrapolation, syllogisme **III.** décompte, défalcation, remise, retranchement, ristourne, soustraction
◇ CONTR. → ADDITION

DÉDUIRE I. → RETRANCHER **II.** → EXPOSER **III.** → INFÉRER

DÉESSE n.f. beauté, cabira, déité, dive, divinité, fée, grâce, muse, nymphe, ondine, parque, walkyrie
◇ CONTR. → MÉGÈRE

DÉFAILLANCE n.f. **I.** → MANQUEMENT **II.** → ÉVANOUISSEMENT

DÉFAILLANT, E → FAIBLE

DÉFAILLIR I. → AFFAIBLIR (S') **II.** → ÉVANOUIR (S')

DÉFAIRE I. au pr. 1. neutre : déballer, débarrasser, débâtir, déboucler, déboutonner, décintrer, déclouer, décomposer, découdre, déficeler, dégager, dégrafer, délacer, délier, démonter, dénouer, dépaqueter, déplier, désagrafer, déshabiller, dessangler, détacher, détraquer, disloquer, enlever, étaler, ôter, ouvrir, quitter **2. non fav.** : abattre, affaiblir, bouleverser, casser, changer, démolir, déranger, détruire, faire table rase, mettre sens dessus dessous, miner, modifier, renverser, rompre, saper **II. par ext. 1. quelqu'un** : affranchir, débarrasser, dégager, délivrer, dépêtrer (fam.), libérer **2. milit.** : battre, culbu-

ter, déconfire, enfoncer, tailler en pièces, vaincre **III. v. pron. 1. on se défait de quelqu'un** : s'affranchir, congédier, se débarrasser, se dégager, se délivrer, se dépêtrer, se déprendre, se détacher, s'écarter, éliminer, renvoyer **2. d'une chose** : abandonner, aliéner, débarrasser, délaisser, donner, écarter, échanger, jeter, laisser, laisser tomber, liquider, nettoyer, renoncer à, se séparer de, vendre – **fam.** : balancer, bazarder, mettre au rancart **3.** se dépouiller, se déshabiller, ôter/quitter ses vêtements **4.** s'amender, se corriger, perdre, quitter
◇ CONTR. **I.** → FAIRE **II.** → ASSEMBLER **III.** → ATTACHER **IV.** → ÉTABLIR **V.** → GARDER

DÉFAIT, E I. → DÉCONCERTÉ **II.** → MAIGRE

DÉFAITE n.f. débâcle, débandade, déconfiture, déroute, désavantage, dessous, échec, écrasement, fuite, insuccès, retraite, revers – **fam.** : branlée, brossée, cacade, déculottée, dégelée, écrabouillement, frottée, pile, piquette, rossée, rouste → VOLÉE
◇ CONTR. → SUCCÈS

DÉFAITISTE n.m. ou f. **I.** → PESSIMISTE **II.** → LÂCHE

DÉFALCATION n.f. → DÉDUCTION

DÉFALQUER → RETRANCHER

DÉFAUT n.m. **I. jurid.** : contumace **II. au pr.** : absence, anomalie, carence, disette, frustration, insuffisance, manque, pénurie, privation, rareté → FAUTE **III.** → IMPERFECTION **IV. 1. ÊTRE EN DÉFAUT** → TROMPER (SE) **2. FAIRE DÉFAUT** → MANQUER **3. METTRE EN DÉFAUT** → INSUCCÈS **4. DÉFAUT DE PRONONCIATION** → ZÉZAIEMENT
◇ CONTR. **I.** : contradictoire **II.** → AFFLUENCE **III.** → QUALITÉ

DÉFAVEUR n.f. **I.** décri, discrédit, disgrâce **II.** défiance, éclipse, hostilité, inimitié **III.** charge, débit
◇ CONTR. → FAVEUR

DÉFAVORABLE adverse, aversif, contraire, dépréciatif, désavantageux, ennemi, fâcheux, funeste, hostile, inamical, mauvais, néfaste, négatif, nuisible, opposé, péjoratif
◇ CONTR. → FAVORABLE

DÉFAVORABLEMENT de façon → DÉFAVORABLE *et les dérivés possibles en* -ment *des syn. de* défavorable

DÉFAVORISÉ, E → MALHEUREUX

DÉFAVORISER → DÉSAVANTAGER

DÉFÉCATION n.f. → EXCRÉMENT

DÉFECTION n.f. abandon, apostasie, carence, débandade, déroute, désertion, lâchage, trahison
◇ CONTR. **I.** → CONSTANCE **II.** → RASSEMBLEMENT

DÉFECTUEUSEMENT → IMPARFAITEMENT

DÉFECTUEUX, EUSE → IMPARFAIT

DÉFECTUOSITÉ n.f. → IMPERFECTION

DÉFENDABLE excusable, justifiable, plaidable, soutenable

◇ CONTR. → INJUSTIFIABLE

DÉFENDEUR, DÉFENDERESSE n.m. ou f. appelé, cité, convoqué, intimé

DÉFENDRE I. protection. 1. sens général : aider, aller à la rescousse, protéger, secourir, soutenir **2.** excuser, intercéder, intervenir, justifier, plaider, prendre en main/ protection/ sauvegarde, sauvegarder **3. milit. :** abriter, couvrir, flanquer, fortifier, garantir, garder, interdire, préserver, protéger, tenir **II. prohibition :** empêcher, inhiber (vx), interdire, prescrire, prohiber, proscrire **III.** condamner, consigner, fermer **IV. v. pron. 1.** se battre, se débattre, lutter, parer, résister, riposter *et les formes pron. possibles des syn. de* défendre **2.** se justifier, réfuter, répondre

◇ CONTR. **I.** → ATTAQUER **II.** → ACCUSER **III.** → PERMETTRE **IV.** → COMMANDER

DÉFENDU, E I. abrité, couvert, en défens, flanqué, fortifié, imprenable, indépassable, garanti, gardé, préservé, protégé, secouru, tenu **II.** clandestin, illégal, illégitime, illicite, interdit, irrégulier, prohibé **III.** → SECRET

◇ CONTR. **I.** → OUVERT **II.** → PERMIS **III.** → PUBLIC

DÉFENSE n.f. **I. l'acte. 1.** aide, esquive, parade, protection, réaction, repli, rescousse, retraite, riposte, sauvegarde, secours **2.** apologie, apologétique (relig.), éloge, excuse, glorification, justification, louange, plaidoirie, plaidoyer, polémique, réponse **3. équit. :** cabrade, cabrage, pesage, ruade **4.** contre-indication, défens (vx), embargo, inhibition, interdiction, prohibition **5.** → INTERDIT **II. l'ouvrage :** abri, asile, bouclier, boulevard, citadelle, couverture, cuirasse, fortification, fossé, glacis, mâchicoulis, muraille, réduit, rempart, retranchement **III.** → DÉFENSEUR **IV. vén. au pl. :** broches, boutoir, ivoire

◇ CONTR. **I.** → ATTAQUE **II.** → ABANDON **III.** → PERMISSION

DÉFENSEUR n.m. **I.** apologétique (vx), apôtre, champion, partisan, protecteur, redresseur de torts, soutien, tenant **II.** attorney (angl.), avocat, avoué, conseil, consultant **III. péj. :** avocaillon, avocassier, chicaneur, chicanier, chicanous **IV. arg. :** bavard, débarbot, enjuponné

◇ CONTR. → ACCUSATEUR

DÉFENSIVE n.f. → RÉSERVE

DÉFÉQUER I. → PURIFIER **II. faire ses** → BESOINS

DÉFÉRENCE n.f. **I.** → COMPLAISANCE **II.** → ÉGARDS

DÉFÉRENT, E → COMPLAISANT

DÉFÉRER I. → CONFÉRER **II.** → CÉDER **III.** → INCULPER

DÉFERLEMENT n.m. → INCURSION

DÉFERLER se briser *et les formes pron. possibles des syn. de* briser

DÉFET n.m. → IMPERFECTION

DÉFEUILLER → EFFEUILLER

DÉFI n.m. **I.** appel, bravade, cartel, challenge, crânerie, fanfaronnade, figue (vx), gageure, menace, provocation, sommation, ultimatum **II. METTRE AU DÉFI** → INVITER

◇ CONTR. → SOUMISSION

DÉFIANCE n.f. **I.** → CRAINTE **II.** → MÉFIANCE

DÉFIANT, E → MÉFIANT

DÉFICELER → DÉFAIRE

DÉFICIENCE n.f. → MANQUE

DÉFICIENT, E → FAIBLE

DÉFICIT n.m. → MANQUE

DÉFICITAIRE → INSUFFISANT

DÉFICITAIREMENT → IMPARFAITEMENT

DÉFIER I. → BRAVER **II.** → INVITER **III. v. pron.** → MÉFIER (SE)

DÉFIGURER → DÉFORMER

DÉFILÉ n.m. **I. géogr. 1. sur terre :** cañon, cluse, col, couloir, faille, gorge, pas, passage, port, porte **2. de mer :** bras, canal, détroit, fjord, grau, passe, pertuis **II.** cavalcade, colonne, corso, cortège, file, manifestation, mascarade, monôme, procession, retraite, succession, théorie

DÉFILER I. → PASSER **II. v. pron. fam.** → PARTIR

DÉFINI, E → PRÉCIS

DÉFINIR I. → FIXER **II.** → DÉCIDER

DÉFINITIF, IVE I. → IRRÉVERSIBLE **II.** → DURABLE **III.** → FINAL **IV.** → ÉTERNEL

DÉFINITION n.f. → EXPLICATION

DÉFINITIVE (EN) ainsi donc, au bout du compte, comme quoi, définitivement, donc, en dernière analyse, en fin de compte, en un mot, finalement, pour conclure/ finir/ terminer, tout compte fait

◇ CONTR. → ABORD (D')

DÉFINITIVEMENT → TOUJOURS

DÉFLAGRATION n.f. → EXPLOSION

DÉFLEURIR v. tr. et intr. déflorer, défraîchir, faner, flétrir

◇ CONTR. → FLEURIR

DÉFLORER I. → DÉPUCELER **II.** → PROFANER

DÉFONÇAGE ou **DÉFONCEMENT** n.m. ameublissement, piochage → LABOUR

◇ CONTR. → DAMAGE

DÉFONCER I. → ENFONCER II. → LABOURER III. pron. 1. → CROULER 2. → DROGUER (SE)

DÉFORMATION n.f. I. altération, anamorphose, bosselure, faute, gauchissement, imperfection, incorrection II. difformité, contorsion, gibbosité, grimace, infirmité, malformation

◊ CONTR. → CORRECTION

DÉFORMÉ, E I. quelqu'un : anormal, bancal, bancroche (fam.), bossu, difforme, estropié, gibbeux, infirme, tordu II. une chose : avachi, défraîchi, égueulé, fané, fatigué, usé

◊ CONTR. I. → DROIT II. → NORMAL

DÉFORMER I. altérer, changer, transformer II. aller mal, amocher, amochir, avachir, bistourner (techn. ou fam.), contourner, contrefaire, corrompre, courber, défigurer, dénaturer, déparer, dépraver, difformer, distordre, écorcher, enlaidir, estropier, fausser, gâter, gauchir, massacrer, mutiler, tordre, trahir, travestir

◊ CONTR. → CORRIGER

DÉFOULEMENT n.m. → LIBÉRATION

DÉFOULER → LIBÉRER

DÉFRAÎCHI, E → FATIGUÉ

DÉFRAYER I. → PAYER II. → OCCUPER

DÉFRICHAGE et **DÉFRICHEMENT** n.m. abattage, arrachis, coupe, déforestage, déforestation, essartage, essartement

◊ CONTR. : abandon, jachère

DÉFRICHER I. → CULTIVER II. → ÉCLAIRCIR

DÉFRICHEUR n.m. pionnier, précurseur

DÉFRIPER et **DÉFROISSER** → REPASSER

DÉFROQUE n.f. I. déguisement, frusque (fam.), guenille, haillon, harde II. par ext. : carcasse, chair, corps

◊ CONTR. → HABIT

DÉFUNT, E adj. et n → MORT

DÉGAGÉ, E I. quelqu'un. 1. fav. : aisé, alerte, élégant, souple, vif 2. neutre : affranchi, débarrassé, décomplexé, décontracté, défoulé, détaché, libéré – fam. : rilax, relax 3. non fav. : affranchi, cavalier, délibéré, désinvolte, indifférent, léger, leste, libre, sans-gêne II. une chose : accessible, clair, débarrassé, découvert, dégagé, facile, libre, ouvert

◊ CONTR. I. → GAUCHE II. → EMBARRASSÉ

DÉGAGEMENT n.m. I. → INDIFFÉRENCE II. → PASSAGE III. → ÉMANATION IV. → NETTOIEMENT

DÉGAGER v. tr. I. débarrasser, déblayer, débloquer, débourrer, débroussailler, décoincer, décongestionner, découvrir, dénuder, dépouiller, désencombrer, élaguer, enlever, épurer, évacuer, extraire, nettoyer,

ôter, ouvrir, retirer II. par ext. : affranchir, décharger, déconsigner, dédouaner, dégrever, dispenser, exonérer, libérer, soustraire III. fam. : s'en aller, circuler, débarrasser/ vider les lieux/ la place/ le terrain, décamper, déguerpir, ficher/ foutre (grossier) le camp, partir, sortir, se tirer de IV. un concept : avancer, distinguer, extraire, isoler, manifester, mettre en évidence, rendre évident/ manifeste, séparer V. une odeur : émettre, exhaler, produire, puer, répandre, sentir VI. v. pron. 1. se déprendre, échapper, se libérer, quitter, rompre, se séparer 2. apparaître, se découvrir, s'éclaircir, émaner, émerger, s'exhaler, jaillir, se montrer, se répandre, sortir 3. se faire jour, se manifester, ressortir, résulter

◊ CONTR. I. → OBSTRUER II. → CHARGER

DÉGAINE n.f. accent (québ.), attitude, comportement, conduite, démarche, genre, port, silhouette, touche, tournure – fam. : gueule, look → ALLURE

DÉGARNI, E → VIDE

DÉGARNIR I. débarrasser, découvrir, déménager, démeubler, démunir, dépeupler, dépouiller, dépourvoir, vider II. déboiser, élaguer, émonder, tailler

◊ CONTR. → REMPLIR

DÉGÂT n.m. abîmage (québ.), avarie, bris, casse, débâcle, dégradation, déprédation, destruction, détérioration, dévastation, dommage, grabuge, méfait, perte, ravage, ruine

◊ CONTR. → RÉPARATION

DÉGAUCHIR aplanir, corriger, dégourdir, dégrossir, raboter, redresser

◊ CONTR. → TORDRE

DÉGEL n.m. débâcle → APAISEMENT

DÉGELER fig. : amuser, animer, dérider, faire rire/ sourire, mettre de l'animation/ de la vie, ranimer, réchauffer

◊ CONTR. I. → GELER II. → FIGER

DÉGÉNÉRATION et **DÉGÉNÉRESCENCE** n.f. I. au pr. : abaissement, abâtardissement, appauvrissement, avilissement, baisse, catabolisme, chute, décadence, déchéance, déclin, dégradation, déliquescence, détérioration, étiolement, gérontisme, perte, perversion, pervertissement, ravalement (vx) II. non fav. : crétinisme, débilité, gâtisme, idiotie, imbécillité, tare

◊ CONTR. → AMÉLIORATION

DÉGÉNÉRÉ, E nom et adj. abâtardi, arriéré, bâtard, débile, fin de race, idiot, imbécile, minus, taré → DÉCADENT

◊ CONTR. → FORT

DÉGÉNÉRER s'abâtardir, s'appauvrir, s'avilir, changer, déchoir, décliner, se dégrader, déroger, se détériorer, s'étioler, forligner (vx), perdre, se pervertir, tomber, se transformer

◇ CONTR. → AMÉLIORER

DÉGINGANDÉ, E → DISLOQUÉ

DÉGLINGUER → DÉMOLIR

DÉGLUTIR → AVALER

DÉGOMMER → CONGÉDIER

DÉGONFLÉ, E nom et adj. → PEUREUX

DÉGONFLER → RÉDUIRE

DÉGORGEMENT n.m. → ÉPANCHEMENT

DÉGORGER I. → VOMIR II. → DÉBARRASSER

DÉGOTER I. → TROUVER II. → SURPASSER (SE)
III. vx → RENVOYER

DÉGOULINER → DÉGOUTTER

DÉGOURDI, E → ÉVEILLÉ

DÉGOURDIR → DÉGROSSIR

DÉGOÛT n.m. abattement, allergie, amertume, anorexie, antipathie, aversion, blasement, chagrin, déboire, déception, dégoûtation, dépit, déplaisir, désenchantement, écœurement, éloignement, ennui, exécration, haine, haut-le-cœur, honte, horreur, humiliation, inappétence, indigestion, lassitude, mélancolie, mépris, mortification, nausée, ras-le-bol (fam.), réplétion, répugnance, répulsion, satiété, spleen, tristesse

◇ CONTR. I. → APPÉTENCE II. → DÉSIR III. → PLAISIR

DÉGOÛTAMMENT de façon → DÉGOÛTANT
et les dérivés possibles en -ment *des syn. de* dégoûtant

DÉGOÛTANT, E n. et adj. I. abject, affreux, cochon, crasseux, débectant, décourageant, dégueulasse (grossier), déplaisant, désagréable, écœurant, exécrable, fastidieux, fétide, horrible, ignoble, immangeable, immonde, incongru, infect, innommable, inqualifiable, insupportable, laid, merdique (grossier), nauséabond, nauséeux, odieux, peu ragoûtant, puant, rebutant, repoussant, répugnant, révoltant, sale, sordide → MALPROPRE II. → HONTEUX III. → OBSCÈNE

◇ CONTR. I. → APPÉTISSANT II. → PROPRE

DÉGOÛTÉ, E → DIFFICILE

DÉGOÛTER affadir le cœur, blaser, débecter, déplaire, désenchanter, détourner, dissuader, écœurer, ennuyer, fatiguer, inspirer du dégoût, lasser, ôter l'envie, peser, rebuter, répugner, révolter, soulever le cœur/ de dégoût

◇ CONTR. I. → TENTER II. → PLAIRE III. → TOLÉRER

DÉGOUTTER couler, dégouliner, distiller, exhaler, fluer, ruisseler, suinter, tomber

DÉGRADABLE → DESTRUCTIBLE

DÉGRADANT, E → HONTEUX

DÉGRADATION n.f. I. au pr. : amochage (fam.), bris, casse, dégât, dégravoiement, délabrement, déprédation, destruction, détérioration, dommage, effritement, égratignure, endommagement, éraflure, érosion, graffiti, mutilation, profanation, ruine II. par ext. 1. abaissement, abrutissement, altération, aveulissement, avilissement, corruption, décadence, déchéance, décomposition, déculturation, dégénération, dégénérescence, déliquescence, dépravation, flétrissure, honte, humiliation, ignominie, prostitution, souillure, tache, tare 2. aigrissement 3. → PERVERSION

◇ CONTR. I. → AMÉLIORATION II. → RÉPARATION III. → RÉHABILITATION

DÉGRADER I. au pr. : abîmer, amocher, amochir, barbouiller, briser, casser, dégravoyer, délabrer, démolir, détériorer, détraquer, détruire, ébrécher, endommager, enlaidir, égratigner, érafler, fausser, gâter, mutiler, profaner, ruiner, saboter, salir, souiller – fam. : amocher, bousiller, déclinquer, déglinguer, esquinter II. par ext. : abaisser, abrutir, acoquiner, avilir, bestialiser, corrompre, déchoir, déformer, dépraver, déprimer, déshonorer, déshumaniser, dévaluer, diminuer, disqualifier, flétrir, gâter, humilier, pervertir, profaner, prostituer, rabaisser, ridiculiser III. géol. : affouiller, éroder, ronger, saper IV. v. pron. : s'affaiblir, s'avilir, baisser, déchoir, dégénérer, dépérir, déroger, descendre, se déshonorer, diminuer, faiblir, tomber

◇ CONTR. I. → AMÉLIORER II. → RÉPARER III. → CONSERVER IV. → RÉHABILITER

DÉGRAFER → DÉFAIRE

DÉGRAISSER I. délarder II. → NETTOYER

DÉGRAVOYER → DÉGRADER

DEGRÉ n.m. I. échelon, escalier, grade, gradin, graduation, étage, marche, marchepied, perron, rang, rangée, rayon II. paroxysme, période, phase, point, stade III. amplitude, niveau IV. carat, classe, cran, échelon, étape, grade, niveau, position, rang V. différence, gradation, nuance VI. PAR DEGRÉS : au fur et à mesure, par échelon/ étape/ palier, pied à pied, de proche en proche, progressivement

DÉGRÈVEMENT n.m. → DIMINUTION

DÉGREVER → SOULAGER

DÉGRINGOLADE n.f. → CHUTE

DÉGRINGOLER I. → DESCENDRE II. → TOMBER

DÉGRISER I. désenivrer, dessoûler II. → DÉSILLUSIONNER

◇ CONTR. → ENIVRER

DÉGROSSIR I. affiner, commencer, débourrer, débrutir, décrasser (fam.), dégauchir, dérouiller, ébaucher, éclaircir, former II. débrouiller, dégourdir, dégourmer, déniaiser, désencroûter, dessaler, initier, instruire
◇ CONTR. I. → PARFAIRE II. → PRÉSERVER

DÉGROUILLER (SE) → HÂTER (SE)

DÉGUENILLÉ, E démanguillé (rég.), dépenaillé, haillonneux, loqueteux, négligé, va-nu-pieds
◇ CONTR. → ÉLÉGANT

DÉGUERPIR → PARTIR

DÉGUISEMENT n.m. I. au pr. : accoutrement, carnaval, chienlit, costume, mascarade, masque, momerie, travesti, travestissement II. par ext. : artifice, camouflage, couverture, dissimulation, fard, feinte, feintise
◇ CONTR. → FRANCHISE

DÉGUISER I. au pr. : accoutrer, affubler, costumer, maquiller, masquer, travestir II. par ext. : arranger, cacher, camoufler, celer, changer, contrefaire, couvrir, dénaturer, dissimuler, donner le change, se donner une contenance, dorer la pilule (fam.), emmitoufler, envelopper, farder, habiller, gazer (vx), maquiller, pallier, plâtrer, recouvrir, taire, travestir, tromper

DÉGUSTER → SAVOURER

DÉHANCHER (SE) I. se dandiner/ tortiller II. → REMUER

DEHORS I. adv. → EXTÉRIEUR II. n.m. → APPARENCE

DÉIFICATION n.f. → APOTHÉOSE

DÉIFIER → LOUER

DÉISME n.m. théisme

DÉITÉ n.f. déesse, dieu, divinité, idole

DÉJÀ I. → TÔT II. → VITE
◇ CONTR. → ENFIN

DÉJECTION n.f. → EXCRÉMENT

DÉJETÉ, E → DÉVIÉ

DÉJEUNER I. v. intr. → MANGER II. n.m. → REPAS

DÉJOINDRE déboîter, démonter, désassembler, désunir, détacher, disjoindre, disloquer, diviser, éloigner, isoler, scinder, séparer
◇ CONTR. → JOINDRE

DÉJOUER → EMPÊCHER

DÉJUGER (SE) → CHANGER

DÉLABREMENT n.m. → DÉGRADATION

DÉLABRER → DÉTÉRIORER

DÉLACER → DÉFAIRE

DÉLAI n.m. I. au pr. : date, temps II. par ext. 1. non fav. : atermoiement, manœuvre dilatoire, retard, retardement, temporisation 2. neutre : crédit, facilité, loisir, marge, moratoire, préavis, probation, prolongation, prorogation, remise, renvoi, répit, report, surséance (vx), sursis, suspension, trêve 3. mar. : estarie, jour(s) de planche, surestarie III. SANS DÉLAI : aussitôt, immédiatement, sans déport (vx), séance tenante, sur-le-champ, tout de suite, toutes affaires cessantes

DÉLAISSEMENT n.m. I. au pr. 1. abandon, cession, défection, déguerpissement (fam.), déréliction (relig.), renonciation 2. → ISOLEMENT II. par ext. : désertion, lâcheté
◇ CONTR. → SOUTIEN

DÉLAISSER abandonner, déserter, se désintéresser de, lâcher, laisser tomber, négliger, quitter, renoncer à, tourner le dos à → DÉDAIGNER
◇ CONTR. → AIDER

DÉLASSEMENT I. → REPOS II. → DIVERTISSEMENT

DÉLASSER I. → REPOSER II. → DISTRAIRE

DÉLATEUR, TRICE n.m. ou f. → ACCUSATEUR

DÉLATION n.f. → ACCUSATION

DÉLAVER → HUMECTER

DÉLAYAGE n.m. → REMPLISSAGE

DÉLAYER I. au pr. : couler, détremper, diluer, dissoudre, étendre, fondre, gâcher II. fig. : allonger, noyer, paraphraser, tourner autour
◇ CONTR. → CONCENTRER

DÉLECTABLE agréable, ambroisien, ambrosiaque, bon, délicat, délicieux, doux, exquis, friand, savoureux
◇ CONTR. → DÉGOÛTANT

DÉLECTATION n.f. → PLAISIR

DÉLECTER (SE) → RÉGALER (SE)

DÉLÉGANT, E n.m. ou f. commettant, mandant

DÉLÉGATION n.f. I. ambassade, députation II. attribution, mandat, procuration, représentation

DÉLÉGUÉ, E nom et adj. I. → REPRÉSENTANT II. → ENVOYÉ

DÉLÉGUER I. → ENVOYER II. → TRANSMETTRE

DÉLESTER I. → ALLÉGER II. → SOULAGER

DÉLÉTÈRE I. asphyxiant, irrespirable, nocif, nuisible, toxique II. → MAUVAIS
◇ CONTR. → SAIN

DÉLIBÉRATION n.f. conseil, consultation, conservation, débat, décision, délibéré, discussion, examen, réflexion, résolution
◇ CONTR. → AJOURNEMENT

DÉLIBÉRÉ, E adj. **I.** → DÉGAGÉ **II.** → DÉCIDÉ

DÉLIBÉRÉ n.m. → DÉLIBÉRATION

DÉLIBÉRÉMENT → VOLONTAIREMENT

DÉLIBÉRER I. → DISCUTER, OPINER **II.** → DÉCIDER **III.** → PENSER

DÉLICAT, E I. fav. ou neutre. 1. quelqu'un : agréable, aimable, bon, courtois, délicieux, discret, distingué, doux, élégant, exquis, fin, galant, gentil, gracieux, honnête, humain, joli, mignon, obligeant, parfait, pénétrant, pleint de tact, poli, prévenant, probe, pur, raffiné, scrupuleux, sensible, soigné, subtil, tendre **2.** → SVELTE **3. une chose :** adroit, aérien, arachnéen, beau, bon, délectable, délié, élégant, éthéré, fignolé (fam.), friand, habile, harmonieux, léché, léger, recherché, savoureux, suave, subtil, succulent, ténu, vaporeux – **vx :** mignard, tiré, trayé **II. péj. 1. quelqu'un :** blasé, chatouilleux, chétif, compliqué, débile, difficile, douillet, efféminé, exigeant, faible, fluet, fragile, frêle, maigre, malingre, mince, ombrageux, petit, recherché, susceptible **2. une chose :** complexe, critique, crucial, dangereux, embarrassant, glandilleux (arg.), malaisé, périlleux, scabreux
◇ CONTR. **I.** → GROSSIER **II.** → FACILE **III.** → MALHONNÊTE

DÉLICATEMENT avec → DÉLICATESSE, de façon → DÉLICAT *et les dérivés possibles en* -ment *des syn.* de délicat

DÉLICATESSE n.f. **I. fav. 1. du caractère, du comportement :** agrément, amabilité, amour, attention, bon goût, bonté, circonspection, courtoisie, discrétion, distinction, douceur, élégance, finesse, galanterie, gentillesse, grâce, gracilité, honnêteté, humanité, joliesse, ménagement, obligeance, pénétration, politesse, prévenance, probité, pudeur, pureté, raffinement, réserve, sagacité, scrupule, sensibilité, sociabilité, soin, subtilité, tact, tendresse **2. des actes :** adresse, dextérité, habileté, soin **3. d'une chose :** finesse, harmonie, légèreté, pureté, recherche, suavité, subtilité, succulence, transparence **II. non fav. 1. de quelqu'un – phys. :** débilité, faiblesse, fragilité, maigreur, mignardise, minceur, ténuité – **caractère :** difficulté, mollesse, susceptibilité **2. d'une chose :** complexité, danger, difficulté, péril
◇ CONTR. **I.** → IMPOLITESSE **II.** → MALADRESSE **III.** → MALHONNÊTETÉ

DÉLICE n.m. → PLAISIR

DÉLICIEUSEMENT avec → PLAISIR, de façon → DÉLECTABLE *et les dérivés possibles en* -ment *des syn.* de délectable

DÉLICIEUX, EUSE → DÉLECTABLE

DÉLICTUEUX, EUSE coupable, criminel, délictuel, fautif, interdit, peccant (vx), répréhensible, susceptible de poursuites
◇ CONTR. → PERMIS

DÉLIÉ, E nom et adj. **I.** → MENU **II.** → DÉLICAT **III.** → ÉVEILLÉ

DÉLIER I. → DÉFAIRE **II.** → LIBÉRER

DÉLIMITATION n.f. → BORNAGE

DÉLIMITER I. → LIMITER **II.** → FIXER

DÉLINQUANCE n.f. criminalité, truanderie
◇ CONTR. → HONNÊTETÉ

DÉLINQUANT, E nom et adj. → COUPABLE

DÉLIQUESCENCE n.f. **I.** liquéfaction **II.** → DÉGRADATION **III.** → DÉCADENCE

DÉLIQUESCENT, E I. → FLUIDE **II.** → DÉCADENT **III.** → GÂTEUX

DÉLIRANT, E I. → EXTRAORDINAIRE **II.** → VIOLENT

DÉLIRE n.m. **I. au pr. :** agitation, aliénation, amok, delirium tremens, divagation, égarement, excitation, folie, frénésie, hallucination, surexcitation **II. par ext. 1.** feu sacré, inspiration **2.** enthousiasme, exultation, frémissement, passion, trouble
◇ CONTR. : présence d'esprit

DÉLIRER → DÉRAISONNER

DÉLIT n.m. → FAUTE

DÉLITER I. cliver → SÉPARER **II.** → DÉCOMPOSER

DÉLIVRANCE n.f. **I.** → LIBÉRATION **II.** → ENFANTEMENT **III.** → REMISE

DÉLIVRER I. → REMETTRE **II.** → LIBÉRER

DÉLOGER I. → CHASSER **II.** → PARTIR

DÉLOYAL, E I. → INFIDÈLE **II.** → HYPOCRITE

DÉLOYALEMENT avec → DÉLOYAUTÉ, de façon → DÉLOYAL *et les dérivés possibles en* -ment *des syn.* de déloyal

DÉLOYAUTÉ n.f. **I.** → INFIDÉLITÉ **II.** → HYPOCRISIE

DELTA n.m. → EMBOUCHURE

DÉLUGE n.m. **I.** → DÉBORDEMENT **II.** → PLUIE

DÉLURÉ, E I. → ÉVEILLÉ **II.** → HARDI

DÉMAGOGUE n.m. **I.** → POLITICIEN **II.** → FLATTEUR

DEMAIN adv. et n.m. LE LENDEMAIN → BIENTÔT

DÉMANCHER I. briser, casser, déboîter, déclinquer, déglinguer, démancher, démantibuler, démettre, démolir, désarticuler, désemboîter, désemparer, désunir, détraquer, disloquer, diviser, écarteler, fausser, luxer **II. v. pron.** – **fam.** s'agiter, se battre, se colleter, se débattre, se débrouiller, se décarcasser, se démener, se démultiplier, discuter, se donner du mal/ de la peine/ du tintouin, s'émouvoir, s'empresser de, faire du vent, faire feu des quatre fers, lutter

◇ CONTR. → RÉPARER

DEMANDE n.f. **I.** adjuration, appel, conjuration, doléance, imploration, instance, interpellation, interrogation, prière, question, quête (vx), revendication, sollicitation **II.** écrit, pétition, placet, réclamation, recours, requête, supplique, vœu **III.** candidature, démarche, désir, envie, exigence, prétention **IV.** commandement, mandement, ordre, sommation

◇ CONTR. **I.** → RÉPONSE **II.** → FAVEUR

DEMANDER adresser/ faire/ former/ formuler/ présenter une demande *et les syn. de* demande, briguer, commander, consulter, cuisiner (fam.), désirer, dire, enjoindre, exiger, exprimer un désir/ souhait, implorer, imposer, insister, interpeller, interroger, mander, mendier (péj.), ordonner, pétitionner, postuler, prescrire, présenter un placet/ une requête/ une supplique, prétendre à, prier, quémander, questionner, quêter, rechercher, réclamer, se recommander de, requérir, revendiquer, solliciter, sommer, souhaiter, supplier, vouloir

◇ CONTR. **I.** → OBTENIR **II.** → RECEVOIR

DEMANDEUR, DERESSE n.m. ou f. **I.** jurid. : appelant, poursuivant, requérant **II.** quémandeur, solliciteur, tapeur **III. d'emploi** : chomedu (fam.), chômeur, désoccupé, inactif, sans emploi/ travail

◇ CONTR. → DÉFENDEUR

DÉMANGEAISON n.f. **I.** → PICOTEMENT **II.** → DÉSIR

DÉMANGER → PIQUER

DÉMANTÈLEMENT n.m. → DESTRUCTION

DÉMANTELER **I.** abattre, culbuter, débâtir, déconstruire, défaire, démolir, démonter, détruire, disloquer, mettre à bas, raser, renverser **II. par ext. 1. des institutions** : abolir, faire table rase, supprimer **2. une chose** : abîmer, bousiller, briser, casser, déglinguer, démolir, démonter, détraquer, endommager, esquinter

◇ CONTR. **I.** → FORTIFIER **II.** → RÉTABLIR

DÉMANTIBULER → DISLOQUER

DÉMAQUILLER → NETTOYER

DÉMARCATION n.f. **I.** → LIMITE **II.** → SÉPARATION

DÉMARCHAGE n.m. → VENTE

DÉMARCHE n.f. **I.** air, allure, aspect, dégaine, dehors, maintien, marche, mine, pas, port, tenue, tournure **II. par ext. 1.** action, attitude, comportement, conduite **2.** agissement, approche, cheminement, déplacement, tentative → DEMANDE **3.** → MÉTHODE

DÉMARCHEUR, EUSE n.m. ou f. → REPRÉSENTANT

DÉMARQUE n.f. **I.** → RABAIS **II.** → SOLDE

DÉMARQUER **I.** → REPRODUIRE **II.** → LIMITER

DÉMARRAGE n.m. → DÉPART

DÉMARRER **I.** → PARTIR **II.** → COMMENCER

DÉMASQUER → DÉCOUVRIR

DÉMÊLÉ n.m. → CONTESTATION

DÉMÊLER **I.** → DISTINGUER **II.** → ÉCLAIRCIR

DÉMEMBREMENT n.m. → DIVISION

DÉMEMBRER **I.** → DÉCOUPER **II.** → PARTAGER

DE MÊME QUE → COMME

DÉMÉNAGEMENT n.m. → CHANGEMENT

DÉMÉNAGER **I.** → TRANSPORTER **II.** → PARTIR **III.** → DÉRAISONNER

DÉMENCE n.f. → FOLIE

DÉMENER (SE) s'agiter, se battre/ colleter/ débattre/ débrouiller/ démultiplier/ dépenser, discuter, se donner du mal/ de la peine, s'émouvoir, s'empresser de, lutter, se mouvoir/ multiplier/ remuer – **fam.** : se décarcasser/ démancher/ donner du tintouin, faire ficelle/ fissa/ du vent/ feu des quatre fers/ vinaigre, se magner, pédaler, péter la flamme/ le feu, remuer l'air, se secouer/ trémousser/ trotter

◇ CONTR. : rester → TRANQUILLE

DÉMENT, E nom et adj. → FOU

DÉMENTI n.m. **I.** → DÉNÉGATION **II.** → OFFENSE

DÉMENTIEL, LE → ABSURDE

DÉMENTIR contester, contredire, couper, décevoir, dédire, désavouer, infirmer, s'inscrire en faux, nier, s'opposer à, opposer un démenti *et les syn. de* démenti

◇ CONTR. **I.** → AFFIRMER **II.** confirmer

DÉMÉRITE n.m. **I.** → FAUTE **II.** → HONTE

DÉMÉRITER → DÉCHOIR

DÉMESURE n.f. → EXCÈS

DÉMESURÉ, E astronomique, colossal, déraisonnable, disproportionné, éléphantesque, énorme, exagéré, excessif, exorbitant, extraordinaire, extrême, fantastique, formidable, géant, gigantesque, grand, hippopotamesque, illimité, immense, immodéré, incommensurable, infini, monstrueux, monumental, outré, pharamineux, pyramidal, tentaculaire, titanesque, vertigineux – **arg.** : balèse, comac, gravos, maousse, mastard

◇ CONTR. → MODÉRÉ

DÉMESURÉMENT avec → EXCÈS, de façon → DÉMESURÉ *et les dérivés possibles en -ment des syn. de* démesuré

DÉMETTRE I. → DISLOQUER II. → DESTITUER III. → ABDIQUER

DEMEURANT (AU) après tout, au fond, au/ pour le reste, d'ailleurs, en somme

DEMEURE n.f. I. **au pr.** : adresse, domicile, foyer, habitacle, logis → HABITATION – **fam.** : chacunière (vx), pénates II. 1. SANS DEMEURE (vx) : sans délai/ retard/ retardement 2. À DEMEURE : en permanence, fixe 3. METTRE EN DEMEURE → COMMANDER 4. PÉRIL EN LA DEMEURE → PRÉSENTEMENT

DEMEURÉ, E nom et adj. → BÊTE

DEMEURER I. s'arrêter, s'attarder, attendre, coller, s'établir, s'éterniser, s'installer, prendre racine, rester, stationner, tarder II. continuer, durer, s'entêter, lutter, se maintenir, s'obstiner, persévérer, persister, rester, subsister, survivre, tenir bon/ ferme III. descendre/ être/ être domicilié à, habiter, loger, occuper, repairer (vén.), résider, séjourner, se tenir, vivre – **fam.** : crécher, gîter, jucher, nicher, percher

◇ CONTR. I. → PARTIR II. → CHANGER III. → DISPARAÎTRE

DEMI-MONDAINE n.f. → PROSTITUÉE

DEMI-MOT n.m. → INSINUATION

DEMI-PORTION n.f. → GRINGALET

DEMI-SEL n.m. I. → AMATEUR II. → LÂCHE

DÉMISSION n.f. → ABANDON

DÉMISSIONNER I. → RENONCER II. → ABDIQUER

DEMI-TEINTE n.f. → COULEUR

DÉMIURGE n.m. bienfaiteur, demi-dieu, dieu, divinité, héros, génie, grand

DÉMOBILISER I. renvoyer dans ses foyers II. → LIBÉRER III. fig. → DÉCOURAGER

DÉMOCRATE nom et adj. bousingot (vx et péj.), de gauche, démagogue (péj.), démocratique, démophile, égalitaire, jacobin, libéral, non directif, républicain

◇ CONTR. → NOBLE

DÉMOCRATIE n.f. ochlocratie (péj.), république, suffrage universel

◇ CONTR. I. → ABSOLUTISME II. → ARISTOCRATIE

DÉMOCRATIQUE démophile, égalitaire, jacobin, libéral, non-directif, républicain

◇ CONTR. → TOTALITAIRE

DÉMODÉ, E → DÉSUET

DEMOISELLE n.f. I. → FILLE II. → CÉLIBATAIRE III. → FEMME IV. libellule V. bélier, dame, hie

DÉMOLIR I. **au pr.** : abattre, culbuter, débâtir, déconstruire, défaire, démanteler, démonter, mettre à bas, raser, renverser II. **par ext. 1. des institutions** : abolir, faire table rase, saper, supprimer → DÉTRUIRE 2. **une chose** : abîmer, briser, casser, démonter, endommager – **fam.** : bousiller, déclinquer, déglinguer, démantibuler, détraquer, esquinter 3. **quelqu'un** : battre, critiquer, déboulonner, épuiser, éreinter, esquinter, perdre, ruiner, terrasser, tuer

◇ CONTR. I. → BÂTIR II. → AJOUTER III. → CRÉER IV. → RÉPARER

DÉMOLISSEUR, EUSE n.m. ou f. → DESTRUCTEUR

DÉMOLITION n.f. I. → DESTRUCTION II. **au pl.** : déblai, débris, décharge, décombres, éboulis, épave, gravats, gravois, miettes, plâtras, restes, ruines, vestiges

◇ CONTR. I. : construction, création II. → RÉPARATION

DÉMON, DÉMONE n.m., n.f. I. → DIABLE II. → GÉNIE III. → ENTHOUSIASME

DÉMONIAQUE nom et adj. I. → DIABOLIQUE II. → TURBULENT III. → ÉNERGUMÈNE

DÉMONSTRATIF, IVE I. → COMMUNICATIF II. → LOGIQUE

DÉMONSTRATION n.f. I. argumentation, déduction, expérience, induction, justification, preuve, raisonnement II. civilités, étalage (péj.), expression, manifestation, marque, preuve, protestations, témoignage

◇ CONTR. I. → SECRET II. → RETENUE

DÉMONTÉ, E → DÉCONCERTÉ

DÉMONTER I. → DÉFAIRE II. → DÉCONCERTER

DÉMONTRER → PROUVER

DÉMORALISANT, E accablant, affligeant, consternant, débilitant, décevant, déprimant, désespérant, écœurant, effrayant, lassant, rebutant, refroidissant

◇ CONTR. → RÉCONFORTANT

DÉMORALISATEUR, TRICE nom et adj → PESSIMISTE

DÉMORALISATION n.f. → DÉCOURAGEMENT

DÉMORALISER → DÉCOURAGER

DÉMORDRE → RENONCER

DÉMOTIQUE nom et adj. commun, populaire, vulgaire

◇ CONTR. : hiératique, sacré, savant

DÉMUNI, E dénué, dépouillé, dépourvu, destitué, nu, privé → PAUVRE

◇ CONTR. **I.** → FOURNI **II.** → NANTI

DÉMUNIR I. arracher, défaire, dégager, dégarnir, dénuder, dépecer, dépiauter (fam.), dépouiller, dépourvoir, déshabiller, dévêtir, écorcher, enlever, ôter, peler, tondre **II. par ext.** → VOLER

◇ CONTR. → FOURNIR

DÉMYSTIFIER et **DÉMYTHIFIER** → DÉTROMPER

DÉNATALITÉ n.f. → DÉPEUPLEMENT

DÉNATIONALISATION n.f. → PRIVATISATION

DÉNATURÉ, E → VICIEUX

DÉNATURER → ALTÉRER

DÉNÉGATION n.f. contestation, controverse, démenti, déni, désaveu, négation, refus, rétractation

◇ CONTR. **I.** → AVEU **II.** → AFFIRMATION

DÉNI n.m. **I.** → DÉNÉGATION **II.** → REFUS

DÉNIAISER I. → DÉPUCELER **II.** → DÉGROSSIR

DÉNICHER I. au pr. : braconner, chasser, débusquer, enlever **II. par ext. :** découvrir → TROUVER

DENIER n.m. **I.** → ARGENT **II.** → INTÉRÊT **III.** → ARRHES

DÉNIER I. → NIER **II.** → REFUSER

DÉNIGREMENT n.m. → MÉDISANCE

DÉNIGRER attaquer, calomnier, condamner, couler, critiquer (par ext.), décauser (rég.), déchiqueter, déchirer, déconsidérer, décréditer, décrier, déprécier, dépriser, déshonorer, diffamer, discréditer, draper (vx), médire, mépriser, moquer, noircir, perdre de réputation, rabaisser, railler, salir, tympaniser, vilipender – **fam. :** baver, clabauder, dauber, débiner, déblatérer, dégrainer, éreinter

◇ CONTR. → LOUER

DÉNIGREUR, EUSE nom et adj. → MÉDISANT

DÉNIVELLATION n.f. dénivelée, dénivellement, différence, rupture

DÉNOMBREMENT n.m. catalogue, cens, compte, détail, économétrie, énumération, état, évaluation, inventaire, liste, litanie, recensement, rôle, statistique

DÉNOMBRER cataloguer, classer, compter, détailler, dresser l'état/ l'inventaire/ la liste/ le rôle, égrener, énumérer, évaluer, faire le compte, inventorier, nombrer, recenser

DÉNOMINATION n.f. → NOM

DÉNOMMER → APPELER

DÉNONCER I. accuser, déclarer, désigner, dévoiler, donner, indiquer, livrer, nommer, rapporter, révéler, trahir, vendre – **fam. :** s'allonger, balancer, balanstiquer, brûler, cafarder, cafter, caponner, capouner, cracher/ manger le morceau, cuistrer, donner, en croquer, fourguer, se mettre à table, moucharder, roussiner **II.** annoncer, déclarer, faire savoir, notifier, proclamer, publier, signifier **III.** annuler, renoncer, rompre **IV.** dénoter, faire connaître/ sentir, manifester, montrer, sentir

◇ CONTR. **I.** → TAIRE **II.** → CONFIRMER

DÉNONCIATEUR, TRICE n.m. ou f. → ACCUSATEUR

DÉNONCIATION n.f. **I.** → ACCUSATION **II.** → RUPTURE **III.** → NOTIFICATION

DÉNOTER → INDIQUER

DÉNOUEMENT n.m. achèvement, catastrophe, bout, cauda, clef, conclusion, démêlement (vx), épilogue, extrémité, fin, queue, résolution, résultat, solution, terme

◇ CONTR. → COMMENCEMENT

DÉNOUER I. → DÉFAIRE **II.** → RÉSORBER

DENRÉE n.f. **I.** → MARCHANDISE **II.** → SUBSISTANCES

DENSE I. au pr. : abondant, compact, condensé, dru, épais, feuillu, fort, impénétrable, pilé, plein, serré, tassé, touffu **II. par ext. :** compact, concis, condensé, dru, lourd, nombreux, nourri, plein, ramassé, sobre

◇ CONTR. → ÉPARS

DENSITÉ n.f. compacité, épaisseur, force → POIDS

DENT n.f. **I.** broche (vén.), canine, carnassière, croc, crochet, défense, denticule, incisive, pince, mâchelière, molaire, pince, prémolaire, surdent – **fam. :** chaille, chicot, chocotte, clavier, domino, piloche, quenotte, ratiche, tabouret **II. par anal. 1. méc. :** alluchon, came, cran **2. arch. :** denticule, feston **3. géogr. :** aiguille, crête, pic **III. fig. : →** ANIMOSITÉ

DENT-DE-LION n.m. pissenlit

DENTELÉ, E → DÉCOUPÉ

DENTELLE n.f. **I.** broderie, filet, guipure, macramé, point **II.** dentelle d'Alençon, anglaise ou d'Angleterre, d'Arras, de Bruges, de Bruxelles, de Chantilly, de Cluny, d'Irlande, du Puy, de Malines, mignonnette, de Milan, de Paris, Renaissance, de Valenciennes, de Venise

DENTELURE n.f. → ÉCHANCRURE

DENTIER n.m. prothèse, râtelier (fam.)

DENTISTE n.m. ou f. arracheur de dents (vx et péj.), stomatologiste

DENTISTERIE n.f. art/ chirurgie/ médecine dentaire, odonto-stomatologie

DENTITION n.f. **I. fam.** : clavier, dominos **II.** dentier, râtelier (fam.) **III. méc.** : denture

DENTURE n.f. **I.** → DENTIER **II.** → DENTITION

DÉNUDER I. → DÉPOUILLER **II.** → DÉVÊTIR

DÉNUÉ, E démuni, dépouillé, dépourvu, destitué, nu, pauvre, privé
◇ CONTR. → FOURNI

DÉNUEMENT n.m. **I.** → CARENCE **II.** → SÉCHERESSE **III.** → PAUVRETÉ

DÉODORANT n.m. **off.** : désodorisant

DÉPANNER I. → AIDER **II.** → RÉPARER

DÉPAREILLER amputer, déparier, désaccoupler, désapparier, désassortir, diminuer
◇ CONTR. → ACCOUPLER

DÉPARER I. → DÉFORMER **II.** → NUIRE À

DÉPARIER → DÉPAREILLER

DÉPART n.m. **I.** commencement, début, origine **II.** appareillage, décarrade (arg.), décollage, démarrage, embarquement, envoi, envol, expédition, partance **III.** congédiement, démission, exil, licenciement **IV.** vx → DISTRIBUTION
◇ CONTR. → ARRIVÉE

DÉPARTAGER I. → CHOISIR **II.** → JUGER

DÉPARTEMENT n.m. charge, district, domaine, institut, ministère, préfecture, secteur, spécialité, sphère

DÉPARTIR I. → SÉPARER **II.** → DISTRIBUER **III.** → RENONCER

DÉPASSÉ, E → DÉSUET

DÉPASSEMENT n.m. → EXCÈS

DÉPASSER I. au pr. 1. déboîter, déborder, devancer, doubler, gagner de vitesse, gratter (fam.), l'emporter/ mordre sur, passer, trémater (mar.) **2.** forjeter, saillir, surpasser, surplomber **II. par ext.** : enchérir, exagérer, excéder, faire de la surenchère, franchir, s'oublier, outrepasser les bornes/ les limites **III. ÇA ME DÉPASSE** → DÉROUTER
◇ CONTR. : être plus → PETIT

DÉPAYSEMENT n.m. anatopisme → CHANGEMENT

DÉPAYSER → DÉROUTER

DÉPECER I. → DÉCOUPER **II.** → PARTAGER

DÉPÊCHE n.f. avis, billet, câble, câblogramme, correspondance, courrier, lettre, message, missive, petit bleu, pli, pneu, pneumatique, télégramme, télex

DÉPÊCHER I. → ACCÉLÉRER **II.** → ENVOYER **III.** → TUER **IV. v. pron.** → HÂTER (SE)

DÉPEIGNER décoiffer, ébouriffer, écheveler, hérisser
◇ CONTR. → PEIGNER

DÉPEINDRE → PEINDRE

DÉPENAILLÉ, E I. → DÉGUENILLÉ **II.** → NÉGLIGÉ

DÉPENDANCE n.f. **I. log.** : analogie, causalité, conséquence, corrélation, enchaînement, interdépendance, liaison, rapport, solidarité **II. fig.** : appendice, complément, conséquence, effet, épisode, suite, tenants et aboutissants **III. par ext. 1.** accessoire, annexe, bâtiment, communs, succursale **2. on est dans la dépendance de** : appartenance, asservissement, assujettissement, attachement, attenance, captivité, chaîne, colonisation, contrainte, coupe, domesticité, domination, emprise, esclavage, gêne, griffe, joug, main, mainmise, merci, mouvance, obédience, obéissance, oppression, patte, pouvoir, protectorat, puissance, ressort, servage, servilité, servitude, soumission, subordination, sujétion, tenure (vx), tutelle, vassalité
◇ CONTR. → LIBERTÉ

DÉPENDANT, E accessoire, corrélatif, correspondant, inférieur, interdépendant, relatif, soumis, subordonné, sujet
◇ CONTR. → LIBRE

DÉPENDRE I. appartenir à, découler de, être attaché/ enchaîné/ lié à/ à la merci/ sous l'autorité/ sous la dépendance de et les syn. de dépendance, procéder/ provenir/ relever/ résulter de, se rattacher à, reposer sur, ressortir à, rouler sur, tenir à **II.** décrocher, détacher, retirer
◇ CONTR. **I.** : être → LIBRE **II.** → ACCROCHER

DÉPENS n.m. pl. charge, compte, coût, crochet, débours, dépense, détriment, frais, prix
◇ CONTR. → ÉCONOMIE

DÉPENSE n.f. **I. l'endroit** : cambuse, cellier, garde-manger, office, questure, resserre, réserve **II. l'action de dépenser. 1. au pr. neutre** : charge, contribution, cotisation, coustange (vx), coût, débours, déboursé, décaissement, dépens, écot, extra, faux frais, frais, impense, investissement, mise, paiement, participation, quote-part, sortie **2. non fav.** : dilapidation, dissipation, étalage, exhibition, fastuosité, gaspillage, luxe, montre, prodigalité, profusions (vx)
◇ CONTR. **I.** → ÉCONOMIE **II.** → RECETTE

DÉPENSER I. au pr. : débourser, payer **II. non fav.** : **1.** consumer, dilapider, dissiper, engloutir, escompter, faire/ jouer le grand seigneur, gaspiller, jeter l'argent par les fenêtres, manger, mener grand train/ la vie à grandes guides, prodiguer, se ruiner, se saigner aux quatre veines, semer son argent, vivre bien/ largement/ en grand seigneur/ sur un grand pied **2. fam.** : allonger, banquer, bouffer, carmer, casquer, cigler, claquer, croquer, décher, dépocher, dévorer, douiller, écorner son avoir, fader, faire danser les écus/ picaillons/ sous, flamber, fricasser, fricoter, friper, manger ses quatre sous/ son blé en herbe, moyenner (vx), passer au refile, raquer III. v. pron. : se démener, se dévouer, se fatiguer

◇ CONTR. I. → ÉCONOMISER II. → RECEVOIR

DÉPENSIER n.m. → ÉCONOME

DÉPENSIER, IÈRE nom et adj. croqueur, dissipateur, dilapidateur, gaspilleur, gouffre, panier à salade/ percé (fam.), prodigue

◇ CONTR. → ÉCONOME

DÉPERDITION n.f. affaiblissement, dégradation, dépérissement, diminution, épuisement, fuite, perte

◇ CONTR. → RECRUDESCENCE

DÉPÉRIR s'affaiblir, s'altérer, s'anémier, s'atrophier, se consumer, décliner, défaillir, se délabrer, se démolir, dessécher, se détériorer, diminuer, s'étioler, se faner, languir, mourir, péricliter, sécher

◇ CONTR. → CROÎTRE

DÉPÉRISSEMENT n.m. I. → DÉCADENCE II. → LANGUEUR

DÉPÊTRER → DÉBARRASSER

DÉPEUPLÉ, E → VIDE

DÉPEUPLEMENT n.m. I. dénatalité, dépopulation, disparition II. par ext. → DÉBOISEMENT

DÉPEUPLER → DÉGARNIR

DÉPHASAGE n.m. → ÉCART

DÉPHASÉ, E → INSENSÉ

DÉPIAUTER → DÉPOUILLER

DÉPILER débourrer, épiler

DÉPISTAGE n.m. chasse, repérage → RECHERCHE

DÉPISTER I. → DÉCOUVRIR II. → DÉROUTER

DÉPIT n.m. I. → AIGREUR II. → COLÈRE III. → FÂCHERIE IV. EN DÉPIT DE → MALGRÉ

DÉPITER chagriner, contrarier, décevoir, désappointer, fâcher, froisser → TROMPER

◇ CONTR. → SATISFAIRE

DÉPLACÉ, E désassorti (vx), grossier, hors de propos/ saison, impertinent, importun, incongru, incorrect, inopportun, insolent, mal élevé, malséant, malsonnant, malvenu, scabreux → INCONVENANT

◇ CONTR. → CONVENABLE

DÉPLACEMENT n.m. I. → VOYAGE II. méd. : ectopie, hernie, prolapsus, ptose III. météo : advection, convection ou convexion

DÉPLACER I. quelque chose : bouger, chambouler (fam.), changer, déboîter, décaler, dé-

classer, déménager, démettre, déranger, dériver, détourner, excentrer, intervertir, manipuler II. → TRANSPORTER III. → CHANGER IV. quelqu'un : faire valser (fam.), limoger (péj.), muter, nommer, promouvoir, reclasser V. v. pron. : aller, avancer, bouger, circuler, déambuler, se déranger, marcher, se mouvoir, venir, voyager

◇ CONTR. I. : laisser, maintenir II. → RÉTABLIR

DÉPLAIRE attrister, blesser, choquer, contrarier, coûter, désobliger, ennuyer, fâcher, froisser, gêner, importuner, indisposer, mécontenter, offenser, offusquer, peiner, rebuter, répugner, vexer → DÉGOÛTER

◇ CONTR. → PLAIRE

DÉPLAISANT, E agaçant, antipathique, blessant, contrariant, dégoûtant, désobligeant, disgracieux, ennuyeux, fâcheux, fastidieux, gênant, irritant, laid, pénible, répugnant → DÉSAGRÉABLE

◇ CONTR. → PLAISANT

DÉPLAISIR n.m. → ENNUI

DÉPLANTER → DÉRACINER

DEPLETION SENSOR n.m. spat. off. : canne de niveau

DÉPLIER → ÉTENDRE

DÉPLISSER défriper, défroisser

◇ CONTR. → PLISSER

DÉPLOIEMENT n.m. défilé, démonstration, développement, étalage, étendue, exhibition, manifestation, manœuvre, montre, ostension (vx)

◇ CONTR. → REPLI

DÉPLORABLE I. → PITOYABLE II. → AFFLIGEANT III. → MAUVAIS

DÉPLORABLEMENT de façon → DÉPLORABLE *et les dérivés possibles en* -ment *des syn. de* déplorable

DÉPLORER → REGRETTER

DÉPLOYER I. déferler (mar.) II. → ÉTENDRE III. → MONTRER

DÉPOITRAILLÉ, E → NÉGLIGÉ

DÉPOLIR amatir, ternir

◇ CONTR. → POLIR

DÉPOPULATION n.f. → DÉPEUPLEMENT

DÉPORTATION n.f. I. → RELÉGATION II. → BANNISSEMENT

DÉPORTEMENT n.m. → DÉRÈGLEMENT

DÉPORTER I. → RELÉGUER II. → ÉCARTER

DÉPOSER I. → METTRE II. → DESTITUER III. → QUITTER

DÉPOSITAIRE n.m. ou f. concessionnaire, stockiste → GARDIEN

DÉPOSITION n.f. **I.** → DÉCHÉANCE **II.** → TÉMOIGNAGE

DÉPOSSÉDER dépouiller, désapproprier, déshériter, dessaisir, enlever, évincer, exproprier, frustrer, ôter, priver, soustraire, spolier, supplanter

DÉPOSSESSION n.f. → CONFISCATION

DÉPÔT n.m. **I.** d'une valeur : arrhes, avance, caution, cautionnement, consignation, couverture, ducroire, gage, garantie, provision, remise, séquestre, sûreté **II.** annexe, comptoir, dock, entrepôt, local, magasin, stock, succursale **III.** garage, gare, quai, station **IV.** → PRISON **V.** → ABCÈS **VI.** géol. : agglomération, allaise, alluvion, couche, drift, éluvion, javeau, limon, loess, moraine, sédiment, strate **VII.** décharge, dépotoir, voirie **VIII.** boue, effondrilles, falun, incrustation, lie, précipité, tartre, vase **IX.** calamine, calcin, cendre
◇ CONTR. → PRÉLÈVEMENT

DÉPOTOIR n.m. vidoir → DÉPÔT

DÉPOUILLE n.f. **I.** → PROIE **II.** → MORT **III.** → BUTIN

DÉPOUILLÉ, E I. → DÉNUÉ **II.** → SIMPLE

DÉPOUILLEMENT n.m. **I.** → RENONCEMENT **II.** → SÉCHERESSE **III.** → RELEVÉ

DÉPOUILLER I. au pr. : arracher, défaire, dégager, dégarnir, dénuder, dépecer, dépiauter (fam.), déshabiller, dévêtir, écorcher, enlever, excorier, ôter, peler, tondre **II.** par ext. **1.** → VOLER **2.** → ABANDONNER **III.** v. pron. **1.** au pr. : muer, perdre **2.** par ext. → ABANDONNER
◇ CONTR. **I.** → FOURNIR **II.** → DONNER

DÉPOURVU, E → DÉNUÉ

DÉPRAVATION n.f. → DÉGRADATION

DÉPRAVÉ, E → VICIEUX

DÉPRAVER → GÂTER

DÉPRÉCATION n.f. → PRIÈRE

DÉPRÉCIATEUR, TRICE n.m. ou f. contempteur, détracteur → MÉDISANT

DÉPRÉCIATIF, IVE minoratif → DÉFAVORABLE

DÉPRÉCIATION n.f. dévalorisation, dévaluation, rabaissement, sous-estimation
◇ CONTR. : surestimation

DÉPRÉCIER abaisser, attaquer, avilir, baisser, critiquer, débiner (fam.), déconsidérer, décréditer, décrier, dégrader, démonétiser, déprimer, dépriser, détruire, dévaloriser, dévaluer, diffamer, diminuer, discréditer, entacher, flétrir, honnir, méconnaître, méjuger, mépriser, mésestimer, perdre, rabaisser, rabattre, ravaler, salir, sous-estimer, ternir, vilipender – vx : dépriser, dépriser, détracter
◇ CONTR. → VANTER

DÉPRÉDATEUR, TRICE nom et adj. → NUISIBLE

DÉPRÉDATION n.f. **I.** → MALVERSATION **II.** → DOMMAGE

DÉPRENDRE I. → DÉFAIRE **II.** → SÉPARER

DÉPRESSION n.f. **I.** au pr. : abaissement, affaissement, bassin, cratère, creux, cuvette, enfoncement, flache, fosse, géosynclinal, vallée **II.** par ext. : baisse, crise, dépréciation, diminution, marasme, pénurie, récession **III.** → FATIGUE **IV.** météo : cyclone **V.** méd. abattement, adynamie, affaiblissement, alanguissement, aliénation, anémie, asthénie, coma, déprime (fam.), langueur, mélancolie, prostration, sidération, torpeur, tristesse
◇ CONTR. **I.** → HAUTEUR **II.** → ENTHOUSIASME

DÉPRIMANT, E → AFFLIGEANT

DÉPRIMER I. → ENFONCER **II.** → DÉPRÉCIER **III.** → DÉCOURAGER **IV.** → FATIGUER

DÉPRISER I. → DÉPRÉCIER **II.** → MÉPRISER

DÉPUCELER déflorer, dévirginiser – fam. : décacheter (vx), décapsuler, faire perdre sa → VIRGINITÉ, faire virer sa cuti

DEPUIS PEU fraîchement, naguère, nouvellement, récemment

DÉPURATIF, IVE n.m. et adj. carminatif, diaphorétique, diurétique, purgatif, rafraîchissant, sudorifique

DÉPURATION n.f. → PURIFICATION

DÉPURER → PURIFIER

DÉPUTATION n.f. → MISSION

DÉPUTÉ n.m. **I.** ablégat, ambassadeur, amphictyon, apocrisaire, commissaire, délégué, émissaire, envoyé, légat, mandataire, ministre, représentant **II.** élu / représentant du peuple, membre du Parlement, parlementaire

DÉRACINEMENT n.m. **I.** au pr. **1.** arrachage, arrachement, arrachis, défrichement **2.** avulsion, divulsion, énucléation, éradication, évulsion, extirpation, extraction **II.** par ext. : déportation, émigration, exil, exode, expatriation
◇ CONTR. → FIXATION

DÉRACINER I. au pr. : abattre, arracher, déplanter, détacher, déterrer, enlever, essoucher, exterminer, extirper, extraire, sarcler, transplanter **II.** fig. : déplacer, déporter, détruire, éloigner, exiler, expatrier, faire émigrer
◇ CONTR. → FIXER

DÉRAIDIR → LÂCHER

DÉRAISON n.f. → FOLIE

DÉRAISONNABLE aberrant, absurde, abusif, dément, déséquilibré, excessif, détraqué, excessif, exorbitant, extravagant, fou, illogique, inconscient, injuste, insensé, irraisonnable (vx), irraisonné, irrationnel, irréfléchi, léger, passionné → BÊTE
◇ CONTR. → RAISONNABLE

DÉRAISONNER I. délirer, devenir/ être gaga/ gâteux, divaguer, extravaguer, perdre l'esprit/ la raison, radoter, ravauder (vx), rêver II. fam. : abracadabrer, anecdotiser, battre la breloque/ la campagne, débloquer, déconner, déménager, déparler (rég.), dérailler, pédaler dans la choucroute, perdre les pédales
◇ CONTR. : être → INTELLIGENT

DÉRANGEMENT n.m. I. bouleversement, bousculade, chambardement, changement, débâcle, déplacement, dérèglement, déroute, déséquilibre, désordre, désorganisation, ennui, gêne, incommodation, interruption, interversion, perturbation, remue-ménage, trouble II. → ALIÉNATION III. → FOLIE IV. vx : démanchement, divertissement, nouvelleté (jurid.)
◇ CONTR. I. → CLASSEMENT II. → ORDRE

DÉRANGER I. → DÉPLACER II. → TROUBLER III. → GÊNER

DÉRAPAGE n.m. → GLISSEMENT

DÉRAPER chasser, glisser, patiner, riper, sous-virer, survirer

DÉRÈGLEMENT n.m. débauche, débordement, déportement, dévergondage, dévergondement, dissolution, égarement, excès, illogisme, inconduite, inconséquence, iniquité, libertinage, licence → DÉRANGEMENT
◇ CONTR. I. → MODÉRATION II. → ORDRE

DÉRÉGLER → TROUBLER

DÉRÉLICTION n.f. → ABANDON

DÉRIDER → ÉGAYER

DÉRISION n.f. → RAILLERIE

DÉRISOIRE I. → PETIT II. → RIDICULE

DÉRIVATIF n.m. → DIVERSION

DÉRIVATION n.f. → DÉTOUR

DÉRIVE n.f. I. → GOUVERNE II. mar. : dérade III. → ABANDON

DÉRIVER I. → S'ÉCARTER (s') II. → DÉCOULER

DERNIER, ÈRE I. adj. 1. à la queue, ultime → FINAL 2. décisif, définitif, extrême, infime, irrévocable, nouveau, seul, suprême II. nom. 1. bout, derrière, lambin, lanterne, traînard – fam. : culot, feu rouge, lanterne 2. benjamin, cadet
◇ CONTR. I. → PREMIER II. → PROCHAIN

DERNIÈREMENT → RÉCEMMENT

DÉROBADE n.f. → FUITE

DÉROBÉE (À LA) → SECRÈTEMENT

DÉROBER I. au pr. : s'approprier, attraper, chaparder, dépouiller, détourner, distraire, s'emparer de, enlever, escamoter, escroquer, extorquer, friponner, marauder, picorer, piper, prendre, refaire, soustraire, subtiliser – fam. : barboter, carotter, chauffer, chiper, choper, chouraver, emprunter, étouffer, faucher, gripper (vx), piquer → VOLER II. par ext. 1. copier, imiter, plagier 2. cacher, dissimuler, masquer, voiler III. v. pron. 1. se cacher, disparaître, échapper, s'éclipser, s'esquiver, éviter, se faufiler, fuir, se perdre, se réfugier, se retirer, se sauver, se soustraire, se tirer (fam.) 2. éluder, esquiver, éviter, fuir, manquer à, reculer
◇ CONTR. I. → DONNER II. → RÉTABLIR

DÉROGATION n.f. → EXCEPTION

DÉROGER I. → DÉCHOIR II. → ABAISSER (s') III. faire exception → TRANSGRESSER

DÉROUILLÉE n.f. → VOLÉE

DÉROUILLER I. → NETTOYER II. → DÉGROSSIR

DÉROULEMENT n.m. → ÉVOLUTION

DÉROULER → ÉTENDRE

DÉROUTANT, E bizarre, déconcertant, embarrassant, étonnant, imprévisible, imprévu, inattendu, inespéré, inquiétant, stupéfiant, surprenant, troublant
◇ CONTR. I. → BANAL II. → RÉCONFORTANT

DÉROUTE n.f. → DÉFAITE

DÉROUTER I. au pr. : déboussoler, dépister, détourner, dévier, écarter, égarer, éloigner, faire dévier, perdre, semer (fam.) II. fig. : confondre, déconcerter, décontenancer, dépayser, déranger, désaccoutumer, déshabituer, désorienter, embarrasser, étonner, extravaguer, inquiéter, mettre en difficulté/ échec, surprendre, troubler
◇ CONTR. → TRANQUILLISER

DERRICK n.m. pétr. off. : tour (de forage)

DERRIÈRE n.m. I. au pr. : arrière, dos, envers, opposé, pile, rebours, revers II. 1. par ext. : arrière-boutique-corps 2. arrière-train, bas du dos, coccyx, croupe, croupion, cul, dos, fesses, fond, fondement, postère, postérieur, reins, séant, siège → ANUS, FESSIER 3. prép. : après, à la suite de, en suite de
◇ CONTR. → DEVANT

DÉSABUSÉ, E → BLASÉ

DÉSABUSEMENT n.m. → DÉCEPTION

DÉSABUSER → DÉTROMPER

DÉSACCORD n.m. I. → MÉSINTELLIGENCE II. → OPPOSITION

DÉSACCORDER brouiller, désunir, fâcher, mettre le trouble/ semer la zizanie, opposer
◇ CONTR. → ACCORDER

DÉSACCOUPLER découpler, dépareiller, désapparier, dételer, séparer
◇ CONTR. → ACCOUPLER

DÉSACCOUTUMER → DÉROUTER

DÉSACRALISER → PROFANER

DÉSAFFECTER → RETRANCHER

DÉSAFFECTION n.f. désintéressement, détachement → INDIFFÉRENCE
◇ CONTR. → ATTACHEMENT

DÉSAGRÉABLE I. une chose. 1. affreux, agaçant, blessant, choquant, contraignant, contrariant, déplaisant, désobligeant, détestable, discordant, douloureux, emmerdant (vulg.), énervant, ennuyeux, fâcheux, fastidieux, fatigant, gênant, grossier, importun, inconfortable, insupportable, intolérable, irritant, laid, mal à propos, malencontreux, malheureux, malplaisant, malséant, mauvais, moche (fam.), obscène, pénible, rebutant, regrettable, répugnant, vexant **2.** acide, âcre, aigre, âpre, dégoûtant, écœurant, fadasse, fade, fétide, incommodant, insipide, nauséabond, nauséeux, puant, putride, rance, sale, saumâtre, tourné **3. le vin :** acide, aigre, âpre, astringent, desséché, doucereux, dur, goût de bouchon, soufré, gras, madérisé, mielleux, pâteux, piqué, plat, rugueux, vert **II. quelqu'un :** acariâtre, acerbe, agaçant, agressif, antipathique, atrabilaire, bourru, brusque, désobligeant, disgracieux, fatigant, grossier, haïssable, hostile, impoli, impopulaire, incomplaisant, inconvenant, indécent, ingrat, insolent, insupportable, intraitable, maussade, mauvais coucheur, méchant, mésavenant, odieux, offensant, réfrigérant, repoussant, rude, vilain → REVÊCHE
◇ CONTR. **I.** → AGRÉABLE **II.** → AIMABLE

DÉSAGRÉABLEMENT de façon → DÉSAGRÉABLE et les dérivés possibles en -ment des syn. de désagréable

DÉSAGRÉGATION n.f. atomisation, décomposition, déliquescence, désintégration, destruction, dislocation, dispersion, dissociation, dissolution, dysharmonie (méd.), écroulement, effritement, éparpillement, fractionnement, morcellement, pulvérisation, rupture, séparation
◇ CONTR. **I.** → AGRÉGATION **II.** → SOLIDITÉ

DÉSAGRÉGER → DÉCOMPOSER

DÉSAGRÉMENT n.m. **I.** → ENNUI **II.** → DIFFICULTÉ

DÉSALTÉRER (SE) → BOIRE

DÉSAPPARIER → DÉPAREILLER

DÉSAPPOINTEMENT n.m. chagrin, déboire, déception, déconvenue, défrisement, dégrisement, dépit, désabusement, désenchantement, désillusion, douche, échec, ennui, infortune, insuccès, mécompte, peine, revers – vx : décompte, tire-laisse

DÉSAPPOINTER chagriner, contrarier, décevoir, dépiter, fâcher, froisser

DÉSAPPRENDRE → OUBLIER

DÉSAPPROBATEUR, TRICE critique, dénigreur, détracteur, improbateur, réprobateur
◇ CONTR. → LOUANGEUR

DÉSAPPROBATION n.f. → CONDAMNATION

DÉSAPPROUVER → BLÂMER

DÉSARÇONNÉ, E confondu, confus, déconcerté, déconfit, décontenancé, défait, déferré, démonté, dépaysé, dérouté, désemparé, désorienté, étourdi, inquiet, interdit, pantois, penaud, quinaud, renversé, sot, stupéfait, surpris, troublé – fam. : mis en boîte, paumé → ÉTONNÉ

DÉSARGENTÉ, E → RUINÉ

DÉSARMANT, E I. → ÉTONNANT **II.** → TOUCHANT

DÉSARMER → FLÉCHIR

DÉSARROI n.m. **I.** → TROUBLE **II.** → ÉMOTION

DÉSARTICULER → DISLOQUER

DÉSASSORTIR → DÉPAREILLER

DÉSASTRE n.m. → CALAMITÉ

DÉSASTREUSEMENT de façon → DÉSASTREUX et les dérivés possibles en -ment des syn. de désastreux

DÉSASTREUX, EUSE → FUNESTE

DÉSAVANTAGE n.m. **I.** → INFÉRIORITÉ **II.** → INCONVÉNIENT **III.** → DOMMAGE

DÉSAVANTAGER défavoriser, dépouiller, déséquilibrer, déshériter, desservir, exhéréder, frustrer, handicaper, léser, nuire, tourner au désavantage et les syn. de désavantage
◇ CONTR. → FAVORISER

DÉSAVANTAGEUSEMENT de façon → DÉSAVANTAGEUX et les dérivés possibles en -ment des syn. de désavantageux

DÉSAVANTAGEUX, EUSE I. aversif, contraire, défavorable, dommageable, ennuyeux, fâcheux, mauvais, nuisible, pernicieux **II.** → CHER
◇ CONTR. → PROFITABLE

DÉSAVEU n.m. **I.** → CONDAMNATION **II.** → RÉTRACTATION

DÉSAVOUER I. → BLÂMER **II.** → NIER **III.** → RÉTRACTER (SE)

DÉSAXÉ, E nom et adj. → FOU

DESCELLEMENT n.m. → ENLÈVEMENT

DESCELLER I. → EXTRAIRE **II.** → BRISER

DESCENDANCE et **DESCENDANT** n.f., n.m. → POSTÉRITÉ

DESCENDING NODE n.m. **spat. off.** : nœud descendant

DESCENDRE I. aborder, avaler (mar. ou sports), couler, débarquer, débouler, dégringoler, dévaler, faire irruption, se jeter à bas, plonger, sauter, tomber, venir de **II. mar.** : affaler, trévirer **III. par ext. 1.** → ABAISSER (S') **2.** → DEMEURER **3.** → DIMINUER **4.** → TUER
◇ CONTR. **I.** → MONTER **II.** → CROÎTRE

DESCENTE n.f. **I.** → INCURSION **II.** → PENTE **III.** → CHUTE **IV.** → HERNIE **V. ski** : slalom

DESCRAMBLER n.m. **télécom. off.** : désembrouilleur

DESCRAMBLING n.m. **télécom. off.** : désembrouillage

DESCRIPTION n.f. → IMAGE

DÉSEMPARÉ, E → DÉCONCERTÉ

DÉSEMPLIR → VIDER

DÉSENCHANTÉ, E blasé, déçu, désappointé, désillusionné, las
◇ CONTR. → ENTHOUSIASTE

DÉSENCHANTEMENT n.m. → DÉCEPTION

DÉSENGAGEMENT n.m. → ABANDON

DÉSENGAGER I. → RETIRER **II.** → DÉDIRE

DÉSÉQUILIBRE n.m. → DIFFÉRENCE

DÉSÉQUILIBRÉ, E → FOU

DÉSÉQUILIBRER I. → POUSSER **II.** faire → TOMBER

DÉSERT I. n.m. **1. au pr.** : bled, erg, ermes (mérid.), hamada, pampa, sahara, solitude, steppe, toundra **2. fig.** : néant, rien, vide **II. adj. 1.** → VIDE **2.** → STÉRILE
◇ CONTR. : pays de Cocagne/ → FERTILE

DÉSERTER I. → DÉLAISSER **II.** → QUITTER

DÉSERTEUR n.m. **I. au pr.** : insoumis, transfuge **II. par ext.** : apostat, renégat, traître
◇ CONTR. **I.** → DÉFENSEUR **II.** → FIDÈLE

DÉSERTION n.f. **I.** → DÉFECTION **II.** → INSOUMISSION

DÉSERTIQUE I. → ARIDE **II.** → VIDE

DÉSESCALADE n.f. **I.** → APAISEMENT **II.** → CHUTE

DÉSESPÉRANCE n.f. abattement, accablement, consternation, déception, découra-

gement, déréliction, désappointement, désenchantement, désespoir, écœurement, lassitude, mal du siècle, marritude (vx), tristesse – **fam.** : bourdon, cafard
◇ CONTR. → ESPÉRANCE

DÉSESPÉRANT, E → ACCABLANT

DÉSESPÉRÉ, E I. → EXTRÊME **II.** → MISÉRABLE **III.** → TRISTE

DÉSESPÉRÉMENT I. avec → ACHARNEMENT **II.** avec → DÉSESPOIR

DÉSESPÉRER → DÉCOURAGER

DÉSESPOIR n.m. **I.** → DÉCOURAGEMENT **II.** → DÉSESPÉRANCE **III.** → DOULEUR **IV.** → REGRET

DÉSESTIMER → MÉPRISER

DÉSHABILLÉ, E I. adj. 1. → NU **2.** → NÉGLIGÉ **II. n.m.** → ROBE

DÉSHABILLER I. → DÉVÊTIR **II. fig.** → MÉDIRE

DÉSHABITÉ, E → INHABITÉ

DÉSHABITUER → DÉROUTER

DÉSHÉRITÉ, E nom et adj. → MISÉRABLE

DÉSHÉRITER défavoriser, dépouiller, désavantager, exhéréder, frustrer, priver
◇ CONTR. → FAVORISER

DÉSHONNÊTE I. → MALHONNÊTE **II. OBSCÈNE**

DÉSHONNEUR n.m. → HONTE

DÉSHONORANT, E → HONTEUX

DÉSHONORER I. → DÉNIGRER **II.** → ABÎMER **III.** → SÉDUIRE

DÉSHUMANISANT, E → HONTEUX

DÉSHYDRATER lyophiliser → SÉCHER

DESIDERATA n.m. pl. **I.** → LACUNES **II.** → DÉSIR

DESIGN n.m. **off.** : stylique

DÉSIGNATION n.f. → NOM

DESIGNER **I. n.m. off.** : stylicien(ne) → STYLISTE

DÉSIGNER **I. v. tr.** → INDIQUER, CHOISIR

DÉSILLUSION n.f. → DÉCEPTION

DÉSILLUSIONNER décevoir, dégriser, désappointer, désenchanter, faire déchanter, refroidir
◇ CONTR. → TROMPER

DÉSINENCE n.f. → TERMINAISON

DÉSINFECTANT **I. n.m.** : déodorant, désodorisant (off.) **II. adj.** → ANTISEPTIQUE

DÉSINFECTER I. → PURIFIER **II.** → NETTOYER **III.** désinsectiser, épouiller, épucer, vermifuger

DÉSINFECTION n.f. **I.** → ASSAINISSEMENT **II.** → NETTOIEMENT **III.** épouillage

DÉSINTÉGRATION n.f. fission, radioactivité, transmutation → DESTRUCTION

DÉSINTÉGRER → DÉCOMPOSER

DÉSINTÉRESSÉ, E I. → GÉNÉREUX **II.** → INDIFFÉRENT

DÉSINTÉRESSEMENT n.m. **I.** → INDIFFÉRENCE **II.** → GÉNÉROSITÉ

DÉSINTÉRESSER I. contenter, dédommager, indemniser, intéresser, payer **II. v. pron. :** se déprendre, se moquer de, négliger, oublier → ABANDONNER

◇ CONTR. **I.** → INTÉRESSER **II.** → PRÉOCCUPER (SE)

DÉSINTÉRÊT n.m. → INDIFFÉRENCE

DÉSINVOLTE → DÉGAGÉ

DÉSINVOLTURE n.f. **I.** abandon, aisance, assurance, décontraction, facilité, familiarité, légèreté **II. non fav. :** effronterie, grossièreté, impertinence, impudence, inconvenance, indiscrétion, laisser-aller, liberté, licence, négligence, privauté, sans-gêne

◇ CONTR. → RETENUE

DÉSIR n.m. **I. au pr. :** ambition, appel, appétence, appétit, appétition (philos.), aspiration, attente, attirance, attrait, besoin, but, caprice, convoitise, cupidité (péj.), curiosité, demande, démangeaison, desiderata, dessein, envie, espérance, espoir, exigence, faim, fantaisie, force, goût, impatience, inclination, intention, intentionnalité (psych.), intérêt, penchant, prétention, prurit, rêve, soif, souhait, tendance, tentation, vanité, velléité, visée, vœu, volonté, vouloir **II.** → PASSION

◇ CONTR. **I.** → DÉDAIN **II.** → PEUR

DÉSIRABLE I. → APPÉTISSANT **II.** → SÉDUISANT **III.** → SOUHAITABLE

DÉSIRER → VOULOIR

DÉSIREUX, EUSE affamé, altéré, assoiffé, attaché à, avide, convoiteux (vx), curieux, envieux, impatient, jaloux

◇ CONTR. → DÉDAIGNEUX

DÉSISTEMENT n.m. → RENONCEMENT

DÉSISTER (SE) → RENONCER

DÉSOBÉIR contrevenir, enfreindre, être insoumis, s'opposer, passer outre, se rebeller, refuser, résister, se révolter, rompre, transgresser → VIOLER

◇ CONTR. → OBÉIR

DÉSOBÉISSANCE n.f. contravention, indiscipline, indocilité, infraction, inobservation, insoumission, insubordination, mutinerie, opposition, rébellion, refus, résistance, révolte → VIOLATION

◇ CONTR. → OBÉISSANCE

DÉSOBÉISSANT, E difficile, endêvé (vx et fam.), endiablé, entêté, indiscipliné, indocile, insoumis, insubordonné, intraitable, mutin, opiniâtre, rebelle, récalcitrant, réfractaire, résistant, révolté – **vén. :** choupil

◇ CONTR. → OBÉISSANT

DÉSOBLIGEANT, E blessant, choquant, déplaisant, malveillant, sec, vexant → DÉSAGRÉABLE

◇ CONTR. **I.** → POLI **II.** → SERVIABLE

DÉSOBLIGER I. → FROISSER **II.** → NUIRE

DÉSOBSTRUER → OUVRIR

DÉSOCCUPATION n.f. → INACTION

DÉSOCCUPÉ, E et **DÉSŒUVRÉ, E** → INACTIF

DÉSŒUVREMENT n.m. → INACTION

DÉSOLATION n.f. → AFFLICTION

DÉSOLER I. → RAVAGER **II.** → CHAGRINER

DÉSOPILANT, E → RISIBLE

DÉSORDONNÉ, E I. → DÉCOUSU **II.** → ILLOGIQUE **III. fam. :** bordéleux, bordélique **IV.** insouciant, négligent, sans-soin

◇ CONTR. → SOIGNEUX

DÉSORDRE n.m. **I.** altération, anarchie, ataxie (méd.), bouleversement, chahut, chambardement, chamboulement, chaos, confusion, débandade, décousu, dégât, dérangement, déroute, désarroi, désorganisation, dissension, embrouillement, enchevêtrement, flottement, gâchis, imbroglio, incohérence, irrégularité, panique, perturbation, pillage, querelle, révolte, révolution, sabotage, scandale, tapage, trouble, tumulte **II. vx :** billebaude, bredi-breda, culbute **III. mar. :** en pantenne, en valdrague (vx) **IV. fam. :** bin's, bordel, cafouillage, chienlit, fourbi, foutoir, gabegie, margaille (rég.), papafard, pastis, ramdam, rififi, salade, schproum, souk → TOHU-BOHU **V.** → DÉBAUCHE **VI.** bric-à-brac, éparpillement, fatras, fouillis, jonchée, mélange, pagaille, pêle-mêle

◇ CONTR. **I.** → ORDRE **II.** → DÉCENCE

DÉSORGANISATION n.f. → DÉRANGEMENT

DÉSORGANISER → TROUBLER

DÉSORIENTER I. → DÉROUTER **II.** → ÉGARER

DÉSORMAIS → DORÉNAVANT

DÉSOSSÉ, E → DISLOQUÉ

DESPERADO n.m. → RÉVOLUTIONNAIRE

DESPOTE n.m. → TYRAN

DESPOTIQUE → ABSOLU

DESPOTIQUEMENT arbitrairement, autoritairement, cruellement, dictatorialement, fanatiquement, férocement, illégalement, inhumainement, monarchiquement, oppressivement, totalitairement

DESPOTISME n.m. → ABSOLUTISME

DESSAISIR I. → DÉPOSSÉDER II. → RENONCER

DESSAISISSEMENT n.m. → CESSION

DESSALÉ, E I. → ÉVEILLÉ II. → LIBRE

DESSÉCHANT, E → BRÛLANT

DESSÈCHEMENT n.m. **I. au pr.** : brûlure, déshydratation, dessiccation, flétrissement **II. par ext.** : assainissement, assèchement, drainage, tarissement **III. fig. 1. phys.** : amaigrissement, consomption, maigreur, momification **2. moral** : dureté, endurcissement, sécheresse
◇ CONTR. **I.** → ARROSAGE **II.** → PROSPÉRITÉ

DESSÉCHER I. → DURCIR II. → SÉCHER III. → DÉPÉRIR

DESSEIN n.m. **I.** arrière-pensée, but, conception, conseil, décision, désir, détermination, disposition, entreprise, envie, gré, idée, intention, machination, objet, parti, pensée, plan, préméditation, prétention, programme, projet, propos, proposition, résolution, visée, volonté, vue **II. À DESSEIN** : avec intention, de propos délibéré, délibérément, en toute connaissance de cause, exprès, intentionnellement, volontairement
◇ CONTR. → INCERTITUDE

DESSERRER défaire, dévisser, écarter, ouvrir, relâcher

DESSERT n.m. fruits → PÂTISSERIE

DESSERTE n.f. **I.** cure, paroisse **II.** buffet, crédence, dressoir, vaisselier

DESSERVANT n.m. → PRÊTRE

DESSERVIR I. → NUIRE II. débarrasser, enlever, ôter III. s'arrêter à, passer par IV. déboucher sur, donner dans, faire communiquer
◇ CONTR. → SERVIR

DESSICCATION n.f. → DESSÈCHEMENT

DESSILLER → DÉTROMPER

DESSIN n.m. **I.** axonométrie, canevas, coupe, croquis, design, ébauche, élévation, épure, esquisse, œuvre, plan, perspective projection, projet, relevé, schéma, tracé **II.** → IMAGE **III.** crayon, fusain, lavis, pointe-sèche, sanguine, sépia **IV. fam.** : axo, crobard, jus, merde, sous-cul **V.** tatouage

DESSINATEUR, TRICE n.m. ou f. affichiste, caricaturiste, fusainiste ou fusiniste, graveur, illustrateur, imagier, modéliste → STYLISTE

DESSINER I. → TRACER II. v. pron. 1. → SAILLIR 2. → PROFILER (SE)

DESSOUS I. adv. : à un niveau inférieur, en contrebas II. n.m. 1. → INFÉRIORITÉ 2. → SECRET 3. → LINGE III. 1. **en dessous** → SOURNOIS 2. **dessous-de-table** → GRATIFICATION 3. **dessous du pied** : plante, semelle (sports), sole (équit.)
◇ CONTR. → DESSUS

DESSUS I. **n.m.** → AVANTAGE II. **adv. au-dessus** : en contre-haut, en haut
◇ CONTR. → DESSOUS

DÉSTABILISATION n.f. → SUBVERSION

DESTIN n.m. aléa, avenir, destinée, fatalité, fatum, hasard, providence, sort, vie

DESTINATAIRE n.m. ou f. **I.** allocutaire, auditeur, interlocuteur, récepteur **II.** → ACHETEUR
◇ CONTR. → DESTINATEUR

DESTINATEUR n.m. **I.** émetteur, locuteur, sujet (parlant) **II.** → APPROVISIONNEUR
◇ CONTR. → DESTINATAIRE

DESTINATION n.f. **I.** → BUT **II.** → FIN **III.** → USAGE

DESTINÉE n.f. aventure, chance, destin, étoile, fortune, lot, partage, vie, vocation

DESTINER affecter, appliquer, assigner, attribuer, garder, prédestiner, préparer, promettre, réserver, vouer

DESTITUÉ, E → DÉNUÉ

DESTITUER casser, chasser, congédier, débarquer, débouter, déchoir, dégommer (fam.), dégoter (fam.), dégrader, démettre de, démissionner, dénuer de, déplacer, déposer, dépouiller, détrôner, disgracier, faire sauter, licencier, limoger, mettre à pied/ à la retraite/ en disponibilité, priver, rappeler, relever de ses fonctions, révoquer, suspendre
◇ CONTR. **I.** → AFFECTER **II.** → RÉTABLIR

DESTITUTION n.f. → DÉCHÉANCE

DESTRIER n.m. → CHEVAL

DESTRUCTEUR, TRICE et **DESTRUCTIF, IVE** nom et adj. **I.** bousilleur, brise-fer, démolisseur, déprédateur, exterminateur, iconoclaste, pétroleur, ravageur → SABOTEUR **II.** anéantissant, annihilant, dévastateur, néantissant, nuisible, stérilisant, vandalique
◇ CONTR. **I.** → BÂTISSEUR **II.** → PROTECTEUR

DESTRUCTIBLE biodégradable, consommable, consomptible, consumable, corruptible, dégradable, délébile, disposable (angl. méd.), fongible, gélif, marcescible
◇ CONTR. → SOLIDE

DESTRUCTION n.f. abolition, affaiblissement, anéantissement, annihilation, annulation, broyage, défoliation, démantèlement, démolition, désagrégation, désintégration, dévastation, écocide, écrasement, extermination, liquidation, prédation, renversement, ruine, sabordage, sabotage, sape – vx : débris, démolissement
◇ CONTR. → ÉRECTION

DÉSUET, ÈTE archaïque, démodé, dé-passé, gothique (vx), obsolescent, obsolète, passé, périmé, prescrit, rebattu, suranné, vieillot, vieux – **fam.**: fossile, ringard → SU-RANNÉ
◆ CONTR. → ACTUEL

DÉSUÉTUDE n.f. I. → CADUCITÉ II. → ABAN-DON III. → VIEILLESSE

DÉSUNION n.f. → MÉSINTELLIGENCE

DÉSUNIR I. → SÉPARER II. → BROUILLER III. → ÉCARTER

DÉTACHÉ, E → DÉGAGÉ

DÉTACHEMENT n.m. I. → RENONCEMENT II. → INDIFFÉRENCE III. → TROUPE

DÉTACHER I. → LIBÉRER II. → DÉFAIRE III. → SÉPARER IV. → NETTOYER V. **v. pron.** 1. → RENON-CER 2. → TOMBER 3. → SAILLIR 4. → PROFILER (SE)

DÉTAIL n.m. I. → BAGATELLE II. → CIR-CONSTANCE III. → DÉNOMBREMENT

DÉTAILLANT, E n.m. ou f. → COMMERÇANT

DÉTAILLÉ, E circonstancié, particularisé
◆ CONTR. → SOMMAIRE

DÉTAILLER I. → DÉCOUPER II. → VENDRE III. → PRONONCER

DÉTALER → ENFUIR (S')

DÉTAXE n.f. dégrèvement → DIMINUTION

DÉTAXER → EXEMPTER

DÉTECTER → DÉCOUVRIR

DÉTECTIVE n.m. → POLICIER

DÉTEINDRE SUR → INFLUER

DÉTELER I. → DÉFAIRE II. → LIBÉRER III. → ABANDONNER

DÉTENDRE I. → APAISER II. → CALMER III. → LÂCHER

DÉTENDU, E I. → HEUREUX II. → TRANQUILLE

DÉTENIR I. → CONSERVER II. → AVOIR III. → EMPRISONNER

DÉTENTE n.f. I. → REPOS II. → DIVERTISSEMENT III. → TRÊVE

DÉTENTION n.f. I. → POSSESSION II. → EMPRI-SONNEMENT

DÉTENU, E n.m. ou f. → PRISONNIER

DÉTÉRIORATION n.f. I. → DÉGRADATION II. → DOMMAGE

DÉTÉRIORER abîmer, briser, casser, dé-biffer (vx), délabrer, démolir, détraquer, en-dommager, fausser, forcer, gâter, saboter, sabrer → DÉGRADER – **fam.**: amocher, arranger, bousiller, déclinquer, déglinguer, esquinter
◆ CONTR. I. → RÉPARER II. → AMÉLIORER

DÉTERMINATION n.f. I. → RÉSOLUTION II. → DÉCISION III. → FIXATION

DÉTERMINÉ, E I. → DÉCIDÉ II. → PARFAIT

DÉTERMINER I. → FIXER II. → DÉCIDER III. → OCCASIONNER

DÉTERMINISME n.m. I. → PHILOSOPHIE II. **par ext.** 1. → PRÉDISPOSITION 2. → FATALISME

DETERRENCE n.m. **milit. nucl. off.**: dissuasion

DETERRENT n.m. **milit. nucl. off.**: agent de dissuasion

DÉTERRER défouir (vx), exhumer, ressor-tir, sortir de terre
◆ CONTR. → ENTERRER

DÉTESTABLE abominable, affreux damné, exécrable, haïssable, maudit, mépri-sable, odieux, sacré (par ext. et fam.), vilain → MAUVAIS
◆ CONTR. I. → AIMABLE II. → BON

DÉTESTABLEMENT de façon → DÉTES-TABLE *et les dérivés possibles en* -ment *des syn. de* détestable

DÉTESTER → HAÏR

DÉTONATION n.f. → EXPLOSION

DÉTONER → ÉCLATER

DÉTONNER → CONTRASTER

DÉTORDRE mar.: décommettre

DÉTORQUER → DÉTOURNER

DÉTOUR n.m. I. angle, boucle, circuit coude, courbe, crochet, dérivation, dévia-tion, écart, méandre, sinuosité, tournant II. biais, circonlocution, digression, diver-sion, faux-fuyant, hypocrisie, par la bande, périphrase, repli, ruse, secret, subterfuge, subtilité, tour III. **au pl.**: ambages
◆ CONTR. : chemin/ procédé le plus → COURT

DÉTOURNÉ, E I. **au pr.**: contourné, défléchi, déjeté, dévié, dévoyé, en biais, gauchi II. **par ext.** 1. → INDIRECT 2. → ÉCARTÉ
◆ CONTR. → DROIT

DÉTOURNEMENT n.m. I. → MALVERSATION II. flibuste, piraterie (aérienne)
◆ CONTR. → RÉPARATION

DÉTOURNER I. abandonner, déconseiller, déplacer la question, déranger, détorquer, dissuader, distraire, divertir, écarter, éloi-gner, éluder, empêcher, faire dévier, obli-quer, préserver, rabattre, solliciter, sous-traire, tourner → VOLER II. **v. pron.** → ÉVITER
◆ CONTR. I. → REDONNER II. → RÉTABLIR

DÉTRACTER → DÉPRÉCIER

DÉTRACTEUR, TRICE n.m. ou f. I. → MÉDI-SANT II. → ENNEMI

DÉTRAQUÉ → FOU

DÉTRAQUER I. → DÉTÉRIORER II. → TROU-BLER

DÉTREMPER → DÉLAYER

DÉTRESSE n.f. **I.** → DANGER **II.** → MALHEUR

DÉTRIMENT n.m. → DOMMAGE

DÉTRITUS n.m. **I.** → DÉCHET **II.** → ORDURE

DÉTROIT n.m. bras de mer, canal, chenal, défilé, gorge, grau, manche, pas, passage, passe, pertuis

DÉTROMPER avertir, aviser, débondieuser, démagifier, démystifier, démythifier, démythiser, désabuser, désillusionner, dessiller les yeux, éclairer, faire voir, informer, instruire, montrer, signaler, tirer d'erreur
◈ CONTR. → TROMPER

DÉTRÔNER fig. : casser, débarquer, dégommer, dégoter, démettre de, démissionner, déplacer, déposer, dépouiller, destituer, discréditer, éclipser, effacer, faire sauter, limoger, mettre en disponibilité, priver, rappeler, relever de ses fonctions, remettre à la base, renverser, rétrograder, révoquer, supprimer, suspendre
◈ CONTR. **I.** → COURONNER **II.** → ÉTABLIR

DÉTROUSSER → VOLER

DÉTRUIRE abattre, abolir, anéantir, annihiler, annuler, atomiser, bousiller (fam.), briser, brûler, casser, consumer, corroder, défaire, démolir, désoler (vx), écraser, effacer, éliminer, éteindre, étouffer, exterminer, gommer, juguler, liquider, mettre en poudre, miner, néantiser, pulvériser, raser, ravager, renverser, ruiner, saper, supprimer, triturer → TUER
◈ CONTR. **I.** → BÂTIR **II.** → PROTÉGER

DETTE n.f. charge, créance, débet, débit, déficit, devoir, doit, dû, emprunt, obligation, passif, solde – **fam.** : ardoise, drapeau, pouf
◈ CONTR. **I.** → CRÉANCE **II.** → BÉNÉFICE

DEUIL n.m. **I.** → TRISTESSE **II.** → ENTERREMENT

DEUXIÈME postérieur, second, suivant

DÉVALER → DESCENDRE

DÉVALISER → VOLER

DÉVALORISATION n.f. → DÉVALUATION

DÉVALORISER → DÉPRÉCIER

DÉVALUATION n.f. rabaissement, sous-estimation → DÉPRÉCIATION
◈ CONTR. : réévaluation, surestimation

DÉVALUER → DÉPRÉCIER

DEVANCER aller au-devant, anticiper, avoir le pas sur, dépasser, distancer, gagner de vitesse, précéder, prendre les devants, prévenir, primer, prévoir, surpasser – **fam.** : gratter, semer
◈ CONTR. → SUIVRE

DEVANCIER, IÈRE n.m. ou f. **I.** → PRÉCURSEUR **II.** → AÏEUL

DEVANT I. avant, en avant de, face à, en présence de **II. PRENDRE LES DEVANTS** → DEVANCER
◈ CONTR. → DERRIÈRE

DEVANTURE n.f. **I.** → FAÇADE **II.** → ÉTALAGE

DÉVASTATEUR, TRICE nom et adj. → DESTRUCTEUR

DÉVASTATION n.f. **I.** → DESTRUCTION **II.** → DÉGÂT

DÉVASTER → RAVAGER

DÉVEINE n.f. → MALCHANCE

DÉVELOPPEMENT n.m. **I.** amplification, croissance, déploiement, éclaircissement, épanouissement, essor, évolution, extension, propagation, progrès, rayonnement, suites **II.** dissertation, essai, explication, explicitation, exposé, narration, paraphrase, rapport, récit, tartine (fam.), tirade
◈ CONTR. **I.** → DÉCLIN **II.** → RÉSUMÉ **III.** → SOUS-ENTENDU

DÉVELOPPER I. agrandir, allonger, amplifier, circonduire (vx), croître, délayer, déployer, dérouler, étendre, s'étendre, filer, progresser **II.** démontrer, éclaircir, enseigner, expliquer, exposer, paraphraser, projeter (math.), raconter, rapporter, traduire, traiter **III.** → FORMER **IV. v. pron.** → CROÎTRE
◈ CONTR. **I.** → RÉDUIRE **II.** → DÉCLINER **III.** → ABRÉGER

DEVENIR n.m. → ÉVOLUTION

DEVENIR évoluer, se faire, se rendre, se transformer
◈ CONTR. → DEMEURER

DÉVERGONDAGE n.m. → DÉRÈGLEMENT

DÉVERGONDÉ, E → DÉBAUCHÉ

DÉVERS n.m. → PENTE

DÉVERSER → VERSER

DÉVERSOIR n.m. daraise → BONDE

DÉVÊTIR (SE) se découvrir/ dégarnir/ dénuder/ dépouiller/ déshabiller, se déparpasser (rég.), enlever, se mettre à poil (fam.), ôter – **arg.** : décarpiller, se défringuer/ déloquer/ dépiauter/ dessaper/ mettre à loilpé/ à poil
◈ CONTR. → VÊTIR

DÉVIATION n.f. **I.** → ÉCART **II.** → DISSIDENCE

DÉVIATIONNISTE nom et adj. → RÉVISIONNISTE

DÉVIDER I. → ÉTENDRE **II. fig. 1.** → RACONTER **2.** → ÉCLAIRCIR

DÉVIÉ, E contourné, défléchi, déjeté, détourné, dévoyé, en biais, gauchi
◈ CONTR. → DROIT

DÉVIER → S'ÉCARTER

DEVIN, DEVINERESSE n.m. ou f. aéromancien, annonciateur, aruspice, astrologue *ou* astrologien, augure, auspice, cartomancien, cassandre, chiromancien, chresmologue, clairvoyant, coscinomancien, devineresse, devineur, diseur de bonne aventure, extra-lucide, mage, magicien, médium, nécromancien, oniromancien, pronostiqueur, prophète, pythie, pythonisse, rhabdomancien, reniflante (arg.), sibylle, somnambule, sorcier, vaticinateur, visionnaire, voyant

DEVINER I. → DÉCOUVRIR II. → PRESSENTIR

DEVINETTE n.f. → ÉNIGME

DÉVIRGINISER I. → DÉPUCELER II. → PROFANER

DÉVIRILISÉ → EFFÉMINÉ

DEVIS n.m. I. → PROJET II. → CONVERSATION

DÉVISAGER → REGARDER

DEVISE n.f. I. → SYMBOLE II. → PENSÉE III. → BILLET

DEVISER → PARLER

DÉVOILER → DÉCOUVRIR

DEVOIR n.m. I. bien, droit chemin, vertu II. corvée, exercice, pensum, tâche, travail III. charge, office IV. dette, exigence, impératif, must (angl.), nécessité, obligation V. au pl. → CIVILITÉS

DEVOIR v. tr. avoir à, être → DÉBITEUR être obligé, falloir, redevoir, tirer de
◈ CONTR. : être libéré

DÉVOLU, E I. → RÉSERVÉ (ÊTRE) II. JETER SON DÉVOLU → CHOISIR

DEVON n.m. → AICHE

DÉVORANT, E → BRÛLANT

DÉVORER I. → MANGER II. → CONSUMER III. → LIRE

DÉVOT, E nom et adj. I. → RELIGIEUX II. → BIGOT

DÉVOTEMENT avec → DÉVOTION, de façon → DÉVOT *et les dérivés possibles en* -ment *des syn. de* dévot

DÉVOTION n.f. I. dulie, latrie → RELIGION II. → ATTACHEMENT

DÉVOUÉ, E → GÉNÉREUX

DÉVOUEMENT n.m. I. → ATTACHEMENT II. → VOLONTARIAT III. → SACRIFICE

DÉVOUER I. → VOUER II. v. pr. → SACRIFIER (SE)

DÉVOYÉ, E nom et adj. I. → DÉVIÉ II. → ÉGARÉ III. → VAURIEN

DEXTÉRITÉ n.f. → HABILETÉ

DIABLE n.m. I. au pr. : ange déchu, Azazel, Belzébuth, démon, démone, diablesse, diableteau, diablotin, diantre, dragon, Éblis ou Iblis, génie du mal, incube, Lucifer, malin maudit, mauvais ange, Méphistophélès, misérable, Satan, serpent, succube, tentateur II. À LA DIABLE : à la hâte, de chiqué, en désordre/ pagaille (fam.), négligemment, sans conscience/ méthode/ soin III. brouette, chariot, fardier
◈ CONTR. → DIEU

DIABLEMENT → BEAUCOUP

DIABLERIE n.f. espièglerie, machination, maléfice, malice, manigance, menée, mystère, sabbat, sortilège

DIABLESSE n.f. démone, furie, harpie – MÉGÈRE

DIABLOTIN n.m. → DIABLE

DIABOLIQUE I. démoniaque, luciférien, méchant, méphistophélique, pernicieux, pervers, sarcastique, satanique II. chthonien, infernal, luciférien, typhonien
◈ CONTR. I. → BON II. → VERTUEUX

DIABOLIQUEMENT de façon → DIABOLIQUE *et les dérivés possibles en* -ment *de. syn. de* diabolique

DIADÈME n.m. I. → COURONNE II. → NIMBE

DIAGNOSTIQUER → RECONNAÎTRE

DIAGRAMME n.m. courbe, délinéation, graphique, plan, schéma

DIALECTE n.m. → LANGUE

DIALECTIQUE n.f. et adj. → LOGIQUE

DIALOGUE n.m. → CONVERSATION

DIALOGUER → PARLER

DIAMANT n.m. I. blanc-bleu (arg.), brillant, joyau, marguerite, marquise, pierre, rose, solitaire II. adamant (vx), bort, carbonado, égrisée

DIAMÉTRALEMENT → ABSOLUMENT

DIANE n.f. avertissement, réveil, signal, sonnerie

DIANTRE → DIABLE

DIAPASON n.m. accord, niveau, registre, ton

DIAPHANE I. au pr. : clair, hyalin, limpide, luisant, lumineux, net, opalescent, translucide, transparent II. fig. → MAIGRE
◈ CONTR. I. → OBSCUR II. → GRAS

DIAPRÉ, E bariolé, bigarré, chatoyant, émaillé, jaspé
◈ CONTR. → UNIFORME

DIARRHÉE n.f. I. colique, colite, débâcle, dysenterie, entérite, flux alvin/ de ventre, lientérie, sprue II. fam. : cagade, chiasse, cliche, courante, foirade, foire, purée III. vx

:aquesangue, dévoiement, drouille, tran-
:hées, trouille, venette
◆ CONTR. → OPILATION

DIATRIBE n.f. I. → REPROCHE II. → SATIRE

DICIBLE → AVOUABLE

DICTATEUR n.m. caudillo, duce, Führer →
TYRAN

DICTATORIAL, E → ABSOLU

DICTATORIALEMENT → DESPOTIQUEMENT

DICTATURE n.f. → ABSOLUTISME

DICTÉE n.f. I. au pr.: devoir/ exercice d'or-
:hographe II. fig. péj. → COMMANDEMENT

DICTER I. → INSPIRER II. → PRESCRIRE

DICTION n.f. → ÉLOCUTION

DICTIONNAIRE n.m. bénédictionnaire,
:odex, encyclopédie, glossaire, lectionnaire,
lexique, microglossaire, nomenclature, répertoire, terminologie, trésor, usuel, voca-
:ulaire – vx: apparat, calepin, compilation,
cornucopiae, pan-lexicon, promptuaire, the-
:aurus

DICTON n.m. adage, aphorisme, apophtegme, brocard, formule, locution, maxime,
mot, parole, pensée, précepte, proverbe

DIDACTIQUE I. adj.: culturel, documen-
:aire, éducatif, formateur, instructif, pédagogique, scolaire II. n.f. → INSTRUCTION

DIDACTIQUEMENT de façon → DIDAC-
TIQUE et les dérivés possibles en -ment des
syn. de didactique

DIÈTE n.f. I. → RÉGIME II. → JEÛNE

DIÉTÉTICIEN, NE n.m. ou f. diététiste, nutritionniste

DIÉTÉTIQUE I. n.f. → HYGIÈNE II. adj. → SAIN

DIEU n.m. I. cabire, déité, démon, divinité,
esprit, être, génie, héros, idole, immortel,
principe, symbole → DÉESSE II. principales divinités.
1. tradition abrahamanique et philosophique: adonaï,
Allah, alpha et oméga, auteur/ cause univer-
sel(le), Bon Dieu, Créateur/ Maître/ Roi/
Souverain du Ciel et de la Terre/ de l'Univers, démiurge, Dieu d'Abraham/ de David/
des Hébreux/ d'Isaac/ d'Israël/ de Jacob/ de
Moïse/ des Armées, Dieu bon/ éternel/ fait
Homme/ fort/ jaloux/ juste/ miséricor-
dieux/ saint/ terrible/ vengeur/ vivant, Éon,
Esprit (Saint), Éternel, Être/ Juge suprême,
Fils de l'Homme, Grand Architecte de l'Univers, Grand Être, Iahvé, Infini, Jéhovah, Jésus, Logos, Lumière, Messie, Notre Seigneur,
Pain (du ciel/ vivant), Père céleste/ éternel/
saint, Providence (divine), Pur Esprit, Saint
d'Israël/ des saints, Saint Esprit, Sauveur
(du Monde), Seigneur, Souverain Bien, Tout-
Puissant, Très-Haut, Trinité, Verbe, Yaweh

2. Grèce: Aphrodite, Arès, Artémis, Athéna,
Cronos, Déméter, Dionysos, Hécate, Hé-
phaïstos, Héra, Hermès, Morphée, Pan,
Ploutos, Phoebé, Phoebus, Poséidon, Thana-
tos, Zeus **3. Rome**: Apollon, Bacchus, Cérès,
Diane, Junon, Jupiter, lares, mânes, Mars,
Mercure, Minerve, Neptune, pénates, Saturne, Vénus, Vesta, Vulcain **4. Celtes, Germains
et Nordiques**: Bah, Bur, Odin, Teutatès, Wotan
5. Égypte: Amon-Râ, Anubis, Bès, Hathor, Ho-
rus, Isis, Mout, Osiris, Ptah, Rè, Seth, Sha,
Thot **6. Chaldée**: Adonis, Ahoura-Mazda, Ahri-
man, Ashtart, Asshour, Astarté, Baal ou Bel,
Gilgamesh, Marduk, Mithra, Ormuz, Sha-
mash **7. bouddhisme, par ext**: Bouddha, Bodi-
sattva **8. hindouisme**: Brahma, Civa, Krishna,
Parvati, Skanda, Vishnu **9. arg.**: grand Manitou, Meg (vx)
◆ CONTR. → DIABLE

DIFFAMANT, E et **DIFFAMATOIRE** I. →
FAUX II. → CALOMNIEUX

DIFFAMATION n.f. → MÉDISANCE

DIFFAMÉ, E attaqué, calomnié, déshonoré, discrédité, malfamé, méprisé, rejeté

DIFFAMER I. → DÉNIGRER II. → MÉDIRE

DIFFÉREMMENT de façon → DIFFÉRENT et
les dérivés possibles en -ment des syn. de différent

DIFFÉRENCE I. altérité, antinomie, antithèse, caractéristique, contraste, déséquilibre, déviation, discordance, discrépance
(vx), disparate, disparité, disproportion, dissemblance, dissimilitude, distance, distinction, distorsion, divergence, diversité, écart,
éloignement, hétérogénéité, imparité, inégalité, nuance, opposition, particularité, séparation, spécificité, variante, variété II. →
CHANGEMENT

DIFFÉRENCIATION n.f. distinction, division, individuation, séparation, transformation
◆ CONTR. → RAPPROCHEMENT

DIFFÉRENCIER apercevoir/ établir/
faire/ marquer une différence et les syn. de
différence, distinguer, différer, isoler, opposer, séparer
◆ CONTR. → CONFONDRE

DIFFÉREND n.m. → CONTESTATION

DIFFÉRENT, E alterne, autre, changé,
contradictoire, contraire, contrastant, disjoint, disproportionné, dissemblable, distant, distinct, divergent, divers, éloigné, hétérogène, hétérologue, inégal, méconnaissable, modifié, mystérieux, non pareil,
nouveau, opposé, particulier, pluriel, séparé, spécifique, tranché, transformé, varié

◆ CONTR. → SEMBLABLE

DIFFÉRER I. → DISTINGUER (SE) II. → RETARDER

DIFFICILE I. **au pr.** : abscons, abstrait, abstrus, aporétique, ardu, chinois, complexe, compliqué, confus, coriace, délicat, diabolique, difficultueux, dur, embarrassant, embrouillé, énigmatique, épineux, ésotérique, exigeant, illisible, impénétrable, impossible, inassimilable, indéchiffrable, inextricable, infaisable, ingrat, inintelligible, insupportable, intraitable, introuvable, laborieux, malaisé, pénible, obscur, rude, scabreux, sorcier, subtil, ténébreux, transcendantal, trapu – **fam.** : coton, duraille, durillon, glandilleux, indécrochable II. **par ext. 1. un accès** : casse-cou, dangereux, escarpé, impraticable, inabordable, inaccessible, incommode, malcommode, périlleux, raboteux, raide, risqué **2. un caractère** : acariâtre, anguleux, âpre, chicaneur, chicanier, contrariant, difficultueux, dur, exigeant, farouche, immariable, infréquentable, intraitable, invivable, irascible, mauvais coucheur, ombrageux, querelleur, rude → REVÊCHE **3. fam.** : bâton merdeux, cactus **4. un goût** : blasé, capricieux, dégoûté, délicat **5. équit.** : fingard, guincheur, quinteux, ramingue, rétif, tride

◆ CONTR. I. → FACILE II. → AIMABLE

DIFFICILEMENT I. de façon → DIFFICILE *et les dérivés possibles en* -ment *des syn. de* difficile II. → IMPARFAITEMENT

DIFFICULTÉ n.f. I. **sens général** : abstrusion, aporie, aporisme, brouillamini, complexité, complication, confusion, danger, délicatesse, incommodité, gêne, obscurité, peine, péril, subtilité II. **quelque chose. 1.** contrariété, contretemps, danger, désagrément, embarras, empêchement, ennui, épine, épreuve, friction, histoire, impossibilité, incident, intrication, labeur, objection, obstacle, opposition, pantenne (mar.), peine, point chaud/sensible, problème, puzzle, résistance, souci, tiraillement, tracas, travail, traverse, vicissitude(s) – **vx** : accroche, anfractuosité, arduité, enclouure, essoine, involution, malencontre **2. fam.** : accroc, anicroche, aria, arnaque, avaro, bec, bin's, bite, cahot, casse-tête (chinois), chardon, cheveu, chiendent, chierie, chtourbe, cirage, couille, embrouille, emmerde, galoup, hic, mastic, os, pépin, pet, rififi, ronce, sac de nœuds, salade, tirage III. → INCAPACITÉ

◆ CONTR. → FACILITÉ

DIFFICULTUEUX, EUSE → DIFFICILE

DIFFORME affreux, amorphe, anormal, boiteux, bossu, cagneux, contrefait, cromb (vx), cul-de-jatte, défiguré, déformé, dégingandé, déjeté, disgracié, éclopé, estropié, hideux, horrible, infirme, informe, ingrat, laid, mal bâti/ fait, monstrueux, nain, rabougri, repoussant, tors – **fam.** : bancroche, croche, tordu

◆ CONTR. I. → BEAU II. : bien constitué/ fait, normal, régulier

DIFFORMITÉ n.f. anomalie, défaut, déformation, disgrâce, gibbosité, handicap, infirmité, malformation, monstruosité

◆ CONTR. I. → BEAUTÉ II. → PERFECTION III. → ÉQUILIBRE

DIFFUS, E abondant, bavard, cafouilleux (fam.), déclamateur, délayé, désordonné, laxe (vx), long, obscur, phraseur, prolixe, redondant, verbeux

◆ CONTR. → COURT

DIFFUSÉMENT de façon → DIFFUS *et les dérivés possibles en* -ment *des syn. de* diffus

DIFFUSER → RÉPANDRE

DIFFUSION n.f. I. → PROPAGATION II. → ÉMISSION

DIGÉRER I. **au pr.** : absorber, assimiler, élaborer, transformer II. **fig. 1.** accepter, avaler, endurer, souffrir, supporter **2.** cuire, cuver, méditer, mijoter, mûrir III. **v. pron.** : passer

◆ CONTR. I. : garder sur l'estomac II. → VOMIR

DIGEST n.m. I. **off.** : condensé II. → REVUE

DIGESTE alibile (vx), assimilable, digestible, léger, sain

◆ CONTR. → INDIGESTE

DIGESTIF n.m. → POUSSE-CAFÉ

DIGESTION n.f. absorption, animalisation, assimilation, coction, déglutition, élaboration, eupepsie, ingestion, nutrition, rumination, transformation

◆ CONTR. → INDIGESTION

DIGIT n.m. binon, bit, chiffre, unité

DIGITAL **inform. off.** : binaire, numérique

DIGITALE n.f. doigt de la Vierge, gant de Notre-Dame, pavée

DIGNE I. → HONNÊTE II. → CONVENABLE III. → IMPOSANT IV. ÊTRE DIGNE DE → MÉRITER

DIGNEMENT avec → DIGNITÉ, de façon – DIGNE *et les dérivés possibles en* -ment *des syn. de* digne

DIGNITAIRE n.m. → CHEF

DIGNITÉ n.f. I. → DÉCENCE II. → MAJESTÉ III. → HONNEUR

DIGON n.m. → HARPON

DIGRESSION n.f. à-côté, divagation, écart, épisode, excursion, excursus, hors-d'œuvre, parabase, parenthèse, placage

◆ CONTR. : vif du sujet

DIGUE n.f. **I. au pr.** : barrage, batardeau, brise-lames, chaussée, estacade, jetée, levée, môle, musoir, obstacle, palée, serrement, turcie **II. fig.** : barrière, frein, obstacle

DILAPIDATEUR, TRICE nom et adj. → DÉPENSIER

DILAPIDATION n.f. coulage, déprédation, dissipation, gâchage, gâchis, gaspillage, perte, prodigalité

◆ CONTR. **I.** → ACCUMULATION **II.** → ÉCONOMIE

DILAPIDER → DÉPENSER

DILATATION n.f. ampliation, augmentation, distension, divulsion, élargissement, épanouissement, érection, évasement, expansion, extension, gonflement, grossissement, tumescence, turgescence

◆ CONTR. → CONTRACTION

DILATER I. → ÉLARGIR **II.** → GROSSIR

DILEMME n.m. → OPTION

DILETTANTE n.m. ou f. → AMATEUR

DILETTANTISME n.m. → AMATEURISME

DILIGEMMENT avec → DILIGENCE, de façon → ACTIF *et les dérivés possibles en* -ment *des syn. de* actif *et* attentif

DILIGENCE n.f. **I.** → ACTIVITÉ **II.** → ATTENTION **III.** → COCHE **IV. 1. À LA DILIGENCE DE** → DEMANDE DE (À LA) **2. FAIRE DILIGENCE** → HÂTER (SE)

DILIGENT, E I. → ACTIF **II.** → ATTENTIF

DILUER → ÉTENDRE

DIMENSION n.f. calibre, capacité, contenance, coordonnées, cotes, épaisseur, étendue, extension, force, format, gabarit, grandeur, grosseur, hauteur, jauge, jouée, largeur, longueur, mensuration, mesure, métrage, métré, module, perspective, pointure, profondeur, proportion, puissance, surface, taille, volume – **vx** : arpent, aune, journal, toise

DIMINUER I. au pr., on diminue une chose : abaisser, abréger, accourcir, affaiblir, affaisser, alléger, allégir, altérer, amaigrir, amenuiser, amincir, amoindrir, amputer, apetisser, appauvrir, arriser (mar.), ascétiser, atrophier, atténuer, baisser, comprimer, concentrer, condenser, contracter, décharger, décroître, déduire, dégonfler, dégrossir, désenfler, diluer, diviser, ébouter, écarder, écimer, éclaircir, écourter, écrêter, effiler, effilocher, élégir, enlever, entamer, équeuter, étrécir, étriquer, évider, freiner, miniaturiser, minimiser, minorer, modérer, ôter, raccourcir, ralentir, rapetisser, réduire, resserrer, restreindre, résumer, retrancher, rétrécir, rétreindre, rogner, ronger, soulager, soustraire, tronquer, user **II. par ext. 1. on**

diminue quelqu'un : abaisser, abattre/ affaiblir/ atténuer/ attiédir/ émousser/ faire tomber/ modérer/ rabattre/ ralentir/ relâcher l'ardeur/ le courage, accabler, avilir, dégrader, dénigrer, déprécier, discréditer, flétrir, humilier, rabaisser, ternir **2. une chose diminue quelqu'un** : alanguir, amoindrir, amollir, consumer, déprimer, émasculer, épuiser, exténuer, fatiguer **3. on diminue une peine** : adoucir, alléger, apaiser, calmer, consoler, endormir, étourdir, pallier, soulager **4. on diminue l'autorité** : compromettre, infirmer, miner, saper **5. on diminue les prix** : casser/ écraser les prix, pratiquer le dumping (péj.). **fam. et péj.** : cartonner, casser la baraque, faire un carton **III. v. intr.** : baisser, se calmer, céder, cesser, déchoir, décliner, décroître, dépérir, descendre, disparaître, s'éclaircir, s'évanouir, faiblir, mollir, pâlir, perdre, rabattre, raccourcir, rapetisser, réduire, se relâcher, resserrer, tomber

◆ CONTR. → AUGMENTER

DIMINUTIF n.m. hypocoristique, minoratif

◆ CONTR. → augmentatif

DIMINUTION n.f. **I.** abaissement, abrégement, abréviation, adoucissement, affaiblissement, affaissement, amputation, concentration, contraction, décours, décroissance, décroissement, décrue, dégonflement, dégradation, déperdition, déplétion, épuisement, mutilation, ralentissement, rétreinte, soustraction, suppression, tassement – **vx** : alentissement, atténuance **II.** abattement, affidavit, allégement, amoindrissement, atténuation, avoir (fiscal), baisse, bonification, compression, décharge, déflation, dégrèvement, dépréciation, détaxe, dévalorisation, exemption, mitigation, modération, moins-value, rabais, réduction, réfaction, remise, retranchement **III.** accourcissement, amaigrissement, amenuisement, amincissement, apetissement, atrophie, émaciation, émaciement, raccourcissement, rapetissement, rétrécissement, soulagement **IV.** litote

◆ CONTR. → AUGMENTATION

DÎNER et **DÎNETTE** n.m., n.f. → REPAS

DINGHY n.m. **mar. off.** : canot pneumatique

DINGUE nom et adj. → FOU

DINGUER (ENVOYER) → REPOUSSER

DIOCÈSE n.m. → ÉVÊCHÉ

DIONYSIAQUE bachique

DIPHTÉRIE n.f. croup

DIPLOMATE I. n.m. 1. → AMBASSADEUR **2.** → NÉGOCIATEUR **II. adj. 1.** → HABILE **2.** → FAUX

DIPLOMATIE n.f. → POLITIQUE

DIPLOMATIQUE I. ambassadorial (vx), consulaire **II.** → FAUX **III.** → HABILE

DIPLOMATIQUEMENT avec → HABILETÉ, de façon → HABILE *et les dérivés possibles en* -ment *des syn. de* habile

DIPLÔME n.m. I. brevet, certificat, degré, grade, parchemin, peau d'âne (fam.), titre II. baccalauréat, doctorat, licence, maîtrise

DIPSOMANE nom et adj. → ALCOOLIQUE

DIRE v. I. **au pr.** : articuler, avertir, colporter, communiquer, débiter, déclarer, déclamer, désigner, disserter (par ext.), donner, ébruiter, énoncer, exposer, exprimer, faire, indiquer, juger, narrer, nommer, opposer, parler, phraser, prédiquer, proférer, prononcer, propager, publier, raconter, réciter, relater, répandre, vomir (péj.) → AFFIRMER – **fam.** : accoucher, bonnir, chanter, cloquer, dégoiser, enfiler, lâcher, sortir II. **par ext. 1.** → BAVARDER **2.** → MÉDIRE **3.** → AVOUER
◆ CONTR. → TAIRE

DIRE n.m. → ALLÉGATION

DIRECT, E nom et adj. I. → IMMÉDIAT II. → NATUREL III. → DROIT IV. → FRANC V. **jurid.** : advenant

DIRECTEMENT tout droit/ de go

DIRECTEUR, DIRECTRICE nom et adj. I. **au pr.** : administrateur, dirigeant, gérant, gouvernant, intendant, maître, patron, principal, proviseur, recteur, régisseur, responsable, singe (arg.), supérieur, tête II. DIRECTEUR DE CONSCIENCE : confesseur, confident
◆ CONTR. → SUBORDONNÉ

DIRECTIF, IVE normatif → AUTORITAIRE
◆ CONTR. → DÉMOCRATIQUE

DIRECTION n.f. I. administration, animation, autorité, conduite, directorat, gestion, gouvernement, intendance, organisation, présidence, régie, régime, règlement II. but, chemin, côté, destination, ligne, orientation, route III. gouvernail, levier de direction, timon, volant IV. brain-trust, commandement, état-major, leadership, quartier général, siège, tête V. azimut, cap, point (cardinal), route, sens
◆ CONTR. → SUBORDINATION

DIRECTIVE n.f. → INSTRUCTION

DIRIGEABLE n.m. → BALLON

DIRIGEANT, E nom et adj. → GOUVERNANT

DIRIGER I. acheminer, aiguiller, amener, anordir, manœuvrer, orienter, piloter, porter sur/ vers, rapporter à, tourner vers II. administrer, animer, conduire, conseiller, contrôler, driver, gérer, gouverner, guider, inspirer, maîtriser, mener, organiser, régenter, régir, régler, superviser III. ajuster, axer, braquer, darder, viser
◆ CONTR. I. → OBÉIR II. → ABANDONNER

DIRIGER (SE) cheminer, pousser, se tourner vers → ALLER

DIRIMANT, E → INCOMPATIBLE

DISCALE n.f. → PERTE

DISCERNEMENT n.m. → ENTENDEMENT

DISCERNER I. → DISTINGUER II. → PERCEVOIR

DISCIPLE n.m. ou f. I. adepte, continuateur, épigone, fidèle, fils spirituel → SUCCESSEUR II. → PARTISAN III. → ÉLÈVE
◆ CONTR. → MAÎTRE

DISCIPLINAIRE pénitentiaire, réglementaire

DISCIPLINE n.f. I. → ORDRE II. → ENSEIGNEMENT III. → FOUET

DISCIPLINÉ, E → OBÉISSANT

DISCIPLINER assujettir, dompter, dresser, éduquer, élever, former, plier, soumettre
◆ CONTR. → RÉVOLTER

DISCONTINU, E → INTERMITTENT

DISCONTINUATION n.f. arrêt, cessation, discontinuité, intermittence, interruption, suspension
◆ CONTR. → CONTINUATION

DISCONTINUER → INTERROMPRE

DISCONTINUITÉ n.f. → DISCONTINUATION

DISCONVENANCE n.f. contradiction, contraste, désaccord, disproportion, impropriété, incompatibilité, opposition
◆ CONTR. → ACCORD

DISCONVENIR DE → NIER

DISCORD n.m. → MÉSINTELLIGENCE

DISCORDANCE n.f. I. → MÉSINTELLIGENCE II. → DISSONANCE III. → DIFFÉRENCE

DISCORDANT, E I. criard, disharmonieux, disparate, disproportionné, dissonant, faux, mêlé, opposé II. adverse, chicanier, confus, contraire, défavorable, désordonné, désorganisé, faux, incohérent, incompatible, rebelle
◆ CONTR. I. → CONVENABLE II. → SEMBLABLE

DISCORDE n.f. → MÉSINTELLIGENCE

DISCOUNT n.m. **off.** : ristourne

DISCOUNT-HOUSE n.m. **off.** : minimarge

DISCOUREUR, EUSE n.m. ou f. → BAVARD

DISCOURIR bavarder, causer, débiter, déclamer, disserter, haranguer, palabrer, parler, patrociner, pontifier, prêcher – **fam.** : allocutionner, laïusser, pécufier, pérorer, tartiner
◆ CONTR. → TAIRE (SE)

DISCOURS n.m. I. **au pr.** : adresse, allocution, apologie, catilinaire (péj.), causerie

compliment, conférence, conversation, déclaration ministérielle, défense, dialogue, éloge, entretien, exhortation, exposé, harangue, interlocution, oraison, palabre, parabase, paraphrase, préface, proclamation, propos, prosopopée, traité – fam.: baratin, jus, laïus, postiche, speech, tartine, topo → BAVARDAGE II. par ext. 1. débit, élocution, galimatias (péj.), langage, langue, parole 2. jurid.: plaidoirie, plaidoyer, réquisitoire 3. relig.: homélie, instruction, oraison, panégyrique, prêche, prédication, prône, sermon 4. brinde (vx), santé, toast
◆ CONTR. I. → ABRÉGÉ II. → SILENCE

DISCOURTOIS, E → IMPOLI

DISCOURTOISEMENT de façon → IMPOLI *et les dérivés possibles en* -ment *des syn. de* impoli

DISCRÉDIT n.m. I. → DÉFAVEUR II. → HONTE

DISCRÉDITER I. au pr.: attaquer, baver, calomnier, clabauder (fam.), critiquer II. par ext.: déchiqueter, déchirer, déconsidérer, décréditer, décrier, dénigrer, déprécier, dépriser, déshonorer, détrôner, diffamer, médire, noircir, rabaisser, salir, tympaniser, vilipender – fam.: dauber, débiner, déblatérer, démonétiser
◆ CONTR. I. → ACCRÉDITER II. → VANTER

DISCRET, ÈTE I. 1. circonspect, mesuré, modéré, modeste, poli, pondéré, prudent, réservé, retenu → SILENCIEUX 2. vx: taiseux, vérécondieux 3. → DISTINGUÉ II. inaperçu, mis à part, retiré, secret III. math. et log.: digital, discontinu, identifiable, indécomposable, isolable, nombrable, spécifique
◆ CONTR. → INDISCRET

DISCRÈTEMENT de façon → DISCRET, en cachette, en catimini, en → SECRET *et les dérivés possibles en* -ment *des syn. de* discret

DISCRÉTION n.f. I. → RETENUE II. 1. À DISCRÉTION → VOLONTÉ (À)

DISCRÉTIONNAIRE → ABSOLU

DISCRIMINATION n.f. → DISTINCTION

DISCRIMINATOIRE → HONTEUX

DISCRIMINER → DISTINGUER

DISCULPATION n.f. I. → EXCUSE II. par anal. → AMNISTIE

DISCULPER → EXCUSER

DISCURSIF, IVE → LOGIQUE

DISCUSSION n.f. I. affaire, altercation, attrapage, chicane, conflit, contestation, controverse, déchirement, démêlé, désaccord, discorde, dispute, dissension, heurt, litige, logomachie, marchandage, noise, palabre, polémique, querelle, riotte, rixe, scène

– fam.: attrapade, bisbille, chamaillade, chamaille, chamaillerie, chamaillis, grabuge, prise de bec, schproum, vie – vx: contention, disceptation II. conversation, critique, débat, dissertation, étude, examen, explication, face à face → CONFÉRENCE
◆ CONTR. I. → ACCORD II. → UNION

DISCUTABLE → INCERTAIN

DISCUTER I. agiter, analyser, arguer, argumenter, barguigner, bavarder, conférer, colloquer, considérer, controverser, débattre, délibérer de, démêler, se disputer, échanger des idées/ des points de vue, examiner, mettre en doute/ en question, négocier, parlementer, passer en revue, tenir conseil, traiter II. batailler, se chamailler, contester, criticailler, critiquer, discutailler, épiloguer, ergoter, s'escrimer, ferrailler, gloser, jouter, lutter, marchander, mégoter, nier, palabrer, polémiquer, politiquer (vx), se quereller, ratiociner, rompre des lances, sourciller, tailler le bout de gras (fam.), trouver à redire
◆ CONTR. → ACQUIESCER

DISERT, E bavard, beau diseur/ parleur, biendisant, convaincu, conversable (vx), diseur, éloquent, fleuri
◆ CONTR. → TACITURNE

DISETTE n.f. absence, besoin, dèche, défaut, dénuement, famine, manque, misère, nécessité, pénurie, rareté, vaches maigres (fam.) → PAUVRETÉ – vx: souffraite, stérilité
◆ CONTR. → ABONDANCE

DISEUR, EUSE nom et adj. I. → DISERT II. DISEUR DE BONNE AVENTURE → VOYANT

DISGRÂCE n.f. I. → DÉFAVEUR II. → MALHEUR

DISGRACIÉ, E → LAID

DISGRACIER → DESTITUER

DISGRACIEUSEMENT de façon → DISGRACIEUX *et les dérivés possibles en* -ment *des syn. de* disgracieux

DISGRACIEUX, EUSE I. abrupt, déplaisant, désagréable, détestable, discourtois, fâcheux, grincheux, grossier, impoli, malgracieux II. → DIFFORME
◆ CONTR. I. → GRACIEUX II. → BEAU

DISHARMONIE n.f. → DISSONANCE

DISJOINDRE I. → DÉJOINDRE II. → ÉCARTER III. → SÉPARER

DISJOINT, E → DIFFÉRENT

DISJONCTEUR n.m. → INTERRUPTEUR

DISJONCTION n.f. I. bifurcation, désarticulation, désunion, dislocation, division, divorce, écartement, éloignement, scission, séparation II. gram.: asyndète
◆ CONTR. → CONJONCTION

DISLOCATION n.f. I. → ENTORSE II. → DIS-
PERSION

DISLOQUÉ, E brisé, cassé, déboîté, déclin-
qué, dégingandé, déglingué, déhanché, dé-
manché, démantibulé, démis, désagrégé,
désarticulé, désemboîté, désossé, disjoint,
divisé, écartelé, éhanché, fracturé, luxé,
morcelé, rompu
◊ CONTR. → ENTIER

DISLOQUER I. briser, casser, déboîter, déclinquer, déglinguer, démancher, démantibuler, démettre, démolir, désarticuler, désemboîter, désemparer, désunir, détraquer,
disjoindre, diviser, écarteler, fausser, luxer
II. v. pron. : 1. une chose : se désagréger, se dissoudre, se séparer 2. . Quelqu'un : se contorsionner, se déformer, se désosser (fam.) et
les formes pron. possibles des syn. de disloquer
◊ CONTR. → ASSEMBLER

DISPARAÎTRE I. dégénérer, s'éteindre,
s'étioler → MOURIR II. abandonner, s'absenter, s'anéantir, se cacher, cesser d'être vi-
sible/ d'exister, se coucher, décamper, se
dérober, diminuer, se dissimuler, se dissiper, se dissoudre, échapper aux regards/ à
la vue, s'éclipser, s'écouler, s'effacer, s'effu-
mer (vx), s'éloigner, s'en aller, s'enfoncer,
s'enfuir, s'engouffrer, s'envoler, s'épuiser,
s'escamoter, s'esquiver, s'estomper, être cou-
vert/ recouvert, s'évanouir, s'évaporer, finir,
fuir, manquer à l'appel, se noyer dans, pâlir,
partir, passer, se perdre, plonger, quitter, se
retirer, se soustraire à la vue, tarir, se voiler,
se volatiliser – fam. : s'esbigner, prendre la
poudre d'escampette, sauter, se tirer
◊ CONTR. I. → APPARAÎTRE II. → COMMENCER
III. → DEMEURER

DISPARATE I. n.f. → OPPOSITION II. adj. 1. →
BIGARRÉ 2. → DISCORDANT

DISPARITÉ n.f. → DIFFÉRENCE

DISPARITION n.f. I. → ÉLOIGNEMENT II. →
FIN

DISPARU, E → MORT

DISPATCHER n.m. off. I. milit. largueur
II. écon. : répartiteur

DISPATCHING n.m. off. I. milit. largage
II. écon. : répartition

DISPENDIEUSEMENT de façon → CHER
et les dérivés possibles en -ment *des syn. de*
cher

DISPENDIEUX, EUSE → CHER

DISPENSAIRE n.m. → HÔPITAL

DISPENSATEUR, TRICE distributeur, répartiteur
◊ CONTR. → BÉNÉFICIAIRE

DISPENSE n.f. I. → IMMUNITÉ II. → PERMIS-
SION

DISPENSER I. → DISTRIBUER II. → PERMETTRE
III. → EXEMPTER IV. v. pron. → ABSTENIR (s')

DISPERSER I. dilapider, disséminer, dissiper, émier (vx), émietter, éparpiller, jeter,
parsemer, répandre, semer – rég. : épouffer,
grémiller II. désunir, diviser, répartir, séparer III. balayer, battre, chasser, débander,
mettre en déroute/ en fuite IV. v. pron.
1. quelqu'un : se débander, s'écarter, s'égailler,
s'égrener, s'enfuir, s'éparpiller, essaimer,
fuir, rompre les rangs 2. une chose : brésiller,
diffuser, irradier, rayonner
◊ CONTR. I. → ASSEMBLER II. → CENTRALISER

DISPERSION n.f. I. atomisation, déflexion,
diaspora, diffraction, diffusion, dislocation,
dissémination, division, écartement, émiettement, éparpillement, fractionnement, séparation II. par ext. : débandade, démanchement (vx), déroute, fuite, retraite III. fig. →
DISTRACTION

DISPLAY off. I. v. tr. 1. inform. visualiser
2. spat. : afficher II. n.m. 1. audiov. : carton publicitaire 2. spat. : visualisation

DISPLAY DEVICE/ UNIT n.m. inform. et
spat. off. : visuel

DISPONIBILITÉ n.f. I. congé II. → LIBERTÉ
III. au pl. → ARGENT

DISPONIBLE I. → LIBRE II. → VACANT

DISPOS, E agile, alerte, allègre, bien portant, découplé, délié, en bonne santé/
forme, éveillé, frais, gaillard, ingambe, léger,
leste, ouvert, preste, reposé, sain, souple, vif,
vite – fam. : avoir la frite/ la patate/ la pêche
◊ CONTR. → FATIGUÉ

DISPOSABLE off. → DESTRUCTIBLE

DISPOSÉ, E I. → FAVORABLE II. → MÛR

DISPOSER I. → ARRANGER II. → PRÉPARER
III. → DÉCIDER IV. → ALIÉNER

DISPOSITIF n.m. I. machine, mécanique,
mécanisme II. agencement, arrangement,
méthode, procédé → DISPOSITION

DISPOSITION n.f. I. de quelqu'un : aptitude,
bosse (fam.), capacité, dons, esprit, état,
étoffe, facilités, fibre (fam.), goût, impulsion,
inclination, innéité, instinct, mesure,
moyens, orientation, penchant, prédestination, prédisposition, propension, qualités,
sentiment, talent, tendance, vertu, vocation
II. disposition d'esprit : affect (psych.), condition,
dessein, état, humeur, intention, sentiment
III. d'une chose : agencement, aîtres, ajustement, appareil (arch.), arrangement, combinaison, composition, configuration,
construction, coordination, dispositif, distri-

bution, économie, êtres, modalités, montage, ordonnance, ordre, organisation, orientation, place, plan, position, rangement, répartition, situation **IV. au pl.** : arrangement, cadre, clause, condition, décision, mesure, précaution, préparatif, résolution, testament
◇ CONTR. **I.** → INDIFFÉRENCE **II.** → HASARD

DISPROPORTION n.f. → DIFFÉRENCE

DISPROPORTIONNÉ, E démesuré, déséquilibré, inégal, maladroit, mal proportionné
◇ CONTR. → PROPORTIONNÉ

DISPUTE n.f. **I.** → DISCUSSION **II.** → QUERELLE

DISPUTER I. v. intr. → DISCUTER **II. v. tr. 1. une chose à quelqu'un** : briguer, défendre, soutenir **2. fam. quelqu'un** : attraper, engueuler (vulg.), gourmander, gronder, réprimander → TANCER **III. v. pron.** : avoir des mots (fam.), se battre, se chamailler, se chicaner, se chipoter (fam.), échanger des mots/ des paroles, se quereller *et les formes pron. possibles des syn. de* disputer
◇ CONTR. **I.** → ABANDONNER **II.** → ENTENDRE (S')

DISPUTEUR, EUSE nom et adj. argumenteur, chamailleur, chicaneur, chicanier, contestataire, discuteur, disputailleur, ergoteur, opiniâtre, querelleur, raisonnant (vx)
◇ CONTR. → PAISIBLE

DISQUALIFICATION n.f. → EXPULSION

DISQUALIFIER I. → ÉLIMINER **II.** → DÉGRADER

DISQUE n.m. **I.** enregistrement, microsillon, galette (fam.), 16/ 33/ 45/ 78-tours **II. pour jouer** : fromage, palet

DISSECTION n.f. → ANATOMIE

DISSEMBLABLE différent, disparate, dissimilaire, divers, hétérogène, opposé
◇ CONTR. → SEMBLABLE

DISSEMBLANCE n.f. → DIFFÉRENCE

DISSÉMINATION n.f. dispersion, division, éparpillement → PROPAGATION
◇ CONTR. → CONCENTRATION

DISSÉMINER → RÉPANDRE

DISSENSION et **DISSENTIMENT** n.f., n.m. → MÉSINTELLIGENCE

DISSÉQUER I. → COUPER **II.** → EXAMINER

DISSERTATION n.f. **I.** → TRAITÉ **II.** → RÉDACTION **III.** → DISCUSSION

DISSERTER → DISCOURIR

DISSIDENCE n.f. déviation, division, gauchissement, hérésie, insoumission, insurrection, rébellion, révolte, schisme, scission, sécession, séparation

◇ CONTR. **I.** → ACCORD **II.** → UNION **III.** → CONSERVATISME

DISSIDENT, E → INSOUMIS

DISSIMULATEUR, TRICE → SOURNOIS

DISSIMULATION n.f. **I.** → FEINTE **II.** → HYPOCRISIE

DISSIMULÉ, E → SOURNOIS

DISSIMULER I. atténuer, cacher, camoufler, celer, couvrir, déguiser, enfouir, envelopper, faire la conspiration du silence, faire semblant, farder, feindre, frauder, garder secret, masquer, pallier, taire, travestir, tricher, voiler – vx : colorer, emmascarader, gazer, plâtrer **II. pron.** → CACHER (SE)
◇ CONTR. **I.** → AVOUER **II.** → MONTRER

DISSIPATEUR, TRICE → PRODIGUE

DISSIPATION n.f. **I.** → DÉPENSE **II.** → DISTRACTION **III.** → DÉBAUCHE

DISSIPÉ, E → TURBULENT

DISSIPER I. → DISPERSER **II.** → DÉPENSER **III. v. pron.** : **1.** → CONSUMER **2.** → DISPARAÎTRE

DISSOCIATION n.f. → DÉSAGRÉGATION

DISSOCIER → SÉPARER

DISSOLU, E → VICIEUX

DISSOLUTION n.f. **I.** → RÉSOLUTION **II.** → CESSATION **III.** → DÉRÈGLEMENT

DISSONANCE n.f. cacophonie, charivari, contradiction, désaccord, discordance, discrépance (vx), disharmonie, disparate, opposition, tintamarre
◇ CONTR. **I.** → HARMONIE **II.** → ACCORD

DISSONANT, E → DISCORDANT

DISSOUDRE I. décomposer, délayer, dissocier, fondre, liquéfier, résorber **II.** abroger, annihiler, annuler, arrêter, briser, casser, défaire, dénouer, détruire, faire cesser, mettre fin/ un terme, résoudre, retirer les pouvoirs, rompre **III. v. pron.** : fondre, se putréfier, se résoudre, se séparer
◇ CONTR. **I.** : cristalliser, précipiter **II.** → CONSTITUER

DISSUADER contre-indiquer, déconseiller, décourager, dégoûter, détourner, écarter, éloigner
◇ CONTR. → PERSUADER

DISSUASIF, IVE → DÉCOURAGEANT

DISSUASION n.f. → MENACE

DISSYMÉTRIQUE asymétrique → IRRÉGULIER

DISTANCE n.f. **I. 1.** absence, éloignement, espace, intervalle, loin, lointain, recul **2.** archée, enjambée, portée, trotte (fam.) **II. fig. 1.** aversion, distanciation, froideur, mépris, réprobation 2. différence, disparité, dissemblance

◇ CONTR. I. → PROXIMITÉ II. → INTIMITÉ III. → SIMILITUDE

DISTANCER dépasser, devancer, écarter, éloigner, espacer, forlonger (vén.), gagner sur, lâcher, passer, précéder, semer, surpasser

◇ CONTR. → REJOINDRE

DISTANT, E I. → SAUVAGE II. → DÉDAIGNEUX III. → ÉLOIGNÉ

DISTENSION n.f. → DILATATION

DISTILLER I. épancher, laisser couler, sécréter, suppurer II. cohober, condenser, extraire, rectifier, réduire, sublimer, vaporiser – vx : alambiquer, spiritualiser III. fig. 1. épancher, répandre 2. dégoutter

DISTINCT, E I. → DIFFÉRENT II. → CLAIR

DISTINCTEMENT de façon → DISTINCT et les dérivés possibles en -ment des syn. de distinct

DISTINCTIF, IVE → PARTICULIER

DISTINCTION n.f. I. démarcation, différence, différenciation, discrimination, diversification, division, séparation, tri II. décoration, dignité, honneurs, égards, faveur, médaille, prérogative, respect III. aristocratie, classe, éclat, éducation, élégance, finesse, grandeur, manières, mérite, noblesse, panache, race, talent, tenue, valeur

◇ CONTR. I. → SIMILITUDE II. → CONFUSION III. → IMPOLITESSE

DISTINGUÉ, E affable, agréable, aimable, allural, alluré, aristocratique, beau, bien élevé, bon, bontonné (rég.), brillant, célèbre, chic, courtois, de bonne compagnie/ éducation, de bon goût/ ton, délicat, digne, discret, éclatant, élégant, émérite, éminent, exquis, fin, galant, gracieux, hors de pair, hors ligne, incomparable, noble, poli, raffiné, racé, rare, reconnu, remarquable, sans pareil, supérieur, transcendant

◇ CONTR. → RUSTAUD

DISTINGUER I. 1. apercevoir, choisir, débrouiller, découvrir, démêler, différencier, discerner, discriminer, dissocier, préférer, reconnaître, remarquer, séparer, trier 2. → HONORER II. v. pron. : contraster, émerger, différer, diverger, faire une discrimination, faire figure, se faire remarquer/ voir, s'illustrer, se montrer, s'opposer, paraître, se particulariser, percer, se signaler, se singulariser

◇ CONTR. → CONFONDRE

DISTORSION n.f. I. → DIFFÉRENCE II. → TORSION

DISTRACTION n.f. I. absence d'esprit, coq-à-l'âne, dispersion, dissipation, divertissement, étourderie, inadvertance, inapplication, inattention, irréflexion, lapsus, légèreté, omission, oubli – vx : absorbation, absorbement II. ébats, jeu, récréation → DIVERTISSEMENT III. d'une chose : démembrement, séparation

◇ CONTR. I. → ATTENTION II. → CONCENTRATION

DISTRAIRE I. déduire, démembrer, détacher, enlever, extraire, soustraire, prélever, retrancher, séparer → DÉTOURNER II. amuser, baguenauder, débaucher, délasser, désennuyer, détourner, divertir, égayer, étourdir, récréer, solacier (vx), sortir III. non fav. → VOLER

◇ CONTR. I. → ASSEMBLER II. → ENNUYER

DISTRAIT, E absent, absorbé, abstrait, dispersé, dissipé, étourdi, inappliqué, inattentif, indifférent, négligent, préoccupé, rêveur, vague – vx : ébesillé, rassoté

◇ CONTR. → ATTENTIF

DISTRAITEMENT étourdiment, par → DISTRACTION

DISTRAYANT, E → AMUSANT

DISTRIBUER I. au pr. : allotir, arroser (fam.), assigner, attribuer, départir, dispenser, disposer, diviser, donner, gratifier, impartir, octroyer, ordonner, partager, prodiguer, ranger, répandre, répartir, semer II. par ext. : agencer, aménager, amener, arranger, classer, classifier, coordonner, disposer, distinguer, diviser, ordonner, ranger

◇ CONTR. I. → ACCUMULER II. → CONCENTRER

DISTRIBUTEUR, TRICE n.m. ou f. I. dispensateur, répartiteur II. DISTRIBUTEUR DE BILLETS : billeterie, Distribanque, Point argent

◇ CONTR. → BÉNÉFICIAIRE

DISTRIBUTION n.f. I. au pr. : attribution, bienfaisance, diffusion, dilapidation (péj.), disposition, don, largesse, libéralité, octroi, partage, partition, répartition II. par ext. : agencement, aménagement, arrangement, classement, classification, départ (vx), dichotomie, disposition, donne, ordonnance, ordre, rang, rangement III. fig. : correction, coup → VOLÉE

◇ CONTR. I. → ACCUMULATION II. → CONCENTRATION

DISTRICT n.m. I. → DIVISION II. → CHARGE

DITCHER n.m. tr. pub. off. : trancheuse

DITCHING n.m. milit. off. : amerrissage

DITHYRAMBE n.m. → ÉLOGE

DITHYRAMBIQUE → ÉLOGIEUX

DITHYRAMBISTE n.m. ou f → LOUANGEUR

DITO idem, susdit

DIURNE → JOURNALIER

DIVA n.f. → CHANTEUSE

DIVAGATION n.f. I. → DIGRESSION II. → DÉLIRE

DIVAGUER I. → DÉRAISONNER II. → ERRER

DIVAN n.m. → CANAPÉ

DIVERGENCE n.f. I. → DIFFÉRENCE II. → MÉSINTELLIGENCE

DIVERGENT, E I. → DIFFÉRENT II. → OPPOSÉ

DIVERGER I. → ÉCARTER (s') II. → OPPOSER (s')

DIVERS, E I. → CHANGEANT II. → PLUSIEURS III. → VARIÉ IV. → DIFFÉRENT

DIVERSEMENT → DIFFÉREMMENT

DIVERSIFICATION n.f. → DISTINCTION

DIVERSIFIER varier → CHANGER

DIVERSION n.f. alibi, changement, dérivatif, distraction, divertissement, exutoire – arg. : coupure, couvrante
◊ CONTR. → CONTINUATION

DIVERSITÉ n.f. I. → DIFFÉRENCE II. → VARIÉTÉ

DIVERTIR → DISTRAIRE

DIVERTISSANT, E I. → AMUSANT II. → RISIBLE

DIVERTISSEMENT n.m. I. 1. aubade, ballet, concert, interlude, intermède, sérénade, spectacle 2. → THÉÂTRE II. 1. agrément, amusement, amusette, amusoire, bagatelle, déduit, délassement, détente, distraction, diversion, ébat, jeu, partie, passe-temps, plaisir, récréation, réjouissance, sport 2. vx : bouquet, déduit, régal, soulas 3. fam. : dégagement, marrade, poilade, rigolade
◊ CONTR. I. → ENNUI II. → RECUEILLEMENT III. → TRAVAIL

DIVIDENDE n.m. → RÉTRIBUTION

DIVIN, DIVINE I. céleste, ineffable, occulte, surnaturel II. admirable, adorable, ambrosiable, beau, bien, bon, charmant, délicieux, excellent, parfait, souverain, sublime, suprême
◊ CONTR. I. → DIABOLIQUE II. → MAUVAIS

DIVINATION n.f. I. augure, conjecture, horoscope, oracle, prédiction, présage, prévision, pronostic, prophétie, révélation, vision II. clairvoyance, inspiration, intuition, prescience, pressentiment, sagacité III. aéromancie, arithmancie ou arithmomancie, astromancie, astrologie, bibliomancie, bonne aventure, cardiomancie, cartomancie, chiromancie, dactylomancie, géomancie, mantique, nécromancie, oniromancie, ornithomancie, rhabdomancie, spiritisme, télépathie, vaticination, voyance → MAGIE

DIVINEMENT de façon → DIVIN et les dérivés possibles en -ment des syn. de divin

DIVINISER I. sacraliser, tabouer, tabouiser II. → LOUER

DIVINITÉ n.f. → DIEU

DIVISER I. cliver, cloisonner, couper, débiter, décomposer, découper, dédoubler, déliter, démembrer, démultiplier, désagréger, détailler, diminuer, disjoindre, dissocier, distinguer, distribuer, fendre, fractionner, fragmenter, morceler, parceller, partager, partir (vx), scinder, sectionner, séparer, subdiviser, trancher, tronçonner II. → BROUILLER III. v. pron. → SÉPARER (SE)
◊ CONTR. I. → RÉUNIR II. → RÉCONCILIER

DIVISEUR n.m. → IMPORTUN

DIVISIBLE sécable et les dérivés possibles en -able des syn. de diviser

DIVISION n.f. I. arrondissement, canton, circonscription, commune, département, district, gouvernement, province, subdivision, zone II. 1. classement, classification, clivage, coupure, déchirement, dichotomie, diérèse, fission, fissiparité, fractionnement, fragmentation, lotissement, partie, partition, scission, scissiparité, section, sectionnement, segmentation, séparation, subdivision 2. balkanisation, démembrement, éparpillement, morcellement III. acte, alinéa, article, chant, chapitre, livre, paragraphe, rubrique, scène, section, strophe, titre, tome, verset IV. branche, département, discipline, section, spécialité V. classe, embranchement, espèce, famille, genre, ordre, variété, type VI. fig. désaccord, dispute, divorce, mésintelligence, querelle, rupture, schisme, scission
◊ CONTR. I. → RASSEMBLEMENT II. → INDIVISION III. → TOTALITÉ IV. → UNION

DIVORCE n.m. I. démariage (vx), répudiation, séparation II. contradiction, désaccord, désunion, dissension, divergence, opposition, rupture, séparation
◊ CONTR. I. → ACCORD II. → MARIAGE

DIVORCER I. se démarier, répudier, rompre, se séparer II. par ext. : se brouiller, se désunir, se diviser, renoncer à
◊ CONTR. I. → MARIER II. → UNIR

DIVULGATEUR, TRICE n.m. ou f. → PROPAGATEUR

DIVULGATION n.f. → RÉVÉLATION

DIVULGUER → PUBLIER

DIVULSION n.f. → DÉRACINEMENT

DJINN n.m. → GÉNIE

DOCILE I. → DOUX II. → OBÉISSANT

DOCILEMENT avec → DOCILITÉ, de façon → DOCILE et les dérivés possibles en -ment des syn. de docile

DOCILITÉ n.f. → DOUCEUR I. → OBÉISSANCE

DOCIMASIE n.f. → AUTOPSIE

DOCK n.m. I. → BASSIN II. → MAGASIN

DOCKER n.m. arrimeur, chargeur → PORTEUR

DOCKING n.m. **spat. off.**: accostage, amarrage

DOCTE → SAVANT

DOCTEMENT → SAVAMMENT

DOCTEUR n.m. I. → MÉDECIN II. → THÉOLOGIEN

DOCTORAL, E I. → PÉDANT II. → TRANCHANT

DOCTORALEMENT de façon → DOCTORAL *et les dérivés possibles en* -ment *des syn. de* doctoral

DOCTRINAIRE nom et adj. → INTOLÉRANT

DOCTRINE n.f. I. → THÉORIE II. → SAVOIR III. → PRINCIPES

DOCUMENT n.m. I. → RENSEIGNEMENT II. → TITRE

DOCUMENTAIRE n.m. et adj. → DIDACTIQUE

DOCUMENTALISTE n.m. ou f. fichiste

DOCUMENTATION n.f. → RENSEIGNEMENT

DOCUMENTER I. → INFORMER II. → RENSEIGNER

DODELINEMENT n.m. → BALANCEMENT

DODELINER, DODINER → BALANCER

DODU, E → GRAS

DOGMATIQUE et **DOGMATISTE** n. et adj. dogmatiseur → INTOLÉRANT

DOGMATIQUEMENT de façon → INTOLÉRANT *et les dérivés possibles en* -ment *des syn. de* intolérant

DOGMATISER → PONTIFIER

DOGMATISME n.m. → INTOLÉRANCE

DOGME n.m. I. → PRINCIPE II. → FOI

DOIGT (UN) loc. adv. → PEU (UN)

DOIGTÉ n.m. → HABILETÉ

DOIGTIER n.m. délot

DOIT n.m. → DETTE

DOL n.m. → TROMPERIE

DOLÉANCES n.f. pl. → GÉMISSEMENT

DOLEAU et **DOLOIRE** n.m., n.f. → HACHE

DOLENT, E I. → TRISTE II. → MALADE

DOLLY n.m. transports routiers off.: avant-train, diabolo

DOLORISME n.m. → MASOCHISME

DOLOSIF, IVE → MALHONNÊTE

DOMAINE n.m. I. → BIEN II. → PROPRIÉTÉ III. → DÉPARTEMENT

DÔME n.m. bulbe, ciel, coupole, hémisphère, voûte

DOMESTICATION n.f. → APPRIVOISEMENT

DOMESTICITÉ n.f. → PERSONNEL

DOMESTIQUE I. **nom** 1. → SERVITEUR 2. → SERVANTE 3. → MAISON II. **adj.** 1. → FAMILIER 2. → APPRIVOISÉ

DOMESTIQUER → APPRIVOISER

DOMICILE n.m. I. → DEMEURE II. → SIÈGE

DOMINANCE n.f. génotype, hérédité, phénotype

DOMINANT, E I. → HAUT II. → PRINCIPAL

DOMINATEUR, TRICE nom et adj. → AUTORITAIRE

DOMINATION n.f. → AUTORITÉ

DOMINER I. **neutre**: asservir, assujettir, commander, couvrir, l'emporter, gouverner, léguer, prédominer, prévaloir, régir, soumettre, surpasser, triompher, vaincre II. **par ext. non fav.**: écraser, étouffer, imposer, maîtriser, subjuguer III. **fig.**: couronner, dépasser, dresser, sommer (vx), surpasser, surplomber
◇ CONTR. → SUBIR

DOMINO n.m. → MASQUE

DOMISME n.m. → ARCHITECTURE

DOMMAGE n.m. I. abîmage (québ.), atteinte, avarie, casse, coup, décollement, dégât, dégradation, déprédation, désavantage, détérioration, détriment, endommagement, inconvénient, injure, injustice, lésion, mal, outrage, perte, préjudice, ribordage (mar.), sinistre, tort → ACCIDENT - vx: bris, dam, grief II. → RÉPARATION III. **C'EST DOMMAGE**: fâcheux, regrettable, triste
◇ CONTR. I. → BÉNÉFICE II. → BIENFAIT

DOMMAGEABLE → NUISIBLE

DOMPTÉ, E → APPRIVOISÉ

DOMPTER I. → APPRIVOISER II. → VAINCRE

DOMPTEUR, EUSE n.m. ou f. apprivoiseur, belluaire, charmeur, dresseur

DON n.m. I. **au pr.**: aumône, bakchich, bienfait, cadeau, dation, dépannage (fam.), disposition, distribution, donation, dotation, étrennes, faveur, générosité, gratification, hommage, honnêteté, largesse, legs, libéralités, oblation, octroi, offrande, pot-de-vin (péj.), pourboire, présent, secours, souvenir, sportule (antiq.), subside, subvention, surprise - vx: donaison, dot, douaire, épices, trousseaux II. **par ext.** 1. apanage, aptitude, art, bosse (fam.), capacité, disposition, facilité, esprit, génie, habileté, intelligence, qualité, talent 2. bénédiction, bienfait, faveur,

grâce **III. titre** → PRINCE
◇ CONTR. → PRÉLÈVEMENT

DONATAIRE n.m. ou f. **I.** → BÉNÉFICIAIRE
II. → HÉRITIER

DONATEUR, TRICE n.m. ou f. affectateur, aliénateur, apporteur, débirentier, souscripteur, testateur
◇ CONTR. → BÉNÉFICIAIRE

DONC I. ainsi, comme ça/ cela, conséquemment, en conclusion, en conséquence, ergo (vx), or, par conséquent, par suite, partant, subséquemment – vx : adonc, adoncques **II.** → ALORS

DON JUAN n.m. → SÉDUCTEUR

DONNANT, E → GÉNÉREUX

DONNÉE n.f. **I.** → ÉNONCIATION **II.** → PRINCIPE

DONNER I. abandonner, accorder, administrer, apporter, assigner, attribuer, avancer, céder, communiquer, concéder, conférer, confier, consacrer, consentir, décerner, distribuer, doter, douer, employer, épandre, exposer, exprimer, faire → DON, faire passer, fixer, fournir, gratifier de, impartir, imposer, jeter (péj.), léguer, livrer, nantir, occasionner, octroyer, offrir, partager, passer, payer, permettre, présenter, procurer, prodiguer, produire, remettre, rémunérer, rendre, répandre, répartir, rétribuer, sacrifier, tendre, transmettre, verser, vouer **II. vx :** aumôner, bailler **III. arg. ou fam. :** abouler, allonger, attriquer, cadeauter, cloquer, ficher, filer, foutre, mouiller
◇ CONTR. **I.** → DEMANDER **II.** → PRENDRE **III.** → REFUSER

DONZELLE n.f. → FILLE

DOPER droguer, gonfler, stimuler

DOPING n.m. **off. :** dopage

DORADE n.f. pageau, pagel, pagre → POISSON

DORÉNAVANT à l'avenir, dans/ par la suite, dès aujourd'hui/ demain/ maintenant, désormais, ores (vx)
◇ CONTR. → AUPARAVANT

DORLOTER → SOIGNER

DORMANT, E → TRANQUILLE

DORMIR I. au pr. : 1. s'assoupir, dormailler, s'endormir, s'ensommeiller, être dans les bras de Morphée, faire la sieste/ un somme, fermer l'œil, repairer (vén.), reposer, sommeiller, somnoler **2. fam. :** s'acagnarder, coincer la bulle, écraser, moudre, pioncer, piquer un roupillon, ronfler, roupiller, rouscailler, schloffer, voir en dedans **II. fig. 1.** négliger, oublier **2.** → TRAÎNER
◇ CONTR. **I.** → VEILLER **II.** → REMUER

DORMITIF, IVE → NARCOTIQUE

DORTOIR n.m. chambrée, dormitorium, rêvoir (fam.)

DOS n.m. **I.** colonne vertébrale, derrière, échine, lombes, râble, rachis, reins, revers → FESSIER **II. TOURNER LE DOS À** → DÉLAISSER
◇ CONTR. → VENTRE

DOSE n.f. → QUANTITÉ

DOSER → MÉLANGER

DOSSE n.f. → PLANCHE

DOSSIER n.m. **I.** appui, appui-tête **II. 1.** → AFFAIRE, CAS **2.** bordereau, chemise, classeur, farde (rég.), sac (vx)

DOTATION n.f. **I.** → DON **II.** → INDEMNITÉ

DOTER → GRATIFIER

DOUAIRIÈRE n.f. **I.** → VEUVE **II.** → VIEILLE

DOUANIER n.m. accisien (rég.), agent/ commis/ employé/ fonctionnaire/ préposé des douanes, péager (vx ou par ext.) – **fam. :** gabelou, rat-de-cave

DOUBLE I. adj. 1. ambigu, bipolaire, complexe, géminé **2. péj. :** dissimulé, équivoque, faux, sournois, à sous-entendu → HYPOCRITE **3. par ext. :** supérieur **II. n.m. 1.** ampliation, contrepartie, copie, duplicata, expédition, grosse, photocopie, reproduction **2. quelqu'un :** alter ego, jumeau **3.** ectoplasme, fantôme, ombre **4.** besson, doublon **5. au jeu – vx :** paroli
◇ CONTR. → UNIQUE

DOUBLER I. → DÉPASSER **II.** → REMPLACER **III.** → AUGMENTER **IV. la mise au jeu – vx :** faire paroli

DOUBLE SENS n.m. → AMBIGUÏTÉ

DOUBLET n.m. **I.** homonyme, paronyme **II.** → COUPLE

DOUCEÂTRE → DOUX

DOUCEMENT I. délicatement, doucettement, en douceur, faiblement, graduellement, légèrement, lentement, mollement, paisiblement, petit à petit, peu à peu, pianissimo, piano, posément, progressivement, tendrement, tout beau/ doux **II. fam. :** cahincaha, chouïa, couci-couça/ couci, mollo, mou **III. mus. :** adagio, andante, andantino, dolce, larghetto, largo, lento, maestoso, moderato, piano, pianissimo
◇ CONTR. **I.** → VITE **II.** → SOUDAIN **III.** → BEAUCOUP

DOUCEREUX, EUSE I. douceâtre, emmiellé, onctueux, sucré → DOUX **II.** chattemite, paterne → HYPOCRITE
◇ CONTR. **I.** → AGRESSIF **II.** → CASSANT

DOUCET, TE → DOUX

DOUCETTE n.f. mâche

DOUCEUR n.f. **I. au pr.** : délicatesse, légèreté, mesure, modération, non-violence **II. par ext. 1. de quelqu'un** : affabilité, agrément, amabilité, aménité, bienveillance, bonté, calme, charité, clémence, débonnaireté, docilité, félinité, gentillesse, humanité, indulgence, mansuétude, onction, patience, persuasion, placidité, suavité – **vx** : suavéolence, tendreté, tendreur **2. bien-être**, bonheur, joie, jouissance, plaisir, quiétude, satisfaction, tranquillité **III.** → FRIANDISE **IV. 1. EN DOUCEUR** → DOUCEMENT

◇ **CONTR. I.** → AMERTUME **II.** → BRUTALITÉ

DOUCHE n.f. **I. au pr.** : affusion, aspersion, bain, hydrothérapie → ARROSAGE **II. fig.** : désappointement → DÉCEPTION

DOUCHER → ARROSER

DOUCINE n.f. → RABOT

DOUCIR → POLIR

DOUÉ, E → CAPABLE

DOUELLE n.f. douve, douvelle

DOUER → GRATIFIER

DOUILLE n.f. anneau, bague, collier, cylindre, davier (mar.), embouchoir, manchon, raccord, tube

DOUILLET, TE **I.** → MOELLEUX **II.** → SENSIBLE

DOUILLETTE n.f. → MANTEAU

DOULEUR n.f. **I.** algie, angor, brûlure, céphalalgie, céphalée, courbature, crampe, élancement, épreintes, inflammation, irritation, mal, migraine, névralgie, point, prurit, rage de dents, rhumatisme, souffrance, strangurie **II.** → AFFLICTION

◇ **CONTR. I.** → BONHEUR **II.** → PLAISIR

DOULOUREUSEMENT → CRUELLEMENT

DOULOUREUX, EUSE **I. au pr.** : algique, endolori, sensible, souffrant, souffreteux **II. par ext.** : affligeant, affreux, amer, angoissant, atroce, attristant, crucifiant, cruel, cuisant, déchirant, difficile, dur, épouvantable, éprouvant, funeste, grièche (vx), insupportable, intolérable, lamentable, lancinant, navrant, pénible, pitoyable, térébrant, triste

◇ **CONTR. I.** → INSENSIBLE **II.** → AGRÉABLE **III.** → HEUREUX

DOUTE n.m. **I.** → INCERTITUDE **II.** → SCEPTICISME **III. SANS DOUTE** : à coup sûr, apparemment, assurément, certainement, probablement, selon toutes les apparences/ toute vraisemblance, vraisemblablement

◇ **CONTR. I.** → CERTITUDE **II.** → FOI

DOUTER **I.** → HÉSITER **II.** → PRESSENTIR

DOUTEUR, EUSE → INCRÉDULE

DOUTEUX, EUSE **I.** → INCERTAIN **II.** → SUSPECT

DOUVE n.f. **I.** → FOSSÉ **II.** → PLANCHE

DOUX, DOUCE **I. quelqu'un. 1.** affable, agréable, aimable, amène, angélique, bénin, benoît, bienveillant, bon, bonhomme, calme, clément, complaisant, conciliant, débonnaire, docile, doucet, facile, gentil, humain, indulgent, liant, malléable, maniable, modéré, obéissant, pacifique, paisible, patient, sage, sociable, soumis, souple, tolérant, traitable, tranquille **2. péj.** : agnelin, amolli, bonasse, coulant, doucereux, laxiste, mielleux, mièvre, paterne **3.** affectueux, aimant, câlin, caressant, tendre **II. une chose. 1.** agréable, bon, délectable, délicat, délicieux, exquis, léger, liquoreux, onctueux, savoureux, souef (vx), suave, succulent, sucré **2. péj.** : beurreux (vx), douceâtre, fade, melliflue **3.** douillet, duveté, duveteux, fin, léger, moelleux, mollet, mou, satiné, soyeux, tomenteux, uni, velouté **4.** → HARMONIEUX **III. TOUT DOUX** → DOUCEMENT

◇ **CONTR. I.** → AIGRE **II.** → AMER **III.** → SALÉ **IV.** → BRUYANT **V.** → VIOLENT

DOWN RANGE STATION spat. off. : station-aval

DOXOLOGIE n.f. **I.** → ÉLOGE **II.** → PRIÈRE

DOYEN, NE n.m. ou f. **I.** aîné, ancien, chef, directeur, maître, patron, président, vétéran **II.** → PRÊTRE

◇ **CONTR.** → BENJAMIN

DRACONIEN, NE → SÉVÈRE

DRAG n.m. **I.** → CHASSE **II.** → VOITURE

DRAGEON n.m. **I.** → BOURGEON **II.** → POUSSE

DRAGLINE n.m. méc. off. : défonceuse tractée

DRAGON n.m. **I.** amphiptère ou amphistère, amphisbène, basilic, chimère, guivre, hydre, ignivome, monstre, tarasque **II.** → MÉGÈRE

DRAGONNE n.f. → PASSEMENT

DRAGUE n.f. **I.** → FILET **II.** → BATEAU **III. fam.** → COUR, FLIRT

DRAGUER curer, débourber → NETTOYER

DRAILLE n.f. **I.** → SENTIER **II.** → CORDAGE

DRAIN n.m. **I.** → CONDUIT **II.** → TUBE

DRAINAGE n.m. → ASSÈCHEMENT

DRAINE n.f. → DRENNE

DRAINER **I.** → SÉCHER **II.** → TIRER

DRAISIENNE n.f. → CYCLE

DRAKKAR n.m. → BATEAU

DRAMATIQUE **I.** scénique, théâtral **II.** émouvant, intéressant, passionnant, pathétique, poignant, terrible, touchant, tragique, triste **III.** dangereux, difficile, grave, risqué, sérieux, à suspens

DRAMATIQUEMENT → CRUELLEMENT

DRAMATISATION n.f. → EXAGÉRATION

DRAMATISER → EXAGÉRER

DRAMATURGE n.m. → ÉCRIVAIN

DRAME n.m. **I. 1.** audiodramatique, audiodrame, dramaturgie, mélodrame, opéra, opéra-comique, pièce, tragédie, tragi-comédie **2. Japon :** kabuki, nô **3.** psychodrame, sociodrame, thérapie de groupe **II.** → CALAMITÉ **III.** → MALHEUR

◊ CONTR. **I.** → COMÉDIE **II.** → BONHEUR

DRAPEAU n.m. banderole, bannière, couleurs, enseigne, étendard, fanion, guidon, pavillon (mar.) – vx : bandière, baucent, cornette, fanon, flamme, gonfalon, gonfanon, labarum, oriflamme, pennon, vexille

DRAPER → ENVELOPPER

DRAPERIE n.f. cantonnière, rideau, tapisserie, tenture

DRASTIQUE I. → PURGATIF **II.** → FERME

DRÊCHE n.f. → RÉSIDU

DRÈGE I. → FILET **II.** → PEIGNE

DRENNE n.f. draine, grive, jocasse, litorne, tourd, vendangette

DRESSAGE n.m. **I.** planage, rectification **II.** → INSTALLATION **III.** → APPRIVOISEMENT **IV.** → INSTRUCTION

DRESSÉ, E I. → APPRIVOISÉ **II.** → PRÉPARÉ **III.** → MONTANT

DRESSER I. → ÉLEVER **II.** → PRÉPARER **III.** → INSTRUIRE **IV.** → COMPOSER **V. DRESSER L'OREILLE 1.** → ÉCOUTER **2. équit. :** chauvir

DRESSEUR, EUSE n.m. ou f. belluaire, dompteur

DRESSING(-)ROOM n.m. off. : garde-robe, placard à vêtements

DRESSOIR n.m. buffet, étagère, vaisselier

DRÈVE n.f. → ALLÉE

DRIFT n.m. **I.** géol. → DÉPÔT **II. spat. off. :** dérive

DRILL n.m. → EXERCICE

DRILLE I. n.f. : burin, foret, mèche, trépan, vilebrequin, vrille **II.** n.m. **1.** → GAILLARD **2.** → MISÉRABLE

DRINGUELLE n.f. → GRATIFICATION

DRIVE-IN (CINEMA) n.m. invar. **I.** off. : ciné-parc **II.** *les néologismes sont formés du préfixe* auto *suivi du nom de lieu d'accès direct en voiture, ex.* : autobanque, autocenter

DRINK n.m. glass, godet, pot, verre

DROGMAN n.m. → TRADUCTEUR

DROGUE n.f. **I.** → REMÈDE **II.** cannabis, chanvre (indien), cocaïne, éther, haschich, héroïne, laudanum, L.S.D., lysergide, marijuana, morphine, narcotique, opium, stupéfiant, toxique **III. arg. : 1.** acide, bigornette, blanche, came, choucroute, coco, dada, défonce, dope, douce, dure, fée blanche/ brune/ verte, fumette, hasch, herbe, kif, marie-jeanne, méca, merde, naphtaline, neige, noire, poudre, poussière d'ange, pure, rail, respirette, schnouf, shit, speedball, stup, trichlo **2.** trip, plan, voyage **3.** joint, pétard, pipe, piquouse

DROGUÉ, E nom et adj. alcoolique, amphétaminomane, cocaïnomane, éthéromane, héroïnomane, intoxiqué, mangeur d'opium (vx), morphinomane, opiomane, pharmacomane, toxicomane – arg. : accro, camé, chanvré, déchiré, défoncé, fait, flippé, intoxico, junk, méca, paumé, planeur, seringué, shooté, smaké, sniffeur, speedé, stone, touche-piqûre, toxico, tripé

DROGUER I. → SOIGNER **II.** → ATTENDRE **III. v. pron. :** s'intoxiquer, se laudaniser **IV. arg. :** s'accrocher, s'arracher, se camer, se charger, se défoncer, se doper, s'envaper, se fixer, fliper, fumer, se piquer, se piquouser, planer, se plastrer, se poudrer, prendre sa charge/ une petite, priser, schnoufer, se shooter, se speeder, sniffer, tirer sur le bambou, triper, visionner, voyager

DROGUET n.m. → TISSU

DROIT, E I. au pr. : abrupt, debout, direct, perpendiculaire, plan, rectiligne, vertical **II. fig. 1. quelqu'un :** bon, désintéressé, équitable, franc, honnête, juste, loyal, probe, pur, sincère **2. une chose :** direct, judicieux, positif, sain, sensé, strict, vrai **III. adv. :** directement, tout de go

◊ CONTR. → COURBE

DROIT n.m. **I.** barreau, basoche, code, coutume, digeste, juristice, justice, légalité, loi, morale, règlement **II.** contribution, hallage, imposition, redevance, taxe → IMPÔT **III.** rétribution, salaire **IV.** autorisation, faculté, habilité, liberté, monopole, permission, possibilité, pouvoir, prérogative, privilège, usage, servitude **V. droits d'Ancien Régime 1.** accordés : affouage, glan, vaine pâture **2. dus :** abeillage, affeurage ou afforage, agrier, aide, aiguage ou aiguerie, aubaine, ban, banvin, bâtardise, champart, capitation, corvée, cuissage, dîme, forage, formariage, gabelle, gélinage, geôlage, glèbe, gruerie, jalage, lods, mainmorte, minage, mortaille, mouvance, ost, patente, péage, suite, taille, terrage, vingtain

DROITE n.f. **I.** dextre **II.** → CONSERVATISME

DROITEMENT avec → DROITURE, de façon → DROIT *et les dérivés possibles en* -ment *des syn. de* droit

DROITURE n.f. I. → RECTITUDE II. → JUSTICE

DROLATIQUE et **DRÔLE** I. adj. → AMUSANT, BIZARRE, RISIBLE II. n.m. 1. → GAILLARD 2. → ENFANT 3. → VAURIEN

DRÔLEMENT beaucoup, bien, bizarrement, bougrement, comiquement, diablement, extrêmement, furieusement (vx), joliment, plaisamment, rudement, très – fam. : génial(ement), super, vachement
◇ CONTR. : *les adv. dérivés des syn. de* normal *et* triste

DRÔLERIE n.f. → BOUFFONNERIE

DRÔLESSE n.f. I. → FEMME II. → MÉGÈRE

DROMADAIRE n.m. camélidé, méhari

DROPER → LÂCHER

DROP-OUT n.m. I. audiov. off. : perte de niveau II. → MARGINAL

DROPPAGE n.m. largage, parachutage

DROPPING n.m. I. milit. off. : largage II. **DROPPING ZONE** : zone de largage/ saut

DROSSER dériver, entraîner, pousser

DRU, E I. → ÉPAIS II. → DENSE III. → FORT

DRUGSTORE n.m. → MAGASIN

DRUIDE n.m. barde, eubage → PRÊTRE

DRYADE n.f. → NYMPHE

DUALISME n.m. ambivalence, manichéisme
◇ CONTR. : monisme

DUBITATIF, IVE → INCRÉDULE

DUBITATIVEMENT de façon → INCRÉDULE *et les dérivés possibles en* -ment *des syn. de* incrédule

DUC n.m. I. → VOITURE II. **DUC D'ALBE** → PIEU

DUCASSE n.f. → KERMESSE

DUCROIRE n.m. → GARANTIE

DUCTED FAN n.m. aviat. off. : soufflante canalisée/ carénée

DUCTED PROPELLER n.m. aviat. off. : hélice carénée

DUCTILE → FLEXIBLE

DUÈGNE n.f. → GOUVERNANTE

DUEL n.m. affaire, affaire d'honneur, combat, joute, lutte, opposition, ordalie, rencontre, réparation

DUELLISTE n.m. → FERRAILLEUR

DUIT n.m. I. → CANAL II. → CHAUSSÉE

DULCIFIER → ADOUCIR

DULCINÉE n.f. → AMANTE

DULIE n.f. → CULTE

DUMPER n.m. tr. pub. off. : tombereau

DUNE n.f. → HAUTEUR

DUPE n.f. et adj. → NAÏF

DUPE (angl.) audiov. off. : internégatif

DUPER → TROMPER

DUPERIE n.f. → TROMPERIE

DUPEUR, EUSE n.m. ou f. → TROMPEUR

DUPLEX BURNER n.m. aviat. off. : brûleur à double débit

DUPLEXER audiov. et inf. : dupliquer

DUPLICATA ou **DUPLICATUM** n.m. → COPIE

DUPLICITÉ n.f. → HYPOCRISIE

DUPLIQUER audiov. et inf. : duplexer

DUR, E I. 1. acérain, adamantin, calleux, consistant, coriace, couenneux, empesé, épais, ferme, membraneux, pris, résistant, rigide, solide, tendineux 2. incoercible, incompressible, inextensible 3. → PÉNIBLE II. quelqu'un – non fav. 1. autoritaire, blessant, brutal, cruel, endurci, exigeant, farouche, féroce, froid, impassible, impitoyable, implacable, indifférent, inébranlable, inexorable, inflexible, inhumain, insensible, intraitable, intransigeant, irréductible, mauvais, méchant, racorni, raide, rigide, rigoriste, sans âme/ cœur/ entrailles/ merci, sec, sévère, strict, terrible 2. barbare, boucher, bourreau, brute, cannibale, chameau, chien, monstre, ogre, persécuteur, sauvage, tigre, tortionnaire, vache (fam.) III. par ext. 1. âpre, grièche (vx), inclément, inhospitalier, rigoureux, rude 2. difficile, dissipé, turbulent 3. → BÊTE IV. 1. **DUR D'OREILLE** → SOURD 2. **DUR À LA DÉTENTE** → AVARE
◇ CONTR. I. → DOUX II. → LÉGER III. → BIENVEILLANT

DURABILITÉ n.f. constance, continuité, éternité, fermeté, immortalité, immutabilité, indélébilité, invariabilité, longévité, permanence, persistance, résistance, solidité, stabilité, ténacité, viabilité, vivacité
◇ CONTR. I. → FRAGILITÉ II. → PRÉCARITÉ

DURABLE assuré, chronique, constant, continu, de tout repos, endémique, enraciné, éternel, ferme, fiable, immortel, immuable, impérissable, inaltérable, inamissible, incorruptible, indélébile, indestructible, infrangible, invariable, pérenne (vx), permanent, perpétuel, persistant, profond, résistant, solide, stable, tenace, valable, viable, vivace, vivant
◇ CONTR. → PÉRISSABLE

DURABLEMENT de façon → DURABLE *et les dérivés possibles en* -ment *des syn. de* durable

DURANT au cours de, au moment de, en même temps, pendant, tandis que

DURCIR affermir, concréter, dessécher, écrouir, endurcir, fortifier, indurer, racornir, raidir, rigidifier, tremper
◇ CONTR. → AFFAIBLIR

DURCISSEMENT n.m. → PRISE

DURÉE n.f. I. → TEMPS II. continuité, immuabilité, immutabilité, inaltérabilité, indestructibilité, pérennité → ÉTERNITÉ
◇ CONTR. → PRÉCARITÉ

DUREMENT I. → DIFFICILEMENT II. → CRUELLEMENT

DURER se conserver, continuer, demeurer, n'en plus finir, s'étendre, s'éterniser, se maintenir, se perpétuer, persévérer, se prolonger, résister, se soutenir, subsister, tenir (le coup), tirer en longueur, traîner, vivre
◇ CONTR. I. → CESSER II. → MOURIR

DURETÉ n.f. I. **de quelque chose. 1.** consistance, imperméabilité, inextensibilité, résistance, rigidité, rudesse, solidité 2. inclémence, rigueur, rudesse, sécheresse II. **de quelqu'un :** brutalité, cruauté, endurcissement, implacabilité, inflexibilité, inhumanité, insensibilité, méchanceté, rigueur, rudesse, sécheresse de cœur, sévérité → FERMETÉ
◇ CONTR. I. → MOLLESSE II. → DOUCEUR III. → AMABILITÉ IV. → TENDRESSE

DURILLON n.m. → CAL

DUTY FREE (SHOP) n.m. **off. :** boutique franche

DUVET n.m. I. 1. → POIL 2. → PLUME II. édredon, sac à viande (fam.)/ de couchage

DUVETÉ, E et **DUVETEUX, EUSE** I. → DOUX II. → COTONNEUX

DYNAMIQUE I. → COURAGEUX II. → FERME

DYNAMIQUEMENT avec → FORCE, de façon → DYNAMIQUE *et les dérivés possibles en* -ment *des syn. de* dynamique

DYNAMISER → EXCITER

DYNAMISME → FORCE

DYNAMO n.f. alternateur, génératrice, machine de Gramme

DYNASTIE n.f. → RACE

DYSENTERIE n.f. → DIARRHÉE

DYSHARMONIE n.f. (méd.) → DÉSAGRÉGATION

EARTH SHINE n.m. **spat. off.** : clair de terre, lumière cendrée

EARTH STATION n. **spat. off.** : station terrienne

EARTH SYNCHRONOUS SATELLITE n.m. **spat. off.** : satellite géosynchrone

EAU n.f. **I.** aqua simplex, flot, onde **II. arg.** : baille, bouillon, château-la-pompe, flotte, gade, grenouillette, lance, lansquine, limonade, vaseuse **III. au pl.** → BAIN **IV. eau-de-vie** → ALCOOL

ÉBAHI, E abasourdi, ahuri, berlu (vx), bouche bée, déconcerté, décontenancé, ébaubi, éberlué, ébouriffé, émerveillé, étonné, fasciné, interdit, médusé, penaud, pétrifié, sidéré, stupéfait, surpris, tombé des nues – **fam.** : baba, comme deux ronds de flan, épastrouillé, épaté, estomaqué
◇ CONTR. → INDIFFÉRENT

ÉBAHIR abasourdir, ahurir, déconcerter, ébaubir, éberluer, éblouir, étonner, interdire, méduser, stupéfier, surprendre – **fam.** : épater, esbroufer, estomaquer
◇ CONTR. : laisser → INDIFFÉRENT

ÉBAHISSEMENT n.m. → STUPÉFACTION

ÉBAT et **ÉBATTEMENT** n.m. **I. au pr.** : amusement, délassement, distraction, divertissement, ébats, jeu, mouvement (vx), oaristys (litt.), passe-temps, récréation, sport → PLAISIR **II. par ext.** → CARESSE
◇ CONTR. → REPOS

ÉBATTRE (S') → BATIFOLER

ÉBAUBI, E → ÉBAHI

ÉBAUCHE n.f. amorce, canevas, carcasse, commencement, crayon, crobard (arg.), croquis, début, ébauchage, ébauchement (vx), ébauchon, esquisse, essai, germe, griffonnement, idée, linéaments, maquette, pochade,

premier jet, préparation, projet, schéma, schème, topo (fam.)
◇ CONTR. **I.** → FINITION **II.** → ACHÈVEMENT

ÉBAUCHER amorcer, commencer, crayonner, croquer, dégrossir, dessiner, disposer, donner l'idée, entamer, épanneler, esquisser, préparer, projeter
◇ CONTR. → FINIR

ÉBAUDIR I. → ÉGAYER **II.** → RÉJOUIR

ÉBÉNISTE n.m. marqueteur, menuisier, tabletier

ÉBÉNISTERIE n.f. marqueterie, tabletterie

ÉBERLUÉ, E → ÉBAHI

ÉBERLUER → ÉBAHIR

ÉBLOUIR I. aveugler, blesser, offusquer **II.** → LUIRE **III.** halluciner → FASCINER **IV.** → IMPRESSIONNER

ÉBLOUISSANT, E I. au pr. : aveuglant, brillant, éclatant, étincelant, illuminé **II. fig.** : beau, brillant, étonnant, fascinant, merveilleux, séduisant, surprenant
◇ CONTR. → TERNE

ÉBLOUISSEMENT n.m. **I. au pr.** : aveuglement **II. fig.** : berlue, émerveillement, étonnement, fascination, hallucination, séduction, surprise **III. par ext.** : malaise, syncope, trouble, vapeurs, vertige
◇ CONTR. → DÉCEPTION

ÉBOUEUR n.m. bougonnier (rég.), bourrier

ÉBOUILLANTER blanchir, chaubouiller, échauder

ÉBOULEMENT n.m. **I.** → CHUTE **II.** → GLISSEMENT

ÉBOULER (S') → CROULER

ÉBOULIS n.m. → AMAS

ÉBOURIFFANT, E → EXTRAORDINAIRE

ÉBOURIFFÉ, E I. → HÉRISSÉ II. → ÉBAHI

ÉBRANCHER → ÉLAGUER

ÉBRANLEMENT n.m. **I. au pr.** : choc, commotion, coup, émotion, secousse, traumatisme **II. par ext.** : séisme, tremblement de terre **III. fig.** → AGITATION
◈ CONTR. **I.** → REPOS **II.** → SÉCURITÉ **III.** → IMMOBILITÉ

ÉBRANLER I. → REMUER II. → ÉMOUVOIR III. → AFFAIBLIR IV. v. pron. → PARTIR

ÉBRASEMENT n.m. → OUVERTURE

ÉBRÉCHER → ENTAILLER

ÉBRIÉTÉ n.f. → IVRESSE

ÉBROUEMENT n.m. I. → ÉTERNUEMENT II. → BRUIT

ÉBROUER (S') I. au pr. : éternuer, renifler, respirer, se secouer, souffler II. fig. : s'ébattre, folâtrer, jouer
◈ CONTR. : rester → TRANQUILLE

ÉBRUITEMENT n.m. → RÉVÉLATION

ÉBRUITER → PUBLIER

ÉBULLITION n.f. I. → FERMENTATION II. → AGITATION

ÉBURNÉ, E et **ÉBURNIFIÉ, E** → POLI

ÉCACHER → ÉCRASER

ÉCAILLE n.f. I. squame (vx), squamule II. → COQUILLE

ÉCAILLEUX, EUSE rugueux, squameux, squamifère

ÉCALER → ÉPLUCHER

ÉCARLATE → ROUGE

ÉCARQUILLER ribouler (vx) → OUVRIR

ÉCART n.m. **I. au pr.** : 1. aberrance (math.), décalage, déflexion, déphasage, déviation, distance, distanciation, écartement, éloignement, embardée, marge, variante 2. mar. : abattée, acculée, auloffée **II. par ext.** 1. → DIGRESSION 2. → VILLAGE 3. → VARIATION **III. fig.** : aberration, débordement, dévergondage, disparate (vx), échappée, équipée, erreur, escapade, extravagance, faute, faux pas, folie, frasque, fredaine, impertinence, incartade, incorrection, irrégularité, manquement, relâchement → BÊTISE
◈ CONTR. **I.** → RAPPROCHEMENT **II.** → CONFORMITÉ **III.** → RÈGLE

ÉCARTÉ n.m. jeu de cartes, triomphe (vx)

ÉCARTÉ, E à l'écart, détourné, égaré (vx), éloigné, isolé, perdu, retiré
◈ CONTR. *les part. passés possibles des syn. de* → RAPPROCHER

ÉCARTELER → TOURMENTER

ÉCARTEMENT n.m. empattement, séparation → ÉCART

ÉCARTER I. déjoindre, déporter, désassembler, désunir, détacher, détourner, disjoindre, disperser, dissocier, diviser, égarer, éliminer, éloigner, espacer, isoler, mettre à l'écart/ à part/ en quarantaine, partager, repousser, séparer – vx : déclore, partir II. pron. : biaiser, bifurquer, décliner, se cantonner/ déporter/ détourner, dériver, dévier, diverger, s'éloigner, gauchir, se séparer, sortir de – vx : aberrer, s'étranger
◈ CONTR. **I.** → RAPPROCHER **II.** → CONSERVER

ECCHYMOSE n.f. → CONTUSION

ECCLÉSIASTIQUE n.m. → PRÊTRE

ÉCERVELÉ, E → ÉTOURDI

ÉCHAFAUD n.m. I. bois de justice, gibet → GUILLOTINE II. → PILORI III. chaffaut (vx), échafaudage, estrade, praticable, triquet

ÉCHAFAUDAGE n.m. I. → ÉCHAFAUD II. → RAISONNEMENT

ÉCHAFAUDER → PRÉPARER

ÉCHALAS n.m. → BÂTON

ÉCHALIER n.m. I. → ÉCHELLE II. → CLÔTURE

ÉCHANCRÉ, E décolleté, ouvert

ÉCHANCRER → TAILLER

ÉCHANCRURE n.f. I. coupure, crénelure, découpure, dentelure, encoche, entaille, faille, indentation, ouverture II. brèche, trouée III. décolleté
◈ CONTR. → SAILLIE

ÉCHANGE n.m. I. information, interaction, interchangeabilité, interpénétration, intersubjectivité, osmose → COMMUNICATION II. CHANGE III. → COMMERCE
◈ CONTR. → CONFISCATION

ÉCHANGER I. interpénétrer, réciproquer (vx ou rég.), rendre, renvoyer II. → CHANGER
◈ CONTR. → CONSERVER

ÉCHANGEUR n.m. tr. pub. : trèfle

ÉCHANSON n.m. sommelier – vx : bouteiller *ou* boutillier, serdeau

ÉCHANTILLON n.m. I. au pr. : aperçu, approximation, exemplaire, exemple, modèle, spécimen, unité – partic. : item, panel II. fig. 1. → IDÉE 2. démonstration, preuve

ÉCHANTILLONNAGE n.m. I. inform. : quantification II. vx : étalonnage

ÉCHAPPATOIRE n.f. I. → EXCUSE II. → FUITE

ÉCHAPPÉE n.f. I. → ESCAPADE II. → ÉCART

ÉCHAPPEMENT n.m. → SORTIE

ÉCHAPPER I. v. tr. : faire/ laisser tomber, perdre II. v. intr. : éviter, glisser, réchapper III. v. pron. 1. au pr. : se dérober, se dissiper, s'enfuir, s'esbigner (fam.), s'esquiver, s'évader, s'évanouir, éviter, fuir, se répandre, se sauver, sortir, s'en tirer **2. fig.** : s'emporter, s'oublier

◇ CONTR. **I.** → RETENIR **II.** → DEMEURER

ÉCHARPE n.f. **I.** cache-col/ nez, carré, châle, éphod (relig.), fichu, guimpe, mantille, pointe, voile **II.** bande, baudrier, ceinture **III. EN ÉCHARPE 1.** en bandoulière **2.** en travers, par le flanc, sur le côté

ÉCHARPER I. → BLESSER **II.** → VAINCRE

ÉCHARS, E I. → AVARE **II. mar.** → IRRÉGULIER

ÉCHASSIER n.m. agami, aigrette garzette, avocette, barge, bécasse, bécasseau, bécassine, bécharu, bihoreau, canepetière *ou* ouarde, chevalier *ou* gambette, cigogne, courlis, crabier, flamant, foulque, garde/ pique-bœuf, glaréole, grue, guignard, héron, ibis, jabiru, judelle, kamichi, marabout, marouette, maubèche, œdicnème *ou* courlis de terre, oiseau-trompette, ombrette, ouarde, pique-bœuf, pluvian, pluvier, poule d'eau, râle, sanderling, savacou, tantale, tourne-pierre, vanneau

ÉCHAUDER I. → ÉBOUILLANTER **II.** → TROMPER

ÉCHAUFFEMENT n.m. **I.** → ALTÉRATION **II.** → IRRITATION

ÉCHAUFFER I. → CHAUFFER **II.** → ENFLAMMER

ÉCHAUFFOURÉE n.f. → ENGAGEMENT

ÉCHAUGUETTE n.f. **I.** → GUÉRITE **II.** → TOURELLE

ÉCHE ou **ESCHE** n.f. → AICHE

ÉCHÉANCE n.f. annuité, date, expiration, fin de mois, mensualité, semestre, terme, trimestre

ÉCHEC n.m. → INSUCCÈS

ÉCHELLE n.f. **I. au pr.** : degré, échalier, échelette, échelier, escabeau, marche – **vx ou rég.** : escale, rancher, triquet **II. par ext.** : comparaison, dimension, mesure, proportion, rapport **III. échelle de corde mar.** : enfléchure **IV. vx et partic.** → PORT **V. fig.** → HIÉRARCHIE

ÉCHELON n.m. **I. au pr.** : barreau, degré, ranche (rég.) **II. fig.** → GRADE

ÉCHELONNEMENT n.m. fractionnement → RÉPARTITION

ÉCHELONNER I. → RÉPARTIR **II.** → RANGER

ÉCHEVEAU n.m. **I.** peignon **II.** → LABYRINTHE

ÉCHEVELÉ, E → HÉRISSÉ

ÉCHEVIN n.m. → ÉDILE

ÉCHINE n.f. colonne vertébrale, dos, épine dorsale, rachis

ÉCHINER I. → BATTRE **II.** → FATIGUER

ÉCHINODERME n.m. astérie *ou* étoile de mer, crinoïde, holothurie *ou* bêche/ biche/ concombre/ cornichon de mer *ou* tripang, ophiure, oursin

ÉCHIQUIER n.m. damier, tablier (vx) – **fig.** → IMBROGLIO

ÉCHO n.m. **I.** anecdote, article, copie, histoire, nouvelle **II.** imitation, redoublement, réduplication, répétition, reproduction, résonance **III.** → RÉPONSE **IV.** → BRUIT

ÉCHOIR I. venir à terme **II.** être dévolu, être donné en partage, être réservé à, incomber, obvenir, revenir à, tomber

◇ CONTR. **I.** → COMMENCER **II.** → PRENDRE

ÉCHOPPE n.f. **I.** → ÉDICULE **II.** → MAGASIN **III.** → BURIN

ÉCHOUER I. accoster, s'assabler (vx), s'embouquer, s'engraver, s'enliser, s'ensabler, s'envaser, se briser, être drossé, faire naufrage, heurter, se perdre, sombrer, talonner, toucher le fond **II. par ext.** : avorter, buter, chuter, être/ revenir bredouille, être battu/ recalé, manquer, perdre, perdre la partie, rater, tomber – **fam.** : faire balai/ baraque/ long feu/ fiasco/ un bide/ une toile, foirer, merder, se planter, prendre un bide/ un bouillon/ une couille/ une pâtée/ une pipe/ une tasse/ une veste

◇ CONTR. **I.** → NAVIGUER **II.** → RÉUSSIR

ÉCLABOUSSER → SALIR

ÉCLABOUSSURE n.f. → BOUE

ÉCLAIR n.m. **I.** → LUEUR **II.** → FOUDRE **III. COMME L'ÉCLAIR** → VITE

ÉCLAIRAGE n.m. → LUMIÈRE

ÉCLAIRCIE n.f. **I.** embellie → BONACE **II.** → CLAIRIÈRE

ÉCLAIRCIR I. au pr. : faire briller, faire reluire, nettoyer, polir **II. fig.** : clarifier, débrouiller, déchiffrer, défricher, dégrossir, démêler, démontrer, désambiguïser, développer, dévider, éclairer, édifier, élucider, expliquer, illustrer, informer, instruire, mettre au net/ en lumière/ noir sur blanc, nettifier, rendre intelligible, renseigner

◇ CONTR. **I.** → TERNIR **II.** → EMBROUILLER

ÉCLAIRCISSEMENT n.m. → EXPLICATION

ÉCLAIRE n.f. chélidoine

ÉCLAIRÉ, E → INSTRUIT

ÉCLAIRER I. au pr. : embraser, illuminer, insoler, luire **II. fig. 1.** → ÉCLAIRCIR **2.** → INSTRUIRE

◇ CONTR. → OBSCURCIR

ÉCLAT n.m. **I.** → MORCEAU **II.** → BRUIT **III.** brasillement, brillance, brillant, brillement (vx), chatoiement, coloris, coruscation, couleur, étincelle, feu, flamme, fulgurance, illumination, luisance, lumière, orient, radiance, resplendissement, scintillement → REFLET IV. → LUSTRE V. → APPARAT

◊ CONTR. → OBSCURITÉ

ÉCLATANT, E → BRILLANT

ÉCLATEMENT n.m. → EXPLOSION

ÉCLATER I. au pr. : se briser, déflagrer, détoner, exploser, imploser, se rompre, sauter **II. par ext.** → LUIRE **III. fig. 1.** → COMMENCER **2.** → RÉVÉLER (SE) **3.** → EMPORTER (S') **4.** → RIRE

ÉCLECTIQUE dispersé (péj.), diversifié, ouvert, tolérant

◊ CONTR. → SECTAIRE

ÉCLECTISME n.m. choix, dispersion (péj.), diversification, méthode, ouverture d'esprit, préférence, sélection, tolérance

◊ CONTR. → INTOLÉRANCE

ÉCLIPSE n.f. **I. au pr.** : absence, disparition, interposition, obscurcissement, occultation **II. fig.** : affaissement, déchéance, défaillance, défaite, défaveur, échec, faillite, fiasco, ratage

◊ CONTR. **I.** → APPARITION **II.** → SUCCÈS

ÉCLIPSER I. → OBSCURCIR **II. v. pron.** → DISPARAÎTRE

ÉCLOPÉ, E → BOITEUX

ÉCLORE → NAÎTRE

ÉCLOSION n.f. anthèse, apparition, avènement, commencement, début, effloraison, efflorescence, épanouissement, floraison, manifestation, naissance, production, sortie

◊ CONTR. **I.** → DÉCADENCE **II.** → MORT

ÉCLUSE n.f. barrage, bonde, fermeture, vanne

ÉCLUSER I. arrêter, barrer, clore, enclaver, fermer, murer, obstruer, retenir **II. arg.** → BOIRE

ÉCŒURANT, E I. → DÉGOÛTANT **II.** → FADE **III.** → ENNUYEUX

ÉCŒUREMENT n.m. → NAUSÉE

ÉCŒURER I. → DÉGOÛTER **II.** → DÉCOURAGER

ÉCOLE n.f. **I. au pr.** : académie, bahut (fam.), classe, collège, conservatoire, cours, établissement, faculté, gymnase, institut, institution → LYCÉE **II. fig. 1.** → LEÇON, EXPÉRIENCE **2.** → SECTE **3.** cénacle, cercle, chapelle, club, groupe, pléiade, réunion

ÉCOLIER, IÈRE n.m., n.f. **I.** → ÉLÈVE **II.** → NOVICE

ÉCOLOGIE n.f. → MILIEU

ÉCOLOGIQUE biologique, naturel, sain

◊ CONTR. **I.** → ARTIFICIEL **II.** → MALSAIN

ÉCONDUIRE I. → CONGÉDIER **II.** → REFUSER

ÉCONOMAT n.m. cambuse, intendance, magasin

ÉCONOME I. n.m. : administrateur, cellérier, comptable, dépensier, intendant, questeur **II. adj. 1. fav.** : épargnant, ménager, parcimonieux, soucieux **2. non fav.** → AVARE

◊ CONTR. → DÉPENSIER

ÉCONOMIE n.f. **I. au pr. 1. au sing.** : administration, bon emploi, épargne, frugalité, ménage (vx), organisation, parcimonie **2.** → AVARICE **3. au pl.** : bas de laine, boursicot, éconocroques (fam.), épargne, matelas, pécule, thésaurisation, tirelire, tontine **II. par ext. 1.** → DISPOSITION **2.** → HARMONIE

◊ CONTR. → DÉPENSE

ÉCONOMIQUE bon marché → PROFITABLE

◊ CONTR. → CHER

ÉCONOMIQUEMENT avec → ÉCONOMIE, de façon → ÉCONOMIQUE *et les dérivés possibles en* -ment *des syn. de* économique

ÉCONOMISER amasser, ascétiser (vx ou litt.), épargner, lésiner, liarder, limiter, marchander, ménager, mesurer, mettre de côté, réduire, regarder, regratter, restreindre, serrer – **fam.** : boursicoter, entasser, faire un matelas/ sa pelote, gratter, mégoter, mettre en petite (arg.), planquer

◊ CONTR. → DÉPENSER

ÉCOPER I. → SÉCHER **II.** → RECEVOIR

ÉCORCE n.f. **I.** → PEAU **II.** → COSSE **III.** → EXTÉRIEUR

ÉCORCHÉ, E I. déchiré, dépouillé, égratigné, lacéré, mis à nu **II. fig.** : calomnié, exploité, rançonné, volé

ÉCORCHER I. → DÉPOUILLER **II.** → DÉCHIRER **III. ÉCORCHER LES OREILLES** → CHOQUER

ÉCORCHURE n.f. → DÉCHIRURE

ÉCORNER → ENTAILLER

ÉCORNIFLEUR, EUSE n.m. ou f. → PARASITE

ÉCOSSER → ÉPLUCHER

ÉCOT n.m. → QUOTA

ÉCOULEMENT n.m. **I.** circulation, débit, débordement, débouché, décharge, dégorgement, dégoulinade, dégoulinement, éruption, évacuation, exsudation, extravasation, extrusion, flux, jetage (vx), mouvement, passage, ruissellement, sortie, stillation, stillicide, suage, suintement, transsudation, vidange – **vx** : coulement, débord, découlement **II.** → VENTE **III.** → PERTE

◊ CONTR. → STAGNATION

ÉCOULER I. → VENDRE **II. v. pron. 1.** → COULER **2.** → PASSER

ÉCOURTER → DIMINUER

ÉCOUTER I. accueillir, boire les paroles (fam.), dresser/ prêter l'oreille, esgourder (arg.), être attentif/ aux écoutes/ indiscret, ouïr II. **fig. 1.** → SATISFAIRE **2.** → OBÉIR **III. v. pron.**: s'abandonner, s'amollir, se laisser aller, se soigner *et les formes pron. possibles des syn. de* soigner
◈ CONTR. I. être → SOURD (À) II. → DÉSOBÉIR

ÉCRABOUILLER → ÉCRASER

ÉCRAN n.m. abri, cloison, éventail, filtre, panneau, paravent, pare-étincelles/ feu, portière, protection, rideau, séparation, store, tapisserie, tenture, voilage
◈ CONTR. → OUVERTURE

ÉCRASEMENT n.m. **I.** → BROYAGE **II.** → DÉFAITE

ÉCRASER I. aplatir, briser, broyer, écacher, égruger, mâchurer, moudre → PILER – **fam.**: bousiller, ébouiller, écarbouiller, écrabouiller – **vx**: cravanter, escravanter, trouiller **II. par ext. 1.** → VAINCRE **2.** → SURCHARGER **3.** → FATIGUER **4.** → SUBIR **5.** → TAIRE (SE)
◈ CONTR. I. → MÉNAGER II. → SOULAGER

ÉCRASEUR, EUSE n.m. ou f. → CHAUFFEUR

ÉCRÉMAGE n.m. → SÉLECTION

ÉCRÉMER → SÉLECTIONNER

ÉCRIER (S') → CRIER

ÉCRIN n.m. → BOÎTE

ÉCRIRE I. **au pr.**: **1.** calligraphier, consigner, copier, correspondre, crayonner, dactylographier, fixer, former, griffonner, inscrire, libeller, marquer, minuter, noter, orthographier, ponctuer, recopier, rédiger, rôler, sténographier, sténotyper, taper, tracer, transcrire **2. jurid.**: dresser, instrumenter **II. fam.**: barbouiller, biftonner, cartonner, gratter, gribouiller – **péj.**: chroniquailler, écrivailler, écrivasser, tartiner **III. par ext. 1.** → COMPOSER **2.** → INFORMER

ÉCRIT n.m. **I.** → LIBELLE **II.** → LIVRE **III.** → TEXTE

ÉCRITEAU n.m. affiche, annonce, enseigne, épigraphe, étiquette, inscription, pancarte, panneau, panonceau, pictogramme, tablature, placard, programme, réclame

ÉCRITOIRE n.f. → SECRÉTAIRE

ÉCRITURE n.f. **I. au pr.**: **1.** graphie, graphisme, idéographie, orthographe **2.** hiéroglyphe, hiérogramme, idéogramme, pictogramme **3.** braille, sténographie **4.** démotique, enchoriale, hiératique, sacrée **5.** anglaise, bâtarde, gothique, moulée, ronde, script **II. par ext.**: calligraphie, griffe, main, manière, patte, plume, style **III. au pl.**: bible, épître, prophétie → ÉVANGILE

ÉCRIVAIN n.m. **I. au pr.**: ampélographe, anecdotier, auteur, auteur comique/ gai/ tragique, biographe, chroniqueur, conteur, critique, diariste, dramaturge, échotier, épistolier, essayiste, fabuliste, fantaisiste, feuilletoniste, gazetier, glossateur, hagiographe, historien, historio-mimographe, homme de lettres, journaliste, légendaire (vx), libelliste, librettiste, littérateur, logographe, mémorialiste, mimographe, moraliste, musicologue, mythographe, narrateur, nomographe, nouvelliste, pamphlétaire, parémiographe, parodiste, parolier, pasticheur, philosophe, plume, polémiste, pornographe, polygraphe, préfacier, prosateur, publiciste, revuiste, rhétoriqueur, romancier, satirique, sermonnaire, styliste, vaudevilliste → POÈTE **II. péj.**: barbouilleur, bas-bleu, cacographe, chieur d'encre, compilateur, écrivailleur, écrivaillon, écrivassier, écriveur, faiseur de livres, folliculaire, gâcheur/ gratteur de papier, gâte-papier, forgeur, gendelettre, gribouilleur, grimaud, noircisseur de papier, pisse-copie, plumitif, scribomane, scrifouilleux, théâtrier **III. par ext** : calligraphe, commis aux écritures, copiste, gratte-papier, logographe, rédacteur, scribe, scribouillard (fam. et péj.), scripteur

ÉCROUELLES n.f. pl. → SCROFULE

ÉCROUER → EMPRISONNER

ÉCROULEMENT n.m. → CHUTE

ÉCROULER (S') I. → CROULER **II.** → TOMBER

ÉCRU, E → BRUT

ÉCU n.m. **I.** → BOUCLIER **II.** → EMBLÈME

ÉCUEIL n.m. **I. au pr.**: brisant, récif, rocher **II. fig.** → OBSTACLE

ÉCUELLE n.f. → ASSIETTE

ÉCULÉ, E I. → USAGÉ **II.** → SURANNÉ

ÉCUMANT, E → ÉCUMEUX

ÉCUME n.f. **I.** → MOUSSE **II.** → SALIVE **III.** → REBUT

ÉCUMER I. → RAGER **II.** → PILLER

ÉCUMEUR, EUSE n.m. ou f. → CORSAIRE

ÉCUMEUX, EUSE baveux, bouillonnant, écumant, effervescent, gazeux, mousseux, spumant, spumescent, spumeux
◈ CONTR. → CLAIR

ÉCURER → NETTOYER

ÉCUREUIL n.m. anomalure, jacquet (rég.), menu-vair, pétauriste, petit-gris, polatouche, rat palmiste, xérus

ÉCURIE n.f. → ÉTABLE

ÉCUSSON n.m. → EMBLÈME

ÉCUYER n.m. **I.** cavalcadour **II.** → NOBLE

ÉCUYÈRE n.f. → AMAZONE

ÉDAPHIQUE → FERTILE

EDELWEISS n.m. immortelle des neiges

ÉDEN n.m. → PARADIS

ÉDÉNIQUE → PARADISIAQUE

ÉDENTÉ, E → ANODONTE

ÉDICTER → PRESCRIRE

ÉDICULE n.m. abri, cabane, échoppe, gloriette, guérite, kiosque → WATER-CLOSET

ÉDIFIANT, E → EXEMPLAIRE

ÉDIFICATION n.f. **I.** → ÉRECTION **II.** → INSTRUCTION

ÉDIFICE n.m. → BÂTIMENT

ÉDIFIER I. → BÂTIR **II.** → FONDER **III.** → INSTRUIRE

ÉDILE n.m. amin (kabyle), ammeistre, bailli, bourgmestre, capitoul, conseiller municipal, consul, corrégidor (Espagne), échevin, jurat, lord-maire (Grande-Bretagne), magistrat, maire, mairesse, mayeur, podestat, prévôt, scabin, viguier – **antiq.** : agoranome, archonte, aréopage, asiarque, astynome, athlothète, éphore, éponyme, polémarque, thesmothète, zétète

ÉDIT n.m. → LOI

ÉDITER imprimer, lancer, publier, sortir
◊ CONTR. **I.** → CENSURER **II.** → CACHER

ÉDITION n.f. **I. on édite** : composition, impression, publication, réédition, réimpression, tirage **II. ce qu'on édite** : collection, publication, republication, reproduction **III. première édition** : princeps

ÉDITORIAL, AUX n.m. premier-Paris (vx) → ARTICLE

ÉDREDON n.m. → COUVERTURE

ÉDUCABLE → PERFECTIBLE

ÉDUCATEUR, TRICE I. nom : andragogue, cicérone, éveilleur, instructeur, maître, mentor, moniteur, pédagogue → INSTITUTEUR **II. adj.** : éducatif, formateur, pédagogique

ÉDUCATIF, IVE I. → ÉDUCATEUR **II.** → DIDACTIQUE

ÉDUCATION n.f. **I.** → INSTRUCTION **II.** → CIVILITÉ

ÉDULCORER adoucir, affadir, affaiblir, défruiter, mitiger, sucrer, tempérer
◊ CONTR. → FORTIFIER

ÉDUQUER I. → INSTRUIRE **II.** → ÉLEVER

EFFACÉ, E I. → MODESTE **II.** → TERNE

EFFACEMENT n.m. **I.** → RETENUE **II.** → SUPPRESSION

EFFACER I. au pr. : barrer, biffer, caviarder, déléaturer (typo), démarquer, détruire, échopper, faire disparaître, faire une croix, gommer, gratter, laver, oblitérer, radier, raturer, rayer, sabrer, scotomiser (psych.), scratcher, supprimer **II. fig. 1.** → OBSCURCIR **2.** faire oublier *et les syn. de* oublier **3.** → AMNISTIER **III. v. pron.** → DISPARAÎTRE
◊ CONTR. → ACCENTUER

EFFARANT, E → ÉTONNANT

EFFARÉ, E I. → ÉTONNÉ **II.** → HAGARD

EFFAREMENT n.m. → SURPRISE

EFFARER et EFFAROUCHER → EFFRAYER

EFFECTIF I. n.m. → QUANTITÉ **II. adj. 1.** → EFFICACE **2.** → RÉEL

EFFECTIVEMENT certainement, en effet, en fait, en réalité, évidemment, positivement, réellement, sûrement
◊ CONTR. → PEUT-ÊTRE

EFFECTUER → RÉALISER

EFFÉMINÉ, E I. femelle, féminin **II.** dévirilisé, émasculé, mièvre → URANIEN – **vx** : dameret, poule laitée
◊ CONTR. → MÂLE

EFFÉMINER I. féminiser **II. péj. 1.** émasculer **2.** → AFFAIBLIR
◊ CONTR. → VIRILISER

EFFERVESCENCE n.f. **I.** → AGITATION **II.** → FERMENTATION

EFFERVESCENT, E I. agité, bouillonnant, remuant **II.** → ÉCUMEUX
◊ CONTR. → TRANQUILLE

EFFET n.m. **I. au pr. 1.** action, application, conclusion, conséquence, corollaire, exécution, fin, influence, portée, réalisation, résultat, suite **2.** amélioration, choc, impression, jus (fam.), plaisir, sensation, soulagement, surprise **II. au pl.** → VÊTEMENT **III. EN EFFET** → EFFECTIVEMENT
◊ CONTR. → CAUSE

EFFEUILLER arracher, défeuiller, dégarnir, dépouiller, faire perdre/ tomber – **v. pron.** : perdre ses feuilles *et les formes pron. possibles des syn. de* effeuiller

EFFICACE et EFFICIENT I. actif, agissant, effectif, infaillible, opérant, puissant, radical **II. un remède** : curatif, héroïque, préservatif, souverain **III.** → UTILE

EFFICACEMENT de façon → EFFICACE *et les dérivés possibles en -ment des syn. de* efficace

EFFICACITÉ n.f. **I.** → ACTION **II.** → RENDEMENT

EFFIGIE n.f. → IMAGE

EFFILÉ, E → MINCE

EFFILER et EFFILOCHER I. amincir, atténuer, défaire, délier, écarder, effranger **II.** →

DIMINUER
◇ CONTR. → GROSSIR

EFFLANQUÉ, E → MAIGRE

EFFLEUREMENT n.m. → CARESSE

EFFLEURER I. au pr. : attoucher, friser, frôler, glisser, passer près, raser, toucher → CARESSER II. fig. 1. approcher, faire allusion à, suggérer, survoler 2. planer, superviser
◇ CONTR. → PÉNÉTRER

EFFLORESCENCE n.f. → FLORAISON

EFFLUVE n.m. I. → ÉMANATION II. → FLUIDE

EFFONDRÉ, E → CONSTERNÉ

EFFONDREMENT n.m. I. au pr. → CHUTE II. fig. → DÉCADENCE

EFFONDRER (S') I. → CROULER II. → TOMBER III. → CÉDER

EFFORCER (S') → ESSAYER

EFFORT n.m. I. au pr. : ahan (vx), application, concentration, contention, épaulée (vx), pesée II. par ext. 1. → VIOLENCE 2. → HERNIE 3. → PEINE 4. → TRAVAIL
◇ CONTR. → REPOS

EFFRACTION n.f. forcement → VOL

EFFRAIE n.f. → HULOTTE

EFFRANGER → EFFILER

EFFRAYANT, E abominable, affolant, affreux, alarmant, angoissant, apocalyptique, atterrant, cauchemardesque, cauchemardeux, cauchemareux, dangereux (par ext.), dantesque, effarant, effarouchant, effroyable, épouvantable, excessif, formidable, hallucinant, horrible, inquiétant, intimidant, intimidateur (vx), mauvais, menaçant, monstrueux, pétrifiant, redoutable, terrible, terrifiant, terrorisant
◇ CONTR. I. → RÉCONFORTANT II. → CALMANT

EFFRAYER alarmer, affoler, angoisser, apeurer, effarer, effaroucher, épouvanter, faire peur et les syn. de peur, halluciner, horrifier, inquiéter, menacer, pétrifier, terroriser
◇ CONTR. → TRANQUILLISER

EFFRÉNÉ, E → EXCESSIF

EFFRITEMENT n.m. → DÉSAGRÉGATION

EFFRITER → PULVÉRISER

EFFROI n.m. → ÉPOUVANTE

EFFRONTÉ, E nom et adj. I. → HARDI II. → IMPOLI III. → ARROGANT

EFFRONTÉMENT avec → EFFRONTERIE

EFFRONTERIE n.f. I. → IMPUDENCE II. → ARROGANCE

EFFROYABLE → EFFRAYANT

EFFROYABLEMENT de façon → EFFRAYANT et les dérivés possibles en -ment des syn. de effrayant

EFFUSION n.f. → ÉPANCHEMENT

ÉGAGROPILE n.m. bézoard → CALCUL

ÉGAILLER (S') → DISPERSER (SE)

ÉGAL, E I. adj. 1. adiaphore, comparable, équipollent, équivalent, pareil, semblable 2. ex æquo, dead-heat 3. horizontal, monotone, plain, plan, plat, ras 4. symétrique, uniforme 5. techn. : les mots composés avec les préfixes -iso ou -tauto, par ex. : isochrone, tautochrone II. par ext. : 1. → INDIFFÉRENT 2. → TRANQUILLE III. nom : alter ego, frère, jumeau, pair IV. À L'ÉGAL DE : à l'instar, comme, de même que
◇ CONTR. I. → IRRÉGULIER II. → DIFFÉRENT

ÉGALEMENT I. → AUSSI II. → MÊME

ÉGALER atteindre, balancer, contre-balancer, disputer, égaliser, équipoller, équivaloir, rivaliser, valoir
◇ CONTR. I. → DÉPASSER II. → SURPASSER

ÉGALISER aplanir, aplatir, araser, balancer, contrebalancer, égaler, équilibrer, faire rampeau, laminer, mettre de niveau, niveler, parangonner, raser, régulariser, unifier, unir
◇ CONTR. → DIFFÉRENCIER

ÉGALITAIRE I. adj. nivelour, paritaire II. nom : égalitariste
◇ CONTR. → ÉLITISTE

ÉGALITAIREMENT avec → ÉGALITÉ, de façon → ÉGALITAIRE et les dérivés possibles en -ment des syn. de égalitaire

ÉGALITÉ n.f. I. au pr. : conformité, équation, équilibre, équipollence, équivalence, horizontalité, identité, parité, persistance, régularité, ressemblance, semblance, similitude, uniformité, unité II. par ext. 1. collégialité, horizontalisme 2. → TRANQUILLITÉ
◇ CONTR. I. → DIFFÉRENCE II. → INFÉRIORITÉ III. → IRRÉGULARITÉ IV. → SUPÉRIORITÉ

ÉGARD(S) n.m. I. au pr. : assiduité, attentions, condescendance (péj.), considération, courtoisie, déférence, estime, gentillesse, hommages, ménagements, petits soins, politesse, préférence, prévenance, respect, soins, vénération II. 1. À L'ÉGARD DE : à l'endroit de, au sujet de, avec, en ce qui concerne, envers, pour, pour ce qui est de, s'agissant de, vis-à-vis de 2. AVOIR ÉGARD À → CONSIDÉRER
◇ CONTR. I. → INDIFFÉRENCE II. → IMPOLITESSE

ÉGARÉ, E I. au pr. 1. adiré (vx), dévoyé, fourvoyé, perdu 2. clairsemé, dispersé, disséminé, éparpillé, épars, sporadique II. fig. →

TROUBLÉ

◇ CONTR. : retrouvé

ÉGAREMENT n.m. I. → DÉLIRE II. → DÉRÈGLEMENT III. → ERREUR

ÉGARER I. → ÉCARTER II. → TROMPER III. adirer (jurid.) → PERDRE

ÉGARER (S') I. s'abâsir (québ.), se dérouter, se désorienter, se détourner, se dévoyer, s'écarter, errer, se fourvoyer, se perdre – vx : s'abuser, se désavoyer

◇ CONTR. → RETROUVER (SE)

ÉGAYER I. amuser, animer, déchagriner, délasser, délecter, dérider, désopiler, dilater/ épanouir la rate (fam.), distraire, divertir, ébaudir (vx), enchanter, ensoleiller, récréer, réjouir II. 1. → ORNER 2. → ÉLAGUER III. v. pron. 1. fav. → AMUSER (s') 2. péj. → RAILLER

◇ CONTR. I. → AFFLIGER II. → ENNUYER

ÉGÉRIE n.f. muse → CONSEILLER

ÉGIDE n.f. appui, auspices, bouclier, patronage, protection, sauvegarde, surveillance, tutelle

◇ CONTR. → ABANDON

ÉGLISE n.f. I. l'édifice : 1. abbatiale, basilique, cathédrale, chapelle, collégiale, martyrium, oratoire, paroisse, prieuré, primatiale, sanctuaire 2. par ext. : mosquée, synagogue → TEMPLE II. l'institution : assemblée des fidèles, catholicité, clergé, communion des saints, sacerdoce III. par ext. → SECTE

ÉGLOGUE n.f. bucolique, chant/ idylle/ poème/ poésie pastoral(e)/ rustique, géorgique, pastorale

ÉGOÏSME n.m. I. amour de soi, amour-propre, autolâtrie, captativité, culte du moi, égocentrisme, égolâtrie, égotisme, incivisme, indifférence, individualisme, insensibilité, introversion, moi, narcissisme, nombrilisme, possessivité II. → AVARICE

◇ CONTR. → ALTRUISME

ÉGOÏSTE nom et adj. I. au pr. : autolâtre, captatif, cœur sec, égocentrique, égolâtre, égotiste, entier, incivique, indifférent, individualiste, individuel, insensible, introverti, narcissique, personnel, possessif, sec II. par ext. → AVARE

◇ CONTR. → GÉNÉREUX

ÉGOÏSTEMENT avec → ÉGOÏSME, de façon → ÉGOÏSTE et les dérivés possibles en -ment des syn. de égoïste

ÉGORGER I. → TUER II. fig. → DÉPOUILLER

ÉGOSILLER (S') → CRIER

ÉGOTISME n.m. → ÉGOÏSME

ÉGOUT n.m. → CLOAQUE

ÉGOUTTOIR n.m. I. cagerotte, clayon, clisse, éclisse, faisselle II. hérisson, porte-bouteilles

ÉGRATIGNER I. au pr. → DÉCHIRER II. fig. → BLESSER

ÉGRATIGNURE n.f. → DÉCHIRURE

ÉGRENER I. écosser, égrapper II. v. pron. → DISPERSER (SE)

ÉGRILLARD, E nom et adj. → LIBRE

ÉGROTANT, E → MALADE

ÉGRUGER → BROYER

ÉGRUGEOIR n.m. → BROYEUR

ÉHANCHÉ, E → DISLOQUÉ

ÉHONTÉ, E → IMPUDENT

ÉJACULATION n.f. I. déjection, éjection, évacuation, miction, pollution, projection II. arg. et/ ou fam. : came, camelote, carte de France, décharge, feu d'artifice, giclée, jus, purée, sauce, semoule, venin, yaourt III. vx → PRIÈRE

ÉJACULER arg. et grossier : arracher, balancer/ envoyer/ lâcher sa came/ fumée/ purée/ sauce/ semoule/ son venin/ le yaourt, décharger, déponner, faire une carte de France, foutre (vx), juter, se soulager, vider ses → BOURSES

EJECTABLE NOSE CONE n.m. spat. off. : coiffe éjectable

ÉJECTER → JETER

ÉJECTION n.f. → EXPULSION

ÉLABORATION n.f. accomplissement, conception, exécution, fabrication, mise au point, perfectionnement, préparation, réalisation, travail → DIGESTION

◇ CONTR. → FINITION

ÉLABORER I. → PRÉPARER II. → DIGÉRER

ÉLAGAGE n.m. → TAILLE

ÉLAGUER couper, curer (rég.), dégager, dégarnir, diminuer, ébrancher, éclaircir, égayer, émonder, étêter, rapetisser, supprimer, tailler, tronquer → RETRANCHER

◇ CONTR. → FOURNIR

ÉLAN n.m. I. bond, coup, élancement, envolée, erre, essor, lancée, lancement, impulsion, mouvement, saut II. fig. : ardeur, chaleur, élévation, emportement, émulation, enthousiasme, entraînement, fougue, furia, vivacité, zèle

◇ CONTR. I. → RECUL II. → APATHIE

ÉLAN n.m. → CERVIDÉ

ÉLANCÉ, E I. → ALLONGÉ II. → MINCE

ÉLANCEMENT n.m. I. → DOULEUR II. → ÉLAN

ÉLANCER (S') bondir, charger, débouler, s'élever, s'essorer (vx), foncer, fondre, se jeter, se lancer, piquer, se précipiter, se ruer,

sauter, tomber
◇ CONTR. → RECULER

ÉLARGIR I. accroître, arrondir, augmenter, dilater, distendre, évaser, fraiser, gourbiller, ovaliser II. → LIBÉRER
◇ CONTR. → RÉTRÉCIR

ÉLARGISSEMENT n.m. I. → AGRANDISSEMENT II. → DILATATION III. → LIBÉRATION

ÉLASTICITÉ n.f. → SOUPLESSE

ÉLASTIQUE adj. I. au pr. : compressible, extensible, flexible, mou, rénitent (méd.) II. fig. 1. → INDULGENT 2. → RELÂCHÉ
◇ CONTR. → DUR

ELDORADO n.m. éden, paradis, pays de Cocagne/ de rêve, Pérou

ÉLECTION n.f. I. → CHOIX II. → PRÉFÉRENCE III. → VOTE

ELECTRICAL BONDING n.m. aviat. off. : métallisation

ÉLECTRICITÉ n.f. I. énergie électrique II. unités : ampère, coulomb, farad, gauss, œrsted, ohm, volt

ÉLECTRISER → ENFLAMMER

ELECTRONIC NEWS GATHERING n.m. audiov. off. → E.N.G

ÉLECTRONIQUE n.f. et adj. par ext. → INFORMATIQUE

ÉLECTUAIRE n.m. → REMÈDE

ÉLÉGAMMENT avec → ÉLÉGANCE, de façon → ÉLÉGANT et les dérivés possibles en -ment des syn. de élégant

ÉLÉGANCE n.f. I. au pr. : agrément, allure, beauté, belle apparence, bonne mine, bon ton, cachet, chic, dandysme, distinction, goût, grâce, harmonie, perfection, race, sveltesse, tenue II. par ext. 1. → PURETÉ 2. → SIMPLICITÉ 3. → HABILETÉ
◇ CONTR. → INÉLÉGANCE

ÉLÉGANT, E I. adj. 1. quelqu'un ou un groupe : agréable, à la mode, alluré, beau (comme un camion/ melon), bien mis, bontonné (rég.), chic, chicard, copurchic, coquet, croquignolet (iron.), de bon goût, délicat, distingué, endimanché, fashionable, fringant, gracieux, harmonieux, joli, parfait, pimpant, rider (arg.), sélect, smart, sur son trente et un, svelte, tiré à quatre épingles, trognon (fam. et iron.), ultra-chic – vx : faraud, galant, gorgias, joliet, propret, urf 2. → RAFFINÉ 3. une chose → PUR II. nom : brummell, cocodès, coque-plumet, dameret (vx), dandy, gandin, godin (rég.), gommeux (péj.), incroyable, jeune fat, merveilleux, mirliflore, muguet, muscadin, pchuteux, petit-maître, petite-maîtresse, plumet, pommadin, vieux beau (péj.), zazou
◇ CONTR. → COMMUN

ÉLÉGIAQUE I. au pr. : mélancolique, plaintif, tendre, triste II. par ext. : abattu, affecté, attristé, chagrin
◇ CONTR. → GAI

ÉLÉGIR → DIMINUER

ÉLÉMENT n.m. I. → PRINCIPE II. → SUBSTANCE III. → MILIEU

ÉLÉMENTAIRE → SIMPLE

ÉLÉPHANT n.m. I. mammouth (par ext.), pachyderme II. de mer → PHOQUE III. → MARIN

ÉLEVAGE n.m. I. apiculture, aquiculture, astaciculture, aviculture, colombophilie, conchyliculture, cuniculture ou cuniliculture, héliciculture, mytiliculture, ostréiculture, pisciculture, sériciculture II. embouche, engraissement, nourrissement → NOURRITURE

ÉLÉVATEUR n.m. I. ascenseur, montecharge II. bélier, noria, pompe III. cric, vérin → GRUE, TREUIL

ÉLÉVATION n.f. I. au pr. 1. → HAUTEUR 2. → HAUSSE 3. → AUGMENTATION II. fig. : dignité, éminence, grandeur, héroïsme, noblesse, sublimité, supériorité, tenue III. relig. : ostension, porrection
◇ CONTR. → BASSESSE

ÉLÈVE n.m. ou f. I. apprenti, bachoteur, cancre (péj.), collégien, disciple, écolier, étudiant, lycéen, potache II. arg. scol. : ancien, archicube, bicarré, bizut, carré, cocon, conscrit, cornichon, tapir, taupin III. vx : artien, excellencier, grimaud, grimelin, scholiste, scolare
◇ CONTR. → MAÎTRE

ÉLEVÉ, E I. au pr. → HAUT II. par ext. : accru, altissime, apothéotique, augmenté, bon, éduqué, éminent, formé, grand, héroïque, instruit, magnifique, noble, relevé, soutenu, sublime, supérieur, transcendant – péj. : emphatique, pompeux III. 1. BIEN ÉLEVÉ → CIVIL 2. MAL ÉLEVÉ → IMPOLI
◇ CONTR. → BAS

ÉLEVER I. au pr. 1. accroître, arborer, augmenter, développer, dresser, exhausser, faire monter, hausser, lever, planter, rehausser, relever, soulever, surélever 2. bâtir, construire, édifier, ériger II. élever un enfant : allaiter, cultiver, éduquer, entretenir, former, instruire, nourrir III. par ext. on élève quelque chose ou quelqu'un 1. → LOUER 2. → PROMOUVOIR IV. on élève une objection → PRÉTEXTER V. v. pron. 1. → OPPOSER (s') 2. → PROTESTER 3. → MONTER 4. → NAÎTRE
◇ CONTR. → ABAISSER

ÉLEVEUR n.m. emboucheur, engraisseur, herbager, nourrisseur, oiselier

ELFE n.m. esprit, follet, génie, lutin, sylphe

ÉLIER → TRANSVASER

ÉLIMÉ, E → USAGÉ

ÉLIMINATION n.f. → SUPPRESSION

ÉLIMINER abstraire, bannir, bordurer (arg.), disqualifier, écarter, exclure, expulser, évincer, faire abstraction de, forclore (jurid.), laisser de côté, mettre à part/ en quarantaine, néantiser, omettre, ostraciser, proscrire, radier, refuser, retirer, retrancher, supprimer, sortir
◇ CONTR. → ADMETTRE

ÉLIRE → CHOISIR

ÉLISION n.f. par ext. : apocope

ÉLITE n.f. → CHOIX

ÉLITISME n.m. mandarinat

ÉLITISTE mandarinal
◇ CONTR. → ÉGALITAIRE

ÉLIXIR n.m. essence, quintessence → REMÈDE

ELLIPSE n.f. I. → OVALE II. aphérèse, apocope, brachylogie, laconisme, raccourci, syncope
◇ CONTR. → DÉVELOPPEMENT

ELLIPTIQUE → COURT

ÉLOCUTION n.f. accent, articulation, débit, déclamation, diction, éloquence, énonciation, expression, langage, langue, parole, prononciation, style

ÉLOGE n.m. I. au pr. : applaudissement, apologie, apothéose, approbation, célébration, compliment, dithyrambe, encens, encensement, exaltation, faire-valoir, félicitation, glorification, justification, los (vx) louange, magnification, panégyrique – péj. coups d'encensoir, flagornerie, lèche (fam) II. par ext. : 1. chant, doxologie, gloria, hosanna, oraison funèbre, prône 2. → FLATTERIE
◇ CONTR. → BLÂME

ÉLOGIEUSEMENT de façon → ÉLOGIEUX et les dérivés possibles en -ment des syn. de élogieux

ÉLOGIEUX, EUSE apologétique, apologique, dithyrambique, flatteur, laudatif → LOUANGEUR
◇ CONTR. → OFFENSANT

ÉLOIGNÉ, E à distance, au loin, détourné, distant, écarté, espacé, lointain, reculé, retiré
◇ CONTR. → PROCHAIN

ÉLOIGNEMENT n.m. I. au pr. 1. de quelqu'un : absence, disparition 2. d'une chose : intervalle, lointain, renfoncement → DISTANCE II. fig. : antipathie, allergie, animosité, aversion, dé-goût, détachement, détestation, exécration, haine, horreur, indifférence, nausée, prévention, répugnance, répulsion
◇ CONTR. I. → RAPPROCHEMENT II. → RAPPEL III. → SYMPATHIE

ÉLOIGNER I. → ÉCARTER II. v. pron. : s'absenter, céder la place, disparaître, s'écarter, s'en aller, se forlonger (vén.), quitter III. vx : aberrer, s'étranger
◇ CONTR. → RAPPROCHER

ÉLONGATION n.f. → ENTORSE

ÉLOQUENCE n.f. I. ardeur, art, bien-dire, brillant, brio, chaleur, charme, conviction, élégance, maîtrise, parole, persuasion (par ext.), rhétorique, véhémence, verve II. homilétique, rhétorique III. péj. : bagou, boursouflure, débit, déclamation, emphase, faconde, ithos, pathos – vx : bien-disance, boute-hors
◇ CONTR. → BAFOUILLAGE

ÉLOQUEMMENT avec → ÉLOQUENCE

ÉLOQUENT, E I. → DISERT II. → PROBANT

ÉLU, E nom et adj. I. → DÉPUTÉ II. → SAINT

ÉLUCIDATION n.f. → EXPLICATION

ÉLUCIDER → ÉCLAIRCIR

ÉLUCUBRATION n.f. vaticination → FABLE

ÉLUCUBRER → COMPOSER

ÉLUDER → ÉVITER

ÉLUSIF, IVE → ÉVASIF

ÉMACIATION n.f. → MAIGREUR

ÉMACIÉ, E → MAIGRE

ÉMAIL n.m. décoration, émaillure, nielle

ÉMAILLER → ORNER

ÉMANATION n.f. I. au pr. 1. agréable ou neutre : arôme, bouffée, dégagement, effluence, effluve, exhalaison, parfum, senteur → ODEUR 2. désagréable : miasmes, odeur, remugle → PUANTEUR II. fig. : alter ego, créature, dérivation, disciple, épigone, manifestation, produit

ÉMANCIPATEUR, TRICE nom et adj. → LIBÉRATEUR

ÉMANCIPATION n.f. → LIBÉRATION

ÉMANCIPER → LIBÉRER

ÉMANER I. → DÉGAGER (SE) II. → DÉCOULER

ÉMARGEMENT n.m. acquit, apostille, décharge, griffe, quittance, quitus, récépissé, reçu, signature, visa

ÉMARGER v. tr. et intr. I. → TOUCHER II. apostiller, mettre sa griffe/ marque, signer, viser

ÉMASCULATION n.f. → CASTRATION

ÉMASCULER I. au pr. : castrer, couper, déviriliser → CHÂTRER II. fig. : efféminer, féminiser → AFFAIBLIR

EMBABOUINER cajoler, enjôler, flagorner → BERNER

EMBALLAGE n.m. **I.** conditionnement, conteneurisation, empaquetage, pacquage **II. 1.** → CAGEOT **2.** → RÉCIPIENT

EMBALLEMENT n.m. → ENTHOUSIASME

EMBALLER I. → ENVELOPPER **II.** → TRANSPORTER **III.** conteneuriser **IV. v. pron.** → EMPORTER (s')

EMBALLEUR, EUSE n.m. ou f. empaqueteur, paqueteur

EMBARCADÈRE n.m. **I.** → QUAI **II.** → WHARF

EMBARCATION n.f. bachot, baleinière, barque, canoë, canot, chaloupe, esquif, nacelle, périssoire, pirogue, rafiot, skiff, vedette, yole, youyou → BATEAU

EMBARDÉE n.f. → ÉCART

EMBARGO n.m. → CONFISCATION

EMBARQUEMENT n.m. chargement → DÉPART

EMBARQUER I. → CHARGER **II. v. pron. 1.** monter, partir **2.** s'aventurer, s'engager, essayer, se lancer
◇ CONTR. : débarquer → ARRIVER

EMBARRAS n.m. **I.** → OBSTACLE **II.** → ENNUI **III.** → INDÉTERMINATION **IV.** → TIMIDITÉ **V.** → MALAISE **VI.** → FAÇON

EMBARRASSANT, E I. difficile, encombrant, gênant, incommodant, incommode, intransportable, malaisé, malcommode, obstrué, pénible **II.** → INQUIÉTANT
◇ CONTR. → FACILE

EMBARRASSÉ, E contourné, contraint, filandreux, pâteux → EMBARRASSER
◇ CONTR. **I.** → LIBRE **II.** → NATUREL

EMBARRASSER I. quelque chose → OBSTRUER **II. quelqu'un** → GÊNER **III. fig.** : arrêter, compliquer, déconcerter, dérouter, embarbouiller, emberlificoter, embourber, embrouiller, empêcher, empêtrer, enchevêtrer, encombrer, enferrer, entortiller, entraver, gêner, importuner, incommoder, inquiéter, intimider, intriguer (vx), troubler **– rég.** encoubler, encrouer
◇ CONTR. **I.** → DÉBARRASSER **II.** → AIDER

EMBASTILLER → EMPRISONNER

EMBAUCHAGE n.m. embauche, engagement, enrôlement, racolage (péj.), recrutement
◇ CONTR. → LICENCIEMENT

EMBAUCHER → ENGAGER

EMBAUMER momifier → PARFUMER

EMBAUMEUR n.m. taricheute, thanatopracteur/ practor

EMBECQUER → GORGER

EMBELLIE n.f. → BONACE

EMBELLIR v. tr. et intr. abeaudir (québ.), agrémenter, angéliser, décorer, émailler, enjoliver, farder, flatter, garnir, idéaliser, illustrer, ornementer, parer, poétiser, rendre beau, sublimer → ORNER **– fam.** : assaisonner, beautifier, élégantiser
◇ CONTR. **I.** → DÉFORMER **II.** → NUIRE **III.** → GÂTER

EMBELLISSEMENT n.m. → AMÉLIORATION

EMBERLIFICOTER → EMBARRASSER

EMBÊTANT, E → ENNUYEUX

EMBÊTEMENT n.m. → ENNUI

EMBÊTER → ENNUYER

EMBLÉE (D') → AUSSITÔT

EMBLÉMATIQUE → SYMBOLIQUE

EMBLÈME n.m. armes, armoiries, bannière, blason, cocarde, devise, drapeau, écu, écusson, étendard, figure, hiéroglyphe, image, insigne, panonceau, signe, symbole

EMBOÎTEMENT n.m. aboutage, accouplement, ajustage, assemblage, emboîture, enchâssement, insertion, rapprochement, réunion, union

EMBOÎTER I. → INSÉRER **II. EMBOÎTER LE PAS** → SUIVRE

EMBOLIE n.f. → CONGESTION

EMBONPOINT n.m. → GROSSEUR

EMBOUCHÉ, E (MAL) → IMPOLI

EMBOUCHURE n.f. **I. d'un instrument** : bocal, bouquin, embouchoir, évasure **II. d'un cours d'eau** : aber, bouches, delta, estuaire, grau, ria
◇ CONTR. → SOURCE

EMBOURBER I. fig. → EMBARRASSER **II. pron.** : **1. au pr.** : s'embouquer (rég.), s'empêtrer, s'enfanguer (mérid.), s'enfoncer, s'engluer, s'enliser, s'envaser, patauger, patiner **2. fig.** : s'embrouiller, se tromper, se troubler
◇ CONTR. : débourber → DÉGAGER

EMBOUTEILLER → OBSTRUER

EMBOUTIR → HEURTER

EMBRANCHEMENT n.m. **I.** → FOURCHE **II.** → PARTIE

EMBRANCHER → JOINDRE

EMBRASEMENT n.m. **I.** → INCENDIE **II. fig.** → FERMENTATION

EMBRASER I. → ENFLAMMER **II.** → ÉCLAIRER

EMBRASSADE et EMBRASSEMENT n.f., n.m. accolade, amplexion, baisement, baiser, bigeade (rég.), caresse, enlacement, étreinte, resserrement, serrement
◇ CONTR. : rebuffade

EMBRASSE n.f. → PASSEMENT

EMBRASSER I. au pr. 1. → SERRER 2. → BAI-SER II. fig. 1. → COMPRENDRE 2. → ENTENDRE 3. → SUIVRE 4. → VOIR

EMBRASURE n.f. → OUVERTURE

EMBRAYER I. enclencher II. fig. → ENTRE-PRENDRE

EMBRIGADEMENT n.m. encadrement, enrôlement, racolage, recrutement
◇ CONTR. → LIBERTÉ

EMBRIGADER → ENRÔLER

EMBRINGUER → ENTRAÎNER

EMBROCATION n.f. → POMMADE

EMBROCHER brocheter → PERCER

EMBROUILLAMINI n.m. → EMBROUILLE-MENT

EMBROUILLÉ, E I. → COMPLIQUÉ II. → OBS-CUR

EMBROUILLEMENT n.m. brouillamini, brouillement, confusion, désordre, em-brouillamini, emmêlement, enchevêtre-ment, imbroglio, incertitude, involution (vx), obscurcissement, ombre, voile – arg. ou fam. : bin's, bisness, chtourbe, cirage, embrouille, merdier, sac de nœuds, salade
◇ CONTR. I. → CLARTÉ II. → FACILITÉ

EMBROUILLER barbouiller (vx), brouiller, compliquer, confondre, embarbouiller, em-barrasser, enchevêtrer, intriquer, mêler, obscurcir, troubler
◇ CONTR. I. → DISTINGUER II. → ÉCLAIRCIR

EMBRUMER → OBSCURCIR

EMBRUN n.m. poudrin

EMBRYON n.m. I. fœtus, germe, graine, œuf II. → COMMENCEMENT

EMBRYONNAIRE → SIMPLE

EMBU, E → TERNE

EMBÛCHE et **EMBUSCADE** n.f. → PIÈGE

EMBUÉ, E embu, imbibé, imprégné, mouillé, obscurci
◇ CONTR. → SEC

ÉMÉCHÉ, E → IVRE

ÉMERAUDE I. adj. → VERT II. n.f. → GEMME

ÉMERGENCE n.f. → APPARITION

EMERGENCY n.m. aviat. off. : danger, dé-tresse, secours, urgence

EMERGENCY SHUTDOWN n.m. nucl. off. : arrêt d'urgence

ÉMERGER I. au pr. : s'exonder, surgir → SOR-TIR II. fig. → DISTINGUER (SE)

ÉMERILLONNÉ, E I. → ÉVEILLÉ II. → HONO-RAIRE

ÉMÉRITE I. → DISTINGUÉ II. → HONORAIRE

ÉMERVEILLÉ, E → ÉTONNÉ

ÉMERVEILLEMENT n.m. → ENTHOUSIASME

ÉMERVEILLER I. → FASCINER II. → CHAR-MER III. → ÉTONNER IV. v. pron. → ENTHOUSIAS-MER (S')

ÉMÉTIQUE n.m. et adj. → VOMITIF

ÉMETTRE I. au pr. → JETER II. radio : diffuser, produire, publier, radiodiffuser III. fig. → ÉNONCER

ÉMEUTE n.f. agitation, barricades, coup de chien, désordre, émotion (vx), insoumission, insurrection, mutinerie, rébellion, révolte, révolution, sédition, soulèvement, trouble
◇ CONTR. → TRANQUILLITÉ

ÉMEUTIER, ÈRE n.m. ou f. → FACTIEUX

ÉMIETTEMENT n.m. → DISPERSION

ÉMIETTER → DISPERSER

ÉMIGRANT, E nom et adj. → ÉMIGRÉ

ÉMIGRATION n.f. I. au pr. : exode, expatria-tion, migration, transmigration, transplan-tation II. par ext. → RELÉGATION
◇ CONTR. → IMMIGRATION

ÉMIGRÉ, E nom et adj. émigrant, exogène, expatrié, immigré, migrant, nouveau venu, personne déplacée, réfugié
◇ CONTR. → INDIGÈNE

ÉMIGRER s'expatrier → PARTIR

ÉMINENCE n.f. I. → HAUTEUR II. → SAILLIE III. → ÉLÉVATION IV. protocolaire : Excellence, Grandeur, Monseigneur

ÉMINEMMENT au plus haut degré/ point → BIEN

ÉMINENT, E I. → ÉLEVÉ II. → DISTINGUÉ III. → IMPORTANT

ÉMISSAIRE n.m. I. agent, chargé d'af-faires, envoyé → DÉPUTÉ II. → ESPION III. → COURS D'EAU

ÉMISSION n.f. I. écoulement, éjaculation, émanation, éruption II. diffusion, produc-tion, représentation, retransmission, trans-mission, vulgarisation
◇ CONTR. I. → RÉCEPTION II. → CONFISCATION

EMMAGASINER → ACCUMULER

EMMAILLOTER → ENVELOPPER

EMMÊLEMENT n.m. → EMBROUILLEMENT

EMMÊLER → MÉLANGER

EMMÉNAGEMENT n.m. → INSTALLATION

EMMÉNAGER → INSTALLER (S')

EMMENER → MENER

EMMERDANT, E → ENNUYEUX

EMMERDEMENT n.m. → ENNUI

EMMERDER I. → ENNUYER **II.** → SOUILLER

EMMERDEUR, EUSE n.m. ou f. → FÂ-CHEUX

EMMIELLÉ, E → DOUCEREUX

EMMIELLER (fig.) **I.** → ADOUCIR **II.** → ENNUYER

EMMITONNER I. au pr. → ENVELOPPER **II. fig. 1.** → SÉDUIRE **2.** → TROMPER

EMMITOUFLER I. au pr. → ENVELOPPER **II. fig.** → DÉGUISER

EMMURER → EMPRISONNER

ÉMOI n.m. → ÉMOTION

ÉMOLLIENT, E → CALMANT

ÉMOLUMENT(S) n.m. → RÉTRIBUTION

ÉMONDER → ÉLAGUER

ÉMOTIF, IVE → SENSIBLE

ÉMOTION n.f. affolement, agitation, bouleversement, choc, commotion, coup, désarroi, ébranlement, effarement, effervescence, émoi, enthousiasme, fièvre, frisson, saisissement, secousse, serrement de cœur, souleur (vx), transe, trauma, traumatisme, trouble → SENTIMENT
◇ CONTR. → IMPASSIBILITÉ

ÉMOTIVITÉ n.f. → SENSIBILITÉ

ÉMOUDRE I. → AIGUISER **II. FRAIS ÉMOULU** → SORTIR

ÉMOUSSÉ, E I. au pr. : ébréché, écaché, émoucheté, épointé, mousse **II. fig.** : abattu, affaibli, amorti, blasé, diminué, obtus, usé
◇ CONTR. I. → AFFILÉ **II.** → VALIDE

ÉMOUSSER I. → USER **II. fig.** → AFFAIBLIR

ÉMOUSTILLER → EXCITER

ÉMOUVANT, E apitoyant, attendrissant, bouleversant, captivant, déchirant, désarmant, dramatique, éloquent, empoignant, excitant, expressif, frappant, impressionnant, inquiétant, larmoyant (péj.), navrant, pathétique, poignant, saisissant, touchant, tragique, troublant
◇ CONTR. → FROID

ÉMOUVOIR I. affecter, agiter, alarmer, aller au cœur, apitoyer, attendrir, attrister, blesser, bouleverser, captiver, consterner, déchirer, ébranler, empoigner, enflammer, exciter un sentiment/ la passion, faire vibrer, fléchir, frapper, froisser (péj.), impressionner, inquiéter, intéresser, piquer au vif, remuer, retourner, saisir, secouer, suffoquer, surexciter, toucher, transporter, troubler – fam : chavirer, émotionner, révolutionner **II. pron.** : être agité, s'insurger, réagir et les formes pron. possibles des syn. de émouvoir
◇ CONTR. I. laisser → INDIFFÉRENT **II.** → CALMER

EMPAILLER naturaliser

EMPAILLEUR, EUSE n.m. ou f. naturaliste, taxidermiste

EMPALER → PERCER

EMPAQUETAGE n.m. conditionnement, emballage

EMPAQUETER → ENVELOPPER

EMPARER (S') accaparer, s'approprier, s'assurer, s'attribuer, capter, capturer, conquérir, emporter, enlever, envahir, escroquer (péj.), faucher (fam.), intercepter, mettre la main sur, occuper, prendre, rafler, se rendre maître de, soulever, usurper → VOLER – fam. : faucher, mettre le grappin sur, piquer
◇ CONTR. I. → ABANDONNER **II.** → PERDRE **III.** → REDONNER **IV.** → RÉTABLIR

EMPÂTÉ, E → GRAS

EMPÂTEMENT n.m. → GROSSEUR

EMPÂTER (S') → GROSSIR

EMPATHIE n.f. → SYMPATHIE

EMPAUMER I. → SÉDUIRE **II.** → GOUVERNER

EMPÊCHÉ, E I. les part. passés possibles des syn. de empêcher **II.** → EMBARRASSÉ

EMPÊCHEMENT n.m. → OBSTACLE

EMPÊCHER arrêter, bâillonner, barrer, bloquer, brider, condamner, conjurer, contraindre, contrarier, contrecarrer, contrer, couper, défendre, déjouer, dérober, dérouter, détourner, écarter, embarrasser, enchaîner, endiguer, enfermer, entraver, étouffer, exclure, éviter, faire obstacle et les syn. de obstacle, fermer, gêner, interdire, masquer, museler, offusquer, s'opposer à, paralyser, prévenir, prohiber, refuser, retenir, supprimer, tenir, traverser (vx)
◇ CONTR. I. → FAVORISER **II.** → ENCOURAGER **III.** → PERMETTRE

EMPEREUR n.m. → MONARQUE

EMPESÉ, E I. au pr. : amidonné, apprêté, dur **II. fig.** → ÉTUDIÉ

EMPESTER → PUER

EMPÊTRER → EMBARRASSER

EMPHASE n.f. affectation, ampoule, bouffissure, boursouflure, cérémonie, complications, déclamation, démesure, enflure, excès, grandiloquence, grands airs, hyperbole, ithos, pataphar, pathos, pédantisme, pompe, prétention, solennité
◇ CONTR. I. → CONCISION **II.** → SIMPLICITÉ

EMPHATIQUE académique, affecté, ampoulé, apprêté, bombastique, bouffi, boursouflé, cérémonieux, compliqué, creux, déclamateur, déclamatoire, démesuré, enflé, gonflé, grandiloquent, guindé, hyperbolique, magnifique (vx), patapharesque, pédantesque, pindarique, pompeux, pompier, prétentieux, ronflant, sentencieux, solennel, sonore, soufflé, vide

◆ CONTR. I. → CONCIS II. → SIMPLE

EMPHATIQUEMENT de façon → EMPHATIQUE *et les dérivés possibles en* -ment *des* syn. *de* emphatique

EMPIÉTEMENT n.m. → USURPATION

EMPIÉTER → USURPER

EMPIFFRER (S') → MANGER

EMPILAGE n.m. empilement → ENTASSEMENT

EMPILER I. 1. → ACCUMULER 2. → ENTASSER II. péj. 1. → TROMPER 2. voler

EMPIRE n.m. I. → AUTORITÉ II. → RÈGNE III. → NATION IV. → INFLUENCE

EMPIRER s'aggraver, aigrir, augmenter, s'aviver, se corser, devenir plus grave *et les* syn. *de* grave, s'envenimer, s'invétérer, péricliter, progresser, rengréger (vx)

◆ CONTR. → AMÉLIORER

EMPIRIQUE acritique, expérimental, naïf, naturel, routinier

◆ CONTR. → LOGIQUE

EMPIRIQUEMENT naïvement, par → ROUTINE

EMPIRISME n.m. → ROUTINE

EMPLACEMENT n.m. I. → LIEU II. → SITUATION

EMPLÂTRE n.m. I. au pr. : antiphlogistique, cataplasme, compresse, diachylon, magdaléon, résolutoire, révulsif, sinapisme II. fig. → MOU

EMPLETTE n.f. achat, acquisition

EMPLIR bonder, bourrer, charger, combler, embarquer, encombrer, entrelarder, envahir, farcir, fourrer, garnir, gonfler, insérer, larder, occuper, remplir, saturer, se répandre dans, truffer

◆ CONTR. → VIDER

EMPLOI n.m. I. attributions, charge, état, fonction, gagne-pain, ministère, occupation, office, place, poste, profession, rôle, service, sinécure, situation, travail – arg. : bisness, coinche, fromage, gâche, placard, planque, savon II. → USAGE

◆ CONTR. → INACTION

EMPLOYÉ, E I. nom. 1. au pr. : adjoint, agent, aide, apprenti, auxiliaire, commis, demoiselle, fonctionnaire, garçon, préposé, salarié, subordonné 2. par ext. : bureaucrate, cheminot, copiste, dactylographe, écrivain,

expéditionnaire, greffier, saute-ruisseau scribe, secrétaire, sténodactylographe, sténographe, surnuméraire 3. fam. et/ ou péj. : arpète, col blanc, galoup, gratte-papier, grouillot, lipette, plumitif, rond-de-cuir, roupiot saute-ruisseau, scribouillard II. adj. → USITÉ

◆ CONTR. → PATRON

EMPLOYER → OCCUPER

EMPLOYEUR n.m. → PATRON

EMPOCHER → RECEVOIR

EMPOIGNADE n.f. → ALTERCATION

EMPOIGNER I. au pr. → PRENDRE II. fig. → ÉMOUVOIR

EMPOISONNEMENT n.m. I. au pr. : intoxication II. fig. → ENNUI

EMPOISONNER I. au pr. : contaminer, envenimer, infecter, intoxiquer II. fig. 1. → ALTÉRER 2. → ENNUYER 3. → PUER

◆ CONTR. I. → PURIFIER II. → AMUSER

EMPOISONNEUR, EUSE n.m. ou f. → FÂCHEUX

EMPORTÉ, E I. → IMPÉTUEUX II. → COLÈRE (adj.)

EMPORTEMENT n.m. I. → COLÈRE II. → IMPÉTUOSITÉ

EMPORTER I. au pr. 1. quelqu'un ou quelque chose emporte quelque chose : charrier, charroyer, embarquer (fam.), emmener, s'en aller avec, enlever, entraîner, prendre, rouler, transporter 2. une récompense → OBTENIR II. par ext. : comporter, impliquer, renfermer III. 1. L'EMPORTER SUR → PRÉVALOIR 2. UNE MALADIE L'A EMPORTÉ : faire mourir *et les* syn. *de* mourir IV. v. pron. : se cabrer, colérer, déborder, se déchaîner, éclater, s'emballer, s'encolérer, fulminer, se gendarmer, s'irriter, se mettre en → COLÈRE – fam. : furibonder, monter sur ses grands chevaux, prendre la chèvre (vx)/ le mors aux dents, sentir la moutarde monter au nez, sortir de ses gonds, voir rouge

◆ CONTR. I. → RAPPORTER II. → ABANDONNER III. → CALMER

EMPOTÉ, E → MALADROIT

EMPREINDRE → IMPRIMER

EMPREINT, E → PLEIN

EMPREINTE n.f. → TRACE

EMPRESSÉ, E → COMPLAISANT

EMPRESSEMENT n.m. ardeur, attention, avidité, célérité, complaisance, diligence, élan, galanterie, hâte, impatience, précipitation, presse, promptitude, soin, vivacité, zèle

◆ CONTR. I. → INDIFFÉRENCE II. → MOLLESSE

EMPRESSER (S') s'affairer, courir, se démener, se dépêcher, se hâter, se mettre en quatre, se précipiter, se presser

◆ CONTR. **I.** → TRAÎNER **II.** → OMETTRE

EMPRISE n.f. ascendant, autorité, dépendance, empiétement, empire, influence, mainmise

◆ CONTR. → LIBERTÉ

EMPRISONNEMENT n.m. captivité, claustration, détention, écrou, encellulement, engeôlement, incarcération, internement, mise à l'ombre (fam.), en → PRISON, réclusion, relégation, séquestration, transportation – jurid.: contrainte par corps, prise de corps

◆ CONTR. → LIBÉRATION

EMPRISONNER I. arrêter, assurer, cadenasser, claquemurer, cloîtrer, détenir, écrouer, embastiller, emmurer, encelluler, enchaîner, enfermer, engeôler, incarcérer, interner, jeter, mettre à l'ombre/ aux fers/ sous les verrous/ en prison *et les syn. de* prison, retenir captif, séquestrer **II. arg. ou fam.**: bouclarer, boucler, coffrer, emballer, emballonner, embarquer, emboîter, encabaner, encager, enchtiber, encoffrer (vx), encrister, entourailler, entoiler, foutre dedans, lourder **III.** → GÊNER

◆ CONTR. → LIBÉRER

EMPRUNT n.m. **I.** → PRÊT **II.** → IMITATION

EMPRUNTÉ, E I. → ARTIFICIEL **II.** → EMBARRASSÉ

EMPRUNTER I. → QUÉMANDER **II. par ext. 1.** → USER **2.** → TIRER **III. fig. 1.** → VOLER **2.** → IMITER

EMPRUNTEUR, EUSE n.m. ou f. débiteur, tapeur

EMPUANTIR → PUER

EMPYRÉE n.m. → CIEL

ÉMU, E affecté, affolé, agité, alarmé, apitoyé, attendri, attristé, blessé, bouleversé, captivé, consterné, déchiré, ébranlé, émotionné, empoigné, enflammé, éperdu, excité, frappé, impressionné, inquiété, pantelant, remué, retourné, révolutionné, saisi, secoué, suffoqué, surexcité, touché, troublé

◆ CONTR. → INDIFFÉRENT

ÉMULATION n.f. **I. au pr.**: antagonisme, amour-propre, assaut, combat, compétition, concurrence, course, escalade, jalousie, lutte, rivalité, zèle **II. par ext.**: énergie, enthousiasme, exaltation, incitation

◆ CONTR. → INDIFFÉRENCE

ÉMULE nom → RIVAL

EN à la manière de, avec, dans

ÉNAMOURER (S') → ÉPRENDRE (s')

ÉNARQUE n.m. → TECHNOCRATE

ENCADREMENT n.m. **I. au pr.**: baguette, bordure, cadre, carrée (vx), cartel, car-

touche, chambranle, châssis, entourage, huisserie, listel, mandorle, marie-louise **II. par ext. 1.** contrôle, restriction du crédit **2.** → HIÉRARCHIE

◆ CONTR. **I.** → TRAVAILLEUR **II.** → TROUPE **III.** → LIBERTÉ

ENCADRER I. → ENTOURER **II.** → INSÉRER

ENCAISSÉ, E → PROFOND

ENCAISSEMENT n.m. → PERCEPTION

ENCAISSER I. → TOUCHER **II.** → RECEVOIR

ENCAISSEUR n.m. garçon de recettes

ENCALMINÉ, E mar.: dans un calme plat, en panne, sans vent, stoppé

◆ CONTR.: à bonne allure, à bon vent

ENCAN (À L') → ENCHÈRE

ENCANAILLER (S') → DÉCHOIR

ENCAQUER → ENTASSER

ENCARTER → INSÉRER

EN-CAS n.m. → CASSE-CROÛTE

ENCASTRER → INSÉRER

ENCAUSTIQUER cirer → FROTTER

ENCEINDRE → ENTOURER

ENCEINTE n.f. **I.** bordigue, ceinture, claie, clayonnage, clos, clôture, contrescarpe, douves, enclos, escarpe, fortification, fortifs (vx et fam.), fossé, glacis, mur, palis, palissade, périmètre, pourpris (vx), rempart → FORTERESSE **II.** amphithéâtre, arène, carrière, champ, cirque, lice

◆ CONTR. → CENTRE

ENCEINTE adj. **I.** dans une position intéressante (fam.), gestante, grosse, parturiente, prégnante – arg.: avoir le ballon/ un polichinelle dans le tiroir, cloquée, encloquée **II. vétér.**: gravide, pleine

ENCENS n.m. **I.** bdellion, oliban **II. fig.** → ÉLOGE

ENCENSER → LOUER

ENCENSEUR, EUSE n.m. ou f. → LOUANGEUR

ENCÉPHALE n.m. → CERVEAU

ENCERCLEMENT n.m. → SIÈGE

ENCERCLER assiéger, cerner, contourner, enfermer, entourer, envelopper, investir, serrer de toutes parts

◆ CONTR. → SORTIR

ENCHAÎNEMENT n.m. → SUITE

ENCHAÎNER I. → ATTACHER **II.** → JOINDRE **III.** → SOUMETTRE **IV.** → RETENIR

ENCHANTÉ, E I. → ENTHOUSIASTE **II.** → CONTENT

ENCHANTEMENT n.m. **I.** → ENTHOUSIASME **II.** → MAGIE

ENCHANTER → CHARMER

ENCHANTEUR, TERESSE nom et adj. → CHARMANT

ENCHÂSSER assembler, emboîter, encadrer, encastrer, enchatonner, fixer, monter, sertir → INSÉRER
◇ CONTR. → EXTRAIRE

ENCHATONNER → SERTIR

ENCHÈRE n.f. adjudication à la chandelle, criée, encan, enchères à l'américaine, folle enchère, inflation (par ext.), licitation, surenchère, ultra-petita, vente, vente au plus offrant, vente publique – **vx**: paroli, renvi
◇ CONTR. : de gré à gré

ENCHÉRIR I. au pr. : ajouter, aller sur, augmenter, dépasser, hausser le prix, rajouter, renchérir, renvier, surenchérir **II. par ext.** : abonder dans le sens de, approuver

ENCHEVÊTRÉ, E → EMBARRASSÉ

ENCHEVÊTREMENT n.m. → EMBROUILLEMENT

ENCHEVÊTRER I. → EMBROUILLER **II. v. pron.** : se confondre, s'embarrasser, s'embarrer (équit.), s'embrouiller, s'emmêler, s'empêtrer, s'imbriquer, se mélanger, se mêler
◇ CONTR. : se démêler, s'en sortir

ENCHIFRENÉ, E embarrassé, enrhumé, morveux, obstrué
◇ CONTR. → PROPRE

ENCHORIAL, E démotique → ÉCRITURE

ENCLAVE n.f. → MORCEAU

ENCLAVER I. → ENTOURER **II.** → FIXER

ENCLENCHER → COMMENCER

ENCLIN, E → PORTÉ

ENCLORE → ENTOURER

ENCLOS n.m. **I.** → JARDIN **II.** → PÂTURAGE **III.** → COUR

ENCLOUURE n.f. (fam.) → DIFFICULTÉ

ENCLUME n.f. bigorne

ENCOCHE n.f. → ENTAILLE

ENCOCHER → ENTAILLER

ENCODAGE n.m. → PROGRAMME

ENCODER → PROGRAMMER

ENCODEUR n.m. → ENREGISTREUR

ENCOIGNURE n.f. écoinçon → ANGLE

ENCOLURE n.f. → COU

ENCOMBRANT, E → EMBARRASSANT

ENCOMBRE (SANS) → OBSTACLE

ENCOMBREMENT n.m. affluence, amas, désordre, embâcle, embarras, entassement, obstruction, surabondance, surproduction
◇ CONTR. **I.** → TRAFIC **II.** → ORDRE **III.** → ESPACE

ENCOMBRER I. → OBSTRUER **II.** → EMBARRASSER

ENCONTRE (À L') → OPPOSÉ

ENCORBELLEMENT n.m. → SAILLIE

ENCORE I. → AUSSI **II.** → MÊME

ENCORNET n.m. calmar ou calamar, chipiron, seiche, supion → GASTÉROPODE

ENCOURAGEANT, E I. → PROMETTEUR **II.** → RÉCONFORTANT

ENCOURAGEMENT n.m. aide, aiguillon, applaudissement, approbation, appui, compliment, éloge, exhortation, incitation, prime, prix, protection, récompense, réconfort, soutien, stimulant, subvention
◇ CONTR. **I.** → DÉCOURAGEMENT **II.** dissuasion

ENCOURAGER aider, aiguillonner, animer, applaudir, approuver, appuyer, complimenter, conforter, déterminer, dynamiser, enflammer, engager, enhardir, exalter, exciter, exhorter, favoriser, féliciter, flatter, inciter, louer, porter, pousser, préconiser, protéger, rassurer, récompenser, réconforter, soutenir, stimuler, subventionner
◇ CONTR. **I.** → DISSUADER **II.** → DÉCOURAGER **III.** → CONTRARIER

ENCOURIR s'attirer, être passible de (jurid.), s'exposer à, s'occasionner, risquer

ENCRASSEMENT n.m. → SOUILLURE

ENCRASSER → SALIR

ENCRER → ENDUIRE

ENCROÛTÉ, E → ROUTINIER

ENCROÛTEMENT n.m. → HABITUDE

ENCROÛTER (S') → ENDORMIR (s')

ENCULER → SODOMISER

ENCYCLIQUE n.f. → RESCRIT

ENCYCLOPÉDIE → DICTIONNAIRE

ENDÉMIQUE → DURABLE

ENDETTER (S') contracter/ faire des dettes, s'encroumer (arg.), s'obérer
◇ CONTR. → PLACER

ENDEUILLER → CHAGRINER

ENDIABLÉ, E → IMPÉTUEUX

ENDIGUER → RETENIR

ENDIMANCHÉ, E → ÉLÉGANT

ENDIMANCHER → PARER

ENDIVE n.f. chicon, chicorée, witloof

ENDOCTRINEMENT n.m. → PROPAGANDE

ENDOCTRINER catéchiser, circonvenir, édifier, faire la leçon, faire du prosélytisme, gagner, haranguer, influencer, prêcher, ser-

monner – **fam.** : chambrer, embaucher, en-
bondieuser, enchrister, → ENTORTILLER – **vx** :
embobeliner, emboucher
◇ CONTR. : laïciser, laisser → LIBRE

ENDOGAMIE n.f. consanguinité

ENDOLORI, E → DOULOUREUX

ENDOLORIR I. → CHAGRINER II. → COURBA-
TURER

ENDOMMAGEMENT n.m. → DOMMAGE

ENDOMMAGER → DÉTÉRIORER

ENDORMANT, E → SOMNIFÈRE

ENDORMI, E I. → ENGOURDI II. → LENT

ENDORMIR I. **au pr.** : anesthésier, assoupir,
chloroformer, hypnotiser, insoporer, magnétiser II. **fig. 1.** → ENNUYER **2.** → SOULAGER
3. → CALMER **4.** → TROMPER III. **v. pron.** : 1. **au pr.** →
DORMIR **2. par ext.** → MOURIR **3. fig.** : s'amollir,
s'encroûter, s'engourdir, s'illusionner, s'oublier, se rouiller
◇ CONTR. → ÉVEILLER

ENDOS n.m. → SIGNATURE

ENDOSSER I. accepter, assumer, avaliser,
battre sa coulpe, se charger, porter le chapeau (fam.), prendre la responsabilité, reconnaître, signer II. → VÊTIR
◇ CONTR. → REFUSER

ENDROIT n.m. I. recto II. → LIEU III. → FACE

ENDUIRE appliquer, barbouiller, chemiser, couvrir, emboire, encrer, étaler,
étendre, frotter, galipoter, luter, mastiquer,
oindre, plaquer, praliner, recouvrir, revêtir,
tapisser
◇ CONTR. : décaper → NETTOYER

ENDUIT n.m. I. apprêt, couche, crépi, dépôt, fart, futée, galipot, gunite, incrustation,
lut, maroufle, mastic, peinture, protection,
revêtement, tain, vernis, vernissure II. **mar.** :
camourlot, couraie *ou* courée

ENDURANCE n.f. → RÉSISTANCE

ENDURANT, E I. → RÉSISTANT II. → PATIENT

ENDURCI, E → DUR

ENDURCIR I. → DURCIR II. → EXERCER III. **v.**
pron. : s'accoutumer, s'aguerrir, se blinder
(fam.), se cuirasser, s'entraîner, s'exercer, se
former, se fortifier, s'habituer, résister, se
tremper
◇ CONTR. → AFFAIBLIR

ENDURCISSEMENT n.m. I. **au pr.** : cal, callosité, calus, cor, durillon, induration, œil-
de-perdrix, racornissement II. **fig. 1. non fav.** :
dessèchement, dureté, égocentrisme,
égoïsme, impénitence, insensibilité, méchanceté, obduration **2. fav.** : accoutumance,
endurance, entraînement, habitude, résistance

◇ CONTR. I. → COMPASSION II. → SENSIBILITÉ

ENDURER → SOUFFRIR

ÉNERGIE n.f. I. → FORCE II. → FERMETÉ

ÉNERGIQUE → FERME

ÉNERGIQUEMENT avec → ÉNERGIE

ÉNERGUMÈNE n.m. ou f. agité, braillard,
démoniaque, emporté, exalté, excité, extravagant, fanatique, forcené, furieux, original,
passionné, possédé, violent
◇ CONTR. → DOUX

ÉNERVANT, E I. → AGAÇANT II. → ENNUYEUX

ÉNERVÉ, E I. → NERVEUX II. → TROUBLE *et les*
part. passés possibles des syn. de énerver

ÉNERVEMENT n.m. I. → AGACEMENT II. →
AGITATION

ÉNERVER I. **au pr.** : affadir, affaiblir, alanguir, amollir, aveulir, efféminer, fatiguer
II. **par ext. 1.** agacer, crisper, excéder, horripiler, impatienter, mettre à bout, obséder, por-
ter/ taper sur les nerfs/ le système, tourmenter **2.** échauffer, exciter, suroxiter III. **v.**
pron. : 1. s'affoler 2. s'impatienter *et les formes*
pron. possibles des syn. de énerver
◇ CONTR. I. → AFFERMIR II. → APAISER III. → CAL-
MER

ENFANCE n.f. I. impuberté II. **fig.** →
COMMENCEMENT III. EN ENFANCE → GÂTEUX

ENFANT n.m. ou f. I. 1. amour, ange, angelot, bambin, chérubin, chiffon, diable, diablotin, drôle, enfançon, enfantelet, fillette,
gamin, garçonnet, infant, innocent, jésus,
nourrisson, nouveau-né, marmouset, mineur, mioche, petit, petit démon/ diable/
dragon/ drôle/ garçon, petite fille, poupon,
pupille, putto (peint.) → BÉBÉ **2. partic.** : ama-
delphe, bâtard, jumeau, triplé, quadruplé,
quintuplé, sextuplé **3. arg. ou fam.** : babouin,
braillard, chiard, chiffon, chouné, crapoussin, diable, diablotin, drôle, gars, gnard,
gnasse, gone, grimaud, gossaille, gosse, gosselot, gosseline, grimaud, lardon, loupiot,
marmaille, marmot, merdeux, mioche, miston, momaque, môme, momichon, momi-
gnard, morbac, morpion, morveux, mou-
cheron, mouflet, moujingue, moutard,
niston, petit-salé, polichinelle, polisson, poupard, salé, têtard, trognon, trousse-pet II. **par**
ext. 1. → FILS **2.** → POSTÉRITÉ **3. d'animaux** : couvée, nichée, petits, portée, ventrée **4.** clone
(partic.) III. 1. ENFANT DE CHŒUR : clergeon
2. ENFANT DE MARIE (péj.) : oie blanche,
prude, rosière, sainte nitouche
◇ CONTR. I. → ADULTE II. → VIEILLARD

ENFANTEMENT n.m. I. **au pr.** : accouchement, couches, délivrance, heureux événe-

ment (fam.), gésine, gestation (par ext.), mal d'enfant, mise bas (vét.), mise au monde, naissance, parturition **II. fig.** : apparition, création, production

◆ CONTR. → AVORTEMENT

ENFANTER I. au pr. : accoucher, donner le jour/ naissance, mettre au monde **II. vétér.** : agneler, cochonner, mettre bas, pouliner, vêler **III. par ext. 1.** → ENGENDRER **2.** → PRODUIRE

◆ CONTR. → AVORTER

ENFANTILLAGE n.m. frivolité, gaminerie, légèreté, infantilisme, puérilité → BAGATELLE

◆ CONTR. → SÉRIEUX

ENFANTIN, E espiègle, gamin, gosse, immature, impubère, infantile, léger, mutin, puéril → SIMPLE

◆ CONTR. **I.** → SÉRIEUX **II.** → DIFFICILE

ENFER n.m. **I. au pr.** : abîme, averne, barathre, champs Élysées, damnation, empire des morts, Érèbe, feu éternel, géhenne, infernaux séjours, léviathan, limbes, pandémonium, peine du dam/ du sens, rives de Charon/ du Styx, schéol, sombre demeure/ empire/ rivage/ séjour, sombres bords, Tartare, Ténare **II. par ext. 1.** → AFFLICTION **2.** → TOURMENT

◆ CONTR. → PARADIS

ENFERMER I. au pr. on enferme une chose ou quelqu'un : barricader, boucler, calfeutrer, chambrer, clancher (rég.), claquemurer, claustrer, cloîtrer, coffrer (fam.), confiner, consigner, détenir, écrouer, emballer, emmurer, empêcher, encager, encercler, encoffrer, enserrer, entourer, faire entrer, interner, isoler, murer, parquer, reclure (vx), renfermer, retenir, séquestrer, serrer, verrouiller → EMPRISONNER **II. par ext. une chose enferme** : comporter, comprendre, contenir, impliquer, renfermer

◆ CONTR. → LIBÉRER

ENFERRER I. → PERCER **II. v. pron. fig.** → EMBARRASSER (s') *et les formes pron. possibles des syn. de* embarrasser

ENFIELLER → ALTÉRER

ENFIÈVREMENT n.m. → EXCITATION

ENFIÉVRER → ENFLAMMER

ENFILADE n.f. → SUITE

ENFILER I. → PERCER **II.** → ENTRER **III.** → DIRE

ENFIN à la fin/ parfin (vx), après tout, bref, en fin de compte/ un mot, finalement, pour finir, somme toute, tout compte fait

◆ CONTR. → DÉJÀ

ENFLAMMÉ, E fig. I. phys. : allumé, brûlant, empourpré, en feu, igné, rouge **II. sentiments** : animé, ardent, éloquent, embrasé, enfiévré, enthousiaste, passionné, surexcité

◆ CONTR. **I.** → TERNE **II.** → BLÊME

ENFLAMMER I. au pr. : allumer, attiser, brûler, embraser, ignifier, incendier, mettre le feu **II. fig. 1.** accroître, animer, augmenter, communiquer, doper, échauffer, éclairer, électriser, emporter, empourprer, enfiévrer, enlever, enthousiasmer, entraîner, envenimer, exalter, exciter, galvaniser, illuminer, irriter, passionner, pousser, provoquer, stimuler, survolter **2.** envenimer → IRRITER **III. v. pron. fig.** : s'animer, s'emporter, se passionner, réagir, vibrer

◆ CONTR. **I.** → ÉTEINDRE **II.** → CALMER

ENFLÉ, E I. → GONFLÉ **II.** → EMPHATIQUE

ENFLER v. tr. et intr. **I.** → GONFLER **II.** → GROSSIR **III.** → HAUSSER

ENFLURE n.f. → BOURSOUFLURE

ENFOIRÉ, E nom et adj. **I.** → BÊTE **II.** → MALADROIT

ENFONCÉ, E → PROFOND

ENFONCEMENT n.m. → EXCAVATION

ENFONCER I. au pr. : **1.** cheviller, entrer, ficher, fourrer, introduire, mettre, passer, planter, plonger, piquer **2. arg.** : carrer, embugner **3.** abattre, affaisser, briser, crever, défoncer, déprimer, forcer, renverser, rompre **II. fig. 1.** battre, culbuter, percer, renverser, rompre, surpasser, vaincre **2. fam.** → SURPASSER **III. v. pron. 1.** → COULER **2.** → ENTRER **3.** → ABSORBER (s') **4.** → DÉCHOIR

◆ CONTR. **I.** → TIRER **II.** → REMONTER

ENFONÇURE n.f. → EXCAVATION

ENFOUIR I. → ENTERRER **II.** → INTRODUIRE

ENFOUISSEMENT n.m. → ENTERREMENT

ENFOURCHER enjamber, monter/ se mettre à → CALIFOURCHON

ENFOURNER → INTRODUIRE

ENFREINDRE → DÉSOBÉIR

ENFUIR (S') I. abandonner, s'en aller, battre en retraite, décamper, déguerpir, déloger, se dérober, détaler, disparaître, s'échapper, s'éclipser, s'éloigner, s'envoler, s'esquiver, s'évader, faire un pouf (péj.), filer (à l'anglaise), fuir, gagner le large, lever le pied, partir, passer, plier bagages, prendre la clef des champs/ la poudre d'escampette/ ses jambes à son cou, quitter la place, se retirer, se sauver, tourner le dos/ les talons **II. vx** : enfiler la venelle, s'escamper, faire gille **III. arg. ou fam.** : se barrer/ carapater/ carrer/ casser/ cramper/ criquer/ débiner/ esbigner/ fuiter/ natchaver/ tailler/ targer/ tirer/ trisser/ trotter, débouler, déhaler, déhotter, déménager à la cloche de bois, démurger, dévisser, se faire la belle/ la jaquette/ la levure/ la malle/ la paire/ la soie/ la valise, ficher/ foutre le camp, jouer des flûtes/ les filles de l'air/ rip, mettre les adjas/ les bouts/ les cannes/ les loubés, ne pas demander son reste, ribouler, riper, tricoter

◆ CONTR. I. → ACCOURIR II. → DEMEURER

E.N.G. (ELECTRONIC NEWS GATHE-RING) n.m. **audiov. off.**: jet, journalisme électronique

ENGAGEANT, E I. → AIMABLE II. → ATTIRANT

ENGAGEMENT n.m. I. affaire, choc, collision, combat, coup de main, coup, échauffourée, escarmouche II. → PROMESSE III. → RELATION IV. embarquement (vx), embauchage, embauche, enrôlement, recrutement

◆ CONTR. I. calme, R.A.S. (rien à signaler) II. → RENVOI

ENGAGER I. → INTRODUIRE II. → INVITER III. → OBLIGER IV. → FIANCER V. → COMMENCER VI. embaucher, employer, enrôler, prendre, recruter, retenir VII. v. pron. 1. → ENTRER 2. → PROMETTRE 3. fig.: s'aventurer, se compromettre, s'embarquer, s'embarrasser, s'embourber, s'embringuer, s'encombrer, s'enfourner, entreprendre, se jeter, se lancer, se mettre en avant

◆ CONTR. I. désengager II. → DISSUADER III. → LIBÉRER IV. → CONGÉDIER V. → RETIRER VI. → TERMINER

ENGEANCE n.f. → RACE

ENGELURE n.f. crevasse, enflure, érythème, froidure, gelure, onglée, rougeur

ENGENDRER I. au pr.: concevoir, créer, donner la vie, enfanter, faire, féconder, générer, inséminer, procréer, produire, proliférer, reproduire – vx: progénier, progéniter II. par ext. → ACCOUCHER III. fig. → OCCASIONNER

◆ CONTR. I. être → STÉRILE II. → DÉTRUIRE

ENGIN n.m. → APPAREIL

ENGINE n.m. spat. off.: propulseur

ENGINE BODY n.m. spat. off.: corps de propulseur

ENGINEERING n.m. off.: ingénierie

ENGLOBER I. → RÉUNIR II. → COMPRENDRE

ENGLOUTIR I. → AVALER II. → CONSUMER III. v. pron. → COULER

ENGLOUTISSEMENT n.m. → ANÉANTISSEMENT

ENGLUER → POISSER

ENGONCÉ, E → VÊTU

ENGORGEMENT n.m. accumulation, congestion, obstruction, réplétion, saturation

ENGORGER → OBSTRUER

ENGOUEMENT n.m. → ENTHOUSIASME

ENGOUER (S') s'acoquiner, se coiffer, s'emballer, s'embéguiner, s'emberlucoquer, s'enjuponner, s'entêter, s'enthousiasmer, s'enticher, s'éprendre, s'infatuer, se passionner, se préoccuper, se rassoter (vx), se toquer

◆ CONTR. → DÉGOÛTER (SE)

ENGOUFFRER (S') → ENTRER

ENGOURDI, E I. au pr.: ankylosé, appesanti, assoupi, endormi, étourdi, gourd, inerte, paralysé, raide, rigide, rouillé II. par ext.: empoté, hébété, lambin, lent, léthargique, sommeilleux, soporeux

◆ CONTR. I. → ÉVEILLÉ II. → VIF

ENGOURDIR ankyloser, appesantir, assoupir, endormir, étourdir, hébéter, paralyser, rouiller

◆ CONTR. I. → RÉVEILLER II. → DÉGROSSIR

ENGOURDISSEMENT n.m. I. alourdissement, ankylose, apathie, appesantissement, assoupissement, atonie, hébétude, indolence, lenteur, léthargie, paralysie, paresse, somnolence, stupeur, torpeur II. estivation, hibernation, onglée

◆ CONTR. I. dégourdissement, réanimation, réveil II. → VIVACITÉ

ENGRAIS n.m. I. → NOURRITURE II. acide phosphorique, azote, potasse III. amendement, apport, compost, engrais vert ou verdurage, fertilisant, fertilisation, fumier, fumure, guano, limon, marne, poudrette, purin, terreau, terre de bruyère, wagage

ENGRAISSER I. le sol: améliorer, amender, bonifier, enrichir, fumer II. un animal: alimenter, embecquer, emboucher, embuquer, empâter, engaver (vx), gaver, gorger III. v. intr. → GROSSIR IV. v. pron. fig. → ENRICHIR (S')

◆ CONTR. I. → MAIGRIR II. → DÉPÉRIR

ENGRANGER → ACCUMULER

ENGRENAGE n.m. → ENTRAÎNEMENT

ENGUEULADE n.f. I. → REPROCHE II. → INJURE

ENGUEULER I. → INJURIER II. → RÉPRIMANDER

ENGUIRLANDER I. au pr. → ORNER II. fig. 1. → LOUER 2. → INJURIER

ENHARDIR → ENCOURAGER

ÉNIGMATIQUE I. → OBSCUR II. → SECRET

ÉNIGMATIQUEMENT de façon → OBSCUR et les dérivés possibles en -ment des syn. de obscur

ÉNIGME n.f. I. charade, bouts-rimés, devinette, logogriphe, mots croisés, rébus II. fig. → MYSTÈRE

◆ CONTR. → ÉVIDENCE

ENIVRANT, E I. capiteux, entêtant, fort, grisant, inébriant, inébriatif II. fig. : exaltant, excitant, troublant

◇ CONTR. I. → CALMANT II. → FADE III. → AFFLIGEANT

ENIVREMENT n.m. I. au pr. → IVRESSE II. fig. → VERTIGE

ENIVRER I. → ÉTOURDIR II. v. pron. 1. arg. ou fam. : s'alcooliser/ aniser/ appuyer/ arsouiller/ aviner/ beurrer/ biturer/ blinder/ bourrer/ coiffer (vx)/ cuiter/ défoncer/ emboissonner/ griser/ mâchurer/ noircir/ piquer le nez/ pocharder/ poivrer/ poivroter/ soûler/ tututer, avoir/ prendre une biture/ la bourrique/ sa cocarde/ son compte/ une cuite/ une muflée/ son plumet/ son pompon/ une ronflée, bibarder, boissonner, chopiner, faire carrousse (vx), gargoter, gobelotter, gobichonner, gobiner, inébrier, ivrogner, picoler, picter, pictonner, pinter, popiner, sacrifier à Bacchus/ à la dive bouteille, sculpter une gueule de bois, siphonner, soiffer, tafiater, téter → BOIRE 2. → ENTHOUSIASMER (s')

◇ CONTR. I. dégriser, désenivrer, dessoûler II. → DÉGOÛTER

ENJAMBÉE n.f. → PAS

ENJAMBEMENT n.m. contre-rejet, rejet

ENJAMBER I. → MARCHER II. → FRANCHIR III. fig. → USURPER

ENJEU n.m. → MISE

ENJOINDRE → COMMANDER

ENJÔLER → TROMPER

ENJÔLEUR, EUSE n.m. ou f. I. → SÉDUCTEUR II. → TROMPEUR

ENJOLIVEMENT n.m. accessoire, appoggiature, enjolivure, fioriture, garniture, ornement

ENJOLIVER → ORNER

ENJOUÉ, E → GAI

ENJOUEMENT n.m. → VIVACITÉ

ENLACEMENT n.m. → ÉTREINTE

ENLACER → SERRER

ENLAIDIR I. → DÉFORMER II. → DÉGRADER III. → NUIRE

ENLÈVEMENT n.m. I. arrachage, descellement, extraction II. kidnapping, prise, rapt, ravissement (vx), razzia, violence, voie de fait

◇ CONTR. I. → LIBÉRATION II. → RÉPARATION

ENLEVER I. → LEVER II. arracher, confisquer, kidnapper, prendre, rafler, ravir, razzier III. → RETRANCHER IV. → QUITTER V. → ENTRAÎNER VI. → TRANSPORTER VII. pass. → MOURIR

◇ CONTR. I. → POSER II. → AJOUTER III. → LIBÉRER

ENLISER → EMBOURBER

ENLUMINER → COLORER

ENLUMINEUR, EUSE n.m. ou f. miniaturiste

ENLUMINURE n.f. → MINIATURE

ENNÉADE n.f. neuvaine

ENNEMI, E I. nom : adversaire, antagoniste, concurrent, détracteur, opposant, pourfendeur (vx ou fam.) II. adj. → DÉFAVORABLE

◇ CONTR. I. → ALLIÉ II. → AMI

ENNOBLIR I. anoblir II. améliorer, élever, grandir, idéaliser, rehausser, sublimer, surélever, transposer

◇ CONTR. I. → DÉCHOIR II. → ABAISSER

ENNOBLISSEMENT n.m. I. → AMÉLIORATION II. → ÉLÉVATION

ENNUI n.m. I. accroche (vx), avanie, avatar (par ext.), chiffonnement, contrariété, difficulté, embarras, embêtement, empoisonnement, épreuve, tracas → INCONVÉNIENT II. arg. ou fam. : anicroche, assommade, assommement, avaro, caille, chiasse, chierie, chiotte, chtourbe, couille, embrouille, emmerde, emmerdement, emmouscaillement, mélasse, merde, merdier, merdouille, mistoufle, mouscaille, os, pain, panade, pastis, patate, pépin, sac de nœuds, salade, tuile, turbin III. bourdon, bovarysme, cafard, chagrin, crève-cœur, déplaisir, désagrément, inquiétude, insatisfaction, lassitude, mal, malaise, mécontentement, mélancolie, migraine, nostalgie, nuage, papillons noirs, peine, souci, spleen, tristesse – vx : acedia, dégoût, déplaisance, essoine

◇ CONTR. I. → AMUSEMENT II. → PLAISIR

ENNUYANT, E → ENNUYEUX

ENNUYÉ, E → FÂCHÉ

ENNUYER I. au pr. 1. agacer, assombrir, assommer, cramponner, embêter, endormir, étourdir, excéder, fatiguer, importuner, indisposer, insupporter, lanciner, lasser, obséder, patrociner, peser, tourmenter 2. vx ou rég. : accrassiner, achaler, endéver 3. arg. ou fam. : barber, bassiner, casser les → BOURSES/ les → PIEDS, courir sur le haricot, cramponner, emmerder, emmieller, emmouscailler, empoisonner, encambronner, enquiquiner, faire chier/ endêver/ suer/ tartir, lantiponer, peler, poisser, jamber, raser, taler, tanner II. par ext. → AFFLIGER III. v. pron. : se faire du → SOUCI, tourner en rond *et les formes pron. possibles des syn. de* ennuyer

◇ CONTR. I. → AMUSER II. → DISTRAIRE

ENNUYEUSEMENT de façon → ENNUYEUX *et les dérivés possibles en* -ment *des syn. de* ennuyeux

ENNUYEUX, EUSE I. **adj.** 1. agaçant, assommant, assoupissant, contrariant, cramponnant, dégoûtant, désagréable, écœurant, embêtant, empoisonnant, endormant, énervant, enguignant (rég.), ennuyant, fâcheux, fade, fastidieux, fatigant, harcelant, inintéressant, inquiétant, insupportable, lancinant, lent, mortel, narcotique, obsédant, oiseux, pénible, pesant, rasant, rebutant, sempiternel, soporifique, térébrant, triste 2. **arg. ou fam.** : barbant, barbifiant, bassinant, canulant, casse → BOURSES/ FESSIER/ PIEDS, chiant, chiatique, emmerdant, emmouscaillant, rálant, rasoir, suant, tannant, vaseux, vasouillard II. **nom.** → IMPORTUN
◇ CONTR. I. → AMUSANT II. → INTÉRESSANT

ÉNONCÉ n.m. → ÉNONCIATION

ÉNONCER affirmer, alléguer, articuler, avancer, déclarer, dire, écrire, émettre, expliciter, exposer, exprimer, former, formuler, notifier, parler, proférer, prononcer, proposer, stipuler
◇ CONTR. → TAIRE

ÉNONCIATION n.f. affirmation, articulation, communication, donnée, élocution, énoncé, expression, formulation, proposition, stipulation
◇ CONTR. → SILENCE

ENORGUEILLIR (S') → FLATTER (SE)

ÉNORME I. → DÉMESURÉ II. → GRAND III. → EXTRAORDINAIRE

ÉNORMÉMENT I. → BEAUCOUP II. → TRÈS

ÉNORMITÉ n.f. I. → GRANDEUR II. → EXTRAVAGANCE

ENQUÉRIR (S') chercher, couvrir (un événement), demander, enquêter, étudier, examiner, s'informer, s'instruire, observer, rechercher, se renseigner
◇ CONTR. : être → INDIFFÉRENT

ENQUÊTE n.f. I. → RECHERCHE II. → SONDAGE

ENQUÊTER → ENQUÉRIR (S')

ENQUÊTEUR, TEUSE n.m. ou f. I. détective → POLICIER II. perquisiteur, sondeur

ENQUIQUINER → ENNUYER

ENRACINEMENT n.m. → FIXATION

ENRACINER → FIXER

ENRAGÉ, E I. → VIOLENT II. → FURIEUX III. → EXTRÉMISTE

ENRAGER → RAGER

ENRAYER I. → FREINER II. → ARRÊTER III. → ÉTOUFFER

ENRÉGIMENTER → ENRÔLER

ENREGISTREMENT n.m. I. archivage, immatriculation, inscription, mention,

transcription II. bande, cassette, film, microsillon, 16/ 33/ 45/ 78-tours

ENREGISTREUR, EUSE nom et adj. I. aquastat, compteur, encodeur, horodateur, indicateur, parcmètre, pointeuse, taximètre, thermostat – **fam.** : boîte noire, mouchard II. *termes composés d'un radical spécifique et du suffixe* -graphe *ou* -mètre, *par ex.* : barographe, baromètre, thermographe, thermomètre

ENREGISTRER I. → INSCRIRE II. → NOTER III. → IMPRIMER

ENRHUMÉ, E enchifrené, tousseur

ENRICHIR I. 1. → AUGMENTER 2. → ORNER II. v. pron. 1. s'accroître, augmenter, se beurrer (fam)/ développer, s'engraisser, faire fortune/ son beurre (fam.), profiter 2. doter, embellir, garnir, orner
◇ CONTR. → DIMINUER

ENRICHISSANT, E → PROFITABLE

ENRICHISSEMENT n.m. → AUGMENTATION

ENROBER I. → ENDUIRE II. → ENVELOPPER

ENRÔLEMENT n.m. → EMBRIGADEMENT

ENRÔLER embrigader, engager, enrégimenter, incorporer, lever des troupes, mobiliser, racoler, recruter
◇ CONTR. → DÉMOBILISER

ENROUÉ → RAUQUE

ENROUEMENT n.m. chat dans la gorge, éraillement, extinction de voix, graillement, raucité
◇ CONTR. : voix claire/ cristalline

ENROULÉ, E convoluté, en → VOLUTE

ENROULEMENT n.m. → VOLUTE

ENROULER → ROULER

ENSABLER I. assabler → COMBLER II. v. pron. → ÉCHOUER

ENSANGLANTÉ, E cruenté, rougi de sang, saignant, saigneux, sanglant, sanguinolent, souillé

ENSEIGNANT, E nom et adj. → MAÎTRE

ENSEIGNE I. **n.f.** 1. : affiche, écusson, pancarte, panneau, panonceau 2. → DRAPEAU II. **n.m.** → CHEF

ENSEIGNEMENT n.m. I. → LEÇON II. chaire, discipline, matière, pédagogie, professorat – **péj** : cuistraille III. apologue, fable, moralité

ENSEIGNER I. **au pr.** : apprendre, démontrer, éclairer, éduquer, expliquer, faire connaître, former, inculquer, indiquer, initier, instruire, montrer, pédanter (péj.), professer, révéler II. **relig.** : catéchiser, convertir, évangéliser, prêcher

◇ CONTR. **I.** laisser dans l' → IGNORANCE **II.** → TAIRE

ENSEMBLE I. adv. : à la fois, à l'unisson, au total, conjointement, collectivement, coude à coude, d'accord, de concert, de conserve, de front, du même pas, en accord/ bloc/ chœur/ commun/ concordance/ harmonie/ même temps, simultanément, totalement **II. n.m. 1.** → TOTALITÉ **2.** → UNION **III.** → ORCHESTRE **IV.** → BÂTIMENT

◇ CONTR. → SÉPARÉMENT

ENSEMBLIER n.m. → DÉCORATEUR

ENSEMENCEMENT n.m. semailles, semis

ENSEMENCER → SEMER

ENSERRER I. → ENFERMER **II.** → ENTOURER

ENSEVELIR → ENTERRER

ENSEVELISSEMENT n.m. → ENTERREMENT

ENSOLEILLER I. au pr. : insoler **II. fig.** → ÉGAYER

ENSORCELANT, E I. → ATTIRANT **II.** → CHARMANT

ENSORCELER → CHARMER

ENSORCELEUR, EUSE n.m. ou f. **I.** → SÉDUCTEUR **II.** → SORCIER

ENSORCELLEMENT n.m. → MAGIE

ENSUITE → PUIS

ENSUIVRE (S') → RÉSULTER

ENTABLEMENT n.m. → CORNICHE

ENTACHER → SALIR

ENTAILLE n.f. adent, coche, coupure, cran, crevasse, échancrure, encoche, entaillure, entamure, épaufrure, faille, fente, feuillure, hoche, incision, lioube, mortaise, onglet, raie, rainure, rayure, ruinure, scarification, sillon, taille (vx) → BLESSURE

ENTAILLER et **ENTAMER I.** cocher, couper, cranter, créneler, creuser, diminuer, ébrécher, écorner, encocher, épaufrer, haver, inciser, jabler, mortaiser, rainer, rainurer, toucher à **II. fig. 1.** → COMMENCER **2.** → ENTREPRENDRE **3.** → VAINCRE **4.** → BLESSER

◇ CONTR. → BOUCHER

ENTASSEMENT n.m. abattis, accumulation, agglomération, amas, amoncellement, assemblage, capharnaüm, chantier, empilage, empilement, encaquement, encombrement, pile, pyramide, rassemblement, réunion, tas

◇ CONTR. → DISPERSION

ENTASSER I. accumuler, agglomérer, amasser, amonceler, assembler, collectionner, emmagasiner, empiler, encaquer, engerber, esquicher, gerber, mettre en pile/ pilot/ tas, multiplier, pacquer, presser, réunir, serrer, tasser **II.** → ÉCONOMISER **III. v. pron.** : s'écraser *et les formes pron. possibles des syn. de* entasser

◇ CONTR. **I.** → DISPERSER **II.** → DÉPENSER

ENTE n.f. → GREFFE

ENTENDEMENT n.m. bon sens, cerveau, cervelle, clairvoyance, compréhension, conception, discernement, esprit, faculté, imagination, intellect, intellection, intellectualisation, intelligence, jugement, lucidité, pénétration, raison, talent, tête

◇ CONTR. → STUPIDITÉ

ENTENDRE I. phys. : auditionner, écouter, percevoir, ouïr **II. par ext. 1.** attraper, avoir une idée, comprendre, concevoir, embrasser, pénétrer, réaliser, se rendre compte, saisir, voir **2.** → CONNAÎTRE **3.** → VOULOIR **4.** CONSENTIR **III. v. pron. 1.** s'accorder, agir de concert, s'arranger, se concerter, être de connivence/ d'intelligence, pactiser, s'unir **2.** s'accorder, s'aimer, camarader (fam.), faire bon ménage, fraterniser, sympathiser, vivre en bonne intelligence – **vx** : compatir, corder **3.** se comprendre, s'interpréter, signifier

◇ CONTR. **I.** être → SOURD **II.** → HAÏR (SE)

ENTENDU, E → CAPABLE

ENTÉNÉBRER I. → OBSCURCIR **II.** → AFFLIGER

ENTENTE n.f. **I.** → ACCORD **II.** compréhension → UNION

ENTER I. bouturer, greffer **II.** → AJOUTER

ENTÉRINER → CONFIRMER

ENTÉRITE n.f. colite, entérocolite

ENTERREMENT n.m. convoi, derniers devoirs/ honneurs, deuil, enfouissement, ensevelissement, funérailles, inhumation, mise en bière/ au sépulcre/ au tombeau, obsèques → SÉPULTURE

◇ CONTR. → EXHUMATION

ENTERRER I. enfouir, ensevelir, entomber (vx), inhumer, mettre/ porter en terre, rendre les derniers honneurs **II. pron.** : se cacher, se confiner, disparaître, faire/ prendre retraite, s'isoler, se retirer

◇ CONTR. **I.** → DÉTERRER **II.** → PRODUIRE

ENTÊTANT, E → ENIVRANT

ENTÊTÉ, E → TÊTU

ENTÊTEMENT n.m. → OBSTINATION

ENTÊTER I. → ÉTOURDIR **II. v. pron. 1. au pr.** ENGOUER (S') **2. par ext.** : s'accrocher, se cramponner, s'enferrer, ne pas démordre, s'obstiner, s'opiniâtrer, persévérer, poursuivre, rester **3. vx** : s'aheurter, s'enroigner

◇ CONTR. → CÉDER

ENTHOUSIASMANT, E → PASSIONNANT

ENTHOUSIASME n.m. admiration, allégresse, ardeur, célébration, délire, démon, dithyrambe, ébahissement, éblouissement, emballement, émerveillement, enchantement, enfièvrement, engouement, entraînement, exaltation, extase, fanatisme, feu, flamme, frénésie, fureur, génie, inspiration, ivresse, joie, lyrisme, optimisme, passion, ravissement, succès, transport, triomphe, zèle ◇ CONTR. → INDIFFÉRENCE

ENTHOUSIASMER I. → TRANSPORTER **II. v. pron.** : admirer, s'emballer, s'émerveiller, s'échauffer, s'enfièvrer, s'enflammer, s'engouer, s'enivrer, s'exalter, s'exciter, s'extasier, se pâmer, se passionner, se récrier d'admiration ◇ CONTR. **I.** → DÉGOÛTER **II.** → ENNUYER **III.** → CALMER

ENTHOUSIASTE nom et adj. admirateur, ardent, brûlant, charmé, chaud, dévot, emballé, émerveillé, emporté, enchanté, enflammé, enfiévré, exalté, excité, fana (fam.), fanatique, fervent, idolâtre, idolâtrique, inassouvi, inspiré, lyrique, mordu, passionné, zélateur, zélé ◇ CONTR. → BLASÉ

ENTICHEMENT n.m. → TOQUADE

ENTICHER (S') → ENGOUER (s')

ENTIER, ÈRE I. absolu, aliquote, complet, franc, global, inentamé, intact, intégral, parfait, plein, plénier, sans réserve, total **II.** → TÊTU ◇ CONTR. **I.** → PARTIEL **II.** → ACCOMMODANT

ENTIÈREMENT I. → ABSOLUMENT **II.** → COMPLÈTEMENT

ENTITÉ n.f. abstraction, caractère, essence, être, existence, idée, nature ◇ CONTR. → OBJET

ENTÔLAGE n.m. → VOL

ENTÔLER → VOLER

ENTONNER → COMMENCER

ENTONNOIR n.m. **I.** chantepleure, trémie **II. anat.** : infundibulum

ENTORSE n.f. **I. au pr.** : déboîtement, désarticulation, dislocation, effort, élongation, foulure, luxation **II. fig.** : altération, atteinte, contravention, dommage, écart, entrave, erreur, faute, manquement

ENTORTILLAGE n.m. → PRÉCIOSITÉ

ENTORTILLÉ, E I. → TORDU **II.** → EMBARRASSÉ **III.** → OBSCUR

ENTORTILLER I. au pr. → ENVELOPPER **II. fig.** → SÉDUIRE

ENTOURAGE n.m. cercle, compagnie, entours, environnement, milieu, proches, société, voisinage ◇ CONTR. → ÉTRANGER

ENTOURER I. au pr. : assiéger, border, ceindre, ceinturer, cerner, circonscrire, clore, clôturer, corseter, couronner, embrasser, encadrer, enceindre, enclaver, enclore, enfermer, enrouler, enserrer, envelopper, étreindre, fermer, garnir, hérisser, murer, palissader, resserrer **II. par ext.** : accabler, assister, combler, être aux petits soins, prendre soin, vénérer **III. géogr.** : baigner ◇ CONTR. **I.** être au → CENTRE **II.** → ABANDONNER

ENTOURLOUPETTE n.f. → TROMPERIE

ENTOUR(S) n.m. **I.** → ENTOURAGE **II.** → ENVIRONS

ENTRACTE n.m. **I.** → INTERVALLE **II.** → SAYNÈTE

ENTRAIDE n.f. → SECOURS

ENTRAIDER (S') → SOUTENIR

ENTRAILLES n.f. pl. → VISCÈRES

ENTRAIN n.m. **I.** → GAIETÉ **II.** → VIVACITÉ

ENTRAÎNANT, E I. → GAI **II.** → PROBANT

ENTRAÎNEMENT n.m. **I. méc.** : engrenage, mouvement, transmission **II. fig. 1. fav.** : chaleur, élan, emballement, enthousiasme, exaltation **2. non fav.** : faiblesse, impulsion **III.** → EXERCICE ◇ CONTR. → RÉSISTANCE

ENTRAÎNER I. au pr. : attirer, charrier, embarquer, emporter, enlever, traîner **II. par ext. 1.** → INVITER **2.** → OCCASIONNER **3.** → EXERCER **III. v. pron.** → EXERCER (s') ◇ CONTR. → RETENIR

ENTRAÎNEUR n.m. **I.** → CHEF **II.** → INSTRUCTEUR

ENTRAÎNEUSE n.f. allumeuse (arg.), taxi-girl

ENTRAIT n.m. tirant

ENTRAVE n.f. **I.** abot, billot, chaîne, fer, lien **II.** → OBSTACLE

ENTRAVER I. → EMBARRASSER **II.** → EMPÊCHER **III. v. pron.** : s'embarrer (équit.), s'empierger (rég.) → TRÉBUCHER

ENTRE au milieu de, dans, parmi

ENTREBÂILLER → OUVRIR

ENTRECHAT n.m. → CABRIOLE

ENTRECHOQUER → CHOQUER

ENTRECOUPER → INTERROMPRE

ENTRECROISER → CROISER

ENTRÉE n.f. **I.** → ACCÈS **II.** → OUVERTURE **III.** → SEUIL **IV.** → VESTIBULE **V.** → COMMENCEMENT **VI. ENTRÉE EN MATIÈRE** → INTRODUCTION

ENTREFAITE n.f. **I. vx 1.** → INTERVALLE **2.** → MOMENT **II. SUR CES ENTREFAITES** → ALORS

ENTREFILET n.m. → ARTICLE

ENTREGENT n.m. → HABILETÉ

ENTRELACÉ, E croisé, emmêlé, entre-croisé, entremêlé, intersecté, tressé ◊ CONTR. → DROIT

ENTRELACEMENT n.m. entrecroisement, entrelacs, entremêlement (vx), lacis, réseau

ENTRELACER I. → SERRER **II.** → TRESSER

ENTRELARDER (fig.) **I.** → EMPLIR **II.** → INSÉRER

ENTREMÊLER → MÊLER

ENTREMETS n.m. → PÂTISSERIE

ENTREMETTEUR n.m. → INTERMÉDIAIRE

ENTREMETTEUSE n.f. **I.** maquerelle, sous-maîtresse, tôlière, vieille → PROXÉNÈTE **II. vx :** appareilleuse, célestine, courratière, macette, marchande à la toilette, matrone, pourvoyeuse, procureuse **III. arg. :** fourgueuse de poules, maqua, maquecé, mère d'occase

ENTREMETTRE (S') → INTERVENIR

ENTREMISE n.f. arbitrage, canal, intercession, intermédiaire, interposition, intervention, médiation, ministère, moyen, organe, propitiation, soins, truchement, voie

ENTREPOSER déposer, stocker

ENTREPÔT n.m. → MAGASIN

ENTREPRENANT, E I. → ACTIF **II.** → HARDI

ENTREPRENDRE I. fav. ou neutre : attaquer, avoir/ prendre l'initiative, commencer, se disposer à, embrayer, enclencher, engager, engrener, entamer, essayer, se mettre à, mettre la main à, prendre à tâche, se proposer de, tenter **II. non fav. : on entreprend quelque chose contre :** attenter à/ contre/ sur, causer un dommage à, commettre, déclencher, déroger à, empiéter sur, perpétrer, porter atteinte/ préjudice à, oser, risquer, toucher à ◊ CONTR. **I.** → TERMINER **II.** → RENONCER

ENTREPRENEUR n.m. → BÂTISSEUR

ENTREPRISE n.f. **I.** action, affaire, aventure, chose, dessein, disposition, essai, mesures, œuvre, opération, ouvrage, plan, projet, tentative, travail **II.** → ÉTABLISSEMENT

ENTRER I. accéder, aller, avancer, s'enfiler, s'enfoncer, s'engager, s'engouffrer, envahir, se faufiler, forcer, se glisser, s'introduire, se lancer, passer, pénétrer, venir **II. arg. :** embusquer, encarrer, enquiller, entifler **III.** → ADOPTER ◊ CONTR. **I.** → SORTIR **II.** → QUITTER

ENTRESOL n.m. mezzanine

ENTRE-TEMPS n.m. et adv. époque, ère, intervalle, période → MOMENT

ENTRETENIR I. 1. → CONSERVER **2.** → NOURRIR **II. v. pron. 1.** → EXERCER (S') **2.** → PARLER

ENTRETIEN n.m. **I.** → CONVERSATION **II.** maintenance → RÉPARATION

ENTRETOISE n.f. → TRAVERSE

ENTREVOIR → VOIR

ENTREVUE n.f. → RENCONTRE

ENTUBER → TROMPER

ÉNUMÉRATION n.f. → DÉNOMBREMENT

ÉNUMÉRER → DÉNOMBRER

ENVAHIR I. au pr. 1. → EMPARER (S') **2.** → REMPLIR **II. fig. :** absorber, accaparer, coincer, coller, empiéter, s'étendre à, gagner, mettre le grappin/ la main sur, occuper, retenir, tenir la jambe ◊ CONTR. **I.** → FUIR **II.** → LIBÉRER

ENVAHISSANT, E → IMPORTUN

ENVAHISSEMENT n.m. → INCURSION

ENVAHISSEUR n.m. agresseur, colonisateur, impérialiste, occupant

ENVELOPPANT, E → SÉDUISANT

ENVELOPPE n.f. **I. au pr. 1. bot. :** bale ou balle, bogue, brou, capsule, cerneau, cupule, écale, écalure, endocarpe, épiderme, gousse, membrane, peau, péricarpe, tégument, zeste **2.** chape, contenant, cornet, écrin, emballage, étui, fourreau, gaine, housse, robe, taie, vêtement **3. zool. :** carapace, coquille, cuirasse, écaille, tégument, test **4. anat. :** capsule, péricarde, péritoine, plèvre **5.** gangue **II. fig.** → SYMBOLE ◊ CONTR. : contenu

ENVELOPPÉ, E I. enrobé, gangué **II. 1.** → GRAS **2. fig.** → OBSCUR ◊ CONTR. → MAIGRE

ENVELOPPER I. au pr. : bander, couvrir, draper, emballer, embobeliner, emmailloter, emmitonner, emmitoufler, empaqueter, enfardeler (rég.), enrober, entortiller, entourer, guiper, habiller **II. fig. 1.** → CACHER **2.** → ENCERCLER **3.** → COMPRENDRE ◊ CONTR. **I.** → DÉFAIRE **II.** → MONTRER

ENVENIMER I. → EMPOISONNER **II.** → IRRITER **III. v. pron.** → EMPIRER

ENVERGURE n.f. → LARGEUR

ENVERS I. prép. : à l'égard/ l'endroit de, avec, pour, vis-à-vis de **II. n.m.** → REVERS ◊ CONTR. : à l'encontre → OPPOSÉ

ENVI (À L') à qui mieux mieux, en rivalisant ◊ CONTR. : sans conviction/ entrain

ENVIABLE → SOUHAITABLE

ENVIE n.f. **I. au pr. 1.** appétence, besoin, désir, faim, goût, inclination, libido, soif **2. non fav.** : concupiscence, convoitise, cupidité, démangeaison, dépit, fringale, fureur, jalousie, lubie, rivalité **3.** grain de beauté, nævus **II. 1. AVOIR ENVIE** → VOULOIR **2. PORTER ENVIE** → ENVIER ◇ CONTR. **I.** → DÉGOÛT **II.** → INDIFFÉRENCE **III.** → GÉNÉROSITÉ

ENVIER I. avoir envie, désirer, souhaiter → VOULOIR **II. non fav.** : convoiter, haïr, jalouser, porter envie **III. par ext.** → REFUSER ◇ CONTR. **I.** → REPOUSSER **II.** → VANTER

ENVIEUX, EUSE nom et adj. avide, baveux, convoiteur, cupide, jaloux, insatiable, insatisfait, zoïle ◇ CONTR. **I.** → BIENVEILLANT **II.** → GÉNÉREUX **III.** → INDIFFÉRENT

ENVIRON à peu près, approchant, approximativement, à première vue, autour de, bien, dans les, grossièrement, grosso modo, pas tout à fait, presque, un peu moins/ plus, quelque, sommairement → ENVIRONS – **fam.** : au pif/ pifomètre, à vue de nez, comme qui dirait, couci-couça/ couci ◇ CONTR. *les adv. dérivés en -ment des syn. de* → EXACT

ENVIRONNANT, E ambiant, circonvoisin, proche, voisin

ENVIRONNEMENT n.m. **I.** → ENTOURAGE **II.** → ENVIRONS

ENVIRONNER → ENTOURER

ENVIRONS n.m. pl. abord, alentours, côté, environnement, périphérie, proximité, voisinage – **vx** : aîtres, contours, entours ◇ CONTR. → LOIN (AU)

ENVISAGEABLE → POSSIBLE

ENVISAGER I. → REGARDER **II.** → PENSER

ENVOI n.m. **I.** → EXPÉDITION **II.** → DÉDICACE

ENVOL n.m. décollage → VOL

ENVOLÉE n.f. **I.** → ÉLAN **II.** → INSPIRATION

ENVOLER (S') → PASSER

ENVOÛTANT, E → ATTIRANT

ENVOÛTEMENT n.m. → MAGIE

ENVOÛTEUR n.m. → SORCIER

ENVOÛTEUSE n.f. → SORCIÈRE

ENVOÛTER I. au pr. → CHARMER **II. fig.** → GAGNER

ENVOYÉ, E agent, ambassadeur, attaché, chargé d'affaires/ de mission, commissaire, commissionnaire, congressiste, curateur, délégué, député, émissaire, fondé de pou-voir, héraut, homme de confiance, légat, mandataire, messager, ministre, missionnaire, parlementaire, participant, plénipotentiaire, représentant, responsable – **péj.** : bouc émissaire, tête de Turc ◇ CONTR. → CONVIVE

ENVOYER I. au pr. : adresser, commettre, déléguer, dépêcher, députer, expédier, mandater, subdéléguer **II. par ext.** → JETER ◇ CONTR. → RECEVOIR

ÉPAIS, SE I. au pr. : abondant, broussailleux, buissonneux, compact, concret (vx), consistant, dense, dru, empâté, fort, fourni, gras, gros, grossier, large, oléiforme, profond **II. par ext. 1.** béotien, crasse, lourd, pesant **2.** carré, charnu, court, gras, gros, massif, mastoc, râblé, ramassé, trapu **III. LANGUE ÉPAISSE** : chargée, pâteuse ◇ CONTR. **I.** → FIN **II.** → CLAIR

ÉPAISSEUR n.f. **I. au pr. 1.** abondance, consistance, étendue, grosseur, jouée (techn.), largeur, profondeur **2.** carre, compacité, crassitude (vx), densité, lourdeur, viscosité **II.** → DÉTOUR ◇ CONTR. → FINESSE

ÉPAISSIR v. tr. et intr. → GROSSIR

ÉPAISSISSEMENT n.m. **I.** → GROSSEUR **II.** → OBSCURCISSEMENT

ÉPANCHEMENT n.m. **I. au pr.** : dégorgement, déversement, écoulement, effusion, extravasation, hémorragie, infiltration, suffusion **II. par ext.** : abandon, aveu, confidence, effusion, expansion ◇ CONTR. **I.** arrêt **II.** → RÉSERVE

ÉPANCHER I. → VERSER **II. v. pron. 1. au pr.** → COULER **2. fig.** s'abandonner, se confier, se débonder, déborder, exhaler, faire des confidences, se livrer, s'ouvrir, parler **3. vx** : se dégorger, se répandre ◇ CONTR. → RENFERMER (SE)

ÉPANDRE → VERSER

ÉPANOUI, E I. → OUVERT **II.** → RÉJOUI

ÉPANOUIR I. → FLEURIR **II.** → OUVRIR

ÉPANOUISSEMENT n.m. **I.** → ÉCLOSION **II.** → PLÉNITUDE

ÉPARGNE n.f. → ÉCONOMIE

ÉPARGNER I. → ÉCONOMISER **II.** → MÉNAGER **III.** → CONSERVER **IV.** → PRÉSERVER **V.** → ÉVITER

ÉPARPILLEMENT n.m. → DISPERSION

ÉPARPILLER → DISPERSER

ÉPARS, E clair, clairsemé, constellé, dispersé, disséminé, dissocié, divisé, écarté, échevelé, égaré, éloigné, éparpillé, flottant, maigre, rare, raréfié, séparé, sporadique ◇ CONTR. **I.** → DENSE **II.** *les part. passés possibles des syn. de* → RASSEMBLER

ÉPART n.m. → TRAVERSE

ÉPATANT, E → EXTRAORDINAIRE

ÉPATÉ, E I. → ÉBAHI II. → CAMUS

ÉPATEMENT n.m. → SURPRISE

ÉPATE n.f. I. → BLUFF II. → MONTRE

ÉPATER I. → ÉBAHIR II. → ÉTENDRE

ÉPAULEMENT n.m. → APPUI

ÉPAULER fig. → APPUYER

ÉPAVE n.f. I. → DÉCOMBRES II. → RUINE III. → LOQUE IV. (tas de) ferraille, (voiture) ventouse

ÉPÉE n.f. alfange, alumelle, arme blanche, badelaire, bancal, brand, braquemart, braquet, brette, briquet, carrelet, cimeterre, claymore, colichemarde, coupe-chou, coutelas, coutille, croisette, cure-dent (fam.), damas, espadon, estoc, estocade, estramaçon, fer, flambe, flamberge, fleuret, glaive, lame, latte, palache, parazonium, plommée, rapière, rondelle, sabre, spathe, yatagan

ÉPELER → DÉCHIFFRER

ÉPERDU, E → ÉMU

ÉPERDUMENT follement → BEAUCOUP

ÉPERON n.m. I. au pr. : ergot, molette II. géogr. : dent, plateau, pointe, saillie III. fig. : aiguillon, aiguillonnement, excitant, stimulant

ÉPERONNER → EXCITER

ÉPERVIER n.m. I. → FILET II. → FAUCON

ÉPEURÉ, E → INQUIET

ÉPHÈBE n.m. → JEUNE

ÉPHÉMÈRE → PASSAGER

ÉPHÉMÉRIDE n.f. → CALENDRIER

ÉPHORE n.m. → ÉDILE

ÉPICE n.m. → ASSAISONNEMENT

ÉPICÉ, E → POIVRÉ

ÉPICER → ASSAISONNER

ÉPICERIE n.f. alimentation, Casino, Coop, coopérative, Docks, Familistère, self-service, superette, etc → MAGASIN

ÉPICIER, IÈRE n.m. ou f. → COMMERÇANT

ÉPICURIEN, NE nom et adj. I. bon vivant, charnel, hédoniste, jouisseur, libertin (vx), libre, passionné, sensuel, sybarite, voluptueux II. luxurieux, pourceau d'Épicure
◇ CONTR. I. → BILEUX II. → STOÏCIEN

ÉPICURISME n.m. eudémonisme, hédonisme

ÉPIDÉMIE n.f. I. contagion, enzootie, épizootie (vét.), trousse-galant (vx) II. → MANIE
◇ CONTR. : endémie

ÉPIDÉMIQUE I. contagieux, épizootique (vét.), pandémique, récurrent II. fig. → COM-
MUNICATIF
◇ CONTR. : endémique

ÉPIDERME n.m. → PEAU

ÉPIER espionner, être/ se tenir aux aguets, filer, guetter, se mettre/ se tenir à l'affût, observer, pister, surveiller → REGARDER – arg. : borgnoter, choufer, espincher, faire le pet/ le serre, fliquer, pister, planquer
◇ CONTR. I. fermer les yeux II. → MÉCONNAÎTRE

ÉPIEU n.m. → BÂTON

ÉPIEUR, EUSE n.m. ou f. I. → ESPION II. → VEILLEUR

ÉPIGRAMME n.f. I. → SATIRE II. → BROCARD

ÉPIGRAPHE n.f. → INSCRIPTION

ÉPILEPSIE n.f. → CONVULSION

ÉPILER débourrer, dépiler

ÉPILOGUE n.m. → CONCLUSION

ÉPILOGUER → CHICANER

ÉPINE n.f. I. aiguillon, arête, écharde, spinelle, spinule II. épine dorsale : colonne vertébrale, dos, échine, rachis III. fig. → DIFFICULTÉ

ÉPINETTE n.f. I. cage, mue II. → CLAVECIN III. rég. → RÉSINEUX

ÉPINEUX, EUSE → DIFFICILE

ÉPINGLE n.f. I. au pr. : agrafe, attache, broche, camion, clips, drapière, fibule, fichoir, pince II. fig. → GRATIFICATION III. 1. TIRÉ À QUATRE ÉPINGLES → ÉLÉGANT 2. TIRER SON ÉPINGLE DU JEU → LIBÉRER (SE)

ÉPINGLER I. accrocher, agrafer, attacher, fixer, poser II. → ARRÊTER
◇ CONTR. → DÉFAIRE

ÉPINOCHER → MANGER

ÉPIQUE I. → HÉROÏQUE II. → EXTRAORDINAIRE

ÉPISODE n.m. I. → DIGRESSION II. → ÉVÉNEMENT III. → PÉRIPÉTIE

ÉPISODIQUE I. → INTERMITTENT II. → SECONDAIRE

ÉPISODIQUEMENT de façon → ÉPISODIQUE et les dérivés possibles en -ment des syn. de épisodique

ÉPISPASTIQUE → RÉVULSIF

ÉPISSER → JOINDRE

ÉPISTAXIS n.f. → HÉMORRAGIE

ÉPISTOLIER, ÈRE n.m. ou f. épistolaire → ÉCRIVAIN

ÉPITAPHE n.f. → INSCRIPTION

ÉPITHÈTE n.f. I. adjectif, déterminant II. par ext. 1. attribut, injure, invective, qualificatif 2. éloge, louange

ÉPITOMÉ n.m. → ABRÉGÉ

ÉPÎTRE n.f. → LETTRE

ÉPIZOOTIQUE → ÉPIDÉMIQUE

ÉPLORÉ, E → CHAGRIN

ÉPLOYER → ÉTENDRE

ÉPLUCHER I. décortiquer, écaler, écorcer, écosser, nettoyer, peler II. → EXAMINER III. v. pron. → NETTOYER (SE)

ÉPLUCHURE n.f. I. → DÉCHET II. → RESTE

ÉPOINTÉ, E → ÉMOUSSÉ

ÉPONGER → SÉCHER

ÉPOPÉE n.f. → ÉVÉNEMENT

ÉPOQUE n.f. âge, cycle, date, ère, étape, jours, moment, monde, période, saison, siècle, temps

ÉPOUMONER (S') → CRIER

ÉPOUSAILLES n.f. pl. → MARIAGE

ÉPOUSE n.f. **I. au pr. :** compagne, conjointe → FEMME **II. fam. :** bobonne, bourgeoise, gouvernement, légitime, ministre, moitié, régulière

ÉPOUSÉE n.f. → MARIÉE

ÉPOUSER **I. au pr. :** s'allier, s'attacher à, choisir, convoler, se marier, s'unir **II. fig.** → EMBRASSER
◇ CONTR. → DIVORCER

ÉPOUSEUR n.m. → FIANCÉ

ÉPOUSSETER → NETTOYER

ÉPOUSTOUFLANT, E → EXTRAORDINAIRE

ÉPOUSTOUFLER → ÉTONNER

ÉPOUVANTABLE → EFFRAYANT

ÉPOUVANTAIL n.m. croquemitaine, fantôme, loup-garou, mannequin → OGRE
◇ CONTR. → FÉTICHE

ÉPOUVANTE n.f. affolement, affres, alarme, angoisse, appréhension, consternation, crainte, effroi, épouvantement (vx), frayeur, horreur, inquiétude, panique, peur, terreur
◇ CONTR. → TRANQUILLITÉ

ÉPOUVANTER affoler, alarmer, angoisser, apeurer, atterrer, consterner, effarer, effrayer, épanter (vx ou rég.), faire fuir, horrifier, inquiéter, stupéfier, terrifier, terroriser
◇ CONTR. **I.** → TRANQUILLISER **II.** → ENCOURAGER

ÉPOUX n.m. **I.** compagnon, conjoint, mari, seigneur et maître → HOMME **II. arg. et/ ou fam. :** bonhomme, branque, jules, patron, portecouilles

ÉPREINTES n.f. pl. → COLIQUE

ÉPRENDRE (S') s'amouracher, s'attacher à, avoir le béguin/ le coup de foudre, se coiffer de, s'emballer, s'embéguiner, s'em-

braser, s'énamourer, s'enflammer, s'engouer, s'enjouer, s'enjuponner, s'enthousiasmer, s'enticher, gober, goder (arg.), se passionner, se toquer, tomber amoureux
◇ CONTR. **I.** → DÉFAIRE (SE) **II.** → HAÏR

ÉPREUVE n.f. **I.** → EXPÉRIMENTATION **II.** → COMPÉTITION **III.** → DIFFICULTÉ **IV.** → MALHEUR

ÉPRIS, E **I.** → AMOUREUX **II. par ext. :** féru, fou, passionné, polarisé (fam.), séduit
◇ CONTR. → INDIFFÉRENT

ÉPROUVANT, E → PÉNIBLE

ÉPROUVÉ, E → SÛR

ÉPROUVER **I.** → EXPÉRIMENTER **II.** → SENTIR **III.** → RECEVOIR

ÉPUISANT, E → TUANT

ÉPUISÉ, E → FATIGUÉ

ÉPUISEMENT n.m. **I.** → FATIGUE **II.** → LANGUEUR **III.** assèchement, tarissement

ÉPUISER **I. au pr. :** assécher, dessécher, mettre à sec, pomper, sécher, tarir, vider **II. par ext. 1.** → FATIGUER **2.** → AFFAIBLIR
◇ CONTR. **I.** → REMPLIR **II.** → POURVOIR

ÉPUISETTE n.f. → FILET

ÉPURATION et **ÉPUREMENT** n.f., n.m. **I.** → PURIFICATION **II.** balayage, chasse aux sorcières, coup de balai, exclusion, expulsion, liquidation, purge, règlement de comptes
◇ CONTR. → POLLUTION

ÉPURE n.f. → PLAN

ÉPURER **I. au pr. :** apurer (vx), clarifier, décanter, déféquer, dépolluer, distiller, expurger, filtrer, purger, purifier, raffiner, rectifier **II. fig. 1. quelqu'un :** expulser, supprimer, purger **2. une chose :** affiner, améliorer, châtier, perfectionner, polir
◇ CONTR. → POLLUER

EQUALIZER audiov. off. : égaliseur

ÉQUANIMITÉ n.f. → IMPASSIBILITÉ

ÉQUARRIR **I.** → DÉCOUPER **II.** → TAILLER

ÉQUERRE n.f. biveau, graphomètre, sauterelle, té

ÉQUILIBRE n.m. **I. au pr. :** aplomb, assiette, attitude, contrepoids, stabilité **II. fig. 1.** accord, balance, balancement, compensation, égalité, harmonie, juste milieu, moyenne, pondération, symétrie **2.** entrain, forme, plénitude, santé **3.** coexistence pacifique, compromis, paix précaire/ provisoire, statu quo (ante)
◇ CONTR. → INSTABILITÉ

ÉQUILIBRÉ, E **I.** → MODÉRÉ **II.** → STABLE **III.** → RAISONNABLE

ÉQUILIBRER balancer, compenser, contrebalancer, contrepeser (vx), corriger,

égaler, équivaloir, neutraliser, pondérer, répartir, tarer
◆ CONTR. : déséquilibrer

ÉQUILIBRISTE n.m. ou f. → ACROBATE

ÉQUIPAGE n.m. **I.** → BAGAGE **II.** apparat, appareil, arsenal (fam.), arroi, attirail, cortège, escorte, suite, train, tralala, vautrait (vén.)
◆ CONTR. → INCOGNITO

ÉQUIPE n.f. brigade, écurie, escouade, groupe, pool, team, troupe
◆ CONTR. : individuel(le), solitaire, solo

ÉQUIPÉE n.f. **I.** → ÉCART **II.** → ESCAPADE

ÉQUIPEMENT n.m. **I.** → OUTILLAGE **II.** → BAGAGE

ÉQUIPER → POURVOIR

ÉQUIPIER, ÈRE n.m. ou f. → PARTENAIRE

ÉQUITABLE → JUSTE

ÉQUITABLEMENT avec → JUSTICE, de façon → JUSTE *et les dérivés possibles en* -ment *des syn. de* juste

ÉQUITATION n.f. art équestre, concours hippique, dressage, haute école, hippisme, manège, steeple-chase, voltige

ÉQUITÉ n.f. → JUSTICE

ÉQUIVALENCE n.f. → ÉGALITÉ

ÉQUIVALENT n.m. **I.** → COMPENSATION **II.** → SYNONYME

ÉQUIVALENT, E I. → ÉGAL **II.** → PAREIL

ÉQUIVALOIR → ÉGALER

ÉQUIVOQUE I. adj. 1. au pr. → AMBIGU **2. par ext.** → SUSPECT **II. n.f.** → JEU DE MOTS

ÉRAFLÉ, E abîmé, balafré, blessé, déchiré, écorché, égratigné, entaillé, éraillé, griffé, hachuré, rayé, sillonné, strié
◆ CONTR. : intact → ENTIER

ÉRAFLER → DÉCHIRER

ÉRAFLURE n.f. → DÉCHIRURE

ÉRAILLÉ, E I. au pr. 1. → USÉ **2.** → ÉRAFLÉ **II. par ext.** → RAUQUE

ÈRE n.f. → ÉPOQUE

ÉRECTION n.f. **I. au pr.** : construction, création, dressage, édification, élévation, établissement, fondation, institution, surrection, surgissement **II. méd.** : dilatation, éréthisme, intumescence, raideur, redressement, rigidité, tension, tumescence, turgescence, vultuosité **III. ÊTRE EN ÉRECTION** → JOUIR
◆ CONTR. **I.** → DESTRUCTION **II.** → RAMOLLISSEMENT

ÉREINTANT, E → TUANT

ÉREINTEMENT n.m. **I.** → FATIGUE **II.** → MÉDISANCE

ÉREINTER I. au pr. 1. → FATIGUER **2.** → BATTRE **II. fig. 1.** → CRITIQUER **2.** → MÉDIRE

ÉRÉTHISME n.m. colère, courroux, énervement, exaltation, exaspération, excitation, fièvre, irritation, surexcitation, tension, violence → ÉRECTION
◆ CONTR. → CALME

ERGASTULE n.m. **I.** → CACHOT **II.** → PRISON

ERGOT n.m. → ONGLE

ERGOTAGE n.m. → CHICANE

ERGOTEUR, EUSE nom et adj. → CHICANEUR

ERGOTER argumenter, atermoyer, chicaner, discourir, discuter, disputer, disserter, épiloguer, pérorer, polémiquer, rabâcher, radoter, raisonner, ratiociner, tergiverser – fam. : couper les cheveux en quatre, discutailler, disputailler, enculer les mouches (très fam.), noyer le poisson, pinailler, pinocher
◆ CONTR. → CONSENTIR

ÉRIGER I. → ÉLEVER **II.** → ÉTABLIR **III.** → PROMOUVOIR

ERMITAGE n.m. **I. 1. au pr.** : ascétère, ashram, désert, retraite, solitude, thébaïde **2. par ext.** : abbaye, chartreuse, cloître, couvent, monastère, prieuré **II.** chalet, folie, pavillon → HABITATION

ERMITE n.m. **I.** anachorète, ascète, brouteur, dendrite, reclus, solitaire, stationnaire, stylite **II. par ext. non fav.** : insociable, misanthrope, reclus, sauvage, vieux de la montagne
◆ CONTR. **I.** cénobite **II.** → MONDAIN

ÉRODER → DÉGRADER

ÉROSION n.f. **I.** → CORROSION **II.** → USURE

ÉROTIQUE I. amoureux, anacréontique, aphrodisiaque, effusionniste (litt. et iron.), excitant, galant, libéré, libre, sensuel, sexuel, sexy, voluptueux **II. non fav.** : cochon, licencieux, polisson, pornocratique, pornographique (péj.), provocateur, pygocole
◆ CONTR. : édifiant → CHASTE

ÉROTIQUEMENT de façon → ÉROTIQUE *et les dérivés possibles en* -ment *des syn. de* érotique

ÉROTISME n.m. → VOLUPTÉ

ERRANCE n.f. ambulation, aventure, course, déplacement, dromomanie, égarement, fugue, instabilité, flânerie, nomadisme, pérégrination, promenade, randonnée, rêverie, trôlerie (vx), vagabondage, voyage
◆ CONTR. → SÉDENTARITÉ

ERRANT, E I. géol. : erratique **II.** ambulant, aventurier, dromomane, fugitif, fugueur, gy-

rovague, nomade, vagabond **III.** égaré, flottant, furtif, instable, mobile, mouvant, perdu
◈ **CONTR.** → SÉDENTAIRE

ERRATIQUE → MOUVANT

ERRE n.f. **I.** → ÉLAN **II.** → MARCHE

ERREMENTS n.m. pl. **I.** comportement, conduite, habitude, méthode, procédé **II. non fav.**: abus, bévue, dérèglement, désordre, divagation, écart, égarement, errance, erreur, faute, flottement, hésitation, impénitence, inconduite, indécision, ornière, péché, routine
◈ **CONTR. I.** → SAGESSE **II.** → ORDRE

ERRER I. aller à l'aventure/ à l'aveuglette/ au hasard/ çà et là, se balader, battre l'estrade/ le pavé, courir les champs/ les rues, déambuler, dévier de sa route/ son chemin, divaguer, s'égarer, flâner, galérer (fam.), marcher, passer, se perdre, se promener, rôder, rouler sa bosse, tourner en rond, tournailler, traînasser, traîner, trimarder, troller, vadrouiller, vagabonder, vaguer, vacrer (vx) **II.** → RÊVER **III.** → TROMPER (SE)
◈ **CONTR.** → FIXER (SE)

ERREUR n.f. aberration, ânerie, bavure, béjaune (vx), bévue, blague, boulette, bourde, brioche, confusion, cuir, défaut, écart, égarement, errement, faute, fourvoiement, gaffe, illusion, lapsus, maldonne, malentendu, manquement, mastic, mécompte, mégarde, méprise, paralogisme, quiproquo, sophisme, vice de raisonnement → BÊTISE – **fam.**: cagade, douze, gourance, planterie
◈ **CONTR. I.** → VÉRITÉ **II.** → PÉNÉTRATION

ERRONÉ, E → FAUX

ERS n.m. → LENTILLE

ERSATZ n.m. → SUCCÉDANÉ

ERSE et **ERSEAU** n.f., n.m. → BOUCLE

ÉRUBESCENCE n.f. → ROUGEUR

ÉRUCTATION n.f. exhalaison, hoquet, nausée, refoulement (fam.), renvoi, rot

ÉRUCTER I. → ROTER **II.** → PROFÉRER

ÉRUDIT, E nom et adj. → SAVANT

ÉRUDITION n.f. → SAVOIR

ÉRUPTION n.f. **I. au pr.**: bouillonnement, débordement, ébullition, écoulement, émission, évacuation, explosion, jaillissement, sortie **II. méd.**: confluence, dermatose, efflorescence, inflammation, poussée, rash, vaccinelle

ESBROUFANT, E → EXTRAORDINAIRE

ESBROUFE n.f. → HÂBLERIE

ESCABEAU n.m. **I.** → SIÈGE **II.** → ÉCHELLE

ESCADRON n.m. → TROUPE

ESCALADE n.f. **I.** ascension, grimpette (fam.), montée, varappe **II.** → ÉMULATION **III.** → MENACE

ESCALADER → MONTER

ESCALE n.f. **I. mar.**: échelle (vx), port, relâche **II.** → ÉTAPE **III. FAIRE ESCALE** → RELÂCHER
◈ **CONTR.**: faire route → VOYAGER

ESCALIER n.m. colimaçon, degré, descente, escalator, marches, montée

ESCAMOTAGE n.m. **I.** tour de passepasse → PRESTIDIGITATION **II.** → TROMPERIE **III.** → HABILETÉ

ESCAMOTER I. → DÉROBER **II.** → CACHER

ESCAMOTEUR, EUSE n.m. ou f. **I. au pr.**: acrobate, illusionniste, jongleur, magicien, manipulateur, prestidigitateur, physicien (vx) **II. par ext. non fav.** → VOLEUR

ESCAMPETTE n.f. **I.** → FUITE **II. PRENDRE LA POUDRE D'ESCAMPETTE** → ENFUIR (S')

ESCAPADE n.f. **I. neutre**: absence, bordée, caprice, échappée, équipée, escampativos (fam. et vx), évasion, frasque, fredaine, fugue, prétentaine, sortie **II. non fav.** → ÉCART
◈ **CONTR.**: retour (au bercail)

ESCAPE VELOCITY n.m. **spat. off.**: vitesse de libération

ESCARBILLE n.f. **I.** → CHARBON **II.** → POUSSIÈRE

ESCARCELLE n.f. → BOURSE

ESCARGOT n.m. → LIMAÇON

ESCARGOTIÈRE n.f. héliciculture

ESCARMOUCHE n.f. → ENGAGEMENT

ESCARPE I. n.f. 1. → TALUS **2.** → ENCEINTE **II. n.m.** → VAURIEN

ESCARPÉ, E abrupt, à pic, ardu, difficile, malaisé, montant, montueux, raide, roide
◈ **CONTR. I.** → PLAT **II.** → FACILE

ESCARPEMENT n.m. → PENTE

ESCARPIN n.m. → SOULIER

ESCARPOLETTE n.f. → BALANÇOIRE

ESCHE n.f. → AÎCHE

ESCIENT (À BON) → SCIEMMENT

ESCLAFFER (S') → RIRE

ESCLANDRE n.m. → SCANDALE

ESCLAVAGE n.m. → SERVITUDE

ESCLAVE n.m. ou f. et adj. **I.** asservi, assujetti, captif, corvéable, dépendant, domestique, ilote, prisonnier, serf, valet → SERVITEUR **II. fig.**: chien, chose, inférieur, jouet, pantin
◈ **CONTR. I.** → LIBRE **II.** → MAÎTRE

ESCOBAR n.m. fourbe, réticent, sournois → HYPOCRITE

ESCOBARDERIE n.f. **I.** → FUITE **II.** → HYPOCRISIE

ESCOGRIFFE n.m. → GÉANT

ESCOMPTE n.m. **I.** avance **II.** agio, boni, prime, réduction → REMISE
◇ CONTR. → COMPTANT

ESCOMPTER **I.** avancer, faire une avance, prendre un billet/ un papier/ une traite à l'escompte, hypothéquer **II.** anticiper, attendre, compter sur, devancer, espérer, prévenir, prévoir
◇ CONTR. **I.** → CONSERVER **II.** → CRAINDRE

ESCOPETTE n.f. espingole, tromblon

ESCORTE n.f. → SUITE

ESCORTER → ACCOMPAGNER

ESCOUADE n.f. → TROUPE

ESCRIMER (S') **I. au pr.** → LUTTER **II. fig. 1.** → ESSAYER **2.** → DISCUTER

ESCROC n.m. **I.** → FRIPON **II.** → VOLEUR

ESCROQUER → VOLER

ESCROQUERIE n.f. **I.** → TROMPERIE **II.** → VOL

ÉSOTÉRIQUE → SECRET

ÉSOTÉRISME n.m. → OCCULTISME

ESPACE n.m. **I.** atmosphère, ciel, étendue, éther, immensité, infini → UNIVERS **II.** champ, distance, écart, écartement, éloignement, entrevous (techn.), intervalle, portion, superficie, surface, zone **III. 1.** → RANG **2.** → FENTE **IV.** comma (mus.), durée, intervalle, laps
◇ CONTR. → PROMISCUITÉ

ESPACÉ, E **I.** distant, échelonné, éloigné, épars **II.** → RARE
◇ CONTR. **I.** → PROCHAIN **II.** → HABITUEL

ESPACEMENT n.m. alinéa, blanc, interligne, interstice, intervalle, marge

ESPACER → SÉPARER

ESPADRILLE n.f. **I.** → CHAUSSON **II.** → SOULIER

ESPAGNOL, E nom et adj. **I.** hispanique, ibère, ibérien, ibérique **II.** hispanisant, hispanisme, hispaniste **III.** andalou, aragonais, asturien, basque, biscaïen, castillan, catalan, cordouan, galicien, navarrais

ESPAGNOLETTE n.f. → POIGNÉE

ESPALIER n.m. candélabre, cordon, palissade, palmette, treillage

ESPARCET n.m. esparcette, sainfoin

ESPÈCE n.f. **I.** → GENRE **II.** → SORTE **III. au pl.** → ARGENT

ESPÉRANCE aspiration, assurance, attente, certitude, confiance, conviction, croyance, désir, espoir, expectative, foi, illusion, perspective, prévision
◇ CONTR. → DÉSESPÉRANCE

ESPÉRER aspirer à, attendre, avoir confiance *et les syn. de* confiance, compter sur, entrevoir, escompter, faire état de, se flatter de, penser, présumer, se promettre, souhaiter, tabler sur
◇ CONTR. **I.** → DÉCOURAGER **II.** → CRAINDRE

ESPIÈGLE nom et adj. agaçant (péj.), badin, coquin, démon, diable, diablotin, éveillé, folâtre, frétillant, fripon, lutin, malicieux, malin, mâtin, mièvre (vx), mutin, pétillant, polisson, subtil, turbulent
◇ CONTR. **I.** → MOU **II.** → TACITURNE

ESPIÈGLERIE n.f. → PLAISANTERIE

ESPINGOLE n.f. escopette, tromblon

ESPION, NE n.m. ou f. **I.** agent, (honorable) correspondant, émissaire, indicateur, informateur, limier, sous-marin, taupe – vx : affidé, argus, épieur **II.** délateur, dénonciateur, mouchard, rapporteur, traître **III. arg. :** balance, casserole, cuisinier, doulos, espie (vx), indic, mouche, mouton, treize-à-table

ESPIONNAGE n.m. → SURVEILLANCE

ESPIONNER → ÉPIER

ESPLANADE n.f. → PLACE

ESPOIR n.m. → ESPÉRANCE

ESPONTON n.m. → PIQUE

ESPRIT n.m. **I. au pr. 1.** âme, animation, caractère, cœur, conscience, être, homme, moi, pensée, personnalité, souffle, soupir, sujet, verbe, vie **2.** alcool, essence, quintessence, vapeur **II. par ext. :** adresse, à-propos, bon sens, brillant, causticité, discernement, disposition, entendement, finesse, génie, humour, imagination, ingéniosité, intellection, intelligence, invention, ironie, jugement, lucidité, malice, méditation, mentalité, naturel, raison, réflexion, sel, sens commun, talent, verve, vivacité – fam. : comprenette, jugeote, méninges **III. être immatériel. 1.** divinité → DIEU **2.** ange, démon, élu **3.** fantôme, mânes, revenant, spectre **4.** → GÉNIE **IV. 1.** ESPRIT FORT → INCROYANT **2.** BEL ESPRIT → SPIRITUEL **3.** BON ESPRIT → ACCOMMODANT **4.** MAUVAIS ESPRIT → INSOUMIS (adj.) **5.** DANS L'ESPRIT DE : angle, aspect, but, dessein, idée, intention, point de vue **6.** ESPRIT DE CORPS : chauvinisme (péj.), solidarité **7.** TRAIT D'ESPRIT → TRAIT **8.** PRÉSENCE D'ESPRIT → RÉFLEXE, DÉCISION
◇ CONTR. **I.** → CHAIR **II.** → MATIÈRE **III.** → BÊTISE **IV.** → FORME

ESQUIF n.m. → EMBARCATION

ESQUINTER I. → DÉTÉRIORER II. fig. 1. → MÉDIRE 2. → FATIGUER

ESQUISSE n.f. → ÉBAUCHE

ESQUISSER I. crayonner, croquer, dessiner, ébaucher, pocher, tracer II. amorcer, brocher (vx), ébaucher, indiquer
◇ CONTR. → ACCOMPLIR

ESQUIVE n.f. défense, parade, protection
◇ CONTR. → COUP

ESQUIVER I. → ÉVITER II. v. pron. → ENFUIR (s')

ESSAI n.m. I. → EXPÉRIMENTATION II. → TENTATIVE III. → ARTICLE IV. → TRAITÉ

ESSAIM n.m. I. au pr. vx : abeillage II. par ext. → MULTITUDE

ESSAIMER I. v. intr. : se disperser, se répandre II. v. tr. : émettre, produire, répandre
◇ CONTR. → ASSEMBLER

ESSANGER → NETTOYER

ESSARTER → DÉBROUSSAILLER

ESSAYER I. v. tr. → EXPÉRIMENTER II. v. intr. : chercher à, s'efforcer à/ de, s'escrimer/ s'évertuer à, faire l'impossible, s'ingénier à, tâcher à/ de, tâtonner, tenter de
◇ CONTR. → RENONCER

ESSE n.f. crochet → CHEVILLE

ESSENCE n.f. I. → EXTRAIT II. caractère, moelle, nature, qualité, quiddité (vx), quintessence, substance
◇ CONTR. I. existence II. → CAS

ESSENTIEL, LE → PRINCIPAL

ESSENTIELLEMENT → PRINCIPALEMENT

ESSEULÉ, E → SEUL

ESSIEU n.m. arbre, axe, boggie (par ext.), pivot

ESSOR n.m. I. → VOL II. → AVANCEMENT

ESSORER centrifuger, sécher, tordre

ESSOUFFLÉ, E anhélant, anhéleux, asthmatique (par ext.), dyspnéique (méd.), époumoné, fatigué, haletant, pantelant, poussif, rendu (fam.), suffocant
◇ CONTR. → RÉSISTANT

ESSOUFFLEMENT n.m. ahanement, anhélance, anhélation, dyspnée, étouffement, halètement, oppression, orthopnée, suffocation
◇ CONTR. → REPOS

ESSOUFFLER (S') ahaner, anhéler, être → ESSOUFFLÉ, haleter

ESSUIE-MAINS n.m. manuterge (relig.), serviette, torchon

ESSUYER I. au pr. 1. → NETTOYER 2. → SÉCHER II. fig. 1. → RECEVOIR 2. → SUBIR

EST n.m. levant, orient

ESTABLISHMENT n.m. off. : établissement, ordre établi

ESTACADE n.f. → DIGUE

ESTAFETTE n.f. courrier, coursier, envoyé, exprès, messager

ESTAFIER n.m. I. garde du corps II. → TUEUR

ESTAFILADE n.f. → BLESSURE

ESTAMINET n.m. → CABARET

ESTAMPE n.f. → IMAGE

ESTAMPER I. au pr. → IMPRIMER II. fig. → VOLER

ESTAMPILLE n.f. → MARQUE

ESTAMPILLER → IMPRIMER

ESTARIE n.f. → DÉLAI

ESTER intenter, poursuivre, se présenter en justice

ESTHÈTE nom et adj. amateur, artiste, connaisseur, dilettante, raffiné
◇ CONTR. → DÉVOTION

ESTHÉTICIEN, NE n.m. ou f. visagiste

ESTHÉTIQUE n.f. → BEAU

ESTHÉTISME n.m. litt. et iron. : artisme, artisterie, artistisme

ESTIMABLE aimable, appréciable, beau, bien, bon, honorable, louable, précieux, recommandable, respectable
◇ CONTR. → VIL

ESTIMATION n.f. aperçu, appréciation, approche, approximation, arbitrage, calcul, cotation, détermination, devis, évaluation, expertise, mise à prix, prisée, taxation

ESTIME n.f. → ÉGARDS

ESTIMER I. → AIMER II. apprécier, arbitrer, calculer, coter, déterminer, évaluer, expertiser, gober (arg.), mesurer, mettre à prix, priser, taxer III. → HONORER IV. compter, considérer, croire, être d'avis, faire cas, juger, penser, présumer, regarder comme, tenir pour
◇ CONTR. I. → DÉDAIGNER II. → MÉPRISER III. → DÉNIGRER

ESTIVANT, E n.m. ou f. aoûtien, bronzé, curiste, juilletiste, touriste, vacancier, villégiateur (vx)
◇ CONTR. : hivernant

ESTOC n.m. I. racine, souche II. vx → RACE III. → ÉPÉE

ESTOCADE n.f. attaque, botte, coup

ESTOMAC n.m. I. au pr. 1. d'animaux : bonnet, caillette, feuillet, franche-mulle, gésier, jabot, panse 2. gras-double, tripe II. par ext. → BE-DAINE III. fig. : aplomb, cœur, courage, cran, culot

ESTOMAQUÉ, E → ÉBAHI

ESTOMAQUER → ÉTONNER

ESTOMPER I. → MODÉRER II. v. pron. → DISPA-RAÎTRE

ESTONIEN, NE nom et adj. este

ESTOQUER I. → TUER II. → VAINCRE

ESTOURBIR I. → BATTRE II. → TUER

ESTRADE n.f. chaire, échafaud, échafaudage, hourd (vx), podium, ring, scène, tréteaux, tribune
◊ CONTR. → PUBLIC

ESTRAN n.m. batture (québ.)

ESTRAPADE n.f. → GIBET

ESTROPE n.f. → BOUCLE

ESTROPIÉ, E amputé, boiteux, cul-de-jatte, diminué physique, éclopé, essorillé (vx), handicapé, impotent, infirme, manchot, mutilé, stropiat (fam.), unijambiste
◊ CONTR. → VALIDE

ESTROPIER → MUTILER

ESTUAIRE n.m. → EMBOUCHURE

ÉTABLE n.f. abri, bercail, bergamine (rég.), bergerie, bouverie, bouvril, écurie, grange, hangar, porcherie, soue, vacherie

ÉTABLIR I. → PROUVER II. amener, commencer, constituer, créer, disposer, ériger, faire régner, fonder, former, impatroniser, implanter, importer, installer, instaurer, instituer, institutionnaliser, introduire, introniser, mettre, nommer, organiser, placer, poser III. asseoir, bâtir, construire, édifier, fixer, fonder, jeter les fondements/ les plans, placer, poser IV. camper, cantonner, loger, poster V. fig. 1. caser, colloquer (vx), doter, marier 2. échafauder, forger, nouer VI. v. pron. : → INSTALLER (s')
◊ CONTR. I. → DÉTRUIRE II. → DÉTRÔNER

ÉTABLISSEMENT n.m. I. agencement, assoiement *ou* essayement, constitution, création, disposition, érection, fondation, implantation, importation, installation, instauration, institution, introduction, intronisation, mise en place, nomination, organisation, placement, pose II. affaire, atelier, boîte (fam.), chantier, commerce, comptoir, emporium, entreprise, exploitation, factorerie, firme, fonds, loge (vx), maison, usine
◊ CONTR. I. → ABROGATION II. → DESTRUCTION

ÉTAGE n.m. I. → PALIER II. → RANG

ÉTAGER → RANGER

ÉTAGÈRE n.f. I. → TABLETTE II. partic. : archelle, balconnet

ÉTAI n.m. I. → APPUI II. → SOUTIEN

ÉTAL n.m. I. → TABLE II. → MAGASIN

ÉTALAGE n.m. I. au pr. : devanture, étal, éventaire, gondole, montre, présentoir, vitrine II. fig. : montre, ostentation
◊ CONTR. I. boutique, intérieur, réserve, resserre → MAGASIN II. → RÉSERVE

ÉTALE → STATIONNAIRE

ÉTALEMENT n.m. → RÉPARTITION

ÉTALER I. → ÉTENDRE II. → MONTRER III. v. pron. 1. → MONTRER (SE) 2. → TOMBER

ÉTALON n.m. I. → CHEVAL II. → MODÈLE

ÉTALONNER calibrer → VÉRIFIER

ÉTAMBOT n.m. arrière, château, poupe

ÉTANCHE → IMPERMÉABLE

ÉTANCHEMENT n.m. → PROTECTION

ÉTANCHER I. → SÉCHER II. → ASSOUVIR

ÉTANÇON n.m. → APPUI

ÉTANÇONNER I. → APPUYER II. → SOUTENIR

ÉTANG n.m. bassin, chott, lac, lagune, marais, mare, pièce d'eau, réservoir

ÉTAPE n.f. I. au pr. 1. auberge, caravansérail, couchée (vx), escale, gîte, halte, hôtel, relais 2. → PORT 3. par ext. : chemin, journée (vx), route, trajet II. par ext. → PHASE
◊ CONTR. → VOYAGE

ÉTAT n.m. I. attitude, classe, condition, destin, existence, manière d'être, point, position, situation, sort, train de vie, vie II. → PROFESSION III. → LISTE IV. → GOUVERNEMENT V. → NATION VI. 1. ÉTAT D'ESPRIT → MENTALITÉ 2. FAIRE ÉTAT → AFFIRMER

ÉTATIFIER et **ÉTATISER** → NATIONALISER

ÉTATISATION n.f. → COLLECTIVISATION

ÉTATISME n.m. → SOCIALISME

ÉTAT-MAJOR n.m. bureaux, commandement, G.Q.G., quartier général, staff (arg. milit.), tête → DIRECTION
◊ CONTR. → TROUPE

ÉTAU n.m. → PRESSE

ÉTAYER I. → SOUTENIR II. → APPUYER III. → RENFORCER

ÉTÉ n.m. beaux jours, belle saison, canicule, chaleurs, mois de Phœbus (vx), saison chaude/ sèche

ÉTEIGNOIR n.m. fig. → TRISTE

ÉTEINDRE I. consumer, étouffer II. fig. 1. → MODÉRER 2. → DÉTRUIRE III. v. pron. → MOURIR
◊ CONTR. → ALLUMER

ÉTEINT, E → TERNE

ÉTENDARD n.m. → DRAPEAU

ÉTENDRE I. 1. allonger, dégarouler (rég.), déplier, déployer, dérouler, détirer, développer, dévider, épater, éployer, étaler, étirer, mettre, napper, ouvrir, placer, poser, recouvrir, tendre 2. beurrer, tartiner II. **quelqu'un :** allonger, coucher III. **par ext. étendre un liquide :** ajouter, allonger, augmenter, baptiser, couper, délayer, diluer, éclaircir, mouiller (du vin) IV. **v. pron. 1.** → OCCUPER **2.** → COUCHER (SE) **3.** → RÉPANDRE (SE) **4.** → DURER *et les formes pron. possibles des syn. de* → ÉTENDRE
◇ CONTR. I. → ABRÉGER II. → BORNER

ÉTENDU, E → GRAND

ÉTENDUE n.f. I. amplitude, champ, contenance, dimension, distance, domaine, durée, envergure, espace, grandeur, grosseur, immensité, importance, largeur, longueur, nappe, proportion, rayon, sphère, superficie, surface, vastité, vastitude, volume II. ampleur, diapason, intensité, registre III. capacité, compétence, domaine
◇ CONTR. → MODICITÉ

ÉTERNEL, LE I. constant, continuel, définitif, durable, éviterne (vx), immarcescible, immémorial, immortel, immuable, impérissable, imprescriptible, inaltérable, inamissible, inamovible, incessant, incorruptible, indéfectible, indéfini, indélébile, indestructible, indissoluble, infini, interminable, perdurable, pérenne, pérennel, perpétuel, sempiternel II. **non fav.** → ENNUYEUX
◇ CONTR. I. → TERRESTRE II. → COURT

ÉTERNELLEMENT → TOUJOURS

ÉTERNISER I. → ALLONGER II. **pron. 1.** → DEMEURER **2.** → DURER

ÉTERNITÉ n.f. continuité, immortalité, immuabilité, indestructibilité, infini, infinitude, pérennité, perpétuation, perpétuité
◇ CONTR. I. → TEMPS II. → BRIÈVETÉ

ÉTERNUEMENT n.m. ébrouement (anim.), sternutation (méd.)

ÉTÊTER → ÉLAGUER

ÉTEULE n.f. → CHAUME

ÉTHER n.m. → ATMOSPHÈRE

ÉTHÉRÉ, E → PUR

ÉTHIQUE n.f. → MORALE

ETHNIE n.f. I. → TRIBU II. → NATION

ETHNIQUE I. racial II. **par ext. :** culturel, spécifique

ETHNOGRAPHIE n.f. **par ext. :** anthropologie, écologie, ethnologie, éthographie, éthologie

ÉTHYLIQUE n.m. ou f. → IVROGNE

ÉTINCELANT, E → BRILLANT

ÉTINCELER brasiller, briller, chatoyer, iriser, luire, pétiller, poudroyer, scintiller, splendir (vx)
◇ CONTR. → TERNIR

ÉTINCELLE n.f. I. **au pr. :** bluette (vx), escarbille, flammèche II. **fig. 1.** → CAUSE **2.** ardeur, feu sacré, flamme

ÉTIOLEMENT n.m. I. marcescence → DÉCADENCE II. → RUINE III. → LANGUEUR

ÉTIOLER (S') → DÉPÉRIR

ÉTIQUE amaigri, cachectique, cave, consomptique, décharné, desséché, efflanqué, émacié, famélique, hâve, hectique, maigre, mal nourri, sec, squelettique
◇ CONTR. I. → GRAS II. → VALIDE

ÉTIQUETER → RANGER

ÉTIQUETTE n.f. I. → ÉCRITEAU II. → PROTOCOLE

ÉTIREMENT n.m. → EXTENSION

ÉTIRER I. → TIRER II. → ÉTENDRE

ÉTISIE n.f. → MAIGREUR

ÉTOFFE n.f. I. → TISSU II. **par ext.** → MATIÈRE III. **fig.** → DISPOSITION

ÉTOFFÉ, E → GRAS

ÉTOFFER → GARNIR

ÉTOILE n.f. I. → ASTRE II. **fig. 1.** → DESTINÉE **2.** → ARTISTE III. **par ext. 1.** carrefour, croisée/ croisement de chemins/ routes, échangeur, patte-d'oie, rond-point, trèfle 2. astérisque (typo.)

ÉTOILÉ, E → CONSTELLÉ

ÉTONNAMMENT de façon → ÉTONNANT *et les dérivés possibles en -ment des syn. de* étonnant

ÉTONNANT, E admirable, ahurissant, anormal, beau, bizarre, bouleversant, confondant, consternant, curieux, déconcertant, démontant, déroutant, désarmant, drôle, ébahissant, ébaubissant (vx), éblouissant, écrasant, effarant, étourdissant, étrange, exceptionnel, extraordinaire, fantastique, formidable, frappant, génial, gigantesque, impressionnant, inattendu, incomparable, inconcevable, incroyable, inhabituel, inouï, insolite, inusité, magique, magnifique, merveilleux, miraculeux, mirifique, monstrueux, original, parfait, particulier, phénoménal, prodigieux, rare, renversant, saisissant, singulier, spécial, splendide, stupéfiant, sublime, suffocant, superbe, surprenant, troublant, – **fam. :** ébesillant, ébouriffant, épastrouillant, épatant, épatrouillant, époilant, époustouflant, faramineux, fumant, mirobolant, pharamineux, pyramidal (vx), soufflant
◇ CONTR. I. → BANAL II. → HABITUEL

ÉTONNÉ, E abasourdi, ahuri, baba, confondu, déconcerté, désorienté, ébahi,

ébaubi, éberlué, ébloui, ébouriffé, effaré, émerveillé, épaté, estomaqué, frappé, interdit, interloqué, médusé, renversé, saisi, soufflé, stupéfait, suffoqué, surpris – **fam. ou rég.**: ébervigé, ébesillé, ébraquené, épastrouillé, épatrouillé, éplafourdi, époustouflé
◆ CONTR. **I.** → BLASÉ **II.** → INDIFFÉRENT

ÉTONNEMENT n.m. → SURPRISE

ÉTONNER abasourdir, ahurir, confondre, déconcerter, désorienter, ébahir, ébaubir, éberluer, éblouir, ébouriffer, édifier, effarer, émerveiller, épastrouiller, épater, époustoufler, esbroufer, estomaquer, étourdir, frapper, impressionner, interdire, interloquer, méduser, renverser, saisir, sidérer, souffler, stupéfier, suffoquer → SURPRENDRE
◆ CONTR. : laisser → INDIFFÉRENT

ÉTOUFFANT, E accablant, asphyxiant, suffocant → CHAUD
◆ CONTR. → VIVIFIANT

ÉTOUFFÉ, E I. → ESSOUFFLÉ **II.** → SOURD

ÉTOUFFEMENT n.m. → ESSOUFLEMENT

ÉTOUFFER I. au pr.: anhéler, asphyxier, étrangler, garrotter, noyer, oppresser, suffoquer **II. par ext. un bruit** → DOMINER **III. fig.**: arrêter, assoupir, atténuer, briser, cacher, désamorcer, dissimuler, encager, enrayer, enterrer, escamoter, éteindre, étourdir, gêner, juguler, mater, mettre en sommeil/ une sourdine, neutraliser, obscurcir, passer sous silence, réprimer, retenir, subtiliser, supprimer, tortiller (fam.), tuer dans l'œuf **IV. v. pron.**: s'engouer *et les formes pron. possibles des syn.* de étouffer
◆ CONTR. **I.** → RESPIRER **II.** → PUBLIER **III.** → ALLUMER

ÉTOURDERIE n.f. → DISTRACTION

ÉTOURDI, E nom et adj. braque, brise-raison (vx), brouillon, distrait, écervelé, étourneau, évaporé, éventé, fou, frivole, imprudent, inattentif, inconséquent, inconsidéré, insouciant, irréfléchi, léger, malavisé – **fam.**: darne (rég.), hanneton, hurluberlu, tête à l'envers/ de linotte/ en l'air/ folle/ légère, tout-fou
◆ CONTR. **I.** → ATTENTIF **II.** → PRUDENT

ÉTOURDIMENT avec → DISTRACTION, de façon → ÉTOURDI *et les dérivés possibles en* -ment *des syn.* de étourdi

ÉTOURDIR I. au pr. 1. → ABASOURDIR **2.** chavirer, enivrer, entêter, envorner (rég.), griser, monter/ porter à la tête, soûler, taper (fam.), tourner la tête **II. par ext. 1.** → SOULAGER **2.** → ÉTOUFFER **III. v. pron.** → DISTRAIRE (SE)
◆ CONTR. → EXCITER

ÉTOURDISSANT, E → EXTRAORDINAIRE

ÉTOURDISSEMENT n.m. → VERTIGE

ÉTOURNEAU n.m. **fig.** → ÉTOURDI

ÉTRANGE abracadabrant, baroque, biscornu, bizarre, choquant, déplacé, farfelu, inaccoutumé, indéfinissable, inquiétant, insolite, louche, rare, saugrenu, singulier → ÉTONNANT
◆ CONTR. → BANAL

ÉTRANGEMENT de façon → ÉTRANGE *et les dérivés possibles en* -ment *des syn. de* étrange

ÉTRANGER, ÈRE nom et adj. **I.** allochtone, allogène, allophone, allophyle, exotique, extérieur, hors-frontières, immigrant, réfugié, résident, touriste – **vx**: aubain, pérégrin **II. péj. et injurieux (xénophobe)**: gavache (rég.), métèque, rasta, rastaquouère **III. par ext. 1.** → HÉTÉROGÈNE **2.** → INCONNU **3.** → INDIFFÉRENT
◆ CONTR. **I.** → INDIGÈNE **II.** → FAMILIER **III.** → CONCITOYEN **IV.** → PARENT **V.** → PATRIE

ÉTRANGETÉ n.f. → BIZARRERIE

ÉTRANGLÉ, E I. asphyxié, étouffé, garrotté, strangulé **II. fig.** → ÉTROIT

ÉTRANGLEMENT n.m. **I. au pr.**: étouffement, garrot, strangulation **II. par ext.** → RESSERREMENT
◆ CONTR. **I.** → DILATATION **II.** → LIBÉRATION

ÉTRANGLER I. étouffer, garrotter, pendre, resserrer, serrer le quiqui (fam.)/ la gorge, stranguler, tuer **II. mar.** → SERRER **III. v. pron.**: s'entrucher (rég.)
◆ CONTR. → ÉLARGIR

ÉTRAVE n.f. avant, proue

ÊTRE I. v. intr. 1. avoir l'existence, exister, régner, subsister, se trouver, vivre **2. ÊTRE À** → APPARTENIR **II. n.m. 1.** → HOMME **2.** → VIE **3. ÊTRE SUPRÊME** → DIEU
◆ CONTR. → NÉANT

ÉTRÉCIR → RESSERRER

ÉTREINDRE → SERRER

ÉTREINTE n.f. agrippement, amplexion, embrassade, embrassement, enlacement, prise, serrement

ÉTRENNE n.f. **I.** → PRIMEUR **II. au pl.** → DON

ÊTRES n.m. pl. → PIÈCE

ÉTRÉSILLON et **ÉTRIER** n.m. **I.** → APPUI **II.** → SOUTIEN

ÉTRIER n.m. → APPUI

ÉTRILLE n.f. → RACLOIR

ÉTRILLER I. → BATTRE **II.** → MALTRAITER

ÉTRIPER éventrer, vider → TUER

ÉTRIQUÉ, E → ÉTROIT

ÉTRIQUER → RESSERRER

ÉTRIVIÈRE n.f. → FOUET

ÉTROIT, E I. collant (vêtement), confiné, effilé, encaissé, étiré, étranglé, étréci, étriqué, exigu, fin, juste, maigre, mesquin, mince, petit, ratatiné, réduit, resserré, restreint, riquiqui, serré II. fig. 1. → BÊTE 2. → LIMITÉ 3. → SÉVÈRE

◈ CONTR. I. → GRAND II. → INDULGENT

ÉTROITEMENT de façon → INTIME *et les dérivés possibles en* -ment *des syn. de* intime

ÉTROITESSE n.f. → PETITESSE

ÉTRON n.m. → EXCRÉMENT

ÉTUDE n.f. I. → ARTICLE II. → TRAITÉ III. → EXERCICE IV. → SOIN V. → ATTENTION VI. agence, cabinet, bureau, officine VII. → RECHERCHE

ÉTUDIANT, E n.m. ou f. → ÉLÈVE

ÉTUDIÉ, E affecté, apprêté, arrangé, calculé, compassé, composé, concerté, contraint, empesé, forcé, gourmé, guindé, maniéré, pincé, précieux, provoqué, recherché, soigné, sophistiqué, théâtral – fam.: amidonné, coincé, corseté

◈ CONTR. → NATUREL

ÉTUDIER I. apprendre, bûcher, s'instruire → TRAVAILLER II. fam.: bloquer, bûcher, chiader, creuser, marner, piocher, potasser III. par ext. 1. → EXAMINER 2. → EXERCER (s') IV. v. pron.: s'examiner, faire attention, s'observer, s'occuper à/ de

◈ CONTR. I. → DÉLAISSER II. → PARESSER

ÉTUI n.m. aiguillier, coffin, cornet, fourniment (vx) → ENVELOPPE

ÉTUVE n.f. I. autoclave, four, fournaise, touraille II. caldarium, hammam, sauna III. hâloir, séchoir

ÉTUVER I. → SÉCHER II. → STÉRILISER

ÉTYMOLOGIE n.f. évolution, formation, origine, racine, source

EUCHARISTIE n.f. I. consubstantiation, corps du Christ, hostie, pain de Dieu/ de vie/ vivant, impanation, sacrement, saintes espèces, transsubstantiation II. agape, célébration, cène, communion, échange, messe, partage, repas mystique, service divin, viatique

EUNECTE n.m. anaconda → BOA

EUNUQUE n.m. → CHÂTRÉ

EUPHÉMISME n.m. → LITOTE

EUPHORIE n.f. I. → AISE II. → BONHEUR

EUPHORIQUE I. → HEUREUX II. → REPU

EUPHORIQUEMENT à l' → AISE, avec → BONHEUR

EUPHUISME n.m. → PRÉCIOSITÉ

EURYTHMIE n.f. → HARMONIE

EUSTYLE → PROPORTIONNÉ

ÉVACUATION n.f. I. → ÉCOULEMENT II. → EXPULSION

ÉVACUER I. → VIDER II. → QUITTER

ÉVADÉ, E nom et adj. → FUGITIF

ÉVADER (S') → ENFUIR (s')

ÉVALUATION n.f. appréciation, approximation, calcul, comparaison, détermination, devis, estimation, expertise, inventaire, mesure, prisée, supputation

ÉVALUER apprécier, arbitrer, calculer, chiffrer, coter, cuber, déterminer, estimer, expertiser, fixer la valeur, jauger, juger, mesurer, nombrer, peser, priser, supputer, ventiler

ÉVANESCENT, E → FUGITIF

ÉVANGÉLISATION n.f. → MISSION

ÉVANGÉLISER → PRÊCHER

ÉVANGILE n.m. I. → FOI II. au pl. 1. Écriture(s) sainte(s), Nouveau Testament, parole de Dieu/ divine, synopse → SYNOPTIQUES 2. → APOCRYPHES

ÉVANOUIR (S') I. au pr.: défaillir, tourner de l'œil (fam.), se trouver mal – vx ou rég.: avoir des vapeurs, s'évanir, se pâmer, quiller II. fig. 1. → DISPARAÎTRE 2. → PASSER

◈ CONTR. I. connaissance/ conscience/ ses esprits, revenir à soi II. → APPARAÎTRE

ÉVANOUISSEMENT n.m. I. collapsus, coma, défaillance, éclampsie, faiblesse, pâmoison, syncope, vapeurs (vx), vertige – fam.: cirage, sirop, vapes II. fig.: anéantissement, disparition, effacement → FUITE

◈ CONTR. I. réveil II. → APPARITION

ÉVAPORATION n.f. → VAPORISATION

ÉVAPORÉ, E I. → ÉTOURDI II. → FRIVOLE

ÉVAPORER (S') fig. I. → DISPARAÎTRE II. → PASSER

ÉVASEMENT n.m. I. → AGRANDISSEMENT II. → OUVERTURE III. → DILATATION

ÉVASER → ÉLARGIR

ÉVASIF, IVE ambigu, détourné, dilatoire, douteux, élusif, énigmatique, équivoque, fuyant, incertain, réticent, vague

ÉVASION n.f. → FUITE

ÉVASIVEMENT de façon → ÉVASIF *et les dérivés possibles en* -ment *des syn. de* évasif

ÉVÊCHÉ n.m. diocèse, épiscopat, juridiction apostolique/ épiscopale

ÉVEIL n.m. → ALARME

ÉVEILLÉ, E I. conscient II. actif, alerte, animé, décidé, dégagé, dégourdi, délié, déluré, dessalé, diable, émerillonné, escarbillat (vx ou rég.), espiègle, excité, frétillant, fripon, fûté, gai, intelligent, malicieux, malin, ouvert, remuant, vif-argent, vivant → VIF

◇ CONTR. → ENGOURDI

ÉVEILLER I. au pr. : réveiller, tirer du sommeil **II. v. pron.** → LEVER (SE) **III. par ext. 1.** → PROVOQUER **2.** → ANIMER

ÉVEILLEUR n.m. → ÉDUCATEUR

ÉVÉNEMENT n.m. **I. au pr.** : accident, action, affaire, avatar, aventure, calamité, cas, cataclysme, catastrophe, chronique, circonstance, conjoncture, dénouement, désastre, drame, épisode, épopée, fait, fait divers, histoire, incident, intrigue, issue, malheur, mésaventure, nouvelle, occasion, occurrence, scandale, scène, tragédie, vicissitude **II. par ext.** → RÉSULTAT

◇ CONTR. **I.** calme (plat) **II.** → ROUTINE

ÉVENTAIL n.m. **I.** flabellum **II.** → CHOIX

ÉVENTAIRE n.m. → ÉTALAGE

ÉVENTÉ, E I. au pr. → GÂTÉ **II. fig.** → ÉTOURDI

ÉVENTER fig. I. → DÉCOUVRIR **II.** → GÂTER

ÉVENTUALITÉ n.f. **I.** → CAS **II.** → POSSIBILITÉ

ÉVENTUEL, LE → INCERTAIN

ÉVENTUELLEMENT I. → PEUT-ÊTRE **II.** → ACCESSOIREMENT

ÉVÊQUE n.m. **I.** monseigneur, pontife, prélat, primat, prince de l'Église, vicaire apostolique **II. arg.** : aubergine, prune de monsieur

ÉVERTUER (S') → ESSAYER

ÉVICTION n.f. congédiement, dépossession, disgrâce, élimination, éloignement, évincement, exclusion, excommunication, expulsion, licenciement, ostracisme, proscription, rejet, renvoi, révocation

◇ CONTR. → RÉCEPTION

ÉVIDEMENT n.m. → OUVERTURE

ÉVIDEMMENT à coup sûr, à l'évidence, apertement (vx), assurément, avec certitude, bien entendu/ sûr, certainement, certes, de toute évidence, effectivement, en effet/ fait/ réalité, et comment, immanquablement, incontestablement, indubitablement, infailliblement, manifestement, oui, sans aucun doute, sans conteste/ contredit/ doute/ faute, sûrement

ÉVIDENCE n.f. apodicticité, authenticité, axiome, certitude, clarté, flagrance, incontestabilité, lapalissade (péj.), netteté, prégnance, preuve, réalité, tautologie, truisme, vérité

◇ CONTR. **I.** → INCERTITUDE **II.** → INVRAISEMBLANCE

ÉVIDENT, E apert ou appert (vx), apodictique, assuré, authentique, aveuglant, axio-

matique, certain, clair, constant, convaincant, criant, éclatant, flagrant, formel, incontestable, indéniable, indiscutable, indubitable, irréfragable, irréfutable, limpide, manifeste, net, notoire, obvie, officiel, palpable, patent, positif, prégnant, public, sensible, sûr, tautologique, transparent, véridique, visible, vrai

◇ CONTR. **I.** → INCERTAIN **II.** → INVRAISEMBLABLE

ÉVIDER I. → CREUSER **II.** → TAILLER

ÉVINCER I. → DÉPOSSÉDER **II.** → ÉLIMINER

ÉVISCÉRATION n.f. énucléation, évidage, évidement

ÉVITER I. une chose : s'abstenir, cartayer, contourner, couper à (fam.), se dérober, se dispenser de, écarter, échapper à, éluder, empêcher, esquiver, fuir, se garer de, obvier à, parer, passer à travers, se préserver de, prévenir, refuir (vx), se soustraire à **II. quelqu'un** : couper à (fam.), se détourner de, échapper à, s'éloigner de, s'entrefuir (vx), fuir **III. on évite une chose à quelqu'un** : décharger/ délivrer/ dispenser de, épargner, garder/ libérer/ préserver de, sauver à (vx)

◇ CONTR. **I.** → CHERCHER **II.** → SOUHAITER **III.** → RENCONTRER

ÉVOCATEUR, TRICE → SUGGESTIF

ÉVOCATION n.f. anamnèse, incantation → RAPPEL

ÉVOLUÉ, E → POLICÉ

ÉVOLUER aller/ marcher de l'avant, changer, se dérouler, se développer, devenir, innover, manœuvrer, marcher, se modifier, se mouvoir, progresser, réformer, se transformer

◇ CONTR. → RECULER

ÉVOLUTION n.f. avancement, changement, cours, déroulement, développement, devenir, film, manœuvre, marche, métamorphose, mouvement, processus, progression, remous, spéciation, transformation

◇ CONTR. → FIXITÉ

ÉVOLUTIONNISME n.m. biogenèse, biosynthèse, darwinisme, lamarckisme, mutationnisme, progrès, transformisme

◇ CONTR. : fixisme

ÉVOQUER aborder, alluder (vx), allusionner, appeler, décrire, effleurer, éveiller, faire allusion à, imaginer, interpeller, invoquer, montrer, rappeler, remémorer, repasser, représenter, réveiller, revivre, suggérer, susciter

◇ CONTR. **I.** → CHASSER **II.** → OMETTRE

EXACERBATION n.f. → PAROXYSME

EXACERBÉ, E → EXCITÉ

EXACERBER → IRRITER

EXACT, E I. une chose : au poil (fam.), authentique, certain, complet, conforme, congru, convenable, correct, fiable, fidèle, juste, littéral, mathématique, net, normal, précis, pur, réel, sincère, solide, sûr, textuel, véridique, véritable, vrai **II. quelqu'un :** assidu, attentif, consciencieux, correct, minutieux, ponctuel, réglé, régulier, rigoureux, scrupuleux, strict, zélé
◊ CONTR. **I.** → FAUX **II.** → VAGUE

EXACTEMENT avec → EXACTITUDE, de façon → EXACT *et les dérivés possibles en* -ment *des syn. de* exact

EXACTION n.f. → MALVERSATION

EXACTITUDE n.f. **I. d'une chose :** authenticité, concordance, congruence, convenance, correction, fidélité, justesse, précision, rigueur, véracité, véridicité, vérité **II. de quelqu'un :** application, assiduité, attention, conscience professionnelle, correction, fidélité, minutie, ponctualité, régularité, scrupule, scrupulosité (péj.), sincérité, soin
◊ CONTR. → INEXACTITUDE

EX-ÆQUO → ÉGAL

EXAGÉRATION n.f. **I.** hypertrophie **II.** amplification, broderie, démesure, disproportion, dramatisation, emphase, enflure, exubérance, fanfaronnade, galéjade, gasconnade, histoire marseillaise, hyperbole, inflation (verbale), outrance, surenchère, vantardise → HÂBLERIE – fam. : charre, frime **III.** surévaluation → EXCÈS
◊ CONTR. **I.** → MODÉRATION **II.** → DIMINUTION **III.** → LITOTE

EXAGÉRÉ, E → EXCESSIF

EXAGÉRÉMENT → EXCESSIVEMENT

EXAGÉRER I. on exagère ses propos : agrandir, ajouter, amplifier, augmenter, bluffer, broder, charger, développer, donner le coup de pouce, dramatiser, embellir, enfler, enjoliver, en remettre, faire valoir, forcer, galéjer, gasconner, grandir, grossir, masser (fam.), ne pas y aller de main morte, outrer, pousser, rajouter, surfaire, se vanter → HÂBLER **II. on exagère dans son comportement :** abuser, aller fort **III. arg. ou fam. :** attiger, charrier, chier dans la colle/ dans les bottes, déconner, dépasser/ passer/ outrepasser les bornes/ la limite/ la mesure, faire déborder le vase, friner, masser
◊ CONTR. → MINIMISER

EXALTATION n.f. → ENTHOUSIASME

EXALTER I. → LOUER **II.** → EXCITER **III.** → TRANSPORTER **IV. v. pron.** → ENTHOUSIASMER (s')

EXAMEN n.m. **I.** → RECHERCHE **II.** bac, baccalauréat, bachot, brevet, certificat d'études, colle, concours, diplôme, doctorat, épreuve, interrogation, licence, maîtrise, test

EXAMINER I. analyser, anatomiser (vx), apprécier, approfondir, ausculter, comparer, compulser, considérer, consulter, contrôler, critiquer, débattre, décomposer, délibérer, dépouiller, désosser (fam.), disséquer, éplucher, éprouver, estimer, étudier, évaluer, expertiser, explorer, grabeler (rég.), inspecter, instruire, inventorier, observer, palper, parcourir, peser, prospecter, reconnaître, regarder, scruter, sonder, toucher, viser, visiter, voir **II.** auditionner, interroger, questionner **III.** → RECHERCHER
◊ CONTR. **I.** → OMETTRE **II.** → ABANDONNER

EXASPÉRANT, E → AGAÇANT

EXASPÉRATION n.f. **I.** → COLÈRE **II.** → AGITATION **III.** → PAROXYSME

EXASPÉRER → IRRITER

EXAUCEMENT n.m. → RÉALISATION

EXAUCER → SATISFAIRE

EXCAVATION n.f. antre, aven, caverne, cavité, cloup, concavité, coupure, creux, enfoncement, enfonçure, entonnoir, évidement, fente, fondis ou fonlis, fosse, grotte, hypogée, ouverture, puits, souterrain, tranchée, trou, vide
◊ CONTR. → HAUTEUR

EXCÉDÉ, E → FATIGUÉ

EXCÉDENT n.m. → EXCÈS

EXCÉDER I. → DÉPASSER **II.** → FATIGUER **III.** → ÉNERVER

EXCELLEMMENT → BIEN

EXCELLENCE n.f. **I. prot. :** Altesse, Éminence – vx : Grâce, Grandeur, Hautesse, Seigneurie **II.** → PERFECTION

EXCELLENT, E I. hors concours → BON **II.** → PARFAIT

EXCELLER briller, être fort/ habile à/ le meilleur, surclasser, surpasser, triompher
◊ CONTR. : être → INCAPABLE

EXCENTRICITÉ n.f. → EXTRAVAGANCE

EXCENTRIQUE nom et adj → ORIGINAL

EXCEPTÉ abstraction faite de, à la réserve/ l'exception/ l'exclusion de, à part cela, à cela près, à telle chose près, exclusivement, fors (vx), hormis, hors, mis à part, non compris, sauf, sinon
◊ CONTR. : y compris

EXCEPTER écarter, enlever, épargner, exclure, négliger, oublier, pardonner, retrancher
◊ CONTR. → COMPRENDRE

EXCEPTION n.f. **I.** accident, anomalie, contre-exemple, dérogation, exclusion, particularité, réserve, restriction, singularité

II. → PERMISSION **III. À L'EXCEPTION DE** → EX-CEPTÉ

◇ CONTR. **I.** → GÉNÉRALITÉ **II.** → PRINCIPE

EXCEPTIONNEL, LE → RARE

EXCEPTIONNELLEMENT I. → GUÈRE **II.** → QUELQUEFOIS

EXCÈS n.m. **I. d'une chose** : dépassement, disproportion, énormité, excédent, exubérance, luxe, luxuriance, plénitude, pléthore, profusion, quantité, redondance, reste, satiété, saturation, superfétation, superflu, superfluité, surabondance, surchauffe (écon.), surnombre, surplus, trop, trop-plein **II. dans un comportement** : abus, bacchanale, débordement, démesure, dérèglement, exagération, extrême, extrémisme, extrémité, immodération, immodestie, inconduite, incontinence, intempérance, luxure, orgie, outrance, prouesse, ribote, violence → DÉBAUCHE, FESTIN

◇ CONTR. **I.** → MANQUE **II.** → SOBRIÉTÉ

EXCESSIF, IVE I. abusif, carabiné, chargé, démesuré, déraisonnable, déréglé, désordonné, effréné, énorme, exagéré, exorbitant, extraordinaire, extrême, forcé, fort, gros, hyperbolique, immense, immodéré, immodeste, incroyable, insensé, long, outrancier, outré, raide, rigoureux, trop **II.** affreux, effrayant, effroyable, horrible, insupportable, intolérable, monstrueux, terrible **III.** débridé, dévorant, enragé, fou, furieux, grimaçant, hystérique, incontinent, intempérant → VIOLENT **IV.** exubérant, luxuriant, prodigieux, surabondant **V.** somptuaire

◇ CONTR. **I.** → MODÉRÉ **II.** → NORMAL

EXCESSIVEMENT à l'excès, beaucoup, exagérément, outrageusement, outre mesure, plus qu'il ne convient/ n'est convenable

EXCIPER → PRÉTEXTER

EXCISION n.f. abcision, ablation, amputation, autotomie, circoncision, clitoridectomie, coupe, enlèvement, exérèse, extirpation, mutilation, opération, résection, sectionnement, tomie

◇ CONTR. → GREFFE

EXCITABILITÉ n.f. → SUSCEPTIBILITÉ

EXCITABLE → SUSCEPTIBLE

EXCITANT, E I. → FORTIFIANT **II.** → AFFRIOLANT

EXCITATEUR, TRICE nom et adj. agitateur, animateur, fomentateur, instigateur, meneur, révolutionnaire, stimulateur → FACTIEUX

◇ CONTR. → CONCILIATEUR

EXCITATION n.f. **I. phys.** : chaleur, fermentation, stimulus **II. état d'excitation** : acharnement, agitation, aigreur, animation, ardeur, colère, déchaînement, délire, échauffaison (vx), embrasement, émoi, emportement, énervement, enfièvrement, enthousiasme, éréthisme, exacerbation, exaltation, exaspération, faim, fébrilité, fièvre, irritation, ivresse, nervosité, ravissement, surexcitation, tension, trouble **III. action d'exciter** : appel, attisement, chatouillement, émulation, encouragement, entraînement, exhortation, fomentation, impulsion, incentives (psych.), incitation, invitation, motivation, provocation, sollicitation, stimulation, stimulus, titillation

◇ CONTR. **I.** → APAISEMENT **II.** → DÉPRESSION **III.** → TRANQUILLITÉ **IV.** inhibition

EXCITÉ, E I. adj. : agacé, agité, aguiché, allumé, animé, ardent, attisé, émoustillé, énervé, exacerbé, monté, nerveux, troublé **II. nom** → ÉNERGUMÈNE

◇ CONTR. → TRANQUILLE

EXCITER I. faire naître une réaction : actionner, allumer, animer, apitoyer, attendrir, attirer, causer, charmer, déchaîner, déclencher, donner le branle/ le mouvement/ le signal, ébranler, emballer, embraser, enflammer, enivrer, enlever, enthousiasmer, exalter, faire naître, fomenter, insuffler, inviter, mettre en branle/ en mouvement/ de l'huile sur le feu (fam.), mouvoir, provoquer, solliciter, souffler la colère/ le désordre/ la haine/ sur les braises, susciter **II. on fait croître une réaction** : accroître, activer, aggraver, aigrir, aiguillonner, aiguiser, attiser, aviver, cingler, cravacher, doper, dynamiser, envenimer, éperonner, éréthiser, exacerber, exalter, exaspérer, faire sortir/ mettre hors de ses gonds, flipper (fam.), fouetter, piquer, pousser, relever, renforcer, réveiller, stimuler, surexciter, titiller, travailler **III. on excite quelqu'un à quelque chose** : aiguillonner, animer, convier, disposer, encourager, engager, entraîner, exhorter, galvaniser, inciter, instiguer, inviter, obliger, persuader, porter, pousser, presser, provoquer, solliciter, stimuler, tenter – vx : époindre, piéter **IV. on excite la foule** : ameuter, électriser, enflammer, fanatiser, fomenter, soulever, transporter **V. on excite quelqu'un** : agiter, animer, caresser, chatouiller, échauffer, émouvoir, enfièvrer, enivrer, exalter, flatter, fouetter, irriter, mettre en colère/ en rogne (fam.), monter la tête, mouvoir, passionner, plaire, ranimer, remuer, soulever, surexciter, taquiner, transporter **VI. on excite contre quelqu'un** : acharner, armer, braquer, crier haro sur/ vengeance, dresser, monter, opposer, soulever **VII. le désir sexuel** : agacer, aguicher, allumer, attiser, bander/ goder/ mouiller pour (arg.), émoustiller, émouvoir, érotiser, troubler

◇ CONTR. **I.** → CALMER **II.** → INHIBER

EXCLAMATION n.f. → CRI

EXCLAMER (S') admirer, applaudir, s'écrier, s'étonner, se récrier

EXCLU, E forclos, forfait

EXCLURE I. → ÉLIMINER II. → EMPÊCHER III. → EXCEPTER

EXCLUSIF, IVE I. → INTOLÉRANT II. → UNIQUE

EXCLUSION n.f. I. → EXPULSION II. → EXCEPTION

EXCLUSIVE n.f. → INTERDIT

EXCLUSIVEMENT I. → EXCEPTÉ II. → SEULEMENT

EXCLUSIVITÉ n.f. scoop → PRIVILÈGE

EXCOMMUNICATION n.f. anathème, bannissement, blâme, censure, exclusion, expulsion, foudres de l'Église, glaive spirituel, interdit, malédiction, ostracisme
◇ CONTR. I. → BÉATIFICATION II. → RÉCEPTION

EXCOMMUNIER anathématiser, bannir, blâmer, censurer, chasser, exclure, frapper, interdire, maudire, ostraciser, rejeter, renvoyer, repousser, retrancher
◇ CONTR. I. → BÉATIFIER II. → RECEVOIR

EXCRÉMENT n.m. **I. de l'homme. 1. méd. ou neutre** : besoins, crotte, déchet, défécation, déjection, excrétion, exonération, fèces, flux alvin, matières, matières alvines/ fécales, méconium (nouveau-né), selles – **vx** : garde-robe, gringuenaude – **rég.** : cacade, cagade **2. enf.** : caca, gros, grosse commission, pot **3. vulg. ou arg.** : bran, brenne, bronze, chiasse, chique, cigare, colombin, confiture, corde de puits, débourrée, étron, foire, grelot, machetagouine, marchandise, merdagouine, merde, mouscaille, moutarde, paquet, pêche, purée, rondin, sentinelle **II. anim.** : bouse, chiure, colombine, crotte, crottin, fient, fiente, fumier, guano, jet, purin, turricule – **vén.** : fumées, laissées, troches **III. par ext. 1.** chassie, gringuenaude, loup, mite → MORVE **2.** boue, gadoue, immondice, ordure, poudrette, rebut, résidu
◇ CONTR. → NOURRITURE

EXCRÉTER → EXPULSER

EXCRÉTION n.f. → EXPULSION

EXCROISSANCE n.f. → TUMEUR

EXCURSION n.f. I. → PROMENADE II. → VOYAGE III. → DIGRESSION

EXCUSABLE admissible, amnistiable, défendable, justifiable, légitime, pardonnable, rémissible, supportable
◇ CONTR. I. → IMPARDONNABLE II. → INJUSTIFIABLE

EXCUSE n.f. **I. au pr.** : alibi, allégation, amende honorable, décharge, déculpabili-

sation, défense, disculpation, explication, justification, motif, pardon, raison, regret, ressource **II. par ext. 1.** défaite, dérobade, échappatoire, faux-fuyant, moyen, prétexte, refuites (vx) **2.** → DIVERSION
◇ CONTR. I. → ACCUSATION II. → BLÂME

EXCUSER **I.** absoudre, acquitter, admettre, alléguer, blanchir, couvrir, décharger, déculpabiliser, défarguer (arg.), disculper, effacer, exempter, faire crédit, innocenter, justifier, laver, légitimer, pardonner, passer l'éponge, remettre, sauver, tolérer **II. v. pron.** : demander pardon, se défendre *et les formes pron. possibles des syn. de excuser*
◇ CONTR. I. → ACCUSER II. → BLÂMER

EXEAT n.m. autorisation, congé, laissez-passer, permis, permission, visa (de sortie)
◇ CONTR. → INTERDIT

EXÉCRABLE I. → DÉTESTABLE II. → HAÏSSABLE

EXÉCRABLEMENT de façon → EXÉCRABLE *et les dérivés possibles en* -ment *des syn. de* exécrable

EXÉCRATION n.f. I. → MALÉDICTION II. → ÉLOIGNEMENT III. → HORREUR

EXÉCRER → HAÏR

EXÉCUTABLE I. → FACILE II. → RÉALISABLE

EXÉCUTANT, E n.m. ou f. I. chanteur, choriste, concertiste, instrumentiste, virtuose → MUSICIEN II. praticien, technicien III. → AGENT
◇ CONTR. → CHEF

EXÉCUTER I. → RÉALISER II. → TUER

EXÉCUTEUR, TRICE nom et adj. → BOURREAU

EXÉCUTION n.f. I. → RÉALISATION II. → SUPPLICE

EXÉGÈSE n.f. → COMMENTAIRE

EXÉGÈTE n.m. → COMMENTATEUR

EXEMPLAIRE **I. nom masc** : archétype, canon, copie, échantillon, édition, épreuve, gabarit, leçon, modèle, patron, prototype, spécimen, type **II. adj.** : bon, édifiant, parfait, représentatif, typique
◇ CONTR. I. → MÉDIOCRE II. → HONTEUX

EXEMPLAIREMENT de façon → EXEMPLAIRE *et les dérivés possibles en* -ment *des syn. de* exemplaire

EXEMPLE n.m. **I. au pr.** : modèle, paradigme, parangon, règle **II. par ext. 1.** contagion, édification, émulation, entraînement, imitation **2.** aperçu, échantillon, preuve, type **3.** citation **4.** → EXEMPLAIRE **III. jurid.** : cas, jurisprudence, précédent **IV. 1. À L'EXEMPLE DE** : à l'image/ l'instar, comme, de même que **2. PAR EXEMPLE** : ainsi, comme, en revanche, entre autres, mais, notamment, par contre

EXEMPT, E affranchi, déchargé, dégagé, dépourvu, dispensé, exonéré, franc (de port), immunisé, indemne, libéré, libre, préservé, quitte

◇ CONTR. **I.** → OBLIGÉ **II.** → FOURNI

EXEMPTER I. affranchir, amnistier, décharger, dégager, dégrever, détaxer, dispenser, épargner, éviter, excuser, exonérer, gracier, immuniser, libérer, préserver, tenir quitte **II. v. pron.** : échapper à *et les formes pron. possibles des syn. de* exempter

◇ CONTR. → OBLIGER

EXEMPTION n.f. **I.** → DIMINUTION **II.** → IMMUNITÉ

EXERCÉ, E → ADROIT

EXERCER I. on exerce une activité : acquitter, s'acquitter de, cultiver, déployer, employer, exécuter, faire, se livrer à, mettre en action/ usage/ pratique, pratiquer, professer, remplir **II. on exerce quelqu'un ou un animal** : dresser, endurcir, entraîner, exerciter (vx), façonner, former, habituer, plier, viriliser **III. v. pron.** : s'appliquer à, apprendre, s'entraîner, s'essayer, étudier, se faire la main

◇ CONTR. → ABANDONNER

EXERCICE n.m. **I.** application, apprentissage, devoir, drill, entraînement, essai, étude, évolution, instruction, manœuvre, mouvement, pratique, sport, tour de force, training, travail, vocalise **II.** application, commentaire, composition, conversation, copie, correction, devoir, dictée, dissertation, interrogation écrite, problème, récitation, rédaction, thème, version

◇ CONTR. → INACTION

EXERGUE n.m. → INSCRIPTION

EXHALAISON n.f. **I.** arôme, bouffée, effluve, émanation, évaporation, fragrance, fumée, fumet, gaz, haleine, moyette, odeur, parfum, senteur, souffle, vapeur – **vx** : exhalation, perspiration **II. non fav.** : pestilence, puanteur, relent, remugle

EXHALER I. au pr. 1. dégager, embaumer, émettre, épancher, fleurer, odorer, perspirer (vx), produire, répandre, sentir **2. non fav.** : empester, empuantir, puer, suer **II. par ext.** : déverser, donner libre cours, exprimer, extérioriser, proférer, manifester **III. v. pron.** : émaner, s'évaporer, transpirer *et les formes pron. possibles des syn. de* exhaler

◇ CONTR. **I.** → ASPIRER **II.** → RÉPRIMER **III.** → TAIRE

EXHAUSSEMENT n.m. → HAUSSEMENT

EXHAUSSER → HAUSSER

EXHAUSTIF, IVE I. au pr. : achevé, complet, total **II. fig.** : absorbant, accablant, épuisant, exténuant

◇ CONTR. → IMPARFAIT

EXHAUSTIVEMENT à fond, de façon → EXHAUSTIF *et les dérivés possibles en* -ment *des syn. de* exhaustif

EXHÉRÉDER → DÉSHÉRITER

EXHIBER → MONTRER

EXHIBITION n.f. → SPECTACLE

EXHORTATION n.f. **I.** → ENCOURAGEMENT **II.** → SERMON

EXHORTER → ENCOURAGER

EXHUMER I. → DÉTERRER **II.** → PRODUIRE

EXIGEANT, E absorbant, accaparant, délicat, difficile, dur, envahissant, insatiable, intéressé, intraitable, maniaque, pointilleux, sévère, strict, tyrannique

◇ CONTR. **I.** → ACCOMMODANT **II.** → FAIBLE

EXIGENCE n.f. **I.** → REVENDICATION **II.** → DEVOIR **III.** → OBLIGATION

EXIGER → RÉCLAMER

EXIGU, UË → PETIT

EXIGUÏTÉ n.f. étroitesse, médiocrité, mesquinerie, modicité, petitesse

◇ CONTR. → IMMENSITÉ

EXIL n.m. **I.** ban, bannissement, déportation, expatriation, expulsion, lettre de cachet (vx), ostracisme, pétalisme, proscription, relégation, transportation **II.** départ, éloignement, isolement, réclusion, renvoi, retraite, séparation

◇ CONTR. → RAPATRIEMENT

EXILÉ, E nom et adj. émigré → BANNI

EXILER → BANNIR

EXISTANT, E I. → ACTUEL **II.** → PRÉSENT

EXISTENCE n.f. **I.** → ÊTRE **II.** → VIE

EXISTER I. → ÊTRE **II.** → VIVRE

EXODE n.m. **I.** → ÉMIGRATION **II.** abandon, départ, dépeuplement, désertion

EXONÉRATION n.f. **I.** → DIMINUTION **II.** – IMMUNITÉ

EXONÉRER I. → EXEMPTER **II.** → SOULAGER

EXORBITANT, E → DÉMESURÉ

EXORCISER adjurer, chasser, conjurer, purifier, rompre le charme/ l'enchantement/ l'envoûtement

◇ CONTR. → CHARMER

EXORCISME n.m. adjuration, conjuration, délivrance, dépossession, désenvoûtement, évangile, formule cabalistique, prière, purification, supplication

◇ CONTR. → MAGIE

EXORCISTE n.m. **I. au pr.** : conjurateur, exorciseur **II. par ext.** : cabaliste, grand prêtre, mage, sorcier

◇ **CONTR.** : envoûteur → SORCIER

EXORDE n.m. **I.** → INTRODUCTION **II.** → COMMENCEMENT

EXOTIQUE → ÉTRANGER

EXPANSIBLE dilatable → SOUPLE

EXPANSIF, IVE → COMMUNICATIF

EXPANSION n.f. **I.** → DILATATION **II.** → PROPAGATION **III.** → PROGRÈS

EXPATRIATION n.f. **I.** → ÉMIGRATION **II.** → BANNISSEMENT

EXPATRIÉ, E nom et adj. → ÉMIGRÉ

EXPATRIER I. → BANNIR **II. v. pron.** → QUITTER

EXPECTANCE, EXPECTATION et **EXPECTATIVE** n.f. **I.** attente, espérance, espoir, perspective **II.** opportunisme → HABILETÉ

◇ **CONTR.** → CERTITUDE

EXPECTORATION n.f. → CRACHEMENT

EXPECTORER → CRACHER

EXPÉDIENT, E → CONVENABLE

EXPÉDIENT n.m. accommodement, acrobatie, échappatoire, intrigue, mesure, moyen, procédé, ressource, rétablissement, ruse, tour, truc

EXPÉDIER I. au pr. → ENVOYER **II. par ext. 1.** → ACCÉLÉRER **2.** → CONGÉDIER **3.** → TUER

EXPÉDITEUR, TRICE n.m. ou f. consignateur, destinateur, envoyeur, expéditionnaire, exportateur → COMMERÇANT

◇ **CONTR.** → DESTINATAIRE

EXPÉDITIF, IVE I. → ACTIF **II.** → RAPIDE

EXPÉDITION n.m. **I.** → COPIE **II.** → VOYAGE **III.** → RÉALISATION **IV. milit.** : campagne, coup de main, croisade, guerre, opération, raid, ratonnade (arg.) **V.** chargement, consignation, courrier, émission, envoi, transport

◇ **CONTR.** : réception

EXPÉDITIONNAIRE nom et adj. → EMPLOYÉ

EXPÉRIENCE n.f. **I.** → EXPÉRIMENTATION **II.** acquis, connaissance, habitude, sagesse, savoir, science **III.** apprentissage, creuset, école, pratique, routine, usage

◇ **CONTR.** → IGNORANCE

EXPÉRIMENTATION application, constatation, contrôle, démonstration, épreuve, essai, étude, expérience, observation, pratique, recherche, tentative, test, vérification

◇ **CONTR. I.** → RAISONNEMENT **II.** → THÉORIE

EXPÉRIMENTÉ, E → CAPABLE

EXPÉRIMENTER aventurer, constater, éprouver, essayer, étudier, goûter, hasarder, mettre à l'épreuve, observer, se rendre compte, se renseigner, risquer, tâter de, tenter, tester, vérifier, voir

◇ **CONTR.** → ADOPTER

EXPERT n.m. appréciateur, commissaire-priseur, estimateur, sapiteur (mar.)

EXPERT, E adj. → CAPABLE

EXPERTISE n.f. → ESTIMATION

EXPERTISER → EXAMINER

EXPIATION n.f. **I.** → RÉPARATION **II.** → PUNITION

EXPIATOIRE piaculaire

EXPIER → RÉPARER

EXPIRATION n.f. **I.** haleine, halenée, respiration, souffle **II.** échéance, fin, terme

◇ **CONTR. I.** → INSPIRATION **II.** → COMMENCEMENT **III.** → RENOUVELLEMENT

EXPIRER I. au pr. : exhaler, respirer, souffler **II. par ext.** : s'éteindre, mourir, rendre l'âme/ le dernier soupir **III. fig.** : cesser, disparaître, se dissiper, s'évanouir, finir, prendre fin, venir à son échéance/ sa fin/ son terme

◇ **CONTR. I.** → INSPIRER **II.** → COMMENCER

EXPLÉTIF, IVE → SUPERFLU

EXPLICABLE → INTELLIGIBLE

EXPLICATION n.f. **I. d'un texte** : anagogie, anagogisme, appareil critique, commentaire, définition, éclaircissement, exégèse, exposé, exposition, glose, herméneutique, indication, interprétation, note, paraphrase, précision, remarque, renseignement, scolie **II. par ext. 1.** cause, clartés (vx), éclaircissement, élucidation, explicitation, justification, motif, raison, spécification, version **2.** altercation, débat, discussion, dispute, mise au point → BAGARRE

◇ **CONTR. I.** → EMBROUILLEMENT **II.** → SILENCE

EXPLICITE I. exprès, formel, formulé, net, positif, précis **II.** → CLAIR

◇ **CONTR.** → IMPLICITE

EXPLICITEMENT de façon → CLAIR(E) *et les dérivés possibles en* -ment *des syn. de* clair

EXPLICITER → ÉNONCER

EXPLIQUER I. au pr. : annoncer, communiquer, déclarer, décrire, développer, dire, exposer, exprimer, faire connaître, montrer, raconter **II. par ext. 1. une chose explique une chose** : manifester, montrer, prouver, trahir **2. on explique une chose** : commenter, débrouiller, démêler, définir, éclaircir, éclairer, élucider, expliciter, faire comprendre, gloser, illustrer, interpréter, mettre au clair/ au net/ au

point, rendre intelligible, traduire 3. apprendre, enseigner, montrer, rendre compte 4. donner/ fournir des excuses/ explications, justifier, motiver III. v. pron. 1. se déclarer, se disculper, se justifier, parler 2. aller de soi, se comprendre
◆ CONTR. I. → EMBROUILLER II. → TAIRE

EXPLOIT n.m. **I. au pr.** : acte/ action d'éclat, bravoure, conduite, fait d'armes, haut fait, performance, prouesse, record, trait – **vx** : geste, vaillantise **II. jurid.** : ajournement, assignation, citation, commandement, notification, procès-verbal, signification, sommation
◆ CONTR. → INSUCCÈS

EXPLOITANT, E nom et adj. → FERMIER

EXPLOITATION n.f. **I.** → ÉTABLISSEMENT **II.** → ABUS

EXPLOITER I. au pr. : faire valoir, mettre en valeur, tirer parti/ profit **II. par ext. 1.** → ABUSER **2.** → VOLER

EXPLOITEUR, EUSE n.m. ou f. → PROFITEUR

EXPLORATEUR, TRICE n.m. ou f. **I.** chercheur, découvreur, navigateur, prospecteur, voyageur **II. par ext.** : aquanaute, astronaute, cosmonaute, océanaute, spéléologue, spéléonaute
◆ CONTR. → INDIGÈNE

EXPLORATION n.f. → VOYAGE

EXPLORATOIRE → PRÉALABLE

EXPLORER → EXAMINER

EXPLOSER → ÉCLATER

EXPLOSIF n.m. acide picrique, cheddite, cordite, coton-poudre, dynamite, fulmicoton, fulminate (de mercure), lyddite, mélinite, nitrobenzène, nitroglycérine, panclastite, plastic, poudre B/ noire/ pyroxylée/ SD, tolite, trinitrotoluène

EXPLOSIF, IVE I. → IMPÉTUEUX **II.** → SENSATIONNEL

EXPLOSION n.f. **I.** crépitation, déflagration, détonation, éclatement, fulmination, implosion (par ext.), pétarade **II.** choc, commotion, désintégration, rupture, souffle **III. fig.** : apparition, bouffée, débordement, déchaînement, manifestation, ouragan, saute d'humeur, tempête
◆ CONTR. I. implosion II. → RECUL

EXPORTATEUR, TRICE nom et adj. → COMMERÇANT

EXPORTATION n.f. commerce avec l'étranger, expatriation, expédition, export-import, transit → COMMERCE
◆ CONTR. → INTRODUCTION

EXPORTER → VENDRE

EXPOSÉ n.m. **I.** → RAPPORT **II.** → RÉCIT

EXPOSER I. au pr. 1. une chose : afficher, arranger, disposer, étalager, étaler, exhiber, mettre en vue, montrer, offrir à la vue, placer, présenter, publier, tourner vers **2. quelqu'un ou quelque chose** : compromettre, découvrir, mettre en danger/ péril → HASARDER **II. par ext.** : circonstancier, communiquer, conter, déclarer, décrire, déduire, détailler, développer, dire, donner, écrire, énoncer, expliquer, montrer, narrer, raconter, retracer, traiter **III. v. pron.** → RISQUER
◆ CONTR. I. → CACHER II. → DÉFENDRE III. → RETIRER IV. → TAIRE

EXPOSITION n.f. **I.** concours, démonstration, étalage, exhibition, foire, galerie, montre, présentation, rétrospective, salon, vernissage **II.** ban, carcan, pilori **III. relig.** : ostension, porrection **IV. par ext. 1.** → INTRODUCTION **2.** → POSITION **3.** → RÉCIT
◆ CONTR. : dissimulation, mise à l'abri/ au secret/ en réserve

EXPRÈS n.m. → MESSAGER

EXPRÈS à dessein, délibérément, intentionnellement, spécialement, volontairement
◆ CONTR. : malgré soi *et les adv. dérivés possibles en* -ment *des syn. de* → INVOLONTAIRE

EXPRÈS, ESSE adj. clair, explicite, formel, impératif, net, positif, précis

EXPRESSÉMENT → ABSOLUMENT

EXPRESSIF, IVE I. animé, bavard, démonstratif, énergique, mobile, vif **II. une chose** : coloré, éloquent, manifeste, parlant, significatif, touchant, vigoureux, vivant
◆ CONTR. → INEXPRESSIF

EXPRESSION n.f. **I. au pr. ce qu'on dit** : cliché (péj.), construction, énoncé, euphémisme, figure, forme, formulation, formule, idiotisme, image, locution, métaphore, mot, phrase, pointe, slogan, symbole, terme, touche, tour, tournure, trait, trope **II. manière d'être ou de se comporter. 1.** attitude, caractère, comportement, génie, manière, physionomie, style, ton **2.** animation, écho, émanation, incarnation, manifestation, objectivation, personnification **3.** → TÊTE
◆ CONTR. I. → SILENCE II. → IMPASSIBILITÉ

EXPRIMER I. au pr. 1. → EXTRAIRE **2.** → PRESSER **II. par ext.** : dire, énoncer, expliquer, exposer, extérioriser, faire connaître/ entendre/ savoir, figurer, manifester, objectiver, peindre, préciser, rendre, rendre compte, représenter, signifier, souhaiter, spécifier, tourner, traduire, vouloir dire **III. pron.** → PARLER
◆ CONTR. I. → CACHER II. → TAIRE

EXPROPRIATION n.f. → EXPULSION

EXPROPRIER → DÉPOSSÉDER

EXPULSER I. **au pr.** : arracher à, bannir, chasser, déloger, éjecter, éliminer, évacuer, évincer, exclure, excommunier, exiler, expatrier, faire évacuer/ sortir, licencier, ostraciser, pétaliser, proscrire, reconduire, refouler, renvoyer – **fam.** : lourder, sortir, vider, virer II. **méd.** : cracher, déféquer, émettre, éructer, excréter, expectorer, scotomiser (psych.), uriner, vomir

◆ CONTR. → ACCUEILLIR

EXPULSION n.f. I. bannissement, disgrâce (psych.), éjection, élimination, évacuation, éviction, exclusion, excommunication, exil, expatriation, expropriation, licenciement, ostracisme, pétalisme, proscription, refoulement, rejet, renvoi, vidage (fam.) II. **méd.** : crachement, défécation, déjection, délivrance, émission, éructation, excrétion, exonération, expectoration, miction, scotomisation (psych.), vomissement III. **techn.** : extrusion

◆ CONTR. I. → ACCUEIL II. → CONVOCATION III. rétention

EXPURGER → ÉPURER

EXQUIS, E → DÉLECTABLE

EXQUISÉMENT de façon → DÉLECTABLE et les dérivés possibles en -ment des syn. de délectable

EXSANGUE → PÂLE

EXSUDER couler, distiller, émettre, exprimer, fluer, jeter, rejeter, sécréter, suer, suinter, transpirer

◆ CONTR. → SÉCHER

EXTASE n.f. I. **fav.** : admiration, adoration, anagogie, béatitude, contemplation, émerveillement, enivrement, exaltation, félicité, ivresse, lévitation, ravissement, transport, vénération II. **méd.** : hystérie, névrose

◆ CONTR. I. → DÉCEPTION II. → MÉLANCOLIE

EXTASIER (S') crier au miracle, s'écrier, s'exclamer, se pâmer, se récrier → ENTHOUSIASMER (S')

◆ CONTR. I. → BLÂMER II. → DÉNIGRER

EXTENSEUR n.m. exerciseur, sandow

EXTENSIBLE → SOUPLE

EXTENSION n.f. I. accroissement, agrandissement, amplification, augmentation, déploiement, développement, élargissement, envergure, essor, étendue, expansion, généralisation, grossissement, planétisation, prolongement, propagation II. allongement, détente, distension, étirage, étirement, pandiculation (méd.)

◆ CONTR. → DIMINUTION

EXTÉNUANT, E → TUANT

EXTÉNUÉ, E → FATIGUÉ

EXTÉNUER I. → FATIGUER II. → AFFAIBLIR

EXTÉRIEUR, E I. **adj.** : apparent, externe, extra-muros, extrinsèque, manifeste, visible

EXTÉRIEUR n.m. I. périphérie II. air, allure, apparence, aspect, attitude, brillant, clinquant, couleur, croûte, déguisement, dehors, éclat, écorce, enduit, enveloppe, façade, face, fard, faux-semblant, figure, forme, jour, livrée, maintien, manière, masque, mine, physionomie, pose, superficie, superstructure, surface, tenue, tournure, vernis, visage III. **vx** : appareil, semblance

◆ CONTR. → INTÉRIEUR

EXTÉRIORISER → EXPRIMER

EXTERMINATION n.f. → CARNAGE

EXTERMINER I. → TUER II. → DÉTRUIRE III. → DÉRACINER

EXTERNE I. **adj.** → EXTÉRIEUR II. **nom** → MÉDECIN

EXTINCTION n.f. I. **fig** : abolition, abrogation, anéantissement, annulation, arrêt, cessation, décharge (jurid.), destruction, disparition, épuisement, extermination, fin, prescription, suppression II. **de voix** : aphonie

◆ CONTR. I. → ALLUMAGE II. → PROPAGATION

EXTIRPATION n.f. I. → DÉRACINEMENT II. → EXCISION

EXTIRPER → DÉRACINER

EXTORQUER I. → OBTENIR II. → VOLER

EXTORSION n.f. → MALVERSATION

EXTRA I. **adv.** → TRÈS II. **adj.** → SUPÉRIEUR III. **nom.** 1. → SUPPLÉMENT 2. → SERVITEUR

EXTRACTION n.f. I. → DÉRACINEMENT II. → ENLÈVEMENT III. → NAISSANCE

EXTRADER → LIVRER

EXTRADITION n.f. livraison, transfert

EXTRAIRE I. arracher, dégager, déraciner, desceller, détacher, distiller, enlever, énucléer, exprimer, extorquer, isoler, ôter, prélever, prendre, recueillir, relever, séparer, sortir, tirer II. compiler, résumer

◆ CONTR. I. → ENFERMER II. → ENTERRER III. → AJOUTER

EXTRAIT n.m. I. **au pr.** : esprit (vx), essence, quintessence II. **par ext.** : abrégé, analyse, aperçu, bribe, citation, compendium, copie, digest, éléments, entrefilet, épitomé, esquisse, fragment, morceau, notice, partie, passage, plan, portion, précis, promptuaire, raccourci, récapitulation, résumé, rudiment, schéma, sommaire, topo (fam.)

◆ CONTR. I. dilution II. → ORIGINAL (NOM)

EXTRAORDINAIRE I. accidentel, admirable, à tout casser, colossal, considérable, curieux, désopilant, drôle, du tonnerre, énorme, épatant, épique, étonnant, étrange, exceptionnel, fabuleux, fameux, fantasmagorique, fantastique, faramineux, féerique, formidable, fort, fou, funambulesque, génial, gigantesque, grand, hallucinant, hors classe/ du commun/ ligne, immense, incroyable, inexplicable, inhabituel, inouï, insolite, intense, inusité, magnifique, merveilleux, miraculeux, nompareil (vx), nouveau, original, particulier, pharamineux, phénoménal, prodigieux, pyramidal, rare, remarquable, retentissant, romanesque, singulier, spécial, spectaculaire, sublime, supérieur, supplémentaire, surnaturel, unique **II. non fav.** : abracadabrant, accidentel, affreux, ahurissant, anormal, bizarre, délirant, démesuré, effrayant, énorme, épouvantable, étourdissant, excentrique, exorbitant, extravagant, fantasque, gros, grotesque, inconcevable, ineffable, inimaginable, inquiétant, intense, invraisemblable, mirobolant, mirifique, monstrueux, stupéfiant, terrible – **fam.** : ébouriffant, époustouflant, esbroufant, foutral, gratiné, terrifique
◇ CONTR. **I.** → ORDINAIRE **II.** → NORMAL

EXTRAORDINAIREMENT de façon → EXTRAORDINAIRE *et les dérivés possibles en* -ment *des syn. de* extraordinaire

EXTRAPOLATION n.f. application, calcul, déduction, généralisation, hypothèse, imagination, transposition → SUPPOSITION
◇ CONTR. : interpolation

EXTRAPOLER **I.** → IMAGINER **II.** → TRANSPOSER

EXTRA-TERRESTRE nom et adj. martien, petit homme vert, vénusien

EXTRAVAGANCE n.f. absurdité, aliénation mentale, bizarrerie, caprice, démence, dérèglement, divagation, écart, énormité, erreur, excentricité, foleur (vx), folie, frasque, incartade, insanité, originalité, singularité
◇ CONTR. **I.** → RETENUE **II.** → RAISON

EXTRAVAGANT, E nom et adj. **I.** → INSENSÉ **II.** → CAPRICIEUX **III.** → EXTRAORDINAIRE

EXTRAVAGUER → DÉRAISONNER

EXTRAVASER (S') → COULER

EXTRAVERSION n.f. → ALTRUISME

EXTRAVERTI, E → GÉNÉREUX

EXTRÊME **I. adj. 1. au pr.** : dernier, final, fin fond, terminal, ultime **2. par ext.** : affreux, défi-nitif, désespéré, désordonné, disproportionné, éperdu, exagéré, exceptionnel, excessif, extraordinaire, fort, furieux, grand, héroïque, immense, immodéré, inouï, intense, intensif, mortel, outré, passionné, profond, risqué, suprême, violent **II. n.m. 1. sing.** : borne, bout, comble, extrémité, limite, sommet **2. génér. plur.** : antipode, contraire, opposé
◇ CONTR. **I.** → MODÉRÉ **II.** → FAIBLE **III.** → COMMENCEMENT **IV.** juste milieu

EXTRÊMEMENT → TRÈS

EXTRÊME-ONCTION n.f. derniers sacrements, sacrements de l'Église/ des malades/ des martyrs/ des mourants, saintes huiles, viatique

EXTRÉMISME n.m. jusqu'au-boutisme → EXCÈS

EXTRÉMISTE nom et adj. activiste, à gauche, anar (fam.), anarchiste, avancé, contestataire, enragé, extrême droite/ gauche, fachiste *ou* fasciste, gauchiste, intégriste, jusqu'au-boutiste, maoïste, maximaliste, progressiste, révolutionnaire, situationniste, subversif, ultra
◇ CONTR. : conservateur, humaniste, libéral, modéré

EXTRÉMITÉ n.f. **I. au pr.** : aboutissement, appendice, appendicule, bord, borne, bout, cap, confins, délimitation (par ext.), fin, frontière, limite, lisière, périphérie, pointe, pôle (par ext.), queue, terme, terminaison, tête → EXTRÊME **II. par ext.** → AGONIE
◇ CONTR. → CENTRE

EXTRINSÈQUE → EXTÉRIEUR

EXTRUSION n.f. **I.** → ÉCOULEMENT **II.** → EXPULSION

EXUBÉRANCE n.f. **I.** → AFFLUENCE **II.** → FACONDE

EXUBÉRANT, E **I.** → ABONDANT **II.** → COMMUNICATIF

EXULCÉRATION n.f. → ULCÉRATION

EXULTATION n.f. allégresse, débordement, éclatement, emballement, gaieté, joie, jubilation, transports
◇ CONTR. → TRISTESSE

EXULTER → RÉJOUIR (SE)

EXUTOIRE n.m. **I.** émonctoire → ULCÉRATION **II.** → DIVERSION

EX-VOTO n.m. → IMAGE

F

FABLE n.f. **I. au pr. 1.** allégorie, anecdote, apologue, conte, fabliau, fabulation, fiction, folklore, histoire, intrigue, légende, moralité, mythe, parabole, récit, scénario, thème, trame **2. non fav. :** affabulation, allégation, baratin, blague, chimère, cinéma, contrevérité, craque, élucubration, fantaisie, galéjade (fam.), histoire, imagination, invention, mensonge, menterie (rég. ou fam.), roman, salade, tartine, tromperie, utopie **II. par ext. quelqu'un – péj. :** célébrité, phénomène, ridicule, rigolade (fam.), risée, sujet/ thème des conversations
◇ CONTR. → RÉALITÉ

FABRICANT, E et **FABRICATEUR, TRICE** n.m. ou f. agenceur, artisan, confectionneur, façonnier, faiseur, forgeur, industriel, manufacturier, préparateur, réalisateur
◇ CONTR. → INTERMÉDIAIRE

FABRICATION n.f. agencement, confection, création, exécution, façon, façonnage, facture, formage, montage, préparation, production, réalisation, usinage

FABRICIEN n.m. marguillier

FABRIQUE n.f. **I. au pr. :** atelier, laboratoire, manufacture, usine **II. arch. :** bâtiment/ construction/ édifice d'ornement **III. relig. 1. quelqu'un :** conseiller, fabricien, marguillier, trésorier **2.** conseil

FABRIQUER I. fav. ou neutre : agencer, bâtir, confectionner, créer, élaborer, exécuter, façonner, faire, former, manufacturer, mettre en œuvre, modeler, monter, œuvrer, ouvrager, ouvrer, préparer, produire, réaliser, sortir, usiner **II. non fav. 1. une chose :** bâcler, bricoler – **fam. :** torcher, torchonner **2. une opinion :** calomnier, falsifier, forger, inventer, médire **3. un événement :** fomenter, monter, susciter
◇ CONTR. → DÉMOLIR

FABULATEUR, TRICE n.m. ou f. → HÂBLEUR

FABULATION n.f. → FABLE

FABULER → INVENTER

FABULEUSEMENT → BEAUCOUP *et les dé* rivés en -ment *possibles des syn. de* fabuleux

FABULEUX, EUSE I. étonnant, fantastique, formidable, grandiose, incroyable, légendaire, merveilleux, mythique, mythologique, prodigieux, stupéfiant, surnaturel → EXTRAORDINAIRE **II. non fav. :** chimérique, exagéré, excessif, fabriqué, faux, feint, fictif, imaginaire, inconcevable, incroyable, inimaginable, inventé, invraisemblable, irréel, mensonger, romanesque
◇ CONTR. → CERTAIN

FAÇADE n.f. **I. au pr. :** avant, devant, devanture, endroit, entrée, extérieur, face, front, fronton **II. fig. :** apparence, dehors, extérieur, montre, surface, trompe-l'œil
◇ CONTR. **I.** → DERRIÈRE **II.** → INTÉRIEUR **III.** → RÉALITÉ

FACE n.f. **I.** avers, endroit, obvers → VISAGE **II. fig. 1.** → FAÇADE **2.** angle, apparence, côté, point de vue, tournure **III. 1. À LA FACE DE :** à la vue de, en présence de, ouvertement **2. EN FACE DE :** à l'opposé de, devant, vis-à-vis de **3. EN FACE :** carrément, courageusement, par-devant, sans crainte **4. FAIRE FACE :** envisager, faire front, s'opposer, parer à, pourvoir, se préparer à, répondre, satisfaire à **5. FACE À FACE :** de front, en face, les yeux dans les yeux, nez à nez, vis-à-vis *et par ext. :* conversation, débat, discussion, échange, entretien, entrevue, joute (oratoire), rencontre
◇ CONTR. → DERRIÈRE

FACÉTIE n.f. astuce, attrape, bouffe, bouffonnerie, canular, comédie, drôlerie, espièglerie, farce, galéjade, malice, mystification, niaiserie, niche, pantalonnade, pièce (vx), plaisanterie, tour, taquinerie, trivelinade, tromperie, turlupinade → BALIVERNE

◈ CONTR. : chose/ événement → IMPORTANT

FACÉTIEUSEMENT avec → FACÉTIE

FACÉTIEUX, EUSE → FARCEUR

FÂCHÉ, E chagriné, contrarié, courroucé, ennuyé, froissé, grognon, insatisfait, irrité, malcontent, marri (vx), de mauvaise humeur, mécontent, offusqué, peiné, piqué, au regret, ulcéré, vexé – **arg. et/ ou fam.** : l'avoir/ être à la caille

◈ CONTR. → CONTENT

FÂCHER I. → AFFLIGER II. → AGACER III. v. pron. 1. avoir un accès/ mouvement d'humeur, crier, éclater, s'emporter, s'encolérer, se gendarmer, gronder, s'irriter, se mettre en colère, montrer les dents, prendre la mouche, sortir de ses gonds *et les formes pron. possibles des syn.* de fâcher 2. se brouiller/ formaliser/ froisser/ piquer/ vexer

◈ CONTR. I. → RÉJOUIR II. → CALMER III. → RÉCONCILIER

FÂCHERIE n.f. colère, contrariété, dépit, déplaisir, mouvement d'humeur → BROUILLE

◈ CONTR. I. → ACCORD II. → RÉCONCILIATION

FÂCHEUSEMENT de façon → FÂCHEUX *et les dérivés possibles en* -ment *des syn. de* fâcheux

FÂCHEUX n.m. bassinoire, gêneur, importun, indiscret, trublion – **fam.** : casse-pieds, emmerdeur (grossier), empêcheur de tourner en rond, empoisonneur, pot de colle, raseur, sangsue

FÂCHEUX, EUSE adj. 1. → AFFLIGEANT 2. → INOPPORTUN

◈ CONTR. → BIENVENU

FACIÈS n.m. I. au pr. → VISAGE II. par ext. : aspect, configuration, morphologie, structure

FACILE I. quelque chose. 1. fav. ou neutre : abordable, accessible, accostable, agréable, aisé, à la portée, assimilable, clair, commode, compréhensible, coulant, dégagé, élémentaire, enfantin, exécutable, faisable, intelligible, jeu d'enfant, naturel, possible, praticable, réalisable, simple 2. non fav. : banal, bête, courant, ordinaire, plat, quelconque, vulgaire II. quelqu'un 1. → ACCOMMODANT 2. → SOCIABLE 3. débonnaire, élastique, faible, laxiste, léger, libre, mou, veule III. C'EST FACILE : du gâteau/ nanan/ nougat

◈ CONTR. I. → DIFFICILE II. → COMPLIQUÉ

FACILEMENT avec → FACILITÉ, sans → DIFFICULTÉ, volontiers *et les adv. en* -ment formés à partir des syn. de facile – **fam.** : dans un fauteuil, du billard, les doigts dans le nez, sur un plateau

◈ CONTR. → DIFFICILEMENT

FACILITÉ n.f. I. d'une chose. 1. la qualité – fav. : accessibilité, agrément, clarté, commodité, faisabilité, intelligibilité, possibilité, simplicité – non fav. : banalité, platitude, vulgarité 2. le moyen : arrangement, chance, latitude, liberté, marge, moyen, occasion, offre, possibilité → AIDE II. de quelqu'un. 1. fav. : brio, dons, intelligence → AISANCE 2. non fav. : complaisance, faconde, faiblesse, laisser-aller, laxisme, mollesse, paresse, relâchement

◈ CONTR. I. → DIFFICULTÉ II. → INCAPACITÉ

FACILITER I. → AIDER II. aplanir les difficultés, arranger, égaliser, faire disparaître/ lever la difficulté, mâcher le travail/ la besogne (fam.), ménager, ouvrir/ tracer la voie, préparer

◈ CONTR. → EMPÊCHER

FAÇON n.f. I. → FABRICATION II. → AMEUBLEMENT III. allure, coupe, exécution, facture, forme, griffe, manière, moyen, style, technique, travail IV. → ALLURE V. 1. DE TOUTE FAÇON : en tout état de cause, immanquablement, quoi qu'il arrive, quoi qu'il en soit, qu'on le veuille ou non 2. DE FAÇON QUE : afin de/ que, de manière/ sorte que 3. À SA FAÇON : à sa fantaisie/ guise/ manière/ volonté 4. EN AUCUNE FAÇON : cas, circonstance, manière 5. SANS FAÇON : à la grosse mordienne (vx), sans gêne, tout de go VI. au pl. 1. → AGISSEMENTS 2. → AFFECTATION 3. FAIRE DES FAÇONS : cérémonies, complications, embarras, histoires, magnes (arg.), manières, politesses, salamalecs, tralala 4. vx : agiaux *ou* agios, atis, giries

◈ CONTR. → SIMPLICITÉ

FACONDE n.f. génér. péj. : abondance, bagou, baratinage, bavardage, charlatanisme, éloquence, emballement, emportement, exubérance, facilité, logorrhée, loquacité, prolixité, verbiage, verbosité, verve, volubilité, verbomanie

◈ CONTR. I. → CONCISION II. → SILENCE

FAÇONNER I. quelque chose : arranger, disposer, transformer, travailler → FABRIQUER II. par ext. 1. le sol : aérer, bêcher, biner, cultiver, décavaillonner, gratter, herser, labourer, rouler, sarcler, scarifier, travailler 2. un objet d'art : composer, décorer, orner, ouvrager 3. quelqu'un : affiner, apprivoiser, assouplir, civiliser, dégourdir, dégrossir, dérouiller, dresser, éduquer, faire, faire l'éducation de, former, modeler, modifier, perfectionner, pétrir, polir, transformer, tremper

◈ CONTR. → ABANDONNER

FAÇONNIER, ÈRE I. nom : artisan, ouvrier **II. adj. →** AFFECTÉ

FAC-SIMILÉ n.m. copie, duplicata, imitation, photocopie, reproduction
◇ CONTR. → ORIGINAL

FACTEUR n.m. **I. quelqu'un. 1. d'instruments de musique :** accordeur, fabricant, luthier **2. adm. :** agent, commis, employé, messager (vx), porteur, préposé, télégraphiste, vaguemestre **II. par ext. 1.** agent, cause, coefficient, élément **2. math. :** coefficient, diviseur, multiplicande, multiplicateur, quotient, rapport

FACTICE I. quelqu'un → AFFECTÉ **II. quelque chose :** artificiel, fabriqué, faux, imité, postiche
◇ CONTR. **I. →** VRAI **II. →** NATUREL

FACTIEUX, EUSE I. adj. : fasciste, illégal, réactionnaire, révolutionnaire, sectaire, séditieux, subversif **II. nom :** agent provocateur, agitateur, cabaleur, comploteur, conjuré, conspirateur, contestataire, émeutier, excitateur, instigateur, insurgé, intrigant, meneur, mutin, partisan, rebelle, révolté, révolutionnaire, séditieux, semeur de troubles, suspect, trublion
◇ CONTR. → FIDÈLE

FACTION n.f. **I. au pr. :** agitation, brigue, cabale, complot, conjuration, conspiration, contestation, émeute, excitation, groupement, groupuscule, insurrection, intrigue, ligue, mutinerie, parti, rébellion, révolte, révolution, sédition, trouble, violence **II. milit. :** garde, guet **III. ÊTRE DE/ EN FACTION :** attendre, être de garde/ en poste/ sentinelle, faire le guet/ le pet (arg.), guetter, surveiller
◇ CONTR. → ATTACHEMENT

FACTIONNAIRE n.m. → SENTINELLE

FACTORERIE n.f. → ÉTABLISSEMENT

FACTORING n.m. **off. :** affacturage, recouvrement

FACTOTUM ou **FACTOTON** n.m. homme à tout faire, homme de confiance, intendant, maître Jacques
◇ CONTR. → SPÉCIALISTE

FACTUM n.m. diatribe, libelle, mémoire, pamphlet
◇ CONTR. → ÉLOGE

FACTURE n.f. **I. →** ADDITION **II. →** BORDEREAU **III. →** FAÇON

FACTURER → COMPTER

FACTURIER, IÈRE n.m. ou f. → COMPTABLE

FACULTATIF, IVE à option, libre, optionnel → CONTINGENT
◇ CONTR. → OBLIGATOIRE

FACULTÉ n.f. **I.** athénée, collège, campus, corps professoral, école, enseignement supérieur, institut, U.E.R. *ou* unité d'enseignement et de recherche, université **II. de quelqu'un. 1. sing. :** aptitude, capacité, droit, force, génie, liberté, licence, moyen, possibilité, pouvoir, privilège, propriété, puissance, ressource, talent, vertu **2. plur. :** activité, connaissance, discernement, entendement, esprit, intelligence, jugement, mémoire, parole, pensée, raison, sens, sensibilité **III. de quelque chose :** capacité, propriété, vertu
◇ CONTR. → INCAPACITÉ

FADA n.m. et adj. → BÊTE

FADAISE n.f. **I. →** BALIVERNE **II. →** BÊTISE

FADE I. au pr. 1. au goût : désagréable, douceâtre, écœurant, fadasse, insipide, melliflue, plat, quelconque, sans relief/ saveur **2. par ext. :** délavé, pâle, terne **II. fig. :** affecté, conventionnel, ennuyeux, froid, inexpressif, insignifiant, langoureux, languissant, plat, sans caractère/ intérêt/ relief/ saveur/ vivacité, terne → AFFADIR (s')
◇ CONTR. **I. →** RELEVÉ **II. →** SUCCULENT **III. →** BRILLANT

FADE IN n.m. **audiov. off. :** (ouverture en) fondu

FADE OUT n.m. **audiov. off. :** (fermeture au) fondu

FADER n.m. **audiov. off. :** équilibreur

FADEUR n.f. **I. au pr. :** insipidité **II. fig. :** affectation, convention, ennui, insignifiance, manque de caractère/ intérêt/ relief/ saveur/ vivacité, platitude
◇ CONTR. → PIQUANT

FADING n.m. **audiov. off. :** évanouissement

FAFIOT n.m. → BILLET

FAGNE n.f. → BOUE

FAGOT n.m. brande, brassée, bourrée, cotret, fagotin, faisceau, falourde, fascine, fouée, hardée, javelle, ligot, margotin, mortbois

FAGOTER → VÊTIR

FAIBLE I. adj. 1. quelqu'un – phys. : abattu, affaibli, anéanti, anémié, anémique, asthénique, asthmatique, bas, cacochyme, caduc, chancelant, chétif, convalescent, crevard (fam.), débile, défaillant, déficient, délicat, déprimé, épuisé, étiolé, faiblard, faiblet (vx), fatigué, flagada (fam.), fluet, fragile, frêle, grêle, impotent, infirme, invalide, languissant, las, lymphatique, malingre, malingreux, pâle, pâlot, patraque, rachitique, souffreteux → MAIGRE **– moral :** aboulique, apathique, avachi, bonasse, complaisant, débonaire, désarmé, doux, facile, faillible, impuissant, incertain, indécis, influençable, instable, insuffisant, labile, latitudinaire, laxiste, médiocre, mou, peccable, pusillanime, sans caractère/ défense/ volonté, velléitaire, veule, vulnérable → LÂCHE 2. une chose : branlant, fragile, friable, inconsistant, instable, précaire – un son : bas, étouffé, imperceptible, insensible, léger – un travail : insuffisant, mauvais, médiore, réfutable – un style : fade, impersonnel, incolore, mauvais, médiocre, neutre – un sentiment : tendre – une quantité : bas, modéré, modique, petit – une opinion : attaquable, critiquable, réfutable 3. une position : attaquable, découverte, exposée, fragile, ouverte, prenable, vulnérable II. n.m. 1. quelqu'un : aboulique, apathique, avorton, freluquet, gringalet, imbécile, mauviette, mingrelet, mou, pauvre type, petit, simple, soliveau 2. comportement – neutre ou fav. : complaisance, goût, penchant, prédilection, tendance, tendresse – non fav. : défaut, faiblesse, infériorité, vice

◆ CONTR. I. adj. → FORT II. nom → RÉPUGNANCE

FAIBLEMENT I. doucement, mal, mollement, à peine, peu, vaguement *et les adv. en -ment formés à partir des syn. de* faible **II.** → IMPARFAITEMENT

◆ CONTR. I. *les adv. en -ment formés à partir des syn. de* → FORT **II.** → BEAUCOUP

FAIBLESSE n.f. **I. phys.** : abattement, adynamie, affaiblissement, altérabilité, anéantissement, anémie, apathie, asthénie, cachexie, cacochymie, débilité, défaillance, déficience, délicatesse, dépression, épuisement, étourdissement, évanouissement, fatigue, fragilité, impuissance, inanition, infériorité, infirmité, insuffisance, maigreur, misère (physiologique/ physique), pâmoison, rachitisme, syncope **II. moral. 1. neutre :** complaisance, inclination, indulgence, goût, penchant, prédilection, préférence **2. non fav. :** abandon, aboulie, apathie, arriération, avachissement, aveulissement, bassesse, complaisance, complicité, débonnaireté, défaillance, défaut, démission, divisibilité, écart, entraînement, erreur, facilité, faillibilité, faute, faux pas, glissade, idiotie, imbécillité, inconsistance, indécision, indigence, inertie, insignifiance, insipidité, instabilité, infériorité, insuffisance, irrésolution, lâcheté, laisser-aller, laxisme, légèreté, licence, médiocrité, mesquinerie, mollesse, partialité, petitesse, pusillanimité, veulerie, vulnérabilité

◆ CONTR. I. → FORCE **II.** → CAPACITÉ **III.** → FERMETÉ

FAIBLIR I. phys. → AFFAIBLIR (s') **II. moral :** s'amollir, céder, fléchir, mollir, plier, ployer, se relâcher, se troubler

◆ CONTR. I. → RENFORCER **II.** → RÉSISTER

FAÏENCE n.f. **I. la matière :** cailloutage, céramique, terre de pipe **II. l'objet :** assiette, azu-lejo, bol, carreau, carrelage, pichet, plat, pot, poterie **III. d'après le fabricant ou le lieu de fabrique, par ex. :** Bernard Palissy, de Bruxelles, de Delft, de Gien, de Jersey, de Lunéville, maïolique, majolique, de Marseille, de Moustiers, de Nevers, de Quimper, Rouen, de Strasbourg, de Wedgwood

FAILLE n.f. **I.** → BRISURE **II.** → FENTE

FAILLIBLE → FAIBLE

FAILLIR v. intr. et tr. ind → MANQUER

FAILLITE n.f. **I. au pr. :** déconfiture, dépôt de bilan **II. par ext. :** banqueroute, chute, crise, culbute, débâcle, défaillance, échec, fiasco, insolvabilité, krach, liquidation, marasme, ruine

◆ CONTR. → SUCCÈS

FAIL SAFE méc. off. : à sûreté intégrée

FAIM n.f. **I.** appétit, besoin, boulimie, creux, dent, disette, faim-calle/ -valle (méd. et vétér.), famine, fringale, inanition, voracité **II.** → AMBITION **III.** → ENVIE **IV. AVOIR FAIM** *et les syn. de* faim – fam. : avoir la dent/ les crocs/ l'estomac dans les talons, claquer du bec, creuser, crever la faim, la péter/ sauter → AFFAMÉ

◆ CONTR. → SATIÉTÉ

FAÎNE n.f. amande, fruit, gland, graine

FAINÉANT, E n. et adj. **I. au pr. :** bon à rien, cancre, désœuvré, inactif, indolent, lézard, musard, nonchalant, oisif, paresseux, propre-à-rien, rêveur, vaurien **II. fam. :** cagnard, cagne, clampin, cossard, feignant, flemmard, tire-au-cul, tire-au-flanc, tourne-pouces, traîne-savates/ semelles

◆ CONTR. → COURAGEUX

FAINÉANTER → PARESSER

FAIRE I. un objet → FABRIQUER **II. une action** → ACCOMPLIR **III. une œuvre** → COMPOSER **IV. une loi** → CONSTITUER **V. des richesses** → PRODUIRE **VI. un être :** reproduire → ACCOUCHER **VII. ses besoins** → BESOIN **VIII. un mauvais coup** → TUER, VOLER **IX. fam. :** branler, ficher, foutre, goupiller **X. comme** AVOIR et ÊTRE, FAIRE a un sens très général et entre dans la composition d'un très grand nombre de loc. *Voir les syn. des noms compl. d'obj. de* faire *entrant dans la loc.*

◆ CONTR. I. → DÉFAIRE **II.** → DÉTRUIRE

FAIRE-PART n.m. annonce, carton

FAIRING n.m. **spat. off. :** coiffe

FAIR-PLAY sport → CONVENABLE

FAISABILITÉ n.f. **I.** → POSSIBILITÉ **II.** → FACILITÉ

FAISABLE → FACILE

FAISAN n.m. → FRIPON

FAISANDÉ, E fig. : avancé, corrompu, douteux, malhonnête, malsain, pourri
◆ CONTR. → PUR

FAISCEAU n.m. **I. au pr.** → FAGOT **II. par ext.** → ACCUMULATION

FAISEUR, EUSE nom et adj. **I.** → FABRICANT **II.** → BÂTISSEUR **III.** → BÊCHEUR

FAISSELLE n.f. → ÉGOUTTOIR

FAIT n.m. **I. fav. ou neutre 1.** → ACTE **2.** → AFFAIRE **II. non fav.** → FAUTE **III. 1. DIRE SON FAIT À QUELQU'UN** : ses quatre vérités **2. VOIE DE FAIT** : coup, violence **3. HAUT FAIT** : exploit, performance, prouesse **4. METTRE AU FAIT** → INFORMER

FAÎTAGE n.m. arête, charpente, comble, enfaîtement, faîte, ferme, poutres

FAÎTE n.m. **I. au pr.** → FAÎTAGE **II. par ext.** : apex, apogée, cime, crête, haut, houppier, pinacle, point culminant, sommet, sommité, summum
◆ CONTR. → BASE

FAÎTIÈRE n.f. enfaîteau, lucarne – **par ext.** → FAÎTAGE

FAITOUT n.m. → MARMITE

FAIX n.m. → FARDEAU

FAKIR n.m. **I. au pr.** : ascète, derviche, mage, santon, yogi **II. par ext.** : prestidigitateur, thaumaturge, voyant

FALAISE n.f. escarpement, mur, muraille, paroi, à-pic
◆ CONTR. → PLAINE

FALBALA n.m. → AFFAIRE

FALLACIEUSEMENT de façon → FALLACIEUX, par → TROMPERIE et les dérivés possibles en -ment des syn. de fallacieux

FALLACIEUX, EUSE **I.** → TROMPEUR **II.** → HYPOCRITE

FALLOIR **I.** devoir, être indispensable/ nécessaire/ obligatoire, il y a lieu de **II. 1. PEU S'EN FAUT** : il a failli, il s'en est manqué de peu **2. TANT S'EN FAUT** : au contraire, loin de **3. IL NE FAUT QUE** : il suffit de

FALL OUT n.m. nucl. off. : retombées (radioactives)

FALOT n.m. **I.** → FANAL **II. arg. milit.** : conseil de guerre, tribunal

FALOT, E adj. Anodin, effacé, inconsistant, inoffensif, insignifiant, médiocre, négligeable, nul, pâle, terne
◆ CONTR. → BRILLANT

FALSE COLOUR n. spat. off. : fausse couleur

FALSIFICATEUR, TRICE n. → VOLEUR

FALSIFICATION n.f. → ALTÉRATION

FALSIFIER → ALTÉRER

FAMÉLIQUE **I.** → AFFAMÉ **II.** → BESOGNEUX **III.** → ÉTIQUE

FAMEUSEMENT → RUDEMENT

FAMEUX, EUSE **I.** → CÉLÈBRE **II.** extraordinaire, remarquable **III.** → BON
◆ CONTR. → ORDINAIRE

FAMILIAL, E domestique, parental

FAMILIARISER → ACCLIMATER

FAMILIARITÉ n.f. **I. fav. 1.** → INTIMITÉ **2.** → ABANDON **II. non fav.** → DÉSINVOLTURE

FAMILIER, ÈRE **I. nom** → AMI **II. adj. 1. quelque chose** : aisé, commun, courant, domestique, habituel, facile, ordinaire, propre, simple, usuel **2. quelqu'un** : accessible, amical, communicatif, connu, expansif, facile, gentil, intime, liant, libre, naturel, rassurant, sans-façon, simple, sociable, traitable **3. animal** : acclimaté, apprivoisé, confiant, dressé, familiarisé
◆ CONTR. **I.** → ÉTRANGER **II.** → ÉTRANGE **III.** → DÉDAIGNEUX **IV.** → CÉRÉMONIEUX

FAMILIÈREMENT avec → ABANDON, de façon → FAMILIÈRE et les dérivés possibles en -ment des syn. de familier

FAMILLE n.f. **I. au pr. 1.** alliance, ascendance, auteurs, branche, descendance, dynastie, extraction, filiation, généalogie, génération, hérédité, lignage, lignée, maison, parenté, parents, postérité, race, sang, siens (les), souche **2.** agnats, cognats, épigones **3.** bercail, couvée, entourage, feu, foyer, logis, maison, maisonnée, marmaille (péj.), ménage, mesnie (vx), nichée, progéniture, smala, toit, tribu **II. par ext.** : catégorie, clan, classe, collection, école, espèce, genre, gent

FAMINE n.f. → DISETTE

FAN n.m. ou f. → FANATIQUE

FAN n.m. aviat. off. : soufflante, ventilateur

FAN ENGINE/ JET n.m. aviat. off. : réacteur à double flux

FANAL n.m. falot, feu, flambeau, lanterne, phare

FANATIQUE nom et adj. **I. non fav.** : agité, allumé, exalté, excité, fondamentaliste, fou de Dieu, illuminé, intégriste → INTOLÉRANT **II. fav. 1.** amoureux, ardent, brûlant, chaleureux, chaud, emballé, en délire, enflammé, enthousiaste, fana (fam.), fervent, fou, frénétique, laudateur, louangeur, lyrique, mordu, mystique, passionné, zélateur **2.** convaincu, courageux, dévoué, enragé, hardi, inconditionnel – **fam.** : gonflé, jusqu'au-boutiste → TÉMÉRAIRE **3.** aficionado, fan, groupie, idolâtre, tifoso
◆ CONTR. **I.** → TOLÉRANT **II.** → INCROYANT

FANATIQUEMENT avec → FANATISME, de façon → FANATIQUE *et les dérivés possibles en* -ment *des syn. de* fanatique

FANATISER → EXCITER

FANATISME n.m. **I. non fav.** → INTOLÉRANCE **II. fav. 1.** acharnement, amour, ardeur, chaleur, délire, dithyrambe, emballement, engouement, enthousiasme, exaltation, ferveur, feu, fièvre, flamme, folie, frénésie, fureur, lyrisme, passion, zèle **2.** abnégation, acharnement, conviction, courage, dévouement, don de soi, hardiesse, héroïsme, jusqu'au-boutisme (fam.), témérité
◇ CONTR. **I.** → TOLÉRANCE **II.** → SCEPTICISME

FANCHON n.f. → COIFFURE

FANÉ, E abîmé, altéré, avachi, décati, décoloré, défraîchi, délavé, fatigué, flétri, pâli, pisseux, ridé, séché, terni, usagé, vieilli, vieux
◇ CONTR. **I.** épanoui **II.** → NOUVEAU **III.** → BRILLANT

FANER (SE) → FLÉTRIR (SE)

FANFARE n.f. **I. au pr. :** clique, cors, cuivres, harmonie, lyre, nouba (partic.), orchestre, orphéon, philharmonie, trompes **II. fig. :** bruit, démonstration, éclat, éloge, fracas, pompe

FANFARON, NE nom et adj. → HÂBLEUR

FANFARONNADE n.f. → HÂBLERIE

FANFARONNER → HÂBLER

FANFRELUCHE n.f. → BAGATELLE

FANGE n.f. **I.** → BOUE **II.** → BAUGE

FANGEUX, EUSE → BOUEUX

FANION n.m. → BANNIÈRE

FANON n.m. **I.** baleine, busc **II.** → PLI

FANTAISIE n.f. **I.** → IMAGINATION **II.** → HUMEUR **III.** → BAGATELLE **IV.** → FABLE **V.** → ORIGINALITÉ **VI.** → INEXACTITUDE

FANTAISISTE nom et adj. **I.** → AMATEUR **II.** → BOHÈME

FANTASMAGORIE n.f. fantasme *ou* phantasme, grand guignol → SPECTACLE

FANTASMAGORIQUE I. → EXTRAORDINAIRE **II. par ext. :** énorme, étonnant, extraordinaire, extravagant, fantastique, formidable, hallucinatoire, incroyable, invraisemblable, rocambolesque, sensationnel
◇ CONTR. → ORDINAIRE

FANTASME n.m. **I.** → IMAGINATION **II.** → VISION

FANTASMER I. → IMAGINER **II.** → RÊVER

FANTASQUE → BIZARRE

FANTASSIN n.m. **I. fam. :** biffin, fantaboche, fantabosse → SOLDAT **II. vx ou étrangers :** anspessade, hallebardier, heiduque, hoplite, mousquetaire, peltaste, piquier, suisse **III.** → INFANTERIE

FANTASTIQUE → EXTRAORDINAIRE

FANTASTIQUEMENT de façon → EXTRAORDINAIRE *et les dérivés possibles en* -ment *des syn. de* extraordinaire

FANTOCHE nom et adj. **I.** automate, guignol, mannequin, marionnette, pantin, polichinelle, poupée **II. par ext. :** bidon (fam.), fantôme, inconsistant, inexistant, larve, sans valeur, simulacre **III. GOUVERNEMENT FANTOCHE :** gouvernement de rencontre/ usurpé, pseudo-/ soi-disant gouvernement
◇ CONTR. → VALABLE

FANTOMATIQUE → IMAGINAIRE

FANTÔME n.m. **I. au pr. :** apparition, double, ectoplasme, égrégore, empuse, esprit, lémure, ombre, périsprit, revenant, spectre, vision, zombi **II. par ext. :** apparence, chimère, épouvantail, fantasme *ou* phantasme, illusion, simulacre, vision
◇ CONTR. → RÉALITÉ

FAON n.m. → CERF

FAQUIN n.m. → MARAUD

FAR n.m. → PÂTISSERIE

FARAMINEUX, EUSE → EXTRAORDINAIRE

FARANDOLE n.f. → DANSE

FARAUD, E I. arrogant, fat, malin, prétentieux **II.** → HÂBLEUR

FARCE n.f. **I.** → HACHIS **II.** → FACÉTIE

FARCEUR, EUSE I. fav. ou neutre : amuseur, baladin, bateleur, blagueur, bouffon, boute-en-train, chahuteur, comédien, comique, conteur, drôle, espiègle, facétieux, gouailleur, loustic, moqueur, plaisantin, turlupin – vx : daubeur, gausseur **II. non fav. :** fumiste, histrion, mauvais plaisant, mystificateur, paillasse, pitre, sauteur
◇ CONTR. → SÉRIEUX

FARCI, E → PLEIN

FARCIR → REMPLIR

FARD n.m. **I. 1.** artifice, brillant, déguisement, dissimulation, faux, trompe-l'œil **II.** couleur, crème, eye-liner, fond de teint, henné, khôl, lait, lotion, mascara, poudre, rimmel, rouge à lèvres → POMMADE **III.** barbouillage, grimage, maquillage, ornement, peinture

FARDEAU n.m. **I. au pr. :** bagage, charge, chargement, colis, faix, poids, surcharge **II. fig. :** charge, croix, ennui, joug, souci, surcharge, tourment

FARDER I. au pr. 1. colorer, embellir, faire une beauté, grimer, maquiller, peindre **2. vx**

pimplocher, pimprelocher **3.** amertumer, ombrer **II. fig. 1.** couvrir, défigurer, déguiser, dissimuler, embellir, envelopper, maquiller, marquer, replâtrer, pallier, plâtrer, voiler **2.** → ALTÉRER

◊ CONTR. **I.** démaquiller **II.** → MONTRER

FARDER (SE) s'embellir, s'enduire de fard, se faire une beauté/ un ravalement (fam.), se parer *et les formes pron. possibles des syn. de* farder

FARDIER n.m. → VOITURE

FARFADET n.m. follet, lutin, nain

FARFELU, E → BIZARRE

FARFOUILLER bouleverser, brouiller, chercher, déranger, ficher/ foutre (vulg.)/ mettre le bordel (grossier)/ désordre/ en désordre/ en l'air, sens dessus dessous, retourner – fam. : bigougner (rég.), trifouiller, tripatouiller

◊ CONTR. → RANGER

FARIBOLE n.f. → BAGATELLE

FARIGOULE n.f. pouliot, serpolet, thym

FARINE n.f. fécule, maïzena, recoupette

FARLOUSE n.f. pipit → PASSEREAU

FARM OUT n.m. **écon. off.** : amodiation, cession d'intérêt

F.A.S. (FREE ALONGSIDE SHIP) n.m. **transp. off.** : franco long du bord, F.L.B

FARNIENTE n.m. → OISIVETÉ

FARO n.m. → BIÈRE

FAROUCH n.m. → TRÈFLE

FAROUCHE I. → INTRAITABLE **II.** → TIMIDE **III.** âpre, dur, effarouchant, fier → SAUVAGE

◊ CONTR. **I.** → ACCUEILLANT **II.** → SOUMIS

FAROUCHEMENT de façon → SAUVAGE *et les dérivés possibles en* -ment *des syn. de* sauvage

FART n.m. **I.** → ENDUIT **II.** → GRAISSE

FASCICULE n.m. brochure, cahier, libelle, livraison, livre, livret, opuscule, plaquette, publication

FASCINANT, E I. → AGRÉABLE **II.** → SÉDUISANT

FASCINATEUR, TRICE nom et adj. → SÉDUCTEUR

FASCINATION n.f. **I. au pr.** : hypnose, hypnotisme, magie **II. par ext.** : appel, ascendant, attirance, attraction, attrait, charme, éblouissement, enchantement, ensorcellement, envoûtement, magnétisme, séduction, trouble

◊ CONTR. → RÉPUGNANCE

FASCINE n.f. claie, gabion → FAGOT

FASCINER I. au pr. : charmer, ensorceler, hypnotiser, magnétiser **II. par ext.** : appeler, attirer, captiver, charmer, éblouir, égarer, émerveiller, s'emparer de, enchanter, endormir, enivrer, ensorceler, envoûter, maîtriser, plaire à, séduire, troubler

◊ CONTR. → REPOUSSER

FASCISME n.m. **I.** → ABSOLUTISME **II. par ext.** → HITLÉRISME

FASCISTE nom et adj. chemise noire → RÉACTIONNAIRE

FASHIONABLE → ÉLÉGANT

FASTE I. adj. → FAVORABLE **II. n.m.** → APPARAT

FASTES n.m. pl. → ANNALES

FAST FOOD n.m. **off.** : prêt-à-manger, repas/ restauration rapide

FASTIDIEUSEMENT de façon → ENNUYEUX *et les dérivés possibles en* -ment *des syn. de* ennuyeux

FASTIDIEUX, EUSE → ENNUYEUX

FASTUEUSEMENT avec → APPARAT, de façon → FASTUEUX *et les dérivés possibles en* -ment *des syn. de* fastueux

FASTUEUX, EUSE I. → PRODIGUE **II.** → BEAU

FAT n.m. et adj. arrogant, avantageux, bellâtre, content de soi, dédaigneux, fanfaron, fiérot, galant, impertinent, infatué, orgueilleux, plastron, plat, plein de soi, poseur, précieux, prétentieux, rodomont, satisfait, sot, suffisant, vain, vaniteux

◊ CONTR. → MODESTE

FATAL, E I. neutre : immanquable, inévitable, irrévocable, obligatoire → SÛR **II. non fav.** : déplorable, dommageable, fâcheux, fatidique, funeste, létal, malheureux, mauvais, mortel, néfaste

◊ CONTR. **I.** → ALÉATOIRE **II.** → FAVORABLE

FATALEMENT → SÛREMENT

FATALISME n.m. abandon, acceptation, aquabonisme (fam.), déterminisme, passivité, renoncement, résignation

◊ CONTR. → VOLONTÉ

FATALITÉ n.f. **I. neutre** : destin, destinée, éventualité, fortune, nécessité, sort **II. non fav.** : catastrophe, désastre, fatum, inexorabilité, létalité, malédiction, malheur

◊ CONTR. → CHANCE

FATIDIQUE → FATAL

FATIGANT, E → TUANT

FATIGUE n.f. **I. au pr.** : abattement, accablement, affaissement, déprime, échinement, épuisement, éreintement, exténuation, faiblesse, forçage, fortraiture (équit.), harassement, labeur, lassitude, peine, surmenage – **fam.** : crevaison, crève, vapes **II. par ext.** → ENNUI **III. méd.** : abattement, accablement, affaiblissement, alanguissement, anéantissement, asthénie, dépression, exhaustion, faiblesse, usure

◈ CONTR. → REPOS

FATIGUÉ, E I. quelqu'un. 1. phys. : accablé, assommé, avachi, brisé, courbatu, courbaturé, écrasé, épuisé, éreinté, esquinté, excédé, exténué, flapi, fortrait (équit.), fourbu, harassé, indisposé, las, lourd, malade, mort, moulu, recru, rendu, rompu, roué de fatigue, surentraîné, surmené, vanné – **fam.** : claqué, crevard, crevé, échiné, flagada, patraque, pompé, raplapla, sur les dents/ les genoux/ les rotules, vaseux, vasouillard, vermoulu, vidé – **vx ou rég.** : écrampi, halbrené **2. par ext.** : abattu, à bout, abruti, accablé, assommé, blasé, brisé, cassé, dégoûté, démoralisé, déprimé, écœuré, ennuyé, excédé, importuné, macéré, lassé, saturé **II. une chose** : abîmé, amorti, avachi, déformé, défraîchi, délabré, délavé, éculé, élimé, esquinté, fané, limé, râpé, usagé, usé, vétuste, vieux

◈ CONTR. **I.** → DISPOS **II.** → NOUVEAU

FATIGUER I. au pr. phys. : abasourdir, abrutir, accabler, affaiblir, ahaner, assommer, avachir, briser, claquer, crever, déprimer, échiner, écraser, épuiser, éreinter, esquinter, estrapasser (équit.), être → FATIGUÉ, excéder, exténuer, flapir, fouler, harasser, lasser, moudre, rompre, suer, surentraîner, surmener, trimer, tuer, vanner, vider – **vx ou rég.** : affanner, erréner **II. fig.** → ENNUYER

◈ CONTR. **I.** → REPOSER (SE) **II.** → INTÉRESSER (s')

FATRAS n.m. → AMAS

FATUITÉ n.f. → ORGUEIL

FATUM n.m. → DESTIN

FAUBOURG n.m. → BANLIEUE

FAUCHE n.f. → VOL

FAUCHÉ, E → PAUVRE

FAUCHER → ABATTRE

FAUCHET n.m. → RÂTEAU

FAUCILLE n.f. **par ext.** → FAUX, SERPE

FAUCON n.m. béjaune, crécerelle, émerillon, émouchet, épervier, gerfaut, hobereau, laneret, lanier, sacre (vx), sacret, tiercelet → RAPACE

FAUFILER → COUDRE

FAUFILER (SE) → INTRODUIRE (s')

FAUNE n.m. chèvre-pied, faunesse, satyre, satyresse, sylvain

FAUNE n.f. → PEUPLEMENT

FAUSSAIRE n.m. ou f. escroc → FRIPON

FAUSSEMENT avec → FAUSSETÉ, de manière → FAUX *et les dérivés possibles en* -ment *des syn. de* faux

◈ CONTR. → VRAIMENT

FAUSSER → ALTÉRER

FAUSSET n.m. **I.** → CHEVILLE **II. VOIX DE FAUSSET** → AIGU

FAUSSETÉ n.f. aberration, chafouinerie, déloyauté, dissimulation, duplicité, erreur, escobarderie, feinte, fourberie, illégalité, illégitimité, imposture, inauthenticité, inexactitude, jésuitisme, mauvaise foi, mensonge, obliquité (vx), papelardise, patelinage, pharisaïsme, sophisme, sophistique, sournoiserie, spéciosité, tartuferie, tromperie → HYPOCRISIE

◈ CONTR. → SINCÉRITÉ

FAUTE n.f. **I. au pr. 1.** chute, coulpe (vx), démérite, écart, égarement, erreur, mal, peccadille, péché, vice **2.** baraterie (mar.), contravention, crime, délit, forfaiture, infraction, manquement, mauvaise action, méfait **3.** bévue, énormité, erratum, ignorance, maladresse, méprise, négligence, omission **4.** défectuosité, imperfection, impropriété, inexactitude **5.** absence, défaut, lacune, manque, privation **6. fam.** : bavure, boulette, connerie, couille, gaffe, loup, manque, os, paillon **II.** barbarisme, contresens, cuir, faux/ non-sens, incorrection, pataquès, perle, solécisme → LAPSUS **III. imprimerie** : bourdon, coquille, doublage, doublon, mastic, moine **IV. 1. SANS FAUTE** → ÉVIDEMMENT **2. FAIRE FAUTE** → MANQUER

◈ CONTR. **I.** → PERFECTION **II.** → AFFLUENCE **III.** CORRECTION **IV.** → EXACTITUDE

FAUTEUIL n.m. → SIÈGE

FAUTEUR, TRICE n.m. ou f. **I.** → INSTIGATEUR **II.** → COMPLICE

FAUTIF, IVE → COUPABLE

FAUTIVEMENT de façon → FAUTIF *et les dérivés possibles en* -ment *des syn. de* fautif

FAUVE I. adj. → JAUNE **II. n.m.** : bête féroce, sauvage, carnassier, félidé, félin, léopard, lion, panthère, tigre

FAUVETTE n.f. bec-figue/ fin, traîne-buisson → PASSEREAU

FAUX n.m. → FAUSSETÉ

FAUX n.f. dail, daillette, faucard, fauchon

FAUX, FAUSSE I. quelqu'un : affecté, cabotin, calomniateur, chafouin, comédien, déloyal, de mauvaise foi, dissimulé, double, emprunté, étudié, fautif, félon, fourbe, grimacier, imposteur, médisant, menteur, papelard, patelin, perfide, pharisien, simulé, sournois, tartufe, traître, trompeur → HYPO-

CRITE **II. une chose** : aberrant, absurde, agrammatical, altéré, apocryphe, approximatif, artificiel, captieux, chimérique, contrefait, controuvé, copié, désaccordé, diffamatoire, diplomatique, emprunté, erroné, fabuleux, factice, fallacieux, falsifié, fardé, fautif, feint, fictif, imaginaire, imprécis, inauthentique, incorrect, inexact, infidèle, inventé, mal fondé, mensonger, pastiché, plagié, postiche, pseudo, saugrenu, simili, simulé, sophistique, supposé, travesti, trompeur, truqué, usurpé, vain – **fam.** : au flan, à la graisse de chevaux de bois/ d'oie, à la mie de pain/ la noix, bidon, toc

◇ CONTR. **I.** → SINCÈRE **II.** → VRAI **III.** → RÉEL

FAUX BOND n.m. → MANQUEMENT

FAUX-FUYANT n.m. **I.** → EXCUSE **II.** → FUITE

FAUX-SEMBLANT n.m. → AFFECTATION

FAUX SENS n.m. → FAUTE

FAVELA n.f. → BIDONVILLE

FAVEUR n.f. **I.** → RUBAN **II.** aide, amitié, appui, avantage, bénédiction, bénéfice, bienfait, bienveillance, bonnes grâces, bon office/ procédé, bouquet, cadeau, complaisance, considération, crédit, distinction, dispense, don, égards, favoritisme, fleur (fam.), grâce, gratification, indulgence, libéralité, passe-droit, prédilection, préférence, privilège, protection, récompense, service, sympathie **III. faire la faveur de** : aumône, bénignité (vx), grâce, plaisir, service

◇ CONTR. **I.** → DÉFAVEUR **II.** → RIGUEUR

FAVORABLE accommodant, agréable, ami, avantageux, bénéfique, bénévole, bénin (vx), bénit, bienveillant, bon, clément, commode, convenable, faste, festif, gratifiant, heureux, indulgent, obligeant, propice, prospère, protecteur, salutaire, secourable, sympathique, tutélaire

◇ CONTR. → DÉFAVORABLE

FAVORABLEMENT avec → FAVEUR, de façon → FAVORABLE *et les dérivés possibles en* -ment *des syn. de* favorable

FAVORI n.m. **I.** → PROTÉGÉ **II.** côtelette, patte de lapin, rouflaquette

FAVORI, ITE nom et adj. chéri, choisi, chouchou, coqueluche, élu, enfant gâté, mignon, préféré, privilégié, protégé

◇ CONTR. **I.** tombé en → DÉFAVEUR **II.** → VICTIME

FAVORISER I. quelqu'un : accorder, aider, avantager, combler, douer, encourager, gratifier, pousser, prêter aide/ assistance/ la main, protéger, seconder, servir, soutenir – **fam.** : chouchouter, donner un coup de pouce, pistonner, sucrer **II. quelqu'un ou quelque chose** : faciliter, privilégier, promouvoir, servir

◇ CONTR. **I.** → DÉSAVANTAGER **II.** → CONTRARIER

FAVORITE n.f. → AMANTE

FAVORITISME n.m. combine, népotisme, partialité, préférence

◇ CONTR. → JUSTICE

FAYARD n.m. hêtre

FAYOT I. n.m. → HARICOT **II. nom et adj.** → ZÉLÉ **III.** → FLATTEUR

FAZENDA n.f. hacienda → PROPRIÉTÉ

FÉAL, E I. vx. : loyal **II.** → PARTISAN

FÉBRIFUGE n.m. et adj. acide acétylsalicylique, antipyrine, antithermique, aspirine, cinchonine, quinine

FÉBRILE I. → FIÉVREUX **II.** → VIOLENT

FÉBRILITÉ n.f. → NERVOSITÉ

FÈCES n.f. pl. → EXCRÉMENT

FÉCOND, E I. au pr. : abondant, fertile, fructifiant, fructueux, généreux, gras, gros, inépuisable, intarissable, plantureux, producteur, productif, prolifique, surabondant, ubéreux **II. par ext.** : 1. créateur, imaginatif, inventif, riche 2. → EFFICACE

◇ CONTR. → STÉRILE

FÉCONDATION n.f. conception, conjugaison, ensemencement, génération, insémination, pariade, procréation, reproduction

◇ CONTR. → CONTRACEPTION

FÉCONDER I. → INSÉMINER **II.** → ENGENDRER

FÉCONDITÉ n.f. **I.** → FERTILITÉ **II.** → RENDEMENT

FÉDÉRATEUR, TRICE nom et adj. rassembleur, unitif (par ext.) → CHEF

FÉDÉRATION n.f. alliance, association, coalition, confédération, consortium, intergroupe, ligue, société, syndicat, union

◇ CONTR. → DISPERSION

FÉDÉRÉ, E I. → ALLIÉ **II.** communard

FÉDÉRER affider, allier, assembler, associer, coaliser, confédérer, liguer, rassembler, réunir, unir

◇ CONTR. → DISPERSER

FÉE n.f. → GÉNIE

FEED-BACK n.m. off. : rétroaction

FEEDER n.m. **télécom. off.** : coaxial, ligne d'alimentation

FEED SYSTEM n.m. **spat. off.** : circuit d'alimentation

FÉERIE n.f. attraction, divertissement, exhibition, fantasmagorie, fantastique, magie, merveille, merveilleux, numéro, pièce, représentation, revue, scène, séance, show, spectacle, tableau

◇ CONTR. → BANALITÉ

FÉERIQUE I. → BEAU **II.** → SURNATUREL

FEIGNANT, E nom et adj. → PARESSEUX

FEINDRE I. → AFFECTER II. → INVENTER III. → BOTTER

FEINT → FAUX

FEINTE n.f. affectation, artifice, bourle (vx), cabotinage, cachotterie, comédie, déguisement, dissimulation, duplicité, fard, faux-semblant, feintise, fiction, grimace, hypocrisie, invention, leurre, mensonge, momerie, pantalonnade, parade, ruse, semblance, simulation, singerie, sournoiserie, tromperie → FAUSSETÉ
◆ CONTR. → FRANCHISE

FEINTER → TROMPER

FÊLÉ, E → FOU

FÊLER → FENDRE

FÉLIBRE n.m. majoral

FÉLICITATION n.f. apologie, applaudissement, bravo, compliment, congratulation, conjouissance (vx), éloge, glorification, hourra, louange, panégyrique, satisfecit
◆ CONTR. → BLÂME

FÉLICITÉ n.f. → BONHEUR

FÉLICITER I. applaudir, approuver, complimenter, congratuler, louanger, louer II. v. pr. → RÉJOUIR (SE)
◆ CONTR. I. → BLÂMER II. → AFFLIGER

FÉLIN n.m. → CHAT

FÉLIN, E I. → CARESSANT II. → HYPOCRITE

FELLATION (PRATIQUER LA) n.f. arg.: brouter (l'asperge/ la tige), donner un coup de téléphone, faire une bouche chaude/ une boule de gomme/ un chapeau du commissaire/ une fantaisie/ une gourmandise/ une → PIPE/ un pompelard/ un pompier/ un shampooing au → SEXE/ une turlute, jouer du fifre/ de la flûte (à boules), pomper, scalper le Mohican, souffler dans le → SEXE, sucer, tailler une plume, téter, tutoyer le pontife

FÉLON, NE → INFIDÈLE

FÉLONIE n.f. → INFIDÉLITÉ

FÊLURE n.f. cheveu → FENTE

FÉMINISER I. efféminer II. péj.: déviriliser → AFFAIBLIR
◆ CONTR. → VIRILISER

FEMME n.f. I. au pr.: dame, demoiselle – vx: fille d'Ève, le beau sexe, personne du sexe II. 1. par ext. → BEAUTÉ 2. non fav. → MÉGÈRE 3. → FILLE 4. litt. ou iron.: Agnès, Antigone, Ariane, Artémis, Célimène, Dalila, Euridyce, Iphigénie, Jeanne d'Arc, Judith, Junon, Rebecca, Salomé, Sulamite, Vénus 5. arg. et/ ou fam.

(sexiste): baronne, bergère, bobonne, comtesse, floume, frangine, gonzesse, lamedé, lesbombe, linge, loute, marquise, nana, pépée, poule, poupée, sœur, souris – injurieux: boudin, bringue, cageot, cavette, damoche, dondon, fébosse, fillasse, fumelle, greluche, grenouille, grognasse, langouste, pétasse, poufiasse, punaise, radasse, rombière, saucisson, tas, vachasse, veau → PROSTITUÉE III. (épouse) compagne, concubine, légitime, moitié, régulière; égérie, muse
◆ CONTR. → HOMME

FENCE n.m. aviat. off.: cloison (de décrochage)

FENDILLER (SE) se craqueler, se crevasser, se disjoindre, s'étoiler, se fêler, se fendre, se fissurer, se gercer, se lézarder
◆ CONTR.: être → SOLIDE

FENDRE I. sens général: cliver, couper, disjoindre, diviser, écuisser, entrouvrir, fêler, tailler II. les pierres, le sol: craqueler, crevasser, failler, fêler, fendiller, fissurer, gercer, lézarder III. la foule: écarter, entrouvrir, se frayer un chemin, ouvrir IV. FENDRE LE CŒUR: briser/ crever le cœur V. fig. SE FENDRE DE QUELQUE CHOSE: se déboutonner (fam.), dépenser, donner, faire un cadeau, faire des largesses, offrir → PAYER
◆ CONTR. I. → JOINDRE II. → DURCIR

FENÊTRE n.f. I. ajour, baie, bow-window, châssis, croisée, oriel, vanterne (arg.) II. par ext.: hublot, lucarne, lunette, oculus, œil-de-bœuf, tabatière, vasistas, vitre → OUVERTURE

FENIL n.m. → GRANGE

FENNEC n.m. renard des sables/ du Sahara

FENOUIL n.m. ammi, aneth, herbe aux cure-dents, visnage

FENOUILLETTE n.f. → POMME

FENTE n.f. boutonnière, cassure, coupure, craquèlement, crevasse, déchirure, espace, excavation, faille, fêlure, fissure, gélivure, gerce, gerçure, grigne, hiatus, interstice, jour, lapiaz ou lapié, lézarde, orifice, scissure, trou, vide → OUVERTURE
◆ CONTR. → SOUDURE

FÉODAL, E moyenâgeux, seigneurial

FÉODALITÉ n.f. I. Moyen Âge II. abus, cartel, impérialisme, trust

FER n.m. I. sens général: acier, métal II. CHAÎNE III. 1. EN FER À CHEVAL: en épingle 2. DE FER – au phys.: fort, résistant, robuste, sain, solide, vigoureux – au moral: autoritaire, courageux, dur, impitoyable, inébranlable, inflexible, opiniâtre, têtu, volontaire **3. METTRE AUX FERS :** réduire en esclavage/ en servitude → EMPRISONNER **4. METTRE LES FERS :** le forceps **5. LES QUATRE FERS EN L'AIR :** dégringoler, se casser la figure, se casser la gueule (vulg.), tomber

FÉRIAL, ALE, AUX et **FÉRIÉ, E** chômé, congé, pont, vacances, week-end

◈ CONTR. : ouvrable

FÉRIE n.f. jour chômé

FERMAGE n.m. affermage, afferme, amodiation, arrérages, cession, colonage partiaire, ferme, location, louage, loyer, métayage (par ext.), redevance, terme

FERME n.m. **I. immeuble : 1.** domaine, exploitation, exploitation agricole, fazenda, fermette, ganaderia, hacienda, mas, métairie, ranch **2. rég. :** argagnage, borie **3. vx :** accense *ou* acense, cense, manse **II. montant d'une location :** affermage, arrérages, fermage, louage, loyer, redevance, terme **III. sous l'Ancien Régime :** collecte/ perception des impôts, maltôte **IV.** charpente, comble

◈ CONTR. : exploitation/ propriété en fairevaloir direct

FERME adj. **I. quelque chose :** assuré, compact, consistant, coriace, dur, fixe, homogène, immuable, résistant, solide, sûr **II. par ext. :** ancré, arrêté, assuré, autoritaire, catégorique, constant, courageux, décidé, déterminé, drastique, dur, endurant, énergique, fort, impassible, imperturbable, implacable, inconvertible, inconvertissable, inflexible, intraitable, intrépide, mâle, net, obstiné, résolu, rigoureux, sévère, solide, stoïque, strict, tenace, têtu, viril

◈ CONTR. **I.** → MOU **II.** → TREMBLANT

FERME et **FERMEMENT** adv. avec fermeté *et suite des syn. de* fermeté, de façon/ manière ferme *et suite des syn. de* ferme, al dente (partic.), beaucoup, bien, bon, coriacement, constamment, courageusement, dur, dur comme fer, durement, énergiquement, fixement, fort, fortement, immuablement, impassiblement, imperturbablement, inébranlablement, inflexiblement, intrépidement, nettement, résolument, sec, sévèrement, solidement, stoïquement, sûrement, tenacement, vigoureusement, virilement

◈ CONTR. **I.** → DOUCEMENT **II.** → RÉSERVE (À LA)

FERMENT n.m. **I. au pr. :** bacille, bactérie, diastase, enzyme, levain, levure, micrococque, moisissure, zymase **II. fig. de discorde :** agent, cause, germe, levain, origine, principe, racine, source

FERMENTATION n.f. **I. au pr. :** cuvage, cuvaison, ébullition, échauffement, féculence (vx), travail **II. fig. :** agitation, bouil-

lonnement, ébullition, échauffement, effervescence, embrasement, excitation, mouvement, nervosité, préparation, remous, surexcitation

◈ CONTR. → CALME

FERMENTER I. au pr. : bouillir, chauffer, lever, travailler **II. fig. :** s'agiter, bouillonner, s'échauffer, gonfler, lever, mijoter, se préparer, travailler

◈ CONTR. → CALMER

FERMER I. v. tr. 1. une porte, une fenêtre : bâcler (vx), barrer, barricader, boucler, cadenasser, claquer (péj.), clore, lourder (arg.), verrouiller **2. un passage :** barrer, barricader, bloquer, boucher, clore, combler, condamner, faire barrage, interdire, murer, obstruer, obturer, occlure **3. une surface :** barricader, clore, clôturer, enceindre, enclore, enfermer, entourer **4. un contenant :** boucher, capsuler, plomber **5. une enveloppe :** cacheter, clore, coller, sceller **6. un emballage :** plier, replier **7. le courant :** couper, disjoncter, éteindre, interrompre, occulter **8. un compte, une liste :** arrêter, clore, clôturer **9. l'horizon, la vue :** borner, intercepter **II. v. intr. :** chômer, faire relâche, faire la semaine anglaise, relâcher **III. v. pron. 1. une blessure :** se cicatriser, guérir, se refermer, se ressouder **2. fig. sur soi :** se refuser, se replier

◈ CONTR. **I.** → OUVRIR **II.** → DÉGAGER

FERMETÉ n.f. **I. de quelque chose :** compacité, consistance, coriacité, dureté, fixité, homogénéité, immuabilité, indivisibilité, insécabilité, irréductibilité, résistance, solidité, sûreté, unicité, unité **II. de quelqu'un :** assurance, autorité, caractère, cœur, constance, courage, cran, décision, détermination, dureté, endurance, énergie, entêtement, estomac (fam.), exigence, force, impassibilité, inflexibilité, intransigeance, intrépidité, invincibilité, netteté, obstination, opiniâtreté, poigne, raideur, rectitude, résistance, résolution, ressort, rigidité, rigueur, sang-froid, sévérité, solidité, stoïcisme, ténacité, vigueur, virilité, volonté

◈ CONTR. → FAIBLESSE

FERMETURE n.f. **I. le dispositif :** barrage, barreaux, barricade, barrière, bonde, cheval de frise, clôture, échalier, enceinte, enclos, entourage, fenêtre, grillage, grille, haie, herse, palis, palissade, palplanches, panneau, persienne, portail, porte, portillon, serrement (vx), store, treillage, treillis, volet **II. l'appareil :** bondon, bouchon, capsule, clanche, clenche, couvercle, crochet, disjoncteur, gâche, gâchette, hayon, loquet, opercule, robinet, serrure, vanne, verrou **III. l'action (une circulation, un passage) :** arrêt, barrage, bouclage, clôture, condamnation, coupure, interruption, oblitération, obstruction, obturation, occlusion, obturation, occlusion, opilation (vx), verrouillage **IV. fermeture momentanée** : coupure, interruption, suspension **V. fermeture du gaz, de l'électricité** : coupure, disjonction, extinction, interruption de fourniture **VI. d'un pli, d'une enveloppe. 1. l'action** : cachetage, clôture, scellement **2. le moyen** : bulle (vx et relig.), cachet, sceau **VII. d'une affaire. 1. par autorité patronale** : lock-out **2. pour cause de congé** : relâche **3. faute de travail** : cessation, chômage (technique), lock-out

◇ CONTR. → OUVERTURE

FERMIER, ÈRE n.m. ou f. **I. sens général** : locataire, preneur, tenancier (vx) **II. qui cultive la terre** : agriculteur, amodiateur, argagner (rég.), colon, cultivateur, exploitant agricole, métayer, paysan **III. fermier général** : partisan → PERCEPTEUR

◇ CONTR. → PROPRIÉTAIRE

FERMOIR n.m. **I. d'un vêtement** : agrafe, aiguillette, attache, boucle, fermail, fermeture, ferret, fibule, zip **II. d'un coffret, d'une porte** : bobinette, crochet, fermeture, loquet, moraillon, serrure, verrou

FÉROCE I. animal : cruel, fauve, sanguinaire, sauvage **II. quelqu'un. 1. au pr.** : barbare, brutal, cannibale, cruel, sadique, sanguinaire, sauvage, violent **2. fig.** : acharné, affreux, dur, épouvantable, forcené, horrible, impitoyable, implacable, inhumain, insensible, mauvais, méchant, terrible, violent

◇ CONTR. **I.** → APPRIVOISÉ **II.** → INOFFENSIF

FÉROCEMENT avec → FÉROCITÉ, de façon → FÉROCE *et les dérivés possibles en* -ment *des syn. de* féroce

FÉROCITÉ n.f. **I. au pr.** : barbarie, brutalité, cannibalisme, cruauté, instincts sanguinaires, sauvagerie, violence **II. fig.** : acharnement, cruauté, dureté, horreur, insensibilité, méchanceté, raffinement, sadisme, sauvagerie, violence

◇ CONTR. **I.** → APPRIVOISEMENT **II.** → BONTÉ

FERRADE n.f. dénombrement du bétail, marquage (au fer), recensement, tatouage, tri

FERRAGE n.m. appareillage métallique, assemblage en fer/ métallique, ferrement, ferrure, garniture en fer, penture, protection en fer

FERRAILLE n.f. **I.** bouts de fer, copeaux, déchets, limaille, rebuts, vieux instruments, vieux morceaux **II.** mitraille **III.** assemblage/ instrument/ objet métallique **IV.** monnaie (fam.), pièce de monnaie (fam.) **V. 1. TAS DE FERRAILLE péj. ou par ironie** : auto, avion, bateau *et tout véhicule ou tout instrument.* **2. METTRE À LA FERRAILLE** : déclasser, jeter, mettre au rebut, réformer, ribloner **3. BRUIT DE FERRAILLE** : cliquetis

FERRAILLER (péj.) **I. au pr.** : batailler, se battre, se battre à l'arme blanche, se battre en duel, battre le fer, brétailler, combattre, croiser le fer, en découdre, escrimer **II. fig.** : se battre, combattre, se disputer, lutter, se quereller

FERRAILLEUR n.m. **I.** batteur à l'arme blanche, bretailleur, bretteur, duelliste, escrimeur, estocadeur, lame, spadassin, traîne-rapière **II.** → QUERELLEUR **III.** brocanteur, casseur, chiffonnier, commerçant en ferraille, triqueur

◇ CONTR. → PAISIBLE

FERRÉ, E I. au pr. : bardé, garni de fer, paré, protégé **II. fig.** : calé, compétent, connaisseur, érudit, fort, habile, instruit, savant – **fam.** : grosse tête, tête d'œuf

◇ CONTR. → INCAPABLE

FERREMENT n.m. **I.** assemblage métallique, ensemble de pièces de métal, fer, ferrage, ferrure, instrument en fer, serrure **II. d'un poisson** : accrochage, capture, coup, prise, touche

FERRER I. au pr. : accrocher avec du fer, brocher, clouter, cramponner, engager le fer, garnir de fer, marquer au fer, parer, piquer, plomber, protéger **II. un poisson** : accrocher, avoir une touche, capturer, piquer, prendre, tirer

FERRET n.m. **I.** → FERMOIR **II.** → AIGUILLE

FERRONNIER n.m. chaudronnier, forgeron, serrurier

FERRONNIÈRE n.f. → BIJOU

FERRURE n.f. arcelet, assemblage en fer, charnière, ferrage, ferrement, ferronnerie, garniture de fer, instrument en fer, penture, serrure, serrurerie

FERRY-BOAT n.m. **off.** : (navire) transbordeur → BAC

FERTÉ n.f. forteresse, place forte

FERTILE I. abondant, bon, fécond, fructueux, généreux, gros, planteureux, prodigue, prolifique, riche **II.** amiteux, arable, cultivable, édaphique, productif **III.** imaginatif, ingénieux, inventif, rusé, subtil, superbe

◇ CONTR. → STÉRILE

FERTILEMENT avec → FERTILITÉ, de façon → FERTILE *et les dérivés possibles en* -ment *des syn. de* fertile

FERTILISATION n.f. amélioration, amendement, bonification, écobuage, engraissement, enrichissement, fumure, marnage, mise en valeur, terreautage

◇ CONTR. **I.** épuisement **II.** → ABANDON

FERTILISER améliorer, amender, bonifier, cultiver, engraisser, enrichir, ensemencer,

fumer, terreauter
◊ CONTR. **I.** → ÉPUISER **II.** → ABANDONNER
FERTILITÉ n.f. **I. sens général** : abondance, fécondité, générosité, luxuriance, prodigalité, productivité, rendement, richesse **II. en parlant d'êtres animés** : conception, fécondité, prolificité, reproduction
◊ CONTR. **I.** → SÉCHERESSE **II.** → STÉRILITÉ
FÉRU, E de quelque chose : chaud, engoué, enthousiaste, épris de, fou de, passionné de, polarisé par (fam.)
◊ CONTR. → BLASÉ
FÉRULE n.f. **I. au pr.** : baguette, bâton, règle **II. fig.** : autorité, dépendance, direction, pouvoir, règle
FERVENT, E ardent, brûlant, chaud, dévot, dévotieux, dévoué, enthousiaste, fanatique, fidèle, intense, zélé
◊ CONTR. → INDIFFÉRENT
FERVEUR n.f. **I. au pr.** : adoration, amour, ardeur, chaleur, communion, dévotion, effusion, élan, enchantement, enthousiasme, force, zèle **II. LA FERVEUR DU MOMENT** : engouement, faveur, mode
◊ CONTR. → INDIFFÉRENCE
FESSE n.f. → FESSIER
FESSÉE n.f. **I. au pr.** : correction, coup, claque, fustigation **II. fig. et fam.** : déculottée, défaite, échec, honte, pâtée, raclée, torchée
FESSE-MATHIEU n.m. → AVARE
FESSER bastonner, battre, botter le train (arg.), châtier, corriger, donner des claques sur les fesses, fouetter, frapper, fustiger, punir, taper
FESSIER n.m. **I.** arrière-train, as de pique/ trèfle, bas du dos, coccyx, croupe, cul, derrière, fesses, fondement, parties charnues, postérieur, quelque part, raie, séant, siège, tournure **II. fam.** : baba, bol, brioche, conversation, croupion, dos, fouettard, gigot, gnon, hémisphères, jumelles, joufflu, lune, malle/ train arrière, pétard, popotin, postère, pot, pouf, pousse-matières, serre-croupière (vx), tagada, tutu, vase, verre de montre **III. arg.** : allumeuses, baigneur, butte, culasse, dargeot, dargif, derche, derjo, faubourg, fias, fond de commerce, frottes, gagne-pain, meules, miches, mouilles, mouillettes, nèfles, noix, panier, pastèques, petit pain, pétrousquin, prose, prosinard, rue aux pets, sœurs, tafanard, train, trouffe, valseur → ANUS
◊ CONTR. → TÊTE
FESSU, E callipyge, charnu, noité (arg.), qui a de grosses fesses *et les syn. de* fesse, rebondi, rembourré, stéatopyge (litt. et iron.)
FESTIN n.m. **I.** agape, banquet, bonne chère, carrousse (vx), chère lie, gala, pandèmes (antiq.), rastel (mérid.), régal, réjouissance → REPAS **II. fam.** : bombance, brifeton, gobichonnade, gueuleton, lippée, ribouldingue, ripaille **III. vx** : lèchefriand, mangerie
◊ CONTR. **I.** → RÉGIME **II.** → JEÛNE
FESTIVAL n.m. **I. au pr.** : festivité, fête, gala, régal **II. de danse, de musique, de poésie** : célébration, colloque, congrès, démonstration, exhibition, foire, journées, kermesse, manifestation, organisation, présentation, représentation, récital, réunion, séminaire, symposium **III. par ext.** → PROFUSION
◊ CONTR. → PÉNITENCE
FESTIVITÉ n.f. allégresse, célébration, cérémonie, festival, fête, frairie, gala, joyeuseté, kermesse, manifestation, mondanités, partie, partie fine, réception, réjouissance, réunion
◊ CONTR. → TRISTESSE
FESTON n.m. bordure, broderie, dent, frange, garniture, guirlande, lambrequin, ornement, passementerie, torsade
FESTONNER v. tr. et intr. border, brocher, broder, découper, denteler, garnir, orner
FESTOYER v. tr. et intr. **I.** banqueter, donner/ faire/ offrir un → FESTIN, faire bombance/ bonne chère/ fête à, fêter, prendre part à, recevoir, régaler, se régaler → MANGER **II. fam. et/ ou péj.** : bambocher, faire la foire, gueuletonner, s'en mettre plein la lampe, ripailler **III. vx** : braguer, crapuler, festiner, gobelotter, gobichonner, gobiner, ribler, riboter, rioler
◊ CONTR. → JEÛNER
FÊTARD, E n.m. ou f. (péj.) arsouille, bambocheur, bon vivant, bragard *ou* braguard (vx), cascadeur, débauché, jouisseur, noceur, noctambule, rigolo, soireux, soiriste, viveur
◊ CONTR. : quelqu'un de → RÉGLÉ
FÊTE n.f. **I.** anniversaire, apparat, bouquet (vx), célébration, centenaire, commémoration, concert, débauche (péj.), événement, festival, festivité, inauguration, jubilé, noces, solennité **II. 1.** → FESTIN **2.** → RÉUNION **3.** → BAL **4.** → DÉFILÉ **5.** → CARNAVAL **III. rég.** : apport, assemblée, ballade, ducasse, kermesse, ferrade, festo majou (mérid.), foire, frairie, nouba, pardon, redoute, vogue **IV. principales fêtes relig. 1. chrétiennes** : Ascension, Assomption *ou* du 15-Août, Circoncision, Épiphanie *ou* des Rois (Mages), Fête-Dieu, Nativité *ou* Noël, Pâques, Pentecôte, Purification *ou* Chandeleur, Rameaux, Toussaint **2. hindoues** : O Çivat, Divali, Holi, Makara Sankrati, Vasant Panchama **3. juives** : Dédicace, Expiation *ou* Yom Kippour, Néoménie, Pâque, Pentecôte, Pourim, Sabbat, Tabernacle **4. musul-**

manes : Achoura, Baïram, Moharram, Mouloud *ou* fête du Mouton/ de la Rupture du jeûne/ des Sacrifices/ des Victimes **5. Grèce antiq.** : anthestéries, aphrodisies, dionysies, éleusinies, épinicies, orphiques, panathénées, thesmophories **6. Rome antiq.** : agonales, ambarvales, amburbiales, bacchanales, compitales, lupercales, orgies, parentales, saturnales, vestalies, vulcanales **V. fam. ou arg.** : bamboche, bamboula, bombe, dégagement, fiesta, foire, foirinette, java, noce, tournée des grands-ducs

◇ CONTR. → PÉNITENCE

FÊTÉ, E chouchouté (fam.), choyé, entouré, gâté, honoré, recherché, salué

FÊTER accueillir, arroser, bienveigner (vx), célébrer, commémorer, consacrer, faire fête à, festoyer, honorer, manifester, marquer, se réjouir de, sanctifier, solenniser

FÉTICHE n.m. agnus-dei, amulette, bondieuserie, effigie, gri-gri, idole, image, main de Fatma, mascotte, phylactère, porte-bonheur, porte-chance, porte-veine, reliques, scapulaire, statuette, talisman, tephillim, totem → MÉDAILLE

FÉTICHE adj. **I.** artificiel, divinisé, idolâtre, sacré, tabou, vénéré **II.** artificiel, factice

FÉTICHISME n.m. **I. au pr.** : animisme, culte des fétiches, culte des idoles, idolâtrie, totémisme **II. fig.** admiration, attachement, culte, idolâtrie, religion, respect, superstition, vénération **III. psych.** : idée fixe, perversion

FÉTICHISTE nom et adj. **I. au pr.** : adepte du *ou* relatif au fétichisme *et les syn. de* fétichisme, adorateur de *ou* relatif aux fétiches *et syn. de* fétiche, superstitieux, totémiste **II. fig.** : admirateur, croyant, fidèle, idolâtre, religieux, superstitieux

FÉTIDE au pr. et au fig. : asphyxiant, corrompu, dégoûtant, délétère, désagréable, écœurant, empesté, empuanti, étouffant, excrémentiel, fécal, ignoble, immonde, innommable, infect, insalubre, malodorant, malpropre, malsain, mauvais, méphitique, nauséabond, nuisible, ordurier, pestilentiel, puant, putride, repoussant, répugnant, trouillotant (arg.)

◇ CONTR. → ODORANT

FÉTU n.m. **I. au pr.** : brin, brindille **II. fig.** : bagatelle, brimborion, misère, petite chose, peu, rien

FÉTUQUE n.f. graminée, herbe, fétuque ovine, fourrage

FEU n.m. **I. au pr. 1. lieu où se produit le feu** : astre, athanor, âtre, autodafé, bougie, brasero, brasier, braise, bûcher, cautère, chandelle, chaudière, cheminée, coin de feu, coin du feu, enfer, étincelle, étoile, fanal, flambeau, forge, four, fournaise, fourneau, incendie, lampe, météore, projecteur, signal, soleil **2. famille**, foyer, maison **3. manifestation du feu** : attise *ou* attisée, brûlure, caléfaction, calcination, cendre, chaleur, chauffage, combustion, consomption, crémation, éblouissement, échauffement, éclair, éclairage, éclat, embrasement, éruption, étincelle, flambée, flamboiement, flamme, fouée, fumée, fumerolle, furole, ignescence, ignition, incandescence, lave, lueur, lumière, rif (fam.), rougeur, scintillement **4. rég.** : chalibaude, régalade **5. par anal. méd.** : démangeaison, éruption, furoncle, inflammation, irritation, prurit **6. feu d'artillerie** : barrage, tir, pilonnage **7. feux tricolores** : signal, signalisation, orange, rouge, vert **8. avez-vous du feu ?** : allumettes, briquet **9. faire du feu** : allumer, se chauffer **10. feu du ciel** : foudre, orage, tonnerre **11. feu d'artifice** : bouquet, girande (vx), pyrotechnie, soleil **12. feu follet** : feu Saint-Elme, flammerole, furole (vx ou rég.) **II. fig. 1. fav. ou neutre** : action, amour, animation, ardeur, bouillonnement, chaleur, combat, conviction, désir, empressement, enthousiasme, entrain, exaltation, excitation, flamme, fougue, inspiration, passion, tempérament, vivacité, zèle **2. non fav.** : agitation, emballement, colère, combat, courroux, emportement, exagération, passion, véhémence, violence **3. alchimie.** : archée **4. FEU DU CIEL** : châtiment, colère/ justice divine, punition

FEUILLAGE n.m. **I. au pr.** : aiguille, branchage, branches, feuillée, feuilles, frondaison, palme, rameau, ramée, ramure, verdure **II. par ext.** : abri, berceau, camouflage, charmille, chevelure, dais, tonnelle

FEUILLAISON n.f. foliation, renouvellement

◇ CONTR. : défeuillaison

FEUILLE n.f. **I. au pr.** : fane, feuillage, feuillée, foliole, frondaison, pampre (du blé) **II. par ext. 1.** carton, document, feuille de chou (péj.), feuillet, folio, journal, page, papier **2.** fibre, lame, lamelle, lamine (vx), plaque **III. fam.** → OREILLE **IV. DUR DE LA FEUILLE** : sourd, sourdingue (fam.)

FEUILLÉES n.f. pl. → WATER-CLOSET

FEUILLERET n.m. → RABOT

FEUILLET n.m. cahier, feuille, folio, page, placard (typo), planche, pli

FEUILLETER compulser, jeter un coup d'œil sur, lire en diagonale (fam.)/ rapidement, parcourir, survoler, tourner les pages

FEUILLETON n.m. anecdote, dramatique, histoire, livraison, nouvelle, roman

FEUILLU, E abondant, épais, feuillé, garni, touffu

◇ CONTR. : dégarni

FEUILLURE n.f. entaille, rainure

FEULER → CRIER

FEULEMENT n.m. → CRI

FEUTRE n.m. I. blanchet, étamine, molleton II. → COIFFURE

FEUTRÉ, E I. au pr. : garni, ouaté, rembourré II. par ext. : amorti, discret, étouffé, mat, ouaté, silencieux ◇ CONTR. → SONORE

FEUTRER I. au pr. : garnir, ouater, rembourrer II. par ext. : amortir, étouffer

FÈVE n.f. faséole, faverole, gourgane

FI (FAIRE) → DÉDAIGNER

FIABILITÉ n.f. sûreté → SÉCURITÉ

FIABLE → SÛR

FIACRE n.m. sapin → VOITURE

FIANÇAILLES n.f. pl. accordailles (vx), engagement, promesse de mariage

FIANCÉ, E n.m. ou f. I. accordé (vx), bien-aimé, futur, parti, prétendant, promis II. fam. : galant, soupirant III. rég. : épouseur, épouseux, prétendu

FIANCER (SE) I. au pr. : s'engager, promettre mariage II. par ext. : allier, fier (se), mélanger, unir

FIASCO n.m. → INSUCCÈS

FIASQUE n.f. → BOUTEILLE

FIBRE n.f. I. au pr. : byssus, chalaze, chair, cirre, fibrille, fil, filament, filet, ligament, linéament, substance, tissu II. par ext. → DISPOSITION

FIBREUX, EUSE dur, filandreux, nerveux ◇ CONTR. → TENDRE

FIBROME n.m. → TUMEUR

FIBULE n.f. → AGRAFE

FICELÉ, E fig. → VÊTU

FICELER I. au pr. → ATTACHER II. fig. → VÊTIR

FICELLE n.f. I. au pr. → CORDE II. fig. 1. → RUSE 2. → PROCÉDÉ 3. quelqu'un → MALIN

FICHE n.f. I. aiguille, broche, cheville, prise, tige II. carte, carton, étiquette, feuille, papier III. jeton, plaque

FICHER I. au pr. 1. → FIXER 2. → ENFONCER 3. → METTRE 4. → FAIRE II. FICHER DEDANS → TROMPER III. v. pron. 1. → RAILLER 2. → MÉPRISER

FICHIER n.m. casier, classeur, documentation, dossier, meuble, registre

FICHISTE n.m. ou f. documentaliste

FICHU n.m. barbette, cache-cœur/ col/ cou, carré, châle, écharpe, fanchon, foulard, madras, mantille, marmotte, mouchoir, pointe

FICHU, E I. fâcheux, foutu (fam.), sacré II. → DÉPLAISANT III. → PERDU

FICTIF, IVE → IMAGINAIRE

FICTIVEMENT I. → FAUSSEMENT II. → APPAREMMENT

FICTION n.f. I. → INVENTION II. SCIENCE-FICTION : anticipation, futurisme, scientifiction (vx)

FIDÈLE I. n.m. ou fém. 1. adepte, assidu, croyant, ouaille, paroissien, partisan, pratiquant → PROSÉLYTE 2. antrustion, féal II. adj. 1. quelqu'un : assidu, attaché, attentif, bon, conservateur, constant, dévoué, exact, favorable, féal, franc, honnête, loyal, obéissant, persévérant, probe, régulier, scrupuleux, sincère, solide, sûr, vrai 2. → OBLIGÉ 3. quelque chose : conforme, correct, égal, éprouvé, exact, fiable, indéfectible, juste, réglé, sincère, sûr, véridique, vrai ◇ CONTR. → INFIDÈLE

FIDÈLEMENT avec → FIDÉLITÉ, de façon → FIDÈLE et les dérivés possibles en -ment des syn. de fidèle

FIDÉLITÉ n.f. I. → CONSTANCE II. → EXACTITUDE III. → ATTACHEMENT IV. → FOI V. → VÉRITÉ

FIEF n.m. I. censive, dépendance, domaine, mouvance, seigneurie, suzeraineté II. par ext. : domaine, spécialité

FIEFFÉ, E → PARFAIT

FIEL n.m. I. au pr. → BILE II. par ext. 1. → HAINE 2. → MAL

FIELD WORK n.m. audiov. off. : travail de terrain

FIELLEUX, EUSE acrimonieux, amer, haineux, malveillant, mauvais, méchant, venimeux ◇ CONTR. → BIENVEILLANT

FIENTE n.f. → EXCRÉMENT

FIER, ÈRE I. → SAUVAGE II. → SATISFAIT III. → DÉDAIGNEUX IV. → GRAND V. → HARDI

FIER (SE) I. → CONFIER (SE) II. → RAPPORTER (SE)

FIER-À-BRAS n.m. → BRAVACHE

FIERTÉ n.f. I. → DÉDAIN II. → HARDIESSE III. → HONNEUR IV. → ORGUEIL

FIÈVRE n.f. I. fébricule, hyperthermie, malaria, paludisme, pyréxie, suette, température II. fièvre jaune : vomito negro III. affolement, agitation, ardeur, chaleur, désordre, hallucination, hâte, inquiétude, intensité, mouvement, nervosité, passion, tourment, trouble, violence → ÉMOTION

FIÉVREUSEMENT avec → FIÈVRE, de façon → FIÉVREUX et les dérivés possibles en -ment des syn. de fiévreux

FIÉVREUX, EUSE I. fébricitant, fébrile II. agité, ardent, brûlant, chaud, désordonné, halluciné, hâtif, inquiet, intense, malade, maladif, malsain, mouvementé, nerveux, passionné, tourmenté, troublé, violent
◆ CONTR. → TRANQUILLE

FIFRE n.m. → FLÛTE

FIFRELIN n.m. → BAGATELLE

FIGÉ, E coagulé, contraint, conventionnel, glacé, immobile, immobilisé, immuable, paralysé, pétrifié, raide, raidi, sclérosé, statufié, stéréotypé, transi

FIGER I. au pr. 1. → CAILLEBOTTER 2. → GELER II. par ext. 1. → IMMOBILISER 2. → PÉTRIFIER

FIGNOLAGE n.m. arrangement, enjolivement, finition, léchage, parachèvement, polissage, raffinage, raffinement, soin
◆ CONTR. → BÂCLAGE

FIGNOLER I. → ORNER II. → PARFAIRE

FIGUE n.f. I. bourjassotte II. FAIRE LA FIGUE → RAILLER

FIGURANT, E n.m. ou f. acteur, comparse, doublure, passe-volant (milit. et vx), représentant, second rôle – fam. : frimant, panouille
◆ CONTR. → ARTISTE

FIGURATION n.f. carte, copie, dessin, facsimilé, image, plan, représentation, reproduction, schéma, symbole
◆ CONTR. → ORIGINAL

FIGURE n.f. I. 1. → VISAGE 2. → FORME II. par ext. 1. → MINE 2. → REPRÉSENTATION 3. → STATUE 4. → SYMBOLE 5. → EXPRESSION 6. → IMAGE 7. → RHÉTORIQUE

FIGURÉ, E imagé, métaphorique, tropologique
◆ CONTR. → RÉEL

FIGURER I. avoir la forme de, être, incarner, jouer un rôle, paraître, participer, représenter, se trouver, tenir un rang II. dessiner, donner l'aspect, modeler, peindre, représenter, sculpter, symboliser, tracer III. v. pron. → IMAGINER
◆ CONTR. I. → DISPARAÎTRE II. → EFFACER

FIGURINE n.f. → STATUE

FIL n.m. I. archal, florence, organsin → FIBRE II. → COURS III. → TRANCHANT IV. FIL DE LA VIERGE, rég. : filandre, freluche

FILAMENT n.m. → FIBRE

FILANDREUX, EUSE I. au pr. : coriace, dur, fibreux, indigeste, nerveux II. fig. : ampoulé, confus, délayé, diffus, embarrassé, empêtré, enchevêtré, entortillé, fumeux, indigeste, interminable, long, macaronique
◆ CONTR. I. → TENDRE II. → COURT

FILASSE n.f. I. n.f. : étoupe, lin II. adj. : blond, clair, pâle, terne

FILE n.f. caravane, chapelet, colonne, cordon, enfilade, haie, ligne, procession, queue, rang, rangée, théorie, train → SUITE

FILE n.m. inform. off. : fichier

FILER I. la laine : tordre II. → LÂCHER III. → MARCHER IV. → SUIVRE V. → PARTIR VI. FILER DOUX → SOUMETTRE (SE)

FILET n.m. I. au pr. 1. pour la pêche : ableret, ablier, alignole, alosièr(e), ansière, aplet, araignée, aveiniau, balance, bastude ou battude, bolier, bouterolle, carrelet, caudrette, chalut, drague, drège, échiquier, épervier, épuisette, folle, gabarre, goujonnier, guideau, haveneau, havenet, langoustier, madrague, nasse, paupière (cajin), pêchette, picot, poche, puche, ridée, rissole, sardinier, senne, thonaire, traîne, traîneau, tramail, truble, vannet, vervet 2. pour les oiseaux : allier ou hallier, araignée, lacet, lacs, pan, pan de rets, panneau, pantenne, pantière, rets, ridée, tirasse II. par ext. 1. porte-bagages, réseau 2. embûche, embuscade, piège, souricière

FILEUSE n.f. vx : filandière

FILIALE n.f. → SUCCURSALE

FILIATION n.f. I. au pr. → NAISSANCE II. par ext. → LIAISON

FILIÈRE n.f. → HIÉRARCHIE

FILIFORME allongé, délié, effilé, fin, grêle, longiligne, maigre, mince

FILIN n.m. → CORDAGE

FILLE n.f. I. au pr. 1. descendante, enfant, héritière 2. adolescente, bambine, blondinette, brin, brunette, catherinette, demoiselle, fillette, jeune fille, jeunesse, jouvencelle, nymphe, rosière (partic.), rouquine, rousse, vierge 3. vx ou rég. : agnès, bacelle, bachelette, drôlesse, drôlière, drôline, gouillasse, menine, mescine, pucelette, pucelle, pucelotte, puellule 4. fam. : béguineuse, boudin, briquette, cerneau, chameau (arg. scol.), craquette, cri-cri, fée, frangine, gamine, gavalie, gazelle, gazille, gerce, gisquette, gosse, gosseline, grenouille, langoustine, mectonne, mignonne, minette, mistonne, môme, mominette, musaraigne, nana, nénette, nistonne, nymphette, oie blanche, oiselle, pépée, petit bout/ lot/ rat/ sujet, petite, ponette, poulette, pouliche, poupée, prix de Diane, quille, sauterelle, souris, tendron, ticket, trottin, yéyette 5. péj. (injurieux ; sexiste) : bécasse, bourrin, cageot, dondon, donzelle, fillasse, garçonne, gigolette, gigue, gonzesse, greluche, greluchonne, guenuche, marmotte, perlasse, pétasse, péteuse, pisseuse, tas,

typesse II. par ext. 1. → CÉLIBATAIRE **2.** → PROSTITUÉE **3.** → SERVANTE **4.** → RELIGIEUSE

◆ CONTR. → JEUNE HOMME

FILLER n.m. **tr. pub. off.** : fines

FILLING n.m. **spat. off.** : chargement

FILM n.m. **I. au pr.** → PELLICULE **II. par ext.** → PIÈCE

FILM COOLING n.m. **spat. off.** : refroidisseur par film fluide/ pelliculaire

FILMER enregistrer, photographier, tourner

FILON n.m. **I. au pr.** : couche, masse, mine, source, strate, veine **II. fig. 1.** → CHANCE **2.** combine

FILOU n.m. → FRIPON

FILOUTER → VOLER

FILOUTERIE n.f. → VOL

FILS n.m. **I. au pr.** : fieux (rég.), fiston, fruit, garçon, gars, géniture, grand, héritier, niston (fam.), petit, progéniture, race, rejeton, sang (poét.), surgeon → ENFANT **II. par ext. 1.** citoyen **2.** descendant, parent **3.** → ÉLÈVE **III. FILS DE SES ŒUVRES 1.** autodidacte, self-made-man **2.** conséquence, effet, fruit, résultat

FILTRAGE n.m. clarification, filtration, lixiviation

FILTRE n.m. antiparasite, blanchet, bougie, buvard, chausse, citerneau, écran, épurateur, étamine, feutre, papier, papier Joseph, passoire, percolateur, purificateur → VÉRIFICATION

FILTRER I. au pr. : clarifier, couler, épurer, passer, purifier, rendre potable, tamiser **II. par ext. 1.** → VÉRIFIER **2.** → PÉNÉTRER **3.** → RÉPANDRE (SE) **4.** → PERCER

FIN n.f. **I. au pr.** → EXTRÉMITÉ **II. par ext. 1.** aboutissement, accomplissement, achèvement, arrêt, borne, bout, but, cessation, chute, clôture, coda, conclusion, consommation, crépuscule, décadence, décision, déclin, dénouement, dépérissement, désinence, dessert, destination, destruction, disparition, épilogue, enterrement, épuisement, expiration, extrémité, final, finale, finalité, limite, objectif, objet, perfection, péroraison, prétexte, queue, réalisation, résultat, réussite, ruine, solution, sortie, suppression, tendance, terme, terminaison, terminus, visée **2.** agonie, anéantissement, décès, déclin, mort, trépas **III. 1. UNE FIN DE NON-RECEVOIR** → REFUS **2. À CETTE FIN** : intention, objet, motif, raison **3. À LA FIN** : en définitive, enfin, finalement **4. FAIRE UNE FIN** : se marier, se ranger **5. METTRE FIN À** : achever, arrêter, clore, décider, dissiper, dissoudre, éli-

miner, expirer, faire cesser, finir, lever, parachever, se suicider, supprimer, terminer, tuer (se) **6. SANS FIN** : sans arrêt/ cesse/ interruption/ repos/ trêve, continu, éternel, immense, immortel, indéfini, infini, interminable, pérenne, pérennisé, perpétuel, sans désemparer/ discontinuer, sempiternel, toujours *et les adv. en* -ment *possibles à partir des adj. de cette suite, ex.* : continuellement

◆ CONTR. → ORIGINE

FIN adv. **fin prêt** : absolument, complètement, entièrement, tout à fait

FIN, E I. au pr. : affiné, allongé, arachnéen, aranéen, aranéeux, arondinacé, beau, délicat, délié, doux, élancé, émincé, étroit, fluide, gracile, lamellaire, léger, maigre, menu, mince, petit, svelte, transparent, vaporeux **II. par ext. : 1.** adroit, affiné, astucieux, averti, avisé, bel esprit, clairvoyant, délié, déniaisé (vx), diplomate, élégant, excellent, finaud, futé, galant, habile, ingénieux, intelligent, malin, pénétrant, perspicace, piquant, pointu, précieux, pur, raffiné, retors, rusé, sagace, sensible, subtil, supérieur, vif **2.** distingué, élégant, racé **3.** délicat, gastronomique, gourmand, raffiné, recherché → BON **III. 1. FIN MOT** : dernier, véritable **2. FIN FOND** : éloigné, extrême, loin, lointain, reculé **3. FINE FLEUR** : élite, supérieur **4. FIN DU FIN** : nec plus ultra **5. FINE CHAMPAGNE** : brandy, cognac

◆ CONTR. **I.** → GROS **II.** → BÊTE **III.** → MOYEN **IV.** → COMMUN

FINAL, E définitif, dernier, extrême, téléologique, terminal, ultime

FINALE I. n.m. 1. → BOUQUET **2. mus.** : dernier mouvement **II. n.f.** : belle, dernier match

FINALEMENT à la fin/ limite, définitivement, en définitive, en dernier lieu, enfin, fin de compte, pour en finir/ en terminer, sans retour, tout compte fait

◆ CONTR. → ABORD (D')

FINALITÉ n.f. **I.** but, dessein, destination, fin, intentionnalité, motivation, orientation, prédestination, téléologie, tendance **II.** adaptation, harmonie, perception **III.** adaptation, besoin, détermination, instinct, sélection

◆ CONTR. → MOTEUR

FINANCE n.f. **I.** argent, ressources **II. au pl.** : biens, budget, caisse, comptabilité, crédit, dépense, économie, fonds, recette, trésor, trésorerie **III. vx** : ferme, régie **IV.** affaires, banque, bourse, capital, capitalisme, commerce, crédit

◆ CONTR. : cheptel, fond, marchandises, matériel, matières, stock

FINANCEMENT n.m. développement, entretien, paiement, placement, soutien, subvention, versement

FINANCER avancer/ bailler/ placer/ prêter des fonds, casquer (fam.), commanditer, entretenir, fournir, parrainer, payer, procurer de l'argent, régler, soutenir financièrement, sponsoriser, subventionner, verser
◈ CONTR. → RETIRER

FINANCIER, ÈRE n.m. ou f. agent de change, banquier, boursier, capitaliste, coulissier, gérant, gestionnaire, manieur d'argent, publicain, régisseur, spéculateur, sponsor – **vx** : fermier, maltôtier, partisan, traitant
◈ CONTR. → EMPRUNTEUR

FINANCIER, ÈRE adj. bancaire, budgétaire, monétaire, pécuniaire

FINASSER éviter, éluder/ tourner la difficulté, user d'échappatoires/ de faux-fuyants, ruser
◈ CONTR. → AFFRONTER

FINASSERIE n.f. finauderie, tromperie → RUSE
◈ CONTR. → CANDEUR

FINAUD, E → MALIN

FINAUDERIE n.f. → FINASSERIE

FINE n.f. brandy, cognac, eau-de-vie

FINEMENT adroitement, aigûment, astucieusement, délicatement, subtilement
◈ CONTR. → GROSSIÈREMENT

FINES n.f. pl. → GRANULAT

FINESSE n.f. **I.** délicatesse, étroitesse, fluidité, légèreté, minceur, petitesse, ténuité, transparence **II. fig.** : acuité, adresse, artifice, astuce, avisance (vx), clairvoyance, difficulté, diplomatie, justesse, malice, pénétration, précision, ruse, sagacité, sensibilité, souplesse, stratagème, subtilité, tact **III. par ext.** : beauté, délicatesse, distinction, douceur, élégance, grâce, gracilité, raffinement, sveltesse
◈ CONTR. **I.** → MALADRESSE **II.** → ÉPAISSEUR

FINGER n.m. **aviat. et spat. off.** : jetée

FINI n.m. → PERFECTION

FINI, E I. borné, défini, limité **II.** accompli, achevé, consommé, révolu, terminé **III.** → FATIGUÉ **IV.** → PARFAIT **V. par ext. 1. quelqu'un** : condamné, fait, fichu, fieffé, foutu, mort, perdu, usé **2. quelque chose** : disparu, évanoui, fait, perdu
◈ CONTR. **I.** → IMPARFAIT **II.** ouvert

FINIR I. v. tr. 1. neutre ou fav. : accomplir, achever, arrêter, cesser, clore, clôturer, conclure, consommer, couper, couronner, épuiser, ex-pédier, fignoler, interrompre, lécher, mettre fin à, parachever, parfaire, polir, régler, terminer, trancher, user, vider **2. péj.** : anéantir, bâcler **II. par ext. 1.** → MOURIR **2. v. intr.** : aboutir, achever, s'arrêter, arriver, avoir cesse (vx), cesser, disparaître, épuiser, s'évanouir, rompre, se terminer, tourner mal
◈ CONTR. → COMMENCER

FINISSAGE n.m. achevage, fignolage, fin, finition, garnissage, paraison (techn.), perfectionnement
◈ CONTR. → ÉBAUCHE

FINITION n.f. accomplissement, achèvement, arrêt, fin, fion (coup de)
◈ CONTR. → ÉBAUCHE

FINITUDE n.f. → LIMITE

FIOLE n.f. **I. au pr.** : ampoule, biberon, bouteille, flacon **II. fig.** : bouille, figure → TÊTE

FIORITURE n.f. → ORNEMENT

FIRING WINDOW n.m. **spat. off.** : créneau de lancement

FIRMAMENT n.m. → CIEL

FIRME n.f. → ÉTABLISSEMENT

FISC n.m. finances, fiscalité, percepteur, Trésor public

FISSILE scissile → CASSANT

FISSION n.f. désintégration, division, séparation

FISSURE n.f. → FENTE

FISSURER → FENDRE

FITTINGS n. pl. **pétr. et tr. pub. off.** : raccorderie

FIX n.m. **off. méc.** : modification, réparation – **aviat. et mar.** : point

FIXATION n.f. **I. au pr. 1.** amarrage, amure (mar.), ancrage, attache, crampon, enracinement, établissement, fixage, implantation **2.** attache, cramponnement, scellement **II. fig.** : caractérisation, définition, délimitation, détermination, estimation, indiction, limitation, réglementation, stabilisation
◈ CONTR. → DÉRACINEMENT

FIXE I. adj. → STABLE **II. n.m.** appointements, mensualité, pension, rente, salaire, traitement

FIXEMENT en face, intensément
◈ CONTR. : à la dérobée

FIXER I. au pr. : accrocher, adhérer, affermir, amarrer, ancrer, arrêter, arrimer, assembler, assujettir, assurer, attacher, boulonner, brêler, caler, carrer, centrer, cheviller, claveter, clouer, coincer, coller, consolider, cramponner, éclisser, enchâsser, enclaver (techn.), enfoncer, enraciner, faire pénétrer/ tenir, ficher, haubaner, immobiliser, implanter, introduire, lier, ligaturer, maintenir, mettre, nouer, pendre, pétrifier, planter, punaiser, raciner, retenir, river, riveter, sceller, soutenir, suspendre, visser **II. mar.** : accorer, amurer, capeler, carguer, élinguer, enverguer, étalinguer **III. fig. 1.** arrêter, asseoir, assigner, conclure, décider, définir, délimiter, déterminer, envisager, établir, évaluer, formuler, imposer, indiquer, layer, limiter, marquer, normaliser, particulariser, poser, préciser, prédestiner, préfinir (jurid.), préfixer, prescrire, proposer, qualifier, réglementer, régler, régulariser, spécifier, stabiliser **2.** attirer, captiver, choisir, conditionner, conquérir, gagner, retenir **3.** cristalliser, graver, peindre, sculpter → IMPRIMER **4.** → INSTRUIRE **5.** → REGARDER **IV. v. pron.** : se caser, s'établir, établir sa résidence/ ses pénates (fam.), habiter, s'implanter, s'installer, se localiser, prendre pied/ racine, résider

◇ CONTR. **I.** → DÉPLACER **II.** → DISTRAIRE **III.** → REMUER **IV.** → ERRER

FIXITÉ n.f. **I.** consistance, fermeté, immobilité, immuabilité, immutabilité, incommutabilité, incompressibilité, incontestabilité, intangibilité, invariabilité, permanence, persistance, stabilité **II.** constance, esprit de suite, fermeté, suite dans les idées → OBSTINATION

◇ CONTR. → CHANGEMENT

FLACCIDE → MOU

FLACCIDITÉ n.f. → RAMOLLISSEMENT

FLACHE n.f. → TROU

FLACON n.m. fiasque, fiole, flasque, gourde → BOUTEILLE

FLA-FLA n.m. affectation, chichis, chiqué, esbroufe, étalage, façons, frime, manières, ostentation

FLAGELLATION n.f. fouet, fustigation

FLAGELLER **I. au pr.** : battre, châtier, cingler, cravacher, donner la discipline/ le martinet/ les verges, fesser, fouetter, fustiger **II. fig.** : attaquer, blâmer, critiquer, maltraiter, vilipender

FLAGEOLANT, E → CHANCELANT

FLAGEOLER → CHANCELER

FLAGEOLET n.m. → FLÛTE

FLAGORNER → FLATTER

FLAGORNERIE n.f. → FLATTERIE

FLAGORNEUR, EUSE nom et adj. → FLATTEUR

FLAGRANCE n.f. → ÉVIDENCE

FLAGRANT, E certain, constant, constaté, éclatant, évident, incontestable, indéniable, manifeste, notoire, officiel, patent, probant,

sans conteste, sur le fait, visible, vu

◇ CONTR. **I.** → INCERTAIN **II.** → SUSPECT

FLAIR n.m. **I. au pr.** → ODORAT **II. par ext.** : clairvoyance, intuition, perspicacité → PÉNÉTRATION

◇ CONTR. → STUPIDITÉ

FLAIRER **I. au pr.** → SENTIR **II. fig.** → PRESSENTIR

FLAMANT n.m. bécharu, kamichi

FLAMBANT, E ardent, brasillant, brillant, brûlant, coruscant, éclatant, étincelant, flamboyant, fulgurant, incandescent, reluisant, resplendissant, rutilant, scintillant, superbe

◇ CONTR. → TERNE

FLAMBARD ou **FLAMBART** n.m. → HÂBLEUR

FLAMBÉ, E fam. déconsidéré, découvert, fichu, foutu (vulg.), perdu, ruiné

◇ CONTR. : considéré, honorablement connu

FLAMBEAU n.m. **I. par ext.** : bougie, brandon, candélabre, chandelier, chandelle, cierge, fanal, guide, lampe, lumière, oupille, phare, photophore, torche, torchère **II.** → CHEF

FLAMBÉE n.f. → FEU

FLAMBER **I. au pr. 1. v. intr.** : brûler, cramer (fam.), s'embraser, s'enflammer, étinceler, flamboyer, scintiller – **vx** : arder, ardoir, ardre **2. v. tr.** : gazer, passer à la flamme, stériliser **3.** → BRILLER **II. fig. 1. v. tr.** : dépenser, dilapider, jouer, perdre, ruiner, voler

◇ CONTR. → ÉTEINDRE

FLAMBERGE n.f. épée, lame, rapière, sabre

FLAMBOIEMENT n.m. **I. au pr.** : éblouissement, éclat, embrasement, feu **II. fig.** : ardeur, éclat

FLAMBOYANT, E **I. arch.** : gothique, médiéval **II.** → FLAMBANT

FLAMBOYER **I. au pr.** → FLAMBER **II. fig.** → LUIRE

FLAMME n.f. **I. au pr.** → FEU **II. par ext.** → CHALEUR **III.** → DRAPEAU

FLAMMEROLE n.f. feu follet/ Saint-Elme, furole (vx ou rég.)

FLAN n.m. dariole, entremets

FLANC n.m. **I. de quelqu'un ou d'un animal** → VENTRE **II. par ext.** : aile, bord, côté, pan – **mar.** : amure, lof

◇ CONTR. **I.** → FRONT **II.** → DERRIÈRE

FLANCHER **I.** → CÉDER **II.** → RECULER

FLANDRIN n.m. dadais → BÊTE

FLÂNER **I.** s'amuser, badauder, bader (mérid.), déambuler, errer, folâtrer, musarder,

muser, se promener, traîner, vadrouiller **II. fam.** : badailler, baguenauder, balancher, baliverner, balocher, couniller, faire flanelle, flânocher, gober les mouches, lécher les vitrines, niaiser, nigauder, troller
◇ CONTR. **I.** → TRAVAILLER **II.** → HÂTER (SE)

FLÂNERIE n.f. → PROMENADE

FLÂNEUR, EUSE nom et adj. **I. au pr.** : badaud, bayeur, promeneur **II. par ext.** : désœuvré, fainéant, indolent, lambin, musard, oisif, paresseux, traînard → VAGABOND
◇ CONTR. → TRAVAILLEUR

FLANQUER I. v. tr. → JETER **II. v. intr. 1.** → ACCOMPAGNER **2.** → PROTÉGER **3.** → METTRE

FLAPI, E → FATIGUÉ

FLAQUE n.f. daya, flache, mare, nappe

FLARE n.m. **off. I. aviat. et spat.** : arrondi **II. méc.** : épanoui **III. aviat. et mar.** : fusée éclairante/ de signalisation

FLASH n.m. **off.** : éclair

FLASH-BACK n.m. **audiov. off.** : rappel éclair, retour (en) arrière, retour visuel, rétrospective

FLASQUE I. adj. → MOU **II. n.f.** → FLACON

FLAT-FOUR n.m. **méc. off.** : quadricylindre à plat

FLATTER I. 1. aduler, amadouer, cajoler, caresser, charmer, choyer, complaire à, complimenter, courtiser, flagorner, gratter, lécher, louanger, louer, parfaire, passer la main dans le dos, peloter, ramper, tromper **2. vx ou rég.** : amiauler, amignarder, amignonner, amignoter, amignouter, capter, chatouiller, délecter, gracieuser, gratter, tonneler, valeter **3. fam.** : faire risette, fayoter, lécher le → FESSIER **II.** embellir, enjoliver, idéaliser, parfaire **III. v. pron. 1.** aimer à croire, s'applaudir, se donner les gants de (fam.), s'enorgueillir, se féliciter, se glorifier, s'illusionner, se persuader, se prévaloir, se targuer, tirer vanité, triompher, se vanter **2.** compter, espérer, penser, prétendre
◇ CONTR. → BLÂMER

FLATTERIE n.f. **I.** adoration, adulation, cajolerie, câlinerie, caresse, chatouillement (vx), compliment, coups d'encensoir, cour, courbette, courtisanerie, douceurs, encens, flagornerie, génuflexion, hommage, hypocrisie, louange, mensonge, plat, pommade, tromperie **II. fam.** : fayotage, lèche, pelotage **III. vx** : amadouement, amiaulement, amignardise, chatouillement, gracieuseté
◇ CONTR. → BLÂME

FLATTEUR, EUSE nom et adj. **I. quelqu'un : 1.** adorateur, adulateur, approbateur, bonimenteur, bonneteur, cajoleur, caudataire, complaisant, complimenteur, courtisan, démagogue, doucereux, encenseur, enjôleur, flagorneur, génuflecteur, louangeur, menteur, obséquieux, patelin, racoleur, séducteur, thuriféraire → HYPOCRITE **2. fam. ou vx :** amadoueur, démago, fayot, frotte-manche, godenot, godillot, lèche-bottes, lèche- → FESSIER, lèche- → PIED, lèche-pompes, lécheur **II. quelque chose** → AGRÉABLE
◇ CONTR. → ZOÏLE

FLATTEUSEMENT avec → FLATTERIE, de façon → FLATTEUR *et les dérivés possibles en* -ment *des syn. de* flatteur

FLATULENCE n.f. ballonnement, météorisation, ventosité → VENT

FLATULENT, E flatueux, gazeux, venteux

FLATUOSITÉ n.f. → VENT

FLAT-TWIN n.m. **méc. off.** : bicylindre à plat

FLÉAU n.m. **I.** → CALAMITÉ **II.** → PUNITION

FLÈCHE n.f. → TRAIT

FLÉCHER → TRACER

FLÉCHIR I. v. tr. 1. au pr. : abaisser, courber, gauchir, incurver, infléchir, plier, ployer, recourber **2. fig. on fléchit quelqu'un :** adoucir, apaiser, apitoyer, attendrir, calmer, désarmer, ébranler, émouvoir, gagner, plier, toucher, vaincre **II. v. intr. 1. au pr.** : arquer, céder, courber, craquer, faiblir, flancher, gauchir, s'infléchir, lâcher, manquer, plier, ployer, reculer, vaciller **2. fig.** : s'abaisser, abandonner, s'agenouiller, capituler, céder, chanceler, faiblir, s'humilier, s'incliner, mollir, plier, se prosterner, se soumettre, succomber
◇ CONTR. **I.** → LEVER **II.** → RÉSISTER **III.** → DURCIR **IV.** → DOMINER

FLÉCHISSEMENT n.m. **I. au pr.** : avancée, baisse, courbure, diminution, flexion → ABAISSEMENT **II. fig.** → ABANDON
◇ CONTR. → RELÈVEMENT

FLEGMATIQUE apathique, blasé, calme, décontracté, détaché, froid, imperturbable, indifférent, insensible, lymphatique, maître de soi, mou, olympien, patient, placide, posé, rassis, serein, tranquille → IMPASSIBLE
◇ CONTR. **I.** → SENSIBLE **II.** → COMMUNICATIF **III.** → COLÈRE

FLEGMATIQUEMENT avec → FLEGME, de façon → FLEGMATIQUE *et les dérivés possibles en* -ment *des syn. de* flegmatique

FLEGME n.m. apathie, calme, décontraction, détachement, égalité d'âme, équanimité, froideur, indifférence, insensibilité, lymphatisme, maîtrise, mollesse, patience, placidité, sang-froid, sérénité, tranquillité → IMPASSIBILITÉ
◇ CONTR. **I.** → ENTHOUSIASME **II.** → EXCITATION

FLEMMARD, E nom et adj. → PARESSEUX

FLEMMARDER → TRAÎNER

FLEMME n.f. → PARESSE

FLÉTRI, E → FANÉ

FLÉTRIR I. au pr. : altérer, blettir, décolorer, défraîchir, faner, froisser, gâter, pâlir, rider, sécher, ternir **II. par ext.** : abaisser, abattre, avilir, blâmer, condamner, corrompre, décourager, défleurir, désespérer, déshonorer, désoler, dessécher, diffamer, enlaidir, gâter, mettre au pilori, punir, salir, souiller, stigmatiser, tarer, ternir **III. v. pron.** : s'abîmer, passer, vieillir *et les formes pron. possibles des syn.* de flétrir
◇ CONTR. **I.** → HONORER **II.** → LOUER **III.** → RÉTABLIR

FLÉTRISSEMENT et **FLÉTRISSURE** n.m., n.f. **I.** → BLÂME **II.** → HONTE

FLETTNER n.m. **aviat. off.** : compensateur

FLEUR n.f. **(fig.) I.** → ORNEMENT **II.** → LUSTRE **III.** → PERFECTION **IV.** → CHOIX **V.** → PHÉNIX **VI. COUVRIR DE FLEURS** → LOUER

FLEURER → SENTIR

FLEURET n.m. → ÉPÉE

FLEURETTE n.f. → GALANTERIE

FLEURIR I. v. tr. → ORNER **II. v. intr. 1. au pr.** : éclore, s'épanouir **2. vx** : s'épanir, fleuronner, florir **3. par ext.** : bourgeonner, briller, croître, se développer, embellir, enjoliver, s'enrichir, être florissant/ prospère, faire florès, se former, gagner, grandir, se propager, prospérer
◇ CONTR. **I.** → FLÉTRIR **II.** → DÉPÉRIR

FLEURISTE n.m. ou f. bouquetière, horticulteur, jardinier

FLEURON n.m. → ORNEMENT

FLEUVE n.m. → COURS (D'EAU)

FLEXIBILITÉ n.f. → SOUPLESSE

FLEXIBLE I. au pr. : élastique, maniable, mou, plastique, pliable, pliant, souple **II. fig.** : docile, doux, ductile, influençable, malléable, maniable, obéissant, soumis, souple, traitable
◇ CONTR. **I.** → INFLEXIBLE **II.** → RIGIDE

FLEXION n.f. **I.** → FLÉCHISSEMENT **II.** → TERMINAISON

FLEXUEUX, EUSE → SINUEUX

FLEXUOSITÉ n.f. → SINUOSITÉ

FLIBUSTER → VOLER

FLIBUSTIER n.m. → CORSAIRE

FLIC n.m. → POLICIER

FLIGHT LOG n.m. **aviat. off.** : journal de bord

FLIGHT RECORDER n.m. **aviat. off.** : enregistreur de vol

FLIGHT SIMULATOR n.m. **aviat. off.** : simulateur de vol

FLIRT n.m. **I.** → BÉGUIN **II.** → CAPRICE

FLIRTER → COURTISER

FLOCHE n.f. → HOUPPE

FLOPÉE n.f. → MULTITUDE

FLOPPY DISK n.m. **inform. off.** : disquette

FLORAISON n.f. anthèse, éclosion, efflorescence, épanouissement, estivation, fleuraison

FLORE n.f. → VÉGÉTATION

FLORÈS n.m. **FAIRE FLORÈS** → BRILLER et FLEURIR

FLORILÈGE n.m. → ANTHOLOGIE

FLORISSANT, E à l'aise, beau, brillant, heureux, prospère, riche, sain
◇ CONTR. **I.** → PAUVRE **II.** → DÉCADENT

FLOT n.m. **I. au pr.** → MARÉE **II. fig.** → MULTITUDE **III. plur.** → ONDE

FLOTTAGE n.m. drave (Canada)

FLOTTANT n.m. → CULOTTE

FLOTTANT, E 1. → CHANGEANT **2.** → IRRÉSOLU

FLOTTE n.f. **I. au pr.** : armada, armadille, équipages, escadre, flottille, force navale, marins, marine **II. fam.** → EAU

FLOTTEMENT n.m. **I.** → HÉSITATION **II.** → DÉSORDRE

FLOTTER v. tr. et intr. **I. au pr.** : affleurer, émerger, être à flot, nager, surnager **II. par ext. 1.** agiter, brandiller, errer, ondoyer, onduler, vaguer, voguer, voler, voltiger – **vx** : bannoyer, onder **2.** → HÉSITER
◇ CONTR. **I.** → SOMBRER **II.** être en panne **III.** → DÉCIDER (SE)

FLOTTEUR n.m. **I.** bouchon, flotte, plume **II.** → BOUÉE

FLOU, E brouillardeux, brouillé, brumeux, effacé, fondu, fumeux, incertain, indécis, indéterminé, indistinct, lâche, léger, nébuleux, sfumato, trouble, vague, vaporeux
◇ CONTR. → PRÉCIS

FLOUER I. → TROMPER **II.** → VOLER

FLUCTUANT, E → CHANGEANT

FLUCTUATION n.f. → VARIATION

FLUCTUER → CHANGER

FLUE n.m. **spat. off.** : carneau

FLUER → COULER

FLUET, TE → MENU

FLUIDE n.m. courant, effluve, émulsion, filtrat, flux, liquide, onde
◇ CONTR. → SOLIDE

FLUIDE adj. clair, coulant, déliquescent, di-lué, fluctuant, insaisissable, insinuant, ins-table, juteux, latescent, limpide, liquide, mouvant, régulier
◊ CONTR. **I.** → SOLIDE **II.** → VISQUEUX

FLUIDIFICATION n.f. → FUSION

FLUIDIFIER → FONDRE

FLUIDITÉ n.f. fig. : facilité, régularité → SOU-PLESSE
◊ CONTR. **I.** → SOLIDITÉ **II.** → ÉPAISSEUR

FLUORESCENCE n.f. phosphorescence, photoluminescence
◊ CONTR. → OBSCURITÉ

FLUSH n.m. méd. off. : bouffée (congestive)

FLÛTE n.f. allemande, chalumeau, diaule, fifre, flageolet, flûteau, flûte de Pan, flutiau, galoubet, larigot, mirliton, ocarina, octavin, piccolo, piffero, pipeau, syrinx, traversière

FLUTTER n.m. aviat. off. : flottement

FLUX n.m. **I.** → MARÉE **II.** → ÉCOULEMENT

FLUXION n.f. → GONFLEMENT

FOC n.m. → VOILE

FOCALISER → CONCENTRER

FŒTUS n.m. **I.** au pr. : embryon, germe, œuf **II.** par ext. : avorton, gringalet, mauviette

FOG DISPERSAL n.m. aviat. off. : dénébula-tion

FOG DISPERSAL DEVICE n.m. aviat. off. : dénébulateur

FOI n.f. **I. l'objet de la foi** : conviction, créance, credo, croyance, dogme, évangile, idéologie, mystique, opinion, religion **II. la qualité. 1.** → CONFIANCE **2.** → EXACTITUDE **3.** droiture, enga-gement, enthousiasme, fidélité, franchise, honnêteté, honneur, loyauté, parole, pro-bité, promesse, sincérité **4.** par ext. péj. : dog-matisme, fanatisme, intolérance, obscuran-tisme **III. 1. BONNE FOI** → FRANCHISE **2. MAUVAISE FOI** → TROMPERIE **3. FAIRE FOI** → PROUVER
◊ CONTR. **I.** → SCEPTICISME **II.** → TRAHISON

FOIN n.m. **I.** → HERBE **II.** → PÂTURAGE

FOIRE n.f. **I.** au pr. **1.** → MARCHÉ **2.** → FÊTE **3.** → EXPOSITION **II.** fam. et vx → DIARRHÉE

FOIRER I. → ÉCHOUER **II.** → TREMBLER

FOIREUX, EUSE nom et adj. → PEUREUX

FOIS n.f. coup → OCCASION

FOISON [À] **I.** → ABONDANT **II.** → BEAUCOUP

FOISONNANT, E → ABONDANT

FOISONNEMENT n.m. → AFFLUENCE

FOISONNER → ABONDER

FOLÂTRE → GAI

FOLÂTRER → BATIFOLER

FOLDER n.m. audiov. off. : porte-annonces

FOLDER-TEST n.m. audiov. off. : test de porte-annonces

FOLICHON, NE → GAI

FOLICHONNER → BATIFOLER

FOLIE n.f. **I.** au pr. : aliénation mentale, amok, délire, démence, dépression, dérai-son, dérangement, déséquilibre, égarement, extravagance, fureur, grain, idiotie, maladie mentale, manie, névrose, psychose, rage, vé-sanie – vx : avertin, enragerie, foleur, foliesse, vertigo **II.** par ext. **1.** → ABERRATION **2.** → BÊTISE **3.** → OBSTINATION **4.** → MANIE **5.** → EXTRAVA-GANCE **6.** → HABITATION **III. À LA FOLIE** → PAS-SIONNÉMENT
◊ CONTR. → SAGESSE

FOLIOTER → NUMÉROTER

FOLKLORE n.m. légende, mythe, roman-cero, saga, tradition

FOLLE n.f. → FILET

FOLLEMENT beaucoup, de façon → DÉRAI-SONNABLE, énormément et les dérivés pos-sibles en -ment des syn. de déraisonnable

FOLLET, TE I. → FOU **II.** → CAPRICIEUX **III. 1. ESPRIT FOLLET** → GÉNIE **2. FEU FOLLET** → FLAMMEROLE

FOLLICULAIRE n.m. → JOURNALISTE

FOMENTATEUR, TRICE n.m. ou f. → INS-TIGATEUR

FOMENTATION n.f. → EXCITATION

FOMENTER → EXCITER

FONCÉ, E → SOMBRE

FONCER → ÉLANCER (s')

FONCEUR, EUSE nom et adj. battant → COURAGEUX

FONCIER, ÈRE I. → INNÉ **II.** → PROFOND **III.** n.m. : cadastre, immeubles, impôt sur les immeubles

FONCIÈREMENT à fond, extrêmement, naturellement, tout à fait
◊ CONTR. → LÉGÈREMENT

FONCTION n.f. → EMPLOI

FONCTIONNAIRE n.m. ou f. → EMPLOYÉ

FONCTIONNEL, LE I. → PRATIQUE **II.** → RA-TIONNEL

FONCTIONNELLEMENT de façon → FONCTIONNEL et les dérivés possibles en -ment des syn. de fonctionnel

FONCTIONNER I. → AGIR **II.** → MARCHER

FOND n.m. **I. de quelque chose** : abysse, accul, bas, base, bas-fond, creux, cul, cuvette, fondement, sole (mar. et techn.) **II. par ext. 1.** base, substratum, tissure, toile **2. peint.** : champ, perspective, plan **3.** essence, nature, naturel **4.** → CARACTÈRE **5.** → MATIÈRE **6.** → INTÉRIEUR **III. À FOND, DE FOND EN COMBLE** → TOTALE-MENT

◇ CONTR. **I.** → SURFACE **II.** → ACCÈS **III.** → EX-TÉRIEUR

FONDAMENTAL, E → PRINCIPAL

FONDAMENTALEMENT essentielle-ment, totalement *et les dérivés possibles en -ment des syn. de* principal

FONDATEUR, TRICE n.m. ou f. → BÂTIS-SEUR

FONDATION n.f. **I.** → ÉTABLISSEMENT **II.** ap-pui, assiette, assise → FONDEMENT

◇ CONTR. → FAÎTE

FONDEMENT n.m. **I. au pr.** : assise, base, fondation, infrastructure, pied, radier, sou-bassement, sous-œuvre, soutènement, sou-tion, substruction, substructure **II. par ext.** → CAUSE **III. philos. et théol.** : hypostase **IV.** cul, postérieur → ANUS, FESSIER

◈ CONTR. ' FAÎTE

FONDER I. au pr. : appuyer, asseoir, bâtir, créer, édifier, élever, enter, ériger, établir, instituer, lancer, mettre, poser, seoir (vx) → INSTALLER **II. par ext.** : causer (vx), échafauder, justifier, motiver, tabler

◇ CONTR. → DÉTRUIRE

FONDERIE n.f. aciérie, forge, haut four-neau, métallurgie, sidérurgie

FONDOUK n.m. → CARAVANSÉRAIL

FONDRE I. v. tr. 1. on fond quelque chose : chauf-fer, désagréger, dissoudre, fluidifier, liqué-fier, vitrifier **2. fig.** : adoucir, attendrir, atté-nuer, dégeler, diminuer, dissiper, effacer, estomper, mélanger, mêler, unir **II. v. intr. 1.** s'amollir, brûler, couler, se désagréger, disparaître, se dissiper, se résorber, se ré-soudre **2. fig.** : diminuer, maigrir

◇ CONTR. **I.** → COAGULER **II.** → SÉPARER **III.** → GROSSIR

FONDRIÈRE n.f. → ORNIÈRE

FONDS n.m. **I. au sing. 1.** → TERRE **2.** → BIEN **3.** → ÉTABLISSEMENT **II. au pl.** → ARGENT

FONDU, E → FLOU

FONGIBLE → DESTRUCTIBLE

FONTAINE n.f. → SOURCE

FONTE n.f. **I.** → FUSION **II.** → TYPE

FOOTBALL n.m. **I.** association, balle au pied, ballon rond, foot **II.** balle/ ballon ovale, jeu à treize/ à quinze, rugby

FORAGE n.m. **I.** → CREUSAGE **II.** recherche, sondage

FORAIN, E n.m. ou f. **I.** → NOMADE **II.** → SAL-TIMBANQUE **III.** → MARCHAND

FORBAN n.m. → CORSAIRE

FORÇAT n.m. → BAGNARD

FORCE n.f. **I. au pr.** : capacité, dynamisme, énergie, forme, intensité, potentiel, pouvoir, puissance, violence **II. par ext. 1. force physique** : biceps, fermeté, gaillardise (vx), muscle, nerf, puissance, résistance, robustesse, santé, sève, solidité, tonicité, tonus, verdeur, vigueur, virilité – **fam.** : pêche, pep, punch **2.** → CAPACITÉ **3. force vitale** : mana **4.** → CONTRAINTE **III. adv.** → BEAUCOUP **IV. au pl. 1.** → TROUPES **2.** cisaille, ciseaux, tondeuse **V. PAR LA FORCE** : manu militari

◇ CONTR. **I.** → FAIBLESSE **II.** → DOUCEUR

FORCÉ, E I. → INÉVITABLE **II.** → ARTIFICIEL **III.** → ÉTUDIÉ **IV.** → EXCESSIF **V.** → OBLIGATOIRE

FORCÉMENT I. → SÛREMENT **II.** → IN-CONSCIEMMENT

FORCENÉ, E nom et adj. adj. et n → FU-RIEUX

FORCEPS n.m. → FERS

FORCER I. → OBLIGER **II.** → OUVRIR **III.** → PRENDRE **IV.** → DÉTÉRIORER

FORCERIE n.f. → SERRE

FORCIR → GROSSIR

FORCLOS, E → DÉCHU

FORCLUSION n.f. déchéance, prescrip-tion

FORER → PERCER

FORESTIER, ÈRE mémoral, sylvestre, syl-vicole

FORET n.m. fraise → PERCEUSE

FORÊT n.f. → BOIS

FORFAIRE → MANQUER

FORFAIT et **FORFAITURE** n.m., n.f. **I.** → MALVERSATION **II.** → TRAHISON

FORFAITAIRE à forfait, à prix convenu, à prix fait, en bloc, en gros, en tout

FORFAITING n.m. **économ. off.** : affacturage à forfait

FORFANTERIE n.f. → HÂBLERIE

FORGE n.f. fonderie, maréchalerie

FORGER (fig.) **I.** → INVENTER **II.** → FORMER

FORGERON n.m. maréchal-ferrant

FORJETER → DÉPASSER

FORLIGNER → DÉGÉNÉRER

FORMALISATION n.f. axiomatisation

FORMALISER (SE) → OFFENSER (s')

FORMALISME n.m. → LÉGALISME

FORMALISTE nom et adj. à cheval (sur l'étiquette/ la loi/ le règlement), cérémonieux, façonnier, rigoriste, solennel

◆ CONTR. → SIMPLE

FORMALITÉ n.f. I. convenances, démarches, forme, règle II. **péj.** : chinoiseries, paperasses, tracasseries

◆ CONTR. → SIMPLICITÉ

FORMAT n.m. I. in-plano/ -folio/ -quarto/ -octavo/ -douze/ -seize/ -dix-huit/ -vingt-quatre/ -trente-deux II. carré, couronne, écu, jésus, raisin III. → DIMENSION

FORMATION n.f. I. composition, conception, concrétion (géol.), constitution, élaboration, génération, genèse, gestation, organisation, production, structuration II. → INSTRUCTION III. → TROUPE

◆ CONTR. I. → DÉFORMATION II. → DESTRUCTION

FORME n.f. I. aspect, configuration, conformation, contingence, contour, dessin, enlevure, état, façon, figure, format, formule, lettre, ligne, manière, modelé, relief, silhouette, tracé II. → STYLE III. → FORMALITÉ IV. → MOULE V. → FORCE VI. **au pl. 1.** → FAÇONS **2.** → SILHOUETTE VII. **EN FORME** → DISPOS

◆ CONTR. I. → ÂME II. → MATIÈRE III. → CAS (PHILOS.)

FORMÉ, E I. → ADULTE II. → PUBÈRE

FORMEL, LE I. → ABSOLU II. → CLAIR III. → ÉVIDENT

FORMELLEMENT → ABSOLUMENT

FORMER I. **au pr.** : aménager, arranger, assembler, bâtir, composer, conformer, constituer, façonner, forger, gabarier, matricer, modeler, mouler, pétrir, sculpter II. **par ext.** : cultiver, dégrossir, développer, éduquer, faire, instruire, perfectionner, polir III. → ÉNONCER

◆ CONTR. I. → DÉFORMER II. → DÉTRUIRE

FORMICATION n.f. → PICOTEMENT

FORMIDABLE I. → EXTRAORDINAIRE II. → TERRIBLE

FORMING n.m. **spat. off.** : chargement par introduction d'un bloc préformé

FORMULATION n.f. I. → ÉNONCIATION II. → RÉALISATION

FORMULE n.f. I. → EXPRESSION II. → FORME

FORMULER → ÉNONCER

FORNICATION n.f. → LASCIVETÉ

FORNIQUER → ACCOUPLER (s')

FORS → EXCEPTÉ

FORT n.m. I. → FORTERESSE II. → QUALITÉ

FORT adv. I. → BEAUCOUP II. → TRÈS

FORT, FORTE I. **au phys. 1.** athlétique, bien charpenté, costaud, dru, ferme, force de la nature, grand, gros, herculéen, malabar, membru, musclé, puissant, râblé, résistant, robuste, sanguin, solide, vigoureux **2. vx** : alcide, épaulu, nerveux, ossu, râblu, rêtu **3. arg.** : balèze, balouf, comac, mastard II. **par ext. 1.** → POIVRÉ **2.** → LIBRE **3.** → EXCESSIF **4.** → CAPABLE **5.** → INSTRUIT

◆ CONTR. I. → FAIBLE II. → INEFFICACE III. → IGNORANT IV. → MOU

FORTEMENT → BEAUCOUP

FORTERESSE n.f. bastille, blockhaus, bonnette, bretèche (mar. vx), casemate, château, château fort, citadelle, enceinte, fort, fortification, fortin, krak, oppidum, ouvrage, place forte, préside, redoute, repaire, retranchement, risban

FORTIFIANT n.m. et adj. analeptique, cordial, corroborant, corroboratif, énergétique, excitant, nervin, réconfortant, reconstituant, remontant, roborant, roboratif, stimulant, tonique

◆ CONTR. → ANÉMIANT

FORTIFICATION n.f. I. → RENFORCEMENT II. → FORTERESSE

FORTIFIER I. **1.** affermir, armer, consolider, équiper, renforcer → PROTÉGER **2. vx** : attremper, hourder, manteler II. aider, assurer, confirmer, conforter, corroborer, corser, dynamiser, réconforter, tonifier, tremper

◆ CONTR. → AFFAIBLIR

FORTIN n.m. → FORTERESSE

FORTUIT, E → CONTINGENT

FORTUITEMENT accidentellement, à l'occasion, occasionnellement, par hasard → PEUT-ÊTRE

◆ CONTR. → VOLONTAIREMENT

FORTUNE n.f. I. → BIEN II. → DESTINÉE III. → HASARD

FORTUNÉ, E I. → RICHE II. → HEUREUX

FORUM n.m. I. → PLACE II. → RÉUNION

FOSSE n.f. I. boyau, cavité, contrevallation, douve, excavation, fossé, fouille, grevier (vx), rigole, saut-de-loup, tranchée II. **géol.** : abysse, dépression, effondrement, géosynclinal, gouffre, graben, orne, rift, synclinal III. → TOMBE IV. **fosse à purin** : purot V. **fosse d'aisances** : WATER-CLOSET

FOSSÉ n.m. I. brook (équit.) → FOSSE II. → RIGOLE III. → SÉPARATION

FOSSILE n.m. et adj. I. **au pr.** : paléontologique II. **par ext. 1.** → VIEILLARD **2.** → SURANNÉ

FOSSOYEUR n.m. → DESTRUCTEUR

FOU, FOLLE nom et adj. I. **au pr.** : aliéné, amok, dément, désaxé, déséquilibré, détraqué, épimane (vx), furieux, halluciné, hystérique, interné, malade, malade mental, maniaque, paranoïaque, psychopathe, psychosé, schizophrène **II. fam. ou arg. et par ext.** : azimuté, barjo, berdin, branquignole, braque, bredin, brindezingue, cerveau fêlé, chabraque, cinglé, déphasé, dingo, dingue, fêlé, folasse, follet, fondu, frapadingue, frappé, hotu, jobard, jobri, louf, loufoque, louftingue, maboul, marteau, piqué, schnock, sinoque, siphoné, sonné, tapé, timbré, toc-toc, toqué, zinzin **III. fig. 1.** → INSENSÉ **2.** → EXTRAORDINAIRE **3.** → EXCESSIF **4.** → ÉPRIS **5.** → GAI **IV. DEVENIR FOU** : affolir (vx), perdre la tête

◆ **CONTR. I.** → RAISONNABLE **II.** → PRUDENT **III.** → TRANQUILLE **IV.** → DÉCENT

FOUAILLER → CINGLER

FOUCADE n.f. coup de tête, fougasse → CAPRICE

◆ **CONTR. I.** → CONSTANCE **II.** → RAISON

FOUDRE I. n.m. → TONNEAU **II. n.f.** : éclair, épars, feu du ciel, fulguration, tonnerre

FOUDRES n.f. pl. → COLÈRE

FOUDROYANT, E I. → FULMINANT **II.** → SOUDAIN

FOUDROYÉ, E → INTERDIT

FOUDROYER I. → FRAPPER **II.** → VAINCRE

FOUÉE n.f. → FEU

FOUET n.m. chambrière, chat à neuf queues, discipline, escourgée, étrivières, knout, martinet, nagaïka, schlague

FOUETTEMENT n.m. **I.** claquement **II.** fustigation

FOUETTER I. au pr. 1. → CINGLER **2.** → FRAPPER **II. par ext.** → EXCITER **III. arg.** → PUER

FOUGASSE n.f. **I.** coup de tête, foucade → CAPRICE **II.** → BRIOCHE

FOUGÈRE n.f. **I.** cheveux de Vénus, fougerole, litière (rég.) **II.** adiante, aigle, alsophile, aspidium, asplenium, athyrium, capillaire, ceterach, osmonde, polypode, scolopendre

FOUGUE n.f. → IMPÉTUOSITÉ

FOUGUEUSEMENT avec → IMPÉTUOSITÉ, de façon → IMPÉTUEUX *et les dérivés possibles en* -ment *des syn. de* impétueux

FOUGUEUX, EUSE → IMPÉTUEUX

FOUILLE n.f. **I.** → FOSSE **II.** → RECHERCHE

FOUILLER I. → CREUSER **II.** battre, chercher, explorer, fouger (vén.), fouiner, fureter, inventorier, sonder **III. fam.** : bigougner (rég.), farfouiller, fourbancer, fourgonner, fourrager, grumer, trifouiller, tripoter, tripatouiller, vaguer

◆ **CONTR.** → ABANDONNER

FOUILLIS n.m. → DÉSORDRE

FOUINER → FOUILLER

FOUIR → CREUSER

FOULARD n.m. → FICHU

FOULE n.f. **I. 1.** affluence, cohue, masse, monde, multitude, peuple, populace, presse, troupeau **2. arg.** : mare, populo, trèpe, vade (vx) **II.** → ANONYMAT

◆ **CONTR. I.** personne **II.** → VIDE

FOULÉE n.f. **I.** → PAS **II.** → TRACE

FOULER I. accabler → CHARGER **II.** → MARCHER **III.** → PRESSER **IV.** → MEURTRIR **V. v. pron.** : se biler (fam.), s'en faire (fam.), se fatiguer → TRAVAILLER

FOULURE n.f. → ENTORSE

FOUR n.m. **I.** étuve, fournaise, fournil **II. fig.** → INSUCCÈS

FOURBE I. → FAUX **II.** → TROMPEUR

FOURBERIE n.f. **I.** → PIÈGE **II.** → TROMPERIE

FOURBI n.m. → BAZAR

FOURBIR → FROTTER

FOURBU, E → FATIGUÉ

FOURCHE n.f. **I.** bident **II. par ext.** : bifurcation, bivoie, bretelle, carrefour, embranchement, raccordement

FOURCHETTE n.f. écart → VARIATION

FOURCHU, E bifide

FOURGON n.m. **I.** → VOITURE **II.** → WAGON

FOURGONNER v. tr. et intr. **I.** tisonner **II.** → FOUILLER

FOURGUER → VENDRE

FOURMILIÈRE n.f. → MULTITUDE

FOURMILLANT, E → ABONDANT

FOURMILLEMENT n.m. → PICOTEMENT

FOURMILLER I. → ABONDER **II.** → REMUER

FOURMIS n.f. pl. **par ext.** → PICOTEMENT

FOURNAISE n.f. **I.** → FOUR **II.** → BRASIER

FOURNEAU n.m. → RÉCHAUD

FOURNÉE n.f. → GROUPE

FOURNI, E I. approvisionné, armé, garni, livré, muni, nanti, pourvu, servi **II.** → ÉPAIS

◆ **CONTR. I.** → ÉPARS **II.** → PAUVRE

FOURNIL n.m. → FOUR

FOURNIMENT n.m. → BAGAGE

FOURNIR adouber (vx), approvisionner, armer, assortir, avitailler, dispenser, garnir, lotir, meubler, munir, nantir, orner, pourvoir, procurer

◆ **CONTR. I.** → DÉGARNIR **II.** → PRIVER

FOURNISSEUR, EUSE n.m. ou f. apporteur, donateur, fournituriste, pourvoyeur, prestataire (de services), ravitailleur → COMMERÇANT

◆ CONTR. I. → CLIENT II. → BÉNÉFICIAIRE

FOURNITURE n.f. prestation → PROVISION

FOURRAGE n.m. I. → HERBE II. → PÂTURAGE

FOURRAGER v. tr. et intr. I. → RAVAGER II. → FOUILLER

FOURRÉ n.m. breuil, broussailler, buisson, épinaie, épines, haie, hallier, houssaie, massif, ronceraie, ronces

◆ CONTR. : clairière, découvert

FOURREAU n.m. → ENVELOPPE

FOURRER I. → INTRODUIRE II. → METTRE III. → EMPLIR

FOURRE-TOUT n.m. I. → SAC II. → GRENIER

FOURRURE n.f. I. pelage → POIL II. 1. pelleterie, sauvagine 2. aumusse (eccl.) 3. agneau, armeline *ou* hermine de Laponie, astrakan, breitschwanz, castor, chat, chèvre, chinchilla, civette, écureuil, genette, hamster, hermine, kolinski, lapin, loutre, lynx, marmotte, martre, mouflon, mouton, murmel, ocelot, ondatra *ou* rat musqué, opossum, otarie, ours, ourson, panthère, petit-gris, phoque, poulain, putois, ragondin, renard, sconse, singe, taupe, vair (vx), vigogne, vison, zibeline → MANTEAU

FOURVOIEMENT n.m. → ERREUR

FOURVOYER (SE) → ÉGARER (s')

FOUTRE I. 1. → FAIRE 2. → METTRE II. vx : → ÉJACULER

FOUTU, E → PERDU

FOYER n.m. I. au pr. : alandier, âtre, brasier, cheminée, feu, four, fournaise, incendie II. par ext. 1. → FAMILLE 2. → MAISON 3. → SALLE 4. → CENTRE

FRAC n.m. → HABIT

FRACAS n.m. → BRUIT

FRACASSANT, E → SENSATIONNEL

FRACASSER → CASSER

FRACTION n.f. I. l'action : cassure, coupure, division, fission, fracture, partage, scission, séparation II. le résultat : aliquante, aliquote, élément, faille, fragment, morceau, parcelle, part, partie, quartier, tronçon

◆ CONTR. : entier, unité, totalité

FRACTIONNEMENT n.m. → SEGMENTATION

FRACTIONNER → PARTAGER

FRACTURE n.f. → FRACTION

FRACTURER → CASSER

FRAGILE I. cassant, friable, vermoulu II. → FAIBLE III. → PÉRISSABLE

◆ CONTR. → SOLIDE

FRAGILEMENT avec → FRAGILITÉ, de façon → FRAGILE *et les dérivés possibles en* -ment *des syn. de* fragile

FRAGILISER → AFFAIBLIR

FRAGILITÉ n.f. altérabilité, tendreté → FAIBLESSE

◆ CONTR. → SOLIDITÉ

FRAGMENT n.m. I. → FRACTION II. → MORCEAU

FRAGMENTAIRE → PARTIEL

FRAGMENTAIREMENT de façon → PARTIEL *et les dérivés possibles en* -ment *des syn. de* partiel

FRAGMENTATION n.f. → SEGMENTATION

FRAGMENTER → PARTAGER

FRAGRANCE n.f. → PARFUM

FRAGRANT, E → ODORANT

FRAI n.m. I. → GERME II. → USURE

FRAÎCHEMENT I. → FROIDEMENT II. → RÉCEMMENT

FRAÎCHEUR n.f. I. au pr. : fraîche, frais, froid, humidité II. par ext. 1. → GRÂCE 2. → LUSTRE 3. → PURETÉ

◆ CONTR. → CHALEUR

FRAIS, FRAÎCHE I. → FROID II. → NOUVEAU III. → REPOSÉ IV. → PUR V. → MANGEABLE

FRAIS n.m. pl. → DÉPENSE

FRAISEUSE n.f. → PERCEUSE

FRANC, FRANCHE I. candide (vx), catégorique, clair, cordial, cru, direct, droit, entier, libre, loyal, net, nu, ouvert, parfait, sans-façon, simple, sincère, tranché, vrai – **fam.** : carré, réglo, régul, régulier, rond II. **féodal** : allodial

◆ CONTR. I. → TROMPEUR II. → FAUX III. → AMBIGU

FRANÇAIS, E nom et adj. I. par ext. : gaulois, latin II. **fam.** : 1. M. Dupont/ Durand/ Martin 2. hexagonal 3. francité III. **péj.** : bien de chez nous, bof *ou* beauf, cocorico, francaoui, franchouillard, fransquillon, mangeur de grenouilles, Marcel IV. **outre-mer** : bonzoreilles (vx), zoreilles (Antilles, La Réunion), caldoche (français de Nouvelle-Calédonie)

FRANCHEMENT avec → FRANCHISE, de façon → FRANC *et les dérivés possibles en* -ment *des syn. de* franc

FRANCHIR boire l'obstacle (fam.), dépasser, enjamber, escalader, sauter, surmonter → PASSER

FRANCHISE n.f. I. abandon, bonne foi, candeur (vx), confiance, cordialité, droiture, franc-parler, netteté, rondeur, simplicité, sincérité II. → VÉRITÉ III. → LIBERTÉ

FRANCHISING n.m. **écon. off.** : franchisage, privilège

FRANCHISSABLE carrossable → POSSIBLE
◆ CONTR. → INFRANCHISSABLE

FRANCHISSEMENT n.m. escalade, saut → TRAVERSÉE

FRANC-MAÇON n.m. → MAÇON

FRANCO gratis, gratuitement, port payé, sans frais
◆ CONTR. : port dû

FRANC-TIREUR n.m. → SOLDAT

FRANGE n.f. **I.** → BORD **II.** → RUBAN

FRANGER → BORDER

FRANQUETTE (À LA BONNE) sans façon, simplement

FRAPPANT, E → ÉMOUVANT

FRAPPE n.f. **I.** → MARQUE **II.** › FRIPOUILLE

FRAPPÉ, E I. → ÉMU **II.** → FOU **III.** congelé, frais, froid, glacé, rafraîchi, refroidi
◆ CONTR. : chambré, chaud, tempéré

FRAPPER I. 1. appliquer/ asséner/ porter un → COUP, battre, bourrer, cogner, cosser, fouetter, gifler, taper **2. vx** : estocader, férir, rondiner **II.** claquer, heurter, marteler, percuter, pianoter, tambouriner, tapoter **III.** → TOUCHER **IV.** → ÉMOUVOIR **V.** → PUNIR **VI.** → REFROIDIR
◆ CONTR. → CARESSER

FRASQUE n.f. → FREDAINE

FRATERNEL, LE → BIENVEILLANT

FRATERNELLEMENT avec (des sentiments de) → FRATERNITÉ

FRATERNISER s'accorder, se comprendre, s'entendre, être de connivence/ d'intelligence, contracter amitié, faire bon ménage, se lier, nouer amitié, pactiser, se solidariser, sympathiser, s'unir
◆ CONTR. → FÂCHER (SE)

FRATERNITÉ n.f. accord, amitié, bonne intelligence, bons termes, camaraderie, charité, communion, compagnonnage, concert, concorde, confiance, conformité, ensemble, entente, harmonie, intelligence, sympathie, union, unisson → SOLIDARITÉ
◆ CONTR. → HAINE

FRAUDE n.f. **I.** contrebande, interlope (vx) **II.** → TROMPERIE

FRAUDER v. tr. et intr. **I.** → ALTÉRER **II.** → TROMPER

FRAUDEUR, EUSE n.m. ou f. → VOLEUR

FRAUDULEUSEMENT de façon → MALHONNÊTE et les dérivés possibles en -ment des syn. de malhonnête

FRAUDULEUX, EUSE → MALHONNÊTE

FRAYER I. v. tr. : établir, entrouvrir, percer, tracer → OUVRIR **II. v. intr.** : aller, commercer/ converser/ être en relation avec, fréquenter, se frotter à/ avec (fam.), hanter, pratiquer, voir, voisiner
◆ CONTR. → BARRER

FRAYEUR n.f. affolement, affres, alarme, angoisse, anxiété, appréhension, consternation, crainte, effroi, épouvante, horreur, inquiétude, panique, terreur, trac, transe, tremblement – vx : épouvantement, souleur, trémeur → PEUR
◆ CONTR. → FLEGME

FREDAINE n.f. aberration, débordement, dévergondage, disparate (vx), écart, échappée, équipée, erreurs (péj.), escapade, extravagance, faute (péj.), faux pas, folie, frasque, impertinence, incartade, incorrection, irrégularité, manquement, relâchement → BÊTISE
◆ CONTR. → SAGESSE

FREDONNER → CHANTER

FREE ALONGSIDE SHIP ou **F A S** n.m. **mar. off.** : franco long du bord, F.L.B

FREIN n.m. **I.** → MORS **II.** → OBSTACLE **III. aviat.** : déviateur, volet

FREINAGE n.m. ralentissement → DIMINUTION

FREINER I. au pr. 1. alentir (vx), décélérer, ralentir, retenir, serrer **2.** arrêter, bloquer, stopper **II. fig.** : enrayer, faire obstacle et les syn. de obstacle → MODÉRER
◆ CONTR. **I.** → ACCÉLÉRER **II.** → ENCOURAGER

FRELATER abâtardir, adultérer, affaiblir, aigrir, appauvrir, atténuer, avarier, avilir, bricoler (fam.), changer, contrefaire, corrompre, décomposer, défigurer, déformer, dégénérer, dégrader, déguiser, dénaturer, dépraver, détériorer, détraquer, falsifier, farder, fausser, frauder, gâter, maquiller, modifier, salir, tarer, tronquer, truquer, vicier → ALTÉRER
◆ CONTR. → AMÉLIORER

FRÊLE → FAIBLE

FRELON n.m. **vx ou rég.** : crabron

FRELUQUET n.m. **I.** avorton, aztèque, demi-portion, efflanqué, faible, gringalet, mauviette, minus, sautereau **II.** → GALANT
◆ CONTR. → BALÈZE

FRÉMIR → TREMBLER

FRÉMISSANT, E I. → ARDENT **II.** → TREMBLANT

FRÉMISSEMENT n.m. → BRUISSEMENT

FRÉNÉSIE n.f. **I. au pr.** : agitation, aliénation, bouillonnement, délire, delirium tremens, divagation, égarement, emportement, exaltation, excitation, fièvre, folie, hallucination, ivresse, paroxysme, surexcitation, transes **II. par ext. non fav.** → FUREUR

◊ CONTR. → CALME

FRÉNÉTIQUE I. → FURIEUX **II.** → VIOLENT **III.** → CHAUD

FRÉQUEMMENT continuellement, d'ordinaire, généralement, habituellement, journellement, maintes fois, plusieurs fois, souvent

◊ CONTR. **I.** → GUÈRE **II.** → QUELQUEFOIS

FRÉQUENCE n.f. → RÉPÉTITION

FREQUENCY TRACKING n.m. **spat. off.** : poursuite en fréquence

FRÉQUENT, E → HABITUEL

FRÉQUENTABLE → PRÉSENTABLE

FRÉQUENTATION n.f. **I. au pr.** : accointance, acoquinement (péj.), attache, bonne/ mauvaise intelligence, bons/ mauvais termes, commerce, communication, compagnie, contact, correspondance, habitude, intimité, liaison, lien, rapport, relation, société **II. par ext. 1.** amour, amourette → AMANTE **2.** assiduité, exactitude, ponctualité, régularité

◊ CONTR. → ABSENCE

FRÉQUENTÉ, E I. mouvementé, passant, passager **II.** → ACHALANDÉ

◊ CONTR. → VIDE

FRÉQUENTER s'accointer, s'acoquiner (péj.), aller/ commercer/ converser avec, amicoter, s'associer, copiner, courir (fam. et péj.), cousiner, cultiver, être en relation avec, frayer, se frotter à/ avec (fam.), graviter autour, hanter, pratiquer, visiter, voir, voisiner → COURTISER

◊ CONTR. **I.** → ABANDONNER **II.** → ÉVITER

FRÈRE n.m. **fam.** : frangin, frérot → SEMBLABLE

FRESQUE n.f. **I. au pr.** → PEINTURE **II. fig.** → IMAGE

FRESSURE n.f. abats, bas morceaux, curée (vén.)

FRET n.m. **I. au pr.** : charge, chargement, marchandise **II. par ext.** : batelée, capacité, cargaison, contenu, emport (aviat.), faix, fardeau, lest, nolis (mar.), poids, quantité, voiturée

◊ CONTR. : tare

FRÉTER mar. : affréter, charger, louer, noliser, pourvoir

FRÉTILLANT, E I. → REMUANT **II.** → FRINGANT

FRÉTILLER se trémousser → REMUER

FRETIN n.m. **I. au pr.** : alevin, bigaille, blanchaille, frai, menuaille, nourrain, poissonnaille, poutine (mérid.) **II. fig.** → REBUT

FRIABLE → CASSANT

FRIAND, E I. quelqu'un : amateur, avide de → GOURMAND **II. quelque chose** : affriolant, agréable, alléchant, appétissant, engageant, ragoûtant, savoureux, séduisant, succulent, tentant

◊ CONTR. **I.** → BLASÉ **II.** → FADE

FRIANDISE n.f. **I.** amuse-gueule, berlingot, chatterie, confiserie, douceur, gâterie, gourmandise, lèchefriand (vx), nanan (fam.), nougat, nougatine, roudoudou, sucreries, sucette **II.** → BONBON **III.** → PÂTISSERIE

◊ CONTR. : quelque chose de → MAUVAIS

FRICASSÉE n.f. **I. au pr.** → RAGOÛT **II. fig.** → MÉLANGE

FRICASSER I. au pr. : braiser, cuire, cuisiner, faire revenir/ sauter, fricoter, frire, griller, mijoter, mitonner, préparer, rissoler, rôtir **II. fig.** → DÉPENSER

FRICHE n.f. **I. au pr.** : brande, brousse, ermes (mérid.), garrigue, gâtine, jachère, lande, maquis, varenne **II. par ext.** → PÂTURAGE

◊ CONTR. : surface agricole utile (S.A.U.), terre arable/ cultivable/ cultivée/ en exploitation/ fertile

FRICOT n.m. **I.** → RAGOÛT **II.** → CUISINE

FRICOTER I. au pr. → FRICASSER **II. fig.** → TRAFIQUER

FRICTION n.f. frottement → MÉSINTELLIGENCE

FRICTIONNER I. frotter, masser **II.** lotionner, oindre, parfumer

FRIGIDE I. → FROID **II.** → IMPUISSANT

FRIGIDITÉ n.f. **I.** flegme, froid, froideur, impassibilité, indifférence, insensibilité, mésintelligence **II.** apathie, impuissance, incapacité, inhibition, insuffisance, mollesse

◊ CONTR. → CHALEUR

FRIGORIFÈRE n.m. et adj. armoire frigorifique, chambre froide, congélateur, conservateur, Frigidaire (marque déposée), frigorifique, frigorigène, glacière, réfrigérateur

FRIGORIFIER congeler, frapper, geler, glacer, réfrigérer, refroidir, surgeler

◊ CONTR. → CHAUFFER

FRIGORIFIQUE n.m. et adj. **I.** → FRIGORIFÈRE **II.** → FROID

FRILEUSEMENT avec un geste → CRAINTIF, de façon/ de manière → CRAINTIF

FRILEUX, EUSE → CRAINTIF

FRIMAS n.m. brouillard, brouillasse, bruine, brume, crachin, embrun, froid, froi-

dure (vx), gelée, hiver, mauvais temps
◇ CONTR. → CHALEUR

FRIME n.f. **I.** → COMÉDIE **II.** → HÂBLERIE

FRIMOUSSE n.f. **fam.** : bec, bobine, bouille, minois, museau → VISAGE

FRINGALE n.f. **I. au pr.** : appétit, avidité, besoin, boulimie, creux, dent, faim, famine, voracité **II. fig. 1.** → AMBITION **2.** → ENVIE
◇ CONTR. **I.** anorexie, inappétence **II.** → SATIÉTÉ

FRINGANT, E actif, agile, alerte, allègre, animé, ardent, brillant, chaleureux, dégagé, déluré, dispos, éveillé, fougueux, frétillant, gaillard, guilleret, ingambe, léger, leste, mobile, pétillant, pétulant, pimpant, primesautier, prompt, rapide, sémillant, vif, vivant
◇ CONTR. → LOURDAUD

FRINGUER I. v. tr. : accoutrer, ajuster, arranger, costumer, couvrir, déguiser, draper, endimancher, envelopper, équiper, habiller, travestir → HABILLER – **péj.** : affubler, fagoter, ficeler, nipper **II. v. intr.** → SAUTER
◇ CONTR. → DÉVÊTIR

FRINGUES n.f. pl. → VÊTEMENT

FRIPE n.f. → GUENILLE

FRIPER → FROISSER

FRIPERIE n.f. → BROCANTE

FRIPIER, IÈRE n.m. ou f. → CHIFFONNIER

FRIPON, NE nom et adj. **I. au pr.** : aigrefin, arnaqueur, bandit, bonneteur, carotteur, carottier, chevalier d'industrie, chiqueur, coquin, coupeur de bourses, dérobeur, détrousseur, escroc, estampeur, faisan, faiseur, faussaire, faux-monnayeur, filou, flibustier, fripouille, galefretier, gredin, maître-chanteur, pickpocket, pipeur, pirate, rat d'hôtel, requin, tricheur, vaurien, videgousset → VOLEUR **II. par ext.** : coquin, espiègle, malin, mystificateur, polisson
◇ CONTR. → HONNÊTE

FRIPONNER I. → VOLER **II. rég.** → FROISSER

FRIPONNERIE n.f. → MALHONNÊTETÉ

FRIPOUILLE n.f. **I.** arsouille, aventurier, bandit, bon à rien, brigand, canaille, chenapan, coquin, crapule, débauché, dévoyé, drôle, fainéant, frappe, fripon, galapiat, galopin, gangster, garnement, gens de sac et de corde, gibier de potence, gouape, gouspin, maquereau, nervi, plat personnage, poisse, ribaud (vx), rossard, sacripant, sale/ triste coco (fam.)/ individu/ personnage → TYPE, scélérat, truand, vaurien, vermine, vicieux, voyou → VOLEUR **II. grossier** : fumier, salaud, saligaud, saloperie
◇ CONTR. → HONNÊTE

FRIPOUILLERIE → MALHONNÊTETÉ

FRIQUET n.m. → MOINEAU

FRIRE → FRICASSER

FRISE n.f. bande, bandeau, bordure

FRISÉ, E bouclé, calamistré, crêpé, crépelé, crépu, frisotté, ondulé – vx : annelé, cannelé
◇ CONTR. **I.** → LISSE **II.** → RAIDE

FRISER I. au pr. : boucler, calamistrer, crêper, faire une mise en pli/ une permanente, frisotter, mettre en plis, moutonner, onduler – vx : anneler, canneler **II. par ext. 1.** → EFFLEURER **2.** → RISQUER
◇ CONTR. : décrêper, lisser

FRISETTE et **FRISURE** n.f. → BOUCLE

FRISSON n.m. **I. au pr.** : claquement de dents, convulsion, crispation, frémissement, frissonnement, haut-le-corps, horripilation, saisissement, soubresaut, spasme, sursaut, tremblement, tressaillement **II. par ext.** : bruissement, friselis, froissement, frou-frou, ondoiement
◇ CONTR. → BIEN-ÊTRE

FRISSONNANT, E par ext. : claquant des dents, frémissant, gelé, glacé, grelottant, morfondu, transi, tremblant
◇ CONTR. : à l'aise, bien, calme, réchauffé

FRISSONNEMENT n.m. → TREMBLEMENT

FRISSONNER I. au pr. : avoir froid, claquer des dents, frémir, grelotter, trembler, tressaillir **II. par ext.** : clignoter, scintiller, trembloter, vaciller
◇ CONTR. : être à l'aise/ bien/ calme/ réchauffé

FRITURE n.f. **I. au pr.** → POISSON **II. par ext.** → GRÉSILLEMENT

FRIVOLE badin, désinvolte, dissipé, écervelé, évaporé, folâtre, futile, inconséquent, inconstant, inepte (péj.), insignifiant, insouciant, léger, musard, superficiel, vain, volage
◇ CONTR. **I.** → AUSTÈRE **II.** → SÉRIEUX

FRIVOLEMENT avec → FRIVOLITÉ, de façon → FRIVOLE et les dérivés possibles en -ment des syn. de frivole

FRIVOLITÉ n.f. **I. au pr. 1. de quelqu'un** : inconstance, insouciance, légèreté, mondanité (vx), puérilité, vanité **2. quelque chose** : affiquet, amusement, amusette, amusoire, babiole, bagatelle, baliverne, bêtise, bibelot, bimbelot, breloque, bricole, brimborion, caprice, colifichet, connerie (vulg.), fanfreluche, fantaisie, futilité, rien **II. par ext. 1. neutre ou fav.** : amusement, badinerie, bricole (fam.), broutille, futilité, gaminerie, jeu, mode, plaisanterie, rien **2. non fav.** : baliverne, bêtise, chanson,

fadaise, futilité, sornette, sottise, vétille
◆ CONTR. **I.** → GRAVITÉ **II.** → SÉRIEUX (NOM)

FROID, E I. au pr. : algide (méd.), congelé, frais, frappé, froidi, glacé, glacial, hivernal, polaire, rafraîchissant, réfrigéré, refroidi – fam. : frigo, frisquet, glagla **II. fig. 1. quelqu'un** : dédaigneux, distant, fier, flegmatique, frais, frigide, glaçant, glacial, hostile, inamical, indifférent, marmoréen, pisse-froid, réfrigérant, renfermé → IMPASSIBLE **2. une chose** : cryogène → FADE
◆ CONTR. **I.** → CHAUD **II.** → ÉMOUVANT

FROID et **FROIDEUR** n.m., n.f. **I. au pr.** : algidité (méd.), froidure (vx) **II. par ext. 1.** cérébralité, détachement, flegme, frigidité, impassibilité, indifférence, mésintelligence, réserve → SÉCHERESSE **2.** gêne, malaise **III. AVOIR FROID** fam. : avoir/ être frigo, (se les) cailler, être gelé/ mort/ transi, glaglater, peler (de froid)
◆ CONTR. → CHALEUR

FROIDEMENT avec → FROIDEUR, de façon → FROID *et les dérivés possibles en* -ment *des syn. de* froid

FROISSER I. au pr. 1. aplatir, bouchonner, broyer, chiffonner, écraser, fouler, friper, friponner (rég.), frotter, piétiner **2.** → MEURTRIR **II. fig. 1.** blesser, choquer, dépiter, déplaire à, désobliger, fâcher, heurter, indisposer, mortifier, offenser, offusquer, piquer/ toucher au vif, ulcérer, vexer **2.** → AIGRIR **3.** → AFFLIGER **III. v. pron.** : se fâcher, se piquer, prendre la mouche (fam.) *et les formes pron. possibles des syn. de* froisser
◆ CONTR. **I.** → REPASSER **II.** → MÉNAGER **III.** → FLATTER

FRÔLEMENT n.m. **I.** → BRUIT **II.** → CARESSE

FRÔLER I. au pr. : effleurer, friser, passer près, raser, toucher → CARESSER **II. par ext.** → RISQUER
◆ CONTR. **I.** → HEURTER **II.** → ÉVITER

FROMAGE n.m. **I. arg.** : fromaga, frome, fromegi, frometogome, frometon **II. fig.** → SINÉCURE **III. quelques dénominations spécifiques parmi les centaines qui existent 1.** aisy, angelot *ou* anguelot, beaufort, blanc fermier, bleu d'Auvergne/ de Bresse/ des Causses/ de Gex/ du Jura, bonde fine, bondon, boulette d'Avesnes, brie, brousse, bruccio, cabécou, caillé, caillebotte, camargue, camembert, cancoillotte, cantal, carré de l'Est, cendré de l'Yonne/ du Loiret, chabichou, chaource, châteauroux, chaumes, Chavignol (crottin de), cheddar, chester, chevrotin, cœur à la crème, comté, coulommiers, demi-suisse, double-crème, édam, emmenthal, époisses, fontainebleau, fourme d'Ambert/ de Montbrison, fromage de monsieur *ou* monsieur-

fromage *ou* monsieur, fromageon, fropain, gaperon, géromé *ou* gérardmer, gex, gorgonzola, gouda, gournay, gruyère, hollande, jonchée, laguiole, langres, leerdammer, levroux, livarot, luchon, mâcon, mamirolle, maroilles, mignon, montasio, mont-dore, morbier, munster, neufchâtel, Olmütz (caillé d'), ossau-iraty, parmesan, petit-suisse, picodon, poivre-d'âne, pont-l'évêque, port-salut, pouligny, poustagnac, provolette, raclette, reblochon, rigotte, romano, roquefort, saint-albray, sainte-maure, saint-marcellin, saint-nectaire, saint-paulin, saint-pierre, salers, sarah, sassenage, sbrinz, selles-sur-cher, sérac, stilton, tête de maure/ de moine, thoissey, tomme, vacherin, valençay, vieux pané, yaourt **2. d'après la marque** : Bonbel, Boursin, Caprice des dieux, Danone, Délices de la ferme, Gervais, Vache-qui-rit

FROMAGERIE n.f. fruitière (rég.), laiterie

FROMENT n.m. → BLÉ

FRONCE n.f. → PLI

FRONCÉ, E I. quelque chose : doublé, fraisé, ondulé, plié, plissé, ruché **II. par ext. 1.** chiffonné, fripé, froissé **2.** grimaçant, raviné, ridé
◆ CONTR. : droit, lisse, plat

FRONCEMENT n.m. **I.** → PLI **II.** corrugation, grimace, lippe, mimique, mine, moue, plissement, rictus

FRONCER I. → PLISSER **II.** → RIDER

FRONDAISON n.f. **I. au pr.** : branchage, branches, feuillage, feuillée, feuilles, rameau, ramée, ramure, verdure **II. par ext.** : abri, ombrages, ombre

FRONDE n.f. **I.** mazarinade → RÉVOLTE **II.** espringale (vx), lance-pierre(s)

FRONDER attaquer, brocarder, chahuter, chansonner, critiquer → RAILLER
◆ CONTR. **I.** → FLATTER **II.** → RESPECTER

FRONDEUR, EUSE n.m. ou f. contestataire, critique, dissipé, esprit fort, hâbleur, indiscipliné, moqueur, perturbateur, railleur, rebelle
◆ CONTR. **I.** → FLATTEUR **II.** → SOUMIS

FRONT n.m. **I. au pr.** : face, figure, glabelle (par ext.), tête → VISAGE **II. par ext. 1.** → HARDIESSE **2.** → SOMMET **3.** → LIGNES **4.** → COALITION **5.** FAÇADE **III. DE FRONT** → ENSEMBLE
◆ CONTR. → DERRIÈRE

FRONTIÈRE n.f. bord, bordure, borne, bout, confins, démarcation, extrémité, fin, ligne, limes, limite, limite territoriale, marche, mur, terme

FRONTING n.m. **écon. off.** : façade

FRONTISPICE n.m. avis, en-tête, introduction, préface
◆ CONTR. : cul-de-lampe, postface

FRONTON n.m. → TYMPAN

FROPAIN n.m. → FROMAGE

FROTTEMENT n.m. I. → BRUIT II. → MÉSIN-TELLIGENCE

FROTTER I. 1. éroder, frayer (vén.), frictionner, froisser, polir, poncer 2. astiquer, brosser, cirer, encaustiquer, éroder, essuyer, fourbir, lustrer, nettoyer, racler, récurer – fam.: bichonner, briquer, calamistrer, frogner II. v. pron. – par ext. 1. → FRÉQUENTER 2. → ATTAQUER
◆ CONTR. → EFFLEURER

FROUSSARD, E nom et adj. adj. et n. Capitulard, capon, dégonflé, embusqué, pleutre, poltron, pusillanime, timide – vx: cerf, pied-plat – fam.: foireux, jean-fesse/foutre, lièvre, péteux, pétochard, poule mouillée, trouillard → LÂCHE, PEUREUX
◆ CONTR. → COURAGEUX

FROUSSE n.f. affolement, affres, alarme, alerte, angoisse, appréhension, aversion, couardise, crainte, effroi, épouvante, frayeur, frisson, hantise, inquiétude, lâcheté, panique, phobie, pusillanimité, saisissement, terreur, trac, trouble – vx: malepeur, souleur – fam.: foire, pétoche, trouille, venette, vesse → PEUR
◆ CONTR. → COURAGE

FRUCTIFIER abonder en, donner, être fécond, fournir, se multiplier, porter, produire, rapporter, rendre → CROÎTRE
◆ CONTR. I. → DIMINUER II. → PERDRE

FRUCTUEUX, EUSE abondant, avantageux, bon, fécond, fertile, juteux (fam.), lucratif, payant, productif, profitable, salutaire, utile
◆ CONTR. → STÉRILE

FRUGAL, E → SOBRE

FRUGALEMENT avec → FRUGALITÉ

FRUGALITÉ n.f. abstinence, modération, tempérance → SOBRIÉTÉ
◆ CONTR. → PRODIGALITÉ

FRUGIVORE n.m. et adj. herbivore, végétarien
◆ CONTR.: carnivore, insectivore, omnivore

FRUIT n.m. I. au pr.: agrume, akène, baie, drupe, grain, graine, samare, silique II. méd. et vx: myrobolan III. par ext. 1. → FILS 2. → PROFIT 3. → RÉSULTAT 4. → RECETTE

FRUITIER n.m. I. resserre II. → ARBRE (FRUITIER)

FRUITIÈRE n.f. → COOPÉRATIVE

FRUSQUES n.f. pl. → VÊTEMENT

FRUSTE balourd, béotien, bêta, grossier, inculte, lourd, lourdaud, paysan du Danube,

primitif, rude, rudimentaire, rustaud, rustique, rustre, sauvage, simple → PAYSAN
◆ CONTR. → RAFFINÉ

FRUSTRATION n.f. I. → PRIVATION II. → SPOLIATION

FRUSTRER appauvrir, défavoriser, démunir, déposséder, dépouiller, désavantager, déshériter, enlever, léser, mutiler, ôter, priver, ravir, sevrer, spolier → VOLER
◆ CONTR. I. → FAVORISER II. → SATISFAIRE

FUEL MAN n.m. spat. off.: ergolier

FUEL OIL n.m. off.: fioule, mazout

FUEL REPROCESSING n.m. nucl. off.: retraitement du combustible

FUELLING VEHICLE n.m. spat. off.: ravitailleur

FUGACE I. au pr.: changeant, fugitif, fuyant, instable II. par ext.: bref, court, éphémère, momentané, passager, périssable → RAPIDE
◆ CONTR. → DURABLE

FUGACITÉ n.f. → BRIÈVETÉ

FUGITIF, IVE I. nom: banni, en cavale, évadé, fuyard, proscrit II. adj.: bref, court, délitescent (méd.), éphémère, évanescent, fugace, fuyant, inconstant, instable, mobile, mouvant, passager, transitoire, variable
◆ CONTR. I. → PRISONNIER II. → DURABLE

FUGUE n.f. absence, bordée, cavale, échappée, équipée, escapade, escampativos (fam. et vx), frasque, fredaine, galère (fam.)
◆ CONTR.: assiduité, présence

FÜHRER n.m. → DICTATEUR

FUIR I. v. tr. → ÉVITER II. v. intr. 1. abandonner, s'en aller, décamper, déguerpir, déloger, se dérober, détaler, disparaître, s'échapper, s'éclipser, s'éloigner, s'enfuir, s'envoler, s'escamper (vx), s'esquiver, s'évader, filer, gagner le large, lever le pied, se retirer, se sauver → PARTIR 2. → PASSER 3. → COULER 4. → PERDRE 5. fam.: calter, déménager à la cloche de bois, faire un pouf, ficher/ foutre le camp, jouer les filles de l'air, jouer/ se tirer des flûtes/ des pattes, planter un drapeau, plier bagages, prendre la clef des champs/ la poudre d'escampette/ ses jambes à son cou 6. fuguer, galérer
◆ CONTR. I. → DEMEURER II. → AFFRONTER III. → ENDOSSER

FUITE n.f. I. au pr. 1. abandon, débâcle, débandade, déroute, dispersion, échappement (vx), échappée, émigration, escapade, évasion, exode, panique, sauve-qui-peut → FUGUE 2. fam.: belle, cavale, poudre d'escampette II. par ext. 1. écoulement, déperdition, hémorragie, perte 2. migration, passage, vol 3. esquive III. fig.: défaite, dérobade, dilatoire, échappatoire, escobarderie, excuse, faux-fuyant, pantalonnade, pirouette, reculade, subterfuge, volte-face

◇ CONTR. I. → AFFRONTEMENT II. → PERMANENCE III. → RÉSISTANCE

FULGURANCE n.f. brillance → LUEUR

FULGURANT, E I. brillant, éclatant, étincelant II. foudroyant, rapide, soudain → VIOLENT

◇ CONTR. I. → TERNE II. → LENT

FULGURATION éclair, épart, feu, foudre

FULGURER brasiller, briller, chatoyer, étinceler, luire, pétiller, scintiller

◇ CONTR. : être → TERNE

FULIGINEUX, EUSE I. au pr. : enfumé, fumeux II. par ext. : assombri, noir, noirâtre, obscur, opaque, sombre, ténébreux III. fig. → OBSCUR

◇ CONTR. → CLAIR

FULMINANT, E I. foudroyant, tonitruant, vociférant II. agressif, comminatoire, furibond, grondant, inquiétant, menaçant

◇ CONTR. → BIENVEILLANT

FULMINATION n.f. → COLÈRE

FULMINER crier, déblatérer, déclamer, s'emporter, exploser, invectiver, pester, tempêter, tonner → INJURIER

◇ CONTR. → COMPLIMENTER

FUMANT, E I. au pr. : crachant la fumée, fuligineux, fumeux, spumant → CHAUD II. fig. → FURIEUX

◇ CONTR. I. → CLAIR II. → PROPRE

FUMÉE n.f. I. par ext. : buée, émanation, exhalaison, fumerolle, gaz, mofette, nuage, nuée, vapeur II. fig. 1. chimère, erreur, fragilité, frivolité, futilité, illusion, inanité, inconsistance, inefficacité, insignifiance, inutilité, mensonge, néant, pompe, vapeur, vent, vide → VANITÉ 2. → IVRESSE 3. au pl. vén. → EXCRÉMENTS

FUMER I. 1. fumeronner 2. boucaner, enfumer, fumiger, saurer II. du tabac. 1. péj. : mégoter, pipailler, pétuner (vx) 2. arg. : bombarder, bouffarder, cloper, gazer, griller une → CIGARETTE, mégoter, piper, tirer, tuber III. agr. → AMÉLIORER IV. fig. et fam. : bisquer, écumer, endêver, enrager, être en colère/ en fureur/ en pétard/ en rogne, rager, râler, rogner, ronchonner, se ronger les poings, rouspéter

FUMERON n.m. I. → BRAISE II. au pl. arg. → JAMBE

FUMET n.m. arôme, bouquet, fragrance → ODEUR

FUMEUX, EUSE I. → FUMANT II. → ENIVRANT III. → OBSCUR

FUMIER n.m. amendement, apport, colombin, compost, écume, engrais, fertilisation, fumure, goémon, guano, limon, lisier, maërl, migon, paillé, poudrette, purin, terreau, terre de bruyère, varech, wagage → ORDURE

FUMISTE nom et adj. (fig.) I. → FARCEUR II. → PLAISANT

FUMISTERIE n.f. (fig.) I. → INVENTION II. → TROMPERIE

FUMURE n.f. → AMENDEMENT

FUNAMBULE n.m. ou f. acrobate, danseur de corde, fil-de-fériste

FUNAMBULESQUE I. → EXTRAORDINAIRE II. → RIDICULE

FUNÈBRE I. au pr. : macabre → FUNÉRAIRE II. par ext. → TRISTE

FUNÉRAILLES n.f. pl. I. convoi, deuil, derniers devoirs/ honneurs, ensevelissement, enterrement, inhumation, mise en bière/ au sépulcre/ au tombeau, obsèques, sépulture II. crémation, incinération

FUNÉRAIRE funèbre, funéral (vx), mortuaire, obituaire, tombal, tumulaire

FUNESTE calamiteux, catastrophique, défavorable, déplorable, désastreux, dommageable, fâcheux, fatal, malheureux, mauvais, mortel, néfaste → AFFLIGEANT

◇ CONTR. I. → BON II. → FAVORABLE

FUNESTEMENT de façon → FUNESTE et les dérivés possibles en -ment des syn. de funeste

FUNICULAIRE n.m. téléphérique

FURETER I. fam. : farfouiller, fouiller, fouiner, fourgonner, trifouiller, tripatouiller. II. → CHERCHER

◇ CONTR. → ABANDONNER

FURETEUR, EUSE nom et adj. chercheur, curieux, écouteur, espion, fouilleur, fouineur, indiscret, inquisiteur, inquisitif, inquisitorial, touche-à-tout – fam. : casse-pieds, fouinard

◇ CONTR. I. → BLASÉ II. → DISCRET

FUREUR n.f. I. acharnement, agitation, déchaînement, exaspération, folie, frénésie, furie, rage, violence → COLÈRE II. par ext. 1. → MANIE 2. → MODE III. À LA FUREUR → PASSIONNÉMENT

◇ CONTR. I. → CALME II. → MODÉRATION

FURIBARD, E et **FURIBOND, E** → FURIEUX

FURIE n.f. I. → FUREUR II. dame de la halle, dragon, gendarme, grenadier, grognasse, harengère, harpie, junon, maritorne, mégère, ménade, poissarde, pouffiasse, rombière, tricoteuse (vx), virago

◇ CONTR. → VIERGE

FURIEUSEMENT avec → FURIE, de façon → FURIEUX *et les dérivés possibles en* -ment *des syn. de* furieux

FURIEUX, SE I. adj. : acharné, agité, alouvi (vx), courroucé, déchaîné, délirant, enragé, exacerbé, exalté, excessif, frénétique, fulminant, fumant, furax, furibard, furibond, maniaque, possédé, violent **II. n.m.** : énergumène, enragé, fanatique, forcené

◇ CONTR. **I.** → DOUX **II.** → RAISONNABLE

FURONCLE n.m. abcès, anthrax, apostème, apostume, bouton, clou, enflure, pustule, tumeur

FURTIF, IVE I. au pr. : caché, clandestin, dissimulé, subreptice, secret **II. par ext.** : à la dérobée, discret, errant, fugace, fugitif, insinuant, rapide

◇ CONTR. **I.** → VISIBLE **II.** → FRANC

FURTIVEMENT à la dérobée/ l'échappée (vx), à pas de loup, en cachette, en secret *et les adv. en* -ment *formés à partir des syn. de* furtif

◇ CONTR. → CARRÉMENT

FUSEAU n.m. **I.** bobine, broche **II.** → CULOTTE

FUSÉE n.f. accélérateur, booster, impulseur, lanceur, propulseur → AÉRODYNE

FUSELÉ, E allongé, délié, effilé, élancé, étroit, filiforme, fin, fluet, fragile, fusiforme, grêle, maigre, menu, mince, svelte, ténu

◇ CONTR. → TRAPU

FUSER bondir, charger, débouler, s'élancer, s'élever, foncer, fondre, glisser, se jeter, piquer, se précipiter, se répandre, se ruer, sauter, tomber

FUSIBLE I. adj. liquéfiable **II. n.m.** : coupe-circuit, plomb, sécurité

FUSIL n.m. **I.** carabine, hammerless, lebel, mitraillette, mousqueton, rifle **II. vx** : arquebuse, biscaïen, chassepot, couleuvrine à main, escopette, espingole, haquebute, mousquet, tromblon **III. arg.** : clarinette, flingot, flingue, pétoire, sulfateuse (par ext.)

FUSILLER I. au pr. : canarder (fam.), exécuter, passer par les armes, tuer **II. fig.** → ABÎMER

FUSION n.f. **I. au pr.** : débâcle, dégel, fluidification, fonte, liquéfaction, réduction **II. par ext.** → UNION

◇ CONTR. → PRISE

FUSIONNEMENT n.m. **I.** → ABSORPTION **II.** → RÉUNION

FUSIONNER accoupler, agréger, allier, amalgamer, apparier, assembler, associer, assortir, confondre, conjoindre, conjuguer, coupler, enter, fondre, joindre, lier, marier, mélanger, mêler, rapprocher, rassembler, relier, réunir, souder → UNIR

◇ CONTR. → SÉPARER

FUSTIGER I. au pr. : cravacher, cingler, flageller, fouailler, fouetter, frapper, sangler → BATTRE **II. par ext. 1.** → BLÂMER **2.** → RÉPRIMANDER

◇ CONTR. **I.** → LOUER **II.** → CARESSER

FÛT n.m. **I.** → TONNEAU **II.** → COLONNE

FUTAIE n.f. **par ext.** : bois, boqueteau, bosquet, bouquet d'arbres, breuil, châtaigneraie, chênaie, forêt, fourré, frondaison, hallier, hêtraie, massif d'arbres, pinède, sapinière, sous-bois, sylve, taillis

FUTAILLE n.f. → TONNEAU

FUTAINE n.f. → COTON

FUTÉ, E adroit, astucieux, débrouillard, dégourdi, déluré, farceur, fin, finaud, fine mouche, habile, madré, malicieux, malin, matois, roué, rusé, spirituel, trompeur – **fam.** : combinard, démerdard, ficelle, mariolle, renard, sac à malices, vieux routier/ singe

◇ CONTR. → BÊTE

FUTILE anodin, badin, creux, désinvolte, évaporé, frivole, inconsistant, inepte, insignifiant, insouciant, léger, oiseux, puéril, superficiel, vain, vide

◇ CONTR. → IMPORTANT

FUTILEMENT avec → FUTILITÉ, de façon → FUTILE *et les dérivés possibles en* -ment *des syn. de* futile

FUTILITÉ n.f. **I. au pr. 1. de quelqu'un** : enfantillage, inanité, inconsistance, insignifiance, insouciance, légèreté, mondanité (vx), nullité, puérilité, vanité, vide **2. quelque chose** : affiquet, amusement, amusette, amusoire, babiole, bagatelle, baliverne, bêtise, bibelot, breloque, bricole, brimborion, caprice, colifichet, connerie (vulg.), fanfiole (vx), fanfreluche, fantaisie, frivolité, inutilité, rien **II. par ext. 1. neutre ou fav.** : amusement, badinerie, bricole (fam.), broutille, gaminerie, jeu, mode, plaisanterie, rien **2. non fav.** : baliverne, bêtise, chanson, fadaise, gazinerie (rég.), prétintaille, sornette, sottise, venvole (vx), vétille

◇ CONTR. **I.** → SÉRIEUX **II.** → IMPORTANCE

FUTUR n.m. **I. au pr.** : au-delà, autre vie, avenir, devenir, destinée, éternité, lendemain, plus tard, postérieur, postériorité, suite, temps à venir/ futur, ultériorité, vie éternelle (par ext.) **II. vx ou rég.** : accordé (vx), bienaimé, fiancé, prétendu (région.), promis

◇ CONTR. : antérieur, passé, présent

FUTUR, E non-advenu/ révolu, postérieur, ultérieur → PROCHAIN

◇ CONTR. **I.** → ACTUEL **II.** → RÉVOLU

FUTUROLOGIE n.f. prospective

FUTUROLOGUE n.m. **par ext.** : planiste, prospecteur

FUYANT, E I. → FUYARD **II.** changeant, bref, court, éphémère, évanescent, fugace, fugitif, inconstant, instable, labile, mobile, momen-tané, passager, périssable, transitoire, va-riable **III.** → SECRET

◇ CONTR. → STABLE

FUYARD, E nom et adj. déserteur, évadé, fugitif, fuyant, lâcheur, patatrot (arg.)

◇ CONTR. → PRISONNIER

GABARDINE n.f. → IMPERMÉABLE

GABARRE n.f. **I.** → BATEAU **II.** → FILET

GABARIT n.m. arceau, calibre, cerce, dimension, forme mesure, modèle, patron, tonnage

GABEGIE n.f. → DÉSORDRE

GABELOU n.m. → DOUANIER

GABIER n.m. gars de la marine (fam.), marin, matelot, mathurin, mousse

GABLE n.m. fronton, pignon

GÂCHAGE n.m. **I.** délayage, malaxage, mélange **II.** → PERTE

GÂCHER I. au pr. → DÉLAYER **II. par ext. 1.** abîmer, avarier, bâcler, barbouiller, bousiller, cochonner, déparer, dissiper, enlaidir, galvauder, gaspiller, gâter, laisser → PERDRE, manquer, massacrer, négliger, perdre, rater, saboter, sabouler, sabrer, saloper, saveter, torcher, torchonner **2.** anéantir, contrarier, diminuer, ruiner, supprimer
◈ CONTR. **I.** → CONSERVER **II.** → RÉPARER

GÂCHEUR, EUSE n.m. ou f. → SABOTEUR

GÂCHIS n.m. **I.** → PERTE **II.** → DÉSORDRE

GADE n.m. cabillaud, capelan, colin, lieu, merlan, merlu, merluche, morue, tacaud

GADGET n.m. → TRUC

GADOUE n.f. boue, compost, débris, détritus, engrais, fagne, fange, fumier, immondices, jet, ordures, poudrette, terreau, vidange

GAFFE n.f. **I.** bâton, perche **II.** balourdise, bévue, blague, bourde, erreur, faute, gaucherie, impair, maladresse, sottise → BÊTISE
◈ CONTR. **I.** → HABILETÉ **II.** → AMABILITÉ

GAFFER faire une → GAFFE

GAFFEUR, EUSE nom et adj → MALADROIT

GAG n.m. blague, effet/ invention/ sketch comique

GAGE n.m. **I. au sing. 1. au pr.** : antichrèse, arrhes, aval, caution, cautionnement, couverture, dépôt, ducroire, garantie, hypothèque, nantissement, pleige (vx), privilège, sûreté **2. par ext.** : assurance, preuve, témoignage **II. au pl.** : appointements, émoluments, paie ou paye, rétribution, salaire, traitement
◈ CONTR. → DÉCHARGE

GAGER I. convenir, s'engager à, miser, parier, préjuger, promettre, risquer **II.** → AFFIRMER **III.** → GARANTIR
◈ CONTR. → DÉCHARGER

GAGEURE n.f. défi, mise, pari, risque
◈ CONTR. → BANALITÉ

GAGNAGE n.m. → PATURAGE

GAGNANT, E nom et adj. sortant → VAINQUEUR

GAGNE-PAIN n.m. → EMPLOI

GAGNE-PETIT n.m. → SMICARD

GAGNER I. → OBTENIR **II.** → TOUCHER **III.** → VAINCRE **IV.** → MÉRITER **V.** → ALLER **VI.** → ARRIVER **VII.** → AVANCER **VIII.** → DISTANCER **IX.** amadouer, apprivoiser, attirer, capter, captiver, charmer, se concilier, conquérir, convaincre, envoûter, persuader, séduire, subjuguer
◈ CONTR. **I.** → PERDRE **II.** → ABANDONNER

GAI, E I. au pr. 1. allègre, animé, badin, bon vivant, boute-en-train, content, enjoué, enthousiaste, entraînant, espiègle, festif (vx), folâtre, folichon, fou, gaillard, guilleret, heureux, hilare, insouciant, jouasse (fam.), joueur, jovial, joyeux, joyeux drille/ luron, jubilant, ludique, mutin, réjoui, réjouissant, riant, rieur, rigolard, rigoleur, souriant → CONTENT **2.** éméché, émoustillé, gris, parti **II. par ext. 1.** → COMIQUE **2.** → LIBRE
◈ CONTR. **I.** → ENNUYEUX **II.** → TRISTE

GAIEMENT ou **GAÎMENT** avec → GAIETÉ, de façon → GAI *et les dérivés possibles en* -ment *des syn. de* gai

GAIETÉ ou **GAÎTÉ** n.f. **I.** alacrité, allant, allégresse, animation, ardeur, badinage, bonheur, bonne humeur, contentement, enjouement, enthousiasme, entrain, euphorie, exultation, gaillardise, goguette, hilarité, joie, jouasserie (fam.), jovialité, jubilation, liesse, plaisir, rayonnement, réjouissance, rire, satisfaction, vivacité **II.** ambiance → FÊTE

◇ CONTR. **I.** → ENNUI **II.** → TRISTESSE

GAILLARD n.m. ou f. **I.** bonhomme, bougre, compagnon, costaud, drille, drôle, gars, individu, lascar, loustic, luron, mâtin (vx), titi, zig, zigoto → TYPE **II. mar. :** dunette, roof, teugue, vibord

GAILLARD, E I. adj. 1. → GAI 2. → LIBRE 3. → VALIDE

GAILLARDEMENT I. avec bonne humeur, avec entrain, de façon → LIBRE *et les dérivés possibles en* -ment *des syn. de* libre **II.** → GAIEMENT

GAILLARDISE n.f. → PLAISANTERIE

GAILLETTE n.f. → CHARBON

GAIN n.m. **I.** → BÉNÉFICE **II.** → RÉTRIBUTION

GAINE n.f. **I.** → ENVELOPPE **II.** → CORSET

GAINER → SERRER

GALA n.m. **I.** → FÊTE **II.** → FESTIN

GALAMMENT avec → GALANTERIE, de façon → GALANT *et les dérivés possibles en* -ment *des syn. de* galant

GALANDAGE n.m. claustra, cloison, séparation

GALANT n.m. **I.** amant, amoureux, beau, blondin, bourreau des cœurs, cavalier, chevalier, coq, cupidon, damoiseau, don juan, freluquet, galantin, godelureau, minet, mirliflore, play-boy, soupirant, trousseur de jupons, vert galant → SÉDUCTEUR **II. vx :** céladon, coquard, galoureau, muguet **III. péj. :** fat, frotadou (mérid.), frotteur, marcheur, vieux beau/ marcheur → COUREUR **IV. GALANT HOMME :** homme de bien, honnête homme (vx)

◇ CONTR. → LOURDAUD

GALANT, E I. adj. 1. quelqu'un : aguichant, amène, avenant, de bon goût, civil, coquet, courtois, distingué, élégant, empressé, entreprenant, fin, gracieux, hardi, léger, libertin, poli, prévenant, sensuel, tendre, troublant, voluptueux **2. par ext.** → ÉROTIQUE

GALANTERIE n.f. **I. fav. :** affabilité, agrément, amabilité, aménité, bonnes manières, civilité, complaisance, courtoisie, déférence, délicatesse, distinction, élégance, empressement, gentillesse, grâce, politesse, prévenance, respect, tendresse **II. non fav. 1.** coucherie, débauche, galipettes, libertinage, prétentaine **2. vx :** bicherie, coquetterie **3.** alcôve, douceurs, fadaises, fleurette, flirt, madrigal **4. fam. :** drague, gringue

◇ CONTR. **I.** → IMPOLITESSE **II.** → INDIFFÉRENCE

GALANTINE n.f. ballottine

GALAPIAT n.m. → VAURIEN

GALBE n.m. **I.** → COURBE **II.** → LIGNE

GALBÉ, E I. → COURBE **II.** → HARMONIEUX

GALE n.f. **I. au pr. fam. : 1.** charmante, frotte, gratte, grattelle, rogne **2. vétér. :** farcin, rouvieux **3. bot. :** bédégar, galle **II. fig.** → MÉCHANT

GALÉJADE n.f. → PLAISANTERIE

GALÉJER → PLAISANTER

GALÈRE n.f. **I. au pr. :** bi/ trirème, galéasse, galion, galiote, mahonne, prame, réale, sultane, trière **II. fig. :** guêpier, pétaudière, piège, traquenard **III. arg. ou fam.** → FUGUE

GALERIE n.f. **I. au pr. 1.** → PASSAGE 2. → VESTIBULE 3. → BALCON 4. → PIÈCE 5. → SOUTERRAIN **II. par ext. 1.** → MUSÉE 2. → COLLECTION **III. fig.** → PUBLIC

GALÉRIEN n.m. → BAGNARD

GALET n.m. → PIERRE

GALETAS n.m. → GRENIER

GALETTE n.f. **I. au pr.** → PÂTISSERIE **II. fig.** → ARGENT

GALEUX, EUSE → LÉPREUX

GALIMAFRÉE n.f. → RAGOÛT

GALIMATIAS n.m. **I. au pr. :** amphigouri, argot, baragouin, bigorne (vx), charabia, dialecte, discours embrouillé, embrouillamini, fragnol, franglais, ithos, javanais, langage inintelligible, largonji, logogriphe, loucherbem, patagon, pathos, patois, phébus, pidgin, sabir, tortillage **II. par ext. :** désordre, fatras, fouillis, imbroglio, méli-mélo

◇ CONTR. → ÉLOQUENCE

GALIPETTE n.f. **I.** → CABRIOLE **II.** → POLISSONNERIE

GALLE n.f. bédégar → BOURSOUFLURE

GALLINACÉ, E alector, argus, bartavelle, caille, cochet (vx), coq de bruyère, coquelet, dindon, faisan, ganga, gélinote, hocco, lagopède, lophophore, paon, perdrix, phasianidé, pintade, poule, poulet, poulette, poussin, tétras, tinamou

GALLUP n.m. **off. :** enquête, sondage

GALOCHE n.f. → SABOT

GALON n.m. **I.** → PASSEMENT **II. fam.** : ficelle, galuche **III.** → GRADE

GALOP et **GALOPADE** n.m., n.f. allure, canter, course

GALOPER → COURIR

GALOPIN n.m. → GAMIN

GALOUBET n.m. → FLÛTE

GALVANISATION n.f. **par ext.** : anodisation, bondérisation

GALVANISER I. anodiser, cadmier, chromer, métalliser, nickeler, zinguer **II.** → ENFLAMMER

GALVAUDER I. v. tr. → GÂCHER **II. v. intr.** → TRAÎNER

GALVAUDEUX, EUSE n.m. ou f. → VAGABOND

GAMBADE n.f. → CABRIOLE

GAMBADER → SAUTER

GAMBILLER I. → REMUER **II.** → DANSER

GAMELLE n.f. **I.** écuelle, galtouse (arg.) **II.** → INSUCCÈS

GAMÈTE n.m. anthérozoïde (botan.), germen, oosphère, ovocyte, ovule, spermatozoïde

GAMIN, E I. adj. → ENFANTIN **II. nom. 1.** gavroche, petit poulbot, titi → ENFANT **2.** apprenti, arpète, gâte-sauce, marmiton, sauteruisseau **3. péj.** : brise-fer, chenapan, crapoussin, garnement, lipette, minet, minot, petit branleur/ morveux/ voyou, polisson, vaurien
◊ CONTR. : adulte, homme fait

GAMINER → BATIFOLER

GAMINERIE n.f. **I.** → INSOUCIANCE **II.** → PLAISANTERIE

GAMME n.f. **par ext.** → SUITE

GANACHE n.f. **I.** → BÊTE **II.** → MÉCHANT

GANDIN n.m. → ÉLÉGANT

GANG n.m. → BANDE

GANGLION n.m. **par ext.** → TUMEUR

GANGRÈNE n.f. **I. au pr.** : mortification, nécrose, putréfaction **II. fig.** → POURRITURE

GANGRENER → GÂTER

GANGSTER n.m. → BANDIT

GANGUE n.f. → ENVELOPPE

GANSE n.f. → PASSEMENT

GANT n.m. **I. 1.** ceste, gantelet **2.** manicle, mitaine, moufle **II. 1. JETER LE GANT** → BRAVER **2. METTRE DES GANTS** → MÉNAGER **3. SE DONNER LES GANTS** → FLATTER (SE)

GAP n.m. **off.** : décalage, différence, écart, retard

GARAGE n.m. remisage → REMISE

GARANT, E n.m. ou f. **I. quelque chose** → GARANTIE **II. quelqu'un** : accréditeur, aval, avaliseur, avaliste, caution, comptable, correspondant, endosseur, otage, parrain, redevable, répondant, responsable – **vx** : attestateur, pleige

GARANTIE n.f. **I.** arrhes, assurance, aval, caution, cautionnement, consignation, contre-assurance, couverture, dépôt, ducroire, engagement, fidéjussion, gage, garant, hypothèque, indexation, nantissement, obligation, palladium, parrainage, préservation, responsabilité, salut, sauvegarde, soulte, sûreté, warrant → PRÉCAUTION **II.** attestation, cachet, certificat, estampille, poinçon

GARANTIR I. au pr. : abriter, assurer, avaliser, cautionner, consolider, couvrir, épargner, gager, garder, immuniser, indexer, mettre à couvert, pleiger (vx), précautionner/ prémunir contre, préserver/ protéger de/ contre, répondre, sauvegarder, sauver, warranter **II. par ext.** → AFFIRMER
◊ CONTR. → HASARDER

GARCE n.f. → MÉGÈRE

GARÇON n.m. **I.** → ENFANT **II.** → FILS **III.** → CÉLIBATAIRE **IV.** → JEUNE HOMME **V.** → EMPLOYÉ **VI.** → SERVEUR **VII. GARÇON DE BUREAU** → HUISSIER

GARÇONNIER, IÈRE → MÂLE

GARÇONNIÈRE n.f. → APPARTEMENT

GARDE n.m. ou f. **I. n.m. 1.** chaouch, gardeur, gardien, gorille, guet (vx), huissier, piquet, sentinelle, veilleur, vigie **2. GARDE-CHAMPÊTRE** vx : messier, verdier **II. n.f.** → PROTECTION → SUITE **III. PRENDRE GARDE** → ATTENTION

GARDE-CORPS et **GARDE-FOU** n.m. balustrade, barrière, lisse, parapet, rambarde

GARDE-FEU n.m. pare-étincelles

GARDE-MALADE n.m. ou f. → INFIRMIÈRE

GARDEN CENTER n.m. **off.** : jardinerie

GARDEN-PARTY n.f. **off.** : jardin-partie → RÉUNION

GARDER I. au pr. → CONSERVER **II. par ext. 1.** → DESTINER **2.** → GARANTIR **3.** → OBSERVER **4.** → VEILLER SUR

GARDER DE (SE) → ABSTENIR (s')

GARDERIE n.f. → NURSERY

GARDE-ROBE n.f. **I.** → PENDERIE **II.** → TROUSSEAU **III.** → WATER-CLOSET

GARDIEN, NE n.m. ou f. **I. au pr. 1.** → GARDE **2.** → VEILLEUR **3.** → PORTIER **4.** goal **5.** garde-chiourme, geôlier, guichetier, porte-clefs, surveillant – **vx** : argousin, comite – **arg.** : crabe, gaffe, maton, matuche, youyou **II. par ext.** : champion, conservateur, défenseur, dépositaire, détenteur, guide, mainteneur, protecteur, tuteur **III. GARDIEN DE LA PAIX** → POLICIER **IV.** → BERGER, VACHER

GARE n.f. → ARRÊT

GARE interj. → ATTENTION

GARER I. → RANGER **II. v. pron.** → ÉVITER

GARGANTUESQUE I. → ABONDANT **II.** → GIGANTESQUE

GARGARISER (SE) fig. → RÉGALER (SE)

GARGOTE n.f. **I.** → CABARET **II.** → RESTAURANT

GARGOUILLEMENT n.m. borborygme, gargouillis, glouglou

GARGOULETTE n.f. alcarazas

GARNEMENT n.m. **I.** → GAMIN **II.** → VAURIEN

GARNI I. n.m. → HÔTEL **II. adj.** → FOURNI

GARNISON n.f. → TROUPE

GARNISSAGE n.m. → FINISSAGE

GARNIR I. → EMPLIR **II.** → REMPLIR **III.** → FOURNIR **IV.** → ORNER **V.** → REMBOURRER

GARNITURE n.f. **I.** → ASSORTIMENT **II.** → ORNEMENT **III.** renforcement → SOUTIEN **IV.** → HACHIS

GAROU n.m. daphné, malherbe, sainbois

GARRIGUE n.f. → LANDE

GARROT n.m. **I.** épaule **II.** garottage, garotte → SUPPLICE

GARROTTER → ATTACHER

GARS au pr. : gaillard, garçon, jeune, jeune homme, fils, homme, mec (arg.) → TYPE

GASCON, NE nom et adj. → HÂBLEUR

GASCONNADE n.f. → HÂBLERIE

GAS OIL n.m. **off.** : gasoil, gazole

GASPACHO n.m. → POTAGE

GASPILLAGE n.m. → DILAPIDATION

GASPILLER I. → DÉPENSER **II.** → GÂCHER

GASPILLEUR, EUSE n.m. ou f. → PRODIGUE

GASTÉROPODE ou **GASTROPODE** n.m. abalone *ou* oreille-de-mer, actéon, agatine, ambrette *ou* bulime *ou* oreille-de-bœuf/ -de-Silène, buccin *ou* trompette, calamar *ou* calmar *ou* chipiron *ou* encornet *ou* seiche *ou* supion, casque, cérite, cône, doris, fuseau, haliotide *ou* oreille-de-mer/ -de-Midas *ou* ormeau *ou* ormier, harpe, janthine, limace, limaçon, limnée, littorine *ou* bigor-

neau *ou* vignot, mitre, murex *ou* rocher, nérinée, nérite, olive, ombrelle, paludine, patelle, planorbe, pleurobranche, porcelaine, pourpre, pupa *ou* maillot, strombe *ou* fissurelle *ou* oreille-de-cochon/ -de-Diane/ -de-Saint-Pierre, terrebellum, testacelle, triton *ou* trompette, troque, turbinelle, turbo, turritelle, vermet → ESCARGOT

GASTRIQUE intestinal, stomacal

GASTRITE n.f. → MALADIE

GASTROLÂTRE et **GASTRONOME** nom et adj. → GOURMAND

GASTRONOMIE n.f. **I.** art de la table/ du bien-manger/ du bien-vivre **II.** → GOURMANDISE

GASTRONOMIQUE I. culinaire **II.** → FIN

GÂTÉ, E I. au pr. : aigri, altéré, avancé, avarié, blessé, blet, corrompu, déformé, dénaturé, détérioré, endommagé, éventé, fermenté, heurdri (vx), malade, meurtri, moisi, perdu, pourri, punais, putréfié, rance, taré, vicié **II. par ext. 1.** capricieux, insupportable, mal élevé, pourri **2.** cajolé, chéri, chouchouté, choyé, dorloté, favori, favorisé **3. péj.** : perverti

GÂTEAU n.m. **I. au pr.** → PÂTISSERIE **II. fig.** → PROFIT

GÂTER I. au pr. – quelque chose gâte quelque chose : aigrir, altérer, avarier, brouiller, corrompre, débiffer (rég.), dénaturer, détériorer, endommager, éventer, heurdrir (vx), meurtrir, moisir, perdre, pourrir, putréfier, tarer, vicier **II. par ext. – quelqu'un gâte ou laisse gâter quelque chose. 1.** → GÂCHER **2.** → SALIR **III. fig. 1. fav.** → SOIGNER **2. péj.** : avilir, compromettre, corrompre, défigurer, déformer, dégrader, dépraver, diminuer, embriconner (vx), enlaidir, gangrener, infecter, perdre, pervertir, pourrir, tarer **IV. v. pron.** → POURRIR
◇ **CONTR. I.** → CONSERVER **II.** → CORRIGER

GÂTERIE n.f. **I.** → FRIANDISE **II.** → SOIN

GÂTEUX, EUSE nom et adj. **I.** affaibli, déliquescent, diminué, en enfance, radoteur **II. fam.** : gaga, (il/ elle) sucre les fraises, ramolli, ramollo, vieux con/ schnock
◇ **CONTR.** : sain d'esprit → VALIDE

GATEWAY n.m. **aviat. off.** : point d'accès

GÂTINE n.f. → LANDE

GÂTISME n.m. → RADOTAGE

GAUCHE I. n.f. : **1.** bâbord (mar.), senestre (vx), côté cour (à gauche de l'acteur) **2.** → SOCIALISME **II. adj. 1. quelqu'un** : balourd, contraint, disgracieux, embarrassé, emprunté, gêné, inhabile, lourd, lourdaud, maladroit, malavisé, malhabile, nigaud, pataud, pattu, raide, timide → BÊTE – **fam.** : emmanché, empaillé, empêtré, emplumé, empoté, godiche, godichon, malagauche, manche, manchot **2. quelque chose** : cintré, de/ en biais, de travers/ traviole, dévié, oblique, tordu, voilé ◇ CONTR. **I.** → DROITE **II.** → HABILE **III.** → DROIT (ADJ.)

GAUCHEMENT avec → MALADRESSE, de façon → GAUCHE *et les dérivés possibles en* -ment *des syn. de* gauche

GAUCHERIE n.f. → MALADRESSE

GAUCHIR I. → FLÉCHIR **II.** → TORDRE **III.** → ÉCARTER (S') **IV.** → BIAISER

GAUCHISSEMENT n.m. **I.** → DÉFORMATION **II.** → DISSIDENCE

GAUCHISTE nom et adj. contestataire → MÉCONTENT

GAUDRIOLE n.f. → PLAISANTERIE

GAUFRER → GONFLER

GAULE n.f. baguette, bâton, canne, échalas, houssine, ligne, perche, tuteur

GAULER agiter, battre, chabler, ébranler, faire tomber, locher, secouer

GAULOIS, E I. nom : celte **II. adj. 1.** → LIBRE **2.** → OBSCÈNE

GAULOISEMENT de façon → GAULOIS *et les dérivés possibles en* -ment *des syn. de* gaulois

GAULOISERIE n.f. → PLAISANTERIE

GAUPE n.f. → MÉGÈRE

GAUR n.m. → BŒUF

GAUSSER (SE) → RAILLER

GAUSSERIE n.f. → RAILLERIE

GAVE n.m. cours d'eau, rio, rivière, ruisseau, torrent

GAVER I. au pr. → ENGRAISSER **II. fig.** → GORGER

GAVIAL n.m. → ALLIGATOR

GAVROCHE n.m. → GAMIN

GAZ n.m. **I.** → VAPEUR **II.** → VENT

GAZE n.f. **I.** barège, étoffe transparente, grenadine, mousseline, tissu léger, tulle, voile **II.** pansement, taffetas, tampon

GAZÉIFIER → VAPORISER

GAZER I. v. tr. : asphyxier **II. v. intr. (fam.)** : aller, filer, foncer, marcher **III. vx** → DÉGUISER

GAZETIER, IÈRE n.m. ou f. → JOURNALISTE

GAZETTE n.f. → JOURNAL

GAZEUX, EUSE brumeux, fuligineux, fumeux, nébuleux, nuageux, vaporeux ◇ CONTR. **I.** → SOLIDE **II.** → FLUIDE

GAZON n.m. **I.** → HERBE **II.** → PELOUSE

GAZOUILLEMENT n.m. babil, babillage, bruissement, chant, chuchotement, gazouillis, murmure, pépiement, ramage

GAZOUILLER → CHANTER

GAZOUILLIS n.m. → GAZOUILLEMENT

GEAI n.m. rollier → PASSEREAU

GÉANT, E I. nom. 1. au pr. : colosse, cyclope, force de la nature, goliath, hercule, mastodonte, monstre, titan **2. fam. ou arg.** : armoire à glace, balèze, cigogne, dépendeur d'andouilles, éléphant, escogriffe, flandrin, girafe, grande gigue/ perche, gravos, halebreda (vx), malabar, maousse, mastard **3. par ext.** : monopole, trust **4. fig.** : champion, génie, héros, surhomme **II. adj.** → GIGANTESQUE ◇ CONTR. → NAIN

GÉHENNE n.f. **I.** → ENFER **II.** → SUPPLICE

GEIGNARD, E → PLAINTIF

GEINDRE I. → GÉMIR **II.** → REGRETTER

GEL n.m. **I.** frimas → CONFISCATION **II.** → GELÉE

GELÉ, E → TRANSI

GELÉE n.f. **I.** frimas, froid, froidure (vx), gel, gelée, gelée blanche, givre, glace, verglas **II.** confiture ◇ CONTR. : dégel → CHALEUR

GELER I. v. tr. 1. au pr. : coaguler, figer, pétrifier → FRIGORIFIER **2. fig.** : gêner, glacer, intimider, mettre mal à l'aise, pétrifier, réfrigérer, refroidir **II. v. intr. 1. au pr. – quelque chose** : se congeler, se figer, givrer, se prendre **2. par ext. – quelqu'un** : cailler (fam.), être transi, grelotter → FROID (AVOIR) ◇ CONTR. → FONDRE

GÉMEAU n.m. besson, double, doublon, jumeau, ménechme, pareil, sosie

GÉMELLER → GÉMINER

GÉMINATION n.f. fusion, jumelage, mélange, mixité ◇ CONTR. → SÉPARATION

GÉMINÉ, E → DOUBLE

GÉMINER accoupler, assembler, fondre, fusionner, gémeller, jumeler, mélanger, réunir, unir ◇ CONTR. → SÉPARER

GÉMIR I. au pr. 1. quelqu'un : appeler, crier, se douloir (vx), geindre, jérémiader, jérémier, se lamenter, murmurer, ouillouiller (fam.), se plaindre, pleurer, récriminer, reprocher **II. par ext.** : peiner, souffrir **III. fig. quelque chose** → MURMURER ◇ CONTR. **I.** → TAIRE (SE) **II.** → RÉJOUIR (SE)

GÉMISSANT, E → PLAINTIF

GÉMISSEMENT n.m. **I. au pr.** : cri, doléances, geignement, ginglement (rég.), girie (péj.), grincement, jérémiade, lamentation, lamento, murmure, plainte, pleur, sanglot,

soupir – **vx**: complainte, quérimonie **II. par ext.**:
douleur, souffrance

◆ CONTR. **I.** → RÉSIGNATION **II.** → RIRE

GEMME n.f. **I.** cabochon, corindon, diamant, escarboucle, happelourde, loupe, parangon → PIERRE **II.** → RÉSINE

GÉMONIES n.f. pl. **I.** → HONTE **II.** TRAÎNER/
VOUER AUX GÉMONIES → VILIPENDER

GÊNANT, E assujettissant, déplaisant, désagréable, embarrassant, emmerdant (grossier), empêchant (vx), encombrant, ennuyeux, envahissant, fâcheux, gêneur, importun, incommodant

◆ CONTR. → COMMODE

GENDARME n.m. **I.** brigadier, grippe-coquin/ jésus (vx), pandore → POLICIER **II. arg.**:
balai, cogne, griffe, guignol, guignolet, hareng saur, hirondelle, laune, marchand de passe-lacets, schmitt **III. fig.** → VIRAGO

◆ CONTR. → VOLEUR

GENDARMER (SE) → FÂCHER (SE)

GENDARMERIE n.f. maréchaussée,
prévôté (vx) → POLICE

GENDRE n.m. beau-fils, fillâtre (vx)

GÊNE n.f. **I.** atteinte à la liberté, chaîne,
charge, contrainte, difficulté, embarras, entrave, esclavage, importunité, nécessité, violence **II.** question, torture **III.** → INCONVÉNIENT
IV. → PAUVRETÉ **V.** → OBSTACLE **VI.** → TROUBLE
VII. SANS GÊNE: cavalier, désinvolte, effronté, égoïste, grossier, impoli

◆ CONTR. → BIEN-ÊTRE

GÊNÉ, E → EMBARRASSÉ

GÉNÉALOGIE n.f. **I.** ascendance, descendance, extraction, extrance (vx), famille, filiation, lignée, origine, quartiers de noblesse, race, souche **II. des dieux**: théogonie
III. des animaux: flock/ herd/ stud-book, pedigree **IV. des végétaux**: phylogenèse, phylogénie
V. par ext.: classification, dérivation, suite

GÊNER I. au pr. 1. brider, corseter,
contraindre, déranger, desservir, embarrasser, empêcher, emprisonner, encombrer,
engoncer, entraver, faire/ mettre obstacle à,
obstruer, oppresser, paralyser, restreindre,
serrer **2.** angoisser, contrarier, déplaire, importuner, incommoder, indisposer, se
mettre en travers, nuire, opprimer, tourmenter **II. par ext.**: affecter, bloquer,
complexer, inhiber, intimider, troubler **III. vx.**
→ TORTURER

◆ CONTR. **I.** → AIDER **II.** → LIBÉRER **III.** → SERVIR

GÉNÉRAL I. n.m. → CHEF **II.** adj. **1.** collectif,
global, total, unanime, universel **2.** banal,
commun, constant, courant, dominant, habituel, large, normal, ordinaire, standard

3. imprécis, indécis, vague **4.** générique →
COMMUN (EN) **5.** → PUBLIC **III. EN GÉNÉRAL**:
communément, couramment, en règle commune/ générale/ habituelle/ ordinaire, généralement, habituellement, à l'/ d'ordinaire, ordinairement

◆ CONTR. **I.** → PARTICULIER **II.** → PARTIEL **III.** → INDIVIDUEL

GÉNÉRALE n.f. **théâtre**: avant-première,
couturière, répétition générale

GÉNÉRALEMENT → SOUVENT

GÉNÉRALISATION n.f. → EXTENSION

GÉNÉRALISER → RÉPANDRE

GÉNÉRALISTE n.m. ou f. omnipraticien

GÉNÉRALITÉ n.f. banalité, cliché, lapalissade, lieu commun, pauvreté, platitude,
poncif, truisme → MAJORITÉ

◆ CONTR. → PARTICULARITÉ

GÉNÉRATEUR, TRICE nom et adj. **I. au pr.**:
auteur, créateur, géniteur, mère, père reproducteur **II. techn.** → ALTERNATEUR

◆ CONTR. **I.** → DESTRUCTEUR **II.** → RÉSULTAT

GÉNÉRATION n.f. **I.** → POSTÉRITÉ **II.** → PRODUCTION

GÉNÉREUSEMENT avec → GÉNÉROSITÉ, de
façon → GÉNÉREUX et les dérivés possibles en
-ment des syn. de généreux

GÉNÉREUX, EUSE I. quelqu'un: allocentrique, allocentriste, altruiste, ardent, audacieux, beau, bienveillant, bon, brave, charitable, chevaleresque, clément, courageux,
désintéressé, dévoué, donnant, extraverti
(psych.), fort, fraternel, gentil, grand, hardi,
large, libéral, magnanime, magnifique, mécène, munificent, noble, oblatif, obligeant, de
sentiments élevés, pitoyable, prodigue, sain,
sensible, vaillant – **vx**: aumônier, aumônieux,
débonnaire, fier, munifique **II. quelque chose.**
1. corsé, fort, fortifiant, réconfortant, roboratif, tonique **2.** abondant, copieux, fécond, fertile, planureux, productif, riche, vigoureux,
vivace

◆ CONTR. **I.** → BAS **II.** → AVARE **III.** → ÉGOÏSTE
IV. → MAIGRE

GÉNÉRIQUE I. adj. → GÉNÉRAL **II.** n.m.: catalogue, casting (angl.), distribution, liste

GÉNÉROSITÉ n.f. **I. de quelqu'un**: abandon,
abnégation, allocentrisme, altruisme, ardeur, audace, bienfaisance, bonté, charité,
clémence, cœur, courage, désintéressement, dévouement, don, don de soi, fraternité, générosité, gentillesse, grandeur
d'âme, hardiesse, héroïsme, humanité, indulgence, intrépidité, largesse, libéralité,
magnanimité, magnificence, miséricorde,
munificence, noblesse, oubli de soi,

prodigalité, sens des autres/ du prochain, vaillance, valeur – **vx** : bénéficence, débonnaireté **II. de quelque chose. 1.** force, saveur, valeur **2.** abondance, fécondité, fertilité, productivité, richesse, vigueur, vivacité **3.** → DON
◆ CONTR. **I.** → BASSESSE **II.** → AVARICE **III.** → PAUVRETÉ

GENÈSE n.f. **I.** → PRODUCTION **II.** → ORIGINE

GÉNÉSIQUE génital, reproducteur, sexuel

GENET n.m. → CHEVAL

GENÊT hérissonne

GÉNÉTIQUE n.f. → BIOLOGIE

GENETTE n.f. civette

GÊNEUR, EUSE → IMPORTUN

GÉNIAL, E I. → INGÉNIEUX **II.** → REMARQUABLE

GÉNIALEMENT avec → GÉNIE, de façon → GÉNIAL *et les dérivés possibles en* -ment *des syn. de* génial

GÉNIE n.m. **I.** afrite *ou* effrit *ou* efrit, asura, ange, ase, aspiole, démon, divinité, djinn, dragon, drow, effrit, elfe, esprit familier/ follet, fadet, farfadet, fée, gnome, gobelin, goule, kobold, korrigan, lutin, ondin, ondine, péri, salamandre, sylphe, sylphide, sylvain, troll **II.** bosse (fam.), caractère, disposition, don, esprit, génialité, goût, imagination, nature, penchant, talent **III. quelqu'un** : aigle, as, grand/ artiste/ écrivain/ homme/ soldat, phénix
◆ CONTR. → NUL

GÉNISSE n.f. → VACHE

GÉNITAL, E génésique, reproducteur, sexuel

GÉNITEUR, TRICE n.m. ou f. → MÈRE, PÈRE

GEN LOCK n.m. **audiov. off.** : verrouilleur de synchronisation

GENOU n.m. **I. au pr.** : articulation, jointure, rotule **II. SE METTRE À GENOUX** → AGENOUILLER (s')

GENRE n.m. **I. au pr.** : catégorie, classe, embranchement, espèce, famille, ordre, race, sorte, type, variété **II. par ext. 1.** acabit, farine, gent, nature, sorte **2.** façon, griffe, manière, marque, mode, style **3.** air, apparence, aspect, attitude, caractère, comportement, conduite, extérieur, façon, ligne, tenue, tournure – **fam.** : dégaine, touche

GENS n.m. pl. et f. **si précédé d'un adj. au fém. I.** êtres, foule, hommes, individus, monde, nation, personnes, public **II. 1. GENS DE MAISON** → SERVITEUR **2. GENS DE LETTRES** ou **GENDELETTRE** → ÉCRIVAIN

GENS et **GENT** n.f. **I.** → FAMILLE **II.** → GENRE

GENTIL n.m. goy, idolâtre, infidèle, mécréant, païen
◆ CONTR. → FIDÈLE

GENTIL, ILLE I. → BON **II.** → AIMABLE – **fam.** : chou, sympa, trognon

GENTILHOMME n.m. → NOBLE

GENTILHOMMIÈRE n.f. → CHÂTEAU

GENTILLÂTRE (péj.) → NOBLE

GENTILLESSE n.f. **I. au pr.** → AMABILITÉ **II. par ext. 1.** → MOT D'ESPRIT **2.** → TOUR **3.** → BAGATELLE **4.** → MÉCHANCETÉ

GENTIMENT I. de façon → AIMABLE *et les dérivés possibles en* -ment *des syn. de* aimable **II.** de façon → TRANQUILLE *et les dérivés possibles en* -ment *des syn. de* tranquille

GÉNUFLEXION n.f. **I.** → AGENOUILLEMENT **II.** → FLATTERIE

GEÔLE n.f. → PRISON

GEÔLIER, IÈRE n.m. ou f. → GARDIEN

GÉOMÈTRE n.m. arpenteur, mathématicien, métreur, topographe

GÉOMÉTRIQUE exact, logique, mathématique, méthodique, précis, régulier, rigoureux, scientifique
◆ CONTR. : approximatif, empirique, irrégulier, opus incertum

GÉOMÉTRIQUEMENT de façon → GÉOMÉTRIQUE *et les dérivés possibles en* -ment *des syn. de* géométrique

GÉRANCE n.f. → GESTION

GÉRANT, E n.m. ou f. administrateur, agent, curateur, directeur, dirigeant, fondé de pouvoir, gestionnaire, intendant, mandataire, régisseur, tenancier

GERBE n.f. **I.** botte **II. par ext. 1.** bouquet, faisceau **2. GERBE D'EAU** : éclaboussure, colonne, jet

GERBIER n.m. meule

GERCER (SE) → FENDILLER (SE)

GERÇURE n.f. → FENTE

GÉRER I. → RÉGIR **II.** → DIRIGER

GERMAIN, E consanguin, utérin

GERME n.m. **I. au pr. 1.** embryon, fœtus, frai, grain, graine, kyste, œuf, plantule, semence, sperme, spore **2.** → MICROBE **II. par ext.** : cause, commencement, départ, fondement, origine, principe, racine, rudiment, source **III. fig. GERME DE DISCORDE** : brandon, élément, ferment, levain, motif, prétexte
◆ CONTR. → ABOUTISSEMENT

GERMER → NAÎTRE

GERM FREE n.m. **biol. off.** : axénique

GERMON n.m. thon blanc → POISSON

GÉRONTE n.m. → VIEILLARD

GÉSINE n.f. accouchement, enfantement, mise bas (anim.)/ au monde, parturition

GÉSIR → COUCHER (SE)

GESSE n.f. → LENTILLE

GESTATION n.f. **I. au pr.** : génération, gravidité, grossesse, prégnation **II. par ext.** : genèse, production

GESTE et **GESTICULATION** n.m., n.f. action, allure, attitude, chironomie (mus.), conduite, contenance, contorsion, démonstration, épopée, exploit, fait, jeu de mains, manière, mime, mimique, mouvement, œuvre, pantomime, posture, tenue
◈ CONTR. → IMMOBILITÉ

GESTICULER → REMUER

GESTION n.f. administration, conduite, curatelle, direction, économat, économie, gérance, gouverne, gouvernement, intendance, maniement, organisation, régie
◈ CONTR. → ABANDON

GESTIONNAIRE n.m. ou f. → GÉRANT

GIBBEUX, EUSE → BOSSU

GIBBOSITÉ n.f. → BOSSE

GIBECIÈRE n.f. **I.** besace, bissac, bourse, carnassière, carnier, musette, panetière, sacoche **II. par ext.** → GIBERNE

GIBERNE n.f. **I.** cartouchière, grenadière **II. par ext.** → GIBECIÈRE

GIBET n.m. corde, croix, échafaud, estrapade, fourches patibulaires, pilori, potence – **arg.** : béquillard, béquille, credo → SUPPLICE

GIBIER n.m. **I.** bêtes fauves/ noires (vén.), faune **II. cuis.** : venaison

GIBOULÉE n.f. → PLUIE

GIBUS n.m. → HAUT-DE-FORME

GICLER → JAILLIR

GIFLE n.f. **fam.** : aller et retour, baffe, beigne, beignet, bourre-pif, calotte, claque, coup, emplâtre, estafe, fouffe, giroflée, jeton, mandale, mornifle, pain, rousse, soufflet, talmouse, taloche, tape, tarte, torgnole ou torniole, tourlousine, va-et-vient, va-te-laver
◈ CONTR. → CARESSE, RÉCOMPENSE

GIFLER battre, calotter, claquer, donner une gifle *et les syn. de* gifle, souffleter, taper – **fam.** : confirmer, mornifler, talmouser, talocher, tarter, torgnoler
◈ CONTR. → CARESSER, RÉCOMPENSER

GIGANTESQUE babylonien, colossal, considérable, cyclopéen, démesuré, éléphantesque, énorme, étonnant, excessif, fantastique, faramineux, formidable, gar-

gantuesque, géant, gigantal, grand, himalayen, immense, incommensurable, insondable, monstre, monstrueux, monumental, pantagruélique, pélasgique, pharamineux, prodigieux, pyramidal, tentaculaire, titanesque – **arg.** : comac, maousse
◈ CONTR. **I.** → PETIT **II.** → MOYEN

GIGANTESQUEMENT de façon → GIGANTESQUE *et les dérivés possibles en* -ment *des syn. de* gigantesque

GIGOLETTE n.f. demi-mondaine, femme entretenue/ légère → FILLE

GIGOLO n.m. **I.** → AMANT **II.** → JEUNE HOMME

GIGOTER I. → REMUER **II.** → DANSER

GIGUE n.f. **I. au pr.** → JAMBE **II. fig.** → GÉANT

GIGUER baller, gambader, sauter → DANSER

GILDE n.f. → CORPORATION

GINGUET, TE I. au pr. : acide, aigrelet, amer, ginglard, ginglet, rance, reginglard, vert **II. par ext.** : médiocre, mesquin, sans valeur
◈ CONTR. → DOUX

GINKGO BILOBA n.m. arbre aux cent *ou* aux quarante écus, arbre du ciel, arbre sacré, salisburia

GIRANDOLE n.f. → CHANDELIER

GIRATION n.f. → TOUR

GIRATOIRE circulaire, rotatoire

GIRELLE n.f. → GIROLLE

GIRIE n.f. → GÉMISSEMENT

GIRL n.f. → DANSEUSE

GIROFLÉE n.f. **I.** matthiole *ou* violier, quarantaine, ravenelle **II.** → GIFLE

GIROLLE n.f. chanterelle, courioulette, girelle

GIRON n.m. → SEIN

GIROND, E → BEAU

GIROUETTE n.f. **I.** anémoscope – **par ext.** → BIROUTE **II. fig.** → PANTIN

GISEMENT n.m. **I.** bassin, gîte, placer, veine **II.** → MILIEU

GITAN, E → TZIGANE

GÎTE n.m. **au pr. 1. d'un animal** : abri, aire, bauge, nid, refuge, repaire, retraite, terrier → TANIÈRE **2. d'un homme** → MAISON **3.** → ÉTAPE

GÎTER → DEMEURER

GITON n.m. → URANIEN

GIVRE n.m. → GELÉE

GIVRER → GELER

GLABRE imberbe, lisse, nu → CHAUVE
◈ CONTR. → POILU

GLACE n.f. **I.** → MIROIR **II.** → VITRE **III.** → SORBET **IV.** → GLACIER

GLACÉ, E **I.** → FROID **II.** → TRANSI **III.** → LUSTRÉ

GLACER **I.** → GELER **II.** → PÉTRIFIER **III.** → LUSTRER

GLACIAL, E → FROID

GLACIER n.m. **par ext.** : banquise, calotte glaciaire, iceberg, icefield, inlandsis, sérac

GLACIÈRE n.f. armoire frigorifique, chambre froide, congélateur, conservateur, freezer, Frigidaire (nom de marque), frigo (fam.), frigorifique, réfrigérateur

GLACIS n.m. **I.** → TALUS **II.** → REMPART

GLADIATEUR n.m. andabate, belluaire, bestiaire, mirmillon, rétiaire

GLAIRE n.f. bave, crachat, humeur, mucosité, pituite

GLAISE n.f. kaolin, marne, terre à brique/ pipe/ tuile → ARGILE

GLAIVE n.m. → ÉPÉE

GLANDER → TRAÎNER

GLANER butiner, cueillir, grappiller, gratter, puiser, ramasser, récolter, recueillir – **rég.** : halleboter, ringaler

GLAPIR **I.** → ABOYER **II.** → CRIER

GLAPISSANT, E → AIGU

GLAPISSEMENT n.m. → CRI

GLAUQUE → VERT

GLAVIOT n.m. → CRACHAT

GLÈBE n.f. → TERRE

GLIDE PATH/ SLOPE n.m. **aviat. off.** : radio-alignement de descente

GLISSADE n.f. **I.** glissoire **II.** → CHUTE

GLISSANT, E **I.** → PÉRILLEUX **II.** → HASARDÉ

GLISSEMENT n.m. **I. au pr. 1.** affaissement, chute, éboulement **2.** dérapage, glissade, ripage **3. du sol** : solifluxion **II. fig.** : changement, évolution, modification

GLISSER **I. v. intr. 1.** chasser, couler, coulisser, déraper, patiner, riper → TOMBER **2.** s'affaler, changer, évoluer, se modifier **3.** → ÉCHAPPER **II. v. tr.** → INTRODUIRE **III. v. pron.** → INTRODUIRE (s')
◈ CONTR. **I.** demeurer/ être → STABLE **II.** → APPUYER **III.** → CREUSER

GLISSIÈRE n.f. coulisse, glissoir, guide

GLOBAL, E → ENTIER

GLOBALEMENT → TOTALEMENT

GLOBALISER **I.** → RÉUNIR **II. par ext.** → RÉPANDRE

GLOBE n.m. **I.** → BOULE **II.** → SPHÈRE **III.** → TERRE

GLOBE-TROTTER n.m. → VOYAGEUR

GLOBULE n.f. **I.** boulette, grain → PILULE **II.** bulle

GLOIRE n.f. **I. au pr. 1.** beauté, célébrité, consécration, éclat, glorification, grandeur, hommage, honneur, illustration, immortalité, lauriers, louange, lumière, lustre, majesté, notoriété, phare, popularité, prestige, rayonnement, renom, renommée, réputation, splendeur **2.** → NIMBE **II. par ext. 1.** → SAINTETÉ **2.** → RESPECT
◈ CONTR. **I.** → HONTE **II.** → BASSESSE

GLORIETTE n.f. → TONNELLE

GLORIEUSEMENT avec → GLOIRE, de façon → GLORIEUX *et les dérivés possibles en* -ment *des syn. de* glorieux

GLORIEUX, EUSE **I.** → ILLUSTRE **II.** → SPLENDIDE **III.** → ORGUEILLEUX **IV.** → SAINT

GLORIFICATION n.f. → ÉLOGE

GLORIFIER **I.** → LOUER **II. pron.** → FLATTER (SE)

GLORIOLE n.f. → ORGUEIL

GLOSE n.f. **I.** → COMMENTAIRE **II.** → PARODIE

GLOSER **I.** → CHICANER **II.** → DISCUTER **III.** → RAILLER

GLOSSAIRE n.m. → DICTIONNAIRE

GLOUTON, NE avale-tout/ tout-cru, avaleur, avide, bâfreur, banqueteur, boulimique, bouffe-tout, chancre, crevard, gamelle, gargamelle, gargantua, goinfre, gouliafre, goulu, grand/ gros mangeur, inassouvissable, insatiable, insaturable, licheur, morfal, morfalou, piffre, va-de-la-bouche, va-de-la-gueule, vorace → GOURMAND – **vx** : brifaud, galavard, galfâtre, gobichonneur, goinfranier, gouliafre, riflandouille, safre
◈ CONTR. → SOBRE

GLOUTONNEMENT avec → GLOUTONNERIE, de façon → GLOUTON *et les dérivés possibles en* -ment *des syn. de* glouton

GLOUTONNERIE n.f. avidité, goinfrerie, gourmandise, insatiabilité, voracité
◈ CONTR. → SOBRIÉTÉ

GLUANT, E → VISQUEUX

GLUI n.m. → CHAUME

GLUME n.f. → BALLE

GLUTINEUX, EUSE → VISQUEUX

GLYPHE n.m. → TRAIT

GNAPHALE n.m. antennaire, edelweiss *ou* immortelle des neiges *ou* pied de lion, immortelle des marais, pied de chat, xéranthème

GNOME n.m. **I.** → GÉNIE **II.** → NAIN

GNOMIQUE → SENTENCIEUX

GNON n.m. → COUP

GNOSE et **GNOSTICISME** n.f., n.m. ésotérisme, occultisme, ophitisme, théologie, théosophie, valentinianisme → SAVOIR
◇ CONTR. → IGNORANCE

GNOSTIQUE n.m. et adj. ophite, pneumatique, psychique, valentinien

GOBELET n.m. **I. au pr.** : channe (rég.), chope, cyathe, gobette (arg.), godet, quart, shaker, tasse, timbale, vase, verre, vidrecome **II. par ext.** – **vx** : escamoteur, fourbe, hypocrite → VOLEUR

GOBELIN n.m. **I.** → GÉNIE **II. au pl.** → TAPISSERIE

GOBE-MOUCHES n.m. → NAÏF

GOBER I. → AVALER **II.** → CROIRE **III.** → ÉPRENDRE (s') **IV. GOBER LES MOUCHES 1.** → ATTENDRE **2.** → FLÂNER

GOBERGER (SE) I. → MANGER **II.** → RAILLER

GOBEUR, EUSE nom et adj → NAÏF

GODAILLER I. → PLISSER **II.** → TRAÎNER

GODELUREAU n.m. → GALANT

GODEMICHÉ n.m. baubon, don Juan d'Autriche, gode, olisbos, postiche

GODER I. → PLISSER **II. arg.** → JOUIR

GODET n.m. **I.** auget **II.** → GOBELET **III.** → PLI

GODICHE et **GODICHON** nom et adj. **I.** → GAUCHE **II. 1.** → NAÏF **2.** → BÊTE

GODILLE n.f. → RAME

GODILLOT n.m. **I.** inconditionnel → SERVILE **II.** → CHAUSSURE

GODIVEAU n.m. → HACHIS

GODRON n.m. → PLI

GOÉMON n.m. → ALGUE

GOGO n.m. et adj. **I.** → NAÏF **II. À GOGO** : abondamment, à discrétion/ satiété/ souhait/ volonté, par-dessus/ ras bord

GOGUENARD, E chineur, moqueur, narquois, railleur, taquin
◇ CONTR. → PITOYABLE

GOGUENARDER → RAILLER

GOGUENARDERIE et **GOGUENARDISE** n.f. → RAILLERIE

GOGUENOT n.m. → WATER-CLOSET

GOGUETTE n.f. → GAIETÉ

GOINFRE nom et adj. → GLOUTON

GOINFRER → MANGER

GOINFRERIE n.f. → GLOUTONNERIE

GOÎTRE n.m. strume

GOLFE n.m. aber, anse, baie, calanque, conche, crique, échancrure, estuaire, fjord, ria

GOLIATH n.m. → GÉANT

GOMMER I. coller **II.** effacer, ôter, supprimer
◇ CONTR. → SOULIGNER

GOMMEUX, EUSE fig. → ÉLÉGANT

GOMORRHISER → SODOMISER

GOND n.m. charnière, crapaudine, paumelle

GONDOLANT, E → TORDANT

GONDOLER onduler → GONFLER

GONFALON ou **GONFANON** n.m. bannière, baucent, enseigne, étendard, flamme, oriflamme → DRAPEAU

GONFLÉ, E I. au pr. : ballonné, bombé, bouclé (maçonnerie), bouffant, bouffi, boursouflé, caronculé, cloqué, congestionné, dilaté, distendu, empâté, enflé, gondolé, gros, hypertrophié, intumescent, joufflu, mafflu, météorisé, renflé, soufflé, tuméfié, tumescent, turgescent, turgide, ventru, vultué, vultueux **II. fig. 1.** → TÉMÉRAIRE **2.** → EMPHATIQUE
◇ CONTR. **I.** → PLAT **II.** → PEUREUX **III.** → SIMPLE

GONFLEMENT n.m. ballonnement, bombement, bouffissure, boursouflure, cloque, débordement, dilatation, distension, empâtement, emphase (fig.), emphysème (méd.), enflure, engorgement, fluxion, grosseur, grossissement, hypertrophie, intumescence, météorisation, météorisme, œdème, renflement, tuméfaction, tumescence, turgescence, vultuosité → ABCÈS
◇ CONTR. **I.** dégonflement **II.** → DÉPRESSION **III.** → RÉTRÉCISSEMENT

GONFLER I. v. intr. : s'arrondir, augmenter, ballonner, bomber, boucler (maçonnerie), bouffer (plâtre), bouffir, boursoufler, cloquer, croître, devenir tumescent/ turgescent/ turgide/ vultueux, s'élargir, enfler, gondoler, grossir, météoriser, monter, renfler, se tuméfier **II. v. tr.** : accroître, arrondir, augmenter, bouffir, boursoufler, dilater, distendre, emplir, enfler, farder (mar.), gaufrer, souffler, travailler **III. fig.** : exagérer, grossir, intensifier, surestimer, tricher, tromper
◇ CONTR. **I.** → RÉDUIRE **II.** → SOUS-ESTIMER

GONGORISME n.m. affectation, cultisme, euphuisme, marinisme, préciosité, recherche
◇ CONTR. → SIMPLICITÉ

GONOCOCCIE n.f. → BLENNORRAGIE

GORD n.m. **I.** → ARGILE **II.** bordigue → PIÈGE

GORET n.m. **I.** → PORC **II.** → BALAI

GORGE n.f. **I. au pr. 1.** → GOSIER **2.** → DÉFILÉ **II. par ext.** : buste, col, décolleté, poitrine, sein **III. 1. RENDRE GORGE** → REDONNER **2. FAIRE DES GORGES CHAUDES** → RAILLER

GORGÉE n.f. coup, gorgeon (fam.), lampée, rasade, trait

GORGER I. au pr. : alimenter avec excès, bourrer, embecquer, emboquer, empiffrer, emplir, gaver, rassasier, remplir, soûler **II. fig.** : combler, gâter, gaver ◇ CONTR. **I.** → EMPÊCHER **II.** → VIDER

GORGET n.m. → RABOT

GOSIER n.m. **I. par ext.** : amygdale, bouche, estomac, gorge, larynx, luette, œsophage, pharynx **II. fam. et/ ou arg.** : avaloir, carafe, carafon, cloison, coco, col, corridor, dalle, descente, entonnoir, fusil, gargoulette, goulot, kiki ou quiqui, pavé, piston, rue au pain, sifflet, tromblon, trou sans fond **III. vx** : gargamelle, gargane, gargate, gargoine, gargouenne, gargouine, gargue, gavion, gaviot, gobille, lampas, pertuis aux légumes

GOSPEL n.m. negro spiritual

GOSSE n.m. et f. → ENFANT

GOTHIQUE I. → VIEUX **II.** → SAUVAGE

GOTON n.f. **I.** → SERVANTE **II. vx** → PROSTITUÉE

GOUAILLE n.f. → RAILLERIE

GOUAILLER v. tr. et intr → RAILLER

GOUAILLERIE n.f. → RAILLERIE

GOUAILLEUR, EUSE nom et adj → FARCEUR

GOUAPE n.f. → VAURIEN

GOUDRON n.m. **I. au pr.** : brai, coaltar, poix **II. par ext.** : asphalte, bitume, macadam

GOUDRONNER → BITUMER

GOUET n.m. → SERPE

GOUFFRE n.m. → PRÉCIPICE

GOUGE n.f. **I.** ciseau **II.** → SERVANTE **III.** → FILLE **IV.** → PROSTITUÉE

GOUGNAFIER et **GOUJAT** n.m. → IMPOLI

GOUJATERIE n.f. → IMPOLITESSE

GOULÉE n.f. → BOUCHÉE

GOULET n.m. → PASSAGE

GOULOTTE n.f. **I.** → CANAL **II.** → GOUTTIÈRE

GOULU, E → GLOUTON

GOULÛMENT → GLOUTONNEMENT

GOUPIL n.m. → RENARD

GOUPILLE n.f. → CHEVILLE

GOUPILLER → PRÉPARER

GOUPILLON n.m. aspergès, aspersoir

GOUR n.m. **I.** → HAUTEUR **II.** → LAC

GOURBI n.m. **I.** → CABANE **II.** → CHAMBRE

GOURD, E → ENGOURDI

GOURDE I. n.f. : bidon, flacon, gargoulette **II. adj.** → BÊTE

GOURDIN n.m. bâton, matraque, rondin, trique → CASSE-TÊTE

GOURER (SE) → TROMPER (SE)

GOURMADE n.f. → COUP

GOURMAND n.m. → POUSSE

GOURMAND, E I. fav. ou neutre : amateur, avide, bec fin, bouche fine, fine gueule, friand, gastronome, gourmet, porté sur la bonne chère/ la gueule (fam.) – **vx** : coteau, gueulard **II. arg.** : béqui, pileur, saute-au-rab, va-de-la-gueule **III. non fav.** : brifaud, chancre, gastrolâtre, goinfre, gouliafre, goulu, lécheur, lucullus, morfal, piffre, ripailleur, sybarite, vorace → GLOUTON ◇ CONTR. → SOBRE

GOURMANDER → RÉPRIMANDER

GOURMANDISE n.f. **I.** appétit, chère lie (vx), gastronomie, plaisirs de la table – **péj.** : avidité, gloutonnerie, goinfrerie, voracité **II.** → FRIANDISE

GOURME n.f. eczéma, herpès, impétigo

GOURMÉ, E → ÉTUDIÉ

GOURMER → BATTRE

GOURMET n.m. → GOURMAND

GOURMETTE n.f. chaînette, châtelaine

GOURNABLE n.f. **mar.** → CHEVILLE

GOUROU n.m. → MAÎTRE

GOUSSE n.f. **I.** caïeu, cosse, écale, tête (d'ail) **II.** → LESBIENNE

GOUSSET n.m. → POCHE

GOÛT n.m. **I. au pr.** → SAVEUR **II. par ext. 1.** → ATTACHEMENT **2.** → INCLINATION **3.** → STYLE **4. GOÛT DU JOUR** → MODE

GOÛTER n.m. → COLLATION

GOÛTER I. déguster, éprouver, essayer, estimer, expérimenter, sentir, tâter, toucher à **II.** adorer, aimer, apprécier, approuver, se délecter, s'enthousiasmer pour, être coiffé/ entiché/ fana (fam.)/ fanatique/ fou de, jouir de, se plaire à, raffoler de, savourer ◇ CONTR. → DÉDAIGNER

GOUTTE n.f. **I.** → RIEN **II.** → RHUMATISME

GOUTTEUX, EUSE nom et adj. arthritique, chiragre, diathésique, gonagre, impotent, podagre, rhumatisant

GOUTTIÈRE n.f. chéneau, dalle, larmier, stillicide

GOUVERNAIL I. au pr. 1. barre, leviers de commande, timon **2. aviat. :** empennage, gouverne, manche à balai **II. fig. :** conduite, direction, gouvernement

GOUVERNANT n.m. **I.** chef d'État, dirigeant, maître, monarque, Premier ministre, président, responsable – **péj. :** cacique, dictateur, mandarin, potentat **II. au pl. :** autorités, grands, grands de ce monde, hommes au pouvoir

◊ CONTR. → PEUPLE

GOUVERNANTE n.f. bonne d'enfants, chaperon, dame de compagnie, domestique, duègne (péj.), infirmière, nourrice, nurse, servante

GOUVERNE n.f. **I.** → RÈGLE **II.** aileron, dérive, empennage, gouvernail, palonnier

GOUVERNEMENT n.m. **I. au pr. 1.** administration, affaires de l'État, autorité, conduite, direction, gestion, maniement des affaires/ hommes **2.** cabinet, conseil, constitution, État, institutions, ministère, pouvoir, protectorat, régence, régime, règne, structures, système **3.** absolutisme, arbitraire, aristocratie, autocratie, despotisme, dictature, fascisme, gérontocratie, monarchie, stratocratie, théocratie **4.** démocratie, ochlocratie (péj.), parlementarisme, république **II. par ext. 1.** économie, ménage **2.** → AUTORITÉ

◊ CONTR. **I.** → OPPOSITION **II.** → CONFUSION

GOUVERNER I. au pr. : administrer, commander, conduire, diriger, dominer, gérer, manier, manœuvrer, mener, piloter, prévoir, régenter, régir, régner, tyranniser (péj.) **II. par ext. 1. non fav. :** avoir/ jeter/ mettre le grappin sur, empaumer, mener à la baguette/ la danse/ tambour battant/ par le bout du nez **2. neutre :** éduquer, élever, former, instruire, tenir

◊ CONTR. **I.** → OBÉIR **II.** être dans l' → OPPOSITION

GOUVERNEUR n.m. **I.** → ADMINISTRATEUR **II.** → MAÎTRE

GOY nom et adj. → INFIDÈLE

GRABAT n.m. → LIT

GRABATAIRE nom et adj. → INFIRME

GRABEN n.m. → FOSSE

GRABUGE n.m. **I.** → DISCUSSION **II.** → DÉGÂT

GRÂCE n.f. **I. qualité. 1. au pr. :** affabilité, agrément, aisance, amabilité, aménité, attrait, beauté, charme, délicatesse, douceur, élégance, finesse, fraîcheur, gentillesse, gracilité, joliesse, légèreté, poésie, sex-appeal, suavité, tire-l'œil (vx), vénusté **2.** beauté, déesse, divinité **3. par ext.** (péj.) **:** alanguissement, désinvolture, langueur, mignardise,

minauderie, mollesse, morbidesse **4. prot.** → EXCELLENCE **II. 1.** → SERVICE **2.** → FAVEUR **3.** → PARDON **4.** → AMNISTIE **5.** → REMERCIEMENT **III. 1. DE BONNE GRÂCE :** avec plaisir, bénévolement, de bon gré, volontairement, volontiers **2. GRÂCE À** → AVEC

◊ CONTR. **I.** → LAIDEUR **II.** → MALADRESSE **III.** CONDAMNATION

GRACIER absoudre, acquitter, amnistier, commuer, libérer, pardonner, relaxer, remettre

◊ CONTR. **I.** → PUNIR **II.** → TUER

GRACIEUSEMENT I. de façon → GRACIEUX *et les dérivés possibles en* -ment *des syn. de* gracieux **II.** → GRATIS

GRACIEUSETÉ n.f. → GRATIFICATION

GRACIEUX, EUSE I. adorable, affable, agréable, aimable, amène, attirant, attrayant, avenant, bienveillant, bon, charmant, civil, courtois, délicat, distingué, élégant, empressé, facile, favorable, gentil, gracile, joli, mignon, ouvert, plaisant, poli, raffiné, riant, souriant, sympathique, tendre – **vx :** accort, coint, gent, gorgias, mignard, vénuste **II.** → GRATUIT

◊ CONTR. **I.** → DISGRACIEUX **II.** → CHER

GRACILE I. → MENU **II.** → FIN

GRACILITÉ n.f. **I.** minceur → FINESSE **II.** → GRÂCE

GRADATION n.f. → PROGRESSION

GRADE n.m. catégorie, classe, degré, dignité, échelon, galon, honneur, indice

GRADÉ, E gradaille (arg.) → CHEF

GRADER n.m. **tr. publ. off. :** niveleuse, profileuse

GRADIN n.m. → DEGRÉ

GRADUEL, LE → PROGRESSIF

GRADUELLEMENT I. → DOUCEMENT **II.** PEU À PEU

GRADUER → AUGMENTER

GRAFFITO, TI n.m. → INSCRIPTION

GRAILLER I. → CRIER **II.** → MANGER **III.** → SONNER

GRAILLON n.m. **I.** → LARD **II.** → CRACHAT

GRAILLONNER I. → CRACHER **II.** → PARLER **III.** → TOUSSER

GRAIN n.m. **I.** → GERME **II.** → FRUIT **III. par ext. 1.** → PLUIE **2.** → RAFALE **3. grain de beauté :** envie, lentigine *ou* lentigo, nævus

GRAIN n.m. **spat. off. :** bloc de poudre

GRAINE n.f. **par ext. :** akène, amande, gland, noix, noyau, pépin, semence → GERME

GRAISSAGE n.m. entretien, lubrification

GRAISSE n.f. I. corps gras, lipide, lipoïde, matière grasse II. axonge, graille (péj.), graillon, gras, lard, oing (vx), panne, saindoux, suif III. cambouis, lubrifiant IV. sébum, suint V. fart VI. adipocire, adiposité
◇ CONTR. : maigre

GRAISSER I. au pr. : huiler, lubrifier, oindre, suiffer II. par ext. : encrasser, salir, souiller
◇ CONTR. → DÉGRAISSER

GRAISSEUX, EUSE → GRAS

GRAMINÉE n.f. → HERBE

GRAMMAIRE n.f. bon usage, morphologie, norme, philologie, phonétique, phonologie, règles, structure, syntaxe – par ext. → LINGUISTIQUE

GRAMMAIRIEN, NE n.m. ou f. I. philologue II. par ext. : linguiste, puriste III. péj. 1. cuistre, grammatiste, pédant, vadius 2. fém. : bas-bleu, bélise

GRAND, E I. adj. 1. fav. ou neutre : abondant, altier, altissime, ample, appréciable, astronomique, colossal, considérable, démesuré, élancé, élevé, étendu, fort, géant, gigantesque, grandiose, gros, haut, immense, important, imposant, incommensurable, lâche, large, longiligne, magnifique, noble, profond, spacieux, vaste 2. adulte, âgé, grandelet, grandet, majeur, mûr 3. → BEAU 4. → ILLUSTRE 5. non fav. : atroce, démesuré, effrayant, effroyable, éléphantesque, énorme, épouvantable, excessif, fier (culot/ toupet), intense, monstrueux, terrible, vif, violent 6. fam. : balèze, comac, gigantal, gravos, malabar, maousse, mastard II. n.m. 1. → GRANDEUR 2. → PERSONNALITÉ 3. grand homme, fameux, génial, glorieux, illustre, supérieur → HÉROS 4. non fav. : asperge, échalas, escogriffe, long-comme-un-jour-sans-pain → GÉANT
◇ CONTR. I. → PETIT II. → MISÉRABLE

GRANDEMENT → BEAUCOUP

GRANDEUR n.f. I. fav. ou neutre : abondance, ampleur, amplitude, bourre (fam.), distinction, élévation, étendue, excellence, force, fortune, gloire, honneur, immensité, importance, intensité, largeur, majesté, mérite, noblesse, pouvoir, puissance, stature, sublimité, taille, valeur, vastitude → DIMENSION II. non fav. : atrocité, énormité, gravité, monstruosité, noirceur III. GRANDEUR D'ÂME → GÉNÉROSITÉ IV. prot. → EXCELLENCE
◇ CONTR. I. → EXIGUÏTÉ II. → FAIBLESSE III. → DÉCADENCE

GRAND-GUIGNOLESQUE I. → ABRACADABRANT II. → TERRIBLE

GRANDILOQUENCE n.f. → EMPHASE

GRANDILOQUENT, E → EMPHATIQUE

GRANDIOSE → IMPOSANT

GRANDIR v. tr. et intr. → CROÎTRE

GRAND-MÈRE n.f. I. aïeule, bonne-maman, grand'ma, grannie, mame, mamé, mamie, mamita, mémé, mère-grand (vx) II. par ext. → VIEILLE
◇ CONTR. → FILLE

GRAND-PÈRE n.m. I. aïeul, bon-papa, papé, papi, pépé, pépère II. par ext. → VIEILLARD
◇ CONTR. → FILS

GRANDS-PARENTS n.m. pl. aïeux, ascendants
◇ CONTR. → ENFANT

GRANGE n.f. bâtiment, fenil, grenier, hangar, magasin, pailler, remise, resserre
◇ CONTR. → HABITATION

GRANITÉ, E grenu

GRANULAT n.m. aggloméré, agrégat, conglomérat, fines

GRANULÉ, E granulaire, granuleux
◇ CONTR. → LISSE

GRAPE-FRUIT n.m. pamplemousse, pomélo

GRAPHIE n.f. → ÉCRITURE

GRAPHIQUE I. n.m. : courbe, dessin, diagramme, nomogramme, tableau, tracé II. adj. : écrit, scripturaire

GRAPHITE n.m. plombagine

GRAPPE n.f. I. au pr. : pampro, raisin II. par ext. → GROUPE

GRAPPILLER I. → GLANER II. → VOLER

GRAPPIN n.m. I. au pr. : ancre, chat, cigale, corbeau, crampon, croc, crochet, harpeau, harpin, harpon II. JETER/ METTRE LE GRAPPIN SUR QUELQU'UN OU QUELQUE CHOSE : accaparer, accrocher, s'emparer de, harponner, jeter son dévolu, saisir

GRAS, GRASSE I. au pr. 1. qui a ou semble avoir de la graisse : abondant, adipeux, bien en chair, bouffi, charnu, corpulent, dodu, empâté, enveloppé, épais, étoffé, fort, gras, grasset (vx), obèse, pansu, plantureux, plein, potelé, rebondi, replet, rond, rondelet, ventru → GROS – fam. : grassouillet, rondouillard 2. beurreux (vx ou rég.), butyreux, cérumineux, crémeux, lipoïde, oléiforme, onctueux, riche 3. qui est sali de graisse : glissant, gluant, graisseux, huileux, pâteux, poisseux, sale, suintant, suiffeux, visqueux II. par ext. 1. → OBSCÈNE 2. → FÉCOND 3. → MOELLEUX
◇ CONTR. → MAIGRE

GRASSEMENT → GÉNÉREUSEMENT

GRASSEYER graillonner

GRATICULER → RÉDUIRE

GRATIFICATION n.f. arrosage (fam.), avantage, bakchich, bonification, bonus, bouquet, cadeau, chapeau (mar.), commission, denier à Dieu, dessous-de-table, don, donation, étrenne, faveur, fleur, générosité, gracieuseté, guelte, largesse, libéralité, pièce, pot-de-vin, pourboire, présent, prime, récompense, ristourne, surpaye, sursalaire → BONI – **vx** : bonne-main, courtoisie, dringuelle, épices, épingles, paraguante, sportule – **arg.** : fraîcheur, gant, grate, pourliche, poursoif
◇ CONTR. → CONFISCATION

GRATIFIER I. accorder, allouer, attribuer, avantager, cadeauter (fam.), donner, doter, douer, faire don, favoriser, imputer, munifier, munir, nantir, pourvoir, renter (vx) II. **par antiphrase** : battre, châtier, corriger, frapper, maltraiter
◇ CONTR. → PRENDRE

GRATIN n.m. → CHOIX

GRATINÉ, E fam. → EXTRAORDINAIRE

GRATIS à titre gracieux/ gratuit, en cadeau/ prime, franco, gracieusement, gratuitement – **fam.** : à l'as, à l'œil, gratos, pour fifre, pour le roi de Prusse/ des nèfles/ des prunes/ que dalle/ que tchi/ rien/ pas un rond, pro Deo
◇ CONTR. I. → ONÉREUSEMENT II. → CHER

GRATITUDE n.f. gré, obligation, reconnaissance
◇ CONTR. → INGRATITUDE

GRATTE n.f. I. → PROFIT II. → GALE

GRATTE-CIEL n.m. → IMMEUBLE

GRATTE-PAPIER n.m. et f. → EMPLOYÉ

GRATTER I. **au pr.** → RACLER II. **par ext.** 1. → JOUER 2. bricoler, économiser, grappiller, grignoter, griveler (vx), ratisser III. → FLATTER IV. dépasser, doubler

GRATTOIR n.m. boësse, ébarboir → RACLOIR

GRATUIT, E I. **au pr.** : bénévole, désintéressé, gracieux → GRATIS II. **par ext.** → INJUSTIFIÉ
◇ CONTR. → CHER

GRATUITEMENT → GRATIS

GRAU n.m. I. → CANAL II. → DÉFILÉ

GRAVATS n.m. pl. → DÉCOMBRES

GRAVE I. → SÉRIEUX II. → IMPORTANT III. → CÉRÉMONIEUX

GRAVELEUX, EUSE libre → OBSCÈNE

GRAVEMENT I. → DIGNEMENT II. → SÉRIEUSEMENT

GRAVER buriner, dessiner, empreindre, engraver, enregistrer, fixer, guillocher, imprimer, insculper, intailler, lithographier, nieller, sculpter, tracer
◇ CONTR. → EFFACER

GRAVES n.f. pl. → SABLE

GRAVEUR n.m. aquafortiste, aquatintiste, ciseleur, lithographe, nielleur, pyrograveur, sculpteur, toreuticien, xylographe → DESSINATEUR

GRAVIDE → ENCEINTE

GRAVIER n.m. → SABLE

GRAVIR v. tr. et intr → MONTER

GRAVITATION n.f. attraction, équilibre céleste/ sidéral

GRAVITÉ n.f. I. → PESANTEUR II. → IMPORTANCE III. austérité, componction, décence, dignité, majesté, pompe, raideur, réserve, rigidité, sérieux, sévérité, solennité
◇ CONTR. I. → GAIETÉ II. → INSOUCIANCE III. → AMABILITÉ

GRAVITER I. orbiter, tourner autour II. → FRÉQUENTER

GRAVOIS n.m. → DÉCOMBRES

GRAVURE n.f. I. toreutique II. → IMAGE

GRÉ n.m. I. n.m. 1. → VOLONTÉ 2. → GRATITUDE II. 1. DE BON GRÉ : avec plaisir, bénévolement, de bon cœur, de bonne volonté, de plein gré, librement, volontairement, volontiers → GRÂCE 2. AU GRÉ DE : à la merci de, selon, suivant 3. DE GRÉ À GRÉ → AMIABLE
◇ CONTR. : de force

GRÉBICHE ou **GRÉBIGE** ou **GRIBICHE** n.f. → RENVOI

GREDIN, E n.m. ou f. I. → VAURIEN II. → AVARE

GREDINERIE n.f. I. → MALHONNÊTETÉ II. → AVARICE

GRÉEMENT n.m. → AGRÈS

GREFFE n.m. archives, secrétariat

GREFFE n.f. I. **au pr.** : bouture, ente, enture, greffon, scion II. **chir.** : anaplastie, autoplastie, hétéroplastie

GREFFER I. **au pr.** : écussonner, enter II. **fig.** → AJOUTER III. **v. pron.** → AJOUTER (s')

GREFFIER, IÈRE n.m. ou f. I. → SECRÉTAIRE II. **au masc. arg.** → CHAT

GRÉGAIRE conformiste, docile, moutonnier
◇ CONTR. → LIBRE

GRÈGUES n.f. pl. (vx) braies, chausses, culotte, pantalon

GRÊLE n.f. I. **n.f.** 1. **au pr.** : grain, grêlon, grésil 2. **fig.** : abattée (fam.), averse, dégringolade (fam.), déluge, pluie II. **adj.** 1. → MENU 2. → FAIBLE

GRÊLÉ, E → MARQUÉ

GRÊLON n.m. → GRÊLE

GRELOT n.m. **I. au pr.** : cloche, clochette, sonnaille, sonnette, timbre **II. arg.** → SALETÉ

GRELOTTER claquer des dents, frissonner → TREMBLER

◇ CONTR. **I.** → TRANSPIRER **II.** avoir → CHAUD

GRELUCHON n.m. → AMANT

GRENADIER n.m. **I. fig.** : brave à trois poils, briscard, grognard, soldat, vétéran **II. péj.** - **une femme** : dragon, gendarme, maritorne, mégère, poissarde, pouffiasse, rombière → VIRAGO

GRENAT I. n.m. : alabandin, almandin, escarboucle **II. adj.** → ROUGE

GRENIER n.m. **I.** → GRANGE **II.** comble, galetas, mansarde, sinet (rég.), taudis (péj.) **III. par ext.** : débarras, fourre-tout

◇ CONTR. : étages, rez-de-chaussée

GRENOUILLAGE n.m. → TRIPOTAGE

GRENOUILLE n.f. ouaouaron, raine, rainette, roussette → BATRACIEN

GRENU, E granité

GRÉSIL n.m. → GRÊLE

GRÉSILLEMENT n.m. bruissement, crépitement, friture, parasites

GRÉSILLER I. v. intr. 1. crépiter **2.** grêler **II. v. tr.** : brûler, contracter, dessécher, plisser, racornir, rapetisser, rétrécir

GRÈVE n.f. **I.** arrêt, cessation/ interruption/ suspension du travail, coalition (vx), lock-out **II.** → BORD **III. GRÈVE DE LA FAIM** → JEÛNE

◇ CONTR. → ACTIVITÉ

GREVER → CHARGER

GRIBOUILLAGE n.m. → BARBOUILLAGE

GRIBOUILLE → BROUILLON

GRIBOUILLER → BARBOUILLER

GRIEF n.m. → REPROCHE

GRIÈVEMENT → SÉRIEUSEMENT

GRIFFE n.f. **I. au pr.** → ONGLE **II. fig.** → MARQUE

GRIFFER → DÉCHIRER

GRIFFON n.m. **I.** → MONSTRE **II.** → CHIEN

GRIFFONNAGE n.m. → BARBOUILLAGE

GRIFFONNER → BARBOUILLER

GRIFFURE n.f. déchirure, écorchure, égratignure, éraflure, rayure

GRIGNER → PLISSER

GRIGNON n.m. bout, croûton, entame, morceau, quignon

GRIGNOTEMENT n.m. → USURE

GRIGNOTER I. → MANGER **II.** → RONGER **III.** → GRATTER

GRIGOU n.m. ou f. → AVARE

GRI-GRI n.m. → FÉTICHE

GRIL n.m. **I.** barbecue, boucan, brasero, rôtissoir **II. ÊTRE SUR LE GRIL** → IMPATIENTER (s')

GRILL n.m. → RESTAURANT

GRILLADE n.f. bifteck, carbonade, charbonnée (vx), steak

GRILLE n.f. **I.** clôture, grillage **II.** entrée **III.** barreaux **IV.** barbelure, cheval de frise, crapaudine, herse, sarrasine **V.** → MODÈLE

GRILLE-PAIN n.m. toaster

GRILLER I. au pr. : brasiller, brûler, chauffer, cuire au gril, rôtir, torréfier **II. fig.** : brûler, désirer, être désireux/ impatient de

◇ CONTR. → GELER

GRILLON n.m. cri-cri, grillot

GRILL-ROOM n.m. → RESTAURANT

GRIMAÇANT, E antipathique, contorsionné, déplaisant, désagréable, coléreux, excessif, feint, maniéré, minaudier, plissé, renfrogné, simiesque

◇ CONTR. **I.** → AIMABLE **II.** → BEAU

GRIMACE n.f. **I. au pr.** : baboue (vx), contorsion, cul de poule, lippe, mimique, mine, moue, nique, renfrognement, rictus, simagrée, singerie **II. par ext. 1.** → FEINTE **2.** → MINAUDERIE

◇ CONTR. → SOURIRE

GRIMACER I. se contorsionner, grigner **II.** faire la → GRIMACE

◇ CONTR. → SOURIRE

GRIMACIER, ÈRE par ext. → FAUX

GRIMAGE n.m. → FARD

GRIMAUD n.m. **I. au pr. - péj.** → ÉLÈVE **II. par ext. 1.** → ÉCRIVAIN **2.** → PÉDANT

GRIMER → FARDER

GRIMOIRE n.m. → BARBOUILLAGE

GRIMPER → MONTER

GRIMPETTE n.f. → MONTÉE

GRIMPEUR, EUSE n.m. ou f. **I.** alpiniste, rochassier **II. ordre d'oiseaux** : ara, cacatoès, coucou, cul-rouge ou épeiche, épeichette, lori, papegai (vx), perroquet, perruche, pic, pivert ou becquebois, rosalbin, todier, torcol, toucan

GRINCEMENT n.m. → BRUIT

GRINCER I. → CRISSER **II.** → GÉMIR **III.** → RAGER

GRINCHEUX, EUSE I. → GROGNEUR **II.** → REVÊCHE

GRINGALET n.m. **péj.** : avorton, aztèque, craquelin (vx), demi-portion, efflanqué, faible, freluquet, lavette, mauviette, minus ◊ CONTR. → GÉANT

GRINGOTTER v. tr. et intr. chanter, chantonner, fredonner, gazouiller, murmurer

GRIPPE n.f. I. coryza, courbature fébrile, influenza, refroidissement II. **PRENDRE EN GRIPPE** → HAÏR

GRIPPER v. tr. I. → PRENDRE II. → DÉROBER III. v. intr. ou pr. : (se) bloquer/ coincer, serrer

GRIPPE-SOU n.m. → AVARE

GRIS, E I. → TERNE II. → IVRE

GRISAILLE n.f. → TRISTESSE

GRISANT, E I. → ENIVRANT II. → AFFRIOLANT

GRISER enivrer → ÉTOURDIR

GRISERIE n.f. enivrement, étourdissement, exaltation, excitation, ivresse ◊ CONTR. → APATHIE

GRISET n.m. I. → PASSEREAU II. → POISSON

GRISETTE n.f. courtisane, femme légère, lisette, lorette, manola, Mimi Pinson

GRISON n.m. I. → ÂNE II. → VIEILLARD

GRISONNANT, E poivre et sel

GRIVE n.f. → DRENNE

GRIVÈLERIE n.f. → VOL

GRIVOIS, E nom et adj. libre → OBSCÈNE

GRIVOISERIE n.f. → OBSCÉNITÉ

GROGGY → SONNÉ

GROGNARD, E râleur, rouspéteur

GROGNASSE n.f. → VIRAGO

GROGNE et **GROGNEMENT** n.f., n.m. bougonnement, grognerie, grommellement, mécontentement, récrimination, rogne, rouspétance → PROTESTATION ◊ CONTR. → ENTHOUSIASME

GROGNER I. bougonner, crier, critiquer, geindre, grognonner, grommeler, gronder, groumer (fam.), marmonner, marmotter, maugréer, pester, protester, râler, rogner, rognonner, ronchonner, rouspéter, semoncer → MURMURER – **rég.** : gongonner, gourgonner, grunnir, hogner, roumer II. **anim.** → CRIER ◊ CONTR. → ENTHOUSIASMER (s')

GROGNEUR et **GROGNON** nom et adj. bougon, critiqueur, geignard, grincheux, grognard, grondeur, mécontent, plaignard, rogneur, ronchon, ronchonneau, ronchonneur, rouspéteur ◊ CONTR. → ENTHOUSIASTE

GROIN n.m. → MUSEAU

GROMMELER → MURMURER

GROMMELLEMENT n.m. → GROGNE

GRONDEMENT n.m. → BRUIT

GRONDER I. v. intr. → MURMURER II. v. tr. → RÉPRIMANDER

GRONDEUR, EUSE → GROGNEUR

GRONDIN n.m. cardinal, hirondelle de mer, rouget, trigle → POISSON

GROOM n.m. → CHASSEUR

GROS, GROSSE I. adj. 1. **quelqu'un ou quelque chose** : adipeux, ample, arrondi, ballonné, bedonnant, bombé, boulot, bouffi, boursouflé, charnu, corpulent, empâté, enflé, énorme, épais, épanoui, étoffé, fort, gonflé, gras, grossi, jouflu, large, lourd, massif, monolithique, monstrueux, obèse, opulent, pansu, pesant, plein, potelé, puissant, rebondi, renflé, replet, rond, rondelet, ventripotent, ventru, volumineux 2. **arg. ou fam.** : balèze, comac, gravos, mafflé, mafflu, mamelu, maousse, mastard, mastoc. 3. **quelque chose** : abondant, considérable, immense, important, intense, opulent, riche, spacieux, volumineux 4. grossier → OBSCÈNE 5. → GRAND 6. → RICHE 7. **GROSSE AFFAIRE** : firme, groupe, holding, trust, usine 8. **GROS TEMPS** : agité, orageux, venteux II. n.m. 1. **péj.** : barrique, bedon, gidouillard, maousse, mastodonte, paquet, patapouf, pépère, piffre, poussah, tonneau 2. → PRINCIPAL 3. **GROS BONNET** → PERSONNALITÉ III. adv. → BEAUCOUP ◊ CONTR. I. → FIN II. → FAIBLE III. demi-gros, détail

GROSSE I. adj. → ENCEINTE II. n.f. : copie, expédition

GROSSESSE n.f. → GESTATION

GROSSEUR n.f. I. **de quelque chose** : calibre, circonférence, dimension, épaisseur, largeur, taille, volume II. **de quelqu'un** : adipose, adiposité, bedonnement, bouffissure, corpulence, embonpoint, empâtement, épaississement, graisse, hypertrophie, obésité, polysarcie (méd.), rondeur, rotondité III. → ABCÈS ◊ CONTR. → FINESSE

GROSSI, E → GROS

GROSSIER, ÈRE I. scatologique, stercoraire → OBSCÈNE II. → IMPOLI III. → RUDE IV. → IMPARFAIT V. → PESANT VI. → GROS VII. → RUSTAUD ◊ CONTR. I. → DÉLICAT II. → DÉCENT

GROSSIÈREMENT I. → IMPARFAITEMENT II. brutalement, effrontément, impoliment, incorrectement, insolemment, lourdement, maladroitement III. → ENVIRON ◊ CONTR. I. → COMPLÈTEMENT II. → BIEN III. → FINEMENT IV. → POLIMENT

GROSSIÈRETÉ n.f. I. → IMPOLITESSE II. → MALADRESSE III. → OBSCÉNITÉ IV. → IMPUDENCE

GROSSIR I. v. tr. 1. → EXAGÉRER 2. → AUGMENTER II. v. intr. : 1. augmenter, croître, se développer, devenir → GROS, se dilater, s'empâter, enfler, s'enfler, enforcir, engraisser, épaissir, s'épaissir, forcir, gonfler, se gonfler, prendre de l'embonpoint/ du poids/ du ventre, se tuméfier → BEDONNER 2. fam. : bâtir sur le devant, faire du lard, prendre de la brioche/ de la gidouille/ de la rondeur, suiffer

◈ CONTR. I. → MAIGRIR II. → RÉDUIRE

GROSSISSEMENT n.m. → AGRANDISSEMENT

GROTESQUE n.m. et adj. I. → BURLESQUE II. → RIDICULE

GROTTE n.f. I. au pr. : antre, baume, caverne, cavité, excavation, rocaille (arch.) II. par ext. 1. crypte, refuge, repaire, retraite, tanière, terrier 2. station archéologique

GROUILLANT, E → ABONDANT

GROUILLEMENT n m → MULTITUDE

GROUILLER I. → ABONDER II. → REMUER

GROUND DATA n.m. spat. off. : données de terrain

GROUND PATCH AREA n.m. spat. off. : tache d'analyse, tache élémentaire, tachèle

GROUND RESOLUTION n.m. spat. off. : limite de résolution au sol

GROUND TRUTH n.m. spat. off. : réalité de terrain

GROUPAGE n.m. allotement, allotissement → ASSEMBLAGE
◈ CONTR. → DISPERSION

GROUPE n.m. I. au pr. 1. assemblée, association, atelier, cellule, cercle, collectif, collectivité, collège, comité, commission, communauté, compagnie, confrérie, église, équipe, groupement, groupuscule, loge, phalanstère, pléiade, réunion, section, société 2. armée, attroupement, bande, bataillon, brigade, compagnie, escadron, escouade, peloton, poignée, quarteron, régiment, section, troupe, unité 3. amas, assemblage, assortiment, collection, constellation, ensemble, essaim, fournée, grappe, noyau, paquet, pâté (de maisons), volée 4. clan, famille, nation, phratrie, race, tribu II. → ORCHESTRE III. → PARTI IV. litt. : chapelle, cénacle, cercle, coterie (péj.), école V. catégorie, classe, division, espèce, famille, ordre, sorte
◈ CONTR. → INDIVIDU

GROUPEMENT n.m. → RÉUNION

GROUPER I. → ASSEMBLER II. → RÉUNIR

GROUPMAN n.m. audiov. off. : groupiste

GRUE n.f. I. → ÉCHASSIER II. → PROSTITUÉE III. techn. : bigue, chèvre, chouleur, crône, derrick, palan, sapine

GRUGER I. → AVALER II. → RUINER III. → VOLER IV. → BRISER

GRUMEAU n.m. → CAILLOT

GRUMELER → CAILLEBOTTER

GRUMELEUX, EUSE rugueux → RUDE

GRUYÈRE n.m. comté, emmenthal, vacherin

GUAI n.m. → HARENG

GUÉ n.m. → PASSAGE

GUELTE n.f. → GRATIFICATION

GUENILLE n.f. chiffe, chiffon, défroque, fripe, haillon, harde, lambeau, loque, oripeau, penaille, penaillon, petas (rég.)

GUENON et **GUENUCHE** n.f. fig. → LAIDERON

GUÊPE n.f. poliste

GUÊPIER n.m. → PIÈGE

GUÈRE à peine, exceptionnellement, médiocrement, pas beaucoup/ grand-chose/ souvent/ trop, peu, presque pas, rarement, très peu
◈ CONTR. I. → BEAUCOUP II. → TRÈS

GUÉRET n.m. → CHAMP

GUÉRIDON n.m. bouillotte, cabaret (vx), rognon, table ronde, trépied

GUÉRILLA n.f. I. au pr. → TROUPE II. par ext. → GUERRE

GUÉRILLERO n.m. → MAQUISARD

GUÉRIR I. v. tr. → RÉTABLIR II. v. intr. → RÉTABLIR (SE)

GUÉRISON n.f. apaisement, cicatrisation, convalescence, cure, rétablissement, retour à la santé, salut, soulagement
◈ CONTR. → AGGRAVATION

GUÉRISSABLE curable → PERFECTIBLE

GUÉRISSEUR, EUSE n.m. ou f. I. fav. ou neutre : polythérapeute, rebouteur, rebouteux, renoueur, rhabilleur, thérapeute – vx : empirique, mège, opérateur II. non fav. : charlatan, sorcier

GUÉRITE n.f. par ext. : bretèche, échauguette, échiffre, guitoune, lanterne, moineau, poivrière, poste

GUERRE n.f. I. au pr. : affaire, art militaire, attaque, bagarre, baroud, bataille, belligérance, boucherie, campagne, champ de bataille/ d'honneur, combat, conflagration, conflit, croisade, démêlé, émeute, entreprise militaire, escarmouche, expédition, guérilla, hostilité, insurrection, invasion, lutte, offensive, révolution, stratégie, tactique, troubles – **fam.** : casse gueule/ pipe, grive, rif, riflette **II. fig. 1.** → ANIMOSITÉ **2.** → CONFLIT **III. 1. FAIRE LA GUERRE À** → RÉPRIMANDER **2. NOM DE GUERRE** : pseudonyme

◇ CONTR. → PAIX

GUERRIER, IÈRE nom et adj. **I.** → MILITAIRE **II. 1.** → SOLDAT **2. fém.** : amazone

GUERROYER se battre, combattre, faire la guerre

◇ CONTR. : être en → PAIX

GUERROYEUR, EUSE → BELLIQUEUX

GUET n.m. → SURVEILLANCE

GUET-APENS n.m. attaque, attentat, embûche, embuscade, surprise, traquenard → PIÈGE

◇ CONTR. → DÉFI

GUÊTRE n.f. **I.** guêtron, houseaux, jambart, jambière, legging, molletière **II. par ext.** : cnémide **III. LAISSER SES GUÊTRES** → MOURIR

GUETTER → ÉPIER

GUETTEUR n.m. factionnaire → VEILLEUR

GUEULARD n.m. **I.** bouche, orifice, ouverture **II.** braillard, criard, fort en gueule, grande gueule, hurleur, râleur, rouspéteur

GUEULE n.f. **I.** → BOUCHE **II.** → VISAGE **III.** → OUVERTURE **IV. GUEULE DE BOIS** : bouche forestière

GUEULER v. tr. et intr. beugler, brailler, bramer, crier, hurler, protester, tempêter, tonitruer, vociférer

GUEULETON n.m. → FESTIN

GUEULETONNER → BÂFRER

GUEUSER → SOLLICITER

GUEUX, EUSE n.m. ou f. **I. neutre. 1.** → PAUVRE **2.** → MENDIANT **II. non fav.** : bélître (vx), claque-pain, clochard, clodo, cloporte, gueusaille, gueusard, pilon (arg.), pouilleux, sabouleux, traîne-misère/ savate/ semelle, truand, vagabond, va-nu-pieds → COQUIN

◇ CONTR. → RICHE

GUICHET n.m. **I.** → OUVERTURE **II. par ext.** : bureau, caisse, office, officine, renseignements, station, succursale

GUICHETIER, IÈRE n.m. ou f. → GARDIEN

GUIDE I. n.m. 1. quelqu'un : accompagnateur, agoyate (vx), chaperon, cicérone, conducteur, convoyeur, cornac (fam.), introducteur, mentor, pilote, sherpa **2.** catalogue, dépliant, guide-âne, mémento, mode d'emploi, modèle, patron, pense-bête, pige, plan, recette, rollet (vx), vade-mecum **3.** boîtard, coulisse,

glissière, trusquin **4. fig.** → CONSEILLER **II. n.f.** → BRIDE

◇ CONTR. : suiveur, visiteur

GUIDER aider, conduire, conseiller, diriger, éclairer, éduquer, faire les honneurs de, faire voir, gouverner, indiquer, mener, mettre sur la voie, orienter, piloter, promener

◇ CONTR. → TROMPER

GUIDON n.m. banderole, bannière, enseigne, étendard, fanion, oriflamme → DRAPEAU

GUIGNARD, E malchanceux → MALHEUREUX

GUIGNE n.f. → MALCHANCE

GUIGNER I. → REGARDER **II.** → VOULOIR

GUIGNETTE n.f. → SERPE

GUIGNOL n.m. **I.** → PANTIN **II. arg. 1.** → GENDARME **2.** → JUGE **3.** → TRIBUNAL

GUIGNON n.m. → MALCHANCE

GUILDE n.f. → CORPORATION

GUILLERET, TE I. → GAI **II.** → LIBRE

GUILLOTINE n.f. **I.** bois de justice, échafaud **II. arg.** : abattoir, abbaye de monte-à-regret/ de monte-à-rebours/ de Saint-Pierre, bascule à Charlot, bécane, bute, coupe-cigare, faucheuse, gillette, guichet, lunette, machine (à raccourcir), Madame, Mademoiselle, massicot, mécanique, mouton, numéro cent un, panier de son, plat-ventre, sanguine, veuve, veuve rasibus – **vx** : béquillarde, béquille, béquilleuse, louisette, louison

GUILLOTINER I. 1. couper/ trancher la tête, décapiter, décoller, exécuter, faucher/ faire tomber une tête, faire justice, supplicier **2. arg.** : basculer, buter, décoller la cafetière/ le citron, faire la barbe, faucher, massacrer, opérer, raccourcir, raser la tronche/ le colbac, rogner **II. v. passif** – **arg.** : cracher/ éternuer dans le panier/ le sac/ la sciure, le son, épouser/ marida la veuve, faire la culbute, jouer à main chaude, monter à la butte/ à l'échelle, y aller du gadin

GUIMBARDE n.f. **I.** → VOITURE **II.** → RABOT

GUIMPE n.f. → CAMISOLE

GUINDÉ, E I. → ÉTUDIÉ **II.** → EMPHATIQUE

GUINDER → RAIDIR

GUINDERESSE n.f. → CORDAGE

GUINGOIS (DE) loc. adv. : à la va-comme-je-te-pousse, de travers/ traviole (fam.), mal équilibré/ fichu/ foutu (fam.), obliquement → BANCAL

◇ CONTR. → DROIT

GUINGUETTE n.f. I. → CABARET II. → BAL

GUIPON n.m. → BALAI

GUIPURE n.f. dentelle, fanfreluche → PASSEMENT

GUIRLANDE n.f. décor, décoration, feston, ornement

GUISE n.f. façon, fantaisie, goût, gré, manière, sorte, volonté

GUITARE n.f. **par ext.** : balalaïka, banjo, cithare, gratte (arg.), guzla, luth, lyre, mandoline, sitar, turlurette (par ext. et fam.) – **vx** : citole, guimbarde, guiterne

GUITOUNE n.f. I. → TENTE II. → CABANE

GUNITE n.f. → ENDUIT

GUTTURAL, E → RAUQUE

GYMNASE n.m. I. **sens actuel** : centre sportif, palestre, stade II. **par anal.** : académie, collège, école, institut, institution, lycée

GYMNASTE n.m. ou f. acrobate, culturiste, moniteur/ professeur d'éducation physique/ de gymnastique – **vx** : agoniste, gymnasiarque

GYMNASTIQUE n.f. acrobatie, agonistique (vx), agrès, anneaux, barre fixe, barres parallèles, cheval d'arçon, corde à nœuds/ lisse, culture/ éducation/ travail physique, culturisme, délassement, entraînement, exercice gymnique, mouvement, sport, trapèze – **angl.** : aérobic, body building, jogging, stretching → ATHLÉTISME

GYNÉCÉE n.m. I. **au pr.** appartements/ quartier des dames/ femmes, harem, sérail, zénana II. **par ext. non fav.** : bordel, quartier réservé → LUPANAR

GYNÉCOLOGUE n.m. ou f. I. accoucheur, obstétricien, parturologue – **vx** : gynécologiste, maïeuticien II. mère guette-au-trou (arg.), obstétricienne, sage-femme – **vx** : maïeuticienne, matrone

GYPAÈTE n.m. → AIGLE

GYPSE n.m. alabastrite, albâtre, pierre à plâtre, sulfate hydraté de calcium

H

HABILE I. au pr. phys.: accort (vx), adroit, agile, exercé, leste, preste, prompt, vif II. par ext. 1. apte, avisé, bon, capable, compétent, diligent, diplomate, docte, émérite, entendu, érudit, exercé, expérimenté, expert, fin, fort, industrieux, ingénieux, inspiré, intelligent, inventif, perspicace, politique, prudent, rompu à, sagace, savant, souple, subtil, talentueux, versé, virtuose → PRUDENT – fam.: asticieux, calé, démerdard, ferré, fortiche, marle, vicieux 2. une pratique: bien *suivi d'un part. passé valorisant, par ex.*: bien calculé/ fait/ joué/ visé/ vu *et les part. passés possibles des syn. de* penser 3. non fav.: artificieux, calculateur, débrouillard, diplomatique, finaud, futé, madré, malin, matois, navigateur, opportuniste, retors, roublard, roué, rusé, vieux routier
◇ CONTR. I. → MALADROIT II. → BÊTE

HABILEMENT I. bien, dextrement *et les adv. en* -ment *dérivés des syn. de* habile II. avec habileté *et les syn. de* habileté

HABILETÉ n.f. I. du corps: adresse, agilité, élégance, dextérité, facilité, métier, prestesse, promptitude, souplesse, technique, tour de main, vivacité II. de l'esprit. 1. adresse, aisance, aptitude, art, astuce, autorité, bienfaire, bonheur, brio, capacité, chic, compétence, débrouillardise débrouille, délicatesse, dextérité, diplomatie, doigté, don, élégance, éloquence, entregent, expérience, facilité, finesse, force, industrie, ingéniosité, intelligence, invention, maestria, main, maîtrise, patience, patte, perspicacité, persuasion, politique, pratique, précision, réalisme, savoir-faire, science, souplesse, subtilité, système D, tact, talent, technique, virtuosité 2. non fav.: artifice, escamotage, finasserie, jonglerie, opportunisme, rouerie, ruse, truquage – fam.: démerdage, démerde, ficelle, vice
◇ CONTR. I. → MALADRESSE II. → BÊTISE

HABILITATION et **HABILITÉ** n.f. → CAPACITÉ

HABILITER → PERMETTRE

HABILLAGE n.m. I. → PRÉPARATION II. → REVÊTEMENT

HABILLÉ, E → VÊTU

HABILLEMENT n.m. → VÊTEMENT

HABILLER I. au pr.: accoutrer, ajuster, arranger, costumer, couvrir, déguiser, draper, endimancher, envelopper, équiper, travestir → VÊTIR – fam.: affubler, enharnacher, fagoter, ficeler, fringuer, frusquer, harnacher, linger, loquer, nipper, sabouler, saper II. fig. 1. calomnier, casser du sucre/ taper sur le dos, médire 2. → ORNER
◇ CONTR. → DÉVÊTIR

HABILLEUR, EUSE dame/ femme d'atours, femme/ valet de chambre → TAILLEUR

HABIT n.m. I. → VÊTEMENT II. 1. frac, queue-de-morue/ de-pie, tenue de cérémonie 2. par ext.: jaquette, redingote, smoking, spencer 3. fig. → ASPECT

HABITABILITÉ n.f. → COMMODITÉ

HABITABLE → COMMODE

HABITACLE n.m. I. d'avion: cabine, carlingue, cockpit II. d'animaux: 1. carapace, conque, coque, coquillage, coquille, cuirasse, spirale, test 2. → TANIÈRE III. mar.: boîte à compas IV. → LOGEMENT

HABITANT, E I. au pr.: aborigène, autochtone, banlieusard, bourgeois (vx), campagnard, citadin, citoyen, contadin, faubourien, hôte, indigène, insulaire, locataire, montagnard, natif, naturel, occupant, villageois II. par ext. 1. âme, électeur, homme, individu, personne, résident 2. au pl.: faune, démographie, nation, peuple, peuplement, phratrie, population
◇ CONTR. → ÉTRANGER

HABITAT n.m. **I.** → MILIEU **II.** → LOGEMENT

HABITATION n.f. **I. au pr. 1. sens général :** chambre, chez-soi, demeure, domicile, gîte, home, logement, logette, logis, maison, mansion (vx), nid, résidence, retraite, séjour, toit → APPARTEMENT **2. de ville :** grand ensemble H.L.M., immeuble, tour **3. de campagne :** bastide, bastidon, chalet, chartreuse, château, domaine, ferme, fermette, gentilhommière, isba, logis, manoir, mas, métairie, moulin, pavillon, propriété, rendez-vous de chasse, villa – vx : castel, folie, manse, ménil, vide-bouteille(s) **4.** cahute, case, gourbi, hutte, isba, roulotte, tente → CABANE **5. de prestige :** datcha, hôtel particulier, palace, palais **6. fam. ou non fav. :** achélème, casbah, galetas, trou, turne **II. par ext. 1. relig. :** couvent, cure, doyenné, ermitage, presbytère **2.** abri, asile, établissement

HABITÉ, E → PEUPLÉ

HABITER camper, coucher, demeurer, s'établir, être domicilié, se fixer, loger, occuper, résider, rester, séjourner, vivre – fam. : bauger, crêcher, gîter, hanter, nicher, percher, pioger, zoner
◊ CONTR. → PARTIR

HABITUDE n.f. **I. au pr. 1. fav. ou neutre :** acclimatement, accoutumance, adaptation, aspect habituel, assuétude, attitude familière, coutume, déformation (péj.), disposition, entraînement, habitus, manière d'être/ de faire/ de vivre, mode, modus vivendi, mœurs, penchant, pli, pratique, règle, rite, seconde nature, tradition, us, usage, usance (vx) **2. non fav. :** automatisme, encroûtement, manie, marotte, routine, tic **II.** → RELATION
◊ CONTR. **I.** → EXCEPTION **II.** → NOUVEAUTÉ

HABITUÉ, E abonné (partic.), acclimaté à, accoutumé à, apprivoisé, au courant, au fait, coutumier de, dressé, éduqué, endurci, entraîné, façonné, fait à, familiarisé avec, familier de, formé, mis au pas (péj.)/ au pli (fam.), plié à, rompu à, stylé
◊ CONTR. → NOVICE

HABITUEL, LE chronique, classique, commun, consacré, conventionnel, courant, coutumier, familier, fréquent, général, hectique (méd.), machinal, normal, ordinaire, quotidien, régulier, répété, rituel, traditionnel, usité, usuel → BANAL
◊ CONTR. → RARE

HABITUELLEMENT à l'accoutumée, d'ordinaire *et les adv. en* -ment *dérivés des syn. de* habituel
◊ CONTR. **I.** → GUÈRE **II.** → QUELQUEFOIS

HABITUER acclimater, accoutumer, acoquiner (vx), adapter, apprendre, apprivoi-

ser, dresser, éduquer, endurcir, entraîner, façonner, faire à, familiariser, former, initier, mettre au courant/ au fait de/ au parfum (fam.), plier à, rompre, styler
◊ CONTR. → DÉROUTER

HÂBLER affabuler, amplifier, blaguer, bluffer, cravater, exagérer, dire/ faire/ raconter des blagues/ contes/ craques/ galéjades/ histoires, faire le malin, fanfaronner, frimer, galéjer, gasconner, inventer, mentir, tarasconner, tartariner, tartiner, se vanter → VANTER (SE) – vx : braguer, escobarder, fanfarer
◊ CONTR. : dire la vérité, être discret/ modeste/ réservé

HÂBLERIE n.f. blague, bluff, bravade, braverie, broderie, charlatanerie, charlatanisme, conte, crânerie, craque, épate, esbroufe, exagération, fanfaronnade, farce, forfanterie, galéjade, gasconnade, histoire bordelaise/ marseillaise, jactance, mensonge, rodomontade, tromperie, vantardise – fam. : charre, frime, vanne – vx : affronterie, baladinage, brague, escobarderie, fanfare, loquèle, menterie, vanterie
◊ CONTR. → RETENUE

HÂBLEUR, EUSE nom et adj. **I. neutre :** beau parleur, bellâtre, blagueur, bluffeur, brodeur, conteur, fabulateur, fanfaron, faraud, imposteur, jaseur, malin, menteur, mythomane, vantard **II. fam. et/ ou vx :** abatteur de bois/ de quilles, affronteur, arracheur de dents, avaleur, baratineur, bélître, bellâtre, bordelais, braguard, bravache, capitan, casseur d'assiettes, charlatan, crâneur, craqueur, esbroufeur, escobar, faiseur, falstaff, faraud, farceur, fendant, fendeur (de naseaux), fier-à-bras, forgeur, fracasse, frimeur, galéjeur, gascon, mâchefer, marius, marseillais, masseur, massier, m'as-tu-vu, matador, matamore, méridional, normand, olibrius, paradeur, pistachier (mérid.), plastronneur, pourfendeur, rodomont, rouleur, tranche-montagne, va-de-la-gueule, vanneur, vanteur, vendeur d'oriétan
◊ CONTR. → MODESTE

HACHE n.f. **I. au pr. : 1.** bipenne, cognée **2.** francisque, tomahawk **II. par ext. :** aisseau, aissette, cochoir, coupe-coupe, couperet, doleau, doloire, fendoir, hachereau, hachette, hachoir, hansart, herminette, merlin, serpe, tille

HACHÉ, E fig. : abrupt, coupé, court, entrecoupé, heurté, interrompu, saccadé, sautillant, syncopé
◊ CONTR. **I.** → ENTIER **II.** → UNIFORME

HACHER I. au pr. : chapler (vx), couper, déchiqueter, découper, diviser, fendre, mettre en morceaux, trancher **II. par ext.** : détruire, ravager **III. fig.** : couper, entrecouper, interrompre **IV. SE FAIRE HACHER POUR** → SACRIFIER (SE)

HACHICH ou **HACHISCH** ou **HASCHICH** ou **HASCHISCH** n.m. cannabis, chanvre indien, hasch, herbe, kif, marie-jeanne, marijuana → DROGUE

HACHIS n.m. béatilles, boulette, croquette, farce, farci, godiveau, parmentier, quenelle

HACHOIR n.m. couperet, hache-viande, hansart

HACHURE n.f. entaille, raie, rayure, trait, zébrure

HACHURER entailler, hacher, rayer, zébrer

HACIENDA n.f. fazenda → PROPRIÉTÉ

HAGARD, E I. absent, délirant, dément, effaré, effrayé, égaré, épouvanté, fiévreux, fou, halluciné, horrifié, saisi, terrifié, terrorisé **II.** → SAUVAGE **III.** → TROUBLÉ

◇ CONTR. → TRANQUILLE

HAGIOGRAPHIE n.f. **I. au pr.** : histoire des saints, légende dorée **II. par ext.** → HISTOIRE

HAIE n.f. **I. au pr.** : âge (vx), bordure, bouchure, breuil, brise-vent, buisson, charmille, clôture, entourage, obstacle → HALLIER **II. par ext.** : cordon, file, rang, rangée

HAILLON n.m. affûtiaux, chiffon, défroque, guenille, harde, loque, nippe, oripeau, penaille, penaillon → VÊTEMENT

HAILLONNEUX, EUSE → DÉGUENILLÉ

HAINE n.f. **I. au pr. 1.** acrimonie, animadversion, animosité, antipathie, aversion, détestation, exécration, fanatisme, férocité, fiel, fureur, hostilité, inimitié, intolérance, jalousie, malignité, malveillance, misanthropie, passion, querelle, rancœur, rancune, répugnance, répulsion, ressentiment, vengeance, venin **2.** racisme, xénophobie **II. par ext.** : abomination, acharnement, aigreur, colère, cruauté, dégoût, dissension, éloignement, exaspération, folie, horreur, persécution, rivalité

◇ CONTR. **I.** → AFFECTION, **II.** → AMOUR **III.** → UNION

HAINEUSEMENT avec → HAINE, de façon → HAINEUX et les dérivés possibles en -ment des syn. de haineux

HAINEUX, EUSE → MALVEILLANT

HAÏR abhorrer, abominer, avoir en aversion/ en horreur/ une dent (fam.), détester, exécrer, fuir, honnir, maudire, ne pouvoir sentir, prendre en grippe, répugner à, en vouloir à

◇ CONTR. **I.** → AIMER **II.** → ENTENDRE (s')

HAIRE n.f. **I. au pr.** : cilice **II. par ext.** : macération, pénitence

HAÏSSABLE abominable, antipathique, déplaisant, détestable, exécrable, insupportable, maudit, méprisable, odieux, rebutant, repoussant, réprouvé, répugnant

◇ CONTR. → AIMABLE

HALAGE n.m. remorquage, tirage, touage

HÂLÉ, E aduste, basané, bistré, boucané, bronzé, brûlé, bruni, cuivré, doré, mat

◇ CONTR. → PÂLE

HALEINE n.f. **I. au pr.** : anhélation, essoufflement, expiration, respiration, souffle **II. par ext. 1.** bouffée, brise, fumée, souffle, vent **2.** afflation, effluve, émanation, exhalaison, fumet, odeur, parfum **III. 1. À PERDRE HALEINE** : à perdre le souffle, longuement, sans arrêt/ discontinuer **2. ÊTRE HORS D'HALEINE** : essoufflé, haletant

HALENER vén. → SENTIR

HALER affaler (mar.) → TIRER

HÂLER boucaner, bronzer, brûler, brunir, dorer, noircir

HALETANT, E **I. au pr.** : anhélant, époumoné, épuisé, essoufflé, hors d'haleine, pantelant, pantois (vx), suffoqué **II. par ext.** : bondissant, précipité, saccadé **III. fig.** : ardent, avide, cupide (péj.), désireux, impatient

◇ CONTR. → REPOSÉ

HALÈTEMENT n.m. → ESSOUFFLEMENT

HALETER anhéler, être à bout de souffle/ haletant et les syn. de haletant, panteler

HALF VALUE LAYER/ THICKNESS n.m. **nucl. off.** : couche de demi-atténuation

HALF LIFE n.m. **nucl. off.** : période (radioactive)

HALITUEUX, EUSE → HUMIDE

HALL n.m. **I.** → VESTIBULE **II.** → SALLE

HALLE n.f. **I.** entrepôt, hangar, magasin **II.** foire, marché couvert

HALLEBARDE n.f. → LANCE

HALLIER n.m. breuil, buisson, épinaie, épines, épinier, fourré, ronce → HAIE

HALLUCINANT, E → EXTRAORDINAIRE

HALLUCINATION n.f. **I. par ext.** : aliénation, apparition, cauchemar, chimère, délire, démence, déraison, divagation, fantasmagorie, folie, hallucinose, illusion, mirage, phantasme, rêve, vision **II. fig.** : berlue (fam.), éblouissement, voix

◇ CONTR. → BON SENS

HALLUCINÉ, E nom et adj. **I.** aliéné, bizarre, délirant, dément, égaré, hagard, visionnaire **II.** affolé, angoissé, déséquilibré, épouvanté, fou, horrifié, médusé, terrifié, terrorisé

◇ CONTR. → CALME

HALLUCINER → ÉBLOUIR

HALO n.m. I. → LUEUR II. → NIMBE

HALTE n.f. I. arrêt, escale, étape, interruption, pause, relais, répit, repos, station → ABRI II. → NURSERY

◇ CONTR. I. → DÉPART II. → MARCHE

HAMEAU n.m. bourg, bourgade, écart, lieu-dit ou lieudit, localité, village

◇ CONTR. → CAPITALE

HAMMER GRAB n.m. tr. pub. off. : trépanbenne

HAMEÇON n.m. → PIÈGE

HAMPE n.f. → BÂTON

HANAP n.m. calice, coupe, cratère, pot, récipient, vase

HANCHE n.f. croupe, fémur, fesse, flanc, reins

HANDICAP n.m. I. → INFIRMITÉ II. → INCONVÉNIENT III. mar. : allégeance

HANDICAPER → DÉSAVANTAGER

HANGAR n.m. abri, appentis, chartil, dépendance, fenil, garage, grange, grenier, local, remise, resserre, toit → MAGASIN

◇ CONTR. → HABITATION

HANNETON n.m. cancouële (rég.)

HANSE n.f. → SOCIÉTÉ

HANTER I. → FRÉQUENTER II. → TOURMENTER

HANTISE n.f. → OBSESSION

HAPPENING n.m. improvisation → SPECTACLE

HAPPER v. tr. et intr. Adhérer à, s'agriffer à, s'agripper à, s'attacher à, attraper, s'emparer de, gripper, mettre le grappin/ harpon/ la main sur, prendre, saisir

◇ CONTR. → LÂCHER

HAPPY END n.m. deus ex machina, fin heureuse (off.)

◇ CONTR. : catastrophe, fin tragique

HAQUENÉE n.f. I. au pr. → JUMENT II. par ext. → CHEVAL

HAQUET n.m. → VOITURE

HARA-KIRI n.m. I. auto-destruction, suicide II. FAIRE HARA-KIRI : se donner la mort, s'éventrer, se frapper, s'immoler, se percer le flanc, se poignarder, se sabrer, se sacrifier, se suicider, se transpercer

HARANGUE n.f. I. au pr. : allocution, appel, catilinaire, discours, dissertation, exhortation, exposé, péroraison, philippique, plai-

doyer, proclamation, prosopopée, sermon, speech, tirade, toast – relig. : homélie, prêche – vx : concion, oraison II. par ext. péj. : réprimande, semonce

◇ CONTR. → CONVERSATION

HARANGUER → SERMONNER

HARANGUEUR, EUSE n.m. ou f. → ORATEUR

HARAS n.m. station de remonte

HARASSANT, E → TUANT

HARASSE n.f. → CAGEOT

HARASSÉ, E abattu, abruti, à bout, accablé, anéanti, annihilé, brisé, échiné, épuisé, éreinté, excédé, exténué, fatigué, las, vaincu – fam. : claqué, crevé, flapi, mort, moulu, rendu, rompu, tué, vanné, vidé

◇ CONTR. → DISPOS

HARASSER → FATIGUER

HARCELANT, E → ENNUYEUX

HARCÈLEMENT n.m. → POURSUITE

HARCELER s'acharner, agacer, aiguillonner, assaillir, assiéger, asticoter, attaquer, braver, empoisonner, exciter, fatiguer, gêner, importuner, inquiéter, obséder, pourchasser, poursuivre, pousser à bout, presser, provoquer, relancer, secouer, taler, talonner, taquiner, tarabuster, tirailler, tourmenter, tracasser, traquer → ENNUYER

◇ CONTR. I. → ABANDONNER II. → CALMER

HARD COPY n.m. inform. et spat. off. : épreuve, fac-sim, tirage

HARDCORE n.m. écon. off. : noyau, restrictions résiduelles

HARDE n.f. harpail

HARDER vén. → ATTACHER

HARDES n.f. pl. I. → VÊTEMENT II. → HAILLON

HARDI, E I. fav. ou neutre. 1. quelqu'un : aguerri, audacieux, aventureux, brave, casse-cou, courageux, crâne (vx), décidé, déluré, déterminé, énergique, entreprenant, fougueux, hasardeux, impavide, impétueux, intrépide, mâle, osé, résolu, vaillant, vigoureux – vx : délibéré, fier 2. quelque chose : nouveau, original, osé, prométhéen II. non fav. 1. au pr. : arrogant, cavalier, effronté, impudent, indiscret, insolent, présomptueux, procace (vx), risque-tout, téméraire 2. relatif aux mœurs : audacieux, gaillard, impudique, leste, osé, provocant, risqué 3. arg. ou fam. : à la redresse, (avoir) du coffre/ de la santé/ le sang de, culotté, gonflé, soufflé

◇ CONTR. I. → LÂCHE II. → TIMIDE III. → MODESTE IV. → BANAL

HARDIMENT avec → HARDIESSE, de façon → HARDI et les dérivés possibles en -ment des syn. de hardi

HARDIESSE n.f. **I. fav. ou neutre. 1. quelqu'un :**
assurance, audace, bravoure, cœur, courage, cran, décision, détermination, énergie, esprit d'entreprise, fermeté, fougue, impétuosité, intrépidité, résolution, vaillance **2. quelque chose :** innovation, nouveauté, originalité **II. non fav. 1. quelqu'un :** aplomb, arrogance, audace, crânerie, effronterie, front, imprudence, impudence, indiscrétion, insolence, outrecuidance, présomption, sansgêne, témérité, toupet **2. relatif aux mœurs :** impudicité, inconvenance, indécence, liberté, licence **3. arg. ou fam. :** bide, coffre, culot, estomac, sang, santé, souffle
◇ CONTR. **I.** → LÂCHETÉ **II.** → TIMIDITÉ **III.** → DÉCENCE **IV.** → RETENUE **V.** → PLATITUDE

HARDWARE n.m. **inform. :** matériel (off.), quincaille (fam.)

HAREM n.m. → GYNÉCÉE

HARENG n.m. **I.** bouffi, gendarme, guai, harenguet, kipper, rollmops, sauret, saurin, sprat **II.** → PROXÉNÈTE

HARENGÈRE n.f. dame de la halle, dragon, gendarme, grenadier, grognasse, maritorne, poissarde, pouffiasse, rombière, teigne, tricoteuse (vx), virago → MÉGÈRE
◇ CONTR. **I.** → BEAUTÉ **II.** → FILLE

HARET n.m. et adj. **I.** → CHAT **II.** → SAUVAGE
◇ CONTR. → APPRIVOISÉ

HARFANG n.m. → HULOTTE

HARGNE n.f. **I.** → MÉCHANCETÉ **II.** → COLÈRE

HARGNEUSEMENT avec → HARGNE, de façon → HARGNEUX *et les dérivés possibles en* -ment *des syn. de* hargneux

HARGNEUX, EUSE → ACARIÂTRE

HARICOT n.m. **I.** dolic, flageolet, mangetout, soissons **II. fam. :** fayot, gourgane, loubia, mongette (rég.), musiciens, piano du pauvre, vestiges, vestos

HARIDELLE n.f. → CHEVAL

HARKI n.m. supplétif → SOLDAT

HARMONIE n.f. **I.** chœur, concert, musique → ORCHESTRE **II.** accompagnement, accord, arrangement, assonance, cadence, combinaison, consonance, contrepoint, euphonie, mélodie, mouvement, nombre, rondeur, rythme **III. fig. 1. entre personnes :** accord, adaptation, affinité, agencement, alliance, amitié, bon esprit, communion, conciliation, concordance, concorde, conformité, correspondance, entente, équilibre, paix, réconciliation (par ext.), sympathie, unanimité, union **2. entre choses :** balancement, beauté, cadence, cohérence, cohésion, combinaison, consonance, économie des parties, élégance, ensemble, équilibre, eurythmie, grâce, harmonisation, homogénéité, nombre, orchestration, ordre, organisation, pondération, proportion, régularité, rythme, symétrie, unité
◇ CONTR. **I.** → DÉSORDRE **II.** → OPPOSITION **III.** → MÉSINTELLIGENCE

HARMONIEUSEMENT avec → HARMONIE, de façon → HARMONIEUX *et les dérivés possibles en* -ment *des syn. de* harmonieux

HARMONIEUX, EUSE et **HARMONIQUE** accordé, adapté, agréable, ajusté, balancé, beau, cadencé, cohérent, conforme, convergent, doux, élégant, équilibré, esthétique, euphonique, eurythmique, galbé, gracieux, homogène, juste, mélodieux, musical, nombreux, ordonné, organisé, pondéré, proportionné, régulier, rythmé, suave, symétrique
◇ CONTR. **I.** → DISCORDANT **II.** → DISPROPORTIONNÉ **III.** → DISGRACIEUX

HARMONISATION n.f. accompagnement, arrangement, orchestration → HARMONIE
◇ CONTR. → DISSONANCE

HARMONISER accommoder, accorder, adapter, agencer, ajuster, aménager, apprêter, approprier, arranger, assembler, assortir, classer, combiner, composer, concilier, construire, coordonner, disposer, équilibrer, faire concorder, grouper, mettre ensemble, ordonner, organiser, pacifier, ranger, régler, unifier
◇ CONTR. **I.** → DÉSACCORDER **II.** → CONTRASTER **III.** → BROUILLER

HARMONIUM n.m. **par ext. :** harmonicorde

HARNACHÉ, E fig. → VÊTU

HARNACHEMENT n.m. **I. au pr. :** attelage, bricole, caparaçon, équipement, harnais, harnois (vx), joug, sellerie **II. par ext. :** avaloire, bacul ou croupière, bricole, bride, bridon, cocarde, collier, courroie de reculement, culeron, culière, dossière, guide, licol, licou, longe, mancelle, martingale, muserolle, œillère, panurge, porte-brancard, rênes, sangle, sellière, sous-ventrière, surdos, surfaix, têtière, trait, trousse-queue **III. fig.** → VÊTEMENT

HARNACHER I. par ext. : atteler, brider, caparaçonner, équiper, seller **II. fig.** → VÊTIR

HARNAIS n.m. → HARNACHEMENT

HARO (CRIER) → VILIPENDER

HARPAGON n.m. → AVARE

HARPAIL ou **HARPAILLE** n.m., n.f. harde

HARPAILLER → INJURIER

HARPE n.f. → LYRE

HARPIE n.f. → MÉGÈRE

HARPON n.m. crampon, croc, crochet, dard, digon, foène, foëne, fouëne, grappin, harpeau, harpin

HARPONNER → PRENDRE

HART n.f. → CORDE

HASARD n.m. **I. au pr. 1. neutre ou non fav.** : accident, aléa, aventure, cas fortuit, circonstance, coïncidence, conjoncture, contingence, coup de dés/ de pot (arg.)/ du sort, destin, déveine, fatalité, fortune, impondérable, imprévu, incertitude, indétermination, malchance, manque de pot (arg.), occasion, occurrence, rencontre, risque, sort **2. fav.** : aubaine, chance, coup de chance/ de pot (arg.), fortune, veine **II. par ext.** → DANGER **III. 1. PAR HASARD** : d'aventure, par aventure/ chance/ emprunt (vx)/ raccroc, casuellement (vx), fortuitement **2. AU HASARD** : accidentellement, à l'aventure/ l'aveuglette/ la gribouillette (vx)/ l'improviste/ lurelure (vx), au flan (fam.), aveuglément, au petit bonheur, de façon/ manière accidentelle/ adventice/ contingente/ imprévisible/ imprévue, inconsidérément, n'importe comment/ où/ quand, par raccroc

◇ CONTR. **I.** → CALCUL **II.** → FINALITÉ **III.** → PROJET

HASARDÉ, E I. aléatoire, audacieux, aventuré, casuel (vx), chanceux, dangereux, exposé, fortuit, fou, glandilleux (fam.), glissant, gratuit, hardi, hasardeux, imprudent, incertain, misé, osé, périlleux, risqué, téméraire, tenté **II. vx** → OBSCÈNE

◇ CONTR. → SÛR

HASARDER I. au pr. : avancer, aventurer, commettre, compromettre (péj.), se décider, émettre, essayer, exposer, jouer, jouer son va-tout, se lancer, oser, risquer, risquer le paquet (fam.), spéculer, tenter **II. par ext.** → EXPÉRIMENTER

◇ CONTR. → ASSURER

HASARDEUX, EUSE I. → HARDI **II.** → HASARDÉ

HAS BEEN n.m. **off.** → FINI, VIEUX

HASCHICH ou **HASCHISCH** → HACHICH

HASE n.f. → LIÈVRE

HAST ou **HASTE** n.f. **I. au pr.** : hampe **II. par ext.** : carreau, lance, javelot, pique **III.** broche à rôtir, hâtelet

HASTAIRE n.m. → SOLDAT

HÂTE n.f. **I.** → VITESSE **II.** → AGITATION **III. À LA HÂTE, EN HÂTE** : à la diable, à fond de train (fam.), avec promptitude, hâtivement, précipitamment, promptement, rapidement, tout courant (vx), d'urgence, vite, vivement **IV. arg.** : fissa, le feu au → FESSIER

◇ CONTR. **I.** → ATERMOIEMENT **II.** → CALME

HÂTELET n.m. broche à rôtir, haste

HÂTER I. → ACCÉLÉRER **II.** → BRUSQUER **III. v. pron.** : s'agiter, courir, cravacher, se dépêcher, driller (vx), s'empresser, faire diligence, s'activer, se précipiter, se presser – arg. ou fam. : s'activer, aller/ faire/ partir → VITE, bomber, se dégrouiller/ démerder/ grouiller/ manier le → FESSIER/ trotter, faire fissa, filocher, partir comme un lavement/ un pet (sur une toile cirée), pédaler, tracer, tricoter, trisser

◇ CONTR. **I.** → RETARDER **II.** → MODÉRER

HÂTIER n.m. chenêt, landier

HÂTIF, IVE I. fav. ou neutre : à la minute, avancé, immédiat, précoce, prématuré, pressé, rapide, sommaire **II. non fav.** : à la va-vite, bâclé, gâché, précipité, saboté, sabré, torché

◇ CONTR. **I.** → SOIGNÉ **II.** → LENT

HÂTIVEMENT de façon → HÂTIF, en → HÂTE *et les dérivés possibles en* -ment *des syn. de* hâtif

HAUBAN n.m. → CORDAGE

HAUSSE n.f. accroissement, augmentation, bond, boom *ou* boum, croissance, crue, élévation, enchérissement, flambée/ montée des prix, haussement, majoration, montée, poussée, progression, redressement, rehaussement, relèvement, renchérissement, revalorisation, valorisation

◇ CONTR. → BAISSE

HAUSSEMENT n.m. **I.** → HAUSSE **II.** crue, élévation, exhaussement, soulèvement, surélévation **III. HAUSSEMENT D'ÉPAULES** : geste de dédain/ de désintérêt/ d'indifférence/ de mépris, mouvement d'épaules

◇ CONTR. → ABAISSEMENT

HAUSSER I. au pr. 1. une valeur : accroître, augmenter, élever, enchérir, faire monter, majorer, monter, rehausser, relever, remonter, renchérir, revaloriser, surenchérir **2. une dimension** : agrandir, élever, enfler, exhausser **3. un objet** : dresser, hisser, lever, monter, porter haut, redresser, remonter, surélever, surhausser **II. par ext.** : élever, exalter, porter aux nues

◇ CONTR. → ABAISSER

HAUT, E I. au pr. : culminant, dominant, dressé, élancé, élevé, grand, hauturier (vx), levé, long, perché, proéminent, relevé, surélevé **II. fig. 1. fav.** : altier, digne, éclatant, élevé, éminent, fortuné, grand, important, noble, remarquable, sublime, supérieur, suprême **2. non fav.** : arrogant, démesuré → DÉDAIGNEUX **3. neutre** : aigu, considérable, fort, grand, intense, relevé, vif **4.** → PROFOND **5.** → SONORE **6.** → ANCIEN **III. 1. HAUT FAIT** : acte coura-

geux/ éclatant/ héroïque/ méritoire, action
d'éclat 2. HAUT MAL : épilepsie
◇ CONTR. I. → BAS II. → MÉDIOCRE

HAUT n.m. cime, comble, couronnement,
crête, dessus, faîte, flèche → APOGÉE
◇ CONTR. I. → BAS II. → FOND

HAUTAIN, E → DÉDAIGNEUX

HAUT-DE-FORME n.m. claque, gibus,
huit-reflets, tube, tuyau de poêle (fam.)

HAUTEMENT → BEAUCOUP

HAUTESSE n.f. → EXCELLENCE

HAUTEUR n.f. **I. au pr.** : altitude, dimension,
élévation, étage, étiage, hypsométrie, niveau, profondeur (de l'eau), stature, taille
II. par ext. : aspre, ballon, belvédère, butte,
button (rég.), chaîne, colline, côte, coteau,
crête, dune, élévation, éminence, falaise,
gour, haut, inselberg, interfluve, ligne de
partage des eaux, mamelon, mont, montagne (à vaches), montagnette, monticule,
morne, motte, pic, piton, plateau, surplomb,
talus, taupinière, tell, tertre, vallonnement
III. fig. → DÉDAIN **IV. mar.** : guindant
◇ CONTR. I. → FOND II. → BASSESSE III. → SIMPLI-
CITÉ **IV.** diagonale, largeur, longueur, profondeur

HAUT-FOND n.m. atterrissement, banc,
récif

HAUT-LE-CŒUR n.m. → DÉGOÛT

HAUT-LE-CORPS n.m. → TRESSAILLEMENT

HAUT-PARLEUR n.m. **par ext.** : baffle, enceinte

HÂVE émacié, maigre → PÂLE

HAVIR → RÔTIR

HAVRE n.m. → PORT

HAVRESAC n.m. → SAC

HAYON n.m. **I.** → CLAIE **II.** → FERMETURE

HEAD-UP DISPLAY n.m. **aviat. off.** : colli-
mateur de pilotage

HEAT SCREEN n.m. **spat. off.** : écran thermique

HEAT SHIELD n.m. **spat. off.** : bouclier thermique

HEAUME n.m. → CASQUE

HÉBERGEMENT n.m. → LOGEMENT

HÉBERGER → RECEVOIR

HÉBÉTÉ, E → STUPIDE

HÉBÉTER → ABÊTIR

HÉBÉTUDE n.f. → ENGOURDISSEMENT

HÉBRAÏQUE et **HÉBREU** → ISRAÉLITE

HÉCATOMBE n.f. **I.** → SACRIFICE **II.** → CAR-
NAGE

HÉDONISME n.m. épicurisme, eudémonisme, optimisme
◇ CONTR. : dolorisme, masochisme, pessimisme

HÉGÉMONIE n.f. → SUPÉRIORITÉ

HEIMATLOS n.m. et adj. invar. apatride,
citoyen du monde, étranger, personne déplacée, sans nationalité/ patrie
◇ CONTR. → INDIGÈNE

HÉLER → INTERPELLER

HÉLICOPTÈRE n.m. → AÉRODYNE

HELISTOP n.m. **off.** : héligare, hélistation,
hélisurface

HÉMATOME n.m. → CONTUSION

HÉMICYCLE n.m. → AMPHITHÉÂTRE

HÉMIPLÉGIE n.f. → PARALYSIE

HÉMISPHÈRE n.m. calotte sphérique →
DÔME

HÉMISTICHE n.m. césure, coupe, pause

HÉMORRAGIE n.f. **I.** épistaxis, hématémèse, hématurie, hémoptysie, ménorragie,
métrorragie, perte, purpura, rhinorrée, saignée, saignement → CONGESTION **II. fig.** →
FUITE

HÉRAUT n.m. → MESSAGER

HERBAGE n.m. **I.** → HERBE **II.** → PÂTURAGE

HERBE n.f. **I. au pr. 1.** graminée, légumineuse **2.** brome, chiendent, crételle, dactyle,
fétuque, folle avoine, ivraie, laîche, ray-grass
3. foin, fourrage, jarosse, lotier, luzerne, mé-
lilot, minette, panic ou panis, regain, trèfle,
verdure, vert **II. par ext. 1.** aromates, simples
2. alpages, champ, gazon, herbage, herbette,
pâturage, prairie, pré, savane, tapis vert,
verdure → PELOUSE **3.** → DROGUE **4. HERBE
AUX POUX** → DAUPHINELLE

HERBEUX, EUSE enherbé, gazonneux,
herbageux, herbé, herbifère, herbu, verdoyant, vert

HERBIVORE n.m. et adj. **I. au pr.** : ruminant
II. par ext. : végétarien
◇ CONTR. : carnivore, insectivore, frugivore,
omnivore

HERCULE, HERCULÉEN, ENNE → FORT

HÈRE n.m. → HOMME

HÉRÉDITAIRE ancestral, ataval (vx), atavique, congénital, successible, transmissible
◇ CONTR. → ACCIDENTEL

HÉRÉDITAIREMENT par → HÉRÉDITÉ, de
façon → HÉRÉDITAIRE *et les dérivés possibles
en* -ment *des syn. de* héréditaire

HÉRÉDITÉ n.f. **I.** atavisme, génotype **II.** an-
técédents, ascendance, caractère ancestral,

parenté, ressemblance **III.** héritage, legs, patrimoine, succession, transmissibilité, transmission

◇ CONTR. : acquis, acquisition, expérience

HÉRÉSIE n.f. **I.** apostasie, contre-vérité, dissidence, erreur, fausseté, hétérodoxie, impiété, non-conformisme, réforme, réformisme, reniement, révolte, sacrilège, schisme, séparation **II. principales hérésies :** adamisme, arianisme, bogomilisme, catharisme, gnosticisme, manichéisme, monothélisme, montanisme, orphisme, quiétisme, socinianisme, tertullianisme, unitarisme, valentinianisme → PROTESTANTISME

HÉRÉTIQUE nom et adj. **I.** apostat, dissident, hérésiarque, hétérodoxe, impie, incroyant, infidèle, laps et relaps, non conformiste, réformateur, réformiste, renégat, révolté, sacrilège, schismatique, séparé **II.** adamite, albigeois *ou* cathare, aquarien, arien, ascite, barule, bégard, bogomile, gnostique, manichéen, monothélite, montaniste, ophite, quiétiste, sacramentaire, socinien, tertullien, unitaire *ou* unitarien, valentinien, vaudois → PROTESTANT

HÉRISSÉ, E I. au pr. : déchevelé, dressé, ébouriffé, ébrélé (rég.), échevelé, hirsute, hispide, horripilé, hurlupé (vx), raide, rebroussé **II. par ext. :** chargé, couvert, entouré/ farci/ garni/ plein/ rempli/ truffé de, épineux, protégé de/ par **III. fig.** → IRRITÉ

◇ CONTR. **I.** → LISSE **II.** → ACCESSIBLE

HÉRISSEMENT n.m. chair de poule, frissonnement, horripilation

◇ CONTR. → BIEN-ÊTRE

HÉRISSER I. → HORRIPILER **II.** → IRRITER

HÉRISSON n.m. **I.** échinoderme **II.** → HERSE **III.** égouttoir, porte-bouteilles

HÉRITAGE n.m. **I. au pr. :** legs, succession – vx : douaire, hoirie, majorat, mortaille **II. par ext. 1.** bien, domaine, patrimoine, propriété **2.** atavisme, hérédité

◇ CONTR. → ACQUÊT

HÉRITER v. tr. et intr. avoir en partage, échoir, recevoir, recueillir

◇ CONTR. **I.** → ACHETER **II.** → TRANSMETTRE **III.** → CRÉER

HÉRITIER, ÈRE n.m. ou f. **I.** ayant cause/ droit, colicitant, dépositaire, donataire, hoir (vx), légataire **II. par ext. 1.** → FILS **2.** → SUCCESSEUR

◇ CONTR. : auteur, de cujus, testateur

HERMAPHRODITE n.m. et adj. **I.** ambisexué, androgyne, androgynoïde, bisexué, gynandroïde, intersexué, intersexuel, transsexuel **II. bot. :** amphigame, monoïque

◇ CONTR. : asexué, unisexué

HERMÉNEUTIQUE n.f. commentaire, critique, exégèse, interprétation

HERMÉTIQUE I. → SECRET **II.** → OBSCUR **III.** clos, fermé, joint

HERMÉTIQUEMENT à fond, complètement, entièrement

HERMÉTISME n.m. → OCCULTISME

HERMINE n.f. roselet

HERNIE n.f. **I. 1.** descente, étranglement, évagination, éventration, hergne (vx), prolapsus **2. rég. :** effort, grosseur **II. par ext. :** tuméfaction, tumeur molle

HÉROÏ-COMIQUE bouffe, bouffon, burlesque, grotesque, macaronique, parodique

◇ CONTR. → DRAMATIQUE

HÉROÏNE n.f. **I.** → HÉROS **II.** → DROGUE

HÉROÏQUE I. chevaleresque, cornélien, élevé, épique, homérique, noble, stoïque **II. par ext. 1.** → GÉNÉREUX **2.** → COURAGEUX **III. fig. 1.** → EFFICACE **2.** → EXTRÊME

◇ CONTR. **I.** → BANAL **II.** → LÂCHE

HÉROÏQUEMENT avec → HÉROÏSME, de façon → HÉROÏQUE *et les dérivés possibles en* -ment *des syn. de* héroïque

HÉROÏSME n.m. **I.** → GÉNÉROSITÉ **II.** → COURAGE

HÉRON n.m. ardea, cendré, crabier *ou* garde-bœuf, huppe, pourpré → ÉCHASSIER

HÉROS n.m. brave, demi-dieu, démiurge, géant, grand homme/ personnage, héroïne, lion, paladin, preux, superman (fam.), surhomme

◇ CONTR. **I.** → LÂCHE **II.** → HÂBLEUR

HERSE n.f. **I.** brise-mottes, canadienne, croskill, écroûteuse, émotteuse, hérisson, norvégienne, rouleau squelette **II.** → GRILLE

HERSER → AMEUBLIR

HÉSITANT, E ballotté, en balance, chancelant, confus, craintif, désorienté, douteux, embarrassé, empêché, entre le zist et le zest, flottant, fluctuant, incertain, indécis, indéterminé, irrésolu, oscillant, partagé, perplexe, réservé, réticent, scrupuleux, suspendu, timide, velléitaire

◇ CONTR. → RÉSOLU

HÉSITATION n.f. arrière-pensée, atermoiement, balance, balancement, barguignage, biaisement, cafouillage, désarroi, doute, embarras, flottement, fluctuation, incertitude, indécision, indétermination, irrésolution, louvoiement, perplexité, réserve, résistance, réticence, scrupule, tâtonnement, tergiversation, vacillation

◇ CONTR. → RÉSOLUTION

HÉSITER atermoyer, attendre, avoir scrupule, balancer, barguigner, broncher, craindre de, délibérer, se demander, être embarrassé/ empêtré/ en balance/ incertain/ indécis/ indéterminé/ irrésolu/ partagé/ perplexe/ réticent, flotter, marchander, ne savoir que faire/ sur quel pied danser, osciller, reculer, résister, rester en suspens, sourciller, se tâter, tâtonner, temporiser, tergiverser, vaciller, vasouiller → BALBUTIER – **vx** : consulter, douter – **fam.** : barboter, cafouiller, chipoter, chiquer, se gratter, lanterner, merdoyer, patauger, tortiller du → FESSIER

◇ CONTR. **I.** → AGIR **II.** → CHOISIR

HÉTAÏRE n.f. → PROSTITUÉE

HÉTÉROCLITE → IRRÉGULIER

HÉTÉRODOXE → HÉRÉTIQUE

HÉTÉROGÈNE allogène, allothigène, amalgamé, bigarré, composite, disparate, dissemblable, divers, étranger, hétéroclite, impur, mêlé, varié

◇ CONTR. → HOMOGÈNE

HÉTÉROGÉNÉITÉ n.f. → DIFFÉRENCE

HÉTÉROLOGUE → DIFFÉRENT

HÉTÉRONYME n.m. nom de guerre, pseudonyme, sobriquet, surnom

HÊTRE n.m. fayard

HEUR n.m. → BONHEUR

HEURE n.f. **I.** plombe (arg.) → MOMENT **II.** → OCCASION **III. (TOUT À L'HEURE. 1.** à l'instant, il y a peu **2.** dans un moment, d'ici peu

HEUREUSEMENT → BIEN

HEUREUX, EUSE I. quelqu'un : aisé, à l'aise, béat, benoît, bien aise, bienheureux, calme, chanceux, charmé, comblé, content, détendu, enchanté, en paix, euphorique, exaucé, favorisé, florissant, fortuné, gai, joyeux, jubilant, nanti, optimiste, prospère, radieux, ravi, réjoui, repu, riche, sans souci, satisfait, tranquille, transporté, triomphant, veinard, verni – **rég.** : benaise, benasse **II. par ext. 1.** → FAVORABLE **2.** beau, bien venu, équilibré, habile, harmonieux, juste, original, plaisant, réussi, trouvé → PARADISIAQUE

◇ CONTR. **I.** → MALHEUREUX **II.** → MÉCONTENT **III.** → TRISTE

HEURISTIQUE didactique, maïeutique

HEURT n.m. **I. au pr.** : abordage, accrochage, à-coup, aheurtement, cahot, carambolage, choc, collision, commotion, contact, coup, impact, percussion, rencontre, saccade, secousse, tamponnage, télescopage – **vx** : heurtade, hoquet **II. fig.** : antagonisme, chicane, conflit, épreuve, friction, froissement, mésentente, obstacle, opposition, querelle

◇ CONTR. → HARMONIE

HEURTÉ, E fig. : abrupt, accidenté, décousu, désordonné, difficile, discordant, ha-

ché, inégal, interrompu, irrégulier, raboteux, rocailleux, rude, saccadé

◇ CONTR. → HARMONIEUX

HEURTER I. v. tr. 1. au pr. : aborder, bigorner (fam.), accrocher, caramboler, choquer, cogner, coudoyer, emboutir, frapper, friser/ froisser (la tôle), percuter, tamponner, télescoper **2. fig.** : blesser, choquer, contrarier, déplaire à, écorcher, faire de la peine, froisser, offenser, offusquer, scandaliser, vexer **3. par ext.** : affronter, attaquer, atteindre, combattre, étonner, frapper **II. v. intr.** : achopper, buter, chopper, cogner, cosser, donner contre, gratter (à la porte) (vx), porter, rencontrer, taper **III. v. pron.** : *les formes pron. possibles des syn. de* heurter **IV. v. récipr.** : s'accrocher, s'affronter, s'attraper, se combattre, s'entrechoquer

◇ CONTR. **I.** → ÉVITER **II.** → HARMONISER

HEURTOIR n.m. amortisseur, butée, butoir

HIATUS n.m. **I.** cacophonie, heurtement **II.** espace, fente, interruption, interstice, solution de continuité **III.** → LACUNE

◇ CONTR. → CONTINUATION

HIBERNAL, E hiémal, hivernal, nival

◇ CONTR. : automnal, estival, printanier

HIBOU n.m. chat-huant, grand-duc → HULOTTE

HIC n.m. → DIFFICULTÉ

HIDEUR n.f. → LAIDEUR

HIDEUSEMENT → LAIDEMENT

HIDEUX, EUSE → LAID

HIE n.f. **I.** dame, demoiselle **II. par ext.** : bélier, mouton, sonnette

HIÉMAL, E → HIBERNAL

HIÉRARCHIE n.f. **I. au pr.** : échelle, filière **II. par ext. 1.** autorité, commandement, ordre, rang, subordination **2.** cadres supérieurs, chefs, élite, encadrement, notabilité, staff, verticalité **III. fig.** : agencement, classement, classification, coordination, distribution, échelonnement, étagement, gradation, hiérarchisation, organisation, structure, système

◇ CONTR. → ÉGALITÉ

HIÉRARCHISER agencer, classer, distribuer, échelonner, étager, graduer, mettre en ordre/ en place, ordonner, organiser, poser, situer, structurer, subordonner, superposer

◇ CONTR. → ÉGALISER

HIÉRATIQUE I. → SACRÉ **II.** → TRADITIONNEL **III.** → IMPOSANT

HIÉRATIQUEMENT de façon → HIÉRATIQUE *et les dérivés possibles en* -ment *des syn. de* hiératique

HIÉRATISME n.m. I. → MAJESTÉ II. → IMMO-BILITÉ

HIÉROGLYPHE n.m. I. au pr. : écriture sa-crée, hiérogramme, idéogramme II. fig. → BARBOUILLAGE

HILARANT, E → RISIBLE

HILARE I. → GAI II. → RÉJOUI

HILARITÉ n.f. → GAIETÉ

HIMATION n.m. → MANTEAU

HIPPIATRE n.m. vétérinaire

HIPPIE n.m. asocial, beatnik, be-in, contes-tataire, houligan, marginal, non-confor-miste

HIPPODROME n.m. I. au pr. : champ de courses II. par ext. : arène, cirque

HIRONDELLE n.f. I. 1. engoulevent, hiron-deau, martinet, mottereau, solangane → PAS-SEREAU 2. vx : aronde, arondelle II. par ext. : gla-réole, sterne III. HIRONDELLE DE MER : plie → POISSON IV. arg. ou fam. → POLICIER

HIRSUTE et **HISPIDE** → HÉRISSÉ

HIRSUTISME n.m. pilosisme

HISSER → LEVER

HISTOIRE n.f. I. au pr. 1. archéologie, chro-nologie, diplomatique, épigraphie, généalo-gie, heuristique, paléographie, préhistoire, protohistoire 2. annales, archives, bible, bio-graphie, chroniques, chronologie, commen-taires, confessions, description, évangile, évocation, fastes, hagiographie, mémoires, narration, peinture, récit, relation, souvenir, version, vie – vx dit, geste 3. anecdote, conte, écho, épisode, fable, historiette, légende, mythologie, saga II. par ext. → ROMAN III. fig. 1. → DIFFICULTÉ 2. → BLAGUE 3. chicane, em-barras, incident, querelle

◇ CONTR. I. légende, mythe, mythologie II. → FUTUR

HISTOLOGIE n.f. → BIOLOGIE

HISTORIEN, NE n.m. ou f. anecdotier, an-naliste, auteur, biographe, chroniqueur, chronologiste, écrivain, historiographe, mé-morialiste, narrateur, relateur (vx), spécia-liste de l'histoire

◇ CONTR. → FUTUROLOGUE

HISTORIER I. → PEINDRE II. → ORNER

HISTORIETTE n.f. → HISTOIRE

HISTORIQUE I. adj. → RÉEL II. n.m. → RÉCIT

HISTORIQUEMENT → RÉELLEMENT

HISTRION n.m. I. → BOUFFON II. → PLAISANT

HITLÉRIEN, NE → NAZI

HITLÉRISME n.m. national-socialisme, na-zisme

HIT-PARADE n.m. off. : palmarès, tableau d'honneur

HIVERNAL, E → HIBERNAL

HIVERNANT, E n.m. ou f. touriste, vacan-cier

◇ CONTR. → ESTIVANT

HOBBY n.m. off. → PASSE-TEMPS

HOBEREAU n.m. → NOBLE

HOCHER → REMUER

HOCHET n.m. I. → VANITÉ II. → BAGATELLE

HOLDING n.m. → TRUST

HOLD-UP n.m. I. attaque à main armée, braquage (arg.) → VOL

HOLLANDAIS, E nom et adj. batave (vx), frison, néerlandais

HOLOCAUSTE → SACRIFICE

HOLOTHURIE n.f. bêche/ biche/ concombre/ cornichon de mer, trépang ou tripang → ÉCHINODERME

HOME n.m. → MAISON

HOMBRE n.m. → CARTE

HOMÉLIE n.f. I. au pr. : instruction, prêche, prône, sermon II. par ext. : abattage, allo-cution, capucinade (péj.), discours, engueu-lade (fam.), remontrance, réprimande, se-monce

HOMÉRIQUE audacieux, bruyant, épique, héroïque, inextinguible, inoubliable, mémo-rable, noble, sublime, valeureux

◇ CONTR. → BANAL

HOMICIDE n.m. I. n.m. 1. quelqu'un : altrui-cide ou autruicide, assassin, assassineur (vx), criminel, fratricide, matricide, meur-trier, parricide, régicide → TUEUR 2. par ext. : déicide 3. l'acte : assassinat, crime, égorge-ment, exécution, infanticide, liquidation physique, meurtre 4. arg. : clamsage, coup dur, cronissage, flingage, grand truc, sai-gnage II. adj. : crapuleux, criminel, meurtrier, mortel

HOMING n.m. aviat. off. : radioralliement

HOMING HEAD n.m. aviat. off. : autodirec-teur

HOMINIDÉ n.m. anthropopithèque, atlan-thrope, australopithèque, hominien, pithé-canthrope, primate, sinanthrope, zinjan-thrope

HOMMAGE n.m. I. au sing. → OFFRANDE II. au pl. 1. → CIVILITÉ 2. → RESPECT

HOMMASSE mâle, masculin

HOMME n.m. I. l'espèce. 1. anthropoïde, bi-mane, bipède (fam.), créature, créature am-bidextre/ douée de raison/ intelligente, être

humain, hominien, Homo sapiens, humain, mortel **2.** espèce humaine, humanité, prochain, semblable, société **II. l'individu. 1. fav. ou neutre :** âme, corps, esprit, individu, monsieur, personnage, personne, quelqu'un, tête **2. partic. :** bras, citoyen, habitant, naturel, ouvrier, soldat, sujet **3. péj. ou arg. :** bonhomme, bougre, chrétien, coco, croquant, diable, drôle, gaillard, gazier, gonze, guignol, hère, lascar, luron, mec, moineau, numéro, oiseau, paroissien, piaf, pierrot, pistolet, quidam, zèbre, zigomard, zigoto, zigue, zouave → TYPE **III. par ext. 1.** → AMANT **2.** → ÉPOUX **IV. 1. HOMME DE BIEN :** brave/ galant/ honnête homme, gentilhomme, gentleman, homme d'honneur/ de mérite **2. HOMME D'ÉTAT** → POLITICIEN **3. HOMME DE LETTRES** → ÉCRIVAIN **4. HOMME DE LOI** → LÉGISTE **5. HOMME DE PAILLE** → INTERMÉDIAIRE **6. HOMME DE QUALITÉ** → NOBLE **7. HOMME LIGE** → PARTISAN, VASSAL
◇ CONTR. → FEMME

HOMOGÈNE analogue, cohérent, de même espèce/ genre/ nature, équilibré, harmonieux, identique, parallèle, pareil, proportionné, régulier, uni, uniforme, semblable, similaire
◇ CONTR. → HÉTÉROGÈNE

HOMOGÉNÉITÉ n.f. → HARMONIE

HOMOLOGATION n.f. acceptation, approbation, authentification, autorisation, confirmation, décision, enregistrement, entérinement, officialisation, ratification, sanction, validation
◇ CONTR. **I.** → ABROGATION **II.** → REFUS

HOMOLOGUE nom et adj. analogue, comparable, concordant, conforme, congénère, correspondant, équivalent, frère, identique, pareil, semblable, similaire → ALTER EGO
◇ CONTR. → DIFFÉRENT

HOMOLOGUER accepter, approuver, authentifier, autoriser, confirmer, décider, enregistrer, entériner, officialiser, ratifier, sanctionner, valider
◇ CONTR. **I.** → ABOLIR **II.** → REFUSER

HOMONCULE n.m. **I.** → AVORTON **II.** → NAIN

HOMOSEXUALITÉ n.f. **I. masculine :** androgamie, androphilie, homophilie, inversion, pédérastie, pédophilie, socratisme, uranisme → URANIEN **II. féminine :** androphobie, lesbianisme, saphisme, tribaderie, tribadisme → LESBIENNE
◇ CONTR. : hétérosexualité

HOMOSEXUEL, LE n.m. ou f. **I.** → URANIEN **II.** → LESBIENNE

HONGRE n.m. **I. au pr. :** castré, châtré, mule **II. par ext. :** castrat, eunuque **III.** → CHEVAL
◇ CONTR. : entier

HONNÊTE I. quelqu'un. 1. au pr. : brave, consciencieux, digne, droit, estimable, exact, fidèle, franc, honorable, incorruptible, insoupçonnable, intègre, irréprochable, juste, légal, licite, loyal, méritoire, moral, net, probe, propre, scrupuleux, solvable, vertueux **2. de bonne réputation,** favorablement connu **3. par ext. :** accompli, civil, comme il faut, convenable, correct, de bonne compagnie, décent, délicat, distingué, honorable, modeste, poli, rangé, réservé, sage, sérieux **II. quelque chose. 1. au pr. :** avouable, beau, bien, bienséant, bon, convenable, décent, louable, moral, naturel, normal, raisonnable **2. par ext. :** catholique (fam. et iron.), convenable, décent, honorable, juste, mettable, moyen, passable, satisfaisant, suffisant **III. HONNÊTE HOMME :** accompli, galant (vx), gentleman, homme de bien
◇ CONTR. **I.** → MALHONNÊTE **II.** → IMPOLI **III.** → MAUVAIS **IV.** → EXTRAORDINAIRE

HONNÊTEMENT avec → HONNÊTETÉ, de façon → HONNÊTE et les dérivés possibles en -ment des syn. de honnête

HONNÊTETÉ n.f. **I. au pr. :** conscience, dignité, droiture, exactitude, fidélité, franchise, incorruptibilité, intégrité, irréprochabilité, justice, loyauté, moralité, netteté, probité, prudhomie (vx), scrupule, vertu **II. par ext. 1.** amitié (vx), bienséance, bienveillance, civilité, correction, décence, délicatesse, distinction, honorabilité, politesse, qualité, respectabilité **2.** chasteté, décence, fidélité, honneur, mérite, modestie, morale, pudeur, pureté, sagesse, vertu **3.** solvabilité
◇ CONTR. **I.** → MALHONNÊTETÉ **II.** → IMPOLITESSE **III.** → OBSCÉNITÉ

HONNEUR n.m. **I.** dignité, estime, fierté **II.** prérogative, privilège **III.** culte, dévotion, vénération **IV.** → DÉCENCE **V.** → HONNÊTETÉ **VI.** → GLOIRE **VII.** → RESPECT **VIII. au pl. :** apothéose, charge, distinction, égards, faveur, grade, hochets (péj.), hommage, ovation, poste, triomphe
◇ CONTR. **I.** → HONTE **II.** → BASSESSE **III.** → HUMILIATION

HONNIR → VILIPENDER

HONORABILITÉ n.f. → HONNÊTETÉ

HONORABLE I. quelqu'un : digne, distingué, estimable, méritant, noble (vx), respectable **II. quelque chose :** honorifique → HONNÊTE
◇ CONTR. **I.** déshonoré **II.** → HONTEUX

HONORABLEMENT avec → HONNEUR, de façon → HONORABLE et les dérivés possibles en -ment des syn. de honorable

HONORAIRE I. adj. : à titre honorifique, C.R. (milit. : cadre de réserve), émérite, re-

traité → HONORIFIQUE **II. n.m. au pl.** → RÉTRIBU-
TION

◇ CONTR. : en activité, en fonctions

HONORER I. adorer, avoir/ célébrer/
rendre un culte, béatifier, décorer, déifier,
élever, encenser, estimer, exalter, glorifier,
gratifier d'estime/ de faveur/ d'honneur,
magnifier, respecter, révérer, saluer la mémoire, sanctifier, tenir en estime – **vx** →
CRAINDRE **II. v. pron.**: s'enorgueillir, se faire
gloire

◇ CONTR. I. → ABAISSER **II.** → DÉNIGRER **III.** →
DÉDAIGNER

HONORIFIQUE I. flatteur, honorable →
HONORAIRE **II. partic.**: ad honores, honoris
causa, in partibus

◇ CONTR. → HONTEUX

HONTE n.f. **I. neutre**: confusion, crainte, embarras, gêne, humilité, pudeur, réserve, respect humain, retenue, timidité, vergogne
(vx) **II. non fav. 1.** abaissement, abjection, affront, bassesse, dégradation, démérite, déshonneur, diffame (vx), discrédit, flétrissure,
gémonies, humiliation, ignominie, indignité,
infamie, mépris, noircissure, opprobre, ridicule, scandale, ternissure, turpitude, vilenie
2. dégoût de soi, regrets, remords, repentir
III. FAUSSE HONTE → TIMIDITÉ

◇ CONTR. I. → HONNEUR **II.** → GLOIRE **III.** → HAR-
DIESSE

HONTEUSEMENT avec → HONTE, de façon
→ HONTEUX *et les dérivés possibles en* -ment
des syn. de honteux

HONTEUX, EUSE I. neutre. quelqu'un 1. au pr.:
camus (vx), capot (fam.), confus, consterné,
contrit, déconfit, gêné, penaud, quinaud, repentant **2. par ext.**: caché, craintif, embarrassé, timide **II. non fav. une action**: abaissant,
abject, avilissant, bas, coupable, crapuleux,
dégoûtant, dégradant, déshonorant, déshumanisant, discriminatoire, écœurant, humiliant, ignoble, ignominieux, immoral, inavouable, indigne, infamant, infâme, lâche,
méprisable, obscène, ordurier, sale, scandaleux, trivial, turpide, vexatoire

◇ CONTR. I. → SATISFAIT **II.** → HARDI **III.** → HONO-
RABLE

HÔPITAL n.m. **I. au pr.**: asile, clinique, hospice, hosto (arg.), hôtel-Dieu, lazaret, maison
de retraite/ de santé, maternité, policlinique, préventorium, refuge **II. par ext. 1.** ambulance, antenne chirurgicale, dispensaire,
infirmerie **2.** crèche, maternité **3.** préventorium, sanatorium, solarium **4.** mouroir, petites maisons (vx et partic.)

HOQUET n.m. → ÉRUCTATION

HOQUETON n.m. **I.** → MANTEAU **II.** → VESTE

HORAIRE n.m. → PROGRAMME

HORDE n.f. **I.** → PEUPLADE **II.** → TROUPE

HORION n.m. → COUP

HORIZON n.m. **I. au pr.**: champ, distance,
étendue, panorama, paysage, perspective,
vue **II. fig.** → AVENIR

HORIZONTAL, E → ALLONGÉ

HORIZONTALEMENT à plat, en large, en
long

HORLOGE n.f. **I. au pr.**: cadran, carillon,
cartel, chronomètre, comtoise, coucou, jaquemart, pendule, régulateur, réveil, réveille-matin **II. par ext.**: cadran solaire, clep-
sydre, gnomon, sablier

HORMIS → EXCEPTÉ

HORODATEUR n.m. → ENREGISTREUR

HOROSCOPE n.m. → PRÉDICTION

HORREUR n.f. **I. sentiment qu'on éprouve**:
aversion, cauchemar, dégoût, détestation,
effroi, éloignement, épouvante, épouvantement, exécration, haine, répugnance, répulsion, saisissement, terreur → PEUR et les suf-
fixes de → PHOBIE *(ex.: hydrophobie)*. **II. un
acte**: abjection, abomination, atrocité, crime,
honte, ignominie, infamie, laideur, monstruosité, noirceur **III. au pl. DIRE DES HOR-
REURS 1.** calomnies, méchancetés, pis que
pendre, vilenies **2.** → OBSCÉNITÉ

◇ CONTR. I. → SYMPATHIE **II.** → BEAUTÉ

HORRIBLE I. → AFFREUX **II.** → EFFRAYANT
III. → LAID

HORRIBLEMENT de façon → HORRIBLE *et
les dérivés possibles en* -ment *des syn. de* horrible

HORRIFIANT, E → TERRIBLE

HORRIFIER → ÉPOUVANTER

HORRIPILATION n.f. → HÉRISSEMENT

HORRIPILER agacer, énerver, exaspérer,
hérisser, impatienter, mettre hors de soi
– **fam.**: asticoter, faire sortir de ses gonds, hu-
bir (rég.), prendre à contre-/ rebrousse-poil
– **vx**: éruper, griger, hurluper

◇ CONTR. → PLAIRE

HORS I. adv. dehors **II. prép.** → EXCEPTÉ

HORS-D'ŒUVRE n.m. **I. au pr.**: amuse-
gueule, blinis, crudités, kémia, zakouski
II. fig. → DIGRESSION

◇ CONTR. : dessert, plat de résistance

HORS-LA-LOI n.m. **I.** → BANDIT **II.** → MAU-
DIT

HORTICULTURE n.f. → JARDINAGE

HOSPICE n.m. → HÔPITAL

HOSPITALIER, ÈRE nom et adj. **I.** accueillant, affable, aimable, amène, avenant, cha-

ritable, empressé, généreux, ouvert, sympathique **II. méd. :** asilaire, médical, nosocomial
◇ **CONTR.** → INHOSPITALIER

HOSPITALITÉ n.f. **I.** abri, asile, coucher, couvert, gîte, logement, refuge **II.** accueil, réception
◇ **CONTR. I.** → EXPULSION **II.** → REFUS

HOSTIE n.f. **I.** → EUCHARISTIE **II.** → VICTIME

HOSTILE → DÉFAVORABLE

HOSTILEMENT de façon → DÉFAVORABLE *et les dérivés possibles en* -ment *des syn. de* défavorable

HOSTILITÉ n.f. **I.** → GUERRE **II.** → REFUS **III.** → HAINE

HÔTE, HÔTESSE n.m. ou f. **I. celui qui accueille. 1.** amphitryon, maître de maison **2.** aubergiste, cabaretier, gérant, hôtelier, logeur, propriétaire, restaurateur, tenancier **3. arg. et/ ou péj. :** gargotier, taulier, tavernier **II. celui qui est accueilli. 1.** → CONVIVE **2.** → PENSIONNAIRE **3.** → HABITANT

HÔTEL n.m. **I.** → MAISON **II.** → IMMEUBLE **III.** auberge, caravansérail, flatotel, garni, gîte, hôtellerie, logis, meublé, motel, palace, pension de famille, posada, relais, tournebride (vx) – **fam. et/ ou péj. :** cambuse, crèche, maison de passe, taule **IV. HÔTEL DE VILLE :** mairie, maison commune/ de ville **V. HÔTEL-DIEU** → HÔPITAL **VI. HÔTEL BORGNE** → LUPANAR

HÔTELIER, IÈRE nom et adj. → HÔTE

HOT MONEY n.m. **écon. off :** capitaux fébriles

HOTTE n.f. hottereau, hotteret → PANIER

HOUE n.f. binette, bineuse, déchaussoir, fossoir, hoyau, marre, tranche – **par ext. :** → BÊCHE

HOUILLE n.f. → CHARBON

HOUILLÈRE n.f. charbonnage

HOULE n.f. → VAGUE

HOULETTE n.f. → BÂTON

HOULEUX, EUSE fig. → TROUBLÉ

HOUPPE n.f. aigrette, bouffette, floche, freluche, houpette, huppe, pompon, touffe, toupet → PASSEMENT

HOUPPER I. → ORNER **II.** → PEIGNER

HOUPPIER n.m. → ARBRE

HOUPPELANDE n.f. cape, douillette, pelisse, robe de chambre

HOURD n.m. **I.** → CLÔTURE **II.** → ESTRADE **III.** → SAILLIE

HOURDIS et **HOURDAGE** n.m. **I.** → SÉPARATION **II.** → PARPAING

HOURI n.f. → BEAUTÉ

HOURQUE n.f. → BATEAU

HOURVARI n.m. → TOHU-BOHU

HOUSEAU n.m. → GUÊTRE

HOUSEKEEPING n.m. **spat. off. :** télémaintenance

HOUSE ORGAN n.m. **off. :** bulletin intérieur/ de liaison, journal-maison

HOUSPILLER I. → SECOUER **II.** → MALTRAITER **III.** → RÉPRIMANDER

HOUSSE n.f. → ENVELOPPE

HOUSSINE n.f. → BAGUETTE

HOUSSINER → BATTRE

HOUSSOIR n.m. **I.** → BALAI **II.** → PLUMEAU

HOVERCRAFT n.m. **off. :** aéroglisseur, naviplane

HOYAU n.m. → HOUE

HUBLOT n.m. **I.** → FENÊTRE **II.** → OUVERTURE

HUCHE n.f. maie → COFFRE

HUCHER → CRIER

HUCHET n.m. → COR

HUÉE n.f. bruit, chahut, charivari, cri, tollé

HUER → VILIPENDER

HUGUENOT, E nom et adj. → PROTESTANT

HUILE n.f. **I. relig. :** chrême **II. fig.** → PERSONNALITÉ **III. 1. METTRE DE L'HUILE DANS LES ROUAGES :** aider, faciliter, favoriser **2. JETER/ METTRE DE L'HUILE SUR LE FEU :** attiser, envenimer, exciter, inciter/ pousser à la chicane/ dispute **3. HUILE DE COUDE :** effort, peine, soin, travail **4. FAIRE TACHE D'HUILE** → RÉPANDRE (SE)

HUILER → GRAISSER

HUILEUX, EUSE → GRAS

HUISSIER n.m. aboyeur, annoncier, appariteur, chaouch, garçon de bureau, gardien, introducteur, massier, portier, surveillant, tangente (arg.) – **vx :** acense, bedeau, recors

HUÎTRE n.f. **I. 1.** fine de claire, gryphée, perlot, pied de cheval, portugaise, spéciale **2. quelques désignations par le lieu d'élevage :** arcachon, belon, cancale, cap-ferret, marennes, ostende **II. perlière :** méléagrine, pintadine

HULOTTE n.f. chat-huant, chevêche, chouette, corbeau de nuit, dame-blanche, effraie, harfang, hibou, huette, strix

HUMAIN I. adj. 1. anthropien, anthropique, anthropocentrique, anthropoforme, anthropoïde, anthropomorphe **2.** accessible, altruiste, bienfaisant, bienveillant, bon, charitable, clément, compatissant, doux, généreux, humanitaire, philanthrope, pi-

toyable, secourable, sensible **II. n.m.** → HOMME
◇ **CONTR. I.** → INHUMAIN **II.** animal, minéral, végétal **III.** → DIVIN **IV.** → INFLEXIBLE

HUMAINEMENT I. avec bonté/ générosité/ humanité/ justice, de façon → HUMAIN *et les dérivés possibles en -ment des syn. de* humain **II.** → NORMALEMENT

HUMANISATION n.f. I. → ADOUCISSEMENT **II.** → CIVILISATION

HUMANISER I. → ADOUCIR **II.** → POLICER **III. par ext.** : anthropomorphiser

HUMANISME n.m. I. atticisme, classicisme, civilisation, culture, goût, hellénisme, libre-pensée, philosophie, sagesse, sapience, savoir **II. par ext.** → SCEPTICISME
◇ **CONTR. I.** → BARBARIE **II.** → INTOLÉRANCE

HUMANISTE n.m. et adj. I. esprit fort (iron. et péj.), helléniste, lettré, libre-penseur, philosophe, sage **II. par ext.** → INCROYANT
◇ **CONTR. I.** → BARBARE **II.** → INTOLÉRANT

HUMANITAIRE → HUMAIN

HUMANITÉ n.f. I. → BONTÉ **II.** → HOMME

HUMBLE I. → MODESTE **II.** → PETIT

HUMBLEMENT avec → HUMILITÉ, de façon → HUMBLE *et les dérivés possibles en -ment des syn. de* humble

HUMECTER I. au pr. : abreuver, arroser, bassiner, délaver, emboire (vx), humidifier, imbiber, imprégner, mouiller **II. techn.** : bruir, humidier, hydrater, madéfier
◇ **CONTR.** → SÉCHER

HUMER I. → SENTIR **II.** → AVALER

HUMEUR n.f. I. disposition d'esprit. 1. fav. ou neutre : attitude, complexion (vx), désir, envie, esprit, fantaisie, goût, gré, idée, manière d'être, naturel, prédilection, volonté **2. non fav.** : aigreur, atrabile, bizarrerie, caprice, extravagance, fantaisie, folie, impatience, irrégularité, irritation, lubie, manie, mécontentement, misanthropie, passade, vertigo → FÂCHERIE **II.** → LIQUIDE **III.** → SÉCRÉTION
◇ **CONTR.** → INDIFFÉRENCE

HUMIDE I. aqueux, détrempé, embrumé, embué, fluide, frais, humecté, humidifié, hydraté, imbibé, imprégné, liquide, moite, mouillé, suintant, uliginaire, uligineux – **vx** : halitueux, madide, mucre **II.** bruineux, brumeux, neigeux, pluvieux
◇ **CONTR.** → ARIDE

HUMIDIFIER → HUMECTER

HUMIDITÉ n.f. I. brouillard, brouillasse, bruine, brume, fraîcheur, moiteur, mouillure, rosée, serein **II.** aquosité, degré hygrométrique, imprégnation, infiltration, saturation, suage (mar. et techn.), suintement
◇ **CONTR.** → SÉCHERESSE

HUMILIANT, E → HONTEUX

HUMILIATION n.f. I. on humilie ou on s'humilie : abaissement, accroupissement, agenouillement, aplatissement (fam.), confusion, dégradation, diminution, honte, infériorisation, mortification, onobatie (antiq.) rétrogradation **II. ce qui humilie** : affront, avanie, blessure, camouflet, dégoût, gifle, honte, opprobre, outrage, vexation
◇ **CONTR.** → ÉLOGE

HUMILIER I. abaisser, accabler, avilir, confondre, courber sous sa loi/ volonté, dégrader, écraser, faire honte, gifler, inférioriser, mater, mettre plus bas que terre, mortifier, moucher (fam.), offenser, opprimer, rabaisser, rabattre, ravaler, ravilir, rétrograder, souffleter, vexer – **fam.** : donner son paquet, doucher, moucher, patafioler **II. v. pron.** : aller à Canossa, baiser les pieds, canosser (fam.), courber le dos/ le front, fléchir/ plier/ ployer le genou, s'incliner, lécher les bottes/ le → FESSIER, se mettre à plat ventre, se prosterner, ramper *et les formes pron. possibles des syn. de* humilier
◇ **CONTR. I.** → HONORER **II.** → FLATTER

HUMILITÉ n.f. I. fav. ou neutre : componction, modestie, renoncement, soumission, timidité **II. non fav. 1.** bassesse, obséquiosité, platitude, servilité, subalternité (vx) **2.** abaissement, médiocrité, obscurité → HUMILIATION **III. par ext.** : abnégation, déférence, douceur, effacement, réserve, respect, simplicité
◇ **CONTR.** → ORGUEIL

HUMORISTE nom et adj. amuseur, caricaturiste, comique, fantaisiste, farceur, ironiste, moqueur, pince-sans-rire, plaisantin, railleur, rieur

HUMORISTIQUE → RISIBLE

HUMOUR n.m. I. → ESPRIT **II.** → PLAISANTERIE

HUMUS n.m. → TERRE

HUPPE n.f. → HOUPPE

HUPPÉ, E → RICHE

HURE n.f. groin, museau → TÊTE

HURLEMENT n.m. ullerie (vx) → CRI

HURLER v. tr. et intr → CRIER

HURLUBERLU, E → ÉTOURDI

HUTINET n.m. → MAIL

HUTTE n.f. → CABANE

HYACINTHE n.f. jacinthe

HYALIN, E → TRANSPARENT

HYBRIDATION n.f. → MÉTISSAGE

HYBRIDE n.m. et adj. → MÉTIS

HYBRIDER → CROISER

HYDRANT SYSTEM n.m. aviat. off. : oléoréseau

HYDRATER → HUMECTER

HYDRE n.f. → DRAGON

HYDROCRACKING n.m. **pétr. off.** : hydrocraquage

HYDROFOIL n.m. **mar. off.** : hydroptère

HYDROGRAPHIE n.f. océanographie

HYDROTHÉRAPIE n.f. bains de boue/ d'eau de mer/ de vapeur, balnéation, balnéothérapie, douches, eaux, enveloppements, sauna (par ext.), thalassothérapie

HYGIÈNE n.f. **I.** antisepsie, asepsie, désinfection, pasteurisation, stérilisation **II.** confort, diététique, grand air, propreté, régime, salubrité, santé, soin
◇ CONTR. → MALPROPRETÉ

HYGIÉNIQUE I. → SAIN **II.** → PROPRE **III. PAPIER HYGIÉNIQUE** (fam.) : pécul, torche balle/ cul

HYGIÉNIQUEMENT avec → HYGIÈNE, de façon → HYGIÉNIQUE *et les dérivés possibles en* -ment *des syn. de* hygiène

HYMEN n.m. **I.** → MARIAGE **II.** → VIRGINITÉ

HYMNE I. n.m. : air, chant, marche, musique, ode, péan, stances **II. n.f.** : antienne, apotropée, cantique, chœur, choral, prose, psaume, séquence

HYPERBOLE n.f. → EXAGÉRATION

HYPERBOLIQUE I. → EXCESSIF **II.** → EMPHATIQUE

HYPERBOLIQUEMENT avec → EXAGÉRATION, de façon → HYPERBOLIQUE *et les dérivés possibles en* -ment *des syn. de* hyperbolique

HYPERBORÉEN, NE → NORDIQUE

HYPERESTHÉSIE n.f. → SENSIBILITÉ

HYPERMARCHÉ n.m. → MAGASIN

HYPERTROPHIE I. → GONFLEMENT **II.** → EXAGÉRATION

HYPNOSE et **HYPNOTISME** n.f., n.m. catalepsie, envoûtement, état second, léthargie, magnétisation, magnétisme, narcose, sommeil, somnambulisme

HYPNOTIQUE → NARCOTIQUE

HYPNOTISER I. → ENDORMIR **II.** → FASCINER

HYPNOTISEUR n.m. magnétiseur

HYPOCONDRIAQUE et **HYPOCONDRE** → BILIEUX

HYPOCONDRIE n.f. → MÉLANCOLIE

HYPOCRISIE n.f. **I. le défaut** : affectation, baiser de Judas, bégueulerie, bégueulisme, bigoterie, cafarderie, cafardise, cagotisme, cagotterie, chafouinerie (fam.), cautèle, déloyauté, dissimulation, duplicité, escobarderie, fausseté, félinité, félonie, flatterie, fourberie, insincérité, jésuitisme, machiavélisme, onctuosité, papelardise, patelinage, pelotage, pharisaïsme, pruderie, pudibonderie, pudibondieuserie, sainte-nitoucherie, simulation, tartuferie **II. l'acte** : cabotinage, capucinade, comédie, double-jeu, faux-semblant, feinte, fraude, grimace, jonglerie, mascarade, mensonge, momerie, pantalonnade, simagrée, singerie, sournoiserie, trahison, tromperie, vicelardise – **vx** : feintise, semblance
◇ CONTR. **I.** → SINCÉRITÉ **II.** → FRANCHISE

HYPOCRITE nom et adj. **I.** affecté, artificieux, baveux, bégueule, biaiseur, cabot, cabotin, cafard, cagot, caméléon, captieux, cauteleux, comédien, déloyal, dissimulateur, dissimulé, double-jeu, doucereux, escobar, fallacieux, faux, félin, félon, flatteur, fourbe, grimacier, imposteur, insidieux, insincère, insinuant, jésuite, jésuitique, judas, matois, matou, menteur, mielleux, onctueux, papelard, patelin, paterne, peloteur, pharisaïque, pharisien, prude, pudibond, renard, retors, sainte-nitouche, simulateur, sournois, spécieux, sucré, tortueux, trompeur, visqueux **II. fam.** : chafouin, derge, faux-derche, fauxjeton, putassier, vicelard – **vx** : anfractueux, chattemite, mômier, patte-pelu, trigaud **III.** → BIGOT **IV.** → TARTUFE
◇ CONTR. **I.** → SINCÈRE **II.** → FRANC

HYPOCRITEMENT avec → HYPOCRISIE, de façon → HYPOCRITE, en dessous, en douce *et les dérivés possibles en* -ment *des syn. de* hypocrite

HYPOGÉ, E → SOUTERRAIN

HYPOGÉE n.m. cave, caveau, crypte, sépulture, souterrain, tombe, tombeau

HYPOTHÈQUE n.f. gage, privilège, sûreté → GARANTIE

HYPOTHÉQUER donner en → HYPOTHÈQUE, grever

HYPOTHÈSE n.f. **I.** → SUPPOSITION **II.** → PRINCIPE

HYPOTHÉTIQUE → INCERTAIN

HYSTÉRIE n.f. pithiatisme → NERVOSITÉ

HYSTÉRIQUE pithiatique → NERVEUX

I

IAMBE n.m. → POÈME

IATROMANIE n.f. → PSYCHOSE

IBÈRE → ESPAGNOL, PORTUGAIS

IBEX n.m. bouquetin

IBIS n.m. → ÉCHASSIER

ICARIENS (JEUX) n.m.pl. → ACROBATIE

ICHOR n.m. → PUS

ICHOREUX, EUSE → PURULENT

ICI céans, ci (vx), deçà, en cet endroit, en ce lieu
◈ CONTR. **I.** → LÀ **II.** → AILLEURS

ICI-BAS en ce monde, sur terre
◈ CONTR. **I.** en haut **II.** → AILLEURS

ICONOCLASTE → VANDALE

ICONOGRAPHIE n.f. illustration → IMAGE

ICONOLÂTRE nom et adj. → RELIGIEUX

ICONOLÂTRIE n.f. → RELIGION

ICTÈRE n.m. cholémie, hépatite, jaunisse

ICTUS n.m. → APOPLEXIE

IDE n.m. → POISSON

IDÉAL n.m. **I. fav.** : aspiration, canon, idéalité, modèle, parangon, perfection, prototype, type **II. non fav.** : fumée, imagination, moulin à vent, rêve, utopie, viande creuse
◈ CONTR. → RÉALITÉ

IDÉAL, E adj. absolu, accompli, chimérique, élevé, exemplaire, idyllique, illusoire, imaginaire, inaccessible, merveilleux, parfait, pur, rêvé, souverain, sublime, suprême, transcendant, utopique
◈ CONTR. **I.** → RÉEL **II.** → SENSUEL **III.** → IMPARFAIT

IDÉALEMENT de façon → IDÉAL *et les dérivés possibles en* -ment *des syn. de* idéal

IDÉALISATION n.f. déréalisation, embellissement, enjolivement, poétisation, transposition

IDÉALISER → EMBELLIR

IDÉALISME n.m. **par ext., quelques courants pouvant se rattacher à l'idéalisme** : (judéo-)christianisme, conceptualisme, çoufisme *ou* soufisme, déisme, dualisme, essentialisme, fidéisme, finalisme, gnosticisme, immatérialisme, mysticisme, ontologisme, panpsychisme, panthéisme, personnalisme, (néo-)platonisme, providentialisme, pythagorisme, spiritualisme, subjectivisme, téléologie, théisme, (néo-)thomisme, transcendantalisme, vitalisme, zen
◈ CONTR. → RÉALISME

IDÉALISTE par ext. : **I.** → SPIRITUALISTE **II.** → SENSIBLE **III.** → IMAGINAIRE

IDÉATION → INSPIRATION

IDÉE n.f. **I.** archétype, concept, connaissance, conscience, notion **II.** → ÉBAUCHE **III.** → INVENTION **IV.** → MODÈLE **V.** aperçu, avant-goût, conception, échantillon, élucubration (péj.), essai (vx), exemple, image, intention, pensée, perspective, réflexion, vue **VI.** → OPINION **VII. 1. IDÉE FIXE** : chimère, dada (fam.), hantise, manie, marotte, monoïdéisme, monomanie, obsession → IMAGINATION **2. AVOIR DANS L'IDÉE** : avoir dans la tête/ l'intention
◈ CONTR. → MATIÈRE

IDÉEL, LE conceptuel
◈ CONTR. → RÉEL

IDEM de même, dito, ibidem, infra, supra, susdit – **fam.** : du kif, itou, kif-kif
◈ CONTR. → ALIAS

IDENTIFIABLE → RECONNAISSABLE

IDENTIFICATION n.f. → RECONNAISSANCE

IDENTIFIER → RECONNAÎTRE

IDENTIQUE → SEMBLABLE

IDENTIQUEMENT de façon → SEMBLABLE *et les dérivés possibles en* -ment *des syn. de* semblable

IDENTITÉ n.f. **I. arg.** : faffes, pedigree **II. phil.** : aséité **III.** → SIMILITUDE

IDÉOGRAMME n.m. hiéroglyphe, hiérogramme

IDÉOLOGIE n.f. → OPINION

IDÉOLOGUE n.m. → THÉORICIEN

IDIOME n.m. → LANGUE

IDIOSYNCRASIE n.f. → PARTICULARITÉ

IDIOT, E I. arriéré, débile, demeuré, minus, minus habens **II.** → STUPIDE **III.** → BÊTE
◇ CONTR. **I.** → NORMAL **II.** → INTELLIGENT

IDIOTEMENT de façon → IDIOT *et les dérivés possibles en* -ment *des syn. de* idiot

IDIOTIE n.f. **I.** aliénation, arriération, crétinisme, débilité mentale, imbécillité, infantilisme, oligophrénie (méd.) **II.** → BÊTISE
◇ CONTR. → INTELLIGENCE

IDIOTIFIER → ABÊTIR

IDIOTISME n.m. → EXPRESSION

IDOINE → CONVENABLE

IDOLÂTRE adj. et n. → PAÏEN

IDOLÂTRER → AIMER

IDOLÂTRIE n.f. **I.** → RELIGION **II.** → ATTACHEMENT

IDOLE n.f. **I.** → DIEU **II.** → ARTISTE

IDYLLE n.f. **I.** → PASTORALE **II.** → CAPRICE

IDYLLIQUE → IDÉAL

IGNARE adj. et n. → IGNORANT

IGNIFUGE anticombustible, apyre, incombustible, ininflammable, réfractaire
◇ CONTR. → INFLAMMABLE

IGNITION n.f. → COMBUSTION

IGNOBLE I. → BAS **II.** → DÉGOÛTANT

IGNOBLEMENT de façon → IGNOBLE *et les dérivés possibles en* -ment *des syn. de* ignoble

IGNOMINIE n.f. → HONTE

IGNOMINIEUX, EUSE → HONTEUX

IGNOMINIEUSEMENT de façon → HONTEUX *et les dérivés possibles en* -ment *des syn. de* honte

IGNORANCE n.f. **I.** amathie, analphabétisme, candeur, illettrisme, incompréhension, inconnaissance, inculture, inexpérience, ingénuité, innocence, méconnaissance, naïveté, nescience, simplicité **II.** abrutissement, ânerie, balourdise, bêtise, crasse, imbécillité, impéritie, impuissance, incapacité, incompétence, inconscience, inconséquence, insuffisance, lacune, nullité, obscurantisme, sottise
◇ CONTR. **I.** → SAVOIR **II.** → INSTRUCTION

IGNORANT, E abruti, analphabète, âne, arriéré, balourd, baudet, béjaune, bête, cancre, candide, étranger à, ganache (péj.), ignare, ignorantin, ignorantissime, illettré, impuissant, incapable, incompétent, incompréhensif, inconscient, inculte, inexpérimenté, ingénu, inhabile, malhabile, naïf, nice (vx), non informé/ initié, nul, primitif, profane, sans connaissance/ instruction/ savoir, sot – **fam. et/ ou péj.** : aliboron, âne, baudet, bourrique, croûte, ganache
◇ CONTR. → INSTRUIT

IGNORANTIN n.m. et adj. **I.** → RELIGIEUX **II. péj.** : frère de la doctrine chrétienne

IGNORANTISME n.m. obscurantisme
◇ CONTR. → INSTRUCTION

IGNORÉ, E → INCONNU

IGNORER I. → MÉCONNAÎTRE **II.** ne pas → SAVOIR

IGUANE n.m. → SAURIEN

IGUE n.f. → ABÎME

ÎLE n.f. **par ext.** → ÎLOT

ILÉITE n.f. → INFLAMMATION

ILÉUS n.m. → OPILATION

ILIEN, NE insulaire

ILLÉGAL, E I. → DÉFENDU **II.** → IRRÉGULIER **III.** → INJUSTE

ILLÉGALEMENT de façon → ILLÉGAL *et les dérivés possibles en* -ment *des syn. de* illégal

ILLÉGALITÉ n.f. **I.** → IRRÉGULARITÉ **II.** → INJUSTICE

ILLÉGITIME I. → BÂTARD **II.** → ILLÉGAL

ILLÉGITIMEMENT de façon → ILLÉGITIME *et les dérivés possibles en* -ment *des syn. de* illégitime

ILLÉGITIMITÉ I. → FAUSSETÉ **II.** → INJUSTICE

ILLETTRÉ, E → IGNORANT

ILLICITE → DÉFENDU

ILLICITEMENT de façon → DÉFENDU *et les dérivés possibles en* -ment *des syn. de* défendu

ILLICO → AUSSITÔT

ILLIMITÉ, E → IMMENSE

ILLISIBLE abracadabrant, entortillé, incompréhensible, indéchiffrable, inintelligible, obscur, sans queue ni tête
◇ CONTR. → LISIBLE

ILLISIBLEMENT de façon → ILLISIBLE *et les dérivés possibles en* -ment *des syn. de* illisible

ILLOGIQUE aberrant, absurde, alogique, anarchique, anormal, aporétique, ascientifique, boiteux, contradictoire, décousu, dément, déraisonnable, désordonné, dogmatique, faux, incohérent, inconséquent, indémontrable, indu, invraisemblable, irrationnel, paradoxal (fam.) cafouilleux, cornu

◇ CONTR. → LOGIQUE

ILLOGIQUEMENT de façon → ILLOGIQUE *et les dérivés possibles en -ment des syn. de il-logique*

ILLOGISME n.m. → DÉRÈGLEMENT

ILLUMINATION n.f. I. → LUMIÈRE II. → INSPIRATION

ILLUMINÉ, E I. fig. → INSPIRÉ II. → VISIONNAIRE

ILLUMINER → ÉCLAIRER

ILLUSION n.f. I. au pr.: 1. → HALLUCINATION 2. → ERREUR II. par ext.: amusement, apparence, berlue, charme, chimère, duperie, enchantement, fantasmagorie, fantôme, féerie, fiction, fumée, hochet, leurre, idéal, idéalité, idée, image, imagination, immatérialité, irréalité, magie, manipulation, mirage, miroir aux alouettes, prestidigitation, prestige, reflet, rêvasserie, rêve, rêverie, semblant, simulation, songe, tour de passe-passe, utopie, vanité, vision

◇ CONTR. I. → DÉCEPTION II. → RÉALITÉ

ILLUSIONNER → TROMPER

ILLUSIONNISTE n.m. et f. acrobate (par ext.), escamoteur, jongleur, magicien, manipulateur, mystificateur, physicien (vx), prestidigitateur

ILLUSOIRE apparent, chimérique, conventionnel, fabriqué, fallacieux, fantaisiste, fantasmagorique, faux, feint, fictif, imaginaire, imaginé, inexistant, inventé, irréel, mythique, romanesque, supposé, truqué, utopique, vain, virtuel → TROMPEUR

◇ CONTR. → SÛR

ILLUSOIREMENT de façon → ILLUSOIRE *et les dérivés possibles en -ment des syn. de illusoire*

ILLUSTRATEUR n.m. → DESSINATEUR

ILLUSTRATION n.f. I. au pr. 1. iconographie 2. → IMAGE II. par ext.: célébrité, consécration, démonstration, éclat, exemple, gloire, glorification, grandeur, honneur, immortalité, lauriers, lumière, lustre, notoriété, phare, popularité, rayonnement, renom, renommée, réputation, splendeur

◇ CONTR. → BASSESSE

ILLUSTRE brillant, célèbre, connu, consacré, distingué, éclatant, fameux, glorieux, grand, honorable, immortel, légendaire, noble, notoire, populaire, renommé, réputé

◇ CONTR. → INCONNU

ILLUSTRÉ n.m. → REVUE

ILLUSTRER I. clarifier, débrouiller, déchiffrer, démontrer, développer, éclairer, élucider, exemplifier, expliquer, informer, instruire, mettre en lumière, rendre intelligible, renseigner → ÉCLAIRCIR II. → PROUVER

◇ CONTR. → EMBROUILLER

ILLUVIATION, ILLUVION n.f. et **ILLUVIUM** n.m. → ACCUMULATION

ÎLOT n.m. I. 1. atoll, javeau 2. au pl. archipel II. par ext.: amas, assemblage, bloc, ensemble, groupe, pâté

ILOTAGE n.m. I. → SEGMENTATION II. → SURVEILLANCE

ILOTE n.m. et f. I. → BÊTE II. → IVROGNE

ILOTISME n.m. I. → BÊTISE II. → IVRESSE

IMAGE n.f. I. au pr. 1. → REPRÉSENTATION 2. aquarelle, aquatinte, bois gravé, camaïeu, caricature, chromo, crayon, crobard (arg.), croquis, décalcomanie, dessin, eau-forte, estampe, fresque, gouache, gravure, héliogravure, litho, lithographie, mezzo-tinto, mine de plomb, pyrogravure, sépia, simili, similigravure, xylographie 3. forme, ombre, silhouette, reflet 4. bosse, buste, cul-de-lampe, effigie, ex-libris, ex-voto, figurine, hors-texte, icône, illustration, miniature, nu, peinture, photo, planche, pochade, portrait, réplique, reproduction, schéma, statue, statuette, tableau, tête, vignette, vue 5. camée, damasquin(e), intaille, médaille, médaillon 6. enseigne, figure, graphique, hiéroglyphe, hologramme, idéogramme, pétroglyphe, pictogramme, signe, tracé 7. bande dessinée, B.D., cartoon, comics 8. clip (vidéo), logo, spot (publicitaire), vidéo clip II. par ext. 1. cinéma, télévision 2. allégorie, catachrèse, cliché, comparaison, figure, métaphore, métonymie, parabole, symbole, synecdoque, trope 3. → IDÉE 4. → RESSEMBLANCE 5. → DESCRIPTION 6. → SYMBOLE 7. → ILLUSION 8. → SIGNE

◇ CONTR. → RÉALITÉ

IMAGÉ, E coloré, figuré, métaphorique, orné

◇ CONTR. → TERNE

IMAGER adorner, agrémenter, ajouter, broder, colorer, décorer, égayer, émailler, embellir, enjoliver, enluminer, enrichir, farder, fignoler, fleurir, garnir, historier, ornementer, parer, rehausser → ORNER

◇ CONTR. → SIMPLIFIER

IMAGIER, ÈRE I. → PEINTRE II. → SCULPTEUR

IMAGINABLE → INTELLIGIBLE

IMAGINAIRE allégorique, chimérique, conventionnel, creux, fabriqué, fabuleux, fantaisiste, fantasmagorique, fantastique, fantomatique, faux, feint, fictif, idéal, illusoire, imaginé, inexistant, inventé, irréel, légendaire, mensonger, mythique, onirique, prétendu, rêvé, romancé, romanesque, supposé, théorique, truqué, utopique, visionnaire

◇ CONTR. → RÉEL

IMAGINATIF, IVE → INGÉNIEUX

IMAGINATION n.f. **I. faculté de l'esprit 1. neutre :** conception, créativité, évasion, extrapolation, fantaisie, idée, imaginative (vx ou fam.), improvisation, inspiration, invention, inventivité, notion, rêverie, supposition **2. non fav. :** divagation, élucubration, extravagance, fantasme, immatérialité, irréalité, puérilité, utopie, vaticination, vision **II. objet représenté 1.** → ILLUSION **2.** → FABLE

◇ CONTR. **I.** → RAISON **II.** → RÉALITÉ

IMAGINER I. chercher, combiner, concevoir, conjecturer, construire, créer, découvrir, envisager, évoquer, extrapoler, fabriquer, fantasmer, se figurer, forger, former, improviser, inventer, prévoir, se représenter, rêver, songer, supposer, trouver **II. fam. :** concocter, fantasier (vx), gamberger, visionner

◇ CONTR. : être sans → IMAGINATION

IMAGING DEVICE/ SYSTEM n.m. **spat. off. :** imageur

IMAM n.m. → PRÊTRE

IMBATTABLE → IRRÉSISTIBLE

IMBÉCILE I. → BÊTE **II.** → IDIOT

IMBÉCILEMENT de façon → IMBÉCILE et les dérivés possibles en -ment des syn. de imbécile

IMBÉCILLITÉ n.f. **I.** → BÊTISE **II.** → IDIOTIE

IMBERBE glabre, lisse, nu

◇ CONTR. → POILU

IMBIBER I. abreuver, arroser, bassiner, délayer, humecter, humidifier, imprégner, mouiller **II. vx. :** emboire, imboire **III. techn. :** bruir, humidier, hydrater, madéfier, moitir **IV. v. pron. :** boire, pomper et les formes pron. possibles des syn. de imbiber

◇ CONTR. → SÉCHER

IMBIBITION n.f. → ABSORPTION

IMBRICATION n.f. → SUITE

IMBRIQUER → INSÉRER

IMBROGLIO n.m. **I.** brouillamini, brouillement, confusion, désordre, embrouillamini, embrouillement, emmêlement, enchevêtrement, incertitude, obscurcissement, ombre, voile **II.** → INTRIGUE

◇ CONTR. : clarté, simplicité → RÉGULARITÉ

IMBU, E → PÉNÉTRÉ

IMBUVABLE fig. → INTOLÉRABLE

IMITABLE reproductible et les dérivés en -able possibles de → IMITER

◇ CONTR. → INIMITABLE

IMITATEUR, TRICE compilateur, copieur, copiste, idémiste, mime, parodiste, pasticheur, plagiaire, simulateur, suiveur – **péj. :** contrefacteur, faussaire, moutonnier, singe

◇ CONTR. : créateur → ARTISTE

IMITATION n.f. **I. l'acte d'imiter :** calquage, copiage, démarcage ou démarquage, esclavage, grégarisme, idémisme, mime, mimétisme, moutonnerie, servilité, simulation, singerie **II. l'objet :** calque, caricature, charge, compilation, contrefaçon (péj.), copiage, copie, décalcage, démarcage ou démarquage, double, emprunt, fac-similé, image, parodie, pastiche, plagiat, répétition, réplique, reproduction, semblance (vx), semblant, simulacre, toc (fam.)

◇ CONTR. : création, original, princeps

IMITER calquer, caricaturer, compiler, contrefaire, contre-tirer (vx), copier, décalquer, démarquer, emprunter, s'inspirer de, jouer, mimer, parodier, pasticher, picorer, plagier, répéter, reproduire, simuler, transcrire – **péj. :** piller, piquer, pirater, singer

◇ CONTR. **I.** → CRÉER **II.** → INVENTER

IMMACULÉ, E → PUR

IMMANENCE n.f. → RÉALITÉ

IMMANENT, E → IMMÉDIAT

IMMANENTISME n.m. **par ext. :** panthéisme → PHILOSOPHIE

IMMANGEABLE → MAUVAIS

IMMANQUABLE → INÉVITABLE

IMMANQUABLEMENT à coup sûr, à tous les coups, pour sûr, inévitablement et les adv. en -ment formés à partir des syn. de inévitable

◇ CONTR. : pas du tout

IMMARCESCIBLE → IRRÉVOCABLE

IMMATÉRIALISME n.m. **par ext. :** idéalisme → PHILOSOPHIE

IMMATÉRIALITÉ n.f. **I.** incorporalité, incorporéité, intemporalité, irréalité, légèreté, pureté **II.** → IMAGINATION **III.** → ILLUSION

IMMATÉRIEL, LE aérien, impalpable, incorporel, inétendu, intemporel, intouchable, irréel, léger, pur esprit → SPIRITUEL

◇ CONTR. **I.** → RÉEL **II.** → MANIFESTE **III.** → SENSUEL

IMMATRICULATION n.f. enregistrement, identification, inscription, insertion, numéro matricule, repère

◇ CONTR. → SUPPRESSION

IMMATRICULER enregistrer, identifier, inscrire, insérer, marquer, numéroter, repérer

◇ CONTR. → RADIER

IMMATURE I. → ENFANTIN **II.** → RETARDÉ

IMMATURITÉ n.f. → RETARD

IMMÉDIAT, E direct, immanent, imminent, instantané, présent, prochain, proche, prompt, subit, sur-le-champ
◇ CONTR. **I.** → INDIRECT **II.** → ÉLOIGNÉ

IMMÉDIATEMENT → AUSSITÔT

IMMÉMORIAL, E → VIEUX

IMMENSE ample, colossal, considérable, cyclopéen, démesuré, discrétionnaire, effrayant, énorme, extrême, formidable, géant, gigantesque, grandiose, grandissime, gros, illimité, immensurable (vx), imposant, incommensurable, indéfini, inépuisable, inépuisé, infini, monumental, prodigieux, profond, vaste, vastitude → GRAND
◇ CONTR. → INFIME

IMMENSÉMENT de façon → IMMENSE *et les dérivés possibles en* -ment *des syn. de* immense

IMMENSITÉ n.f. abîme, ampleur, amplitude, énormité, espace, étendue, grandeur, incommensurabilité, infini, infinité, infinitude, multitude, quantité, vastitude
◇ CONTR. → EXIGUÏTÉ

IMMENSURABLE → IMMENSE

IMMERGER → PLONGER

IMMÉRITÉ, E → INJUSTE

IMMERSION n.f. → PLONGEON

IMMETTABLE → IMPOSSIBLE

IMMEUBLE n.m. bâtiment, bien, bien-fonds, building, caserne (péj.), construction, édifice, ensemble, fonds, grand ensemble, gratte-ciel, H.L.M., hôtel, local, maison, palace, palais, propriété → HABITATION
◇ CONTR. **I.** titres, valeurs (mobilières) **II.** → MOBILIER

IMMIGRATION n.f. arrivée, déplacement, entrée, exil, exode, gain de population, migration, mouvement, nomadisme, peuplement, venue
◇ CONTR. → ÉMIGRATION

IMMIGRÉ, E → ÉMIGRÉ

IMMINENCE n.f. approche, instance, point critique, proximité
◇ CONTR. → DISTANCE

IMMINENT, E critique, immédiat, instant, menaçant, prochain, proche
◇ CONTR. → ÉLOIGNÉ

IMMISCER (S') → INTERVENIR

IMMIXTION n.f. → INTERVENTION

IMMOBILE I. **neutre** : arrêté, calme, en repos, ferme, figé, fixe, hiératique, immuable, impassible, inactif, inébranlable, inerte, insensible, invariable, planté, rivé, stable, stationnaire, statique, sur place, tranquille **II. non fav. 1. quelqu'un** : cloué, figé, interdit, interloqué, médusé, paralysé, pétrifié, sidéré, stupéfait, stupéfié, stupide **2. de l'eau** : croupie, croupissante, dormante, gelée, stagnante **3. un véhicule** : arrêté, à l'arrêt, calé, en panne, grippé, stoppé
◇ CONTR. → MOUVANT

IMMOBILIER, ÈRE nom et adj. → IMMEUBLE

IMMOBILISATION n.f. **I.** gel → CONFISCATION **II.** → IMMOBILITÉ

IMMOBILISER I. **un véhicule** : arrêter, bloquer, caler, stopper **II. un objet** : affermir, assujettir, assurer, attacher, bloquer, clouer, coincer, ficher, fixer, maintenir immobile *et les syn. de* immobile, planter, retenir, river, solidifier, tenir, visser **III. fig.** : clouer, cristalliser, enchaîner, endormir, figer, fixer, freiner, geler, mobiliser, paralyser, pétrifier, scléroser
◇ CONTR. **I.** faire → PARTIR **II.** → DÉGAGER **III.** → REMUER

IMMOBILISME n.m. conservatisme, intégrisme, réaction, statu quo
◇ CONTR. → PROGRÈS

IMMOBILITÉ n.f. ankylose, arrêt, calme, fixité, hiératisme, immobilisme, immuabilité, impassibilité, inaction, inactivité, inertie, paralysie, permanence, piétinement, repos, stabilité, stagnation, statu quo
◇ CONTR. **I.** → CHANGEMENT **II.** → ÉVOLUTION **III.** → AGITATION

IMMODÉRATION n.f. → EXCÈS

IMMODÉRÉ, E → EXCESSIF

IMMODÉRÉMENT de façon → IMMODÉRÉ (E) *et les dérivés possibles en* -ment *des syn. de* immodéré

IMMODESTE I. → INCONVENANT **II.** → OBSCÈNE

IMMODESTIE n.f. → LASCIVITÉ

IMMOLATEUR n.m. **antiq.** : prêtre, sacrificateur, victimaire

IMMOLATION n.f. → SACRIFICE

IMMOLER → SACRIFIER

IMMONDE → MALPROPRE

IMMONDICE n.f. → ORDURE

IMMORAL, E → DÉBAUCHÉ

IMMORALEMENT de façon → IMMORAL *et les dérivés possibles en* -ment *des syn. de* immoral

IMMORALISME → PHILOSOPHIE

IMMORALITÉ n.f. amoralité, corruption, cynisme, débauche, dépravation, dévergondage, dissolution, immoralisme (par ext.), laxisme, liberté des mœurs, libertinage, licence, lubricité, mal, obscénité, stupre, vice
◊ CONTR. : → MORALITÉ

IMMORTALISER conserver, éterniser, fixer, pérenniser, perpétuer, rendre éternel/ impérissable/ inoubliable, transmettre
◊ CONTR. → OUBLIER

IMMORTALITÉ n.f. I. autre vie, éternité, insénescence, survie, vie future II. → GLOIRE
◊ CONTR. I. → TEMPS II. → BRIÈVETÉ III. → INGRATITUDE

IMMORTEL, LE I. adj. → ÉTERNEL II. nom : académicien

IMMORTELLE n.f. edelweiss, xéranthème

IMMOTIVÉ, E → INJUSTIFIABLE

IMMUABLE → DURABLE

IMMUABLEMENT de façon → DURABLE et les dérivés possibles en -ment des syn. de durable

IMMUABILITÉ n.f. → IMMUTABILITÉ

IMMUNISATION n.f. mithridatisation, skeptophylaxie, tachyphylaxie → VACCIN
◊ CONTR. → CONTAGION

IMMUNISER I. mithridatiser → INOCULER II. → GARANTIR

IMMUNITÉ n.f. I. jurid. : décharge, dispense, exemption, exonération, exterritorialité, franchise, inamovibilité, inviolabilité, irresponsabilité, libération, liberté, prérogative, privilège II. méd. : accoutumance, mithridatisation, préservation, protection, vaccination
◊ CONTR. I. droit commun II. → ALLERGIE

IMMUTABILITÉ n.f. constance, fixité, immuabilité, inaliénabilité, inaltérabilité, incessibilité, incommutabilité, invariabilité, pérennité
◊ CONTR. → TRANSFORMATION

IMPACT n.m. I. but, choc, collision, coup, heurt II. par ext. : bruit, conséquence, effet, retentissement
◊ CONTR. → DÉPART

IMPAIR n.m. → MALADRESSE

IMPALA n.m. → ANTILOPE

IMPALPABLE I. → IMMATÉRIEL II. → INTOUCHABLE

IMPANATION n.f. → EUCHARISTIE

IMPARABLE → IMPOSSIBLE

IMPARDONNABLE inexcusable, injustifiable, irrémissible → IRRÉMÉDIABLE
◊ CONTR. → EXCUSABLE

IMPARFAIT, E I. approximatif, ébauché, embryonnaire, esquissé, imprécis, inaccompli, inachevé, incomplet, limitatif, partiel, relatif, restreint II. avorté, défectueux, déficient, difforme, discutable, élémentaire, fautif, grossier, imprécis, inabouti, indigent, inégal, insuffisant, lacunaire, loupé (fam.), manqué, mauvais, médiocre, moyen, négligé, raté, rudimentaire, vague, vicieux
◊ CONTR. → PARFAIT

IMPARFAITEMENT défectueusement, déficitairement, difficilement, faiblement, grossièrement, improprement, incomplètement, incorrectement, insuffisamment, mal, maladroitement, malaisément, médiocrement, partiellement, pauvrement, péniblement et les dérivés possibles en -ment des syn. de imparfait
◊ CONTR. → BIEN

IMPARTAGEABLE → IMPOSSIBLE

IMPARTIAL, E → JUSTE

IMPARTIALEMENT de façon → JUSTE et les dérivés possibles en -ment des syn. de juste

IMPARTIALITÉ n.f. → JUSTICE

IMPARTIR → DISTRIBUER

IMPASSE n.f. I. accul (vx), cul-de-sac, voie sans issue II. fig. : danger, difficulté, mauvais pas → OBSTACLE
◊ CONTR. I. → PASSAGE II. → ROUTE III. → RUE

IMPASSIBILITÉ n.f. I. apathie, ataraxie, calme, constance, équanimité, fermeté, flegme, immobilité, impartialité, impavidité, impénétrabilité, imperturbabilité, intrépidité, irénisme, pénardise (arg.), philosophie, placidité, sang-froid, stoïcisme, tranquillité II. dureté, froideur, indifférence, insensibilité
◊ CONTR. I. → AGITATION II. → IMPÉTUOSITÉ III. → SENSIBILITÉ

IMPASSIBLE I. apathique, calme, constant, décontracté, équanime, ferme, flegmatique, immobile, impartial, impavide, impénétrable, imperturbable, implacable, inébranlable, intrépide, irénique, maître de soi, marmoréen, philosophe, placide, relax (fam.), stoïque, tranquille II. vx : alcyonien, inétonnable, rassis III. dur, froid, indifférent, inflexible, insensible
◊ CONTR. I. → TROUBLÉ II. → ÉMU III. → SENSIBLE IV. → IMPÉTUEUX

IMPASSIBLEMENT de façon → IMPASSIBLE et les dérivés possibles en -ment des syn. de impassible

IMPATIEMMENT de façon → IMPATIENT et les dérivés possibles en -ment des syn. de impatient

IMPATIENCE n.f. **I. au pr.** : avidité, brusquerie, désir, empressement, fièvre, fougue, hâte, impétuosité, inquiétude, précipitation **II. par ext.** : **1.** agacement, colère, énervement, exaspération, irascibilité, irritabilité, irritation **2.** supplice, torture **3. au pl.** → PICOTEMENT ◈ CONTR. **I.** → CALME **II.** → IMPASSIBILITÉ **III.** → PATIENCE

IMPATIENT, E I. → BRUSQUE **II.** → PRESSÉ

IMPATIENTE n.f. balsamine, noli-me-tangere

IMPATIENTER I. → ÉNERVER **II. v. pron.** : se départir de son calme, être sur des charbons ardents/ sur le gril, perdre patience, ronger son frein, sortir de ses gonds, se mettre en colère *et les syn. de* colère, se tourmenter ◈ CONTR. → ATTENDRE

IMPATRONISATION n.f. → INTRODUCTION

IMPATRONISER (S') → INTRODUIRE (s')

IMPAVIDE audacieux, brave, courageux, crâne, déterminé, ferme, fier, généreux, hardi, imperturbable, inébranlable, intrépide, osé, résolu, téméraire, vaillant, valeureux ◈ CONTR. **I.** → LÂCHE **II.** → PEUREUX

IMPAYABLE → RISIBLE

IMPECCABILITÉ n.f. → PERFECTION

IMPECCABLE I. → IRRÉPROCHABLE **II.** → PARFAIT

IMPECCABLEMENT de façon → IMPECCABLE *et les dérivés possibles en* -ment *des syn. de* impeccable

IMPÉCUNIEUX, EUSE → PAUVRE

IMPÉCUNIOSITÉ n.f. → PAUVRETÉ

IMPEDIMENTUM, A n.m. **I.** → BAGAGE **II.** → OBSTACLE

IMPÉNÉTRABLE → SECRET

IMPÉNITENCE n.f. → ENDURCISSEMENT

IMPÉNITENT, E → INCORRIGIBLE

IMPENSABLE → INVRAISEMBLABLE

IMPENSE n.f. → DÉPENSE

IMPÉRATIF n.m. priorité → OBLIGATION

IMPÉRATIF, IVE → ABSOLU

IMPÉRATIVEMENT de façon → ABSOLU(E) *et les dérivés possibles en* -ment *des syn. de* absolu

IMPERCEPTIBLE atomique, caché, faible, illisible, impalpable, impondérable, inaudible, indiscernable, infime, inodore, insaisissable, insensible, insignifiant, invisible, léger, microscopique, minime, minuscule, petit, subtil ◈ CONTR. **I.** → IMMENSE **II.** → PERCEPTIBLE

IMPERCEPTIBLEMENT de façon → IMPERCEPTIBLE *et les dérivés possibles en* -ment *des syn. de* imperceptible

IMPERDABLE → IMPOSSIBLE

IMPERFECTIBLE → IMPOSSIBLE

IMPERFECTION n.f. **I.** défaut, démérite, faible, faiblesse, faute, grossièreté, infirmité, insuffisance, lacune, manque, médiocrité, péché mignon/ véniel, petitesse, ridicule, tache, tare, travers, vice **II.** anomalie, crapaud, défectuosité, défet, difformité, inachèvement, incomplétude, incorrection, loup, malfaçon, mastic, moye ◈ CONTR. → PERFECTION

IMPÉRIAL, E → IMPOSANT

IMPÉRIALEMENT de façon → IMPÉRIAL *et les dérivés possibles en* -ment *des syn. de* impérial

IMPÉRIALISME n.m. colonialisme, expansionnisme → AUTORITÉ ◈ CONTR. : → LIBERTÉ

IMPÉRIEUSEMENT de façon → IMPÉRIEUX *et les dérivés possibles en* -ment *des syn. de* impérieux

IMPÉRIEUX, EUSE I. au pr. : absolu, altier, autoritaire, catégorique, contraignant, dictatorial, dominateur, formel, impératif, irrésistible, obligatoire, péremptoire, pressant, rigoureux, sérieux, strict, tranchant, tyrannique, urgent **II. par ext.** → DÉDAIGNEUX ◈ CONTR. **I.** → OBÉISSANT **II.** → SOUMIS **III.** → FACULTATIF

IMPÉRISSABLE → ÉTERNEL

IMPÉRITIE n.f. **I.** → INCAPACITÉ **II.** → MALADRESSE

IMPERMÉABILITÉ n.f. **I.** → DURETÉ **II.** → INDIFFÉRENCE

IMPERMÉABLE I. adj 1. au pr. : étanche, hors d'eau **2. fig.** : hermétique, impénétrable, inaccessible, insensible → INDIFFÉRENT **II. n.m.** : caoutchouc, ciré, duffle-coat, gabardine, macfarlane, manteau de pluie, pèlerine, trench-coat, waterproof ◈ CONTR. → PERMÉABLE

IMPERSONNALITÉ n.f. → NEUTRALITÉ ◈ CONTR. : parti-pris, subjectivité

IMPERSONNEL, LE → INDIFFÉRENT

IMPERSONNELLEMENT de façon → INDIFFÉRENT *et les dérivés possibles en* -ment *des syn. de* indifférent

IMPERTINEMMENT de façon → IMPERTINENT *et les dérivés possibles en* -ment *des syn. de* impertinent

IMPERTINENCE n.f. → IMPOLITESSE

IMPERTINENT, E I. → DÉPLACÉ II. → ARROGANT III. → IRRÉVÉRENCIEUX IV. → SOT

IMPERTURBABILITÉ n.f. → IMPASSIBILITÉ

IMPERTURBABLE → IMPASSIBLE

IMPERTURBABLEMENT de façon → IMPASSIBLE *et les dérivés possibles en* -ment *des syn. de* impassible

IMPÉTRANT bénéficiaire, lauréat

IMPÉTRER → OBTENIR

IMPÉTUEUSEMENT de façon → IMPÉTUEUX *et les dérivés possibles en* -ment *des syn. de* impétueux

IMPÉTUEUX, EUSE ardent, bouillant, brusque, déchaîné, déferlant, de feu, effréné, emporté, endiablé, explosif, fier, fort, fougueux, frénétique, furieux, inflammable, pétulant, précipité, prompt, torrentueux, véhément, vertigineux, vif, violent, volcanique

◇ CONTR. → IMPASSIBLE

IMPÉTUOSITÉ n.f. ardeur, bouillonnement, brusquerie, déchaînement, déferlement, élan, emballement, emportement, exaltation, feu, fierté, fièvre, flamme, force, fougue, frénésie, furie, hâte, impatience, pétulance, précipitation, promptitude, rush, saillie (vx), tourbillon, transport, véhémence, violence, vivacité

◇ CONTR. → IMPASSIBILITÉ

IMPIE → INCROYANT

IMPIÉTÉ n.f. I. apostasie, athéisme, blasphème, froideur, hérésie, incrédulité, incroyance, indifférence, infidélité, inobservance, irréligion, libertinage, péché, profanation, sacrilège, scandale II. par ext. : agnosticisme, athéisme, libre-pensée, paganisme

◇ CONTR. I. → CROYANCE II. → RESPECT

IMPITOYABLE, IMPLACABLE I. → DUR II. → INFLEXIBLE

IMPITOYABLEMENT et **IMPLACABLEMENT** de façon → IMPITOYABLE *et les dérivés possibles en* -ment *des syn. de* impitoyable

IMPLACABILITÉ n.f. → DURETÉ

IMPLANT n.m. pellet

IMPLANTATION n.f. I. → ÉTABLISSEMENT II. → FIXATION

IMPLANTER I. → FIXER II. → ÉTABLIR

IMPLEXE → COMPLIQUÉ

IMPLICATION n.f. accusation, complicité, compromission, conséquence, responsabilité → SUITE

◇ CONTR. I. → LIBÉRATION II. → EXCEPTION

IMPLICITE allant de soi, convenu, inexprimé, sous-entendu, tacite

◇ CONTR. → EXPLICITE

IMPLICITEMENT de façon → IMPLICITE *et les dérivés possibles en* -ment *des syn. de* implicite

IMPLIQUER I. compromettre II. 1. → COMPRENDRE (DANS) 2. → RENFERMER

◇ CONTR. → EXCUSER

IMPLORANT, E → SUPPLIANT

IMPLORATION n.f. → PRIÈRE

IMPLORER → PRIER

IMPLUVIUM n.m. → BASSIN

IMPOLI, E I. balourd, bourru, brutal, butor, cavalier, déplacé, désagréable, désinvolte, discourtois, effronté, goujat, grossier, impertinent, importun, impudent, incivil, inconvenant, incorrect, indélicat, indiscret, injurieux, insolent, insultant, insulteur, irrespectueux, irrévérencieux, leste, lourd (-balourd), malappris, mal élevé/ embouché/ engroin (rég.)/ léché/ poli, malhonnête, malotru, malséant, malsonnant, mufle, offensant, ordurier, rude, rustique, rustre, sans-gêne, vulgaire II. vx : égueulé, maroufle, paltoquet III. fam. : galapiat, gougnafier, huron, iroquois, ostrogoth, paltoquet, peignecul, pignouf, primate, rasta, rastaquouère, rustaud, sagouin, zoulou

◇ CONTR. → POLI

IMPOLIMENT de façon → IMPOLI *et les dérivés possibles en* -ment *des syn. de* impoli

IMPOLITESSE n.f. brutalité, désinvolture, discourtoisie, goujaterie, grossièreté, impertinence, importunité, incivilité, inconvenance, incorrection, indélicatesse, indiscrétion, injure, insolence, irrespect, irrévérence, lourderie, lourdeur, malhonnêteté, mauvaise éducation, manque de savoir-vivre, muflerie, nasarde, rustauderie (vx), rusticité, sans-gêne, soudardise, vulgarité → INCONGRUITÉ

◇ CONTR. → POLITESSE

IMPONDÉRABLE I. n.m → HASARD II. adj. IMPERCEPTIBLE

IMPOPULAIRE détesté, haï, honni, impolitique, mal accepté/ vu, refusé, rejeté

◇ CONTR. → POPULAIRE

IMPOPULARITÉ n.f. → REFUS

IMPORTANCE n.f. I. au pr. : conséquence, considération, étendue, grandeur, gravité, intérêt, nécessité, poids, portée, puissance, valeur II. par ext. 1. → INFLUENCE 2. → ORGUEIL 3. → RICHESSE

◇ CONTR. I. → FUTILITÉ II. → FAIBLESSE III. → PETITESSE

IMPORTANT, E adj. et n. I. au pr. : appréciable, à prendre en considération/ estime, capital, conséquent, considérable, coquet (fam.), corsé, crucial, décisif, de consé-quence, de poids, d'importance, dominant, éminent, essentiel, étendu, fondamental, fort, frappant, grand, grave, gros, haut, in-calculable, inestimable, influent, insigne, in-téressant, le vif du débat/ sujet, lourd, ma-jeur, mémorable, nécessaire, notable, pierre angulaire, principal, rondelet, sérieux, subs-tantiel, utile, valable → REMARQUABLE **II. par ext. 1.** urgent, pressé **2.** → AFFECTÉ **3.** → OR-GUEILLEUX

◈ CONTR. → INSIGNIFIANT

IMPORTATEUR, TRICE nom et adj. → ACHETEUR

IMPORTATION n.f. → INTRODUCTION

IMPORTER I. v. tr. : commercer, faire venir, introduire **II. v. intr. 1.** compter, entrer en ligne de compte → INTÉRESSER **2. PEU M'IM-PORTE :** peu me chante/ chaut

◈ CONTR. **I.** → VENDRE **II.** être → ÉGAL/ INSIGNI-FIANT

IMPORTUN, E I. accablant, agaçant, dé-plaisant, désagréable, de trop, embarras-sant, embêtant, encombrant, énervant, en-nuyeux, envahissant, étourdissant, excédant, fâcheux, fatigant, gênant, in-commodant, incommode, indésirable, indis-cret, inopportun, insupportable, intempestif, intercurrent, intervenant, intolérable, intrus, malséant, messéant, obsédant, officieux, pe-sant, tannant, tuant **II. génér. nom et fam. :** ardé-lion, bassinant, casse → BOURSES/ → FESSIER/ → PIEDS, colique, collant, crampon, diviseur, emmerdant, emmerdeur, gêneur, gluant, hurluberlu, lantiponnant, mouche du coche, persona non grata, plaie, pot de colle, ra-seur, rasoir, sangsue, trouble-fête **– vx :** cogne-fêtu, persécutant

◈ CONTR. **I.** → AGRÉABLE **II.** → DISCRET **III.** → CONVENABLE

IMPORTUNÉMENT de façon → IMPORTUN *et les dérivés possibles en* -ment *des syn. de* importun

IMPORTUNER I. → TOURMENTER **II.** → EN-NUYER **III.** → GÊNER

IMPORTUNITÉ n.f. → INCONVÉNIENT

IMPOSABLE taxable, taxatif

IMPOSANT, E altissime, auguste, colossal, considérable, digne, écrasant, élevé, énorme, étonnant, fantastique, formidable, grand, grandiose, grave, impressionnant, magistral, magnifique, majestueux, monu-mental, noble, notoire, olympien, respec-table, royal, solennel, stupéfiant, superbe, triomphal **– péj. :** componcteux, pompeux, prudhommesque

◈ CONTR. **I.** → INSIGNIFIANT **II.** → PETIT **III.** → RI-DICULE

IMPOSÉ, E → OBLIGATOIRE

IMPOSER I. → PRESCRIRE **II.** → OBLIGER **III.** → IMPRESSIONNER **IV.** charger, obérer, surtaxer, taxer **V. EN IMPOSER. 1.** → TROMPER **2.** → DO-MINER **VI. v. pron.** → INTRODUIRE (s')

IMPOSITION n.f. → IMPÔT

IMPOSSIBILITÉ n.f. **I.** absurdité, aporie, chimère, contradiction, folie, illusion, impra-ticabilité, inaccessibilité, incompatibilité, in-disponibilité, intransmissibilité, irréalité, ir-recevabilité, irréductibilité, irréversibilité, irrévocabilité, rêve, utopie **II.** → IMPUISSANCE **III.** → DIFFICULTÉ **IV.** → INVRAISEMBLANCE

◈ CONTR. → POSSIBILITÉ

IMPOSSIBLE I. quelque chose. 1. absurde, chimérique, contradictoire, difficile, épi-neux, fou, illusoire, immettable, imparable, impartageable, impensable, imperdable, imperfectible, impraticable, impubliable, inabordable, inaccessible, inadmissible, inapplicable, inaudible, inchantable, in-compatible, inconcevable, inconciliable, in-connaissable, indécidable, indicible, iné-coutable, inemployable, inexcusable, inexécutable, inexploitable, infaisable, in-franchissable, ingagnable, injouable, inopé-rable, inracontable, insensé, insoluble, in-supportable, insurmontable, intraduisible, intransmissible, intransportable, inutili-sable, irrachetable, irrattrapable, irréali-sable, irrecevable, irréductible, irrémissible, irréversible, irrévocable, utopique, vain **2.** → RIDICULE **II. quelqu'un. 1.** → INCONVENANT **2.** → DIFFICILE

◈ CONTR. → POSSIBLE

IMPOSTE n.f. vasistas → OUVERTURE

IMPOSTEUR n.m. **I.** charlatan, dupeur, es-broufeur, fallacieux, fourbe, mystificateur, perfide, simulateur, trompeur, usurpateur → HÂBLEUR **II.** → HYPOCRITE

◈ CONTR. : quelqu'un de → CAPABLE/ SINCÈRE

IMPOSTURE n.f. **I.** → HÂBLERIE **II.** → FAUS-SETÉ **III.** → TROMPERIE

IMPÔT n.m. **I.** accise (belg. et québ.), cen-times additionnels, charge, contribution, cote, droit, fiscalité, imposition, levée, pres-tation, redevance, réquisition, surtaxe, taxa-tion, taxe, tribut **II. vx :** affeurage ou afforage, aides, annate, annone, capitation, cham-part, corvée, dace, dîme, fouage, gabelle, ja-lage, lods, maltôte, octroi, panage, patente, paulette, péage, pontonage, quillage, régale, taille, terrage, tonlieu → DROIT

◈ CONTR. **I.** dégrèvement, exemption **II.** → PRIVILÈGE

IMPOTENCE n.f. → INFIRMITÉ

IMPOTENT, E → INFIRME

IMPRATICABLE I. au pr. : dangereux, difficile, impossible, inabordable, inaccessible, inapplicable, inexécutable, infranchissable, interdit, inutilisable, irréalisable, malaisé, obstrué **II. fig.** : infréquentable, insociable, insupportable, invivable
◇ CONTR. → POSSIBLE

IMPRATICABILITÉ n.f. → IMPOSSIBILITÉ

IMPRÉCATION n.f. → MALÉDICTION

IMPRÉCIS, E → VAGUE

IMPRÉCISION approximation, flou, vague → INDÉTERMINATION

IMPRÉGNATION → ABSORPTION

IMPRÉGNÉ, E → PÉNÉTRÉ

IMPRÉGNER I. au pr. : baigner, bassiner, détremper, humecter, moitir, pénétrer, tremper → IMBIBER **II. fig.** : animer, communiquer, déteindre sur, envahir, imprimer, inculquer, infuser, insuffler, marquer, pénétrer, racer **III. v. pron. 1. au pr.** : absorber, boire, s'imbiber, prendre l'eau – vx : emboire, imboire **2. fig.** : acquérir, assimiler, apprendre
◇ CONTR. **I.** → SÉCHER **II.** → EXSUDER

IMPRENABLE à toute épreuve, blindé, inaccessible, inentamable, inexpugnable, invincible, invulnérable
◇ CONTR. → FAIBLE

IMPRESCRIPTIBLE → IRRÉVOCABLE

IMPRESSION n.f. **I.** → ÉDITION **II.** → EFFET **III.** → SENSATION **IV.** → OPINION **V. 1. FAIRE IMPRESSION** → IMPRESSIONNER

IMPRESSIONNABILITÉ n.f. → SENSIBILITÉ

IMPRESSIONNABLE → SENSIBLE

IMPRESSIONNANT, E ahurissant, bouleversant, brillant, confondant, déroutant, effrayant, émouvant, étonnant, étourdissant, extraordinaire, formidable, frappant, imposant, incroyable, inimaginable, merveilleux, prodigieux, renversant, saisissant, sensationnel, spectaculaire, surprenant, troublant
◇ CONTR. → INSIGNIFIANT

IMPRESSIONNER I. au pr. : affecter, agir sur, bouleverser, éblouir, ébranler, émouvoir, en imposer, étonner, faire impression, frapper, influencer, intimider, parler à, toucher, troubler **II. non fav.** : éclabousser, épater, esbroufer, jeter de la poudre aux yeux, en mettre plein la vue, taper dans l'œil
◇ CONTR. : laisser → INDIFFÉRENT

IMPRÉVISIBILITÉ n.f. → INCERTITUDE

IMPRÉVISIBLE I. → IMPRÉVU **II.** → SOUDAIN

IMPRÉVISION n.f. **I.** → AVEUGLEMENT **II.** → INSOUCIANCE

IMPRÉVOYANCE n.f. **I.** → INSOUCIANCE **II.** → IRRÉFLEXION

IMPRÉVOYANT, E écervelé, étourdi, évaporé, imprudent, inconséquent, insouciant, irréfléchi, léger, négligent, tête de linotte/ en l'air
◇ CONTR. → PRUDENT

IMPRÉVU, E à l'impourvu (vx)/ l'improviste, fortuit, impromptu, inattendu, inespéré, inopiné, insoupçonné, soudain, subit, surprenant
◇ CONTR. **I.** *les part. passés possibles de* → PRÉVOIR **II.** → DÉCIDÉ

IMPRIMATUR n.m. → PERMISSION

IMPRIMÉ n.m. brochure, écrit, libelle, tract → LIVRE
◇ CONTR. : manuscrit

IMPRIMER I. au pr. : clicher, composer, éditer, empreindre, estamper, estampiller, fixer, frapper, gaufrer, graver, lister, marquer, mettre sous presse, timbrer, tirer → PUBLIER **II. fig.** : animer, appliquer, communiquer, donner, enregistrer, imprégner, inculquer, inspirer, insuffler, marquer, pénétrer, phonographier, photographier, transmettre, typer
◇ CONTR. → EFFACER

IMPRIMERIE n.f. **I.** → TYPOGRAPHIE **II.** édition, journal, presse

IMPROBABILITÉ nf → INVRAISEMBLANCE

IMPROBABLE I. → ALÉATOIRE **II.** → INVRAISEMBLABLE

IMPROBATEUR, TRICE critique, dénigreur, désapprobateur, détracteur, réprobateur
◇ CONTR. → LOUANGEUR

IMPROBATION n.f. → BLÂME

IMPROBITÉ n.f. → MALHONNÊTETÉ

IMPRODUCTIF, IVE → STÉRILE

IMPRODUCTIVITÉ I. → STAGNATION **II.** → SÉCHERESSE

IMPROMPTU I. adv. : à la fortune du pot/ l'impourvu (vx)/ l'improviste, au pied levé, de manière imprévisible/ inopinée, sans crier gare, sans préparation, sur-le-champ **II. n.m.** : happening, improvisation **III. adj.** : de premier jet, imaginé, improvisé, informel, inventé
◇ CONTR. *les part. passés possibles de* → PRÉVOIR

IMPRONONÇABLE → INEFFABLE

IMPROPRE I. quelque chose : inadapté, inadéquat, inconvenant, incorrect, inexact, mal/ peu approprié/ propre à, saugrenu, vicieux **II. quelqu'un** : inapte, incapable, incompétent, mal/ peu propre à, rebelle à
◇ CONTR. → CONVENABLE

IMPROPREMENT → IMPARFAITEMENT

IMPROPRIÉTÉ n.f. → INCONGRUITÉ

IMPROUVER → BLÂMER

IMPROVISATION et **IMPROVISÉ, E** → IMPROMPTU

IMPROVISER → IMAGINER

IMPROVISTE (À L') au débotté/ dépourvu, inopinément, sans crier gare, subitement, tout à coup/ à trac
◇ CONTR. *les part. possibles de* → PRÉVOIR

IMPRUDEMMENT de façon → IMPRUDENT *et les dérivés possibles en* -ment *des syn. de* imprudent

IMPRUDENCE audace, bévue, étourderie, faute, hardiesse, imprévoyance, irréflexion, légèreté, maladresse, méprise, négligence, témérité

IMPRUDENT, E I. audacieux, aventureux, casse-cou, écervelé, étourdi, fautif, hasardeux, imprévoyant, inattentif, inconsidéré, insensé, irréfléchi, léger, maladroit, malavisé, négligent, présomptueux, risque-tout, téméraire II. dangereux, hasardeux, osé, périlleux, risqué → HASARDÉ

IMPUBÈRE mineur → PETIT

IMPUBERTÉ n.f. → MINORITÉ

IMPUBLIABLE → IMPOSSIBLE

IMPUDEMMENT de façon → IMPUDENT *et les dérivés possibles en* -ment *des syn. de* impudent

IMPUDENCE n.f. affronterie (vx), aplomb, arrogance, audace, cœur, culot (fam.), cynisme, effronterie, front, grossièreté, hardiesse, impertinence, impudeur, impudicité, inconvenance, incorrection, indécence, indiscrétion, insolence, liberté, licence, outrecuidance, sans-gêne, témérité, toupet
◇ CONTR. I. → PUDEUR II. → RÉSERVE

IMPUDENT, E arrogant, audacieux, culotté (fam.), cynique, déhonté, effronté, éhonté, grossier, hardi, impudique, inconvenant, indécent, indiscret, insolent, licencieux, outrecuidant, procace (vx), sans gêne/ vergogne, téméraire
◇ CONTR. → RÉSERVÉ

IMPUDEUR n.f. → IMPUDENCE

IMPUDICITÉ n.f. → LASCIVITÉ

IMPUDIQUE I. → LASCIF II. → OBSCÈNE

IMPUDIQUEMENT de façon → IMPUDIQUE *et les dérivés possibles en* -ment *des syn. de* impudique

IMPUISSANCE n.f. **I. au pr. :** aboulie, affaiblissement, affaissement, ankylose, débilité, engourdissement, faiblesse, impossibilité, impotence, inadaptation, inaptitude, incapacité, incompétence, inefficacité, inhibition, insuffisance, invalidité, paralysie, torpeur **II.** agénésie, agénitalisme, anaphrodisie, anéjaculation, anorchidie, anovarie, anovulation, aspermie, azoospermie, babilanisme, frigidité, inappétence, incapacité, infécondité, stérilité
◇ CONTR. I. → CAPACITÉ II. → PUISSANCE III. satyriasis → ORGASME

IMPUISSANT, E I. au pr. : aboulique, affaibli, ankylosé, débile, désarmé, engourdi, faible, impotent, improductif, inadapté, inapte, incapable, incompétent, inefficace, infertile, inhibé, inopérant, insuffisant, invalide, neutralisé, paralysé **II.** agénésique, babilan, eunuque, frigide (seul. fém.), infécond, stérile
◇ CONTR. I. → CAPABLE II. → PUISSANT

IMPULSE GOODS pub. et écon. off. : achat-réflexe de marchandise, vente de choc

IMPULSER → INSPIRER

IMPULSIF, IVE I. → VIOLENT II. → SPONTANÉ

IMPULSION n.f. I. → MOUVEMENT II. → DISPOSITION

IMPULSIVEMENT de façon → IMPULSIF *et les dérivés possibles en* -ment *des syn. de* impulsif

IMPULSIVITÉ n.f. → VIOLENCE

IMPUNÉMENT I. sans → CONTRAINTE II. sans → DOMMAGE III. sans → PUNITION
◇ CONTR. : avec/ non sans → CONTRAINTE/ DOMMAGE/ PUNITION

IMPUNITÉ n.f. licence → LIBERTÉ

IMPUR, E I. quelqu'un : abject, avilissant, bas, dégradant, déshonoré, dévoyé, honteux, immoral, impudique, indécent, indigne, infâme, infect, lascif, malhonnête, malpropre, obscène, pécheur, repoussant, sale, sensuel, trivial, trouble, vicieux, vil **II. quelque chose. 1. neutre** → MÊLÉ **2. non fav. :** altéré, avarié, bas, boueux, bourbeux, contaminé, corrompu, déshonnête, empesté, empuanti, falsifié, fangeux, frelaté, immonde, immoral, infect, insalubre, malsain, mauvais, obscène, pollué, putride, sale, souillé, taré
◇ CONTR. I. → PUR II. → CHASTE

IMPUREMENT de façon → IMPUR *et les dérivés possibles en* -ment *des syn. de* impur

IMPURETÉ n.f. I. abjection, bassesse, corruption, déshonneur, faute, fornication, immoralité, imperfection, impudicité, indécence, indignité, infamie, lascivité, malpropreté, noirceur, obscénité, péché, sensualité, stupre, turpitude, vice II. boue, bourbe, bourbier, déjection, immondice, infection, insalubrité, macule, ordure, saleté, salissure, souillure, tache

◇ **CONTR. I.** → PURETÉ **II.** → CONTINENCE **III.** → HONNÊTETÉ

IMPUTABILITÉ n.f. → RESPONSABILITÉ

IMPUTABLE attribuable/ dû à

IMPUTATION n.f. **I.** → ACCUSATION **II.** → AFFECTATION

IMPUTER → ATTRIBUER

IMPUTRESCIBLE → INCORRUPTIBLE

INABORDABLE I. au pr. : abrupt, à pic, dangereux, élevé, escarpé, hors d'atteinte, impénétrable, inaccessible **II. par ext. : 1.** cher, coûteux, exorbitant, hors de portée/ prix **2.** incognoscible, inconnaissable, insondable **III. fig. : 1.** imperméable, indifférent, insensible **2.** bourru, brutal, distant, fier, insociable, insupportable, mal/ peu gracieux, prétentieux, rébarbatif, revêche, rude

◇ **CONTR. I.** → ABORDABLE **II.** → FACILE

INABROGEABLE → IRRÉVOCABLE

INACCEPTABLE inadmissible, inconvenant, insupportable, intolérable, irrecevable, récusable, refusable, révoltant

◇ **CONTR.** → ACCEPTABLE

INACCESSIBILITÉ n.f. → IMPOSSIBILITÉ

INACCESSIBLE → INABORDABLE

INACCOMPLI, E → IMPARFAIT

INACCOMPLISSEMENT n.m. → ABANDON

INACCORDABLE → IRRECEVABLE

INACCOUTUMÉ, E I. → IRRÉGULIER **II.** → NOUVEAU **III.** → RARE

INACHEVÉ, E → IMPARFAIT

INACHÈVEMENT n.m. → ABANDON

INACTIF, IVE I. au pr. 1. neutre : chômeur, demandeur d'emploi, désoccupé, désœuvré, inoccupé, sans emploi/ travail **2. non fav.** : croupissant, endormi, fainéant, oisif, paresseux − **vx** : ocieux, oiseux **II. par ext.** → INERTE

◇ **CONTR. I.** → ACTIF **II.** → EFFICACE **III.** → OCCUPÉ

INACTION et **INACTIVITÉ** n.f. **I.** apathie, assoupissement, calme, engourdissement, immobilité, indolence, inertie, lenteur, mollesse, torpeur **II.** croupissement, désoccupation, désœuvrement, fainéantise, inoccupation, oisiveté, paresse, passivité **III.** chômage, congé, marasme, ralentissement, stagnation, suspension **IV.** farniente, loisir, repos, sieste, sommeil, vacance, vacances, vacations (jurid.) **V.** disponibilité, honorariat, retraite

◇ **CONTR. I.** → ACTION **II.** → RENDEMENT **III.** → OCCUPATION

INACTUEL, LE → ANACHRONIQUE

INADAPTATION n.f. → INCAPACITÉ

INADAPTÉ, E I. caractériel, déprimé, difficile, émotif, inhibé, insociable, instable, introverti, mythomane, sauvage **II. fam.** : mal dans sa peau, paumé **III.** impropre, inadéquat, incommode, mal *suivi des part. passés possibles des syn. de* adapter

◇ **CONTR.** *les part. passés possibles des syn. de* adapter

INADÉQUAT, E → INADAPTÉ

INADÉQUATION n.f. → INCAPACITÉ

INADMISSIBLE → INTOLÉRABLE

INADVERTANCE n.f. absence, dissipation, distraction, divagation, étourderie, évagation, faute, imprudence, inadversion (vx), inapplication, inattention, inconséquence, incurie, indifférence, inobservation, insouciance, irréflexion, laisser-aller, légèreté, manquement, mégarde, méprise, négligence, nonchalance, omission, oubli, relâchement

◇ **CONTR. I.** → ATTENTION **II.** → SOIN

INALIÉNABILITÉ n.f. → IMMUTABILITÉ

INALIÉNABLE incessible, incommutable, invendable, non → CESSIBLE

◇ **CONTR.** → CESSIBLE

INALTÉRABILITÉ n.f. → IMMUTABILITÉ

INALTÉRABLE → DURABLE

INALTÉRÉ, E → PUR

INAMICAL → DÉFAVORABLE

INAMISSIBLE → IRRÉVERSIBLE

INAMOVIBILITÉ n.f. → STABILITÉ

INAMOVIBLE I. → ÉTERNEL **II.** → STABLE

INANIMÉ, E → MORT

INANITÉ n.f. → VANITÉ

INANITION n.f. **I.** → FAIM **II.** → LANGUEUR

INAPAISABLE implacable, incalmable, inextinguible, inguérissable, insatiable, perpétuel, persistant

◇ **CONTR.** → SATISFAIT

INAPAISÉ, E inassouvi, insatisfait → MÉCONTENT

◇ **CONTR.** → SATISFAIT

INAPERÇU, E → DISCRET

INAPPÉTENCE n.f. **I.** anorexie **II.** → INDIFFÉRENCE

INAPPLICABLE → IMPOSSIBLE

INAPPLIQUÉ, E absent, distrait, écervelé, étourdi, inattentif, insoucieux, léger, négligent, oublieux

◇ **CONTR. I.** → ATTENTIF **II.** → SOIGNEUX

INAPPRÉCIABLE → PRÉCIEUX

INAPTE → IMPROPRE

INAPTITUDE n.f. → INCAPACITÉ

INAPPLICATION n.f. → INATTENTION

INARTICULÉ, E → ININTELLIGIBLE

INASSIMILABLE I. au pr. : chargeant (vx), indigeste, lourd II. fig. 1. → DIFFICILE 2. → PESANT
◇ CONTR. I. → DIGESTE II. → BON III. → FACILE

INASSOUVI, E inapaisé, insatisfait → MÉCONTENT
◇ CONTR. I. → SATISFAIT II. → REPU

INASSOUVISSABLE I. → GLOUTON II. → INFATIGABLE

INASSOUVISSEMENT n.m. besoin, désir, envie, faim, fringale, frustration, insatisfaction, manque, non-satisfaction, soif
◇ CONTR. → SATIÉTÉ

INATTAQUABLE impeccable, imprenable, inaccessible, inaltérable, incorruptible, indestructible, intouchable, invincible, invulnérable, irréprochable, résistant, solide
◇ CONTR. I. → INCERTAIN II. → SUSPECT

INATTENDU, E I. → SOUDAIN II. → INESPÉRÉ

INATTENTIF, IVE absent, distrait, écervelé, étourdi, inappliqué, insoucieux, léger, négligent, oublieux
◇ CONTR. I. → ATTENTIF II. → SOIGNEUX

INATTENTION n.f. absence, dissipation, distraction, divagation, étourderie, évagation, faute, imprudence, inadversion (vx), inadvertance, inapplication, inconséquence, incurie, indifférence, inobservation, insouciance, irréflexion, laisser-aller, légèreté, manquement, mégarde, méprise, négligence, nonchalance, omission, oubli, relâchement
◇ CONTR. I. → ATTENTION II. → SOIN

INAUDIBLE brouillé, imperceptible, inécoutable (fam.)
◇ CONTR. → AUDIBLE

INAUGURATION n.f. baptême, commencement, consécration, début, dédicace, étrenne, générale, ouverture, première, sacre (vx), vernissage
◇ CONTR. : clôture, dernier jour, fermeture

INAUGURER I. baptiser, célébrer l'achèvement/ le commencement/ le début, consacrer, dédicacer, étrenner, ouvrir II. → COMMENCER
◇ CONTR. I. → FERMER II. → FINIR III. → IMITER IV. → CONTINUER

INAUTHENTICITÉ n.f. → FAUSSETÉ

INAUTHENTIQUE → APOCRYPHE

INAVOUABLE → HONTEUX

INCALCULABLE I. au pr. : considérable, démesuré, énorme, extraordinaire, illimité, immense, important, inappréciable, incommensurable, indéfini, infini, innombrable, insoluble II. CONSÉQUENCE INCALCULABLE : grave, imprévisible
◇ CONTR. I. → PROBABLE II. → INSIGNIFIANT

INCANDESCENCE n.f. → COMBUSTION

INCANDESCENT, E I. → PHOSPHORESCENT II. → LUMINEUX III. → CHAUD

INCANTATION I. → MAGIE II. → CHANT

INCAPABLE I. adj. : ignorant, imbécile, impropre, impuissant, inadapté, inadéquat, inapte, incompétent, inepte, inhabile, inopérant, insuffisant, maladroit, malhabile, nul, vain, velléitaire II. nom : foutriquet, ganache, ignorant, imbécile, impuissant, lavette, mazette, médiocre, nullité, pauvre type, ringard, triste individu/ sire, turlupin, zéro
◇ CONTR. → CAPABLE

INCAPACITANT, E invalidant
◇ CONTR. → REMONTANT

INCAPACITÉ n.f. I. au pr. : difficulté, engourdissement, inadaptation, inadéquation, ignorance, imbécillité, impéritie, impuissance, inaptitude, incompétence, ineptie, infirmité, inhabileté, insuffisance, maladresse, nullité II. méd. : 1. invalidité 2. → IMPUISSANCE III. jurid. : déchéance, inhabilité, interdiction, minorité
◇ CONTR. I. → CAPACITÉ II. → HABILETÉ

INCARCÉRATION n.f. → EMPRISONNEMENT

INCARCÉRER → EMPRISONNER

INCARNADIN, E et **INCARNAT, E** → ROUGE

INCARNATION n.f. I. → RESSEMBLANCE II. → TRANSFORMATION

INCARNER → SYMBOLISER

INCARTADE n.f. I. → ÉCART II. → AVANIE

INCASSABLE → SOLIDE

INCENDIAIRE nom et adj. bandit, brûleur, chauffeur (vx), criminel, pétroleur, pyromane
◇ CONTR. I. pompier, soldat du feu II. → APAISANT

INCENDIE n.m. I. au pr. : brasier, brûlement (vx), combustion, conflagration, destruction par le feu, embrasement, feu, ignition, sinistre II. fig. : bouleversement, conflagration, guerre, révolution
◇ CONTR. I. → SÉCHERESSE II. → APAISEMENT

INCENDIER → BRÛLER

INCENTIVE n.f. écon. off. : I. incitateur II. 1. psych. (au pl.) : stimulation 2. INCENTIVE TOUR/ TRAVEL : voyage de stimulation

INCERTAIN, E I. quelque chose : aléatoire, ambigu, apparent, aventureux, branlant, brouillé, brumeux, chancelant, chanceux (vx ou rég.), changeant, chimérique, conditionnel, confus, conjectural, contestable, contesté, contingent, controversable, controversé, critiquable, critiqué, discutable, discuté, douteux, équivoque, erroné, éventuel, faible, flottant, flou, fluctuant, fragile, fumeux, hasardé, hypothétique, ignoré, illusoire, imprécis, imprévu, improbable, inconnu, indéfini, indéterminé, indiscernable, instable, litigieux, louche, mis en doute, nébuleux, obscur, oscillant, peu sûr, précaire, présumé, prétendu, problématique, reprochable (jurid.) risqué, spécieux, supposé, suspect, suspendu, utopique, vacillant, vague, vaporeux, variable, vaseux, vasouillard **II. quelqu'un :** dubitatif, ébranlé, embarrassé, entre le zist et le zest, évasif, falot, hésitant, indécis, irrésolu, labile, perplexe, sceptique, velléitaire, versatile

◇ **CONTR. I.** → CERTAIN **II.** → PRÉCIS **III.** → STABLE **IV.** → RÉSOLU

INCERTITUDE n.f. I. de quelque chose : ambiguïté, chance, confusion, contingence, embrouillement, équivoque, éventualité, faiblesse, flottement, fluctuation, fragilité, hasard, illusion, imprécision, imprévisibilité, inconstance, obscurité, précarité, vague, variabilité **II. de quelqu'un :** anxiété, ballottement, changement, crise, désarroi, doute, embarras, flottement, fluctuation, hésitation, indécision, indétermination, inquiétude, instabilité, irrésolution, oscillation, perplexité, scrupule, tâtonnement, tergiversation, versatilité

◇ **CONTR. I.** → CERTITUDE **II.** → PRÉCISION **III.** → STABILITÉ **IV.** → RÉSOLUTION

INCESSAMMENT I. → BIENTÔT **II.** → TOUJOURS

INCESSANT, E constant, continu, continué, continuel, éternel, ininterrompu, intarissable, permanent, perpétuel, reconduit, sempiternel, suivi

◇ **CONTR. I.** → INTERMITTENT **II.** → PASSAGER

INCESSIBILITÉ n.f. → IMMUTABILITÉ

INCESSIBLE → INALIÉNABLE

INCESTE n.m. → CRIME (SEXUEL)

INCESTUEUX, EUSE contre nature, coupable d'inceste

INCHANTABLE → IMPOSSIBLE

INCIDEMMENT I. → PEUT-ÊTRE **II.** accessoirement, accidentellement, en passant, entre parenthèses, éventuellement, occasionnellement, par hasard, secondairement, subsidiairement

◇ **CONTR.** → HABITUELLEMENT

INCIDENCE n.f. → SUITE

INCIDENT I. n.m. : accroc, anicroche, aventure, cas, chicane, circonstance, difficulté, dispute, embarras, ennui, entrefaite, épisode, événement, éventualité, obstacle, occasion, occurrence, péripétie **II. adj. 1.** → ACCESSOIRE **2. gram. :** incise

◇ **CONTR.** → ÉVOLUTION

INCIDENTER (vx) → CHICANER

INCINÉRATEUR n.m. par ext. : crématorium, four crématoire

INCINÉRATION n.f. crémation, combustion, destruction par le feu

INCINÉRER → BRÛLER

INCIRCONCIS n.m. et adj. du point de vue relig. : chrétien, goy, roumi

◇ **CONTR. :** circoncis → ISRAÉLITE, MUSULMAN

INCISER → COUPER

INCISIF, IVE → MORDANT

INCISION n.f. coupure → EXCISION

INCISURE n.f. coupe, déchiqueture, découpure, ouverture, taillade

◇ **CONTR.** → FERMETURE

INCITATEUR, TRICE → INSTIGATEUR

INCITER I. → INVITER **II.** → EXCITER

INCIVIL, E → IMPOLI

INCIVILEMENT de façon → INCIVIL *et les dérivés possibles en -ment des syn. de* incivil

INCIVILITÉ → IMPOLITESSE

INCIVIQUE → ÉGOÏSTE

INCIVISME n.m. → ÉGOÏSME

INCLASSABLE I. → ORIGINAL **II.** → UNIQUE

INCLÉMENCE n.f. → RIGUEUR

INCLÉMENT, E → RIGOUREUX

INCLINAISON n.f. I. → OBLIQUITÉ **II.** → PENTE

INCLINATION n.f. I. au pr. → INCLINAISON **II. fig. 1.** appétit, aspiration, attirance, attrait, désir, disposition, envie, faible, faiblesse, goût, instinct, motivation, penchant, pente, préférence, propension, tendance **2.** → ATTACHEMENT **3. spat. off. :** inclinaison (d'une orbite)

◇ **CONTR.** → ÉLOIGNEMENT

INCLINÉ, E déclive, en pente, oblique, pentu → INCLINER

◇ **CONTR. :** Horizontal, vertical → DROIT

INCLINER I. v. intr. : obliquer, pencher **II. v. tr. 1. au pr. :** abaisser, accanter (québ.), baisser, courber, fléchir, infléchir, obliquer, pencher, plier, ployer **2. fig. :** attirer, inciter, porter, pousser **III. v. pron. 1.** cliner (vx), se prosterner, saluer *et les formes pron. possibles des syn. de* → INCLINER **2.** → HUMILIER (s') **3.** → CÉDER

◇ CONTR. → LEVER

INCLURE → INTRODUIRE

INCLUS, E (CI-) annexé, joint

◇ CONTR. : sous pli séparé

INCLUSION n.f. → INTRODUCTION

INCLUSIVEMENT avec, en comprenant, y compris

◇ CONTR. **I.** → EXCEPTÉ **II.** → SEULEMENT

INCOERCIBLE I. → INCOMPRESSIBLE **II.** → IRRÉSISTIBLE

INCOGNITO I. adv. : à titre privé, discrètement, en cachette, secrètement **II. nom masc** : anonymat **III. adj.** → ANONYME

◇ CONTR. → PUBLIQUEMENT

INCOHÉRENCE n.f. → DÉSORDRE

INCOHÉRENT, E → ABSURDE

INCOLLABLE → SAVANT

INCOLORE I. → PÂLE **II.** → BANAL

INCOMBER → REVENIR

INCOMBUSTIBLE anticombustible, aphlogistique (vx), apyre, ignifuge, infusible, ininflammable, réfractaire

◇ CONTR. → INFLAMMABLE

INCOMMENSURABLE ample, colossal, considérable, cyclopéen, démesuré, discrétionnaire, effrayant, énorme, extrême, formidable, géant, gigantesque, grandiose, grandissime, gros, illimité, immense, immensurable (vx), imposant, indéfini, inépuisable, inépuisé, infini, monumental, prodigieux, profond, vaste, vastitude → GRAND

◇ CONTR. → INFIME

INCOMMENSURABLEMENT de façon → IMMENSE *et les dérivés possibles en -ment des syn. de* immense

INCOMMODANT, E → DÉSAGRÉABLE

INCOMMODE I. → DIFFICILE **II.** → IMPORTUN **III.** → EMBARRASSANT

INCOMMODÉ, E dérangé, embarrassé, empoisonné, étourdi, fatigué, gêné, importuné, indisposé, intoxiqué, malade, mal à l'aise, patraque (fam.), troublé

◇ CONTR. **I.** → BIENHEUREUX **II.** → VALIDE

INCOMMODÉMENT inconfortablement, de façon → INCOMMODE *et les dérivés possibles en -ment des syn. de* incommode

INCOMMODER → GÊNER

INCOMMODITÉ n.f. → INCONVÉNIENT

INCOMMUNICABLE → INEFFABLE

INCOMMUTABILITÉ n.f. constance, fixité, immuabilité, immutabilité, inaliénabi-lité, inaltérabilité, incessibilité, invariabilité, pérennité

◇ CONTR. → TRANSFORMATION

INCOMMUTABLE → INALIÉNABLE

INCOMPARABLE I. inégalable, parfait, unique, supérieur → BON **II.** → DISTINGUÉ

◇ CONTR. → ORDINAIRE

INCOMPARABLEMENT autrement, infiniment, de façon → INCOMPARABLE *et les dérivés possibles en -ment des syn. de* incomparable

INCOMPATIBILITÉ n.f. → OPPOSITION

INCOMPATIBLE I. antinomique, antipathique, antithétique, autre, contradictoire, contraire, désassorti, discordant, dissonant, exclusif de, inconciliable, inharmonieux, opposé **II. jurid.** : dirimant, rescindant, rescissoire

◇ CONTR. → POSSIBLE

INCOMPÉTENCE n.f. → INCAPACITÉ

INCOMPÉTENT, E → INCAPABLE

INCOMPLET, E I. → PARTIEL **II.** → IMPARFAIT

INCOMPLÈTEMENT → IMPARFAITEMENT

INCOMPLÉTUDE → MANQUE

INCOMPRÉHENSIBLE → ININTELLIGIBLE

INCOMPRÉHENSIF, IVE → IGNORANT

INCOMPRÉHENSION n.f. **I.** → MÉSINTELLIGENCE **II.** → IGNORANCE

INCOMPRESSIBLE et **INCOMPRIMABLE** incoercible, irréductible, rigide, solide

◇ CONTR. → SOUPLE

INCOMPRIS, E méconnu → INCONNU

INCONCEVABLE I. → ININTELLIGIBLE **II.** → INVRAISEMBLABLE

INCONCEVABLEMENT de façon → INCONCEVABLE *et les dérivés possibles en -ment des syn. de* inconcevable

INCONCILIABLE → INCOMPATIBLE

INCONDITIONNEL, LE I. → ABSOLU **II.** béni-oui-oui, godillot, suiviste, ▯ ▯▯▯▯▯▯

◇ CONTR. → LIBRE

INCONDITIONNELLEMENT de façon → INCONDITIONNEL *et les dérivés possibles en -ment des syn. de* inconditionnel

INCONDUITE n.f. → DÉBAUCHE

INCONFORT n.m. **I.** → INCONVÉNIENT **II.** → MALAISE

INCONFORTABLE → DÉSAGRÉABLE

INCONFORTABLEMENT de façon → INCONFORTABLE *et les dérivés possibles en -ment des syn. de* inconfortable

INCONGRU, E → DÉPLACÉ

INCONGRUITÉ n.f. I. crudité, cynisme, désinvolture, écart de conduite/ langage, grossièreté, impertinence (vx), impudicité, inconvenance, incorrection, indécence, liberté, licence, malhonnêteté, malpropreté, manque d'éducation/ de tenue, mauvaise tenue, saleté, sans-gêne → IMPOLITESSE **II.** → DISCONVENANCE **III.** → VENT
◈ CONTR. **I.** → POLITESSE **II.** → AMABILITÉ

INCONGRÛMENT de façon → INCONGRU *et les dérivés possibles en* -ment *des syn. de* incongru

INCONNAISSABLE I. → SECRET **II.** → OBSCUR

INCONNAISSANCE n.f. → IGNORANCE

INCONNU, E I. anonyme, incognito **II.** caché, clandestin, dissimulé, énigmatique, étranger, ignoré, impénétrable, inaccessible, incompris, inconnaissable, inédit, inexpérimenté, inexploré, innomé, innommé, inouï, irrévélé, méconnu, mystérieux, neuf, nouveau, obscur, occulte, oublié, secret, ténébreux, voilé **III.** → INQUIÉTANT
◈ CONTR. **I.** → CONNU **II.** → CÉLÈBRE

INCONSCIENCE n.f. absence, irresponsabilité, légèreté → INDIFFÉRENCE
◈ CONTR. **I.** → CONSCIENCE **II.** → RESPONSABILITÉ

INCONSCIEMMENT accidentellement, automatiquement, convulsivement, forcément, instinctivement, involontairement, machinalement, mécaniquement, naturellement, par accident/ force/ hasard/ réflexe, passivement, spontanément
◈ CONTR. → SOIGNEUSEMENT

INCONSCIENT, E I. nom → SUBCONSCIENT **II. adj. 1.** → INSENSÉ **2.** → INERTE

INCONSÉQUENCE n.f. → DÉRÈGLEMENT

INCONSÉQUENT, E I. → MALAVISÉ **II.** → ILLOGIQUE

INCONSIDÉRÉ, E → MALAVISÉ

INCONSIDÉRÉMENT à la légère, étourdiment, de façon → MALAVISÉ *et les dérivés possibles en* -ment *des syn. de* malavisé

INCONSISTANCE n.f. → FAIBLESSE

INCONSISTANT, E → MOU

INCONSOLABLE et **INCONSOLÉ, E** → TRISTE

INCONSOMMABLE → MAUVAIS

INCONSTANCE n.f. **I.** → INFIDÉLITÉ **II.** → INSTABILITÉ

INCONSTANT, E → CHANGEANT

INCONSTATABLE incontrôlable, indémontrable, invérifiable
◈ CONTR. → CONTRÔLABLE

INCONSTITUTIONNALITÉ n.f. → IRRÉGULARITÉ

INCONSTITUTIONNEL, LE → IRRÉGULIER

INCONTESTABILITÉ n.f. → ÉVIDENCE

INCONTESTABLE → ÉVIDENT

INCONTESTABLEMENT → ÉVIDEMMENT

INCONTESTÉ, E → CERTAIN

INCONTINENCE n.f. **I.** débâcle, énurésie → DIARRHÉE **II.** → DÉBAUCHE
◈ CONTR. **I.** → OPILATION **II.** → CONTINENCE

INCONTINENT, E I. adj. → EXCESSIF **II. adv.** → AUSSITÔT

INCONTOURNABLE → INFRANCHISSABLE

INCONTRÔLABLE et **INCONTRÔLÉ, E** inconstatable, indémontrable, invérifiable → LIBRE
◈ CONTR. → CONTRÔLABLE

INCONVENANCE n.f. **I.** → IMPUDENCE **II.** → INCONGRUITÉ

INCONVENANT, E choquant, déplacé, déshonnête, grossier, immodeste, impoli, importun, impossible, incongru, incorrect, indécent, indu, inopportun, intempestif, leste, libre, licencieux, mal élevé, malséant, malsonnant, messéant (vx), pas montrable/ sortable (fam.) → OBSCÈNE
◈ CONTR. → DÉCENT

INCONVÉNIENT n.m. aléa, danger, déplaisir, dérangement, désavantage, difficulté, ennui, gêne, handicap, importunité, incommodité, inconfort, malencontre (vx), pierre d'achoppement, servitude, sujétion, traverse → OBSTACLE
◈ CONTR. **I.** → AGRÉMENT **II.** → AVANTAGE **III.** → QUALITÉ

INCONVERTIBLE et **INCONVERTISSABLE** → FERME

INCORPORALITÉ et **INCORPORÉITÉ** n.f. → IMMATÉRIALITÉ

INCORPORATION n.f. **I.** → MÉLANGE **II.** → RÉUNION

INCORPOREL, LE aérien, impalpable, immatériel, incréé, inétendu, intemporel, intouchable, léger, pur esprit → SPIRITUEL

INCORPORER → ASSOCIER

INCORRECT, E I. → FAUX **II.** → DÉPLACÉ **III.** → INCONVENANT

INCORRECTEMENT I. → GROSSIÈREMENT **II.** → IMPARFAITEMENT

INCORRECTION n.f. → INCONGRUITÉ

INCORRIGIBLE endurci, entêté, impénitent, inamendable, incurable, indécrottable, irrécupérable, récidiviste
◈ CONTR. → PERFECTIBLE

INCORRIGIBLEMENT de façon → INCOR-RIGIBLE *et les dérivés possibles en* -ment *des syn. de* incorrigible

INCORRUPTIBILITÉ n.f. **I.** → PURETÉ **II.** → PROBITÉ

INCORRUPTIBLE I. imputrescible, indestructible, oblamineux (vx), stérilisé **II.** → PROBE

◆ CONTR. **I.** → DESTRUCTIBLE **II.** → POURRI **III.** → VICIEUX

INCORRUPTIBLEMENT de façon → IN-CORRUPTIBLE *et les dérivés possibles en* -ment *des syn. de* incorruptible

INCRÉDIBILITÉ n.f. → INVRAISEMBLANCE

INCRÉDULE I. aporétique (philos.) défiant, douteur, dubitatif, méfiant, perplexe, pyrrhonien, sceptique, soupçonneux **II.** → IN-CROYANT

◆ CONTR. **I.** → NAÏF **II.** → RELIGIEUX **III.** → FIDÈLE

INCRÉDULITÉ n.f. → SCEPTICISME

INCRÉÉ, E → INCORPOREL

INCRÉMENT n.m. augmentation minimale, pas

INCREVABLE costaud, dur, endurci, fort, inassouvissable, indomptable, infatigable, inlassable, invincible, résistant, robuste, solide, tenace, vigoureux

◆ CONTR. **I.** → FAIBLE **II.** peu → RÉSISTANT

INCRIMINER I. → BLÂMER **II. vx** → INCULPER

INCROYABLE I. adj. → INVRAISEMBLABLE **II. nom** : jeune beau, élégant, gandin, merveilleux, muscadin

INCROYABLEMENT de façon → IN-CROYABLE *et les dérivés possibles en* -ment *des syn. de* incroyable

INCROYANCE n.f. → SCEPTICISME

INCROYANT, E agnostique, anti-religieux, aporétique, areligieux, athée, esprit fort, humaniste, impie, incrédule, indifférent, irréligieux, libre penseur, mécréant, païen, profane, sceptique → INFIDÈLE – **vx** : athéiste, indévot, libertin, mécroyant

◆ CONTR. **I.** → RELIGIEUX **II.** → FIDÈLE

INCRUSTANT, E durcissant, pétrifiant

◆ CONTR. → DÉCAPANT

INCRUSTATION n.f. inlay (chir.) → DÉPÔT

INCRUSTER I. damasquiner, nieller, orner, sertir **II. v. pron.** → INTRODUIRE (s')

◆ CONTR. → EXTRAIRE

INCUBATEUR n.m. couveuse

INCUBATION n.f. **I.** → MATURATION **II.** → PRÉPARATION

INCUBE n.m. → DIABLE

◆ CONTR. : succube

INCUBER → COUVER

INCULCATION n.f. → INSTRUCTION

INCULPATION n.f. accusation, charge, imputation, présomption

◆ CONTR. : disculpation, mise hors de cause, non-lieu

INCULPABLE et **INCULPÉ, E** adj. et n. accusé, chargé, prévenu, suspect

INCULPER accuser, arguer de (jurid.), charger, déférer/ inférer au parquet/ au tribunal, dénoncer, déposer une plainte/ s'élever contre, faire le procès de, incriminer, mettre en cause, se plaindre de, porter plainte, poursuivre

INCULQUER I. → ENSEIGNER **II.** → IMPRIMER

INCULTE I. → STÉRILE **II.** → RUDE

INCULTIVABLE et **INCULTIVÉ, E** → STÉRILE

INCULTURE n.f. **I.** amathie, analphabétisme, candeur, illettrisme, incompréhension, inconnaissance, ignorance, inexpérience, ingénuité, innocence, méconnaissance, naïveté, nescience, simplicité **II.** abrutissement, ânerie, balourdise, bêtise, crasse, imbécillité, impéritie, impuissance, incapacité, incompétence, inconscience, inconséquence, insuffisance, lacune, nullité, obscurantisme, sottise

◆ CONTR. **I.** → SAVOIR **II.** → INSTRUCTION

INCURABLE adj. et n. **I.** cas désespéré, condamné, fini, grabataire, handicapé physique, inguérissable, irrémédiable, irrévocable, malade chronique, perdu, valétudinaire – **fam.** : fichu, foutu **II. fig.** → INCORRIGIBLE

◆ CONTR. → GUÉRISSABLE

INCURABLEMENT définitivement, de façon → INCURABLE *et les dérivés possibles en* -ment *des syn. de* incurable

INCURIE n.f. **I.** → INSOUCIANCE **II.** → INATTENTION

INCURIEUX, EUSE → INDIFFÉRENT

INCURIOSITÉ n.f. → INDIFFÉRENCE

INCURSION n.f. **I. au pr.** : course (vx), débarquement, débordement, déferlement, déluge, descente, envahissement, exploration, ingression, inondation, invasion, irruption, pointe, raid, razzia, reconnaissance, submersion **II. par ext. 1.** → VOYAGE **2.** → INTERVENTION

◆ CONTR. → EXPULSION

INCURVATION n.f. → COURBE

INCURVÉ, E → COURBE

INCURVER → FLÉCHIR

INDÉBROUILLABLE confus, dédaléen, désordonné, difficile, embrouillé, emmêlé,

enchevêtré, entrecroisé, indéchiffrable, inextricable, labyrinthique, mêlé, obscur
◈ CONTR. **I.** → INTELLIGIBLE **II.** → SIMPLE

INDÉCEMMENT de façon → INDÉCENT(E) *et les dérivés possibles en* -ment *des syn. de* indécent

INDÉCENCE n.f. → IMPUDENCE

INDÉCENT, E I. → OBSCÈNE **II.** → INCONVENANT

INDÉCHIFFRABLE I. → ILLISIBLE **II.** → SECRET **III.** → OBSCUR

INDÉCHIRABLE → SOLIDE

INDÉCIDABLE → IMPOSSIBLE

INDÉCIS, E I. → VAGUE **II.** → INDÉTERMINÉ

INDÉCISION n.f. → INDÉTERMINATION

INDÉCOLLABLE → SOLIDE

INDÉCROCHABLE → DIFFICILE

INDÉCROTTABLE → INCORRIGIBLE

INDÉFECTIBILITÉ n.f. → CONSTANCE

INDÉFECTIBLE I. → ÉTERNEL **II.** → FIDÈLE

INDÉFECTIBLEMENT de façon → INDÉFECTIBLE *et les dérivés possibles en* -ment *des syn. de* indéfectible

INDÉFENDABLE I. → INVRAISEMBLABLE **II.** → INTOLÉRABLE

INDÉFINI, E I. → IMMENSE **II.** → ÉTERNEL **III.** → VAGUE

INDÉFINIMENT de façon → INDÉFINI *et les dérivés possibles en* -ment *des syn. de* indéfini

INDÉFINISSABLE I. → INEFFABLE **II.** → VAGUE

INDÉFORMABLE → SOLIDE

INDÉFRICHABLE → STÉRILE

INDÉFRISABLE n.f. permanente
◈ CONTR. : décrêpage

INDÉLÉBILE → INEFFAÇABLE

INDÉLÉBILITÉ n.f. → SOLIDITÉ

INDÉLICAT, E → MALHONNÊTE

INDÉLICATEMENT de façon → MALHONNÊTE *et les dérivés possibles en* -ment *des syn. de* malhonnête

INDÉLICATESSE n.f. **I.** → IMPOLITESSE **II.** → VOL

INDÉMAILLABLE → SOLIDE

INDEMNE → SAUF

INDEMNISATION n.f. **I.** → INDEMNITÉ **II.** → RÉPARATION

INDEMNISER → COMPENSER

INDEMNITAIRE → BÉNÉFICIAIRE

INDEMNITÉ n.f. **I. au pr.** : allocation, casuel, compensation, dédommagement, dommages et intérêts, dotation, pécule, wergeld (vx) **II. par ext.** : émolument, liste civile, prestation, rémunération, rétribution, salaire, surestarie (mar.), surloyer, sursalaire, traitement
◈ CONTR. → PRÉLÈVEMENT

INDÉMONTABLE → SOLIDE

INDÉMONTRABLE → ILLOGIQUE

INDÉNIABLE → ÉVIDENT

INDÉNIABLEMENT de façon → INDÉNIABLE *et les dérivés possibles en* -ment *des syn. de* indéniable

INDENTATION n.f. → ÉCHANCRURE

INDÉPASSABLE I. → PARFAIT **II.** → DÉFENDU

INDÉPENDAMMENT → OUTRE (EN)

INDÉPENDANCE n.f. → LIBERTÉ

INDÉPENDANT, E → LIBRE

INDÉPENDANTISTE → SÉPARATISTE

INDÉRACINABLE → SOLIDE

INDÉRÉGLABLE → SÛR

INDESCRIPTIBLE → INEFFABLE

INDÉSIRABLE → IMPORTUN

INDESTRUCTIBILITÉ n.f. → SOLIDITÉ

INDESTRUCTIBLE I. → ÉTERNEL **II.** → SOLIDE

INDESTRUCTIBLEMENT de façon → INDESTRUCTIBLE *et les dérivés possibles en* -ment *des syn. de* indestructible

INDÉTERMINABLE → VAGUE

INDÉTERMINATION n.f. embarras, hésitation, imprécision, incertitude, indécision, irrésolution, perplexité, procrastination, scrupule, vacillation
◈ CONTR. **I.** → RÉSOLUTION **II.** → DÉCISION

INDÉTERMINÉ, E embarrassé, en cervelle (vx), entre le zist et le zest, hésitant, incertain, indécis, indéterminable, irrésolu, perplexe → VAGUE
◈ CONTR. **I.** → DÉCIDÉ **II.** → PRÉCIS

INDÉTERMINISME n.m. → PHILOSOPHIE

INDEX → TABLE

INDEXATION n.f. → GARANTIE

INDEXER → GARANTIR

INDICATEUR, TRICE I. nom 1. → ESPION **2.** → ENREGISTREUR **II. adj.** → INDICATIF

INDICATIF, IVE approchant, approximatif, sans garantie
◈ CONTR. → PRÉCIS

INDICATION n.f. **I.** → SIGNE **II.** charge, dénonciation, piste

INDICE n.m. → SIGNE

INDICIBLE → INEFFABLE

INDICIBLEMENT de façon → INEFFABLE *et les dérivés possibles en -ment des syn. de* ineffable

INDICTION n.f. → CONVOCATION

INDIENNE n.f. → COTON

INDIFFÉREMMENT indistinctement, de façon → ÉGAL *et les dérivés possibles en -ment des syn. de* égal

INDIFFÉRENCE n.f. **I.** aveuglement, désaffection, désintéressement, désinvolture, égoïsme, éloignement, froideur, imperméabilité, inappétence, inapplication (vx), inconscience, incuriosité, indolence, insensibilité, insouciance, laxisme, mollesse, nonchalance, sécheresse de cœur, tiédeur **II.** adiaphorie, anorexie, ataraxie, calme, dégagement (vx), désintérêt, détachement, équanimité, flegme, impassibilité, neutralité, non-curance (vx), sérénité → APATHIE **III.** → SCEPTICISME

◊ CONTR. **I.** → SYMPATHIE **II.** → CURIOSITÉ **III.** → SENTIMENT

INDIFFÉRENCIÉ, E → SEMBLABLE

INDIFFÉRENT, E I. ce qui est indifférent à quelqu'un. 1. → ÉGAL **2.** → INSIGNIFIANT **II. quelqu'un : 1.** adiaphore, apathique, apolitique, blasé, désintéressé, désinvolte, détaché, distant, égoïste, flegmatique, froid, glacé, impassible, imperméable, impersonnel, inaccessible, incurieux, indolent, inexpressif, insensible, insouciant, laxiste, neutre, nonchalant, passif, résigné, sourd, tiède, tolérant **2.** → INCROYANT

◊ CONTR. **I.** → INTÉRESSÉ **II.** → PRÉCIS **III.** → INDISCRET

INDIFFÉRENTISME n.m. → NEUTRALITÉ

INDIFFÉRER être → ÉGAL

INDIGENCE n.f. → PAUVRETÉ

INDIGÈNE nom et adj. aborigène, autochtone, local, natif, national, naturel, originaire, vernaculaire → HABITANT

◊ CONTR. → ÉTRANGER

INDIGENT, E → PAUVRE

INDIGESTE I. au pr. : chargeant (vx), inassimilable, lourd **II. fig** → PESANT

◊ CONTR. **I.** → DIGESTE **II.** → BON

INDIGESTION n.f. **I.** embarras gastrique, excès de table, indisposition **II. par ext.** → DÉGOÛT

◊ CONTR. **I.** → DIGESTION **II.** → APPÉTENCE

INDIGÈTE → PARTICULIER

INDIGNATION n.f. → COLÈRE

INDIGNE I. quelqu'un. 1. → VIL **2.** → COUPABLE **II. quelque chose :** abominable, bas, déshonorant, exécrable, odieux, révoltant, trivial

◊ CONTR. **I.** → CONVENABLE **II.** → HONNÊTE

INDIGNÉ, E → OUTRÉ

INDIGNEMENT de façon → INDIGNE *et les dérivés possibles en -ment des syn. de* indigne

INDIGNER → IRRITER

INDIGNITÉ n.f. **I.** → DÉCHÉANCE **II.** → OFFENSE

INDIQUER accuser, annoncer, assigner, citer, découvrir, dénoncer, dénoter, désigner, déterminer, dévoiler, dire, divulguer, enseigner, exposer, faire connaître/ savoir, fixer, guider, marquer, montrer, nommer, représenter, révéler, signaler, signifier → TRACER

◊ CONTR. → DISSIMULER

INDIRECT, E I. compliqué, coudé, courbé, de biais, détourné, dévié, oblique, sinueux **II.** allusif, digressif, évasif, évocateur, médiat, sous-entendu **III. jurid. :** adventif

◊ CONTR. **I.** → NATUREL **II.** → IMMÉDIAT

INDIRECTEMENT de façon → INDIRECT *et les dérivés possibles en -ment des syn. de* indirect

INDISCERNABLE I. → IMPERCEPTIBLE **II.** → SEMBLABLE

INDISCIPLINABLE et **INDISCIPLINÉ, E** → INDOCILE

INDISCIPLINE n.f. contestation, désobéissance, désordre, fantaisie, indocilité, insoumission, insubordination, opiniâtreté, rébellion, refus d'obéissance, résistance, révolte

◊ CONTR. **I.** → ORDRE **II.** → OBÉISSANCE

INDISCRET, ÈTE I. quelque chose → VOYANT **II. quelqu'un :** casse-pieds (fam.), curieux, écouteur, espion, fâcheux (vx), fouinard, fouineur, fureteur, importun, inquisiteur, inquisitif, inquisitorial, insistant, intrus, touche-à-tout, voyeur

◊ CONTR. → DISCRET

INDISCRÈTEMENT à la légère, de façon → INDISCRET, sans réserve/ retenue *et les dérivés possibles en -ment des syn. de* indiscret

INDISCRÉTION n.f. **I.** → CURIOSITÉ **II.** → RÉVÉLATION

INDISCUTABLE → ÉVIDENT

INDISCUTABLEMENT certainement, de façon → ÉVIDENT *et les dérivés possibles en -ment des syn. de* évident

INDISCUTÉ, E → CERTAIN

INDISPENSABLE → NÉCESSAIRE

INDISPENSABLEMENT de façon → NÉCESSAIRE *et les dérivés possibles en -ment des syn. de* nécessaire

INDISPONIBILITÉ n.f. **I.** → ABSENCE **II.** → IMPOSSIBILITÉ

INDISPONIBLE I. pas → LIBRE II. → ABSENT III. → MALADE IV. → OCCUPÉ

INDISPOSÉ, E I. phys → FATIGUÉ II. par ext. : agacé, choqué, contrarié, fâché, hostile, mécontent, prévenu, vexé
◆ CONTR. → BIENVEILLANT

INDISPOSER I. → AIGRIR II. → PRÉVENIR III. → FATIGUER

INDISPOSITION n.f. → MALAISE

INDISSOCIABLE → INSÉPARABLE

INDISSOLUBLE I. → ÉTERNEL

INDISSOLUBILITÉ n.f. fermeté, fixité, immuabilité, immutabilité, inamovibilité, indestructibilité, intangibilité, irréversibilité, irrévocabilité
◆ CONTR. → PRÉCARITÉ

INDISSOLUBLE absolu, absolutoire, arrêté, décidé, définitif, ferme, fixe, formel, immarcescible, immuable, immutable, imprescriptible, inabrogeable, inamissible, inamovible, intangible, irrécusable, irréformable, irrépétible, irréversible, irrévocable, ne varietur, péremptoire, résolu, sans appel
◆ CONTR. I. : réversible II. → PRÉCAIRE

INDISSOLUBLEMENT de façon → INDISSOLUBLE et les dérivés possibles en -ment des syn. de indissoluble

INDISTINCT, E → VAGUE

INDISTINCTEMENT confusément → VAGUE, indifféremment et les dérivés possibles en -ment des syn. de indistinct

INDIVIDU n.m. I. particulier, personne, unité II. 1. → HOMME 2. → TYPE III. → SPÉCIMEN

INDIVIDUALISATION n.f. caractérisation, choix, définition, détermination, différenciation, distinction, élection, individuation, marque, particularisation, singularisation, spécification, tri
◆ CONTR. → EXTENSION

INDIVIDUALISER → CARACTÉRISER

INDIVIDUALISME n.m. → ÉGOÏSME

INDIVIDUALISTE n.m. I. → ÉGOÏSTE II. → ORIGINAL

INDIVIDUALITÉ n.f. → PERSONNALITÉ

INDIVIDUATION n.f. → INDIVIDUALISATION

INDIVIDUEL, LE distinct, isolé, nominal, nominatif, particulier, personnel, privé, propre, séparé, singulier, spécial, spécifique, unique
◆ CONTR. I. → COMMUN (EN) II. → GÉNÉRAL III. → PUBLIC

INDIVIDUELLEMENT à part, de façon → INDIVIDUEL, en particulier, l'un après l'autre et les dérivés possibles en -ment des syn. de individuel

INDIVIS, E → COMMUN

INDIVISAIRE n.m. et f. → BÉNÉFICIAIRE

INDIVISÉMENT de façon → INDIVIS, en commun/ communauté et les dérivés possibles en -ment des syn. de indivis

INDIVISIBILITÉ n.f. insécabilité, irréductibilité, unicité, unité → FERMETÉ
◆ CONTR. → FAIBLESSE

INDIVISIBLE insécable, irréductible → UN
◆ CONTR. → DIVISIBLE

INDIVISION n.f. communauté, copropriété
◆ CONTR. : en propre

INDOCILE I. désobéissant, dissipé, entêté, fermé, frondeur, indisciplinable, indiscipliné, indomptable, insoumis, insubordonné, passif, rebelle, récalcitrant, réfractaire, regimbant, regimbeur, rétif, révolté, rude, subversif, têtu, vicieux, volontaire II. vén. : choupil
◆ CONTR. → OBÉISSANT

INDOCILITÉ n.f. → INDISCIPLINE

INDOLEMMENT de façon → INDOLENT et les dérivés possibles en -ment des syn. de indolent

INDOLENCE n.f. I. → APATHIE II. → PARESSE III. → MOLLESSE

INDOLENT, E I. → MOU II. → PARESSEUX III. → APATHIQUE IV. → INSENSIBLE

INDOLORE → INSENSIBLE

INDOMPTABLE → INDOCILE

INDOMPTÉ, E → SAUVAGE

INDU, E I. → ILLOGIQUE II. → INCONVENANT

INDUBITABLE → ÉVIDENT

INDUBITABLEMENT de façon → ÉVIDENT et les dérivés possibles en -ment des syn. de indubitable

INDUCTIF, IVE → LOGIQUE

INDUCTION n.f. I. analogie, généralisation, inférence, ressemblance II. action, excitation, influx, production
◆ CONTR. → DÉDUCTION

INDUIRE I. → INFÉRER II. → INVITER III. INDUIRE EN ERREUR → TROMPER

INDULGENCE n.f. I. fav. 1. bénignité, bienveillance, bonté, charité, clémence, compréhension, douceur, générosité, humanité, longanimité, magnanimité, mansuétude, miséricorde, patience, tolérance 2. excuse, exemption, faveur, grâce, pardon, rémission II. péj. : complaisance, faiblesse, laisser aller/ faire, laxisme, mollesse, permissivité
◆ CONTR. I. → RUDESSE II. → SÉVÉRITÉ III. → AUSTÉRITÉ

INDULGENT, E I. bénin, bienveillant, bon, charitable, clément, compréhensif, doux, exorable, favorable, généreux, humain, large, latitudinaire (vx), longanime, magnanime, miséricordieux, oublieux, patient, permissif, sensible, tolérant **II. péj.** : bonasse, complaisant, élastique, facile, faible, laxiste, mou
◆ CONTR. **I.** → RUDE **II.** → SÉVÈRE **III.** → AUSTÈRE

INDULT n.m. → PRIVILÈGE

INDUSTRIALISER développer, équiper, mécaniser, outiller

INDUSTRIE n.f. **I.** secteur secondaire → USINE **II.** → HABILETÉ **III. par ext.** : développement, équipement, machinisme, mécanisation, outillage
◆ CONTR. : agriculture, artisanat, banque, commerce, marine, pêche, professions libérales, secteur primaire/ tertiaire, sous-développement, spectacle, transports

INDUSTRIEL n.m. entrepreneur, fabricant, manufacturier, P-DG (par ext.), usinier
◆ CONTR. : agriculteur, artisan, commerçant, fonctionnaire, libéral, secteur primaire/ tertiaire

INDUSTRIEL, LE actif, développé, équipé, modernisé, outillé, urbanisé (par ext.)
◆ CONTR. : agricole, artisanal, en voie de développement, rural, sous-développé

INDUSTRIELLEMENT de façon → INDUSTRIEL et les dérivés possibles en -ment des syn. de industriel

INDUSTRIEUX, EUSE I. → CAPABLE **II.** → HABILE

INÉBRANLABLE → CONSTANT

INÉBRANLABLEMENT de façon → INÉBRANLABLE et les dérivés possibles en -ment des syn. de inébranlable

INÉCOUTABLE inaudible → IMPOSSIBLE

INÉDIT, E → NOUVEAU

INEFFABLE I. au pr. : extraordinaire, imprononçable, incommunicable, indéfinissable, indescriptible, indicible, inénarrable, inexprimable, intransmissible, inracontable, irracontable **II. par ext. 1.** → RISIBLE **2.** céleste, divin, sacré, sublime
◆ CONTR. : communicable → BANAL

INEFFABLEMENT de façon → INEFFABLE et les dérivés possibles en -ment des syn. de ineffable

INEFFAÇABLE I. au pr. : immarcescible, impérissable, inaltérable, indélébile **II. par ext.** : éternel, immortel, indestructible
◆ CONTR. → PASSAGER

INEFFAÇABLEMENT de façon → INEFFAÇABLE et les dérivés possibles en -ment des syn. de ineffaçable

INEFFICACE I. improductif, impuissant, infructueux, inopérant, inutile, nul, stérile, vain **II.** anodin, platonique
◆ CONTR. **I.** → EFFICACE **II.** → UTILE

INEFFICACEMENT de façon → INEFFICACE et les dérivés possibles en -ment des syn. de inefficace

INEFFICACITÉ n.f. les dérivés possibles de → INEFFICACE

INÉGAL, E I. → IRRÉGULIER **II.** → CHANGEANT **III.** → DIFFÉRENT **IV.** → INJUSTE

INÉGALABLE → PARFAIT

INÉGALÉ, E → UNIQUE

INÉGALEMENT I. → INJUSTEMENT **II.** → DIFFÉREMMENT

INÉGALITÉ n.f. → DIFFÉRENCE

INÉLÉGAMMENT de façon → INÉLÉGANT et les dérivés possibles en -ment des syn. de inélégant

INÉLÉGANCE n.f. balourdise, goujaterie, grossièreté, laideur, lourderie, lourdeur, lourdise, vulgarité → MALADRESSE
◆ CONTR. → ÉLÉGANCE

INÉLÉGANT, E I. au pr. : balourd, grossier, laid, lourd, lourdaud, lourdingue (fam.), ridicule, vulgaire **II. fig.** : indélicat → MALHONNÊTE
◆ CONTR. → ÉLÉGANT

INÉLUCTABLE → INÉVITABLE

INÉLUCTABLEMENT de façon → INÉLUCTABLE, infailliblement et les dérivés possibles en -ment des syn. de inéluctable

INEMPLOYABLE → IMPOSSIBLE

INEMPLOYÉ, E → INUSITÉ

INÉNARRABLE I. → INEFFABLE **II.** → RISIBLE

INENTAMÉ, E → ENTIER

INÉPROUVÉ, E → NOUVEAU

INEPTE I. → BÊTE **II.** → INCAPABLE

INEPTIE n.f. **I.** → BÊTISE **II.** → INCAPACITÉ

INÉPUISABLE I. continu, durable, éternel, fécond, indéfini, inexhaustible, infini, inlassable, intarissable → ABONDANT **II.** → IMMENSE
◆ CONTR. → LIMITÉ

INÉPUISABLEMENT de façon → INÉPUISABLE, sans → FIN et les dérivés possibles en -ment des syn. de inépuisable

INÉPUISÉ, E nouveau, renouvelé
◆ CONTR. **I.** → VIEUX **II.** → BLASÉ

INÉQUITABLE → INJUSTE

INERTE abandonné, apathique, atone, dormant, flaccide, flasque, froid, immobile, improductif, inactif, inconscient, insensible, latent, lent, lourd, mort, mou, passif, stagnant

◈ CONTR. **I.** → ACTIF **II.** → EFFICACE **III.** → UTILE

INERTIE n.f. **I.** → INACTION **II.** → RÉSISTANCE **III. écon.** → OUTILLAGE

INESPÉRÉ, E fortuit, imprévu, inattendu, inopiné, insoupçonné, providentiel, subit, surprenant

◈ CONTR. **I.** *les part. passés possibles de* → ESPÉRER **II.** → AFFLIGEANT

INESTHÉTIQUE → LAID

INESTIMABLE I. au pr. → PRÉCIEUX **II. par ext.** → IMPORTANT

INÉVITABLE assuré, automatique, certain, écrit, fatal, forcé, habituel, immanquable, imparable, inéluctable, inexorable, infaillible, inséparable, logique, nécessaire, obligatoire, obligé, prédéterminé, rituel, sûr, vital

◈ CONTR. : évitable → INCERTAIN

INÉVITABLEMENT de façon → INÉVITABLE *et les dérivés possibles en* -ment *des syn. de* inévitable

INEXACT, E → FAUX

INEXACTEMENT de façon → FAUX *et les dérivés possibles en* -ment *des syn. de* inexact

INEXACTITUDE n.f. à-peu-près, approximation, contrefaçon, contresens, contrevérité, erreur, fantaisie, fausseté, faute, faux, faux sens, imperfection, imprécision, impropriété, incorrection, infidélité, mensonge, négligence, paralogisme

◈ CONTR. **I.** → EXACTITUDE **II.** → CONSTANCE

INEXCUSABLE → INJUSTIFIABLE

INEXÉCUTABLE injouable, impraticable → IMPOSSIBLE

INEXÉCUTION n.f. inobservation → VIOLATION

INEXERCÉ, E maladroit → INEXPÉRIMENTÉ

INEXHAUSTIBLE → INÉPUISABLE

INEXIGIBILITÉ n.f. → PRESCRIPTION

INEXIGIBLE → PRESCRIT

INEXISTANT, E I. → NUL **II.** → IMAGINAIRE

INEXISTENCE n.f. → MANQUE

INEXORABILITÉ n.f. → FATALITÉ

INEXORABLE → INFLEXIBLE

INEXORABLEMENT de façon → INFLEXIBLE *et les dérivés possibles en* -ment *des syn. de* inexorable

INEXPÉRIENCE n.f. → MALADRESSE

INEXPÉRIMENTÉ, E et **INEXPERT, E** apprenti, apprenti-sorcier, béjaune (péj.),

gauche, ignorant, incompétent, inexercé, inhabile, jeune, malhabile, novice, profane → MALADROIT

◈ CONTR. **I.** → CAPABLE **II.** → HARDI

INEXPIABLE → INJUSTIFIABLE

INEXPLICABLE I. énigmatique, miraculeux, mystérieux **II.** → OBSCUR

◈ CONTR. → INTELLIGIBLE

INEXPLICABLEMENT de façon → INEXPLICABLE *et les dérivés possibles en* -ment *des syn. de* inexplicable

INEXPLOITABLE → IMPOSSIBLE

INEXPLOITÉ, E → VIDE

INEXPLORÉ, E ignoré, inconnu, inexploité, vierge → NOUVEAU

◈ CONTR. → CONNU

INEXPRESSIF, IVE atone, figé, froid, vague → TERNE

◈ CONTR. → EXPRESSIF

INEXPRIMABLE → INEFFABLE

INEXPRIMÉ, E → IMPLICITE

INEXPUGNABLE → IMPRENABLE

INEXTENSIBILITÉ n.f. → DURETÉ

INEXTENSIBLE barré, borné, défini, dur, fermé, fini, limité

◈ CONTR. → SOUPLE

IN EXTENSO complètement, d'un bout à l'autre, en entier, entièrement, intégralement, totalement

◈ CONTR. → ABRÉGÉ

INEXTINGUIBLE ardent, continu, excessif, inassouvissable, insatiable, intarissable, invincible, violent

◈ CONTR. : extinguible

INEXTIRPABLE ancré, enraciné, fixé, indéracinable, invincible, tenace

◈ CONTR. : extirpable

IN EXTREMIS I. → AGONIE **II.** à la course/ la dernière minute/ moins une, au dernier moment, au vol, d'un poil (fam.)

◈ CONTR. : au → COMMENCEMENT

INEXTRICABLE confus, dédaléen, désordonné, difficile, embrouillé, emmêlé, enchevêtré, entrecroisé, indébrouillable, indéchiffrable, labyrinthique, mêlé, obscur

◈ CONTR. **I.** → INTELLIGIBLE **II.** → SIMPLE

INEXTRICABLEMENT de façon → INEXTRICABLE *et les dérivés possibles en* -ment *des syn. de* inextricable

INFAILLIBILITÉ n.f. → CERTITUDE

INFAILLIBLE I. → CERTAIN **II.** → INÉVITABLE **III.** → EFFICACE

INFAILLIBLEMENT à coup sûr, à tous coups *et les dérivés possibles en* -ment *des syn. de* infaillible

◈ CONTR. → PEUT-ÊTRE

INFAISABLE → IMPOSSIBLE

INFALSIFIABLE → SÛR

INFAMANT, E → HONTEUX

INFÂME I. → BAS **II.** → HONTEUX **III.** → MAL-
PROPRE

INFAMIE n.f. **I.** → HONTE **II.** → INJURE **III.** →
HORREUR

INFANTERIE n.f. biffe, fantabosse, griffe,
grive, piétaille, reine des batailles – **de marine** :
la colo/ coloniale/ martiale

INFANTICIDE n.m. → HOMICIDE

INFANTILE → ENFANTIN

INFANTILISER → ABÊTIR

INFANTILISME n.m. **I.** gâtisme, idiotie,
puérilisme, retour à l'enfance, sénilité **II.** →
CAPRICE
◊ CONTR. **I.** → INTELLIGENCE **II.** → PLÉNITUDE

INFATIGABLE costaud, dur, endurci, fort,
inassouvissable, incessant, increvable (fam.),
indomptable, inlassable, invincible, résistant, robuste, solide, tenace, vigoureux, zélé
◊ CONTR. **I.** → FAIBLE **II.** peu → RÉSISTANT

INFATIGABLEMENT de façon → INFATI-
GABLE et les dérivés possibles en -ment des
syn. de infatigable

INFATUATION n.f. → ORGUEIL

INFATUÉ, E enflé, épris, gonflé, orgueilleux, vaniteux

INFATUER (S') → ENGOUER (s')

INFÉCOND, E › STÉRILE

INFÉCONDITÉ n.f. → IMPUISSANCE

INFECT, E I. → DÉGOÛTANT **II.** → MAUVAIS
III. → PUANT

INFECTER I. abîmer, contaminer, corrompre, empoisonner, gangrener, gâter, intoxiquer **II.** → PUER
◊ CONTR. **I.** → PURIFIER **II.** immuniser

INFECTIEUX, EUSE contagieux, septique
→ PESTILENTIEL

INFECTION n.f. altération, contagion,
contamination, corruption, empoisonnement, épidémie, gangrène, infestation, intoxication, pestilence, putréfaction → PUAN-
TEUR
◊ CONTR. **I.** → GUÉRISON **II.** → IMMUNISATION
III. → PURIFICATION

INFÉLICITÉ n.f. → MALHEUR

INFÉODATION n.f. → SOUMISSION

INFÉODER (S') → SOUMETTRE (SE)

INFÉRENCE n.f. → INDUCTION

INFÉRER conclure, déduire, dégager, induire, raisonner, tirer – **vx** : arguer, colliger

INFÉRIEUR, E I. → BAS **II.** → INFIME

INFÉRIEUR n.m. **I.** humble, petit, second,
subalterne, subordonné **II.** domestique, esclave **III. fam. et péj.** : porte-pipe, sous-fifre/
ordre/ verge
◊ CONTR. → SUPÉRIEUR

INFÉRIEUREMENT de façon → INFÉRIEUR
et les dérivés possibles en -ment des syn. de
inférieur

INFÉRIORISATION n.f. → HUMILIATION

INFÉRIORISER I. → HUMILIER **II.** → RÉDUIRE

INFÉRIORITÉ n.f. **I.** désavantage, dessous,
faiblesse, handicap **II.** → SUBORDINATION
◊ CONTR. → SUPÉRIORITÉ

INFERMENTESCIBLE appertisé, aseptisé, désinfecté, étuvé, javellisé, ozonisé, pasteurisé, purifié, stérilisé, upérisé, verdunisé
◊ CONTR. **I.** → PUTRESCIBLE **II.** → PÉRISSABLE

INFERNAL, E I. → DIABOLIQUE **II.** → MÉ-
CHANT **III.** → INTOLÉRABLE

INFERTILE → STÉRILE

INFESTATION n.f. → INFECTION

INFESTER I. → RAVAGER **II.** → ABONDER

INFIDÈLE I. adj. 1. adultère, inconstant, volage **2.** déloyal, félon, fourbe, inexact, judas,
malhonnête, parjure, perfide, renégat, scélérat, traître, trompeur, vendu → FAUX **II. vx** :
proditeur, traditeur, trigaud **III. nom. 1.** apostat, hérétique, laps, relaps, schismatique →
PAÏEN **2. islam.** : giaour, roumi **3. israél.** : goy,
goyim (pl.), incirconcis
◊ CONTR. → FIDÈLE

INFIDÉLITÉ n.f. **I.** abandon, déloyauté, félonie, inconstance, lâchage, manquement,
parjure, perfidie, saloperie, scélératesse, trahison, traîtrise, tromperie **II.** → ADULTÈRE
III. → INEXACTITUDE
◊ CONTR. **I.** → CONSTANCE **II.** → FOI **III.** → VÉRITÉ

INFILTRATION n.f. **I.** entrisme, noyautage, pénétration **II. méd.** → PIQÛRE

INFILTRER (S') → PÉNÉTRER

INFIME bas, dernier, élémentaire, grou-
pusculaire, inférieur, insignifiant, menu, microscopique, minime, minoritaire, minuscule, modique, moindre, négligeable, nul,
parcimonieux, petit, sommaire
◊ CONTR. → IMMENSE

INFINI, E I. adj. : absolu, continu, énorme,
éternel, illimité, immense, incalculable, incommensurable, inconditionné, inépuisable, interminable, perdurable, perpétuel,
sans bornes, universel **II. n.m.** → IMMENSITÉ
◊ CONTR. → FINI

INFINIMENT I. → BEAUCOUP **II.** → TRÈS

INFINITÉ n.f. → QUANTITÉ

INFINITÉSIMAL, E atomique, imperceptible, microscopique, minuscule, négligeable, voisin de zéro → INFIME
◊ CONTR. **I.** → GRAND **II.** → INFINI

INFINITUDE n.f. → IMMENSITÉ

INFIRMATION n.f. → ABROGATION

INFIRME adj. et n. **I.** amputé, boiteux, bossu, cul-de-jatte, démanguillé (rég.), difforme, estropié, grabataire, gueule cassée, handicapé, impotent, invalide, malade, malbâti, manchot, mutilé, paralytique, stropiat, valétudinaire **II.** → FAIBLE **III.** → INCURABLE
◊ CONTR. **I.** → VALIDE **II.** → DISPOS

INFIRMER abolir, abroger, affaiblir, amoindrir, annuler, battre en brèche, briser, casser, contredire, défaire, démentir, détruire, ôter sa force/ valeur, pulvériser, réfuter, rejeter, ruiner
◊ CONTR. → CONFIRMER

INFIRMERIE n.f. → HÔPITAL

INFIRMIER n.m. **par ext.** : aide-soignant, ambulancier, brancardier

INFIRMIÈRE n.f. **I. au pr.** : aide-médicale, assistante, garde-malade, nurse, soignante **II. par ext. 1.** fille/ sœur de charité **2.** fille de salle

INFIRMITÉ n.f. amélie, atrophie, boiterie, cécité, débilité, défaut, difformité, diminution physique, faiblesse, handicap, imperfection, impotence, impuissance, incapacité, incommodité, invalidité, mutilation, surdité
◊ CONTR. **I.** → FORCE **II.** bonne → NATURE

INFLAMMABLE I. au pr. : combustible, consumable, flammeux (vx), ignifiable, volatil **II. fig.** → IMPÉTUEUX
◊ CONTR. → INCOMBUSTIBLE

INFLAMMATION n.f. **I. par anal.** : aï, angine, angioleucite, blennorragie, catarrhe, coryza, couperose, éruption, feu, intertrigo, iritis, ophtalmie, oreillons, parulie, phlogose, prurigo, rhumatisme, rhume, synovie *et par dérivation à partir d'un nom d'organe et du suffixe* -ite *, par exemple* : angéite, angiocardite, angiocholite, annexite, artérite, arthrite, balanite, blépharite, bronchite, cystite, dermite, entérite, gingivite, iléite, laryngite, lymphangite, méningite, métrite, néphrite, orchite, otite, pharyngite, phlébite, pyodermite, rhinite, salpingite, urétrite, vaginite, vascularite – **par ext. et iron.** : flemmingite (aiguë), pétitionite, réunionite **II. par ext. 1.** → IRRITATION **2.** → ABCÈS

INFLATION n.f. **fig.** → EXAGÉRATION

INFLÉCHI, E → COURBE

INFLÉCHIR → FLÉCHIR

INFLÉCHISSEMENT n.m. → MODIFICATION

INFLEXIBILITÉ n.f. → RIGIDITÉ

INFLEXIBLE constant, draconien, dur, entêté, ferme, impitoyable, implacable, indomptable, inébranlable, inexorable, insensible, intraitable, intransigeant, invincible, irréductible, persévérant, raide, rigide, rigoureux, sévère, sourd – **vx** : immiséricordieux, impiteux, sans merci
◊ CONTR. → FLEXIBLE

INFLEXIBLEMENT de façon → INFLEXIBLE *et les dérivés possibles en* -ment *des syn. de* inflexible

INFLEXION n.f. → SON

INFLIGER → PRESCRIRE

INFLORESCENCE n.f. capitule, chaton, corymbe, glomérule, grappe, ombelle, panicule, spadice, trochet

INFLUENÇABLE I. → FAIBLE **II.** → FLEXIBLE

INFLUENCE n.f. action, aide, appui, ascendant, attirance, attraction, aura, autorité, conditionnement, crédit, domination, effet, efficacité, empire, empreinte, emprise, fascination, force, importance, incitation, influx, inspiration, intercession, mainmise, manipulation, mouvance, poids, pouvoir, prépondérance, pression, prestige, puissance, rôle, suggestion, tyrannie (péj.) → CHARME
◊ CONTR. **I.** → IMPUISSANCE **II.** → INCAPACITÉ

INFLUENCER → INFLUER

INFLUENT, E actif, agissant, autorisé, efficace, fort, important, le bras long (avoir), prépondérant, puissant
◊ CONTR. **I.** → IMPUISSANT **II.** → INCAPABLE

INFLUENZA n.f. → GRIPPE

INFLUER (SUR) agir/ avoir de l'effet sur, cuisiner (fig. et fam.), désinformer, déteindre/ embrayer sur, entraîner, exercer, faire changer, influencer, intoxiquer, matraquer, modifier, peser/ se répercuter sur, prévenir, retourner, suggestionner, tourner
◊ CONTR. : n'avoir aucune → INFLUENCE (SUR)

INFLUX n.m. → INFLUENCE

IN-FOLIO n.m. et adj. → FORMAT

INFORMATEUR, TRICE agent, correspondant → ESPION

INFORMATICIEN, NE analyste, claviste, programmeur, pupitreur

INFORMATION n.f. **I.** → RECHERCHE **II.** NOUVELLE **III.** → RENSEIGNEMENT

INFORMATIQUE n.f. **I. quelques applications** : bureautique, conception/ dessin assisté par ordinateur (CAO/ DAO), connectique, constructique, dictionnairique, dictronique, documentation automatique, domotique, électronique (par ext.), imaginatique, immotique, infographie, médiatique, mercatique, monétique, productique, robotique, technétronique, téléalarme, télécommande, télégestion, téléinformatique, télématique, télésurveillance, télétraitement, traitement automatique, traitement de texte II. → AUTOMATION III. → PROGRAMME

INFORMATISER *les dérivés verbaux possibles des syn. de* → INFORMATIQUE

INFORME → DIFFORME

INFORMER I. annoncer, apprendre, avertir, aviser, déclarer, documenter, donner avis, donner part (dipl.), éclaircir, éclairer, écrire, enseigner, faire connaître/ part de/ savoir, informatiser, instruire, mander, mettre au courant/ au fait, notifier, porter à la connaissance, prévenir, publier, raconter, rapporter, rendre compte, renseigner, tenir au courant II. fam. : brancher sur, mettre au parfum III. v. pron. → ENQUÉRIR (s')
◇ CONTR. I. : garder le → SECRET II. → DISSIMULER

INFORTUNE n.f. → MALHEUR

INFORTUNÉ, E → MISÉRABLE

INFRACTION n.f. → VIOLATION

INFRANCHISSABLE impassable, impraticable, inaccessible, incommode, incontournable, infaisable, insurmontable, invincible, inviolable, irréalisable, rebelle → IMPOSSIBLE
◇ CONTR. → POSSIBLE

INFRANGIBLE dur, ferme, incassable, résistant, solide
◇ CONTR. I. → FRAGILE II. → MOU

INFRASTRUCTURE n.f. I. → ARMATURE II. → FONDEMENT

INFRÉQUENTABLE → DIFFICILE

INFRÉQUENTÉ, E abandonné, délaissé, dépeuplé, désert, désolé, écarté, inhabité, perdu, retiré, sauvage, solitaire, vierge
◇ CONTR. → FRÉQUENTÉ

INFROISSABLE → SOLIDE

INFRUCTUEUX, EUSE → STÉRILE

INFULE n.f. → BANDEAU

INFUNDIBULUM n.m. → ENTONNOIR

INFUS, E → INNÉ

INFUSER I. → VERSER II. → TREMPER III. → TRANSMETTRE

INFUSION n.f. → TISANE

INGAGNABLE → IMPOSSIBLE

INGAMBE I. → DISPOS II. → VALIDE

INGÉNIER (S') → ESSAYER

INGÉNIEUSEMENT de façon → INGÉNIEUX *et les dérivés possibles en* -ment *des syn. de* ingénieux

INGÉNIEUX, EUSE I. adroit, astucieux (fam.), capable, chercheur, créatif, délié, fin, génial, habile, imaginatif, inventif, malin, sagace, spirituel, subtil II. apollinien, prométhéen
◇ CONTR. I. → BÊTE II. → GAUCHE

INGÉNIOSITÉ n.f. → HABILETÉ

INGÉNU, E → SIMPLE

INGÉNUITÉ n.f. → SIMPLICITÉ

INGÉNUMENT de façon → SIMPLE *et les dérivés possibles en* -ment *des syn. de* ingénu

INGÉRENCE n.f. → INTERVENTION

INGÉRER I. → AVALER II. v. pron. 1. → INTERVENIR 2. → INTRODUIRE (s')

INGESTION n.f. → ABSORPTION

INGRAT, E I. quelqu'un 1. au pr. : égoïste, oublieux 2. par ext. : amer, désagréable, difficile, disgracieux, laid, mal fichu (fam.)/ formé/ foutu (vulg.)/ tourné II. quelque chose : aride, caillouteux, désertique, difficile, infructueux, peu productif, sec, stérile
◇ CONTR. I. : obligé, reconnaissant II. → AIMABLE III. → FÉCOND

INGRATEMENT de façon → INGRAT *et les dérivés possibles en* -ment *des syn. de* ingrat

INGRATITUDE n.f. égoïsme, méconnaissance, oubli, oubliance (vx)
◇ CONTR. → GRATITUDE

INGRÉDIENT n.m. agrément, apport, assaisonnement, épice

INGRESSION n.f. → INCURSION

INGUÉRISSABLE → INCURABLE

INGURGITATION n.f. → ABSORPTION

INGURGITER → AVALER

INHABILE → MALADROIT

INHABILEMENT de façon → INHABILE *et les dérivés possibles en* -ment *des syn. de* inhabile

INHABILETÉ n.f. → MALADRESSE

INHABILITÉ n.f. → INCAPACITÉ

INHABITABLE → MALSAIN

INHABITÉ, E abandonné, délaissé, dépeuplé, désert, désertique, déshabité, désolé, inoccupé, mort, sauvage, solitaire, vacant, vide, vierge
◇ CONTR. → PEUPLÉ

INHABITUEL, LE → RARE

INHALATION n.f. I. aspiration, inspiration, respiration II. fumigation
◇ CONTR. I. → EXPIRATION II. → EXHALAISON

INHALER absorber, aspirer, avaler, inspirer, respirer

◊ CONTR. → EXHALER

INHARMONIEUX, EUSE → DISCORDANT

INHÉRENCE n.f. → ADHÉRENCE

INHÉRENT, E adhérent, aggloméré, agrégé, annexé, appartenant, associé, attaché, consécutif, indissoluble/ inséparable de, inné, intérieur, joint, lié

◊ CONTR. → SÉPARÉ

INHIBÉ, E → TIMIDE

INHIBER défendre, empêcher, interdire, prohiber, proscrire

◊ CONTR. → LIBÉRER

INHIBITION n.f. I. → OBSTACLE II. → DÉFENSE

INHOSPITALIER, ÈRE I. un lieu : inabordable, inaccessible, inaccueillant, inconfortable, ingrat, inhabitable, invivable, peu engageant, rude, sauvage, stérile II. quelqu'un : acrimonieux, désagréable, disgracieux, dur, inhumain, misanthrope, rébarbatif

◊ CONTR. → HOSPITALIER

INHUMAIN, E abominable, affreux, a-humain, antihumain, atroce, barbare, bestial, cauchemardesque, contrefait, cruel, dénaturé, diabolique, difforme, dur, épouvantable, féroce, immonde, infernal, luciférien, mauvais, méchant, impitoyable, insensible, monstrueux, odieux, sanguinaire, sans cœur/ entrailles (fam.)/ pitié, terrifiant

◊ CONTR. → HUMAIN

INHUMAINEMENT de façon → INHUMAIN et les dérivés possibles en -ment des syn. de inhumain

INHUMANITÉ n.f. atrocité, barbarie, bestialité, cruauté, dureté, férocité, insensibilité, monstruosité, sadisme, satanisme

◊ CONTR. → BONTÉ

INHUMATION n.f. → ENTERREMENT

INHUMER enfouir, ensevelir, enterrer, mettre/ porter en terre, rendre les derniers devoirs/ honneurs

◊ CONTR. → DÉTERRER

INIMAGINABLE → INVRAISEMBLABLE

INIMITABLE achevé, impayable (fam.), incomparable, nonpareil, original, parfait, sans pareil, unique

◊ CONTR. → IMITABLE

INIMITIÉ n.f. → HAINE

ININFLAMMABLE → INCOMBUSTIBLE

ININTELLIGEMMENT de façon → ININTELLIGENT et les dérivés possibles en -ment des syn. de inintelligent

ININTELLIGENCE n.f. → STUPIDITÉ

ININTELLIGENT, E abruti, arriéré, borné, bouché, étroit, fermé, idiot, innocent, lourd, obtus, opaque, pesant, rétréci, stupide → BÊTE

◊ CONTR. → INTELLIGENT

ININTELLIGIBLE abscons, abstrus, ambigu, amphigourique, confus, contradictoire, difficile, énigmatique, inarticulé, incompréhensible, inconcevable, mystérieux, nébuleux → OBSCUR

◊ CONTR. → INTELLIGIBLE

ININTELLIGIBLEMENT de façon → ININTELLIGIBLE et les dérivés possibles en -ment des syn. de inintelligible

ININTÉRESSANT, E → ENNUYEUX

ININTERROMPU, E → CONTINU

INIQUE → INJUSTE

INIQUEMENT de façon → INIQUE et les dérivés possibles en -ment des syn. de inique

INIQUITÉ n.f. I. → INJUSTICE II. → DÉRÈGLEMENT III. → TURPITUDE

INITIAL, E commençant, débutant, élémentaire, fondamental, liminaire, originaire, originel, premier, primitif, primordial, rudimentaire

◊ CONTR. → DERNIER

INITIALE n.f. I. capitale, haut de casse, lettre d'antiphonaire/ d'imprimerie, lettrine, majuscule, miniature II. au pl. : chiffre, sigle

◊ CONTR. → MINUSCULE

INITIALEMENT au commencement, au début, avant tout et les dérivés possibles en -ment des syn. de initial

INITIAL UNIT spat. off. : centrale inertielle

INITIATEUR, TRICE nom et adj. I. au pr. : mystagogue → INNOVATEUR II. par ext. → MAÎTRE

INITIATION n.f. I. mystagogie → RÉCEPTION II. → INSTRUCTION

INITIATIQUE → SECRET

INITIATIVE n.f. I. → PROPOSITION II. → DÉCISION III. SYNDICAT D'INITIATIVE : bureau/ centre/ office d'accueil/ d'information/ de renseignements/ de tourisme

INITIÉ, E myste → SAVANT

INITIER I. → RECEVOIR II. → INSTRUIRE

INJECTER administrer, esquicher (pétr.), infiltrer, infuser, inoculer, introduire

◊ CONTR. → PRÉLEVER

INJECTION n.f. I. méd. → PIQÛRE II. administration → INTRODUCTION III. pétr. : esquiche

◊ CONTR. → PRÉLÈVEMENT

INJONCTION n.f. assignation, commandement, consigne, décret, diktat, édit, impératif, intimation, mandement, mise en demeure, ordre, prescription, sommation, ukase, ultimatum

◇ CONTR. → SOUMISSION

INJOUABLE → IMPOSSIBLE

INJURE n.f. **I. un acte** : affront, attaque, avanie, blessure, bras d'honneur, calomnie, dommage, manquement, offense, outrage, tort **II. vx** : contumélie, incagade, rompement de visière **III. un propos** : engueulade (fam.), fulmination, gros mots, grossièreté, imprécation, infamie, insulte, invective, mots, offense, paroles, pouilles, sottise, vilenie

◇ CONTR. → ÉLOGE

INJURIER I. agonir, blesser, chanter pouilles, crier raca sur, dire des injures, fulminer, harpailler (vx), insulter, invectiver, maudire, offenser, outrager, traiter de **II. fam.** : crosser, engueuler, enguirlander, glavioter sur, incaguer (vx)

◇ CONTR. **I.** → COMPLIMENTER **II.** → FLATTER **III.** → LOUER

INJURIEUX, EUSE I. → OFFENSANT **II.** → INJUSTE

INJURIEUSEMENT de façon → INJURIEUX *et les dérivés possibles en* -ment *des syn. de* injurieux

INJUSTE abusif, arbitraire, attentatoire, déloyal, faux, illégal, illégitime, immérité, inacceptable, inadmissible, indu, inéquitable, inique, injurieux (vx), injustifiable, injustifié, irrégulier, léonin, malfaisant, mal fondé, mauvais, partial, sans fondement, scélérat, usurpé

◇ CONTR. → JUSTE

INJUSTEMENT I. de façon → INJUSTE **II.** *les dérivés en* -ment *possibles des syn. de* → INJUSTE

INJUSTICE n.f. abus, arbitraire, déloyauté, déni de justice, erreur, exploitation, favoritisme, illégalité, illégitimité, improbité, inégalité, iniquité, injure (vx), irrégularité, malveillance, noirceur, partialité, passe-droit, préjudice, prévention, privilège, scélératesse, vice de forme

◇ CONTR. **I.** → JUSTICE **II.** → BIENFAIT

INJUSTIFIABLE et **INJUSTIFIÉ, E** arbitraire, fautif, gratuit, immotivé, impardonnable, indu, inexcusable, inexpiable, infâme, inqualifiable, unilatéral → INJUSTE

◇ CONTR. → EXCUSABLE

INLANDSIS n.m. calotte glaciaire, Grand Nord, Terres australes

INLASSABLE I. → INFATIGABLE **II.** → PATIENT

INLASSABLEMENT de façon → INFATIGABLE *et les dérivés possibles en* -ment *des syn. de* infatigable

INLAY n.m. chir. off. : incrustation

INNÉ, E atavique, congénital, foncier, héréditaire, inconscient, infus, instinctif, natif (vx), naturel, originel, personnel, profond, viscéral → INHÉRENT

◇ CONTR. **I.** → ACCIDENTEL **II.** → TRANSMIS

INNÉISME n.m. → PHILOSOPHIE

INNOCEMMENT sans malice/ songer à mal, de façon → INNOCENT *et les dérivés possibles en* -ment *des syn. de* innocent

INNOCENCE n.f. **I.** → PURETÉ **II.** → SIMPLICITÉ

INNOCENT, E I. adj. 1. → INOFFENSIF **2.** → SIMPLE **3.** irresponsable, non coupable **II. nom** → ENFANT

INNOCENTER → EXCUSER

INNOCUITÉ n.f. neutralité, sans contre-indication, sans → DANGER

◇ CONTR. → NOCIVITÉ

INNOMBRABLE → NOMBREUX

INNOMMABLE → DÉGOÛTANT

INNOVATEUR, TRICE adj. et n. créateur, découvreur, fondateur, inaugurateur, initiateur, inspirateur, introducteur, inventeur, novateur, pionnier, précurseur, progressiste, promoteur, réformateur, rénovateur, restaurateur

◇ CONTR. **I.** → ROUTINIER **II.** → IMITATEUR

INNOVATION n.f. → CHANGEMENT

INNOVER I. → CHANGER **II.** → INVENTER **III.** → CRÉER

INOBSERVANCE et **INOBSERVATION** n.f. → VIOLATION

INOCCUPÉ, E I. → INACTIF **II.** → VACANT

IN-OCTAVO n.m. et adj. → FORMAT

INOCULATION n.f. **I.** immunisation, piqûre, sérothérapie, vaccination **II.** contagion, contamination, infestation, transmission

INOCULER I. immuniser, piquer, vacciner **II. par ext.** → TRANSMETTRE

INODORE I. au pr. : fade, imperceptible, neutre, sans odeur **II. fig.** → INSIGNIFIANT

◇ CONTR. → ODORANT

INOFFENSIF, IVE anodin, bénin, bon, calme, désarmé, doux, fruste, impuissant, innocent, inodore, insignifiant, miton-mitaine (vx), négligeable, neutralisé, pacifique, paisible, tranquille

◇ CONTR. **I.** → MAUVAIS **II.** → NUISIBLE

INONDATION n.f. **I. au pr.** : débordement, montée des eaux, submersion **II. fig. 1.** → INCURSION **2.** → MULTITUDE

◇ CONTR. **I.** → DESSÈCHEMENT **II.** → SÉCHERESSE

INONDER arroser, déborder, envahir, immerger, mouiller, noyer, occuper, pénétrer, recouvrir, se répandre, submerger, tremper
◊ CONTR. → SÉCHER

INOPÉRABLE → IMPOSSIBLE

INOPÉRANT, E → INEFFICACE

INOPINÉ, E I. → INESPÉRÉ **II.** → SUBIT

INOPINÉMENT → SOUDAIN

INOPPORTUN, E défavorable, déplacé, fâcheux, hors de propos/ saison, intempestif, mal, malséant, malvenu, mauvais, messéant, prématuré, râlant (fam.), regrettable
◊ CONTR. → CONVENABLE

INOPPORTUNÉMENT à contretemps, de façon → INOPPORTUN, hors de propos/ saison, mal à propos *et les dérivés possibles en* -ment *des syn. de* inopportun

INOPPORTUNITÉ n.f. → FUTILITÉ

INORGANISATION n.f. → CONFUSION

INOUBLIABLE célèbre, fameux, frappant, glorieux, grandiose, gravé, historique, illustre, immortalisé, imprimé, ineffaçable, insigne, marqué, mémorable, perpétué, retentissant, saillant
◊ CONTR. → BANAL

INOUÏ, E I. → EXTRAORDINAIRE **II.** → NOUVEAU

IN-PACE n.m. → CACHOT

IN PETTO → INTÉRIEUR

IN-PLANO n.m. et adj. → FORMAT

INPUT n.m. **inform.off.** : entrée

INQUALIFIABLE abject, abominable, bas, honteux, ignoble, inavouable, inconcevable, inconvenant, indigne, innommable, odieux, trivial
◊ CONTR. → CONVENABLE

IN-QUARTO n.m. et adj. → FORMAT

INQUIET, ÈTE I. au pr. → REMUANT **II. par ext.** : affolé, agité, alarmé, angoissé, anxieux, apeuré, atterré, chagrin, contracté, craintif, crispé, effaré, effarouché, effrayé, embarrassé, ennuyé, épeuré, épouvanté, impatient, insatisfait, interrogateur, mal à l'aise, perplexe, peureux, préoccupé, sombre, soucieux, sur le qui-vive, tendu, terrifié, terrorisé, tourmenté, tracassé, transi, traqué, troublé **III. vx :** angoisseux, en cervelle
◊ CONTR. **I.** → TRANQUILLE **II.** → HEUREUX

INQUIÉTANT, E affolant, agitant, alarmant, angoissant, atterrant, effarant, effarouchant, effrayant, embarrassant, ennuyeux, épouvantable, grave, inconnu, intimidant, intimidateur (vx), kafkaïen, menaçant, patibulaire, peu rassurant, préoccupant, sinistre, sombre, stressant, terrifiant, troublant
◊ CONTR. → RÉCONFORTANT

INQUIÉTER I. affoler, agiter, alarmer, alerter, angoisser, apeurer, chagriner, donner le trac (fam.), effaroucher, effrayer, embarrasser, émotionner, ennuyer, épouvanter, faire peur, menacer, mettre mal à l'aise/ en difficulté/ en peine/ sur le qui-vive, rendre craintif, réveiller, secouer, terrifier, terroriser, tourmenter, tracasser, traquer, travailler, troubler **II. v. pron. :** appréhender, avoir → PEUR, se biler/ faire de la bile/ du mauvais sang/ du → SOUCI *et les formes pron. possibles des syn. de* inquiéter
◊ CONTR. → TRANQUILLISER

INQUIÉTUDE n.f. **I.** angoisse, anxiété, appréhension, crainte, émotion, ennui, malaise, peine, préoccupation, scrupule, souci, stress, supplice, suspense, tension, trac, transe, trouble **II.** alarme, alerte, émoi **III.** affolement, agitation, désarroi, détresse, effarement, effroi, épouvante, panique, peur, terreur **IV. vx :** débattement, ombrage
◊ CONTR. → TRANQUILLITÉ

INQUISITEUR, TRICE et INQUISITIF, IVE → INDISCRET

INQUISITION n.f. → RECHERCHE

INQUISITORIAL, E → INDISCRET

INRACONTABLE → INEFFABLE

INSAISISSABLE atomique, caché, faible, illisible, impalpable, imperceptible, impondérable, inaudible, indiscernable, infime, inodore, insensible, insignifiant, invisible, léger, microscopique, minime, minuscule, petit, subtil
◊ CONTR. **I.** → IMMENSE **II.** → PERCEPTIBLE

INSALUBRE → MALSAIN

INSANE → INSENSÉ

INSANITÉ n.f. → SOTTISE

INSATIABILITÉ n.f. → VORACITÉ

INSATIABLE I. → GLOUTON **II.** → INTÉRESSÉ **III.** → ENVIEUX

INSATIABLEMENT de façon → INSATIABLE *et les dérivés possibles en* -ment *des syn. de* insatiable

INSATISFACTION n.f. **I.** → INASSOUVISSEMENT **II.** → ENNUI

INSATISFAIT, E inapaisé, inassouvi → MÉCONTENT

INSATURABLE → GLOUTON

INSCRIPTION n.f. **I.** affiche, déclaration, devise, enregistrement, épigramme, épigraphe, épitaphe, exergue, graffiti, graffito, immatriculation, légende, mention, plaque, transcription **II.** adhésion → ACCORD
◊ CONTR. → SUPPRESSION

INSCRIRE I. afficher, breveter, consigner, copier, coucher par écrit, écrire, enregistrer, enrôler, graver, immatriculer, imprimer, indiquer, insérer, marquer, matriculer, mentionner, noter, porter, référencer, répertorier, reporter, transcrire **II. v. pron.** → ADHÉRER **III. S'INSCRIRE EN FAUX** → CONTREDIRE ◇ CONTR. **I.** → RADIER **II.** → EFFACER **III.** → EXPULSER

INSÉCABILITÉ n.f. → INDIVISIBILITÉ

INSÉCABLE indivisible, irréductible → UN ◇ CONTR. → DIVISIBLE

INSECTARIUM n.m. → ZOO

INSECTE n.m. **I.** bigaille (vx) **II.** archiptère, aptérygote, coléoptère, diptère, hyménoptère, lépidoptère, névroptère, orthoptère, rhynchote, thysanoure

INSECTIVORE entomophage

INSÉCURITÉ n.f. **I.** → DANGER **II.** → CRAINTE

IN-SEIZE n.m. et adj. → FORMAT

INSELBERG n.m. → HAUTEUR

INSÉMINATION n.f. → FÉCONDATION

INSÉMINER → ENGENDRER

INSENSÉ, E I. aberrant, abracadabrant, abracadabrantesque, absurde, démentiel, déraisonnable, excessif, extravagant, farfelu, immodéré, impossible, inepte, insane, irrationnel, irréfléchi, ridicule, saugrenu, sot, stupide → BÊTE **II.** affolé, aliéné, dément, déphasé, désaxé, déséquilibré, détraqué, écervelé, fêlé, idiot, inconscient, irresponsable → FOU ◇ CONTR. **I.** → RAISONNABLE **II.** → INTELLIGENT

INSENSIBILISATION n.f. analgésie, anesthésie ◇ CONTR. → ALLERGIE

INSENSIBILISER anesthésier, calmer, chloroformer, endormir, lénifier, soulager ◇ CONTR. : sensibiliser → INTÉRESSER

INSENSIBILITÉ n.f. **I.** → APATHIE **II.** → DURETÉ **III.** → INDIFFÉRENCE **IV. des sens :** agueusie, anosmie, cécité, surdité → ANESTHÉSIE ◇ CONTR. **I.** → SENSIBILITÉ **II.** → ÉMOTION

INSENSIBLE I. quelqu'un. 1. phys. : anesthésié, apathique, endormi, engourdi, inanimé, inconscient, indolent (méd.), indolore, léthargique, mort, neutre, paralysé **2. moral :** aride, calme, cruel, de marbre, détaché, dur, égoïste, endurci, froid, impassible, imperméable, imperturbable, impitoyable, implacable, indifférent, indolent, inexorable, inflexible, inhumain, marmoréen, rigide, rigoureux, sec, sévère **II. quelque chose :** faible, imperceptible, insignifiant, léger, négligeable, progressif ◇ CONTR. → SENSIBLE

INSENSIBLEMENT I. de façon → INSENSIBLE et les dérivés possibles en -ment des syn.

de insensible **II.** doucement, lentement, pas à pas, petit à petit ◇ CONTR. → VITE

INSÉPARABLE I. au pr. : accouplé, agrégé, apparié, attaché, concomitant, conjoint, consubstantiel, dépendant, fixé, indissociable, indivis, indivisible, inhérent, insécable, joint, lié, marié, non isolable, noué, rivé, simultané, synchrone, soudé, uni **II. par ext. 1.** éternel, indéfectible, inévitable **2.** → AMI ◇ CONTR. : divisible, sécable et les dérivés en -able possibles de → SÉPARER

INSÉPARABLEMENT de façon → INSÉPARABLE et les dérivés possibles en -ment des syn. de inséparable

INSÉRER emboîter, embroncher (vx), encadrer, encarter, encastrer, enchâsser, enchatonner, enter, entrelarder (fam.), greffer, imbriquer, implanter, incruster, inscrire, intercaler, interfolier, mettre, sertir → INTRODUIRE ◇ CONTR. → RETRANCHER

INSERT n.m. off. : insertion → ANNONCE

INSERTION n.f. **I.** → INTRODUCTION **II.** → ADOPTION

INSIDIEUSEMENT de façon → INSIDIEUX et les dérivés possibles en -ment des syn. de insidieux

INSIDIEUX, EUSE → TROMPEUR

INSIGNE I. adj. → REMARQUABLE **II. nom masc :** badge, cordon, couronne, cravate, croix, décoration, écharpe, écusson, emblème, fourragère, livrée, macaron, marque, médaille, palme, plaque, rosette, ruban, sceptre, signe distinctif, symbole, verge – fam. et péj. : crachat, gri-gri, hochet

INSIGNIFIANCE I. → FUTILITÉ **II.** → FAIBLESSE

INSIGNIFIANT, E I. quelqu'un : chétif, effacé, faible, falot, frivole, futile, inconséquent, inconsistant, médiocre, ordinaire, petit, piètre, puéril, quelconque, terne, vain **II. une chose :** anecdotique, anodin, banal, dérisoire, excusable, exigu, fade, incolore, indifférent, infime, inodore, insipide, léger, malheureux, menu, mesquin, mince, misérable, miton-mitaine (vx), modique, négligeable, nul, oiseux, ordinaire, quelconque, sans conséquence/ importance/ intérêt/ portée/ saveur/ valeur, véniel – fam. : clopinettes, couille de bœuf, gnognote ◇ CONTR. **I.** → IMPORTANT **II.** → REMARQUABLE

INSINCÈRE → TROMPEUR

INSINCÉRITÉ n.f. → HYPOCRISIE

INSINUANT, E I. → ADROIT **II.** → HYPOCRITE **III.** → PERSUASIF

INSINUATION n.f. **I. fav. ou neutre** : allégation, avance, conciliation, introduction, persuasion, suggestion **II. non fav.** : accusation, allusion, attaque, calomnie, demi-mot, perfidie, propos, sous-entendu
◇ CONTR. **I.** → PROCLAMATION **II.** → ÉLOGE

INSINUER I. → INTRODUIRE **II.** → INSPIRER **III.** → MÉDIRE **IV. v. pron.** → INTRODUIRE (s')

INSIPIDE → FADE

INSIPIDITÉ n.f. **I.** → FADEUR **II.** → SOTTISE

INSISTANCE n.f. → INSTANCE

INSISTANT, E → INDISCRET

INSISTER → APPUYER

INSOCIABILITÉ n.f. → SAUVAGERIE

INSOCIABLE → SAUVAGE

INSOLATION n.f. **I.** brûlure, coup de bambou (fam.), coup de chaleur/ de soleil **II.** bain de soleil, bronzette (fam.), exposition au soleil, héliothérapie **III.** ensoleillement
◇ CONTR. : refroidissement → CONGÉLATION

INSOLEMMENT de façon → INSOLENT *et les dérivés possibles en* -ment *des syn. de* insolent

INSOLENCE n.f. **I.** → IRRÉVÉRENCE **II.** → ARROGANCE

INSOLENT, E I. → ARROGANT **II.** → IMPOLI

INSOLER → ÉCLAIRER

INSOLITE I. → ÉTRANGE **II.** → INUSITÉ

INSOLUBLE → IMPOSSIBLE

INSOLVABILITÉ n.f. → FAILLITE

INSOLVABLE décavé (fam.), défaillant, démuni, endetté, en état de cessation de paiement, failli, impécunieux, indigent, obéré, ruiné, sans ressources
◇ CONTR. : solvable → HONNÊTE

INSOMNIE n.f. agrypnie → VEILLE
◇ CONTR. → SOMMEIL

INSONDABLE I. → PROFOND **II.** → SECRET

INSONORISATION n.f. → ISOLATION

INSONORISER → PROTÉGER

INSOUCIANCE n.f. **I.** apathie, ataraxie, détachement, flegme, optimisme **II.** bohème, décontraction, étourderie, frivolité, gaminerie, imprévoyance, imprévision, incurie, incuriosité, indifférence, indolence, irresponsabilité, je-m'en-fichisme/ foutisme, légèreté, négligence, nonchalance, optimisme, oubli
◇ CONTR. **I.** → INQUIÉTUDE **II.** → CURIOSITÉ

INSOUCIANT, E I. fav. ou neutre : bon vivant, insoucieux, optimiste, Roger-Bontemps, sans souci, va-comme-ça-peut, va-comme-

je-te-pousse, vive-la-joie **II.** → TRANQUILLE **III. non fav.** : apathique, étourdi, flegmatique, frivole, imprévoyant, incurieux, indifférent, indolent, insoucieux, irresponsable, je-m'en-fichiste, je-m'en-foutiste, léger, négligent, nonchalant, oublieux
◇ CONTR. **I.** → INQUIET **II.** → SOIGNEUX

INSOUMIS n.m. **I.** déserteur, mutin, objecteur de conscience, séditieux **II.** dissident, guérillero, maquisard, partisan, rebelle, réfractaire, résistant, scissionniste
◇ CONTR. → SOUMIS

INSOUMIS, E I. quelqu'un : désobéissant, factieux, frondeur, indépendant, indiscipliné, indompté, insurgé, mutin, rebelle, récalcitrant, réfractaire, rétif, révolté, sauvage, séditieux → INDOCILE **II. un pays** : dissident, indépendant, révolté
◇ CONTR. → OBÉISSANT

INSOUMISSION n.f. désobéissance, désertion, fronde, indiscipline, insubordination, mutinerie, rébellion, révolte, ruade, sédition
◇ CONTR. **I.** → SOUMISSION **II.** → OBÉISSANCE

INSOUPÇONNABLE I. → HONNÊTE **II.** → SURPRENANT

INSOUPÇONNÉ, E inattendu → NOUVEAU

INSOUTENABLE I. → INVRAISEMBLABLE **II.** → INTOLÉRABLE

INSPECTER → EXAMINER

INSPECTEUR, TRICE auneur (vx), contrôleur, enquêteur, réviseur, vérificateur, visiteur

INSPECTION n.f. → VISITE

INSPIRANT, E → SUGGESTIF

INSPIRATEUR, TRICE I. → CONSEILLER **II.** → INSTIGATEUR

INSPIRATION n.f. **I. au pr.** : absorption, aspiration, inhalation, prise, respiration **II. fig. 1.** délire, divination, enthousiasme, envolée, fureur poétique, grâce, idéation, illumination, intuition, invention, muse, révélation, souffle, talent, trouvaille, veine, verve **2. relig.** : esprit (saint), prophétie **3.** conseil, exhortation, fomentation, incitation, influence, insinuation, instigation, motivation, persuasion, suggestion, suscitation
◇ CONTR. **I.** → EXPIRATION **II.** → LABEUR **III.** → MALADRESSE

INSPIRÉ, E enthousiaste, exalté, fanatique, illuminé, mystique, poète, prophète, visionnaire → HABILE
◇ CONTR. → MALADROIT

INSPIRER I. au pr. : aspirer, avaler, inhaler, insuffler, introduire, priser, respirer **II. fig.**

1. allumer, animer, aviver, commander, conduire, conseiller, déterminer, dicter, diriger, donner, émoustiller, encourager, enfièvrer, enflammer, imposer, imprimer, impulser, insinuer, instiguer, instiller, insuffler, persuader, provoquer, souffler **2.** alluder (vx), allusionner, faire allusion à, suggérer
◇ CONTR. **I.** → EXPIRER **II.** → DISSUADER **III.** → REPOUSSER

INSTABILITÉ n.f. amovibilité, balancement, ballottement, changement, déséquilibre, fluctuation, fragilité, inadaptation, incertitude, inconstance, mobilité, motilité, mouvance, mutabilité, nomadisme, oscillation, précarité, roulis, tangage, turbulence, variabilité, variation, versatilité, vicissitude
◇ CONTR. **I.** → STABILITÉ **II.** → OBSTINATION

INSTABLE I. → CHANGEANT **II.** → PRÉCAIRE **III.** → REMUANT

INSTALLATION n.f. **I. de quelque chose** : aménagement, arrangement, dressage, équipement, établissement, mise en place, montage **II. de quelqu'un** : intronisation, investiture, mise en place, nomination, passation des pouvoirs
◇ CONTR. **I.** → CHANGEMENT **II.** → EXPULSION

INSTALLER I. au pr. : accommoder, aménager, arranger, camper, caser, disposer, équiper, établir, loger, mettre, placer, poser **II. par ext.** : nommer, introniser, investir **III. v. pron.** : s'anuiter, s'asseoir, camper, emménager, s'enraciner, s'établir, se fixer, s'impatroniser, s'incruster, se loger, pendre la crémaillère, prendre pied
◇ CONTR. **I.** → DÉPLACER **II.** → QUITTER

INSTAMMENT de façon → IMPÉRIEUX *et les dérivés possibles en* -ment *des syn. de* impérieux

INSTANCE n.f. **I.** effort, insistance, prière, requête, sollicitation **II. jurid. 1.** action, procédure, procès, recours **2.** juridiction **III. par ext.** : attente, imminence, souffrance

INSTANT n.m. n → MOMENT

INSTANT, E adj. **I.** → IMMINENT **II.** → PRESSANT

INSTANTANÉ, E → IMMÉDIAT

INSTANTANÉITÉ n.f. → RAPIDITÉ

INSTANTANÉMENT → AUSSITÔT

INSTAR (À L') à l'exemple/ à l'imitation/ à la manière de, comme
◇ CONTR. : à l' → OPPOSÉ

INSTAURATEUR, TRICE → INSTIGATEUR

INSTAURATION n.f. constitution, établissement, fondation, mise en place, organisation
◇ CONTR. → SUPPRESSION

INSTAURER → ÉTABLIR

INSTIGATEUR, TRICE agitateur, cause, cheville ouvrière, conseiller, déviateur (péj.) dirigeant, excitateur, fauteur, fomentateur, incitateur, inspirateur, instaurateur, meneur, moteur, promoteur, protagoniste, responsable, suscitateur (vx)
◇ CONTR. → AGENT

INSTIGATION n.f. → INSPIRATION

INSTIGUER → INSPIRER

INSTILLER I. → VERSER **II.** → INSPIRER

INSTINCT n.m. **I.** → DISPOSITION **II.** → INCLINATION **III.** → TENDANCE

INSTINCTIF, IVE → INVOLONTAIRE

INSTINCTIVEMENT → INCONSCIEMMENT

INSTITUER → ÉTABLIR

INSTITUT n.m. **I.** → ACADÉMIE **II.** assemblée, association, centre, centre de recherche, collège, congrégation, corps savant, école, faculté, fondation, institution, laboratoire, organisme, société, université

INSTITUTEUR, TRICE éducateur, enseignant, initiateur, instructeur, maître d'école, moniteur, pédagogue, précepteur, professeur
◇ CONTR. → ÉLÈVE

INSTITUTION n.f. **I.** → ÉTABLISSEMENT **II.** → INSTITUT **III.** → RÈGLEMENT **IV.** → ÉCOLE

INSTITUTIONNALISATION n.f. alignement, normalisation, régularisation
◇ CONTR. → ABROGATION

INSTITUTIONNALISER → ÉTABLIR

INSTITUTIONNEL, LE → TRADITIONNEL

INSTRUCTEUR n.m. conseiller technique, entraîneur, manager, moniteur → INSTITUTEUR, MAÎTRE
◇ CONTR. → ÉLÈVE

INSTRUCTIF, IVE bon, culturel, édifiant, éducatif, enrichissant, formateur, informatif, pédagogique, profitable
◇ CONTR. *les part. présents possibles de* → ABÊTIR

INSTRUCTION n.f. **I. au pr. 1.** acculturation, acquisition, alphabétisation, andragogie, apprentissage, didactique, édification, éducation, enrichissement, enseignement, études, formation, inculcation, information, initiation, institution (vx), noviciat, pédagogie, recyclage, scolarisation, scolarité, suggestopédie **2.** dégrossissage, dressage, endoctrinement **3.** bagages, connaissances, culture, lettres, savoir, science **II. par ext. 1.** avertissement, avis, consigne, didascalie, directive, leçon, mandat, mandement (relig.), mot d'ordre, ordre, recommandation **2.** → SAVOIR **3. jurid.** : enquête → RECHERCHE
◇ CONTR. **I.** → ABÊTISSEMENT **II.** → IGNORANCE

INSTRUIRE I. mettre quelqu'un au courant : apprendre, avertir, aviser, donner connaissance, éclaircir de (vx), éclairer, édifier, expliquer, faire connaître/ savoir, faire part de, fixer, informer, initier, renseigner, révéler **II. apporter une connaissance :** acculturer, alphabétiser, apprendre, catéchiser, dresser, éduquer, élever, endoctriner, enseigner, éveiller, exercer, former, habituer, inculquer, initier, mettre au courant/ au fait de, nourrir, plier, préparer, rompre, styler **III. vx :** gouverner, instituer **IV. jurid. :** donner suite, enquêter, examiner **V. v. pron.** → ÉTUDIER
◈ CONTR. : laisser dans l' → IGNORANCE

INSTRUIT, E alphabète, alphabétisé, cultivé, docte, éclairé, érudit, expérimenté, fort, informé, initié → SAVANT **I. fam. : 1.** calé, ferré, fortiche, grosse tête, tête d'œuf **2.** au parfum, branché, dans le coup/ la course
◈ CONTR. → IGNORANT

INSTRUMENT n.m. **I. au pr. :** accessoire, affutiaux, appareil, engin, machine, matériel, outil **II. fam. :** bazar, bidule, chose, machin, truc, zinzin → USTENSILE **III. fig.** → MOYEN **IV.** → MUSIQUE

INSTRUMENTALISME n.m. → PHILOSOPHIE

INSTRUMENTATION n.f. → ORCHESTRATION

INSTRUMENTER → VÉRIFIER

INSTRUMENTISTE n.m. et f. → MUSICIEN

INSU (À L') à la dérobée, dans le dos, en cachette, en dessous, par-derrière, par surprise
◈ CONTR. → OUVERTEMENT

INSUBORDINATION n.f. → INDISCIPLINE

INSUBORDONNÉ, E → INDOCILE

INSUCCÈS n.m. aléa, avortement, chute, contre-performance, déconvenue, défaite, échec, faillite, fiasco, four, impopularité, infortune, loupage, mauvaise fortune, perte, ratage, revers, ruine, tape, traverse → REFUS **– fam. :** baccara, bide, bouillon, cacade, couac, couille, gamelle, pâtée, pelle, pile, pipe, plouf, tasse, veste
◈ CONTR. → SUCCÈS

INSUFFISAMMENT → IMPARFAITEMENT

INSUFFISANCE n.f. **I.** → MANQUE **II.** → INCAPACITÉ

INSUFFISANT, E I. quelque chose : congru (par ext. et iron.), court, défectueux, déficient, déficitaire, exigu, faible, imparfait, incomplet **II. quelqu'un :** déficient, faible, ignorant, inapte, incapable, inférieur, médiocre, pauvre
◈ CONTR. **I.** → SUFFISANT **II.** → ABONDANT **III.** → EXCESSIF

INSUFFLER → INSPIRER

INSULAIRE îlien

INSULTANT, E → OFFENSANT

INSULTE n.f. **I.** → INJURE **II.** → OFFENSE

INSULTER I. v. tr. : abuser (québ.), agonir, attaquer, blesser, cracher, crier raca sur, harpailler, humilier, injurier, offenser, offusquer, outrager, porter atteinte à **II. v. intr. :** blasphémer, braver
◈ CONTR. **I.** → LOUER **II.** → FLATTER **III.** → VÉNÉRER

INSULTEUR n.m. → IMPOLI

INSUPPORTABLE I. quelque chose → INTOLÉRABLE **II. quelqu'un** → DIFFICILE

INSUPPORTABLEMENT de façon → INSUPPORTABLE *et les dérivés possibles en -ment des syn. de* insupportable

INSUPPORTER → ENNUYER

INSURGÉ, E nom et adj. agitateur, émeutier, insoumis, meneur, mutin, rebelle, révolté, révolutionnaire
◈ CONTR. → CONFORMISTE

INSURGER (S') → RÉVOLTER (SE)

INSURMONTABLE impossible, inéluctable, infranchissable, insurpassable, invincible, irrésistible
◈ CONTR. **I.** → FACILE **II.** → POSSIBLE

INSURPASSABLE I. → PARFAIT **II.** → INSURMONTABLE

INSURRECTION n.f. agitation, chouannerie, émeute, fronde, insoumission, jacquerie, levée de boucliers, mouvement insurrectionnel, mutinerie, rébellion, résistance à l'oppresseur, révolte, révolution, sédition, soulèvement, troubles
◈ CONTR. → SOUMISSION

INSURRECTIONNEL, LE I. neutre : rebelle, révolutionnaire **II. non fav. :** → SÉDITIEUX
◈ CONTR. → CONFORMISTE

INTACT, E I. → ENTIER **II.** → PUR **III.** → PROBE **IV.** → SAUF

INTACTILE → INTOUCHABLE

INTAILLE n.f. → IMAGE

INTAILLER → GRAVER

INTANGIBILITÉ n.f. → FIXITÉ

INTANGIBLE I. au pr. → INTOUCHABLE **II. par ext.** → SACRÉ

INTARISSABLE → INÉPUISABLE

INTARISSABLEMENT de façon → INÉPUISABLE , inlassablement *et les dérivés possibles en -ment des syn. de* inépuisable

INTÉGRAL, E → ENTIER

INTÉGRALEMENT → TOTALEMENT

INTÉGRALITÉ n.f. → TOTALITÉ

INTÉGRATION n.f. radicalisation, unification → ABSORPTION

◇ CONTR. → EXPULSION

INTÈGRE → PROBE

INTÉGRER I. assimiler, associer, comprendre, incorporer, réunir, subsumer, unir II. entrer, être admis

◇ CONTR. → ÉLIMINER

INTÉGRISME n.m. I. absoluité, biblisme, fondamentalisme → CONSERVATISME II. → INTOLÉRANCE

◇ CONTR. I. → CHANGEMENT II. ʼ TOLÉRANCE

INTÉGRISTE nom et adj. I. absoluiste, barbu (fam.) fondamentaliste, réactionnaire, traditionaliste II. → INTOLÉRANT

◇ CONTR. I. → PROGRESSISTE II. → TOLÉRANT

INTÉGRITÉ n.f. I. → PURETÉ II. → PROBITÉ

INTELLECT n.m. → ENTENDEMENT

INTELLECTION n.f. → INTELLIGENCE

INTELLECTUALISATION n.f. → ENTENDEMENT

INTELLECTUALISER → COMPRENDRE

INTELLECTUALISME n.m. → PHILOSOPHIE

INTELLECTUEL, LE I. adj. → PSYCHIQUE II. nom. **1. au sing.** : cérébral, clerc, cultureux (péj.), grosse tête, mandarin, tête d'œuf **2. plur.** : intelligentsia, intellos

◇ CONTR. I. → AFFECTIF II. → PHYSIQUE III. → MANUEL IV. → IGNORANT

INTELLECTUELLEMENT de façon → INTELLECTUEL *et les dérivés possibles en* -ment *des syn. de* intellectuel

INTELLIGEMMENT avec → INTELLIGENCE, de façon → INTELLIGENT *et les dérivés possibles en* -ment *des syn. de* intelligent

INTELLIGENCE n.f. **I. au pr. 1.** abstraction, advertance (vx), âme, capacité, cerveau, clairvoyance, compréhension, conception, discernement, entendement, esprit (→ INTELLIGENT), faculté d'adaptation/ de compréhension/ de jugement/ de mémorisation/ / de perception, faculté, finesse, génie (par ext.), idée (fam.), ingéniosité, intellect, intellection, jugement, lucidité, lumière, ouverture d'esprit, pénétration, pensée, perception, perspicacité, profondeur, raison, réflexion, sagacité, subtilité, tête, vivacité **II. par ext. 1.** → COMPLICITÉ **2.** → UNION **III. 1. ÊTRE D'INTELLIGENCE AVEC** → ENTENDRE (s') **2. fam.** : cerveau, idée, jugeote, méninges **3.** → ESPRIT

◇ CONTR. I. → AVEUGLEMENT II. → STUPIDITÉ III. → IGNORANCE IV. → MÉSINTELLIGENCE

INTELLIGENT, E adroit, astucieux, capable, clairvoyant, compréhensif, délié, éclairé, entendu, esprité (vx), éveillé, fin, fort, habile, ingénieux, intuitif, inventif, judicieux, logique, lucide, malin, ouvert, pénétrant, pensant, perspicace, profond, raisonnable, sagace, sensé, subtil, surdoué, vif

◇ CONTR. I. → BÊTE II. → IGNORANT

INTELLIGENTSIA ou **INTELLIGENTZIA** n.f. **plus ou moins péj.** : caste, esprits forts, happy few, intello(s), lumières, petit nombre, phares (vx), philosophes, savants, snobs → ÉCRIVAIN(S)

◇ CONTR. → PEUPLE

INTELLIGIBILITÉ n.f. accessibilité, clarté, compréhension, évidence, facilité, limpidité, luminosité

◇ CONTR. : confusion, herméticité, obscurité

INTELLIGIBLE accessible, attingible, clair, compréhensible, concevable, concis, déchiffrable, distinct, éclairant, évident, explicable, facile, imaginable, interprétable, limpide, lumineux, net, nouménable (philos.), pénétrable, précis, visible

◇ CONTR. → OBSCUR

INTELLIGIBLEMENT de façon → INTELLIGIBLE *et les dérivés possibles en* -ment *des syn. de* intelligible

INTEMPÉRANCE n.f. abus, débauche, débord, débordement, dérèglement, excès, gloutonnerie, goinfrerie, gourmandise, incontinence, ivrognerie, laisser-aller, libertinage, vice, violence

◇ CONTR. → TEMPÉRANCE

INTEMPÉRANT, E et **INTEMPÉRÉ, E** → EXCESSIF

INTEMPÉRIE n.f. dérèglement (vx), froid, mauvais temps, orage, pluie, tempête, vent

◇ CONTR. → CALME

INTEMPESTIF, IVE I. → INOPPORTUN II. → IMPORTUN

INTEMPESTIVEMENT de façon → INTEMPESTIF *et les dérivés possibles en* -ment *des syn. de* intempestif

INTEMPORALITÉ n.f. → IMMATÉRIALITÉ

INTEMPOREL, LE → IMMATÉRIEL

INTENABLE → INTOLÉRABLE

INTENDANCE n.f. I. → ADMINISTRATION II. → DIRECTION

INTENDANT, E administrateur, chambrier (vx), cellerier (relig.), commissaire (de l'air/ de la marine), économe, factoton, factotum, questeur, régisseur → GÉRANT

INTENSE et **INTENSIF, IVE** → EXTRÊME

INTENSÉMENT et **INTENSIVEMENT** de façon → EXTRÊME, énormément *et les dérivés possibles en* -ment *des syn. de* intense

INTENSIFICATION n.f. → AUGMENTATION

INTENSIFIER → AUGMENTER

INTENSITÉ n.f. accentuation, acmé (méd.), activité, acuité, aggravation, amplitude, augmentation, brillance, carat (vx), efficacité, exaspération, force, grandeur, magnitude, paroxysme, puissance, renforcement, véhémence, violence, virulence
◆ CONTR. **I.** → CALME **II.** → DOUCEUR

INTENTER actionner, attaquer, commencer, enter, entreprendre

INTENTION n.f. **I.** → VOLONTÉ **II.** → BUT

INTENTIONNALITÉ n.f. → DÉSIR

INTENTIONNÉ, E → BIENVEILLANT

INTENTIONNEL, ELLE arrêté, calculé, conscient, décidé, délibéré, étudié, prémédité, préparé, projeté, réfléchi, volontaire, voulu
◆ CONTR. **I.** → INVOLONTAIRE **II.** → AUTOMATIQUE

INTENTIONNELLEMENT → VOLONTAIREMENT

INTERACTION n.f. **I.** → ÉCHANGE **II.** → RÉACTION

INTERAGIR → CHANGER

INTERASTRAL, E interplanétaire, intersidéral, interstellaire

INTERCALAIRE → MITOYEN

INTERCALATION → INTRODUCTION

INTERCALER ajouter, annexer, encarter, encartonner, enchâsser, glisser, insérer, interligner, interpoler, interposer, introduire, joindre
◆ CONTR. → RETRANCHER

INTERCÉDER → INTERVENIR

INTERCEPTER **I.** → INTERROMPRE **II.** → PRENDRE

INTERCEPTEUR n.m. → AVION

INTERCEPTION n.f. → INTERRUPTION

INTERCESSEUR n.m. → INTERMÉDIAIRE

INTERCESSION n.f. → ENTREMISE

INTERCHANGEABILITÉ n.f. → CHANGEMENT

INTERCHANGEABLE → AMOVIBLE

INTERCLASSE n.m. → PAUSE

INTERCOURSE n.f. → RELATION

INTERCURRENT, E → IMPORTUN

INTERDÉPENDANCE n.f. assistance mutuelle, dépendance réciproque, solidarité
◆ CONTR. → LIBERTÉ

INTERDICTION n.f. **I.** → DÉFENSE **II.** → DÉCHÉANCE **III.** → INTERDIT **IV. INTERDICTION DE SÉJOUR** – arg.: trique

INTERDIRE **I.** → DÉFENDRE **II.** → EMPÊCHER **III.** → FERMER

INTERDISCIPLINAIRE multi/ pluridisciplinaire

INTERDIT n.m. **I.** anathème, censure, condamnation, défense, exclusive, inhibition, interdiction, opposition, prohibition, proscription, tabou, veto → EXCOMMUNICATION **II. INTERDIT DE SÉJOUR** – arg.: tricard
◆ CONTR. → PERMISSION

INTERDIT, E adj. **I. quelque chose** → DÉFENDU **II. quelqu'un**: ahuri, capot (fam.), confondu, confus, court, déconcerté, déconfit, décontenancé, ébahi, ébaubi, éberlué, embarrassé, épaté, étonné, foudroyé, interloqué, médusé, muet, pantois, penaud, pétrifié, renversé, sans voix, sidéré, stupéfait, stupide, surpris, tout chose, troublé
◆ CONTR. → INDIFFÉRENT

INTÉRESSANT, E alléchant, attachant, attirant, attrayant, avantageux, beau, bon, brillant, captivant, charmant, comique, curieux, désirable, dramatique, étonnant, fascinant, important, intrigant, palpipant, passionnant, piquant, plaisant, ravissant, remarquable
◆ CONTR. **I.** → ENNUYEUX **II.** → DÉSAVANTAGEUX

INTÉRESSÉ, E **I. non fav.**: avide, convoiteux, insatiable, mercenaire, vénal → AVARE **II. neutre ou fav.**: attaché, attiré, captivé, concerné, ému, fasciné, intrigué, passionné, piqué, retenu, séduit, touché

INTÉRESSEMENT n.m. → PARTICIPATION

INTÉRESSER **I. au pr.**: animer, s'appliquer, attacher, captiver, chaloir (vx), concerner, émouvoir, faire à, importer, intriguer, passionner, piquer, regarder, sensibiliser, toucher **II. par ext.** → ASSOCIER **III. v. pron.**: aimer, avoir de la curiosité, cultiver, pratiquer, prendre à cœur/ intérêt, se préoccuper de, se soucier de, suivre
◆ CONTR. **I.** → ENNUYER **II.** → DÉSINTÉRESSER (SE)

INTÉRÊT n.m. **I. au pr. (matériel)**: agio, anatocisme, annuité, arrérages, commission, denier (vx), dividende, dommage, escompte, gain, loyer, prix, profit, rapport, rente, revenu, taux, usure **II. par ext. (moral) 1.** → CURIOSITÉ **2.** → IMPORTANCE **3.** → SYMPATHIE
◆ CONTR. **I.** → APPORT **II.** → INDIFFÉRENCE **III.** → FUTILITÉ

INTERFERENCE télécom. off.: brouillage

INTERFÉRER **I.** → INTERVENIR **II.** → TROUBLER

INTERFLUVE n.m. → HAUTEUR

INTERGROUPE n.m. → FÉDÉRATION

INTÉRIEUR n.m. **I. À L'INTÉRIEUR**: dedans, intra muros **II.** → MAISON **III. fig. 1.** fond de

l'âme/ du cœur, in petto, intime (vx), intimité, mystère, profondeur, secret, sein, tréfonds 2. centre, corps, fond, tuf
◆ CONTR. I. → EXTÉRIEUR II. → APPARENCE

INTÉRIEUR, E adj. I. central, domestique, familial, inclus, interne, interoceptif (méd.), intestin (vx), intime, intrinsèque, profond II. → SECRET III. → PROFOND
◆ CONTR. → EXTÉRIEUR

INTÉRIEUREMENT de façon → INTIME, SECRET *et les dérivés possibles en* -ment *des syn. de* secret *et* profond

INTÉRIM n.m. intervalle, provisoire, régence, remplacement, suppléance
◆ CONTR. → PERMANENCE

INTÉRIMAIRE I. adj. → PASSAGER **II. nom** → REMPLAÇANT

INTÉRIORISATION n.f. I. autisme, repli sur soi II. → INTROSPECTION

INTÉRIORISER → RENFERMER

INTERJETER → PRÉTEXTER

INTERLOCUTEUR, TRICE → PERSONNAGE

INTERLOPE → SUSPECT

INTERLOQUÉ, E → INTERDIT

INTERLOQUER → DÉCONCERTER

INTERLUDE, INTERMÈDE n.m. **I. au pr.** 1. → DIVERTISSEMENT 2. → SAYNÈTE **II. par ext.** → INTERVALLE

INTERMÉDIAIRE I. nom. 1. → ENTREMISE 2. alter ego, arrangeur, avocat, entremetteur, fondé de pouvoir, homme de paille (péj.), intercesseur, interprète, médiateur, modérateur, négociateur, ombudsman, prête-nom, protecteur (québ.), réconciliateur, régulateur, représentant 3. **vx :** accordeur, facteur, procureur, truchement 4. agent, ambassadeur, antenne, chargé d'affaires/ de mission, consul, correspondant, plénipotentiaire, représentant 5. chevillard, commissionnaire, commis-voyageur, consignataire, courtier, expéditeur, exportateur, fourgue (arg.) grossiste, mandataire, receleur (péj.), représentant, revendeur, transitaire, voyageur de commerce. **péj. :** maquignon, trafiquant 6. médium 7. boîtier (parlement) 8. → TRANSITION **II. adj.** → MITOYEN
◆ CONTR. I. → ACHETEUR II. → PRODUCTEUR III. → VENDEUR

INTERMINABLE → LONG

INTERMINABLEMENT sans → FIN

INTERMISSION n.f. → INTERRUPTION

INTERMITTENCE n.f. I. → INTERRUPTION II. → ALTERNANCE

INTERMITTENT, E arythmique, clignotant, discontinu, divisé, entrecoupé, épisodique, inégal, interrompu, irrégulier, larvé, rémittent, résurgent, saccadé, sporadique, variable
◆ CONTR. → CONTINU

INTERNAT n.m. → PENSION

INTERNATIONAL, E I. cosmopolite, général, mondial, œcuménique, universel **II.** → LIBERTAIRE
◆ CONTR. I. → INDIGÈNE II. → PATRIOTE

INTERNE I. adj. → INTÉRIEUR **II. nom 1.** pensionnaire, potache 2. carabin (fam.), médecin

INTERNÉ, E adj. et n. **I.** → FOU **II.** → BAGNARD

INTERNEMENT n.m. placement → EMPRISONNEMENT

INTERNER → ENFERMER

INTERNONCE n.m. → AMBASSADEUR

INTÉROCEPTIF, IVE → INTÉRIEUR

INTERPELLATEUR, TRICE → CONTRADICTEUR

INTERPELLATION n.f. → SOMMATION

INTERPELLER apostropher, appeler, demander, s'enquérir, évoquer, héler, interroger, mettre en demeure, questionner, réclamer, requérir, sommer
◆ CONTR. : laisser → TRANQUILLE/ LIBRE

INTERPÉNÉTRATION n.f. → ÉCHANGE

INTERPÉNÉTRER (S') → ÉCHANGER

INTERPLANÉTAIRE → INTERASTRAL

INTERPOLER et **INTERPOSER I.** → INTERCALER **II. v. pron.** → INTERVENIR

INTERPOSITION n.f. entremise, ingérence, intercalation, interpolation, intervention, médiation
◆ CONTR. : rapport direct

INTERPRÉTABLE → INTELLIGIBLE

INTERPRÉTATION n.f. **I. au pr. :** anagogie, commentaire, exégèse, explication, glose, herméneutique, métaphrase, paraphrase, traduction, version **II. par ext. :** distribution, expression, jeu

INTERPRÈTE n.m. et f. **I.** → TRADUCTEUR **II.** → COMÉDIEN **III.** → PORTE-PAROLE

INTERPRÉTER I. → EXPLIQUER **II.** → TRADUIRE **III.** → JOUER

INTERRÈGNE n.m. vacance du pouvoir → INTERVALLE

INTERROGATEUR, TRICE n. **I.** → INQUIET **II.** → INVESTIGATEUR

INTERROGATION n.f. et **INTERROGATOIRE** n.m. appel, colle (fam.), de

mande, épreuve, examen, information, interpellation, interview, question, questionnaire
◇ CONTR. → RÉPONSE

INTERROGER I. → DEMANDER II. → EXAMINER III. → QUESTIONNER

INTERROMPRE I. abandonner, arrêter, barrer, briser, cesser, décrocher, déranger, dételer, discontinuer, entrecouper, finir, hacher, intercepter, mettre fin/ un terme, proroger, rompre, séparer, supprimer, surseoir, suspendre, trancher, troubler II. couper, débrancher, débrayer, disjoncter
◇ CONTR. I. → REPRENDRE II. → REFAIRE

INTERRUPTEUR, TRICE I. quelqu'un → CONTRADICTEUR II. électrique : conjoncteur-disjoncteur, disjoncteur, rupteur, sectionneur, télérupteur, trembleur, va-et-vient → COMMUTATEUR
◇ CONTR. → APPROBATEUR

INTERRUPTION n.f. abortion (méd.), arrêt, cessation, coupure, discontinuation, discontinuité, halte, hiatus, interception, intermède, intermittence, interstice, intervalle, lacune, panne, pause, relâche, rémission, répit, rupture, saut, solution de continuité, suspension, vacance, vacances, vacations (jurid.) – vx : intermission, surséance
◇ CONTR. I. → CONTINUATION II. → RÉTABLISSEMENT

INTERSECTÉ, E → ENTRELACÉ

INTERSECTION n.f. arête, bifurcation, carrefour, coupement, coupure, croisée, croisement, embranchement, fourche, ligne
◇ CONTR. : ligne/ route droite/ continue

INTERSEXUÉ, E ou **INTERSEXUEL, LE** → HERMAPHRODITE

INTERSIDÉRAL, E → INTERASTRAL

INTERSIGNE n.m. → RELATION

INTERSTICE n.m. I. → ESPACE II. → FENTE

INTERSUBJECTIVITÉ n.f. → ÉCHANGE

INTERTRIGO n.m. → INFLAMMATION

INTERVALLAIRE → MITOYEN

INTERVALLE n.m. I. au pr. → ESPACE II. par ext. : arrêt, entracte, intermède, interrègne, moment, période, périodicité, récréation, suspension → INTERRUPTION
◇ CONTR. I. → SÉANCE II. → CONTINUATION

INTERVENANT, E I. → ASSOCIÉ II. → CONTRADICTEUR

INTERVENIR I. au pr. : agir, donner, s'entremêler, s'entremettre, entrer en action/ en danse (fam.)/ en jeu/ en scène, fourrer/ mettre son nez (fam.), s'immiscer, s'ingérer, intercéder, interférer, s'interposer, jouer, se

mêler de, mettre la main à, négocier, opérer, parler pour, secourir II. vx : s'instruire, moyenner III. par ext. → PRODUIRE (SE)
◇ CONTR. → ABSTENIR (s')

INTERVENTION n.f. I. au pr. : aide, appui, concours, entremise, immixtion, impatronisation, incursion, ingérence, intercession, interposition, interventionnisme, intrusion, médiation, ministère, office II. par ext. → OPÉRATION
◇ CONTR. → ABSTENTION

INTERVERSION n.f. I. au pr. : changement, extrapolation, métathèse, mutation, permutation, transposition II. par ext. : contrepèterie
◇ CONTR. : maintien

INTERVERTIR → TRANSPOSER

INTERVIEW n.f. I. → CONVERSATION II. → ARTICLE

INTERVIEWER enquêter, entretenir, interroger, questionner, tester

INTERVIEWER ou **INTERVIEWEUR** n.m. → JOURNALISTE

INTESTIN n.m. boyau, duodénum, hypogastre, transit, tube digestif, viscère – fam. : boyauderie, tripaille, triperie, tripes, tubulure

INTESTIN adj. lutte/ querelle intestine : civil, intérieur, intime

INTESTINAL, E cœliaque, entérique et les composés de entéro-

INTIMATION n.f. appel, assignation, avertissement, convocation, déclaration, injonction, mise en demeure, sommation, ultimatum
◇ CONTR. → SOUMISSION

INTIME I. adj. 1. → INTÉRIEUR 2. → SECRET 3. → PROFOND II. nom → AMI

INTIMÉ, E → DÉFENDEUR

INTIMEMENT de façon → INTIME et les dérivés possibles en -ment des syn. de intime

INTIMER → NOTIFIER

INTIMIDANT, E et **INTIMIDATEUR, TRICE** → INQUIÉTANT

INTIMIDATION n.f. → MENACE

INTIMIDER apeurer, bluffer, désemparer, effaroucher, effrayer, émouvoir, faire peur/ pression, gêner, glacer, en imposer à, impressionner, inhiber, inquiéter, menacer, paralyser, terroriser, troubler
◇ CONTR. I. → ENCOURAGER II. → TRANQUILLISER

INTIMISTE nom et adj. → PEINTRE

INTIMITÉ n.f. abandon, amitié, arrière-fond, attachement, camaraderie, commerce, confiance, contact, familiarité, fréquentation, liaison, liberté, naturel, privance (vx), secret, simplicité, union
◇ CONTR. → PUBLICITÉ

INTITULÉ n.m. appellation, désignation, en-tête, frontispice, manchette, rubrique, titre

INTITULER (S') → QUALIFIER (SE)

INTOLÉRABLE accablant, aigu, atroce, désagréable, douloureux, ennuyeux, excédant, excessif, fatigant, gênant, horrible, imbuvable, importun, impossible, inacceptable, inadmissible, inconcevable, infernal, insoutenable, insupportable, intenable, odieux, onéraire, scandaleux

◇ CONTR. → TOLÉRABLE

INTOLÉRANCE n.f. **I. au pr.** : absoluité, cabale, dogmatisme, esprit de parti, étroitesse d'esprit/ d'opinion/ de pensée/ de vue, exclusivisme, fanatisme, fureur, haine, idéologie, intransigeance, obscurantisme, parti pris, rigidité, sectarisme, violence **II. méd.** : allergie, anaphylaxie, idiosyncrasie, sensibilisation

◇ CONTR. → TOLÉRANCE

INTOLÉRANT, E autoritaire, borné, captatif, doctrinaire, dogmatique, enragé, étroit, exalté, ex cathedra/ professo, exclusif, fanatique, farouche, frénétique, furieux, intégriste, intraitable, intransigeant, irréductible, obscurantiste, possessif, rigide, rigoriste, sectaire, sévère, systématique, violent → TRANCHANT – **vx** : dogmatiseur, malendurant

◇ CONTR. → TOLÉRANT

INTONATION n.f. → SON

INTOUCHABLE I. adj. 1. au pr. : immatériel, impalpable, intactile (philos.), intangible **2. par ext.** : immuable, sacro-saint, traditionnel **II. nom** : paria

INTOXICATION n.f. **I.** empoisonnement **II.** → PROPAGANDE

INTOXIQUER I. → INFECTER **II.** → INFLUER (SUR)

INTRADUISIBLE → IMPOSSIBLE

INTRAITABLE acariâtre, désagréable, désobéissant, difficile, dur, entêté, entier, exigeant, farouche, fermé, fier, impitoyable, impossible, indomptable, inébranlable, inflexible, inhumain, intransigeant, irréductible, obstiné, opiniâtre, raide, revêche, sans merci, tenace

◇ CONTR. → TOLÉRANT

INTRA-MUROS à l'intérieur, dedans – **par ext.** : urbain

◇ CONTR. : extra-muros

INTRANSIGEANCE n.f. → INTOLÉRANCE

INTRANSIGEANT, E I. → INTOLÉRANT **II.** → INTRAITABLE

INTRANSMISSIBILITÉ n.f. → IMPOSSIBILITÉ

INTRANSMISSIBLE → IMPOSSIBLE

INTRANSPORTABLE → IMPOSSIBLE

IN-TRENTE-DEUX n.m. et adj. → FORMAT

INTRÉPIDE audacieux, brave, courageux, crâne, déterminé, ferme, fier, généreux, hardi, impavide, imperturbable, inébranlable, osé, résolu, téméraire, vaillant, valeureux

◇ CONTR. **I.** → LÂCHE **II.** → PEUREUX

INTRÉPIDEMENT de façon → INTRÉPIDE *et les dérivés possibles en -ment des syn. de* intrépide

INTRÉPIDITÉ n.f. → COURAGE

INTRICATION n.f. complexité → DIFFICULTÉ

INTRIGANT, E adj. et n. arriviste, aventurier, canard (arg.), condottiere, diplomate, faiseur, fin, habile, picaro, souple, subtil – **vx** : alcibiade, ruseur

◇ CONTR. **I.** → INDIFFÉRENT **II.** sans → AMBITION

INTRIGUE n.f. **I. au pr.** : **1.** affaire, agissement, complication, complot, conspiration, dessein, embarras, expédient, faciende (vx), fomentation, machiavélisme, machination, manège, maniganoe, manœuvre, menée, micmac (fam.), rouerie, stratagème, stratégie → TRIPOTAGE **2.** arrivisme, brigue, cabale, carte (vx), ligue, parti **II. par ext.** : **1.** → RELATION **2. litt.** : action, affabulation, anecdote, découpage, fable, fabulation, histoire, imbroglio, intérêt, nœud, péripétie, scénario, sujet, synopsis, thème, trame

◇ CONTR. **I.** → SIMPLICITÉ **II.** → HONNÊTETÉ **III.** → VÉRITÉ **IV.** → DÉNOUEMENT

INTRIGUER I. v. tr. → EMBARRASSER **II. v. intr.** : briguer, comploter, conspirer, machiner, manœuvrer, ourdir, ruser, tramer, tresser, tripoter → MANIGANCER **III. vx** : cabaler, embarrasser, patricoter

◇ CONTR. : agir → CARRÉMENT

INTRINSÈQUE → INTÉRIEUR

INTRINSÈQUEMENT dans son essence, en soi

INTRIQUER → MÉLANGER

INTRODUCTEUR, TRICE → NOVATEUR

INTRODUCTION n.f. **I. au pr. 1. quelque chose** : acclimatation, apparition, importation, infiltration, injection, insertion, intercalation, intromission, intrusion, irruption **2. quelqu'un** : admission, arrivée, avènement, entrée, installation, intervention, présentation, recommandation **II. par ext. 1.** avant-propos, début, entrée en matière, exorde, exposition, ouverture, préface, préliminaire, prélude, présentation, protase **2.** apprentissage, initiation, préparation **3. méd.** : cathétérisme, inclusion, intussusception → PIQÛRE

◇ CONTR. **I.** → SORTIE **II.** → EXPULSION **III.** → CONCLUSION

INTRODUIRE I. au pr. : conduire, couler, enficher, enfiler, enfoncer, enfouir, enfourner, engager, entrer, faire entrer/ passer, ficher, fourrer, glisser, greffer, imbriquer, implanter, importer, inclure, incorporer, infiltrer, insérer, insinuer, insuffler, intercaler, irruer *ou* irrumer, mettre dans, passer, plonger, rentrer **II. par ext. 1.** acclimater, adopter, cautionner, donner/ fournir sa caution/ sa garantie, garantir, incorporer, inculquer, induire (vx), lancer, ouvrir les portes, parrainer, patronner, pistonner (fam.), se porter garant, pousser, présenter, produire **2.** → ÉTABLIR **3. techn.** : cuveler, infuser, injecter, inoculer, inviscérer, sonder **III. v. pron.** : s'acclimater, se caser, se couler, entrer, s'établir, se faufiler, se fourrer (fam.), se glisser, s'immiscer, s'impatroniser, s'imposer, s'incruster, s'infiltrer, s'ingérer, s'insinuer, s'installer, s'introniser, se mêler/ passer dans, resquiller
◊ CONTR. **I.** → CHASSER **II.** → EXPULSER **III.** → EXTRAIRE **IV.** → CONCLURE

INTROMISSION n.f. → INTRODUCTION

INTRONISATION n.f. → INSTALLATION

INTRONISER → ÉTABLIR

INTROSPECTION n.f. analyse, autocritique, autognose, autognosie, bilan, examen de conscience, intériorisation, observation, psychanalyse, réflexion, regard intérieur, retour sur soi
◊ CONTR. → DISTRACTION

INTROUVABLE caché, disparu, énigmatique, envolé, évanoui, inaccessible, indécouvrable, insoluble, invisible, perdu, précieux, rare, sans égal/ pareil, secret, unique
◊ CONTR. → COMMUN

INTROVERSION n.f. → ÉGOÏSME

INTROVERTI, E → ÉGOÏSTE

INTRUS, E → IMPORTUN

INTRUSION n.f. **I.** → INTRODUCTION **II.** → INTERVENTION

INTUITIF, IVE → SENSIBLE

INTUITION n.f. **I. au pr.** : âme, aperception, cœur, connaissance, flair, instinct, sens, sentiment, tact **II. par ext.** → PRESSENTIMENT
◊ CONTR. **I.** → DÉDUCTION **II.** → RAISONNEMENT

INTUITIONNISME n.m. → PHILOSOPHIE

INTUITIVEMENT avec → INTUITION, de soi, instinctivement, naturellement
◊ CONTR. : déductivement, inductivement, logiquement, méthodiquement, pesamment

INTUMESCENCE n.f. → GONFLEMENT

INTUMESCENT, E → GONFLÉ

INUSABLE → RÉSISTANT

INUSITÉ, E anormal, bizarre, curieux, déconcertant, désuet, désusité (vx), étonnant, exceptionnel, extraordinaire, hardi, inaccoutumé, inemployé, inhabituel, inouï, insolite, inusuel, inutilisé, neuf, nouveau, original, osé, rare, singulier
◊ CONTR. **I.** → USITÉ **II.** → COMMUN

INUTILE absurde, adventice, creux, en l'air, frivole, futile, improductif, inefficace, inemployable, infécond, infructueux, insignifiant, négligeable, nul, oiseux, perdu (vx), sans but/ fonction/ objet, stérile, superfétatoire, superflu, vain, vide
◊ CONTR. **I.** → UTILE **II.** → NÉCESSAIRE

INUTILEMENT en vain, pour rien, vainement – **fam.** : pour des nèfles/ des prunes/ le roi de Prusse
◊ CONTR. → UTILEMENT

INUTILISABLE → IMPOSSIBLE

INUTILISÉ, E → INUSITÉ

INUTILITÉ n.f. **I.** → FUTILITÉ **II.** → VANITÉ

INVAGINER (S') → REPLIER (SE)

INVALIDANT, E incapacitant
◊ CONTR. → FORTIFIANT

INVALIDATION n.f. → ABROGATION

INVALIDE nom et adj. **I.** → INFIRME **II.** → MALADE

INVALIDER → ABOLIR

INVALIDITÉ n.f. **I.** nullité → PRESCRIPTION **II.** → INFIRMITÉ

INVARIABILITÉ n.f. constance, continuité, durabilité, éternité, fermeté, fiabilité, immortalité, immutabilité, indélébilité, invariance, longévité, pérennité, permanence, persistance, résistance, solidité, stabilité, ténacité, viabilité
◊ CONTR. **I.** → FRAGILITÉ **II.** → PRÉCARITÉ

INVARIABLE assuré, chronique, constant, continu, de tout repos, durable, endémique, enraciné, éternel, ferme, fiable, immortel, immuable, impérissable, inaltérable, inamissible, incorruptible, indélébile, indestructible, infrangible, pérenne (vx), permanent, perpétuel, persistant, profond, résistant, solide, stable, tenace, valable, viable, vivace, vivant
◊ CONTR. → PÉRISSABLE

INVARIABLEMENT → TOUJOURS

INVARIANCE n.f. → INVARIABILITÉ

INVARIANT, E → STABLE

INVASION n.f. → INCURSION

INVECTIVE n.f. → INJURE

INVECTIVER attaquer, crier, déblatérer (fam.), déclamer, fulminer, pester, tempêter, tonner → INJURIER
◊ CONTR. **I.** → LOUER **II.** → FLATTER

INVENDABLE et **INVENDU, E** bouillon (fam.), rossignol → IMPOSSIBLE

INVENTAIRE n.m. **I.** → LISTE **II.** → DÉNOMBREMENT

INVENTER I. neutre ou fav. : s'aviser de, bâtir, chercher, composer, concevoir, créer, découvrir, échafauder, engendrer, fabriquer, forger, imaginer, improviser, innover, supposer, trouver **II. non fav.** : affabuler, arranger, broder, conter, controuver (vx), fabriquer, fabuler, feindre, forger, insinuer, mentir → HÂBLER
◇ CONTR. → IMITER

INVENTEUR, TRICE I. découvreur, trouveur → CHERCHEUR **II.** → HÂBLEUR
◇ CONTR. → IMITATEUR

INVENTIF, IVE → INGÉNIEUX

INVENTION n.f. **I. au pr.** → DÉCOUVERTE **II. par ext. péj.** : 1. affabulation, artifice, bourde, calomnie, chimère, combinaison, comédie, craque (fam.), duperie, expédient, fabrication, fabulation, fantaisie, feinte, fiction, forge (vx), fumisterie, galéjade, histoire, idée, irréalité, légende, mensonge, ressource, rêve, roman, saga, songe, tromperie 2. → IMAGINATION
◇ CONTR. → IMITATION

INVENTIVITÉ n.f. → IMAGINATION

INVENTORIER I. → DÉNOMBRER **II.** → EXAMINER

INVÉRIFIABLE incontrôlable, indémontrable
◇ CONTR. : démontrable, vérifiable → ÉVIDENT

INVERSE → CONTRAIRE

INVERSÉ, E → OPPOSÉ

INVERSEMENT réciproquement, vice versa

INVERSER → TRANSPOSER

INVERSION n.f. **I. au pr.** : anastrophe, changement, déplacement, dérangement, hyperbate, interversion, renversement, retournement, transposition **II.** anomalie, anormalité, dépravation, désordre **III.** → HOMOSEXUALITÉ
◇ CONTR. : normalité, ordre canonique/ naturel/ normal

INVERTER méc. off. : convertisseur, onduleur

INVERTI, E → URANIEN

INVERTIR → RENVERSER

INVESTIGATEUR, TRICE nom et adj. chercheur, curieux, enquêteur, examinateur, inquisiteur, interrogateur, questionneur (vx), scrutateur
◇ CONTR. **I.** → INCULPÉ **II.** → INDIFFÉRENT

INVESTIGATION n.f. → RECHERCHE

INVESTIR I. au pr. (milit.) : assiéger, bloquer, boucler, cerner, contrôler, disposer autour, emprisonner, encercler, enfermer, envelopper, environner, fermer, occuper, prendre au piège, quadriller **II. par ext. 1.** → INSTALLER **2.** → POURVOIR **3.** → PLACER
◇ CONTR. : lever le siège

INVESTISSEMENT n.m. **I.** aide, apport, engagement, financement, impense, mise, participation, placement **II.** blocus, contrôle, quadrillage, siège
◇ CONTR. **I.** → RÉTRACTION, RETRAIT **II.** → PRÉLÈVEMENT

INVESTITURE n.f. → INSTALLATION

INVÉTÉRÉ, E → INCORRIGIBLE

INVÉTÉRER (S') → EMPIRER

INVINCIBILITÉ n.f. **I.** → FERMETÉ **II.** → SOLIDITÉ

INVINCIBLE → IRRÉSISTIBLE

INVINCIBLEMENT de façon → IRRÉSISTIBLE et les dérivés en -ment possibles des syn. de irrésistible

INVIOLABILITÉ n.f. → IMMUNITÉ

INVIOLABLE I. → SACRÉ **II.** → INFRANCHISSABLE **III.** → SÛR

INVIOLABLEMENT de façon → INVIOLABLE et les dérivés possibles en -ment des syn. de inviolable

INVIOLÉ, E → VIERGE

INVISIBLEMENT de façon → INVISIBLE et les dérivés possibles en -ment des syn. de invisible

INVISIBLE → IMPERCEPTIBLE

INVITANT, E I. → ATTIRANT **II.** → AIMABLE

INVITATION et **INVITE** n.f. **I.** appel, convocation, demande, signe **II.** → EXCITATION
◇ CONTR. → ÉVICTION

INVITÉ, E → CONVIVE

INVITER I. fav. ou neutre : appeler, attirer, conseiller, convier, convoquer, demander, engager, faire asseoir, faire appel/ signe, prier à/ de, retenir à, semondre (vx), solliciter, stimuler **II. non fav.** : appeler à, défier, engager, entraîner, exciter, exhorter, inciter, induire, mettre au défi, porter/ pousser à, presser, provoquer, solliciter
◇ CONTR. **I.** → CONGÉDIER **II.** → EXPULSER **III.** → REFUSER

INVIVABLE → DIFFICILE

INVOCATION n.f. adjuration, appel, dédicace, demande, litanie, prière, protection, sollicitation, supplication
◇ CONTR. → MALÉDICTION

INVOLONTAIRE accidentel, automatique, conditionné, convulsif, forcé, inconscient, instinctif, instinctuel, irréfléchi, machinal, mécanique, naturel, passif, pulsionnel, réflexe, spontané
◇ CONTR. I. → CONSCIENT II. → VOULU

INVOLONTAIREMENT → INCONSCIEMMENT

INVOQUER I. → ÉVOQUER II. → PRIER III. → PRÉTEXTER

INVRAISEMBLABLE aporétique, bizarre, ébouriffant, étonnant, étrange, exceptionnel, exorbitant, extraordinaire, extravagant, fantastique, formidable, impensable, impossible, improbable, inconcevable, incrédible, incroyable, inimaginable, inintelligible, inouï, insoutenable, paradoxal, renversant (fam.), rocambolesque
◇ CONTR. → VRAISEMBLABLE

INVRAISEMBLABLEMENT de façon → INVRAISEMBLABLE *et les dérivés en* -ment *possibles des syn. de* invraisemblable

INVRAISEMBLANCE n.f. bizarrerie, contradiction, énormité, étrangeté, extravagance, impossibilité, improbabilité, incrédibilité, paradoxe
◇ CONTR. → VRAISEMBLANCE

INVULNÉRABILITÉ n.f. → RÉSISTANCE

INVULNÉRABLE par ext. 1. d'un être : costaud, dur, fort, imbattable, immortel, increvable, invincible, puissant, redoutable, résistant 2. d'une chose → IMPRENABLE
◇ CONTR. → FAIBLE

IRASCIBILITÉ n.f. → COLÈRE

IRASCIBLE → COLÈRE

IRE n.f. → COLÈRE

IRIDESCENT, E I. → IRISÉ II. → LUMINESCENT

IRISATION n.f. → REFLET

IRISÉ, E agatisé, chromatisé, iridescent, nacré, opalin
◇ CONTR. : monochrome, uni

IRISER → ÉTINCELER

IRONIE n.f. I. → ESPRIT II. → RAILLERIE

IRONIQUE blagueur (fam.), caustique, goguenard, gouailleur, humoristique, moqueur, narquois, persifleur, railleur, sarcastique, voltairien
◇ CONTR. → SÉRIEUX

IRONIQUEMENT de façon → IRONIQUE *et les dérivés possibles en* -ment *des syn. de* ironique

IRONISER → RAILLER

IRONISTE n.m. et f. → HUMORISTE

IRRACHETABLE → IMPOSSIBLE

IRRADIATION n.f. diffusion, divergence, émission, phosphorescence, propagation, radiation, rayonnement
◇ CONTR. → PROTECTION

IRRADIER → RAYONNER

IRRATIONALISME et **IRRATIONALITÉ** n.m., n.f. → DÉSORDRE

IRRAISONNÉ, E et **IRRATIONNEL, LE** → ILLOGIQUE

IRRATTRAPABLE → IMPOSSIBLE

IRRÉALISABLE → IMPOSSIBLE

IRRÉALISME n.m. I. → RÊVE II. → UTOPIE

IRRÉALITÉ n.f. → INVENTION

IRRECEVABLE erroné, faux, impossible, inacceptable, inaccordable, inadmissible, injuste
◇ CONTR. → ACCEPTABLE

IRRÉCONCILIABLE brouillé, divisé, ennemi, opposé
◇ CONTR. → CONCILIANT

IRRÉCONCILIABLEMENT sans → RÉCONCILIATION possible

IRRÉCUPÉRABLE I. → DÉCHU II. → PERDU

IRRÉCUSABLE clair, éclatant, évident, indiscutable, irréfragable, irréfutable
◇ CONTR. I. → INCERTAIN II. → FAUX

IRRÉDUCTIBILITÉ n.f. → IMPOSSIBILITÉ

IRRÉDUCTIBLE I. → INCOMPRESSIBLE II. → INFLEXIBLE III. → INTRAITABLE IV. → DUR

IRRÉDUCTIBLEMENT de façon → IRRÉDUCTIBLE *et les dérivés possibles en* -ment *des syn. de* irréductible

IRRÉEL, LE I. → IMAGINAIRE II. → SURNATUREL

IRRÉFLÉCHI, E audacieux, capricant, capricieux, déraisonnable, écervelé, emballé, emporté, étourdi, imprévoyant, impulsif, inconsidéré, insensé, léger, machinal, mécanique → INVOLONTAIRE
◇ CONTR. → RAISONNABLE

IRRÉFLEXION n.f. distraction, étourderie, imprévoyance, impulsion, inattention, inconséquence, légèreté, précipitation
◇ CONTR. → ATTENTION

IRRÉFORMABLE → IRRÉVERSIBLE

IRRÉFRAGABLE et **IRRÉFUTABLE** avéré, catégorique, certain, corroboré, démontré, établi, évident, exact, fixe, formel, incontestable, indiscutable, invincible, irrécusable, logique, notoire, péremptoire, positif, probant, prouvé, sûr, véridique, véritable, vrai
◇ CONTR. I. → FAIBLE II. → FAUX

IRRÉFUTABLEMENT de façon → IRRÉFU-
TABLE *et les dérivés possibles en* -ment *des
syn. de* irréfutable

IRRÉGULARITÉ n.f. **I.** aspérité, bosse,
creux, grain, saillie **II. 1.** absentéisme **2.** →
DÉSINVOLTURE **III.** accident, altération, anomalie, anomie, anormalité, asymétrie, bizarrerie, caprice, défaut, défectuosité, désordre,
déviance, déviation, difformité, discontinuité, disproportion, dissymétrie, dysfonc-
tion (méd. et écon.), écart, erreur, étrangeté,
excentricité, exception, faute, illégalité, illégitimité, inconstitutionnalité, inégalité,
inexactitude, intermittence, loufoquerie,
manquement, monstruosité, négligence,
particularité, passe-droit, perturbation, perversion, singularité, variabilité
◇ CONTR. **I.** → RÉGULARITÉ ; **II.** → EXACTITUDE
III. → CONSTANCE

IRRÉGULIER franc-tireur → INSOUMIS

IRRÉGULIER, ÈRE aberrant, accidentel,
anomal, anomique, anorganique, anormal,
anticonstitutionnel, arbitraire, arythmique,
asymétrique, baroque, biscornu, bizarre,
convulsif, décousu, déréglé, désordonné, dé-
viant, difforme, discontinu, dissymétrique,
échars (mar.), erratique, étonnant, extraordinaire, fautif, fortuit, hétéroclite, illégal, illégitime, imparfait, impropre, inaccoutumé, inconstitutionnel, incorrect, inégal, inexact,
inhabituel, injuste, insolite, intermittent, interrompu, inusité, irrationnel, monstrueux,
particulier, peccamineux, peccant, phénoménal, saccadé, singulier, syncopé, variable
◇ CONTR. **I.** → ÉGAL **II.** → EXACT **III.** → FIDÈLE
IV. → SOUTENU

IRRÉGULIÈREMENT de façon → IRRÉGU-
LIER *et les dérivés possibles en* -ment *des syn.
de* irrégulier

IRRÉLIGIEUX, EUSE → INCROYANT

IRRÉLIGION n.f. → IMPIÉTÉ

IRRÉMÉDIABLE définitif, fatal, incurable,
irréparable, nécessaire, perdu
◇ CONTR. → PERFECTIBLE

IRRÉMÉDIABLEMENT de façon → IRRÉ-
MÉDIABLE *et les dérivés possibles en* -ment *des
syn. de* irrémédiable

IRRÉMISSIBLE impardonnable, inexcusable → IRRÉMÉDIABLE
◇ CONTR. → EXCUSABLE

IRRÉMISSIBLEMENT sans → RÉMISSION

IRREMPLAÇABLE unique → PRÉCIEUX
◇ CONTR. → AMOVIBLE

IRRÉPARABLE définitif, funeste, malheu-
reux, néfaste → IRRÉMÉDIABLE
◇ CONTR. : arrangeable, réparable → PERFEC-
TIBLE

IRRÉPARABLEMENT de façon → IRRÉPA-
RABLE *et les dérivés possibles en* -ment *des
syn. de* irréparable

IRRÉPRÉHENSIBLE → IRRÉPROCHABLE

IRRÉPRESSIBLE → IRRÉSISTIBLE

IRRÉPROCHABLE accompli, droit, honnête, impeccable, inattaquable, irrécusable,
irrépréhensible, juste, louable, moral, parfait, sans défaut/ reproche/ tare
◇ CONTR. → RÉPRÉHENSIBLE

IRRÉPROCHABLEMENT de façon → IR-
RÉPROCHABLE *et les dérivés possibles en* -ment
des syn. de irréprochable

IRRÉSISTIBLE capable, fort, envoûtant,
évident, excessif, imbattable, incoercible, indomptable, influent, invincible, irrépressible, irrévocable, percutant, persuasif, séduisant, tenace, violent
◇ CONTR. **I.** : mauvais → BANAL **II.** → INDIF-
FÉRENT

IRRÉSISTIBLEMENT de façon → IRRÉSIS-
TIBLE *et les dérivés possibles en* -ment *des syn.
de* irrésistible

IRRÉSOLU, E embarrassé, en suspens,
entre le zist et le zest (fam.), flottant, fluctuant, hésitant, incertain, indécis, indéterminé, lanternier (vx), mobile, perplexe, suspendu, vacillant, vague
◇ CONTR. → RÉSOLU

IRRÉSOLUTION n.f. → INDÉTERMINATION

IRRESPECT n.m. → IRRÉVÉRENCE

IRRESPECTUEUSEMENT de façon → IR-
RESPECTUEUX *et les dérivés possibles en* -ment
des syn. de irrespectueux

IRRESPECTUEUX, EUSE → IRRÉVÉREN-
CIEUX

IRRESPIRABLE → MAUVAIS

IRRESPONSABILITÉ n.f. → IMMUNITÉ

IRRESPONSABLE **I.** innocent, non-cou-
pable **II.** → INSENSÉ

IRRÉVÉRENCE n.f. arrogance, audace,
grossièreté, impertinence, impolitesse, incongruité, inconvenance, insolence, irrespect, maladresse, manque d'égards/ de respect
◇ CONTR. → RÉVÉRENCE

**IRRÉVÉRENCIEUX, EUSE et IRRÉ-
VÉRENT, E** arrogant, audacieux, grossier,
impertinent, impoli, incongru, inconvenant,
injurieux, insolent, insultant, irrespectueux,
maladroit, malappris, mal embouché, vulgaire
◇ CONTR. → RÉVÉRENCIEUX

IRRÉVÉRENCIEUSEMENT de façon →
IRRÉVÉRENCIEUX *et les dérivés possibles en*
-ment *des syn. de* irrévérencieux

IRRÉVERSIBILITÉ n.f. fermeté, fixité, immuabilité, immutabilité, inamovibilité, indestructibilité, indissolubilité, intangibilité, irrévocabilité

◆ CONTR. → PRÉCARITÉ

IRRÉVERSIBLE et **IRRÉVOCABLE** absolu, absolutoire, arrêté, décidé, définitif, ferme, fixe, formel, immarcescible, immuable, immutable, imprescriptible, inabrogeable, inamissible, inamovible, indissoluble, intangible, irrécusable, irréformable, irrépétible, ne varietur, péremptoire, résolu, sans appel

◆ CONTR. **I.** réversible **II.** → PRÉCAIRE

IRRÉVERSIBLEMENT et **IRRÉVOCABLEMENT** de façon → IRRÉVERSIBLE *et les dérivés possibles en* -ment *des syn. de* irréversible

IRRIGATION n.f. → ARROSAGE

IRRIGUER → ARROSER

IRRITABILITÉ n.f. → SUSCEPTIBILITÉ

IRRITABLE I. → COLÈRE (adj.) **II.** → SUSCEPTIBLE

IRRITANT, E I. au pr. : agaçant, déplaisant, désagréable, énervant, enrageant, provocant, vexant **II. par ext. 1.** âcre, échauffant, suffocant **2.** excitant, stimulant

◆ CONTR. → CALMANT

IRRITATION n.f. **I.** → COLÈRE **II.** actinite, brûlure, coup de soleil, démangeaison, échauffement, érubescence, exacerbation, exaspération, inflammation, phlogose, prurit, rougeur, rubéfaction, tourment **III.** exaltation, exaspération, excitation, surexcitation

◆ CONTR. **I.** → APAISEMENT **II.** → CALME

IRRITÉ, E à cran, agacé, aigri, blessé, contrarié, courroucé, crispé, énervé, enflammé, enragé, exaspéré, excédé, fâché, furibond, furieux, hérissé, horrifié, hors de soi, impatienté, indigné, nerveux, piqué, tanné, vexé

◆ CONTR. **I.** → CALME **II.** → PATIENT

IRRITER I. au pr. : brûler, démanger, enflammer, envenimer, exacerber, exaspérer, rubéfier **II. fig. 1.** → EXCITER **2.** agacer, aigrir, blesser, contrarier, courroucer, crisper, donner/ taper sur les nerfs, énerver, exaspérer, excéder, fâcher, hérisser, horripiler, impatienter, indigner, jeter hors de soi/ de ses gonds, mettre en → COLÈRE, mettre hors de soi, piquer, tourmenter **III. v. pron.** : bouillir, se cabrer, s'émouvoir, s'emporter, se fâcher, s'impatienter, se mettre en colère, se monter, piquer une colère/ rage/ rogne (fam.), sortir de ses gonds

◆ CONTR. → APAISER

IRRORATION n.f. → ARROSAGE

IRRUPTION n.f. → INCURSION

ISABELLE n.m. et adj. → ROBE (DE CHEVAL)

ISARD n.m. chamois des Pyrénées → CHAMOIS

ISATIS n.m. renard bleu → RENARD

ISBA n.f. → HABITATION

ISLAMIQUE coranique, mahométan, musulman

ISOCHRONE → ÉGAL

ISOLATION n.f. calorifugation, insonorisation → ISOLEMENT

◆ CONTR. aération, ventilation

ISOLÉ, E I. → ÉCARTÉ **II.** → SEUL

ISOLEMENT n.m. **I. de quelqu'un** : abandon, claustration, cloître, délaissement, déréliction, éloignement, esseulement, exil, isolation, quarantaine, retranchement, séparation, solitude **II. par ext. 1.** autarcie, autonomie, séparatisme **2.** non-conformisme **3.** autisme **4.** insularité

◆ CONTR. **I.** → ASSOCIATION **II.** → RÉUNION **III.** → RELATION

ISOLÉMENT de façon → ISOLÉ *et les dérivés possibles en* -ment *des syn. de* isolé

ISOLER I. détacher, disjoindre, écarter, extraire, ôter, séparer **II.** assiéger, bloquer, investir **III.** chambrer, cloîtrer, confiner, reclure **IV.** abandonner, délaisser, éloigner, exiler, mettre en quarantaine, retrancher **V.** abstraire, dégager, discerner, distinguer, individualiser **VI.** calorifuger, ignifuger, insonoriser → PROTÉGER **VII. v. pron.** : s'abstraire, se barricader/ cantonner/ claustrer/ cloîtrer/ confiner/ concentrer, s'enfermer/ ensevelir/ enterrer, faire le vide, se réfugier/ retirer/ terrer

◆ CONTR. **I.** → AGGLOMÉRER **II.** → ASSOCIER **III.** → UNIR **IV.** → JOINDRE

ISOMORPHE → ÉGAL

ISOTOPIC ABUNDANCE nucl. off. teneur isotopique

ISRAÉLITE nom et adj. **I.** ashkénaze, assidéen, enfants/ fils d'Abraham, hébraïque, hébreu, israélien, judaïque, juif, marrane, peuple élu, pharisien, publicain, séfarade *ou* safaraddi *ou* sefaradi *ou* sefardi, sémite, sémitique, sioniste **II. injurieux et raciste** : baptisé au sécateur, Breton de Jérusalem, cormoran (vx), schmoutz, youde, youpin, youtre

REMARQUE. Youde (vers 1940) vient de l'allemand *Jude* « juif »; youtre (1828) reprend l'allemand dialectal *Juder*; youpin (1890) en est la déformation argotique. Ces mots sont d'un usage daté (1880-1900; 1930-1944). Cet usage est intolérable depuis le nazisme.

◆ CONTR. : gentil, goy (plur. hébraïque : goyim), païen

ISSU, E → NÉ

ISSUE n.f. **I.** → SORTIE **II.** → RÉSULTAT

ITALIEN, NE I. ausonien (vx), cisalpin, latin, ultramontain **II.** bergamasque, bolonais, calabrais, campanien, émilien, florentin, génois, ligurien, lombard, milanais, napolitain, ombrien, padouan, palermitain, parmesan, pérugin, piémontais, pisan, romain, sarde, sicilien, toscan, trentin, tridentin, turinois, valdotin, vénitien **III. injurieux** : joueur de mandoline, macaroni, rital **IV.** italianisant, italianisme, italianiste, romaniste

ITÉRATIF, IVE fréquent, fréquentatif, rabâché, recommencé, renouvelé, répété

◆ CONTR. **I.** → UNIQUE **II.** → SIMPLE

ITÉRATION n.f. → RÉPÉTITION

ITÉRATIVEMENT de façon → ITÉRATIF

ITERATIVE GUIDANCE spat.off. guidage par itération

ITHOS n.m. → GALIMATIAS

ITINÉRAIRE n.m. → TRAJET

ITINÉRANT, E → VOYAGEUR

IVOIRE n.m. **I.** défense, rohart **II. par ext.** : dentine, corozo

IVOIRIN, E albâtre, blanc, blanchâtre, chryséléphantin, opalin, porcelaine

IVRAIE I. au pr. : chiendent, herbe, ray-grass, vorge, zizanie (vx) **II. fig.** : chicane, dispute, méchanceté, mésentente

◆ CONTR. → UNION

IVRE I. au pr. 1. neutre : aviné, bu, ébrieux (méd.), ébriolé (rég.), gai, gris, grisé, imbriaque, pris de boisson **2. fam.** : anesthésié, à point, bien, brindezingue, cuit, cuité, dans les vignes du Seigneur, éméché, émoustillé, en goguette, entre deux vins, gelé, parti, pinté, pompette **3. arg.** : beurré (comme un petit-beurre/ petit-Lu), bille, blindé, bourré/ plein (comme une barrique/ un boudin/ une cantine/ un coing/ une huître/ un œuf/ une vache), cané, cassé, défoncé, fadé, givré, hachesse, hourdé, jusqu'à la troisième capucine (vx), mâchuré, mort, mûr, muraille, noir, paf, pas net, pété (à mort), plein, poivré,

raide, rétamé, rond, schlass, soûl (comme une vache) **4. ÊTRE IVRE** : avoir fait le plein/ son plein, avoir les bottes/ son casque/ la casquette/ sa charge/ son compte/ son fade/ son gaz/ une pistache/ son plumeau/ son plumet/ sa pointe/ son pompon, avoir un coup de bois tordu/ de chasselas/ de sirop en trop, en avoir un coup dans les carreaux/ dans la jupe/ dans le porte-pipe/ dans la trompette/ une pochetée, être chicorée/ en plein coaltar/ de tisane, prendre son lit en marche, tenir une paille/ une bonne cuite, voir des éléphants roses **II. par ext.** : exalté, transporté, troublé

◆ CONTR. **I.** à jeun, dessoûlé *ou* dessaoulé **II.** → SOBRE **III.** → FROID

IVRESSE I. au pr. 1. neutre : boisson, crapule, débauche, dipsomanie, ébriété, enivrement, éthylisme, fumées de l'alcool/ du vin, griserie, hébétude, ilotisme, intempérance, ivrognerie, œnolisme **2.** → ALCOOLISME **3. fam. et arg.** : anesthésie, barbe, beurrée, biture, bout de bois, caisse, carrousse (vx) pionnardise, cocarde, cuite, culotte, défonce, fièvre de Bercy, gobette, muflée, nasque, palu breton, pétée, le plein, pistache, pochardise, poivrade, potomanie, ribote, ronflée, soulographie, torchée **II. fig. 1.** → VERTIGE **2.** enchantement, enthousiasme, exaltation, excitation, extase, joie, volupté

◆ CONTR. **I.** → SOBRIÉTÉ **II.** → FROID, FROIDEUR

IVROGNE, IVROGNESSE I. alcoolique, buveur, débauché, dipsomane, dipsomaniaque, éthylique, intempérant **II. fam.** : alcoolo, arsouille, artilleur, bacchante, bibard, biberon, biberonneur, biturin, boit-sans soif, camphroux, cuitard, éponge, galope-chopine, gouape, ilote (antiq.), lécheur, licheur, œnopique, outre, pilier de bistrot/ cabaret/ café/ estaminet, picoleur, pictonneur, pionnard, pochard, pochetron, poivrier, poivrot, sac-à-vin, siffleur, soiffard, soûlard, soulas (vx), soulaud, soulographe, soulotteur, suppôt de Bacchus, téteur, tonneau, valseur, vide-bouteilles

◆ CONTR. → SOBRE

IVROGNERIE → IVRESSE

IXODE n.m. tique

J

JABOT n.m. **I.** par ext. : cravate, dentelle **II.** → ESTOMAC

JABOTER I. non fav. **1.** babiller, baratiner, bavarder, bonimenter, cailleter, caqueter, débiter, discourir, jabouiner, jacasser, jacter, jaspiller, jaspiner, papoter, parler, raconter **2.** baver, broder, cancaner, clabauder, colporter, commérer, débiner, déblatérer, faire battre des montagnes, faire des commérages/ des histoires/ des racontars, jaser, lantiponner, potiner, publier, répandre **II.** fav. ou neutre : s'abandonner, causer, converser, deviser, échanger, s'entretenir, faire la causette/ la conversation/ un brin de causette

◊ CONTR. → TAIRE (SE)

JACASSEUR et **JACASSE** n.m., n.f. babillard, baratineur, bavard, bon grelot, bonimenteur, bonne tapette, bruyant, cancanier, commère, concierge, discoureur, jaboteur, jaseur, loquace, parleur, phraseur, pipelet, prolixe, verbeux, volubile

◊ CONTR. → SILENCIEUX

JACASSEMENT et **JACASSERIE** n.m., n.f. → BAVARDAGE

JACASSER → JABOTER

JACHÈRE n.f. brande, brousse, ermes (méridu.), friche, garrigue, gatine, lande, maquis, varenne

JACINTHE n.f. hyacinthe

JACOBIN, E nom et adj. **I.** → RÉVOLUTIONNAIRE **II.** par ext. → ULTRA

JACQUERIE n.f. → RÉVOLTE

JACTANCE n.f. **I.** → ORGUEIL **II.** → HÂBLERIE

JACTER → JABOTER

JADIS → AUTREFOIS

JAILLIR apparaître, bondir, couler, se dégager, se dresser, s'élancer, s'élever, fuser, gicler, partir, pointer, rejaillir, saillir, sortir, sourdre, surgir

◊ CONTR. → DISPARAÎTRE

JAILLISSEMENT n.m. → ÉRUPTION

JAIS n.m. → PIERRE

JALE n.f. → BAQUET

JALON n.m. → REPÈRE

JALONNEMENT n.m. → BORNAGE

JALONNER → TRACER

JALOUSEMENT I. avec → ENVIE **II.** avec → INQUIÉTUDE

JALOUSER → ENVIER

JALOUSIE n.f. **I.** → ENVIE **II.** → ÉMULATION **III.** → VOLET

JALOUX, OUSE I. → ENVIEUX **II.** → DÉSIREUX

JAM et **JAMMING** télécom. off. : brouillage

JAMMER télécom. off. : brouilleur

JAMAIS I. sens positif. **1.** à un moment donné, un jour **2.** déjà **II.** sens négatif : en aucun temps **III.** À/ POUR JAMAIS : définitivement, éternellement, irrévocablement, pour toujours, sans retour – fam. : aux calendes grecques, à la saint-glinglin, à la semaine des quatre jeudis

◊ CONTR. **I.** → TOUJOURS **II.** → SOUVENT **III.** → QUELQUEFOIS

JAMBE n.f. **I.** d'un homme. **1.** membre inférieur **2.** fam. : bâtons, bouts, brancards, canilles, cannes, échasses, flûtes, fourchettes, fumerons, gambettes, gambilles, gigots, gigues, guibolles, guiches, guisots, jambettes, pattes, piliers, pilons, pinceaux, pincettes, poteaux, quilles **II.** d'un animal → PATTE

JAMBIÈRE n.f. → GUÊTRE

JAMBON n.m. **I.** d'après le nom d'origine géographique, par ex. : Ardennes, Auvergne,

Bayonne, Bretagne, Mayence, Parme, York **II. d'après la préparation, par ex.** : au foin, à l'os, au torchon

JANOTISME n.m. → LAPSUS

JANSÉNISME n.m. → RIGIDITÉ

◈ CONTR. : molinisme, quiétisme → ÉPICURISME

JANSÉNISTE nom et adj. augustinien, austère, étroit, moraliste, puritain, rigoureux

JAPON n.m. → PAPIER

JAPONAIS, E nom et adj. nippon

JAPPEMENT n.m. → ABOI

JAPPER → ABOYER

JAQUETTE n.f. **I.** → VESTE **II.** → URANIEN

JARDIN n.m. **I. au pr.** : aguedal (partic.), clos, closerie, enclos, espace vert, hortillonnage, jardinet, parc, péribole (antiq.), potager, square, verger – **vx** : courtil, ouche, pourpris **II. par ext. 1.** éden, eldorado, paradis **2.** → NURSERY

JARDINAGE n.m. arboriculture, culture maraîchère, horticulture, hortillonnage, maraîchage

JARDINER → CULTIVER

JARDINIER, IÈRE arboriculteur, fleuriste, horticulteur, maraîcher, pépiniériste, primeuriste, rosiériste, serriste

JARDINISTE n.m. ou f. aménageur, architecte/ décorateur paysager, paysagiste

JARGON n.m. argot, baragouin, bêche/ biche la mar/ de mer, bigorne (vx), cajun, charabia, dialecte, fragnol, franglais, galimatias, gazouillis, jar, javanais, jobelin, joual, langue verte, largonji, louchébem, patagon, patois, pidgin, sabir, slang, terminologie, verlan, vers-l'en

◈ CONTR. → ÉLOQUENCE

JAROSSE ou **JAROUSSE** n.f. → LENTILLE

JAROVISATION n.f. printanisation, vernalisation

JARRE n.f. **I.** → POT **II.** → VASE

JARRETELLE n.f. **techn.** → RELAIS

JARS n.m. → OIE

JASER I. → JABOTER **II.** → MÉDIRE

JASERAN ou **JASERON** n.m. **I.** → COLLIER **II.** → COTTE

JASEUR, EUSE → BAVARD

JASPÉ, E → MARQUETÉ

JASPURE n.f. → MARBRURE

JATTE n.f. bol, coupe, récipient, tasse

JAUGE n.f. → CAPACITÉ

JAUGER I. au pr. 1. → MESURER **2.** → ÉVALUER **II. fig.** → JUGER

JAUNE beurre frais, blond, blondasse, chamois, citron, doré, fauve, flave (vx), flavescent, isabelle, jonquille, kaki, ocre, safran, saure, topaze – **péj.** : luride, pisseux

JAUNIR blondir, dorer, javeler

JAUNISSE n.f. cholémie, hépatite, ictère

JAVA n.f. → FÊTE

JAVELINE et **JAVELOT** n.f., n.m. → TRAIT

JÉRÉMIADE n.f. → GÉMISSEMENT

JERK spat. off. : suraccélaration

JÉSUITIQUEMENT de façon → HYPOCRITE *et les dérivés possibles en* -ment *des syn. de* hypocrite

JÉSUITISME n.m. → HYPOCRISIE

JÉSUS n.m. → SAUCISSON

JET n.m. **I. au pr. 1.** coup, émission, éruption, jaculation, jaillissement, lancement, lancer, projection, propulsion **2.** → POUSSE **3.** → AVION **4. spat. off.** propulseur **II. fig.** → ÉBAUCHE

JETÉE n.f. → DIGUE

JETER I. abandonner, balancer, se débarrasser/ défaire de, détruire, dispenser, éjecter, émettre, éparpiller, envoyer, houler (vx ou rég.), joncher, mettre, parsemer, pousser, précipiter, projeter, propulser, rejeter, répandre, semer → LANCER **fam.** : balancer, envoyer dinguer, ficher, flanquer, foutre **II. 1. JETER BAS/ À TERRE** : esbalancer (mérid.) → ABATTRE **2. JETER SON DÉVOLU SUR** → CHOISIR **III. v. pron.** : **1.** → ÉLANCER (s') **2.** aboutir, déboucher, se déverser, s'emboucher (vx), finir à/ dans

◈ CONTR. **I.** → ACQUÉRIR **II.** → CONSERVER

JET FUEL aviat. off. : carburéacteur

JETON n.m. **I.** marque, plaque, plaquette, tessère **II. FAUX JETON** → HYPOCRITE

JET SET ou **JET SOCIETY off.** : société/ style cosmopolite

JET STREAM aviat. off. : courant-jet

JETTISONABLE NOSE CONE spat. off. : coiffe largable

JETWAY aviat. mar. spat. off. : passerelle

JEU n.m. **I. 1.** → DIVERTISSEMENT **2.** → PLAISIR **3.** ludisme **II.** → JOUET **III.** → POLITIQUE **IV.** → INTERPRÉTATION **V.** → ASSORTIMENT **VI.** → CARTE **VII.** → LOTERIE **VIII.** manche, match, partie, poule, rencontre, rob, set **IX. 1. JEU D'ESPRIT** → SUPPOSITION **2. JEU DE MOTS** : anagramme, anastrophe, à-peu-près, calembour, contrepèterie, coq-à-l'âne, équivoque, janotisme, mot d'esprit, mots croisés, plaisanterie, rébus, turlupinade **3. METTRE EN JEU** → USER DE

JEUN (À) I. ventre creux/ vide → AFFAMÉ **II.** *les part. passés possibles des syn. de*

assoiffer
◆ CONTR. : content, rassasié, soûl

JEUNE I. adj. : adolescent, jovent (vx), junior, juvénile, neuf, nouveau, nubile, pubère, vert **II. nom. 1.** jeunes gens, jeunesse, moins-de-vingt-ans, teenagers, yéyés **2. jeune fille** → FILLE **3. jeune homme** : benjamin, blondin, brunet, cadet, éphèbe, garçon, gars, jeunet, jeunot, jouvenceau, play-boy → ÉLÉGANT **4. vx** : adonis, amadis, coquebin, damoiseau, donzelon, gosselot, J 3, marmouset, menin, meschin, muguet, muscadin, plumet **5. fam. et/ ou péj.** : béjaune, blanc-blec, choupinet, colombin, freluquet, godelureau, greluchon, lipette, loulou, minet, minot, miston, môme, niasse, nière, petit branleur/ péteux
◆ CONTR. I. → VIEUX II. → VIEILLARD

JEÛNE n.m. I. neutre : abstinence, carême, diète, grève de la faim, pénitence, privation, quatre-temps, ramadan, renoncement, restriction, vigile **II. fav.** : frugalité, modération, sobriété, tempérance **III. non fav.** → MANQUE
◆ CONTR. I. → REPAS II. → BANQUET

JEÛNER être/ se mettre à la diète, faire carême/ la grève de la faim/ maigre/ ramadan/ un régime – **québ.** : acarêmer
◆ CONTR. → MANGER

JEUNESSE n.f. adolescence, enfance, éphébisme, jouvence, juvénilisme, juvénilité, printemps de la vie, verdeur, vingt ans, viridité
◆ CONTR. → VIEILLESSE

JINGLE audiov. off. : sonal, tournette (fam.)

JIU-JITSU n.m. → JUDO

JOAILLIER, IÈRE bijoutier, diamantaire, lapidaire, orfèvre

JOBARD, E → NAÏF

JOBARDER → TROMPER

JOBARDERIE n.f. → BÊTISE

JOCRISSE nom et adj. → BÊTE

JOIE n.f. I. → GAIETÉ **II.** → PLAISIR

JOINDRE I. quelque chose ou quelqu'un (au pr.) : aboucher, abouter, accoler, accoupler, affourcher, ajointer, ajuster, allier, amateloter (mar. vx), anastomoser (méd.), annexer, appointer, approcher, articuler, assembler, associer, attacher, bécheveter, brancher, braser, chaîner, coller, combiner, conglutiner, conjoindre, conjuguer, connecter, corréler, coudre, embrancher, enchaîner, entrelacer, épisser, greffer, incamérer (eccl. vx), incorporer, jumeler, juxtaposer, lier, marier, moiser, rabouter, raccorder, rallier, rapporter, rapprocher, rassembler, rattacher, relier, réunir, souder, unir **II. par ext. 1.** → ACCOSTER

2. → REJOINDRE
◆ CONTR. I. → DÉJOINDRE II. → ÉLOIGNER (S')

JOINT, E I. 1. additionnel, ajouté, conjugué, inclus **2.** adhérent, attaché, inhérent **II.** clos, fermé, hermétique

JOINT et **JOINTURE n.m., n.f. I.** aboutage, anastomose (méd.), ars (équit.), articulation, assemblage, béchevet, commissure, conjonction, conjugaison, contact, fente, jonction, raccord, rencontre, réunion, soudure, suture, tampon, union → ABOUCHEMENT **II.** → MOYEN **III.** → DROGUE

JOINTOYER liaisonner, ruiler

JOLI, E I. → ACCORTE **II.** → AGRÉABLE **III.** → AIMABLE **IV.** → BEAU **V.** → BIEN **VI.** → ÉLÉGANT

JOLIESSE n.f. → DÉLICATESSE

JONC n.m. I. butome **II.** → BAGUETTE **III.** → BAGUE

JONCHAIE n.f. touffe de joncs

JONCHÉE n.f. I. → REVÊTEMENT **II.** → DÉSORDRE **III.** → FROMAGE **IV.** → PANIER **V.** → QUANTITÉ

JONCHER → RECOUVRIR

JONCTION n.f. bifurcation, carrefour, fourche → JOINT

JONGLER I. bateler **II.** → TRAFIQUER

JONGLERIE n.f. → HABILETÉ

JONGLEUR, EUSE → TROUBADOUR

JOUE n.f. I. abajoue, bajoue, méplat, pommette **II. fam.** : babine, babouine, badigoince **III. METTRE EN JOUE** → VISER

JOUÉE n.f. → DIMENSION

JOUER I. v. intr. 1. → AMUSER (S') **2.** → MOUVOIR (SE) **II. v. tr. 1.** créer, faire du théâtre, interpréter, mettre en scène → REPRÉSENTER **2.** → TROMPER **3.** → SPÉCULER **4.** → HASARDER **5.** → RAILLER **6.** → FEINDRE **7.** → IMITER **8. d'un instrument de musique** : pianoter, pincer, sonner, souffler, toucher – **péj.** : gratter, racler **9. un morceau de musique** : attaquer, enlever, exécuter, interpréter, massacrer (péj.) – **vx** : aubader, concerter **III. un match** → LUTTER **IV. v. pron.** : **1.** → MÉPRISER **2.** → RAILLER **3.** → TROMPER

JOUET n.m. I. au pr. → BAGATELLE **II. fig.** → VICTIME

JOUEUR, EUSE I. adj. → GAI **II. nom** : brelandier (vx), parieur, partenaire, ponte, turfiste – **arg.** : cartonnier, flambeur, schpilleur → TRICHEUR

JOUFFLU, E bouffi, gonflé, mafflé, mafflu, poupard, poupin, rebondi
◆ CONTR. → MAIGRE

JOUG n.m. fig. → SUBORDINATION

JOUIR I. → AVOIR, PROFITER DE, RÉGALER (SE) **II.** connaître la volupté *et les syn. de* volupté

→ ÉJACULER **III. 1. arg. et grossier** : s'arracher le copeau, bander, bicher, s'éclater, s'envoyer en l'air, se faire briller/ reluire, godailler, goder, partir, planer, prendre son fade/ panard/ pied/ taf, rayonner **2. partic. femmes** : couler, juter, mouiller, ne plus se sentir pisser **3. partic. hommes** : avoir la canne/ gaule/ tringle/ trique/ le tricotin, l'avoir au garde-à-vous/ dure/ en l'air/ raide et → ACCOUPLER (s')

◆ CONTR. → SOUFFRIR

JOUIR DE I. → POSSÉDER **II.** → PROFITER DE **III.** déguster, goûter, se repaître, savourer → RÉGALER (SE)

◆ CONTR. → MANQUER

JOUISSANCE n.f. **I.** fruition (vx), possession, propriété, usage, usufruit **II.** → PLAISIR

◆ CONTR. **I.** → PRIVATION **II.** → SOUFFRANCE

JOUISSEUR, EUSE → ÉPICURIEN

JOUISSIF, IVE → PLAISANT

JOUR n.m. **I.** journée, quantième → AUBE **II. par ext. 1.** → LUMIÈRE **2.** → OUVERTURE **3.** → MOYEN **III. au pl. 1.** → VIE **2.** → ÉPOQUE **IV. 1. POINT/ POINTE DU JOUR** → AUBE **2. VOIR LE JOUR** → NAÎTRE **3. JOURS DE PLANCHES** → DÉLAI

◆ CONTR. → NUIT

JOURNAL n.m. **I.** bulletin, dazibao, fanzine, feuille, gazette, hebdomadaire, illustré, magasin (vx), magazine, organe, périodique, presse, quotidien, tabloïd → REVUE – **péj.** : baveux, canard, feuille de chou **II.** → RÉCIT **III.** → MÉMOIRES

JOURNALIER, ÈRE I. nom → TRAVAILLEUR **II. adj. 1. au pr.** : circadien, de chaque jour, diurnal, diurne, journal, quotidien **2.** → CHANGEANT

JOURNALISTE n.m. ou f. agencier, anecdotier, annoncier, chroniqueur, commentateur, correspondant, courriériste, critique, échotier, éditorialiste, envoyé spécial, feuilletoniste, gazetier (vx), informateur, intervieweur, nouvelliste, pamphlétaire, pigiste, polémiste, publiciste, rédacteur, reporter, salonnier, speaker – **péj.** : articlier, bobardier, feuilliste, folliculaire, journaleux, pisse-copie, posticheur

JOURNÉE n.f. **I.** → JOUR **II.** → ÉTAPE **III.** → RÉTRIBUTION

JOUTE n.f. **I.** → TOURNOI **II.** → LUTTE

JOUTER → LUTTER

JOUTEUR n.m. → LUTTEUR

JOUVENCE n.f. → JEUNESSE

JOUVENCEAU n.m. → JEUNE

JOUXTER → TOUCHER

JOVIAL, E → GAI

JOVIALEMENT de façon → GAI *et les dérivés possibles en* -ment *des syn. de* gai

JOVIALITÉ n.f. → GAIETÉ

JOYAU n.m. **I.** bijou, parure **II.** → BEAUTÉ

JOYEUSEMENT de façon → GAI *et les dérivés possibles en* -ment *des syn. de* gai

JOYEUSETÉ n.f. → PLAISANTERIE

JOYEUX n.m. bataillonnaire, bat'd'Af

JOYEUX, EUSE jubilant → GAI

JUBÉ n.m. ambon

JUBILANT, E → GAI

JUBILATION n.f. → GAIETÉ

JUBILER → RÉJOUIR (SE)

JUCHÉE n.f. → PERCHOIR

JUCHER → PERCHER

JUCHOIR n.m. → PERCHOIR

JUDAS n.m. **I.** → INFIDÈLE **II.** → OUVERTURE

JUDICIAIRE juridique, procédurier (péj.)

JUDICIEUSEMENT bien, de façon → INTELLIGENT *et les dérivés possibles en* -ment *des syn. de* intelligent

JUDICIEUX, EUSE I. → INTELLIGENT **II.** → BON

JUDO n.m. aïkido, jiu-jitsu, karaté

JUGE n.m. **I.** agonothète (antiq.), alcade (esp.), amin (kabyle), amman ou landamman (helv.), arbitre, cadi (arabe), gens de robe, héliaste, inquisiteur, justicier, magistrat, official (rel.), prévôt, procureur (par ext.), robin (péj.), viguier – **vx** : préteur, rapporteur, vergobret – **arg. (péj. ou injurieux) et vx** : curieux, enjuponné, figé, fromage, gerbe, guignol **II.** vengeur **III.** → CENSEUR

◆ CONTR. **I.** → INCULPÉ **II.** → DÉFENSEUR

JUGEMENT n.m. **I.** arrêt, décision, décret, verdict – **arg.** : flag, gerbement **II.** → OPINION **III.** → CENSURE **IV.** → RAISON **V. partic.** psychostasie **VI. JUGEMENT DE DIEU** : duel judiciaire, ordalie

◆ CONTR. **I.** → DÉFENSE **II.** : ajournement, dessaisissement, non-lieu, remise

JUGEOTE n.f. → RAISON

JUGER I. apprécier, arbitrager (écon.) arbitrer, choisir, conclure, considérer, coter, croire, décider, départager, déterminer, dire, discerner, distinguer, envisager, estimer, évaluer, examiner, expertiser, imaginer, jauger, mesurer, noter, penser, peser, porter une appréciation/ un jugement, prononcer un arrêt/ une sentence, sonder les reins et les cœurs, soupeser, statuer, trancher, trouver, voir **II.** → BLÂMER

◈ CONTR. **I.** → PLAIDER **II.** : ajourner, dessaisir, remettre

JUGULAIRE n.f. bride, mentonnière

JUGULER → ARRÊTER

JUIF, JUIVE → ISRAÉLITE

JUMBO JET aviat. off. : gros-porteur

JUMEAU, ELLE nom et adj. besson, double, free-martin (vétér.), gémeau, menechme, pareil, sosie, univitellin

JUMELAGE n.m. → ASSEMBLAGE

JUMELER → JOINDRE

JUMELLE n.f. → LUNETTE

JUMENT n.f. cavale, haquenée, mulassière, pouliche, poulinière
◈ CONTR. : étalon

JUNIOR n.m. et adj. → CADET

JUNK FEELER pétr. off. : tâte-ferraille

JUPE n.f. basquine, cotillon, cotte, jupon, kilt, paréo, tutu

JURANDE n.f. → CORPORATION

JURÉ n.m. → ARBITRE

JUREMENT n.m. **I.** → SERMENT **II.** → JURON

JURER I. → AFFIRMER **II.** → DÉCIDER **III.** → PROMETTRE **IV.** → CONTRASTER **V.** blasphémer, outrager, proférer des jurons, sacrer, tempêter
◈ CONTR. **I.** → ABJURER **II.** → CADRER **III.** → BÉNIR

JURIDICTION n.f. autorité, circonscription, compétence, finage (rég.), judicature, ressort, territoire – vx : for, gruerie, mouvance, présidialité, sénéchaussée, temporalité

JURIDIQUE → JUDICIAIRE

JURIDISME n.m. → LÉGALISME

JURISCONSULTE n.m. → LÉGISTE

JURISPRUDENCE n.f. → LOI

JURISTE n.m. → LÉGISTE

JURON n.m. **I.** blasphème, cambronnade, cri, exécration, gros mot, imprécation, insulte, jurement, outrage – québ. : abîmations, sacres **II. quelques jurons vx ou rég.** : bagasse, cadediou, capedediou, caramba, corbleu, cordieu, cornegidouille, crédié, crédiou, diable, diantre, fichtre, fidepute, fouchtra, foutre, goddam, jarnibleu, jarnicoton, jarnidieu, jourdediou, morbleu, mordienne, mordieu, morguienne, palsambleu, palsangué, palsanguienne, pâques-Dieu, parbleu, pardi, pardienne, pargué, parguienne, putain-con, putain-dé-diou, putain-merde, pute borgne,

sacristi, sapristi, têtebleu, tétigué, tétiguienne, tudieu, ventrebleu, ventre-saint-gris, vertubleu, vertudieu, vertigué, vertuchou – québ. : cibouère, criscalice, crisse, étole, maudit, ostensouère, osti, sacrament, tabarnaque, viarge

JURY n.m. → TRIBUNAL

JUS n.m. sauce, suc → LIQUIDE

JUSANT n.m. → MARÉE

JUSQU'AU-BOUTISME n.m. → EXTRÉMISME

JUSQUE au point de, même

JUSTE I. au pr. : adéquat, advenant (jurid.), approprié, bon, conforme, congru, convenable, correct, droit, équitable, exact, fondé, honnête, impartial, intègre, justifiable, justifié, légitime, loyal, motivé, objectif, pertinent, précis, propre, raisonnable **II. par ext.** → VRAI **III.** → ÉTROIT **IV.** → SAINT **V. adv.** : à la minute/ l'instant, exactement, précisément, tout à fait
◈ CONTR. **I.** → INJUSTE **II.** → FAUX **III.** → ABSURDE

JUSTEMENT de façon → JUSTE *et les dérivés possibles en* -ment *des syn. de* juste

JUSTE MILIEU n.m. → ÉQUILIBRE

JUSTESSE n.f. authenticité, congruence, convenance, correction, exactitude, précision, propriété, raison, rectitude, vérité
◈ CONTR. → ERREUR

JUSTICE n.f. **I.** droiture, équité, impartialité, intégrité, légalité, objectivité, probité, raison **II.** → DROIT **III. FAIRE JUSTICE** → PUNIR
◈ CONTR. **I.** → INJUSTICE **II.** → TURPITUDE

JUSTICIER, ÈRE redresseur de torts, vengeur, zorro (fam.) → JUGE
◈ CONTR. → DÉFENSEUR

JUSTIFIABLE → EXCUSABLE

JUSTIFICATIF n.m. → PREUVE

JUSTIFICATION n.f. **I.** apologétique, apologie → ÉLOGE **II.** affirmation, argument, confirmation, constatation, démonstration, établissement, gage, illustration (vx), motif, pierre de touche → PREUVE **III.** dédouanage, dédouanement, réhabilitation
◈ CONTR. → ACCUSATION

JUSTIFIÉ, E → JUSTE

JUSTIFIER I. absoudre, acquitter, admettre, alléguer, blanchir, couvrir, décharger, disculper, effacer, excuser, exempter, innocenter, laver, légitimer **II.** fonder, motiver **III.** → PROUVER
◈ CONTR. **I.** → ACCUSER **II.** → DÉNIGRER

JUTER I. → couler II. → éjaculer

JUTEUX, EUSE I. → fluide II. → fructueux

JUVÉNILE actif, ardent, bien allant, frisque (vx), gai, jeune, pimpant, plein d'ardeur/ d'entrain/ de vie, vert, vif
◈ CONTR. → sénile

JUVÉNILITÉ n.f. activité, allant, ardeur, entrain, gaieté, jeunesse, jouvence (vx), verdeur, vivacité
◈ CONTR. → sénescence

JUXTAPOSER adjoindre, ajouter, annexer, assembler, associer, combiner, jumeler, marier, rapprocher, rassembler, rattacher, relier, réunir, unir → joindre
◈ CONTR. → écarter

JUXTAPOSITION n.f. → adjonction

KABBALE n.f. → CABALE

KABYLE nom et adj. **par ext.** : berbère, chleuh

KAKI, E brun, chamois, fauve, flavescent, grège, jaune, marron, ocre, saure

KAN ou **KHAN** n.m. → CARAVANSÉRAIL

KANGOUROU n.m. wallaby → MARSUPIAUX

KANDJAR n.m. → POIGNARD

KARAKUL n.m. et adj. astrakan, breit-schwanz

KAYAK n.m. canoë, canot, périssoire

KEEPSAKE n.m. album, livre-album, livre d'images, recueil

KÉPI n.m. casquette, chapska, coiffure, shako – **arg.** : kébour, kébroque

KERMESSE n.f. ducasse, festival, festivité, frairie, réjouissance → FÊTE

KÉROSÈNE n.m. carburant, pétrole

KETCH n.m. → BATEAU

KIBBOUTZ n.m. exploitation/ ferme collective

KICHENOTTE n.f. bavolet → COIFFURE

KIDNAPPER I. **au pr.** : enlever, faire disparaître, séquestrer II. **par ext.** → VOLER
◇ CONTR. → REDONNER

KIDNAPPING n.m. I. **au pr.** : enlèvement/ rapt d'enfant II. **par ext.** : enlèvement, rapt, ravissement (vx), séquestration, violence, voie de fait
◇ CONTR. → LIBÉRATION

KIF n.m. haschisch → DROGUE

KILOMÈTRE n.m. **fam.** : borne

KILT n.m. philibeg

KINÉSITHÉRAPEUTE n.m. ou f. masseur, physiothérapeute, soigneur

KIOSQUE n.m. I. belvédère, gloriette II. → ÉDICULE III. → PAVILLON

KIPPER n.m. → HARENG

KIT n.m. off. : prêt-à-monter

KITCHENETTE n.f. coin cuisine, cuisine, cuisinette (off.), office, petite cuisine

KITSCH à/ de papa, baroque, hétéroclite, pompier, rétro
◇ CONTR. → NOUVEAU

KIWI n.m. aptéryx, oiseau coureur

KLAXON n.m. avertisseur, signal sonore, trompe

KLEPTOMANE n.m. ou f. → VOLEUR

KNOCK-OUT n.m. assommé, étendu pour le compte, évanoui, groggy (par ext.), hors de combat, inconscient, K.-O
◇ CONTR. → DISPOS

KNOUT n.m. bastonnade, fouet, verges

KNOW HOW off. : savoir-faire

KNUCKLE JOINT méc. off. : genouillère

KOALA n.m. → MARSUPIAUX

KOBOLD et **KORRIGAN** n.m. → GÉNIE

KOUAN-HOUA n.m. langue mandarine, mandarin

KRACH n.m. I. **au pr.** : déconfiture, dépôt de bilan, faillite II. **par ext.** : banqueroute, chute, crise, culbute, débâcle, échec, fiasco, liquidation, marasme, ruine

KRAK n.m. bastide, château, citadelle, crac, ensemble fortifié, fort, forteresse, fortification, ouvrage fortifié, place forte

KRISS n.m. → POIGNARD

KYRIELLE n.f. → SUITE

KYSTE n.m. corps étranger, grosseur, induration, ulcération → ABCÈS

L

LÀ à cet endroit, à cette place, en ce lieu, ici

LABEL n.m. → MARQUE

LABEUR n.m. activité, besogne, corvée, occupation, ouvrage, peine, tâche, travail
◇ CONTR. → OISIVETÉ

LABILE changeant, débile, déconcertant, faible, fragile, frêle, glissant, insaisissable, instable, périssable, piètre, précaire
◇ CONTR. → STABLE

LABORATOIRE n.m. arrière-boutique, atelier, cabinet, officine

LABORIEUSEMENT de façon → LABO-RIEUX *et les dérivés possibles en* -ment *des syn. de* laborieux

LABORIEUX, EUSE I. → DIFFICILE II. → PÉNIBLE III. → TRAVAILLEUR

LABOUR n.m. I. au pr. : billonnage, décavaillonnage, défonçage, façon, labourage, retroussage, scarifiage, versement (vx) II. par ext. 1. → CHAMP 2. → TERRE
◇ CONTR. → JACHÈRE

LABOURER I. au pr. : billonner, binoter, charruer, décavaillonner, défoncer, façonner, fouiller, ouvrir, quartager, remuer, retercer, retourner, scarifier, tercer, travailler, verser (vx) II. fig. → DÉCHIRER
◇ CONTR. : laisser en → FRICHE

LABOUREUR n.m. → AGRICULTEUR, PAYSAN

LABYRINTHE n.m. I. au pr. : dédale, lacis, méandre, réseau II. fig. : complication, confusion, détour, écheveau, enchevêtrement, maquis, multiplicité, sinuosité

LAC n.m. bassin, chott, étang, gour, lagune, loch, marais, mare, pièce d'eau, réservoir

LACER attacher, ficeler, fixer, nouer, serrer

LACÉRATION n.f. déchiquetage, déchirement, destruction, dilacération, division, mise en lambeaux/ morceaux/ pièces
◇ CONTR. → RACCOMMODAGE

LACÉRER → DÉCHIRER

LACERON n.m. laiteron

LACET n.m. I. → CORDE II. → FILET

LÂCHAGE n.m. → ABANDON

LÂCHE I. capon, couard, défaitiste, embusqué, froussard, lâcheur, pied-plat, pleutre, poltron, poule mouillée, pusillanime, rampant, timide, tremblant, trouillard, veule → PEUREUX, VIL II. fam. : capitulard, cerf, chevreuil, chiasseux, chiffe, copaille, couille-molle, cufart (vx ou rég.), dégonflé, demi-sel, enfoiré, fausse-couche, foireux, jean-fesse/ foutre, gonzesse, lavette, lopette, paillasson, salope, tafeur, tracqueur. vx : fuitif, veillaque III. une chose : débandé, desserré, détendu, flaccide, flottant, relâché → SOUPLE
◇ CONTR. I. → BRAVE II. → CONCIS

LÂCHÉ, E → NÉGLIGÉ

LÂCHEMENT de façon → LÂCHE *et les dérivés possibles en* -ment *des syn. de* lâche

LÂCHER I. au pr. 1. assouplir, débander, décompresser, décomprimer, décramponner, déraidir, desserrer, détacher, détendre, filer, laisser aller, relâcher 2. droper, larguer, parachuter II. par ext. 1. → DIRE 2. → ACCORDER 3. → ABANDONNER 4. → QUITTER 5. → DISTANCER III. LÂCHER PIED → RECULER
◇ CONTR. I. → TENIR II. → PRENDRE

LÂCHETÉ n.f. I. caponnerie (fam.), couardise, faiblesse, foire, frousse, mollesse, moutonnerie, poltronnerie, pusillanimité, trouille, veulerie → PEUR II. → BASSESSE
◇ CONTR. I. → COURAGE II. → HONNEUR

LACIS n.m. I. → LABYRINTHE II. → RÉSEAU

LACONIQUE I. → COURT II. → BREF

LACONIQUEMENT de façon → BREF *et les dérivés possibles en* -ment *des syn. de* bref

LACONISME n.m. → CONCISION

LACS n.m. pl. → FILET

LACUNAIRE → IMPARFAIT

LACUNE n.f. I. déficience, desiderata, ignorance, insuffisance, manque, omission, oubli, suppression II. espace, fente, fissure, hiatus, interruption, méat, solution de continuité, trou
◆ CONTR. I. → ABONDANCE II. → CONTINUATION

LADRE I. → AVARE II. → LÉPREUX

LADRERIE n.f. I. au pr. : lazaret, léproserie, maladrerie II. fig. : sordidité → AVARICE
◆ CONTR. → GÉNÉROSITÉ

LAGUNE n.f. liman, moere → ÉTANG

LAI n.m. → POÈME

LAI, E convers, servant

LAÏC, QUE I. agnostique, indépendant, neutre, séculier → LAÏQUE II. → CIVIL
◆ CONTR. I. confessionnel II. → INTOLÉRANT

LAÎCHE n.f. carex

LAÏCISATION n.f. déclergification

LAÏCITÉ n.f. agnosticisme, neutralité, pluralisme, tolérance
◆ CONTR. I. théocratie II. → INTOLÉRANCE

LAID, E I. quelque chose. 1. abominable, affreux, atroce, dégoûtant, déplaisant, désagréable, disgracieux, effrayant, effroyable, hideux, horrible, ignoble, immettable, importable, inesthétique, informe, moche (fam.), monstrueux, repoussant, vilain 2. bas, déshonnête, immoral, indigne, malhonnête, malséant, mauvais, obscène, répugnant, sale, vil II. quelqu'un : défiguré, déformé, difforme, disgracié, disgracieux, enlaidi, hideux, inélégant, ingrat, mal bâti/ fait/ fichu/ foutu III. fam. : blèche, dégueu, dégueulasse, merdique, mochard, moche, ringard, roupe, tard d'époque, tarte, tartignole, tartouillard, toc, tocard
◆ CONTR. I. → BEAU II. → HONNÊTE

LAIDEMENT de façon → LAID *et les dérivés possibles en* -ment *des syn. de* laid

LAIDERON n.m. guenon, guenuche, hotu (vx ou rég.), maritorne, mocheté, monstre, remède à l'amour, tarderie → VIRAGO
◆ CONTR. → BEAUTÉ

LAIDEUR n.f. I. aspect/ corps/ visage ingrat, difformité, disgrâce, hideur, mocherie (fam.), mocheté II. horreur, monstruosité, obscénité, saleté, vilenie → BASSESSE
◆ CONTR. → BEAUTÉ

LAIE n.f. I. → SANGLIER II. → ALLÉE III. → MARTEAU

LAINAGE n.m. I. anacoste, barège, beige, blanchet, cachemire, calmande, casimir,

castorine, cheviotte, crêpe, drap, étamine, flanelle, fil-à-fil, gabardine, granité, homesprun, jersey, lasting, loden, mérinos, mousseline, napolitaine, orléans, ras, ratine, reps, tweed, velours – vx : bort, bouracan, burat, bure, bureau, cadis, droguet, escot, estamette, frise, lingette, marègue, picote, prunelle, sergette, stoff, tiretaine II. → CHANDAIL III. feutre, molleton, tartan

LAINE n.f. agneline, alpaca, carmeline, cheviotte, mérinos, mohair, riflard, vigogne → POIL

LAINEUX, EUSE I. doux, duveteux, épais, isolant II. lanice (vx), lanifère, lanigère, lanugineux III. par ext. : poilu, velouté

LAÏQUE ou **LAÏC** n.m. convers, lai, profane, séculier → LAÏC

LAISSE n.f. I. → ATTACHE II. → ALLUVION

LAISSER I. → ABANDONNER II. → QUITTER III. → CONFIER IV. → TRANSMETTRE V. → ALIÉNER VI. → SOUFFRIR VII. NE PAS LAISSER DE → CONTINUER

LAISSER-ALLER n.m. négligence → ABANDON

LAISSEZ-PASSER n.m. ausweis, coupefile, navicert (mar.), passavant, passe-debout, passeport, permis, sauf-conduit, visa

LAITERON n.m. laceron

LAITEUX, EUSE → BLANC

LAITIER, ÈRE crémier

LAITON n.m. archal

LAÏUS n.m. → DISCOURS

LALLATION n.f. → BABILLAGE

LAMA n.m. I. → RELIGIEUX II. alpaca, guanaco, vigogne

LAMARCKISME n.m. → ÉVOLUTIONNISME

LAMBEAU n.m. → MORCEAU

LAMBIN, E → LENT

LAMBINER → TRAÎNER

LAME n.f. I. alumelle, éclisse, feuille, feuillet, lamelle, morceau, plaque II. baleine de corset, busc III. → ÉPÉE IV. → VAGUE V. FINE LAME → FERRAILLEUR

LAMÉ n.m. → TISSU

LAMELLE n.f. → LAME

LAMELLÉ, E lamelleux, lamelliforme, laminaire → STRIÉ

LAMELLIBRANCHE n.m. I. vx : pélécypode II. anodonte ou moule d'étang, anomie ou estafette, aronde (perlière), aspergille, avicule, isocarde, lime ou limette, mulette, palourde ou boucarde, pecten ou peigne ou coquille Saint-Jacques, pedum, pétoncle ou amande de mer, pholade *ou* daille, pinne, praire, solen *ou* (manche de) couteau, spondyle, taret, tridacne *ou* bénitier, vénéricarde, vénus *ou* clovisse III. → HUÎTRE IV. → MOULE

LAMENTABLE → PITOYABLE

LAMENTABLEMENT de façon → PITOYABLE *et les dérivés possibles en* -ment *des syn. de* pitoyable

LAMENTATION n.f. → GÉMISSEMENT

LAMENTER (SE) → GÉMIR

LAMENTO n.m. I. → AIR II. → PLAINTE

LAMIE n.f. I. → MONSTRE II. → POISSON

LAMINAGE n.m. aplatissage, aplatissement, compression, écrasement, écrouissage, étirage

LAMINAIRE I. n.f. → ALGUE II. adj. → LAMELLÉ

LAMINER aplatir, étirer, réduire → USER

LAMINOIR n.m. étireuse, presse

LAMPADAIRE n.m. bec de gaz, réverbère → LAMPE

LAMPARO n.m. → LAMPE

LAMPAS n.m. I. luette → GOSIER II. → SOIE

LAMPE n.f. I. carcel, chaleil, fumeron, lampadaire, lamparo, luminaire, (lampe) pigeon, photophore, projecteur, spot, veilleuse, veilloir, verrine (mar.) → LANTERNE II. **arg.** : calbombe, camoufle, loubarde, loupiote, pétoche

LAMPÉE n.f. → GORGÉE

LAMPER → BOIRE

LAMPION n.m. → LANTERNE

LAMPISTE n.m. → SUBORDONNÉ

LAMPROIE n.f. → POISSON

LAMPYRE n.m. ver luisant

LANCE n.f. angon, dard, épieu, esponton, framée, guisarme, hallebarde, haste, javeline, javelot, pertuisane, pique, sagaie, sarisse, vouge

LANCÉE n.f. → ÉLAN

LANCEMENT n.m. I. envoi, tir → JET II. → PUBLICATION

LANCER I. au pr. : catapulter, darder, lâcher, larguer, poquer, projeter → JETER – vx : forjeter, houler II. par ext. 1. bombarder, déclencher, décocher, émettre, envoyer, exhaler, faire partir, répandre 2. → INTRODUIRE 3. → ÉDITER III. v. pron. → ÉLANCER (s')

◆ CONTR. → RETIRER

LANCER n.m. → JET

LANCINANT, E I. → PIQUANT II. → ENNUYEUX

LANCINER → TOURMENTER

LANÇON n.m. → POISSON

LANDAU n.m. → VOITURE

LANDE n.f. brande, brousse, friche, garrigue, gâtine, jachère, maquis, varenne

◆ CONTR. → LABOUR

LANDIER n.m. chenêt, chevrette, hâtier

LANDING spat. off. : atterrissage

LANDING ZONE milit. off. : zone de poser

LANGAGE n.m. I. → LANGUE II. algol, cobol, fortran, machinois (fam.)

LANGE n.m. → COUCHE

LANGOUREUSEMENT de façon → LANGOUREUX *et les dérivés possibles en* -ment *des syn. de* langoureux

LANGOUREUX, EUSE alangui, alanguissant, amoureux, doucereux, languide, languissant, mourant, sentimental – vx : lendore, tabide, traînant

◆ CONTR. → VIF

LANGUE n.f. I. adstrat, argot, dialecte, expression, idiolecte, idiome, langage, parler, parlure, patois, sabir, substrat, superstrat, vocabulaire ♦ jargon sourds-muets : dactylologie II. arg. : menteuse, platine (vx) III. **langue internationale** : espéranto, volapük IV. AVOIR LA LANGUE BIEN PENDUE : bien affilée

LANGUEUR n.f. abattement, accablement, adynamie, affaiblissement, alanguissement, anéantissement, anémie, apathie, assoupissement, atonie, consomption, découragement, dépérissement, dépression, ennui, épuisement, étiolement, étisie, exhaustion, faiblesse, hypotonie, inactivité, inanition, indolence, languissement (vx), léthargie, marasme, mollesse, morbidesse, nonchalance, paresse, prostration, somnolence, stagnation, torpeur

◆ CONTR. → VIVACITÉ

LANGUIDE → LANGOUREUX

LANGUIR I. au pr. : s'en aller, décliner, dépérir, dessécher, s'étioler, langourer (vx) II. par ext. 1. → ATTENDRE 2. → SOUFFRIR 3. stagner, traîner, végéter

◆ CONTR. I. → REVIVRE II. → RÉUSSIR

LANGUISSAMMENT de façon → LANGOUREUX *et les dérivés possibles en* -ment *des syn. de* langoureux

LANGUISSANT, E I. → LANGOUREUX II. → FADE

LANIÈRE n.f. → COURROIE

LANTERNE n.f. I. au pr. 1. falot, fanal, feu, lamparo, lumière, phare, pharillon, réverbère → LAMPE 2. lampion, loupiote, lumignon, veilleuse II. par ext. → REFRAIN

LANTERNER I. v. tr. → TROMPER II. v. intr. 1. → RETARDER 2. → TRAÎNER

LAPALISSADE n.f. → VÉRITÉ

LAPER → BOIRE

LAPIDAIRE → COURT

LAPIDER I. → TUER **II.** → VILIPENDER

LAPIN, E I. cul-blanc – **vx** : connin, counin
II. poser un lapin : faire faux bond

LAPON, NE esquimau

LAPS I. nom masc : → ESPACE **II. adj. (vx)** → INFIDÈLE

LAPSUS n.m. contrepèterie, coq-à-l'âne, cuir, erreur, faute, impropriété, janotisme, liaison-mal-t-à-propos, mastic, pataquès, perle, périssologie, valise, velours → DISTRACTION

LAQUAIS n.m. → SERVITEUR

LAQUE n.f. → RÉSINE

LAQUER → PEINDRE

LARBIN n.m. **I.** → SERVILE **II.** → SERVITEUR

LARCIN n.m. → VOL

LARD n.m. couenne, crépine, graillon (péj.), lardon, panne, ventrèche

LARDER I. → PERCER **II.** → EMPLIR **III.** → RAILLER

LARDOIRE n.f. → BROCHE

LARDON n.m. **I.** → LARD **II.** → ENFANT

LARE n.m. → PÉNATES

LARGAGE n.m. droppage, lâcher, parachutage → ABANDON

LARGE I. adj. 1. → GRAND **2.** → AMPLE **3.** → GÉNÉRAL **4.** → INDULGENT **5.** → GÉNÉREUX **II. n.m. 1.** → MER **2.** → LARGEUR **III. GAGNER/PRENDRE LE LARGE** → PARTIR
◇ CONTR. **I.** → ÉTROIT **II.** → BORD

LARGEMENT → BEAUCOUP

LARGESSE n.f. **I.** → GÉNÉROSITÉ **II.** → DON

LARGEUR n.f. **I. au pr.** : ampleur, calibre, carrure, diamètre, dimension, empan, envergure, étendue, évasure, grandeur, grosseur, laize, large, lé, module, portée, voie **II. par ext.** : indulgence, largesse, libéralisme, libéralité, ouverture d'esprit
◇ CONTR. **I.** diagonale, hauteur, longueur, profondeur **II.** → PETITESSE

LARGUER I. → LÂCHER **II.** → RENVOYER

LARME n.f. **I.** eau (vx), gémissement, goutte, larmoiement, perle, pleur, pleurnichement, pleurnicherie, sanglot **II.** chagrin, émotion, mal, souffrance
◇ CONTR. **I.** → RIRE **II.** → PLAISIR

LARMOYANT, E → ÉMOUVANT

LARMOYER → PLEURER

LARRON n.m. → VOLEUR

LARVE n.f. **I. fig.** → FANTOCHE **II.** → RUINE

LARVÉ, E → MANQUÉ

LAS, SE → FATIGUÉ

LASCAR n.m. → GAILLARD

LASCIF, IVE I. amoureux, caressant, charnel, chaud, concupiscent, doux, érotique, folâtre, gamin, jouissif, léger, leste, libertin, polisson, sensuel, suave, voluptueux – **arg.** : baiseur, bandeur, bitard, bourrin, fouteur (vx), godeur, queutard, sabreur, tringleur **II. par ext. et péj.** : concupiscent, débauché, immodeste, impudique, impur, indécent, libidineux, licencieux, lubrique, luxurieux, paillard, porno, pornographique, salace, vicelard, viceloque → OBSCÈNE
◇ CONTR. **I.** → CHASTE **II.** → PUDIQUE

LASCIVEMENT de façon → LASCIF *et les dérivés possibles en* -ment *des syn. de* lascif

LASCIVETÉ ou **LASCIVITÉ** n.f. **I.** chaleur, commerce charnel, concupiscence, dolce vita, érotisme, libertinage, polissonnerie, sensualité, suavité, volupté **II. par ext. et péj.** : débauche, fornication, gâterie, immodestie, impudicité, impureté, indécence, jouasserie, licence, lubricité, luxure, paillardise, pornographie, salacité, vicelardise (arg.)
◇ CONTR. **I.** → CONTINENCE **II.** → DÉCENCE

LASSER I. → FATIGUER **II.** → ENNUYER **III. v. pron.** → DÉCOURAGER (SE)

LASSITUDE n.f. **I.** → ABATTEMENT **II.** → FATIGUE **III.** → ENNUI **IV.** → DÉCOURAGEMENT

LATENCE n.f. → ARRÊT

LATENT, E → SECRET

LATITUDE n.f. → LIBERTÉ

LATITUDINAIRE nom et adj. **I.** → INDULGENT **II.** → FAIBLE

LATOMIES n.f. pl. → PRISON

LATRIE n.f. → CULTE

LATRINES → WATER-CLOSET

LATTE n.f. **I.** claquet → PLANCHE **II.** → SABRE

LATTIS n.m. garniture → CLÔTURE

LAUDATEUR, TRICE → LOUANGEUR

LAUDATIF, IVE → ÉLOGIEUX

LAUDES n.f. pl. → PRIÈRE

LAUNCHER spat. off. I. lanceur **II.** table de lancement

LAUNCHING BASE spat. off. : base de lancement

LAUNCHING COMPLEX spat. off. : ensemble de lancement

LAUNCHING RAIL spat. off. : tour de lancement

LAUNCHING RAMP spat. off. : rampe de lancement

LAUNCHING PAD spat. off. : aire de lancement

LAUNCH VEHICLE spat. off. : lanceur

LAURE n.f. → CLOÎTRE

LAURÉ, E auréolé, couronné, honoré, récompensé

◇ CONTR. **I.** *les part. passés possibles des syn. de* → HUMILIER **II.** *les part. passés possibles des syn. de* → PUNIR

LAURÉAT, E → VAINQUEUR

LAURIER-ROSE n.m. aléandre (vx)

LAURIERS n.m. pl. → GLOIRE

LAVABO n.m. **I.** aiguière, aquamanile, fontaine, gémellion, lave-mains **II.** → WATER-CLOSET

LAVAGE n.m. ablution, absterstion, bain, blanchiment, blanchissage, décantage, décantation, dégorgement, douche, lavement, lavure, lessive, lixiviation, nettoyage, purification, purgation

LAVANDE n.f. aspic, lavandin, spic

LAVANDIÈRE n.f. → LAVEUSE

LAVATORY n.m. → WATER-CLOSET

LAVEMENT n.m. **I.** irrigation, remède **II. vx** : bouillon pointu, médecine **III. par ext.** : bock, clystère, clysopompe, poire (à lavement) **IV.** → LAVAGE

LAVER I. au pr. : abluter (rég.), ablutionner, absterger, aiguayer, baigner, blanchir, débarbouiller, décrapouiller (arg.), décrasser, décrotter, dégraisser, détacher, déterger, doucher, essanger, étuver, frotter, guéer, lessiver, lotionner, nettoyer, purifier, récurer, rincer – vx : abluer, aiguayer, fringuer **II. par ext. 1.** → EFFACER **2.** → EXCUSER

◇ CONTR. **I.** → SOUILLER **II.** → ACCUSER

LAVETTE n.f. → INCAPABLE

LAVEUSE n.f. blanchisseuse, buandière, lavandière, lessivière

LAVOIR n.m. → BUANDERIE

LAXATIF, IVE nom et adj. → PURGE

LAXISME n.m. **I.** → INDULGENCE **II.** → FAIBLESSE

LAXISTE I. → INDULGENT **II.** → FAIBLE

LAYETTE n.f. bonneterie, linge, trousseau

LAYON n.m. → SENTIER

LAY OUT pub. et audiov. off. : étude, montage, plan, programme, projet, sujet

LAZARET n.m. → LADRERIE

LAZZI n.m. → PLAISANTERIE

LÉ n.m. → LARGEUR

LEADER n.m. **I.** → CHEF **II.** → ARTICLE

LEADER NAVIGATOR milit. off. : chef des navigateurs

LEADER PILOT milit. off. : chef des pilotes

LEADERSHIP décision, direction, hégémonie, initiative, tête

LEADS AND LAGS écon. off. : termaillage

LEASE BACK écon. off. : cession-bail

LEASING n.m. écon. off. : crédit-bail, location-vente

LÈCHE n.f. → FLATTERIE

LÈCHE-CUL et **LÉCHEUR, EUSE** → FLATTEUR

LÉCHER I. licher, pourlécher, sucer **II. par ext. 1.** → CARESSER **2.** → FLATTER **3.** → PARFAIRE **4.** → CUNNILINCTUS (FAIRE UN)

LEÇON n.f. **I. au pr.** : classe, conférence, cours, enseignement, instruction **II. par ext. 1.** → AVERTISSEMENT **2.** → TEXTE

LECTEUR, TRICE I. anagnoste, liseur **II.** pick-up

LECTURE n.f. déchiffrage, déchiffrement, décryptage, dépouillement, reconnaissance

LÉGAL, E → PERMIS

LÉGALEMENT dans les formes/ l'ordre/ les règles, légitimement, licitement, réglementairement, régulièrement, selon les lois/ les mœurs/ les normes

◇ CONTR. → ILLÉGALEMENT

LÉGALISER → CONFIRMER

LÉGALISME n.m. à cheval (sur la loi/ le règlement), formalisme, juridisme, rigorisme

◇ CONTR. → LAXISME

LÉGALISTE nom et adj. → FORMALISTE

LÉGALITÉ n.f. → RÉGULARITÉ

LÉGAT n.m. apocrisiaire, nonce, prélat, vicaire apostolique → AMBASSADEUR

LÉGATAIRE n.m. et f. → HÉRITIER

LÉGATION n.f. → MISSION

LEG BAG milit.off. : gaine de jambe

LÉGENDAIRE → ILLUSTRE

LÉGENDE n.f. **I.** conte, cosmogonie, fable, folklore, histoire, mythe, mythologie, saga, théogonie, tradition **II.** → INSCRIPTION

◇ CONTR. → VÉRITÉ

LÉGER, ÈRE I. aérien, allégé, arachnéen, aranéen, délesté, dépouillé, éthéré, gracile, grêle, impalpable, impondérable, menu, mince, petit, subtil, superficiel, vaporeux, vif, volatil **II.** → DISPOS **III.** → DÉLICAT **IV.** → INSIGNI-

FIANT **V.** → CHANGEANT **VI.** → LIBRE **VII.** → FRI-
VOLE **VIII.** → GALANT **IX.** → DIGESTE **X.** → VIDE
◊ CONTR. **I.** → LOURD **II.** → ACCABLANT

LÉGÈREMENT I. à la légère, inconsidérément, sommairement, superficiellement
– vx : à la venvole, amusément **II.** frugalement, sobrement **III.** délicatement, doucement, en douceur, imperceptiblement **IV.** →
SPIRITUELLEMENT
◊ CONTR. **I.** → BEAUCOUP **II.** → TRÈS **III.** → BÊTE-
MENT

LÉGÈRETÉ n.f. **I.** → SOUPLESSE **II.** → GRÂCE
III. → INSOUCIANCE **IV.** → FAIBLESSE **V.** → VIVA-
CITÉ

LÉGIFÉRER administrer, arrêter, codifier,
décréter, édicter, faire des lois, mettre en
place, ordonner, prescrire, régler, réglementer

LÉGION n.f. **I.** → TROUPE **II.** → MULTITUDE

LÉGIONNAIRE n.m. → SOLDAT

LÉGISLATEUR n.m. → LÉGISTE

LÉGISLATION n.f. droit, loi, parlement,
textes

LÉGISLATURE n.f. mandat, mission

LÉGISTE n.m. conseiller, député, homme
de loi, jurisconsulte, jurisprudent (vx), juriste, législateur, nomographe

LÉGITIME I. adj. → PERMIS **II.** → JUSTE **III. nom**
1. → ÉPOUX **2.** → ÉPOUSE

LÉGITIMEMENT → LÉGALEMENT

LÉGITIMER I. → PERMETTRE **II.** → EXCUSER

LÉGITIMISTE nom et adj. → ROYALISTE

LÉGITIMITÉ n.f. → BIEN-FONDÉ

LEGS n.m. → DON

LÉGUER → TRANSMETTRE

LÉGUME n.m. racinage (vx), verdure

LEITMOTIV n.m. **I.** → THÈME **II.** → REFRAIN

LÉMURE n.m. → SPECTRE

LENDEMAIN n.m. → AVENIR

LÉNIFIANT, E et **LÉNITIF, IVE** → CAL-
MANT

LÉNIFIER → ADOUCIR

LENT, E I. alangui, apathique, appesanti,
arriéré, balourd, calme, difficile, endormi,
engourdi, épais, flâneur, flegmatique, flemmard, gnangnan (fam.), indécis, indolent,
inerte, irrésolu, lambin, long, lourd, lourdaud, mollasse, mou, musard, nonchalant,
paresseux, pataud, pénible, pesant, posé, retardataire, retardé, somnolent, stagnant, tardif, tardigrade, temporisateur, traînant, traînard, tranquille – vx : goffe, lanternier **II.** →
PROGRESSIF
◊ CONTR. **I.** → RAPIDE **II.** → PROMPT

LENTE n.f. → ŒUF

LENTEMENT doucement, insensiblement,
mollo (fam.), piano, tranquillement
◊ CONTR. → VITE

LENTEUR n.f. **I.** → RETARD **II.** → PRUDENCE
III. → PARESSE **IV.** → STUPIDITÉ

LENTILLE n.f. **I.** → LOUPE **II. par ext. :** ers,
gesse, jarosse, lentillon, orobe, pois de senteur, vesce

LÉONIN, E → ABUSIF

LÈPRE n.f. → MALADIE

LÉPREUX, EUSE I. ladre, malade **II.** dartreux, farcineux (vét.), galeux, scrofuleux
III. décrépit, ruiné

LÉPROSERIE n.f. → LADRERIE

LÉROT n.m. → RONGEUR

LESBIENNE n.f. **I.** androphobe (fam.), ho-
mosexuelle, invertie **II. litt. :** anandryne, sa-
pho, tribade (péj.) **III. arg. et injurieux :** bottine,
brouteuse, éplucheuse, gerbeuse, gigot à
l'ail, godo, godou, gougnasse, gougne, gou-
gnotte, gouine, gousse, langue/ patte de velours, liane, marchande d'ail, tire-bouton, vi-
siteuse, vrille
◊ CONTR. : hétérosexuelle

LÉSER I. → BLESSER **II.** → NUIRE

LÉSINE n.f. → AVARICE

LÉSINER → ÉCONOMISER

LÉSINEUR, EUSE → AVARE

LÉSION n.f. **I.** → DOMMAGE **II.** → BLESSURE

LESSIVE n.f. **I.** → PURIFICATION **II.** → LAVAGE

LESSIVER → LAVER

LESSIVEUSE n.f. souillarde (rég.) → BAQUET

LEST n.m. → CHARGE

LESTE I. → DISPOS **II.** → IMPOLI **III.** → LIBRE

LESTEMENT I. → VITE **II.** avec → DÉSINVOL-
TURE

LESTER → POURVOIR

LÉTAL, E → MORTEL

LÉTHARGIE n.f. **I.** → SOMMEIL **II.** → TORPEUR

LETTRE n.f. **I.** aérogramme, billet, carte,
carte-lettre/ postale, correspondance, courrier, dépêche, deux/ quelques lignes, épître,
message, missive, mot, pli, pneu **II. relig. :**
bref, bulle, dimissoire, encyclique, mandement, monitoire, rescrit **III. partic.** → FORME
IV. fam. : babillarde, bafouille, bifton, billet
doux, lazagne, poulet, tartine **V.** → CARACTÈRE
VI. 1. À LA LETTRE : au mot, littéralement,
mot à mot **2. HOMME DE LETTRES** → ÉCRIVAIN
VII. au pl. 1. → CORRESPONDANCE **2.** → LITTÉRA-
TURE **3.** → SAVOIR

LETTRÉ, E adj. et n → SAVANT

LETTRINE n.f. → MAJUSCULE

LEURRE n.m. amorce, appât, appeau, dandinette, nichet, tromperie → AICHE

LEURRER → TROMPER

LEVAIN n.m. → FERMENT

LEVANT n.m. → ORIENT

LEVÉE n.f. → DIGUE

LEVEL METER nucl. off. : limnimètre

LEVEL SENSOR spat. off. : canne de niveau

LEVER I. au pr. : dresser, élever, enlever, haler, hausser, hisser, monter, redresser, relever, retrousser – mar. : apiquer, guinder, trévirer **II. par ext. 1.** → TIRER **2.** → RETRANCHER **3.** → PERCEVOIR **4.** → ABOLIR **III. v. intr.** → FERMENTER **IV. v. pron.** : s'éveiller, faire surface (fam.), sauter du lit **V. 1. LEVER DES TROUPES** → ENRÔLER **2. LEVER LE PIED** → ENFUIR (s')
◇ CONTR. → BAISSER

LEVIER n.m. anspect, barre à mine, commande, davier, louve, manette, pédale, pied-de-biche, pince-monseigneur, resingle

LÈVRE n.f. **I. au pr.** : babines, badigoinces (fam.), ballots (arg.), labre, lippe **II. par ext.** → BORD **III. PETITES LÈVRES :** → NYMPHES

LÉVRIER n.m. levrette, levron

LEVURE n.f. → FERMENT

LEXIQUE n.m. → DICTIONNAIRE

LÉZARD n.m. → SAURIEN

LÉZARDE n.f. → FENTE

LÉZARDER I. crevasser, disjoindre, fendre **II.** → PARESSER

LIAISON n.f. **I. au pr.** : accointance, acoquinement (péj.), affinité, alliance, association, attache, cohérence, cohésion, communication, connexion, connexité, contact, convenance, filiation, lien, rapport, union **II. par ext. 1.** → RELATION **2.** → TRANSITION **3. mus.** : coulé
◇ CONTR. **I.** → RUPTURE **II.** → SÉPARATION

LIANT, E → SOCIABLE

LIARDER → ÉCONOMISER

LIARDEUR, EUSE → AVARE

LIASSE n.f. → TAS

LIBATION n.f. → BEUVERIE

LIBELLE n.m. bilboquet (typo), brochure, diatribe, épigramme, factum, invective, pamphlet, placard, satire, torchecul (péj.) – vx : bluette, calotte, pasquin, pasquinade

LIBELLÉ → TEXTE

LIBELLER → ÉCRIRE

LIBELLULE n.f. æschne, agrion, demoiselle

LIBÉRAL, E I. libre échangiste, non directif **II.** → DÉMOCRATE **III.** → GÉNÉREUX
◇ CONTR. → TOTALITAIRE

LIBÉRALEMENT abondamment, beaucoup, largement, de façon → GÉNÉREUX *et les dérivés possibles en* -ment *des syn. de généreux*

LIBÉRALITÉ n.f. **I.** → GÉNÉROSITÉ **II.** → DON

LIBÉRATEUR, TRICE nom et adj. affranchisseur, défenseur, émancipateur, protecteur, rédempteur, sauveur
◇ CONTR. **I.** → OPPRESSEUR **II.** → TYRAN

LIBÉRATION n.f. **I.** affranchissement, délivrance, désaliénation, émancipation **II.** rachat, rédemption **III.** débridement, défoulement, désinhibition **IV.** dégagement, désobstruction, évacuation, ouverture **V.** décarcération **VI.** élargissement, levée d'écrou, relaxation → AMNISTIE **VII. milit.** : démobilisation, quille (fam.), renvoi dans les foyers
◇ CONTR. **I.** → SERVITUDE **II.** → EMPRISONNEMENT

LIBÉRER I. affranchir, débloquer, décharger, défaire de, défouler, dégager, délier, délivrer, dépêtrer, déprendre, désenchaîner, déshypothéquer, détacher, dételer, élargir, émanciper, évacuer, racheter, rédimer, relâcher, relaxer, relever, soustraire à, tenir quitte – vx : décager, déferger, quitter de **II.** débarrasser, décomplexer, décontracter, défouler, désinhiber, désopiler **III.** → ABANDONNER **IV. v. pron.** : dénoncer, prendre la tangente (fam.), rompre, secouer le joug, tirer son épingle du jeu, *et les formes pron. possibles des syn. de* libérer
◇ CONTR. **I.** → ARRÊTER **II.** → EMPRISONNER

LIBERTAIRE nom et adj. anarchiste, antipatriote, citoyen du monde, libertin (vx)
◇ CONTR. **I.** → PATRIOTE **II.** → NATIONALISTE

LIBERTÉ n.f. **I.** autonomie, disponibilité, franchise, indépendance **II.** choix, droit, faculté, latitude, libre arbitre, licence, impunité (par ext.), permission, pouvoir → POSSIBILITÉ **III.** → ABANDON **IV.** → LIBÉRATION **V.** → INTIMITÉ **VI.** → DÉSINVOLTURE
◇ CONTR. **I.** → DÉPENDANCE **II.** → EMPRISONNEMENT **III.** → SERVITUDE **IV.** → CONTRAINTE **V.** → PRÉDISPOSITION

LIBERTIN, E nom et adj. **I.** → INCROYANT **II.** → LIBRE **III. par ext. 1.** neutre : épicurien, esthète, sardanapale, sybarite, voluptueux **2. non fav.** → DÉBAUCHÉ
◇ CONTR. **I.** → ASCÈTE **II.** → ASCÉTIQUE **III.** → RELIGIEUX **IV.** → CHASTE

LIBERTINAGE n.m. → DÉBAUCHE

LIBIDINEUX, EUSE → LASCIF

LIBIDO n.f. → SEXUALITÉ

LIBRAIRE n.m. ou f. bouquiniste (par ext.), éditeur (vx)

LIBRAIRIE n.f. → BIBLIOTHÈQUE

LIBRE I. au pr.: 1. affranchi, aisé, autonome, déboutonné (fam.), décontracté, dégagé, délié, disponible, émancipé, exempt, franc, incontrôlable, indépendant, laïque, sans-parti, souverain **2.** marginal, non conformiste, non conventionnel, underground **II. par ext. 1.** cavalier, coquin, corsé, cru, décolleté, dégourdi, dessalé, égrillard, épicé, familier, folichon, gai, gaillard, gaulois, graveleux, grivois, grossier, guilleret, hardi, inconvenant, léger, leste, libertin, licencieux, obscène, osé, polisson, poivré, rabelaisien, raide, scabreux, vert **2.** → DÉGAGÉ **3.** → VACANT **4.** → FAMILIER **5.** → FACULTATIF **III. 1. LIBRE PENSEUR** → HUMANISTE, INCROYANT **2. LIBRE-ÉCHANGE :** libéralisme

◆ CONTR. **I.** → PRISONNIER **II.** → SOUMIS **III.** → OBLIGATOIRE

LIBREMENT → VOLONTAIREMENT

LIBRE-SERVICE n.m. drugstore, grande surface, hypermarché, self-service, supérette, supermarché

LIBRETTISTE n.m. ou f. parolier

LICE n.f. **I.** arène, carrière, champ clos/ de bataille, cirque, stade **II.** → CHIEN

LICENCE n.f. **I.** → LIBERTÉ **II.** → PERMISSION **III.** → FAIBLESSE

LICENCIEMENT n.m. congédiement, dégraissage (fam. et péj.), départ, destitution, lock-out, mise au chômage/ à la porte, renvoi, révocation

◆ CONTR. → EMBAUCHAGE

LICENCIER → CONGÉDIER

LICENCIEUX, EUSE → LIBRE

LICHER v. tr. et intr. **I.** → LÉCHER **II.** → BOIRE

LICITE → PERMIS

LICITEMENT → LÉGALEMENT

LIE n.f. **I.** → SÉDIMENT **II.** → REBUT

LIEN n.m. **I.** → ATTACHE **II.** → LIAISON **III. au pl.** → PRISON

LIER I. → ATTACHER **II.** → JOINDRE **III.** → OBLIGER

LIESSE n.f. → GAIETÉ

LIEU n.m. **I. au pr. 1.** canton, coin, emplacement, endroit, localité, parage, part, place, point, position, poste, séjour, site, situation, terrain, théâtre **2.** matière, objet, occasion, sujet **3.** → GADE **II. par ext.** → PAYS **III. 1. AVOIR LIEU** → PRODUIRE (SE) **2. DONNER LIEU** → OCCASIONNER **3. IL Y A LIEU** → FALLOIR **4. TENIR LIEU** → REMPLACER **5. LIEU COMMUN :** bateau, topique → PONCIF **6. LIEUX D'AISANCES** → WATER-CLOSET

LIEUTENANT n.m. → ADJOINT

LIÈVRE n.m. **I.** bossu, bouquet, bouquin, capucin, hase, léporidé, levraut, levreteau **II. LIÈVRE DE MER :** aplysie

LIFE SUPPORT EQUIPMENT/ SYSTEM spat. off.: équipement de vie

LIFE VEST spat. off.: gilet de sauvetage

LIFTING n.m. **méd. off.:** déridage, lissage, remodelage. **fam.:** ravalement de façade

LIGAMENT n.m. attache, byssus, tendon

LIGATURE n.f. → ATTACHE

LIGATURER → ATTACHER

LIGHT PEN inform. off.: photostyle

LIGNAGE n.m. **I.** → RACE **II.** → PARENTÉ

LIGNE n.f. **I. au pr.:** barre, droite, hachure, raie, rayure, segment, strie, trait **II. par ext. 1.** contour, délinéament, galbe, linéament, livet (mar.), modénature, port, profil, silhouette, tracé, trait **2. techn.:** cordeau, simbleau **3.** → FORME **4.** → CHEMIN **5.** front, théâtre d'opérations **6.** chemin de fer, voie ferrée **7. pêche:** palangre, vermille **8.** → LIGNÉE **9.** → DIRECTION **10.** → ORTHODOXIE

LIGNÉE n.f. descendance, dynastie, famille, généalogie, lignage, ligne, maison, race, sang, souche, suite, tronc

LIGOTER → ATTACHER

LIGUE n.f. **I.** → PARTI **II.** → INTRIGUE **III.** → ALLIANCE

LIGUER → UNIR

LIGUEUR, EUSE → CONSPIRATEUR

LILLIPUTIEN, NE n. et adj → NAIN

LIMACE n.f. **I.** → LIMAÇON **II. arg.** → CHEMISE

LIMAÇON n.m. **I.** colimaçon, limace, loche → GASTÉROPODE **II.** escargot **– rég.:** cagouille, caracol

LIMBE n.m. **I. au sing.** → BORD **II. au pl.** → ENFER

LIME n.f. **I.** affuteur, affutoir, aiguisoir, demi-ronde, fusil, queue-de-rat, râpe, riflard, rifloir, tiers-point **II.** → CITRON

LIMER I. → PARFAIRE **II.** → REVOIR

LIMIER n.m. → POLICIER

LIMINAIRE nom et adj. → INITIAL

LIMITATIF, IVE → IMPARFAIT

LIMITATION n.f. **I.** numerus clausus → RÉDUCTION **II.** finitude

LIMITATIVEMENT par → RÉDUCTION

LIMITE n.f. **I.** borne, bout, confins, démarcation, extrémité, fin, finage (rég.), finitude (philos.), ligne, marche, orée, point de non-retour, terme → FRONTIÈRE **II. À LA LIMITE** → FINALEMENT

◆ CONTR. → IMMENSITÉ

LIMITÉ, E borné, discontinu, épuisable, étroit, fini, localisé, modeste, réduit, temporaire, temporel
◆ CONTR. I. → INÉPUISABLE II. → INFINI

LIMITER I. arrêter, borner, cadastrer, cantonner, circonscrire, contingenter, délimiter, démarquer, localiser, plafonner, réduire, restreindre II. → ÉCONOMISER III. v. pron. : se contenter de, s'en tenir à, *et les formes pron. possibles des syn.* de limiter

LIMITROPHE → PROCHAIN

LIMOGEAGE défaveur, déplacement, destitution, disgrâce, éloignement, mise à la retraite/ au rancart/ sur la touche, mutation
◆ CONTR. I. → PROMOTION II. → RÉTABLISSEMENT

LIMOGER → DESTITUER

LIMON n.m. I. alluvion, boue, bourbe, fange, glèbe, loess, sapropel, schorre, terre, tourbe, vase II. → CITRON

LIMONADE n.f. citronnade, diabolo, soda

LIMONADIER, IÈRE → CABARETIER

LIMPIDE I. → TRANSPARENT II. → CLAIR III. → INTELLIGIBLE IV. → PUR

LIMPIDITÉ n.f. I. → CLARTÉ II. → PURETÉ

LINCEUL n.m. drap, linge, suaire, voile

LINÉAMENT n.m. I. → LIGNE II. → ÉBAUCHE

LINE OF NODES spat. off. : ligne des nœuds

LINER off. I. aviat. : avion de ligne II. spat : inhibiteur, isolant

LINE SCANNING aviat. off. : balayage en ligne

LINGE et **LINGERIE** n.m., n.f. dessous, trousseau → CULOTTE

LINGUISTIQUE n.f. **principales spécialités** : anthroponymie, dialectologie, didactique des langues, étymologie, grammaire comparative/ descriptive/ distributionnelle/ fonctionnelle/ générale/ générative/ historique/ logique/ normative, lexicographie, lexicologie, morphologie, onomasiologie, onomastique, philologie, phonétique, phonologie, science du langage, sémantique, sémiologie, sémiotique, stylistique, syntactique, syntagmatique, syntaxe, tonétique, toponymie

LINIMENT n.m. → POMMADE

LINK TRAINER aviat. off. : simulateur de vol

LINON n.m. batiste, fil, lin, toile

LINOTTE n.f. → ÉTOURDI

LINTEAU n.m. architrave, poitrail, sommier

LIPPE n.f. I. → LÈVRE II. → GRIMACE

LIPPÉE n.f. repas

LIQUÉFACTION n.f. → FUSION

LIQUÉFIER → FONDRE

LIQUEUR n.f. I. alcool, boisson, digestif, ratafia, spiritueux II. anisette, arak, bénédictine, cassis, chartreuse, curaçao, izarra, kummel, marasquin, menthe, mirabelle, ouzo, persicot, prunelle, raki, rossolis, verveine *et les appellations par les noms de fruits ou plantes et de marques déposées.*

LIQUIDATION n.f. I. → VENTE II. → FAILLITE III. → SUPPRESSION

LIQUIDE I. adj. → FLUIDE II. n.m. 1. boisson 2. humeur, liqueur III. → JUS
◆ CONTR. : gazeux, solide

LIQUIDER I. → VENDRE II. → DÉTRUIRE

LIQUIDITÉS n.f. pl. → ARGENT

LIQUID PROPELLANT spat. off. : propergol liquide

LIQUOREUX, EUSE → DOUX

LIRE I. anonner (péj.), déchiffrer, épeler II. bouquiner, dévorer, dépouiller, feuilleter, ligoter (arg.), parcourir III. deviner, expliquer → DÉCOUVRIR

LIRON n.m. → RONGEUR

LISÉRÉ n.m. → LISIÈRE

LISERON n.m. belle-de-jour, convolvulus, ipomée, renouée, salsepareille, soldanelle, traînasse, volubilis, vrillée

LISEUR, EUSE → LECTEUR

LISIBLE clair, compréhensible, déchiffrable, intelligible
◆ CONTR. → ILLISIBLE

LISIBLEMENT de façon → LISIBLE *et les dérivés possibles en* -ment *des syn. de* intelligible

LISIÈRE n.f. I. bande, bord, bordure, extrémité, liséré II. → LIMITE

LISSE I. adj. : doux, égal, glabre, glacé, laqué, lustré, plat, poli, satiné, uni, verni II. n.f. → BARRIÈRE
◆ CONTR. → RUDE

LISSER → POLIR

LIST (TO) inform. off. : lister

LISTE n.f. bordereau, cadre, canon, catalogue, cédule, dénombrement, énumération, état, index, inventaire, kyrielle, martyrologe, mémoire, ménologe, nomenclature, paradigme, pense-bête (fam.), relevé, répertoire, rôle, rollet (vx), série, suite, tableau

LISTER → IMPRIMER

LISTING n.m. inform. off. : listage

LIT n.m. I. au pr. : couche, couchette, couette, divan, grabat (péj.), hamac, târa II. fam. :

bâche, banc, dodo, carrée, châlit, foutoir, go-
berge, paddock, page, pageot, pagne, pa-
gnot, peautre, pieu, plumard, plume, portefeuille, pucier, schlof, toiles **III. par ext. 1.** →
CANAL **2.** → COUCHE **3.** → MARIAGE

LITANIE n.f. **I.** → PRIÈRE **II.** → DÉNOMBREMENT

LITEAU n.m. listel, moulure, tasseau

LITHO ou **LITHOGRAPHIE** n.f. → IMAGE

LITIÈRE n.f. basterne, brancard, chaise à
porteurs, civière, filanzane, manchy, palanquin

LITIGE n.m. → CONTESTATION

LITIGIEUX, EUSE → INCERTAIN

LITOTE n.f. antiphrase, atténuation, diminution, euphémisme
◇ CONTR. → EXAGÉRATION

LITRE n.m. → BOUTEILLE

LITTÉRAIRE par ext. → ARTIFICIEL

LITTÉRAL, E → EXACT

LITTÉRALEMENT à la lettre, au pied de la
lettre, exactement, fidèlement, mot à mot,
précisément
◇ CONTR. → LIBREMENT

LITTÉRATEUR n.m. → ÉCRIVAIN

LITTÉRATURE n.f. art d'écrire, belles-
lettres, édition, expression/ production littéraire, poésie, prose, roman, théâtre
◇ CONTR. : tradition orale, oralité

LITTORAL n.m. → BORD

LITURGIE n.f. **I.** célébration, cérémonial,
culte, rit, rite, rituel, service divin/ religieux
II. par ext. : psychodrame, sociodrame

LIVIDE → PÂLE

LIVING ROOM n.m. **off.** : salle de séjour

LIVRAISON n.f. **I.** arrivage, factage, port
→ TRANSPORT **II.** → LIVRE

LIVRE n.m. **I.** album, atlas, bouquin, brochure, écrit, elzévir, fascicule, grimoire
(péj.), imprimé, incunable, livraison, livret,
manuel, opuscule, ouvrage, plaquette, publication, recueil, registre, tome, usuel → VO-
LUME **II.** best-seller, must → SUCCÈS **III.** → PA-
ROISSIEN **IV.** → LIBELLE

LIVRÉE n.f. **I.** → VÊTEMENT **II.** → MARQUE

LIVRER I. abandonner, céder, confier, délivrer, engager, extrader, lâcher, porter, remettre, rendre, trahir → DONNER **II. pron.** :
s'adonner *et les formes pron. possibles des
syn.* de livrer
◇ CONTR. → PRENDRE

LIVRET n.m. **I.** → CAHIER **II.** → LIVRE

LIVREUR, EUSE → PORTEUR

LOADER tr. pub. off. : chargeuse

LOADING spat. off. : chargement

LOBBY n.m. **off.** : groupe de pression

LOCAL I. n.m. → BÂTIMENT **II. adj.** : folklorique,
particulier, provincial, régional, spécifique,
typique
◇ CONTR. → GÉNÉRAL

LOCALISATION n.f. **I.** → SITUATION **II.** →
RECONNAISSANCE

LOCALISER → LIMITER

LOCALITÉ n.f. → AGGLOMÉRATION

LOCALIZER aviat. off. : radioalignement de
piste

LOCATAIRE n.m. ou f. fermier, preneur

LOCATION n.f. **I.** → FERMAGE **II.** → LEASING
III. → RÉSERVATION **IV. spat. (angl.) off.** : localisation

LOCATOR aviat. off. : balise de ralliement

LOCH n.m. **I.** compteur d'allure/ de vitesse
II. → LAC

LOCK-OUT n.m. → LICENCIEMENT

LOCOMOTION n.f. déplacement, transport

LOCOMOTIVE ou **LOCO** n.f. **I.** automotrice, coucou, locomotrice, locotracteur, machine, motrice **II.** → ARTISTE

LOCUTION n.f. → EXPRESSION

LODS n.m. pl. → IMPÔT

LOG BOOK aviat. off. : journal de bord

LOGE n.f. **I.** box, cage, logette, stalle **II.** →
CABANE **III.** → ÉTABLISSEMENT **IV.** → CELLULE
V. → PIÈCE **VI. LOGE MAÇONNIQUE** : atelier,
carré long, temple **VII.** conciergerie

LOGEABLE I. → COMMODE **II.** → VASTE

LOGEMENT n.m. **I. au pr. 1.** appartement,
demeure, domicile, garçonnière, gîte, habitacle (vx), habitation, loft, logis, maison, pénates, pied-à-terre, résidence, séjour, studio
→ CHAMBRE **2.** cantonnement, casernement,
hébergement **II. par ext. 1.** habitat, urbanisme
2. → CABANE

LOGER I. v. intr. → DEMEURER **II. v. tr.** → PLACER

LOGEUR, EUSE → HÔTE

LOGICIEL n.m. **I.** → PROGRAMME **II.** → INFOR-
MATIQUE

LOGIQUE I. n.f. 1. bon sens, dialectique, logistique, raison, raisonnement, sens commun **2.** → NÉCESSITÉ **II. adj.** : cartésien, cohérent, conséquent, déductif, démonstratif,
discursif, exact, géométrique, inductif, judicieux, juste, méthodique, naturel, nécessaire, raisonnable, rationnel, scientifique,
serré, suivi, systématique, vrai
◇ CONTR. **I.** illogisme, inconséquence **II.** → IL-
LOGIQUE

LOGIQUEMENT de façon → LOGIQUE *et les dérivés possibles en* -ment *des syn. de* logique (adj.)

LOGIS n.m. I. → MAISON II. → HÔTEL

LOGOGRIPHE n.m. I. → ÉNIGME II. → GALIMATIAS

LOGOMACHIE n.f. verbalisme → DISCUSSION

LOGOPÉDIE n.f. orthophonie

LOI n.f. I. au pr. 1. code, droit, justice, législation 2. acte, arrêt, arrêté, bill, constitution, dahir, décision, décret, décret-loi, édit, firman, jurisprudence, ordonnance, sénatus-consulte 3. digeste, pandectes II. par ext. 1. obligation, ordre, prescription, principe, règle, règlement 2. → AUTORITÉ 3. bible, catéchisme, coran, évangile, les prophètes, les saintes écritures
◇ CONTR. → DÉSORDRE

LOIN I. fam. : à derche, aux cinq cents diables, au diable, à perpète, à pétaouchnoc *ou* pétouchnoc II. AU LOIN : à → DISTANCE
◇ CONTR. → PRÈS

LOINTAIN n.m. → ÉLOIGNEMENT

LOINTAIN, E → ÉLOIGNÉ

LOIR n.m. → RONGEUR

LOISIBLE → PERMIS

LOISIR n.m. I. → INACTION II. → PERMISSION III. au pl. : secteur tertiaire

LONG, LONGUE I. au pr. : allongé, barlong, étendu, longiligne, oblong II. éternel, infini, interminable, longuet (fam.) III. par ext. 1. → LENT 2. → ENNUYEUX
◇ CONTR. I. → COURT II. → LARGE

LONGANIMITÉ n.f. → PATIENCE

LONGE n.f. → ATTACHE

LONGER I. quelqu'un : aller le long, côtoyer, raser II. quelque chose : border, être/ s'étendre le long
◇ CONTR. → ÉVITER

LONGERON n.m. → POUTRE

LONGÉVITÉ n.f. durée, macrobie

LONGITUDE DRIFT spat. off. : dérive en longitude des satellites

LONGRINE n.f. traverse → POUTRE

LONGTEMPS et **LONGUEMENT** I. beaucoup, en détail, lentement, minutieusement, tout au long II. IL Y A LONGTEMPS : il y a belle lurette
◇ CONTR. I. → BIENTÔT II. → RÉCEMMENT

LONGUEUR n.f. I. distance, envergure, étendue, grandeur → DIMENSION II. durée, lenteur III. unités. 1. mètre (*et dérivés*) 2. ang-

strœm, micron 3. année-lumière, parsec 4. mar. : brasse, encâblure, lieue, mille, nœud, touée 5. vx : aune, brasse, coudée, doigt, empan, lieue, ligne, palme, pas, pied, pouce, stade, toise 6. angl. : foot, furlong, inch, mile, yard 7. chin. : li 8. russe : archine, sagène, verste
◇ CONTR. I. : diagonale, hauteur, largeur, profondeur II. → BRIÈVETÉ

LOOCH n.m. → SIROP

LOOK THROUGH électronique milit. off. : anneau, rocade interne

LOOPING n.m. aviat. off. : boucle

LOPE, ETTE n.f. → URANIEN

LOPIN n.m. I. → CHAMP II. → MORCEAU

LOQUACE → BAVARD

LOQUACITÉ n.f. I. → BAVARDAGE II. → FACONDE

LOQUE n.f. chiffon, défroque, épave, fragment, guenille, haillon, lambeau, oripeau, penaillon

LOQUET et **LOQUETEAU** n.m. ardillon, bobinette, serrure, taquet, targette, verrou

LOQUETEUX, EUSE I. → DÉGUENILLÉ II. → PAUVRE

LORD n.m. → NOBLE

LORETTE n.f. → GRISETTE

LORGNER I. → REGARDER II. → VOULOIR

LORGNETTE n.f. → LUNETTE

LORGNON n.m. besicle, binocle, face-à-main, lunette, monocle, pince-nez

LORI n.m. → GRIMPEUR

LORICAIRE n.m. → POISSON

LORIOT n.m. → PASSEREAU

LORIS n.m. → SINGE

LORRY n.m. → WAGONNET

LORS → ALORS

LORSQUE → QUAND

LOSANGE n.m. rhombe, rhomboïde

LOT n.m. I. → PART II. → DESTINÉE

LOTERIE n.f. arlequin, bingo, hasard, jeu, loto, sweepstake, tirage, tombola, totocalcio – vx : blanque, quaterne, quine, terne

LOTIONNER → LAVER

LOTIR I. → FOURNIR II. → PARTAGER

LOTISSEMENT n.m. → MORCEAU

LOTTE n.f. baudroie, crapaud de mer

LOUABLE → MÉRITANT

LOUAGE n.m. amodiation, bail, cession, ferme, location
◇ CONTR. → ACHAT

LOUANGE n.f. → ÉLOGE

LOUANGER → LOUER

LOUANGEUR, EUSE acclamateur, admirateur, adulateur, apologiste, approbateur, caudataire, complimenteur, courtisan, dithyrambiste, encenseur, flagorneur, flatteur, glorificateur, laudateur, laudatif, loueur, préconisateur, préconiseur, prôneur, thuriféraire → ÉLOGIEUX
◈ CONTR. I. → MÉDISANT II. → MORDANT III. → SERMONNEUR

LOUBARD n.m. → VAURIEN

LOUBINE n.f. → LOUP

LOUCHE I. adj. 1. → AMBIGU 2. → SUSPECT II. n.f.: cuiller à pot, pochon

LOUCHER I. bigler, calorgner II. guigner, lorgner III. fig. → VOULOIR

LOUCHERIE n.f. biglerie (vx et fam.), strabisme

LOUCHET n.m. → BÊCHE

LOUCHEUR, EUSE bigle, bigleux, caliborgne, caliborgnon, louchard, louchette, louchon

LOUDNESS audiov. off.: contour, correction physiologique

LOUÉE n.f. → MARCHÉ

LOUER I. on loue quelque chose: affermer, amodier, arrenter, arrêter, céder/ donner/ prendre à louage/ en location II. on loue quelque chose ou quelqu'un: acclamer, admirer, apothéoser, applaudir, auréoler, bénir, canoniser, caresser, célébrer, chanter les louanges, collauder (vx), complimenter, couvrir de fleurs, déifier, diviniser, élever, encenser, enguirlander de fleurs, exalter, flagorner (péj.), flatter, glorifier, louanger, magnifier, passer la pommade (fam.), porter aux nues/ au pinacle, préconiser, prôner, rehausser, relever, tresser des couronnes, vanter
◈ CONTR. I. → ACHETER II. → BLÂMER III. → VILIPENDER

LOUFOQUE I. → FOU II. → BIZARRE

LOUFOQUERIE n.f. I. → ORIGINALITÉ II. → MANIE III. → BIZARRERIE

LOULOU n.m. → VAURIEN

LOUP, LOUVE n.m. et f. leu (vx), lycaon

LOUP n.m. bar, labine ou loubine, lubin ou loubin → POISSON

LOUPAGE → INSUCCÈS

LOUPE n.f. I. compte-fils, lentille II. → TUMEUR III. → GEMME

LOUPER → MANQUER

LOURD, E I. quelque chose. 1. phys. → PESANT 2. moral: accablant, douloureux, dur, écrasant, grave, onéraire, pénible II. quelqu'un. 1. → GROS 2. → BÊTE 3. → LENT 4. → MALADROIT III. par ext. → INDIGESTE
◈ CONTR. I. → LÉGER II. → SUPPORTABLE III. → DÉLICAT IV. → ALERTE

LOURDAUD, E adj. et n. balourd, bestiasse, butor, campagnard, cruche, cuistre, doubleau (rég.), fruste, ganache, gauche, gougnafier, grossier, lent, maladroit, péquenaud, plouc, sot, stupide → BÊTE
◈ CONTR. → FIN

LOURDEMENT I. → BEAUCOUP II. → TRÈS III. → BÊTEMENT
◈ CONTR. → LÉGÈREMENT

LOURDERIE et **LOURDEUR** n.f. I. → MALADRESSE II. → IMPOLITESSE III. → STUPIDITÉ

LOURE n.f. I. → CORNEMUSE II. → DANSE

LOUSTIC n.m. I. → GAILLARD II. → PLAISANT

LOUVE n.f. anspect, levier, moufle, palan

LOUVOIEMENT n.m. → HÉSITATION

LOUVOYER → BIAISER

LOVELACE n.m. don juan, séducteur

LOVER (SE) → ROULER (SE)

LOYAL, E I. → FIDÈLE II. → SINCÈRE III. → VRAI

LOYALEMENT → CARRÉMENT, de façon → LOYAL *et les dérivés possibles en* -ment *des syn. de loyal*

LOYALISME n.m. → ATTACHEMENT

LOYAUTÉ n.f. I. → HONNÊTETÉ II. → FRANCHISE III. → VÉRITÉ

LOYER n.m. I. fermage, intérêt, prix, montant, taux, terme, valeur II. → RÉCOMPENSE

LUBIE n.f. → CAPRICE

LUBRICITÉ n.f. → LASCIVITÉ

LUBRIFIANT n.m. cire, graisse, graphite, huile, mica, talc, vaseline

LUBRIFICATION n.f. entretien, graissage

LUBRIFIER → GRAISSER

LUBRIQUE → LASCIF

LUCARNE n.f. faîtière, imposte, œil-de-bœuf, ouverture, tabatière → FENÊTRE – **mérid.**: fenestron, fenestrou

LUCIDE I. → PÉNÉTRANT II. → INTELLIGENT

LUCIDEMENT de façon → LUCIDE *et les dérivés possibles en* -ment *des syn. de* lucide

LUCIDITÉ n.f. I. → INTELLIGENCE II. → PÉNÉTRATION

LUCIFÉRIEN, NE → DIABOLIQUE

LUCRATIF, IVE → FRUCTUEUX

LUCRATIVEMENT de façon → FRUCTUEUX *et les dérivés possibles en* -ment *des syn. de* fructueux

LUCRE n.m. cupidité → PROFIT

LUDIQUE agonal

LUETTE n.f. lampas (vx), uvule

LUEUR n.f. aube, aurore, brasillement, clarté, coruscation, éclair, éclat, étincelle, feu, flamme, fulgurance, illumination, luisance, lumière, nitescence, phosphorescence, radiance, rayon, scintillement, trace → REFLET

◆ CONTR. → OBSCURITÉ

LUGE n.f. **par ext.**: bobsleigh, traîneau

LUGUBRE → TRISTE

LUGUBREMENT de façon → TRISTE *et les dérivés possibles en* -ment *des syn. de* triste

LUIRE brasiller, briller, chatoyer, éblouir, éclairer, éclater, étinceler, flamboyer, fulgurer, jeter des feux, miroiter, papilloter, poudroyer, rayonner, reluire, resplendir, rutiler, scintiller

◆ CONTR. → DISPARAÎTRE

LUISANCE n.f. → ÉCLAT

LUISANT, E I. → LUMINEUX II. → LUSTRÉ

LUMIÈRE n.f. **I. au pr.** → LUEUR **II. par ext.** 1. jour, soleil, vie 2. éclairage → LANTERNE **III. unités de mesure**: bougie, carcel, dioptrie, lumen, lux, phot **IV. fig. 1.** beauté, génie, illumination, illustration, splendeur, vérité → GLOIRE 2. → INTELLIGENCE

◆ CONTR. I. → OBSCURITÉ II. → ERREUR

LUMINAIRE n.m. → LAMPE

LUMINESCENCE n.f. I. → CLARTÉ II. → PHOSPHORESCENCE

LUMINESCENT, E → PHOSPHORESCENT

LUMINEUSEMENT de façon → LUMINEUX *et les dérivés possibles en* -ment *des syn. de* lumineux

LUMINEUX, EUSE I. au pr.: ardent, brillant, chatoyant, clair, éblouissant, éclairant, éclatant, étincelant, flamboyant, fulgide, fulgurant, luisant, nitescent, nitide, phosphorescent, resplendissant, rutilant **II. par ext.** 1. ensoleillé, gai, limpide, radieux 2. frappant, génial → INTELLIGIBLE

◆ CONTR. I. → OBSCUR II. → FAUX

LUMINOSITÉ n.f. → CLARTÉ

LUNAIRE sélénien, sélénite

LUNATIQUE → CAPRICIEUX

LUNCH n.m. → COLLATION

LUNE n.f. Artémis, astre des nuits, Diane, Hécate, Phœbé, Séléné

◆ CONTR. → SOLEIL

LUNETTE n.f. **I.** armilles (vx), astrographe, astrophotomètre, jumelles, longue-vue, lor-

gnette, microscope, télescope **II. au pl.**: face-à-main, pince-nez, verres → LORGNON – **vx**: besicles, conserves – **fam.**: bernicles, carreaux, roues de vélo, vélo

LUPANAR n.m. **I. litt.**: aimoir, dictère, dictérion, fornicatorium, matrulle **II. 1.** baisodrome, baisoir, bazar, bob, bobinard, bocard, boîte, B.M.C. (milit.), bordel, bouge, bouiboui, bouic, bousbir, bousin, boxon, bric, broc, cabane, casbah, chose, clandé, claque, éroscenter, érotel, foutoir, grand numéro, hôtel borgne/ de passe/ louche, lanterne rouge, lovetel, loxombuche, maison chaude/ close/ de débauche/ d'illusion/ de passe/ de plaisir/ de tolérance, mauvais lieu, mirodrome, pince-cul, pouf, quartier chaud/ réservé, salon de plaisir/ mondain, taule d'abattage, tringlodrome, volière **2. vx**: abbaye (des-s'offre-à-tous) bocan, bordeau, boucan, bourdeau, cagnard, chabanais, claquedent, puterie **3. iron.**: harem, hôtel/ maison garni(e)/ meublé(e), gynécée

LUPULINE n.f. → LUZERNE

LUPUS n.m. → ULCÉRATION

LURON, NE → GAILLARD

LUSTRATION n.f. → PURIFICATION

LUSTRE n.m. **I. au pr.**: brillant, clinquant (péj.), eau, éclat, feu, fleur, fraîcheur, luisant, orient, poli, radiance, relief, resplendissement **II. par ext.**: gloire, illustration, magnificence, panache, prestige, rayonnement, resplendeur (vx), splendeur **III.** plafonnier, suspension **IV.** → APPARAT

◆ CONTR. → SIMPLICITÉ

LUSTRÉ, E brillant, cati, chatoyant, ciré, glacé, laqué, lissé, luisant, moiré, poli, satiné, vernissé

◆ CONTR. → TERNE

LUSTRER apprêter, calandrer, cirer, cylindrer, frotter, glacer, laquer, lisser, moirer, peaufiner (fam.), polir, satiner, vernir

◆ CONTR. → TERNIR

LUT n.m. → ENDUIT

LUTER I. → BOUCHER II. → ENDUIRE

LUTH n.m. archiluth, cistre, guitare, mandoline, mandore, pandore, théorbe – **par ext.** → LYRE

LUTHÉRIEN, NE → PROTESTANT

LUTIN n.m. **I.** → GÉNIE **II.** → ESPIÈGLE

LUTINER → TAQUINER

LUTTE n.f. **I.** boxe, catch, close-combat, combat, jiu-jitsu, judo, karaté, pancrace, pugilat **II.** antagonisme, compétition, concurrence, duel, escrime, joute, opposition, querelle, rivalité, tournoi **III.** → BATAILLE **IV.** → CONFLIT

◆ CONTR. I. → ACCORD II. → PAIX

LUTTER I. s'acharner, affronter, attaquer, bagarrer, batailler, se battre, se colleter, combattre, se débattre, en découdre, se défendre, se démener, disputer de, s'efforcer, escarmoucher, s'escrimer, être aux prises, s'évertuer, ferrailler, guerroyer, se heurter, jouter, livrer bataille, matcher, se mesurer à/ avec, résister, rivaliser, rompre des lances II. → MILITER
◇ CONTR. → ABANDONNER

LUTTEUR, EUSE I. antagoniste II. alcide (vx), athlète, bateleur, hercule, jouteur

LUXATION n.f. → ENTORSE

LUXE n.m. I. **au pr.** : apparat, braverie (vx), éclat, faste, magnificence, opulence, pompe, splendeur, somptuosité – **fam.** : dolce vita, high life ou aïlife ou igelife, tralala II. **par ext.** : abondance, confort, débauche, excès, gaspillage, luxuriance, ostentation, richesse, superflu, superfluité, surabondance → PROFUSION
◇ CONTR. I. → PAUVRETÉ II. → SIMPLICITÉ

LUXER → DISLOQUER

LUXUEUSEMENT de façon → LUXUEUX *et les dérivés possibles en -ment des syn. de* luxueux

LUXUEUX, EUSE abondant, confortable, éclatant, fastueux, magnifique, opulent, pompeux, princier, riche, royal, somptuaire, somptueux, splendide
◇ CONTR. I. → PAUVRE II. → SIMPLE

LUXURE n.f. → LASCIVITÉ

LUXURIANCE n.f. I. → FERTILITÉ II. → AFFLUENCE

LUXURIANT, E → ABONDANT

LUXURIEUX, EUSE → LASCIF

LUZERNE et **LUZERNIÈRE** n.f. I. foin, fourrage, pâture → PÂTURAGE II. **par ext.** : lupuline, minette, papilionacée

LYCÉE n.m. athénée (belg.), bahut, bazar, boîte, collège, cours, école, gymnase, institut, institution, pension, prytanée

LYCÉEN, NE → ÉLÈVE

LYMPHATIQUE → FAIBLE

LYMPHE n.f. humeur, liqueur, sève

LYNCHER battre, écharper, frapper, prendre à partie, rosser, rouer de coups, supplicier, tuer
◇ CONTR. → MÉNAGER

LYNX n.m. caracal, loup-cervier

LYOPHILISER déshydrater
◇ CONTR. → HUMECTER

LYPÉMANIE n.f. abattement, chagrin, délire, folie, idées noires, mélancolie, tristesse
◇ CONTR. euphorie

LYRE n.f. I. **par ext.** : cinnor, cithare, harpe, heptacorde, manichordion, manicorde, pentacorde, psaltère, psaltérion, sambuque, tétracorde II. **fig.** → POÉSIE III. → LUTH

LYRIQUE I. → POÉTIQUE II. → ENTHOUSIASTE

LYRISME n.m. I. → POÉSIE II. → LUTH III. **par ext.** → ENTHOUSIASME

M

MABOUL, E → FOU

MAC n.m. → PROXÉNÈTE

MACABRE → FUNÈBRE

MACACHE → RIEN

MACADAM n.m. → ASPHALTE

MACADAMISAGE n.m. empierrement, réfection, revêtement → BITUMAGE

MACADAMISER → BITUMER

MACAQUE n.m. → MAGOT

MACAREUX n.m. guillemot, pingouin → PALMIPÈDE

MACARON n.m. I. → INSIGNE II. → PÂTISSERIE III. → TRESSE

MACARONI n.m. → PÂTE

MACARONIQUE → HÉROÏ-COMIQUE

MACCHABÉE n.m. → MORT

MACÉDOINE n.f. → MÉLANGE

MACÉRATION n.f. I. → MORTIFICATION II. → TISANE

MACÉRER I. au pr. → TREMPER II. fig. : crucifier, humilier, mater, mortifier

MACERON n.m. ciguë comestible

MACFARLANE n.m. → MANTEAU

MACHAON n.m. grand porte-queue → PAPILLON

MÂCHE n.f. blanchette, clairette, doucette, valérianelle

MÂCHEMENT mâchonnement, mastication, rumination

MÂCHER I. au pr. : broyer, chiquer, machicotter, mâchonner, mâchouiller, manger, masticoter, mastiquer, ruminer II. fig. → PRÉPARER

◇ CONTR. I. → AVALER II. → CRACHER

MACHETTE n.f. → SERPE

MACHIAVÉLIQUE I. → COMPLIQUÉ II. → RUSÉ

MACHIAVÉLISME n.m. I. → POLITIQUE II. → RUSE

MÂCHICOULIS n.m. → DÉFENSE

MACHIN n.m. → TRUC

MACHINAL, E → INVOLONTAIRE

MACHINALEMENT → INCONSCIEMMENT

MACHINATION n.f. → MENÉE

MACHINE n.f. I. 1. → APPAREIL 2. → USTENSILE 3. → LOCOMOTIVE II. 1. → MOYEN 2. → RUSE III. MACHINE À ÉCRIRE : dactylotype (vx)

MACHINER I. → COMPLOTER II. → OURDIR

MACHINISME n.m. → PHILOSOPHIE

MACHINISTE n.m. ou f. I. → MÉCANICIEN II. → CHAUFFEUR III. accessoiriste, ustensilier

MACHISME n.m. phallocratie

MACHO n.m. phallo, phallocrate

MÂCHOIRE n.f. I. au pr. : barres (de cheval), bouche, carnassières (de carnivore), dentition, dents, denture, maxillaires, sous-barbe – fam. : clavier, dominos, ganache, mandibules, margoulette, râtelier II. fig. → BÊTE

MÂCHON n.m. → CASSE-CROÛTE

MÂCHONNEMENT n.m. → MÂCHEMENT

MÂCHONNER et MACHOUILLER → MÂCHER

MÂCHURE n.f. → CONTUSION

MÂCHURER I. → SALIR II. → NOIRCIR III. → ÉCRASER

MACIS n.m. → AROMATE

MACKINTOSH n.m. → MANTEAU

MACLE ou MACRE n.f. châtaigne/ noix d'eau

MAÇON n.m. limousin (vx) → BÂTISSEUR

MAÇON (FRANC-) n.m. **I. 1.** franc-mac (péj.), frangin (fam.) frère, frère trois points, libre-penseur, rose-croix **2. vx** frimasson, philalèthe **II. 1.** apprenti, compagnon, maître **2.** dix-huitième, trentième, trente et unième, trente-deuxième/ troisième

MAÇONNER I. au pr. : bâtir, cimenter, construire, édifier, élever, hourder, limousiner, réparer, revêtir **II. par ext.** : boucher, condamner, fermer, murer, obstruer, sceller ◆ CONTR. **I.** → DÉMOLIR **II.** → OUVRIR

MAÇONNERIE (FRANC-) n.f. **par ext.** : **I.** → CAMARADERIE **II.** → SOLIDARITÉ

MACROBIE n.f. → LONGÉVITÉ

MACROBIOTIQUE n.f. et adj. → VÉGÉTALIEN

MACROCOSME n.m. → UNIVERS

MACROURE n.m. **I.** → CRUSTACÉ **II.** dasyure → MARSUPIAUX

MACULE n.f. → TACHE

MACULER → SALIR

MADAPOLAM n.m. → COTON

MADÉCASSE nom et adj. malgache

MADELEINE n.f. **I.** → PATISSERIE **II.** → POIRE **III.** → RAISIN

MADONE n.f. → VIERGE

MADRAGUE n.f. → FILET

MADRAS n.m. → FICHU

MADRÉ, E I. au pr. → MARQUETÉ **II. par ext.** → MALIN

MADRIER n.m. → POUTRE

MADRIGAL n.m. → GALANTERIE

MAELSTRÖM n.m. **I.** tourbillon **II. par ext.** → TYPHON

MAËRL ou **MERL** n.m. → FUMIER

MAESTOSO → RYTHME

MAESTRIA n.f. → HABILETÉ

MAESTRO n.m. → MUSICIEN

MAE WEST n.f. **aviat. off.** : gilet de sauvetage

MAFFLÉ, E et **MAFFLU, E** → JOUFFLU

MAFIA ou **MAFFIA** n.f. **I.** camora, cosa nostra, deuxième pouvoir, honorable société, onorata societa **II.** → COTERIE

MAFIOSO ou **MAFFIOSO** n.m. → BANDIT

MAGASIN n.m. **I. lieu de vente** : bazar, boutique, bric-à-brac, chantier, commerce, comptoir, débit, dépôt, drugstore, échoppe, entrepôt, établissement, étal, fonds de commerce, grande surface, halle, officine, pavillon, stand, succursale, supérette, supermarché **II. lieu de stockage** : arsenal, chai, dépôt, dock, entrepôt, factorerie, hangar, manutention, réserve, resserre, silo **III. vx** → JOURNAL

MAGASINER québ. : faire des achats/ du shopping/ les magasins

MAGAZINE n.m. → REVUE

MAGE n.m. → MAGICIEN

MAGHRÉBIN, E I. vx : maugrabin, maugrebin, maure, mauresque, more, moresque ; arabe, berbère **II.** algérien **III.** chérifien, chleuh, marocain **IV.** kroumir, tunisien **V.** → ARABE

MAGICIEN n.m. **I.** alchimiste, astrologue, cabaliste, charmeur (vx), enchanteur, ensorceleur, envoûteur, géomancien, mage, nécromancien, nécromant, occultiste, psychopompe, rhabdomancien, sorcier, thaumaturge → DEVIN **II. vx** : charmeur, physicien

MAGICIENNE n.f. **I.** alcine, armide, circé, fée, sibylle, sirène **II.** → DEVINERESSE

MAGIE n.f. alchimie, apparition, archimagie, astrologie, cabale, charme, conjuration, diablerie, divination, enchantement, ensorcellement, envoûtement, évocation, fantasmagorie, fascination, géomancie, goétie, grand art, hermétisme, horoscope, incantation, maléfice, nécromancie, occultisme, philtre, pratique occulte/ secrète, rhabdomancie, rite, sorcellerie, sort, sortilège, spiritisme, thaumaturgie, théurgie – **vx ou litt.** : malengin, prestige, vénéfice

MAGIQUE → SURNATUREL

MAGIQUEMENT de façon → SURNATUREL *et les dérivés possibles en -ment des syn. de* surnaturel

MAGISTÈRE n.m. → AUTORITÉ

MAGISTRAL, E → PARFAIT

MAGISTRALEMENT génialement, de façon → PARFAIT *et les dérivés possibles en -ment des syn. de* parfait

MAGISTRAT n.m. **I.** → ÉDILE **II.** → JUGE

MAGISTRATURE n.f. charge, consulat, édilité, fonction, judicature, ministère, prévôté, tribunat, triumvirat, viguerie

MAGMA n.m. → MÉLANGE

MAGNANIME → GÉNÉREUX

MAGNANIMEMENT de façon → GÉNÉREUX *et les dérivés possibles en -ment des syn. de* généreux

MAGNANIMITÉ n.f. → GÉNÉROSITÉ

MAGNAT n.m. → PERSONNALITÉ

MAGNER (SE) → MANIER

MAGNÉTISATION n.f. → HYPNOSE

MAGNÉTISER I. → FASCINER **II.** → ENDORMIR

MAGNÉTISEUR, EUSE → HYPNOTISEUR

MAGNÉTISME n.m. I. mesmérisme → HYPNOSE II. → FASCINATION

MAGNIFICENCE n.f. I. → LUSTRE II. → LUXE III. → GÉNÉROSITÉ

MAGNIFIER I. → LOUER II. → HONORER

MAGNIFIQUE I. → BEAU II. → GÉNÉREUX III. → EMPHATIQUE

MAGNIFIQUEMENT très bien, de façon → MAGNIFIQUE *et les dérivés possibles en* -ment *des syn. de* magnifique

MAGNOLIA n.m. laurier tulipier, magnolier

MAGNUM n.m. → BOUTEILLE

MAGOT n.m. I. crapoussin, macaque, marmouset, monstre de laideur, nain, poussah, sapajou, singe II. bas de laine, crapaud, éconocroques (fam.), économies, épargne → TRÉSOR

MAGOUILLE n.f. → TRIPOTAGE

MAHOMÉTAN, E → MUSULMAN

MAI n.m. perche → ARBRE

MAÏA n.m. araignée de mer → CRUSTACÉ

MAIE n.f. huche, pétrin

MAÏEUR ou **MAYEUR** n.m. → MAIRE

MAÏEUTIQUE n.f. → MÉTHODE

MAIGRE I. amaigri, amenuisé, aminci, cachectique, cave, creusé, creux, débile, décavé, décharné, décollé, défait, désossé, desséché, diaphane, efflanqué, émacié, en chartre (vx), étique, étroit, famélique, fantôme, fluet, grêle, gringalet, hâve, maigrelet, maigrichon, maigriot, rachitique, sec, sécot, spectre, squelette, squelettique, tiré II. fam.: carcan, carcasse, casse-croûte de clébard, échalas, grande bringue, haridelle, long comme un jour sans pain, manche à balai, momie, planche à pain, sac d'os III. → PAUVRE IV. → STÉRILE
◆ CONTR. I. → GRAS II. → GROS

MAIGRE n.m. sciène → POISSON

MAIGREUR n.f. I. amaigrissement, asarcie, atrophie, cachexie, consomption, dépérissement, desséchement, émaciation, étisie, marasme, rachitisme II. fragilité, gracilité, minceur
◆ CONTR. I. → GROSSEUR II. → IMPORTANCE

MAIGRIR s'allonger, amaigrir, s'amaigrir, s'amoindrir, s'atrophier, avoir la ligne, se creuser, décoller, se défaire, dépérir, dessécher, s'émacier, fondre, mincir, se momifier, se ratatiner (fam.), tomber en chartre (vx)
◆ CONTR. → GROSSIR

MAIL n.m. I. → PROMENADE II. batte, hutinet, maillet, mailloche, maillotin, marteau, masse, minahouet (mar.)

MAIL-COACH n.m. berline, drag → VOITURE

MAILING n.m. off.: publipostage, vente par correspondance

MAILLE n.f. I. anneau, chaînon, maillon II. boucle, point

MAILLER mar. → LACER

MAILLET n.m. → MAIL

MAILLON n.m. anneau, chaînon, maille

MAILLOT n.m. I. body-stocking (maillot-bas [off.]), chandail, collant, débardeur, gilet, pull-over, sweater, tee-shirt, tricot II. → COUCHE

MAIN n.f. I. fam.: battoir, cuiller, dextre, empan, louche, menotte, paluche, patoche, patte, pince, pogne, poing, senestre II. fig. 1. action, effet, œuvre 2. aide, appui, autorité, main-forte III. → ÉCRITURE IV. 1. EN SOUS-MAIN → SECRÈTEMENT 2. AVOIR LA MAIN HEUREUSE → RÉUSSIR 3. DONNER LA MAIN → AIDER 4. DONNER LES MAINS → CONSENTIR 5. FORCER LA MAIN → OBLIGER 6. METTRE LA MAIN → INTERVENIR 7. SE FAIRE LA MAIN → EXERCER (S') 8. MAIN-D'ŒUVRE → TRAVAILLEUR 9. MAIN-FORTE → APPUI

MAINATE n.m. → PASSEREAU

MAINMISE n.f. I. → INFLUENCE II. → CONFISCATION

MAINMORTE n.f. → DROIT

MAINT, E adj. et adv. I. → BEAUCOUP II. → PLUSIEURS III. → NOMBREUX

MAINTENANCE n.f. I. entretien, gestion des effectifs/ des stocks, mise en œuvre/ opération/ service → RÉPARATION II. → CONSERVATION

MAINTENANT I. actuellement, à présent, aujourd'hui, de nos jours, d'ores et déjà, en ce moment, ores (vx), présentement II. → DORÉNAVANT
◆ CONTR. I. → AUTREFOIS II. → DEMAIN

MAINTENEUR n.m. → GARDIEN

MAINTENIR I. → SOUTENIR II. → CONSERVER III. → RETENIR IV. v. pron. 1. → SUBSISTER 2. → CONTINUER

MAINTIEN n.m. I. air, allure, attitude, comportement, conduite, contenance, dégaine (fam.), démarche, extérieur, façon, figure, ligne, manière, mine, port, posture, présentation, prestance, tenue, tournure II. → CONSERVATION

MAIRE, MAIRESSE n.m. bailli, bourgmestre, corrégidor (Espagne), lord-maire (G.B.), maïeur ou mayeur (belg.) → ÉDILE

MAIRIE n.f. édilité, hôtel de ville, maison commune/ de ville, municipalité

MAIS ains (vx), cependant, en compensation, en revanche, néanmoins, par contre

MAISON n.f. I. appartement, chez-soi, couvert, demeure, domicile, foyer, gîte, home, intérieur, logement, logis, nid, résidence, séjour, toit → HABITATION – **vx et/ ou poét.** : aîtres, chacunière (fam.), habitacle, héberge, lares, pénates II. → IMMEUBLE III. ménage, standing, train de maison/ de vie – vx : domestique, mesnie IV. → FAMILLE V. → RACE VI. **1. MAISON CENTRALE/ D'ARRÊT/ DE CORRECTION/ DE FORCE/ DE JUSTICE** → PRISON **2. MAISON DE COMMERCE** → ÉTABLISSEMENT **3. MAISON DE RAPPORT** → IMMEUBLE **4. MAISON DE SANTÉ** → HÔPITAL **5. MAISON CLOSE/ DE TOLÉRANCE** → LUPANAR **6. MAISON COMMUNE** → MAIRIE

MAISONNÉE n.f. → FAMILLE

MAISONNETTE n.f. cabane, cabanon, case, chaume, chaumière, chaumine, folie, gloriette, hutte, maison

MAÎTRE n.m. I. → PROPRIÉTAIRE II. → PATRON III. **1.** censeur, conseiller d'éducation, éducateur, enseignant, instituteur, instructeur, magister, maître d'école, moniteur, pédagogue, précepteur, préfet des études, professeur, répétiteur, surveillant, universitaire **2. péj.** : barbacole, écolâtre, fouette-cul, pédago, pet de loup → PÉDANT **3. vx ou rég.** : enseigneur, gâcheux, gouverneur, régent **4. partic.** : directeur de conscience, gourou, initiateur, mystagogue, starets IV. → ARTISTE V. → VIRTUOSE VI. → GOUVERNANT VII. → ARBITRE VIII. adj. → PRINCIPAL IX. **1. MAÎTRE DE MAISON** → HÔTE **2. MAÎTRE D'ÉTUDE** → SURVEILLANT **3. MAÎTRE QUEUX** → CUISINIER **4. MAÎTRE D'HÔTEL** : dapifer, majordome, sénéchal → ÉCHANSON, SERVITEUR **5. MAÎTRE DE CHAI** → SOMMELIER **6. MAÎTRE-CHANTEUR** → FRIPON **7. MAÎTRE À DANSER** → COMPAS

◇ CONTR. I. → ESCLAVE II. → SUBORDONNÉ III. → ÉLÈVE IV. → TRAVAILLEUR V. → SECONDAIRE

MAÎTRESSE n.f. I. → AMANTE II. concubine, fil à la patte (fam.), liaison

MAÎTRISE n.f. I. → HABILETÉ II. → MANÉCANTERIE

MAÎTRISER → VAINCRE

MAJESTÉ n.f. beauté, dignité, éclat, excellence, gloire, grandeur, gravité, hiératisme, magnificence, nobilité, pompe, prestige, souveraineté, splendeur, superbe

◇ CONTR. → BASSESSE

MAJESTUEUSEMENT de façon → IMPOSANT et les dérivés possibles en -ment des syn. de imposant

MAJESTUEUX, EUSE → IMPOSANT

MAJEUR, E I. → ADULTE II. → IMPORTANT

MAJOLIQUE ou **MAÏOLIQUE** n.f. → FAÏENCE

MAJORAL n.m. félibre

MAJORAT n.m. → HÉRITAGE

MAJORATION n.f. → HAUSSE

MAJORDOME n.m. intendant, maître d'hôtel – vx : dapifer, sénéchal

MAJORER → HAUSSER

MAJORITÉ n.f. I. adultat, âge adulte, adultisme, émancipation, maturité II. gouvernement, pouvoir III. le commun, foule, généralité, la plupart, la pluralité, le plus grand nombre, masse, multitude

◇ CONTR. I. adolescence, enfance II. → MINORITÉ

MAJUSCULE n.f. capitale, chiffre, haut de casse, initiale, lettre d'antiphonaire/ d'imprimerie, lettrine, miniature, sigle

◇ CONTR. → MINUSCULE

MAKEMONO n.m. → PEINTURE

MAKI n.m. → SINGE

MAL I. → MAUVAIS II. → IMPARFAITEMENT III. *les dérivés possibles en* -ment *des syn. de* mauvais

◇ CONTR. → BIEN

MAL n.m. I. affliction, amertume, calamité, calice, croix, damnation, désolation, difficulté, douleur, ennui, épreuve, fiel, inconvénient, mortification, plaie, souffrance, tribulation, tristesse II. crime, défaut, faute, imperfection, insuffisance, malfaçon, méchanceté, péché, perversion, perversité, tare, vice III. → DOMMAGE IV. → MALADIE V. → MALHEUR VI. → PEINE VII. **1. MAL DE MER** : naupathie → NAUSÉE **2. MAL DU PAYS** : ennui, nostalgie, regret, spleen, vague à l'âme **3. SE DONNER DU MAL** → PEINER

◇ CONTR. → BIEN

MALABAR nom et adj. I. → GRAND II. → FORT III. → GROS

MALADE I. nom. **1.** client, consultant, égrotant, grabataire, infirme, patient, valétudinaire **2.** → FOU II. adj. **1. au pr.** : abattu, alité, atteint, cacochyme, chétif, déprimé, dolent, égrotant, incommodé, indisponible, indisposé, invalide, fatigué, fiévreux, languissant, maladif, mal en point, mal fichu/ foutu (fam.), malingre, morbide, moribond, pâle, patraque, rachitique, scrofuleux, souffrant, souffreteux **2. rég.** : péclotant, pignochant **3. par ext.** : altéré, anormal, avarié, démoli, détraqué, en mauvais état, gâté, pourri, vicié

◇ CONTR. → DISPOS

MALADIE n.f. I. affection, anémie, attaque, atteinte, crise, dérangement, épreuve, incommodité, indisposition, infirmité, langueur, mal, malaise, mal-être (vx), morbidité, rechute, récidive, traumatisme, trouble **II. parmi les très nombreuses dénominations spécifiques :** aboulie, absinthisme, achromatopie, acné, acromégalie, actynomycose, adénite, adénome, adipose, adynamie, aglobulie, agraphie, aï, albinisme, alcoolisme, aliénation mentale, alopécie, amaurose, amblyopie, aménorrhée, amétropie, amnésie, amygdalite, anasarque, anévrisme, angine, ankylose, ankylostomiase, anthrax, anurie, aortite, aphasie, aphte, apoplexie, appendicite, artério-sclérose, artérite, arthrite, arthritisme, ascite, aspermatisme, aspermie, asthénie, asthme, astigmatisme, asystolie, ataxie, athérome, athrepsie, atonie intestinale/ musculaire, atrophie, avitaminose, balanite, béribéri, blennorragie, blépharite, botulisme, boulimie, bradypepsie, bronchite, broncho-pneumonie, brûlure, cachexie, caféisme, cancer, cardite, carie dentaire/ des os, carnification, cataracte, catarrhe, cécité, charbon, chlorose, choléra, chorée, cirrhose, colibacillose, colite, coma, condylome, congestion cérébrale/ pulmonaire, conjonctivite, consomption, coqueluche, coryza, coxalgie, coxarthrose, croup, cyanose, cystite, dartre, delirium tremens, démence, dengue, dermatose, diabète, diphtérie, duodénite, dysenterie, dysménorrhée, dyspepsie, éclampsie, écrouelles, echtyma, eczéma, éléphantiasis, embarras gastrique, embolie, emphysème, encéphalite, endocardite, endonéphrite, engorgement, engouement, entérite, énurésie, épididymite, épilepsie, ergotisme, érysipèle, érythème, esquinancie, étisie, exanthème, exophtalmie, fibrome, fièvre, fièvre jaune/ de Malte/ miliaire/ puerpérale, filariose, fluxion de poitrine, folie, folliculite, furonculose, gale, gangrène, gastrite, gelure, gingivite, glaucome, gomme, gonorrhée, gourme, goutte, gravelle, grippe, helminthiase, hémolyse, hépatisme, hépatite, hernie, herpès, herpétisme, hirsutisme, hydrargyrisme, hydrocèle, hydropisie, hygroma, hyperchlorhydrie, hypocondrie, hypoglossite, hystérie, hystérite, ichtyose, ictère, iléus, impétigo, infarctus, influenza, insolation, intertrigo, iritis, jaunisse, kératite, laryngite, lèpre, leucophlegmasie, lichen, lithiase, lupus, lymphangite, lymphatisme, maladie bleue/ de Parkinson/ pédiculaire/ du sommeil, malaria, manie, mastoïdite, mélancolie, mélanisme, mélanose, méningite, mentagre, métrite, millet, M.S.T. (maladies sexuellement transmissibles), muguet, mycose, myélite, myocardite, myopie, néphrite, névrite, nyctalopie, obstruction/ occlusion intestinale, œdème, œsophagite, ophtalmie, orchite, oreillons, ostéite, ostéomalacie, ostéomyélite, otite, otospongiose, ovarite, ozène, paludisme, pancréatite, paramnésie, paratyphoïde, parotidite, pelade, pellagre, péricardite, périostite, péripneumonie, périsplénite, péritonite, pérityphlite, peste, pharyngite, pharyngo-laryngite, phlébite, phlegmasie, phosphorisme, phtiriase, pierre, pilosisme, pityriasis, pleurésie, pleurite, pleuro-pneumonie, plique, pneumonie, poliomyélite, pollakiurie, polyurie, porrigo, posthite, pourpre, presbytie, proctite, psittacose, psora, psoriasis, psychasthénie, punaisie, purpura, pyélite, rachitisme, rage, ramollissement cérébral, rash, rectite, rétinite, rhinite, rhumatisme, rhume, roséole, rougeole, rubéole, salpingite, saturnisme, scarlatine, schizophrénie, scorbut, scrofule, sida (syndrome d'immunodéficience acquis), sidérose, silicose, sinusite, spinaventosa, splénite, sporotrichose, stéatose, stomatite, synovite, syphilis, tabès, teigne, tétanos, toxoplasmose, thrombose, trachéite, trachome, trichinose, trichophytie, trombidiose, trophonévrose, trypanosomiase, tuberculose, typhlite, typho-bacillose, typhoïde, typhus, ulite, urétérite, urétrite, vaginite, varicelle, variole, vérole (vulg.), vitiligo, vomitonegro, vulvite, vulvo-vaginite, xérodermie, zona → NÉVROSE, PSYCHOSE

◇ CONTR. → FORCE

MALADIF, IVE → MALADE

MALADIVEMENT de façon → MALADE *et les dérivés possibles en* -ment *des syn. de* malade

MALADRERIE n.f. → LADRERIE

MALADRESSE n.f. **I.** atechnie, défaut, gaucherie, impéritie, inart, inélégance, inexpérience, inhabileté, lourdeur, malhabileté – vx : lourderie, rustauderie **II.** ânerie, balourdise, bêtise, bévue, boulette, bourde, brioche, erreur, étourderie, fausse manœuvre, faute, faux pas, gaffe, gaucherie, grossièreté, impair, imprudence, inadvertance, ineptie, manque de tact, mégarde, naïveté, niaiserie, pas de clerc, pavé de l'ours, sottise, stupidité

◇ CONTR. **I.** → ADRESSE **II.** → AISANCE

MALADROIT, E I. quelqu'un : 1. → GAUCHE **2. fam. :** andouille, ballot, balourd, brise-fer/ tout, briseur, butor, couenne, emmanché, empaillé, emplumé, empoté, emprunté, enfoiré (grossier), gaffeur, gnaf (fam.), godiche, godichon, gourde, inexercé, inexpérimenté, inhabile, jocrisse, lourbalourd, lourd, lourdaud, malagauche, malavisé, malhabile, malitorne, manche, manchot, massacreur, mazette, novice, pataud, propre à rien, sabot, saboteur, sabreur, sans-soin, savate, savetier **II. quelque chose** : faux, gauche, grossier, imparfait, inconsidéré, lourd

◇ CONTR. **I.** → ADROIT **II.** → FACILE

MALADROITEMENT I. → IMPARFAITEMENT **II.** → BÊTEMENT **III.** de façon → MALADROIT *et les dérivés possibles en* -ment *des syn. de* maladroit

MALAISE n.m. **I.** dérangement, embarras, empêchement, ennui, gêne, honte, incommodité, inconfort, inquiétude, timidité, tourment, tristesse, trouble **II.** indisposition, lipothymie, mal, maladie, nausée, pesanteur, souffrance, vapeur, vertige **III. vx** : désaise, mal-être, mésaise

◇ CONTR. → BIEN-ÊTRE

MALAISÉ, E → DIFFICILE

MALAISÉMENT → DIFFICILEMENT

MALANDRIN n.m. bandit, brigand, canaille, détrousseur, forban, malfaiteur, pendard, pillard, rôdeur, scélérat, truand, vagabond, vaurien → VOLEUR – **vx** : chauffeur, routier

◇ CONTR. **I.** → HONNÊTE (HOMME/ FEMME) **II.** → POLICIER

MALAPPRIS n.m. n. et adj → IMPOLI

MALARD n.m. → CANARD

MALARIA n.f. fièvre, paludisme

MALAVISÉ, E bavard, borné, casse-pieds (fam.), étourdi, fâcheux, illogique, importun, imprudent, inconséquent, inconsidéré, inconsistant, indiscret, intrus, maladroit, sot → BÊTE

◇ CONTR. **I.** → HABILE **II.** → PRUDENT

MALAXER → PÉTRIR

MALAXEUR n.m. bétonneuse, bétonnière

MALBÂTI, E bancal, bancroche (fam.), contrefait, déjeté, difforme, disgracieux, estropié, infirme, informe, laid, mal fait/ fichu/ foutu/ tourné, monstrueux, tors

◇ CONTR. → BEAU

MALCHANCE n.f. **I.** mauvais sort → MALHEUR **II. fam.** : cerise, débine, déveine, frite, guigne, guignon, manque de → CHANCE, mélasse, merde, mouscaille, pêche, pépin, pestouille, poisse, scoumoune, tasse, tuile, vape

◇ CONTR. → CHANCE

MALCHANCEUX, EUSE → MALHEUREUX

MALCOMMODE I. → EMBARRASSANT **II.** → DIFFICILE

MALCONTENT, E → MÉCONTENT

MALDISANT, E → MÉDISANT

MALDONNE n.f. → ERREUR

MÂLE n.m. et adj. **I. au pr.** : garçonnier, géniteur, hommasse (péj.), homme, masculin, reproducteur, viril **II. par ext.** : courageux, énergique, ferme, fort, hardi, noble, vigoureux **III. animaux** : bélier, bouc, bouquin, brocard, cerf, coq, étalon, jars, lièvre, malard, matou, sanglier, singe, taureau, verrat

◇ CONTR. **I.** femelle **II.** → EFFÉMINÉ

MALÉDICTION n.f. **I. au pr.** : anathème, blâme, blasphème, condamnation, damnation, déprécation, excommunication, exécration, imprécation, jurement, réprobation, vœu **II. par ext. 1.** → SORTILÈGE **2.** → MALCHANCE

◇ CONTR. **I.** → BÉNÉDICTION **II.** → CHANCE

MALÉFICE n.m. charme, diablerie, enchantement, ensorcellement, envoûtement, fascination, influence, malheur, mauvais œil, nouement (d'aiguillette), philtre, possession, sorcellerie, sort, sortilège, vénéfice → MAGIE

◇ CONTR. → EXORCISME

MALÉFIQUE → MAUVAIS

MAL ÉLEVÉ, E → IMPOLI

MALENCONTRE n.f. → MÉSAVENTURE

MALENCONTREUSEMENT mal à propos, de façon → MALENCONTREUX *et les dérivés possibles en* -ment *des syn. de* malencontreux

MALENCONTREUX, EUSE contrariant, déplorable, désagréable, désastreux, dommageable, ennuyeux, fâcheux, malheureux, malvenu, nuisible, pernicieux, regrettable, ruineux

◇ CONTR. → FAVORABLE

MAL EN POINT → MALADE

MALENTENDU n.m. confusion, désaccord, dispute, équivoque, erreur, imbroglio, mécompte, méprise, quiproquo

◇ CONTR. **I.** → ACCORD **II.** → COMPLICITÉ

MALFAÇON n.f. → IMPERFECTION

MALFAISANCE n.f. → MÉCHANCETÉ

MALFAISANT, E → MAUVAIS

MAL FAIT, E → MALBÂTI

MALFAITEUR n.m. apache, assassin, bandit, brigand, criminel, gangster, gredin, incendiaire, larron (vx), malfrat, rôdeur, scélérat, terroriste → VOLEUR

◇ CONTR. **I.** → HONNÊTE (HOMME/ FEMME) **II.** → POLICIER

MAL FAMÉ, E borgne (fam.), déconsidéré, diffamé, discrédité, louche, suspect

◇ CONTR. → HONNÊTE

MALFORMATION n.f. anomalie, défaut, déformation, difformité, dystrophie, gibbosité, infirmité, monstruosité, vice

◇ CONTR. bonne constitution

MALFRAT n.m. → MALFAITEUR

MALGRACIEUX, EUSE disgracieux, grossier, incivil, mal embouché, revêche, rogue, rude

◇ CONTR. → GRACIEUX

MALGRÉ I. au mépris de : contre, en dépit de, n'en déplaise à, nonobstant II. malgré tout : absolument, quand même, tout de même

◇ CONTR. → AVEC

MALGRÉ QUE bien/ en dépit que, quoique

MALHABILE → MALADROIT

MALHABILEMENT de façon → MALADROIT et les dérivés possibles en -ment des syn. de maladroit

MALHABILETÉ n.f. → MALADRESSE

MALHEUR n.m. accident, adversité, affliction, calamité, cataclysme, catastrophe, chagrin, coup/ cruauté du destin/ sort, désastre, détresse, deuil, disgrâce, douleur, drame, échec, épreuve, fatalité, fléau, inconvénient, infélicité, infortune, mal, malédiction, mauvaise fortune/ passe, mélasse, mésaventure, misère, orage, peine, perte, rafale, revers, ruine, traverse, tribulation → MALCHANCE – vx : bissêtre, dam, infélicité, malencontre, méchef, meshaing

◇ CONTR. → BONHEUR

MALHEUREUSEMENT de façon → MALHEUREUX et les dérivés possibles en -ment des syn. de malheureux

MALHEUREUX, EUSE I. quelqu'un : accablé, défavorisé, deshérité, enguignonné (rég.), éprouvé, frappé, guignard, indigent, infortuné, malchanceux, misérable, miséreux, pauvre, piteux, pitoyable, triste II. quelque chose. 1. affligeant, calamiteux, cruel, déplorable, désagréable, désastreux, désolant, difficile, douloureux, dur, fâcheux, fatal, funeste, lamentable, maléfique, malencontreux, maudit, néfaste, noir, pénible, préjudiciable, regrettable, rude, satané, triste 2. insignifiant, négligeable, pauvre, petit, vil

◇ CONTR. I. → HEUREUX II. → PROFITABLE

MALHONNÊTE I. adj. 1. abusif, déloyal, déshonnête, dolosif, douteux, frauduleux, il légal, improbe, indélicat, infidèle, inique, injuste, léonin, louche, marron, pourri, tricheur, usurpatoire, véreux 2. grossier, immoral, impoli, impudent, impudique, incivil, inconvenant, incorrect, indécent, indigne, inélégant, laid, malappris, malpropre, méchant → BAS II. nom : affairiste, canaille, chevalier d'industrie, crapule, escroc, faisan, fraudeur, fripon, fripouille, imposteur, mafioso, simoniaque, simulateur, suborneur, trafiquant → VOLEUR

◇ CONTR. → HONNÊTE

MALHONNÊTEMENT de façon → MALHONNÊTE et les dérivés possibles en -ment des syn. de malhonnête

MALHONNÊTETÉ n.f. I. 1. canaillerie, concussion, déloyauté, déshonnêteté, escroquerie, falsification, forfaiture, fraude, friponnerie, fripouillerie, improbité, gredinerie, indélicatesse, indignité, malversation, mauvaise foi, tricherie, tripotage → VOL 2. → MALVERSATION II. grossièreté, immoralité, impolitesse, impudeur, impudicité, incivilité, inconvenance, incorrection, indécence, laideur, malpropreté, méchanceté, saloperie → BASSESSE

◇ CONTR. → HONNÊTETÉ

MALICE n.f. I. → MÉCHANCETÉ II. → PLAISANTERIE

MALICIEUSEMENT de façon → MALICIEUX et les dérivés possibles en -ment des syn. de malicieux

MALICIEUX, EUSE I. → MAUVAIS II. → MALIN

MALIGNITÉ n.f. → MÉCHANCETÉ

MALIN, IGNE I. sens affaibli : adroit, astucieux, attentiste, calculateur, combinard, débrouillard, dégourdi, déluré, expectant (vx), farceur, ficelle, fin, finaud, fine mouche, futé, habile, madré, malicieux, matois, narquois, navigateur, opportuniste, renard, roublard, roué, sac à malices, spirituel, trompeur, vieux routier → RUSÉ – fam. : fortiche, mariole, resquilleur II. non fav. → MAUVAIS III. faire le malin. fam. : bêcher, crâner, frimer, la ramener → HÂBLER

◇ CONTR. → NAÏF

MALINGRE I. → FAIBLE II. → MALADE

MALINOIS n.m. → CHIEN

MALINTENTIONNÉ, E → MALVEILLANT

MALLE n.f. I. bagage, caisse, cantine, chapelière, coffre, colis, mallette, marmotte, valise II. → COCHE

MALLÉABILITÉ n.f. I. → OBÉISSANCE II. → SOUPLESSE

MALLÉABLE I. au pr. : doux, ductile, élastique, extensible, façonnable, flexible, liant, mou, plastique, pliable, souple II. fig. : docile, doux, facile, gouvernable, maniable, obéissant

◇ CONTR. I. → DUR II. → INDOCILE

MALLETTE n.f. attaché-case, baise-en-ville (fam.), fourre-tout, valise

MALMENER → MALTRAITER

MALNUTRITION n.f. I. → CARENCE II. → PLÉTHORE

MALODORANT, E → PUANT

MALOTRU n.m. béotien, gougnafier, goujat, grossier, huron, impoli, iroquois, mal élévé, mufle, peigne-cul, plouc, rustre. sagoin, truand
◇ CONTR. → DISTINGUÉ

MAL PLACÉ, E → DÉPLACÉ

MALPLAISANT, E agaçant, antipathique, blessant, contrariant, dégoûtant, déplaisant, désobligeant, disgracieux, ennuyeux, fâcheux, gênant, irritant, laid, pénible, répugnant → DÉSAGRÉABLE
◇ CONTR. → AGRÉABLE

MAL POLI, E → IMPOLI

MAL PROPORTIONNÉ, E démesuré, déséquilibré, disproportionné, inégal, maladroit
◇ CONTR. → HARMONIEUX

MALPROPRE I. adj. ou nom. 1. cochon, crasseux, crotté, dégoûtant, encrassé, excrémenteux, excrémentiel, gluant, immonde, infect, maculé, morveux, négligé, pisseux, pouilleux, répugnant, saburral, sale, sali, sanieux, sordide, souillé, taché, terreux, visqueux – vx : breneux, brenous, ord, roupieux **2.** grossier, immoral, impur, inconvenant, indécent, infâme, malhonnête, ordurier → OBSCÈNE **3.** insalubre, pollué, souillé **4. arg. :** cracra, cradingue, crado, cradoc, crapoteux, craspec, crassouillard, dégueu, dégueulasse, dégueulbite, merdeux, merdique, salingue **5.** → IMPROPRE **II. nom :** cochon, pouacre, pourceau, sagouin, salaud, saligaud, salope, salopiot, souillon
◇ CONTR. **I.** → PROPRE **II.** → HONNÊTE

MALPROPREMENT de façon → MALPROPRE *et les dérivés possibles en* -ment *des syn. de* malpropre

MALPROPRETÉ n.f. **I. au pr. :** crasse, immondice, impureté, ordure, patine, patrouillis (rég.), saleté **II. par ext. :** cochonnerie, dégoûtation, grossièreté, immoralité, impureté, inconvenance, indécence, indélicatesse, infamie, malhonnêteté, obscénité, saleté, saloperie
◇ CONTR. **I.** → PROPRETÉ **II.** → HONNÊTETÉ

MALSAIN, E I. au pr. 1. quelqu'un → MALADE **2. quelque chose :** contagieux, impur, inhabitable, insalubre, nuisible, pestilentiel, pollué **II. par ext. :** dangereux, déplacé, faisandé, funeste, immoral, licencieux, morbide, pornographique, pourri
◇ CONTR. **I.** → SAIN **II.** → DÉCENT

MAL SATISFAIT, E contrarié, ennuyé, fâché, grognon, insatisfait, malcontent, mécontent
◇ CONTR. → SATISFAIT

MALSÉANT, E et **MALSONNANT, E** choquant, déplacé, déshonnête, discordant, grossier, immodeste, impoli, importun, incongru, inconvenant, indécent, leste, libre, licencieux, mal à propos, mal élevé, messéant (vx), saugrenu → OBSCÈNE
◇ CONTR. → DÉCENT

MALTHUSIANISME n.m. → RÉDUCTION

MALTÔTE n.f. → IMPÔT

MALTRAITER abîmer, accabler, accommoder, arranger, bafouer, battre, bourrer, brimer, brutaliser, brusquer, critiquer, crosser, éreinter, étriller, exposer, faire un mauvais parti, fatiguer, frapper, houspiller, lapider, malmener, molester, ravauder, rudoyer, secouer, tarabuster, traîner sur la claie, traiter mal/ sévèrement/ de Turc à More, tyranniser, vilipender, violenter – vx : gouspiller, mâtiner, tenir au cul et aux chausses
◇ CONTR. **I.** → SOIGNER **II.** → FLATTER

MALUS n.m. → PUNITION

MALVEILLANCE n.f. agressivité, animosité, antipathie, calomnie, désobligeance, diffamation, haine, hostilité, indisposition, inimitié, malignité, mauvais esprit/ vouloir, mauvaise volonté, méchanceté, rancune, ressentiment → MÉDISANCE
◇ CONTR. → BIENVEILLANCE

MALVEILLANT, E agressif, aigre, aigrelet, antipahtique, désobligeant, fielleux, haineux, hostile, malévole (vx), malin, malintentionné, mauvais, méchant, rancunier, venimeux, vipérin
◇ CONTR. → BIENVEILLANT

MALVENU, E → DÉPLACÉ

MALVERSATION n.f. **I.** brigandage, cavalerie, compromission, concussion, corruption, déprédation, détournement, dilapidation, escroquerie, exaction, extorsion, forfaiture, fraude, infidélité, magouillage, magouille, micmac, péculat, pillage, prévarication, rapine, recel, simonie, subornation, subtilisation, tour de passe-passe, trafic d'influence, tripatouillage, tripotage → VOL **II.** MALHONNÊTETÉ
◇ CONTR. → HONNÊTETÉ

MAMBO n.m. → DANSE

MAMELLE n.f. → SEIN

MAMELON n.m. **I.** → SEIN **II.** → HAUTEUR **III.** → SOMMET

MAMELONNÉ, E → ACCIDENTÉ

MAMMIFÈRE adj. : mammalien

MANADE n.f. → TROUPEAU

MANAGEMENT n.m. → ADMINISTRATION

MANAGER I. nom masc : administrateur, directeur, entraîneur, impresario **II. v. tr.** → ADMINISTRER

MANANT n.m. **I.** → PAYSAN **II.** → RUSTIQUE

MANCELLE n.f. → HARNACHEMENT

MANCHE n.m. **I.** bras, emmanchure, entournure, manchette, manicle **II.** belle, partie, revanche **III.** → MENDICITÉ (ARG)

MANCHETTE n.f. **I.** crispin, poignet **II.** titre, vedette

MANCHON n.m. **méc.** → DOUILLE

MANCHOT n.m. → PINGOUIN

MANCHOT, E → MALADROIT

MANDANT n.m. commettant, délégant
◇ CONTR. délégué → ENVOYÉ

MANDARIN n.m. **I.** → BONZE **II.** kouan-houa, langue mandarine

MANDARINAT n.m. **I.** élitisme, malthusianisme **II. par ext. :** favoritisme, népotisme
◇ CONTR. → COLLECTIVISME

MANDARINE n.f. → AGRUME

MANDAT n.m. **I.** → PROCURATION **II.** → INSTRUCTION

MANDATAIRE n.m. ou f. **I.** → INTERMÉDIAIRE **II.** → ENVOYÉ

MANDATER → CHOISIR

MANDEMENT n.m. avis, bref, bulle, écrit, édit, formule exécutoire, injonction, instruction, mandat, ordonnance, ordre, rescription, rescrit

MANDER I. appeler, assigner, citer, convoquer, ordonner **II.** → INFORMER

MANDIBULE n.f. bouche, mâchoire, maxillaire

MANDOLINE et **MANDORE** n.f. → CORDES

MANDOLINISTE n.m. ou f. → MUSICIEN

MANDORLE n.f. → OVALE

MANDRILL n.m. → SINGE

MANDUCATION n.f. **I. au pr. :** absorption, déglutition, ingestion, insalivation, mastication, sustentation (vx) **II. relig. :** communion, eucharistie
◇ CONTR. défécation

MANÉCANTERIE n.f. chœur, chorale, école, groupe, maîtrise, psallette

MANÈGE n.m. **I. équit. :** carrière, centre d'équitation, dressage, reprise **II.** chevaux de bois **III.** agissements, artifice, astuce, combinaison, complot, comportement, contour (vx), détours, hypocrisie, intrigue, machination, manigance, manœuvre, menées, micmac, moyens détournés, plan, ruse, tractation, trame, tripatouillage (fam.)
◇ CONTR. → SIMPLICITÉ

MÂNES n.m. pl. → ESPRIT

MANETTE n.f. clef, levier, maneton, poignée

MANGEABLE I. au pr. : biologique, comestible, consommable, digeste, frais, naturel, possible, sain, sans danger → BON **II. par ext. :** délectable, ragoûtant, sapide, savoureux, succulent
◇ CONTR. → MAUVAIS

MANGEAILLE n.f. → NOURRITURE

MANGEOIRE n.f. **I. au pr. :** auge, crèche, râtelier **II. par ext. :** musette

MANGER I. au pr. : absorber, s'alimenter, avaler, consommer, ingérer, se nourrir, prendre, se refaire/ refectionner/ restaurer/ sustenter **II. animaux :** brouter, broyer, croquer, déglutir, dévorer, gober, grignoter, paître, pâturer, picorer, ronger – **vén. :** vermiller, vermillonner, viander **III. par ext. 1.** collationner (vx) ou prendre une collation, déguster, déjeuner, dîner, entamer, faire bonne chère/ chère lie, festoyer, goûter, gruger (vx), mâcher, mastiquer, se mettre à table, se rassasier, se repaître, savourer, souper **2.** manger mal ou peu **:** chipoter, épinocher, grappiller, grignoter, mangeoter, pignocher **IV. fam. :** affûter ses meules, attaquer, bâfrer, baquer, becqueter, bouffer, boulotter, se bourrer, boustifailler, brichetonner, brifer, se caler les joues, casser la croûte/ la graine, chancrer, s'en coller/ s'en foutre/ s'en mettre dans le fusil/ jusqu'à la garde/ jusqu'aux yeux/ plein la gueule/ plein la lampe/ plein la panse/ une ventrée, claper, crapuler (vx), croustiller, croûter, débrider, s'emboquer, s'empiffrer, s'emplir/ se garnir/ se remplir l'estomac/ le jabot/ la panse/ le sac/ le ventre, s'en donner jusqu'à la garde/ par les babines, s'enfiler, s'enfoncer, enfourrer, engidouiller, engloutir, faire bombance/ miam-miam/ ripaille, gargoter (vx), se gaver, gnafrer, se goberger, gobichonner, godailler, se goinfrer, se gorger, grailler, gueuletonner, ingurgiter, s'en jeter derrière la cravate, jouer/ travailler de la mâchoire/ des mandibules, se lester, se mettre dans le buffet/ le coffre/ le cornet/ l'estomac/ le gésier/ la gidouille/ le gosier/ le jabot/ la panse/ le sac/ la sacoche/ la tirelire/ le ventre, se morfaler, morfer (vx), se morganer, phagocyter, se piffrer, ripailler, se taper la cloche/ une gnafrée/ goinfrée/ ventrée, tordre, tortiller, tortorer **V. fig. 1.** → CONSUMER **2.** → DÉPENSER **3.** → RONGER **4.** → RUINER
◇ CONTR. → JEÛNER

MANGER n.m. → NOURRITURE

MANIABLE I. au pr. : ductile, flexible, malléable, mou, souple **II. par ext. 1. quelque chose :**

commode, pratique **2. quelqu'un** : docile, doux, facile, malléable, obéissant, souple, traitable
◆ CONTR. **I.** → ENCOMBRANT **II.** → INDOCILE

MANIAQUE nom et adj. **I. au pr.** : aliéné, dément, détraqué, fou, frénétique, furieux, lunatique, toqué **II. par ext. 1.** bizarre, capricieux, fantaisiste, fantasque, obsédé, original, ridicule, singulier **2.** exigeant, méticuleux, pointilleux, vétilleux
◆ CONTR. → FACILE

MANICHÉISME n.m. dualisme

MANICHORDION ou **MANICORDE** n.m. → CLAVECIN

MANICLE ou **MANIQUE** n.f. **I.** → MITAINE **II.** → MANCHE

MANIE n.f. **I.** aliénation, délire, démence, égarement, folie, frénésie, furie, hantise, idée fixe, monomanie, obsession **II. par ext.** : bizarrerie, caprice, dada, démangeaison, épidémie, fantaisie, fantasme, fièvre, frénésie, fureur, goût, habitude, loufoquerie, maladie, manière, marotte, monomanie, obsession, passion, péché mignon, rage, tic, toquade, turlutaine
◆ CONTR. → INDIFFÉRENCE

MANIEMENT n.m. **I. au pr.** : emploi, manipulation, manœuvre, usage, utilisation **II. par ext.** : administration, direction, fonctionnement, gestion, gouvernement
◆ CONTR. → ABANDON

MANIER I. au pr. 1. neutre : avoir en main/ entre les mains, façonner, malaxer, manipuler, manœuvrer, modeler, palper, pétrir, tâter, toucher, triturer **2. fam. ou péj.** : patiner (vx), patouiller, patrouiller, peloter, trifouiller, tripatouiller → TRIPOTER **II. par ext. 1. on manie quelqu'un** : conduire, diriger, gouverner, manœuvrer, mener **2. des biens** : administrer, gérer, manipuler, mettre en œuvre **3. des idées** : agiter, traiter, user de, utiliser **III. v. pron. fam.** : s'activer, s'agiter, courir, se dégrouiller, se dépêcher, s'empresser, faire diligence/ fissa, se grouiller/ hâter/ magner/ précipiter/ presser/ remuer
◆ CONTR. → ABANDONNER

MANIÈRE n.f. **I.** → FAÇON **II.** → SORTE **III.** → STYLE **IV. 1. MANIÈRE D'ÊTRE** → QUALITÉ **2. BONNES MANIÈRES** → CIVILITÉ

MANIÉRÉ, E → PRÉCIEUX

MANIÉRISME n.m. → PRÉCIOSITÉ

MANIFESTANT, E contestataire, mécontent, opposant, porteur de banderoles/ pancartes, protestataire
◆ CONTR. → CONFORMISTE

MANIFESTATION n.f. **I.** → DÉCLARATION **II.** → RASSEMBLEMENT

MANIFESTE I. adj. : avéré, certain, clair, criant, décidé, éclatant, évident, flagrant, formel, indéniable, indiscutable, indubitable, notoire, palpable, patent, positif, public, reconnu → RÉEL **II. n.m.** : adresse, avis, déclaration, proclamation, profession de foi
◆ CONTR. → OBSCUR

MANIFESTEMENT → ÉVIDEMMENT

MANIFESTER I. → EXPRIMER **II.** → DÉCLARER **III.** → MONTRER (SE) **IV.** → PROTESTER

MANIGANCE n.f. agissements, brigue, combinaison, combine, complot, cuisine, détour, diablerie, intrigue, machination, manège, manœuvre, menée, micmac, sac d'embrouilles/ de nœuds, trame
◆ CONTR. **I.** → HONNÊTETÉ **II.** → SIMPLICITÉ

MANIGANCER aménager, arranger, brasser, briguer, combiner, comploter, conspirer, cuisiner, fricoter, goupiller, machiner, manœuvrer, mener, mijoter, monter, nouer, ourdir, préparer, tisser, tramer, tresser → INTRIGUER
◆ CONTR. agir avec → FRANCHISE/ OUVERTEMENT

MANIPULATEUR, TRICE I. aide, assistant, opérateur, préparateur **II.** → ILLUSIONNISTE

MANIPULATION n.f. **I.** opération, traitement **II.** → INFLUENCE

MANIPULER → MANIER

MANNE n.f. **I.** → AFFLUENCE **II.** banne, corbeille, panier, panière, vannerie

MANNEQUIN n.m. **I.** → MODÈLE **II.** covergirl **III.** → ÉPOUVANTAIL **IV.** → PANTIN

MANŒUVRE n.f. **I. n.f. 1.** → MOUVEMENT **2.** → CORDAGE **3.** → AGISSEMENTS **4.** → MANÈGE **II. n.m.** → TRAVAILLEUR

MANŒUVRER I. → MANIER **II.** → CONDUIRE **III.** → GOUVERNER

MANŒUVRIER, ÈRE → NÉGOCIATEUR

MANOIR n.m. **I.** → MAISON **II.** → CHÂTEAU

MANOMÈTRE n.m. cadran, indicateur

MANOUCHE n.m. ou f. → BOHÉMIEN

MANQUE n.m. **I. au pr. 1.** absence, besoin, carence, crise, dèche, défaillance, défaut, déficience, dénuement, disette, embarras, frustration, imperfection, incomplétude, indigence, inexistence, insuffisance, jeûne, lacune, omission, paupérisme, pauvreté, pénurie, privation **2.** déficit, trou **II. fig.** → MANQUEMENT
◆ CONTR. **I.** → AFFLUENCE **II.** → RICHESSE **III.** → EXCÈS

MANQUÉ, E avorté, fichu, foutu, larvé, loupé, perdu, raté
◆ CONTR. → RÉUSSI

MANQUEMENT n.m. carence, défaillance, défaut, délit, désobéissance, écart, erreur, faute, faux bond, infraction, insubordination, irrégularité, manque, oubli, péché, violation – fam. : connerie, lapin, paillon

◇ CONTR. I. → OBÉISSANCE II. → EXACTITUDE

MANQUER I. v. intr. 1. quelqu'un : se dérober, disparaître, s'éclipser, être absent/ disparu/ manquant, faillir (vx), faire défaut/ faute/ faux bond, se soustraire → ÉCHOUER 2. on manque à une obligation : déchoir, se dédire, déroger, s'écarter, enfreindre, faillir, fauter, forfaire, pécher contre, tomber, trahir 3. on manque à la politesse → OFFENSER 4. on manque d'être / de faire : être sur le point/ tout près de, faillir, penser, risquer 5. on ne manque pas d'être : laisser 6. on ne manque pas d'aller / d'être/ de faire : négliger, omettre, oublier 7. on manque la classe : s'absenter, faire l'école buissonnière, sécher (fam.) 8. quelque chose manque ou on manque de : avoir besoin, chômer de (vx), être dans le besoin/ la nécessité de, être privé de, s'en falloir, faire défaut 9. le sol : se dérober 10. le pied : glisser II. v. tr. : abîmer, esquinter, gâcher, laisser échapper, louper, mal exécuter/ faire, perdre, se planter (fam.), rater

◇ CONTR. I. → ABONDER II. → OBTENIR III. → RÉUSSIR IV. → RESPECTER

MANSARDE n.f. chambre de bonne, combles, galetas, grenier, solier (vx)

◇ CONTR. : cave → APPARTEMENT

MANSE n.f. I. → BIEN II. → FERME

MANSION n.f. I. → DÉCOR II. → HABITATION

MANSUÉTUDE n.f. → DOUCEUR

MANTEAU n.m. I. au pr. : 1. autocoat, burnous, caban, cache-misère (péj.), cache-poussière, caftan, cape, capote, carrick, chape, chlamyde, cuir, djellaba, douillette, duffle-coat, gandoura, gabardine, haïk, himation, houppelande, imperméable, limousine, macfarlane, mackintosh, paletot, pallium, pardessus, parka, pèlerine, pelisse, plaid, poncho, raglan, redingote, trois-quarts, ulster, vareuse, water-proof 2. fam. : alpague, pardosse, pelure 3. vx : balandran, bardocucule, bouracan, brandebourg, casaque, hoqueton, mandille, mante, mantelet, manteline, rase-pet, roquelaure, roquet, rotonde, roupille, trousse 4. antiq. : chlamide, himation, pallium, sagum, saie, tabard, toge II. → FOURRURE III. fig. : abri, couvert, couverture, enveloppe, gaze, masque, prétexte, semblant, voile IV. SOUS LE MANTEAU : clandestinement, discrètement, en sous-main, frauduleusement, secrètement

MANTILLE n.f. carré, coiffure, dentelle, écharpe, fichu, voile

MANUEL n.m. abrégé, aide-mémoire, calepin, cours, guide-âne, livre, mémento, ouvrage, pense-bête, poly (fam.), polycopié, précis, recueil, traité

MANUEL, LE opératif → TRAVAILLEUR

◇ CONTR. → INTELLECTUEL

MANUELLEMENT à la main, artisanalement, fait main, traditionnellement

MANUFACTURE n.f. → USINE

MANUFACTURER → PRODUIRE

MANUFACTURIER, IÈRE → INDUSTRIEL

MANUSCRIT n.m. → TEXTE

MANUTENTION n.f. → MAGASIN

MANUTENTIONNAIRE cariste → PORTEUR

MAPPEMONDE n.f. → CARTE

MAPPING off. : analyse en composantes

MAQUER (SE) → MARIER

MAQUEREAU n.m. I. → POISSON II. → PROXÉNÈTE

MAQUETTE n.f. I. → ÉBAUCHE II. → MODÈLE

MAQUIGNON n.m. I. → TRAFIQUANT II. → INTERMÉDIAIRE

MAQUIGNONNAGE et **MAQUILLAGE** n.m. artifice, dissimulation, escroquerie, fraude, manœuvre, marchandage, rouerie, trafic → TROMPERIE

◇ CONTR. I. → HONNÊTETÉ II. → VÉRITÉ

MAQUIGNONNER → TRAFIQUER

MAQUILLER I. → ALTÉRER II. → DÉGUISER III. → FARDER IV. v. pron. → FARDER (SE)

MAQUIS n.m. I. → LANDE II. → LABYRINTHE III. insurrection, organisation, réseau de partisans, résistance

MAQUISARD n.m. franc-tireur, guérillero, partisan, tupamaro

MARABOUT n.m. I. cigogne à sac, leptopilus II. aigrette, garniture, plume III. koubba, mausolée, sanctuaire, tombeau IV. prêtre, sage, saint, thaumaturge, vénérable V. par ext. : sorcier

MARAÎCHER, ÈRE adj. et n. I. agriculteur, horticulteur, jardinier II. CULTURE MARAÎCHÈRE → JARDINAGE

MARAIS n.m. I. au pr. 1. claire, étang, fagne, glouze (rég.), grenouillère, mare, marécage, maremme, mouillère, moulière, palud, palude, palus, sansouire (mérid.), tourbière 2. bayou, marigot II. fig. : bas-fond, boue, bourbier, fange, marécage III. culture maraîchère, hortillonnage, moere, noue, polder → JARDINAGE

◇ CONTR. → DÉSERT

MARASME n.m. **I. 1.** → CRISE **2.** → STAGNA-
TION **II.** → LANGUEUR **III.** → MAIGREUR

MARÂTRE n.f. **I. au pr.** : belle-mère, petite
mère **II. par ext.** (péj.) → VIRAGO

MARAUD, E bélître, bonhomme, canaille,
chenapan, coquin, drôle, drôlesse, faquin,
fripouille, garnement, goujat, grossier, maroufle, racaille, rastaquouère, rebut, sacripant, salopard → VOLEUR

◊ CONTR. → HONNÊTE (HOMME/ FEMME)

MARAUDAGE ou **MARAUDE** n.m., n.f.
→ VOL

MARAUDER → VOLER

MARAUDEUR, EUSE chapardeur, four-
rageur, fricoteur, griveton, pillard → VOLEUR

◊ CONTR. → HONNÊTE (HOMME/ FEMME)

MARBRE n.m. albâtre, brocatelle, carrare,
cipolin, dolomie, griotte, lumachelle, ophite,
paros, pentelique, portor, sarancolin, ser-
pentine, turquin

MARBRÉ, E bigarré, jaspé, marqueté,
veiné

◊ CONTR. : monochrome, uni

MARBRURE n.f. jaspure, panachure, racinage, veinure

MARC n.m. alcool, brandevin, eau-de-vie

MARCASSIN n.m. bête noire, cochon,
pourceau, sanglier

MARCESCENCE n.f. → DÉCADENCE

MARCESCENT, E et **MARCESSIBLE** →
DESTRUCTIBLE

MARCHAND, E boutiquier, cambusier,
camelot, cantinier, charlatan (péj.), chineur,
colporteur, commerçant, forain, fourmi
(fam.), fournisseur, négociant, porte-balle,
revendeur, vendeur – vx : étalagiste, merca-
dant

◊ CONTR. → ACHETEUR

MARCHANDAGE n.m. → DISCUSSION

MARCHANDER → DISCUTER

MARCHANDISE n.f. **I.** article, bricole,
denrée, fourniture, produit, provenances,
stock **II. péj.** : camelote, pacotille **III. arg.** :
came, drouille, rousselette, roustissure

MARCHE n.f. **I.** → LIMITE **II.** allure, ambulation, cheminement, course, déambulage,
déambulation, déambulement, démarche,
dromomanie (méd.), enjambées, errance,
erre (vx), flânerie, footing, foulées, locomotion, pas, reptation, train, vagabondage
III. avancement, conduite, déplacement, développement, évolution, façon, fonctionnement, forme, progrès, progression, tour,
tournure **IV.** degré **V.** → PROCÉDÉ

◊ CONTR. → HALTE

MARCHÉ n.m. **I.** bazar, bourse, braderie,
foirail, foire, halle, louée (vx), salon, souk
II. → CONVENTION **III.** → MONOPOLE **IV.** clientèle, créneau, débouché **V. À BON MARCHÉ** :
au juste prix, au rabais, avantageux, compétitif, en réclame/ solde

MARCHER I. au pr. 1. aller, arpenter, avancer, cheminer, déambuler, errer, enjamber,
évoluer, flâner, fouler, progresser, se promener, vagabonder, venir **2. fam.** : arquer,
bagoter, crapahuter, petonner **3. vx** : ambuler, piéter, ribler, trimer, trôler **4.** fonctionner, tourner **5.** → PASSER **II. par ext. 1.** → CROIRE
2. → PROSPÉRER

◊ CONTR. **I.** → ARRÊTER (s') **II.** : avoir une/ être
en → PANNE

MARCHEUR, EUSE chemineau, excursionniste, flâneur, passant, pérégrin, piéton, promeneur – péj. : déambulateur, dromomane, dromaniaque, gyrovague →
VAGABOND

◊ CONTR. → SÉDENTAIRE

MARCOTTE n.f. → BOUTURE

MARE n.f. barbotière, boire, boivre, étang,
flache, flaque, pièce d'eau

MARÉCAGE n.m. → MARAIS

MARÉCAGEUX, EUSE → BOUEUX

MARÉCHAL-FERRANT n.m. forgeron

MARÉCHAUSSÉE n.f. → GENDARMERIE

MARÉE n.f. **I. au pr.** : èbe, flot, flux, jusant,
perdant, reflux **II.** → POISSON

MAREMME n.f. → MARAIS

MARGE n.f. **I.** → BORD **II.** → DÉLAI

MARGELLE n.f. → BORD

MARGINAL, E I. asocial, beatnik, be-in,
clochard, contestataire, dropé, drop-out,
hippie, houligan, non-conformiste, underground, yippie → MÉCONTENT **II.** → SE-
CONDAIRE

◊ CONTR. → CONFORMISTE

MARGINALITÉ n.f. → ORIGINALITÉ

MARGOUILLIS n.m. **I.** → BOUE **II.** → MÉ-
LANGE

MARGOULETTE n.f. → GOSIER

MARGOULIN, E → TRAFIQUANT

MARGRAVE n.m. **I.** → ÉDILE **II.** → NOBLE

MARGUILLIER n.m. → BEDEAU

MARI n.m. → ÉPOUX

MARIAGE n.m. **I.** alliance, conjugalité
(iron. et/ ou péj.), hymen, hyménée, lit, ménage, union **II.** bénédiction nuptiale, célébration, cérémonie, consentement mutuel,
cortège, épousailles, noce, sacrement **III. vx** :

amadouage, nœud, sacré/ saint nœud **IV. arg.** : antiflage, conjungo, marida **V. fig.** : assemblage, association, assortiment, jumelage, mélange, mixité, réunion, union
◇ CONTR. **I.** → SOLITUDE **II.** → DIVORCE

MARIÉE n.f. conjointe, jeune femme

MARIER I. → JOINDRE **II. v. pron. 1.** colloquer (vx), contracter mariage/ une union, convoler, épouser, s'établir, faire une fin (fam.), fonder une famille/ un foyer, prendre femme/ mari, s'unir à **2. arg.** : acliquer, maquer, marider
◇ CONTR. **I.** → DIVORCER **II.** → SÉPARER

MARIE-SALOPE n.f. → BATEAU

MARIGOT n.m. → MARAIS

MARIJUANA ou **MARIHUANA** n.f. → DROGUE

MARIN I. nom masc. : col bleu, laptot, loup de mer, marsouin, mataf, matelot, mathurin, moco, navigateur **II.** bigaille, éléphant, moussaillon, mousse, novice, pilotin **III.** babordais, homme de quart, tribordais vigie
◇ CONTR. → TERRIEN

MARIN, E adj. : abyssal, benthique, maritime, nautique, naval, océanique, pélagien, pélagique

MARINE n.f. flotte, forces navales, la royale (arg. milit.)
◇ CONTR. : armée de l'air/ de terre

MARINER I. → ATTENDRE **II.** → TREMPER

MARINGOUIN n.m. → MOUSTIQUE

MARINIER, ÈRE → BATELIER

MARINISME II.III. → PRÉCIOSITÉ

MARIOLE ou **MARIOLLE** → MALIN

MARIONNETTE n.f. → PANTIN

MARISTE n.m. → RELIGIEUX

MARITALEMENT conjugalement

MARITIME → MARIN

MARITORNE n.f. → MÉGÈRE

MARIVAUDAGE n.m. → PRÉCIOSITÉ

MARIVAUDER baratiner (fam.), batifoler, conter fleurette, coqueter, flirter, minauder, papillonner, roucouler
◇ CONTR. → DÉDAIGNER

MARJOLAINE n.f. origan → AROMATE

MARKER spat. off. : balise, marqueur

MARKER BEACON aviat. off. : radioborne

MARKETING n.m. étude des marchés, marchandisage, marchéage, mercatique, merchandising – **off.** : commercialisation, marchandisme

MARLI n.m. → BORD

MARLOU n.m. → PROXÉNÈTE

MARMAILLE n.f. → ENFANT

MARMELADE n.f. → CONFITURE

MARMENTEAU n.m. → BOIS

MARMITAGE n.m. → BOMBARDEMENT

MARMITE n.f. **I.** bouteillon *et* bouthéon (milit.), braisière, cocotte, daubière, faitout, huguenote **II. fam.** : bombe, obus

MARMITÉE n.f. → QUANTITÉ

MARMITER → BOMBARDER

MARMITON n.m. → CUISINIER

MARMONNEMENT et **MARMOTTEMENT** n.m. → BREDOUILLAGE

MARMONNER et **MARMOTTER** → MURMURER

MARMORÉEN, NE I. → BLANC **II.** → FROID

MARMOT n.m. → ENFANT

MARMOTTE n.f. → RONGEUR

MARMOTTIER n.m. prunier de Besançon

MARMOUSET n.m. **I.** → ENFANT **II.** → MAGOT

MARNER I. → AMÉLIORER **II.** → TRAVAILLER

MARNIÈRE n.f. → CARRIÈRE

MAROCAIN, E → MAGHRÉBIN

MAROLLES ou **MAROILLES** n.m. → FROMAGE

MARONNER → RAGER

MAROQUIN n.m. **I.** → PEAU **II.** → MINISTÈRE

MAROTTE n.f. → MANIE

MARQUANT, E → REMARQUABLE

MARQUE n.f. **I.** attribut, cachet, caractère, chiffre, coin, distinction, entaille, estampille, étiquette, façon, frappe, gage, griffe, indication, jeton, label, livrée, monogramme, note, onglet, pliure, sceau, sigle, signe, signet, timbre **II.** amer (mar.), empreinte, indice, repère, reste, tache, témoignage, trace, trait **III.** → BLASON

MARQUÉ, E I. grêlé, picoté **II.** → PRONONCÉ **III.** → REMARQUABLE **IV.** → PÉNÉTRÉ

MARQUER I. → IMPRIMER **II.** → INDIQUER **III.** → ÉCRIRE **IV.** → MONTRER **V.** → PARAÎTRE **VI.** → PONCTUER **VII.** → FIXER

MARQUETÉ, E bariolé, bigarré, diapré, jaspé, mâchuré, madré, marbré, moucheté, ocellé, picassé (rég.), piqueté, pommelé, taché, tacheté, tavelé, tigré, truité, veiné, vergeté
◇ CONTR. : monochrome, uni

MARQUETERIE n.f. **I. au pr.** : ébénisterie, mosaïque **II. fig.** → MÉLANGE

MARRAINE n.f. commère

MARRANT, E I. → AMUSANT **II.** bizarre

MARRE → ASSEZ

MARRER (SE) → RIRE

MARRI, E → FÂCHÉ

MARRON I. n.m. → CHÂTAIGNE **II.** adj. **1.** → SAUVAGE **2.** → SUSPECT **3.** → MALHONNÊTE **4.** invar. → BRUN

MARRUBE n.m. ballote, lycope, pied-de-loup

MARSEILLAIS, E massaliote, phocéen

MARSUPIAUX n.m. pl. dasyure *ou* macroure, kangourou, koala, opossum, phalanger, sarigue

MARTEAU n.m. **I.** asseau, assette, batte, besaiguë, bigorne, boucharde (vx), ferretier, frappe-devant, laie, maillet, mailloche, masse, massette, matoir, merlin, pétard, picot, piochon, rustique, smille – **vx**: bouvard, mail, martel **II. marteau-pilon** : aplatissoir, martinet **III.** heurtoir **IV. fig.** → FOU

MARTÈLEMENT n.m. battement

MARTELER I. au pr. → FRAPPER **II. fig. 1.** → TOURMENTER **2.** → PRONONCER

MARTIAL, E → MILITAIRE

MARTINET n.m. **I.** → FOUET **II.** → HIRONDELLE **III.** → MARTEAU

MARTINGALE n.f. → TRUC

MARTYR, E → VICTIME

MARTYRE n.m. → SUPPLICE

MARTYRISER → TOURMENTER

MARXISME n.m. → SOCIALISME

MASCARADE n.f. **I.** carnaval, chienlit, défilé, déguisement, masque, momerie **II.** → HYPOCRISIE

MASCARET n.m. **I. au pr.** : barre **II. fig.** → MULTITUDE

MASCON spat. off. : réplétion

MASCOTTE n.f. → FÉTICHE

MASCULIN, E → MÂLE

MASCULINISER viriliser

MASCULINITÉ n.f. virilité

MASOCHISME n.m. algomanie, auto-flagellation, algophilie (par ext.), dolorisme → PERVERSION
◇ CONTR. → HÉDONISME

MASQUE n.m. **I.** cagoule, déguisement, domino, loup, touret de nez (vx), travesti **II.** → VISAGE **III. fig.** → MANTEAU
◇ CONTR. : visage découvert

MASQUER I. → DÉGUISER **II.** → CACHER

MASSACRANT, E → REVÊCHE

MASSACRE n.m. → CARNAGE

MASSACRER I. → TUER **II.** → GÂCHER

MASSACREUR, EUSE I. → MALADROIT **II.** → TUEUR

MASSAGE n.m. battade, beating, clapping, claquade, claquement, effleurage, friction, hachure, percussion, pétrissage, pincement, pression, tapotement, vibration

MASSALIOTE marseillais, phocéen

MASSE n.f. **I.** → AMAS **II.** → TOTALITÉ **III.** → POIDS **IV.** → FONDS **V.** → MULTITUDE **VI.** → PEUPLE **VII.** → MARTEAU **VIII.** → MASSUE **IX.** → BÂTON

MASSER I. → FRICTIONNER **II.** → ASSEMBLER

MASSEUR, EUSE kinésithérapeute, physiothérapeute, soigneur

MASSIF n.m. → BOIS

MASSIF, IVE I. → PESANT **II.** → GROS

MASS MEDIA ou **MASS-MÉDIAS** n.m. pl. informations/ journaux/ publicité par le cinéma/ les moyens audio-visuels/ la radio/ la télé(vision) – **péj.** : massage/ matraquage de l'opinion

MASS STORAGE inform. off. : mémoire de masse

MASSUE n.f. bâton, casse-tête, gourdin, maque, masse, masse d'armes, matraque, mil, plombée, plommée

MASTER audiov. off. : souche

MASTIC n.m. **I.** → ENDUIT **II.** → LAPSUS

MASTICATION n.f. mâchement, rumination

MASTIQUER → MÂCHER

MASTOC → PESANT

MASTROQUET n.m. **I.** → CABARET **II.** → CABARETIER

MASTURBATION n.f. auto-érotisation/ érotisme (par ext.), manustupration, onanisme, plaisir/ pollution solitaire, touche-pipi → CARESSE – **arg.** : astic, branlette, douce, paluche, pignole, pogne, rassis, sègue, veuve-poignet
◇ CONTR. → CONTINENCE

MASTURBER → CARESSER

M'AS-TU-VU, E nom et adj. sans pl. **I.** → ORGUEILLEUX **II.** → PRÉSOMPTUEUX **III.** → HÂBLEUR

MASURE n.f. → TAUDIS

MAT, E I. → TERNE **II.** → SOURD

MÂT n.m. antenne, beaupré, espar, fougue, mai, mâtereau, mestre ou meistre, perche, support, trinquet, tripode, vergue

MATAMORE n.m. → HÂBLEUR

MATASSIN n.m. acrobate, bouffon, clown, comédien, danseur, funambule, paillasse, pitre

MATCH n.m. I.→ COMPÉTITION II.→ RENCONTRE

MATCHED CONICS TECHNIQUE spat. off.: méthode des sphères d'action

MATELAS n.m. I. par ext.: coite, couette, coussin, paillot II. péj.: galette, grabat, paillasse

MATELASSER → REMBOURRER

MATELOT n.m. → MARIN

MATELOTE n.f. → BOUILLABAISSE

MATER I. → MACÉRER II. → VAINCRE III. → HUMILIER

MATÉRIALISATION n.f. → RÉALISATION

MATÉRIALISER accomplir, concrétiser, cristalliser, dessiner, fixer, réaliser, rendre sensible/ visible, représenter, schématiser
◇ CONTR. → IDÉALISER

MATÉRIALISME n.m. agnosticisme, atomisme, hylozoïsme, marxisme, mécanisme, positivisme, radicalisme, réalisme, relativisme
◇ CONTR. → IDÉALISME

MATÉRIALISTE nom et adj. agnostique, atomiste, marxiste, mécaniste, naturaliste, positiviste, radical, réaliste, relativiste, théorétique
◇ CONTR. → SPIRITUALISTE

MATÉRIALITÉ n.f. → RÉALITÉ

MATÉRIAU n.m. → MATIÈRE

MATÉRIEL n.m. I. → OUTILLAGE II. → USTENSILE

MATÉRIEL, LE I. → RÉEL II. → MANIFESTE III. → SENSUEL IV. terraqué → PHYSIQUE

MATERNITÉ n.f. → HÔPITAL

MATHÉMATIQUE I. adj. → PRÉCIS II. nom sing. ou pl.: algèbre, analyse, arithmétique, arithmologie, géométrie → CALCUL

MATHÉMATIQUEMENT à coup sûr, certainement, fatalement, logiquement, nécessairement, sûrement, obligatoirement

MATIÈRE n.f. I. corps, élément, étoffe, matériau, solide, substance → RÉALITÉ II. article, base, chapitre, chef, contenu, fable, fond, fondement, motif, objet, point, propos, sujet, texte, thème III. cause, prétexte, sujet IV. → LIEU V. MATIÈRES FÉCALES → EXCRÉMENT

MATIN n.m. I. aube, aurore, crépuscule du matin, lever du jour, matinée, petit jour, point du jour II. DE BON MATIN : au chant du coq, de bonne heure, dès potron-minet, tôt
◇ CONTR. I. → APRÈS-MIDI II. → SOIR

MÂTIN, E vx : I. → COQUIN II. → GAILLARD

MATINAL, E lève-tôt, matineux, matinier, matutinal, matutine, matutineux
◇ CONTR. I. nocturne, vespéral II. couche-tard, qui aime/ fait la grasse matinée

MÂTINÉ, E → MÊLÉ

MATINÉE n.f. → MATIN

MATOIS, E I. → MALIN II. → HYPOCRITE

MATOISERIE n.f. → RUSE

MATON, NE → GARDIEN

MATRAQUAGE n.m. → PROPAGANDE

MATRAQUE n.f. → CASSE-TÊTE

MATRAQUER I. → BATTRE II. → INFLUER

MATRICE n.f. I. → UTÉRUS II. → REGISTRE

MATRICULE n.m. I. → LISTE II. → REGISTRE

MATRIMONIAL, E → NUPTIAL

MATRONE n.f. I. → FEMME II. → SAGE-FEMME

MATTE n.f. → MÉTAL

MATURATION n.f. mûrissage, mûrissement, nouaison, nouure, véraison

MÂTURE n.f. gréement

MATURITÉ n.f. → PLÉNITUDE

MAUDIRE anathématiser, blâmer, condamner, détester, s'emporter contre, excommunier, exécrer, rejeter, réprouver, vouer aux gémonies
◇ CONTR. → BÉNIR

MAUDIT, E I. au pr.: bouc émissaire, damné, déchu, excommunié, frappé d'interdit/ d'ostracisme, galeux, hors-la-loi, interdit, outlaw, paria, pestiféré, rejeté, repoussé, réprouvé II. par ext. → DÉTESTABLE
◇ CONTR. → BIENHEUREUX

MAUGRÉER → MURMURER

MAURE nom et adj. I. → MAGHRÉBIN II. → MUSULMAN

MAUSOLÉE n.m. → TOMBE

MAUSSADE I. → RENFROGNÉ II. → TRISTE

MAUVAIS, E I. phys. 1. avarié, corrompu, dangereux, délétère, détérioré, douteux, empoisonné, immangeable, inconsommable, insalubre, irrespirable, maléfique, malfaisant, malsain, méphitique, morbide, nauséabond, nocif, nuisible, pernicieux, toxique, vénéneux, venimeux 2. déconseillé, dommageable, interdit, préjudiciable, proscrit 3. contagieux → PESTILENTIEL 4. vx : vénéfique II. par ext. : abusif, affreux, agressif, blâmable, caustique, chétif, corrompu, corrupteur, criminel, cruel, démoniaque, déplorable, désagréable, déshonorant, détestable, diabolique, erroné, exécrable, fatal, fautif,

fielleux, funeste, haïssable, horrible, hostile, immoral, impur, infect, insuffisant, malicieux, malin, malpropre, manqué, méchant, médiocre, misérable, monstrueux, néfaste, noir, pervers, pitoyable, raté, ringard (arg.), roublard, sadique, sale, satanique, scélérat, sévère, sinistre, sournois, tocard (fam.), torve, vaunéant (vx), venimeux, vicieux, vilain → LAID III. → QUERELLEUR
◊ CONTR. I. → BON II. → HABILE

MAUVIETTE n.f. I. → ALOUETTE II. → GRINGALET

MAXIMALISTE nom et adj. → EXTRÉMISTE

MAXIME n.f. adage, aphorisme, apophtegme, axiome, dicton, dit, dogme, formule, moralité, on-dit, pensée, précepte, principe, proverbe, règle, sentence, soutra

MAXIMUM n.m. I. acmé, comble, limite, mieux, plafond, plus, point culminant, sommet, summum, terme, totalité II. AU MAXIMUM : à bloc, au plus haut degré/ point, le plus possible
◊ CONTR. → MINIMUM

MAYE n.f. → AUGE

MAZOUT n.m. fuel, gasoil, gazole, huile lourde

MÉANDRE n.m. I. → SINUOSITÉ II. → RUSE

MÉAT n.m. → OUVERTURE

MÉCANICIEN, NE chauffeur, conducteur, garagiste, machiniste, mécano, motoriste, ouvrier, spécialiste

MÉCANIQUE I. adj. → INVOLONTAIRE II. n.f. → APPAREIL

MÉCANIQUEMENT → INCONSCIEMMENT

MÉCANISER I. au pr. : automatiser, équiper, industrialiser, motoriser II. par ext. : rendre habituel/ machinal/ routinier, robotiser III. fam. et fig. → TAQUINER

MÉCANISME n.m. I. agencement, combinaison, fonctionnement, organisation, processus II. appareillage, mécanique, organes III. philos. → RÉALISME

MÉCÉNAT n.m. → PARRAINAGE

MÉCÈNE n.m. → PROTECTEUR

MÉCHAMMENT de façon → MÉCHANT *et les dérivés possibles en* -ment *des syn. de* méchant

MÉCHANCETÉ n.f. I. le défaut : agressivité, causticité, cruauté, dépravation, dureté, envie, fiel, hargne, jalousie, malice, malignité, malveillance, nocivité, noirceur, perniciosité, perversité, rosserie, sadisme, sauvagerie, scélératesse, vachardise (fam.), venin, vice – vx : mauvaiseté, mauvestié II. l'acte : 1. calomnie, canaillerie, coup d'épingle, cra-

pu_lerie, crasse, malfaisance, médisance, noirceur, perfidie, saleté, tour, tourment, vilenie 2. → INJUSTICE 3. → FACÉTIE 4. fam. : couleuvre, crosse, ganacherie, gentillesse, mistoufle, ordurerie, saloperie, vachardise, vacherie
◊ CONTR. I. → BONTÉ II. → SAINTETÉ

MÉCHANT, E I. adj. 1. au pr. : acariâtre, acerbe, acrimonieux, affreux, agressif, atroce, bourru, brutal, corrosif, criminel, cruel, dangereux, démoniaque, désagréable, désobligeant, diabolique, dur, félon, féroce, fielleux, grièche (vx), haineux, hargneux, indigne, infernal, ingrat, inhumain, injuste, insolent, insupportable, intraitable, jaloux, malfaisant, malicieux, malin, malintentionné, malveillant, maussade, médisant, mordant, noir, nuisible, odieux, perfide, pervers, pernicieux, rossard, rude, sadique, sans-cœur, satanique, scélérat, sinistre, turbulent, venimeux, vicieux, vilain, vipérin 2. par ext. : malheureux, mauvais, médiocre, misérable, nul, pauvre, petit, pitoyable, rien II. fam. nom : bouc, canaille, carcan, carne, chameau, charogne, chipie, choléra, coquin, crapule, démon, fumier, furie, gale, ganache, harpie, masque, mégère, méphistophélès, ogre, peste, poison, rosse, salaud, sale bête, salopard, salope, salopiaud *ou* salopiot *ou* saloupiot, satan, serpent, sorcière, suppôt de Satan, teigne, tison, vachard, (peau de) vache, vipère
◊ CONTR. I. → BON II. → HUMAIN III. → INOFFENSIF IV. → VALABLE

MÈCHE n.f. I. → VRILLE II. de cheveux : couette III. fig. 1. → CONNIVENCE 2. → SECRET

MÉCOMPTE n.m. I. → DÉCEPTION II. → ERREUR

MÉCONNAISSABLE → DIFFÉRENT

MÉCONNAISSANCE n.f. → IGNORANCE

MÉCONNAÎTRE déprécier, ignorer, méjuger, se méprendre, mépriser, mésestimer, négliger, sous-estimer
◊ CONTR. I. → RECONNAÎTRE II. → ESTIMER

MÉCONNU, E → INCONNU

MÉCONTENT, E I. adj. : choqué, consterné, contrarié, déçu, dépité, ennuyé, fâché, grognon, inapaisé, inassouvi, insatisfait, malcontent – fam. : fumasse, furax, osseux, râleur, ronchonneur II. nom : beatnik, be-in, contestant, contestataire, déviationniste, écolo, gauchiste, gréviste, hippie, houligan, kitsch, opposant, pétitionnaire, porteur de banderoles/ de calicots/ de pancartes, protestataire, provo, réformiste, révisionniste, situationniste, yippie → RÉCALCITRANT
◊ CONTR. → CONTENT

MÉCONTENTEMENT n.m. → ENNUI

MÉCONTENTER fâcher → AGACER

MÉCRÉANT, E → INCROYANT

MÉDAILLE n.f. I. monnaie, pièce, plaque, insigne, médaillon II. par ext.: 1. agnus dei, bébelle (arg.), scapulaire → FÉTICHE 2. → RÉCOMPENSE

MÉDAILLON n.m. I. → MÉDAILLE II. → TABLEAU III. → IMAGE

MÉDECIN n.m. I. au pr.: accoucheur, acupuncteur, allopathe, anesthésiste, auriste, cardiologue, chirurgien, clinicien, dermatologiste, généraliste, gérontologue, gynécologue, homéopathe, neurologue, obstétricien, oculiste, omnipraticien, ophtalmologue, oto-rhino-laryngologiste, pédiatre, phlébologue, phoniatre, praticien, proctologue, psychiatre, radiologue, stomatologiste, urologue II. par ext.: docteur, doctoresse, externe, interne, major, spécialiste III. fam.: carabin, esculape, la Faculté, toubib IV. vx: archiatre, échin (du sérail), mire, opérateur, physicien, thérapeute V. péj.: charlatan, diafoirus, docteur Knock, maladier, médicastre, morticole

MÉDECINE n.f. I. → PURGE II. la Faculté III. les dérivés des syn. de médecin

MÉDIANE n.f. → PROPORTION

MÉDIAT, E → INDIRECT

MÉDIATEUR, TRICE → INTERMÉDIAIRE

MÉDIATION n.f. amodiation, arbitrage, bons offices, conciliation, entremise, intervention

MÉDIATOR n.m. plectre

MÉDICAL, E médicinal, thérapeutique

MÉDICAMENT n.m. → REMÈDE

MÉDICAMENTER → SOIGNER

MÉDICATION n.f. → SOINS

MÉDICINAL, E médical, thérapeutique

MÉDIOCRE assez bien, banal, bas, chétif, commun, étriqué, exigu, faible, humble, imparfait, inférieur, insignifiant, insuffisant, maigre, méchant, mesquin, mince, minime, modéré, modeste, modique, moyen, négligeable, ordinaire, pâle, passable, pauvre, petit, piètre, piteux, pitoyable, plat, quelconque, riquiqui, satisfaisant, suffisant, supportable, terne – fam.: miteux, moche, tocard ◇ CONTR. I. → PARFAIT II. → DISTINGUÉ

MÉDIOCREMENT de façon → MÉDIOCRE et les dérivés possibles en -ment des syn. de médiocre

MÉDIOCRITÉ n.f. I. → FAIBLESSE II. → BASSESSE

MÉDIRE arranger, attaquer, babiller, baver sur, bêcher, cancaner, casser du sucre, clabauder, commérer, critiquer, croasser, dauber, débiner, déblatérer, décauser (rég.), déchirer, décrier, dégoiser, dégréner (arg.), dénigrer, déprécier, déshabiller, détracter, diffamer, dire des méchancetés/ pis que pendre, éreinter, esquinter, gloser, habiller, insinuer, jaser, mettre en capilotade/ en pièces, nuire, potiner, ragoter, répandre, satiriser, taper, tenir au cul et aux chausses (vx), vilipender
◇ CONTR. → LOUER

MÉDISANCE n.f. anecdote, atrocité, attaque, bavardage, bêchage, bruit, calomnie, cancan, caquetage, chronique, clabaudage, clabauderie, commentaire, commérage, coup de dent/ de langue/ de patte, délation, dénigrement, détraction, diffamation, écho, éreintement, horreurs, méchanceté, on-dit, perfidie, persiflage, potin, propos, rabaissement, racontage, racontar, ragot, rumeur, venin – vx: caquetoi, discréditement – arg.: bignolerie, dégrène

MÉDISANT, E I. adj. → FAUX II. nom: caqueteur, contempteur, dégréneur (arg.), délateur, dénigreur, dépréciateur, détracteur, diffamateur, langue d'aspic/ de serpent/ venimeuse/ de vipère/ vipérine, maldisant (vx), mauvaise/ méchante langue, potinier
◇ CONTR. → LOUANGEUR

MÉDITATIF, IVE I. → PENSIF II. → PENSEUR

MÉDITATION n.f. I. → ATTENTION II. → PENSÉE

MÉDITER I. v. intr. → PENSER II. v. tr. → PROJETER

MÉDIUM n.m. télépathe

MÉDUSÉ, E I. → ÉBAHI II. → INTERDIT

MÉDUSER → ÉTONNER

MEETING n.m. → RÉUNION

MÉFAIT n.m. → FAUTE

MÉFIANCE n.f. arrière-pensée, crainte, défiance, doute, incrédulité, prévention, prudence, qui-vive, réserve, réticence, rétiveté, scepticisme, soupçon, suspicion, vigilance
◇ CONTR. → CONFIANCE

MÉFIANT, E I. non fav.: chafouin, craintif, défiant, dissimulé, ombrageux, soupçonneux, timoré II. neutre → PRUDENT
◇ CONTR. → CONFIANT

MÉFIER (SE) se défier, être/ se tenir sur ses gardes, se garder – fam.: faire gaffe/ gy, se gourer de

MÉGALOMANE ou **MÉGALOMANIAQUE** → ORGUEILLEUX

MÉGALOMANIE n.f. → ORGUEIL

MÉGAPHONE n.m. amplificateur de son/ de voix, ampli, haut-parleur, porte-voix – par ext.: hydrophone, micro, microphone

MÉGARDE n.f. → INATTENTION

MÉGÈRE n.f. bacchante, bagasse, carne, carogne, catin, chabraque, chameau, charogne, chienne, chipie, choléra, commère, cotillon, dame de la halle, diablesse, dondon, dragon, drôlesse, fébosse, fourneau, furie, garce, gaupe, gendarme, gourgandine, grenadier, grognasse, harengère, harpie, hérisson, junon, maquerelle, maritorne, matrone, ménade, ménesse, pétasse, piegrièche, pisse-vinaigre, poison, poissarde, poufiasse, rébecca, rombière, sibylle, sorcière, souillon, teigne, toupie, tricoteuse, trumeau, vieille bique/ vache, virago – vx : dagorne, gorgiasse, guimbarde, martingale, masque, pecque, vadrouille
◇ CONTR. → BEAUTÉ

MÉGOT n.m. → CIGARETTE

MÉGOTER → ÉCONOMISER

MEILLEUR, E choix, crème, élite, excellence, fleur, gratin, quintessence → SUPÉRIEUR
◇ CONTR. → PIRE

MÉJUGER → MÉPRISER

MÉLANCOLIE n.f. **I. au pr.** : abattement, accablement, aliénation, amertume, angoisse, atrabile, cafard, chagrin, dépression, déréliction, désolation, humeur noire, hypocondrie, langueur, lypémanie, mal du pays, navrance, neurasthénie, noir, nostalgie, papillons noirs, peine, regret, sinistrose (fam.), spleen, trouble, vague à l'âme → TRISTESSE **II. par ext.** : brume, grisaille, nuage, ombre
◇ CONTR. → GAIETÉ

MÉLANCOLIQUE I. → TRISTE **II.** → BILIEUX

MÉLANGE n.m. **I. neutre** : accouplement, alliage, alliance, aloi (vx), amalgamation, amalgame, amas, assemblage, association, assortiment, bariolage, bigarrure, brassage, combinaison, complexe, complexité, composé, composition, coupage, couplage, croisement, damier, délayage, dosage, fusion, gâchage, hétérogénéité, hybridation, imprégnation, incorporation, macédoine, magma, malaxage, mariage, marqueterie, métissage, mixtion, mixture, mosaïque, panachage, panmixie, patchwork, rapprochement, réunion, syncrétisme, tissu, tissure, union **II. non fav.** : bredi breda, bric-à-brac, brouillamini, cacophonie, chaos, cocktail, confusion, désassortiment (vx), désordre, disparité, embrouillamini, emmêlement, enchevêtrement, entortillement, entrelacement, entremêlement, fatras, fouillis, fricassée, imbrication, imbroglio, margouillis, mêlé-cassis, mêlée, méli-mélo, micmac, pastis, patouillis, pêle-mêle, promiscuité, salade, salmigondis **III. litt. 1.** centon, compilation,

habit d'arlequin, placage, pot-pourri, recueil, rhapsodie, ripopée **2. au pl.** : miscellanea, miscellanées, morceaux choisis, variétés → ANTHOLOGIE
◇ CONTR. **I.** → DISTINCTION **II.** → CHOIX

MÉLANGER abâtardir, accoupler, agglutiner, agiter, allier, amalgamer, assembler, associer, assortir, barioler, battre, bigarrer, brasser, brouiller, combiner, composer, confondre, couper, coupler, croiser, doser, embrouiller, emmêler, enchevêtrer, entrelacer, entrelarder, entremêler, fatiguer, fondre, fouetter, fusionner, incorporer, intriquer, introduire, joindre, malaxer, manipuler, marier, mâtiner, mêler, mettre, mixer, mixtionner, panacher, pêle-mêler (vx), rapprocher, réunir, saupoudrer, touiller → UNIR
◇ CONTR. → SÉPARER

MÉLASSE n.f. **I. par ext.** → SUCRE **II. fig.** → ENNUI

MÊLÉ, E I. bâtard, bigarré, composite, impur, mâtiné, mixte **II.** embarrassé **III.** embroussaillé **IV.** *les part. passés des syn. de* mêler
◇ CONTR. → PUR

MÊLÉE n.f. → BATAILLE

MÊLER → MÉLANGER

MÉLI-MÉLO n.m. → MÉLANGE

MELLIFLUE → DOUCEREUX

MÉLODIE n.f. accents, air, aria, ariette, cantabile, cantilène, chanson, chant, harmonie, incantation, lied, mélopée, pièce, poème, récitatif

MÉLODIEUX, EUSE → HARMONIEUX

MÉLODRAME n.m. → DRAME

MELON n.m. cantaloup, cavaillon, charentais, pépon, péponide, sucrin → PASTÈQUE

MÉLOPÉE n.f. → MÉLODIE

MEMBRANE n.f. → TISSU

MEMBRE n.m. **I.** → PARTIE **II.** actionnaire, adhérent, affilié, associé, correspondant, cotisant, fédéré, inscrit, recrue, sociétaire, soutien, sympathisant **III.** → SEXE

MÊME I. adv. : a pari, aussi, comparablement, de plus, également, encore, en outre, pareillement, précisément, semblablement, voire **II. pron. 1. le même** → SEMBLABLE **III. DE MÊME QUE** → COMME **IV. adj.** analogue, égal, ejusdem farinae, équivalent, ex aequo, identique, pareil, semblable, similaire, tel
◇ CONTR. **I.** → DIFFÉREMMENT **II.** → DIFFÉRENT

MÉMENTO n.m. agenda, aide-mémoire, almanach, bloc-notes, calepin, carnet, éphéméride, guide, guide-âne, pense-bête/ précis, vade-mecum → NOTE

MÉMOIRE n.f. **I. au pr.** : anamnèse, conservation, empreinte, recognition, remembrance (vx), réminiscence, ressouvenance, ressouvenir, savoir, souvenance, souvenir, trace **II. par ext.** → RAPPEL **III. 1.** → COMMÉMORATION **2.** → RÉPUTATION
◈ CONTR. → OUBLI

MÉMOIRE n.m. **I. au sing. 1.** → LISTE **2.** → COMPTE **3.** → TRAITÉ **4.** → RÉCIT **II. au pl.** : annales, autobiographie, chronique, commentaire, confession, essai, journal, mémorial, récit, révélations, souvenirs, voyages

MÉMORABLE → REMARQUABLE

MÉMORANDUM n.m. → NOTE

MÉMORIAL n.m. **I.** → RÉCIT **II.** → MÉMOIRES

MÉMORIALISTE n.m. ou f. → HISTORIEN

MENAÇANT, E agressif, comminatoire, dangereux, fulminant, grondant, imminent, inquiétant, omineux, sinistre
◈ CONTR. → RÉCONFORTANT

MENACE n.f. **I.** avertissement, bravade, chantage, commination, défi, dissuasion, fulmination, grondement, intimidation, provocation, réprimande, rodomontade, sommation, ultimatum **II.** danger, escalade, péril, point noir, spectre
◈ CONTR. **I.** → AIDE **II.** → SOULAGEMENT

MENACER I. → BRAVER **II. MENACER DE** → PRÉSAGER

MÉNAGE n.m. **I.** → ÉCONOMIE **II.** → FAMILLE **III.** → MAISON

MÉNAGEMENT n.m. **I.** → CIRCONSPECTION **II. au pl.** → ÉGARDS

MÉNAGER I. au pr. 1. → ÉCONOMISER **2.** → USER DE **3.** → PRÉPARER **4.** → PROCURER **II. par ext.** **MÉNAGER QUELQU'UN** : épargner, être indulgent, mettre des gants, pardonner à, prendre des précautions, respecter, sauver, traiter avec ménagement *et les syn. de* ménagement
◈ CONTR. → MALTRAITER

MÉNAGER, ÈRE I. → DOMESTIQUE **II.** → ÉCONOME

MÉNAGERIE n.f. animalerie, bestiaire (vx), erpétarium, fauverie, jardin zoologique, oisellerie, singerie, vivarium → ZOO

MENDIANT, E besacier, chanteur des rues, chemineau, clochard, cloche, clodo, démanguillé (rég.), indigent, mangrelou, marcandier, mégotier, mendigot, miséreux, nécessiteux, parasite, pauvre, pégreleux, pégrieux, pégriot, pégueux, pilon (arg.), quémandeur, riffaudé (vx), sabouleux, truand, vagabond → GUEUX
◈ CONTR. → NABAB

MENDICITÉ n.f. charité publique – **arg.** : manche, mangave

MENDIER → SOLLICITER

MENÉE(S) n.f. **I.** agissement, complot, diablerie, fomentation, intrigue, machination, manœuvre → RUSE **II.** pratique, trame

MENER I. amener, embuffer (vx ou rég. et péj.), emmener, promener, ramener, remener, remmener → CONDUIRE **II.** → GOUVERNER **III.** → TRAITER

MÉNESTREL n.m. → TROUBADOUR

MÉNÉTRIER n.m. → VIOLONISTE

MENEUR, EUSE I. → CHEF **II.** → PROTAGONISTE

MENHIR n.m. cromlech (par ext.), monolithe, peulven, pierre levée

MENIN, E → JEUNE

MÉNINGES n.f. pl. → INTELLIGENCE

MÉNINGITE n.f. → MALADIE

MENNONITE nom et adj. → PROTESTANT

MÉNOLOGE n.m. → CALENDRIER

MENON n.m. et f. → CHÈVRE

MÉNOPAUSE n.f. aménorrhée, climatère, retour d'âge – **par ext. pour les hommes** : andropause, démon de midi (fam.)
◈ CONTR. : puberté → MENSTRUATION

MENOTTE n.f. **I. au sing.** → MAIN **II. au pl.** : **arg.** : bracelets, cabriolet, cadenas, cadènes, cannelles, lacets, pinces, poucettes – **vx** : grillons, grésillons, manicles, manottes

MENSONGE I. antiphrase, bourrage de crâne, contrevérité, craque, fausseté, menterie → HÂBLERIE – **arg.** : bourre, charre, cravate **II.** → VANITÉ **III.** → INVENTION **IV.** → FEINTE

MENSONGER, ÈRE → FAUX

MENSTRUATION, MENSTRUES n.f. **I.** flux cataménial/ menstruel/ périodique, ménorragie (par ext.), ménorrhée, règles **II. fam.** : affaires, époques, indisposition, mois, trucs **III. vx** : cardinaux, courrier de Rome, ordinaires, plaie mensuelle **IV. arg.** : anglais, arcagnats, doches, mensualités, ours, ragnagnas
◈ CONTR. → MÉNOPAUSE

MENSURATION n.f. → MESURE

MENTAL, E → PSYCHIQUE

MENTALITÉ n.f. affect (psych.), caractère, esprit, état d'esprit, moral, opinion publique, pensée

MENTERIE n.f. → MENSONGE

MENTEUR, EUSE I. adj. 1. → TROMPEUR **2.** FAUX **II. nom** → HÂBLEUR

MENTHE n.f. → AROMATE

MENTION n.f. → RAPPEL

MENTIONNER I. → CITER II. → INSCRIRE

MENTIR abuser, altérer/ dissimuler/ déguiser/ fausser la vérité, cravater (fam.), dire/ faire un mensonge, feindre, induire en erreur → HÂBLER

◆ CONTR. → AVOUER

MENTOR n.m. → CONSEILLER

MENU n.m. I. carte II. festin, mets, ordinaire, régal, repas

MENU, E adj. Délicat, délié, élancé, fin, fluet, gracile, grêle, mièvre, mince, subtil, ténu → PETIT

◆ CONTR. → FORT

MENUISERIE n.f. I. par ext. : ébénisterie, parqueterie, tabletterie II. huisserie

MENUISIER n.m. par ext. : charpentier, ébéniste, marqueteur, ouvrier du bois, parqueteur, tabletier

MENU-VAIR n.m. petit-gris, vair → ÉCUREUIL

MÉPHITIQUE I. → PUANT II. → MAUVAIS

MÉPRENDRE (SE) → TROMPER (SE)

MÉPRIS n.m. I. → DÉDAIN II. → HONTE

MÉPRISABLE → VIL

MÉPRISANT, E arrogant, bêcheur, contempteur, dédaigneux, fat, fier, hautain, orgueilleux

◆ CONTR. → LOUANGEUR

MÉPRISE n.f. I. → MALENTENDU II. → INATTENTION

MÉPRISER I. quelqu'un → DÉDAIGNER II. quelque chose : braver, décrier, déprécier, dépriser, désestimer, dévaluer, faire/ fi/ litière, se ficher de, fouler aux pieds, honnir, jongler avec, se jouer de, laisser passer, méconnaître, méjuger, mésestimer, se moquer/ rire de, narguer, rabaisser, ravaler, se rire de, tourner le dos – fam. : se badigeonner/ balancer/ barbouiller/ branler/ contreficher/ contrefoutre/ foutre/ tamponner/ taper de, laisser pisser le mérinos/ le mouton

◆ CONTR. I. → ESTIMER II. → HONORER III. → ADMIRER IV. → VOULOIR

MER n.f. I. au pr. : eaux, flots, hydrosphère, large, océan, onde II. fam. : baille, grande tasse III. fig. → ABONDANCE

◆ CONTR. : air, eau douce, terre

MERCANTI n.m. → TRAFIQUANT

MERCANTILE cupide → PROFITEUR

MERCENAIRE n.m. I. au pr. : aventurier, condottiere, reître, soldat, stipendié II. par ext. (adj.) : avide, cupide, intéressé, vénal

◆ CONTR. : appelé, conscrit

MERCHANDISER off. : présentoir

MERCHANDISING off. : marchandisme – par ext. → MARKETING

MERCI n.f. I. → MISÉRICORDE II. ÊTRE À LA MERCI DE → DÉPENDRE

MERCURE n.m. cinabre, hydrargyre, serpent de Mars, vif-argent

MERCURIALE n.f. → REPROCHE

MERDE n.f. → EXCRÉMENT

MERDEUX, EUSE I. → MALPROPRE II. → ENFANT

MÈRE n.f. I. au pr. : maman, marâtre (péj.), mère poule II. arg. : dabesse, dabuche, daronne, doche, mater, maternelle III. par ext. : cause, génitrice, matrice, origine, source

◆ CONTR. I. → PÈRE II. → ENFANT

MÉRIDIENNE n.f. I. → SIÈGE II. → SIESTE

MÉRIDIONAL, E → AUSTRAL

MÉRITANT, E bon, digne, estimable, honnête, louable, méritoire, valeureux, vertueux

◆ CONTR. I. → VIL II. → COUPABLE

MÉRITE n.m. → QUALITÉ

MÉRITER I. fav. : être digne de, gagner à II. non fav. : commander, demander, encourir, imposer, réclamer, valoir

◆ CONTR. → DÉCHOIR

MÉRITOIRE → MÉRITANT

MERLAN, MERLU n.m. → GADE

MERVEILLE n.f. → PRODIGE

MERVEILLEUX n.m. → SURNATUREL

MERVEILLEUX, EUSE I. → BEAU II. → EXTRAORDINAIRE III. → ÉLÉGANT

MÉSAISE n.m. besoin, difficulté, gêne, malaise → PAUVRETÉ

◆ CONTR. → AISE

MÉSALLIANCE n.f. → DÉCHÉANCE

MÉSALLIER (SE) → DÉCHOIR

MÉSAVENTURE n.f. accident, avarie, avatar (par ext.), déconvenue, incident, malencontre, malheur, méchef (vx), vicissitude → MALCHANCE – fam. : avaro, pépin, tuile

◆ CONTR. → CHANCE

MÉSENTENTE n.f. → MÉSINTELLIGENCE

MÉSESTIME n.f. → DÉDAIN

MÉSESTIMER → MÉPRISER

MÉSINTELLIGENCE n.f. antagonisme, brouille, brouillerie, chicane, contradiction, désaccord, désunion, différend, discordance, discorde, dispute, dissension, dissentiment, dissensus, dissidence, divergence, division, divorce, friction, froid, frottement, incompatibilité, incompréhension, mésentente, nuage, opposition, orage, pique, querelle, rupture, tension, trouble, zizanie – **vx**: discord, discrépance

◈ CONTR. → ACCORD

MESQUIN, E I. 1. → AVARE 2. → PAUVRE II. → ÉTROIT

MESQUINERIE n.f. → BASSESSE

MESS n.m. → RÉFECTOIRE

MESSAGE n.m. I. → LETTRE II. → COMMUNICATION III. pneu, sans-fil, télégramme, télex → DÉPÊCHE

MESSAGER, ÈRE I. **au pr. 1.** agent, commissionnaire, courrier, coursier, envoyé, estafette, exprès, facteur, héraut, mercure, porteur, saute-ruisseau, transporteur 2. **vx**: ambassadeur, apocrisiaire, avant-courrier, coureur, postier II. **par ext.** → PRÉCURSEUR

MESSAGERIE n.f. courrier, poste, transport

MESSE n.f. I. assemblée des fidèles, célébration, cérémonie, culte, obit, office, saint sacrifice, service divin II. **par anal. 1.** chant, liturgie, musique, rite, rituel 2. absoute, complies, laudes, matines, none, prime, salut, sexte, ténèbres, tierce, vêpres

MESSÉANT, E → INCONVENANT

MESSIANIQUE → PROPHÉTIQUE

MESSIE n.m. → PROPHÈTE

MESURABLE commensurable, comparable, identifiable, jaugeable, testable

◈ CONTR. → INCOMMENSURABLE

MESURE n.f. I. **au pr. 1.** appréciation, calcul, degré, détermination, estimation, évaluation, jaugeage, mensuration, mesurage, métrage, métré, pesée, relevé, test 2. → DIMENSION 3. → CAPACITÉ 4. → TEMPS 5. → LONGUEUR 6. → SON 7. → POIDS 8. → SURFACE 9. → CHALEUR 10. → ANGLE 11. → PRESSION 12. → LUMIÈRE 13. → ONDES 14. → ÉLECTRICITÉ 15. → PUISSANCE II. **par ext. 1.** → RYTHME 2. → RÈGLE 3. → RETENUE 4. → PRÉPARATIF III. À MESURE → PROPORTION (À)

MESURÉ, E → PRUDENT

MESURER I. **au pr.**: arpenter, cadastrer, calibrer, chaîner, compter, corder, cuber, doser, jauger, métrer, régler, sonder, stérer, tester – **vx**: auner, compasser, toiser II. **par ext. 1.** → ÉVALUER 2. → PROPORTIONNER 3. → RÉGLER III. **v. intr.**: avoir, développer, faire IV. **v. pron.** → LUTTER

MÉSUSER exagérer, méconnaître → ABUSER

MÉTAIRIE n.f. → FERME

MÉTAL n.m. I. acier, aluminium, argent, chrome, cobalt, cuivre, étain, fer, manganèse, mercure, nickel, platine, plomb, plutonium, radium, tungstène, uranium, vanadium, etc II. fonte, matte

MÉTALLIQUE → BRILLANT

MÉTALLURGISTE n.m. I. métallo II. aciériste, ajusteur, chaudronnier, fondeur, forgeron, fraiseur, maître de forges, riveteur, soudeur

MÉTAMORPHOSE n.f. → TRANSFORMATION

MÉTAMORPHOSER → TRANSFORMER

MÉTAPHORE n.f. I. → IMAGE II. → SYMBOLE

MÉTAPHORIQUE → SYMBOLIQUE

MÉTAPHYSIQUE I. **n.f. par ext.**: ontologie, théodicée II. **adj.**: abstrait, transcendant

◈ CONTR. → PHYSIQUE

MÉTAPSYCHIQUE parapsychologie

MÉTATHÈSE n.f. → TRANSPOSITION

MÉTAYER, ÈRE par ext. → FERMIER

MÉTEMPSYCOSE n.f. → RENAISSANCE

MÉTÉORE n.m. aérolithe, astéroïde, astre, bolide, comète, étoile filante, météorite

MÉTÈQUE n.m. → ÉTRANGER

MÉTHODE n.f. I. approche, analyse, art, code, combinaison, déduction, démarche, discipline, dispositif, façon, formule, induction, ligne de conduite, maïeutique, manière, marche à suivre, mode, moyen, ordre, organisation, pratique, procédé, procédure, recette, règle, rubrique (**vx**), secret, stratégie, système, tactique, technique, théorie, voie II. dialectique, didactique, logique, maïeutique, praxis

◈ CONTR. I. empirisme II. → DÉSORDRE

MÉTHODIQUE I. → RÉGLÉ II. → LOGIQUE

MÉTICULEUX, EUSE → MINUTIEUX

MÉTIER n.m. I. → PROFESSION II. → HABILETÉ III. → APPAREIL

MÉTIS, SE I. **animaux ou plantes**: bâtard, corneau, corniaud, croisé, gotex, goudade, hybride, léporide, mâtiné, métissé, mulard, mule, mulet II. **hommes**: eurasien, mulâtre, octavon, quarteron, sang-mêlé, zambo – **péj.**: moricaud, noiraud

◈ CONTR. I. de race pure, pur-sang II. → PUR

MÉTISSAGE n.m. coupage, croisement, hybridation, mélange

◈ CONTR.: pureté (de la race/ du sang) → SÉLECTION

MÉTRAGE et **MÉTRÉ** n.m. → MESURE

MÈTRE n.m. → RYTHME

MÉTRÉ n.m. → MESURE

MÉTRER → MESURER

MÉTROPOLE n.f. → CAPITALE

METS n.m. bonne chère, brouet (péj.), chère, cuisine, fricot (fam.), menu, nourriture, plat, repas, soupe (fam.)

METTABLE I. → HONNÊTE II. → PASSABLE

METTEUR EN SCÈNE n.m. → CINÉASTE

METTRE I. au pr. 1. ajouter, appliquer, apposer, appuyer, camper, caser, coller, déposer, disposer, donner, empiler, enfoncer, engager, établir, exposer, fixer, glisser, imposer, insérer, installer, introduire, loger, opposer, placer, planter, plonger, poser, poster, ranger, remettre, serrer 2. vx : bouter, chausser 3. fam. : carrer, cloquer, ficher, flanquer, fourrer, foutre II. par ext. → VÊTIR III. 1. SE METTRE À → COMMENCER 2. SE METTRE À GENOUX → AGENOUILLER (S') 3. METTRE À LA PORTE/ DEHORS → CONGÉDIER 4. METTRE EN JOUE → VISER 5. METTRE DEVANT/ EN AVANT → PRÉSENTER 6. METTRE EN CAUSE → INCULPER 7. METTRE BAS → ACCOUCHER IV. V. pron. 1. → VÊTIR (SE) 2. SE METTRE EN RAPPORT → ABOUCHER (S') 3. SE METTRE EN QUATRE → EMPRESSER (S') 4. SE METTRE DANS → OCCUPER (S')
◇ CONTR. → RETRANCHER

MEUBLE n.m. → MOBILIER

MEUBLÉ n.m. → HÔTEL

MEUBLER I. → FOURNIR II. → ORNER

MEUGLER → MUGIR

MEULE n.f. I. barge, gerbier, meulon, moyette, pailler II. broyeur, concasseur III. affiloir, aiguisoir

MEULER → AFFILER

MEULON n.m. → MEULE

MEUNERIE n.f. minoterie, moulin

MEUNIER, ÈRE minotier

MEURT-DE-FAIM n.m. → PAUVRE

MEURTRE n.m. → HOMICIDE

MEURTRIER, ÈRE → HOMICIDE

MEURTRIÈRE n.f. → OUVERTURE

MEURTRIR I. au pr. 1. battre, blesser, cabosser, cogner, contusionner, courbaturer, endolorir, frapper, froisser, malmener, mettre en compote/ en marmelade/ un œil au beurre noir, pocher, rosser, taper 2. cosser, cotir, écraser, fouler, mâcher, mâchurer, taler II. fig. : faire de la peine, peiner, torturer, tourmenter
◇ CONTR. I. → CICATRISER II. → ADOUCIR

MEURTRISSURE n.f. → CONTUSION

MEUTE n.f. houraillis (péj.), vautrait (par ext.) → TROUPE

MÉVENTE n.f. → CRISE

MEZZANINE n.f. entresol → BALCON

MI → MOITIÉ

MIASME n.m. → ÉMANATION

MICELLE n.f. → PARTICULE

MICMAC n.m. → MANIGANCE

MICROBE n.m. I. au pr. : amibe, actinomycète, aspergille, bacille, bactérie, discomycète, ferment, flagellé, germe, hématozoaire, micrococque, micro-organisme, monère, rhizopode, spirille, spirochète, sporotrichée, sporozoaire, trichophyton, vibrion, virgule, virus II. fig. → NAIN

MICROPHONE n.m. par ext. : hydrophone, mégaphone, micro

MICROSCOPE n.m. → LUNETTE

MICROSCOPIQUE → PETIT

MICROWAVE FREQUENCY télécom. off. : hyperfréquence

MICROWAVES télécom. off. : micro-ondes

MIDI n.m. I. mi-journée II. austral, méridional, sud
◇ CONTR. I. minuit II. → BORÉAL

MIDINETTE n.f. apprentie, arpette, cousette, couturière, modiste, ouvrière, petite-main, trottin

MIE n.f. I. → RIEN II. → MORCEAU

MIELLEUX, EUSE I. → DOUCEREUX II. → HYPOCRITE

MIETTE n.f. → MORCEAU

MIEUX → PLUS

MIEUX (À QUI MIEUX) à bouche que veux-tu, à l'envi, tant et plus
◇ CONTR. : avec → ÉCONOMIE

MIÈVRE I. → JOLI II. → AFFECTÉ III. → MENU

MIÈVRERIE n.f. → AFFECTATION

MIGNARD, E → MINAUDIER

MIGNARDISE n.f. → MINAUDERIE

MIGNON, NE I. → AIMABLE II. → ÉLÉGANT III. → URANIEN

MIGNOTER → CARESSER

MIGRAINE n.f. I. céphalalgie, céphalée, mal de tête II. → SOUCI

MIGRATION n.f. montaison, passée (vén.), remue (vx), transhumance → ÉMIGRATION
◇ CONTR. sédentarité

MIJAURÉE n.f. → PIMBÊCHE

MIJOTER I. v. intr. → CUIRE II. v. tr. → PRÉPARER

MILICE n.f. → TROUPE

MILIEU n.m. I. au pr. 1. → CENTRE 2. biotope, élément, espace, gisement, habitat, patrie, terrain 3. ambiance, atmosphère, aura, cadre, climat, condition, décor, écologie, écosystème, écoumène ou oekoumène, entourage, environnement, lieu, mésologie, société, sphère **II. par ext.** → MONDE **III. arg.** : mitan **IV. AU MILIEU DE** → PARMI

MILITAIRE I. adj. : belliqueux, guerrier, martial, polémologique, prétorien, soldatesque (péj.), stratégique, tactique **II. n.m. 1.** → CHEF **2.** → SOLDAT **3. arg.** : crevure, gradaille **III. ART MILITAIRE** : polémologie
◇ CONTR. → CIVIL

MILITANT, E I. → PARTISAN **II.** → COMBATTANT

MILITARISME n.m. bellicisme, caporalisme
◇ CONTR. → PACIFISME

MILITER agir, participer, prendre part → LUTTER
◇ CONTR. : rester → TRANQUILLE

MILLE → QUANTITÉ

MILLÉNAIRE n.m. → ANCIEN

MILLIARD, MILLIASSE, MILLIER, MILLION n.m., n.f., n.m., n.m. → QUANTITÉ – **arg.** : brique, tuile, unité

MILLIONNAIRE n.m. et adj. → RICHE

MIME I. n.f. 1. au pr. : gestopédie, gesticulation, jeu muet, mimique, orchestique, orchestrique, pantomime **2. par ext.** : attitudes, contorsions, expression, gestes, gesticulation, manières, signes, singeries **II. n.m.** : acteur/ artiste/ comédien muet, clown

MIMER → IMITER

MIMÉTISME n.m. → IMITATION

MIMIQUE n.f. → GESTE

MINABLE I. → INCAPABLE **II.** → MISÉRABLE

MINAUDER I. → AFFRIOLER **II.** → MARIVAUDER

MINAUDERIE n.f. affectation, agacerie, chichi, coquetterie, façons, grâces, grimace, manières, mignardise, mine, provocation, simagrée, singerie – **vx** : aguichage, aguicherie, coquetisme
◇ CONTR. **I.** → SIMPLICITÉ **II.** → INDIFFÉRENCE

MINAUDIER, ÈRE affecté, enjôleur, gnangnan (fam.), grimacier, maniéré, mignard, poseur
◇ CONTR. **I.** → SIMPLE **II.** → INDIFFÉRENT

MINCE I. neutre : allongé, délicat, délié, effilé, élancé, étroit, fastigié, filiforme, fin, fluet, fragile, fuselé, gracile, grêle, maigre, menu, petit, pincé, svelte, ténu **II. non fav.** : insignifiant, médiocre, négligeable
◇ CONTR. → GROS

MINCEUR n.f. → FINESSE

MINE n.f. **I.** air, apparence, complexion, contenance, expression, extérieur, face, fa-

çon, figure, maintien, minois, physionomie, physique, teint, tête, visage – **fam.** : bouille, fiole, poire, tronche → COULEUR **II. FAIRE BONNE/ MAUVAISE MINE** → ACCUEIL **III.** carrière, fosse, galerie, puits, souterrain **IV.** alunière, charbonnage, houillère **V.** filon, fonds, gisement **VI.** cartouche, engin, explosif, piège

MINER I. au pr. : affouiller, caver, creuser, éroder, fouiller, fouir, gratter, ronger, saper **II. fig.** : abattre, affaiblir, attaquer, brûler, consumer, corroder, défaire, désintégrer, détruire, diminuer, ruiner, user
◇ CONTR. **I.** → COMBLER **II.** déminer **III.** → REMONTER

MINET n.m. **I.** → CHAT **II.** → JEUNE HOMME **III.** → VULVE

MINETTE n.f. **I.** → LUZERNE **II.** → FILLE

MINEUR n.m. galibot, haveur, herscheur, porion, raucheur, sapeur

MINEUR, E impubère → PETIT

MINIATURE n.f. **I. au pr.** : dessin, enluminure, peinture, portrait **II. EN MINIATURE** : en abrégé, en raccourci, en réduction
◇ CONTR. : grandeur nature, peinture murale

MINIATURISER → RÉDUIRE

MINIATURISTE n.m. et f. enlumineur

MINIME → PETIT

MINIMISER I. → CALMER **II.** → RÉDUIRE

MINIMUM n.m. étiage, le moins possible, le plus → PETIT
◇ CONTR. → MAXIMUM

MINISTÈRE n.m. **I. au pr. 1.** charge, emploi, fonction **2.** cabinet, conseil/ corps ministériel/ des ministres, département, gouvernement, maroquin, portefeuille **II. par ext.** → ENTREMISE

MINISTÉRIEL, LE I. exécutif, gouvernemental, officiel **II. OFFICIER MINISTÉRIEL** : avoué, commissaire de police/ priseur, consul, huissier, notaire

MINISTRE n.m. **I. au pr. (vx)** : exécutant, instrument, serviteur **II.** ecclésiastique, pasteur, prédicant → PRÊTRE

MINOIS n.m. → VISAGE

MINON n.m. → CHAT

MINORATIF, IVE dépréciatif, diminutif, hypocoristique
◇ CONTR. → MAJORATIF

MINORITAIRE → INFIME

MINORITÉ n.f. **I.** adolescence, enfance, impuberté **II.** → CHOIX **III.** → OPPOSITION
◇ CONTR. → MAJORITÉ

MINOTERIE n.f. meunerie, moulin

MINUSCULE I. adj. 1. → INFIME **2.** → PETIT **II. n.f. imprimerie :** bas de casse

MINUS HABENS n.m. minus → BÊTE

MINUTE n.f. **I.** broquille (arg.) → MOMENT **II.** → ORIGINAL

MINUTER → ÉCRIRE

MINUTIE n.f. → SOIN

MINUTIEUX, EUSE appliqué, attentif, consciencieux, difficile, exact, exigeant, formaliste, maniaque, méticuleux, pointilleux, pointu, scrupuleux, soigneux, tatillon, vétilleux
◊ CONTR. → DÉSORDONNÉ

MIOCHE n.m. et f. **I.** → ENFANT **II.** → BÉBÉ

MIR n.m. → COOPÉRATIVE

MIRACLE n.m. → PRODIGE

MIRACULEUX, EUSE → SURNATUREL

MIRAGE n.m. **I. au pr. :** image, mirement, phénomène, reflet **II. par ext. :** apparence, chimère, illusion, mensonge, rêve, rêverie, trompe-l'œil, tromperie, vision **III. fig. :** attrait, séduction

MIRE I. n.m. : apothicaire → MÉDECIN **II. n.f. POINT DE MIRE** → BUT

MIRER I. → VISER **II.** → REGARDER

MIRIFIQUE → EXTRAORDINAIRE

MIRLITON n.m. → FLÛTE

MIROBOLANT, E → EXTRAORDINAIRE

MIROIR n.m. **I. au pr. :** courtoisie, glace, psyché, réflecteur, rétroviseur, speculum, trumeau **II. fig.** → REPRÉSENTATION

MIROITANT, E → BRILLANT

MIROITEMENT n.m. → REFLET

MIROITER → LUIRE

MIROITIER, ÈRE vx : glacier

MIS, E → VÊTU

MISANTHROPE atrabilaire, bourru, chagrin, farouche, insociable, ours, sauvage, solitaire
◊ CONTR. → PHILANTHROPE

MISANTHROPIE n.f. anthropophobie, apanthropie, asociabilité, asocialité, insociabilité, taciturnité, aversion, haine
◊ CONTR. → PHILANTHROPIE

MISCELLANEA ou **MISCELLANÉES** n.f. pl. → MÉLANGES

MISE n.f. **I.** carre (arg.), cave, enjeu, masse, momon (vx), poule → INVESTISSEMENT **II.** → VÊTEMENT **III. 1. DE MISE** → VALABLE **2. MISE BAS** (vét.) : accouchement, agnelage, délivrance, part, parturition, poulinement, vêlage, vêlement **3. MISE EN DEMEURE** → INJONCTION **4. MISE À JOUR :** refonte → RECYCLAGE
◊ CONTR. **I.** → PRÉLÈVEMENT **II.** → BÉNÉFICE

MISER allonger, blinder (poker), caver, coucher, investir, jouer, mettre, parier, placer, ponter, renvier, risquer
◊ CONTR. → PRÉLEVER

MISÉRABLE I. adj. 1. quelque chose : calamiteux, déplorable, fâcheux, honteux, insignifiant, lamentable, malheureux, mauvais, méchant, méprisable, mesquin, piètre, pitoyable, regrettable, triste, vil **2. quelqu'un :** besogneux, breneux, brenous, chétif, désespéré, indigent, infortuné, minable, miteux – **vx :** pauvreteux, vermineux → PAUVRE **II. nom :** bandit, claquedent, clochard, cloche, coquin, croquant, gueux, hère, loquedu (arg.), marmiteux, miséreux, paria, pauvre diable/ drille/ type, pouilleux, purotin, réprouvé, sabouleux, tocard, traîne-misère, va-nu-pieds → MENDIANT
◊ CONTR. **I.** → RICHE **II.** → ABONDANT **III.** → HEUREUX **IV.** → REMARQUABLE

MISÈRE n.f. **I.** → MALHEUR **II.** → PAUVRETÉ **III.** → RIEN

MISÉREUX, EUSE → MISÉRABLE

MISÉRICORDE n.f. **I.** absolution, clémence, grâce, indulgence, merci, pardon, pitié, quartier **II.** selle, siège, tabouret
◊ CONTR. → DURETÉ

MISÉRICORDIEUX, EUSE → BON

MISSEL n.m. antiphonaire → PAROISSIEN

MISSILE n.m. engin, fusée

MISSION n.f. **I.** ambassade, besogne, charge, commission, délégation, députation, légation, mandat. représentation **II.** action, but, destination, fonction, rôle, vocation **III.** → OCCUPATION **IV.** apostolat, évangélisation **V. CHARGÉ DE MISSION :** délégué, député, émissaire, envoyé, exprès, mandataire, représentant

MISSIONNAIRE nom et adj. **I.** → PROPAGATEUR **II.** → APÔTRE

MISSIVE n.f. → LETTRE

MITAINE n.f. gant, manicle, moufle

MITAN n.m. → MOITIÉ

MITE n.f. **I.** ciron (vx), tyroglyphe **II.** → EXCRÉMENT

MI-TEMPS n.f. → PAUSE

MITEUX, EUSE → MISÉRABLE

MITIGATION n.f. → ADOUCISSEMENT

MITIGER → MODÉRER

MITONNER I. v. intr. → CUIRE **II. v. tr.** → PRÉPARER

MITOYEN, NE d'héberge, intercalaire, intermédiaire, intervallaire, médial, médian, moyen, riverain, voisin
◊ CONTR. : en toute propriété

MITOYENNETÉ n.f. → PROXIMITÉ

MITRAILLER → TIRER

MITRAILLETTE n.f. **I. arg.** : clarinette, seringue, sulfateuse **II. par ext.** → FUSIL

MIXTE → MÊLÉ

MIXTION n.f. → MÉLANGE

MIXTIONNER → MÉLANGER

MIXTURE n.f. → MÉLANGE

MOBILE I. adj. 1. → MOUVANT **2.** → CHANGEANT **II. n.m. 1.** → CAUSE **2.** → MOTEUR **3.** → SOLDAT

MOBILE LAND STATION spat. off. : station mobile terrestre

MOBIL HOME n.m. **off.** : auto-caravane

MOBILIER n.m. ameublement, équipement ménager, ménage, meubles

MOBILISATEUR, TRICE → MOTIVANT

MOBILISATION n.f. appel, conscription, levée en masse, période, rappel, recensement, recrutement
◇ CONTR. : démobilisation, renvoi dans ses foyers

MOBILISER I. appeler, enrégimenter, enrôler, lever, rappeler, recruter, requérir, réquisitionner **II.** → IMMOBILISER
◇ CONTR. → DÉMOBILISER

MOBILITÉ n.f. **I.** → CHANGEMENT **II.** → INSTABILITÉ

MOBYLETTE n.f. → CYCLOMOTEUR

MOCHE → LAID

MODALITÉ, n.f. **I.** circonstance, façon, manière, mode, moyen, particularité → QUALITÉ **II. au pl.** → DISPOSITION

MODE I. n.m. → QUALITÉ **II. n.f. 1.** avant-gardisme, coutume, engouement, épidémie, fashion, fureur, goût, habitude, mœurs, new look *ou* nioulouque, pratique, snobisme, style, ton, usage, vague, vent, vogue **2.** convenance, façon, fantaisie, manière, volonté **3.** (haute) couture → VÊTEMENT **4. À LA MODE** : au goût du jour → ÉLÉGANT – **fam.** : branché, dans le vent, in
◇ CONTR. → DÉSUET

MODÈLE n.m. **I. n.m. 1.** archétype, canon, critère, échantillon, étalon, excellencier (vx), exemple, formule, gabarit, idéal, idée, image, miroir, original, paradigme, parangon, précédent, prototype, référence, standard, type, unité **2.** carton, cerce, croquis, esquisse, étude, grille, maquette, moule, patron, pattern, pige, plan, schéma, spécimen, topo **3.** académie, mannequin, pose **II. adj.** → PARFAIT
◇ CONTR. → IMITATION

MODELÉ n.m. → FORME

MODELER I. → SCULPTER **II.** → FORMER **III. v. pron.** → RÉGLER (SE)

MODÉLISTE n.m. et f. → STYLISTE

MODÉRATEUR, TRICE I. → INTERMÉDIAIRE **II.** ralentisseur, régulateur
◇ CONTR. : accélérateur

MODÉRATION n.f. **I.** bonne conduite, circonspection, convenance, discrétion, douceur, frugalité, juste milieu, ménagement, mesure, modérantisme, modestie, réserve, retenue, sagesse, sobriété, tempérance, vertu **II.** adoucissement, assouplissement, mitigation, progressivité, réduction
◇ CONTR. → ABUS

MODÉRÉ, E I. neutre : abstinent, continent, discret, doux, économe, équilibré, frugal, mesuré, modeste, moyen, pondéré, prudent, raisonnable, sage, sobre, tempérant, tempéré **II. non fav.** : bas, faible, médiocre
◇ CONTR. → EXCESSIF

MODÉRER I. adoucir, affaiblir, alentir (vx), amoindrir, amortir, apaiser, arrêter, assouplir, atténuer, attiédir, borner, calmer, contenir, corriger, diminuer, édulcorer, estomper, éteindre, freiner, mesurer, minimiser, mitiger, pallier, ralentir, régler, réprimer, tamiser, tempérer **II. v. pron.** : déchanter, en rabattre, mettre de l'eau dans son vin, se retenir, se tenir à quatre *et les formes pron. possibles des syn. de* modérer
◇ CONTR. **I.** → AUGMENTER **II.** exagérer

MODERNE I. → NOUVEAU **II.** → ACTUEL **III.** → MODE (À LA)

MODERNISATION n.f. → RÉNOVATION

MODERNISER → RENOUVELER

MODERNITÉ n.f. → ACTUALITÉ

MODESTE I. quelqu'un : chaste, décent, discret, effacé, humble, prude, pudique, ravalé (vx), réservé → SIMPLE **II. quelque chose** : banal, chétif, limité, médiocre, modéré, modique, moyen, pauvre, petit, plat, simple, terne, uni
◇ CONTR. **I.** → EXCESSIF **II.** → ORGUEILLEUX **III.** → HARDI **IV.** → IMPOLI

MODESTEMENT de façon → MODESTE *et les dérivés possibles en* -ment *des syn. de* modeste

MODESTIE n.f. **I.** → RETENUE **II.** → DÉCENCE **III.** → HUMILITÉ

MODICITÉ n.f. exiguïté, modestie, petitesse
◇ CONTR. → PROFUSION

MODIFIABLE I. → PERFECTIBLE **II.** → TRANSPOSABLE

MODIFICATION n.f. adaptation, addition, adultération, aggravation, agrandissement,

altération, artefact, changement, correction, dérogation, différence, extension, falsification, infléchissement, métamorphose, nuance, progression, ralentissement, rectificatif, rectification, réfection, refonte, remaniement, révision, somation (biol.), transformation, variation
◇ CONTR. **I.** → CONSERVATION **II.** → PERMANENCE **III.** → STABILITÉ

MODIFIER → CHANGER

MODILLON n.m. → APPUI

MODIQUE I. → MÉDIOCRE **II.** → PETIT

MODULATION n.f. → SON

MODULER I. → ADAPTER **II.** → PROPORTIONNER **III.** → RÉGLER

MODUS VIVENDI n.m. **I.** → ACCORD **II.** → TRANSACTION

MOELLE n.f. **I.** → SUBSTANCE **II. boucherie :** amourette

MOELLEUX, EUSE I. confortable, douillet, doux, duveteux, élastique, mollet, mou, pulpeux, rembourré **II.** agréable, gracieux, souple **III.** gras, liquoreux, mollet, onctueux, savoureux, velouté
◇ CONTR. **I.** → DUR **II.** → AIGRE

MOELLON n.m. → PIERRE

MOERE n.f. → MARAIS

MŒURS n.f. pl. **I. au pr. 1.** → HABITUDE **2.** → MORALITÉ **3.** → NATURE **II. par ext.** → CARACTÈRE

MOFETTE ou **MOUFETTE** n.f. émanation, exhalaison, fumée, fumerolle, gaz, grisou

MOI arg. : bibi, mézigue, ma pomme → PERSONNALITÉ
◇ CONTR. : elles, eux, les autres, lui, toi, vous

MOIGNON n.m. → MORCEAU

MOINDRE → PETIT

MOINE n.m. **I.** → RELIGIEUX **II.** → TOUPIE **III.** → CHAUFFERETTE

MOINEAU n.m. **I. au pr. :** friquet, gros-bec, guilleri, piaf, pierrot → PASSEREAU **II. fig.** → TYPE

MOINS (AU) à tout le moins, du moins, pour le moins, tout au moins
◇ CONTR. → PLUS

MOIRE n.f. → REFLET

MOIRER → LUSTRER

MOIS n.m. **du calendrier républicain :** vendémiaire, brumaire, frimaire, nivôse, pluviôse, ventôse, germinal, floréal, prairial, messidor, thermidor, fructidor

MOÏSE n.m. → BERCEAU

MOISIR I. au pr. → POURRIR **II. fig.** → ATTENDRE

MOISISSURE n.f. → POURRITURE

MOISSON n.f. fruit, récolte **– vx :** annone, août, aoûtage, métive

MOISSONNER → RECUEILLIR

MOISSONNEUR, EUSE vx : aoûteron, estivandier

MOITE → HUMIDE

MOITEUR n.f. → TIÉDEUR

MOITIÉ n.f. **I.** demi, mi, milieu, mitan, semi **II. fam.** → ÉPOUSE

MOLASSE ou **MOLLASSE** n.f. → PIERRE

MOLE n.m. **tr. pub. off. :** taupe

MÔLE n.m. brise-lames, digue, embarcadère, jetée, musoir, quai

MOLÉCULE n.f. → PARTICULE

MOLESTER I. → TOURMENTER **II.** → MALTRAITER

MOLETTE n.f. **I.** → PILON **II.** → ROULETTE

MOLLASSE et **MOLLASSON** → MOU

MOLLESSE n.f. **I. au pr. 1. non fav. :** abattement, affaiblissement, apathie, atonie, avachissement, cagnardise, efféminement, indolence, langueur, mollasserie, nonchalance, paresse, relâchement, somnolence **2. neutre ou fav. :** abandon, faiblesse, grâce, laisser-aller, morbidesse **3.** flaccidité, laxité **II. part ext.** → VOLUPTÉ
◇ CONTR. **I.** → DURETÉ **II.** → ACTIVITÉ **III.** → FORCE **IV.** → AUSTÉRITÉ

MOLLET, TE I. → MOU **II.** → MOELLEUX

MOLLETIÈRE n.f. → GUÊTRE

MOLLETONNÉ, E capitonné, doublé, fourré, pelucheux, rembourré

MOLLIR I. v. intr. → FAIBLIR **II. v. tr.** → FLÉCHIR

MOLLUSQUE n.m. **I.** amphineure, chiton, invertébré, oscabrion, pélécypode (vx), scaphopode. **1.** → CÉPHALOPODE **2.** → GASTÉROPODE **3.** → LAMELLIBRANCHE **4.** → ÉCHINODERME **II.** COQUILLAGE **III.** → MOULE **IV.** → HUÎTRE **V.** → LIMAÇON

MÔME n.m. et f. → ENFANT

MOMENT n.m. **I.** date, entrefaite (vx), époque, heure, instant, intervalle, jour, minute, saison, seconde, tournant **II.** → OCCASION

MOMENTANÉ, E → PASSAGER

MOMENTANÉMENT → PROVISOIREMENT

MOMERIE n.f. **I.** → MASCARADE **II.** → COMÉDIE **III.** → HYPOCRISIE

MOMIFICATION n.f. → DESSÈCHEMENT

MOMIFIER I. dessécher, embaumer **II.** → ABÊTIR

MONACAL, E → MONASTIQUE

MONARCHIE n.f. → ROYAUTÉ

MONARCHISTE nom et adj. → ROYALISTE

MONARQUE n.m. autocrate, bey, césar, chef, despote, dey, dynaste, empereur, grand mogol, kaiser, khan, majesté, potentat, prince, ras, roi, seigneur, shah, souverain, sultan, tyran – **péj.** : principicule, roitelet, tyranneau

◇ CONTR. → SUJET, SUJETTE

MONASTÈRE n.m. abbaye, béguinage, bonzerie, chartreuse, commanderie, communauté, couvent, moutier, prieuré, retraite, solitude, trappe → CLOÎTRE

MONASTIQUE claustral, conventuel, monacal, monial, régulier

◇ CONTR. **I.** : séculier **II.** : érémitique **III.** → LUXUEUX

MONCEAU n.m. → AMAS

MONDAIN, AINE **I. n.m.** boulevardier (vx), homme du monde, salonard, snob **II. adj.** : **1.** → TERRESTRE **2.** frivole, futile, léger

◇ CONTR. **I.** → MISANTHROPE **II.** → SAUVAGE

MONDANITÉ n.f. **I. vx** → FRIVOLITÉ **II. au pl.** **1.** → CONVENANCE **2.** → RÉCEPTION

MONDE n.m. **I. au pr.** → UNIVERS **II. fig.** **1.** → SOCIÉTÉ **2.** → MULTITUDE **3.** → ÉPOQUE **III. par ext.** : aristocratie, beau linge (fam.), beau/ grand monde, faubourg Saint-Germain (vx), gentry, gotha, gratin, haute société, milieu, société, tout-Paris, vieille France

MONDER → ÉPLUCHER

MONDIAL, E → UNIVERSEL

MONDIALISER → RÉPANDRE

MONGOL, E mongolique, ouralo-altaïque, tatar

MONITEUR, TRICE **I.** → MAÎTRE **II.** → INSTRUCTEUR

MONITOIRE n.m. → RESCRIT

MONITORING **off.** **I.** monitorage **II.** signal sonore

MONNAIE n.f. **I.** **1.** espèces, liquide, métal, numéraire, papier **2. MENUE MONNAIE** : bigaille (vx) **II.** → ARGENT

MONNAYER → VENDRE

MONOCORDE → MONOTONE

MONOGRAMME n.m. **I.** → MARQUE **II.** → SIGNATURE

MONOGRAPHIE n.f. → TRAITÉ

MONOLOGUE n.m. **I. au pr.** : aparté, discours, monodie, tirade **II. par ext.** : radotage, soliloque

◇ CONTR. → CONVERSATION

MONOLOGUER soliloquer

MONOMANIE n.f. → MANIE

MONOPOLE n.m. **I.** duopole, oligopole, régie → PRIVILÈGE **II.** → TRUST

◇ CONTR. : compétition, concurrence, liberté, libre échange

MONOPOLISER → ACCAPARER

MONOPROPELLANT **spat. off.** : monergol

MONOTONE assoupissant, endormant, ennuyeux, monocorde, plat, traînant, triste, unidimensionnel → UNIFORME

◇ CONTR. **I.** → AMUSANT **II.** → VARIÉ

MONOTONIE n.f. uniformité → TRISTESSE

MONOVALENT, E univalent

MONSEIGNEUR n.m. → PRINCE

MONSIEUR n.m. **I.** → HOMME **II.** → PERSONNALITÉ

MONSTRE **I. n.m.** **1.** amphisbène, basilic, béhémoth, bucentaure, centaure, cerbère, chimère, coquecigrue, dragon, griffon, harpie, hécatonchire, hippocampe, hippocentaure, hippogriffe, hydre, lamie, léviathan, licorne, loup-garou, minotaure, monstrillon, pégase, rock, sphynge, sphynx, tarasque, trasgobane → PHÉNOMÈNE **2.** → SCÉLÉRAT **II. adj.** → MONSTRUEUX

MONSTRUEUX, EUSE **I. neutre.** **1.** → GIGANTESQUE **2.** → GRAND **3.** tératomorphe, tératomorphique **II. non fav.** **1.** → IRRÉGULIER **2.** → DÉMESURÉ **3.** → MAUVAIS

MONSTRUOSITÉ n.f. **1.** → MALFORMATION **II.** → GRANDEUR

MONT n.m. aiguille, antécime, ballon, belvédère, butte, chaîne, cime, colline, cordillère, crêt, crête, croupe, dent, djebel, élévation, éminence, gour (rég.), hauteur, mamelon, massif, montagnette, montagne, morne, pic, piton, pointe, puy, rocher, serra, sierra, sommet

◇ CONTR. → VALLÉE

MONTAGE n.m. → ASSEMBLAGE

MONTAGE OFF LINE **audiov. off.** : montage sur copie

MONTAGE ON LINE **audiov. off.** montage sur original

MONTAGNE n.f. **I.** → MONT **II.** → QUANTITÉ

MONTAGNEUX, EUSE accidenté, bossu, élevé, escarpé, montagnard, montueux, orographique

◇ CONTR. → PLAT

MONTANT **I. nom masc.** → SOMME **II. adj.** : ascendant, assurgent, dressé, escarpé, vertical → ABRUPT

◇ CONTR. → PLAT

MONT-DE-PIÉTÉ n.m. **I.** crédit municipal **II. fam.** : clou, ma tante

MONTE n.f. → ACCOUPLEMENT

MONTÉE n.f. I. ascension, escalade, grimpée II. accroissement, augmentation, convection *ou* convexion, crue, envahissement, invasion III. côte, grimpette, pente, raidillon, rampe IV. → ESCALIER V. **MONTÉE DES PRIX** → HAUSSE

◇ CONTR. I. → CHUTE II. → PALIER

MONTER I. v. intr. **1. quelqu'un monte :** aller, s'élever, s'embarquer, entrer, se guinder, se hisser, voler **2. quelque chose monte** → AUGMENTER II. v. tr. **1. au pr. :** ascendre (vx), ascensionner, écheler (mérid.), escalader, gravir, grimper **2. par ext. :** dresser, élever, exhausser, hausser, lever, rehausser, relever, remonter, surélever, surhausser **3. fig. :** combiner, constituer, établir, organiser, ourdir → PRÉPARER III. v. pron. : → VALOIR

◇ CONTR. I. → DESCENDRE II. → DIMINUER III. → DÉFAIRE

MONTICULE n.m. → HAUTEUR

MONTRE n.f. I. → ÉTALAGE II. chiqué, démonstration, dépense, effet, étalage, exhibition, mise en scène, monstrance (vx), ostentation, parade, spectacle III. bassinoire, bracelet-montre, chronographe, chronomètre, montre-bracelet, oignon, savonnette IV. fam. : coucou, dégoulinante (arg.), patraque, tocante

◇ CONTR. → RETENUE

MONTRER I. au pr. **1.** arborer, déballer, déployer, désigner, développer, étaler, exhiber, exposer, indiquer, présenter, représenter **2.** découvrir, dégager, dénuder, dessiner, donner, faire/ laisser deviner, manifester, porter, soumettre II. fig. **1.** décrire, démasquer, dépeindre, dévoiler, évoquer, mettre dans, offrir, peindre, raconter **2.** démontrer, dire, écrire, établir, prouver, signaler, souligner **3.** annoncer, attester, déceler, dénoncer, dénoter, enseigner, exhaler, instruire, produire, témoigner **4.** accuser, affecter, afficher, affirmer, déclarer, faire briller/ entendre/ voir, faire montre de, marquer, respirer III. v. pron. : apparaître, croiser, être, parader, paraître, surgir *et les formes pron. possibles des syn. de* montrer

◇ CONTR. I. → CACHER II. → ÉGARER

MONTUEUX, EUSE → MONTAGNEUX

MONTURE n.f. I. → CHEVAL II. assemblage, montage

MONUMENT n.m. I. → BÂTIMENT II. → TOMBEAU III. → SOUVENIR

MONUMENTAL, E → GIGANTESQUE

MOQUE n.f. I. → RÉCIPIENT II. mar. → CALE III. → CAPACITÉ

MOQUER (SE) I. → RAILLER II. → MÉPRISER

MOQUERIE n.f. → RAILLERIE

MOQUEUR, EUSE I. → HÂBLEUR II. → TAQUIN

MORAILLE n.f. I. tord-nez II. tenailles

MORAL n.m. I. affect (psych.), caractère, détermination, esprit, état d'esprit, mentalité, opinion, pensée, volonté II. → INSOUCIANCE III. → INQUIÉTUDE

MORAL, E I. comme il faut, décent, digne, droit, édifiant, exemplaire, fidèle, honnête, incorruptible, intact, intègre, juste, loyal, modèle, probe, propre, pur, respectable, rigide, rigoureux, sain, vertueux II. → PSYCHIQUE

◇ CONTR. I. → AMORAL II. → VIL

MORALE n.f. I. déontologie, devoir, éthique, éthologie (vx), honnêteté, probité, vertu II. admonestation, capucinade (péj.), leçon, parénèse (vx) III. réprimande IV. apologue, maxime, moralité

MORALISER I. assainir II. → SERMONNER

MORALITÉ n.f. I. → MORALE II. bonnes mœurs, conscience, mœurs, sens moral → DÉCENCE III. affabulation, conclusion, enseignement, maxime, morale, sentence IV. honorabilité, réputation → PROBITÉ

◇ CONTR. → IMMORALITÉ

MORATOIRE n.m. → SUSPENSION

MORBIDE I. → MALADE II. → MALSAIN

MORBIDESSE n.f. I. → GRÂCE II. → MOLLESSE

MORCEAU n.m. I. battiture, bloc, bouchée, bout, bribe, brisure, capilotade, chanteau, chicot, chiffon, copeau, croûte, croûton, darne, débris, découpure, détail, division, échantillon, éclat, écornure, élément, entame, épave, flipot, fraction, fragment, grignon, gringuenaude, lambeau, lichette, lingot, loquette, masse, membre, mie, miette, moignon, motte, paillette, parcelle, part, particule, partie, pièce, portion, quartier, quignon, relief, retaille, rogaton, rognure, rondelle, segment, tesson, tranche, trognon, tronçon − arg. : loubé, morcif, porcif II. coin, enclave, lopin, lot, lotissement, parcelle, sole III. → PASSAGE IV. → PIÈCE V. → DÉCHET VI. **MORCEAUX CHOISIS :** analecte, anthologie, chrestomathie, compilation

◇ CONTR. → BLOC

MORCELER → PARTAGER

MORCELLEMENT n.m. → SEGMENTATION

MORDACITÉ n.f. causticité → AIGREUR

◇ CONTR. → MOLLESSE

MORDANT I. nom masc : **1.** → AIGREUR **2.** → VIVACITÉ II. adj. : acéré, acide, acrimonieux, af-

filé, aigre, aigu, amer, caustique, corrodant, corrosif, effilé, humoureux, incisif, mauvais, méchant, moqueur, mordicant, piquant, poivré, rongeur, satirique, vif
◇ CONTR. → ÉMOUSSÉ

MORDICANT, E I. picotant II. → AIGRE

MORDICUS → OPINIÂTREMENT

MORDRE I. au pr. : broyer, croquer, déchiqueter, déchirer, dilacérer, lacérer, mâchonner, mordiller, morganer (arg.), serrer II. par ext. : attaquer, détruire, entamer, ronger, user III. fig. → COMPRENDRE

MORDU, E → FANATIQUE

MORFILER → AFFILER

MORFONDRE (SE) → ATTENDRE

MORFONDU, E I. → TRANSI II. → FÂCHÉ

MORGUE n.f. I. → ORGUEIL II. 1. amphithéâtre, athanée, dépositoire, funérarium, institut médico-légal, salle de dissection 2. arg. : boîte aux refroidis, clou des macchab (ées), frig, séchoir, tapis des dégelés

MORGUER → BRAVER

MORIBOND, E agonisant, crevard (fam. et péj.), mourant
◇ CONTR. → VIVANT

MORIGÉNER → RÉPRIMANDER

MORNE I. adj. → TRISTE II. n.m. → HAUTEUR III. n.f. → BOUCLE

MOROSE I. → RENFROGNÉ II. → TRISTE

MOROSITÉ n.f. → TRISTESSE

MORS n.m. anille, filet, frein

MORSURE n.f. → BLESSURE

MORT I. n.f. 1. au pr. : anéantissement, crevaison (fam. et péj.), décès, dernier sommeil/ soupir, disparition, extinction, fin, grand voyage, perte, nuit/ repos/ sommeil éternel (le), tombe, tombeau, trépas – vx : expiration dernière, malemort, trespassement 2. la Blême/ Camarde/ Faucheuse/ Parque 3. par ext. → RUINE II. nom masc. : cadavre, corps, de cujus, dépouille, esprit, mânes, ombre, restes, restes mortels, trépassé, victime – fam. : macchab, macchabée III. adj. 1. inorganique, non-vivant 2. décédé, défunt, disparu, feu, inanimé, passé, trépassé, tué et les part. passés possibles de → MOURIR 3. fam. : canné, mortibus, naze
◇ CONTR. I. → VIE II. → NAISSANCE III. → VIVANT

MORTALITÉ n.f. létalité, mortinatalité
◇ CONTR. → IMMORTALITÉ

MORTEL I. n.m. → HOMME II. adj. : 1. destructeur, fatal, létal, meurtrier, mortifère 2. → FATAL 3. → EXTRÊME 4. → ENNUYEUX
◇ CONTR. I. → ÉTERNEL II. → INTÉRESSANT

MORTIER n.m. bâtard, enduit, gâchis, rusticage

MORTELLEMENT I. à mort, à la mort II. à fond, extrêmement
◇ CONTR. → LÉGÈREMENT

MORTIFICATION n.f. I. au pr. : abstinence, ascèse, ascétisme, austérité, continence, jeûne, macération, pénitence II. par ext. : affront, camouflet, couleuvre, crève-cœur, déboire, dégoût, déplaisir, dragée, froissement, humiliation, pilule, soufflet, vexation
◇ CONTR. I. → PLAISIR II. → ÉLOGE

MORTIFIER I. → HUMILIER II. → AFFLIGER III. → MACÉRER

MORTUAIRE → FUNÈBRE

MORUE n.f. I. cabillaud, églefin, gade, gadidé, merluche, merlu II. haddock, stockfish III. → PROSTITUÉE

MORVE n.f. mouchure, roupie → SALETÉ

MORVEUX, EUSE I. → MALPROPRE II. → ENFANT

MOSAÏQUE n.f. I. → CÉRAMIQUE II. par ext. : costume/ habit d'Arlequin, damier, marqueterie, patchwork → MÉLANGE

MOT n.m. I. appellation, dénomination, expression, particule, terme, verbe, vocable II. → PAROLE III. → LETTRE IV. → PENSÉE V. partic. 1. (mots d') → AFFECTION 2. → JURON VI. 1. MOT À MOT : à la lettre, littéralement, mot pour mot, textuellement 2. BON MOT, JEU DE MOTS, MOT D'ESPRIT, MOT POUR RIRE : anecdote, bluette, boutade, calembour, concetti, concetto, contrepèterie, coq-à-l'âne, dit, épigramme, gentillesse, joliveté (vx), plaisanterie, pointe, quolibet, saillie, trait 3. MOT-VALISE : néologisme

MOTET n.m. → CANTIQUE

MOTEUR n.m. I. appareil, engin, force motrice, machine, mécanique, motogodille, moulin (fam.), principe actif II. fig. : agent, âme, animateur, cause, directeur, incitateur, inspirateur, instigateur, meneur, mobile, motif, origine, principe, promoteur, ressort

MOTIF n.m. I. agent, attendu, cause, comment, considérant, excuse, explication, fin, finalité, impulsion, incentives (psych.), intention, mobile, motivation, occasion, origine, pourquoi, prétexte, principe, raison, réquisit, sujet II. leitmotiv, matière, propos, thème
◇ CONTR. → EFFET

MOTILITÉ n.f. → INSTABILITÉ

MOTION n.f. → PROPOSITION

MOTIVANT, E excitant, incitant, mobilisateur, stimulant
◇ CONTR. → DÉCOURAGEANT

MOTIVATION n.f. **I.** → INCLINATION **II.** → SYMPATHIE

MOTIVER → OCCASIONNER

MOTO n.m. gros cube → CYCLOMOTEUR

MOTOR spat. off. : propulseur

MOTOR BODY spat. off. : corps de propulseur

MOTOGRADER tr. pub. off. : niveleuse (automotrice)

MOTOR HOME off. : auto-caravane

MOTORISER automatiser, équiper, mécaniser

MOTRICE n.f. **I.** → MOTEUR **II.** → LOCOMOTIVE

MOTRICITÉ n.f. → MOUVEMENT

MOTUS chut, paix, pas un mot, silence, taisez-vous

MOU n.m. → POUMON

MOU, MOLLE **I. quelque chose. 1. neutre :** amolli, cotonneux, détendu, doux, ductile, élastique, fangeux, flaccide, flasque, flexible, lâche, malléable, maniable, moelleux, mollet, pâteux, plastique, ramolli, relâché, rénitent (méd.), souple, spongieux, subéreux, tendre **2. non fav. :** avachi, flasque, mollasse → VISQUEUX **II. quelqu'un : 1.** abattu, aboulique, amorphe, apathique, atone, avachi, aveuli, bonasse, cagnard, chancelant, chiffe, dysboulique, efféminé, emplâtre, endormi, faible, femmelette, flemmard, hésitant, inconsistant, indolent, inerte, lâche, languissant, loche, lymphatique, mollasse, mollasson, nonchalant, somnolent, velléitaire, veule, voluptueux → PARESSEUX **2. fam. :** flagada, gnangnan, limace, mollusque, moule, nouille, panade, soliveau, toton, toupie ◇ CONTR. **I.** → DUR **II.** → FORT **III.** → ALERTE **IV.** → ACTIF

MOUCHARD, E **I. quelqu'un. 1.** délateur, dénonciateur, espion, faux-frère, indicateur, rapporteur, sycophante, traître → ESPION **2. arg. :** balance, cafard, cafetière, cafteur, canari, capon, casserole, cuistre, doulos, indic, mouche, mouton, treize-à-table **II. un appareil :** contrôleur, manomètre → ENREGISTREUR ◇ CONTR. → DISCRET

MOUCHARDAGE n.m. → ACCUSATION

MOUCHARDER → DÉNONCER

MOUCHE n.f. **I. fig. 1.** → ESPION **2.** → MOUCHARD **II. MOUCHE À MIEL** → ABEILLE

MOUCHER **I.** → NETTOYER **II.** → HUMILIER

MOUCHETÉ → MARQUETÉ

MOUCHOIR n.m. **I.** pochette – arg. : blavin, tire-jus, tire-gomme **II.** → FICHU

MOUDRE → BROYER

MOUE n.f. → GRIMACE

MOUETTE n.f. → PALMIPÈDE

MOUFLE n.m. **I.** gant, mitaine, miton **II.** → TREUIL

MOUFLON n.m. argali, musimon

MOUILLAGE n.m. **I.** coupage **II.** → AMARRAGE

MOUILLÉ, E → HUMIDE

MOUILLER **I. au pr. :** abreuver, aiguayer (vx), arroser, asperger, baigner, bruir, délaver, détremper, doucher, éclabousser, emboire, embuer, humecter, humidifier, imbiber, inonder, laver, madéfier, oindre, rincer, saucer, saturer, transpercer, tremper **II. du vin :** baptiser, couper, diluer, mêler **III. mar. :** affourcher, amarrer, ancrer, desservir, donner fond, embosser, jeter l'ancre, stopper **IV. v. pron. :** se compromettre, prendre des risques, tremper dans une affaire *et les formes pron. possibles des syn. de* mouiller ◇ CONTR. **I.** → SÉCHER **II.** → APPAREILLER

MOUILLETTE n.f. → QUIGNON

MOULE **I. n.f. 1. fig.** → MOU **2.** (de) bouchot, de Hollande, d'Espagne, mulette → COQUILLAGE **II. n.m. 1.** caseret, faisselle, gaufrier, tourtière **2. techn. :** banche, carcasse, chape, empreinte (partic.) forme, gueuse, lingotière, matrice, mère, modèle, surmoule, virole ◇ CONTR. : moulage

MOULER **I.** → FORMER **II.** → SERRER

MOULIN n.m. **I.** meunerie, minoterie, oliverie, presse, pressoir **II. par ext. :** mixer, moulinette → BROYEUR

MOULINET n.m. **I.** dévidoir, tambour, taquet, tour, tourniquet, treuil **II.** crécelle, moulin à prières

MOULU, E → FATIGUÉ

MOULURE n.f. **I.** modénature, profil **II.** annelet, anglet, antibois, archivolte, armilles, astragale, bague, baguette, bandeau, bandelette, billette, boudin, bourseau, cannelure, cavet, cimaise, congé, cordon, dentelure, denticule, doucine, échine, entrelacs, feuille d'acanthe, filet, grecque, gorge, listel, nervure, orle, ove, palmette, parclose, perle, piédouche, plate-bande, plinthe, quart-de-rond, rais-de-cœur, réglet, rinceau, rudenture, sacome, scotie, talon, tore, tringle, vermiculure, volute → ORNEMENT **III.** → CORNICHE

MOUNTING milit. off. : châssis-support

MOURANT, E **I.** → MORIBOND **II.** → LANGOUREUX

MOURIR **I. au pr. 1.** s'en aller, cesser de vivre, décéder, se détruire, disparaître, s'endormir, s'éteindre, être emporté/ enlevé/

rappelé/ ravi/ tué, exhaler son âme, expirer, finir, partir, passer, passer le pas/ dans l'autre monde/ de vie à trépas, perdre la vie, périr, rendre l'âme/ le dernier soupir/ l'esprit/ son dernier souffle, succomber, se tarir, tomber, tomber au champ d'honneur, trépasser, trouver la mort, y rester **2. anim. ou péj.** : crever **3. poét.** : avoir vécu, descendre aux enfers/ au tombeau/ dans la tombe, s'endormir dans les bras de Dieu/ du Seigneur/ de la mort, fermer les paupières/ les yeux, finir/ terminer ses jours/ sa vie, obiter (vx), paraître devant Dieu, payer le tribut à la nature, quitter ce monde/ cette vallée de larmes, retourner à la maison du Père **1. fam.** : aller ad patres/ chez les taupes/ sous les fleurs, s'en aller/ partir/ sortir entre quatre planches/ les pieds devant, avaler sa chique/ son bulletin/ son extrait de naissance, boire le bouillon d'onze heures, calancher, canner, casser sa pipe, champser, claboter, clamecer, clampser, claquer, crever, cronir, dégeler, déposer le bilan, dessouder, dévisser, éteindre sa lampe/ son gaz, faire couic/ le grand voyage/ sa malle/ son paquet/ sa valise, fermer son pébroc, lâcher la rampe/ les pédales, laisser ses guêtres/ ses houseaux, manger les mauves/ les pissenlits par la racine, passer l'arme à gauche, perdre le goût du pain, ramasser ses outils, rendre les clefs, tourner le coin **II. par ext. 1.** → FINIR **2.** → SOUFFRIR ◈ **CONTR. I.** → NAÎTRE **II.** → VIVRE **III.** → DURER **IV.** → REVIVRE

MOURON n.m. **I.** morgeline, stellaire **II.** → SOUCI **III. MOURON D'EAU** : samole

MOUSQUET, MOUSQUETON n.m. → FUSIL

MOUSSAILLON, MOUSSE n.m. → MARIN

MOUSSE I. n.f. 1. bulles, crème, écume, flocon, floculation, neige, spumosité **2.** bryon, hépatique, hypne, lichen, polytrie, sphaigne, usnée **II. n.m.** → MARIN

MOUSSE adj. → ÉMOUSSÉ

MOUSSELINE jabotière, linon, singalette, tarlatane

MOUSSEUX I. adj. → ÉCUMEUX **II. n.m.** : asti spumante, blanquette, roteuse (péj.), vin champagnisé/ méthode champenoise

MOUSSON n.f. → VENT

MOUSTACHE n.f. **I. fam. et/ ou vx** : bacchantes, baffies, bigottes, charmeuses, glorieuses, moustagaches **II. zool.** : vibrisses

MOUSTIQUE n.m. aède, anophèle, cousin, culex, maringouin, stégomie

MOÛT n.m. → JUS

MOUTARD n.m. → ENFANT

MOUTARDE n.f. **I.** sanve, sénevé **II.** → ASSAISONNEMENT

MOUTON n.m. **I. au pr. 1.** agneau, agnelle, antenais, bélier, bête à laine/ lanifère/ lanigère, broutard, ouaille, ovidé, oviné, ovin, robin (fam.), vassiveau → BREBIS **2. quelques races** : astrakan, avranchin, barbarin, berrichon, bizet, bleu du Maine, boukhara, caracul, caussenard, charmoise, cheviot, corriedale, cotentin, dishley, dorset, flamand, île de france, kent, lacaune, larzac, limousin, mérinos, pyrénées, romanoff, shetland, shropshire, solognot, southdown, texel **II. fig. 1.** → MOUCHARD **2.** → SALETÉ **3. techn.** → HIE **III. PEAU DE MOUTON. 1.** basane, peau de chamois **2.** canadienne, moumoute (fam.), paletot

MOUTONNER → FRISER

MOUTONNIER, ÈRE → GRÉGAIRE

MOUVANCE n.f. **vx** : tenure → DÉPENDANCE

MOUVANT, E I. agité, ambulant, animé, changeant, erratique, flottant, fluctueux, fluide, fugitif, instable, mobile, ondoyant, ondulant, onduleux, remuant, volant **II.** coulissant, glissant, roulant **III. vx** : muable, vagabond

◈ **CONTR.** → IMMOBILE

MOUVEMENT n.m. **I. d'une chose. 1.** action, agitation, animation, balancement, ballant, ballottement, battement, bouillonnement, branle, branlement, brimbalement, cadence, cahotement, changement, chavirement, circulation, cours, course, déplacement, élan, évolution, flottement, fluctuation, flux, frémissement, frétillement, frisson, glissement, houle, impulsion, lancée, libration, marche, mobilité, motilité, motricité, navette, onde, ondoiement, ondulation, oscillation, pulsation, reflux, remous, rotation, roulis, tangage, tourbillon, tournoiement, trajectoire, transport, tremblement, trépidation, turbulence, vacillation, va-et-vient, vague, valse, vibration, vol **2.** → FERMENTATION **3.** → TROUBLE **4.** → VARIATION **5.** → RYTHME **6.** → ÉVOLUTION **II. de quelqu'un. 1. au pr.** : activité, agitation, course, ébats, évolutions, exercice, geste, marche, remuement **2. par ext. mouvement de l'âme/ du cœur** : affection, amour, compassion, comportement, conation, conduite, effusion, élan, émoi, émotion, enthousiasme, envolée, impulsion, passion, pulsion, raptus (méd.), réaction, réflexe, sentiment, tendance, transport

◈ **CONTR. I.** → IMMOBILITÉ **II.** → TRANQUILLITÉ

MOUVEMENTÉ, E I. → ACCIDENTÉ **II.** → ANIMÉ

MOUVOIR I. quelque chose : actionner, agiter, animer, bouger, déclencher, déplacer, ébranler, faire agir/ aller/ marcher, manœuvrer, mettre en activité/ action/ branle/ mouvement/ œuvre, pousser, propulser, secouer **II. quelqu'un** : émouvoir, exciter, inciter, porter, pousser **III. v. pron.** : aller, aller et venir, avancer, bouger, circuler, couler, courir, déambuler, se déplacer, fonctionner, glisser, jouer, marcher, se promener, se remuer, rouler, se traîner

◆ CONTR. → ARRÊTER

MOYE ou **MOIE** → IMPERFECTION

MOYEN n.m. **I. au pr.** : biais, chemin, combinaison, demi-mesure, détour, expédient, façon, filon, fin, formule, instrument, intermédiaire, issue, joint, manière, marche à suivre, mesure, méthode, opération, ouverture, palliatif, plan, procédé, procédure, système, tactique, truc, voie – **vx** : adminicule, machine **II. fig.** : béquille, marche-pied, matériau, organe, outil, porte, ressort, tremplin, viatique **III. au pl. 1.** capacité, disposition, don, expédient, facilité, faculté, force, intelligence, mémoire, occasion, possibilité, pouvoir, prétexte, recette, ruse, stratagème, vivacité d'esprit **2. milit.** : logistique **IV. 1.** AU MOYEN DE : à l'aide de/ au prix, avec, grâce à, moyennant, par **2.** PAR LE MOYEN DE : canal, entremise, intermédiaire, instrument, truchement

◆ CONTR. I. → FIN II. → IMPUISSANCE

MOYEN, NE adj. **I. au pr.** → MITOYEN **II. par ext. 1.** banal, commun, courant, faible, intermédiaire, juste, médiocre, modéré, modeste, modique, ordinaire, passable, quelconque, terne **2.** acceptable, correct, honnête, honorable, passable, tolérable

◆ CONTR. I. → EXCESSIF II. → PETIT III. → GRAND IV. → GROS

MOYENNANT → MOYEN

MOYENNE n.f. → PROPORTION

M.S.S. spat. off. : multispectral scanner

MUCOSITÉ n.f. glaire, humeur, morve, mouchure, mucus, pituité, sécrétion, suc, suint

MUER → TRANSFORMER

MUET, TE I. → SILENCIEUX II. → INTERDIT

MUFLE n.m. I. → MUSEAU II. → IMPOLI

MUFLERIE n.f. → IMPOLITESSE

MUGIR I. au pr. : beugler, meugler II. fig. → CRIER

MUGISSEMENT n.m. → BEUGLEMENT

MUID n.m. → TONNEAU

MULÂTRE, MULÂTRESSE → MÉTIS

MULE n.f. I. → CHAUSSON II. → MÉTIS

MULET n.m. I. muge → POISSON II. brêle → MÉTIS

MULTIBAND CAMERA spat. off. : chambre multibandes

MULTICOLORE polychrome, versicolore

MULTIDISCIPLINAIRE inter/ pluridisciplinaire

MULTIFORME → VARIÉ

MULTINATIONAL, E plurinational

MULTIPLE I. → VARIÉ II. → NOMBREUX

MULTIPLICATION n.f. → REPRODUCTION

MULTIPLICITÉ n.f. → MULTITUDE

MULTIPLIER I. accroître, agrandir, amplifier, augmenter, centupler, cuber, décupler, doubler, entasser, exagérer, grossir, hausser, majorer, nonupler, octupler, peupler, propager, quadrupler, quintupler, répéter, reproduire, semer, septupler, sextupler, tripler, vingtupler **II. v. pron.** : croître, engendrer, essaimer, foisonner, fourmiller, peupler, procréer, proliférer, se propager, provigner, pulluler, se reproduire, surpeupler

◆ CONTR. I. → DIVISER II. → DIMINUER

MULTIPROCESSOR inform. off. : multiprocesseur

MULTISPECTRAL PHOTOGRAPHY spat. off. : photographie multibande

MULTISPECTRAL SCANNER spat. off. : scanner multibande (S.M.B.)

MULTITUDE n.f. abondance, affluence, afflux, amas, armée, avalanche, averse, chiée (grossier), cohue, concours de peuple, débordement, déluge, diversité, encombrement, essaim, fleuve, flopée, flot, foison, forêt, foule, fourmilière, fourmillement, grouillement, infinité, inondation, kyrielle, légion, mascaret, masse, mer, monde, multiplicité, nombre, nuée, peuple, pluralité, populace, presse, pullulement, quantité, rassemblement, régiment, ribambelle, surpeuplement, surpopulation, tas, torrent, tourbe, tourbillon, troupe, troupeau, vulgaire – **fam.** : foultitude, potée, tapée, tripotée

◆ CONTR. I. → ABSENCE II. → SOLITUDE

MUNI, E → FOURNI

MUNICIPAL, E communal, édilitaire, public, urbain

MUNICIPALITÉ n.f. → MAIRIE

MUNIFICENCE n.f. → GÉNÉROSITÉ

MUNIFICENT, E → GÉNÉREUX

MUNIR I. → FOURNIR II. v. pron. : s'armer, s'équiper, se pourvoir, se précautionner, se prémunir, prendre

◆ CONTR. → DÉMUNIR

MUR n.m. I. allège, brise-vent, cloison, clos, clôture, façade, garde-fou, muret, muretin, murette, parapet, paroi, porteur, refend **II. courtine**, enceinte, fortification, muraille, rempart **III.** → OBSTACLE **IV.** → APPUI

MÛR, E I. à point **II.** décidé, disposé, paré, prêt, propre à, susceptible de

◆ CONTR. **I.** : vert **II.** → PRÉMATURÉ **III.** → DÉSUET

MÛRE n.f. baie, framboise sauvage, mûron

MURAILLE n.f. **I.** → MUR **II.** → REMPART

MURER → FERMER

MÛRIR I. v. intr. 1. au pr. : aoûter, dorer, s'épanouir, grandir, grener (vx), venir à maturité **2. fig.** : cuire, se faire **II. v. tr.** : approfondir, combiner, concerter, digérer, étudier, méditer, mijoter, peser, préméditer, préparer, réfléchir, repenser, supputer

MÛRISSAGE n.m. maturation, mûrissement, nouaison, nouure, véraison

MURMURE n.m. **I.** → BRUIT **II.** → RUMEUR **III.** → GÉMISSEMENT

MURMURER I. v. intr. : bougonner, bourdonner, broncher, fredonner, geindre, gémir, grognasser, grogner, grognonner, grommeler, gronder, marmonner, marmotter, maronner, maugréer, se plaindre, protester, rogner, ronchonner – **fam. ou rég.** : grilloter (vx), grimoner, grimouler, groumer, hogner, mouffeter, mussiter, ragonner, râler, rougnonner, roumer **II. v. tr.** : chuchoter, dire, marmonner, marmotter, susurrer

◆ CONTR. → CRIER

MUSARD, E I. → FRIVOLE **II.** → PARESSEUX

MUSARDER → FLÂNER

MUSCADIN n.m. → ÉLÉGANT

MUSCAT n.m. dattier, frontignan, lacryma-christi, malaga, picardan

MUSCLE n.m. → FORCE

MUSCLÉ, E I. au pr. : athlétique, musculeux **II. par ext.** : baraqué, bien bâti/ charpenté/ constitué/ découplé/ fait, costaud, fort, mâle, puissant, râblé, robuste, solide, trapu, vigoureux, viril

MUSE n.f. **I.** → POÉSIE **II. 1.** Calliope, Clio, Érato, Euterpe, Melpomène, Polymnie, Terpschirore, Thalie, Uranie **2. au pl.** Camenæ (vx), neuf sœurs

MUSEAU n.m. **I. au pr.** : bouche, boutoir, groin, mufle, tête, truffe **II. fig.** → VISAGE

MUSÉE n.m. cabinet, collection, conservatoire, galerie, glyptothèque, muséum, pinacothèque, protomothèque, salon

MUSELER → TAIRE (FAIRE)

MUSER → FLÂNER

MUSETTE n.f. **I.** → CORNEMUSE **II.** → BAL **III.** → GIBECIÈRE

MUSÉUM n.m. → MUSÉE

MUSICAL, E → HARMONIEUX

MUSICIEN, NE I. accompagnateur, arrangeur, artiste, chanteur, chef d'orchestre, choriste, compositeur, contrapontiste, coryphée, croque-note (vx et péj.), exécutant, harmoniste, instrumentiste, joueur, maestro, maître de chapelle, mélodiste, mélomane, musicastre (péj.), musico (fam.), orchestrateur, orphéoniste, soliste, virtuose **II. 1.** accordéoniste, altiste, bassiste *ou* contrebassiste, bassoniste, batteur, clarinettiste, claveciniste, cornettiste, flûtiste, gambiste, guitariste, harpiste, hautboïste, mandoliniste, organiste, percussionniste, pianiste, saxophoniste, timbalier, trompettiste, violoncelliste, violoniste – **vx ou rég.** : cornemuseur *ou* cornemuseux, jongleur, ménétrier, sonneur, ménéstrel, tambourinaire, vielleux, violoneux **2. par le nom de l'instrument** : clairon, fifre, tambour, trombone, trompette **III. au pl.** : clique, ensemble, fanfare, formation, groupe, harmonie, jazz-band, lyre, maîtrise, octuor, orchestre, orchestre philharmonique, quatuor, quintette, septuor, sextuor, trio

MUSIQUE n.f. **I.** → HARMONIE **II.** → ORCHESTRE **III.** → RYTHME **IV.** → AIR **V.** → CONCERT **VI. instruments. 1.** *à vent* : → ANCHE, BOIS, BOMBARDE, CORNEMUSE, CUIVRES, FLÛTE **2.** → CLAVECIN, PIANO **3.** → CORDES, LYRE **4.** → BATTERIE, PERCUSSION, TAMBOUR **5.** ælodicon *ou* æoline, aérophone, harmonium, orgue, orgue de Barbarie **6.** → ACCORDÉON **7.** harmonica, ocarina **VII.** castagnettes, crécelle, harpe éolienne, rhombe, scie musicale

MUSOIR n.m. → MÔLE

MUSQUÉ, E → PRÉCIEUX

MUSULMAN, E I. n.m. 1. croyant, fidèle **2.** alaouite, chiite, druze, ismaélien, mahdiste, sunnite **3. vx** : mahométan, maure, sarrasin **II. adj.** coranique, islamique

MUTATION n.f. → CHANGEMENT

MUTATIONNISME II.m. → ÉVOLUTIONNISME

MUTER → DÉPLACER

MUTILATION n.f. **I.** → AMPUTATION **II.** → DIMINUTION

MUTILER I. altérer, amoindrir, amputer, autotomiser (s'), briser, casser, castrer, châtrer, circoncire, couper, déformer, dégrader, éborgner, écharper, émasculer, essoriller, estropier, exciser, léser, massacrer, raccourcir, rendre infirme, tronquer → BLESSER **II.** → FRUSTRER

◆ CONTR. → RÉPARER

MUTIN I. **n.m.** **1.** → RÉVOLTÉ **2.** → INSURGÉ **II. adj.**
→ ESPIÈGLE

MUTINER (SE) → RÉVOLTER (SE)

MUTINERIE n.f. **I.** → ÉMEUTE **II.** → RÉVOLTE

MUTING audiov. off. : silencieux

MUTISME n.m. → SILENCE

MUTITÉ n.f. amusie, aphasie, audi/ surdi-mutité, mutisme

MUTUEL, LE bijectif, bilatéral, identique, partagé, réciproque, surjectif, synallagmatique
◈ CONTR. → INDIVIDUEL

MUTUELLE n.f. → SYNDICAT

MUTUELLEMENT n.f. → RÉCIPROQUEMENT

MYGALE n.f. → ARAIGNÉE

MYOPE nom et adj. – fam. : besiclard, binoclard, bigle, bigleux, lunetteux, miro

MYOSOTIS n.m. borraginacée, forget-me-not, herbe d'amour, ne-m'oubliez-pas, oreille de souris, vergissmeinnicht

MYRIADE n.f. → QUANTITÉ

MYRMIDON n.m. → NAIN

MYROBOLAN n.m. → FRUIT

MYRRHE n.f. → AROMATE

MYRTILLE n.f. abrêtier, abrêt-noir, airelle, brimbelle, moret, raisin des bois, teint-vin, vaccinier

MYSTAGOGUE n.m. → INITIATEUR

MYSTÈRE n.m. **I. au pr.** : arcane, énigme, magie, obscurité, inconnu, voile → SECRET **II. par ext. 1.** → VÉRITÉ **2.** → PRUDENCE
◈ CONTR. → ÉVIDENCE

MYSTÉRIEUX, EUSE I. → SECRET **II.** → OBSCUR

MYSTICISME n.m. communication, contemplation, dévotion, extase, illuminisme, mysticité, oraison, sainteté, spiritualité, union à Dieu, vision → IDÉALISME
◈ CONTR. → RÉALISME

MYSTIFICATEUR, TRICE I. → ILLUSIONNISTE **II.** → TROMPEUR **III.** → FRIPON

MYSTIFICATION n.f. blague, canular → TROMPERIE

MYSTIFIER → TROMPER

MYSTIQUE I. adj. **1.** → SECRET **2.** → SYMBOLIQUE **3.** → RELIGIEUX **II. n.f.** : délire/ folie sacré (e) → FOI

MYTHE, MYTHOLOGIE n.m., n.f. → LÉGENDE

MYTHIQUE → FABULEUX

MYTHOMANE nom et adj. **I.** caractériel, fabulateur **II. par ext. 1.** → MENTEUR **2.** → HÂBLEUR

MYTILICULTEUR, TRICE boucholeur, bouchoteur

N

NABAB n.m. aisé, capitaliste, florissant, fortuné, heureux, milliardaire, millionnaire, multimillionnaire, nanti, opulent, parvenu, pécunieux, ploutocrate (péj.), possédant, pourvu, prince, prospère, renté, rentier, riche, richissime – **fam.**: argenteux, boyard, calé (vx), cossu, cousu d'or, crésus, galetteux, gros, huppé, milord, richard, rothschild, rupin, satrape
◈ CONTR. → MENDIANT

NABOT n.m. → NAIN

NACELLE n.f. **I.** barque, canot, embarcation, esquif, nef (vx) → BATEAU **II.** cabine, cockpit, habitacle

NACRÉ, E chromatisé, colombaire, irisé, moiré, opalin → BLANCHÂTRE

NAEVUS n.m. envie, grain de beauté

NAGE n.f. **I.** baignade, natation **II.** brasse (coulée), coupe, crawl, indienne, marinière, over arm stroke, papillon, sur le dos

NAGER I. baigner, flotter, naviguer, surnager, voguer **II.** → RAMER **III. NAGER DANS L'OPULENCE**: avoir du foin dans ses bottes, en avoir plein les poches, être riche *et les syn. de* riche, ne pas se moucher du coude, remuer l'argent à la pelle
◈ CONTR. → SOMBRER

NAGUÈRE I. → AUTREFOIS **II.** il y a peu (de temps) → RÉCEMMENT
◈ CONTR. **I.** → DEMAIN **II.** → MAINTENANT

NAÏADE n.f. déesse, dryade, hamadryade, hyade, napée, neek ou nixe (german.), néréide, nymphe, océanide, oréade

NAÏF, VE I. fav. ou neutre. 1. → NATUREL **2.** → SIMPLE **3.** → SPONTANÉ **II. non fav.**: avale-tout (-cru), benêt, bonhomme, crédule, couillon (mérid.), dupe, gille, gobe-mouches, gobeur, godiche, gogo, innocent, jeune (fam.), jo-

bard, nature, niais, nigaud, niquedouille, nunuche, oiselle, oison, pigeon, poire, pomme, simplet, zozo – **vx**: badin, claude, dandin, gobelet, nigaudi **III. arg.**: bobine, bonnard, carafe, cave, gadjo, miché, micheton, mimi, (fleur de) nave, navedu, pante, têtard, tronche (à l'huile) → BÊTE
◈ CONTR. → RUSÉ

NAIN, E adj. et n. **I.** lilliputien, myrmidon, pygmée **II. insultant**: avorton, bout d'homme, crapoussin, freluquet, gnome, homoncule, magot, microbe, nabot, pot à tabac, ragot, ragotin, rase-mottes, tom-pouce **III.** → PETIT
◈ CONTR. → GÉANT

NAISSANCE n.f. **I. au pr.**: nativité, venue au monde **II. par ext.**: accouchement, apparition, ascendance, avènement, commencement, début, éclosion, état, extraction, filiation, génération, genèse, germination, jour, maison, nom, origine, source → ENFANTEMENT **III. vx**: estoc, extrace, parage
◈ CONTR. **I.** → MORT **II.** → FIN

NAÎTRE I. au pr.: venir au monde, voir le jour **II. par ext. 1.** → VENIR DE **2.** → COMMENCER **3.** apparaître, éclore, s'élever, se former, germer, se lever, paraître, percer, poindre, pousser, sourdre, surgir, survenir **III. FAIRE NAÎTRE**: allumer, amener, apporter, attirer, causer, créer, déterminer, donner lieu, engendrer, entraîner, éveiller, exciter, faire, fomenter, inspirer, motiver, occasionner, produire, provoquer, susciter
◈ CONTR. **I.** → MOURIR **II.** → FINIR

NAÏVEMENT de façon → NAÏF *et les dérivés possibles en* -ment *des syn. de* naïf

NAÏVETÉ n.f. **I. fav. ou neutre**: abandon, bonhomie, candeur, droiture, franchise, ingénuité, innocence, naturel, simplesse, simplicité **II. non fav.**: angélisme, bonasserie, crédulité, jobarderie, moutonnerie, niaiserie → BÊTISE

◇ CONTR. **I.** → RUSE **II.** → FINESSE

NANISME n.m. achondroplasie, micromélie

◇ CONTR. : gigantisme

NANTI, E I. → FOURNI **II.** aisé, à l'aise, cossu (fam.), florissant, fortuné, heureux, muni, opulent, parvenu, possédant, pourvu, prospère, renté → RICHE

◇ CONTR. **I.** → PAUVRE **II.** → DÉMUNI

NANTIR (DE) armer, assortir, fournir, garnir, meubler, munir, pourvoir, procurer

◇ CONTR. → DÉMUNIR

NANTISSEMENT n.m. antichrèse, aval, caution, cautionnement, couverture, dépôt, gage, garantie, hypothèque, privilège sûreté

NAPÉE n.f. → NYMPHE

NAPPE n.f. → COUCHE

NAPPER → RECOUVRIR

NAPPERON n.m. dessous (d'assiettes), set (de table), tavaïolle (liturg.)

NARCISSISME n.m. → ÉGOÏSME

NARCOSE n.f. **par ext.** : anesthésie, assoupissement, coma, engourdissement, hypnose, léthargie, sommeil, somnolence, sopor, torpeur

NARCOTIQUE n.m. et adj. **I.** assommant, assoupissant, dormitif, hypnotique, neuroleptique, psycholeptique, psychotrope, sédatif, somnifère, soporatif, soporeux, soporifère, soporifique, sécurisant, tranquillisant **II.** adoucissant, analgésique, anesthésique, antalgique, antipyrétique, antispasmodique, apaisant, balsamique, calmant, consolant, lénifiant, lénitif, parégorique, rafraîchissant, relaxant, reposant, vulnéraire → DROGUE

NARGUER affronter, aller au-devant de, attaquer, braver, défier, engeoller (vx), faire face à, se heurter à, jeter le gant, lutter contre, menacer, se mesurer à, se moquer de, morguer, offenser, s'opposer à, pisser au bénitier (grossier), provoquer, relever le défi, rencontrer

◇ CONTR. → RESPECTER

NARINE n.f. museau, naseau, orifice nasal, trou de nez (fam.) → NEZ

NARQUOIS, E I. au pr. → GOGUENARD, TAQUIN **II. par ext. 1.** → HÂBLEUR **2.** farceur, ficelle, fin, finaud, fine mouche, futé, malicieux, matois, renard, roublard, roué, rusé, sac à malices (fam.) → MALIN

◇ CONTR. → RESPECTUEUX

NARQUOISEMENT de façon → NARQUOIS *et les dérivés possibles en -ment des syn. de* narquois

NARRATEUR, TRICE auteur, conteur, diseur → ÉCRIVAIN

◇ CONTR. → PUBLIC

NARRATION n.f. **I.** composition française, dissertation, rédaction **II.** anecdote, compte rendu, exposé, exposition, factum (jurid. ou péj.), histoire, historiette, historique, journal, mémorial, nouvelle, rapport, récit, relation, tableau

NARRER conter, décrire, dire, exposer, faire un récit, raconter, rapporter, relater, retracer

◇ CONTR. → TAIRE

NASARDE n.f. → CAMOUFLET

NASEAU n.m. → NARINE

NASILLEMENT n.m. nasonnement

NASILLER → PARLER

NASSE n.f. → PIÈGE

NATATION n.f. baignade → NAGE

NATIF, VE I. issu de, né, originaire de, venu de → NATUREL **II. vx** : congénital, infus, inné, naturel, personnel → INHÉRENT

◇ CONTR. → ÉTRANGER

NATION n.f. cité, collectivité, communauté, entité, État, ethnie, gent, patrie, pays, peuple, population, puissance, race, république, royaume, territoire

NATIONAL, E I. → INDIGÈNE **II.** → PATRIOTE

NATIONALISATION n.f. → COLLECTIVISATION

NATIONALISER collectiviser, déprivatiser, étatifier, étatiser, exproprier, réquisitionner, socialiser

◇ CONTR. → PRIVATISER

NATIONALISME n.m. chauvinisme (péj.), civisme, ethnocentrisme, patriotisme

◇ CONTR. : internationalisme

NATIONALISTE nom et adj. patriote, patriotique – **péj.** : chauvin, cocardier, patriotard

◇ CONTR. : anarchiste, internationaliste, libertaire

NATIVITÉ n.f. noël → NAISSANCE

NATTE n.f. **I.** → TRESSE **II. mar.** : paillet

NATTER → TRESSER

NATURALISATION n.f. **I.** acclimatation, acclimatement, adoption **II.** empaillage, taxidermie

NATURALISER conserver, empailler

NATURALISME n.m. → RÉALISME

NATURALISTE n.m. ou f. **I.** botaniste, entomologiste, (h)erpétologiste, minéralogiste, zoologiste **II.** empailleur, taxidermiste **III.** matérialiste, mécaniste, réaliste

◇ CONTR. → SPIRITUALISTE

NATURE n.f. **I.** → UNIVERS **II.** → ESSENCE **III.** → GENRE **IV.** → VÉRITÉ **V. par ext.** : caractère, carcasse (fam.), charnure, cœur, complexion, constitution, diathèse, disposition, esprit, état, génie, humeur, idiosyncrasie, inclination, innéité, mœurs, naturel, pâte (fam.), penchant, personnalité, sanité, santé, tempérament, trempe, vitalité ◊ CONTR. → CIVILISATION

NATUREL, LE I. nom. 1. → NATURE **2.** aborigène, habitant, indigène → NATIF **3.** → AISANCE **II. adj. 1.** → AISÉ **2.** → INNÉ **3.** biologique, écologique → BRUT **4.** authentique, commun, cru, direct, familier, improvisé, naïf, natif, nature, normal, propre, simple, spontané → SINCÈRE ◊ CONTR. **I.** → ÉTRANGER **II.** *les part. passés possibles des syn. de* frelater

NATURELLEMENT → SIMPLEMENT

NATURISTE n.m. ou f. culturiste, nudiste

NAUFRAGE n.m. **I.** → CABANAGE **II.** → PERTE **III.** → RUINE

NAUFRAGEUR n.m. → SABOTEUR

NAUSÉABOND, E I. abject, dégoûtant, écœurant, grossier, horrible, ignoble, immangeable, immonde, infect, innommable, insupportable, malpropre, nauséeux, peu ragoûtant, rebutant, repoussant, sale, sordide – fam. : cochon, dégueulasse, merdique **II.** empesté, empuanti, fétide, méphitique, nidoreux, pestilentiel, puant, punais ◊ CONTR. → DÉLECTABLE

NAUSÉE n.f. **I. au pr.** : écœurement, envie de rendre/ vomir, haut-le-cœur, mal de cœur/ de mer, naupathie, soulèvement d'estomac, vomissement **II. par ext.** → DÉGOÛT **III. fig.** → ÉLOIGNEMENT ◊ CONTR. → APPÉTENCE

NAUSÉEUX, EUSE → NAUSÉABOND

NAUTIQUE → MARIN

NAUTONIER n.m. **I. au pr.** : barquier (rég.), barreur, canotier, capitaine (par ext.), homme de barre, lamaneur, locman, nocher, pilote, rameur, timonier **II. par ext.** : conducteur, directeur, guide, mentor, responsable

NAVAL, E → MARIN

NAVET n.m. **I. par ext. 1.** bryone, chou-rave, rutabaga, turnep **2. vx** : naveau, oliovier de savetier (mérid.) **II. péj.** → PEINTURE

NAVETTE n.f. **I.** bac, ferry-boat, va-et-vient **II.** allée et venue, balancement, branle, course, navigation, voyage **III.** → AÉRODYNE

NAVIGATEUR n.m. **I.** → MARIN **II.** → PILOTE

NAVIGATION n.f. **I.** avalage, bornage, cabotage, long cours, manœuvre, navigage (vx), tramping **II.** batellerie, flotte, marine **III.** → PILOTAGE

NAVIGUER bourlinguer, caboter, cingler, croiser, évoluer, faire route, fendre les flots, filer, nager, piloter, sillonner, voguer, voyager – vx : sigler, siller ◊ CONTR. : être à l'ancre/ au mouillage/ au port/ au repos/ à terre

NAVIPLANE n.m. aéroglisseur, hovercraft

NAVIRE n.m. **I.** → BATEAU **II.** → SOUS-MARIN

NAVRANT, E → PITOYABLE

NAVREMENT n.m. → TRISTESSE

NAVRER I. affecter, affliger, agacer, angoisser, assombrir, attrister, chagriner, consterner, contrarier, contrister, décevoir, déchirer, dépiter, désappointer, désenchanter, désespérer, désoler, endeuiller, endolorir, ennuyer, fâcher, faire de la peine, faire souffrir, fendre le cœur, gêner (vx), inquiéter, mécontenter, mortifier, oppresser, peiner, percer le cœur, rembrunir, torturer, tourmenter, tracasser, tuer (fig.) **II. vx** → BLESSER ◊ CONTR. **I.** → RÉCONFORTER **II.** → RÉJOUIR

NAZI, E chemise brune, hitlérien, national-socialiste, nazillon, S.A., S.S

NAZISME n.m. hitlérisme, national-socialisme → ABSOLUTISME

NÉ, E apparu, avenu, créé, descendu de, éclos, enfanté, engendré, formé, incarné, issu de, natif de, originaire de, sorti de, venu de ◊ CONTR. → MORT

NÉANMOINS avec tout cela, cependant, en regard de, en tout cas, mais, malgré cela, malgré tout, n'empêche que, nonobstant (vx), pourtant, toujours est-il, toutefois

NÉANT I. n.m. 1. au pr. : espace infini, vacuité, vide **2. fig.** : bouffissure, boursouflure, chimère, enflure, erreur, fatuité, fragilité, frivolité, fumée, futilité, infatuation, illusion, inanité, inconsistance, insignifiance, inutilité, mensonge, prétention, vanité, vapeur, vent, vide **II. adv.** → RIEN ◊ CONTR. **I.** essence, être, existence **II.** → VIE

NEARLY PARABOLIC ORBIT spat. off. : orbite quasi parabolique

NÉBULEUX, EUSE I. au pr. : assombri, brumeux, chargé, couvert, embrumé, épais, nuageux, nubileux (vx), voilé **II. fig.** : abscons, abstrus, amphigourique, cabalistique, caché, complexe, compliqué, confus, difficile, diffus, douteux, énigmatique, en jus de boudin (fam.), entortillé, enveloppé, équivoque, ésotérique, filandreux, flou, fumeux, hermétique, impénétrable, incompréhensible, inexplicable, inextricable, inintelligible, insaisissable, louche, mystérieux, nuageux, obscur, secret, sibyllin, touffu, trouble, vague, vaseux, voilé

◆ CONTR. I. → CLAIR II. → PRÉCIS

NÉBULOSITÉ n.f. I. → NUAGE II. → OBSCURITÉ

NÉCESSAIRE n.m. → TROUSSE

NÉCESSAIRE adj. I. apodictique, essentiel, impératif, important, indispensable, logique, précieux, primordial, utile II. → INÉVITABLE III. → OBLIGATOIRE

◆ CONTR. I. → CONTINGENT II. → SUPERFLU

NÉCESSAIREMENT de façon → NÉCESSAIRE et les dérivés possibles en -ment des syn. de nécessaire

NÉCESSITÉ n.f. I. destin, déterminisme, fatalité, logique II. → BESOIN III. → PAUVRETÉ IV. → GÊNE V. → DEVOIR VI. → OBLIGATION

◆ CONTR. I. → CAS II. → LUXE

NÉCESSITER I. appeler, mériter, requérir → RÉCLAMER II. → OCCASIONNER III. → OBLIGER

◆ CONTR. → ÉLIMINER

NÉCESSITEUX, EUSE I. appauvri, besogneux, clochard, démuni, disetteux (vx), économiquement faible, famélique, fauché, gêné, humble, impécunieux, indigent, loqueteux, malheureux, mendiant, meurt-de-faim, misérable, miséreux, nu, pauvre, prolétaire, va-nu-pieds – **péj.**: gueux, pouilleux II. **fam.**: crève-la-faim, marmiteux, mendigot, panné, paumé, pilon, purée, purotin

◆ CONTR. → NANTI

NÉCROMANCIEN, NE I. → DEVIN II. → MAGICIEN

NÉCROPOLE n.f. catacombe, champ des morts/ du repos, charnier, cimetière, colombarium, crypte, ossuaire

NECTAR n.m. I. **au pr.**: miellée II. **par ext.** 1. ambroisie 2. → BOISSON

NECTARINE n.f. brugnon

NEF n.f. → NACELLE

NÉFASTE déplorable, dommageable, fâcheux, fatal, funeste, malheureux, mauvais, mortel → DÉFAVORABLE

◆ CONTR. → FAVORABLE

NÉGATIF, IVE I. → NUL II. → DÉFAVORABLE

NÉGATION n.f. I. négative II. **par ext.**: annulation, condamnation, contradiction, contraire, nihilisme, refus

◆ CONTR. → AFFIRMATION

NÉGATIVEMENT de façon → DÉFAVORABLE et les dérivés possibles en -ment des syn. de défavorable

NÉGLIGÉ, E I. **adj.** 1. → ABANDONNÉ 2. débraillé, déparpillé (rég.), dépenaillé, dépoi-

traillé, gavache (vx), lâché, peu soigné/ soigneux, relâché → MALPROPRE II. **nom**: déshabillé, petite tenue, salopette, tenue d'intérieur

◆ CONTR. I. → SOIGNÉ II. → ÉLÉGANT

NÉGLIGEABLE I. → MÉDIOCRE II. → ACCESSOIRE

NÉGLIGEMMENT avec → NÉGLIGENCE, de façon → NÉGLIGENT et les dérivés possibles en -ment des syn. de négligent

NÉGLIGENCE n.f. I. → ABANDON II. → INATTENTION III. → PARESSE IV. → INEXACTITUDE

NÉGLIGENT, E I. désordonné, insouciant, oublieux, sans-soin II. → PARESSEUX III. → DISTRAIT

◆ CONTR. → SOIGNEUX

NÉGLIGER I. → ABANDONNER II. → OMETTRE

NÉGOCE n.m. → COMMERCE

NÉGOCIABLE I. → CESSIBLE II. → VALABLE

NÉGOCIANT, E → COMMERÇANT

NÉGOCIATEUR, TRICE agent, ambassadeur, arbitre, chargé d'affaires/ de mission, conciliateur, délégué, député, diplomate, entremetteur, intermédiaire, manœuvrier, ministre plénipotentiaire, monsieur «bons offices» (fam.), ombudsman, parlementaire, truchement

NÉGOCIATION n.f. I. **neutre**: conversation, échange de vues, pourparler, tractation, transaction II. **non fav.**: marchandage

◆ CONTR. → CONFLIT

NÉGOCIER I. → PARLEMENTER II. → TRAITER III. → TRANSMETTRE IV. → VENDRE

NÈGRE, NÉGRESSE I. africain, antillais, personne de couleur, noir II. **fam.**: black, kebla (verlan) – **injurieux et raciste**: bamboula (vx), bougnoul (vx), boule de neige (vx), gobi (vx), mal blanchi, moricaud, négro, noiraud, noirpiaud ou noirpiot III. **fig.** → ASSOCIÉ

NEGRO SPIRITUAL n.m. gospel

NEIGER floconner

NEMROD n.m. → CHASSEUR

NÉNUPHAR n.m. → NYMPHÉA

NÉOLOGISME n.m. mot-valise

NÉOPHYTE n.m. ou f. → NOVICE

NÉPOTISME n.m. → FAVORITISME

NERF n.m. I. **au pr.** → TENDON II. **par ext.** → FORCE

NERVEUSEMENT avec → NERVOSITÉ, de façon → NERVEUX et les dérivés possibles en -ment des syn. de nerveux

NERVEUX, EUSE I. filandreux, tendineux II. agité, brusque, émotif, énervé, excité, fébrile, hypertendu, hystérique, impatient, inquiet, irritable, névrosé, névrotique → TROUBLÉ **III.** → CONCIS **IV.** → VIF

◆ CONTR. **I.** → MOU **II.** → LÂCHE **III.** → FLEGMATIQUE

NERVI n.m. → VAURIEN

NERVOSITÉ n.f. **I.** → AGITATION **II.** agacement, énervement, éréthisme, exaspération, fébrilité, surexcitation **III. par ext.** : athétose, hystérie, nervosisme, névrose, névrosisme

◆ CONTR. → FLEGME

NERVURE n.f. filet, ligne, moulure, pli

NET, NETTE I. → PUR **II.** → CLAIR **III.** → VISIBLE **IV.** → VIDE

NETTEMENT de façon → NET *et les dérivés possibles en -ment des syn. de net*

NETTETÉ n.f. **I.** → PROPRETÉ **II.** → VÉRITÉ **III.** → CLARTÉ

NETTOIEMENT et **NETTOYAGE** n.m. abrasion, absterstion, assainissement, astiquage, balayage, bichonnage, blanchiment, blanchissage, brossage, coup de balai, curage, curetage, débarbouillage, déblaiement, décantation, décapage, décrassage, décrottage, dégagement, dégraissage, dépollution, dérochage, désinfection, désinsectisation, détersion (méd.), époussetage, épuration, épurement, essuyage, filtrage, fourbissage, lavage, lessivage, ménage, purification, rangement, ravalement, récurage, sablage, savonnage, toilette, vidange

◆ CONTR. → SOUILLURE

NETTOYER I. abraser, absterger (vx), approprier, assainir, astiquer, balayer, battre, bichonner (fam.), blanchir, bouchonner, briquer (fam.), brosser, cirer, curer, dépolluer, débarbouiller, débourber, décaper, décrasser, décrotter, dégraisser, démaquiller, dépoussiérer, dérocher, dérouiller, désincruster, désinfecter, désinsectiser, dessuinter, détacher, détartrer, déterger, draguer, ébarber, ébavurer, éclaircir, écouvillonner, écurer, enlever la saleté, éplucher, épousseter, essanger, essuyer, étriller, faire la toilette, filtrer, fourbir, frotter, gratter, housser, laver, lessiver, monder, moucher, nettifier, polir, poncer, purger, purifier, racler, ragréer, ramoner, rapproprier, ravaler, récurer, rincer, sabler, savonner, toiletter, torcher, torchonner, vanner, vergeter, vidanger **II.** épouiller, épucer → DÉBARRASSER **III. v. pron.** : s'ajuster, se coiffer, faire sa toilette/ sa plume (fam.), procéder à ses ablutions *et les formes pron. possibles des syn. de* nettoyer

◆ CONTR. **I.** → SALIR **II.** → TERNIR **III.** → REMPLIR

NETTOYEUR, EUSE assainisseur, dépollueur

NEUF, VE I. → NOUVEAU **II.** → NOVICE **III.** → ORIGINAL

NEURASTHÉNIE n.f. → MÉLANCOLIE

NEUROLEPTIQUE n.m. → NARCOTIQUE

NEUTRALISER → ÉTOUFFER

NEUTRALITÉ n.f. abstention, amoralité, apolitisme, impartialité, impersonnalité, indifférence, indifférentisme, laïcité, non-alignement, non-belligérance, non-engagement, non-intervention, objectivité

◆ CONTR. **I.** → BELLIGÉRANCE **II.** → ZÈLE

NEUTRE I. épicène **II.** → INDIFFÉRENT

NEUTRON GRAPHY **nucl. off.** : neutronographie

NEUTRON THERAPY **nucl. off.** : neutronothérapie

NEUVAINE n.f. ennéade

NEVEU n.m. **au pl.** → POSTÉRITÉ

NÉVRALGIE n.f. migraine → DOULEUR

NÉVROSE et **NÉVROSISME** n.f., n.m. **I.** angoisse, anxiété, dépression, lypémanie, mélancolie (pathologique), mythomanie, nosophobie, neurasthénie, névropathie **II.** acrophobie, agoraphobie, algophobie, anémophobie, anonymographie, arithmomanie, bélonéphobie, claustrophobie, éreuthophobie, hantise, hydrophobie, hystérie, pantophobie, photophobie, vénéréophobie, zoophobie **III.** démonomanie, érotomanie, monomanie, obsession **IV. par ext.** → NERVOSITÉ

◆ CONTR. : bonne santé, équilibre

NÉVROSÉ, E → NERVEUX

NEW LOOK n.m. **off.** → MODE

NEZ n.m. **I. au pr. 1. arg.** : appendice, aubergine, baigneur, betterave, blair, blaireau, blase, caillou, croquant, fanal, fer à souder, mufle, naseau, naze, organe, os à moelle, patate, pif, piment, pinceau, pitard, piton, priseur, quart de brie, reniflant, renifloir, ronflant, ruche, tarbouif, tarbusse, tarin, tasseau, tomate, tourniquet, trompe, trompette, truffe, tubard, tube **2. du chien** : museau, truffe **II. par ext. 1.** → VISAGE **2.** → ODORAT **3.** → PÉNÉTRATION **III. 1. MONTRER LE NEZ** → MONTRER (SE) **2. METTRE LE NEZ DEHORS** → SORTIR **3. FOURRER/ METTRE SON NEZ** → INTERVENIR **4. MENER PAR LE BOUT DU NEZ** → GOUVERNER

NIAIS, E I. → BÊTE **II.** → NAÏF

NIAISEMENT avec → NIAISERIE, de façon → NIAIS *et les dérivés possibles en -ment des syn. de* niais

NIAISERIE n.f. **I. de quelqu'un. 1.** → BÊTISE **2.** → SIMPLICITÉ **II. une chose** → BAGATELLE

NICHE n.f. **I.** → CAVITÉ **II.** attrape, blague, espièglerie, facétie, farce, malice, tour → PLAISANTERIE

NICHÉE n.f. I. → PORTÉE II. → FAMILLE

NICHER I. airer, aponicher (rég.), nidifier II. → DEMEURER

NICHON n.m. → SEIN

NID n.m. I. au pr.: 1. aire, boulin, chaudron (vén.), couvoir, nichoir 2. rég.: aponichoir, ponichon II. fig. → MAISON

NIELLE n.f. I. nigelle II. gerzeau, lychnis

NIER I. au pr.: aller à Niort (arg.), contester, contredire, démentir, démonter, dénier, se défendre de, désavouer, disconvenir, s'inscrire en faux, mettre en doute, protester II. par ext. → REFUSER

◆ CONTR. → AFFIRMER

NIGAUD, E I. → NAÏF II. → BÊTE

NIGAUDERIE n.f. → BÊTISE

NIGHT-CLUB n.m. → CABARET

NIHILISME n.m. → SCEPTICISME

NIHILISTE nom et adj. → RÉVOLUTIONNAIRE

NIMBE n.m. aréole, aura, auréole, cercle, cerne, couronne, diadème, gloire, halo

NIMBER → COURONNER

NIPPE n.f. → VÊTEMENT

NIPPER → VÊTIR

NIPPON, NE citoyen/ habitant du pays du Soleil-Levant, japonais

NIQUE (FAIRE LA) n.f. → RAILLER

NIRVÂNA n.m. → PARADIS

NITOUCHE (SAINTE) n.f. → PATELIN

NIVÉAL, E → HIBERNAL

NIVEAU n.m. I. au pr.: cote, degré, étage, hauteur, palier, plan II. nivelette, nivelle III. fig.: échelle, standing, train de vie

NIVELER aplanir, araser, combler, écrêter, égaliser, raboter, régaler, unifier, uniformiser

◆ CONTR. → DIFFÉRENCIER

NIVELLEMENT n.m. I. aplanissement, arasement, écrêtement, égalisation, laminage, régalage, régalement, terrassement II. → UNIFICATION

◆ CONTR. → DIFFÉRENCIATION

NOBILIAIRE I. n.m.: armorial, généalogie II. adj.: aristocratique, généalogique

◆ CONTR. → PROLÉTAIRE

NOBLE nom et adj. I. adalingue, amenokal (touareg), aristocrate, boyard, burgrave, cavalier, chevalier, écuyer, effendi (turc), gentilhomme, grand, hidalgo (esp.), homme bien né/ de condition/ d'épée/ de qualité/ titré, jonkheer (Hollande), junker (Prusse), kami (Japon), lord ou milord (Angl.) mar-grave, né, patricien, richomme (vx), seigneur, staroste (Pologne), thane (Écosse) II. péj.: aristo, ci-devant, gentillâtre, hobereau, noblaillon, noblereau, nobliau III. par ext. 1. → ÉLEVÉ 2. → GÉNÉREUX 3. → BEAU 4. → DISTINGUÉ

◆ CONTR. I. → ROTURIER II. → VIL III. → FAMILIER

NOBLEMENT avec → NOBLESSE, de façon → NOBLE *et les dérivés possibles en* -ment *des syn. de* noble

NOBLESSE n.f. I. au pr.: aristocratie, élite, gentilhommerie, gentry, lignage, lignée, maison, naissance, nobilité, qualité, sang bleu – péj.: gentillâtrerie, noblaillerie II. par ext. 1. → ÉLÉVATION 2. → GÉNÉROSITÉ 3. → CHOIX

◆ CONTR. I. → PEUPLE II. → BASSESSE III. → SIMPLICITÉ

NOCE n.f. I. → MARIAGE II. → FESTIN III. → DÉBAUCHE

NOCEUR, EUSE → DÉBAUCHÉ

NOCHER n.m. → PILOTE

NOCIF, VE → MAUVAIS

NOCIVITÉ n.f. malignité, nocuité, nuisance, toxicité

◆ CONTR. → INNOCUITÉ

NOCTAMBULE nom et adj. → FÊTARD

NOCUITÉ n.f. → NOCIVITÉ

NODES spat. off.: nœuds

NODOSITÉ n.f. excroissance, loupe, nodule, nœud, nouure, renflement, tubercule

NOËL n.m. nativité, solstice d'hiver

NŒUD n.m. I. au pr. → ATTACHE II. par ext. 1. → PÉRIPÉTIE 2. → CENTRE 3. → ARTICULATION III. principaux nœuds: d'agui ou de chaise, attrape-nigaud, bonnet turc, de cabestan, de calick, de capelage, clef, de croc, cul-de-porc, demi-chef, diamant à brins, d'écoute, d'épissure ou de tisserand, étalingure, de grappin, de huit, jambe de chien, de ligne, œil épissé, patte d'oie, de pendu, plat, de Prusik, de vache

NOIR, E I. nom → NÈGRE II. adj. 1. → OBSCUR 2. → BASANÉ 3. → TRISTE 4. → MÉCHANT 5. blas.: sable

NOIRÂTRE I. chaudronné, ébénéen, enfumé, hâlé, noiraud, noirpiaud (rég.) II. → BASANÉ III. → BOUCANÉ

◆ CONTR. → BLANCHÂTRE

NOIRCEUR n.f. I. au pr. → OBSCURITÉ II. fig. → MÉCHANCETÉ

NOIRCIR I. v. tr. 1. charbonner, mâchurer 2. → DÉNIGRER 3. → SALIR II. v. intr. → BRONZER

NOISE n.f. → DISCUSSION

NOISERAIE n.f. coudraie

NOISETIER n.m. avelinier, coudre, coudrier

NOISETTE n.f. I. aveline, coquerelle (blas.) II. → BRUN

NOIX n.f. I. cerneau II. NOIX DE CAJOU : anacarde III. **arg.** → FESSIER

NOLI-ME-TANGERE n.m. ou f. balsamine, impatiente

NOLIS n.m. → FRET

NOLISEMENT n.m. → AFFRÈTEMENT

NOLISER → FRÉTER

NOM n.m. I. appellation, blase (arg.), dénomination, désignation, état-civil, label, marque, mot, patronyme, prénom, pseudonyme, sobriquet, surnom, terme, titre, vocable II. **gram.** : substantif III. **par ext.** → RÉPUTATION

NOMADE nom et adj. ambulant, changeant, errant, forain, instable, mobile, vagabond → TZIGANE

◆ CONTR. → SÉDENTAIRE

NOMBRE n.m. I. **au pr.** : chiffre, numéro, quantième II. **par ext.** 1. → QUANTITÉ 2. → HARMONIE

NOMBRER I. → ÉVALUER II. → DÉNOMBRER

NOMBREUX, SE I. fort, innombrable, innumérable, maint, multiple → ABONDANT II. → HARMONIEUX

◆ CONTR. → RARE

NOMBRIL n.m. ombilic → CENTRE

NOMENCLATURE n.f. → LISTE

NOMINAL, E → INDIVIDUEL

NOMINALEMENT à part, de façon → INDIVIDUEL, en particulier *et les dérivés possibles en* -ment *des syn. de* individuel

NOMINATION n.f. affectation, choix, désignation, élévation, installation, mouvement, promotion, régularisation, titularisation

◆ CONTR. I. → OMISSION II. → DÉCHÉANCE

NOMINATIVEMENT et **NOMMÉMENT** → NOMINALEMENT

NOMMER I. → APPELER II. → AFFECTER III. → INDIQUER IV. → CHOISIR

NON négatif, nenni (vx) → RIEN

NON-ACTIVITÉ n.f. chômage, congé, disponibilité, inactivité, oisiveté, réserve, retraite

◆ CONTR. → ACTIVITÉ

NONCE n.m. légat, prélat, vicaire apostolique → AMBASSADEUR

NONCHALAMMENT de façon → PARESSEUX *et les dérivés possibles en* -ment *des syn. de* paresseux

NONCHALANCE et **NONCHALOIR** n.f., n.m. I. → MOLLESSE II. → PARESSE III. → INDIFFÉRENCE

NONCHALANT, E → PARESSEUX

NON-CONFORMISTE → ORIGINAL

NONNE et **NONNAIN** béguine, carmélite, congréganiste, dame, fille, mère, moniale, nonnette, novice, religieuse, sœur

NONOBSTANT (vx) au mépris de, contre, en dépit de, malgré, n'en déplaise à → CEPENDANT

◆ CONTR. → AVEC

NON-SENS n.m. absurdité, contradiction, contresens, erreur, faute, galimatias, tautologie → BÊTISE

◆ CONTR. → BON SENS

NON(-)STOP off. → CONTINU

NON-VALEUR n.f. bon à rien, fruit sec, incapable, inconsistant, inexistant, lamentable, minable (fam.), nul, nullard, nullité, pauvre type, sans mérite, sans valeur, zéro → PARESSEUX

◆ CONTR. → VALEUR

NON-VIOLENCE n.f. résistance passive

◆ CONTR. → VIOLENCE

NORD n.m. I. arctique, borée, septentrion II. PERDRE LE NORD. 1. → AFFOLER (S') 2. → TROMPER (SE)

◆ CONTR. → SUD

NORD-AFRICAIN, E → MAGHRÉBIN

NORD-AMÉRICAIN, E I. canadien, québéquois II. → YANKEE

NORDIQUE arctique, boréal, hyperboréen, nordiste, septentrional

◆ CONTR. → AUSTRAL

NORIA n.f. sakièh

NORMAL, E I. aisé, arrêté, banal, calculé, classique, décidé, déterminé, exact, fixé, habituel, inné, mesuré, méthodique, moyen, naturel, ordonné, organisé, ponctuel, raisonnable, rationnel, rangé, régulier, systématique II. → SIMPLE III. → RAISONNABLE

◆ CONTR. I. → PARTICULIER II. → BIZARRE

NORMALEMENT de façon → NORMAL *et les dérivés possibles en* -ment *des syn. de* normal

NORMALISATION n.f. I. alignement, institutionnalisation, régularisation II. automatisation, codification, division du travail, formulation, rationalisation, spécialisation, stakhanovisme, standardisation, taylorisation, taylorisme

◆ CONTR. → DISTINCTION

NORMALISER aligner, automatiser, codifier, conformer à, mesurer, mettre aux normes *et les syn. de* norme, modeler, rationaliser, réglementer, tracer → FIXER

◇ CONTR. → DIVERSIFIER

NORMATIF, VE directif

NORME n.f. arrêté, canon, charte, code, convention, cote, coutume, formule, ligne, loi, mesure, modèle, ordre, précepte, prescription, protocole, règle, règlement → PRINCIPE

◇ CONTR. → BIZARRERIE

NOROIS ou **NOROÎT** n.m. → VENT

NORROIS n.m. germanique septentrional, nordique, tudesque

NOSE CONA spat. off. : coiffe, pointe (de fusée-sonde)

NOSTALGIE n.f. ennui, languisson (mérid.), mal du pays, spleen → REGRET

◇ CONTR. → BONHEUR

NOSTALGIQUE → TRISTE

NOTABILITÉ n.f. **I. au pr.** : figure, grand, monsieur, notable, personnage, personnalité, puissant, quelqu'un, sommité, vedette **II. fam.** : baron, bonze, gros, gros bonnet, grosse légume, huile, huile lourde, important, légume, lumière, mandarin, manitou, pontife, V. I. P. – **péj.** : magnat, satrape

◇ CONTR. → SUBORDONNÉ

NOTABLE I. adj. : brillant, considérable, distingué, éclatant, émérite, épatant (fam.), étonnant, extraordinaire, formidable, frappant, glorieux, important, insigne, marquant, marqué, mémorable, parfait, particulier, rare, remarquable, saillant, saisissant, sensible, signalé, supérieur **II. nom** → NOTABILITÉ

◇ CONTR. → SUBORDONNÉ

NOTABLEMENT de façon → NOTABLE *et les dérivés possibles en* -ment *des syn. de* notable

NOTAIRE n.m. attorney (angl.), officier ministériel, tabellion (vx ou péj.)

NOTAMMENT d'abord, entre autres, par exemple, particulièrement, pour ne citer que, principalement, singulièrement, spécialement

◇ CONTR. : nullement, pas du tout

NOTATION n.f. → PENSÉE

NOTE n.f. **I. à titre privé. 1.** → ADDITION **2.** analyse, annotation, aperçu, apostille, appréciation, avertissement, commentaire, compte rendu, critique, esquisse, explication, exposé, glanure, glose, introduction, mémento, mémorandum, nota bene, notule, observation, pièces, post-scriptum, préface, rapport, récit, réflexion, relation, remarque, renvoi, scolie, topo **II. à titre public ou officiel** : annonce, avertissement, avis, communication, communiqué, déclaration, dénonciation (vx), indication, information, lettre, message, notification, nouvelle, ordre, proclamation, publication, renseignement – **musique** : neume

NOTER I. au pr. : annoter, apostiller, blocnoter, consigner, copier, écrire, enregistrer, inscrire, inventorier, marginer, marquer, référencer, relever **II. par ext. 1.** apprécier, classer, coter, distribuer/ donner une note, jauger, juger, voir **2.** → OBSERVER

◇ CONTR. → OMETTRE

NOTICE n.f. **I.** → ABRÉGÉ **II.** → PRÉFACE

NOTIFICATION n.f. annonce, assignation, avertissement, avis, communication, déclaration, dénonciation (vx), exploit, information, instruction, intimation, lettre, mandement, message, signification

◇ CONTR. → OMISSION

NOTIFIER annoncer, aviser, communiquer, déclarer, dénoncer, faire connaître/ part de/ savoir, informer, intimer, mander, ordonner, rendre compte, signifier, transmettre

◇ CONTR. → OMETTRE

NOTION n.f. **I. au sing. 1.** → IDÉE **2.** → ABSTRACTION **II. au pl. 1.** clartés, compétences, connaissances, éléments, rudiments, teinture, vernis **2.** → TRAITÉ

◇ CONTR. → IGNORANCE

NOTOIRE → MANIFESTE

NOTOIREMENT de → RÉPUTATION, de façon → MANIFESTE *et les dérivés possibles en* -ment *des syn. de* manifeste

NOTORIÉTÉ n.f. → RÉPUTATION

NOUBA n.f. **I.** → FÊTE **II.** → ORCHESTRE

NOUE n.f. **I.** → MARAIS **II.** → POUTRE **III.** → ANGLE

NOUÉ, E → RATATINÉ

NOUER I. → ATTACHER **II.** → PRÉPARER

NOUET n.m. sachet

NOUEUX, SE → TORDU

NOUGAT n.m. **I.** → FRIANDISE **II. arg.** → PIED

NOUGATINE n.f. → FRIANDISE

NOUILLE n.f. **I.** → PÂTE **II.** → BÊTE

NOUMÉNAL, E → INTELLIGIBLE

NOUMÈNE n.m. chose en soi → ESSENCE

◇ CONTR. → PHÉNOMÈNE

NOUNOU n.f. → NOURRICE

NOURRAIN n.m. **I.** → FRETIN **II.** cochon de lait

NOURRI, E fig. → RICHE

NOURRICE n.f. **par ext.** : berceuse, bonne d'enfant, nounou, nurse – **vx** : branleuse, remueuse

NOURRICIER, ÈRE → NOURRISSANT

NOURRIR I. au pr. 1. quelqu'un : alimenter, allaiter, donner à manger, élever, entretenir, faire manger, rassasier, ravitailler, restaurer, soutenir, sustenter – **fam.** : gaver, gorger, régaler **2. un animal** : abecquer, affener, affourager, agrainer, alimenter, alper (hélv.), élever, embecquer, engaver, engraisser, entretenir, faire paître, paître, repaître, soigner **II. fig. 1.** alimenter, couver, entretenir, exciter, fomenter **2.** → INSTRUIRE **III. v. pron.** → MANGER

◇ CONTR. **I.** → SEVRER **II.** → AFFAMER

NOURRISSANT, E I. bourratif (péj.), généreux, nourricier, nutritif, riche, roboratif, solide, substantiel **II. vx** : alibile, alme

◇ CONTR. → PAUVRE

NOURRISSON n.m. → BÉBÉ

NOURRITURE n.f. **I. des hommes. 1.** aliment, allaitement, becquée (fam.), chère, cuisine, manne, mets, nutriment (vx), pain, pitance, ration, repas, subsistance, substance, vie, vivre – **rég.** : manger, soupe **2. myth.** : ambroisie, potion magique **3. fam.** : artillerie, bectance, bifteck, bouffe, boustif, boustifaille, briffe, brifton, clape, croque, croustance, croustille, croûte, étouffe-chrétien/ cochon, fricot, fripe, gaufre, graille, graine, grinque, jaffe, kaï-kaï, mangeaille, picotin, provende, ragougnasse, rata, ratatouille, tambouille, tortore **II. des animaux** : affenage, affouragement, agrainage, aliment, bacade, becquée, buvée, embouche, engrais, foin, fourrage, pâtée, pâture, pouture, ration – **vén.** : curée, mouée

NOUVEAU, ELLE I. au pr. : actuel, à la page/ mode, dans le vent, d'aujourd'hui, dernier, dernier cri, différent, éversif (vx), frais, in (fam.), inaccoutumé, inconnu, inédit, inéprouvé, inhabituel, inouï, insolite, insoupçonné, inusité, jeune, moderne, neuf, nouvelet, original, récent, révolutionnaire, ultra moderne, vert **II. par ext. 1.** → SECOND **2.** → NOVICE **III. 1. DE NOUVEAU** : derechef, encore **2. HOMME NOUVEAU, NOUVEAU RICHE** → PARVENU **3. NOUVEAU-NÉ** → BÉBÉ

◇ CONTR. **I.** → ANCIEN **II.** → BANAL

NOUVEAUTÉ n.f. actualité, changement, curiosité, fraîcheur, innovation, jeunesse, mode, modernité, nouvelleté (vx), originalité, primeur → BIZARRERIE

◇ CONTR. **I.** → ANCIENNETÉ **II.** → BANALITÉ **III.** → ANACHRONISME

NOUVELLE n.f. **I.** anecdote, bruit, écho, fable, rubrique, rumeur, vent **II. fam.** : bobard, bouteillon (milit.), canard, canular, craque, tuyau (crevé) **III.** annonce, flash, information, insert, scoop **IV.** → ROMAN

NOUVELLEMENT depuis peu, récemment

◇ CONTR. → AUTREFOIS

NOUVELLISTE n.m. ou f. → JOURNALISTE

NOVATEUR, TRICE I. → INNOVATEUR **II.** → PROGRESSISTE

NOVICE I. adj. : candide (par ext.), commençant, débutant, inexpérimenté, jeune, neuf, nouveau **II. nom** : apprenti, conscrit, débutant, écolier, néophyte – **fam.** : bizut, bleu, bleubite, bleusaille → JEUNE

◇ CONTR. **I.** → CAPABLE **II.** → BRISCARD

NOVICIAT n.m. → INSTRUCTION

NOYADE n.f. hydrocution, submersion

NOYAU n.m. **I.** → CENTRE **II.** → ORIGINE **III.** → GROUPE

NOYAUTAGE n.m. entrisme, infiltration, pénétration

NOYAUTER → PÉNÉTRER

NOYER I. quelqu'un → TUER **II. quelque chose** → INONDER **III. v. pron. 1. au pr.** : s'asphyxier par immersion, boire à la grande tasse, couler, disparaître, s'enfoncer, s'étouffer, périr. **arg.** : boire à la grande tasse, faire flotter **2. fig.** → PERDRE (SE)

NOZZLE spat. off. : tuyère

NOZZLE SWIVELLING spat. off. : braquage de tuyère

NU n.m. académie, beauté, gymnité, modèle, nudité, plastique, peinture, sculpture, sujet, tableau

NU, E I. au pr. : découvert, dénudé, dépouillé, déshabillé, dévêtu, dévoilé, impudique (péj.), in naturalibus, le cul/ le derrière/ le → FESSIER à l'air/ au vent, tout nu, sans voiles. **fam.** : adamique, à loilpé, à poil, déloqué, déplumé, en costume d'Adam, en petit Saint-Jean **II. par ext. 1.** abandonné, dégarni, désert, vide **2.** blanc, net, pur **3.** → PAUVRE **III. À NU** : à découvert, tel quel, tel qu'il/ elle est

◇ CONTR. → VÊTU

NUAGE n.m. **I. au pr. : 1.** brume, brouillard, nébulosité, nue, nuée, vapeurs, voile **2.** cirrocumulus, cirrus, cumulo-nimbus, cumulostratus, cumulus, nimbus, strato-cumulus, stratus **II. par ext. 1.** → OBSCURITÉ **2.** → MÉSINTELLIGENCE **3.** → ENNUI

NUAGEUX, SE → OBSCUR

NUANCE n.f. **I. au pr.** → COULEUR **II. fig.** → DIFFÉRENCE

NUANCÉ, E → VARIÉ

NUANCER I. au pr. : assortir, bigarrer, dégrader des couleurs, graduer, moduler, nuer (vx) **II. par ext. :** atténuer, mesurer, modérer, pondérer

◆ CONTR. **I.** → CONTRASTER **II.** → EXAGÉRER

NUBILE adolescent, fait, formé, fruit vert, mariable, pubère

◆ CONTR. → IMPUBÈRE

NUBILITÉ n.f. → PUBERTÉ

NUCLEAR BURN UP nucl. off. : combustion nucléaire

NUDISME n.m. naturisme

NUDISTE n.m. et f. naturiste

NUDITÉ n.f. **I.** → NU **II.** → AUSTÉRITÉ

NUE et **NUÉE** n.f. → NUAGE

NUER → NUANCER

NUIRE I. à quelqu'un : attenter à, blesser, calomnier, compromettre, contrarier, déconsidérer, défavoriser, désavantager, désobliger, desservir, discréditer, faire du mal/ tort, gêner, léser, médire, mouiller (fam.), parler à tort et à travers/ contre, porter atteinte/ préjudice/ tort, préjudicier, victimer, violer les droits **II. à quelque chose :** déparer, endommager, enlaidir, faire mauvais effet, jurer, ruiner

◆ CONTR. → AIDER

NUISANCE n.f. → NOCIVITÉ

NUISIBLE contraire, corrupteur, dangereux, défavorable, délétère, déprédateur, désavantageux, dommageable, ennemi, fâcheux, funeste, hostile, insalubre, maléfique, malfaisant, malsain, mauvais, néfaste, nocif, pernicieux, préjudiciable, toxique → MAUVAIS

◆ CONTR. **I.** → BIENFAISANT **II.** → UTILE **III.** → INOFFENSIF

NUISIBLEMENT de façon → NUISIBLE et les dérivés possibles en -ment des syn. de nuisible

NUIT n.f. **arg. :** borgnon, noille, sorgue → OBSCURITÉ

◆ CONTR. → JOUR

NUITAMMENT dans l' → OBSCURITÉ

NUL, NULLE I. adj. indéfini : aucun, néant, négatif, personne, rien, zéro **II. adj. qual. 1. quelque chose :** aboli, annulé, caduc, infirmé, inexistant, invalidé, lettre morte, non avenu, périmé, prescrit, sans effet/ valeur, suranné, tombé en désuétude **2.** mauvais → BANAL **3. quelqu'un :** fruit sec, incapable, inconsistant, inexistant, lamentable, minable, non-valeur, nullard, nullité, pauvre type, raté, sans mérite/ valeur, tocard, vaunéant (vx), zéro → IGNORANT **III. COUP NUL :** rampeau

◆ CONTR. **I.** → BEAUCOUP **II.** → IMPORTANT **III.** → VALABLE

NULLEMENT I. → PAS **II.** → RIEN

NULLITÉ n.f. → NUL

NÛMENT → CRÛMENT

NUMÉRAIRE n.m. → ARGENT

NUMÉRO n.m. **I.** chiffre, cote, folio, gribiche, matricule, rang **II.** → SPECTACLE **III.** → TYPE

NUMÉROTER chiffrer, coter, folioter, matriculer, paginer, tatouer (vét.)

NUPTIAL, E conjugal, hyménéal, matrimonial

NURSE n.f. **I.** → GOUVERNANTE **II.** → NOURRICE

NURSERY n.f. **I.** crèche, nourricerie (vx), pouponnière **II.** garderie, halte, jardin d'enfants, maternelle, stop-enfants

NUTRITIF, VE → NOURRISSANT

NUTRITION n.f. alimentation, assimilation, digestion, ingestion, métabolisme, nutriment (vx)

NUTRITIONNISTE n.m. ou f. diététicien, diététiste

NYMPHE n.f. **I. au pr. :** alse, apsara, déesse, dryade, hamadryade, hyade, naïade, napée, neek ou nixe (german.), néréide, océanide, oréade **II. par ext.** → FILLE **III.** chrysalide **IV. anat. au pl. 1.** petites lèvres **2. arg. :** babines, babouines, badigoinces, bagougnasses, escalopes, guenilles, labia minora (latin de cuisine), limaces, pompeuses

NYMPHÉA n.m. jaunet/ lis/ lune d'eau/ des étangs, lotus (par ext.), nénuphar

NYMPHOMANE n.f. et adj. andromane, hystérique (par ext.) – **arg. :** gousse, saute-au-paf

NYMPHOMANIE n.f. andromanie – **arg. :** feu au → FESSIER

OARISTYS n.f. **antiq. et litt.** : ébats amoureux, idylle, jeu, partie fine

OASIS n.f. parfois m. **fig.** : abri, refuge → SO-LITUDE

OBÉDIENCE n.f. **I.** → OBÉISSANCE **II.** → TEN-DANCE

OBÉDIENCIER n.m. → RELIGIEUX

OBÉIR I. accepter, admettre, céder, se conformer à, courber la tête/ le dos/ l'échine (péj.), écouter, être obéissant, fléchir, s'incliner, s'inféoder, observer, obtempérer, plier, se ranger à, rompre, se soumettre, suivre **II. non fav.** → SUBIR
◈ CONTR. **I.** → DÉSOBÉIR **II.** → COMMANDER

OBÉISSANCE n.f. **I.** allégeance, assujettissement, dépendance, discipline, joug, observance (relig.), subordination, sujétion → SOU-MISSION **II.** docilité, esprit de subordination, fidélité, malléabilité, obédience (vx), plasticité, servilité
◈ CONTR. **I.** → DÉSOBÉISSANCE **II.** → COMMANDE-MENT

OBÉISSANT, E assujetti, attaché, discipliné, docile, doux, facile, fidèle, flexible, gouvernable, humble, malléable, maniable, sage, soumis, souple
◈ CONTR. **I.** → DÉSOBÉISSANT **II.** → TÊTU

OBEL ou **OBÈLE** n.m. → TRAIT

OBÉRER affairer (vx), charger, endetter, grever
◈ CONTR. → LIBÉRER

OBÈSE → BEDONNANT

OBÉSITÉ adipose, adiposité → GROSSEUR

OBI n.f. → CEINTURE

OBIER n.m. boule-de-neige → VIORNE

OBIT n.m. → MESSE

OBITUAIRE → FUNÉRAIRE

OBJECTER v. tr. et intr. **I.** → RÉPONDRE **II.** → PRÉTEXTER

OBJECTEUR n.m. → CONTRADICTEUR

OBJECTIF n.m. **I. nom** → BUT **II. adj. 1.** → RÉEL **2.** → VRAI

OBJECT IN SPACE spat. off. : objet spatial

OBJECTION n.f. antithèse, contestation, contradiction, contredit, contrepartie, contre-pied, critique, difficulté, discussion, obstacle, opposition, protestation, réfutation, remarque, réplique, réponse, représentation, reproche
◈ CONTR. → APPROBATION

OBJECTIVEMENT avec → OBJECTIVITÉ, de façon → RÉEL *et les dérivés possibles en* -ment *des syn. de* réel

OBJECTIVER → EXPRIMER

OBJECTIVITÉ n.f. **I.** impersonnalité **II.** → JUSTICE **III.** → NEUTRALITÉ
◈ CONTR. → PARTIALITÉ

OBJET n.m. **I. au pr. (matériel)** : chose, corps, outil, ustensile → BIBELOT, INSTRUMENT **II.** cause, concept, corpus, sujet, thème **III.** → BUT
◈ CONTR. → SUJET

OBJURGATION n.f. → REPROCHE

OBLAT, E → RELIGIEUX

OBLATIF, IVE → GÉNÉREUX

OBLATION n.f. → OFFRANDE

OBLIGATION n.f. **I. neutre** : charge, dette, engagement, lien, nécessité → DEVOIR **II. fav.** → GRATITUDE **III. non fav.** : acquit (vx), assujettissement, astreinte, condamnation, contrainte, enchaînement, entrave, exigence, force, servitude, urgence, violence
◈ CONTR. **I.** → LIBERTÉ **II.** → IMMUNITÉ

OBLIGATOIRE contraignant, contraint, de commande, fixe, fixé, forcé, imposé, indispensable, inévitable, nécessaire, obligé, ordonné, réglementé, requis

◇ CONTR. → LIBRE

OBLIGATOIREMENT absolument, de/ par → CONTRAINTE de façon/ manière → OBLIGATOIRE, forcément, inévitablement, nécessairement, réglementairement

◇ CONTR. I. → VOLONTAIREMENT II. facultativement, librement

OBLIGÉ, E I. **neutre :** dû, engagé, immanquable, lié, nécessaire, obligatoire, tenu II. **fav. (de quelqu'un)** 1. débiteur, redevable 2. reconnaissant III. **non fav. :** assujetti, astreint, condamné, contraint, enchaîné, forcé, requis, violenté

◇ CONTR. I. → EXEMPT II. → LIBRE

OBLIGEAMMENT de façon → SERVIABLE *et les dérivés possibles en* -ment *des syn. de* serviable

OBLIGEANCE n.f. → AMABILITÉ

OBLIGEANT, E → SERVIABLE

OBLIGER I. **neutre :** engager, lier II. **fav.** → AIDER III. **non fav. :** acculer, assujettir, astreindre, atteler, brusquer, condamner, contraindre, enchaîner, exiger, forcer, forcer la main, imposer, pousser/ réduire à, violenter

◇ CONTR. I. → EXEMPTER II. → FROISSER

OBLIQUE I. → INCLINÉ II. → INDIRECT

OBLIQUEMENT de biais, en crabe, en diagonale/ écharpe/ travers

◇ CONTR. : horizontalement, verticalement

OBLIQUER → DÉTOURNER (SE)

OBLIQUITÉ n.f. déclinaison, dévoiement, inclinaison, infléchissement, pente

◇ CONTR. : horizontalité, verticalité

OBLITÉRATION n.f. I. obstruction, obturation, occultation, opilation II. **méd. :** iléus, imperforation, occlusion

◇ CONTR. → LIBÉRATION

OBLITÉRER I. → EFFACER II. → OBSTRUER

OBLONG, UE → LONG

OBNUBILATION n.f. → OBSCURCISSEMENT

OBNUBILÉ, E → OBSÉDÉ

OBNUBILER → OBSCURCIR

OBOLE n.f. → SECOURS

OBOMBRER I. → OBSCURCIR II. → OMBRAGER

OBREPTICE dissimulé, furtif, inventé, mensonger, omis, subreptice

OBSCÈNE blessant, corsé, croustillant, croustilleux, cru, cynique, dégoûtant, déshonnête, égrillard, épicé, frelaté, gaulois, gras, graveleux, grivois, grossier, hasardé (vx), immonde, immoral, impudique, impur, inconvenant, indécent, lascif, leste, libre, licencieux, lubrique, malpropre, offensant, ollé-ollé, ordurier, osé, pimenté, poivré, polisson, pornocrate, pornographique, provocant, risqué, salace, sale, salé, scabreux, scandaleux, scatologique, sotadique, stercoraire, trivial – **fam. :** bordelier, cochon, culier (vx), dégueulasse, pygocole, salopier, vicelard

◇ CONTR. → DÉCENT

OBSCÉNITÉ n.f. attentat/ outrage à la pudeur/ aux mœurs, bras d'honneur, cambronnade, coprolalie, cynisme, déshonnêteté, égrillardise, exhibitionnisme, gauloiserie, geste déplacé, gravelure, grivoiserie, grossièreté, immodestie, immoralité, impudicité, impureté, incongruité, inconvenance, indécence, licence, malpropreté, polissonnerie, pornograhie, saleté, soudardise, trivialité, vulgarité – **fam. :** cochonceté, cochonnerie, pygoculture, vicelardise

◇ CONTR. → DÉCENCE

OBSCUR, E I. **au pr. :** aphotique, assombri, crépusculaire, épais, foncé, fuligineux, nocturne, noir, obscurci, occulté, ombreux, opaque, profond, sombre, ténébreux, terni II. **fig.** 1. abscons, abstrus, amphigourique, apocalyptique, baragouineux, brumeux, cabalistique, caché, complexe, compliqué, confus, difficile, diffus, douteux, embrouillé, enchevêtré, énigmatique, entortillé, enveloppé, équivoque, ésotérique, filandreux, flou, fumeux, hermétique, impénétrable, incompréhensible, inconnaissable, indéchiffrable, inexplicable, inextricable, inintelligible, insaisissable, louche, mystérieux, nébuleux, nuageux, nubileux (vx), secret, sibyllin, touffu, trouble, vague, vaseux, voilé – **fam. :** cafouilleux, emberlificoté, en jus de boudin 2. → INCONNU 3. **le temps :** assombri, brumeux, chargé, couvert, embrumé, épais, nébuleux, nuageux, voilé

◇ CONTR. I. → CLAIR II. → CÉLÈBRE

OBSCURANTISME n.m. ignorantisme → INTOLÉRANCE

◇ CONTR. → HUMANISME

OBSCURATION → OBSCURCISSEMENT

OBSCURCIR I. **au pr. :** abaisser/ baisser/ diminuer la lumière, assombrir, cacher, couvrir, éclipser, embrumer, ennuager, enténébrer, foncer, mâchurer, noircir, obombrer, occulter, opacifier, ternir, voiler – **vx :** obnubiler, offusquer II. **fig. :** attrister, éclipser, effacer, emboire, enterrer, faire disparaître/ pâlir, scotomiser (psych.), troubler

◇ CONTR. → ÉCLAIRCIR

OBSCURCISSEMENT n.m. assombrissement, aveuglement, épaississement, noircis-

sement, obnubilation, obscuration, occultation, offuscation, scotomisation (psych.),
ternissement
◈ CONTR. I. éclaircissement, éclairement II. →
EXPLICATION

OBSCURÉMENT de façon → OBSCUR *et les
dérivés possibles en* -ment *des syn. de* obscur

OBSCURITÉ n.f. I. au pr. : contre-jour, nébu-
losité, noirceur, noireté (rég.), nuit, ombre,
opacité, sombreur (vx), ténèbres, turbidité
II. fig. 1. abstrusion, confusion, herméticité →
MYSTÈRE 2. → ANONYMAT 3. → BASSESSE
◈ CONTR. I. → LUMIÈRE II. → ILLUSTRATION III. →
RENOMMÉE

OBSÉCRATION n.f. → PRIÈRE

OBSÉDANT, E → ENNUYEUX

OBSÉDÉ, E assiégé, braqué, charmé (vx),
envoûté, hanté, harcelé, maniaque, obnubilé, persécuté, polarisé, tourmenté, *et les
mots formés avec le suffixe* -mane *, ex. :* opiomane
◈ CONTR. → LIBRE

OBSÉDER I. → ASSIÉGER II. → TOURMENTER

OBSÈQUES n.f. pl. → ENTERREMENT

OBSÉQUIEUX, EUSE → SERVILE

OBSÉQUIOSITÉ n.f. → SERVILITÉ

OBSERVANCE n.f. → RÈGLE

OBSERVATEUR, TRICE I. → ATTENTIF
II. → TÉMOIN

OBSERVATION n.f. I. analyse, approche,
constatation, étude, examen, introspection,
scrutation → EXPÉRIMENTATION II. observance
(relig.) → OBÉISSANCE III. → REMARQUE IV. →
REPROCHE V. au pl. → PENSÉES
◈ CONTR. I. → DISTRACTION II. → INATTENTION

OBSERVER I. accomplir, s'acquitter de, se
conformer à, être fidèle à, exécuter, faire,
garder, obéir à, se plier à, pratiquer, remplir, rendre, respecter, satisfaire à, se soumettre à, suivre, tenir II. avoir à l'œil, dévisager, épier, étudier, examiner, fixer, gaffiler
(fam.) noter, remarquer, suivre du regard,
surveiller → REGARDER
◈ CONTR. → DÉSOBÉIR

OBSESSION n.f. assujettissement, cauchemar, complexe, crainte, hallucination, hantise, idée fixe, manie, monomanie, peur,
phobie, préoccupation, psychose, scrupule,
souci, tentation, vision
◈ CONTR. : décontraction, liberté, santé de
corps et d'esprit

OBSOLESCENCE n.f. → VIEILLESSE

OBSOLÈTE et **OBSOLESCENT, E** → DÉ-
SUET

OBSTACLE n.m. I. au pr. : accul, barrage,
barricade, barrière, cloison, défense, digue,
écluse, écran, mur, rideau, séparation
– équit. : barre, brook, bull-finch, fossé, haie,
mur, rivière, talus II. fig. : 1. accroc, achoppement, adversté, anicroche, aria, bec, blocage, contrariété, contretemps, défense, difficulté, écueil, embarras, empêchement,
encombre, ennui, entrave, frein, gêne, hic,
impasse, impedimenta, inconvénient, inhibition, inopportunité, interdiction, obstruction, opposition, os (fam.), pierre d'achoppement, résistance, restriction, traverse,
tribulations 2. vx : hourvari, rémora 3. → OB-
JECTION
◈ CONTR. I. → BRÈCHE II. → AIDE III. → OPPORTU-
NITÉ

OBSTINATION n.f. I. acharnement,
aheurtement (vx), assiduité, constance, esprit de suite, exclusive, fermeté, fixité, insistance, persévérance, persistance, pertinacité, résolution, suite dans les idées, ténacité
II. cramponnement, entêtement, folie, indocilité, opiniâtreté, parti pris, préjugé, rétiveté
ou rétivité → MANIE
◈ CONTR. I. → DOUCEUR II. → OBÉISSANCE III. →
INSTABILITÉ

OBSTINÉ, E → TÊTU

OBSTINÉMENT avec → OBSTINATION, de façon → TÊTU *et les dérivés possibles en* -ment
des syn. de têtu

OBSTINER (S') I. → BUTER (SE) II. → CONTI-
NUER

OBSTRUCTION n.f. I. → OBLITÉRATION II. →
RÉSISTANCE

OBSTRUER barrer, bloquer, embarrasser,
embouteiller, encombrer, encrasser, engorger, fermer → BOUCHER – méd. : oblitérer, opiler
◈ CONTR. → OUVRIR

OBTEMPÉRER → OBÉIR

OBTENIR I. au pr. : acheter, acquérir, arracher, attraper, avoir, capter, conquérir, embourser (vx), s'emparer de, empocher, emporter, enlever, faire, gagner, impétrer
(jurid.), forcer, prendre, se procurer, recevoir, recueillir, récupérer, regagner, retrouver, remporter – fam. : accrocher, affurer, décrocher, dégotter, écornifler, extorquer,
soutirer II. par ext. → PRODUIRE
◈ CONTR. I. → MANQUER II. → PERDRE

OBTURATEUR n.m. → CLAPET

OBTURATION n.f. → OBLITÉRATION

OBTURER → BOUCHER

OBTUS, E I. au pr. → ÉMOUSSÉ II. par ext. →
ININTELLIGENT

OBUS n.m. → PROJECTILE

OBVIER → PARER

OCARINA n.m. → MUSIQUE

OCCASION n.f. **I.** cas, chance, chopin (arg.), circonstance, coïncidence, conjoncture, événement, éventualité, facilité, fois, hasard, heure, incidence, instant, moment, occurrence, opportunité, possibilité, rencontre, temps, terrain **II.** → LIEU **III.** affaire, article usagé/ sacrifié, aubaine, rossignol (péj.), seconde main, solde

OCCASIONNEL, LE → TEMPORAIRE

OCCASIONNELLEMENT → PROVISOIREMENT

OCCASIONNER amener, appeler, apporter, attirer, causer, créer, déchaîner, déclencher, déterminer, donner lieu/ occasion, engendrer, entraîner, être la cause de, faire, fournir l'occasion, motiver, nécessiter, porter, prêter à, procurer, produire, provoquer, susciter, traîner

◇ CONTR. **I.** → EMPÊCHER **II.** refuser

OCCIDENT n.m. couchant, ouest, ponant (vx)

◇ CONTR. → ORIENT

OCCIDENTAL, E ponantais

OCCIRE → TUER

OCCLUSION n.f. **I.** → FERMETURE **II. méd.** → OPILATION

OCCULTE → SECRET

OCCULTER → CACHER

OCCULTISME n.m. **I.** ésotérisme, gnose, grand art, hermétisme, illumination, illuminisme, kabbale, magie, mystère, psychagogie, psychomancie, radiesthésie, sciences occultes, spiritisme, télépathie, théosophie, théurgie **II. par ext.** : alchimie, archimagie, astrosophie, cartomancie, chiromancie, chrysopée, divination, mantique, messe noire, nécromancie, sabbat, sorcellerie

◇ CONTR. : exotérisme

OCCUPANT, E **I.** colon, envahisseur **II.** → HABITANT

OCCUPATION n.f. **I.** activité, affaire, affairement, affure (arg.), assujettissement, besogne, carrière, charge, emploi, engagement, exercice, fonction, loisirs, métier, mission, négoce (vx), ouvrage, passe-temps, profession, service, travail **II.** → COLONISATION

◇ CONTR. **I.** → INACTION **II.** → LIBERTÉ **III.** → EXPULSION

OCCUPÉ, E **I.** absorbé, accablé, accaparé, actif, affairé, assujetti, chargé, écrasé, embesogné (vx ou rég.), employé, engagé, indisponible, pris, retenu, tenu **II.** → REMPLI

◇ CONTR. **I.** → INACTIF **II.** → VACANT

OCCUPER **I. au pr. 1.** → PRENDRE **2.** → TENIR **3.** → DEMEURER **II. fig. 1.** absorber, captiver,

polariser **2.** atteler à, employer, prendre **3.** accaparer, défrayer **4.** accabler, importuner **5.** condamner (un lieu) **6.** coloniser, envahir, squatter **III. v. pron.** : s'absorber, s'acharner, s'adonner, agir, s'appliquer, s'attacher, s'atteler, besogner (fam.), se consacrer, s'embesogner (vx ou rég.), s'employer, s'entremettre, s'escrimer, étudier, faire, se mêler de, se mettre à/ dans, travailler, vaquer, veiller

◇ CONTR. **I.** → LIBÉRER **II.** → ABANDONNER **III.** → TRAÎNER **IV.** → OUBLIER

OCCURRENCE n.f. → CAS

OCÉAN n.m. → MER

OCÉANAUTE n.m. ou f. aquanaute

OCÉANOGRAPHE n.m. ou f. hydrographe

OCELLÉ, E → MARQUETÉ

OCELOT n.m. chat-tigre → FOURRURE

OCTAVIN n.m. → FLÛTE

OCTET n.m. byte (angl.)

OCTIDI n.m. → JOUR

OCTROI n.m. **I.** attribution → DISTRIBUTION **II.** péage, perception

OCTROYER → ACCORDER

OCULISTE n.m. et f. ophtalmologiste, ophtalmologue, spécialiste de la vue/ des yeux

OCULUS n.m. → OUVERTURE

ODE et **ODELETTE** n.f. → POÈME

ODEUR n.f. **I. neutre ou fav.** : arôme, bénéolence, bouquet, effluence, effluve, émanation, exhalaison, fragrance, fumet, haleine, parfum, senteur – **vén.** : sentiment, trace, vent **II. non fav.** : empyreume, fraîchin, relent, remugle → PUANTEUR

ODIEUSEMENT de façon → HAÏSSABLE *et les dérivés possibles en -ment des syn. de* haïssable

ODIEUX, SE → HAÏSSABLE

ODOMÈTRE n.m. compte-pas, podomètre

ODORANT, E aromal, aromatique, bénéolent, capiteux, effluent, embaumé, fleurant, fragrant, odoriférant, odorifère, odorifique, parfumé, redolent (vx), suave, suffocant (péj.)

◇ CONTR. → PUANT

ODORAT n.m. flair, odoration, olfaction → NEZ – **vén.** : front subtil, sentiment

ODORER → SENTIR

ODORIFÉRANT, E → ODORANT

ODYSSÉE n.f. → VOYAGE

ŒCUMÉNIQUE → UNIVERSEL

ŒDÈME → BOURSOUFLURE

ŒDICNÈME n.m. courlis de terre, pluvier → ÉCHASSIER

ŒIL I. au pr. : globe oculaire – **arg.** : calot, carreau, chasse, clignotant, clinc, coquillard, gobille, globule, mirette, quinquet, robert, vitreux **II. par ext. 1.** cornée, cristallin, prunelle, pupille, vision, vue → REGARD **2.** → OUVERTURE **3.** bourgeon, bouton, excroissance, marcotte, nœud, pousse **III. 1. À L'ŒIL** : gratis, gratuitement, pour rien **2. AVOIR L'ŒIL** → SURVEILLER **3. ŒIL DE PERDRIX** → CAL

ŒIL-DE-BŒUF n.m. → OUVERTURE

ŒIL-DE-PERDRIX n.m. → CAL

ŒILLADE n.f. → REGARD

ŒILLÈRE n.f. **fig.** → PRÉJUGÉ

ŒILLET n.m. **I.** → OUVERTURE **II.** grenadin, nonpareille, tagète, tricolor

ŒSTRUS n.m. → RUT

ŒUF n.m. **I. au pr. 1.** couvain, germe, lente, oosphère, ovocyte, ovotide, ovule **2.** coque, coquille **3. œuf pourri** : couvi **II.** nichet **III. fig.** → ORIGINE

ŒUVRE n.f. **I.** → ACTION **II.** → OUVRAGE **III.** → TRAVAIL

ŒUVRER → TRAVAILLER

OFFENSANT, E amer, blessant, cinglant, contumélieux (vx), désagréable, dur, grossier, impertinent, infamant, injurieux, insultant, outrageant, outrageux, sanglant, vexant
◇ CONTR. → FLATTEUR

OFFENSE n.f. affront, atteinte, avanie, blessure, bras d'honneur, camouflet, contumélie (vx), couleuvre, coup, démenti, impertinence, indignité, infamie, injure, insolence, insulte, nasarde, outrage
◇ CONTR. **I.** → ÉLOGE **II.** → FLATTERIE

OFFENSER I. atteindre dans sa dignité/ son honneur, blesser, choquer, être inconvenant/ incorrect envers, faire affront/ offense, froisser, humilier, injurier, insulter, manquer à, offusquer, outrager, piquer au vif, vexer – **vx** : conculquer, hontoyer **II. v. pron.** : se blesser, se choquer, se draper dans sa dignité, se fâcher, se formaliser, se froisser, se gendarmer, se hérisser, s'offusquer, se piquer, se scandaliser, se vexer
◇ CONTR. **I.** → FLATTER **II.** → PLAIRE

OFFENSEUR n.m. → AGRESSEUR

OFFENSIF, IVE agressif, brutal, violent
◇ CONTR. : défensif

OFFENSIVE n.f. → ATTAQUE

OFFERTOIRE n.m. → OFFRANDE

OFFICE n.m. **I.** → EMPLOI **II.** → DEVOIR **III.** → ORGANISME **IV.** → SERVICE **V. nom** → CUISINE **VI. BONS OFFICES** → SERVICE

OFFICIANT n.m. célébrant, desservant

OFFICIEL, ELLE administratif, admis, authentique, autorisé, connu, consacré, de notoriété publique, force de loi, notarié, notoire, protocolaire, public, réel, solennel
◇ CONTR. → PRIVÉ

OFFICIELLEMENT → PUBLIQUEMENT

OFFICIER n.m. **I.** → CHEF **II.** → MILITAIRE

OFFICIER v. intr. **I.** → AGIR **II.** → CÉLÉBRER

OFFICIEUSEMENT → SECRÈTEMENT

OFFICIEUX, EUSE I. → SERVIABLE **II.** → SECRET

OFFICINAL, E pharmaceutique

OFFICINE n.f. pharmacie → MAGASIN

OFF LINE inform. off. : autonome

OFFRANDE n.f. aumône, cadeau, charité, denier, don, donation, holocauste, hommage, oblation, offertoire, participation, présent, quote-part, sacrifice
◇ CONTR. → PRÉLÈVEMENT

OFFRE n.f. avance, démarche, enchère, ouverture, pollicitation (jurid.), promesse, proposition, soumission, surenchère
◇ CONTR. **I.** → DEMANDE **II.** → REFUS

OFFRIR I. avancer, dédier, donner, faire une offre/ ouverture/ proposition, présenter, proposer, soumettre, soumissionner → MONTRER **II. v. pron. 1.** se donner satisfaction, se farcir (arg.), se payer **2.** s'exhiber → PARAÎTRE **3.** se dévouer, s'exposer, s'immoler, se proposer, se sacrifier, se soumettre, se vouer
◇ CONTR. **I.** → PRENDRE **II.** → REFUSER

OFF SHORE pétr. off. : en mer, marin

OFFUSQUER I. → OBSCURCIR **II.** → CACHER **III.** → ÉBLOUIR **IV.** → CHOQUER **V. v. pron.** → OFFENSER (s')

OGIVE n.f. → CINTRE

OGRE, OGRESSE I. au pr. : anthropophage, épouvantail, géant, goule, lamie, loup-garou, minotaure, stryge, vampire **II. par ext. 1.** croque-mitaine, père fouettard **2.** → BÂFREUR

OIE n.f. **I.** anatidé, bernache, eider, jars, oie-pie, oie de Sibérie, oison → PALMIPÈDE **II.** → BÊTE

OIGNON n.m. **I.** bulbe, échalote **II.** cor au pied, durillon, induration, œil-de-perdrix **III.** → MONTRE **IV.** → ANUS

OILLE n.f. → RAGOÛT

OINDRE I. → GRAISSER **II.** → FRICTIONNER **III.** → SACRER

OING ou **OINT** n.m. → GRAISSE

OISEAU I. au pr. 1. gibier à plumes, oiselet, oiselle, oisillon, volaille, volatile 2. → COLOMBIN, COUREUR, ÉCHASSIER, GALLINACÉ, GRIMPEUR, PALMIPÈDE, PASSEREAU, RAPACE II. par ext. 1. → BÊTE 2. → TYPE

OISEAU-LYRE n.m. ménure → PASSEREAU

OISEAU-MOUCHE n.m. colibri → PASSEREAU

OISELIER, ÈRE → ÉLEVEUR

OISELLE n.f. I. → OISEAU II. → FILLE

OISEUX, EUSE I. → INUTILE II. → INSIGNIFIANT III. vx → INACTIF

OISIF, IVE → INACTIF

OISILLON n.m. → OISEAU

OISIVEMENT avec → OISIVETÉ, de façon → INACTIF et les dérivés possibles en -ment des syn. de inactif

OISIVETÉ n.f. farniente, dolce vita, paresse → INACTION

O.K. → OUI

OKAPI n.m. girafe-antilope

OLÉAGINEUX, EUSE huileux, oléifère, oléifiant

OLFACTION n.f. → ODORAT

OLIBRIUS n.m. I. → HÂBLEUR II. → ORIGINAL III. → TYPE

OLIFANT ou **OLIPHANT** n.m. → COR

OLIGARCHIE n.f. argyrocratie, aristocratie, ploutocratie, synarchie
◇ CONTR. → DÉMOCRATIE

OLIGOPHRÉNIE n.f. → DÉBILITÉ

OLIGOPOLE n.m. → MONOPOLE

OLIM n.m. invar. → REGISTRE

OLIVAIE n.f. oliveraie, olivette

OLIVE n.f. picholine

OLYMPE n.m. → CIEL, PARADIS

OLYMPIEN, NE I. → IMPOSANT II. → TRANQUILLE

OMBILIC n.m. nombril

OMBLE-CHEVALIER n.m. ombre-chevalier, saumon de fontaine → POISSON

OMBRAGE n.m. I. → OMBRE II. → JALOUSIE

OMBRAGER I. adombrer (vx), couvrir, obombrer, ombrer, protéger II. → CACHER
◇ CONTR. I. → ENSOLEILLER II. → ÉCLAIRER

OMBRAGEUX, EUSE I. → MÉFIANT II. 1. → SUSCEPTIBLE 2. → QUINTEUX

OMBRE n.f. I. au pr. 1. abri, couvert, ombrage, pénombre 2. → OBSCURITÉ 3. n.m. → OMBLE II. par ext. 1. apparence 2. → FANTÔME
◇ CONTR. → LUMIÈRE

OMBRELLE n.f. en-cas, parasol

OMBRER → OMBRAGER

OMBRETTE n.f. → ÉCHASSIER

OMBREUX, EUSE → SOMBRE

OMBRINE n.f. → POISSON

OMBUDSMAN n.m. → INTERMÉDIAIRE

OMETTRE abandonner, laisser, manquer de, négliger, oublier, passer (à l'as), sauter → TAIRE
◇ CONTR. → CITER

OMIS, E les part. passés possibles des syn de omettre

OMISSION n.f. abandon, absence, bourdon (typo.), faute, inattention, lacune, manque, négligence, oubli, oubliance (rég.), paralipse, prétérition, prétermission, réticence
◇ CONTR. → DÉCLARATION

OMNIBUS n.m. → VOITURE

OMNIPOTENCE n.f. → AUTORITÉ

OMNIPOTENT, E → PUISSANT

OMNIPRATICIEN, NE généraliste → MÉDECIN
◇ CONTR. : spécialiste

OMNIPRÉSENCE n.f. → UBIQUITÉ

OMNISCIENCE n.f. → SAVOIR

OMNISCIENT, E → SAVANT

ONAGRE n.m. → ÂNE

ONANISME n.m. → MASTURBATION

ONCTION n.f. → DOUCEUR

ONCTUEUX, EUSE I. au pr. → GRAS II. par ext. 1. → DOUX 2. → HYPOCRITE

ONCTUOSITÉ n.f. fig. → HYPOCRISIE

ONDATRA n.m. I. loutre d'Hudson, rat musqué → RONGEUR II. → FOURRURE

ONDE n.f. I. eau, flots, vague II. → FLUIDE

ONDÉ, E bariolé, bigarré, diapré, jaspé, mâchuré, madré, marbré, moucheté, ocellé, picassé (rég.), piqueté, pommelé, taché, tacheté, tavelé, tigré, truité, veiné, vergeté
◇ CONTR. : monochrome, uni

ONDÉE n.f. → PLUIE

ON-DIT n.m. I. → MÉDISANCE II. → RUMEUR

ONDOIEMENT n.m. I. → FRISSON II. → BAPTÊME

ONDOYANT, E I. → ONDULÉ II. → CHANGEANT III. → VARIÉ

ONDOYER I. → FLOTTER II. → BAPTISER

ONDULATION n.f. → SINUOSITÉ

ONDULÉ, E annelé, courbe, flexueux, ondé, ondoyant, ondulant, ondulatoire, onduleux, serpentant, sinueux
◇ CONTR. → PLAT

ONDULER I. → FRISER II. → FLOTTER

ONDULEUX, EUSE → ONDULÉ

ONE MAN SHOW n.m. off. : spectacle solo

ONÉREUSEMENT avec de l' → ARGENT, en payant
◇ CONTR. → GRATUITEMENT

ONÉREUX, EUSE → CHER

ONE-STEP n.m. → DANSE

ONGLE n.m. I. ergot, griffe, onglon, sabot, serre II. vén. : harpe, herpe, main

ONGLÉE n.f. I. → ENGOURDISEMENT II. → ENGELURE

ONGLET n.m. I. → ENTAILLE II. → MARQUE

ONGLETTE n.f. onglet, ognette, petit burin → OUTIL

ONGUENT n.m. I. → POMMADE II. → PARFUM

ONIRIQUE rêvé → IMAGINAIRE

ONE LINE inform. off. : en ligne

ONOBATE nom et adj. → ADULTÈRE

ONOBATIE n.f. → HUMILIATION

ONOMATOPEE n.f. → BRUIT

OPACIFIER → OBSCURCIR

OPACITÉ n.f. turbidité → OBSCURITÉ

OPALESCENT, E et OPALIN, E → BLANCHÂTRE

OPAQUE → OBSCUR

OPE n.f. ou m. → OUVERTURE

OPEN COVER écon. off. : facob

OPEN TICKET transp. off. : billet ouvert

OPÉRA n.m. I. drame lyrique, grand opéra II. par ext. : 1. bel canto, opéra-bouffe, opéra-comique, opérette, oratorio 2. comédie musicale, vaudeville

OPÉRANT, E → EFFICACE

OPÉRATEUR, TRICE I. cadreur, caméraman, manipulateur II. par ext. → GUÉRISSEUR

OPÉRATIF, IVE nom et adj. I. manuel II. → TRAVAILLEUR III. → PRATIQUE
◇ CONTR. → SPÉCULATIF

OPERATING SYSTEM inform. off. : système d'exploitation

OPÉRATION n.f. I. → ACTION II. → ENTREPRISE III. → CALCUL IV. ablation, amputation, intervention V. → EXPÉDITION

OPÉRATIONNEL, LE → VALABLE

OPERCULE n.m. → FERMETURE

OPÉRER → AGIR

OPÉRETTE n.f. → OPÉRA

OPHICLÉIDE n.m. → CUIVRE

OPHTALMOLOGISTE n.m. et f. → OCULISTE

OPHIOLÂTRIE n.f. → RELIGION

OPHITE n.m. I. gnostique → HÉRÉTIQUE II. → MARBRE

OPHIURE n.f. → ÉCHINODERME

OPILATION n.f. méd. : constipation, dureté de ventre (vx), iléus, oblitération, obstruction, occlusion
◇ CONTR. : exonération, incontinence, libération

OPILER → BOUCHER

OPIMES adj. et n.f. pl. → BUTIN

OPINER I. délibérer, donner son avis/ opinion, voter II. OPINER DU BONNET/ DU CHEF → CONSENTIR
◇ CONTR. → ABSTENIR (s')

OPINIÂTRE → TÊTU

OPINIÂTREMENT avec entêtement, farouchement, fermement, mordicus, obstinément

OPINIÂTRER (S') → BUTER (SE)

OPINIÂTRETÉ n.f. I. → OBSTINATION II. → FERMETÉ III. → PERSÉVÉRANCE

OPINION n.f. I. au pr. : appréciation, avis, critique, estime, façon/ manière de penser/ voir, idée, impression, jugement, oracle, pensée, point de vue, position, principe, sens, sentiment, thèse, vue II. → FOI III. par ext. : couleur, doctrine, idées, idéologie

OPIUM n.m. opiat, paramorphine, thébaïne → DROGUE

OPOSSUM n.m. I. → MARSUPIAUX II. → FOURRURE

OPPIDUM n.m. → FORTERESSE

OPPORTUN, E → CONVENABLE

OPPORTUNISME n.m. → HABILETÉ

OPPORTUNISTE nom et adj. → MALIN

OPPORTUNITÉ n.f. I. nécessité, obligation, utilité II. → OCCASION
◇ CONTR. → OBSTACLE

OPPOSABLE → VALABLE

OPPOSANT, E nom et adj. I. → ADVERSAIRE II. → ENNEMI

OPPOSÉ n.m. I. 1. antipode, antithèse, antonyme, contraire, encontre, inverse, opposite, rebours, symétrique 2. contre-courant, contre-exemple, contre-fil, contre-indication, contremarche, contre-mesure, contre-ordre ou contrordre, contrepartie, contre-performance, contre-pied, contre-projet, contre-propagande, contre-proposition, contre-publicité, contre-réforme, contre-révolution,

contre-transfert (psych.), contre-vérité **3.** contre-pente, contre-voie **4. audiov.** : contre-champ, contre-plongée **5.** → OPPOSITION **II. À L'OPPOSÉ** : à contre-jour, à contre-poil, au contraire, contrairement, à l'encontre, en face, en revanche, par contre
◆ CONTR. → SIMILITUDE

OPPOSÉ, E adverse, affronté, antagonique, antagoniste, antithétique, contradictoire, contraire, controlatéral (méd.), décussé (bot.), dirimant (jurid.), divergent, en face, ennemi, incompatible, inconciliable, inverse, symétrique
◆ CONTR. **I.** → PROCHAIN **II.** → ADÉQUAT **III.** → SEMBLABLE

OPPOSER I. → DIRE **II.** → METTRE **III.** → COMPARER **IV.** → PRÉTEXTER **V.** → DIFFÉRENCIER **VI. v. pron. 1.** s'affronter, braver, concurrencer, contrarier, contrecarrer, contre-manifester, contrer, désobéir, diverger, se dresser/ s'élever contre, empêcher, lutter, mettre son veto, refuser → RÉSISTER **2.** être en opposition, s'exclure, se heurter, répugner
◆ CONTR. **I.** → CONCILIER **II.** → ACCORDER **III.** → PARTICIPER **IV.** → CORRESPONDRE

OPPOSITE n.m. **I.** → OPPOSÉ **II. À L'OPPO-SITE** : en face/ vis-à-vis de

OPPOSITION I. antagonisme, anticlimax, antinomie, antipathie, antithèse, antonymie, combat, conflit, contradiction, contraste, contre-courant, contre-manifestation, contre-réforme, contre-révolution, défiance, désaccord, différence, discordance, disparate, dispute, dissemblance, dissension, dissensus, dissidence, dissimilitude, dissonance, divergence, duel, heurt, hostilité, incompatibilité, interdiction, lutte, protestation, réaction, refus, réfutation, réplique, riposte, rivalité, veto → INTERDIT **II.** → OBSTACLE **III.** → RÉSISTANCE **IV.** → DIFFÉRENCE **V.** → MÉSIN-TELLIGENCE **VI.** minorité
◆ CONTR. **I.** → ACCORD **II.** → OBÉISSANCE

OPPRESSANT, E → ACCABLANT

OPPRESSER I. → ÉTOUFFER **II.** → PRESSER **III.** → SURCHARGER

OPPRESSEUR n.m. despote, dictateur, dominateur, envahisseur, occupant, persécuteur, potentat, tortionnaire, tout-puissant, tyran, usurpateur
◆ CONTR. → LIBÉRATEUR

OPPRESSIF, IVE abusif, opprimant, possessif, tyrannique
◆ CONTR. → GÉNÉREUX

OPPRESSION n.f. **I.** → ABSOLUTISME **II.** → TY-RANNIE **III.** → ESSOUFFLEMENT

OPPRIMÉ, E → SOUMIS

OPPRIMER → BRIMER

OPPROBRE n.m. → HONTE

OPTER → CHOISIR

OPTIMAL, E → SUPÉRIEUR

OPTIMISATION n.f. → PERFECTIONNEMENT

OPTIMISER → AMÉLIORER

OPTIMISME n.m. → INSOUCIANCE

OPTIMISTE nom et adj. → INSOUCIANT

OPTIMUM n.m. → SUPÉRIORITÉ

OPTION n.f. **I.** alternative, dilemme → CHOIX **II.** → PRÉFÉRENCE

OPTIONNEL, LE → FACULTATIF

OPTIQUE n.f. → VUE

OPULENCE n.f. **I.** → AFFLUENCE **II.** → RICHESSE

OPULENT, E → RICHE

OPUSCULE n.m. → LIVRE

OR n.m. **I. 1.** paillette, pépite **2.** métal jaune, valeur refuge **3. arg.** : jonc, joncaille **4. par ext.** : jaunet, louis, napoléon **5. imitation** : chrysocale, plaqué, similor **II.** → RICHESSE

ORACLE n.m. **I.** → PRÉDICTION **II.** → VÉRITÉ **III.** → OPINION

ORAGE n.m. **I. au pr.** → BOURRASQUE **II. par ext. 1.** → MALHEUR **2.** → MÉSINTELLIGENCE **3.** → TROUBLE

ORAGEUSEMENT avec → TROUBLE

ORAGEUX, EUSE fig. → TROUBLÉ

ORAISON n.f. **I.** → PRIÈRE **II.** → DISCOURS **III. ORAISON FUNÈBRE** → ÉLOGE

ORAL, E → VERBAL

ORALEMENT de façon → VERBAL *et les dérivés possibles en* -ment *des syn. de* verbal

ORANGE et **ORANGETTE** n.f. → AGRUME

ORANGÉ, E abricot, tango → ROUGE

ORANG-OUTAN ou **ORANG-OUTANG** n.m. → SINGE

ORANT, E → SUPPLIANT

ORATEUR, TRICE I. avocat, causeur, cicéron, conférencier, debater (angl.), débatteur (off.), foudre d'éloquence, logographe **II. vx et péj.** : parleur, prédicant, prédicateur, tribun **III. péj.** : baratineur, déclamateur, discoureur, harangueur, laïusseur, rhéteur

ORATOIRE n.m. → ÉGLISE

ORATORIEN n.m. → RELIGIEUX

ORATORIO n.m. → OPÉRA

ORBE I. n.m. → ROND **II. adj. bât.** : aveugle

ORBITE n.f. **I.** → ROND **II.** → CERCLE

ORBITÈLE n.m. → ARAIGNÉE

ORCHESTIQUE n.f. → DANSE

ORCHESTRATEUR, TRICE → MUSICIEN

ORCHESTRATION n.f. arrangement, harmonisation, instrumentation

ORCHESTRE n.m. clique, ensemble, fanfare, formation, groupe, harmonie, jazz, jazz-band, lyre, musique, nouba, octuor, orphéon, philharmonie, quatuor, quintette, septuor, sextuor, trio

ORCHESTRER I. au pr. : arranger, harmoniser, instrumenter **II. fig.** : amplifier, clamer, divulguer, faire savoir, répandre

ORD, E → MALPROPRE

ORDINAIRE I. adj. 1. accoutumé, banal, coutumier, familier, général, habituel, invétéré, traditionnel **2.** → COMMUN **3.** → MOYEN **II. n.m.** : alimentation, chère, cuisine, menu, pitance, ration, repas, table
◆ CONTR. **I.** → ORIGINAL **II.** → DISTINGUÉ

ORDINAIREMENT à l'accoutumée/ l'ordinaire, banalement, communément, de coutume, généralement, d'habitude, habituellement, le plus souvent, usuellement, volontiers
◆ CONTR. **I.** → QUELQUEFOIS **II.** → GUÈRE

ORDINATEUR n.m. **I.** calculateur, machine/ mémoire électronique **II. par ext.** : informatique, robot **III. relig.** : ordinant

ORDO n.m. comput → CALENDRIER

ORDONNANCE n.f. **I.** → ORDRE **II.** → JUGEMENT **III.** → RÈGLEMENT **IV. milit. fam.** : porte-coton, porte-pipe, tampon

ORDONNANCEMENT n.m. **I.** méthode, organisation, processus, programme, suite **II.** → PAIEMENT
◆ CONTR. → HASARD

ORDONNÉ, E → RÉGLÉ

ORDONNER I. → AGENCER **II.** → COMMANDER

ORDRE n.m. **I.** agencement, alignement, arrangement, assemblage, classement, classification, disposition, distribution, économie, ordonnance, ordonnancement, plan, structure, succession, suite, symétrie, système **II.** → RÈGLE **III.** cohérence, cohésion, discipline, harmonie, hiérarchie, méthode, morale, organisation, paix, police, subordination, tranquillité **IV.** → CLASSE **V.** → GENRE **VI.** → RANG **VII.** → CONGRÉGATION **VIII.** → CORPORATION **IX.** → INSTRUCTION **X.** → COMMANDEMENT **XI. arch.** : **1.** corinthien, dorique, ionique **2.** composite, toscan **XII. 1. DONNER ORDRE** → POURVOIR **2. ORDRE DU JOUR** → PROGRAMME
◆ CONTR. **I.** → DÉSORDRE **II.** → DÉFENSE **III.** → RÉALISATION

ORDURE n.f. balayures, bourre, bourrier, caca, chiure, crasse, crotte, crottin, débris, déchets, détritus, équevilles (rég.), fange, fient, fiente, fumier, gadoue, gringuenaude, immondices, impureté, malpropreté, margouillis, merde, nettoyure, pourriture, poussière, rebut, résidu, saleté, salissure, saloperie, sanie, scorie, vidure → EXCRÉMENT
◆ CONTR. → PROPRETÉ

ORDURIER, ÈRE → OBSCÈNE

ORÉE n.f. → BORD

OREILLE n.f. **I.** ouïe **II. arg.** : aileron, baffle, cliquette, écoutille, entonnoir à musique, escalope, escouane, esgourde, étagère à mégots, étiquette, feuille, loche, manette, pavillon, plat à barbe, portugaise, zozore **III.** → POIGNÉE **IV. vén.** : écoutes **V. 1. OREILLE D'ÂNE** : grande consoude, plantain lancéolé **2. OREILLE DE BŒUF/ DE SILÈNE** : bulime → GASTÉROPODE **3. OREILLE DE CHARME/ DE CHÊNE-VERT/ DE NOYER/ D'OLIVIER/ DE PEUPLIER** : agaric → CHAMPIGNON **4. OREILLE DE CHÈVRE** : centaurée **5. OREILLE DE COCHON/ DE DIANE/ DE SAINT-PIERRE** : fissurelle, strombe → GASTÉROPODE **6. OREILLE D'ÉLÉPHANT** : colocase des marais, taro **7. GRANDE OREILLE** : thon → POISSON **8. OREILLE D'HOMME** : asaret, cabaret, plante aromatique **9. OREILLE DE JUDAS** : auricularia, auricule → CHAMPIGNON **10. OREILLE DE LIÈVRE** : mâche, plantain lancéolé **11. OREILLE DE LOUP/ D'OURS** : primevère **12. OREILLE DE MURAILLE/ DE SOURIS** : myosotis, potentille **13. OREILLE DE RAT** : coraiste, mâche

OREILLER n.m. chevet, coussin, polochon, traversin

OREILLON n.m. → ARMURE

OREMUS n.m. → PRIÈRE

ORES → MAINTENANT

ORFÈVRE n.m. bijoutier, joaillier

ORFÈVRERIE n.f. bijouterie, joaillerie

ORFRAIE n.f. huard, pygargue → RAPACE

ORFROI n.m. → ORNEMENT

ORGANE n.m. **I.** → SENS **II.** → JOURNAL, REVUE **III.** → SEXE

ORGANEAU n.m. → BOUCLE

ORGANICISME n.m. → ANIMISME

ORGANIGRAMME n.m. schéma, tableau schématique/ synoptique → STRUCTURE

ORGANIQUE → PROFOND

ORGANISATEUR, TRICE → PROMOTEUR

ORGANISATION n.f. **I.** → AGENCEMENT **II.** → ORGANISME

ORGANISER I. → RÉGLER **II.** → PRÉPARER

ORGANISME n.m. administration, bureau, constitution, corps, ensemble, établissement, formation, office, organisation, service

ORGANISTE n.m. ou f. → MUSICIEN

ORGASME n.m. **1. mâle :** éjaculation **2. gé-nér. :** jouissance, spasme, volupté **3. fam. :** épectase (iron.), extase, feu d'artifice, grandes orgues, grand frisson, paradis, petite mort, 14-juillet, secousse, septième ciel → JOUIR

◇ CONTR. → IMPUISSANCE

ORGELET n.m. chalaze, chalazion, compère-loriot, grain-d'orge, hordéole

ORGIAQUE dépravé → DÉBAUCHÉ

ORGIE n.f. **I.** → DÉBAUCHE **II.** → PROFUSION

ORGUE DE BARBARIE n.m. limonaire – **arg. :** commode, moulin à café, serinette

ORGUEIL n.m. amour-propre, arrogance, dédain, enflure, estime de soi, fatuité, fierté, gloriole, hauteur, immodestie, importance, infatuation, jactance, mégalomanie, morgue, ostentation, outrecuidance, pose, présomption, prétention, raideur, rengorgement, suffisance, superbe, supériorité, vanité – **vx :** guinderie, monstrance

◇ CONTR. **I.** → HUMILITÉ **II.** → HONTE

ORGUEILLEUSEMENT avec → ORGUEIL, de façon → ORGUEILLEUX *et les dérivés possibles en* -ment *des syn. de* orgueilleux

ORGUEILLEUX, EUSE altier, arrogant, avantageux, bouffi, content/ pénétré/ plein/ satisfait de soi, crâneur, dédaigneux, faraud, fat, fier, flambard, glorieux, gobeur, hautain, important, infatué, m'as-tu-vu, mégalo (fam.), mégalomane, mégalomaniaque, méprisant, morguant, morgueur, ostentatoire, outrecuidant, paon, plastronneur, poseur, prétentieux, puant, sourcilleux, suffisant, superbe, vain, vaniteux → PRÉSOMPTUEUX

◇ CONTR. **I.** → MODESTE **II.** → PETIT **III.** → HONTEUX

ORIBUS n.m. → CHANDELLE

ORIEL n.m. bay-window, bow-window

ORIENT n.m. **I.** est, levant **II.** → LUSTRE

◇ CONTR. → OCCIDENT

ORIENTATION n.f. **I.** → DIRECTION **II.** → POSITION

ORIENTER I. → DIRIGER **II. v. pron.** → RETROUVER (SE)

ORIENTEUR, EUSE → CONSEILLER

ORIFICE → OUVERTURE

ORIFLAMME → GONFANON

ORIGAN n.m. marjolaine

ORIGINAIRE aborigène, autochtone, indigène, issu de, natif, naturel, né à/ de, d'origine, originel, sorti/ venu de

◇ CONTR. **I.** → ÉTRANGER **II.** → SUIVANT

ORIGINAIREMENT de façon → ORIGINAIRE *et les dérivés possibles en* -ment *des syn. de* originaire

ORIGINAL, E I. adj. 1. au pr. : différent, distinct, distinctif, inaccoutumé, inclassable, incomparable, inédit, initial, insolite, jamais vu, neuf, nouveau, originel, premier, primitif, princeps, sans précédent, singulier, spécifique, unique, vierge, virginal **2. par ext. :** amusant, braque, chinois (fam.), cocasse, curieux, déconcertant, drolatique, drôle, étonnant, étrange, excentrique, exceptionnel, extraordinaire, extravagant, fantasque, farfelu, hardi, indépendant, individualiste, non-conformiste, maniaque, paradoxal, particulier, personnel, peu ordinaire, piquant, pittoresque, plaisant, rare, recherché, remarquable, spécial, surprenant → BIZARRE **II. n.m. 1.** acte authentique, minute **2.** → TEXTE **3.** prototype → MODÈLE **4.** bohème, excentrique, fantaisiste, maniaque, numéro, olibrius, personnage, phénomène → TYPE

◇ CONTR. **I.** → BANAL **II.** → IMITATION

ORIGINALEMENT avec → ORIGINALITÉ, de façon → ORIGINAL *et les dérivés possibles en* -ment *des syn. de* original

ORIGINALITÉ n.f. **I. fav. ou neutre :** cachet, chic, drôlerie, fantaisie, fraîcheur, hardiesse, indépendance, non-conformisme, nouveauté, personnalité, piquant, pittoresque, spécificité, unicité **II. non fav. :** bizarrerie, cocasserie, étrangeté, excentricité, extravagance, loufoquerie, manie, marginalité, paradoxe, singularité

◇ CONTR. → BANALITÉ

ORIGINE n.f. **I.** base, berceau, cause, cuvée (fam.), début, départ, embryon, enfance, fondement, genèse, germe, motif, nid, noyau, œuf, point de départ, prédéterminant, principe, racine, raison, semence, source → COMMENCEMENT **II.** → NAISSANCE **III. gram. :** dérivation, étymologie

◇ CONTR. → FIN

ORIGINEL, LE adamique, → ORIGINAIRE

ORIGINELLEMENT à l' → ORIGINE, primitivement

ORIGNAL, AUX n.m. → CERVIDÉ

ORILLON n.m. → SAILLIE

ORIN n.m. → CORDAGE

ORIPEAU n.m. → LOQUE

ORMEAU n.m. **I.** → ARBRE **II.** haliotide → COQUILLAGE

ORMILLE n.f. → CHARMILLE

ORNEMANISTE n.m. et f. → SCULPTEUR

ORNEMENT n.m. **I.** adminicule, accessoire, affiquet, affûtiaux (fam.), agrément,

ajustement, apprêt, atour, attifet, bijou, bossette, broderie, chamarrure, décoration, détail, enjolivement, enjolivure, enrichissement, falbala, fanfreluche, figure, fioriture, fleur, fleuron, garniture, motif, orfroi, ornementation, parement, parure, tapisserie **II. arch.** : acrotère, agrafe, ajour, ajourage, amortissement, anneau de colonne, antéfixe, arabesque, arcature, arceau, archivolte, armille, astragale, atlante, bague, baguette, balustre, bande, bandeau, bâton, besace, besant, billette, bordure, bossage, bosse, boucle, bouton, bracelet, bucrane, câble, canal, cannelure, cariatide, cartouche, chapelet, chardon, chevron, clocheton, coquille, corbeau, corbeille, cordelière, cordon, corne d'abondance, couronne, couronnement, crochet, cul-de-lampe, culot, dameronde, damier, dard, décoration, dent de loup/ de scie, dentelure, denticule, dessin, écaille, échine, encadrement, enroulement, entrelacs, épi de faîtage, étoile, feston, feuillage, feuille d'acanthe/ de trèfle, filet, fleuron, flot, frette, frise, fronton, fuseau, gâble, gargouille, gloire, godron, gousse, goutte, grecque, gradille, grotesque, guirlande, imbrication, losange, mandorle, mascaron, mauresques, méandre, médaille, métope, motif, moulure, mutulle, natte, nébules, nervure, nielle, nuée, olive, onde, orle, ove, palme, palmette, pampre, panache, patère, perle, piécette, pilastre, plinthe, pointe de diamant, postes, quadrilobe, quatrefeuille, quintefeuille, rai de cœur, rayure, redent, retombée, revêtement, rinceau, rive, rocaille, rosace, rostre, ruban, rudenture, sculpture, semis, stalactite, stalagmite, statue, strie, tête-de-clou, tête plate, tore, torsade, trèfle *ou* trilobe, triglyphe, trompe, trophée, vermiculure, volute
◊ **CONTR.** → AUSTÉRITÉ

ORNEMENTAL, E → BEAU

ORNEMENTER et **ORNER** adorner, agrémenter, ajouter, assaisonner, barder, broder, chamarrer, colorer, décorer, disposer, égayer, émailler, embellir, empanacher, emperlouser (fam.), enguirlander, enjoliver, enluminer, enrichir, farder, fignoler, fleurir, garnir, gemmer, habiller, historier, houpper, imager, jarreter, meubler, ourler, parer, parementer, passementer, pavoiser, pomponner, rehausser, revêtir, tapisser → PEINDRE – **vx** : adoniser, aigretter, atourner, cantonner, élégantiser, emperler, enfleurir, orfroiser, panacher, pasquiller, passaquiller, pavaner, pipoler, trousser
◊ **CONTR.** → DÉPOUILLER

ORNIÈRE n.f. **I. au pr.** : flache, fondrière, nid de poule, trou → TRACE **II. fig.** → ROUTINE

ORONGE n.f. amanite → CHAMPIGNON

ORPHELIN, E I. nom : pupille **II. adj.** (fig.) abandonné *et les part. passés possibles des syn. de* abandonner, frustré/ privé de

ORPHÉON n.m. **I.** → ORCHESTRE **II.** → CHŒUR

ORPHÉONISTE n.m. et f. → MUSICIEN

ORPHIE n.f. aiguille, bécassine de mer → POISSON

ORPHISME n.m. → RELIGION

ORQUE n.m. épaulard → BALEINE

ORTHODOXE → VRAI

ORTHODROMIE n.f. ligne droite, raccourci

ORTHODOXIE I. au pr. → VÉRITÉ **II. par ext.** : conformisme, doctrine, dogme, ligne, norme, règle, régularité
◊ **CONTR.** → HÉRÉSIE

ORTHOGÉNIE n.f. contrôle/ régulation des naissances, planning familial → CONTRACEPTION

ORTHOGRAPHIER → ÉCRIRE

ORTHOPHONIE logopédie

ORTHOPNÉE n.f. → ESSOUFFLEMENT

ORTOLAN n.m. bruant → PASSEREAU

ORVET n.m. serpent de verre → SAURIEN

ORYCTÉROPE n.m. cochon de terre → PORC

OS I. par ext. : ossements → CARCASSE **II.** → ENNUI

OSCABRION n.m. → MOLLUSQUE

OSCILLATION I. au pr. : nutation, vibration → BALANCEMENT **II. fig.** → VARIATION

OSCILLER I. au pr. → BALANCER **II. fig.** → HÉSITER

OSÉ, E I. → HARDI **II.** → HASARDÉ

OSEILLE n.f. surelle

OSER s'aventurer, s'aviser de, entreprendre, se hasarder, se lancer, se permettre, prendre son courage à deux mains, se résigner, y aller (fam.) → HASARDER
◊ **CONTR. I.** → HÉSITER **II.** → RENONCER

OSMOSE n.f. → ÉCHANGE

OSSATURE n.f. → CARCASSE

OSSEMENTS n.m. pl. **I.** → OS **II.** → RESTES

OSSIFICATION n.f. ostéogénèse, ostéogénie

OSSUAIRE n.m. → CIMETIÈRE

OSTENSIBLE → VISIBLE

OSTENTATION n.f. **I.** → MONTRE **II.** → ORGUEIL

OSTIOLE n.f. → OUVERTURE

OSTRACISER I. → BANNIR **II.** → ÉLIMINER

OSTRACISME n.m. **I.** pétalisme → BANNISSEMENT **II.** → REFUS

OTAGE n.m. **I.** → GARANT **II.** → PRISONNIER

ÔTER I. → TIRER **II.** → PRENDRE **III.** → QUITTER **IV.** → RETRANCHER

OUAILLE n.f. **I. au pr.** → BREBIS **II. par ext.** → FIDÈLE

OUANANICHE n.f. saumon d'eau douce/ de rivière → POISSON

OUAOUARON n.m. grenouille mugissante/ taureau → BATRACIEN

OUBLI n.m. **I. au pr. 1.** amnésie, mentisme **2.** → OMISSION **II. par ext. 1.** → PARDON **2.** → INGRATITUDE

OUBLIABLE → BANAL

OUBLIE n.f. gaufre → PÂTISSERIE

OUBLIÉ, E → INCONNU

OUBLIER I. désapprendre, manquer, négliger, omettre **II.** → ABANDONNER **III.** → PARDONNER
◆ CONTR. **I.** → RAPPELER (SE) **II.** → OCCUPER (S')

OUBLIETTE(S) n.f. → CACHOT

OUBLIEUX, EUSE I. → INDULGENT **II.** → INGRAT

OUED n.m. → RIVIÈRE

OUEST n.m. → OCCIDENT

OUI I. assurément, bien, bien sûr, bon, certainement, certes, dame, évidemment, à merveille, parfait, parfaitement. **II. fam.** : affirmatif, cinq sur cinq, d'ac, gy, O.K., ouais, positif **III. vx** : çamon, oc, oïl, optime, oui-da, voire
◆ CONTR. → NON

OUÏ-DIRE n.m. invar. → RUMEUR

OUÏE n.f. → OREILLE

OUÏES n.f. pl. branchies

OUILLER → REMPLIR

OUILLÈRE ou **OUILLIÈRE** ou **OULLIÈRE** n.f. → RANG

OUÏR → ENTENDRE

OUISTITI n.m. **I.** → SINGE **II.** → TYPE

OURAGAN n.m. **I. au pr.** → BOURRASQUE **II. fig.** → TROUBLE

OURDIR I. au pr. : tisser, tramer, tresser **II. fig.** : aménager, arranger, brasser, combiner, comploter, conspirer, machiner, manigancer, minuter, monter, nouer, préparer, tisser, tramer, tresser
◆ CONTR. **I.** : agir avec → FRANCHISE **II.** agir → OUVERTEMENT **III.** → DÉNONCER

OURLER → BORDER

OURLET n.m. → BORD

OURS, OURSE I. ailurope, grizzli, ours du père David, ourson, panda, plantigrade, ursidé **II. par ext. 1.** → SAUVAGE **2.** → MENSTRUATION

OURSIN n.m. → ÉCHINODERME

OUTARDE et **OUTARDEAU** n.f. et n.m. bernache du Canada, canepetière → ÉCHASSIER

OUTER SPACE spat. off. : espace extra-atmosphérique

OUTIL n.m. **I.** aiguille, aiguisoir, alésoir, alignoir, amorçoir, barre à mine, bec, besaigue, biseau, bistoquet, boësse, boucharde, bouterolle, boutoir, brunissoir, buisse, burin, butoir, casse-pierre, chandelle, chemin de fer, cisaille, ciseau, ciselet, clef, coin, compas, couperet, coupoir, couteau, crochet, curette, davier, débouchoir, doloire, drille, ébarboir, ébauchoir, ébourroir, écang, échanvroir, échoppe, emporte-pièce, enclume, enfonçoir, équerre, estampe, évidoir, fendoir, fil à plomb, filière, fraise, galope, gouge, gratte, grésoir, griffe, grignette, guipoir, hache, hachette, herminette, jablière, jabloir, langue (de chat), levier, lime, louve, lustroir, main, mandrin, marguerite, marteau, masque, matoir, mirette, niveau, onglette, patarasse, peigne, pelle, pic, pied à coulisse, pied de biche, pince, pinceau, pioche, plane, poinçon, pointe, polissoir, queue-de-cochon, queue-de-morue, queue-de-rat, queue-de-renard, rabattoir, rable, rabot, racle, raclette, racloir, râpe, râteau, règle, resingle, riflard, rifloir, ripe, rodoir, rouanne, rouloir, scie, serre-joint, tamponnoir, tarabiscot, taraud, tarière, tenailles, tiers-point, tondeuse, tournevis, traceret, traçoir, tranchet, trépan, triballe, tricoise, truelle, trusquin, varlope, vilebrequin **II.** → INSTRUMENT **III.** TYPE **IV.** → SEXE

OUTILLAGE n.m. accastillage (mar.), cheptel, équipement, inertie (écon.), instruments, machine, matériel, outils → USTENSILE

OUTILLER → POURVOIR

OUTLAW n.m. → MAUDIT

OUTPUT n.m. inform. off. : (produit de) sortie

OUTRAGE n.m. **I.** → OFFENSE **II.** → DOMMAGE

OUTRAGEANT, E et **OUTRAGEUX, EUSE** → OFFENSANT

OUTRAGER → OFFENSER

OUTRAGEUSEMENT → EXCESSIVEMENT

OUTRANCE n.f. **I.** → EXCÈS **II. À OUTRANCE** : outre mesure

OUTRANCIER, ÈRE → EXCESSIF

OUTRE n.f. asque, urcéole, utricule

OUTRE, EN OUTRE, OUTRE CELA de/ en plus, indépendamment, joint (vx), par-dessus le marché

OUTRÉ, E I. → EXCESSIF II. beau d'indigna-tion, horrifié, indigné, le souffle coupé, of-fensé, révolté, scandalisé, suffoqué
◈ CONTR. → INDIFFÉRENT

OUTRECUIDANCE n.f. I. → ARROGANCE II. → ORGUEIL

OUTRECUIDANT, E nom et adj. I. → ARRO-GANT II. → ORGUEILLEUX

OUTREMER n.m. et adj. → BLEU

OUTRE-MER loc. adv. par ext. → COLONIE
◈ CONTR. : métropole

OUTRE-MESURE à outrance

OUTREPASSER → DÉPASSER

OUTRER v. tr. et intr → EXAGÉRER

OUTRIGGER n.m. → BATEAU

OUTSIDER n.m. → CONCURRENT

OUVERT, E I. au pr. 1. béant, épanoui, libre 2. dégarni, exposé, sans défense II. fig. 1. → FRANC 2. → INTELLIGENT

OUVERTEMENT apertement (vx), au vu et au connu/ au vu et au su de tous/ de tout le monde, à découvert, au grand jour, de façon déclarée, hautement, manifestement, publi-quement, sans → CACHER *et les dérivés pos-sibles en* -ment *des syn. de* franc
◈ CONTR. → SECRÈTEMENT

OUVERTURE n.f. I. au pr. 1. abée, ajour, aperture, aspirail, baie, béance, bouche, boulin, brèche, chantepleure, châssis, cha-tière, costière, cratère, croisée, dégage-ment, ébrasement, ébrasure, échappée, em-brasure, entrée, évasement, évasure, évent, évidement, excavation, fenestration, fenes-tron, fenêtre, fente, gorge, goulot, gueulard, gueule, guichet, imposte, issue, jour, judas, lucarne, lumière, lunette, oculus, œil, ope, oriel, orifice, ouvreau (techn.), passage, per-cée, pertuis, porte, regard, sortie, souillard, soupirail, trappe, trou, trouée, varaigne (ma-rais), vasistas, vue 2. méd. : émonctoire, méat 3. archère, barbacane, meurtrière, rayère

4. œillet, œilleton 5. mar. : écubier, hublot, sa-bord 6. botan. : déhiscence, ostiole, stomate 7. d'une pompe à air : venteau 8. → LIBÉRATION 9. les déverbatifs de → OUVRIR II. par ext. 1. → COMMENCE-MENT 2. → PRÉLUDE 3. → OFFRE 4. → MOYEN III. OUVERTURE D'ESPRIT : éclectisme, lar-geur d'esprit
◈ CONTR. I. → FERMETURE II. → PETITESSE III. → FINALE

OUVRAGE n.m. I. → TRAVAIL II. → LIVRE III. chef-d'œuvre, composition, création, es-sai, étude, œuvre, production, produit IV. mi-lit. : bastille, bastion, blockhaus, citadelle, dé-fense, dehors, fort, fortification, fortin, redoute, rempart

OUVRAGER, OUVRER → TRAVAILLER

OUVRIER, ÈRE I. → ARTISAN II. → TRAVAIL-LEUR

OUVRIR I. crocheter, débarrer (vx ou rég.), déboucher, déboutonner, débrider, déca-cheter, décapsuler, défoncer, dégager, dé-sencombrer, désengorger, désobstruer, dé-soperculer (botan.), désopiler (méd.), déverrouiller, ébraser, écarquiller, écarter, éclore, élargir, enfoncer, entrebâiller, en-trouvrir, épanouir, évaser, évider, fendre, forcer, frayer, inciser, percer, scarifier, tirer. vx : déclore, épanir II. → ÉTENDRE III. → COM-MENCER IV. aérer V. creuser, crevasser, éven-trer, trouer VI. v. pron. → CONFIER (SE)
◈ CONTR. I. → FERMER II. → SERRER III. → FINIR

OUVROIR n.m. → ATELIER

OVALE I. adj. : courbe, ellipsoïde, oblong, ové, oviforme, ovoïde II. n.m. : ellipse, man-dorle, ove

OVALISER → AGRANDIR

OVATION n.f. → ACCLAMATION

OVATIONNER faire une ovation → ACCLA-MER

OVERDOSE n.f. off. : surdose

OVERLAP publ. off. : débordement

OVIN, E ovidé → MOUTON

OVULE n.f. embryon, germe, œuf

OXYDER brûler, détériorer, détruire, ron-ger, rouiller

P

PACAGE n.m. → PÂTURAGE

PACAGER → PAÎTRE

PACEMAKER n.m. **méd. off.** : stimulateur

PACIFICATEUR, TRICE nom et adj. → CONCILIATEUR

PACIFIER adoucir, apaiser, arranger, calmer, retenir, tranquilliser
◇ CONTR. → EXCITER

PACIFIQUE → PAISIBLE

PACIFIQUEMENT de façon → PAISIBLE, sans → VIOLENCE *et les dérivés possibles en* -ment *des syn. de* paisible

PACIFISME n.m. contre-violence, non-violence, objection de conscience
◇ CONTR. **I.** → MILITARISME **II.** → VIOLENCE

PACIFISTE n.m. et f. colombe (fam.), non-violent, objecteur de conscience
◇ CONTR. **I.** faucon → MILITARISTE **II.** → VIOLENT

PACKAGE I. audiov. off. : achat groupé **II. transp.** : forfait **III. inform.** : logiciel

PACKAGE REACTOR **nucl. off.** : réacteur préfabriqué

PACK SHOT **publ. off.** : plan-paquet/ produit

PACOTILLE n.f. → MARCHANDISE

PACTE n.m. **I.** → CONVENTION **II.** → TRAITÉ

PACTISER I. → ENTENDRE (S') **II.** → COMPOSER

PACTOLE n.m. → RICHESSE

PAGAIE n.f. **par ext.** → RAME

PAGAILLE n.f. → DÉSORDRE

PAGANISME n.m. gentilité
◇ CONTR. : chrétienté, islam, judaïsme

PAGE n.f. **I.** → FEUILLE **II.** → PASSAGE

PAGINER I. → NUMÉROTER **II.** → COTER

PAGNE n.m. paréo

PAGODE n.f. pagodon → TEMPLE

PAGURE n.m. bernard-l'hermite → CRUSTACÉ

PAIE n.f. **I.** → RÉTRIBUTION **II.** → PAIEMENT

PAIEMENT ou **PAYEMENT** n.m. **I. au pr.** : appointements, attribution, cachet, commission, déboursement, émoluments, honoraires, indemnité, jeton, pagouse (arg.), paie, salaire, solde, solution (jurid.), traitement **II.** liquidation, ordonnancement, transfert, versement, virement **III. fig.** → RÉCOMPENSE
◇ CONTR. → RECETTE

PAÏEN, NE nom et adj. agnostique, athée, gentil, hérétique, idolâtre, impie, incirconcis, incrédule, incroyant, infidèle, irréligieux, mécréant, renégat
◇ CONTR. **I.** → CHRÉTIEN **II.** → ISRAÉLITE **III.** → MUSULMAN **IV.** → RELIGIEUX

PAILLARD, E → LASCIF

PAILLARDISE n.f. → LASCIVITÉ

PAILLASSE n.f. **I. n.f.** → MATELAS **II. n.m.** → CLOWN

PAILLASSON n.m. **I.** carpette, tapis-brosse **II.** → CLAIE **III.** → COMPLAISANT **IV.** → LÂCHE

PAILLE n.f. **I.** → CHAUME **II. HOMME DE PAILLE** → INTERMÉDIAIRE

PAILLÉ n.m. → FUMIER

PAILLER n.m. → MEULE

PAILLET n.m. **I. mar.** : natte **II. techn.** : ressort **III.** vin clairet

PAILLETTE n.f. **I.** → MORCEAU **II.** → OR

PAILLOTE n.f. → CABANE

PAIN n.m. **I. au pr.** : baguette, bâtard, boule, bricheton (fam.), chapelure, couronne, croûton, flûte, gressin, longuet, miche, mousseau (vx), muffin, navette, parisien, pistolet, saucisson **II. par ext.** 1. aliment, nourriture, pitance 2. brique, lingot 3. → COUP

PAIR n.m. → ÉGAL

PAIRE → COUPLE

PAISIBLE I. aimable, béat, calme, débonnaire, doux, modéré, non-violent, pacifique, pacifiste, placide, quiet, serein → TRANQUILLE II. fam. : pantouflard, pénard III. vx : coi, imbelliqueux
◇ CONTR. I. → AGRESSIF II. → INQUIET

PAISIBLEMENT en → PAIX, de façon → PAISIBLE *et les dérivés possibles en* -ment *des syn. de* paisible

PAÎTRE I. v. tr. → NOURRIR II. v. intr. : brouter, gagner (vx), herbeiller, manger, pacager, pâturer, viander (vén.)

PAIX n.f. I. nom. 1. au pr. : apaisement, béatitude, bonheur, calme, concorde, entente, fraternité, harmonie, ordre, quiétude, repos, sécurité, sérénité, silence, tranquillité, union 2. par ext. : accord, armistice, conciliation, entente, pacification, pacte, réconciliation, traité → PARDON II. interj. : bouche close/ cousue, chut, motus (fam.), silence
◇ CONTR. I. → GUERRE II. → INQUIÉTUDE III. → VIOLENCE

PAL n.m. → PIEU

PALABRE n.f. ou m. I. → DISCUSSION II. → DISCOURS

PALABRER I. → DISCUTER II. → DISCOURIR

PALACE n.m. → HÔTEL

PALADIN n.m. → CHEVALIER

PALAIS n.m. casino, castel, château, demeure, palace → IMMEUBLE
◇ CONTR. → TAUDIS

PALAN n.m. → TREUIL

PÂLE I. au pr. : achromique, blafard, blanchâtre, blême, bleu, cadavérique, décoloré, élavé (vén.), étiolé, exsangue, hâve, incolore, livide, opalin, pâlot, plombé, saturnin, terne, terreux, vert – vx : flave, pallide II. par ext. → MALADE
◇ CONTR. I. → COLORÉ II. → BRILLANT

PALEFRENIER n.m. garçon d'écurie, lad, valet

PALEFROI n.m. coursier, destrier, monture → CHEVAL

PALETOT n.m. → MANTEAU

PÂLEUR n.f. → BLANCHEUR

PALIER n.m. I. au pr. : carré, étage, repos II. par ext. → PHASE

PALINGÉNÉSIE n.f. → RENAISSANCE

PALINODIE n.f. → RÉTRACTATION

PÂLIR I. → BLÊMIR II. → FLÉTRIR III. → DISPARAÎTRE

PALIS n.m. I. → PIEU II. → CLÔTURE

PALISSADE n.f. → CLÔTURE

PALLADIUM n.m. → GARANTIE

PALLIATIF n.m. → REMÈDE

PALLIER I. → CACHER II. → MODÉRER III. → POURVOIR À

PALMARÈS n.m. hit-parade, tableau d'honneur → RÉCOMPENSE

PALME n.f. I. → FEUILLAGE II. → INSIGNE

PALMIPÈDE n.m. et adj. I. anas, anatidé, fuligule II. albatros, ankinga, bernache, canard, cane, caneton, canette, cormoran, cravan, cul-blanc, cygne, eider, fou *ou* dadin, frégate, garrot, goéland, gorfou, grèbe, harle *ou* bécard *ou* bièvre, hirondelle de mer, macareux *ou* guillemot, macreuse, manchot, milouin, morillon, mouette, nigaud, oie, paille-en-cul/ queue, pélican, pétrel, phaéton, piette, pilet, pingouin, plongeon *ou* huard, puffin, rouge, sarcelle *ou* arcanette, souchet, sphénisque, stercoraire, sterne, tadorne, tourmentin

PALOMBE n.f. → COLOMBIN

PALONNIER n.m. armon

PALOT n.m. → BÊCHE

PALPABLE I. → SENSIBLE II. → MANIFESTE

PALPER → TOUCHER

PALPITANT, E → INTÉRESSANT

PALPITATION n.f. → BATTEMENT

PALPITER → TREMBLER

PALTOQUET n.m. I. → RUSTAUD II. → IMPOLI

PALUDIER, ÈRE salinier, saunier

P.A.M. → PULSE AMPLITUDE MODULATION

PAMER (SE) I. au pr. → ÉVANOUIR (s') II. fig. → ENTOUSIASMER (s')

PÂMOISON n.f. → ÉVANOUISSEMENT

PAMPHLET n.m. I. → SATIRE II. → LIBELLE

PAMPHLÉTAIRE n.m. et f. → JOURNALISTE

PAMPLEMOUSSE n.m. → AGRUME

PAMPRE n.m. → VIGNE

PAN n.m. I. → PARTIE II. → FLANC

PANACÉE n.f. → REMÈDE

PANACHAGE n.m. → MÉLANGE

PANACHE n.m. I. → PLUMET II. → LUSTRE III. 1. FAIRE PANACHE → CULBUTER 2. AVOIR DU PANACHE → ALLURE

PANACHÉ, E I. → BARIOLÉ II. → MÊLÉ

PANACHER → MÊLER

PANADE n.f. I. → POTAGE II. → PAUVRETÉ

PANARABISME n.m. panislamisme

PANCARTE n.f. **I.** → AFFICHE **II.** → ÉCRITEAU

PANCRACE n.m. → LUTTE

PANDÉMIQUE → ÉPIDÉMIQUE

PANÉGYRIQUE n.m. → ÉLOGE

PANEL n.m. **off. I.** → ÉCHANTILLON **II.** → RÉUNION

PANETIÈRE n.f. → GIBECIÈRE

PANIER n.m. **I. le contenant** : banne, banneton *ou* bénaton, bannette, baste, bourriche, cabas, cloyère, coffin (vx), corbeille, corbillon, couffin, flein, gabion, hotte, jonchée, manne, mannequin, mannette, paneton, panière, tendelin **II. le contenu** : panerée **III.** crinoline, faux-cul, tournure, vertugadin **IV.** **1. DESSUS DU PANIER** → CHOIX **2. PANIER À SALADE** : voiture cellulaire

PANIQUE n.f. → ÉPOUVANTE

PANIQUER → TREMBLER

PANISLAMISME n.m. panarabisme

PANMIXIE n.f. → MÉLANGE

PANNE n.f. **I.** barde, couenne, lard **II.** accident, accroc, arrêt, incident, interruption **III.** → POUTRE **IV.** **1. METTRE EN PANNE** → STOPPER **2. ÊTRE EN PANNE** : avoir un → DOMMAGE, être encalminé (mar.), être en carafe (fam.)

◈ CONTR. → USAGE

PANNEAU n.m. **I.** → ÉCRITEAU **II.** → FILET **III.** → FERMETURE

PANNEL CONTROL méc. off. panneau/ tableau de contrôle

PANONCEAU n.m. **I.** → ENSEIGNE **II.** → EMBLÈME

PANOPLIE n.f. → COLLECTION

PANORAMA n.m. → VUE

PANSE n.f. **I.** → ABDOMEN **II.** → BEDAINE **III.** → ESTOMAC

PANSEMENT n.m. compresse

PANSER → SOIGNER

PANTAGRUÉLIQUE **I.** → ABONDANT **II.** → GIGANTESQUE

PANTALON n.m. **I.** → CULOTTE **II.** → PANTIN

PANTALONNADE n.f. **I.** → FUITE **II.** → FEINTE **III.** → SUBTERFUGE

PANTE n.m. → NAÏF

PANTELANT, E **I.** → ESSOUFFLÉ **II.** → ÉMU

PANTELER → RESPIRER

PANTIN n.m. **I. au pr.** : arlequin, bamboche, burattino, clown, fantoche, gille, godenot, guignol, jouet, joujou, mannequin, margotin, marionnette, marmouset, pantalon, polichinelle, poupée, pupazzo **II. par ext.** : fantôme, girouette, rigolo, saltimbanque, sauteur, toton, toupie, zéro → TURLUPIN

PANTOIS adj. inv. → INTERDIT

PANTOMIME n.f. **I.** → MIME **II.** → GESTE

PANTOUFLARD, E **I.** → SÉDENTAIRE **II.** → PAISIBLE

PANTOUFLE n.f. → CHAUSSON

PANURE n.f. chapelure

PAON, PAONNE **I. au pr.** : oiseau de Junon **II. fig.** → ORGUEILLEUX

PAONNER étaler, faire la roue, parader, se pavaner, poser

PAPA n.m. **I.** → PÈRE **II.** **1. À LA PAPA** → TRANQUILLE **2. À/ DE PAPA** → KITSCH

PAPAL, E **par ext.** : intégriste, ultramontain – **péj.** : papalin, papimane, papiste

PAPAUTÉ n.f. → VATICAN

PAPE n.m. chef de l'Église, évêque de Rome/ universel, pasteur suprême, Saint-Père, Sa Sainteté, serviteur des serviteurs du Christ, souverain pontife, successeur de saint Pierre, Très Saint Père, vicaire de Jésus-Christ

PAPELARD, E → PATELIN

PAPELARDISE n.f. → HYPOCRISIE

PAPERASSIER, ÈRE → TRACASSIER

PAPIER n.m. **I.** **1. (papier)** d'Arménie, bible, bristol, bulle, buvard, à cigarettes, couché, cristal, à dessin, filtre, gaufré, Hollande, hygiénique, Japon, kraft, musique, moiré, peint, pelure, de soie, sulfurisé, vélin, vergé, de verre **2. non fav.** : papelard, paperasse **II. par ext.** → ARTICLE **III. PAPIER-MONNAIE** : billet, espèces, numéraire, ticket (arg.) → ARGENT

PAPILLON n.m. **I. vx ou rég.** : parpaillot **II. de jour** : actéon *ou* satyre-actéon, adonis, alcide, alucite, amaryllis, apollon, argus, attacus *ou* bombyx de l'ailante, bombyx, grand porte-queue *ou* machaon, paon-de-jour *ou* belle-dame *ou* morio *ou* vanesse, mite, piéride, pyrale, teigne, uranie **III. de nuit** : acidalie, agrotis, ailante, amathie, atropos *ou* sphinx tête-de-mort, leucanie, noctuelle, paon-de-nuit *ou* saturnie, phalène, sphinx, vulcain, xanthie, zeuzère, zygène

PAPILLONNER s'agiter, se débattre, se démener, flirter, folâtrer, marivauder, voler, voltiger

◈ CONTR. → CACHER (SE)

PAPILLOTANT, E agité, clignotant, flottant, instable, mobile, mouvant

◈ CONTR. → STABLE

PAPILLOTE n.f. bigoudi

PAPILLOTER I. → LUIRE **II.** → VACILLER **III.** → CILLER

PAPOTAGE n.m. bavardage, cancan, caquetage, commérage, jasement, ragot, verbiage

◇ CONTR. **I.** → SILENCE **II.** → RETENUE

PAPOTER babiller, bavarder, cancanner, caqueter, commérer, faire des commérages/ ragots

◇ CONTR. → TAIRE (SE)

PAQUEBOT n.m. → BATEAU

PAQUET n.m. **I. au pr. :** balle, ballot, balluchon, barda, bouchon de linge, colis, pacson (arg.), paquetage, tapon, toupillon → BAGAGE **II. fig. 1.** masse, pile, quantité, tas **2.** → BÊTISE **III. 1. METTRE/ RISQUER LE PAQUET :** aller à fond, attaquer, faire le nécessaire, hasarder, risquer **2. FAIRE SON PAQUET** (fam.) → MOURIR **3. DONNER SON PAQUET** → HUMILIER

PAQUETAGE n.m. → BAGAGE

PARABOLE n.f. allégorie, apologue, fable, histoire, image, morale, récit, symbole

PARACHEVER I. → FINIR **II.** → PARFAIRE

PARACHUTER droper, lâcher, larguer

PARADE n.f. **I.** → REVUE **II.** → MONTRE **III.** argument, en-cas, esquive, feinte, garniture, moyen, précaution, prévention, protection, sécurité **IV. FAIRE PARADE** → PARER (SE)

PARADER → MONTRER (SE)

PARADIGME n.m. axe des substitutions/ des choix, liste

◇ CONTR. → SYNTAXE

PARADIS n.m. **I. au pr. :** Brahma-Loke, céleste séjour, champs Élysées, ciel, éden, élysée, empyrée, Jérusalem céleste, monde meilleur, nirvâna, oasis, olympe, sein de Dieu, Walhalla **II. par ext. :** balcon, dernières galeries, pigeonnier, poulailler

◇ CONTR. → ENFER

PARADISIAQUE bénit, bienheureux, céleste, délectable, divin, édénique, élyséen, heureux, parfait

◇ CONTR. **I.** → DIABOLIQUE **II.** → INTOLÉRABLE

PARADOXAL, E → INVRAISEMBLABLE

PARADOXALEMENT → INVRAISEMBLABLEMENT

PARADOXE n.m. antiphrase, antithèse, aporie, bizarrerie, boutade, contradiction, contraire, contrevérité, énormité

◇ CONTR. → ÉVIDENCE

PARAGE n.m. **I. au sing. 1.** → NAISSANCE **2.** → PRÉPARATION **II. au pl.** → LIEU

PARAGRAPHE n.m. → PARTIE

PARAÎTRE I. **au pr. :** apparaître, s'avérer, avoir l'air/ l'aspect, se manifester, marquer, se montrer, s'offrir, sembler, sentir, simuler, passer pour, percer, poindre, pointer, se présenter, surgir **II. par ext.** → DISTINGUER (SE) **III. FAIRE PARAÎTRE :** éditer, publier

◇ CONTR. → DISPARAÎTRE

PARALLÈLE **I. adj.** → SEMBLABLE **II. n.m.** → RAPPROCHEMENT

PARALLÈLEMENT de façon → SEMBLABLE *et les dérivés possibles en* -ment *des syn. de* semblable

PARALLÉLISME n.m. → SIMILITUDE

PARALOGISME n.m. → SOPHISME

PARALYSANT, E milit. : incapacitant

PARALYSÉ, E **I.** → ENGOURDI **II.** → PARALYTIQUE

PARALYSER I. → ENGOURDIR **II.** → ARRÊTER **III.** → EMPÊCHER **IV.** → PÉTRIFIER

PARALYSIE n.f. **I. au pr. :** abasie, acinèse, akinésie, ankylose, astasie, catalepsie, hémiplégie, induration, insensibilisation, paraplégie, parésie **II. par ext. :** arrêt, blocage, engourdissement, entrave, immobilisme, neutralisation, obstruction, ralentissement, sclérose, stagnation

◇ CONTR. **I.** → MOUVEMENT **II.** → ACTIVITÉ

PARALYTIQUE nom et adj. estropié, grabataire, hémiplégique, impotent, infirme, paralysé, paraplégique, perclus

PARANGON n.m. **I.** → EXEMPLE **II.** → MODÈLE

PARAPET n.m. abri, balustrade, banquette, garde-corps/ fou, mur, muraille, muret, murette

PARAPHE n.m. apostille, griffe, seing (vx), signature, visa

PARAPHRASE n.f. **I.** → DÉVELOPPEMENT **II.** → EXPLICATION

PARAPHRASER amplifier, commenter, développer, éclaircir, expliquer, gloser, imiter

◇ CONTR. → ABRÉGER

PARAPLUIE n.m. **I.** boy, en-cas, en-tout-cas, tom-pouce **II. fam. :** pébroc, pépin, riflard

PARAPSYCHOLOGIE et **PARAPSYCHOLOGIQUE** n.f., adj. métapsychologie *et* métapsychique

PARASITE **I. adj.** → SUPERFLU **II. n.m. 1.** ecto/ endoparasite → POU, VERMINE, VER **2. fig. :** banqueteur, budgetivore, écornifleur, pillard, pique-assiette, resquilleur **III. techn. :** artefact

◇ CONTR. → GÉNÉREUX

PARASOL n.m. abri, en-cas, en-tout-cas, ombrelle

PARATONNERRE n.m. **I.** parafoudre **II.** → PROTECTION

PARAVENT n.m. **fig.** : abri, bouclier, prétexte

PARC n.m. **I.** → JARDIN **II.** → PÂTURAGE **III. 1. PARC ZOOLOGIQUE** : jardin d'acclimatation, ménagerie → ZOO **2. À HUÎTRES** : claire **3. À MOULES** : bouchot (par ext.), moulière

PARCELLAIRE n.m. et adj. cadastre, plan

PARCELLE n.f. **I.** → MORCEAU **II.** → PARTIE

PARCELLISER → SECTIONNER

PARCE QUE à cause que (fam.), attendu que, car, d'autant que, en effet, puisque, vu que

PARCHEMIN n.m. **I.** → DIPLÔME **II.** → TITRE

PARCHEMINÉ, E → RIDÉ

PARCIMONIE n.f. **I.** → ÉCONOMIE **II.** → AVARICE

PARCIMONIEUSEMENT avec → PARCIMONIE, de façon → PARCIMONIEUX *et les dérivés possibles en* -ment *des syn. de* parcimonieux

PARCIMONIEUX, EUSE I. fav. → ÉCONOME **II. non fav.** → AVARE

PARCLOSE n.f. **I.** → BAGUETTE **II.** → SÉPARATION

PARCMÈTRE n.m. → ENREGISTREUR

PARCOURIR I. au pr. : battre, brosser (vx), couvrir, sillonner **II. par ext. 1.** → LIRE **2.** → REGARDER

PARCOURS n.m. **I.** → TRAJET **II.** → PÂTURAGE

PARDESSUS n.m. → MANTEAU

PARDON n.m. **I.** abolition (vx), absolution, acquittement, aman (islam), amnistie, grâce, indulgence, jubilé (relig.), miséricorde, oubli, remise, rémission → PAIX **II. 1.** → FÊTE **2.** → PÈLERINAGE **III. par ext.** → EXCUSE
◇ **CONTR. I.** → RESSENTIMENT **II.** → REPRÉSAILLES

PARDONNABLE → EXCUSABLE

PARDONNER I. → EXCUSER **II.** → SOUFFRIR **III.** → MÉNAGER

PARE-ÉTINCELLES n.m. garde-feu

PAREIL, LE adéquat, affin, comparable, égal, équipollent, équipotent, équiprobable, équivalent, identique, jumeau, kif-kif (fam.), même, parallèle, queusi-queumi (vx), synonyme, tel → SEMBLABLE
◇ **CONTR.** → DIFFÉRENT

PAREILLEMENT → MÊME

PAREMENT n.m. **I.** → ORNEMENT **II.** → REVERS **III.** → SURFACE

PARENT, E affins (vx), allié, ancêtre, apparenté, collatéral, consanguin, cousin, dabe (fam.), frère, géniteur, génitrice, germain, mère, oncle, père, proche, procréateur, siens (les), tante, utérin – **jurid.** : agnat,

cognat
◇ **CONTR.** → ÉTRANGER

PARENTÉ n.f. **I. au pr.** : affinité, alliance, apparentement, consanguinité, famille, lignage – vx : parentage, parentèle **II. par ext. 1.** phratrie **2. jurid.** : agnation, cognation **3.** cousinage → RAPPORT

PARENTHÈSE n.f. → DIGRESSION

PARER I. on pare quelqu'un ou quelque chose : adoniser, adorner, afistoler, apprêter, arranger, attifer, bichonner, emperlouser (fam.), embellir, endimancher, garnir, orner, pomponner, poupiner – vx ou rég. : atourner, élégantiser, emperler, enfleurir, miroder, panacher, pimplocher, pimprelocher **II. on pare un coup** : conjurer, détourner, esquiver, éviter, faire face à, obvier à, prévenir **III. v. pron. 1.** *les formes pron. possibles des syn. de* parer **2.** faire étalage/ montre/ parade de
◇ **CONTR.** → DÉFORMER

PARÉSIE n.f. → PARALYSIE

PARESSE n.f. **I.** fainéantise, indolence, inertie, laisser-aller, lenteur, lourdeur, mollesse, négligence, nonchalance, oisiveté **II. fam.** : cagne, cosse, cutardise (rég.), flemme, mollasserie, rame **III. 1.** → APATHIE **2.** → INACTION
◇ **CONTR. I.** → ACTIVITÉ **II.** → RAPIDITÉ

PARESSER I. → SOMMEILLER **II.** → TRAÎNER **III. fam.** : **1.** s'acagnarder, buller, clampiner, coincer la bulle, glander, glandouiller, godailler, louper, ne pas s'en faire, se la couler douce, vacharder, zoner **2.** avoir les bras retournés/ les côtes en long/ un poil dans la main **3. rég.** : couniller, cufarder, feignasser
◇ **CONTR. I.** → ACTIVER (s') **II.** → TRAVAILLER

PARESSEUSEMENT avec → PARESSE, de façon → PARESSEUX *et les dérivés possibles en* -ment *des syn. de* paresseux

PARESSEUX, EUSE nom et adj. **I.** aboulique, indolent, mou, négligent, nonchalant → LENT **II. fam. : 1.** batteur, branleur, branlotin, bulleur, cagnard, cancre, clampin, clancul, cossard, fainéant, feignant, feignasse, flemmard, galavard, gluau, lézard, mollasse, mollasson, momie, musard, pilonneur, ramier, rossard, tire au cul/ au flanc, vachard **2. rég.** : couniller, cufard, feignassous **3. vx** : lendore, loupeur **III. mammifère** : aï, unau
◇ **CONTR. I.** → TRAVAILLEUR **II.** → VIF

PARFAIRE arranger, châtier, ciseler, compléter, enjoliver, fignoler, finir, lécher, limer, parachever, peaufiner, perler, polir, quintessencier, raboter, raffiner, rajuster, revoir, soigner → AMÉLIORER
◇ **CONTR.** → BÂCLER

PARFAIT, E I. adj. : absolu, accompli, achevé, bien, complet, consommé, déter-

miné, excellent, extra, fameux, fieffé, fini, franc, hors concours/ ligne, idéal, impeccable, incomparable, indépassable, inimitable, insurpassable, irréprochable, magistral, merveilleux, modèle, non pareil (vx), pommé, renforcé, réussi, royal, sacré, superfin, supérieur, surfin, très bien → BON – fam. : fadé, super II. adv. → OUI
◈ CONTR. I. → IMPARFAIT II. → LAID

PARFAITEMENT I. → BIEN II. → COMPLÈTEMENT

PARFOIS → QUELQUEFOIS

PARFUM n.m. I. substance : aromate, baume, eau, essence, extrait, huile, nard, onguent II. arôme, bouquet, fragrance, fumet → ODEUR
◈ CONTR. → PUANTEUR

PARFUMÉ, E → ODORANT

PARFUMER I. on parfume quelqu'un : oindre → FRICTIONNER II. quelqu'un ou quelque chose parfume l'air : ambrer, aromatiser, dégager, embaumer, exhaler, fleurer, imprégner, répandre
◈ CONTR. → PUER

PARI n.m. gageure, risque → MISE

PARIA n.m. I. → MISÉRABLE II. → MAUDIT

PARIER → GAGER

PARIÉTAL, E rupestre

PARIEUR, EUSE n.m. joueur, turfiste

PARITAIRE égalitaire

PARITÉ n.f. I. → ÉGALITÉ II. → RAPPROCHEMENT

PARJURE nom et adj. → INFIDÈLE

PARKING n.m. garage, parc, parcage, parcauto, stationnement

PARKING ORBIT spat. off. orbite d'attente

PARLANT, E bavard, éloquent, expressif, exubérant, loquace, vivant
◈ CONTR. → SILENCIEUX

PARLEMENT n.m. assemblée, chambre, congrès, convention, représentation nationale

PARLEMENTAIRE I. adj. : constitutionnel, démocratique, représentatif II. nom. 1. → ENVOYÉ 2. → DÉPUTÉ
◈ CONTR. : dictatorial, monarchique

PARLEMENTER agiter, argumenter, débattre, discuter, négocier, traiter
◈ CONTR. I. → PRESCRIRE II. → OBLIGER

PARLER I. v. tr. on parle une langue. 1. neutre : employer, s'exprimer, pratiquer 2. non fav. : bafouiller, baragouiner, écorcher, jargonner II. v. intr. 1. au pr. – fam. ou péj. : accoucher, articuler, bâiller, baratiner, baver, bêler, bonir,

chevroter, confabuler (vx), débagouler, débiter, déblatérer, dégoiser, dire, giberner, graillonner, gueuler, jacter, jaser, jaspiner, murmurer, nasiller, périphraser, phraser, politiquer (vx), proférer/ prononcer des mots/ paroles, rabâcher, radoter, soliloquer 2. par ext. en conversation ou en public : bavarder, causer, confabuler, conférer, consulter, converser, déclamer, deviser, dialoguer, discourir, discuter, s'entretenir, s'expliquer, haranguer, improviser, patrociner (vx), pérorer, porter/ prendre la parole III. 1. PARLER DE : faire allusion à, toucher à, traiter de 2. PARLER POUR → INTERVENIR IV. n.m. 1. → LANGUE 2. → PAROLE
◈ CONTR. → TAIRE (SE)

PARLEUR, EUSE causeur, discoureur, diseur, harangueur, jaseur, orateur, péroreur, phraseur, pie, prolixe, verbeux – fam. : baratineur, bonisseur, cravateur, jaspineur, saladier → BAVARD
◈ CONTR. → SILENCIEUX

PARLOTE n.f. → CONVERSATION

PARMI au milieu de, dans, de, emmi (vx), entre
◈ CONTR. : hors de

PARODIE n.f. à la manière de, caricature, charge, glose, imitation, pastiche, travestissement
◈ CONTR. I. reproduction fidèle II. → AMÉLIORATION

PARODIER caricaturer, charger, contrefaire, imiter, pasticher, travestir
◈ CONTR. → EMBELLIR

PARODISTE n.m. et f. → IMITATEUR

PAROI n.f. bajoyer, claustra, cloison, éponte, face, galandage, galandis, mur, muraille, séparation

PAROISSE n.f. circonscription, commune, église, feux, hameau, village

PAROISSIEN, NE I. quelqu'un. 1. neutre : fidèle, ouaille 2. non fav. → TYPE II. par ext. : diurnal, eucologe, hymnaire, hymnier, lectionnaire, livre d'heures/ de messe/ de prières, missel, passionnaire, processionnal, psautier, rational, rituel, sermonnaire

PAROLE n.f. I. 1. apophtegme, assurance, circonlocution, compliment, discours, élocution, éloquence, engagement, expression, jactance, langage, mot, outrage, parabole, parler, promesse, propos, sentence, verbe, voix 2. → FOI 3. péj. : grossièreté, injure, insulte, outrage II. 1. DONNER SA PAROLE → PROMETTRE 2. PORTER/ PRENDRE LA PAROLE → PARLER 3. TENIR PAROLE → RÉALISER
◈ CONTR. I. → TEXTE II. → ACTION III. → SILENCE

PAROLIER, IÈRE auteur, chansonnier, librettiste, poète

PARONYME n.m. doublet, homonyme

PAROXYSME n.m. accès, au plus fort, comble, crise, exacerbation, exaspération, maximum, orgasme, recrudescence, redoublement, sommet, summum

◇ CONTR. : au minimum, au plus bas, retour au calme

PARPAILLOT, E I. au pr. (péj.) : calviniste, protestant **II. par ext.** : agnostique, anticlérical, athée, impie, incrédule, incroyant, indifférent, infidèle, irréligieux, mécréant, non pratiquant

◇ CONTR. → FIDÈLE

PARPAING n.m. aggloméré, bloc, brique, hourdis, moellon, pierre

PARQUE n.f. Atropos, Clotho, Lachésis → DÉESSE

PARQUER → ENFERMER

PARQUET n.m. **I.** → TRIBUNAL **II.** → PLANCHER

PARRAIN n.m. **I. au pr.** : compère, témoin, tuteur **II. par ext.** : caution, garant, introducteur, sponsor → COMMANDITAIRE

PARRAINAGE n.m. auspice, caution, garantie, mécénat, patronage, protection, sponsoring, tutelle

PARRAINER → APPUYER

PARSEMÉ, E → SEMÉ

PARSEMER I. → SEMER **II.** → RECOUVRIR

PARSI, E guèbre, sectateur de Zoroastre, zoroastrien

PART n.f. **I. au pr. 1.** contingent, lot, lotisssement, partage, prorata, quotité – **arg.** : fade, pied, taf **2.** → PARTIE **3.** → PORTION **4.** → LIEU **II. 1. À PART** → EXCEPTÉ **2. D'AUTRE PART** → PLUS (DE) **3. FAIRE PART** → INFORMER **4. AVOIR/ PRENDRE PART** → PARTICIPER

PARTAGE n.m. **I.** → DISTRIBUTION **II.** → PART

PARTAGÉ, E I. par ext. : commun, mutuel, réciproque **II. fig.** : brisé, déchiré, divisé, écartelé

◇ CONTR. → INDIVIDUEL

PARTAGEABLE sécable *et les dérivés possibles de* → PARTAGER

PARTAGER I. au pr. : attribuer, couper, débiter, découper, dédoubler, démembrer, départager, départir, dépecer, dispenser, distribuer, diviser, donner, fractionner, fragmenter, lotir, morceler, partir (vx), scinder, sectionner, séparer, subdiviser **II. fig.** : aider, associer, communiquer, compatir, entrer dans les peines/ les soucis, épouser, éprouver, mettre en commun, participer, prendre part

◇ CONTR. **I.** → ACCUMULER **II.** → RÉUNIR

PARTANCE n.f. appareillage, départ, embarquement, haut-le-pied, sous pression

◇ CONTR. → ARRIVAGE

PARTANT ainsi, donc, en conséquence, par conséquent

PARTENAIRE n.m. et f. acolyte, adjoint, affidé, aide, allié, alter ego, ami, associé, coéquipier, collègue, compagnon, complice (péj.), copain (fam.), correspondant, équipier, joueur, second

◇ CONTR. → RIVAL

PARTERRE n.m. **I.** corbeille, massif, pelouse, planche, plate-bande **II.** → PUBLIC

PARTI n.m. **I.** brigue, cabale, camp, clan, coalition, faction, faisceau, groupe, ligue, phalange, rassemblement, secte **II.** → INTRIGUE **III.** → TROUPE **IV.** → RÉSOLUTION **V.** → PROFIT **VI.** → PROFESSION **VII.** → FIANCÉ

PARTIAL, E abusif, arbitraire, déloyal, faux, illégal, illégitime, influencé, injuste, irrégulier, partisan, passionné, préconçu, prévenu, scélérat, subjectif, tendancieux

◇ CONTR. → JUSTE

PARTIALEMENT avec → PARTIALITÉ, de façon → PARTIAL *et les dérivés possibles en* -ment *des syn. de* partial

PARTIALITÉ n.f. abus, arbitraire, déloyauté, injustice, irrégularité, parti pris, préférence, préjugé, prévention, scélératesse

◇ CONTR. → JUSTICE

PARTICIPANT, E I. → ADHÉRENT **II.** → CONCURRENT

PARTICIPATION n.f. **I. l'acte** : adhésion, aide, appui, collaboration, concours, contribution, coopération, engagement, part, partage, soutien – **péj.** : complicité, connivence **II. l'objet** : action, apport, commandite, contribution, mise de fonds, obligation, part, souscription, titre **III. par ext.** : actionnariat, association, cogestion, intéressement **IV.** → QUOTA

◇ CONTR. **I.** → ABSTENTION **II.** → OPPOSITION

PARTICIPER I. on participe à : adhérer, aider, apporter, appuyer, assister, s'associer, avoir intérêt/ part, collaborer, concourir, concurrer (vx), contribuer, coopérer, cotiser, encourager, s'engager, entrer dans la danse (fam.)/ le jeu, être de, être complice/ de connivence (péj.), être intéressé, figurer, fournir, s'immiscer, se joindre, se mêler, se mettre de la partie, partager, prendre part, soutenir, tremper dans (péj.) **II. on participe de** → TENIR

◇ CONTR. **I.** → ABSTENIR (s') **II.** → OPPOSER (s')

PARTICULARISÉ, E circonstancié, défini, détaillé, déterminé, distingué, fixé, individualisé, singularisé, spécialisé, spécifié

◇ CONTR. **I.** → GÉNÉRAL **II.** → STANDARD

PARTICULARISER → FIXER

PARTICULARISME n.m. attitude, coutume, originalité, propriété → PARTICULARITÉ
◇ CONTR. → GÉNÉRALITÉ

PARTICULARITÉ n.f. **I.** anecdote, trait **II.** anomalie, attribut, caractéristique, circonstance, détail, différence, exception, individualité, modalité, particularisme, précision, propre, propriété, singularité, spécialité – **partic.** : idiosyncrasie, spécificité
◇ CONTR. → GÉNÉRALITÉ

PARTICULE n.f. **I.** atome, corpuscule, micelle, molécule, monade (philos.), poudre, poussière **II. principales particules** : boson, électron, fermion, méson, négaton, neutrino, neutron, photon, proton **III. gram.** : affixe, mot, préfixe, suffixe
◇ CONTR. **I.** → AMAS **II.** → TOTALITÉ

PARTICULIER, ÈRE I. adj. 1. caractéristique, distinct, distinctif, exceptionnel, extraordinaire, indigète (antiq.), inhabituel, local, original, propre à, rare, remarquable, respectif, singulier, spécial, spécifique **2.** → INDIVIDUEL **3.** → RÉGIONAL **II. nom** : individu, unité → HOMME **III. 1. EN PARTICULIER** → PARTICULIÈREMENT **2. CAS PARTICULIER** → CIRCONSTANCE **3. POINT PARTICULIER** → PRÉCIS
◇ CONTR. **I.** → GÉNÉRAL **II.** → PUBLIC

PARTICULIÈREMENT éminemment, en particulier, notamment, principalement, singulièrement, spécialement, surtout
◇ CONTR. → GÉNÉRAL (EN)

PARTIE n.f. **I. au pr.** : bout, branche, bribe, compartiment, composant, côté, division, élément, embranchement, fraction, lot, membre, morceau, pan, parcelle, part, particule, pièce, portion, rameau, ramification, secteur, subdivision, tranche, tronçon **II. d'une œuvre** : acte, alinéa, article, chant, chapitre, division, époque, morceau, mouvement (mus.), paragraphe, passage, point, scène, section, titre **III.** → DIVERTISSEMENT **IV.** → RENCONTRE **V.** → PROFESSION **VI.** → QUALITÉ **VII.** → PLAIDEUR **VIII.** → JEU **IX. au pl.** → SEXE
◇ CONTR. → TOTALITÉ

PARTIEL, LE divisé, fractionnaire, fragmentaire, incomplet, relatif, sectoriel
◇ CONTR. **I.** → ENTIER **II.** → TOTAL

PARTIELLEMENT → IMPARFAITEMENT

PARTI PRIS n.m. → PRÉJUGÉ

PARTIR I. au pr. : abandonner, s'en aller, battre en retraite, brûler la politesse (péj.), changer de place, décamper, se défiler, déguerpir, déloger, démarrer, se dérober, détaler, disparaître, s'ébranler, s'échapper, s'éclipser, s'éloigner, émigrer, s'expatrier, ficher/ foutre (grossier) le camp, filer, fuir, ga-

gner/ prendre le large/ la porte/ la sortie, prendre congé/ ses jambes à son cou/ le large/ la porte, se réfugier, se retirer, s'en retourner, se sauver, se séparer – **fam.** : se barrer/ calter/ carapater/ casser/ cavaler/ débiner, débarrasser le plancher, décaniller, déhaler, déhotter, déménager, démurger, dérober, dévisser, s'esbigner, se faire la levure/ la malle/ la paire/ la soie/ la valise, filer à l'anglaise, filocher, galérer, jouer des flûtes/ les filles de l'air/ rip, mettre les adjas/ les bouts/ les loubés/ les voiles, natchaver, prendre la poudre d'escampette/ ses cliques et ses claques, riper, se tailler/ tirer/ trisser/ trotter, tirer sa révérence/ ses grègues (vx), se trotter **II.** → SORTIR **III.** COMMENCER **IV. vx** → PARTAGER
◇ CONTR. **I.** → ARRIVER **II.** → DEMEURER **III.** ENVAHIR

PARTISAN, E I. adj. → PARTIAL **II. nom. 1.** adepte, adhérent, affidé, affilié, allié, ami, approbateur, disciple, féal, fidèle, homme lige, militant, propagandiste, prosélyte, recrue, satellite, sectateur, siens (les), supporter – **péj.** : fanatique, séide, séquelle (vx), suppot, tenant **2.** → RÉSISTANT
◇ CONTR. → ADVERSAIRE

PARTITION n.f. **I.** → DIVISION **II.** → SÉPARATION

PARTOUT aux quatre coins, en tous lieux, mondialement, universellement, urbi et orbi
◇ CONTR. : nulle part

PARTURITION n.f. → GÉSINE

PARURE n.f. **I.** → AJUSTEMENT **II.** → ORNEMENT

PARUTION n.f. **I.** → APPARITION **II.** → PUBLICATION

PARVENIR I. → ARRIVER **II.** → VENIR **III. fig.** → RÉUSSIR

PARVENU, E agioteur, alcibiade (vx), arriviste, figaro, homme arrivé/ nouveau, nouveau riche, rasta, rastaquouère
◇ CONTR. → RATÉ

PARVIS n.m. façade → PLACE

PAS n.m. **I. par ext.** : **1.** enjambade (vx), enjambée, foulée, marche **2. du cheval** : appui **3.** → TRACE **4.** → PASSAGE **5.** → DÉFILÉ **6.** → DÉTROIT **7.** → SEUIL **8. fig.** : avance, essai, étape, jalon, progrès **II. 1. AVOIR/ PRENDRE LE PAS SUR** : avantage, droit, préséance **2. FAUX PAS** : chute, écart, erreur, faiblesse, faute, glissade **3. PAS DE CLERC** → BÊTISE

PAS adv. **I.** aucunement, d'aucune façon/ manière, en aucun cas, mot, nullement, point → RIEN **II. vx** : goutte, grain, mie

PASQUIN n.m. → BOUFFON

PASQUINADE n.f. → BOUFFONNERIE

PASSABLE acceptable, admissible, assez bien/ bon, correct, médiocre, mettable, moyen, possible, potable, suffisant, supportable

◇ CONTR. → PARFAIT

PASSABLEMENT assez, de façon → PASSABLE, plutôt *et les dérivés possibles en* -ment *des syn. de* passable

PASSADE n.f. amourette, aventure, béguin, caprice, fantaisie, flirt, galanterie, liaison, passionnette, pastiquette (fam.)

◇ CONTR. (grand) → AMOUR

PASSAGE n.m. **I. au pr. 1.** aître (vx), allée, artère, avenue, chemin, rue, traboule, venelle, voie **2.** boucau, bouque, chenal, détroit, embouquement, goulot, gué, isthme, passe **3.** col, gorge, pas, port, seuil, trouée **4.** accourse, corridor, couloir, coursive (mar.), dégagement, galerie, lieu, ouverture **5. vén. :** passée **6.** boyau, communication, diverticule, sas **II. fig. :** circonstance, conjoncture, moment, passe **III.** alinéa, endroit, extrait, fragment, morceau, page, paragraphe, strophe **IV.** → TRANSITION

◇ CONTR. **I.** → OBSTACLE **II.** → PERMANENCE **III.** → TOTALITÉ

PASSAGER, ÈRE I. adj. : anecdotique, changeant, de courte durée, éphémère, fragile, fugitif, fuyard, incertain, intérimaire, momentané, précaire, provisoire, temporaire, transitoire, volage (vx) → COURT **II. nom** → VOYAGEUR

◇ CONTR. → DURABLE

PASSAGÈREMENT → PROVISOIREMENT

PASSANT, E I. nom : flâneur, promeneur **II. adj. :** fréquenté, passager

PASSATION n.f. → TRANSMISSION

PASSAVANT et **PASSE** n.m., n.f. acquit-à-caution, passe-debout, laissez-passer, octroi, permis

PASSE I. n.m. : → PASSE-PARTOUT **II. n.f. 1.** → PASSAGE **2.** → DÉFILÉ **3.** → CANAL **4.** → PROSTITUTION **5. au pl.** → CARESSE **III. ÊTRE EN PASSE DE :** état, position, situation, sur le point

PASSÉ I. n.m. : histoire, temps anciens/ révolus, tradition → AUTREFOIS **II. prép. :** après, au-delà de **III. adj. 1.** accompli, ancien, antécédent, antérieur, défunt, mort, révolu **2.** abîmé, altéré, amorti, avachi, décoloré, déformé, défraîchi, délabré, délavé, démodé, désuet, esquinté, fané, fatigué, flétri, gâté, pâli, pisseux, ridé, séché, terni, usagé, usé, vieilli, vieux

◇ CONTR. **I.** → FUTUR **II.** → PRÉSENT

PASSE-DROIT n.m. **I.** → PRIVILÈGE **II.** → INJUSTICE

PASSÉE n.f. **vén. I.** → PASSAGE **II.** → TRACE

PASSÉISTE nom et adj. → RÉACTIONNAIRE

PASSEMENT et **PASSEMENTERIE** n.m., n.f. agrément, aiguillette, bordé, bouffette, brandebourg, broderie, chamarrure, chenille, cordelière, cordon, cordonnet, crépine, crête, croquet, dentelle, dragonne, embrasse, épaulette, feston, filet, frange, galon, ganse, gansette, garniture, gland, grosgrain, guipure, houppe, lambrequin, lézarde, lisière, macramé, orfroi, padoue, pampille, passepoil, picot, résille, ruban, Rufflette, soutache, torsade, tresse

PASSE-PARTOUT n.m. **I. arg. :** carouble, oiseau, rossignol → CLEF **II.** scie

PASSE-PASSE n.m. invar. **I. au pr. :** attrape, escamotage, ficelle, fourberie, illusion, magie, tour, tromperie, truc **II. par ext.** → COMBINE

PASSEPORT n.m. autorisation, laissez-passer, sauf-conduit, visa

PASSER I. v. intr. 1. au pr. : aller, changer, circuler, courir, défiler, dépasser, disparaître, se dissiper, s'écouler, s'effacer, s'emboire, s'enfuir, s'envoler, s'évanouir, s'évaporer, évoluer, fuir, marcher, se rendre à **2. fig. :** accepter, cacher, concéder, couler/ glisser sur, écarter, excuser, négliger, omettre, pardonner, permettre, taire, tolérer **3. par ext.** → MOURIR *et les formes pron. possibles des syn. de* flétrir **4. en passer par** → SOUMETTRE (SE) **II. v. tr. 1. au pr. :** enjamber, escalader, franchir, sauter, traverser **2. fig. :** cribler, filtrer, tamiser **III. 1. PASSER LE TEMPS/ LA VIE :** consumer, couler, employer, occuper. . : gaspiller, perdre, traîner **2. PASSER UN EXAMEN :** subir **3. PASSER UN MOT :** laisser, omettre, oublier, sauter **4. PASSER LES LIMITES :** combler, exagérer, excéder, outrepasser, outrer **5. PASSER L'ENTENDEMENT** → SURPRENDRE **6. FAIRE PASSER :** acheminer, convoyer, donner, faire parvenir, remettre, transiter, transmettre, transporter **7. PASSER UN VÊTEMENT :** enfiler, mettre **8. PASSER UNE MALADIE :** amener, communiquer **9. PASSER PAR LES ARMES** → FUSILLER **IV. v. pron. 1.** advenir, arriver, avoir lieu, se dérouler, s'écouler, se produire **2.** *les formes pron. possibles des syn. de* passer **3. on se passe de quelque chose :** s'abstenir, se brosser (fam.)/ dispenser de/ garder de/ interdire de/ priver de/ refuser à/ retenir de, éviter, faire tintin (fam.), négliger de, renoncer à **4. on se passe de quelqu'un :** court-circuiter (fam.) → ABANDONNER

◇ CONTR. **I.** → DEMEURER **II.** → DURER

PASSEREAU n.m. accenteur *ou* mouchet, alouette *ou* mauviette, amadine *ou* coucoupé, amblyornis, asfir, becfigue, bec-fin, bengali, bergeronnette *ou* hochequeue *ou* lavandière, bouvreuil, bruant, calandre *ou* grande alouette, calao, chardonneret *ou* cabaret (vx), cochevis *ou* alouette à huppe, colibri *ou* oiseau-mouche, coq de roche, corbeau, corneille, cotinga, cul-blanc, échelette, effarvatte, engoulevent, étourneau, farlouse *ou* bédouïde *ou* pipit, fauvette *ou* belle-de-nuit *ou* rousserole *ou* phragmite, fourmilier, fournier, geai, geai bleu *ou* rollier, gobemouche, goglu, grimpereau, griset, grive *ou* drenne *ou* jocasse *ou* litorne *ou* mauvis *ou* vendangette, gros-bec, hirondelle, jacamar, jaseur, lagonosticta *ou* sénégali, linot, linotte, loriot, lulu, mainate, manucode, martin chasseur/ pêcheur, martinet, ménure *ou* oiseau-lyre, merle, mésange *ou* meunière *ou* nonnette, moineau, momot, motteux, moucherolle, ortolan, paradisier, passeriforme, passerine, passerinette, pie, pie-grièche, pinson, pipit, proyer, quiscale, rémiz, roitelet, rossignol, rouge-gorge, rouge-queue, rubiette, rupicole, salangane, sansonnet, séleucide, sémioptère, shama, sifilet, sirli, sittelle, sizerin, souï-manga, spermestre, tæniopyga, tarin, tète-chèvre, tisserin, traîne-buisson, traquet, troglodyte, troupiale, tyran, verdier, veuve

PASSERELLE n.f. → PONT

PASSE-ROSE n.f. primerose, rose trémière → ROSE

PASSE-TEMPS n.m. **I.** agrément, amusement, délassement, distraction, divertissement, hobby, jeu, occupation, plaisir, récréation, violon d'Ingres → BAGATELLE **II. péj.** → MANIE

◆ CONTR. **I.** → TRAVAIL **II.** → ENNUI

PASSEUR n.m. → BATELIER

PASSIBLE → SUSCEPTIBLE

PASSIF I. n.m. : perte **II. adj.** → INERTE

PASSIM çà et là, en différents endroits, par-ci par-là

PASSION n.f. **I. neutre ou fav. :** admiration, adoration, adulation, affection, amour, appétit, ardeur, attachement, béguin, chaleur, culte, élan, élancement (vx), emballement, enthousiasme, feu, fièvre, flamme, goût, idolâtrie, inclination, ivresse, libido, passade, penchant, sentiment, trouble, vénération **II. non fav. :** **1.** ambition, avarice, avidité, caprice, concupiscence, convoitise, délire, désir, éréthisme, exaltation, excitation, emportement, ensorcellement, envoûtement, faible, fanatisme, fièvre, folie, frénésie, fureur, furie, habitude, haine, maladie, manie, rage, tarentule, ver rongeur, vice **2.** alcool, débauche, drogue, jeu, tabac **3.** → MANIE **III. litt. :** animation, chaleur, émotion, feu, flamme, lyrisme, pathétique, sensibilité, vie

◆ CONTR. **I.** → INDIFFÉRENCE **II.** → SAGESSE **III.** → SANG-FROID

PASSIONNAIRE n.m. → PAROISSIEN

PASSIONNANT, E affolant, attachant, beau, brûlant, captivant, délirant, dramatique, électrisant, émouvant, empoignant, enivrant, enthousiasmant, excitant, intéressant

◆ CONTR. → ENNUYEUX

PASSIONNÉ, E → ENTHOUSIASTE

PASSIONNÉMENT beaucoup, follement, à la folie/ fureur, furieusement, par-dessus tout

◆ CONTR. **I.** avec → TRANQUILLITÉ **II.** *les dérivés possibles en -ment des syn. de tranquille*

PASSIONNER I. animer, attacher, captiver, électriser, empoigner, enfiévrer, enflammer, enivrer, enthousiasmer, exalter, exciter, intéresser **II. v. pron. :** aimer, s'emballer, s'embraser, s'enflammer, s'engouer, s'enivrer, s'enticher, s'éprendre, prendre feu, raffoler

◆ CONTR. **I.** → ENNUYER **II.** → CALMER **III.** → DÉSINTÉRESSER (SE)

PASSIVEMENT → INCONSCIEMMENT

PASSIVITÉ n.f. → INACTION

PASSOIRE n.f. chinois, couloire, crible, filtre, passe-thé, passette, tamis

PASTÈQUE n.f. melon d'eau/ d'Espagne, pépon, péponide

PASTEUR n.m. **I.** → BERGER **II.** → PRÊTRE

PASTEURISATION n.f. aseptisation, stérilisation, upérisation

PASTEURISÉ, E → INFERMENTESCIBLE

PASTEURISER aseptiser, stériliser

PASTICHE n.m. **I.** → IMITATION **II.** → PARODIE

PASTICHER → IMITER

PASTILLE n.f. bonbon, boule, cachet, comprimé, gélule, tablette

PASTIS n.m. **I. 1.** anis, perniflard (arg.) **2. marques déposées, par ex. :** Pernod, Ricard **II.** → DÉSORDRE

PASTORAL, E bucolique, champêtre, paysan, rural, rustique

◆ CONTR. → URBAIN

PASTORALE n.f. bergerade, bergerette, bergerie, berquinade, bucolique, églogue, idylle, moutonnerie (péj.), pastourelle

PASTOUREAU, ELLE → BERGER

PATACHE n.f. **I.** → COCHE **II.** → VOITURE

PATAPOUF n.m. et interj. **I.** → GROS **II.** pan, patatras, vlan

PATAQUÈS n.m. → LAPSUS

PATATE n.f. I. pomme de terre II. EN AVOIR GROS SUR LA PATATE (fam.) : sur le cœur/ l'estomac

PATATRAS pan, patapouf, vlan

PATAUD, E → GAUCHE

PATAUGER I. au pr. : barboter, bourbiller (rég.), s'enliser, gadouiller, patouiller, patrouiller, piétiner II. fig. s'embarrasser, s'embrouiller, s'empêtrer, nager, se perdre
◆ CONTR. : être à l'aise/ au sec

PATCHWORK n.m. → MÉLANGE

PÂTE n.f. I. par ext. 1. abaisse 2. barbotine, bouillie, colle, mortier II. au pl. : cannelloni, cheveux d'ange, coquillettes, gnocchi, langues d'oiseau, lasagne, macaroni, nouilles, ravioli, spaghetti, tagliatelle, tortelloni, vermicelle

PÂTÉ n.m. I. → TACHE II. amas, assemblage, ensemble, groupe, îlot III. cuis. : aspic, bouchée à la reine, croustade, friand, godiveau, hachis, mousse de foie, rissole, terrine, tourte, vol-au-vent

PÂTÉE n.f. → NOURRITURE

PATELIN, E archipatelin, benoît, bonhomme, chafouin, chattemite, doucereux, faux, flatteur, insinuant, melliflue, mielleux, onctueux, papelard, patelineur, patte-pelu, peloteur, rusé, saint-nitouche, tartufe, trompeur → HYPOCRITE
◆ CONTR. I. → BRUSQUE II. → FRANC

PATELIN n.m. I. → VILLAGE II. → PAYS

PATELINAGE n.m. I. → FAUSSETÉ II. → HYPOCRISIE

PATELINER → AMADOUER

PATENÔTRE chapelet, oraison dominicale, pater, pater noster, prière

PATENT, E → MANIFESTE

PATENTE n.f. I. autorisation, brevet, commission, diplôme, lettres patentes, licence II. contribution, impôt

PATENTÉ, E → ATTITRÉ

PATÈRE n.f. crochet, portemanteau

PATERNALISTE I. condescendant → DÉDAIGNEUX II. → TUTÉLAIRE

PATERNE → DOUCEREUX

PATERNEL, LE → TUTÉLAIRE

PATERNELLEMENT de façon → TUTÉLAIRE et les dérivés possibles en -ment des syn. de tutélaire

PÂTEUX, EUSE I. → ÉPAIS II. → EMBARRASSÉ

PATHÉTIQUE I. adj. → ÉMOUVANT II. n.m. : éloquence, émotion, pathos

PATHFINDER milit. off. : orienteur-marqueur

PATHOGÈNE → PESTILENTIEL

PATHOLOGIQUE maladif, morbide

PATHOS n.m. I. → ÉLOQUENCE II. → GALIMATIAS

PATIBULAIRE → INQUIÉTANT

PATIEMMENT avec → PATIENCE, pas à pas, petit à petit et les adv. en -ment dérivés des syn. de patient
◆ CONTR. I. avec → IMPATIENCE II. les dérivés possibles en -ment des syn. de brusque

PATIENCE n.f. I. calme, constance, courage, douceur, endurance, flegme, indulgence, lenteur, longanimité, longueur de temps, persévérance, persistance, résignation, sang-froid, tranquillité II. réussite, tour de cartes
◆ CONTR. I. → IMPATIENCE II. → RUDESSE

PATIENT, E I. adj. : bouleux (équit.), calme, constant, débonnaire, doux, endurant, flegmatique, indulgent, inlassable, longanime, persévérant, résigné II. nom : client, cobaye (fam ou péj.), malade, sujet
◆ CONTR. I. → BRUSQUE II. → PRESSÉ III. → PRATICIEN

PATIENTER I. → ATTENDRE II. → SOUFFRIR

PATIN n.m. raquette, semelle, socque

PATINE n.f. I. au pr. : concrétion, crasse, croûte, dépôt, oxydation, vert-de-gris II. par ext. : ancienneté, antiquité, marque

PATINER I. → GLISSER II. foncer, ternir, vieillir

PATINETTE n.f. trottinette

PÂTIR → SOUFFRIR

PÂTIS n.m. friche, herbage, lande, pacage, pâquis, parc, parcours → PÂTURAGE

PÂTISSERIE n.f. I. biscuiterie, confiserie, salon de thé II. allumette, amandine, baba, barquette-bavaroise, beignet, biscuit, bouchée, bretzel, brioche, cake, casse-museau, chanoinesse, chausson, chou à la crème, clafoutis ou millas, coque, cornet, cornuelle, couque, cramique, craquelin, crêpe, croissant, croquembouche, croquignole, dariole, dartois, dessert, éclair, far, feuilletage, feuilleté, flan, flognarde, fouace, frangipane, galette, gâteau, gaufre, gimblette, gosette, macaron, madeleine, marquise, matefaim, meringue, merveille, mille-feuille, moka, oublie, pain d'épices, paris-brest, petit four, pièce montée, plaisir, profiterole, quatre-quarts, raton, religieuse, saint-honoré, savarin, talmouse, tarte, tartelette, tôt-fait, vitelot

PÂTISSIER, ÈRE confiseur, mitron, patronnet, traiteur

PÂTISSON n.m. artichaut de Jérusalem, bonnet de prêtre, courge

PATOIS n.m. → LANGUE

PATOUILLER I. → PATAUGER II. → MANIER

PÂTOUR n.m. → BERGER

PATRAQUE → MALADE

PÂTRE n.m. → BERGER

PATRIARCAL, E ancestral, ancien, antique, familial, paternaliste (péj.), paternel, simple, traditionnel, vertueux
◇ CONTR. : matriarcal

PATRIARCHE n.m. → VIEILLARD

PATRICIEN, NE → NOBLE

PATRIE n.f. cité, communauté, État, nation, pays
◇ CONTR. : étranger

PATRIMOINE n.m. apanage, bien, domaine, fortune, héritage, legs, propriété, succession – vx : chevance, douaire

PATRIOTE et **PATRIOTIQUE** nom et adj. I. civique, militariste, nationaliste, patriotique II. péj. : chauvin, cocardier, patriotard
◇ CONTR. → LIBERTAIRE

PATRIOTISME n.m. I. civisme, militarisme, national, nationalisme II. péj. : chauvinisme, cocorico, esprit de clocher, patrouillotisme
◇ CONTR. : internationalisme

PATRISTIQUE n.f. patrologie

PATRON, NE I. boss, bourgeois, directeur, employeur, maître – péj. : caïd, négrier, pompe-la-sueur, singe II. par ext. 1. → PROTECTEUR 2. → CHEF
◇ CONTR. I. → EMPLOYÉ II. → TRAVAILLEUR III. → SERVANTE IV. → SERVITEUR V. → PROLÉTAIRE

PATRON n.m. → MODÈLE

PATRONAGE n.m. I. appui, auspice, égide, invocation, parrainage, protection, recommandation, secours, support, vocable II. club, garderie, gymnase

PATRONNER I. → INTRODUIRE II. → PROTÉGER

PATRONYME n.m. → NOM

PATROUILLE n.f. I. → SURVEILLANCE II. → TROUPE

PATROUILLER I. → PATAUGER II. exercer une surveillance, parcourir, surveiller

PATTE n.f. I. au pr. : jambe, pied, pince, serre II. par ext. 1. → MAIN 2. → HABILETÉ III. PATTE-D'OIE 1. → CARREFOUR 2. → RIDE

PATTERN n.m. → MODÈLE

PÂTURAGE n.m. alpage, alpe, champ, champeau, corral, embouche, enclos, friche, gagnage, herbage, kraal, lande, luzernière, ouche (rég.), pacage, paddock, pâquis, parc, parcours, pasquier, passage, pâtis, pâture, prairie, pré, viandis (vén.)
◇ CONTR. : stabulation

PÂTURE n.f. I. → NOURRITURE II. → PÂTURAGE

PÂTURER v. intr. et tr. → PAÎTRE

PAUMÉ, E → INADAPTÉ

PAUMER → PERDRE

PAUPÉRISME n.m. appauvrissement, dénuement, manque, misère → PAUVRETÉ
◇ CONTR. → RICHESSE

PAUSE n.f. I. au pr. : abattement, arrêt, entracte, halte, interclasse, interruption, intervalle, mi-temps, récréation, suspension II. par ext. 1. → REPOS 2. → SILENCE
◇ CONTR. I. → MARCHE II. → MOUVEMENT

PAUSER I. → APPUYER II. → ATTENDRE

PAUVRE nom et adj. I. au pr. quelqu'un : appauvri, assisté, besogneux, cas social, clochard, cloche, crève-la-faim, démuni, déshérité, disetteux (vx), économiquement faible, famélique, fauché, gêné, gueux, humble, impécunieux, indigent, loqueteux, malheureux, marmiteux, mendigot, meurt-de-faim, misérable, miséreux, nécessiteux, nu, panné, pauvresse, pauvret, pouilleux, prolétaire, purée, purotin, sans-abri, sans-le-sou, sans-logis, sans-un, traîne-misère/ savates/ semelles, va-nu-pieds → MENDIANT II. par ext. 1. un événement : déplorable, malheureux, pitoyable 2. un sol : aride, chétif, ingrat, maigre, modeste, sec, stérile 3. un aspect : anémié, carencé, congru, décharné, dénué, dépourvu, maigre, mesquin, minable, miteux, nu, privé, râpé, rikiki (fam.), sec, squelettique III. 1. PAUVRE D'ESPRIT → SIMPLE 2. PAUVRE DIABLE/ DRILLE/ HÈRE/ TYPE → MISÉRABLE
◇ CONTR. → RICHE

PAUVREMENT → IMPARFAITEMENT

PAUVRETÉ n.f. I. au pr. de quelqu'un : besoin, carence, dèche, défaut, dénuement, détresse, disette, embarras, gêne, impécuniosité, indigence, malheur, manque, misère, nécessité, panne, paupérisme, pénurie, pouillerie, privation, ruine – vx : gueuserie, mésaise – fam. : crotte, débine, dèche, limonade, mélasse, merde, mistoufle, mouise, mouscaille, panade, pétouille, pétrin, purée, trime II. par ext. 1. anémie, aridité, défaut, disette, faiblesse, maigreur, manque, médiocrité, pénurie, stérilité 2. banalité, platitude, sécheresse
◇ CONTR. → RICHESSE

PAVAGE et **PAVEMENT** n.m. → PAVÉ

PAVANER (SE) dindonniser, faire le beau/ de l'épate (fam.)/ la roue, se montrer, se panader/ pennader, paonner, parader, piaffer, poser, se rengorger

◊ CONTR. → CACHER (SE)

PAVÉ n.m. **I. au pr.** : carreau, dalle, galet, pierre **II. par ext. 1.** assemblage de pierres, cailloutage, cailloutis, carrelage, dallage, empierrement, pavage, pavement, pichat (rég. et partic.), pisé, revêtement, rudération (partic.) **2.** → RUE **3.** → ROUTE

PAVER carreler, couvrir, daller, recouvrir, revêtir

PAVILLON n.m. **I.** → DRAPEAU **II.** → TENTE **III.** abri, aile, belvédère, bungalow, chalet, chartreuse, cottage, fermette, folie, gloriette, habitation, kiosque, maison, muette, rotonde, villa

PAVOISER I. → ORNER **II.** → RÉJOUIR (SE)

PAVOT n.m. coquelicot, œillette, olivette

PAYANT, E I. coûteux, onéreux, pécuniaire **II.** avantageux, fructueux, juteux (fam.), profitable, valable

◊ CONTR. → GRATUIT

PAYE ou PAIE n.f. **I.** → PAIEMENT **II.** → RÉTRIBUTION

PAYER I. on donne à quelqu'un une valeur en espèces ou en nature. 1. fav. ou neutre : appointer, arroser (fam.), contenter, défrayer, désintéresser, indemniser, récompenser, rembourser, rémunérer, rétribuer, satisfaire **2. non fav. :** acheter, arroser, corrompre, soudoyer, stipendier **II. on paie une somme :** acquitter, avancer, compter, débourser, décaisser, dépenser, donner, financer, se libérer, liquider, mandater, ordonnancer, régler, remettre, solder, souscrire, verser – arg. ou fam. : aligner, allonger, banquer, bourser, carmer, casquer, cigler, cracher, se déboutonner, décher, dépocher, douiller, éclairer, fader, se fendre, les lâcher, moyenner (vx), passer au refile, raquer **III. par ext. :** faire un cadeau, guerdonner (vx), offrir, régaler **IV. fig. 1.** → RÉCOMPENSER **2.** → PUNIR **V. v. pron. : 1.** → OFFRIR (s') **2.** → CONTENTER (SE)

◊ CONTR. **I.** → RECEVOIR **II.** → VENDRE **III.** → DEVOIR

PAYEUR n.m. **I.** trésorier → COMPTABLE **II.** accepteur, débirentier, débiteur, souscripteur, tiré

◊ CONTR. → BÉNÉFICIAIRE

PAYLOAD spat. off. : charge utile

PAYS n.m. **I. au pr. :** bord, bourg, bourgade, campagne, ciel, cité, climat, coin, commune, contrée, cru, empire, endroit, État, foyer, lieu, nation, origine, parage, paroisse, patrie, peuple, plage, province, région, république, rivage, royaume, sol, territoire, terroir, zone → TERRE – **fam. :** bled, clocher,

patelin, trou (péj.) **II. par ext. :** compatriote, concitoyen

PAYSAGE n.m. **I. au pr. :** campagne, décor, site, vue **II.** bergerie, bucolique, peinture/ scène champêtre/ pastorale/ rustique, verdure

PAYSAGISTE n.m. et f. → JARDINISTE

PAYSAN, NE I. nom. 1. neutre : agriculteur, campagnard, cultivateur, éleveur, fellah, fermier, homme de la campagne/ des champs, koulak, laboureur, moujik, rural, terrien, villageois **2. vx :** bagaude, contadin, jacques, manant, pacant, pastoureau, pitaud (péj.), vilain **3. non fav. ou arg. :** bellure, blédard, blousier, bouseux, cambrousard, cambrousier, campluchard, croquant, cul-terreux, glaiseux, goyau, lourd, pante, patate, pécore, pedzouille, pégouse, peigne-cul, péquenot, péquenouille, pétrousquin, pignouf, plouc, ploum, rustaud, rustre **II. adj. :** agreste, campagnard, frugal, fruste, grossier, rural, rustique, simple, terrien

◊ CONTR. → BOURGEOIS

PAY T.V. audiov. off. : T.V. à péage

PÉAGE n.m. **I.** droit, passage **II. par ext. :** entrée, guichet, sortie

PÉAN n.m. → HYMNE

PEAU n.f. **I. au pr. 1.** derme, épiderme, tégument **2.** couenne, croupon, cuir **3.** cuticule, écorce, épicarpe, pellicule, pelure, tan, zeste **II. par ext. :** agnelin, alud ou alute, basane, bisquain, chagrin, chamois, chevreau, chevrotin, cosse, crocodile, galuchat, lézard, maroquin, parchemin, pécari, porc, serpent, vélin, velot → FOURRURE **III. PEAU D'ÂNE** → DIPLÔME

PECCADILLE n.f. → FAUTE

PECHBLENDE n.f. uraninite

PÊCHE n.f. **I.** halieutique, secteur primaire → POISSON **II.** côtière, hauturière **III.** à la balance, au carrelet, au chalut, au coup, à la cuiller, à la dandinette, au devon, au lancer léger ou lourd, au filet, à la ligne, à la main, à la mouche noyée ou sèche, à la nasse, à la pelote, à la traîne, au tramail, au trimmer, à la vermée, au vif, à la volante, au wading **IV.** → POISSON

PÊCHE n.f. **par ext. :** brugnon, nectarine, paire, pavie, sanguinole

PÉCHÉ n.m. **I. au pr. :** avarice, colère, envie, gourmandise, luxure, orgueil, paresse **II. par ext. :** attentat, chute, coulpe (vx), crime, errement, faute, impénitence, imperfection, impiété, impureté, mal, manquement, offense, peccadille, sacrilège, scandale, souillure, stupre, tache, transgression, vice

◊ CONTR. **I.** → SAINTETÉ **II.** → PROBITÉ **III.** → PRUDENCE **IV.** → DÉCENCE

PÉCHER broncher (fam.), chuter, clocher (fam.), commettre une faute/ un péché, faillir, manquer, offenser, tomber
◆ CONTR. → AMÉLIORER (s')

PÊCHER fig. → TROUVER

PÉCHEUR, ERESSE I. → COUPABLE II. → FAIBLE

PÊCHEUR, EUSE I. marin, morutier, sardinier, terre-neuvas II. fam. ou péj. : asticotier

PÉCORE n.f. I. au pr. : animal, bête, cheptel vif II. fig. (péj.) : chipie, oie, outarde, pecque, péronnelle, pie-grièche, pimbêche, pintade → BÊTE

PÉCULAT n.m. → MALVERSATION

PÉCULE n.m. → ÉCONOMIE

PÉCUNIAIRE → FINANCIER

PÉCUNIEUX, EUSE → RICHE

PÉDAGOGIE n.f. → INSTRUCTION

PÉDAGOGIQUE didactique, éducateur, formateur, scolaire
◆ CONTR. : antipédagogique

PÉDAGOGUE n.m. et f. I. au pr. → MAÎTRE II. péj. → PÉDANT

PÉDALE n.f. I. au pr. : levier, manivelle, palonnier, pédalier, tirasse II. PERDRE LES PÉDALES : esprit, fil, moyens, raison, sang-froid III. cyclisme IV. → URANIEN

PÉDANT, E I. nom : baderne, bas-bleu, bel esprit, bonze, censeur, cuistraille, cuistre, diafoirus, fat, faux savant, grammatiste, grimaud, magister, mandarin, mégalophraseur, pédagogue, pet-de-loup, pion, pontife, poseur, régent, savantasse, sorbonagre, sorbonicole, sorbonnard, vadius II. adj. : affecté, doctoral, dogmatique, fat, magistral, pédantesque, pontifiant, poseur, professoral, solennel, sot, suffisant → RIDICULE
◆ CONTR. I. → MODESTE II. → SAVANT

PÉDANTISME n.m. affectation, basbleuisme, cuistrallerie, cuistrerie, dogmatisme, fatuité, pédanterie, pose, sottise, suffisance → PRÉTENTION
◆ CONTR. I. → SIMPLICITÉ II. → COMPÉTENCE

PÉDÉRASTE n.m. → URANIEN

PÉDÉRASTIE n.f. → HOMOSEXUALITÉ

PÉDICULE n.m. pédoncule, pied, queue, stipe, tige

PEDIGREE n.m. → GÉNÉALOGIE

PEELING off. : exfoliation

PÈGRE n.f. → POPULACE

PÉGUEUX, EUSE → POISSEUX

PEIGNE n.m. I. démêloir – fam. : crasseux, râteau II. techn. : affinoir, drège, ros ou rot

PEIGNE-CUL n.m. → IMPOLI

PEIGNER I. arranger, brosser, coiffer, démêler, testonner (vx) II. carder, houpper, sérancer III. fig. → SOIGNER IV. v. pron. 1. au pr. les formes pron. possibles des syn. de peigner 2. fig. → BATTRE (SE)
◆ CONTR. → DÉPEIGNER

PEIGNOIR n.m. → ROBE

PEIGNON n.m. écheveau

PEILLE n.f. → CHIFFON

PEINARD, E → PAISIBLE

PEINDRE I. un tableau. 1. neutre : aquareller, brosser, camper, croquer, effigier (vx), exécuter une peinture et les syn. de peinture, figurer, peinturer, pignocher, pocher, portraire, portraiturer, représenter, trousser 2. armorier, blasonner, colorer, colorier, enluminer, historier, ornementer, orner 3. non fav. : barbouiller, barioler, blaireauter, peinturlurer, strapasser, strapassonner, tartouiller, torcher II. une surface quelconque : badigeonner, bronzer, graniter, laquer, repeindre, ripoliner, vernir III. fig. 1. non fav. : farder, maquiller, travestir 2. neutre : conter, décrire, dépeindre, dessiner, exprimer, faire apparaître/ voir, montrer, raconter, représenter, traduire IV. v. pron. → MONTRER (SE)
◆ CONTR. → NETTOYER

PEINE n.f. I. châtiment, condamnation, correction, expiation, pénalité, sanction, sapement (arg.), supplice → PUNITION II. chagrin, collier de misère, crève-cœur, croix, déplaisir, difficulté, douleur, embarras, épreuve, mal, malheur, souci, souffrance, tourment, tracas III. abattement, affliction, amertume, angoisse, anxiété, désolation, détresse, douleur, gêne, inquiétude, malheur, misère, tristesse – vx : agonie, brisement, ennui, ennuyance, essoine, soin IV. ahan (vx), effort, labeur, tâche, travail, tribulation V. relig. : dam, damnation, enfer, géhenne, pénitence, purgatoire VI. À/ SOUS PEINE DE : astreinte, contrainte, menace, obligation
◆ CONTR. I. → PLAISIR II. → CONSOLATION III. → TRANQUILLITÉ

PEINER I. v. tr. : affecter, affliger, attrister, chagriner, déplaire, désobliger, fâcher, meurtrir II. v. intr. : s'appliquer, besogner, se donner du mal, s'efforcer, s'évertuer, se fatiguer, gémir, souquer, trimer – fam. : en baver, en chier, en roter (des ronds de chapeaux), galérer, marner, ramer, suer – vx : ahaner, matagraboliser
◆ CONTR. I. → CONSOLER II. → REPOSER (SE)

PEINT, E les part. passés possibles des syn. de peindre

PEINTRE n.m. et f. I. en bâtiment : badigeonneur II. animalier, aquarelliste, armoriste, artiste, enlumineur, imagier, luministe, fresquiste, miniaturiste, orientaliste, pastelliste, paysagiste, portraitiste, rapin (fam.) **III. péj.:** barbouilleur, pompier, strapasson, tartouilleur **IV.** classique, cubiste, expressionniste, fauviste, impressionniste, intimiste, nabi, naïf, naturaliste, non-figuratif, pointilliste, préraphaélite, réaliste, romantique, surréaliste, symboliste, tachiste

PEINTURE n.f. **I. au pr.:** badigeon, barbouille (péj.), ravalement, recouvrement, revêtement **II.** aquarelle, camaïeu, crayon, décor, détrempe, diptyque, ébauche, enluminure, esquisse, estampe, étude, fresque, fusain, gouache, lavis, maquette, mine de plomb, pastel, plafond, pochade, polyptyque, retable, sanguine, sépia, sgraffite, tableau, toile, triptyque, trumeau **III. péj.:** barbouillage, croûte, drouille, gribouillage, navet, tartouillade **IV.** académie, allégorie, bataille, bambochade, bergerie, caricature, fresque, genre, intérieur, marine, maternité, nature morte, nu, panorama, paysage, portrait, sous-bois, trompe-l'œil, verdure, vignette, vue **V. Japon.** kakómono, makómono **VI.** action painting, classicisme, cubisme, dadaïsme, divisionnisme, dripping, expressionnisme, fauvisme, futurisme, impressionnisme, modern style, naturalisme, pointillisme, préraphaélisme, romantisme, réalisme, surréalisme, tachisme

PEINTURER et **PEINTURLURER** barbouiller, colorer, colorier → PEINDRE

PÉJORATIF, IVE → DÉFAVORABLE

PELADE n.f. alopécie, calvitie (par ext.), dermatose, ophiase, teigne

PELAGE n.m. fourrure, livrée, manteau, mantelure, peau, poil, robe, toison, villosité

PÉLAGIQUE pélagien → MARIN

PÉLARGONIUM n.m. géranium

PÉLASGIQUE → GIGANTESQUE

PELÉ, E I. → STÉRILE **II.** à zéro, chauve, dégarni, démuni, dépouillé, épilé, épluché, nu, râpé, ras, rasibus, teigneux, tondu, usé
◈ CONTR. **I.** → ABONDANT **II.** → POILU

PÊLE-MÊLE n.m. invar. et adv. **I.** → DÉSORDRE **II.** → MÉLANGE **III.** → VRAC (EN)

PELER v. tr. et intr. bretauder, dépouiller, écorcer, éplucher, gratter, ôter, râper, raser, tondre

PÈLERIN, E I. au pr.: dévot, fidèle **II. vx:** coquillard, jacobite, jacquaire, jacquot, romipète (péj.) **III. par ext.:** excursionniste, touriste, visiteur, voyageur **IV. fig. et péj.** → TYPE

PÈLERINAGE n.m. **I. au pr.:** culte, dévotion, jubilé, pardon, sanctuaire **II. par ext.** → VOYAGE

PÈLERINE et **PELISSE** n.f. **I.** berthe, cape, capuchon, fourrure, houppelande, limousine, veste **II. relig.:** camail, mosette **III.** → MANTEAU

PÉLICAN n.m. onocrotale

PELLE n.f. **I.** → BÊCHE **II.** → CHUTE

PELLET n.m. implant, pruine (bot.)

PELLETERIE n.f. → PEAU

PELLICULE n.f. **I.** enveloppe, feuil (off. pour film), lamelle → PEAU **II.** bande, cliché, film

PELLUCIDE translucide, transparent
◈ CONTR. › OBSCUR

PELOTAGE n.m. batifolage, flirt, galanterie → CARESSE
◈ CONTR. **I.** → INDIFFÉRENCE **II.** → BRUTALITÉ

PELOTE n.f. **I.** boule, manoque, maton, peloton, sphère **II.** balle, rebot **III. 1. FAIRE SA PELOTE** → ÉCONOMISER **2. FAIRE LA PELOTE** (arg. milit.): être brimé/ puni, tourner en rond

PELOTER I. au pr.: bobiner, enrouler, rouler **II.** bâtoler, chatouiller, chiffonner, lutiner, patiner (vx), tripoter → CARESSER **– fam.:** avoir la main baladeuse, envoyer/ passer la main **III. fig.** → FLATTER
◈ CONTR. → BRUTALISER

PELOTEUR, EUSE fig. I. enjôleur, flagorneur, flatteur, minaudier **II.** frôleur, frotadou (rég.), main baladeuse/ touristique, tripoteur, trousseur (de jupons) **III.** → HYPOCRITE
◈ CONTR. → BRUTAL

PELOTON n.m. **I.** → PELOTE **II.** → GROUPE **III.** → TROUPE

PELOTONNER (SE) → REPLIER (SE)

PELOUSE n.f. **I.** boulingrin, gazon, tapis vert, vertugadin **II.** → PRAIRIE

PELU, E et **PELUCHÉ, E** et **PELUCHEUX, EUSE** molletonneux → POILU

PELURE n.f. → PEAU

PENAILLE n.f. → HAILLON

PÉNALISATION et **PÉNALITÉ** n.f. → PUNITION

PÉNARD, E → PAISIBLE

PÉNATES n.m. pl. **I. au pr.:** dieux de la cité/ domestiques/ du foyer/ lares/ protecteurs/ tutélaires **II. par ext.:** abri, demeure, foyer, habitation, logis, maison, refuge, résidence

PENAUD, E confus, contrit, déconcerté, déconfit, embarrassé, gêné, honteux, humilié, interdit, l'oreille basse, pantois, piteux **– vx:** camus, Gros-Jean, quinaud
◈ CONTR. → FARAUD

PENCHANT n.m. **I. au pr.** : colline, côte, coteau, déclin, déclivité, inclinaison, obliquité, pente, thalweg, versant **II. fig. 1.** affection, amour, aptitude, attrait, désir, disposition, facilité, faible, faiblesse, génie, goût, habitude, impulsion, inclination, instinct, nature, passion, sympathie, tendre, tendresse, vocation **2. non fav.** : défaut, prédisposition, propension, vice

◇ CONTR. → RÉPUGNANCE

PENCHER I. v. tr. → ABAISSER **II. v. intr.** : avoir du dévers, chanceler, cliner (vx), se coucher, décliner, descendre, déverser, être en oblique/ surplomb, obliquer, perdre l'équilibre **III. v. pron.** → INCLINER (s')

◇ CONTR. → ÉLEVER

PENDABLE abominable, condamnable, coupable, damnable, détestable, grave, impardonnable, inexcusable, inqualifiable, laid, mauvais, méchant, répréhensible, sérieux

◇ CONTR. → INSIGNIFIANT

PENDANT n.m. **I.** boucle, dormeuse, girandole, pendeloque, pendillon, pendentif, sautoir **II.** accord, contrepartie, égal, semblable, symétrie, symétrique

PENDANT prép. : au cours de, au milieu de, cependant, dans, de, durant, en

◇ CONTR. : en dehors de

PENDANT, E I. jurid. : en cours, en instance **II.** affaissé, affalé, avachi, avalé, ballant, décombant, fatigué, flasque, tombant

◇ CONTR. **I.** classé, jugé **II.** → TENDU

PENDANT QUE au moment où, cependant que, lorsque, quand, tandis que

PENDARD, E → VAURIEN

PENDELOQUE et **PENDENTIF** n.m., n.f. → PENDANT

PENDERIE n.f. armoire, cabinet, garderobe, meuble, placard

PENDILLER, PENDOUILLER et **PENDRE I. v. intr.** : appendre, brandiller, être avachi/ suspendu, flotter, retomber, tomber, traîner **II. v. tr. 1. au pr.** : brancher, lanterner, mettre à la lanterne, étrangler **2.** accrocher, attacher, fixer, suspendre

PENDULE I. nom masc : balancier, régulateur **II. nom fém** : cartel, comtoise, dégoulinante (arg.), horloge, pendulette, régulateur

PÊNE n.m. ardillon, cheville, gâche, gâchette, serrure, verrou

PÉNÉTRABLE abordable, accessible, clair, compréhensible, devinable, facile, intelligible, passable, perméable, saisissable

◇ CONTR. → SECRET

PÉNÉTRANT, E I. acéré, aigu, aiguisé, coupant, tranchant **II. fig.** : aigu, astucieux (fam.), clairvoyant, délicat, délié, divinateur, éclairé, fin, fort, habile, intelligent, juste, lucide, mordant, ouvert, perçant, perspicace, profond, sagace, spirituel, subtil, vif

◇ CONTR. **I.** → ÉMOUSSÉ **II.** → ININTELLIGENT

PÉNÉTRATION n.f. **I.** acuité, astuce, clairvoyance, délicatesse, discernement, divination, finesse, flair, habileté, intelligence, justesse, lucidité, mordant, nez, ouverture d'esprit, perlucidité, perspicacité, perspicuité, profondeur, psychologie, sagacité, subtilité, vivacité **II.** entrisme, infiltration, noyautage

◇ CONTR. → STUPIDITÉ

PÉNÉTRÉ, E I. quelqu'un est pénétré de quelque chose : confit (péj.), convaincu, imbu, imprégné, marqué, plein, rempli, trempé **II. un secret est pénétré** : compris, découvert, deviné

◇ CONTR. → INDIFFÉRENT

PÉNÉTRER I. v. intr. : accéder, aller, s'aventurer, avoir accès, se couler, s'embarquer, s'enfoncer, s'engager, entrer, envahir, se faufiler, fendre, forcer, se glisser, s'infiltrer, s'insinuer, s'introduire, irruer *ou* irrumer, se loger, mordre sur, noyauter, passer, plonger **II. v. tr. 1. au pr. pénétrer quelque chose** : atteindre, baigner, filtrer, imbiber, imprégner, infiltrer, inonder, passer, percer, transir, transpercer, traverser, tremper, visiter **2. fig. pénétrer quelqu'un** : émouvoir, toucher, transir **3. fig. on pénètre une idée** : apercevoir, approfondir, comprendre, connaître, découvrir, démêler, deviner, entendre, mettre au jour, percevoir, pressentir, réfléchir, saisir, scruter, sentir, sonder **III. v. pron. 1.** absorber, boire **2.** combiner, se comprendre, se mêler **3.** → COMPRENDRE

◇ CONTR. **I.** → EFFLEURER **II.** → PARTIR **III.** → SORTIR

PÉNIBLE I. phys. : afflictif, ardu, assujettissant, astreignant, cassant (fam.), contraignant, difficile, difficultueux, dur, éprouvant, éreintant, fatigant, ingrat, laborieux, tenaillant, tuant **II. par ext. moral** : affligeant, amer, angoissant, âpre, atroce, attristant, cruel, déplaisant, déplorable, désagréable, désolant, douloureux, dur, embarrassant, ennuyeux, épineux, funeste, gênant, grave, infamant, lamentable, lourd, mauvais, mortel, navrant, onéraire, pesant, poignant, rude, tendu, torturant, tourmenté, triste

◇ CONTR. **I.** → AGRÉABLE **II.** → AISÉ **III.** → FACILE

PÉNIBLEMENT → DIFFICILEMENT

PÉNICHE n.f. chaland, embarcation → BATEAU

PÉNINSULE n.f. avancée, langue, presqu'île

PÉNIS n.m. → SEXE

PÉNITENCE n.f. **I.** abstinence, ascèse, ascétisme, austérité, cendres, contrition, discipline, expiation, jeûne, macération, mortification, regret, repentir, résipiscence, satisfaction **II.** → CONFESSION **III.** → PUNITION
◇ CONTR. **I.** → SENSUALITÉ **II.** → ENDURCISSEMENT

PÉNITENCIER n.m. **I.** → BAGNE **II.** → PRISON

PÉNITENT, E I. nom : ascète, flagellant, jeûneur, pèlerin **II. adj. :** contrit, marri, repentant
◇ CONTR. → SYBARITE

PÉNITENTIAIRE carcéral, disciplinaire

PENNE n.f. aile, aileron, empennage, plume, rectrice, rémige

PÉNOMBRE n.f. clair-obscur, demi-jour, ombre
◇ CONTR. → LUMIÈRE

PENSANT, E → PENSIF

PENSE-BÊTE n.m. → MÉMENTO

PENSÉE n.f. **I. au pr. 1. phil. :** âme, cœur, compréhension, entendement, esprit, facultés mentales, imagination, intellect, intelligence, penser, raison, sentiment **2.** idéation, noèse **3.** avis, cogitation, concept, conception, contemplation, dessein, élucubration (péj.), gamberge (fam.), idée, intention, méditation, opinion, pensement (vx), point de vue, préoccupation, projet, raisonnement, réflexion, rêverie, souvenir, spéculation **II. par ext. 1. au sing. :** adage, aphorisme, apophtegme, axiome, devise, dicton, dit, ébauche, esquisse, jugement, maxime, mot, noème, parole, plan, propos, proverbe, représentation, sentence, vérité **2. au pl. :** considérations, méditations, notations, notes, observations, propos, remarques, souvenirs
◇ CONTR. → OUBLI

PENSER v. **I. v. intr. 1.** cogiter, comprendre, se concentrer, contempler, délibérer, envisager, examiner, se faire un jugement/ une opinion, juger, méditer, peser, pourpenser (vx), raisonner, se recueillir, réfléchir, se représenter, rêver, songer, spéculer, voir – **fam. :** concocter, gamberger, percogiter, rouler dans sa tête, ruminer **2.** évoquer, imaginer, rappeler, se souvenir **3.** s'aviser de, considérer, faire attention à, prendre garde à, se préoccuper de, prévoir **II. v. tr. :** admettre, concevoir, croire, estimer, imaginer, juger, présumer, projeter, supposer, soupçonner **III. PENSER** (suivi de l'inf.) **1.** croire, espérer, se flatter de **2.** faillir, manquer **3.** avoir l'intention, avoir en projet/ en vue, projeter
◇ CONTR. → DÉSINTÉRESSER (SE)

PENSER n.m. → PENSÉE

PENSEUR n.m. contemplateur, contemplatif, méditatif, moraliste, philosophe, spéculateur, théoricien
◇ CONTR. : manuel, opératif

PENSIF, IVE absent, absorbé, abstrait, contemplatif, distrait, méditatif, occupé, préoccupé, rêveur, songeur, soucieux
◇ CONTR. → ACTIF

PENSION n.f. **I.** → PENSIONNAT **II.** allocation, bourse, dotation, retraite, revenu, subside **III. PENSION DE FAMILLE** → HÔTEL

PENSIONNAIRE n.m. et f. **I.** acteur, actionnaire, comédien, sociétaire **II.** élève, hôte, interne, pupille
◇ CONTR. : demi-pensionnaire, externe

PENSIONNAT n.m. collège, cours, école, institution, internat, lycée, maison d'éducation, pension
◇ CONTR. : externat

PENSIONNER arrenter (par ext.), entretenir, octroyer, pourvoir, renter, retraiter, subventionner

PENSIVEMENT de façon → PENSIF *et les dérivés possibles en* -ment *des syn. de* pensif

PENSUM n.m. → PUNITION

PENTE n.f. **I. au pr. :** abrupt, avalure (rég.), brisis, côte, déclination (vx), déclive (en), déclivité, descente, dévers, dévoiement, escarpement, glacis, grimpette, inclinaison, montée, obliquité, penchant, raidillon, rampe, talus, thalweg, versant **II. fig. :** entraînement, inclination, propension, tendance → PENCHANT
◇ CONTR. **I.** palier, plaine, plat, plateau **II.** → RÉPUGNANCE

PENTURE n.f. ferrure, paumelle

PÉNULTIÈME avant-dernier

PÉNURIE n.f. **I.** → MANQUE **II.** → PAUVRETÉ

PÉPIE n.f. → SOIF

PÉPIEMENT n.m. chant, cri, gazouillement, gazouillis, ramage

PÉPIER chanter, crier, gazouiller, jacasser, piauler

PÉPIN n.m. **I.** → GRAINE **II.** → DIFFICULTÉ

PÉPINIÈRE n.f. **I. au pr. : 1.** arboretum **2.** arboriculture, horticulture, pomiculture, sylviculture **II. METTRE EN PÉPINIÈRE :** en jauge **III. fig. :** couvent, école, mine, origine, séminaire, source

PÉPINIÉRISTE n.m. et f. arboriculteur, arboriste, horticulteur, jardinier, sylviculteur

PÉQUENAUD, E et **PÉQUENOT** n.m. → PAYSAN

PERÇANT, E I. au pr. : aigu, aiguisé, pénétrant, piquant, pointu **II. fig. 1.** lancinant, taraudant, térébrant 2. **yeux perçants** : brillants, mobiles, vifs 3. **son perçant** : aigu, bruyant, clairet, criard, déchirant, éclatant, fort, strident, violent 4. **froid perçant** : aigre, aigu, mortel, pénétrant, vif 5. **esprit perçant** : éveillé, intelligent, lucide, pénétrant, perspicace, vif ◈ CONTR. **I.** → ÉMOUSSÉ **II.** → AMORTI

PERCÉE n.f. **I. au pr.** : brèche, chemin, clairière, déchirure, éclaircie, orne, ouverture, passage, sentier, trouée **II. milit.** : avance, bousculade, enfoncement, irruption, raid ◈ CONTR. **I.** → FERMETURE **II.** → OBSTACLE

PERCEPTEUR n.m. **I.** agent du fisc, collecteur, comptable du Trésor, comptable public, receveur **II. vx** : exacteur, fermier général, partisan, publicain (antiq.), taxateur, traitant, zézète **III. péj.** : gabelou, maltôtier, rat de cave, traiteur

PERCEPTIBLE audible, clair, évident → VISIBLE

PERCEPTION n.f. **I.** collecte, levée, recouvrement, rentrée **II.** encaissement, recette **III.** octroi, péage **IV. philos.** affection, conception, discernement, entendement, idée, impression, intelligence, sens, sensation

PERCER I. v. tr. 1. au pr. : blesser, creuser, crever, cribler, darder (vx), déchirer, embrocher, empaler, encorner, enferrer, enfiler, enfoncer, enfourcher, entamer, excaver, éventrer, forer, larder, ouvrir, pénétrer, perforer, piquer, poinçonner, pointer, sonder, tarauder, transpercer, traverser, tremper, trouer, vriller 2. **fig. quelqu'un** : comprendre, déceler, découvrir, développer, pénétrer, prévoir, saisir **II. v. intr. 1. quelque chose perce** : s'ébruiter, se déceler, s'éventer, filtrer, se manifester, se montrer, se répandre, sourdre, transpirer → PARAÎTRE 2. **quelqu'un perce** → RÉUSSIR **III. PERCER LE CŒUR** → AFFLIGER ◈ CONTR. **I.** → FERMER **II.** → OBSTRUER **III.** → RECULER

PERCEUSE n.f. chignole, foreuse, fraiseuse, perçoir, perforatrice, perforeuse, taraud, taraudeuse, tarière, vilebrequin → VRILLE

PERCEVABLE I. recouvrable **II.** → VISIBLE

PERCEVOIR I. → VOIR **II.** → ENTENDRE **III.** apercevoir, appréhender, concevoir, découvrir, deviner, discerner, distinguer, éprouver, flairer, prendre connaissance, remarquer, saisir, sentir **IV.** empocher, encaisser, lever, prélever, prendre, ramasser, recouvrir, recueillir, retirer, soutirer/ tirer de l'argent, toucher ◈ CONTR. **I.** → PAYER **II.** → DONNER

PERCHE n.f. **I. au pr.** : balise, bâton, bouille, croc, échalas, écoperche, gaffe, gaule, hous-

sine, latte, perchis, rame, rouable **II. par ext.** 1. girafe, micro 2. juchoir, perchoir 3. → ARBRE **III. fig.** → GÉANT

PERCHÉE n.f. → SILLON

PERCHER I. v. intr. : brancher, demeurer, jucher, loger, nicher, se poser – **rég.** : chômer, pinquer **II. v. tr.** : accrocher, placer, poser, suspendre

PERCHIS n.m. → PERCHE

PERCHOIR n.m. abri, juchée, juchoir, poulailler, volière

PERCLUS, E ankylosé, engourdi, gourd, impotent, inactif, inerte, infirme, lourd, paralysé, paralytique, raide, roide, souffrant, souffreteux ◈ CONTR. : en bonne forme/ santé

PERCOLATEUR n.m. cafetière, filtre

PERCUSSION n.f. **I.** choc, coup, heurt, impulsion **II.** balafon, (grosse) caisse, carillon, célesta ou xylophone, cymbale, glockenspiel, gong, grelot, sistre, tambour, tambourin, timbale, triangle, vibraphone → BATTERIE

PERCUSSIONNISTE n.m. et f. batteur, cymbalier, cymbaliste, timbalier

PERCUTANT, E → IRRÉSISTIBLE

PERCUTER → HEURTER

PERDANT n.m. jusant, reflux

PERDANT, E nom et adj. battu, vaincu et les part. passés possibles des syn. de vaincre ◈ CONTR. → VAINQUEUR

PERDITION n.f. → PERTE

PERDRE I. sens passif : s'affaiblir, aliéner, s'amortir, s'appauvrir, s'atrophier, dégénérer, démériter, se démunir, se dépouiller, déposer, être en deuil/ privé de, maigrir, manquer de, quitter, renoncer → ÉCHOUER **II. sens actif. 1. neutre** : adirer (jurid.), égarer, laisser traîner, oublier, paumer (fam.) 2. **non fav.** : causer un dommage, dérouter, désorienter, détruire, dissiper, égarer, fausser, gâcher, galvauder, gaspiller, gâter, mévendre, ruiner **III. par ext.** : être percé, fuir **IV. fig. perdre quelqu'un** : corrompre, damner, débaucher, déconsidérer, décrier, démolir, déshonorer, désorienter, détourner, dévoyer, disqualifier, égarer, fourvoyer **V. 1. PERDRE DU TERRAIN** : battre en retraite, céder, fuir, reculer 2. **PERDRE SON TEMPS** : s'amuser, baguenauder, batifoler, lézarder, musarder, niaiser, nigauder, traîner → FLÂNER, PARESSER – **fam.** : couiller, glander, glandouiller, ravauder (vx) **VI. 1. PERDRE LA TÊTE** : s'affoler, perdre les pédales (fam.) 2. **PERDRE L'ESPRIT** → DÉRAISONNER 3. **PERDRE L'ESTIME** : démériter, être en disgrâce, s'user 4. **PERDRE DE VUE** : laisser tom-

ber, oublier, rompre **VII. v. pron. 1.** → DISPA-
RAÎTRE **2.** s'altérer, décroître, diminuer,
faiblir, se relâcher **3.** se cacher, se couler, se
dérober, forlonger (vén.) **4. un bruit :** s'amortir,
s'étouffer, mourir **5. un bateau :** s'abîmer, couler, s'enfoncer, s'engloutir, sombrer **6. un
fleuve :** se jeter **7. fig. quelqu'un – neutre :** s'abâsir
(québ.), s'abîmer, s'absorber, s'anéantir, se
fondre, se sacrifier **8. non fav. :** se corrompre,
se débaucher, se dévoyer, s'embarrasser,
s'embrouiller, se fourvoyer, se noyer
◇ CONTR. **I.** → OBTENIR **II.** → MÉRITER **III.** →
VAINCRE **IV.** → CONSERVER **V.** → SUIVRE **VI.** →
PROFITER

PERDREAU et **PERDRIX** n.m., n.f. **I.** bartavelle, coq/ poule de bruyère/ des bois/
des montagnes, ganga, gélinotte, grouse, lagopède, pouillard, ptarmigan, tétras **II.** →
POLICIER

PERDU, E I. un lieu : désert, détourné, écarté,
éloigné, isolé, lointain **II. quelque chose :** abîmé,
adiré (vx), disparu, égaré, endommagé, gâché, gâté, inutile **III. un animal :** égaré, errant,
haret (chat) **IV. une somme :** irrécouvrable, irrécupérable, passé par profits et pertes
V. quelqu'un. 1. neutre : absent, dépaysé, distrait,
égaré, plongé dans ses pensées **2. non fav. :**
condamné, désespéré, fini, frappé à mort irrécupérable, mort **3. fam. :** cuit, dans les
choux, fichu, flambé, foutu, frit, paumé, rétamé **VI. PERDU DE DÉBAUCHE, FILLE PER-
DUE :** corrompu, débauché
◇ CONTR. **I.** *les part. passés possibles des syn.
de* trouver **II.** → PRÉSENT

PERDURABLE → ÉTERNEL

PÈRE n.m. **I. au pr. :** auteur, géniteur, papa
– fam. : pater familias, paternel **II. arg. :** dabe,
daron, vieux **III. par ext. 1.** aïeul, ancêtre, ascendant, chef, origine, patriarche, souche,
tige **2.** → PROTECTEUR **3.** créateur, Dieu, fondateur, inventeur **IV. 1. PÈRE CONSCRIT :** édile,
sénateur **2. SAINT-PÈRE** → PAPE **3. PÈRE DE
L'ÉGLISE** → THÉOLOGIEN **4. BEAU-PÈRE :** parâtre
◇ CONTR. **I.** → MÈRE **II.** → ENFANT

PÉRÉGRIN, E I. étranger, excursionniste,
nomade, passager, touriste, voyageur → PÈ-
LERIN **II.** dromomane, gyrovague

PÉRÉGRINATION n.f. → VOYAGE

PÉRÉGRINER → VOYAGER

PÉREMPTION n.f. → PRESCRIPTION

PÉREMPTOIRE → TRANCHANT

PÉRENNE et **PÉRENNEL, LE** → ÉTERNEL

PÉRENNITÉ n.f. **I.** → ÉTERNITÉ **II.** → PERPÉ-
TUITÉ

PÉRÉQUATION n.f. → RÉPARTITION

PERFECTIBLE améliorable, amendable,
bonifiable, corrigible, curable, éducable,
guérissable, modifiable, rectifiable, récupérable, remédiable, réparable
◇ CONTR. → INCORRIGIBLE

PERFECTION n.f. **I.** achèvement, consommation, couronnement, entéléchie (philos.),
épanouissement, excellence, exquisité, fin,
fini, fleur, impeccabilité, maturité, parachèvement, précellence, préexcellence **II.** absolu, beau, bien, bonté, idéal, nec plus ultra,
qualité, richesse, sainteté, sanctimonie (vx),
succulence, summum, top niveau, vertu
III. perfectionnisme **IV. quelqu'un** → PHÉNIX
◇ CONTR. **I.** → IMPERFECTION **II.** → MANQUE

PERFECTIONNEMENT n.m. achèvement,
affinement, amélioration, avancement, correction, couronnement, optimisation, polissage, progrès, retouche
◇ CONTR. **I.** → DÉGRADATION **II.** → ÉBAUCHE

PERFECTIONNER → AMÉLIORER

PERFIDE I. → INFIDÈLE **II.** → RUSÉ

PERFIDEMENT avec → PERFIDIE, de façon
→ PERFIDE *et les dérivés possibles en* -ment
des syn. de perfide

PERFIDIE n.f. **I.** → INFIDÉLITÉ **II.** → RUSE
III. → MÉDISANCE

PERFORER → PERCER

PERFORMANCE n.f. exploit, record, succès
◇ CONTR. → INSUCCÈS

PERFORMANT, E compétitif, satisfaisant
◇ CONTR. → INSUFFISANT

PERFUSION n.f. goutte-à-goutte, transfusion

PÉRICLITER → DÉCLINER

PÉRIL n.m. → DANGER

PÉRILLEUSEMENT en → DANGER, de façon → PÉRILLEUX *et les dérivés possibles en*
-ment *des syn. de* périlleux

PÉRILLEUX, EUSE I. au pr. : alarmant, critique, dangereux, difficile, glissant, hasardeux, menaçant, risqué **II. fig. :** acrobatique,
audacieux, aventureux, brûlant, délicat, osé,
scabreux
◇ CONTR. **I.** sans → DANGER **II.** → SÛR

PÉRIMÉ, E → DÉSUET

PÉRIMÈTRE n.m. bord, circonférence,
contour, distance, enceinte, extérieur, limite,
périphérie, pourtour, tour
◇ CONTR. → CENTRE

PÉRIODE I. n.m. : apogée, comble, degré,
maximum, paroxysme, point culminant,
summum, zénith **II. n.f. : 1.** âge, consécution,

cycle, durée, époque, ère, étape, intervalle, phase **2.** balancement, couplet, éloquence, morceau, phrase
◇ CONTR. **I.** nadir **II.** → CONCISION

PÉRIODICITÉ n.f. → INTERVALLE

PÉRIODIQUE I. n.m. → REVUE **II. adj.** → RÉGLÉ

PÉRIODIQUEMENT de façon → RÉGLÉ *et les dérivés possibles en -ment des syn. de réglé*

PÉRIPATÉTICIEN n.m. et adj. aristotélicien, philosophe

PÉRIPATÉTICIENNE n.f. → PROSTITUÉE

PÉRIPATÉTISME n.m. aristotélisme, doctrine/ philosophie/ théories d'Aristote
◇ CONTR. → PYRRHONISME

PÉRIPÉTIE n.f. avatar, catastrophe, coup de théâtre, crise, dénouement, épisode, événement, incident, nœud, trouble → CHANGEMENT
◇ CONTR. → ROUTINE

PÉRIPHÉRIE n.f. **I.** → PÉRIMÈTRE **II.** alentour, banlieue, environs, faubourg, zone → EXTRÉMITÉ
◇ CONTR. → CENTRE

PÉRIPHRASE n.f. ambages, circonlocution, circuit de paroles, détour, discours, euphémisme, précautions oratoires, tour
◇ CONTR. → CONCISION

PÉRIPLE n.m. circumnavigation, expédition, exploration, tour, tournée, voyage
◇ CONTR. : le plus court chemin, trajet direct

PÉRIR → MOURIR

PÉRISSABLE caduc, corruptible, court, éphémère, fragile, fugace, gélif, incertain, instable, mortel, passager, précaire → DESTRUCTIBLE
◇ CONTR. → ÉTERNEL

PÉRISSOIRE n.f. canoë, canot, embarcation → BATEAU

PÉRISTYLE n.m. colonnade, galerie, façade, portique, vestibule
◇ CONTR. : cella, naos, opisthodrome, saint des saints

PERLE n.f. **I. par ext.** : boule, goutte, grain, lacé, union **II. fig. 1.** → PHÉNIX **2.** → LAPSUS

PERLER I. v. tr. : exécuter/ faire à la perfection, parfaire, soigner **II. v. intr.** : apparaître, dégouliner (fam.), dégoutter, s'écouler, emperler, goutter, suinter

PERMAFROST géol. off. : pergélisol, permagel

PERMANENCE n.f. **I.** constance, continuité, durabilité, éternité, fixité, identité, invariabilité, invariance, pérennité, stabilité **II.** bureau, local, salle, service, siège
◇ CONTR. **I.** → ALTÉRATION **II.** → ALTERNANCE **III.** → INTERRUPTION **IV.** → CHANGEMENT **V.** → INTÉRIM

PERMANENT, E → DURABLE

PERMÉABLE spongieux → PÉNÉTRABLE

PERMETTRE I. on permet quelque chose : accepter, accorder, acquiescer, admettre, agréer, approuver, autoriser, concéder, consentir, dispenser, donner, endurer, habiliter, laisser, passer, souffrir, supporter, tolérer **II. quelque chose permet quelque chose** : aider à, autoriser, comporter, laisser place à, légitimer, rendre possible **III. v. pron.** : s'accorder, s'aviser de, dire, s'enhardir à, faire, oser, prendre la liberté de
◇ CONTR. **I.** → DÉFENDRE **II.** → BRIDER

PERMIS n.m. → PERMISSION

PERMIS, E accordé, admis, admissible, agréé, autorisé, consenti, dans les formes/ les mœurs/ les normes/ l'ordre/ les règles, légal, légitime, libre, licite, loisible, possible, protocolaire, réglementaire, régulier, statutaire, toléré
◇ CONTR. → DÉFENDU

PERMISSIF, VE → INDULGENT

PERMISSION n.f. **I.** acceptation, accord, acquiescement, adhésion, agrément, approbation, autorisation, aveu (litt.), concession, consentement, crédit (vx), dispense, droit, exception, habilitation, latitude, liberté, licence, loisir, permis, possibilité, tolérance → LAISSEZ-PASSER **II. relig.** : imprimatur, indult, nihil obstat **III.** campos, condé (arg.), congé
◇ CONTR. **I.** → DÉFENSE **II.** → DÉCHÉANCE **III.** → INTERDIT **IV.** → OBSTACLE

PERMUTABLE commutable, vicariant
◇ CONTR. → STABLE

PERMUTATION n.f. → CHANGE

PERMUTER → CHANGER

PERNICIEUSEMENT → MÉCHAMMENT

PERNICIEUX, EUSE → MAUVAIS

PÉRONNELLE n.f. → PÉCORE

PÉRORAISON n.f. → CONCLUSION

PÉRORER → DISCOURIR

PERPENDICULAIRE I. adj. : ascensionnel, colomnaire, normal, orthogonal, sagittal, vertical **II. n.f.** : apothème, hauteur, médiatrice
◇ CONTR. : horizontal, oblique

PERPÉTRER → ENTREPRENDRE

PERPÉTUEL, LE I. → ÉTERNEL **II.** constant, continuel, fréquent, habituel, incessant, permanent

◈ CONTR. **I.** → COURT **II.** → PASSAGER **III.** → CHANGEANT

PERPÉTUELLEMENT sans arrêt/ cesse/ trêve, souvent, toujours *et les adv. en* -ment *dérivés des syn. de* perpétuel

◈ CONTR. → PROVISOIREMENT

PERPÉTUER I. continuer, éterniser, faire durer, immortaliser, maintenir, reproduire, transmettre **II. v. pron.** : durer, se reproduire, rester, survivre *et les formes pron. possibles des syn. de* perpétuer

◈ CONTR. **I.** → CHANGER **II.** → CESSER

PERPÉTUITÉ n.f. **I.** durée indéfinie, éternité, pérennité, perpétuation **II. À PERPÉTUITÉ :** à perpète (arg.), définitivement, indissolublement, irrévocablement, éternellement, pour toujours

◈ CONTR. **I.** → MOMENT **II.** → PRÉCARITÉ

PERPLEXE → INDÉTERMINÉ

PERPLEXITÉ n.f. → INDÉTERMINATION

PERQUISITION n.f. descente de police, enquête, fouille, investigation, recherche, reconnaissance, visite domiciliaire

PERQUISITIONNER descendre, enquêter, fouiller, rechercher, visiter

PERRON n.m. degré, entrée, escalier, montoir, seuil

PERROQUET et **PERRUCHE** n.m., n.f. cacatoès, jacquot (fam.) – **vx** : cacatois, papegai → GRIMPEUR

PERRUQUE n.f. cheveux, coiffure, moumoute (fam.), postiche, tignasse (par ext. et péj.)

PERRUQUIER n.m. coiffeur, figaro, merlan (péj.)

PERS, E glauque, olivâtre, verdâtre → VERT

PERSÉCUTER → TOURMENTER

PERSÉCUTEUR, TRICE I. adj. : cruel, importun, incommode, intolérant **II. nom** : despote, oppresseur, tyran → AGRESSEUR

◈ CONTR. → PROTECTEUR

PERSÉCUTION I. → BRIMADE **II.** → TYRANNIE

PERSÉVÉRANCE n.f. acharnement, attachement, constance, continue (vx), continuité, courage, endurance, énergie, entêtement, esprit de suite, fermeté, fidélité, fixité, insistance, maintenance, obstination, opiniâtreté, patience, persistance, pertinacité, suite, ténacité, volonté

◈ CONTR. **I.** → ABANDON **II.** → CHANGEMENT **III.** → CAPRICE

PERSÉVÉRANT, E acharné, attaché, buté (péj.), constant, courageux, endurant, énergique, entêté, ferme, fidèle, fixe, obstiné, opi-

niâtre, patient, persistant, pertinace (vx), tenace, têtu, volontaire

◈ CONTR. **I.** → CHANGEANT **II.** → CAPRICIEUX

PERSÉVÉRER → CONTINUER

PERSIENNE n.f. → VOLET

PERSIFLAGE n.m. → RAILLERIE

PERSIFLER → RAILLER

PERSIFLEUR, EUSE moqueur → ZOÏLE

PERSISTANCE n.f. durée → CONSTANCE

PERSISTANT, E I. quelqu'un → PERSÉVÉRANT, **II. une chose** : constant, continu, durable, fixe, indélébile, permanent, perpétuel, soutenu

◈ CONTR. **I.** → COURT **II.** → PASSAGER **III.** → CHANGEANT

PERSISTER I. → CONTINUER **II.** → SUBSISTER

PERSONNAGE n.m. **I.** → HOMME **II.** → PERSONNALITÉ **III. non fav.** : citoyen, coco, individu, olibrius, paroissien, zèbre, zigoto → TYPE **IV. de théâtre** : arlequin, barbon, bouffon, capitan, comédien, comparse, coquette, héroïne, héros, ingénue, interlocuteur, jeune premier, paillasse, pasquin, protagoniste, rôle

◈ CONTR. : simple → HABITANT

PERSONNALISER → CARACTÉRISER

PERSONNALITÉ n.f. **I. phil. 1.** ego, eccéité, être, individualité, moi, nature, soi **2.** caractère, constitution, originalité, personnage, personne, tempérament **II. au pr. 1.** figure, grand, monsieur, notabilité, notable, personnage, puissant, quelqu'un, sommité, vedette **2. fam.** : baron, bonze, gros bonnet, grosse légume, huile, huile lourde, important, légume, lumière, magnat (péj.), mandarin, manitou, pontife, satrape, V. I. P **III. par ext.** : égocentrisme, égoïsme, entêtement, narcissisme, volonté

◈ CONTR. : simple → HABITANT

PERSONNE n.f. **I. 1.** → NUL **2.** corps, créature, être, homme, individu, mortel, particulier, quidam **II. au pl.** → GENS

◈ CONTR. **I. quelqu'un II.** → CHOSE **III.** → BÊTE

PERSONNEL n.m. aide, domesticité, domestique, journalier, main-d'œuvre, maison, monde, ouvrier, service, suite, train, valetaille (péj.) → SERVANTE, SERVITEUR

◈ CONTR. → PATRON

PERSONNEL, LE I. → INDIVIDUEL **II.** → ORIGINAL **III.** → ÉGOÏSTE

PERSONNELLEMENT en personne, de façon → INDIVIDUEL *et les dérivés possibles en* -ment *des syn. de* individuel

PERSONNIFICATION n.f. **I.** → ALLÉGORIE **II.** → RESSEMBLANCE

PERSONNIFIER → SYMBOLISER

PERSPECTIVE n.f. **I. au pr.** → VUE **II. fig.** → PROBABILITÉ

PERSPICACE clair, clairvoyant, débrouillard, éveillé, fin, intelligent, lucide, pénétrant, perçant, sagace, subtil
◊ CONTR. → STUPIDE

PERSPICACITÉ n.f. acuité, apercevance (vx), clairvoyance, discernement, finesse, flair, habileté, intelligence, jugement, lucidité, pénétration, perlucidité, perspicuité, sagacité, subtilité
◊ CONTR. → STUPIDITÉ

PERSPICUITÉ n.f. **I.** clarté, netteté **II. par ext.** → PERSPICACITÉ
◊ CONTR. → CONFUSION

PERSUADER amadouer, catéchiser, conduire à, convaincre, décider, déterminer, dire à, entraîner, exciter, exhorter, faire croire/ entendre à, gagner, inculquer, insinuer, inspirer, prêcher, savoir prendre, séduire, toucher, vaincre
◊ CONTR. → DISSUADER

PERSUASIF, IVE convaincant, éloquent, habile, insinuant, percutant, séduisant → IRRÉSISTIBLE
◊ CONTR. → DÉCOURAGEANT

PERSUASION n.f. **I.** → CROYANCE **II.** → INSPIRATION **III.** → HABILETÉ **IV.** → DOUCEUR

PERTE n.f. **I. on perd quelqu'un :** deuil, éloignement, mort, privation, séparation **II. on perd quelque chose. 1.** amission (jurid.), déchéance, déficit, dégât, dommage, préjudice, privation, sinistre **2. au jeu – fam. :** culotte, frottée, lessivage, lessive, pâtée, raclée **3. d'une qualité :** altération, déchéance, discrédit **4. de connaissance :** évanouissement, syncope **III. le fait de perdre. 1.** coulage, déchet, déperdition, discale, freinte, fuite, gâchage, gâchis, gaspillage **2.** défaite, insuccès **3.** passif **IV. par ext. :** anéantissement, bris (vx), damnation, décadence, dégénérescence, dégradation, dépérissement, extinction, naufrage, perdition, ruine **V. au pl. :** écoulement, lochies, pollution (nocturne), suintement, suppuration → MENSTRUATION
◊ CONTR. **I.** → PROFIT **II.** → CONSERVATION

PERTINACITÉ n.f. entêtement, obstination, opiniâtreté, ténacité
◊ CONTR. → INSTABILITÉ

PERTINEMMENT avec → PERTINENCE, de façon → PERTINENT et les dérivés possibles en -ment des syn. de pertinent

PERTINENCE n.f. **I.** → À-PROPOS **II.** → CONVENANCE

PERTINENT, E approprié, à propos, bienséant, congru, convaincant, convenable, correct, dans l'ordre, judicieux, juste, séant
◊ CONTR. → DÉPLACÉ

PERTUIS n.m. **I.** → OUVERTURE **II.** → DÉTROIT

PERTUISANE n.f. hallebarde, lance

PERTURBATEUR, TRICE agitateur, contestataire, émeutier, révolutionnaire, séditieux, trublion
◊ CONTR. → CONCILIATEUR

PERTURBATION n.f. **I.** → DÉRANGEMENT **II.** → TROUBLE

PERTURBER → TROUBLER

PERVERS, E I. → MÉCHANT **II.** → VICIEUX

PERVERSEMENT avec → PERVERSITÉ

PERVERSION n.f. **I.** abjection, altération, anomalie, avilissement, corruption, débauche, dégradation, dépravation, dérangement, dérèglement, détraquement, déviance, égarement, folie, malacie (méd.), méchanceté, perversité, pervertissement, stupre, vice **II.** algomanie, bestialité, coprophilie, exhibitionnisme, fétichisme, masochisme, nécrophilie, ondinisme, pédophilie, sadisme, sado-masochisme, satanisme, taphophilie, zoophilie **III. arg. :** éducation anglaise, horreurs, passions, trucs, vicelardise
◊ CONTR. **I.** → BONTÉ **II.** → CORRECTION

PERVERSITÉ n.f. malice, malignité, perfidie → PERVERSION

PERVERTIR altérer, changer, corrompre, débaucher, dégénérer, dénaturer, dépraver, déranger, détériorer, détraquer, dévoyer, empoisonner, encanailler, fausser, gâter, séduire, troubler, vicier
◊ CONTR. **I.** → AMÉLIORER **II.** → INSTRUIRE

PESAMMENT I. → LOURDEMENT **II.** avec STUPIDITÉ

PESANT, E I. au pr. : lourd, massif, mastoc, monolithique, pondéreux **II. fig. 1. phys. :** alourdi, appesanti, indigeste, lourd **2. d'esprit** → STUPIDE **III. par ext. 1.** encombrant, épais, gros, grossier, important, surchargé **2.** désagréable, douloureux, ennuyeux, importun, onéreux (vx)
◊ CONTR. **I.** → LÉGER **II.** → VIF **III.** → GRACIEUX

PESANTEUR n.f. **I. au pr. :** attraction, gravitation, gravité, poids **II. par ext. 1. phys. :** engourdissement, lourdeur, malaise **2. d'esprit :** lenteur → STUPIDITÉ
◊ CONTR. **I.** → SOUPLESSE **II.** → GRÂCE **III.** → VIVACITÉ **IV.** → INSOUCIANCE

PÈSE-ALCOOL n.m. aréomètre

PESÉE n.f. **I. au pr. 1.** pesage **2.** → EFFORT **II. fig. :** approfondissement, examen

PESER I. v. tr. 1. au pr. : soupeser, tarer, trébucher (vx) **2. par ext. :** apprécier, approfondir,

balancer, calculer, comparer, considérer, déterminer, estimer, étudier, évaluer, examiner, juger **II. v. intr. 1.** peser ou faire peser contre/ sur : accabler, alourdir, aggraver, appesantir, appuyer, assombrir, charger, grever, incomber, opprimer, pousser, retomber **2.** on pèse sur les intentions de quelqu'un : exercer une influence, influencer, intimider **3.** quelque chose pèse à quelqu'un : coûter, dégoûter, ennuyer, étouffer, fatiguer, importuner, peiner
◇ CONTR. **I.** → SOULEVER **II.** → SOULAGER

PESON n.m. → BALANCE

PESSAIRE n.m. → PRÉSERVATIF

PESSIMISME n.m. défaitisme → INQUIÉTUDE
◇ CONTR. → INSOUCIANCE

PESSIMISTE nom et adj. alarmiste, atrabilaire, bilieux, broyeur de noir, cassandre, chouette (fam.), craintif, défaitiste, démoralisateur, désespéré, hypocondre, inquiet, maussade, mélancolique, neurasthénique, paniquard (fam.), sombre
◇ CONTR. → INSOUCIANT

PESTE n.f. **I. au pr. :** choléra, pétéchie, trousse-galant (vx) **II. fig.** → MÉCHANT

PESTER fulminer, fumer (fam.), grogner, invectiver, jurer, maudire, maugréer
◇ CONTR. **I.** → ATTENDRIR **II.** → LOUER

PESTICIDE n.m. débroussaillant, fongicide, herbicide, insecticide, raticide

PESTIFÉRÉ, E nom et adj. **I.** pesteux **II. par ext. :** brebis galeuse, galeux **III. fig.** → MAUDIT

PESTILENCE n.f. → INFECTION

PESTILENTIEL, LE I. au pr. : pestifère, pestilent **II. par ext. :** contagieux, corrupteur, dégoûtant, délétère, épidémique, fétide, infect, malsain, méphitique, pathogène, pernicieux, puant, putride, septique, vicié
◇ CONTR. **I.** → SAIN **II.** → ODORANT

PET n.m. → VENT

PÉTALE n.m. labelle → FEUILLE

PÉTARADE n.f. **I. au pr.** → VENT **II. par ext. :** bruit, canonnade, déflagration, détonation, explosion

PÉTARD n.m. **I. fig. :** bruit, scandale, sensation **II. arg. 1.** → PISTOLET **2.** → FESSIER

PÉTER I. au pr. : faire un vent *et les syn. de* vent, se soulager, venter **1. arg. ou fam. :** avoir une fuite, cloquer, débourrer, dégager, faire bruire ses fuseaux (vx), flouser, jouer de la trompette, lâcher un cran/ une fusée/ une nébuleuse, laisser tomber une perle, loufer, perlouser, pétarader, vesser **II. par ext. 1.** casser, crever, se détraquer, éclater, exploser, pétiller, se rompre, sauter **2.** échouer, faire

long feu, louper, rater
◇ CONTR. **I.** se retenir **II.** → RÉPARER **III.** → RÉUSSIR

PÉTEUX, EUSE I. → PEUREUX **II.** → PRÉSOMPTUEUX

PÉTILLANT, E fig. : agile, brillant, chatoyant, enflammé, éveillé, intelligent, léger, leste
◇ CONTR. → TERNE

PÉTILLEMENT n.m. → BRUIT

PÉTILLER I. au pr. : craqueter, crépiter, décrépiter, péter **II. fig. :** briller, chatoyer, étinceler, flamboyer, jaillir, scintiller

PETIT, E I. adj. 1. au pr. : bref, bréviligne, chétif, court, courtaud, délicat, écrasé, exigu, menu, microscopique, minuscule, parvule (vx), ténu **2. par ext. :** dérisoire, étriqué, étroit, faible, humble, imperceptible, infime, infinitésimal, léger, maigre, malheureux, méchant, médiocre, mineur, minime, modique, moindre, rikiki (fam.), sommaire, succinct → MODESTE **3. non fav. :** bas, borné, étroit, mesquin, piètre, vil **4. fav. :** coquet, douillet, gentil, joli **II. nom. 1. fav. ou neutre :** ENFANT **2. non fav. :** avorton, aztèque, bout d'homme, charançon (arg. scol.), crapoussin, criquet, demi-portion, extrait, gnome, gringalet, malingreux, marmouset, microbe, mingrelet, miniature, minus, myrmidon, nabot, nain, pichot (rég.), puce, pygmée **3. vén. :** faon **4. au pl. :** couvée, portée, progéniture, ventrée **III. 1. PETIT À PETIT** → PEU À PEU **2. PETITE MAIN** → MIDINETTE **3. PETIT NOM :** diminutif, nom de baptême, prénom **4. PETITS SOINS** → ÉGARDS
◇ CONTR. **I.** → GRAND **II.** → ADULTE **III.** → ÂGÉ **IV.** → ABONDANT **V.** → GROS

PETITEMENT bassement, chichement, mesquinement, odieusement, parcimonieusement, vilement *et les adv. en* -ment *dérivés des syn. de* petit
◇ CONTR. → BEAUCOUP

PETITE OIE n.f. **I.** → BAGATELLE **II.** → PRIVAUTÉ

PETITESSE n.f. **I. au pr. :** étroitesse, exiguïté, modicité **II. par ext. :** bassesse, défaut, faiblesse, ladrerie, lésinerie, médiocrité, mesquinerie, saleté, vilenie
◇ CONTR. **I.** → GRANDEUR **II.** → GÉNÉROSITÉ **III.** → GROSSEUR

PETIT-GRIS n.m. menu-vair, vair → ÉCUREUIL

PÉTITION n.f. demande, instance, placet, prière, réclamation, requête, sollicitation, supplique

PÉTITIONNAIRE n.m. et f. → MÉCONTENT

PÉTITIONNER I. → DEMANDER **II.** → PROTESTER

PETIT-LAIT n.m. **I.** aizy (rég.), babeurre, lactosérum **II. BOIRE DU PETIT-LAIT** → RÉ-JOUIR (SE)

PETIT-MAÎTRE n.m. → ÉLÉGANT

PÉTOCHE n.f. → PEUR

PÉTRI, E I. broyé, façonné, foulé, malaxé, mélangé, modelé **II. PÉTRI D'ORGUEIL :** bouffi, gonflé, puant, rempli

PÉTRIFIANT, E I. durcissant, incrustant **II.** → EFFRAYANT

PÉTRIFIÉ, E I. → ÉBAHI **II.** → INTERDIT

PÉTRIFIER I. au pr. : changer en pierre, durcir, fossiliser, lapidifier **II. fig. :** bloquer, clouer, ébahir, effrayer, épouvanter, étonner, figer, fixer, geler, glacer, méduser, paralyser, river, saisir, stupéfier, terrifier, transir
◇ CONTR. **I.** → FONDRE **II.** → RÉJOUIR

PÉTRIR I. au pr. : brasser, fraiser, fraser, malaxer **II. par ext. :** broyer, gâcher, mélanger **III. fig. :** assouplir, éduquer, façonner, former, manier, manipuler, modeler

PÉTROCHIMIE n.f. **off. :** pétroléochimie

PÉTROLE n.m. bitume liquide, huile, huile de pierre, hydrocarbure, kérosène, naphte, or noir

PÉTROLEUR, EUSE nom et adj. brûleur, incendiaire → SABOTEUR

PÉTROLIER n.m. navire citerne, supertanker, tanker

PÉTULANCE n.f. ardeur, brio, chaleur, exubérance, fougue, furia, impétuosité, promptitude, turbulence, vitalité, vivacité
◇ CONTR. **I.** → MOLLESSE **II.** → TIMIDITÉ

PÉTULANT, E I. → IMPÉTUEUX **II.** → TURBULENT

PEU I. brin, chouïa (arg.), doigt, filet, goutte, grain, guère, larme, lueur, mie, miette, nuage, pointe, soupçon, tantinet **II. 1. DE PEU :** de justesse, de près **2. PEU À PEU :** à mesure, au fur et à mesure, cahin-caha, doucement, graduellement, insensiblement, de jour en jour, lentement, par degrés, pas à pas, petit à petit, pierre à pierre, progressivement **3. PEU DE CHOSE :** bagatelle, misère, rien **4. DANS PEU :** bientôt, dans un proche avenir, incessamment **5. À PEU PRÈS** → ENVIRON
◇ CONTR. **I.** → BEAUCOUP **II.** → TRÈS

PEUPLADE n.f. ethnie, groupe, horde, race, tribu → PEUPLE

PEUPLE n.m. **I. fav. ou neutre : 1.** foule, gent, masse, monde ouvrier, multitude, paysannat, population, prolétariat **2.** citoyens, contribuables, électeurs, sujets **II. non fav. :** ca-naille, commun, plèbe, populace, populaire, populo, racaille, roture, tourbe, troupeau, vulgaire, vulgum pecus **III. par ext. 1.** → NATION **2. relig. :** élus, fidèles, troupeau, ouailles
◇ CONTR. **I.** → OLIGARCHIE **II.** → NOBLESSE

PEUPLÉ, E fourni, fréquenté, habité, populaire, populeux, surpeuplé, vivant
◇ CONTR. → VIDE

PEUPLEMENT n.m. **I.** densité, natalité, population, pyramide des âges **II.** biocénose, biote, faune, flore, habitat, occupation
◇ CONTR. → DÉPEUPLEMENT

PEUPLER I. → REMPLIR **II.** → MULTIPLIER

PEUPLERAIE n.f. tremblaie

PEUPLIER n.m. arbre d'Hercule, carolin, peuplier de Hollande/ d'Italie/ du Poitou/ de Virginie, grisard, liard, tremble, ypréau

PEUR n.f. **I.** affolement, affres, alarme, alerte, angoisse, appréhension, aversion, couardise, crainte, effroi, épouvante, frayeur, frisson, frousse, hantise, inquiétude, lâcheté, panique, phobie, pusillanimité, répulsion, saisissement, trac, trouble → TERREUR – **vx :** malepeur, souleur **II.** agora/ claustro/ éreutho/ hydro/ photo/ zoophobie **III. arg. ou fam. :** bloblotte, cagade, chiasse, chocottes, cliche, copeaux, flubes, foies, foirade, foire, grelots, grelotte, jetons, moules, pétasse, pétoche, pétrouille, taf, tracsir, traquette, tremblote, trouille, venette, vesse **IV. 1. AVOIR PEUR** → CRAINDRE **2.** → TREMBLER **3. FAIRE PEUR :** apeurer, apoltronner *ou* apoltronir (vx), effaroucher, effrayer, épeurer, épouvanter, intimider, menacer
◇ CONTR. → COURAGE

PEUREUSEMENT avec → PEUR, de façon → PEUREUX *et les dérivés possibles en* -ment *des syn. de* peureux

PEUREUX, EUSE adj. et n. **I.** alarmiste, capon, couard, craintif, dégonflé, froussard, mazette, ombrageux (équit.), paniquard, pleutre, poltron, poule mouillée, pusillanime, timoré, trembleur → LÂCHE **II. RENDRE PEUREUX :** accouardir, alâchir (vx), donner la → PEUR **III. arg. ou fam. :** cerf, chevreuil, chiasseux, clichard, couille-molle, foireux, lièvre, péteux, pétochard, tafeur, tracqueur, trouillard – **vx :** fuitif, veillaque
◇ CONTR. → COURAGEUX

PEUT-ÊTRE I. apparemment, à tout hasard, d'aventure, éventuellement, fortuitement, possible, prévisiblement, probablement, virtuellement, vraisemblablement **II.** → INCIDEMMENT
◇ CONTR. → INFAILLIBLEMENT

PHAÉTON n.m. **I.** paille en cul/ en queue → PALMIPÈDE **II.** → COCHER

PHALANGE n.f. **I.** → PARTI **II.** → TROUPE

PHALANSTÈRE n.m. → GROUPE

PHALANSTÉRIEN, NE fouriériste

PHALLUS n.m. → SEXE

PHANTASME n.m. **I.** → IMAGINATION **II.** → VISION

PHANTASMER I. → IMAGINER **II.** → RÊVER

PHARAMINEUX, EUSE → EXTRAORDINAIRE

PHARAMINEUSEMENT → EXTRAORDINAIREMENT

PHARE n.m. balise, fanal, feu, lanterne, sémaphore

PHARISAÏQUE → HYPOCRITE

PHARISAÏSME n.m. → HYPOCRISIE

PHARISIEN, NE nom et adj. faux dévot, faux jeton (fam.) → HYPOCRITE
◇ CONTR. **I.** → SINCÈRE **II.** → FRANC

PHARMACIE n.f. apothicairerie (vx), drugstore, officine

PHARMACIEN, NE I. apothicaire, apothicairesse, (médecin) propharmacien **II. fam. :** coupe-chiasse, pharmaco, pharmacole, poilphard, potard

PHASE n.f. apparence, aspect, avatar, changement, degré, échelon, étape, forme, palier, partie, période, stade, succession, transition
◇ CONTR. → TOTALITÉ

PHASING audiov. off. : rotophaseur

PHÉBUS n.m. **I.** → SOLEIL **II.** → ENTHOUSIASME **III.** → GALIMATIAS

PHÉNIX n.m. aigle, as, fleur, génie, idéal, modèle, nec plus ultra, parangon, perfection, perle, prodige, reine, roi, trésor
◇ CONTR. : minus → BÊTE

PHÉNOMÉNAL, E → EXTRAORDINAIRE

PHÉNOMÉNALEMENT → EXTRAORDINAIREMENT

PHÉNOMÈNE n.m. **I. une chose. 1. au pr. :** apparence, épiphénomène, fait, manifestation **2. merveille, miracle, prodige II. quelqu'un, 1. fav.** → PHÉNIX **2. non fav. :** excentrique, original **3. méd. :** monstre **III. PHÉNOMÈNE SISMIQUE :** catastrophe, séisme, tremblement de terre
◇ CONTR. **I.** → NOUMÈNE **II.** → BANALITÉ

PHILANTHROPE nom et adj. bienfaisant, bienfaiteur de l'humanité, bon, charitable, donnant, généreux, humanitaire, humanitariste, large, libéral, ouvert → SOCIABLE
◇ CONTR. → MISANTHROPE

PHILANTHROPIE n.f. amour, bienfaisance, charité, générosité, humanité, largesse, libéralité, ouverture → SOCIABILITÉ
◇ CONTR. → MISANTHROPIE

PHILHARMONIE n.f. → ORCHESTRE

PHILHARMONIQUE symphonique

PHILIPPIQUE n.f. → SATIRE

PHILISTIN, E nom et adj. **I.** → PROFANE **II.** → BÊTE

PHILOLOGIE n.f. critique, érudition, grammaire comparée, linguistique

PHILOSOPHE I. nom. 1. → SAGE **2.** → PENSEUR **II. adj. 1. au pr. :** philosophique **2. par ext. :** calme, ferme, impavide, indulgent, optimiste, réfléchi, résigné, retiré, sage, satisfait, sérieux, stoïque, tranquille
◇ CONTR. → INSATISFAIT

PHILOSOPHER discuter, étudier, méditer, raisonner, spéculer

PHILOSOPHIE n.f. **I. au pr. :** dialectique, épistémologie, esthétique, éthique, logique, métaphysique, méthodologie, morale, ontologie, téléologie, théologie **II. les théories. 1.** doctrine, école, idée, pensée, principe, système, théorie **2.** absurdisme, Académie, acosmisme, agnosticisme, alexandrinisme, amoralisme, animalisme, animisme, anthropocentrisme, apophatisme, aristotélisme, associationnisme, atomisme, béhaviorisme, bouddhisme, brahmanisme, cartésianisme, christianisme, conceptualisme, confucianisme, conventionnalisme, cosmisme, criticisme, cynisme, déterminisme, dogmatisme, dualisme, dynamisme, éclectisme, éléatisme, empirisme, épicurisme, essentialisme, eudémonisme, évolutionnisme, existentialisme, fatalisme, fidéisme, finalisme, fixisme, formalisme, globalisme, gnosticisme, hédonisme, hégélianisme, historisme ou historicisme, humanisme, humanitarisme, hylozoïsme, idéalisme, idéologie, immanentisme, immatérialisme, immoralisme, indéterminisme, individualisme, innéisme, instrumentalisme, intellectualisme, intuitionnisme, kantisme, machinisme, marxisme, matérialisme, mécanisme, mentalisme, monadisme, monisme, mysticisme, naturalisme, néocriticisme, néo-platonisme, néo-thomisme, nihilisme, nominalisme, ontologisme, optimisme, organicisme, palingénésie, pancalisme, pancosmisme, panlogisme, panpsychisme, panthéisme, perceptionnisme, péripatétisme, personnalisme, perspectivisme, pessimisme, phénoménisme, phénoménologie, platonisme, pluralisme, positivisme, pragmatisme, probabilisme, providentialisme, pyrrhonisme, pythagorisme, rationalisme, réalisme, relativisme, scepticisme, scolastique, scotisme, sensualisme, socratique, solipsisme, sophistique, spiritualisme, spinozisme, stoïcisme, structuralisme, subjectivisme, substantialisme, symbolisme, syncrétisme, taoïsme, téléologie, téléonomie *ou* télénomie, théisme, thomisme, transcendantalisme, transformisme, utilitarisme, vitalisme, volontarisme, voltairianisme, yogi, zen, zénonisme, zététique – **péj.** : philosophisme, sophisme **III. par ext.** : calme, égalité d'humeur, équanimité, force d'âme, indulgence, modération, raison, résignation, sagesse, tolérance

◇ CONTR. **I.** → INASSOUVISSEMENT **II.** → ENNUI **III.** → FOLIE

PHILOSOPHIQUE → PHILOSOPHE

PHILOSOPHIQUEMENT avec → PHILOSOPHIE

PHILTRE n.m. aphrodisiaque, boisson magique, breuvage, charme, décoction, infusion, magie, sorcellerie

PHLEGMON n.m. → ABCÈS

PHLOGISTIQUE I. n.m. 1. vx : feu (originel) **2. par ext.** : calcination, comburation, combustion **II. adj.** : comburant, combustible

PHOBIE n.f. → PEUR

PHOCÉEN, NE marseillais, massaliote, phocidien

PHOLADE n.f. daille → LAMELLIBRANCHE

PHONIQUE acoustique, audible, sonore, vocal

PHONO et **PHONOGRAPHE** n.m. **par ext.** : chaîne acoustique/ hi-fi/ stéréo, électrophone, machine parlante, pick-up, tournedisque

PHOQUE n.m. chien/ éléphant/ lion/ loup/ veau marin/ de mer, cystiphore, moine, otarie

PHOSPHORESCENCE n.f. brasillement, fluorescence, incandescence, irradiation, luminescence, photoluminescence, radiation

◇ CONTR. → OBSCURITÉ

PHOSPHORESCENT, E brasillant, brillant, étincelant, fluorescent, luisant, luminescent, lumineux, noctiluque (zool.), phosphorique, photogène

◇ CONTR. → TERNE

PHOTOCOPIE n.f. duplication, reprographie

PHOTOCOPIER → REPRODUIRE

PHOTOFLUOROGRAPHY nucl. off. : radiophotographie

PHOTOGRAPHIE n.f. cliché, daguerréotype, diapositive, épreuve, image, instantané, photocopie, photogramme, Photomaton, portrait, pose, souriante (arg.), tirage

PHRASE n.f. **I. au pr.** : discours, énoncé, formule, lexie, locution, période, proposition, sentence, syntagme, tirade **II. par ext.** : bavardage, circonlocution, circonvolution, cliché, enflure, phraséologie

PHRASÉOLOGIE n.f. **I. au pr.** : style, terminologie, vocabulaire **II. par ext.** (péj.) : bavardage, belles/ bonnes paroles, boniment, chimère, creux, emphase, enflure, ithos, logorrhée, pathos, pompe, utopie, vide

◇ CONTR. → CONCISION

PHRASEUR, EUSE babillard, baratineur, bavard, bonimenteur, déclamateur, pie, rhéteur → PARLEUR

◇ CONTR. → RÉSERVÉ

PHTISIE n.f. étisie, tuberculose – vx : consomption, mal de poitrine

PHTISIQUE nom et adj. consomptif, poitrinaire, tuberculeux

PHYSIONOMIE n.f. air, apparence, aspect, attitude, caractère, contenance, expression, face, faciès, figure, manière, masque, mimique, mine, physique, traits, visage → TÊTE

PHYSIQUE I. adj. : charnel, corporel, matériel, naturel, organique, physiologique, réel, sexuel (par ext.), somatique **II. n.m. 1.** → PHYSIONOMIE **2.** → MINE **III. n.f.** : acoustique, aérodynamique, aérologie, astrophysique, biophysique, calorimétrie, cinématique, cryoscopie, dioptrique, dynamique, électricité, électrodynamique, électromagnétisme, électronique, hydraulique, hydrodynamique, hydrostatique, magnétisme, mécanique, mécanique ondulatoire, optique, optométrie, statique, thermodynamique

◇ CONTR. → PSYCHIQUE

PHYSIQUEMENT de façon → PHYSIQUE *et les dérivés possibles en* -ment *des syn. de* physique

PIAFFER → PIÉTINER

PIAILLARD, E → BRAILLARD

PIAILLEMENT et **PIAULEMENT** n.m. → CRI

PIAILLER → CRIER

PIANO n.m. à queue, crapaud, demi-queue, droit, quart de queue

PIANOTER I. → JOUER **II.** → FRAPPER

PIAULE n.f. → CHAMBRE

PIAULER → CRIER

PIBALE n.f. bouiron, civelle → POISSON

PIC n.m. **I.** → MONT **II.** → SOMMET **III.** avocat du meunier, becquebois, charpentier, colapte, oiseau de la pluie, percebois, picot, picvert, pivert **IV.** → PIOCHE **V. À PIC 1.** → ESCARPÉ **2.** → PROPOS (À)

P.I.C. → PILOT IN COMMAND

PICAILLE et **PICAILLON(S)** n.f., n.m. → ARGENT

PICHENETTE n.f. → CHIQUENAUDE

PICHET n.m. → POT

PICKPOCKET n.m. → VOLEUR

PICK-UP n.m. I. → PHONOGRAPHE II. nucl. off. : rapt

PICORER I. au pr. 1. → MANGER 2. → VOLER II. fig. → IMITER

PICOTÉ, E I. → PIQUÉ II. → MARQUÉ

PICOTEMENT n.m. chatouillement, démangeaison, formication, fourmillement, fourmis, hypœrosthésie, impatiences, mordication (vx), paresthésie, pinçure, piqûre, prurigo, prurit, urtication

PICOTER I. au pr. → PIQUER II. fig. → TAQUINER

PICTURE ELEMENT spat. off. : pixel

PICTURE FACSIMILE TELEGRAPHY télécom. off. : télécopie nuancée

PIE n.f. I. agace, agasse, ageasse II. fig. : avocat, avocat sans cause, babillard, bavard, jacasseur, phraseur

PIE adj. → PIEUX

PIÈCE n.f. I. d'un appartement : alcôve, antichambre, billard, boudoir, cabinet, chambre, cuisine, débarras, dépense, entrée, êtres, fumoir, galerie, galetas, hall, jardin d'hiver, lingerie, living-room, loge, mansarde, office, réduit, resserre, salle, salle à manger, salle de bains, salle de séjour, salon, souillarde, toilettes, vestibule, water-closet, W.-C. – **fam.** : carrée, piaule, taule, turne **II. de tissu** : coupe, coupon **III. de monnaie** : écu, jaunet, liard, livre, louis, napoléon, pistole, teston, thune (arg.) **IV. de vin** → TONNEAU **V. d'eau** : bassin, canal, étang, lac, miroir, vivier **VI. d'artillerie** : bombarde, bouche à feu, canon, caronade, couleuvrine, crapouillot, émerillon, faucon, mortier, obusier, pierrier **VII. spectacle** : atellanes, ballet, caleçonnade (péj.), comédie, dit, drame, farce, féerie, fête, film, impromptu, intermède, mystère, opéra, opéra-bouffe, opérette, pantomime, pastorale, saynète, show, sotie, tragédie, tragicomédie – **Japon** : kabuki, nô **VIII. de musique** : cantate, caprice, composition, concerto, exercice, fugue, lied, morceau, ouverture, sérénade, sonate, suite, symphonie **IX. de vers** → POÈME **X. du blason** : bande, barre, bordure, campagne, chappe, chausse, chef, chevron, cœur, croix, émanche, embrasse, équerre, fasce, flanc, giron, gousset, losange, mantel, orle, pairle, pal, pile, sautoir, vergettes, vêtement **XI. par ext. 1.** → PARTIE **2.** → MORCEAU **3.** → GRATIFICATION **4.** document, note, preuve, titre ◇ CONTR. → TOTALITÉ

PIED I. de l'animal 1. → PATTE 2. → ONGLE II. de l'homme arg. ou fam. : arpion, badigeon, fumeron, griffe, haricot, latte, nougat, panard, patte, paturon, pédibus, peton, pince, pinceau, pinglot, pingouin, reposoir, ribouis, rigadin, ripaton, trottignolle III. par ext. 1. assise, bas, chevet, fondement → BASE 2. amphibraque, amphimacre, anapeste, choriambe, dactyle, iambe, mètre, spondée, syllabe, tribraque, trochée 3. byssus → PÉDICULE ◇ CONTR. I. → TÊTE II. → SOMMET

PIED-À-TERRE n.m. appartement, garçonnière, halte, logement, relais, résidence secondaire ◇ CONTR. : domicile

PIED-BOT n.m. et adj. invar. équinisme, varus

PIED-D'ALOUETTE n.m. consoude, dauphinelle, delphinium, herbe aux poux, staphisaigre

PIED-DE-BICHE n.m. I. → POIGNÉE II. → LEVIER

PIÉDESTAL n.m. base, piédouche, plinthe, scabellon, socle, support

PIED-PLAT n.m. I. → LÂCHE II. → VAURIEN

PIÈGE n.m. I. au pr. : amorce, appât, appeau, arbalète, attrape, bordigue, chatière, chausse-trape, collet, dardière, gluau, glu, gord, hameçon, harpette, hausse-pied, lacet, lacs, miroir à alouettes, mésangette, moquette, nasse, panneau, pas-de-loup, piège à loup, pipeaux, quatre-de-chiffre, raquette, ratière, reginglette, souricière, taupière, tendelle, trappe, traquenard, traquet, trébuchet, turlutte → FILET II. fig. : artifice, attrape-nigaud, chausse-trape, coupe-gorge, croc-en-jambe, croche-pied, écueil, embûche, embuscade, feinte, fourberie, guêpier, guet-apens, leurre, machine, panneau, peau de banane, ruse, souricière, surprise, traquenard → TROMPERIE – **vx** : attrapoire, camisade, piperie, torquet, traverse ◇ CONTR. → SINÉCURE

PIÉGER I. → CHASSER II. → PRENDRE

PIERRE n.f. I. au pr. : boulder, caillasse, cailloux, dalle, galet, gemme, gravier, minéral, moellon, mollasse, palet, parpaing, pavé, pierraille, roc, roche, rocher II. 1. arch. : arase, boutisse, claveau, clef (de voûte), contreclef, vousseau, voussoir 2. à bâtir : ardoise, cliquart, coquillart, granit, grès, lambourde, liais, marbre, meulière, porphyre, travertin, tuf, tuffeau 3. précieuse : agate, aigue-marine, alabandine, améthyste, ananchite, androdamas, béryl, brillant, calcédoine, chrysolithe, chrysoprase, corindon, cornaline, crapaudine, diamant, émeraude, escarboucle, girasol, grenat, hépatite, hyacinthe, jacinthe, jade, jais, jargon, jaspe, lapis-lazuli, lazulite, malachite, onyx, œil de chat/ de tigre, outremer, péridot, quartz, rubis, rubis balais, sanguine, saphir, smaragde, spinelle, topaze, tourmaline, turquoise, zircon **4. reconstituée** : aventurine, chambourin, doublet, happelourde, strass **5. industr.** : bauxite, gypse, minerai, pechblende, périgueux, silex **6. gravée** : intaille **7.** aérolithe, bolide, météorite **8.** coprolithe, fossile **9. méd. ou vétér.** : aegagropile, bézoard, calcul, concrétion, gravier, hippolithe

PIERREUX, EUSE caillouteux, graveleux, rocailleux, rocheux

◊ CONTR. : bon, carrossable, plat, praticable, roulant, uni

PIERROT n.m. **I. au pr.** : masque, pantin **II. par ext. 1.** moineau, oiseau **2.** drôle, homme, individu, niais, zig, zigoto → TYPE

PIETÀ n.f. mater dolorosa, Vierge aux douleurs/ aux sept douleurs/ douloureuse

PIÉTAILLE n.f. **I.** biffe (arg.), fantassin, infanterie **II.** foule, multitude, peuple, piétons

◊ CONTR. **I.** automobiliste, cavalier, (moto)cycliste **II.** → CAVALERIE

PIÉTÉ n.f. **I.** → RELIGION **II.** → RESPECT

PIÉTER I. vx → MARCHER **II. vén.** → COURIR

PIÉTINER I. v. intr. : s'agiter, frapper/ taper du pied, patauger, piaffer, piler du poivre (fam.), trépigner **II. v. tr.** : fouler, marcher sur

◊ CONTR. → AVANCER

PIÉTON, NE biffin (arg.), fantassin, piétaille

PIÈTRE chétif, dérisoire, faible, insignifiant, médiocre, mesquin, minable, misérable, miteux, pauvre, petit, ridicule, sans valeur, singulier, triste

◊ CONTR. **I.** → GRAND **II.** → BEAU **III.** → INTELLIGENT **IV.** → IMPORTANT

PIEU n.m. **I. au pr.** : bâton, échalas, épieu, pal, palanque, palis, pilot, pilotis, piochon, piquet, poteau, rame **II. mar.** : duc-d'albe **III. arg.** → LIT

PIEUSEMENT avec → PIÉTÉ, de façon → PIEUX *et les dérivés possibles en* -ment *des syn. de* pieux

PIEUVRE n.f. poulpe → POLYPE

PIEUX, EUSE I. fav. : croyant, dévot, édifiant, fervent, mystique, pie, religieux, respectueux, zélé **II. non fav.** : bigot, cafard, cagot, hypocrite, tartufe **III. VŒU PIEUX** : hypocrite, inutile, utopique, vain

◊ CONTR. → INCROYANT

PIF n.m. **fam.** → NEZ

PIGEON n.m. **I. au pr.** → COLOMBIN **II. fig.** → NAÏF

PIGEONNER → TROMPER

PIGEONNIER n.m. **I. au pr.** : colombier, fuie, volet (vx ou rég.), volière **II. par ext. 1.** grenier, mansarde **2. théâtre** : paradis, poulailler

PIGGY BACK transp. off. : ferroutage

PIGMENT n.m. couleur, grain, pigmentation, tache

PIGMENTATION n.f. → COULEUR

PIGMENTÉ, E agrémenté, coloré, fleuri, orné, tacheté

◊ CONTR. → PÂLE

PIGNADE n.f. pinède

PIGNOCHER I. faire le/ la difficile, grappiller, manger sans appétit, mordiller, picorer **II.** bricoler, lécher **III.** → PEINDRE

◊ CONTR. : s'empifrer → MANGER

PIGNON n.m. → COMBLE

PIGNOUF n.m. **I.** → AVARE **II.** grossier, malappris, mal élevé, rustre → IMPOLI **III. péj.** → PAYSAN

◊ CONTR. → POLI

PIGOUILLE n.f. → PIQUE

PILASTRE n.m. antre, colonne, dosseret, montant, pile, pilier, soutènement, soutien, support

PILCHARD n.m. sardine

PILE n.f. **I. au pr.** → AMAS **II. fig. 1.** → INSUCCÈS **2.** → VOLÉE **3.** → REVERS

PILER broyer, concasser, corroyer, écraser, pulvériser, triturer. **I. PILER DU POIVRE** → PIÉTINER

PILE UP nucl. off. : empilement

PILIER n.m. **I. au pr.** → COLONNE **II. fig.** : défenseur, soutien

PILLAGE n.m. brigandage, concussion, curée, déprédation, détournement, exaction, malversation, maraudage, maraude, pillerie, plagiat, prédation, rapine, razzia, sac, saccage, saccagement, volerie

◊ CONTR. → BIENFAISANCE

PILLARD, E brigand, corsaire, détrousseur, écumeur, maraudeur, pandour, pilleur, pirate, plagiaire, ravageur, ravisseur, routier (vx), saccageur, sangsue, usurpateur, voleur

◊ CONTR. → BIENFAITEUR

PILLER I. au pr. : assaillir, dépouiller, dérober, détrousser, dévaliser, écrémer, écumer, marauder, pirater, prendre, ravager, ravir, razzier, saccager, usurper → VOLER – **vx** : brigander, butiner **II. fig.** → IMITER

◊ CONTR. **I.** → AUGMENTER **II.** → ORNER

PILON n.m. I. broyeur, molette (vx) II. bourrou, dame, demoiselle, hie III. jambe de bois

PILONNER bombarder, cogner, écraser, frapper, marteler

PILORI n.m. I. au pr. : 1. carcan, poteau 2. antiq. : cataste, croix, cyphon II. par ext. : mépris, vindicte III. CLOUER/ METTRE AU PILORI : flétrir, signaler à l'indignation/ au mépris/ à la vindicte
◊ CONTR. → PINACLE

PILOSISME n.m. hirsutisme

PILOSITÉ n.f. barbe, chevelure, cheveux, poils, pubescence, villosité → MOUSTACHE
◊ CONTR. → CALVITIE

PILOT IN COMMAND (P.I.C.) aviat. off. : commandant de bord

PILOTAGE n.m. conduite, direction, guidage, lamanage, navigation, téléguidage

PILOTE I. au pr. : barreur, capitaine au long cours, homme de barre, lamaneur, locman, nautonier, nocher, skipper, timonier II. par ext. : conducteur, directeur, guide, mentor, responsable

PILOTER I. → CONDUIRE II. → DIRIGER

PILOTIS n.m. → PIEU

PILULE n.f. I. au pr. : bol, boule, boulette, dragée, globule, grain, granule, granulé, ovule II. cachet, comprimé, gélule, implant, linguette, pellet III. désagrément, échec, mortification

PIMBÊCHE n.f. bêcheuse, caillette, chichiteuse, coquette, chipie, mijaurée, pécore, perruche, pie-grèche, pimpesouée (vx)
◊ CONTR. : femme/ fille → AIMABLE

PIMENT n.m. I. au pr. : aromate, assaisonnement, chile, langue d'oiseau, paprika, poivron II. par ext. 1. intérêt, saveur, sel 2. charme, chien, sex-appeal
◊ CONTR. → FADEUR

PIMENTÉ, E → OBSCÈNE

PIMENTER I. au pr. : assaisonner, épicer, relever II. fig. : agrémenter, ajouter, charger
◊ CONTR. → AFFADIR

PIMPANT, E I. → ALERTE II. → JUVÉNILE III. → ÉLÉGANT

PINACLE n.m. I. apogée, comble, faîte, haut, sommet II. PORTER AU PINACLE → LOUER
◊ CONTR. I. → DÉCHÉANCE II. → PILORI

PINACOTHÈQUE n.f. collection, galerie, musée

PINAILLAGE n.m. → ARGUTIE

PINAILLER chercher la petite bête, ergoter, pignocher, ratiociner
◊ CONTR. → EFFLEURER

PINARD n.m. → VIN

PINCE n.f. I. 1. barre à mine, levier, pied-de-biche, rossignol 2. bec de corbeau/ corbin → TENAILLES 3. chir. : clamp, davier, forceps 4. bercelle, brucelles 5. fichoir 6. arg. : dingue, jacque, plume II. fronce, pli III. → PATTE

PINCÉ, E par ext. I. → ÉTUDIÉ II. → MINCE

PINCEAU n.m. I. au pr. : blaireau, brosse, pied-de-biche, queue-de-morue, veinette II. par ext. 1. → TOUFFE 2. → STYLE

PINCÉE n.f. → QUANTITÉ

PINCE-FESSES n.m. → BAL

PINCE-NEZ n.m. besicle, binocle, lorgnon

PINCER I. au pr. → PRESSER II. par ext. → PIQUER III. fig. → PRENDRE

PINCE-SANS-RIRE n. invar. → PLAISANT

PINCETTE n.f. I. au sing. : pince, tenaille II. au pl. → PIQUE-FEU

PINÇON n.m. marque, pinçure (vx)

PINDARIQUE ampoulé, emphatique
◊ CONTR. → LACONIQUE

PINÈDE n.f. bois/ forêt/ plantation de pins, pignada, pignade, pineraie, pinière

PINGOUIN n.m. adélie, alca, gorfou, guillemot, macareux, manchot, marnette, mergule, sphénisque

PING-PONG n.m. tennis de table

PINGRE nom et adj. → AVARE

PINGRERIE n.f. → AVARICE

PINPOINT aviat. off. : point/ position identifié(e)

PINTE n.f. chope, chopine, demi, fillette, roquille, setier

PINTER v. tr. et intr. boire, s'imbiber, ingurgiter, picoler, pomper, téter → BOIRE, ENIVRER (s')

PIN-UP n.f. → COVER-GIRL

PIOCHAGE n.m. → TRAVAIL

PIOCHE n.f. bigorne, bigot, houe, pic, piémontaise, piolet, rivelaine

PIOCHER I. au pr. : creuser, fouiller, fouir II. fig. 1. besogner, bûcher, chiader (fam.), étudier, peiner, travailler 2. → PRENDRE

PIOCHON n.m. I. → CISEAU II. → MARTEAU III. → PIEU

PION, NE → SURVEILLANT

PIONCER → DORMIR

PIONNIER n.m. bâtisseur, colon, créateur, découvreur, défricheur, inaugurateur, inventeur, promoteur, protagoniste, squatter

PIOT n.m. → VIN

PIPE n.f. bouffarde, brûle-gueule, cachotte, calumet, chibouque, cigarette (par ext. arg.), houka, jacob, kalioun, narguilé

PIPEAU n.m. **I.** → FLÛTE **II.** → PIÈGE

PIPELET, TE → PORTIER

PIPE-LINE n.m. canal, canalisation, conduite, oléoduc, tube, tuyau

PIPER I. v. intr. 1. au pr. : crier, frouer, glousser, pépier, piauler **2. NE PAS PIPER** → TAIRE (SE) **II. v. tr.** : attraper, leurrer, prendre, séduire, tromper, truquer

◇ CONTR. : être → HONNÊTE

PIPERIE n.f. duperie, fourberie, leurre, perfidie, tromperie, truquage → PIÈGE

◇ CONTR. → HONNÊTETÉ

PIPETTE n.f. compte-gouttes, tâte-vin

PIPEUR, EUSE, ERESSE filou, fourbe, tricheur → VOLEUR

PIPI n.m. → URINE

PIPI ou **PIPIT** ou **PITPIT** n.m. farlouse → PASSEREAU

PIQUANT n.m. **I. au pr.** : aiguille, aiguillon, ardillon, épine, pointe → PIQUE **II. par ext. 1. de quelqu'un** : agrément, beauté, charme, enjouement, finesse, sex-appeal **2. de quelque chose** : acutesse (vx), assaisonnement, condiment, intérêt, mordant, pittoresque, sel → SAVEUR

◇ CONTR. → FADEUR

PIQUANT, E I. au pr. : acéré, perforant, pointu **II. fig. 1. un froid** → VIF **2. un propos** : acerbe, acide, aigre, amer, caustique, malicieux, moqueur, mordant, satirique, vexant **3. une douleur** : aigu, cuisant, douloureux, lancinant, poignant, térébrant, urticant **4. vx** : mordicant **5. fav.** : agréable, amusant, beau, bon, charmant, curieux, enjoué, excitant, fin, inattendu, intéressant, joli, mutin, plaisant, pittoresque, spirituel, vif

◇ CONTR. → FADE

PIQUE n.f. **I. au pr.** : angon, dard, esponton, foëne, hallebarde, lance, pertuisane, pigouille (rég.) **II. par ext.** : aigreur, allusion, blessure, brouille, brouillerie, dépit, épine, invective, méchanceté, mésintelligence, mot, parole, piquant

PIQUÉ, E I. entamé, mangé aux vers, percé, picoté, piqueté, rongé, troué, vermoulu **II.** vexé **III.** acide, aigre, corrompu, gâté, tourné **IV.** cinglé, dérangé, fou, timbré, toqué

◇ CONTR. **I.** en bon état **II.** → BON **III.** → RAISONNABLE

PIQUE-ASSIETTE n. invar. cherche-midi (vx), écornifleur, écumeur de tables, parasite, pilon

◇ CONTR. → DISCRET

PIQUE-FEU n.m. invar. badines, crochet, fourgon, pincettes, râble, ringard, rouable, tisonnier

PIQUE-NIQUE n.m. déjeuner/ repas en plein air/ sur l'herbe, partie de campagne, surprise-partie

PIQUE-NIQUER fam. : saucissonner

PIQUER I. au pr. : aiguillonner, banderiller, darder, enfoncer, éperonner, larder, percer **II. par ext. 1.** attaquer, mordre, poindre, ronger, trouer **2. méd.** : immuniser, vacciner **3.** moucheter, parsemer, piqueter, tacheter **4.** attacher, capitonner, contrepointer, coudre, épingler, faufiler, fixer **5.** brûler, cuire, démanger, gratter, picoter, pincer, poindre (vx), saisir **III. fig. 1. non fav.** : agacer, aigrir, blesser, critiquer, égratigner, ennuyer, fâcher, froisser, irriter, offenser, taquiner, vexer **2. fav.** : chatouiller, époinçonner (vx), éveiller, exciter, impressionner, intéresser, intriguer **IV. fam. 1.** → VOLER **2. piquer un coupable** : coincer, cueillir, pincer, prendre, saisir → ARRÊTER **V. PIQUER DES DEUX** : aller, s'élancer, foncer **VI. v. pron. 1.** → POURRIR **2.** se fâcher, se formaliser, se froisser, s'offenser, s'offusquer, prendre la mouche, se vexer **3.** s'opiniâtrer, prendre à cœur/ au sérieux **4.** affecter, se glorifier de, prétendre, se vanter

◇ CONTR. → CALMER

PIQUET n.m. **I.** → PIEU **II.** garde

PIQUETÉ, E marqueté, piqué, tacheté

◇ CONTR. : monochrome, uni

PIQUETER I. borner, jalonner, marquer, tracer **II.** → PIQUER

PIQUETTE n.f. **I. au pr.** : boisson, boite, buvande, criquet, halbi, kéfir, poiré **II. non fav.** : bibine, atteindre, petite bière, vinasse **III. fig. fam.** : déculottée, dérouillée, frottée, leçon, pile, rossée, rouste, volée

PIQÛRE n.f. **I.** → PICOTEMENT **II. méd.** : infiltration, injection, inoculation

PIRATE n.m. **I. au pr.** : boucanier, corsaire, écumeur, flibustier, forban **II. fig.** : bandit, escroc, filou, requin → VOLEUR

PIRATER I. au pr. → PILLER **II.** → IMITER

PIRATERIE n.f. **I.** détournement d'avion, flibuste **II.** → VOL

PIRE n.m. et adj. pis, plus mal/ mauvais et les syn. de mauvais

◇ CONTR. → MEILLEUR

PIROGUE n.f. canoë, canot, embarcation, pinasse, yole → BATEAU

PIROUETTE n.f. **I. au pr.** : moulinet, toton, toupie **II. par ext.** : acrobatie, cabriole, galipette, saut, saut périlleux, virevouste (vx)

III. fig. : faux-semblant, retournement, revirement, tour de passe-passe, volte-face → CHANGEMENT

PIROUETTER → TOURNER

PIS adv. → PIRE

PIS n.m. mamelle, tétine

PISCICULTURE n.f. alevinage, aquiculture, mytiliculture, ostréiculture

PISCINE n.f. baignoire, bain, bassin, pièce d'eau, réservoir, thermes

PISSE n.f. eau, urine, pipi, pissat

PISSENLIT n.m. dent-de-lion, fausse chicorée

PISSER I. v. intr. 1. au pr. : → URINER **2. par ext.** : couler, fuir, suinter **II. v. tr. 1. au pr.** : évacuer, faire, perdre **2. fig.** : compiler, produire, rédiger

PISSOTIÈRE n.f. → URINOIR

PISTE n.f. **I.** → TRACE **II.** → SENTIER **III.** → CHEMIN **IV. aviat.** : chemin de roulement, taxiway

PISTER dépister, épier, filer, guetter, prendre en chasse/ filature, rechercher, suivre, surveiller

◇ CONTR. → ABANDONNER

PISTOLET n.m. **I.** arme, bidet (vx), browning, colt, parabellum, revolver **II. arg.** : arquebuse, artillerie, bouledogue, calibre, clarinette, feu, flingot, flingue, pétard, pétoire, poinçonneuse, riboustin, rigolo, seringue, soufflant, sulfateuse **III.** → TYPE

PISTON n.m. **fig.** : appui, coup de brosse/ de pinceau/ de pouce, intervention, parrainage, patronage, protection, recommandation, soutien

PISTONNER appuyer, intervenir, parrainer, patronner, pousser, protéger, recommander, soutenir

◇ CONTR. → ABANDONNER

PITANCE n.f. casse-croûte, nourriture, pâtée, rata, ration, subsistance

PITCH I. aviat. off. 1. pas **2.** tangage **II. 1. PITCH DAMPER** : amortisseur de tangage **2. PITCH REVERSING** : inversion de pas **3. PITCH UP** : autocabrage

PITEUSEMENT → PITOYABLEMENT

PITEUX, EUSE → PITOYABLE

PITIÉ n.f. **I. fav. ou neutre** : apitoiement, attendrissement, bonté, charité, cœur, commisération, compassion, compréhension, humanité, indulgence, mansuétude, miséricorde, sensibilité, sympathie **II. par ext.** : grâce, merci **III. non fav.** : dédain, mépris

◇ CONTR. **I.** → DURETÉ **II.** → INHUMANITÉ

PITON n.m. **I. au pr.** : aiguille, éminence, pic, sommet **II. fam.** → NEZ

PITOYABLE I. fav. : compatissant, généreux, humain, indulgent, miséricordieux → BON **II. non fav.** : catastrophique, décourageant, déplorable, douloureux, funeste, lamentable, mal, malheureux, mauvais, médiocre, méprisable, minable, misérable, moche, navrant, pauvre, pénible, piteux, triste **III. par ext.** : attendrissant, émouvant, flébile (vx), larmoyant

◇ CONTR. **I.** → DUR **II.** → SOUHAITABLE **III.** → HEUREUX

PITOYABLEMENT de façon → PITOYABLE *et les dérivés possibles en* -ment *des syn. de* pitoyable

PITRE n.m. acrobate, baladin, bateleur, bouffon, clown, comédien, comique, escamoteur, gugus, jocrisse, matassin, paillasse, pasquin, plaisant, rigolo, saltimbanque, singe, turlupin, zig, zigomard, zigoto, zouave

◇ CONTR. → RABAT-JOIE

PITRERIE n.f. acrobatie, bouffonnerie, clownerie, comédie, facétie, grimace, joyeuseté, pasquinade, plaisanterie, singerie, sottise, tour, turlupinade

◇ CONTR. **I.** → GRAVITÉ **II.** → CÉRÉMONIE

PITTORESQUE I. adj. par ext. : accidenté, beau, captivant, charmant, coloré, enchanteur, folklorique, intéressant, original, piquant, touristique, typique **II. n.m.** : caractère, coloris, couleur locale, folklore, originalité

◇ CONTR. → COMMUN

PITTORESQUEMENT de façon → PITTORESQUE *et les dérivés possibles en* -ment *des syn. de* pittoresque

PITUITAIRE → CACOCHYME

PIVERT n.m. → PIC

PIVOT n.m. **I. au pr.** : axe, tourillon **II. par ext.** : appui, base, centre, origine, racine, soutien, support **III. fig.** : cheville ouvrière, instigateur, organisateur, responsable

◇ CONTR. **I.** circonférence, extérieur **II.** → AGENT

PIVOTER → TOURNER

PLACAGE n.m. **I. l'action de plaquer** : application, garnissage, revêtement **II. le matériau** : garniture, revêtement **III. fig.** → ABANDON

PLACARD n.m. **I.** armoire, bouche-trou, buffet, penderie **II.** affiche, avis, dazibao, écriteau, feuille, libelle, pancarte

PLACARDER → AFFICHER

PLACE n.f. **I.** agora, aître (vx), esplanade, forum, parvis, piazzetta, placette, rond-point, square **II. milit.** : citadelle, forteresse **III.** emplacement, endroit, espace, lieu, terrain **IV.** charge, condition, dignité, emploi, fonction, métier, position, poste, rang, situation **V.** agencement, arrangement, installation **VI.** étiquette, protocole **VII.** fauteuil, siège

PLACEMENT n.m. **I.** investissement, mise de fonds **II.** internement

◇ CONTR. → VENTE

PLACENTA n.m. arrière-faix, cotylédon, délivrance, délivre

PLACER I. au pr. : abouter, adosser, agencer, ajuster, aposter, appliquer, arranger, asseoir, bouter, camper, caser, charger, classer, cloquer (arg.), colloquer (vx), coucher, déposer, disposer, dresser, échelonner, élever, ériger, établir, exposer, ficher, fixer, flanquer, fourrer, installer, interposer, localiser, loger, mettre, nicher, ordonner, planter, poser, punaiser, ranger, remiser, serrer, situer, zoner **II. par ext. 1. quelqu'un dans un emploi, à un rang :** attacher à, caser, constituer, instituer, mettre → PRÉPOSER **2. quelque chose à une fonction :** assigner, fonder **3. de l'argent :** investir, mettre, prêter, risquer **4.** → VENDRE

◇ CONTR. → DÉPLACER

PLACET n.m. → REQUÊTE

PLACEUR, EUSE → PLACIER

PLACIDE calme, décontracté, doux, flegmatique, froid, imperturbable, indifférent, modéré, pacifique, paisible, quiet, serein, tranquille

◇ CONTR. **I.** → IMPÉTUEUX **II.** → COLÈRE (adj.) **III.** → INQUIET

PLACIDEMENT avec → PLACIDITÉ, de façon → PLACIDE *et les dérivés possibles en* -ment *des syn. de* placide

PLACIDITÉ n.f. calme, douceur, flegme, froideur, indifférence, modération, quiétude, sang-froid, sérénité

◇ CONTR. **I.** → ÉMOTION **II.** → COLÈRE (NOM) **III.** → INQUIÉTUDE

PLACIER, ÈRE commis voyageur, courtier, démarcheur, démonstrateur, placeur, représentant, vendeur, voyageur

PLAFOND n.m. **I. au pr. et vx :** plancher **II. par ext. :** caisson, lambris, soffite, solive, voûte

◇ CONTR. → PLANCHER

PLAFONNEMENT n.m. → RÉDUCTION

PLAFONNER I. v. tr. : garnir **II. v. intr. :** atteindre la limite, culminer, marquer le pas → RÉDUIRE

◇ CONTR. → PARTIR

PLAGE n.f. bain/ bord de mer, côte, grève – vx : marine, poulier

PLAGIAIRE n.m. et f. compilateur, contrefacteur, copiste, écumeur, imitateur, larron, pillard, pilleur, usurpateur

◇ CONTR. → BÂTISSEUR

PLAGIAT n.m. calque, compilation, contrefaçon, copie, démarquage, emprunt, imitation, larcin, pastiche, pillage, usurpation

◇ CONTR. : création, original, princeps

PLAGIER → IMITER

PLAID n.m. couverture, poncho, tartan

PLAIDER I. v. intr. : défendre/ introduire une cause/ une instance/ une procédure/ un procès, intenter un procès, patrociner (vx) **II. v. tr. :** défendre, soutenir

◇ CONTR. **I.** → CHARGER **II.** → BLÂMER

PLAIDEUR, EUSE accusateur, chicaneur (péj.), colitigant, contestant, défenseur, demandeur, partie, plaignant

PLAIDOIRIE n.f. action, défense, plaid (vx), plaidoyer

◇ CONTR. **I.** → ACCUSATION **II.** → RÉQUISITOIRE

PLAIDOYER n.m. apologie, défense, éloge, justification → PLAIDOIRIE

PLAIE n.f. **I.** ulcération → BLESSURE **II.** → CALAMITÉ

PLAIGNANT, E → PLAIDEUR

PLAIN, E → ÉGAL

PLAINDRE I. au pr. : s'apitoyer, s'attendrir, compatir, condouloir (vx), prendre en pitié **II. par ext.** → REGRETTER **III. v. pron. 1.** → GÉMIR **2.** → INCULPER

◇ CONTR. **I.** → CHARGER **II.** → ENVIER **III.** → SATISFAIRE (SE)

PLAINE n.f. bassin, campagne, champ, champagne, étendue, nappe, pampa, pénéplaine, rase campagne, steppe, surface, toundra, vallée

◇ CONTR. : montagne, plateau

PLAINTE n.f. **I.** → GÉMISSEMENT **II.** → REPROCHE **III. PORTER PLAINTE** → INCULPER

PLAINTIF, IVE dolent, geignant, geignard, gémissant, lamentable (vx), larmoyant, plaignard, pleurard, pleurnichant, pleurnichard, pleurnicheur

◇ CONTR. **I.** → GAI **II.** → SATISFAIT

PLAINTIVEMENT de façon → PLAINTIF *et les dérivés possibles en* -ment *des syn. de* plaintif

PLAIRE I. aller, agréer, attirer, botter, captiver, chanter, charmer, chatouiller, complaire, contenter, convenir, dire, enchanter, exciter, faire plaisir, fasciner, flatter, gagner, intéresser, parler, ravir, réjouir, revenir, satisfaire, séduire, seoir, sourire – fam. : avoir un ticket/ une touche, taper dans l'œil **II. vx :** chaffrioler, duire, emparadiser **III. v. pron. :** aimer, s'amuser, s'appliquer, s'assortir, se complaire, se délecter, se divertir, se donner, être à l'aise, goûter, s'intéresser, se trouver bien *et les formes pron. possibles des syn. de* plaire

◇ CONTR. **I.** → DÉPLAIRE **II.** → AGACER

PLAISAMMENT I. bizarrement, comiquement, drôlement **II.** *les dérivés possibles en* -ment *des syn. de* plaisant

◇ CONTR. → SÉRIEUSEMENT

PLAISANCE n.f. agrément, amusement, divertissement, loisir, luxe, plaisir

◇ CONTR. → TRAVAIL

PLAISANT, E I. adj.: 1. agréable, aimable, amusant, attirant, attrayant, badin, beau, bon, captivant, charmant, comique, curieux, divertissant, drôle, engageant, excitant, facétieux, folâtre, enchanteur, gai, gentil, goguenard, gracieux, humoristique, intéressant, joli, joyeux, léger, piquant, récréatif, séduisant, spirituel, sympathique → RISIBLE **2. fam.:** folichon, jouasse, jouissif, rigolo **3. vx:** chaffriolant, falot **II. nom:** 1. baladin, blagueur, bon vivant, bouffon, boute-en-train, clown, comique, facétieux, farceur, fumiste, gaillard, histrion, humoriste, impertinent, loustic, moqueur, pasquin, pince-sans-rire, pitre, plaisantin, polichinelle, railleur, ridicule, rigolard, rigolo, saltimbanque, turlupin, zigoto **2. vx:** bouffonneur, quolibetier

◇ CONTR. **I.** → DÉPLAISANT **II.** → SÉRIEUX

PLAISANTER I. v. intr.: s'amuser, badiner, baliverner, batifoler, blaguer, bouffonner, caviller (vx), chiquenauder, folâtrer, se gausser, goguenarder, mentir, rire – **fam.:** charrier, galéjer, gaminer, rigoler, vanner **II. v. tr.:** asticoter (fam.), blaguer, charrier, chiner, se moquer, railler, taquiner, tourner en ridicule, turlupiner

◇ CONTR.: être → SÉRIEUX

PLAISANTERIE n.f. **I.** amusoire, astuce, attrape, badinage, badinerie, bagatelle, bateau, bêtise, blague, bon mot, bouffonnerie, bourde, boutade, calembour, calembredaine, canular, charge, clownerie, comédie, couillonnade (mérid.), espièglerie, facétie, farce, fumisterie, gaillardise, galéjade, gaminerie, gaudriole (fam.), gauloiserie, gausse, gausserie, gentillesse, goguenardise, gouaillerie, hâblerie, histoire drôle, humour, jeu, jouasserie, joyeuseté, lazzi, malice, moquerie, mot d'esprit/ pour rire, mystification, niche, pasquinade, pièce, pirouette, pitrerie, pointe, poisson d'avril, quolibet, raillerie, risée, rocambole, saillie, satire, taquinerie, tour, trait, turlupinade, vanne (arg.), zwanze (belgianisme) → OBSCÉNITÉ **II. vx:** baladinage, chiquenaude, drôlerie, égrillardise, lardon, mièvreté, postiquerie, ricantaine, truffe *ou* trufle

◇ CONTR. **I.** quelque chose de → SÉRIEUX **II.** lourderie, lourdeur

PLAISANTIN n.m. → PLAISANT

PLAISIR n.m. **I. au pr. 1.** agrément, aise, amusement, béatitude, bien-être, blandices (litt.), bonheur, charme, complaisance, contentement, délectation, délices, distraction, divertissement, ébats, épicurisme, euphorie, félicité, gaieté, hédonisme, jeu, joie, jouissance, oaristys (litt.), passe-temps, récréation, régal, réjouissance, satisfaction → VOLUPTÉ **2.** assouvissement, concupiscence, lascivité, libido, luxure, orgasme, sensualité **3. vx:** conjouissance, plaisance, soulas **4. arg.:** fade, panard, pied, pinglot, taf → JOUIR **5. par ext.** → BIENFAIT **II. 1. FAIRE LE PLAISIR DE:** amitié, faveur, grâce, service **2. PRENDRE PLAISIR À** → AIMER **3. FAIRE PLAISIR À** → SATISFAIRE

◇ CONTR. **I.** → CHAGRIN **II.** → DOULEUR **III.** → ENNUI

PLAN n.m. **I.** hauteur, niveau, perspective **II.** algorithme, canevas, carte, carton, coupe, crayon, croquis, dessin, diagramme, ébauche, élévation, épure, esquisse, iconographie, levé, maquette, modèle, organigramme, schéma (directeur), schème, topo **III.** batterie, calcul, combinaison, combination (vx), dessein, disposition, entreprise, idée, martingale, organisation, planning, programme, stratégie, tactique → PROJET **IV.** cadre, carcasse, charpente, économie, ordre, squelelette **V. d'un avion:** aile, empennage, voilure

◇ CONTR. **I.** → PRODUCTION **II.** → BÂTIMENT

PLAN, E aplani, égal, nivelé, plat, uni

◇ CONTR. → GAUCHE

PLANCHE n.f. **I. au pr.:** ais, ancelle, bardeau, chanlatte, dosse, douelle, douve, douvelle, latte, madrier, palplanche, parquet, planchette, sapine, sole, tavaillon, volige – **mar.:** traversine, vaigre **II. par ext. 1.** → IMAGE **2. au pl.:** balle, scène, spectacle, théâtre, tréteaux **3.** corbeille, massif, parterre, plate-bande

PLANCHER n.m. **I. au pr.:** parquet, plafond (vx) **II. par ext.:** échafaud, échafaudage, estrade, plate-forme, platelage

◇ CONTR. → PLAFOND

PLANCHETTE n.f. **I.** → TABLETTE **II. à repasser:** jeannette

PLANER I. au pr. → VOLER **II. fig.:** superviser, survoler, voir

◇ CONTR. → PINAILLER

PLANÉTARIUM n.m. astrodôme

PLANÈTE n.f. astéroïde, astre, étoile, planétoïde, satellite

PLANEUR n.m. → AÉRODYNE

PLANIFICATION n.f. → PROGRAMME

PLANIFIER calculer, diriger, établir, faire des calculs/ projets, orchestrer, organiser, prévoir, projeter, tirer des plans
◈ CONTR. : aller au → HASARD

PLANIGRAMME n.m. → PROGRAMME

PLANISPHÈRE n.m. géorama, mappemonde, mercator, projection plane → CARTE

PLANNING n.m. **I.** off.: planification, planigramme → PROGRAMME **II. PLANNING FAMILIAL** : birth control – off.: contrôle/ régulation des naissances

PLANQUE n.f. **I.** → CACHETTE **II.** → COMBINE

PLANQUER → CACHER

PLANT n.m. **I.** → TIGE **II.** → PLANTATION

PLANTATION n.f. **I. l'action** : boisement, peuplement, plantage (vx), reboisement, repiquage **II. le lieu** : amandaie, bananeraie, boulaie, buissaie, caféière, cannaie, câprière, cerisaie, charmille, charmoie (vx), châtaigneraie, chênaie, cotonnerie, coudraie, figuerie, fraisière, frênaie, hêtraie, mûreraie, noiseraie, olivaie, oliveraie, olivette, orangerie, ormaie, oseraie, palmeraie, peupleraie, pignada, pignade, pinède, platanaie, poivrière, pommeraie, potager, prunelaie, roseraie, safranière, sapinière, saulaie, tremblaie, vanillerie, verger, vigne, vignoble

PLANTE n.f. **I.** arbre, arbuste, céréale, graminée, herbe, légumineuse, liane, simple, végétal **II. du pied** : dessous, semelle (sports), sole

PLANTER I. au pr. : boiser, cultiver, ensemencer, peupler, reboiser, repeupler, repiquer, semer **II. par ext. 1.** enfoncer, faire entrer, ficher, fixer, implanter, introduire, mettre, tanquer (rég.) **2.** aposter, arborer, camper, dresser, élever, poser **III. PLANTER LÀ** : abandonner, laisser, plaquer, quitter **IV. v. pron.** : s'arrêter, se dresser, se poster
◈ CONTR. **I.** → DÉRACINER **II.** → RECUEILLIR **III.** → ÉTENDRE

PLANTOIR n.m. taravelle (rég.)

PLANTON n.m. ordonnance, sentinelle, soldat

PLANTUREUSEMENT de façon → PLANTUREUX *et les dérivés possibles en* -ment *des syn. de* plantureux

PLANTUREUX, EUSE abondant, copieux, corsé, dodu, fécond, fertile, gras, luxuriant, opulent, prospère, riche
◈ CONTR. **I.** → PAUVRE **II.** → STÉRILE **III.** → SOBRE

PLAQUAGE n.m. → ABANDON

PLAQUE n.f. **I.** crapaudine, contrecœur, contre-feu **II.** → LAME **III.** → INSCRIPTION

PLAQUER I. au pr. : aplatir, appliquer, coller, contre-plaquer **II. fam.** : abandonner, balancer, lâcher, laisser choir/ tomber, planter là, quitter
◈ CONTR. **I.** → SÉPARER **II.** → RETROUVER

PLAQUETTE n.f. brochure, livraison, livret, revue

PLASMA n.m. sérum → SANG

PLASTIC n.m. → EXPLOSIF

PLASTICITÉ n.f. **I. de quelque chose** : malléabilité, mollesse, souplesse **II. de quelqu'un** : OBÉISSANCE
◈ CONTR. → RIGIDITÉ

PLASTIQUE I. nom masc : forme, modelage, modelé, sculpture, statuaire **II. adj.** : flexible, malléable, mou, sculptural
◈ CONTR. → RIGIDE

PLASTRONNER → POSER

PLASTRONNEUR n.m. → ORGUEILLEUX

PLAT n.m. **I.** mets, morceau, pièce, spécialité, tian (mérid.) **II.** compotier, légumier, ravier, vaisselle

PLAT, E I. au pr. 1. égal, monotone, plain, ras, uni **2.** aplati, camard, camus, dégonflé, écaché, mince **II. fig. 1.** décoloré, fade, froid, médiocre, mesquin, pauvre, uniforme → BANAL **2.** bas, servile, vil
◈ CONTR. **I.** → BOMBÉ **II.** → CREUX **III.** → ACCIDENTÉ **IV.** → REMARQUABLE

PLATEAU n.m. **I. par ext.** : planches, scène, théâtre, tréteaux **II. géogr.** : causse, fjeld, gour, hamada, meseta
◈ CONTR. **I.** salle **II.** → PLAINE

PLATE-BANDE n.f. ados, corbeille, massif, parterre, planche

PLATE-FORME n.f. **I. au pr.** : balcon, belvédère, échafaud, estrade, étage, galerie, hune (mar.), palier, plancher, terrasse **II. milit.** : aire, banquette, barbette, dispersal (aviat.) **III. par ext.** : plateau, wagon plat **IV. fig.** → PROGRAMME

PLATEMENT I. de façon → PLAT **II.** avec → PLATITUDE

PLATFORM spat. off. : plate-forme, vecteur

PLATITUDE n.f. **I. de quelqu'un** : aplatissement, avilissement, bassesse, courbette, grossièreté, humilité, insipidité, obséquiosité, petitesse, sottise, vilenie **II. de quelque chose** : fadaise, fadeur, lieu commun, médiocrité, platise (vx), platusserie, poncivité, prosaïsme, truisme → BANALITÉ
◈ CONTR. **I.** → SAVEUR **II.** → ESPRIT **III.** → ÉLÉVATION

PLATONICIEN, NE essentialiste, idéaliste
◈ CONTR. : pyrrhonien

PLATONIQUE I. au pr. → PLATONICIEN **II. par ext.** : chaste, éthéré, formel, idéal, pur, théorique

◇ CONTR. **I.** → PROSAÏQUE **II.** → CHARNEL

PLATONIQUEMENT de façon → PLATO-NIQUE *et les dérivés possibles en* -ment *des* syn. *de* platonique

PLATONISME n.m. essentialisme, idéalisme

◇ CONTR. → PYRRHONISME

PLÂTRAS n.m. débris, décharge, décombres, gravats

PLÂTRÉ, E artificiel, couvert, déguisé, dissimulé, fardé, faux, feint, simulé

PLÂTRER I. au pr. : couvrir, enduire, garnir, pastisser (mérid.), sceller **II. agr.** : amender **III. fig.** → DÉGUISER **IV. v. pron.** → FARDER (SE)

PLAUSIBILITÉ n.f. acceptabilité, admissibilité, apparence, possibilité, probabilité, recevabilité, vraisemblance

◇ CONTR. → INVRAISEMBLANCE

PLAUSIBLE acceptable, admissible, apparent, concevable, crédible, croyable, pensable, possible, probable, recevable, vraisemblable

◇ CONTR. → INVRAISEMBLABLE

PLAUSIBLEMENT de façon → PLAUSIBLE *et les dérivés possibles en* -ment *des* syn. *de* plausible

PLAY-BACK n.m. off. **1. audiov.** : présonorisation **2. géophysique** : rejeu

PLAY-BOY n.m. → AMANT

PLÈBE n.f. **I. au pr.** : foule, peuple, population, prolétariat **II. non fav.** : populace, populo, racaille

PLÉBÉIEN, NE I. nom → PROLÉTAIRE **II. adj.** : ordinaire, populaire

◇ CONTR. → NOBLE

PLÉBISCITE n.m. appel au peuple/ à l'opinion publique, consultation populaire, référendum, vote

PLÉBISCITER I. → CHOISIR **II.** → CONFIRMER

PLECTRE n.m. médiator

PLÉIADE n.f. **I.** astérisme, constellation **II. par ext.** : foule, grand nombre, groupe, multitude, phalange

◇ CONTR. : groupuscule, quarteron

PLEIN, E I. au pr. 1. bondé, bourré, chargé, comble, complet, couvert, débordant, farci, occupé, ras, rempli, saturé **2.** peuplé, surpeuplé **II. par ext. 1.** abondant, ample, arrondi, dense, dodu, étoffé, gras, gros, massif, plantureux, potelé, rebondi, replet, rond **2.** empreint de, respirant **3. au fém.** : gravide **4. le poisson** : œuvé, rogué **III. non fav. 1.** → IVRE **2. plein de soi** : bouffi, égoïste, enflé, enivré, in-

fatué, ivre de, orgueilleux **3.** bourré, gavé, regorgeant, repu **IV.** entier, total, tout

◇ CONTR. **I.** → VIDE **II.** → IMPARFAIT **III.** → AJOURÉ **IV.** → JEUN (À)

PLEINEMENT I. absolument, beaucoup, tout à fait, très *et les adv. en* -ment *dérivés des* syn. *de* plein **II.** → COMPLÈTEMENT

◇ CONTR. → IMPARFAITEMENT

PLÉNIER, ÈRE complet, entier, total

◇ CONTR. → PARTIEL

PLÉNIPOTENTIAIRE nom et adj. → AMBASSADEUR

PLÉNITUDE n.f. **I.** abondance, ampleur, contentement, intégrité, satiété, satisfaction, saturation, vastitude → TOTALITÉ **II.** âge mûr, épanouissement, force de l'âge, maturité

◇ CONTR. → VIDE

PLÉONASME n.m. battologie, cheville, datisme, périssologie, redondance, répétition, tautologie

◇ CONTR. → CONCISION

PLÉTHORE n.f. abondance, engorgement, excès, réplétion, saturation, surabondance, suralimentaton, surplus

◇ CONTR. → DISETTE

PLÉTHORIQUE I. → ABONDANT **II.** → REPU

PLEUR n.m. **I.** → LARME **II.** → PLEURS

PLEURANT, E et **PLEURARD, E** → PLEUREUR

PLEURER I. v. intr. 1. gémir, répandre/ verser des larmes, sangloter **2. fam. ou rég.** : brailler, braire, chialer, chigner, crier, hurler, larmoyer, miter, pincher, pleurnicher, vagir, viper (vx), zerver **3. fig.** : s'apitoyer, se lamenter **II. v. tr.** : déplorer, plaindre, regretter

◇ CONTR. **I.** → RÉJOUIR (SE) **II.** → RIRE

PLEUREUR, EUSE braillard (péj.), chagrin, geignant, geignard, gémissant, larmoyant, pleurant, pleurard, pleurnichant, pleurnichard, pleurnicheur, vagissant

◇ CONTR. → RIEUR

PLEURS n.m. pl. cris, gémissements, hurlements, lamentations, plaintes, sanglotement, sanglots, vagissements → LARME

◇ CONTR. **I.** → GAIETÉ **II.** → PLAISIR **III.** → RIRE

PLEUTRE → LÂCHE

PLEUVOIR I. au pr. : bruiner, couler, pleuvasser, pleuviner, pleuvoter, pluviner, tomber – **fam** : crachiner, crachoter, crachouiller, dégringoler, flotter, lancequiner, pisser, vaser **II. fig.** : abonder, pulluler

◇ CONTR. : faire beau

PLI n.m. **I. au pr.** : bouillon, couture, froissure, fronce, froncis, godage, godet, godron, ourlet, pince, rabat, relevé, rempli, repli, retroussis, troussis **II. par ext. 1. de terrain :** accident, anticlinal, arête, cuvette, dépression, dôme, éminence, plissement, ridement, sinuosité, synclinal, thalweg **2. du corps :** bourrelet, commissure, corrugation, fanon, froncement, pliure, poche, repli, ride, saignée, vergeture, vibice **III. fig. 1.** → LETTRE **2.** → HABITUDE

PLIABLE I. au pr. : flexible, pliant, souple **II. fig.** → PLIANT

PLIANT, E accommodant, complaisant, docile, facile, faible (péj.), flexible, malléable, maniable, mou, obéissant, souple
◇ CONTR. → RIGIDE

PLIE n.f. carrelet, hirondelle de mer → POISSON

PLIER I. v. tr. 1. au pr. quelque chose : abaisser, arquer, corner, couder, courber, doubler, enrouler, fausser, fermer, fléchir, infléchir, lover, plisser, ployer, recourber, rouler, tordre **2. mar. :** carguer, ferler, gléner **3. fig. quelqu'un :** accoutumer, assouplir, assujettir, discipliner, dompter, enchaîner, exercer, façonner, opprimer **II. v. intr. :** abandonner, s'affaisser, céder, faiblir, fléchir, lâcher, mollir, reculer, renoncer **III. v. pron. :** s'abaisser, abdiquer, s'accommoder, s'adapter, s'assujettir, céder, se conformer, se courber, se former, s'habituer, s'incliner, se prêter, se rendre, se résigner, se soumettre
◇ CONTR. **I.** → ÉTENDRE **II.** → RÉSISTER

PLINTHE n.f. → MOULURE

PLISSÉ, E I. quelque chose. 1. neutre : connivent (anat. et bot.), doublé, fraisé, froncé, godronné, ondulé, plié, ruché **2. non fav. :** chiffonné, fripé, froissé **II. la peau :** froncé, grimaçant, grippé (méd.), parcheminé, raviné, ridé
◇ CONTR. : droit, lisse, plat, uni

PLISSEMENT n.m. → PLI

PLISSER I. v. tr. : doubler, fraiser, froncer, plier, rucher **II. v. intr. :** faire/ prendre des plis, godailler, goder, gondoler, grigner, onduler
◇ CONTR. → DÉPLISSER

PLOMB n.m. **I. au pr. :** aabam, saturne **II. par ext. 1.** balle, biscayen (vx), charge, chevrotine, cendre, cendrée, dragée, grenaille, menuise, pruneau (fam.) **2.** sceau **3.** coupe-circuit, fusible **4. au pl.** → PRISON

PLOMBAGE n.m. **I.** → DAMAGE **II.** obturation

PLOMBAGINE n.f. graphite

PLOMBÉ, E → PÂLE

PLOMBÉE n.f. → MASSUE

PLONGÉE et **PLONGEON** n.f., n.m. **I. au pr. :** chute, immersion, saut **II. fig. 1.** révé-rence, salut **2.** chute, disgrâce, disparition, échec, faillite, mort
◇ CONTR. **I.** émersion **II.** → SUCCÈS

PLONGER I. v. tr. : baigner, enfoncer, enfouir, immerger, introduire, jeter, mettre, noyer, précipiter, tremper **II. v. intr. :** descendre, disparaître, piquer, sauter **III. v. pron. :** s'abîmer, s'absorber, s'abstraire, apprendre, s'enfouir, entrer, se livrer, se perdre
◇ CONTR. → ÉMERGER

PLOT aviat. off. : tracé

PLOUTOCRATE n.m. → RICHE

PLOUTOCRATIE n.f. oligarchie, synarchie, timocratie
◇ CONTR. → DÉMOCRATIE

PLOYER I. v. tr. : accoutumer, assujettir, courber, fléchir → PLIER **II. v. intr. :** céder, faiblir, fléchir, s'incliner
◇ CONTR. → RÉSISTER

PLUG NOZZLE spat. off. : tuyère à noyau central

PLUIE n.f. **I. au pr. 1.** abat, abord (québ.), avalanche, averse, brouillasse, bruine, cataracte, crachin, déluge, drache, eau, giboulée, goutte, grain, mouille, nielle, ondée, orage, poudrin (mar.) **2. fam. :** abattée, baille, crachotement, flotte, lance, lancequine, rincée, sauce, saucée **3. vx :** aca/ aga d'eau, allevasse, brouée, horée, lavasse, randon **II. fig. :** abondance, arrosement, avalanche, débordement, déluge, multitude, nuée, pléiade, quantité
◇ CONTR. : beau temps → SÉCHERESSE

PLUMAGE n.m. livrée, manteau, pennage, plumes

PLUMAISON et **PLUMÉE** n.f. → VOLÉE

PLUME n.f. **I. au pr. :** duvet, pennage, penne, plumage, rectrice, rémige, tectrice **II. par ext. 1.** aigrette, casoar, panache, plumet, touffe **2.** → ÉCRITURE **3.** → ÉCRIVAIN **4.** → STYLE **5.** → CHEVEUX

PLUMEAU n.m. balai, balayette, époussette, houssoir, plumail, plumard

PLUMER déplumer, dépouiller, enlever, ôter

PLUMET n.m. aigrette, casoar, garniture, houppe, houppette, ornement, panache, plumail (vx), touffe, toupet

PLUMITIF n.m. **I.** → EMPLOYÉ **II.** → ÉCRIVAIN

PLUPART (LA) → MAJORITÉ

PLURALITÉ n.f. **I.** diversité, multiplicité **II.** → MAJORITÉ
◇ CONTR. → UNIFORMITÉ

PLURIDISCIPLINAIRE inter/ multidisciplinaire
◇ CONTR. : spécialisé

PLURIEL, LE n.m. et adj. **I.** → DIFFÉRENT **II.** → VARIÉ

PLURIVALENT, E polyvalent

◊ CONTR. : monovalent

PLUS I. davantage, encore, mieux, principalement, surtout, sur toute chose **II. 1. EN PLUS :** brochant sur, en prime, par-dessus le marché **2. DE PLUS :** au demeurant, au reste, aussi, au surplus, d'ailleurs, d'autre part, du reste, encore, en route, et puis, outre cela, par-dessus le marché **3. AU PLUS :** au maximum **4. PLUS MAL** → PIRE **5. PLUS-ÊTRE** → PROGRÈS

◊ CONTR. → MOINS

PLUSIEURS aucuns, d'aucuns, beaucoup, certains, différents, divers, maint, quelques

◊ CONTR. **I.** → PEU **II.** → UN

PLUS-VALUE n.f. accroissement, amélioration, augmentation, excédent, gain, valorisation

◊ CONTR. → PERTE

PLUTÔT I. assez, passablement **II.** de préférence, préférablement

PLUVIEUX, EUSE brouillasseux (fam.), bruineux → HUMIDE

◊ CONTR. → SEC

PNEU et **PNEUMATIQUE** n.m. **I.** bandage, boudin (arg.), boyau **II.** bleu, dépêche, exprès, petit bleu, télégramme

POCHADE n.f. → TABLEAU

POCHARD, E › IVROGNE

POCHARDER → ENIVRER (s')

POCHE n.f. **I. au pr. :** bourse, gousset, pochette **II. arg. :** fouille, fouillouse, glaude, profonde, vague, valade **III. par ext. 1.** emballage, sac, sachet, sacoche **2. anat. :** bourse, cavité, diverticule, jabot, saillie **3.** apostème, apostume, bouffissure, enflure, gonflement, renflement, repli

POCHÉE n.f. → QUANTITÉ

POCHER I. → MEURTRIR **II.** → PEINDRE **III.** faire cuire, plonger/ saisir dans l'eau bouillante

POCHON n.m. → LOUCHE

POD aviat. off. : fuseau, nacelle

PODAGRE nom et adj. **I. au pr. :** goutteux, rhumatisant **II. par ext. :** boiteux, impotent, infirme

◊ CONTR. → VALIDE

PODOMÈTRE n.m. compte-pas, odomètre

POÊLE n.m. **I.** dais, drap, pallium, voile **II.** appareil de chauffage, fourneau, Godin, mirus, salamandre **III. vx :** chambre

POÊLE n.f. creuset, patelle, plaque, poêlon

POÊLÉE n.f. → QUANTITÉ

POÊLER → CUIRE

POÊLON n.m. → CASSEROLE

POÈME n.m. acrostiche, à-propos, ballade, bergerie, blason, bouquet, bouts-rimés, bucolique, cantate, cantilène, cantique, canzone, centon, chanson, chanson de geste/ de toile, chant, chantefable, comédie, complainte, dialogue, distique, dithyrambe, dizain, douzain, églogue, élégie, épigramme, épithalame, épître, épopée, fable, fabliau, fatrasie, geste, haïkaï, héroïde, huitain, hymne, iambe, idylle, impromptu, lai, lied, macaronée, madrigal, monodie, nénie, nome, ode, odelette, œuvre, onzain, opéra, ouvrage, palinod, palinodie, pantoum, pastourelle, pièce, poésie, priapée, psaume, quatrain, rhapsodie, romance, rondeau, rondel, rotruenge, satire, satyre, septain, sille, silves, sirvente, sizain, sonnet, stance, stichomythie, strophe, tenson, tercet, thrène, tragédie, trilogie, triolet, verset, vilanelle, virelai

◊ CONTR. : prose

POÉSIE n.f. **I.** lyrisme **II.** inspiration, lyre, muse, parnasse **III.** art, beauté, charme, envoûtement **IV.** cadence, mesure, métrique, musique, prosodie, rythme, versification **V. péj. :** métromanie **VI.** → POÈME

◊ CONTR. : prosaïsme

POÈTE, POÉTESSE I. au pr. : aède, auteur, barde, chanteur, chantre, écrivain, félibre, jongleur, ménestrel, minnesinger, rhapsode, scalde, troubadour, trouvère **II. par ext. 1. fav. :** amant/ favori/ nourrisson des Muses/ du Parnasse, fils/ enfant/ favori d'Apollon, héros/ maître/ nourrisson du Pinde, prophète, voyant **2. fam. ou non fav. :** cigale, mâchelaurier, métromane, poétastre, poétereau, rêveur, rimailleur, rimeur, trissotin, versificateur

◊ CONTR. : prosateur

POÉTIQUE beau, idéal, imagé, imaginatif, lyrique, noble, sensible, sentimental, sublime, touchant

◊ CONTR. → PROSAÏQUE

POÉTIQUEMENT de façon → POÉTIQUE et les dérivés possibles en -ment des syn. de poétique

POÉTISER → EMBELLIR

POGROM n.m. carnage, destruction, émeute, extermination, génocide, liquidation, massacre, meurtre, razzia

◊ CONTR. → HOSPITALITÉ

POIDS n.m. **I. au pr. 1.** compacité, densité, épaisseur, force, lourdeur, masse, pesanteur, poussée, pression **2.** carat, centi-

gramme, décagramme, décigramme, hecto-
gramme, kilogramme, milligramme, étalon,
gramme, tonne **3.** as, denier (soie), drachme,
grain, gros, livre, marc, mine, once, quintal,
scrupule, sicle, statère, talent **4.** jauge, tare,
titre **II. par ext.** : bloc, charge, chargement, faix,
fardeau, masse, surcharge **III. fig. 1.** → IMPOR-
TANCE **2.** → SOUCI

◈ CONTR. **I.** → SOUPLESSE **II.** → GRÂCE

POIGNANT, E douloureux, dramatique,
émouvant, empoignant, impressionnant, navrant, passionnant, piquant, prenant

◈ CONTR. → INSIGNIFIANT

POIGNARD n.m. **I.** acier (litt.), acinace,
baïonnette (partic.), couteau, dague, da-
guette, fer (litt.), kandjar, kriss, lame, navaja,
stylet **II. vx** : malchus, miséricorde, scramasaxe **III. arg.** : bince, cure-dent, eustache,
kniffe, laguiole, lame, lingue, pointe, rapière, ratiche, saccagne, scion, sorlin, surin,
vingt-deux, ya, yatagan

POIGNARDER I. assassiner, blesser, égorger, frapper, larder, saigner, tuer **II. vx** : darder, meurtrir **III. arg.** : chouriner, percer, suriner

POIGNE n.f. **I. au pr.** : main, pogne (fam.),
poing, prise **II. par ext.** : autorité, brutalité,
énergie, fermeté

◈ CONTR. → MOLLESSE

POIGNÉE n.f. **I. au pr.** : bec-de-canne, béquille, bouton de porte, crémone, espagnolette, manette, pied-de-biche **II. par ext.** →
GROUPE **III. POIGNÉE DE MAIN** : salut, shake-
hand

POIGNET n.m. → MAIN

POIL n.m. **I.** barbe, chevelure, cheveu, cil,
moustache, sourcil – **arg.** : cresson, scaferlati
II. bourre, crin, duvet, fourrure, jarre, laine,
pelage, pilosité, soie, toison, vibrisse, villosité → ROBE **III. 1. À POIL** → NU **2. AU POIL** →
BIEN

POILER (SE) → RIRE

POILU I. adj. : **1.** barbu, chevelu, hispide,
moustachu, pelu, peluché, pelucheux, pi-
leux, pubescent, tomenteux, velu, villeux
2. cotonné, cotonneux, duveté, duveteux, velouté, velouteux **II. n.m.** : briscard, combattant, pioupiou, soldat, vétéran

◈ CONTR. → GLABRE

POINÇON n.m. **I. au pr.** : alène, ciseau, coin,
épissoir, mandrin, marprime, matrice, pointeau, style, stylet, tamponnoir **II. par ext.** : estampille, garantie, griffe, marque

POINÇONNER → PERCER

POINDRE I. v. intr. : paraître, pointer, sortir,
surgir → POUSSER **II. v. tr.** → PIQUER

◈ CONTR. → DISPARAÎTRE

POING n.m. → MAIN

POINT n.m. **I. au pr. 1.** abscisse, centre,
convergence, coordonnée, cote, emplacement, endroit, foyer, hauteur, lieu, ordonnée, origine, position, repère, situation,
sommet, source **2. astron.** : aphélie, apogée,
apside, nadir, nœud, périgée, périhélie, zénith **II. fig. 1.** aspect, côté, face, manière, opinion, optique, perspective, sens **2.** commencement, début, départ, instant, moment
3. état, situation **4.** apogée, comble, degré,
faîte, intensité, période, sommet, summum
5. broderie, couture, dentelle, tapisserie, tricot **6.** marque, note, signe **7. d'un discours** : article, chef, cœur, disposition, essentiel, matière, nœud, question, sujet **8.** brûlure, coup,
douleur, piqûre **III. 1. DE POINT EN POINT** :
entièrement, exactement, textuellement, totalement **2. POINT PAR POINT** : méthodiquement, minutieusement **3. LE POINT DU JOUR** :
aube, crépuscule **4. À POINT** : à propos, juste,
opportunément

POINT → PAS

POINTAGE n.m. contrôle, enregistrement,
vérification

POINT CHAUD/ SENSIBLE n.m. **I.** →
DANGER **II.** → DIFFICULTÉ

POINT DE VUE n.m. **I.** → VUE **II.** → OPINION

POINTE n.f. **I. objet. 1.** broquette, clou, poinçon, rappointis, rivet, semence, tricouni
2. ardillon, barbelé, chardon, cuspide, épine,
mucron, picot, piquant **II.** accore (mar.), aiguille, bec, bout, cap, cime, extrémité,
flèche, pic, point culminant, sommet, sommité **III.** cache-cœur, carré, châle, couche, fichu, foulard **IV. fig. 1.** avant-garde **2.** allusion,
épigramme, gaillardise, ironie, jeu d'esprit/
de mots, moquerie, pique, pointillerie (vx),
quolibet, raillerie, trait d'esprit **3.** soupçon,
trace

◈ CONTR. **I.** → DERRIÈRE **II.** → COMMENCEMENT
III. arrière-garde **IV.** → RETARD

POINTEAU n.m. poinçon, régulateur, soupape

POINTER I. contrôler, enregistrer, marquer, noter, vérifier **II.** braquer, contre-poin-
ter, diriger, orienter, régler, viser **III.** apparaître, arriver, paraître, venir **IV.** → PERCER
V. → VOLER

POINTEUR n.m. **arg.** : baiseur, enculeur, sodomite, violeur

POINTEUSE n.f. → ENREGISTREUR

POINTILLE n.f. **vx** : argutie, bisbille,
chicane, contestation, mesquinerie, minutie,
picoterie, pointillerie, querelle, sornette

POINTILLER v. tr. et intr. **I.** dessiner/ gra-
ver/ marquer/ peindre avec des points **II. vx**
→ CHICANER

POINTILLEUX, EUSE chatouilleux, chinois (fam.), difficile, exigeant, formaliste, irascible, maniaque, minutieux, susceptible, vétilleux

◆ CONTR. → ACCOMMODANT

POINTU, E I. au pr. : acéré, acuminé, affiné, affûté, aigu, aléné, appointé, conique, conoïde, coracoïde, cornu (vx), effilé, fastigié, fin, infundibuliforme, piquant, subulé, taillé **II. fig.** : 1. acide, aigre, vif 2. → POINTILLEUX **III. par ext.** : ésotérique, étroit, fin, spécial, spécialisé, spécifique **IV. BOUILLON POINTU →** LAVEMENT

◆ CONTR. → ÉMOUSSÉ

POINTURE n.f. dimension, forme, grandeur, modèle, taille

POIRE n.f. **I. au pr.** : ambrette, angleterre, bergamote, besi, bigarade, beurrée de Chaumontel/ d'Héri, blanquette, bon-chrétien, catillac, crassane, cuisse-madame, doyenné, duchesse, hâtiveau, liard, louise-bonne, madeleine, marquise, mignonne, mouille-bouche, muscadelle, passe-crassane, rousselet, saint-germain, toute-bonne, virgouleuse, william **II. fig.** : dupe, imbécile, naïf, pigeon, sot → BÊTE

POIREAU n.m. **I. fam.** 1. asperge du pauvre 2. mérite agricole 3. → VERRUE **II. FAIRE LE POIREAU →** ATTENDRE

POIREAUTER ou **POIROTER →** ATTENDRE

POISON n.m. **I. au pr.** : aconitine, appât, apprêt, acqua-tofana ou acqua-toffana, arsenic, bouillon d'onze heures (fam.), ciguë, croton, curare, gobbe, mort-aux-rats, narcotique, poudre de succession, strychnine, toxine, toxique, vénéfice, venin, virus **II. fig.** : mégère, peste, saleté, saloperie (vulg.), venin → VIRAGO

◆ CONTR. → CONTREPOISON

POISSARD, E I. adj. : bas, commun, grossier, populacier, vulgaire **II. n.f.** → VIRAGO **III. n.m.** → TRUAND

◆ CONTR. → DISTINGUÉ

POISSE n.f. → MALCHANCE

POISSER I. coller, couvrir, empéguer (mérid.), encrasser, enduire, engluer, salir **II. arg.** → PRENDRE

◆ CONTR. : laisser → PROPRE

POISSEUX, EUSE agglutinant, collant, gluant, gras, pégueux (mérid.), salé, visqueux

◆ CONTR. → PROPRE

POISSON n.m. **I.** 1. bathoïde, chondrostéen, squaloïde, téléostéen 2. alevin, ammocète ou lamprillon, blanchaille, bouiron ou civelle ou pibale, fretin, friture, marée, menuaille, menuise, pêche, poutine **II. fam.** : poiscaille, poissonnaille **III.** able, ablette, achigan, aigle de mer, aiglefin, aiguillat, albacore ou germon ou thon blanc, alêne, allache, alose, amblyopsis, amie, ammodyte ou anguille de sable ou cicerelle ou équille ou lançon, amphiprion ou poisson-scie, anabas ou perche grimpeuse, anarrhique, anchois, ange-de-mer, anguille, antenaire ou crapaud/ grenouille de mer, apron ou cingle ou sorcier ou zingel, arapaïma ou piracuru, auxide, balai, bar, barbarin, barbeau, barbillon, barbote ou loche, bar ou loup ou labine ou loubine ou lubin, barbue, baudroie ou lotte, bécard, black-bass, blennie ou baveuse, bogue, bondelle, bonite ou pélamyde ou thon, bouffi, brème, brochet, brocheton, cabillaud, cabot, calicobat, capelant, capitaine, carassin, cardije, cardinal, carpe, carrelet, casseron, chabot, chevesne, chimère, chinchard, chondrostome, coffre, coliart, colin, congre, corégone, coryphène, cotte, cyprin ou bouvière, dasyatis ou pastenague ou raie à longue queue, denté, diable, dorade, églefin, émissole, éperlan, épinoche, épinochette, équille, espadon, esturgeon ou sterlet, exocet, féra, fiala ou fiéla, flet, flétan, fugu, gade, gambusie, gardèche, gardon, girelle, gobie, gonnelle, goujon, gourami, grémille, grenadier, griset, grondin, guai, gymnote, haddock, hareng, harenguet, hippocampe, hotu, humantin, ide, labre, lamie ou taupe de mer, lamproie ou chatouille, lançon, lavaret, lieu, lièvre de mer, limande, lingue, loricaire, lune, mâchoiron, macroure, maigre, maillet, mante, maquereau, marteau, melanocetus, mendole, merlan, merluche, merlus, mérou, meunier, milan, milandre, miraillet, môle, morue, muge, mulet, mulle, murène, omble ou ombre-chevalier ou saumon de fontaine, ombrine, orphie ou aiguille ou bécassine de mer, ouananiche ou saumon de rivière, pagel, pagre, pastenague ou dasyatis ou raie à longue queue, pégase, pèlerin, perche, perroquet de mer, picarel, pilote, piranha, plie ou hirondelle de mer, poisson-chat, polyptère, poutassou, prêtre, raie, raie aiguille/ alêne/ à longue queue, rascasse, rémora, requin, ronce, rouget, roussette, saint-pierre, sandre, sar, sardine, saumon, scalaire, scare, scie, sciène ou maigre, scorpène, sébaste, serran, silure, sole, spatule, sphyrème, sprat, squatine, surmulet, syngnathe, tacaud, tanche, tarpon, tassergale, tétrodon, thon ou bonite ou pélamyde, torpille, touille, tourd, trigle, truite, turbot, turbotin, uranoscope, vairon, vandoise ou dard, vieille, vive, zancle ou tranchoir, zée

POISSONNAILLE n.f. fretin, menuaille, menuise, nourrain

POISSONNIER, ÈRE mareyeur

POITRAIL n.m. **I.** → POITRINE **II. arch.** : architrave, linteau, sommier

POITRINAIRE cachectique, phtisique, tuberculeux

◈ CONTR. → VALIDE

POITRINE n.f. **I.** buste, carrure, cœur, corsage, décolleté, estomac (vx), gorge, mamelle, pectoraux, poitrail, poumon, thorax, torse **II. fam.** : bréchet, caisse, coffre **III.** → SEIN

POIVRE n.m. cayenne, guinée *ou* malaguette *ou* maniguette, mignonnette

POIVRÉ, E I. assaisonné, corsé, épicé, relevé **II. fig. 1.** corsé, fort, gaulois, grivois, piquant, salé → OBSCÈNE **2.** → IVRE

◈ CONTR. → FADE

POIVRIÈRE n.f. **I.** → GUÉRITE **II.** → TOURELLE

POIVRON n.m. piment doux

POIVROT, E → IVROGNE

POIX n.f. calfat, colle, galipot, goudron, ligneul

POKER n.m. dés, zanzi

POLAIRE antarctique, arctique, austral, boréal → FROID

◈ CONTR. : équatorial → CHAUD

POLARISER attirer → CONCENTRER

PÔLE n.m. axe, bout, sommet

POLÉMIQUE n.f. apologétique, controverse, débat, dispute, guerre → DISCUSSION

◈ CONTR. → CONCILIANT

POLÉMIQUER → DISCUTER

POLÉMISTE n.m. et f. → JOURNALISTE

POLI, E I. affable, aimable, amène, attentionné, beau, bien élevé, bienséant, cérémonieux (vx ou péj.), châtié, civil, civilisé, complaisant, convenable, correct, courtois, décent, délicat, diplomate, éduqué, galant, gracieux, honnête, obséquieux (péj.), policé, prévenant, raffiné, respecteux, révérencieux, sociable **II.** agatisé, astiqué, brillant, briqué, calamistré, clair, étincelant, frotté, lisse, luisant, lustré, uni, verni **III. méd.** : éburné, éburnifié

◈ CONTR. **I.** → IMPOLI **II.** → RUDE **III.** → TERNE

POLICE n.f. **I.** commissariat, P. J., poste → GENDARMERIE **II. arg.** : arnaque, bigorne, crist, flicaille, grive, hiboux, maison bourman/ j't'arquepince/ parapluie/ pébroque/ poulaga/ poulardin, moucharde, nardu, poulaille, quart, raille, renacle, renifle, reniflette, rousse, sonne, volaille

◈ CONTR. → BRIGANDAGE

POLICÉ, E I. quelqu'un : civilisé, dégrossi, éduqué, évolué, formé, poli, raffiné **II. quelque**

chose : organisé, réglementé

◈ CONTR. → PRIMITIF

POLICER adoucir, civiliser, corriger, débrutaliser (vx), éduquer, former, humaniser, organiser, polir, raffiner, réglementer

◈ CONTR. → DÉTRUIRE

POLICHINELLE n.m. → PANTIN

POLICIER n.m. **I. neutre** : ange gardien, agent de police, commissaire, C.R.S. (compagnie républicaine de sécurité), constable (angl.), contractuel, détective, enquêteur, garde, garde du corps, gardien de la paix, gendarme, îlotier, inspecteur, limier, motard, policeman, sergent de ville, shérif (États-Unis), vigile **II. vx** : archer, exempt, quartenier **III. arg. et injurieux** : archer, argousin, argue, aubergine, barbouze, bédi, bertelot, biffin, bignole, bignolon, boër, bordille, bourgeois, bourin, bourman, bourre, bourrique, bricard, cabestan, chaussette à clous, chien, chioteur, cierge, cogne, condé, coquin, dec, double, double-six, drauper, emballeur, enfonceur, enfourgonné, espion, flic, flicard, frimeur, gaffe, grippe-coquin/ -jésus, guignol, guignolet, habillé, hareng saur, hirondelle, kébour, keuf, lampion, lardu, laune, mannequin, marchand de lacets, méhariste, moblot, mouche, nuiteux, pêcheur, pèlerine, perdreau, pervenche, pestaille, piaf, poulaga, poulardin, poulet, poulmann, poultock, quart, raclette, raille, rapper, reniflette, ripou, roulant, rouquin, roussin, royco, sbire, schmitt, semelle, sergo, tante, tige, tringlot, vache, voie-publiquard, volaille

◈ CONTR. → BANDIT

POLICLINIQUE n.f. → HÔPITAL

POLIMENT avec → POLITESSE, de façon → POLI *et les dérivés possibles en* -ment *des syn. de* poli

POLIR I. au pr. : abraser, adoucir, aléser, aplanir, astiquer, brunir, débrutir, doucir, dresser, égaliser, égriser, fourbir, frotter, glacer, gratteler, gréser, limer, lisser, lustrer, planer, poncer, raboter, ragréer, ribler, roder **II. par ext.** : aiguiser, aviver, châtier, ciseler, corriger, fignoler, finir, former, lécher, limer, parachever, parfaire, perfectionner, soigner **III. méd.** : éburner, éburnifier **IV. fig.** : adoucir, affiner, apprivoiser, assouplir, civiliser, cultiver, débarbouiller, dégrossir, dérouiller (fam.), éduquer, épurer, former, orner

◈ CONTR. → TERNIR

POLISSAGE n.m. abrasion, adoucissage, brunissage, éclaircissage, égrisage, finissage, finition, grésage, polissure, ponçage, ragrément, rectification, riblage

POLISSOIR n.m. astic

POLISSON, NE I. nom : fripon, galapiat, galopin, gamin, vaurien **II. adj. 1.** canaille, coquin, débauché, dissipé, égrillard, espiègle, gaillard, galant, gaulois, libertin, libre, licencieux, paillard **2.** → TURBULENT
◆ CONTR. **I.** → TRANQUILLE **II.** → DÉCENT

POLISSONNER I. badiner, gaudrioler (fam.), plaisanter **II.** coquiner (vx), marauder, vagabonder
◆ CONTR. : être → TRANQUILLE/ DÉCENT

POLISSONNERIE n.f. badinage, bouffonnerie, dévergondage (péj.), espiòglerie, gaillardise, galanterie, galipette, gauloiserie, libertinage, liberté, licence, paillardise, plaisanterie, puérilité, sottise
◆ CONTR. **I.** → TRANQUILLITÉ **II.** → DÉCENCE

POLISSURE n.f. → POLISSAGE

POLISTE n.f. ou m. guêpe

POLITESSE n.f. accortise (vx), affabilité, amabilité, aménité, bonnes manières, bon ton, cérémonial, civilité, complaisance, convenance, correction, courtoisie, décence, déférence, distinction, éducation, égards, galanterie, gracieuseté, honnêteté, protocole, savoir-vivre, tact, urbanité, usage
◆ CONTR. → IMPOLITESSE

POLITICIEN, NE nom et adj. gouvernant, homme d'État/ public, politique – **péj. et injurieux :** chéquard (vx), combinard, florentin, machiavel, magouilleur, politicard, tripatouilleur, tripoteur, vendu
◆ CONTR. : assujetti, citoyen, électeur

POLITIQUE I. n.m. → POLITICIEN **II. n.f. 1. au pr. :** affaires publiques, choses de l'État, État, gouvernement, pouvoir **2. par ext. :** adresse, calcul, diplomatie, finesse, habileté, jeu, jointure (vx), négociation, patience, prudence, sagesse, savoir-faire, souplesse, stratégie, tactique, temporisation, tractation **3. formes :** anarchie, aristocratie, autocratie, bi/monocamérisme, bonapartisme, césarisme, cléricalisme, colonialisme, démocratie, dictature, fascisme, fédéralisme, féodalisme, féodalité, gérontocratie, hitlérisme, impérialisme, militarisme, monarchie constitutionnelle/de droit divin, nazisme, ochlocratie, oligarchie, ploutocratie, république, système parlementaire, technocratie **4. doctrines :** absolutisme, anarchisme, autonomisme, bolchevisme, capitalisme, collectivisme, communisme, dirigisme, égalitarisme, étatisme, individualisme, internationalisme, libéralisme, malthusianisme, marxisme, monarchisme, nationalisme, national-socialisme, pangermanisme, panislamisme, paupérisme, régionalisme, royalisme, séparatisme, socialisme, totalitarisme, unionisme, unitarisme **III. adj. par ext. :** adroit, avisé, calculateur, diplomate, fin, habile, machiavélique (péj.), manœuvrier, négociateur, patient, prudent, renard (péj.), rusé, sage, souple

POLITIQUEMENT par ext. : avec → HABILETÉ
◆ CONTR. → MALADROITEMENT

POLLUÉ, E → MALSAIN

POLLUER coïnquiner (vx), corrompre, dénaturer, gâter, profaner, salir, souiller, tarer, violer
◆ CONTR. **I.** → PRÉSERVER **II.** → NETTOYER

POLLUTION n.f. **I.** corruption, dénaturation, profanation, salissement, souillure **II.** → MASTURBATION
◆ CONTR. → PRÉSERVATION

POLOCHON n.m. oreiller → TRAVERSIN

POLTRON, NE nom et adj. claquedent, couard, foireux, froussard, fuitif (vx), lâche, paniquard, péteux, poureux, pleutre, poule mouillée, pusillanime, timide → CAPON
◆ CONTR. → COURAGEUX

POLYAMIDE n.m. Nylon, Perlon, Rilsan

POLYCOPIE n.f. → REPRODUCTION

POLYCOPIER → REPRODUIRE

POLYGAME I. bigame, polyandre **II. botan. :** monoïque
◆ CONTR. : dioïque, monogame

POLYPE n.m. **I.** céphalopode, coelentéré, hydre, méduse, pieuvre, poulpe **II.** → TUMEUR

POLYTECHNIQUE n.f. et adj. **arg. :** carva, pipo, X

POLYTHÉRAPEUTE n.m. → GUÉRISSEUR

POLYVALENT, E plurivalent
◆ CONTR. : monovalent

POMMADE n.f. **I. au pr. :** baume, cérat, coldcream, crème, embrocation, lanoline, liniment, onguent, pâte, populeum, uve (vx), vaseline **II. par ext. :** bandoline, brillantine, cosmétique, gomina **III. fig. :** compliment, flagornerie, flatterie

POMMADER brillantiner, cosmétiquer, enduire, farder, gominer, graisser, lisser

POMME n.f. **I. au pr. :** api, calville, canada, capendu, châtaigne ou châtaigner, fenouillette, golden, granny smith, rambour, reine-des-reinettes, reinette, teint-frais-normand, winter-banana **II. par ext. :** boule, pommeau, pommette **III. fig. :** figure, frimousse, tête

POMME DE TERRE n.f. **I.** hollande, marjolaine, parmentière, princesse, quarantaine, saucisse, topinambour, truffe blanche/ rouge, vitelotte **II. fam.** : cartoufle, crompire, patate

POMMELER (SE) se marqueter, moutonner, se tacheter

POMPE n.f. **I.** → LUXE **II.** poste d'essence/ de ravitaillement, station-service **III. techn.** : exhaure, exhausteur, rouet

POMPER I. → TIRER **II.** → ABSORBER **III.** → BOIRE **IV. fig.** → ÉPUISER

POMPETTE → IVRE

POMPEUSEMENT → SOMPTUEUSEMENT

POMPEUX, EUSE → EMPHATIQUE

POMPIER I. nom masc : soldat du feu **II.** → FELLATION **III. adj. (péj.)** → EMPHATIQUE

POMPON n.m. → HOUPPE

POMPONNER astiquer, attifer, bichonner, bouchonner, farder, orner, parer, soigner, toiletter – vx : pimplocher, pimprelocher ◆ CONTR. → ABANDONNER (s')

PONANT n.m. couchant, occident, ouest ◆ CONTR. → ORIENT

PONCEAU n.m. **I.** arche, passerelle, pontil (vx) **II.** → PAVOT

PONCER astiquer, décaper, frotter, laquer, polir ◆ CONTR. **I.** → SALIR **II.** → PATINER

PONCIF n.m. banalité, cliché, idée reçue, lieu commun, topique (philos.), truisme, vieillerie – **fam.** : bateau, cheval de bataille, vieille lune ◆ CONTR. → NOUVEAUTÉ

PONCTION n.f. → PRÉLÈVEMENT

PONCTIONNER → PRÉLEVER

PONCTUALITÉ n.f. assiduité, exactitude, fidélité, minutie, régularité, sérieux ◆ CONTR. **I.** → RETARD **II.** → IRRÉGULARITÉ **III.** → INEXACTITUDE

PONCTUATION n.f. accent, crochet, deux points, guillemet, parenthèse, point, point virgule, point d'exclamation/ d'interrogation/ de suspension, tiret, virgule

PONCTUEL, LE assidu, exact, fidèle, minutieux, réglé, régulier, religieux, scrupuleux, sérieux ◆ CONTR. **I.** → RETARD (EN) **II.** → NÉGLIGENT **III.** → IRRÉGULIER

PONCTUER accentuer, diviser, indiquer, insister, marquer, scander, séparer, souligner, virguler ◆ CONTR. → MODÉRER

PONDÉRATION n.f. → ÉQUILIBRE

PONDÉRÉ, E I. → MODÉRÉ **II.** → PRUDENT

PONDÉRER I. → ÉQUILIBRER **II.** → CALMER

PONDÉREUX, EUSE dense, lourd, pesant ◆ CONTR. → LÉGER

PONDRE fig. → COMPOSER

PONEY n.m. shetland → CHEVAL

PONT n.m. **I.** appontement, aqueduc, passerelle, ponceau, pontil (vx), viaduc, wharf **II. d'un bateau** : bau, bordage, bordé, dunette, embelle, gaillard, passavent, spardeck, superstructure, tillac ◆ CONTR. : cale, machines, soute

PONTE I. n.f. : ovulation (par ext.), pondaison **II. n.m.** → PONTIFE

PONTÉE n.f. → CHARGE

PONTER gager, jouer, mettre au jeu, miser, parier, placer, risquer

PONTIFE n.m. **I. relig.** : bonze, évêque, grand prêtre, hiérophante, pape, pasteur, prélat, vicaire **II. par ext. (péj.)** : caïd, mandarin, manitou, m'as-tu-vu, pédant, ponte, poseur → BADERNE

PONTIFIANT, E doctoral, empesé, emphatique, emprunté, majestueux, pécufiant (arg. scol.), pédant, prétentieux, solennel ◆ CONTR. → SIMPLE

PONTIFIER discourir, dogmatiser, parader, se pavaner, pécufier (arg. scol.), poser, présider, prôner, se rengorger, trôner ◆ CONTR. : être → SIMPLE

POOL n.m. communauté, consortium, entente, groupement, Marché commun

POOSTER PUMP aviat. off. : pompe de gavage/ suralimentation

POPOTE I. n.f. 1. cuisine, mangeaille, menu, repas, soupe **2. par ext.** : ménage **3.** bouillon, cantine, carré, foyer, mess, restaurant **II. adj.** : casanier, mesquin, pot-au-feu, terre à terre

POPOTIN n.m. **arg.** → FESSIER

POPULACE n.f. basse pègre, bétail, canaille, crasse, écume, foule, gueusaille, lie, maraudaille, masse, multitude, pègre, peuple, plèbe, populaire, populo, prolétariat, racaille, tourbe, vulgaire ◆ CONTR. → CHOIX

POPULACIER, ÈRE bas, commun, faubourien, ordinaire, plébéien, populaire, vil, vulgaire ◆ CONTR. → RAFFINÉ

POPULAIRE I. fav. ou neutre. 1. aimé, apprécié, commun, connu, considéré, estimé, prisé, public, recherché, répandu **2.** démocrate, démocratique, prolétarien, public **3.** DÉMOTIQUE **II. non fav.** → POPULACIER **III. litt.** : populiste

◇ CONTR. → IMPOPULAIRE

POPULARISER faire connaître, propager, répandre, vulgariser

◇ CONTR. → DISSIMULER

POPULARITÉ n.f. audience, célébrité, considération, éclat, estime, faveur, gloire, illustration, notoriété, renom, renommée, réputation, sympathie, vogue

◇ CONTR. I. médiocrité, obscurité II. → REFUS

POPULATION n.f. I. → PEUPLEMENT II. → PEUPLE

POPULEUX, EUSE dense, fourmillant, grouillant, nombreux, peuplé

◇ CONTR. → VIDE

POPULISTE → POPULAIRE

PORC n.m. **I. au pr. 1.** coche, cochon, cochonnet, goret, porcelet, porcin, pourceau, suidé, truie, verrat **2.** babiroussa, marcassin, oryctérope *ou* cochon de terre, pécari, phacochère, sanglier, solitaire **II. par ext.** → CHARCUTERIE **III. fig.** : débauché, dégoûtant, glouton, grao, gros, grossier, obscène, ordurier, sale

PORCELAINE n.f. **par ext. I.** bibelot, vaisselle **II.** biscuit, chine, hollande, japon, limoges, parian, saxe, sèvres

PORCELET n.m. → PORC

PORC-ÉPIC n.m. **I.** athérure **II. fig.** → REVÊCHE

PORCHE n.m. abri, aître (vx), auvent, avant-corps, entrée, hall, portail, portique, vestibule

PORCHERIE n.f. abri, étable, soue, toit

PORCIN, E → PORC

PORE n.m. fissure, interstice, intervalle, orifice, ouverture, stomate, trou

POREUX, EUSE fissuré, ouvert, percé, perméable, spongieux

◇ CONTR. → IMPERMÉABLE

PORION n.m. agent de maîtrise, chef de chantier, contremaître, gueule noire (fam.), mineur, surveillant

PORNOGRAPHIE n.f. grossièreté, immoralité, impudicité, indécence, licence, littérature obscène/ vulgaire, obscénité – fam. : cicicoco, ciné(ma) cochon, érotisme des autres/ du pauvre, pornocratie, pygoculture

◇ CONTR. → DÉCENCE

PORNOGRAPHIQUE → OBSCÈNE

POROSITÉ n.f. perméabilité

◇ CONTR. : imperméabilité

PORPOISING aviat. off. : marsouinage

PORT n.m. **I. géogr.** : cluse, col, pas, passage, passe **II.** air, allure, aspect, contenance, dé-

gaine (fam.), démarche, ligne, maintien, manière, prestance, représentation, touche, tournure **III.** abri, accul, anse, bassin, cale sèche/ de radoub, darse, dock, débarcadère, échelle (vx et partic.), embarcadère, escale, havre, hivernage, quai, rade, relâche, wharf **IV.** affranchissement, taxe, transport

PORTAIL n.m. → PORTE

PORTATIF, IVE commode, léger, mobile, petit, portable, transportable

◇ CONTR. → EMBARRASSANT

PORTE n.f. **I. au pr.** : accès, barrière, dégagement, entrée, guichet, herse, huis, introduction, issue, lourde (fam.), ouverture, porche, portail, portière, portillon, poterne, propylée, seuil, sortie, tambour, tour, tourniquet, trappe **II. fig.** : accès, échappatoire, introduction, issue, moyen **III. 1. JETER/ METTRE À LA PORTE** : chasser, congédier, déboulonner, éconduire, expulser, jeter/ mettre dehors, renvoyer **2. PRENDRE LA PORTE** → PARTIR

PORTÉ, E attiré, conduit, déterminé, disposé, enclin, encouragé, engagé, entraîné, excité, incité, induit, invité, poussé, provoqué, sujet à

PORTE À PORTE n.m. chine, colportage → VENTE

PORTE-AVIONS n.m. porte-aéronefs, porte-hélicoptères

PORTE-BAGAGES n.m. filet, galerie, sacoche

PORTE-BALLE n.m. camelot, colporteur, coltineur, commis-voyageur, marchand ambulant/ forain, portefaix → PORTEUR

PORTE-BONHEUR n.m. → FÉTICHE

PORTE-BOUTEILLES n.m. égouttoir, hérisson

PORTE-DOCUMENTS n.m. cartable

PORTÉE n.f. **I.** chattée, chiennée, cochonnée, couvée (par ext.), famille, fruit, litée, nichée, nitée (vx), petits, produits, progéniture **II.** aptitude, étendue, force, niveau **III.** action, conséquence, effet, importance, suite **IV.** charge, entretoise, largeur, résistance

PORTEFAIX n.m. coltineur, crocheteur, faquin (vx), fort des halles, porteur → PORTE-BALLE

PORTEFEUILLE n.m. **I. au pr.** : cartable, carton, classeur, enveloppe, étui, porte-documents/ lettres, serviette – arg. ou fam. : filoche, larfeuil, lazingue, porte-lasagne **II. par ext.** : charge, département, fonction, maroquin, ministère

PORTE-FLAMBEAU n.m. lampadophore

PORTEMANTEAU n.m. clou, crochet, guingassou (mérid.), patère, perroquet

PORTE-MONNAIE n.m. aumônière, bourse, gousset, portefeuille, réticule – **arg. ou fam.** : artichaut, artiche, crabe, crapaud, crapautard, morlingue, porte-lasagne

PORTE-PAROLE n.m. alter ego, entremetteur, fondé de pouvoir, interprète, organe, mandataire, représentant, truchement

◆ CONTR. → MANDANT

PORTE-PLUME n.m. I. plume, stylo, stylographe (vx) – **antiq.** : calame, stylet II. **par ext.** : Bic, stylobille → CRAYON

PORTER I. **v. tr. 1. un fardeau** : coltiner, promener, soutenir, supporter, tenir, transporter, trimbaler, véhiculer **2. une décoration** : arborer, avoir, exhiber **3. d'un lieu à un autre** : apporter, emporter, exporter, importer, rapporter **4. un fruit** : engendrer, produire **5. un sentiment** : attacher à, exprimer, manifester, présenter **6. quelque chose à son terme** : achever, finir, parachever, parfaire, pousser **7.** → SOUTENIR **8.** → OCCASIONNER **9.** → MONTRER **10.** → PROMOUVOIR **11.** → INVITER **12.** → INSCRIRE II. **v. intr. 1.** appuyer, peser, poser, reposer sur **2. par ext.** : accrocher, frapper, heurter, toucher **3.** atteindre son but, faire de l'effet, toucher III. **1. PORTER SUR LES NERFS** → AGACER **2. PORTER À LA TÊTE** : enivrer, entêter, étourdir, griser, soûler **3. PORTER À LA CONNAISSANCE** → INFORMER **4. PORTER PLAINTE** → INCULPER IV. **v. pron. 1.** aller, courir, se diriger, s'élancer, se lancer, se précipiter, se transporter **2. à une candidature** : se présenter, répondre **3. les regards, les soupçons** : chercher, graviter, s'orienter **4. à des excès** : se livrer

◆ CONTR. I. → POSER II. → RETIRER

PORTERIE n.f. conciergerie, tour (relig.)

PORTEUR, EUSE I. **d'un message** : commissionnaire, courrier, coursier, estafette, exprès, facteur, livreur, messager, préposé, saute-ruisseau (fam.), télégraphiste II. **de colis** : bagagiste, bagotier (arg.), coltineur, commissionnaire, coolie, crocheteur, débardeur, déchargeur, déménageur, fort des halles, laptot, manutentionnaire, portefaix, sherpa – **mar.** : aconier, docker, lesteur – **vx** : faquin, nervi III. **n.f.** : canéphore

PORTE-VOIX n.m. mégaphone

PORTIER, ÈRE I. **au pr.** : chasseur, clavandier (relig.), concierge, gardien, huissier, suisse, tourier, tourière, veilleur II. **péj. et injurieux** : bigne, bignole, bignolon, cerbère, chasse-chien, clapignole, cloporte, concepige, dragon, lourdier, pibloque, pipelet, pipelette

PORTIÈRE n.f. I. rideau, tapisserie, tenture, vitrage II. → PORTE

PORTILLON n.m. → PORTE

PORTION n.f. bout, division, dose, fraction, fragment, lopin, lot, morceau, parcelle, part, partie, pièce, quartier, ration, section, tranche, tronçon

◆ CONTR. → TOTALITÉ

PORTIQUE n.m. colonnade, galerie, narthex, parvis, péristyle, pœcile, porche, porte, pronaos

◆ CONTR. : cella, naos, opisthodome, saint des saints

PORTRAIRE → PEINDRE

PORTRAIT n.m. I. **au pr.** : autoportrait, buste, crayon, croquis, effigie, image, peinture, photo, photographie, portraiture (vx), prosopographie, silhouette, tableau II. **par ext. 1.** figure, visage **2.** description, représentation, ressemblance

PORTRAITURER → PEINDRE

PORTUGAIS, E ibère, ibérien, ibérique, lusitanien

POSE n.f. I. **au pr. de quelque chose** : application, coffrage, mise en place II. **par ext. de quelqu'un 1.** attitude, position **2. non fav.** : affectation, façons, manières, prétentions, recherche, snobisme

POSÉ, E calme, froid, grave, lent, modéré, mûr, mûri, pondéré, prudent, rassis, réfléchi, sage, sérieux

POSÉMENT I. → LÉGÈREMENT II. → DOUCEMENT

POSER I. **v. tr. 1. au pr.** : apposer, appuyer, asseoir, bâtir, camper, déposer, disposer, dresser, établir, étaler, étendre, fixer, fonder, installer, jeter, laisser tomber, mettre, placer, planter, poster **2. fig.** : affirmer, avancer, énoncer, établir, évoquer, faire admettre, formuler, soulever, soutenir, supposer II. **v. intr. 1. neutre** : être appuyé, reposer → PORTER **2. non fav.** : se contorsionner, coqueter, crâner, se croire, se draper, faire le beau/ le malin/ le mariole (fam.)/ la roue/ le zouave, se pavaner, plastronner, se rengorger, snober III. **v. pron. 1. au pr.** : amerrir, aquatir, atterrir, se jucher, se nicher, se percher **2. fig.** : s'affirmer, se donner pour, s'ériger en, s'imposer comme

◆ CONTR. I. → PORTER II. → LEVER

POSEUR, EUSE affecté, fat, maniéré, m'as-tu-vu, minaudier, pédant, prétentieux, snob → ORGUEILLEUX

◆ CONTR. → SIMPLE

POSITIF, IVE I. → ÉVIDENT II. → RÉEL III. → RÉALISTE

POSITION n.f. I. **au pr.** : assiette, coordonnées, disposition, emplacement, exposition, gisement, inclinaison, lieu, orientation, orientement (mar.), place, point, positionnement, site, situation **II. de quelqu'un. 1.** aplomb, assiette, attitude, équilibre, mouvement, pose, posture, station **2.** emploi, établissement, état, fonction, métier, occupation, situation **3.** attitude, engagement, idée, opinion, parti, profession de foi → RÉSOLUTION

POSITIONNER → SITUER

POSITIVEMENT matériellement, précisément, réellement, véritablement, vraiment

◈ CONTR. : en principe, spéculativement, théoriquement

POSITIVISME n.m. agnosticisme, relativisme

◈ CONTR. → IDÉALISME

POSSÉDANT, E I. → RICHE **II.** → PROPRIÉTAIRE

POSSÉDÉ, E nom et adj. **I.** → ÉNERGUMÈNE **II.** → FURIEUX

POSSÉDER I. → AVOIR **II.** → JOUIR **III.** → CONNAÎTRE **IV.** → TROMPER **V. v. pron.** → VAINCRE (SE)

POSSESSEUR n.m. → PROPRIÉTAIRE

POSSESSIF, IVE I. captatif, exclusif → INTOLÉRANT **II.** → ÉGOÏSTE

◈ CONTR. → INDIFFÉRENT

POSSESSION n.f. **I. le fait de posséder :** acquisition, appartenance, appropriation, détention, disposition, installation, jouissance, maîtrise, occupation, propriété, recel (péj.), richesse, usage **II. l'objet :** avoir, bien, colonie, conquête, domaine, établissement, fief, immeuble, propriété, territoire – **vx :** apanage, douaire, tenure

◈ CONTR. **I.** → CONFISCATION **II.** → PRIVATION

POSSESSIVITÉ n.f. → ACQUISIVITÉ

POSSIBILITÉ n.f. **I. de quelque chose :** alternative, applicabilité (jurid.), cas, chance, crédibilité, éventualité, faisabilité, viabilité, vraisemblance **II. pour quelqu'un :** crédit, créneau, droit, facilité, faculté, liberté, licence, loisir, moyen, occasion, potentialité, pouvoir, virtualité

◈ CONTR. **I.** → IMPUISSANCE **II.** → DIFFICULTÉ

POSSIBLE acceptable, accessible, admissible, affrontable, alliable, allouable, assemblable, attirable, attrapable, augmentable, avalable, buvable (fam.), commode, compatible, concevable, conciliable, contingent, convenable, crédible, décidable, envisageable, éventuel, facile, faisable, futur, gagnable, mariable, permis, potentiel, prévisible, probable, réalisable, résoluble, sortable, supportable, virtuel, vivable, vraisemblable → PRATICABLE

◈ CONTR. **I.** → IMPOSSIBLE **II.** → IMPRATICABLE

POSTE n.f. **I.** auberge, étape, relais **II.** courrier, P.T.T

POSTE n.m. **I.** affût, antenne, avant-poste, observatoire, préside, titre (vén.), vigie **II.** charge, emploi, fonction, responsabilité **III. 1. POSTE DE PILOTAGE :** gouvernes, habitacle **2. POSTE D'ESSENCE :** distributeur, pompe, station-service **3. POSTE DE SECOURS :** ambulance, antenne chirurgicale **4. POSTE DE RADIO, DE TÉLÉVISION :** appareil, récepteur, T.S.F. (vx)

POSTER aposter, embusquer, établir, installer, loger, mettre à l'affût/ en place/ en poste, placer, planter – **vén. :** attitrer

◈ CONTR. → REMPLACER

POSTÉRIEUR n.m. → FESSIER

POSTÉRIEUR, E consécutif, futur, posthume, ultérieur → SUIVANT

◈ CONTR. **I.** → ANTÉRIEUR **II.** → PRÉALABLE

POSTÉRIEUREMENT → PUIS

POSTÉRITÉ n.f. **I.** collatéraux, agnats/ cognats, descendance, descendants, enfants, épigones, famille, fils, génération future, héritiers, lignée, neveux, race, rejetons, souche, successeurs, surgeon **II.** avenir, futur, immortalité, mémoire

◈ CONTR. → ANCÊTRE

POSTHUME outre-tombe

◈ CONTR. : du vivant

POSTICHE I. adj. : ajouté, artificiel, factice, faux, rapporté **II. n.m. :** chichi, mouche, moumoute (fam.), perruque **III. n.f. :** baliverne, boniment, mensonge, plaisanterie

◈ CONTR. → NATUREL

POSTILLON n.m. **I.** cocher, conducteur **II.** salive

POSTING **écon. off. :** affichage

POST-SCRIPTUM n.m. → NOTE

POST TESTING **audiov. off. :** post-test

POSTULANT, E aspirant, assiégeant, assiégeur, candidat, demandeur, impétrant, poursuivant, prétendant, solliciteur – **péj. :** quémandeur, tapeur

◈ CONTR. → VAINQUEUR

POSTULAT n.m. convention, hypothèse, principe

◈ CONTR. : démonstration, théorème

POSTULER → SOLLICITER

POSTURE n.f. → POSITION

POT n.m. alcarazas, channe (rég.), cruche, jaquelin, jaqueline, jarre, marmite, pichet, poterie, potiche, récipient, terrine, têt (vx), tisanière, toupine, ustensile, vase → BOUILLE

POTABLE I. au pr. : bon, buvable, pur, sain **II. fam. :** acceptable, passable, possible, recevable, valable

POTACHE n.m. → ÉLÈVE

POTAGE n.m. **I. au pr.** : aigue-boulide, bisque, bortsch, bouillon, brouet, chaudeau, chaudrée, concentré, consommé, court-bouillon, garbure, gaspacho, julienne, minestrone, panade, soupe, velouté **II. péj.** : eau de vaisselle, lavasse, lavure **III. vx** : oille, pot

POTAGER n.m. jardin

POT-AU-FEU n.m. **I.** bœuf à la ficelle (par ext.), bœuf bouilli/ gros sel, bouillon gras, olla-podrida, pot, pot-au-rif (arg.), soupe – **vx** : oille, pot-bouille **II.** → POPOTE

POT-DE-VIN n.m. → GRATIFICATION

POTEAU n.m. → PIEU

POTELÉ, E charnu, dodu, gras, grassouillet, gros, plein, poupard, poupin, rebondi, rembourré, rempli, replet, rond, rondelet
◇ CONTR. → MAIGRE

POTENCE n.f. → GIBET

POTENTAT n.m. → MONARQUE

POTENTIALITÉ n.f. → POSSIBILITÉ

POTENTIEL n.m. → FORCE

POTENTIEL, LE adj. → POSSIBLE

POTENTIELLEMENT en → PUISSANCE

POTENTILLE n.f. ansérine, argentéa, argentine, céraiste, faux fraisier, oreille de souris, patte/ pied d'oie/ de pigeon, quintefeuille, tormentille, traînasse

POTERIE n.f. → POT

POTERNE n.f. → PORTE

POTICHE n.f. cache-pot, poterie, vase

POTIER n.m. céramiste, faïencier, porcelainier

POTIN n.m. **I.** → MÉDISANCE **II.** → TAPAGE

POTINER → MÉDIRE

POTION n.f. → REMÈDE

POTIRON n.m. → COURGE

POT-POURRI n.m. → MÉLANGE

POU n.m. argas, lécanie, mélophage, psoque, tique, vermine – **arg.** : go, grenadier, loupaque, morbac, morpion, mousquetaire gris, toto

POUACRE n.m. et adj. **I.** dégoûtant, écœurant, malpropre, puant, répugnant, sale, vilain **II.** → AVARE

POUBELLE n.f. boîte/ caisse/ corbeille/ panier/ sac à → ORDURE(S)

POUCE n.m. **I. au pr.** : doigt, gros orteil **II. 1. DONNER UN COUP DE POUCE** → AIDER, EXAGÉRER **2. METTRE LES POUCES** → CÉDER **3. SUR LE POUCE** : à la hâte, en vitesse, rapidement

POUCETTES n.f. pl. → MENOTTES

POUDRE n.f. **I.** → POUSSIÈRE **II.** → EXPLOSIF **III. 1. JETER DE LA POUDRE AUX YEUX** → IMPRESSIONNER **2. METTRE EN POUDRE** → DÉTRUIRE

POUDRER couvrir, enfariner, farder, garnir, recouvrir, saupoudrer
◇ CONTR. → HUMECTER

POUDREUSE n.f. **I.** coiffeuse, table à toilette **II.** pulvérisateur, soufreuse

POUDREUX, EUSE cendreux, poussiéreux, sablonneux
◇ CONTR. → HUMIDE

POUDROYER → LUIRE

POUFFER → RIRE

POUILLES n.f. pl. **I.** → INJURES **II. CHANTER POUILLES** : engueuler (fam.), gronder, injurier, invectiver, quereller, réprimander

POUILLEUX, EUSE I. vermineux **II.** → MISÉRABLE

POULAILLER n.m. **I.** basse-cour, cabane/ cage/ toit à poules, couvoir, volière **II.** → PARADIS

POULAIN n.m. → CHEVAL

POULE n.f. **I. au pr. 1.** cocotte (fam.), gallinacé, géline (vx), poularde, poulet, poulette **2. poule sauvage** : faisane, gelinotte, perdrix, pintade **3. POULE D'EAU** foulque, gallinule, porphyrion, sultane **4. POULE MOUILLÉE** → POLTRON **II. fig.** : cocotte, fille → PROSTITUÉE **III.** compétition, enjeu, jeu, mise

POULET n.m. **I. au pr.** : chapon, coq, poulette, poussin → POULE **II. fig.** → LETTRE

POULICHE n.f. → JUMENT

POULIE n.f. → TREUIL

POULPE n.m. pieuvre → POLYPE

POULS n.m. **I. au pr.** : battements du cœur **II. TÂTER LE POULS** → SONDER

POUMON n.m. **I. par ext.** : bronches, poitrine **II. arg.** : éponges **III. boucherie** : foie blanc, mou

POUPARD, E I. nom → BÉBÉ **II. adj.** : charnu, coloré, dodu, frais, gras, grassouillet, gros, joufflu, plein, potelé, poupin, rebondi, rembourré, rempli, replet, rond, rondelet
◇ CONTR. → MAIGRE

POUPART n.m. → CRABE

POUPE n.f. acrostole, arrière, château, étambot
◇ CONTR. → PROUE

POUPÉE n.f. **I. au pr.** : baigneur, bébé, poupard, poupon **II. par ext.** : figurine, mannequin **III. fig. 1.** pansement **2.** étoupe, filasse **3. techn.** : mâchoire, mandrin

POUPIN, E → POUPARD

POUPON n.m. → BÉBÉ

POUPONNER I. → SOIGNER **II.** cajoler, dorloter, materner

POUPONNIÈRE n.f. → NURSERY

POUR I. à la place de, au prix de, contre, en échange de, moyennant **II.** comme, en fait/ en guise de/ en manière de/ en tant que **III.** en ce qui est de, quant à **IV.** à, à destination/ en direction de, vers **V.** pendant **VI.** à, à l'égard de, en faveur de, envers **VII. 1. REMÈDE POUR :** contre **2. ÊTRE POUR :** en faveur/ du côté/ du parti de **VIII. suivi de l'inf. :** afin de, à l'effet de, de manière à, en vue de

◇ CONTR. → CONTRE

POURBOIRE n.m. → GRATIFICATION

POURCEAU n.m. → PORC

POURCENTAGE n.m. intérêt, marge, rapport, tantième, taux

◇ CONTR. → FIXE

POURCHASSER → POURSUIVRE

POURFENDEUR n.m. **I.** → BRAVACHE **II.** → ADVERSAIRE

POURFENDRE I. → ATTAQUER **II.** → BLÂMER

POURLÉCHER I. → LÉCHER **II. v. pron. :** → RÉGALER (SE)

POURPARLER n.m. conférence, conversation, échange de vues, négociation, tractation

◇ CONTR. → RUPTURE

POURPOINT n.m. casaque, justaucorps

POURPRE I. adj. → ROUGE **II. nom. 1. masc.** → ROUGEUR **2. fém.** cardinalat, dignité cardinalice/ impériale/ souveraine/ suprême, royauté

POURQUOI I. adv. interrog. : à quel propos/ sujet, pour quelle cause/ raison, pour quel motif, dans quelle intention **II. loc. conj. :** aussi, c'est pour cela/ ce motif/ cette raison, c'est pourquoi, conséquemment, en conséquence, subséquemment (vx)

POURRI, E I. au pr. : abîmé, altéré, avancé, avarié, blet, corrompu, croupi, décomposé, détérioré, faisandé, gâté, heudri (vx), ichoreux, moisi, naze (arg.), piqué, putréfié, putride, rance, sanieux **II. fig. :** compromis, contaminé, corrompu, dégradé, dévalorisé, dévalué, gangrené, malsain, perdu, taré, vil → MALHONNÊTE

◇ CONTR. **I.** → PUR **II.** → MANGEABLE **III.** → SAIN **IV.** → HONNÊTE

POURRIR I. v. intr. : s'abîmer, s'altérer, s'avarier, blettir, chancir, se corrompre, croupir, se décomposer, se détériorer, se faisander, se gâter, moisir, se piquer, se putréfier, rancir, tomber en pourriture *et les syn. de* pourriture, tourner **II. v. tr. :** abîmer, ava-

rier, contaminer, désagréger, gâter, infecter, ronger **III. vx :** camousser, heurdrir

◇ CONTR. **I.** → CONSERVER **II.** → AMÉLIORER

POURRITURE n.f. **I. au pr. 1.** altération, blettisme, blettissement, blettissure, contamination, corruption, croupissement, décomposition, détérioration, malandre, moisissement, moisissure, pourrissement, purulence, putréfaction, putridité, rancissement, rancissure **2.** → ORDURE **II. par ext. 1. au pr. et fig. :** carie, gangrène **2. fig. :** concussion, corruption

◇ CONTR. **I.** → PURETÉ **II.** → HONNÊTETÉ

POURSUITE n.f. **I. au pr. :** chasse, course, harcèlement, pourchas (vx), quête, recherche, talonnement, traque **II. jurid. :** accusation, action, assignation, démarche, intimation, procédure, procès **III. par ext. :** continuation, reprise

◇ CONTR. → CESSATION

POURSUIVRE I. au pr. : 1. chasser, courir, donner la chasse, foncer sur, forcer, harceler, importuner, pourchasser, presser, relancer, serrer, suivre, talonner, traquer **2. fam. :** courser, être aux trousses **3. vén. :** courre, forlancer, rembucher **II. fig. 1. non fav. :** aboyer/ s'acharner contre, accuser, actionner contre, hanter, obséder, persécuter, taler, tanner, tourmenter **2. fav. ou neutre :** aspirer à, briguer, prétendre à, rechercher, solliciter **III. par ext. :** aller, conduire/ mener à son terme, continuer, passer outre/ son chemin, persévérer, pousser, soutenir l'effort **IV. v. pron. :** continuer, durer *et les formes pron. possibles des syn. de* poursuivre

◇ CONTR. **I.** → FUIR **II.** → COMMENCER **III.** → CESSER

POURTANT cependant, mais, néanmoins, pour autant, toutefois

◇ CONTR. → REVANCHE (EN)

POURTOUR n.m. ambitus, bord, ceinture, cercle, circonférence, circuit, contour, extérieur, périmètre, périphérie, tour

◇ CONTR. → CENTRE

POURVOI n.m. action, appel, pétition, recours, requête, révision, supplique

◇ CONTR. → RENONCEMENT

POURVOIR I. v. intr. : assurer, aviser à, défrayer, entretenir, faire face/ parer/ subvenir/ suffire à, pallier (trans.) **II. v. tr. :** alimenter, approvisionner, armer, assortir, avitailler, donner, doter, douer, équiper, établir, fournir, garnir, gratifier, investir, lester, mettre en possession, munir, nantir, orner, outiller, procurer, recharger, revêtir, subvenir, suppléer – **mar. :** accastiller, aiguer, amariner, charbonner (vx), gréer **III. vx :** amunitionner, apanager **IV. v. pron. :**

1. s'approvisionner, se monter, se munir 2. avoir recours, se porter, recourir

◇ CONTR. **I.** → DÉMUNIR **II.** → DÉPOSSÉDER

POURVOYEUR, EUSE alimentateur, commanditaire, fournisseur, servant

◇ CONTR. → BÉNÉFICIAIRE

POURVU, E → FOURNI

POURVU QUE à condition de/ que, à supposer/ espérons/ il suffit que, si

POUSSAH n.m. **I.** → MAGOT **II.** → GROS

POUSSE n.f. accru, bouture, branche, brin, brout, drageon, germe, gourmand, jet, marcotte, provin, recrû, rejet, rejeton, revenue, scion, surgeon, talle, tendron, turion → BOURGEON

POUSSE-CAFÉ n.m. alcool, armagnac, cognac, digestif, eau-de-vie, liqueur, marc, rhum, tafia

POUSSÉE n.f. **I. au pr.** : bourrade, coup, élan, épaulée, impulsion, pression, propulsion **II. par ext. 1. de la foule** : bousculade, cohue, presse **2. méd.** : accès, aggravation, augmentation, crise, éruption, montée **3. arch.** : charge, masse, pesée, poids, résistance

POUSSER I. v. tr. 1. au pr. : abaisser, baisser, balayer, bourrer, bousculer, bouter (vx), chasser, culbuter, déséquilibrer, drosser (mar.), éloigner, enfoncer, esbalancer (mérid.), faire → TOMBER, heurter, jeter hors, lancer, projeter, propulser, refouler, rejeter, renvoyer, repousser, souffler **2. fig.** : aider, aiguillonner, animer, attirer, conduire, conseiller, contraindre, décider, déterminer, diriger, disposer, embarquer, emporter, encourager, engager, entraîner, exciter, faire agir, favoriser, inciter, incliner, induire, instiguer, inviter, porter, solliciter, stimuler, tenter **3. une action** : accentuer, accroître, approfondir, augmenter, développer, faire durer, forcer, prolonger **4. le feu** : attiser, augmenter, forcer **5. un cri** : crier, émettre, faire, jeter, proférer **6. un soupir** : exhaler, lâcher **II. v. intr. 1.** aller, avancer, se porter **2.** croître, se développer, grandir, poindre, pointer, pulluler, sortir, venir **III. v. pron.** : avancer, conquérir, se lancer, se mettre en avant/ en vedette

◇ CONTR. **I.** → IMMOBILISER **II.** → TIRER **III.** → DÉTOURNER **IV.** → EMPÊCHER

POUSSIÈRE n.f. balayure, cendre, débris, détritus, escarbille, ordures, pollen (bot.), restes – **vx** : calambour, poudre

◇ CONTR. → PROPRETÉ

POUSSIÉREUX, EUSE I. au pr. : gris, poudreux, sale **II. par ext.** : ancien, archaïque, démodé, vétuste, vieilli, vieillot, vieux, vieux jeu

◇ CONTR. → PROPRE

POUSSIF, IVE asthmatique, catharreux, dyspnéique, époumoné, essoufflé, haletant, lent, lourd, palpitant, pantelant

◇ CONTR. → VIF

POUSSIN n.m. → POULET

POUSSIVEMENT difficilement, lentement, lourdement, péniblement

◇ CONTR. → VITE

POUTRE n.f. **I. vx** : jument, pouliche **II.** accoinçon *ou* écoinçon, ais, arbalétrier, bastaing, blinde, boulin, chantignolle, chevêtre, chevron, colombage, contrefiche, corbeau, corniche, coyau, croisillon, décharge, entrait, entretoise, étançon, faîtage, ferme, flèche, jambage, jambe, jambette, lambourde, lierne, linteau, longeron, longrine, madrier, noue, noulet, palplanche, panne, poinçon, poitrail, poteau, potelet, sablière, solive, tasseau, tournisse – **mar.** : barrot, bau, bauquière, bout-dehors, brion, carlingue, courbe, espar, quille, vaigre, varangue → MÂT

POUTURE n.f. → NOURRITURE

POUVOIR être apte/ à même de/ à portée de/ capable/ en mesure/ en situation/ susceptible de, avoir la capacité/ le droit/ la latitude/ la licence/ la permission/ la possibilité de, savoir

◇ CONTR. : être → IMPUISSANT/ INCAPABLE

POUVOIR n.m. **I. qualité de quelqu'un 1.** aptitude, art, ascendant, autorité, capacité, charme, crédit, don, empire, faculté, habileté, influence, maîtrise, possession, possibilité, puissance, valeur **2.** aura, mana **II. de faire quelque chose** : droit, latitude, liberté, licence, permission possibilité **III. jurid.** : attribution, capacité, commission, délégation, droit, juridiction, mandat, mission, procuration **IV. sous le pouvoir de** : coupe, dépendance, disposition, emprise, férule, influence, main, patte **V. polit.** : administration, autorité, commandement, État, gouvernement, puissance, régime

◇ CONTR. **I.** → IMPUISSANCE **II.** → INCAPACITÉ

POWER MODULE/ UNIT spat. off. : bloc de puissance

PRAGMATIQUE → PRATIQUE

PRAIRIE n.f. alpage, champ, herbage, lande, noue, pacage, pampa, pâtis, pâture, pré, savane, steppe, toundra → PÂTURAGE

PRATICABLE I. adj. 1. → POSSIBLE **2.** accessible, allabe *ou* allable (québ.), carrossable, franchissable **II. n.m. 1.** → DÉCOR **2.** → ÉCHAUFAUD

PRATICIEN, NE clinicien, chirurgien, exécutant, médecin traitant

◇ CONTR. : chercheur, spécialiste, théoricien

PRATIQUANT, E I. → RELIGIEUX **II.** → FIDÈLE

PRATIQUE I. adj. : 1. adapté, applicable, astucieux (fam.), commode, efficace, exécutable, facile, faisable, fonctionnel, ingénieux, logeable, maniable, possible, praticable, profitable, réalisable, utile, utilisable, utilitaire **2.** opératif, positif, pragmatique, réaliste **II. n.f. 1.** achalandage, acheteur, acquéreur, client, clientèle, fidèle, fréquentation, habitué **2. relig. les personnes :** assistance, fidèle, ouaille, paroissien, pratiquant **3.** accomplissement, acte, action, activité(s), agissement(s), application, conduite, connaissance, coutume, exécution, exercice, expérimentation, expérience, façon d'agir, familiarisation, familiarité, habitude, mode, procédé, procédure, routine, savoir, savoir-faire, usage, vogue **4. relig. le fait de pratiquer :** culte, dévotion, dulie, exercice, latrie, observance **5. philos. :** poïeutique, praxis **6.** → MÉTHODE

◇ CONTR. **I.** → EMBARRASSANT **II.** → DIFFICILE **III.** → ABSTRAIT **IV.** → SENSIBLE

PRATIQUEMENT I. → RÉELLEMENT **II.** de façon → PRATIQUE *et les dérivés possibles en* -ment *des syn. de* pratique

PRATIQUER I. accomplir, adopter, connaître, cultiver, employer, s'entraîner à, éprouver, exécuter, exercer, expérimenter, faire, jouer, se livrer à, procéder à, utiliser **II. par ext. 1.** ménager, ouvrir **2.** s'appliquer à, garder, mettre en application/ en œuvre/ en pratique, observer, professer, suivre **3.** fréquenter, hanter, visiter, voir

◇ CONTR. **I.** → ABSTENIR (S') **II.** → DÉLAISSER **III.** → MÉCONNAÎTRE

PRÉ n.m. → PRAIRIE

PRÉALABLE I. adj. : antérieur, exploratoire, premier, préparatoire, primitif **II. n.m. :** antécédent, condition, préalable, préavis, précaution, préliminaire → PRÉAMBULE **III. AU PRÉALABLE :** d'abord, auparavant, avant, préalablement

◇ CONTR. **I.** → POSTÉRIEUR **II.** → SUCCESSIF

PRÉALABLEMENT → PRÉALABLE (AU)

PRÉAMBULE n.m. avant-propos, avertissement, avis, commencement, début, entrée en matière, exorde, exposition, introduction, liminaire, préalable, préface, préliminaire, prélude, prolégomène, prologue

◇ CONTR. → CONCLUSION

PRÉAU n.m. abri, cour, couvert, gymnase

PRÉAVIS n.m. avertissement, congé, délai, signification

PRÉBENDE n.f. bénéfice, part/ portion congrue, profit, revenu, royalties → SINÉCURE

◇ CONTR. → CHARGE

PRÉBENDIER n.m. **par ext.** → PROFITEUR

PRÉCAIRE aléatoire, amissible, amovible, annihilable, annulable, attaquable, chancelant, court, éphémère, fragile, fugace, incertain, instable, menacé, passager, peu → SOLIDE, provisoire, résiliable, résoluble, révocable, transitoire

◇ CONTR. **I.** → DURABLE **II.** → SOLIDE

PRÉCAIREMENT de façon → PRÉCAIRE *et les dérivés possibles en* -ment *des syn. de* précaire

PRÉCARITÉ n.f. amissibilité, amovibilité, brièveté, fragilité, fugacité, incertitude, instabilité, révocabilité

◇ CONTR. **I.** → DURABILITÉ **II.** → SOLIDITÉ

PRÉCAUTION n.f. **I. au pr. :** action préventive, disposition, filtrage, garantie, mesure, prévention, prophylaxie, vérification **II. la manière d'agir :** attention, circonspection, détour, diplomatie, discrétion, économie, ménagement, prévoyance, prudence, réserve

◇ CONTR. **I.** → IMPRUDENCE **II.** → INSOUCIANCE

PRÉCAUTIONNER (SE) s'armer, s'assurer, se garder, se mettre en garde, se prémunir – **fam. :** se garder à carreau, veiller au grain

◇ CONTR. : être → IMPRÉVOYANT

PRÉCAUTIONNEUX, EUSE I. → PRUDENT **II.** attentif, minutieux, prévenant, soigneux

◇ CONTR. **I.** → IMPRUDENT **II.** → INSOUCIANT

PRÉCÉDEMMENT antérieurement, auparavant, ci-devant (vx)

◇ CONTR. → PUIS

PRÉCÉDENT, E I. adj. : antécédent, antéposé, antérieur, citérieur, devancier, précurseur, prédécesseur **II. n.m. :** analogie, exemple, fait analogue/ antérieur, référence

◇ CONTR. → SUIVANT

PRÉCÉDER annoncer, antéposer, dépasser, devancer, diriger, distancer, marcher devant, passer, placer devant, prendre les devants/ le pas, prévenir

◇ CONTR. → SUIVRE

PRÉCEPTE n.m. aphorisme, apophtegme, commandement, conseil, dogme, enseignement, formule, instruction, leçon, loi, maxime, morale, opinion, prescription, principe, proposition, recette, recommandation, règle

PRÉCEPTEUR, TRICE éducateur, gouvernante, instituteur, instructeur, maître, pédagogue, préfet des études, professeur, répétiteur – **vx :** gouverneur, régent

◇ CONTR. → ÉLÈVE

PRÊCHE n.m. discours, homélie, instruction, prône → SERMON

PRÊCHER annoncer, catéchiser, conseiller, enseigner, évangéliser, exhorter, instruire, moraliser, préconiser, prôner, prononcer un sermon, recommander, remontrer, sermonner
◊ CONTR. → TAIRE

PRÊCHEUR n.m. → ORATEUR

PRÉCIEUSEMENT de façon → PRÉCIEUX *et les dérivés possibles en* -ment *des syn. de* précieux

PRÉCIEUX, EUSE I. **quelque chose** : avantageux, beau, bon, cher, inappréciable, inestimable, introuvable, irremplaçable, parfait, rare, riche, utile II. **quelqu'un. 1. fav.** : compétent, efficace, important, utile 2. affecté, difficile, efféminé, emprunté, maniéré III. **litt.** : affecté, affété, choisi, emphatique, galant, gandin, maniéré, mignard, muscadin, musqué, puriste, quintessencié, recherché
◊ CONTR. I. → COMMUN II. → SIMPLE

PRÉCIOSITÉ n.f. affectation, afféterie, byzantinisme, concetti, cultisme, entortillage, euphuisme, galanterie, gongorisme, manière, maniérisme, marinisme, marivaudage, mignardise, purisme, raffinement, recherche, sophistication, subtilité
◊ CONTR. → SIMPLICITÉ

PRÉCIPICE n.m. I. **au pr.** : abîme, anfractuosité, aven, cavité, crevasse, gouffre II. **fig.** : catastrophe, danger, désastre, malheur, ruine
◊ CONTR. I. → HAUTEUR II. → SÉCURITÉ

PRÉCIPITAMMENT à la va-vite, brusquement, dare-dare, en courant, en vitesse, à fond de train, rapidement → VITE - **vx** : à boule vue, à vau-de-route
◊ CONTR. I. → DOUCEMENT II. → LÉGÈREMENT

PRÉCIPITATION n.f. I. affolement, brusquerie, empressement, engouffrement, fougue, frénésie, impatience, impétuosité, irréflexion, légèreté, pagaïe, panique, presse, promptitude, rapidité, soudaineté, violence, vitesse, vivacité II. brouillard, chute d'eau/ de grêle/ de neige/ de → PLUIE III. **chimie** : agglutination, arborisation, concrétion, cristallisation, floculation
◊ CONTR. I. → PRUDENCE II. → ATTENTION III. → SÉCHERESSE IV. dissolution

PRÉCIPITÉ, E I. **adj. 1.** → HÂTIF **2.** → HALETANT II. **n.m.** → DÉPÔT

PRÉCIPITER I. **au pr.** : anéantir, faire tomber, jeter, pousser, ruiner II. **par ext.** : accélérer, avancer, bâcler, bousculer, brusquer, dépêcher, expédier, forcer, hâter, pousser, presser, trousser III. **v. pron.** : s'abattre, accourir, s'agiter, assaillir, courir, se dépêcher, dévaler, s'élancer, embrasser, s'empresser,

s'engouffrer, entrer, foncer, fondre, se hâter, se lancer, piquer une tête, piquer/ tomber sur
◊ CONTR. I. → MODÉRER II. → RETARDER III. → ATTENDRE

PRÉCIS n.m. abrégé, aide-mémoire, analyse, code, codex, compendium, épitomé, résumé, sommaire, vademecum
◊ CONTR. : encyclopédie, somme, thèse

PRÉCIS, E I. abrégé, absolu, bref, catégorique, certain, clair, concis, congru, court, défini, détaillé, déterminé, développé, distinct, exact, explicite, exprès, fixe, formel, fort, franc, géométrique, juste, mathématique, net, particulier, pile, pointu, ponctuel, raccourci, ramassé, réduit, résumé, rigoureux, serré, sommaire, sonnant, tapant
◊ CONTR. I. → AMBIGU II. → VAGUE

PRÉCISÉMENT I. à proprement parler, exactement, justement, oui certes II. avec → PRÉCISION
◊ CONTR. : ambigument, approximativement, confusément, environ, vaguement

PRÉCISER I. abréger, clarifier, définir, détailler, déterminer, distinguer, donner corps, énoncer, établir, expliciter, expliquer, fixer, particulariser, raccourcir, ramasser, réduire, résumer, serrer, souligner, spécifier II. **v. pron.** : se caractériser, se dessiner *et les formes pron. possibles des syn. de* préciser
◊ CONTR. I. → DÉVELOPPER II. → EFFLEURER

PRÉCISION n.f. I. **au sing. 1.** caractérisation, certitude, clarté, concision, définition, détermination, exactitude, justesse, mesure, méticulosité, netteté, rigueur, sûreté **2.** compas (dans l'œil) → HABILETÉ II. **au pl.** : constat, compte rendu, détails, développement, explication, faits, information, procès-verbal, rapport
◊ CONTR. I. → CONFUSION II. → AMBIGUÏTÉ III. → INCERTITUDE

PRÉCOCE I. avancé, averti, dégourdi, déluré, dessalé (fam.), éveillé, informé, initié II. surdoué, vif → INTELLIGENT III. → HÂTIF
◊ CONTR. → RETARDÉ

PRÉCOCEMENT avec → PRÉCOCITÉ, de façon → PRÉCOCE *et les dérivés possibles en* -ment *des syn. de* hâtif

PRÉCOCITÉ n.f. avance, hâte, rapidité
◊ CONTR. → RETARD

PRÉCOMPTE n.m. → RETENUE

PRÉCOMPTER → RETENIR

PRÉCONÇU, E anticipé, préétabli, préjugé
◊ CONTR. : déduit, mûri, pensé, pesé

PRÉCONISER I. → LOUER II. → RECOMMANDER

PRÉCURSEUR n.m. et adj. masc. **I.** ancêtre, antécesseur, devancier, fourrier, initiateur, inventeur, messager, prédécesseur, prophète **II.** annonciateur, avant-coureur, prémonitoire, prodromique (méd.)
◇ CONTR. → SUCCESSEUR

PRÉDATEUR n.m. et adj. masc. destructeur, nuisible, pillard
◇ CONTR. **I.** → UTILE **II.** → PROIE

PRÉDATION n.f. **I.** → PILLAGE **II.** → DESTRUCTION

PRÉDÉCESSEUR n.m. **I. au sing.** → PRÉCURSEUR **II. au pl.** → ANCÊTRES

PRÉDESTINATION n.f. → PRÉDISPOSITION

PRÉDESTINÉ, E → VOUÉ

PRÉDESTINER appeler, décider, destiner, distinguer, élire, fixer d'avance, marquer, protéger, réserver, vouer
◇ CONTR. → EMPÊCHER

PRÉDICANT n.m. **I.** → MINISTRE **II.** → PRÉDICATEUR **III.** → ORATEUR

PRÉDICAT n.m. **I.** attribut, proposition, qualité **II. scholastique** : accident, différence, espèce, genre, propre
◇ CONTR. : sujet, thème

PRÉDICATEUR n.m. agadiste, apôtre, doctrinaire, imam, missionnaire, orateur sacré, prêcheur, prédicant, sermonnaire (péj.)
◇ CONTR. **I.** → FIDÈLE **II.** → PUBLIC

PRÉDICATIF, IVE apodictique, attributif, catégorique, qualificatif

PRÉDICATION n.f. → SERMON

PRÉDICTION n.f. annonce, annonciation, ariolation (vx), augure, avenir, bonne aventure, conjecture, divination, horoscope, oracle, présage, prévision, promesse, pronostic, prophétie, vaticination
◇ CONTR. → SOUVENIR

PRÉDILECTION n.f. affection, faiblesse, faveur, goût, préférence
◇ CONTR. → RÉPUGNANCE

PRÉDIRE annoncer, augurer, conjecturer, deviner, dévoiler, dire l'avenir/ la bonne aventure, présager, prévoir, promettre, pronostiquer, prophétiser, vaticiner
◇ CONTR. → SOUVENIR (SE)

PRÉDISPOSER amadouer, amener, incliner, mettre en condition/ en disposition, préparer
◇ CONTR. → PRÉVENIR

PRÉDISPOSITION n.f. aptitude, atavisme, condition, déterminisme, disposition, hérédité, inclination, penchant, prédestination, prédétermination, tendance, terrain favorable
◇ CONTR. → PRÉVENTION

PRÉDOMINANCE n.f. avantage, dessus, précellence, prééminence, préexcellence, préférence, prépondérance, primauté, supériorité, suprématie
◇ CONTR. → INFÉRIORITÉ

PRÉDOMINANT, E → PRINCIPAL

PRÉDOMINER avoir l'avantage/ la prédominance et les syn. de prédominance, être le plus important et les syn. de important, l'emporter sur, exceller, prévaloir, régner
◇ CONTR. → SUBIR

PRÉÉMINENCE n.f. → PRÉDOMINANCE

PRÉÉMINENT, E → SUPÉRIEUR

PRÉEMPTION n.f. préférence, priorité, privilège

PRÉEXCELLENCE n.f. précellence → PRÉDOMINANCE

PRÉEXISTANT, E → ANTÉRIEUR

PRÉEXISTENCE n.f. antériorité → ANCIENNETÉ

PRÉFACE n.f. argument, avant-propos, avertissement, avis/ discours préliminaire, exorde, introduction, liminaire, notice, préambule, préliminaire, présentation, prolégomènes, prologue – vx : isagoge, prodrome, proème
◇ CONTR. → CONCLUSION

PRÉFACER → PRÉSENTER

PRÉFECTURE n.f. chef-lieu, département

PRÉFÉRABLE meilleur, mieux, supérieur
◇ CONTR. → PIRE

PRÉFÉRABLEMENT de/ par préférence, plutôt, préférentiellement
◇ CONTR. : sans préférence pour

PRÉFÉRÉ, E attitré, choisi, chou-chou (fam.), favori, privilégié
◇ CONTR. : brimé, délaissé, détesté

PRÉFÉRENCE n.f. **I. pour quelqu'un** : acception (vx), acceptation, affection, attirance, choix, élection, faible, faiblesse, favoritisme, partialité, prédilection **II. pour quelque chose** : avantage, choix, option, privilège
◇ CONTR. **I.** → ÉLOIGNEMENT **II.** → RÉPUGNANCE

PRÉFÉRENTIEL, LE choisi, de faveur, privilégié, spécial, spécifique
◇ CONTR. **I.** → ÉGAL **II.** → REFUSÉ

PRÉFÉRENTIELLEMENT → PRÉFÉRABLEMENT

PRÉFÉRER adopter, affectionner, aimer mieux, avoir une préférence et les syn. de préférence, chérir, choisir, considérer comme meilleur, distinguer, estimer le plus, incliner/ pencher en faveur de/ pour, prédilectionner

◇ CONTR. → REPOUSSER

PRÉFET n.m. commissaire de la République, igame

PRÉFIGURER → PRÉSAGER

PRÉHISTOIRE n.f. **I.** archéologie, paléontologie, protohistoire **II.** mésolithique, néolithique, paléolithique

PRÉHISTORIQUE I. → PRÉHISTOIRE **II. par ext. (fam.)** : ancien, antédiluvien, démodé, suranné

PRÉJUDICE n.m. atteinte, dam, désagrément, désavantage, détriment, dommage, inconvénient, injustice, lésion, mal, méfait, nocuité, perte, tort

◇ CONTR. **I.** → BÉNÉFICE **II.** → AIDE

PRÉJUDICIABLE attentatoire, dommageable, funeste, malfaisant, malheureux, nocif, nuisible

◇ CONTR. **I.** → BÉNÉFIQUE **II.** → PROFITABLE

PRÉJUDICIER blesser, nuire, porter préjudice *et les syn. de* préjudice

◇ CONTR. **I.** → BÉNÉFICIER **II.** → PROFITER **III.** → AIDER

PRÉJUGÉ n.m. a priori, erreur, idée/ opinion préconçue/ toute faite, jugement préconçu/ téméraire, œillère, opinion préconçue/ toute faite, parti pris, passion, préconception, préoccupation (vx), prévention, supposition

◇ CONTR. **I.** liberté de → PENSER **II.** → ESPRIT

PRÉJUGER → PRÉSAGER

PRÉLART n.m. bâche, toile

PRÉLASSER (SE) s'abandonner, se camper, se carrer, se détendre, se goberger (fam.), se laisser aller, pontifier, se relaxer, se reposer, trôner, se vautrer (péj.)

◇ CONTR. → ACTIVER (s')

PRÉLAT archevêque, cardinal, dignitaire, évêque, monseigneur, monsignore, nonce, patriarche, pontife, primat, prince de l'Église, protonotaire apostolique, vicaire général

PRÉLÈVEMENT n.m. **I. au pr.** : coupe, paracentèse, ponction, prise **II. par ext** : confiscation, contribution, dîme, impôt, précompte, réquisition, retenue, retrait, saignée, saisie, soustraction

◇ CONTR. **I.** → AJOUT **II.** → DON

PRÉLEVER couper, détacher, enlever, extraire, imposer, lever, ôter, percevoir, ponctionner, précompter, rafler, réquisitionner, retenir, retrancher, rogner, saisir, soustraire

→ PRENDRE

◇ CONTR. **I.** → AJOUTER **II.** → DONNER

PRÉLIMINAIRE n.m. et adj. avant-propos, avertissement, avis, commencement, contacts, essai, exorde, introduction, jalon, liminaire, préambule, préface, prélude, présentation, prodrome (vx), prologue

◇ CONTR. → CONCLUSION

PRÉLUDE n.m. **I. au pr.** : ouverture, prologue, protase **II. par ext.** → PRÉLIMINAIRE **III. fig.** : annonce, avant-coureur, avant-goût, commencement, lever

◇ CONTR. → BOUQUET

PRÉLUDER annoncer, commencer, essayer, s'exercer, improviser, se préparer

◇ CONTR. → CONCLURE

PRÉMATURÉ, E I. anticipé, avancé, avant terme **II.** hâtif, précoce, rapide

◇ CONTR. → LENT

PRÉMATURÉMENT avant terme, en avance, de façon → PRÉMATURÉ *et les dérivés possibles en* -ment *des syn. de* prématuré

PRÉMÉDITATION n.f. arrière-pensée, calcul → PROJET

PRÉMÉDITÉ, E → INTENTIONNEL

PRÉMÉDITER calculer, étudier, méditer, préparer, projeter, réfléchir

◇ CONTR. : agir sans → PRÉMÉDITATION

PRÉMICES n.f. pl. avant-goût, commencement, début, genèse, origine, primeur, principe

◇ CONTR. **I.** → FIN **II.** → RÉSULTAT

PREMIER, ÈRE I. adj. 1. au pr. : antérieur, initial, liminaire, originaire, original, originel, préoriginal, prime, primerain (vx), primitif, principe, prochain **2. par ext.** : capital, dominant, en tête, indispensable, meilleur, nécessaire, prépondérant, primordial, principal, supérieur **II. nom. 1.** aîné, ancêtre, auteur, initiateur, introducteur, inventeur, pionnier, premier-né, promoteur **2. arg. scol.** : cacique, major

◇ CONTR. → DERNIER

PREMIÈREMENT d'abord, avant tout, avant toute chose, en premier, en premier lieu, primo

◇ CONTR. **I.** → ENFIN **II.** → PUIS

PRÉMISSE n.f. affirmation, axiome, commencement, hypothèse, proposition

◇ CONTR. → CONSÉQUENCE

PRÉMONITION n.f. → PRESSENTIMENT

PRÉMONITOIRE → PRÉCURSEUR

PRÉMUNIR I. armer, avertir, garantir, munir, préserver, protéger, vacciner **II. pron.** : se garder, se garer, se précautionner *et les*

formes pron. possibles des syn. de prémunir
◇ CONTR. **I.** → DISSIMULER **II.** → DÉMUNIR
PRÉMUNITION n.f. → VACCIN
PRENANT, E fig. : attachant, captivant, charmant, émouvant, intéressant, passionnant, pathétique
◇ CONTR. → ENNUYEUX
PRENDRE I. au pr. 1. neutre : atteindre, attraper, étreindre, saisir, tenir **2. par ext. – non fav. :** accaparer, agripper, s'approprier, arracher, s'attribuer, confisquer, écumer, s'emparer de, empoigner, emporter, enlever, garder, intercepter, mettre l'embargo sur, ôter, rafler, ramasser, ravir, récolter, retirer, soustraire, soutirer → VOLER **3. vx :** arraper, aveindre, chausser, gripper **4. arg. ou fam. :** choper, écornifler, goinfrer, griffer, morfler, paumer, rabioter, ratiboiser, ratisser, souffler, sucrer **II. prendre quelque chose de :** extraire, ôter, piocher, puiser, sortir, tirer **III. milit. :** amariner, capturer, coloniser, conquérir, enlever, envahir, forcer, occuper, réduire **IV. on prend quelqu'un. 1. au pr. :** appréhender, arrêter, s'assurer de, attraper, avoir, capturer, ceinturer, colleter, crocher, cueillir, s'emparer de, mettre la main au collet/ dessus, piéger, se saisir de, surprendre **2. arg. ou fam. :** accrocher, agrafer, alpaguer, anschlusser, aquiger, argougner, arquepincer, cannibaliser, chenoper, choper, coincer, cravater, crocheter, cueillir, embarquer, embusquer, empiéger, envelopper, épingler, faire, gripper, harper (vx), harponner, pessigner, piger, pincer, piper, piquer, poisser, ratiboiser, serrer, souffler **3. par ext. :** amadouer, apprivoiser, entortiller, persuader, séduire **V. on prend une nourriture, un remède :** absorber, avaler, boire, consommer *et les syn. de* absorber **VI.** → CHOISIR **VII.** → VÊTIR **VIII.** → CONTRACTER **IX.** → PERCEVOIR **X.** → GELER **XI.** → REGARDER **XII.** → OCCUPER **XIII.** → ENGAGER **XIV. 1. PRENDRE BIEN :** s'accommoder **2. PRENDRE MAL :** se fâcher, interpréter de travers **3. PRENDRE À TÂCHE :** → ENTREPRENDRE **4. PRENDRE LANGUE :** s'aboucher → PARLER **5. PRENDRE PART** → PARTICIPER **6. PRENDRE SUR SOI :** se dominer → CHARGER (SE) **7. PRENDRE POUR UN AUTRE :** confondre, croire, se méprendre, regarder comme, se tromper **8. PRENDRE POUR AIDE :** s'adjoindre, s'associer, s'attacher, embaucher, employer, engager, retenir **9. PRENDRE UNE DIRECTION :** s'embarquer, emprunter, s'engager **10. PRENDRE UN AIR :** adopter, affecter, se donner, se mettre à avoir/ être, pratiquer **11. PRENDRE UN EMPLOI :** embrasser, entrer dans **12. PRENDRE FEMME/ MARI** → MARIER (SE) **13. PRENDRE SON PARTI** → RÉSIGNER (SE) **14. PRENDRE LE RELAIS** → REMPLACER

◇ CONTR. **I.** → ABANDONNER **II.** → DONNER **III.** → JETER **IV.** → PERDRE
PRENDRE À (SE) se mettre à → COMMENCER
PRENEUR, EUSE acheteur, acquéreur, cheptelier, fermier, locataire
◇ CONTR. **I.** → VENDEUR **II.** → PROPRIÉTAIRE
PRÉNOM n.m. nom de baptême, petit nom
PRÉNUPTIAL, E anténuptial
PRÉOCCUPATION n.f. agitation, angoisse, cassement de tête, difficulté, ennui, inquiétude, obsession, occupation, peine, soin, sollicitude, souci, tourment, tracas
◇ CONTR. **I.** → INSOUCIANCE **II.** → REPOS
PRÉOCCUPÉ, E absorbé, abstrait, anxieux, attentif, distrait, inquiet, méditatif, occupé, pensif, songeur, soucieux
◇ CONTR. → TRANQUILLE
PRÉOCCUPER I. absorber, agiter, attacher, chiffonner, donner du souci *et les syn. de* souci, ennuyer, hanter, inquiéter, obséder, tourmenter, tracasser, travailler, trotter dans la tête **II. pron. :** considérer, s'inquiéter de, s'intéresser à, s'occuper de, penser à, se soucier de
◇ CONTR. **I.** → TRANQUILLISER **II.** → DÉSINTÉRESSER (SE)
PREPAID tour. off. : prépayé
PRÉPARATEUR, TRICE assistant, prosecteur → ADJOINT
PRÉPARATIF n.m. appareil (vx), apprêt, arrangement, branle-bas, dispositif, disposition, mesure, précaution, préparation
◇ CONTR. → ACHÈVEMENT
PRÉPARATION n.f. **I. de quelque chose :** appareillage, apprêt, assaisonnement, composition, concoction, confection, façon, habillage, incubation, parage – vx : accommodage, appareil **II. par ext. :** acheminement, arrangement, art, calcul, ébauche, esquisse, étude, introduction, organisation, plan, préméditation, projet, recette **III.** → TRANSITION **IV. de quelqu'un :** aguerrissage (vx), apprentissage, éducation, formation, instruction, stage
◇ CONTR. → ACCOMPLISSEMENT
PRÉPARATION BUILDING nucl. off. : hall d'assemblage
PRÉPARATOIRE → PRÉALABLE
PRÉPARER I. préparer quelque chose. 1. au pr. : accommoder, appareiller, apprêter, arranger, conditionner, disposer, dresser, mettre, organiser, traiter **2. cuisine :** assaisonner, barder, blanchir, brider, chemiser, ciseler, compoter, confire, cuisiner, dégorger, dé-

pouiller, désosser, dresser, ébarber, émincer, émonder, escaloper, farcir, foncer, fricoter, garnir, glacer, habiller, larder, macérer, mariner, mijoter, mitonner, mortifier, moyenner (vx), paner, parer, plumer, trousser, truffer, vider → CUIRE **3. la terre :** amender, ameublir, bêcher, cultiver, déchaumer, défricher, façonner, fumer, herser, labourer, rouler **4. typo :** caler **II. fig. 1. fav. ou neutre :** aplanir, calculer, combiner, concerter, concevoir, déblayer, ébaucher, échafauder, élaborer, étudier, faciliter, former, frayer, méditer, ménager, munir, nourrir, organiser, prédisposer, projeter **2. fam. :** concocter, goupiller, mâcher **3. non fav. :** conspirer, couver, machiner, monter, nouer, ourdir, préméditer, ruminer, tramer **4. un examen :** bachoter (péj.), chiader, piocher, potasser, travailler **5. quelque chose prépare quelque chose :** annoncer, faciliter, présager, produire, provoquer, rendre possible **6. on prépare quelque chose pour quelqu'un :** destiner, emballer, réserver **7. on prépare un effet :** amener, ménager, mettre en scène **8. préparer quelqu'un :** aguerrir, conditionner, débourrer, éduquer, entraîner, former, instruire, rendre capable de/ prêt à **III. v. pron. 1. quelqu'un :** s'apprêter, se cuirasser, se disposer, se mettre en demeure/ en état/ en mesure de **2.** faire sa plume/ sa toilette, s'habiller, se parer, se toiletter **3. quelque chose :** être imminent, menacer **4.** *les formes pron. possibles des syn. de* préparer
◇ CONTR. **I.** → ACCOMPLIR **II.** → BÂCLER

PRÉPONDÉRANCE n.f. autorité, domination, hégémonie, maîtrise, pouvoir, prédominance, prééminence, prépotence, préséance, primauté, puissance, supériorité, suprématie
◇ CONTR. → ALLÉGEANCE

PRÉPONDÉRANT, E dirigeant, dominant, influent, maître, prédominant, prééminent, premier, supérieur
◇ CONTR. → INFIME

PRÉPOSÉ, E → EMPLOYÉ

PRÉPOSER charger, commettre, confier, constituer, déléguer, employer, installer, mettre à la tête de/ en fonctions
◇ CONTR. → RÉVOQUER

PRÉPOTENCE n.f. pouvoir absolu, puissance → PRÉPONDÉRANCE
◇ CONTR. → IMPUISSANCE

PRÉROGATIVE n.f. attribut, attribution, avantage, compétence, don, droit, faculté, fonction, honneur, juridiction, pouvoir, préséance, privilège, rôle
◇ CONTR. **I.** → OBLIGATION **II.** → SERVITUDE

PRÈS I. adv. : à côté, adjacent, à deux pas, à petite distance, à proximité, attenant, aux abords, avoisinant, contigu, contre, en contact, limitrophe, mitoyen, proche, rasibus (fam.), touchant, voisin **II. adv. DE PRÈS :** à bout portant, à brûle-pourpoint, à ras, avec soin, bord à bord **III. PRÈS DE (prép.) 1.** aux abords de, au bord de, à côté de, à deux doigts/ pas de, auprès de, autour de, avec, contre, joignant, jouxte, proche de, voisin de **2.** sur le point de **IV. 1. À PEU PRÈS :** assez, bien → ENVIRON **2. À PEU DE CHOSE(S) PRÈS :** à un cheveu, presque **3. À CELA PRÈS :** → EXCEPTÉ
◇ CONTR. → ÉLOIGNÉ

PRÉSAGE n.m. augure, auspices, avant-coureur, avant-goût, avertissement, avis, indice, marque, menace, message, porte-bonheur/ malheur, préfiguration, prélude, prémonition, prodrome, promesse, pronostic, signe, symptôme → PROPHÉTIE
◇ CONTR. → CONSÉQUENCE

PRÉSAGER I. quelque chose ou quelqu'un présage : annoncer, augurer, avertir, marquer, menacer, porter bonheur/ malheur, préfigurer, préluder, promettre **II. quelqu'un présage :** conjecturer, flairer, prédire, préjuger, pressentir, présumer, prévoir, pronostiquer → PROPHÉTISER
◇ CONTR. → VÉRIFIER

PRESBYTÈRE n.m. cure, maison curiale

PRESCIENCE n.f. → PRÉVISION

PRESCRIPTION n.f. **I. jurid. :** inexigibilité, invalidation, invalidité, nullité, péremption, usucapion **II.** arrêté, commandement, décision, décret, disposition, édit, indication, indiction, instruction, ordonnance, ordre, précepte, promulgation, recommandation, règle
◇ CONTR. **I.** → BIEN-FONDÉ **II.** → DÉFENSE

PRESCRIRE arrêter, commander, décider, décréter, dicter, disposer, donner ordre, édicter, enjoindre, fixer, imposer, indiquer, infliger, ordonnancer, ordonner, réclamer, recommander, requérir, vouloir
◇ CONTR. **I.** → DÉFENDRE **II.** → OBÉIR **III.** → OBSERVER

PRESCRIT, E I. *les part. passés possibles des syn. de* prescrire **II.** amnistié, éteint, inexigible, oublié, pardonné, périmé → DÉSUET
◇ CONTR. : exigible

PRÉSÉANCE n.f. pas → PRÉROGATIVE

PRÉSENCE n.f. **I. au pr. 1.** essence, existence **2.** assiduité, régularité **3.** assistance **II. 1. PRÉSENCE DE :** à la/ en face de, devant, par-devant (vx), vis-à-vis de **2. PRÉSENCE D'ESPRIT** → RÉFLEXE, DÉCISION
◇ CONTR. **I.** → ABSENCE **II.** → CARENCE

PRÉSENT n.m. I. → DON II. actualité, réalité
◊ CONTR. I. → CONFISCATION II. → AVENIR III. → FUTUR IV. → PASSÉ

PRÉSENT (À) → PRÉSENTEMENT

PRÉSENT, E contemporain, courant, existant, immédiat, moderne → ACTUEL
◊ CONTR. I. → ABSENT II. → PRÉCÉDENT III. → SUIVANT IV. → ANCIEN

PRÉSENTABLE acceptable, convenable, digne, fréquentable, proposable, sortable
◊ CONTR. I. → INCONVENANT II. → IMPOSSIBLE

PRÉSENTATEUR, TRICE → ANIMATEUR

PRÉSENTATION n.f. I. → EXPOSITION II. → PRÉFACE

PRÉSENTEMENT actuellement, à présent, aujourd'hui, de nos jours, de notre temps, d'ores et déjà, en ce moment, maintenant – vx : anuit, ça, céans, ce jour d'hui, droitement, en la demeure, ore(s)
◊ CONTR. I. → AUTREFOIS II. → BIENTÔT

PRÉSENTER I. v. intr. PRÉSENTER BIEN/ MAL : avoir l'air, marquer II. v. tr. 1. on présente quelqu'un : faire admettre/ agréer/ connaître, introduire 2. on présente quelque chose : aligner, amener, arranger, avancer, dessiner, diriger, disposer, exhiber, exposer, faire voir, fournir, mettre en avant/ en devanture/ en évidence/ en valeur, montrer, offrir, préfacer, produire, proposer, servir, soumettre, tendre, tourner vers III. v. pronon. 1. au pr. : arriver, comparaître, se faire connaître, paraître 2. se présenter à un examen : passer, subir 3. à une candidature : se porter 4. une chose se présente : apparaître, s'offrir, survenir, tomber, traverser et les formes pron. possibles des syn. de présenter
◊ CONTR. → CONCLURE

PRÉSENTOIR n.m. → ÉTALAGE

PRÉSERVATIF n.m. I. capote (anglaise), condom, contraceptif, diaphragme, gelée/ ovule/ pommade contraceptif (ive)/ spermaticide/ spermicide, pessaire, pilule, stérilet – fam. : burnous (pour zob), caoutchouc, chapeau, imper, (petite) laine, manteau, marguerite, parapluie, précaution, scaphandre de poche II. → REMÈDE

PRÉSERVATION n.f. abri, conservation, défense, épargne, garantie, garde, maintien, protection, sauvegarde
◊ CONTR. I. → DESTRUCTION II. → ABANDON

PRÉSERVER abriter, assurer, conserver, défendre, épargner, éviter, exempter, garantir, garder, garer, maintenir, parer, prémunir, protéger, sauvegarder, sauver, soustraire
◊ CONTR. I. → DÉTRUIRE II. → ABANDONNER III. → GÂTER

PRÉSIDENCE n.f. autorité, conduite, conseil, direction, gestion, magistrature suprême, tutelle
◊ CONTR. → PUBLIC

PRÉSIDENT, E chef, conseiller, directeur, magistrat, tuteur
◊ CONTR. I. → ADJOINT II. → PUBLIC

PRÉSIDER conduire, diriger, gérer, occuper la place d'honneur/ le premier rang, régler, siéger, veiller à
◊ CONTR. → ASSISTER

PRÉSOMPTION n.f. I. → ORGUEIL II. attente, conjecture, hypothèse, jugement, opinion, préjugé, pressentiment, prévision, supposition III. charge, indice
◊ CONTR. I. → CERTITUDE II. → HUMILITÉ

PRÉSOMPTUEUSEMENT avec → ORGUEIL, de façon → PRÉSOMPTUEUX et les dérivés possibles en -ment des syn. de présomptueux

PRÉSOMPTUEUX, EUSE ambitieux, arrogant, audacieux, avantageux, content de soi, fat, fier, hardi, imprudent, impudent, infatué, irréfléchi, mégalomane, mégalomaniaque, optimiste, orgueilleux, outrecuidant, prétentiard, prétentieux, suffisant, superbe, téméraire, vain, vaniteux, vantard – fam. : mariolle, m'as-tu-vu, mégalo, péteux, prétentiard, ramenard
◊ CONTR. I. → MODESTE II. → PRUDENT

PRESQUE à demi, à peu près, approximativement, comme, environ, pas loin de, peu s'en faut, quasi, quasiment
◊ CONTR. I. → PAS II. → COMPLÈTEMENT

PRESQU'ÎLE n.f. péninsule
◊ CONTR. : continent, île, îlot

PRESSANT, E I. contraignant, étranglant (vx), excitant, impératif, impérieux, important, nécessaire, prégnant, pressé, prioritaire, puissant, rapide, tourmentant, urgent II. ardent, chaleureux, chaud, insistant, instant III. → SUPPLIANT
◊ CONTR. I. → INDIFFÉRENT II. → NÉGLIGENT

PRESSE n.f. I. affluence, concours, coup de feu, foule, multitude II. calandre, étau, fouloir, laminoir, mâchoires/ tenaille à vis, pressoir, vis III. → JOURNAL IV. empressement, hâte
◊ CONTR. → TRANQUILLITÉ

PRESSÉ, E I. → PRESSANT II. → COURT III. alerte, diligent, empressé, impatient, prompt, rapide, vif
◊ CONTR. → LIBRE

PRESSÉE n.f. → QUANTITÉ

PRESSENTIMENT n.m. I. non fav. : appréhension, crainte, prémonition, signe avant-coureur/ prémonitoire II. fav. ou neutre : avant-goût, avertissement, divination, espérance, espoir, idée, impression, intuition, présage, présomption, sentiment

◆ CONTR. → IGNORANCE

PRESSENTIR I. non fav. : appréhender, s'attendre à, craindre, se douter de, flairer, soupçonner, subodorer **II. fav. ou neutre. 1. au pr.** : augurer, deviner, entrevoir, espérer, pénétrer, prévoir, repérer, sentir **2. LAISSER PRESSENTIR** : annoncer, présager **3. par ext. PRESSENTIR QUELQU'UN** : contacter, interroger, sonder, tâter, toucher

◆ CONTR. **I.** → MÉCONNAÎTRE **II.** ne pas → SAVOIR **III.** → REPOUSSER

PRESSER I. au pr. 1. appliquer, appuyer, broyer, compresser, comprimer, damer, écraser, embrasser, entasser, esquicher, étreindre, exprimer, fouler, froisser, oppresser, pacquer, peser, plomber, pressurer, resserrer, serrer, taller, tasser **2. vx** : caucher, chevaler, épreindre, trouiller **3. la main, le bras** : caresser, masser, pétrir, pincer, serrer, toucher **II. fig. 1. presser quelqu'un** : accabler, aiguillonner, assaillir, assiéger, attaquer, bousculer, brusquer, conseiller, contraindre, engager, exciter, faire pression/ violence, harceler, hâter, inciter, insister auprès, inviter, obliger, persécuter, poursuivre, pousser, talonner, tourmenter **2. presser une affaire** : accélérer, activer, chauffer, dépêcher, diligenter, forcer, précipiter **III. v. intr.** : urger **IV. v. pron. 1.** se blottir, s'embrasser **2.** aller vite, courir, se dépêcher **3.** *les formes pron. possibles des syn. de* presser

◆ CONTR. **I.** → ÉCARTER **II.** → EFFLEURER **III.** → ATTENDRE **IV.** → RETARDER

PRESSING n.m. I. → TEINTURERIE **II. nucl. off.** : chargement (par introduction d'un bloc préformé)

PRESSION n.f. I. au pr. : compression, constriction, effort, force, impression (vx), impulsion, poussée **II. unités de mesure** : atmosphère, bar, barye, pièze *et dérivés avec le suffixe* -pièze **III. par ext. 1.** attouchement, caresse, étreinte, serrement **2.** action, chantage, contrainte, empire, influence, intimidation, menace, suscitation

◆ CONTR. **I.** → TRÊVE **II.** → CARESSE

PRESSOIR n.m. I. au pr. : fouloir, maillotin, moulin à huile **II. par ext.** : cave, cellier, hangar, toit **III. fig.** : exploitation, oppression, pressurage

PRESSURER I. au pr. → PRESSER **II. fig.** : écraser, épuiser, exploiter, faire cracher/ suer, imposer, maltraiter, opprimer, saigner, torturer

◆ CONTR. → SOULAGER

PRESSURISATION n.f. aviat. et spat. off. : mise en pression

◆ CONTR. : dépressurisation

PRESTANCE n.f. accent (québ.), air, allure, aspect, contenance, démarche, genre, maintien, manières, mine, physique, port, taille, tournure

◆ CONTR. : dégaine, mauvais genre, touche, mauvaise → ALLURE

PRESTATAIRE n.m. I. → CONTRIBUABLE **II.** → FOURNISSEUR

PRESTATION n.f. I. aide, allocation, apport, charge, fourniture, imposition, impôt, indemnité, obligation, prêt, redevance **II.** cérémonie, formalité **III.** exhibition, numéro, tour de chant/ de force

PRESTE adroit, agile, aisé, alerte, diligent, dispos, éveillé, habile, léger, leste, prompt, rapide, vif

◆ CONTR. **I.** → LENT **II.** → MALADROIT

PRESTESSE n.f. adresse, agilité, aisance, alacrité, diligence, habileté, légèreté, promptitude, rapidité, vitesse, vivacité

◆ CONTR. **I.** → PARESSE **II.** → STUPIDITÉ **III.** → MALADRESSE

PRESTIDIGITATEUR, TRICE acrobate, artiste, escamoteur, illusionniste, jongleur, magicien, manipulateur, truqueur

PRESTIDIGITATION n.f. artifice, escamotage, illusion, illusionisme, jonglerie, magie, passe-passe, tour, truc, truquage

PRESTIGE n.m. I. → MAGIE **II.** → ILLUSION **III.** → INFLUENCE **IV.** → LUSTRE

PRESTIGIEUX, EUSE admirable, éblouissant, étonnant, extraordinaire, fascinant, formidable, glorieux, honoré, magique, merveilleux, miraculeux, prodigieux, renommé, renversant

◆ CONTR. **I.** → QUELCONQUE **II.** → MAUVAIS

PRESTO à toute allure/ biture (fam.)/ vitesse, à fond de train (fam.), illico, prestement, rapidement, vite → RYTHME

◆ CONTR. : adagio, largo, lento

PRÉSUMÉ, E hypothétique, présomptif, supposé

◆ CONTR. **I.** → RÉEL **II.** → CERTAIN

PRÉSUMER astrologiser (vx), augurer, attendre, s'attendre à, conjecturer, préjuger, présager, pressentir, présupposer, prétendre, prévoir, soupçonner, supposer

◆ CONTR. → ABANDONNER

PRÉSUPPOSER → SUPPOSER

PRÊT n.m. I. au pr. : aide, avance, bourse, commodat (vx), crédit, découverte, dépannage, emprunt, facilité (de caisse), prime, subvention **II. milit.** : paie, solde, traitement

◆ CONTR. → REMBOURSEMENT

PRÊT, E → MÛR

PRÉTENDANT, E nom et adj. **I.** aspirant, candidat, impétrant, postulant, solliciteur **II.** amant, amateur, amoureux, courtisan, épouseur, fiancé, futur (rég.), poursuivant, prétendu (vx), promis, soupirant

◈ CONTR. **I.** → PROPRIÉTAIRE **II.** → ÉPOUSE **III.** → ÉPOUX

PRÉTENDRE I. affirmer, alléguer, avancer, déclarer, dire, garantir, présumer, soutenir **II.** demander, entendre, exiger, réclamer, revendiquer, vouloir **III.** ambitionner, aspirer/ viser à, se flatter de, lorgner, tendre à/ vers

◈ CONTR. **I.** → RÉTRACTER (SE) **II.** → OBTENIR

PRÉTENDU, E I. apparent, faux, soi-disant, supposé **II. vx** → FIANCÉ

◈ CONTR. → RÉEL

PRÉTENDUMENT soi-disant → FAUSSEMENT

◈ CONTR. → VRAIMENT

PRÊTE-NOM n.m. intermédiaire, mandataire, représentant – **péj.** : homme de paille, taxi

◈ CONTR. → COMMANDITAIRE

PRÉTENTAINE n.f. → GALANTERIE

PRÉTENTIEUSEMENT avec → PRÉTENTION, de façon → PRÉSOMPTUEUX *et les dérivés possibles en* -ment *des syn. de* présomptueux

PRÉTENTIEUX, EUSE I. → ORGUEILLEUX **II.** → PRÉSOMPTUEUX

PRÉTENTION n.f. **I. fav. ou neutre. 1.** condition, exigence, revendication **2.** ambition, désir, dessein, espérance, visée **II. non fav.** : affectation, apprêt, arrogance, bouffissure, crânerie, embarras, emphase, fatuité, forfanterie, orgueil, pédantisme, pose, présomption, vanité, vantardise, vanterie

◈ CONTR. **I.** → SIMPLICITÉ **II.** → COMPÉTENCE

PRÊTER I. au pr. : allouer, avancer, fournir, mettre à la disposition, octroyer, procurer **II. par ext.** : attribuer, donner, imputer, proposer, supposer

◈ CONTR. **I.** → REMBOURSER **II.** → DONNER **III.** → REFUSER

PRÊTER (SE) I. on se prête à → CONSENTIR **II. quelque chose se prête à** → CORRESPONDRE

PRÉTÉRIT n.m. **I. au pr.** : passé **II. par ext.** : aoriste, imparfait, parfait

◈ CONTR. : futur, présent

PRÉTÉRITION n.f. **I.** omission, oubli **II. rhétor.** : paralipse, prétermission

PRE-TESTING nucl. off. : pré-test

PRÊTEUR, EUSE nom et adj. actionnaire, bailleur, banquier, capitaliste, commanditaire → USURIER

◈ CONTR. **I.** → EMPRUNTEUR **II.** → DÉBITEUR

PRÉTEXTE n.m. allégation, apparence, argument, cause, couleur, couvert, couverture, échappatoire, excuse, faux-fuyant, faux-semblant, lieu, manteau, matière, mot, ombre, raison, refuite (vx), semblant, subterfuge, supposition, voile

◈ CONTR. → RÉALITÉ

PRÉTEXTER alléguer, arguer de, s'autoriser de, exciper de, avancer, élever une objection, faire croire, interjeter (appel), invoquer, mettre en avant, objecter, opposer, prendre pour prétexte *et les syn. de* prétexte, simuler, supposer

◈ CONTR. → PROUVER

PRETIUM DOLORIS n.m. → RÉPARATION

PRÉTOIRE n.m. aréopage, cour, parquet, salle d'audience, tribunal

PRÊTRE n.m. **I. au pr.** : clerc, desservant, ecclésiastique, homme d'Église, membre du clergé, ministre du culte, missionnaire, pontife **II. christianisme. 1.** abbé, abouna, archiprêtre, aumônier, chanoine, chapelain, coadjuteur, confesseur, curé, directeur de conscience, doyen, ecclésiastique, exorciste, ministre, padre, papas, pasteur, pénitencier, père, pléban, plébain, pope, prédicateur, révérend, vicaire **2. arg. et injurieux (souvent vx)** : cagne, calotin, capelan, capelou, curaillon, cureton, corbeau, prédicant, prestolet, radis noir, ratichon, sac à carbi/ à charbon, sanglier, sermonnaire, soutanesaure **III. judaïsme** : lévite, ministre, rabbi, rabbin **IV. islam. – par ext.** : aga, ayatollah, iman, mââlem, mahdi, mollah, mufti **V. religions d'Asie** : bonze, brahmane, chaman, gourou, lama, mahatma, pandit, talapoin **VI. religions de l'Antiquité** : aruspice, augure, barde, corybante, curète, dactyle, druide, épulon, eubage, fécial, flamine, galle, hiérogrammate, hiérophante, luperque, mage, mystagogue, ovate, pontife, quindécemvir, sacrificateur, salien, saronide, septemvir, victimaire **VII.** → CHEF

◈ CONTR. → LAÏQUE

PRÊTRESSE n.f. bacchante, druidesse, pythie, pythonisse, vestale

PRÊTRISE n.f. état/ ministère ecclésiastique/ religieux, ordre, sacerdoce, sécularité

◈ CONTR. → LAÏCAT

PREUVE n.f. **I.** affirmation, argument, confirmation, constatation, conviction, critère, critérium, démonstration, établissement, gage, illustration (vx), justification, motif, pierre de touche **II.** charge, corps du délit, document, empreinte, fait, indice, justificatif, marque, signe, témoignage, trace **III.** épreuve judiciaire, jugement de Dieu, ordalie, probation

◈ CONTR. → INCERTITUDE

PREUX adj. et n.m. brave, courageux, vaillant, valeureux → CHEVALIER
◊ CONTR. → LÂCHE

PRÉVALOIR I. avoir l'avantage, dominer, l'emporter, prédominer, primer, supplanter, surpasser, triompher II. **pron. 1. neutre ou fav. :** alléguer, faire valoir, tirer avantage/ parti **2. non fav. :** se draper dans, s'enorgueillir, faire grand bruit/ grand cas de, se flatter, se glorifier, se targuer, tirer vanité, triompher
◊ CONTR. → CÉDER

PRÉVARICATEUR, TRICE → PROFITEUR

PRÉVARICATION n.f. I. → TRAHISON II. → MALVERSATION

PRÉVARIQUER → VOLER

PRÉVENANCE(S) n.f. → ÉGARDS

PRÉVENANT, E affable, agréable, aimable, attentionné, avenant, complaisant, courtois, déférent, empressé, gentil, obligeant, poli, serviable
◊ CONTR. I. → DÉSAGRÉABLE II. → INDIFFÉRENT

PRÉVENIR I. **au pr. 1. neutre :** détourner, devancer, empêcher, éviter, obvier à, parer, précéder, préserver **2. non fav. :** indisposer, influencer II. **par ext. :** alerter, annoncer, avertir, aviser, crier casse-cou, dire, donner avis, faire savoir, informer, instruire, mettre au courant/ au parfum (fam.)/ en garde
◊ CONTR. I. → PROVOQUER II. → TAIRE (SE) III. → TRAÎNER

PRÉVENTIF, IVE I. → PROPHYLACTIQUE II. → PRÉSERVATIF

PRÉVENTION n.f. I. antipathie, défiance, grippe, parti pris → PRÉJUGÉ II. arrestation, détention, emprisonnement, garde à vue III. → PROPHYLAXIE
◊ CONTR. I. → SYMPATHIE II. → LIBÉRATION

PRÉVENTION n.f. → HÔPITAL

PRÉVENTIVEMENT par → PRÉCAUTION

PRÉVENTORIUM n.m. → HÔPITAL

PRÉVENU, E accusé, cité, inculpé, intimé (vx)

PRÉVISIBLE → PROBABLE

PRÉVISION n.f. I. **l'action de prévoir :** anticipation, clairvoyance, connaissance, divination, prescience, pressentiment, prévoyance II. **ce qu'on prévoit. 1. au pr. :** calcul, conjecture, croyance, hypothèse, probabilité, pronostic, supposition **2.** budget, devis, étude, plan, programme, projet **3. par ext. :** attente, espérance, prédiction, présage, pronostication (vx), prophétie, vaticination (péj.)
◊ CONTR. I. → AVEUGLEMENT II. → INSOUCIANCE

PRÉVOIR anticiper, astrologiser (vx et péj.), s'attendre à, augurer, calculer, conjecturer, décider, deviner, entrevoir, envisager, étudier, flairer, organiser, penser à tout, percer l'avenir, prédire, préparer, présager, pressentir, pronostiquer, prophétiser, vaticiner (péj.) → IMAGINER
◊ CONTR. : être/ demeurer → INSOUCIANT

PRÉVOYANCE n.f. attention, clairvoyance, diligence, perspicacité, précaution, prévention, prudence, sagesse
◊ CONTR. I. → AVEUGLEMENT II. → INSOUCIANCE

PRÉVOYANT, E attentionné, avisé, clairvoyant, diligent, inspiré, perspicace, précautionneux, provident (vx), prudent, sage
◊ CONTR. → INSOUCIANT

PRIE-DIEU n.m. agenouilloir

PRIER I. **au pr. :** adorer, s'adresser à, s'agenouiller, crier vers, invoquer II. **par ext. 1.** adjurer, appeler, conjurer, demander, implorer, insister, presser, réclamer, requérir, solliciter, supplier **2.** convier, inviter
◊ CONTR. I. → BLASPHÉMER II. → REFUSER III. → ACCORDER

PRIÈRE n.f. I. **au pr. :** acte, cri, demande, déprécation, dévotion, éjaculation (vx), élévation, intercession, invocation, litanie, méditation, mouvement de l'âme, neuvaine, obsécration, oraison, orémus, patenôtre, pèlerinage, retraite II. **formes chrétiennes :** absoute, adoration, angélus, ave, bénédicité, bréviaire, canon, cantique, chapelet, chemin de croix, complies, confiteor, credo, de profundis, doxologie, grâces, heures, laudes, libera, matines, mémento, messe, none, offertoire, oraison dominicale/ jaculatoire, pater, préface, psaume, rosaire, salut, salutation angélique, salve regina, sanctus, secrète, sexte, te deum, ténèbres, tierce, vêpres III. **par ext. 1.** adjuration, appel, conjuration, imploration, instance, requête, supplication, supplique **2.** invitation, sollicitation
◊ CONTR. I. → BLASPHÈME II. → MALÉDICTION III. → REFUS IV. → FAVEUR

PRIEUR n.m. abbé, bénéficier, doyen, supérieur

PRIEURE n.f. mère abbesse/ supérieure

PRIEURÉ n.m. abbaye, bénéfice, chapellenie, cloître, couvent, doyenné, église, monastère, moutier

PRIMA DONNA n.f. diva → CHANTEUSE

PRIMAIRE élémentaire, premier, primitif → SIMPLE
◊ CONTR. : quaternaire, secondaire, tertiaire

PRIMATE n.m. I. lémurien, simien, tarsien → HOMINIDÉ II. **fig.** → RUSTAUD

PRIMAUTÉ n.f. → SUPÉRIORITÉ

PRIME adj. → PREMIER

PRIME n.f. **I.** → GRATIFICATION **II.** → RÉCOMPENSE

PRIMER I. v. intr. : dominer, l'emporter, gagner sur, prévaloir **II. v. tr.** → SURPASSER
◇ CONTR. : *les formes passives de* → DOMINER

PRIMEROSE n.f. → ROSE

PRIMESAUTIER, ÈRE → SPONTANÉ

PRIMEUR n.f. **I. au sing.** : commencement, étrenne, fraîcheur, nouveauté **II. au pl. 1.** → PRÉMICES **2. vx** : hâtiveau
◇ CONTR. **I.** → DÉCLIN **II.** conserve

PRIMITIF, IVE I. ancien, archaïque, archéen **II.** brut, initial, originaire, original, originel, premier, primaire **III.** élémentaire, fruste, grossier, inculte, naïf, naturel, rudimentaire, rustique, rustre, simple **IV.** → SAUVAGE
◇ CONTR. → POLICÉ

PRIMITIVEMENT à l'origine, de façon → PRIMITIF *et les dérivés possibles en* -ment *des* syn. *de* primitif

PRIMORDIAL, E I. premier, primitif **II.** capital, essentiel, important, indispensable, initial, liminaire, nécessaire, obligatoire, premier → PRINCIPAL
◇ CONTR. **I.** → ACCESSOIRE **II.** → SECONDAIRE

PRINCE n.m. **I. au pr. 1.** chef d'État, empereur, majesté, monarque, roi, souverain **2.** altesse, archiduc, cardinal, dauphin, diadoque, dom, don, excellence, évêque, grâce, grand d'Espagne, grand-duc, grandeur, hospodar, infant, kronprinz, landgrave, maharadjah, margrave, monseigneur, monsieur, rajah, rhingrave, sultan **II. par ext.** : maître, seigneur

PRINCEPS original, premier

PRINCESSE n.f. altesse, archiduchesse, dauphine, grande-duchesse, infante, Madame, Mademoiselle, rani, sultane

PRINCIER, ÈRE fastueux, luxueux, somptueux
◇ CONTR. → MODESTE

PRINCIPAL, E I. adj. : capital, cardinal, central, décisif, dominant, élémentaire, essentiel, fondamental, grand, important, indispensable, maître, maîtresse, prédominant, prééminent, primordial, sérieux, vital, vrai **II. nom. 1.** base, but, centre, chef, cheville, clé, clou, corps, fait, fonds, gros, point, quintessence, substance, tout, vif **2.** directeur, proviseur, régent (vx), supérieur
◇ CONTR. **I.** → ACCESSOIRE **II.** → SECONDAIRE

PRINCIPALEMENT avant tout, essentiellement, fondamentalement, grandement, par-dessus tout, particulièrement, primordialement, singulièrement, substantiellement, surtout, tout d'abord, vitalement, vraiment
◇ CONTR. **I.** → ACCESSOIREMENT **II.** → INCIDEMMENT

PRINCIPE n.m. **I. au pr. 1.** agent, âme, archée (vx), archétype, auteur, axe, cause, centre, commencement, créateur, début, départ, esprit, essence, facteur, ferment, fondement, idée, origine, pierre angulaire, raison, source **2.** abc, axiome, base, convention, définition, doctrine, donnée, élément, hypothèse, postulat, prémisse, rudiment, unité **II. par ext. 1.** dogme, loi, maxime, norme, opinion, précepte, règle, système, théorie **2.** catéchisme, morale, philosophie, religion **III. EN PRINCIPE** : spéculativement, théoriquement
◇ CONTR. **I.** → CONSÉQUENCE **II.** → FIN **III.** → EXPÉRIMENTATION **IV.** → EXCEPTION

PRINTANIER, ÈRE avrilin, clair, frais, gai, jeune, neuf, nouveau, vernal, vif
◇ CONTR. **I.** automnal, estival, hivernal **II.** → TRISTE

PRINTANISATION n.f. jarovisation, vernalisation

PRINTEMPS n.m. **I. au pr.** : aprilée, renouveau, reverdie (vx) **II. fig.** → JEUNESSE

PRIORITAIRE → PRESSANT

PRIORITÉ n.f. **I.** antécédence, antériorité, avantage, précellence, préemption, primauté, primeur, privilège **II.** impératif, nécessité, obligation → DEVOIR
◇ CONTR. → SUITE

PRIS, E → OCCUPÉ

PRISABLE aimable, appréciable, estimable, respectable
◇ CONTR. → VIL

PRISE n.f. **I. au pr.** : butin, capture, conquête, opines, proie **II.** coup de filet, enlèvement, occupation, rafle **III.** caillage, caillement, coagulation, durcissement, gel, solidification **IV.** → ÉTREINTE **V. 1. PRISE DE BEC** : dispute, querelle **2. PRISE DE TABAC** : pincée **3. AVOIR PRISE** : action, barre, emprise, moyen **4. ÊTRE AUX PRISES** → LUTTER **5. PRISE EN COMPTE** : assomption → REVENDICATION
◇ CONTR. **I.** → RESTE **II.** → FUSION

PRISÉE n.f. → ÉVALUATION

PRISER I. apprécier, donner du prix, estimer, faire cas **II. du tabac** : aspirer, humer, pétuner, prendre
◇ CONTR. **I.** → DISCRÉDITER **II.** → MÉPRISER

PRISME n.m. **I.** parallélépipède, polyèdre **II.** dispersion, réfraction, spectre

PRISON n.f. **I. au pr.** : cellule, centrale, centre/ établissement pénitentiaire, chambre de sûreté, chartre (vx), dépôt, fers, forteresse, geôle, maison d'arrêt/ centrale/ de correction/ de force/ de justice/ pénitentiaire/ de redressement, salle de police, pénitencier → BAGNE, CACHOT II. arg. : bal, ballon, bigne, bignouf, bing, bloc, boîte, cabane, cage, caisse, canton, carlingue, carluche, case, centrouze, chtar, chtibe, clou, collège, durs, femme de l'adjudant (milit.), fosse à Bidel/ aux lions, gnouf, grosse malle, hosto, hôtel des haricots, lazaro, mitard, mite, motte, ombre, ours, pain, piège, placard, plan, planque, ratière, schtilibem, séchoir, taule, trou, violon, volière III. ergastule, inpace, latomies, plombs IV. détention, emprisonnement, liens (litt.), prévention, réclusion

◇ CONTR. → LIBERTÉ

PRISONNIER, ÈRE I. au pr. : détenu, interné, réclusionnaire → CAPTIF II. par ext. : bagnard, déporté, esclave, otage, reclus, relégué, séquestré, transporté (vx) et *les part. passés possibles de* → ENFERMER III. arg. : pristo, taulard

◇ CONTR. → LIBRE

PRIVATION n.f. I. absence, confiscation, défaut, manque, perte, restriction, suppression, vide II. par ext. 1. abstinence, ascétisme, continence, dépouillement, jeûne, macération, renoncement, sacrifice 2. non fav. : aliénation, besoin, frustration, gêne, indigence, insuffisance, misère, pauvreté → SOUFFRANCE 3. fam. : ballon, brosse, ceinture, tintin, tringle

◇ CONTR. → JOUISSANCE

PRIVATISATION n.f. dénationalisation, désétatisation

◇ CONTR. → COLLECTIVISATION

PRIVATISER dénationaliser, désétatiser

◇ CONTR. → NATIONALISER

PRIVAUTÉ n.f. I. familiarité, liberté, sansgêne – vx : petite oie, privance II. → CARESSE

◇ CONTR. → DÉCENCE

PRIVÉ, E I. individuel, intime, libre, particulier, personnel II. À TITRE PRIVÉ : incognito, officieux III. vx : apprivoisé, domestique IV. appauvri, carencé, déchu, démuni, dénué, dépossédé, dépouillé, dépourvu, déshérité, frustré, sevré

◇ CONTR. I. → PUBLIC II. → REPU

PRIVER I. quelqu'un de sa liberté : asservir, assujettir, ôter II. quelqu'un de quelque chose : appauvrir, carencer, démunir, déposséder, dépouiller, déshériter, enlever, frustrer, ravir, sevrer, spolier, voler III. par ext. : empêcher, interdire IV. v. pron. : s'abstenir, se faire faute de, renoncer à *et les formes pron. possibles des syn. de* priver

◇ CONTR. → DONNER

PRIVILÈGE n.m. apanage, attribution, avantage, bénéfice, concession, droit, exclusivité, exemption, faveur, franchise, honneur, immunité, indult (relig.), monopole, passe-droit, pouvoir, prébende, préférence, prérogative → SINÉCURE

◇ CONTR. → CHARGE

PRIVILÉGIÉ, E I. avantagé, choisi, élu, favori, favorisé, fortuné, heureux, gâté, nanti, pourvu, préféré, préférentiel, riche II. au pl. : aristocratie, establishment, nomenklatura

◇ CONTR. → MISÉRABLE

PRIVILÉGIER → FAVORISER

PRIX n.m. I. au pr. 1. cherté, cotation, cote, cours, coût, estimation, évaluation, montant, taux, valeur 2. coupe, couronne, diplôme, médaille, oscar, récompense II. par ext. 1. addition, bordereau, devis, étiquette, facture, mercuriale, tarif 2. contrepartie, rançon → COMPENSATION III. PRIX COÛTANT : sans → BÉNÉFICE

PROBABILITÉ n.f. apparence, chance, conjecture, perspective, plausibilité, possibilité, prédictibilité, prévisibilité, prospective, viabilité, vraisemblance

◇ CONTR. → INVRAISEMBLANCE

PROBABLE apparent, calculable, plausible, possible, prédictible, prévisible, vraisemblable

◇ CONTR. I. → ALÉATOIRE II. → INVRAISEMBLABLE

PROBABLEMENT → PEUT-ÊTRE

PROBANT, E certain, concluant, convaincant, décisif, démonstratif, éloquent, entraînant, évident, indéniable, indiscutable, logique, péremptoire, sans réplique

◇ CONTR. I. → INCERTAIN II. → SUSPECT

PROBATION n.f. I. → DÉLAI II. → PREUVE

PROBE I. comme il faut, délicat, digne, droit, fidèle, honnête, incorruptible, intact, intègre, juste, loyal, moral, pur, respectable, vertueux II. mot angl. – nucl. off. : fusée-sonde

◇ CONTR. I. → MALHONNÊTE II. → VICIEUX

PROBITÉ n.f. conscience, délicatesse, droiture, fidélité, honnêteté, incorruptibilité, intégrité, justice, loyauté, morale, moralité, prud'homie (vx), rectitude, vertu

◇ CONTR. I. → MALHONNÊTETÉ II. → INFIDÉLITÉ

PROBLÉMATIQUE aléatoire, ambigu, chanceux (fam.), conjectural, difficile, douteux, équivoque, hypothétique, incertain, suspect

◇ CONTR. → CERTAIN

PROBLÈME n.m. porisme, question → DIFFICULTÉ

◇ CONTR. → RÉSULTAT

PROCÉDÉ n.m. I. neutre : allure, attitude, comportement, conduite, déportement (vx), dispositif, façon, formule, manière, marche, martingale, méthode, moyen, pratique, procédure, recette, secret, style, truc **II. non fav. 1. sing. ou pl.** : artifice, bric-à-brac, cliché, convention, ficelle **2. pl.** : agissements, errements

PROCÉDER **I. au pr. 1.** agir, se conduire **2.** avancer, débuter, marcher, opérer **II. procéder de** : découler, dépendre, dériver, émaner, s'ensuivre, partir, provenir, tirer son origine, venir **III. procéder à** : célébrer, faire, réaliser

◇ CONTR. → REVENIR

PROCÉDURE n.f. **I. au pr.** : action, instance, instruction, poursuite, procès, référé **II. par ext. 1.** chicane, complication, querelle, quérulence **2.** paperasserie

◇ CONTR. : arrangement (amiable)

PROCÉDURIER, ÈRE → PROCESSIF

PROCÈS n.m. **I.** affaire, audience, cas, cause, débats, litige, litispendance → PROCÉDURE **II. ON FAIT LE PROCÈS DE :** accuser, attaquer, condamner, critiquer, mettre en cause, vitupérer

◇ CONTR. **I.** non-lieu **II.** → ACCORD

PROCESSIF, IVE chicaneur, chicaneux, chicanier, litigieux (vx), mauvais coucheur (fam.), procédurier, quérulent

◇ CONTR. **I.** → CONCILIANT **II.** → PAISIBLE

PROCESSING pétr. off. : façonnage, traitement

PROCESSOR inform. off. : processeur

PROCESSION n.f. cérémonie, cortège, défilé, file, marche, pardon, queue, suite, théorie, va-et-vient

PROCESSUS n.m. développement, évolution, fonction, marche, mécanisme, procès, progrès, prolongement, suite

◇ CONTR. : arrêt, régression

PROCÈS-VERBAL n.m. **I. au pr.** : acte, compte rendu, constat, rapport, recès, relation **II. par ext.** : amende, contravention

PROCHAIN n.m. alter ego, autrui, les autres, semblable

◇ CONTR. : ego, moi, soi

PROCHAIN, E I. dans l'espace : aboutant (québ.), adhérent (vx), adjacent, à touche-touche, attenant, attingent, avoisinant, circonvoisin, contigu, environnant, joignant, jouxtant, limitrophe, proche, rapproché, touchant, voisin **II. dans le temps** : futur, immédiat, imminent, proche, rapproché

◇ CONTR. **I.** → ÉLOIGNÉ **II.** → DERNIER **III.** → PASSÉ

PROCHAINEMENT → BIENTÔT

PROCHE I. adj. → PROCHAIN **II. n.m.** → PARENT **III. adv.** → PRÈS

PROCLAMATION n.f. **I.** avis, ban (vx), déclaration, décret, dénonciation, divulgation, édit, promulgation, publication, rescrit **II.** appel, manifeste, profession de foi, programme

◇ CONTR. → SILENCE

PROCLAMER affirmer, annoncer, bannir (vx), chanter (péj.), clamer, confesser, crier, déclarer, dénoncer, dévoiler, divulguer, ébruiter, énoncer, professer, prononcer, publier, reconnaître, révéler

◇ CONTR. → TAIRE

PROCRASTINATION n.f. → INDÉTERMINATION

PROCRÉATEUR, TRICE → PARENT

PROCRÉATION n.f. accouchement, enfantement, formation, génération, mise au jour/ au monde, parturition, production, reproduction

◇ CONTR. **I.** → STÉRILITÉ **II.** → AVORTEMENT

PROCRÉER accoucher, créer, donner le jour, enfanter, engendrer, former, mettre au jour/ au monde, produire

◇ CONTR. **I.** être/ demeurer stérile **II.** → AVORTER

PROCURATEUR n.m. gouverneur, magistrat, proconsul

PROCURATION n.f. mandat, pouvoir

◇ CONTR. → OPPOSITION

PROCURER I. quelqu'un procure : assurer, donner, envoyer, faire obtenir, fournir, livrer, ménager, moyenner (vx), munir, nantir, pourvoir, prêter, trouver **II. quelque chose procure** : attirer, causer, faire arriver, mériter, occasionner, offrir, produire, provoquer, valoir **III. v. pron.** : acquérir, se concilier, conquérir, se ménager, obtenir, quérir, racoler, recruter *et les formes pron. possibles des syn. de* procurer

◇ CONTR. → RETIRER

PROCUREUR n.m. accusateur public (vx), attorney général (angl.), avocat général, bêcheur (arg.), magistrat, ministère public, substitut – relig. → TRÉSORIER

◇ CONTR. → DÉFENSEUR

PROCUREUR, EUSE (vx) entremetteur, entremetteuse, intermédiaire → PROXÉNÈTE

PRODIGALITÉ n.f. **I. au pr.** : bonté, désintéressement, générosité, largesse, libéralité **II. par ext.** : abondance, dépense, dissipation, exagération, excès, gâchis, gaspillage, luxe, orgie, profusion, somptuosité, surabondance

◇ CONTR. **I.** → AVARICE **II.** → ÉCONOMIE **III.** → RARETÉ

PRODIGE n.m. **I. quelque chose. 1.** merveille, miracle, phénomène, signe **2.** chef-d'œuvre

II. quelqu'un : génie, phénomène, virtuose → PHÉNIX

◇ CONTR. : une chose/ un être → QUELCONQUE

PRODIGIEUSEMENT de façon → PRODIGIEUX *et les dérivés possibles en -ment des syn. de* prodigieux

PRODIGIEUX, EUSE admirable, colossal, confondant, considérable, épatant, époustouflant, étonnant, extraordinaire, fabuleux, faramineux (fam.), génial, gigantesque, magique, merveilleux, miraculeux, mirobolant, monstre, monstrueux, phénoménal, prestigieux, pyramidal, renversant, surnaturel, surprenant

◇ CONTR. → QUELCONQUE

PRODIGUE I. nom - non fav. : dilapidateur, dissipateur, gaspilleur, mange-tout (vx) – **fam. :** bourreau d'argent, croqueur, panier percé **II. adj. 1. fav. ou neutre :** bon, charitable, désintéressé, fastueux, généreux, large, libéral, somptueux **2. non fav. :** dépensier, désordonné **III. PRODIGUE EN :** abondant, fécond, fertile, prolixe

◇ CONTR. I. → AVARE II. → ÉCONOME III. → RARE

PRODIGUER I. non fav. : consumer, dilapider, dissiper, gâcher, gaspiller, jeter à pleines mains **II. fav. ou neutre. 1. quelqu'un prodigue :** accorder, dépenser, déployer, distribuer, donner, épancher, exposer, montrer, répandre, sacrifier, verser **2. quelque chose prodigue :** abonder en, donner à profusion, regorger de **III. v. pron. :** se consacrer, se dépenser, se dévouer *et les formes pron. possibles des syn. de* prodiguer

◇ CONTR. I. → ÉCONOMISER II. → RETRANCHER

PRODROME n.m. I. avant-coureur, message, messager, signe, symptôme → PRÉLIMINAIRE **II.** → PRÉFACE

◇ CONTR. → FIN

PRODUCTEUR, TRICE I. au pr. : auteur, créateur, initiateur, inventeur **II. par ext. :** agriculteur, cultivateur, éleveur, fournisseur, industriel

◇ CONTR. I. → DESTRUCTEUR II. → ACHETEUR III. → INTERMÉDIAIRE

PRODUCTIF, IVE créateur, fécond, fertile, fructueux → PROFITABLE

◇ CONTR. I. → STÉRILE II. → PARESSEUX

PRODUCTION n.f. I. l'action de produire : apparition, création, éclosion, enfantement, fabrication, génération, genèse, mise en chantier/ en œuvre, venue **II. ce qui est produit. 1.** écrit, film, œuvre, ouvrage, pièce **2.** croît, fruit, produit, rendement, résultat **3.** activité, besogne, ouvrage, travail **4.** exhibition, performance, spectacle **5.** dégagement, émission, formation

◇ CONTR. I. → DESTRUCTION II. → DISTRIBUTION III. → ARRÊT IV. dissimulation, rétention

PRODUCTIVITÉ n.f. → RENDEMENT

PRODUIRE I. au pr. 1. un document : déposer, exhiber, exhumer, fournir, montrer, présenter **2. un argument :** administrer, alléguer, apporter, invoquer, mettre en avant **3. un témoin :** citer, faire venir, introduire **II. par ext. 1. quelqu'un ou quelque chose produit :** amener, apporter, causer, composer, concevoir, confectionner, créer, cultiver, déterminer, donner le jour/ naissance/ la vie, élaborer, enfanter, engendrer, fabriquer, faire, faire fructifier/ naître/ venir, forger, manufacturer, obtenir, occasionner, préparer, provoquer, sortir, tirer de **2. quelque chose produit :** abonder en, donner, fournir, fructifier, porter, rapporter, rendre **3. vx :** affruiter, grener, jeter **4. quelque chose produit sur quelqu'un :** agir, exercer, frapper, marquer, provoquer **5. techn. :** dégager, émettre, exhaler, former **III. v. pron. 1. on se produit :** apparaître, se donner en spectacle, s'exhiber, se mettre en avant/ en vedette, se montrer, venir **2. quelque chose se produit :** s'accomplir, advenir, arriver, avoir lieu, se dérouler, échoir, intervenir, mésadvenir (péj.), s'offrir, s'opérer, se passer, se présenter, surgir, survenir, se tenir, tomber

◇ CONTR. I. → DÉTRUIRE II. → DISTRIBUER III. → ARRÊTER IV. → DISSIMULER

PRODUIT n.m. I. au pr. : bénéfice, croît, cuvée, fruit, gain, production, profit, rapport, recette, récolte, rendement, rente, résultat, revenu, usufruit **II. par ext. 1.** aliment, denrée, marchandise **2.** clone, enfant, progéniture, race, rejeton **III. fig. :** conséquence, effet, résultante, résultat, suite

◇ CONTR. I. → FACTEUR II. → CAUSE

PROÉMINENCE n.f. mamelon, saillie → PROTUBÉRANCE

◇ CONTR. → CREUX

PROÉMINENT, E apparent, arrondi, ballonné, bossu, en avant, en relief, gonflé, gros, haut, protubérant, renflé, saillant, turgescent, turgide, vultueux

PROFANATEUR, TRICE → VANDALE

PROFANATION n.f. abus, avilissement, blasphème, dégradation, irrespect, irrévérence, outrage, pollution, sacrilège, vandalisme, viol, violation

◇ CONTR. → RESPECT

PROFANE nom et adj. I. au pr. : laïc, mondain, séculier, temporel **II. par ext. 1. neutre :** étranger, ignorant, novice **2. non fav. :** béotien, bourgeois, philistin

◇ CONTR. I. → SACRÉ II. → SAVANT

PROFANER avilir, déflorer, dégrader, dépraver, désacraliser, dévirginiser, polluer, salir, souiller, violer

◇ **CONTR. I.** → SACRER **II.** → RESPECTER

PROFÉRER I. articuler, déclarer, dire, émettre, exprimer, jeter, pousser, prononcer **II. péj.**: blasphémer, cracher, débagouler, éructer, exhaler, vomir

◇ **CONTR.** → TAIRE

PROFESSER I. → DÉCLARER **II.** → PRATIQUER **III.** → ENSEIGNER

PROFESSEUR n.m. → MAÎTRE

PROFESSION n.f. **I. 1.** art, carrière, charge, emploi, état, fonction, gagne-pain, métier, occupation, partie, qualité, situation, spécialité – **vx**: parti, vacation **2. au pl.**: secteur tertiaire **II.** affirmation, confession, credo, déclaration, manifeste → PROCLAMATION

PROFESSIONNEL, LE → SPÉCIALISTE

PROFESSORAL, E → PÉDANT

PROFESSORAT n.m. → ENSEIGNEMENT

PROFIL n.m. **I. au pr.**: contour, ligne, linéament, modénature (arch.) **II. par ext. 1.** aspect, silhouette **2.** figure, portrait, visage

◈ **CONTR.**: dos, face, trois-quarts

PROFILER I. caréner, découper, dessiner, projeter, représenter, tracer **II. v. pron.**: apparaître, se découper, se dessiner, paraître, se projeter, se silhouetter

◇ **CONTR.** → ÉBAUCHER

PROFIT n.m. **I.** accroissement, acquêt, aubaine, avantage, bénéfice, bien, butin, casuel, conquête, émolument, enrichissement, excédent, faveur, fruit, gain, intérêt, lucre (péj.), parti, prébende, progrès, récolte, revenant-bon, surplus, traitement, utilité **II. fam.**: chape-chute (vx), gâteau, gratte, pelote, resquille, tour de bâton **III. AU PROFIT DE**: au bénéfice/ en faveur/ à l'intention/ dans l'intérêt/ dans l'utilité de

◇ **CONTR. I.** → PERTE **II.** → PRÉJUDICE

PROFITABLE assimilable, avantageux, bénéfique, bon, économique, efficace, enrichissant, expédient (vx), fructueux, gratifiant, juteux (fam.), lucratif, payant, productif, rémunérateur, rentable, sain, salutaire, salvateur, salvifique (relig.), utile

◇ **CONTR. I.** → NÉFASTE **II.** → NUISIBLE

PROFITABLEMENT avec → PROFIT, de façon → PROFITABLE et les dérivés possibles en -ment des syn. de profitable

PROFITER I. on profite de quelque chose: bénéficier de, exploiter, jouir de, se servir de, spéculer sur, tirer parti de, utiliser **II. on profite en**: s'accroître, apprendre, avancer, croître, grandir, grossir, progresser, prospérer **III. par ext.** → RAPPORTER

◇ **CONTR. I.** → GÂCHER **II.** → PERDRE

PROFITEUR, EUSE accapareur, affameur, agioteur, exploiteur, fricoteur, mercantile, prébendier, prévaricateur, sangsue, spéculateur, spoliateur, trafiquant, usurier – **vx**: maltôtier, traitant

◇ **CONTR.** → PERDANT

PROFOND, E I. au pr.: bas, creux, encaissé, enfoncé, grand, insondable, lointain **II. par ext.**: abyssal, caverneux, épais, grave, gros, obscur, sépulcral **III. fig.**: abstrait, abstrus, aigu, ardent, beau, calé (fam.), complet, difficile, élevé, ésotérique, essentiel, éthéré, extatique, extrême, foncier, fort, grand, haut, immense, impénétrable, intelligent, intense, intérieur, intime, métaphysique, mystérieux, organique, pénétrant, perspicace, puissant, savant, secret

◇ **CONTR. I.** → LÉGER **II.** → PLAT (ADJ.) **III.** → FAIBLE

PROFONDÉMENT I. à fond, bien, loin, tout à fait, tout au fond et les dérivés possibles en -ment des syn. de profond **II.** → COMPLÈTEMENT

◇ **CONTR. I.** → FAIBLEMENT **II.** → IMPARFAITEMENT **III.** → PEU

PROFONDEUR n.f. **I. au pr.**: dimension, distance, étendue, importance, mesure **II. par ext.**: abysse, creux, enfoncement, épaisseur, fond, hauteur, largeur, lointain, longueur, perspective **III. fig.**: abstraction, acuité, ardeur, beauté, difficulté, élévation, ésotérisme, extase, extrémité, force, grandeur, hauteur, immensité, impénétrabilité, intelligence, intensité, intériorité, intimité, mystère, pénétration, perspicacité, plénitude, puissance, science, secret

◇ **CONTR. I.** → SURFACE **II.** → FAIBLESSE

PROFUS, E → ABONDANT

PROFUSION n.f. **I.** abondance, ampleur, débauche, débordement, démesure, encombrement, étalage, excès, festival, flot, foison, foisonnement, foule, largesse, libéralité, luxe, luxuriance, masse, multiplicité, orgie, prodigalité, pullulement, superflu, superfluité, surabondance **II. À PROFUSION**: à foison, à gogo, en pagaille, à vomir (péj.)

◇ **CONTR. I.** → PAUVRETÉ **II.** → RARETÉ **III.** → AVARICE

PROGÉNITURE n.f. descendance, enfants, famille, fils, génération, géniture, héritier, petit, produit, race, rejeton

◇ **CONTR.** → PARENT

PROGRAM LIBRARY inform. off.: programmathèque

PROGRAMME n.m. **I. au pr.**: affiche, annonce, ordre du jour, prospectus **II.** algorithme, didacticiel, donnée, encodage, instruction, listage, listing, logiciel, multiprogrammation, processeur, progiciel, programmation, règles → INFORMATIQUE III. par ext. : calendrier, cursus, dessein, emploi du temps, éphéméride, horaire, indicateur, ordre du jour, plan, planification, planigramme, planning, plate-forme, prévision, projet, protocole, schéma, schème ◊ CONTR. I. → IMPROMPTU II. → HASARD

PROGRAMMER I. établir, lister → ADAPTER II. coder, encoder

PROGRAMMEUR, EUSE par ext. : analyste, claviste

PROGRÈS n.m. I. au pr. : accroissement, aggravation (péj.), amélioration, amendement (vx), approfondissement, ascension, augmentation, avancement, cheminement, croissance, développement, épanouissement, essor, évolution, gain, marche, maturation, montée, mouvement, perfectionnement, procès, processus, progression, propagation II. acculturation, alphabétisation, avance, civilisation, expansion, marche en avant, modernisme, plus-être, technique, technologie ◊ CONTR. I. → DÉCADENCE II. → ARRÊT

PROGRESSER I. au pr. : aller, avancer, cheminer → MARCHER II. par ext. : s'accroître, s'améliorer, s'amender, croître, se développer, s'étendre, être en/ faire des progrès et les syn. de progrès, évoluer, gagner monter, mûrir, se perfectionner III. péj. : s'aggraver, empirer ◊ CONTR. I. → ARRÊTER II. → DÉCLINER

PROGRESSIF, IVE adapté, ascendant, calculé, croissant, graduel, modéré, modulé, normalisé, prévu, régulier, rythmé, tempéré ◊ CONTR. I. dégressif II. → RÉTROGRADE III. → STATIONNAIRE IV. → BRUSQUE

PROGRESSION n.f. I. accroissement, acheminement, ascendance, ascension, augmentation, avance, avancée, courant, cours, croissance, développement, évolution, gradation, marche, mouvement, raison (math.), succession, suite II. → MARCHE III. → PROGRÈS ◊ CONTR. I. → RECUL II. → INTERRUPTION

PROGRESSISME n.m. avant-gardisme, réformisme → SOCIALISME ◊ CONTR. → CONSERVATISME

PROGRESSISTE nom et adj. à gauche, avant-gardiste, gauchiste, novateur, réformiste → SOCIALISTE ◊ CONTR. → RÉACTIONNAIRE

PROGRESSIVEMENT graduellement → PEU À PEU ◊ CONTR. I. → VITE II. → SOUDAIN

PROGRESSIVITÉ n.f. → RÉGULATION

PROHIBÉ, E censuré, défendu, en contrebande, illégal, illicite, interdit, tabou ◊ CONTR. → PERMIS

PROHIBER censurer, condamner, défendre, empêcher, exclure, inhiber, interdire, proscrire ◊ CONTR. → PERMETTRE

PROHIBITIF, IVE I. au pr. : dirimant II. par ext. : abusif, arbitraire, exagéré, excessif ◊ CONTR. I. → MARCHÉ (À BON) II. → RAISONNABLE

PROHIBITION n.f. censure, condamnation, défense, inhibition, interdiction, interdit, proscription ◊ CONTR. → PERMISSION

PROIE n.f. I. au pr. : butin, capture, dépouille opimes, prise II. par ext. : esclave, jouet, pâture, victime ◊ CONTR. → PRÉDATEUR

PROJECTEUR n.m. phare, réflecteur, scialytique, spot, sunlight

PROJECTILE n.m. I. au pr. : balle, bombe, boulet, cartouche, fusée, mitraille, obus, roquette, torpille II. arg. : bastos, berlingot, dragée, mouche, olive, pastille, praline, pruneau, valda, volante

PROJECTION n.f. I. → JET II. → REPRÉSENTATION

PROJET n.m. I. au pr. : canevas, carton, dessin, devis, ébauche, esquisse, étude, maquette, métré, planning, programme schéma, topo → PLAN II. par ext. 1. neutre : but calcul, conseil (vx), dessein, entreprise, idée intention, pensée, résolution, spéculation vue 2. non fav. : combinaison, combine, complot, conspiration, machination, préméditation, utopie ◊ CONTR. → RÉALISATION

PROJETER I. au pr. : éjecter, envoyer, expulser, jeter, lancer II. fig. : cracher, vomir III. comploter, conspirer, ébaucher, esquisser, étudier, faire/ former des projets et les syn. de projet, gamberger (arg.), méditer, penser, préméditer, préparer, se proposer de, rouler dans sa tête, songer à, tirer des plans, tirer des plans sur la comète (fam.) ◊ CONTR. → RÉALISER

PROLAPSUS n.m. abaissement, chute, descente, distension, ptôse, relâchement → HERNIE

PROLÉGOMÈNES n.m. pl. introduction, préface, prémisses, principes, propositions ◊ CONTR. → CONCLUSION

PROLEPSE n.f. anticipation, objection, prénotion, réfutation ◊ CONTR. : redondance

PROLÉTAIRE nom et adj. indigent, ouvrier, pauvre, paysan, plébéien, salarié, travailleur – **fam.** : lampiste, smicard, tucard, zéphir
◇ CONTR. **I.** → BOURGEOIS **II.** → RICHE **III.** → PATRON **IV.** → NOBLE

PROLÉTARIAT n.m. → PEUPLE

PROLÉTARIEN, NE → POPULAIRE

PROLIFÉRATION n.f. → REPRODUCTION

PROLIFÉRER apparaître, engendrer, envahir, foisonner, se multiplier, procréer, produire, pulluler, se reproduire
◇ CONTR. → DISPARAÎTRE

PROLIFICITÉ n.f. → FERTILITÉ

PROLIFIQUE envahissant, fécond, fertile, foisonnant, générateur, productif, prolifère, reproducteur
◇ CONTR. → STÉRILE

PROLIXE bavard, diffus, expansif, exubérant, long, loquace, oiseux, profus (vx), rasoir (fam.), verbeux
◇ CONTR. → CONCIS

PROLIXITÉ n.f. bavardage, diffusion, exubérance, faconde, longueur, loquacité
◇ CONTR. → CONCISION

PROLOGUE n.m. **I.** → PRÉFACE **II.** → PRÉLIMINAIRE **III.** → PRÉLUDE

PROLONGATION n.f. allongement, augmentation, continuation, délai, prorogation, suite, sursis
◇ CONTR. **I.** → DIMINUTION **II.** → FIN

PROLONGEMENT n.m. accroissement, allongement, appendice, conséquence, continuation, développement, extension, rebondissement, suite
◇ CONTR. **I.** → DIMINUTION **II.** → FIN

PROLONGER accroître, allonger, augmenter, continuer, développer, étendre, éterniser, faire durer/ traîner, poursuivre, pousser, proroger
◇ CONTR. **I.** → DIMINUER **II.** → FINIR

PROMENADE n.f. **I.** l'acte. **1. au pr.** : circuit, course, croisière, échappée, errance, excursion, flâne, flânerie, musarderie, musardise, muserie, randonnée, tour, voyage **2. fam.** : badaudage, baguenaude, balade, déambulation, glandouille, vadrouille, virée **3. méd.** : dromomanie **II. le lieu** : allée, avenue, boulevard, cours, galerie, jardin, mail, parc, promenoir
◇ CONTR. → INACTION

PROMENER I. → MENER **II.** → PORTER **III.** → RETARDER **IV.** → TROMPER **V. ENVOYER PROMENER** → REPOUSSER **VI. v. pron.** : se balader (fam.), cheminer, circuler, déambuler, errer, flâner, marcher, musarder, prendre l'air, sortir, vadrouiller, voyager
◇ CONTR. : être → CASANIER

PROMENEUR, EUSE flâneur, marcheur, passant – **fam.** : dromomane, gyrovague
◇ CONTR. **I.** → SÉDENTAIRE **II.** → CASANIER

PROMENOIR n.m. arcades, carole (vx), cloître, clos, déambulatoire, galerie, préau → PROMENADE

PROMESSE n.f. **I. au pr. 1. neutre** : assurance, déclaration, engagement, foi, protestation, serment, vœu **2. non fav.** : serment d'ivrogne, surenchère **II. jurid.** : billet, contrat, convention, engagement, pollicitation, sous-seing privé **III. par ext. 1.** fiançailles **2.** annonce, espérance, signe, vent
◇ CONTR. → DÉDIT

PROMETTEUR, EUSE aguichant, aguicheur, encourageant, engageant
◇ CONTR. → DÉCOURAGEANT

PROMETTRE I. au pr. : assurer, certifier, donner sa parole, s'engager, gager (vx), jurer, s'obliger **II. par ext. 1.** affirmer, assurer, faire briller/ espérer/ miroiter **2.** annoncer, laisser prévoir, prédire, présager, vouer
◇ CONTR. → DÉDIRE

PROMIS, E fiancé

PROMISCUITÉ n.f. assemblage, confusion, coudoiement, familiarité, mélange, mitoyenneté, pêle-mêle, voisinage
◇ CONTR. → CONFORT

PROMONTOIRE n.m. avancée, belvédère, cap, éminence, falaise, hauteur, pointe, saillie

PROMOTEUR, TRICE I. animateur, auteur, cause, centre, créateur, excitateur, initiateur, innovateur, inspirateur, instigateur, organisateur, pionnier, point de départ, précurseur, protagoniste, réalisateur **II. partic.** : activeur, excitateur
◇ CONTR. → SUCCESSEUR

PROMOTION n.f. **I. au pr.** : accession, avancement, élévation, émancipation, mouvement, nomination, reclassement **II. par ext.** : année, classe, cuvée (fam.)
◇ CONTR. → RECUL

PROMOTIONNEL, LE publicitaire

PROMOUVOIR I. bombarder (fam.), élever, ériger, faire avancer, mettre en avant, nommer, porter, pousser, reclasser **II.** animer, encourager, favoriser, provoquer, soutenir
◇ CONTR. → FREINER

PROMPT, E I. fav. ou neutre : actif, adroit, agile, allègre, avisé, bref, chaud, court, diligent, empressé, fougueux, immédiat, impétueux, leste, pétulant, preste, rapide, soudain, vif **II. non fav.** : brusque, coléreux, emporté, expéditif, hâtif, impérieux, irascible, ombrageux, soupe au lait (fam.), susceptible, tride (équit.)

◈ CONTR. **I.** → LENT **II.** → PRUDENT **III.** → PARESSEUX

PROMPTEMENT **I.** → VITE *et les adv. dérivés des syn. de* prompt **II. fam.** : à fond de train, presto

◈ CONTR. → LENTEMENT

PROMPTITUDE n.f. activité, agilité, célérité, dextérité, diligence, empressement, fougue, hâte, impétuosité, pétulance, prestesse, rapidité, vitesse, vivacité

◈ CONTR. **I.** → RETARD **II.** → PRUDENCE **III.** → PARESSE

PROMULGATION n.f. → PUBLICATION

PROMULGUER décréter, divulguer, édicter, émettre, faire connaître/ savoir, publier

◈ CONTR. → ABOLIR

PRÔNE n.m. discours, enseignement, homélie, prêche → SERMON

PRÔNER affirmer, assurer, célébrer, faire connaître, louer, prêcher, préconiser, proclamer, publier, vanter

◈ CONTR. → DÉNIGRER

PRONOM n.m. démonstratif, indéfini, interrogatif, personnel, possessif, relatif, substitut

PRONONCÉ, E **I.** accentué, accusé, marqué, souligné, visible **II.** arrêté, ferme, formel, irréversible, irrévocable, résolu

◈ CONTR. **I.** → FAIBLE **II.** → PASSAGER

PRONONCER **I. au pr.** : articuler, dire, émettre, énoncer, exprimer, formuler, proférer **II.** affirmer, arrêter, déclarer, décréter, formuler, infliger, juger, ordonner, rendre **III. de façon particulière. 1. fav. ou neutre** : accentuer, appuyer, chuchoter, débiter, déclamer, détacher, détailler, dire recto tono, faire sentir/ sonner, marquer, marteler, psalmodier, réciter, scander **2. non fav.** : avaler ses mots, bafouiller, balbutier, bégayer, bléser, bredouiller, chuinter, escamoter ses mots, grasseyer, mâchonner, manger ses mots, nasiller, nasonner, zézayer, zozoter **IV. v. pron.** : choisir, conclure à, se décider, se déterminer, se résoudre *et les formes pron. possibles des syn. de* prononcer

◈ CONTR. → TAIRE

PRONONCIATION n.f. **I. fav. ou neutre** : accent, accentuation, articulation, débit, élocution, façon/ manière de prononcer *et les syn. de* prononcer, iotacisme, lambdacisme, phrasé, prononcé, rhotacisme, sigmatisme **II. non fav.** : balbutiement, bégaiement, blèsement, blésité, bredouillement, chuintement, grasseyement, lallation, nasillement, nasonnement, zézaiement

◈ CONTR. → SILENCE

PRONOSTIC n.m. annonce, apparence, conjecture, jugement, prédiction, présage, prévision, prophétie, signe – **vx** : almanach

◈ CONTR. → RÉSULTAT

PRONOSTIQUER annoncer, conjecturer, juger, prédire, présager, prévoir, prophétiser

◈ CONTR. → VÉRIFIER

PRONUNCIAMIENTO n.m. coup d'État, manifeste, proclamation, putsch, rébellion, sédition

PROPAGANDE n.f. campagne, croisade, endoctrinement, intoxication, matraquage, persuasion, propagation, prosélytisme, publicité, racolage, retape – **péj.** : attrape-nigaud, battage, bla-bla-bla, bourrage de crâne, tam-tam

◈ CONTR. : contre-propagande

PROPAGANDISTE nom et adj. → PROPAGATEUR

PROPAGATEUR, TRICE apôtre, diffuseur, divulgateur, doctrinaire, évangélisateur, missionnaire, propagandiste, prosélyte, rabatteur, révélateur

◈ CONTR. → CENSEUR

PROPAGATION n.f. **I. neutre** : augmentation, communication, circulation, développement, diffusion, dispersion, dissémination, effulgence, éparpillement, expansion, extension, généralisation, marche, mise en mouvement, multiplication, progrès, progression, radiance, rayonnement, reproduction, vulgarisation **II. non fav.** : aggravation, contagion, contamination, épidémie, invasion, irradiation, métastase (méd.), nuisance, transmission **III.** apostolat, propagande, prosélytisme

◈ CONTR. **I.** → CONFISCATION **II.** → DIMINUTION **III.** → ARRÊT

PROPAGER **I.** colporter, communiquer, diffuser, disséminer, divulguer, enseigner, faire accepter/ connaître/ courir/ savoir, multiplier, populariser, prêcher, prôner, publier, répandre, reproduire **II. pron.** : s'accréditer, augmenter, circuler, courir, déferler, s'étendre, gagner, irradier *et les formes pron. possibles des syn. de* propager

◈ CONTR. **I.** → ARRÊTER **II.** → LIMITER **III.** → REMPLACER

PROPELLANT **spat. off.** : ergol, propergol

PROPENSION n.f. disposition, inclination, naturel, penchant, pente, tempérament, tendance

◆ CONTR. → RÉPUGNANCE

PROPHÈTE, PROPHÉTESSE augure, devin, gourou, mahdi ou mehdi, messie, nabi, pythonisse, starets, vaticinateur, voyant

◆ CONTR. → HISTORIEN

PROPHÉTIE n.f. annonce, conjecture, inspiration, oracle, prédiction, prévision, pronostication (vx), songe, vaticination → DIVINATION

◆ CONTR. → HISTOIRE

PROPHÉTIQUE annonciateur, avant-coureur, conjectural, divinateur, inspiré, messianique, préliminaire

◆ CONTR. → BANAL

PROPHÉTIQUEMENT en → PROPHÈTE

PROPHÉTISER annoncer, conjecturer, deviner, faire des oracles, prédire, prévoir, vaticiner

◆ CONTR. → VÉRIFIER

PROPHYLACTIQUE antiseptique, assainissant, hygiénique, préservatif, préventif, protecteur

◆ CONTR. : curatif

PROPHYLAXIE n.f. antisepsie, asepsie, assainissement, hygiène, précaution, préservation, prévention, protection

◆ CONTR. → THÉRAPEUTIQUE

PROPICE amical, à-propos, beau, bénin, bien, bien disposé, bienfaisant, bienséant, bon, convenable, favorable, opportun, propitiatoire, propre, salutaire, utile

◆ CONTR. I. → DÉFAVORABLE II. → FUNESTE

PROPITIATION n.f. → SACRIFICE

PROPITIATOIRE → PROPICE

PROPORTION n.f. I. accord, analogie, beauté, comparaison, convenance, correspondance, dimension, dose, équilibre, eurythmie, harmonie, justesse, médiane, mesure, modénature (arch.), moyenne, pourcentage, rapport, régularité, symétrie II. 1. À PROPORTION DE : à l'avenant/ mesure/ raison, proportionnellement, suivant 2. EN PROPORTION DE : au prorata, en comparaison, en raison, eu égard, relativement, selon, suivant

◆ CONTR. → DIFFÉRENCE

PROPORTIONNÉ, E I. quelqu'un : assorti, beau, bien balancé/ baraqué (fam.)/ bâti/ fait/ fichu (fam.)/ foutu (fam.)/ moulé/ pris/ roulé (fam.)/ taillé, convenable, en harmonie, équilibré, harmonieux, mesuré, pondéré, régulier II. **quelque chose** : au prorata, corrélatif, en rapport, eustyle, logique, symétrique

◆ CONTR. → DISPROPORTIONNÉ

PROPORTIONNEL, LE ad valorem, au prorata, en rapport, relatif

◆ CONTR. I. → ABSOLU II. → LIBRE III. → DISPROPORTIONNÉ IV. majoritaire, uninominal

PROPORTIONNELLEMENT et **PROPORTIONNÉMENT** au prorata, comparativement, convenablement, harmonieusement, régulièrement, relativement

◆ CONTR. → INJUSTEMENT

PROPORTIONNER accommoder, approprier, assortir, calculer, dimensionner, doser, équilibrer, établir, mélanger, mesurer, mettre en état, moduler, préparer, rapporter, répartir

◆ CONTR. I. → DÉSAVANTAGER II. → FAVORISER III. déséquilibrer

PROPOS n.m. I. au pr. : but, dessein, intention, pensée, résolution II. par ext. 1. matière, objet, sujet, thème 2. badinage, badinerie, bagatelle, baliverne, balourdise, banalité, baratin (fam.), bavardage, bêtise, bla-bla-bla, blague, boniment, boutade, bruit, cajolerie, calembredaine, calomnie, chanson, cochonnerie, commentaire, commérage, conversation, dire, discours, dit, douceurs, enjôlerie, entretien, fadaise, faribole, gaillardise, galanterie, gaudriole, gauloiserie, grivoiserie, histoire, insanité, insinuation, médisance, obscénité, papotage, parole, phrase, polissonnerie, qu'en-dira-t-on, saleté, sottise, trait, turlutaine, vantardise, vanterie, vilenie III. 1. À PROPOS DE : à l'occasion de, concernant, relatif à 2. À TOUT PROPOS : à chaque instant, à tous les coups, à tout bout de champ 3. MAL À PROPOS : à contretemps, de façon/ manière inopportune/ intempestive, hors de saison, sans raison/ sujet 4. BIEN À PROPOS : à pic, à point, à point nommé, à temps, au poil (fam.), comme marée en carême, opportunément, pile 5. ÊTRE À PROPOS DE/ QUE : bon, convenable, expédient, juste, opportun

◆ CONTR. I. → RÉSULTAT II. → SILENCE

PROPOSER I. avancer, conseiller, faire une proposition *et les syn. de* proposition, mettre en avant, offrir, présenter, soumettre II. pron. 1. → PROJETER 2. *les formes pron. possibles des syn. de* proposer

◆ CONTR. → REFUSER

PROPOSITION n.f. I. au pr. : marché, offre, ouverture, ultimatum (péj.) II. jurid. : loi, motion, projet, résolution III. par ext. 1. dessein, intention 2. conseil, initiative IV. logique : affirmation, allégation, aphorisme, assertion, axiome, conclusion, conversion, corollaire, démonstration, énoncé, expression, hypothèse, jugement, lemme, maxime, négation, paradoxe, porisme, postulat, précepte, prémisse, principe, théorème, thèse

◆ CONTR. → REFUS

PROPRE n.m. apanage, distinction, individualité, particularité, propriété, qualité, signe, spécificité

PROPRE I. adéquat, ad hoc, approprié, apte, bon, capable, congru, convenable, de nature à, étudié/ fait pour, habile à, idoine, juste, prévu II. distinctif, exclusif, individuel, intrinsèque, particulier, personnel, spécial, spécifique III. à la lettre, littéral, même, textuel IV. astiqué, blanc, blanchi, clair, correct, débarbouillé, décent, décrassé, décrotté, élégant, entretenu, essuyé, frais, frotté, gratté, hygiénique, immaculé, lavé, lessivé, net, présentable, propret, pur, récuré, rincé, savonné, soigné, tenu V. fam.: briqué, calamistré, nickel

◇ CONTR. I. → IMPROPRE II. → COMMUN III. → MALPROPRE IV. → MALHONNÊTE

PROPREMENT à propos, bien, convenablement, correctement, en fait, exactement, pratiquement, précisément, soigneusement, stricto sensu, véritablement

◇ CONTR. → IMPARFAITEMENT

PROPRETÉ n.f. I. au pr.: clarté, décence, élégance, fraîcheur, netteté, pureté II. par ext. 1. hygiène, soin, toilette 2. ménage, nettoyage, récurage

◇ CONTR. → MALPROPRETÉ

PROPRIÉTAIRE n.m. et f. I. actionnaire, amodiataire, bailleur, capitaliste, détenteur, hôte, locateur (vx), logeur, maître, possédant, possesseur, titulaire, vautour (péj.) – fam.: probloque, proprio, taulier II. vx: alleutier, locateur

◇ CONTR. I. → PROLÉTAIRE II. → LOCATAIRE III. vassal, tenancier

PROPRIÉTÉ n.f. I. l'acte: jouissance, possession, usage II. au pr.: avoir, bien, bien-fonds, capital, domaine, exploitation, fazenda, ferme, habitation, hacienda, héritage, immeuble, latifundium, maison, manse (vx), monopole, patrimoine, ranch, terre, titre III. attribut, caractère, essence, faculté, nature, particularité, pouvoir, puissance, qualité, vertu IV. adéquation, congruité, convenance, efficacité, exactitude, justesse, véridicité, vérité

◇ CONTR. → INCONGRUITÉ

PROPULSER I. → JETER II. → MOUVOIR

PROPULSEUR n.m. booster, réacteur, statoréacteur, turbopropulseur, turboréacteur

PROPULSION n.f. effort, élan, force, poussée

PRORATA n.m. proportion, quote-part, quotité

PROROGATION n.f. ajournement, continuation, délai, moratoire, prolongation, renouvellement, renvoi, sursis, suspension

◇ CONTR. → CESSATION

PROROGER accorder un délai/ une prorogation *et les syn.* de prorogation, ajourner, atermoyer, faire durer/ traîner, prolonger, remettre, renvoyer, repousser, retarder, suspendre

◇ CONTR. I. mettre → FIN II. → RÉALISER

PROSAÏQUE banal, bas, commun, grossier, matériel, ordinaire, simple, terre à terre, trivial, vulgaire

◇ CONTR. → POÉTIQUE

PROSAÏSME n.m. → PLATITUDE

PROSATEUR n.m. → ÉCRIVAIN

PROSCRIPTION n.f. bannissement, élimination, éviction, exil, expulsion, interdiction, interdit, ostracisme, répression

◇ CONTR. I. → ACCUEIL II. → ACCLAMATION

PROSCRIRE I. au pr.: bannir, chasser, éliminer, éloigner, exiler, expulser, faire disparaître, frapper de proscription *et les syn.* de proscription, refouler, rejeter II. par ext.: abolir, censurer, condamner, défendre, frapper d'interdit, interdire, mettre à l'index, prohiber, rejeter

◇ CONTR. I. → ACCUEILLIR II. → ACCLAMER

PROSCRIT, E → BANNI

PROSE n.f. → TEXTE

PROSÉLYTE n.m. et f. I. au pr.: adepte, catéchumène, converti, initié, néophyte, nouveau venu II. par ext.: apôtre, disciple, fidèle, missionnaire, partisan, sectateur, zélateur

◇ CONTR. I. → ANCIEN II. → INDIFFÉRENT

PROSÉLYTISME n.m. → ZÈLE

PROSODIE n.f. déclamation, mélodie, métrique, règles, versification

PROSOPOGRAPHIE n.f. → PORTRAIT

PROSOPOPÉE n.f. → DISCOURS

PROSPECT n.m. off.: client (potentiel)

PROSPECTER chercher, enquêter, étudier, examiner, parcourir, rechercher

◇ CONTR. → ABANDONNER

PROSPECTEUR, TRICE → EXPLORATEUR

PROSPECTION n.f. → RECHERCHE

PROSPECTIVE n.f. futurologie

PROSPECTUS n.m. affiche, annonce, avertissement, avis, brochure, dépliant, feuille, imprimé, papillon, programme, publicité, réclame, tract

PROSPÈRE arrivé, beau, heureux, florissant, fortuné, nanti, pourvu, riche

◇ CONTR. I. → MALHEUREUX II. → PAUVRE

PROSPÉRER avancer, croître, se développer, s'enrichir, s'étendre, faire ses affaires/

son beurre (fam.), fleurir, marcher, se multiplier, progresser, réussir

◆ CONTR. I. → DÉCLINER II. → ÉCHOUER

PROSPÉRITÉ n.f. **I.** abondance, aisance,
béatitude, bénédiction, bien-être, bonheur,
chance, félicité, fortune, réussite, richesse,
santé, succès, veine (fam.) **II.** accroissement/
augmentation des richesses, activité, développement, épanouissement, essor, pléthore, progrès

◆ CONTR. I. → PAUVRETÉ II. → MALHEUR III. →
CRISE

PROSTERNATION n.f. → RÉVÉRENCE

PROSTERNÉ, E I. au pr. : agenouillé, baissé,
courbé, incliné **II. fig.** contrit, modeste, pieux,
repentant, soumis, suppliant → SERVILE

◆ CONTR. I. → DEBOUT II. → ARROGANT

PROSTERNER (SE) I. s'agenouiller,
s'allonger, se coucher, se courber, s'étendre,
fléchir le genou, s'incliner, se jeter à terre
II. s'abaisser, adorer, s'aplatir, faire amende
honorable, flagorner, s'humilier

◆ CONTR. I. → LEVER (SE) II. → RÉVOLTER (SE)

PROSTITUÉE n.f. **I. vx et/ ou litt.** : ambubaïe,
aspasie, belle-de-jour/ -de-nuit, biche, bucolique, call-girl, cocodette, cocotte, courtisane, créature, croqueuse, dégrafée, demi-
mondaine, dictériade, femme/ fille en carte/
encartée/ de joie/ de noce/ du bitume/ du
Pont-Neuf/ légère/ de mauvaise vie/ de
mauvaises mœurs/ publique/ de rien/ sou-
mise, fleur de macadam/ trottoir, geisha
(partic.), goton, gourgandine, guenippe,
gueuse, hétaïre, horizontale, laborieuse,
linge, louis, louis-quinze, marchande
d'amour/ d'illusion, matelas ambulant, mercenaire, mérétrice, pallage, péripatéticienne, petit métier, pont d'Avignon, professionnelle, raccrocheuse, racoleuse, rava-
geuse, respectueuse, ribaude, sirène, vil-
lotière **II. arg. et/ ou inj.** : abatteuse, allumeuse,
amazone, arpenteuse, autobus, bagasse, bis-
nesseuse, bourin, cagnasse, cagne, came, camelote, casse-croûte, casserole, cateau, ca-
tiche, catin, cavette, chabraque, chandelle,
chausson, clandé, colis, coucheuse, cou-
reuse, crevette, daube, daufière, dérobeuse,
dessous, dossière, doublarde, échassière,
émietteuse, entôleuse, éponge, étagère, faux
poids, fenêtrière, fillasse, frangine, gadou,
gagneuse, galérienne, galoupe, garce, gâtée,
gaupe, gigolette, gironde, gisquette, gouge,
goyau, grognasse, grue, langouste, langoustine, lard, largue, leveuse, limande, loumi,
louve, lutainpème, maquerelle, marchandise, marcheuse, marmite (vx), marmotte,
ménesse, michetonneuse, morue, nana, pail-

lasse, paillasson, pain frais, pavute, peau,
persilleuse, pétasse, pierreuse, piétonnière,
pipeuse, polka, ponette, poniffe, ponton-
nière, poufiasse, poule, pouliche, putain, pu-
tasse, pute, radasse, radeuse, rouchie, roulante, rouleuse, roulure, rouscagne, sac à
bites/ à pines, singesse, siroteuse, sœur,
souris, tabouret, tapeuse, tapin, tapineuse,
taxi, tocasse, torchon, torpille, traînée, tréteau, tricoteuse, trimardeuse, tripasse, trot-
teuse, truqueuse, turbineuse, turf, turfeuse,
voiturière, volaille, wagon, wagonnière

◆ CONTR. I. → VIERGE II. → ENFANT DE MARIE

PROSTITUER I. abaisser, avilir, catiniser,
corrompre, débaucher, dégrader, déshonorer, dévoyer, galvauder, livrer, mettre à l'encan, vendre **II. arg.** : atteler, driver, maquer,
maquereauter, mettre à la → PROSTITUTION
III. v. pron. : aller/ être/ venir à, faire la → PROS-
TITUTION, arpenter, en arracher/ concasser/
démoudre/ écosser/ écraser/ faire/ mouler/
usiner/ vendre, marcher, michetonner,
mouliner, putasser, tapiner, trimarder, tru-
quailler, truquer, turbiner

◆ CONTR. I. → PRÉSERVER II. → HONORER

PROSTITUTION n.f. **1.** bicherie (litt.), com-
merce/ métier/ trafic de ses charmes/ de
son corps, le plus vieux métier du monde,
proxénétisme, putainerie, putanat, puta-
nisme, traite (des blanches), trottoir **II. arg. ou
fam.** : abattage, asperges, asphalte, bisness,
biss, bitume, macadam, moulin, pain de
fesses/ des Jules, passe(s), persil, putasserie,
puterie, racolage, rade, retape, ruban, sueur
de → FESSIER, tapin, tapinage, trottoir, truc,
turbin, turf, verdure

◆ CONTR. → PURETÉ

PROSTRATION n.f. **I.** abattement, accablement, anéantissement, dépression, effondrement, épuisement, faiblesse, hébétude,
inactivité, langueur, léthargie **II.** → PROSTER-
NATION

◆ CONTR. → SUREXCITATION

PROSTRÉ, E abattu, accablé, anéanti, effondré, torpide

◆ CONTR. → EXCITÉ

PROTAGONISTE n.m. et f. acteur, animateur, boute-en-train, initiateur, instigateur,
interlocuteur, interprète, meneur, pionnier,
promoteur

◆ CONTR. I. → ADJOINT II. → SUCCESSEUR

PROTECTEUR, TRICE I. nom. 1. aide, ange
gardien, appui, asile, bienfaiteur, champion,
chevalier servant, conservateur, défenseur,
évergète (antiq.), gardien, libérateur, mé-

cène, patron, père, providence, soutien, sponsor, support, tuteur 2. → PROXÉNÈTE **II. adj. 1. fav.** → TUTÉLAIRE **2. non fav.** : condescendant, dédaigneux

◇ **CONTR. I.** → PROTÉGÉ **II.** → AGRESSEUR **III.** → TYRAN

PROTECTION n.f. **I. l'action. 1. au pr.** : aide, appui, assistance, conservation, couverture, défense, esquive, garantie, garde, ombre, préservation, sauvegarde, secours, soutien, support, tutelle **2. relig.** : auspice, baraka, bénédiction, égide, évergétisme, invocation, patronage **3. méd.** : immunisation, immunité, prophylaxie **4.** → ENCOURAGEMENT **II. ce qui protège. 1.** → ABRI **2.** armure, bouclier, carapace, cuirasse, cuirassement, cuissard, gant, (gilet) pare-balles, masque, plastron, tablier **3.** capuchon, cloche, couvercle, couverture, écran, enveloppe, fourreau, gaine, housse **4.** antébois *ou* antibois, bardage, blindage, clôture, étanchement, gabion, garde-fou, grillage, grille **5.** paravent, portière, rideau, voilage **6.** calorifugeage, insonorisation, isolation **7.** garde-feu, pare-étincelles **8.** bavolet (vx), garde-boue/ -crotte, pare-boue, pare-brise, pare-chocs, pare-clous, pare-soleil **9.** → PARAPLUIE **10.** bastion, boulevard, fortifications, glacis, pare-éclats, rempart **11.** enduction → REVÊTEMENT **12.** paratonnerre **13.** coupe-feu, pare-feu **14. équit.** : émouchette

◇ **CONTR. I.** → DANGER **II.** → AGRESSION **III.** → TYRANNIE

PROTÉGÉ, E client, créature (péj.), favori, pistonné

◇ **CONTR.** → PROTECTEUR

PROTÉGER I. au pr. 1. abrier (vx), abriter, accompagner, aider, armer, assister, assurer, barder, blinder, convoyer, couvrir, cuirasser, défendre, escorter, flanquer, fortifier, gabionner, garantir, munir, ombrager, parer, préserver, sauvegarder, tauder (mar.), veiller à **2.** enduire, peindre, vernir **3.** calorifuger, insonoriser, isoler **4.** épiner → FERMER **II. par ext.** : **1.** appuyer, encourager, favoriser, patronner, pistonner (fam.), recommander, soutenir, sponsoriser **2.** materner, materniser, paterner, paterniser **3.** breveter → CONSERVER **III. v. pron. 1.** être en garde contre, se garer, se mettre à couvert, parer à, prendre garde à *et les formes pron. possibles des syn. de* protéger **2. vén.** : se motter, repairer

◇ **CONTR. I.** → ATTAQUER **II.** → TOURMENTER **III.** → TYRANNISER **IV.** → DÉCOUVRIR **V.** → DESTITUER

PROTÉIFORME → CHANGEANT

PROTESTANT, E nom et adj. **I.** anabaptiste, anglican, arminien, baptiste, calviniste, conformiste, congrégationnaliste, évangé-

lique, évangéliste, fondamentaliste, luthérien, mennonite, méthodiste, mormon, piétiste, presbytérien, puritain, quaker, réformé, salutiste, témoins du Christ/ de Jéhovah **II. vx et/ou injurieux** : barbet, camisard, ceux du dedans, cévenol, huguenot, momier, parpaillot, prédicant, réfugié, religionnaire, remontrant, sermonneur, trembleur

◇ **CONTR. I.** → INFIDÈLE **II.** → CATHOLIQUE

PROTESTANTISME n.m. armée du Salut, Église anglicane/ baptiste/ des saints du Dernier Jour/ évangélique/ presbytérienne/ réformée, luthéranisme, Réforme *et les dérivés possibles en -isme des syn. de* protestant

◇ **CONTR.** → CATHOLICISME

PROTESTATAIRE → MÉCONTENT

PROTESTATION n.f. **I. au pr.** : assurance, déclaration, démonstration, promesse, témoignage **II. par ext.** : appel, bougonnement, clameur, contre-pied, cri, criaillerie, critique, dénégation, désapprobation, grogne, grognement, grommellement, marmonnement, marmottement, murmure, objection, plainte, réclamation, récri (vx), refus, regimbement, réprobation, rogne, vitupération **– fam.** : coup de gueule, gueulement, rouscaille, rouspétance, ruade

◇ **CONTR. I.** → APPROBATION **II.** → RÉSIGNATION

PROTESTER I. v. tr. : affirmer, assurer, promettre **II. v. intr.** : arguer, attaquer, clabauder, contester, criailler, crier après/ contre, désapprouver, dire, s'élever contre, s'exclamer, se gendarmer, grogner, s'indigner, manifester, marmonner, marmotter, murmurer, objecter, s'opposer, pétitionner, se plaindre de, se rebeller, se rebiffer, réclamer, se récrier, récriminer, récuser, regimber, résister, ronchonner, tenir tête, vitupérer **– fam.** : clabauder, criailler, gueuler, râler, renauder, rouscailler, rouspéter, ruer dans les brancards

◇ **CONTR. I.** → APPROUVER **II.** → SOUTENIR **III.** → CONVENIR

PROTOCOLAIRE bienséant, convenable, correct, permis, réglementaire, régulier, traditionnel

◇ **CONTR.** → INCONVENANT

PROTOCOLE n.m. **I.** accord, armistice, cessez-le-feu, concordat, convention, entente, résolution, traité **II.** acte, avenant, formulaire, procès-verbal **III.** bienséance, cérémonial, cérémonies, convenances, décorum, étiquette, formes, ordonnance, préséance, règlement, règles, rite, savoir-vivre, usage

◇ **CONTR. I.** → GUERRE **II.** → MÉSINTELLIGENCE

PROTOHISTOIRE n.f. → PRÉHISTOIRE

PROTOTYPE n.m. archétype, étalon, modèle, original, premier exemplaire, princeps, type

◊ CONTR. **I.** modèle de série **II.** → RÉPLIQUE

PROTUBÉRANCE n.f. **I. au pr. :** apophyse, apostume, bosse, excroissance, gibbosité, saillie, tubérosité **II. par ext. :** élévation, éminence, mamelon, monticule, piton, tertre

◊ CONTR. → CAVITÉ

PROTUBÉRANT, E → PROÉMINENT

PROU I. vx : amplement, beaucoup, suffisamment **II. PEU OU PROU :** plus ou moins

◊ CONTR. → PEU

PROUE n.f. acrostole, avant, étrave

◊ CONTR. → POUPE

PROUESSE I. bravoure, vaillance **II.** → EXPLOIT

◊ CONTR. **I.** → LÂCHETÉ **II.** → BASSESSE

PROUVÉ, E avéré, confirmé, constaté, évident → VRAI

◊ CONTR. : controuvé

PROUVER I. au pr. on prouve quelque chose : démontrer, établir, faire apparaître/ comprendre/ croire/ reconnaître/ voir comme vrai, illustrer, justifier, montrer **II. par ext. quelque chose ou quelqu'un prouve quelque chose :** affirmer, annoncer, attester, confirmer, corroborer, déceler, faire foi, faire/ laisser voir, indiquer, manifester, marquer, révéler, témoigner

◊ CONTR. : laisser/ rendre → INCRÉDULE/ INCERTAIN

PROVENANCE n.f. commencement, fondement, origine, principe, racine, source

◊ CONTR. → FIN

PROVENDE n.f. → PROVISION

PROVENIR découler, dériver, descendre, émaner, être issu, naître, partir, procéder, remonter, résulter, sortir, tenir, tirer, venir

◊ CONTR. → FINIR

PROVERBE n.m. **I.** adage, aphorisme, dicton, maxime, pensée, sentence **II.** saynète, scène, pièce

PROVERBIAL, E connu, gnomique, sentencieux, traditionnel, typique, universel

◊ CONTR. → SECRET

PROVIDENCE n.f. **I.** bonté, Ciel, Créateur, destin, Dieu, divinité, protecteur, secours **II.** aide, appui, protection, secours, support

◊ CONTR. → CALAMITÉ

PROVIDENTIEL, LE bon, divin, heureux, inespéré, opportun, protecteur, salutaire

◊ CONTR. → MALENCONTREUX

PROVIDENTIELLEMENT par bonheur, par chance, de façon → PROVIDENTIEL *et les dérivés possibles en* -ment *des syn. de* providentiel

PROVINCE n.f. circonscription/ division administrative/ territoriale, État, généralité, gouvernement, marche, pays, région – **vx :** dème, éparchie, ethnarchie, exarchat, tétrarchie

◊ CONTR. : capitale, métropole

PROVISEUR n.m. directeur, principal, régent, supérieur

PROVISION n.f. **I. au pr. 1.** amas, approvisionnement, avance, dépôt, en-cas, fourniture, munition (vx), réserve, réunion, stock **2. vx :** amunitionnement, munition **3. au pl. :** aliments, denrée, provende, ravitaillement, viatique, victuailles, vivres **II. par ext. 1. jurid. :** acompte, allocation, avance, caution, dépôt, garantie **2. au pl. :** commissions, courses

◊ CONTR. → DÉFAUT

PROVISOIRE → PASSAGER

PROVISOIREMENT I. en attendant, de façon → TRANSITOIRE, momentanément, occasionnellement, passagèrement, précairement, temporairement, transitoirement **II.** → BRIÈVEMENT

◊ CONTR. → TOUJOURS

PROVOCANT, E I. au pr. : agressif, batailleur, belliqueux, irritant → QUERELLEUR **II. par ext. : 1.** agaçant, aguichant, coquet, effronté, excitant, hardi **2.** → OBSCÈNE

◊ CONTR. **I.** → CALMANT **II.** → FROID

PROVOCATEUR, TRICE agitateur, agresseur, excitateur, fauteur, meneur

◊ CONTR. **I.** → CALMANT **II.** → CONCILIATEUR

PROVOCATION n.f. **I.** agression, appel, attaque, cartel, défi, excitation, incitation, menace **II.** → MINAUDERIE **III.** → QUERELLE

◊ CONTR. **I.** → APAISEMENT **II.** → DÉFENSE

PROVOQUER I. au pr. on provoque quelqu'un à : amener, disposer, encourager, entraîner, exciter, inciter, instiguer, porter, pousser, préparer, solliciter **II. par ext. 1. non fav. :** agacer, aiguillonner, appeler, attaquer, braver, défier, harceler, irriter, narguer → QUERELLER **2. un désir :** aguicher, allumer **III. quelque chose ou quelqu'un provoque quelque chose :** amener, animer, appeler, apporter, attirer, causer, créer, déchaîner, déclencher, donner lieu, enflammer, éveiller, exciter, faire naître/ passer, favoriser, inspirer, occasionner, produire, promouvoir, soulever, susciter

◊ CONTR. **I.** → PRÉVENIR **II.** → ADOUCIR **III.** → SUBIR **IV.** → DÉFENDRE

PROXÉNÈTE I. nom masc. 1. protecteur, souteneur **2. arg. :** alphonse, barbe, barbeau, barbichon, barbillon, barbiquet, batteur, bidochard, bizet, bordelier, bouffeur/ mangeur de blanc, broche, brochet, caïd, croc, daufier, dauphin, déchard, demi-sel, dos bleu/

d'azur/ vert, dudule, entremetteur, fiche, frotin, gig, gigolo, gigolpince, goujon, hareng, homme, jules, julot, laquereaumuche, mac, maquereau, maquereautin, maquet, marchand de femmes/ de plaisir/ de viande, mari, marle, marlou, marloupin, marloupiot, matz, mec, mecton, merlan, pescal, poiscaille, poisse, poisson, prosper, proxo, sauret **3. vx** : dariolet, lanternier, paramour, tôlier **II. nom fém. et vx** : abbesse, appareilleuse, célestine, dame Claude, dariolette, entremetteuse, maca, macette, madame, maquerelle, marchande à la toilette, matrone, matrulle, mère Michèle, ogresse, pourvoyeuse, procureuse, sous- mac/ maîtresse/ maquerelle, tôlière, vieille

PROXÉNÉTISME n.m. **I.** traite des blanches, vagabondage spécial **II. arg.** : guiche, maquereautage, maquerellage, marloupinage, pain de fesses/ des Jules → PROSTITUTION

PROXIMITÉ n.f. **I. dans l'espace** : alentours, confins, contact, contiguïté, environs, mitoyenneté, voisinage **II. dans le temps** : approche, imminence, rapprochement **III. par ext.** : degré, parenté **IV. adv. À PROXIMITÉ** : auprès, aux alentours/ environs, près de, proche

◇ CONTR. → DISTANCE

PRUDE I. neutre : chaste, honnête, modeste, pudique **II. non fav.** : bégueule, chaisière, chameau/ dragon de vertu, chipie, collet monté, cul-bénit, oie blanche, pudibard, pudibond, puritain, sainte-nitouche → HYPOCRITE

◇ CONTR. I. → DÉBAUCHÉ II. → OBSCÈNE

PRUDEMMENT avec → PRUDENCE, de façon → PRUDENT *et les dérivés possibles en* -ment *des syn. de* prudent

PRUDENCE n.f. **I. au pr.** : attention, calme, circonspection, discernement, doigté, lenteur, ménagement, politique, précaution, prévoyance, réflexion, sagesse, vertu – **vx** : avisement, prud'homie **II. par ext. 1.** → MYSTÈRE **2.** cautèle, dissimulation, faux-semblant, machiavélisme → HYPOCRISIE

◇ CONTR. I. → IMPRUDENCE II. → INSOUCIANCE III. → DÉRÈGLEMENT IV. → TÉMÉRITÉ

PRUDENT, E I. au pr. : attentif, averti, avisé, calme, circonspect, défiant, discret, expérimenté, habile, inspiré, mesuré, modéré, organisé, pondéré, posé, précautionneux, prévoyant, réfléchi, réservé, sage, sérieux – **vx** : caut, concerté, prud'homme **II. par ext. Non fav.** : inconsistant, neutre, pusillanime, timoré **III. IL SERAIT PRUDENT** : bon, de circonstance, sage

◇ CONTR. I. → IMPRUDENT II. → INSOUCIANT III. → FRIVOLE IV. → TÉMÉRAIRE

PRUDERIE n.f. → HYPOCRISIE

PRUD'HOMIE n.f. → PRUDENCE

PRUD'HOMME → PRUDENT

PRUNE n.f. agen, agrume, diaprée, rouge, ente, impériale, madeleine, mignonne, mirabelle, moyeu (**vx**), perdrigon, précoce de Tours, pruneau, prune de Monsieur, quetsche, reine-claude, sainte-catherine

PRUNELLE n.f. œil, pupille, regard

PRURIGO et **PRURIT** n.m. **I. au pr.** : chatouillement, démangeaison → PICOTEMENT **II. fig.** → DÉSIR

PRYTANÉE n.m. → LYCÉE

PSALLETTE n.f. → MANÉCANTERIE

PSALMODIE n.f. chant, plain-chant, psaume

PSALMODIER I. → PRONONCER **II.** → CHANTER

PSALMODIQUE monocorde, monotone, uniforme

PSAUME n.m. antienne, cantique, chant sacré, complies, heures, laudes, matines, office, poème, vêpres, verset

PSAUTIER n.m. antiphonaire → PAROISSIEN

PSEUDO → FAUX

PSEUDONYME n.m. cryptonyme, hétéronyme, nom de guerre/ de plume/ de théâtre, sobriquet, surnom

PSYCHANALYSE n.f. psychothérapie → PSYCHIATRIE

PSYCHÉ n.f. glace, miroir

PSYCHÉDÉLIQUE → SURNATUREL

PSYCHIATRE nom et adj. **vx** : aliéniste, neuropsychologue

PSYCHIATRIE n.f. **I. vx** : aliénisme, neuropsychologie **II. par ext.** : ethnopsychiatrie, neurologie, neuropsychiatrie, pédopsychiatrie, psychothérapie, sociopsychiatrie,

PSYCHIQUE intellectuel, mental, moral, psychologique, spirituel

◇ CONTR. → PHYSIQUE

PSYCHODRAME n.m. sociodrame, thérapie de groupe

PSYCHOLOGIE n.f. **I.** → PÉNÉTRATION **II.** → CARACTÈRE

PSYCHOLOGIQUE → PSYCHIQUE

PSYCHOPATHE → FOU

PSYCHOSE n.f. acrophobie, anatopisme, autisme, confusion mentale, délire, démence, dérangement cérébral/ mental, folie, hallucination, hébéphrénie, iatromanie, manie, mélancolie, obsession, paranoïa,

psychopathie, ramollissement cérébral, schizophrénie → NÉVROSE
◊ CONTR. : bonne santé, équilibre

PUANT, E I. au pr. : dégoûtant, empesté, empuanti, fétide, hircin, infect, malodorant, méphitique, nauséabond, nidoreux, pestilentiel – vx : gravéolent, maléolent, punais **II. fig. 1.** impudent, honteux **2.** → ORGUEILLEUX
◊ CONTR. → ODORANT

PUANTEUR n.f. I. empyreume, fétidité, infection, mauvaise odeur, odeur fétide/ infecte/ repoussante, pestilence, relent, remugle **II. vx :** gravéolence, puantise **III. mérid. :** escafignon, faguenas
◊ CONTR. → PARFUM

PUBÈRE adolescent, formé, nubile, pubescent, réglée
◊ CONTR. : impubère

PUBERTÉ n.f. adolescence, âge bête/ ingrat, formation, nubilité, pubescence
◊ CONTR. : âge adulte/ mûr, enfance, vieillesse

PUBESCENT, E I. duveté, duveteux, poilu, velu **II.** → PUBÈRE
◊ CONTR. → IMBERBE

PUBIS n.m. mont de Vénus, pénil → SEXE

PUBLIC n.m. I. assemblée, assistance, audience, auditeurs, auditoire, chambrée, foule, galerie, parterre, salle, spectateurs **II. EN PUBLIC** → PUBLIQUEMENT
◊ CONTR. I. → COMÉDIEN II. → ORATEUR III. → ESTRADE

PUBLIC, IQUE I. un lieu : banal, banalisé, collectif, communal, communautaire, fréquenté, ouvert, populaire, vicinal **II. quelque chose :** affiché, annoncé, célèbre, colporté, commun, communiqué, déclaré, dévoilé, divulgué, ébruité, évident, exotérique, exposé, général, manifeste, national, notoire, officiel, ostensible, propagé, publié, reconnu, renommé, répandu, révélé, social, universel, vulgarisé **III. jurid. :** authentique **IV. FILLE PUBLIQUE** → PROSTITUÉE
◊ CONTR. I. → PRIVÉ II. → SECRET

PUBLIC ADDRESS audiov. off. I. sonorisation **II. PUBLIC ADDRESS AMPLIFIER :** amplificateur de sonorisation

PUBLICATION n.f. I. annonce, ban, dénonciation, divulgation, proclamation, promulgation, révélation, tambourinage (fam.) **II.** apparition, édition, lancement, parution, reproduction, sortie **III.** collection, écrit, livraison, ouvrage
◊ CONTR. → ABROGATION

PUBLICISTE n.m. et f. → JOURNALISTE

PUBLICITAIRE promotionnel

PUBLICITÉ n.f. affichage, annonce, battage, bourrage de crâne (péj.), bruit, intoxication, lancement, réclame, renommée, retentissement, slogan – fam. : boom, tam-tam → PROPAGANDE
◊ CONTR. → RETENUE

PUBLIER I. au pr. : afficher, annoncer, célébrer, chanter, clamer, communiquer, corner, déclarer, dénoncer, dire, divulguer, ébruiter, édicter, émettre, étaler, exprimer, faire connaître, lancer, louer, manifester, mettre en pleine lumière, prêcher, préconiser, proclamer, promulguer, prôner, propager, rendre public, répandre, vanter → DÉCOUVRIR, RÉVÉLER – fam. : battre le tambour, carillonner, claironner, crier sur les toits, emboucher la trompette, tambouriner, trompeter **II. par ext. :** écrire, éditer, faire, faire paraître, imprimer, sortir
◊ CONTR. I. → TAIRE II. garder → SECRET

PUBLIPOSTAGE n.m. → MAILING

PUBLIQUEMENT au grand jour, devant tout le monde, en grande pompe, en public, manifestement, notoirement, officiellement, ostensiblement, solennellement, tout haut, universellement
◊ CONTR. → SECRÈTEMENT

PUCE I. pulicidé **II. au pl.** → BROCANTE

PUCEAU, PUCELLE → VIERGE

PUCELAGE n.m. → VIRGINITÉ

PUCIER n.m. → LIT

PUDEUR n.f. I. au pr. : bienséance, chasteté, délicatesse, discrétion, honnêteté, modestie, pudicité, réserve, respect, retenue, sagesse → DÉCENCE **II. par ext. :** confusion, embarras, honte
◊ CONTR. → IMPUDENCE

PUDIBOND, E I. prude, timide → PUDIQUE **II.** → HYPOCRITE
◊ CONTR. → IMPUDENT

PUDIBONDERIE n.f. → HYPOCRISIE

PUDICITÉ n.f. → DÉCENCE

PUDIQUE I. fav. : chaste, délicat, discret, honnête, modeste, réservé, retenu, sage → DÉCENT **II. non fav. :** prude, pudibond → HYPOCRITE
◊ CONTR. I. → IMPUDENT II. → OBSCÈNE

PUDIQUEMENT avec → DÉCENCE, de façon → PUDIQUE *et les dérivés possibles en* -ment *des syn. de* pudique

PUER empester, empuantir, empuriner, exhaler/ répandre une odeur désagréable/ fétide/ nauséabonde/ répugnante, fétider, infecter, sentir mauvais/ le fraîchin/ le renfermé → SENTIR
◊ CONTR. → PARFUMER

PUÉRIL, E enfantin, infantile, frivole, futile, mièvre, niais, vain

◇ CONTR. → SÉRIEUX

PUÉRILEMENT avec → PUÉRILITÉ, de façon → PUÉRIL *et les dérivés possibles en* -ment *des syn. de* puéril

PUÉRILISME n.m. → INFANTILISME

PUÉRILITÉ n.f. badinerie, baliverne, enfantillage, frivolité, futilité, mièvrerie, niaiserie, vanité

◇ CONTR. → SÉRIEUX

PUGILAT n.m. **I. au pr.** : boxe, catch, judo, lutte, pancrace **II. par ext.** : attrapade, attrapage, bagarre, peignée, rixe

◇ CONTR. → TRANQUILLITÉ

PUGILISTE n.m. athlète, boxeur, catcheur, judoka, lutteur

PUGNACE accrocheur, agressif, bagarreur, combatif, lutteur, querelleur, vindicatif

◇ CONTR. → PAISIBLE

PUGNACITÉ n.f. → AGRESSIVITÉ

PUÎNÉ, E cadet, junior

◇ CONTR. : aîné, benjamin

PUIS I. alors, après, ensuite, postérieurement **II. ET PUIS** : au/ du reste, d'ailleurs, de plus, en outre

PUISARD n.m. bétoire, égout, fosse, puits perdu

PUISER I. au pr. : baqueter, pomper, pucher (rég.), tirer **II. fig.** : emprunter, glaner → PRENDRE

◇ CONTR. → REMPLIR

PUISQUE attendu que, car, comme, dès l'instant où, dès lors que, du moment que, étant donné que, parce que, pour la raison que, vu que

PUISSAMMENT avec → PUISSANCE, de façon → PUISSANT *et les dérivés possibles en* -ment *des syn. de* puissant

PUISSANCE n.f. **I. de quelque chose** : capacité, efficacité, énergie, faculté, force, intensité, possibilité, pouvoir **II. de quelqu'un, physique** : masculinité, vigueur, virilité **III. par ext. 1.** autorité, bras séculier, dépendance, domination, droit, empire, grandeur, influence, loi, omnipotence, prépondérance, prépotence, souveraineté, toute-puissance **2.** couronne, empire, État, nation, pays **3.** aura, mana **4.** → POUVOIR **5.** → QUALITÉ **IV. unités de puissance** : cheval (-vapeur), dyne, erg, horse-power, joule, kilogrammètre, sthène, watt

◇ CONTR. **I.** → IMPUISSANCE **II.** → FAIBLESSE

PUISSANT, E I. au pr. 1. capable, considérable, efficace, énergique, fort, grand, haut, influent, omnipotent, prépondérant, pré-potent, redoutable, riche, souverain, tout-puissant **2.** → INTENSE **II. par ext. 1.** éloquent, profond, violent **2.** vigoureux, viril **3.** → GROS **III. nom** → PERSONNALITÉ

◇ CONTR. **I.** → IMPUISSANT **II.** → PETIT

PUITS n.m. **I. au pr.** : aven, bure, buse, cavité, citerne, excavation, fontaine, gouffre, oubliette, source, trou **II. PUITS DE SCIENCE** : abîme, mine

PULL-OVER n.m. chandail, débardeur, maillot, sweater, sweat-shirt, tricot

PULLULEMENT n.m. → MULTITUDE

PULLULER I. → ABONDER **II.** → MULTIPLIER (SE)

PULMONAIRE adj. et n. phtisique → TUBERCULEUX

PULPE n.f. bouillie, chair, tourteau

PULPEUX, EUSE → MOELLEUX

PULSATION n.f. → BATTEMENT

PULSION n.f. → TENDANCE

PULSIONNEL, LE → INVOLONTAIRE

PULVÉRISATEUR n.m. **I.** atomiseur, brumisateur, brumiseur, nébuliseur, poudreuse, spray, vaporisateur, vaporiseur **II.** pistolet, poudreuse, sulfateuse

PULVÉRISATION n.f. **I. au pr.** : atomisation, évaporation, sublimation, volatilisation **II. fig.** : anéantissement, désagrégation, destruction, éclatement, émiettement, éparpillement

PULVÉRISER I. au pr. : brésiller, broyer, désagréger, écraser, effriter, égruger, émier (vx), émietter, léviger, moudre, piler, porphyriser, réduire, triturer **II. par ext.** : atomiser, projeter, volatiliser **III. fig.** : anéantir, battre, briser, détruire, mettre/ réduire en bouillie/ cendres/ charpie/ miettes/ morceaux – **fam.** : bousiller, écarbouiller, écrabouiller

PULVIMIXER tr. pub. off. : triturèuse

PUMA n.m. cougouar

PUNAISE n.f. nèpe, pentatome

PUNCH n.m. efficacité, énergie, pep (fam.), riposte, vigueur, vitalité → FORCE

◇ CONTR. → MOLLESSE

PUNIR I. battre, châtier, condamner, corriger, crosser (fam.), faire justice/ payer, flétrir, frapper, infliger une peine/ sanction, patafioler (mérid.), redresser, réprimer, sanctionner, sévir **II. 1. arg.** : racler, saler, souquer **2. arg.scol.** : coller, consigner, mettre en colle **3. milit.** : ficher/ foutre/ mettre dedans/ la paille au cul **4.** → BATTRE

◇ CONTR. **I.** → RÉCOMPENSER **II.** → MÉNAGER **III.** → EXCUSER

PUNITION n.f. I. au pr. : amende, amission, blâme, châtiment, condamnation, confiscation, contravention, correction, dam (vx), damnation, expiation, leçon, malus, peine, pénalisation, pénalité, pénitence, répression, sanction → VOLÉE – vx : castigation, dam II. par ext. : calamité, fléau III. genres de punitions. 1. cangue, carcan, coup, échafaud, exposition, fers, fouet, fustigation, garcette, gibet, knout, pilori, question (vx), schlague, torture → SUPPLICE 2. arrêt, emprisonnement, internement, prison 3. arrêts, bonnet d'âne, cachot, coin, colle, consigne, devoir supplémentaire, fessée, gifle, lignes, martinet, pain sec, pensum, piquet, privation de dessert/ de sortie, retenue 4. coup-franc, gage, penalty

◇ CONTR. I. → RÉCOMPENSE II. → ABSOLUTION

PUPILLE n.m. et f. I. enfant, fils adoptif, fille adoptive, orphelin II. → PRUNELLE

PUPITRE n.m. lutrin → BUREAU

PUR, E I. au pr. 1. absolu, affiné, blanc, complet, frais, inaltéré, mère (vx), naturel, net, nickel (fam.), originel, parfait, propre, purifié, sain, simple 2. assaini, filtré, raffiné, rectifié, tamisé, transparent II. par ext. 1. moral : angélique, archangélique, authentique, beau, candide, chaste, continent, délicat, désintéressé, droit, franc, honnête, immaculé, impeccable, impollu (vx), innocent, intact, intègre, lilial, lyléen, pudique, sage, saint, vertueux, vierge, virginal 2. un sentiment : aérien, ailé, clair, éthéré, idéal, immatériel, limpide, platonique, séraphique 3. un son : argentin, clair, cristallin 4. un langage : châtié, correct, élégant

◇ CONTR. I. → IMPUR II. → MAUVAIS III. → MÊLÉ

PURÉE n.f. I. au pr. : bouillie, bourtouillade (rég.), coulis, estouffade, garbure II. fig. : débine, dèche, misère, mistoufle, mouise, mouscaille, panade, pauvreté

PUREMENT I. exclusivement, seulement, simplement, uniquement II. PUREMENT ET SIMPLEMENT → COMPLÈTEMENT

◇ CONTR. → IMPARFAITEMENT

PURETÉ n.f. I. au pr. : authenticité, blancheur, clarté, correction, fraîcheur, intégrité, limpidité, netteté, propreté II. par ext. : angélité, candeur, chasteté, continence, délicatesse, droiture, honnêteté, impeccabilité, ingénuité, innocence, perfection, pudeur, vertu, virginité III. fig. : calme, sérénité IV. du style. 1. adéquation, correction, élégance, perspicuité, propriété, purisme 2. acceptabilité, grammaticalité, signifiance

◇ CONTR. I. → IMPURETÉ II. → MÉLANGE III. → IMMORALITÉ IV. → IMPERFECTION

PURGATIF n.m. → PURGE

PURGATIF, IVE vx : apéritif, cathartique, dépuratif, drastique, évacuant, évacuatif, hydragogue, laxatif, minoratif, rafraîchissant

◇ CONTR. : astringent

PURGATION n.f. → PURGE

PURGATOIRE n.m. expiation, purification

◇ CONTR. I. → PARADIS II. → ENFER

PURGE n.f. I. au pr. : aloès, armoise, calomel, casse, catholicon, citrate de magnésie, coloquinte, croton, eau-de-vie allemande, ellébore, épurge, euphorbe, globulaire, gratiole, huile de ricin, jalap, laxatif, limonade purgative, médecine, médicinier, nerprun, purgatif, purgation, rhubarbe, ricin, scammonée, séné, sulfate de soude, sureau II. par ext. → PURIFICATION

◇ CONTR. : astringent

PURGER → PURIFIER

PURIFICATION n.f. I. au pr. : ablution, affinage, assainissement, blanchissage, clarification, décantation, défécation, dépollution, dépuration, désinfection, élimination, épuration, épurement, expurgation, lessive, lustration, nettoyage, purge, raffinage II. philos. : abréaction, catharsis, libération III. relig. : baptême, chandeleur, circoncision, présentation, probation

◇ CONTR. I. → ALTÉRATION II. → DÉGRADATION

PURIFIER I. → AMÉLIORER II. absterger, affiner, assainir, balayer, blanchir, clarifier, débarrasser, décanter, déféquer, dégager, dégorger, dépurer, désinfecter, détorger, élier, épurer, expurger, filtrer, fumiger, laver, lessiver, nettoyer, purger, raffiner, rectifier, soutirer

◇ CONTR. I. → ALTÉRER II. → SOUILLER

PURIN n.m. I. jet, lisier II. 1. → ENGRAIS 2. → FUMIER

PURISME n.m. I. → PURETÉ II. affectation, afféterie, pointillisme, rigorisme → PRÉCIOSITÉ

◇ CONTR. → SIMPLICITÉ

PURITAIN, NE nom et adj. I. → PROTESTANT II. austère, chaste, étroit, intransigeant, janséniste, prude, pudibond, pur, rigoriste, sectaire

◇ CONTR. I. → ÉPICURIEN II. → DÉBAUCHÉ

PUROTIN n.m. → PAUVRE

PURPURIN, E garance, pourpre, pourprin, → ROUGE

PUR-SANG n.m. → CHEVAL

PURULENCE n.f. I. → INFECTION II. → POURRITURE

PURULENT, E chassieux, coulant, ichoreux, infecté, sanieux

PUS n.m. boue, bourbillon, chassie, collection, ichor, sanie, suppuration

PUSH BROOM SENSOR télécom. et spat. off. : capteur en peigne

PUSH-PULL off. **I.** aviat. : à moteurs en tandem **II.** électron. : symétrique

PUSILLANIME capon, couard, craintif, faible, froussard, lâche, peureux, pleutre, poltron, prudent, sans-cœur, timide, timoré, trembleur, trouillard (fam.)

◈ CONTR. → COURAGEUX

PUSILLANIMITÉ n.f. → PEUR

PUSTULE n.f. abcès, adénite, apostème, apostume, bouton, bube, bubon, chancre, clou, confluence, dépôt, éruption, exanthème, furoncle, grosseur, kyste, phlegmon, tourniole, tumeur → BOURSOUFLURE − vx : échauboulure, écrouelle, élevure, rubis, scrofule

PUTAIN, PUTE n.f. → PROSTITUÉE

PUTATIF, IVE estimé, présumé, supposé

PUTRÉFACTION n.f. → POURRITURE

PUTRÉFIABLE → PUTRESCIBLE

PUTRÉFIER (SE) → POURRIR

PUTRESCIBLE corruptible, pourrissable, putréfiable

PUTRIDE putrescent → POURRI

PUTSCH n.m. coup d'État, coup de main, pronunciamiento, soulèvement

PUY n.m. → MONT

PUZZLE n.m. → DIFFICULTÉ

PYGMÉE n.m. **I.** au pr. : négrille **II.** par ext. → NAIN

PYLÔNE n.m. **I.** → COLONNE **II.** tr. pub. : sapine

PYRAMIDAL, E I. → GIGANTESQUE **II.** → EXTRAORDINAIRE

PYRAMIDE n.f. mastaba, téocalli, tête-de-clou (arch.)

PYRRHONISME n.m. doute, scepticisme

◈ CONTR. : dogmatisme → INTOLÉRANCE

PYTHAGORISME n.m. ascétisme, hermétisme, métempsycose, végétalisme

◈ CONTR. → ÉPICURISME

PYTHON n.m. par ext. : anaconda, boa, eunecte → SERPENT

PYTHIE et **PYTHONISSE** n.f. → DEVIN

QUADRAGÉNAIRE nom et adj. homme dans la force de l'âge/ en pleine force/ fait/ mûr, quarantaine (fam.)

QUADRAGÉSIME n.f. carême

QUADRANGLE et **QUADRANGU-LAIRE** nom et adj. → QUADRILATÈRE

QUADRANT n.m. quart de la circonférence, quatre-vingt-dix degrés

QUADRATURE DU CERCLE n.f. contradiction, faux problème, gageure, impossibilité

QUADRIGE n.m. → CHAR

QUADRILATÈRE n.m. carré, losange, parallélogramme, quadrangle, quadrangulaire, rectangle, trapèze

QUADRILLAGE n.m. carroyage → INVESTISSEMENT

QUADRILLE I. n.f. : carrousel, équipe, peloton, reprise, troupe II. n.m. : branle, cancan, contredanse, cotillon, figure

QUADRILLER I. carreler II. → INVESTIR

QUADRUPLER par ext. : accroître, augmenter, développer, donner de l'expansion/ extension/ importance, multiplier, mutiplier par quatre, valoriser

QUAI n.m. I. au pr. : appontement, débarcadère, dock, embarcadère, levée, môle, wharf II. par ext. : plate-forme, trottoir III. QUAI (DE) CONTI → ACADÉMIE

QUAKER, ESSE par ext. : protestant, puritain, rigoriste, sectataire, trembleur

QUALIFICATIF, IVE adjectif, attribut, caractéristique, désignation, déterminant, épithète, qualité
◇ CONTR. → NOM

QUALIFICATION n.f. I. au pr. : appellation, dénomination, désignation, détermination,

épithète, nom, qualité, titre II. par ext. : aptitude, compétence, confirmation, expérience, garantie, habileté, savoir-faire, tour de main
◇ CONTR. I. → EXPULSION II. → SUPPRESSION III. → INCAPACITÉ

QUALIFIÉ, E apte, autorisé, capable, certifié, compétent, confirmé, déterminé, diplômé, expérimenté, garanti, habile
◇ CONTR. → INCAPABLE

QUALIFIER I. appeler, dénommer, désigner, déterminer, intituler, nommer, traiter de II. autoriser, confirmer, garantir, homologuer III. v. pron. : se classer, se distinguer, et les formes pron. possibles des syn. de qualifier
◇ CONTR. I. → QUANTIFIER II. → ÉLIMINER

QUALITÉ n.f. I. de quelque chose : acabit (fam.), aloi, attribut, calibre, caractère, catégorie, choix, contingence, espèce, essence, marque, modalité, mode, propriété, richesse, spécificité, valence (psych.) II. de quelqu'un. 1. aptitude, autorité, avantage, capacité, caractère, compétence, disposition, don, faculté, mérite, mon/ ton/ son fort, nature, particularité, perfection, représentativité, talent, valeur, vertu – fam. : bourre, calibre 2. condition, fonction, grandeur, noblesse, nom, puissance, qualification, titre, vertu 3. métier, partie, spécialité III. → PERFECTION
◇ CONTR. I. → QUANTITÉ II. → DÉFAUT III. → FAIBLESSE

QUAND alors que, au moment où/ que, comme, encore que, lorsque

QUANT À à propos de, de son côté, pour ce qui est de, pour sa part, relativement à

QUANT-À-SOI n.m. → RÉSERVE

QUANTIFICATION n.f. inform. : échantillonnage

QUANTIÈME n.m. date, jour

QUANTIFIER appliquer/ attribuer/ donner une quantité/ valeur, chiffrer, mesurer ◇ CONTR. → QUALIFIER

QUANTITÉ n.f. **I. au pr. :** capacité, charge, contenance, débit, dépense, dose, durée, effectif, extension, grandeur, longueur, masse, mesure, nombre, poids, quotité, somme, surface, unité, valeur, volume **II. par ext. 1. petite quantité :** assiettée, bolée, bout, bribe, briguette (mérid.), brin, cuillerée, doigt, goutte, grain, mie, miette, nuage, parcelle, pincée, poignée, point, pouce, prise, rien, soupçon **2. grande quantité :** abondance, accumulation, affluence, ânée, armée, arsenal, avalanche, averse, batelée, bénédiction, bloc, brouettée, cargaison, chargement, collection, concours, contingent, débauche, déboulée, déluge, encombrement, ensemble, entassement, essaim, fleuve, flot, foison, forêt, foule, fourmillement, grêle, immensité, infinité, jonchée, kyrielle, légion, luxe, masse, mer, mille, milliard, milliasse, million, moisson, monceau, monde, montagne, multiplicité, multitude, myriade, nombre, nuée, pléthore, pluie, potée, pullulement, régiment, renfort, ribambelle, série, tas, traînée, tripotée **3. partic. :** airée, augée, brassée, cordée, fourchée, jonchée, pelletée, pressée **4. fam. :** à tire-larigot, chiée, flopée, foultitude, marmitée, muflée, pannetée, paqueson, paquet, plâtrée, pochée (vx), poêlée, tapée, tinée, tirée, trolée, troupeau, vachement de ◇ CONTR. **I.** → QUALITÉ **II.** → DISETTE **III.** → RARETÉ

QUARANTAINE n.f. **I.** confinement, isolation, isolement **II.** boycottage, interdit, mise à l'écart/ l'index, ostracisme, proscription **III.** → QUADRAGÉNAIRE

QUART n.m. **I.** gobelet, récipient, timbale **II.** garde, service, veille

QUARTAUT n.m. barrique, fût, futaille, tonneau, tonnelet → BARIL

QUARTERON groupuscule → GROUPE

QUARTETTE n.m. → QUATUOR

QUARTIER n.m. **I. au pr. :** fraction, morceau, partie, pièce, portion, tranche **II. de lune :** croissant, phase **III.** échéance, terme, trimestre **IV.** camp, campement, cantonnement, caserne, casernement **V.** arrondissement, district, faubourg, ghetto, médina, mellah, région, secteur **VI. vén. :** gîte, tanière **VII. PAS DE QUARTIER :** grâce, ménagement, merci, miséricorde, pitié, vie sauve

QUARTZ n.m. **par ext. :** améthyste, aventurine, cristal de roche/ hyalin, gneiss, granit, grès, jaspe, micaschiste, œil de chat/ de tigre, quartzite, sable, silice

QUASI I. nom masc : cuisse/ tranche de veau **II. adv. :** à peu près, comme, pour ainsi dire, presque, quasiment

QUATRAIN n.m. couplet, épigramme, impromptu, pièce, poème, strophe

QUATRE (SE METTRE EN) s'agiter, se décarcasser, se démancher, se démener, se dépenser, se donner du mal/ de la peine/ du tintouin, s'écarteler, s'employer, se remuer ◇ CONTR. **I.** → TRAÎNER **II.** → PARESSER

QUATRE-DE-CHIFFRE n.m. invar. → PIÈGE

QUATUOR n.m. ensemble, formation, orchestre, quartette

QUELCONQUE banal, commun, courant, inférieur, insignifiant, médiocre, négligeable, n'importe lequel, ordinaire, oubliable, plat, vague ◇ CONTR. → REMARQUABLE

QUELQUE I. adj. 1. au sing. -- devant un nom (quelque aventure) : certain **2. au pl. :** divers, un certain nombre, un groupe, plusieurs, une poignée, une quantité **II. adv. 1. devant un adj.** (quelque grands que soient) : pour, si **2. devant un nombre :** dans les, environ

QUELQUEFOIS accidentellement, exceptionnellement, guère, parfois, rarement, de temps à autre, de temps en temps, par hasard ◇ CONTR. **I.** → JAMAIS **II.** → SOUVENT

QUÉMANDAGE n.m. demande, mendicité, sollicitation ◇ CONTR. → RÉSERVE

QUÉMANDER demander, emprunter, importuner, mendier, pilonner (arg.), quêter, rechercher, solliciter, taper ◇ CONTR. : être → RÉSERVÉ

QUÉMANDEUR, EUSE assiégeant, assiégeur, demandeur, importun, mendiant, mendigot, pétitionnaire, pilier d'antichambre, quêteur, quêteux, solliciteur, tapeur ◇ CONTR. → RÉSERVÉ

QU'EN-DIRA-T-ON n.m. invar. anecdote, bavardage, bruit, calomnie, cancan, caquetoi (vx), chronique, clabaudage, commérage, médisance, potin, ragot, rumeur ◇ CONTR. **I.** → RETENUE **II.** → BIENVEILLANCE

QUENELLE n.f. godiveau

QUERELLE n.f. **I.** affaire, algarade, altercation, attaque, bagarre, bataille, bisbille, brouille, chamaillerie, chambard, charivari, chicane, combat, conflit, contestation, crosses, débat, démêlé, désaccord, différend, discorde, dispute, dissension, division, échauffourée, émeute, empoignade, esclandre, grabuge, guerre, noise, prise de bec, provocation, rixe, tempête, tracasserie II. → VIOLENCE III. vx : altercas, batterie, castille, chamaillis, harpaille, plaid, riote IV. arg. : agrichage, barari, baston, batterie, bigorne, bin's, biscuit, bûche, bûcherie, casse, castagne, châtaigne, chicore, chizbroc, corrida, coup de torchon/ de Trafalgar, embrouille, marron, rif, rififi, sacagne, torchée

◇ CONTR. → ACCORD

QUERELLER I. attaquer, attraper, batailler, chamailler, chanter pouilles, chercher (la) → QUERELLE, chercher des crosses/ des poux, chicaner, chipoter, crosser, disputer, gourmander, gronder, houspiller, provoquer, réprimander II. vx : harpailler, harper, ramponner, rioter, tancer III. pron. : se battre, se bouffer le nez (fam.), discuter, s'empoigner, se prendre aux cheveux *et les formes pron. possibles des syn. de* quereller

◇ CONTR. → ENTENDRE (s')

QUERELLEUR, EUSE agressif, batailleur, boute-feu, casseur, chamailleur, chicaneur, chicanier, criard, difficile, discutailleur, discuteur, disputeur, ferrailleur, hargneux, mauvais coucheur/ piège/ → TYPE, mauvaise tête, pie-grièche, provocateur, tracassier, vétillard - vx : hutin, traîne-rapière

◇ CONTR. → DOUX

QUÉRIR chercher, se procurer, rechercher, solliciter

◇ CONTR. → REPOUSSER

QUÉRULENCE n.f. → CHICANE

QUÉRULENT, E → CHICANEUR

QUESTEUR n.m. administrateur, censeur, intendant, trésorier → ÉCONOME

QUESTION n.f. I. vx : épreuve, géhenne, gêne, supplice, torture II. charade, colle (fam.), demande, devinette, énigme, épreuve, examen, information, interrogation III. affaire, article, chapitre, controverse, délibération, difficulté, discussion, interpellation, matière, point, problème, sujet

◇ CONTR. → RÉPONSE

QUESTIONNAIRE n.m. consultation, déclaration, enquête, formulaire, sondage, test

QUESTIONNER auditionner, consulter, demander, s'enquérir, enquêter, éprouver, examiner, interroger, interviewer, poser des questions, scruter, sonder, tâter, tester - fam. : cuisiner, mettre sur la sellette

◇ CONTR. → RÉPONDRE

QUESTURE n.f. administration, économat, intendance

QUÊTE n.f. I. collecte, manche (arg.), obole, ramassage II. enquête, recherche

QUÊTER I. demander, mendier, quémander, rechercher, réclamer, solliciter II. vén. 1. chasser, chercher, suivre 2. vx : briller, brosser

◇ CONTR. → DONNER

QUÊTEUR, EUSE I. vx : aumônier, élémosinaire, (frère) mendiant II. → QUÉMANDEUR

◇ CONTR. → BIENFAITEUR

QUEUE n.f. I. au pr. 1. d'un animal : appendice caudal, balai, couette, fouet 2. bot. : pédicule, pédoncule, pétiole, tige II. par ext. (d'un vêtement) : pan, traîne III. fig. : arrière, bout, coda, conclusion, dénouement, fin, sortie IV. attente, file, foule V. d'une casserole : manche VI. de billard. vx : bistoquet VII. vulg. → SEXE

◇ CONTR. → TÊTE

QUEUX n.m. → CUISINIER

QUIBUS n.m. argent, espèces, fortune, moyens

QUICK LOOK inform. off. : épreuve-minute

QUICONQUE I. n'importe qui, qui que ce soit II. MIEUX QUE QUICONQUE : personne

QUIDAM n.m. homme, individu, personne

QUIET, ÈTE apaisé, béat, benoît, calme, coi, paisible, rasséréné, rassuré, reposé, serein, tranquille

◇ CONTR. → TROUBLÉ

QUIÉTISME n.m. molinisme

◇ CONTR. : jansénisme

QUIÉTUDE n.f. accalmie, apaisement, assurance (vx), ataraxie, béatitude, bien-être, bonace, calme, douceur, paix, rassérénement, repos, sérénité, tranquilité

◇ CONTR. → INQUIÉTUDE

QUIGNON n.m. → MORCEAU

QUINAUD, E confus, décontenancé, dépité, embarrassé, honteux, surpris → BÊTE

◇ CONTR. I. → SÛR II. → DÉCIDÉ

QUINCAILLE et **QUINCAILLERIE** n.f. I. billon, petite monnaie II. décolletage, ferblanterie, métallerie, taillanderie III. bricaillerie, bricolage IV. péj. : clinquant, pacotille V. inform. : hardware, matériel

QUINCONCE n.m. I. assemblage, dispositif, échiquier, quatre-coins II. allée, place, square

QUINQUAGÉNAIRE n.m. et f., adj. I. femme mûre, sur la cinquantaine/ la ménopause/ ménopausée II. homme mûr, sur l'andropause/ la cinquantaine/ le démon de midi

QUINQUET n.m. I. godet, lampe, lumignon, veilleuse II. → ŒIL

QUINTESSENCE n.f. I. au pr. : alcool, essence, extrait II. par ext. : meilleur, moelle, nec

plus ultra, principal, quiddité, raffinement, substantifique moelle, suc
◊ CONTR. : état → BRUT

QUINTESSENCIÉ, E affecté, alambiqué, baroque, compliqué, contorsionné, raffiné, recherché, sophistiqué, subtil → PRÉCIEUX
◊ CONTR. → GROSSIER

QUINTESSENCIER distiller, purifier, raffiner, sophistiquer, subtiliser

QUINTETTE n.m. ensemble, formation, orchestre

QUINTEUX, EUSE acariâtre, atrabilaire, bizarre, braque, cacochyme, capricant, capricieux, changeant, difficile, fantasque, inégal, instable, lunatique, ombrageux, rétif − équit. : guincheur, ramingue
◊ CONTR. → FACILE

QUIPROQUO n.m. I. bêtise, bévue, brouillamini, chassé-croisé, coq-à-l'âne, erreur, gaffe, imbroglio, intrigue, malentendu, méprise II. vx : alibiforain, amphigouri, phébus,
◊ CONTR. → COMPLICITÉ

QUITTANCE n.f. acquit, apurement, décharge, libération, quitus, récépissé, reçu
◊ CONTR. : facture

QUITTE débarrassé, dégagé, délivré, dispensé, exempté, libéré, libre
◊ CONTR. → REDEVABLE

QUITTER I. vx : abandonner, céder, laisser **II. on quitte une activité. 1. neutre :** abandonner, abdiquer, cesser, changer, délaisser, se démettre de, déposer, dételer, lâcher, laisser, partir, résigner, se séparer de **2. non fav. :** abjurer, apostasier, renier, rompre, sacrifier **III. on quitte un lieu :** s'absenter, s'en aller, changer, déguerpir, déloger, démarrer, déménager, déserter, s'éloigner, émigrer, s'enfuir, évacuer, s'évader, s'expatrier, fuir, lever le siège, partir, passer, sortir, vider les lieux **IV. on quitte un vêtement :** se débarrasser/ défaire/ dépouiller de, se dénuder, se désha-

biller, se dévêtir, enlever, ôter, poser **− fam. :** se mettre à poil, tomber **V. on quitte quelqu'un →** ABANDONNER **VI. 1. QUITTER LA TERRE/ LE MONDE/ LA VIE :** disparaître, partir → MOURIR **2. QUITTER LE PORT** → APPAREILLER
◊ CONTR. **I.** → TENIR **II.** → CONTINUER **III.** → FRÉQUENTER

QUITUS n.m. acquit, décharge, quittance, récépissé, reçu

QUI VIVE interj. halte, qui va là

QUI-VIVE n.m. invar. affût, aguets, alarme, alerte, éveil, guet, signal, veille

QUOI I. laquelle, lequel, lesquelles, lesquels, quel, quelle, quels **II. 1. de quoi :** dont **2. faute de quoi, sans quoi :** autrement, sinon **3. il y a de quoi :** lieu, matière, motif, raison, sujet **4. il a de quoi :** avoir, biens, capital, fortune, ressources, revenus → RICHESSE **5. COMME QUOI** → DÉFINITIVE (EN) **III. interj. :** comment, pardon, tiens, vous dites

QUOIQUE bien/ encore/ malgré que, pour, tout

QUOLIBET n.m. apostrophe, brocard, huée, lardon (vx), nasarde, pique, plaisanterie, pointe, raillerie

QUORUM n.m. majorité, nombre

QUOTA et **QUOTE-PART** n.m., n.f. allocation, attribution, capitation, cens, contingent, contribution, cotation, cote, cotisation, écot, fraction, imposition, impôt, lot, montant, part, portion, pourcentage, quantité, quotité, répartition

QUOTIDIEN n.m. → JOURNAL

QUOTIDIEN, ENNE adj. **I. au pr. :** de chaque jour, journalier **II. par ext. :** accoutumé, banal, continuel, fréquent, habituel, normal, ordinaire, réitéré
◊ CONTR. → RARE

QUOTITÉ n.f. → QUOTA

R

RABÂCHAGE n.m. → RADOTAGE

RABÂCHER v. tr. et intr → RÉPÉTER

RABÂCHEUR, EUSE n.m. ou f. → RADO-
TEUR

RABAIS n.m. baisse, bonification, diminution, discount, escompte, remise, ristourne,
soldes, tant pour cent
◈ CONTR. → HAUSSE

RABAISSEMENT n.m. I. → DÉVALORISATION
II. → MÉDISANCE

RABAISSER I. → ABAISSER II. → BAISSER

RABAT-JOIE n.m. trouble-fête → TRISTE

RABATTABLE abaissable, escamotable,
rétractable
◈ CONTR. → STABLE

RABATTEMENT n.m. → ROTATION
◈ CONTR. : relèvement

RABATTEUR, EUSE n.m. ou f. → PROPA-
GANDISTE

RABATTRE I. → ABAISSER II. → BAISSER III. →
DIMINUER IV. → REPOUSSER V. EN RABATTRE →
MODÉRER (SE)

RABBIT n.m. nucl. off. : furet

RABELAISIEN, ENNE → LIBRE

RABIBOCHAGE n.m. I. → RÉPARATION II. →
RÉCONCILIATION

RABIBOCHER I. → RÉPARER II. → RÉCONCI-
LIER

RABIOT n.m. → SUPPLÉMENT

RABIOTER → PRENDRE

RÂBLE n.m. I. → DOS II. → PIQUE-FEU

RÂBLÉ, E → RAMASSÉ

RABOT n.m. bouvet, colombe, doucine,
feuilleret, gorget, guillaume, guimbarde, jablière, jabloir, mouchette, riflard, tarabiscot,
varlope

RABOTER I. au pr. : aplanir, corroyer, dégauchir, polir, varloper II. fig. : châtier, corriger, parachever, polir, revoir

RABOTEUX, EUSE → RUDE

RABOUGRI, E → RATATINÉ

RABOUTER → JOINDRE

RABROUER → REPOUSSER

RACAILLE n.f. → POPULACE

RACCOMMODAGE n.m. rafistolage, rapiéçage, ravaudage, réparation, reprise,
rhabillage, stoppage – vx : apiécement, ra-
mendage
◈ CONTR. → DÉCHIRURE

RACCOMMODEMENT n.m. accommo-
dement, accord, fraternisation, réconciliation, rapatriage (vx), rapprochement, replâtrage
◈ CONTR. → BROUILLE

RACCOMMODER I. au pr. : raccoutrer, rafistoler (fam.), rapetasser, rapiécer, rapiéceter, ravauder, rebouter, remmailler, rentraire, réparer, repriser, resarcier, restaurer,
retaper, stopper – vx : apiécer, rabobiner, ra-
mender, rapioter, rapsoder II. fig. → RÉCONCI-
LIER
◈ CONTR. I. → DÉTÉRIORER II. → BROUILLER

RACCOMPAGNER → RECONDUIRE

RACCORD et RACCORDEMENT n.m.
I. → JOINT II. → TRANSITION

RACCORDER → JOINDRE, UNIR

RACCOURCI n.m. I. orthodromie, traverse II. vx : accourcie, adresse III. → ABRÉGÉ

RACCOURCIR → DIMINUER

RACCOURCISSEMENT n.m. → DIMINU-
TION

RACCROC (PAR) n.m. → HASARD

RACCROCHAGE n.m. → RACOLAGE

RACCROCHER I. → RATTRAPER II. → RACO-LER

RACE n.f. I. ancêtres, ascendance, branche, classe, couche, couvée (fam.), descendance, dynastie, engeance, espèce, ethnie, extraction, extrace, famille, filiation, fils, génération, graine, hérédité, héritiers, ligne, lignée, maison, origine, postérité, rejetons, sang, souche, tige – **vx** agnats, cognats, estoc, gent, hoirs, lignage, parage, parentage II. ethnie, nation

RACÉ, E → DISTINGUÉ

RACHAT n.m. I. **au pr.** : recouvrement, réemption, réméré II. **par ext.** : délivrance, expiation, rédemption, salut

◇ CONTR. : rétrocession, revente

RACHETER I. → LIBÉRER II. → RÉPARER III. **v. pron.** : se libérer, se rattraper, se rédimer, se réhabiliter → RÉPARER

◇ CONTR. I. revendre II. → RECOMMENCER

RACHIS n.m. → ÉPINE (DORSALE)

RACHITIQUE → MAIGRE

RACHITISME n.m. → MAIGREUR

RACINE n.f. I. **au pr.** : bulbe, caïeu, chevelu, estoc, étoc, griffe, oignon, pivot, radicelle, radicule, rhizome, souche, stolon, tubercule II. **fig.** → ORIGINE

◇ CONTR. → SOMMET

RACINER taller

RACISME n.m. I. → XÉNOPHOBIE II. → REFUS

RACK n.f. **électr. off.** : baie

RACKET n.m. → CHANTAGE

RACKETTEUR, EUSE n.m. ou f. → VOLEUR

RACKING **pétr. off.** : gerbage

RACLÉE n.f. → TORGNOLE

RACLER I. **au pr.** : curer, drayer, écharner, enlever, frayer (vétér.), frotter, gratter, nettoyer, râper, râtisser, riper, ruginer, sarcler II. **fig.** → JOUER

◇ CONTR. → ENDUIRE

RACLOIR n.m. I. curette, racle, raclette II. étrille, strigile

RACOLAGE n.m. embrigadement, enrôlement, raccrochage, recrutement, retape → PROSTITUTION

◇ CONTR. → ÉLOIGNEMENT

RACOLER embrigader, engager, enrégimenter, enrôler, incorporer, lever des troupes, mobiliser, raccrocher, recruter

◇ CONTR. → DÉDAIGNER

RACOLEUR, EUSE I. enrôleur, prospecteur, recruteur II. → FLATTEUR III. **au fém.** → PROSTITUÉE

RACONTAR n.m. I. → MÉDISANCE II. → ROMAN

RACONTER I. anecdotiser, bonnir (arg.), conter, débiter, décrire, détailler, développer, dévider, dire, expliquer, exposer, narrer, peindre, rapporter, réciter, relater, rendre compte, retracer, tracer – **vx** : bailler, circonstancier II. → MÉDIRE

◇ CONTR. → TAIRE

RACORNI, E → RATATINÉ

RACORNISSEMENT n.m. → ENDURCISSEMENT

RADAR n.m. détecteur, mouchard (fam.)

RADE n.f. I. → PORT II. **LAISSER EN RADE** → ABANDONNER

RADEAU n.m. brelle, drome, jangada, ras, train de bois → BATEAU

RADIANT, E → RADIEUX

RADIATION n.f. → SUPPRESSION

RADICAL, E complet, drastique, foncier, fondamental → ABSOLU

RADICALEMENT → COMPLÈTEMENT

RADICELLE n.f. → RACINE

RADIÉE(S) n.f. I. composacées II. chrysanthème, dahlia, pâquerette, souci, tournesol

RADIER n.m. → FONDEMENT

RADIER I. → ÉLIMINER II. barrer, biffer, caviarder, démarquer, détruire, effacer, faire disparaître, faire une croix, gommer, gratter, laver, raturer, rayer, sabrer, supprimer

◇ CONTR. I. → ADMETTRE II. → IMMATRICULER

RADIESTHÉSISTE n.m. ou f. rhabdomancien, sourcier

RADIEUSEMENT de façon → RADIEUX *et les dérivés possibles en -ment des syn. de* radieux

RADIEUX, EUSE I. beau, brillant, éclatant, ensoleillé, épanoui, étincelant, heureux, joyeux, lumineux, radiant, rayonnant II. content, ravi, satisfait

◇ CONTR. I. → SOMBRE II. → TRISTE

RADIN, E nom et adj. → AVARE

RADINER I. → ARRIVER II. → VENIR

RADIO n.f. I. radiodiffusion, radiophonie, téhéseffe (péj.), téléphonie sans fil, T.S.F. II. **par ext.** 1. ondes 2. poste, transistor 3. diffusion, émission, informations, journal parlé, médias

RADIOACTIF, IVE **vx** : actinifère

RADIOACTIVE HALF-LIFE n.f. **nucl. off.** : période radioactive

RADIO BEACON n.m. **aviat. et mar. off.** : radiophare

RADIOCOMPAS n.m. radiogoniomètre

RADIOMETRIC RESOLUTION n.f. **inform. off.** : mémoire vive

RADIO RANGE n.m. **aviat. off.** : radiophare d'alignement

RADIORECORDER n.m. **I. audiov. off.** : radiocassette **II. spat. off.** : limite de résolution radiométrique

RADOTAGE n.m. gâtisme, rabâchage, répétition, verbiage, verbigération – **vx** : gribauderie, grimaudage, rabâcherie, ravaudage, ravauderie
◈ CONTR. → CONCISION

RADOTER → DÉRAISONNER

RADOTEUR, EUSE n.m. ou f. divagateur (vx), rabâcheur, ressasseur
◈ CONTR. → CONCIS

RADOUBER réparer → CALFATER

RADOUCIR → ADOUCIR

RADOUCISSEMENT n.m. **I.** → ADOUCISSEMENT **II.** → AMÉLIORATION

RAFALE n.f. **I. mar.** : bourrasque, coup de chien/ de tabac/ de vent, grain, maelström, risée, tempête, tornade, tourbillon, trombe **II.** → DÉCHARGE
◈ CONTR. → BONACE

RAFFERMIR → AFFERMIR

RAFFERMISSEMENT n.m. → AFFERMISSEMENT

RAFFINAGE n.m. → PURIFICATION

RAFFINÉ, E affiné, aristocratique, connaisseur, cultivé, délicat, distingué, élégant, fin, gracieux, parfait, précieux, pur, quintessencié, recherché, subtil, subtilisé (vx) – **péj.** : affecté, alambiqué
◈ CONTR. → GROSSIER

RAFFINEMENT n.m. **I.** → FINESSE **II.** → AFFECTATION

RAFFINER I. → ÉPURER **II.** → AMÉLIORER **III.** → PARFAIRE

RAFFOLER I. → AIMER **II.** → GOÛTER

RAFFUT n.m. → TAPAGE

RAFIOT n.m. → EMBARCATION

RAFISTOLAGE n.m. → RÉPARATION

RAFISTOLER → RÉPARER

RAFLE n.f. **I.** coup de filet, descente de police **II.** → PRISE **III. péj.** : pogrom, ratonnade

RAFLER I. → ENLEVER **II.** → VOLER

RAFRAÎCHIR I. → REFROIDIR **II.** ravaler, raviver **III.** → RÉPARER **IV.** → TAILLER **V. v. pron.** → BOIRE

RAFRAÎCHISSEMENT n.m. **I.** → BOISSON **II. du temps. 1.** refroidissement **2.** adoucissement
◈ CONTR. : réchauffement

RAGAILLARDIR → RÉCONFORTER

RAGE n.f. **I. au pr.** : hydrophobie (vx) **II. par ext. 1.** → FUREUR **2.** → MANIE **III. FAIRE RAGE** → SÉVIR

RAGER bisquer, écumer, endêver, enrager, être en colère/ en fureur/ en rogne, fumer (fam.), grincer (des dents), grogner, maronner, maugréer, râler, rogner, rognonner, ronchonner, se ronger les poings, roumer, rouspéter
◈ CONTR. → SOUFFRIR

RAGEUSEMENT avec → FUREUR

RAGEUR, EUSE → COLÉREUX

RAGLAN n.m. → MANTEAU

RAGOT n.m. **I.** → MÉDISANCE **II.** → NAIN

RAGOÛT n.m. blanquette, bourguignon, brussoles, capilotade, cassoulet, chipolata, civet, compote, daube, estouffade, fricassée, fricot, galimafrée, gibelotte, haricot de mouton, hochepot, matelote, miroton, navarin, oille (vx), olla-podrida, ratatouille, salmigondis, salmis, salpicon – **péj.** : ragougnasse, rata, ripopée, tambouille

RAGOÛTANT, E affriolant, agréable, alléchant, appétissant, engageant, friand, savoureux, séduisant, succulent, tentant
◈ CONTR. → DÉGOÛTANT

RAGRÉER I. → RÉPARER **II.** → NETTOYER **III.** → POLIR

RAI n.m. → RAYON

RAID n.m. attaque, camisade (vx), commando, coup de main, descente, escarmouche, expédition (punitive), incursion, opération, représailles

RAIDE I. au pr. : droit, empesé, ferme, inflexible, rigide, roide, sec, tendu **II. par ext. 1.** affecté, ankylosé, contracté, engourdi, guindé, solennel **2.** → ESCARPÉ **3.** → RUDE **4.** → EXCESSIF **5.** → LIBRE
◈ CONTR. **I.** → SOUPLE **II.** → COURBE

RAIDEUR n.f. **I. au pr.** : ankylose, engourdissement, rigidité, tension **II. fig.** → AFFECTATION
◈ CONTR. → SOUPLESSE

RAIDILLON n.m. → MONTÉE

RAIDIR I. bander, contracter, darder, durcir, tendre, tirer **II. mar.** : abraquer ou embraquer, étarquer, guinder, souquer **III.** → ANKYLOSER
◈ CONTR. → LÂCHER

RAIDISSEMENT n.m. → AFFERMISSEMENT

RAIE n.f. **I.** bande, ligne, rayure, strie, striure, trait, vergeture, zébrure **II.** gigle/ diable de mer, capucin, dasyatis ou pastenague ou raie à longue queue, guitare, gym-

nura, manta, narcine, pocheteau, raie ai-
guille/ alêne/ léopard/ papillon, rhinoptère,
torpille → POISSON

RAIFORT n.m. radis noir

RAIL n.m. → TRAIN

RAILLER s'amuser de, bafouer, berner,
blaguer, brocarder, charrier, chiner, chiquenauder, cribler/ fusiller/ larder de bro-
cards/ d'épigrammes, dauber, s'égayer de,
entreprendre, faire des gorges chaudes/ la
figue/ la nique, faire marcher, se ficher/
foutre de, fronder, se gausser de, se goberger de, gouailler, ironiser, jouer, mettre en
boîte, montrer du doigt, moquer, nasarder,
se payer la tête, persifler, plaisanter, ridiculiser, rire, satiriser, vanner, vilipender
– vx : draper, gaber, se gaudir de, gloser, goguenarder, larder, pasquiner, pelauder,
ramponner, trufer ou truffer, tympaniser
◆ CONTR. → LOUER

RAILLERIE n.f. **I. au pr. :** dérision, gouaillerie, humour, ironie, malice, mise en boîte,
moquerie, persiflage, pointe, ricanement, risée, sarcasme, satire, trait – vx : bernement,
gausserie, goguenardise, lardon, nasarde,
pasquinade, truffe **II. par ext.** → BROCARD
◆ CONTR. → ÉLOGE

RAILLEUR, EUSE nom et adj. → TAQUIN

RAINETTE n.f. → GRENOUILLE

RAINURE n.f. adent, coche, coupure, cran,
crevasse, échancrure, encoche, entaille, entaillure, entamure, faille, fente, feuillure,
hoche, jable, lioube, mortaise, raie, rayure,
sillon
◆ CONTR. : tenon

RAIRE râler, raller, réer

RAISIN n.m. **I.** cépage, grappe **II. principaux cé-
pages en France :** abymes, aleatico, alicante, ali-
goté, altesse, apremont, aramon, arbois, ar-
rufiac, aspiran, aubun, auvernat, baco,
baroque, bergeron, blanc-fumé, bonne roussette, bouchalès, bouille, bourboulenc, bous-
chet, brun argenté, cabernet, calitor, cari-
gnan, cep rouge, césar, chardonnay,
chasselas ou fendant, chenin ou chignin, cin-
saut, clairette, colombar, corbeau, corinthe,
côt ou malbec, counoise, courbu, dattier, du-
ras, durif ou petit(e) syrah, espanenc ou
plant droit, fendant ou chasselas, fer, feu-
natte, folle blanche ou gros-plant, folossa,
fuella nera, gamay, gascon, gewürztraminer,
gouet ou gouget, graisse, grand noir,
grappe-verte, grenache, gringet, grolleau,
gros blanc, gros manseng, gros meslier, gros
plant ou folle blanche, heiligensteiner, jac-
quère, jurançon, larnet, lauzet ou petit

verdot, lledoner pelut, maccabeo ou maca-
beu, madeleine, malaga, malbec ou côt, malvoisie ou rolle ou tourbat ou vermentino,
manseng, marsanne, mauzac, melon, mer-
lot, meunier, molette, mollard, monbadon,
mondeuse, morillon, mornen, morrastel,
mourvaison ou négrette, mourvèdre, muscadelle, muscadet, muscat (d'Alexandrie/
blanc/ ottonel), négrette ou mourvaison,
noah, olivette ou miellucio, ondenc ou
pousse de chèvre, othello, pacherenc, passa-
rille ou passerille, persan, petit manseng,
petit verdot ou lauzet, petit(e) syrah ou durif,
picard, picardan, picpouille ou piquepoul,
pied-de-perdrix, pineau d'Aunis/ de la
Loire, pinot blanc/ gris/ noir, plant droit ou
espanenc, pousse de chèvre ou ondenc, ries-
ling, rolle ou malvoisie ou tourbat ou vermentino, roussette, saint-émilion, sauvi-
gnon, sémillon, sylvaner, syrah, tokay,
traminer, viognier

RAISON n.f. **I.** → ENTENDEMENT **II.** bon goût,
bon sens, discernement, jugement, jugeote,
juste milieu, modération, philosophie, pondération, sagesse **III.** → RAISONNEMENT **IV.** →
CAUSE **V.** dédommagement, réparation, satisfaction
◆ CONTR. **I.** → STUPIDITÉ **II.** → TORT

RAISONNABLE I. adulte, intelligent, judicieux, pensant, rationnel, sage **II.** acceptable, bon, convenable, fondé, honnête,
juste, légitime, logique, modéré, naturel,
normal, pondéré, sensé
◆ CONTR. **I.** → INSENSÉ **II.** → STUPIDE

RAISONNABLEMENT avec → RAISON, de
façon → RAISONNABLE *et les dérivés possibles
en* -ment *des syn. de* raisonnable

RAISONNEMENT n.m. **I.** → RAISON **II.** analyse, apagogie, argument, déduction, démonstration, dialectique, dilemme, échafaudage, induction, inférence, ratiocination
(péj.), sorite, syllogisme, synthèse → THÉORIE
◆ CONTR. → EXPÉRIENCE

RAISONNER I. v. intr. : argumenter, calculer, discuter, disputer, penser, philosopher, ratiociner (péj.), sophistiquer **II. v. tr.**
1. quelque chose : calculer, éprouver, examiner
2. quelqu'un → ADMONESTER
◆ CONTR. → DÉRAISONNER

RAISONNEUR, EUSE nom et adj. →
CHICANEUR

RAJEUNIR → RENOUVELER

RAJEUNISSEMENT n.m. jouvence → RE-
NOUVELLEMENT

RAJOUTER I. → AJOUTER **II.** → EXAGÉRER

RAJUSTER → RÉPARER

RÂLANT, E contrariant, décevant, ennuyeux, fâcheux → INOPPORTUN
◆ CONTR. → SATISFAISANT

RÂLE n.m. râlement → AGONIE

RALENTIR I. → FREINER II. → MODÉRER

RALENTISSEMENT n.m. → DIMINUTION

RÂLER I. → PROTESTER II. → RAGER

RÂLEUR, EUSE nom et adj. → MÉCONTENT

RALLIEMENT n.m. I. → CONVERSION II. → RASSEMBLEMENT

RALLIER I. → ASSEMBLER II. → REJOINDRE

RALLONGE n.f. → SUPPLÉMENT

RALLONGER accroître, allonger, ajouter, augmenter, déployer, détirer, développer, étendre, étirer, prolonger, proroger, tendre, tirer
◆ CONTR. → DIMINUER

RALLUMER → RANIMER

RALLYE n.m. I. circuit, concours-promenade, excursion, rassemblement II. compétition, course, épreuve

RAM audiov. off. : radiocassette

R.A.M. → RANDOM ACCESS MEMORY

RAMAGE n.m. chant, gazouillement, gazouillis, pépiement, trilles

RAMAS n.m. amas, bric-à-brac, fatras, ramassis, ravaudage, ravauderie, rhapsodie
◆ CONTR. → CHOIX

RAMASSAGE n.m. → CUEILLETTE

RAMASSÉ, E I. blotti, lové, pelotonné, recroquevillé, replié, tapi II. courtaud, massif, mastoc, râblé, trapu – vx : épaulu, goussant, râblu, reinté (vén.)
◆ CONTR. I. → ALLONGÉ II. → MINCE

RAMASSER I. amasser, assembler, capter, capturer, collectionner, prendre, rafler, rassembler, râteler, ratisser, récolter, recueillir, relever, réunir II. → RESSERRER III. v. pron. → REPLIER (SE)
◆ CONTR. I. → RÉPANDRE II. → ÉTENDRE

RAMASSIS n.m. I. → AMAS II. → RAMAS

RAMBARDE n.f. I. → RAMPE II. → BALUSTRADE

RAME n.f. I. aviron, godille, pagaie II. → PERCHE III. convoi, train

RAMEAU n.m. I. → BRANCHE II. → COR III. → RAMIFICATION

RAMÉE n.f. → BRANCHE

RAMENER I. → MENER II. → RÉDUIRE III. → RÉTABLIR

RAMER canoter, godiller, nager, pagayer

RAMEUTER → AMEUTER

RAMIER n.m. I. au pr. : biset, colombe, goura, palombe, palonne, pigeon, pigeonneau, tourtereau, tourterelle → COLOMBIN II. fig. → PARESSEUX

RAMIFICATION n.f. bout, branche, bribe, compartiment, côté, division, élément, embranchement, fraction, membre, morceau, pan, parcelle, part, partie, pièce, portion, rameau, secteur, subdivision, tranche, tronçon
◆ CONTR. I. tronc II. → RACINE

RAMIFIER (SE) → SÉPARER (SE)

RAMILLE n.f. → BRANCHE

RAMOLLI, E I. → MOU II. → GÂTEUX

RAMOLLIR → AMOLLIR

RAMOLLISSANT, E émollient
◆ CONTR. : astringent

RAMOLLISSEMENT n.m. I. avachissement, flaccidité II. → RADOTAGE
◆ CONTR. → AFFERMISSEMENT

RAMONER écouvillonner → NETTOYER

RAMPANT, E → SERVILE

RAMPE n.f. balustrade, garde-fou, lisse, rambarde → MONTÉE

RAMPEAU n.m. I. coup nul II. → REVANCHE

RAMPEMENT n.m. → REPTATION

RAMPER I. se couler, glisser, s'introduire, repter (fam.) II. → FLATTER

RAMPON(N)EAU n.m. → COUP

RAMURE n.f. I. → BRANCHE II. → COR

RANCARD n.m. → RENDEZ-VOUS

RANCART n.m. → REBUT

RANCE → AIGRE

RANCIR → AIGRIR

RANCŒUR n.f. → RESSENTIMENT

RANÇON n.f. → PRIX

RANÇONNEMENT n.m. brigandage, exaction, racket → VOL

RANÇONNER → VOLER

RANCUNE n.f. → RESSENTIMENT

RANCUNIER, ÈRE nom et adj. haineux, malveillant, rancuneux, vindicatif
◆ CONTR. → INDULGENT

RANDOM ACCESS n.m. inform. off. : accès direct

RANDOM ACCESS MEMORY (R.A.M.) n.f. inform. off. : mémoire vive

RANDONNÉE n.f. I. → TOUR II. → PROMENADE

RANG n.m. I. caste, catégorie, classe, condition, degré, échelon, étage, état, lieu, liste, situation, standing, volée II. andain, file, haie, ligne, ordre, ouillère, place, queue, rangée

RANGE off. I. 1. spat. : base de lancement 2. aviat. : radiophare d'alignement II. spat.
RANGE FINDING : télémétrie

RANGÉ, E → RÉGLÉ

RANGÉE n.f. → RANG

RANGEMENT n.m. **I.** → CLASSEMENT **II.** → NETTOIEMENT

RANGER n.m. **milit. off.** : brodequin à guêtres

RANGER I. ajuster, aligner, arranger, caser, classer, disposer, distribuer, échelonner, entreposer, étager, étiqueter, garer, grouper, liter, mettre en ordre/ place/ rang, ordonner, organiser, placer, séparer, sérier, serrer, superposer **II. v. pron.** → SOUMETTRE (SE) ◊ CONTR. **I.** → TROUBLER **II.** → MÉLANGER

RANIMER animer, augmenter, encourager, exalter, exciter, raffermir, rallumer, ravigoter, raviver, réactiver, réanimer, réchauffer, régénérer, rehausser, relever, remonter, rénover, ressusciter, rétablir, retaper, retremper, réveiller, revigorer, revivifier, vivifier ◊ CONTR. **I.** → ENDORMIR **II.** → MODÉRER **III.** → ÉTOUFFER

RAPACE n.m. **I. au pr. 1.** accipitre, oiseau de proie **2.** aegypiidé, aquilidé, bubonidé, falconidé, strigidé, vulturidé **II. partic. 1. diurne** : aigle, alète, autour, balbuzard, bondrée, busaigle, busard, buse, chauche-poule, circaète, condor, crécerelle, écoufle, émerillon, émouchet, épervier, faucon, gerfaut, griffon, gypaète, harpie, hobereau, jean-le-blanc, laneret, lanier, milan, orfraie *ou* pygargue *ou* huard, pandion, percnoptère, sarcoramphe, secrétaire, serpentaire, spizaète, uraète, urubu, vautour **2. nocturne** : bubo, chat-huant, chevêche, chouette, dame-blanche, duc, effraie, harfang, hibou, hulotte, scops, strix

RAPACE adj. → AVARE

RAPACITÉ n.f. ambition, avidité, banditisme, convoitise, cruauté, cupidité, désir insatiable, goinfrerie, vampirisme → AVARICE ◊ CONTR. → GÉNÉROSITÉ

RAPATRIEMENT n.m. retour (au bercail/ au pays/ chez soi/ dans sa patrie/ dans ses foyers/ dans son pays) ◊ CONTR. → EXPULSION

RÂPE n.f. → LIME

RÂPÉ, E → USAGÉ

RÂPER égruger, pulvériser

RAPETASSER → RACCOMMODER

RAPETISSER → DIMINUER

RÂPEUX, EUSE → RUDE

RAPIAT, E nom et adj. → AVARE

RAPIDE n.m. → CASCADE

RAPIDE adj. **I.** actif, agile, alerte, diligent, empressé, leste, pressé, preste, prompt, véloce, vif **II.** accéléré, cursif, enlevé, expéditif, fulgurant, immédiat **III. vx** : célère, isnel **IV.** → VITE **V.** → HÂTIF ◊ CONTR. → LENT

RAPIDEMENT → VITE

RAPIDITÉ n.f. agilité, célérité, diligence, fugacité, hâte, instantanéité, précipitation, presse, prestesse, promptitude, soudaineté, vélocité, vitesse, vivacité → BRIÈVETÉ ◊ CONTR. → LENTEUR

RAPIÉCER → RACCOMMODER

RAPIÈRE n.f. → ÉPÉE

RAPINE n.f. brigandage, déprédation, exaction, gain illicite, pillage, rapinerie → VOL ◊ CONTR. → SÉCURITÉ

RAPPEL n.m. **I. au pr.** : anamnèse (psych.), appel, évocation, commmémoration, mémento, mémoire, mémoration, mention, souvenance, souvenir **II.** → ACCLAMATION **III.** mobilisation **IV. BATTRE LE RAPPEL. 1. au pr.** : amasser, appeler, assembler, concentrer, grouper, lever, masser, mobiliser, racoler, rallier, ramasser, rassembler, réunir **2. par ext.** : chercher, se rappeler, se souvenir ◊ CONTR. **I.** → RENVOI **II.** → OUBLI

RAPPELER I. commémorer, évoquer, mentionner, retracer **II.** → APPELER **III.** → DESTITUER **IV.** → ACCLAMER **V.** → RECOUVRER **VI.** → RESSEMBLER À **VII. v. pron.** : penser/ songer à, se remémorer, remettre, retenir, revivre, revoir, se ressouvenir/ souvenir – **vx** : se recorder/ remembrer/ rementevoir ◊ CONTR. **I.** → RENVOYER **II.** → BANNIR

RAPPLIQUER → ARRIVER

RAPPORT n.m. **I.** accord, affinité, analogie, concomitance, concordance, connexion, connexité, convenance, corrélation, correspondance, dépendance, harmonie, liaison, lien, parenté, pertinence, proportion, rapprochement, ratio, relation, ressemblance, similitude, trait **II.** → BÉNÉFICE **III.** alliance, commerce, communication, contact, fréquentation, intelligence, union **IV.** analyse, bulletin, compte rendu, description, exposé, procès-verbal, récit, relation, témoignage, topo **V. au pl.** → ACCOUPLEMENT ◊ CONTR. → DIFFÉRENCE

RAPPORTER I. au pr. : apporter, ramener, remettre à sa place, rendre → PORTER **II. par ext. 1.** → JOINDRE **2.** → RACONTER **3.** → DÉNONCER **4.** → RÉPÉTER **5.** → CITER **6.** → DIRIGER **7.** → PRODUIRE **8.** → ABOLIR **III. TERRES RAPPORTÉES** : terres jactisses **IV. v. pron. 1.** en croire, se fier à, se référer, s'en remettre, se reposer sur **2.** → RESSEMBLER ◊ CONTR. **I.** → EMPORTER **II.** → RENVOYER **III.** → CONSERVER **IV.** → TAIRE **V.** → CONFIRMER

RAPPORTEUR, EUSE nom et adj. → MOU-CHARD

RAPPROCHEMENT n.m. **I. au pr.** : accolement, amalgame, assemblage, assimilation, comparaison, parallèle, parangon, parité, proximité, rapport, recoupement, réunion **II. par ext. 1.** → RÉCONCILIATION **2.** → SIMILITUDE ◊ CONTR. → ÉLOIGNEMENT

RAPPROCHER accoler, amalgamer, approcher, assimiler, attirer, avancer, comparer, grouper, joindre, lier, presser, rapporter, réunir, serrer, unir ◊ CONTR. **I.** → ÉCARTER **II.** → DIFFÉRENCIER

RAPT n.m. → ENLÈVEMENT

RAQUETTE n.f. **I.** → PIÈGE **II.** cactus oponge

RARE accidentel, anormal, clair, clairsemé, curieux, difficile, distingué, étrange, exceptionnel, extraordinaire, inaccoutumé, inconnu, inhabituel, insolite, introuvable, inusité, inusuel, occasionnel, précieux, rarescent, remarquable, sublime, unique ◊ CONTR. **I.** → ABONDANT **II.** → HABITUEL

RARÉFACTION n.f. amoindrissement, appauvrissement, déperdition, diminution, disparition, dispersion, dissémination, éclaircissement, épuisement, rarescence, rareté, tarissement ◊ CONTR. **I.** → AFFLUENCE **II.** → CONCENTRATION

RARÉFIER → RÉDUIRE

RAREMENT I. → GUÈRE **II.** *les dérivés possibles en* -ment *des syn. de* rare **III.** → QUELQUEFOIS ◊ CONTR. › TOUJOURS

RARETÉ n.f. **I.** curiosité, phénomène **II.** défaut, dénuement, disette, insuffisance, manque, pénurie ◊ CONTR. **I.** → PROFUSION **II.** → RÉPÉTITION

RAS, E I. → ÉGAL **II.** → PELÉ

RASADE n.f. → GORGÉE

RASCASSE n.f. diable, scorpène → POISSON

RASE-PET n.m. → MANTEAU

RASER I. → PELER **II.** → DÉMOLIR **III.** → EFFLEURER **IV.** → ENNUYER

RASETTE n.f. → COUTEAU

RASEUR, EUSE n.m. ou f. et **RASOIR** adj. agaçant, ardélion (vx), assommant, bassinant, collant, crampon, de trop, embarrassant, embêtant, encombrant, énervant, ennuyeux, envahissant, étourdissant, excédant, fâcheux, fatigant, gênant, gêneur, gluant, hurluberlu, importun, indiscret, inopportun, insupportable, intrus, lantiponant (fam.), mouche du coche, obsédant, officieux, pesant, plaie, pot de colle, tannant, tuant – **grossier** : casse → BOURSES/ PIEDS,

chiant, chiatique, emmerdant, emmouscaillant ◊ CONTR. → INTÉRESSANT

RASIBUS → PRÈS

RASOIR n.m. **I. fam.** : coupe-chou(x), grattoir, rasif **II. par ext.** : cutter, scalpel

RASSASIÉ, E assouvi, bourré, contenté, dégoûté, gavé, gorgé, le ventre plein, repu, satisfait, saturé, soûl, sursaturé ◊ CONTR. **I.** → AFFAMÉ **II.** → ENVIEUX

RASSASIEMENT n.m. → SATIÉTÉ

RASSASIER apaiser, assouvir, bourrer, calmer, contenter, donner son aise/ son content, gaver, gorger, saturer, soûler ◊ CONTR. **I.** → AFFAMER **II.** → PRIVER

RASSEMBLEMENT n.m. **I. 1.** affluence, agglomération, ameutement (vén.), assemblée, attroupement, bande, concentration, concours, foule, groupement, manifestation, masse, meeting, multitude, ralliement, rencontre, réunion → TROUPE **2.** association, confédération, fédération, fusion, groupe, intergroupe, mouvement, parti, pool, union, syndicat, troupe **II.** allotement, allotissement, groupage, regroupement ◊ CONTR. → DISPERSION

RASSEMBLER → ASSEMBLER

RASSEMBLEUR n.m. → FÉDÉRATEUR

RASSÉRÉNÉ, E → SATISFAIT

RASSÉRÉNER → TRANQUILLISER

RASSIS, E → POSÉ

RASSURANT, E → RÉCONFORTANT

RASSURÉ, E → SATISFAIT

RASSURER → TRANQUILLISER

RAT n.m. arvicole (vx), campagnol, mulot, muridé, rate *ou* ratte, raton, surmulot → RONGEUR

RATAGE n.m. → INSUCCÈS

RATATINÉ, E desséché, flétri, noué, pelotonné, rabougri, racorni, ramassé, recroquevillé, replié, rétrignolé (rég.), ridé, tassé ◊ CONTR. **I.** → ALLONGÉ **II.** → OUVERT **III.** → RÉJOUI

RATATOUILLE n.f. → RAGOÛT

RATÉ, E bon à rien, fruit sec, traîne-savate ◊ CONTR. → RÉUSSI

RÂTEAU n.m. arc, fauchet, fauchon, rouable

RÂTELER ratisser → RAMASSER

RATER I. → MANQUER **II.** → ÉCHOUER

RATIBOISER I. → RAVAGER **II.** → VOLER

RATIÈRE n.f. → PIÈGE

RATIFICATION n.f. → APPROBATION

RATIFIER → CONFIRMER

RATIOCINATION n.f. → ARGUTIE

RATIOCINER → ERGOTER

RATIOCINEUR n.m. → CHICANEUR

RATION n.f. bout, division, dose, fraction, fragment, lot, morceau, part, partie, pièce, portion, prise, quartier, tranche
◇ CONTR. → TOTALITÉ

RATIONALISATION n.f. automatisation, division du travail, planification, normalisation, spécialisation, stakhanovisme, standardisation, taylorisation, taylorisme
◇ CONTR. → ROUTINE

RATIONALISER I. démythiser → NORMALISER II. → RÉGLER

RATIONALISME n.m. → RÉALISME

RATIONNEL, LE cartésien, cohérent, conséquent, exact, fonctionnel, géométrique, judicieux, juste, logique, méthodique, naturel, nécessaire, raisonnable, serré, suivi, vrai
◇ CONTR. I. → EMPIRIQUE II. → DÉRAISONNABLE III. → ILLOGIQUE IV. → RELIGIEUX

RATIONNELLEMENT avec → RAISON, de façon → RATIONNEL *et les dérivés possibles en* -ment *des syn. de* rationnel

RATIONNEMENT n.m. I. → RÉDUCTION II. → RÉGIME

RATIONNER → RÉDUIRE

RATISSER I. râteler → RACLER II. → RAVAGER

RATTACHEMENT n.m. → RÉUNION

RATTACHER → RÉUNIR

RATTRAPAGE n.m. rajustement, réparation, retouche → CORRECTION
◇ CONTR. → AGGRAVATION

RATTRAPER I. → REJOINDRE II. → RÉPARER III. v. pron. 1. se racheter, se réhabiliter, réparer, se reprendre, se ressaisir, se retourner 2. se dédommager, gagner, prendre sa revanche, se raccrocher, s'y retrouver, se sauver, s'en sortir, s'en tirer – vx : se racquitter, se revancher
◇ CONTR. → RECOMMENCER

RATURE n.f. biffure, gommage, grattage, raturage, repentir, retouche

RATURER → EFFACER

RAUQUE enroué, éraillé, guttural – fam. : de mêlé-cass, de rogomme
◇ CONTR. → AGRÉABLE

RAVAGE n.m. atteinte, avarie, casse, catastrophe, dégât, dégradation, déprédation, détérioration, dommage, grief (vx), mal, perte, préjudice, sinistre, tort
◇ CONTR. → BIENFAIT

RAVAGER anéantir, bouleverser, désoler, détruire, dévaster, dévorer, endommager, fourrager, gâter, infester, raser, ratiboiser (fam.), ratisser, razzier, piller, ruiner, saccager
◇ CONTR. I. → MÉNAGER II. → EMBELLIR

RAVAGEUR, EUSE nom et adj. I. → DESTRUCTEUR II. → SÉDUCTEUR

RAVALEMENT n.m. I. → BASSESSE II. → RÉPARATION III. → NETTOIEMENT

RAVALER I. → ABAISSER II. → RÉPARER III. → NETTOYER

RAVAUDAGE n.m. → RACCOMMODAGE

RAVAUDER → RACCOMMODER

RAVI, E → CONTENT

RAVIGOTER → RÉCONFORTER

RAVILIR → HUMILIER

RAVIN n.m. lit de rivière/ torrent, ravine, val, vallée, vallon

RAVINEMENT n.m. affouillage, affouillement, érosion
◇ CONTR. → REMPLISSAGE

RAVINER → CREUSER

RAVIR I. → ENLEVER II. → PRENDRE, III. → CHARMER IV. → TRANSPORTER

RAVISER (SE) se dédire, changer d'avis, revenir sur sa décision/ parole/ promesse
◇ CONTR. → CONTINUER

RAVISSANT, E agréable, aimable, amène, attirant, beau, captivant, charmant, enchanteur, enivrant, ensorcelant, fascinant, gracieux, grisant, intéressant, joli, merveilleux, piquant, séduisant
◇ CONTR. → LAID

RAVISSEMENT n.m. I. → ENLÈVEMENT II. → TRANSPORT III. → BONHEUR

RAVITAILLEMENT n.m. I. → APPROVISIONNEMENT II. → PROVISION

RAVITAILLER → POURVOIR

RAVIVER I. → RAFRAÎCHIR II. → RANIMER

RAVOIR → RECOUVRER

RAYÉ, E I. → ÉRAFLÉ II. → ZÉBRÉ

RAYER I. → EFFACER II. → ABÎMER III. → STRIER

RAYÈRE n.f. → OUVERTURE

RAYON n.m. I. jet, rai, trait II. apparence, lueur, lumière III. degré, étagère, planche, rayonnage, tablette IV. étalage, éventaire, stand

RAYONNANT, E I. → RADIEUX II. en étoile, radié, rayonné

RAYONNEMENT n.m. I. → LUSTRE II. → PROPAGATION

RAYONNER I. se développer, éclater, irradier, se propager **II.** → LUIRE
◇ CONTR. → DÉCLINER

RAYURE n.f. balafre, entaille, madrure, strie *et les dérivés possibles en* -ure *de* → RAYÉ

RAZ DE MARÉE n.m. **I.** tsunami **II. fig.** → AGITATION

RAZZIA n.f. **I.** → INCURSION **II.** → PILLAGE

RAZZIER I. → PILLER **II.** → RAVAGER

RÉACTEUR n.m. propulseur, pulso/ stato/ turboréacteur, turbine

RÉACTION n.f. **I.** → RÉFLEXE **II.** → CONSERVATISME

RÉACTIONNAIRE nom et adj. **I.** conservateur, contre-révolutionnaire, de droite, fasciste, immobiliste, intégriste, misonéiste, obscurantiste, rétrograde, rigoriste, tory, traditionaliste **II. fam. :** arriériste, droitier, droitiste, facho, réac, tardigrade
◇ CONTR. → PROGRESSISTE

REACTOR CONTROL n.m. **nucl. off. :** commande/ conduite/ contrôle d'un réacteur

REACTOR EXPERIMENT n.m. **nucl. off. :** préréacteur

READ ONLY MEMORY n.m. **inform. off. :** mémoire morte

RÉAGIR I. → RÉPONDRE **II.** → RÉSISTER

RÉALE n.f. → GALÈRE

RÉALISABLE accessible, exécutable, facile, faisable, permis, possible, praticable, prévisible, probable, virtuel
◇ CONTR. → IMPOSSIBLE

RÉALISATION n.f. **I.** accomplissement, concrétisation, exaucement, satisfaction **II.** accouchement, création, effet, exécution, expédition (vx), formulation, matérialisation, œuvre, production **III.** → VENTE
◇ CONTR. **I.** → ÉBAUCHE **II.** → PROJET

RÉALISER I. au pr. : accomplir, achever, actualiser, atteindre, combler, commettre, concrétiser, consommer, effectuer, exécuter, faire, opérer, pratiquer, procéder à, remplir, tenir parole/ ses promesses **II. par ext. 1.** brader, liquider, solder, vendre **2.** → ENTENDRE
◇ CONTR. **I.** → ÉBAUCHER **II.** → ÉCHOUER **III.** → RÊVER

RÉALISME n.m. **I.** crudité, sincérité, tranche de vie, vérisme **II. philos. :** atomisme, matérialisme, mécanisme, naturalisme, positivisme **III.** opportunisme, pragmatisme, utilitarisme
◇ CONTR. → IDÉALISME

RÉALISTE nom et adj. **I. philos.** → MATÉRIALISTE **II.** concret, cru, matérialiste, naturaliste,

opportuniste, positif, pragmatique, terre à terre, théorétique, utilitaire
◇ CONTR. **I.** → SPIRITUALISTE **II.** → RÊVEUR

RÉALITÉ n.f. **I.** certitude, exactitude, réalisme, vérité **II.** chose, être, évidence, existence, fait, fond, immanence, matière, monde, nature, objet, réel **III. EN RÉALITÉ :** au fond, en fait, en effet, réellement
◇ CONTR. **I.** → ILLUSION **II.** → ABSTRACTION **III.** → RÊVE

REAL TIME n.m. **inform. off. :** temps réel

RÉBARBATIF, IVE → REVÊCHE

REBATTU, E banal, commun, connu, éculé, fatigué, réchauffé, ressassé, trivial, usé, vulgaire
◇ CONTR. → ORIGINAL

REBELLE nom et adj. **I.** → INDOCILE **II.** → INSOUMIS **III.** → RÉVOLTÉ

REBELLER (SE) → RÉVOLTER (SE)

RÉBELLION n.f. → RÉVOLTE

REBIFFER (SE) → RÉSISTER

REBIQUER → RETROUSSER

REBOISEMENT n.m. → REPIQUAGE

REBOISER → REPLANTER

REBONDI, E I. → GRAS **II.** → GROS

REBONDIR I. → SAUTER **II.** → RECOMMENCER **III.** → RETOMBER

REBONDISSEMENT n.m. → RETOUR

REBORD n.m. → BORD

REBOT n.m. pelote basque

REBOURS n.m. **I.** → OPPOSÉ **II. À/ AU REBOURS :** à contre-pied, à contre-poil, à contresens, à l'encontre de, à l'inverse de, à l'opposé de, à rebrousse-poil, au contraire de
◇ CONTR. : dans le même → SENS

REBOUTER I. → REMETTRE **II.** → RACCOMMODER

REBOUTEUR ou **REBOUTEUX, EUSE** n.m. ou f. → GUÉRISSEUR

REBROUSSÉ, E → HÉRISSÉ

REBROUSSE-POIL (À) → REBOURS

REBROUSSER I. → RETOURNER **II.** → RELEVER

REBUFFADE n.f. → REFUS

RÉBUS n.m. **I. au pr. :** charade, devinette, énigme, logogriphe, mots croisés/ fléchés (par ext.) **II. fig. :** mystère, secret

REBUT n.m. **I. au pr.** → REFUS **II. par ext. 1.** balayure, déchet, écume, excrément, fond du panier, laissé pour compte, lie, ordure, quantité négligeable, rancart, reste, rogaton, rognure 2. bas-fond, menu fretin, racaille → POPULACE

◊ CONTR. → CHOIX

REBUTANT E I. → ENNUYEUX **II.** → REPOUSSANT

REBUTER I. → REPOUSSER **II.** → DÉCOURAGER

RÉCALCITRANT, E nom et adj. contestataire, désobéissant, entêté, fermé, frondeur, indisciplinable, indiscipliné, indocile, indomptable, insoumis, insubordonné, intraitable, malendurant (vx), mécontent, opiniâtre, rebelle, réfractaire, regimbant regimbeur, révolté, rétif, rude, têtu, vicieux, volontaire

◊ CONTR. **I.** → DOUX **II.** → OBÉISSANT

RECALER I. → AJOURNER **II.** → REFUSER

RÉCAPITULATION n.f. → SOMMAIRE

RÉCAPITULER → RÉSUMER

RECEIVER n.m. **audiov. off.** : ampli-syntoniseur

RECEL n.m. détention, détournement, malversation

RECELER I. → CACHER **II.** → CONTENIR

RECELEUR, EUSE n.m. ou f. **arg.** : fourgat, fourgue

RÉCEMMENT depuis peu, dernièrement, fraîchement, il n'y a guère, il y a peu (de temps), naguère *et les dérivés possibles en* -ment *des syn. de* nouveau

◊ CONTR. → AUTREFOIS

RECENSEMENT n.m. **I.** → COMPTE **II.** → DÉNOMBREMENT

RECENSER → DÉNOMBRER

RECENSION n.f. → COMPARAISON

RÉCENT, E → NOUVEAU

RÉCÉPISSÉ n.m. → REÇU

RÉCEPTACLE n.m. → CONTENANT

RÉCEPTEUR n.m. **I.** combiné, écouteur **II.** écran, mouchard, radar **III.** → RADIO **IV.** → TÉLÉVISION **V.** → DESTINATAIRE

◊ CONTR. : émetteur

RÉCEPTION n.f. **I. au pr.** : admission, adoubement, élévation, initiation, intronisation, investiture, promotion **II.** accueil, hospitalité → ABORD **III. 1.** boum, bridge, cérémonie, cinq-à-sept, cocktail, déjeuner, diffa, dîner, five o'clock (tea), gala, garden-party, mondanités, raout (ou rout), soirée, surprise-partie, thé, veillée **2.** → BAL **3.** → FÊTE **IV. audiov.** : écoute

◊ CONTR. **I.** → EXPÉDITION **II.** → EXPULSION

RECÈS ou **RECEZ** n.m. → CONVENTION

RÉCESSION n.f. **I.** → CRISE **II.** → RECUL

RECETTE n.f. **I.** fruit, gain, produit, profit → BÉNÉFICE – **arg.** : comptée, taille **II.** → MÉTHODE **III.** → PROCÉDÉ

◊ CONTR. → DÉPENSE

RECEVABILITÉ n.f. → BIEN-FONDÉ

RECEVABLE → ACCEPTABLE

RECEVEUR, EUSE n.m. ou f. **I.** → CAISSIER **II.** → PERCEPTEUR

RECEVOIR I. au pr. 1. fav. ou neutre : acquérir, affurer (arg.), encaisser, gagner, hériter, obtenir, palper (fam.), percevoir, prendre, tirer → TOUCHER **2. non fav.** : attraper, avaler, boire, écoper, embourser, empocher, encaisser, éprouver, essuyer, prendre, récolter, souffrir, subir, trinquer **II. par ext. 1.** abriter, accueillir, admettre, auberger (vx), donner l'hospitalité/ une réception *et les syn. de* réception, héberger, traiter **2.** donner audience **3.** accepter, adouber, agréer, élever, initier, promouvoir, reconnaître

◊ CONTR. **I.** → ENVOYER **II.** → EXPULSER **III.** → ÉMETTRE **IV.** → DONNER **V.** → PAYER

RECHAMPIR → REHAUSSER

RECHANGE n.m. → SECOURS

RÉCHAPPÉ, E → RESCAPÉ

RÉCHAPPER → TIRER (S'EN)

RECHARGER → POURVOIR

RÉCHAUD n.m. alumelle, athanor, bec Bunsen, brasero, calorifère, couvet, cuisinière, fourneau, gazinière, hypocauste, kanoun, poêle, potager, radiateur, réchauffeur, têt *ou* test, thermosiphon

RÉCHAUFFER I. → CHAUFFER **II.** → RANIMER

RÊCHE → RUDE

RECHERCHE n.f. **I. au pr. 1.** battue, chasse, exploration, fouille, investigation, poursuite, quête **2. jurid.** : chasse aux sorcières (péj.), enquête, information, inquisition (vx), instruction **3.** étude, examen, expérience, expérimentation, gallup, observation, recension, sondage, spéculation, tâtonnement **4.** auscultation, percussion, succussion **5.** technologie **II. par ext. 1.** → AFFECTATION **2.** → PRÉCIOSITÉ

◊ CONTR. **I.** → EXPÉRIMENTATION **II.** → LAISSER-ALLER **III.** → SIMPLICITÉ

RECHERCHÉ, E I. → COMPLIQUÉ **II.** → ÉTUDIÉ

RECHERCHER I. → CHERCHER **II.** → SOUHAITER

RECHIGNER → RENÂCLER

RECHUTE et **RÉCIDIVE** n.f. → REPRISE

RÉCIDIVER → RECOMMENCER

RÉCIDIVISTE nom et adj. cheval de retour (fam.), endurci, relaps

◊ CONTR. → REPENTANT

RÉCIF n.m. écueil, haut-fond

RÉCIPIENDAIRE n.m. bénéficiaire, impétrant

RÉCIPIENT n.m. berlingot, berthe, boîte, bouille, boujaron (mar.), bouteille, brassin, container *ou* conteneur, contenant, emballage, estagnon (mérid.), moque, vase → USTENSILE

RÉCIPROCITÉ n.f. → COMPENSATION

RÉCIPROQUE → MUTUEL

RÉCIPROQUEMENT bilatéralement, en échange, l'un pour l'autre, mutuellement, œil pour œil dent pour dent
◇ CONTR. : chacun pour soi

RÉCIT n.m. I. anecdote, compte rendu, détail, dit (vx), exposé, exposition, factum (jurid. ou péj.), histoire, historiette, historique, journal, mémoires, mémorial, narration, nouvelle, périple, rapport, relation, tableau II. annales, chronique, conte, légende, mythe, odyssée, roman III. → FABLE

RÉCITAL n.m. aubade, audition, sérénade → CONCERT

RÉCITATIF n.m. → MÉLODIE

RÉCITER I. → DIRE II. → PRONONCER

RÉCLAMATION n.f. appel, clameur, cri, demande, doléance, exigence, pétition, plainte, prétention, protestation, récrimination, requête, revendication
◇ CONTR. → ACQUIESCEMENT

RÉCLAME n.f. affichage, annonce, battage, bourrage de crâne (péj.), bruit, lancement, propagande, publicité, renommée, retentissement, slogan – **fam.** : boom, tam-tam
◇ CONTR. I. conspiration du → SILENCE II. → MÉDISANCE

RÉCLAMER I. v. tr. 1. appeler, avoir besoin, commander, demander, exiger, mériter, nécessiter, rendre nécessaire, requérir, supposer, vouloir 2. contester, prétendre, revendiquer – jurid. : répéter, vendiquer 3. → SOLLICITER II. v. intr. : aboyer, gémir, se plaindre, protester, râler, se récrier, récriminer III. v. pron. : en appeler, invoquer, se recommander
◇ CONTR. I. → TAIRE (SE) II. → ACQUIESCER

RECLASSEMENT n.m. I. déplacement, promotion, rétrogradation II. → AJUSTEMENT

RECLASSER → DÉPLACER

RECLUS, E nom et adj. → PRISONNIER

RÉCLUSION n.f. → EMPRISONNEMENT

RECOIN n.m. I. au pr. → COIN II. fig. : pli, repli, secret

RÉCOLEMENT n.m. → VÉRIFICATION

RÉCOLER collationner, comparer, contrôler, dénombrer, éprouver, étalonner, repasser, revoir, s'assurer de, se rendre compte de, tester, vérifier, voir

RÉCOLLECTION n.f. → RECUEILLEMENT

RÉCOLTE n.f. I. arrachage, fenaison, moisson, ramassage, vendange, vinée II. vx : amasse, annone, août, aoûtage, métive III. → CUEILLETTE IV. → PROFIT
◇ CONTR. → SEMAILLES

RÉCOLTER → RECUEILLIR

RECOMMANDABLE → ESTIMABLE

RECOMMANDATION n.f. I. → APPUI II. → INSTRUCTION III. avis, avertissement, conseil
◇ CONTR. → CONDAMNATION

RECOMMANDER I. → APPUYER II. → DEMANDER III. avertir, conseiller, dire, exhorter, prêcher, préconiser, prôner
◇ CONTR. → DISSUADER

RECOMMENCEMENT n.m. → RETOUR

RECOMMENCER I. v. tr. → REFAIRE II. v. intr. : se ranimer, se raviver, rebiffer, rebondir, se réchauffer, récidiver, redoubler, refaire, refleurir, réitérer, remettre, renaître, renouveler, rentamer, repartir, répéter, repiquer, reprendre, se reproduire, se réveiller, revenir
◇ CONTR. → CESSER

RÉCOMPENSE n.f. I. au pr. : bénéfice, compensation, dédommagement, gratification, guerdon (vx), loyer, paiement, pourboire, prime, prix, rémunération, rétribution, salaire, tribut II. par ext. : accessit, citation, couronne, décoration, diplôme, médaille, mention, oscar, palmarès, prix, satisfecit, tableau d'honneur → INSIGNE
◇ CONTR. → PUNITION

RÉCOMPENSER I. → DÉDOMMAGER II. citer, couronner, décorer, distinguer, payer, reconnaître III. → ENCOURAGER
◇ CONTR. → PUNIR

RÉCONCILIATEUR, TRICE n.m. ou f. → INTERMÉDIAIRE

RÉCONCILIATION n.f. I. accommodement, accord, fraternisation, rabibochage (fam.), raccommodement, rapprochement, replâtrage II. arg. : rambin, rambinage III. vx : appointement, rabiennement, rapatriage
◇ CONTR. → BROUILLE

RÉCONCILIER I. accorder, concilier, raccommoder, rapprocher, réunir – fam. : rabibocher, rambiner, rapapillonner II. vx : appointer, rabienner, rapatrier III. v. pron. : se pardonner, se rajuster, se remettre bien ensemble, renouer, reprendre ses relations, revenir *et les formes pron. possibles des syn. de* réconcilier
◇ CONTR. → BROUILLER

RECONDUCTIBLE renouvelable

RECONDUCTION n.f. → RENOUVELLEMENT

RECONDUIRE I. **neutre** : accompagner, conduire, escorter, raccompagner, ramener II. **non fav.** : chasser, éconduire, expulser, mettre à la porte III. **par ext.** → RENOUVELER
◇ CONTR. I. → ABOLIR II. → ACCUEILLIR

RÉCONFORT n.m. I. → AIDE II. → SOULAGEMENT

RÉCONFORTANT, E I. adoucissant, apaisant, calmant, consolant, consolateur, encourageant, consolatif, consolatoire, lénitif, rassurant II. analeptique, cordial, corroborant, excitant, fortifiant, reconstituant, remontant, roboratif, stimulant, tonique
◇ CONTR. I. → ACCABLANT II. → AFFAIBLISSEMENT

RÉCONFORTER aider, conforter, consoler, ragaillardir, ranimer, ravigoter, raviver, rebecter (arg.), refaire, relever le courage/ les forces/ le moral, remettre, remonter, réparer, requinquer, restaurer, rétablir, retaper, revigorer, soutenir, stimuler, sustenter
◇ CONTR. I. → CHARGER II. → DÉCOURAGER

RECONNAISSABLE discernable, discret (math.), distinguable, identifiable, remarquable
◇ CONTR. : méconnaissable

RECONNAISSANCE n.f. I. **au pr.** : découverte, examen, exploration, inspection, investigation, observation, recherche, recognition II. **par ext.** 1. → GRATITUDE 2. → REÇU
◇ CONTR. → INGRATITUDE

RECONNAISSANT, E → OBLIGÉ

RECONNAÎTRE I. **au pr.** : arraisonner (mar.), connaître, constater, discerner, distinguer, identifier, remettre, retrouver, trouver, vérifier → CONNAÎTRE II. **par ext.** 1. → EXAMINER 2. → CONVENIR 3. → SOUMETTRE (SE) 4. → RÉCOMPENSER III. **v. pron.** → RETROUVER (SE)
◇ CONTR. I. → CONFONDRE II. → CONTESTER III. → OUBLIER

RECONNU, E I. → RÉEL II. → CERTAIN

RECONQUÉRIR → RECOUVRER

RECONSIDÉRER → REVOIR

RECONSTITUANT, E nom et adj. → RÉCONFORTANT

RECONSTITUER → RÉTABLIR

RECONSTITUTION n.f. I. → REPRÉSENTATION II. → RÉPARATION

RECONSTRUCTION n.f. → RESTAURATION

RECONSTRUIRE → RÉTABLIR

RECONVERSION n.f. conversion, mutation, recyclage, transformation
◇ CONTR. → CONSERVATION

RECONVERTIR mettre à jour, recycler, réinsérer, réorienter → TRANSFORMER
◇ CONTR. → DEMEURER

RECOQUILLER (SE) → REPLIER (SE)

RECORD n.m. → PERFORMANCE

RECORS n.m. assistant → TÉMOIN

RECOUPEMENT n.m. comparaison, liaison, parallèle, parangon, rapport, rapprochement
◇ CONTR. I. → DISTANCE II. → DIFFÉRENCE

RECOUPER (SE) s'accorder, aller, concorder, se conformer, convenir, correspondre, être conforme à/ en conformité/ en harmonie/ en rapport/ en symétrie, faire pendant, s'harmoniser, se rapporter, se référer, répondre, représenter, ressembler, rimer (fam.), satisfaire, synchroniser
◇ CONTR. → DISTINGUER (SE)

RECOUPETTE n.f. farine, son

RECOURBÉ, E → COURBE

RECOURIR → USER

RECOURS n.m. I. → RESSOURCE II. appel, demande, pourvoi, requête III. **AVOIR RECOURS** → USER

RECOUVRABLE percevable

RECOUVREMENT n.m. → PERCEPTION

RECOUVRER I. rapatrier, rattraper, ravoir, reconquérir, récupérer, regagner, reprendre, ressaisir, retrouver II. encaisser, percevoir, recevoir, toucher
◇ CONTR. → PERDRE

RECOUVRIR I. cacher, coiffer, couvrir, dissimuler, ensevelir, envelopper, masquer, napper, voiler II. appliquer, consteller, enduire, enrober, étendre, habiller, joncher, parsemer, paver, revêtir, tapisser III. alluvionner IV. **v. pron.** : chevaucher, s'embroncher, s'imbriquer, se superposer *et les formes pron. possibles des syn. de recouvrir*
◇ CONTR. → DÉCOUVRIR

RÉCRÉATIF, IVE → AMUSANT

RÉCRÉATION n.f. I. → DIVERTISSEMENT II. → REPOS III. → PAUSE

RÉCRÉER → DISTRAIRE

RÉCRIER (SE) I. → CRIER II. → PROTESTER III. → ENTHOUSIASMER (S')

RÉCRIMINATION n.f. → REPROCHE

RÉCRIMINER → RÉPONDRE

RECROQUEVILLER (SE) I. → RESSERRER (SE) II. → REPLIER (SE)

RECRÛ n.m. → POUSSE

RECRU, E accablé, assommé, avachi, brisé, courbatu, courbaturé, épuisé, excédé, exténué, fatigué, fourbu, harassé, las, moulu, rendu, rompu, roué de fatigue, surentraîné, surmené – **fam.** : cané, claqué, crevé, échiné, éreinté, esquinté, flapi, flingué, hachesse, mort, pompé, sur les dents/ les genoux/ les rotules, vanné, vaseux, vermoulu, vidé

◊ CONTR. → REPOSÉ

RECRUDESCENCE n.f. accroissement, aggravation, augmentation, exacerbation, hausse, progrès, progression, redoublement, regain, renforcement, renouvellement, reprise, retour, revif

◊ CONTR. → DIMINUTION

RECRUE n.f. I. → SOLDAT II. → MEMBRE

RECRUTEMENT n.m. I. → CONSCRIPTION II. → EMBAUCHAGE

RECRUTER embrigader, engager, enrégimenter, enrôler, incorporer, lever des troupes, mobiliser, racoler

◊ CONTR. → REFUSER

RECRUTEUR n.m. → RACOLEUR

RECTEUR n.m. I. → DIRECTEUR II. → PRÊTRE

RECTIFIABLE → PERFECTIBLE

RECTIFICATIF et **RECTIFICATION** n.m., n.f. ➡ CORRECTION

RECTIFIER amender, changer, corriger, modifier, redresser, réformer, rétablir, revoir

◊ CONTR. → TORDRE

RECTILIGNE → DROIT

RECTITUDE n.f. droiture, exactitude, fermeté, honnêteté, justesse, justice, logique, prudhomie (vx), rigueur

◊ CONTR. → FAIBLESSE

RECTO n.m. avers, endroit, face

◊ CONTR. → REVERS

RECTUM n.m. **par ext.** I. → ANUS II. → FESSIER

REÇU n.m. acquit, bulletin, connaissance (mar.), état, décharge, quittance, quitus, récépissé, reconnaissance

◊ CONTR. : facture

REÇU, E → ACCEPTABLE

RECUEIL n.m. I. → COLLECTION II. album, almanach, anthologie, atlas, bouquin, brochure, bullaire, catalogue, chrestomathie, code, écrit, fablier, fascicule, florilège, formulaire, herbier, livraison, livre, livret, manuel, opuscule, ouvrage, plaquette, publication, registre, répertoire, sottisier, tome, volume – vx : almageste, ana, analectes, catalectes, compilation, légendaire, portulan (mar.), spicilège

RECUEILLEMENT n.m. I. adoration, contemplation, ferveur, méditation, piété,

récollection, retraite II. application, componction, concentration, réflexion

◊ CONTR. I. → DISTRACTION II. → DIVERTISSEMENT

RECUEILLIR I. acquérir, amasser, assembler, avoir, butiner, capter, colliger, cueillir, effruiter (vx), engranger, gagner, glaner, grappiller, hériter, lever, moissonner, obtenir, percevoir, prendre, quêter, ramasser, rassembler, recevoir, récolter, retirer, réunir, tirer, toucher II. **pron.** 1. → PENSER 2. → RENFERMER (SE) 3. → ABSORBER (S')

◊ CONTR. I. → DISPERSER II. → DISTRAIRE

RECUL et **RECULADE** n.m., n.f. I. récession, reculement, repoussement, retrait, rétrogradation, rétrogression II. décrochage, désengagement, repli, retraite III. acculée (mar.), acculement (équit.), reflux IV. éloignement, régression, retard V. → DISTANCE

◊ CONTR. I. → PROGRESSION II. → PROGRÈS

RECULÉ, E → ÉLOIGNÉ

RECULÉE n.f. → VALLÉE

RECULER I. v. tr. 1. décaler, déplacer, repousser 2. accroître, agrandir, étendre 3. ajourner, différer, retarder II. v. intr. : abandonner, battre en retraite, caler, céder, culer, décrocher, déhaler (mar.), faire machine/ marche arrière, flancher, fléchir, lâcher pied, perdre du terrain, refluer, refouler, refuir (vx), régresser, se rejeter, se replier, rétrograder, rompre – fam. : caner, foirer

◊ CONTR. → PROGRESSER

RÉCUPÉRABLE I. reconvertible, réutilisable II. → PERFECTIBLE

RÉCUPÉRATION n.f. I. → SAUVETAGE II. → ANNEXION

RÉCUPÉRER I. → RECOUVRER II. → REMETTRE (SE)

RÉCURAGE n.m. → NETTOIEMENT

RÉCURER approprier, assainir, astiquer, balayer, battre, blanchir, bouchonner, brosser, cirer, curer, débarbouiller, débarrasser, décaper, décrasser, décrotter, dégraisser, dérocher, dérouiller, déterger, écurer, enlever la crasse/ la saleté, étriller, faire le ménage, fourbir, frotter, housser, laver, lessiver, monder, purifier, rapproprier, racler, ravaler, savonner, toiletter, vanner – fam. : bichonner, briquer, torcher, torchonner

◊ CONTR. → SALIR

RÉCURRENCE n.f. → RÉPÉTITION

RÉCURRENT, E et **RÉCURSIF, IVE** itératif, redondant, réduplicatif, réitératif, répétitif

◊ CONTR. I. → PASSAGER II. → DURABLE

RÉCUSABLE reprochable (jurid.) → INCERTAIN

◊ CONTR. → IRRÉCUSABLE

RÉCUSER I. → REFUSER **II.** → REPOUSSER

RECYCLAGE n.m. aggiornamento, mise à jour, réinsertion, réorientation
◇ CONTR. → ROUTINE

RECYCLER mettre à jour, reconvertir, réinsérer, réorienter → TRANSFORMER
◇ CONTR. → ENDORMIR (s')

RÉDACTEUR, TRICE n.m. ou f. **I.** → JOURNALISTE **II.** → SECRÉTAIRE

RÉDACTION n.f. **I.** composition, écriture, établissement, formule, libellé → TEXTE **II.** composition française, dissertation, narration → RÉCIT

REDAN n.m. → SAILLIE

REDDITION n.f. → CAPITULATION

RÉDEMPTEUR, TRICE nom et adj. → SAUVEUR

RÉDEMPTION n.f. délivrance, expiation, rachat, salut
◇ CONTR. → CONDAMNATION

REDEVABLE assujetti, débiteur, imposable, obligé, tributaire
◇ CONTR. → QUITTE

REDEVANCE n.f. → CHARGE

RÉDHIBITION n.f. → ABROGATION

RÉDHIBITOIRE I. → ABSOLU **II.** → CATÉGORIQUE

RÉDIGER → ÉCRIRE

RÉDIMER → LIBÉRER

REDINGOTE n.f. **I.** lévite, requimpette (arg. ou rég.) → MANTEAU **II.** → HABIT

REDIRE I. → RÉPÉTER **II. TROUVER À REDIRE** → CRITIQUER

REDISTRIBUER → RÉPARTIR

REDISTRIBUTION n.f. → RÉPARTITION

REDITE et **REDONDANCE** n.f. **I.** → RÉPÉTITION **II.** → PLÉONASME **III.** → SUPERFLUITÉ

REDONDANT, E I. → DIFFUS **II.** → SUPERFLU **III.** → RÉCURRENT

REDONNER dégorger, rembourser, remettre, rendre, rendre gorge, repasser (fam.), restituer, rétrocéder
◇ CONTR. → RETIRER

REDOUBLEMENT n.m. accroissement, agrandissement, aggravation, augmentation, amplification, crise, croissance, développement, exacerbation, grossissement, intensification → PAROXYSME
◇ CONTR. → DIMINUTION

REDOUBLER → AUGMENTER

REDOUTABLE → TERRIBLE

REDOUTE n.f. **I.** → BLOCKHAUS **II. vx.** → BAL

REDOUTER s'alarmer, appréhender, avoir peur, être effrayé, être épouvanté, trembler, trémoler (vx)
◇ CONTR. → SOUHAITER

REDOUX n.m. → ADOUCISSEMENT

REDRESSEMENT n.m. **I.** → RÉTABLISSEMENT **II.** → CORRECTION

REDRESSER I. défausser → RECTIFIER **II.** → RÉPRIMANDER **III.** → LEVER **IV.** → RÉTABLIR **V. équit.** les oreilles (pour le cheval) : chauvir

RÉDUCTEUR, TRICE abstracteur, abstractif, théoricien
◇ CONTR. : amplificateur

RÉDUCTIBLE assimilable, coercible, compressible, comprimable, condensable, élastique, souple, simplifiable
◇ CONTR. → INCOMPRESSIBLE

RÉDUCTION n.f. **I. au pr. : 1.** accourcissement, allégement, amenuisement, amoindrissement, atténuation, compression, diminution, graticulation, limitation, malthusianisme, plafonnement, raccourcissement, rationnement, rapetissement, resserrement, restriction, rétrécissement, schématisation, simplification **2.** → REMISE **3.** abrégé, diminutif, miniature **II. par ext. 1.** pacification, soumission **2.** → ABAISSEMENT
◇ CONTR. **I.** → AGRANDISSEMENT **II.** → AUGMENTATION

RÉDUIRE I. au pr. 1. abaisser, abréger, accourcir, affaiblir, alléger, amoindrir, amortir, ascétiser, atténuer, baisser, changer, comprimer, condenser, contingenter, contracter, décompresser, décomprimer, dégonfler, dépouiller, détendre, diminuer, écorner, écourter, élégir, fondre, graticuler, inférioriser, limiter, miniaturiser, minimer, minimiser, minorer, modérer, plafonner, rabaisser, raccourcir, ramener, rapetisser, raréfier, rationner, renfermer, resserrer, restreindre, rétrécir, simplifier **2.** dédramatiser, dépassionner → CALMER **II. par ext. 1.** → ÉCONOMISER **2.** → VAINCRE
◇ CONTR. **I.** → AGRANDIR **II.** → AUGMENTER

RÉDUIT n.m. bouge, cabane, cabine, cabinet, cagibi, cahute, cellule, chambrette, galetas, loge, logette, mansarde, niche, retraite, souillarde, soupente
◇ CONTR. → PALAIS

RÉEL n.m. → RÉALITÉ

RÉEL, LE nom et adj. actuel, admis, assuré, authentique, certain, concret, démontré, effectif, établi, exact, existentiel (philos.), factuel, fondé, historique, incontestable, incontesté, indiscutable, indubitable, juste, matériel, objectif, palpable, patent, positif, réalisé, reconnu, reçu, sérieux, sincère, solide, tangible, véridique, véritable, visible, vrai → SÛR

◈ CONTR. I. → ABSTRAIT II. → ILLUSOIRE III. → IMAGINAIRE

RÉELLEMENT bel et bien, bonnement, certainement, concrètement, dans le fait, de fait, effectivement, efficacement, en effet, en fait, en réalité, existentiellement (philos.), historiquement, objectivement, pratiquement, véritablement, vraiment *et les dérivés possibles en* -ment *des syn. de* réel

◈ CONTR. → APPAREMMENT

RÉER raire, râler, raller

RÉEXPÉDIER → RETOURNER

RÉFACTION n.f. → DIMINUTION

REFAIRE I. au pr. 1. bisser, recommencer, réitérer, répéter, reprendre 2. rajuster, reconstruire, recréer, récrire, réédifier, rééditer, refondre, reformer, renouveler, réparer, reproduire, restaurer, rétablir, rhabiller II. fig. 1. → RÉCONFORTER 2. → TROMPER 3. → VOLER

◈ CONTR. → DÉFAIRE

RÉFECTION n.f. I. → RÉPARATION II. → MODIFICATION

RÉFECTOIRE n.m. cambuse, cantine, mess, popote, salle à manger

RÉFÉRÉ n.m. → PROCÉDURE

RÉFÉRENCE n.f. I. → RENVOI II. → ATTESTATION

RÉFÉRENCER → INSCRIRE

RÉFÉRENDUM n.m. consultation, élection, plébiscite, scrutin, suffrage, votation, vote, voix

◈ CONTR. → INJONCTION

RÉFÉRER I. → ATTRIBUER II. v. pron. → RAPPORTER (S'EN)

REFILER bazarder, fourguer → DONNER

RÉFLÉCHI, E I. → POSÉ II. → PRUDENT III. → RAISONNABLE

RÉFLÉCHIR I. → RENVOYER II. → PENSER

RÉFLECTEUR n.m. catadioptre, cataphote

REFLET n.m. I. au pr. : brillance, chatoiement, coruscation, étincellement, irisation, lueur, miroitement, moire, réflexion, ruissellement, rutilance, scintillement II. par ext. → REPRÉSENTATION

◈ CONTR. I. → OBSCURITÉ II. → RÉALITÉ

REFLÉTER I. → RENVOYER II. → REPRÉSENTER

RÉFLEXE n.m. I. automatisme, interaction, mouvement, réaction II. coup d'œil, présence d'esprit, sang-froid

◈ CONTR. → INACTION

RÉFLEXION n.f. I. diffusion, rayonnement, reflet, réverbération II. → ATTENTION III. → IDÉE IV. → PENSÉE V. → REMARQUE

◈ CONTR. I. → ABSORPTION II. → IRRÉFLEXION

REFLUER I. → RÉPANDRE (SE) II. → RECULER

REFLUX n.m. → MARÉE

REFONDRE → REFAIRE

REFONTE n.f. réécriture, réédition, remaniement → REPRISE

◈ CONTR. → PRINCEPS

RÉFORMATEUR, TRICE nom et adj. rénovateur, transformateur

◈ CONTR. → TRADITIONALISTE

RÉFORME n.f. → CHANGEMENT

RÉFORMER I. → CORRIGER II. → RETRANCHER III. → REFAIRE

RÉFORMISME n.m. → SOCIALISME

RÉFORMISTE nom et adj. déviationniste, révisionniste, situationniste → RÉVOLUTIONNAIRE

◈ CONTR. → TRADITIONALISTE

REFOULEMENT n.m. I. autocensure, inhibition, interdit, refrénement II. → EXPULSION

◈ CONTR. → LIBÉRATION

REFOULER I. → REPOUSSER II. → CHASSER III. → RENFERMER

RÉFRACTAIRE n.m. → INSOUMIS

RÉFRACTAIRE adj. I. → INSOUMIS II. → INDOCILE III. → INCOMBUSTIBLE

REFRAIN n.m. antienne, chanson, chant, lanterne, leitmotiv, lure (vx), rengaine, répétition, ritournelle, scie, turlurette, turlutaine

◈ CONTR. : couplet

REFRÉNER → RÉPRIMER

RÉFRIGÉRANT, E → FROID

RÉFRIGÉRATEUR n.m. chambre froide, congélateur, conservateur, freezer, Frigidaire (marque), frigorifère, frigorifique, frigorigène, glacière

RÉFRIGÉRATION n.f. → CONGÉLATION

RÉFRIGÉRER → FRIGORIFIER

REFROIDIR I. au pr. : attiédir, congeler, frapper, frigorifier, glacer, rafraîchir, réfrigérer, tiédir – rég. : affraîchir, affroidir, détiédir II. fig. → CALMER

◈ CONTR. I. → CHAUFFER II. → RANIMER

REFROIDISSEMENT n.m. I. → CONGÉLATION II. → GRIPPE

REFUGE n.m. I. → ABRI II. → CABANE III. → HALTE IV. → RESSOURCE

RÉFUGIÉ, E nom et adj. → ÉMIGRÉ

RÉFUGIER (SE) I. → BLOTTIR (SE) II. → PARTIR

REFUS n.m. I. blackboulage, déni, fin de non-recevoir, impopularité, négation, opposition, rabrouement, rebuffade, rebut, reca-

lage, regimbement, rejet, renvoi, veto → IN-SUCCÈS II. ostracisme, racisme → XÉNOPHOBIE
◇ CONTR. I. → ACCORD II. → ACCUEIL

REFUSÉ, E I. ajourné, battu, blackboulé, collé, écarté, recalé, retapé, retoqué II. contesté, impopulaire *et les part. passés possibles des syn. de* refuser
◇ CONTR. → ACCEPTABLE

REFUSER I. → AJOURNER II. débouter, décliner, dédaigner, défendre, dénier, écarter, éconduire, éloigner, exclure, évincer, licencier, nier, récuser, rejeter, remercier, renvoyer, repousser, rétoquer III. → CONGÉDIER IV. → RÉSISTER
◇ CONTR. I. → ACCORDER II. → CONSENTIR III. → ACCEPTER IV. → ACCUEILLIR

RÉFUTABLE → FAIBLE

RÉFUTATION n.f. → OBJECTION

RÉFUTER aller à l'encontre, confondre, contester, contredire, démentir, désavouer, s'inscrire en faux, opposer, se racquitter (vx), répondre
◇ CONTR. → APPROUVER

REGAGNER se racquitter (vx), rattraper, récupérer, recouvrer
◇ CONTR. → PERDRE

REGAIN n.m. → RECRUDESCENCE

RÉGAL n.m. I. → DIVERTISSEMENT II. → FESTIN III. → PLAISIR

RÉGALE n.f. → IMPÔT

RÉGALER I. → RÉJOUIR II. → FESTOYER III. fam. → MALTRAITER IV. v. pron. : se délecter, déguster, faire bombance *et les syn. de* bombance, festiner, festoyer, fricoter, se gargariser, se goberger, goûter, jouir, se pourlécher/ repaître, savourer, se taper la cloche
◇ CONTR. → DÉGOÛTER

RÉGALIEN, NE → ROYAL

REGARD n.m. I. coup d'œil, œillade, yeux → ŒIL II. 1. ATTIRER LE REGARD : attention 2. AU REGARD DE : en comparaison de 3. EN REGARD → VIS-À-VIS

REGARDANT, E → AVARE

REGARDER I. admirer, attacher son regard, aviser, considérer, contempler, couver des yeux/ du regard, dévisager, dévorer des yeux, envisager, examiner, fixer, guigner, inspecter, jeter les yeux, lorgner, observer, parcourir, promener les yeux/ le regard, remarquer, scruter, toiser, voir – fam. et/ ou arg. : arnoucher, arroeiller, bader, bigler, bigner, bignoler, borgnoter, caliborgner, chouffer, défrimer, fliquer, gafiller, louquer, mater, matouser, mirer, miroter, mordre, ouvrir ses quinquets, piger, rechasser, redresser, re-

loucher, reluquer, renoucher, tapisser, viser, zieuter II. → CONCERNER III. 1. REGARDER COMME : compter, considérer, estimer, juger, prendre, présumer, réputer 2. REGARDER DE TRAVERS : borgnoyer
◇ CONTR. → OMETTRE

RÉGATE n.f. I. → COMPÉTITION II. → CRAVATE

RÉGENCE n.f. I. → AUTORITÉ II. → INTÉRIM

RÉGÉNÉRATION n.f. → RENAISSANCE

RÉGÉNÉRER I. → AMÉLIORER II. → CORRIGER

RÉGENT n.m. I. → MAÎTRE II. → PÉDANT III. → SUPÉRIEUR

RÉGENTER administrer, commander, conduire, diriger, dominer, gérer, gouverner, manier, manœuvrer, mener, piloter, régir, régner, tyranniser (péj.)
◇ CONTR. → ABANDONNER

RÉGIE n.f. I. → ADMINISTRATION II. → DIRECTION

REGIMBEMENT n.m. → RÉSISTANCE

REGIMBER I. → RUER II. → RÉSISTER

REGIMBEUR, EUSE nom et adj. → INDOCILE

RÉGIME n.m. I. → ADMINISTRATION II. → DIRECTION III. → GOUVERNEMENT IV. conduite, cure, diète, jeûne, rationnement, règle

RÉGIMENT n.m. I. → TROUPE II. → MULTITUDE

RÉGION n.f. campagne, coin, contrée, endroit, lieu, nation, origine, parage, pays, province, rivage, royaume, sol, terre, territoire, terroir, zone – fam. : bled, patelin
◇ CONTR. I. → ÉTRANGER II. → NATION

RÉGIONAL, E nom et adj. folklorique, local, particulier, provincial, typique
◇ CONTR. I. → ÉTRANGER II. national

RÉGIR diriger, gérer → GOUVERNER

RÉGISSEUR n.m. → GÉRANT

REGISTRE n.m. I. brouillard, écritures, grand livre, journal, livre, main-courante, manifold, matrice, matricule, minutier, répertoire, sommier II. jurid. - vx : olim III. relig. : obituaire, pouillé, régeste IV. ambitus, ampleur, échelle, tessiture V. caractère, ton, tonalité

RÉGLAGE n.m. → AJUSTEMENT

RÈGLE n.f. I. canon, commandement, convention, coutume, formule, gouverne, ligne, loi, mesure, norme, observance, ordre, précepte, prescription, théorie → PRINCIPE II. → PROTOCOLE III. → RÈGLEMENT IV. → EXEMPLE V. alidade, battant, carrelet, comparateur, compas, équerre, réglet, sauterelle, té, vernier VI. au pl. → MENSTRUATION
◇ CONTR. I. → LIBERTÉ II. → DÉRÈGLEMENT III. EXCEPTION

RÉGLÉ, E I. quelque chose : arrêté, calculé, coordonné, décidé, déterminé, fixé, normal, périodique, systématique, uniforme **II. quelqu'un :** exact, mesuré, méthodique, ordonné, organisé, ponctuel, rangé, régulier, sage

◈ CONTR. **I.** → LIBRE **II.** → RARE **III.** → DÉSORDONNÉ

RÈGLEMENT n.m. **I.** arrêté, canon, charte, code, consigne, constitution, décret, displine, édit, institution, loi, mandement, ordonnance, prescription, règle, réglementation, statut **II.** accord, arbitrage, arrangement, convention, protocole **III.** arrêté, liquidation, paiement, solde **IV. relig. :** observance

◈ CONTR. **I.** → DÉRANGEMENT **II.** → DÉRÈGLEMENT

RÉGLEMENTAIRE I. disciplinaire **II.** → PERMIS

RÉGLEMENTAIREMENT de façon → PERMIS, selon la → RÈGLE

RÉGLEMENTATION n.f. **I.** → RÈGLEMENT **II.** → AGENCEMENT

RÉGLEMENTER → LÉGIFÉRER

RÉGLER I. accorder, ajuster, aligner, conformer à, diriger, mesurer, modeler, modérer, moduler, tirer, tracer **II.** → DÉCIDER **III.** → FINIR **IV.** → PAYER **V.** codifier, normaliser, organiser, rationaliser, réglementer, théoriser → FIXER **VI. v. pron. :** se conformer, se soumettre *et les formes pron. possibles des syn. de* régler

◈ CONTR. **I.** → DÉPLACER **II.** → TROUBLER

RÉGLET n.m. → RÈGLE

RÈGNE n.m. **I.** dynastie, empire, époque, gouvernement, monarchie, pouvoir, souveraineté → AUTORITÉ **II.** monde, royaume, univers

RÉGNER I. → GOUVERNER **II.** → ÊTRE

REGORGER I. → ABONDER **II.** → DÉBORDER **III.** → RÉPANDRE (SE)

RÉGRESSER → RECULER

RÉGRESSION n.f. → RECUL

REGRET n.m. **I.** doléance, lamentation, mal du pays, nostalgie, plainte, soupir **II.** attrition, componction, contrition, désespoir, peine, pénitence, remords, repentance, repentir, résipiscence, ver rongeur **III.** arrière-goût, déception

◈ CONTR. **I.** → PLAISIR **II.** → SOUHAIT **III.** → RÉJOUISSANCE

REGRETTABLE I. → AFFLIGEANT **II.** → INOPPORTUN

REGRETTABLEMENT de façon → INOPPORTUN *et les dérivés possibles en* -ment *des syn. de* inopportun

REGRETTER I. avoir du déplaisir/ du regret, geindre, se lamenter, s'en mordre les doigts/ les poings/ les pouces, pleurer, se repentir **II.** déplorer, désapprouver, plaindre

◈ CONTR. **I.** être → CONTENT **II.** → SOUHAITER **III.** → RÉJOUIR (SE)

REGROUPEMENT n.m. → RASSEMBLEMENT

REGROUPER → ASSEMBLER

RÉGULARISATION n.f. → NORMALISATION

RÉGULARISER → FIXER

RÉGULARITÉ n.f. **I. de quelque chose :** authenticité, concordance, congruence, convenance, correction, fidélité, justesse, légalité, précision, régime de croisière, rigueur, véracité, véridicité, vérité **II.** aisance, facilité, fluidité **III. de quelqu'un :** application, assiduité, attention, conscience professionnelle, correction, exactitude, minutie, ponctualité, scrupule, sincérité, soin → HABITUDE

◈ CONTR. **I.** → IRRÉGULARITÉ **II.** → DIFFÉRENCE **III.** → INEXACTITUDE

RÉGULATEUR, TRICE modérateur → INTERMÉDIAIRE

RÉGULATION n.f. contrôle, dispatching, équilibrage, normalisation, progressivité → RÉPARTITION

RÉGULATION NOD nucl. off. **:** barre de pilotage

RÉGULIER n.m. → RELIGIEUX

◈ CONTR. **:** séculier

RÉGULIER, ÈRE I. → RÉGLÉ **II.** → EXACT **III.** → FIDÈLE **IV.** → CONTINU **V.** → CONSTANT

RÉGULIÈRE n.f. **I.** → ÉPOUSE **II.** → FEMME

RÉGULIÈREMENT dans les formes/ l'ordre/ les règles, légalement, légitimement, licitement, réglementairement, selon les lois/ les mœurs/ les normes

◈ CONTR. → ILLÉGALEMENT

RÉGURGITATION n.f. → VOMISSEMENT

RÉGURGITER → VOMIR

RÉHABILITATION n.f. → JUSTIFICATION

RÉHABILITER → RÉTABLIR

REHAUSSEMENT n.m. → MAJORATION

REHAUSSER I. au pr. : → HAUSSER **II. fig. 1.** augmenter, ranimer, relever **2.** → ASSAISONNER **3.** échampir, embellir, ennoblir, faire ressortir/ valoir, mettre en valeur, réchampir, relever **4.** → LOUER

◈ CONTR. **I.** → ABAISSER **II.** → TERNIR

REHEAT n.f. aviat. off. **:** post-combustion, réchauffe

RÉIFIER → CHOSIFIER

REIN n.m. **I. au sing.** : lombes, râble, rognon **II. au pl.** : bas du dos, croupe, dos **III. par ext.** → DERRIÈRE

RÉINCARNATION n.f. → RENAISSANCE

REINETTE n.f. → POMME

REINE n.f. dame, souveraine

RÉINSÉRER → RÉTABLIR

RÉINSERTION et **RÉINTÉGRATION** n.f. → RÉTABLISSEMENT

RÉINTÉGRER I. → RÉTABLIR II. → REVENIR

RÉITÉRER I. → REFAIRE II. → RÉPÉTER

REÎTRE n.m. I. → MERCENAIRE II. → SOUDARD

REJAILLIR I. → JAILLIR II. → RETOMBER

REJAILLISSEMENT n.m. → RICOCHET

REJET n.m. I. → POUSSE II. → REFUS III. contre-rejet, enjambement

REJETÉ, E → REFUSÉ

REJETER I. → JETER II. → REPOUSSER III. → REPORTER IV. → VOMIR V. → EXSUDER VI. v. pron. → RECULER

REJETON n.m. I. → POUSSE II. → FILS III. → POSTÉRITÉ

REJOINDRE atteindre, attraper, aveindre (québ.), gagner, joindre, rallier, rattraper, regagner, retrouver, tomber dans
◈ CONTR. I. → DISTANCER II. → ÉCARTER (s') III. → SÉPARER

RÉJOUI, E bon vivant, boute-en-train, content, épanoui, gai, guilleret, heureux, hilare, joyeux, riant, rieur, Roger-Bontemps, vive-la-joie *et les part. passés possibles des syn. de* réjouir
◈ CONTR. → TRISTE

RÉJOUIR I. amuser, charmer, contenter, dérider, dilater/ épanouir le cœur, divertir, ébaudir (vx), égayer, enchanter, ensoleiller, faire plaisir, illuminer, mettre en joie, plaire, ravir, régaler, rendre joyeux II. v. pron. 1. s'applaudir, avoir la fierté, se délecter, être heureux, exulter, se féliciter, se frotter les mains, jubiler, pavoiser, rire, triompher *et les formes pron. possibles des syn. de* réjouir 2. fam. : bicher, boire du petit-lait 3. vx : se conjouir, s'ébaudir, s'éjouir, se gaudir
◈ CONTR. I. → AFFLIGER II. → REGRETTER

RÉJOUISSANCE n.f. agape, amusement, distraction, divertissement, festivité, fête, jubilation, liesse, noce, partie, plaisir – vx : conjouissance, ébaudissement
◈ CONTR. I. → AFFLICTION II. → REGRET

RÉJOUISSANT, E → GAI

RELÂCHE n.f. I. → REPOS II. SANS RELÂCHE → TOUJOURS

RELÂCHÉ, E I. neutre : affaibli, commode, facile, libéré, libre, mitigé **II. non fav.** : amoral, débauché, dissolu, élastique, immoral, inappliqué, inattentif, laxe (vx), libertin, négligent
◈ CONTR. I. → ZÉLÉ II. → SÉVÈRE

RELÂCHEMENT n.m. I. → REPOS II. → NÉGLIGENCE

RELÂCHER I. au pr. 1. on relâche une chose : décontracter, desserrer, détendre, lâcher → DIMINUER **2. quelqu'un** : élargir, libérer, relaxer **II. par ext.** : adoucir, ramollir, tempérer **III. mar.** : accoster, faire escale → TOUCHER **IV. v. pron.** : s'amollir, diminuer, faiblir, se laisser aller, se négliger, se perdre
◈ CONTR. I. → RAIDIR II. → RENFORCER III. → EMPRISONNER IV. → PRENDRE V. → RETROUVER (SE)

RELAIS n.m. I. halte, mansion (vx), poste, titre (vén.) II. → HÔTEL III. techn. : jarretière IV. **PRENDRE LE RELAIS** → REMPLACER
◈ CONTR. : point de départ, terminal, terminus

RELANCE n.f. → REPRISE

RELANCER → POURSUIVRE

RELAPS, E nom et adj. I. → RÉCIDIVISTE II. → HÉRÉTIQUE

RELATER → RACONTER

RELATIF, IVE → PROPORTIONNEL

RELATION n.f. **I. quelque chose. 1.** → HISTOIRE **2.** compte rendu, procès-verbal, rapport, témoignage, version → RÉCIT **3.** analogie, appartenance, connexion, copule, corrélation, dépendance, liaison, lien, rapport **4.** interaction, intercommunication, interconnexion, intercourse, interdépendance, intersigne **II. entre personnes. 1.** → AMI **2.** accointance, attache, bonne/ mauvaise intelligence, bons/ mauvais termes, commerce, communication, contact, correspondance, engagement, fréquentation, habitude, liaison, lien, rapport, société **3.** amour, commerce, flirt, intrigue, liaison, marivaudage, rapport, union
◈ CONTR. I. → ISOLEMENT II. → SOLITUDE

RELATIVEMENT à peu près, au prorata, comparativement, convenablement, en comparaison, harmonieusement, proportionnellement, régulièrement
◈ CONTR. → INJUSTEMENT

RELAX, E nom et adj. I. → DÉGAGÉ II. → SOUPLE

RELAXANT, E → REPOSANT

RELAXATION n.f. I. → REPOS II. → LIBÉRATION

RELAXE n.f. → AMNISTIE

RELAXER → RELÂCHER

RELAYER → REMPLACER

RELEASE n.m. **I. audiov. off.** embargo **II. RE-LEASE PRINT :** copie d'antenne

RELÉGATION n.f. bannissement, déportation, exil, interdiction de séjour, internement, transportation → BAGNE

◆ CONTR. **I.** → ACCUEIL **II.** → LIBERTÉ

RELÉGUER I. quelque chose : abandonner, écarter, jeter, mettre au rebut/ au rancart **II. quelqu'un :** assigner à résidence, bannir, confiner, déporter, exiler, interdire de séjour, interner, transporter

◆ CONTR. **I.** → ADOPTER **II.** → ACCUEILLIR

RELENT n.m. empyreume, fétidité, infection, mauvaise odeur, odeur fétide/ infecte/ repoussante, pestilence, puanteur, remugle → ODEUR

◆ CONTR. → PARFUM

RELÈVE n.f. → REMPLACEMENT

RELEVÉ n.m. **I.** bordereau, compte, dépouillement, extrait, facture, sommaire **II.** → MESURE

◆ CONTR. → ACQUIT

RELEVÉ, E I. au pr. : accru, augmenté, élevé, haussé **II.** aromatisé, assaisonné, épicé, pimenté, poivré, salé **III. par ext. :** héroïque, magnifique, noble, soutenu, sublime, transcendant – **péj. :** emphatique, pompeux

◆ CONTR. **I.** rabattu **II.** → COMMUN **III.** → FADE

RELEVÉE n.f. → APRÈS-MIDI

RELÈVEMENT n.m. **I.** → HAUSSE **II.** redressement, rétablissement **III.** retroussis **IV. math.** → ROTATION

◆ CONTR. **I.** → ABAISSEMENT **II.** → DIMINUTION **III.** rabattement

RELEVER v. tr. et intr. **I.** écarter, rebrousser, recoquiller, regricher (rég.), remonter, retrousser, soulever, trousser → LEVER **II.** → RAMASSER **III.** → HAUSSER **IV.** → RÉTABLIR **V.** → ASSAISONNER **VI.** → CORRIGER **VII.** → REHAUSSER **VIII.** → NOTER **IX.** → LOUER **X.** → RÉPRIMANDER **XI.** → SOULIGNER **XII.** → LIBÉRER **XIII.** → REMPLACER **XIV.** → RÉTABLIR (SE) **XV.** → DÉPENDRE **XVI.** → RÉPARER

◆ CONTR. → ABAISSER

RELIEF n.m. **I. au sing. 1.** → FORME **2.** → BOSSE **3.** → LUSTRE **II. au pl.** → RESTE

RELIER I. → JOINDRE **II.** → UNIR

RELIGIEUSE n.f. **I.** abbesse, agapète, ancelle, apothicairesse, béguine, bonne sœur, congréganiste, converse, couventine, dame/ fille/ sœur (de la charité/ de saint Vincent de Paul/ de la sagesse, etc.), frangine (arg.), mère, mongette (mérid.), moniale, nonnain, nonne, nonnette, novice, postulante, prieure, professe, supérieure, tourière **II.** augustine, béate, bernardine, capucine, carmélite, clarisse, dominicaine, feuillan-

tine, franciscaine, madelonnette, petite sœur des pauvres, trappistine, trinitaire, ursuline, visitandine

RELIGIEUSEMENT I. avec → SOIN **II.** avec → RELIGION

RELIGIEUX n.m. **I. 1.** anachorète, cénobite, clerc, cloîtrier, congréganiste, ermite, hospitalier, mendiant ou besacier, oblat, prêcheur, profès, régulier → CONVERS **2.** abbé, aumônier, cellerier, chanoine régulier, hebdomadier, obédiencier, portier, postulant, préfet, prieur, procureur, provincial, révérend, supérieur **3.** frater (fam.), frère, frocard (péj.), moine, moinillon, monial, novice, penaillon (vx et péj.), père → PRÊTRE **4.** antonin, assomptionniste, augustin, barnabite, basilien, bénédictin, bernardin, blanc-manteau ou guillemite ou servite, bollandiste, caloyer, camaldule, capucin, carme, célestin, chartreux, cistercien, cordelier, dominicain, eudiste, feuillant, franciscain, génovéfain, hiéronymite, hospitalier, ignorantin, jésuite, lazariste, mariste, mekhitariste, minime, oblat, observantin, olivétain, oratorien, pauliste, prémontré, récollet, rédemptoriste, silvestrin, sulpicien, templier, théatin, trappiste, trinitaire **5.** bonze, chaman, derviche, lama, talapoin **II. péj.** → BIGOT

◆ CONTR. → LAÏC

RELIGIEUX, EUSE I. au pr. : croyant, dévot, dévotieux, juste, mystique, pratiquant, spirituel → PIEUX **II. par ext. 1.** → PONCTUEL **2.** cénobitique, claustral, communautaire, conventuel, cultuel, érémitique, monastique, rituel, rituelique, sacré **III. par ext. :** androlâtre, animiste, anthropolâtre, astrolâtre ou sabéen, déiste, évhémériste, fétichiste, iconolâtre, idolâtre, jaïniste, ophite, orphique, panthéiste, théiste, totémiste, xylolâtre

◆ CONTR. **I.** → INCROYANT **II.** → PROFANE **III.** → LAÏC

RELIGION n.f. **I. au pr. 1.** adoration, attachement, croyance, culte, dévotion, doctrine, dogme, dulie, ferveur, foi, hyperdulie, latrie, mysticisme, mysticité, piété, pratique, spiritualité, zèle **2. péj. :** bedaudaille, bigoterie, bondieuserie, cagoterie, momerie, religiosité, sensiblerie → TARTUFERIE **3.** androlâtrie, animisme, anthropolâtrie, astrolâtrie ou sabéisme, déisme, évhémérisme, fétichisme, iconolâtrie, idolâtrie, jaïnisme, ophiolâtrie, orphisme, panthéisme, théisme, totémisme, xylolâtrie **4. principales religions actuelles :** bouddhisme, christianisme, hindouisme, islam, judaïsme, shintoïsme, taoïsme → CHRÉTIEN, ISRAÉLITE, MUSULMAN **II. EN RELIGION :** au couvent, dans les ordres, en communauté, en conventualité, sous les vœux **III. par ext.** → OPINION

◆ CONTR. **I.** → IMPIÉTÉ **II.** → SCEPTICISME

RELIGIONNAIRE n.m. ou f. → PROTESTANT

RELIGIOSITÉ n.f. → RELIGION

RELIQUAIRE n.m. châsse, coffret, fierte

RELIQUAT n.m. → RESTE

RELIQUE n.f. I. → RESTE II. → FÉTICHE

RELUIRE brasiller, briller, chatoyer, éblouir, éclairer, éclater, étinceler, flamboyer, fulgurer, jeter des feux, miroiter, poudroyer, rayonner, resplendir, rutiler, scintiller
◇ CONTR. : être → TERNE

RELUISANT, E → BRILLANT

RELUQUER → REGARDER

REMÂCHER → RÉPÉTER

REMAKE n.m. I. off. → REPRISE

RÉMANENCE n.f. → SURVIVANCE

REMANIEMENT n.m. → MODIFICATION

REMANIER I. → CHANGER II. → REVOIR

REMARQUABLE I. admirable, brillant, choisi, considérable, curieux, éclatant, émérite, épatant, étonnant, extraordinaire, formidable, frappant, génial, glorieux, important, insigne, marquant, marqué, mémorable, notable, nouveau, original, parfait, particulier, rare, recherché, saillant, saisissant, signalé, supérieur, talentueux → DISTINGUÉ II. fam. : extra, génial, maison, pépère, super III. → RECONNAISSABLE
◇ CONTR. → QUELCONQUE

REMARQUABLEMENT de façon → REMARQUABLE *et les dérivés possibles en* -ment *des syn. de* remarquable

REMARQUE n.f. allusion, annotation, aperçu, commentaire, considération, critique, note, objection, observation, pensée, réflexion, remontrance, réprimande, reproche
◇ CONTR. → ÉLOGE

REMARQUER I. → REGARDER II. → VOIR

REMBARRER → REPOUSSER

REMBLAI n.m. → TALUS

REMBLAYAGE n.m. → REMPLISSAGE

REMBLAYER boucher, combler, hausser
◇ CONTR. → CREUSER

REMBOURRER bourrer, capitonner, garnir, matelasser
◇ CONTR. → DÉGARNIR

REMBOURSEMENT n.m. amortissement, contrepassation, couverture, drawback, extourne, paiement, restitution, rétrocession, reversement
◇ CONTR. I. débours II. → PRÊT

REMBOURSER amortir, couvrir, défrayer, dépenser, extourner, indemniser, payer, redonner, rendre, restituer, rétrocéder, reverser
◇ CONTR. I. débourser II. → QUÉMANDER

REMBRUNI, E assombri, contrarié, peiné → TRISTE
◇ CONTR. → SATISFAIT

REMÈDE n.m. I. au pr. : acupuncture, analeptique, analgésique, anaphrodisiaque, antidépresseur, antidote, aphrodisiaque, bain, bouillon, cachet, calmant, cataplasme, catholicon, collyre, compresse, comprimé, confection, conglutinant, cordial, cure, décoction, diète, douche, drogue, eau(x), eau de mélisse, eau oxygénée, électuaire, élixir, émétique, emmenagogue, émollient, emplâtre, émulsion, énergisant, enveloppement, épithème, eupeptique, extrait, friction, fumigation, gargarisme, gélule, grog, implant, implantation, infusion, inhalation, injection, instillation, insufflation, intrait, lavage, liqueur, massage, médecine, médicament, médication, mellite, mithridate, myrobolan, onguent, opiat, orviétan, ovule, oxymel, palliatif, panacée, pansement, pansement gastrique, perfusion, piqûre, placebo, ponction, potion, poudre de perlimpinpin (péj.), préparatif, préparation, psychotonique, psychotrope, purgation, rayons, rééducation, régime, relaxation, respiration artificielle, saignée, scarification, sérum, sinapisme, spécialité, spécifique, suppositoire, suralimentation, teinture, thériaque, topique, transfusion, vaccin, ventouse, vésicatoire, vespétro, vulnéraire → BAUME, CONTREPOISON, LAVEMENT, POMMADE, PRÉSERVATIF, PURGE, RÉVULSIF, SIROP, TISANE II. fig. : expédient, moyen, ressource, solution, soulagement
◇ CONTR. I. → MALADIE II. → INCURIE

REMÉDIABLE réparable → PERFECTIBLE

REMÉDIER arranger, corriger, guérir, obvier, pallier, parer, pourvoir, préserver, réparer, sauver
◇ CONTR. → AGGRAVER

REMEMBREMENT n.m. regroupement, tènement
◇ CONTR. → DIVISION

REMEMBRER I. → ASSEMBLER II. → RÉUNIR

REMÉMORER évoquer, rappeler, redire, repasser, ressasser
◇ CONTR. I. → TAIRE II. → OUBLIER

REMENER remmener → RAMENER

REMERCIEMENT n.m. action de grâces, ex-voto, merci, témoignage de reconnaissance
◇ CONTR. → INGRATITUDE

REMERCIER I. au pr. : bénir, dédommager (par ext.), dire merci, gratifier, louer, rendre

grâce, savoir gré, témoigner de la reconnaissance **II. fig.** : casser aux gages, chasser, congédier, destituer, donner sa bénédic-
tion/ campos/ congés/ ses huit jours/ son
compte/ son congé/ son exeat, écarter,
éconduire, éloigner, expédier, expulser, je-
ter/ mettre à la porte, licencier, liquider, remercier, renvoyer, révoquer, sacquer, se séparer de – **fam.** : balancer, débarquer,
emballer, envoyer faire paître/ valser, envoyer dinguer/ péter, ficher/ flanquer/
foutre à la porte, vider
◇ CONTR. **I.** → MÉPRISER **II.** → ENGAGER

REMETTRE I. au pr. : ramener, rapporter,
réintégrer, replacer → RÉTABLIR **II. par ext.**
1. commettre, confier, consigner, délivrer,
déposer, donner, faire tenir, laisser, livrer,
passer, poster, recommander **2.** rendre, restituer, retourner → REDONNER **3.** abandonner,
se dessaisir de **4.** se rappeler, reconnaître, se
ressouvenir, se souvenir **5.** mettre, redresser, relever, rétablir **6.** raccommoder, rebouter, réduire, remboîter, replacer **7.** accorder,
concilier, raccommoder, rapprocher, réconcilier, réunir **III. vx ou fam.** : rabibocher, ra-
papilloter, rapatrier. **1.** absoudre, pardonner
2. ajourner, atermoyer, attendre, délayer
(vx). différer, donner un délai, renvoyer, reporter, retarder, surseoir, suspendre
3. allonger, exagérer, rajouter **IV. v. pron. 1.** aller mieux, entrer/ être en convalescence,
guérir, se ranimer, recouvrer/ retrouver la
santé, se relever, se rétablir **2.** se calmer, retrouver ses esprits/ son calme/ son sang-
froid, se tranquilliser **3.** *les formes pron. possibles des syn. de* remettre **4. S'EN REMETTRE
À QUELQU'UN** : s'abandonner, se confier, déférer à, donner mandat/ procuration, en
appeler, faire confiance à, se fier à, s'en rapporter à, se reposer sur
◇ CONTR. **I.** → PRENDRE **II.** → HÂTER

RÉMINISCENCE n.f. mémoire, remembrance (vx), ressouvenance, ressouvenir, résurgence, souvenance, souvenir, trace
◇ CONTR. → OUBLI

REMISE n.f. **I. au pr.** : attribution, délivrance,
dépôt, don, livraison **II. par ext. 1.** bonification,
cadeau, commission, déduction, diminution,
discount, escompte, guelte, prime, rabais,
réduction, sou du franc **2.** absolution, amnistie, grâce, merci, pardon, rémission
3. ajournement, atermoiement, délai, renvoi,
retardement, sursis, suspension **III.** abri, cabane, canfourne, canfourniau, chartil, débarras, garage, grange, hangar, local, resserre
◇ CONTR. **I.** → PRÉLÈVEMENT **II.** → SUPPLÉMENT
III. → AGGRAVATION

REMISER I. au pr. : caser, garer, ranger, serrer **II. par ext.** : remettre, repousser
◇ CONTR. **I.** → SORTIR **II.** → RAPPROCHER

REMISIER n.m. → INTERMÉDIAIRE

RÉMISSIBLE → EXCUSABLE

RÉMISSION n.f. **I.** abolition (vx), absolution, acquittement, amnistie, apaisement, indulgence, jubilé (relig.), latence, miséricorde,
oubli, pardon → REMISE **II.** accalmie, rémit-
tence → REPOS
◇ CONTR. **I.** → AGGRAVATION **II.** → CRISE

REMMENER emmener, enlever, ramener,
rapporter, remener, retirer, tirer
◇ CONTR. → ACCUEILLIR

REMONTANT n.m. analeptique, cordial,
corroborant, digestif, excitant, fortifiant, réconfortant, reconstituant, roboratif, stimulant, tonique
◇ CONTR. → CALMANT

REMONTE n.f. → ACCOUPLEMENT

REMONTE-PENTE n.m. tire-fesses

REMONTER I. aider, conforter, consoler,
électriser, galvaniser, guérir, raffermir, ragaillardir, ranimer, ravigoter, raviver, réconforter, refaire, relever le courage/ les
forces/ le moral, remettre, réparer, requinquer (fam.), restaurer, rétablir, retaper, revigorer, soutenir, stimuler, sustenter **II.** élever,
exhausser, hausser, relever **III.** ajuster, ferler (mar.), mettre en état, monter, réparer
◇ CONTR. **I.** → DESCENDRE **II.** → FATIGUER **III.** →
DÉFAIRE

REMONTRANCE n.f. **I.** → REPROCHE
II. FAIRE UNE REMONTRANCE → RÉPRIMAN-
DER

REMONTRER → REPROCHER

REMORDS n.m. arrière-goût, attrition,
componction, conscience, contrition, désespoir, peine, pénitence, repentance, repentir,
reproche, résipiscence, tenaillement, ver
rongeur
◇ CONTR. → ENDURCISSEMENT

REMORQUAGE n.m. **I.** dépannage **II.** halage, poussage, touage, traction

REMORQUER → TRAÎNER

REMORQUEUR n.m. pousseur, toueur

REMOTE BATCH TELEPROCESSING
n.m. **inform. off.** : télétraitement par lots

REMOTE CONTROL n.m. **spat. off.** :
commande à distance, télécommande

REMOTE SENSING spat. off. : télédétection

REMOTE SENSOR n.m. **spat. off.** : capteur

RÉMOULEUR n.m. affileur, affûteur, aiguiseur, repasseur

REMOUS n.m. **I.** agitation, balancement,
ballottement, battement, branle, branlement, cadence, cahotement, fluctuation, fré-

missement, frisson, houle, impulsion, maelström, mouvement, onde, ondoiement,
ondulation, oscillation, pulsation, roulis, tangage, tourbillon, tourbillonnement, tournoiement, va-et-vient, vague, valse, vibration, vironnement (vx), vortex II. →
FERMENTATION III. → TROUBLE IV. → RYTHME
V. → VARIATION VI. → ÉVOLUTION
◊ CONTR. → CALME

REMPAILLER canner, empailler, garnir,
pailler, réparer
◊ CONTR. : dépailler

REMPART n.m. **I. au pr.** : avant-mur, banquette, bastion, berme, boulevard, courtine,
enceinte, escarpe, escarpement, forteresse,
fortification, glacis, mur, muraille, parapet
II. fig. : bouclier, cuirasse → PROTECTION
◊ CONTR. → FOSSE

REMPILER rengager

REMPLAÇANT, E n.m. ou f. adjoint,
agent, aide, alter ego, doublure, intérimaire,
lieutenant, relève, représentant, substitut,
successeur, suppléant, supplétif
◊ CONTR. → PROPRIÉTAIRE

REMPLACEMENT n.m. **I. de quelqu'un ou
quelque chose** : changement, commutation,
échange, intérim, rechange, relève, roulement, subrogation, substitution, succession,
suppléance **II. une chose** : ersatz, succédané
◊ CONTR. → ABANDON

REMPLACER I. changer, commuter, détrôner (fam.), doubler, échanger, enlever,
prendre le relais, relayer, relever, renouveler, représenter, servir de, subroger, substituer, succéder, supplanter, suppléer, tenir
lieu de/ place de **II. pron.** : alterner *et les
formes pron. possibles des syn. de* remplacer
◊ CONTR. → ABANDONNER

REMPLI n.m. → BORD

REMPLI, E I. au pr. : bondé, bourré, comble,
complet, débordant, empli, employé, farci,
garni, gavé, gorgé, hérissé, muni, occupé,
plein, ras, rassasié, repu, saturé **II. fig.** :
bouffi, enflé, enivré, gonflé, imbu, infatué,
pénétré, pétri
◊ CONTR. → VIDE

REMPLIER → BORDER

REMPLIR I. au pr. : **1.** bonder, bourrer, charger, combler, couvrir, embarquer, embourrer, emplir, encombrer, envahir, farcir, garnir, gonfler, insérer, meubler, occuper,
peupler, se répandre dans, saturer, truffer
2. un tonneau : ouiller, rembouger **II. par ext.**
1. abreuver, gorger, inonder **2.** animer, enflammer, enfler, enivrer, gonfler **3.** baigner,
envahir, parfumer **4.** acquitter, exécuter,
exercer, faire, fonctionner, observer, réaliser, répondre à, satisfaire à, tenir
◊ CONTR. → VIDER

REMPLISSAGE n.m. **I. bât.** : comblement,
fermeture, obturation, remblayage, remplage **II. fig.** : boursouflure, creux, cheville,
délayage, fioriture, inutilité, pléonasme, redondance, superfluité, vide
◊ CONTR. **I.** → ÉCOULEMENT **II.** → PERFECTION

REMPLUMER (SE) I. se ragaillardir, se ravigoter, se relever, se remettre, se remonter,
réparer ses forces, se rétablir, se revigorer
II. fam. : se requinquer, se retaper **III.** engraisser, forcir, grossir, reprendre du poil
de la bête (fam.)
◊ CONTR. → MAIGRIR

REMPORTER acquérir, arracher, attraper,
avoir, capter, conquérir, emporter, enlever,
faire, gagner, obtenir, prendre, recueillir,
soutirer (péj.) – fam. : accrocher, décrocher
◊ CONTR. → PERDRE

REMUANT, E actif, agile, agité, animé, déchaîné, déluré, éveillé, excité, fougueux, frétillant, frétillard (vx), fringant, guilleret, ingambe, inquiet, instable, leste, mobile,
nerveux, pétulant, prompt, rapide, sautillant, tempétueux, trépignant, turbulent, vif,
vivant
◊ CONTR. **I.** → TRANQUILLE **II.** → INERTE

REMUE-MÉNAGE n.m. activité, affairement, affolement, agitation, alarme, animation, billebaude (vx), bouillonnement,
branle-bas, bruit, chambardement (fam.),
changement, dérangement, désordre, effervescence, excitation, flux et reflux, grand arroi, grouillement, hâte, incohérence, mouvement, orage, précipitation, remous,
remuement, secousse, tempête, tohu-bohu,
tourbillon, tourmente, trouble, tumulte, turbulence, va-et-vient
◊ CONTR. → TRANQUILLITÉ

REMUEMENT n.m. → REMUE-MÉNAGE

REMUER I. v. tr. 1. au pr. : agiter, bagotter
(arg.), balancer, ballotter, brandiller, brandir, brasser, bercer, déplacer, déranger,
ébranler, secouer **2. une partie du corps** : battre,
branler, ciller, cligner, dodeliner, hocher,
mouvoir, rouler, tortiller, tricoter **3. REMUER
LA QUEUE** : crouler *ou* fouetter (vén.), quoail-
ler (équit.) **4.** brouiller, fatiguer, malaxer, pétrir, touiller, tourner, travailler, vanner
5. bouleverser, effondrer, fouiller, mouvoir,
retourner **6. fig.** : atteindre, attendrir, bouleverser, ébranler, émouvoir, exciter, pénétrer, toucher, troubler **II. v. intr.** : s'agiter, se
balancer, bouger, broncher, chanceler, ci-
ler, se dandiner, se décarcasser, se démancher (fam.), se démener, se dépenser, s'évertuer, fourmiller, frétiller, frissonner, flotter,
gambiller, gesticuler, gigoter, grouiller, locher (vx), se manier, ondoyer, onduler, oscil-

ler, se répandre, sauter, sursauter, tanguer, se tortiller, trembler, trépider, vaciller, vibrionner – **rég.** : bourbiller, bourbouiller, dindailler
◊ CONTR. **I.** → FIXER **II.** → IMMOBILISER

REMUGLE n.m. relent → ODEUR

RÉMUNÉRATEUR, TRICE avantageux, bon, fructueux, juteux (fam.), lucratif, payant, productif, profitable, rentable
◊ CONTR. **I.** → BÉNÉVOLE **II.** ruineux

RÉMUNÉRATION n.f. appointements, avantage, casuel, commission, dédommagement, émolument, estaries (mar.), gages, gain, gratification, honoraires, indemnité, intéressement, intérêt, loyer, paie, pige, prêt, prime, récompense, rétribution, salaire, solde, traitement → BÉNÉFICE
◊ CONTR. → DÉPENSE

RÉMUNÉRER dédommager, récompenser, rétribuer → PAYER
◊ CONTR. : faire travailler à titre → BÉNÉVOLE

RENÂCLER I. au pr. : aspirer, renifler **II. fig.** : rechigner, renasquer (vx), renauder, répugner à → RÉSISTER
◊ CONTR. → ACCEPTER

RENAISSANCE n.f. anabiose, métempsycose, palingénésie, printemps, progrès, réapparition, régénération, réincarnation, renouveau, renouvellement, résurrection, retour, réveil, reverdie (vx), réviviscence, transmigration
◊ CONTR. **I.** → DÉCLIN **II.** → FIN

RENAISSANCE n.f. humanisme, quattrocento

RENAÎTRE → REVIVRE

RENARD, E I. au pr. : fennec, goupil (fam.), isatis ou renard bleu **II. fig. 1.** → MALIN **2.** → HYPOCRITE

RENARDER I. amorcer, duper, leurrer, ruser, tromper **II.** → VOMIR

RENAUDER → RENÂCLER

RENCHÉRI, E I. au pr. : accru, augmenté, grossi, haussé, intensifié **II. fig.** : altier, arrogant, condescendant, dédaigneux, distant, fier, haut, hautain, impérieux, insolent, méprisant, moqueur, orgueilleux, protecteur, rogue, superbe, supérieur
◊ CONTR. *les part. passés possibles des syn. de* diminuer

RENCHÉRIR I. au pr. : ajouter, aller sur, augmenter, dépasser, enchérir, hausser, majorer, monter, rajouter, rehausser, relever, remonter, revaloriser, surenchérir **II. par ext.** : amplifier, bluffer, broder, charger, dramatiser, enfler, en remettre, exagérer, faire valoir, forcer, galéjer, grandir, grossir, ou-

trer, pousser, rajouter, surfaire, se vanter → HÂBLER – **fam.** : donner le coup de pouce, ne pas y aller de main morte
◊ CONTR. → DIMINUER

RENCHÉRISSEMENT n.m. → HAUSSE

RENCOGNER coincer, pousser/ repousser dans un coin, serrer
◊ CONTR. → DÉGAGER

RENCONTRE n.f. **I. au pr. 1. de quelque chose :** coïncidence, concours, conjonction, conjoncture, croisement, hasard, occasion, occurrence **2. de personnes :** confrontation, entrevue, face à face, rendez-vous, retrouvailles, tête à tête → RÉUNION **II. par ext. 1.** attaque, bataille, choc, combat, échauffourée, engagement, heurt **2.** affaire d'honneur, duel **3.** choc, collision, tamponnement, télescopage **4.** compétition, épreuve, match, partie **5.** aventure, cas, circonstance, événement, éventualité, fait, hypothèse, matière, possibilité, situation **6. À LA RENCONTRE :** au-devant
◊ CONTR. → ÉLOIGNEMENT

RENCONTRER I. au pr. : apercevoir, coudoyer, croiser, être mis en présence de, tomber sur **II. par ext. 1.** s'aboucher, contacter, faire la connaissance de, joindre, prendre rendez-vous, toucher, voir **2.** atteindre, parvenir à, toucher **3.** achopper, buter, chopper, cogner, donner contre, heurter, porter, taper
◊ CONTR. **I.** → ÉVITER **II.** → MANQUER

RENDEMENT n.m. bénéfice, effet, efficace (vx), efficacité, efficience, gain, production, productivité, produit, profit, rapport, rentabilité, revenu
◊ CONTR. → PERTE

RENDEZ-VOUS n.m. **I. au pr.** : assignation, audience, convocation, entrevue, indiction, jour – **fam.** : rambot, rambour, rancard ou rencard **II. par ext. péj.** : dépotoir, réceptacle
◊ CONTR. : faux bond, lapin

RENDRE I. au pr. 1. → REMBOURSER **2.** → REDONNER **3.** → REMETTRE **4.** → LIVRER **II. par ext. 1.** → PRODUIRE **2.** → EXPRIMER **3.** → RENVOYER **4.** → VOMIR **III. 1. RENDRE COMPTE** → RACONTER **2. RENDRE L'ÂME** → MOURIR **3. RENDRE LA PAREILLE** → RÉPONDRE
◊ CONTR. → PRENDRE

RENDU, E accablé, assommé, avachi, brisé, courbatu, courbaturé, épuisé, excédé, exténué, fatigué, fourbu, harassé, las, moulu, rompu, roué de fatigue, surentraîné, surmené → RECRU
◊ CONTR. → REPOSÉ

RÊNE n.f. bride, bridon, guide

RENÉGAT, E apostat, déloyal, félon, hérétique, infidèle, judas, parjure, perfide, relaps, schismatique, traître, transfuge → PAÏEN
◊ CONTR. → FIDÈLE

RENFERMÉ, E → SECRET

RENFERMER I. au pr. 1. on renferme quelque chose ou quelqu'un : boucler, calfeutrer, chambrer, claquemurer, claustrer, cloîtrer, coffrer (fam.), confiner, consigner, détenir, emballer, emmurer, emprisonner, encercler, encoffrer, enfermer, enserrer, entourer, faire entrer, interner, murer, parquer, séquestrer, serrer, verrouiller **2. quelque chose renferme quelque chose :** comporter, comprendre, contenir, emporter, impliquer, receler **II. par ext. 1.** intérioriser, ravaler, refouler, renfoncer, réprimer **2.** → RÉDUIRE **III. v. pron. :** se concentrer/ recueillir/ reclure (vx), se replier sur soi *et les formes pron. possibles des syn. de* renfermer

◊ CONTR. **I.** → LIBÉRER **II.** → ÉLIMINER **III.** → MONTRER

RENFLÉ, E I. au pr. : ampullacé, ampullaire, ballonné, bombé, bouffant, bouffi, boursouflé, bulbeux, cloqué, congestionné, dilaté, distendu, empâté, enflé, épais, fusiforme, gibbeux, gondolé, gonflé, gros, hypertrophié, mafflu, mamelu, météorisé, obèse, rebondi, rond, soufflé, tuméfié, tumescent, turgescent, turgide, urcéolé, ventru, vultueux **II. fig.** → EMPHATIQUE

◊ CONTR. **I.** → APLATI **II.** → CREUX

RENFLEMENT n.m. → BOSSE

RENFLOUAGE n.m. → SAUVETAGE

RENFLOUER I. mar. : afflouer **II. fam.** → AIDER **III. v. pron.** → RÉSISTER

RENFONCEMENT n.m. alcôve, anfractuosité, antre, cave, caveau, caverne, cavité, coin, cratère, creux, crevasse, crypte, dépression, doline, embrasure, encoignure, enfonçure, excavation, fosse, gouffre, grotte, loge, niche, poche, trou

◊ CONTR. → SAILLIE

RENFONCER I. → ENFONCER **II.** → RENFERMER

RENFORÇAGE et **RENFORCEMENT** n.m. **I.** accroissement, affermissement, amélioration, ancrage, armement, blindage, cimentation, consolidation, cuirassement, cuvelage, cuvellement, défense, durcissement, équipement, étançonnement, étayage *ou* étaiement, ferrage, ferrement, fixation, fortification, garnissage, haubanage, marouflage, préservation, protection, raffermissement, renforçage, sauvegarde, scellement, stabilisation **II.** armature, contre-fer, contre-fiche, couverture, ferrure, garniture, lattis, renformis **III.** → SOUTIEN

◊ CONTR. → DESTRUCTION

RENFORCÉ, E I. → SOLIDE **II.** → PARFAIT

RENFORCER et **RENFORMIR I. au pr. :** armer, blinder, couvrir, cuirasser, défendre, enforcir, équiper, flanquer, fortifier, garantir, maroufler (partic.), munir, parer, préserver, protéger, remparer (vx), sauvegarder → SOUTENIR **II. par ext. 1.** aider, appuyer, assurer, conforter, réconforter, tremper **2.** affermir, ajouter, congréer (mar.), consolider, cuveler, étançonner, étayer, latter **3.** accentuer, accroître, agrandir, durcir, enfler, exalter, grossir, resserrer

◊ CONTR. **I.** → RELÂCHER **II.** → DÉTRUIRE

RENFORT n.m. → AIDE

RENFROGNÉ, E acariâtre, boudeur, bourru, chagrin, grincheux, maussade, morose, rabat-joie, rechigné, revêche

◊ CONTR. **I.** → GAI **II.** → AIMABLE

RENGAGER rempiler

RENGAINE n.f. antienne, aria, banalité, chanson, dada, leitmotiv, rabâchage, redite, refrain, répétition, scie, tube (fam.)

◊ CONTR. → COUPLET

RENGAINER → RENTRER

RENGORGER (SE) faire le beau/ l'important/ la roue → POSER

◊ CONTR. : être → MODESTE

RENIEMENT n.m. → ABANDON

RENIER abandonner, abjurer, apostasier, se convertir, désavouer, méconnaître, nier, se parjurer (péj.), renoncer, retourner sa veste, se rétracter

◊ CONTR. → PROCLAMER

RENIFLARD n.m. purgeur, robinet, soupape (fam.)

RENIFLER I. au pr. 1. v. intr. : aspirer, s'ébrouer, renâcler **2. v. tr. :** flairer, muffer (arg.), priser, sentir **II. fig.** → RÉPUGNER À

◊ CONTR. : se moucher

RENNE n.m. → CERVIDÉ

RENOM n.m. → RENOMMÉE

RENOMMÉ, E célèbre, connu, estimé, illustre, réputé, vanté

◊ CONTR. → INCONNU

RENOMMÉE n.f. célébrité, considération, gloire, honneur, mémoire, nom, notoriété, popularité, postérité, publicité, renom, réputation, rumeur/ voix publique, vogue

◊ CONTR. **I.** → ANONYMAT **II.** → INGRATITUDE

RENONCEMENT n.m. **I.** abandon, abstinence, concession, désappropriation, désistement, renonciation, résignation (jurid.) **II.** abnégation, altruisme, délaissement (vx), dépouillement, désintéressement, détachement, sacrifice

◊ CONTR. **I.** → ATTACHEMENT **II.** → AVIDITÉ

RENONCER I. v. tr. ind. : abandonner, abdiquer, abjurer, s'abstenir, céder, cesser, changer, se défaire de, se délier, se démettre, démissionner, en démordre, se départir, se déporter (vx), déposer, se dépouiller de, se désaccoutumer/ dessaisir/ désister/ détacher, dételer, se détourner, dire adieu, divorcer (fig.), s'écarter, jeter le manche après la cognée, laisser, se passer de, perdre, se priver de, quitter, remettre, renier, répudier, résigner, se retirer, sacrifier – **fam.** : se dégonfler, écraser **II. v. tr. (vx ou litt.)** → RENIER

◇ CONTR. **I.** → ATTACHER (s') **II.** → CONSERVER

RENONCIATION n.f. abandon, abdication, abjuration, abstention, apostasie, démission, sacrifice

◇ CONTR. **I.** → ADAPTATION **II.** → CONQUÊTE

RENONCULE n.f. bassinet, bouton-d'argent/ d'or, douve, ficaire, grenouillette

RENOUÉE n.f. → LISERON

RENOUER rattacher, refaire, rejoindre, reprendre → RÉCONCILIER (SE)

◇ CONTR. → INTERROMPRE

RENOUVEAU n.m. → RENAISSANCE

RENOUVELABLE reconductible

RENOUVELÉ, E inépuisé, nouveau *et les part. passés possibles des syn.* de renouveler

RENOUVELER I. bouleverser, changer, convertir, corriger, innover, métamorphoser, modifier, muer, rectifier, refondre, réformer, remanier, rénover, révolutionner, toucher à, transfigurer, transformer, transmuer, transposer **II. fam.** : chambarder, chambouler **III.** dépoussiérer, donner une impulsion/ une vigueur nouvelle, moderniser, rajeunir, ranimer, raviver, recommencer, redoubler, régénérer, réveiller **IV.** continuer, proroger, reconduire **V.** faire de nouveau, refaire, réitérer, répéter **VI.** renouer, ressusciter (fig.), rétablir **VII.** → REMPLACER **VIII. v. pron.** → RECOMMENCER

◇ CONTR. **I.** → CONSERVER **II.** → RÉSILIER

RENOUVELLEMENT n.m. accroissement, changement, dépoussiérage, modernisation, prorogation, rajeunissement, recommencement, reconduction, régénération, remplacement, renouveau, rénovation, rétablissement, transformation → RENAISSANCE

◇ CONTR. → CONSERVATION

RÉNOVATEUR, TRICE nom et adj. réformateur, transformateur

◇ CONTR. → TRADITIONALISTE

RÉNOVATION n.f. amélioration, changement, modernisation, réforme, régénération, réhabilitation, renouvellement, réparation, restauration, résurrection (fig.), transformation → RENOUVELLEMENT

◇ CONTR. **I.** → ROUTINE **II.** → DÉCADENCE

RÉNOVER → RENOUVELER

RENSEIGNEMENT n.m. **I. au pr. 1.** avis, communication, confidence, donnée, éclaircissement, indication, indice, information, lumière, nouvelle, précision, révélation **2. arg.** : condé, cri, duce, rembour, rencard, serbillon, tubard, tube, tuyau **II. par ext.** : document, documentation, dossier, fiche, sommier

◇ CONTR. → SILENCE

RENSEIGNER I. avertir, dire, documenter, édifier, fixer, informer, instruire, moucharder (fam. et péj.) **II. arg.** : affranchir, brancher, donner la couleur, mettre au parfum, parfumer, rembourrer, rencarder, tuber, tuyauter

◇ CONTR. → TAIRE

RENTABILITÉ n.f. → RENDEMENT

RENTABLE → RÉMUNÉRATEUR

RENTAMER → RECOMMENCER

RENTE n.f. arrérages, intérêt, produit, revenu, viager

RENTIER, IÈRE bénéficier (vx) → RICHE

RENTRANT, E → CREUX

RENTRÉE n.f. **I.** → RETOUR **II.** encaissement, perception, recette, recouvrement

◇ CONTR. → SORTIE

RENTRER I. → REVENIR **II.** cacher, enfoncer, escamoter, rengainer, renquiller (fam.) **III. RENTRER SA COLÈRE/ SA HAINE/ SES LARMES/ SA RAGE** : avaler, dissimuler, refouler

◇ CONTR. **I.** → MONTRER **II.** → SORTIR

RENVERSANT, E → SURPRENANT

RENVERSÉ, E → SURPRIS

RENVERSEMENT n.m. **I. au pr.** : anastrophe, exstrophie (méd.), interversion, retournement, révolution, transposition **II. par ext.** : anéantissement, bouleversement, chute, culbutage, écroulement, ruine **III. fam.** : chambardement, chamboulement

◇ CONTR. → RÉTABLISSEMENT

RENVERSER I. au pr. 1. intervertir, inverser, invertir, révolutionner, saccager, subvertir, transposer, troubler **2. fam.** : chambarder, chambouler **3.** bousculer, démonter, désarçonner, envoyer au tapis (fam.), étendre, mettre sens dessus dessous, terrasser **II. par ext.** : abattre, basculer, briser, broyer, culbuter, défaire, démolir, destituer, détrôner, détruire, enfoncer, éverser (vx), foudroyer, jeter bas, ruiner, saper, vaincre **III. fam.** : déboulonner, dégommer. **1.** → RÉPANDRE **2.** coucher, incliner, pencher

◇ CONTR. **I.** → RÉTABLIR **II.** → FONDER **III.** → COURONNER

RENVIER enchérir, miser au-dessus
◆ CONTR. → BAISSER

RENVOI n.m. **I. jurid.** : ajournement, annulation, cassation, destitution, dissolution, infirmation, invalidation, péremption d'instance, réhabilitation, relaxe, remise, report, rescision, résiliation, résolution, révocation, sursis **II.** congé, congédiement, destitution, disgrâce, exclusion, exil, expulsion, licenciement, mise au chômage/ à la porte/ à pied, révocation **III.** → BANNISSEMENT **IV.** annotation, appel de note, apostille, astérisque, avertissement, gribiche, lettrine, marque, modification, référence **V.** éructation, rapport (vx), régurgitation, rot (fam.)
◆ CONTR. **I.** → RAPPEL **II.** → EMBAUCHAGE **III.** → ADOPTION

RENVOYER I. au pr. : casser aux gages, chasser, congédier, se défaire de, dégoter (vx), destituer, disgracier, donner congé/ ses huit jours/ son compte/ son congé/ son exeat, écarter, éconduire, éloigner, envoyer promener, exclure, expédier, ficher/ flanquer/ foutre (grossier)/ jeter/ mettre au chômage/ à pied/ à la porte/ dehors, licencier, liquider, mettre à pied, remercier, révoquer → REPOUSSER – **fam.** : balancer, balayer, débarquer, donner sa bénédiction/ son paquet, emballer, envoyer dinguer/ faire fiche/ faire foutre/ paître/ péter/ valser, larguer, lourder, raouster, sacquer, valouser, vider **II.** refuser, rendre, retourner **III.** échanger, faire écho, réciproquer (vx ou rég.), réfléchir, refléter, rendre, répercuter, reproduire, transmettre **IV.** relancer **V.** ajourner, annuler, différer, remettre, retarder
◆ CONTR. **I.** → ENGAGER **II.** → APPELER **III.** → PRENDRE **IV.** → ACCUEILLIR

REPAIRE n.m. **I.** aire, antre, bauge, breuil, caverne, fort, garenne, gîte, halot, liteau, nid, rabouillère, refuge, renardière, reposée, ressui, retraite, soue, tanière, terrier, trou **II.** abri, asile, cache, cachette, lieu sûr, refuge, retraite

REPAIRER vén. **I.** être au → REPAIRE **II.** → REPOSER

REPAIR KIT n.m. **méc.off.** : lot de réparation

REPAÎTRE I. → MANGER **II.** → NOURRIR **III. v. pron. : 1.** → MANGER **2.** → RÉGALER (SE) **3.** → JOUIR DE

RÉPANDRE I. au pr. 1. arroser, couvrir, déverser, disperser, disséminer, ensemencer, épandre, éparpiller, essaimer, étaler, étendre, jeter, joncher, parsemer, passer, paver, renverser, semer, verser **2. vx** : débonder, épardre, épartir **3.** dégager, développer, diffuser, éclairer, embaumer, émettre, exhaler, fleurer, parfumer **II. par ext. 1.** accor-

der, dispenser, distribuer, donner, épancher **2.** distiller, faire régner, jeter, provoquer **3.** banaliser, colporter, diffuser, dire, divulguer, ébruiter, étendre, éventer, généraliser, globaliser, lancer, mondialiser, planétariser, planétiser, populariser, propager, publier, tambouriner, universaliser, vulgariser → MÉDIRE **III. v. pron. au pr. 1. un liquide :** couler, courir, déborder, découler, dégorger, dégouliner (fam.), se déverser, s'échapper, s'écouler, émaner, s'épancher, s'épandre, s'extravaser, filer, filtrer, fluer, fuir, gagner, gicler, jaillir, refluer, regorger (vx), rouler, ruisseler, sourdre, suinter **2. un gaz :** se dégager, emplir **3. des personnes, des choses :** abonder, envahir, pulluler, se reproduire **IV. fig. 1.** s'accréditer, circuler, courir, s'étendre, faire tache d'huile, gagner, se propager, voler **2.** déborder, éclater **3.** fréquenter, hanter, se montrer, sortir
◆ CONTR. **I.** → ACCUMULER **II.** → RAMASSER

RÉPANDU, E I. diffus, épars, étendu, profus **II.** commun, connu, dominant, public
◆ CONTR. **I.** *les part. passés possibles des syn. de* assembler **II.** → SECRET

RÉPARABLE arrangeable → PERFECTIBLE

RÉPARATEUR, TRICE nom et adj. *les dérivés possibles en -eur des syn. de* réparer

RÉPARATION n.f. **I. au pr. 1.** amélioration, arrangement, bouchement, consolidation, dépannage, entretien, maintenance, raccommodage, radoub, ragrément, rajeunissement, rajustement ou réajustement, rapiéçage ou rapiècement, ravalement, rechapage, reconstruction, recrépissage, redressement, réfection, relèvement, remaniement, remise à neuf, remodelage, remontage, rempiètement, renformis, rénovation, rentraiture, replâtrage, reprise, ressemelage, restauration, rhabillage, service après vente, soins, stoppage **2. vx :** entretènement, raccoutrement **3. fam. :** bricolage, rabibochage, rabobichage, rabobinage, rafistolage, rapetassage, ravaudage **II. par ext. 1.** amende honorable, excuse, expiation, rachat, raison, redressement, rétractation, satisfaction **2.** compensation, dédommagement, désintéressement, dommages et intérêts, indemnisation, indemnité, pretium doloris, reconstitution, restitution
◆ CONTR. **I.** → DESTRUCTION **II.** → DÉGÂT

RÉPARER I. au pr. 1. améliorer, arranger, braser, chemiser, consolider, dépanner, moderniser, obturer, raccommoder, raccoutrer, radouber, rafistoler, rafraîchir, ragréer, rajeunir, rajuster, rapetasser, rapiécer, ravaler, ravauder, réaléser, rebouter, recarreler, rechaper, recoller, recoudre, recrépir, redresser, refaire, réfectionner, relever, remanier, remettre à neuf, remodeler, remonter, rempiéter, renformir, rénover, rentraire, replâtrer, reprendre, repriser, ressemeler, restaurer, rétablir, retaper, revercher, réviser, souder, stopper **2. fam.** : bricoler, rabibocher, rabobiner, rarranger, rhabiller, stopper **II. par ext. 1.** compenser, corriger, couvrir, dédommager, effacer, expier, indemniser, payer, racheter, rattraper, remédier/ satisfaire/ suppléer à **2.** redresser les torts, venger

◆ CONTR. **I.** → ABÎMER **II.** → DÉTRUIRE

REPARTIE n.f. boutade, drôlerie, mot, pique, réplique, réponse, riposte, saillie, trait

◆ CONTR. → SILENCE

REPARTIR I. → RÉPONDRE **II.** → RETOURNER **III.** → RECOMMENCER

RÉPARTIR I. allotir, assigner, attribuer, classer, contingenter, départir, dispenser, disposer, distribuer, diviser, donner, impartir, lotir, octroyer, ordonner, partager, prodiguer, proportionner à, ranger, rationner, redistribuer, répandre, semer **II.** disperser, disséminer, échelonner, étaler

◆ CONTR. → RÉUNIR

RÉPARTITEUR n.m. dispatcher (angl.), dispensateur, distributeur, ordonnateur

◆ CONTR. → ALLOCATAIRE

RÉPARTITION n.f. **I.** allotissement, assiette, attribution, coéquation, contingent, contingentement, diffusion, distribution, don, partage, péréquation, quote-part, ration, répartement **II.** agencement, aménagement, classement, classification, disposition, distribution, échelonnement, étalement, fractionnement, ordonnance, ordre, rang, rangement, redistribution → RÉGULATION

◆ CONTR. **I.** → RASSEMBLEMENT **II.** → ALLOCATION

REPAS n.m. **I. 1.** agape, banquet, bonne chère, bribe, casse-croûte, Cène (relig.), collation, déjeuner, dîner, dînette, en-cas, festin, gala, goûter, lunch, médianoche, menu, nourriture, ordinaire, panier, pique-nique, pitance, plat, réfection, régal, réjouissance, réveillon, ripaille, sandwich, soupe, souper → NOURRITURE, FÊTE **2. péj.** : graillon, mangeaille **3. vx** : carrousse, chère lie, fricassée, gaudé, gaudeamus, gogaille, mangerie, repue **II. arg. ou fam.** : bâfrure, bamboche, bamboula, bectance, bombance, bombe, bouffe, bouftance, boustifaille, brifeton, bringue, casse-graine, clape, croque, croustance, croustille, croûte, dîne, frichti, gaufre, godaille, graille, gueuleton, jaffe, lippée, mâchon, manger, picotin, rata, tambouille, tortore, ventrée

◆ CONTR. → JEÛNE

REPASSER I. retourner, revenir **II.** affiler, affûter, aiguiser, donner du fil/ du tranchant, émorfiler, émoudre **III.** déchiffonner, défriper, défroisser, lisser, mettre en forme **IV.** refiler, remettre **V.** évoquer, remémorer, se remettre en mémoire, retracer **VI.** apprendre, étudier, potasser (fam.), relire, répéter, reviser, revoir

◆ CONTR. **I.** → DISPARAÎTRE **II.** → USER **III.** → CHIFFONNER **IV.** → CONSERVER

REPÊCHER aider, dépanner, donner un coup de main/ de piston (fam.)/ de pouce, donner la main à, sauver, secourir, sortir/ tirer d'affaire/ d'un mauvais pas, soutenir, tendre la main à, venir à l'aide/ à la rescousse/ au secours

◆ CONTR. **I.** → AJOURNER **II.** → REFUSER

REPENSER considérer, penser, remâcher, repasser, ressasser, revenir

◆ CONTR. → OUBLIER

REPENTANT, E et REPENTI, E contrit, converti, marri, pénitent, reconverti, réinséré

◆ CONTR. → RÉCIDIVISTE

REPENTIR n.m. attrition, componction, confession, confiteor, contrition, douleur, mea-culpa, regret, réinsertion (sociale), remords, repentance, résipiscence

◆ CONTR. → ENDURCISSEMENT

REPENTIR (SE) → REGRETTER

RÉPERCUSSION n.f. choc, contrecoup, incidence, réflexion, renvoi, retentissement → SUITE

◆ CONTR. → CAUSE

RÉPERCUTER faire écho, réfléchir, refléter, rendre, renvoyer, reproduire, transmettre

◆ CONTR. **I.** → ÉTOUFFER **II.** → TAIRE

REPÈRE n.m. amer (mar.), coordonnée, empreinte, indice, jalon, marque, piquet, taquet, trace

REPÉRER I. au pr. : borner, jalonner, marquer, piqueter **II. par ext.** : apercevoir, comprendre, déceler, déchiffrer, découvrir, dégoter (fam.), dénicher, dépister, détecter, déterrer, deviner, discerner, éventer, lire, pénétrer, percer, remarquer, saisir, trouver, voir

◆ CONTR. **I.** → PERDRE **II.** ne pas → VOIR

RÉPERTOIRE n.m. bordereau, catalogue, dénombrement, énumération, état, index, inventaire, liste, mémoire, nomenclature, relevé, rôle, série, suite, table, tableau

RÉPERTORIER I. → CLASSER **II.** → INSCRIRE

RÉPÉTÉ, E → HABITUEL

RÉPÉTER I. au pr. : bourdonner (fam.), dire à nouveau, exprimer, faire écho/ chorus, inculquer, insister, prêcher, rabâcher, raconter, radoter, rapporter, rebattre, redire, réitérer, remâcher, rendre, ressasser, revenir sur, ruminer, seriner – **vx** : itérer, recorder, remanier II. **par ext. 1.** apprendre, bachoter (péj.), étudier, potasser (fam.), repasser, reviser, revoir **2.** copier, emprunter, imiter, rajuster *ou* réajuster, recommencer, refaire, renouveler, reprendre, reproduire, restaurer, rétablir **3.** multiplier, réfléchir, reproduire → RÉPERCUTER III. **v. pron.** → RECOMMENCER

◇ CONTR. I. → TAIRE II. → ÉCONOMISER

RÉPÉTITEUR, TRICE n.m. ou f. → MAÎTRE

RÉPÉTITIF, IVE → RÉCURRENT

RÉPÉTITION n.f. I. **au pr. 1.** écho, écholalie (méd.), rabâchage, rabâcherie, radotage, récurrence, récursivité, redite, redondance, refrain, rengaine, reprise, scie **2.** fréquence, rechute, récidive, recommencement, réitération, resucée (fam.), retour **3.** leçon, cours, révision **4.** → REPRODUCTION II. **litt.** : accumulation, allitération, anaphore, antanaclase, assonance, battologie, cadence, doublon, homéotéleute, itération, métabole, paronomase, périssologie, pléonasme, redoublement, réduplication, tautologie

◇ CONTR. I. → CONCISION II. → SILENCE

REPEUPLER I. reboiser, regarnir, réensemencer, replanter II. aleviner, empoissonner III. alimenter, approvisionner, assortir, fournir, garnir, munir, nantir, pourvoir, procurer, réapprovisionner, réassortir, suppléer

◇ CONTR. → DÉGARNIR

REPIQUAGE n.m. boisement, plantage (vx), plantation, peuplement, reboisement, transplantation

◇ CONTR. → DÉBOISEMENT

REPIQUER I. → REPLANTER II. → RECOMMENCER

RÉPIT n.m. I. latence, rémission II. → DÉLAI III. → REPOS IV. → TRANQUILLITÉ

REPLACER → RÉTABLIR

REPLANTER mettre en terre, planter, repiquer, transplanter

◇ CONTR. → DÉRACINER

REPLET, ÈTE abondant, adipeux, bien en chair, bouffi, charnu, corpulent, courtaud, dodu, épais, empâté, fort, gras, grasset (vx), grassouillet, gros, obèse, onctueux, pansu, plantureux, plein, potelé, rebondi, rond, rondelet, rondouillard, ventru

◇ CONTR. → MAIGRE

RÉPLÉTION n.f. abondance, asphyxie, embouteillage, excès, plénitude, pléthore, satiété, saturation, surabondance, surcharge

◇ CONTR. → MANQUE

REPLI n.m. I. **de terrain** : accident, anticlinal, arête, cuvette, dépression, dôme, éminence, plissement, sinuosité, synclinal, thalweg, vallon II. **du corps** : bourrelet, commissure, fanon, fronce, pliure, poche, ride, saignée III. cachette, coin, recoin, trou IV. décrochage, recul, reculade, reculement, reflux, repliement, retraite

◇ CONTR. → SAILLIE

REPLIEMENT n.m. I. autisme, introversion, reploiement II. → REPLI

◇ CONTR. → ALTRUISME

REPLIER (SE) I. se blottir, se courber, s'invaginer, s'inverser, se pelotonner, se ramasser, se recoquiller, se recroqueviller, se tordre, se tortiller – **vx ou rég.** : s'accagnarder, se bouler/ croppetonner/ rétrignoler/ trondeler II. se recueillir, réfléchir, se renfermer III. battre en retraite, capituler, lâcher, reculer, se retirer, rétrograder → ABANDONNER

◇ CONTR. I. → ÉPANCHER (S') II. → AVANCER

RÉPLIQUE n.f. I. boutade, critique, objection, repartie, réponse, riposte II. discussion, observation, protestation III. copie, double, doublure, duplicata, fac-similé, faux, image, imitation, jumeau, modèle, pareil, répétition, représentation, reproduction

◇ CONTR. I. → APOSTROPHE II. → QUESTION

RÉPLIQUER → RÉPONDRE

REPLOIEMENT n.m. → REPLIEMENT

RÉPONDANT, E n.m. ou f. caution, endosseur, garant, otage, parrain, responsable

◇ CONTR. → BÉNÉFICIAIRE

RÉPONDRE I. **v. tr.** : contre-attaquer, dire, donner la réplique/ son paquet (fam. et péj.), objecter, payer de retour, prendre sa revanche, raisonner, récriminer, réfuter, rembarrer, rendre la monnaie de sa pièce, rendre la pareille, repartir, répliquer, rétorquer, se revancher (vx), riposter, river son clou (fam.) II. **v. intr. 1.** s'accorder, concorder, correspondre, satisfaire **2.** affirmer, assurer, attester, certifier, déclarer, garantir, promettre, protester, soutenir III. **1. répondre à** : obéir, produire, réagir **2. répondre de** : apérifer, couvrir, s'engager, garantir IV. **v. pron. 1.** correspondre, être en rapport de symétrie, être à l'unisson **2.** échanger *et les formes pron. possibles des syn. de* répondre

◇ CONTR. I. → TAIRE (SE) II. → QUESTIONNER

RÉPONSE n.f. I. **au pr.** : duplique (jurid.), écho, objection, repartie, réplique, riposte II. **par ext.** : apologie, apport, contre-proposition *ou* contreproposition, explication, justification, oracle, récrimination, rescrit, rétorsion, solution, verdict

◇ CONTR. I. → SILENCE II. → QUESTION

REPORT n.m. → RENVOI

REPORTAGE n.m. → ARTICLE

REPORTER n.m. **off.** : reporteur → JOURNA-
LISTE

REPORTER CAMERAMAN n.m. **audiov.**
off. : reporteur d'images

REPORTER I. attribuer, rapporter, rejeter,
retourner, reverser II. décalquer, transposer
III. attendre, remettre, renvoyer → AJOURNER
IV. → PORTER V. → TRANSPORTER VI. **v. pron.** 1. se
référer, revenir, se transporter 2. *les formes*
pron. possibles des syn. de reporter
◇ CONTR. I. → RETRANCHER II. → RÉALISER III. →
MÉPRISER

REPOS n.m. I. arrêt, campos, cessation,
cosso, congó, délassement, détente, entracte,
étape, halte, immobilité, inaction, inactivité,
inertie, jour chômé/ férié, loisir, méridienne, non-travail, pause, récréation, relâche, relâchement, relaxation, rémission,
répit, reposée (vx), retraite, semaine anglaise, sieste, trêve, vacances II. → SOMMEIL
III. accalmie, bonace, calme, dégel, paix,
quiétude, silence, tranquillité IV. coupe, interruption, latence → PALIER
◈ CONTR. I. → TRAVAIL II. → AGITATION III. →
TROUBLE

REPOSANT, E adoucissant, apaisant, calmant, consolant, délassant, distrayant, lénifiant, lénitif, quiescent, relaxant, sédatif →
BON
◇ CONTR. → TUANT

REPOSÉ, E I. détendu, en forme, frais *et les*
part. passés des syn. de reposer II. → DISPOS
◇ CONTR. → FATIGUÉ

REPOSÉE n.f. → REPAIRE

REPOSE-BRAS n.m. → ACCOUDOIR

REPOSER I. **au pr.** : s'appuyer sur, avoir
pour base/ fondement, dépendre de, être
basé/ établi/ fondé sur → POSER II. **par ext.**
1. → DORMIR 2. → TROUVER (SE) III. **v. pron.**
1. s'abandonner, s'arrêter, se défatiguer, se
délasser, se détendre, se laisser aller, se relaxer, se remettre, se repairer (vén.), reprendre
haleine, souffler 2. **fam.** : dételer, se mettre au
vert, récupérer 3. **SE REPOSER SUR** : se fier à,
se rapporter à, se référer à, s'en remettre à
◇ CONTR. I. → FATIGUER II. → TRAVAILLER III. →
AGITER

REPOUSSANT, E abject, affreux, antipathique, dégoûtant, désagréable, difforme, effrayant, effroyable, exécrable, fétide, hideux,
horrible, infect, laid, monstrueux, odieux,
ord (vx), puant, rébarbatif, rebutant, répulsif
→ RÉPUGNANT
◇ CONTR. → AFFRIOLANT

REPOUSSER I. **au pr.** : bannir, blackbouler,
bouter (vx), chasser, culbuter, écarter,
éconduire, éloigner, évincer, rabattre, rabrouer, rebuter, rechasser, récuser, refouler,
refuser, rejeter, renvoyer, répudier → POUS-
SER II. **fam.** : emballer, envoyer au bain/ au
diable/ aux chiottes/ aux plottes/ baller/
bouler/ chier/ dinguer/ paître/ péter/ pro-
mener/ sur les roses, envoyer se faire do-
rer/ foutre/ mettre/ valdinguer, rembarrer,
rétoquer III. **par ext.** 1. abandonner, décliner,
dire non, éliminer, exclure, mettre son veto,
objecter, récuser, réfuter, rejeter, scotomiser
(psych.) 2. dégoûter, déplaire, écœurer, exécrer, mépriser, rebuter, répugner 3. → HAÏR
4. **fam.** → SENTIR
◇ CONTR. I. → ATTAQUER II. → ACCUEILLIR III. →
ADMETTRE IV. → CÉDER

RÉPRÉHENSIBLE accusable, blâmable,
condamnable, coupable, critiquable, déplorable, punissable, reprochable
◇ CONTR. → IRRÉPROCHABLE

REPRENDRE I. **au pr.** 1. → RETIRER 2. → RE-
COUVRER 3. remmancher (fam.), renouer →
RÉPARER 4. → CONTINUER II. **par ext.** 1. → RÉSUMER
2. → REVOIR 3. → RÉPRIMANDER 4. → RECOMMEN-
CER 5. → RÉTABLIR (SE) III. **v. pron.** 1. se corriger,
se défaire de, se guérir de, réagir, se rétrac-
ter 2. → RECOMMENCER
◇ CONTR. I. → REDONNER II. → QUITTER III. →
ADMETTRE

REPRÉSAILLES n.f. pl. I. **au pr.** : châtiment,
œil pour œil dent pour dent, punition, réparation, rétorsion, riposte, talion II. **par ext.** : colère, némésis, ressentiment, revanche, vendetta, vengeance
◇ CONTR. → PARDON

REPRÉSENTANT n.m. I. agent, correspondant, délégué, émissaire, envoyé, mandataire, missionnaire (vx), porte-parole, prête-
nom, subrécargue (mar.), truchement
II. avocat, avoué, conseil, curateur, défenseur III. → DÉPUTÉ IV. → ENVOYÉ V. ambassadeur, chargé d'affaires, consul, député, diplomate, haut-commissaire, légat, ministre,
nonce, persona grata, résident VI. commis
voyageur, courtier, démarcheur, intermédiaire, placardier (arg.), placier, visiteur,
voyageur de commerce VII. échantillon, individu, modèle, type
◇ CONTR. → DÉLÉGANT

REPRÉSENTATIF, IVE → TYPIQUE

REPRÉSENTATION n.f. I. **au pr.** 1. copie,
description, dessin, diagramme, effigie, figure, graphique, image, imitation, plan,
portrait, reconstitution, reproduction,
schéma, traduction 2. allégorie, emblème,
symbole 3. analemme 4. → SPECTACLE II. **fig.**

1. écho, imago (psych.)miroir, projection, reflet 2. admonestation, avertissement, blâme, doléance, objection, objurgation, observation, remontrance, reproche, semonce, sermon 3. délégation, mandat

◆ CONTR. → ORIGINAL

REPRÉSENTATIVITÉ n.f. → QUALITÉ

REPRÉSENTER I. au pr. 1. → MONTRER 2. désigner, dessiner, évoquer, exhiber, exprimer, figurer, indiquer, symboliser 3. copier, imiter, refléter, rendre, reproduire, simuler 4. peindre, photographier, portraire, portraiturer 5. décrire, dépeindre, tracer II. par ext. 1. donner, incarner, interpréter, jouer, mettre en scène, mimer, personnifier 2. → REPROCHER 3. → REMPLACER

◆ CONTR. I. → TAIRE II. → CACHER

RÉPRESSIF, IVE absolu, arbitraire, autoritaire, correctif, dictatorial, directif, ferme, intransigeant, péremptoire, punitif, tyrannique

◆ CONTR. → CONCILIANT

RÉPRESSION n.f. → PUNITION

RÉPRIMANDE n.f. I. → REPROCHE II. → ADMONESTATION

RÉPRIMANDER I. au pr. : admonester, avertir, blâmer, catéchiser, censurer, chapitrer, condamner, corriger, critiquer, désapprouver, désavouer, dire son fait, donner un avertissement/ un blâme/ un coup de semonce, faire une réprimande/ un reproche *et les syn. de* reproche, flageller, flétrir, fustiger, gourmander, gronder, houspiller, improuver, incriminer, infliger une réprimande/ un reproche *et les syn. de* reproche, moraliser, morigéner, quereller, redresser, relever, reprendre, réprouver, semoncer, sermonner, stigmatiser, tancer, trouver à redire, vespériser (vx), vitupérer II. arg. ou fam. : arranger, attraper, aubader, avoiner, barrer, chanter ramona/ pouilles, crier, disputer, donner une avoine/ une danse/ un galop/ un savon, donner sur les doigts/ sur les ongles, emballer, engueuler, enguirlander, enlever, faire la fête/ la guerre à, laver la tête, mettre au pas/ le nez dans son caca/ le nez dedans, moucher, passer un savon, remettre à sa place, remonter les bretelles, sabouler, sabrer, saucer, savonner, secouer, secouer le paletot/ les plumes/ les poux/ les puces, sonner les cloches, tirer les oreilles

◆ CONTR. → COMPLIMENTER

RÉPRIMER arrêter, brider, calmer, châtier, commander, comprimer, contenir, contraindre, empêcher, étouffer, mettre le holà, modérer, refouler, refréner, retenir, sévir → PUNIR

◆ CONTR. I. → ENCOURAGER II. → PERMETTRE

REPRIS DE JUSTICE n.m. cheval de retour, condamné, interdit de séjour, récidiviste – arg. : de la rebiffe, noir, tricard

REPRISE n.f. I. → RÉPÉTITION II. continuation, poursuite, recommencement, relance, remake, revigoration III. raccommodage → RÉPARATION IV. amélioration, amendement, correctif, correction, modification, mouture, rectification, refonte, remaniement, resucée (fam.), retouche, révision V. round

◆ CONTR. I. → ABANDON II. → ARRÊT

REPRISER raccommoder, raccoutrer, rafistoler (fam.), rapetasser, rapiécer, rapiéceter, ravauder, remmailler, rentraire, réparer, repriser, resarcir, restaurer, retaper, stopper

◆ CONTR. I. → DÉCHIRER II. → USER

RÉPROBATEUR, TRICE désapprobateur, improbateur

◆ CONTR. → APPROBATEUR

RÉPROBATION n.f. accusation, anathème, animadversion, attaque, avertissement, blâme, censure, condamnation, critique, désapprobation, détestation (vx), fulmination (relig.), grief, improbation, interdit, malédiction, mise à l'écart/ à l'index/ en quarantaine, objurgation, punition, remontrance, répréhension, réprimande, semonce, tollé, vitupération → REPROCHE

◆ CONTR. I. → JUSTIFICATION II. → APPROBATION III. → SALUT

REPROCESSING n.m. nucl. off. : retraitement (du combustible)

REPROCHABLE I. jurid. : récusable II. → INCERTAIN

◆ CONTR. → IRRÉCUSABLE

REPROCHE n.m. I. accusation, admonestation, avertissement, blâme, censure, critique, désapprobation, diatribe, grief, mercuriale, objurgation, observation, plainte, récrimination, remarque, remontrance, répréhension (vx), réprimande, réquisitoire, semonce → RÉPROBATION II. fam. : abattage (québ.), avoine, chicorée, engueulade, postiche, sauce, savon, shampooing, sermon, suif, tabac III. vx : chasse, monstrance, prônerie, quérimonie, romancine, saboulage, vasselage, vesparie

◆ CONTR. → FÉLICITATION

REPROCHER accuser de, blâmer, censurer, condamner, critiquer, désapprouver, désavouer, faire grief, faire honte, faire reproche de *et les syn. de* reproche, improuver, imputer à faute, incriminer, jeter au nez (fam.), jeter la pierre, remontrer, reprendre, représenter, réprouver, stigmatiser, taxer de, trouver à redire → RÉPRIMANDER

◆ CONTR. I. → COMPLIMENTER II. → EXCUSER

REPRODUCTEUR, TRICE nom et adj. étalon, géniteur, souche

◇ CONTR. → HONGRE

REPRODUCTIBLE les dérivés possibles en -able des syn. de reproduire

◇ CONTR. → INIMITABLE

REPRODUCTION n.f. **I. au pr. 1.** agamie, fécondation, génération, multiplication, peuplement, ponte, prolifération, repeuplement **2.** bruitage, calque, copie, double, doublure, duplicata, duplication, imitation, itération, photocopie, polycopie, répétition, réplique, reprographie **II. par ext. 1.** → IMAGE **2.** → REPRÉSENTATION **3.** → PUBLICATION

◇ CONTR. **I.** → STÉRILITÉ **II.** → ORIGINAL

REPRODUIRE I. au pr. 1. engendrer, féconder, multiplier, produire, renouveler, repeupler **2.** bruiter, calquer, copier, décalquer, démarquer, emprunter, imiter, jouer, mimer, pasticher, plagier → IMITER **3.** photocopier, polycopier, reprographier, ronéoter, ronéotyper **II. par ext. 1.** → RENVOYER **2.** → REFAIRE **3.** → REPRÉSENTER **III. v. pron. 1.** engendrer, multiplier, se perpétuer, procréer, proliférer, se propager, repeupler, sporuler **2.** → RECOMMENCER

◇ CONTR. **I.** → STÉRILISER **II.** → CRÉER **III.** → DISPARAÎTRE

RÉPROUVÉ, E n.m. ou f. **I.** → MISÉRABLE **II.** bouc émissaire, damné, déchu, excommunié, frappé d'interdit/ d'ostracisme, galeux, hors-la-loi, interdit, maudit, mis en quarantaine, outlaw, rejeté, repoussé

◇ CONTR. **I.** → SAINT **II.** → PRIVILÉGIÉ

RÉPROUVER I. → BLÂMER **II.** → MAUDIRE **III.** → REPROCHER

REPTATION n.f. **I.** crapahute (fam.), rampement **II. fig.** → SERVILITÉ

REPTILE n.m. **I.** chélonien, crocodilien, ophidien, prosaurien, saurien **II.** → ALLIGATOR, COULEUVRE, SAURIEN, SERPENT, TORTUE, VIPÈRE

REPU, E assouvi, bien-aise ou benèze (rég.), bourré, dégoûté, euphorique, le ventre plein, pléthorique, rassasié, saturé, soûl, sursaturé

◇ CONTR. → AFFAMÉ

RÉPUBLICAIN, AINE → DÉMOCRATE

RÉPUBLIQUE n.f. démocratie, État, gouvernement, nation

◇ CONTR. → ABSOLUTISME

RÉPUDIATION n.f. → DIVORCE

RÉPUDIER I. → DIVORCER **II.** → REPOUSSER

RÉPUGNANCE n.f. antipathie, aversion, détestation, écœurement, éloignement, exécration, haine, haut-le-cœur, horreur, nausée, peur, prévention, répulsion → DÉGOÛT

◇ CONTR. → INCLINATION

RÉPUGNANT abject, affreux, crasseux, décourageant, dégoûtant, déplaisant, désagréable, écœurant, exécrable, fétide, gras, grivois, grossier, honteux, horrible, ignoble, immangeable, immonde, immoral, incongru, inconvenant, indécent, infâme, infect, innommable, inqualifiable, insupportable, laid, licencieux, maculé, malhonnête, malpropre, nauséabond, nauséeux, obscène, odieux, ord (vx), ordurier, peu ragoûtant, pornographique, puant, rebutant, repoussant, répulsif, révoltant, sale, sordide – fam.: cochon, dégueu, dégueulasse, merdique, porno

◇ CONTR. → SÉDUISANT

RÉPUGNER I. dégoûter, déplaire, faire horreur, inspirer de la répugnance et les syn. de répugnance, rebuter **II.** s'élever contre, être en opposition, s'opposer, rechigner, refuser, renâcler, renifler (fam.) **III.** → REPOUSSER

◇ CONTR. → SÉDUIRE

RÉPULSION n.f. → RÉPUGNANCE

RÉPUTATION n.f. autorité, célébrité, considération, crédit, estime, gloire, honneur, lustre, mémoire, nom, notoriété, popularité, prestige, renom, renommée, résonance, vogue – vx: odeur, prédicament

◇ CONTR. **I.** → ANONYMAT **II.** → DÉFAVEUR **III.** → DÉCHÉANCE

RÉPUTÉ, E → CÉLÈBRE

RÉPUTER compter, considérer, estimer, juger, prendre, présumer, regarder comme

REQUÉRANT, E → DEMANDEUR

REQUÉRIR I. appeler, avoir besoin, commander, demander, exiger, mériter, nécessiter, prescrire, réclamer, rendre nécessaire, supposer, vouloir **II.** adresser/ faire/ formuler/ présenter une requête et les syn. de requête, commander, dire, enjoindre, exiger, exprimer un désir/ une requête/ un souhait/ un vœu, implorer, mander, ordonner, postuler, prier, réclamer, solliciter, souhaiter, vouloir

◇ CONTR. → ACCORDER

REQUÊTE n.f. appel, demande, démarche, imploration, instance, invitation, invocation, pétition, pourvoi, prière, réquisition, réquisitoire, sollicitation, supplication, supplique – vx: placet, quête

◇ CONTR. → FAVEUR

REQUIN n.m. **I. au pr.** → SQUALE **II. fig. 1.** → BANDIT **2.** → FRIPON

REQUINQUER → RÉCONFORTER

REQUIS, E demandé, nécessaire, obligatoire, prescrit, sollicité

◇ CONTR. → INUTILE

RÉQUISITION n.f. I. blocage, embargo, préhension (vx), mainmise II. → REQUÊTE

◊ CONTR. : restitution

RÉQUISITIONNER → PRÉLEVER

RÉQUISITOIRE n.m. **par ext.** : admonestation, blâme, censure, critique, désapprobation, engueulade (fam.), mercuriale, objurgation, observation, plainte, récrimination, remarque, remontrance, réprimande, reproche, semonce

◊ CONTR. → PLAIDOYER

RESCAPÉ, E indemne, miraculé, réchappé, sain et sauf, sauf, sauvé, survivant, tiré d'affaires

◊ CONTR. → VICTIME

RESCINDANT et **RESCISOIRE** nom et adj. → INCOMPATIBLE

RESCINDER annuler, casser, déclarer de nul effet/ nul et non avenu

◊ CONTR. → HOMOLOGUER

RESCOUSSE n.f. aide, appoint, appui, assistance, collaboration, concours, coup d'épaule, égide, intervention, main-forte, secours, soutien, support

◊ CONTR. → ABANDON

RESCRIT n.m. bref, bulle, canon, constitution, décrétale, encyclique, mandement, monitoire, réponse

RÉSEAU n.m. I. **au pr.** : entrelacement, entrelacs, filet, lacs, résille, réticule, tissu II. **fig.** : complication, confusion, enchevêtrement, labyrinthe, lacis

RÉSECTION n.f. ablation, amputation, décapsulation, excision, exérèse, suppression

◊ CONTR. → GREFFE

RÉSÉQUER amputer, couper, enlever, sectionner, supprimer, trancher

◊ CONTR. → GREFFER

RÉSERVATION n.f. location

RÉSERVE n.f. I. → RESTRICTION II. accumulation, amas, approvisionnement, avance, banque, dépôt, disponibilités, économies, en-cas, épargne, fourniture, matelas (fam.), munition (vx), provision, ravitaillement, stock, viatique, victuailles, vivres, volant III. boutique, dépôt, entrepôt, établissement, magasin, resserre, silo IV. → RÉSERVOIR V. bienséance, calme, chasteté, circonspection, componction, congruité, convenance, correction, décence, défensive, délicatesse, dignité, discrétion, froideur, gravité, honnêteté (vx), honte (par ext.), maîtrise de soi, ménagement, mesure, modération, modestie, politesse, prudence, pudeur, pudicité, quant-à-soi, respect, retenue, révérence, sagesse, sobriété, tact, tempérance, tenue, vergogne (vx), vertu VI. → MÉFIANCE VII. **péj.** : pruderie, pudibonderie → HYPOCRISIE VIII.
1. **À LA RÉSERVE DE** : abstraction faite de, à l'exception de, à l'exclusion de, à part, à telle chose près, excepté, exclusivement, fors (vx), hormis, hors, non compris, sauf, sinon
2. **SOUS RÉSERVE DE** : à la condition, conditionnellement

◊ CONTR. I. → ARROGANCE II. → ABANDON III. → DÉSINVOLTURE

RÉSERVÉ, E calme, chaste, circonspect, contenu, convenable, correct, décent, délicat, digne, discret, distant, froid, grave, honnête (vx), maître de soi, mesuré, modéré, modeste, poli, pondéré, prudent, pudique, retenu, sage, secret, silencieux, simple, sobre, tempérant → HÉSITANT – **péj.** : prude, pudibond → HYPOCRITE

◊ CONTR. I. → ARROGANT II. → COMMUNICATIF

RÉSERVÉ (ÊTRE) échoir, être destiné, dévolu/ donné en partage, incomber/ revenir à *et les formes pron. possibles des syn. de* réserver

◊ CONTR. : être → LIBRE

RÉSERVER I. destiner, garder, prédestiner, vouer II. conserver, économiser, entretenir, garantir, garder, maintenir, ménager, préserver, protéger, retenir, sauvegarder, sauver, soigner, tenir en état III. → ARRÊTER

◊ CONTR. I. → RÉSIGNER II. → DISTRAIRE III. → DÉPENSER

RÉSERVOIR n.m. I. barrage, étang, lac artificiel, plan d'eau, réserve, retenue II. château d'eau, citerne, cuve, timbre III. gazomètre, silo IV. aquarium, vivier V. ballast, container *ou* conteneur, coqueron (mar.)

RÉSIDENCE n.f. adresse, demeure, domicile, logement, maison, séjour, siège → HABITATION

RÉSIDENT, E n.m. ou f. → HABITANT

RÉSIDER I. **au pr.** 1. → DEMEURER 2. → HABITER II. **par ext.** 1. → CONSISTER 2. occuper, siéger, tenir

RÉSIDU n.m. I. boue, copeau, fond, lie, limaille, saburre (méd.), sédiment, tartre II. → DÉBRIS III. → DÉCHET IV. → EXCRÉMENT V. → ORDURE VI. brai, cadmie, calamine, cendre, mâchefer, scorie VII. bagasse, bran, grignons, marc, pulpes, tourteau VIII. → RESTE

◊ CONTR. I. matières premières II. → PROVISION

RÉSIGNATION n.f. I. **fav. ou neutre** : abandon, abnégation, altruisme, constance, délaissement (vx), dépouillement, désintéressement, détachement, patience, philosophie, renonciation, sacrifice, silence, soumission II. **non fav.** : apathie, démission, désespérance, fatalisme

◊ CONTR. → RÉVOLTE

RÉSIGNÉ, E → SOUMIS

RÉSIGNER I. abandonner, abdiquer, se démettre, démissionner, se désister, quitter, renoncer II. v. pron. : s'abandonner, accepter, s'accommoder, céder, consentir, s'incliner, passer par, se plier, se résoudre, se soumettre, se taire

◇ CONTR. I. → RÉSERVER II. → RÉVOLTER (SE)

RÉSILIABLE → PRÉCAIRE

RÉSILIATION n.f. → ABROGATION

RÉSILIER abandonner, abolir, abroger, anéantir, annuler, casser, détruire, effacer, éteindre, faire cesser/ disparaître, faire table rase, infirmer, invalider, prescrire, rapporter, rescinder, résoudre, révoquer, supprimer

◇ CONTR. → RENOUVELER

RÉSILLE n.f. → RÉSEAU

RÉSINE n.f. arcanson, baume, cire végétale, colophane, copahu, copal, galipot, gemme, gomme, jalap, laque, sandaraque, sandragon, térébenthine, vernis

RÉSINEUX n.m. → CONIFÈRE

RÉSIPISCENCE n.f. attrition, componction, contrition, désespoir, pénitence, regret, remords, repentance, repentir, ver rongeur

◇ CONTR. → ENDURCISSEMENT

RÉSISTANCE n.f. I. fav. ou neutre. 1. dureté, endurance, fermeté, force, invulnérabilité, rénitence (méd.), solidité, ténacité 2. accroc, difficulté, obstacle, opposition, réaction, refus 3. défense, insurrection, lutte II. non fav. : 1. désobéissance, entêtement, force d'inertie, inertie, intransigeance, obstination, obstruction, opiniâtreté, opposition, regimbement, réluctance, sabotage, sédition 2. mutinerie, rébellion, révolte

◇ CONTR. I. → ASSENTIMENT II. → CAPITULATION III. → FAIBLESSE IV. → SOUMISSION V. → ATTAQUE

RÉSISTANT, E n.m. ou f. dissident, feddayin, F.F.I., franc-tireur, F.T.P., insoumis, maquisard, partisan, patriote → SÉPARATISTE

◇ CONTR. : collaborateur, collabo

RÉSISTANT, E adj. I. fav. ou neutre. 1. au pr. : endurant, increvable (fam.), fort, invulnérable, nerveux, robuste, rustique, solide, tenace, vivace 2. imprenable, indéracinable, inexpugnable, inextirpable 3. par ext. : dur, inusable, rénitent (méd.) II. non fav. : 1. désobéissant, dur, opiniâtre, rebelle, reluctant, têtu 2. coriace, couenneux, ferme, membraneux, tendineux

◇ CONTR. I. → FRAGILE II. → TENDRE III. → SOUMIS

RÉSISTER I. au pr. : s'arc-bouter, se cabrer, contester, contrarier, contrecarrer, se dé-

battre, se défendre, se dresser, s'entêter, faire face, s'insurger, lutter, maintenir, se mutiner, s'obstiner, s'opposer, protester, se raidir, réagir, se rebeller, se rebiffer, rechigner, refuser, se refuser à, regimber, se relever, renâcler, se renflouer, répondre, repousser, se révolter, rouspéter, ruer dans les brancards, tenir, tenir bon/ ferme, tenir tête – vx : étriver, se piéter, récalcitrer, rétiver II. par ext. : souffrir, soutenir, supporter, survivre, tenir le coup

◇ CONTR. I. → CÉDER II. → CAPITULER III. → SOUMETTRE (SE)

RESISTOJET n.m. spat. off. : propulseur électrothermique

RÉSOLU, E I. vx : résous II. 1. quelqu'un : assuré, audacieux, brave, carré, constant, convaincu, courageux, crâne, décidé, déterminé, énergique, ferme, fixé, franc, hardi, net, opiniâtre, tranchant 2. quelque chose : arrêté, certain, choisi, conclu, convenu, décidé, décisif, décrété, délibéré, entendu, fixé, irrévocable, jugé, ordonné, précis, prononcé, réglé, tranché, vu

◇ CONTR. : irrésolu

RÉSOLUBLE décidable, soluble → PRÉCAIRE

RÉSOLUMENT courageusement, décidément, délibérément, de pied ferme, énergiquement, fermement, franchement, hardiment et les adv. en -ment formés à partir des syn. de résolu

◇ CONTR. → PEUT-ÊTRE

RÉSOLUTION n.f. I. au pr. 1. décomposition, division, réduction, séparation, transformation 2. abolition, diminution, disparition, relâchement, résorption 3. annulation, destruction, dissolution, rédhibition, rescision, résiliation, révocation 4. analyse, opération, résultat, solution 5. achèvement, bout, clef, coda, conclusion, épilogue, extrémité, fin, queue, terme II. par ext. 1. but, certitude, choix, conseil (vx), désir, dessein, détermination, disposition, exigence, intention, pacte, parti, position, projet, propos, proposition, souhait, vœu, volition, volonté 2. assurance, audace, caractère, constance, courage, cran, décision, détermination, énergie, fermeté, force d'âme, hardiesse, initiative, obstination, ressort, ténacité, volonté, vouloir 3. péj. : entêtement, opiniâtreté

◇ CONTR. → INDÉTERMINATION

RÉSONANCE n.f. I. au pr. : écho, résonnement (vx), retentissement, réverbération, son, sonorité II. fig. → RÉPUTATION

RESONANCE ESCAPE PROBABILITY nucl. off. : facteur antitrappe

RÉSONNANT, E ample, assourdissant, bruyant, carillonnant, éclatant, fort, gros, haut, plein, retentissant, sonore, vibrant

◇ CONTR. → SOURD

RÉSONNER bruire, clinquer, faire du bruit, faire écho, rebondir, renvoyer, retentir, tinter, triller, vibrer
◇ CONTR. : être → SOURD

RÉSORBER et **RÉSOUDRE** I. au pr. 1. → DISSOUDRE 2. → ABOLIR 3. analyser, calculer, dénouer, deviner, en finir, faire disparaître, solutionner, trancher, trouver, vider II. par ext. → DÉCIDER III. v. pron. 1. adopter un parti/ une solution, conclure, décider, s'exécuter, faire le pas/ le saut, finir par, franchir le Rubicon, se hasarder à, pourvoir à, prendre parti, prendre son parti, en venir à 2. *les formes pron. possibles des syn. de* résoudre
◇ CONTR. : être → INDÉTERMINÉ

RESPECT n.m. I. au sing. 1. considération, courtoisie, déférence, égard, estime, gloire, honneur, révérence, vénération 2. admiration, affection, culte, dévotion, piété 3. amour-propre, pudeur, réserve II. au plur. : civilités, devoirs, hommages, salutations
◇ CONTR. I. → IRRÉVÉRENCE II. → VIOLATION III. → BLASPHÈME

RESPECTABILITÉ n.f. → HONNÊTETÉ

RESPECTABLE auguste, considéré, correct, digne, estimable, grave, honnête, honorable, majestueux, méritant, noble, parfait, prestigieux, sacré, vénérable, vertueux
◇ CONTR. I. → INSIGNIFIANT II. → VIL

RESPECTER I. au pr. : adorer, avoir/ célébrer/ rendre un culte, avoir des égards envers/ pour, estimer, glorifier, honorer, magnifier, révérer, saluer la mémoire, tenir en estime, vénérer II. par ext. : conserver, épargner, garder, obéir à, observer
◇ CONTR. I. → DÉDAIGNER II. → MÉPRISER III. → PROFANER IV. → VIOLER V. → BAFOUER

RESPECTIF, IVE → PARTICULIER

RESPECTUEUSEMENT de façon → RESPECTUEUSE *et les dérivés possibles en* -ment *des syn. de* respectueux

RESPECTUEUX, EUSE I. affectueux, attaché, attentif, attentionné, déférent, pieux, poli II. craintif, humble, soumis
◇ CONTR. I. → IRRÉVÉRENCIEUX II. → MÉPRISANT

RESPIRATION n.f. anhélation, aspiration, expiration, haleine, inhalation, respir(e) (vx et québ.), souffle
◇ CONTR. → ESSOUFFLEMENT

RESPIRER I. au pr. : anhéler, s'ébrouer, exhaler, expirer, haléner, haleter, inhaler, inspirer, muffer (arg.), panteler, pousser (vét.), souffler, soupirer → ASPIRER II. fig. 1. → VIVRE 2. → MONTRER
◇ CONTR. → ÉTOUFFER

RESPLENDIR brasiller, briller, chatoyer, éblouir, éclairer, éclater, étinceler, flamboyer, fulgurer, jeter des feux, luire, miroiter, poudroyer, rayonner, reluire, rutiler, scintiller
◇ CONTR. I. être → TERNE II. → OBSCURCIR

RESPLENDISSANT, E → BEAU

RESPONSABILITÉ n.f. I. → GARANTIE II. culpabilité, implication, imputabilité III. → CHARGE IV. PRENDRE LA RESPONSABILITÉ → ENDOSSER
◇ CONTR. → IMMUNITÉ

RESPONSABLE I. adj. 1. comptable → GARANT 2. condamnable, coupable, fautif, justiciable, pendable, punissable, répréhensible 3. → CONSCIENT II. nom 1. décideur 2. → ENVOYÉ 3. → CAUSE
◇ CONTR. → INNOCENT

RESQUILLE n.f. → TROMPERIE

RESQUILLEUR, EUSE n.m. ou f. → TRICHEUR

RESQUILLER écornifler, se faufiler, frauder, tricher → TROMPER
◇ CONTR. → PAYER

RESSAISIR (SE) I. → RETROUVER (SE) II. → RATTRAPER (SE)

RESSASSER → RÉPÉTER

RESSASSEUR, EUSE → RADOTEUR

RESSAUT n.m. → SAILLIE

RESSEMBLANCE n.f. I. accord, affinité, analogie, association, communauté, comparaison, conformité, connexion, contiguïté, convenance, correspondance, harmonie, homologie, lien, parenté, relation, similitude, voisinage II. apparence, image, imitation, incarnation, personnification, réplique, semblance (vx)
◇ CONTR. → DIFFÉRENCE

RESSEMBLANT, E → SEMBLABLE

RESSEMBLER s'apparenter, approcher de, avoir des traits communs/ un rapport à/ avec, confiner à, correspondre, être la copie/ l'image/ le portrait/ la réplique de, participer de, procéder de, rappeler, se rapporter à, se rapprocher de, tenir de, tirer sur
◇ CONTR. → DISTINGUER (SE)

RESSENTIMENT n.m. aigreur, amertume, animosité, colère, dégoût, dent, dépit, haine, hostilité, rancœur, rancune, vindicte
◇ CONTR. I. → AMITIÉ II. → PARDON

RESSENTIR → SENTIR

RESSERRE n.f. → RÉSERVE

RESSERRÉ, E encaissé, étranglé, étroit
◇ CONTR. → VASTE

RESSERREMENT n.m. astriction, astringence, constriction, contraction, crispation, étranglement, rétrécissement, striction
◇ CONTR. → DILATATION

RESSERRER I. au pr. → SERRER **II. par ext.**
1. abréger, amoindrir, comprimer, condenser, contracter, convulser, crisper, diminuer,
étrangler, étrécir, étriquer, rétrécir
2. contracturer, presser, rapprocher, refermer, tasser **3.** → RÉSUMER **III. v. pron.** : se ratatiner, se recroqueviller, se retirer, se rétracter
et les formes pron. possibles des syn. de resserrer
◇ CONTR. **I.** → ÉLARGIR **II.** → DESSERRER **III.** →
OUVRIR

RESSORT n.m. I. techn. : paillet **II. par ext. 1.** →
MOTEUR **2.** → MOYEN **3.** ardeur, audace, bravoure, cœur, courage, cran, crânerie, décision, dynamisme, endurance, énergie, fermeté, force, hardiesse, héroïsme,
impétuosité, intrépidité, résolution, tonus,
vaillance, valeur, volonté, zèle **III. ÊTRE DU
RESSORT DE. 1.** attribution, autorité, compétence, domaine, pouvoir **2.** → SPHÈRE
◇ CONTR. **I.** → DÉCOURAGEMENT **II.** → FATIGUE

RESSORTIR I. avancer, déborder, dépas-
ser, mordre sur, passer, saillir **II. par ext. 1.** dépendre de → RÉSULTER **2.** apparaître, apparoir (vx ou jurid.), s'avérer, être avéré, se
révéler
◇ CONTR. **I.** ⎪ DISPARAÎTRE **II.** ⎪ REVENIR

RESSORTIR À → DÉPENDRE

RESSORTISSANT, E nom et adj. I. assujetti, justiciable **II.** aborigène, autochtone, citoyen, contadin, habitant, indigène, natif,
naturel
◇ CONTR. → SANS-PATRIE

RESSOURCE n.f. I. au sing. 1. arme, atout,
connaissance, excuse, expédient, moyen,
planche de salut, recours, refuge, remède,
ressort, secours **2.** façon, méthode, procédé,
système, truc **II. au pl. 1.** → FACULTÉ **2.** argent,
avantage, bourse, casuel, dotation, économies, finances, fonds, fortune, fruit, gain, indemnité, intérêt, pension, prébende (par
ext.), rapport, recette, rente, rentrée, retraite,
richesse, salaire, usufruit **3. vx et relig.** :
commende, fabrique, mainmorte, portion
congrue
◇ CONTR. → PAUVRETÉ

RESSOUVENIR (SE) → RAPPELER (SE)

RESSUSCITER I. v. tr. → RÉTABLIR (SE) **II. v.
intr.** → REVIVRE

RESSUYER éponger, étancher, sécher
◇ CONTR. → INONDER

RESTANT n.m. → RESTE

RESTAURANT n.m. I. auberge, buffet, cabaret, cafeteria, caféterie, cantine, crêperie,
fast-food *ou* restauration rapide (off.), feu de
bois, friterie, gargote (péj.), grill, grillade,
grill-room, hostellerie, hôtellerie, mess, piz-

zeria, popote, rastel (mérid.), relais, restauration, restoroute, rôtisserie, self-service, taverne, trattoria → BRASSERIE **II. vx** : bouillon,
tournebride **III. fam** : bouiboui, crèmerie, res-
tau

**RESTAURATEUR, TRICE nom et adj.
I.** aubergiste, buffetier, hôte, hôtelier, rôtisseur, traiteur – **péj.** : fricotier, gargotier, marchand de soupe **II.** réparateur, rhabilleur
◇ CONTR. → DESTRUCTEUR

RESTAURATION n.f. I. → RENAISSANCE
II. amélioration, embellissement, reconstruction, réfection, réparation, rhabillage **III.** hôtellerie
◇ CONTR. → ABANDON

RESTAURER I. alimenter, donner à man-
ger, entretenir, faire manger, nourrir, rassa-
sier, soutenir, sustenter **II.** → RÉPARER **III.** →
RÉTABLIR **IV.** → RÉCONFORTER
◇ CONTR. **I.** → ABANDONNER **II.** → DÉTRUIRE
III. → DESTITUER

RESTE n.m. I. au sing. : complément, crédit,
débit, demeurant, différence, excédent, excès, reliquat, résidu, solde, soulte, surplus,
talon – **vx** : débet, remenant **II. au pl. 1.** déblai,
débris, décharge, déchet, décombres, démolitions, éboulis, épave, gravats, gravois,
miettes, plâtras, restant, vestiges **2.** cadavre,
cendres, mort, ossements, poussière, reliques **3.** arlequin (vx), desserte, épluchures,
pelures, ragornotes, regrat (vx), reliefs, reli-
quats, rogatons, trognons **III. 1. AU/ DU
RESTE** : d'ailleurs, de plus, et puis **2. TOUT LE
RESTE** : bataclan, et caetera, saint-frusquin,
toutim, tremblement → BAZAR
◇ CONTR. → TOTALITÉ

RESTER I. → DEMEURER **II.** → SUBSISTER

RESTITUER I. → REDONNER **II.** → RÉTABLIR

RESTITUTION n.f. → RÉPARATION

RESTREINDRE borner, cantonner, circonscrire, contingenter, délimiter, limiter,
localiser, réduire
◇ CONTR. → AGRANDIR

RESTREINT, E → ÉTROIT

RESTRICTIF, IVE diminutif, limitatif, prohibitif, répressif
◇ CONTR. : étendu, général, large

RESTRICTION n.f. I. → RÉDUCTION
II. économie, empêchement, épargne, parci-
monie, rationnement, réticence **III.** → RÉ-
SERVE
◇ CONTR. → AUGMENTATION

RÉSULTANTE n.f. → PRODUIT

RÉSULTAT n.m. aboutissement, achèvement, bilan, but, conclusion, conséquence,
contrecoup, décision, dénouement, effet,

événement, fin, fruit, issue, portée, produit, quotient, résultante, réussite, score, solution, somme, succès, suite, terminaison
◊ CONTR. **I.** → COMMENCEMENT **II.** → ÉNONCIATION

RÉSULTER I. découler, dépendre, s'ensuivre, entraîner, être issu, naître, procéder, provenir, ressortir, sortir/ venir de **II. IL RÉSULTE DE :** apparaître, apparoir (vx ou jurid.), se déduire, se dégager, impliquer, ressortir, tenir
◊ CONTR. → OCCASIONNER

RÉSUMÉ I. adj. : abrégé, amoindri, bref, concis, court, cursif, diminué, écourté, laconique, lapidaire, limité, raccourci, rapetissé, réduit, resserré, restreint, schématique, simplifié, sommaire, succinct **II. n.m. :** abrégé, abréviation, aide-mémoire, analyse, aperçu, argument, bréviaire, compendium, digest, diminutif, éléments, épitomé, esquisse, extrait, manuel, notice, plan, précis, promptuaire, raccourci, récapitulation, réduction, rudiment, schéma, sommaire, somme, synopsis, topo (fam.)
◊ CONTR. → DÉVELOPPEMENT

RÉSUMER abréger, analyser, condenser, diminuer, écourter, préciser, ramasser, récapituler, réduire, reprendre, resserrer, synthétiser
◊ CONTR. → DÉVELOPPER

RÉSURGENCE n.f. **I.** source vauclusienne **II.** → RETOUR

RÉSURGENT, E → INTERMITTENT

RÉSURRECTION n.f. **par ext. :** âge d'or, jugement dernier, millénium, parousie → RENAISSANCE
◊ CONTR. → MORT

RÉTABLIR I. au pr. : ramener, rebouter, reconstituer, reconstruire, redresser, refaire, reguinder (vx), relever, remettre, réparer, replacer, restaurer, restituer **II. par ext. 1.** réadapter, réhabiliter, réinsérer, réinstaller, réintégrer **2.** améliorer, arranger, guérir, rambiner (arg.), ranimer, réconforter, rendre la santé, sauver **III. v. pron. :** guérir, recouvrer la santé, se relever, se remettre, reprendre des forces, ressusciter, en revenir, s'en tirer *et les formes pron. possibles des syn. de* rétablir
◊ CONTR. **I.** → DÉTRUIRE **II.** → ALTÉRER

RÉTABLISSEMENT n.m. **I.** amélioration, convalescence, guérison, recouvrement, redressement, relèvement, remise → RESTAURATION **II.** réadaptation, réhabilitation, réinsertion, réintégration
◊ CONTR. **I.** → AGGRAVATION **II.** → DESTRUCTION **III.** → INTERRUPTION

RETAPE n.f. **I.** → PROPAGANDE **II.** → PROSTITUTION

RETAPER I. → RÉPARER **II.** → RÉCONFORTER

RETARD n.m. **I. au pr. :** ajournement, atermoiement, manœuvre dilatoire, retardement, temporisation – **vx :** dilation, temporisement **II. par ext. 1.** attardement, lenteur, piétinement, ralentissement **2.** décalage, délai, remise **3.** immaturité **III. EN RETARD. 1.** arriéré, sous-développé **2.** archaïque, démodé, périmé **3.** à la bourre (fam.), à la queue, à la traîne, en arrière
◊ CONTR. **I.** → AVANCEMENT **II.** → ACCÉLÉRATION

RETARDATAIRE nom et adj. **I.** → RETARD **II.** → RETARDÉ

RETARDÉ, E ajourné, arriéré, attardé, débile, débile mental, demeuré, diminué, handicapé, idiot, immature, inadapté, inintelligent, reculé, retardataire, retenu, tardif, taré
◊ CONTR. → AVANCÉ

RETARDEMENT n.m. → RETARD

RETARDER ajourner, arrêter, arriérer (vx), atermoyer, attendre, décaler, différer, éloigner, faire lanterner/ traîner, prolonger, promener, proroger, ralentir, reculer, remettre, renvoyer, reporter, repousser, surseoir/ tarder à, temporiser, tergiverser, traîner
◊ CONTR. **I.** → ACCÉLÉRER **II.** → DEVANCER

RETENIR I. au pr. 1. conserver, détenir, garder, maintenir, réserver **2.** confisquer, déduire, précompter, prélever, rabattre, saisir → RETRANCHER **3.** accorer (mar.), accrocher, amarrer, arrêter, attacher, brider, clouer, coincer, comprimer, consigner, contenir, contraindre, emprisonner, enchaîner, endiguer, fixer, freiner, immobiliser, modérer, ralentir, serrer la vis (fam.), tenir, tenir de court/ en brassières (fam.)/ en lisière/ en tutelle **II. par ext.** → RAPPELER (SE) **III. RETENIR SES LARMES :** dévorer, étouffer, ravaler, réprimer **IV. v. pron.** → MODÉRER (SE)
◊ CONTR. **I.** → ABANDONNER **II.** → ANIMER **III.** → LIBÉRER

RÉTENTION n.f. → CONFISCATION

RETENTIR faire écho, rebondir, renvoyer, résonner, tinter, triller, vibrer
◊ CONTR. : émettre un bruit → SOURD

RETENTISSANT, E I. au pr. : ample, assourdissant, bruyant, carillonnant, éclatant, fort, gros, haut, plein, résonnant, sonore, vibrant **II. par ext. :** célèbre, connu, éclatant, éminent, fameux, fracassant, illustre, légendaire, notoire, renommé, réputé, sensationnel, terrible (fam.), tonitruant, triomphant → EXTRAORDINAIRE
◊ CONTR. **I.** → SOURD **II.** → INSIGNIFIANT

RETENTISSEMENT n.m. bruit, publicité → SUCCÈS
◇ CONTR. → INSUCCÈS

RETENU, E I. au pr.: calme, chaste, circonspect, contenu, convenable, correct, décent, délicat, digne, discret, distant, froid, grave, honnête (vx), maître de soi, mesuré, modéré, modeste, poli, pondéré, prudent, pudique, réservé, sage, secret, silencieux, simple, sobre, tempérant – **péj.**: prude, pudibond → HYPOCRITE **II. par ext.**: collé (fam.), consigné, puni
◇ CONTR. → LIBRE

RETENUE n.f. **I.** bienséance, bon genre, bonne éducation, bonnes manières, bon ton, calme, chasteté, circonspection, componction, congruité, convenance, correction, décence, délicatesse, dignité, discrétion, distinction, effacement, froideur, gravité, honte (par ext.), maîtrise de soi, ménagement, mesure, modération, modestie, politesse, prudence, pudeur, pudicité, quant-à-soi, réserve, respect, révérence, sagesse, sérieux, sobriété, tact, tempérance, tenue, vertu. **1. vx**: honnêteté, prud'homie, vergogne **2. péj.**: pruderie, pudibonderie → HYPOCRISIE **II.** barrage, étang, lac artificiel, plan d'eau, réserve, réservoir **III.** colle (fam.), consigne, punition **IV.** précompte → CONFISCATION
◇ CONTR. **I.** → HARDIESSE **II.** → DÉSINVOLTURE **III.** → ÉPANCHEMENT

RÉTICENCE n.f. **I.** aposiopèse (rhétor.) **II.** → SILENCE **III.** → SOUS-ENTENDU **IV.** → RESTRICTION **V.** → RÉSERVE

RÉTICENT, E → HÉSITANT

RÉTICULE n.m. **I.** aumônière, porte-monnaie, sac **II.** → RÉSEAU

RÉTIF, IVE désobéissant, difficile, entêté, frondeur, hargneux, indisciplinable, indiscipliné, indocile, indomptable, insoumis, insubordonné, passif, quinteux, ramingue (équit.), rebelle, récalcitrant, rêche, réfractaire, regimbant, regimbeur, révolté, rude, têtu, vicieux, volontaire
◇ CONTR. **I.** → OBÉISSANT **II.** → DOUX

RETIRÉ, E à l'écart, désert, détourné, écarté, éloigné, isolé, perdu, secret, solitaire
◇ CONTR. → FRÉQUENTÉ

RETIRER I. au pr. → TIRER **II. par ext. 1.** percevoir, reprendre, soustraire, soutirer, toucher → PRENDRE **2.** enlever, extraire, ôter, quitter, retraire (vx) **III. v. pron. 1.** s'enterrer, faire retraite → PARTIR **2.** → RENONCER **3.** → RESSERRER (SE) **4.** → ABANDONNER **5.** les formes pron. possibles des syn. de retirer
◇ CONTR. **I.** → METTRE **II.** → DONNER **III.** → RAPPROCHER **IV.** → ENTRER **V.** → ENVAHIR

RETOMBÉE n.f. → SUITE

RETOMBER I. au pr. → TOMBER **II. par ext. 1.** rechuter, récidiver, recommencer **2.** se rabattre, redescendre → PENDRE **3.** rebondir, rejaillir, ricocher
◇ CONTR. **I.** → AMÉLIORER (S') **II.** → DEMEURER

RÉTORQUER → RÉPONDRE

RETORS, E nom et adj. **I.** artificieux, astucieux, cauteleux, chafouin, combinard, ficelle, fin, finaud, fine mouche, futé, madré, malin, matois, renard, roublard, roué, sac à malices, trompeur, vieux routier **II.** → HYPOCRITE **III.** → RUSÉ
◇ CONTR. **I.** → DROIT **II.** → SIMPLE

RÉTORSION n.f. **I.** → RÉPONSE **II.** → VENGEANCE

RETOUCHE n.f. → CORRECTION

RETOUCHER I. → CORRIGER **II.** → REVOIR

RETOUR n.m. **I. au pr. 1.** → TOUR **2.** changement, réapparition, rebondissement, recommencement, récurrence, regain, renaissance, renouveau, renouvellement, rentrée, répétition, ressourcement, résurgence, réveil, rythme **II. par ext. 1.** alternance, évolution, fluctuation, nutation, oscillation, retournement, variation **2.** → RUSE **3.** échange, réciprocité, rétroaction, ricochet **4.** → RAPATRIEMENT **III. PAYER DE RETOUR** → RÉPONDRE
◇ CONTR. **I.** → ALLER **II.** → DÉPART

RETOURNEMENT n.m. **I. au pr.**: conversion **II. par ext. 1.** cabriole, changement, reniement, renversement **2.** → VARIATION
◇ CONTR. **I.** → IMMOBILISME **II.** → IMMOBILITÉ

RETOURNER I. v. intr.: aller, s'éloigner, rebrousser chemin, rentrer, repartir, revenir → PARTIR **II. v. tr. 1.** bêcher, fouiller, labourer, remuer, verser (vx) **2.** bouleverser, émouvoir, troubler **3.** faire retour, réexpédier, refuser, renvoyer **4.** regagner, réintégrer, rejoindre **5.** → TRANSFORMER **III. v. pron. 1.** → RATTRAPER (SE) **2.** les formes pron. possibles des syn. de retourner
◇ CONTR. → DEMEURER

RETRACER I. conter, débiter, décrire, détailler, développer, dire, expliquer, exposer, narrer, peindre, raconter, rapporter, réciter, relater, rendre compte, tracer **II.** commémorer, évoquer, faire revivre, mentionner, rappeler
◇ CONTR. **I.** → TAIRE (SE) **II.** → PROPHÉTISER

RÉTRACTATION n.f. abandon, abjuration, annulation, changement d'opinion, désaveu, palinodie, reniement, réparation d'honneur, retournement, retournement de veste (fam.)
◇ CONTR. **I.** → AFFIRMATION **II.** → AVEU **III.** → CONFIRMATION

RÉTRACTER (SE) I. au pr. : se ratatiner/ recroqueviller/ resserrer/ retirer **II. par ext.** : annuler, se contredire, déclarer forfait, se dédire/ délier/ démentir/ désavouer/ désister, manquer à sa parole, palinodier, se raviser, reprendre sa parole, revenir sur, révoquer → ABJURER

◊ CONTR. **I.** → AFFIRMER **II.** → AVOUER **III.** → CONTINUER

RÉTRACTION et **RETRAIT n.f., n.m. I.** décrochage, décrochement, éloignement, évacuation, recul, reculade, reculement, reflux, régression, repli, retiraison, retirement, retraite, rétrogradation, rétrogression **II.** → PRÉLÈVEMENT **III.** → ABOLITION

◊ CONTR. → AVANCEMENT

RETRAITE n.f. I. → RECUL **II.** → ABRI **III.** → SOLITUDE **IV.** → REVENU **V. BATTRE EN RETRAITE** → RECULER

RETRANCHEMENT n.m. I. au pr. 1. coupe, déduction, défalcation, diminution, réfaction, soustraction, suppression **2.** épuration, exclusion, excommunication **3.** élagage, taille **4.** ablation, amputation, résection, sectionnement **5.** abréviation, aphérèse, élimination **II. par ext.** : abri, barricade, bastion, circonvallation, contrevallation, défense, fortification, ligne, tranchée → FORTERESSE

◊ CONTR. **I.** → ADDITION **II.** → DÉCOUVERT (À)

RETRANCHER I. au pr. 1. couper, démembrer, distraire, élaguer, émonder, enlever, exclure, expurger, imputer, lever, ôter, prélever, prendre, retirer, rogner, séparer, supprimer, tirer **2.** amputer, cureter, mutiler, réséquer **3.** décompter, déduire, défalquer, extourner, rabattre, retenir, ristourner, soustraire **II. par ext. 1.** abréger, accourcir, biffer, châtier, corriger, déléaturer (typo), purger, tronquer **2.** balayer, censurer, désaffecter, épurer, exclure, excommunier, ostraciser, réformer **III. v. pron. 1.** se défendre, se fortifier, se mettre à l'abri, se protéger, se rabattre, se retirer **2.** *les formes pron. possibles des syn. de* retrancher

◊ CONTR. **I.** → AJOUTER **II.** → ASSOCIER **III.** → INSÉRER

RÉTRÉCI, E I. au pr. : contracté, diminué, étranglé, étréci, étroit, exigu, resserré **II. fig.** → BORNÉ

◊ CONTR. → AMPLE

RÉTRÉCIR I. v. tr. : borner, contracter, contracturer, diminuer, étrangler, étrécir, reprendre, resserrer, restreindre → RÉDUIRE **II. v. intr.** : dessécher, grésiller, raccourcir, racornir, se ratatiner (fam.), se resserrer, se retirer

◊ CONTR. → AGRANDIR

RÉTRÉCISSEMENT n.m. contraction, contracture, diminution, étranglement, raccourcissement, racornissement, resserrement, restriction, sténose (méd.)

◊ CONTR. → AGRANDISSEMENT

RETREMPER encourager, exalter, exciter, fortifier, raffermir, ranimer, ravigoter, raviver, réchauffer, relever, remonter, ressusciter, rétablir, retaper, réveiller, revigorer, revivifier, vivifier

◊ CONTR. **I.** → DÉCOURAGER **II.** → ÉLOIGNER (S')

RÉTRIBUER → PAYER

RÉTRIBUTION n.f. I. au pr. : **1.** appointements, cachet, commission, courtage, dividendes, droits d'auteur, émoluments, fixe, gages, gain, gratification, guerdon (vx), honoraires, indemnité, jeton de présence, jour, journée, liste civile, marge, mensualité, minerval (vx ou rég.), mois, paie *ou* paye, paiement, pige, pourboire, pourcentage, prêt, salaire, semaine, solde, tantième, traitement, vacation **2.** → BÉNÉFICE **3.** → RÉMUNÉRATION **II. par ext.** → RÉCOMPENSE

◊ CONTR. → PRÉLÈVEMENT

RETRIEVAL inform. off. : retrouve

RÉTROACTIF, IVE antérieur, passé, récapitulatif, rétrospectif

RÉTROACTION n.f. autorégulation, feedback, réaction

RÉTROCÉDER extourner, redonner, rembourser, remettre, rendre, restituer

◊ CONTR. → CONSERVER

RÉTROCESSION n.f. → REMBOURSEMENT

RETROFIT (KIT) n.m. milit. off. : (lot de) rattrapage

RÉTROGRADATION n.f. → RECUL

RÉTROGRADE arriéré, conservateur, immobiliste, intégriste, obscurantiste → RÉACTIONNAIRE

◊ CONTR. **I.** → NOUVEAU **II.** → ACTUEL **III.** → MODE (À LA) **IV.** → PROGRESSISTE

RÉTROGRADER I. au pr. → RECULER **II. par ext. 1.** → BAISSER **2.** → DÉTRÔNER

RÉTROSPECTIVE n.f. flash-back, retour en arrière

RETROUSSER écarter, rebiquer (fam.), recoquiller, relever, remonter, soulever, trousser → LEVER

◊ CONTR. → BAISSER

RETROUVAILLES n.f. pl. → RENCONTRE

RETROUVER I. au pr. 1. reconquérir, recouvrer, récupérer, regagner, reprendre, ressaisir **2.** atteindre, attraper, gagner, joindre, rallier, rattraper, regagner, rejoindre, tomber sur **II. par ext.** : distinguer, identifier, reconnaître, remettre, trouver **III. v. pron. 1.** s'orienter, se reconnaître **2.** se redresser,

se remettre, se reprendre, se ressaisir **3.** *les formes pron. possibles des syn. de* retrouver
◆ CONTR. **I.** → PERDRE **II.** → OUBLIER

RETS n.m. pl. → FILET

RÉUNION n.f. **I. de choses. 1.** accumulation, adjonction, agglomération, agrégation, amalgame, anastomose (méd.), annexion, assemblage, combinaison, concentration, confusion, conjonction, convergence, entassement, groupement, incorporation, jonction, mélange, rapprochement, rassemblement, rattachement, synthèse, union **2.** accord, adhérence, alliance, enchaînement, fusion, liaison, mariage, rencontre **3.** amas, bloc, bouquet, chapelet, choix, collection, couple, ensemble, faisceau, gerbe, groupe, masse, salade (fam.), tas **II. de personnes. 1.** assemblée, assise, assistance, auditoire, briefing, carrefour, cénacle, comice, comité, commission, compagnie, concours, conférence, confrérie, congrégation, congrès, conseil, consistoire, contact, débat, débriefing, forum, groupe, groupement, journée, meeting, panel (angl.), plenum, rassemblement, rencontre, rendez-vous, séance de travail, séminaire, symposium, table ronde **2.** colonie, communauté, confédération, fédération, population, société, syndicat **3.** aréopage, chambre, chapitre, concile, conclave, consistoire, convent, convention, discrétoire, états généraux, sénat, soviet, synode, tenue **4.** bal, bridge, cinq-à-sept, cocktail, fête, garden-party *ou* jardin-partie (off.), raout *ou* rout (angl.), réception, sauterie, soirée, surprise-partie, thé **5.** → MARCHÉ **6. non fav. :** chœur, clan, clique, coalition, complot, conciliabule, conventicule, coterie, junte, quarteron, ramas, ramassis
◆ CONTR. **I.** → DIVISION **II.** → DÉSAGRÉGATION **III.** → SÉPARATION

RÉUNIR I. des choses. 1. accumuler, additionner, agencer, amasser, entasser, mélanger, mêler, raccorder, rassembler, recomposer, rejoindre, relier, remembrer, unir **2.** agglomérer, agglutiner, agréger, agrouper (vx), amalgamer, annexer, assembler, bloquer, combiner, concentrer, conglober, conglomérer, conglutiner, conjoindre, épingler, fondre, globaliser, grouper, intégrer, joindre, rapprocher, rattacher, rejoindre **3.** accoupler, adjoindre, appareiller, apparier, faire adhérer, mettre ensemble, synthétiser **4.** canaliser, capter, centraliser, classer, codifier, collectionner, colliger, cumuler, recueillir **5.** concilier, confondre, englober **II. des personnes :** aboucher, assembler, associer, convoquer, grouper, inviter, rassembler, regrouper **III. v. pron. 1.** s'associer,

concourir, confluer, se fondre, fusionner **2.** s'attabler, se rencontrer, se retrouver **3.** *les formes pron. possibles des syn. de* réunir
◆ CONTR. **I.** → DIVISER **II.** → SÉPARER **III.** → RETRANCHER **IV.** → ANALYSER

RÉUSSI, E accompli, bien venu, fadé (fam.), heureux → PARFAIT
◆ CONTR. → MANQUÉ

RÉUSSIR I. quelque chose : s'acclimater, s'accomplir, avancer, bien tourner, fleurir, fructifier, marcher, plaire, prendre, prospérer **II. quelqu'un :** aboutir, achever, arriver, atteindre le but, avoir la main heureuse/ du succès, bien jouer/ marcher, briller, faire carrière, faire du/ son chemin, faire florès/ fortune, finir par, gagner, mener à bien, parvenir, percer, rupiner (fam.), s'en tirer, toucher au but, triompher, venir à bout
◆ CONTR. **I.** → MANQUER **II.** → ÉCHOUER

RÉUSSITE n.f. **I.** bonheur, gain, triomphe, veine, victoire → CHANCE, SUCCÈS **II.** patience (jeu)
◆ CONTR. → INSUCCÈS

REVALORISATION n.f. accroissement, actualisation, augmentation, bond, élévation, enchérissement, hausse, haussement, majoration, montée des prix, progression, relèvement, valorisation
◆ CONTR. → DÉPRÉCIATION

REVALORISER accroître, actualiser, augmenter, élever, faire monter, enchérir, hausser, majorer, monter, réévaluer, rehausser, relever, remonter, renchérir, surenchérir
◆ CONTR. → DÉPRÉCIER

REVANCHE n.f. **I.** compensation, consolation, dédommagement, rampeau, réparation, retour **II.** châtiment, némésis, œil pour œil, dent pour dent, punition, représailles, ressentiment, rétorsion, riposte, talion, vendetta, vengeance **III.** belle, match-retour **IV. EN REVANCHE :** à côté, au contraire, en contrepartie, en outre, en récompense, en retour, inversement, mais, par contre
◆ CONTR. → PARDON

REVANCHER (SE) châtier, corriger, laver, punir, redresser, réparer, riposter, sévir, se venger, vider une querelle
◆ CONTR. **I.** → OUBLIER **II.** → EXCUSER

RÉVASSER → RÊVER

RÊVE n.m. **I. au pr. :** onirisme, songe, vision **II. par ext. 1.** rêvasserie, rêverie, songerie **2.** cauchemar, phantasme **3.** ambition, espérance → DÉSIR **4.** conception, idée, imagination, spéculation **5.** château en Espagne, chimère, fiction, illusion, irréalisme, mirage, utopie
◆ CONTR. **I.** → RÉALITÉ **II.** → ACTION

RÊVÉ, E → IDÉAL

REVÊCHE I. **quelque chose** : rêche, rude II. **quelqu'un** : abrupt, acariâtre, âcre, aigre, âpre, bourru, difficile, dur, grincheux, grognon, hargneux, intraitable, massacrant, mauvais coucheur, porc-épic, rébarbatif, rêche, renfrogné, rogue, rude – **vx** : quinteux, rebours ◆ CONTR. I. → AIMABLE II. → DOUX

RÉVEIL n.m. I. → HORLOGE II. → RENAISSANCE

RÉVEILLE-MATIN n.m. → HORLOGE

RÉVEILLER I. éveiller, sonner le branle-bas (fig. et fam.), tirer du sommeil II. → RANIMER III. **v. pron. fam.** : faire surface, ouvrir l'œil ◆ CONTR. I. → ENDORMIR II. → ENGOURDIR III. → CALMER

RÉVEILLON n.m. → REPAS

RÉVÉLATEUR, TRICE nom et adj. accusateur, caractéristique, déterminant, distinctif, essentiel, particulier, personnel, propre, saillant, significatif, spécifique, symptomatique, typique ◆ CONTR. I. → SECRET II. → TROMPEUR

RÉVÉLATION n.f. aveu, confidence, décèlement, déclaration, dévoilement, divulgation, ébruitement, indiscrétion, initiation, instruction, mise au courant/ au parfum (fam.) → PUBLICATION ◆ CONTR. I. → SECRET II. → TROMPERIE

RÉVÉLER I. **au pr.** 1. arborer, déballer, déployer, désigner, développer, étaler, exhiber, exposer, indiquer, manifester, présenter, représenter 2. découvrir, dégager, dénuder, dessiner, donner, faire/ laisser deviner, manifester 3. apprendre, avouer, confesser, confier, déceler, déclarer, découvrir, dénoncer, dévoiler, dire, divulguer, exposer, laisser percer/ voir, lever le voile, mettre au jour, montrer, s'ouvrir, percer à jour, publier, trahir (péj.), vendre la mèche (fam.) 4. apercevoir, comprendre, discerner, reconnaître, remarquer, repérer, saisir, voir II. **fig.** 1. décrire, démasquer, dépeindre, dévoiler, évoquer, exprimer, mettre dans, offrir, peindre, raconter 2. démontrer, dire, écrire, établir, prouver, signaler, souligner 3. annoncer, attester, déceler, dénoncer, dénoter, enseigner, exhaler, instruire, produire, témoigner 4. accuser, affecter, afficher, affirmer, déclarer, faire briller/ entendre/ montre de/ voir, marquer, respirer III. **v. pron.** : apparaître, éclater, être, paraître, ressortir, surgir *et les formes pron. possibles des syn.* de révéler ◆ CONTR. I. → CACHER II. → TAIRE

REVENANT n.m. apparition, double, ectoplasme, esprit, fantôme, lémure, ombre, spectre, vision

REVENANT-BON n.m. → BÉNÉFICE

REVENDEUR, EUSE → MARCHAND

REVENDICATION n.f. adjuration, appel, assomption, conjuration, demande, démarche, desiderata, désir, doléance, exigence, imploration, instance, interpellation, interrogation, pétition, placet, plainte, prétention, prière, protestation, question, quête (vx), réclamation, recours, récrimination, requête, sollicitation, sommation, souhait, supplique, vœu, volonté ◆ CONTR. → SATISFACTION

REVENDIQUER adresser/ faire/ former/ formuler/ présenter une revendication *et les syn. de* revendication, briguer, demander, désirer, dire, enjoindre, exiger, exprimer un désir/ une revendication/ un souhait, implorer, imposer, insister, interpeller, interroger, mander, mendier (péj.), ordonner, pétitionner, se plaindre, postuler, prescrire, présenter un cahier de doléances/ un placet/ une requête/ une revendication/ une supplique, prétendre à, prier, protester, quémander, questionner, quêter (vx), rechercher, réclamer, récriminer, requérir, solliciter, sommer, souhaiter, supplier, vouloir ◆ CONTR. I. être → SATISFAIT II. → SATISFAIRE

REVENIR I. **au pr.** : faire demi-tour, se rabattre, rallier, rebrousser chemin, reculer, refluer, regagner, réintégrer, rejoindre, rentrer, reparaître, repasser, retourner, retourner en arrière/ sur ses pas – **fam.** : se ramener, rappliquer II. **par ext.** 1. s'occuper de, se remettre à, reprendre, retourner à → RECOMMENCER 2. → REVOIR 3. afférer, échoir, incomber, retomber sur III. 1. REVENIR SUR SA PAROLE : annuler, se contredire, déclarer forfait, se dédire, se délier, se démentir, désavouer, se désister, manquer à sa parole, se rétracter 2. REVENIR SUR QUELQUE CHOSE → RÉPÉTER 3. REVENIR DE LOIN → RÉTABLIR (SE) 4. REVENIR À QUELQU'UN → PLAIRE 5. REVENIR À TEL PRIX → VALOIR 6. REVENIR À DE MEILLEURS SENTIMENTS : s'amender, se convertir → RÉCONCILIER (SE) ◆ CONTR. I. → PARTIR II. → ABANDONNER

REVENTE n.f. rétrocession ◆ CONTR. → RACHAT

REVENU n.m. allocation, arrérages, avantage, casuel, commende (relig. et vx), dividende, dotation, fermage, fruit, gain, intérêt, loyer, mense (vx), métayage, pension, prébende, produit, profit, rapport, recette, redevance, rente, rentrée, retraite, royalties, salaire, tontine, usufruit, viager → BÉNÉFICE ◆ CONTR. I. → ARGENT II. → BIEN III. → TERRE IV. → DÉPENSE

REVENUE n.f. → POUSSE

RÊVER I. faire des rêves II. **par ext.** : bayer, béer, être distrait, rêvasser, songer – **fam.** : bayer aux corneilles, berlurer, être dans les nuages, gambergeailler, gamberger, planer, visionner III. **fig.** **1.** ambitionner, aspirer à, convoiter, désirer, rechercher, souhaiter → VOULOIR **2.** fantasmer, forger, imaginer, méditer, projeter, réfléchir, spéculer → PENSER **3. vx** : chimériser, fantasier **4. non fav.** : divaguer → DÉRAISONNER

◆ CONTR. → RÉALISER

RÉVERBÉRATION n.f. diffusion, rayonnement, reflet, réflexion

RÉVERBÈRE n.m. **vx** : bec de gaz, lanterne

RÉVERBÉRER diffuser, faire écho, réfléchir, refléter, rendre, renvoyer, répercuter, reproduire, transmettre

◆ CONTR. → ÉTOUFFER

RÉVÉRENCE n.f. **I. au pr. 1.** considération, courtoisie, déférence, égard, estime, honneur, respect, vénération **2.** affection, culte, piété **3.** amour-propre, pudeur, réserve **II. par ext.** : courbette, hommage, inclination de tête, plongeon (fam.), prosternation, prosternement, salamalec (péj.), salut

◆ CONTR. → IRRÉVÉRENCE

RÉVÉRENCIEL, LE → CRAINTIF

RÉVÉRENCIEUX, EUSE cérémonieux, déférent, humble, obséquieux (péj.), poli, respectueux, révérenciel (vx)

◆ CONTR. → IRRÉVÉRENCIEUX

RÉVÉRER adorer, avoir/ célébrer/ rendre un culte, déifier, encenser, estimer, glorifier, gratifier d'estime/ de faveur/ d'honneur, honorer, magnifier, respecter, saluer la mémoire, tenir en estime

◆ CONTR. **I.** → DÉDAIGNER **II.** → OFFENSER

RÊVERIE n.f. **I.** → RÊVE **II.** → ILLUSION

REVERS n.m. **I.** derrière, dos, doublure, envers, obvers, parement, pile, rebras, repli, retrousses, verso **II.** accident, aventure fâcheuse, cacade (mérid.), déboire, déception, désillusion, échec, épreuve, infortune, insuccès, malchance, malheur, orage, traverse, vicissitude → DÉFAITE

◆ CONTR. **I.** → AVERS **II.** → RÉUSSITE

REVERSE n.m. **aviat. off.** inversion de jet/ de pas

REVERSER n.m. **aviat. off.** inverseur de jet/ de poussée

REVERSER → REMBOURSER

REVÊTEMENT n.m. **I.** asphaltage, boisage, carrelage, chape, chemise, couche, crépi, cuirasse, dallage, enduction, enduit, enveloppe, habillage, parement, pavage, peinture, protection, vernis **II. 1.** asphalte, enrobé, goudron, macadam **2.** quick, tartan, terre-battue **3.** téflon **4.** jonchée

◆ CONTR. → SUPPORT

REVÊTIR I. → VÊTIR **II.** → RECOUVRIR **III.** → ORNER **IV.** → POURVOIR

REVÊTU, E I. → VÊTU **II.** armé, blindé, couvert, cuirassé, défendu, flanqué, fortifié, garanti, muni, paré, préservé, protégé

◆ CONTR. → NU

RÊVEUR, EUSE I. absent, absorbé, abstrait, contemplatif, dans les nuages, distrait, méditatif, occupé, pensif, préoccupé, rêvasseur, rêvassier, songeard (vx), songeur, soucieux **II.** imaginatif, utopiste

◆ CONTR. **I.** → ÉVEILLÉ **II.** › ACTIF

RÊVEUSEMENT avec → DISTRACTION, de façon → RÊVEUR *et les dérivés possibles en* -ment *des syn. de* rêveur

REVIGORER aider, conforter, consoler, ragaillardir, ranimer, ravigoter, raviver, réconforter, refaire, relever le courage/ les forces/ le moral, remettre, remonter, réparer, requinquer (fam.), restaurer, rétablir, retaper, soutenir, stimuler, sustenter

◆ CONTR. **I.** → ABATTTRE **II.** → ENDORMIR **III.** → DÉCOURAGER

REVIREMENT n.m. cabriole, palinodie, pirouette, retournement (de veste), revirade (vx ou rég.), volte-face → CHANGEMENT

◆ CONTR. → CONSTANCE

RÉVISER I. → REVOIR **II.** → RÉPARER **III.** → RÉPÉTER

RÉVISEUR n.m. censeur, correcteur, corrigeur, lecteur

◆ CONTR. → ÉCRIVAIN

RÉVISION n.f. **I.** → VÉRIFICATION **II.** → AMÉLIORATION

RÉVISIONNISTE nom et adj. déviationniste, réformiste, réviso (fam.) → RÉVOLUTIONNAIRE

◆ CONTR. → CONFORMISTE

REVIVIFIER animer, augmenter, encourager, exalter, exciter, raffermir, ranimer, ravigoter, raviver, réchauffer, rehausser, relever, remonter, ressusciter, rétablir, retaper, retremper, réveiller, revigorer, vivifier

◆ CONTR. → ÉTOUFFER

REVIVRE I. au pr. : renaître, se renouveler, respirer, ressusciter **II. fig.** : évoquer → RAPPELER (SE)

◆ CONTR. → DÉPÉRIR

RÉVOCABLE → PRÉCAIRE

RÉVOCATION n.f. **I.** abolition, abrogation, annulation, contrordre, dédit **II. de quelqu'un** :

congédiement, destitution, licenciement, renvoi, suspension

◇ **CONTR. I.** → CONSERVATION **II.** → NOMINATION

REVOIR I. au pr. : examiner, reconsidérer, revenir sur, reviser **II. par ext. 1.** châtier, corriger, fatiguer, limer, polir, raboter, raccommoder, rapetasser, rapiécer, ravauder, rectifier, réformer, remanier, reprendre, retoucher **2.** → RAPPELER (SE) **3.** → RÉPÉTER **III. 1. AU REVOIR** : à bientôt, à demain, adieu **2. fam.** : à la prochaine, à la revoyure, au plaisir, bye-bye *ou* bye, ciao, salut

◇ **CONTR.** → CLASSER

RÉVOLTANT, E bouleversant, choquant, criant, dégoûtant, indigne

◇ **CONTR.** → AIMABLE

RÉVOLTE n.f. action, agitation, chouannerie, contestation, contumace (vx), désobéissance, dissidence, ébullition, effervescence, faction, fermentation, feu, fronde, fronderie, guerre civile, insoumission, insubordination, insurrection, jacquerie, lutte, mouvement, mutinerie, opposition, protestation, putsch, rébellion, regimbement, résistance, révolution, rouspétance (fam.), sécession, sédition, soulèvement, subversion, trouble, violence → ÉMEUTE

◇ **CONTR. I.** → SOUMISSION **II.** → SAGESSE

RÉVOLTÉ, E nom et adj. I. activiste, agitateur, antisocial, asocial, contestataire, dissident, émeutier, factieux, insoumis, insurgé, meneur, mutin, rebelle, réfractaire, révolutionnaire, séditieux **II.** → OUTRÉ

◇ **CONTR. I.** → SOUMIS **II.** → TRANQUILLE

RÉVOLTER I. choquer, dégoûter, écœurer, fâcher, indigner, rebecquer, soulever **II. pron. 1. au pr.** : entrer en lutte, s'insurger, se mutiner, se rebeller, résister, se soulever **2. par ext.** : se cabrer, contester, crier au scandale, désobéir, se dresser/ s'élever contre, être rempli d'indignation, se fâcher, s'indigner, refuser, regimber, renâcler

◇ **CONTR. I.** → CALMER **II.** → SOUMETTRE (SE)

RÉVOLU, E accompli, achevé, déroulé, écoulé, fini, passé, sonné (fam.), terminé

◇ **CONTR. I.** → ACTUEL **II.** → PROCHAIN

RÉVOLUTION n.f. I. au pr. : circuit, courbe, cycle, rotation **II. par ext. 1.** bouleversement, cataclysme, chambardement, changement, convulsion, incendie, raz de marée, renversement, tourmente **2.** → RÉVOLTE

◇ **CONTR. I.** → CONSERVATISME **II.** → TRANQUILLITÉ

RÉVOLUTIONNAIRE nom et adj. I. agitateur, barricadier, contestataire, desperado, insurgé, militant, novateur, rebelle, séditieux, subversif, terroriste → RÉVOLTÉ **II.** acti-

viste, anarchiste, gauchiste, déviationniste, maoïste, nihiliste, progressiste, quarante/ soixante-huitard, réformiste, révisionniste, situationniste – **vx** : communard, jacobin, libéral, partageux, radical, républicain, sansculotte, socialiste **III.** → NOUVEAU

◇ **CONTR. I.** → RÉACTIONNAIRE **II.** → TRADITIONALISTE

RÉVOLUTIONNER I. agiter, bouleverser, chambarder, changer, remplacer → RENVERSER **II.** → ÉMOUVOIR

◇ **CONTR.** → CONSERVER

REVOLVER n.m. → PISTOLET

RÉVOQUER I. casser, débouter, déchoir, démettre de, démissionner, dénuer de, déplacer, déposer, dépouiller, destituer, détrôner, limoger, mettre en disponibilité, priver, rappeler, relever de ses fonctions, suspendre – **fam.** : débarquer, dégommer, dégoter, faire sauter, ficher/ foutre/ mettre à la porte, virer **II.** → ABOLIR **III. RÉVOQUER EN DOUTE** : contester, douter de, mettre en doute, nier, rejeter, suspecter

◇ **CONTR. I.** → APPELER **II.** → AFFECTER **III.** → RÉTABLIR

REVUE n.f. I. catalogue, cens, compte, dénombrement, détail, énumération, état, évaluation, inventaire, liste, litanie, recensement, rôle, statistique **II.** défilé, parade, prise d'armes **III.** → SPECTACLE **IV.** annales, bihebdomadaire, bimensuel, bimestriel, bulletin, cahier, digest, gazette, hebdomadaire, illustré, journal, livraison, magazine, mensuel, organe, périodique, publication, tabloïd(e), trimestriel

RÉVULSER → CHAVIRER

RÉVULSIF, IVE I. adj. : épispastique, vésicant **II. nom masc.** : cataplasme, Rigollot, rubéfiant, sinapisme, vésicatoire

◇ **CONTR.** → CALMANT

REWRITER n.m. off. : adaptateur, rédacteur-réviseur

REWRITING n.m. off. : adaptation, récriture

REZ-DE-CHAUSSÉE n.m. rez-de-jardin

◇ **CONTR.** : cave, combles, entresol, étages, grenier, mansarde, sous-sol

RHIZOME n.m. → RACINE

RHABILLER → RÉPARER

RHAPSODE n.m. → POÈTE

RHAPSODIE n.f. I. → MÉLANGE **II.** → RAMAS

RHÉTEUR n.m. → ORATEUR

RHÉTORIQUE n.f. I. → ÉLOQUENCE **II. figures de rhétorique 1. de mots** : abus *ou* catachrèse, allégorie, allitération, allusion, anacoluthe, anadiplose, anaphore, anastrophe, antiptose, aphérèse, apocope, attraction, crase, diérèse, ellipse, énallage, épenthèse, euphémisme, extension, homéoptote, homéotéleute, hypallage, hyperbate, hyperbole, hystérologie, imitation, ironie, isocolon, métaphore, métaplasme, métathèse, métonymie, onomatopée, paragoge, parenthèse, paronomase, pléonasme, polysyndète, prosthèse, réduplication, sarcasme, syllepse *ou* synthèse, synchisis, syncope, synecdoque, synérèse, synonymie, tmèse, zeugma **2.** **de construction ou de pensée :** accumulation, allégorie, anticipation *ou* prolepse, antithèse, antonomase, aposiopèse *ou* réticence *ou* paralipse *ou* prétérition, chiasme, communication, comparaison *ou* similitude, concession *ou* épitrope, correction *ou* épanorthose, déprécation, description, distribution, dubitation, énumération, épiphonème, exagération *ou* hyperbole, exclamation, gradation, hypotypose, imprécation, interrogation, litote *ou* exténuation, métaphore, métastase, métonymie, obsécration, optation, paroxysme, périphrase, prosopopée, récapitulation, réfutation *ou* récrimination, suspension, synecdoque

RHIZOME n.m. → RACINE

RHOMBE n.m. **I.** losange **II.** → TOUPIE

RHUM n.m. alcool/ eau-de-vie de canne à sucre, bacardi, ratafia, tafia

RHUMATISANT, E nom et adj. – **vx :** chiragre, goutteux, impotent, podagre

RHUMATISME n.m. arthrite, arthrose, douleurs, goutte, lumbago, polyarthrite, sciatique

RHUME n.m. catarrhe, coryza, coup de froid, enchifrènement (fam.), grippe, refroidissement, rhinite, toux

RIANT, E nom et adj. **I.** → RÉJOUI **II.** → GRACIEUX

RIBAMBELLE n.f. → SUITE

RIBAUD, E I. → VAURIEN **II.** → PROSTITUÉE

RIBAUDEQUIN n.m. → CANON

RIBLAGE n.m. → POLISSURE

RIBLER → POLIR

RIBLON n.m. → DÉCHET

RIBOTE et **RIBOULDINGUE** n.f. godaille (vx), noce, orgie → DÉBAUCHE

RICANEMENT n.m. → RAILLERIE

RICANER → RIRE

RICANEUR, EUSE nom et adj. contempteur, méprisant, moqueur
◇ CONTR. → ADORATEUR

RICHE I. quelqu'un : aisé, calé (vx), capitaliste, crésus, florissant, fortuné, heureux, huppé,

milliardaire, millionnaire, multimillionnaire, nanti, opulent, parvenu, pécunieux, ploutocrate, possédant, pourvu, prospère, renté, rentier, richard, richissime, satrape (péj.) – **fam. :** à l'aise, argenté, argenteux, armé, aux as, boyard, cossu, cousu d'or, friqué, galetteux, gros, grossium, milord, nabab, rotschild, rupin **II.** **quelque chose.** **1.** → FERTILE **2.** abondant, copieux, éclatant, fastueux, luxueux, luxuriant, magnifique, nourri, plantureux, somptueux → BEAU **3.** raffiné, nourrissant, roborant, roboratif, succulent
◇ CONTR. → PAUVRE

RICHEMENT avec → RICHESSE, de façon → RICHE *et les dérivés possibles en* -ment *des syn. de riche*

RICHESSE n.f. **I.** **au pr.** **1.** moyens, or, pactole, ressources, trésor → ARGENT **2.** aisance, avoir, bien-être, biens, ce qu'il faut, chevance (vx), de quoi, fortune, opulence, prospérité **II.** **par ext.** **1.** abondance, apparat, beauté, confort, débauche (par ext.), éclat, excès, faste, luxe, majesté, magnificence, opulence, pompe, profusion, somptuosité, splendeur, surabondance **2.** → QUALITÉ **3.** → FERTILITÉ
◇ CONTR. → PAUVRETÉ

RICOCHER → SAUTER

RICOCHET n.m. **I.** **au pr.** → SAUT **II.** **fig. :** choc en retour, conséquence, éclaboussure, effet, rebondissement, rejaillissement, retour → SUITE

RICTUS n.m. → GRIMACE

RIDE n.f. **I.** **au pr. :** creux, ligne, patte-d'oie, pli, raie, ridule, sillon **II.** **par ext.** **1.** fente, gerçure, inégalité, onde, plissement, rainure, rayure, strie **2.** **méd. :** vergetures, vibices

RIDÉ, E I. **quelque chose.** **1.** **neutre :** doublé, fraisé, froncé, ondulé, plié, plissé, ruché **2.** **non fav. :** chiffonné, fripé, froissé, grimaçant, grippé **II.** **la peau :** froncé, parcheminé, raviné
◇ CONTR. → LISSE

RIDEAU n.m. **I.** banne, brise-bise, brise-soleil, brise-vent, cantonnière, ciel de lit, conopée (liturg.), courtine, draperie, étoffe, moustiquaire, portière, store, tenture, toile, voilage, voile **II.** écran, ligne, obstacle, tablier

RIDÉE n.f. → FILET

RIDER I. **au pr. :** froncer, marquer, plisser, raviner, sillonner **II.** **fig.** **1.** convulser, crisper **2.** flétrir, ravager **3.** rabougrir, ratatiner
◇ CONTR. **I.** → POLIR **II.** → ALLONGER **III.** → RENOUVELER

RIDICULE I. **adj. :** absurde, amusant, bête, bizarre, bouffon, burlesque, caricatural, cocasse, comique, croquignole, croquignolet, dérisoire, drôle, farfelu, funambulesque, grotesque, impossible, incroyable, insensé, loufoque, pédant, prudhommesque, saugrenu, sot, ubuesque → RISIBLE **II. n.m. 1. quelqu'un** : bouffon, galantin, gandin, jocrisse, m'as-tu-vu, mijaurée, pecque, plaisantin, précieux, rigolo (fam.), tocard → PLAISANT **2. un comportement** : défaut, imperfection, ridiculité (vx), travers

◇ CONTR. → CONVENABLE

RIDICULEMENT de façon → RIDICULE *et les dérivés possibles en* -ment *des syn. de* ridicule

RIDICULISER affubler, bafouer, brocarder, caricaturer, chansonner, dégrader, draper, habiller, moquer, railler, rire de, tourner en dérision/ en ridicule – **vx** : trufer *ou* truffer, tympaniser

◇ CONTR. **I.** → LOUER **II.** → HONORER

RIEN I. adv. : aucunement, nullement, pas, point – **vx** : de bibus, goutte, grain, mie, zest, zist **II. interj. 1.** néant, négatif, nenni (vx), non **2. arg. ou fam.** : balle-peau, ballon, bernique, ceinture, de la briquette, des clopes/ clopinettes/ clous/ dattes/ haricots/ nèfles, du beurre au → FESSIER/ à l'intendance/ en branche/ en broche, du flan, fifre, lap, la peau, macache, mégot, mon → FESSIER, mon → SEXE, nada, nib, nibergue, niente, nisco, oualou, pas la queue d'un, pas une broque/ une chique/ un clou, peau de balle/ de zébi/ de zob, pollop, pouic, pour du beurre/ des prunes/ le roi de Prusse, que dalle/ tchi, râpé, rognon, tintin, tringle, tripette **III. n.m. 1.** absence, inanité, misère, néant, peu de chose, vide, zéro **2.** → BAGATELLE

◇ CONTR. **I.** → TOTALITÉ **II.** → BEAUCOUP **III.** → PEU **IV.** quelque chose de → SÉRIEUX

RIEUR, RIEUSE nom et adj. bon vivant, boute-en-train, content, enjoué, épanoui, gai, guilleret, heureux, hilare, joyeux, réjoui, riant, riard, rigolard, rigolo, Roger-Bontemps, vive-la-joie

◇ CONTR. → TRISTE

RIFLANDOUILLE → GLOUTON

RIG n.m. **pétr. off.** : appareil/ plate-forme de forage

RIGIDE I. au pr. : empesé, engoncé, inflexible, guindé, raide → TENDU **II.** → DUR **III. fig.** : ascétique, austère, étroit, grave, implacable, inhumain, insensible, janséniste, puritain, rigoriste, rigoureux, sec, sévère, spartiate, strict

◇ CONTR. **I.** → SOUPLE **II.** → DOUX

RIGIDEMENT avec → RIGIDITÉ, de façon → RIGIDE *et les dérivés possibles en* -ment *des syn. de* rigide

RIGIDITÉ n.f. **I. au pr.** : consistance, raideur, résistance, solidité, turgescence → DURETÉ **II. fig.** : ascétisme, austérité, gravité, implacabilité, inclémence, inflexibilité, insensibilité, jansénisme, puritanisme, rigorisme, rigueur, rudesse, sécheresse, sévérité

◇ CONTR. **I.** → SOUPLESSE **II.** → DOUCEUR

RIGOLADE n.f. → DIVERTISSEMENT

RIGOLE n.f. caniveau, cassis, coupure, fossé, goulotte, lapiaz, lapié, ruisseau, ruisselet, ruisson, saignée, sangsue, séguia → CANAL

RIGOLER I. → BADINER **II.** → PLAISANTER **III.** → RIRE

RIGOLLOT n. déposé → SINAPISME

RIGOLO, OTE nom et adj. **I.** amusant, comique, drôle, plaisant → RISIBLE – **fam.** : marrant, poilant, rigolard, torboyautant, tordant **II.** → PLAISANT **III.** → PISTOLET **IV.** → INCAPABLE

◇ CONTR. → ENNUYEUX

RIGORISME n.m. → RIGIDITÉ

RIGORISTE nom et adj. → RÉACTIONNAIRE

RIGOUREUSEMENT absolument, âprement, étroitement, exactement, formellement, logiquement, mathématiquement, précisément, scrupuleusement, strictement, totalement *et les adv. en* -ment *formés à partir des syn. de* rigoureux

◇ CONTR. **I.** → ENVIRON **II.** → DOUCEMENT

RIGOUREUX, EUSE I. quelqu'un. → RIGIDE **II. quelque chose. 1. neutre** : certain, exact, géométrique, implacable, juste, logique, mathématique, méticuleux, nécessaire, ponctuel, précis, serré, strict **2. non fav.** : âpre, cruel, draconien, excessif, froid, glacial, inclément, rude, sévère

◇ CONTR. **I.** → DOUX **II.** → SOUPLE **III.** → APPROCHANT

RIGUEUR n.f. **I. non fav. 1.** âpreté, cruauté, dureté, implacabilité, inclémence. inflexibilité **2.** frimas, froid, intempérie **3.** → RIGIDITÉ **II. fav. ou neutre** : fermeté, rectitude → PRÉCISION

◇ CONTR. **I.** → DOUCEUR **II.** → IMPRÉCISION

RIME n.f. **I.** → CONSONANCE **II.** → VERS

RIMER I. → VERSIFIER **II.** → CORRESPONDRE

RIMEUR, EUSE n.m. ou f. → POÈTE

RINCÉE n.f. → PLUIE

RINCER I. → MOUILLER **II.** → LAVER

RING n.m. estrade, planches, podium

RINGARD n.m. **I.** → PIQUE-FEU **II.** → COMÉDIEN

RINGARD, E I. → MAUVAIS **II.** → SURANNÉ

RIPAILLE n.f. bâfre, bâfrée, bamboche, bombance, bombe, ribote → REPAS – **vx** : carrousse, mangerie

◇ CONTR. → JEÛNE

RIPAILLER I. → FESTOYER II. → MANGER

RIPER → GLISSER

RIPOPÉE n.f. I. → MÉLANGE II. → RAGOÛT

RIPOSTE n.f. I. → RÉPONSE II. → VENGEANCE III. contre-attaque, contre-offensive
◇ CONTR. → ATTAQUE

RIPOSTER → RÉPONDRE

RIPPER n.m. tr. pub. off. : défonceuse (portée)

RIQUIQUI n.m. 1. alcool, brandevin, eau-de-vie, esprit-de-vin, mêlé, mêlé-cass (fam.), mêlé-cassis, tord-boyaux (fam.) 2. auriculaire, petit doigt

RIQUIQUI adj. : étriqué, mesquin, minable, parcimonieux, pauvre → PETIT

RIRE I. au pr. 1. se dérider, se désopiler, éclater de rire, s'esclaffer, glousser, pleurer de rire, pouffer sourire 2. vx : s'ébaudir/ ébouffer/ épouffer, rioter 3. fam. : se bidonner/ boyauter/ dilater la rate, se fendre la gueule/ la margoulette/ la pêche/ la pipe/ la poire/ la pomme/ la terrine/ la tronche, se gondoler/ marrer/ poiler/ tirebouchonner/ tordre, s'en payer une tranche, ricasser, rigoler II. par ext. 1. s'amuser, se divertir, s'égayer, s'en payer (fam.), prendre du bon temps, se réjouir, rigoler 2. badiner, baratiner (fam.), jouer, plaisanter III. **RIRE DE QUELQU'UN** : brocarder, dédaigner, mépriser, se moquer, narguer, nasarder (vx), railler, ricaner, ridiculiser, tourner en ridicule
◇ CONTR. → PLEURER

RIRE n.m. I. au pr. : éclat, enjouement, fou rire, hilarité → GAIETÉ – fam. : marrade, poilade, rigolade II. par ext. : raillerie, ricanement, rictus, ris, risée, risette, sourire, souris
◇ CONTR. → LARME

RIS n.m. I. thymus II. → RIRE

RISÉE n.f. I. → RIRE II. → RAILLERIE III. → RAFALE

RISETTE (FAIRE) → FLATTER

RISIBLE I. amusant, bouffon, cocasse, comique, désopilant, drolatique, drôle, drôlet, exhilarant, farce, farfelu, fou, hilarant, humoristique, impayable, ineffable, inénarrable, plaisant, ridicule II. fam. : bidonnant, boyautant, canularesque, courtelinesque, crevant, gondolant, gonflant, marrant, poilant, rigolo, roulant, transpoil, ubuesque → TORDANT
◇ CONTR. I. → SÉRIEUX II. → TRISTE

RISIBLEMENT de façon → RISIBLE *et les dérivés possibles en* -ment *des syn. de* risible

RISQUE n.m. I. → DANGER II. → HASARD

RISQUÉ, E I. aléatoire, audacieux, aventureux, chanceux, dangereux, exposé, fou, glandilleux (arg.), gratuit, hardi, hasardé, hasardeux, imprudent, incertain, misé, osé, périlleux, téméraire, tenté II. scabreux → OBSCÈNE
◇ CONTR. I. → CERTAIN II. → CHASTE

RISQUER I. au pr. : affronter, aventurer, braver, commettre, compromettre (péj.), courir le hasard/ le risque *et les syn. de* risque, se décider, défier, émettre, engager, entreprendre, éprouver, essayer, exposer, friser, frôler, hasarder, jouer, jouer gros jeu/ son va-tout, se lancer, mettre en danger/ en jeu/ le prix, tenter – fam. : risquer le pacsif/ pacson/ paquet II. par ext. → EXPÉRIMENTER
◇ CONTR. → ASSURER

RISQUE-TOUT n.m. → CASSE-COU

RISSOLER cuire, dorer, gratiner, mijoter, rôtir

RISTOURNE n.f. abattement, bonification, déduction, diminution, discount, escompte, extourne, guelte, prime, quelque chose (fam.), rabais, réduction, remboursement, remise, sou du franc, tant pour cent
◇ CONTR. I. → AUGMENTATION II. → AGIO

RISTOURNER → RETRANCHER

RIT ou **RITE** n.m. I. au pr. 1. sacramental → CÉRÉMONIE 2. → PROTOCOLE II. par ext. → HABITUDE

RITOURNELLE n.f. antienne, chanson, chant, leitmotiv, rabâchage (péj.), refrain, rengaine, répétition, scie

RITUEL n.m. I. au pr. : pénitentiel, pontifical, processionnal, sacramentaire II. par ext. 1. → RITE 2. livre, recueil → COLLECTION

RITUEL, LE I. → TRADITIONNEL II. → RELIGIEUX

RITUELLEMENT → TRADITIONNELLEMENT

RIVAGE n.m. I. → BORD II. → PAYS

RIVAL, E nom et adj. I. au pr. : adversaire, antagoniste, combattant, compétiteur, concurrent, égal, émulateur, émule, ennemi, opposant II. par ext. → AMANT
◇ CONTR. → ADJOINT

RIVALISER I. → ÉGALER II. → LUTTER

RIVALITÉ n.f. antagonisme, combat, compétition, concours, concurrence, conflit, défi, émulation, jalousie, joute, lutte, opposition, tournoi
◇ CONTR. → COOPÉRATION

RIVE n.f. → BORD

RIVER I. → FIXER II. → ATTACHER

RIVERAIN, E adjacent, attenant, avoisinant, circonvoisin, contigu, environnant, immédiat, joignant, limitrophe, mitoyen, prochain, proche, rapproché, voisin
◇ CONTR. → ÉLOIGNÉ

RIVET n.m. **I.** → POINTE **II.** → ATTACHE

RIVIÈRE n.f. **I. au pr.** : affluent, avalaison *ou* avalasse, canal, collecteur, cours d'eau, émissaire, fleuve, gave, oued, platière, ravine, ru, ruisseau, torrent, tributaire, voie fluviale **II. RIVIÈRE DE DIAMANTS** → COLLIER

RIXE n.f. affrontement, altercation, bagarre, bataille, batterie (vx), bigorne, castagne, combat, coups et blessures, crêpage de chignons, crosses, dispute, échauffourée, lutte, mêlée, noise, pétard, pugilat, rififi → QUERELLE

◇ CONTR. → ACCORD

ROB n.m. **I.** → SUCRE **II.** → JEU

ROBE n.f. **I. au pr.** : aube, cafetan, chiton, djellaba, épitoge, fourreau, froc, gandoura, gonne (vx), haïk, kimono, péplum, rochet, roupane (arg.), sari, simarrre, soutane, surplis, toilette, tunique → VÊTEMENT ; **ROBE DE CHAMBRE** : déshabillé, peignoir, saut-de-lit, sortie de bain, tea-gown (angl.) **II. par ext. 1.** → POIL **2.** → ENVELOPPE **3. du cheval** : alezan, alezan brun/ doré, aquilain *ou* aquilant, arzel, aubère, bai, bai brun/ clair, baillet, balzan, blanc, blanc argenté, brun, cavecé, châtain, clair, fauve, gris, gris moucheté, isabelle, louvet, marron, miroité, moreau, moucheté, noir, noir jais, pie, pinchard, pommelé, rouan, rubican, saure, souris, tigré, tisonné, tourdille, truité, zain

ROBINET n.m. anche, by-pass, callibistri (vx ou rég.), cannelle, chantepleure, doisil, dousil, douzil, fausset, prise, purgeur, reniflard, vanne

ROBINETTERIE n.f. **par ext.** : sanitaire, tuyauterie

ROBORATIF, IVE → REMONTANT

ROBOT n.m. androïde, automate, engin cybernétique/ à commande automatique, machine de Vaucanson

ROBOTIQUE n.f. → AUTOMATION

ROBUSTE costaud, dru, ferme, fort, fort comme un chêne/ comme un Turc (fam.), grand, gros, herculéen, inébranlable, infatigable, malabar, musclé, puissant, râblé, résistant, solide, vigoureux, vivace

◇ CONTR. → FAIBLE

ROBUSTEMENT avec → SOLIDITÉ, de façon → ROBUSTE *et les dérivés possibles en* -ment *des syn. de* robuste

ROBUSTESSE n.f. → SOLIDITÉ

ROC n.m. → ROCHE

ROCADE n.f. → VOIE

ROCAILLE I. n.f. → CAILLASSE **II. adj.** : rococo

ROCAILLEUX, EUSE I. au pr. : caillouteux, graveleux, pierreux, rocheux **II. par ext.** → RUDE

◇ CONTR. **I.** carrossable, praticable **II.** → PLAT

ROCAMBOLE n.f. **I.** → PLAISANTERIE **II.** → BAGATELLE

ROCAMBOLESQUE abracadabrant, bizarre, drôle, ébouriffant, étonnant, étrange, exceptionnel, exorbitant, extraordinaire, extravagant, fantastique, formidable, impensable, impossible, improbable, inconcevable, incroyable, inimaginable, insoutenable, invraisemblable, paradoxal, renversant

◇ CONTR. → BANAL

ROCHE et **ROCHER** n.f., n.m. bloc, boulder, caillasse, caillou, étoc (mar.), galet, minéral, moellon, parpaing, pavé, roc, sédiment → PIERRE

ROCHET n.m. aube, froc, mantelet, surplis

ROCHEUX, EUSE → ROCAILLEUX

ROCK n.m. **I.** → MONSTRE **II.** → DANSE

ROCKET n.f. off. **I. spat.** : fusée **II. milit.** : roquette **III. ROCKET ENGINE** (spat.) : moteur-fusée

ROCOCO I. au pr. : rocaille **II. par ext.** : ancien, antique, baroque, caduc, chargé, de mauvais goût, démodé, désuet, lourd, passé, périmé, sans valeur, suranné, surchargé, toc (fam.), vieilli, vieillot, vieux

◇ CONTR. **I.** → SIMPLE **II.** → MODE (À LA)

RODER → POLIR

RÔDER aller à l'aventure/ à l'aveuglette/ au hasard/ çà et là, se balader (fam.), battre l'estrade/ le pavé, courir les champs/ les rues, courir, déambuler, dévier de sa route/ son chemin, divaguer, s'égarer, errer, flâner, marcher, se perdre, se promener, rôdailler, rouler sa bosse, tournoyer, traînasser, traîner, trimarder, vadrouiller, vagabonder, vaguer

◇ CONTR. → FIXER (SE)

RÔDEUR, EUSE chemineau, ribleur (vx), vagabond → MALFAITEUR

◇ CONTR. → SÉDENTAIRE

RODOMONT n.m. → HÂBLEUR

RODOMONTADE n.f. blague, bluff, bravade, braverie, broderie, charlatanerie, conte, crânerie, craque, exagération, fanfaronnade, farce, forfanterie, galéjade, gasconnade, hâblerie, histoire marseillaise, jactance, mensonge, vantardise – vx : menterie, vanterie

◇ CONTR. **I.** → RETENUE **II.** → DÉCENCE

ROGATON n.m. **I.** → RESTE **II.** → ROGNURE

ROGNE n.f. → GROGNE

ROGNER I. au pr. → RETRANCHER **II. fam.** → MURMURER

ROGNON n.m. → REIN

ROGNURE n.f. balayure, bris, chute, copeau, débris, déchet, décombre, détritus, fragment, limaille, miette, morceau, rebut, recoupe, résidu, reste, rogaton, roustissure, sciure, tesson

ROGUE I. abrupt, acariâtre, âcre, aigre, âpre, bourru, difficile, dur, hargneux, intraitable, massacrant, porc-épic, quinteux, rébarbatif, rebours (vx), rêche, renfrogné, revêche, rude II. → ARROGANT
◇ CONTR. I. → AIMABLE II. → DOUX

ROI n.m. I. → MONARQUE II. fig. → PHÉNIX

RÔLE n.m. I. bordereau, catalogue, énumération, tableau → LISTE II. emploi, figuration, figure, fonction, panouille (péj.), personnage, utilité → COMÉDIEN III. attribution, charge, devoir, métier, mission, vocation

R.O.M. → READ ONLY MEMORY

ROMAINE n.f. I. balance, fléau, peson II. chicon, laitue, salade, verdure

ROMAN n.m. I. au pr. : chronique, conte, fable, feuilleton, histoire, narration, nouvelle, récit II. par ext. : affabulation, bateau, bobard, bourde, cancan, chanson, colle, craque, farce, hâblerie, invention, invraisemblance, mensonge, racontar, ragot
◇ CONTR. → RÉALITÉ

ROMANCE n.f. → CHANT

ROMANCER affabuler, amplifier, arranger, blaguer, broder, composer, conter, dire/ faire/ raconter des blagues/ contes/ craques/ galéjades/ histoires, échafauder, exagérer, faire le malin, fanfaronner, forger, galéjer (fam.), hâbler, inventer, mentir, se vanter

ROMANCIER, ÈRE n.m. ou f. feuilletoniste → ÉCRIVAIN

ROMAND, E francophone → SUISSE

ROMANESQUE I. quelque chose. → EXTRAORDINAIRE II. quelqu'un : chevaleresque, émotif, hypersensible, imaginatif, impressionnable, romantique, rêveur, sensible, sensitif, sentimental
◇ CONTR. → RÉALISTE

ROMANICHEL, LE n.m. ou f. baraquin, bohémien, boumian, camp-volant, cigain, cinnetine, égyptien, fils du vent, gipsy, gitan, gitano, gitou, manouche, merlifiche, merligode, merligodgier, nomade, rabouin, roma, romani, romé, romano, sinte, zing, zingaro → TZIGANE
◇ CONTR. I. → SÉDENTAIRE II. → PAYSAN

ROMANTIQUE → ROMANESQUE

ROMBIÈRE n.f. → VIRAGO

ROMPRE I. v. tr. 1. briser, broyer, casser, couper, déchirer, désunir, détruire, disloquer, disperser, faire éclater, fendre, forcer, fracasser, fractionner, fracturer, interrompre, morceler 2. abolir, annuler, arrêter, barrer, défaire, dissoudre, empêcher, interrompre, suspendre, troubler 3. se dégager de, dénoncer, dénouer, déroger à, manquer à → LIBÉRER (SE) 4. → HABITUER 5. → DÉSOBÉIR II. v. intr. 1. abandonner, battre en retraite, caler, céder, culer, décrocher, faire machine/ marche arrière, flancher, fléchir, lâcher pied, reculer, refluer, refouler, se rejeter, se replier, rétrograder 2. fam. : caner, foirer 3. casser, céder, claquer, craquer, crever, éclater, s'étoiler, se fendre, péter (fam.), se rompre III. ROMPRE DES LANCES → LUTTER
◇ CONTR. I. → RÉPARER II. → CONSERVER III. → JOINDRE

ROMPU, E I. quelqu'un. 1. phys. : accablé, assommé, avachi, brisé, claqué, courbatu, courbaturé, crevé, échiné, écrasé, épuisé, éreinté, esquinté, excédé, exténué, fatigué, flapi, fourbu, harassé, las, mort, moulu, pompé, recru, rendu, roué de fatigue, scié, surentraîné, sur les dents, surmené, vanné, vaseux, vermoulu, vidé 2. par ext. : abattu, abruti, accablé, anéanti, assommé, blasé, brisé, cassé, dégoûté, démoralisé, déprimé, écœuré, ennuyé, excédé, importuné, lassé, saturé II. quelque chose. 1. aplati, brisé, broyé, cassé, défoncé, déglingué, démoli, descellé, détruit, disloqué, ébouillé (fam.), écaché, éclaté, écrasé, en miettes, fracassé, morcelé 2. brusque, convulsif, discontinu, haché, heurté, irrégulier, saccadé, sautillant, syncopé, trépidant
◇ CONTR. I. → DISPOS II. → ENTIER III. → CONTINU

RONCE n.f. I. barbelé II. épine, mûrier, roncier III. PLEIN DE RONCES : ronceux

RONCERAIE n.f. → FOURRÉ

RONCHON et **RONCHONNOT** n.m. et adj. invar. bougon → GROGNEUR
◇ CONTR. → ENTHOUSIASTE

RONCHONNEMENT n.m. grogne, grognement, mécontentement, murmure, plainte, protestation, rouspétance
◇ CONTR. → ENTHOUSIASME

RONCHONNER I. bougonner, bourdonner, broncher, gémir, geindre, grognasser, grogner, grognonner, grommeler, gronder, marmonner, marmotter, maronner, maugréer, murmurer, se plaindre, protester, ragonner II. bisquer, écumer, endêver, enrager, être en colère/ en fureur/ en rogne, fumer, râler, rager, rogner, rognonner, se ronger les poings, roumer, rouspéter
◇ CONTR. → ENTHOUSIASMER (s')

RONCHONNEUR, EUSE nom et adj. → GROGNEUR

ROND n.m. **I. au pr.** : cercle, cerne, circonférence, orbe, orbite **II. par ext.** : boule, cerceau, courbe, cylindre, disque, globe, rondelle, sphère, sphéroïde

ROND, E I. au pr. : aréolaire, circulaire, cricoïde (anat.), cylindrique, globulaire, globuleux, orbiculaire, sphérique **II. par ext. 1.** → GRAS **2.** → GROS **3.** → COURBÉ **4.** → RONDELET **III. fig. 1.** → FRANC **2.** → IVRE
◇ CONTR. **I.** anguleux, carré, pointu **II.** → MAIGRE

ROND-DE-CUIR n.m. → EMPLOYÉ

RONDE n.f. → VISITE

RONDE (À LA) alentour, autour, aux alentours, aux quatre coins, dans l'entourage/ le voisinage
◇ CONTR. → DISTANCE (À)

RONDEAU n.m. → CHANT

RONDELET, TE I. au pr. 1. quelqu'un : boulot, boulu (rég.), charnu, dodu, gras, grosset, rebondi → GROS **2. fam.** : rondouillard, rondouillet **II. fig. quelque chose** : appréciable, coquet → IMPORTANT
◇ CONTR. → MAIGRE

RONDELLE n.f. → TRANCHE

RONDEMENT I. franchement, loyalement **II.** lestement, promptement → VITE
◇ CONTR. → LENTEMENT

RONDEUR n.f. **I. au pr.** : convexité, rotondité, sphéricité **II. fig. 1.** embonpoint → GROSSEUR **2.** bonhomie, bonne foi, cordialité, franchise, jovialité, loyauté, netteté, simplicité, sincérité
◇ CONTR. **I.** → MAIGREUR **II.** → BRUTALITÉ **III.** → HYPOCRISIE

RONDO n.m. → RYTHME

RONDOUILLARD, E et **RONDOUILLET, TE** → RONDELET

ROND-POINT n.m. carrefour, croisée des chemins, étoile, patte-d'oie, place, rotonde, square

RONFLANT, E I. → SONORE **II.** → EMPHATIQUE

RONFLEMENT n.m. → BOURDONNEMENT

RONFLER I. bourdonner, bruire, fredonner, froufrouter, murmurer, ronronner, vrombir **II.** → DORMIR

RONGER I. au pr. : dévorer, grignoter, grusiner (rég.), manger, mouliner, piquer **II. par ext.** : affouiller, altérer, attaquer, brûler, consumer, corroder, dégrader, désagréger, détruire, diminuer, dissoudre, entamer, éroder, gangrener, miner, mordre, pourrir, ruiner **III. fig.** → TOURMENTER
◇ CONTR. → REFAIRE

RONGEUR n.m. agouti, anomalure, cabiai, campagnol, castor, chinchilla, cobaye ou cochon d'Inde, dilichotis, écureuil, gerbille, gerboise, hamster, lapin, lemming, lièvre, loir ou lérot ou liron, marmotte, mulot, muscardin, myopotame, ondatra ou loutre d'Hudson ou rat musqué, polatouche, porc-épic, ragondin, rat, raton, ratte, souris, spalax, spermophile, surmulot, uromys, viscache, xérus

RONGEUR, EUSE nom et adj. corrosif, insidieux, lancinant → MORDANT

RONRON et **RONRONNEMENT** n.m. → BOURDONNEMENT

RONRONNER → RONFLER

ROOTER tr. pub.off. : défonceuse tractée

ROPE n.f. **milit.off.** : paillette

ROQUELAURE n.f. → MANTEAU

ROQUENTIN n.m. → VIEILLARD

ROQUET n.m. **I.** → CHIEN **II.** → MANTEAU

ROS n.m. → PEIGNE

ROSACE n.f. → VITRAIL

ROSAIRE n.m. Ave Maria, chapelet

ROSE I. nom fém : 1. arch. : rosace **2. rose trémière** : alcée, althæa, fleur de sainte Gudule, guimauve/ mauve sauvage, passe-rose, primerose **3. par ext.** : églantine **II. adj. 1.** lilas, saumon **2. EN ROSE** : agréable, drôle, facile, gai

ROSEAU n.m. **I. au pr.** : arundo, canne, massette, phragmite – **mérid.** : canisse, canisson **II. par ext.** : calame, chalumeau, mirliton, pipeau

ROSÉE n.f. aiguail (rég.)

ROSIÈRE n.f. → VIERGE

ROSSARD, E I. balleur, bon à rien, cagnard, cancre, clampin, cossard, feignant, feignasse, lézard, momie, ramier, tire-au-cul, tire-au-flanc → PARESSEUX **II.** → MÉCHANT
◇ CONTR. → COURAGEUX

ROSSE I. n.f. → CHEVAL **II. adj.** → MÉCHANT

ROSSÉE n.f. → VOLÉE

ROSSER → BATTRE

ROSSERIE n.f. **I. le défaut** : cruauté, dureté, hargne, jalousie, malice, malignité, malveillance, mauvaiseté, méchanceté, noirceur, perversité, scélératesse, vacherie (fam.) **II. l'acte** : calomnie, couleuvre, coup d'épingle, crasse, crosse, espièglerie, farce, gentillesse, médisance, mistoufle, noirceur, perfidie, saleté, saloperie, taquinerie, tour, tourment, vacherie **III.** épigramme, mot, pique, plaisanterie, pointe, saillie, trait
◇ CONTR. **I.** → AMABILITÉ **II.** → BONTÉ

ROSSIGNOL n.m. **I.** pouillot, rouge-queue **II.** crochet, pince → CLEF, PASSE-PARTOUT **III.** OCCASION

ROSSINANTE n.f. haridelle, rosse, sardine (arg.), tréteau → CHEVAL

ROT n.m. → RENVOI

RÔT n.m. → RÔTI

ROTATIF, IVE et **ROTATOIRE** circulaire, giratoire, tournant
◈ CONTR. : horizontal, linéaire, vertical

ROTATION n.f. **I.** → TOUR **II.** → CHANGEMENT **III. méd.** : pronation, supination **IV. math.** : rabattement, relèvement

ROTER I. au pr. : éructer, faire un rot, se soulager **II. fam. EN ROTER** : en baver, en voir de toutes les couleurs → SOUFFRIR

RÔTI n.m. n. pièce de bœuf/ porc/ veau, rosbif, rôt

ROTI, E adj. grillé, havi, rissolé, saisi, torréfié

RÔTIE n.f. canapé, frottée (rég.), rissolette, toast

RÔTIR I. cuire, cuisiner, frire, griller, havir, rissoler, roustir, torréfier **II. par ext.** : bronzer, brûler, chauffer
◈ CONTR. **I.** → BOUILLIR **II.** → GELER

RÔTISSERIE n.f. → RESTAURANT

RÔTISSOIRE n.f. tournebroche

ROTONDE n.f. **I.** → PAVILLON **II.** → MANTEAU

ROTONDITÉ n.f. **I.** → RONDEUR **II.** → GROSSEUR

ROTURE n.f. → PEUPLE

ROTURIER, ÈRE I. nom 1. → BOURGEOIS **2.** → PAYSAN **II. adj. 1.** ordinaire, plébéien, populaire, prolétaire, simple **2.** → VULGAIRE
◈ CONTR. → NOBLE

ROUBIGNOLE n.f. → BOURSE

ROUBLARD, E I. sens affaibli : adroit, astucieux, combinard, débrouillard, dégourdi, déluré, farceur, ficelle, fin, finaud, fine mouche, futé, habile, madré, malicieux, malin, matois, narquois, renard, roué, rusé, sac à malices, spirituel, trompeur, vieux routier **II. non fav.** → MAUVAIS
◈ CONTR. **I.** → FRANC **II.** → SINCÈRE

ROUBLARDISE n.f. → CAUTÈLE

ROUCOULER I. au pr. : caracouler → CHANTER **II. fig.** : aimer, batifoler, caqueter, conter fleurette, faire sa cour, flirter, marivauder, papillonner – **fam.** : baratiner, faire du gringue, jeter du grain
◈ CONTR. → DÉDAIGNER

ROUE n.f. barbotin, engrenage, moulinet, poulie, réa, rouet, volant

ROUE (FAIRE LA) faire le beau, se pavaner, se rengorger → POSER

ROUÉ, E I. → FATIGUÉ **II.** → MALIN **III.** → RUSÉ **IV.** → DÉBAUCHÉ

ROUELLE n.f. → TRANCHE

ROUER → BATTRE

ROUERIE n.f. → RUSE

ROUGE I. au pr. : amarante, andrinople, balais, bordeaux, brique, capucine, carmin, carotte, cerise, cinabre, coquelicot, corail, corallin, cramoisi, cuivré, écarlate, écrevisse, érubescent, feu, fiammette (vx), fraise, garance, géranium, grenat, groseille, gueules (blas.), incarnadin, incarnat, lie-de-vin, nacarat, orangé, ponceau, pourpre, purpuracé, purpurin, rosé, roux, rubis, safrané, sang, sanglant, tomate, vermeil, vermillon, vineux, zinzolin **II. par ext.** : brésillé (vx), coloré, congestionné, couperosé, empourpré, en feu, enfiévré, enflammé, enluminé, érubescent, éruptique, flamboyant, incandescent, pourpré, pourprin, rougeaud, rougeoyant, rouget, rouvant (rég.), rubescent, rubicond, rubigineux, rutilant, sanguin, vultueux **III. n.m. 1.** → ROUGEUR **2.** → HONTE

ROUGET n.m. **I.** barbet, cardinal, grondin, hirondelle de mer, trigle → POISSON **II.** aoûtat

ROUGEUR n.f. **I.** → ROUGE **II.** couperose, énanthème, érubescence, érythème, exanthème, feu, inflammation, rubéfaction **III. fam.** : fard, soleil **IV. du ciel** : rambleur (vx ou rég.)
◈ CONTR. → BLANCHEUR

ROUGH (LAY OUT) n.m. audiov. off. : crayonné

ROUGIR I. v. intr. : devenir rouge – **fam.** : piquer un fard/ un soleil, pivoiner **II. v. tr.** : colorer, dorer, ensanglanter, rendre rouge
◈ CONTR. → BLÊMIR

ROUGISSANT, E par ext. → TIMIDE

ROUILLE I. n.f. 1. : hydroxyde de fer **2. de la vigne** : anthracnose, carie, charbon, mildiou, rouille noire **II. adj. invar. 1.** → SAUCE **2.** → ROUX

ROUILLER (SE) I. fig. : s'ankyloser, s'étioler → ENDORMIR (s')
◈ CONTR. → EXERCER (s')

ROULADE n.f. → VOCALISE

ROULAGE n.m. **I.** → TRAFIC **II.** → DAMAGE

ROULANT, E I. adj. 1. → MOUVANT **2. fam.** → COMIQUE **II. nom** : convoyeur, transporteur

ROULEAU n.m. **I.** bande, bobine, davier (mar.), torque **II.** brise-mottes, croskill, cylindre

ROULÉE n.f. → TORGNOLE, VOLÉE

ROULEMENT n.m. **I.** → ALTERNANCE **II.** → BATTERIE

ROULER I. v. tr. 1. déplacer, pousser → TOURNER **2.** charrier, emporter, entraîner, transporter **3.** enrober, enrouler, envelopper, roulotter, torsader **4.** → TROMPER **5.** → VAINCRE **6. ROULER DANS SA TÊTE** : faire des projets, penser → PROJETER **7. ROULER DES YEUX** : ribouler **II. v. intr. 1.** → MOUVOIR (SE) **2.** → TOMBER **3.** → ERRER **4.** → BALANCER **5.** avoir pour objet/ sujet, pivoter/ porter/ tourner sur, se rapporter à, toucher à, traiter de **III. v. pron. 1.** se secouer, se tourner, se vautrer **2.** s'enrouler, se lover

◇ CONTR. → ÉTENDRE

ROULETTE n.f. galet, molette

ROULEUR, EUSE n.m. ou f. → VAGABOND

ROULIER n.m. → VOITURIER

ROULIS n.m. balancement, mouvement transversal, oscillation, secousse

◇ CONTR. **I.** calme plat **II.** tangage

ROULON n.m. **I.** → BARREAU **II. rég.** : ridelle

ROULOTTE n.f. caravane, maison ambulante, remorque

ROULURE n.f. **I.** → PROSTITUÉE **II.** → VIRAGO

ROUND n.m. **off.** : reprise

ROUPETTE n.f. → BOURSE

ROUPIE n.f. → MORVE

ROUPILLE n.f. → MANTEAU

ROUPILLER → DORMIR

ROUPILLON n.m. → SOMMEIL

ROUQUIN, E → ROUX

ROUSCAILLER → PROTESTER

ROUSPÉTANCE n.f. → PROTESTATION

ROUSPÉTER I. → PROTESTER **II.** → RAGER

ROUSPÉTEUR, EUSE n.m. ou f. → GROGNEUR

ROUSSÂTRE, ROUSSEAU (vx) → ROUX

ROUSSEUR (TACHE DE) n.f. éphélide, lentigo, lentille, tache de son

ROUSSIN n.m. **I.** → ÂNE **II.** → POLICIER

ROUSSIR brûler, cramer, devenir roux, griller, havir, rougir

ROUSTE n.f. → VOLÉE

ROUSTIR → VOLER

ROUSTON n.m. → BOURSE

ROUTARD n.m. → VAGABOND

ROUTE n.f. **I. au pr.** : autoroute, autostrade, chaussée, chemin, pavé, trimard (arg.) → VOIE **II. par ext.** : distance, itinéraire, parcours → TRAJET

ROUTIER n.m. **I.** camionneur, chauffeur/ conducteur de poids lourds → VOITURIER **II.** → BRIGAND **III. VIEUX ROUTIER** → MALIN

ROUTINE n.f. **I.** empirisme, pragmatisme, pratique, usage → EXPÉRIENCE **II.** chemin battu (fam.), misonéisme, ornière, poncif, traditionalisme, train-train, trantran → HABITUDE

◇ CONTR. **I.** → DÉCISION **II.** → CHANGEMENT

ROUTINIER, ÈRE accoutumé, arriéré, coutumier, encroûté, habituel, rebattu

◇ CONTR. → INNOVATEUR

ROUX, ROUSSE I. quelqu'un : auburn, blond vénitien – **fam. et/ ou péj.** : poil de carotte, queue-de-vache, rouge, rouquemoute, rouquin, roussâtre, rousseau (vx) **II. un cheval** : alezan, baillet, rouille

ROYAL, E I. au pr. : monarchique, régalien **II. par ext. 1.** → PARFAIT **2.** → IMPOSANT

ROYALEMENT généreusement, magnifiquement, richement, splendidement, superbement

◇ CONTR. → SIMPLEMENT

ROYALISTE nom et adj. chouan, légitimiste, monarchiste, orléaniste, traditionaliste, ultra

◇ CONTR. → DÉMOCRATE

ROYALTY n.f. **off.** : redevance, royauté (québ.) → GRATIFICATION

ROYAUME n.m. → NATION

ROYAUTÉ n.f. **I. au pr.** : Ancien Régime, couronne, dignité royale, monarchie, monocratie, sceptre, trône **II. par ext.** : influence, souveraineté → SUPÉRIORITÉ

◇ CONTR. → RÉPUBLIQUE

RU n.m. → COURS D'EAU

RUADE n.f. **I. au pr.** : bronchade (vx), coup de pied, dégagement, saut **II. fig.** : attaque, contestation, protestation, réaction

◇ CONTR. → ACCORD

RUBAN n.m. **I. au pr.** : bande, cordon, cordonnet, extra-fort, faveur, frange, liséré, galon, ganse, padou, rufflette → PASSEMENT – **vx** : comète, nompareil **II. par ext. 1.** bouffette, cadogan, catogan, chou, coque, suivez-moi-jeune-homme **2.** bavolet, bourdaloue, brassard, cocarde, crêpe, engageant(e)s **3.** décoration, insigne, rosette **4.** aiguillette (vx), lacet, tirant **5.** signet

RUBICOND, E → ROUGE

RUBRIQUE n.f. **I.** → ARTICLE **II.** → TITRE

RUCHER n.m. **vx** : abeiller

RUDE I. au pr. 1. abrupt, acariâtre, agreste, arriéré, barbare, brut, fruste, grossier, heurté, impoli, inculte, rudanier (rég.), rustaud, rustique, sauvage **2.** aigre, âpre, brutal, cruel, féroce, froid, lourd, pénible, rigoureux, sec **3.** difficile, malheureux, pénible, redoutable, scabreux, triste **4.** cru, fort, raide, râpeux, rêche, ripieux (rég.), vert

5. caillouteux, inégal, raboteux, rocailleux **6.** croûteux, grumeleux, rugueux, squameux **II. par ext. 1.** anguleux, austère, bourru, brusque, cahoteux, désagréable, dur, farouche, hérissé, malgracieux, rébarbatif, revêche, rigide, sec, sévère, terrible **2.** heurté, rauque **3.** drôle, fier, grand, lourd, sacré **4.** → RIGOUREUX **5.** → DIFFICILE **6.** → TERRIBLE ◇ **CONTR. I.** → DOUX **II.** → RAFFINÉ

RUDEMENT beaucoup, diablement, énormément, fameusement, furieusement, très, vachement (fam.) *et les dérivés possibles en* -ment *des syn. de* rude ◇ **CONTR.** → DOUCEMENT

RUDESSE n.f. acariâtreté, âpreté, âpreur, aspérité, austérité, barbarie, brusquerie, brutalité, cruauté, dureté, férocité, froideur, grossièreté, implacabilité, impolitesse, inclémence, raideur, rigidité, rigueur, rugosité, rusticité, sécheresse, sévérité ◇ **CONTR. I.** → AMABILITÉ **II.** → DOUCEUR **III.** → FINESSE

RUDIMENT n.m. **I.** commencement, embryon, germe, linéament → PRINCIPE **II.** abc, b.a.-ba, élément, essentiel → ABRÉGÉ ◇ **CONTR. :** somme

RUDIMENTAIRE → SIMPLE

RUDOYER abîmer, accommoder, arranger, bafouer, battre, bourrer, brimer, brusquer, brutaliser, critiquer, crosser, éreinter, étriller, faire un mauvais parti, frapper, houspiller, lapider, malmener, maltraiter, mâtiner (fam.), molester, ravauder, secouer, tarabuster, traîner sur la claie, traiter mal/ sévèrement, traiter de Turc à More, tyranniser, violenter, vilipender ◇ **CONTR. I.** → CARESSER **II.** → SOIGNER

RUE n.f. **I. au pr. :** allée, androne, artère, avenue, boulevard, chaussée, cours, passage, promenade, quai, ruelle, tortille, traboule (Lyon), venelle **– arg. :** macadam, rade, ruban, strasse, trimarde **II. par ext. 1.** asphalte, pavé, ruisseau, trottoir **2.** → VOIE **III. À LA RUE :** dehors, sans abri/ domicile/ ressources → RUINÉ

RUÉE n.f. attaque, course, curée, débandade, descente, désordre, invasion, panique

RUELLE n.f. **I.** → RUE **II.** → ALCÔVE

RUER I. au pr. : broncher, décocher/ envoyer/ lâcher/ lancer une ruade, dégager, ginguer, lever le cul/ le derrière, récalcitrer, regimber **II. RUER DANS LES BRANCARDS** → PROTESTER **III. v. pron. :** assaillir, bondir, charger, débouler, s'élancer, foncer, fondre, se jeter, piquer, se précipiter, sauter, tomber sur

RUFIAN n.m. → VAURIEN

RUGBY n.m. ballon ovale, football (vx), jeu à quinze/ treize

RUGIR → CRIER

RUGISSEMENT n.m. → CRI

RUGOSITÉ n.f. âpreté, aspérité, cal, callosité, dureté, inégalité, irrégularité → RUDESSE ◇ **CONTR. I.** → DOUCEUR **II.** → FACILITÉ

RUGUEUX, EUSE → RUDE

RUINE n.f. **I. au sing. 1. au pr. :** anéantissement, chute, décadence, dégradation, délabrement, déliquescence, démolition, désagrégation, destruction, détérioration, disparition, écrasement, écroulement, effondrement, renversement **2. par ext. :** affaiblissement, banqueroute, culbute, débâcle, déchéance, déconfiture, dégringolade, dépérissement, déroute, désolation, ébranlement, étiolement, faillite, fin, liquidation, malheur, mort, naufrage, néant, pauvreté, perte **3.** dégât, désastre, ravage **4. fig. quelqu'un :** déchet, épave, larve, loque **– fam. :** chef-d'œuvre en péril, passera pas l'hiver, son et lumière **II. au pl. :** cendres, débris, décombres, démolition, éboulement, reste, témoin, trace, vestige ◇ **CONTR. I.** → NOUVEAUTÉ **II.** → RICHESSE

RUINÉ, E I. fam. : à la côte/ la rue, à sec, au pied de la côte, coulé, dans la dèche, décavé, dédoré, désargenté, fauché, lessivé, liquidé, nettoyé, noyé, panné, paumé, perdu, râpé, ratatiné, rétamé, sur la paille **II. par ext. :** épuisé, fatigué, vidé ◇ **CONTR. I.** → NOUVEAU **II.** → RICHE **III.** → DISPOS

RUINER I. au pr. 1. on ruine quelque chose : abattre, affaiblir, altérer, anéantir, balayer, battre en brèche, amener/ causer/ provoquer la ruine, consumer, couler, dégrader, délabrer, démanteler, démantibuler (fam.), démolir, désoler, détériorer, détruire, dévaster, dévorer, dissoudre, engloutir, épuiser, esquinter, étioler, exténuer, foudroyer, gâcher, gâter, miner, perdre, ravager, renverser, ronger, saper, user **2. on ruine quelqu'un :** décaver, dépouiller, écraser, égorger, étrangler, expédier (vx), faire perdre, gruger, manger, mettre sur la paille, nettoyer, perdre, presser, pressurer, ronger **3. fam. :** dégraisser, plumer, presser comme un citron, raidir, ratiboiser, sucer, tondre, vider **II. par ext. →** INFIRMER **III. v. pron. :** s'écrouler, s'effriter, s'enfoncer *et les formes pron. possibles des syn. de* ruiner ◇ **CONTR. I.** → ENRICHIR **II.** → BÂTIR **III.** → FONDER

RUINEUSEMENT trop → CHER

RUINEUX, EUSE → CHER

RUISSEAU n.m. **I.** → RIVIÈRE **II.** → RIGOLE

RUISSELANT, E dégoulinant, dégouttant, diluvié (vx), inondé, mouillé, trempé

◊ CONTR. : sec

RUISSELER → COULER

RUISSELLEMENT n.m. → ÉCOULEMENT

RUMEUR n.f. **I. au pr.** : bourdonnement, brouhaha, murmure, susurrement **II. par ext.** **1.** confusion, éclat, tumulte → BRUIT **2.** avis, jugement, on-dit, ouï-dire, opinion, potin, ragot → MÉDISANCE

◊ CONTR. → SILENCE

RUMINANT n.m. bovidé, camélidé, cervidé, girafidé, ovidé, tragulidé

RUMINER I. au pr. : mâcher, régurgiter, remâcher **II. fig.** : repasser, repenser, ressasser, revenir sur → PENSER

◊ CONTR. → OUBLIER

RUPESTRE pariétal

RUPIN, E → RICHE

RUPINER → RÉUSSIR

RUPTURE n.f. **I. au pr.** : bris, brisement, cassage, cassure, concassage, décalage, destruction, écart, fracture **II. fig. 1.** annulation, arrêt, cessation, dénonciation, interruption, point mort, suspension **2.** brouille, brouillerie, désaccord, désagrégation, désunion, détérioration, discorde, dispute, dissension, dissentiment, dissidence, divergence, division, divorce, froid, mésentente, mésintelligence, nuage, orage, séparation, tension, zizanie

◊ CONTR. **I.** → RACCOMMODAGE **II.** → RÉPARATION **III.** → RÉCONCILIATION

RURAL, E nom et adj. agreste, bucolique, campagnard, champêtre, pastoral, rustique → PAYSAN

◊ CONTR. → URBAIN

RUSE n.f. **I.** adresse, art, artifice, astuce, attrape-nigaud, cautèle, chafouinerie, chausse-trappe, détour, diplomatie, dissimulation, échappatoire, embûche, faux-fuyant, feinte, ficelle, finasserie, finesse, fourberie, fraude, habileté, intrigue, invention, machiavélisme, machination, machine, malice, manœuvre, matoiserie, méandre, perfidie, piège, politique, retour (vén.), rets, roublardise, rouerie, stratagème, stratégie, subterfuge, subtilité, tactique, trame, tromperie – **vx** : dextérités, fallace, rubrique **II. fam.** : carotte, combine, débrouille, défense, entourloupe, marlouserie, poloche, truc, vice, vicelardise **III. vén.** : hourvari, retour

◊ CONTR. **I.** → CANDEUR **II.** → RECTITUDE

RUSÉ, E I. adroit, artificieux, astucieux, cauteleux, chafouin, diplomate, ficelle, fin, finasseur, finaud, fourbe, futé, habile, inventif, loup, machiavélique, madré, malicieux (vx), matois, narquois, normand, perfide, politique, renard, retors, roublard, roué, subtil, tortueux, trompeur → MALIN – **vx** : caut, malicieux **II. fam.** : carotteur, carottier, combinard, débrouillard, mariole, marle, marlou, truqueur, truquiste, vicelard, vicieux – **vx** : maître coquin/ fourbe/ gonin

RUSER finasser → TROMPER

RUSH n.m. **I.** → AFFLUX **II. off.** : ruée

RUSH (ES) audio. **off.** : épreuves

RUSSE n. **fam. et injurieux** : popof, russkof

RUSTAUD, E balourd, béotien, grossier, huron, iroquois, lourd, malotru, paysan, peigne-cul, plouc, primate, rustique, rustre, sauvage, vulgaire, zoulou, zozo → IMPOLI – **vx** : goffe, maroufle, paltoquet

◊ CONTR. → RAFFINÉ

RUSTICITÉ n.f. **I. non fav.** : balourdise, béotisme, bousarderie, brutalité, goujaterie, grossièreté, impolitesse, lourdeur, rustauderie, rustrerie **II. fav.** : dépouillement, frugalité, modération, pondération, sobriété, tempérance → SIMPLICITÉ

◊ CONTR. **I.** → FINESSE **II.** → FAIBLESSE

RUSTIQUE I. au pr. 1. neutre : agreste, bucolique, campagnard, champêtre, pastoral, rural → SIMPLE **2. non fav.** : abrupt, arriéré, balourd, barbare, bestial, brut, fruste, grossier, impoli, inculte, lourd, rustaud, rustre, sauvage **II. par ext.** : endurant, increvable (fam.), fort, nerveux, résistant, robuste, solide, tenace, vivace

◊ CONTR. **I.** → URBAIN **II.** → RAFFINÉ **III.** → FAIBLE

RUSTRE n.m. **I.** → PAYSAN **II.** → RUSTIQUE **III.** → IMPOLI **IV.** → LOURDAUD

RUT n.m. amour, chaleur, chasse, désir, œstrus, retour à l'espèce

RUTILANCE n.f. **I.** → BRILLANT **II.** → ÉCLAT

RUTILANT, E ardent, brasillant, brillant, éclatant, étincelant, flamboyant → ROUGE

◊ CONTR. → TERNE

RUTILER → BRILLER

RYTHME n.m. **I.** accord, allure, assonance, balancement, bercement, cadence, eurythmie, harmonie, mesure, mètre, mouvement, nombre, retour, son, tempo, temps, va-et-vient **II. mus. 1. lent ou modéré** : adagio, amabile, amoroso, andante, andantino, a poco, da copo, dolce, larghetto, largo, lento, maestoso, moderato, piano, pianissimo, rallentando, ritardendo **2. vif ou soutenu** : accelerando, alla breve/ militare/ turca, allegretto, allegro con motto, animato, appassionato, ardito, arioso, forte, fortissimo,

presto, rondo, scherzo, sostenuto **3.** crescendo, legato, staccato, tenuto
◈ CONTR. **I.** → DÉSORDRE **II.** → CACOPHONIE

RYTHMÉ, E assonancé, balancé, cadencé,
équilibré, harmonieux, mesuré, nombreux
(vx), rythmique, scandé
◈ CONTR. → DÉSORDONNÉ

RYTHMER I. accorder, cadencer, donner
du rythme, harmoniser, mesurer **II.** mar-

quer/ souligner le rythme, régler, scander,
soumettre à un rythme
◈ CONTR. → BROUILLER

RYTHMIQUE I. n.f. 1. métrique, prosodie,
scansion, versification **2.** chorégraphie,
danse **3.** gymnique **II. adj.** : alternatif →
rythmé

RYTHMIQUEMENT I. avec → RYTHME, de
façon → RYTHMÉ **II.** → HARMONIEUSEMENT

S

SABBAT n.m. → TAPAGE

SABIR n.m. → LANGUE

SABLE n.m. arène, calcul, castine, granulat, graves, gravier, gravillon, jar, lise, pierre, sablon, sandre, syrte (vx), tangue

SABLER → BOIRE

SABLEUX, EUSE → SABLONNEUX

SABLIER n.m. ampoulette (mar. vx)

SABLIÈRE n.f. carrière, gravière, sablonnière, tanguière

SABLONNEUX, EUSE sableux, siliceux – vx : aréneux, arénical, arénuleux

◇ CONTR. : argileux, boueux, calcaire, rocheux, tourbeux

SABORD n.m. → OUVERTURE

SABORDAGE n.m. → DESTRUCTION

SABORDER → COULER

SABOT n.m. I. chaussure, clique(s) (rég.), galoche, patin, socque II. → TOUPIE III. → SALETÉ

SABOTAGE n.m. I. → DÉSORDRE II. → RÉSISTANCE

SABOTER I. → DÉTÉRIORER II. → GÂCHER

SABOTEUR, EUSE bousilleur, démolisseur, destructeur, fossoyeur, naufrageur, pétroleur, ravageur → VANDALE

◇ CONTR. → PROTECTEUR

SABOULER I. → SECOUER II. → GÂCHER

SABRE n.m. I. alfange, cimeterre, damas, latte, yatagan II. par ext. → ÉPÉE III. arg. milit. : coupe-chou, fauchant, flambard

SABRER I. → EFFACER II. → GÂCHER

SAC n.m. I. → PILLAGE II. bagage, baise-en-ville (fam.), besace, bissac, bougette, carnassière, carnier, étui (mar.), fourre-tout, gibecière, group, havresac, hotte, musette, nouet, panetière, poche, porte-documents, portemanteau, sachet, sacoche → CABAS III. aumônière, bourse, escarcelle, réticule, vanity-case IV. GENS DE SAC ET DE CORDE → VAURIEN

SACCADE n.f. → SECOUSSE

SACCADÉ, E bondissant, brusque, capricant, convulsif, discontinu, haché, heurté, hoquetant, inégal, intermittent, irrégulier, rompu, sautillant, spasmodique, sursautant, trépidant

◇ CONTR. → UNIFORME

SACCAGE n.m. I. bouleversement, désastre, destruction, dévastation, ravage, ruine, saccagement (vx) II. → PILLAGE

◇ CONTR. I. → PROTECTION II. → ÉRECTION

SACCAGER I. → RAVAGER II. → RENVERSER

SACERDOCE n.m. I. cléricature, ministère, ordre, prêtrise II. par ext. : apostolat, augurat (antiq.), charge, dignité, fonction, mission, poste

◇ CONTR. : laïcat

SACHET n.m. I. nouet II. → SAC

SACOCHE n.f. I. → GIBECIÈRE II. → SAC

SACQUER → CONGÉDIER

SACRALISER diviniser, tabouer, tabouiser

◇ CONTR. → PROFANER

SACRE n.m. I. consécration, couronnement, intronisation II. → FAUCON

◇ CONTR. → PROFANATION

SACRÉ, E I. auguste, béni, consacré, divin, hiératique, intangible, inviolable, liturgique, sacramentel, sacro-saint, saint, sanctifié, tabou, vénérable II. → PARFAIT III. → DÉTESTABLE

◇ CONTR. → PROFANE

SACREMENT n.m. baptême, confirmation, eucharistie, extrême-onction, mariage, ordre, pénitence

SACRÉMENT bigrement, bougrement, carrément, diablement, drôlement, extrêmement, foutrement, vachement → BEAUCOUP

SACRER I. au pr. : bénir, consacrer, dévouer, oindre, sacraliser, vouer **II. par ext.** → COURONNER **III.** → JURER

◇ CONTR. → PROFANER

SACRIFICATEUR, TRICE n.m. ou f. immolateur, prêtre, victimaire

SACRIFICATOIRE sacrificiel

SACRIFICE n.m. **I. au pr.** : apotropée, hécatombe, holocauste, hostie, immolation, libation, lustration, messe, oblation, offrande, propitiation, taurobole **II. par ext.** : abandon, abnégation, désintéressement, dessaisissement, dévouement, don de soi, offre, renoncement, résignation

◇ CONTR. **I.** → PRÉSERVATION **II.** → ÉGOÏSME

SACRIFICIEL, LE sacrificatoire

SACRIFIER I. dévouer, donner, égorger, immoler, mettre à mort, offrir **II. pron.** : se dévouer, se donner, se faire hacher pour, s'oublier, payer de sa personne *et les formes pron. possibles des syn. de* sacrifier

◇ CONTR. → PRÉSERVER

SACRILÈGE n.m. **I.** → PROFANATION **II.** → VANDALE

SACRIPANT n.m. → VAURIEN

SACRISTAIN n.m. **I.** → BEDEAU **II. au fém.** : sacristaine, sacristine

SADIQUE → VICIEUX

SADIQUEMENT → VICIEUX *et les dérivés possibles en -ment des syn. de* vicieux

SADISME n.m. **I.** aberration mentale/ sexuelle, délectation, manie, perversion, sado-masochisme – **arg.** : éducation anglaise, passions, vices **II.** acharnement, bestialité, cruauté, lubricité, méchanceté, perversité, vice

◇ CONTR. **I.** → PURETÉ **II.** → SIMPLICITÉ **III.** → DOUCEUR

SAFARI n.m. → CHASSE

SAFRAN n.f. **I.** crocus **II.** → JAUNE **III. par ext.** : spigol

SAGA n.f. → LÉGENDE

SAGACE I. → PÉNÉTRANT **II.** → INTELLIGENT

SAGACITÉ n.f. **I.** → PÉNÉTRATION **II.** → INTELLIGENCE

SAGAIE n.f. → TRAIT

SAGE n.m. gourou, juste, mage, philosophe, savant

SAGE adj. **I.** → PRUDENT **II.** → TRANQUILLE **III.** → DÉCENT **IV.** → RAISONNABLE

SAGE-FEMME n.f. accoucheuse, gynécologue, maïeuticienne, matrone, mère guette-au-trou/ tire-mômes (arg. ou fam.), obstétricienne (vx), parturologue

SAGEMENT avec → SAGESSE, de façon → SAGE *et les dérivés possibles en* -ment *des syn. de* sage

SAGESSE n.f. **I. au pr.** : bon sens, connaissance, discernement, équilibre, jugement, philosophie, raison, sapience, sens commun, vérité **II. par ext. 1.** circonspection, modération → PRUDENCE **2.** chasteté, continence, honnêteté, pudeur, retenue, vertu **3.** calme, docilité, équanimité, obéissance, sérénité, tranquillité

◇ CONTR. **I.** → IMPRUDENCE **II.** → IGNORANCE **III.** → FOLIE **IV.** → TURBULENCE

SAGETTE n.f. → TRAIT

SAGOUIN n.m. **I.** → SINGE **II.** → MALPROPRE **III.** → IMPOLI

SAIE n.f. → MANTEAU

SAIGNANT, E n.m. et adj. → ENSANGLANTÉ

SAIGNÉE n.f. **I.** → CANAL **II.** → PRÉLÈVEMENT

SAIGNEMENT n.m. **I.** → HÉMORRAGIE **II.** → MENSTRUATION

SAIGNER I. → TUER **II.** → DÉPOUILLER **III.** DÉPENSER **IV. vx** : phlébotomiser

SAIGNEUR n.m. → TUEUR

SAILLANT, E I. → PROÉMINENT **II.** → REMARQUABLE

SAILLIE n.f. **I. au pr.** : acrotère, angle, arête, arrêtoir, aspérité, avance, avancée, avancement, balèvre, bec, bosse, bourrelet, console, corne, corniche, côte, coude, crête, dent, éminence, encorbellement, éperon, ergot, gibbosité, hourd, moulure, nervure, orillon, pointe, proéminence, projecture, protubérance, redan, relief, ressaut, surplomb, tubercule **II. par ext. 1.** → SAUT **2.** → SACCADE **3.** → CAPRICE **4.** → MOT **5.** → ACCOUPLEMENT

◇ CONTR. → RENFONCEMENT

SAILLIR I. v. intr. 1. avancer, déborder, se découper, dessiner/ détacher, surplomber → DÉPASSER **2.** → JAILLIR **II. v. tr.** : couvrir, monter, sauter, servir → ACCOUPLER (s')

◇ CONTR. → ENTRER

SAIN, E I. au pr. : biologique, comestible, diététique, écologique, hygiénique, naturel, pur, salubre, salutaire, tonique **II. par ext. 1.** → VALIDE **2.** → DÉCENT **3.** → PROFITABLE **III. SAIN ET SAUF** → SAUF

◇ CONTR. → MALSAIN

SAINBOIS n.m. daphné, garou

SAINDOUX n.m. → GRAISSE

SAINEMENT de façon → SAIN *et les dérivés possibles en* -ment *des syn. de* sain

SAINFOIN n.m. crête de coq, esparcet, esparcette

SAINT, E nom et adj. **I.** apôtre, béat, bienheureux, célicole (iron.), élu, glorieux, juste, martyr, sauvé, vertueux **II.** auguste, véné-rable → SACRÉ **III. 1. SAINTE NITOUCHE** → PA-TELIN **2. À LA SAINT-GLINGLIN :** aux calendes grecques, jamais **3. SAINT-PÈRE** → PAPE **4. SAINT DES SAINTS** → SANCTUAIRE, SECRET ◈ CONTR. **I.** → MAUDIT **II.** → PROFANE

SAINTEMENT I. avec → PIÉTÉ, de façon → PIEUX *et les dérivés possibles en* -ment *des syn. de* pieux **II.** avec → PERFECTION

SAINTETÉ n.f. **I.** béatitude, gloire, salut, vertu **II.** → PERFECTION

SAINT-FRUSQUIN n.m. **I.** → AFFAIRE **II.** → RESTE

SAISI, E I. → SURPRIS **II.** → ÉMU **III.** → RÔTI

SAISIE et **SAISINE** n.f. → CONFISCATION

SAISIR I. → PRENDRE **II.** → PERCEVOIR **III.** → ENTENDRE **IV.** → ÉMOUVOIR **V. v. pron.** → PRENDRE

SAISISSANT, E → ÉTONNANT

SAISISSEMENT n.m. → ÉMOTION

SAISON n.f. → ÉPOQUE

SAISONNIER, ÈRE → TEMPORAIRE

SAKIÈH n.f. noria

SALACE → LASCIF

SALACITÉ n.f. → LASCIVETÉ

SALADE n.f. → MÉLANGE

SALAIRE n.m. **I.** → RÉTRIBUTION **II.** → RÉ-COMPENSE **III.** → PUNITION

SALAMALEC n.m. **I.** → SALUT **II.** → FAÇON

SALARIÉ, E nom et adj. → TRAVAILLEUR

SALAUD n.m. **I.** → MALPROPRE **II.** → MÉCHANT

SALE I. → MALPROPRE **II.** → OBSCÈNE

SALÉ, E I. au pr. : corsé, fort, relevé, sau-mâtre **II. fig. 1.** → OBSCÈNE **2.** cher, exagéré, sé-vère ◈ CONTR. **I.** → FADE **II.** → MODÉRÉ

SALEMENT → MAL

SALER → ASSAISONNER

SALETÉ n.f. **I. au pr. : 1.** boue, crasse, crotte, dégoûtation, gâchis, immondices, impureté, macule, malpropreté, mouton, ordure, poussière, rebut, salissure, saloperie, souil-lure, tache **2. vx :** cloacité, saburre **3. fam. ou grossier :** chiure, cradoterie, crassouille, mer-daille, merde, merdier **4.** chandelle, chassie, grelot (arg.), gringuenaude, loup (de nez), mite, morve → PUS **II. par ext. :** cochonnerie, pacotille, patraque, rossignol, roustissure, sabot, saloperie (grossier), toc **III. fig. 1.** → MÉ-CHANCETÉ **2.** → OBSCÉNITÉ ◈ CONTR. → PROPRETÉ

SALICOQUE n.f. → CREVETTE

SALIGAUD n.m. → MALPROPRE

SALINIER, ÈRE nom et adj. paludier, sau-nier

SALINITÉ n.f. salure

SALIR I. au pr. : abîmer, barbouiller, char-bonner, contaminer, crotter, culotter, écla-bousser, embouer (vx), embouser, embren-ner, encrasser, équisser (rég.), gâter, graisser, jaunir, mâchurer, maculer, noircir, poisser, polluer, tacher → SOUILLER **– grossier :** dégueulasser, emmerder, saligoter **II. fig. :** baver sur, calomnier, déparer, déshonorer, diffamer, entacher, flétrir, profaner, prosti-tuer, ternir ◈ CONTR. **I.** → NETTOYER **II.** → LOUER

SALISSURE n.f. → SOUILLURE

SALIVANT, E sialagogue

SALIVATION n.f. ptyalisme

SALIVE n.f. bave, crachat, eau à la bouche, écume, postillon

SALIVER I. → BAVER **II.** → VOULOIR

SALLE n.f. **I. au pr. :** antichambre, chambre, foyer, enceinte, galerie, hall → PIÈCE **II. fig.** → PUBLIC **III. fam. SALLE DE POLICE :** femme de l'adjudant → PRISON

SALMIGONDIS n.m. **I.** → MÉLANGE **II.** → RAGOÛT

SALON n.m. **I. au pr. 1. sing.** → PIÈCE **2. au pl. :** enfilade **II. par ext.** → EXPOSITION

SALOP, E n.m. ou f. **I.** → MALPROPRE **II.** → MÉCHANT

SALOPER → GÂCHER

SALOPERIE n.f. **I.** → SALETÉ **II.** → MÉCHAN-CETÉ

SALOPETTE n.f. **I.** → SURTOUT **II.** → COTTE

SALTIMBANQUE n.m. **I. au pr. :** acrobate, antipodiste, artiste, auguste, baladin, ban-quiste, baraquin, bateleur, bonimenteur, bouffon, charlatan, clown, danseur de corde, dompteur, dresseur, écuyer, équili-briste, forain, funambule, hercule, jongleur, lutteur, monstre, nomade, paillasse, paro-diste, pitre, tabarin, trapéziste **– vx :** farceur, opérateur **II. par ext. 1.** → PLAISANT **2.** → PANTIN

SALUBRE → SAIN

SALUBRITÉ n.f. → HYGIÈNE

SALUER I. accueillir, honorer, proclamer, reconnaître **II.** bonneter (vx) dire/ donner/ offrir/ présenter le/ un/ son → SALUT ◈ CONTR. → DÉDAIGNER

SALUT n.m. **I. 1.** adieu, au revoir, bonjour, bonne nuit, bonsoir, bye-bye, ciao, salute **2.** baise-main, compliment, coup de cha-peau, courbette, hommage, inclination de tête, plongeon, poignée de main, révérence, salamalec, salutation, shake-hand **3. vx** : bonnetade, saluade **II.** bonheur, rachat, récompense, rédemption, sauvegarde, sauvetage

◇ CONTR. **I.** → DÉDAIN **II.** → RÉPROBATION

SALUTAIRE I. → SAIN **II.** → PROFITABLE

SALUTAIREMENT de manière → PROFITABLE

SALUTATION n.f. **I.** → SALUT **II. SALUTATION ANGÉLIQUE** : annonciation, Ave (Maria)

SALVAGE n.m. **mar. et milit. off.** : récupération, renflouage

SALVATEUR, TRICE I. → PROFITABLE **II.** → UTILE

SALVE n.f. → DÉCHARGE

SAMPLING GRID/ INTERVAL n.m. **spat. off.** : maille/ pas d'échantillonnage

SANATORIUM n.m. → HÔPITAL

SANCTIFIER I. → AMÉLIORER **II.** → FÊTER

SANCTION n.f. **I.** → CONFIRMATION **II.** → PUNITION

SANCTIONNER I. → PUNIR **II.** → CONFIRMER

SANCTUAIRE n.m. **I.** adyton *ou* adytum, iconostase, kaaba, naos, saint des saints **II.** → ÉGLISE **III.** → PÈLERINAGE **IV.** → TEMPLE **V.** → BASE

SANDALE n.f. → SOULIER

SANDRE n.m. **I.** → POISSON **II.** → SABLE

SANDWICH n.m. → CASSE-CROÛTE

SANG n.m. **I.** cruor, hémoglobine, sérum **II. myth.** : ichor **III. arg.** : marasquin, raisiné, rouquin, sirop **IV. par ext.** → RACE

SANG-FROID n.m. **I.** aplomb, assurance, audace, calme, détermination, fermeté, flegme, froideur, impassibilité, lucidité, maîtrise, patience, tranquillité **II. DE SANG-FROID** : avec préméditation, délibérément, de sens rassis, en toute connaissance de cause, la tête froide, volontairement

◇ CONTR. **I.** → INQUIÉTUDE **II.** → ÉMOTION

SANGLANT, E I. saigneux (vx ou rég.) → ENSANGLANTÉ **II.** → OFFENSANT

SANGLE n.f. **I.** → COURROIE **II.** → BANDE **III. mar.** : suspensoir

SANGLER I. → SERRER **II.** → CINGLER

SANGLIER n.m. babiroussa, laie, marcassin *ou* bête rousse, pécari, phacochère, porc, quartanier, ragot, solitaire, tiers-an – **vén.** : bête noire, cochon

SANGLOT n.m. hoquet, larme, pleur, sanglotement, soupir, spasme

◇ CONTR. → RIRE

SANGLOTER → PLEURER

SANG-MÊLÉ n. invar. → MÉTIS

SANGSUE n.f. **fig. et fam.** → IMPORTUN

SANGUIN, E I. → ROUGE **II.** → COLÉREUX **III.** → FORT

SANGUINAIRE I. → VIOLENT **II.** → BARBARE

SANGUINOLENT, E → ENSANGLANTÉ

SANIE n.f. **I.** → PUS **II.** → ORDURE

SANITAIRE n.m. plomberie → WATER-CLOSET

SANS dépourvu/ manquant/ privé de

◇ CONTR. → AVEC

SANS-ABRI n. invar. **I.** réfugié, sans-logis, sinistré **II.** → PAUVRE

SANS-CŒUR n. invar. → DUR

SANS-EMPLOI n. invar. → DEMANDEUR

SANS FAÇON I. adj. 1. → FRANC **2.** → SIMPLE **II. adv.** → SIMPLEMENT

SANS-GÊNE n. invar. et adj. **I.** → IMPOLI **II.** → IMPOLITESSE **III.** → PRIVAUTÉ

SANS-LE-SOU n. invar. → PAUVRE

SANS-LOGIS n. invar. → SANS-ABRI

SANSONNET n.m. étourneau → PASSEREAU

SANSOUIRE n.f. → MARAIS

SANS-PARTI n. ivar. → LIBRE

SANS-PATRIE n. invar. apatride, heimatlos, métèque (péj.), personne déplacée

◇ CONTR. → RESSORTISSANT

SANS-SOIN n. invar. désordonné, insouciant, négligent

◇ CONTR. → SOIGNEUX

SANS-SOUCI nom et adj. invar. → INSOUCIANT

SANS-TRAVAIL n. invar. → DEMANDEUR

SANTÉ n.f. **I.** → NATURE **II.** → FORCE **III.** → DISCOURS

SANTON n.m. **I.** ascète, derviche, marabout, soufi **II.** fakir, gourou, yougi **III.** anachorète, cénobite, ermite, stylite **IV.** figurine/ personnage de la crèche/ de Noël → STATUETTE

SAOUL, SAOULE → SOÛL

SAPAJOU n.m. **I.** capucin, sajou → SINGE **II.** → MAGOT

SAPE n.f. **I.** → TRANCHÉE **II.** → DESTRUCTION **III.** → VÊTEMENT

SAPER I. → MINER **II.** → HABILLER

SAPEUR n.m. mineur, pionnier

SAPHISME n.m. → HOMOSEXUALITÉ

SAPIDE → SUCCULENT

SAPIDITÉ n.f. → SAVEUR

SAPIENCE n.f. → SAGESSE

SAPIN n.m. sapinette → CONIFÈRE

SAQUER → CONGÉDIER

SARABANDE n.f. **I.** → DANSE **II.** → TOHU-BOHU

SARCASME n.m. → RAILLERIE

SARCASTIQUE → SARDONIQUE

SARCASTIQUEMENT → SARDONIQUEMENT

SARCLER I. → RACLER **II.** → CULTIVER

SARCOPHAGE n.m. **I.** → TOMBE **II.** → CERCUEIL

SARDANAPALE et **SARDANAPALESQUE** → DÉBAUCHÉ

SARDINE n.f. pilchard

SARDONIQUE caustique, démoniaque, fouailleur, goguenard, ironique, moqueur, persifleur, railleur, ricaneur, sarcastique, sardonien, satanique
◇ CONTR. → BIENVEILLANT

SARDONIQUEMENT de façon → SARDONIQUE *et les dérivés possibles en -ment des syn.* de sardonique

SARIGUE n.f. → MARSUPIAUX

SARRASIN n.m. blé noir

SARRASINE n.f. → GRILLE

SARRAU n.m. → SURTOUT

SAS n.m. **I.** → PASSAGE **II.** → TAMIS

SASSER → TAMISER

SATANIQUE → DIABOLIQUE

SATELLISER → SOUMETTRE

SATELLITE n.m. **I.** → PARTISAN **II.** → ALLIÉ **III. vx** → TUEUR

SATIÉTÉ n.f. anorexie (méd.), dégoût, nausée, rassasiement, réplétion, satisfaction, saturation, soulas (vx)
◇ CONTR. **I.** → FAIM **II.** → SOIF **III.** → DÉSIR

SATIN n.m. → SOIE

SATINÉ, E I. → SOYEUX **II.** → LUSTRÉ **III.** → LISSE

SATINER → LUSTRER

SATIRE n.f. caricature, catilinaire, charge, critique, dérision, diatribe, épigramme, factum, libelle, moquerie, pamphlet, pasquil, pasquin, pasquinade, philippique, plaisanterie, raillerie
◇ CONTR. → ÉLOGE

SATIRIQUE → MORDANT

SATIRISER I. → RAILLER **II.** → MÉDIRE

SATISFACTION n.f. **I.** compensation, pénitence, raison, réparation **II.** → PLAISIR **III.** → RÉALISATION
◇ CONTR. **I.** → REFUS **II.** → INASSOUVISSEMENT

SATISFAIRE I. v. tr.: apaiser, calmer, combler, complaire, contenter, écouter, entendre, exaucer, observer, rassasier, régaler, soulager **II. v. intr.**: accomplir, s'acquitter de, exécuter, faire plaisir, fournir, obéir, observer, pourvoir, remplir, répondre à, suffire à **III. v. pron. 1.** être → SATISFAIT **2.** se faire/ se donner du → PLAISIR **3.** *les formes pron. possibles des syn. de* satisfaire
◇ CONTR. **I.** → REFUSER **II.** → PRIVER **III.** → RÉPRIMER **IV.** → FÂCHER **V.** → MANQUER

SATISFAISANT, E acceptable, convenable, correct, enviable, honnête, honorable, passable, performant, suffisant
◇ CONTR. **I.** → INSUFFISANT **II.** → MAUVAIS

SATISFAIT, E I. apaisé, béat, calme, comblé, content, heureux, rassasié, rasséréné, rassuré, soulagé **II. non fav.**: avantageux, fat, fier, suffisant, vain, vainqueur
◇ CONTR. → MÉCONTENT

SATISFECIT n.m. **I.** → FÉLICITATION **II.** → RÉCOMPENSE

SATRAPE n.m. **I.** → TYRAN **II.** → DÉBAUCHÉ

SATURATION n.f. → RÉPLÉTION

SATURÉ, E → RASSASIÉ

SATURER → COMBLER

SATURNALE n.f. → DÉBAUCHE

SATURNIEN, NE → TRISTE

SATYRE n.m. **I.** aegipan, chèvre-pied, faune, satyresse, sylvain **II.** → LASCIF

SAUCE n.f. **I.** accompagnement, accommodement, civet, coulis, déglaçage, dodine, garniture → ASSAISONNEMENT **II. 1.** aux abricots/ amandes/ anchois, à l'ananas, à la crème d'oursin, au beurre, aux câpres, au caramel/ cari, aux cerises/ champignons, au chocolat/ citron/ au curry, à l'estragon, aux fraises/ framboises/ groseilles/ herbes, au marasquin, à la menthe/ moelle, aux myrtilles, à l'orange, au paprika/ au pistou/ au pralin/ au raifort/ au vin blanc/ au vin rouge **2.** aillade, aïoli, Albuféra, allemande ou parisienne, américaine, anchoyade ou anchoïade, (à l') anglaise, aurore, bâtarde, béarnaise, béchamel, Bercy, blanche, bordelaise, bourguignonne, brandy, brune, café de Paris, cardinal, chantilly ou mousseline, charcutière, chasseur, chaud-froid, Chivry, Choron, Colbert, crème, crevette, demi-glace, diable, dieppoise, duxelles, Escoffier, espagnole, Foyot, framboise, génevoise, Godard, grand-veneur, gratin, gribiche, hollandaise, homard, hongroise, indienne, italienne, ivoire, Joinville, lyonnaise, madère/ maltaise, marinière, matelote, mayonnaise, meurette, milanaise, miroton, Montmorency, Mornay, moscovite, mousseline ou chantilly, moutarde, Nantua, niçoise, normande, parisienne ou allemande, périgourdine, Périgueux, piquante, poivrade, porto, portugaise, poulette, provençale, raifort, ravigote, rémoulade, riche, Robert, romaine, rouennaise, rouille, sabayon, Smitane, Soubise, suprême, tartare, tomate, tortue, Valois, velouté, venaison, vénitienne, verte, Villeroy, Vincent, Zingara

SAUCÉE n.f. → PLUIE

SAUCER I. → MOUILLER **II. rég.** : raguerner, rasiner, torcher

SAUCISSE n.f. francfort, morteau, strasbourg, toulouse. **I.** → SAUCISSON **II.** → BALLON

SAUCISSON n.m. **par ext.** : chorizo, gendarme, jésus, rosette, salami, sauciflard (fam.), soubressade → CHARCUTERIE

SAUCISSONNÉ, E → BOUDINÉ

SAUCISSONNER pique-niquer

SAUF, SAUVE indemne, intact, préservé, rescapé, sauvé, survivant, tiré d'affaire
◆ CONTR. → VICTIME

SAUF → EXCEPTÉ

SAUF-CONDUIT n.m. → LAISSEZ-PASSER

SAUGRENU, E I. → INSENSÉ **II.** → FAUX **III.** → ÉTRANGE

SAULAIE n.f. saussaie

SAUMÂTRE I. → SALÉ **II.** → DÉSAGRÉABLE

SAUMON n.m. bécard, salmonidé, smolt, tacon

SAUPOUDRER → MÊLER

SAUR adj. masc. → BOUCANÉ

SAURIEN n.m. agame des pyramides/ ocellé, amblyrhynque, amphisbène, basilic, caméléon, dragon, gecko, iguane, lézard, moloch, orvet, scinque, seps, sphénodon, tupinambis, varan, zonure → REPTILE

SAUSSAIE n.f. saulaie

SAUT n.m. **I. au pr.** : bond, bondissement, cabriole, culbute, gambade, saltation, sautillement, voltige **II. par ext. 1.** cahot, ricochet, soubresaut, sursaut, tressaut **2.** cascade, chute, rapide **3.** → INTERRUPTION **III. FAIRE LE SAUT** → RÉSOUDRE (SE)

SAUTE n.f. → CHANGEMENT

SAUTER I. v. tr. 1. → FRANCHIR **2.** → PASSER **3.** → OMETTRE **II. v. intr. 1.** bondir, cabrioler, capriquer, dindailler (rég.), s'élancer, s'élever, fringuer, gambader, moucheronner (poissons), rebondir, ricocher, sauteler (vx), sautiller, trépigner **2.** → ÉCLATER **III. 1. FAIRE SAUTER.** → CUIRE, TUER, DESTITUER **2. SE FAIRE SAUTER** (la cervelle/ le caisson) → SUICIDER (SE)

SAUTERELLE n.f. criquet, locuste

SAUTERIE n.f. → BAL

SAUTEUR, EUSE nom et adj. → PANTIN

SAUTILLANT, E → SACCADÉ

SAUTILLEMENT n.m. → TRÉMOUSSEMENT

SAUTILLER → SAUTER

SAUTILLANT, E → SACCADÉ

SAUVAGE n.m. anthropophage, barbare, cannibale, homme des bois, primitif
◆ CONTR. : civilisé

SAUVAGE adj. **I. une plante** : alpestre, champêtre, des bois/ champs/ étangs/ marais/ prés/ rivières, naturel, rudéral **II. quelqu'un. 1. au pr.** : barbare, bestial, cruel, dur, féroce, inhumain, intraitable, méchant, ombrageux, redoutable, rude, violent **2. par ext.** : abrupt, âpre, brut, craintif, farouche, fier, fruste, gothique (vx), grossier, hagard, inapprivoisable, incivilisable, incivilisé, inculte, indomptable, indompté, inéducable, insociable, mal dégrossi/ embouché (fam.)/ élevé, misanthrope, ostrogoth, ours, solitaire, tudesque, vandale, wisigoth **3.** → TIMIDE **III. animaux** : fauve, haret (chat), inapprivoisé, marron, sauvagin **IV. un lieu** : abandonné, agreste, à l'écart, champêtre, désert, inculte, inhabité, retiré, romantique
◆ CONTR. **I.** → FAMILIER **II.** → POLICÉ **III.** → POLI

SAUVAGEMENT avec → SAUVAGERIE, de façon → SAUVAGE *et les dérivés possibles en* -ment *des syn. de* sauvage

SAUVAGEON, NE n.m. ou f. → SAUVAGE

SAUVAGERIE n.f. **I. au pr.** : barbarie, bestialité, brutalité, cruauté, férocité **II. par ext.** : insociabilité, misanthropie, timidité
◆ CONTR. **I.** → CIVILISATION **II.** → DÉLICATESSE

SAUVÉ, E I. → SAUF **II.** → SAINT

SAUVEGARDE n.f. **I.** → GARANTIE **II.** auspices, bannière, bouclier, égide, palladium, patronage, protection, sauveté (vx), soutien, tutelle, vigilance **III.** abri, appui, asile, refuge, rempart **IV.** → DÉFENSE
◆ CONTR. → MENACE

SAUVEGARDER I. → CONSERVER **II.** → DÉFENDRE **III.** → PRÉSERVER

SAUVE-QUI-PEUT n.m. débandade, déroute, désarroi, panique → FUITE
◆ CONTR. → AFFRONTEMENT

SAUVER I. au pr. 1. → GARANTIR **2.** → ÉVITER **II. par ext.** → EXCUSER **III. v. pron. 1.** → ENFUIR (S') **2.** → PARTIR **3. fig.** → RATTRAPER (SE) **4.** → CONSERVER **5.** → PRÉSERVER **6.** → SOIGNER

SAUVETAGE n.m. afflouage, rachat, récupération, rédemption, renflouage, renflouement, salut
◆ CONTR. → DESTRUCTION

SAUVEUR n.m. **I. au pr.** : défenseur, libérateur, protecteur, sauveteur **II. relig.** : messie, prophète, rédempteur **III. par ext.** : **1.** bienfaiteur, rempart **2.** deus ex machina, zorro

◈ CONTR. → DESTRUCTEUR

SAVAMMENT avec → HABILETÉ, de façon → SAVANT *et les dérivés possibles en* -ment *des syn. de* savant

SAVANT, E I. adj. 1. au pr. : averti, avisé, cultivé, docte, éclairé, érudit, informé, initié, instruit, lettré **2. par ext.** : calé, compétent, expert, fort, habile, incollable (fam.), maître dans, omniscient, versé **3. péj.** → PÉDANT **4. fig.** **quelque chose** : ardu, compliqué, difficile, recherché **II. nom. 1. fav.** : chercheur, connaisseur, découvreur, érudit, expert, homme de science, lettré, philosophe, sage, scientifique, spécialiste **2. vx** : clerc, homme de cabinet, myste **3. fam.** : abîme/ puits d'érudition/ de science, cosinus, fort en thème, grosse tête, nimbus, petdeloup, tête d'œuf, tournesol **4. péj.** : diafoirus, scientiste → PÉDANT

◈ CONTR. **I.** → IGNORANT **II.** → SIMPLE **III.** → DÉMOTIQUE

SAVANTASSE n.f. → PÉDANT

SAVATE n.f. **I.** → SOULIER **II.** → CHAUSSON

SAVATER ou **SAVETER** gâcher, gâter → ABÎMER

SAVETIER n.m. → CORDONNIER

SAVEUR n.f. **I. au pr.** : bouquet, fumet, goût, sapidité **II. du vin 1.** → AGRÉABLE **2.** → DÉSAGRÉABLE **III. par ext.** : agrément, charme, exquisité, piment, piquant, sel

◈ CONTR. → FADEUR

SAVOIR n.m. acquis, aptitude, bagage, capacité, compétence, connaissance, cuistrerie (péj.), culture, culture générale, doctrine, épistémè, érudition, expérience, gnose (relig.), humanisme, initiation, instruction, intelligence, lecture, lettres, lumières, notions, omniscience, sagesse, science → HABILETÉ

◈ CONTR. **I.** → IGNORANCE **II.** → MALADRESSE

SAVOIR I. → CONNAÎTRE **II.** → POUVOIR **III. FAIRE SAVOIR** → INFORMER

SAVOIR-FAIRE n.m. → HABILETÉ

SAVOIR-VIVRE n.m. accortise (vx), acquis, bienséance, bien élevé, civilité, convenance, courtoisie, délicatesse, doigté, éducation, égards, élégance, entregent, habileté, politesse, sociabilité, tact, urbanité, usage

◈ CONTR. **I.** → IMPOLITESSE **II.** → MALADRESSE

SAVONNER I. au pr. → NETTOYER **II. fig.** : gourmander, tancer → RÉPRIMANDER

SAVOURER I. au pr. : boire, déguster, se délecter, goûter, se régaler, tâter **II. par ext.** : apprécier, se gargariser de → JOUIR

◈ CONTR. **I.** → VOMIR **II.** → HAÏR

SAVOUREUSEMENT → BIEN

SAVOUREUX, EUSE sade (vx), sapide → SUCCULENT

◈ CONTR. **I.** → FADE **II.** → DÉGOÛTANT

SAXATILE saxicole

SAYNÈTE n.f. charade, comédie, divertissement, entracte, interlude, intermède, lever de rideau, parade, pièce en un acte, proverbe, sketch

SBIRE n.m. → POLICIER

SCABREUX, EUSE I. → LIBRE **II.** → GROSSIER **III.** → DIFFICILE

SCALOPPING n.m. **méd. off.** : festonnement

SCANDALE n.m. **I. au pr.** : bruit, désordre, éclat, esclandre, tapage **II. arg. ou fam.** : barouf, bastringue, bousin, chabanais, chambard, harmone, foin, papafard, pet, pétard, ramdam, salades, schproum, tapis **III.** choc, émotion, étonnement, honte, indignation

◈ CONTR. **I.** → RETENUE **II.** → INSTRUCTION

SCANDALEUSEMENT avec → SCANDALE, de façon → SCANDALEUX *et les dérivés possibles en* -ment *des syn. de* scandaleux

SCANDALEUX, EUSE → HONTEUX

SCANDALISÉ, E → OUTRÉ

SCANDALISER I. → CHOQUER **II. pron.** → OFFENSER (s')

SCANDER accentuer, battre/ marquer la mesure, cadencer, marteler (péj.), ponctuer, rythmer, souligner, versifier

SCANNING n.m. **spat. off.** : balayage, scannage

SCAPULAIRE n.m. → FÉTICHE

SCARIFICATION n.f. → ENTAILLE

SCARIFIER → COUPER

SCATOLOGIE n.f. coprolalie

SCATOLOGIQUE grossier, stercoraire, stercoral → OBSCÈNE

SCATOPHILE stercoraire, stercoral

SCATTERING n.m. **nucl. off.** : diffusion

SCEAU n.m. → MARQUE

SCÉLÉRAT, E I. au pr. : bandit, coquin, criminel, filou, fripon, homicide, infâme, larron, méchant, misérable, monstre, perfide → VAURIEN **II. par ext.** → INFIDÈLE

◈ CONTR. → HONNÊTE

SCÉLÉRATESSE n.f. → MÉCHANCETÉ

SCELLÉ n.m. → CACHET

SCELLEMENT n.m. → FIXATION

SCELLER I. → FIXER **II.** → FERMER **III.** → CACHETER **IV.** → AFFERMIR

SCÉNARIO n.m. → INTRIGUE

SCÈNE n.f. I. → THÉÂTRE II. séquence, tableau III. → SPECTACLE IV. → ESTRADE V. algarade, altercation, avanie, carillon (fam. et vx), discussion, dispute, esclandre, réprimande, séance
◈ CONTR. → ACCORD

SCÉNIQUE → DRAMATIQUE

SCÉNOPÉGIES n.f. pl. tabernacles

SCEPTICISME n.m. I. au pr. : pyrrhonisme II. par ext. 1. philos. : apophatisme, aporétisme, criticisme, nihilisme, positivisme, pragmatisme 2. défiance, désintéressement, dilettantisme, doute, méfiance, tiédeur 3. agnosticisme, athéisme, humanisme, incrédulité, incroyance, indifférence, irréligion, libre pensée
◈ CONTR. I. dogmatisme II. → FOI III. → CERTITUDE IV. → CROYANCE V. → INTOLÉRANCE

SCEPTIQUE I. → INCRÉDULE II. → INCROYANT

SCEPTRE n.m. → SUPÉRIORITÉ

SCHÉMA et **SCHÈME** n.m. I. → PLAN II. → ÉBAUCHE III. → STRUCTURE

SCHÉMATIQUE → SOMMAIRE

SCHÉMATIQUEMENT brièvement, de façon expéditive, en bref/ résumé, sans formalités, simplement, sobrement, sommairement
◈ CONTR. → SOIGNEUSEMENT

SCHÉMATISER → SIMPLIFIER

SCHISMATIQUE → HÉRÉTIQUE

SCHISME n.m. → DISSIDENCE

SCHLAGUE n.f. bâton, correction, fouet, goumi, knout, martinet, nerf de bœuf, tricotin, verge

SCIE n.f. I. au pr. : crocodile, égoïne, passe-partout, sciotte II. refrain, rengaine

SCIEMMENT à bon escient, délibérément, de propos délibéré, en toute connaissance de cause, exprès, intentionnellement, volontairement
◈ CONTR. → INCONSCIEMMENT

SCIENCE n.f. I. → SAVOIR II. → ART III. 1. SCIENCE-FICTION → FICTION

SCIENTIFIQUE n.m. → SAVANT

SCIENTIFIQUE adj. critique, méthodique, objectif, positif, rationnel, savant
◈ CONTR. I. antiscientifique II. → ILLOGIQUE

SCIENTIFIQUEMENT de façon → SCIENTIFIQUE et les dérivés possibles en -ment des syn. de scientifique

SCIER couper, débiter, découper, fendre, tronçonner

SCIEUR n.m. sagard (rég.)

SCINDER I. au pr. → SECTIONNER

SCINTILLANT, E → BRILLANT

SCINTILLEMENT n.m. → REFLET

SCINTILLER I. au pr. : brasiller, briller, chatoyer, étinceler, flamboyer, luire, miroiter, rutiler II. fig. : clignoter, frissonner, palpiter
◈ CONTR. : être → TERNE

SCION n.m. → POUSSE

SCISSILE fissile → CASSANT

SCISSION n.f. bipartition, dissidence, dissociation, division, fractionnement, morcellement, partage, partition, schisme, sécession, séparation
◈ CONTR. → UNION

SCISSIONNISTE nom et adj. dissident → INSOUMIS

SCLÉROSE n.f. → PARALYSIE

SCLÉROSÉ, E → FIGÉ

SCOLARITÉ n.f. cursus → INSTRUCTION

SCOLIASTE n.m. annotateur, commentateur

SCOLIE n.f. → COMMENTAIRE

SCOOP n.m. off. : exclusivité

SCORE n.m. → RÉSULTAT

SCORIE n.f. déchet, laitier, mâchefer, porc → RÉSIDU

SCORPÈNE n.m. diable, rascasse

SCORPION n.m. androctone

SCOTOMISATION n.f. → EXPULSION

SCOTOMISER psych. → REPOUSSER

SCOUT n.m. boy-scout, éclaireur, guide, louveteau, ranger, routier

SCRAM n.m. nucl. off. : arrêt d'urgence

SCRAMBLER n.m. télécom. off. : embrouillage, embrouilleur

SCRAPER n.m. tr. pub. off. : décapeuse

SCRIBAN n.m. → SECRÉTAIRE

SCRIBE n.m. I. au pr. : clerc, copiste, écrivain, greffier, hiérogrammate ou hiérogrammatiste, logographe II. par ext. (péj.) : bureaucrate, gratteur, scribouillard, tabellion → EMPLOYÉ

SCRIPTURAIRE et **SCRIPTURAL, E** écrit, graphique
◈ CONTR. → VERBAL

SCROFULE n.f. bubon, écrouelles (vx), ganglion, strume, tumeur → ABCÈS

SCROFULEUX, EUSE → MALADE

SCRUB n.m. → BROUSSE

SCRUBBER n.m. spat. off. : absorbeur-neutraliseur

SCRUPULE n.m. **I.** → HÉSITATION **II.** → SOIN
III. → EXACTITUDE **IV.** → DÉLICATESSE

SCRUPULEUSEMENT avec → SOIN, de façon → CONSCIENCIEUX *et les dérivés possibles*
en -ment *des syn. de* consciencieux

SCRUPULEUX, EUSE I. au pr. : correct, délicat, exact, fidèle, honnête, juste, strict →
CONSCIENCIEUX **II. par ext.** : attentif, maniaque
(péj.), méticuleux, minutieux, pointilleux,
ponctuel, précis, soigneux, soucieux
◇ CONTR. **I.** → MALHONNÊTE **II.** → NÉGLIGENT

SCRUTATEUR, TRICE nom et adj. examinateur, inquisiteur, inspecteur, vérificateur
◇ CONTR. : candidat, sondé, sujet

SCRUTER → EXAMINER

SCRUTIN n.m. → VOTE

SCULPTER buriner, ciseler, façonner, figurer, former, fouiller, graver, modeler, tailler

SCULPTEUR n.m. animalier, bustier, ciseleur, imagier (vx), modeleur, ornemaniste,
sculptier (péj.), statuaire, toreuticien

SCULPTURAL, E I. architectural, plastique **II.** → BEAU

SCULPTURE n.f. **I.** toreutique **II.** bas-relief,
bucrane, corniche, décoration, frise, glyp-
tique, gravure, guirlande, haut-relief, moulure, ornement, pot à feu, ronde-bosse, trophée, vase → MOULURE **III.** animal, buste,
figurine, grimace, monument, statuette, tête,
torse → STATUE

SÉANCE n.f. **I. au pr.** : assise, audience, dé-
bat, délibération, réunion, session, vacation
II. par ext. : projection, représentation, scène
→ SPECTACLE **III. fig.** : algarade, altercation,
avanie, carillon (fam. et vx), discussion, dis-
pute, esclandre, réprimande, scène
◇ CONTR. **I.** → VACANCE **II.** → INTERVALLE **III.** →
ACCORD

SÉANT, E adj → CONVENABLE

SEAPLANE BASE n.f. **transp. off.** : hydrobase

SÉANT n.m. → DERRIÈRE

SEAU n.m. camion, puchette, récipient,
seille, seillon, seillot, vache

SEC, SÈCHE I. au pr. → ARIDE **II. par ext.** →
MAIGRE **III. fig. 1.** → DUR **2.** → RUDE **3.** → PAUVRE

SÉCABLE → DIVISIBLE

SÉCESSION n.f. autonomie, dissidence, division, indépendance, partition, révolte, scission, séparation, séparatisme
◇ CONTR. → UNION

SÉCESSIONNISTE nom et adj. sudiste →
SÉPARATISTE

SÈCHEMENT avec → DURETÉ, de façon →
DUR *et les dérivés possibles en* -ment *des syn.*
de dur

SÉCHER I. v. tr. 1. au pr. : assécher, déshydrater, dessécher, drainer, écoper, éponger, essorer, essuyer, étancher, lyophiliser, mettre
à sec, ressuyer, tarir, vider **2. par ext.** : étuver
→ STÉRILISER **3. fig.** : faner, flétrir, racornir **II. v.**
intr. 1. au pr. : dépérir, devenir sec, languir
2. arg. scol. : coller, échouer, être collé, rester
court **3.** faire l'impasse
◇ CONTR. **I.** → MOUILLER **II.** → FLEURIR **III.** →
CONNAÎTRE

SÉCHERESSE n.f. **I. au pr.** : anhydrie,
aréisme, aridité, improductivité, siccité
II. fig. : **1.** austérité, dénuement, dépouillement, jansénisme, sobriété **2.** brusquerie,
dureté, froideur, insensibilité, pauvreté, stérilité → RUDESSE
◇ CONTR. **I.** → HUMIDITÉ **II.** → FERTILITÉ **III.** →
COMPASSION

SÉCHOIR n.m. **I. 1.** buanderie, étendoir, sè-
cherie **2.** casque, sèche-cheveux **II. par ext.**
1. hérisson, if, porte-bouteilles **2.** → ÉGOUT-
TOIR **3.** → ÉTUVE

SECOND n.m. **I.** cadet **II.** adjoint, aide, allié,
alter ego, appui, assesseur, assistant, auxiliaire, bras droit, collaborateur, fondé de
pouvoir, lieutenant
◇ CONTR. **I.** aîné, benjamin **II.** → PATRON

SECOND, E I. au pr. : autre, deuxième **II. par**
ext. : nouveau
◇ CONTR. **I.** → PREMIER **II.** → DERNIER

SECONDAIRE accessoire, adventice,
anecdotique, épisodique, incident, inférieur,
insignifiant, marginal, mineur, négligeable,
subalterne, subsidiaire
◇ CONTR. → PRIMORDIAL

SECONDAIREMENT → INCIDEMMENT

SECONDER → AIDER

SECOUER I. au pr. : agiter, ballotter, branler
(vx), brimbaler, cahoter, chabler, convulser,
ébranler, gauler, hocher, locher (rég.), vanner → REMUER **II. fig. 1.** bousculer, harceler,
houspiller, malmener, maltraiter, sabouler
(fam. et vx), tourmenter → RÉPRIMANDER **2.** →
ÉMOUVOIR
◇ CONTR. **I.** → CALER **II.** → COMPLIMENTER

SECOURABLE auxiliateur (vx), charitable,
compatissant, consolateur, fraternel, généreux, hospitalier, humain, miséricordieux,
obligeant → BON
◇ CONTR. **I.** → INDIFFÉRENT **II.** → MÉCHANT

SECOURABLEMENT de façon → SECOU-
RABLE *et les dérivés possibles en* -ment *des*
syn. de secourable

SECOURIR → APPUYER

SECOURS n.m. **I. au pr.** : aide, assistance,
concours, confort (vx), coup de main (fam.),

entraide, facilité, grâce, moyen, protection, providence, rechange **II. fig.**: réconfort, renfort, rescousse, ressource, service, soutien **III. par ext. 1.** allocation, attribution, aumône, bienfaisance, charité, denier, don, entraide, hospitalité, obole, palliatif, répartition, sportule, subside, subvention **2.** → DÉFENSE

◆ CONTR. → ABANDON

SECOUSSE n.f. à-coup, agitation, cahot, choc, commotion, convulsion, coup, ébranlement, heurt, mouvement, saccade, soubresaut, spasme, tremblement, trépidation, tressaut

◆ CONTR. → IMMOBILITÉ

SECRET n.m. n. **I. au pr.**: arcane, arrière-pensée, cabale, cachotterie, coulisse, dédale, dessous, dessous des cartes, détour, énigme, fond, mystère, obscurité, pot-aux-roses (péj.), saint des saints, ténèbres, tréfonds **II. par ext. 1.** chiffre, cryptogramme, martingale, méthode, moyen, recette, truc (fam.) **2.** black-out, confidentialité, discrétion, retenue → SILENCE **III. 1. EN SECRET** → SECRÈTEMENT **2. DANS LE SECRET**: dans la confidence, de connivence

◆ CONTR. → RÉVÉLATION

SECRET, ÈTE adj. **I. quelque chose**: abscons, anonyme, arcane (vx), cabalistique, caché, clandestin, confidentiel, cryptique, discret, dissimulé, enveloppé, ésotérique, furtif, hermétique, ignoré, illicite, incognoscible, inconnaissable, inconnu, inexplicable, initiatique, insondable, intérieur, intime, invisible, irrévélé, latent, masqué, mystérieux, mystique, obscur, occulte, officieux, profond, retiré, sibyllin, sourd, souterrain, subreptice, ténébreux, voilé **II. quelqu'un. 1. neutre**: caché, concentré, discret, énigmatique, impénétrable, imperscrutable (vx), incognito, indéchiffrable, insaisissable, mystérieux, réservé, taciturne **2. non fav.**: cachottier, chafouin, dissimulé, en dessous, fuyant, insinuant, renfermé, sournois → HYPOCRITE

◆ CONTR. **I.** → PUBLIC **II.** → VISIBLE **III.** → FRANC

SECRÉTAIRE n.m. et f. **I. au pr.**: copiste, dactylo, dactylographe, employé, greffier, rédacteur **II. péj.**: rond-de-cuir, scribe, scribouillard **III. par ext.**: adjoint, alter ego (fam.), bras droit (fam.), collaborateur

SECRÉTAIRE n.m. bahut, bonheur-du-jour, écritoire, scriban – vx: calemar, serre-papiers → BUREAU

SECRÉTARIAT n.m. administration, bureau, chancellerie, secrétairerie, services

SECRÈTEMENT à la dérobée, à la sourdine, dans la coulisse, en cachette, en catimini, en dessous, en secret, en sourdine, en sous-main, en tapinois, furtivement, inco-

gnito, in-petto, sans tambour ni trompette (fam.), sourdement, sous la custode (vx)/ la table/ le manteau, subrepticement

◆ CONTR. → PUBLIQUEMENT

SÉCRÉTER dégoutter, distiller, élaborer, épancher, filtrer

SÉCRÉTION n.f. bile, excrétion, humeur, récrément (vx), salive

SECTAIRE autoritaire, doctrinaire, dogmatique, enragé, étroit, exalté, exclusif, fanatique, farouche, frénétique, furieux, intégriste, intolérant, intraitable, intransigeant, irréductible, malendurant (vx), partial, partisan, rigide, rigoriste, sévère, violent

◆ CONTR. → TOLÉRANT

SECTARISME n.m. → INTOLÉRANCE

SECTATEUR, TRICE n.m. ou f. adepte, adhérent, affidé, affilié, allié, ami, disciple, doctrinaire, fanatique (péj.), fidèle, militant, partisan, propagandiste, prosélyte, suppôt (péj.), zélateur

◆ CONTR. → ADVERSAIRE

SECTE n.f. association, bande, brigue, cabale, camp, clan, coalition, église, faction, groupe, parti, phalange, rassemblement, religion, société secrète

SECTEUR n.m. **I.** → ZONE **II. partic. 1. secteur primaire**: agriculture, carrières, extraction minière, pêche **2. secteur secondaire**: industrie → USINE **3. secteur tertiaire**: administration, artisanat, assurances, banques, commerce, loisirs, professions artistiques/ libérales, services privés/ publics, transports

SECTION n.f. **I.** cellule, groupe **II.** coupure, division, fraction, paragraphe, parcelle, partie, portion, rupture, scission, segment, séparation, subdivision

◆ CONTR. **I.** → FÉDÉRATION **II.** → TOTALITÉ

SECTIONNEMENT n.m. → SEGMENTATION

SECTIONNER couper, désassembler, désunir, disjoindre, diviser, fendre, fractionner, morceler, parcelliser, partager, scinder, segmenter, séparer, subdiviser → COUPER

◆ CONTR. → ASSEMBLER

SÉCULAIRE → ANCIEN

SÉCULIER, ÈRE I. → TERRESTRE **II.** laïc, profane, temporel

◆ CONTR.: régulier

SÉCURISER → TRANQUILLISER

SÉCURITÉ n.f. **I. au pr.**: abandon, abri, assurance, calme, confiance, repos, sauveté (vx), sérénité, sûreté, tranquillité **II. par ext. 1.** ordre, police **2.** assurage, assurement, fiabilité, fidélité

◆ CONTR. **I.** → DANGER **II.** → CRAINTE

SÉDATIF, IVE nom et adj. adoucissant, analgésique, anesthésique, anodin, antalgique, antipyrétique, antispasmodique, apaisant, balsamique, calmant, consolant, hypnotique, lénifiant, lénitif, narcotique, parégorique, rafraîchissant, relaxant, reposant, vulnéraire
◆ CONTR. I. → IRRITANT II. → FORTIFIANT

SÉDATION n.f. → APAISEMENT

SÉDENTAIRE I. au pr. : assis, attaché, établi, fixe, immobile, inactif, permanent, stable, stationnaire **II. par ext. (fam.)** : casanier, cul-de-plomb, notaire, pantouflard, popote, pot-au-feu
◆ CONTR. I. → NOMADE II. → VOYAGEUR

SÉDIMENT et **SÉDIMENTATION** n.m., n.f. accroissement, accrue, allaise, alluvion, apport, atterrissement, boue, calcaire, concrétion, dépôt, formation, lais, laisse, lie, limon, lœss, précipité, relais, résidu, roche, tartre
◆ CONTR. : magma

SÉDITIEUX, EUSE I. au pr. : activiste, agitateur, anarchiste, comploteur, contestataire, émeutier, factieux, frondeur, insoumis, insubordonné, insurgé, militant, mutin, provocateur, rebelle, révolté, subversif, terroriste **II. par ext.** → TUMULTUEUX
◆ CONTR. → SOUMIS

SÉDITION n.f. **I.** → ÉMEUTE **II.** → RÉVOLTE **III.** → SOULÈVEMENT

SÉDUCTEUR, TRICE nom et adj. **I. n.m. 1.** : apprivoiseur, bourreau des cœurs, casanova, casse-cœur, charmeur, don juan, dragueur, enjôleur, ensorceleur, fascinateur, femmelier, gueule d'amour, homme à bonnes fortunes/ à femmes, juponnier, magicien, tentateur, tombeau des cœurs, tombeur de femmes → GALANT **2. péj.** : cavaleur, coureur/ trousseur de jupons, lovelace, suborneur **3. vx** : bragard, épouseur, larron d'honneur **II. n.f.** → BEAUTÉ **III. adj.** → SÉDUISANT
◆ CONTR. I. → INDIFFÉRENT II. → IMPUISSANT III. → RÉPUGNANT

SÉDUCTION n.f. **I.** → CHARME **II.** → SUBORNATION

SÉDUIRE I. non fav. 1. au pr. : acheter, affriander, allécher, allicier (vx), amorcer, appâter, attirer dans ses filets, cajoler, capter, corrompre, débaucher, déshonorer, dévergonder, mettre à mal, perdre, soudoyer, suborner **2. arg. ou fam.** : chiper, damer, dégréner, donjuaner, donjuaniser, emballer, embarquer, embusquer, enganter, entifler, faire du gringue, fusiller, lever, quimper, soulever, taper dans l'œil, tomber, vamper **3. par ext.** : abuser, amuser, attraper, berner, bluf-

fer, circonvenir, décevoir, donner le change, éblouir, égarer, en conter, en donner, endormir, en faire accroire/ croire, engluer, en imposer, enjôler, faire briller/ chatoyer/ miroiter, flatter, jobarder, mener en bateau, minauder, monter le coup, prendre au piège → TROMPER **4. fam.** : avoir, blouser, couillonner, dorer la pilule, embabouiner, embobeliner, embobiner, emmitonner, entortiller, posséder **II. fav. ou neutre. 1.** affrioler, aguicher, attacher, attirer, attraire, captiver, charmer, coiffer, conquérir, donner/ taper dans l'œil (fam.), ensorceler, entraîner, envoûter, fasciner, hypnotiser, magnétiser, plaire, tenter, vamper **2.** convaincre, entraîner, gagner, persuader
◆ CONTR. I. → CHOQUER II. → RÉPUGNER

SÉDUISANT, E affriolant, agréable, aguichant, alléchant, amène, attachant, attirable (vx), attirant, attrayant, beau, brillant, captivant, charismatique, charmant, charmeur, chatoyant, désirable, enchanteur, engageant, ensorcelant, enveloppant, envoûtant, fascinant, flatteur, gracieux, insinuant, joli, piquant, prenant, ravageur, ravissant, séducteur, tentateur, vénuste – **fam.** : girond, sexy
◆ CONTR. → RÉPUGNANT

SÉDUIT, E I. → CHARMÉ **II. les part. passés possibles des syn. de** séduire

SEEKER HEAD n.f. **spat et milit. off. I.** autodirecteur **II. fam.** : tête chercheuse

SEGMENT n.m. **I.** → SECTION **II.** → LIGNE

SEGMENTATION n.f. **I.** échelonnement, éparpillement, fractionnement, fragmentation, groupuscularisation, ilotage, morcellement, parcellisation, partage, sectionnement → DIVISION **II. biol.** : fissiparité, scissiparité
◆ CONTR. → RÉUNION

SEGMENTER → SECTIONNER

SÉGRÉGATION n.f. → SÉPARATION

SEICHE n.f. → ENCORNET

SÉIDE n.m. **I.** zélateur **II.** → PARTISAN **III.** → AGENT

SEIGNEUR n.m. **I. au pr.** : châtelain, écuyer, gentilhomme, hobereau, maître, sire, suzerain **II. par ext. 1.** → NOBLE **2.** → MONARQUE **3.** → DIEU **III.** lJOUR DU SEIGNEUR : dimanche, repos dominical, sabbat

SEIN n.m. **I. au pr.** : buste, giron, mamelle, poitrine **II. arg. ou fam. : 1.** appas (vx), avantages, counou, dodoche, doudoune, enjoliveur, flotteur, frérot, gaillard, lolo, mandarine, néné, œufs sur le plat, orange, païen, robert, rondelet, rondeur, rondin, tété, tétin, tétine, téton, totoche **2. péj.** : amortisseur, avant-scène, balcon, biberon, blague à tabac, boîte à lait/ à lolo, gras-double, laiterie, montgolfière, nibar, nichon, nichonaille, pare-chocs, roploplo, rotoplo, tétasse, tripe **3. québ.** outre les mots et locutions ci-dessus : amusard, amuse-gueule, apaise-braillard, bahut, bidon, bompeur, cloche, coffre, corniche, couenne, devanture, djos, estomac, falle, farme-ta-gueule, guenoche, jabot, magasin, moulure, poitrail, quenoune, quetoche, saint-joseph, tableau, tablette, tette, ventrèche **III. par ext. 1.** entrailles, flanc, utérus, ventre **2.** centre, cœur, fort, foyer, lieu géométrique, milieu, mitan, nœud, nombril, noyau, point **IV. AU SEIN DE :** au milieu de, dans, parmi

SEING n.m. → SIGNATURE

SÉISME n.m. **I. au pr.** : phénomène sismique, secousse, tremblement de terre **II. par ext.** : bouleversement, cataclysme, catastrophe, commotion, ébranlement, raz de marée, tornade, typhon

SÉJOUR n.m. **I. au pr.** : arrêt, pause, stage, villégiature **II. par ext.** : demeure, domicile, endroit, maison, résidence, subsistance → HABITATION **III. CÉLESTE SÉJOUR :** champs Élysées, ciel, Élysée, enfers (myth.), olympe, paradis

◇ CONTR. → VOYAGE

SÉJOURNER I. au pr. 1. quelqu'un : s'arrêter, s'attarder, attendre, demeurer, s'éterniser, rester, stationner, tarder **2. fam. :** croûtonner, moisir, prendre racine **3.** estiver, villégiaturer **4. quelque chose :** croupir, stagner **II. par ext. :** camper, descendre, être domicilié, habiter, loger, occuper, résider, se tenir, vivre – **fam. :** crécher, gîter, jucher, nicher

◇ CONTR. → VOYAGER

SEL n.m. **I.** → PIQUANT **II.** → ESPRIT

SÉLECT, E agréable, beau, bien, chic, copurchic (fam.), de bon goût, délicat, distingué, élégant, smart (fam.), snob (péj.)

◇ CONTR. → VULGAIRE

SÉLECTER → SÉLECTIONNER

SÉLECTION n.f. **I. de choses : 1.** assortiment, collection, dessus du panier (fam.), éventail, réunion **2.** choix, écrémage, tri, triage **II. de gens :** aristocratie, crème, élite, fine fleur, gratin, happy few (angl.) **III. littér. :** anthologie, digest, morceaux choisis, recueil

◇ CONTR. → MÉLANGE

SÉLECTIONNER adopter, aimer mieux, choisir, coopter, se décider pour, désigner, distinguer, écrémer, élire, embrasser, s'engager, faire choix, fixer son choix, jeter son dévolu, nommer, opter, préférer, prendre, sélecter, trancher, trier sur le volet

◇ CONTR. → MÉLANGER

SÉLECTIONNEUR, EUSE n.m. ou f. **fam. :** chasseur de têtes

SELF SERVICE n.m. **off. :** libre-service

SELF SHIELDING nucl. **off. :** autoprotection

SELLE n.f. **I.** bât, cacolet, harnachement **II.** → EXCRÉMENT

SELLER → HARNACHER

◇ CONTR. : desseller

SELLERIE n.f. → HARNACHEMENT

SELLIER n.m. bâtier, bourrelier

SELON conformément à, dans, d'après, suivant

SEMAILLES n.f. pl. emblavage, ensemencement, épandage, semis

SÉMANTIQUE n.f. **par ext. :** lexicologie, onomasiologie, sémasiologie, sémiologie, sémiotique, signalétique, symptomatologie

SEMBLABLE I. adj. : affin (scient.), analogue, approximatif, assimilé, assorti, bilatéral, commun, comparable, conforme, énantiomorphe, équivalent, homologue, identique, indifférencié, indiscernable, jumeau, kif-kif (fam.), la/ le même, parallèle, pareil, queusi-queumi (vx), réciproque, ressemblant, similaire, symétrique, synallagmatique, tel, tout comme **II. nom. 1. quelqu'un :** compatriote, congénère, coréligionnaire, égal, frère, pair, parent, prochain **2. quelque chose :** pendant

◇ CONTR. → DIFFÉRENT

SEMBLABLEMENT → MÊME

SEMBLANCE n.f. air, allure, apparence, aspect, configuration, dehors, extérieur, face, figure, forme, jour, masque, perspective, physionomie, portrait, profil, ressemblance, semblant, tour, tournure, visage

◇ CONTR. → DIFFÉRENCE

SEMBLANT n.m. **I.** → SEMBLANCE **II. FAIRE SEMBLANT** → SIMULER

SEMBLER apparaître, s'avérer, avoir l'air/ l'aspect, se montrer, s'offrir, paraître, passer pour, se présenter comme

◇ CONTR. → ÊTRE

SEMÉ, E I. au pr. : cultivé, emblavé, ensemencé **II. par ext. :** agrémenté, constellé, émaillé, orné, parsemé

◇ CONTR. **I. en** → FRICHE **II.** → NU

SEMENCE n.f. graine, pollen, sperme, spore → GERME

◇ CONTR. **I.** → POUSSE **II.** → RÉCOLTE

SEMER I. au pr. : cultiver, emblaver, ensemencer, épandre, jeter, répandre **II. par ext. 1.** couvrir, étendre, joncher, orner, parsemer, revêtir, tapisser **2.** disperser, disséminer, propager III. fig. 1. abandonner, délaisser, lâcher, laisser, partir, quitter, se séparer de 2. fam. : décamper, détaler, laisser tomber, planter (là)

◇ CONTR. I. → RECUEILLIR II. → ABANDONNER

SEMI demi, hémi, mi, moitié

SÉMILLANT, E actif, agile, alerte, allègre, animé, ardent, brillant, chaleureux, dégagé, délivré, dispos, éveillé, fougueux, frétillant, fringant, gaillard, galant, guilleret, ingambe, léger, leste, pétillant, pétulant, primesautier, prompt, rapide, vif, vivant

◇ CONTR. → TERNE

SEMI-MENSUEL bimensuel

SÉMINAIRE n.m. I. au pr. : alumnat, communauté, école, institut, juvénat, noviciat, scolasticat II. par ext. 1. pépinière 2. colloque, congrès, cours, groupe de recherche, réunion, symposium, table ronde

SÉMINARISTE n.m. approbaniste, novice, scolastique

SEMIS n.m. I. emblavure II. ensemencement, semailles

◇ CONTR. → RÉCOLTE

SÉMITE nom et adj. I. → ARABE II. → ISRAÉLITE

SEMONCE n.f. admonestation, blâme, censure, critique, engueulade (fam.), improbation, mercuriale, objurgation, observation, plainte, remarque, remontrance, réprimande, reproche, réquisitoire, vitupération

◇ CONTR. → COMPLIMENT

SEMONCER → RÉPRIMANDER

SEMPITERNEL, LE I. fav. ou neutre : constant, continuel, durable, éternel, immémorial, immortel, immuable, impérissable, imprescriptible, inaltérable, incessant, indéfectible, indéfini, indestructible, infini, interminable, perdurable, pérenne, perpétuel II. non fav. : assommant, casse-pieds (fam.), contrariant, cramponnant, désagréable, embêtant (fam.), ennuyeux, fastidieux, fatigant, insupportable, mortel, pénible, pesant, rasant (fam.), rebutant, redondant, triste

◇ CONTR. I. → PASSAGER II. → SPORADIQUE

SEMPITERNELLEMENT à perpétuité, assidûment, à toute heure, constamment, continuellement, continûment, de tout temps, en permanence, éternellement, généralement, habituellement, incessamment, indéfiniment, infiniment, invariablement, ordinairement, perpétuellement, sans arrêt/ cesse/ destourbier (vx), sans fin/ interruption/ relâche, sans désemparer, toujours, tous les jours – fam. : ad vitam aeternam, à perpète

◇ CONTR. → RAREMENT

SÉNAT n.m. assemblée, chambre, conseil, curie

SÉNATEUR n.m. pair, père conscrit

SÉNESCENCE n.f. I. neutre : abaissement, affaiblissement, sénilité, troisième âge, vieillesse, vieillissement II. non fav. : caducité, décadence, déchéance, déclin, décrépitude, gâtisme, gérondisme, radotage, retour à l'enfance, ruine, sénilisme

◇ CONTR. I. → JEUNESSE II. → JUVÉNILITÉ

SENESTRE ou **SÉNESTRE** → GAUCHE

SÉNILE affaibli, âgé, bas, caduc, déchu, décrépit, en enfance, fatigué, gaga (fam.), gâteux, impotent, sénescent, usé, vieux

◇ CONTR. → JUVÉNILE

SÉNILEMENT comme un → VIEILLARD

SÉNILITÉ n.f. → SÉNESCENCE

SENIOR FLIGHT ATTENDANT (S.F.A.) n.m. aviat. off. : personnel navigant commercial (P.N.C.)

SENNE n.f. → FILET

SENS n.m. I. phys. 1. au pr. : audition, faculté, goût, odorat, ouïe, tact, toucher, vue 2. par ext. : amour, ardeur, chaleur, chair, concupiscence, instinct, jouissance, lasciveté, lascivité, libido, plaisir, sensualité, sybaritisme, volupté II. acception, caractère, clef, connotation, côté, esprit, face, lettre, portée, signification, signifié, valeur III. avis, gré, jugement, manière de penser/ de voir, opinion, point de vue, sentiment IV. aptitude, compréhension, discernement, entendement, faculté, jugement, jugeote (fam.), mesure, raison, sagesse V. but, chemin, côté, destination, direction, ligne, orientation, route VI. 1. BON SENS : bon goût, entendement, juste milieu, philosophie, raison, sagesse, sanité (vx), sens commun 2. DE SENS RASSIS : calme, délibéré, de sang-froid, la tête froide, pondéré, posé, sage

◇ CONTR. → ABSURDITÉ

SENSATION n.f. I. au pr. : avant-goût, émoi, émotion, excitation, impression, intuition, perception, sens, sentiment II. par ext. : admiration, effet, étonnement, merveille, surprise III. À SENSATION : thriller (angl.)

◇ CONTR. → INDIFFÉRENCE

SENSATIONNEL, LE I. fav. ou neutre : admirable, beau, confondant, curieux, drôle, ébahissant, ébaubissant (vx), éblouissant, écrasant, effarant, énorme, épatant, époustouflant, étourdissant, exceptionnel, excitant, extraordinaire, fantastique, faramineux, formidable, fracassant, frappant, génial, gigantesque, grand, impressionnant, imprévu, inattendu, incomparable, inconcevable, incroyable, inédit, inhabituel, inopiné, inouï, insolite, inusité, magique, magnifique, merveilleux, miraculeux, mirifique, mirobolant, original, parfait, particulier, passionnant, phénoménal, prodigieux, pyramidal, rare, renversant, saisissant, singulier, spécial, splendide, stupéfiant, sublime, superbe, surprenant, troublant – **fam.** : ébésillant, ébouriffant, foutral, fumant, maxi, sensas, super, transpoil, vachement *et un adj. valorisant*. **II. non fav.** : abracadabrant, ahurissant, anormal, bizarre, déconcertant, épouvantable, explosif, invraisemblable, monstrueux ◇ CONTR. **I.** → BANAL **II.** → SECRET

SENSÉ, E I. → INTELLIGENT **II.** → RAISONNABLE

SENSIBILISATION n.f. → ALLERGIE

SENSIBILISER → INTÉRESSER

SENSIBILITÉ n.f. **I. au pr. 1.** excitabilité, hyperesthésie (méd.), impressionnabilité, réceptivité, sensation **2.** affectibilité, affectivité, affectuosité, amour, attendrissement, berquinisme (vx et péj.), cœur, compassion, émotion, émotivité, humanité, pitié, sensiblerie (péj.), sentiment, sentimentalité, sympathie, tendresse **II. par ext.** : amabilité, attention, bon goût, courtoisie, délicatesse, discrétion, élégance, finesse, gentillesse, obligeance, soin, tact, tendresse, tripe (fam.) ◇ CONTR. **I.** → APATHIE **II.** → DURETÉ **III.** → INDIFFÉRENCE

SENSIBLE I. quelque chose. 1. au pr. : sensitif, sensoriel **2. par ext.** : apparent, appréciable, charnel, clair, contingent, distinct, évident, important, matériel, notable, palpable, perceptible, phénoménal, tangible, visible **II. quelqu'un. 1. au pr.** : affectif (vx), ardent, émotif, enflammé, fin, hypersensible, impressionnable, intuitif, passionné, romanesque, romantique, sensitif, sensitive, sentimental, tendre **2.** délicat, douillet, fragile, vulnérable **3.** accessible, aimable, aimant, altruiste, apitoyable, bon, charitable, compatissant, généreux, humain, réceptif, tendre **4.** braque, chatouilleux, nerveux, susceptible, vif ◇ CONTR. → INSENSIBLE

SENSIBLEMENT à demi, à peu près, approximativement, comme, environ, pas loin de, peu s'en faut, quasi, quasiment ◇ CONTR. **I.** → PAS **II.** → COMPLÈTEMENT

SENSIBLERIE n.f. → SENSIBILITÉ

SENSOR (SYSTEM) n.m. **spat. et millit. off.** : (groupe-)capteur

SENSUALITÉ n.f. bien-être, chair, charnalité (vx), concupiscence, contentement, délectation, délices, désir, ébats, épicurisme, érotisme, félicité, hédonisme, jouissance, lasciveté, lascivité, libertinage, libido, plaisir, satisfaction, sybaritisme, tempérament → VOLUPTÉ – **péj.** : lubricité, luxure ◇ CONTR. → INDIFFÉRENCE

SENSUEL, LE I. fav. ou neutre : amoureux, charnel, concupiscent, épicurien, érotique, hédoniste, lascif, léger, leste, libertin, paillard, polisson, sybarite, voluptueux **II. non fav.** : animal, bestial, débauché, immodeste, impudique, impur, indécent, libidineux, licencieux, lubrique, luxurieux, matériel, obscène, salace ◇ CONTR. **I.** → INDIFFÉRENT **II.** → IMPUISSANT

SENSUELLEMENT avec → SENSUALITÉ, de façon → SENSUEL *et les dérivés possibles en -ment des syn. de* sensuel

SENTE n.f. → SENTIER

SENTENCE n.f. **I.** adage, aphorisme, apophtegme, axiome, devise, dicton, dit, esquisse, maxime, mot, parole, pensée, propos, proverbe, remarque, vérité **II.** arrêt, condamnation, décision, décret, jugement, ordalie (vx), ordonnance, verdict **III. péj.** PLATITUDE ◇ CONTR. : ajournement, dessaisissement, non-lieu, remise

SENTENCIEUSEMENT de façon → SENTENCIEUX *et les dérivés possibles en -ment des syn. de* sentencieux

SENTENCIEUX, EUSE I. au pr. : gnomique **II. par ext.** : affecté, cérémonieux, dogmatique, emphatique, grave, maniéré, pompeux, pompier (fam.), prudhommesque, révérencieux, solennel ◇ CONTR. **I.** → SIMPLE **II.** → SPONTANÉ **III.** → LÉGER

SENTEUR n.f. **I. fav. ou neutre** : arôme, bouquet, effluve, émanation, exhalaison, fragrance, fumet, odeur, parfum, trace, vent (vén.) **II. non fav.** : empyreume, fétidité, infection, mauvaise odeur, odeur fétide/ infecte/ repoussante, pestilence, puanteur, relent, remugle

SENTI, E → SINCÈRE

SENTIER n.m. cavée, chemin, baie, draille, layon, lé, passage, piste, raccourci, raidillon, sente, tortille

SENTIMENT n.m. **I. au pr.** : avant-goût, connaissance, émoi, émotion, impression, intuition, perception, sens, sensation **II. par ext. 1.** avis, gré, idée, jugement, opinion, pensée, point de vue **2.** affection, affectivité, amour, attachement, cœur, disposition, inclination, passion, tendance → SENSIBILITÉ ◇ CONTR. **I.** → RAISONNEMENT **II.** → IMAGINATION

SENTIMENTAL, E nom et adj. → SENSIBLE

SENTIMENTALEMENT I. avec → ATTACHEMENT **II.** de manière → TRADITIONNEL

SENTIMENTALISME et **SENTIMENTALITÉ** n.m. ou f. → SENSIBILITÉ

SENTINE n.f. **I. au pr.** : bourbier, charnier, cloaque, décharge, égout, fagne (rég.), margouillis, voirie → WATER-CLOSET **II. par ext. 1.** → ABJECTION **2.** → BAS-FOND

SENTINELLE n.f. épieur, factionnaire, garde, gardien, guetteur, veilleur, vigie

SENTIR I. au pr. 1. on sent quelque chose : éventer, flairer, humer, muffer (arg.), percevoir, renifler, respirer, subodorer **2. vx ou vén.** : assentir, halener, odorer **3. quelque chose sent** : embaumer, exhaler, fleurer, musser (fam.), odorer **4. non fav.** : empester, empoisonner, empuantir, exhaler/ répandre une odeur désagréable/ fétide/ nauséabonde/ répugnante, prendre à la gorge, puer **5. arg.** : chlinguer, chlipoter chocotter, cocoter, cogner, cognoter, coincer, cornancher, danser, dégager, donner, donner du paleron, écarter du fusil, emboucaner, flamber de la cassolette, flingoter, foisonner, fouetter, fouilloter, gazouiller, gogoter, mouetter, plomber, poquer, refouler (du goulot), renifler, repousser, rougnoter, sauter, sentir le lapin/ le lion, schlinguer, schmecter, taper, trouilloter, tuer les mouches **II. par ext. 1.** comprendre, connaître, découvrir, deviner discerner, pénétrer, pressentir, prévoir **2.** éprouver, recevoir, ressentir **arg.** : blairer, blairnifler **III. v. pron. 1.** se trouver **2.** *les formes pron. possibles des syn. de* sentir
◇ CONTR. : être → INDIFFÉRENT

SEOIR I. → SITUER **II.** → PLAIRE

SEP n.m. fer → CHAÎNE

SÉPARABLE divisible, sécable *et les dérivés possibles en* -able *des syn. de* séparer

SÉPARATION n.f. **I. au pr. 1. de quelque chose** : décollement, démarcation, démembrement, départ, désaccouplement, désagrégation, désunion, détachement, dichotomie, différence, disjonction, dislocation, dispersion, distinction, distraction, division, fragmentation, morcellement, perte, rupture, sectionnement **2. de quelqu'un ou d'un groupe** : abandon, coupure, discorde, dissidence, dissociation, dissolution, divorce, éloignement, exil, indépendance, isolement, ostracisme (péj.), schisme, scission, sécession, séparatisme **3. vén.** : dépariade **II. par ext. 1.** abîme, barrière, borne, cloison, coupure, entre-deux, fossé, limite, mur, palis, palissade → FOSSE **2.** apartheid, clivage, cloisonnement, différenciation, discrimination, isolation, isolement, partition, ségrégation **3.** claustra, galandage, hourdage, hourdis, parclose **4. relig.** : iconostase, rideau, voile **III. SÉPARATION DE CORPS** → DIVORCE
◇ CONTR. → RÉUNION

SÉPARATISME n.m. apartheid, autonomie, dissidence, indépendance, particularisme, sécession
◇ CONTR. : fédéralisme

SÉPARATISTE nom et adj. autonomiste, dissident, indépendantiste, opposant, résistant, sécessionniste, sudiste (partic.)
◇ CONTR. : fédéraliste

SÉPARÉ, E I. autre, contraire, différent, dissemblable, distinct, divergent, divers, étranger à, hérétique, hétérogène, opposé, schismatique **II.** cloisonné, clôturé, compartimenté, disjoint, divisé, partagé, sectionné, ségrégé
◇ CONTR. : *les part. passés possibles des syn. de* réunir

SÉPARÉMENT à part, de côté, individuellement, isolément, l'un après l'autre, un à un, un par un
◇ CONTR. **I.** → ENSEMBLE **II.** → UNANIMEMENT

SÉPARER I. au pr. : abstraire, analyser, arracher, casser, classer, cliver, cloisonner, compartimenter, couper, cribler, débrouiller, décoller, décomposer, dégager, déliter (techn.), démarier, démêler, démembrer, dénouer, déparier, départager, départir, déprendre, désaccoupler, désagréger, désassembler (vx), desceller, désunir, détacher, différencier, discerner, discriminer, disjoindre, disloquer, disperser, dissocier, dissoudre, distinguer, écarter, éloigner, enlever, éparpiller, espacer, faire le départ, fendre, fragmenter, grabeler (techn.), isoler, monder, morceler, ôter, partager, ramifier, ranger, répartir, rompre, scier, scinder, sectionner, trancher, trier **II. par ext.** : brouiller, creuser un abîme, déshabituer, désunir, diviser, éloigner, faire obstacle, opposer **III. v. pron.** : abandonner, casser, désaimer (vx), se désolidariser, divorcer, partir, quitter, reprendre sa liberté *et les formes pron. possibles des syn. de* séparer
◇ CONTR. → RÉUNIR

SEPTENTRIONAL, E arctique, boréal, du nord, hyperboréen, nordique, polaire
◇ CONTR. → AUSTRAL

SEPTIQUE bactérien, contagieux, contaminé, infectieux → PESTILENTIEL
◇ CONTR. → ASEPTIQUE

SÉPULCRAL, E I. par ext. : ennuyeux, funèbre, lugubre, maussade, mélancolique, morne, morose, obscur, sinistre, sombre → TRISTE **II. fig.** : amorti, assourdi, caverneux, étouffé, mat, sourd, voilé
◇ CONTR. **I.** → PARADISIAQUE **II.** → CLAIR **III.** → GAI

SÉPULCRE n.m. caveau, cénotaphe, cinéraire, cippe, columbarium, concession, dernier asile, dernière demeure, enfeu (par ext.), fosse, funérailles, hypogée, koubba, mastaba, mausolée, monument, monument funéraire/ obituaire, pierre, pierre tombale, sarcophage, sépulture, stèle, stoûpa, syringe, tertre, tholos, tombe, tombelle, tumulus

SÉPULTURE n.f. **I.** → ENTERREMENT **II.** → TOMBE **III. par ext.** : crémation, cryogénisation, imblocation, incinération

SÉQUELLE n.f. → SUITE

SÉQUENCE n.f. **I.** → SUITE **II.** → SCÈNE

SÉQUENTIEL, LE → SUCCESSIF

SÉQUESTRATION n.f. **I.** → EMPRISONNEMENT **II.** → SAISIE

SÉQUESTRE n.m. → DÉPÔT

SÉQUESTRER → ENFERMER

SÉRAIL n.m. → GYNÉCÉE

SÉRAPHIN n.m. → ANGE

SÉRAPHIQUE → ANGÉLIQUE

SEREIN, E → TRANQUILLE

SEREIN n.m. → VAPEUR

SÉRÉNADE n.f. **I.** → CONCERT **II.** → TAPAGE

SÉRÉNITÉ n.f. → TRANQUILLITÉ

SERF n.m. → ESCLAVE

SERGENT DE VILLE n.m. → AGENT

SERIAL ACCESS n.m. inform. off. : accès séquentiel

SERIALISATION n.f. **méc. et milit. off.** : individualisation

SÉRIE n.f. → SUITE

SÉRIEL, LE dodécaphonique

SÉRIER → RANGER

SÉRIEUSEMENT beaucoup, dangereusement, dur, gravement, grièvement, tout de bon *et les adv. en* -ment *formés à partir des syn. de* sérieux

◇ CONTR. → LÉGÈREMENT

SÉRIEUX, EUSE adj. **I. quelqu'un** : appliqué, austère, bon, calme, digne, froid, grave, important, pondéré, posé, raisonnable, rangé, rassis, réfléchi, réservé, respectable, sage, sévère, soigneux, solennel, solide, sûr, valable **II. quelque chose. 1.** convenable, positif, réel **2.** conflictuel, critique, dangereux, désespéré, dramatique, grave, grief (vx), important, inquiétant **3.** → VRAI

◇ CONTR. **I.** → INSIGNIFIANT **II.** → AMUSANT **III.** → GAI **IV.** → LIBRE

SÉRIEUX n.m. application, conviction, gravité, poids, pondération, retenue, rigueur, tenue

◇ CONTR. **I.** → INSOUCIANCE **II.** → GAIETÉ **III.** → VIVACITÉ

SERIN n.m. **I. au pr.** : canari, passereau **II. fig.** : niais, nigaud, sot → BÊTE

SERINER bourdonner, chanter, itérer (vx), rabâcher, radoter, rebattre les oreilles, redire, réitérer, répéter, ressasser

◇ CONTR. → TAIRE (SE)

SERINGUE n.f. clystère (vx), shooteuse (arg.)

SERMENT n.m. **I.** caution, engagement, jurement, obligation, parole donnée, promesse, protestation, truste (vx), vœu **II. vx** : imprécation, juron

SERMON n.m. **I. au pr.** : capucinade (péj.), homélie, instruction, prêche, prédication, prône **II. par ext. 1.** catéchisme, discours, enseignement, exhortation, harangue, leçon, morale, propos **2.** chapitre, mercuriale, remontrance, réprimande, reproche, semonce

◇ CONTR. **I.** → SILENCE **II.** → FÉLICITATION

SERMONNAIRE n.m. apôtre, doctrinaire, missionnaire, orateur sacré, prêcheur, prédicant, prédicateur, prosélyte

SERMONNER I. au pr. : admonester, avertir, blâmer, catéchiser, chapitrer, condamner, corriger, critiquer dire son fait, faire/ infliger une réprimande *et les syn. de* réprimande, fustiger, gourmander, gronder, haranguer, houspiller moraliser, morigéner, quereller, redresser, relever, reprendre, réprimander, semoncer, tancer **II. arg. ou fam.** : arranger, attraper, chanter pouilles, crier, disputer, donner/ passer une danse/ un galop/ un savon, donner sur les doigts/ sur les ongles, emballer, engueuler, enguirlander, faire la fête/ la guerre à, laver la tête, moucher, passer un savon, remettre à sa place/ au pas, sabouler, savonner, secouer, secouer les puces, sonner les cloches, tirer les oreilles

◇ CONTR. → COMPLIMENTER

SERMONNEUR, EUSE harangueur, gourmandeur, grondeur, moralisateur

◇ CONTR. → LOUANGEUR

SERPE n.f. coupe-coupe, ébranchoir, échardonnette, échardonnoir, fauchard, fauchette, faucille, faucillon, gouet, guignette, hachette, machette, serpette, vouge

SERPENT n.m. **I.** ophidien, serpenteau BOA, COULEUVRE, VIPÈRE **II.** cobra, crotale, élaps, haje, lachésis, naja, nasique, pélamyde, trigonocéphale **III. par ext.** : guivre (blas.), tarasque, uræus → REPTILE

SERPENTER se dérouler, glisser, s'insinuer, onduler, rubaner, sinuer, tourner, virer, zigzaguer

◇ CONTR. : aller droit

SERPENTIN, E anfractueux, courbe, flexueux, ondoyant, ondulé, onduleux, sinueux, tortueux

◇ CONTR. → DROIT

SERPILLIÈRE n.f. chiffon, nénette, toile, torchon, wassingue

SERPOLET n.m. farigoule, pouliot, thym bâtard/ sauvage

SERRE n.f. **I.** forcerie, jardin d'hiver, orangerie **II.** ergot, griffe, main (vén.), ongle, patte **III.** → SOMMET

SERRÉ, E I. 1. → BOUDINÉ **2.** → COURT **II.** → LOGIQUE **III.** → AVARE

SERREMENT n.m. **I.** → ÉTREINTE **II.** vx → FERMETURE

SERRER I. accoler, appuyer, comprimer, embrasser, empoigner, enlacer, entrelacer, épreindre (vx), étouffer, étrangler, étreindre, froisser, oppresser → PRESSER **II.** ajuster, attacher, bander, biller, bloquer, boucler, boudiner, brider, caler, coincer, contracter, contraindre, corseter, crisper, emmailloter, entourer, épouser, gainer, galber, gêner, gripper, lacer, mouler, pincer, resserrer, sangler → RAPPROCHER **III. mar.** : carguer, étrangler, souquer **IV.** embrasser → CARESSER **V.** → ENFERMER **VI.** → ÉCONOMISER **VII.** → RANGER **VIII. SERRER DE PRÈS** → POURSUIVRE **IX. v. pron.** : se blottir, se coller, s'entasser, se masser, se pelotonner, se tasser *et les formes pron. possibles des syn. de serrer*

◇ CONTR. **I.** → DESSERRER **II.** → SORTIR

SERRON n.m. → BOÎTE

SERRURE n.f. bénarde, cadenas, fermeture, sûreté, verrou → LOQUET

SERTIR assembler, chatonner, emboîter, encadrer, encastrer, enchâsser, enchatonner, fixer, insérer, intercaler, monter

◇ CONTR. : dessertir

SÉRUM n.m. plasma, vaccin – **de vérité** : penthotal

SERVAGE n.m. → SERVITUDE

SERVANT, E convers, lai

SERVANTE n.f. **I.** bonne, bonne à tout faire, camérière, camériste, cendrillon (fam.), demoiselle, domestique, employée de maison, femme, femme de chambre/ de charge/ de ménage/ de peine, femme/ fille de cuisine/ de ferme/ de journée/ de salle/ de service, gouvernante, laveuse, lingère, nourrice, nurse, serveuse, soubrette **II. 1. iron.** : odalisque, officieuse **2. relig. et vx** : agapète, ancelle **3. vx** : bacelle, chambrière, chambrillon, chiffortone, dariolette, ménagère, mescine, suivante **III. péj.** : bonniche, goton, gouge (vx), guenillon, guenipe, maritorne, souillon, sousouille, torchon

◇ CONTR. → PATRON

SERVEUR, EUSE n.m. ou f. **I.** barmaid, barman, garçon, groom (par ext.), loufiat (arg.), stewart **II.** → SERVITEUR **III.** → SERVANTE

◇ CONTR. **I.** → PATRON **II.** → CLIENT

SERVIABILITÉ n.f. → AMABILITÉ

SERVIABLE aimable, attentionné, bienveillant, bon, brave, charitable, civil (vx), complaisant, déférent, empressé, galant, obligeant, officieux, poli, prévenant

◇ CONTR. → ÉGOÏSTE

SERVICE n.m. **I.** cérémonie, culte, funérailles, liturgie, office → MESSE **II.** → SERVANTE **III.** → SERVITEUR **IV.** aide, amabilité, amitié, appui, assistance, avance, bénéfice, bien, bienfait, bon office, charité, complaisance, concours, conseil, contribution, coopération, coup de main/ d'épaule/ de pouce, dépannage, encouragement, entraide, faveur, grâce, intervention, main-forte, obligeance, office, participation, patronage, piston (fam.), plaisir, prêt, prêt d'honneur, protection, renfort, rescousse, secours, soin, soulagement, soutien, subside, subvention, utilité **V.** pièce, pourboire **VI.** administration, bureau, département, direction, office, organe, organisation, organisme, permanence, secteur tertiaire, secrétariat **VII. 1. FAIRE SON SERVICE** : être appelé sous les drapeaux/ incorporé, obligation militaire, période, régiment **2. ÊTRE DE SERVICE** : être de service/ de faction/ en fonctions/ de garde/ de quart/ de surveillance

◇ CONTR. **I.** → MALVEILLANCE **II.** → OBSTACLE

SERVICER n.m. **aviat. off.** : oléoserveur

SERVICING n.m. **off.** : **I.** entretien/ service courant **II. spat. loc. SERVICING TOWER** n.f. tour de montage

SERVIETTE n.f. **I.** débarbouillette (rég.), essuie-mains, sortie de bain **II.** attaché-case, cartable, porte-documents, portefeuille (vx)

SERVILE ardélion (vx), bas, béni-oui-oui, caudataire, complaisant, courtisan, flagorneur, flatteur, godillot, humble, larbin, obséquieux, patelin, pied-plat, plat, rampant, suiviste, thuriféraire – **fam.** : lèche bottes, lèche → FESSIER, LÉCHEUR

◇ CONTR. → LIBRE

SERVILEMENT avec → SERVILITÉ, de façon → SERVILE, sans → HONNEUR *et les dérivés possibles en -ment des syn. de* servile

SERVILITÉ n.f. bassesse, cabriole, complaisance, courbette, courtisanerie, flagornerie, flatterie, génuflexion, humilité, lèche (fam.), obséquiosité, patelinage, patelinerie, platitude, prosternation, reptation, servilisme, suivisme, valetage

◇ CONTR. **I.** → LIBERTÉ **II.** → HONNEUR

SERVIR I. on sert quelqu'un ou à quelque chose. 1. agir, aider, appuyer, assister, avantager, collaborer, concourir à, conforter, contribuer à, dépanner, donner, donner un coup de main/ de piston (fam.)/ de pouce, donner la main à, s'entraider, épauler, faciliter, faire pour, favoriser, jouer le jeu de, lancer, mettre dans la voie/ le pied à l'étrier, obliger, offrir, partager, participer, patronner, permettre, pousser, prêter la main/ mainforte, protéger, réconforter, rendre service, seconder, secourir, soulager, soutenir, subventionner, tendre la main à, venir à l'aide/ à la rescousse/ au secours 2. se dévouer à, s'inféoder à, obéir, se soumettre à, suivre, valeter (vx et péj.) **II. quelque chose ou quelqu'un sert de** : équivaloir, relayer, remplacer, remplir la fonction/ le rôle, représenter, se substituer à, tenir la place **III. vétér.** : couvrir, monter, saillir **IV. vén.** : mettre à mort, tirer, tuer **– v. pron.** → USER (DE)

◇ CONTR. **I.** → COMMANDER **II.** → NUIRE

SERVITEUR n.m. **I. au pr.** : 1. boy, chaouch, chasseur, chauffeur, cocher, cuisinier, domesticité, domestique, employé/ gens de maison, esclave (fam. ou péj.), extra, factoton, factotum, fidèle (fam.), gagiste, groom, homme de peine, intendant, jardinier, journalier, lad, laquais, larbin (péj.), liftier, loufiat (arg.), maison, maître d'hôtel, majordome, monde, personnel, plongeur, portier, serveur, service, sommelier, valet, valet de chambre/ de pied 2. aide de camp, maréchal des logis, officier d'ordonnance, ordonnance, planton **II. vx** 1. dapifer, échanson, maître des cérémonies, officier de bouche, (premier) valet de chambre, sénéchal, serdeau, (grand) veneur 2. dariolet, estafier, faquin, galuchet, gens, goujat, grison, heiduque, naquet, nécessaire **III. fig.** 1. avocat, éminence grise, ministre, prêtre, religieux 2. satellite, séide, suppôt 3. **péj.** : âme damnée, complice

◇ CONTR. → PATRON

SERVITUDE n.f. **I.** abaissement, allégeance, asservissement, assujettissement, colonisation, contrainte, dépendance, esclavage, ilotisme, inféodation, infériorité, obédience, obéissance, obligation, occupation, servage, soumission, subordination, sujétion, tyrannie **II.** bagne, cage, carcan, chaîne, collier, entrave, fers, joug, lien **III. jurid. et vx** : aisine

◇ CONTR. **I.** → AFFRANCHISSEMENT **II.** → LIBERTÉ

SERVO-CONTROL aviat. off. : servocommande

SESSION n.f. assise, audience, congrès, débat, délibération, réunion, séance, séminaire, symposium, vacation

◇ CONTR. : vacance

SET n.m. **I. tennis** : manche **II.** dessous (d'assiettes), napperon

SEUIL n.m. **I. au pr.** : bord, entrée, pas, passage **II. fig.** : adolescence, alpha, amorce, apparition, arrivée, aube, aurore, avènement, balbutiement, berceau, commencement, début, déclenchement, départ, ébauche, embryon, enfance, esquisse, exorde, fleur, fondement, liminaire, matin, naissance, orée, origine, point initial, préambule, préface, préliminaires, premier pas, prémices, primeur, principe, prologue, racine, rudiment, source, tête

◇ CONTR. **I.** → INTÉRIEUR **II.** → FIN

SEUL, E I. au pr. : distinct, esseulé, indépendant, isolé, seulet (fam.), singulier, solitaire, un, unique **II. par ext.** 1. abandonné, délaissé, dépareillé, dernier 2. sec, simple 3. célibataire, orphelin, veuf, veuve, vieille fille, vieux garçon 4. désert, érémitique, retiré, sauvage

◇ CONTR. **I.** → ENSEMBLE **II.** → TOTALITÉ

SEULEMENT I. exclusivement, simplement, uniquement **II.** cependant, mais, malheureusement, néanmoins, toutefois

◇ CONTR. **I.** → ABSOLUMENT **II.** → COMPLÈTEMENT

SÈVE n.f. **I. au pr.** : pleur (rég.) **II. fig.** : activité, dynamisme, énergie, fermeté, force, puissance, robustesse, sang, verdeur, vie, vigueur

SÉVÈRE I. au pr. 1. autoritaire, difficile, draconien, dur, étroit, exigeant, ferme, impitoyable, implacable, inexorable, inflexible, insensible, intransigeant, rigide, rigoureux, strict 2. aigre, amer, âpre, austère, bourru, brutal, cinglant, cruel, froid, rabat-joie, raide, sourcilleux, triste, vache **– fam.** : vachard, vache **II. par ext. (quelque chose). 1. neutre** : aride, classique, dépouillé, fruste, simple, sobre 2. **non fav.** : chaud, grave, salé (fam.)

◇ CONTR. **I.** → INDULGENT **II.** → DOUX **III.** → GAI **IV.** → PLAISANT

SÉVÈREMENT avec → SÉVÉRITÉ, de façon → SÉVÈRE, sans → INDULGENCE *et les dérivés possibles en* -ment *des syn. de* sévère

SÉVÉRITÉ n.f. **I. au pr.** : âpreté, austérité, autorité, dureté, étroitesse, exigence, inflexibilité, intransigeance, rigidité, rigueur **II. par ext.** 1. âpreté, austérité, brutalité, cruauté, froideur, gravité, insensibilité, raideur, rudesse, tristesse, vacherie (fam.) 2. aridité, classicisme, dépouillement, simplicité, sobriété

◇ CONTR. **I.** → DOUCEUR **II.** → INDULGENCE **III.** → GAIETÉ

SÉVICES n.m. pl. blessure, brutalité, coup, coups et blessures, dol (vx), dommage, viol, violence

◇ CONTR. **I.** → BONTÉ **II.** → CARESSE

SÉVIR I. battre, châtier, condamner, corriger, faire payer, flétrir, frapper, infliger une peine/ une sanction/ punir, réprimer, sanctionner **II. arg. 1. scol.** : coller, consigner, mettre en colle **2. milit.** : ficher/ foutre/ mettre dedans/ la paille au cul **III.** faire rage → AGIR

◇ CONTR. **I.** laisser faire **II.** → EXCUSER **III.** → MÉNAGER

SEVRER I. au pr. : enlever, ôter, séparer **II. par ext. 1.** mettre à la diète, priver **2.** appauvrir, démunir, déposséder, dépouiller, déshériter, empêcher, frustrer, interdire, ravir, spolier, voler

◇ CONTR. **I.** → ALLAITER **II.** → COMBLER

SEX-APPEAL n.m. → CHARME

SEXE n.m. **I.** entrecuisse, organes de la reproduction/ génitaux/ sexuels, parties honteuses (vx)/ intimes/ nobles/ secrètes (vx), pudenda (méd. et vx) **II. mâle. 1.** membre viril, pénis, verge, virilité → BOURSES **2. partic.** : ctéis, ithyphalle, lingam, phallus, priape **3. enf.** : bébête, berdouillette, petit oiseau, pipi, pissette, quéquette, quique, quiquette, zézette, zigounette, zizi, ziozio, zoizo **4. vx** : alumelle, calibistri, foutoir, quenouille **5. arg. et grossier** : affaires personnelles, agace-cul, andouille-à-col-roulé, andouille de calcif, anguille (de calcif/ de calbar), appareil, arbalète, arc, ardillon, article, artillerie, asperge, asticot, baguette, baigneur, balayette (infernale), banane, bazar, bibelot, bifteck roulé, bigoudi, bijou-de-famille, biniou, biroute, biscuit, bistouquet, bistouquette, bite, borgne, botte, bourre, bout, boute-joie, boutique, brandon, braque, braquemart, broquette, burette, canari, canette, canne-à-papa, carabine, carotte, chandelle, Charles-le-Chauve, cheville, chibre, chinois, chipolata, chopine, chopotte, cigare (à moustaches), clarinette, coco, coquette, coquin-ravageur, cornemuse, crayon, créateur, dague, dard, dardillon, darrac, défonceuse, (le) devant, dragonneau, écouvillon, engin, épinette, fifre, flageolet, flèche, flûte (à boules), frérot, frétillante, frotteuse, gaillarde, gaule, gland, goujon, goupillon, gourdin, guiche, guiguite, guise, guiseau, histoire, jacquot, jambe du milieu, jean nu-tête, (petit) jésus, lame, lavette, lézard, lime, macaron, macaroni, maffre, manche (à balai/ à couilles), marsouin, matraque, merguez, moineau, Mont-Chauve, morceau (dans la culotte), nœud, nouille, organe, os, os-à-moelle, outil, pain-au-lait, paf, panet, panoplie, papillon du Sénégal, paquet, père frappard, petit-frère/ jésus, piège à mémé, pinceau, pine, pipe, piquet, pistolet, plantoir, pointe, poireau, poisson rouge, polar, popaul, précieuse, queue, quille, radis, ratsans-pattes, ravissante, robinet (d'amour), rossignol (à gland), sabre, saint-frusquin, saucisse, scion, scoubidou, service-trois-piè-

ces, tarumette, tebi, tête-chercheuse, teube, thermomètre-à-moustaches/ perruque, tige, tricotin, tringle (d'acier), trique, tromblon, trombone, trompe, trompette, truite, turlututu, vier, vit, yoyo, zibar, zifolet, zigomar, zob, zobi *et tout être ou objet oblong ou fusiforme pénétrant et / ou contondant ayant valeur suggestive quant au terme de référence.* **6. québ.** *outre les mots et locutions ci-dessus* : assiette, bâton, besette, bête, bisoune, bibitte, bonhomme, bôlte, bourzaille, bras de vitesse, brimbale, broquette, canon, cartouche, cheville, chioune, coude, coune, criquet, doigt, douille, drigaille, flamberge, fléau, fusil, goupille, graine, guenet, guiliguili, hose, jack, kyok, moulin, note, nuce, ourlouf, patente, péteux, pinouche, pissenaille, pissoute, pitoune, pompe, poteau, shaft, six-pouces, spode, swibine, trousien, zirzoune **III. femelle 1. parties externes** : caroncules myrtiformes, hymen, grandes/ petites lèvres, mont-de-Vénus, pénil, pubis → CLITORIS, NYMPHE(S), VULVE **2. parties internes** : ovaires, trompes, utérus *ou* matrice, vagin

SEXISME n.m. machisme, phallocentrisme, phallocratie

⇑ CONTR. → TOLÉRANCE

SEXISTE nom et adj. macho, phallo, phallocrate

◇ CONTR. → TOLÉRANT

SEXUALITÉ n.f. appétit/ instinct sexuel, érotisme, génitalité, libido, reproduction, vie sexuelle → VOLUPTÉ

◇ CONTR. → CONTINENCE

SEXUEL, LE charnel, érotique, génital, physique, vénérien (méd.)

◇ CONTR. → CONTINENT

SEXUELLEMENT d'un point de vue → SEXUEL, eu égard à la → SEXUALITÉ

SEXY → SÉDUISANT

SEYANT, E adapté, ad hoc, approprié, à propos, assorti, avantageux, beau, bien, bienséant, comme il faut, compatible, conforme, congru, convenable, convenant, correct, décent, de saison, digne, expédient, fait exprès, honnête, idoine, juste, opportun, pertinent, présentable, propice, proportionné, propre, raisonnable, satisfaisant, séant, sortable, topique, utile

◇ CONTR. → LAID

S.F.A. aviat. I. → SENIOR FLIGHT ATTENDANT **II.** → SINGLE FREQUENCY APPROACH

SHAH n.m. → MONARQUE

SHALE OIL n.f. pétr. off. : huile de schiste

SHED arch. off. : toiture à redents

SHELTER n.m. **milit. off.** : abri, cadre

SHIELD n.m. **nucl off.** : blindage, bouclier, écran

SHINGLE n.m. **tr. pub. off.** : bardeau

SHOPPING n.m. **off.** : chalandage, lèche-vitrines

SHORT n.m. → CULOTTE

SHOW n.m. → SPECTACLE

SHOW BUSINESS n.m. commerce/ industrie du spectacle, showbiz (fam.)

SHROUD n.f. **spat. off.** : coiffe

SHUNT n.m. **off.** : I. conduit/ collecteur de fumée II. **audiov.** : fondu

SI admettons que, à supposer que, en admettant/ supposant que, imaginons/ posons/ rêvons/ supposons que

SIBÉRIEN, ENNE boréal, froid, glacial, rigoureux

◇ CONTR. → TORRIDE

SIBILANT, E → SIFFLANT

SIBYLLE n.f. alcine, armide, circé, devineresse, prophétesse, pythie → MAGICIENNE

SIBYLLIN, E **I. au pr.** : abscons, cabalistique, caché, énigmatique, ésotérique, hermétique, impénétrable, inspiré, mystérieux, obscur, prophétique, secret, visionnaire, voilé **II. par ext.** : abstrus, amphigourique, apocalyptique, brumeux, complexe, compliqué, confus, difficile, diffus, douteux, embrouillé, enchevêtré, enveloppé, équivoque, filandreux, flou, fumeux, incompréhensible, inexplicable, inextricable, inintelligible, insaisissable, nébuleux, nuageux, touffu, trouble, vague – **fam.** : emberlificoté, en jus de boudin, entortillé, vaseux

◇ CONTR. → CLAIR

SICAIRE n.m. → TUEUR

SICCITÉ n.f. aridité, maigreur, pauvreté, sécheresse, stérilité

◇ CONTR. I. → HUMIDITÉ II. → FERTILITÉ

SIDE-BOOM n.m. **tr. pub. off.** : pose-tubes

SIDÉRAL, E astral, astronomique, cosmographique, galactique

◇ CONTR. → TERRESTRE

SIDÉRANT, E → SURPRENANT

SIDÉRÉ, E abasourdi, abruti, accablé, anéanti, choqué, coi, consterné, ébahi, éberlué, étonné, étourdi, foudroyé, hébété, immobile, interloqué, médusé, stupéfait, traumatisé – **fam.** : baba, ébaubi, estomaqué

◇ CONTR. I. → BLASÉ II. → INDIFFÉRENT

SIDÉRER → SURPRENDRE

SIDÉRURGIE n.f. aciérie, forge, haut fourneau, métallurgie

SIÈCLE n.m. âge, ans, cycle, durée, époque, ère, étape, jours, moment, période, saison, temps

SIÈGE n.m. **I. au pr. 1.** banc, banquette, berceuse, bergère, boudeuse, cathèdre, causeuse, chaire, chaise, chaise curule, coin-de-feu, divan, escabeau, escabelle, fauteuil, méridienne, miséricorde, pliant, pouf, prie-Dieu, récamier, rocking-chair, sedia, selle, sellette, sofa, stalle, strapontin, tabouret, trépied, trône, vis-à-vis → CANAPÉ **2. vx** : faudesteil ou faudesteuil, trémoussoir **3. liturg.** : exèdre, faldistoire, minbar, sedia gestatoria **II. par ext. 1.** blocus, encerclement, investissement **2.** administration centrale, direction, domicile, maison mère, quartier général, résidence, secrétariat général **3.** → DERRIÈRE

◇ CONTR. → SUCCURSALE

SIÉGER **I.** demeurer, gésir (vx), gîter, habiter, résider **II.** occuper la place d'honneur, présider

◇ CONTR. I. → RENONCER II. → PARTIR

SIENS (LES) **I.** → FAMILLE **II.** → PARTISAN

SIESTE n.f. **I.** assoupissement, méridienne, repos, somme, sommeil **II. fam** : bulle, dodo, ronflette, roupillette, roupillon

◇ CONTR. → TRAVAIL

SIEUR n.m. **I.** messire (vx), monsieur **II.** → TYPE

SIFFLANT, E aigre, aigu, bruissant, chuintant, éclatant, perçant, sibilant, strident, stridulant, striduleux

◇ CONTR. → HARMONIEUX

SIFFLEMENT n.m. bruissement, chuintement, cornement, sibilance, sifflet, stridulation

◇ CONTR. I. → SILENCE II. → BRUISSEMENT

SIFFLER **par ext. I.** chanter, pépier **II.** conspuer, honnir, houspiller, huer **III.** rossignoler, seriner, siffloter, tiriliser **IV.** appeler, héler, hucher **V.** corner, sibiler, sibler (vx), striduler **VI. rég.** : bondiner, piper

◇ CONTR. → APPLAUDIR

SIFFLET n.m. appeau, huchet, pipeau, serinette, signal

SIGISBÉE n.m. → CAVALIER

SIGLE n.m. → ABRÉGÉ

SIGNAL, AUX n.m. **I.** → SIGNE **II. SIGNAL D'ALARME 1.** avertisseur, crocodile, corne de brume (mar.), sirène **2.** avertissement, clignotant, feux de position/ de signalisation

SIGNALÉ, E **I.** brillant, considérable, distingué, éclatant, émérite, épatant (fam.), étonnant, extraordinaire, formidable, frappant, glorieux, important, insigne, marquant, marqué, mémorable, notable, parfait, particulier, rare, remarquable, saillant, saisissant, supérieur **II.** → CÉLÈBRE

◇ CONTR. **I.** → INCONNU **II.** → MÉDIOCRE

SIGNALEMENT n.m. **I.** fiche anthropométrique/ signalétique, portrait-robot **II.** balisage, éclairage, sémaphore, signal, signalisation

◇ CONTR. → CAMOUFLAGE

SIGNALER I. au pr. : alerter, annoncer, avertir, citer, déceler, décrire, faire connaître/ savoir, fixer, indiquer, marquer, mentionner, montrer, référencer, signaliser, tracer le détail/ le portrait **II. par ext.** : affirmer, apprendre, assurer, certifier, communiquer, confier, déclarer, découvrir, dénoncer, déposer, désigner, dévoiler, dire, énoncer, énumérer, enseigner, exposer, exprimer, faire état de, informer, manifester, nommer, notifier, porter à la connaissance, proclamer, publier, révéler, souligner, témoigner **III. v. pron.** : différer, se distinguer, émerger, faire figure, se faire remarquer/ voir, s'illustrer, se montrer, paraître, se particulariser, percer, se singulariser *et les formes pron. possibles des syn. de* signaler

◇ CONTR. **I.** → TAIRE **II.** → CACHER **III.** → CAMOUFLER

SIGNALÉTIQUE anthropométrique

SIGNALISATION n.f. fléchage, indications → SIGNAL

◇ CONTR. → CAMOUFLAGE

SIGNALISER → SIGNALER

SIGNATURE n.f. contreseing, émargement, endos, endossement, griffe, monogramme, paraphe, seing (vx), souscription, visa

SIGNE n.m. **I.** annonce, augure, auspice, avant-coureur, avertissement, intersigne, miracle, présage, prodige, promesse, pronostic **II.** alerte, appel, clignement/ clin d'œil, geste, message, signal **III.** expression, manifestation, symptôme **IV.** attribut, caractère, caractéristique, idiosyncrasie, trait **V.** chiffre, emblème, figure, image, insigne, notation, représentation, symbole **VI.** adminicule (vx), critère, critérium, empreinte, indication, indice, indicule, marque, pas, piste, preuve, reste, stigmate, tache, témoignage, vestige **VII.** abréviation, cryptogramme, idéogramme, pictogramme, sigle, tablature **VIII.** deleatur, marque, obel *ou* obèle **IX. signes du zodiaque** → ZODIAQUE

◇ CONTR. **I.** → VIDE **II.** → SILENCE

SIGNER accepter, apposer sa griffe/ sa signature, approuver, certifier, conclure, contresigner, émarger, marquer, parapher, souscrire, viser

SIGNET n.m. marque, ruban

SIGNIFICATIF, IVE caractéristique, certain, clair, éloquent, expressif, formel, incontestable, manifeste, marquant, net, notoire, parlant, révélateur, signifiant, typique

◇ CONTR. → INCERTAIN

SIGNIFICATION n.f. **I.** → NOTIFICATION **II.** → SENS

SIGNIFIER I. dénoter, désigner, dire, énoncer, enseigner, expliquer, exposer, exprimer, extérioriser, faire connaître/ entendre/ savoir, figurer, manifester, marquer, montrer, peindre, préciser, rendre, rendre compte, représenter, signaler, spécifier, témoigner, tracer, traduire, vouloir dire **II.** annoncer, aviser, citer, communiquer, déclarer, dénoncer, informer, intimer, mander, notifier, ordonner, rendre compte, transmettre

◇ CONTR. **I.** → CACHER **II.** → TAIRE

SIL n.m. → ARGILE

SILENCE n.m. **I.** arrêt, calme, interruption, paix, pause, temps, tranquillité **II.** black-out, mutisme, mystère, réticence, secret **III.** → RÉSIGNATION **IV. fam.** : chut, la ferme, motus, paix, ta bouche, ta gueule (grossier), vingt-deux

◇ CONTR. **I.** → BRUIT **II.** → AVEU **III.** → PAROLE

SILENT BLOCK n.m. **méc. off.** : support élastique

SILENCIEUSEMENT I. → SOURDINE (EN) **II.** → SECRÈTEMENT

SILENCIEUX n.m. pot d'échappement

SILENCIEUX, EUSE adj. **I. quelqu'un. 1. au pr.** : aphone, coi, court, muet **2. par ext.** : calme, discret, morne, placide, posé, pythagorique, réservé, réticent, sage, secret, taciturne, taiseux (rég.), tranquille **3.** → SOURD **II. un lieu** : calme, endormi, feutré, mort, ouaté, reposant

◇ CONTR. **I.** → BAVARD **II.** → BRUYANT

SILEX n.m. → PIERRE

SILHOUETTE n.f. allure, aspect, charnure, contour, forme, galbe, ligne, ombre, port, profil, tracé

SILICE n.f. oxyde de silicium

SILICOSE n.f. anthracose

SILLAGE n.m. houache (mar.), passage, sillon, vestige → TRACE

SILLON n.m. **I. au pr.** : orne, perchée, raie, rayon, rigole, sayon **II. par ext. 1. méd.** : vergeture(s), vibice(s) **2.** fente, fissure, pli, rainure, ride, scissure, strie **3.** → SILLAGE

SILLONNER I. battre, circuler, courir, couvrir, naviguer, parcourir, traverser **II.** labourer, rayer, rider

◇ CONTR. → DEMEURER

SILO n.m. cluseau, dock, élévateur, fosse, grenier, magasin, réservoir

SIMAGRÉE n.f. affectation, agacerie, caprice, chiabrena (vx), chichi, coquetterie, enfantillage, façon, grâces, grimace, hypocrisie, manière, mignardise, minauderie, mine, momerie, singerie
◊ CONTR. → SIMPLICITÉ

SIMILAIRE analogue, approchant, approximatif, assimilable, comparable, conforme, équivalent, homogène, pareil, ressemblant, semblable, synonyme
◊ CONTR. → DIFFÉRENT

SIMILI I. n.f. → IMAGE II. n.m. → IMITATION

SIMILIGRAVURE n.f. → IMAGE

SIMILITUDE n.f. accord, affinité, analogie, association, communauté, concordance, conformité, contiguïté, convenance, corrélation, correspondance, dédifférenciation (biol.), équivalence, harmonie, homologie, homothétie, identité, lien, parallélisme, parenté, parité, relation, ressemblance, symétrie, synonymie, voisinage → RAPPROCHEMENT
◊ CONTR. → DIFFÉRENCE

SIMILOR n.m. chrysocale → OR

SIMONIAQUE nom et adj. → MALHONNÊTE

SIMONIE n.f. → MALVERSATION

SIMOUN n.m. chamsin, chergui, sirocco, tempête, vent chaud, vent de sable

SIMPLE n.m. aromate, herbe médicinale, plante

SIMPLE adj. **I. quelqu'un. 1. fav. ou neutre :** aisé, à l'aise, bon (enfant), bonhomme, brave, candide, confiant, décontracté, discret, droit, enfantin, facile, familier, franc, humble, ingénu, innocent, libre, modeste, naïf, naturel, pas → COMPLIQUÉ, pas → RUSÉ, pur, relax (fam.), réservé, sans façon **2. non fav. :** bonasse, brut, crédule, fada (fam.), faible, gille, grossier, idiot, inculte, jobard, niais, nicodème, pauvre d'esprit, primaire, primitif, rudimentaire, rustique, simple d'esprit, simplet, simpliste, sommaire, stupide, superstitieux → BÊTE **– vx :** nicaise, nice **II. quelque chose. 1. neutre :** abrégé, ascétique, austère, bref, carré, court, dépouillé, élémentaire, incomplexe, indécomposable, indivisible, irréductible, ordinaire, schématique, seul, sévère, un, uni, unique, unitaire **2. fav. :** agreste, beau, clair, classique, commode, compréhensible, dépouillé, facile, frugal, harmonieux, limpide, patriarcal, sobre, tempéré **3. non fav. :** embryonnaire, insuffisant, nu, pauvre, sec, sommaire
◊ CONTR. **I.** → AFFECTÉ **II.** → ORGUEILLEUX **III.** → COMPLIQUÉ **IV.** → RUSÉ

SIMPLE LAY-OUT audiov. off. : crayonné

SIMPLEMENT à la bonne franquette, bonnement, naturellement, nûment, sans affectation/ cérémonies/ complications/ façons/ manières, tout de go, uniment *et les adv. en -ment formés à partir des syn. de* simple
◊ CONTR. : *les dérivés possibles en -ment des syn. de* artificiel, difficile et grand

SIMPLET, TE → NAÏF

SIMPLICITÉ n.f. **I. fav. ou neutre :** abandon, affabilité, bonhomie, bonne franquette, candeur, confiance, droiture, élégance, facilité, familiarité, franchise, ingénuité, innocence, modestie, naïveté, naturel, pureté, rondeur, simplesse **II. non fav. :** bonasserie, crédulité, jobarderie, niaiserie, superstition → BÊTISE **III. par ext. 1. neutre :** austérité, dépouillement, économie, humilité, rusticité, sévérité, sobriété **2. fav. :** beauté, classicisme, discrétion, harmonie → CONCISION
◊ CONTR. **I.** → AFFECTATION **II.** → ORGUEIL **III.** → DIFFICULTÉ **IV.** → RUSE

SIMPLIFICATION n.f. → RÉDUCTION

SIMPLIFIER abréger, axiomatiser, dépouiller, schématiser → RÉDUIRE
◊ CONTR. → COMPLIQUER

SIMPLISTE → SIMPLE

SIMULACRE n.m. **I.** air, apparence, aspect, feinte, frime, imitation, mensonge, semblant → HYPOCRISIE **II.** fantôme, idole, image, ombre, représentation, spectre, vision **III.** → SIMULATION
◊ CONTR. → RÉALITÉ

SIMULATEUR, TRICE → HYPOCRITE

SIMULATION n.f. affectation, artifice, cabotinage, cachotterie, chafouinerie, comédie, déguisement, dissimulation, duplicité, escobarderie, fausseté, faux-semblant, feinte, feintise, fiction, fourberie, grimace, hypocrisie, imposture, invention, leurre, mensonge, momerie, pantalonnade, papelardise, parade, patelinage, pharisaïsme, rouerie, ruse, singerie, sournoiserie, tartuferie, tromperie
◊ CONTR. → RÉALISATION

SIMULER affecter, afficher, avoir l'air, bluffer, cabotiner, calquer, caricaturer, copier, crâner, démarquer, emprunter, faire semblant, feindre, grimacer, imiter, jouer, mimer, parodier, pasticher, poser, prétendre, rechercher, reproduire, singer (péj.), trigauder (vx) **– fam. :** chiquer, frimer
◊ CONTR. → RÉALISER

SIMULTANÉ, E coexistant, commun, concomitant, extemporané (méd.), synchrone
◊ CONTR. → SUCCESSIF

SIMULTANÉITÉ n.f. coexistence, coïncidence, concomitance, concours de circonstances, contemporanéité, isochronie, isochronisme, rencontre, synchronie, synchronisme

◇ CONTR. → SUCCESSION

SIMULTANÉMENT à la fois, à l'unisson, conjointement, collectivement, coude à coude, d'accord, de concert, de conserve, de front, du même pas, en accord/ bloc/ chœur/ commun/ concordance/ harmonie/ même temps, ensemble

◇ CONTR. → SUCCESSIVEMENT

SINAPISME n.m. cataplasme, révulsif, Rigollot, rubéfiant, topique, vésicatoire

◇ CONTR. → CALMANT

SINCÈRE I. 1. catégorique, clair, cordial, direct, entier, franc, loyal, net, ouvert, sans façon, simple 2. **fam.**: carré, rond 3. **vx**: candide, féal II. assuré, authentique, avéré, certain, conforme, droit, effectif, exact, existant, évident, fidèle, fondé, incontestable, juste, naturel, pensé, positif, pur, réel, senti, sérieux, sûr, vécu, véridique, véritable, vrai

◇ CONTR. → FAUX

SINCÈREMENT avec → SINCÉRITÉ, de façon → SINCÈRE, sans → HYPOCRISIE *et les dérivés possibles en* -ment *des syn. de* sincère

SINCERITE n.f. I. authenticité, bonne foi, candeur (vx), conformité, cordialité, droiture, exactitude, fidélité, franchise, justesse, loyauté, naturel, netteté, ouverture, pureté, rondeur, sérieux, simplicité, spontanéité, sûreté, véracité, vérité II. → RÉALITÉ

◇ CONTR. I. → FAUSSETÉ II. → HYPOCRISIE

SINÉCURE n.f. charge/ emploi/ fonction/ situation de tout repos, prébende – **fam.**: filon, fromage, pantoufle, placard, planque

◇ CONTR. : situation → PÉNIBLE

SINGE n.m. I. **au pr.** 1. anthropoïde, guenon, primate, simien 2. aï *ou* bradype *ou* paresseux, alouate, atèle, avaki, aye-aye, babouin, capucin, cercopithèque, chimpanzé, chiromys, cynocéphale, douroukouli, drill, galago, gibbon, gorille, hamadrias, hurleur, indri, jocko, kinkajou, langier, lagotriche, lémur, loris, macaque, magot, maki, mandrill, nasique, orang-outang, ouakari, ouistiti, pan, papion, patas, potto, rhésus, sagouin, saï, saïmari, sajou, saki, sapajou, sicafa *ou* sifakas, semnopithèque, tamarin, tarsier, unau, vervet II. **par ext.** 1. crapoussin, laideron, macaque, magot, monstre 2. bouffon, clown, comédien, comique, fagotin, gugusse, jocrisse, paillasse, rigolo, zig, zigomard, zigoto III. **fig.** (**arg.**) : bourgeois, directeur, employeur, maître, négrier (péj.), patron

SINGER affecter, calquer, caricaturer, compiler, contrefaire, copier, décalquer, dé-

marquer, emprunter, imiter, jouer, mimer, parodier, pasticher, picorer, piller, pirater, plagier, reproduire, simuler

◇ CONTR. : être/ rester soi-même

SINGERIE n.f. air, affectation, agacerie, apparence, artifice, aspect, baboue (vx), cabotinage, caricature, clownerie, comédie, contorsion, déguisement, feinte, feintise, grimace, macaquerie, manière, mignardise, minauderie, mine, momerie, pantalonnade, papelardise, patelinage, pitrerie, rouerie, ruse, simulacre, simulation, tartuferie, tromperie → HYPOCRISIE

◇ CONTR. → SÉRIEUX

SINGLE FREQUENCY APPROACH (S.F.A.) n.f. **aviat. off.**: monofréquence d'approche

SINGULARISER I. caractériser, distinguer, faire remarquer, individualiser, particulariser II. **pron.**: différer, se distinguer, émerger, se faire remarquer/ voir, faire figure, s'illustrer, se montrer, ne pas passer inaperçu, paraître, se particulariser, percer, se signaler

◇ CONTR. I. passer inaperçu II. → RÉPANDRE

SINGULARITÉ n.f. → ORIGINALITÉ

SINGULIER, ÈRE I. → PARTICULIER II. → EXTRAORDINAIRE

SINGULIÈREMENT de façon → SINGULIER *et les dérivés possibles en* -ment *des syn. de* singulier

SINISTRE adj. I. → TRISTE II. → INQUIÉTANT III. → MAUVAIS

SINISTRE n.m. I. → DOMMAGE II. → INCENDIE

SINISTRÉ, E → VICTIME

SINISTREMENT de façon → SINISTRE *et les dérivés possibles en* -ment *des syn. de* sinistre

SINON à défaut, autrement, excepté que, faute de quoi, sans quoi, sauf que

◇ CONTR. → PLUS (EN)

SINUER → SERPENTER

SINUEUSEMENT avec des → SINUOSITÉ(S), de façon → SINUEUX, tortueusement

◇ CONTR. : directement, tout droit, tout de go

SINUEUX, EUSE anfractueux, courbe, flexueux, méandreux, méandrique, ondoyant, ondulant, ondulatoire, ondulé, onduleux, serpentin, tortueux, vivré (vx)

◇ CONTR. → DROIT

SINUOSITÉ n.f. anfractuosité, bayou, cingle, contour, coude, courbe, détour, flectuosité, méandre, onde, ondulation, pli, recoin, repli, retour

◇ CONTR. : tracé → DROIT

SINUS n.m. cavité, concavité, courbure, pli → SINUOSITÉ

SIPHONNER I. → ASPIRER II. → BOIRE

SIRE n.m. I. → SEIGNEUR II. → VAURIEN

SIROCCO n.m. → SIMOUN

SIROP n.m. béthique, capillaire, dépuratif, diacode, fortifiant, julep, looch, mélasse, pectoral, vespétro

SIRUPEUX, EUSE collant, doucereux, doux, fade, gluant, melliflue, pâteux, poisseux, visqueux
◇ CONTR. → AMER

SIS, E → SITUÉ

SISMIQUE (PHÉNOMÈNE) → SÉISME

SITE n.m. I. canton, coin, emplacement, endroit, lieu, localité, parage, place, position, situation, théâtre II. coup d'œil, étendue, panorama, paysage, perspective, point de vue, spectacle, tableau, vue (cavalière)

SIT-IN n.m. → RASSEMBLEMENT

SITUATION n.f. I. au pr. 1. assiette, coordonnées, disposition, emplacement, endroit, exposition, gisement, inclinaison, lieu, localisation, orientation, place, point, position, site 2. affaires, circonstances, conjoncture, fortune, rang II. de quelqu'un. 1. condition, constitution (vx), emploi, établissement, état, fonction, métier, occupation, poste 2. attitude, engagement, idée, opinion, parti, posture, profession de foi, résolution
◇ CONTR. → CHANGEMENT

SITUATIONNISTE nom et adj. déviationniste, réformiste → RÉVOLUTIONNAIRE

SITUÉ, E campé, établi, exposé, localisé, placé, posté, sis
◇ CONTR. → DÉPLACÉ

SITUER appliquer, asseoir, camper, caser, classer, coucher, disposer, établir, exposer, ficher, fixer, fourrer (fam.), installer, localiser, loger, mettre, nicher, placer, planter, poser, positionner, poster, ranger, seoir (vx), zoner
◇ CONTR. → DÉPLACER

SIZE n.f. balance, calibre, trébuchet

SKETCH n.m. comédie, pantomime, saynète, scène

SKIDOO n.m. off.: motoneige

SKIPPER n.m. → PILOTE

SLALOM n.m. descente

SLEEPING-CAR n.m. → WAGON-LIT

SLIM HOLE pétr. off.: filiforage

SLIP n.m. arg.: calbar, calecif, minouse, slibar → CULOTTE

SLOGAN n.m. devise, formule

SLOWING DOWN n.m. nucl. off.: ralentissement

SMICARD, E n.m. ou f. économiquement faible, gagne-petit, manœuvre-balai/ léger, O.S. (ouvrier spécialisé), technicien de surface, tucard → PROLÉTAIRE
◇ CONTR. I. → HIÉRARCHIE II. → PATRON

SMOKING n.m. → HABIT

SNACK BAR n.m. → BRASSERIE

SNACKING n.m. aviat. off.: reptation, serpentage

SNIPPER n.m. off.: tireur isolé

SNOB nom et adj. affecté, anglomane, anglomaniaque, apprêté, avant-gardiste, distant, emprunté, faiseur, faux mondain, salonard, snobinard, snobinette
◇ CONTR. → SIMPLE

SNOBER → DÉDAIGNER

SNOBISME n.m. I. anglomanie → AFFECTATION II. → POSE

SOBRE I. abstème, abstinent, continent, frugal, modéré, pondéré, tempérant − iron.: hydropote, œnophobe II. austère, classique, court, dépouillé, élémentaire, frugal, nu, ordinaire, simple, sommaire
◇ CONTR. I. → GLOUTON II. → EXCESSIF III. → PROLIXE IV. → BAROQUE

SOBREMENT avec → SOBRIÉTÉ, de façon → SOBRE, sans → EXCÈS et les dérivés possibles en -ment des syn. de sobre

SOBRIÉTÉ n.f. I. abstinence, continence, discrétion, économie, frugalité, mesure, modération, pondération, sagesse, tempérance II. → RETENUE
◇ CONTR. I. → GLOUTONNERIE II. → EXCÈS III. → PROLIXITÉ

SOBRIQUET n.m. → SURNOM

SOCIABILITÉ n.f. affabilité, agrément, amabilité, civilité, douceur de caractère, égalité d'humeur, facilité, politesse, urbanité
◇ CONTR. → MISANTHROPIE

SOCIABLE accommodant, accort, accostable, accostant, affable, agréable, aimable, de bon caractère, civil, civilisé, facile, familier, liant, poli, traitable − vx: conversable, praticable, social
◇ CONTR. I. → MISANTHROPE II. → SOLITAIRE

SOCIAL, E I. → PUBLIC II. → BIENFAISANT III. → SOCIABLE

SOCIALEMENT essentiellement, originellement

SOCIALISATION n.f. → COLLECTIVISATION

SOCIALISER → NATIONALISER

SOCIALISME n.m. autogestion, babouvisme, collectivisme, collégialité, communisme, coopératisme, dirigisme, égalitarisme, étatisation, étatisme, fouriérisme, gauchisme, maoïsme, marxisme, mutualisme, progressisme, réformisme, saint-simonisme, social-démocratie, travaillisme, trotskisme – **péj.** : gauchisme mondain, ouvriérisme

◇ CONTR. → CONSERVATISME

SOCIALISTE nom et adj. autogestionnaire, collectiviste, collégial, communiste, dirigiste, fouriériste, maoïste, marxiste, mutualiste, progressiste, saint-simonien, social-démocrate, soviet, soviétique, travailliste, trotskiste → RÉVOLUTIONNAIRE – **vx et/ ou péj.** : babouviste, gauchiste mondain, ouvriériste, partageux

◇ CONTR. → RÉACTIONNAIRE

SOCIÉTAIRE n.m. associé, collègue, compagnon, confrère, membre, pensionnaire

SOCIÉTÉ n.f. **I. au pr. 1.** civilisation, collectivité, communauté, communion humaine, ensemble des hommes, humanité, monde **2.** académie, assemblée, association, cartel, cercle, club, compagnie, confrérie, congrégation, corps, Église, franc-maçonnerie, groupe, groupement, institut, mafia (péj.), parti, religion, syndicat **3.** affaire, commandite, compagnie, consortium, coopération, entreprise, établissement, groupe, hanse (vx), holding, ligue, omnium, pool, raison sociale, trust **II. par ext. 1.** constitution, corps social, culture, État, masse, nation, ordre public, peuple, structure sociale **2.** commerce, fréquentation, relations humaines, réunion **3.** aristocratie, caste, classe, entourage, gentry, gratin **4.** clan, tribu

◇ CONTR. **I.** → INDIVIDU **II.** → SOLITUDE

SOCIODRAME n.m. psychodrame, thérapie de groupe

SOCLE n.m. acrotère, base, embase, piédestal, piédouche, plinthe, scabellon, support

◇ CONTR. **I.** → COLONNE **II.** → CORNICHE

SOCQUE n.m. → SABOT

SODOMIE n.f. **I.** coït anal/ contre-nature **II. arg. et/ ou grossier** : enculade, enculage, façon de Jupiter, spécial, terre jaune, terre glaise

SODOMISER **arg. et/ ou grossier** : aléser, caser, casser/ défoncer le → FESSIER, causer à rebours, daufer, emmancher, empaffer, empapaouter, emproser, encaldosser, enculer, endaufer, englander, entuber, enviander, faire un carton/ à la Grand Vizir/ dans la terre glaise, se faire dorer, gomorrhiser, miser, passer par l'entrée des artistes/ par l'entrée de service/ par la porte de derrière, pointer, socratiser, troncher, voyager en terre jaune

SŒUR n.f. **arg. ou fam.** : frangine

SŒUR n.f. béguine, carmélite, congréganiste, dame, fille, mère, moniale, nonnain, nonne, nonnette, novice → RELIGIEUSE

SOFA ou **SOPHA** n.m. canapé, causeuse, chaise longue, cosy-corner, divan, fauteuil, lit, méridienne, ottomane, récamier, siège

SOFT COPY n.f. **spat. off.** : image d'écran/ vidéo

SOFTWARE n.m. analyse, langage-machine, logiciel (off.), machinois, programmation

◇ CONTR. → HARDWARE

SOI-DISANT apparent, faux, prétendu, prétendument, supposé

◇ CONTR. → RÉEL

SOIE n.f. **I. au pr.** : organsin, grège **II. par ext. 1.** → POIL **2.** bombasin, brocart, crêpe, dauphine, faille, filoselle, foulard, gros de Naples/ de Tours, gros-grain, lampas, levantine, marceline, pékin, pongé, reps, satin, soierie, surah, tabis, taffetas, tussor

SOIF n.f. **I. au pr.** : altération, anadipsie, dipsomanie, pépie **II. fig.** : ambition, appel, appétence, appétit, aspiration, attente, attirance, attrait, avidité, besoin, caprice, convoitise, cupidité, curiosité, demande, démangeaison, désidérata, désir, envie, espérance, espoir, exigence, faim, fantaisie, force, goût, impatience, intérêt, penchant, prétention, prurit, quête, recherche, rêve, souhait, tentation, vanité, velléité, visée, vœu, volonté, vouloir

◇ CONTR. → SATIÉTÉ

SOIFFARD, E n.m. ou f. → IVROGNE

SOIGNÉ, E **I.** académique, étudié, léché, littéraire (péj.), poli, recherché **II.** consciencieux, coquet, délicat, élégant, entretenu, fini, minutieux, net, réussi, tenu

◇ CONTR. **I.** → NÉGLIGÉ **II.** → SOMMAIRE

SOIGNER **I. au pr. 1.** bichonner, câliner, chouchouter, choyer, coucouler, coucouner, couver, dorloter, gâter, panser (vx), pouponner **2.** droguer, médicamenter, médiquer, panser, poutringuer (rég.), traiter **3.** châtier, ciseler, entretenir, fignoler, fouiller, lécher, limer, mitonner, peigner, perler, polir, raboter, raffiner, travailler **II. par ext. 1.** complaire, cultiver, être aux petits soins, ménager, veiller au grain (fam. et péj.) **2.** allaiter, cultiver, éduquer, élever, entretenir, former, instruire, nourrir

◇ CONTR. **I.** → ABANDONNER **II.** → OMETTRE **III.** → BÂCLER

SOIGNEUR n.m. → MASSEUR

SOIGNEUSEMENT avec soin *et les syn. de* soin, bien, précieusement *et les adv. en -ment formés à partir des syn. de* soigneux

◇ CONTR. → SOMMAIREMENT

SOIGNEUX, EUSE appliqué, attentif, consciencieux, curieux (vx), diligent, exact, ménager, méthodique, méticuleux, minutieux, ordonné, ponctuel, rangé, scrupuleux, sérieux, sévère – **péj.**: perfectionniste, tatillon ◆ CONTR. **I.** → NÉGLIGENT **II.** → INDIFFÉRENT **III.** → MALPROPRE

SOIN n.m. **I. au sing. 1.** inquiétude, préoccupation, souci **2. vx**: cure, étude, veilles **3.** attention, circonspection, diplomatie, économie, ménagement, précaution, prévoyance, prudence, réserve **4.** cœur, conscience, diligence, exactitude, honnêteté, méticulosité, minutie, rigueur, scrupule, sérieux, sévérité, sollicitude, zèle **II. péj.**: pinaillage → SUPERSTITION **III. au pl. 1.** assiduité, bichonnage, cajolerie, douceur, égard, empressement, gâterie, hommage, ménagement, prévenance, service **2.** hygiène, toilette **3.** charge, devoir, mission, occupation, responsabilité, travail **4.** cure, médication, thérapeutique, traitement **5.** entretènement (vx), entretien, réparation **IV. AVEC SOIN** → SOIGNEUSEMENT ◆ CONTR. **I.** → ABANDON **II.** → INATTENTION **III.** → MOLLESSE **IV.** → INDIFFÉRENCE **V.** → MALPROPRETÉ

SOIR n.m. après-dîner, après-souper, brune, coucher, crépuscule, déclin, soirée, veillée – **vx**: serein, vêprée ◆ CONTR. **I.** → JOUR **II.** → MATIN **III.** → NUIT

SOIRÉE n.f. **I.** → SOIR **II.** fête, raout ou rout, réception, réunion → BAL **III.** → SPECTACLE

SOIT I. à savoir, c'est-à-dire **II.** admettons, bien, bon, d'accord, entendu, si vous voulez, va pour et un compl. → OUI – **fam.**: d'ac, gy, O.K. **III.** ou, ou bien, tantôt

SOL n.m. → TERRE

SOLARIUM n.m. **I.** → TERRASSE **II.** → HÔPITAL

SOLDAT n.m. **I. au pr. 1.** appelé, combattant, conquérant, conscrit, engagé, guerrier, homme, homme de troupe, légionnaire, mercenaire, milicien, militaire, recrue, supplétif, territorial, troupier, vétéran **2. péj. vx**: reître, soudard, soudrille, spadassin, traban **3.** → ARTILLEUR, AVIATEUR, CAVALIER, FANTASSIN, MARIN, parachutiste **4.** brancardier, cuirassier, démineur, dragon, estafette, factionnaire, garde, garde-voie, grenadier, guetteur, guide, hussard, jalonneur, ordonnance, patrouilleur, pionnier, planton, pourvoyeur, sapeur, sentinelle, télégraphiste, tireur, vedette, voltigeur **5. vx**: anspessade, arbalétrier, archer, argoulet, arquebusier, carabinier, cranequinier, cravate, estradiot ou stradiote, grivois, grognard, mobile, mortepaye, pagnotte (péj.), pertuisanier, piquier, réquisitionnaire, taupin, troubade **6. étranger**: bachi-bouzouk, bersaglier, cipaye, evzone, harki, heiduque, highlander, janissaire, mamelouk ou mameluk, palikare, pandour, papalin, tommy **7. colonial**: askar, bataillonnaire, bat' d'Af', bledard, goumier, joyeux, marsouin, méhariste, spahi, tabor, tirailleur, zouave **8. fam.**: ajax (vx), artiflot, bidasse, biffin, bleu, bleu-bite, bleusaille, bobosse, briscard, drille, fantabosse, fiflot, griveton, gus, moblot (vx), pierrot, pioupiou, poilu, poussecaillou, tringlot, tourlourou, traîneur de sabre, troubade, troufion, truffard, zéphir **9. antiq**: ambacte, argyraspide, hastaire, hoplite, légionnaire, triaire, vélite, vexillaire **II. par ext. 1.** franc-tireur, guérillero, maquisard, partisan, résistant **2.** champion, défenseur, serviteur **3.** → CHEF ◆ CONTR. → CIVIL

SOLDATESQUE n.f. troupes → SOLDAT

SOLDE n.f. indemnité, paie, prêt, rétribution, salaire

SOLDE n.m. **I.** → RESTE **II. au pl.**: action (Suisse), démarque → RABAIS ◆ CONTR.: nouveautés, nouvelle collection

SOLDER I. acquitter, apurer, éteindre, liquider, payer, régler **II.** brader, céder, se défaire de, écouler, laisser, réaliser, sacrifier

SOLE n.f. **I.** dessous/ plante du pied (équit.) **II.** → CHAMP **III.** fond (mar. et techn.)

SOLE n.f. → POISSON

SOLÉCISME n.m. → FAUTE

SOLEIL n.m. **I.** astre du jour, Phébus – **arg.**: bourguignon, cagnard, le beau blond, luisant **II.** hélianthe, héliotrope, topinambour, tournesol ◆ CONTR. **I.** → OBSCURITÉ **II.** → LUNE

SOLENNEL, LE I. → IMPOSANT **II.** → OFFICIEL

SOLENNELLEMENT I. avec → APPARAT **II.** → PUBLIQUEMENT

SOLENNISER → FÊTER

SOLENNITÉ n.f. **I.** → GRAVITÉ **II.** → CÉRÉMONIE

SOLEX n.m. déposé → CYCLOMOTEUR

SOLIDAIRE associé, dépendant, engagé, joint, lié, responsable, uni ◆ CONTR. → LIBRE

SOLIDAIREMENT → ENSEMBLE

SOLIDARISER I. → ASSOCIER **II.** → UNIR

SOLIDARITÉ n.f. association, camaraderie, coopération, dépendance, entraide, esprit de corps, franc-maçonnerie, fraternité, interdépendance, mutualité, réciprocité → SOUTIEN ◆ CONTR. **I.** → LIBERTÉ **II.** → ÉGOÏSME

SOLIDE I. n.m. : corps, matière, objet II. adj.
1. au pr. : compact, concret (vx), consistant,
dense, dur, durable, éternel, ferme, fort, incassable, indéchirable, indécollable, indéformable, indélébile, indémaillable, indéracinable, indestructible, infroissable, inusable, renforcé, résistant, robuste **2. par ext.** :
affermi, assuré, certain, enraciné, ferme,
fixe, indéfectible, inébranlable, infrangible,
invariable, positif, réel, sérieux, stable, substantiel, sûr **3.** bon, exact, fidèle, franc, honnête, loyal, probe, régulier, sincère, sûr, vrai
4. irréfragable, irréfutable, logique, mathématique **5. quelqu'un** : énergique, fort, increvable, râblé, résistant, robuste, tenace, vigoureux
◆ CONTR. I. → GAZEUX II. → FLUIDE III. → INCER-
TAIN IV. → IMAGINAIRE V. → FRIVOLE

SOLIDEMENT avec → SOLIDITÉ, de façon →
SOLIDE *et les dérivés possibles en* -ment *des
syn. de* solide

SOLIDIFIER coaguler, concréter, condenser, congeler, consolider, cristalliser, durcir,
figer, geler, indurer, raffermir, renforcer
◆ CONTR. I. → VAPORISER II. → FONDRE

SOLIDITÉ n.f. **I. au pr. 1.** aplomb, assiette,
équilibre, stabilité **2.** cohésion, compacité,
consistance, coriacité, dureté, fermeté,
fixité, homogénéité, immuabilité, immutabilité, indélébilité, indestructibilité, résistance, robustesse, sûreté **3.** → DURÉE **II. fig. :**
assurance, autorité, caractère, cœur,
constance, courage, cran, endurance, énergie, force, inflexibilité, intransigeance, intrépidité, invincibilité, netteté, obstination, opiniâtreté, rectitude, résolution, ressort,
rigueur, sang-froid, sévérité, ténacité, vigueur, virilité, volonté – **fam.** : estomac,
poigne
◆ CONTR. I. → FLUIDITÉ II. → FAIBLESSE III. → FRA-
GILITÉ IV. → PRÉCARITÉ V. → VIEILLESSE

SOLID PROPELLANT n.m. **spat. off.** :
poudre, propergol solide

SOLILOQUE n.m. aparté, discours, monologue, radotage
◆ CONTR. → CONVERSATION

SOLILOQUER monologuer

SOLITAIRE n.m. **I.** anachorète, ascète, ermite **II. vén.** : bête noire, cochon, mâle, porc,
quartanier, ragot, sanglier, tiers-an **III.** brillant, diamant, joyau, marquise, pierre, rose

SOLITAIRE adj. **I.** → SEUL **II.** abandonné,
désert, désertique, désolé, retiré, sauvage,
vacant, vide
◆ CONTR. I. → SOCIABLE II. → FRÉQUENTÉ

SOLITAIREMENT comme un anachorète/
un ascète/ un ermite, dans la → SOLITUDE,
tout seul
◆ CONTR. → ENSEMBLE

SOLITUDE n.f. **I. au pr. : 1.** abandon, claustration, cloître, délaissement, déréliction, éloignement, exil, isolation, isolement, orpha-
nité, orphelinage, quarantaine, retranchement, secret, séparation **2.** célibat,
veuvage, viduité **II. par ext. 1.** bled (fam.), désert, oasis, retraite, thébaïde **2.** méditation,
recueillement, retraite, tour d'ivoire **3. fam. :**
cachette, cocon, coin, coque, ombre, tanière
◆ CONTR. I. → ASSOCIATION II. → RÉUNION III. →
RELATION IV. → SOCIÉTÉ

SOLIVE n.f. → POUTRE

SOLIVEAU n.m. **fig.** → FAIBLE

SOLLICITATION n.f. **I.** appel, insistance,
invitation, tentation **II.** bonnetade (vx, fam.),
demande, démarche, instance, invocation,
pétition, placet, pourvoi, prière, requête, réquisition, supplication, supplique
◆ CONTR. I. → RÉPONSE II. → FAVEUR

SOLLICITER **I.** appeler, attirer, convier,
déterminer, engager, exciter, faire signe,
forcer, inviter, porter, pousser, provoquer,
tenter **II.** adresser une requête *et les syn. de*
requête, assiéger, briguer, demander, désirer, dire, exprimer un désir/ un souhait, implorer, importuner, interpeller, interroger,
pétitionner, postuler, présenter un placet/
une requête/ une supplique *et les syn. de*
supplique, prier, quêter, rechercher, réclamer, se recommander de, requérir, revendiquer, sommer, souhaiter, supplier, vouloir
III. péj. et/ ou arg. : gueuser, mendier, mendigo-
ter, pilonner, quémander, trucher (vx)
◆ CONTR. I. → OBTENIR II. → RECEVOIR

SOLLICITEUR, EUSE n.m. ou f. → QUÉ-
MANDEUR

SOLLICITUDE n.f. **I.** → SOIN **II.** → SOUCI

SOLUBLE **I.** dissoluble, fondant, liquéfiable
II. décidable, résoluble
◆ CONTR. → INSOLUBLE

SOLUTION n.f. **I.** → RÉSULTAT **II. SOLUTION
DE CONTINUITÉ :** arrêt, cessation, coupure,
discontinuation, discontinuité, halte, hiatus,
intermède, intermission, intermittence, interruption, interstice, intervalle, lacune,
pause, rémission, répit, rupture, saut, suspension **III. par ext. :** aboutissement, achèvement, bout, clef, coda, conclusion, dénouement, épilogue, fin, résolution, terme
◆ CONTR. I. → CONTINUATION II. → DIFFICULTÉ

SOLUTIONNER **I.** → RÉSORBER **II.** → RÉ-
SOUDRE

SOLVABILITÉ n.f. → HONNÊTETÉ

SOLVABLE → HONNÊTE

SOMATION n.f. → MODIFICATION

SOMBRE **I. au pr. :** assombri, crépusculaire,
ébénéen, foncé, noir, obscur, ombreux,

opaque, ténébreux **II. par ext. 1. le temps :** bas, brumeux, couvert, maussade, nuageux, orageux, voilé **– vx :** brun, caligineux, nubileux **2.** → TRISTE **3.** → TERNE **III. fig. 1. quelque chose :** funèbre, funeste, inquiétant, sépulcral, sinistre, tragique **2. quelqu'un :** amer, assombri, atrabilaire, bilieux, mélancolique, morne, morose, pessimiste, sinistre, taciturne, ténébreux

◇ CONTR. **I.** → CLAIR **II.** → BRILLANT **III.** → GAI

SOMBREMENT de façon → SOMBRE *et les dérivés possibles en* -ment *des syn. de* sombre

SOMBRER I. au pr. : s'abîmer, chavirer, couler, disparaître, s'enfoncer, s'engloutir, faire naufrage, s'immerger, se perdre, périr corps et biens, se saborder, sancir **II. fig. :** s'abandonner, s'absorber, se laisser aller/ glisser, se jeter/ se plonger dans, se livrer à, succomber à, se vautrer dans

◇ CONTR. **I.** → FLOTTER **II.** → RÉSISTER

SOMMAIRE n.m. abrégé, abstract, abréviation, aide-mémoire, analyse, aperçu, argument, compendium, digest, éléments, épitomé, esquisse, extrait, manuel, notice, plan, précis, préface, promptuaire, raccourci, récapitulation, réduction, résumé, rudiment, schéma, somme, topo (fam.)

◇ CONTR. : développement, exposé, thèse

SOMMAIRE adj. **I.** accourci, amoindri, bref, compendieux (vx), concis, condensé, contracté, court, cursif, diminué, écourté, grossier, laconique, lapidaire, limité, raccourci, réduit, restreint, résumé, schématique, succinct **II.** → SIMPLE **III.** → RAPIDE

◇ CONTR. **I.** → LONG **II.** → COMPLIQUÉ **III.** → MINUTIEUX

SOMMAIREMENT brièvement, de façon expéditive, en bref/ résumé, sans formalités, schématiquement, simplement, sobrement

◇ CONTR. → SOIGNEUSEMENT

SOMMATION n.f. assignation, avertissement, commandement, citation, injonction, interpellation, intimation, mise en demeure, ordre, ultimatum

◇ CONTR. → ABANDON

SOMME n.f. **I.** addition, chiffre, ensemble, fonds, masse, montant, quantité, total, volume **II.** → SOMMAIRE **III.** bât, charge

◇ CONTR. → DIMINUTION

SOMME n.m. **I.** → SIESTE **II.** → SOMMEIL

SOMMEIL n.m. abiose, assoupissement, demi-sommeil, dormition (relig. et méd.), léthargie, repos, somme, somnolence, sopor, torpeur → SIESTE **– fam. :** dodo, dorme, partie de traversin, pionçage, pionce, ronflette,

roupillon

◇ CONTR. **I.** → VEILLE **II.** → ATTENTION **III.** → ACTIVITÉ

SOMMEILLER s'assoupir, se câliner (vx), dormir, s'endormir, être dans les bras de Morphée, faire la grasse matinée/ sieste/ un somme, fermer l'œil, paresser, reposer, somnoler **– arg. ou fam. :** coincer la bulle, dormailler, écraser, faire dodo, pager, pioncer, piquer un roupillon, ronfler, roupiller, rouscailler, schloffer, voir en dedans

◇ CONTR. **I.** → RÉVEILLER (SE) **II.** → AGIR **III.** → VEILLER

SOMMEILLEUX, EUSE → ENGOURDI

SOMMELIER, IÈRE n.m. ou f. **I.** caviste, maître de chai **II. vx :** bouteiller, échanson, serdeau **III. par ext. :** œnologue

SOMMER I. assigner, avertir, citer, commander, contraindre, décréter, demander, enjoindre, exiger, forcer, imposer, interpeller, intimer, menacer, mettre en demeure, obliger, ordonner, prescrire, recommander, requérir, signifier **II.** additionner, intégrer, totaliser **III.** → COURONNER

◇ CONTR. **I.** → ABANDONNER **II.** → RETRANCHER

SOMMET n.m. **I.** aiguille, arête, ballon, calotte, cime, coupeau (vx), couronnement, crête, croupe, culmen, dent, dôme, extrémité, faîte, front, haut, hauteur, mamelon, pic, piton, point culminant, pointe, serre, table, tête **II.** apex, apogée, comble, pinacle, summum, zénith **III.** nec plus ultra, perfection, sommité (vx), suprématie, top niveau (fam.) **IV. du crâne :** vertex

◇ CONTR. → BASE

SOMMIER n.m. **I. arch. :** architrave, linteau, poitrail **II.** archives, minutier

SOMMITÉ n.f. **I.** → SOMMET **II. fig. 1.** figure, grand, monsieur, notabilité, notable, personnage, personnalité, puissant, quelqu'un, vedette **2. fam. :** baron, bonze, gros bonnet, grosse légume, huile, huile lourde, important, légume, lumière, magnat, manitou **– péj. :** mandarin, pontife, satrape

◇ CONTR. → PROLÉTAIRE

SOMNIFÈRE adj. et n.m. **I. au pr. :** anesthésique, assoupissant, calmant, dormitif, dormitoire (vx), hypnotique, narcotique, soporatif, soporeux, soporifère, soporifique **II. par ext. :** assommant, embêtant, empoisonnant, endormant, ennuyant, ennuyeux, fastidieux, fatigant, insupportable, mortel, pénible, rasant, rebutant **III. fam. ou grossier :** casse-pieds, chiant, chiatique, emmerdant, rasoir, suant

◇ CONTR. → STIMULANT

SOMNOLENT, E I. assoupi, sommeilleux, torpide **II.** → PARESSEUX

◇ CONTR. **I.** → ACTIF **II.** → ATTENTIF

SOMNOLENCE n.f. → SOMMEIL

SOMNOLER s'assoupir, dormailler, dormir, s'endormir, être dans les bras de Morphée, faire la grasse matinée/ la sieste/ un somme, fermer l'œil, reposer, ronfler, roupiller → SOMMEILLER

◇ CONTR. **I.** → VEILLER **II.** → AGIR

SOMPTUAIRE par ext. I. excessif, prodigue, voluptuaire **II.** → LUXUEUX

◇ CONTR. **I.** → PAUVRE **II.** → SIMPLE **III.** → SOBRE

SOMPTUEUSEMENT avec → SOMPTUOSITÉ, de façon → SOMPTUEUX *et les dérivés possibles en* -ment *des syn. de* somptueux

SOMPTUEUX, EUSE beau, bellissime, éclatant, fastueux, luxueux, majestueux, magnifique, opulent, plantureux, pompeux, princier, riche, solennel, somptuaire, splendide, superbe

◇ CONTR. **I.** → PAUVRE **II.** → SIMPLE **III.** → SOBRE

SOMPTUOSITÉ n.f. **I. au pr. :** apparat, beauté, éclat, faste, luxe, majesté, magnificence, opulence, pompe, richesse, solennité, splendeur **II. par ext. :** abondance, confort, débauche, excès, profusion, surabondance

◇ CONTR. **I.** → PAUVRETÉ **II.** → SIMPLICITÉ **III.** → SOBRIÉTÉ

SON n.m. **I.** accent, accord, bruit, écho, inflexion, intonation, modulation, musique, note, timbre, ton, tonalité **II. péj. :** canard, couac **III. unités de mesure :** bel, décibel

SON n.m. balle, bran, fleurage, issues

SONAR n.m. asdic

SONDAGE n.m. forage → RECHERCHE **I.** démoscopie, enquête, gallup

SONDE n.f. **I.** tarière, trépan **II.** bougie, cathéter, drain, tube

SONDER I. au pr. : creuser, descendre, explorer, mesurer, reconnaître, scruter, tâter **II. par ext. 1.** analyser, apprécier, approfondir, ausculter, compulser, considérer, consulter, s'enquérir, éplucher, estimer, étudier, évaluer, examiner, inspecter, inventorier, palper, pénétrer, peser, prospecter, rechercher, reconnaître, scruter **2.** confesser, demander, interroger, poser des questions, pressentir, questionner, tâter, toucher

◇ CONTR. **I.** → COMBLER **II.** → EFFLEURER

SONGE n.m. **I.** → RÊVE **II.** → ILLUSION

SONGE-CREUX n.m. chimérique, déraisonnable, extravagant, halluciné, illuminé, imaginatif, obsédé, rêveur, utopiste, visionnaire

◇ CONTR. → RÉALISTE

SONGER I. → RÊVER **II.** → PENSER **III.** → PROJETER

SONGERIE n.f. → RÊVE

SONGEUR, EUSE absent, absorbé, abstrait, contemplatif, méditatif, occupé, pensif, préoccupé, rêveur, soucieux

◇ CONTR. **I.** → ACTIF **II.** → GAI **III.** → TRANQUILLE

SONNAILLE(S) n.f. bélière, campane, clarine, cloche, clochette, grelot

SONNANT, E → SONORE

SONNÉ, E I. assommé, en avoir pour le/ son compte, étourdi, groggy, K.O. **II.** cinglé → FOU

SONNER I. au pr. : bourdonner, carillonner, résonner, tinter, tintinnabuler – **rég.** bandonguer, derliner, dreliner **II. 1. SONNER AUX OREILLES :** corner, sonnailler **2. SONNER DU COR :** appeler, clanguer, corner, donner, forhuer, grailler, jouer **III. fig. :** proclamer, vanter

SONNERIE n.f. **I. milit. :** appel au drapeau/ aux champs, boute-selle, breloque, chamade, charge, couvre-feu, diane, extinction des feux, générale, ralliement, rassemblement, retraite, réveil **II. vén. : 1.** air, clangueur, fanfare, ton **2.** appel, bien-allé, débuché, débusqué, dépisté, forhu, hallali, honneurs, laisser-courre, lancé, quête, relancé, rembuché, vau-l'eau, vif **III. du téléphone, etc. :** appel, sonnaillement (fam.), timbre, tintement, tintinnabulement, trille

SONNET n.m. → POÈME

SONNETTE n.f. **I.** campane, clarine, cloche, clochette, sonnaille **II.** appel, avertisseur, drelin (fam.), grelot, timbre **III. tr. publ.** → HIE

SONNEUR n.m. **I.** carillonneur **II. vén. par ext. :** corniste

SONORE I. au pr. 1. carillonnant, résonnant, retentissant, sonnant **2.** ample, bruyant, éclatant, fort, haut, plein, ronflant, tonitruant, tonnant, vibrant **II. fig.** → AMPOULÉ

◇ CONTR. → SOURD

SONORITÉ n.f. ampleur, creux, harmonie, résonance

◇ CONTR. → MATITÉ

SOPHISME n.m. aberration, argument → FAUX, confusion, défaut, erreur, mauvaise foi, paralogisme, vice de raisonnement

◇ CONTR. → VÉRITÉ

SOPHISTE n.m. casuiste, rhéteur

SOPHISTICATION n.f. → PRÉCIOSITÉ

SOPHISTIQUÉ, E I. captieux, erroné, faux, frelaté, paralogique, spécieux, trompeur **II.** affecté, affété, alambiqué, amphigourique, choisi, emphatique, galant, maniéré, mignard, précieux, recherché

◇ CONTR. → SIMPLE

SOPHISTIQUÉ, E techn. et fig. recherché, complexe, évolué

SOPHISTIQUER → ALTÉRER

SOPORATIF, SOPOREUX, SOPORIFÈRE, SOPORIFIQUE nom et adj. → SOMNIFÈRE

SORBET n.m. crème/ dessert/ fruits glacés, glace, ice-cream, rafraîchissement, soyer (vx)

SORBIER n.m. alisier, cormier, pain des oiseaux

SORCELLERIE n.f. alchimie, archimagie, cabale, charme, conjuration, diablerie, divination, enchantement, ensorcellement, envoûtement, évocation, fascination, hermétisme, horoscope, incantation, magicerie, magie, maléfice, nécromancie, nigromance (vx), occultisme, philtre, pratiques magiques/ occultes/ secrètes, prestige, quimbois (rég.), rite, sort, sortilège, thaumaturgie, théurgie, vaudou
◈ CONTR. → EXORCISME

SORCIER n.m. **I. au pr. 1.** alchimiste, astrologue, chaman (par ext.), devin, enchanteur, ensorceleur, envoûteur, griot, jeteur de sorts, jettatore, mage, magicien, nécromancien, nécromant, psychopompe, quimboiseur (rég.), thaumaturge **2. vx:** charmeur, nigromancien, souffleur, sparigique, vespertillon **II. fig.:** apron *ou* cingle *ou* zingel → POISSON
◈ CONTR. → EXORCISTE

SORCIÈRE n.f. **I.** alcine, armide, circé, devineresse, diseuse de bonne aventure, ensorceleuse, envoûteuse, fée, jeteuse de sorts, magicienne, nécromancienne, sirène, tireuse de cartes **II.** → MÉGÈRE
◈ CONTR. → EXORCISTE

SORDIDE I. cochon, crasseux, grossier, immonde, immoral, impur, inconvenant, indécent, infâme, maculé, malhonnête, malpropre, obscène, ordurier, répugnant, sale → DÉGOÛTANT **II.** → AVARE
◈ CONTR. **I.** → PROPRE **II.** → NOBLE

SORDIDEMENT avec → SORDIDITÉ, de façon → SORDIDE *et les dérivés possibles en* -ment *des syn. de* sordide

SORDIDITÉ n.f. **I.** → BASSESSE **II.** → AVARICE

SORITE n.m. → RAISONNEMENT

SORNETTE(S) n.f. → CHANSON(S)

SORT n.m. **I.** avenir, destin, destinée, fatalité, fatum, providence **II.** → HASARD **III.** → ÉTAT **IV.** → VIE **V.** → MAGIE

SORTABLE par ext.: approprié, assorti, beau, bien, bienséant, bon, comme il faut, congru, convenable, convenant, correct, décent, de saison, digne, fait exprès, honnête, honorable, idoiné, juste, opportun, mettable, pertinent, poli, présentable, propre, raisonnable, satisfaisant, séant, seyant
◈ CONTR. **I.** → INCONVENANT **II.** → OBSCÈNE

SORTE n.f. **I.** caste, catégorie, clan, classe, division, embranchement, espèce, état, famille, genre, groupe, ordre, race, rang, série **II.** condition, farine, qualité, trempe **III.** façon, griffe, guise (vx), manière, style

SORTI, E frais émoulu de, issu de, natif de, né, originaire, venu de

SORTIE n.f. **I. au pr. 1.** débouché, débouquement (mar.), dégagement, exit, issue, porte **2.** balade, décarrade (arg.), départ, échappée, escapade, évasion, promenade, tour **3.** échappement, écoulement, émergence, émersion, évacuation **II. par ext. 1.** → DÉPENSE **2.** → PUBLICATION **3.** admonestation, algarade, attaque, dispute, engueulade (fam.), invective, mercuriale, observation, récrimination, remarque, réprimande, reproche, scène, séance, semonce **4. vx:** catilinaire, incartade
◈ CONTR. **I.** → ACCÈS **II.** → COMMENCEMENT

SORTILÈGE n.m. charme, diablerie, enchantement, ensorcellement, envoûtement, évocation, incantation, jettatura, malédiction, maléfice, mauvais sort, sort, sorcellerie, vénéfice (vx) → MAGIE
◈ CONTR. → EXORCISME

SORTIR I. au pr. 1. abandonner, déboucher, débouquer (mar.), débucher (vén.), débusquer, s'échapper, s'enfuir, s'évader, quitter → PARTIR **2.** apparaître, éclore, émerger, faire irruption, jaillir, mettre le nez dehors, percer, poindre, saillir, sourdre, surgir, venir **3.** déborder, se dégager, s'écouler, s'exhaler, se répandre **4.** s'absenter, débarrasser le plancher (fam.), décamper, déguerpir, déloger, s'éclipser, s'esquiver, évacuer, se retirer **II. par ext. 1.** arracher, dégainer, ôter, vidanger, vider **2.** éditer, lancer, publier, tirer → PARAÎTRE **3.** débiter, proférer → DIRE **4.** émaner, être issu, naître, provenir, résulter
◈ CONTR. **I.** → ENTRER **II.** → INTRODUIRE **III.** → ENFERMER

SOSIE n.m. double, jumeau, ménechme, pendant, réplique

SOT, SOTTE nom et adj. **I. au pr. 1. quelqu'un:** âne, benêt, borné, buse, crétin, dadais, imbécile, idiot, inintelligent, malavisé, niais, poire, stupide → FOU **2. vx:** béjaune, bobiat, cheval, coquefredouille, insulce, jobelin, lanternier, nicaise, nice, nivelier **3. un comportement:** absurde, déraisonnable, extravagant, fou, illogique, incohérent, incongru, inconséquent, inepte, insane, insensé, irra-

tionnel, loufoque, saugrenu → BÊTE **II. par ext.**
1. → IRRÉVÉRENCIEUX **2.** arrogant, avantageux,
content de soi, dédaigneux, fanfaron, fat, fiérot, impertinent, infatué, orgueilleux, pécore, péronnelle, plastron, plat, plein de soi,
poseur, prétentieux, rodomont, satisfait, suffisant, vain, vaniteux **3.** confondu, confus, déconcerté, déconfit, décontenancé, défait, déferré, démonté, dépaysé, dérouté,
désarçonné, désemparé, désorienté, étonné,
étourdi, inquiet, interdit, mis en boîte, pantois, penaud, quinaud, surpris, troublé
◆ CONTR. **I.** → ÉVEILLÉ **II.** → HABILE **III.** → INTEL-
LIGENT **IV.** → BRILLANT

SOTTEMENT avec → SOTTISE, de façon →
SOT *et les dérivés possibles en* -ment *des syn.
de* sot

SOTTISE n.f. **I. au pr.** : absurdité, ânerie, balourdise, crétinerie, crétinisme, foleur (vx),
idiotie, illogisme, imbécillité, insanité, insipidité, nigauderie, stupidité → BÊTISE **II. par
ext. 1.** → BAGATELLE **2.** arrogance, autosatisfac-
tion, dédain, faquinerie (vx), fatuité, impertinence, infatuation, orgueil, plastronnade
(fam.), pose, prétention, rodomontade, suffisance, vanité → STUPIDITÉ **3.** → INJURE **4.** → MA-
LADRESSE
◆ CONTR. **I.** → FINESSE **II.** → HABILETÉ **III.** → INTEL-
LIGENCE **IV.** → EXPLOIT

SOTTISIER n.m. → BÊTISIER

SOU n.m. **I. fam.** : pet (de lapin), radis →
ARGENT **II. vx** : liard, maille, sol

SOUBASSEMENT n.m. appui, assiette, assise, base, embasement, fondement, piédestal, podium, stylobate → SOCLE
◆ CONTR. → CORNICHE

SOUBRESAUT n.m. **I. au pr.** : convulsion,
saccade, secousse, spasme, sursaut, trépidation **II. par ext. 1.** bond, bondissement, cabriole, cahot, culbute, gambade, ricochet,
saut, sautillement, sursaut, tressaillement,
tressaut **2.** contraction, convulsion, frisson,
haut-le-corps, spasme, tressaillement **III. fig.** :
agitation, bouleversement, crise, remous,
révolution, trouble
◆ CONTR. → IMMOBILITÉ

SOUBRESSADE n.f. → SAUCISSE

SOUBRETTE n.f. **I. au pr.** → SERVANTE **II. par
ext.** : confidente, demoiselle de compagnie, lisette, suivante
◆ CONTR. → PATRON

SOUCHE n.f. **I.** → RACINE **II.** → TIGE **III.** →
RACE **IV.** → BÊTE **V.** talon

SOUCI n.m. **I. attitude ou état. 1.** agitation,
alarme, angoisse, anxiété, cassement de
tête, chagrin, contrariété, crainte, émoi, ennui, incertitude, inquiétude, obsession,

peine, perplexité, poids, préoccupation,
scrupule, sollicitude, tourment, tracas **2. vx** :
ennuyance, martel, soin **3. fam.** : bile, cheveux
(blancs), migraine, mouron, mousse, tintouin
II. circonstance : 1. affaire, désagrément, difficulté, embarras, embêtement, empoisonne-
ment, tribulation **2. fam. ou grossier** : aria,
couille, emmerdement
◆ CONTR. → PLAISIR

SOUCIER (SE) → PRÉOCCUPER (SE)

SOUCIEUSEMENT I. avec → INQUIÉTUDE
II. d'un air → SOUCIEUX

SOUCIEUX, EUSE I. neutre ou fav. : affairé,
attentif, curieux de, jaloux de, occupé, pensif, préoccupé, scrupuleux, songeur **II. non
fav.** : agité, alarmé, angoissé, anxieux, chagrin, contrarié, craintif, embarrassé, em-
bêté, empoisonné, ennuyé, inquiet, obsédé,
peiné, perplexe, préoccupé, tourmenté, tracassé **III. fam.** : bileux, cafardeux, emmerdé
(grossier), emmiellé
◆ CONTR. **I.** → DÉGAGÉ **II.** → HEUREUX

SOUDAIN adv. à brûle-pourpoint/ la mi-
nute/ la seconde/ l'improviste/ l'instant, au
débotté, aussitôt, brusquement, dans l'instant, de but en blanc, d'emblée, d'un saut,
d'un trait, d'un seul coup/ mouvement, en
un clin d'œil, en sursaut, immédiatement,
incessamment, incontinent, inopinément,
instantanément, par surprise, rapidement,
sans avertissement/ crier gare/ débrider/
retard/ transition, séance tenante, soudainement, subitement, sur-le-champ, sur
l'heure, tout à coup/ à trac/ de go/ de suite/
d'un coup – **fam.** : comme un lavement/ un pet
(sur une toile cirée), illico, subito
◆ CONTR. → DOUCEMENT

SOUDAIN, E adj. brusque, brusqué, foudroyant, fulgurant, immédiat, imprévu, inattendu, instantané, prompt, rapide, saisissant, subit
◆ CONTR. **I.** → LENT **II.** → PROGRESSIF

SOUDAINEMENT → SOUDAIN

SOUDAINETÉ n.f. → RAPIDITÉ

SOUDARD n.m. goujat, reître, sabreur,
spadassin, traîneur de sabre – **vx** : argoulet,
drille, plumet
◆ CONTR. → HÉROS

SOUDER → JOINDRE

SOUDOYER acheter, arroser, corrompre,
graisser la patte, payer, stipendier → SÉDUIRE
– **vx** : attitrer, graisser l'huis

SOUDURE n.f. **I. au pr.** : acérage, assemblage, brasage, brasure, coalescence,
concrescence, raccord, soudage **II. par ext.** →
JOINT
◆ CONTR. → RUPTURE

SOUE n.f. → ÉTABLE

SOUFFLANT n.m. arg. : pistolet, revolver

SOUFFLANT, E → ÉTONNANT

SOUFFLE n.m. **I. au pr. 1.** → HALEINE **2.** → VENT **II. fig.** → INSPIRATION

SOUFFLÉ, E I. au pr. : ballonné, bombé, bouclé (maçonnerie), bouffant, bouffi, boursouflé, cloqué, congestionné, dilaté, distendu, empâté, enflé, gondolé, gonflé, gros, hypertrophié, mafflu, météorisé, renflé, tuméfié, tumescent, turgescent, turgide, ventru, vultueux **II. par ext.** : académique, affecté, ampoulé, apprêté, cérémonieux, compliqué, creux, déclamatoire, démesuré, emphatique, grandiloquent, guindé, hyperbolique, pédantesque, pompeux, pompier (fam.), prétentieux, ronflant, sentencieux, solennel, sonore, vide

◊ CONTR. → APLATI

SOUFFLER I. au pr. : exhaler, expirer, haléner, haleter, respirer **II. par ext. 1.** aspirer, balayer, escamoter, éteindre **2.** activer, animer, exciter, inspirer, insuffler **3. mus.** : jouer, sonner **4.** s'approprier, dérober, enlever, ôter, ravir → PRENDRE **5.** chuchoter, dire, glisser, insinuer, murmurer, parler à l'oreille, suggérer **6.** aider, apprendre, remémorer, tricher **7.** enfler, gonfler, grossir **8.** venter

◊ CONTR. → ASPIRER

SOUFFLET n.m. **I.** → AVANIE **II. 1.** aller-retour, baffe, beigne, beignet, calotte, claque, couleur, coup, emplâtre, gifle, giroflée, mandale, mornifle, pain, pastisson, pêche, rallonge, talmouse, taloche, tape, taquet, tarte, tartine, torgnole *ou* torniole, va-te-laver **2. vx** : plamuse, souffletade

◊ CONTR. → ÉLOGE

SOUFFLETER battre, calotter, claquer, corriger, donner un soufflet *et les syn. de* soufflet, gifler, taper – **fam.** : confirmer, encadrer, mocher, mornifler, moucher, talocher, tarter (le beignet), tartiner, torcher

◊ CONTR. → CARESSER

SOUFFRANCE n.f. **I. au pr.** : douleur, élancement, indisposition, mal, maladie, malaise, rage, supplice, torture, tourment → BLESSURE **II. par ext.** : affliction, amertume, croix, déchirement, désespoir, désolation, épreuve, larme, passion → PRIVATION **III. EN SOUFFRANCE** : en carafe (fam.), en panne, en retard

◊ CONTR. → BONHEUR

SOUFFRANT, E abattu, alité, atteint, cacochyme, déprimé, dolent, égrotant, fatigué, fiévreux, incommodé, indisposé, malade, maladif, mal en point, mal fichu, malingreux, pâle, pâlot, patraque, souffreteux – **rég.** : péclotant, pignochant

◊ CONTR. → DISPOS

SOUFFRE-DOULEUR n.m. → VICTIME

SOUFFRETEUX, EUSE → SOUFFRANT

SOUFFRIR I. v. intr. : douloir (vx), languir, mourir (fig.), pâtir, peiner **II. fam.** : déguster, en baver/ chier/ roter, écraser, passer un mauvais quart d'heure, sécher, trinquer **III. v. tr.** admettre, autoriser, endurer, éprouver, essuyer, laisser faire, patienter, permettre, ressentir, soutenir, subir, supporter, tolérer **IV. fam.** : avaler, boire, digérer, écoper, se farcir → PARDONNER **V. FAIRE SOUFFRIR** : affliger, endolorir, lanciner, martyriser, tourmenter, torturer

◊ CONTR. **I.** → JOUIR **II.** être → HEUREUX

SOUHAIT n.m. **I. fav.** : aspiration, attente, demande, désir, envie, optation, vœu, volonté **II. non fav.** : ambition, appétit, caprice, convoitise

◊ CONTR. **I.** → CRAINTE **II.** → INDIFFÉRENCE

SOUHAITABLE appétissant, désirable, enviable

◊ CONTR. **I.** → ÉGAL **II.** → INSIGNIFIANT

SOUHAITER I. fav. : appeler, aspirer à, attendre, avoir dans l'idée/ en tête/ envie/ l'intention de, brûler de, demander, désirer, rechercher, réclamer, rêver, soupirer après, tenir à, viser, vouloir **II. non fav.** : ambitionner, appéter (vx), arrêter, convoiter, exiger, guigner, prétendre à – **fam.** : lorgner, loucher sur

◊ CONTR. **I.** → CRAINDRE **II.** → REGRETTER

SOUILLER I. au pr. : abîmer, barbouiller, charbonner, cochonner (fam.), contaminer, crotter, éclabousser, encrasser, gâter, graisser, infecter, mâchurer, maculer, noircir, poisser, polluer, salir, tacher – **vx** : coïnquiner, concaguer, conchier, embouer, incaguer, inquiner **II. fig.** : baver sur, calomnier, corrompre, déparer, déshonorer, diffamer, entacher, flétrir, profaner, prostituer, ternir

◊ CONTR. → PURIFIER

SOUILLON I. adj. : cochon (fam.), crasseux, dégoûtant, désordonné, grossier, malpropre, peu soigné/ soigneux, sale **II. n.m. et fém. péj.** : salisson → SERVANTE

◊ CONTR. → PROPRE

SOUILLURE n.f. **I. au pr.** : barbouillage, bavure, crasse, crotte, éclaboussure, encrassement, immondice, macule (vx), malpropreté, nuisance, ordure, pâté, pollution, saleté, salissure, tache, vomi, vomissure **II. fig.** : corruption, crime, déshonneur, faute, flétrissure, impureté, tare → PÉCHÉ

◊ CONTR. **I.** → PROPRETÉ **II.** → PURETÉ

SOUK n.m. **I.** → MARCHÉ **II.** → DÉSORDRE

SOÛL, SOÛLE I. au pr. : assouvi, bourré, dégoûté, gavé, gorgé, le ventre plein, rassasié, repu, saoul (vx), saturé, sursaturé **II. par ext.** → IVRE

SOULAGEMENT n.m. **I.** adoucissement, allégement, amélioration, apaisement, assouplissement, atténuation, bien, calme, consolation, détente, euphorie, rémission, soulas (vx) **II.** aide, appui, assistance, coup d'épaule/ de main/ de pouce, encouragement, entraide, main-forte, réconfort, rescousse, secours, soutien **III.** → REMÈDE ◊ CONTR. **I.** → ABATTEMENT **II.** → AGGRAVATION **III.** → GÊNE

SOULAGER I. au pr. : alléger, débarrasser, décharger, dégrever, délester, diminuer, exempter, exonérer, ôter **II. fig.** : adoucir, aider, amoindrir, apaiser, atténuer, calmer, débonder/ dégonfler/ déverser son cœur, décharger, délivrer, endormir, étourdir, mitiger, secourir, tempérer → CONSOLER ◊ CONTR. **I.** → ABATTRE **II.** → CHARGER **III.** → AGGRAVER **IV.** → GÊNER

SOÛLARD, ARDE et **SOÛLAUD, AUDE** et **SOÛLAS (vx)** et **SOÛLOT, E** n.m. ou f. → IVROGNE

SOÛLER (SE) I. au pr. : arg. ou fam. : s'alcooliser/ appuyer/ arracher/ arsouiller/ aviner, se beurrer/ biturer/ blinder/ bourrer/ cuiter/ défoncer, s'enivrer, se griser/ noircir/ piquer le nez/ pocharder/ poivrer/ poivroter/ tututer, avoir/ prendre une biture/ la bourrique/ sa cocarde/ son casque/ son compte/ une cuite/ une muflée/ son plumet/ son pompon/ une ronflée, avoir les bottes/ sa charge/ sa musette/ sa pointe/ une paille/ une pistache, avoir les pompes en bascule, chopiner, faire le plein, gobelotter, ivrogner, picoler, picter, pictonner, pinter, prendre son lit en marche, sacrifier à Bacchus/ à la dive bouteille, sculpter une gueule de bois, soiffer, tafioter → BOIRE **II. par ext.** : s'exalter, s'exciter ◊ CONTR. **I.** être → SOBRE **II.** → JEÛNER **III.** → PRIVER

SOÛLERIE n.f. → BEUVERIE

SOULÈVEMENT n.m. **I. au pr.** : boursouflure, exhaussement, mouvement, surrection **II. par ext. 1.** bondissement, saut, sursaut **2.** → NAUSÉE **3.** action, agitation, ameutement (vx), chouannerie, désobéissance, dissidence, effervescence, émeute, faction, guerre civile, insoumission, insubordination, insurrection, jacquerie, lutte, mouvement, mutinerie, opposition, putsch, rébellion, résistance, révolte, révolution, sécession, sédition, violence ◊ CONTR. **I.** → ABAISSEMENT **II.** → TRANQUILLITÉ

SOULEVER I. au pr. 1. dresser, élever, enlever, hausser, hisser, lever, monter, palanquer (mar.), redresser **2.** écarter, relever, remonter, retrousser, trousser **II. fig. 1.** agiter,

ameuter, déchaîner, ébranler, entraîner, exalter, exciter, provoquer, remuer, transporter **2.** amener, appeler, apporter, attirer, causer, créer, déclencher, déterminer, donner/ fournir lieu/ occasion, engendrer, être la cause de, faire, motiver, occasionner, prêter à, procurer, produire, provoquer, susciter **III. v. pron. 1.** → RÉVOLTER (SE) **2.** *les formes pron. possibles des syn. de* soulever ◊ CONTR. **I.** → ABAISSER **II.** → CALMER

SOULIER n.m. **I. au pr.** : bottillon, bottine, brodequin, chaussure, escarpin, galoche, mocassin, richelieu, snow-boot **II. par ext.** : alpargate, babouche, botte, chausson, espadrille, mule, nu-pieds, pantoufle, patin, sabot, sandale, savate, socque, spartiate – antiq. : calige, cothurne **III. arg. ou fam.** : bateau, bottine, chlape, clape, clapette, croquenot, écrase-merde, godasse, godillot, grolle, latte, péniche, pompe, ribouis, sorlot, targette, tartine, tatane

SOULIGNER I. au pr. : accentuer, affirmer, appuyer, border d'un trait, chatironner, marquer, ponctuer, surligner, tirer un trait **II. par ext.** : désigner, faire ressortir, insister sur, mettre en évidence, montrer, noter, préciser, relever, signaler ◊ CONTR. → EFFACER

SOÛLOGRAPHIE n.f. → BEUVERIE

SOULTE n.f. **I. au pr.** : compensation, complément, dédommagement, dessous-de-table (péj.) **II. par ext.** → GARANTIE

SOUMETTRE I. non fav. : accabler, asservir, assujettir, astreindre, brusquer, conquérir, contraindre, courber, dominer, dompter, enchaîner, imposer son autorité/ son pouvoir, inféoder, maintenir/ mettre sous l'autorité/ la dépendance/ le pouvoir/ la puissance/ la tutelle, maîtriser, mettre en esclavage, mettre la corde au cou (fam.), opprimer, plier, ramener à l'obéissance, ranger sous ses lois, réduire, réglementer, réprimer, satelliser, subjuguer, subordonner, tenir en respect, tenir sous son autorité/ sa dépendance/ son pouvoir/ sa puissance/ sa tutelle, tenir en esclavage, vassaliser **II. neutre ou fav. 1.** apprivoiser, assouplir, attacher, captiver, charmer, conquérir, discipliner, pacifier, subjuguer **2.** avancer, donner, exposer, faire une offre/ ouverture/ proposition, offrir, présenter, proposer, soumissionner **3.** → MONTRER **III. v. pron. 1. neutre ou fav.** : accepter, acquiescer, s'aligner, consentir, se plier à **2. non fav.** : s'abaisser, abandonner le combat, s'accommoder, s'adapter, s'agenouiller, s'assujettir, caler, capituler, céder, se conformer, courber la tête, déférer, demander l'aman, en passer par, faire sa soumission, fléchir, s'humilier, s'incliner, s'inféoder, se livrer, obéir, obtempérer, passer sous les fourches caudines, reconnaître l'autorité, se régler, se rendre, se résigner, suivre, venir à jubé (vx)/ à quia/ à résipiscence – **fam.** : avaler/ bouffer son chapeau/ la couleuvre/ son képi, baisser son froc, se déculotter, écraser, filer doux, mettre les pouces

◊ CONTR. **I.** → LIBÉRER **II.** → EXEMPTER

SOUMIS, E I. neutre ou fav. 1. un peuple : pacifié **2. quelqu'un** : attaché, complaisant, déférent, discipliné, docile, doux, fidèle, flexible, gouvernable, humble, lige (vx), malléable, maniable, obéissant, sage, souple, traitable **II. non fav.** : asservi, assujetti, conformiste, conquis, humilié, inféodé, opprimé, réduit, résigné, subordonné → CAPTIF

◊ CONTR. → LIBRE

SOUMISSION n.f. **I. neutre ou fav. 1.** acquiescement, allégeance, dépendance, discipline, docilité, fidélité, humilité, obédience, obéissance, pacification, résignation **2.** adjudication, entreprise, marché, offre, proposition **II. non fav.** : abaissement, asservissement, assujettissement, conformisme, conquête, dépendance, esclavage, inféodation, joug, merci, réduction, satellisation, servilité, servitude, subordination, sujétion, vassalité

◊ CONTR. **I.** → DÉSOBÉISSANCE **II.** → LIBERTÉ **III.** → POUVOIR

SOUNDING BALLOON n.m. **spat. off.** : ballon-sonde

SOUNDING ROCKET n.f. **spat. off.** : fusée-sonde

SOUPAPE n.f. → CLAPET

SOUPÇON n.m. **I. au pr.** : apparence, conjecture, crainte, croyance, défiance, doute, méfiance, ombrage, suspicion **II. par ext.** : idée, nuage, pointe, très peu, un peu

◊ CONTR. **I.** → CERTITUDE **II.** → IGNORANCE

SOUPÇONNER avoir idée de, conjecturer, croire, se défier de, deviner, se douter de, entrevoir, flairer, se méfier, penser, pressentir, redouter, supposer, suspecter

◊ CONTR. **I.** ne pas → SAVOIR **II.** être → CERTAIN

SOUPÇONNEUSEMENT de façon → SOUPÇONNEUX *et les dérivés possibles en* -ment *des syn. de* soupçonneux

SOUPÇONNEUX, EUSE craintif, défiant, inquiet, jaloux, méfiant, ombrageux, suspicieux

◊ CONTR. **I.** → NAÏF **II.** → IGNORANT

SOUPE n.f. → POTAGE

SOUPENTE n.f. cagibi, combles, galetas, grenier, mansarde, réduit, souillarde

◊ CONTR. **I.** → CAVE **II.** → APPARTEMENT

SOUPER n.m. dîner → REPAS

SOUPER v. intr. dîner → MANGER

SOUPESER → PESER

SOUPIR n.m. → GÉMISSEMENT

SOUPIRANT, E I. → AMANT **II.** → PRÉTENDANT

SOUPIRER I. → RESPIRER **II.** → ASPIRER

SOUPLE I. quelque chose : contractile, ductile, élastique, expansible, extensible, flexible, lâche, malléable, maniable, mou, pliable, rénitent (méd.), rétractible, rétractile, subéreux **II. quelqu'un. 1. phys.** : agile, ailé, aisé, décontracté, dégagé, félin, léger, leste → DISPOS **2. par ext.** : accommodant, adroit, compréhensif, diplomate, docile, fin, indulgent, liant, ondoyant, politique, subtil – **3. péj.** : félin, florentin, laxiste, machiavélique, retors, sournois

◊ CONTR. **I.** → RIGIDE **II.** → BUTÉ **III.** → AUTOMATIQUE

SOUPLEMENT avec → SOUPLESSE, de façon → SOUPLE, sans → RIGIDITÉ *et les dérivés possibles en* -ment *des syn. de* souple

SOUPLESSE n.f. **I. de quelque chose** : compressibilité, contractilité, ductilité, élasticité, extensibilité, flexibilité, fluidité, malléabilité, maniabilité, plasticité, rénitence (méd.), rétractabilité, rétractilité **II. de quelqu'un. 1. phys.** : agilité, aisance, décontraction, légèreté, sveltesse **2. par ext.** : adresse, compréhension, diplomatie, docilité, finesse, intrigue, subtilité → POLITIQUE – **3. péj.** : félinité, laxisme, machiavélisme, sournoiserie

◊ CONTR. **I.** → RIGIDITÉ **II.** → RÉGULARITÉ **III.** → OBSTINATION

SOUQUENILLE n.f. bleu, caban, cache-poussière, casaque, cotte, sarrau, surtout

SOUQUER I. v. tr. : bloquer, serrer, visser – **mar.** : carguer, étrangler **II. v. intr. 1. au pr.** : ramer **2. fig.** → PEINER

◊ CONTR. → LÂCHER

SOURCE n.f. **I. au pr.** : fontaine, geyser, griffon, point d'eau, puits – **vx** : font, sourgeon **II. fig. 1.** → ORIGINE **2.** → CAUSE

◊ CONTR. → EMBOUCHURE

SOURCIER, ÈRE n.m. ou f. radiesthésiste, rhabdomancien

SOURCILLER I. ciller, froncer les sourcils, tiquer **II. SANS SOURCILLER** : sans barguigner/ discuter/ être troublé/ faire ouf (fam.)/ hésiter

SOURCILLEUSEMENT I. avec → DÉDAIN **II.** avec → MÉFIANCE

SOURCILLEUX, EUSE I. braque, chatouilleux, délicat, hérissé, hypersensible, irritable, ombrageux, pointilleux, pointu, prompt, sensible, sensitif **II.** → TRISTE

◇ CONTR. → FACILE

SOURD, E nom et adj. **I. au pr.** : dur d'oreille, sourdingue (fam.) **II. par ext.** : amorti, assourdi, bas, caverneux, cotonneux, creux, doux, enroué, étouffé, grave, indistinct, mat, mou, sépulcral, voilé **III. fig. 1. quelqu'un** : impitoyable, inexorable, insensible → INDIFFÉRENT **2. quelque chose** : caché, clandestin, hypocrite, souterrain, ténébreux, vague → SECRET

◇ CONTR. **I.** → SONORE **II.** → SENSIBLE

SOURDEMENT → SECRÈTEMENT

SOURDINE (EN) I. discrètement, doucement, mollo (fam.), sans → BRUIT/ ÉCLAT, silencieusement **II.** → SECRÈTEMENT

◇ CONTR. → BRUYAMMENT

SOURDRE → SORTIR

SOURIANT, E I. → AIMABLE **II.** → BEAU

SOURICIÈRE n.f. → PIÈGE

SOURIRE n.m. → RIRE

SOURIRE v. intr. **I.** → RIRE **II.** → PLAIRE

SOURIS I. n.f. **1.** muridé, souriceau **2.** fam. → FILLE **3. SOURIS DE MER** : aphrodite, taupe de mer **II.** n.m. vx → DINO

SOURNOIS, E affecté, artificieux, caché, cachottier, chafouin, déloyal, dissimulateur, dissimulé, double jeu, doucereux, en dessous, faux, faux jeton, fourbe, insidieux, mensonger, mielleux, perfide, rusé, simulé, tartufe *ou* tartuffe, trompeur → HYPOCRITE

◇ CONTR. **I.** → FRANC **II.** → CANDIDE

SOURNOISEMENT avec → SOURNOISERIE, de façon → SOURNOIS *et les dérivés possibles en* -ment *des syn. de* sournois

SOURNOISERIE n.f. **I.** affectation, artifice, cabotinage, cachotterie, comédie, déguisement, dissimulation, duplicité, faux-semblant, feintise, fiction, grimace, invention, leurre, mensonge, momerie, pantalonnade, parade, ruse, simulation, singerie, tromperie **II.** → FAUSSETÉ **III.** → HYPOCRISIE

◇ CONTR. **I.** → FRANCHISE **II.** → CANDEUR

SOUS-ALIMENTATION n.f. malnutrition → CARENCE

◇ CONTR. → PLÉTHORE

SOUSCRIRE I. → CONSENTIR **II.** → PAYER

SOUS-ENTENDU n.m. allégorie, allusion, arrière-pensée, évocation, insinuation, quiproquo, réserve, restriction, réticence

◇ CONTR. → DÉVELOPPEMENT

SOUS-ENTENDU adj. à double sens, allant de soi, implicite, tacite

SOUS-ESTIMER abaisser, avilir, baisser, critiquer, débiner (péj.), déconsidérer, décré-

diter, décrier, dénigrer, déprécier, dépriser, détracter (vx), dévaloriser, dévaluer, diminuer, discréditer, méconnaître, méjuger, mépriser, mésestimer, rabaisser, rabattre, ravaler, sous-évaluer

◇ CONTR. → SURFAIRE

SOUS-FIFRE n.m. → SUBORDONNÉ

SOUS-JACENT, E I. inférieur, subordonné **II.** supposé → SECRET

◇ CONTR. → VISIBLE

SOUS-MAIN (EN) → SECRÈTEMENT

SOUS-MARIN I. n.m. : bathyscaphe, bathysphère, submersible **II.** adj. : subaquatique **III. fig.** → ESPION

◇ CONTR. : bâtiment de surface

SOUS-ŒUVRE n.m. base, fondation, fondement, infrastructure, pied, soubassement, soutènement, soutien, substructure

◇ CONTR. : superstructure

SOUS-ORDRE n.m. **I.** adjoint, bras droit, collaborateur, subordonné **II.** → INFÉRIEUR

◇ CONTR. → CHEF

SOUS-PRÉFECTURE n.f. arrondissement, circonscription, district

SOUS-SOL n.m. → CAVE

SOUSTRACTION n.f. → DIMINUTION

SOUSTRAIRE I. → DÉROBER **II.** → RETRANCHER **III. pron.** : esquiver → ÉVITER

SOUS-VERGE n.m. → SOUS-ORDRE

SOUS-VÊTEMENT n.m. bas, collant, combinaison, dessous, gilet de corps, jupon, maillot, parure, soutien-gorge → CULOTTE

SOUTANE n.f. simarre → ROBE

SOUTENABLE acceptable, défendable, plausible, possible, supportable → TOLÉRABLE

◇ CONTR. → INTOLÉRABLE

SOUTÈNEMENT n.m. **I.** → APPUI **II.** → SOUTIEN

SOUTENEUR n.m. → PROXÉNÈTE

SOUTENIR I. au pr. : accoter, appuyer, arc-bouter, armer, chevaler, consolider, contrebouter, corseter, échalasser, épontiller (mar.), étançonner, étayer, maintenir, porter, supporter, tenir → RENFORCER **II. par ext. 1.** conforter, fortifier, nourrir, réconforter, remonter, réparer, stimuler, sustenter **2.** aider, approuver, appuyer, assister, cautionner, défendre, donner/ prêter la main/ un coup d'épaule, encourager, épauler, épouser la cause, favoriser, financer, garantir, mettre le pied à l'étrier, prendre fait et cause, promouvoir, protéger, remonter le moral, seconder, secourir, subventionner **3.** affirmer, argumenter, assurer, attester,

certifier, discuter, disputer, écrire, enseigner, faire valoir, maintenir, prétendre, professer, répondre 4. continuer, persévérer,
persister, poursuivre III. 1. SOUTENIR LE
CHOC : endurer, recevoir, résister, souffrir,
subir, supporter, tenir 2. SOUTENIR LA
COMPARAISON : défier, rivaliser IV. v. pron.
1. se continuer, durer, se maintenir, subsister, surnager *et les formes pron. possibles des
syn. de* soutenir 2. s'entraider

◇ CONTR. I. → ABANDONNER II. → CONTESTER

SOUTENU, E I. aidé, appuyé, épaulé, pistonné (fam.) II. secondé III. assidu, constant,
persévérant, persistant IV. accentué,
continu, continuel, sostenuto (mus.) V. STYLE
SOUTENU. 1. neutre ou fav. : académique, cérémonieux, élevé, éloquent, héroïque, magnifique, noble, pindarique, relevé, sublime
2. non fav. : affecté, ampoulé, apprêté, bouffi,
boursouflé, compliqué, déclamatoire, démesuré, emphatique, enflé, grandiloquent,
guindé, hyperbolique, pédantesque, pompeux, pompier (péj. et fam.), prétentieux,
ronflant, sentencieux, solennel, sonore, soufflé

◇ CONTR. I. → RELÂCHÉ II. → IRRÉGULIER

SOUTERRAIN n.m. abri, antre, basse-
fosse, catacombe, cave, caveau, caverne,
crypte, cul de basse-fosse, diverticule, excavation, galerie, grotte, oubliette, passage,
sous-sol, terrier, tunnel

◇ CONTR. → AÉRIEN

SOUTERRAIN, E caché, sombre, ténébreux → SECRET

SOUTIEN n.m. I. au pr. : adossement, arc-
boutant, arc-boutement, base, chandelier,
chandelle, charpente, chevalement, colonne,
contre-fiche, coulotte, épaulement, éperon,
étai, étançon, étrésillon, levier, pilier, pivot,
soutènement, support, tabouret, tuteur, vau
ou vaux *ou* veau → APPUI II. mar. : accore,
épontille, étambrai, tin III. par ext. : aide, appoint, appui, assistance, collaboration,
concours, coopération, coup d'épaule, égide,
encouragement, influence, intervention,
main-forte, patronage, piston (fam.),
planche de salut, protection, recommandation, réconfort, rescousse, sauvegarde, secours, service, solidarité, support IV. ÊTRE
LE SOUTIEN DE : adepte, aide, appui, auxiliaire, bouclier, bras, champion, défenseur,
étai, garant, partisan, patron, pilier, pivot,
protecteur, second, souteneur (péj.), supporter, tenant

◇ CONTR. I. → ABANDON II. → ADVERSAIRE

SOUTIEN-GORGE n.m. balconnet, bustier – fam. : nid à colombes, soutif

SOUTIRER I. au pr. → TRANSVASER II. fig. 1. →
OBTENIR 2. → PRENDRE

SOUVENANCE n.f. → SOUVENIR

SOUVENIR n.m. I. au sing. 1. au pr. anamnèse, mémoire, pensée, réminiscence 2. vx :
ramentevoir, remembrance, ressouvenance,
souvenance 3. par ext. : arrière-goût, impression, ombre, trace 4. → REMORDS 5. commémoration, ex-voto, monument, plaque, statue, tombeau, trophée 6. relique, reste,
témoin 7. → CADEAU II. au pl. : annales, autobiographie, chronique, commentaire,
confession, essai, journal, mémoires, mémorial, récit, révélations, voyages

◇ CONTR. → OUBLI

SOUVENIR (SE) évoquer, mémoriser, se
rappeler, se remémorer, remettre, retenir,
revoir – vx : se mémorer/ recorder/ remem-
brer/ ramentevoir

◇ CONTR. → OUBLIER

SOUVENT d'ordinaire, fréquemment, généralement, habituellement, journellement,
la plupart du temps, mainte(s) fois, plusieurs
fois, souventefois (vx)

◇ CONTR. I. → JAMAIS II. → QUELQUEFOIS III. →
TOUJOURS

SOUVERAIN, E I. adj. → SUPRÊME II. nom
1. → MONARQUE 2. → PAPE

SOUVERAINEMENT avec → SOUVERAI-
NETÉ, de façon → SUPRÊME *et les dérivés possibles en* -ment *des syn. de* suprême

SOUVERAINETÉ n.f. autorité, domination, empire, pouvoir, puissance, suprémo-
tie, suzeraineté

◇ CONTR. → DÉPENDANCE

SOVIET n.m. I. → COMITÉ II. → COMMUNISTE

SOYEUX, EUSE doux, duveteux, fin, lisse,
moelleux, satiné, sétacé, velouté, velouteux

◇ CONTR. → RUDE

SPACEBORNE REMOTE SENSING n.f.
spat. off. : télédétection spatiale

SPACECRAFT et **SPACESHIP** spat. off. :
astronef, engin/ vaisseau spatial, spationef

SPACE PROBE n.f. spat. off. : sonde spatiale

SPACE VACUUM n.m. spat. off. : vide spatial

SPACIEUSEMENT amplement, au large,
avec → ÉTENDUE, grandement, immensément, largement, magnifiquement, noblement, profondément, vastement

◇ CONTR. → PETITEMENT

SPACIEUX, EUSE ample, étendu, vaste →
GRAND

SPADASSIN n.m. I. → FERRAILLEUR II. →
TUEUR

SPARTIATE laconique, sobre → AUSTÈRE

SPASME n.m. → CONVULSION

SPATIAL RESOLUTION n.f. **spat. off.** : limite de résolution spatiale

SPATIONAUTE n.m. et f. astronaute, cosmonaute

SPATIONEF n.m. → AÉRODYNE

SPEAKER n.m. annonceur, disc-jockey, présentateur

SPEAKERINE n.f. annonceuse, présentatrice (off.)

SPÉCIAL, E caractéristique, distinct, distinctif, exceptionnel, extraordinaire, individuel, original, particulier, propre à, remarquable, singulier
◇ CONTR. I. → ORDINAIRE II. → HABITUEL

SPÉCIALEMENT de façon → SPÉCIALE, exprès et les dérivés possibles en -ment des syn. de spécial

SPÉCIALISER → SPÉCIFIER

SPÉCIALISTE n.m. et f. I. homme de l'art, professionnel, savant, technicien, technocrate (péj.) II. → MÉDECIN
◇ CONTR. I. → FACTOTUM II. généraliste, omnipraticien III. → AMATEUR

SPÉCIALITÉ n.f. I. au pr. : branche, champ, département, division, domaine, fief, oignons (fam.), partie, sphère II. → REMÈDE
◇ CONTR. → ÉCLECTISME

SPÉCIEUSEMENT avec → FAUSSETÉ, de façon → TROMPEUR et les dérivés possibles en -ment des syn. de trompeur

SPÉCIEUX, EUSE I. → INCERTAIN II. → TROMPEUR

SPÉCIFICATION n.f. → EXPLICATION

SPECIFIC BURN UP n.f. **nucl. off.** : combustion massique

SPÉCIFICITÉ n.f. idiosyncrasie → PARTICULARITÉ
◇ CONTR. : caractère → COMMUN

SPÉCIFIER caractériser, déterminer, préciser, spécialiser → FIXER
◇ CONTR. → EFFLEURER

SPÉCIFIQUE n.m. → REMÈDE

SPÉCIFIQUE adj. caractéristique, distinct, net, précis, spécial, sui generis, typique → PARTICULIER
◇ CONTR. → COMMUN

SPÉCIFIQUEMENT de façon → SPÉCIFIQUE et les dérivés possibles en -ment des syn. de spécifique

SPÉCIMEN n.m. échantillon, exemplaire, exemple, individu, modèle, prototype, unité
◇ CONTR. : article/ marchandise/ objet/ produit de série → STANDARD

SPÉCIOSITÉ n.f. → FAUSSETÉ

SPECTACLE n.m. **I. au pr. 1.** aspect, féerie, panorama, scène, tableau, vue **2.** attraction, ballet, cinéma, comédie, danse, divertissement, exhibition, happening, music-hall, numéro, projection, représentation, revue, séance, séance récréative, show, soirée → PIÈCE, THÉÂTRE **II. par ext. 1.** caleçonnade (péj.), fantaisie, fantasmagorie, grand-guignol **2.** → MONTRE
◇ CONTR. : entracte, relâche

SPECTACULAIRE → EXTRAORDINAIRE

SPECTACULAIREMENT de façon → EXTRAORDINAIRE et les dérivés possibles en -ment des syn. de extraordinaire

SPECTATEUR, TRICE n.m. ou f. assistant, auditeur, auditoire, galerie, observateur, parterre, public, téléspectateur, témoin
◇ CONTR. → COMÉDIEN

SPECTRAL RESOLUTION n.f. **spat. off.** : limite de résolution spectrale

SPECTRE n.m. **I. au pr.** : apparition, double, ectoplasme, esprit, fantôme, lémure, ombre, revenant, vision, zombi **II. fig.** : cauchemar, crainte, hallucination, hantise, idée fixe, manie, monomanie, obsession, peur, phantasme, phobie, psychose, souci
◇ CONTR. → RÉALITÉ

SPÉCULATEUR, TRICE n.m. ou f. accapareur, agioteur, amasseur (vx), baissier, boursicoteur, boursicotier, bricoleur, cumulard, haussier, joueur, monopolisateur, thésauriseur, traficoteur, trafiquant, tripoteur
◇ CONTR. I. → HONNÊTE II. → GÉNÉREUX III. → INDIFFÉRENT

SPÉCULATIF, IVE abstrait, conceptuel, conjectural, contemplatif, discursif, hypothétique, métaphysique, philosophique, théorique
◇ CONTR. → PRATIQUE

SPÉCULATION n.f. **I.** calcul, étude, projet, recherche → PENSÉE **II.** → THÉORIE **III. non fav. 1.** accaparement, agiotage, jeu, raréfaction, trafic, traficotage (fam.), tripotage (fam.) **2.** imagination, rêverie → RÊVE **IV. neutre** : affaires, Bourse, boursicotage (fam.), commerce, entreprise, transaction
◇ CONTR. I. → RÉALISATION II. → PRATIQUE

SPÉCULATIVEMENT de façon → SPÉCULATIF et les dérivés possibles en -ment des syn. de spéculatif

SPÉCULER I. → HASARDER II. → TRAFIQUER

SPEECH n.m. allocution, baratin (fam.), causerie, compliment, conférence, éloge, laïus (fam.), toast → DISCOURS

SPERMATOZOÏDE n.m. → GAMÈTE

SPERME n.m. **I.** graine, semence **II. arg. et grossier : 1. vx.** foutre **2.** fromage, jus, paquet, purée, sauce, semoule, yaourt

SPHÈRE n.f. **I.** armillaire, boule, globe, mappemonde, navisphère **II.** champ, cercle, domaine, étendue, limite, milieu, monde (abusiv.), région, zone

SPHÉRIQUE → ROND

SPHERE OF ACTIVITY n.f. spat. off. : gravisphère

SPIRALE → VOLUTE

SPIRITUALISME n.m. → IDÉALISME

SPIRITUALISTE nom et adj. par ext. : animiste, (judéo-)chrétien, conceptualiste, çoufi *ou* soufi, déiste, dualiste, essentialiste, fidéiste, finaliste, gnostique, idéaliste, immatérialiste, mystique, ontologique, panpsychique, panthéiste, personnaliste, (néo-)platonicien, providentialiste, pythagoricien *ou* pythagorique, subjectiviste, téléologique, théiste, (néo-)thomiste, transcendantaliste, vitaliste, zen

◇ CONTR. → MATÉRIALISTE

SPIRITUALITÉ n.f. **I.** immatérialité, incorporalité, incorporéité **II.** → RELIGION **III.** → MYSTICISME

◇ CONTR. **I.** → RÉALITÉ **II.** → POSITIVISME

SPIRITUEL, LE I. abstrait, allégorique, figuré, immatériel, incorporel, intellectuel, mental, moral, mystique, religieux, symbolique **II.** amusant, attique, brillant, comique, drôle, facétieux, fin, humoristique, ingénieux, intelligent, léger, malicieux, piquant, plaisant, satirique, vif

SPIRITUELLEMENT I. *les dérivés possibles en* -ment *des syn. de* spirituel **II.** avec → ESPRIT

◇ CONTR. **I.** → CORPORELLEMENT **II.** → BÊTEMENT

SPIRITUEUX n.m. → LIQUEUR

SPLEEN n.m. cafard (fam.), chagrin, ennui, hypocondrie, idées noires, mal du siècle, mélancolie, neurasthénie, nostalgie, taedium vitae, vague à l'âme → TRISTESSE

◇ CONTR. **I.** → GAIETÉ **II.** → PLAISIR

SPLENDEUR n.f. **I.** → LUMIÈRE **II.** → LUSTRE **III.** → LUXE

SPLENDIDE brillant, coruscant, éblouissant, éclatant, étincelant, fastueux, joyeux, glorieux, magnifique, merveilleux, retentissant, somptueux, superbe, triomphal → BEAU

◇ CONTR. **I.** → LAID **II.** → TERNE

SPLENDIDEMENT avec → LUXE, de façon → SPLENDIDE *et les dérivés possibles en* -ment *des syn. de* splendide

SPLINT n.f. méd. off. : attelle de contention

SPLIT NOSE CONE n.f. spat. off. : coiffe ouvrante

SPLIT RUN n.m. audiov. off. : tirage équifractionné

SPOILER n.m. aviat. et spat. off. : déporteur

SPOLIATION n.f. captation, dépossession, dol, éviction, expropriation, extorsion, fraude, frustration, soustraction → VOL

◇ CONTR. **I.** → DON **II.** → RÉPARATION

SPOLIER déposséder, dépouiller, désapproprier, déshériter, dessaisir, enlever, évincer, exproprier, extorquer, frustrer, ôter, priver, soustraire → VOLER

◇ CONTR. **I.** → DONNER **II.** → RÉTABLIR

SPONGIEUX, EUSE perméable → MOU

SPONSOR n.m. off. : commanditaire

SPONSORING n.m. off. : parrainage

SPONTANÉ, E I. quelqu'un : cordial, direct, franc, libre, naïf, naturel, ouvert, primesautier, rapide, sincère, volontaire **II.** quelque chose : automatique, impulsif, inconscient, involontaire

◇ CONTR. **I.** → OBLIGATOIRE **II.** → APPRÊTÉ

SPONTANÉMENT de sa propre initiative, de soi, tout seul *et les dérivés possibles en* -ment *des syn. de* spontané

SPONTANÉITÉ n.f. → SINCÉRITÉ

SPORADIQUE. I. dans l'espace : clairsemé, constellé, dispersé, disséminé, dissocié, divisé, écarté, écartelé, éparpillé, épars, séparé **II.** dans le temps : discontinu, intermittent, irrégulier, larvé, rémittent, saccadé, variable

◇ CONTR. **I.** → CONSTANT **II.** → CONTINU

SPORADIQUEMENT de façon → SPORADIQUE *et les dérivés possibles en* -ment *des syn. de* sporadique

SPORE n.f. → GERME

SPORT n.m. **I.** amusement, culture physique, entraînement, exercice, gymnastique, jeu **II.** principales activités sportives **1.** → ATHLÉTISME **2.** natation, plongeon, water-polo → NAGE **3.** boxe anglaise/ française, escrime, judo, karaté, lutte, tir **4.** alpinisme, aviron *ou* rowing, badminton, canoë, cyclisme, cyclocross, deck-tennis, golf, kayak, paume, pelote (basque), ping-pong, planche à voile, plongée sous-marine, ski nautique, squash, surf, tennis, yachting **5.** automobilisme *ou* sport automobile, moto-cross, motocyclisme, motonautisme **6.** acrobatie aérienne *ou* voltige, aviation, deltaplane, parachutisme, parapente, U.L.M., vol à voile **7.** base-ball, basket-ball, cricket, football(-association), hand-ball, hockey sur gazon, motaball, rugby, volley-ball **8.** bobsleigh, hockey sur glace, luge, patinage, ski **9.** concours hippique, courses, dressage, équitation *ou* cheval, haute école, polo **10.** chasse, pêche (au gros/ au lancer/ sous-marine) **11.** billard, boules, bowling, pétanque

SPOT n.m. **off. I.** → PROJECTEUR **II. audiov.** annonce, communication, message publicitaire **III. milit.** : point de poser *ou* émissole (mar.), repère, trace

SPREADER n.f. **tr. publ. off.** : épandeuse

SPRING TAB n.m. **aviat. off.** : compensateur à ressort

SPRINT n.m. emballage, enlevage, finish, pointe, rush

SPRINTER → ACCÉLÉRER

SPUMEUX, EUSE baveux, bouillonnant, écumeux, mousseux, spumescent
◇ CONTR. → TRANSPARENT

SQUALE n.m. aiguillat, alopias *ou* renard de mer, chien de mer, griset, lamie, maillet, marteau *ou* zygène, orque, requin, rochier, roussette, touille

SQUAME n.f. écaille, squamule

SQUARE n.m. **I.** → JARDIN **II.** → PLACE

SQUEEZE pétr. off. : esquiche

SQUELETTE n.m. **I. au pr.** : carcasse, charpente, momie, os, ossature, ossement **II. par ext.** : architecture, canevas → PLAN
◇ CONTR. → CHAIR

SQUELETTIQUE décharné, défait, désossé, émacié, étique, fluet, grêle, sec → MAIGRE
◇ CONTR. → GROS

STABILISATION n.f. → AFFERMISSEMENT

STABILISER → FIXER

STABILITÉ n.f. **I. au pr.** : aplomb, assiette, assise, équilibre **II. par ext. 1.** certitude, consistance, constance, continuité, durabilité, fermeté, fixité, permanence, solidité **2.** inamovibilité, sécurité **3.** → CALME
◇ CONTR. **I.** → INSTABILITÉ **II.** → CHANGEMENT

STABLE I. au pr. : affermi, ancré, assis, d'aplomb, ferme, fixe, équilibré, immobile, immuable, inaltérable, inamovible, indécomposable, permanent, persistant, régulier, sédentaire, solide, stationnaire, statique **II. par ext.** : arrêté, assuré, certain, constant, continu, défini, déterminé, durable, fini, inamissible, invariable, invariant, irrévocable, sûr, torpide (méd.)
◇ CONTR. **I.** → CHANGEANT **II.** → PRÉCAIRE

STADE n.m. **I.** carrière, cirque, hippodrome, lice (vx), piste, terrain, vélodrome → GYMNASE **II.** degré, échelon, niveau, palier, partie, période, phase, terme

STAFF n.m. aggloméré, faux marbre, imitation, stuc

STAFF n.m. cadres, personnel → HIÉRARCHIE

STAGE n.m. **I.** arrêt, moment, passage, période, station → SÉJOUR **II.** alumnat, apprentissage, formation, juvénat, noviciat, préparation
◇ CONTR. → TITULARISATION

STAGNANT, E I. croupissant, dormant, marécageux **II.** immobile, inactif, lent, mort, stationnaire
◇ CONTR. → FLUIDE

STAGNATION n.f. **I. au pr.** : arrêt, immobilisation, stase **II. par ext. 1.** ankylose, atrophie, langueur, marasme **2.** crise, croupissement, immobilisme, improductivité, inaction, inactivité, inertie, morte-saison, paralysie, piétinement
◇ CONTR. **I.** → MOUVEMENT **II.** → CHANGEMENT

STAGNER croupir, macérer → SÉJOURNER
◇ CONTR. → BOUGER

STALACTITE et **STALAGMITE** n.m. concrétion, pétrification

STALLE n.f. **I.** banquette, gradin, miséricorde, place, siège **II.** box, loge

STALL FENCE n.f. **aviat. off.** : cloison (de décrochage)

STANCE n.f. strophe → POÈME

STAND n.m. **I.** pas de tir **II.** → MAGASIN

STANDARD I. n.m. 1. accueil, contrôl **2.** → MODÈLE **II. adj.** : commun, conforme, courant, normalisé
◇ CONTR. → SPÉCIMEN

STANDARDISATION n.f. → RATIONALISATION

STANDARDISER → NORMALISER

STAND BY milit. off. : attente

STANDING n.m. **off.** classe, haut de gamme, niveau de vie, prestige → RANG

STANDING WAVE RATIO n.m. **télécom. off.** : rapport d'ondes stationnaires, R.O.S

STAPHISAIGRE n.f. → DAUPHINELLE

STAPLE n.m. **spat. off.** : cavalier de jonction

STAR n.f. → ARTISTE

STARLETTE n.f. → COVER-GIRL

STARTER n.m. **I. méc. off.** : démarreur **II. méd. off.** : inducteur

STAR TRACKER n.m. **spat. off.** : suiveur stellaire

STASE n.f. **I.** → CONGESTION **II.** → STAGNATION

STATEMENT n.m. **inform. off.** : instruction

STATION n.f. **I.** arrêt, gare, halte, poste **II.** pause, stage **III.** attitude, position, posture **IV. STATION THERMALE** : bains, eaux, thermes, ville d'eaux

STATIC LEVEL METER n.m. **nucl. off.** : statolimnimètre

STATIC LINE n.f. **milit. off.** : sangle d'ouverture automatique, S.O.A

STATIONNAIRE I. casanier, sédentaire II. étale, fixe, immobile, invariable, stagnant → STABLE

◇ CONTR. → VARIABLE

STATION KEEPING n.m. **spat. off.** : maintien en position/ à poste

STATIONNEMENT n.m. → PARKING

STATIONNER s'arrêter, s'attarder, camper, cesser, demeurer, faire halte/ relâche, se fixer, rester, séjourner, stopper

◇ CONTR. I. circuler II. → MOUVOIR (SE)

STATIQUE → STABLE

STATISTIQUE n.f. → DÉNOMBREMENT

STATUAIRE n.m. et f. bustier, imagier (vx), modeleur, ornemaniste, sculptier (péj.) → SCULPTEUR

STATUE n.f. I. bronze, buste, figure, figurine, gisant, idole, image, marbre, monument, orant, pleurant, ronde-bosse, simulacre II. amour, atlante, cariatide, cupidon, déesse, dieu, faune, génie, héros, télamon, terme → SCULPTURE

STATUER arrêter, établir, fixer, juger, ordonner → DÉCIDER

STATUETTE n.f. I. bilboquet, figurine, godenot, magot, marionnette, marmot (vx), marmouset, pagode, poupée, poussah, santon II. biscuit, chine, saxe, sèvres, tanagra

STATU QUO n.m. → IMMOBILITÉ

STATURE carrure, charpente, grandeur, hauteur, mesure, port, taille

STATUT I. arrêté, canon, charte, code, concordat, consigne, constitution, décret, discipline, édit, institution, loi, mandement, ordonnance, prescription, règle, règlement, réglementation II. accord, arbitrage, arrangement, convention, protocole III. **relig.** : canon, observance, règle

STATUTAIRE réglementaire → PERMIS

STATUTAIREMENT de façon → PERMIS(E), selon la → RÈGLE

STEAMBOAT et **STEAMER** n.m. → BATEAU

STEAM CRACKER n.m. **pétr. off.** : vapocraqueur

STÈLE n.f. cippe → TOMBE

STEPPE n.f. lande, pampa, plaine, prairie, veld

STERCORAIRE scatophile, stercoral

STÉRÉOTYPE n.m. → CLICHÉ

STÉRÉOTYPÉ, E → FIGÉ

STÉRÉOTYPER clicher, reproduire

◇ CONTR. → INVENTER

STÉRILE I. **quelque chose.** 1. aride, désert, désolé, desséché, improductif, inculte, incultivable, incultivé, indéfrichable, infécond, infertile, infructueux (vx), ingrat, inutile, maigre, nul, pauvre, pouilleux, sec 2. aseptique, axène ou axénique, infermentescible, pasteurisé, stérilisé II. **vétér.** : bréhaigne, mule III. **par ext.** : inefficace, infructueux, inutile, oiseux, vain

◇ CONTR. I. → FÉCOND II. → FERTILE III. → PESTILENTIEL

STÉRILEMENT de façon → STÉRILE et les dérivés possibles en -ment des syn. de stérile

STÉRILISATION n.f. I. appertisation, aseptisation, assainissement, axénisation, ozonisation, pasteurisation, upérisation, verduniation II. → CONGÉLATION III. → CASTRATION

◇ CONTR. → ALTÉRATION

STÉRILISER I. **au pr.** 1. appertiser, aseptiser, désinfecter, étuver, javelliser, ozoniser, pasteuriser, purifier, upériser, verduniser 2. → CONGELER 3. bistourner, brétauder, castrer, chaponner, châtrer, couper, émasculer, hongrer, mutiler II. **par ext.** : appauvrir, assécher, dessécher, neutraliser → SÉCHER

◇ CONTR. I. → ALTÉRER II. → EXCITER

STÉRILITÉ n.f. I. **au pr.** : agénésie, anéjaculation, anovarie, anovulation, aspermatisme, aspermie, azoospermie, infécondité → IMPUISSANCE II. **par ext.** 1. → PAUVRETÉ 2. → SÉCHERESSE

◇ CONTR. I. → FERTILITÉ II. → RENDEMENT

STEWARD n.m. → SERVEUR

STICK n.m. I. → BAGUETTE II. **milit. off.** : groupe de saut

STIGMATE n.m. I. → CICATRICE II. → TRACE

STIGMATISATION n.f. → BLÂME

STIGMATISER I. → BLÂMER II. → FLÉTRIR

STILLICIDE n.m. → GOUTTIÈRE

STIMULANT n.m. → FORTIFIANT

STIMULANT, E nom et adj. I. incitant, mobilisateur, motivant, stimulateur II. → AFFRIOLANT

◇ CONTR. → CALMANT

STIMULATION et **STIMULUS** n.f., n.m. → EXCITATION

STIMULER → EXCITER

STIPE n.m. → TIGE

STIPENDIER → SOUDOYER

STIPULATION n.f. accord, clause, condition, convention, engagement, pacte, traité

◇ CONTR. → LIBERTÉ

STIPULER → ÉNONCER

STOCK n.m. → RÉSERVE

STOCKER déposer, entreposer → CONSER-VER

◇ CONTR. → VENDRE

STOCK-SHOT audiov. off. : images d'archives

STOÏCIEN, NE nom et adj. **I.** stoïque, zénonique **II.** constant, dur, ferme, impassible, inébranlable, insensible

◇ CONTR. → ÉPICURIEN

STOÏCISME n.m. **I. au pr.** : zénonisme **II. par ext. 1.** → CONSTANCE **2.** → AUSTÉRITÉ

◇ CONTR. → HÉDONISME

STOÏQUE nom et adj. **I.** → STOÏCIEN **II.** → COURAGEUX **III.** → AUSTÈRE

STOÏQUEMENT avec → COURAGE, de façon → COURAGEUX *et les dérivés possibles en* -ment *des syn. de* courageux

S.T.O.L. (SHORT TAKE OFF AND LANDING) aviat. et milit. off. → AÉRODYNE

STOLON n.m. → TIGE

STOLPORT aviat. off. : adacport

STOMACAL, E et STOMACHIQUE gastrique

STOP n.m. **I.** → ARRÊT **II.** → ASSEZ

STOPPER **I.** arrêter, bloquer, freiner, immobiliser – mar. : être encalminé, mettre en panne, mouiller **II.** raccommoder, rentraire, réparer

◇ CONTR. **I.** → PARTIR **II.** → COMMENCER

STORAGE MEMORY n.f. inform. off. : mémoire de masse

STORE n.m. → RIDEAU

STORY BOARD n.m. audiov. off. : scénari-mage

STOWAGE n.m. spat. off. : arrimage

STRABISME n.m. vx ou fam. : biglerie, loucherie

STRAFING n.m. milt. off. : mitraillage au sol

STRAIN GAGE/ GAUGE n.m. méc. off. : extensomètre

STRANGULER → ÉTRANGLER

STRAP-ON BOOSTER n.m. spat. off. : pousseur latéral

STRATAGÈME n.m. → RUSE

STRATE n.f. → COUCHE

STRATÈGE n.m. généralissime → CHEF

STRATÉGIE n.f. **par ext.** : diplomatie, manœuvre, métastratégie, polémologie, tactique → RUSE

STRATÉGIQUE → MILITAIRE

STRATIFIER → ACCUMULER

STREAM (ON) pétr. off. : en service

STREAMER n.m. géophysique off. : flûte (marine)

STRESS n.m. tension → INQUIÉTUDE

STRICT, E **I.** → ZÉLÉ **II.** → SÉVÈRE

STRIDENT, E → AIGU

STRIE n.f. **I.** → SILLON **II. au pl. méd.** : vergetures, vibices

STRIÉ, E bretté, divisé, lamellé, lamelleux, lamelliforme, laminaire, ligné, rayé, vermiculé

◇ CONTR. → LISSE

STRIER bretter, ligner, rayer, vermiculer

◇ CONTR. → POLIR

STRING n.m. pétr. off. : rame

STRIP n.f. off. : **I.** bande **II.** aviat. milit. **1.** bande d'atterrissage **2.** bande photographique

STRIPPER n.m. méd. off. : tire-veine

STRIPPING n.m. off. **I. méd.** : éveinage **II. nucl.** : stripage

STRIP-TEASE n.m. déballage, déshabillage, effeuillage (off.)

STRIP-TEASEUSE n.f. off. : effeuilleuse

STROPHE n.f. → POÈME

STRUCTURAL RATIO n.m. spat. off. : indice de structure

STRUCTURE n.f. **I.** algorithme, architecture, arrangement, charpente, construction, contexture, disposition, forme, groupement, ordonnance, ordre, organisation, ossature, plan, schème, système, texture, tissure **II.** organigramme, tableau schématique/ synoptique → COMPOSITION

◇ CONTR. → EXTÉRIEUR

STUBBING n.m. pétr. off. : raboutage

STUC n.m. aggloméré, faux marbre, imitation, staff

STUDIEUSEMENT avec → ZÈLE

STUDIEUX, EUSE accrocheur, appliqué, chercheur, fouilleur, laborieux, travailleur, zélé

◇ CONTR. **I.** → PARESSEUX **II.** → TURBULENT

STUDIO n.m. appartement, chambre, garçonnière, logement, meublé, pied-à-terre, studette

STUPÉFACTION n.f. **I. au pr.** : ankylose, engourdissement, immobilisation, immobilité, insensibilité **II. par ext. 1.** abasourdissement, consternation, consternement, décontenancement, ébahissement, effarement, étonnement, saisissement, stupeur, surprise 2. effroi, épouvante, horreur → PEUR

◇ CONTR. I. → INDIFFÉRENCE II. → SANG-FROID

STUPÉFAIT, E abasourdi, ahuri, confondu, consterné, déconcerté, décontenancé, désorienté, ébahi, ébaubi, embarrassé, étourdi, frappé, frappé de stupeur, interdit, médusé, renversé, saisi, stupéfié, stupide, surpris → ÉTONNÉ − **fam.** : baba, comme deux ronds de flan, ébouriffé, épaté, soufflé

◇ CONTR. → BLASÉ

STUPÉFIANT n.m. → DROGUE

STUPÉFIANT, E → SURPRENANT

STUPÉFIÉ, E → SURPRIS

STUPÉFIER → SURPRENDRE

STUPEUR n.f. → STUPÉFACTION

STUPIDE I. neutre. 1. engourdi, mou, vaseux, vasouillard **2.** aveugle, ébahi, étonné, hébété → STUPÉFAIT **II. non fav.** : balourd, butor, demeuré, fondu (fam.), ganache, idiot, imbécile, insensé, jacques (vx), lourd, lourdaud, lourdingue, minus, niais, pesant → BÊTE, SOT − **arg.** : bas de plafond, betterave, cave, cavillon, cloche, con, connard, conneau, croûte, crucifix, cul, daim, dèbe, fignard, gnol, gol, grande saucisse, huître, messière, neuneu, ourdé, palmé, panouillard, panouille, pied, tarte, tronche, trou-du-cul

◇ CONTR. I. → INTELLIGENT II. → ANIMÉ

STUPIDEMENT avec → STUPIDITÉ, de façon → STUPIDE *et les dérivés possibles en* -ment *des syn. de* stupide

STUPIDITÉ n.f. **I. quelque chose** : ânerie, balourdise, crétinerie → SOTTISE **II. de quelqu'un** : absurdité, aveuglement, béotisme, bornerie, crétinisme, ganacherie, idiotie, ineptie, inintelligence, lourdeur, pesanteur, philistinisme → BÊTISE − **vx** : béjaune, faquinerie, lourderie, lourdise, nivellerie, supinité

◇ CONTR. I. → INTELLIGENCE II. → RAISON

STUPRE n.m. **I. au pr.** : avilissement, basse débauche, crapule, viol, violence **II. par ext.** : concupiscence, corruption, immodestie, impudicité, impureté, indécence, lasciveté, lascivité, libertinage, licence, lubricité, luxure, obscénité, salacité → DÉBAUCHE

◇ CONTR. → DÉCENCE

STYLE n.m. **I. au pr.** : écriture, élocution, expression, langage, langue **II. par ext. 1.** design, façon, facture, forme, genre, goût, griffe, ligne, main, manière, originalité, patte, pinceau, plume, signature, talent, ton, touche, tour **2.** → EXPRESSION **3.** → PROCÉDÉ **4.** → ORDRE

◇ CONTR. : contenu, fond, sujet, thème

STYLER I. acclimater, accoutumer, adapter, apprivoiser, endurcir, entraîner, fa-

çonner, faire à, familiariser, former, habituer, initier, mettre au courant/ au fait de, plier à, rompre **II.** apprendre, catéchiser, dresser, éduquer, élever, endoctriner, enseigner, exercer, former, instruire, préparer − **vx** : gouverner, instituer

STYLET n.m. → POIGNARD

STYLING ELEMENTS n.m. **audiov. off.** : stylisme

STYLISER idéaliser, interpréter, schématiser, simplifier, transposer

◇ CONTR. → ANALYSER

STYLISTE n.m. et f. affichiste, designer, dessinateur, modéliste, stylicien(ne)

STYLO n.m. **vx** : porte-plume réservoir, stylographe → PORTE-PLUME

SUAIRE n.m. drap, linceul, voile

SUAVE → DOUX

SUAVEMENT avec → DOUCEUR, de façon → DOUX *et les dérivés possibles en* -ment *des syn. de* doux

SUAVITÉ n.f. → DOUCEUR

SUBALTERNE → SUBORDONNÉ

SUBCONSCIENT I. adj. : infraliminaire, infraliminal, subliminaire, subliminal **II. n.m.** : inconscient, intériorité, intimité, profondeurs

◇ CONTR. → CONSCIENCE

SUBDIVISER désunir, diviser, fractionner, morceler, partager, répartir, sectionner, séparer

◇ CONTR. → ASSEMBLER

SUBDIVISION n.f. → PARTIE

SUBIR accepter, écraser (fam.), endurer, éprouver, essuyer, expérimenter, recevoir, ressentir, sentir, souffrir, soutenir, supporter, tolérer

◇ CONTR. I. → COMMANDER II. → AGIR III. → RÉSISTER

SUBIT, E brusque, brutal, foudroyant, fulgurant, immédiat, imprévu, inopiné, instantané, prompt, rapide, soudain

SUBITEMENT et **SUBITO** → SOUDAIN

SUBJECTIF, IVE I. au pr. : personnel **II. par ext.** : arbitraire, excessif, injuste, partial, particulier

SUBJECTIVEMENT avec → SUBJECTIVITÉ, de façon → SUBJECTIF *et les dérivés possibles en* -ment *des syn. de* subjectif

SUBJECTIVITÉ n.f. **par ext.** : abus, arbitraire, déloyauté, injustice, irrégularité, parti pris, partialité, préférence, préjugé, prévention, scélératesse

◇ CONTR. → JUSTICE

SUBJUGUER I. → SOUMETTRE II. → GAGNER

SUBLIMATION n.f. I. distillation, vaporisation, volatilisation II. exaltation, purification
◇ CONTR. I. → CONCENTRATION II. → VULGARISATION

SUBLIME. I. → ÉLEVÉ II. → BEAU

SUBLIMEMENT admirablement, divinement, extraordinairement, formidablement, noblement, parfaitement, surhumainement
◇ CONTR. → HONTEUSEMENT

SUBLIMER I. → EMBELLIR II. → TRANSPOSER

SUBLIMITÉ n.f. élévation, grandeur, noblesse, perfection, supériorité → BEAUTÉ
◇ CONTR. → BASSESSE

SUBMERGER I. au pr. : arroser, couvrir, engloutir, ensevelir, envahir, inonder, mouiller, noyer, occuper, recouvrir, se répandre II. par ext. → DÉBORDER
◇ CONTR. → ÉMERGER

SUBMERSIBLE I. n.m. : bathyscaphe, bathysphère, sous-marin II. adj. : subaquatique
◇ CONTR. : insubmersible

SUBODORER I. au pr. → SENTIR II. par ext. : deviner, se douter de, flairer, soupçonner → PRESSENTIR
◇ CONTR. : être/ demeurer → INSOUCIANT

SUBORDINATION n.f. I. au pr. : asservissement, assujettissement, dépendance, esclavage, infériorité, joug, obédience, obéissance, servitude, soumission, sujétion, tutelle, vassalité II. par ext. → HIÉRARCHIE
◇ CONTR. I. → LIBERTÉ II. → AUTORITÉ III. → INDISCIPLINE

SUBORDONNÉ, E nom et adj. domestique, esclave, humble, inférieur, second, sous-ordre, subalterne – fam. : lampiste, mec lambda, porte-pipe, sous-fifre, sous-verge, zéphir
◇ CONTR. → SUPÉRIEUR

SUBORDONNER → SOUMETTRE

SUBORNATION n.f. I. corruption, détournement, donjuanisme, intimidation, séduction, tromperie, vénalité II. → MALVERSATION III. fam. : arrosage, boucanade, éclairage
◇ CONTR. → HONNÊTETÉ

SUBORNER → SÉDUIRE

SUBORNEUR, EUSE nom et adj. I. → MALHONNÊTE II. bourreau des cœurs, casanova, casse-cœur, charmeur, enjôleur, ensorceleur, fascinateur, galant, homme à bonnes fortunes/ à femmes, juponnier, lovelace, séducteur, tombeau des cœurs, tombeur de femmes – vx : apprivoiseur, larron d'honneur
◇ CONTR. I. → SINCÈRE II. → FIDÈLE III. → HONNÊTE

SUBREPTICE I. → OBREPTICE II. → SECRET

SUBREPTICEMENT → SECRÈTEMENT

SUBROGATION n.f. → REMPLACEMENT

SUBROGER relever, remplacer, représenter, substituer

SUBSÉQUEMMENT après, en conséquence (de quoi), ensuite, plus tard

SUBSÉQUENT, E → SUIVANT

SUBSIDE n.m. I. → IMPÔT II. → SECOURS

SUBSIDIAIRE accessoire, annexe, auxiliaire, mineur, suffragant
◇ CONTR. → PRINCIPAL

SUBSIDIAIREMENT → ACCESSOIREMENT

SUBSISTANCE n.f. I. au sing. : alimentation, approvisionnement, denrée, entretien, intendance, nourriture, pain, pitance, ration, ravitaillement, vie II. → SÉJOUR III. au pl. : comestibles, victuailles, vivres
◇ CONTR. I. → DISETTE II. → ABSENCE

SUBSISTER se conserver, consister (vx), continuer, durer, s'entretenir, être, exister, se maintenir, persister, rester, surnager, survivre, tenir, vivoter, vivre
◇ CONTR. I. → CHANGER II. → DISPARAÎTRE

SUBSTANCE n.f. I. au pr. : essence, être, nature, quintessence, réalité, soi, substrat, substratum II. par ext. : cause, contenu, corps, élément, essentiel, fond, fondement, matière, moelle, objet, origine, principe, suc, sujet III. EN SUBSTANCE : en gros, en résumé, en somme, finalement, sommairement, substantiellement
◇ CONTR. → CONTINGENCE

SUBSTANTIEL, LE I. au pr. 1. vx : essentiel 2. important, principal II. par ext. : consistant, mangeable, matériel, nourrissant, nutritif, riche, solide
◇ CONTR. I. → CONTINGENT II. → INSUFFISANT

SUBSTANTIELLEMENT → PRINCIPALEMENT

SUBSTANTIF n.m. → NOM

SUBSTITUER → REMPLACER

SUBSTITUT n.m. → REMPLAÇANT

SUBSTITUTION n.f. I. → REMPLACEMENT II. ling. : hypostase

SUBSTRAT n.m. I. → SUBSTANCE II. → LANGUE

SUBSUMER → INTÉGRER

SUBSYNCHRONOUS SATELLITE n.m. spat. off. : satellite sous-synchrone

SUBTERFUGE n.m. dérobade, détour, échappatoire, escobarderie, faux-fuyant, fuite, pantalonnade, pirouette, volte-face → RUSE
◇ CONTR. I. → FRANCHISE II. → SOTTISE

SUBTIL, E I. → MENU **II.** → HABILE **III.** → RAFFINÉ **IV.** → DÉLICAT **V.** → VIF

SUBTILEMENT → HABILEMENT

SUBTILISATION n.f. → MALVERSATION

SUBTILISÉ, E I. vx → RAFFINÉ **II.** *les part. passés de* voler *et ses synonymes*

SUBTILISER → VOLER

SUBTILITÉ n.f. **I. fav. ou neutre :** adresse, délicatesse, finesse, raffinement **II. non fav. :** abstraction, argutie, artifice, byzantinisme, casuistique, cavillation, chicane, chinoiserie (fam.), entortillage, équivoque, escamotage
◇ CONTR. → BALOURDISE

SUBULÉ, E → AIGU

SUBVENIR → POURVOIR

SUBVENTION n.f. **I.** → IMPÔT **II.** → SECOURS

SUBVENTIONNER → AIDER

SUBVERSIF, IVE → RÉVOLUTIONNAIRE

SUBVERSION n.f. agit-prop, bouleversement, contestation, désinformation, déstabilisation, indiscipline, mutinerie, renversement, révolution, sédition
◇ CONTR. → TRANQUILLITÉ

SUBVERTIR → RENVERSER

SUC n.m. → SUBSTANCE

SUCCÉDANÉ n.m. ersatz, produit de remplacement/ de substitution, simili
◇ CONTR. : produit → NATUREL

SUCCÉDER I. continuer, hériter, relayer, relever, remplacer, se substituer, suivre, supplanter, suppléer **II. v. pron. :** alterner, se dérouler, s'enchaîner *et les formes pron. possibles des syn. de* succéder
◇ CONTR. **I.** → DEVANCER **II.** → ACCOMPAGNER

SUCCÈS n.m. **I. au pr. :** réussite, triomphe, victoire **II. par ext. 1.** avantage, bonheur, bonne fortune, événement heureux, exploit, gain, gloire, honneur, issue heureuse, lauriers, performance, prospérité, prouesse, tour de force, trophée, vedette **2.** mode, retentissement, vogue **3.** best-seller, gros tirage **III. fam. :** bœuf, malheur, saucisson, tabac, ticket, tube
◇ CONTR. **I.** → INSUCCÈS **II.** → REVERS

SUCCESSEUR n.m. continuateur, dauphin, descendant, enfant, épigone, fils, héritier, queue (péj.), remplaçant
◇ CONTR. **I.** → PROMOTEUR **II.** → PROTAGONISTE

SUCCESSIF, IVE consécutif, constant, continu, ininterrompu, progressif, récurrent, régulier, séquentiel
◇ CONTR. → SIMULTANÉ

SUCCESSION n.f. **I. au pr. :** héritage, legs – **vx :** aubaine, douaire, hoirie, mortaille, survivance **II. par ext. 1.** bien, domaine, héritage, patrimoine, propriété **2.** circuit, consécution, continuation, courant, cours, course, enchaînement, fil, filiation, ordre, série, suite **3.** alternance, alternative, cadence **4.** cascade, chapelet, cortège, défilé, déroulement, enchaînement, entresuite (vx), énumération, kyrielle, procession, théorie
◇ CONTR. → SIMULTANÉITÉ

SUCCESSIVEMENT alternativement, à tour de rôle, coup sur coup, l'un après l'autre, périodiquement, récursivement, rythmiquement, tour à tour
◇ CONTR. → SIMULTANÉMENT

SUCCIN n.m. ambre jaune

SUCCINCT, E I. au pr. : abrégé, accourci, bref, compendieux (vx), concis, condensé, contracté, coupé, court, dense, diminué, écourté, elliptique, haché, laconique, lapidaire, raccourci, ramassé, réduit, resserré, restreint, résumé, serré, simple, sommaire **II. par ext. :** éphémère, fragile, fugace, fugitif, intérimaire, momentané, passager, périssable, précaire, pressé, prompt, provisoire, rapide, temporaire, transitoire
◇ CONTR. → ABONDANT

SUCCINCTEMENT de façon → SUCCINCT *et les dérivés possibles en* -ment *des syn. de* succinct

SUCCION n.f. sucement

SUCCOMBER I. au pr. → MOURIR **II. par ext. 1.** abandonner, battre la chamade, capituler, céder, demander grâce/ merci, déposer/ jeter bas/ mettre bas/ poser/ rendre les armes, flancher, hisser le drapeau blanc, lâcher pied/ prise, livrer les clefs, mettre les pouces, ouvrir les portes, parlementer, se rendre **2.** → FLÉCHIR
◇ CONTR. → RÉSISTER

SUCCUBE n.m. et f. diablesse → DIABLE

SUCCULENCE n.f. → DÉLICATESSE

SUCCULENT, E I. au pr. : appétissant, bon, délectable, délicat, excellent, exquis, fin, parfait, sapide, savoureux **II. par ext.** → SUBSTANTIEL
◇ CONTR. → MAUVAIS

SUCCURSALE n.f. agence, annexe, bureau, comptoir, dépendance, dépôt, filiale
◇ CONTR. → SIÈGE

SUCEMENT n.m. succion

SUCER I. au pr. : aspirer, boire, lécher, suçoter, super, téter, tirer **II. par ext. 1.** absorber, attirer, exprimer, extraire, pomper **2.** → FELLATION **III. fig.** → RUINER
◇ CONTR. **I.** → MÂCHER **II.** → BROYER **III.** → CRACHER

SUCRAGE n.m. chaptalisation

SUCRE n.m. **I. au pr. 1.** cassonade, mélasse, moscouade, rob, vergeoise, vesou **2.** fructose, glucose, lactose, saccharose, sucrose **II. par ext.** : canard (fam.), édulcorant, saccharine, sucrerie **III. CASSER DU SUCRE** → MÉDIRE

SUCRÉ, E I. au pr. : adouci, doux, édulcoré, sacchareux, saccharin, sacchariné, sirupeux **II. fig. 1.** benoît, chafouin, douceâtre, doucereux, doux, emmiellé, fade, melliflue, mielleux, mièvre, papelard, patelin, paterne, patte-pelu, sournois → HYPOCRITE **2. fém.** : affectée, bêcheuse, chichiteuse, chipie, coquette, enjôleuse, gnangnan (fam.), grimacière, maniérée, mignarde, mijaurée, minaudière, nunuche, pécore, perruche, pie-grièche, pimbêche
◇ CONTR. **I.** → AIGRE **II.** → AMER

SUCRER I. adoucir, chaptaliser, édulcorer **II. pron.** → TOUCHER
◇ CONTR. → AIGRIR

SUCRERIE n.f. bonbon, chatterie, confiserie, douceur, friandise, gourmandise, nanan (fam.)

SUCRIER n.m. saupoudreuse

SUD n.m. antarctique, austral, méridional, midi
◇ CONTR. → NORD

SUDATION n.f. diaphorèse, exhalation, exsudation (vx), perspiration, transpiration → SUEUR

SUDISTE nom et adj. sécessionniste → SÉPARATISTE

SUÉE n.f. → SUEUR

SUER I. v. intr. 1. au pr. : être en eau/ en nage, moitir, se mouiller, transpirer **2. par ext.** : dégouliner, dégoutter, exsuder, ruisseler, suinter **3. fig.** : se claquer, se crever, s'échiner, s'épuiser, s'éreinter, s'esquinter, s'exténuer, se fatiguer, trimer → TRAVAILLER **4. fam.** : en baver/ chier/ roter (des ronds de chapeau) **II. v. tr.** (fig) → EXHALER
◇ CONTR. **I.** avoir → FROID **II.** être → BIEN

SUEUR n.f. **I. au pr.** : buée, eau, écume, excrétion, humeur (vx), hydrorrhée (méd.), moiteur, nage, sudation, suée (fam.), transpiration, vapeur **II. fig.** : corvée, fatigue, peine, souci, veille → TRAVAIL

SUFFIRE apaiser, contenter, être assez/ suffisant, fournir, pourvoir, satisfaire
◇ CONTR. → MANQUER

SUFFISAMMENT assez, à satiété, congrûment, convenablement, correctement, honnêtement, honorablement, raisonnablement
◇ CONTR. → IMPARFAITEMENT

SUFFISANCE n.f. **I.** → AFFECTATION **II.** → ORGUEIL

SUFFISANT, E I. assez bien, bastant (vx), congru, convenable, correct, honnête, honorable, passable, raisonnable, satisfaisant **II.** → ORGUEILLEUX
◇ CONTR. **I.** → INSUFFISANT **II.** → MODESTE

SUFFIXE n.m. désinence, flexif, terminaison
◇ CONTR. : infixe, préfixe

SUFFOCANT, E I. au pr. : accablant, asphyxiant, chaud, étouffant, torride **II. fig. neutre** → ÉTONNANT **III. non fav.** : agaçant, crispant, énervant, exaspérant, horripilant, irritant
◇ CONTR. → VIVIFIANT

SUFFOCATION n.f. apnée, asthme, asphyxie, dyspnée, étouffement, étranglement, oppression
◇ CONTR. → RESPIRATION

SUFFOQUER → ÉTOUFFER

SUFFRAGE n.m. **I. au pr.** → VOTE **II. par ext.** → APPROBATION

SUFFUSION n.f. → ÉPANCHEMENT

SUGGÉRER → INSPIRER

SUGGESTIF, IVE allusif, charmeur, ensorcelant, envoûtant, évocateur, inspirant, prenant, saisissant, séduisant, troublant
◇ CONTR. → TERNE

SUGGESTION n.f. **I.** → AVERTISSEMENT **II.** → INSPIRATION **III.** → ANALOGIE

SUGGESTIONNER → INFLUER

SUICIDAIRE → TÉMÉRAIRE

SUICIDE n.m. autodestruction, hara-kiri

SUICIDER (SE) se détruire, se donner la mort, se défaire, faire hara-kiri, se faire sauter (la cervelle/ le caisson), se flinguer, s'immoler, mettre fin à ses jours, se saborder (fig.), se supprimer

SUIF n.m. → GRAISSE

SUI GENERIS distinct, original, particulier, personnel, spécial

SUINTEMENT n.m. → ÉCOULEMENT

SUINTER couler, dégouliner (fam.), s'échapper, s'écouler, s'égoutter, émaner, exsuder, fuir, goutter, jeter (vx), perler, pleurer (fig.), ressuer, ruisseler, sécréter, sourdre, suer, transsuder
◇ CONTR. : être → IMPERMÉABLE

SUISSE nom et adj. **I.** helvète, helvétique **II.** alémanique, bâlois, bernois, genevois, neuchâtelois, romanche, romand, valaisan, vaudois, zurichois **III.** helvétisme, suissisme **IV. 1.** → BEDEAU **2.** → PORTIER

SUITE n.f. **I. au pr. 1.** appareil, cortège, cour, entourage, équipage, escorte, garde, gens, maison, pompe, théorie, train **2. fam.:** trimballée, trolée **3.** continuation, continuité, cours, déroulement, développement, enchaînement, fil, filiation, liaison, postériorité, prolongation, prolongement, reprise **4. typo.:** retourne, tourne **II. par ext. 1.** alternance, alternative, cascade, chaîne, chapelet, concaténation, consécution, découpage, défilé, enfilade, engrenage, énumération, file, gamme, kyrielle, liste, ordre, ribambelle, séquence, série, succession, tissu, trame **2.** aboutissement, conséquence, contrecoup, cortège, éclaboussure, effet, imbrication, implication, incidence, lendemain, rançon, reliquat, répercussion, résultat, retombée, retombement, ricochet, séquelle, séquence **3.** cohérence, cohésion **4.** → PERSÉVÉRANCE **III. 1. TOUT DE SUITE :** à l'instant, aussitôt, illico (fam.), immédiatement, incessamment, incontinent, sans délai, sans plus attendre, sur-le-champ – **vx :** à la rengette, d'arrivée **2. DANS/ PAR LA SUITE :** à/ dans l'avenir, après cela, demain, depuis, désormais, dorénavant, ensuite, plus tard **3. PAR SUITE DE :** à cause de, en raison de, grâce à
◇ CONTR. → COMMENCEMENT

SUIVANT, E n.m. ou f. acolyte, aide, confident, continuateur, disciple, inférieur, remplaçant, suiveur
◇ CONTR. → CHEF

SUIVANT, E adj. autre, consécutif, futur, postérieur, subséquent, successeur, ultérieur
◇ CONTR. → PRÉCÉDENT

SUIVANT prép. conformément à, dans, d'après, selon
◇ CONTR. → OPPOSÉ (À L')

SUIVANTE n.f. confidente, dame/ demoiselle de compagnie/ d'honneur, fille, fille d'honneur → SERVANTE
◇ CONTR. : maîtresse, premier rôle

SUIVI, E **I.** assidu, constant, continu, continuel, d'affilée, durable, éternel, immuable, incessant, indéfectible, infini, ininterrompu, interminable, invariable, opiniâtre, permanent, perpétuel, persistant, prolongé, régulier, sans arrêt/ cesse/ fin/ répit/ trêve, sempiternel, soutenu, successif **II.** → LOGIQUE
◇ CONTR. **I.** → DÉCOUSU **II.** → IRRÉGULIER

SUIVRE **I. au pr. 1.** accompagner, emboîter le pas, escorter, marcher derrière, poursuivre, serrer, talonner **2.** côtoyer, descendre, emprunter, longer, parcourir, prendre, remonter **II. par ext. 1.** espionner, filer, filocher (arg.), observer, pister, prendre en filature, surveiller → ÉCOUTER **2.** continuer, remplacer → SUCCÉDER **3.** courtiser, fréquenter, hanter, sortir avec **4.** → COMPRENDRE **5.** assister à, écouter, être présent, s'intéresser à, regarder, voir **6.** → ABANDONNER (s') **7.** → SOUMETTRE (SE) **8.** → RÉSULTER **9.** → OBÉIR **10.** adhérer, adopter, se décider pour, se déclarer pour, embrasser, épouser, prendre parti, se prononcer, se ranger, tenir pour
◇ CONTR. **I.** → DEVANCER **II.** → PRÉCÉDER **III.** → DIRIGER **IV.** → FUIR **V.** → OPPOSER (s')

SUJET n.m. **I.** cause, lieu, matière, motif, objet, point, problème, propos, question, raison **II.** affabulation, article, canevas, champ, étoffe, fable, histoire, idée, intrigue, thème **III.** cobaye (fig.), malade, patient → HOMME **IV. 1. BON SUJET :** élève, enfant, petit **2. MAUVAIS SUJET** → VAURIEN **3. AU SUJET DE** → TOUCHANT
◇ CONTR. → PRÉDICAT

SUJET, TE **I.** astreint, dépendant, enclin, exposé, habitué, porté à, susceptible **II.** gouverné, inférieur, soumis, subordonné, tributaire
◇ CONTR. **I.** → LIBRE **II.** → CHEF

SUJÉTION n.f. → SUBORDINATION

SUMMUM n.m. apogée, comble, excès, faîte, fort, limite, maximum, nec plus ultra, période, pinacle, sommet, top niveau (fam.), triomphe, zénith
◇ CONTR. → BAS

SUN SYNCHRONOUS SATELLITE n.m. **spat. off. :** satellite héliosynchrone

SUPER → SUCER

SUPERBE n.f. amour-propre, arrogance, dédain, estime de soi, fatuité, fierté, gloriole, hauteur, importance, infatuation, jactance, mégalomanie, morgue, orgueil, ostentation, outrecuidance, pose, présomption, prétention, suffisance, supériorité, vanité
◇ CONTR. **I.** → HUMBLE **II.** → LAID

SUPERBE adj. **I.** altier, arrogant, avantageux, content de soi, crâneur, dédaigneux, faraud, fat, fier, flambard, glorieux, gobeur, hautain, important, infatué, m'as-tu-vu, orgueilleux, outrecuidant, paon, pénétré de soi, plastronneur, poseur, présomptueux, prétentieux, puant, satisfait de soi, sourcilleux, suffisant, supérieur, vain, vaniteux **II.** → BEAU **III.** → SOMPTUEUX
◇ CONTR. **I.** → MODESTE **II.** → PETIT

SUPERBEMENT de façon → SUPERBE *et les dérivés possibles en* -ment *des syn. de* superbe

SUPERCHERIE n.f. → TROMPERIE

SUPERFÉTATION n.f. → SUPERFLUITÉ

SUPERFÉTATOIRE → SUPERFLU

SUPERFICIE n.f. **I.** → SURFACE **II.** → ASPECT

SUPERFICIEL, LE → LÉGER

SUPERFICIELLEMENT I. à la légère, légèrement, inconsidérément, sommairement – **vx** : à la venvole, amusément **II.** frugalement, sobrement **III.** délicatement, doucement, en douceur, imperceptiblement **IV.** → SPIRITUELLEMENT
◇ CONTR. **I.** → BEAUCOUP **II.** → TRÈS **III.** → BÊTEMENT

SUPERFIN, E → PARFAIT

SUPERFLU, E adventice, de trop, exagéré, excessif, explétif, oiseux, parasite, redondant, superfétatoire, surabondant → INUTILE
◇ CONTR. → NÉCESSAIRE

SUPERFLUITÉ n.f. bavardage, cheville, délayage, double emploi, excès, longueur, luxe, pléonasme, redite, redondance, rembourrage, remplissage, superfétation, surabondance, surcharge
◇ CONTR. → LACONISME

SUPÉRIEUR, E n.m. ou f. **I.** chef, directeur, doyen, grand maître, général, maître, patron, prieur **II.** principal, proviseur, régent
◇ CONTR. **I.** → INFÉRIEUR **II.** → SUBORDONNÉ

SUPÉRIEUR, E adj. **I.** quelqu'un. **1.** fav. ou neutre : beau, bon, distingué, émérite, éminent, excellent, extraordinaire, génial, hors-concours, transcendant **2. non fav.** : arrogant, condescendant, dédaigneux, fier → SUPERBE **II. quelque chose. 1. au pr.** : dominant, élevé, haut **2. par ext.** : délectable, du nanan, excellent, extra, fameux, fin, formidable, optimal, première qualité, royal, sans pareil, sensationnel, superchoix, superfin, suprême, surfin, unique – **fam.** : maxi, ronflant, sensas, super **III. une classe sociale** : dirigeant, dominant, possédant, prééminent, prépondérant
◇ CONTR. **I.** → INFÉRIEUR **II.** → SUBORDONNÉ

SUPÉRIEUREMENT avec → SUPÉRIORITÉ, de façon → SUPÉRIEUR et les dérivés possibles en -ment des syn. de supérieur

SUPÉRIORITÉ n.f. **I.** atout, avantage, dessus, optimum, prééminence, préexcellence, prépondérance, prépotence, primauté, privilège, suprématie **II.** empire, hégémonie, maîtrise, précellence, royauté, sceptre **III. de quelqu'un. 1. fav.** : distinction, excellence, génie, mérite, transcendance **2. non fav.** : arrogance, condescendance, dédain, fierté → SUPERBE **IV. de quelque chose** : excellence, finesse, qualité
◇ CONTR. **I.** → INFÉRIORITÉ **II.** → INCAPACITÉ

SUPERLATIF, IVE au plus haut degré, extraordinaire, parfait, top niveau (fam.) → EXCESSIF
◇ CONTR. **I.** → MINIMUM **II.** → INFIME

SUPERLATIVEMENT de façon → EXCESSIF et les dérivés possibles en -ment des syn. de excessif

SUPERMARCHÉ n.m. → MAGASIN

SUPERPOSER → ACCUMULER

SUPERPOSITION n.f. → ACCUMULATION

SUPERSTITIEUSEMENT avec → SUPERSTITION de façon → SUPERSTITIEUX et les dérivés possibles en -ment des syn. de superstitieux

SUPERSTITIEUX, EUSE crédule, fétichiste, naïf, scrupuleux
◇ CONTR. → INCRÉDULE

SUPERSTITION n.f. **I. au pr.** : crédulité, fétichisme, naïveté **II. fig.** : scrupule → SOIN
◇ CONTR. → SCEPTICISME

SUPERSTRAT n.m. → LANGUE
◇ CONTR. : adstrat, substrat

SUPERSTRUCTURE n.f. → EXTÉRIEUR

SUPERTANKER n.f. → PÉTROLIER

SUPERVISER → DIRIGER

SUPPLANTER → REMPLACER

SUPPLÉANCE n.f. → REMPLACEMENT

SUPPLÉANT, E nom et adj. → REMPLAÇANT

SUPPLÉER I. → COMPLÉTER **II.** → REMPLACER **III.** → POURVOIR

SUPPLÉMENT n.m. accessoire, à-côté, addenda (fam.), additif, addition, ajout, ajoutage, ajouture, appendice, appoint, augmentation, complément, excédent, extra, paralipomènes, préciput (jurid.), rabiot (fam.), rallonge, surcroît, surplus
◇ CONTR. → RÉDUCTION

SUPPLÉMENTAIRE accessoire, additionnel, adventice, ajouté, ampliatif, annexé, complémentaire, de surcroît, en appoint/ complément/ excédent/ rabiot/ surplus, en plus, subsidiaire, supplétif, surérogatoire
◇ CONTR. → PRINCIPAL

SUPPLÉMENTAIREMENT de façon → SUPPLÉMENTAIRE et les dérivés possibles en -ment des syn. de supplémentaire

SUPPLÉTIF, IVE nom et adj. → REMPLAÇANT

SUPPLIANT, E demandant, implorant, larmoyant, mendiant, orant, pressant, priant
◇ CONTR. → ARROGANT

SUPPLICATION n.f. **I.** appel, demande, démarche, déprécation, imploration, instance, invitation, invocation, obsécration, pétition, pourvoi, requête, réquisition, réquisitoire, sollicitation, supplique. **1. vx** : obtestation, placet, postulation, quête **II.** → PRIÈRE
◇ CONTR. → ARROGANCE

SUPPLICE n.m. **I. 1.** autodafé, billot, bûcher, calvaire, cangue, carcan, chaise élec-

trique, chambre à gaz, châtiment, croix, crucifiement, crucifixion, décapitation,
décollation, échafaud, écorchement, énerva-
tion, enfer, essorillement, estrapade, exécution, exposition, garrot, gibet, lapidation,
lynchage, martyre, mort, pal, peine, pendai-
son, persécution, pilori, potence, punition,
tenaillement, torture, tourment → GUILLOTINE
2. vx : dépêchement, garrotte, géhenne, question **3.** → HUMILIATION **II.** → INQUIÉTUDE **III.** →
SOUFFRANCE **IV. METTRE AU SUPPLICE** → TOUR-
MENTER

◇ CONTR. **I.** → BONHEUR **II.** → VOLUPTÉ

SUPPLICIER I. effigier (vx), exécuter,
mettre à mort **II.** → TUER **III.** → TOURMENTER

◇ CONTR. → GRÂCIER

SUPPLIER I. adjurer, appeler, conjurer,
demander, implorer, insister, presser, prier,
réclamer, recommander, requérir, solliciter
II. convier, inviter

◇ CONTR. → DÉDAIGNER

SUPPLIQUE n.f. → SUPPLICATION

SUPPORT n.m. **I.** → APPUI **II.** sous-face, sub-
jectile, trame

SUPPORTABLE I. buvable (fam.), endurable, facile, faible, léger, passable, sortable,
soutenable, suffisant, tenable, tolérable, vivable **II.** → EXCUSABLE

◇ CONTR. **I.** → INTOLÉRABLE **II.** → DIFFICILE

SUPPORTER I. → SOUTENIR **II.** → SOUFFRIR
III. → COMPORTER **IV.** → TOLÉRER

SUPPOSÉ, E admis, apocryphe (péj.), attri-
bué, avancé, censé, conjectural, cru, douteux, faux, hypothétique, imaginaire, incertain, posé, présumé, présupposé, prétendu,
putatif

◇ CONTR. → SÛR

SUPPOSER admettre, avancer, conjecturer, dénoter, extrapoler, inventer, penser,
poser, présumer, présupposer, prétendre →
IMAGINER

◇ CONTR. → CERTIFIER

SUPPOSITION n.f. cas de figure, condition, conjecture, diagnostic, doute, extrapolation, hypothèse, induction, jeu de l'esprit,
préjugé, présomption, pronostic, supputation, vraisemblance → IMAGINATION

◇ CONTR. → CERTITUDE

SUPPOSITOIRE n.m. **fam. :** balle dans le
canon, spoutnik, suppo

SUPPÔT n.m. agent, partisan, satellite →
COMPLICE

SUPPRESSION n.f. abandon, abolition,
abrogation, amputation, annulation, aphérèse, apocope, cessation, coupure, curetage,
deleatur (typo.), dérogation, destruction, dis-

continuation, effacement, élimination, empêchement, exclusion, expurgation, extinction, liquidation, mutilation, privation,
radiation, retranchement, scotomisation
(psych.)

◇ CONTR. **I.** → ADDITION **II.** → CONSERVATION

SUPPRIMER I. → DÉTRUIRE **II.** → RETRAN-
CHER **III.** → TAIRE **IV.** → ÉTOUFFER **V.** → TUER
VI. v. pron. → SUICIDER (SE)

SUPPURATION n.f. **I.** → INFECTION **II.** → PUS

SUPPURER s'empurer (vx), s'infecter →
COULER

SUPPUTATION n.f. **I.** → ÉVALUATION **II.** →
SUPPOSITION

SUPPUTER I. → ÉVALUER **II.** → COMPTER

SUPRASENSIBLE abstrait, immatériel,
insensible

◇ CONTR. **I.** → RÉEL **II.** → MANIFESTE

SUPRÉMATIE n.f. → SUPÉRIORITÉ

SUPRÊME I. au pr. : dernier, final, ultime
II. par ext. : divin, grand, parfait, primerain
(vx), puissant, souverain, superlatif → SUPÉ-
RIEUR

◇ CONTR. **I.** → INFIME **II.** → PREMIER

SUR, E → AIGRE

SÛR, E I. au pr. : assuré, authentique, avéré,
certain, clair, constant, couru (fam.), établi,
évident, exact, fatal, garanti, incontestable,
indubitable, infaillible, positif, réel **II. par ext.**
1. abrité, caché, gardé, imprenable, inviolable, protégé, tranquille **2.** confiant,
convaincu, ferme **3.** certissime (vx), crédible,
de tout repos, efficace, éprouvé, fiable, fidèle, indérégable, infalsifiable, vrai **4.** sain et
sauf **5.** → DISCRET

◇ CONTR. **I.** → INCRÉDULE **II.** → INCERTAIN **III.** →
INFIDÈLE **IV.** → MAUVAIS

SURABONDAMMENT démesurément,
excessivement, pléthoriquement → TRÈS

SURABONDANCE n.f. **I.** → AFFLUENCE
II. → SUPERFLUITÉ

SURABONDANT, E I. → ABONDANT **II.** →
SUPERFLU

SURABONDER → DÉBORDER

SURALIMENTATION n.f. malnutrition →
PLÉTHORE

◇ CONTR. **I.** → DISETTE **II.** → SOUS-ALIMENTATION

SURANNÉ, E ancien, antédiluvien, antique, archaïque, arriéré, attardé, caduc, démodé, dépassé, désuet, éculé, fini, fossile,
kitsch, gothique, moyenâgeux, obsolescent,
obsolète, passé, périmé, rebattu, ringard, rococo, sans valeur, usé, vieilli, vieillot, vieux

◇ CONTR. → NOUVEAU

SURBAISSER → BAISSER

SURBOOKING n.m. **tour. off.** : surréservation

SURCHARGE n.f. **I.** → SURCROÎT **II.** → SUPERFLUITÉ

SURCHARGER accabler, alourdir, augmenter, charger, combler, écraser, encombrer, excéder, grever, imposer, obérer, oppresser – **vx** : acravanter, alourder
◊ CONTR. → DÉCHARGER

SURCHOIX n.m. → SUPÉRIEUR

SURCLASSER → SURPASSER

SURCROÎT n.m. **I.** augmentation, excédent, handicap, supplément, surcharge, surplus **II. DE/ PAR SURCROÎT** : brochant (sur le tout), de plus, en outre, pour comble
◊ CONTR. **I.** → SOULAGEMENT **II.** › DÉCHARGEMENT

SURDOUÉ, E → PRÉCOCE

SURÉLÉVATION n.f. → HAUSSEMENT

SURELLE n.f. oseille

SURÉLEVER → HAUSSER

SÛREMENT absolument, à coup sûr, assurément, certainement, certes, évidemment, fatalement, forcément, inévitablement, nécessairement, obligatoirement
◊ CONTR. **I.** → PEUT-ÊTRE **II.** pas du tout

SURENCHÈRE n.f. → ENCHÈRE

SURÉROGATOIRE → SUPPLÉMENTAIRE

SURESTARIE n.f. → DÉLAI

SURESTIMER → SURFAIRE

SURET, TE → AIGRE

SÛRETÉ n.f. **I.** assurance, caution, certitude, gage, garantie **II.** → SÉCURITÉ **III. EN SÛRETÉ** : à l'abri, à couvert, en sécurité
◊ CONTR. → DANGER

SURÉVALUATION n.f. → EXAGÉRATION

SURÉVALUER → SURFAIRE

SUREXCITATION n.f. bouleversement, énervement, irritation → AGITATION
◊ CONTR. → TRANQUILLITÉ

SUREXCITER → EXCITER

SURF n.m. monoski – **par ext.** : planche à voile, véliplanche

SURFACE n.f. **I. au pr.** : aire, assiette, contenance, étendue, plan, superficie **II. unités de mesure 1.** are, mètre carré *et dérivés* **2. vx ou partic.** : acre, arpent, bicherée, journal, perche, verge **III. par ext. 1.** apparence, contenance, dehors, extérieur, face, parement, mine **2.** crédit, solvabilité **IV. GRANDE SURFACE** → MAGASIN
◊ CONTR. **I.** → INTÉRIEUR **II.** → VOLUME **III.** → PROFONDEUR **IV.** → HAUTEUR

SURFAIRE amplifier, bluffer, charger, encenser, enfler, exagérer, exalter, faire mousser/ valoir, forcer, grandir, grossir, hâbler, ne pas y aller de main morte, outrer, pousser, surestimer, surévaluer, vanter
◊ CONTR. → SOUS-ESTIMER

SURFAIT, E abusif, démesuré, exagéré, exorbitant, outré → EXCESSIF
◊ CONTR. : *les part. passés possibles des syn. de* déprécier

SURFAIX n.m. → HARNACHEMENT

SURFIL n.m. → SURJET

SURFIN, E I. → PARFAIT **II.** → SUPÉRIEUR

SURGEON n.m. → POUSSE

SURGIR I. → SORTIR **II.** → PARAÎTRE **III.** → NAÎTRE

SURGISSEMENT n.m. → APPARITION

SURHAUSSER augmenter, élever, exhausser, soulever, surélever
◊ CONTR. → ABAISSER

SURHUMAIN, E → SURNATUREL

SURHUMAINEMENT de façon → SURNATUREL *et les dérivés possibles en* -ment *des syn. de* surnaturel

SURI, E → AIGRE

SURJET n.m. assemblage, couture, faufilage (fam.), faufilure, point, surfil

SUR-LE-CHAMP à l'instant, aussitôt, d'abord, d'emblée, illico (fam.), immédiatement, incessamment, incontinent, instantanément, séance tenante, tout de suite
◊ CONTR. **I.** plus tard **II.** → JAMAIS

SURMENAGE n.m. → FATIGUE

SURMENÉ, E → FATIGUÉ

SURMENER → FATIGUER

SURMONTABLE → POSSIBLE

SURMONTER I. → VAINCRE **II.** → SURPASSER **III. v. pron.** : se dominer, être maître de soi, se maîtriser, se mater, se posséder, se vaincre
◊ CONTR. → SUBIR

SURNAGER I. → FLOTTER **II.** → SUBSISTER

SURNATUREL n.m. **I.** au-delà, grâce, religion, sacré **II.** fabulosité (vx), fantasmagorie, fantastique, féerie, magie, merveilleux, mystère, prodige, sorcellerie
◊ CONTR. **I.** → RÉALITÉ **II.** → MATIÈRE **III.** → PHYSIQUE

SURNATUREL, LE adj. **I.** religieux, sacré, spirituel **II.** extraordinaire, fabuleux, fantasmagorique, fantastique, féerique, immatériel, magique, merveilleux, métaphysique, miraculeux, onirique, parapsychique, prodigieux, psychédélique, sorcier, surhumain
◊ CONTR. **I.** → ORDINAIRE **II.** → RÉEL

SURNATURELLEMENT de façon → SUR-
NATUREL *et les dérivés possibles en* -ment *des*
syn. de surnaturel

SURNOM n.m. nom de guerre/ de plume/
de théâtre, pseudonyme, qualificatif, sobriquet

◇ CONTR. : nom propre

SURNOMBRE n.m. → EXCÈS

SURNOMMER affubler, appeler, baptiser,
qualifier

SURPASSER I. battre, dépasser, devancer,
distancer, dominer, éclipser, effacer, l'emporter sur, être supérieur à, excéder, outrepasser, passer, prévaloir, primer, surclasser,
surmonter II. **fam.** : damer le pion, enfoncer
III. **vx** : dégoter, sommer IV. **pron.** : briller, dégoter, être fort/ habile à/ le meilleur, s'exalter, surclasser, triompher

◇ CONTR. → DISPARAÎTRE

SURPEUPLEMENT n.m. surpopulation
– **par ext.** → MULTITUDE

◇ CONTR. → DÉPEUPLEMENT

SURPLIS n.m. rochet

SURPLOMBER → SAILLIR

SURPLUS n.m. I. → EXCÈS II. → SUPPLÉMENT

SURPLUS (AU) après tout, au/ de plus, au
reste, aussi, d'ailleurs, en outre, mais

◇ CONTR. → MOINS (AU)

SURPOPULATION n.f. surpeuplement
– **par ext.** → MULTITUDE

◇ CONTR. → DÉPEUPLEMENT

SURPRENANT, E abasourdissant, abracadabrant, anormal, bizarre, brusque,
curieux, déconcertant, drôle, épatant, étonnant, étourdissant, étrange, extraordinaire,
formidable, grand, imprévu, inattendu, inconcevable, incroyable, inopiné, insoupçonnable, invraisemblable, magique, merveilleux, mirifique, nouveau, phénoménal,
prodigieux, rapide, renversant, saisissant,
sidérant, stupéfiant

◇ CONTR. → BANAL

SURPRENDRE I. intercepter, obtenir, saisir → PRENDRE II. apercevoir, déceler, découvrir → VOIR – **fam.** : choper, coxer, pincer, poirer III. → ATTAQUER IV. consterner, ébahir,
passer l'entendement, pétrifier, renverser,
saisir, sidérer, stupéfier → ÉTONNER V. abuser, attraper, circonvenir, confondre, décevoir, déconcerter, duper, embarrasser, induire en erreur, tromper

◇ CONTR. I. → PRÉVENIR II. → HABITUER

SURPRIS, E confondu, consterné, déconcerté, désorienté, ébahi, ébaubi, embarrassé, étonné, étourdi, frappé, frappé de stupeur, honteux, interdit, renversé, saisi,

sidéré, stupéfait, stupéfié, stupide – **fam.** :
baba, cisaillé, comme deux ronds de flan,
ébouriffé, épaté, scié, soufflé

◇ CONTR. → HABITUÉ

SURPRISE n.f. **I. fav. ou neutre. 1.** ahurissement, ébahissement, éblouissement, effarement, épatement (fam.), étonnement, saisissement → STUPÉFACTION **2.** coup de théâtre
3. → DON **II. non fav. 1.** commotion, confusion,
consternation, embarras **2.** embûche, embuscade, guet-apens → PIÈGE

◇ CONTR. **I.** → BANALITÉ **II.** → HABITUDE

SURPRISE-PARTIE n.f. **I.** → BAL **II.** →
PIQUE-NIQUE

SURSAUT n.m. **I.** → SAUT **II.** → TRESSAILLE-
MENT

SURSAUTER → TRESSAILLIR

SURSEOIR → RETARDER

SURSIS n.m. → DÉLAI

SURTOUT n.m. **I.** bleu, caban, cache-poussière, casaque, cotte, sarrau, souquenille, tablier **II.** milieu/ ornement(s) de table

SURTOUT adv. éminemment, en particulier, notamment, par-dessus tout, particulièrement, plus que tout, principalement,
singulièrement, spécialement

◇ CONTR. → ACCESSOIREMENT

SURVEILLANCE n.f. **I.** aguet, attention,
conduite, contrôle, épiement, espionnage, filature, filtrage, garde, guet, ilotage, inspection, patrouille, ronde, veille, vigilance – **arg.** :
canne, chouf, flicage, gaffe, pet, planque,
serre, surbine, trique **II.** curatelle

◇ CONTR. **I.** → LIBERTÉ **II.** → ABANDON

SURVEILLANT, E n.m. ou f. **I.** commissaire, contrôleur, curateur, séquestre, syndic
II. argus, épieur, espion, garde, gardien,
guetteur, inspecteur, patrouilleur, veilleur,
vigie – **arg. et péj.** : argousin (vx), bricard, brigand, chaouch, chat, crabe, gaffe, gaffeur,
garde-chiourme, maton, matuche, sbire,
serre, trique **III.** maître, maître d'étude,
maître d'internat, pion (fam.), répétiteur,
sous-maître (vx)

◇ CONTR. **I.** → PRISONNIER **II.** → ÉLÈVE

SURVEILLER I. → OBSERVER **II.** → VEILLER
III. arg. : espincher, fliquer, gaffer, gafiller, occuper la loge, planquer, saborder, serrer,
surbiner, triquer

SURVENANCE n.f. **I.** → APPARITION **II.** → AR-
RIVÉE

SURVENIR I. → VENIR **II.** → ARRIVER

SURVIE n.f. → IMMORTALITÉ

SURVIVAL KIT n.m. **spat. off.** : équipement
de survie

SURVIVANCE n.f. conservation, continuation, permanence, persistance, regénérescence, rémanence, reste, réveil, souvenir, suite, survie, tradition
◇ CONTR. → MORT

SURVIVANT, E nom et adj. indemne, miraculé, rescapé, sain et sauf, tiré d'affaires
◇ CONTR. I. → MORT II. → VICTIME

SURVIVRE → SUBSISTER

SURVOLER I. → PLANER II. → EFFLEURER

SUSCEPTIBILITÉ n.f. excitabilité, hypersensibilité, irritabilité
◇ CONTR. → BÉNIGNITÉ

SUSCEPTIBLE I. **au pr. :** apte, bon, capable, idoine, passible, qualifié, sujet à II. **par ext. :** braque, chatouilleux, délicat, excitable, hérissé, hypersensible, irritable, ombrageux, pointilleux, pointu, prompt, sensible, sensitif
◇ CONTR. → BÉNIN

SUSCITER amener, appeler, apporter, attirer, causer, créer, déchaîner, déclencher, déterminer, donner/ fournir lieu/ occasion, engendrer, entraîner, être la cause de, faire, motiver, nécessiter, occasionner, porter, prêter à, procurer, produire → PROVOQUER
◇ CONTR. I. → DISSUADER II. → DÉTRUIRE

SUSCRIPTION n.f. adresse, libellé

SUSDIT, E I. susdénommé, susmentionné, susnommé II. dito, idem
◇ CONTR. : ci-après nommé

SUSPECT, E nom et adj. I. **au pr. :** apocryphe, critiquable, douteux, équivoque, problématique II. **par ext. 1.** borgne, interlope, louche, mal famé **2.** inculpable, marron, soupçonné, sujet à caution, trouble, véreux – **vx :** méfiable, sentant l'échelle/ le fagot/ le roussi **3. arg. :** les pattes cassées, faisandé, mouillé
◇ CONTR. → SÛR

SUSPECTER → SOUPÇONNER

SUSPENDRE I. → PENDRE II. → INTERROMPRE III. → DESTITUER

SUSPENDU, E (fig.). I. **quelque chose :** arrêté, censuré, en suspens, fermé, interdit, interrompu, saisi, stoppé II. **quelqu'un. 1. neutre :** en suspens, hésitant, incertain, irrésolu **2. non fav. :** chassé, crossé (fam.), destitué, révoqué, sanctionné
◇ CONTR. I. → LIBRE II. → SÛR III. maintenu, soutenu

SUSPENS (EN) en carafe (fam.), en panne, en souffrance → SUSPENDU
◇ CONTR. → ACTIVITÉ (EN)

SUSPENSE n.m. I. → INQUIÉTUDE II. → CURIOSITÉ

SUSPENSE n.f. censure/ interdiction/ privation ecclésiastique

SUSPENSION n.f. I. abandon, arrêt, cessation, discontinuation, fermeture, interruption, moratoire, pause, repos, surséance (vx), temps d'arrêt, vacances → DÉLAI II. cardan, ressorts III. lampe, lustre IV. SUSPENSION D'ARMES : armistice, cessez-le-feu, trêve
◇ CONTR. → CONTINUATION

SUSPICIEUSEMENT avec → SOUPÇON, de façon → SOUPÇONNEUX et les dérivés possibles en -ment des syn. de soupçonneux

SUSPICIEUX, EUSE → SOUPÇONNEUX

SUSPICION n.f. → SOUPÇON

SUSTENTER → NOURRIR

SUSURRER → MURMURER

SUTURE n.f. I. → JOINT II. → TRANSITION

SUTURER coudre, fermer, recoudre, refermer
◇ CONTR. → OUVRIR

SUZERAIN, AINE n.m. ou f. → SEIGNEUR

SVELTE I. allongé, délicat, délié, effilé, élancé, étroit, filiforme, fin, fluet, fragile, fuselé, gracile, grêle, maigre, menu, mince, petit, souple, ténu II. → ÉLÉGANT
◇ CONTR. I. → GROS II. → MALADROIT

SVELTESSE n.f. I. → ÉLÉGANCE II. → FINESSE III. → SOUPLESSE

SWAP n.m. **écon. off. :** crédit croisé

SWEATER et **SWEAT-SHIRT** n.m. → CHANDAIL

SWING BY **spat. off. :** gradidéviation, gravicélération

SWING-WING AIRCRAFT n.m. **aviat. off. :** avion à flèche variable

SWITCH n.m. **off.** → INTERRUPTEUR

SWIVELLING NOZZLE n.f. **spat. off. :** tuyère orientable

SYBARITE nom et adj. I. **fav. ou neutre :** bon convive/ vivant, délicat, épicurien, hédoniste, raffiné, sensuel, voluptueux II. **non fav. :** débauché, efféminé, jouisseur, mou, noceur, viveur
◇ CONTR. → ASCÈTE

SYBARITISME n.m. → SENSUALITÉ

SYCOPHANTE n.m. accusateur, délateur, dénonciateur, espion, fourbe, mouchard, mouton (arg.), trompeur → HYPOCRITE
◇ CONTR. I. quelqu'un de → DISCRET II. quelqu'un de → FRANC

SYLLABAIRE n.m. → ABÉCÉDAIRE

SYLLABE n.f. **par ext. :** mètre, pied

SYLLOGISME n.m. → RAISONNEMENT

SYLPHE, SYLPHIDE elfe → GÉNIE

SYLVAIN n.m. dryade, faune → GÉNIE

SYLVE n.f. → BOIS

SYLVESTRE forestier

SYLVICULTEUR n.m. arboriculteur, forestier, pépiniériste

SYMBOLE n.m. **I.** apparence, attribut, chiffre, devise, drapeau, emblème, enveloppe, figure, insigne, marque, pictogramme, signe, type → IMAGE **II.** allégorie, allusion, anagogie, apologue, comparaison, métaphore, notation, représentation, trope
◇ CONTR. → RÉALITÉ

SYMBOLIQUE allégorique, anagogique, emblématique, expressif, figuré, métaphorique, mystique, spirituel, typique
◇ CONTR. → RÉEL

SYMBOLIQUEMENT de façon → SYMBOLIQUE *et les dérivés possibles en* -ment *des syn. de* symbolique

SYMBOLISER envelopper, expliquer, exprimer, figurer, incarner, matérialiser, personnifier, représenter
◇ CONTR. → RÉALISER

SYMBOLISME n.m. → SYMBOLE

SYMÉTRIE n.f. **I.** → ÉQUILIBRE **II.** → SIMILITUDE

SYMÉTRIQUE → SEMBLABLE

SYMÉTRIQUEMENT avec → SYMÉTRIE de façon → SEMBLABLE *et les dérivés possibles en* -ment *des syn. de* semblable

SYMPATHIE n.f. accord, admiration, affection, affinité, amitié, attachement, attirance, attraction, bienveillance, compassion, condoléances (partic.), conformité/ convenance des goûts, cordialité, écho, empathie (psych.), estime, faible, fraternité, harmonie, inclination, intérêt, motivation, penchant, pitié, popularité, sensibilité, tendance, tendresse, unisson → AMOUR
◇ CONTR. **I.** → ANIMOSITÉ **II.** → ÉLOIGNEMENT **III.** → INDIFFÉRENCE **IV.** → OPPOSITION

SYMPATHIQUE → AIMABLE

SYMPATHIQUEMENT avec → SYMPATHIE, de façon → AIMABLE *et les dérivés possibles en* -ment *des syn. de* aimable

SYMPATHISANT, E nom et adj. → ADEPTE

SYMPATHISER → ENTENDRE (s')

SYMPHONIE n.f. **I. au pr.** : concert, musique, symphonie concertante **II. par ext.** : chœur, entente, harmonie → UNION
◇ CONTR. : solo, sonate

SYMPHONIQUE philharmonique

SYMPOSIUM n.m. → RÉUNION

SYMPTOMATIQUE → CARACTÉRISTIQUE

SYMPTÔME n.m. diagnostic, indice, manifestation, marque, présage, prodrome, signe, signe avant-coureur, signe prognostique, syndrome
◇ CONTR. → CALME

SYNALLAGMATIQUE bilatéral, mutuel, réciproque
◇ CONTR. : unilatéral

SYNARCHIE n.f. énarchie, oligarchie, ploutocratie, technocratie
◇ CONTR. **I.** → ROYAUTÉ **II.** → DÉMOCRATIE

SYNCHRONE concordant, correspondant, simultané, synchronique
◇ CONTR. : asynchrone

SYNCHRONISATION n.f. concordance, sonorisation – **fam.** : sono, synchro
◇ CONTR. → DISPERSION

SYNCHRONISME n.m. coïncidence, concordance, correspondance, simultanéité, synchronie
◇ CONTR. **I.** diachronie **II.** → DISPERSION

SYNCOPE n.f. **I.** → ÉVANOUISSEMENT **II.** → ELLIPSE

SYNCOPÉ, E → HACHÉ

SYNCRÉTISME n.m. → UNION

SYNDIC n.m. agent, arbitre, fondé de pouvoir, liquidateur, mandataire, représentant

SYNDICAT n.m. association, compagnonnage, coopération, corporation, fédération, groupement, mutualité, mutuelle, société, trade-union, union

SYNDIQUER → ASSOCIER

SYNDROME n.m. → SYMPTÔME

SYNODE n.m. → CONSISTOIRE

SYNONYME **I. nom masc.** : à peu près, approchant, équivalent, hypéronyme, hyponyme, para/ quasi-synonyme, remplaçant, similitude, substitut **II. adj.** → PAREIL
◇ CONTR. **I.** antonyme, contraire **II.** → DIFFÉRENT

SYNOPTIQUE(S) n.m. et adj. saint Luc, saint Marc, saint Matthieu → ÉVANGILE

SYNTAXE n.f. arrangement, combinatoire, construction, grammaire, règle, structure, syntagmatique, système – **par ext.** : taxinomie, taxonomie
◇ CONTR. **I.** → PARADIGME **II.** lexique, morphologie, phonétique

SYNTHÈSE n.f. **I.** association, combinaison, composition, déduction, ensemble, formation, généralisation, jonction, reconstitution, réunion **II.** abrégé, conclusion, enseignement, morale, raccourci, reprise, résumé
◇ CONTR. **I.** → ANALYSE **II.** → PRINCIPE

SYNTHÉTIQUE → ARTIFICIEL

SYNTHÉTISER **I.** → RÉUNIR **II.** → RÉSUMER

SYPHILIS n.f. **I.** mal français/ napolitain, vérole **II. vx** : bavière (aller en) **III. arg.** : chtouille, plomb, poivre, sifflote, syndicat (être du), syphilo, zinc

SYSTÉMATIQUE I. au pr. 1. déductif, logique **2.** méthodique, ordonné, organisé, réglé, systématisé **II. par ext.** : doctrinaire, entêté, intolérant, malendurant (vx)
◈ CONTR. **I.** → EMPIRIQUE **II.** → ILLOGIQUE

SYSTÈME n.m. **I. au pr.** : corps de doctrine, cosmogonie, doctrine, dogmatisme, dogme, explication, idéologie, opinion, pensée, philosophie, structure, théogonie, théorie, thèse **II. par ext. 1.** manière, méthode, moyen, plan, procédé, tendance **2.** arcane, combinaison, combine, jeu **3.** constitution, gouvernement, politique, régime **4. inform.** : configuration
◈ CONTR. **I.** → ROUTINE **II.** → HASARD

T

TAB aviat. off. : compensateur

TABAC n.m. **I. 1.** brésil, caporal, gris, havane, maryland, scaferlati, sumatra, virginie **2. vx** : herbe à l'ambassadeur/ à la reine/ à Nicot/ à tous les maux/ catherinaire/ sainte, nicotiane, pétun **3.** chique, prise **4.** → CIGARE **5. arg.** : foin, fume, gros cul, herbe, percale, perle, perlot, pounnior (de motte) trèfle **II. 1. PASSER À TABAC** → TABASSER **2. POT À TABAC** → NAIN

TABAGIE n.f. → CABARET

TABAGISME n.m. nicotinisme, tabacomanie

TABAR ou **TABARD** n.m. → MANTEAU

TABASSÉE n.f. → TORGNOLE

TABASSER passer à tabac, rosser, rouer de coups → BATTRE

TABATIÈRE n.f. **I.** queue-de-rat **II.** imposte, lucarne, oculus **III. par ext. 1.** → OUVERTURE **2.** → FENÊTRE

TABELLION n.m. clerc, garde-notes (vx), greffier, notaire, officier ministériel/ public, scribe, secrétaire – **péj.** : plumitif, scribouillard

TABERNACLES n.m. pl. scénopégies

TABÈS n.m. → MALADIE

TABLATURE n.f. → SIGNE

TABLE n.f. **I.** bureau, comptoir, console, écofrai, entre-deux, établi, étal, guéridon, pupitre, tablette **II.** menu → ORDINAIRE **III.** → SURFACE **IV.** abaque, index, répertoire → TABLEAU **V.** → SOMMET **VI. SE METTRE À TABLE 1. au pr.** : s'attabler, s'installer, se placer **2. arg.** → DÉNONCER **VII. TABLE RONDE** : carrefour, commission, conférence, débat, rencontre, réunion, séance de travail symposium

TABLEAU n.m. **I.** cadre, poster, tableautin, toile – **péj.** : croûte, navet **II. 1.** ancône, aqua-

relle, aquatinte, bois gravé, bosse, buste, chromo (péj.), croquis, décalcomanie, dessin, détrempe, eau-forte, effigie, enseigne, estampe, figure, forme, fresque, gouache, graphique, gravure, héliogravure, illustration, litho, lithographie, médaillon, mine de plomb, miniature, pastel, peinture, plan, planche, photo, pochade, réplique, reproduction, sanguine, schéma, sépia, tête, tracé, trompe-l'œil, vignette, vue **2.** diptyque, polyptyque, triptyque **III.** académie, allégorie, bataille, bambochade, bergerie, caricature, genre, intérieur, marine, maternité, nature morte, nu, panorama, paysage, portrait, sous-bois, verdure **IV.** aspect, féerie, panorama, scène, spectacle, vue **V.** bordereau, cadre, canon catalogue, cédule, dénombrement, énumération, état, index, inventaire, kyrielle, liste, martyrologe, mémoire, ménologe, nomenclature, relevé, répertoire, rôle, série, sommaire, suite, table

TABLÉE n.f. → CONVIVE

TABLER → ESPÉRER

TABLE RONDE n.f. → RÉUNION

TABLETTE n.f. **I.** étagère, planchette, rayon, rayonnage → TABLE **II.** plaque, tirette

TABLIER n.m. **I.** → SURTOUT **II.** → BLOUSE **III.** écran, obstacle, protection, rampe, rideau **IV. vx** → DAMIER

TABOU → SACRÉ

TABOURET n.m. escabeau, escabelle, placet (vx), pliant, sellette, siège

TACAUD n.m. → POISSON

TACHE n.f. **I. au pr.** : bavochure, bavure, bougnette, coulure, crasse, éclaboussure, immondice, maculage, malpropreté, ordure, pâté, saleté, salissure, souillure – **vx** : maculature, macule **II. fig.** : crime, déshonneur, faute, flétrissure, honte, impureté, tare → PÉ-

CHÉ **III. par ext.** : aiglure, balzane, madrure (vx), maille, maillure, marque, moucheture, panachure, tacheture, tiqueture **IV.** dartre, envie, grain de beauté, naevus, plaque, taie **V. 1. TACHES DE ROUSSEUR/ DE SON** : éphélides, lentigine *ou* lentigo **2. FAIRE TACHE D'HUILE** → RÉPANDRE (SE)

◇ CONTR. **I.** → PROPRETÉ **II.** → UNIFORMITÉ

TÂCHE n.f. **I.** → TRAVAIL **II. PRENDRE À TÂCHE** → ENTREPRENDRE

TACHÉ, E bariolé, bigarré, grivelé, jaspé, madré, maillacé, maillé, marbré, marqueté, moucheté, ocellé, picassé (rég.), piqueté, pommelé, rayé, tacheté, tavelé, tigré, tiqueté, truité, veiné, vergeté, zébré

◇ CONTR. **I.** → PROPRE **II.** → UNIFORME

TACHER abîmer, barbouiller, charbonner, contaminer, crotter, culotter, éclabousser, embouer (vx), encrasser, gâter, graisser, jaunir, mâchurer, maculer, noircir, poisser, polluer, salir, souiller, tacheter, ternir

◇ CONTR. → NETTOYER

TÂCHER chercher à, s'efforcer à/ de, s'escrimer, essayer, s'évertuer à, faire l'impossible, s'ingénier à, tâtonner, tenter de

◇ CONTR. → ÉVITER

TÂCHERON n.m. → TRAVAILLEUR

TACHETÉ, E → TACHÉ

TACHETER marqueter, moucheter, piquer, piqueter → TACHER

TACHETURE n.f. → TACHE

TACITE → IMPLICITE

TACITEMENT de façon → TACITE *et les dérivés possibles en* -ment *des syn. de* tacite

TACITURNE I. → SILENCIEUX **II.** amer, assombri, atrabilaire, bilieux, mélancolique, morne, morose, pessimiste, renfermé, sinistre, sombre, taiseux (rég.), ténébreux → SECRET

◇ CONTR. → COMMUNICATIF

TACITURNITÉ n.f. → TRISTESSE

TACON ou **TAQUON** n.m. → SAUMON

TACOT n.m. → VOITURE

TACT n.m. **I. au pr.** : attouchement, contact, toucher **II. par ext. 1.** bon goût, bon sens, juste milieu, philosophie, raison, sagesse **2.** acquis, bienséance, civilité, convenance, délicatesse, doigté, éducation, égards, élégance, entregent, habileté, politesse, savoir-vivre, usage

◇ CONTR. **I.** → IMPOLITESSE **II.** → MALADRESSE

TACTIQUE n.f. **par ext.** : conduite, diplomatie, façon, ligne de conduite, manière, manœuvre, marche à suivre, menée, plan, politique, pomologie, procédé, stratégie → RUSE

◇ CONTR. **I.** → IRRÉFLEXION **II.** → INSOUCIANCE

TADORNE n.m. → PALMIPÈDE

TAEDIUM VITAE n.m. invar. → SPLEEN

TAFFETAS n.m. → TISSU

TAFIA n.m. alcool, eau-de-vie, ratafia, rhum

TAIE n.f. **I.** . → TACHE **II.** → ENVELOPPE

TAILLADE n.f. balafre, cicatrice, coupure, entaille, entame, estafilade, incision, plaie → BLESSURE

TAILLADER → COUPER

TAILLANT n.m. → TRANCHANT

TAILLE n.f. **I.** calibre, carrure, charpente, dimension, envergure, format, grandeur, grosseur, hauteur, importance, longueur, mesure, port, stature, tournure **II.** coupe, élagage, émondement, étêtage, pincement, ravalement, scarification, smillage, taillage **III.** découpe **IV.** cambrure, ceinture, corsage (vx)

TAILLÉ, E (BIEN) I. bâti, charpenté, costaud, découplé, fait, fort, proportionné **II. arg. ou fam.** : balancé, balèze, ballotté, baraqué, fortiche, mastard, roulé

◇ CONTR. → DIFFORME

TAILLER I. appointer, carrer, chanfreiner, chantourner, charpenter, charpir, ciseler, cliver, découper, dégrossir, ébaucher, ébiseler, échancrer, épanneler, épanner, équarrir, évider, rafraîchir, refouiller, trancher → COUPER **II. un arbre** : conduire, dégager, dégarnir, dresser, ébarber, ébourgeonner, ébrancher, écimer, éclaircir, élaguer, émonder, ergoter, étêter, étronçonner, ravaler, recéper **III.** → AFFILER **IV. TAILLER EN PIÈCES** → VAINCRE

◇ CONTR. → ALLONGER

TAILLEUR n.m. coupeur, couturier, culottier, essayeur, faiseur (bon), giletier, habilleur – **fam. ou arg.** : bâcheur, frusquineur, harnacheur, loqueur, pompier

TAILLIS n.m. brout, buisson, cépée, essart, essartis, gaulis, maquis, remise (vén.), taille → BOIS

TAILLOIR n.m. **I. arch.** : abaque **II. vx** : tranchoir

TAIN n.m. → ENDUIT

TAIRE I. celer, déguiser, dissimuler, effacer, faire disparaître, garder le secret, omettre, passer sous silence, receler, supprimer → CACHER **II. v. pron. 1.** être discret, ne dire/ ne souffler mot, tenir sa langue **2.** → RÉSIGNER (SE) **3. arg. ou fam.** : avaler sa salive, la boucler/ fermer, calter, écraser, fermer sa malle/ son clapet/ son claque-merde/ sa gueule/ son moulin/ son robinet, ne pas moufter/ piper, poser sa chique, rengracier,

taire sa gueule, tenir son nez propre
III. FAIRE TAIRE : calmer, empêcher de
crier/ parler/ pleurer, fermer la bouche,
forcer/ réduire au silence, imposer silence
– **fam. :** clouer le bec, colmater, mettre un
bouchon, museler, rabattre le caquet, river
son clou

◇ CONTR. **I.** → BAVARDER **II.** → DIRE **III.** →
AVOUER

TAKE(-)OFF n.m. **écon. off. :** décollage, démarrage, départ, essor, taux de démarrage/
de mise en route

TALENT n.m. aisance, aptitude, art, bosse,
brio, capacités, chic, disposition, dons, esprit, étoffe, facilités, faculté, fibre, génie,
goût, habileté, inclination, industrie, instinct,
mérite, moyens, penchant, prédisposition,
propension, qualités, sentiment, tendance,
vertu, virtuosité, vocation

◇ CONTR. **I.** → INCAPACITÉ **II.** → PRÉTENTION

TALENTUEUSEMENT avec → TALENT, de
façon → TALENTUEUX *et les dérivés possibles en*
-ment *des syn. de* talentueux

TALENTUEUX, EUSE I. → CAPABLE **II.** →
REMARQUABLE

TALER I → MEURTRIR **II.** → HARCELER

TALION n.m. → VENGEANCE

TALISMAN n.m. abraxas, amulette, fétiche, gri-gri, mascotte, porte-bonheur,
porte-chance, totem (par ext.) – **vx :** brevet,
phylactère

◇ CONTR. : mauvais œil, mauvais sort

TALMOUSE et **TALOCHE** n.f. calotte,
claque, coup, gifle, soufflet, souffletade (vx),
tape – **arg. ou fam. :** aller-et-retour, baffe,
beigne, beignet, bourre-pif, couleur, emplâtre, estafe, fouffe, giroflée, jeton, mandale, mornifle, pain, pastisson, pêche, rallonge, rouste, taquet, tarte, tartine,
tourlousine, va-et-vient, va-te-laver → TOR-
GNOLE

◇ CONTR. **I.** → CARESSE **II.** → ÉLOGE

TALOCHER battre, calotter, claquer,
confirmer (fam.), corriger, donner un soufflet *et les syn. de* soufflet, gifler, mornifler
(fam.), moucher (fam.), souffleter, talmouser,
taper, tarter

◇ CONTR. **I.** → CARESSER **II.** → LOUER

TALON n.m. **I. techn. :** bout, pied, soie **II. par
ext. !.** → RESTE **2.** souche **3.** → MOULURE

TALONNEMENT n.m. → POURSUITE

TALONNER I. → SUIVRE **II.** → POURSUIVRE
III. → TOURMENTER

TALUS n.m. ados, berge, berme, billon, cavalier, chaussée, levée, parapet, remblai,
terre-plein – **milit. et vx :** barbette, contrescarpe, escarpe, glacis, risban

TAMBOUILLE n.f. **I.** → CUISINE **II.** → RAGOÛT

TAMBOUR n.m. **I.** batterie, bedon (vx),
caisse, caisse claire, darbouka, tambourin,
tam-tam, tarole, timbale → BATTERIE **II.** baril-
let, cylindre, tour, tourniquet

TAMBOURINER I. au pr. : battre, battre du
tambour **II. par ext. 1.** → BATTRE **2.** → FRAPPER
3. → RÉPANDRE

TAMIS n.m. blutoir, chinois, crible, passoire, sas, van

TAMISÉ, E → VOILÉ

TAMISER I. au pr. : bluter, cribler, épurer,
filtrer, passer, passer au chinois/ crible, purifier, sasser, séparer, trier, vanner **II. par ext. :**
clarifier, contrôler → VÉRIFIER

TAMPON n.m. **I.** → CACHET **II.** → CHEVILLE
III. → BOUCHON **IV.** → CASQUETTE **V. milit. fam. :**
ordonnance, porte-pipe

TAMPONNEMENT n.m. → CHOC

TAMPONNER I. choquer, cogner, emboutir, frapper, friser/ froisser la tôle (fam.),
heurter, percuter, télescoper **II.** calfater,
étendre, frotter, oindre **III.** marquer, oblitérer, timbrer

TAM-TAM n.m. **I.** → TAMBOUR **II.** → TAPAGE
III. → PUBLICITÉ

TANCER I. au pr. : admonester, avertir, blâmer, catéchiser, censurer, chapitrer,
condamner, corriger, critiquer, désapprouver, désavouer, dire son fait, donner un
avertissement/ un blâme/ un coup de semonce, faire une réprimande/ un reproche
et les syn. de reproche, flageller, flétrir, fustiger, gourmander, gronder, houspiller, improuver, incriminer, moraliser, morigéner,
quereller, redresser, relever, reprendre, réprimander, réprouver, semoncer, sermonner, stigmatiser, trouver à redire, vitupérer
II. arg. ou fam. : arranger, attraper, chanter
pouilles, crier, disputer, donner une danse/
un galop/ un savon, donner sur les doigts/
sur les ongles, emballer, engueuler, enguirlander, enlever, faire la fête/ la guerre à, laver la tête, mettre au pas, moucher, remettre
à sa place, sabouler, savonner, secouer, secouer les poux/ les puces, sonner les
cloches, tirer les oreilles, torcher

◇ CONTR. → LOUER

TANDEM n.m. **I.** → COUPLE **II.** → VÉLO

TANDIS QUE I. au moment où, cependant
que, comme, lorsque, pendant que, quand
II. alors que, au lieu que

TANGAGE n.m. → BALANCEMENT

TANGENT, E à peine, à peu près, approchant, approximatif, juste, passable, voisin

◇ CONTR. **I.** → COMPLET **II.** → PARFAIT

TANGIBLE actuel, admis, assuré, authentique, certain, concret, démontré, effectif, établi, exact, fondé, historique, incontestable, incontesté, indiscutable, indubitable, juste, objectif, palpable, patent, positif, réalisé, reçu, sérieux, solide, véridique, véritable, visible, vrai → SENSIBLE

◇ CONTR. → INCERTAIN

TANGIBLEMENT de façon → TANGIBLE *et les dérivés possibles en* -ment *des syn. de* tangible

TANGUER → BALANCER

TANIÈRE n.f. **I.** aire, antre, bauge, breuil, caverne, fort, gîte, halot, liteau, nid, rabouillère, refuge, renardière, repaire, reposée (vén.), ressui, retraite, soue, terrier, trou **II.** abri, asile, cache, cachette, lieu sûr, refuge, retraite

TANK n.m. **off. I.** citerne, réservoir **II.** automitrailleuse, blindé, char, char d'assaut/ de combat, chenillette

TANKER n.m. **off.** : bateau/ navire citerne, butanier, minéralier, méthanier, pétrolier

TANNANT, E → ENNUYEUX

TANNÉ, E → BASANÉ

TANNÉE n.f. → TORGNOLE

TANNER I. → BATTRE **II.** → ENNUYER **III.** brunir, hâler

TANNERIE n.f. mégisserie, peausserie

TANTIÈME n.m. dividende, intérêt, jeton de présence, marge, pourcentage, rapport, taux → RÉTRIBUTION

TANTINET (UN) → PEU

TANTÔT I. bientôt (vx) **II.** parfois **III.** après-midi

TANT POUR CENT I. → TANTIÈME **II.** → RABAIS

TAPAGE n.m. **I.** → BRUIT **II. fam.** : bacchanale, barouf, baroufle, bastringue, bordel, boucan, boulvari (vx ou rég.), bousin, brouhaha, chabanais, chahut, chambard, charivari, éclat, esclandre, foin, harmone, hourvari, papafard, pet, pétard, potin, raffut, ramadan, ramdam, sabbat, scandale, schproum, sérénade, tam-tam, tintamarre, tohu-bohu, train, vacarme **III.** → DÉSORDRE

◇ CONTR. **I.** → SILENCE **II.** → TRANQUILLITÉ

TAPAGEUR, EUSE I. au pr. : agité, assourdissant, braillard, bruyant, criard, éclatant, fatigant, gueulard (fam.), hurleur, indiscret, piaillard, ronflant, remuant, rugissant, sonore, tonitruant, tumultueux, turbulent, vif, violent, vociférant **II. fig.** → VOYANT

◇ CONTR. **I.** → SILENCIEUX **II.** → TRANQUILLE

TAPAGEUSEMENT avec → TAPAGE, de façon → TAPAGEUR *et les dérivés possibles en* -ment *des syn. de* tapageur

TAPANT, E exact, juste, pétant, pile, sonnant

TAPE n.f. **I.** → COUP **II.** → TALMOUSE

TAPÉE n.f. → QUANTITÉ

TAPER I. au pr. 1. → BATTRE **2.** → FRAPPER **3. mar.** boucher **II. par ext.** → ÉCRIRE **III. fig.** → QUÉMANDER

TAPETTE n.f. **I.** → CHIQUENAUDE **II.** → URANIEN

TAPEUR, EUSE → QUÉMANDEUR

TAPIN n.m. → PROSTITUÉE, PROSTITUTION

TAPINOIS (EN) à la dérobée, à la sourdine, en cachette, en catimini, en dessous, en secret, en sourdine, en sous-main, furtivement, incognito, in petto, sans tambour ni trompette (fam.), secrètement, sournoisement, sous cape, sous le manteau, sous la table, subrepticement

◇ CONTR. → OUVERTEMENT

TAPIR (SE) s'abriter, s'accroupir, se bauger, se blottir, se cacher, se clapir, se dérober, disparaître, se dissimuler, s'éclipser, s'embusquer, éviter, fuir, se mettre à l'abri, se musser, se nicher, se pelotonner, se retirer, se soustraire, se tenir à l'écart, se terrer – **fam.** : se défiler, se planquer

◇ CONTR. **I.** → SORTIR **II.** → PARAÎTRE

TAPIS n.m. carpette, chemin, descente de lit, moquette, natte, paillasson, revêtement, tapis-brosse, tapisserie, tatami (judo), tenture

TAPISSER appliquer, cacher, coiffer, couvrir, enduire, enrober, ensevelir, envelopper, étendre, joncher, masquer, parsemer, paver, recouvrir, revêtir, tendre

TAPISSERIE n.f. **I.** broderie (par ext.), tapis, tenture, verdure **II.** Aubusson, Beauvais, Bergame, Bruxelles, Gobelins, Savonnerie

TAPON n.m. → BOUCHON

TAPOTER → FRAPPER

TAQUET n.m. **I.** → CHEVILLE **II.** → LOQUET **III.** → MOULINET

TAQUIN, E asticoteur, blagueur, boute-en-train, chineur, enjoué, espiègle, facétieux, farceur, goguenard, joueur, loustic, malicieux, moqueur, narquois, pince-sans-rire, plaisantin, railleur, turlupin – **vx** : gausseur, raillard

◇ CONTR. **I.** → BÉNIN **II.** → TRANQUILLE

TAQUINER agacer, asticoter, blaguer, chatouiller, chiner, exciter, faire enrager, inquiéter, jouer, lutiner, picoter, plaisanter, tourmenter – **vx** : éluger, mécaniser

◇ CONTR. : laisser → TRANQUILLE

TAQUINERIE n.f. agacerie, asticotage, chinage, espièglerie, facétie, farce, gaminerie, goguenardise, jeu, lutinerie, malice, moquerie, pique, raillerie, truffe *ou* trufle (vx), turlupinade → PLAISANTERIE

◆ CONTR. **I.** → BÉNIGNITÉ **II.** → MÉCHANCETÉ

TARABISCOTÉ, E I. affecté, affété, choisi, emphatique, emprunté, galant, maniéré, mignard, précieux, recherché **II.** amphigourique, ampoulé, baroque, chargé, de mauvais goût, lourd, rococo, surchargé

◆ CONTR. → SIMPLE

TARABUSTER I. → TOURMENTER **II.** → MALTRAITER

TARAUDER I. → PERCER **II.** → TOURMENTER **III.** → BATTRE

TARD québ. : à belle heure

TARDER → TRAÎNER

TARDIF, IVE → LENT

TARE n.f. **I.** → IMPERFECTION **II.** → POIDS

TARÉ, E I. → DÉGÉNÉRÉ **II.** → VICIEUX

TARER I. → GÂTER **II.** → ÉQUILIBRER

TARGUER (SE) I. aimer à croire, s'applaudir, s'attribuer, se donner les gants (fam.), s'enorgueillir, se faire fort, se féliciter, se flatter, se glorifier, s'illusionner, se persuader, se prévaloir, tirer vanité, triompher **II.** compter, espérer, penser, prétendre **III.** → VANTER (SE)

◆ CONTR. **I.** → EXCUSER (S') **II.** → TAIRE (SE)

TARIÈRE n.f. **par ext.** → VRILLE

TARIF n.m. barème, carte, menu, montant, prix, tableau, taxe

TARIFER chiffrer, établir/ fixer le montant/ le prix/ le tarif, évoluer, priser, taxer

TARIN n.m. **arg.** → NEZ

TARIR I. → ÉPUISER **II.** → SÉCHER

TARTAN n.m. couverture, plaid, poncho

TARTE n.f. **I. au pr. :** clafoutis, flan, gâteau, tartelette → PÂTISSERIE **II. fig. 1.** → TALMOUSE **2.** → BÊTE

TARTINE n.f. **I. au pr. :** beurrée, biscotte, rôtie, toast **II. fig. 1.** → DISCOURS **2.** → GALIMATIAS **3.** → HARANGUE **4.** → TIRADE

TARTINER I. → ÉTENDRE **II.** → BARATINER

TARTUFE ou **TARTUFFE I. nom masc. : 1. :** cafard, cagot, calotin, caméléon, comédien, cureton, escobar, faux derche/ dévot/ jeton, félon, flatteur, fourbe, grimacier, imposteur, jésuite, judas, menteur, papelard, patelin, patte-pelu (vx), pharisien, pudibondieu, pieusard, rat d'église → BIGOT **2. partic. au fém. :** bedelle, chaisière, grenouille de bénitier, punaise (de sacristie) **II. adj. :** affecté, artificieux, baveux, bondieusard, captieux, cauteleux, déloyal, dévot, dissimulé, double-jeu, falla-

cieux, faux, insidieux, mielleux, pharisaïque, tartuffard, sournois, spécieux, tortueux, trompeur, visqueux → HYPOCRITE

◆ CONTR. **I.** → SINCÈRE **II.** → FRANC

TARTUFERIE ou **TARTUFFERIE** n.f. **I. le défaut :** affectation, bigoterie, bigotisme, bondieuserie, cafarderie, cagotisme, déloyauté, dissimulation, escobarderie, fausseté, félonie, flatterie, fourberie, jésuitisme, papelardise, patelinage, pharisaïsme, pieusarderie, pudibondieuserie → HYPOCRISIE **II. l'acte :** cabotinage, comédie, double jeu, faux-semblant, feinte, fraude, grimace, jonglerie, mascarade, mensonge, momerie, pantalonnade, simagrée, singerie, tromperie

◆ CONTR. **I.** → SINCÉRITÉ **II.** → FRANCHISE

TAS n.m. **I. de choses :** abattis, accumulation, agglomération, agrégat, alluvion, amas, amoncellement, assemblage, attirail, bloc, camelle (de sel), cargaison, collection, concentration, décombres, dépôt, empilement, encombrement, entassement, fatras, liasse, masse, meule, monceau, montagne, pile, rassemblement **– fam. :** accumulis, bataclan, bazar **II. de personnes :** affluence, attroupement, concours, floppée, foule, multitude, presse, rassemblement, réunion, tripotée (fam.) **– péj. :** ramas, ramassis

◆ CONTR. **I.** → TROU **II.** → VIDE

TASSAGE n.m. compactage, damage, roulage

TASSE n.f. **par ext. I.** déjeuner, gobelet, mazagran, taste-vin, tête-à-tête, trembleuse → BOL **II. arg.** → URINOIR

TASSEAU n.m. appui, crémaillère, réglette, support

TASSEMENT n.m. → DIMINUTION

TASSER → PRESSER

TÂTER I. au pr. 1. → TOUCHER **2.** → SONDER **II. fig. 1.** → SAVOURER **2.** → EXPÉRIMENTER **III. v. pron. 1.** atermoyer, attendre, balancer, barguigner, délibérer, être embarrassé/ incertain/ indécis/ indéterminé/ irrésolu/ perplexe/ réticent, flotter, hésiter, marchander, osciller, reculer, résister, tatillonner, tâtonner, tergiverser **2. fam. :** chiquer, se gratter, tortiller (du cul) **3. vx :** consulter, douter

◆ CONTR. → DÉCIDER

TATILLON, NE appliqué, attentif, consciencieux, difficile, exact, exigeant, formaliste, maniaque, méticuleux, minutieux, perfectionniste, pointilleux, pointu, procédurier, scrupuleux, soigneux, vétilleux **– péj. et grossier :** emmerdeur, enculeur de mouches, pinailleur

◆ CONTR. **I.** → NÉGLIGENT **II.** → INDULGENT

TATILLONNER → TÂTER (SE)

TÂTONNEMENT n.m. atermoiement, balancement, barguignage (vx), désarroi, doute, embarras, flottement, fluctuation, hésitation, incertitude, indécision, indétermination, irrésolution, perplexité, résistance, réticence, scrupule, tergiversation, vacillation
◇ CONTR. **I.** → COUP **II.** → CERTITUDE

TÂTONNER I. → TOUCHER **II.** → ESSAYER **III.** → TÂTER (SE)

TÂTONS (À) aveuglément, à l'aveuglette
◇ CONTR. → CARRÉMENT

TATOUAGE n.m. **I.** marquage **II. arg.** : bousillage, fleur de bagne

TATOUER I. vét. : marquer, numéroter **II. arg.** : bousiller, piquer

TATOUILLE n.f. → VOLÉE

TAUD ou **TAUDE** n.m., n.f. → TENTE

TAUDER → PROTÉGER

TAUDIS n.m. bidonville, bauge, bouge, cambuse, galetas, masure, réduit, turne – **arg.** : bagnole, poussier
◇ CONTR. → PALAIS

TAULE n.f. **I.** → CHAMBRE **II.** → PRISON

TAUPE DE MER n.f. **I.** aphrodite, souris de mer **II.** lamie → POISSON

TAURE n.f. → VACHE

TAUTOLOGIE n.f. battologie, cheville, datisme, non-sens, périssologie, pléonasme, redondance, répétition
◇ CONTR. → CONCISION

TAUX n.m. cours, intérêt, montant, pair, pourcentage, proportion, tant pour cent, taxe

TAVELÉ, E → TACHÉ

TAVERNE n.f. **I.** → CABARET **II.** → RESTAURANT

TAVERNIER, IÈRE n.m. ou f. → CABARETIER

TAXABLE imposable, taxatif

TAXATION n.f. → IMPÔT

TAXE n.f. **I.** barème, cote, prix, tarif, taxation → TAUX **II.** centimes additionnels, charge, contribution, corvée, cote, dîme, droit, fiscalité, gabelle, imposition, levée, péage, prestation, surtaxe, taille, tribut → IMPÔT
◇ CONTR. : dégrèvement, détaxe, franchise

TAXER I. → TARIFER **II.** → ESTIMER **III. TAXER DE** → REPROCHER

TAX FREE SHOP n.f. **tour. off.** : boutique franche

TAXIDERMIE n.f. empaillage, naturalisation

TAXI-GIRL n.f. aguicheuse, entraîneuse

TÉ n.m. → RÈGLE

TEASER audiov. off. : aguiche

TEASING n.m. **audiov. off.** : aguichage

TECHNICIEN, NE n.m. ou f. homme de l'art, ingénieur, professionnel, spécialiste, technocrate

TECHNIQUE n.f. **I.** → MÉTHODE **II.** → ART

TECHNOCRATE n.m. énarque, eurocrate, technicien

TEENAGER n.m. ou f. **off.** : adolescent(e), décagénaire

TÉGUMENT n.m. → PEAU

TEIGNE n.f. **I.** → CALVITIE **II.** → MÉGÈRE

TEIGNEUX, EUSE nom et adj. → ACARIÂTRE

TEINDRE I. barbouiller (péj.), barioler, colorer, colorier, embellir, farder, imprégner, orner, peindre, peinturlurer, rajeunir, rehausser, relever, rénover, teinter **II.** brésiller, cocheniller, garancer, raciner, rocouer, safraner

TEINT n.m. **I.** → TEINTE **II.** → MINE

TEINTE n.f. **I. au pr.** : carnation, coloration, coloris, couleur, demi-teinte, nuance, teint, teinture, ton, tonalité **II. fig.** : apparence, teinture, tour, tournure → ASPECT

TEINTER → COLORER

TEINTURE n.f. **I.** colorant, coloration → COULEUR **II. fig.** → VERNIS

TEINTURERIE n.f. **par ext.** : dégraissage, nettoyage, pressage, pressing

TEINTURIER, ÈRE n.m. ou f. dégraisseur, détacheur, presseur, repasseur

TEL, TELLE → SEMBLABLE

TÉLÉCOMMANDE n.f. automation, automatisation (off.), robotique, télégestion, téléguidage, téléinformatique, télémaintenance, télémesure, télésurveillance, télétraitement

TÉLÉCOMMUNICATION n.f. fax, radiocommunication, télécopie, téléphone, téléphotographie, télex, télévision → TÉLÉGRAPHE

TÉLÉFÉRIQUE n.m. → TÉLÉPHÉRIQUE

TÉLÉGRAMME n.m. bélino, bélinogramme, bleu, câble, câblogramme, dépêche, message, petit bleu, pli, pneu, pneumatique, radio, sans-fil, télex

TÉLÉGRAPHE n.m. fax, télécommunication, téléimprimeur, téléscripteur, télétype, télex

TÉLÉGRAPHIER câbler, envoyer un télégramme *et les syn. de* télégramme

TÉLÉGRAPHIQUE par ext. → COURT

TÉLÉGUIDAGE n.m. → TÉLÉCOMMANDE

TÉLÉPATHE n.m. médium

TÉLÉPATHIE n.f. télesthésie, transmission de pensée → UBIQUITÉ

TÉLÉPHÉRIQUE et **TÉLÉSIÈGE** n.m. remontée mécanique, remonte-pente, téléski, tire-fesses (fam.)

TÉLÉPHONE n.m. taxiphone – **arg. ou fam.**: bigophone, bigorneau, biniou, cornichon, filin, flubard, grelot, ronflant, ronfleur, treuil, tube, turlu

TÉLÉPHONER appeler, donner un coup de fil – **arg. ou fam.**: bigophoner, filer du grelot, passer un coup de grelot, tuber

TELEPRINTER n.m. **télécom. off.**: téléimprimeur

TÉLÉPROMPTEUR n.m. **audiov. off.**: télésouffleur

TÉLÉSCOPAGE n.m. → CHOC

TÉLESCOPE n.m. → LUNETTE

TÉLESCOPER → TAMPONNER

TÉLÉSCRIPTEUR n.m. imprimante, téléimprimeur, télétype, télex

TELETYPEWRITER **télécom. off.**: téléimprimeur

TÉLÉVISION n.f. poste récepteur, télé, T.V – **fam.**: étranges lucarnes, fenestron, huitième art, télécratie (péj.)

TELEWRITER n.f. **télécom. off.**: téléécriture

TELL n.m. **I.** → HAUTEUR **II.** → TUMULUS

TÉMÉRAIRE audacieux, aventureux, casse-cou, dangereux, écervelé, entreprenant, étourdi, fautif, hasardé, hasardeux, imprévoyant, imprudent, inconsidéré, insensé, irréfléchi, irresponsable, léger, maladroit, malavisé, négligent, osé, présomptueux, risqué, risque-tout, suicidaire

◇ CONTR. **I.** → PRUDENT **II.** → PEUREUX

TÉMÉRAIREMENT avec → TÉMÉRITÉ, de façon → TÉMÉRAIRE *et les dérivés possibles en* -ment *des syn. de* téméraire

TÉMÉRITÉ n.f. **I. fav. ou neutre. 1. quelqu'un**: assurance, audace, bravoure, cœur, courage, décision, détermination, énergie, esprit d'entreprise, fermeté, fougue, hardiesse, impétuosité, intrépidité, résolution, vaillance **2. quelque chose**: innovation, nouveauté, originalité **II. non fav. 1. quelqu'un**: aplomb, arrogance, audace, culot (fam.), effronterie, folie, front, hasardise (vx), imprudence, impudence, insolence, irresponsabilité, légèreté, présomption, toupet **2. relatif aux mœurs**: immodestie, impudicité, inconvenance, indécence, indiscrétion, liberté, licence

◇ CONTR. **I.** → PRUDENCE **II.** → PEUR

TÉMOIGNAGE n.m. **I. au pr.**: affirmation, attestation, certificat, déposition → RELATION

II. par ext. 1. hommage, manifestation, marque → DÉMONSTRATION **2.** argument, confirmation, constatation, conviction, critère, critérium, démonstration, établissement, gage, illustration (vx), justification, motif, pierre de touche **3.** charge, corps du délit, document, empreinte, fait, indice, marque, preuve, signe, témoin, trace **4.** épreuve judiciaire, jugement de Dieu, ordalie

◇ CONTR. → SILENCE

TÉMOIGNER I. affirmer, alléguer, assurer, attester, certifier, confirmer, déclarer, démontrer, déposer, dire, exprimer, garantir, indiquer, jurer, maintenir, montrer, proclamer, produire, proférer, prononcer, protester, prouver, rapporter, rendre compte, rendre témoignage, renseigner, répondre de, soutenir, tester, transmettre **II.** → RÉVÉLER

◇ CONTR. → TAIRE (SE)

TÉMOIN n.m. **I. au pr. 1.** assistant, auditeur, caution, déposant, garant, observateur – **vx**: attestateur, recors **2.** → SPECTATEUR **3.** parrain, second **II. par ext. 1.** → SOUVENIR **2.** → TÉMOIGNAGE

◇ CONTR. → PROTAGONISTE

TEMPÉRAMENT n.m. **I. vx**: équilibre, mesure, milieu, modération, moyenne **II.** diathèse, disposition, caractère, cœur, complexion, composition, constitution, esprit, état, humeur, inclination, nature, naturel, penchant, personnalité, santé, trempe, vitalité – **fam.**: carcasse, pâte **III.** adoucissement, atténuation, modification **IV.** → SENSUALITÉ **V. À TEMPÉRAMENT**: à crédit, à croume (arg.), à terme, par mensualité

TEMPÉRANCE n.f. abstinence, chasteté, continence, discrétion, économie, frugalité, mesure, modération, pondération, sagesse, sobriété → RETENUE

◇ CONTR. → INTEMPÉRANCE

TEMPÉRANT, E → SOBRE

TEMPÉRATURE n.f. **I.** → CLIMAT **II.** → TEMPS

TEMPÉRÉ, E I. → MODÉRÉ **II.** → SIMPLE

TEMPÉRER adoucir, affaiblir, amortir, apaiser, arrêter, assagir, assouplir, atténuer, attiédir, borner, calmer, contenir, corriger, diminuer, estomper, éteindre, freiner, lénifier, mesurer, mitiger, modérer, normaliser, pallier, ralentir, réchauffer, régler, réprimer, tamiser

◇ CONTR. **I.** → EXCITER **II.** → AUGMENTER

TEMPÊTE n.f. affraîchie, bourrasque, coup de chien/ de tabac (fam.)/ de vent, cyclone, maelström, orage, ouragan, rafale, raz de marée, tornade, tourbillon, tourmente, trombe, typhon, vent

◇ CONTR. **I.** → BONACE **II.** → CALME

TEMPÊTER attaquer, crier, déblatérer, déclamer, fulminer, invectiver, pester, tonner → INJURIER

◇ CONTR. **I.** → FÉLICITER **II.** → FLATTER

TEMPLE n.m. fanum, spéos, tholos, ziggourat – **par ext.** : loge maçonnique, mosquée, pagode, pagodon, synagogue → ÉGLISE

TEMPO n.m. → RYTHME

TEMPORAIRE court, de courte durée, éphémère, factuel, fragile, fugitif, incertain, intérimaire, momentané, occasionnel, passager, précaire, provisoire, saisonnier, transitoire

◇ CONTR. **I.** → IRRÉVOCABLE **II.** → DURABLE

TEMPORAIREMENT → PROVISOIREMENT

TEMPOREL, LE I. → TERRESTRE **II.** → TEMPORAIRE **III.** → SÉCULIER

TEMPORELLEMENT dans l'ordre → TERRESTRE

TEMPORISATION n.f. → ATERMOIEMENT

TEMPORISER ajourner, arrêter, arriérer (vx), atermoyer, attendre, décaler, différer, éloigner, faire traîner, prolonger, promener, proroger, ralentir, reculer, remettre, renvoyer, reporter, repousser, retarder, surseoir à, traîner

◇ CONTR. → BRUSQUER

TEMPS n.m. **I.** date, durée, espace, étendue, moment, période, rythme, saison **II. 1.** âge, cycle, date, époque, ère, étape, génération, siècle **2.** aujourd'hui, demain, futur, hier, jadis, passé, présent **III.** → DÉLAI **IV.** cas, chance, circonstance, conjoncture, événement, facilité, hasard, moment, occasion, opportunité, possibilité **V.** ambiance, atmosphère, ciel, circonstances/ conditions atmosphériques/ climatiques/ météorologiques, climat, météo, phénomènes atmosphériques, régime **VI. unités de temps :** an, année, heure, jour, lustre, millénaire, minute, mois, seconde, semaine, semestre, siècle, tierce, trimestre **VII. 1. AVEC LE TEMPS :** à la fin, à la longue, finalement, le temps aidant, tôt ou tard **2. DE NOTRE TEMPS :** actuellement, à présent, aujourd'hui, de nos jours, en ce moment, maintenant, présentement **3. DE TEMPS EN TEMPS :** parfois, quelquefois, rarement, de temps à autre **4. DE TOUT TEMPS** → TOUJOURS **5. EN MÊME TEMPS :** à la fois, à l'unisson, collectivement, conjointement, coude à coude, d'accord, de concert, de conserve, de front, du même pas, en accord, en bloc, en chœur, en commun, en concordance, en harmonie, ensemble, simultanément **6. LA PLUPART DU TEMPS :** d'ordinaire, fréquemment, généralement, habituellement, journellement, maintes fois, plusieurs fois, souvent, souventefois (vx)

◇ CONTR. → ÉTERNITÉ

TENABLE → SUPPORTABLE

TENACE I. → RÉSISTANT **II.** → TÊTU

TENACEMENT avec → TÉNACITÉ, de façon → TENACE *et les dérivés possibles en* -ment *des syn. de* tenace

TÉNACITÉ n.f. acharnement, assiduité, cramponnement (péj.), entêtement, esprit de suite, fermeté, obstination, opiniâtreté, persévérance, pertinacité, suite dans les idées

◇ CONTR. → INSTABILITÉ

TENAILLE ou **TENAILLES** n.f. croches, écrevisse, griffe, happe, moraille, mors, pinces, pinces russes, pincettes, tord-nez (vétér.), tricoises

TENAILLEMENT n.m. → REMORDS

TENAILLER étreindre, faire souffrir, torturer, tourmenter

◇ CONTR. → SOULAGER

TENANCIER, ÈRE n.m. ou f. **I.** → FERMIER **II.** → PATRON

TENANT, E nom et adj. adepte, appui, champion, chevalier, défenseur, détenteur, disciple, partisan

◇ CONTR. → ADVERSAIRE

TENDANCE n.f. **I. au pr. :** affinité, appétence, appétit, aptitude, attirance, attraction, complexion, direction, disposition, effort, élan, facilité, force, impulsion, inclination, instinct, mouvement, orientation, penchant, prédisposition, propension, pulsion, sens, tournure **II. par ext. :** chapelle, école, famille, groupe, mouvance, mouvement, nuance, obédience, observance, opinion, parti, pensée, philosophie, théorie

◇ CONTR. → OPPOSITION

TENDANCIEUSEMENT avec → PARTIALITÉ, de façon → PARTIAL *et les dérivés possibles en* -ment *des syn. de* partial

TENDANCIEUX, EUSE → PARTIAL

TENDON n.m. aponévrose, ligament, nerf

TENDRE adj. **I. quelqu'un 1.** → SENSIBLE **2.** → AMOUREUX **3.** → CARESSANT **II. quelque chose :** délicat, doux, fondant, fragile, frais, moelleux, mou, succulent

◇ CONTR. → DUR

TENDRE I. → RAIDIR **II.** → TIRER **III.** → PRÉSENTER **IV.** → ALLER **V.** → VISER

TENDREMENT affectueusement, amoureusement, avec affection/ amour/ piété/ sollicitude/ tendresse, chèrement, pieusement

◇ CONTR. → RUDEMENT

TENDRESSE n.f. **I. au sing. 1.** adoration, affection, amitié, amour, attachement, bonté, cœur, dévotion, dévouement, dilection (relig.), douceur, feu, flamme, idolâtrie, inclination, passion, prédilection, sentiment, zèle – **vx** complaisance, tendreté, tendreur 2. → SENSIBILITÉ 3. attendrissement, effusion, épanchement, manifestation **II. au pl.** : amabilité, cajoleries, câlineries, chatteries, égards, gentillesse, souvenir → CARESSE

◇ CONTR. **I.** → DURETÉ **II.** → INDIFFÉRENCE

TENDRON n.m. **I. au pr.** → POUSSE **II.** adolescente, bambine, demoiselle, donzelle (péj.), fillette, gazille (mérid.), gosse (fam.), gamine, jeune fille, jeunesse, jouvencelle, mignonne, minette, nymphe, nymphette, poulette, pucelle (vx), rosière, trottin, vierge → FILLE

◇ CONTR. → VIEILLE

TENDU, E I. au pr. : bandé, dur, érigé, levé, inflexible, pointé, raide, rigide, turgescent, turgide **II. fig. 1. phys.** : ardu, assujettissant, astreignant, contraignant, difficile, difficultueux, dur, éreintant, fatigant, ingrat, laborieux, tuant **2. moral** → INQUIET **3. une situation** : affligeant, amer, angoissant, âpre, atroce, attristant, cruel, déplorable, désolant, douloureux, dur, embarrassant, ennuyeux, épineux, gênant, grave, irritant, lamentable, lourd, mauvais, mortel, navrant, pénible, pesant, poignant, rude, torturant, tourmenté, triste

◇ CONTR. **I.** → MOU **II.** → HEUREUX **III.** → TRANQUILLE

TÉNÈBRES n.f. pl. **I. au pr.** : noirceur, nuit, obscurité, ombre, opacité **II. fig. 1.** barbarie, obscurantisme **2.** énigme, mystère → SECRET

◇ CONTR. → LUMIÈRE

TÉNÉBREUSEMENT de façon → TÉNÉBREUX *et les dérivés possibles en* -ment *des syn. de* ténébreux

TÉNÉBREUX, EUSE I. au pr. : assombri, bas, brumeux, couvert, embrumé, épais, maussade, nébuleux, noir, nuageux, obscur, ombreux, opaque, sombre, voilé **II. par ext.** : abscons, abstrus, amphigourique, apocalyptique, cabalistique, caché, complexe, compliqué, confus, difficile, diffus, douteux, emberlificoté (fam.), embrouillé, enchevêtré, énigmatique, en jus de boudin, entortillé, enveloppé, équivoque, ésotérique, filandreux, flou, fumeux, hermétique, impénétrable, incompréhensible, inexplicable, inextricable, inintelligible, insaisissable, louche, mystérieux, secret, sibyllin, touffu, trouble, vague, vaseux, voilé

◇ CONTR. → LUMINEUX

TÉNEMENT n.m. → TENURE

TÉNESME n.m. → COLIQUE

TENEUR n.f. **I.** agencement, alliage, arrangement, assemblage, association, charpente, combinaison, composante, composi-

tion, constitution, construction, contexture, coupe, dessin, disposition, ensemble, formation, organisation, structure, synthèse, texture **II.** contenu, contexte, objet, sujet → TEXTE

◇ CONTR. → ABSENCE

TÉNIA n.m. → VER

TENIR I. au pr. : avoir, conserver, détenir, embrasser, étreindre, garder, occuper, posséder, retenir **II. par ext. 1.** accrocher, amarrer, agripper, arrêter, assujettir, attacher, brider, clouer, coincer, comprimer, consigner, contenir, contraindre, empêcher, empoigner, emprisonner, enchaîner, endiguer, fixer, freiner, immobiliser, maîtriser, modérer, ralentir, retenir, serrer la vis (fam.) **2.** comporter, s'étaler, s'étendre, s'étirer, occuper, recouvrir, remplir **3.** → RÉSISTER **4.** → CONTENIR **5.** → SUBSISTER **6.** accomplir, s'acquitter de, se conformer à, être fidèle à, exécuter, exercer, faire, garder, observer, pratiquer, remplir, rendre, respecter, satisfaire à, suivre **III. 1. TENIR À** : adhérer à, aimer, coller à, découler de, dépendre de, être attaché à, résulter de, venir de, vouloir **2. TENIR DE** : s'apparenter à, approcher de, avoir des traits communs/ un rapport à/ avec, confiner à, correspondre, être la copie/ l'image/ le portrait/ la réplique de, participer de, procéder de, rappeler, se rapporter à, se rapprocher de, ressembler à, tirer sur **3. TENIR POUR** : compter pour, considérer, croire, estimer, juger, prendre, présumer, professer, regarder comme, réputer **4. TENIR LIEU** → REMPLACER

◇ CONTR. **I.** → LÂCHER **II.** → CHANCELER **III.** → TOMBER

TENON n.m. arrêtoir → CHEVILLE

TENSION n.f. **I. au pr.** : allongement, ballonnement, distension, érection, éréthisme **II. fig.** : brouille, brouillerie, désaccord, désunion, discord (vx), discordance, discorde, dispute, dissension, dissentiment, dissidence, divergence, division, froid, mésentente, mésintelligence, nuage, orage, pique, rupture, trouble, zizanie **III. TENSION D'ESPRIT** : application, attention, concentration, contemplation, contention, diligence, étude, méditation, réflexion, soin → INQUIÉTUDE

◇ CONTR. **I.** → ABANDON **II.** → MOLLESSE **III.** → REPOS

TENSON n.f. → POÈME

TENTACULAIRE → GIGANTESQUE

TENTANT, E → ALLÉCHANT

TENTATEUR, TRICE n.m. ou f. → SÉDUCTEUR

TENTATION n.f. aiguillon, appel, attrait, blandice, envie, sollicitation → DÉSIR

◇ CONTR. → INDIFFÉRENCE

TENTATIVE n.f. avance, ballon d'essai, démarche, effort, essai, recherche
◇ CONTR. → ABANDON

TENTE n.f. **I.** abri, campement, chapiteau, guitoune, pavillon, tabernacle, wigwam **II.** banne, toile, velarium, velum **III. mar.** : marsouin, taud *ou* taude, tendelet

TENTER I. → TÂCHER **II.** affrioler, aguicher, allécher, attacher, attirer, attraire, captiver, charmer, coiffer, donner/ taper dans l'œil (fam.), ensorceler, entraîner, envoûter, fasciner, hypnotiser, magnétiser, plaire, séduire
◇ CONTR. → ABANDONNER

TENTURE n.f. draperie, portière, tapis, tapisserie → RIDEAU

TÉNU, E délicat, délié, filiforme, fin, fluet, fragile, gracile, grêle, impalpable, léger, menu, mièvre, mince, subtil → PETIT
◇ CONTR. → GROS

TENUE n.f. **I.** air, allure, attitude, comportement, contenance, démarche, extérieur, façon, figure, maintien, manière, mine, port, posture, présentation, prestance, tour, tournure **II.** → VÊTEMENT **III.** bienséance, chasteté, congruité, convenance, correction, décence, dignité, discrétion, gravité, honnêteté, honneur, modestie, politesse, propreté, pudeur, pudicité, réserve, retenue, sagesse, tact, vertu **IV.** → RÉUNION
◇ CONTR. **I.** → ABANDON **II.** → IMPUDENCE

TÉNUITÉ n.f. → FINESSE

TENURE n.f. allégeance, apanage, fief, mouvance, tènement

TÉPIDE → TIÈDE

TÉRÉBRANT, E → PERÇANT

TERGIVERSATION n.f. → HÉSITATION

TERGIVERSER I. atermoyer, biaiser, composer, feinter, louvoyer, temporiser, tournioler (vx), user de procédés dilatoires **II.** → HÉSITER **III.** → TÂTER (SE)
◇ CONTR. **I.** → AGIR **II.** → DÉCIDER

TERME n.m. **I.** accomplissement, achèvement, borne, bout, but, conclusion, dénouement, fin, final, limite, mesure **II.** crédit, délai, échéance **III.** dénomination, expression, mot, particule, signe, tournure, unité, vocable **IV.** loyer, mensualité, trimestre **V. au pl.** : rapport, relation **VI. VENTE À TERME** → TEMPÉRAMENT
◇ CONTR. → COMMENCEMENT

TERMINAISON n.f. **I.** accomplissement, achèvement, apothéose, compromis, conclusion, consommation, couronnement, règlement, solution **II.** bout, extrémité, fin, queue, tête **III.** assonance, clausule, coda, consonance, désinence, flexion, rime, suffixe **IV.** → RÉSULTAT
◇ CONTR. → COMMENCEMENT

TERMINAL, E → FINAL

TERMINER I. accomplir, achever, arranger, arrêter, cesser, clore, clôturer, compléter, conclure, consommer, couper, couronner, dénouer, épuiser, expédier, fermer, fignoler, finir, interrompre, lécher, lever, liquider, mettre fin à, parachever, parfaire, polir, régler, trancher, user, vider **II. v. pron.** **1.** aboutir, aller, s'arrêter, cesser, finir, mener, tomber dans **2.** se dénouer, se résoudre, se solutionner, trouver un terme *et les syn. de* terme
◇ CONTR. **I.** → COMMENCER **II.** → CONTINUER

TERMINOLOGIE n.f. **par ext.** : glossaire, jargon (péj.), nomenclature, vocabulaire

TERNE I. au pr. : amorti, assombri, blafard, blême, décoloré, délavé, embu, enfumé, éteint, fade, flétri, gris, incolore, mat, passé, sale, sombre, terni, vitreux **II. fig.** : anodin, effacé, falot, inexpressif, insignifiant, maussade, morne, morose, obscur, plat, quelconque
◇ CONTR. **I.** → BRILLANT **II.** → IMAGÉ

TERNIR I. au pr. : altérer, amatir, décolorer, défraîchir, dépolir, éclipser, effacer, emboire, éteindre, faner, flétrir, obscurcir, ôter l'éclat, passer, patiner **II. par ext.** → TACHER **III. fig.** : avilir, déprécier, diffamer, entacher, flétrir → ABAISSER
◇ CONTR. → POLIR

TERRAGE n.m. champart

TERRAIN n.m. **I.** → TERRE **II.** → LIEU **III.** → OCCASION

TERRASSE n.f. **I.** toiture plate **II.** belvédère, esplanade, plate-forme, promenade, solarium, toit

TERRASSEMENT n.m. **I.** → NIVELLEMENT **II.** accumulation, alluvion, illuvion

TERRASSER I. → ABATTRE **II.** → VAINCRE

TERRE n.f. **I. au pr. 1.** glèbe, humus, limon, ouche, sol, terrain, terreau, terroir **2.** boule, globe, machine ronde, monde, notre planète **3.** → CHAMP **II. par ext. 1.** → UNIVERS **2.** bien, capital, domaine, exploitation, fonds, héritage, propriété **3.** lieu, territoire → PAYS **III. 1. TERRE À TERRE** : bon vivant, cru, matérialiste, opportuniste, positif, pragmatique, réaliste, utilitaire **2. PAR TERRE** : sur le carreau **3. TERRES RAPPORTÉES** : terres jectisses
◇ CONTR. **I.** air, eau, feu **II.** → PARADIS **III.** → ENFER

TERRE-PLEIN n.m. → TALUS

TERRER (SE) → TAPIR (SE)

TERRESTRE I. au pr. : continental, tellurien, tellurique, terraqué, terricole **II. fig. 1.** mondain, séculier, temporel **2.** charnel, corporel, grossier (péj.), humain, matériel, mortel, physique

◇ CONTR. : aérien, aquatique, céleste, infernal

TERRESTRIAL STATION n.f. **spat. off.** : station de terre

TERREUR n.f. **I.** affolement, affres, alarme, angoisse, appréhension, consternation, crainte, effroi, épouvante, frayeur, horreur, inquiétude, lâcheté, panique, peur – **vx** : épouvantement, trémeur **II.** apache, assassin, bandit, bon à rien, brigand, chenapan, criminel, escarpe, forban, fripouille, gangster, hors-la-loi, malandrin, malfaiteur, pirate (fam.), sacripant, vaurien, voleur, voyou

◇ CONTR. **I.** → PAIX **II.** → CONFIANCE

TERREUX, EUSE I. → MALPROPRE **II.** → PÂLE **III. CUL-TERREUX** → PAYSAN

TERRIBLE I. au pr. : abominable, affreux, apocalyptique, dantesque, dur, effrayant, effroyable, énorme, épouvantable, excessif, formidable, grand-guignolesque, horrible, horrifiant, implacable, mauvais, monstrueux, pétrifiant, redoutable, rude, terrifiant, tragique – **fam** : du tonnerre, maxi, sensas – **vx** : aberrifique, horrifique, terrifique **II. par ext. 1.** → VIOLENT **2.** → TURBULENT **3.** → EXTRAORDINAIRE

◇ CONTR. **I.** → BÉNIN **II.** → TRANQUILLE

TERRIBLEMENT beaucoup, diablement, étrangement, extrêmement, très *et les adv. en* -ment *formés à partir des syn. de* terrible

◇ CONTR. **I.** → DOUCEMENT **II.** → SIMPLEMENT

TERRIEN, NE nom et adj. → PAYSAN

TERRIER n.m. **I.** cartulaire, chartrier **II.** → TANIÈRE

TERRIFIANT, E → TERRIBLE

TERRIFIER → TERRORISER

TERRIL n.m. crassier

TERRINE n.f. **I.** → PÂTÉ **II.** → POT

TERRITOIRE n.m. **I.** → PAYS **II.** → JURIDICTION

TERROIR n.m. **I.** → TERRE **II.** → PAYS

TERRORISER affoler, alarmer, angoisser, apeurer, atterrer, consterner, effarer, effaroucher, effrayer, épouvanter, faire fuir, faire peur, frapper de stupeur, halluciner, horrifier, inquiéter, pétrifier, remplir de terreur *et les syn. de* terreur, stupéfier, terrifier

◇ CONTR. **I.** → CALMER **II.** → CHARMER

TERRORISME n.m. excès, intimidation, subversion, terreur

◇ CONTR. → PAIX

TERRORISTE nom et adj. → RÉVOLUTIONNAIRE

TERTRE n.m. → HAUTEUR

TESSITURE n.f. ampleur, échelle, registre

TESSON n.m. **I.** → DÉBRIS **II.** → MORCEAU

TEST n.m. → EXPÉRIMENTATION

TESTAMENT n.m. dernières dispositions/ volontés, legs

TESTATEUR, TRICE n.m. ou f. de cujus

TESTER I. → TÉMOIGNER **II.** → EXPÉRIMENTER **III.** → TRANSMETTRE

TESTER ou **TESTEUR** n.m. **off.** : contrôleur, essayeur

TESTICULE n.m. **I.** → BOURSE **II. triperie** : amourettes (rég.), animelles, morceau du boucher, rognons blancs

TÊT ou **TEST** n.m. **I.** → POT **II.** → RÉCHAUD

TÊTE n.f. **I. au pr.** : chef (vx), crâne, encéphale, face, faciès, figure, front, gueule, hure, mufle, museau, nez → VISAGE **II. fam. ou arg.** : ardoise, baigneuse, balle, bille, binette, bobèche, bobéchon, bobine, bobinette, bocal, bonnet, bouchon, bougie, bouille, bouillotte, boule, bourriche, boussole, burette, cabèche, caberlot, caboche, cabochon, cafetière, caillou, caisson, calebasse, carafe, carafon, cassis, cerise, chetron, chignon, chou, ciboule, ciboulot, cigare, citron, citrouille, cloche, cocagne, coco, coloquinte, cougourde, crécelle, fiole, fraise, frite, gadin, gargamelle, gaufre, genou, gueule, hure, kilo, lampe, margoulette, melon, mufle, museau, nénette, patate, pêche, pensarde, pépin, pipe, plafond, plaque, poire, pomme, portrait, prune, sinoquet, siphon, sorbonne, tabatière, tabernacle, terrine, tétère, théière, tinette, tirelire, toiture, tournante, tranche, trogne, trognon, trombine, tromblon, trompette, tronc, tronche, truffe **III. par ext. 1.** autorité, cerveau, chef, état-major, leader → DIRECTION **2.** bon sens, esprit, intelligence, lucidité, mémoire, présence d'esprit, raison, sang-froid **3.** individu, unité, pièce → HOMME **4.** → SOMMET **5.** → COMMENCEMENT **6.** → EXTRÉMITÉ **7.** bulbe, gousse, ogive **IV. 1. TÊTE-À-TÊTE** : conciliabule, conversation, dialogue, entretien entre quatre-z-yeux (fam.), nez à nez, seul à seul → RENCONTRE **2. DANS LA TÊTE** → IDÉE **3. TÊTE DE LINOTTE** → ÉTOURDI **4. TÊTE DE LIT** : chevet, devant, haut **5. TÊTE-À-QUEUE** : dérapage, vire-volte, volte-face **6. TÊTE-BÊCHE** : bêcheveté, inverse, opposé **7. PERDRE LA TÊTE** → AFFOLER (s') **8. TÊTE DE MORT** : crâne – **partic.** : mignonnette *ou* fromage de Hollande

◇ CONTR. **I.** → PIED **II.** → QUEUE **III.** → FIN

TÉTÉE n.f. → ALLAITEMENT

TÉTER → SUCER

TÉTINE n.f. buvée (rég.), mamelle, téterelle, tétin, tette, trayon → PIS

TÉTON n.m. → SEIN

TÊTU, E absolu, accrocheur, acharné, buté, cabochard, entêté, entier, insoumis, intraitable, obstiné, opiniâtre, récalcitrant, rétif, tenace, volontaire – **vx ou rég.** : aheurté, hutin, pertinace

◇ CONTR. → OBÉISSANT

TEXTE n.m. acte, citation, contenu, contexte, copie, écrit, énoncé, formule, fragment, leçon, libellé, livret, manuscrit, morceau, original, paroles, passage, recension, rédaction, rédigé, sujet, teneur, variante – **péj.** : écrivasserie, factum, grimoire, prose, torche-cul

◇ CONTR. : contexte

TEXTILE n.m. I. filature, tissage II. étoffe → TISSU

TEXTUEL, LE authentique, littéral, mot à mot → EXACT

◇ CONTR. → APPROCHANT

TEXTUELLEMENT de façon → TEXTUEL, mot à mot *et les dérivés possibles en* -ment *des syn. de* textuel

TEXTURE n.f. → STRUCTURE

THALWEG n.m. fond, ligne de plus grande pente

THAUMATURGE n.m. → MAGICIEN

THAUMATURGIQUE I. religieux, sacré, spirituel, surnaturel II. extraordinaire, fantasmagorique, fantastique, féerique, immatériel, magique, merveilleux, métaphysique, miraculeux, parapsychique, prodigieux, sorcier, surhumain

◇ CONTR. → PROSAÏQUE

THÉÂTRAL, E I. **non fav.** : affecté, ampoulé, apprêté, arrangé, cabot, cabotin, compassé, composé, concerté, emphatique, étudié, faux, forcé, maniéré, pompeux, précieux, recherché, sophistiqué II. **fav. ou neutre** : dramatique, émouvant, fastueux, grandiose, imposant, majestueux, poignant, scénique, spectaculaire, terrible, tragique

◇ CONTR. I. → BANAL II. → PROSAÏQUE

THÉÂTRALEMENT de façon → THÉÂTRAL *et les dérivés possibles en* -ment *des syn. de* théâtral

THÉÂTRE n.m. I. **au pr.** 1. planches, plateau, rampe (feux de la), salle, scène, tréteaux 2. atelier, café-théâtre, kursaal, living-theater, music-hall, workshop 3. **vx** : bouiboui (péj.), comédie II. **par ext.** 1. comédie musicale, opéra, opéra-comique 2. → SHOW-BUSINESS III. 1. → PIÈCE 2. → SPECTACLE IV. **fig.** : emplacement, endroit, scène → LIEU

THÉBAÏDE n.f. → SOLITUDE

THÉISME n.m. I. **au pr.** : déisme II. **par ext.** : théogonie, théologie, théosophie

◇ CONTR. → SCEPTICISME

THÈME n.m. I. fond, idée, leitmotiv, matière, motif, objet, refrain, sujet, trame II. traduction

◇ CONTR. I. version II. → STYLE

THÉOGONIE n.f. croyance, culte, foi, mythologie, religion, théologie

THÉOLOGAL, E → THÉOLOGIQUE

THÉOLOGIE n.f. apologétique, doctrine, études religieuses, théodicée, théogonie

THÉOLOGIEN n.m. I. casuiste, consulteur, coquillon (vx et péj.), docteur, gnostique, Père de l'Église II. ayatollah, imam, mollah, uléma, soufi III. rabbi, rabbin, scribe

THÉOLOGIQUE casuistique, divin, métaphysique, religieux, théologal

THÉORÈME n.m. → PROPOSITION

THÉORICIEN, ENNE chercheur, doctrinaire, généraliste, idéologue, penseur, philosophe, savant, spéculateur, utopiste (péj.)

◇ CONTR. → PRATICIEN

THÉORIE n.f. I. abc, axiome, base, convention, définition, doctrine, dogme, donnée, élément, hypothèse, loi, maxime, morale, norme, opinion, philosophie, position, postulat, précepte, prémisse, principe, règle, religion, rudiment, système, utopie (péj.) II. calcul, étude, projet, recherche, spéculation → RAISONNEMENT III. → MÉTHODE IV. cortège, défilé, file, marche, procession, queue, suite, va-et-vient

◇ CONTR. → PRATIQUE

THÉORIQUE I. **neutre** : abstrait, conceptuel, doctrinal, hypothétique, idéal, imaginaire, rationnel, scientifique, spéculatif, systématique II. **non fav.** : chimérique, fumeux, onirique, vaseux → IMAGINAIRE

◇ CONTR. → PRATIQUE

THÉORIQUEMENT d'un point de vue → THÉORIQUE, en principe *et les dérivés possibles en* -ment *des syn. de* théorique

THÉOSOPHIE n.f. cabale, gnose, occultisme, religion, spiritisme

THÉRAPEUTE n.m. → MÉDECIN

THÉRAPEUTIQUE et **THÉRAPIE** n.f. I. cure, drogage, intervention, médecine (vx), médication, régime, soins, traitement II. allopathie, homéopathie III. **THÉRAPIE DE GROUPE** : psychodrame, psychothérapie, sociodrame, sociothérapie, togetherness

THERMAL, E, AUX I. **STATION THERMALE** : bains (vx), eaux, station balnéaire, ville d'eaux II. **angl. spat. et nucl. (off.)**. 1. **THERMAL BARRIER** : barrière thermique 2. **THERMAL CONTROL** ; régulation thermique 3. **THERMAL SCREEN** : écran thermique

THERMES n.m. pl. → BAIN

THERMOGRAPHE et **THERMOMÈTRE** n.m. → ENREGISTREUR

THÉSAURISATION n.f. I. → ÉCONOMIE II. → AVARICE

THÉSAURISER amasser, boursicoter, capitaliser, économiser, empiler, entasser, épargner, faire sa pelote, se faire un matelas, mettre de côté, placer, planquer (fam.)
◇ CONTR. → DÉPENSER

THÉSAURISEUR, EUSE n.m. ou f. → AVARE

THÉSAURUS n.m. inv. → DICTIONNAIRE

THÈSE n.f. I. → AFFIRMATION II. → TRAITÉ III. → OPINION

THIMBLE n.f. nucl. off. : chaussette

THON n.m. albacore, bonite, dasyatis, germon, oreille grande, pélamyde, thonine → POISSON

THORAX n.m. → POITRINE

THRILLER n.m. audiov. off. : à sensation

THROAT n.m. spat. off. : col de tuyère

THRUST spat. et aviat. I. poussée II. 1. THRUST CUT OFF : arrêt de poussée 2. THRUST DECAY : queue de poussée 3. THRUST MISALIGNMENT : désalignement de la poussée 4. THRUST REVERSER : inverseur de jet/ poussée 5. THRUST REVERSING : inversion de jet/ poussée

THRUSTER n.m. spat. off. : propulseur

THURIFÉRAIRE n.m. → LOUANGEUR

THYM n.m. → SERPOLET

TIARE n.f. → COURONNE

TIC n.m. I. grimace, rictus II. fig. : bizarrerie, caprice, dada, démangeaison, épidémie, fantaisie, fièvre, frénésie, fureur, goût, habitude, hobby, maladie, manie, manière, marotte, monomanie, péché mignon, prurit, rage, toquade, turlutaine

TICKET n.m. → BILLET

TICKETING n.f. off. : billetterie

TIÈDE I. au pr. : attiédi, doux, modéré, moite, tépide, tiédasse (péj.) II. fig. : apathique, calme, indifférent, mou, négligent, neutre, nonchalant, veule
◇ CONTR. I. → CHAUD II. → FROID III. → ARDENT

TIÉDEUR n.f. I. au pr. : attiédissement, douceur, modération, moiteur, tépidité II. fig. : apathie, calme, dégagement (vx), désintéressement, détachement, flegme, froideur, impassibilité, indifférence, indolence, laisser-aller, mollesse, négligence, neutralité, nonchalance, sérénité
◇ CONTR. I. → CHALEUR II. → FROID III. → ZÈLE

TIÉDIR I. au pr. : attiédir, climatiser, dégourdir, modérer, réchauffer, refroidir II. fig. →

TEMPÉRER
◇ CONTR. I. → CHAUFFER II. → FRIGORIFIER III. → EXCITER

TIERS, TIERCE nom et adj. I. arbitre, intermédiaire, médiateur, négociateur, témoin II. inconnu, étranger, intrus (péj.), tierce personne III. troisième IV. TIERS MONDE : pays en voie de développement/ sous-développés

TIGE n.f. I. bot. : branche, brin, chalumeau, chaume, écot, fane, gemmule, gourmand, hampe, moissine, paille, pédicelle, pédicule, pédoncule, pétiole, plant, queue, rhizome, sarment, stipe, stolon, tigelle, tronc, tuyau → FÛT II. par ext. 1. baguette, bâton, rouette, verge 2. arbre, aiguille, axe, barre, bielle, bras, broche, cheville, cylindre, tringle
◇ CONTR. I. → RACINE II. → FEUILLAGE

TIGRÉ, E bigarré, fauve, jaune, moucheté, rayé, zébré → TACHÉ
◇ CONTR. → UNIFORME

TILDOZER n.m. tr. pub. off. : bouteur inclinable

TIMBALE n.f. I. → TAMBOUR II. → GOBELET III. bouchée à la reine, vol-au-vent

TIMBALIER n.m. → PERCUSSIONNISTE

TIMBRE n.m. I. → CLOCHE II. → SON III. → MARQUE IV. vignette V. → RÉSERVOIR

TIMBRÉ, E fam. et par ext. : barjo, bizarre, branque, braque, cinglé, défoncé, dingo, dingue, fatigué, fêlé, flingué, folingue, follet, fondu, fou, frapadingue, frappé, gelé, givré, hotu, hurluberlu, job, jobard, jobri, jojo, louf, loufoque, louftingue, maboul, maniaque, marteau, piqué, schnock, sinoque, siphonné, sonné, tapé, tocbombe, toc-toc, toqué, zinzin
◇ CONTR. → RAISONNABLE

TIMBRER I. estampiller, marquer, tamponner II. → AFFRANCHIR

TIME CODE n.m. audiov. off. : code temporel

TIMER n.m. off. : minuterie

TIME SHARING n.m. inform. off. : temps partagé

TIMIDE I. au pr. : complexé, effarouchable, effarouché, embarrassé, farouche, gauche, gêné, hésitant, honteux, humble, indécis, inhibé, intimidé, mal à son aise, peureux, pusillanime, réservé, timoré, vérécondieux (vx) → CRAINTIF II. fig. : approximatif, confus, douteux, ébauché, imparfait, imprécis, incertain, indécis, indéfini, indéterminé, indistinct, flottant, flou, fumeux, nébuleux, nuageux, obscur, trouble, vague
◇ CONTR. I. → COURAGEUX II. → IMPUDENT

TIMIDEMENT avec → TIMIDITÉ, de façon → TIMIDE *et les dérivés possibles en* -ment *des syn. de* timide

TIMIDITÉ n.f. appréhension, confusion, crainte, effacement, effarouchement, embarras, émoi, éreuthophobie, gaucherie, fausse/ mauvaise/ sotte honte/ pudeur, gêne, hésitation, honte, humilité, indécision, inhibition, modestie, peur, pusillanimité, réserve, sauvagerie, trac, vergogne
◆ CONTR. I. → CONFIANCE II. → COURAGE III. → IMPUDENCE

TIMING n.m. spat. et milit. off. : calendrier, minutage

TIMON n.m. → GOUVERNAIL

TIMONIER n.m. → PILOTE

TIMORÉ, E → TIMIDE

TIN n.m. → SOUTIEN

TINETTE n.f. → WATER-CLOSET

TINTAMARRE n.m. bacchanale, barouf, baroufle, bastringue, bordel, boucan, bousin, brouhaha, bruit, cacophonie, carillon, chahut, charivari, cri, désordre, dissonance, éclat, esclandre, foin, hourvari, pet, pétard, potin, raffut, ramadan, ramdam, sabbat, scandale, schproum, sérénade, tam-tam, tapage, tintouin, tohu-bohu, train, vacarme
◆ CONTR. → SILENCE

TINTEMENT n.m. → SONNERIE

TINTER et **TINTINNABULER** berdiner (rég.), bourdonner, carillonner, copter, résonner, sonner

TINTOUIN n.m. I. agitation, peine, préoccupation, remue-ménage, souci, surmenage, travail II. → TINTAMARRE III. → TRACAS
◆ CONTR. → TRANQUILLITÉ

TIQUE n.f. ixode

TIQUER I. → TRESSAILLIR II. → SOURCILLER

TIQUETÉ, E → TACHÉ

TIR n.m. I. feu, salve II. envoi, lancement III. coup (de pied), shoot

TIRADE n.f. couplet, développement, discours, explication, monologue, morceau de bravoure, paraphrase, réplique, suite, tartine (fam.)
◆ CONTR. : dialogue, réplique

TIRAGE n.m. collection, composition, édition, impression, photocomposition, publication, réimpression, reproduction, republication

TIRAGE n.m. accroc, anicroche, aria, bec, cahot, chardon, cheveu, chiendent, contrariété, danger, difficulté, embarras, empêchement, enclouure, ennui, épine, hic, histoire, incident, labeur, objection, obstacle, opposition, os, peine, pépin, problème, résistance, ronce, souci, tiraillement, tiraillerie, tracas, traverse
◆ CONTR. I. → ACCORD II. → FACILITÉ

TIRAILLEMENT n.m. → TIRAGE

TIRAILLER I. → TIRER II. → TOURMENTER

TIRANT n.m. I. entrait II. mar. tirant d'eau : calaison

TIRE n.f. I. → VOL II. → VOITURE

TIRÉ, E I. → MAIGRE II. → FATIGUÉ

TIRE-AU-CUL et **TIRE-AU-FLANC** n.m. → ROSSARD

TIREBOUCHONNER → TORDRE

TIRE-FESSES n.m. 1. → TÉLÉPHÉRIQUE 2. → TÉLÉSIÈGE

TIRELIRE n.f. I. boîte à sous (fam.), cagnotte, caisse, crapaud, esquipot (vx), grenouille, tontine, tronc → AUMÔNIÈRE II. fam. 1. → TÊTE 2. bedaine, bedon, brioche, estomac, gésier, gidouille, œuf d'autruche, panse, tripes, ventre

TIRER I. au pr. 1. attirer, faire aller, remorquer, tracter, traîner – mar. : affaler, haler, paumoyer, touer 2. allonger, bander, détirer, distendre, élonger (vx, mar. et méd.), étendre, étirer, raidir, tendre 3. écarteler, tirailler 4. dégager, délivrer, dépêtrer, enlever, éveiller, extraire, lever, ôter, produire, ramener, sauver, sortir → RETIRER 5. pomper, puiser, sucer, traire II. par ext. 1. conclure, déduire, dégager, devoir à, emprunter, extraire, inférer, interpréter, prendre, puiser 2. → QUITTER 3. drainer, extorquer, gagner, hériter, percevoir, recevoir, recueillir, retirer, soutirer 4. → TRACER 5. → IMPRIMER 6. décharger, faire feu, faire partir, lâcher, mitrailler, tirailler 7. arg. ou fam. : allumer, arquebuser, balancer la fumée, canarder, cartonner, débrider, décarpiller, défourailler, faire un carton, flingoter, fourailler, gicler, révolvériser, rifler, seringuer, sulfater III. v. pron. s'échapper, s'enfuir, s'évader, se retraire (vx), se sauver, sortir → PARTIR et les formes pron. possibles des syn. de tirer IV. 1. TIRER SUR → RESSEMBLER 2. S'EN TIRER : se débarbouiller (fam.), se débourber, se débrouiller, se démêler, se dépêtrer, en réchapper, s'en sortir → RÉUSSIR
◆ CONTR. I. → RELÂCHER II. → REPOUSSER III. → ENFONCER

TIRET n.m. → TRAIT

TIREUR, EUSE n.m. ou f. I. haleur, remorqueur, tracteur II. mitrailleur, servant III. TIREUSE DE CARTES : cartomancienne, diseuse de bonne aventure, extralucide → VOYANT

TISANE n.f. I. apozème, bouillon, décoction, hydrolé, infusion, macération, macéré, remède, solution II. les plus utilisées : anis, bourrache, fleur d'oranger, menthe, tilleul, verveine

TISON n.m. braise, brandon

TISONNER activer, animer, fourgonner, gratter/ ranimer/ remuer/ secouer les tisons *et les syn.* de tison

TISONNIER n.m. badines, fourgon, pincettes, pique-feu, râble, ringard, rouable

TISSÉ, E I. au pr. → TISSU II. fig. : aménagé, arrangé, combiné, comploté, conspiré, machiné, manigancé, monté, noué, ourdi, préparé, tramé, tressé

TISSER I. au pr. : brocher, broder, fabriquer, tramer, tresser II. fig. : aménager, arranger, brasser, combiner, comploter, conspirer, machiner, manigancer, monter, nouer, ourdir, préparer, tramer, tresser

TISSEUR, EUSE n.m. ou f. licier, tisserand

TISSU n.m. I. au pr. : 1. cotonnade, étoffe, lainage, soierie, tapisserie, textile 2. → COTON 3. → LAINAGE 4. → SOIE 5. principaux tissus : alépine, alpaga, anacoste, andrinople, armoise, barège, basin, batik, batiste, beige, biset, blanchet, bombasin, bort, boucassin, bougran, bouracan, bourras, brocart, brocatelle, broché, broderie, brunette, burat, buratin, bure, bureau, cachemire, cadis, calicot, calmande, cambrai, camelot, cannelé, casimir, castorine, catalogne, cellular, cheviotte, chintz, circassienne, cloqué, côtelé, cotone, cotonnette, coutil, crêpe, crêpon, cretonne, crinoline, croisé, damas, dentelle, double face, drap, droguet, écossais, embourrure, escot, estamet, étamine, faille, fibranne, fileté, filoche, filoselle, finette, flanelle, foulard, frise, futaine, gabardine, gaze, grain de poudre, granité, grenadine, grisette, gros (de Naples/ de Tours), gros-grain, guinée, guipure, hollande, homespun, imprimé, indémaillable, indienne, jaconas, jersey, lamé, lampas, lassis, lasting, levantine, linon, lirette, loden, lustrine, madapolam, madras, macelline, marègue, marengo, masulipatam, matelassé, mérinos, métis, mignonnette, mille-raies, mohair, moire, moleskine, molleton, moquette, mousseline, nankin, nansouk, napolitaine, nubienne, organdi, orléans, ottoman, ouatine, oxford, panne, passement, patchwork, pékin, peluche, percale, percaline, perse, pied-de-poule, pilou, piqué, plumetis, poil de chameau, ponge, popeline, pou ou poult de soie, pourpre, prince-de-galles, prunelle, ras, ratine, reps, rouennerie, ruban, samit, satin, satinette, sayette, serge, shetland, shirting, sicilienne, silésienne, singalette, stoff, surah, tabis, taffetas, tamise, tarlatane, tartan, tennis, thibaude, tissu-éponge, toile, treillis, tresse, tricot, triplure, tulle, tussor, tweed, twill, velours, veloutine, velvet, vichy, vigogne, voile, whipcord, zéphyr, zéphyrine – vx : biffe, camelot, cotonine, écarlate, molequin,

picote, rosconne, siamoise, tiretaine 6. acrylique, banlon, dacron, lycra, nylon, orlon, perlon, rayonne, rhovyl, rilsan, tergal, térylène II. par ext. 1. byssus, cellule, membrane, réseau 2. contexture, texture, tissure III. fig. : enchaînement, enchevêtrement, mélange → SUITE

TITAN n.m. I. au pr. : colosse, cyclope, force de la nature, géant, goliath, hercule, malabar (fam.), mastodonte, monstre, surhomme II. → CHAMPION

◈ CONTR. → NAIN

TITANESQUE babylonien, colossal, considérable, cyclopéen, démesuré, éléphantesque, énorme, étonnant, excessif, fantastique, formidable, géant, gigantesque, grand, immense, incommensurable, insondable, monstre, monstrueux, monumental, pélasgique, prodigieux, pyramidal

◈ CONTR. → PETIT

TITI n.m. → GAMIN

TITILLATION n.f. → CHATOUILLEMENT

TITILLER I. → CARESSER II. → EXCITER III. → AGACER

TITRE n.m. I. appellation, désignation, entête, frontispice, intitulé, manchette, rubrique → PARTIE II. caractère, fonction, nom, particularité, qualification, spécification III. acte, brevet, celebret (relig.), certificat, charte, commission, diplôme, document, instrument, lettres patentes, papier, parchemin, patente, pièce IV. au pl. : action, billet, bon, effet, obligation, reconnaissance, warrant

TITUBANT, E branlant, chancelant, faible, flageolant, hésitant, incertain, oscillant, trébuchant, vacillant

◈ CONTR. I. → DÉCIDÉ II. → SÛR

TITUBER balancer, basculer, branler, broncher, buter, chanceler, chavirer, chopper, faiblir, flageoler, fléchir, flotter, fringaler (rég.), glisser, hésiter, lâcher pied, osciller, trébucher, trembler, vaciller – fam. ou arg. : avoir du vent dans les voiles, chancetiquer, festonner, valdinguer

◈ CONTR. I. être → FERME II. marcher droit

TITULAIRE nom et adj. → PROPRIÉTAIRE

TITULARISATION n.f. affectation, confirmation, homologation, installation, intégration, nomination, officialisation, prise en charge, validation

◈ CONTR. → RENVOI

TITULARISER affecter, confirmer, désigner, homologuer, installer, intégrer, nommer, officialiser, prendre en charge, valider

◈ CONTR. → RENVOYER

TOAST n.m. I. → TARTINE II. → DISCOURS

TOASTER ou **TOASTEUR** n.m. off. : grille-pain

TOC n.m. camelote → SALETÉ

TOCARD, E I. → NUL II. → MAUVAIS

TOCSIN n.m. → ALARME

TOGE n.f. I. angusticlave, trabée II. par ext. : costume, mante, manteau, robe

TOGETHERNESS n.m. off. : psychodrame, psychothérapie, sociodrame, sociothérapie, thérapie de groupe

TOHU-BOHU n.m. I. par ext. : activité, affairement, affolement, agitation, alarme, animation, billebaude (vx), bouillonnement, branle-bas, bruit, chambardement (fam.), changement, désordre, effervescence, excitation, flux et reflux, frimougne (rég.), grouillement, hâte, incohérence, maelström, mouvement, orage, pandémonium, précipitation, remous, remue-ménage, secousse, tempête, tourbillon, tourmente, trouble, tumulte, turbulence, va-et-vient II. fam. : bacchanale, barouf, baroufle, bastringue, bordel, boucan, bousin, brouhaha, carillon, chahut, charivari, corrida, cri, éclat, esclandre, foin, hourvari, papafard, pet, pétard, pétaudière, potin, raffut, ramadan, ramdam, sabbat, sarabande, scandale, schproum, sérénade, tam-tam, tintamarre, tour de Babel, train, vacarme
◇ CONTR. I. → SILENCE II. → TRANQUILLITÉ

TOILE n.f. I. au sing. 1. → TISSU 2. → TABLEAU II. au pl. → FILET III. d'araignée : arantèle

TOILETTE n.f. I. au sing. 1. → NETTOIEMENT 2. → VÊTEMENT II. au pl. → WATER-CLOSET

TOISE n.f. → DIMENSION

TOISER I. → REGARDER II. → MESURER

TOISON n.f. I. → POIL II. → CHEVEUX

TOIT et **TOITURE** n.m., n.f. I. au pr. : chaume, comble, couverture, faîte, gouttières, terrasse, toiture II. par ext. 1. → HANGAR 2. → HABITATION

TÔLE n.f. I. feuille/ plaque de → MÉTAL II. → PRISON

TOLÉRABLE buvable (fam.), endurable, excusable, passable, sortable, soutenable, suffisant, supportable, tenable, vivable
◇ CONTR. → INTOLÉRABLE

TOLÉRANCE n.f. I. acquiescement, bonté, bénignité, compréhension, douceur, humanisme, indulgence, irénisme, largeur/ ouverture d'esprit, laxisme (péj.), libéralisme, non-violence, patience, respect, tolérantisme II. → ACCOUTUMANCE
◇ CONTR. I. → INTOLÉRANCE II. → DÉFENSE

TOLÉRANT, E bénin, bon, commode, compréhensif, doux, éclectique, endurant (vx), humain, humaniste, indulgent, irénique, large/ ouvert d'esprit, laxiste (péj.), libéral, non-violent, patient, résigné, respectueux
◇ CONTR. → INTOLÉRANT

TOLÉRÉ, E I. accordé, admis, admissible, agréé, autorisé, consenti, dans les formes/ les normes/ l'ordre/ les règles, fondé, légal, légitime, libre, licite, loisible, permis, possible, régulier II. enduré, souffert, supporté
◇ CONTR. I. les part. passés possibles des syn. de souhaiter II. → REFUSÉ

TOLÉRER I. accepter, accorder, acquiescer, admettre, agréer, approuver, autoriser, avaler, concéder, consentir, dispenser, donner, habiliter, laisser, laisser faire, passer, permettre – vx : avaler, boire, digérer II. endurer, souffrir, supporter
◇ CONTR. I. → DÉFENDRE II. → EXPULSER III. → RÉPRIMER IV. → TOURMENTER

TOLLÉ n.m. blâme, bruit, chahut, charivari, clameur, cri, haro, huée, sifflet
◇ CONTR. → BRAVO

TOMATE n.f. marmande, olivette, pomme d'amour

TOMBAL, E → FUNÉRAIRE

TOMBANT, E → PENDANT

TOMBE et **TOMBEAU** n.f., n.m. caveau, cénotaphe, cinéraire, cippe, columbarium, concession, dernier asile, dernière demeure, enfeu (par ext.), fosse, funérailles, hypogée, koubba, mastaba, mausolée, monument, monument funéraire/ obituaire, pierre, pierre tombale, sarcophage, sépulcre, sépulture, stèle, stoûpa, syringe, tertre, tholos, tombelle, tumulus
◇ CONTR. → BERCEAU

TOMBÉ, E abaissé, affaibli, affaissé, amoindri, avili, bas, coulé, déchu, déclassé, dégénéré, dégradé, dégringolé, démoli, déposé, descendu, destitué, diminué, éboulé, écroulé, effondré, ptôsé (méd.), jeté à bas/ à terre/ au sol, maudit, mis au ban, oublié, pauvre, précipité, privé de, renversé, ruiné
◇ CONTR. I. → RELEVÉ II. → RÉUSSI

TOMBÉE n.f. I. chute, crépuscule, déclin II. → DÉCHET

TOMBER I. au pr. 1. s'abattre, s'affaler, s'allonger, basculer, choir, chuter, culbuter, débouler, dégringoler, descendre, se détacher, dévisser, s'écrouler, s'effondrer, faire une chute, se renverser, trébucher 2. fam. : s'aplatir, casser son verre de montre, se casser la figure/ la gueule, dégibouiller, dinguer, s'épater, s'étaler, se ficher/ flanquer/

foutre/ mettre la gueule basse/ les quatre fers en l'air/ par terre, se gaufrer, glisser, mesurer la terre, mordre la poussière, prendre/ ramasser un billet de parterre/ une bûche/ un gadin/ une gamelle/ une pelle, quimper, se répandre/ rétamer, ribouler, valdinguer **II. par ext. 1.** s'avaler, pendre, retomber, traîner **2.** arriver, choir, pleuvoir **3.** s'abaisser, s'abâtardir, s'affaiblir, s'amoindrir, s'avilir, baisser, déchoir, se déclasser, décliner, décroître, dégénérer, se dégrader, dégringoler, déroger, descendre, dévier, diminuer, s'encanailler, s'enfoncer, se laisser aller, rétrograder, rouler dans, vieillir → MANQUER **4.** → ÉCHOUER **5.** → MOURIR **6.** → TERMINER (SE) **7.** s'accomplir, advenir, arriver, avoir lieu, se dérouler, échoir, intervenir, s'offrir, s'opérer, se passer, se présenter, se produire, surgir, survenir, se tenir, se trouver **8. le vent :** calmir, calmisser **III. 1. TOMBER SUR :** attaquer, charger, s'élancer, foncer, se jeter, se précipiter/ se ruer sur, rencontrer, trouver **2. TOMBER D'ACCORD :** accéder, accepter, accorder, acquiescer, adhérer, admettre, adopter, applaudir, approuver, autoriser, avoir pour agréable, céder, condescendre, consentir, dire amen, se laisser faire, octroyer, opiner, permettre, se prêter, se soumettre, souscrire, toper (là), vouloir bien → CONVENIR – **vx :** assentir, donner les mains

◇ CONTR. → RELEVER

TOMBEREAU n.m. → VOITURE

TOMBOLA n.f. arlequin, hasard, loterie, loto, sweepstake, tirage

TOME n.m. → LIVRE

TOMME n.f. → FROMAGE

TOM-POUCE n.m. **I.** → NAIN **II.** → PARAPLUIE

TON n.m. **I. au pr. :** accent, accord, bruit, écho, inflexion, intonation, modulation, musique, note, son, timbre, tonalité **II. par ext. 1.** façon, facture, forme, genre, goût, griffe, main, manière, patte, pinceau, plume, signature, style, touche, tour **2.** → EXPRESSION **3.** → PROCÉDÉ **4.** → COULEUR **III. BON TON** → CONVENANCE

TONALITÉ n.f. → TON

TONDRE I. au pr. : couper, bretauder, dépouiller, écorcer, éplucher, gratter, ôter, peler, râper, raser, tailler **II. fig. 1.** → DÉPOUILLER **2.** → VOLER

◇ CONTR. : laisser → POUSSER

TONICITÉ n.f. → FORCE

TONIFIER → FORTIFIER

TONIQUE nom et adj. analeptique, cordial, corroborant, excitant, fortifiant, réconfortant, reconstituant, remontant, roboratif, stimulant, tonifiant

◇ CONTR. **I.** → DÉMORALISANT **II.** → TUANT

TONITRUANT, E I. carillonnant, résonnant, retentissant, sonnant, sonore **II.** ample, bruyant, éclatant, énorme, fort, haut, hurlant, plein, ronflant, tonnant, vibrant

◇ CONTR. → SILENCIEUX

TONITRUER → CRIER

TONNAGE n.m. → CONTENANCE

TONNANT, E → TONITRUANT

TONNEAU n.m. **I.** baril, barrique, demimuid, feuillette, fût, futaille, foudre, muid, pièce, quartaud, tonne, tonnelet **II. vx ou rég. :** botte, boucaut, bouge, caque, charge, pipe, poinçon, queue, tine, tinette, velte

TONNELLE n.f. abri, berceau, brandebourg, charmille, gloriette, kiosque, pavillon/ salon de verdure, pergola, vigneau

TONNER I. fig. → CRIER **II.** → TEMPÊTER

TONNERRE n.m. **I. par ext. :** éclair, épart, feu du ciel/ de Dieu/ de Jupiter/ de Zeus, foudre, fulguration, orage, tempête **II. DU TONNERRE. 1.** → EXTRAORDINAIRE **2.** → TERRIBLE

TONTE n.f. tondailles, tondaison (vx ou rég.)

TONUS n.m. → FORCE

TOPER → TOMBER D'ACCORD

TOP FOOD n.m. **off. :** produit de luxe/ fin/ de qualité

TOPIQUE I. n.m. 1. → REMÈDE **2.** banalité, bateau, cliché, idée reçue, lieu commun, poncif, truisme, vieille lune, vieillerie **II. adj.** → CONVENABLE

◇ CONTR. **I.** → ORIGINALITÉ **II.** → NOUVEAUTÉ

TOP NIVEAU off. → PERFECTION

TOPO n.m. **I.** → ÉBAUCHE **II.** → RAPPORT

TOPOGRAPHIE n.f. arpentage, cadastre, cartographie, géodésie, géographie, nivellement, planimétrie, triangulation

TOPOGRAPHIQUE cadastral, géodésique, géographique, planimétrique

TOPPING n.m. **pétr. off. :** distillation atmosphérique

TOPSIDE SOUNDING n.m. **spat. off. :** sondage en contre-haut

TOQUADE n.f. **I. au pr. :** accès, bizarrerie, bon plaisir, boutade, caprice, changement, chimère, coup de tête, engouement, entichement, envie, extravagance, fantaisie, folie, foucade, gré, humeur, impatience, incartade, inconséquence, inconstance, instabilité, légèreté, lubie, lune, marotte, mobilité, mouvement, quinte, saillie, saute d'humeur, singularité, turlurette, turlutaine, variation, versatilité, volonté **II. par ext. 1.** amour, amourette, béguin, coqueluche, escapade,

frasque, fredaine, flirt, idylle, passade, pépin
2. aliénation, délire, démence, égarement,
folie, frénésie, furie, hantise, idée fixe, manie, monomanie, obsession
◇ CONTR. **I.** → CONSTANCE **II.** → RAISON

TOQUE n.f. **I.** → BONNET **II.** → COIFFURE

TOQUÉ, E I. au pr. : aliéné, bizarre, dément,
déséquilibré, détraqué, malade, maniaque,
névrosé, paranoïaque, schizophrène → FOU
II. fam. → TIMBRÉ
◇ CONTR. → RAISONNABLE

TOQUER (SE) s'acoquiner, s'amouracher,
avoir le béguin/ une toquade pour, se coiffer, s'emballer, s'embéguiner, s'emberlucoquer, s'engouer, s'enjuponner, s'entêter,
s'enthousiasmer, s'enticher, s'éprendre, goder pour (arg.), s'infatuer, se passionner,
prendre feu et flamme pour, se préoccuper,
se rassoter (vx)
◇ CONTR. → RÉPUGNER

TORCHE n.f. **I.** brandon, flambeau, lampe
électrique, luminaire, oupille, torchère **II.** →
TORSADE

TORCHÉE n.f. → TORGNOLE

TORCHER I. au pr. → NETTOYER **II. fig. 1.** →
TANCER **2.** abîmer, bâcler, barbouiller, bousiller, cochonner, déparer, dissiper, enlaidir,
gâcher, galvauder, gaspiller, gâter, liquider,
manquer, massacrer, perdre, rater, saboter,
saloper, saveter, torchonner, tordre, trousser
◇ CONTR. → SOIGNER

TORCHÈRE n.f. applique, bougeoir, bras,
candélabre, chandelier, flambeau, girandole, luminaire, martinet, oupille, torche

TORCHIS n.m. bauge, bousillage, pisé →
MORTIER

TORCHON n.m. essuie-mains/ verres,
touaille – **péj.** → SERVANTE

TORCHONNER → TORCHER

TORDANT, E I. amusant, bouffon, cocasse,
comique, désopilant, drolatique, drôle, exhilarant, farce, fou, hilarant, impayable, inénarrable, plaisant, ridicule, risible **II. arg. ou
fam.** : bidonnant, boyautant, champignol, crevant, décapant, décoiffant, gondolant, gonflant, jouasse, marrant, poilant, rigolboche,
rigolo, rigouillard, roulant, tirebouchon-
nant, torsif, transpoil
◇ CONTR. → TRISTE

TORD-BOYAUX n.m. → ALCOOL

TORDRE I. au pr. 1. bistourner, boudiner,
cordeler, corder, cordonner, entortiller, filer,
guiper, tirebouchonner, torsader, tortiller,
tortillonner, tourner, tourniller, tresser, vriller **2.** cintrer, courber, déformer, distordre,

fausser, forcer, gauchir, organsiner (techn.)
3. mar. : commettre, rider **II. fig. 1.** → TORCHER
2. → MANGER **III. v. pron. 1.** s'amuser, se dérider, se désopiler, se divertir, éclater de rire,
s'égayer, s'en payer, s'esclaffer, glousser,
pleurer de rire, pouffer, prendre du bon
temps, se réjouir, rire, sourire – **vx** : s'esbau-
dir, rioter **2. arg. ou fam.** : se bider/ bidonner,
bosser, se boyauter/ dilater la rate, se
fendre la gueule/ la pêche/ la pipe, se gon-
doler/ marrer/ poiler/ tirebouchonner, s'en
payer une tranche, rigoler
◇ CONTR. **I.** → RECTIFIER **II.** → ALLONGER

TORDU, E I. au pr. : bancal, bancroche, cagneux, circonflexe, contourné, contracté,
courbé, déjeté, de travers/ traviole (fam.),
difforme, entortillé, gauche, recroquevillé,
retors, serré, tors, tortillé, tortu, tortué, tortueux, torve, tourmenté, tourné, volubile,
vrillé **II. fig. et fam.** : bizarre, braque, capricant,
capricieux, changeant, difficile, excentrique,
extravagant, fantaisiste, fantasque, fou, hypocrite, inconséquent, inconstant, instable,
irréfléchi, labile, lunatique, mal tourné, maniaque, mauvais caractère/ coucheur, méchant, mobile, ondoyant, original, quinteux,
sautillant, variable, versatile, vicieux
◇ CONTR. → DROIT

TORE n.m. → MOULURE

TORGNOLE n.f. **I. au pr.** : aiguillade, bastonnade, botte, bourrade, calotte, charge, châtiment, chiquenaude, claque, correction, décharge, distribution, escourgée, fessée, gifle,
gourmade, horion, pichenette, sanglade,
souffletade (vx), soufflet, tape **II. fam. 1.** abattage, avoine, baffe, bâfre, beigne, beignet,
bigorne, bourre-pipe, branlée, brossée, brûlée, castagne, châtaigne, chicore, contredanse, coq, coquard, danse, déculottée, dégelée, dérouillée, flanche, fricassée, fricotée,
frottée, giboulée, giroflée, gnon, gourmade,
jeton, marron, mornifle, pain, pâtée, peignée, pile, plumée, pochade, purge, raclée,
ramponneau, randouillée, ratatouille, rincée, ringuée, rossée, roulée, rouste, secouée,
tabac, tabassage, tabassée, tampon, tannée,
taquet, tarte, tatouille, tisane, toise, torchée,
tournée, trempe, trempée, tripotée, trivaste,
trollée, valse → TALMOUSE, VOLÉE **2.** blessure,
bleu, bosse, contusion, mauvais traitements,
meurtrissure, violences, voies de fait
◇ CONTR. → CARESSE

TORNADE n.f. bourrasque, coup de
chien/ de tabac/ de vent, cyclone, orage,
ouragan, rafale, raz de marée, tempête,
tourbillon, tourmente, trombe, typhon, vent
◇ CONTR. → BONACE

TORPEUR n.f. abattement, abrutissement,
accablement, adynamie, affaiblissement,

alanguissement, alourdissement, anéantissement, apathie, appesantissement, assoupissement, atonie, consomption, découragement, dépérissement, écrasement,
engourdissement, ennui, épuisement, étisie,
faiblesse, hébétude, hypnose, inaction, inactivité, indolence, langueur, lenteur, léthargie, marasme, mollesse, morbidesse, nonchalance, paralysie, paresse, prostration,
somnolence, stagnation, stupeur

◈ CONTR. I. → GAIETÉ II. → VIVACITÉ

TORPILLER I. au pr. → COULER II. fig. : arrêter,
briser, enterrer, escamoter, étouffer, faire
avorter/ échouer, mettre en sommeil, neutraliser, saborder, supprimer, tuer dans
l'œuf

◈ CONTR. → AIDER

TORRÉFIER → RÔTIR

TORRENT n.m. → RIVIÈRE

TORRENTIEL, LE I. au pr. : déchaîné, démonté, diluvien, torrentueux, violent II. par
ext. → ABONDANT

◈ CONTR. → TRANQUILLE

TORRIDE bouillant, brûlant, chaud, cuisant, desséchant, étouffant, excessif, incandescent, saharien, tropical

◈ CONTR. I. → MODÉRÉ II. → FROID

TORS, E → TORDU

TORSADE n.f. I. chignon, coiffure, macaron, natte, rouleau, tresse II. hélice, rouleau,
torche, torque

TORSADER → TORDRE

TORSE n.m. buste, poitrine, taille, thorax,
tronc

TORSION n.f. bistournage, contorsion,
contraction, courbure, distorsion, tordion
(vx), tortillement, vrillage

◈ CONTR. → ALLONGEMENT

TORT n.m. I. affront, atteinte, avanie, blessure, casse, coup, culpabilité, dam, dégât,
dégradation, dépréciation, déprédation, désavantage, détérioration, détriment, dommage, endommagement, faute, injure, injustice, lésion, mal, manquement, offense,
outrage, perte, préjudice, ravage, ribordage
(mar.), sinistre – vx : grief, nuisance II.
1. AVOIR TORT → TROMPER (SE) 2. REDRES-
SEUR DE TORTS → JUSTICIER 3. À TORT : de façon → INJUSTE et les dérivés possibles en
-ment possibles des syn. d'injuste

◈ CONTR. I. → DROIT II. → JUSTICE III. → BIENFAIT
IV. → RAISON

TORTILLAGE n.m. I. au pr. : amphigouri, argot, baragouin, bigorne (vx), charabia, dialecte, discours embrouillé, embrouillamini,
galimatias, javanais, langage inintelligible,

largonji, logogriphe, patagon, pathos, patois, phébus, sabir, verlan II. désordre, fatras, fouillis, imbroglio, méli-mélo

◈ CONTR. I. → CONCISION II. → ORDRE

TORTILLÉ, E → TORDU

TORTILLEMENT n.m. I. → TRÉMOUSSEMENT
II. → TORSION

TORTILLER I. au pr. → TORDRE II. fig. 1. → RE-
MUER 2. → HÉSITER 3. → TOURNER 4. → MANGER

TORTIONNAIRE nom et adj. bourreau,
bras séculier (vx), exécuteur, homme de
main, meurtrier, sadique, sanguinaire,
tueur

◈ CONTR. → BIENFAITEUR

TORTU, E et **TORTUÉ, E** → TORDU

TORTUE n.f. I. chélonien II. caret, céraste,
cistude, courte-queue, émyde, luth, trionyx

TORTUEUSEMENT de manière → TOR-
TUEUX et les dérivés possibles en -ment des
syn. de tortueux

TORTUEUX, EUSE I. au pr. : anfractueux,
courbe, flexueux, ondoyant, ondulant, ondulatoire, ondulé, onduleux, serpentin, sinueux II. par ext. 1. artificieux, astucieux, cauteleux, diplomate, ficelle, finasseur, finaud,
fourbe, futé, habile, loup, machiavélique,
madré, malicieux (vx), malin, matois, normand, renard, retors, roublard, roué, rusé,
subtil 2. → HYPOCRITE

◈ CONTR. I. → DROIT II. → FRANC

TORTURANT, E affligeant, amer, angoissant, attristant, crucifiant, cruel, cuisant, déchirant, difficile, douloureux, dur, éprouvant, funeste, intolérable, lamentable,
lancinant, navrant, obsédant, pénible, pitoyable, térébrant, triste

◈ CONTR. I. → RÉCONFORTANT II. → CALMANT

TORTURE n.f. I. affliction, calvaire, châtiment, exécution, martyre, mort, peine, persécution, pilori, punition, souffrance, tourment – vx : géhenne, question II. → SUPPLICE
III. → INQUIÉTUDE IV. → DOULEUR V. METTRE À
LA TORTURE → TOURMENTER

◈ CONTR. I. → SOULAGEMENT II. → AIDE

TORTURER I. au pr. : soumettre à la question (vx)/ au supplice/ à la torture, supplicier – vx : géhenner, gêner, questionner II. par
ext. 1. TORTURER ? défigurer dénaturer,
détourner, forcer, interpréter, violenter

◈ CONTR. I. → SOULAGER II. → RÉCONFORTER

TORVE I. → TORDU II. → MAUVAIS

TORY n.m. → RÉACTIONNAIRE

TÔT I. au chant du coq, au lever du jour/
du soleil, aux aurores (fam.), de bon matin,
de bonne heure, dès l'aube, dès l'aurore, dès
potron-minet II. → VITE

◈ CONTR. → TARD

TOTAL n.m. **I.** addition, chiffre, ensemble, fonds, masse, montant, quantité, somme, volume **II.** → TOTALITÉ

◇ CONTR. : détail, fractionnement

TOTAL, E adj. absolu, complet, entier, exhaustif, franc, global, intact, intégral, parfait, plein, plénier, radical, sans réserve/ restriction

◇ CONTR. → PARTIEL

TOTALEMENT absolument, à fond, au complet, bien, carrément, complètement, de fond en comble, de pied en cap, des pieds à la tête, du haut en bas, en bloc, en entier/ totalité, entièrement, exactement, fondamentalement, globalement, in extenso, intégralement, jusqu'au bout/ aux oreilles, pardessus les oreilles/ la tête, parfaitement, pleinement, profondément, purement et simplement, radicalement, tout à fait, tout au long – fam. : jusqu'à l'os/ au trognon, rasibus, ras-le-bol

◇ CONTR. **I.** → PAS **II.** → PRESQUE

TOTALISER additionner, assembler, faire un tout, grouper, rassembler, réunir

◇ CONTR. **I.** → DÉCOUPER **II.** → RETRANCHER

TOTALITAIRE absolu, autocratique, autoritaire, dictatorial, fasciste, hitlérien, oppressif, raciste, stalinien

◇ CONTR. → DÉMOCRATE

TOTALITÉ n.f. **I.** absoluité, complétude, continuum, ensemble, entièreté, généralité, globalité, intégrité, masse, œcuménicité, plénitude, réunion, total, tout, toutim(e) (fam.), universalité **II. EN TOTALITÉ** → TOTALEMENT

◇ CONTR. **I.** → PARTIE **II.** → VESTIGE

TOTEM n.m. **I. au pr.** : ancêtre, emblème, figure, protecteur, représentant, représentation, signe, symbole **II. par ext.** : amulette, fétiche, gri-gri

TOTON n.m. → TOUPIE

TOUAGE n.m. → REMORQUAGE

TOUCH AND GO aviat. milit. off. : posé-décollé

TOUCHANT prép. à propos de, au sujet de, concernant, relatif à, sur

◇ CONTR. → EXCEPTÉ

TOUCHANT, E apitoyant, attendrissant, bouleversant, captivant, déchirant, désarmant, dramatique, éloquent, émouvant, empoignant, excitant, frappant, impressionnant, larmoyant (péj.), navrant, pathétique, poétique, poignant, saisissant, tendre, tragique, troublant

◇ CONTR. **I.** → RÉVOLTANT **II.** → RÉPUGNANT

TOUCHE n.f. **I.** → PORT **II.** → EXPRESSION

TOUCHE-À-TOUT n.m. → AMATEUR

TOUCHER v. tr. **I. au pr. 1.** affleurer, attoucher, chatouiller, coudoyer, effleurer, heurter, manier, palper, tâter, tâtonner **2.** atteindre, attraper, faire balle/ mouche, frapper, porter **3.** aborder, accoster, arriver, atterrer, atterrir, faire escale, gagner, prendre terre, relâcher **4.** attenir (vx), avoisiner, confiner, joindre, jouxter, tenir à, voisiner **II. par ext. 1.** émarger, encaisser, gagner, percevoir, recevoir, recouvrer, recueillir, retirer, se sucrer (péj.) – fam. : affurer, empocher, palper **2.** s'adresser, aller à, concerner, regarder **3.** affecter, attendrir, avoir prise, blesser, désarmer, émouvoir, impressionner, intéresser, persuader, porter **4.** rouler sur → TRAITER **5.** → JOUER **III. TOUCHER À. 1.** → ENTAILLER **2.** → ENTREPRENDRE

◇ CONTR. **I.** → ÉVITER **II.** → MANQUER **III.** → PAYER **IV.** laisser → INDIFFÉRENT

TOUCHER n.m. → TACT

TOUE n.f. → BARQUE

TOUÉE n.f. chaîne, filin → CORDAGE

TOUER charrier, haler, remorquer, traîner → TIRER

TOUFFE n.f. **I.** aigrette, bouquet, chignon, crêpe, crête, crinière, démêlure, épi, flocon, houppe, huppe, mèche, pinceau, pompon, taroupe, tas, toupet, toupillon **II.** bouquet, breuil, broussaille, buisson → BOIS

TOUFFEUR n.f. chaleur, étouffement, moiteur, tiédeur

TOUFFU, E I. au pr. : abondant, buissonnant, cespiteux, compact, comprimé, condensé, dense, dru, encombré, épais, exubérant, feuillu, fort, fourni, fourré, impénétrable, luxuriant, massif, pilé, plein, pressé, serré, tassé **II. fig.** → TÉNÉBREUX

◇ CONTR. **I.** → ÉPARS **II.** → CONCIS

TOUILLER agiter, bigougner (rég.), brasser, fatiguer, mélanger, mêler, remuer, tourner, vanner

TOUJOURS I. temporel : ad vitam aeternam (fam.), à jamais, à perpétuité, assidûment, à toute heure, constamment, continuellement, continûment, définitivement, de tout temps, en permanence, éternellement, généralement, habituellement, incessamment, indéfiniment, infiniment, invariablement, ordinairement, perpétuellement, sans arrêt/ cesse/ destourbier (vx), sans fin/ interruption/ relâche, sans désemparer, sempiternellement, tous les jours – fam. : ad vitam aeternam, à perpète **II. non temporel** : au moins, cependant, de toute façon, du moins, en tout cas, néanmoins, quelles que soient les circonstances, reste que

◇ CONTR. **I.** → JAMAIS **II.** → QUELQUEFOIS

TOUPET n.m. **I. au pr.** → TOUFFE **II. par ext. 1.** → CONFIANCE **2.** → HARDIESSE

TOUPIE n.f. **I.** moine, pirouette (vx), rhombe, sabot, toton **II.** → MÉGÈRE

TOUPINE n.f. → POT

TOUR n.f. beffroi, campanile, clocher, donjon, flèche, minaret, tourelle, tournelle (vx)

TOUR n.m. **I. au pr. 1.** cabriole, caracole (vx), course, giration, parcours, pirouette, révolution, rotation, roue, saut, tourbillonnement, tournoiement, vire-volte, volte **2.** coude, circonvolution, détour, méandre, retour, sinuosité **3.** bordure, chaintre, circonférence, circuit, contour, délinéament, limbe, périmètre, périphérie, pourtour, tracé **II. par ext. 1.** balade, circuit, course, croisière, déambulation, échappée, errance, excursion, flânerie, marche, promenade, randonnée, sortie, voyage – fam. : vadrouille, virée **2.** circumnavigation, croisière, navigation, périple **3.** → VOYAGE **III. fig. 1.** acrobatie, attrape, clownerie, escamotage, jonglerie, prestidigitation **2.** coup de maître, exploit, succès **3.** artifice, combine, coup, crasse, malice, méchanceté, méfait, ruse, stratagème, truc, vacherie **4.** allure, aspect, expression, façon, forme, marche, style, tournure **IV. 1. TOUR À TOUR :** alternativement, à tour de rôle, coup sur coup, l'un après l'autre, par roulement, périodiquement, récursivement, rythmiquement, successivement **2. TOUR DE MAIN** → HABILETÉ

TOURBE n.f. basse pègre, canaille, écume, foule, gueuserie (vx), lie, masse, multitude, pègre, peuple, plèbe, populace, populaire, populo, prolétariat, racaille, vulgaire → MULTITUDE
◇ CONTR. **I.** → BOURGEOISIE **II.** → NOBLESSE

TOURBEUX, EUSE → BOUEUX

TOURBILLON n.m. **I.** → REMOUS **II.** → RAFALE **III.** → MOUVEMENT

TOURBILLONNAIRE et **TOURBILLONNANT, E I. au pr. :** tournant, tournoyant, virevoltant **II. par ext. :** agité, déchaîné, impétueux, remuant, secoué, torrentueux, troublé
◇ CONTR. → DROIT

TOURBILLONNEMENT n.m. → REMOUS

TOURBILLONNER → TOURNER

TOURELLE n.f. **I. par ext. :** bretèche, échauguette, lanterne, poivrière → TOUR **II. milit. :** chambre de tir, coupole → CASEMATE

TOURISME n.m. → VOYAGE

TOURISTE n.m. et f. **I.** → VOYAGEUR **II.** → ESTIVANT

TOURISTIQUE → PITTORESQUE

TOURMENT n.m. **I. 1.** affliction, affres, agitation, alarme, amertume, angoisse, anxiété, bourrèlement, cassement de tête, cauchemar, chagrin, contrariété, crainte, déchirement, désolation, émoi, enfer, ennui, fardeau, incertitude, inquiétude, malaise, martyre, obsession, peine, perplexité, poids, préoccupation, scrupule, sollicitude, souci **2. vx :** agonie, ahan, brisement, ennuyance, essopine, martel, soin **3. québ. :** accablation **4. fam. :** bile, bourdon, mouron, mousse, tintouin, tracassin, tracas, tracasserie **II.** → SUPPLICE **III.** → DOULEUR **IV.** → AGITATION
◇ CONTR. **I.** → TRANQUILLITÉ **II.** → CONSOLATION **III.** → PLAISIR

TOURMENTE n.f. **I. au pr.** → TEMPÊTE **II.** → TROUBLE

TOURMENTÉ, E I. quelqu'un : angoissé, anxieux, bourrelé, inquiet, perplexe, ravagé, soucieux **II. quelque chose. 1. un site :** accidenté, bosselé, chaotique, dantesque, découpé, déformé, dentelé, désordonné, disproportionné, irrégulier, lunaire, montagneux, mouvementé, pittoresque, vallonné **2. le style** → PÉNIBLE
◇ CONTR. **I.** → TRANQUILLE **II.** → HEUREUX

TOURMENTER I. au pr. : crucifier, écarteler, martyriser, mettre au supplice/ à la torture, tenailler, torturer, travailler **II. vx 1.** angarier, bourreler, bourriauder, tribouler **2.** détirer, dragonner, éluger, géhenner, gêner, questionner, soumettre à la question **III. par ext. 1. quelqu'un tourmente quelqu'un :** agacer, assiéger, asticoter, brimer, chercher, chicaner, faire chanter/ damner/ danser, harceler, importuner, molester, persécuter, poursuivre, taler, talonner, tanner, taquiner, tarabuster, tirailler, vexer → ENNUYER **2. quelque chose tourmente quelqu'un :** affliger, agiter, chagriner, chiffonner, crucifier, dévorer, fâcher, hanter, inquiéter, lanciner, marteler, obséder, préoccuper, presser, ronger, talonner, tarauder, tracasser, travailler, trotter, troubler, turlupiner **IV. v. pron. :** se biler, se désespérer, se donner du mal/ de la peine/ du tintouin, se dragonner (vx), s'en faire, se faire de la bile/ des cheveux/ des cheveux blancs/ du mauvais sang/ du mouron/ des soucis/ du → TOURMENT, éprouver de l'inquiétude et les formes pron. possibles des syn. de tourmenter
◇ CONTR. **I.** → CONSOLER **II.** → CARESSER

TOURNADOZER n.m. **tr. pub. off. :** bouteur à pneus

TOURNAGE n.m. filmage, prise de vues, réalisation

TOURNAILLER I. → TOURNER **II.** → ERRER

TOURNANT n.m. **I.** angle, coude, courbe, courbure, méandre, retour, saillie, sinuosité, tour, virage **II. par ext.** → DÉTOUR
◇ CONTR. : ligne droite

TOURNANT, E giratoire, rotatif, rotatoire
◇ CONTR. → DROIT

TOURNE n.f. → ALTÉRATION

TOURNÉ, E adj → AIGRE

TOURNEBOULER → BOULEVERSER

TOURNEBRIDE n.m. → CABARET

TOURNEBROCHE n.m. rôtissoire

TOURNE-DISQUE n.m. chaîne, électrophone, hi-fi, mange-disque, platine – **vx** :
phono, phonographe

TOURNÉE n.f. I. → TOUR II. → PROMENADE
III. → VOYAGE IV. → TORGNOLE

TOURNER I. au pr. 1. braquer – **mar.** : dévirer,
virer **2.** contourner, détourner, dévier, obliquer **3.** bistourner, tordre, tortiller, tournailler **4.** retourner → ROULER **5.** bouler, girer,
graviter, pirouetter, pivoter, ribouler, toupil-
ler, toupiner, tourbillonner, tournailler,
tournicoter, tourniller, tourniquer, tournoyer, virer, virevolter, virevousser, vire-
vouster, volter (équit.), vriller – **vx** : viôner, vi-
ronner **II. par ext. 1.** → DIRIGER **2.** changer,
convertir, influencer, influer, modifier,
transformer **3.** adonner à, appliquer à, penser à **4.** → AIGRIR **5.** → FINIR **6.** → CINÉMATO-
GRAPHIER **7.** → TRANSFORMER (SE)
◇ CONTR. : aller tout droit

TOURNESOL n.m. (grand) soleil, hélianthe, héliotrope

TOURNILLER I. → TORDRE **II.** → TOURNER

TOURNIOLE n.f. → TUMESCENCE

TOURNIQUET n.m. I. → TAMBOUR II. →
MOULINET III. **arg.** : conseil de guerre

TOURNIS n.m. → VERTIGE

TOURNOI n.m. I. carrousel, fantasia, joute
II. → LUTTE

TOURNOIEMENT n.m. → REMOUS

TOUR OPERATOR ou **TOUR OPÉRA-
TEUR** n.m. **off.** : voyagiste

TOURNOYANT, E → TOURBILLONNANT

TOURNOYER I. → TOURNER **II.** → RÔDER
III. → BIAISER

TOURNURE n.f. I. 1. air, allure, apparence,
aspect, caractère, côté, couleur, dehors, endroit, extérieur, face, faciès, figure, forme,
jour, masque, physionomie, profil, tour,
train, visage **2.** angle, cachet, configuration,
perspective, point de vue **II.** → PORT **III.** → EX-
PRESSION **IV.** → MARCHE **V.** → PANIER **VI.** → DÉ-
BRIS

TOURTEAU n.m. → RÉSIDU

TOURTEREAU et **TOURTERELLE** n.m.,
n.f. I. → COLOMBIN II. → AMANT

TOUSSER I. au pr. : toussailler, toussoter
II. **par ext.** : cracher, expectorer, graillonner

TOUT n.m. I. → TOTALITÉ II. LE TOUT → PRIN-
CIPAL

TOUT, E adj. I. complet, entier, intégral,
plein II. chacun, chaque, quiconque III. ensemble, tous, tutti quanti
◇ CONTR. → NUL

TOUT À FAIT bien, carrément, complètement, entièrement, exactement, extrêmement, pleinement, très → TOTALEMENT
◇ CONTR. I. → PAS II. → PRESQUE

TOUT À L'HEURE I. à l'instant, aussitôt,
sur-le-champ, sur l'heure, tout de suite
II. dans un instant/ un moment, plus tard
◇ CONTR. → JAMAIS

TOUT DE BON → SÉRIEUSEMENT

TOUT DE GO I. → ABRUPT II. → SIMPLEMENT

TOUT DE SUITE → TOUT À L'HEURE

TOUTEFOIS cependant, mais, néanmoins,
nonobstant (vx), pourtant, seulement

TOUTE-PUISSANCE n.f. I. → AUTORITÉ
II. → POUVOIR

TOUT-PUISSANT, TOUTE-PUISSANTE
I. → PUISSANT II. → DIEU

TOUX n.f. expectoration, rhume, tousserie,
toussotement

TOXICITÉ n.f. malignité, nocivité

TOXICOMANE nom et adj. → DROGUÉ

TOXINE et **TOXIQUE** n.f., n.m. → POISON

TRAC n.m. I. → PEUR II. → TIMIDITÉ

TRACAS n.m. I. brimade, chicane, persécution, tracasserie, vexation → TOURMENT
II. alarme, aria, contrariété, difficulté, embarras, ennui, fatigue, inquiétude, peine, pé-
toffe (vx ou rég.), préoccupation, tirage,
trouble → TOURMENT III. agitation → REMUE-
MÉNAGE
◇ CONTR. → TRANQUILLITÉ

TRACASSER → TOURMENTER

TRACASSERIE n.f. I. → TRACAS II. →
CHICANE

TRACASSIER, ÈRE brouillon, chicaneur,
chicanier, mauvais coucheur, mesquin, paperassier, procédurier, processif, querelleur,
tatillon, vétilleux
◇ CONTR. → FACILE

TRACASSIN n.m. → TOURMENT

TRACE n.f. I. au pr. : empreinte, foulées, pas,
piste, vestige II. vén. : abattures, connaissance, erres, foulures, fumées, fumet, hou-
sure, passée, pied, voie III. par ext. 1. cicatrice,
indice, marque, ornière, ride, sceau, signature, sillage, sillon, stigmate, témoignage
2. coulure, rendure (rég.), tache, traînée
3. impression → SOUVENIR

TRACÉ n.m. **I.** → DESSIN **II.** → LIGNE **III.** → TRAJET

TRACER I. décrire, délinéamenter, délinéer, dessiner, ébaucher, ligner, retracer → REPRÉSENTER **II.** → ESQUISSER **III.** baliser, bornoyer, flécher, jalonner, piquer, piqueter, pointiller, tirer → INDIQUER

◇ CONTR. → EFFACER

TRACER n.m. (angl.) **milit. off.** : balle traçante, traceuse

TRACKER n.m. **spat. off.** : suiveur

TRACKING n.m. **off. I. hélicoptère** : alignement des pales **II. spat.** : poursuite, trajectographie **III. 1. TRACKING ANTENNA** : antenne de poursuite **2. TRACKING FILTER** : filtre de poursuite

TRACT n.m. affiche, affichette, feuille, libelle, pamphlet, papier, papillon, placard, prospectus, vignette

TRACTATION n.f. **I.** pourparlers → NÉGOCIATION **II.** marchandage → MANÈGE

TRACTER → TRAÎNER

TRACTION n.f. → REMORQUAGE

TRADE(-)UNION n.m. → SYNDICAT

TRADE SHOW n.m. off. : exposition intor professionnelle

TRADITION n.f. **I.** → LÉGENDE **II.** → HABITUDE

TRADITIONALISTE nom et adj. conformiste, conservateur, fidéiste, intégriste, nationaliste, réactionnaire, traditionnaire

◇ CONTR. **I.** → RÉFORMATEUR **II.** → PROGRESSISTE

TRADITIONNEL, LE accoutumé, classique, consacré, conventionnel, coutumier, de convention, fondé, habituel, héréditaire, hiératique, institutionnel, invétéré, légal, légendaire, orthodoxe, proverbial, rituel, sacramental, sacro-saint, usuel

◇ CONTR. → NOUVEAU

TRADITIONNELLEMENT conformément à la → TRADITION, de façon → TRADITIONNEL *et les dérivés possibles en* -ment *des syn. de* traditionnel

TRADUCTEUR, TRICE n.m. ou f. **I. au pr.** : drogman, interprète, translateur, truchement **II. par ext.** : exégète, paraphraseur, scoliaste

TRADUCTION n.f. adaptation, interprétation, thème, translation, transposition, version

◇ CONTR. : original

TRADUIRE I. au pr. : déchiffrer, gloser, interpréter, rendre, transcoder, translater (vx), transposer **II. par ext. 1.** appeler, assigner, convoquer, mener, traîner **2.** laisser paraître, montrer → EXPRIMER **3.** → EXPLIQUER

TRAFIC n.m. **I. non fav.** : agiotage, bricolage, carambouillage, carambouille, fricotage, magouillage, magouille, malversation, manigance, maquignonnage, marchandage, micmac, simonie (relig.), traite, tripotage **II. neutre. 1.** → COMMERCE **2.** circulation, débit, écoulement, mouvement, roulage

◇ CONTR. **I.** → REPOS **II.** → STAGNATION

TRAFIQUANT, E n.m. ou f. agioteur, boursicoteur, bricoleur, carambouilleur, combinard, commerçant/ négociant marron, fricoteur, intermédiaire, maquignon, margoulin, mercanti, proxénète, spéculateur, trafiqueur, traitant (vx), tripoteur

◇ CONTR. : homme → HONNÊTE

TRAFIQUER I. agioter, boursicoter, brader, brocanter, carambouiller, colporter, combiner, débiter, échanger, fourguer, fricoter, jongler, magouiller, manigancer, maquignonner, mazuder (rég.), négocier, prostituer, spéculer/ tripoter sur, traficoter, vendre **II.** biduler, bricoler

◇ CONTR. : pratiquer de manière → HONNÊTE

TRAGÉDIE et **TRAGI-COMÉDIE** n.f. → DRAME

TRAGIQUE I. → DRAMATIQUE **II.** → ÉMOUVANT

TRAGIQUEMENT → CRUELLEMENT

TRAHIR I. → TROMPER **II.** → DÉCOUVRIR

TRAHISON n.f. **I. au pr.** : défection, délation, dénonciation, désertion, forfaiture, haute trahison, prévarication, ragusade (vx) **II. par ext. 1.** adultère, cocuage, infidélité, inconstance, manquement **2.** bassesse, déloyauté, duperie, félonie, fourberie, lâcheté, perfidie, traîtrise, tromperie → HYPOCRISIE

◇ CONTR. **I.** → CONSTANCE **II.** → HONNÊTETÉ

TRAILLE n.f. → BAC

TRAIN n.m. **I.** → MARCHE **II.** arroi, équipage → SUITE **III.** autorail, chemin de fer, convoi, métro(politain), micheline, rail, rame, R.E.R., S.N.C.F., T.G.V., tortillard, turbotrain, voie ferrée – arg. brutal, dur **IV.** → TAPAGE

TRAÎNANT, E → MONOTONE

TRAÎNARD, E I. nom : feu rouge, lambin, lanterne, traîneur, traîne-savate/ semelle **II. adj.** → LENT

◇ CONTR. → PREMIER

TRAÎNASSER → TRAÎNER

TRAÎNE (À LA) à la queue, attardé → ARRIÉRÉ

TRAÎNEAU n.m. **I. par ext.** : bob, bobsleigh, briska, bulka, chariot/ voiture à patins, luge, schlitte, toboggan, troïka **II.** → FILET

TRAÎNÉE n.f. **I.** → PROSTITUÉE **II.** → TRACE

TRAÎNER I. au pr. : amener, attirer, charrier, conduire, emmener, entraîner, mener, remorquer, tirer, touer, tracter, transporter, trimbaler, trôler II. fig. 1. continuer, demeurer, durer, n'en plus finir, s'étendre, s'éterniser, se maintenir, se perpétuer, persévérer, se prolonger, résister, se soutenir, subsister, survivre, tenir, tirer en longueur, vivre 2. s'amuser, s'attarder, badauder, bader (mérid.), flâner, folâtrer, galvauder, lambiner, musarder, muser, paresser, se promener, traînailler, traînasser, vadrouiller – vx ou rég. : s'affainéantir, vavacrer 3. fam. : baguenauder, balocher, couniller, fainéanter, flânocher, flemmarder, glander, glandouiller, gober les mouches, godailler, lanterner, lécher les vitrines, lézarder, niaiser, nigauder, troller III. par ext. → TOMBER IV. 1. FAIRE TRAÎNER : ajourner, allonger, arrêter, arriérer (vx), atermoyer, attendre, décaler, différer, éloigner, éterniser, faire languir, négliger, prolonger, promener, proroger, ralentir, reculer, remettre, renvoyer, reporter, repousser, retarder, surseoir à, tarder, temporiser 2. LAISSER TRAÎNER : négliger → ABANDONNER V. v. pron. 1. aller, avancer, circuler, déambuler, errer, évoluer, marcher, prendre l'air, se promener, sortir → TRAÎNER 2. se couler, glisser, introduire, ramper 3. les formes pron. possibles des syn. de traîner ⬦ CONTR. I. → POUSSER II. → SOULEVER III. → COURIR IV. → ABANDONNER

TRAÎNEUR DE SABRE n.m. → MILITAIRE, SOLDAT

TRAIN FERRY n.m. off. : (navire) transbordeur

TRAINING n.m. off. : entraînement, formation, instruction

TRAIN-TRAIN n.m. → ROUTINE

TRAIRE → TIRER

TRAIT n.m. I. angon, carreau, dard, flèche, framée, hast, javeline, javelot, lance, matras, pilum, sagaie, sagette, vireton II. attelle, câble, harnais, lanière, longe III. barre, glyphe, hachure, ligne, obel ou obèle, rature, rayure, tiret IV. → MARQUE V. au pl. : air, apparence, aspect, attitude, caractère, contenance, expression, face, faciès, figure, manière, masque, mimique, mine, physionomie, physique, visage VI. apostrophe, boutade, calembour, caricature, épigramme, insulte, interpellation, invective, lazzi, moquerie, mot d'esprit, pamphlet, persiflage, plaisanterie, saillie → MOT, RAILLERIE VII. acte, action, conduite, entreprise, fait, prouesse, vaillance → EXPLOIT VIII. → GORGÉE IX. AVOIR TRAIT : affinité, analogie, concordance, connexion, connexité, convenance, corrélation, correspondance, dépendance, harmonie, liaison, lien, parenté, pertinence, proportion, rapport, rapprochement, relation, ressemblance, similitude → TENIR DE

TRAITABLE abordable, accommodant, aimable, apaisant, arrangeant, bon caractère, civil, conciliable, conciliateur, coulant, diplomate, doux, facile, familier, liant, praticable (vx), sociable
⬦ CONTR. → INTRAITABLE

TRAITE n.f. I. → TRAJET II. → TRAFIC III. mulsion

TRAITÉ n.m. I. argument, argumentation, cours, développement, discours, disputation (vx), dissertation, essai, étude, manuel, mémoire, monographie, notions, thèse II. accommodement, accord, alliance, arrangement, capitulation, cartel, charte, collaboration, compromis, concordat, connivence, contrat, convention, covenant, engagement, entente, forfait, marché, pacte, promesse, protocole, transaction, union III. acte, article, clause, condition, disposition, règle, résolution, stipulation

TRAITEMENT n.m. I. appointements, cachet, commission, dotation, droits d'auteur, émoluments, gages, gain, honoraires, indemnité, jeton de présence, jour, journée, mensualité, mois, paie ou paye, paiement, prêt, rétribution, salaire, semaine, solde, vacation → RÉMUNÉRATION II. cure, hygiène, médication, régime, remède, soins, thérapeutique III. → ACCUEIL IV. conditionnement, manipulation, opération, procédé, transformation
⬦ CONTR. I. → PRÉLÈVEMENT II. → ABANDON

TRAITER I. on traite quelqu'un. 1. appeler, dénommer, désigner, nommer, qualifier, tenir pour 2. accueillir, admettre, convier, donner l'hospitalité, fêter, héberger, honorer, inviter, recevoir, régaler 3. agir/ se comporter/ se conduire envers, mener, user de 4. → SOIGNER II. on traite quelque chose. 1. aborder, agiter, développer, discuter, disserter de, effleurer, épuiser, étudier, examiner, exposer, glisser sur, manier, raisonner, toucher à 2. arranger, arrêter, conclure, convenir de, s'entendre, fixer, mener à bonne fin, moyenner (vx), négocier, passer/ signer un arrangement/ une convention/ un marché/ un traité, régler, résoudre, terminer 3. brasser → ENTREPRENDRE III. quelque chose traite de : avoir pour objet/ sujet, pivoter/ porter/ rouler/ tourner sur, se rapporter à, toucher à IV. v. intr. : capituler, composer, négocier, parlementer
⬦ CONTR. I. être → INDIFFÉRENT II. → ABANDONNER

TRAITEUR n.m. → RESTAURATEUR

TRAÎTRE, TRAÎTRESSE nom et adj. I. → INFIDÈLE II. → TROMPEUR

TRAÎTREUSEMENT → TROMPEUSEMENT

TRAÎTRISE n.f. **I.** → TRAHISON **II.** → TROMPE-
RIE

TRAJECTOIRE n.f. courbe, évolution, orbite, parabole → TRAJET

TRAJET n.m. carrière, chemin, cheminement, circuit, course, direction, distance, espace, itinéraire, marche, parcours, route,
tour, tracé, traite, traversée, trotte → VOYAGE
◇ CONTR. → HALTE

TRALALA n.m. **I.** → ÉQUIPAGE **II.** → FAÇON

TRAME n.f. **I.** → SUITE **II.** → INTRIGUE **III.** →
MENÉE

TRAMER aménager, arranger, brasser,
combiner, comploter, conspirer, machiner,
manigancer, monter, nouer, ourdir, préparer, tisser, tresser
◇ CONTR. **I.** agir avec → FRANCHISE/ OUVERTE-
MENT **II.** → DÉNONCER

TRAMP n.m. → BATEAU

TRANCHANT n.m. coupant, estramaçon,
fil, morfil, taillant (vx), taille
◇ CONTR. **I.** dos, plat **II.** manche, poignée

TRANCHANT, E adj. **I. au pr.** : acéré, affilé,
affûté, aigu, aiguisé, coupant, émorfilé,
émoulu (vx), repassé, taillant **II. fig. 1.** absolu,
aigre, âpre, autoritaire, bourru, brusque,
cassant, coupant, dur, impérieux, incisif, intransigeant, sans réplique **2.** affirmatif, inflexible, insolent, invincible, péremptoire,
prompt, rude, sec, sévère **3.** dictatorial, doctoral, dogmatique, ex cathedra, pontifiant,
sentencieux **4.** audacieux, décidé, décisif
◇ CONTR. **I.** → ÉMOUSSÉ **II.** → CONCILIANT

TRANCHE n.f. **I.** coupe, darne, hâtelle, hâtelette, lèche, morceau, quartier, rond, rondelle, rouelle **II.** part, partie, portion
III. ados, chant, côté

TRANCHÉ, E **I.** → CLAIR **II.** → DIFFÉRENT
III. → FRANC

TRANCHÉE n.f. **I. au pr.** : cavité, excavation,
fosse, fossé, fouille, rigole, sillon, trou **II. vx** →
COLIQUE **III. milit.** : abri, approche, boyau, cheminement, douve, fortification, parallèle,
sape

TRANCHE-MONTAGNE n.m. → HÂBLEUR

TRANCHER **I. au pr. 1.** → COUPER **2.** TRAN-
CHER LA TÊTE/ LE COL (vx) **loc** / LE COU : décapiter, décoller, exécuter, expédier (vx),
guillotiner **II. fig. 1.** arbitrer, arrêter, choisir,
conclure, convenir de, décider, décréter, définir, délibérer de, déterminer, se déterminer à, dire, disposer, finir, fixer, juger, ordonner, prononcer, régler, résoudre,
solutionner, statuer, tirer au sort, vider
2. contraster, détonner, discorder, dissoner,
hurler, jurer, s'opposer, ressortir **3.** → TERMI-

NER
◇ CONTR. **I.** → JOINDRE **II.** → AJOURNER **III.** →
NUANCER

TRANCHOIR n.m. **I.** tailloir (vx) **II.** zancle
→ POISSON

TRANQUILLE **I. au pr.** : apaisé, béat, calme,
coi, confiant, détendu, discipliné, dormant,
doux, égal, équanime, gentil, immobile, indifférent, insouciant, mort, olympien, pacifique, paisible, placide, posé, quiescent,
quiet, rasséréné, rassis, rassuré, remis, sage,
serein, silencieux → IMPASSIBLE **– fam.** : à la
papa, cool, peinard *ou* pénard, pépère,
plan-plan **II. par ext.** : assuré, certain, cousu
(fam.), de tout repos, établi, évident, exact,
gagné d'avance, garanti, indubitable, sûr
◇ CONTR. **I.** → INQUIET **II.** → TROUBLÉ **III.** → FU-
RIEUX **IV.** → BRUYANT

TRANQUILLEMENT avec → TRANQUILLITÉ,
de façon → TRANQUILLE *et les dérivés possibles
en* -ment *des syn. de* tranquille

TRANQUILLISANT n.m. → NARCOTIQUE

TRANQUILLISER adoucir, apaiser, apprivoiser, assurer, calmer, mettre en confiance,
rapurer (vx), rasseoir, rasséréner, rassurer,
remettre, sécuriser
◇ CONTR. **I.** → INQUIÉTER **II.** → TROUBLER **III.** →
EFFRAYER **IV.** → AGITER

TRANQUILLITÉ n.f. **I.** apaisement, ataraxie, calme, concorde, confiance, égalité,
entente, équanimité, harmonie, ordre, paix,
patience, pénardise (arg.), placidité, quiétude, repos, sagesse, sang-froid, sécurité, sérénité, trêve, union → IMPASSIBILITÉ **II.** accalmie, bonace, calme plat, éclaircie, embellie,
rémission, répit, silence
◇ CONTR. **I.** → INQUIÉTUDE **II.** → TROUBLE **III.** →
AGITATION **IV.** → DÉSORDRE

TRANSACTION n.f. **I. au sing. 1.** accommodement, accord, amiable composition, amodiation, arbitrage, arrangement, composition, compromis, concession, conciliation,
convention, cote mal taillée, entente, juste
milieu, milieu, modus vivendi, moyen terme
2. → TRAITÉ **II. au pl.** : affaires, Bourse, commerce, courtage, demande, échange, né-
goce, offre, trafic
◇ CONTR. **I.** → CONFLIT **II.** → STAGNATION

TRANSATLANTIQUE n.m. bâtiment,
long-courrier, navire, paquebot, steamer,
vapeur → BATEAU
◇ CONTR. : caboteur, tramp

TRANSBAHUTER → TRANSPORTER

TRANSBORDER → TRANSPORTER

TRANSCENDANCE n.f. **I. au pr.** : abstraction, métaphysique **II. par ext.** → SUPÉRIORITÉ
◇ CONTR. **I.** immanence **II.** → RÉALITÉ

TRANSCENDANT, E I. au pr. : abstrait, métaphysique **II. par ext. 1.** → SUPÉRIEUR **2.** → DISTINGUÉ

◇ **CONTR. I.** → IMMÉDIAT **II.** → SIMPLE

TRANSCENDANTAL, E I. → TRANSCENDANT **II.** → DIFFICILE

TRANSCENDER → TRANSPOSER

TRANSCODER → TRADUIRE

TRANSCRIPTION n.f. copie, double, duplicata, duplicatum, enregistrement, fac-similé, relevé, report, reproduction, translitération

TRANSCRIRE I. au pr. 1. jurid. : enregistrer, expédier, grossoyer, inscrire **2.** calquer, copier, coucher par écrit, écrire, mentionner, noter, porter, prendre en note, recopier, relever, reporter, reproduire **II. par ext.** → IMITER

TRANSE n.f. **I. au sing.** : crise, délire, émotion, exaltation, excitation, extase, ravissement, surexcitation, transport **II. au pl.** : affres, alarme, angoisse, anxiété, appréhension, crainte, effroi, émotion, épouvante, frayeur, inquiétude, mauvais sang, peur, souci, tintouin, tourment

◇ **CONTR. I.** → APATHIE **II.** → AISE **III.** → BONHEUR

TRANSFÉRABLE → CESSIBLE

TRANSFÈREMENT n.m. → TRANSPORT

TRANSFÉRER → TRANSPORTER

TRANSFERT n.m. **I.** cession, redistribution, répartition, transmission, translation → VENTE **II.** → TRANSPORT **III.** extradition, livraison

◇ **CONTR.** → CONSERVATION

TRANSFIGURATION n.f. → TRANSFORMATION

TRANSFIGURER → TRANSFORMER

TRANSFORMABLE → TRANSPOSABLE

TRANSFORMATEUR n.m. **I. n.m.** : abaisseur/ élévateur de tension, converter, convertisseur, inverter, onduleur **II. adj.** : réformateur, novateur

TRANSFORMATION n.f. **I.** adaptation, altération, amélioration, avatar, conversion, convertissage, convertissement, déguisement, développement, différenciation, élaboration, évolution, incarnation, métamorphisme, métamorphose, métempsycose, modification, mutabilité, mutation, nymphose, réincarnation, renouvellement, rénovation, révolution, transfiguration, transformisme, transition, transmutation, transsubstantiation, variabilité, variation **II.** animalisation, assimilation, digestion **III.** → CHANGEMENT

◇ **CONTR. I.** → CONSERVATION **II.** → PERMANENCE

TRANSFORMER I. neutre ou fav. : agrandir, augmenter, bouleverser, chambarder, chambouler, changer, commuer, convertir, corriger, innover, métamorphiser (géol.), métamorphoser, modifier, muer, rectifier, recycler, refondre, réformer, réincarner, remanier, remodeler, renouveler, rénover, renverser, réorienter, restructurer, retourner, révolutionner, toucher à, tourner, transfigurer, transmuer, transposer **II. non fav.** : aggraver, altérer, contrefaire, défigurer, déformer, déguiser, dénaturer, diminuer, fausser, réduire, travestir, truquer **III. v. pron. 1. phys.** : augmenter, diminuer, empirer, évoluer, grandir, passer, rapetisser, tourner, vieillir **2. moral** : s'améliorer, s'amender, se corriger, se modifier, se pervertir **3.** les formes pron. possibles des syn. de transformer

◇ **CONTR. I.** → CONSERVER **II.** → RETENIR

TRANSFORMISME n.m. → ÉVOLUTIONNISME

TRANSFUGE n.m. apostat, déserteur, faux, fourbe, insoumis, judas, perfide, renégat, traître, trompeur

◇ **CONTR.** → FIDÈLE

TRANSFUSER → TRANSVASER

TRANSFUSION n.f. goutte à goutte, perfusion, transvasement (vx)

TRANSGRESSER aller au-delà, contrevenir, déroger, désobéir, enfreindre, outrepasser, passer les bornes, passer outre, se rebeller, refuser, rompre, violer

◇ **CONTR.** → OBÉIR

TRANSGRESSION n.f. → VIOLATION

TRANSHUMANCE n.f. → MIGRATION

TRANSI, E I. au pr. : engourdi, figé, frissonnant, gelé, glacé, grelottant, morfondu, mort, pénétré **II. par ext. 1.** effrayé, épouvanté, halluciné, paralysé, pétrifié, rivé, saisi, stupéfié, terrifié **2.** alangui, amoureux, coiffé, embéguiné, ensorcelé, envoûté, langoureux, languide, languissant, mourant, sentimental

◇ **CONTR. I.** ranimé, réchauffé **II.** → INDIFFÉRENT

TRANSIGER I. fav. ou neutre : s'accommoder, s'accorder, s'arranger, composer, couper la poire en deux (fam.), s'entendre, faire des concessions **II. non fav.** : capituler, céder, faiblir, négocier, pactiser, traiter

◇ **CONTR.** : être → INTRAITABLE

TRANSIR I. au pr. : engourdir, figer, geler, glacer, pénétrer, saisir, transpercer, traverser **II. par ext.** : clouer, ébahir, effrayer, épouvanter, étonner, méduser, paralyser, river, stupéfier, terrifier

◇ **CONTR. I.** → RÉCHAUFFER **II.** → RANIMER

TRANSISTOR n.m. → RADIO

TRANSIT n.m. → TRANSPORT

TRANSITAIRE nom et adj. → INTERMÉDIAIRE

TRANSITER I. → PASSER II. → TRANSPORTER

TRANSITION n.f. **I. au pr.** : acheminement, accoutumance, degré, intermédiaire, liaison, palier, passage, préparation, raccord, raccordement **II. par ext.** : évolution, intermède → CHANGEMENT
◇ CONTR. → SUITE

TRANSITOIRE bref, court, de courte durée, éphémère, fragile, fugitif, fuyard, incertain, intérimaire, momentané, passager, précaire, provisoire, temporaire
◇ CONTR. **I.** → IRRÉVOCABLE **II.** → DURABLE

TRANSITOIREMENT → PROVISOIREMENT

TRANSLATER interpréter, reproduire → TRADUIRE

TRANSLATION n.f. **I.** → TRANSPORT **II.** → TRADUCTION

TRANSLUCIDE clair, cristallin, diaphane, hyalin, limpide, luminescent, opalescent, pellucide, transparent
◇ CONTR. → OBSCUR

TRANSMETTRE I. au pr. : céder, concéder, déléguer, donner, faire parvenir/ tenir, fournir, laisser, léguer, négocier, renvoyer, rétrocéder, testamenter (vx), tester, transférer **II. par ext. 1.** apprendre, faire connaître/ savoir, imprimer, infuser **2.** communiquer, conduire, inoculer, passer, propager, transporter
◇ CONTR. **I.** → ACQUÉRIR **II.** → RECEVOIR **III.** → CONSERVER

TRANSMIGRATION n.f. **I.** → ÉMIGRATION **II.** → RENAISSANCE

TRANSMIS, E I. contagieux, épidémique **II.** acquis, familial, héréditaire, traditionnel **III.** les part. passés possibles des syn. de transmettre
◇ CONTR. → INNÉ

TRANSMISSIBILITÉ n.f. caractère contagieux/ épidémique/ héréditaire/ transmissible, communicabilité, contagion, propagation → HÉRÉDITÉ
◇ CONTR. : incommunicabilité

TRANSMISSIBLE I. → HÉRÉDITAIRE **II.** → COMMUNICATIF

TRANSMISSION n.f. **I. neutre** : augmentation, communication, circulation, développement, diffusion, dissémination, expansion, extension, marche, mise en mouvement, multiplication, passation, progrès, progression, propagation, rayonnement, reproduction **II. non fav.** : aggravation, conta-

gion, contamination, épidémie, invasion, irradiation → HÉRÉDITÉ
◇ CONTR. → CONFISCATION

TRANSMUER → TRANSFORMER

TRANSMUTATION n.f. **I.** altération, conversion, convertissement, métamorphose, modification, mutation, virement → CHANGEMENT **II.** → TRANSFORMATION
◇ CONTR. → PERMANENCE

TRANSPARAÎTRE → APPARAÎTRE

TRANSPARENCE n.f. → CLARTÉ

TRANSPARENT, E I. au pr. : cristallin, diaphane, hyalin, limpide, lumineux, net, opalescent, pellucide, perméable, translucide, vitreux → CLAIR **II. par ext. 1.** accessible, compréhensible, concevable, concis, déchiffrable, distinct, évident, facile, intelligible, pénétrable, précis, simple, visible → CLAIR **2.** → PUR
◇ CONTR. → OBSCUR

TRANSPERCER blesser, creuser, crever, cribler, déchirer, embrocher, empaler, encorner, enferrer, enfiler, enfoncer, enfourcher, entamer, éventrer, excaver, forer, larder, ouvrir, pénétrer, percer, perforer, piquer, poinçonner, pointer, sonder, tarauder, traverser, tremper, trouer, vriller – **vx** : darder, pertuiser, saquer, transverbérer
◇ CONTR. → GLISSER

TRANSPIRATION n.f. → SUDATION

TRANSPIRER I. au pr. : être en eau/ en nage, exsuder, moitir, se mouiller, perspirer (vx), ruisseler de sueur, suer **II. par ext.** : couler, dégouliner, émaner, s'exhaler, goutter, perler, sécréter, sourdre, suinter, transsuder **III. fig.** : s'ébruiter, s'échapper, se déceler, s'éventer, filtrer, se manifester, se montrer, paraître, se répandre
◇ CONTR. **I.** → SÉCHER **II.** rester → SECRET

TRANSPLANTER I. → DÉRACINER **II.** → CHANGER **III.** → TRANSPORTER

TRANSPONDER BEACON spat. off. : balise répondeuse

TRANSPORT n.m. **I. l'acte. 1.** déplacement, locomotion **2.** amenage, camionnage, circulation, commerce, échange, expédition, exportation, factage, importation, livraison, manutention, messagerie, passage, port, trafic, traite, transbordement, transfèrement, transfert, transit, translation → VOYAGE **3. péj.** : trimbal(l)age, trimbal(l)ement **II. le mode. 1.** air, aviation, avion, jet **2.** → BATEAU **3.** → TRAIN **4.** ferroutage, route → VOITURE **5. au pl.** : secteur tertiaire **III.** anagogie, crise, délire, démonstration, émotion, enthousiasme, exaltation, excitation, extase, fièvre, flamme, fougue, manifestation, ravissement, surexcitation, transe

◇ CONTR. **I.** → CONSERVATION **II.** → INDIFFÉRENCE

TRANSPORTÉ, E I. admirateur, admiratif, ardent, brûlant, chaud, délirant, dévot, dithyrambique, emballé, emporté, enfiévré, enflammé, enivré, enthousiaste, éperdu, exalté, excité, fana (fam.), fanatique, fervent, fou, inspiré, ivre, lyrique, passionné, soulevé **II.** → AMOUREUX **III.** → BAGNARD **IV.** *les part. passés possibles des syn. de* transporter

◇ CONTR. → INDIFFÉRENT

TRANSPORTER I. au pr. : brouetter, camionner, charrier, charroyer, colporter, conduire, déménager, déplacer, déranger, descendre, emporter, enlever, exporter, ferrouter, importer, livrer, manipuler, manutentionner, mener, négocier, passer, promener, remettre, renvoyer, reporter, traîner, transbahuter (fam.), transborder, transférer, transiter, translater, transmettre, transplanter, trimarder, trimballer (fam.), véhiculer, voiturer **– vx** : carrosser, trajeter **II. par ext. 1.** déporter, envoyer, expédier → RELÉGUER **2.** agiter, animer, bouleverser, chambouler (fam.), chavirer, échauffer, électriser, emballer, émerveiller, enfiévrer, enflammer, engouer, enivrer, enlever, enthousiasmer, entraîner, exalter, exciter, faire s'extasier/ se pâmer/ se récrier d'admiration/ d'aise, passionner, ravir, saisir, soulever **III. v. pron. 1.** aller, se déplacer, se rendre → VOYAGER **2.** *les formes pron. possibles des syn. de* transporter

◇ CONTR. **I.** → CONSERVER **II.** être → INDIFFÉRENT

TRANSPORTEUR n.m. **I.** → VOITURIER **II.** → MESSAGER

TRANSPOSABLE conversible, convertible, convertissable, modifiable, transformable, transmuable, transmutable

◇ CONTR. → STABLE

TRANSPOSER I. alterner, changer, convertir, déplacer, extrapoler, intervertir, inverser, modifier, permuter, renverser l'ordre, sublimer, transcender, transmuer, transmuter, transporter **II.** → TRADUIRE

◇ CONTR. → CONSERVER

TRANSPOSITION n.f. **I.** alternance, changement, interversion, inversion, permutation, renversement, transmutation **II.** anagramme, métathèse **III.** adaptation → TRADUCTION

◇ CONTR. → CONSERVATION

TRANSSEXUEL, LE n.m. ou f. → HERMAPHRODITE

TRANSSUBSTANTIATION n.f. → EUCHARISTIE

TRANSSUDER → SUINTER

TRANSVASEMENT n.m. décantation, décuvage, décuvaison

TRANSVASER décanter, décuver, dépoter, élier, faire couler, soutirer, transférer, transfuser, transvider, verser

TRANSVERSAL, E de biais, détourné, en large/ travers, fléchi, horizontal, latitudinal (par ext.), longitudinal, médian, oblique, penché

◇ CONTR. → PERPENDICULAIRE

TRANSVERSALEMENT de façon → TRANSVERSAL *et les dérivés possibles en* -ment *des syn. de* transversal

TRANTRAN ou **TRAINTRAIN** n.m. → ROUTINE

TRAPÈZE n.m. → ACROBATIE

TRAPÉZISTE n.m. et f. → ACROBATE

TRAPPE n.f. **I.** → PIÈGE **II.** → OUVERTURE

TRAPPEUR n.m. → CHASSEUR

TRAPPING n.m. **méd. off.** : trappage

TRAPU, E I. au pr. : boulu, bréviligne, court, courtaud, massif, mastoc, râblé, râblu, ragot (vx), ramassé **II. par ext.** : costaud, dru, ferme, fort, grand, gros, herculéen, inébranlable, malabar, musclé, puissant, résistant, robuste, solide, vigoureux **– fam.** : armoire à glace/ normande, balèse, baraqué, comac, gravos, maous, mastard **III. fig.** → DIFFICILE

◇ CONTR. **I.** → ALLONGÉ **II.** → MINCE

TRAQUE n.f. **I.** → POURSUITE **II.** → CHASSE

TRAQUENARD n.m. → PIÈGE

TRAQUER → POURSUIVRE

TRAQUET n.m. **I.** → PIÈGE **II.** battant

TRAUMA n.m. **I.** → BLESSURE **II.** → ÉMOTION

TRAUMATISER → CHOQUER

TRAUMATISME n.m. **I.** → BLESSURE **II.** → ÉMOTION

TRAVAIL n.m. **I. au pr. 1. l'acte** : action, activité, besogne, corvée (péj.), emploi, entraînement, état, fonction, gagne-pain, labeur, industrie, métier, occupation, peine, profession, service, sueur, tâche, veilles **2. arg. ou fam.** : afur *ou* affure, blot, boulot, bricolage, bricole, business, carbi, chagrin, charbon, coltin, condé, groupin, piochage, trime, turbin **3. le résultat** : chef-d'œuvre, enfant (fam.), exécution, œuvre, opération, ouvrage **II. par ext. 1.** cheminement, opération, sape **2.** cassement de tête, casse-tête, effort, fatigue → DIFFICULTÉ **3.** façon, facture, forme, griffe, main, patte **4.** canevas, plan, programme **5.** devoir, étude, exercice, pensum **6.** accouchement, enfantement, gésine, mal d'enfant

◇ CONTR. **I.** → INACTION **II.** → PARESSE

TRAVAILLÉ, E I. académique, étudié, léché, littéraire (péj.), poli, recherché **II.** consciencieux, coquet, délicat, élégant, entretenu, fini, minutieux, net, réussi, soigné, tenu **III.** *les part. passés possibles des syn. de* travailler
◇ CONTR. **I.** → HÂTIF **II.** → IMPARFAIT

TRAVAILLER I. au pr. 1. travail manuel : abattre du/ aller au → TRAVAIL, besogner, chiner, s'occuper, œuvrer, rendre, tracer son sillon **– péj. :** bricoler, en baver, en chier, suer **2. arg. ou fam. :** bosser, boulonner, buriner, businesser, chiader, se coltiner, se défoncer, écosser, se farcir/ taper un → TRAVAIL, en foutre/ mettre une secousse, gratter, marner, masser, pilonner, travailloter, trimer, turbiner **3. travail intellectuel :** apprendre, composer, écrire, étudier, s'instruire, préparer, produire **4. fam. :** bachoter, bûcher, chiader, phosphorer, piler, piocher, plancher, potasser **II. par ext. 1.** se déformer, gondoler, onduler, rétrécir **2.** aigrir, bouillir, fermenter **3.** fabriquer, façonner, ouvrager, ouvrer **4.** → SOIGNER **5.** → TOURMENTER **6.** fatiguer, peiner → USER
◇ CONTR. **I.** → AMUSER (s') **II.** → CHÔMER **III.** → REPOSER (SE)

TRAVAILLEUR, EUSE I. nom. 1. alternat, appareilleur, bras, cheminot, col blanc, compagnon, employé, journalier, main-d'œuvre, manœuvre, ouvrier, prolétaire, salarié, tâcheron → BALAYEUR **– péj. :** blousier, mercenaire, nègre, pue-la-sueur, trimardeur **2. de nuit :** nuitard, nuiteux **3. vx ou rég. :** affaneur, alloué, brassier **4.** aide, apprenti, arpète, commis, galibot, gindre, lipette (arg.), mitron, saute-ruisseau **II. adj. :** acharné, actif, appliqué, assidu, bosseur (fam.), bouleux (équit.), bourreau de travail, bûcheur, consciencieux, courageux, diligent, laborieux, studieux, zélé **– fam. :** abatteur/ bourreau de travail, bûcheur, fonceur, piocheur
◇ CONTR. **I.** → INACTIF **II.** → PARESSEUX

TRAVAUX FORCÉS n.m. pl. – arg. ou fam. : biribi, chapeau de paille, durs, ferraille, grand pré, grotte, passeport rouge/ royal, traves, traverser (le) → BAGNE

TRAVERS n.m. I. biais, côté, flanc **II.** défaut, défectuosité, démérite, difformité, faible, faiblesse, grossièreté, imperfection, infirmité, lacune, loup, malfaçon, tache, tare, vice **III.** bizarrerie, caprice, dada, démangeaison, épidémie, fantaisie, fièvre, frénésie, fureur, goût, grimace, habitude, maladie, manie, manière, marotte, monomanie, péché mignon/ véniel, petit côté, petitesse, prurit, rage, rictus, ridicule, tic, toquade, turlutaine **IV. de guingois/** traviole → TORDU **V. À TORT ET À TRAVERS :** ab hoc et ab hac (vx), n'importe comment/ quoi **– fam. :** comme une casserole/ un tambour
◇ CONTR. **I.** → DROIT **II.** → QUALITÉ

TRAVERSE n.f. I. raccourci **II.** achoppement, accroc, adversité, aléa, anicroche, aria, blocage, contrariété, contretemps, défense, difficulté, écueil, embarras, empêchement, encombre, ennui, entrave, frein, gêne, hic, impasse, impedimenta, insuccès, interdiction, obstacle, obstruction, opposition, os, pépin, pierre d'achoppement, résistance, restriction, tribulation **– vx :** hourvari, lantiponage, rémora **III. techn. :** barlotière, épart, entretoise
◇ CONTR. → CHANCE

TRAVERSÉE n.f. I. franchissement, navigation, passage **II.** → TRAJET

TRAVERSER I. au pr. : franchir, parcourir, passer par **II. par ext. 1.** filtrer, pénétrer, percer, transpercer → COULER **2.** couper, croiser **III. vx :** contrarier, gêner → EMPÊCHER
◇ CONTR. → RESTER

TRAVERSIN n.m. chevet (vx), coussin, oreiller, polochon

TRAVESTI n.m. I. déguisement, domino, mascarade, masque, momerie **II.** bal masqué → CARNAVAL **III.** carême prenant (vx) **IV. arg. :** caroline, travelo, truqueur → URANIEN

TRAVESTIR I. au pr. : déguiser, masquer, voiler **II. par ext. :** altérer, cacher, celer, changer, défigurer, déformer, falsifier, fausser, métamorphoser, modifier, pallier, transformer
◇ CONTR. → DÉCOUVRIR

TRAVESTISSEMENT n.m. I. → TRAVESTI **II.** → PARODIE

TRAVIOLE (DE) → TORDU

TRAYON n.m. → TÉTINE

TRÉBUCHER achopper, broncher, buter, chanceler, chavirer, chopper, s'entraver, faire un faux pas, manquer pied, osciller, perdre l'équilibre, tituber, vaciller

TRÉBUCHET n.m. I. → PIÈGE **II.** → BALANCE

TRÈFLE n.m. I. farouch(e), fourrage, incarnat, lotier (par ext.), triolet (rég.). trèfle d'eau : ményanthe **II. arch. :** trilobe **III. arg. 1.** → ARGENT **2.** → TABAC

TRÉFONDS n.m. → SECRET

TREILLAGE et **TREILLIS n.m.** → CLÔTURE

TREILLE n.f. → VIGNE

TREMBLAIE n.f. peupleraie

TREMBLANT, E I. alarmé, apeuré, effrayé, ému, transi **II.** chancelant, flageolant, frémissant, frissonnant, tremblotant, trémulent (vx), vacillant **III.** bredouillant, chevrotant
◇ CONTR. **I.** → FERME **II.** → IMMOBILE

TREMBLE n.m. → PEUPLIER

TREMBLEMENT n.m. **I.** agitation, chevrotement, claquement de dents, convulsion, frémissement, frisson, frissonnement, saccade, soubresaut, spasme, tremblote, tremblotement, trémeur (vx), trémolo, trémulation, trépidation, vibration **II.** → CRAINTE

◇ CONTR. **I.** → FERMETÉ **II.** → IMMOBILITÉ

TREMBLER I. au pr. 1. s'agiter, claquer des dents, frémir, frissonner, grelotter, palpiter, remuer, trembloter, trépider, vibrer **2.** chanceler, flageoler, tituber, trémuler, vaciller **3.** chevroter, faire des trémolos, trémoler (vx) **II. par ext. 1.** appréhender, avoir peur, couarder, paniquer, poltronner → CRAINDRE **2. arg. :** avoir la chiasse/ les boules/ les chocottes/ les colombins/ les copeaux/ les flubes/ les foies/ les grelots/ les grolles/ les jetons/ les mouillettes/ les moules, avoir les miches à zéro/ qui font bravo/ qui font glagla, avoir la pétasse/ la pétoche/ le tracsin/ les traquettes/ la trouille/ la venette, avoir le trouillomètre à moins deux/ à zéro/ bloqué, baliser, chocotter, faire dans ses chausses/ dans son froc, faire de l'huile, flipper, fluber, foirer, fouetter, les avoir à zéro, mouetter, mouiller, perdre ses légumes, taffer, trouilloter

◇ CONTR. : être → FERME

TREMBLEUR, EUSE → CRAINTIF

TREMBLOTER I. → TREMBLER **II.** → VACILLER

TRÉMIE n.f. **I.** entonnoir **II.** → CRIBLE

TRÉMOLO n.m. → TREMBLEMENT

TRÉMOUSSEMENT n.m. agitation, balancement, contorsion, dandinement, entrechat, excitation, frétillement, remuement, sautillement, tortillement, tressautement, va-et-vient

◇ CONTR. → IMMOBILITÉ

TRÉMOUSSER (SE) I. au pr. : s'agiter, se dandiner, dauber du gigot (vx), frétiller, gambiller, gigoter, remuer, sautiller, se tortiller **II. fig. :** se dépenser → DÉMENER (SE)

◇ CONTR. : être/ demeurer → IMMOBILE

TREMPE n.f. **I. au pr.** → TEMPÉRAMENT **II. fig.** → TORGNOLE

TREMPÉ, E I. dégouttant, imbibé, inondé, ruisselant **II.** aguerri, durci, énergique, fort, résistant

◇ CONTR. **I.** → SEC **II.** → MOU

TREMPÉE n.f. → TORGNOLE

TREMPER I. v. tr. 1. au pr. → MOUILLER **2. fig.** → FORTIFIER **II. v. intr. :** baigner, infuser, macérer, mariner **III. TREMPER DANS :** fricoter, se mouiller → PARTICIPER À

◇ CONTR. **I.** → SÉCHER **II.** → AFFAIBLIR

TREMPLIN n.m. batoude, trempolino

TRÉMULATION n.f. → TREMBLEMENT

TRENCH-COAT n.m. → IMPERMÉABLE

TRÉPAN n.m. drille, foret, mèche

TRÉPANG n.m. bêche/ biche/ concombre/ cornichon de mer, holothurie, tripang → ÉCHINODERME

TRÉPAS n.m. → MORT

TRÉPASSER → MOURIR

TRÉPIDANCE n.f. → AGITATION

TRÉPIDANT, E I. → SACCADÉ **II.** → TROUBLÉ

TRÉPIDATION n.f. **I.** → AGITATION **II.** → TREMBLEMENT

TRÉPIDER → TREMBLER

TRÉPIGNER frapper du pied, s'impatienter, piaffer, piétiner, sauter, tripudier (vx)

◇ CONTR. : être/ demeurer → TRANQUILLE

TRÈS absolument, assez (par ext.), beaucoup, bien, bigrement (fam.), diablement, drôlement, effroyablement, en diable, énormément, excessivement, extra-, extrêmement, follement, fort, fortement, furieusement, génialement, hautement, hyper-, infiniment, joliment, lourdement, merveilleusement, parfaitement, pléthoriquement, prodigieusement, richement, rien (fam.), rudement, sérieusement, super-, surabondamment, terriblement, tout, tout plein, trop, ultra-, vachement (fam.)

◇ CONTR. **I.** → PAS **II.** → PEU

TRÉSOR n.m. **I. au pr. :** argent, eldorado, fortune, magot, pactole → RICHESSE **II. fig. 1.** aigle, as, fleur, génie, idéal, modèle, nec plus ultra, parangon, perfection, perle, phénix, prodige, reine, roi **2.** appas, attraits, charmes

TRÉSORERIE n.f. **I.** disponibilités, finances, liquide, liquidités, trésor → ARGENT **II. relig. :** procure

◇ CONTR. → DETTE

TRÉSORIER, ÈRE n.m. ou f. argentier, caissier, comptable, économe, financier, payeur, procureur (relig.) – **vx :** apocrisiaire, computiste, élémosynaire

TRESSAILLEMENT n.m. agitation, frémissement, frisson, haut-le-corps, mouvement, secousse, soubresaut, sursaut, tremblement, tressautement

◇ CONTR. → IMPASSIBILITÉ

TRESSAILLIR s'agiter, avoir un haut-le-corps/ un sursaut/ un tressaillement *et les syn. de* tressaillement, bondir, broncher, frémir, frissonner, sauter, soubresauter, sursauter, tiquer, tressauter

◇ CONTR. : être/ demeurer → IMPASSIBLE

TRESSAUTEMENT n.m. → TRESSAILLEMENT

TRESSAUTER → TRESSAILLIR

TRESSE n.f. **I. au pr.** : cadenette, cadogan, catogan, couette, macaron, natte **II. par ext. 1.** bourdalou, cordon, passementerie, scoubidou, soutache **2. mar.** : baderne, garcette

TRESSER I. au pr. : arranger, assembler, cordonner, entortiller, entrelacer, guiper, natter, nouer, tordre, tortiller **II. fig.** aménager, arranger, brasser, combiner, comploter, conspirer, machiner, manigancer, monter, nouer, ourdir, préparer, tisser, tramer **III. TRESSER DES COURONNES** → LOUER

◇ CONTR. → DÉFAIRE

TRÉTEAU n.m. **I.** → CHEVALET **II. au pl.** → THÉÂTRE

TREUIL n.m. bourriquet, cabestan, caliorne, chèvre, guindeau, louve, moufle, moulinet, palan, poulie, pouliot, réa, rouet (mar.), tourniquet, vindas

TRÊVE n.f. **I.** armistice, cessation des hostilités, cessez-le-feu, interruption, suspension d'armes **II.** arrêt, discontinuation, moratoire, temps d'arrêt → DÉLAI **III.** congé, délassement, détente → REPOS

◇ CONTR. **I.** → CONTINUATION **II.** → OCCUPATION

TRÉVIRER mar. I. → LEVER **II.** → DESCENDRE

TRI n.m. **I.** criblage, triage **II.** → CHOIX

TRIANGLE n.m. **I.** delta, trigone, trilatère **II.** acutangle, équiangle *ou* équilatéral, isocèle, obtusangle, quelconque, rectangle, scalène

TRIBADE n.f. → LESBIENNE

TRIBU n.f. **I. au pr.** : clan, ethnie, groupe, horde, peuplade, peuple, phratrie, race **II. par ext.** → FAMILLE

TRIBULATION n.f. accident, adversité, affliction, avanie, calamité, cataclysme, catastrophe, chagrin, coup/ cruauté du sort, désastre, détresse, deuil, disgrâce, douleur, échec, épreuve, fatalité, fléau, inconvénient, infortune, mal, malchance, malédiction, malheur, mauvaise fortune/ passe, méchef (vx), mélasse, mésaventure, misère, orage, peine, pépin (fam.), perte, revers, ruine → TRAVERSE

◇ CONTR. **I.** → CHANCE **II.** → TRANQUILLITÉ

TRIBUN n.m. **I.** cicéron, débateur, entraîneur de foules, foudre d'éloquence, orateur, parleur **II. péj.** : baratineur, déclamateur, démagogue, discoureur, harangueur, rhéteur → HÂBLEUR

TRIBUNAL n.m. **I.** aréopage, assises, chambre, comité, commission, conseil (de guerre), cour d'appel/ d'assises/ de cassation/ martiale, directoire, haute cour, instance, juridiction, jury, justice de paix, palais de justice, parquet, prétoire, siège **II. arg.** : assiettes, carré, falot, flags, gerbe, glace, guignol, moulin à café, tourniquet **III. relig.** : Inquisition, pénitencerie, rote, saint-office, sanhédrin **IV. vx** : jurande, présidial

TRIBUNE n.f. → ESTRADE

TRIBUT n.m. **I.** → IMPÔT **II.** → RÉCOMPENSE

TRIBUTAIRE I. adj. : assujetti, débiteur, dépendant, imposable, obligé, redevable, soumis, sujet, vassal **II. nom masc.** : affluent → RIVIÈRE

◇ CONTR. → LIBRE

TRICANDILLES n.f. pl. → TRIPE(S)

TRICHER I. contrefaire, copier, dénaturer, duper, échanger, falsifier, farder, filouter, frauder, frelater, maquignonner, maquiller, piper, resquiller, truquer – **fam.** : bidouiller, magouiller **II.** → TROMPER **III. arg. aux cartes** : charger la brême, empiler, être au fil, faire en suif, filer la carte

TRICHERIE n.f. **I.** contrefaçon, copie, dénaturation, duperie, falsification, fardage, filouterie, fraude, frelatage, maquignonnage, maquillage, piperie, resquille, truquage *ou* trucage **fam.** : bidouillage, magouillage, magouille **II.** → TROMPERIE **III. arg.** : embrouille, suif

TRICHEUR, EUSE n.m. ou f. copieur, dupeur, filou, fraudeur, fripon, maquignon, maquilleur, mauvais joueur, pipeur, resquilleur, trompeur, truqueur – **arg.** : cartonnier, fileur, floueur, grec, papier, suiffard, travailleur → VOLEUR

◇ CONTR. **I.** → HONNÊTE **II.** → FRANC

TRICOT n.m. bonneterie, cardigan, gilet, maillot → CHANDAIL

TRIER → CHOISIR

TRIFOUILLER → TRIPOTER

TRIGLE n.m. grondin, rouget → POISSON

TRILLER → CHANTER

TRIM I. off. aviat. et mar. : assiette **II. aviat.** : compensation, équilibrage

TRIMARDER I. → TRANSPORTER **II.** → ERRER

TRIMARDEUR n.m. **I.** → TRAVAILLEUR **II.** → VAGABOND

TRIMBALER ou **TRIMBALLER I.** → PORTER **II.** → TRAÎNER

TRIMER I. → TRAVAILLER **II.** → MARCHER

TRINGLE n.f. barre, broche, tige, triballe, tringlette

TRINQUER I. lever son verre à, porter une santé/ un toast → BOIRE **II.** écoper, recevoir

TRIOMPHAL, E → SPLENDIDE

TRIOMPHALEMENT avec → SUCCÈS de façon → SPLENDIDE *et les dérivés possibles en* -ment *des syn. de* splendide

TRIOMPHANT, E et TRIOMPHATEUR, TRICE n.m. ou f. **I.** → VAINQUEUR **II.** → CONTENT

TRIOMPHE n.m. → SUCCÈS

TRIOMPHER I. au pr. 1. on triomphe de quelque chose ou de quelqu'un : abattre, accabler, anéantir, avoir, avoir l'avantage, battre, battre à plate couture, conquérir, culbuter, déconfire, défaire, disperser, dominer, dompter, écharper, éclipser, écraser, l'emporter sur, enfoncer, entamer, gagner, maîtriser, mater, mettre dans sa poche/ en déroute/ en fuite, prédominer, prévaloir, primer, réduire, rosser, rouler, supplanter, surclasser, surmonter, surpasser, tailler en pièces, terrasser, trôner, vaincre **II. par ext. 1.** → TARGUER (SE) **2.** → RÉJOUIR (SE)

◇ CONTR. → ÉCHOUER

TRIPATOUILLER → TRIPOTER

TRIPE(S) n.f. **I. au pr. :** boyaux, entrailles, fressure, gras-double, intestins **II. rég. :** tablier de sapeur, tricandilles, tripous **III. par ext.** → BEDAINE **IV.** → SENSIBILITÉ

TRIPROPELLANT n.m. spat. off. : triergol

TRIPOT n.m. bouge, brelan, clandé, flambe, flanche, maison de jeu → CABARET

TRIPOTAGE n.m. **I.** agissements, brigue, combinaison, combine, complot, cuisine, détour, diablerie, intrigue, machination, manège, manigance, manœuvre, menée, micmac, trame **II.** canaillerie, concussion, déloyauté, déshonnêteté, escroquerie, forfaiture, friponnerie, gassouillage, grenouillage, immoralité, improbité, indélicatesse, indignité, laideur, magouillage, magouille, malpropreté, malversation, mauvaise foi, méchanceté, tricherie, tripatouillage, vol

◇ CONTR. → HONNÊTETÉ

TRIPOTÉE n.f. **I.** → QUANTITÉ **II.** → TORGNOLE

TRIPOTER I. au pr. 1. neutre : avoir en main/ entre les mains, façonner, malaxer, manier, manipuler, manœuvrer, modeler, palper, pétrir, tâter, toucher, triturer **2. fam. ou péj. :** patouiller, patrouiller, peloter, trifouiller, tripatouiller **3. vx ou rég. :** bigougner, patiner, pitrogner **II. fig.** → TRAFIQUER

◇ CONTR. → ABANDONNER

TRIPOTEUR, EUSE n.m. ou f. **I.** → TRAFIQUANT **II.** → PELOTEUR

TRIPOUS ou **TRIPOUX** n.m. pl. → TRIPE(S)

TRIQUE n.f. gourdin, matraque → BÂTON

TRIQUER → BATTRE

TRIQUET n.m. → ÉCHELLE

TRISTE I. quelqu'un : abattu, accablé, affecté, affligé, aigri, altéré, amer, angoissé, assombri, atrabilaire, attristé, austère, bileux, bilieux, chagrin, chagriné, consterné, découragé, défait, désabusé, désenchanté, désespéré, désolé, endolori, éploré, funèbre, inconsolable, lugubre, malheureux, maussade, mélancolique, morne, morose, navré, neurasthénique, noir, nostalgique, peiné, préoccupé, rembruni, saturnien, sépulcral, sévère, sinistre, sombre, soucieux, sourcilleux, taciturne, ténébreux **– vx ou rég. :** adoloré, contristé, dolent, marri, mélancholieux, mélancolié **– fam :** bonnet de nuit, cafardeux, chagrineux, éteignoir, figure de carême, rabat-joie, tête d'enterrement, tristouillet, tristounet, trouble-fête **II. un lieu :** obscur, sauvage, sinistre **III. quelque chose ou quelqu'un. 1. péj. :** accablant, affligeant, affreux, attristant, calamiteux, catastrophique, cruel, décevant, déchirant, décourageant, déplorable, désolant, douloureux, dur, ennuyeux, funeste, grave, honteux, lamentable, mal, malheureux, mauvais, médiocre, méprisable, minable, misérable, moche, monotone, navrant, pauvre, pénible, piètre, piteux, pitoyable, regrettable, rude, scandaleux, sérieux, terne, tragique, uniforme **– vx :** flébile, funéral **2. fav. ou neutre :** attendrissant, bouleversant, dramatique, élégiaque, émouvant, larmoyant, romantique **IV. C'EST TRISTE :** dommage, fâcheux, regrettable

◇ CONTR. **I.** → CONTENT **II.** → GAI **III.** → RÉCONFORTANT **IV.** → AGRÉABLE **V.** → AMUSANT

TRISTEMENT avec → TRISTESSE, de façon → TRISTE *et les dérivés possibles en* -ment *des syn. de* triste

TRISTESSE n.f. **I. de quelqu'un : 1.** abandon, abattement, accablement, affliction, aigreur, amertume, angoisse, atrabile, austérité, chagrin, consternation, découragement, dégoût, dépression, désabusement, désenchantement, désespoir, désolation, deuil, douleur, ennui, épreuve, idées noires/ sombres, inquiétude, lassitude, mal (dans sa peau/ du siècle), malheur, maussaderie, mélancolie, morosité, neurasthénie, nostalgie, nuage, peine, serrement de cœur, sévérité, souci, souffrance, spleen, taedium vitae, taciturnité, vague à l'âme → MÉLANCOLIE **2. fam. :** bile, bourdon, cafard, papillons noirs, sinistrose **3. vx :** navrance, navrement **II. de quelque chose :** abandon, désolation, grisaille, laideur, mocheté (fam.), monotonie, pauvreté, platitude, uniformité

◇ CONTR. **I.** → GAIETÉ **II.** → PLAISIR **III.** → AMUSEMENT **IV.** → BOUFFONNERIE

TRITICALE n.m. → CÉRÉALE

TRITURER I. au pr. : aplatir, briser, broyer, concasser, croquer, déchiqueter, déchirer, écacher, écanguer, écorcher, écrabouiller, écraser, mâcher, mastiquer, mettre/ réduire en morceaux, mordre, pulvériser **II. par ext. 1. non fav.** : maltraiter → DÉTRUIRE **2. fav. ou neutre** → CHERCHER

◇ CONTR. → POLIR

TRIVIAL, E banal, bas, béotien, bourgeois, brut, canaille, choquant, commun, connu, courant, éculé, effronté, épais, faubourien, gouailleur, gros, grossier, insignifiant, matériel, obscène, ordinaire, peuple, philistin, poissard, populacier, prosaïque, rebattu, réchauffé, ressassé, roturier, simple, usé, vil, vulgaire

◇ CONTR. **I.** → DISTINGUÉ **II.** → RARE **III.** → ÉLEVÉ

TRIVIALEMENT avec → TRIVIALITÉ, de façon → TRIVIAL *et les dérivés possibles en* -ment *des syn. de* trivial

TRIVIALITÉ n.f. **I.** → BANALITÉ **II.** → OBSCÉNITÉ

TROC n.m. → CHANGE

TROGNE n.f. → TÊTE

TROGNON n.m. **I. 1.** → DÉBRIS **2.** → MORCEAU **3.** → RESTE **II.** → ENFANT **III. adj. 1.** → AIMABLE **2.** → ÉLÉGANT **IV. JUSQU'AU TROGNON** → TOTALEMENT

TRÔLER → TRAÎNER

TROMBE n.f. bourrasque, cataracte, coup de chien/ de tabac/ de vent, déluge, maelström, rafale, tempête, tornade, tourbillon, turbulence, typhon

◇ CONTR. → CALME

TROMBINE n.f. → TÊTE

TROMBLON n.m. → FUSIL

TROMBONE n.m. **I.** → CUIVRE **II.** agrafe, attache

TROMPE n.f. **I.** → COR **II. antiq.** : conque

TROMPER I. au pr. 1. abuser, amuser, attraper, aveugler, berner, bluffer, circonvenir, décevoir, déguiser, dépiter, désappointer, dissimuler, donner le change, dorer la pilule, duper, éblouir, échauder, écornifler, égarer, en conter, en donner, endormir, engluer, en imposer, enjôler, entôler, escroquer, estamper, étriller, exploiter, faire aller/ courir/ galoper/ marcher/ prendre des vessies pour des lanternes, faire briller/ chatoyer/ miroiter, faire prendre le change, faire une farce/ une niche, feindre, finasser, flatter, flouer, frauder, frustrer, illusionner, induire en erreur, jouer, se jouer de, jouer la comédie, leurrer, mener en bateau, mentir, mettre en défaut, monter un bateau/ le coup, se moquer, mystifier, piper, prendre au piège, promener, resquiller, retarder, rouler (dans la farine), ruser, séduire, sur-

prendre, tendre un piège, trahir, tricher, truquer **2. vx ou rég.** : abafointer, affiner, affistoler, amiauler, baliverner, bourder, bourler, bricoler, charlataner, dindonner, faire accroire, engeigner, enquinauder, escobarder, fausser sa foi/ parole/ promesse, finer, fourber, gourer, paqueter, pateliner, repasser, tonneler, trigauder **3. arg. ou fam.** : arnaquer, arrangemaner, arranger, avoir, baiser, balader, balancer, ballotter, bananer, berlurer, bidonner, biter, blouser, bourrer le crâne/ le mou/ la → TÊTE, brider, canarder, carotter, caver, charrier, chauffer, couillonner, cravater, doubler, écosser, embabouiner, emberlificoter, embobeliner, embobiner, emmener, emmitonner, empapaouter, empaumer, empiler, enculer, enfiler, enfler, enfoncer, englander, entortiller, entourlouper, entuber, envelopper, enviander, faire grimper à l'arbre, faire un enfant dans le dos, faire marron/ têtard, la faire à la graisse d'oie/ à l'oseille, feinter, ficher/ fourrer/ foutre dedans, gourer, harnacher, hisser un gandin, l'introduire/ la mettre (dans le) → FESSIER), jobarder, lanterner, mener en double, monter le job, niquer, pigeonner, posséder, ramoner, refaire, roustir, truandor **II. par ext. 1.** cocufier, coiffer (fam.), donner un coup de canif au contrat, en faire porter, faire cocu/ cornard, faire porter les cornes à, trahir – **vx** : actéoniser, en donner d'une, faire des traits à, sganarelliser **2.** → VOLER **III. v. pron.** : aberrer, s'abuser, avoir la berlue/ tort, broncher, cafouiller, chopper, confondre, s'échauder, errer, être échaudé/ en défaut, faillir, faire fausse route, se fourvoyer, s'illusionner, se laisser prendre, mécompter, méjuger, se méprendre, perdre le Nord, prendre le change, prendre pour et *les formes pron. possibles des syn. de* tromper – **fam.** : se foutre/ mettre dedans, se gourancer, se gourer, mettre à côté de la plaque, se mettre le doigt dans l'œil, prendre des vessies pour des lanternes

◇ CONTR. **I.** dire la vérité **II.** → DÉSABUSER **III.** → INSTRUIRE **IV.** avoir raison

TROMPERIE n.f. **I. au pr. 1.** altération, artifice, attrape, attrape-couillon (mérid.)/ lourdaud/ niais/ nigaud, bateau, bluff, canular, carottage, carotte, chiqué, combine, fable, farce, fausse apparence, faux-semblant, feinte, fumisterie, illusion, invention, semblant, tour de passe-passe – **vx** : amusement, bricole **2. non fav.** : dol, duperie, escamotage, escroquerie, falsification, fardage, fausseté, faux, fourberie, fraude, frelatage, imposture, infidélité, insincérité, leurre, maquignonnage, maquillage, mauvaise foi, mauvais tour, mensonge, miroir aux alouettes, mystification, perfidie, subreption (relig.), supercherie, trahison, traîtrise, triche, tricherie, trompe-l'œil, truquage, vol **3. arg.** : arnaque, bite, blouse, cravate, doublage, charriage, double-rambot, embrouille, enculerie, entourloupe, entourloupette, entubage, estorgue, feinte, frime, gandin, poloche, vape, ventre **4. vx** : affronterie, attrapoire, baie, bâte, berne, bernement, bernerie, biffe, cassade, circonvention, escobarderie, fallace, falourde, feintise, fourbe, gabegie, happe-lourde, malengin, matoiserie, paquet, pipe, piperie, trigauderie **5.** → HYPOCRISIE **II. par ext.** → ADULTÈRE

◇ CONTR. **I.** → SINCÉRITÉ **II.** → VÉRITÉ

TROMPETER claironner, colporter, corner, crier sur les toits → PUBLIER

TROMPETTE n.f. **par ext.** : bousine, buccin, buccine, bugle, clairon, cornet, trompe (vx)

TROMPETTE n.m. buccinateur, trompettiste

TROMPEUR, EUSE I. le comportement ou le discours de quelqu'un : artificieux, captieux, décevant, déloyal, délusoire (jurid.), dissimulé, double, dupeur, enjôleur, fallacieux, farceur, faux, faux derche (arg.)/ jeton (fam.), fourbe, fraudeur, fumiste (fam.), illusoire, imposteur, insidieux, insincère, mensonger, menteur, mystificateur, patelin, perfide, simulateur, sournois, spécieux, traître, tricheur, truqueur, vendu → HYPOCRITE – **vx** : argutieux, berneur, déceptif, faussaire, gobelet, passe-fin, pipeur **II. quelque chose** : attrape-couillon/ minon/ mouches/ nigaud/ savants, brillant, clinquant, toc

◇ CONTR. **I.** → SINCÈRE **II.** → VRAI

TROMPEUSEMENT avec → TROMPERIE, de façon → TROMPEUSE *et les dérivés possibles en* -ment *des syn. de* trompeur

TRONC n.m. **I.** → TIGE **II.** → TORSE **III.** → LIGNÉE **IV.** → TIRELIRE

TRONÇON n.m. → PARTIE

TRONÇONNER → COUPER

TRÔNE n.m. **I.** siège **II. par ext.** : autorité, dynastie, maison, monarchie, puissance, règne, royauté, souveraineté

◇ CONTR. → PEUPLE

TRÔNER se camper, se carrer, se goberger (fam.), pontifier, se prélasser → TRIOMPHER

◇ CONTR. **I.** → CACHER (SE) **II.** → ÉCHOUER

TRONQUÉ, E imparfait, incomplet *et les part. passés possibles des syn. de* tronquer

◇ CONTR. → ENTIER

TRONQUER altérer, amoindrir, amputer, censurer, couper, déformer, dénaturer, écourter, estropier, fausser, massacrer, mutiler, raccourcir, réduire, rogner, supprimer

◇ CONTR. → CONSERVER

TROP → TRÈS

TROPHÉE n.m. **I.** butin, dépouilles **II.** coupe, médaille, oscar, prix, récompense **III.** → SUCCÈS

TROPICAL, E → TORRIDE

TROQUE ou **TROCHE** n.f. → GASTÉROPODE

TROQUER échanger → CHANGER

TROQUET n.m. → CABARETIER

TROTTER I. au pr. → MARCHER **II. fig.** → PRÉOCCUPER

TROTTIN n.m. apprentie, cousette, couturière, midinette, modiste, ouvrière, petite main

TROTTINETTE n.f. patinette

TROTTOIR n.m. **I. par ext.** pavé, plate-forme, quai **II. FAIRE LE TROTTOIR 1.** se livrer à la → PROSTITUTION **2. arg.** : aller aux asperges, battre/ faire/ piler l'antif/ l'asphalte/ le bitume/ le ruban/ le tapin, être sur le sable, faire le truc → PROSTITUER (SE)

◇ CONTR. → CHAUSSÉE

TROU n.m. **I. au pr. 1.** boulin, brèche, coupure, creux, entonnoir, évidement, excavation, fente, flache, fondrière, jouette, ornière, pertuis, poquet, vide **2.** antre, caverne, fosse, grotte, hypogée, puits, souterrain, tranchée, trouée → CAVITÉ **3.** enchifflure (rég.), mangeure, usure **4.** chas, œil-de-pie (mar.), œillet → OUVERTURE **5. techn.** : étampure, évidure, forure, grumelure, jaumière (mar.), sténopé **II. fig. 1.** → VILLAGE **2.** → MANQUE **3.** → LACUNE

◇ CONTR. → BOSSE

TROUBADOUR n.m. barde, félibre, jongleur, ménestrel, minnesinger, musicien, poète, trouvère

TROUBLANT, E I. agitant (vx), bouleversant, déconcertant, inquiétant, intimidant → TOUCHANT **II.** charmeur, enivrant, enjôleur, ensorceleur, galant, séducteur → SÉDUISANT

◇ CONTR. **I.** → RÉCONFORTANT **II.** → RÉPUGNANT

TROUBLE adj. **I. au pr.** : boueux, bourbeux, fangeux, opaque, sombre, terne, vaseux **II. fig. 1.** louche → SUSPECT **2.** complexe, compliqué, confus, embrouillé, fumeux, indébrouillable, inextricable, nébuleux, nuageux, obscur, ténébreux, vague

◇ CONTR. **I.** → CLAIR **II.** → ÉVIDENT

TROUBLE n.m. **I. au pr.** : anarchie, bouleversement, bruit, chaos, conflit, confusion, crise, désordre, désorganisation, orage, ouragan, méli-mélo (fam.), pêle-mêle, perturbation, remuement, remue-ménage, tempête, tourmente, tumulte → TOHU-BOHU **II. par ext. 1.** aberration, aliénation, altération, atteinte, aveuglement, confusion, délire, dérangement, dérèglement, déséquilibre, éga-

rement, folie, incommodité (vx), maladie, névrose, perturbation 2. commotion, étourdissement, évanouissement, malaise, syncope, vapeur (vx), vertige 3. ahurissement, effarement, enivrement, excitation 4. attendrissement, bouleversement, ébranlement, embarras, émoi, émotion, indécision, perplexité 5. affolement, agitation, désarroi, détresse, effervescence, effroi, fièvre, inquiétude, remous 6. brouille, brouillerie, dispute → MÉSINTELLIGENCE 7. complexe, gêne, inhibition, paralysie, timidité 8. au pl. : convulsion, déchirement, émeute, guerre civile/ intestine, insurrection, mouvement → RÉVOLTE
◇ CONTR. I. → CALME II. → PAIX III. → TRANQUILLITÉ

TROUBLÉ, E I. quelqu'un. 1. fav. : attendri, charmé, chaviré, ému, éperdu, intimidé, rougissant, séduit, touché 2. neutre ou non fav. : affolé, agité, ahuri, à l'envers, aveuglé, bouleversé, chamboulé (fam.), confus, détraqué, effarouché, égaré, énervé, fiévreux, hagard, hébété, inquiet, nerveux, perturbé, retourné, sens dessus dessous II. quelque chose. 1. au pr. : altéré, brouillé 2. par ext. : brouillon, confus, houleux, incertain, inquiétant, mouvementé, orageux, tourmenté, trépidant, tumultueux, turbide, turbulent 3. vén. : oragé, tempétueux
◇ CONTR. I. → CLAIR II. → TRANQUILLE III. → INDIFFÉRENT

TROUBLE-FÊTE n.m. → IMPORTUN

TROUBLER I. quelque chose : brouiller, corrompre, décomposer, déranger, dérégler, désorganiser, détraquer, détruire, embrouiller, empoisonner, gâter, gêner, interrompre, obscurcir, perturber, rabouiller, renverser, rompre, subvertir, touiller – vx : tribouiller, tribouler → MÉLANGER II. quelqu'un. 1. fav. ou neutre : éblouir, émouvoir, enivrer, enfiévrer, ensorceler, étonner, exciter, fasciner, impressionner, remuer, saisir, séduire 2. non fav. : abasourdir, affliger, affoler, agiter, ahurir, alarmer, aliéner, aveugler, bousculer, chagriner, complexer, confondre, contrarier, déconcerter, démonter, désarçonner, désorienter, disturber, effarer, effaroucher, égarer, embarrasser, embrouiller, gêner, incommoder, inhiber, inquiéter, interdire, interférer, intimider, mettre sens dessus dessous, paralyser, semer/ soulever/ susciter l'émotion/ l'inquiétude/ le trouble – vx : enfumer, étonner III. v. pron. : barboter (fam.), s'embarbouiller, perdre contenance/ la carte (fam.)/ les pédales (fam.)/ la tête et les formes pron. possibles des syn. de troubler
◇ CONTR. I. → PURIFIER II. → TRANQUILLISER

TROUÉE n.f. brèche, clairière, déchirure, échappée, excavation, faille, percée, ouverture → TROU

TROUER → TRANSPERCER

TROUFIGNON n.m. → ANUS

TROUFION n.m. → SOLDAT

TROUILLARD, E → CAPON

TROUILLE n.f. → PEUR

TROUPE n.f. I. d'animaux : essaim, harde, harpail, litée, meute, troupeau, volée II. d'hommes. 1. milit. : archerie, armée, bataillon, brigade, caterve, centurie, cohorte, colonne, commando, compagnie, contingent, corps, corps franc, détachement, division, échelon, élément, équipe, escadron, escouade, flanc-garde, forces, formation, garnison, goum, groupe, guérilla, légion, manipule, milice, parti, patrouille, peloton, phalange, piquet, régiment, section, soldatesque (péj.), tabor, unité 2. attroupement, caravane, cavalcade, cortège, ensemble, foule, groupe, multitude, rassemblement, tribu 3. péj. : bande, gang, horde
◇ CONTR. → HIÉRARCHIE

TROUPEAU n.m. I. au pr. : bergamine, cheptel, manade II. par ext. 1. → TROUPE 2. → MULTITUDE

TROUPIER n.m. → SOLDAT

TROUSSE n.f. I. vx : assemblage, botte, faisceau, gerbe, trousseau II. aiguiller, étui, nécessaire, plumier, poche, portefeuille, sac, sacoche III. AUX/ SUR LES TROUSSES DE : aux chausses, au derrière, au train (fam.), dans le dos, sur le paletot (fam.), aux talons → POURSUIVRE

TROUSSEAU n.m. affaires, dot, effets, garde-robe, habits, layette, linge, lingerie, nécessaire, toilette, vêtements

TROUSSER I. accélérer, brusquer, dépêcher, expédier, hâter, liquider, précipiter → TORCHER II. écarter, recoquiller, redresser, relever, remonter, replier, retrousser, soulever → LEVER III. → CARESSER
◇ CONTR. I. → SOIGNER II. → ABAISSER

TROUVAILLE n.f. astuce (fam.), création, découverte, idée, illumination, invention, nouveauté, rencontre, trait de génie/ de lumière
◇ CONTR. I. → BANALITÉ II. → PLATITUDE

TROUVER I. au pr. : apercevoir, atteindre, avoir, déceler, découvrir, détecter, déterrer, joindre, mettre la main sur, obtenir, rejoindre, rencontrer, surprendre, tomber sur, toucher – fam. : cueillir, dégauchir, dégoter, déhotter, dénicher, dévisser, pêcher II. par ext. 1. s'aviser de, déchiffrer, deviner, élucider, percer, résoudre, réussir, surmonter la difficulté 2. concevoir, créer, forger, imaginer, innover, inventer 3. considérer, croire, éprouver, estimer, penser, regarder comme, saisir, sentir, tenir pour → JUGER III. 1. TROU-VER BON → APPROUVER 2. TROUVER À DIRE : avoir à → BLÂMER

CONTR. I. → PERDRE II. → RENONCER

TROUVER (SE) I. quelque chose ou quelqu'un : s'avérer, demeurer, être, exister, figurer, s'offrir, se rencontrer, reposer, se révéler, tomber, traîner *et les formes pronom. possibles des syn. de* trouver **II. quelqu'un. 1. au pr. :** assister, être présent, siéger **2. fig. non fav.** → TOMBER DANS/ ENTRE **3. fig. fav. :** baigner, flotter, nager, se prélasser, se vautrer **4. fig. neutre :** se considérer, se croire, s'estimer, se juger **III. quelque chose :** advenir, arriver, se produire, survenir

◇ CONTR. : être → ABSENT

TROUVÈRE n.m. → TROUBADOUR

TRUAND, E n.m. ou f. **I. neutre :** chemineau, clochard, cloche, coureur, galvaudeux, gueux, mendiant, mendigot, rôdeur, trimardeur, vagabond **II. non fav. : 1.** affranchi, apache, arcan, arsouille, aventurier, bandit, brigand, canaille, chenapan, coquin, crapule, débauché, dévoyé, drôle, fainéant, frappe, fripon, fripouille, galapiat, galopin, garnement, gens de sac et de corde, gibier de potence, gouape, gredin, libertin, loubard, malhonnête, maquereau, nervi, plat personnage, poisse, rossard, sacripant, saleté, sale/ triste individu/ personnage/ type/ coco, scélérat, vaurien, voyou **2. vx :** gouspin, ribaud, roué **3. arg. :** ferlampier, ferlandier, loulou, marlou, narzo, peau-rouge, pégriot, poisseux, youvoi, zonard, zoulou **4.** → VOLEUR

◇ CONTR. → BOURGEOIS

TRUANDER I. → TROMPER **II.** → VOLER

TRUBLION n.m. **I.** → BROUILLON **II.** → FACTIEUX

TRUC n.m. **I. fav. ou neutre 1.** art, combinaison, démarche, dispositif, formule, manière, marche à suivre, martingale, méthode, mode, moyen, pratique, procédé, procédure, recette, rubrique (vx), secret, stratégie, système, tactique, technique, théorie, voie **2. affaire,** bazar, bidule, bitonio, bordel, bricole, business, chose, gadget, machin, objet, outil, saint-frusquin, trucmuche, zizi, zinzin **II. non fav. :** artifice, astuce, attrape-nigaud, carotte (fam.), cautèle, chafouinerie, chausse-trape, détour, diplomatie, échappatoire, embrouille, embûche, faux-fuyant, feinte, ficelle, finasserie, finesse, fourberie, fraude, habileté, intrigue, invention, machiavélisme, machination, machine, malice, manœuvre, matoiserie, méandre, os, perfidie, piège, politique, poloche (arg.), retour (vén.), rets, rou-

blardise, rouerie, rubrique (vx), ruse, sac de nœuds, stratagème, stratégie, subterfuge, subtilité, tactique, tour, trame → TROMPERIE

TRUCHEMENT n.m. **I.** → TRADUCTEUR **II.** → INTERMÉDIAIRE

TRUCIDER → TUER

TRUCK n.m. → WAGON

TRUCMAN n.m. **off. :** truquiste

TRUCULENCE n.f. → BOUFFONNERIE

TRUCULENT, E I. vx. 1. → BARBARE **2.** → VIOLENT **II.** amusant, bizarre, cocasse, comique, curieux, déconcertant, drolatique, drôle, étonnant, étrange, excentrique, extraordinaire, fantasque, hardi, haut en couleur, hors du commun, impayable, inédit, neuf, non-conformiste, nouveau, original, particulier, personnel, picaresque, pittoresque, singulier, spécial

◇ CONTR. I. → BANAL II. → TRISTE

TRUELLE n.f. langue-de-chat, spatule

TRUFFE n.f. **I. 1.** tuber magnatum *ou* truffe blanche du Piémont, tuber melanosporum *ou* truffe noire du Périgord **2.** cragnon, diamant noir, fille de l'éclair **3. vx :** tartufle, trufle → PLAISANTERIE **II.** → NEZ

TRUFFER bonder, bourrer, charger, combler, emplir, encombrer, entrelarder, envahir, farcir, garnir, gonfler, insérer, larder, occuper, remplir, saturer, se répandre dans

◇ CONTR. → VIDER

TRUIE n.f. coche, portière → PORC

TRUISME n.m. → VÉRITÉ

TRUITÉ, E → TACHÉ

TRUQUAGE n.m. **I.** → ASTUCE **II.** → TROMPERIE

TRUQUER I. → ALTÉRER **II.** → TROMPER

TRUQUEUR, EUSE n.m. ou f. **I.** → TRICHEUR **II.** → TROMPEUR

TRUST n.m. association, cartel (all.), coalition, comptoir, conglomérat, consortium, corner (angl.), entente, holding, monopole, omnium, pool, syndicat, zaibatzu (jap.)

◇ CONTR. : artisanat, petit commerce, P.M.E. (petites et moyennes entreprises), P.M.I. (petites et moyennes industries), S.A.R.L. (société à responsabilité limitée)

TRUSTER → ACCUMULER

TSAR, TSARINE → MONARQUE

T.S.F. n.f. → RADIO

TSIGANE nom et adj. → TZIGANE

TUANT, E abrutissant, accablant, assommant, asthéniant, débilitant, déprimant, échinant, écrasant, énervant, ennuyeux, épuisant, éreintant, esquintant, exténuant, fatigant, harassant, importun, lassant, pénible, suant, vannant – **fam.** : cassant, claquant, crevant, pompant

◇ CONTR. → REPOSANT

TUBAGE n.m. intubation

TUBE n.m. **I.** boyau, canal, canalisation, conduit, cylindre, gazoduc, oléoduc, pipeline, tuyau **II.** ajutage *ou* ajutoir, canule, drain, éprouvette, fêle, fuseau, pipette, siphon **III.** chapeau-claque, claque, gibus, haut-de-forme, huit-reflets **IV.** **fam.** → SUCCÈS

TUBERCULE n.m. **I.** → RACINE **II.** crosne, igname, topinambour → POMME DE TERRE **III.** → TUMESCENCE

TUBERCULEUX, EUSE nom et adj. bacillaire, malade de la poitrine, phtisique, poitrinaire, pulmonaire – **arg.** : mité, nase, tubard, tutu

TUBERCULOSE n.f. bacillose, caverne, maladie de poitrine/ du poumon, phtisie – **arg.** : éponges mitées, nases (les), tubardise

TUBÉREUX, EUSE bulbeux, charnu, gonflé, renflé

◇ CONTR. **I.** → FILIFORME **II.** → PLAT

TUBÉROSITÉ n.f. → PROTUBÉRANCE

TUBING n.m. **pétr. off.** : colonne/ tube de production

TUBULAIRE cylindrique, tubule, tubuleux

TUBULURE n.f. → CONDUIT

TUDESQUE → ALLEMAND

TUÉ, E **au pr.** : assassiné, décédé, disparu, exécuté, mort, tombé, tombé au champ d'honneur, trépassé *et les part. passés possibles des syn. de* tuer

◇ CONTR. → RESCAPÉ

TUER **I. au pr. 1.** abattre, achever, anéantir, assassiner, assommer, brûler (au pr. et arg. au fig.), brûler la cervelle, casser la tête, causer la mort, couper la gorge, décapiter, décimer, décoller, se défaire de, démolir, descendre, détruire, donner le coup de grâce/ la mort, écarteler, écraser, égorger, électrocuter, empaler, empoisonner, emporter, envoyer ad patres/ dans l'autre monde/ pour le compte, étendre mort/ raide/ raide mort/ sur le carreau, étouffer, étrangler, étriper, éventrer, exécuter, exterminer, faire couler le sang, faire mourir *et les syn. de* mourir, faire périr, faire sauter la cervelle, faucher, foudroyer, fusiller, garrotter, guillotiner, immoler, lapider, liquider, lyncher, massacrer, mettre à mort, moissonner, noyer, occire, ôter la vie, pendre, percer, poignarder, pourfendre, rompre le cou, sa-

crifier, saigner, servir (vén.), supplicier, supprimer, trancher le cou/ la gorge, verser le sang **2. vx** : échiner, égosiller, estoquer, juguler, meurtrir **3. arg. ou fam.** : aligner, allonger, arquebuser, assaisonner, azimuter, avoir/ faire/ trouer la peau, bigorner, bousiller, brûler, bûcher, buter, cadavériser, capahuter, canner, casser, chicorner, chouriner, composter, cornacher, crever, crever la gueule/ la paillasse/ la panse/ la peau, crounir, débarbouiller, décoller, dégeler, déglinguer, dégommer, dégotter, dégringoler, dépêcher, déquiller, descendre, dessouder, dévisser, dézinguer, ébouser, écraser, effacer, égoïner, empaqueter, endormir, envoyer ad patres, envoyer/ foutre/ mettre en l'air, escarper, escoffier (mérid.), estourbir, étendre (sur le carreau), étourdir, expédier, faire la peau, faire passer le goût du pain, faire sauter le caisson, faire son affaire, finir, flingoter, flinguer, maraver, mettre à l'ombre/ à zéro/ en bombe/ en l'air/ en tas, moucher, nettoyer, opérer, outiller, passer à la casserole/ à la moulinette, percer, planter, plomber, poinçonner, poivrer, poquer, raccourcir, ratatiner, ratiboiser, recorder, rectifier, refroidir, régler (son compte), répandre, repasser, rétamer, révolvériser, rincer, sabrer, scier, scionner, scrafer, sechor, suriner, tordre le cou, travailler dans le rouge, troncher, trucider, truffer, zigouiller **II. fig. 1.** → ABATTRE **2.** → DÉTRUIRE **3.** → FATIGUER **III. TUER LE TEMPS** : occuper, passer **IV. v. pron. 1. au pr.** : se détruire, se donner la mort, se défaire, faire hara-kiri, mettre fin à ses jours, se saborder, se suicider, se supprimer **2. fam.** : se faire sauter (la caisse/ la cervelle/ le caisson), se flinguer/ macchaber **3.** se casser le cou/ la figure, être victime d'un accident, se rompre le cou, trouver la mort, se viander (fam.) **4. fig.** : se crever (fam.), s'évertuer, se fatiguer *et les formes pron. possibles des syn. de* tuer

◇ CONTR. **I.** → CONSERVER **II.** → PRÉSERVER **III.** → SOIGNER

TUERIE n.f. **I.** → ABATTOIR **II.** → CARNAGE

TUEUR n.m. assassin, brave, bravi, bravo, chasseur (péj.), coupe-jarret, estafier, homme de main, massacreur, meurtrier, nervi, occiseur (vx), saigneur, satellite, sicaire, spadassin – **arg.** : buteur, chourineur, cronisseur, flingueur, toucheur, virtuose

◇ CONTR. → SAUVEUR

TUEUR, TUEUSE dangereux, fatal, homicide, meurtrier, mortel

◇ CONTR. → INOFFENSIF

TUF n.m. **I. au pr.** : tufeau, tuffeau **II. fig.** → INTÉRIEUR

TUILE n.f. **I.** arêtière, creuse, émaillée, faîtière, mécanique, plate, romaine, tuileau, tuilette **II. fig. 1.** → ACCIDENT **2.** → MALCHANCE

TULLE n.m. → GAZE

TUMBLING n.m. **spat. off.** : culbutage

TUMÉFACTION n.f. → TUMEUR

TUMÉFIÉ, E et **TUMESCENT, E** ballonné, bombé, bouffant, bouffi, boursouflé, cloqué, congestionné, dilaté, distendu, empâté, en chou-fleur (fam.), enflé, gondolé, gonflé, gros, hypertrophié, mafflu, météorisé, renflé, soufflé, turgescent, turgide, ventru, vultueux

◇ CONTR. : rétracté

TUMESCENCE et **TUMEUR** n.f. **I. au pr. :** adénite, adénome, athérome, bubon, cancer, carcinome, condylome, crête-de-coq, épithéliome, épulide, exostose, fibrome, fongosité, fongus, gliome, goitre, granulome, grenouillette, hématocèle, hématome, intumescence, kyste, lipome, loupe, molluscum, myome, néoplasie, néoplasme, œdème, papillome, parulie, polype, ranule, sarcome, squirrhe, tanne, tubercule, tubérosité, tuméfaction, tumescence **II. par ext. :** abcès, ampoule, angiome, anthrax, bosse, bouton, bubelette, caroncule, chalaze, chalazion, clou, empyème, enflure, escarre, excroissance, fluxion, fraise, furoncle, ganglion, glande, granulation, grosseur, induration, kératome, mélanome, naevus, orgelet, panaris, perlèche ou pourlèche, phlegmon, pustule, tourniole, verrucosité, xanthome – **mérid. :** boufigue, boufiole – **vx :** apostème, apostume, écrouelles, humeurs froides, hypocrâne, scrofule **III. vétér. :** buture, capelet, éparvin, éponge, forme, jarde, jardon, javart, osselet, suros, vessigon

TUMULAIRE → FUNÉRAIRE

TUMULTE n.m. **I.** → TOHU-BOHU **II.** → TROUBLE

TUMULTUEUSEMENT avec → TUMULTE, de façon → TUMULTUEUX *et les dérivés possibles en* -ment *des syn. de* tumultueux

TUMULTUEUX, EUSE agité, animé, brouillon, bruyant, confus, désordonné, houleux, incertain, inquiétant, mouvementé, orageux, séditieux, tapageur, tourbillonnaire, tourmenté, trépidant, troublé, tumultuaire (vx), turbulent

◇ CONTR. → TRANQUILLE

TUMULUS n.m. **I. au pr. :** cairn, galgal, mound, tell, tertre **II.** → TOMBE

TUNER n.m. **audiov. off. :** syntoniseur

TUNGSTÈNE n.m. wolfram

TUNING n.m. **télécom. off. :** accord

TUNIQUE n.f. **I.** angusticlave, chiton, dalmatique, éphod, laticlave, tunicelle **II.** boubou, kimono, robe **III.** broigne (vx), dolman, redingote, roupane (arg.), veste

TUNISIEN, NE nom et adj. → MAGHRÉBIN

TUNNEL n.m. corridor, passage, passage souterrain, percée, souterrain, trouée

TURBAN n.m. → COIFFURE

TURBIDITÉ n.f. opacité → OBSCURITÉ

TURBINE FUEL n.m. **pétr. off. :** turbo combustible

TURBOFAN n.m. **aviat. off. :** réacteur à double flux

TURBULENCE n.f. **I.** activité, agitation, animation, bruit, dissipation, espièglerie, excitation, impétuosité, mobilité, mouvement, nervosité, pétulance, remue-ménage, tapage, trouble, tumulte, vivacité **II.** → TROMBE

◇ CONTR. **I.** → TRANQUILLITÉ **II.** → REPOS

TURBULENT, E I. quelqu'un : actif, agile, agité, animé, bruyant, déluré, démoniaque, dissipé, dur, espiègle, éveillé, excité, fougueux, frétillant, fringant, guilleret, impétueux, ingambe, instable, leste, mobile, nerveux, pétulant, primesautier, prompt, rapide, remuant, sautillant, tapageur, terrible, vif, vivant → POLISSON **II. quelque chose. 1.** → TROUBLÉ **2.** → TUMULTUEUX

◇ CONTR. → TRANQUILLE

TURC, TURQUE nom et adj. byzantin, ottoman

TURF n.m. **I.** champ de courses, courtines (arg.), hippodrome, pelouse **II.** courses, sport hippique **III. FAIRE LE TURF** (arg.) → PROSTITUTION

TURFISTE n.m. ou f. joueur, parieur

TURGESCENCE n.f. → TUMESCENCE

TURGESCENT, E et **TURGIDE** → TUMÉFIÉ

TURLUPIN I. nom masc. : arlequin, baladin, bateleur, bouffe, bouffon, clown, comique, fagotin, farceur, gugusse, histrion, matassin, nain, paillasse, pantalon, pantin, pasquin, pitre, plaisantin, polichinelle, queue-rouge, saltimbanque, trivelin, zanni **II. adj. :** bouffon, burlesque, cocasse, comique, drôle, fantaisiste, folâtre, grotesque, ridicule, rigolo

◇ CONTR. **I.** → RABAT-JOIE **II.** → SÉRIEUX

TURLUPINADE n.f. **I.** → BOUFFONNERIE **II.** à-peu-près, calembour, contrepèterie, coq-à-l'âne, équivoque, jeu de mots, mot d'esprit, plaisanterie

◇ CONTR. **I.** chose → SÉRIEUX, EUSE **II.** → GRAVITÉ

TURLUPINER fam. : agacer, asticoter, casser les pieds, chercher des crosses/ noise/ querelle, contrarier, courroucer, crisper, donner sur les nerfs, échauffer, échauffer la bile/ les oreilles, embêter, emmerder (grossier), énerver, ennuyer, enquiquiner, exacer-

ber, exaspérer, excéder, exciter, faire endê-
ver/ enrager/ sortir de ses gonds, harceler,
hérisser, horripiler, impatienter, importuner, indisposer, irriter, lanciner, lasser, marteler, mécontenter, mettre en colère/ rogne,
obséder, piquer, provoquer, taquiner, tarauder, tourmenter, tracasser, travailler, trotter,
troubler

◇ CONTR. → TRANQUILLISER

TURLURETTE n.f. I. biniou, cornemuse,
flageolet, vielle II. → REFRAIN

TURLUTAINE n.f. → TOQUADE

TURLUTTE n.f. → HAMEÇON

TURNE n.f. → CHAMBRE

TURN(-)TABLE n.m. **aérogare off.** : carrousel

TURPIDE → HONTEUX

TURPITUDE n.f. abaissement, abjection,
bassesse, boue, corruption, crapulerie,
crime, débauche, dégradation, démérite, déportement, dépravation, dérèglement, déshonneur, désordre, dévergondage, dissolution, excès, fange, flétrissure, honte,
ignominie, immoralité, impudicité, inconduite, indécence, indignité, infamie, iniquité, intempérance, libertinage, licence,
luxure, malhonnêteté, méchanceté, opprobre, ordure, relâchement, ribauderie,
scandale, stupre, vice, vilenie

◇ CONTR. I. → HONNÊTETÉ II. → DÉCENCE III. →
SAINTETÉ

TUTÉLAIRE apotropaïque, auxiliaire,
bienfaisant, bienfaiteur, bon, conjuratoire,
défenseur, évergète, gardien, favorable, paternaliste (péj.), paternel, patrial (vx), protecteur, providentiel, sauveur, secourable, serviable, utile

◇ CONTR. → NÉFASTE

TUTELLE n.f. I. **fav. ou neutre** : administration,
aide, appui, assistance, auspice, autorité, bénédiction, conservation, couverture, défense, égide, évergétisme, garantie, garde,
immunité, invocation, patronage, protection, sauvegarde, secours, soutien, support
II. **non fav.** : assujettissement, contrainte, dépendance, direction, gêne, lisière, surveillance, vigilance

◇ CONTR. → LIBERTÉ

TUTEUR, TUTRICE n.m. ou f. I. ascendant, caution, comptable, garantie, gérant,
parrain, représentant, responsable, soutien,
surveillant II. appui, défenseur, gardien, patron, protecteur III. appui, armature, échalas, étai, perche, piquet, rame, soutien, tige
→ BÂTON

◇ CONTR. → PUPILLE

TUYAU n.m. I. → TUBE II. → CANAL III. → REN-
SEIGNEMENT

TUYAUTAGE et **TUYAUTERIE** n.m., n.f.
→ CONDUIT

TUYÈRE n.f. buse

TWISTER n.m. **milit. off.** : tortilleur

TYMPAN n.m. fronton, gable, pignon

TYMPANISER → VILIPENDER

TYPE n.m. I. **quelque chose. 1. typogr.** : caractère,
fonte, frappe, police **2.** archétype, canon,
conception, échantillon, étalon, exemple, figure, formule, gabarit, idéal, idée, image,
modèle, original, paradigme, parangon,
personnification, prototype, représentant,
symbole **3.** catégorie, classe, embranchement, espèce, famille, genre, ordre, race,
sorte, variété **4.** acabit, farine, nature, sorte
5. façon, griffe, manière, marque, mode,
style **6.** apparence, aspect, attitude, caractère, comportement, conduite, extérieur, façon, format, genre, ligne, morphologie, silhouette, tenue, tournure – **fam.** : dégaine,
touche II. **quelqu'un. 1.** citoyen, habitant,
homme, individu, monsieur, personnage,
personne, quelqu'un, tête **2. péj. ou arg.** : asticot, bonhomme, bougre, branquignol, cave,
cézigue, charlot, chrétien, coco, croquant,
diable, drôle, dugenou, dugland, fias, figure,
fiotte, frangin, fromage, gaillard, gazier,
glandu, gnafron, gnard, gnasse, gonze, guignol, gus, gustave, hère, indien, jeton, jules,
keun, lard, lascar, luron, mec, mecton, messière, micheton, mironton, miston, moineau,
numéro, oiseau, olibrius, orgue, ostrogot,
outil, pante, paroissien, pékin, pèlerin, phénomène, piaf, pierrot, pilon, pingouin, pistolet, pomme, quidam, rigolo, rom, rombier,
sieur, sire, tartempion, tranche, trucmuche,
viande, zèbre, zigomard, zigoto, zigue,
zouave, zoulou, zozo

TYPER marquer → IMPRIMER

TYPHON n.m. bourrasque, coup de chien/
de tabac (fam.)/ de vent, cyclone, maelström, orage, ouragan, rafale, raz de marée,
tempête, tornade, tourbillon, tourmente,
trombe, vent

◇ CONTR. → CALME

TYPIQUE caractéristique, déterminant, distinctif, dominant, emblématique, essentiel,
exemplaire, expressif, original, particulier,
personnel, propre, représentatif, saillant, significatif, spécifique, symbolique, symptomatique

◇ CONTR. → BANAL

TYPIQUEMENT de façon → TYPIQUE *et les
dérivés possibles en* -ment *des syn. de* typique

TYPOGRAPHE n.m. ou f. composeur,
compositeur, imposeur, imprimeur, metteur
en pages, minerviste, ouvrier du livre, prote,
typo

TYPOGRAPHIE n.f. **I.** imprimerie **II. par ext.**
1. chalcographie, électrotypie, linotypie, lithographie, monotypie, offset, photocomposition, photocopie, phototypie, polycopie, sérigraphie, typolithographie, xylographie
2. clichage, composition, impression, reproduction, tirage

TYRAN n.m. asservisseur (vx), autocrate, despote, dominateur, maître, oppresseur, persécuteur, roi, roitelet, satrape, souverain absolu, tyranneau → DICTATEUR
◈ CONTR. **I.** → LIBÉRATEUR **II.** → PROTECTEUR **III.** → ESCLAVE

TYRANNIE n.f. **I. au pr.** : absolutisme, autocratie, autoritarisme, caporalisme, césarisme, despotisme, dictature, fascisme, nazisme, stalinisme, totalitarisme **II. par ext.**
1. arbitraire, assujettissement, barbarie, chasse aux sorcières, cruauté, domination, fanatisme, férocité, inhumanité, intolérance, oppression, persécution, satrapie, sauvagerie, vandalisme **2.** ascendant, autorité, dépendance, dogmatisme, empiètement, empire, emprise, esclavage, influence, mainmise
◈ CONTR. **I.** → LIBERTÉ **II.** → PROTECTION **III.** → DÉPENDANCE

TYRANNIQUE → ABSOLU

TYRANNIQUEMENT avec → TYRANNIE, de façon → TYRANNIQUE *et les dérivés possibles en* -ment *des syn. de* tyrannique

TYRANNISER I. au pr. : abuser, accabler, assujettir, avoir/ jeter/ mettre le grappin/ la main sur, contraindre, courber, dominer, forcer, fouler aux pieds, opprimer, persécuter, réduire en esclavage, violenter **II. par ext. 1.** → TOURMENTER **2.** → CONDUIRE
◈ CONTR. **I.** → LIBÉRER **II.** → PROTÉGER **III.** → SUBIR

TZIGANE ou **TSIGANE** nom et adj.
I. neutre ou péj. : bohémien, égyptien (vx), gipsy, gitan, rom, zingaro (vx) **II. fam. et péj.** : boumian (région.), cigain, cinnetine, manouche, merlifiche, merligode, merligodgier, rabouin, roma, romani, romanichel, romano, romé
◈ CONTR. **I.** → SÉDENTAIRE **II.** → PAYSAN

U

UBIQUISTE nom et adj. omniprésent

UBIQUITÉ n.f. bilocation, dédoublement, omniprésence, télépathie

UBUESQUE → ABSURDE

UKASE ou **OUKASE** n.m. → INJONCTION

ULCÉRATION, ULCÈRE n.f., n.m. aegilops, aphte, argémon, chancre, exulcération, exutoire, lésion, lupus, plaie → ABCÈS

ULCÉRER I. → AFFLIGER **II.** → CHOQUER

ULÉMA n.m. ayatollah, imam, mollah, soufi

ULIGINAIRE → HUMIDE

ULMAIRE n.f. reine-des-prés, spirée

ULSTER n.m. → MANTEAU

ULTÉRIEUR, E → SUIVANT

ULTIMATUM n.m. → INJONCTION

ULTIME → DERNIER

ULTRA nom et adj. extrémiste, fanatique, intolérant, jacobin, jeune-turc, jusqu'au-boutiste, maximaliste
◈ CONTR. → LIBÉRAL

ULTRAMONTAIN, E I. cisalpin → ITALIEN **II.** conservateur, papiste (péj.), romain
◈ CONTR. : gallican

ULTRA-PETITA n.m. surenchère

ULULER boubouler → CRIER

ULVE n.f. laitue de mer → ALGUE

UMBILICAL MAST n.m. **spat. off.** : mât ombilical

UN, UNE distinct, exclusif, indivis, isolé, rare, seul, simple, unique
◈ CONTR. **I.** → NOMBREUX **II.** → VARIÉ

UN À UN l'un après l'autre → ALTERNATIVEMENT
◈ CONTR. → ENSEMBLE

UNANIME absolu, collectif, commun, complet, entier, général, sans exception, total, universel
◈ CONTR. **I.** → OPPOSÉ **II.** → SÉPARÉ

UNANIMEMENT absolument, à l'unanimité, collectivement, complètement, entièrement, généralement, sans exception, totalement, tous à la fois/ ensemble, universellement
◈ CONTR. → SÉPARÉMENT

UNANIMITÉ n.f. → ACCORD

UNAU n.m. paresseux → SINGE

UNDERGROUND n.m. inv. et adj. → LIBRE

UNI, E I. → ÉGAL **II.** → LISSE **III.** → SIMPLE **IV.** → UNIFORME

UNICITÉ n.f. **I.** → ORIGINALITÉ **II.** → UNIFORMITÉ **III. relig.** : consubstantialité

UNIFICATION n.f. intégration, radicalisation, simplification
◈ CONTR. → DIVISION

UNIFIER et **UNIFORMISER** standardiser → UNIR

UNIFORME n.m. **I.** → VÊTEMENT **II. arg.** : carte de visite, compçon, fagot, harnais de grive, roupane
◈ CONTR. : costume/ vêtement civil

UNIFORME adj. continu, droit, égal, monochrome, uni, unidimensionnel, unisexe, pareil, plat, régulier, semblable, simple, symétrique → MONOTONE
◈ CONTR. **I.** → CHANGEANT **II.** → IRRÉGULIER

UNIFORMÉMENT de façon → UNIFORME *et les dérivés possibles en* -ment *des syn. de* uniforme

UNIFORMITÉ n.f. égalité, monotonie, unicité → TRISTESSE
◈ CONTR. **I.** → VARIÉTÉ **II.** → DIFFÉRENCE **III.** → CHANGEMENT

UNILATÉRAL, E I. → ABSOLU II. → INJUSTIFIÉ

UNIMENT également, franchement, régulièrement, sans ambages/ détour, simplement, uniformément

◆ CONTR. I. → DIFFÉREMMENT II. → INÉGALEMENT

UNION n.f. **I. au pr. 1.** fusion, groupement, jumelage, mixité, symbiose, symphonie, syncrétisme **2.** → LIAISON **3.** → JONCTION **4.** → ALLIANCE **5.** → FÉDÉRATION **6.** → SYNDICAT **7.** → MARIAGE **II. fig.** : accord, amitié, bons termes, camaraderie, communion, concert, concorde, conformité, ensemble, entente, fraternité, harmonie, identité, intelligence, sympathie, unanimité, unisson

◆ CONTR. I. → MÉSINTELLIGENCE II. → RUPTURE III. → SÉPARATION

UNIQUE I. exclusif, inclassable, inégalable, inégalé, isolé, original, seul, spécial II. → UN III. → EXTRAORDINAIRE IV. singleton V. **inform.** : simplex

◆ CONTR. I. → PLUSIEURS II. → MULTIPLE III. → COMMUN IV. → BANAL

UNIQUEMENT purement et simplement, rien que, strictement *et les dérivés possibles en* -ment *possibles des syn. d'* unique

◆ CONTR. I. à la fois II. → EXCEPTÉ

UNIR I. au pr. 1. accoupler, agencer, agglutiner, agréger, allier, amalgamer, annexer, apparier, assembler, associer, assortir, attacher, chaîner, compénétrer, confondre, conjoindre, conjuguer, corréler, coupler, enchaîner, enter, fondre, fusionner, joindre, lier, marier, mélanger, mêler, raccorder, rapprocher, rassembler, relier, réunir, saisir, souder **2. polit.** : allier, coaliser, confédérer, fédérer, liguer, solidariser **II. par ext. 1.** allier, fiancer **2.** aplanir, égaliser, polir, rendre uni

◆ CONTR. I. → DIVISER II. → ÉCARTER III. → SÉPARER

UNISSON n.m. **I.** → UNION **II. À L'UNISSON** : d'accord, ensemble, d'un même ton, d'une même voix

◆ CONTR. I. polyphonie II. → OPPOSITION

UNITÉ n.f. **I.** → CONFORMITÉ **II.** → HARMONIE III. → TROUPE IV. → MODÈLE V. → PRINCIPE VI. → MESURE **VII.** branche, classe, ensemble, espèce, famille, genre, groupe, taxon ou taxum

UNITIF, IVE par ext. : fédérateur, rassembleur

◆ CONTR. : diviseur

UNIVALENT, E monovalent

UNIVERS n.m. ciel, cosmos, création, espace, globe, macrocosme, monde, nature, sphère, Terre, tout

◆ CONTR. → NÉANT

UNIVERSALISATION n.f. diffusion, généralisation, mondialisation, planétisation → COSMIQUE

◆ CONTR. I. particularisation II. régionalisation

UNIVERSALISER → RÉPANDRE

UNIVERSALISME n.m. cosmopolitisme, internationalisme, mondialisme, œcuménisme

◆ CONTR. → NATIONALISME

UNIVERSALISTE catholique (au pr.), cosmopolite, internationaliste, mondialiste, œcuménique

◆ CONTR. I. particulariste, régionaliste II. → NATIONALISTE

UNIVERSALITÉ n.f. → TOTALITÉ

UNIVERSAUX n.m. pl. **I.** catégories, concepts **II. Les universaux** : accident, différence, espèce, genre, propre

UNIVERSEL, LE I. → COMMUN **II.** catholique (au pr.), international, œcuménique, mondial, planétaire **III.** bon à tout, factoton, polyvalent, à toutes mains

◆ CONTR. I. → INDIVIDUEL II. → PARTICULIER III. → PARTIEL

UNIVERSELLEMENT I. de façon → UNIVERSEL *et les dérivés possibles en* -ment *des syn. de* universel **II.** → PARTOUT

UNIVERSITAIRE nom et adj. assistant, chargé de cours/ d'enseignement/ de mission, chef de clinique, chercheur, maître assistant, maître de conférences/ de recherches, professeur → MAÎTRE – **péj.** ; mandarin, sorbonnard

UNIVERSITÉ n.f. académie, alma mater, Sorbonne (partic.) → FACULTÉ

UNIVITELLIN, E → JUMEAU

UNIVOQUE → CLAIR

UNPRIMING n.m. **spat. off.** : désamorçage (d'une tuyère)

UPÉRISATION n.f. pasteurisation, stérilisation, ultrapasteurisation

URAÈTE n.m. → AIGLE

URANIEN ou **URANISTE** nom et adj. **I.** androgame, androphile, homophile, homosexuel, inverti, pédéraste, pédophile, socratique, sodomite actif/ passif, travesti (par ext.) **II. litt.** : affiche, bardache, combrecelle, corydon, corvette, cynède, embasicète, frégate, frégaton, ganymède, giton, indifférent, mignard, mignon, philopède **III. arg. et péj. (insultant, vulgaire, souvent vx)** : amateur de rosette/ de terre jaune, bilboquet (merdeux), bique et bouc, branleur, caroline, castor, chevalier de l'anneau/ de la bagouse/ de la → BICYCLETTE/

de la cale/ de la confrérie/ de la dossière/ de la jaquette/ de la manchette/ de la pédale/ de la rosette/ de la sacoche/ de la tasse/ du valseur, chochotte, choute, chouteur, chouteuse, comtesse, contemplatif, coquin, coquine, crevette, cuir, doffeur, fiotte, foc *ou* phoque, folle (perdue/ tordue), frégate, gay, gazier, gazoline, girond, homo, honteuse, jaquette (flottante), jésus, lopaille, lope, lopette, marquis(e), pédale, pédé, pédoc, pétanqueur, prout-prout, raspède, razdep, schbeb, serinette, sœur (de charité), tante, tantouse, tapette, tata, travailleur/ travailleuse du chouette/ du figne/ du petit/ du prose, travelo, travioque, zèbre, zomo *et tout mot ou locution pouvant avoir une analogie avec le terme de référence et en fonction du contexte* **IV. grossier** : emmanché, empaffé, empalé, empapaouté, empétardé, emprosé, encroupé, enculé, enculeur, endauffé, enfifré, enfigué, enfoiré, englandé, entrouducuté, enviandé

◆ CONTR. : hétérosexuel

URANINITE n.f. pechblende

URBAIN, E I. citadin **II.** intra-muros **III. par ext.** : → MUNICIPAL **IV.** → AIMABLE

URBANISME n.m. **I.** domisme **II.** → LOGEMENT

URBANISTE nom et adj. → ARCHITECTE

URBANITÉ n.f. **I.** → AMABILITÉ **II.** → CIVILITÉ

URBI ET ORBI partout, universellement

URGENCE n.f. **I.** → OBLIGATION **II. D'URGENCE** : sans → DÉLAI

URGENT, E → PRESSANT

URGER presser

URINAL n.m. **I.** bourdalou, pistolet (fam.) **II. par ext.** : pissoir, pot de chambre, vase de nuit **III. arg.** : jules, tasse, théière, thomas

URINE n.f. eau, pipi (enf.), pissat, pisse – **arg.** : lance, lancequine, sirop de vessie

URINER I. fam. : arroser, faire pipi, lâcher/ tomber de l'eau, se mouiller, pisser, pissoter **II. arg.** : **1. pour les hommes** : changer son poisson d'eau, changer d'eau son canari/ ses olives, écluser, égoutter la nouille/ la sardine/ son colosse, lancecailler, lancequiner, lissebroquer, prendre une ardoise (à l'eau), quimper, serrer la main à un ami fidèle/ à un vieil ami, tirer un bock/ un demi **2. pour les femmes** : humecter sa fourrure, mouiller sa laitue, ouvrir les écluses **III. uriner contre** : compisser

URINOIR n.m. édicule, latrines, pissoir, pissotière, toilettes, vespasienne – **arg.** : ardoise, blindé, isoloir, lisbroqueuse, rambuteau, tasse, théière → WATER-CLOSET

URNE n.f. amphore, canope, pot, pot à feu, potiche, vase – **au pl.** → VOTE

URTICAIRE n.f. allergie (par ext.), échauboulure (vétér.)

URTICANT, E → PIQUANT

URTICATION n.f. démangeaison → PICOTEMENT

URUBU n.m. → VAUTOUR

URUS ou **URE** n.m. aurochs, bison

USAGE n.m. **I.** → HABITUDE **II.** activité, application, consommation, destination, disposition, emploi, exercice, fonction, fonctionnement, jouissance, mobilisation, utilisation, utilité, service

◆ CONTR. → ABANDON

USAGÉ, E et **USÉ, E I. au pr.** : abîmé, amorti, avachi, culotté, déchiré, décrépit, déformé, défraîchi, délavé, démodé, éculé, élimé, épuisé, éraillé, esquinté, fané, fatigué, fini, fripé, limé, lustré, miteux, mûr, passé, râpé, vieux **II. par ext.** → BANAL

◆ CONTR. → NOUVEAU

USAGER n.m. client, utilisateur

◆ CONTR. → FOURNISSEUR

USER I. v. tr. 1. au pr. et fig. : abraser, amoindrir, araser, corroder, ébrécher, effriter, élimer, émousser, entamer, épointer, gâter, laminer, limer, miner, mordre, raguer (mar.), râper, roder, rogner, ruiner, travailler → ABÎMER **2.** → CONSOMMER **II. v. intr. user de** : appliquer, avoir recours, disposer de, employer, emprunter, exercer, faire usage de, jouer de, jouir de, manier, ménager, mettre, mettre en jeu/ en œuvre, mobiliser, porter, pratiquer, prendre, recourir à, se servir de, utiliser **III. EN USER** : se comporter, se conduire, traiter

◆ CONTR. → CONSERVER

USINAGE n.m. → FABRICATION

USINE n.f. **I.** atelier, chaîne, établissement, fabrique, industrie, manufacture **II. quelques types** : aciérie, aluminerie, arsenal, bonneterie, briqueterie, centrale atomique/ hydraulique/ marémotrice/ nucléaire/ thermique, chaudronnerie, cimenterie, conserverie, distillerie, filature, fonderie, forge, haut fourneau, miroiterie, papeterie, raffinerie, tannerie, tréfilerie, tuilerie *et usine ou ses syn. suivis d'un adj. ou d'un complément spécifiant le produit usiné, par ex.* : usine chimique *ou* usine de produits chimiques, fabrique d'emballages.

USINER → FABRIQUER

USITÉ, E accoutumé, commun, consacré, constant, courant, coutumier, employé, familier, fréquent, ordinaire, traditionnel, usuel, utilisé

◆ CONTR. → INUSITÉ

USNÉE n.f. lichen, mousse

USTENSILE n.m. **I.** accessoire, batterie de cuisine, dinanderie, engin, instrument, matériel, mobilier (vx), nécessaire, objet, outil, outillage, panoplie, pincelier, réceptacle, trousse, vaisselle → BIDULE **II. récipients. 1.** alambic, aludel, athanor, capsule, cendrée, chaudron, cornue, coupelle, creuset, cubilot, cucurbite, matras, pélican, têt **2.** → BOUTEILLE, CASSEROLE, COUPE, GOBELET, GOURDE, MARMITE, PLAT, POÊLE, POT, VASE **3.** → AUGE, BAC, BAIGNOIRE, BAQUET, BARIL, BASSIN, BIDON, BOUILLE, RÉSERVOIR, SEAU **4.** → BOÎTE, CAISSE, COFFRE, CONTENANT, MALLE, PANIER, POCHE, SAC, URNE **III.** → CRIBLE **IV. de cuisine :** broche, chinois, coquetière, couperet, couteau, cuiller, écumoire, égrugeoir, entonnoir, étamine, fourchette, fourneau, hachoir, hâtelet, lèchefrite, louche, mixeur, mortier, moulin à légumes, presse-citron/ purée, puisette, râpe, réchaud, rôtissoire **V. de toilette :** barbier, bidet, broc, cuvette, douche, glace, lavabo, pot-à-eau, psyché, tub **VI. de jardinage :** arrosoir, brouette, cisaille, ciseaux, cognée, croissant, cueilloir, faux, fourche, houe, motoculteur, plantoir, râteau, sécateur, serfouette, serpe, sulfateuse, tondeuse → BÊCHE, BINETTE **VII. agricole :** aplatisseur, araire (vx), arracheuse, bâche, baratte, batteuse, botteleuse, brabant, brise-mottes, broyeur, charrette, charrue, concasseur, coupe-racines, crible, croskill, cultivateur, décavaillonneuse, déchaumeuse, décolleteuse, défonceuse, dombasle, écroûteuse, égreneuse, épandeur, extirpateur, faneuse, faucard, faucheuse, fléau (vx), hache-paille, herse, hotte, lieuse, malaxeur, moissonneuse, moulin, pompe, poudreuse, pressoir, pulvérisateur, pulvériseur, râteau-faneur, remorque, rouleau, scarificateur, semoir, tarare, tombereau, tonne, tonneau, tracteur, trieuse

USUCAPION n.f. → PRESCRIPTION

USUEL n.m. → LIVRE

USUEL, LE → USITÉ

USUELLEMENT → HABITUELLEMENT

USUFRUIT n.m. fruit, jouissance, possession, produit, récolte, revenu

◇ CONTR. : nue-propriété

USUFRUITIER, ÈRE nom et adj. usufructuaire

◇ CONTR. : nu(e)-propriétaire

USURAIRE → EXCESSIF

USURAIREMENT vec → USURE, de façon → EXCESSIF *et les dérivés possibles en* -ment *des syn. de* excessif

USURE n.f. **I.** agio, agiotage, gain, intérêt, placement, prêt, profit, trafic → AVARICE **II.** abrasion, amoindrissement, corrrosion, dégradation, diminution, éraillement, érosion, frai, grignotement **III. À L'USURE :** à la/ par → FATIGUE, à l'arraché

◇ CONTR. **I.** → GÉNÉROSITÉ **II.** → INDIFFÉRENCE

USURIER, IÈRE n.m. ou f. **I.** agioteur, prêteur **II. par ext.** → AVARE

◇ CONTR. **I.** → GÉNÉREUX **II.** → INDIFFÉRENT

USURPATION n.f. appropriation, captation, dol, enlèvement, escroquerie, occupation, prise, rapt, soustraction → VOL

◇ CONTR. **I.** → GÉNÉROSITÉ **II.** → RÉPARATION

USURPATOIRE abusif, illégal, inique, léonin → MALHONNÊTE

◇ CONTR. → HONNÊTE

USURPER I. v. intr. : anticiper sur, empiéter sur, enjamber (fam.), entreprendre sur, envahir **II. v. tr. :** annexer, s'appliquer, s'approprier, s'arroger, s'attribuer, dérober, s'emparer, prendre, ravir, voler

◇ CONTR. → DONNER

UTÉRIN, E consanguin, demi-frère/ sœur

◇ CONTR. : germain

UTÉRUS n.m. flancs, matrice, sein (vx)

UTILE nom et adj. bénéfique, bon, efficace, expédient, important, indispensable, fructueux, nécessaire, profitable, salutaire, salvateur

◇ CONTR. **I.** → INUTILE **II.** → NUISIBLE

UTILEMENT avec → PROFIT, de façon → UTILE *et les dérivés possibles en* -ment *des syn. de* utile

UTILISABLE bon, employable, en bon état, possible, praticable

◇ CONTR. → IMPOSSIBLE

UTILISATEUR, TRICE n.m. ou f. client, usager

◇ CONTR. → FOURNISSEUR

UTILISATION n.f. application, destination, emploi, maniement

◇ CONTR. → REBUT

UTILISER I. → PROFITER **II.** → USER DE

UTILITAIRE I. → RÉALISTE **II.** → COMMUN

UTILITÉ n.f. → PROFIT

UTILITIES n.m. pl. urb. off. : commodités

UTILITY milit. off. : à usage général, de servitude, utilitaire

UTOPIE n.f. **I.** billevesées, chimère, illusion, irréalisme, irréalité, mirage, mythe, rêvasserie (péj.), rêve, rêverie, roman **II.** → IDÉAL

◇ CONTR. → RÉALITÉ

UTOPIQUE → IMAGINAIRE

UTOPISTE nom et adj. imaginatif → RÊVEUR

◇ CONTR. → RÉALISTE

UVULE ou **UVULA** n.f. luette

V

VACANCE n.f. carence, disponibilité, interruption, relâche, suspension, vacuité, vide
◇ CONTR. → OCCUPATION

VACANCES n.f. pl. campos, congé, détente, permission, pont, relâche, repos, semaine anglaise, vacation, week-end
◇ CONTR. I. → RETOUR II. → TRAVAIL

VACANCIER n.m. I. → ESTIVANT II. sports d'hiver : hivernant

VACANT, E abandonné, disponible, inoccupé, jacent (jurid.), libre, vague (terrain), vide
◇ CONTR. I. → OCCUPÉ II. → REMPLI

VACARME n.m. I. → BRUIT II. → CHAHUT

VACATAIRE nom et adj. auxiliaire, contractuel, supplétif, surnuméraire
◇ CONTR. : titulaire

VACATION n.f. I. → RÉTRIBUTION II. → VACANCES III. → SÉANCE

VACCIN et **VACCINATION** n.m., n.f. anavenin, immunisation, inoculation, piqûre, prémunition, sérum

VACCINER immuniser, inoculer, piquer, prémunir, préserver

VACHARD, E → MÉCHANT

VACHE n.f. **I. au pr. 1.** génisse, taure, vachette **2. partic. :** amouillante, dagorne **3. quelques races :** abondance, aubrac, blonde d'Aquitaine, bretonne, brune des Alpes, camargaise, charolaise, durham, flamande, frisonne, garonnaise, gasconne, hollandaise, holstein, jersiaise, limousine, Maine-Anjou, montbéliarde, normande, parthenaise, pie noire/ rouge, rouge de L'Est, Salers, schwiz, tarentaise **II. fig. 1.** → BÊTE **2.** → MÉCHANT **3.** → POLICIER

VACHEMENT → TRÈS

VACHER, VACHÈRE bouvier, cow-boy (vx et partic.), gardian, gardien, gaucho, manadier, toucheur de bœufs

VACHERIE n.f. **I.** → ÉTABLE **II.** → MÉCHANCETÉ

VACHERIN n.m. **I.** comté, gruyère → FROMAGE **II.** meringue glacée

VACILLANT, E I. → CHANCELANT **II.** → TREMBLANT

VACILLATION n.f. → BALANCEMENT

VACILLER I. → CHANCELER **II. lumière, yeux :** cligner, clignoter, papilloter **III.** luire, scintiller, trembler, trembloter

VACIVE n.f. → BREBIS

VACUITÉ n.f. → VIDE

VACUOLE n.f. → CAVITÉ

VADE-MECUM n.m. → MÉMENTO

VADROUILLE n.f. **I.** → PROMENADE **II.** → BALAI **III.** → MÉGÈRE

VADROUILLER → TRAÎNER

VADROUILLEUR, EUSE nom et adj. → VAGABOND

VA-ET-VIENT n.m. **I.** bac, navette **II.** allée et venue, course, navette, navigation, voyage **III.** balancement, branle, remous, rythme → OSCILLATION
◇ CONTR. → IMMOBILITÉ

VAGABOND, E I. adj. → ERRANT **II. nom :** bohémien, camp-volant, chemineau, claquedents, clochard, cloche, clodo, coureur, flâneur, galvaudeux, gyrovague, malandrin, mendiant, nomade, rôdeur, rouleur, routard, traîne-lattes/ savates, trimard, trimardeur, trôleur, truand, vadrouilleur, va-nu-pieds – **arg. :** bellure (vx), diogène, fileur de comète, galopin, loupeur, philosophe, pilon, traîne-lattes, trimardeur, viande de morgue
◇ CONTR. → SÉDENTAIRE

VAGABONDAGE n.m. → ERRANCE

VAGABONDER → ERRER

VAGIN n.m. **I.** → SEXE **II. par ext.** → VULVE

VAGIR → CRIER

VAGISSEMENT n.m. → CRI, PLEURS

VAGUE n.f. agitation, barre, flot, houle, lame, mascaret, moutons, onde, raz, ressac, rouleau, tsunami, vaguelette

VAGUE adj. **I.** → VACANT **II.** abstrait, ambigu, amphibologique, approchant, approximatif, bâtard, changeant, confus, diffus, douteux, flottant, flou, fumeux, hésitant, illimité, imparfait, imprécis, incertain, indécis, indéfini, indéfinissable, indéterminable, indéterminé, indiscernable, indistinct, irrésolu, nébuleux, nuageux, obscur, timide, trouble, vaporeux **III.** → INCERTITUDE **IV. 1. TERRAIN VAGUE** → STÉRILE **2. VAGUE À L'ÂME** → MÉLANCOLIE
◇ CONTR. → PRÉCIS

VAGUEMENT à peine, de façon → VAGUE *et les dérivés possibles en* -ment *des syn. de* vague

VAGUEMESTRE n.m. → FACTEUR

VAGUER aller au hasard/ et venir, divaguer, vagabonder
◇ CONTR. → FIXER (SE)

VAIGRE n.f. → POUTRE

VAILLAMMENT avec → COURAGE, de façon → COURAGEUX *et les dérivés possibles en* -ment *des syn. de* courageux

VAILLANCE n.f. → COURAGE

VAILLANT, E → COURAGEUX

VAIN, E I. absurde, chimérique, creux, fantaisiste, faux, fugace, hypothétique, illusoire, imaginaire, insaisissable, sans consistance/ effet/ fondement/ importance/ motif/ réalité, vide **II.** → INUTILE **III.** → STÉRILE **IV.** → ORGUEILLEUX **V. EN VAIN** → INUTILEMENT
◇ CONTR. **I.** → EFFICACE **II.** → UTILE

VAINCRE I. au pr. : abattre, accabler, anéantir, avoir le dessus, battre, battre à plate couture, bousculer, bouter (vx), conquérir, culbuter, damer le pion, déconfire, défaire, disperser, dominer, dompter, écharper, éclipser, écraser, l'emporter sur, enfoncer, entamer, estourbir, gagner, maîtriser, mater, mettre dans sa poche/ en déroute/ en fuite, piler, prévaloir, réduire (à quia), rosser, rouler, surclasser, surmonter, surpasser, tailler en pièces, terrasser, torcher (fam.), triompher de **II. fig. 1. un obstacle :** franchir, négocier (fam.), passer, renverser, surmonter **2. des scrupules :** endormir, étouffer **III. v. pron. :** se dominer, être maître de soi, se maîtriser, se mater, se posséder, se surmonter
◇ CONTR. → PERDRE

VAINCU, E perdant *et les part. passés possibles des syn. de* vaincre

VAINEMENT → INUTILEMENT

VAINQUEUR n.m. et adj. **I.** champion, conquérant, couronné, débellatoire (vx), dominateur, dompteur, gagnant, lauré, lauréat, triomphateur, victorieux **II. UN AIR VAINQUEUR :** avantageux, conquérant, prétentieux, suffisant, triomphant
◇ CONTR. → VAINCU

VAIR n.m. menu-gris, petit-gris

VAIRON ou **VÉRON** n.m. **I.** gardèche, gendarme, grisette, verdelet → POISSON **II. adj.** → BIGARRÉ

VAISSEAU n.m. **I.** → RÉCIPIENT **II.** → BATEAU

VAISSELLE n.f. **I.** assiette, déjeuner, légumier, plat, plateau, saladier, saucière, soucoupe, soupière, sucrier, tasse, tête-à-tête, verseuse → USTENSILE **II. EAU DE VAISSELLE :** lavure, rinçure

VAL n.m. → VALLÉE

VALABLE I. jurid : légal, opposable, réglementaire, valide **II. par ext. :** acceptable, admissible, avantageux, bon, convenable, de mise, efficace, négociable, normal, opérationnel, passable, précieux, recevable, régulier, salutaire, sérieux, suffisant
◇ CONTR. **I.** → IRRÉGULIER **II.** → INACCEPTABLE

VALABLEMENT de façon → VALABLE *et les dérivés possibles en* -ment *des syn. de* valable

VALDINGUER → REPOUSSER

VALET n.m. **I.** → SERVITEUR **II.** porte-habit

VALÉTUDINAIRE nom et adj. cacochyme, égrotant, maladif, mal en point
◇ CONTR. → VALIDE

VALEUR n.f. **I.** → PRIX **II.** → QUALITÉ **III.** → COURAGE **IV.** → SENS **V. METTRE EN VALEUR :** faire valoir → REHAUSSER

VALEUREUSEMENT avec → COURAGE, de façon → COURAGEUX *et les dérivés possibles en* -ment *des syn. de* courageux

VALEUREUX, EUSE → COURAGEUX

VALIDATION n.f. → HOMOLOGATION

VALIDE I. quelqu'un : bien constitué/ portant, dispos, dru, fort, gaillard, ingambe, robuste, sain, vert, vigoureux **II. quelque chose :** admis, approuvé, autorisé, bon, efficace, en cours, légal, réglementaire, régulier, valable
◇ CONTR. **I.** → VALÉTUDINAIRE **II.** → IRRÉGULIER

VALIDEMENT de façon → PERMIS, selon la → RÈGLE

VALIDER → HOMOLOGUER

VALIDITÉ n.f. → BIEN-FONDÉ

VALISE n.f. attaché-case → BAGAGE – **arg. ou fam. :** bagot, baise-en-ville, mallouse, valdingue, valoche, valouse, valtouse

VALLÉE n.f. bassin, cavée, cluse, combe, cuvette, dépression, reculée, val, valleuse, vallon
◇ CONTR. → HAUTEUR

VALLONNÉ, E → ACCIDENTÉ

VALLONNEMENT n.m. accident/ mouvement de terrain → HAUTEUR
◇ CONTR. → VALLÉE

VALOIR I. v. intr. un prix : coûter, se monter/ revenir à, se vendre **II. v. tr. 1.** → ÉGALER **2.** → PROCURER **III. FAIRE VALOIR. 1.** mettre en valeur → EXPLOITER **2.** → REHAUSSER **3.** → VANTER
◇ CONTR. : n'avoir pas de → PRIX

VALORISATION n.f. → HAUSSE

VALORISER I. → VANTER **II.** → HAUSSER

VALSE n.f. **I.** → MOUVEMENT **II.** → VOLÉE

VALSER → DANSER

VAMP n.f. → BEAUTÉ

VAMPER → SÉDUIRE

VAMPIRE n.m. **I.** goule, stryge **II.** → OGRE

VAMPIRISME n.m. → AVIDITÉ

VAN n.m. **I.** bétaillère, fourgon, voiture **II.** → TAMIS

VANDALE nom et adj. barbare, destructeur, dévastateur, iconoclaste, profanateur, saboteur, saccageur, violateur
◇ CONTR. → PROTECTEUR

VANDALISME n.m. **I.** elginisme, luddisme **II.** → DESTRUCTION **III.** → BARBARIE

VANESSE n.f. belle-dame, maurio, paon de jour → PAPILLON

VANITÉ n.f. **I. de quelque chose** : chimère, erreur, fragilité, frivolité, fumée, futilité, hochet, illusion, inanité, inconsistance, inefficacité, insignifiance, inutilité, mensonge, néant, pompe, vapeur, vent, vide **II. de quelqu'un** : bouffissure, boursouflure, complaissance, crânerie, enflure, fatuité, fierté, gloriole, importance, infatuation, jactance, ostentation, présomption, prétention, suffisance → ORGUEIL (vx) : monstrance, piaffe, rengorgement
◇ CONTR. **I.** → HUMILITÉ **II.** → SIMPLICITÉ **III.** → PROFIT

VANITEUSEMENT avec → VANITÉ, de façon → ORGUEILLEUX *et les dérivés possibles en* -ment *des syn. de* orgueilleux

VANITEUX, EUSE → ORGUEILLEUX

VANNE n.f. **I.** barrage, bonde, déversoir, pale **II. arg.** → BLAGUE

VANNÉ, E → FATIGUÉ

VANNER I. → TAMISER **II.** → NETTOYER **III.** → FATIGUER **IV.** → REMUER

VANNERIE n.f. **I.** lacerie **II. par ext.** : meubles/ objets en bambou/ feuillard/ jonc/ osier/ paille/ raphia/ roseau/ rotin/ sorgho

VANNET n.m. → FILET

VANTAIL n.m. battant, panneau, volet

VANTARD, E → HÂBLEUR

VANTARDISE n.f. → HÂBLERIE

VANTER I. admirer, acclamer, applaudir, approuver, célébrer, complimenter, donner de la publicité à, encenser, exalter, faire mousser/ valoir, féliciter, glorifier, louer, prôner, publier, recommander, rehausser, valoriser **II. v. pron.** : s'applaudir de, s'attribuer, bluffer, bourrer le mou (fam.), se croire, se donner des gants, faire profession de, se faire mousser/ reluire/ valoir, se flatter, s'héroïser, se mettre en valeur, pavoiser, piaffer (vx), se piquer/ se targuer de, prétendre → HÂBLER
◇ CONTR. → DÉNIGRER

VANTERIE n.f. **vx** : → HÂBLERIE

VA-NU-PIEDS n.m. **I.** → COQUIN **II.** → MISÉRABLE

VAPEUR n.f. **I. n.m.** → BATEAU **II. n.f.** : brume, buée, émanation, exhalaison, fumée, fumerolle, gaz, mofette, nuage, nuée, serein **III.** → VANITÉ **IV. n.f. pl.** → VERTIGE

VAPOREUSEMENT → VAGUEMENT

VAPOREUX, EUSE I. → FLOU **II.** → VAGUE **III.** → GAZEUX

VAPORISATEUR n.m. → PULVÉRISATEUR

VAPORISATION n.f. atomisation, évaporation, part des anges (vins et alcools), pulvérisation, sublimation, volatilisation

VAPORISER I. atomiser, gazéifier, pulvériser **II. pron.** : s'atomiser, s'évaporer, se sublimer, se volatiliser

VAPOR LOCK n.m. **méc. off.** : bouchon de vapeur

VAQUER → OCCUPER (s')

VARAN n.m. → SAURIEN

VARECH n.m. → ALGUE

VAREUSE n.f. → VESTE

VARIABILITÉ n.f. mutabilité → TRANSFORMATION

VARIABLE flottant, incertain, inconsistant, inconstant, indécis, irrésolu, stochastique → CHANGEANT
◇ CONTR. → CONSTANT

VARIABLE GEOMETRY AIRCRAFT n.m. **aviat. off.** : avion à flèche variable

VARIABLE GEOMETRY INLET/ INTAKE n.f. **aviat. off.** : entrée/ prise d'air variable

VARIABLEMENT de manière → VARIABLE

VARIANTE n.f. → DIFFÉRENCE

VARIATION n.f. **I. au pr.** : alternance, alternative, bifurcation, changement, déviation, différence, écart, évolution, fluctuation, fourchette, innovation, modification, mouvement, mutation, nutation, oscillation, remous, retour, retournement, rythme, transformation, vicissitude → AUGMENTATION **II. par ext.** → VARIÉTÉ **III. fig.** → CAPRICE

◊ CONTR. **I.** → STABILITÉ **II.** → UNIFORMITÉ

VARIÉ, E I. complexe, de bric et de broc, différent, disparate, divers, diversifié, hétéroclite, hétérogène, modifié, multiforme, multiple, nombreux, pluriel, transformé **II.** bariolé, bigarré, changeant, contrasté, maillacé, maillé, marbré, marqueté, mâtiné, mélangé, mêlé, moiré, multicolore, nuancé, ondoyant, panaché, picassé, rayé, taché, tigré, vairon

◊ CONTR. **I.** → STABLE **II.** → UNIFORME

VARIER v. tr. et intr → CHANGER

VARIÉTÉ n.f. **I.** → DIFFÉRENCE **II.** → VARIATION **III.** bigarrure, classification, collection, diversité, forme, manière, modulation, mosaïque, variante

◊ CONTR. → UNIFORMITÉ

VARIOLE n.f. **I. méd.** : alastrim, petite vérole **II. vétér.** : clavelée, picote, vaccine

VASE n.f. → LIMON

VASE n.m. **I. vx** : alabaster ou alabastre ou alabastron, albarelle, albâtre, alcarazas, amphore, aryballe, buire, canope, cérame, coupe, cratère, figuline, jarre, lécythe, murrhin, œnophore → RÉCIPIENT **II. relig.** : calice, ciboire, patelle, patène, patère **III.** bouquetier, porte-bouquet, soliflore **IV. vase de nuit** → BOURDALOU

VASELINE n.f. graisse, onguent, paraffine, pommade

VASEUX, EUSE I. au pr. : boueux, bourbeux, fangeux, limoneux, marécageux, tourbeux, trouble, vasard **II. fig. 1.** → FATIGUÉ **2.** → STUPIDE

◊ CONTR. **I.** → CLAIR **II.** → PUR

VASISTAS n.m. imposte → OUVERTURE

VASOUILLER → HÉSITER

VASQUE n.f. → BASSIN

VASSAL nom et adj. **I. au pr.** : antrustion, feudataire, homme lige, leude, sujet, vavasseur **II. par ext.** : assujetti, inféodé, lié, soumis

◊ CONTR. : suzerain

VASSALISER → SOUMETTRE

VASSALITÉ n.f. → SUBORDINATION

VASTE abondant, ample, béant, considérable, copieux, développé, élevé, épanoui, étendu, fort, généreux, grand, gras, gros, immense, incommensurable, large, logeable, long, plein, spacieux, volumineux

◊ CONTR. → PETIT

VASTEMENT de façon → VASTE *et les dérivés possibles en* -ment *des syn. de* vaste

VASTITUDE n.f. **I.** → IMMENSITÉ **II.** → PLÉNITUDE

VATICAN n.m. curie, évêché de Rome/ universel, papauté, Saint-Siège, siège apostolique/ de l'Église catholique/ de saint Pierre/ pontifical, trirègne

VATICINATEUR, TRICE → DEVIN

VATICINATION n.f. → PROPHÉTIE

VATICINER → PRÉDIRE

VAU, VAUX n.m. → SOUTIEN

VAUDEVILLE n.m. → COMÉDIE

VAURIEN n.m. arcandier, arsouille, aventurier, bandit, bon à rien, brigand, canaille, chenapan, coquin, crâne, crapule, débauché, dévoyé, drôle, escarpe, fainéant, frappe, fripon, fripouille, galapiat, galopin, garnement, gibier de potence, gouape, gredin, homme de sac et de corde, jean-foutre, julot, libertin, loubard, loulou, malfrat, malhonnête, maquereau, mauvais sujet, minot, morveux, nervi, pégreleux, pégriot, plat personnage, poisse, rossard, rufian, sacripant, salaud (grossier), saleté, sale/ triste coco/ individu/ personnage/ sire/ type, saligaud, saloperie, scélérat, vermine, vicieux, voyou, zonard **– vx** : artoupian, bélître, brelandier, bricon, carcaille, carcaillon, frelampier, galefrenier, galfâtre, gougnafier, gouspin, lazzarone, loupeur, marpaud ou marpiaud, merligode, merligodgier, naquet, pendard, pied-plat, ribaud, ribleur, sabouleux, trabucaire, truandaille, vauéant, veillaque

◊ CONTR. : garçon/ homme → HONNÊTE

VAUTOUR n.m. **I.** aegypiidé **II.** charognard, condor, griffon, gypaète, percnoptère, urubu → RAPACE

VAUTRAIT n.m. → VÉNERIE

VAUTRER (SE) I. → COUCHER (SE) **II.** → ABANDONNER (S')

VEAU n.m. bouvillon, broutard, meulard (arg., vx), nourrain, taurillon

VECTEUR n.m. porteur, véhicule

VEDETTE n.f. **I.** → VEILLEUR **II.** → ARTISTE **III.** → BATEAU **IV.** → SUCCÈS

VÉGÉTAL nom et adj. → PLANTE

VÉGÉTALIEN, NE frugivore, herbivore **– par ext.** : macrobiotique, végétarien

◊ CONTR. : carnivore, omnivore

VÉGÉTATIF, IVE pâle, lymphatique, mou

◊ CONTR. → VALIDE

VÉGÉTATION n.f. flore, pousse, verdure
◇ CONTR. → STÉRILITÉ

VÉGÉTER → VIVOTER

VÉHÉMENCE n.f. I. → IMPÉTUOSITÉ II. → ÉLOQUENCE

VÉHÉMENT, E I. → IMPÉTUEUX II. → VIOLENT

VÉHÉMENTEMENT avec → VÉHÉMENCE, de façon → VÉHÉMENT *et les dérivés possibles en* -ment *des syn. de* véhément

VEHICLE n.m. **spat. off.** : vecteur

VÉHICULE n.m. I. → VOITURE II. porteur, vecteur

VÉHICULER → TRANSPORTER

VEILLE n.f. I. **au pr.** : éveil, insomnie II. **par ext.** 1. garde, quart, veillée 2. → ATTENTION 3. vigile III. **n.f. pl.** 1. → SOIN 2. → TRAVAIL
◇ CONTR. → SOMMEIL

VEILLÉE n.f. → SOIRÉE

VEILLER appliquer son attention à, chaperonner, donner ses soins, garder, s'occuper de, présider à, protéger, surveiller → POURVOIR À
◇ CONTR. I. → ABANDONNER II. → OMETTRE III. → DORMIR

VEILLEUR n.m. écoute (vx), épieur, factionnaire, garde, gardien, guet, guetteur, sentinelle, surveillant, vedette, vigie, vigile
◇ CONTR. I. → ENNEMI II. → VAURIEN

VEILLEUSE n.f. → LAMPE

VEINARD, E → CHANCEUX

VEINE n.f. I. → FILON II. → CHANCE III. → INSPIRATION

VEINÉ, E veineux → MARQUETÉ

VELARIUM et **VELUM** n.m. → TENTE

VELLÉITAIRE nom et adj. → MOU

VELLÉITÉ n.f. → VOLONTÉ

VÉLO et **VÉLOCIPÈDE** n.m. bécane, biclo (fam.), bicycle, bicyclette, petite reine, tandem, vélocifère, V.T.T. (vélo tout terrain) → CYCLE, CYCLOMOTEUR – **péj.** : biclou, clou

VÉLOCE → RAPIDE

VÉLOCEMENT avec → VITESSE, de façon → RAPIDE *et les dérivés possibles en* -ment *des syn. de* rapide

VÉLOCITÉ n.f. → VITESSE

VÉLOMOTEUR n.m. → CYCLOMOTEUR

VELOURS n.m. I. panne, peluche, velvet II. → LAPSUS III. **SUR LE VELOURS** → FACILE

VELOUTÉ, E et **VELOUTEUX, EUSE** I. → MOELLEUX II. → SOYEUX

VELU, E → POILU

VENAISON n.f. → GIBIER

VÉNAL, E corrompu, corruptible, mercenaire, vendable, vendu
◇ CONTR. → HONNÊTE

VÉNALEMENT de façon → MALHONNÊTE *et les dérivés possibles en* -ment *des syn. de* malhonnête

VÉNALITÉ n.f. → SUBORNATION

VENDABLE I. → CESSIBLE II. → CONVENABLE

VENDANGE n.f. vinée → RÉCOLTE

VENDANGEUR, EUSE n.m. ou f. → VIGNERON

VENDÉEN, NE chouan, légitimiste, ventre-à-choux (fam.)

VENDETTA n.f. → VENGEANCE

VENDEUR, EUSE n.m. ou f. I. agent/ attaché commercial, calicot (péj.), camelot, cédant (jurid.), commerçant, commis voyageur, commis/ commise/ demoiselle/ fille/ garçon de boutique/ magasin/ rayon, courtaud (de boutique) (vx), détaillant, exportateur, grossiste, marchand, placier, représentant, visiteur, voyageur II. → APPROVISIONNEUR
◇ CONTR. → ACHETEUR

VENDRE I. **neutre** : adjuger, aliéner, céder, débiter, se défaire de, détailler, donner, échanger, écouler, exporter, laisser, liciter, monnayer, négocier, placer, réaliser, sacrifier, se séparer de, solder II. **non fav. et fam.** : attriquer, bazarder, brader, brocanter, cameloter, coller, fourguer, laver, lessiver, liquider, mévendre, refiler, trafiquer III. **fig.** → DÉNONCER
◇ CONTR. I. → ACHETER II. → STOCKER

VENDU, E I. → VÉNAL II. → TROMPEUR

VENELLE n.f. → RUE

VÉNÉNEUX, EUSE dangereux, délétère, empoisonné, létifère, nocif, non comestible, mauvais, toxique, vireux
◇ CONTR. I. → MANGEABLE II. → INOFFENSIF

VÉNÉRABLE nom et adj. I. aimé, ancien, apprécié, bon, considéré, digne, doyen, éminent, estimable, honoré, réputé, respectable, respecté, révéré, sacré, saint II. ancien, doyen, patriarcal, vieux
◇ CONTR. → VIL

VÉNÉRATION n.f. admiration, affection, amour, considération, dévotion, estime, respect, révérence
◇ CONTR. → DÉDAIN

VÉNÉRER admirer, aimer, apprécier, considérer, estimer, être à la dévotion de, être dévoué à, honorer, respecter, révérer
◇ CONTR. → MÉPRISER

VÉNERIE n.f. chasse à courre, équipage, meute, vautrait

VENGEANCE n.f. châtiment, colère, némésis, œil pour œil dent pour dent, punition, réparation, représailles, ressentiment, rétorsion, revanche, riposte, talion, vendetta, vindicte

◆ CONTR. → PARDON

VENGER châtier, corriger, frapper, laver, punir, redresser, réparer, réprimer, riposter, sévir, vider une querelle

VENGEUR, VENGERESSE nom et adj. → JUGE

VÉNIEL, LE → INSIGNIFIANT

VENIMEUX, EUSE I. au pr. → VÉNÉNEUX II. fig. → MALVEILLANT

VENIN n.m. → POISON

VENIR I. au pr. : aborder, aboutir, aller, approcher, arriver, avancer, se déplacer, s'encadrer, entrer, parvenir à, sortir de, survenir, se transporter, tomber sur – fam. : s'abouler, s'amener, débouler, se pointer, se rabouler, radiner, ralléger, ramener sa fraise, rappliquer II. → SORTIR III. → PRODUIRE (SE) IV. → POUSSER V. venir de : dater, descendre, partir, procéder, provenir de, remonter à, sortir, tenir, tirer son origine de VI. 1. VENIR À BOUT DE → RÉUSSIR 2. VENIR AU MONDE → NAÎTRE

◆ CONTR. I. → PARTIR II. → DISPARAÎTRE

VENT n.m. I. au pr. : agitation, alizé, aquilon, auster, autan, bise, blizzard, bora, borée, bourrasque, brise, chergui, contre-alizé, courant d'air, cyclone, foehn, galerne, harmattan, khamsin, meltem, mistral, mousson, noroît, notus, ouragan, pampero, rafale, revolin, simoun, sirocco, souffle, suroît, tempête, tourbillon, tramontane, typhon, zef (arg.), zéphire, zéphyr II. par ext. 1. → ODEUR 2. bruit, flatulence, flatuosité, gaz, incongruité, pet 3. vulg. : cran, débourrée, fuite, louffe, louise, marie-louise, pastille, perle, perlouse, pétarade, poltron, prout, soupir, vanne, vesse III. → NOUVELLE

◆ CONTR. → CALME

VENTE n.f. adjudication, aliénation, braderie, brocante, chine, criée, débit, démarchage, écoulement, exportation, lavage (arg.), liquidation, mailing, placement, porte à porte, publipostage, réalisation, regrat (vx), solde, transfert, trôle

◆ CONTR. → ACHAT

VENTÉ, E aéré, exposé (aux vents), venteux

◆ CONTR. : abrité

VENTEAU n.m. clapet, soupape → OUVERTURE

VENTER → SOUFFLER

VENT HOLE n.m. spat. off. : évent

VENTILATEUR n.m. panca, soufflerie

VENTILATION n.f. I. aérage (vx), aération, circulation/ renouvellement de l'air, oxygénation II. → RÉPARTITION

VENTILER → AÉRER

VENTRAL, E → ABDOMINAL

VENTRE n.m. I. → ABDOMEN II. arg. ou fam. : avant-scène, ballon, baquet, barrique, bauge, bedon, bedondaine, berdouille, bide, bidon, bidonnard, bonbonne, bouzine, brioche, buffecaille, buffet, bureau, burlingue, cage à pain, caisse, cantine, cloche, coffiot, crédence, devant, embonpoint, gaster, gidouille, gras-double, hotte, mou, œuf d'autruche/ de Pâques, paillasse, panse, placard, tiroir à saucisses, tripes III. → UTÉRUS

VENTRÉE n.f. → REPAS

VENTRIPOTENT, E bedonnant, bouffi, dodu, engidouillé, entripaillé, gidouillant, gidouillard, gros, obèse, pansu, patapouf, poussah, replet, rond, rondouillard, ventru

◆ CONTR. → MAIGRE

VENTRU, E I. → VENTRIPOTENT II. → GROS III. → RENFLÉ

VENUE n.f. approche, arrivée, avènement, croissance, irruption

◆ CONTR. → DÉPART

VÉNUSTÉ n.f. → BEAUTÉ

VER n.m. I. au pr. 1. annélidé, arénicole, asticot, entozoaire, helminthe, lombric 2. vermicule, vermine, vermisseau 3. amphistome, ascaride ou ascaris, bilharzie, bothriocéphale, cénure, cercaire, douve, dragonneau, filaire, oxyure, strongle, ténia, trichine, vercoquin, ver solitaire 4. VER LUISANT : lampyre II. par ext. 1. bombyx ou magnan (mérid.) ou ver à soie 2. chenille, larve, man, ténébrion

VÉRACITÉ n.f. → VÉRITÉ

VÉRAISON n.f. → MATURATION

VÉRANDA n.f. auvent, balcon, bungalow, jardin d'hiver, varangue, verrière

VERBAL, E acroamatique, de bouche à oreille, non écrit, oral, parlé – fam. : téléphone arabe

◆ CONTR. : écrit

VERBALISME n.m. → BAVARDAGE

VERBE n.m. → PAROLE

VERBEUX, EUSE → DIFFUS

VERBIAGE n.m. I. → BAVARDAGE II. → FACONDE

VERBOSITÉ n.f. → FACONDE

VERDÂTRE et **VERDELET, TE** → VERT

VERDEUR n.f. I. → JEUNESSE II. → RUDESSE

VERDICT n.m. → JUGEMENT

VERDIR I. verdoyer – vx : s'éverdumer/ éverdurer II. v. tr. : colorer/ peindre en vert
◆ CONTR. → DÉPÉRIR

VERDOYANT, E gazonné, viridant → VERT
◆ CONTR. → ARIDE

VERDUNISATION n.f. désinfection, épuration, javellisation, traitement des eaux
◆ CONTR. → ALTÉRATION

VERDURE n.f. I. au pr. : boulingrin, feuillage, feuille, frondaison, gazon, herbage, herbe, parterre, pâturage, pâture, plate-bande, prairie, pré, tapis de verdure II. par ext. : tapisserie
◆ CONTR. → SÉCHERESSE

VÉREUX, EUSE → MALHONNÊTE

VERGE n.f. I. → BAGUETTE II. → SEXE

VERGÉ n.m. → PAPIER

VERGER n.m. jardin, ouche, plantation

VERGETÉ, E → MARQUETÉ

VERGETURES n.f. pl. stries, vibices

VERGOGNE n.f. → HONTE

VERGUE n.f. → MÂT

VÉRIDICITÉ n.f. → VÉRITÉ

VÉRIDIQUE → VRAI

VÉRIDIQUEMENT → VRAIMENT

VÉRIFICATEUR, TRICE n.m. ou f. → INSPECTEUR

VÉRIFIABLE → CONTRÔLABLE

VÉRIFICATION n.f. I. analyse, apurement, audit, censure, collation, collationnement, confirmation, confrontation, contre-appel, contre-enquête, contre-épreuve, contrôle, contre-expertise, contre-visite, dénombrement, épreuve, examen, expertise, filtrage, inspection, pointage, recensement, recension, récolement, reconnaissance, recoupement, révision, revue, surveillance II. calibrage, contre-essai, essai, étalonnage ou étalonnement, expérimentation, test
◆ CONTR. I. → PRONOSTIC II. → OMISSION

VÉRIFIER I. 1. analyser, apurer, censurer, collationner, comparer, confronter, constater, contre-tirer (techn.), contrôler, dénombrer, éprouver, examiner, expertiser, faire le bilan/ le point, filtrer, inspecter, instrumenter (jurid.), juger, justifier, prouver, récoler, référencer, repasser, revoir, s'assurer/ se rendre compte de, superviser, tamiser, tester, visionner, voir – vx : acertainer, avérer 2. calibrer, essayer, étalonner, expérimenter, tester II. v. pron. : s'avérer, se confirmer et

les formes pron. possibles des syn. de vérifier
◆ CONTR. I. → PRONOSTIQUER II. → INFIRMER III. → CONTREDIRE

VÉRITABLE → VRAI

VÉRITABLEMENT → VRAIMENT

VÉRITÉ n.f. I. de quelque chose ou de quelqu'un : authenticité, certitude, droiture, évidence, exactitude, fidélité, franchise, justesse, lucidité, lumière, loyauté, nature, naturel, netteté, objectivité, réalité, sincérité, valeur, véracité, véridicité, vraisemblance II. scient. : axiome, postulat, principe, science, théorème III. relig. : conviction, croyance, dogme, doxologie, Évangile, foi, mystère, oracle, orthodoxie, parole, prophétie, révélation, sagesse IV. non fav. : lapalissade, sophisme, truisme, vérité première
◆ CONTR. I. → MENSONGE II. → ABSURDITÉ III. → ERREUR IV. → ILLUSION V. → INVENTION VI. → IGNORANCE VII. → FAUSSETÉ

VERJUS n.m. aigret

VERMEIL, LE → ROUGE

VERMET n.m. → GASTÉROPODE

VERMICULAIRE vermiforme

VERMICULÉ, E → STRIÉ

VERMIFUGE n.m. anthelminthique

VERMILLER et **VERMILLONNER** vén. → MANGER

VERMILLON nom et adj. → ROUGE

VERMINE n.f. I. au pr. : parasites, pouillerie, poux, puces, pucier, punaises, saleté, sanie II. par ext. 1. canaille, gueuserie, populace, racaille, vérole 2. → VAURIEN
◆ CONTR. I. → PROPRETÉ II. → CHOIX

VERMINEUX, EUSE I. pouilleux II. → MISÉRABLE

VERMOULU, E I. mangé/ piqué/ rongé des/ par les vers II. fig. 1. cassant, fragile, friable, pourri, vétuste 2. → FATIGUÉ
◆ CONTR. I. sain II. → SOLIDE

VERNACULAIRE → INDIGÈNE

VERNALISATION n.f. jarovisation, printanisation

VERNIER ENGINE/ MOTOR n.m. spat. off. : moteur vernier

VERNIR cirer, enduire de vernis, faire briller/ luire/ reluire, glacer, laquer, lisser, lustrer, peindre, protéger, retaper (péj.), vernisser
◆ CONTR. → TERNIR

VERNIS n.m. I. au pr. : enduit, laque, peinture laquée II. fig. 1. non fav. : apparence, brillant, croûte, dehors, écorce, teinture 2. fav. : éclat, éducation, manières, lustre, splendeur

VERNISSAGE n.m. inauguration, ouverture, présentation

VERNISSÉ, E → LUSTRÉ

VERNISSER → VERNIR

VÉROLE n.f. I. mal français/ napolitain, syphilis II. vx : bavière (aller en) III. arg. : chtouille, plomb, poivre, sifflote, syndicat (être du), syphilo, zinc IV. petite vérole → VARIOLE V. par ext. → VERMINE

VÉRON n.m. → VAIRON

VERRAT n.m. cochon, goret, porc mâle, pourceau, reproducteur

VERRE n.m. I. carreau, cristal, crown-glass, fougère (vx et poét.) II. → GOBELET III. fam. 1. ballon, bock, cheminée, demi, galopin, gobet, gode, guindal, guinde, vase 2. bocal, canon, drink, glass, godet, gorgeon, misérable (vx), pot, tasse, tournée

VERROTERIE n.f. clinquant, pacotille

VERRIÈRE n.f. → VITRAIL

VERROU n.m. → LOQUET

VERROUILLER I. → FERMER II. → ENFERMER

VERRUE n.f. naevus, papillome, poireau (fam.)

VERS n.m. I. mètre, poésie, rimes, rythme, strophe, verset, versicules (péj.) II. alcaïque, alexandrin, asclépiade, décasyllabe, heptamètre, hexamètre, iambique, monomètre, octosyllabe, pentamètre, pindarique, tétramètre, trimètre → PIED

◇ CONTR. : prose

VERS dans la/ en direction de, sur

VERSANT n.m. côte, déclin, déclivité, penchant → PENTE

VERSATILE capricant, capricieux, changeant, divers, fantaisiste, incertain, inconsistant, indécis, inégal, instable, irrégulier, irrésolu, labile, lunatique, vacillant, volage → QUINTEUX

◇ CONTR. I. → PERSÉVÉRANT II. → TÊTU

VERSATILITÉ n.f. → INSTABILITÉ

VERSÉ DANS → CAPABLE

VERSEMENT n.m. → PAIEMENT

VERSER I. au pr. : déverser, entonner, épancher, épandre, instiller, mettre, transvaser, transvider, vider II. par ext. 1. arroser, couler 2. donner, servir 3. infuser, transfuser 4. renverser, répandre III. fig. 1. → PAYER 2. → CULBUTER

◇ CONTR. I. → REMPLIR II. → RECEVOIR

VERSET n.m. antienne, couplet, paragraphe, refrain, répons, sourate, strophe → POÈME

VERSICOLORE → BIGARRÉ

VERSIFICATEUR n.m. → POÈTE

VERSIFICATION n.f. métrique, prosodie, technique poétique → PIED

VERSIFIER rimailler (péj.), rimer, ronsardiser

VERSION n.f. I. → TRADUCTION II. → RELATION

VERSO n.m. → REVERS

VERT, E I. au pr. : amande, bouteille, bronze, céladon, émeraude, érugineux, gazon, glauque, jade, olive, pers, pomme, prairie, prase, prasin, sinople, smaragdin, tilleul, verdâtre, verdelet, verdoyant, viride II. par ext. 1. → VALIDE 2. → AIGRE 3. → PÂLE 4. → RUDE

VERTÈBRE n.f. atlas, axis, cervicale, coccyx, dorsale, lombaire, sacrée, sacrum, spondyle (vx), thoracique

VERTEMENT de façon → RUDE et les dérivés possibles en -ment des syn. de rude

VERTICAL, E → PERPENDICULAIRE

VERTICALEMENT d'aplomb, debout, droit et les adv. en -ment formés avec les syn. de vertical

◇ CONTR. : horizontalement, obliquement

VERTICAL SAOUNDING n.m. spat. off. : sondage ionosphérique vertical

VERTICAL TAKE OFF AND LANDING → V.T.O.L

VERTIGE n.m. I. au pr. 1. déséquilibre, éblouissement, étourdissement, fumées, vapes (fam.) 2. vét. : avertin ou tournis, vertigo 3. vx : entêtement, tournement de tête, vapeurs II. fig. : caprice, égarement, emballement, enivrement, folie, frisson, fumée, griserie, ivresse, trouble

◇ CONTR. I. → ÉQUILIBRE II. → INDIFFÉRENCE

VERTIGINEUSEMENT avec → EXCÈS, de façon → DÉMESURÉ et les dérivés possibles en -ment des syn. de démesuré

VERTIGINEUX, EUSE → DÉMESURÉ

VERTIGO n.m. I. → VERTIGE II. → CAPRICE

VERTU n.f. I. → SAINTETÉ II. → PROBITÉ III. → DÉCENCE IV. → PRUDENCE V. → QUALITÉ VI. EN VERTU DE → CONSÉQUENCE (EN)

VERTUEUX, EUSE I. → SAINT II. → PROBE III. → PRUDENT IV. → CHASTE

VERTUGADIN n.m. I. → GAZON II. → PANIER

VERVE n.f. I. → ÉLOQUENCE II. → INSPIRATION

VÉSANIE n.f. → FOLIE

VESCE n.f. → LENTILLE

VÉSICATOIRE nom et adj. → RÉVULSIF

VÉSICULE n.f. I. → BOUTON II. → PUSTULE III. sac, saccule

VÉSICULEUX, EUSE sacculiforme, vésiculaire

VESPA n.f. → CYCLOMOTEUR

VESPASIENNE n.f. → URINOIR

VESSE n.f. → VENT

VESTE n.f. **I. au pr.** : anorak, blazer, blouson, boléro, caban, cabi, canadienne, cardigan, jaquette, saharienne, touloupe, vareuse, veston – milit. : battle-dress, dolman, tunique **II. vx** : 1. civil : carmagnole, casaque, casaquin, justaucorps, pet-en-l'air, pourpoint, rase/trousse-pet, saye, sayon, souquenille **2. milit.** : bourgeron, hoqueton, roupane, soubreveste **3. fam. ou arg.** : alpague, frusquine, moumoute, vaguotte **III. fig.** → INSUCCÈS

VESTIBULE n.m. antichambre, entrée, galerie, hall, narthex, porche, prodromos, propylée

◇ CONTR. **I.** appartement(s), cave, cour, grenier, jardin, intérieur, parvis, porche **II.** → SANCTUAIRE

VESTIGE n.m. apparence, débris, décombres, marque, reste, ruine, trace

◇ CONTR. → TOTALITÉ

VÊTEMENT n.m. **I. neutre** : affaires, ajustement, atours, complet, costume, dessous, effets, ensemble, équipage, équipement, garde-robe, habillement, habit, livrée, mise, parure, robe, sous-vêtement, survêtement, tailleur, tenue, toilette, trousseau, uniforme, vêture → BLOUSE, CHAUSSURE, COIFFURE, CULOTTE, GANT, MANTEAU, ROBE, SOUS-VÊTEMENT, VESTE **II. non fav.** : accoutrement, affublement, affûtiau, alpague, cache-misère, costard, décrochez-moi-ça, défroque, déguisement, fringues, friperie, frusques, guenille, haillon, hardes, harnachement, harnais, harnois, nippes, pelure, roupane, roupasse, saint-frusquin, sape(s), souquenille **III. par ext.** → ENVELOPPE

◇ CONTR. → NUDITÉ

VÉTÉRAN nom et adj. **I.** → ANCIEN **II.** → SOLDAT

VÉTÉRINAIRE n.m. ou f. hippiatre (équit.)

VÉTILLE n.f. → BAGATELLE

VÉTILLER → CHICANER

VÉTILLEUX, EUSE agaçant, chicaneur, discordant, disputeur, formaliste, maniaque, mesquin, méticuleux, minutieux, pointilleux, puéril, regardant, tatillon, vétillard

◇ CONTR. → ACCOMMODANT

VÊTIR I. neutre : costumer, couvrir, endosser, enfiler, mettre, prendre, revêtir → HABILLER **II. non fav.** : accoutrer, affubler, caparaçonner, déguiser, fagoter, ficeler, fringuer, frusquer, harnacher, nipper

◇ CONTR. **I.** → DÉVÊTIR **II.** → DÉPOUILLER

VÉTO n.m. → OPPOSITION

VÊTU, E I. *les part. passés possibles de* vêtir **II. fam.** : engoncé, enharnaché

VÉTUSTE → VIEUX

VÉTUSTÉ n.f. → VIEILLESSE

VEULE I. → LÂCHE **II.** → MOU

VEULERIE n.f. **I.** → LÂCHETÉ **II.** → MOLLESSE

VEUVAGE n.m. solitude, viduité

◇ CONTR. **I.** célibat **II.** → DIVORCE **III.** → MARIAGE

VEUVE n.f. **I. au pr.** : douairière (péj.), sâti (Inde) **II. fig.** 1. → GUILLOTINE 2. → MASTURBATION

◇ CONTR. **I.** → CÉLIBATAIRE **II.** divorcée **III.** mariée

VEXATION n.f. → AVANIE

VEXATOIRE I. → HUMILIANT **II.** › HONTEUX

VEXER I. → TOURMENTER **II.** → AIGRIR **III.** → CONTRARIER **IV. v. pron.** → OFFENSER (s')

VIABILITÉ n.f. **I.** accès, praticabilité **II.** → PROBABILITÉ

◇ CONTR. : impraticabilité

VIABLE → VIVANT

VIADUC n.m. → PONT

VIANDARD ou VIANDEUR n.m. → CHASSEUR

VIANDE n.f. → CHAIR

VIATIQUE n.m. **I.** → PROVISION **II. par ext.** 1. extrême-onction, sacrement des malades/mourants, derniers sacrements 2. secours, soutien

◇ CONTR. → CARENCE

VIBRANT, E I. → ARDENT **II.** → SONORE

VIBRATILE pulsatile

VIBRATION n.f. **I.** → OSCILLATION **II.** → TREMBLEMENT

VIBRER I. → TREMBLER **II.** → ENFLAMMER (s')

VICAIRE n.m. → PRÊTRE

VICE n.m. **I.** 1. → IMPERFECTION 2. → MAL 3. → SADISME **II. au pl.** 1. arg. : éducation anglaise, cochonceté, friandise, gâterie, horreurs, passion, trucs, vicelardise

◇ CONTR. → VERTU

VICE VERSA inversement, réciproquement

VICIATION n.f. → ALTÉRATION

VICIER → ALTÉRER

VICIEUSEMENT avec → VICE, de façon → VICIEUX *et les dérivés possibles en* -ment *des syn. de* vicieux

VICIEUX, EUSE I. au pr. 1. corrompu, débauché, débordé (vx), dénaturé, dépravé, dissolu, immoral, mauvais, obscène, pervers, perverti, sadique, taré **2. arg. ou fam.** : tordu, vachard, vicelard, viceloque **II. par ext.** **1.** → INDOCILE **2.** → IMPARFAIT

◆ CONTR. **I.** → CHASTE **II.** → PUR **III.** → CONVENABLE **IV.** → EXACT

VICISSITUDE n.f. **I.** → VARIATION **II.** → DIFFICULTÉ

VICTIME n.f. **I.** apotropée, bouc émissaire, hostie, jouet, martyr, plastron, proie, souffre-douleur, tête de Turc **II.** accidenté, blessé, sinistré, tué

◆ CONTR. **I.** → BOURREAU **II.** → SACRIFICATEUR **III.** → CAUSE

VICTOIRE n.f. → SUCCÈS

VICTORIEUSEMENT avec → SUCCÈS

VICTORIEUX, EUSE → VAINQUEUR

VICTUAILLES n.f. pl. **I.** → PROVISION **II.** → SUBSISTANCES

VIDANGE n.f. **I.** eaux-vannes **II.** → ÉCOULEMENT **III.** → NETTOIEMENT

VIDANGER → VIDER

VIDANGEUR n.m. **fam.** : maître des basses œuvres

VIDE n.m. **I.** cosmos, espace, vacuum **II.** néant, vacuité **III.** → EXCAVATION **IV.** → TROU **V.** blanc, espace, interruption, lacune, manque **VI. fig.** → VANITÉ

VIDE I. adj. 1. d'un contenant privé de son contenu : abandonné, débarrassé, dégarni, démuni, désempli, lège (mar.), à sec **2. d'un lieu sans occupants, sans vie** : abiotique, aride, dénudé, dépeuplé, dépouillé, dépourvu, désert, déserté, désertique, improductif, inculte, inexploité, inhabité, inoccupé, libre, net, nu, sec, stérile, vacant, vague (terrain) **3.** → CREUX **4. fig.** : bête, bouffi, boursouflé, creux, enflé, futile, insignifiant, insipide, inutile, léger, morne, nul, pauvre, plat, prétentieux, vague, vain

◆ CONTR. **I.** → PLEIN **II.** → REMPLI

VIDEOCLIP n.m. **audiov. off.** : bande vidéo promotionnelle

VIDÉOPHONE n.m. **télécom. off.** : visiophone

VIDEOPHONE CONFERENCE télécom. off. : visio-conférence

VIDEOPHONY n.f. **télécom. off.** : visiophonie

VIDEOTAPE n.m. **audiov. off.** : bande vidéo

VIDER I. au pr. : assécher, dégorger, désemplir, désopiler (méd.), dessécher, enlever, évacuer, excréter, nettoyer, tarir, transvaser, transvider, vidanger **II. par ext.** : abandonner, débarrasser, décharger, déménager, dépeupler, évacuer, laisser la place, partir **III. fig. 1.** → CONGÉDIER **2.** → FATIGUER **3.** → FINIR

◆ CONTR. → REMPLIR

VIDIMER jurid. : conformer → COMPARER

VIDUITÉ n.f. abandon, solitude, veuvage

◆ CONTR. **I.** → MARIAGE **II.** → COHABITATION

VIE n.f. **I. au pr.** : destin, destinée, être, existence, jours, peau (fam.), sort, temps **II. par ext.** **1.** → ACTIVITÉ **2.** → VIVACITÉ **3.** → HISTOIRE **III. fig.** → DISCUSSION **IV. EN VIE** → VIVANT

◆ CONTR. → MORT

VIEILLARD n.m. **I. neutre** : ancien, grand-père, homme âgé, patriarche, vieil homme, vieilles gens, vieux, vieux monsieur **II. non fav.** : baderne, barbon, bédole, bibard, birbe, cacochyme, chef-d'œuvre en péril, clignotard, croulant, débris, déchetoque, fossile, ganache, ganachon, géronte, grime, grison, has been, monument historique, passera pas l'hiver (p.p.h.), peinard, pépé, son et lumière, vieillardeau, vieille barbe, vieux birbe/ bonze/ chose/ crabe/ machin/ schnock/ truc, viocard, vioque, vioquerie – **vx** : pénard, roquentin

◆ CONTR. **I.** → JEUNE **II.** → ENFANT

VIEILLE n.f. **I. neutre** : ancienne, femme âgée/ d'âge canonique, grand-mère, veuve, vieille dame/ femme, vieillotine (vx) **II. non fav.** : bonne femme, douairière, rombière → VIEILLARD

◆ CONTR. → FILLE

VIEILLERIE n.f. **I. au pl.** : bric-à-brac → BROCANTE **II.** → PONCIF **III.** → VIEILLESSE

VIEILLESSE n.f. **I. de quelqu'un. 1. neutre** : abaissement, affaiblissement, troisième âge, vieillissement **2. non fav.** : caducité, décadence, décrépitude, gérontisme, sclérose, sénescence, sénilisme, sénilité, vieillerie, vioquerie (fam.) **II. de quelque chose** : abandon, ancienneté, antiquité, décrépitude, désuétude, inadéquation, obsolescence, vétusté

◆ CONTR. **I.** → JEUNESSE **II.** → NOUVEAUTÉ **III.** → JUVÉNILITÉ

VIEILLIR I. v. intr. : dater, être démodé, n'être plus dans la course (fam.), passer de mode – **fam.** : bibarder, clignoter, crouler, dégommer, s'en retourner, envieillir (vx), n'être plus coté à l'argus/ dans la course, prendre du bouchon/ du carat/ du flacon, sucrer les fraises, vieilloter, vioquir **II. v. tr.** **1.** désavantager **2.** patiner

◆ CONTR. → RENOUVELER

VIEILLISSEMENT n.m. **I.** culottage, mûrissage, mûrissement, patine, repos, rodage **II.** → VIEILLESSE

VIEILLOT, TE I. → VIEUX **II.** → ÂGÉ

VIERGE nom et adj. **I. n.f. 1. au pr.** : jeune fille, pucelle, rosière, vestale **2.** bonne dame/ mère, immaculée conception, madone, marie, mère de Dieu, Notre-Dame, pietà **3. iron.** : enfant de Marie, iphigénie, oie blanche **II. au**

pl. relig.: agapètes **III. adj. 1.** puceau, pucelle **2. par ext.**: brut, innocent, intact, inviolé, neuf, nouveau, sans tache → PUR

◆ CONTR. **I.** *les part. passés possibles des syn. de* dépuceler **II.** → IMPUR **III.** → VIRAGO

VIEUX n.m. pl. **I.** → VIEILLARD **II.** → VIEILLE

VIEUX, VIEILLE adj. I. neutre → ÂGÉ, ANCIEN **II. par ext. non fav.**: amorti, antédiluvien, antique, archaïque, arriéré, caduc, décrépit, démodé, dépassé, désuet, fatigué, gothique, hors service, macrobe, macrobien, moyenâgeux, obsolescent, obsolète, révolu, rococo, sénescent, sénile, suranné, usagé, usé, vétuste, vieillot **III. arg. ou fam.**: bibard, bibardu, croulant, hachesse, has been, plus coté (à l'argus), vermoulu, viocard, vioque

◆ CONTR. **I.** → JEUNE **II.** → JUVÉNILE **III.** › NOUVEAU

VIF, VIVE I. au pr. quelqu'un. 1. fav.: actif, agile, alerte, allègre, animé, ardent, brillant, chaleureux, dégagé, déluré, dispos, éveillé, fin, fougueux, frétillant, fringant, gaillard, guilleret, ingambe, intelligent, léger, leste, mobile, ouvert, pétillant, pétulant, primesautier, prompt, rapide, sémillant, spirituel, subtil, verveux, vivant – **vx**: accort, agaillardi, escarbillat, frisque, isnel **2. non fav.**: aigre, amer, brusque, emporté, excessif, impulsif, injurieux, irritant, mordant, nerveux, tride (équit.), violent **3. mus.**: allegretto, allegro, con moto, forte, fortissimo, presto, rondo, scherzo, vivace **II. par ext. 1. quelque chose**: acide, aigre, aigu, âpre, criard, cru, cuisant, douloureux, exaspéré, excessif, expéditif, frais, froid, intense, mordicant (vx), pénétrant, perçant, piquant, vivace **2. le style**: animé, brillant, coloré, délié, éclatant, nerveux, pressé, sensible

◆ CONTR. **I.** → MORT **II.** → APATHIQUE **III.** → PATIENT **IV.** → PRUDENT **V.** → FAIBLE

VIF-ARGENT n.m. → MERCURE

VIGIE n.f.

VIGILANCE n.f. → ATTENTION

VIGILANT, E → ATTENTIF

VIGILE n.m. → VEILLEUR

VIGILE n.f. **relig.** veille

VIGNE n.f. **I.** cep, lambruche, lambrusque, pampre, treille, vigneau → RAISIN **II.** château (bordelais), clos, hautin, terroir, vignoble

VIGNEAU n.m. **I.** → VIGNE **II.** bigorneau, littorine, vignot

VIGNERON, NE n.m. ou f. vendangeur, viticulteur

VIGNETTE n.f. → IMAGE

VIGNOBLE n.m. → VIGNE

VIGOUREUX, EUSE → FORT

VIGUEUR n.f. → FORCE

VIGUIER n.m. → ÉDILE

VIL, VILE abject, affreux, avili, banal, bas, commun, contemptible (vx), corrompu, crasseux, dépravé, déprécié, dernier, grossier, ignoble, immoral, impur, inculte, indigne, infâme, innommable, insignifiant, lâche, laid, méchant, méprisable, méprisé, mesquin, misérable, monstrueux, ordinaire, plat, rampant, ravalé, repoussant, rustre, sale, servile, vilain, vulgaire

◆ CONTR. **I.** → ESTIMABLE **II.** → ÉLEVÉ **III.** → CHER

VILEMENT de façon → VIL *et les dérivés possibles en* -ment *des syn. de* vil

VILAIN n.m. → PAYSAN

VILAIN, E I. → MÉCHANT **II.** → LAID **III.** → AVARE

VILAINEMENT avec → VILENIE

VILDCAT n.m. **pétr. off.**: forage d'exploration/ sauvage

VILEBREQUIN n.m. › PERCEUSE

VILENIE n.f **I.** → BASSESSE **II.** → MÉCHANCETÉ **III.** → INJURE

VILIPENDER abaisser, attaquer, avilir, bafouer, berner, conspuer, crier haro sur, critiquer, déconsidérer, décrier, dénigrer, déprécier, déshonorer, détracter, diffamer, dire pis que pendre, discréditer, disqualifier, flétrir, honnir, huer, injurier, insulter, mépriser, mettre plus bas que terre, rabaisser, ravaler, salir, siffler, souiller, traîner dans la boue/ dans la fange, vitupérer, vouer/ traîner aux gémonies – **vx**: ahonter, tympaniser

◆ CONTR. → LOUER

VILLA n.f. bungalow, cabanon, chalet, chartreuse, cottage, datcha, folie, pavillon

VILLAGE n.m. **I.** agglomération, aoul (Caucase), bourg, bourgade, cité, commune, écart, endroit, hameau, localité, mechta, paroisse, pâté de maisons, patelin (fam.), petite ville **II. vx**: feux, ménil **III. péj.**: bled, trou

◆ CONTR.: chef-lieu → CAPITALE

VILLAGEOIS, VILLAGEOISE n.m. ou f. → PAYSAN

VILLE n.f. **I.** → AGGLOMÉRATION **II.** → VILLAGE

VILLE D'EAUX n.f. → STATION

VILLÉGIATURE n.f. → SÉJOUR

VILLEUX, EUSE → POILU

VILLOSITÉ n.f. → PILOSITÉ

VIN n.m. **I. au pr.**: cru, production, produit **II. fam. et péj.**: abondance, aramon, beaujolpif, bibine, bistrouille, bromure, brouille-ménage, brutal, campêche, carburant, chocolat de déménageur, coaltar, coquin, criquet, décapant, ginglard, ginglet, gros-cul, gros-qui-tache, jaja, jinjin, jus/ sirop/ tisane de bois tordu, macadam, mazout, narpi, ouvre-cuisses, piccolo, pichteau, pichtegorne, pi-crate, picton, pif, pinard, piquette, pive, pi-veton, pivois, pousse-au-crime, reginglard, roteuse, rouquemoute, rouquin, sang de bœuf, tisane, tortu, tutu, tutute, vinasse **III. par ext.** : bilboquet, chopine, kil, litre, litron, quille **IV. 1. qualités du vin** → AGRÉABLE **2. défauts du vin** → DÉSAGRÉABLE

VINDICATIF, IVE → RANCUNIER

VINDICTE n.f. → VENGEANCE

VINÉE n.f. récolte, vendange → CAVE

VINICOLE œnologique, viticole

VIOL n.m. → VIOLENCE

VIOLATEUR, TRICE contrevenant, profanateur, violeur (vx)

VIOLATION n.f. atteinte, contravention, dérogation, désobéissance, entorse, infraction, inexécution, inobservance, inobservation, manquement, outrage, profanation, transgression, violement (vx) ◆ CONTR. **I.** → RESPECT **II.** → SAUVEGARDE

VIOLE n.f. → VIOLON

VIOLEMMENT avec → VIOLENCE de façon → VIOLENT *et les dérivés possibles en* -ment *des syn. de* violent

VIOLENCE n.f. **I. au pr.** : agressivité, animosité, ardeur, brusquerie, chaleur, colère, cruauté, démence, démesure, dureté, effort, emportement, énergie, exacerbation, fougue, frénésie, fureur, furie, impétuosité, impulsivité, intensité, irascibilité, puissance, rage, rudesse, véhémence, virulence, vivacité **II. par ext., des actes de violence 1.** agitation, débridement, déchaînement, émeute, explosion, implosion, pogrom, révolte, révolution **2.** agression, attentat, brutalité, contrainte, coups et blessures, excès, mal, querelle, sévices **3.** défloraison, défloration, forcement (vx), profanation, stupre, viol ◆ CONTR. **I.** → CALME **II.** → DOUCEUR **III.** → PAIX

VIOLENT, E I. au pr. : agité, agressif, âpre, ardent, brusque, brutal, bruyant, cassant, coléreux, concentré, cruel, déchaîné, dément, démesuré, dur, emporté, énergique, enragé, exacerbé, excessif, extrême, farouche, fort, fougueux, frénétique, furieux, impétueux, impulsif, injurieux, irascible, puissant, rude, sanguinaire, tempétueux, terrible, tranchant, véhément, vif, vigoureux, virulent – **vx** : truculent, vert **II. par ext. 1.** convulsif, délirant, fébrile **2.** fulgurant, épouvantable, terrible **3.** aigu, carabiné, cruel, cuisant, douloureux, intense, poignant, vivace ◆ CONTR. **I.** → PAISIBLE **II.** → BÉNIN **III.** → CALME **IV.** → DOUX

VIOLENTER → OBLIGER

VIOLER I. une règle : braver, contrevenir/ déroger à, désobéir, enfreindre, fausser, manquer à, mépriser, passer par-dessus, tourner, trahir, transgresser, vicier **II. quelqu'un, une réputation** : blesser, compromettre, constuprer (vx), déflorer, forcer, outrager, polluer, porter atteinte à, profaner, prostituer, souiller, violenter **III. 1. VIOLER SA FOI/ SA PAROLE** : se parjurer **2. VIOLER UN SECRET** : trahir, vendre ◆ CONTR. → RESPECTER

VIOLET, TE I. améthyste, aubergine, balais, lie-de-vin, lilas, mauve, parme, pensée, pourpre, prune, violacé, violine, zinzolin **II. BOIS DE VIOLETTE** : palissandre

VIOLEUR n.m. **arg.** : pointeur, quéquette

VIOLON n.m. **I. au pr.** : amati, guarnerius, stradivarius – **vx** : basse de viole, pochette, rebab, rebec, trompette marine, viole – **fam. et péj.** : crincrin, zinzin **II. par anal.** : alto, basse, contrebasse, violoncelle **III.** → VIOLONISTE **IV.** → PRISON

VIOLONEUX n.m. ménétrier

VIOLONISTE n.m. ou f. musicien, premier/ second violon, soliste, virtuose – **vx** : ménéstrel, ménétrier, violoneux – **fam. et péj.** : gratteur

VIORNE n.f. clématite, boule-de-neige, laurier-tin, obier

VIPÈRE n.f. **I. au pr.** : ammodyte, aspic, céraste, guivre, ophidien, péliade, serpent, vipéreau, vouivre → REPTILE **II. fig.** → MÉCHANT

VIPÉRIN, E I. → MALVEILLANT **II.** → MÉCHANT

VIRAGE n.m. coude, courbe, épingle à cheveux, lacet, tournant, tourne

VIRAGO n.f. carne, carogne, charogne, dame de la halle, dragon, forte-en-gueule, gendarme, grenadier, grognasse, harangère, harpie, largue, maritorne, poison, poissarde, pouffiasse, rombière, roulure, tricoteuse (vx) → MÉGÈRE ◆ CONTR. → VIERGE

VIRÉE n.f. **I.** → PROMENADE **II.** → VOYAGE

VIREMENT n.m. transfert → PAIEMENT

VIRER → TOURNER

VIREVOLTE n.f. → CHANGEMENT

VIREVOLTER → TOURNER

VIRGINAL, E → PUR

VIRGINITÉ n.f. **I. au pr.** : hymen, pucelage, pucellinité **II. arg.** : berlingue, capsule, cuti, fleur (de mari/ de Marie), petit capital, ruban **III. par ext.** : blancheur, candeur, chasteté, innocence, intégrité, pureté, vertu ◆ CONTR. → IMPURETÉ

VIRIL, E I. → MÂLE **II.** → SEXE

VIRILISER masculiniser → EXERCER
◇ CONTR. → EFFÉMINER

VIRILITÉ n.f. masculinité → FORCE
◇ CONTR. : féminité

VIRTUALITÉ n.f. → POSSIBILITÉ

VIRTUEL, LE → POSSIBLE

VIRTUELLEMENT de façon → POSSIBLE,
selon toute → POSSIBILITÉ *et les dérivés possibles en* -ment *des syn. de* possible

VIRTUOSE n.m. ou f. aigle, as (fam.), maestro, maître, musicien, soliste
◇ CONTR. → TOCARD

VIRTUOSITÉ n.f. → HABILETÉ

VIRULENCE n.f. **I.** contagiosité **II.** → VIO-
LENCE

VIRULENT, E → VIOLENT

VIRUS n.m. **I.** germe pathogène, microbe
intracellulaire → MICROBE **II.** → POISON

VISA n.m. approbation, attestation, autorisation, licence, passeport, sceau, validation

VISAGE n.m. **I. au pr. 1.** face, faciès, figure,
frimousse, masque, minois, tête, traits, vis
(vx) **2. fam. :** balle, bille, binette, blase, bobinard, bobine, bobinette, bougie, bouille, burette, cadre, caillou, cerise, cliché, fiole,
fraise, frime, frite, gargamelle, gargoine,
gaufre, gueule, hure, margoulette, mufle,
museau, musette, nase, nez, patate, pipe,
poire, pomme, portrait, prime, tirelire, tournant, tourniquet, tranche, trogne, trognon,
trombine, trompette, tronche, vasistas, vitrine → TÊTE **3.** effigie, mascaron, masque
II. par ext. 1. air, apparence, aspect, attitude,
contenance, expression, maintien, mine,
physionomie **2.** caractère, personnage, personnalité, type **III. fig. :** configuration, conformation, couleur, dehors, disposition, extérieur, forme, tournure
◇ CONTR. **I.** → DOS **II.** → FESSIER

VISAGISTE n.m. ou f. esthéticien(ne)

VIS-À-VIS **I. adv. et loc. prép. :** à l'opposite, en
face, en regard, face à face, nez à nez **II. n.m.**
1. quelqu'un : voisin d'en face **2.** face-à-face,
tête à tête
◇ CONTR. : au loin, éloigné

**VISBREAKER, VISBREAKING, VIS-
COSITY BREAKING** n.m. **pétr. off. :** viscoré-
duction

VISCÉRAL, E → INNÉ

VISCÉRALEMENT à fond, complètement,
fanatiquement, foncièrement, fondamentalement, inconsciemment, intimement, naturellement, profondément

VISCÈRE n.m. **I. de l'homme :** boyaux, entrailles, intestin, tripes (fam.) **II. des animaux :**
fraise, fressure, gras-double, tripes

VISCOSITÉ n.f. → ÉPAISSEUR

VISÉE n.f. → BUT

VISER **I. au pr. :** ajuster, bornoyer, braquer
(arg.), coucher/ mettre en joue, mirer, pointer, regarder **II. par ext. 1.** aviser, lorgner, regarder **2.** concerner **III. fig. :** ambitionner,
butter (vx), chercher, désirer, poursuivre,
prétendre à, rechercher, tâcher à, tendre à,
vouloir **IV.** → EXAMINER **V.** apostiller, authentifier, valider
◇ CONTR. → ABANDONNER

VISIBILITÉ n.f. → CLARTÉ

VISIBLE **I. au pr. :** apercevable, apparent,
distinct, manifeste, net, observable, ostensible, perceptible, percevable, voyant **II. fig. :**
clair, évident, facile, flagrant, manifeste, ostensible, ouvert
◇ CONTR. **I.** → IMPERCEPTIBLE **II.** → SECRET **III.** →
INCERTAIN **IV.** → SOUS-JACENT

VISIBLEMENT de façon → VISIBLE *et les dérivés possibles en* -ment *des syn. de* visible

VISIÈRE n.f. garde-vue

VISION n.f. **I. au pr.** → VUE **II.** → APPARITION
III. berlue, chimère, fantasme *ou* phantasme, hallucination, hantise, idée, illusion,
image, intuition, mirage, obsession, pressentiment, représentation, rêve, rêverie →
IMAGINATION
◇ CONTR. → RÉALITÉ

VISIONNAIRE nom et adj. **I.** → VOYANT
II. fav. : anticipateur, génie, phare, prophète
III. non fav. : allumé, chimérique, déraisonnable, extravagant, halluciné, illuminé, imaginatif, obsédé, rêveur, songe-creux, utopiste
◇ CONTR. → RÉALISTE

VISITE n.f. **I. au pr. 1. on visite quelqu'un :** audience, démarche, entrevue, réception, rencontre, tête-à-tête, visitation (vx) **2. on visite**
quelque chose : contrôle, examen, expertise,
fouille, inspection, ronde, tournée **3. un pays :**
excursion, tour, tournée, voyage **4. de police :**
descente, perquisition, transport **5. un bateau :**
arraisonnement **II. par ext. 1.** → CONSULTATION
2. → VISITEUR
◇ CONTR. **I.** → ABANDON **II.** → ABSENCE

VISITER **I.** → EXAMINER **II.** → FRÉQUENTER
III. → VOIR **IV.** → VOYAGER

VISITEUR, EUSE n.m. ou f. **I.** contrôleur,
enquêteur, examinateur, explorateur, inspecteur, réceptionnaire → VENDEUR **II.** hôte,
visite **III.** amateur, curiste, estivant, excursionniste, promeneur, spectateur, touriste, vacancier, villégiaturiste, voyageur

VISNAGE n.m. ammi, fenouil, herbe aux cure-dents

VISON n.m. → FOURRURE

VISQUEUX, EUSE I. au pr. : adhérent, collant, compact, épais, gluant, glutineux, gommeux, graisseux, gras, huileux, oléiforme, pégueux (mérid.), poisseux, sirupeux, tenace **II. par ext.** : chassieux, conglutineux, glaireux **III. fig.** → ABJECT

◇ CONTR. → FLUIDE

VISSER I. au pr. : assujettir, attacher, fixer, immobiliser, joindre, river, sceller, serrer **II. fig.** : serrer la vis, tenir/ traiter sévèrement

◇ CONTR. : dévisser

VISUAL TELEPHONE n.m. télécom. off. : visiophone

VITAL, E → PRINCIPAL

VITALISME n.m. → ANIMISME

VITALITÉ n.f. → VIVACITÉ

VITE I. adj. 1. → RAPIDE **2.** → DISPOS **II. adv.** : à la galope, à tire d'aile, à toute vitesse, à la volée, au galop, au pied levé, au trot, bientôt, brusquement, comme l'éclair, dare-dare, en hâte, en un clin d'œil/ un tour de main/ un tournemain, hâtivement, lestement, précipitamment, prestement, presto, prestissimo, promptement, raide, rapidement, rondement, subito, tôt, vivement → SOUDAIN – **mus.** : allegretto, allegro, con moto, forte, fortissimo, presto, rondo, scherzo, vivace – **arg. ou fam.** : à fond la caisse/ la gamelle/ les manettes, à fond de train, à la hussarde, à tombeau ouvert, à tout berzingue, à toute biture/ toute blinde/ toute pompe/ toute vibure, comme un dard/ un lavement/ un pet (sur une toile cirée/ sur une tringle), en cinq sec, en moins de deux, et que ça saute, ficelle, fissa, illico, le tonnerre, plein pot, rapidos, vinaigre **III. 1. À LA VA-VITE** : à la six-quatre-deux/ va-comme-je-te-pousse, bâclé, expédié, liquidé, gâché, saboté, sabré, torché **2. AU PLUS VITE** : à l'instant, immédiatement, tout de suite

◇ CONTR. **I.** → LENT **II.** → LENTEMENT

VITESSE n.f. agilité, célérité, diligence, hâte, précipitation, presse, prestesse, promptitude, rapidité, vélocité, vivacité

◇ CONTR. **I.** → RETARD **II.** → PRUDENCE

VITICOLE œnologique, vinicole

VITICULTEUR n.m. vigneron

VITRAIL n.m. châssis, gemmail (par ext.), panneau, rosace, rose, verrière

VITRE n.f. **I. au pr.** : carreau, glace, verre **II. par ext. 1.** → FENÊTRE **2.** pare-brise **3.** devanture, étalage, montre, vitrine

VITREUX, EUSE blafard, blême, cadavérique, décoloré, éteint, livide, pâle, terne, terreux, voilé

◇ CONTR. → CLAIR

VITRINE n.f. → ÉTALAGE

VITUPÉRATION n.f. → RÉPROBATION

VITUPÉRER I. v. tr. → BLÂMER **II. v. intr.** : déblatérer, s'indigner

◇ CONTR. **I.** → TAIRE (SE) **II.** → LOUER

VIVABLE → SUPPORTABLE

VIVACE I. → RUSTIQUE **II.** → VIVANT

VIVACITÉ n.f. **I.** → VITESSE **II.** accent (québ.), activité, agilité, alacrité, allant, allégresse, animation, ardeur, brio, chaleur, éclat, entrain, force, gaieté, joie de vivre, légèreté, mordant, pétulance, rudesse, verdeur, vie, vigueur, violence, vitalité → INTELLIGENCE

◇ CONTR. → APATHIE

VIVANT, E nom et adj. **I. au pr.** : animé, en vie, viable, vivace **II. par ext.** : actif, animé, bien allant, debout, énergique, existant, force de la nature, fort, ranimé, remuant, résistant, ressuscité, sain et sauf, sauvé, survivant, tenace, trempé, valide, vif, vigoureux **III. BON VIVANT** : bonne descente/ fourchette, boute-en-train, farceur, joyeux luron, joyeux compagnon/ drille

◇ CONTR. **I.** → MORT **II.** → ENGOURDI **III.** → LENT **IV.** → FIGÉ

VIVARIUM n.m. → ZOO

VIVAT n.m. → ACCLAMATION

VIVEMENT ardemment, beaucoup, de cul et de tête (vx), fortement, intensément, profondément → VITE

◇ CONTR. **I.** → LENTEMENT **II.** → DOUCEMENT

VIVEUR n.m. → DÉBAUCHÉ

VIVIER n.m. **I.** alevinier ou alevinière, anguillère, aquarium, réserve → BASSIN **II. par ext.** : claire, clayère, parc à huîtres

VIVIFIANT, E I. au pr. : aiguillonnant, cordial, excitant, fortifiant, généreux, nourrissant, ranimant, ravigotant (fam.), réconfortant, reconstituant, remontant, revigorant, roboratif, stimulant, tonique, vivificateur **II. par ext.** : doux, frais, léger **III. fig.** : encourageant, exaltant

◇ CONTR. **I.** → ÉTOUFFANT **II.** → DÉMORALISANT **III.** → TUANT

VIVIFIER activer, agir sur, aiguillonner, animer, créer, donner le souffle, donner/ insuffler l'âme/ la vie, encourager, exciter, faire aller, fortifier, imprégner, inspirer, nourrir, ranimer, réconforter, tonifier

◇ CONTR. **I.** → AFFAIBLIR **II.** → DÉCOURAGER

VIVOTER aller doucement/ son petit bonhomme de chemin/ son petit train, subsister, végéter

◇ CONTR. → PROSPÉRER

VIVRE I. v. intr. 1. neutre : être animé/ au monde, exister, durer, respirer **2. péj.** : croupir, s'endormir, se laisser aller, pourrir, végéter 3. → HABITER 4. se conduire → AGIR 5. se consacrer à, se dévouer, se donner à 6. consommer, se nourrir de II. v. tr. 1. éprouver, expérimenter, faire l'épreuve/ l'expérience de 2. VIVRE DES JOURS HEUREUX : couler/ passer du bon temps, se la couler douce (fam.)

◇ CONTR. → MOURIR

VIVRES n.m. pl. I. → PROVISIONS II. → SUBSISTANCE

V.T.O.L. aviat. et milit. off. → AÉRODYNE

VOCABLE n.m. → MOT

VOCABULAIRE n.m. I. → DICTIONNAIRE II. par ext. : correction, expression, langage, langue

VOCALISE n.f. entraînement, exercice, roulade, trilles, virtuosité – vx : fredon, rémolade

VOCALISER → CHANTER

VOCATION n.f. → DISPOSITION

VOCIFÉRATION n.f. → CRI

VOCIFÉRER v. tr. et intr → CRIER

VŒU n.m. I. → SERMENT II. → SOUHAIT III. → DEMANDE

VOGUE n.f. I. → COURS II. → MODE

VOGUER I. → FLOTTER II. → NAVIGUER

VOIE n.f. I. au pr. : allée, androne, artère, autoberge, autoroute, autostrade, avenue, axe, boulevard, canal, chaussée, chemin, chenal, cours, draille, impasse, laie, layon, levée, passage, pénétrante, piste, promenade, réseau, rocade, route, rue, ruelle, sente, sentier, traboule (à Lyon), (voie) tangentielle II. fig. : brisées, canal, carrière, chemin, conduite, dessein, exemple, ligne, marche, sillage, sillon, trace III. → MOYEN IV. → LARGEUR V. 1. voie ferrée : ballast, ligne, rails, talus 2. par ext. : chemin de fer, S.N.C.F. → TRAIN

VOILE n.m. I. → RIDEAU II. haïk, litham, tchador, tcharchaf → MANTILLE III. → MANTEAU

VOILE n.f. mar. : bonnette, brigantine, cacatois, civadière, clinfoc, coq-souris, dérivette, foc, fortune, grand-voile, hunier, misaine, perroquet, perruche, spi, spinacker, tourmentin, trinquette

VOILÉ, E I. caché, déguisé, dissimulé, invisible, masqué, mystérieux, secret, travesti II. affaibli, assourdi, atténué, filtré, tamisé, terne → SOURD III. obscur → VITREUX

◇ CONTR. → CLAIR

VOILER → CACHER

VOILIER n.m. → BATEAU

VOIR I. au pr. : apercevoir, aviser, considérer, contempler, découvrir, discerner, distinguer, dominer, embrasser, entrevoir, examiner, observer, percevoir, remarquer, repérer, saisir du regard, surplomber, viser, visionner, → REGARDER – fam : loucher sur, mater, zieuter II. fig. 1. se représenter par la pensée : apercevoir, apprécier, comprendre, concevoir, connaître, considérer, constater, découvrir, discerner, distinguer, envisager, se figurer, imaginer, juger, observer, regarder, se représenter, trouver 2. assister à, visiter 3. avoir la vue sur, donner sur, être exposé à, planer sur 4. contrôler, inspecter, inventorier, noter, remarquer, prendre garde à, surprendre, vérifier 5. imaginer, prévoir, représenter 6. écouter, examiner, jauger, réfléchir III. 1. FAIRE VOIR : apprendre, faire apparaître, découvrir, démonter, démontrer, dévoiler, étaler, exhiber, exposer, faire entrevoir/ paraître, montrer, présenter, prouver, révéler 2. VOIR LE JOUR → NAÎTRE

VOIRE I. vrai, vraiment II. aussi, même

VOIRIE n.f. I. voies publiques II. entretien, ponts et chaussées III. bourrier, champ d'épandage, décharge, dépotoir, immondices, ordures

VOISIN, E nom et adj. → PROCHAIN

VOISINAGE n.m. → PROXIMITÉ

VOISINER → FRÉQUENTER

VOITURE n.f. I. génér. : attelage, équipage, moyen de transport, véhicule II. à cheval. 1. de promenade ou de voyage : berline, berlingot, boghei, break, briska, buggy, cab, cabriolet, calèche, carrosse, chaise, char, coche, coucou, coupé, demi-fortune, derby, désobligeante, diligence, dog-cart, dormeuse, drag, duc, fiacre, landau, landaulet, litière, locatis, mail-coach, malle, maringote, milord, omnibus, patache, phaéton, poulailler (vx et péj.), sapin (fam.), sulky, tandem, tapecul, tapissière, téléga, tilbury, tonneau, traîneau, troïka, victoria, vinaigrette, vis-à-vis, wiski 2. de travail : araba, banne, bétaillère, binard, camion, carriole, char, chariot, charrette, chasse-marée, corbillard, éfourceau, fardier, guimbarde, haquet, limonière, surtout, tombereau, trinqueballe, truck 3. milit. : ambulance, caisson, fourgon, fourragère, prolonge III. à moteur. 1. au pr. : auto, automobile, autoneige, berline, conduite intérieure, coupé, familiale, limousine, roadster, torpédo 2. utilitaire : ambulance, autopompe, camionnette, commerciale, fourgon, fourgonnette, taxi 3. de gros tonnage : autobus, autocar, benne, bétaillère, camion, car, tracteur 4. fam. : bagnole, bahut, bousine, cabrouet, caisse, charrette, chignole, chiotte, clou, ferraille, fumante, guimbarde, guinde, hotte, mannequin, mulet, poubelle, roulante, tacot, tas (de boue/ de ferraille/ de tôle), taxi, tinette, tire, traîne-cons, traîneau, trottinette, veau **IV. à bras. 1. de travail** : baladeuse, brouette, charrette à bras, jardinière, pousse-pousse **2. d'enfant** : landau, poussette **V. chemin de fer** : benne, citerne, fourgon, plateau, wagon **VI. de police** : car, panier à salade, voiture cellulaire

VOITURER → TRANSPORTER

VOITURIER n.m. I. camionneur, ferroutier, routier, transporteur II. charretier, cocher, roulier – **vx** : ameneur, voiturin III. **fam.** : automédon

VOIX n.f. I. articulation, parole, phonation, son II. → BRUIT III. **par ext. 1.** accord, approbation, assentiment, suffrage, vote **2. d'animaux** : aboiement, chant, cri, grondement, hurlement, plainte **3. chant humain** : alto, baryton, basse, basse chantante *ou* basse-taille, castrat, contralto, dessus, haute-contre, mezzosoprano, sopraniste, soprano, taille (vx), ténor, ténorino **IV. fig. 1.** appel, avertissement, impulsion, inspiration, manifestation divine/ surnaturelle **2.** avis, jugement, opinion

VOL n.m. décollage, envol, essor, lévitation, trajet aérien, volée, volettement

VOL n.m. I. abus de confiance, appropriation, brigandage, cambriolage, carambouille, détournement, duperie, effraction, enlèvement, entôlage, escamotage, escroquerie, extorsion de fonds, filouterie, flibuste, fric-frac, friponnerie, grappillage, grivèlerie, hold-up, indélicatesse, kleptomanie *ou* cleptomanie, larcin, malversation, maraudage, maraude, pillage, piraterie, racket, rançonnement, rapine, resquille, soustraction, spoliation, stellionat, subtilisation, vol à l'abordage/ à l'américaine/ à l'arraché/ au bonjour/ à la course/ à l'étalage/ à la gare/ à la poisse/ à la rendez-moi-ça/ à la roulotte/ à la tire, **II. vx** : picorée, pillerie, truanderie, volerie **III. arg.** : arnaque, baluchonnage, barbot, barbottage, beau, braquage, cambriole, carottage, carotte, casse, cassement, castagne, charre, chopin, chourave, coup (d'arraché/ de flan/ de fourchette), dégringolage, dépouille, détourne, emprunt forcé, fauchage, fauche, grinche, jetée, mise en l'air, reprise (individuelle), tire (à la chicane), turbin

◆ CONTR. **I.** → HONNÊTETÉ **II.** → RÉPARATION

VOLAGE → CHANGEANT

VOLAILLE n.f. I. canard, cane, canette, caneton, chapon, cochet (vx), coq, dinde, dindon, dindonneau, jars, oie, oison, pintade, pintadeau, poule, poulet, poussin, volatile **II.** basse-cour

VOLAILLER n.m. cocassier (rég.), coquetier

VOLAILLEUR, EUSE aviculteur

VOLANT n.m. I. navigant II. marge, stock ◆ CONTR. : basier, personnel au sol/ d'accueil/ d'assistance technique, rampant

VOLANT, E → CHANGEANT

VOLATIL, E I. → LÉGER **II.** → INFLAMMABLE

VOLATILE n.m. → OISEAU

VOLATILISATION n.f. → VAPORISATION

VOLATILISER (SE) I. au pr. → VAPORISER (SE) **II. fig.** → DISPARAÎTRE

VOL-AU-VENT n.m. bouchée à la reine, timbale

VOLCANIQUE → IMPÉTUEUX

VOLÉE n.f. **I.** envol, essor **II.** → TROUPE **III.** → RANG **IV.** → DÉCHARGE **V. arg. ou fam.** : avoine, bastonnade, branlée, brossée, chicorée, chicousta, correction, cortausse, danse, déculottée, dégelée, dérouillée, distribution, fessée, floppée, fricassée, frottée, java, pâtée, peignée, perlot, pile, plumée, potache, purge, raclée, ramona, ratatouille, rincée, rossée, roulée, rouste, secouée, tabac, tabassage, tannée, tatouille, tisane, toise, torchée, tourlousine, tournée, trempe, trépignée, tripotée, trique, troussée, valse → TORGNOLE – **vx** : escourgée, plamussade, souffletade **VI. À LA VOLÉE** → VITE

◆ CONTR. → CARESSE

VOLER I. aller en l'air. 1. au pr. : s'élever, s'envoler, flotter, monter, planer, pointer, prendre son envol/ essor, tournoyer, voleter, voltiger **2. par ext.** → COURIR **3. fig.** : s'émanciper **II. prendre à autrui. 1. sens courant** : s'approprier, attraper, brigander, cambrioler, démunir, déposséder, dépouiller, dérober, détourner, détrousser, dévaliser, dilapider, distraire, s'emparer de, enlever, escamoter, escroquer, estamper, exploiter, extorquer, faire disparaître, filouter, flibuster, flouer, friponner, frustrer, grappiller, griveler, gruger, marauder, piller, piper, prendre, prévariquer, rançonner, rapiner, ravir, rouler, soustraire, soutirer, spolier, subtiliser, tromper **2. vx** : affurer, agripper, écornifler, escoffier, estoquer, friper, gripper, picorer, plier la toilette, tirer la laine, vendre **3. partic.** : faire danser/ sauter l'anse du panier, ferrer la mule (vx) **4. fam. ou arg.** : acheter à la foire d'empoigne, alléger, arquepincer, arranger, asphyxier, balluchonner, barboter, branquignoler, braquer, buquer, butiner, cabasser, calotter, camoufler, canarder, carambouiller, carotter, caroubler, carrer, casser, chaparder, charrier, chauffer, chiper, choper, chouraver, chourer, claquer, cogner, cravater, croquer, décramponner, décrasser, décrocher, dégringoler, délester, délourder, dépiauter, déplanquer, descendre, écorcher, écraser, effacer, effaroucher, embusquer, empaqueter, empaumer, empiler, emplâtrer, engourdir, entôler, entuber, envelopper, étouffer, étourdir, étriller, évaporer, fabriquer, faire un casse/ main basse/ sa main/ aux pattes, faucher, flingoter, fricfraquer, fricoter, frire, fusiller, grappiller, gratter, griffer, grinchir, grouper, harper, kidnapper, lever, lourder, marner, pégrer, peler, pincer, piquer, pirater, rabioter, rafler, rapier, ratiboiser, ratisser, rectifier, refaire, repasser, retrousser, rifler, rincer, roustir, saigner, secouer, serrer, soulager, soulever, straffer, taxer, tirer, tondre, toucher, travailler, truander, vaguer, voler à l'abordage/ à l'américaine/ à l'arraché/ au bonjour/ à la course/ à l'étalage/ à la gare/ à la poisse/ à la rendez-moi-ça/ à la roulotte/ à la tire

◈ CONTR. **I.** → DONNER **II.** → REDONNER **III.** → RÉTABLIR

VOLERIE n.f. **I.** → VOL **II.** fauconnerie

VOLET n.m. **I.** contrevent, jalousie, persienne **II.** déflecteur, extrados, intrados

VOLETER → VOLTIGER

VOLEUR, VOLEUSE nom et adj. **I.** aigrefin, bandit, banqueroutier, barboteur, brigand, briseur, cambrioleur, canaille, carambouilleur, casseur, chapardeur, chenapan, chevalier d'industrie, concussionnaire, coquin, corsaire, coupe-jarret, crapule, déprédataire, détrousseur, escamoteur, escroc, estampeur, falsificateur, filou, flibustier, forban, fraudeur, fripon, fripouille, grappilleur, kleptomane *ou* cleptomane, laveur de chèques, leveur, maître chanteur, malandrin, malfaiteur, maraudeur, monte-en-l'air, pègre, pick-pocket, pillard, piqueur, pirate, politicard *ou* politicien véreux, racketteur, rat/ souris d'hôtel, spoliateur, stellionataire, tricheur, tripoteur, truand, vaurien, videgousset, voleur à l'étalage/ à la gare/ à la poisse/ à la rendez-moi-ça/ à la roulotte/ à la tire → MALHONNÊTE **II. vx :** agrippeur, avale-tout-cru, bonjourier, bonneteur, boucardier, brigandeur, carreur, changeur, charles, coquillard, coupeur de bourse, écorcheur, écornifleur, escogriffe, exacteur, faucheur, flingoteur, fourline *ou* fourlineur, frérot de la cuque, goupineur, grinche *ou* grinchisseur, larron, marcandier, ouvrier, pègre, picoreur, pipeur, ravageur, ravisseur, tapageur, tire-laine, travailleur, truqueur **III. arg. (souvent vx) :** affranchi, arcan, arcandier, baluchonneur ou balluchonneur, batteur, braqueur, carotteur, carottier, caroubleur, chouraveur, fourche, fric-fraqueur, marcheur, pégreleux, pégriot, poisse, roulottier, tireur

◈ CONTR. → HONNÊTE

VOLIÈRE n.f. basse-cour, oisellerie → CAGE

VOLIGE n.f. → PLANCHE

VOLONTAIRE **I. fav. 1.** → BÉNÉVOLE **2.** → CONSCIENT **3.** → VOULU **II. non fav. 1.** → TÊTU **2.** → INDOCILE

VOLONTAIREMENT à bon escient, à dessein, de propos délibéré, délibérément, librement, exprès, intentionnellement, souverainement, volontiers

◈ CONTR. **I.** → INCONSCIEMMENT **II.** → OBLIGATOIREMENT

VOLONTARIAT n.m. apostolat, bénévolat, dévouement, prosélytisme

◈ CONTR. : travail à titre onéreux/ rétribué

VOLONTÉ n.f. **I. au pr. 1.** caractère, courage, cran, décision, détermination, énergie, fermeté, force d'âme, initiative, obstination, opiniâtreté, résolution, ressort, ténacité, vouloir **2. ce qu'on veut :** animus (jurid.), désir, dessein, détermination, exigence, intention, résolution, souhait, vœu, volition **3. philos. :** libre-arbitre, liberté **4. non fav. :** parti pris, velléité **II. 1. À VOLONTÉ :** ad libitum, à discrétion, à gogo (fam.), à loisir, à satiété, en-veux-tu-en-voilà **2. BONNE VOLONTÉ** → BIENVEILLANCE **3. MAUVAISE VOLONTÉ** → MALVEILLANCE **4. SELON VOTRE VOLONTÉ :** caprice, choix, décret, désir, gré, guise, mode, plaisir, tête

◈ CONTR. **I.** → CONTRAINTE **II.** → FAIBLESSE

VOLONTIERS aisément, bénévolement, de bon cœur/ gré, de bonne grâce, facilement, gracieusement, habituellement, naturellement, ordinairement, par nature/ habitude/ tendance

◈ CONTR. : à contre-cœur

VOLTAGE STANDING WAVE RATIO n.m. **télécom. off. :** rapport d'ondes stationnaires, R.O.S

VOLTAIRIEN, NE par ext. : anticlérical, athée, caustique, esprit fort, jacobin, libéral, libre penseur, non-conformiste, républicain, sceptique

◈ CONTR. → CONFORMISTE

VOLTE n.f. → TOUR

VOLTE-FACE n.m. → CHANGEMENT

VOLTER → TOURNER

VOLTIGE n.f. saut → ACROBATIE

VOLTIGER aller et venir, flotter, papillonner, venteler (vx), voler, voleter

◈ CONTR. → ÉLANCER (s')

VOLTIGEUR n.m. → ACROBATE

VOLUBILE **I.** → TORDU **II.** → BAVARD

VOLUBILEMENT avec → FACONDE

VOLUBILIS n.m. → LISERON

VOLUBILITÉ n.f. → FACONDE

VOLUME n.m. **I.** in-folio/ quarto/ octavo/ douze/ seize/ dix-huit/ vingt-quatre/ trente-deux → LIVRE **II.** ampleur, calibre, contenance, cubage, cubature, densité, grosseur, mesure → CAPACITÉ

◈ CONTR. **I.** → SURFACE **II.** → PROFONDEUR **III.** → HAUTEUR

VOLUMINEUX, EUSE → GROS

VOLUPTÉ n.f. **I. au pr.** : délectation, délices, épectase (iron.) jouissance, lasciveté, lascivité, pied (fam.), sybaritisme → ORGASME, PLAISIR, SENSUALITÉ – **vx** : chaffriolement, donoiement, duité **II. par ext.** : caresse, débauche, érotisme, mollesse

◈ CONTR. **I.** → SUPPLICE **II.** → SOUFFRANCE

VOLUPTUEUSEMENT avec → VOLUPTÉ, de façon → VOLUPTUEUX *et les dérivés possibles en* -ment *des syn. de* voluptueux

VOLUPTUEUX, EUSE **I.** → SENSUEL **II.** → LIBERTIN

VOLUTE n.f. arabesque, circonvolution, enroulement, serpentin, spirale, turricule, vrille – **par ext.** : colimaçon, columelle

◈ CONTR. : ligne droite

VOMI n.m. vomissure → SOUILLURE **arg.** : dégobillis (vx), dégueulis, fusée, gerbe, queue de renard

VOMIR **I. au pr. 1. voc. courant** : chasser, cracher, dégorger, dégurgiter, évacuer, expulser, expumer, régurgiter, rejeter, rendre, restituer **2. vx** : mettre le cœur sur le carreau, regorger, rendre gorge **3. arg.** : aller au renard/ refile, compter ses chemises, débagouler, déballer, débecter, dégobiller (tripes et boyaux), dégueuler, gerber, lâcher une fusée, renarder **II. par ext.** : dire, exécrer, honnir, jeter, lancer, proférer, souffler

◈ CONTR. → AVALER

VOMISSEMENT n.m. expulsion, expuition, mérycisme, régurgitation – **de sang** : hématémèse, hémoptysie

◈ CONTR. → ABSORPTION

VOMITIF, IVE émétique, vomique, vomitoire

◈ CONTR. : apéritif

VOMITO NEGRO n.m. fièvre jaune

VORACE affamé, avide, dévorant, glouton, goinfre, goulu, gourmand, inassouvi, insatiable

◈ CONTR. → SOBRE

VORACITÉ n.f. appétit, avidité, gloutonnerie, goinfrerie, gourmandise, insatiabilité, tachyphagie (méd.)

◈ CONTR. → SOBRIÉTÉ

VORTEX GENERATOR n.m. **aviat. off.** : générateur de tourbillons

VOTE n.m. consultation, élection, plébiscite, référendum, scrutin, suffrage, urnes, votation, voix

◈ CONTR. **I.** → ABSTENTION **II.** diktat

VOTER v. intr. et tr → OPINER

VOUCHER n.m. **tour. off.** : bon/ coupon d'échange

VOUÉ, E consacré, prédestiné, promis

◈ CONTR. → LIBRE

VOUER **I. au pr. – fav.** : appliquer, attacher, consacrer, dédier, destiner, dévouer, donner, offrir, prédestiner, promettre, sacrifier **II. fig. – non fav.** : appeler sur, condamner, flétrir, honnir **III. v. pron.** → ADONNER (s')

◈ CONTR. → ABANDONNER

VOULOIR n.m. → VOLONTÉ

VOULOIR **I.** ambitionner, appéter, arrêter, aspirer à, avoir dans l'idée/ en tête/ envie/ l'intention de, brûler de, chercher, commander, convoiter, décider, demander, désirer, entendre, s'entêter, envier, espérer, exiger, guigner, incliner vers, prétendre à, s'obstiner, s'opiniâtrer, rechercher, réclamer, rêver, souhaiter, soupirer après, tenir à, viser **II. fam.** : goder, lorgner/ loucher sur, saliver **III. vx** : bayer/ béer après, pétiller

◈ CONTR. **I.** être → INDÉRMINÉ/ MOU **II.** → REFUSER

VOULU, E arrangé, commandé, délibéré, intentionnel, médité, mûri, ordonné, prémédité, prescrit, réfléchi, requis, volontaire

◈ CONTR. **I.** → INVOLONTAIRE **II.** → CONTINGENT

VOÛTE n.f. arc, arcade, arceau, arche, berceau, cerceau, cintre, coupole, cul-de-four, dais, dôme, voussure

◈ CONTR. : plafond

VOÛTÉ, E bossu, cintré, convexe, courbe, rond

◈ CONTR. → DROIT

VOÛTER (SE) → COURBER (SE)

VOYAGE n.m. **I.** balade, chevauchée, circuit, croisière, déplacement, excursion, itinéraire, méharée, microtourisme, navigation, odyssée, passage, pérégrination, périple, promenade, randonnée, raid, rallye, route, tour, tourisme, tournée, trajet, transhumance, transport, traversée, va-et-vient, virée (fam.) **II.** campagne, exode, expédition, exploration, incursion, pèlerinage, trotterie (vx et fam.)

◈ CONTR. **I.** → REPOS **II.** → SÉJOUR

VOYAGER aller et venir, se balader, bourlinguer, se déplacer, excursionner, faire un voyage *et les syn. de* voyage, naviguer, péleriner (vx), pérégriner, se promener, se transporter, visiter

◊ CONTR. : être → SÉDENTAIRE

VOYAGEUR, EUSE nom et adj. **I. au pr. :** excursionniste, explorateur, globe-trotter, nomade, passager, pèlerin, routard, touriste → PROMENEUR **II. par ext.** → ÉTRANGER **III. VOYAGEUR DE COMMERCE :** ambulant, commis voyageur, courtier, démarcheur, démonstrateur, itinérant, placier, représentant, visiteur, V.R.P

◊ CONTR. → SÉDENTAIRE

VOYANCE n.f. → DIVINATION

VOYANT, E I. nom 1. cartomancienne, devin, diseur de bonne aventure, divinateur, extralucide, fakir, magicien, reniflante (arg.) **2.** halluciné, illuminé, inspiré, prophète, pythonisse, sibylle, vaticinateur, visionnaire **II. adj. :** bariolé, coloré, criant, criard, éclatant, évident, indiscret, manifeste, tapageur, tape-à-l'œil

◊ CONTR. **I.** → TERNE **II.** → DISCRET

VOYEUR n.m. **arg. :** mateur, regardeur (vx), serrurier

VOYOU n.m. **I.** → GAMIN **II.** → VAURIEN **III.** → TRUAND

VRAC (EN) pêle-mêle, tout-venant

VRAI, E I. au pr. quelqu'un ou quelque chose : assuré, authentique, avéré, certain, confirmé, conforme, correct, crédible, démontré, droit, effectif, exact, existant, évident, fiable, fondé, franc, historique, incontestable, juste, logique, loyal, mathématique, net, objectif, orthodoxe, positif, propre, prouvé, pur, réel, sérieux, sincère, strict, sûr, véridique, véritable, vraisemblable **II. par ext. 1. quelque chose** → PRINCIPAL **2. quelqu'un** → FIDÈLE

◊ CONTR. **I.** → FAUX **II.** → ARTIFICIEL **III.** → ILLUSOIRE **IV.** → IMAGINAIRE **V.** → ERREUR

VRAIMENT assurément, authentiquement, certainement, effectivement, en effet, évidemment, exactement, franchement, incontestablement, justement, logiquement, loyalement, mathématiquement, nettement, objectivement, positivement, proprement, réellement, sérieusement, sincèrement, strictement, sûrement, véridiquement, véritablement, en vérité, à vrai dire, vrai – vx : bonnement, droitement, voire

◊ CONTR. → PEUT-ÊTRE

VRAISEMBLABLE apparent, crédible, croyable, plausible → VRAI

◊ CONTR. → INVRAISEMBLABLE

VRAISEMBLABLEMENT → PEUT-ÊTRE

VRAISEMBLANCE n.f. apparence, crédibilité, présomption, probabilité → HYPOTHÈSE

◊ CONTR. → INVRAISEMBLANCE

VRILLE n.f. **I.** attache, cirre, filament **II. par ext. :** drille, foret, mèche, percerette, percette, perçoir, queue de cochon, taraud, tarière → PERCEUSE **III.** → LESBIENNE

VRILLÉ, E → TORDU

VRILLER I. → TORDRE **II.** → PERCER

VROMBIR bourdonner, brondir, bruire, ronfler, rugir

VROMBISSEMENT n.m. brondissement

V.S.W.R. (VOLTAGE STANDING WAVE RATIO) télécom. off. : rapport d'ondes stationnaires, R.O.S

V.T.O.L. (VERTICAL TAKE OFF AND LANDING) aviat. off. : A.D.A.V. (avion à décollage et à atterrissage verticaux)

VUE n.f. **I. au pr. 1. action de voir :** œil, optique, regard, vision **2. façon de voir :** aspect, optique, ouverture, perspective, présentation, vision **3. ce qu'on voit :** apparence, apparition, coup d'œil, dessin, étendue, image, ouverture, panorama, paysage, perspective, point de vue, site, spectacle, tableau, vision **II. fig. 1.** → OPINION **2.** → BUT

◊ CONTR. **I.** → CÉCITÉ **II.** horizon bouché/ fermé

VULGAIRE n.m. → PEUPLE

VULGAIRE adj. **I.** banal, bas, béotien, bourgeois, brut, canaille, commun, courant, effronté, épais, faubourien, gouailleur, gros, grossier, insignifiant, matériel, ordinaire, peuple, philistin, plébée (vx), poissard, populacier, prosaïque, rebattu, roturier, simple, trivial, vil **II.** démotique, populaire

◊ CONTR. **I.** → SÉLECT **II.** → SAVANT

VULGAIREMENT de façon → VULGAIRE, vulgo *et les dérivés possibles en* -ment *des syn. de* vulgaire

VULGARISATEUR, TRICE n.m. ou f. diffuseur, propagateur, prosélyte

VULGARISATION n.f. banalisation, diffusion, émission, propagation

◊ CONTR. : recherche

VULGARISER → RÉPANDRE

VULGARITÉ n.f. **I.** → IMPOLITESSE **II.** → OBSCÉNITÉ **III.** → BASSESSE

VULGUM PECUS n.m. → PEUPLE

VULNÉRABILITÉ n.f. → FAIBLESSE

VULNÉRABLE → FAIBLE

VULNÉRAIRE n.m. → BAUME

VULTUEUX, EUSE → BOUFFI

VULVE n.f. **I. 1.** féminité, intimité, nature, organes de la reproduction/ génitaux/ sexuels → SEXE **2. méd. et vx :** parties honteuses/ intimes/ secrètes, pudenda **3. partic. :**

yoni **II. enf.** : languette, pipi, pissette, zézette, zizi **III. par ext. 1.** → CLITORIS **2.** → NYMPHE **IV. vx et/ ou litt.** : abricot, affaire, amande, angora, anneau, as de carreau/ cœur/ pique/ trèfle, atelier, aumônière, bague, balafre, bengali, bénitier, berlingot, bijou, biniou, bis, blason, boîte à ouvrage, bonbon, bonbonnière, bonde, bouquet, bouton (de rose), boutonnière, brèche, brégon, cadogan, callibistri, canard, cas, charnière, chat, chatière, chatouille, chatte, chaussure (à son pied), cheminée, chose, chou, choune, chounette, chouse, cicatrice, cœur, coin, comment-a-nom, connin, conque, coquillage, corbeille, counette, counin, crapaud, crapaudine, craque, craquette, craquoise, crèche, cruche, ctéis, cyprine, devant, divertissoire, écu, étable, étau, étui, fabliau, fente, figue, fissure, fleur, fontaine, forge à cocus/ à cornards/ à cornes, foufougne, foufougnette, founette, four, fourreau, fourre-tout, foutoir, fraise, framboise, gimblette, grotte, guenilles, guenuche, herbier, hérisson, histoire, houppe, jardin, jardinet, je-ne-sais-quoi, lac, landilles, landrons, lapin, lézarde, losange, manchon, mandoline, marguerite, médaillon, millefeuille, mimi, minet, minette, minon, minou, minouche, mirely, mistigri, moniche, mortier, motte, moule (masc.), moulin, mounine, nénuphar, niche, nid, oiseau, ouverture, panier, pantoufle, paquerette, pénil, piège, pomme, porcelaine, raie, raminagrobis, rose, rosette, rosier, rossignol, rouge-gorge, sadinet, savate, soulier, tabatière, tirelire, tiroir, touffe, trésor, trousse, veau, vénusté **V. arg. et grossier** : baba, babines, badigoinces, bagouse, bahut, baigneur, baisoir, baquet, barbu, baveux, bazar, bégonia, belouse, bonnet à poils, bouche-qui-rapporte, boutique, caisse, capital, casserole, cave, café des deux colonnes, centre, chagatte, cirque, clapier, con, connasse, connaud, cramouille, cressonnière, crevasse, devanture, didine, écoutille, entre-cuisses, entre-deux-jambes, escalopes, fendasse, fendu, fri-fri, gagne-pain, garage, Gaston, greffier, gripette, Gustave, machin, magasin, mandrin, marmite, maternelle, matou, Mickey, milieu, mitan, mouflard, moule (fém.), muet, noc, pacholle (mérid.), paquet de scaferlati, patate, pays-bas, petite sœur, pissotière, poilu, portefeuille/ porte-monnaie à moustaches/ perruque, potage, potte, régulier, sac, sacoche, saint-frusquin, salle des fêtes, sapeur, sifflet, sœurette, tablier de forgeron/ sapeur, terminus, teuch, triangle des Bermudes, trou, truc, tube, tutu, tuyau, vase, velu, zignougnouf, zigouigoui, zipcouicoui, zinzin, *et tout être ou objet ayant valeur suggestive quant au terme de référence.*

VU QUE → PARCE QUE

W

WAGAGE n.m. → ENGRAIS

WAGON n.m. benne, citerne, fourgon, plateau, plate-forme, tender, tombereau, truck, voiture, wagon-bar/ -citerne/ -foudre/ frigorifique/ -poste/ -réservoir/ -restaurant/ -salon/ -tombereau/ -trémie/ -vanne → WAGON-LIT

WAGON-LIT n.m. pullmann, sleeping-car, voiture-lit, voiture-couchette, wagon-couchette

WAGONNET n.m. benne, decauville, lorry, tender

WALHALLA n.m. → CIEL

WALKMAN n.m. off. : baladeur

WARRANT n.m. avance, caution, ducroire, gage, garantie, prêt → DÉPÔT

WARRANTER → GARANTIR

WASSINGUE n.f. serpillière, toile à laver

WATER-CLOSET n.m. **I.** cabinet, chalet de nécessité, commodités, édicule, feuillées (partic.), latrines, lavabo, lavatory, lieux d'aisance, petit coin/ endroit, où le roi va tout seul, quelque part, retiro, salle de repos (québ.), sanisettes, sanitaires, sentine (péj.), toilettes, trône, vécés, vespasienne, W.C. **II. mar.** : bouteilles, poulaines **III. vx** : aisements, berniquet, chaise, chaise/ fauteuil percé(e), garde-robe, retraict **IV. arg.** : cagoinces, chiches, chiottes, fil à plomb, goguenots, gogues, gras, tartisses, tartisson ou → URINOIR

WATERPROOF → IMPERMÉABLE

WATERPROOFING off. : imperméabilisation

WATTMAN n.m. conducteur, machiniste, mécanicien

WEEK-END n.m. fin de semaine, semaine anglaise → VACANCES
◇ CONTR. : jour ouvrable

WEIGHT INDICTOR n.m. **pétr. off.** : peson

WELDING n.m. **méc. off.** : soudage

WELLINGTONIA n.m. séquoia

WERGELD n.m. → INDEMNITÉ

WHARF n.m. appontement, avant-port, débarcadère, embarcadère, jetée, ponton, quai

WHIG n.m. libéral

WHISKY n.m. baby, bourbon, drink, scotch

WHO'S WHO n.m. → ANNUAIRE

WIDE BODY AIRCRAFT n.m. **aviat. off.** : gros-porteur

WIGWAM n.m. **I.** → CABANE **II.** → CASE

WINDOW n.f. **milit. off.** : paillette

WING DROPPING aviat. off. : aile lourde

WING FENCE n.f. **aviat. off.** : cloison de décrochage

WING FILLET aviat. off. : raccordement d'aile

WISIGOTH n.m. → SAUVAGE

WISKER métallurgie off. : barbe, trichite

WOLFRAM n.m. tungstène

WORK OVER n.m. **pétr. off.** : reconditionnement

WORKSHOP n.m. **spat. off.** : atelier

WRECKER milit. off. : dépanneuse lourde, véhicule lourd de dépannage

XÉNOPHILE nom et adj. **I. au pr.** : ami des/ généreux pour les/ ouvert aux étrangers, ouvert aux idées/ aux modes étrangères **II. par ext.** : **1. iron.** : anglomane, snob **2.** *les noms d'étrangers ou leurs dérivés suivis ou précédés de* phile, ex. : anglophile, arabophile, germanophile, hispanophile, italianophile, philhellène, russophile, etc.

◇ CONTR. → xénophobe

XÉNOPHILIE n.f. **I. au pr.** : générosité, ouverture **II. par ext.** : **1.** affectation, anglomanie, cosmopolitisme, maniérime, recherche, snobisme **2.** *les noms étrangers ou leurs dérivés avec le suffixe* -philie, ex. : anglophilie, etc.

◇ CONTR. → xénophobie

XÉNOPHOBE nom et adj. **I.** chauvin, nationaliste, raciste **II.** *les noms d'étrangers ou leurs dérivés avec le suffixe* phobe, ex. : anglophobe, arabophobe, germanophobe, etc.

◇ CONTR. → xénophile

XÉNOPHOBIE n.f. **I.** chauvinisme, discrimination/ haine/ ségrégation raciale, nationalisme, racisme **II.** *les noms d'étrangers ou leurs dérivés avec le suffixe* -phobie, ex. : anglophobie etc

◇ CONTR. → xénophilie

XÉRÈS n.m. amontillado, jerez, manzanilla, sherry

XÉRUS n.m. → écureuil

XYSTE n.m. galerie/ piste couverte, gymnase

YACHT n.m. → BATEAU

YACHTING n.m. navigation de plaisance

YANKEE nom et adj. américain, étasunien, oncle Sam – **arg.**: amerlo, amerloc (péj.), cow-boy, gringo, ricain, sammy

YAOURT n.m. yaghourt, yogourt – **par ext.**: caillebotte, lait caillé

YATAGAN n.m. → ÉPÉE

YAW DAMPER n.m. **aviat. off.**: amortisseur de lacet

YEUSE n.m. chêne vert

YEUX n.m. pl. **I.** → REGARD **II.** → ŒIL **III. 1.** LES YEUX FERMÉS : en confiance, de tout repos, tranquille, tranquillement **2. ENTRE QUATRE-Z-YEUX** (fam.) → TÊTE À TÊTE (EN)

YÉYÉ n.m. → JEUNE

YIPPIE n.m. → MARGINAL

YOGI n.m. ascète, contemplatif, fakir, sage

YOLE n.f. → BATEAU

YOURTE n.f. → CABANE, CASE

YOUYOU n.m. → BATEAU

Z

ZÈBRE n.m. **I. au pr.** : âne sauvage, hémione, onagre **II. fig.** : bougre, coco, type → HOMME

ZÉBRÉ, E bigarré, léopardé, marbré, pékiné, rayé, taché, tigré, veiné, vergé, vergeté
◇ CONTR. → UNIFORME

ZÉBRURE n.f. → RAIE

ZÉLATEUR, TRICE I. nom : adepte, apôtre, disciple, émule, glorificateur, godillot (fam.), laudateur, panégyriste, propagandiste, partisan, propagateur, prosélyte, séide **II. adj.** : élogieux, enthousiaste, fervent
◇ CONTR. → ZOÏLE

ZÈLE n.m. abnégation, activité, apostolat, application, ardeur, assiduité, attachement, attention, bonne volonté, chaleur, civisme, cœur, courage, dévotion, dévouement, diligence, empressement, émulation, enthousiasme, fanatisme, fayotage (fam.), ferveur, feu sacré, fidélité, flamme, foi, intrépidité, militantisme, passion, persévérance, promptitude, prosélytisme, soin, travail, vigilance, vivacité – **vx** : étude, sédulité
◇ CONTR. **I.** → TIÉDEUR **II.** → NEUTRALITÉ

ZÉLÉ, E actif, appliqué, ardent, assidu, attaché, attentif, chaleureux, civique, coopératif, courageux, dévoué, diligent, empressé, enflammé, enthousiaste, fanatique, fervent, fidèle, intrépide, passionné, persévérant, prompt, prosélytique, soigneux, strict, travailleur, vigilant, vif, volonteux (vx.) – **fam.** : fayot, godillot
◇ CONTR. **I.** → RELÂCHÉ **II.** → TIÈDE **III.** → INDIFFÉRENT

ZELLIGE n.m. azulejo, carreau, céramique, faïence

ZÉNANA n.m. → GYNÉCÉE

ZÉNITH n.m. **fig.** → COMBLE

ZÉPHYR, ZÉPHIRE n.m. → VENT

ZEPPELIN n.m. → BALLON

ZÉRO n.m. aucun, couille (arg. scol.), néant, nullité, rien, vide → NUL
◇ CONTR. **I.** → AS **II.** → VIRTUOSE **III.** → SAVANT

ZESTE n.m. écorce → PEAU

ZEUGME jonction, réunion, union

ZÉZAIEMENT et **ZOZOTEMENT** n.m. **par anal.** : blésement, blésité, chuintement, deltacisme

ZÉZAYER bléser, susseyer, zozoter

ZIEUTER → BIGLER

ZIG, ZIGOTO n.m. → TYPE

ZIGOUILLER liquider, faire son affaire à, trucider → TUER
◇ CONTR. **I.** → PRÉSERVER **II.** → SOIGNER

ZIGZAG n.m. crochet, dents de scie, détour, entrechat, lacet
◇ CONTR. : ligne droite

ZIGZAGUER chanceler, faire des zigzags *et les syn. de* zigzag, louvoyer, tituber, tourner, vaciller
◇ CONTR. : aller → DROIT

ZINC n.m. **I.** → CABARET **II.** → AVION

ZING, ZINGARO n.m. → TZIGANE

ZINGEL n.m. apron, cingle, sorcier → POISSON

ZINZIN n.m. → TRUC

ZIP n.m. fermeture à coulisse, fermeture Éclair

ZIZANIE n.f. **I. au pr.** → IVRAIE **II. fig.** → MÉSINTELLIGENCE

ZIZI n.m. **enf.** → SEXE

ZODIACAL, E astral, céleste

ZODIAQUE (SIGNES DU) bélier 21 (mars), taureau 21 (avril), gémeaux 22 (mai), cancer 22 (juin), lion 23 (juillet), vierge 23 (août), balance 23 (septembre), scorpion 23 (octobre), sagittaire 22 (novembre), capricorne 21 (décembre), verseau 21 (janvier), poissons 21 (février)

ZOÏLE n.m. baveux, contempteur, crabron (vx), criticule, critique, détracteur, envieux, épilogueur, injuste, jaloux, métaphraste, persifleur, pouacre, vitupérateur, vociférateur

◇ CONTR. → LOUANGEUR

ZOMBI n.m. → FANTÔME

ZONE n.f. aire, arrondissement, bande, ceinture, coin, district, division, endroit, espace, faubourg, lieu, pays, quartier, région, secteur, sphère, subdivision, territoire

ZONING urb. off. : zonage

ZOO n.m. animalerie, erpétarium ou herpétarium, fauverie, jardin zoologique, insectarium, ménagerie, oisellerie, singerie, terrarium, vivarium

ZOOLOGIE n.f. conchyliologie, entomologie, helminthologie, herpétologie, ichtyologie, malacologie, mammalogie, ornithologie

ZOUAVE n.m. **I. au pr.** : chacal, fantassin/ soldat colonial/ de ligne **II. fig.** → HOMME **III. 1. FAIRE LE ZOUAVE** : faire le bête *et les syn. de* bête **2. FAIRE LE ZOUAVE** : faire le malin *et les syn. de* malin

ZOZO n.m. **I.** → RUSTAUD **II.** → TYPE

ZOZOTEMENT n.m. → ZÉZAIEMENT

ZOZOTER bléser, susseyer, zézayer

DICTIONNAIRES DE LA LANGUE FRANÇAISE
DICTIONNAIRES DE NOMS PROPRES

DICTIONNAIRE HISTORIQUE DE LA LANGUE FRANÇAISE
sous la direction d'Alain Rey
(2 vol., 2 432 pages, 40 000 entrées).

LE PETIT ROBERT
Dictionnaire alphabétique et analogique de la langue française
(1 vol., 2 592 pages, 60 000 entrées).
Le classique pour la langue française : 8 dictionnaires en 1.

LE PETIT ROBERT DES NOMS PROPRES
Dictionnaire universel des noms propres
(1 vol., 2 304 pages, 40 000 entrées, 2 000 illustrations et 230 cartes).
Le complément, pour les noms propres, du *Petit Robert.*

LE ROBERT QUOTIDIEN
Dictionnaire pratique de la langue française
(1 vol., 2 208 pages, 50 000 entrées).

LE ROBERT QUÉBÉCOIS D'AUJOURD'HUI
Dictionnaire québécois de la langue française et de culture générale
(noms propres, cartes, chronologie, etc.)
(1 vol., 1 900 pages, 52 000 entrées, 108 pages de chronologie,
51 cartes en couleur).

LE ROBERT POUR TOUS
Dictionnaire de la langue française
(1 vol., 1 296 pages, 40 000 entrées).

LE ROBERT MICRO
Dictionnaire d'apprentissage de la langue française
(1 vol., 1 536 pages, 35 000 entrées).

LE ROBERT DE POCHE
L'indispensable de la langue et de la culture en format de poche
(1 vol., 928 pages, 40 000 mots de la langue, 6 000 noms propres).

LE ROBERT COLLÈGE
Dictionnaire de la langue française pour les 12-15 ans
(1 vol., 1 488 pages, 40 000 entrées).

LE ROBERT JUNIOR
Dictionnaire pour les enfants de 8-12 ans, en petit format
(1 186 pages, 20 000 entrées, 1 000 illustrations, 18 pages d'atlas).

LE ROBERT BENJAMIN
Dictionnaire pour les enfants de 6-8 ans
(576 pages, 6 000 entrées, 640 illustrations, 28 pages de planches).

LE ROBERT MÉTHODIQUE
Dictionnaire méthodique du français actuel
(1 vol., 1 648 pages, 34 300 mots et 1 730 éléments).
Le seul dictionnaire alphabétique de la langue française qui analyse
les mots et les regroupe par familles en décrivant leurs éléments.

LE ROBERT ORAL-ÉCRIT
L'orthographe par la phonétique
(1 vol., 1 376 pages, 17 000 mots et formes).
Le premier dictionnaire d'orthographe et d'homonymes, fondé sur l'oral.

DICTIONNAIRES BILINGUES

LE ROBERT ET COLLINS SUPER SENIOR
Dictionnaire français-anglais/anglais-français
(2 vol., 2 720 pages, 650 000 « unités de traduction », 20 pages de cartes
en couleur, avec 2 dictionnaires de synonymes (anglais et français).

LE ROBERT ET COLLINS SENIOR
Dictionnaire français-anglais/anglais-français
(1 vol., 2 256 pages, 600 000 « unités de traduction »).

LE ROBERT ET COLLINS COMPACT
Dictionnaire français-anglais/anglais-français
(1 vol., 1 250 pages, 115 000 « unités de traduction »).

LE ROBERT ET COLLINS CADET
Dictionnaire français-anglais/anglais-français
(1 vol., 832 pages, 65 000 « unités de traduction »).

LE ROBERT ET COLLINS MINI
60 000 mots et expressions.

LE ROBERT ET COLLINS DU MANAGEMENT
Commercial - Financier - Économique - Juridique
(L'anglais des affaires, 75 000 mots, 100 000 traductions).

LE ROBERT ET COLLINS
VOCABULAIRE ANGLAIS ET AMÉRICAIN
par Peter Atkins, Martin Bird, Alain Duval, Dominique Le Fur
et Hélène Lewis

« LE ROBERT ET COLLINS PRATIQUE »
ANGLAIS, ALLEMAND, ESPAGNOL, ITALIEN
(70 000 mots et expressions, plus de 100 000 traductions).

« LE ROBERT ET COLLINS POCHE »
ANGLAIS, ALLEMAND, ESPAGNOL
(65 000 mots et expressions).

« LE ROBERT ET COLLINS GEM »
ANGLAIS, ALLEMAND, ESPAGNOL, ITALIEN.

LE ROBERT ET SIGNORELLI
Dictionnaire français-italien/italien-français
(1 vol., 3 040 pages, 339 000 « unités de traduction »).

LE ROBERT ET VAN DALE
Dictionnaire français-néerlandais/néerlandais-français
(1 vol., 1 400 pages, 200 000 « unités de traduction »).

GRAND DICTIONNAIRE FRANÇAIS-JAPONAIS
SHOGAKUKAN-LE ROBERT
(1 vol., 1 600 pages, 100 000 entrées).

LE PETIT ROBERT

2 592 pages, 60 000 entrées. Un volume.
Reliure pleine toile sous jaquette couleur pelliculée.

Dictionnaire alphabétique et analogique de la langue française.
Rédigé sous la direction de Josette Rey-Debove et Alain Rey, il couvre l'ensemble du vocabulaire depuis le français classique jusqu'à l'usage le plus actuel. Pour chacune de ses 60 000 entrées, il fournit :

- la prononciation correcte ;
- les synonymes, les contraires, les homonymes et les mots à connaître, par rapport à celui que l'on consulte ;
- les niveaux de langue, de l'argotique au littéraire, du très contemporain à la langue classique ;
- l'histoire du mot : son étymologie, sa date d'apparition et l'évolution historique des sens ;
- des définitions dont la justesse et la précision ont été appréciées par la critique ;
- des citations tirées des œuvres des plus grands écrivains francophones, de Villon à Le Clézio et à Senghor ; mais aussi de textes scientifiques et juridiques, de la presse, de dialogues de films ;
- de nombreux exemples d'usage permettant de résoudre les difficultés orthographiques et grammaticales ;
- la conjugaison des verbes ; les pluriels irréguliers ;
- une liste de noms de lieux et de personnes, avec les adjectifs qui leur correspondent.

LE PETIT ROBERT DES NOMS PROPRES

2 304 pages, 40 000 entrées, 2 000 illustrations et 230 cartes originales en couleur. Un volume. Reliure pleine toile sous jaquette couleur pelliculée.

Dictionnaire universel des noms propres.
Réalisé par une importante équipe de spécialistes dirigée par Alain Rey, il présente une analyse :
- de l'histoire : des temps préhistoriques à l'actualité la plus récente, grâce à une mise à jour permanente ;
- de la géographie sous tous ses aspects : physique, économique, humaine, artistique, touristique ;
- des arts et des spectacles : peinture, sculpture, photographie, architecture, musique, danse, theatre, cinéma, chanson, télévision...
- des littératures : les auteurs et les œuvres, les légendes et les mythes ;
- des sciences et des techniques : les savants et leurs découvertes, dans toutes les disciplines.

De très nombreuses reproductions en couleur, photographies, cartes et tableaux économiques enrichissent le texte.
Ce dictionnaire décrit l'histoire et le monde actuel dans le même esprit de culture générale que celui promu par *Le Petit Robert* pour la langue française. Ses développements sont aussi importants que ceux des grandes encyclopédies en plusieurs volumes.

LE DICTIONNAIRE HISTORIQUE DE LA LANGUE FRANÇAISE

2 432 pages, 40 000 entrées. Format 22 X 29 cm.
2 volumes sous étui. Reliure pleine toile sous jaquette
pelliculée.

Composé par une équipe d'historiens de la langue, sous la direction d'Alain Rey.

La base de données la plus complète sur l'histoire des mots français et des idées qu'ils expriment, depuis le IXe siècle jusqu'à la période la plus contemporaine :

- l'étymologie et l'origine, jusqu'aux racines indo-européennes ;
- les relations entre mots de la même famille, en latin comme en français et dans les langues euro-péennes ;
- l'apparition datée des mots et des significations, depuis l'an 842 jusqu'à nos jours ;
- l'histoire de 40 000 mots, avec leurs principaux emplois ;
- les expressions et locutions les plus notables ;
- des données historiques sur les idées et les choses désignées ;
- des articles encyclopédiques concernant la langue française partout dans le monde, les langues qui sont en relation avec elle, les principales notions qui éclairent l'histoire des mots ;
- un glossaire aidant le lecteur dans la consultation des articles ;
- des schémas illustrant le voyage et les errances des signes et des idées qu'ils transmettent.

dépôt légal : avril 1998
Imprimerie

N° de projet : 10043520 - (3) - 45 - (OSBV - 80)
Dépôt légal : avril 1998
Impression : Pollina s.a., 85400 Luçon - n° 74160